国家出版基金项目
NATIONAL PUBLICATION FOUNDATION

徐在國 ◎ 著

上博楚簡文字聲系 一~八

第一册

北京師範大學出版集團
安徽大學出版社

圖書在版編目(CIP)數據

上博楚簡文字聲系(1~8):全8冊/徐在國著.—合肥:安徽大學出版社,2013.12
 ISBN 978-7-5664-0661-3

Ⅰ.①上… Ⅱ.①徐… Ⅲ.①竹簡文－古漢語－音韵學－研究－中國－楚國(？前223) Ⅳ.①H11

中國版本圖書館CIP數據核字(2013)第281887號

上博楚簡文字聲系(一~八)
SHANGBO CHUJIAN WENZI SHENGXI

徐在國 著

出版發行:	北京師範大學出版集團 安 徽 大 學 出 版 社 (安徽省合肥市肥西路3號 郵編230039) www.bnupg.com.cn www.ahupress.com.cn
印　　刷:	合肥遠東印務有限責任公司
經　　銷:	全國新華書店
開　　本:	184mm×260mm
印　　張:	216.75
字　　數:	3600千字
版　　次:	2013年12月第1版
印　　次:	2013年12月第1次印刷
定　　價:	1280.00圓

ISBN 978-7-5664-0661-3

策劃編輯:談 菁 劉中飛		裝幀設計:李 軍
責任編輯:盧 坡 王娟娟 劉中飛 胡 旋		美術編輯:李 軍
責任校對:程中業		責任印製:陳 如

版權所有　侵權必究

反盜版、侵權舉報電話:0551－65106311
外埠郵購電話:0551－65107716
本書如有印裝質量問題,請與印製管理部聯繫調換。
印製管理部電話:0551－65106311

目　録

引言	〔1〕
凡例	〔1〕
正編・之部	〔1〕
正編・職部	〔571〕
正編・蒸部	〔649〕
正編・幽部	〔687〕
正編・覺部	〔825〕
正編・冬部	〔865〕
正編・宵部	〔897〕
正編・藥部	〔957〕
正編・侯部	〔977〕
正編・屋部	〔1041〕
正編・東部	〔1095〕
正編・魚部	〔1185〕
正編・鐸部	〔1507〕
正編・陽部	〔1583〕
正編・支部	〔1783〕
正編・錫部	〔1849〕

正編·耕部 …………………………………………………… 〔1871〕

正編·脂部 …………………………………………………… 〔1989〕

正編·質部 …………………………………………………… 〔2065〕

正編·真部 …………………………………………………… 〔2173〕

正編·微部 …………………………………………………… 〔2335〕

正編·物部 …………………………………………………… 〔2411〕

正編·文部 …………………………………………………… 〔2487〕

正編·歌部 …………………………………………………… 〔2607〕

正編·月部 …………………………………………………… 〔2761〕

正編·元部 …………………………………………………… 〔2915〕

正編·緝部 …………………………………………………… 〔3103〕

正編·侵部 …………………………………………………… 〔3161〕

正編·葉部 …………………………………………………… 〔3217〕

正編·談部 …………………………………………………… 〔3233〕

合文 ………………………………………………………… 〔3259〕

附録 ………………………………………………………… 〔3289〕

參考文獻 …………………………………………………… 〔3301〕

出處簡稱 …………………………………………………… 〔3341〕

上博楚簡文字聲首 ………………………………………… 〔3343〕

筆畫索引 …………………………………………………… 〔3365〕

拼音索引 …………………………………………………… 〔3409〕

後記 ………………………………………………………… 〔3451〕

引 言

1994年，上海博物館從香港文物市場得到一批戰國楚簡，約1200枚。1994年秋冬之際，香港友人又捐贈給上海博物館一批竹簡約497枚。從2001年11月至2011年5月，上海古籍出版社先後出版了馬承源先生主編的《上海博物館藏戰國楚竹書》（以下簡稱"上博"）（一）—（八）。具體篇目及整理注釋者爲：

《上博（一）》：《孔子詩論》（馬承源）；《緇衣》（陳佩芬）；《性情論》（濮茅左）。

《上博（二）》：《民之父母》（濮茅左）；《子羔》（馬承源）；《魯邦大旱》（馬承源）；《從政》（甲乙篇）（張光裕）；《昔者君老》（陳佩芬）；《容成氏》（李零）。

《上博（三）》：《周易》（濮茅左）；《恆先》（李零）；《仲弓》（李朝遠）；《彭祖》（李零）。

《上博（四）》：《采風曲目》（馬承源）；《逸詩》（馬承源）；《柬大王泊旱》（濮茅左）；《昭王毀室》（陳佩芬）；《內豊》（李朝遠）；《相邦之道》（張光裕）；《曹沫之陳》（李零）。

《上博（五）》：《競建內之》（陳佩芬）；《鮑叔牙與隰朋之諫》（陳佩芬）；《季庚子問於孔子》（濮茅左）；《姑成家父》（李朝遠）；《君子爲禮》（張光裕）；《弟子問》（張光裕）；《三德》（李零）；《鬼神之明·融師有成氏》（曹錦炎）。

《上博（六）》：《競公瘧》（濮茅左）；《孔子見季桓子》（濮茅左）；《莊王既成·申公臣靈王》（陳佩芬）；《平王問鄭壽》（陳佩芬）；《平王與王子木》（陳佩芬）；《慎子曰恭儉》（李朝遠）；《用曰》（張光裕）；《天子建州》（甲本、乙本）（曹錦炎）。

《上博（七）》：《武王踐阼》（陳佩芬）；《鄭子家喪》（甲本、乙本）（陳佩芬）；《君人者何必安哉》（甲本、乙本）（濮茅左）；《凡物流形》（甲本、乙本）（曹錦炎）；《吳命》（曹錦炎）。

《上博（八）》：《子道餓》（濮茅左）；《顏淵問於孔子》（濮茅左）；《成王既邦》（濮茅左）；《命》（陳佩芬）；《王居》（陳佩芬）；《志書乃言》（陳佩芬）；《有皇將起》（曹錦炎）；《李頌》（曹錦炎）；《蘭賦》（曹錦炎）；《鶹鷅》（曹錦炎）。

已經公佈的上博簡全部爲古書，内容涉及儒家、道家、兵家以及雜家等，有100餘種古籍，其中能和流傳至今的先秦古籍相對照的不到10種，可見這批楚竹書的獨特意義及重大價值。這批楚竹書從公佈之日起，就引起了海内外學術界極大的關注，相關研究文章更是數不勝數。最近幾年，我完成了《楚文字詁林(2003-2008)》，這是香港大學單周堯先生主持的香港特別行政區"楚文字詁林"項目的一部份。僅僅2003年至2008年楚文字的研究論著大約是3000種，其中的絕大多數是涉及上博簡的。

　　關于新公佈楚簡的重要性，李學勤先生在《中國古文字學的最新進展》中說："與甲骨、金文等文字一般簡短不同，竹簡書籍文長字多，有上下文理可尋，有利于文字的讀釋。特別是有些書籍，如《周易》、《緇衣》、《老子》之類，有傳世本可資對校。這樣，學者通過簡文的考訂分析，不僅釋出了許多以往未識，甚至未見的文字，還從這些戰國文字出發，上溯到商代、西周的文字，解決了一系列長期懸疑的問題，成果彰著。"(《文物中的古文明》559頁)

　　《上博楚簡文字聲系》擬窮盡式地搜集上博楚簡文字資料，吸取學術界的最新成果，對上博楚簡的字詞做全面系統的整理與研究。體例、編排大致按照《戰國古文字典——戰國文字聲系》以及《古文字譜系疏證》，即以韻部爲經，以聲紐爲緯，以聲首爲綱，以諧聲爲目，排列上博簡文字字形。按此體例排列字形，有利於文字的形體比較。

　　上博簡中的疑難字較多，各家的說法也不一致，如何取捨得當，也是一個難題。我們盡可能地吸收各家最新的研究成果，遇到學術界爭議較大的說法，並不盲斷，而是擇善而從。不能決斷者，則是諸說並列。

　　書中存在的問題肯定不少，敬祈專家指正！

凡 例

1. 本書主要分"正編"、"合文"、"附録"3部份。"正編"依上古韻部系字，凡30部。每韻之下依上古聲紐系字，凡19紐。每個聲首所系諧聲字依形旁分類而排列，大致按"人"、"物"順序排列。"合文"前半部分依首字聲韻排列，其體例與"正編"相同。"附録"未按照古韻部系字，索引中亦不收。

2. 本書韻部采王力先生30部說。韻目及陰聲、入聲、陽聲對轉關係如下：

陰聲　之　幽　宵　侯　魚　支　脂　微　歌
入聲　職　覺　藥　屋　鐸　錫　質　物　月　緝　葉
陽聲　蒸　冬　　　東　陽　耕　真　文　元　侵　談

3. 本書聲紐采《戰國古文字典——戰國文字聲系》6類19紐說。具体如下：

喉音：影、曉、匣（喻三）。
牙音：見、溪、羣、疑。
舌音：端（知）、透（徹）、定（喻四）、泥（娘、日）、來。
齒音：精、清、從、心。
唇音：幫（非）、滂（敷）、並（奉）、明（微）。

4. 同一韻部之聲首或有歸併，名準聲首。如灰爲又之準聲首，畜爲幺之準聲首。爲方便檢索，合並之準聲首仍保留其原來聲首位置。如"曉紐灰聲"之下標明"歸又聲"，"透紐畜聲"之下標明"歸幺聲"。

5. 本書所録字形均出自馬承源主編的《上海博物館藏戰國楚竹書》（一）—（八）。竹簡編連，（一）—（五）參李守奎、曲冰、孫偉龍《上海博物館藏戰國楚竹書（一—五）文字編》附録六釋文；（六）—（八）參相關文章。

6. 每個字頭下，首列字形，次列出處，最後是辭例。

7. 所録字形均爲掃描剪切，以保證字形的清晰準確，但大小不一，未做統一調整。原則上所有的字形均予收録（個别殘缺過甚、過於模糊者則未録）。

    8.釋義盡可能吸收學術界已有的成果，限於學識，取捨未必得當，詳略也不一。徵引各家之説，多用括號，内標姓名，具體文章出處參書後所附"參考文獻"。掛一漏萬，漏注之處，敬祈諒解。

    9.原篆下出處用簡稱，詳書後所附"出處簡稱"。

    10.分析簡文形體結構常引戰國文字形體以作比較，一般不溯源，最後殿以《説文》原文。

    11.辭例中字頭以"～"代替。

    12.索引有筆畫索引、拼音索引。筆畫索引順序一般以在此書中出現的先後順序爲序。拼音索引僅供檢字方便，不作審音依據。

    13.凡例參考了《戰國古文字典——戰國文字聲系》及《古文字譜系疏證》。

正編・之部

上博楚簡文字聲系

之　部

曉紐喜聲

壴

上博三・中 5 □㠯(以)行～

上博三・中 8 既昏(聞)命～

上博三・中 11 既昏(聞)命～

上博三・中 15 足㠯孝(教)～

上博五・弟 6 虐(吾)見之～(矣)

上博五・弟 9 虐(吾)見之～(矣)

上博八・子 1 虐(吾)子齒年長～(矣)

～，"鼓"之初文，象形。楚文字或作、、、、、。《説文》誤爲從"中"從"豆"。加"口"分化出"喜"字。～，見紐；喜，曉紐。曉、見爲喉、牙通轉。《説文·壴部》："壴，陳樂立而上見也。從中，從豆。"

楚文字～，讀爲"矣"，句尾語氣詞。"壴"當音"喜"，古音"喜"在曉紐之部，"矣"在匣紐之部，聲爲一系，韻部相同，故可相通。

惪

上博五·三6民之所～

上博五·三7～(喜)樂無堇厇(宅)

港甲4上帝～之

上博四·采4嘉賓遚(道)～(喜)

上博四·曹55戩(勇)者思～

上博四·曹61埇(勇)者～之

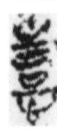
上博一·性1～(喜)惹(怒)哀悲之熨(氣)

上博一·性13～(喜)之淺睪(澤)也

上博一·性13～(喜)之

上博一·性14 則蘿(鮮)女(如)也斯～(喜)

上博二·昔3割(蓋)～(喜)於内不見於外

上博二·昔3～(喜)於外不見於内

上博一·孔18～(喜)丌(其)至也

上博一·孔22虐(吾)～(喜)之

上博一·孔21虐(吾)～(喜)之

上博六·天甲6一～(喜)一怒

上博六·天乙5一～一怒

上博八·命7莫不忻(欣)～(喜)

～，從"心"，"喜"省聲，"憙"之省體。楚文字或作 (郭店·性自命出2)、 (郭店·性自命出23)、 (郭店·性自命出24)、 (郭店·語叢一45)、 (郭店·語叢二28)、 (新蔡甲三203)、 (新蔡零139)。

上博五·三 7"～樂",讀爲"喜樂",歡樂;高興。《詩·小雅·菁菁者莪序》:"君子能長育人材,則天下喜樂之矣。"《淮南子·泰族》:"〔民〕有喜樂之性,故有鐘鼓筦絃之音。"

上博八·命 7"忻～",讀爲"欣喜",歡喜,高興。《左傳·哀公二十年》:"諸夏之人,莫不欣喜。"

上博～,讀爲"喜",喜悅。《禮記·禮運》:"何謂人情?喜怒哀悲之氣,性也。"《大戴禮記·文王官人》:"民有五性,喜怒欲懼憂也。"《孟子·公孫丑上》:"氣,體之充也。"趙岐注:"氣,所以充滿形體喜怒也。"

歖(歗)

 上博五·弟 17 善～

 上博五·弟 18 皆可㠯(以)爲者(諸)矦(侯)叟(相)～

 上博五·弟 11 斯善～

～,从"欠","喜"省聲,"歗"之或體。
上博簡～,讀"矣",句尾語氣詞。

曉紐灰聲歸又聲

匣紐又聲

又

 上博一·孔 1 丌(其)～(有)不王虖(乎)

 上博一·孔 4 民之～(有)慼惓(患)也

 上博一・孔5 ～(有)城(成)工(功)者可(何)女(如)

 上博一・孔6 昊天～(有)城(成)命

 上博一・孔7 ～(有)命自天

 上博一・孔8 少～(有)悸(伾)安(焉)

 上博一・孔9 亦～(有)㠯(以)也

 上博一・孔13 不亦～(有)䢜虞(乎)

 上博一・孔17 東方未明～(有)利詞(詞)

 上博一・孔19 獻～(有)悁(怨)言

 上博一・孔19 木苽(瓜)～(有)臧(藏)志而未旻(得)達也

 上博一・孔20 丌(其)隱(隱)志必～(有)㠯(以)俞(喻)也

 上博一・孔20 丌(其)言～(有)所載而句(後)内

 上博一・孔22 韵(洵)～(有)情而亡(無)望

 上博一・孔25 ～(有)兔

 上博一·孔25 智(知)言而～(有)豊(禮)

 上博一·孔26 翏(蓼)莪～(有)孝志

 上博一·孔26 陞(隰)～(有)長(萇)楚

 上博一·孔28 牆～(有)薺(茨)

 上博一·緇1 ～(有)國者章好章惡

 上博一·緇3 隹(惟)尹身及康(湯)咸～(有)一悳(德)

 上博一·緇7 ～(有)梏悳(德)行

 上博一·緇8 一人～(有)慶

 上博一·緇9 容～(有)裳(常)

 上博一·緇13 則民～(有)昱(勸)心

上博一·緇13 則民～(有)免心

 上博一·緇13 則民～(有)睪(親)

 上博一・緇13 則民～(有)惓(遜)心

 上博一・緇19 行～(有)陸(格)

 上博一・緇19 君子言～(有)勿(物)

 上博一・緇20 句(苟)～(有)車

 上博一・緇20 句(苟)～(有)衣

 上博一・緇22 古(故)君子之友也～(有)替(香)

 上博一・緇22 丌(其)惡也～(有)方

 上博一・緇23 宋人～(有)言曰

 上博一・性1 凡人唯(雖)～(有)生(性)

 上博一・性3 金石之～(有)聖(聲)也

 上博一・性7 ～(有)㠯(以)習丌(其)眚(性)也

 上博一・性9 ～爲=(爲爲)之也

 上博一·性9～爲言之也

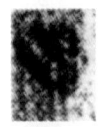 上博一·性9～(有)嬰(舉)之也

 上博一·性22～(有)븢(美)情者也

 上博一·性23～(有)心悁(畏)者也

 上博一·性23～(有)悳(德)者也

 上博一·性23～(有)道者也

 上博一·性23～(有)内斂者也

 上博一·性28～(有)豊(禮)

 上博一·性28 君子執志必～(有)夫柱柱之心

 上博一·性28 出言必～(有)夫柬(簡)柬(簡)[之信]

 上博一·性29 賓客之豊(禮)必～(有)夫齊齊之頌(容)

 上博一·性29 祭祀之豊(禮)必～(有)夫臍(齊)臍(齊)之敬

 上博一・性29 居喪必～(有)夫纏(戀)纏(戀)之哀

 上博一・性30 必史(使)～(有)末

 上博一・性32 [求其]心～(有)爲(僞)也

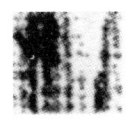 上博一・性37 ～(有)丌(其)爲人之倴倴女(如)也

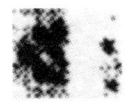 上博一・性37 不～(有)夫柬(簡)柬(簡)之心則悉(采)

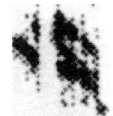 上博一・性37 ～(有)丌(其)爲人之柬(簡)柬(簡)女(如)也

 上博一・性37 不～(有)夫恆悆(忻)之志則曼(慢)

 上博一・性38 不～(有)夫詘詘之心則流

 上博一・性38 不～(有)夫奮复(作)之情則悉(侮)

 上博一・性38 ～(有)丌(其)爲人之慧(快)女(如)也

 上博一・性38 ～(有)丌(其)爲人之

 上博一・性39 ～(有)怸(過)則咎

上博一·性40[斯]～(有)怎(過)

上博二·民2四方～(有)敗

上博二·民8遹(夙)夜萁(基)命～(宥)寍(密)

上博二·子1～(有)吴(虞)是(氏)之樂正瞽叟之子也

上博二·子1史(使)亡(無)～(有)少(小)大忌(肥)毳

上博二·子10～(有)鹵(娀)是(氏)之女也

上博二·子11～(有)鰋(燕)監(銜)卵而階(措)者(諸)亓(其)前

上博二·子12～(有)詡(邰)是(氏)之女也

上博二·從甲1昔三弋(代)之明王之～(有)天下者

上博二·從甲8從正(政)～(有)七幾(機)

上博二·從甲14～(有)所又(有)舍(余)而不敢聿(盡)之

上博二·從甲14又(有)所～(有)舍(余)而不敢聿(盡)之

　　上博二・從甲 14 ～(有)所不足

　　上博二・從甲 15 事必～(有)䎿(期)

　　上博二・容 1 之～(有)天下也

　　上博二・容 5 ～(有)吴(無)迵(通)

　　上博二・容 5 坓(匡)天下之正(政)十～(有)九年而王天下

　　上博二・容 5 三十～(有)七年而民終

　　上博二・容 12 堯～(有)子九人

　　上博二・容 14 堯於是虎(乎)爲車十～(有)五輛(乘)

　　上博二・容 17 舜～(有)子七人

　　上博二・容 22 㠯(以)爲民之～(有)訟(訟)告者鼓安(焉)

　　上博二・容 29 民～(有)余(餘)飤(食)

　　上博二・容 33 壂(禹)～(有)子五人

 上博二·容35［啟］王天下十～(有)六年〈世〉而傑(桀)复(作)

 上博二·容35□□是(氏)之～(有)天下

 上博二·容37於是唬(乎)～(有)諠(喑)、聾(聾)、皮、瞑、瘦(瘦)、寠、婁始记(起)

 上博二·容42湯王天下三十～(有)一傑〈世〉而受(紂)复(作)

 上博二·容52受(紂)不智(知)丌(其)未～(有)成正(政)

 上博三·周1不～(有)躳(躬)

 上博三·周2～(有)孚

 上博三·周2少(小)～(有)言

 上博三·周4～(有)孚

 上博三·周4少(小)～(有)言

 上博三·周8畋(田)～(有)龛(禽)

 上博三·周8大君子～(有)命

 上博三·周9～(有)孚比之

 上博三・周9～(有)孚盈缶

 上博三・周9終迡(來)～(有)它吉

 上博三・周12君子～(有)終

 上博三・周14㲋(遲)～(有)悔

 上博三・周14大～(有)旻(得)

 上博三・周15～(有)愈(渝)

 上博三・周16官～(有)愈(渝)

 上博三・周16出門交～(有)工(功)

 上博三・周16陸(隨)求～(有)旻(得)

 上博三・周16陸(隨)～(有)䐡(獲)

 上博三・周17～(有)孚才(在)道已明

 上博三・周18～(有)子

 上博三・周18少～(有)

 上博三・周20亓(其)非返(復)～(有)褚(眚)

 上博三·周 20 不利～(有)卣(攸)往

 上博三·周 21 亡(無)忘～(有)疾

 上博三·周 21 勿藥～(有)菜

 上博三·周 21 行～(有)眚(告)

 上博三·周 22 ～(有)礪(厲)利巳

 上博三·周 22 利～(有)卣(攸)往

 上博三·周 30 勿用～(有)卣(攸)往

 上博三·周 30 ～(有)疾礪(厲)

 上博三·周 37 ～(有)卣(攸)往

 上博三·周 38 莫(暮)譽(夜)～(有)戎

 上博三·周 38 ～(有)凶

 上博三·周 38 女(如)雩～(有)礪(厲)

 上博三·周 39 中～(有)凶

 上博三·周 40 ～(有)卣(攸)往

 上博三·周 40 橐～(有)魚

 上博三·周 41 ～(有)愄(憂)自天

 上博三·周 42 利～(有)卣(攸)往

 上博三·周 42 ～(有)孚不終

 上博三·周 43 ～思(悔)

 上博三·周 45 ～(有)孚元吉

 上博三·周 47 ～(有)孚

 上博三·周 49 言～(有)舒(序)

 上博三·周 50 ～(有)言

 上博三·周 51 ～(有)慶懇(譽)

 上博三·周 57 需～(有)衣緅(袽)

 港甲 2 亾初～(有)終

 上博三·中 3 子～(有)臣蓳(萬)人

 上博三·中 7 先～(有)司

上博三·中8 夫先～(有)司爲之女(如)可(何)

上博三·中9 ～(有)城(成)

上博三·中9 是古(故)～(有)司不可不先也

上博三·中9 唯(雖)～(有)臤(賢)才

上博三·中13 唯(雖)～(有)孷(孝)悳(德)

上博三·中18 昔三弋(代)之明王～(有)四海之內

上博三·中19 山～(有)堋(崩)

上博三·中19 川～(有)滐(竭)

上博三·中19 民亡(無)不～(有)怎(過)

上博三·中附簡 夫子唯～(有)與(舉)

上博三·中附簡 幾(豈)不～(有)恚(狂)也

上博三·瓦1 瓦(恆)先無～(有)

上博三·亙1~(有)或安(焉)又(有)氣

上博三·亙1又(有)或安(焉)~(有)氣

上博三·亙1又(有)氣安(焉)~(有)又(有)

上博三·亙1又(有)氣安(焉)又(有)~(有)

上博三·亙1~(有)訂(始)安(焉)又往者

上博三·亙1又(有)訂(始)安(焉)~往者

上博三·亙1未~(有)天陞(地)

上博三·亙2~(有)乍(作)行

上博三·亙3不蜀(獨)~(有)與也

上博三·亙5~(有)出於或(域)

上博三·亙5生出於~(有)

上博三·亙6~(有)非又(有)

上博三·亙6又(有)非~(有)

上博三·亙6無胃(謂)~(有)

上博三·亙7 复(作)安(焉)～(有)事

上博三·亙8 先者～(有)善

上博三·亙8 ～(有)絧(治)無嚻(亂)

上博三·亙8 ～(有)人安(焉)又(有)不善

上博三·亙8 又(有)人安(焉)～(有)不善

上博三·亙8 先～(有)审(中)

上博三·亙8 安(焉)～(有)外

上博三·亙8 先～(有)少(小)

上博三·亙8 安(焉)～(有)大

上博三·亙8 先～(有)矛(柔)

上博三·亙9 ～(有)剛

上博三·亙9 先～(有)圁(圓)

上博三·亙9 安(焉)～(有)枋(方)

上博三·亙9 先～(有)晦(晦)

上博三·亙9 安(焉)～(有)明

上博三・亙9 先～(有)尚(短)

上博三・亙9 安(焉)～(有)長

上博三・亙10 言名先者～(有)惫(疑)

上博三・亙11 复(作)甬(庸)～(有)果與不果

上博三・亙13 無～(有)瀘(廢)者

上博三・亙13 甬(庸)～(有)求而不怠(慮)

上博四・采1 ～(有)敲(絞)

上博四・采1 ～(有)文又(有)敲(絞)

上博四・采1 又(有)文～(有)敲(絞)

上博四・采1 坓(野)～(有)萦(葛)

上博四・采2 ～(有)敲(絞)

上博四・采2 豊(禮)～(侑)酉(酒)

上博四・昭1 ～一君子

上博四・昭9 ～安

上博四·昭 10 虐(吾)未～㠯(以)悘(憂)亓(其)子

上博四·柬 3 無～(有)名山名溪

上博四·柬 5 楚邦～(有)裳(常)古(故)

上博四·柬 7 未尚(嘗)～(有)

上博四·柬 16 王～(有)埜(野)色

上博四·柬 16 逗者～(有)欬(暍)人

上博四·柬 18 必三軍～(有)大事

上博四·柬 21 ～(有)古(故)虖(乎)

上博四·柬 23 臣者亦～(有)殹(爭)虖(乎)

上博四·內 8 父毋(母)～(有)疾

上博四·內 8 䚻(豈)必～(有)益

上博四·內附簡則民～(有)豊(禮)

 上博四・相 4 不昏(問)～(有)邦之道

 上博四・曹 2 亡～(有)不民

 上博四・曹 3 而改(撫)～(有)天下

 上博四・曹 8 亦～(有)大道焉

 上博四・曹 9 害(曷)～(有)弗旻(得)

 上博四・曹 10 害(曷)～(有)弗遊(失)

 上博四・曹 12 而亡～(有)厶(私)也

 上博四・曹 13 ～(有)固愳(謀)而亡(無)固城

 上博四・曹 14 ～(有)克正(政)而亡(無)克戠(陳)

 上博四・曹 18 必～(有)戠(戰)心目(以)獸(守)

 上博四・曹 21 荸(刑)罰～(有)皋(罪)

 上博四・曹 21 而賞箮(爵)～(有)悳(德)

上博四·曹21《詩》於～(有)之曰

上博四·曹23 君自銜(率)必聚群～(有)司而告之

上博四·曹24 貴～(有)裳(常)

上博四·曹25 進必～(有)二牆(將)軍

上博四·曹25 毋(無)牆(將)軍必～(有)數獄大夫

上博四·曹25 必～(有)數大官之帀(師)

上博四·曹25 凡～(有)司銜(率)倀(長)

上博四·曹26 五(伍)之閥(間)必～(有)公孫公子

上博四·曹28 ～(有)智舍(捨)又(有)能

上博四·曹28 又(有)智舍(捨)～(有)能

上博四·曹28 卒～(有)倀(長)

上博四·曹28 三軍～(有)銜(帥)

 上博四·曹 28 邦～(有)君

 上博四·曹 34～(有)智(知)不足

 上博四·曹 37□～(有)戒言曰

 上博四·曹 38 戠(戰)～(有)㬎(顯)道

 上博四·曹 40 出帀(師)～(有)幾(忌)虖(乎)

 上博四·曹 40～(有)

 上博四·曹 41 可㠯(以)～(有)忞(治)邦

 上博四·曹 42 三軍戠(散)果～(有)幾(忌)虖(乎)

 上博四·曹 42～(有)

 上博四·曹 43 戠(戰)～(有)幾(忌)虖(乎)

 上博四·曹 43～(有)

 上博四·曹 44 既戠(戰)～(有)幾(忌)虖(乎)

上博四·曹45～（有）

上博四·曹45既戠（戰）而～（有）忌（急）心

上博四·曹46遉（復）敗戠（戰）～（有）道虎（乎）

上博四·曹46～（有）

上博四·曹50羗（勝）則彔（禄）𥬙（爵）～（有）裳（常）

上博四·曹50遉（復）盤戠（戰）～（有）道虎（乎）

上博四·曹50～（有）

上博四·曹53遉（復）甘戠（戰）～（有）道虎（乎）

上博四·曹53～（有）

上博四·曹54遉（復）龂戠（戰）～（有）道虎（乎）

上博四·曹54～（有）

上博四·曹56民～（有）寶（保）

正編・之部

 上博四・曹 57 善攻者必㠯(以)亓(其)所～(有)

 上博四・曹 57 㠯(以)攻人之所亡(無)～(有)

 上博四・曹 59 虐(吾)～(有)所睧(聞)之

 上博四・曹 60 ～(有)之虎(乎)

 上博四・曹 60 ～(有)

 上博四・曹 62 □～多

 上博五・競 2 ～(有)虋(雉)㘴(雛)於儚(彝)耑(前)

 上博五・競 5 牂(將)～(有)兵

 上博五・競 5 ～(有)慁(憂)於公身

 上博五・鮑 1 乃命百～(有)翮(司)曰

 上博五・鮑 1 ～(有)虘(夏)是(氏)觀亓(其)容㠯(以)史(使)

 上博五・鮑 3 乃命～(有)翮(嗣)箸(書)𥳑(𰯝)浮

・27・

上博五·鮑7～(有)嗣(司)祭備(服)毋(無)紋(繡)

上博五·鮑8晉邦～(有)𠿒(亂)

上博五·季1肥從～司之逡(後)

上博五·季4虞(且)笑(管)中(仲)～言曰

上博五·季5則邦～橺(榦)童

上博五·季9牀(臧)曼(文)中～(有)言曰

上博五·季12則邦～穤(穫)

上博五·季18氐(是)古(故)臤(賢)人大於邦而～咠(劬)心

上博五·姑1思～(有)君臣之節

上博五·姑5虐(吾)毋～(有)它正公事

上博五·姑5而～(有)逡(後)青(請)

上博五·姑6於言～(有)之

上博五・弟3 母～柔孛(教)

上博五・弟3 母～首猷(猶)

上博五・弟4～陛(地)之胃(謂)也唬(乎)

上博五・弟12～(有)夫言也

上博五・弟13 無所～余

上博五・弟14 虗子皆能～時唬(乎)

上博五・弟20～戎植丌(其)楋而訶(歌)安

上博五・三3 外內～諆(辨)

上博五・三3 男女～(有)節

上博五・三19 上天～(有)下政

上博五・鬼1 今夫燊(鬼)神～(有)所明

上博五・鬼1～(有)所不明

上博五·鬼2賵(富)～(有)天下

上博五·鬼2長年～(有)壆(譽)

上博五·鬼4則必～(有)古(故)

上博五·鬼5所明～(有)所不明

上博五·鬼5螎(融)帀(師)～(有)成氏

上博五·鬼5痌(狀)若生～(有)耳不睧(聞)

上博五·鬼5～(有)口不鳴

上博五·鬼5～(有)目不見

上博五·鬼5～(有)足不趣(趨)

上博五·鬼6～(有)足而□

上博六·競9今內寵～(有)割疾

上博六·競9外=～(有)梨(梁)丘虞

上博六・競 13 旬～五

上博六・孔 8 竅～(有)易佲(效)也

上博六・孔 12 唯～(有)信弗遠

上博六・孔 23 君子～(有)道

上博六・莊 9 可敢心之～(有)

上博六・壽 4 壽告～(有)疾

上博六・木 2 臣牀(將)～(有)告

上博六・用 2 事非與～(有)方

上博六・用 3 丨亓(其)～(有)成惪(德)

上博六・用 3 誇亓(其)～(有)审墨

上博六・用 5 隹(唯)言之～(有)信

上博六・用 6 各～(有)亓(其)異者(圖)

上博六·用6 戔亓(其)～(有)綸紀

上博六·用7 擇皞～(有)武

上博六·用8 自亓(其)～(有)保貨

上博六·用8 寧～(有)保悳(德)

上博六·用13 ～(有)牆才心

上博六·用14 設亓(有)～(有)鰲(絕)耆

上博六·用14 而難亓(其)～(有)惠

上博六·用16 柬亓(其)～(有)恆井

上博六·用16 纏亓(其)～(有)魋頌

上博六·用16 而綏亓(其)～(有)寧

上博六·用18 叡亓(其)～(有)宇成

上博六·用19 定～(有)紀

上博六·用 19～(有)眛丌(其)不見

上博六·用 19～(有)泯=之不達

上博六·用 20～(有)但之深

上博六·用 20 而～(有)弔之淺

上博六·用 20～(有)贛=之絃

上博六·用 20 而～(有)縸=之圣

上博六·天甲 11 古龜～(有)五异

上博六·天乙 11 古龜～(有)五异

上博七·武 11 亦～(有)不涅(盈)於十言

上博七·武 11～(有)之虖(乎)

上博七·武 11 曰:～(有)

上博七·武 13～(有)之曰

上博七·武 15～(有)之

上博七·君甲 1～(有)白玉三回而不戔

上博七·君甲 2 虐(吾)訊(焉)～(有)白玉三回而不戔才(哉)

上博七·君甲 2～(有)飴(飤)田五貞(正)

上博七·君甲 3 君王～(有)楚

上博七·君甲 4 君王～(有)楚

上博七·君甲 7 民～(有)不能也

上博七·君乙 1 君王～(有)白玉三回而不戔

上博七·君乙 2 虐(吾)訊(焉)～(有)白玉三回而不戔才(哉)

上博七·君乙 2 楚邦之中～(有)飴(飤)田五貞(正)

上博七·君乙 3 君王～(有)楚

上博七·君乙 4 君王～(有)楚

上博七·君乙 7 民～(有)不能也

上博七·凡甲 3 ～(有)旻(得)而城(成)

上博七·凡甲 9 日之～(有)耳

上博七·凡甲 10 月之～(有)軍(暈)

上博七·凡甲 19 虞(咀)之～(有)未(味)

上博七·凡甲 19 鼓之～(有)聖(聲)

上博七·凡甲 20 鼠(一)言而～(有)衆

上博七·凡甲 21 是古(故)～(有)鼠(一)

上博七·凡甲 21 天下亡(無)不～(有)

上博七·凡甲 21 天下亦亡(無)鼠(一)～(有)

上博七·凡乙 2 ～(有)旻(得)而城(成)

上博七·凡乙 8 月之～(有)軍(暈)

上博七·凡乙13 虞(咀)之～(有)未(味)

上博七·凡乙13 龑之～(有)龑

上博七·凡乙13 鼓之～(有)聖(聲)

上博七·凡乙14 鼠(一)言而～(有)衆

上博七·吴1～(有)言曰

上博七·吴5 或～(有)釜(斧)戉(鉞)之愚(威)

上博七·吴7 毋敢～(有)遟(遲)速之羿(期)

上博七·吴8 可(何)袋(勞)力之～(有)安(焉)

上博七·吴1～(有)軒鰻(冕)之賞

上博八·子1 生未～(有)所奠(定)

上博八·顔1 敢窬(問)君子之内事也～(有)道虖(乎)

上博八·顔1～(有)

上博八·顏1 敬～(有)

上博八·顏2 敬～(有)

上博八·顏6 敢窞(問)君子之内教也～(有)道嘑(乎)

上博八·顏6 ～(有)

上博八·顏12 [先]～(有)司

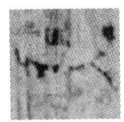上博八·顏12 ～(有)余(餘)則詞(辭)

上博八·顏12 ～(有)余(餘)則詞(辭)

上博八·成14 可胃(謂)～(有)道虖(乎)

上博八·成15 民皆～(有)夬(乖)鹿(離)之心

上博八·成15 而或(國)～(有)相串(患)割(害)之志

上博八·成16 昔者～(有)神□

上博八·命6 十～厽(三)亡筐(僕)

 上博八·命 9 必内(入)瓜(偶)之於十杳(友)~厽(三)

 上博八·命 10 筐(僕)㠯(以)此胃(謂)貝(視)日十~厽(三)亡筐(僕)

 上博八·志 5 虗(吾)父垡(兄)甥(甥)咎(舅)之~(有)善

 上博八·蘭 5 菜(蘭)~(有)異勿(物)

 上博八·有 1 ~(有)皇(凰)酒(將)迟(起)今可(兮)

 上博八·有 2 ~(有)怹(過)而能改今可(兮)

 上博八·有 2 亡(無)郫~(有)風(諷)今可(兮)

 上博八·有 2 ~(有)郫

 上博八·有 4 ~(有)不善心耳今可(兮)

 上博八·蘭 3 不躳~折

~,象右手之形。戰國文字或作 ✋(郭店·老子甲 1)、✋(郭店·老子甲 15)、✋(郭店·成之聞之 28)、✋(郭店·尊德義 37)、✋(郭店·尊德義 38)、✋(郭店·性自命出 16)、✋(郭店·性自命出 37)、✋(九 A27)、✋(新蔡甲一 5)、✋(新蔡甲三 96)、✋(山東 844 右建戈)、✋(新鄭圖 5)、✋(靈

壽圖18·7)、🖼(集粹181)、🖼(施142)、🖼(珍戰195)、🖼(珍戰174)、🖼(珍戰168)、🖼(珍戰206)、🖼(陝西1657)、🖼(施289)、🖼(秦駰玉版)。《說文·又部》："又，手也。象形。三指者，手之刔多略不過三也。"

上博二·子1"～吴是"，讀爲"有虞氏"，古部落名。傳説其首領舜受堯禪，都蒲阪。故址在今山西省永濟縣東南。有，詞頭。《周禮·考工記》："有虞氏上陶，夏后氏上匠，殷人上梓。"《國語·魯語上》："故有虞氏禘黃帝而祖顓頊，郊堯而宗舜。"

上博二·子10"～迊是"，讀爲"有娀氏"，古國名。故址在今山西省永濟縣。殷契母簡狄，即有娀氏女。有，詞頭。《詩·商頌·長發》："有娀方將，帝立子生商。"鄭玄箋："有娀氏之國亦始廣大。"《吕氏春秋·音初》："有娀氏有二佚女，爲之九成之臺，飲食必以鼓。"《史記·殷本紀》："殷契，母曰簡狄，有娀氏之女，爲帝嚳次妃。三人行浴，見玄鳥墮其卵，簡狄取吞之，因孕生契。契長而佐禹治水有功。"裴駰集解引《淮南子·墜形》："有娀在不周之北。"張守節正義："按：《記》云'桀敗於有娀之墟'，有娀當在蒲州也。"

上博三·周16"～工"，讀爲"有功"，有功勞，有功績。《易·需》："利涉大川，往有功也。"

港甲2"～终"，讀爲"有终"，始終一貫。《易·謙》："謙，亨。君子有終。"《詩·大雅·蕩》："靡不有初，鮮克有終。"

上博六·孔23"～道"，讀爲"有道"，有才藝或有道德。《周禮·春官·大司樂》："凡有道者，有德者，使教焉。"鄭玄注："道，多才藝者。"《史記·遊俠列傳》："昔者虞舜窘於井廩，伊尹負於鼎俎……仲尼畏匡，菜色陳蔡。此皆學士所謂有道仁人也，猶然遭此菑，況以中材而涉亂世之末流乎？"

上博七·吴1"～言"，讀爲"有言"。《論語·憲問》："有德者必有言，有言者不必有德。"《孟子·離婁上》："自暴者，不可與有言也；自棄者，不可與有爲也。"楊伯峻注："有言，意爲有善言。"

上博三·周21"亡（無）忘～疾"，讀爲"之"。帛本、今本均作"之"，韻部同屬之部。

上博五·鮑1"～嗣"，讀爲"有司"，官吏。古代設官分職，各有專司，故稱。《書·大禹謨》："好生之德，洽于民心，兹用不犯于有司。"桓寬《鹽鐵論·疾貪》："今一二則責之有司，有司豈能縛其手足而使之無爲非哉？"

上博三·中7、8、上博八·顏12"先～司",讀爲"先有司",見《論語·子路》:"仲弓爲季氏宰,問政。子曰:'先有司,赦小過,舉賢才。'"

上博八"十～厽(三)",即十三。"又",副詞。表示整數之外再加零數。

上博八·有1～,讀爲"有",助詞。無義。作名詞詞頭。《詩·召南·摽有梅》:"摽有梅,其實七兮。"(曹錦炎)

上博～,讀爲"有",擁有;保有。與"無"相対。《詩·大雅·瞻卬》:"人有土田,女反有之。人有民人,女覆奪之。"《文子·守真》:"故能有天下者,必無以天下爲也。"

右

上博二·容17 昔者天陞(地)之差(佐)舜而～(佑)善

上博二·容20 㠯(以)鞭(辨)丌(其)左～

上博三·周11 自天～(祐)之

上博三·周51 折丌(其)～拔

上博六·競11 丌(其)左～相弘自善

上博六·用15 而考於左～

上博七·武6 ～耑(端)曰

上博七·武6 遂(後)～耑(端)曰

 上博七·凡甲 3 未智(知)左～之請(情)

 上博七·凡乙 3 智(知)左～之請(情)

 上博七·吳 8 昏(問)左～

～，戰國文字或作 ■(郭店·老子丙 8)、■(郭店·唐虞之道 15)、■(新收 1538 無鹽戈)、■(施 35)、■(王太后右桓室鼎考文 1994.3)、■(燕明刀背文先秦編 553)、■(燕明刀背文先秦編 555)、■(歷博·燕 40)、■(文物 2004·9 右冢子鼎)、■(九店墓 231 頁二十八年上洛左庫戈)、■(古研 27 二年梁令戟束)、■(秦集一·二·3·1)。又、～一字分化。《說文·又部》："右，手口相助也。从口，从又。"

上博二·容 17、上博三·周 11～，助，說明。後多作"佑"。《詩·大雅·大明》："篤生武王，保右命爾。"毛亨傳："右，助。"

上博二·容 20"左～"，左面和右面。《史記·孫子吳起列傳》："汝知而心與左右手背乎？"

上博六·用 15、上博六·競 11、上博七·吳 8"左～"，近臣；侍從。《左傳·宣公十二年》："〔楚子〕左右曰：'不可許也，得國無赦。'"

上博七·凡甲 3、凡乙 3"未智(知)左～之請(情)"，馬王堆漢墓帛書《十問》："黃帝問於天師曰：'萬勿(物)何得而行？草木何得而長？日月何得而明？'天師曰：'䮚(爾)察天地之請(情)，陰陽爲止，萬勿(物)失之而不繼，得之而贏。……'"與簡文可對讀，"未知左右之請"即《十問》"爾察天地之請(情)"，簡文"左右"當指"天地"。或說"左右"，當指支配、掌控。

上博七·武～，右手一邊的方位，與"左"相對。《禮記·曲禮上》："效駕，奮衣由右上。"

有

上博一·性 6 ～爲也［者］之胃（謂）古（故）

上博五·三 6 上帝是～（祐）

上博五·三 13 身叔（且）～疠（病）

上博五·三 13 不～大褐（禍）必大恥

上博五·三 20 稟（鬼）神是～（祐）

～，從"又"，從"肉"，會手持肉之意，"又"亦聲。（郭店·成之聞之 7）、（郭店·成之聞之 6）、（新蔡甲三 21）、（楚王豆）、（珍秦 226）。《説文·有部》："有，不宜有也。《春秋傳》曰：'日月有食之。'從月，又聲。"

上博五·三 6"上帝是～"、上博五·三 20"稟（鬼）神是～"，～讀爲"祐"，保佑，特指神明保佑。《易·大有》："自天祐之，吉無不利。"

上博五·三 13～，擁有；保有。與"無"相對。《詩·大雅·瞻卬》："人有土田，女反有之。人有民人，女覆奪之。"《莊子·徐無鬼》："管仲有病，桓公問之。"

友

上博一·緇 22 古（故）君子之～也又（有）替（香）

上博一·緇 23 堋（朋）～卣（攸）囟（攝）

 上博五·弟 15 隹(雖)多翻(聞)而不～殹(賢)

 上博六·慎 1 逆～㠯(以)載道

 上博八·命 8 遳(坐)～五人

 上博八·命 8 立～七人

 上博八·命 9 必内(入)瓜(偶)之於十～又厽(三)

 上博八·命 9 遳(坐)～亡(無)一人

 上博八·命 10 立～亡(無)一人

 上博八·命 11 遳(坐)～三人

 上博八·命 11 立～三人

～，从二"又"，會二人攜手爲友之意，"又"亦聲，郭店簡或作 ▨(郭店·語叢三 62)、▨(郭店·語叢四 22)、▨(郭店·語叢四 23)。戰國文字或作 ▨(郭店·緇衣 45)、▨(郭店·六德 28)、▨(郭店·語叢一 80)、▨(郭店·語叢一 87)、▨(郭店·語叢三 6)、▨(郭店·六德 30)、▨(施 207)，贅加"甘"旁，遂爲《說文》古文所本。《說文·又部》："友，同志爲友。从二又，相交友

也。𠦕,古文友。𦐇,亦古文友。"

上博一·緇 22、23"朋～",志趣相同,彼此交好的人。《周禮·地官·大司徒》:"聯朋友。"鄭玄注:"同師曰朋,同志曰友。"

上博五·弟 15～,動詞,友愛。《周禮·地官·師氏》:"教三行:一曰孝行,以親父母;二曰友行,以尊賢良。"

上博六·慎 1"逆～",讀爲"卻宥",即《吕氏春秋·去宥》的"去宥",是宋尹一派學説的重要觀念。(李學勤)

上博八·命"迣～",讀爲"坐友",見《列女傳·母儀傳》:"桓公坐友三人,諫臣五人,日舉過者三十人,故能成伯業。"

上博八·命"立～",與"坐友"相對而言。

忧

 上博六·用 4 惡好棄～

 上博八·志 6 旻(得)～(尤)於邦多巳(已)

～,郭店·六德 16 作 。《説文·心部》:"忧,不動也。从心,尤聲,讀若祐。"

上博六·用 4～,讀作"尤"。《詩·小雅·四月》:"廢爲殘賊,莫知其尤。"鄭玄箋:"尤,過也。"罪過、過失,與"過"同義。《論語·爲政》:"多聞闕疑,慎言其餘,則寡尤。"

上博八·志 6"旻～",讀爲"得尤",意爲得罪。《左傳·襄公十年》:"得罪于晉,又得罪于楚,國將若之何?"

蚘

上博六·競 10 自古(姑)～呂(以)西

～,與（郭店·尊德義 28 同),从"虫","又"聲,"蚘"字異體。《集韻》:

· 44 ·

"蚘,蚩蚘,古諸侯號。通作尤。"

上博六·競10～,古地名。姑、尤指姑水、尤水,即今山東半島中部的大沽河、小沽河。《左傳·昭公二十年》:"聊、攝以東,姑、尤以西,其爲人也多矣。"杜預注:"姑、尤,齊東界也。姑水、尤水皆在城陽郡。"孔穎達疏:"聊、攝、姑、尤皆是邑也,管仲夸楚,言其竟界所至,故遠舉河海也。晏子言其人多,故唯舉屬邑之言是也。"

蚘

 上博五·鬼7 蚩～(尤)俊(作)兵

～,與 (新蔡甲三143)、(新蔡甲三182—2同),从"虫","尤"聲。

上博五·鬼7"蚩～",讀爲"蚩尤",傳說中的古代九黎族首領。以金作兵器,與黃帝戰于涿鹿,失敗被殺。《集韻》:"蚘,蚩蚘,古諸侯號。通作尤。"《莊子·盜跖》:"然而黃帝不能致德,與蚩尤戰于涿鹿之野,流血百里。"

甞

上博六·天甲10 堋～不

上博六·天乙10 堋～不語分

～,與 (郭店·六德30)同,从"甘",从二"尤","尤"聲,"友"字異體。新蔡零472"忧"作。

上博六"堋～",讀爲"朋友"。參上。

旻(得)

上博一·緇10 女(如)不我～(得)

上博二・從甲 3 是呂(以)～(得)臤(賢)士一人

上博二・從甲 10 信則～(得)眾

上博二・從甲 17 君子難～(得)而惕(易)史(事)也

上博二・從甲 18 是呂(以)曰少(小)人惕(易)～(得)而難史(事)也

上博二・容 5 各～(得)丌(其)䄔(世)

上博二・容 18 不～(得)已

上博二・容 29 無求不～(得)

上博二・容 37 羕～(得)於民

上博二・容 42 夫是呂(以)～(得)眾而王天下

上博二・容 52 ～(得)遴(失)

上博三・周 14 大又(有)～(得)

上博三・周 16 陸(隨)求又(有)～(得)

 上博三・周 21 人之～(得)

 上博三・周 37 ～(得)黃矢

 上博三・周 44 亡(无)喪亡(无)～(得)

 上博三・周 53 ～(得)僮(童)僕(僕)之貞

 上博三・亙 12 無不～(得)丌(其)亟(極)而果述(遂)

 上博三・亙 13 ～(得)之

 上博三・彭 8 既～(得)昏(聞)道

 上博四・柬 8 虐(吾)所～

 上博四・曹 7 君子～(得)之遊(失)之

 上博四・曹 8 必共僉(僉)吕(以)～(得)之

上博五・鮑 5 或(又)不～(得)見

 上博五・季 5 事皆～(得)丌(其)舊(舊)而弲(強)之

上博五・姑 3 可~(得)而事也

上博五・姑 4 唯(雖)~(得)全(免)而出

上博五・姑 5 虐(吾)睧(聞)爲臣者必思君~(得)志於㠱(己)

上博五・三 2 敬者~(得)之

上博一・孔 7 ~(得)虎(乎)

上博一・孔 11 則智(知)不可~(得)也

上博一・孔 13 可~(得)

上博一・孔 16 虐(吾)以萬(葛)𧯚(覃)~(得)氏初之詩

上博一・孔 19 木苽(瓜)又(有)𢪇(藏)悥(願)而未~(得)達也

上博一・孔 20 虐(吾)㠱(以)折(杕)杜~(得)雀(爵)

上博一・孔 24 虐(吾)㠱(以)甘棠~(得)宗富(廟)之敬

上博一・孔 26 陞(隰)又(有)長(萇)楚~(得)而悬(悔)之也

上博一·性25 下交～(得)衆近從正(政)

上博一·性32 弗～(得)之矣

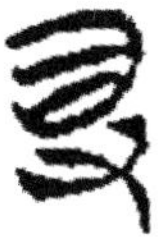

上博二·民6 不可～(得)而睧(聞)也

上博二·民7 不可～(得)而視(見)也

上博二·民7 而～(得)既塞於四海矣

上博二·民10 可～(得)而睧(聞)㚆(與)

上博二·民12 屯～(得)同明

上博二·民13 燹(氣)[志]既～(得)

上博二·子1 可(何)古(故)目(以)～(得)爲帝

上博一·子6 史(使)皆～(得)丌(其)社禝百眚(姓)而奉守之

上博二·子6 堯之～(得)舜也

上博二·子11 觀於伊而～(得)之

 上博四·昭 4 㠯(以)儓(僕)之不～(得)

 上博四·曹 10 害又(有)弗～(得)

上博五·競 4 含(今)此祭之～(得)福者也

上博五·競 8 含(今)内之不～(得)百生(姓)

 上博一·孔 9 丌(其)～(得)彔(禄)蔑置(疆)矣

 上博六·競 6 而湯清者與～(得)萬福安

 上博六·競 12 則未～(得)與昏

 上博六·孔 2 可～(得)聞與

上博六·孔 9 不惪(仁)人弗～(得)進矣

 上博六·孔 9 詞～(得)不可人而與

 上博六·壽 6 女我～(得)免

 上博六·木 4 王子不～(得)君楚邦

上博六·木 4 或不～（得）

上博六·慎 4 襄～（得）甬（用）於殊世

上博六·用 1 参節之未～（得）

上博六·用 8 而莫之能～（得）

上博六·天甲 5 信文～（得）史（事）

上博六·天甲 5 信武～（得）田

上博六·天甲 5 日月～（得）亓（其）

上博六·天乙 4 信文～（得）史（事）

上博六·天乙 4 信武～（得）田

上博七·武 1 不可～（得）

上博七·武 4 惪（仁）㠯（以）～（得）之

上博七·武 5 ～（得）之

上博七·武 5~(得)之

上博七·武 10 立(位)難~(得)而惕(易)迻(失)

上博七·武 10 士難~(得)而惕(易)𩵋

上博七·武 11 丌(其)道可~(得)

上博七·凡甲 1 奚~(得)而城(成)

上博七·凡甲 1 奚~(得)而不死

上博七·凡甲 2 奚~(得)而固

上博七·凡甲 2 奚~(得)而不危

上博七·凡甲 2 奚~(得)而生

上博七·凡甲 3 又(有)~(得)而城(成)

上博七·凡甲 7 虗(吾)欲~(得)百眚(姓)之和

上博七·凡甲 8 敬天之絮(明)奚~(得)

上博七·凡甲 12 土奚~(得)而坪(平)

上博七·凡甲 12 水奚~(得)而清

上博七·凡甲 12 卉(草)木奚~(得)而生

上博七·凡甲 13 卉(草)木~(得)之㠯(以)生

上博七·凡甲 13 含(禽)獸~(得)之㠯(以)鳴

上博七·凡甲 13 含(禽)獸奚~(得)而鳴

上博七·凡甲 17 ~(得)鼠(一)而思之

上博七·凡甲 23 ~(得)鼠(一)〔而〕

上博七·凡甲 28 ~(得)而解之

上博七·凡乙 1 奚~(得)而城(成)

上博七·凡乙 1 奚~(得)而不死

上博七·凡乙 2 奚~(得)而固

 上博七·凡乙 2 奚～(得)而不厓(危)

 上博七·凡乙 2 奚～(得)而生

 上博七·凡乙 2 又(有)～(得)而城(成)

 上博七·凡乙 9 奚～(得)而清

 上博七·凡乙 9 卉(草)木奚～(得)而生

 上博七·凡乙 9 含(禽)獸奚～(得)而鳴

 上博七·凡乙 12 ～(得)䑕(一)而思之

上博七·凡乙 16 ～(得)䑕(一)而煮(圖)之

上博七·凡乙 21 ～(得)而解之

 上博八·顏 8□而～(得)之

上博八·顏 11 所㠯(以)～(得)青(情)

 上博八·顏 14 而母(毋)谷(欲)～(得)安(焉)

 　上博八·命 2 儔(僕)既～(得)辱貝(視)日之廷

 　上博八·志 6～(得)忧(尤)於邦多巳(已)

～，戰國文字或作 (郭店·老子甲 5)、 (郭店·老子甲 28)、 (郭店·老子乙 6)、 (郭店·成之聞之 11)、 (郭店·六德 48)、 (郭店·語叢一 91)、 (郭店·語叢三 47)、 (郭店·語叢四 5)、 (左塚漆桐)、 (古璽印輯存 26)、 (新泰陶文)、 (新泰陶文)、 (靈壽圖 76·9)、 (集粹 891)、 (集粹 230)、 (珍戰 59)，從"手"持"貝"，會意，"得"字初文。所從"貝"多訛省爲"目"，齊文字或訛爲"日"。《說文·彳部》："得，行有所得也。从彳，㝵聲。 ，古文省彳。"

上博二·民 7"而～氣塞於四海矣"，《禮記·孔子閒居》作"志氣塞乎天地"，《孔子家語·論禮》作"志氣塞於天地，行之充於四海"。鄭玄注"志氣"云："志謂恩義也。"或讀爲"德"。《荀子·成相》"尚德推賢"，楊倞注："得，当爲德。"《論語·季氏》"戒之在得"，邢昺疏："得，本作德。"《民之父母》簡 12"屯得同明"，《孔子閒居》作"純德孔明"。簡文"得氣"即"德氣"。《潛夫論·班祿》："德氣流布而頌聲作也。"德，古有恩澤之意，《春秋繁露·陽尊陰卑》："陰，刑氣也；陽，德氣也。"此文"無聲之樂"等均是施德于民，故"德氣"當指仁德之氣。

上博二·容 52"～遊(失)"，讀爲"得失"，得與失。《管子·七臣七主》："故一人之治亂在其心，　國之存亡在其主，天下得失，道一人出。"尹知章注："明主得，闇主失。"《漢書·宣帝紀》："循行天下，察吏治得失。"或讀爲"德"。謂[受不智其]德亂於民深矣。(白於藍)

上博五"～志"，實現其志願。《易·賁》："'白賁無咎'，上得志也。"《史記·伍子胥列傳》："闔廬既立，得志，乃召伍員以爲行人，而與謀國事。"

上博"奚～"，怎麼能夠。《韓非子·外儲說左上》："國安則尊顯，危則爲屈公之威，人主奚得於居學之士哉？"

上博七·凡"～鼠",讀爲"得一",得道。《老子》:"昔之得一者:天得一以清;地得一以寧;神得一以靈;谷得一以盈;萬物得一以生;侯王得一以爲天下貞。"王弼注:"一,數之始而物之極也,各是一物之生,所以爲主也。物皆各得此一以成。"《呂氏春秋·論人》:"無以害其天則知精,知精則知神,知神之謂得一。凡彼萬形,得一後成。"高誘注:"一,道也。天道生萬物,萬物得一乃後成也。"

上博一·性 25、上博二·容 42、上博二·從甲 10"～(得)衆",謂得人心。《論語·陽貨》:"恭則不侮,寬則得衆。"邢昺疏:"寬則得衆者,言行能寬簡則爲衆所歸也。"

上博三·周 44～,獲得,得到。與"喪"相對。

上博四·曹 7"君子～(得)之遊(失)之",《禮記·雜記下》:"君子有五恥:居其位,無其言,君子恥之;有其言,無其行,君子恥之;既得之而又失之,君子恥之;地有餘而民不足,君子恥之;衆寡均而倍焉,君子恥之。"

上博六·壽 6"～(得)免",《呂氏春秋·仲冬紀》:"吳王之無道也,子之所見也,諸侯之所知也。今子得免而去之,亦善矣。"

上博八·命 2～,用在動詞前表示能夠。《論語·八佾》:"儀封人請見,曰:'君子之至於斯也,吾未嘗不得見也。'"

上博八·志 6"～忧",讀爲"得尤",即得罪。參"忧"字條。

上博～,獲得,得到。《詩·周南·關雎》:"求之不得,寤寐思服。"

厷

 上博二·民 9～矣

～,甲骨文作㞢,從"又",下加 c 形表示肱部位置,指事。"又"亦聲。戰國文字"厷"字從"又",指事符號訛爲"ㄙ"形。《說文·又部》:"厷,臂上也。從又,從古文。㔶,古文厷,象形。肱,厷或從肉。"

上博二·民 9～,讀"宏"。簡文與《禮記·孔子閒居》"言則大矣,美矣,盛矣"可對應。"宏"與"盛"屬義近互換。

态

　上博四·曹56 邦豪(家)曰(以)～

～,从"心","厷"聲。

上博四·曹56～,讀爲"宏",大、宏大。《書·康誥》:"汝惟小子,乃服惟宏。"孫星衍疏:"宏者,《釋詁》云:大也。'乃服惟宏'即《左傳》子旗所云服宏大也,言其所治宏大。"

挍(肱)

　上博三·周51 折丌(其)～挍(肱)

～,从"手","厷"聲,"肱"字異體。"厷"左下所从○内加短横爲飾筆。《說文》以"肱"爲"厷"字或體。

上博三·周51～,即肱,手臂。《左傳·成公元年》:"蛇出其下,以肱擊之。"

匣紐或聲

或

　上博三·周5～從王事

　上博三·周5～賜緇(鞶)繡(帶)

　上博三·周7 帀(師)～罋(輿)殑(尸)

　上博三·周28～承丌(其)愻(羞)

 上博五・三 14 爲不善褐(禍)乃~(惑)之

 上博五・鬼 3 則善者~不賞而暴

 上博五・鬼 4 虐(吾)~(又)弗智(知)也

 上博三・亙 1 ~(域)乍(作)

 上博三・亙 1 又(有)~安(焉)又(有)氣

 上博三・亙 2 而未~明

 上博三・亙 2 未~茲(滋)生

 上博三・亙 3 ~(域)

 上博三・亙 3 生~(域)者同安(焉)

 上博三・亙 5 又(有)出於~(域)

 上博三・亙 6 ~(域)非或(域)

 上博三・亙 6 或(域)非~(域)

 上博三・亙 6 無胃(謂)~(域)

 上博三・亙 12 甬（庸）～

 上博三・亙 13 甬（庸）～遊（失）之

 上博一・緇 2 臣不～（惑）於君

 上博二・魯 5 丌（其）欲雨～甚於我

 上博二・容 40 湯～（又）從而攻之

 上博二・容 40 湯～（又）從而攻之

 上博二・容 45 ～（又）爲酉（酒）池

 上博二・容 52 ～亦记（起）帀（師）㠯（以）逆之

 上博四・昭 8 或昏（昧）死言

 上博四・昭 8 今君王～命朕毋見

 上博四・昭 10 ～□衣

 上博四・曹 14 ～㠯（以）克

 上博四·曹14 ～㠯(以)亡

 上博四·曹23 臧(莊)公～(又)䎽(問)

 上博四·曹35 臧(莊)公～(又)䎽(問)

 上博四·曹37 不牪而～興

 上博四·曹37 ～康㠯(以)會

 上博四·曹42 臧(莊)公～(又)䎽(問)曰

 上博四·曹43 臧(莊)公～(又)䎽(問)曰

 上博四·曹44 臧(莊)公～(又)䎽(問)曰

 上博四·曹53 臧(莊)公～(又)䎽(問)曰

 上博四·曹53 必贛(贛)首皆欲～之

 上博四·曹53 臧(莊)公～(又)䎽(問)曰

 上博四·曹55 臧(莊)公～(又)䎽(問)曰

上博四・曹59 臧(莊)公～(又)餌(問)曰

上博四・曹64 而毋～(惑)者(諸)少(小)道與(歟)

上博五・鮑5～(又)不旻(得)見

港甲8 旨(以)爲吕執子～安

上博四・曹36 臧(莊)公～(又)餌(問)

上博四・曹46 臧(莊)公～(又)餌(問)曰

上博四・曹50 臧(莊)公～(又)餌(問)曰

上博一・性4～敳(動)之

上博一・性4～逆之

上博一・性4～悥(實)之

上博一・性4～蒽(厲)之

上博一・性4～出[之]

 上博一·性 5～長之

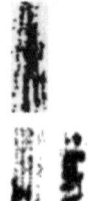 上博一·性 11～興之也

 上博一·性 11～舍(敘)爲之節則曼(文)也

 上博一·孔 20～前之而句(後)交

 上博二·子 5～㠯(以)曼(文)而遠

 上博二·魯 4 丌(其)欲雨～甚於我

 上博二·魯 4～必寺(待)虔(吾)乎明(名)虔(呼)

 上博二·魯 5～必寺(待)虔(吾)乎明(名)虔(呼)

 上博二·從甲 2 而民～弗義

 上博二·從甲 12 必～智(知)之

 上博三·彭 4～(又)椎(入)於囦(淵)

 上博六·競 3～可忎(愛)安

上博六·莊 7 臣䢼(將)～至安

上博六·木 4～不旻(得)

上博六·用 4 淦(陰)則～淦(陰)

上博六·用 4 易(陽)則～易(陽)

上博七·凡甲 5 虐(吾)既長而～老

上博七·凡甲 25 出惻(則)～内(入)

上博七·凡甲 25 終則～詞(始)

上博七·凡甲 25 至則～反

上博七·凡乙 4 虐(吾)既長而～老

上博七·凡乙 18 出惻(則)～内(入)

上博七·凡乙 18 終則～詞(始)

上博七·凡乙 18 至則～反

 上博七·吳1～童（動）之

 上博七·吳2 君而～言

 上博七·吳5～又（有）釜（斧）戉（鉞）之愚（威）

 上博八·顏7～迪而教

 上博八·成11 先～（國）叏（變）之攸（修）也

 上博八·成15 而～（國）又（有）相串（患）割（害）之志

 上博八·志2～猶走趣（趨）事王

 上博八·志4～不能節炅（暑）

 上博六·競3～子

 上博六·競13 公～胃（謂）之

 上博一·緇5 隹（誰）秉～（國）成

 上博一·緇7 四～（國）川（順）之

· 64 ·

～，戰國文字或作▨(郭店・老子甲 2)、▨(郭店・老子甲 2)、▨(郭店・老子乙 3)、▨(郭店・老子乙)、▨(郭店・尊德義 30)、▨(郭店・尊德義 31)、▨(郭店・性自命出 10)、▨(郭店・六德 38)、▨(郭店・語叢一 19)、▨(郭店・語叢一 23)、▨(郭店・語叢一 43)、▨(新蔡甲三 111)、▨(新蔡甲三 224)、▨(新蔡甲三 318)、▨(施 282)。《說文・戈部》："或，邦也。从口从戈，以守一。一，地也。▨，或又从土。"

上博三・亙 1、3、5、6～，讀爲"域"。"域"訓爲界，和"宇"意義類同，所以"域中"、"域外"即"宇中"、"宇外"，就道家宇宙論而言，指空間。

上博一・緇 2、上博四・曹 64～，讀爲"惑"，疑惑。《孟子・公孫丑上》："若是，則弟子之惑滋甚。"

上博一・孔 20、上博三・周 5～，連詞。表示選擇或列舉。《漢書・韓安國傳》："吾勢已定，或營其左，或營其右，或當其前，或絕其後，單于可禽，百全必取。"

上博二・容 40、45、上博二・魯 4、5、上博三・彭 4、上博四・曹 23、35、42、44、43、53、55、59、上博五・鮑 5、上博五・鬼 4、上博八・志 2、4～，讀爲"又"。《詩・小雅・賓之初筵》："既立之監，或佐之史。"王引之《經傳釋詞》卷三："或，猶又也。言又佐之史也。"

上博一・緇 5、7、上博八・成 15～，讀爲"國"。

上博六・競 3"～子"，讀爲"國子"，指"國夏"、"國惠子"、"惠子"。《左傳・哀公五年》："(齊景)公疾，使國惠子、高昭子立荼，置群公子於萊。"

上博二・魯 5"～甚"，讀爲"又甚"。《國語・鄭語》："又甚聰明和協，蓋其先王。"《墨子・非攻上》："至攘人犬豕雞豚者，其不義又甚入人園圃竊桃李。"

上博七・吳 2"～言"，讀爲"有言"。《書・盤庚上》："遲任有言曰。"《禮記・祭義》"庶或饗之"，鄭玄注："或，猶有也。""或言"，亦見《書・多士》："時予乃或言。"

惑

上博一·緇3 上人俟(疑)則百眚(姓)～

上博五·鬼6 勿(物)斯可～

上博一·緇4 則民不～

上博一·緇22 此目(以)邇者不～

上博三·中10 ～㥈(過)惥(與)皋(罪)

上博三·中7 ～㥈(過)惥(與)皋(罪)

上博六·孔27 此目(以)不～

～,戰國文字或作(郭店·緇衣4)、㦏(郭店·魯穆公問子思4)、㦏(施301)、㦏(秦駰玉版)。《説文·心部》:"惑,亂也。从心,或聲。"

上博三～,讀爲"宥"。《説文通訓定聲·頤部》:"有,假借爲或,即域字。""惑"疑紐職部,"宥"疑紐之部,二字雙聲,之職對轉。《廣雅·釋言》:"宥,赦也。"《左傳·成公三年》:"各懲其忿,以相宥也。"杜預注:"宥,赦也。"

上博一·緇3、上博五·鬼6～,迷惑。《史記·伯夷列傳》:"余甚惑焉,儻所謂天道,是邪非邪?"

上博一·緇4、22、上博六·孔27不～,謂遇事能明辨不疑。《論語·子罕》:"知者不惑,仁者不憂,勇者不懼。"

憨

 上博二·容20 思民母(毋)～(惑)

～,從"心","或"聲,"惑"字繁體。

簡文～,讀"惑",疑惑。《孟子·公孫丑上》:"若是,則弟子之惑滋甚。"《史記·伯夷列傳》:"余甚惑焉,儻所謂天道,是邪非邪?"

賊

 上博五·弟16 多聞(聞)則～(惑)

～,與 (郭店·緇衣6)、 (郭店·緇衣5)同,從"視","或"聲,"惑"之異體。

簡文～,讀"惑",疑惑。

國

 上博一·緇1 又(有)～者章好章惡

 上博二·民13 它(施)及四～

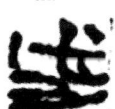 上博一·性33 眚(性)～生之

 上博五·競10 ～(又)曰(以)豊(豎)迟(刁)弄(與)孜(易)昏(牙)爲相

～,戰國文字或作 (郭店·語叢三42)、 (郭店·語叢三43)、 (新蔡甲三248)、 (新蔡甲三251)、 (新收1086國楚戈)、 (郘王職壺上

海博物館集刊 8.147)、☐(珍吳 104 頁二十一年舌國戟)、☐(珍吳 152 頁四年成陰嗇夫戟)、(施 93)。李家浩先生認爲戰國楚簡文字中"國"與"或"在形體上有區別,左側豎筆超出上端橫畫的應該釋"國",反之則應該釋"或"。《説文·口部》:"國,邦也。从口,从或。"

上博一·性 33～,讀爲"或"。

上博五·競 10～,讀爲"又"。

上博二·民 13"四～",四方鄰國。亦泛指四方,天下。《詩·大雅·崧高》:"揉此萬邦,聞於四國。"鄭玄箋:"四國,猶言四方也。"《左傳·襄公三十年》:"子大叔曰:'若四國何?'子產曰:'非相違也,而相從也,四國何尤焉!'"

宬

 上博四·曹 16 繹紀於大～

～,與☐(郭店·緇衣 9)同,从"宀","或"聲,"國"字異體。

簡文"大～",即"大國",古指大諸侯國。《詩·商頌·長發》:"玄王桓撥,受小國是達,受大國是達。"《公羊傳·隱公五年》:"諸侯者何?天子三公稱公,王者之後稱公其餘大國稱侯。"何休注:"大國謂百里也。"

見紐兀聲

兀

 上博一·孔 1～(其)又(有)不王唬(乎)

 上博一·孔 2～(其)樂安而犀(遲)

 上博一·孔 2～(其)訶(歌)紳(引)而蕩

上博一·孔 2～(其)思深而遠

上博一・孔3～(其)内勿(物)也尃(博)

上博一・孔3～(其)言吝(文)

上博一・孔3～(其)聖(聲)善

上博一・孔4 耑(詩)～(其)猷坪(平)門與

上博一・孔4～(其)甬(用)心也牂(將)可(何)女(如)

上博一・孔4～(其)甬(用)心也牂(將)可(何)女(如)

上博一・孔5 㠯(以)爲～(其)本

上博一・孔5 㠯(以)爲～(其)鐷(業)

上博一・孔8～(其)言不亞(惡)

上博一・孔9～(其)旻(得)录(祿)蔑畺(疆)矣

上博一・孔9 則困天〈而〉谷(欲)反～(其)古(故)也

上博一・孔9 多恥者～(其)忳之唬(乎)

上博一・孔10 童而皆臤(賢)於～(其)初者也

上博一・孔11 則～(其)思贎(益)矣

上博一・孔11 則㠯(以)～(其)录(祿)也

上博一·孔 14 ～(其)四章則俞(喻)矣

上博一·孔 15 及～(其)人

上博一·孔 15 敬忢(愛)～(其)查(樹)

上博一·孔 15 ～(其)保(報)厚矣

上博一·孔 16 㠯(以)～(其)蜀(獨)也

上博一·孔 16 見～(其)뙁(美)必谷(欲)反(返)丌(其)本

上博一·孔 16 見丌(其)뙁(美)必谷(欲)反(返)～(其)本

上博一·孔 17 湯(揚)之水～(其)忢(愛)婦悡

上博一·孔 18 㠯(以)俞(喻)～(其)惌(怨)者也

上博一·孔 18 憙(喜)～(其)至也

上博一·孔 20 ～(其)隱(隱)志必又(有)㠯(以)俞(喻)也

上博一·孔 20 ～(其)言又(有)所載而句(後)内

上博一·孔 21 ～(其)猷鮀與

上博一·孔 22 ～(其)義(儀)一氏(兮)心女(如)結也

上博一·孔 23 ～(其)甬(用)人則虐(吾)取

上博一・孔 24 甚貴～(其)人必敬丌(其)立(位)

上博一・孔 24 甚貴丌(其)人必敬～(其)立(位)

上博一・孔 24 敓(悅)丌(其)人必好～(其)所爲

上博一・孔 24 亞(惡)～(其)人者亦肰(然)

上博一・孔 27 遷(離)～(其)所惡(愛)

上博一・孔 29 涉秦(溱)～(其)絕聿而士

上博一・緇 2 則君不惡(疑)～(其)臣

上博一・緇 3 ～(其)義(儀)不弋(忒)

上博一・緇 4 言～(其)所不能

上博一・緇 4 不訂(辭)～(其)所能

上博一・緇 8 不從～(其)所㠯(以)命

上博一・緇 8 而從～(其)所行

上博一・緇 10 大人不暈(親)～(其)所臤(賢)

上博一·緇 10 而信～(其)所賤

上博一·緇 15～(其)出女(如)縚

上博一·緇 15～(其)出女(如)緁(紳)

上博一·緇 17 古(故)言則慮～(其)所終

上博一·緇 17 行則旨(稽)～(其)所蔽(敝)

上博一·緇 17 㠯(以)城(成)～(其)信

上博一·緇 18 則民不能大～(其)頠(美)而少(小)丌(其)亞(惡)

上博一·緇 18 則民不能大丌(其)頠(美)而少(小)～(其)亞(惡)

上博一·緇 20～(其)義(儀)一也

上博一·緇 20 朼(必)見～(其)鏨(轍)

上博一·緇 21 朼(必)見～(其)成

上博一·緇 21 隹(惟)君子能好～(其)匹

上博一·緇21 少(小)人剴(豈)能好～(其)匹

上博一·緇22 ～(其)惡也又(有)方

港甲1 ～容不改

上博二·子4 虗(吾)昏(聞)夫舜～(其)幼也

上博二·子4 ～(其)言

上博二·子6 史(使)皆得～(其)社禝百眚(姓)而奉守之

上博二·子7 舜～(其)可胃(謂)受命之民矣

上博二·子8 古(故)夫舜之惪(德)～(其)城(誠)臤(賢)矣

上博二·子9 而～(其)父戔(賤)而不足爯(稱)也與

上博二·子9 ～(其)莫

上博二·子11 又(有)鸎(燕)監(銜)卵而陼(措)者(諸)～(其)前

上博二·魯3 戝(繄)虗(吾)子女逹命～(其)與

上博二·魯4 ～(其)欲雨或甚於我

上博二·魯5 ～(其)欲雨或甚於我

上博三·周4 ～(其)邑人晶(三)四户

上博三·周13 不貫(富)㠯(以)～(其)䢈(鄰)

上博三·周25 ～(其)猷攸(逐)攸(逐)

上博三·周26 執～(其)陸(隨)

上博三·周27 欽(咸)～(其)拇

上博三·周28 不死(恆)～(其)悳(德)

上博三·周28 或承～(其)悭(羞)

上博三·周28 死(恆)～(其)悳(德)

上博三·周30 脜(遯)～(其)尾礪(厲)

上博三·周32 ～(其)□

上博三·周37 ～(其)垈(來)返(復)

上博三·周38 ～(其)行縷(婁)疋(且)

上博三·周41 ～(其)行縷(婁)疋(且)

上博三·周41 敂～(其)角

上博三·周44 贏～(其)缾(瓶)

上博三·周45 並受～(其)福

上博三·周 48 ~(其)悔(背)

上博三·周 48 不腹(獲)~(其)身

上博三·周 48 行~(其)廷

上博三·周 48 ~(其)止(趾)

上博三·周 48 艮~(其)足

上博三·周 48 不陞(拯)~(其)陸(隨)

上博三·周 48 ~(其)心不悸

上博三·周 48 艮~(其)瞳

上博三·周 49 郠(列)~(其)夤

上博三·周 49 艮~(其)躳

上博三·周 49 艮~(其)敫(輔)

上博三·周 51 豐~(其)芾(沛)

上博三·周 51 折~(其)右弦(肱)

上博三·周 51 豐~(其)坿

上博三·周 51 遇~(其)尸(夷)宔(主)

上博三·周 51 豐~(其)芾

上博三·周 52 坿~(其)豪(家)

上博三·周 52 闈(闚)~(其)戾(戶)

上博三·周 52 敔(闚)～(其)亡(无)人

上博三·周 53 此～(其)所取懇

上博三·周 53 裏(懷)～(其)次(羡)

上博三·周 53 遞(旅)焚～(其)宋(次)

上博三·周 53 喪～(其)僮(童)僕(僕)

上博三·周 54 鑾(渙)走～(其)尻

上博三·周 54 鑾(渙)～(其)躳

上博三·周 54 鑾(渙)～(其)群

上博三·周 55 鑾(渙)～(其)丘

上博三·周 55 鑾(渙)～(其)大唬(號)

上博三·周 55 鑾(渙)～(其)尻

上博三·周 55 鑾(渙)～(其)血

上博三·周 57 挈(需)～(其)首

上博三·周 58 涓(曳)～(其)輪

港甲 2 牛攸～人

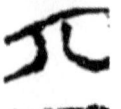

上博三·中 3 思老～(其)豙(家)

上博三·中 10 人～(其)豫(舍)之者

上博三・中 12 不及～(其)城(成)

上博三・中 13 ～(其)

上博三・中 20 ～(其)咎

上博三・中 20 所漮(竭)～(其)青(情)

上博三・中 20 聿(盡)～(其)斳(慎)者

上博三・中 21 唯～(其)戁(難)也

上博三・中 25 不聿(盡)～(其)

上博三・彭 2 三迲(去)～(其)二

上博三・彭 4 可(何)～(其)宗(崇)

上博四・柬 19 贅尹皆紿(始)～(其)言呂(以)告大(太)剖(宰)

上博四・柬 21 不呂(以)～(其)身弁(變)贅尹之棠(常)古(故)

上博四・相 1 備～(其)弓(強)

上博五・君 6 禹～衆寡

上博五・弟 1 佣虖(唬)～雁(膺)

上博五·弟 2 生而不因～(其)浴(俗)

上博五·弟 2 ～(其)天民也唬(乎)

上博五·弟 4 ～(其)必此唬(乎)

上博五·弟 8 可言唬(乎)～(其)信也

上博五·弟 15 ～(其)緵(組)者唬(乎)

上博五·弟 15 ～(其)

上博五·弟 19 膧=(膧膧)女也～聖(聽)

上博五·弟 20 又(有)戎(農)植～(其)樓而訶(歌)安

上博五·弟 23 剌唬(乎)～下

上博五·弟 23 不斲(折)～枳(枝)

上博五·弟 23 飤(食)～(其)實□

上博五·弟附簡□者～(其)言□而不可

上博一·孔 24 敓(悦)～(其)人必好丌(其)所爲

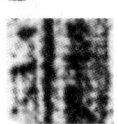

上博一·性 10 豊(體)～(其)宜(義)而節曼(文)之

 上博一·性 10 里（理）～（其）情而出内（入）之

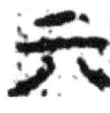 上博一·性 1 及～（其）見於外

 上博一·性 4 ～（其）眚（性）一也

 上博一·性 4 ～（其）甬（用）心各異

 上博一·性 7 又（有）㠯（以）習～（其）眚（性）也

 上博一·性 8 ～（其）三述（術）者

 上博一·性 8 ～（其）訋（始）出也皆生於［人］

 上博一·性 9 聖人比～（其）頪（類）而侖（論）會之

 上博一·性 9 䇾（觀）～（其）先後而逆訓（順）之

 上博一·性 11 ～（其）先後之舍（敘）則宜道也

 上博一·性 12 君子㠻（美）～（其）情

 上博一·性 12 貴～（其）宜（義）

 上博一・性 12 善～(其)節

 上博一・性 12 好～(其)頌(容)

 上博一・性 12 樂～(其)道

 上博一・性 12 兌(悅)～(其)孝(教)

 上博一・性 13～(其)訶(詞)宜道也

 上博一・性 14～(其)出於情也信

 上博一・性 14 肰(然)句(後)～(其)内(入)拔(撥)人之心也敓(厚)

 上博一・性 16～(其)居節也舊(久)

 上博一・性 16～(其)反善遉(復)訇(始)也靳(慎)

 上博一・性 16～(其)出内(入)也訓(順)

 上博一・性 16 綺(始)～(其)悥(德)[也]

 上博一・性 18 皆至～(其)情也

上博一・性 18 ～（其）眚（性）相近也

上博一・性 18 是古（故）～（其）心不遠

上博一・性 18 ～（其）

上博一・性 19 ～（其）柬（柬）流女（如）也㠯（以）悲

上博一・性 20 ～（其）聖（聲）弁（變）則心從之矣

上博一・性 20 ～（其）心貞（變）

上博一・性 20 則～（其）聖（聲）亦肰（然）

上博一・性 21 句（苟）㠯（以）～（其）情

上博一・性 26 谷（欲）～（其）㲋（宛）也

上博一・性 27 谷（欲）～（其）折也

上博一・性 31 凡斈（教）者求～（其）［心爲難］

上博一・性 37 又（有）～（其）爲人之俴=（俴俴）女（如）也

 上博一·性37 又(有)~(其)爲人之柬(簡)柬(簡)女(如)也

 上博一·性38 又(有)~(其)爲人之慧(快)女(如)也

 上博一·性39 肰(然)而~(其)怎(過)不亞(惡)

 上博一·性38 又(有)~(其)爲人之

 上博二·民2 ~(其)[之]胃(謂)民之父母矣

 上博二·民9 ~(其)才(在)諀(辯)也

 上博二·從甲2 ~(其)䜌(亂)

 上博二·從甲9 ~(其)事不

 上博二·從甲11 內(納)~(其)㠱(身)安(焉)

 上博二·從甲17 ~(其)史(使)人

 上博二·從甲18 ~(其)史(使)人

 上博二·從乙5 㠯(以)改~(其)言

上博二・昔3能事～(其)懿(親)

上博二・容1皆不受(授)～(其)子而受(授)叴(賢)

上博二・容1～(其)惪(德)酉清

上博二・容2而一～(其)志

上博二・容2而寢～(其)兵

上博二・容2而官～(其)才(材)

上博二・容5各旻(得)～(其)殜(世)

上博二・容9䢅(畢)能～(其)事

上博二・容10萬邦之君皆㠯(以)～(其)邦襄(讓)於叴(賢)［者］

上博二・容12不㠯(以)～(其)子爲後

上博二・容13㠯(以)善～(其)新(親)

上博二・容14堯睧(聞)之而娩(美)～(其)行

 上博二·容 17 不吕(以)～(其)子爲後

 上博二·容 20 吕(以)鞭(辨)～(其)左右

 上博二·容 29 而聖(聽)～(其)訟獄

 上博二·容 33 ～(其)生賜羕(養)也

 上博二·容 33 ～(其)死賜牀(葬)

 上博二·容 33 不吕(以)～(其)子爲後

 上博二·容 35 傑(桀)不述～(其)先王之道

 上博二·容 38 不量～(其)力之不足

 上博二·容 38 取～(其)兩女瑁(琰)瑂(琬)

 上博二·容 38 妖北迭(去)～(其)邦

 上博二·容 38 ～(其)喬(驕)大(泰)女(如)是牆(狀)

 上博二·容 42 受(紂)不述～(其)先王之道

上博二・容43～(其)政紿(治)而不賞

上博二・容44 視(寘)孟炭～(其)下

上博二・容44 加纍(圜)木於～(其)上

上博二・容45 不聖(聽)～(其)邦之正(政)

上博二・容47 九邦者～(其)可坙(來)虖(乎)

上博二・容48 百眚(姓)～(其)可(何)皋(罪)

上博二・容50～(其)即(次)

上博二・容52 受(紂)不智(知)～(其)未又(有)成正(政)

上博三・周20～(其)非返(復)又𧦝(告)

上博三・周26 欽～(其)拇

上博三・周26 欽～(其)腓(腓)

上博三・周26 執～(其)腓(腓)

上博三・周37 繃～(其)拇

 上博三·亙 3 求～(其)所生

 上博三·亙 4 因生～(其)所慾(欲)

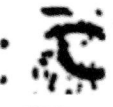 上博三·亙 5 返(復)～(其)所慾(欲)

 上博三·亙 11 ～(其)寐尨(蒙)不自若

 上博三·亙 12 ～(其)事無不返(復)

 上博三·亙 12 無非～(其)所

 上博三·亙 12 無不旻(得)～(其)懅(極)而果述(遂)

 上博四·采 4 ～ 也

上博四·昭 5 皋虗(吾)不智～尔堯(墓)

 上博四·昭 7 ～袨貝(視)

上博四·昭 8 皋～夲(容)於死

 上博四·昭 10 虗(吾)未又㠯(以)悪(憂)～子

上博四·內 1 言人之君之不能史(使)～(其)臣者

上博四·内 2～(其)君者

上博四·内 2 言人之臣之不能事～(其)君者

上博四·内 2 不與言人之君之不能史(使)～(其)臣者

上博四·内 8 君子㠯(以)城(成)～(其)考(孝)

上博四·相 1 先～(其)欲

上博四·相 1 牧～(其)惓(倦)

上博四·曹 2 君～惹(圖)之

上博四·曹 5 君～毋員(惧)

上博四·曹 8 君～(其)☒

上博四·曹 15～(其)食足㠯(以)食之

上博四·曹 15～兵足㠯(以)利之

上博四·曹 15～城固足㠯(以)戎(捍)之

上博四·曹 17 㠯(以)事～㑒(便)逨

上博四·曹 20 則繇～杲(本)虎

上博四·曹 23～(期)會之不難

上博四·曹 27 而改～遅(將)

上博四·曹 32～遅(將)銜聿(盡)戕(傷)

上博四·曹 42～遅(將)卑

上博四·曹 43～奎(去)之不速

上博四·曹 44～遷(就)之不尃(附)

上博四·曹 44～坠(啓)節不疾

上博四·曹 45～賞識(淺)叙(且)不中

上博四·曹 45～諔(誅)至(重)叙不諝(察)

上博四·曹 52 乃遊(失)～備(服)

上博四·曹 52 必赴(過)～所

上博四·曹 54 思忘～(其)死而見亓(其)生

上博四·曹 54 思忘亓(其)死而見～(其)生

上博四·曹 55 思～志记(起)

上博四·曹 56 善攻者必㠯(以)～所又(有)

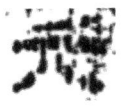上博四・曹59～志者寡矣

上博四・曹61㠯(以)懽～(勸)志

上博四・曹63唯君～智(知)之

上博四・曹65各㠯(以)～殜(世)

上博四・曹65㠯(以)及～身

上博五・競8虗(吾)不智(知)～(其)爲不善也

上博五・鮑1又(有)虘(夏)是(氏)觀～(其)容㠯(以)史(使)

上博五・鮑1汲(及)～(其)蕘(亡)也

上博五・鮑1皆爲～(其)容

上博五・鮑1觀～(其)容

上博五・鮑1聖(聽)～(其)言

上博五・鮑2遻(珊)～(其)所㠯(以)蕘(亡)

上博五・鮑2爲～(其)容

 上博五・鮑2爲～(其)言

 上博五・鮑2觀～(其)容

 上博五・鮑2遻(𨓷)～(其)所㠯(以)衰薨(亡)

 上博五・鮑2忘～(其)薨佾也

 上博五・鮑6～(其)爲忎(災)也深矣

 上博五・鮑6～(其)爲不㥯(仁)厚矣

 上博五・鮑7而赴(尚)穆～(其)型(刑)

 上博五・鮑7至欲飤(食)而上厚～(其)會(歛)

 上博五・季3是古(故)君子玉～言

 上博五・季3而墼(廛)～行

 上博五・季3敬城～惪(德)㠯(以)臨民

 上博五・季4民盬(望)～道而備安

 上博五·季5 事皆旻(得)～蕾(蓳)而弲(強)之

 上博五·季7 羣₌(君子)敬城～悳(德)

 上博五·季14 幾敢不㠯(以)～先₌(先人)之逋(傳)等(志)告

 上博五·季14 肰(然)～宔(主)人亦曰

 上博五·季23 ～曲曰(以)城之

 上博五·姑1 姑成豪(家)父曰(以)～(其)族參(三)垺(邟)正(征)百豫

 上博五·姑6 ～(其)疾與才(哉)

 上博五·姑9 與～(其)妻與亓(其)母

 上博五·姑9 與亓(其)妻與～(其)母

 上博五·姑10 不用～衆

 上博五·君3 虐子可～菁(膡)也

 上博五·君4 斯人欲～好

上博五・君7～才廷(庭)則欲齊齊

上博五・君8～才堂則☐

上博五・君9☐斯人欲～長貴也賏(富)而☐

上博五・弟1～(其)天民地虖(乎)

上博五・三3～身不叟(没)

上博五・三4 救(求)利戔(殘)～新(親)

上博五・三4 邦豪(家)～裏(壞)

上博五・三11 毋㷼(逸)～身

上博五・三11 而多～言

上博五・三12 各慇(慎)～尼(度)

上博五・三12 毋遯(失)～道

上博五・三13～贅(賦)而

上博五・三14 而寡～惥(憂)

上博五・三 15 聖（聽）～縈（營）

上博五・三 16 必喪～伾（伾）

上博五・三 17 叟（沒）～身才（哉）

上博五・三 17 不攸（修）～成

上博五・三 22 君子不慭（慎）～悳（德）

上博五・鬼 1 則曰（以）～（其）賞善罰暴也

上博五・鬼 4 ～（其）力能至（致）安（焉）而弗爲虖（乎）

上博五・鬼 4 啻（意）～（其）力古（固）不能至（致）安（焉）虖（乎）

上博六・競 3 若～告高子

上博六・競 4 吏～厶祝、吏進

上博六・競 5 爲～君祝斂也

上博六・競 7 古～祝吏裚蔑尚折

上博六・競 10 ～人數多已

上博六・競11～左右相弘自善

上博六・競11 古死～㴻(將)至

上博六・用9 而焚～反戻(側)

上博六・用19 又眛～不見

上博六・孔3 聞～辭於辯人唬

上博六・孔5 爲信㠯(以)事～上

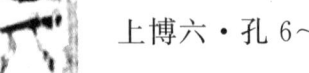

上博六・孔5 仁～女如此也

上博六・孔6～行

上博六・孔11～述多方安

上博六・孔12～易

上博六・孔12 亦㠯(以)～勿睿(蜜)二逃者㠯(以)觀於民

上博六・孔15 君子蜀之㠯(以)～所蜀

上博六・孔 15 規之言（以）～所谷

上博六・孔 16 安與之尻而謭（察）聞～所學

上博六・孔 17 禁言不當～所

上博六・孔 17 皆同～

上博六・孔 18 ～行板恭哀與

上博六・孔 21 訢～豊（禮）樂

上博六・孔 21 逃～

上博六・孔 22 皇～女

上博六・孔 24 君子流～觀安

上博六・用 3 丨～又成悳（德）

上博六・用 3 誇～又宙墨

上博六・用 6 各又～異煮（圖）

上博六·用6～由能不沽

上博六·用6戔～又綸紀

上博六·用7～頌之怍

上博六·用7～自見之泊

上博六·用7～言之謳

上博六·用8自～又保貨

上博六·用12聶～睶而不可遝膍

上博六·用13玟～若䢼

上博六·用14設～又繼（絕）惹

上博六·用14而難～又惠

上博六·用16朿～又恆井

上博六·用16纏～又魃頌

上博六・用 16 而絞～又寧

上博六・用 18 叡～又宙成

上博六・用 19 不邵～甚明

上博六・用 19 而散～甚章

上博六・天甲 5 日月=旻(得)～

上博六・天乙 5 日月=直～甫

上博七・武 4～篁(運)百[世]

上博七・武 5～篁(運)十殜(世)

上博七・武 7 見～前

上博七・武 7 必慮～遂(後)

上博七・武 8 與～溺於人

上博七・武 11～道可旻(得)

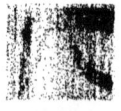 上博七·鄭甲1 奠(鄭)子豪(家)殺～君

 上博七·鄭甲2 含(今)奠(鄭)子豪(家)殺～君

 上博七·鄭甲2 牂(將)保～懇(恭)炎(嚴)

 上博七·鄭甲3 奠(鄭)人青(請)～古(故)

 上博七·鄭甲4 惑(戎)惻(賊)～君

 上博七·鄭乙1 奠(鄭)子豪(家)殺～君

 上博七·鄭乙2 奠(鄭)子豪(家)殺～君

 上博七·鄭乙2 牂(將)保～懇(恭)炎(嚴)㠯(以)及〈沒〉内(入)墬(地)

 上博七·鄭乙3 奠(鄭)人情(請)～古(故)

 上博七·鄭乙4 惑(戎)惻(賊)～君

 上博七·君甲3 此～一回(違)也

 上博七·君甲4 此～二回(違)也

上博七・君甲 5 君王龍(隆)~祭

上博七・君甲 5 而不爲~樂

上博七・君甲 6 此~三回(違)也

上博七・君乙 3 此~一回(違)也

上博七・君乙 4 此~二回(違)也

上博七・君乙 5 君王龍(隆)~祭

上博七・君乙 5 而不爲~樂

上博七・君乙 5 此~三回(違)也

上博七・凡甲 5 ~智愈暲(障)

上博七・凡甲 5 ~夬(慧)奚簹(適)

上博七・凡甲 6 簹(孰)智(知)~疆(彊)

上博七・凡甲 6 ~棶(來)亡(無)尾(度)

 上博七·凡甲 9～甸(始)生女(如)薛(孽)

 上博七·凡甲 10～人(入)宇(中)

 上博七·凡甲 16 是古(故)聖人尻(處)於～所

 上博七·凡甲 18 奚㠯(以)智(知)～白(泊)

 上博七·凡甲 27 不遴(失)～所然

 上博七·凡乙 5 箮(孰)智(知)～疆(彊)

 上博七·凡乙 5～坴(來)亡(無)尼(度)

 上博七·凡乙 7～甸(始)生女(如)薛(孽)

 上博七·凡乙 8～人宇(中)

 上博七·凡乙 11 是古(故)聖人尻(處)於～所

 上博七·凡乙 11～智愈暲(彰)

上博七·凡乙 11～

上博七·凡乙 13 □智(知)～(其)

上博七·吴 4～大夫

上博七·吴 4 叔(且)青(請)～行

上博七·吴 5 天□～中

上博七·吴 7 古(故)甬史(使)～三臣

上博七·吴 9 佳(唯)三大夫～辱昏(問)之

上博七·吴 9 不思～先君之臣

上博七·吴 9 瀘(廢)～贐獻

上博八·子 2 妝(偃)也攸(修)～(其)悳(德)行

上博八·子 2～(其)一[寇(寇)]□

上博八·顔 9 則～(其)於教也不遠矣

上博八·成 1 而王至(重)～(其)責(任)

上博八·成 3 各才(在)～(其)身

上博八·成 4 不辱～(其)身

 上博八·成 7 青（請）睧（問）～（其）事▢

 上博八·成 8 皆欲豫（捨）～（其）新（親）而新（親）之

 上博八·成 8 皆欲㠯（以）～（其）邦臱（就）之

 上博八·成 9 梓市明之惪（德）～（其）殜（世）也▢

 上博八·成 10 能㠯（以）～（其）六賢（藏）之獸（守）取新（親）安（焉）

 上博八·成 10 青（請）睧（問）～（其）方

 上博八·成 13 ～䅽（狀）膏（驕）㺑（淫）

 上博八·成 15 童光～（其）昌也

 上博八·命 7 請昏（問）～（其）古（故）

 上博八·王 5 ～（其）朢₌（明日）

 上博八·王 6 命須～（其）聿（盡）

 上博八·志 1 反㚔（側）～（其）口舌

上博八·志2邦人～(其)胃(謂)之可(何)

上博八·志6邦人～(其)胃(謂)我不能再(稱)人

上博八·李1槀〈葉〉～(其)方茖(落)可(兮)

上博八·李1矴～(其)不還可(兮)

上博八·李1【背】坚(剛)～(其)不弌(貳)可(兮)

上博八·李2人因～(其)情則樂亓(其)事

上博八·李2人因亓(其)情則樂～(其)事

上博八·李2遠～(其)情

上博八·蘭2汗(旱)～不雨

上博八·蘭4年(佞)耑(前)～約會(儉)

上博八·蘭4綣後～不長

上博八·蘭4信萊(蘭)～蔑也

上博八·蘭 5 天道～迗(越)也

上博八·蘭 5 夫亦商(適)～戠(歲)也

上博八·有 3 慮(慮)余子～(其)速倀(長)今

～,戰國文字或作 、、、、、、、、、、、。《說文·丌部》："丌,下基也。薦物之丌。象形。讀若箕同。"

上博二·容 50"～即",讀爲"其次",次第較後;第二。《禮記·內則》："擇於諸母與可者,必求其寬裕、慈惠、溫良、恭敬、慎而寡言者,使爲子師,其次爲慈母,其次爲保母。"

上博四·曹 23"～會",讀爲"期會",軍事術語,參看《六韜·犬韜·分兵》《尉繚子·踵軍令》,指參加會戰的軍隊皆按約定時間準時到達預定的會戰地點。

上博六·競 11"死～",讀爲"死期",死亡的日期。《易·繫辭下》："既辱且危,死期將至。"

上博四·曹 2"君～煮(圖)之",～,爲副詞,表示祈使語氣。

上博二·魯 3～,讀爲"忌",句末語氣助詞。《詩·鄭風·大叔于田》："……叔善射忌,又良御忌。"毛亨傳："忌,辭也。"鄭玄箋："'忌'讀如'彼己之子'之'己'。""戝(繄)虖(吾)子女遑命～與"即"抑吾子如重命丌歟?"可以勉強譯爲"然而夫子您是不是把話說得有點疊牀架屋了呢?"或"然而夫子的囑咐是不是有點疊牀架屋呢?"(裘錫圭)

其餘～,讀爲"其",代詞。

訢

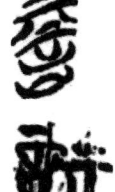
上博二・民 8 逦（夙）夜～（諆）命又謐（蜜）

上博五・三 2 ～而不訢

上博五・三 2 訢而不～

～，从"言"，"亓"聲，"諆"字或體。《説文・言部》："諆，欺也。从言，其聲。"

上博二・民 8"～命又蜜"，《詩・周頌・昊天有成命》《孔子家語・論禮》並作"基命宥密"。毛亨傳："基，始；命，信；宥，寬；密，寧也。"或説：《爾雅・釋言》："基，設也。"郭璞注："基，造設。"《文選》卷四十六任昉《王文憲集序》："時聖武定業，肇基王命。"張銑注："基，立也。""基命"即"肇基王跡"、"肇基王命"，與《盤庚》"建大命"同義。《洛誥》中"基命"與"定命"並提，"定命"與"定業"意思亦近。《昊天有成命》這句詩是説，成王不敢康荒安逸，夙夜勤勉地奠定天命。（劉洪濤）

上博五・三 2"～而不～"，讀爲"期而不期"，有期約，但沒有嚴守期約。《史記・留侯世家》："與老人期，後，何也？"《六韜・敵強》："中外相應，期約皆當。"

忎（恭）

上博六・孔 13 此言不～

上博八・志 3 ～（忌）韋（諱）

～，與 、、、(後李圖二 1)同,从"心","丌"聲,"惎"字異體。《説文·心部》:"惎,毒也。从心,其聲。《周書》曰:'來就惎惎。'"

上博六·孔 13～,讀爲"欺",欺骗;欺诈。《禮記·大學》:"所謂誠其意者,毋自欺也。"

上博八·志 3"～韋",讀爲"忌諱",避忌;顧忌。《老子》:"天下多忌諱,而民彌貧。"

昇（期）

 上博六·天甲 11 古龜又五～

 上博六·天乙 11 古龜又五～

上博七·吴 9 㠯(以)臤(賢)多～

 上博七·吴 9 帗(敝)邑之～

～,與(郭店·老子甲 30)、(郭店·忠信之道 4)同,从"日","丌"聲,"期"字異體。

上博六·天甲 11、上博六·天乙 11"五～",讀爲"五忌",龜占時的五種忌諱。

上博七·吴 9"以賢多～",讀爲"忌",猜忌。《左傳·襄公十四年》:"君忌我矣,弗先,必死。"

上博七·吴 9～,規定的時日,期限。《詩·王風·君子于役》:"君子于役,不知其期。"此處是指吴軍撤離的期限。

悬

 上博六·壽 3 殺左尹宛、少帀(師)亡(無)～

～,从"心","异(期)"聲,"惎"字異體。

上博六·壽 3"亡～",讀爲"無忌",即"費無忌",春秋時楚國大夫。《史記·楚世家》:"平王二年,使費無忌如秦,爲太子建取婦。婦好,來,未至,無忌先歸,説平王曰:'秦女好,可自娶,爲太子更求。'平王聽之,卒自娶秦女,生熊珍,更爲太子娶。"

𢀓(旗)

　　　上博二·從甲 15 事必有～則惻(賊)

　　　上博二·容 20 嬰(禹)肰(然)句(後)㠯(始)爲之唬(號)～(旗)

　　　上博二·容 20 東方之～(旗)㠯(以)日

　　　上博二·容 20 西方之～(旗)㠯(以)月

　　　上博二·容 20 南方之～(旗)㠯(以)它(蛇)

　　　上博二·容 21 中正之～(旗)㠯(以)澯(熊)

　　　上博二·容 21 北方之～(旗)㠯(以)鳥

　　　上博五·競 10 亡～(旗)厇(宅)

　　　上博七·吳 7 毋敢又遟(遲)速之～

 上博八·成15 可～(期)而須也

～,與 (郭店·尊德義 2)同,從"羽","丌"聲,"旗"字異體。《說文·㫃部》:"旗,熊旗五游,以象罰星,士卒以爲期。从㫃。其聲。《周禮》曰:'率都建旗'"。

上博二·从甲 15～,讀爲"期",指限期完成。簡文"事必有期則賊",事情一定要求如期完成,就是賊害屬下。《論語·堯曰》:"慢令致期謂之賊。"何晏集解:"慢,怠惰也,謂號令不時。致期,刻期告成也。"

上博二·容～,旗幟。《禮記·月令》"以爲旗章",鄭玄注:"旗章,旌旗及章識也。"《周禮·春官·司常》:"日月爲常,交龍爲旂……熊虎爲旗,鳥隼爲旟,龜蛇爲旐……"

上博五·競 10"～乇(宅)",讀爲"期度",法度;限度。簡文"亡期度"見《漢書·霍光傳》:"顯及諸女,晝夜出入長信宮殿中,亡期度。"

上博七·吳 7～,讀爲"期"。

上博八·成 15～,讀爲"期",待;看待。《莊子·寓言》:"無經緯本末以期年耆者,是非先也。"郭象注:"期,待也。""須",等待。《詩·邶風·匏有苦葉》:"人涉卬否,卬須我友。"毛亨傳:"人皆涉,我友未至,我獨待之而不涉。"簡文"可期而須也",即可以期待。

坙(基)

 上博五·三 5 唯福之～(基)

 上博七·鄭甲 5 敓(掩)之城～

 上博七·鄭乙 6 敓(掩)之城～

～,與(郭店·語叢四 14)同,從"土","丌"聲,"基"字異體。《汗簡·

土部》"基"字古文作𡊄。《說文·土部》:"基,牆始也。从土,其聲。"

上博五·三 5~,起始。《漢書·枚乘傳》:"福生有基,禍生有胎。"顏師古注引服虔曰:"基、胎,皆始也。"簡文"唯福之基"與"福生有基"義近。

上博七·鄭甲 5、上博七·鄭乙 6~,建築物的根脚。《詩·周頌·絲衣》:"自堂徂基,自羊徂牛。"毛亨傳:"基,門塾之基。"簡文指城牆之基。

見紐其聲

其

上博一·孔 9 實咎於~也

上博八·王 3 邦人~滬(沮)志解體

上博六·慎 5 不龏~志

~,戰國文字或作𠀠(郭店·緇衣 35)、🄴(秦駰玉版)、其(里 J1⑨7 正),或作🄴(郭店·緇衣 35)、🄴(郭店·緇衣 39)、🄴(郭店·緇衣 40)、🄴(溫縣 WT4K6:160)、🄴(溫縣 WT4K6:250)、🄴(溫縣 WT4K6:160)。《說文·竹部》:"其,簸也。从竹,𠀠,象形,下其丌也。凡箕之屬皆从箕。𠀠,古文箕省。𠀠,亦古文箕。𠀠,亦古文箕。𠀠,籀文箕。𠀠,籀文箕。"

上博一·孔 9~,讀爲"己",自身,自己。《書·大禹謨》:"稽於衆,舍己從人。"

其餘~,代詞。

斯

 上博五·鬼 6 勿(物)～可惑

 上博一·孔 12 梂(樛)木福～才(在)君子

 上博一·孔 27 可(何)～

 上博四·逸·多 1 兄及弟～

 上博五·君 4 ～人欲亓(其)孝(好)

 上博五·君 9□～人欲亓(其)長貴也賮(富)而□

 上博五·弟 11 ～善歖(矣)

 上博八·李 1 木～獨生

 上博八·蘭 3 蘭～秉悳(德)

～，或作𣂁(郭店·性自命出 25)、𣂁(郭店·語叢三 17)，所從的 ⅏、⌣、⋔、ⅲ、ⅲ、ⅲ 當是"齒"(徐寶貴說)，是在"其"字的簡體 六、亓 之上加注了"齒"聲。"齒"為昌紐之部字，"其"為群母之部字。《說文·斤部》："斯，析也。从斤，其聲。詩曰：斧以斯之。"

上博一·孔 27"可～",讀爲"何期"。見《詩·小雅·頍弁》"實維何期"。

上博一·孔 12、上博八·李 1、上博八·蘭 3～,句中語詞。與《詩·魯頌·駉》"思馬斯臧"之"斯"用法相同。

上博五·君 4～,指示代詞。此。《論語·子罕》:"有美玉於斯。"

上博四·逸·多 1～,語氣詞,與《詩·小雅·出車》"彼旟旐斯"、《詩·小雅·巧言》"彼何人斯"之"斯"用法同。

齊

上博一·性 14 則嚞(鮮)女(如)也～憙(喜)

上博一·性 15 則悡女(如)也～難(歎)

上博一·性 15 則憯(齊)女(如)也～乍(作)

上博一·性 39 愚(僞)～(斯)䚩矣

上博一·性 39 䚩～(斯)慮矣

上博一·性 39 慮～(斯)莫与之結

～,或作 、、、,是在"其"字的簡體 ![] 之上加注了"齒"聲(徐寶貴說),是"斯"字的省文。

上博一·性 14、15～,相當於"而"。裴學海《古書虛字集釋》卷八:"斯",猶而也。《詩·小雅·斯干》:"上莞下簟,乃安斯寢。"

上博一·性 39"愚(僞)～(斯)䚩矣",爲,是。《詩·小雅·采薇》:"彼爾維何？惟常之華。彼路斯何？君子之車。"

戕

上博四·曹51則～厇(宅)戕(傷)亡

～，从"戈"，"斯"省聲。

上博四·曹51"～厇(宅)"，讀爲"廝徒"，見於《戰國策·魏策一》"蘇子爲趙合從説魏王"章、《韓策一》"張儀爲秦連横説韓王"章（又《史記·蘇秦列傳》、《張儀列傳》）、《淮南子·覽冥》等。《蘇秦列傳》"廝徒十萬"正義："謂炊烹供養雜役。"（陳劍）或讀爲"訾度"。"訾度傷亡"亦即"察夷傷"，指揆度傷亡情況。《左傳·成公十六年》："旦而戰。見星未已。子反命軍吏察夷傷，補卒乘，繕甲兵，展車馬，雞鳴而食，唯命是聽。"（白於藍）

見紐己聲

己

上博一·性25昏(聞)道反～

上博五·競2習(詔)祖～而昏(問)安(焉)

上博五·競2祖～會(答)曰

～，戰國文字或作 (郭店·語叢三5)、 (郭店·語叢四4)、 (新蔡甲三144)、 (山東103莒公孫潮子鎛)、 (古璽印輯存7)、 (里J①7背)、 (里J①7正)。《説文·己部》："己，中宫也。象萬物辟藏詘形也。己承戊，象人腹。"

上博一·性25"反～"，《莊子·徐無鬼》："反己而不窮，循古而不摩，大人之誠。"《史記·樂書》："好惡無節於内，知誘於外，不能反己，天理滅矣。"

上博五・競 2 "祖～",人名,武丁之子。《書・高宗肜日》:"高宗肜日,越有雊雉。祖己曰:'惟先格王,正厥事。'"

吕

上博一・緇 7 則民至(致)行～(己)吕(以)兌(悦)上

上博四・内 8 如從～(己)记(起)

上博五・姑 5 旻(得)志於～(己)而又逡(後)青

上博五・姑 9 ～(己)立於廷

港甲 8 吕(以)爲～執子國安

上博六・用 13 不～於天

上博六・用 13 而～於人

上博六・孔 15 不囗拜絶吕(以)爲～

上博六・孔 21 君子德～而立帀(師)保

～,與(郭店・窮達以時 15)、(郭店・成之聞之 1)、(郭店・成之聞之 38)、(郭店・尊德義 10)、(郭店・語叢四 2)、(郭店・性自命出

12)、◲(郭店・語叢一72)同,从"口","己"聲。

上博六・用～,讀爲"忌"。《書・顧命》:"眇眇予末小子,其能而亂四方,以敬忌天威。"《左傳・成公十六年》:"各顧其後,莫有鬥心;舊不必良,以犯天忌,我必克之。"

上博～,讀爲"己",自己。

异

 上博二・從乙1則自～(己)訂(始)

 上博五・君13□㠯(以)爲～名

 上博五・君14□亦㠯(以)～名

 上博二・從甲18行才(在)～而名才(在)人

～,或作 ◲ (郭店・緇衣11)、◲ (郭店・尊德義5),或作 ◲ ,所從的"己"與"丌"共用一橫筆。"异"應即"異"字異體。

上博～,讀爲"己",自身,自己。《書・大禹謨》:"稽於衆,舍己從人。"《孫子・謀攻》:"知彼知己者,百戰不殆。"《論語・顏淵》:"克己復禮爲仁。"

忌

 上博六・用15告衆之所畏～

～與 ◲ (郭店・語叢一26)同,或作 ◲ (郭店・太一生水7),"心"與"己"共用筆畫。《說文・心部》:"忌,憎惡也。从心,己聲。"

上博六・用15"畏～",畏懼顧忌。《詩・大雅・桑柔》:"匪言不能,胡斯

畏忌。"

紀(綹)

　上博四·曹 16 繹～於大國

　上博四·曹 26 是胃(謂)軍～

　上博二·子 7 亦～先王之游道

　上博二·容 31 救聖(聲)之～(紀)

　上博三·彭 5 五～(紀)必(畢)周

　上博三·彭 5 五～(紀)不工

　上博六·用 6 戔亓(其)又綸～

　上博六·用 19 定又～

　上博八·李 1 眾木之～(紀)可(兮)

～，戰國文字或作 (郭店·老子甲 11)、(左塚漆桐)、(山璽 166)、(秦風 58)，所從"已"聲或加"口"。《說文·糸部》："紀，絲別也。從糸，己聲。"

上博六·用19"有～",《吕氏春秋·離俗覽》:"民之用也有故,得其故,民無所不用。用民有紀有綱,壹引其紀,萬目皆起,壹引其綱,萬目皆張。"《漢書·賈誼傳》:"使父子有禮,六親有紀。"

上博三·彭5"五～",《莊子·盜跖》:"子不爲行,即將疏戚無倫,貴賤無義,長幼無序;五紀六位,將何以爲別乎?"俞樾指出:"今按五紀即五倫也,《家語·入官》篇羣僕之倫也,王肅注曰:倫,紀也。然則倫紀得通稱矣。"五倫即君臣、父子、兄弟、夫婦、朋友。《春秋繁露·深察名號》也提到"三綱五紀"。

上博四·曹16～,或讀爲"極",以……爲原則、準則。《詩·鄘風·載馳》:"控于大邦,誰因誰極?"

上博二·子7～,治理、整理。《詩·大雅·棫樸》"綱紀四方",鄭玄箋:"理之爲紀。"《國語·周語上》"紀農協功",韋昭注:"紀謂綜理也。"同書《晉語四》"禮以紀政",韋昭注:"紀,理也。""紀先王之由道"的意思,就是將先王治理天下的道路,也就是方法,整理出頭緒來。

上博四·曹26"軍～",軍隊的紀律。《後漢書·鄧禹傳》:"聞禹乘勝獨尅而師行有紀,皆望風相攜負以迎軍。"

上博八·李1～,綱領。《韓非子·主道》:"道者,萬物之始,是非之紀也。"《吕氏春秋》:"義也者,萬事之紀也。"

起（记）

上博二·容37有諲(喑)、聾(聾)、皮、瞑、瘦(瘦)、寠、婁始～

上博二·容38～帀(師)吕(以)伐昏(岷)山是(氏)

上博二·容41於是虖(乎)天下之兵大～

上博二·容47文王乃～帀(師)吕(以)鄉(嚮)豊喬(鎬)

上博二·容52或亦～帀(師)吕(以)逆之

　上博四・內 8 如從記（己）～

　上博四・曹 55 思亓（其）志～

　上博四・曹 64 昔之明王之～

　上博五・競 9 ～而言曰

　上博五・季 15 先人之所瀘勿～

　上博五・君 4 □囦（淵）～迖（去）筥（席）曰

　上博五・三 14 䢉（與）而～之

　上博五・三 18 ～地之

　上博六・競 12 公強～

　上博六・莊 8 ～答

　上博六・木 2 城公～

　上博六・用 15 而言語之所～

上博七·鄭甲 3 乃～帀（師）

上博七·鄭甲 6 君王之～此帀（師）

上博七·凡甲 15 ～而甬（用）之

上博七·凡甲 20 言～於鼠（一）耑（端）

上博七·凡甲 25 言～於鼠（一）耑（端）

上博七·凡乙 18 言～於鼠（一）耑（端）

上博七·鄭乙 3 乃～帀（師）

上博七·鄭乙 6 君王之～此帀（師）

上博八·志 6 朝～（起）而夕灋（廢）之

上博八·蘭 5 莒（黃）薛之方～（起）

上博八·有 1 又（有）皇（凰）酒（將）～（起）今可（兮）

上博六·用 18 ～事乍（作）志

～,或作、,从"辵","己"聲(或加"口"繁化),或从"巳"聲,與《説文》起字古文同。或作、。《説文·走部》:"起,能立也。从走,巳聲。![],古文起,从辵。"

上博五·三14～,發生,興起。《吕氏春秋·貴直論》:"百邪悉起。"

上博四·内8"如從㠯(己)～",猶"如從己作"或"如從己出"。《淮南子·主術》:"無爲者,非謂其凝滯而不動也,以其言莫從己出也。"

上博六·木2～,或讀爲"跽"。《説文》:"長跪也。"段注改"跪"爲"跽",說:"按係於拜曰跪,不係於拜曰跽。《范雎傳》四言秦王跽,而後乃云秦王再拜是也。長跽乃古語。長俗作跠。人安坐則形弛,敬則小跪聳體若加長焉,故曰長跽。"

上博六·用18"～事",做事。《管子·形勢解》:"解惰簡慢,以之事主則不忠,以之事父母則不孝,以之起事則不成。故曰:'怠倦者不及也。'"

上博二·容38、47、52、上博七·鄭甲3、上博七·鄭乙3"～帀(師)",指發兵。《左傳·昭公二十六年》:"王起師于滑。"杜預注:"起,發也。"

上博七·凡甲15～,舉用,徵聘。《戰國策·秦策一》:"起樗里子於國。"

上博七·凡甲20、25、上博七·凡乙18"～於鼠耑",讀爲"起於一端"。起,開始;開端。《史記·李斯列傳》:"明法度,定律令,皆以始皇起。"

苣

 上博三·周41 㠯(以)～橐苽(瓜)

《説文·艸部》:"苣,白苗嘉穀。从艸,㠯聲。"

上博三·周41～,《爾雅·釋草》"苣,白苗",郭璞注:"苣,今之白粱粟。"《爾雅翼》:"苣有菜、草、粟之别。"苣菜似苦菜,莖青白色,摘其葉有白汁,脆可生食,亦可蒸食。

見紐龜聲

龜

上博三·周 24 鮁(豫)尔䨓(霝)～

上博四·柬 1 命～尹羅貞於大䣭(夏)

上博四·柬 2～尹智(知)王之庶(炙)於日而疠(病)齐(疥)

上博四·柬 2 乘～尹速卜

上博四·曹 52 返(及)尔～箮(筮)

上博一·緇 24 我～既猒(厭)

上博六·天甲 11 古～又五异(忌)

上博六·天乙 11 古～又五异(忌)

商代文字"龜"字作 、![]同上、,像龜的正視或側視之形。"黽"字作 ![]、,像青蛙之形,二字的區別比較明顯。戰國文字"龜"、"黽"易混。楚簡或作 、、、。

（馮勝君）《説文・龜部》："龜，舊也。外骨內肉者也。从它，龜頭與它頭同。天地之性，廣肩無雄；龜鼈之類，以它爲雄。象足甲尾之形。⊗，古文龜。"

上博四"～尹"，官名，首見，掌卜大夫，在楚亦稱"卜尹"、"開卜大夫"。《史記・楚世家》："平王謂觀從：'恣爾所欲。'欲爲卜尹，王許之。"裴駰集解引賈逵曰："卜尹，卜師，大夫官。"

上博六・天甲 11、上博六・天乙 11～，古代用作占卜，遂爲占卜之稱。"龜有五忌"，卜龜時五種忌諱，即指上文"臨兆：不言亂，不言寑，不言滅，不言拔，不言短"五種忌諱。

上博四・曹 52"～筮"，占卦。古時占卜用龜，筮用蓍，視其象與數以定吉凶。亦指占卦的人。《書・大禹謨》："鬼神其依，龜筮協從。"蔡沈集傳："龜，卜；筮，蓍。"

上博三・周 24"靁（霝）～"，讀爲"靈龜"，有靈應的龜兆。《易・頤》："舍爾靈龜，觀我朵頤。"孔穎達疏："靈龜，謂神靈明鑒之龜兆。"

上博一・緇 24～，爬行動物的一科。身體長圓而扁，背腹都有硬甲，四肢短，趾有蹼，頭和四肢都能縮入甲殼內。多生活在水邊，吃植物或小動物。生命力強，耐飢渴，肉可食，甲可入藥。古時占卜常用龜。《禮記・禮運》："麟、鳳、龜、龍，謂之四靈。"《詩・小雅・小旻》："我龜既厭，不我告猶。"《左傳・僖公四年》："筮短龜長。"

溪紐丘聲

丘

上博一・孔 21 𠩺（邊—宛）～

上博一・孔 22 𠩺（邊—宛）～曰

上博二・魯 3 毋（無）乃胃（謂）～之舎（答）非與

上博三・周 55 虦（渙）丌（其）～

　上博五·季6 ～昏（聞）之孟者戚曰

　上博五·季9 異於～斎=（之所）昏

　上博五·季13 緐～舊（藿）之

　上博五·季18 ～也昏孨=（君子）□

　上博五·弟20 至老～

　上博五·三12 陛～毋訶（歌）

　上博二·容13 昔舜靜（耕）於鬲～

　上博四·采2 嬰（婁）～之敆

　上博六·競1 割疾與槩（梁）～虞言於公曰

　上博六·競9 外=又槩（梁）～虞縈狂

　上博六·競13 槩（梁）～虞不敢監正

　上博五·季9 ～昏之

· 122 ·

～,戰國文字或作 、、、,或加注"丌"聲,或贅加"土"旁。《說文·丘部》:"丘,土之高也,非人所爲也。从北,从一。一,地也,人居在丘南,故从北。中邦之居,在崐崘東南。一曰四方高,中央下爲丘。象形。![],古文,从土。"

上博一·孔21、22"备～",讀爲"宛丘",《詩經》篇名。《詩·陳風·宛丘序》:"宛丘,刺幽公也。淫荒昏亂,遊蕩無度焉。"

上博二·魯3、上博五·季～,指孔子,名丘,字仲尼。春秋末年魯國人。

上博五·三12～,自然形成的小土山。《書·禹貢》:"九河既道……桑土既蠶,是降丘宅土。"孔安國傳:"地高曰丘。大水去,民下丘居平地,就桑蠶。"

上博二·容13"昔舜靜(耕)於鬲～",郭店·窮達以時2:"舜耕於鬲山。"《史記·五帝本紀》:"舜耕歷山,漁雷澤,陶河濱,作什器於壽丘,就時於負夏。"《墨子·尚賢上》:"古者舜耕歷山,陶河瀨,漁雷澤。""丘"則可能是"山"字之誤。"鬲山"即"歷山",在今山西垣曲東北。

上博五·弟20"老～",地名。

上博六·競"梁～虖",讀爲"梁丘據",人名。《晏子春秋·内篇雜上》:"公曰:'移于梁丘據之家。'前驅款門曰:'君至。'梁丘據左操瑟,右挈竽,行歌而出。"

疑紐牛聲

牛

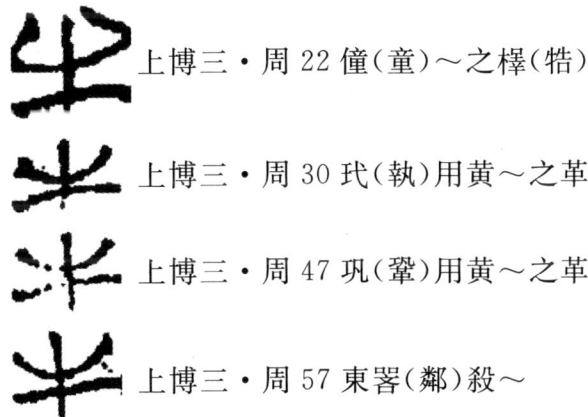

上博三·周22僮(童)～之樎(牿)

上博三·周30䄻(執)用黃～之革

上博三·周47巩(鞏)用黃～之革

上博三·周57東䜌(鄰)殺～

港甲 2～斂丌(其)人

～,戰國文字或作 (郭店·窮達以時 5)、(郭店·窮達以時 7)、(郭店·性自命出 7)、(新蔡乙一 27)、(後李圖七 1)、(歷博·燕 67)、(珍秦 387)。《說文·牛部》:"牛,大牲也。牛,件也;件,事理也。象角頭三、封、尾之形。"

上博～,大牲畜。反芻偶蹄類哺乳動物,頭部有角一對,體大力強,善於負重。肉、乳可食。《詩·小雅·無羊》:"誰謂爾無牛?九十其犉。"

牧

上博一·性 38 弗～不可

上博四·采 3～人

上博四·相 1～亓(其)悆(倦)

上博七·吳 5～民

《說文·攴部》:"牧,養牛人也。从攴,从牛。《詩》曰:'牧人乃夢。'"

上博一·性 38～,養。《易·謙》:"謙謙君子,卑以自牧也。"王弼注:"牧,養也。"

上博四·采 3"～人",曲目。"牧人"爲職掌牧牛羊之官,《詩·小雅·無羊》:"牧人乃夢,衆維魚矣,旐維旟矣。大人占之:衆維魚矣,實維豐年;旐維旟矣,室家溱溱。"鄭玄注:"牧人,養牲于野田者。"此"牧人"也可能是當時的牧歌。

上博四·相 1～,察也,見《方言》卷十二。簡文"牧其患",謂人民的戚患要仔細察知。

上博七·吴 5"～民",治民。《國語·魯語上》:"且夫君也者,將牧民而正其邪者也,若君縱私回而棄民事,民旁有慝無由省之,益邪多矣。"《逸周書·命訓》:"古之明王,奉此六者以牧萬民,民用而不失。"

牪

 上博四·曹 37 ～尔正社

 上博四·曹 37 不～而或興

 上博四·曹 38 ～則不行

～,從二"牛","牛"的繁體。(蘇建洲)

簡文～,讀爲"疑",猶豫。金文"疑"字即從"牛"聲作(伯疑父簋)。《商君書·更法》:"臣聞之:'疑行無成,疑事無功。'君亟定變法之慮,殆無顧天下之議之也。"《尉繚子·戰威》:"故令之之法,小過無更,小疑無中。故上無疑令,則衆不二聽;動無疑事,則衆不二志。未有不信其心而能得其力者也,未有不得其力而能致其死戰者也。"(孟蓬生)

疑紐貾聲

貾

 上博六·孔 2 言即至～

 上博六·孔 8 而亡吕(以)言者此～

 上博六·孔 15 智不行～

～,戰國文字或作✦(郭店·唐虞之道 18)、✦(郭店·語叢二 50)、✦(平肩空首布先秦編 168),乃是疑惑之"疑"的表意初文,"矣"字下半由"大"訛變成"矢"形。"矣"與"矣"當是一字之分化。或作✦(郭店·語叢三 62),左下從"匕",是由像人所扶拐杖形訛變而來。《說文·子部》:"疑,惑也。从子、止、匕,矢聲。"

上博～,讀爲"矣",句尾語氣助詞。

上博一·緇 2 則君不～(疑)亓(其)臣

上博一·緇 3 上人～(疑)則百眚(姓)惑

上博一·緇 22 此呂(以)迩者不惑而遠者不～(疑)

上博一·緇 2 則君不～(疑)亓(其)臣

～,與(郭店·語叢二 49)同,从"心","矣"聲,"懝"字異體。

上博～,讀爲"疑",懷疑,不相信。《易·乾》:"或之者,疑之也。"《穀梁傳·桓公五年》:"《春秋》之義,信以傳信,疑以傳疑。"

端紐止聲

止

上博一·緇 16 卍(淑)訢(慎)尔(爾)～

上博一·緇17 於茲(緝)臣(熙)義～

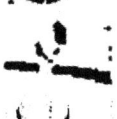上博三·周48 丌(其)～(趾)

上博八·鶹1 婁(鷚)栗(鶪)之～今可(兮)

～，像脚趾形，"趾"之初文。郭店簡或作(郭店·六德26)、(郭店·語叢一105)、(郭店·語叢三53)。《説文·止部》："止，下基也。象艸木出有址，故以止爲足。"

上博三·周48～，足，脚。後通作"趾"。《漢書·刑法志》："當斬左止者，笞五百。"顏師古注："止，足也。"

上博一·緇16～，人的儀態舉止。《詩·大雅·抑》："淑慎爾止，不愆於儀。"鄭玄箋："止，容止也。"蔡邕《濟北相崔君夫人誄》："令儀令色，愛以資始。塞淵其心，淑慎其止。"

上博八·鶹1～，鳥棲息。《詩·大雅·卷阿》："鳳皇于飛，翽翽其羽，亦集爰止。"《詩·秦風·黄鳥》："交交黄鳥，止於棘。"或説讀爲"趾"。

茾

上博一·性1～(待)勿而句乍

上博四·昭2 不～(止)

上博四·昭2 尔(爾)必～(止)少(小)人

上博四·昭2 寵人弗敢～(止)

上博四·內 6 不善則～（止之）

上博四·曹 21 貴戔（賤）同～

～，與 、、、、、、同，从"之"、"止"，均爲聲符，雙聲符字。

上博一·性 1～，讀爲"待"，等待；等候。《左傳·隱公元年》："多行不義，必自斃，子姑待之。"

上博四·昭 2～，讀爲"止"，阻止；制止。《史記·廉頗藺相如列傳》："臣嘗有罪，竊計欲亡走燕，臣舍人相如止臣。"

上博四·曹 21"同～"，讀爲"同等"，相同，一樣。《吕氏春秋·恃君覽》："無徵表而欲先知，堯舜與衆人同等。"

侍

上博五·弟 19 巨白玉～（侍）唬（乎）子

～，从"人"，"㞢"聲，"侍"字異體。《説文·人部》："侍，承也。从人，寺聲。"

上博五·弟 19～，陪從或伺候尊長、主人。《論語·公冶長》："顔淵、季路侍。子曰：'盍各言爾志？'"

之

上博一·孔 4 戔民而豫（裕）～

上博一·孔 4 民～又（有）戚惓（患）也

上博一·孔 4 上下～不和者

上博一・孔5 敬宗審(廟)～豊(禮)

上博一・孔5 秉各(文)～悳(德)

上博一・孔6 秉各(文)～悳(德)

上博一・孔6 虐(吾)敬～

上博一・孔6 虐(吾)敓(悦)～

上博一・孔6 二句(后)受～

上博一・孔7 城(誠)胃(謂)～也

上博一・孔7 城(誠)命～也

上博一・孔8 皆言上～衰也

上博一・孔8 王公恥～

上博一・孔8 則言諆(讒)人～害也

上博一・孔9 詠(祈)父～責

上博一・孔9 多恥者丌(其)仿～虖(乎)

上博一・孔10 聞(關)疋(雎)～改

上博一・孔10 㭒(樛)木～時

上博一・孔10 灘(漢)坒(廣)～智(知)

上博一·孔 10 鵲樔(巢)～歸

上博一·孔 10 甘棠～保(報)

上博一·孔 10 綠衣～思

上博一·孔 10 䴏(燕)䴏(燕)～情

上博一·孔 11 闈(關)疋(雎)～改

上博一·孔 11 梂(樛)木～時

上博一·孔 11 灘(漢)坒(廣)～智(知)

上博一·孔 11 鵲樔(巢)～歸

上博一·孔 14 㠯(以)䂂(琴)珡(瑟)～敓(悅)

上博一·孔 14 惥(擬)好色～悉(願)

上博一·孔 14 㠯(以)鐘鼓～樂

上博一·孔 15 甘棠～悉(愛)

上博一·孔 16 綠衣～憂

上博一·孔 16 䴏(燕)䴏(燕)～情

上博一·孔 16 虐(吾)㠯(以)蒿(葛)融(覃)得氏初～訿(詩)

 上博一・孔16 夫蔓（葛）～見訶（歌）也

 上博一・孔17 牆（將）中（仲）～言

 上博一・孔17 湯（揚）～水丌（其）忞（愛）婦秒（烈）

 上博一・孔17 菜（采）蔓（葛）～忞（愛）婦

 上博一・孔18 因木苽（瓜）～保（報）

 上博一・孔20 幣帛～不可迲（去）也

 上博一・孔20 或前～而句（後）交

 上博一・孔21 牆（將）大車～囂也

 上博一・孔21 審（湛）零（露）～囂也

 上博一・孔21 虐（吾）善～

 上博一・孔21 虐（吾）憙（喜）～

 上博一・孔21 虐（吾）信～

 上博一・孔21 虐（吾）

 上博一・孔22 敚（悅）～

 上博一・孔22 虐（吾）善～

 上博一·孔22 虗(吾)憙(喜)～

 上博一·孔22 虗(吾)信～

 上博一·孔22 虗(吾)毇(美)～

 上博一·孔24 㠯(以)□□～古(故)也

 上博一·孔24 句(后)稷～見貴也

 上博一·孔24 則㠯(以)文武～悳(德)也

 上博一·孔24 虗(吾)㠯(以)甘棠旻(得)宗宙(廟)～敬

 上博一·孔25 大田～卒章

 上博一·孔26 陸(隰)又(有)長(萇)楚得而悡(悔)～也

 上博一·孔27 可(何)斯雀(誚)～矣

 上博一·孔27 虗(吾)奚舍～

 上博一·孔27 北風不絕人～悁(怨)

 上博一·緇5 隹(唯)王～功(邛)

 上博一·緇5 君好則民谷(欲)～

 上博一·緇6 則下～爲㥵(仁)也靜(爭)先

 上博一・緇 7 四或(國)川(順)～

 上博一・緇 8 下土～士

 上博一・緇 8 墓(萬)民冥～

 上博一・緇 8 下～事上也

 上博一・緇 9 上～好亞(惡)不可不斳(慎)也

 上博一・緇 9 民～標(表)也

 上博一・緇 11 大臣～不睪(親)也

 上博一・緇 11 邦豢(家)～不寧也

 上博一・緇 12 民～蓙也

 上博一・緇 12 晉(祭)公～寡(顧)命員(云)

 上博一・緇 13 長民者教～吕(以)悳(德)

 上博一・緇 13 齊～吕(以)豊(禮)

 上博一・緇 13 教～吕(以)正(政)

 上博一·緇13 齊～吕(以)型(刑)

 上博一·緇13 古(故)慈吕(以)炁(愛)～

 上博一·緇13 信吕(以)結～

 上博一·緇13 龍(恭)吕(以)立(涖)～

 上博一·緇14 隹(惟)复(作)五虐(瘧)～型(刑)曰法

 上博一·緇14 正(政)～不行

 上博一·緇14 教～不城(成)也

 上博一·緇15 番(播)型(刑)～由(迪)

 上博一·緇17 言率行～

 上博一·緇18 白珪～砧(玷)尚可磨

 上博一·緇18 此言～砧(玷)不可爲

 上博一·緇19 齊(齋)而守～

 上博一·緇19 齊(齋)而晜(親)～

正編・之部

　上博一・緇19 陸(略)而行～

　上博一・緇21 備(服)～亡臭(懌)

　上博一・緇21 人～好我

　上博一・緇22 古(故)君子～友也又(有)朁(香)

　上博一・緇23 虐(吾)弗信～矣

　上博一・性1 惪(喜)惹(怒)哀悲～燹(氣)

　上博一・性1 則勿(物)取～

　上博一・性2 智(知)情者能出～

　上博一・性3 勿(物)取～也

　上博一・性3 金石～又(有)聖(聲)也

　上博二・子1 又(有)吳(虞)是(氏)～樂正宮宥之子也

　上博二・子1 又(有)吳(虞)是(氏)之樂正宮宥～子也

上博二·子 2 伊堯～悳(德)則甚盟(明)鲲(與)

上博二·子 2 舜齒于童土～田

上博二·子 3 則～

上博二·子 3 童土～莉(黎)民也

上博二·子 5 堯～取舜也

上博二·子 5 從者(諸)卉(草)茅～中

上博二·子 5 與～言豊(禮)

上博二·子 6 史(使)皆旻(得)丌(其)社禝百眚(姓)而奉守～

上博二·子 6 堯見舜～悳(德)臤(賢)

上博二·子 6 古(故)讓～

上博二·子 6 堯～旻(得)舜也

上博二·子 6 舜～悳(德)則城(誠)善鲲(與)

上博二·子 7 先王～遊

上博二·子 7 舜丌(其)可胃(謂)受命～民矣

上博二·子 8 古(故)夫舜～悳(德)丌(其)城(誠)臤(賢)矣

上博二·子 8 采(由)者(諸)甽(畎)晦(畝)～中

上博二·子8 女(如)舜才(在)含(今)～殜(世)則可(何)若

上博二·子9 厽(三)王者～乍(作)也

上博二·子9 而(爾)昏(問)～也

上博二·子1 卨(契)～母

上博二·子10 又(有)鹵(娀)是(氏)～女也

上博二·子11 觀于伊而得～

上博二·子11 遊於央臺～上

上博二·子11 取而軟(吞)～

上博二·子12 句(后)稷～母

上博二·子12 又(有)詞(邰)是(氏)～女也

上博二·子12 游于玄咎(丘)～內(汭)

上博二·子12 冬見芺攺(薊)而薦～

上博二·子12 帝～武

上博二·子13 是句(后)稷～母也

上博二·子13 厽(三)王者～乍(作)也女(如)是

上博二·子14 厽(三)天子事～

上博二·魯1 子不爲我圖(圖)～

 上博二·魯 2 ～可（何）才

 上博二·魯 2 眾（庶）民智（知）敓（說）～事鬼（鬼）也

 上博二·魯 3 而（爾）昏（聞）巷洛（路）～言

 上博二·魯 3 毋（無）乃胃（謂）丘～含（答）非與

 上博二·從甲 1 䎽（聞）～曰

 上博二·從甲 1 昔三弋（代）～明王之又（有）天下者

 上博二·從甲 1 昔三弋（代）之明王～又（有）天下者

 上博二·從甲 1 莫～舍（予）也

 上博二·從甲 1 而□取～

 上博二·從甲 1 夫是則獸（守）～㠯（以）信

 上博二·從甲 2 𡥈（教）～㠯（以）義

 上博二·從甲 2 行～㠯（以）豊（禮）也

 上博二·從甲 3 𡥈（教）～㠯（以）型（刑）則逐

 上博二・從甲 3 睧（聞）～曰

 上博二・從甲 5 睧（聞）～曰

 上博二・從甲 8 睧（聞）～曰

 上博二・從甲 9 睧（聞）～曰

 上博二・從甲 11 睧（聞）～曰

 上博二・從甲 12 必或智（知）～

 上博二・從甲 13 睧（聞）～曰

 上博二・從甲 13 君子～相邀（就）也

 上博二・從甲 15 胃（謂）～必城（成）

 上博二・從甲 16 㠯（以）靶（犯）虞慭（犯）見不訓行㠯（以）出～

 上博二・從甲 16 睧（聞）～曰

 上博二・從甲 17 人則啟道～

 上博二・從甲17 後人則奉相～

 上博二・從甲17 器～

 上博二・從甲18 [後人]則暴毀～

 上博二・從甲18 睧（聞）～曰

 上博二・從甲19 ～人可也

 上博二・從甲19 睧（聞）～曰

 上博二・從甲14 而不敢聿（盡）～

 上博二・從乙1 [九]曰軋（犯）人～炃（務）

 上博二・從乙2 睧（聞）～曰

 上博二・從乙3 睧（聞）～曰

 上博二・從乙4 睧（聞）～曰

 上博二・從乙4 豊（禮）～綸也

　上博二·從乙 4 惥(仁)～宗也

　上博二·從乙 5 是古(故)君子勥(強)行㠯(以)時(待)名～至也

　上博二·昔 1 君～毋(母)俤(弟)是相

　上博二·昔 1 大(太)子前～毋(母)俤(弟)

　上博二·昔 1 前～

　上博二·昔 1 肰(然)句(后)并聖(聽)～

　上博二·昔 2 卲(召)～

　上博二·昔 2 女(如)祭祀～事

　上博二·昔 4 唯邦～大炙(務)是敬

　上博二·容 1～又(有)天下也

　上博二·容 3 𠭰(教)而惎(誨)～

　上博二·容 3 歓(飲)而飤(食)～

上博二·容3 思役百官而月青(請)～

上博二·容5 四海(海)～外宎(賓)

上博二·容5 四海(海)～内貞

上博二·容5 坌(匡)天下～正(政)十又(有)九年而王天下

上博二·容6 昔堯凥(處)于丹府與藋陵～間

上博二·容7 於是虐(乎)方百里～中

上博二·容7 銜(率)天下～人遝(就)

上博二·容7 奉而立～

上博二·容7 裹(懷)㠯(以)逨(來)天下～民

上博二·容8 舜于是虖(乎)卽(始)語堯天墬(地)人民～道

上博二·容8 與～言正(政)

上博二·容8 與～言樂

上博二·容8 與～言豊（禮）

上博二·容9 會才（在）天堕（地）～間

上博二·容9 而橐才（在）四浯（海）～內

上博二·容9 堯乃爲～肴（教）曰

上博二·容10 天下～叚（賢）者莫之能受也

上博二·容10 天下之叚（賢）者莫～能受也

上博二·容10 萬邦～君

上博二·容11 而叚（賢）者莫～能受也

上博二·容11 於是唬（乎）天下～人

上博二·容12 見舜～叚（賢）也

上博二·容13 而卒立～

上博二·容13 堯䎽（聞）～而娂（美）丌（其）行

 上博二·容14 㠯(以)三從舜於甽(畎)畮(畝)～中

 上博二·容14 价(謁)而坐～

 上博二·容16 㠯(以)定男女～聖(聲)

 上博二·容16 昔者天埅(地)～差(佐)舜而右(佑)善

 上博二·容17 見墨(禹)～臤(賢)也

 上博二·容17 墨(禹)乃五襄(讓)㠯(以)天下～臤(賢)者

 上博二·容18 肰(然)句(後)敢受～

 上博二·容18 墨(禹)乃因山陵坪(平)陞(隰)～可封邑者而絲(繁)實之

 上博二·容19 墨(禹)乃因山陵坪(平)陞(隰)之可封邑者而絲(繁)實～

 上博二·容19 因民～欲

 上博二·容19 會天埅(地)～利

 上博二·容19 四海(海)～内

 上博二·容 20 四海(海)之内及四海(海)～外皆青(請)虹(貢)

 上博二·容 20 璺(禹)肰(然)句(後)㣤(始)爲～唬(號)羿(旗)

 上博二·容 20 東方～羿(旗)㠯(以)日

 上博二·容 20 西方～羿(旗)㠯(以)月

 上博二·容 20 南方～羿(旗)㠯(以)它(蛇)

 上博二·容 21 中正～羿(旗)㠯(以)澳(熊)

 上博二·容 21 北方～羿(旗)㠯(以)鳥

 上博二·容 22 㠯(以)爲民～又(有)詀(訟)告者鼓安(焉)

 上博二·容 28 天下～民居奠

 上博二·容 25 東皮(注)～洓(海)

 上博二·容 26 東皮(注)～海(海)

 上博二·容 27 東皮(注)～河

 上博二·容27 北虗(注)～河

 上博二·容24 巠(脛)不生～毛

 上博二·容24 㠯(以)波(陂)明者(都)～澤

 上博二·容25 決九河～溁

 上博二·容25 東虗(注)～洈(海)

 上博二·容29 乃鞭(辨)佥(陰)昜(陽)～燹(氣)

 上博二·容30 三年而天下～人亡(無)訟獄者

 上博二·容30 舜乃欲會天陞(地)～燹(氣)而聖(聽)甬(用)之

 上博二·容40 傑(桀)乃逃～南菓(巢)是(氏)

 上博二·容40 湯或(又)从而攻～

 上博二·容30 舜乃欲會天陞(地)之燹(氣)而聖(聽)甬(用)～

 上博二·容31 救聖(聲)～䋃(紀)

 上博二·容34 見咎(皋)咎(陶)～叚(賢)也

 上博二·容34 咎(皋)秀(陶)乃五襄(讓)㠯(以)天下～叚(賢)者

 上博二·容35 傑(桀)不述丌(其)先王～道

 上博二·容35 □是(氏)～又(有)天下

 上博二·容36 天陞(地)四時～事不攸(修)

 上博二·容38 不量丌(其)力～不足

 上博二·容39 湯睧(聞)～

 上博二·容39 衪三十仁而能～

 上博二·容39 肰(然)句(後)從而攻～

 上博二·容40 傑(桀)乃逃～鬲山是(氏)

 上博二·容40 湯或(又)从而攻～

 上博二·容40 降自鳴攸(條)～述(遂)

上博二·容40 㠯(以)伐高神～門

上博二·容41 ～(至)喪(蒼)虘(梧)之埜(野)

上博二·容41 之(至)喪(蒼)虘(梧)～埜(野)

上博二·容41 湯於是虖(乎)訕(征)九州～帀(師)

上博二·容41 㠯(以)霊四洖(海)～内

上博二·容41 於是虖(乎)天下～兵大记(起)

上博二·容42 受(紂)不述丌(其)先王～道

上博二·容44 於是虖(乎)复(作)爲九城(成)～臺

上博二·容44 思民道～

上博二·容44 從而桎晷(梏)～

上博二·容45 不聖(聽)丌(其)邦～正(政)

上博二·容45 於是虖(乎)九邦畔(叛)～

上博二・容 46 文王䎽(聞)～曰

上博二・容 46 受(紂)䎽(聞)～

上博二・容 47 乃出文王于㫃(夏)臺～下而䀗(問)安(焉)

上博二・容 48 三鼓而進～

上博二・容 48 三鼓而退～

上博二・容 48 豐喬(鎬)～民䎽(聞)之

上博二・容 48 豐喬(鎬)之民䎽(聞)～

上博二・容 49 高下肥毳～利聿(盡)智(知)之

上博二・容 49 高下肥毳之利聿(盡)智(知)～

上博二・容 49 智(知)天～道

上博二・容 49 智(知)埅(地)～利

上博二・容 49 昔者文王～差(佐)受(紂)也

 上博二·容50 虐(吾)敓而弋(代)～

 上博二·容50 虐(吾)伐而弋(代)～

 上博二·容50 虐(吾)敵(勵)天畏(威)～

 上博二·容51 至于共㑥(滕)～間

 上博二·容52 㠯(以)少(宵)會者(諸)侯～帀(師)于啚(牧)之壄(野)

 上博二·容52 㠯(以)少(宵)會者(諸)侯之帀(師)于啚(牧)～壄(野)

 上博二·容52 而旻(得)遊(失)行于民～唇(辰)也

 上博二·容52 或亦记(起)帀(師)㠯(以)逆～

 上博二·容53 虐(吾)敵(勵)天畏(威)～

 上博三·周6 終朝晶(三)戁～

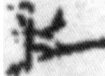 上博三·周9 又(有)孚比～

 上博三·周9 比～自內

 上博三·周9 比～非(匪)人

上博三·周 10 外敗（比）～

上博三·周 11 自天右（佑）～

上博三·周 17 系而敂（扣）～

上博三·周 17 从乃嚳（維）～

上博三·周 18 榦（幹）父～蛊（蠱）

上博三·周 18 榦（幹）母～蛊（蠱）

上博三·周 18 榦（幹）父～蛊（蠱）

上博三·周 20 不畜～

上博三·周 21 人～旻（得）

上博三·周 21 邑人～夾（災）

上博三·周 22 僮（童）牛～㮇（牿）

上博三·周 23 芬（豶）豕～舀（牙）

上博三·周 23 勂（何）天～衢

上博三·周 30 戕用黃牛～革

上博三·周 30 莫～䏁（勝）㚔（敔？）

上博三·周 35 非今～古（故）

上博三·周 47 巩（鞏）用黃牛～革

 上博三·周47 改日乃革～

 上博三·周53 得僮(童)儳(僕)～貞

 上博三·周56 弗遇怣(過)～

 上博三·周56 飛鳥羅(離)～

 上博三·周57 不女(如)西罢～酌(禬)祭

 上博三·中2 愨昏(聞)～

 上博三·中2 夫季是(氏)河東～城(盛)豪(家)也

 上博三·中4 史(使)雟(雍)也從于剞(宰)夫～後

 上博三·中5 爲～宗愨(謀)女(汝)

 上博三·中6 至敬～

 上博三·中8 正(政)～㕝(始)也

 上博三·中8 夫先又(有)司爲～女(如)可(何)

 上博三·中10 女(如)～可(何)

 上博三·中10 人丌(其)豫(舍)～者

· 152 ·

上博三·彭 7 氏(是)胃(謂)百眚(姓)～宝

上博三·中 11 睪(舉)～

上博三·中 13 備(服)～悹(緩)

上博三·中 13 繯您而怸放～

上博三·中 16 小人～至者

上博三·中 16 孝(教)而史(使)～

上博三·中 18 昔三弋(代)～明王又(有)四海之内

上博三·中 18 昔三弋(代)之明王又(有)四海～内

上博三·中 20 含(今)～君子

上博三·中 20 含(今)～君子

上博三·中 23 至忎(愛)～䘏(卒)也

上博三·中 24～

上博三·中 25 含(今)～君子史(使)人

上博三·中附簡女(汝)蜀(獨)正～

上博三·亙2亙(恆)燹(氣)～

上博三·亙4生～生行

上博三·亙7墾(舉)天～事

上博三·亙9亙(恆)燹(氣)～生

上博三·亙10又悬(疑)惑言～迻(後)者孚(教)比安

上博三·亙10墾(舉)天下～名

上博三·亙10墾(舉)天下～复(作)強者

上博三·亙11～大复(作)

上博三·亙11墾(舉)天下～爲也

上博三·亙12墾(舉)天下～生同也

上博三·亙12天下～复(作)也

上博三·亙12墾(舉)天下～复(作)也

 上博三·亙13旻(得)～

 上博三·亙13甬(庸)或遊(失)～

 上博三·亙13𦦚(舉)天下～名

 上博三·亙13與天下～明王

 上博三·彭1皮(彼)天～道

 上博三·彭2戒～毋喬(驕)

 上博三·彭2大坓(匡)～妾

 上博三·彭4夫子～惪(德)登矣

 上博三·彭4古(故)君～忞(願)

 上博三·彭6□□～毲(謀)不可行

 上博三·彭6述(怵)惕～心不可長

 上博四·采1喪～末

 上博四·采2不要～嬹

上博四·采3城上生～葦

上博四·采3道～遠尔(邇)

上博四·采3塵(輾)蚓(轉)～實

上博四·采4鵅(鷺)羽～白也

上博四·采4子～睇(睇)奴

上博四·采5思～

上博四·昭1卲王爲室於死沍～滬(涬)

上博四·昭1澌袼～

上博四·昭1既習 (禁?)～

上博四·昭2君～備不可㠯(以)進

上博四·昭2少(小)人～告

上博四·昭3僮(僕)～毋辱君王

 上博四・昭 3 不狀(幸)儓(僕)～父之骨才(在)於此室之壐(階)下

 上博四・昭 3 不狀(幸)儓(僕)之父～骨才(在)於此室之壐(階)下

 上博四・昭 3 不狀(幸)儓(僕)之父之骨才(在)於此室～壐(階)下

 上博四・昭 4 㠯(以)儓(僕)～不旻(得)

 上博四・昭 4 并儓(僕)～父母之骨

 上博四・昭 4 并儓(僕)之父母～骨

 上博四・昭 4 辻(卜)命(令)尹不爲～告

 上博四・昭 4 辻(卜)命(令)尹爲～告

 上博四・昭 6 龏(龔)～脾駛(御)王

 上博四・昭 6 大尹遇～

 上博四・昭 7 不脮(腰)要臰(頸)～皋(罪)

 上博四・昭 7 王韵而余～衽裹

 上博四·昭 7 龏(龔)～腜被之

 上博四·昭 7 龏(龔)之腜被～

 上博四·昭 7 王命龏(龔)～腜毋見

 上博四·昭 8 大尹昏～

 上博四·昭 8 老臣爲君王猷(獸)貝(視)～臣

 上博四·昭 8 或昏死言儑(僕)見腜～寒也

 上博四·昭 9 此則儑(僕)～皋(罪)也

 上博四·昭 9 大尹～言腜可

 上博四·昭 9 楚邦～良臣所聲骨

 上博四·昭 10 囚邦人膚(皆)見～

 上博四·昭 10 安命龏(龔)～腜見

 上博四·柬 2 龜尹智(知)王～庶(炙)於日

 上博四·柬 2 贅尹智(知)王～疠(病)

 上博四·柬 3 尚（當）諗而卜～於

 上博四·柬 4 牆（將）祭～

 上博四·柬 4 諗而卜～

 上博四·柬 5 既諗而卜～

 上博四·柬 5 速祭～

 上博四·柬 6 爲楚邦～櫜（鬼）神宔（主）

 上博四·柬 6 不敢㠯（以）君王～身戛（變）䣛（亂）櫜（鬼）神之裳（常）古（故）

 上博四·柬 6 不敢以君王之身戛（變）䣛（亂）櫜（鬼）神～裳（常）古（故）

 上博四·柬 7 㠯（以）君王～身殺祭

 上博四·柬 9 牆（將）鼓而涉～

 上博四·柬 10 皮（彼）聖人～子孫

 上博四·柬 11 鼓而涉～

 上博四·柬 11 ～濔(旱)母(毋)帝(禘)

 上博四·柬 11 牆(將)命～攸(修)

 上博四·柬 11 者(諸)侯～君之不

 上博四·柬 11 者(諸)侯之君～不

 上博四·柬 12 而聖(刑)～㠯(以)濔(旱)

 上博四·柬 12 此爲君者～聖(刑)

 上博四·柬 16 邦蒀(賴)～

 上博四·柬 17 大(太)剚(宰)迖而胃(謂)～

 上博四·柬 17 君皆楚邦～牆(將)軍

 上博四·柬 20 君內(入)而語僕～言於君王

 上博四·柬 20 君王～瘃從含(今)日㠯(以)瘷(瘥)

 上博四·柬 21 忢(願)晤(聞)～

上博四·柬 21 不㠯(以)丌(其)身䒾(變)贅尹～裳(常)古(故)

上博四·柬 22 牆(將)必智(知)～

上博四·柬 22 君王～疠(病)牆(將)從含(今)日㠯(以)已

上博四·内 1 君子～立孝

上博四·内 1 言人～君之不能史(使)丌(其)臣者

上博四·内 1 言人之君～不能史(使)丌(其)臣者

上博四·内 1 不與言人～臣之不能事

上博四·内 2 不與言人之臣～不能事

上博四·内 2 言人～臣之不能事丌(其)君者

上博四·内 2 言人之臣～不能事丌(其)君者

上博四·内 2 不與言人～君之不能史(使)丌(其)臣者

上博四·内 2 不與言人之君～不能史(使)丌(其)臣者

上博四·内 3 父～不能畜子者

 上博四·内 3 不與言人～子之不孝者

 上博四·内 3 不與言人之子～不孝者

 上博四·内 3 言人～子之不孝者

 上博四·内 3 言人之子～不孝者

 上博四·内 3 不與言人～父之不能畜子者

 上博四·内 3 不與言人之父～不能畜子者

 上博四·内 4 言人～倪（兄）之不能慭（慈）俤（弟）者

 上博四·内 4 言人之倪（兄）～不能慭（慈）俤（弟）者

 上博四·内 4 不與言人～俤（弟）之不能承倪（兄）者

 上博四·内 4 不與言人之俤（弟）～不能承倪（兄）者

 上博四·内 4 言人～俤（弟）之不能承倪（兄）

 上博四·内 4 言人之俤（弟）～不能承倪（兄）

 上博四·内 6 父毋（母）所樂樂～

上博四·內6父毋(母)所憂憂～

上博四·內6善則從～

上博四·內6不善則止～

上博四·內8㥯(隱)而任～

上博四·內9旹(美)下～

上博四·內10民～經也

上博四·內10古(故)爲孧(少)必聖(聽)長～命

上博四·內10爲戔(賤)必聖(聽)貴～命

上博四·內附簡母(毋)忘姑姊妹而遠敬～

上博四·內附簡肰(然)後奉～㠯(以)中章(庸)

上博四·曹1昔周室～邦魯

上博四·曹2君亓(其)煮(圖)～

上博四·曹2昔堯～鄉(饗)舜也

163

上博四·曹 2【背】敔(曹)蔑(沫)～戰(陳)

上博四·曹 4 今天下～君子既可智(知)已

上博四·曹 5 臣聞(聞)～曰

上博四·曹 5 嬰(鄰)邦～君明

上博四·曹 6 嬰(鄰)邦～君亡(無)道

上博四·曹 6 亡(無)㠯(以)取～

上博四·曹 7 君子旻(得)～遊(失)之

上博四·曹 7 君子旻(得)之遊(失)～

上博四·曹 8 必共(恭)儉(儉)㠯(以)旻(得)～

上博四·曹 8 而喬(驕)大(泰)㠯(以)遊(失)～

上博四·曹 8 君言亡(無)㠯(以)異於臣～言

上博四·曹 8 臣聞(聞)～曰

上博四·曹 9 君子㠯(以)臤(賢)禹(稱)而遊(失)～

上博四·曹 13 臣聞(聞)～

上博四·曹 14 三弋(代)～戰(陳)皆萬(存)

· 164 ·

 上博四·曹 14 叔(且)臣皆(聞)～

 上博四·曹 14 少(小)邦凥(處)大邦～閒

 上博四·曹 15 亓(其)食足㠯(以)食～

 上博四·曹 15 亓(其)兵足㠯(以)利～

 上博四·曹 16 亓(其)城固足㠯(以)戈(捍)～

 上博四·曹 16 大國新(親)～

 上博四·曹 18 叔(且)臣～皆(聞)之

 上博四·曹 18 叔(且)臣之皆(聞)～

 上博四·曹 19 三教～末

 上博四·曹 20 為和於邦女(如)～可(何)

 上博四·曹 21《詩》於又(有)～曰

 上博四·曹 22 民～父母

 上博四·曹 23 君自衒(率)必聚群又(有)司而告～

 上博四·曹 23 二參(三)子孛(勉)～

 上博四·曹 23 亓(期)會～不難

 上博四·曹 25 必又(有)數大官～帀(師)

 上博四·曹26 五（伍）～閒必又（有）公孫公子

 上博四·曹28 則民宜～

 上博四·曹28 赦（且）臣聞～

 上博四·曹29 是古（故）倀（長）必訋（約）邦～貴人及邦之可（奇）士

 上博四·曹29 是古（故）倀（長）必訋（約）邦之貴人及邦～可（奇）士

 上博四·曹30 三行～後

 上博四·曹31 命～毋行

 上博四·曹32 爲～

 上博四·曹34 㠯（以）觀上下～青（情）愚（僞）

 上博四·曹34 仳（匹）夫㝈（寡）婦～獄訟

 上博四·曹34 君必身聖（聽）～

 上博四·曹35 則民新（親）～

 上博四·曹36 則民和～

 上博四·曹38 人～兵不砥氒（礪）

 上博四·曹39 人～麿（甲）不緊（堅）

 上博四·曹40 此戰（戰）～㬎（顯）道

 上博四·曹40 臣䎽（聞）～

 上博四・曹42 由邦骎(御)～

 上博四・曹42 此出帀(師)～幾(忌)

 上博四・曹43 臣睧(聞)～

 上博四・曹43 此戡(散)果(裹)～幾(忌)

 上博四・曹43 亓(其)㤳(去)～不速

 上博四・曹44 亓(其)邉(就)～不専(附)

 上博四・曹44 此戩(戰)～幾(忌)

 上博四・曹45 此既戩(戰)～幾(忌)

 上博四・曹47 收～

 上博四・曹47 剔(傷)者餌(問)～

 上博四・曹50 幾(忌)莫～堂(當)

 上博四・曹52 皆曰秀(勝)～

 上博四・曹53 此遅(復)盤戩(戰)～道

 上博四・曹53 此遅(復)甘戩(戰)～道

 上博四・曹54 收而聚～

 上博四・曹54 粽(束)而厚～

 上博四·曹55 思良車良士往取～餌（耳）

 上博四·曹55 此遆（復）故戬（戰）～道

 上博四·曹57 㠯（以）攻人～所亡（無）又（有）

 上博四·曹59 虐（吾）又（有）所睧（聞）～

 上博四·曹60 又（有）～虎（乎）

 上博四·曹61 埇（勇）者憙～

 上博四·曹61 亢者悬（悔）～

 上博四·曹63 唯君亓（其）智（知）～

 上博四·曹64 此先王～至道

 上博四·曹64 臣睧（聞）～

 上博四·曹64 昔～明王之记（起）於天下者

 上博四·曹64 昔之明王～记（起）於天下者

 港甲5□～仁

 上博五·競1 曰～食也

 上博五・競1【背】競建内～

 上博五・競2 群臣～辠(罪)也

 上博五・競3 安(焉)命行先王～瀍(法)

 上博五・競3 㰅(狄)人～怀(附)者七百邦

 上博五・競4 含(今)此祭～得福者也

 上博五・競4 青(請)量～㠯(以)哀潛(汲)

 上博五・競4 既祭～後

 上博五・競4 安(焉)攸(修)先王～瀍(法)

 上博五・競4 高宗命伇(傅)鳶(説)量～㠯(以)祭

 上博五・競6 不遬(遷)於善而敓(奪)～

 上博五・競8 含(今)内～不得百生(姓)

 上博五・競8 外～爲者(諸)矦(侯)狀(笑)

 上博五·競8 募(寡)人～不剝也

 上博五·競9 幾(豈)不二子～慐(憂)也才(哉)

 上博五·鮑1 一～日而車秒(梁)城(成)

 上博五·鮑1 譽(殷)人～所㠯(以)弋(代)之

 上博五·鮑1 譽(殷)人之所㠯(以)弋(代)～

 上博五·鮑2 周人～所㠯(以)弋(代)之

 上博五·鮑2 周人之所㠯(以)弋(代)～

 上博五·鮑2 二厽(三)子季(勉)～

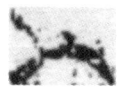 上博五·鮑3 女(如)者(故)伽(加)～㠯(以)敬

 上博五·鮑4 □～

 上博五·鮑4 縱公～所欲

 上博五·鮑5 人～生(性)厽(三)

上博五・鮑6 墓（萬）輚（乘）～邦

上博五・鮑6 刀（刁）～偖（者）

上博五・鮑9 鞈（鮑）禺（叔）舀（牙）與級（隰）㣆（朋）～諫

上博五・季1 肥從又司～遂（後）

上博五・季1 罷（一）不智（知）民矛（務）～安才

上博五・季1 售（唯）子～刟胹（胙）

上博五・季1 青昏（問）羣＝（君子）～從事者於民之

上博五・季1 青昏（問）羣＝（君子）之從事者於民～

上博五・季2 此君子～大矛（務）也

上博五・季2 青昏（問）可（何）胃（謂）㤅（仁）～㠯（以）悳（德）

上博五・季3 羣＝（君子）才（在）民～上

上博五・季3 執民～中

上博五·季 3 氏(是)孴₌(君子)～恥也

上博五·季 4 此～胃(謂)𢗥(仁)之㠯(以)悳(德)

上博五·季 4 此之胃(謂)𢗥(仁)～㠯(以)悳(德)

上博五·季 5 事皆旻(得)亓(其)舊(藋)而弝(強)～

上博五·季 5 百眚(姓)逆(送)～㠯(以)□☒

上博五·季 6 丘昏(聞)～孟者戻曰

上博五·季 6 㠯(以)箸(書)孴₌(君子)～悳(德)也

上博五·季 7 㠯(以)斤孴₌(君子)～行也

上博五·季 7 孴₌(君子)涉～

上博五·季 7 尖₌(小人)藋～

上博五·季 8 以尻(處)邦豪(家)～述曰

上博五·季 9 㐀(丘)昏～

上博五·季 10 是古(故)叚(叚)人～居邦豪(家)也

上博五・季11 毋乃肥～昏也

上博五・季11 古(故)女(吾)子～疋肥也

上博五・季12 安圣而輦(乘)～

上博五・季12 先=(先人)齐=(之所)善亦善～

上博五・季13 先=(先人)之所史(使)而行～

上博五・季13 繇丘舊(藋)～

上博五・季14 叔(且)夫賤吟～先莞(世)

上博五・季14 三代～速(傳)史(史)

上博五・季14 幾敢不㠯(以)亓(其)先=(先人)～速(傳)等(志)告

上博五・季14 古～爲邦者必呂(以)此

上博五・季16 □～必敬女賓客之事也

上博五・季16 □之必敬女賓客～事也

 上博五·季17 因古苛（?）豊（禮）而章～

 上博五·季17 皆青行～

 上博五·季18 子～言也已至（重）

 上博五·季19 民～娩（美）棄亞（惡）母（女）逞（歸）

 上博五·季19 疋言而䛭（蜜）獣（獸）～

 上博五·季20 大辠（罪）則夜～㠯（以）型

 上博五·季20 瑩（中）辠（罪）則夜（赦）～㠯（以）罰

 上博五·季20 少（小）則訨（訾）～

 上博五·季21 □悢則民㵯（?）～

 上博五·季21 因邦斎=（之所）叚（叚）而甦（興）～

 上博五·季22 大辠（罪）殺～

 上博五·季22 瑩（中）辠（罪）型（刑）～

 上博五·季22 少(小)皋(罪)罰～

 上博五·季23 亓(其)曲目(以)城～

 上博五·季23 此㝵=(君子)從事者～所啻馰也

 上博五·姑1 百豫反～

 上博五·姑1 旦夕絧(治)～

 上博五·姑2 □垀(邵)奇睧(聞)～

 上博五·姑3 於君犾(幸)則晉邦～社畍(稷)可旻(得)而事也

 上博五·姑5 古(故)而反亞(惡)～

 上博五·姑5 唯(雖)死安(焉)逃～

 上博五·姑6 思又(有)君臣～節

 上博五·姑6 目(以)正上下～譌

 上博五·姑6 於言又(有)～

 上博五·姑7 虐(吾)子煮(圖)～

 上博五·姑8 取宔(主)君～衆㠯(以)不聽命

 上博五·姑9 敂(拘)人於百豫㠯(以)内(入)繇(囚)～

 上博五·姑9 女(汝)出内庫～繇(囚)

 上博五·姑9 回而余(予)～兵

 上博五·君1 言～而不義

 上博五·君2 視～而不義

 上博五·君2 聖(聽)～而不義

 上博五·君3 ～曰

 上博五·君3 欲行～不能

 上博五·君3 欲迲(去)～而不可

 上博五·君6 聖(聲)～僭(疾)俆(徐)

上博五·君10 芫斅(贅)～徒

上博五·君11 夫子絧(治)十室～邑亦樂

上博五·君11 絧(治)䒩(萬)室～邦亦樂

上博五·君15 曡(禹)絧(治)天下～川

上博五·弟4 曹～喪

上博五·弟4 又(有)陞(地)～胃(謂)也虖(乎)

上博五·弟6 虗(吾)見～壴(矣)

上博五·弟7 虗(吾)䎽(聞)父母～喪

上博五·弟9 虗(吾)見～壴(矣)

上博五·弟9 虗(吾)䎽(聞)而未～見也

上博五·弟11 此～胃(謂)怠(仁)

上博五·弟12 求爲～言

 上博五·弟12求爲～行

 上博五·弟21吟（今）～殜（世）□

 上博五·弟22□子酭（問）～曰

 上博五·弟23□□□～又

 上博五·三1是胃（謂）川（順）天～棠（常）

 上博五·三2敬者旻（得）～

 上博五·三2悤（怠）者遊（失）～

 上博五·三2天神～

 上博五·三2皇天牆（將）叝（興）～

 上博五·三2上帝牆（將）憎～

 上博五·三3敬～敬之

 上博五·三4女（如）反～

 上博五·三4憂懼～閒

 上博五・三 4 怔（疏）達～宋（次）

 上博五・三 4 毋胃（謂）～不敢

 上博五・三 5 毋胃（謂）～不肰（然）

 上博五・三 5 唯福～至（基）

 上博五・三 6 民～所悳（喜）

 上博五・三 7 必返（復）～㠯（以）憂䙴（喪）

 上博五・三 7 必返（復）～㠯（以）康

 上博五・三 8 皇天～所亞（惡）

 上博五・三 12 監川～都

 上博五・三 12 穮澗～邑

 上博五・三 12 百輛（乘）～豕（家）

 上博五・三 12 十室～何

 上博五・三 12 秉～不固

 上博五・三 13 亞（惡）聖人～悡（謀）

 上博五·三 13 天～所敗

 上博五·三 14 鼞（與）而記（起）～

 上博五·三 14 爲不善褍（禍）乃或（惑）～

 上博五·三 15 毋不能而爲～

 上博五·三 15 毋能而慁（易）～

 上博五·三 17 敬天～敁

 上博五·三 17 鼞地～歫

 上博五·三 18 好昌天從～

 上博五·三 18 好賁天從～

 上博五·三 18 好尨天從～

 上博五·三 18 好長天從～

 上博五·三 18 記（起）地～

 上博五·三 19 皇天～所棄

 上博五·三 19 而句(后)帝～所憎

 上博五·三 20 口～不戡(畏)

 上博五·三 20 民～所欲

 上博五·三 21 竿～長

 上博五·三 22 ～罡

 上博五·三 22 四宒(荒)～內

 上博五·三 22 是帝～闱(關)

 港甲 4 上帝憙～

 上博五·鬼 1 天下瀘(法)～

 上博五·鬼 2 後殜(世)遂(述)～

 上博五·鬼 2 則𥚢(鬼)神～賞

 上博五·鬼 3 天下～聖人也

 上博五·鬼 3 天下～䜌(亂)人也

 上博五·鬼3 女(如)㠯(以)此詰～

 上博五·鬼5 此～胃(謂)虖(乎)

 上博五·鬼7 昔融～氏帀

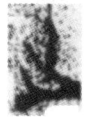 港甲7 ～女晏嬰也

 港甲7 此～胃(謂)君

 上博一·性4 或斀(動)～

 上博一·性4 或逆～

 上博一·性4 或寒(實)～

 上博一·性4 或蒽(厲)～

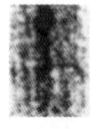 上博一·性5 或長～

 上博一·性6 凡見者～胃(謂)勿(物)

 上博一·性6 快於其(己)者～胃(謂)兌(悅)

上博一・性6 勿（物）～執（勢）者之胃（謂）執（勢）

上博一・性6 勿（物）之執（勢）者～胃（謂）執（勢）

上博一・性7 有爲也［者］～胃（謂）古（故）

上博一・性7 群善～蘁也

上博一・性8 道～而已

上博一・性9 又（有）爲爲～也

上博一・性9 又（有）爲言～也

上博一・性9 又（有）爲睪（舉）～也

上博一・性9 聖人比丌（其）頪（類）而侖（論）會～

上博一・性10 會（觀）丌（其）先後而逆訓（順）～

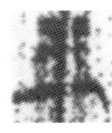上博一・性10 膿（體）丌（其）宜（義）而節曼（文）～

上博一・性10 里（理）丌（其）情而出内（入）～

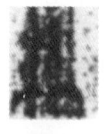 上博一・性 11 或興～也

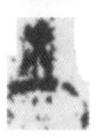 上博一・性 11 堂(當)事因方而裳(制)～

 上博一・性 11 丌(其)先後～舍(敘)則宜道也

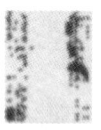 上博一・性 11 或舍(敘)爲～節則霎(文)也

 上博一・性 13 憙(喜)～淺睪(澤)也

 上博一・性 13 憙(憙)～☐

 上博一・性 14 肰(然)句(後)丌(其)內(入)拔(撥)人～心也敀(厚)

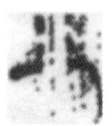 上博一・性 15 聖(聽)䇫(琴)惡(瑟)～聖(聲)

 上博一・性 18 哭～敫(動)心也

 上博一・性 19 樂～敫(動)心也

 上博一・性 20 凡思～甬(用)心爲甚

 上博一・性 20 思～方也

上博一·性 20 丌(其)聖(聲)弁(變)則心從～矣

上博一·性 23 戔(賤)而民貴～

上博一·性 24 亞(惡)～而不可非者

上博一·性 24 非～而不可亞(惡)者

上博一·性 24 行～而不怣(過)

上博一·性 26 門內～絢(治)

上博一·性 27[門外]～絢(治)

上博一·性 28 君子執志必又(有)夫柱柱～心

上博一·性 29 賓客～豊(禮)必又(有)夫齊齊之頌(容)

上博一·性 29 賓客之豊(禮)必又(有)夫齊齊～頌(容)

上博一·性 29 祭祀～豊(禮)必又(有)夫臍(齊)臍(齊)之敬

上博一·性 29 祭祀之豊(禮)必又(有)夫臍(齊)臍(齊)～敬

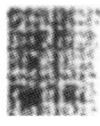上博一·性 29 居喪必又(有)夫纞(戀)纞(戀)～哀

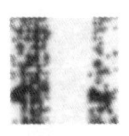 上博一·性30 身必從～

 上博一·性30 言及則明聖（舉）～而毋惡（偽）

 上博一·性31 蜀（獨）居則習［父］兄～所樂

 上博一·性31 少桂（枉）內（入）～可也

 上博一·性31 凡惪（憂）悬（患）～事谷（欲）任

 上博一·性32 弗旻（得）～矣

 上博一·性32 人～不能㠯（以）惪（偽）也

 上博一·性33 宜（義）～方也

 上博一·性33 敬～方也

 上博一·性33 勿（物）～即（節）也

 上博一·性33 惪（仁）～方也

 上博一·性33 眚（性）～方也

 上博一·性33 眚（性）或生～

 上博一・性35 凡甬（用）心～趎（趨）者

 上博一・性35 甬（用）智～疾者

 上博一・性35 甬（用）情～至［者］

 上博一・性36 甬（用）身～弁者

 上博一・性36 甬（用）力～聿（盡）者

 上博一・性36 目～好色

 上博一・性36 耳～樂聖（聲）

 上博一・性36 □□～燹（氣）也

 上博一・性37 不［難］爲～死

 上博一・性37 又（有）丌（其）爲人～僗僗女（如）也

 上博一・性37 不又（有）夫柬（簡）柬（簡）～心則㥥（采）

 上博一・性37 又（有）丌（其）爲人～柬（簡）柬（簡）女（如）也

上博一·性37 不又（有）夫恆怨（忻）～志則曼（慢）

上博一·性37 人～[巧]言利䛐（詞）者

上博一·性38 不又（有）夫詘詘～心則流

上博一·性38 人～□肰（然）可與和安者

上博一·性38 不又（有）夫奮犾～情則悉（侮）

上博一·性38 又（有）丌（其）爲人～慧（快）女（如）也

上博一·性38 又（有）丌（其）爲人～

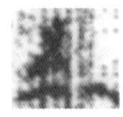上博一·性39 慮其（斯）莫與～結

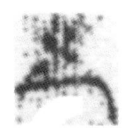上博一·性39 慮～方也

上博一·性39 悔（謀）～方也

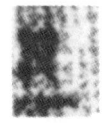上博一·性【殘】□人訐（信）～矣

上博二·民1 民～父母

上博二・民 1 敢䎇（問）可（何）女（如）而可胃（謂）民～父母

上博二・民 2 必達於豊（禮）縵（樂）～簝（原）

上博二・民 2 必先智（知）～

上博二・民 3 丌（其）［之］胃（謂）民～父母矣

上博二・民 3 勿（物）～所至者

上博二・民 3 志～［所］至者

上博二・民 4 豊（禮）～所至者

上博二・民 4 縵（樂）～所至者

上博二・民 5 此～胃（謂）五至

上博二・民 12 亡（無）膿（體）～豊（禮）

上博二・民 5 五至既睧（聞）～矣

上博二・民 5 亡（無）聖（聲）～縵（樂）

上博二・民6 亡(無)備(服)～喪

上博二・民6 奊(傾)耳而聖(聽)～

上博二・民6 明目而視～

上博二・民7 此～胃(謂)三亡(無)

上博二・民7 亡(無)聖(聲)～僚(樂)

上博二・民7 亡(無)膿(體)～豊(禮)

上博二・民7 亡(無)備(服)～喪

上博二・民8 亡(無)聖(聲)～僚(樂)

上博二・民9 [亡(無)備(服)]～喪也

上博二・民10 亡(無)聖(聲)～僚(樂)

上博二・民11 [亡(無)]膿(體)～豊(禮)

上博二・民11 亡(無)備(服)～喪

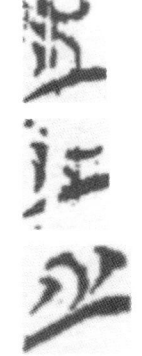

上博二・民 11 亡（無）聖（聲）～綠（樂）

上博二・民 11 亡（無）體（體）～豊（禮）

上博二・民 11 亡（無）體（體）～豊（禮）

上博二・民 12 亡（無）聖（聲）～綠（樂）

上博二・民 12 亡（無）備（服）～喪

上博二・民 12 亡（無）聖（聲）～綠（樂）

上博二・民 13 亡（無）體（體）～豊（禮）

上博二・民 13 亡（無）聖（聲）～綠（樂）

上博二・民 13 亡（無）體（體）～豊（禮）

港甲 9 □好而縵～

港甲 9 㠯（以）上下～約

上博四・相 3 泵（庶）人蒦（勸）於四枳（肢）～褻（藝）

 上博四·相 4 不昏（問）又（有）邦～道

 上博四·相 4 而昏（問）相邦～道

 上博四·相 4 虘（吾）子～含（答）也可（何）女（如）

 上博四·內 7 唯（雖）至於死從～

 上博四·曹 53 必齔（黔）首皆欲或～

 上博六·競 1 虘幣帛甚娩（美）於虘先君～量矣

 上博六·競 1 虘珪璧大於虘先君～……

 上博六·競 2 公壆（舉）首含（答）～

 上博六·競 2 盍敓～

 上博六·競 3 公盍或～

 上博六·競 3 公內安子而告～

 上博六·競 4 王命屈木昏（問）範（范）武子～行安

 上博六·競 5 丌（其）祝史吏～爲丌（其）君祝敓也

 上博六·競6 今君～貪惛蠱(苛)匿(慝)

 上博六·競7 祝～多堣言

 上博六·競8 今新(薪)登(蒸)思(使)吴(虞)守～

 上博六·競8 蘜(澤)梁(梁)吏敍(漁)守～

 上博六·競8 山替(林)史(使)奠(衡)守～

 上博六·競10 ～臣

 上博六·競10 一丈夫執尋～幣

 上博六·競12 是壤逗～言也

 上博六·競13 公或胃～

 上博六·孔1 盧(斯)睧(聞)～

 上博六·孔3 盧(斯)忠=(中心)樂～

 上博六·孔4 悬(仁)者是能行聖(聖)人～道

 上博六·孔4 行聖(聖)人～道

 上博六·孔 5 是古(故)魚道～

 上博六·孔 6 憲君子契(聖)～

 上博六·孔 6 人～未謫(察)

 上博六·孔 7 惡(仁)人～道

 上博六·孔 9 惡(仁)孚惡(仁)而進～

 上博六·孔 10 吾聞～

 上博六·孔 11 夫與蝎～民

 上博六·孔 12 與蝎～民

 上博六·孔 14 民～行也

 上博六·孔 15 句拜四方～立㠯(以)童

 上博六·孔 15 君子蜀～㠯(以)亓(其)所蜀

 上博六·孔 15 規～㠯(以)亓(其)所谷

 上博六・孔 16 安與～尻而謫(察)聞亓(其)所學

 上博六・孔 19 岂言～唬(乎)

 上博六・孔 19 與蝺～民

 上博六・孔 20 豹敢訨～

 上博六・孔 22 迷言～

 上博六・孔 22 虗子迷言～猶恐弗智

 上博六・孔 23 生民～賜

 上博六・孔 25 衆～所植

 上博六・孔 25 莫～能阧也

 上博六・孔 25 衆～所

 上博六・孔 27 求～於中

 上博六・孔 27 而民道～

上博六·莊1 㠯(以)共薔秋~裳(嘗)

上博六·莊2 㠯(以)時四毲(鄰)~會(賓)客(客)

上博六·莊2 遂(後)~人

上博六·莊2 幾可(何)保~

上博六·莊2 王固昏(問)~

上博六·莊3 四與五~間虖(乎)

上博六·莊3 女四與五~間

上博六·莊3 載~尃車上虖(乎)

上博六·莊5 王子回敓~

上博六·莊5 紳公爭~

上博六·莊6 忘夫朸述~下虖(乎)

上博六·莊6 臣不智(知)君王~牁(將)爲君

上博六·莊7～爲君

上博六·莊7氏言棄～

上博六·莊8君王免～

上博六·莊9可敢心～又

上博六·壽1鯀～於㝱(宗)廟

上博六·壽2王固鯀～

上博六·壽4王與～話(語)

上博六·壽6逡(後)～人可若

上博六·木3莊王迠(踐)河雝～行

上博六·慎4民～

上博六·慎6邍迗爲民～古

上博六·慎6息(仁)～至

上博六·用1 思民～初生

上博六·用1 見～台（以）康樂

上博六·用1 愿～台（以）兇型（刑）

上博六·用1 是善敗～經

上博六·用1 參節～未旻（得）

上博六·用3 難～

上博六·用4 杠～亡（無）繘

上博六·用5 難～

上博六·用5 民～乍勿

上博六·用5 隹言～又信

上博六·用7 咎群言～弃

上博六·用7 亓（其）頌～怍

上博六·用7 亓(其)自視～泊

上博六·用7 亓(其)言～謵

上博六·用8 悇保～嘔

上博六·用8 非稷～糧

上博六·用8 碛(積)涅(盈)天～下

上博六·用8 而莫～能旻(得)

上博六·用10 ～遜

上博六·用11 若罔～未發

上博六·用11 司民～降兇

上博六·用12 若矢～夺於弦

上博六·用13 佳唇～賈臣

上博六·用13 心牘～既權

上博六・用15 告衆～所畏忌

上博六・用15 請命～所對

上博六・用15 而言語～所起

上博六・用15 辠(罪)～枝葉

上博六・用16 鰥～身

上博六・用16 茅～台(以)元色

上博六・用17 僉～不骨

上博六・用17 而塵～亦不能

上博六・用18 建 㱿～政

上博六・用19 又泯=～不達

上博六・用20 又(有)但～深

上博六・用20 而又(有)弔～淺

 上博六·用20 又(有)贛₌～紒

 上博六·用20 而又縸₌～佥

 上博六·用20 凡民～終頪(類)

 上博六·用20 善古君～

 上博六·天甲1 天子建～邑(以)州

 上博六·天甲1 邦君建～邑(以)垈

 上博六·天甲1 夫₌(大夫)建～邑(以)里

 上博六·天甲1 士建～邑(以)室

 上博六·天甲2 士象夫₌(大夫)～立

 上博六·天甲2 夫₌(大夫)象邦君～立

 上博六·天甲2 邦君象天子～

 上博六·天甲3 義～兄也

 上博六·天甲 3 豊(禮)～於宗廟也

 上博六·天甲 3 義反～

 上博六·天甲 6 根～吕(以)玉帥

 上博六·天甲 8 民～儀也

 上博六·天甲 12 古見傷而爲～祈

 上博六·天甲 12 見窀而爲～内

 上博六·天甲 12 因惪(德)而爲～折

 上博六·天乙 1 凡天～建之吕(以)州

 上博六·天乙 1 邦君建～吕(以)垞

 上博六·天乙 1 夫=(大夫)建～吕(以)里

 上博六·天乙 1 士建～吕(以)室

 上博六·天乙 2 士象夫=(大夫)～立

上博六・天乙 2 夫=(大夫)象邦君～立

上博六・天乙 2 邦君象天子～立

上博六・天乙 2 義～兄也

上博六・天乙 3 豊(禮)～於宗廟也

上博六・天乙 3 義反～

上博六・天乙 5 根～㠯(以)玉帛

上博六・天乙 7 民～儀也

上博六・天乙 11 古見傷而爲～祈

上博七・武 1 不智(知)黃帝、嵩(顓)琋(頊)、堯、舜～道

上博七・武 2 王女(如)谷(欲)寵～

上博七・武 3 先王～箸(書)

上博七・武 3 道箸(書)～言

 上博七·武 4 悬(仁)吕(以)旻(得)～

 上博七·武 4 悬(仁)吕(以)守～

 上博七·武 5 旻(得)～

 上博七·武 5 悬(仁)吕(以)悬(仁)獸(守)～

 上博七·武 5 旻(得)～

 上博七·武 5 獸(守)～

 上博七·武 5 䎿(問)～

 上博七·武 6 箬(席)～四嵩(端)

 上博七·武 6 民～反側

 上博七·武 7 藎(慎)～口

 上博七·武 10 余智(知)～

 上博七·武 11 而百殜(世)不遬(失)～道

上博七・武 11 又（有）～虖（乎）

上博七・武 12 身則君～臣

上博七・武 12 聖人～道

上博七・武 12 牆（將）道～

上博七・武 13 丹箸（書）～言

上博七・武 13 又（有）～曰

上博七・武 15 百眚（姓）～爲經

上博七・武 15 丹箸（書）～言

上博七・武 15 又（有）～

上博七・鄭甲 1 臧（莊）王熹（就）夫＝（大夫）而與～言曰

上博七・鄭甲 1 目（以）邦～惄（恧—病）目（以）戁（急）

上博七・鄭甲 3 售（雖）邦～惄（恧—病）

上博七・鄭甲 3 王命會（答）～曰

 上博七·鄭甲4 䪦(顛)䢦(覆)天下～豊(禮)

 上博七·鄭甲4 弗㥜(畏)䰬(鬼)神～不恙(祥)

 上博七·鄭甲5 嫨(掩)～城巠(基)

 上博七·鄭甲6 王許～

 上博七·鄭甲6 君王～记(起)此帀(師)

 上博七·鄭甲6 㠯(以)子豪(家)～古(故)

 上博七·鄭甲7 君王必進帀(師)㠯(以)迖～

 上博七·鄭甲7 王安還軍㠯(以)迖～

 上博七·鄭甲7 與～戰於兩棠

 上博七·鄭乙1 臧(莊)王臱(就)夫=(大夫)而与(與)～言曰

 上博七·鄭乙2 㠯(以)邦～悑(怲—病)㠯(以)忢(急)

 上博七·鄭乙3 售(雖)邦～悑(怲—病)

上博七・鄭乙 3 王命畣(答)～

上博七・鄭乙 4 [子]豪(家)遉(顛)遉(覆)天下～豊(禮)

上博七・鄭乙 4 弗悁(畏)禨(鬼)神～不恙(祥)

上博七・鄭乙 5 敆(掩)～城巠(基)

上博七・鄭乙 6 王許～

上博七・鄭乙 6 君王～记(起)此帀(師)

上博七・鄭乙 6 㠯(以)子豪(家)～古(故)

上博七・鄭乙 7 君王必進帀(師)㠯(以)迖～

上博七・鄭乙 7 王安還軍㠯(以)迖～

上博七・鄭乙 7 與‥戰於兩棠

上博七・君甲 1 命爲君王烖～

上博七・君甲 2 王乃出而見(視)～

 上博七·君甲 2 楚邦～中

 上博七·君甲 3 敓(鼓)鐘～聖(聲)

 上博七·君甲 3 珪玉～君

 上博七·君甲 4 百眚(姓)～宔(主)

 上博七·君甲 5 州徒～樂

 上博七·君甲 5～〈先〉王斎＝(之所)㠯(以)爲目觀也

 上博七·君甲 6 人胃(謂)～安邦

 上博七·君甲 6 胃(謂)～利民

 上博七·君甲 7 耳目～欲

 上博七·君甲 8 民乍而囟䇓(應)～

 上博七·君乙 1 命爲君王戔～

 上博七·君乙 2 王乃出而見～

上博七・君乙 2 楚邦～中

上博七・君乙 3 不聖（聽）篏（鼓）鐘～聖（聲）

上博七・君乙 3 珪=（珪玉）～君

上博七・君乙 3 百眚（姓）～宔（主）

上博七・君乙 4 州徒～樂

上博七・君乙 6 人胃（謂）～安邦

上博七・君乙 6 胃（謂）～利民

上博七・君乙 6 耳目～欲

上博七・君乙 7 民乍而凶譝（應）～

上博七・凡甲 2 奚返（後）～奚先

上博七・凡甲 2 佥（陰）昜（陽）～扅

上博七・凡甲 2 水火～和

 上博七·凡甲2 䎡(問)～曰

 上博七·凡甲3 未智(知)左右～請(情)

 上博七·凡甲4 䇔(埶)爲～公

 上博七·凡甲4 䇔(埶)爲～佳(封)

 上博七·凡甲5 骨=(骨肉)～既林(靡)

 上博七·凡甲6 虗(吾)奚古(故)事～

 上博七·凡甲6 骨=(骨肉)～既林(靡)

 上博七·凡甲6 虗(吾)奚自飤(食)～

 上博七·凡甲7 虗(吾)奚甘(時)～

 上博七·凡甲7 虗(吾)女(如)～可(何)思(使)歕(飽)

 上博七·凡甲7 川(順)天～道

上博七·凡甲8 虗(吾)欲旻(得)百眚(姓)～和

上博七・凡甲 8 虐(吾)奚事~

上博七・凡甲 8 敬天~㝨(明)奚旻(得)

上博七・凡甲 8 禔(鬼)~神奚飤(食)

上博七・凡甲 8 先王~智奚備

上博七・凡甲 8 䎽(聞)~曰

上博七・凡甲 9 十回(圍)~木

上博七・凡甲 9 日~又(有)耳

上博七・凡甲 10 月~又(有)軍(暈)

上博七・凡甲 10 水~東流

上博七・凡甲 10 日~台(始)出

上博七・凡甲 12 忢(近)~䇽(箭—薦)人

上博七・凡甲 13 卉(草)木旻(得)~㠯(以)生

上博七·凡甲13 含(禽)獸旻(得)～㠯(以)嘓(鳴)

上博七·凡甲13 遠～弋

上博七·凡甲14 夫雨～至

上博七·凡甲14 篁(孰)雩出～

上博七·凡甲14 夫凸(風)～至

上博七·凡甲14 篁(孰)颮飄而逬～

上博七·凡甲14 䎽(聞)～曰

上博七·凡甲15 僟而思～

上博七·凡甲15 记(起)而甬(用)～

上博七·凡甲15 䎽(聞)～曰

上博七·凡甲16 ～〈先〉智(知)四洖(海)

上博七·凡甲16 邦豪(家)～煮(圖)之

上博七·凡甲 17 煮(圖)～

上博七·凡甲 17 女(如)并天下而虞(担)～

上博七·凡甲 17 旻(得)鼣(一)而思～

上博七·凡甲 17 若并天下而詞(治)～

上博七·凡甲 19 叔(咀)～又(有)未(味)

上博七·凡甲 19 鼓～又(有)聖(聲)

上博七·凡甲 19 忻(近)～可見

上博七·凡甲 19 操～可操

上博七·凡甲 19 祿(握)～則遊(失)

上博七·凡甲 19 敗～

上博七·凡甲 20 測(賊)～則滅

上博七·凡甲 20 舀(聞)～曰

 上博七·凡甲21 䎽(聞)～曰

 上博七·凡甲22 䎽(聞)～曰

 上博七·凡甲23 卬(仰)而視～

 上博七·凡甲23 任而癸～

 上博七·凡甲23 厇(度)於身旨(稽)～

 上博七·凡甲26 惻(賊)愗(盜)～复(作)

 上博七·凡甲26 可～〈先〉智(知)

 上博七·凡甲26 䎽(聞)～曰

 上博七·凡甲28 夫此～胃(謂)少(小)城(成)

 上博七·凡甲28 旻(得)而解～

 上博七·凡甲29 㮯鼠(一)言而萬民～利

 上博七·凡甲29 㪺(握)～不涅(盈)㪺(握)

 上博七・凡甲 29 尃(敷)～亡(無)所勼(容)

 上博七・凡甲 30～㠯(以)智(知)天下

 上博七・凡甲 30 少(小)～㠯(以)詥(治)邦

 上博七・凡甲 30～力古之力乃下上

 上博七・凡甲 30 之力古～力乃下上

 上博七・凡乙 1 奚逡(後)～奚先

 上博七・凡乙 2 水火～和

 上博七・凡乙 2 酭(問)～曰

 上博七・凡乙 3 智(知)左右～請(情)

 上博七・凡乙 3 箮(孰)爲～

 上博七・凡乙 4 箮(孰)爲～佳(封)

 上博七・凡乙 4 骨=(骨肉)～

上博七·凡乙5 虗(吾)奚古(故)事～

上博七·凡乙5 骨₌(骨肉)～既林(痲)

上博七·凡乙5 虗(吾)奚自飤(食)～

上博七·凡乙6 [虗(吾)奚旹(時)]～

上博七·凡乙6 虗(吾)女(如)～可(何)思(使)歔(飽)

上博七·凡乙6 川(順)天～道

上博七·凡乙7 先王～智奚備

上博七·凡乙7 訢(聞)～曰

上博七·凡乙7 十回(圍)～木

上博七·凡乙8 月～又(有)軍(暈)

上博七·凡乙8 水～東流

上博七·凡乙8 日～訇(始)出

上博七·凡乙9 夫雨～至

上博七·凡乙9 簹(孰)雩出～

上博七·凡乙9 夫凸(風)～至

上博七·凡乙9 簹(孰)颭飄而迸～

上博七·凡乙9 聑(聞)～曰

上博七·凡乙10 俇而思～

上博七·凡乙12 天下而叙(担)～

上博七·凡乙12 旻(得)鼠(一)而思～

上博七·凡乙13 叙(咀)～又(有)未(味)

上博七·凡乙13 舝～又(有)舝

上博七·凡乙13 鼓～又(有)聖(聲)

上博七·凡乙14 聑(聞)～曰

上博七·凡乙 15 卬（仰）而視～

上博七·凡乙 15 俯而履～

上博七·凡乙 16 於身旨（稽）～

上博七·凡乙 16 旻（得）鼠（一）而煮（圖）～

上博七·凡乙 18 畬（聞）～曰

上博七·凡乙 19 惻（賊）悤（盜）～复（作）

上博七·凡乙 19 畬（聞）～曰

上博七·凡乙 20 此～胃（謂）少（小）城（成）

上博七·凡乙 21 旻（得）而解～

上博七·凡乙 22 彔（握）～不涅（盈）彔（握）

上博七·凡乙 22 尃（敷）～亡（無）所匃〈容〉

上博七·凡乙 22 大～以智（知）天下

 上博七·凡乙 22 少(小)～以詞(治)邦

 上博七·吳 1 非疾病安(焉)加～

 上博七·吳 1 二邑～好

 上博七·吳 1 童(動)～

 上博七·吳 2 纘(褌)綺(襗)～中

 上博七·吳 3 君～訢(順)之

 上博七·吳 3 君之訢(順)～

 上博七·吳 3 君～志

 上博七·吳 3 兩君～弗訢(順)

 上博七·吳 4 周～臂(孽)子

 上博七·吳 5 又(有)軒轂(冕)～賞

 上博七·吳 5 釜(斧)戊(鉞)～愳(威)

 上博七·吳 5 昌(以)～前迻(後)之

 上博七·吳 5 昌(以)此前迻(後)～

 上博七·吳5 下～相敵(擠)也

 上博七·吳5 東海～表

 上博七·吳6 才(在)敀(波)敲(濤)～矧(閒)

 上博七·吳6 咎(舅)生(甥)～邦

 上博七·吳7 遅(遲)速～粿(期)

 上博七·吳7 募(寡)君～羮(僕)

 上博七·吳8 先王～福

 上博七·吳8 天子～霝(靈)

 上博七·吳8 可(何)裦(勞)力～又(有)安(焉)

 上博七·吳8 先王～福

 上博七·吳8 天子～霝(靈)

 上博七·吳8 大阤～邑

 上博七·吳9 隹(唯)三大夫丌(其)辱昏(問)～

 上博七·吳9 敝(敝)邑～异(期)

 上博七・吳9 先君～臣

 上博八・子1 元(願)虗(吾)子～煮(圖)之也

 上博八・子1 元(願)虗(吾)子之煮(圖)～也

 上博八・子2 誊(言)遊□～也

 上博八・子2 㠯(以)受嘼(戰)攻～飤(食)於子

 上博八・子2 至宋衛～外(間)

 上博八・子6 而～大難毚

 上博八・顏1 敢舀(問)君子～内事也又(有)道唬(乎)

 上博八・顏3 □必不才(在)慈(茲)～内矣

 上博八・顏4 俑(庸)言～信

 上博八・顏4 俑(庸)行～敬

 上博八・顏5 害(蓋)君子～内事也女(如)此矣

上博八·顏5 君子～内事也

上博八·顏6 敢窜（問）君子～内教也又（有）道虖（乎）

上博八·顏7 道（導）～㠯（以）僉（儉）

上博八·顏7 寿（前）～㠯（以）讓

上博八·顏8 而旻（得）～

上博八·顏8 少（小）人靜（爭）而遊（失）～

上博八·顏9 ～

上博八·顏9 戔（賤）不㕙（肖）而遠～

上博八·顏10 君子～内教也

上博八·成2 敬～才（哉）

上博八·成3 □□欲明智（知）～

上博八·成3 旦～睧（聞）之也

上博八·成3 旦之睧（聞）～也

 上博八・成 6～正道也

 上博八・成 6 青（請）暚（問）天子～正道

 上博八・成 7 是胃（謂）天子～正道

 上博八・成 8 皆欲𨗍（捨）亓（其）𣂪（親）而新（親）～

 上博八・成 8 皆欲㠯（以）亓（其）邦㒸（就）～

 上博八・成 9 枾市明～悳（德）亓（其）殜（世）也▂

 上博八・成 10 能㠯（以）亓（其）六賢（藏）～獸（守）取新（親）安（焉）

 上博八・成 10 是胃（謂）六新（親）～約

 上博八・成 11 先或（國）叟（變）～攸（修）也

 上博八・成 11 外道～明者

 上博八・成 12 欲嚳（譽）～不果

 上博八・成 13 是攟（？譴）～不果

 上博八·成13 毀～不可

 上博八·成14 夫顕(夏)曾(繒)是(氏)～道

 上博八·成15 民皆又(有)夬(乖)鹿(離)～心

 上博八·成15 而或(國)又(有)相串(患)割(害)～志

 上博八·成16 ▢～至

 上博八·成16 才(在)周～東

 上博八·成16 乃命～曰

 上博八·命1 鄴(葉)公子高～子

 上博八·命1 子春胃(謂)～曰

 上博八·命2 先夫=(先大夫)～風(諷)諫(諫)遺命

 上博八·命3 僕(僕)既旻(得)辱貝(視)日～廷

 上博八·命3 命勿～敢韋(違)

上博八·命 3 女(如)吕(以)筐(僕)～觀視日也

上博八·命 5 虐(吾)睧(聞)古～善臣

上博八·命 6 訇(治)楚邦～正(政)

上博八·命 7 四海～内

上博八·命 8 亡儳(僕)～尚(掌)楚邦之正(政)

上博八·命 8 亡儳(僕)之尚(掌)楚邦～正(政)

上博八·命 8 君王～所吕(以)命與所爲於楚邦

上博八·命 9 必内(入)瓜(偶)～於十友又厽(三)

上博八·命 9 皆亡恩安(焉)而行～

上博八·王 1 王居鯦(蘇)漭～室

上博八·王 1 邵昌爲～告

上博八·王 1 王未含(答)～

 上博八·王 2 昌爲～告

 上博八·王 3 □毀亞(惡)～

 上博八·王 4 忨(願)夫=(大夫)～母(毋)薈徒

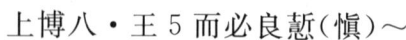
 上博八·王 4 㠯(以)員(損)不穀(穀)～

 上博八·王 5 而必良懃(愼)～

 上博八·王 5 王豪(就)～

 上博八·王 6 爲虐(吾)詖(蔽)～

 上博八·王 7 □言～濘(瀆)

 上博八·志 1 是楚邦～弳(强)秒(梁)人

 上博八·志 1 㠯(以)燮諆王夫=(大夫)～言

上博八·志 2 邦人亓(其)胃(謂)～可(何)

上博八·志 5 虐(吾)父㽞(兄)昔(甥)咎(舅)～又(有)善

上博八·志7 朝记(起)而夕瀘(廢)～

上博八·志7 是則聿(盡)不穀(穀)～皋(罪)也

上博八·李1 裳木～絽(紀)可(兮)

上博八·李1 埠(晉)冬～旨(祁)寒

上博八·李1 鱧(鳳)鳥～所棄(集)

上博八·李1 秦(榛)朳(棘)～間可(兮)

上博八·李1【背】觀虖(吾)桓(樹)～蓉(容)可(兮)

上博八·李1【背】忈(願)歲～啟時

上博八·李2 民～所好可(兮)

上博八·蘭4 女(如)萊(蘭)～不芳

上博八·蘭5 風汗(旱)～不罔(罔)

上博八·蘭5 苣(萲)薛～方记(起)

上博八·蘭5 蓉惻柬(簡)牆(逸)而莫～能畚(勊)矣

· 227 ·

　上博八·有6論三夫～旁也今可(夯)

　上博八·有6膠膰～腈也今可(夯)

　上博八·有6論夫三夫～祽也今可(夯)

　上博八·鶪1婁(鶪)栗(鶪)～止今可(夯)

　上博八·鶪1婁(鶪)栗(鶪)～羽今可(夯)

甲骨文～,从"止",从"一",會足趾所至之意。"止"亦聲。戰國時期楚地文字中的"之"字存在一種多一筆的特殊寫法,如 (璽彙0139)、 (0102)等;或作 (郭店·老子甲8)、 (郭店·老子甲14)、 (郭店·老子甲22)、 (郭店·老子甲34)、 (郭店·老子乙17)、 (郭店·緇衣8)、 (郭店·唐虞之道16)、 (郭店·成之聞之1)、 (郭店·成之聞之1)、 (郭店·成之聞之3)、 (九A28)、 (新蔡甲三241)、 (施173)、 (施55)、 (鄥王職壺上海博物館集刊.8.147)、 (溫縣WT4K6:212)、 (施148)、 (珍戰184)、 (秦駰玉版)。《説文·之部》:"之,出也。象艸過中,枝莖益大,有所之。一者,地也。"

上博二·容41"之桑(蒼)虖(梧)之埜(野)",第一個"之"字,動詞,至。《漢書·高后紀》:"足下不急之國守藩,乃爲上將將兵留此,爲諸大臣所疑。"顏師古注:"之,往也。"

上博二·容40"湯或從而攻～",代詞,指代夏桀。

上博四·采3"城上生～葦"、上博二·容24"面乾皵,脛不生～毛"。"動之名",是雙賓語。"之",代詞,指代處所而不是指代人物。

上博二·昔2、上博二·容20、上博二·容35~,助詞。用在定語和中心詞之間,相當於現代漢語的助詞"的"。《書·盤庚上》:"紹復先王之大業。"

上博二·子6"堯~得舜也"之~,助詞。用在主語和謂語之間,取消句子的獨立性。《書·西伯戡黎》:"殷之即喪!指乃功,不無戮於爾邦?"

上博四·昭10"䇂~胖",~,助詞。用以調整音節或表示提頓,没有實在意義。古代也常用於姓名之間。《左傳·僖公二十四年》:"晉侯賞從亡者,介之推不言祿。"

上博二·容25、26"東啟(注)~洆(海)"、上博二·容27"東啟(注)~河"之~,介詞。相當於"諸",之於。《詩·魏風·伐檀》:"坎坎伐檀兮,寘之河之干兮。"《孟子·滕文公上》:"禹疏九河,瀹濟漯而注諸海;決汝漢,排淮泗而注之江。"

上博二·昔1"前~毋(母)俤(弟)"之~,介詞。相當於"於"。《禮記·大學》:"其所親愛而辟焉,之其所賤惡而辟焉。"朱熹集注:"之,猶於也。"

志

上博一·孔1 峕(詩)亡(無)隱(隱)~

上博一·孔8 言不中~者也

上博一·孔20 丌(其)隱(隱)~必又(有)㠯(以)俞(喻)也

上博一·孔26 㝱(夢)戋又(有)孝~

上博一·孔19 □~

上博一·緇6 古(故)長民者章~㠯(以)卲(昭)百眚(姓)

 上博一·緇19 此吕（以）生不可敓（奪）～

 上博二·從甲9 ～燹（氣）不旨

 上博二·從乙6 不武則～不遒

 上博二·容2 而一丌（其）～

 上博三·周27 ～

 上博五·鬼8 而～行嘉（顯）明

 上博四·曹55 思丌（其）～忌（起）

 上博四·曹59 丌（其）～者寡矣

 上博四·曹61 吕（以）懽（勸）丌（其）～

 上博一·性1 心亡（無）正（定）～

 上博一·性28 君子執～必又（有）夫柱柱之心

 上博一·性37 不又（有）夫恆怠（忻）之～則曼（慢）

上博二・民 3 ～亦至安（焉）

上博二・民 3 ～之[所]至者

上博二・民 7 可（何）～（詩）是迡

上博二・民 10 燹（氣）～不愇（違）

上博二・民 13 燹（氣）～既從

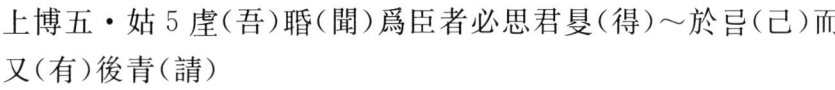
上博五・姑 5 虐（吾）睧（聞）爲臣者必思君旻（得）～於㠯（己）而又（有）後青（請）

上博六・慎 1 堅強㠯（以）立～

上博六・慎 2 強㠯（以）庚～

上博六・慎 5 不纍其～

上博六・用 18 起事乍～

上博七・武 6 亦不可[不]～

上博七・武 10 毋堇（謹）弗～

 上博七·武 13～勳(勝)欲則利

 上博七·武 14 欲勳(勝)～則喪

 上博七·武 14～勳(勝)欲則從

 上博七·武 14 欲勳(勝)～則兇

 上博七·吴 3 則君之～也

 上博七·吴 5 㠯(以)牧民而反～

 上博八·成 15 而或(國)又(有)相串(患)割(害)之～

 上博八·王 3 邦人其瀘(沮)～解體

 上博八·蘭 3 親衆秉～

～，戰國文字或作、、、、、、、。《説文·心部》："志，意也。从心，之聲。"

上博一·緇 19"敓～"，讀爲"奪志"，迫使改變志向。《論語·子罕》："三軍可奪帥也，匹夫不可奪志也。"

上博二·從甲9"～燹（氣）不旨"、上博二·民13"燹（氣）～既從"、上博二·民10"燹（氣）～不悼（違）"，郭店·語叢一48"又（有）燹（氣）又（有）志"，《左傳·昭公九年》"味以行氣，氣以實志，志以定言"，杜預注："氣和則志充。在心爲志。"《孟子·公孫丑上》"夫志，氣之帥也。氣，體之充也"，趙岐注："志，心所念慮也。氣所以充滿形體爲喜怒也。志帥氣而行之，度其可否也。"

上博一·性1"心亡（無）正（定）～"，郭店·語叢一52"志，心殻"。《性自命出》6："凡心有志也。"《詩·大序》："在心爲志。""定志"，集中意志；專心。東方朔《非有先生論》："（寡人）體不安席，食不甘味，目不視靡曼之色，耳不聽鐘鼓之音，虛心定志，欲聞流議者三年於兹矣。"

上博一·孔1"訾（詩）亡（無）隱（隱）～"，意志；感情。《書·舜典》："詩言志，歌永言。"《左傳·昭公二十五年》："是故審則宜類，以制六志。"杜預注："爲禮以制好惡喜怒哀樂六志，使不過節。"孔穎達疏："此六志，《禮記》謂之六情。在己爲情，情動爲志，情志一也。"《毛詩序》："詩者，志之所之也。在心爲志，發言爲詩。"

上博二·民3"～亦至安（焉），～之［所］至者"之～，讀爲"詩"。《禮記·孔子閒居》、《孔子家語·論禮》："志之所至，詩亦至焉；詩之所至，禮亦至焉。"

上博二·民7"可（何）～是逗"之～，讀爲"詩"。

上博五·鬼8"～行"，志向。《漢書·傅喜傳》："少好學問，有志行。"

上博七·吳3～，期望。《孟子·告子上》："羿之教人射，必志於彀，學者亦必志於彀。"

上博七·吳5～，德行。《吕氏春秋·孝行覽》："凡舉人之本，太上以志，其次以事，其次以功。"

上博一·性28"執～"，堅持素志，不改變其操守。《後漢書·高鳳傳》："鳳年老，執志不倦，名聲著聞。"

上博六·慎1"立～"，樹立志向；下定決心。《左傳·襄公二十七年》："志以發言，言以出信，信以立志，參以定之。"

上博六·慎2"庚～"，讀爲"剛志"，堅強意志。

上博六·用18"起事乍～"，"乍志"當與"起事"同義。"志"，當讀爲"事"，謂役民興造。《左傳·昭公八年》："（師曠曰）：臣又聞之曰：'作事不時，怨讟動于民，則有非言之物而言。'今宫室崇侈，民力彫盡，怨讟並作，莫保其性。石言，不亦宜乎。"

上博八·王3"沮～"，即"喪志"，心志沮喪。參"沮"字條。

上博八·蘭3"秉～",執志、持志,堅持意志,不改變其操守。見皮日休《九諷·舍慕》:"粵吾秉志,潔於瑾瑜。"

寺

上博一·孔2□□～也

上博一·性1～(待)兌(悅)而句(後)行

上博一·性1～(待)習而句(後)奠(奠)

上博二·子4每(敏)㠯(以)學～(詩)

上博二·魯4或必～(待)虖(乎)名虖(乎)

上博二·魯5或必～(待)虖(乎)名虖(乎)

上博四·相1青(靜)㠯(以)～(待)

上博八·志1～箸(書)乃言

～,戰國文字或作 (郭店·緇衣26)、 (郭店·窮達以時6)、 (新蔡零353)、 (研究第76頁)、 (秦風25)、 (西安圖十八2)。《說文·寸部》:"寺,廷也。有法度者也。从寸,㞢聲。"

上博一·性1～,讀爲"待",等待;等候。《左傳·隱公元年》:"多行不義,必自斃,子姑待之。"

上博二·子 4 "每(敏)以學～",讀爲"詩",指《詩經》。
上博二·魯 4、5 "～虐名",讀爲"待乎名",是等到叫名字的意思。
上博四·相 1 "青以～",讀爲"靜以待"。

诗

　　上博二·昔 2 㠯(以)告～人

～,從"辵","寺"聲。

上博二·昔 2 "～人",讀爲"寺人",古代宫中的近侍小臣。多以閹人充任。《詩·秦風·車鄰》："未見君子,寺人之令。"鄭玄注："寺人,内小臣也。"《周禮·天官·寺人》："(寺人)掌王之内人及女宫之戒令,相導其出入之事而糾之。"是内宫的宦者。

詩

　　上博四·曹 21 ～於有之

　　上博一·孔 1 ～(詩)亡(無)隱(隱)志

　　上博一·孔 4 ～(詩)丌(其)猷坪(平)門與

　　上博一·孔 16 虐(吾)㠯(以)萬(葛)覃(覃)得氏初之～(詩)

　　上博一·性 8 ～(詩)箸(書)豊(禮)藥(樂)

～,從"言","寺"聲,與 (郭店·語叢一 38)同。或從"言","之"聲。《説文·言部》:"詩,志也。從言,寺聲。 ,古文詩省。"

上博～,多指《詩經》。《左傳·隱公元年》:"《詩》曰:'孝子不匱,永錫爾類。'"

上博一·孔1"～(詩)亡(無)隱(隱)志",《禮記·樂記》:"詩,言其志也;歌,詠其聲也;舞,動其容也。三者本於心,然後樂器從之。"

之

 上博一·緇1～(詩)員(云)

 上博一·緇2～(詩)員(云)

 上博一·緇2～(詩)員(云)

 上博一·緇5～(詩)員(云)

 上博一·緇7～(詩)員(云)

 上博一·緇9～(詩)員(云)

 上博一·緇10～(詩)員(云)

 上博一·緇13～(詩)員(云)

 上博一·緇16～(詩)員(云)

上博一·緇17～(詩)員(云)

上博一·緇21～(詩)員(云)

上博一·緇21～(詩)員(云)

上博一·緇22～(詩)員(云)

上博一·緇23～(詩)員(云)

港甲1～(詩)员(云)

～，从"口"，"之"聲，"詩"字異體。

簡文～，指《詩經》。參"詩"字條。

耑

上博一·緇2爲下可頪(類)而～也

上博一·緇19多～(識)

～，从"目"，"之"聲。或疑"眎"字異體。"目"、"見"二旁古通。《玉篇·見部》："眎，明見也。"《集韻·志韻》："眎，審視也。"(陳偉武)

上博一·緇2～，讀爲"志"。《禮記·緇衣》"爲下可述而志也"，鄭玄注："志，猶知也。"孔穎達疏："志，知也。爲臣下率誠奉上，其行可述敘而知。"

上博一·緇19～，讀爲"識"，記住；記載。《國語·魯語下》："仲尼聞之曰：'弟子志之，季氏之婦不淫矣。'"韋昭注："志，識也。"

诖

 上博二·容7 於是於～（持）板正立

～，从"立"，"之"聲。

上博二·容7～，讀爲"持"，拿著，握住。《禮記·射義》："持弓矢審固，然後可以言中。"

㣇

 上博二·民8 㭷（將）可孛（教）～（詩）矣

 上博二·从甲7 三折～行

 上博二·从甲12 ～善不猒（厭）

 上博二·从甲15 命亡（無）～

 上博二·从乙5 㠯（以）～明（名）之至也

 上博五·季7 夫～（詩）也者

 上博五·君1 㢜（顏）困（淵）～（侍）於夫子

 上博五·君3 㢜（顏）困（淵）～（侍）於夫子

上博五·君 16 子綱(治)～(詩)箸(書)

上博五·弟 14 虗(吾)子皆能又(有)～虖(乎)

上博五·鬼 6 口丌(其)猷(猶)～

上博六·慎 4～悳(德)而方義

上博六·莊 2 㠯(以)～四鄰之賓客

上博八·李 1 㧬(竢)～(時)而俊(作)可(兮)

上博八·蘭 2 方～(時)安(焉)叒(作)

～，从"口"，"寺"聲，與 （郭店·五行 7）同。或作 （郭店·六德 24），从"攴"，"口"旁寫在"寺"旁所从"之"之下，與"攴"並列。或作，"口"旁橫置。

上博二·民 8，上博五·季 7，上博五·君 16～，讀爲"詩"。

上博二·从甲 7～，讀爲"持"。"持行"大概也是敦行、篤行一類意思。作爲另一種可能，"持行"也許是講行走的儀態。

上博二·从甲 15～，讀爲"時"。"亡時"即"無時"，不定時，隨時。《儀禮·既夕禮》："哭晝夜無時。"鄭玄注："哀至則哭，非必朝夕。"

上博五·君 1、3～，讀爲"侍"，侍奉。《左傳·襄公十四年》："師曠侍於晉侯。"《論語·公冶長》："顏淵、季路侍。子曰：'盍各言爾志？'"

上博二·从乙 5，上博五·弟 14～，讀爲"待"。

上博六·慎 4"～悳而方義"，讀爲"持德而秉義"即"秉持德義"。《鹽鐵論·本議》："君子執德秉義而行，故造次必於是，顛沛必於是。"或讀爲"恃德而傍義"。《史記·商君列傳》引《書》曰："恃德者昌,恃力者亡。"

上博六·莊 2～,讀爲"待",意爲備、御。《周禮·地官·司徒》："遺人掌邦之委積,以待施惠。鄉里之委積,以恤民之囏阨;門關之委積,以養老孤;郊里之委積,以待賓客;野鄙之委積,以待羈旅;縣都之委積,以待凶荒。"

上博八·李 1"妃～",讀爲"竢時",等待時機,見《楚辭·離騷》："冀枝葉之峻茂兮,願竢時乎吾將刈。"

上博八·蘭 2"方～",讀爲"旁時",猶言"依時"。或讀爲"逢時"。賈誼《鵩鳥賦》"逢時不祥。"《漢書·列傳》引《語》曰："雖有茲基,不如逢時。"

時（旹）

 上博二·容 48 文王～(持)故時而孚(教)民時

 上博二·容 48 文王時(持)故～而孚(教)民時

 上博二·容 49 文王時(持)故～而孚(教)民～

 上博四·相 1 待～出

 上博二·容 16 堂(當)是～也

 上博六·天甲 12 ～言而殊行

 上博八·李 1【背】忞(願)歲之啟～

 上博八·蘭 1 日月遊(失)～

上博一・孔 10 椒（樛）木之～（時）

上博一・孔 11 椒（樛）木之～（時）

上博一・孔 25 又（有）兔不奉（逢）～（時）

上博二・容 3 古（故）堂（當）是～（時）也

上博二・容 6 堯戔（賤）啻（施）而～（時）時賽（賽）

上博二・容 36 堂（當）是～（時）

上博二・容 36 天酒（地）四～（時）之事不攸（修）

上博四・内 8 ～昧

上博四・曹 20 毋民穫（獲）～（時）

上博五・鮑 7 至亞（惡）何（苛）而上不～（時）史（使）

上博五・三 1 天共～（時）

上博五・三 1 卉木須～（時）而句（後）奮

 上博五·三 15 聚（驟）敓（奪）民～（時）

 上博五·三 16 敓（奪）民～（時）㠯（以）土攻（功）

 上博五·三 16 敓（奪）民～（時）㠯（以）水事

 上博五·三 16 敓（奪）民～（時）㠯（以）兵事

 上博五·三 17 智（知）天足㠯（以）川（順）～（時）

 港甲 4 解于～

 上博七·凡甲 7 虐（吾）奚～之

 上博八·成 1 四～（時）

～，从"日"，"寺"聲，與 、同。或从"之"聲，與 、、同。或作 ，所从"寺"下部从"攴"。《說文·日部》："時，四時也。从日，寺聲。![]，古文時。从之、日。"

上博二·容 48"文王～（持）故時而季（教）民時"，第一個"時"，讀爲"持"，拿。"故時"，"老的曆法"即是指"夏時"、"夏曆"。《大戴禮記·五帝德》："羲和掌曆，敬授民時。"

上博"民～"，猶農時。《管子·臣乘馬》："彼王者，不奪民時，故五穀

興豐。"

上博六・天甲 12～，讀爲"持"，守持義。

上博一・孔 10、11～，順善。《詩・小雅・頍弁》："爾殽既時。"毛亨傳："時，善也。"

上博一・孔 25"不奉～"，讀爲"不逢時"，謂生得不是時候。常作時運不濟之歎。語出《詩・大雅・桑柔》："我生不辰，逢天僤怒。"焦贛《易林・中孚之涣》："生不逢時，困且多憂，年衰老極，中心悲愁。"

上博二・容 6～～，讀爲"時時"，指順應天時。

上博五・三 1"須～（時）"，等待時機。葉適《送劉德修》詩："蟄雷正須時，春雨宜滿澤。"

上博五・三 17"川～"，讀爲"順時"，謂順應時宜；適時。《左傳・成公十六年》："禮以順時，信以守物。"

上博六・天甲 12～，時代。《荀子・堯問》："時世不同，譽何由生。"

上博二・容 36、上博八・成 1"四～"，四季。《易・恆》："四時變化而能久成。"《禮記・孔子閒居》："天有四時，春秋冬夏。"

上博八・李 1【背】"歲之啓～"，新的一年開始之時，亦即立春之時，猶《楚辭・九章・思美人》言"開春發歲兮"，"開"、"發"皆訓始，指來年開春始歲之時。

上博八・蘭 1"遊～"，即"失時"，不當其時。《左傳・莊公二十年》："哀樂失時，殃咎必至。""日月失時"，指日月運行無序，即節候不正常。

耆

 上博五・鬼 2【背】而受（紂）～於只（岐）袿（社）

 上博六・莊 4 紳公子皇～皇子

 上博六・慎 5 首～茅芙

～，从"首"，"之"聲。郭店・尊德義 28"植"字作 。

上博六·慎5"首～茅芺",讀爲"首戴茅蒲",《國語·齊語》:"脱衣就功,首戴茅蒲,身衣襏襫,霑體塗足,暴其髮膚,盡其四支之敏,以從事於田野。"上古音"之"屬章母(照母三等)之部,"戴"屬端母之部。上古音照係三等讀如舌頭,與端係音近,它們韻母又都屬之部,故二字音近可通用。《書·金縢》"植璧秉珪",《漢書·王莽傳》引"植"作"戴"。《釋名·釋姿容》:"戴,載也,載之於頭也。"(沈培)

上博六·莊4～,讀"得",抓獲、捕獲。《書·金縢》:"周公居東二年,則罪人斯得。"孔穎達疏:"謂獲三叔及諸叛逆者。"或讀爲"止"。《左傳·僖公十五年》:"輅秦伯,將止之。"杜預注:"止,獲也。"《漢書·五行志》:"夏帝卜殺之,去之,止之,莫吉。"顔師古注:"止謂拘留也。"

上博五·鬼2【背】～,讀"得",抓獲、捕獲。《史記·蘇秦列傳》:"武王卒三千人,革車三百乘,制紂於牧野。""受"在只社被抓獲。

侍

 上博八·子2於是虖(乎)可(何)～(待)

《説文·人部》:"侍,承也。从人,寺聲。"

簡文"可～",讀爲"何待",等什麽。《國語·周語上》:"水土無所演,民乏財用,不亡何待?"

峕

 上博八·成9是胃(謂)～市明之惪(德)亓(其)殜(世)也☐

《説文·木部》:"峕,槌也。从木,特省聲。"

簡文～,待考。簡文或即《吕氏春秋·聽言》引《逸周書》佚文(亦見於銀雀山簡《六韜》):"周書曰:往者不可及,來者不可待,賢明其世,謂之天子。"(程少軒)

等

 上博四·曹 41《周～(志)》是鷹(存)

 上博五·季 14 幾敢不以亓(其)先=(先人)之連(傳)～(志)告

～,從"竹","寺"聲。《說文·竹部》："等,齊簡也。從竹,從寺。寺,官曹之等平也。"

上博四·曹 41"周～",讀爲"周志"。《左傳·文公二年》"《周志》有之:'勇則害上,不登於明堂'",杜預注："《周志》,《周書》也。"《左傳》所引《周志》文字見於傳本《周書·大匡》。

上博五·季 14"連～",讀爲"傳志",即傳記。

䛐

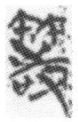 上博五·季 7 㠯(以)～孯=(君子)之志

～,從"竹"、從"口","寺"聲,與 (郭店·緇衣 4)同。

上博五·季 7～,讀爲"志",記載。

蚩

 上博五·鬼 7～䖵(尤)俊(作)兵

～,從"虫","之"聲。《說文·虫部》："蚩,蟲也。從虫,之聲。"

上博五·鬼 7"～䖵",即"蚩尤",本炎帝後裔。《世本·作篇》："蚩尤以金作兵器。"《山海經·大荒北經》："蚩尤作兵伐黄帝,黄帝乃令應龍攻之冀州之野。應龍……遂殺蚩尤。"

坉

上博二·容18 䦢(關)～無賦

上博二·容36 㠯(以)正䦢(關)～

上博五·競10 㠯(以)馳於倪(郳)～

上博八·成9 坉～明之惪(德)亓(其)𣦹(世)也

～，戰國文字或作（施57）、（施60）、（山璽001）、（施137）、（珍戰132）、（古研24），从"土"，"市"聲。"市"字繁體。《說文·𠀧部》："市，買賣所之也。市有垣，从𠀧，从乁。乁，古文及，象物相及也。之省聲。"

上博二·容18、36"䦢～"，讀爲"關市"。《周禮·天官·大宰》："七曰關市之賦。"賈公彥疏："王畿四面皆有關門，及王之市廛二處。"指關市的徵税。《逸周書·大聚》："泉深而魚鼈歸之，草木茂而鳥獸歸之，稱賢使能、官有材而士歸之，關市平商賈歸之。"

上博五·競10"倪～"，爲倪邑之市。

上博八·成9～，待考。

賏

上博六·競8 縛纏者～

～，从"貝"，"市"聲。"市"字繁體。

上博六·競8～，讀爲"市"，臨時或定期集中一地進行的貿易活動。《易·繫辭下》："日中爲市，致天下之民，聚天下之貨，交易而退，各得其所。"

齒

 上博六·用6 脣亡～倉

 上博八·子1 虗(吾)子～年長壴(喜一矣)

～,戰國文字或作 (郭店·唐虞之道5)、 (郭店·語叢四19)、 (珍戰42)、 (秦駰玉版) (秦風188)。《說文·齒部》："齒,口齗骨也。象口齒之形,止聲。 ,古文齒字。"

上博八·子1～,人的年齡。《孟子·公孫丑下》："天下有達尊三:爵一、齒一、德一……鄉黨莫如齒。""齒年",年齡。《呂氏春秋·上農》："齒年未長,不敢爲園囿。"

上博六·用6"脣亡～倉(滄)",嘴脣失去,牙齒即要寒冷。比喻互爲依存,利害相關。《左傳·僖公五年》："晉侯復假道於虞以伐虢。宮之奇諫曰:'虢,虞之表也;虢亡,虞必從之……諺所謂"輔車相依,脣亡齒寒"者,其虞虢之謂也。'"《史記·田敬仲完世家》："趙之於齊楚,扞蔽也,猶齒之有脣也,脣亡則齒寒,今日亡趙,明日患及齊楚。"

端紐旻聲歸又聲

定紐吕聲

吕

 上博一·孔5～爲丌(其)本

 上博一·孔5～爲丌(其)粦(業)

 上博一·孔 9 亦又(有)～也

 上博一·孔 9 則～人益也

 上博一·孔 10 ～色俞(喻)於豊(禮)

 上博一·孔 11 則～丌(其)彔(禄)也

 上博一·孔 13 鵲樔(巢)出～百两(辆)

 上博一·孔 14 ～䈞(琴)惡(瑟)之敓

 上博一·孔 14 ～鍾鼓之樂

 上博一·孔 15 ～卲(召)公

 上博一·孔 16 ～丌(其)蜀(獨)也

 上博一·孔 16 虘(吾)～薦(葛)覃覃(覃)旻(得)氏初之旹(詩)

 上博一·孔 18 ～俞(喻)丌(其)惌(怨)者也

 上博一·孔 20 丌(其)㥯(隱)志必又(有)～俞(喻)也

 上博一·孔 20 虘(吾)～折(杕)杜旻(得)雀(爵)

· 248 ·

上博一・孔 21 則～爲不可女(如)可(何)也

上博一・孔 22 四矢弁(反)～御嬰(亂)

上博一・孔 23～樂囗而會

上博一・孔 23～道交見善而囗

上博一・孔 24～□□之古(故)也

上博一・孔 24 則～文武之悳(德)也

上博一・孔 24 虐(吾)～甘棠得宗宙(廟)之敬

上博一・緇 1～昳(視)民厚

上博一・緇 4 歎(謹)惡～虜(御)民淫

上博一・緇 5 民～君爲心

上博一・緇 5 君～民爲豊(體)

上博一・緇 5 古(故)心～豊(體)廌(廢)

上博一・緇 5 君～[民]亡

 上博一·緇 7 古(故)長民者章志～卲(昭)百眚(姓)

 上博一·緇 7 則民至(致)行己～兌(悅)上

 上博一·緇 7 百眚(姓)～㥋(仁)

 上博一·緇 8 不從丌(其)所～命

 上博一·緇 10 酓(教)此～失

 上博一·緇 10 民此～緐(煩)

 上博一·緇 12 毋～少(小)悔(謀)敗大煮(圖)

 上博一·緇 12 毋～辟御嗇(疾)妝(莊)后

 上博一·緇 12 毋～辟士嗇(疾)大夫向(卿)使(士)

 上博一·緇 13 長民者酓(教)之～悳(德)

 上博一·緇 13 齊之～豊(禮)

 上博一·緇 13 教之～正(政)

 上博一・緇13 齊之～型（刑）

 上博一・緇13 古（故）慈～怎（愛）之

 上博一・緇13 信～結之

 上博一・緇13 龍（恭）～立（涖）之

 上博一・緇14 折（制）～型（刑）

 上博一・緇15 古（故）上不可～執（褻）型（刑）而翌（輕）抄（爵）

 上博一・緇17 ～城（成）丌（其）信

 上博一・緇19 此～生不可斂（奪）志

 上博一・緇22 此～邇者不惑

 上博一・緇23 冈（攝）～威義（儀）

 上博一・性7 又（有）～習丌（其）耑（性）也

 上博一・性10 肰（然）句（後）返（復）～孚（教）

 上博一·性 10 孝(教)所～生惪(德)于中者也

 上博一·性 12 所～曼(文)節也

 上博一·性 12 是～敬安(焉)

 上博一·性 13 所～爲信與登(徵)也

 上博一·性 19 覍(戚)肰(然)～終

 上博一·性 19 亓(其)柬(烈)流女(如)也～悲

 上博一·性 19 攸肰(然)～思

 上博一·性 21 句(苟)～亓(其)情

 上博一·性 21 不～[其]情

 上博一·性 26 ～道者也

 上博一·性 26 ～古(故)者也

 上博一·性 26 ～惪(德)者也

 上博一・性 26 ～懃(獣)者也

 上博一・性 32 人之不能～悬(偽)也

 上博二・民 2 ～至(致)五至

 上博二・民 2 ～行三亡(無)

 上博二・民 2 ～皇(横)于天下

 上博二・民 5 君子～正

 上博二・民 6 君子～此皇(横)于天下

 上博二・民 14 ～畜墓(萬)邦

 上博二・子 1 ～

 上博二・子 1 可(何)古(故)～旻(得)爲帝

 上博二・子 4 每(敏)～學寺(詩)

 上博二・子 5 或～曼(文)而遠

 上博二・子 12 履～慈

 上博二・魯3 女(若)夫政型(刑)與悳(德)～事上天

 上博二・魯4 石～爲膚

 上博二・魯4 木～爲民

 上博二・魯4 水～爲膚

 上博二・魯4 魚～爲民

 上博二・從甲1 民皆～爲義

 上博二・從甲1 夫是則獸(守)之～信

 上博二・從甲2 㚔(教)之～義

 上博二・從甲2 行之～豊(禮)也

 上博二・從甲3 諮(教)之～型(刑)則逐

 上博二・從甲3 是～得臤(賢)士一人

 上博二・從甲6 君子不㬅(緩)則亡(無)～頌(容)百眚(姓)

 上博二・從甲 6 不共(恭)則亡(無)~敘(除)辱

 上博二・從甲 6 不惠則亡(無)~聚民

 上博二・從甲 7 不悬(仁)則亡(無)~行正(政)

 上博二・從甲 10 遠庆所~

 上博二・從甲 16 ~軋(犯)虞懇(犯)見不訓行皀(以)出之

 上博二・從甲 16 皀(以)軋(犯)虞懇(犯)見不訓行~出之

 上博二・從甲 17 是~曰

 上博二・從甲 18 是~曰少(小)人惕(易)旻(得)而難史(事)也

 上博二・從甲 19 君子不~流言戜(傷)人

 上博二・從乙 5 是古(故)君子劈(強)行~吋(待)名之至也

 上博二・從乙 5 ~改丌(其)言

 上博二・昔 2 ~告逹(寺)人

 上博二·昔3 内言不～出

 上博二·昔3 外言不～内（入）

 上博二·容7～爲天子

 上博二·容7 褱（懷）～逨（來）天下之民

 上博二·容8 攼柬（簡）～行

 上博二·容8 攼和～長

 上博二·容8 攼敀～不逆

 上博二·容9 是～視臤（賢）

 上博二·容10～求臤（賢）者而襄（讓）安（焉）

 上博二·容10 堯～天下襄（讓）於臤（賢）者

 上博二·容10 萬邦之君皆～丌（其）邦襄（讓）於臤（賢）［者］

 上博二·容11～堯爲善興臤（賢）

 上博二・容 12 不～丌（其）子爲後

 上博二・容 12 而欲～爲後

 上博二・容 13 ～善丌（其）新（親）

 上博二・容 14 ～三從舜於甽（畎）晦（畝）之中

 上博二・容 16 ～定男女之聖（聲）

 上博二・容 17 不～丌（其）子爲後

 上博二・容 17 而欲～爲後

 上博二・容 17 壐（禹）乃五襄（讓）～天下之臤（賢）者

 上博二・容 19 乃因迡～智（知）遠

 上博二・容 19 夫是～逮（近）者敓（悦）紿（治）

 上博二・容 20 ～鞭（辨）丌（其）左右

 上博二・容 20 東方之羿（旗）～日

 上博二・容 20 西方之羿（旗）～月

 上博二・容 20 南方之羿（旗）～它（蛇）

 上博二·容21 中正之羿(旗)～澳(熊)

 上博二·容21 北方之羿(旗)～鳥

 上博二·容21 壐(禹)肰(然)句(後)卟(始)行～僉(儉)

 上博二·容22～爲民之又(有)詀(訟)告者鼓安(焉)

 上博二·容22 冬不敢～蒼(寒)訋(辭)

 上博二·容22 顗(夏)不敢～暑訋(辭)

 上博二·容23 乃立壐(禹)～爲司工

 上博二·容24～波(陂)明者(都)之澤

 上博二·容27 壐(禹)乃從灘(漢)～南爲名浴(谷)五百

 上博二·容28 從灘(漢)～北爲名浴(谷)五百

 上博二·容28 乃立句(后)稷(稷)～爲緷

 上博二·容29 乃立咎(皋)魬(陶)～爲李

 上博二·容30 乃立敵～爲樂正

 上博二・容31～甕於溪浴（谷）

 上博二・容32 安（焉）～行正（政）

 上博二・容32～襄於來

 上博二・容33 是～爲名

 上博二・容33 不～丌（其）子爲逡（後）

 上博二・容34 而欲～爲逡（後）

 上博二・容34 旮（皋）秀（陶）乃五襄（讓）～天下之臤（賢）者

 上博二・容35 身力～勞百眚（姓）

 上博二・容36～正（征）閈（關）市

 上博二・容37 乃立泗（伊）尹～爲差（佐）

 上博二・容38 记（起）帀（師）～伐昏（岷）山是（氏）

 上博二・容40～伐高神之門

 上博二・容41～霖四洖（海）之内

 上博二・容42 夫是～吕(以)衆而王天下

 上博二・容45 專(溥)亦(夜)～爲槿(淫)

 上博二・容47 文王於是唬(乎)索(素)耑(端)襦裳～行九邦

 上博二・容47 文王乃记(起)帀(師)～鄉(嚮)豐喬(鎬)

 上博二・容52 ～少(宵)會者(諸)侯之帀(師)於畕(牧)之埜(野)

 上博二・容52 或亦记(起)帀(師)～逆之

 上博二・容52 ～告吝(閔)于天

 上博二・容53 武王素麋(甲)～申(陳)於毆(殷)蒿(郊)

 上博三・周7 帀(師)出～聿(律)

 上博三・周12 不員(富)～丌(其)罟(鄰)

 上博三・周41 ～苞橐苽(瓜)

 上博三・周45 可～汲

 上博三・中1 中(仲)弓～告孔子曰

 上博三・中 5 ～行豈(矣)

 上博三・中 15 足～孝(教)豈(矣)

 上博三・中 20 戁(難)～内(納)諫

 上博三・中 21 ～忠與敬

 上博三・中 21 女(汝)隹(惟)～

 上博三・中 22 上下相返(復)～忠

 上博三・中 23 所～城(成)死也

 上博三・中 23 所～立生也

 上博三・中 24 一日～善立

 上博三・中 24 一日～不善立

 上博三・亙 5 隹(惟)返(復)～不瀘(廢)

 上博三・亙 7 事甬(用)～不可賡(更)也

 上博三・亙 9 隹(惟)一～猶一

 上博三·亙9 隹(惟)返(復)～猶返(復)

 上博三·亙10 習～不可改也

 上博三·彭7 不～

 上博四·采1 出門～東

 上博四·逸·交1 ～自爲辰(長)

 上博四·逸·交4 ～自爲㐅

 上博四·昭1 王戒邦夫=(大夫)～歃=(歃酒)

 上博四·昭2 君之備(服)不可～進

 上博四·昭4 ～僕(僕)之不旻(得)

 上博四·昭5 羍(卒)～夫=(大夫)歃=(歃酒)於坪澫

 上博四·昭8 ～告君王

 上博四·昭10 虔(吾)未又～悥(憂)亓(其)子

 上博四·柬6 不敢～君王之身弁(變)䜌(亂)畏(鬼)神之裳(常)古(故)

 上博四·柬 7～君王之身殺祭

 上博四·柬 7～告安君與陵尹子高

 上博四·柬 8 王～睧(問)贅尹高

 上博四·柬 9 王～告相屖(徙)與中余(舍)

 上博四·柬 10 君王尚(當)～睧(問)大(太)剭(宰)晉侯

 上博四·柬 12 而聖(刑)之～滽(旱)

 上博四·柬 12 而百眚(姓)逡(移)～迲(去)邦豪(家)

 上博四·柬 14 而百眚(姓)～縊(絕)

 上博四·柬 18 邦家～軒轅

 上博四·柬 18 社稷～遞(危)與(歟)

 上博四·柬 19 贅尹皆絧(給)丌(其)言～告大(太)剭(宰)

 上博四·柬 20 君王之瘵從含(今)日～瘝(瘥)

 上博四·柬 21 不～丌(其)身弁(變)贅尹之棠(常)古(故)

 上博四·柬 22 君王之疠(病)牂(將)從含(今)日～已

 上博四·內 8 君子～城(成)丌(其)考(孝)

 上博四・内 9～飤(食)亞(惡)

 上博四・内附簡肰(然)后(後)奉之～中章(庸)

 上博四・相 1 青(靜)～寺(待)

 上博四・相 3～寶賓(府)庫

 上博四・相 3～備軍遮(旅)

 上博四・曹 5 則不可～不攸(修)政而善於民

 上博四・曹 6 則亦不可～不攸(修)政而善於民

 上博四・曹 6 亡(無)～取之

 上博四・曹 7 臣是古(故)不敢～古(故)昌(答)

 上博四・曹 8 必共(恭)會(儉)～旻(得)之

 上博四・曹 8 而喬(驕)大(泰)～遊(失)之

 上博四・曹 8 君言亡(無)～異於臣之言

 上博四・曹 9 君子～臤(賢)禹(稱)而遊(失)之

 上博四・曹 9～亡道禹(稱)而旻(没)身邋(就)莞(死)

 上博四・曹 9 君子～臤(賢)禹(稱)

 上博四・曹 10～亡(無)道禹(稱)

 上博四·曹14 或～克

 上博四·曹14 或～亡

 上博四·曹15 亓（其）飤（食）足～飤（食）

 上博四·曹15 亓（其）兵足～利之

 上博四·曹16 亓（其）城固足～戎（捍）之

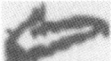 上博四·曹17 交埅（地）不可～先复（作）𢘓（怨）

 上博四·曹17 所～弪䎽（邊）

 上博四·曹17 ～事亓（其）便逪（𡐔）

 上博四·曹18 所～弪（距）内

 上博四·曹18 必又（有）戢（戰）心～獸（守）

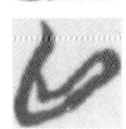 上博四·曹18 所～爲倀（長）也

 上博四·曹19 不可～出豫

 上博四·曹19 不可～出㦵（陳）

 上博四·曹19 不可～戢（戰）

上博四·曹22 此所～爲和於邦

 上博四·曹23 所～爲和於豫

 上博四·曹26 五人～敌(伍)

 上博四·曹28 此三者所～戩(戰)

 上博四·曹34 ～觀上下之青(情)愚(偽)

 上博四·曹37 而(尔)或興或康～會

 上博四·曹38 勿兵～克

 上博四·曹38 勿兵～克奚女(如)

 上博四·曹41 可～又(有)忽(治)邦

 上博四·曹46 稡(卒)谷(欲)少～多

 上博四·曹49 此三者足～戩(戰)虖(乎)

 上博四·曹56 邦豪(家)～怣(宏)

 上博四·曹56 善攻者必～亓(其)所又(有)

 上博四·曹57 ～攻人之所亡(無)又(有)

 上博四·曹58 所～爲毋退

 上博四·曹58 銜(率)車～車

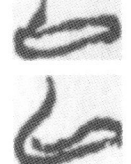上博四·曹58 銜(率)徒～徒

上博四·曹58 所～同死

上博四·曹60 明訢(慎)～戒

上博四·曹60 毋冒～迨(陷)

上博四·曹61 ～懽(勸)亓(其)志

上博四·曹62 所～爲勸(斷)

上博四·曹63 乃自悘(過)～敓(悅)於堇(萬)民

上博四·曹63 非所～斈(教)民

上博四·曹65 各～亓殜(世)

上博四·曹65 ～及亓(其)身

上博五·競4 青(請)量之～衰臎(汲)

上博五·競4 高宗命伇(傅)鳶(說)量之～祭

上博五·競9 ～甹(馳)於倪(郳)市

上博五·競10 或(又)～豊(豎)迅(刁)䛐(與)戉(易)㫃(牙)爲相

 上博五・鮑1 又(有)虞(夏)是(氏)觀亓(其)容～史(使)

 上博五・鮑1 醫(殷)人之所～弋(代)之

 上博五・鮑2 遵(朋)亓(其)所～薨

 上博五・鮑2 周人之所～弋(代)之

 上博五・鮑2 遵(朋)亓(其)所～衰薨(亡)

 上博五・鮑3 女(如)耆(故)伽(加)之～敬

 上博五・鮑4 不～邦豪(家)爲事

 上博五・季2 青(請)昏(問)可胃(謂)㥏(仁)之～悳(德)

 上博五・季4 敬堊(城)亓(其)悳(德)～臨民

 上博五・季4 此之胃(謂)㥏(仁)之～悳(德)

 上博五・季5 百眚(姓)逖(送)之～□☒

 上博五・季6 ～箸(書)羣=(君子)之悳(德)也

 上博五・季7 ～篋(志)羣=(君子)志=(之志)

 上博五・季7 ～斤羣=(君子)之行也

 上博五・季8 紫(葛)畋含語肥也～尻(處)邦豪(家)之述曰

 上博五・季8 君子不可～不強

 上博五・季13 古(故)子～此言爲奚女(如)

 上博五・季14 幾敢不～亓(其)先=(先人)之連(傳)等(志)告

 上博五・季15 古之爲邦者必～此

 上博五・季19 降尚～比

 上博五・季19 訢(慎)少(小)～倉(合)大

 上博五・季20 救民～䎱(辟)

 上博五・季20 大皋(罪)則夜(赦)之～型(刑)

 上博五・季20 蟹(中)皋(罪)則夜(赦)之～罰

 上博五・季23 亓(其)曲～城之

 上博五・姑1～見亞(惡)於敇(厲)公

 上博五・姑1 姑(苦)城(成)豪(家)父～亓(其)族參(三)坏(邠)正(征)百豫

 上博五・姑2～虗(吾)族

 上博五·姑3 隹（誰）不～厚

 上博五·姑3 ～我爲能綢（治）

 上博五·姑4 而因～害君

 上博五·姑4 ～不能事君

 上博五·姑4 欲～長聿（建）宔（主）君而迕（御）難

 上博五·姑6 ～正上下之謁

 上博五·姑6 從事可（何）～女（如）是

 上博五·姑6 裹（顧）㱿（頷）～至於含（今）才（哉）

 上博五·姑7 虗（吾）敢欲裹（顧）㱿（頷）～事殜（世）哉

 上博五·姑8 取宔（主）君之衆～不聽命

 上博五·姑9 敏（拘）人於百豫～内（入）縣（囚）之

 上博五·姑10 ～罩（釋）長魚矞（矯）

 上博五·君1 ～依於㤕(仁)

 上博五·君3 虐(吾)是～脀(媵)也

 上博五·君13 □～爲异(貴)明(名)

 上博五·君14 □亦～异(貴)明(名)

 上博五·弟10 夫～衆䡬(犯)難(難)

 上博五·弟10 ～新(新)受彔

 上博五·弟10 裛(勞)～壴(城)事

 上博五·弟10 卯～叵官

 上博五·弟10 士䤨～力

 上博五·弟10 則俎～

 上博五·弟13 不曲方～迲(去)人

 上博五·弟18 皆可～爲者(諸)矦(侯)叟(相)

 上博五·弟22～求酭(聞)

 上博五·三7必逯(復)之～惥(憂)喪

 上博五·三7必逯(復)之～康

 上博五·三7～祀不宫(享)

 上博五·三9毋凶備(服)～宫(享)祀

 上博五·三12所～爲天豊(禮)

 上博五·三16攽(奪)民時～土攻(功)

 上博五·三16攽(奪)民時～水事

 上博五·三16攽(奪)民時～兵事

 上博五·三17智(知)天足～川(順)時

 上博五·三17智(知)地足～古(固)材

 上博五·三17智(知)人足～會新(親)

 上博五·三20至型(刑)～哀

 上博五·三 22 未可～遂

 上博五·三 22 臨民～悥(仁)

 上博五·鬼 1 則～亓(其)賞善罰暴也

 上博五·鬼 1 此～貴爲天子

 上博五·鬼 2【背】此～桀折於鬲山

 上博五·鬼 3 女(如)～此詰之

 港甲 5 孔子詢～豊(禮)

 港甲 8～爲吕埶子或安

 上博六·競 10 自古(姑)蚤(尤)～西

 上博六·競 10 翏(聊)晉(攝)～東

 上博六·競 12～至於此

 上博六·孔 5 爲信～事亓(其)上

 上博六·孔 7 古𤖕(將)～告

 上博六·孔 8 而亡～言者

· 273 ·

 上博六·孔 12 亦～亓(其)勿睿(蜜)二逃者～觀於民

 上博六·孔 12 亦昌(以)亓(其)勿睿(蜜)二逃者～觀於民

 上博六·孔 14 好叚(假)礻耑(美)～爲

 上博六·孔 15 君子恆～褱福

 上博六·孔 15 句拜四方之立～童

 上博六·孔 15 君子蜀之～亓(其)所蜀

 上博六·孔 15 規之～亓(其)所谷

 上博六·孔 15 不口拜繇～爲己

 上博六·孔 27 此～不惑

 上博六·莊 1～昏酖(沈)尹子桱

 上博六·莊 1～共耆秋之棠(嘗)

 上博六·莊 1～

 上博六·莊3 載之塼車～上虎(乎)

 上博六·莊3 殹四航～

 上博六·莊4 四航～逾

 上博六·莊7 不穀(穀)～芺(笑)紳公

 上博六·莊8 必～氐心

 上博六·莊9 不～晨(辱)釳(斧)鑋

 上博六·壽1 懼鬼神～爲怒

 上博六·壽4 居路～須

 上博六·木2 ～種林(麻)

 上博六·木2 可(何)～林(麻)爲

 上博六·木2 ～爲衣

 上博六·木5 蕘可～爲

 上博六·慎1共(恭)僉(儉)～立身

 上博六·慎1堅強～立志

 上博六·慎1忠寔～反俞

 上博六·慎1逆友～載道

 上博六·慎1精瀍～巽埶

 上博六·慎2共～爲體

 上博六·慎2信～爲言

 上博六·慎2強～庚志

 上博六·慎3勿～坏身

 上博六·慎3賃惪～害

 上博六·慎6氏～君子=向方智道

 上博六·慎6不可～臨

上博六·用1多險～難成

上博六·用2亦力孛～母（毋）忘

上博六·用16嚨弔～成

上博六·天甲1天子建之～州

上博六·天甲1邦君建之～坨

上博六·天甲1夫=（大夫）建之～里

上博六·天甲1士建之～室

上博六·天甲4必中青～瞿於

上博六·天甲6根之～玉斟

上博六·天甲6天子坐～巨

上博六·天甲6飤～義

上博六·天甲6立～縣

 上博六·天甲 6 行～

 上博六·天甲 8 不可～不瞀（聞）恥屈

 上博六·天甲 9 儳民則～惪（德）

 上博六·天甲 9 斷型則～衺（哀）

 上博六·天乙 1 凡天子建之～州

 上博六·天乙 1 邦君建之～坨

 上博六·天乙 1 夫=建之～里

 上博六·天乙 1 士建之～室

 上博六·天乙 4 必中青～罷於勿

 上博六·天乙 5 根之～玉帅

 上博六·天乙 6～巨

上博六·天乙 6 飢～義

 上博六·天乙 6 立~縣

 上博六·天乙 6 行~興

 上博六·天乙 7 不可~不睧(聞)恥丘

 上博六·天乙 8 儥民則~悳(德)

 上博六·天乙 8 斷型則~衺(哀)

 上博七·武 2 酒(將)~箸(書)視(示)

 上博七·武 4 息(仁)~旻(得)之

 上博七·武 4 息(仁)~守之

 上博七·武 5 不息(仁)~旻(得)之

 上博七·武 5 息(仁)~獸(守)之

 上博七·武 5 不息(仁)~旻(得)之

上博七·武 5 不息(仁)~獸(守)之

 上博七·武 12～窑（問）虖（乎）

 上博七·武 13 弄（奉）丹箸（書）～朝

 上博七·鄭甲 1 不穀（穀）日欲～告夫=（大夫）

 上博七·鄭甲 1～邦之悁（悢－病）自（以）忎（急）

 上博七·鄭甲 2 自（以）邦之悁（悢－病）～忎（急）

 上博七·鄭甲 2～及（沒）内（入）墬（地）

 上博七·鄭甲 3 女（如）上帝鬼（鬼）神～爲惹（怒）

 上博七·鄭甲 3 虐（吾）牆（將）可（何）～畲（答）

 上博七·鄭甲 4 毋～城（成）名立於上

 上博七·鄭甲 5 奠（鄭）人命～子良爲執命

 上博七·鄭甲 5 綎（疏）索～綨

 上博七·鄭甲 6～子豪（家）之古（故）

上博七·鄭甲 7 君王必進帀(師)～迡之

上博七·鄭甲 7 王安還軍～迡之

上博七·鄭乙 1 不穀(穀)日欲～告夫=(大夫)

上博七·鄭乙 1 ～邦之㤪(悷—病)以忣(急)

上博七·鄭乙 2 以邦之㤪(悷—病)～忣(急)

上博七·鄭乙 2 牆(將)保丌(其)懇(恭)炎(嚴)～及(没)内(入)陞(地)

上博七·鄭乙 3 女(如)上帝[䰟(鬼)][神]～爲荅(怒)

上博七·鄭乙 3 虐(吾)牆(將)可(何)～酓(答)

上博七·鄭乙 5 奠(鄭)人命～子良爲執命

上博七·鄭乙 5 綻(疏)索～綨

上博七·鄭乙 6 ～子豪(家)之古(故)

上博七·鄭乙 7 君王必進帀(師)～迡之

上博七·鄭乙 7 王安還軍～迈之

上博七·君甲 4 宮妾～十百婁（數）

上博七·君甲 5 之〈先〉王齋=（之所）～為目觀也

上博七·君甲 7 人～君王為炅（所）㠯（以）戠（傲）

上博七·君甲 7 人㠯（以）君王為炅（所）～戠（傲）

上博七·君乙 4 宮妾～十百婁（數）

上博七·君乙 5 先王齋=（之所）～為目觀也

上博七·君乙 6 人～君王為戠（傲）

上博七·凡甲 7 虗（吾）奚～為頁（首）

上博七·凡甲 13 卉（草）木旻（得）之～生

上博七·凡甲 13 含（禽）獸旻（得）之～嗚（鳴）

上博七·凡甲 17 □鼠（一）～為天陛（地）旨

上博七・凡甲 18 奚～智(知)丌(其)白(泊)

上博七・凡甲 22 所～攸(修)身而詞(治)邦豪(家)

上博七・凡甲 30 之～智(知)天下

上博七・凡甲 30 少(小)之～詞(治)邦

上博七・凡乙 6 虗(吾)奚～爲頁(首)

上博七・凡乙 22 大之～智(知)天下

上博七・凡乙 22 少(小)之～詞(治)邦

上博七・吳 3 道～告吳

上博七・吳 5～此前遂(後)之

上博七・吳 5～牧民而反志

上博七・吳 5～室(廣)東海之表

上博七・吳 8～陳邦非它也

 上博七·吳 9 ～勞(賢)多异(期)

 上博七·吳 9 自暑日～迷(往)

 上博八·子 2～(以)受嘼(戰)攻之飤(食)於子

 上博八·顏 2 所～(以)敬又(有)

 上博八·顏 2 所～(以)爲樂也

 上博八·顏 5 所～(以)易信也

 上博八·顏 6 攸(修)身～(以)先

 上博八·顏 7 歬(前)～(以)專(博)俢〈愛〉

 上博八·顏 7 道(導)之～(以)僉(儉)

 上博八·顏 7 歬(前)之～(以)讓

 上博八·顏 11 所～尻(處)惡(仁)也

 上博八·顏 11 所～取新(親)也

上博八·成 8 皆欲～(以)亓(其)邦憙(就)之

上博八·成 10 能～(以)亓(其)六贄(藏)之獸(守)取斦(親)安(焉)

上博八·成 12 ～(以)進則㦽(傷)安(焉)

上博八·成 13 ～(以)罨䍙㝡▨

上博八·成 14 可～(以)智(知)善否

上博八·成 14 可～(以)智(知)亡才(哉)

上博八·命 2 ～(以)辱釱(斧)戇(鑕)

上博八·命 2 亦可～(以)告我

上博八·命 3 命求言～(以)佲(答)

上博八·命 3 女(如)～(以)筐(僕)之觀視日也

上博八·命 4 ～(以)冎(屏)柎(輔)我

上博八·命 5 不～(以)厶(私)思〈惠〉厶(私)悁(怨)内(入)于王門

上博八·命 5 非而所～(以)𩰪(復)

 上博八·命 8 君王之所～(以)命與所爲於楚邦

 上博八·命 10 筐(僕)～(以)此胃(謂)視日十又厽(三)亡筐(僕)

 上博八·王 4～員(損)不穀(穀)之

 上博八·志 1～斐譌王夫=(大夫)之言

 上博八·志 3 爾亡(無)～歔(慮?)枉(匡)正我

 上博八·志 3 殹(殹―抑)忈(忌)韋(諱)譧(讒)託(?)～封亞(惡)虗(吾)

 上博八·志 4 蟲材～爲獻

 上博八·志 4 所～皋(罪)人

 上博八·志 4 然～譧(讒)言相忈(謗)

 上博八·志 5 虗(吾)～尒(爾)爲遠自爲

 上博八·李 2～李(理)人情

 上博八·有 5 視毋～三

～，戰國文字或作🔣(郭店·唐虞之道 27)、🔣(郭店·尊德義 9)、🔣(郭店·語叢一 38)、🔣(郭店·語叢四 6)、🔣(九 A41)、🔣(新蔡零 494)、🔣(先秦編 431)、🔣(溫縣 WT1K17:131)、🔣(珍戰 169)、🔣(里 J1⑥2)、🔣(里 J1⑨7 背)、🔣(里楬 3)。《説文·巳部》："㠯，用也。从反巳。賈侍中説：'巳，意巳實也'。象形。"

上博一·孔 11"則～亓(其)录(禄)也"，介詞，介紹論事的標準，猶言"以……論"；"論……"。《左傳·宣公四年》："以賢，則去疾不足；以順，則公子堅長。"《公羊傳·隱公元年》："立適以長不以賢，立子以貴不以長。"

上博一·孔 16，上博一·孔 24～，認爲。《左傳·昭公二十五年》："(公)告郈孫，郈孫以可，勸。"

上博二·容 10"堯～天下襄(讓)於叝(賢)者"，介詞，把。

上博二·容 11"～堯爲善興叝(賢)"、上博二·容 33"不～亓(其)子爲後"，"以……爲"，"認爲是"，"把當作"。

上博五·姑 1"姑(苦)城(成)豪(家)父～亓(其)族参(三)𡎚(邵)正(征)百豫"，介詞，表示處置或主使，猶言帶著、率領。《左傳·僖公五年》："宮之奇以其族行。"《史記·晉世家》："里克、邳鄭欲内重耳，以三公子之徒作亂。"

上博一·緇 13"信～結之"、上博一·緇 13"龍(恭)～立(涖)之"，名詞作介詞"以"的前置賓語。

上博二·容 27"～南"、上博二·容 28"～北"、上博六·競 10"～西"、上博六·競 10"～東"，助詞。用在單純方位詞前，組成合成方位詞或方位結構，表示時間、方位、數量的界限。《孟子·公孫丑上》："自有生民以來，未有孔子也。"《史記·留侯世家》："漢王下馬踞鞍而問曰：'吾欲捐關以東等棄之，誰可與共功者？'"

上博六·莊 1"～昏酖尹子桱"，以，連詞，表承接，相當於"而"。《禮記·樂記》："治世之音安以樂，其政和；亂世之音怨以怒，其政乖。"

上博四·昭 5～，相當於"與"、"同"。鄭玄箋："以，猶與也。"

上博"是～"，即"以是"，因此。介詞"以"的賓語前置。

上博"可～"，表示可能或能夠。《詩·陳風·衡門》："衡門之下，可以棲遲。"

上博"足～",完全可以;够得上。《孟子·梁惠王上》:"是心足以王矣。"

上博"可(何)～",疑問代詞"何"作賓語而前置。

上博"所～",原因,情由。《文子·自然》:"天下有始主莫知其理,唯聖人能知所以。"用以,用來。《莊子·天地》:"是三者,非所以養德也。"連詞。表示因果關係。《荀子·哀公》:"君不此問,而問舜冠,所以不對。"

台

上博六·用 1 視之～(以)康樂

上博六·用 1 慝之～(以)兇型

上博六·用 9 ～(以)忘民悳(德)

上博六·用 11 氒(厥)辟～(以)民乍康

上博六·用 12 非考免訢(慎)良～(治)家嗇

上博六·用 13 非貨～(以)賸

上博六·用 14 ～(以)員四戔

上博六·用 16 茅之～(以)元色

上博六·用 18 言～(以)爲章

　　上博六・用 18 ～(以)㝬民生

　　上博五・三 16 甕(喪)～(以)係(由)樂

　　上博五・三 20 至型～(以)炁(哀)

　　上博八・李 1 桐虞(且)～(治)可(兮)

～,或作(新蔡甲一 24)、(新蔡乙四 126),下部所從的"口"或作, 或認爲是"心",不確,乃是横穿筆畫。《説文・口部》:"台,說也。從口, 㠯聲。"

　　上博六・用 12 ～,讀爲"治"。"治稼穡",見《周禮・地官・里宰》:"歲時合耦於耡,以治稼穡,趨其耕耨,行其秩敘,以待有司之政令,而徵斂其財賦。""治稼穡",指從事農業勞動。

　　上博八・李 1 ～,或釋爲"怡"。或讀爲"治"。

　　上博～,讀爲"以"。

矣

　　上博一・孔 2 文王受命～

　　上博一・孔 2 至～

　　上博一・孔 3 衰～

　　上博一・孔 3 少(小)～

 上博一·孔 5 至～

 上博一·孔 6 貴虞(且)㬎(顯)～

 上博一·孔 7 信～

 上博一·孔 9 丌(其)得录(禄)葮畕(疆)～

 上博一·孔 11 則丌(其)思賹(益)～

 上博一·孔 14 兩～

 上博一·孔 14 丌(其)四章則俞(喻)～

 上博一·孔 27 可(何)斯雀(誚)之～

上博二·子 7 舜丌(其)可胃(謂)受命之民～

上博二·子 8 古(故)夫舜之悳(德)丌(其)城(誠)臤(賢)～

 上博二·子 9 舊(久)～

 上博一·孔 15 丌(其)保(報)厚～

上博一·性 20 兀(其)聖(聲)弁(變)則心從之～

上博一·性 32 弗旻(得)之～

上博一·性 39 愳(偽)其(斯)睪～

上博一·性 39 睪其(斯)慮～

上博一·性 40 信～

上博一·性殘 1□人訐(信)之～

上博二·民 3 兀(其)[之]胃(謂)民之父母～

上博二·民 5 五至既睧(聞)之～

上博二·民 7 而旻(得)既塞於四海～

上博二·民 8 牆(將)可孝(教)時(詩)～

上博二·民 9 敓(快)～

上博二·民 9 厷(宏)～

 上博二·民 9 大～

 上博三·中 20 三害近與～

 上博二·從甲 11 可胃(謂)學～

 上博三·彭 4 夫子之惪(德)登～

 上博四·相 2 可胃(謂)相邦～

 上博四·曹 1 型既城(成)～

 上博四·曹 7〔□〕不同～

 上博四·曹 33 果勥(勝)～

 上博四·曹 40 既成斆(教)～

 上博四·曹 44 是古(故)～(疑)戗(陳)敗

 上博四·曹 44～(疑)戰(戰)死

 上博四·曹 52 母(毋)思民～(疑)

上博四·曹 59 亓(其)志者寡～

上博四·曹 65 亦隹(唯)聞(聞)夫䌛(禹)、康(湯)、傑(桀)、受～

上博五·競 7 天埅(地)盟(明)弃我～

上博五·鮑 6 亓(其)爲志(災)也深～

上博五·鮑 6 亓(其)爲不𢚱(仁)厚～

上博五·季 11 民能多一～

上博五·季 13 民必備～

上博五·季 15 言則娍(美)～

上博五·季 23 肰(然)則邦坪(平)而民䐗(脂)～

上博五·鬼 2 此明～

上博五·鬼 3 口明～

上博一·緇 23 虗(吾)弗信之～

上博六·競1 虐幣帛甚娩（美）於虐先君之量～

上博六·競6 忘～

上博六·孔2……～

上博六·孔5 智亡不亂～

上博六·孔9 不仁人弗旻（得）進～

上博六·孔24 品勿備～

上博六·用7 而弗可～

上博七·君甲8 戊行年丯=（七十）～

上博七·君乙8 戊行年丯=（七十）～

上博七·吳9 佳（唯）不愍（敏）䍏（犯）～

上博八·顏3 □必不才（在）慈（茲）之内～

上博八·顏4 □内～

上博八·顏5 害(蓋)君子之内事也女(如)此～

上博八·顏5 悼(回)既寙(聞)命～

上博八·顏6 則民莫不從～

上博八·顏7 則民莫逓(遺)新(親)～

上博八·顏7 則民智(知)足～

上博八·顏7 則民不靜(爭)～

上博八·顏9 則民智(知)欽(禁)～

上博八·顏9 則丌(其)於教也不遠～

上博八·顏10 悳(德)城(成)則名至～

上博八·顏10 悼(回)既寙(聞)～

上博八·蘭1 雨零(露)不墜(降)～

上博八·蘭5 蓉惻柬(簡)穧(逸)而莫之能叴(効)～

 上博八·蘭5身體賍（重）靑（輕）而目耳袋（勞）～

 上博八·蘭5宅立（位）竆下而比㱟（擬）高～

～，楚文字或作、、、、、、、。《説文·矢部》："矣，語已詞也。从矢，㠯聲。"

上博四·曹44"～戙敗，～戙死"，讀爲"疑陳敗，疑戰死"。《六韜·龍韜·軍勢》："用兵之害，猶豫最大。三軍之害，莫過狐疑。"作戰忌諱猶猶豫豫，缺乏果斷。

上博四·曹52"毋思民～"，讀爲"疑"。此句似指毋啟民疑。

上博～，句尾語氣詞。《説文》："矣，語已詞也。"《論語·雍也》："有顏回者好學，不遷怒，不貳過，不幸短命死矣。"

㱟

 上博一·孔14～好色之㥁（願）

上博三·亙10先者又～（疑）

上博六·慎6不可㠯（以）～

 上博二·從乙3少（小）人藥（樂）則～（疑）

上博八·蘭5宅立（位）竆下而比～（擬）高矣

～,楚文字或作🔲(郭店·緇衣5)、🔲(郭店·緇衣43)、🔲(郭店·成之聞之21)、🔲(郭店·語叢四15)、🔲(郭店·魯穆公問子思4)、🔲(郭店·成之聞之9)、🔲(郭店·成之聞之21)、🔲(郭店·成之聞之38),从"心","矣"聲,"疑"字異體。

上博一·孔14～,讀爲"擬",比擬。《荀子·不苟》:"言己之光美,擬於舜禹,參於天地,非夸誕也。"

上博二·從乙3～,讀爲"疑",遲疑;猶豫。《逸周書·王佩》:"見善而怠,時至而疑。"孔晁注:"疑,由豫不果也。"

上博三·亙10～,讀爲"疑",疑問。

上博六·慎6～,讀爲"疑",疑惑。或讀爲"俟",等待。

上博八·蘭5"比～",讀爲"比擬","比",比喻,比擬。擬,比擬。簡文"比"、"擬"亦是同義疊用,後世即以"比擬"爲一詞。《禮記·樂記》"比類以成其行",孔穎達疏:"比謂比擬善類。"

頱

 上博三·周14 母(毋)～(疑)𡊄(侀)攷(盍)噩簪

～,从"頁","矣"聲,"疑"字異體。《説文·子部》:"疑,惑也。从子、止、匕,矢聲。"

上博三·周14～,即"疑",疑惑。帛本、今本均作"疑"。

定紐臣聲

頤

 上博三·周24～

 上博三·周24 觀～

 上博三·周 24 觀我䫀(微)～

 上博三·周 24 曰䫀(顛)～

 上博三·周 24 㢟(弗)～

 上博三·周 25 䫀(顛)～

 上博三·周 25 䌛(由)～

《說文·臣部》:"臣,顄也。象形。㛰,篆文臣。㢟,籀文,从首。"

上博三·周 24 ～,卦名,《周易》第二十七卦,震下艮上。《釋名》:"頤,養也。動於下,止於上,上下咀物,以養人也。"《序卦》:"頤者,養也。"

姬

 上博七·吳 8 大～之邑

～,戰國文字或作 、、。《說文·臣部》:"姬,廣臣也。从臣,已聲。㠯,古文姬,从戶。"

上博七·吳 8"大～",讀爲"大姬",是陳國建國之君胡公之妻,是陳國的始祖母。

㴣

 上博三·周 24 㢟(佛)經于北～

～,與同。《說文·水部》:"㴣,水也。从水,臣聲。

《詩》曰:'江有汜。'"

上博三•周 24～,今本作"頤"。"沞"或讀爲"涘",指水邊。《說文》:"涘,水厓也。"《莊子•秋水》:"秋水時至,百川灌河,涇流之大,兩涘渚崖之間,不辨牛馬。""北沞(涘)"猶言"北渚",《楚辭•九歌•湘君》:"鼂騁騖兮江臯,夕弭節兮北渚。"王逸注:"渚,水涯也。"

定紐臺聲

臺

 上博二•子 11 遊於央～之上

 上博二•容 38 戊(飾)爲柔(瑤)～

 上博二•容 44 於是虖(乎)复(作)爲九城(成)之～

 上博二•容 47 乃出文王於邑(夏)～之下而䎽(問)安(焉)

～,與 (郭店•老子甲 26)同,从"室","之"聲。《說文•至部》:"臺,觀四方而高者。从至,从之,从高省。與室屋同意。"

上博～,高而上平的方形建築物。供觀察眺望用。《國語•楚語上》:"故先王之爲臺榭也,榭不過講軍實,臺不過望氛祥。故榭度於大卒之居,臺度於臨觀之高。"韋昭注:"積土爲臺。"

邪紐巳聲

巳

上博一•孔 4《邦風》氏～

 上博一·孔 5 氏～

 上博一·孔 5《訟》氏～

 上博一·孔 7 文王售（雖）谷～

 上博一·孔 27 賓贈氏～

 上博一·性 31～則勿遷（復）言也

 上博一·性 8 道之而～

 上博二·从乙 3 絧（治）～至則□□

 上博二·容 18 不旻（得）～

 上博二·容 23 曑（禹）既～

 上博二·容 28 句（后）稷（稷）既～受命

 上博二·容 29 咎䚨既～受命

 上博二·容 37 泗尹既～受命

 上博三·周 17 又孚才道～(以)明

 上博三·周 22 又(有)礥(厲)利～

 上博三·周 41 ～(起)凶

 上博三·彭 2 炁(幾)若～(已)

 上博四·柬 22 君王之疠(病)牆從吟(今)日昌(以)～

 上博四·曹 4□今天下之君子既可智～

 上博四·曹 20 君必不～

 上博五·季 14 則娟言也～

 上博五·季 18 子之言也～至(重)

 上博五·三 2～(已)而不巳(已)

 上博五·三 2 巳(已)而不～(已)

 上博六·競 1 僉戠不～

　　上博六·競2敚(叙)不～

　　上博六·競10丌(其)人婁(數)多～

　　上博八·王3是言既睧(聞)於衆～(已)

　　上博八·志6旻(得)忧(尤)於邦多～(已)

　　上博一·緇11而賏(富)貴～(已)迡(過)

　　～，戰國文字或作 ʔ(郭店·老子甲7)、ʔ(郭店·緇衣20)、ʔ(郭店·性自命出61)、ʔ(郭店·語叢二38)、ʔ(郭店·語叢三4)、ʔ(九A31)、ʔ(新蔡甲一3)、ʔ(新蔡零339)、ʔ(文物2005·8三年垣上官鼎三年)、ʔ(秦風156)、ʔ(里J①7背)、ʔ(里J①7正)。《說文·巳部》："巳，巳也。四月，陽氣巳出，陰氣巳藏，萬物見，成文章，故巳爲蛇。象形。"

　　上博"而～"，讀爲"而已"，助詞，表示僅止於此，猶罷了。《論語·里仁》："夫子之道，忠恕而已矣。"

　　上博一·詩論27～，句末語氣助詞。

　　上博三·周17"又孚才道～明"，讀爲"以"。《易·隨》"有孚在道以明"，孔穎達疏"志在濟物，心存公誠，著信在於正道，有功以明，更有何咎？"

　　上博三·周41"～"，讀爲"起"，興起。

　　上博五·三2"～而不～"，讀爲"已"，不許、拒絕。《荀子·王霸》："刑賞已諾，信乎天下矣。"楊倞注："諾，許也。已，不許也。"《文子·上德》："扶之與提，謝之與讓，得之與失，諾之與已，相去千里。"《管子·形勢》："聖人之諾已也，先論其理義，計其可否。義則諾，不義則已。可則諾，不可則已。"如果先前拒絕了，而隨後又改口答應。（范常喜）

　　上博四·曹20、上博六·競1"不～"，讀爲"不已"，不停止。《詩·鄭風·

風雨》:"風雨如晦,雞鳴不已。"鄭玄箋:"已,止也。"

上博一・孔7～,罷免,黜退。《論語・公冶長》:"令尹子文三仕爲令尹,無喜色;三已之,無愠色。"皇侃義疏:"已,謂黜止也。"《史記・五帝本紀》:"堯曰:'鯀負命毁族,不可。'嶽曰:'異哉,試不可用而已。'"張守節正義引孔安國曰:"已,退也。"

上博一・性31～,停止。《詩・鄭風・風雨》:"風雨如晦,雞鳴不已。"鄭玄箋:"已,止也。"《荀子・宥坐》:"已此三者,然後刑可即也。"楊倞注:"已,止。"

上博二・從乙3～,已經。《論語・微子》:"道之不行,已知之矣。"《史記・高祖本紀》:"老父已去,高祖適從旁舍來。"

上博一・緇11～,太;過分。《詩・唐風・蟋蟀》:"無已大康,職思其居!"毛亨傳:"已,甚也。"《管子・戒》:"其爲人也,好善而惡惡已甚,見一惡終身不忘。"尹知章注:"已,猶太也。言憎惡惡人太甚。"

上博四・柬22、上博六・競1、2～,謂病癒;治癒。《山海經・西山經》:"其上有木焉,名曰文莖,其實如棗,可以已聾。"《吕氏春秋・至忠》:"王叱而起,疾乃遂已。"高誘注:"已,除愈也。"《史記・扁鵲倉公列傳》:"一飲汗盡,再飲熱去,三飲病已。"

祀

 上博一・性29 祭～之豊(禮)必又(有)夫臍(齊)臍(齊)之敬

 上博二・昔2 女(如)祭～之事

 上博三・周43 利用祭～

 上博四・内8 祝于五～

 上博五・三7 㠯(以)～不㫐(享)

上博五·三8 枭(鬼)神禋～

上博五·三9 毋凶備(服)㠯(以)亯(享)～

上博五·三13 不陸(堕)祭～

～，戰國文字或作(郭店·老子乙16)、(郭店·性自命出66)、(山東104司馬楙編鎛)、(䣜王職壺上海博物館集刊8.147)、(秦駰玉版)、(秦集一·二·90·1)。《說文·示部》："祀，祭無巳也。從示，巳聲。，祀或從異。"

上博"祭～"，祀神供祖的儀式。《史記·白起王翦列傳》："死而非其罪，秦人憐之，鄉邑皆祭祀焉。"

上博四·内8"五～"，《禮記·曲禮下》"天子祭五祀……諸侯祭五祀……大夫祭五祀"，鄭玄注："五祀：戶、灶、中溜、門、行也。此蓋殷時制也。《祭法》曰'天子立七祀，諸侯立五祀，大夫立三祀，士立二祀'，謂周制也。"

上博五·三8"禋～"，古代祭天的一種禮儀。先燔柴升煙，再加牲體或玉帛于柴上焚燒。《周禮·春官·大宗伯》："以禋祀祀昊天上帝，以實柴祀日月星辰，以槱燎祀司中、司命、飌師、雨師。"鄭玄注："禋之言煙。周人尚臭，煙氣之臭聞者。槱，積也……三祀皆積柴、實牲體焉。或有玉帛燔燎，而升煙所以報陽也。"

上博五·三9"亯～"，即"享祀"，祭祀。《易·困》："困于酒食，朱紱方來，利用享祀。"

芑

上博二·容42 自爲～爲

～，從"艸"，"巳"聲。

上博二·容42"～爲",讀爲"改爲"。《詩·鄭風·緇衣》:"緇衣之宜兮,敝,予又'改爲'兮。"毛亨傳:"改,更也"、《墨子·經下》:"景不徙,説在'改爲'。""改爲"指"改變先王舊法,任意而爲"。(陳劍)

改

 上博一·孔 10 闢(關)疋(雎)之～

 上博一·緇 9 長民者衣備(服)不～

 上博二·從乙 5 㠯(以)～丌(其)言

 上博三·周 44 ～(改)邑不攺(改)菜(井)

 上博三·周 44 攺(改)邑不～(改)菜(井)

 上博三·周 47 ～(巳)日鹵(乃)孚

 上博三·周 47 ～(巳)日鹵(乃)革之

 上博三·亙 10 習㠯(以)不可～也

 上博四·曹 27 而～丌(其)牊(將)

 上博四·曹 52 ～紫尔鼓

 上博四·曹55 肰（然）句（後）～刣（始）

 上博五·三5 迡（過）而～

 港甲1 丌（其）容不～

 上博一·孔11 閛（關）疋（雎）之～

 上博一·孔12 不亦能～虖（乎）

 上博六·壽2 虗（吾）可～而可

 上博六·壽6 君王所～多=

 上博八·有2 又（有）怣（過）而能～今可（兮）

 上博八·有4 莫不弁（變）～今可（兮）

～，戰國文字或作 、、、、、，从"攴"，"巳"聲，"改"字異體，與《說文·攴部》"改"字并非一字。《說文·攴部》："改，更也。从攴、己。李陽冰曰：'已有過，攴之即改。'"

上博～，《說文》："改，更也。"《易·益》："有過則改。"孔穎達疏："改謂改更懲止。"《論語·述而》："不善不能改，是吾憂也。"

上博三·周47 "～日"，讀爲"巳日"，馬王堆本、今本作"巳日"。

上博八·有4"弁～",讀爲"變改",改變。《後漢書·郎顗傳》"五際之厄,其咎由此",李賢注引《韓詩外傳》:"五際,卯酉午戌亥也。陰陽終始際會之歲,於此則有變改之政。"

竢

 上博二·容24 峚(禹)新(親)執枌～

 上博六·慎3 賃憙以～

 上博七·吳9 既～

 上博八·李1～(竢)時(時)而俊(作)可(兮)

～,從"立","巳"聲,"竢"字異體。《説文·立部》:"竢,待也。從立,矣聲。,或從巳。"

上博二·容24"枌～",讀爲"畚耜"。畚是盛土之器,耜是掘土之器。《莊子·天下》:"墨子稱道曰:昔禹之湮洪水,決江河而通四夷九州也,名山三百,支川三千,小者無數。禹親自操橐耜而九雜天下之川,腓無胈,脛無毛,沐甚雨,櫛疾風,置萬國。"

上博六·慎3、上博七·吳9～,即"竢",《説文·立部》:"竢,待也。"

上博八·李1"～時",讀爲"竢時",等待時機,見《楚辭·離騒》:"冀枝葉之峻茂兮,願竢時乎吾將刈。"

泥紐而聲

而

上博一·孔2 丌(其)詞(歌)紳(引)～蕁

 上博一·孔 2 丌（其）思深～遠

 上博一·孔 3 多言難～悁（怨）退（懟）者也

 上博一·孔 4 戔民～豫（裕）之

 上博一·孔 19 木苽（瓜）又（有）藏（藏）恁～未旻（得）達也

 上博一·孔 23 㠯（以）樂訶～會

 上博一·孔 23 㠯（以）道交見善～訶

 上博一·孔 25 智（知）言～又（有）豊（禮）

 上博一·孔 26 陞（隰）又（有）長（萇）楚得～惥（悔）之也

 上博一·孔 28 牆又（有）薺（茨）慗（慎）簪（蜜）～不智（知）言

 上博一·孔 29 青蠅（蠅）智（知）悁（患）～不智（知）人

 上博一·孔 29 涉秦（溱）丌（其）絕俸～士

 上博二·子 1 昔者～弗瑮（世）也

上博二・子6 史(使)皆得亓(其)社稷百眚(姓)～奉守之

上博二・子9～亓(其)父戔(賤)而不足再(稱)也與

上博二・子9 而亓(其)父戔(賤)～不足再(稱)也與

上博二・子9～(爾)昏(問)之也

上博二・子10 耂(年)～畫於伓(背)而生

上博二・子10 耂(年)而畫於伓(背)～生

上博二・子11 觀於伊～旻(得)之

上博二・子12 冬見芙攼(薊)～薦之

上博三・中8 夫民安舊～重遷

上博三・中10 毁(舉)～(爾)所智(知)

上博三・中10～(爾)所不智(知)

上博三・中13 緩悠～怂攼之

上博三・中16 季(教)～史(使)之

 上博三·中26 惥(願)因虘(吾)子～衍(治)

 上博一·孔2 丌(其)樂安～犀(遲)

 上博一·孔10 童～皆臤(賢)於丌(其)初者也

 上博一·孔20 丌(其)言又(有)所載～句(後)內

 上博一·孔20 或前之～句(後)交

 上博一·孔22 訽(洵)又(有)情～亡(無)望

 上博一·孔28 亞(惡)～不憂(憫)

 上博二·子10 生～能言

 上博二·子11 又(有)鴳(燕)監(銜)卵～階(措)者(諸)丌(其)前

 上博二·子11 取～欨(吞)之

 港甲3 仁～画于雁(膺)生

 上博三·彭1 ～舉(舉)於朕身

 上博三・彭 1～訟（謐）于帝桑（嘗）

 上博五・弟 1□～毇幾（散）

 上博五・弟 1腎（脛）陵季=（季子）僑～弗受

 上博五・弟 2生～不因其浴

 上博五・弟 4亂節～悥（哀）聖（聲）

 上博五・弟 5可迬～告也

 上博五・弟 6貧戔（賤）～不約者

 上博五・弟 6員（富）貴～不喬者

 上博五・弟 6虗（吾）餌（聞）～

 上博五・弟 9事～弗受者

 上博五・弟 9虗（吾）餌（聞）～未之見也

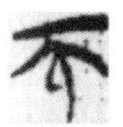 上博五・弟 9人～下舘（臨）

 上博五·弟15 隹多餌(聞)～不友臤(賢)

 上博五·弟20 又戎植丌(其)橘～訶(歌)安(焉)

 上博五·弟20 子虞(據)唐軾(軾)～☐

 上博五·弟21 ☐虐(吾)未見芋(華)～訐(信)者

 上博五·弟21 未見善事人～忌者

 上博五·弟附簡☐者丌(其)言☐～不可

 上博二·魯3 ～(爾)昏(聞)巷逃(路)之言

 上博二·子5 或以旻(文)～遠

 上博二·子8 ☐～和

 上博二·子8 ～史(使)君天下而禹(稱)

 上博二·子8 而史(使)君天下～禹(稱)

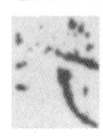 上博二·子14 ～厽(三)天子事之

 上博一·孔 9《黄鳴》則困~谷反丌(其)古也

 上博三·周 17 係~敏(抣)之

 上博四·柬 1 王向日~立

 上博四·柬 2 龜尹智(知)王之庶(炙)於日~疠(病)笒(疥)

 上博四·柬 3 尚(當)㐁~卜之於

 上博四·柬 4 㐁~卜之

 上博四·柬 5 既㐁~卜之

 上博四·柬 9 牁(將)鼓~涉之

 上博四·柬 11 鼓~涉之

 上博四·柬 12 ~㓝(刑)之㠯(以)漮(旱)

 上博四·柬 12 ~百眚(姓)迻(移)㠯(以)迲(去)邦家

 上博四·柬 14 王卬(仰)~叴(呼?)而泣

 上博四·柬 14 王卬（仰）而叺（呼？）～泣

 上博四·柬 14～百眚（姓）㠯（以）鹽（絕）

 上博四·柬 17 大（太）𠛬（宰）迈（乃）～胃（謂）之

 上博四·柬 17 复（作）色～言於廷

 上博四·柬 20 君内（入）～語僕之言於君王

 上博一·緇 1 則民咸扐（力）～型（刑）不剌

 上博一·緇 2 爲上可宎（望）～智（知）也

 上博一·緇 2 爲下可頮（述）～甾（志）也

 上博一·緇 8～從亓（其）所行

 上博一·緇 10～信亓（其）所賤

 上博一·緇 11～貴（富）貴已迊（過）

 上博一·緇 15 古（故）上不可以埶（褻）型（刑）～翌（輕）眇（爵）

上博一・緇17 則民訢(慎)於言～歖(謹)於行

上博一・緇17 古(故)君子寡(顧)言～行

上博一・緇18 則民不能大亓(其)顗(美)～少(小)亓(其)亞(惡)

上博一・緇19 齊(質)～守之

上博一・緇19 齊～晜(親)之

上博一・緇19 陸(略)～行之

上博一・緇22 ～遠者不悆(疑)

上博一・緇22 ～厚(重)醬(絕)䙷(富)貴

上博一・緇23 ～惡惡不厲(著)也

上博一・緇23 人～亡(無)互(恆)

上博一・性8 道之～已

上博一・性9 聖人比亓(其)頪(類)～侖(論)會之

 上博一·性9 會(觀)亓(其)先遂(後)～逆訓(順)之

 上博一·性10 膿(體)亓(其)宜(義)～節曼(文)之

 上博一·性10 里(理)亓(其)情～出內(入)之

 上博一·性11 堂(當)事因方～裚(制)之

 上博一·性16 羕(咏)思～斁(動)心

 上博一·性17[非其]聖(聲)～從之也

 上博一·性20[凡]樂思～句(後)忻

 上博一·性22 未言～信

 上博一·性22 未孝(教)～民恆

 上博一·性23～民悇(畏)

 上博一·性23 戔(賤)～民貴之

 上博一·性23 貧～民聚安(焉)

上博一・性23 蜀(獨)居～樂

上博一・性24 亞(惡)之～不可非者

上博一・性24 非之～不可亞(惡)者

上博一・性24 行之～不怂(過)

上博一・性25 同方～交

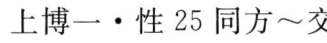上博一・性26 不同方～交

上博一・性26［同悦］～交

上博一・性26 不同兌(悅)～交

上博一・性27 凡身谷(欲)青(靜)～毋遣(譴)

上博一・性27 甬(用)心谷(欲)悳(德)～毋愚(偽)

上博一・性27 慮谷(欲)淵～毋巺

上博一・性27 退谷(欲)繡(肅)～毋翟(輕)

上博一·性28［進］谷（欲）惹～又（有）豊（禮）

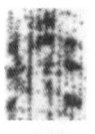上博一·性28言谷（欲）植（直）～毋流

上博一·性28居尻（處）谷（欲）𦡊（逸）易～毋曼（慢）

上博一·性30言及則明墅（舉）之～毋愚（偽）

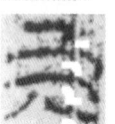上博一·性39肰（然）～亓（其）㤅（過）不亞（惡）

上博二·從甲8～不智（知）奉（逢）夨（災）害

上博二·從甲11可言～不可行

上博二·從甲11可行～不可言

上博二·從甲14又（有）所又（有）舍（余）～不敢聿（盡）之

上博二·從甲14又（有）所不足～不敢弗

上博二·從甲15不喬（教）～殺

上博二·從甲17君子難得～惕（易）史（事）也

 上博二·從甲 19 䭇（飢）滄～母（毋）斂

 上博二·從甲 18 是㠯（以）曰少（小）人惕（易）得～難史（事）也

 上博二·從甲 18 行才（在）己～名才（在）人

 上博二·從乙 1 十曰口惠～不繇（由）

 上博二·從乙 4 恩（慍）良～忠敬

 上博二·從乙 6 㤅（仁）～不智

 上博三·周 20 不牼（耕）～穧（穫）

 上博三·亙 2 ～未或明

 上博三·亙 4 棼（紛）棼（紛）～

 上博三·亙 5 智旣（既）～亢思不突

 上博三·亙 11 ～能自爲也

 上博三·亙 13 甬（庸）又（有）求～不㤺（慮）

 上博五·競 2 習(召)祖己～昏(問)安(焉)

 上博五·競 6 不遾(遷)於善～攸(奪)之

 上博五·競 8 此能從善～迲(去)祂(過)者

 上博五·競 9 记(起)～言曰

 上博五·競 10 㗊(告)～燹

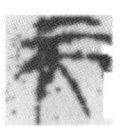 上博五·鬼 2【背】～受(紂)首於只(岐)袿(社)

 上博五·鬼 3 鷗尸(夷)～死

 港甲 9 □好～尸之

 上博三·周 22 不豪(家)～飤(食)

 上博三·亙 4 同出～異生(性)

 上博四·内 6 罢(憐)～任

 上博二·容 1 皆不受(授)亓(其)子～受(授)臤(賢)

 上博二・容1～上旹(愛)下

 上博二・容2～一亓(其)志

 上博二・容2～寑亓(其)兵

 上博二・容2～官亓(其)才(材)

 上博二・容3 酓(教)～惎(誨)之

 上博二・容3 歓(飲)～飤(食)之

 上博二・容3 思役百官～月青(請)之

 上博二・容5 坙(匡)天下之正(政)十又(有)九年～王天下

 上博二・容6 三十又(有)七年～民終

 上博二・容6 堯戔(賤)陀(施)～時時賨(賽)

 上博二・容6 不蘴(勸)～民力

 上博二・容6 不型(刑)殺～無覜(盜)惻(賊)

　上博二・容6　甚緩～民備（服）

　上博二・容7　奉～立之

　上博二・容9　～橐才四海（海）之内

　上博二・容9　～立爲天子

　上博二・容10　㠯（以）求臤（賢）者～襄（讓）安（焉）

　上博二・容11　～臤（賢）者莫之能受也

　上博二・容12　～欲以爲遂（後）

　上博二・容13　～卒立之

　上博二・容14　堯聅（聞）之～娩（美）亓（其）行

　上博二・容14　价（謁）～跪之

　上博二・容16　昔者天埅（地）之差（佐）舜～右（佑）善

　上博二・容17　～欲㠯（以）爲遂（後）

上博二·容19 璺(禹)乃因山陵坪(平)徑(隰)之可封邑者～鯀(繁)實之

上博二·容19 迲(去)虇(苛)～行柬(簡)

上博二·容19 ～遠者自至

上博二·容29 ～聖(聽)亓(其)訟獄

上博二·容30 三年～天下之人亡(無)訟獄者

上博二·容30 舜乃欲會天墬(地)之燹(氣)～聖(聽)甬(用)之

上博二·容32 於是於(乎)訇(始)篏～行录(祿)

上博二·容34 ～欲㠯(以)爲逡(後)

上博二·容34 述(遂)禹(稱)疾不出～死

上博二·容35 [啟]王天下十又(有)六年(世)～傑(桀)夌(作)

上博二·容35 厚愛～泊(薄)僉(斂)安(焉)

上博二·容39 悳(德)惠～不叚

 上博二·容39 狃三十仁～能之

 上博二·容39 女(如)是～不可

 上博二·容39 肰(然)句(後)從～攻之

 上博二·容40 湯或(又)從～攻之

 上博二·容40 湯或(又)從～攻之

 上博二·容42 夫是㠯(以)旻(得)眔～王天下

 上博二·容42 湯王天下三十又(有)一偞(世)～受(紂)复(作)

 上博二·容43 亓(其)政絢(治)～不賞

 上博二·容43 官～不筲(爵)

 上博二·容43 ～絢(治)亂不□

 上博二·容44 不能述(遂)者内(墜)～死

 上博二·容44 從～桎皋(梏)之

上博二·容46 箁(孰)天子~可反

上博二·容47 乃出文王於㕟(夏)臺之下~䎽(問)安(焉)

上博二·容48 三鼓~進之

上博二·容48 三鼓~退之

上博二·容48 文王時(持)故時~孞(教)民時

上博二·容50 虘(吾)敓~弋(代)之

上博二·容50 虘(吾)伐~弋(代)之

上博二·容52 ~得遊(失)行於民之脣(辰)也

上博二·容53 ~䜴(殷)

上博四·相4 ~昏(問)相邦之道

上博四·曹2 今邦愿(彌)小~鐘愈大

上博四·曹3 ~改(撫)又(有)天下

上博四·曹 3 此不貧於娹（美）～稟（富）於慐與（歟）

上博四·曹 5 則不可㠯（以）不攸（修）政～善於民

上博四·曹 6 則亦不可㠯（以）不攸（修）政～善於民

上博四·曹 7 今異於～（尔）言

上博四·曹 7 肰（然）～古

上博四·曹 8 ～喬（驕）大（泰）㠯（以）遊（失）之

上博四·曹 9 君子㠯（以）臤（賢）禹（稱）～遊（失）之

上博四·曹 9 㠯（以）亡道禹～叟（沒）身䢇（就）薨（死）

上博四·曹 10 乃命毀鐘型～聖（聽）邦政

上博四·曹 12 ～亡又（有）厶（私）也

上博四·曹 12 還年～䎽（問）於敊（曹）敫（蔑）曰

上博四·曹 13 又（有）固悬（謀）～亡固城

 上博四・曹 14 又(有)克正(政)～亡克戨(陳)

 上博四・曹 17 疆埅(地)毋先～必取□安(焉)

 上博四・曹 21 繻(申)攻(功)～食

 上博四・曹 21 ～賞篧(爵)又(有)惪

 上博四・曹 23 君自衒(率)必聚群又(有)司～告之

 上博四・曹 27 毋訨(誅)～賞

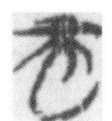 上博四・曹 27 ～改丌(其)𤖣(將)

 上博四・曹 37 ～或興

 上博四・曹 45 既戠(戰)～又(有)殆心

 上博四・曹 54 收～聚之

 上博四・曹 54 𥚢(束)～厚之

 上博四・曹 54 思忘丌(其)死～見丌(其)生

 上博四·曹62 女(如)上脓(獲)～上睧(聞)

 上博四·曹64～毋或(惑)者(諸)少(小)道與(歟)

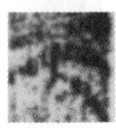 上博二·從甲1～□取之

 上博二·從甲2～民或弗義

 上博二·從甲4 是古(故)君子訢(慎)言～不訢(慎)事

 上博二·從甲19 從事～母(毋)說(諛)

 上博二·從乙4 嚳惎(誨)～共(恭)孫(遜)

 上博五·鮑1 十月～徒秒(梁)城(成)

 上博五·鮑6～貴尹

 上博五·鮑6～食人

 上博五·鮑7～走(尚)穆亓(其)型(刑)

 上博五·鮑7 至欲飤(食)～上厚亓(其)會(歛)

上博五·鮑7至亞(惡)何(苛)～上不時叟(使)

上博五·君1詹(顔)囦(淵)俊(作)～酓(答)曰

上博五·君1言之～不義

上博五·君2見(視)之～不義

上博五·君2聖(聽)之～不義

上博五·君2連(動)～不義

上博五·君3欲迲(去)之～不可

上博五·君4智～比信

上博五·君7[蹈(頸)]～秀

上博五·君9貴～罷(能)叚(讓)

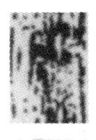上博五·君9□斯人欲亓(其)長貴也員(富)～□

上博五·三1卉木須時～句(後)奮

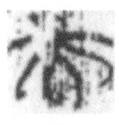上博五·三 2 訐（謇）～不訐（謇）

上博五·三 2 已～不已

上博五·三 3 易（陽）～幽

上博五·三 3 幽～易（陽）

上博五·三 5 悇（過）～改

上博五·三 11～多亓（其）言

上博五·三 13～寡亓（其）惡（憂）

上博五·三 14 嬰（興）～记（起）之

上博五·三 14 思道～勿救

上博五·三 15 毋不能～爲之

上博五·三 15 毋能～惪（易）之

上博五·三 17～

上博五·三 19～句(后)帝之所憎

上博五·鬼 3 長年～叟(沒)

上博五·鬼 3 則善者或不賞～暴

上博五·鬼 4 亓(其)力能至(致)安(焉)～弗爲虖(乎)

上博五·鬼 6 又(有)足～

上博五·鬼 8 ～志行灥(顯)明

上博五·鬼 8 不及塱(遇)焚～正固

上博五·鮑 1 一之日～車秒(梁)城(成)

上博五·鮑 5 含(今)豊(豎)迅(刁)佖(匹)夫～欲智(知)蓳(萬)輚(乘)之邦

上博二·從甲 3 豊(禮)則寡～爲悬(仁)

上博三·亙 12 無不旻(得)亓(其)亟(極)～果述(遂)

上博四·昭 7 君王至於定冬～被虔₌(虔衣)

 上博四·昭7王訇～余之衽裦

 上博四·内附簡母(毋)忘姑姊妹～遠敬之

 上博五·季3～民不備安(焉)

 上博五·季3～廛亓(其)行

 上博五·季4民䦆(望)亓(其)道～備安(焉)

 上博五·季5事皆旻(得)亓(其)舊(蘁)～弜(強)之

 上博五·季12安㚇～輚(乘)之

 上博五·季13～行之

 上博五·季15㹳(睞)父兄子俤(弟)～禹賕

 上博五·季17因古蒳(?)豊～章之

 上博五·季18氏古(故)臤人大於邦～又訇(訇)心

 上博五·季19疋言～䆻(蜜)戰(獸)之

上博五·季21 因邦斋=(之所)臤~嬰(興)之

上博五·季23 肰(然)則邦坪~民膞(腹)矣

上博二·民1 敢䛟(問)可(何)女(如)~可胃(謂)民之父母

上博二·民6 奚(傾)耳~聖(聽)之

上博二·民6 不可旻(得)~睧(聞)也

上博二·民6 明目~視之

上博二·民7 不可旻(得)~視(見)也

上博二·民7 ~惪(德)既塞於四海矣

上博二·民10 可旻(得)~䛟(聞)舁(與)

上博一·眚1 竘(待)勿(物)~句(後)乍(作)

上博一·性1 寺(待)兑(悦)~句(後)行

上博一·性1 寺(待)習~句(後)奠(奠)

 上博四·內 6 止之～不可

 上博四·內 7 孝～不諫

 上博五·姑 3 於君幸則晉邦之社畎(稷)可旻(得)～事也

 上博五·姑 3 不幸則取仐(免)～出

 上博五·姑 3 君貴我～受(授)我衆

 上博五·姑 4 ～因㠯(以)害君

 上博五·姑 4 唯(雖)旻(得)仐(免)～出

 上博五·姑 4 欲以長晝(建)宔(主)君～迂(御)難

 上博五·姑 5 古(故)～反亞(惡)之

 上博五·姑 5 虗(吾)睧(聞)爲臣者必思君得志於㠱(己)～又(有)後青(請)

 上博五·姑 9 回～余(予)之兵

 上博一·性 19 凡憂思～句(後)悲

上博二·容 37 述迷～

上博六·競 3 公内安子～告之

上博六·競 4 埤情～不腮

上博六·競 6～湯清者與旻(得)萬福安

上博六·競 9 勿～祟者也

上博六·孔 3 上不皋息(仁)～桼專

上博六·孔 8～亡㠯(以)言者

上博六·孔 9 息(仁)孚息(仁)～進之

上博六·孔 9 論旻(得)不可人～與

上博六·孔 10 可名－－智與

上博六·孔 16 安與之尻～謫(察)瞎亓(其)所學

上博六·孔 21 君子德已～立帀(師)保

 上博六·孔 24～亡城德

 上博六·孔 26 隹聚卬(仰)天～戁曰

 上博六·孔 27～民道之

 上博六·壽 2 虐(吾)可改～可

 上博六·慎 3 中尼～不皮

 上博六·慎 4 均分～生(廣)貤(施)

 上博六·慎 4 悳(德)～方義

 上博六·用 4～亦不可

 上博六·用 5～亦弗能弃

 上博六·用 7～弗可矣

 上博六·用 8～可飲飤

 上博六·用 8～莫之能旻(得)

上博六・用 9～焚丌(其)反戾

上博六・用 10～諆既返

上博六・用 10 胃(謂)天高～不褮

上博六・用 10 胃(謂)地厚～不達

上博六・用 10～莫執朕胋

上博六・用 11～自嘉樂

上博六・用 11～亦不可逃

上博六・用 12 睎～不可遷膣

上博六・用 13～吕(忌)於人

上博六・用 14～難亓(其)又惠

上博六・用 15～考於左右

上博六・用 15 執～不難

上博六·用15～言語之所起

上博六·用16～綏亓(其)又寧

上博六·用17 莫棠～粿

上博六·用17～麆之亦不能

上博六·用19～亦不可虞

上博六·用19～亦不可沽

上博六·用19～散亓(其)甚章

上博六·用19～

上博六·用20～又弔之淺

上博六·用20～又繴=之会

上博六·天甲5 幾殺～邦正

上博六·天甲12 古見傷～爲之祈

上博六・天甲 12 見窔～爲之内

上博六・天甲 12 時言～殜(世)行

上博六・天甲 12 因悳(德)～爲之折

上博六・天乙 4 幾殺～邦正

上博六・天乙 4 文佥(陰)～武昜(陽)

上博六・天乙 11 古見傷～爲之祈

上博七・武 1 啻(意)娧(豈)亩(喪)不可旻(得)～訨(睹)唐(乎)

上博七・武 2 南面～立

上博七・武 3 西面～行

上博七・武 3 柚(曲)折～南

上博七・武 3 東面～立

上博七・武 7 視～所弋(代)

上博七·武 10 立(位)難旻(得)～惕(易)迭(失)

上博七·武 10 士難旻(得)～易箠

上博七·武 11～百殜(世)不遴(失)之道

上博七·武 13 武王北面～返(復)甯(問)

上博七·武 15～敬者萬殜(世)

上博七·武 15 不逆～訓(順)城(成)

上博七·鄭甲 1 臧(莊)王豪(就)夫=(大夫)～與之言曰

上博七·鄭甲 2 於含(今)～逡(後)

上博七·鄭甲 4～威(滅)炎於下

上博七·鄭甲 5 毋敢夕門～出

上博七·鄭乙 1 臧(莊)王豪(就)夫=(大夫)～與(與)之言曰

上博七·鄭乙 2 於含(今)～逡(後)

上博七·鄭乙 5 毋敢夕門～出

上博七·君甲 1 又(有)白玉三回～不戔

上博七·君甲 1 王乃出～見(視)之

上博七·君甲 2 虗(吾)訊(焉)又(有)白玉三回～不戔才(哉)

上博七·君甲 4 灭(一人)土(杜)門～不出

上博七·君甲 5 ～天下莫不語

上博七·君甲 5 ～不爲亓(其)樂

上博七·君甲 7 民乍～囟䛳(應)之

上博七·君乙 1 君王又(有)白玉三回～不戔

上博七·君乙 1 王乃出～見之

上博七·君乙 2 虗(吾)訊(焉)又(有)白玉三回～不戔才(哉)

上博七·君乙 4 ～[天下]莫不語

上博七·君乙 4 一人土（杜）門～不出

上博七·君乙 5 ～不爲亓（其）樂

上博七·君乙 7 民乍～囟譃（應）之

上博七·凡甲 1 奚旻（得）～城（成）

上博七·凡甲 1 奚旻（得）～不死

上博七·凡甲 1 奚旻（顧）～鳴

上博七·凡甲 2 奚旻（得）～固

上博七·凡甲 2 奚旻（得）～不厬（危）

上博七·凡甲 2 奚旻（得）～生

上博七·凡甲 3 奚遊（失）～死

上博七·凡甲 3 又（有）旻（得）～城（成）

上博七·凡甲 4 虗（吾）既長～或（又）老

正編·之部

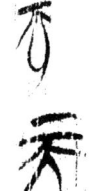
上博七·凡甲 10 可（何）古（故）大～不瘖（炎）

上博七·凡甲 12 土奚旻（得）～坪（平）

上博七·凡甲 12 水奚旻（得）～清

上博七·凡甲 12 卉（草）木奚旻（得）～生

上博七·凡甲 13 ～智（知）名

上博七·凡甲 13 亡（無）耳～䎽（聞）聖（聲）

上博七·凡甲 13 含（禽）獸奚旻（得）～鳴

上博七·凡甲 14 簹（孰）颱飆～迖之

上博七·凡甲 15 儠～思之

上博七·凡甲 15 迟（起）～甬（用）之

上博七·凡甲 15 至情～智（知）

上博七·凡甲 17 女（如）并天下～虞（担）之

· 343 ·

上博七·凡甲 17 旻(得)鼠(一)～思之

上博七·凡甲 17 若并天下～詷(治)之

上博七·凡甲 20 鼠(一)言～禾終不螜(窮)

上博七·凡甲 20 鼠(一)言～又(有)衆

上博七·凡甲 22 所㠯(以)攸(修)身～詷(治)邦豪(家)

上博七·凡甲 23 卬(仰)～視之

上博七·凡甲 23 任～癸之

上博七·凡甲 24 訔(察)智(知)～神

上博七·凡甲 24 訔(察)神～同

上博七·凡甲 24 [訔(察)同]～僉(險)

上博七·凡甲 24 訔(察)僉(險)～困

上博七·凡甲 24 訔(察)困～返(復)

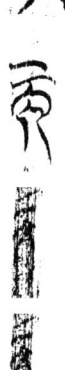

上博七·凡甲 27 敳瘅(墙)～豊(禮)

上博七·凡甲 27 并(屏)僙(氣)～言

上博七·凡甲 28 旻(得)～解之

上博七·凡甲 28 旻(得)～解之

上博七·凡甲 29 衆䑕(一)言～萬民之利

上博七·凡甲 29 䑕(一)言～爲天陞(地)旨

上博七·凡乙 1 奚旻(得)～城(成)

上博七·凡乙 1 奚旻(得)～不死

上博七·凡乙 1 奚旻(寡)～鳴

上博七·凡乙 2 奚旻(得)～固

上博七·凡乙 2 奚旻(得)～不厓(危)

上博七·凡乙 2 奚旻(得)～生

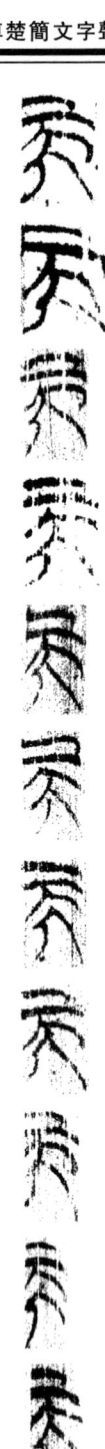

上博七·凡乙2 奚逰(失)～死

上博七·凡乙2 又(有)旻(得)～城(成)

上博七·凡乙4 虘(吾)既長～或(又)老

上博七·凡乙8 可(何)古(故)大～不㠯

上博七·凡乙9 奚旻(得)～清

上博七·凡乙9 卉(草)木奚旻(得)～生

上博七·凡乙9 含(禽)獸奚旻(得)～鳴

上博七·凡乙9 篙(孰)颰飄～迸之

上博七·凡乙10 僎～思之

上博七·凡乙12 天下～虞(担)之

上博七·凡乙12 旻(得)鼠(一)～思之

上博七·凡乙14 鼠(一)言～終不龏(窮)

上博七·凡乙 14 鼠（一）言～又（有）衆

上博七·凡乙 15 卬（仰）～艮（視）之

上博七·凡乙 15 俯～履之

上博七·凡乙 16 旻（得）鼠（一）～煮（圖）之

上博七·凡乙 17 情～智（知）

上博七·凡乙 17 斀（察）智（知）～神

上博七·凡乙 17 斀（察）神～同

上博七·凡乙 17 斀（察）同～僉

上博七·凡乙 17 斀（察）僉～困

上博七·凡乙 17 斀（察）困～返（復）

上博七·凡乙 21 旻（得）～解之

上博七·吳 1～慭丝（絕）我二邑之好

 上博七·吳2君～或言

 上博七·吳5㠯(以)牧民～反志

 上博八·子1亓(其)一子道餓～死焉

 上博八·子3䬻(食)～弗與爲豊(禮)

 上博八·子5～司寇(寇)不至

 上博八·子6～之大難毫

 上博八·顏1敬又(有)𤔲～【先】又(有)司

 上博八·顏7或迪～教

 上博八·顏8□～旻(得)之

 上博八·顏8少(小)人靜(爭)～遊(失)之

 上博八·顏9戔(賤)不杲(肖)～遠之

 上博八·顏11老=(老老)～慈(慈)孥(幼)

上博八·顏 11 夒(豫)絞～收貧

上博八·顏 12 老=(老老)～愁(慈)嶨(幼)

上博八·顏 12 夒(豫)絞～收貧

上博八·顏 13 □苢(素?)行～信

上博八·顏 13 貧～安樂

上博八·顏 14～母(毋)谷(欲)旻(得)安(焉)

上博八·成 1～王至(重)亓(其)貢(任)

上博八·成 3～

上博八·成 4 白(伯)尼(夷)、弔(叔)齊餓(餓)～死於誰(雖)滭(瀆)

上博八·成 5 安(焉)不口口章(彰)～冰澡(消)虖(乎)

上博八·成 7 弗迿(朝)～自至

上博八·成 7 弗睿(密)～自周

上博八·成 7 弗會～自剌（斷）

上博八·成 8 皆欲豫（捨）亓（其）新（親）～新（親）之

上博八·成 10～臤（賢）者

上博八·成 15 可羿（期）～須也

上博八·成 15～或（國）又（有）相串（患）割（害）之志

上博八·命 4 外臣～居虘（吾）右₌（左右）

上博八·命 5 非～所㠯（以）𡎅（復）

上博八·命 5 我不能聎（貫）壁～貝（視）聖（聽）

上博八·命 9 皆亡恩安（焉）～行之

上博八·命 10～邦正（政）不敗

上博八·王 5～必良慙（慎）之

上博八·志 3 虘（吾）安尔（爾）～埶（設）尔₌

 上博八·志5～縱不爲虘(吾)禹罦

 上博八·志6 朝记(起)～夕瀘(廢)之

 上博八·李1 犯(竢)旹(時)～俊(作)可(兮)

 上博八·李1【背】敬～勿寞(集)可(兮)

 上博八·蘭2 可(何)淵～不沽(涸)

 上博八·蘭2 攸(搖)苳(落)～猷不遊(失)氒(厥)芳

 上博八·蘭2 涅(馨)訛(謐)迟～達聑(聞)于四方

 上博八·蘭5 蓉惻束(簡)䐗(逸)～莫之能畚(効)矣

 上博八·蘭5 身體貹(重)青(輕)～目耳裦(勞)矣

 上博八·蘭5 宅立(位)窭下～比悬(擬)高矣

 上博八·有2 又(有)悠(過)～能改今可(兮)

 上博八·有4 鹿(麗—離)尻(居)～同欲今可(兮)

上博八·鶹1 欲衣～亞（惡）綠（枭）今可（兮）

上博八·鶹2 不敢（織）～欲衣今可（兮）

～，戰國文字或作 （郭店·老子甲4）、 （郭店·老子甲7）、 （郭店·老子甲7）、 （郭店·老子甲28）、 （郭店·緇衣1）、 （郭店·緇衣46）、 （郭店·魯穆公問子思1）、 （郭店·唐虞之道6）、 （郭店·忠信之道2）、 （郭店·忠信之道6）、 （郭店·成之聞之8）、 （郭店·尊德義10）、 （郭店·性自命出）、 （郭店·語叢一10）、 （郭店·語叢一31）、 （郭店·語叢一57）、 （郭店·語叢二53）、 （郭店·語叢二53）、 （郭店·語叢三5）、 （郭店·語叢三18）、 （九A22）、 （新蔡甲二28）、 （新蔡零197）、 （新蔡甲三99）、 （新蔡零115、22）、 （溫縣WT1K14:572）、 （秦駰玉版）。～，是"孺"字的象形字，從金文孟簋"需"字所從之 形看，此字正象腦袋較大，剛會走路，四肢柔軟不穩的幼兒之狀。《說文·子部》："孺，乳子也。一曰：輸也。輸，尚小也。從子，需聲。"《釋名·釋長幼》："兒始能行曰孺。"在春秋中晚期以後被假借爲虛詞"而"。（徐寶貴）戰國文字～，易與"天"訛混；上部二斜筆或拉直與"亓"形近。《說文·而部》："而，頰毛也。象毛之形。《周禮》曰：'作其鱗之而。'"

上博六·用4、上博六·用5"～亦"，連詞，表示承接。《論語·子張》："夫子焉不學？而亦何常師之有？"《左傳·成公二年》："公即位，受盟於晉，會晉伐齊。衛人不行使于楚，而亦受盟於晉，從於伐齊。"

上博六·用8"～可"，讀爲"而何"，意爲"如何"。《左傳·昭公四年》："牛謂叔孫見仲而何？"杜預注："而何，如何。"

上博一·孔29"～士"，猶言"此士"、"是士"，即"這個男子"之意。《穆天子傳》:"比及三年,將复而野。"郭璞注:"复返此野。"

上博二·子9、上博三·中10、上博三·中10、上博二·魯3～,讀爲"爾",代詞。你們;你。《書·盤庚》:"凡爾衆,其惟致告:自今至於後日,各恭爾事。"《詩·小雅·無羊》:"誰謂爾無羊?三百維群!"鄭玄箋:"爾,女也。"

上博一·緇17～,連詞,表並列。

上博四·柬5～,連詞,表順承。

上博七·凡乙8～,連詞,表轉折,相當於"卻"、"然而"。《莊子·養生主》:"今臣之刀十九年矣,所解數千牛矣,而刀刃若新發於硎。"

上博七·武7"視～所弋",讀爲"視邇所代"。《大戴禮記·武王踐阼》:"所監不遠,視邇所代。"《漢書·楚元王傳》:"近事不遠,即漢所代也。""邇",近。《爾雅·釋詁》:"邇,近也。"《詩·鄭風·東門之墠》:"其室則邇,其人甚遠。"

上博～,多用爲連詞,表並列、順承、轉折等。

泥紐耳聲

耳

上博一·性36～之樂聖(聲)

上博二·民6奚～而聖(聽)之

上博五·鬼5又～不聞(聞)

上博五·君2～勿聖(聽)也

上博七·君甲6～目之欲

353

 上博七·君乙 6～目之欲

 上博七·凡甲 10 日之又（有）～

 上博七·凡甲 13 亡（無）～而䎽（聞）

 上博八·蘭 5 身體貯（重）靑（輕）而目～裦（勞）矣

 上博八·有 4 又（有）不善心～今可（兮）

 上博八·志 5 虗（吾）以尔（爾）爲遠目～

～，戰國文字或作 ![] （郭店·五行 45）、![] （郭店·唐虞之道 26）、![] （郭店·性自命出 44）、![] （郭店·語叢一 50）、![] （施 310）、![] （溫縣 WT4K5:13）、![] （秦風 137）。《說文·耳部》：「耳，主聽也。象形。」

上博一·性 36"～之樂聖（聲）"，《呂氏春秋·仲春紀》："耳不樂聲，目不樂色，口不甘味，與死無擇。"

上博二·民 6"奚～而聖（聽）之"，《禮記·孔子閒居》："是故，正明目而視之，不可得而見也；傾耳而聽之，不可得而聞也；志氣塞乎天地，此之謂五至。"

上博七·君甲 6、君乙 6"～目之欲"，耳目主視聽，簡文用作貶意，玩耳目之好。《孟子·離婁下》："孟子曰：'世俗所謂不孝者五：惰其四支，不顧父母之養，一不孝也；博弈好飲酒，不顧父母之養，二不孝也；好貨財，私妻子，不顧父母之養，三不孝也；從耳目之欲，以爲父母戮，四不孝也；好勇鬭很，以危父母，五不孝也。'"

上博七·凡甲 10～，讀爲"珥"，日、月兩旁的光暈。《開元占經》卷七"日

珥"引石氏説:"日兩傍有氣,短小,中赤外青,名爲珥。"《隋書·天文志》:"青赤氣圓而小,在日左右爲珥。"《吕氏春秋·季夏紀》:"其日有鬭蝕,有倍僪,有暈珥,有不光,有不及景,有衆日並出,有晝盲,有霄見。"

上博～,耳朵。《孟子·滕文公下》:"(陳仲子)三日不食,耳無聞,目無見也。"

恥

上博二·從乙 3～則靶（犯）

上博五·季 3 氏㝅＝（君子）之～也

上博五·三 11 毋～父硅（兄）

上博五·三 13 不有不褞（禍）必大～

上博一·孔 8 王公～之

上博一·孔 9 多～者丌（其）忨之虖（乎）

上博六·天甲 7 與卿夫＝（大夫）同～氏

上博六·天甲 8 ～氏

上博六·天乙 7 卿夫＝（大夫）同～氏

 上博六·天乙 7"～㡭"

 上博八·王 2 虗(吾)~(一)～於告夫=(大夫)

～,郭店簡或作▨(郭店·緇衣 28)、▨(郭店·語叢二 4)。《説文·心部》:"恥,辱也。从心,耳聲。"

上博五·季 3"君子之～"。《孔子家語·好生》孔子曰:"君子有三患:未之聞,患不得聞;既得聞之,患弗得學;既得學之,患弗能行;有其德,而無其言,君子恥之;有其言而無其行,君子恥之;既得之而又失之,君子恥之;地有餘而民不足,君子恥之;衆寡均而人功倍己焉,君子恥之。"

上博六·天甲 7、8、天乙 7"～㡭",或讀爲"止度",即"禮度"、"容止節度"。《大戴禮記·盛德》:"故明堂,天法也;禮度,德法也;所以御民之嗜欲好惡,以慎天法,以成德法也。刑法者,所以威不行德法者也。"(侯乃峰)

上博五·季 3、上博八·王 2～,恥辱,恥辱之事。司馬遷《報任少卿書》:"每念斯恥,汗未嘗不發背沾衣也。"

上博五·三 11～,侮辱;羞辱。《左傳·昭公五年》:"恥匹夫不可以無備,況恥國乎?是以聖王務行禮,不求恥人。"《國語·越語上》:"昔者夫差恥吾君於諸侯之國。"

餌

 上博四·曹 55 思良車良士往取之～(耳)

～,與▨(郭店·老子丙 4)同。《説文·䰜部》:"䭲,粉餅也。从䰜,耳聲。▨,䭲或从食,耳聲。仍吏切。"

上博四·曹 55～,讀爲"耳"。或讀爲"餌",即"餌兵",爲引誘敵軍深入的餌。《孫子·軍爭》:"鋭卒勿攻,餌兵勿食。"

泥紐能聲

能

 上博一・孔 3 佳(惟)～夫

 上博一・孔 12 不亦～改虡(乎)

 上博一・孔 13 不攻不可～

 上博一・緇 4 言丌(其)所不～

 上博二・子 1 古(故)～絧(治)天下

 上博二・子 10 生而～言

 上博二・從甲 13 肰(然)句(後)～立道

 上博二・昔 3 ～事丌(其)懃(親)

 上博二・容 9 遅(畢)～丌(其)事

 上博二・容 10 天下之臤(賢)者莫之～受也

 上博二·容 29 喬(驕)～(態)冶(始)复(作)

 上博二·容 39 孤三十仁而～之

 上博二·容 44 ～述(遂)者述(遂)

 上博二·容 44 不～述(遂)者内(墜)而死

 上博二·容 11 而臤(賢)者莫之～受也

 上博三·亙 11 而～自爲也

 上博三·彭 8 丞(恐)弗～守

 上博四·柬 12 ～訶(治)者

 上博四·柬 14 一人不～訶(治)正(政)

 上博四·内 1 言人之君之不～史(使)亓(其)臣者

 上博四·内 1 不與言人之臣之不～事

 上博四·内 2 言人之臣之不～事亓(其)君者

上博四・内 2 不與言人之君之不～史（使）亓（其）臣者

上博四・内 3 父之不～畜子者

上博四・内 3 不與言人之父之不～畜子者

上博四・内 4 言人之倪（兄）之不～慈（慈）俤（弟）者

上博四・内 4 不與言人之俤（弟）之不～承倪（兄）者

上博四・内 4 言人之俤（弟）之不～承倪（兄）

上博四・曹 4 筥（埶）～并兼人

上博四・曹 28 又智舎（舍）又（有）～

上博四・曹 36 ～絧（治）百人

上博四・曹 36 ～絧（治）二軍

上博五・競 8 此～從善而迖（去）祁（過）者

上博五・季 11 民～多□

 上博五·季 18～爲桌（鬼）

 上博五·季 22 句～臣斁（獸）☐

 上博五·君 1 弗～少居也

 上博五·君 3 欲行之不～

 上博五·弟 11 女（汝）～訢（慎）訂（始）與終

 上博五·弟 14 虐（吾）子皆～又時䧹

 上博五·弟 17 夫安～王人

 上博五·三 15 毋不～而爲之

 上博五·三 15 毋～而悬（易）之

 上博五·鬼 4 亓（其）力～至（致）安（焉）而弗爲唬（乎）

 上博五·鬼 4 啻（意）亓（其）力古（固）不～至（致）安（焉）唬（乎）

 上博五·姑 3 㠯（以）我爲～絧（治）

正編・之部

上博五・姑 4 今虐(吾)亡(無)～絅(治)也

上博五・姑 4 㠯(以)不～事君

上博一・緇 4 不訇(辭)丌(其)所～

上博一・性 2 智(知)情者～出之

上博一・性 2 智(知)義者～内(入)[之]

上博一・性 32 人之不～以悬(偽)也

上博一・緇 18 則民不～大丌(其)頪(美)而少(小)丌(其)亞(惡)

上博一・緇 21 隹(惟)君子～好丌(其)尨(匹)

上博一・緇 21 少(小)人剴(豈)～好丌(其)尨(匹)

上博六・孔 1 害皀者是～皋

上博六・孔 4 仁者是～行聖人之道

上博六・孔 25 莫之～阱也

 上博六·壽 3 不～

 上博六·壽 3 女不～

 上博六·用 5 而亦弗～弃

 上博六·用 6 亓(其)由～不沽

 上博六·用 8 而莫之～旻(得)

 上博六·用 17 而塵之亦不～

 上博六·用 20 民亦弗～望

 上博七·君甲 7 民又(有)不～也

 上博七·君甲 7 覝(鬼)亡(無)不～也

 上博七·君乙 7 民又(有)不～也

 上博七·君乙 7 覝(鬼)亡(無)不～也

上博七·凡甲 18～募(寡)言

上博七·凡甲 18 虗(吾)～鼠(一)之

上博七·凡甲 22 ～戠(察)鼠(一)

上博七·凡甲 22 女(如)不～戠(察)鼠(一)

上博七·凡甲 26 心女(如)～勑(勝)心

上博七·凡乙 13 ～募(寡)言

上博七·凡乙 13 虗(吾)～鼠(一)虗(吾)

上博七·凡乙 15 女(如)不～戠(察)鼠(一)

上博七·凡乙 19 心女(如)～勑(勝)心

上博七·吴 5 不～

上博八·成 10 ～㠯(以)亓(其)六贁(藏)之獸(守)取新(親)安(焉)

上博八·命 2 忎(恐)不～

上博八·命 5 我不～聅(貫)壁而視聖(聽)

 上博八·王 4□□廛～進後人

 上博八·志 4 或不～節昃（暑）

 上博八·志 6 邦人亓（其）胃（謂）我不～再（稱）人

 上博八·蘭 5 蓉惻柬（簡）臇（逸）而莫之～ 矞（効）矣

 上博八·有 1 ～與余相董（助）今可（兮）

 上博八·有 1 ～爲余拜楮枊今可（兮）

 上博八·有 2 又（有）忢（過）而～改今可（兮）

 上博八·顔 9 ～=（能能）

～，郭店簡或作 （郭店·老子甲 3）、 （郭店·老子甲 5）、 （郭店·老子甲 10）、 （郭店·太一生水 7）、 （郭店·五行 9）、 （郭店·五行 10）、 （郭店·五行 10）、 （郭店·唐虞之道 19）、 （郭店·語叢一）、 （郭店·語叢三 19）、 （郭店·性自命出 4）。《說文·能部》："能，熊屬。足似鹿。从肉，㠯聲。能獸堅中，故稱賢能；而彊壯，稱能傑也。"

上博二·容 29"喬（驕）～飭（始）复（作）"之～，讀爲"態"，形態。《荀子·天論》："耳目鼻口形能，各有接而不相能也，夫是之謂天官。"王念孫《讀書雜志·荀子五》："形能當連讀，能讀爲態……言耳目鼻口形態，各與物接，而不

能互相爲用也。古字能與耐通，故亦與態通。"《史記·司馬相如列傳》："旼旼睦睦，君子之能。"裴駰集解引徐廣曰："能，一作態。"

上博"～"，能够。《書·西伯戡黎》："乃罪多參在上，乃能責命於天？"

泥紐乃聲

乃

上博一·緇15 敬明～罰

上博二·子12 ～見人武

港甲3 ～虐曰

上博二·魯1 母（無）～遊（失）者（諸）型（刑）與惪（德）虐（乎）

上博二·魯3 毋（無）～胃（謂）丘之畲（答）非與

上博二·魯4 母（無）～不可

上博二·昔4 大（太）子～亡聕（聞）亡𦕽（聽）

上博二·容8 堯～敓（悅）

上博二·容9 堯～爲之𠭥（教）曰

 上博二·容13～及邦子

 上博二·容15～卉（草）備（服）

 上博二·容17舜～老

 上博二·容17曑（禹）～五襄（讓）㠯（以）天下之臤（賢）者

 上博二·容18曑（禹）～因山陵坪（平）㣇（隰）之可封邑者而緐（繁）實之

 上博二·容19～因迡㠯（以）智（知）遠

 上博二·容22曑（禹）～建鼓於廷

 上博二·容23～立曑（禹）㠯（以）爲司工

 上博二·容25曑（禹）～迵（通）蔞與昜

 上博二·容26曑（禹）～迵（通）三江五沽（湖）

 上博二·容26曑（禹）～迵（通）泰（伊）洛

 上博二·容27曑（禹）～迵（通）經（涇）與渭

上博二・容27 㙑(禹)~從灘(漢)㠯(以)南爲名浴(谷)五百

上博二・容37 ~立泗(伊)尹㠯(以)爲差(佐)

上博二・容37 ~執兵欽(禁)暴

上博二・容40 傑(桀)~逃之鬲山是(氏)

上博二・容28 ~卹飤(食)

上博二・容28 ~立句(后)禝(稷)㠯(以)爲經

上博二・容28 ~飤(食)於埜(野)

上博二・容28 五年~襄(穰)

上博二・容29 民~賽

上博二・容29 ~立咎(皋)䏡(陶)㠯(以)爲李

上博二・容29 ~鞭(辨)侌(陰)昜(陽)之燹(氣)

上博二・容30 舜~欲會天陞(地)之燹(氣)而聖(聽)甬(用)之

 上博二·容30～立敱㠯(以)爲樂正

 上博二·容34 咎(皋)秀(陶)～五襄(讓)㠯(以)天下之臤(賢)者

 上博二·容36 湯～專爲正(征)夏(籍)

 上博二·容36 民～宜夗(怨)

 上博二·容37 湯～悔(謀)戒求臤(賢)

 上博二·容40 傑(桀)～逃之南菓(巢)是(氏)

 上博二·容46～出文王於邑(夏)臺(臺)之下而酭(問)安(焉)

 上博二·容47 文王～记(起)帀(師)㠯(以)鄉(嚮)豐喬(鎬)

 上博二·容48～降文王

 上博二·容51 武王～出革車五百乘

 上博三·周17 從～雟(維)之

 上博三·周42～亂卤(乃)和(啐)

上博三·周 47 改日～革之

上博三·彭 1～酒（將）多昏（問）因由

上博三·彭 1～不遊（失）氏（度）

上博四·曹 10～命毀鐘型而聖（聽）邦政

上博四·曹 32～□白徒

上博四·曹 52～遊（失）亓（其）備（服）

上博四·曹 63～自悊（過）㠯（以）敓於薑（萬）民

上博五·鮑 1～命百又嗣（嗣）曰

上博五·鮑 3～命又嗣（嗣）箸（書）集浮

上博五·鮑 7 公～身命祭

上博五·鮑 8 帀（師）～歸

上博五·季 11 毋～肥之昏也

上博五·姑5 姑（苦）城（成）豪（家）父～窜（寧）百豫

上博五·姑8 鑾（樂）箸（書）～退

上博五·姑8 公思（懼）～命長魚䍃（矯）

上博五·姑10 公家～溺（弱）

上博五·三2 天～降材（災）

上博五·三3 天～降枲（異）

上博五·三5 土地～埕（坏）

上博五·三5 民～嚚（夭）死

上博五·三6 土地～埕（坏）

上博五·三6 民人～喪

上博五·三8 上帝～治邦豪（家）

上博五·三9 ～無凶材（災）

上博五·三 14 爲善福~坒（來）

上博五·三 14 爲不善褙（禍）~或（惑）之

港甲 4 ~无凶戔

上博六·競 13 公~出

上博六·孔 8 ~

上博六·用 1 豫命~縈

上博六·用 13 征民~䏦

上博七·鄭甲 3 ~记（起）帀（師）

上博七·鄭乙 3 ~记（起）帀（師）

上博七·君甲 1 王~出而見（視）之

上博七·君乙 1 王~出而見（視）之

上博七·凡甲 26 大亂~复（作）

上博七·凡甲 30 之力古之力～下上

上博七·凡乙 19 大亂～复（作）

上博八·成 1～訪□▢

上博八·成 16～命之曰

上博八·王 6～許諾

上博八·王 7～命彭徒爲洛辻（卜）尹

上博八·志 1 寺箸（書）～言

～，戰國文字或作 (郭店·老子乙 16)、 (郭店·老子乙 17)、 (郭店·緇衣 29)、 (里 J1·16·6 正)、 (里 J1⑨7 正)。《說文·乃部》："乃，曳詞之難也。象氣之出難。 ，古文乃。 ，籀文乃。"

上博～，副詞。

迈

上博四·柬 17 大剚（宰）～而胃之

上博七·鄭甲 7 君王必進帀（師）㠯（以）～之

上博七・鄭甲 7 王安還軍曰（以）～之

上博七・鄭乙 7 君王必進帀（師）曰（以）～之

上博七・鄭乙 7 王安還軍曰（以）～之

～，與迡（新蔡甲三 99）同，从"辵"，"乃"聲。《廣韻・蒸韻》："迺，往也。"《集韻・蒸韻》："迺，及也。"

上博四・柬 17"～而"，讀爲"乃而"，是由表示順接關係的"乃"和"而"組成的複合連詞，仍然是表示順接，連接兩個有順承關係的分句。王引之《經傳釋詞》："'乃'與'而'對言之則異，散言之則通。""乃而"可以譯爲"於是"。

上博七・鄭子家喪～，讀爲"仍"，因、從義。《說文・人部》："仍，因也。"

泥紐卤聲

卤

上博二・子 10 又～是之女□

上博三・周 47 改（巳）日～革之

上博三・周 42 乃亂～（乃）和（啐）

～，秦簡或作㔾 里 J1⑨981 正。《說文・乃部》："卤，驚聲也。从乃省，西聲。籀文卤不省。或曰：卤，往也。讀若仍。卣，古文卤。"

上博三・周 47～，讀"乃"。《玉篇》："迺，亦與乃同。"

上博三・周 42～，讀"乃"，連詞，表並列，而、又。《莊子・養生主》："奏刀騞然，莫不中音；合於《桑林》之舞，乃中《經首》之會。"

373

上博二·子10"又～是",讀爲"有娀氏"。《説文》:"卥,……讀若仍。"典籍中"戎"、"仍"二字相通。如《左傳·昭公四年》:"夏桀爲仍之會。"《韓非子·十過》"仍作戎。""娀"字從"戎"聲。因此,"卥"可讀爲"娀"。

來紐來聲

來

 上博一·性15 䜭(觀)～(來)武則齌女也斯复(作)

 上博三·中18 猷(猶)～(來)□

 上博四·曹32 □～(來)告曰

 上博五·競5 害䊷(將)～(來)

 上博五·三6 行連(往)視～(來)

 上博五·三14 爲善福乃～(來)

 上博五·三15 天䬪(饑)必～(來)

 上博五·三16 四方～(來)囂

 上博五·弟5 少(小)子,～(來),聖(聽)余言

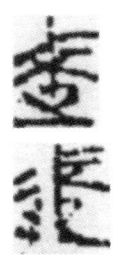上博三・周 35 往訐～(來)譽

上博三・周 35 往訐～(來)反

上博三・周 35 往訐～(來)連

上博三・周 36 往訐～(來)碩

上博三・周 37 丌(其)～(來)遉(復)

上博三・周 44 往～(來)㐱㐱

上博五・弟 15 韋～(來),虗(吾)告女

上博二・容 7 裏㠯(以)～(來)天下之民

上博七・鄭甲 1 鄔(邊)人～告

上博七・鄭乙 1 鄔(邊)人～告

上博七・凡甲 6 亓(其)～亡(無)尼(度)

上博七・凡乙 5 亓(其)～亡(無)尼(度)

 上博七·吳1嵌(竈)～告曰

 上博七·吳8～先王之福

 上博八·成1西行弗～(來)

～,與 、、、、、同,從"止","來"聲,來去之來的異體。《集韻》:"來,或從彳、從辵、從走。"或說"逨"之異體。《經典釋文》:"來,本或作逨。"《說文·來部》:"來,周所受瑞麥來麰。一來二縫,象芒朿之形。天所來也,故爲行來之來。《詩》曰:'詒我來麰。'"

上博一·性15～,讀爲"賚"。《詩·周頌》有《賚》篇,孔穎達疏:"謂武王既伐紂,於廟中大封有功之臣爲諸侯。"

上博～,由彼至此;由遠到近。與"去"、"往"相對。《易·復》:"出入無疾,朋來無咎。"

楚

 上博三·周35大訏不～

～,從"木","坴"聲。

上博三·周35～,讀爲"來"。《易·象》曰:"'大蹇朋來',以中節也。"

逨

 上博三·周9不窋(窋)方～(來)

 上博七・吳 4 昌～

 上博三・周 9 終～（來）又它

 上博二・容 47 九邦者亓（其）可～（來）虖（乎）

 上博二・容 47 七邦～（來）備（服）

～，與（九 A44）、（新蔡零 146）同，从"辵"，"來"聲，"逨"之異體。《集韻》："來，或从彳、从辵、从走。"

上博～，讀爲"來"。

萊

 上博三・周 51～章

～，从"艸"，"逨"聲。"萊"字異體。

上博三・周 51～，讀爲"來"。《易・豐》"六五：來章有慶譽。吉。"王弼注："以陰之質，來適尊陽之位，能自光大，章顯其德，獲慶譽也。"

 上博八・成 13 㠯（以）罩罙～□

～，从"來"聲，下部所从不清楚。

簡文～，或讀爲"陵"。待考。（單育辰）

嗇

上博二·子2舜～於童土之田

上博六·用12非考今斳(慎)良台家～

～，下部所从的"田"，或訛爲"日"。晉系文字訛爲"目"。戰國文字或作(郭店·老子乙1)、(温縣WT4K5:15)、(珍吴96頁二十一年安邑戈)、(古研21嗇夫戈範)、(滎陽上官皿)、(里J1·16·6)。《説文·嗇部》："嗇，愛濇也。从來，从㐭。來者，㐭而藏之。故田夫謂之嗇夫。，古文嗇，从田。"

上博二·子2～，讀爲"穡"。《説文》："穡，穀可收曰穡。""穡"在簡文中用爲動詞，耕種。《書·盤庚》："若農服田力穡，乃亦有秋。"孔傳："穡，耕稼也。"《鹽鐵論·錯弊》："古之仕者不穡，田者不漁。"簡文"舜嗇(穡)于童土之田"，意爲舜在荒蕪的土地上耕種。

釐(釐)

上博一·性17～、武樂取

～，从"里"，"來"聲，"釐"之異體。戰國文字或作(郭店·太一生水8)、(郭店·窮達以時15)、(郭店·尊德義33)、(郭店·尊德義39)、(中原文物1999·3釐戈)。《説文·里部》："釐，家福也。从里，氂聲。

上博一·性17～，讀爲"賚"，《賚》、《武》都是見於《詩·周頌》的詩篇，本是屬於歌頌武王滅商定天下的《大武》樂的歌詞。

378

贅

上博四·柬 2 ～尹智（知）王之疠（病）

上博四·柬 4 ～尹許諾

上博四·柬 4 ～尹至命於君王

上博四·柬 5 ～尹含（答）曰

上博四·柬 8 王㠯（以）訋（問）～尹高

上博四·柬 19 陲（陵）尹、～尹

上博四·柬 21 陲（陵）尹與～尹

上博四·柬 21 不㠯（以）丌（其）已身弁（弁）～尹之裳（常）古（故）

上博四·柬 21 ～尹

上博五·君 10 芫～之徒

～，从"貝"，"救（敎）"聲，"賚"字異體。《説文·貝部》："賚，賜也。从貝，來聲。《周書》曰：'賚尒秬鬯。'"

楚簡"～尹"，即賚尹，官名。賚尹地位、職掌與"大宗伯"類似。《周禮·

春官・大宗伯》:"大宗伯之職,掌建邦之天神、人鬼、地示之禮,以佐王建保邦國。"(周鳳五)

上博五・君10"芫～",或讀爲"玩嬉"。《大戴禮記・誥志》"惟民是嬉",王聘珍解詁:"嬉,亦樂也。""玩嬉之徒",当指有徒學於孔子,師徒間亦師亦友,常玩味學問。(何有祖)

來紐里聲

里

 上博一・性10～(理)亓(其)情而出内(入)之

 上博二・容7於是虖(乎)方百～之中

 上博二・容7於是虖(乎)方圓(圓)千～

 上博二・容26并～(瀍)干(涧)

 上博四・柬13方若肰(然)～

 上博五・競4則攸(修)者(諸)向(鄉)～

 上博六・天甲1夫=(大夫)建之㠯(以)～

 上博六・天乙1夫=(大夫)建之㠯(以)～

上博七·凡甲 15 每(謀?)於千～

上博七·凡甲 16 至聖(聽)千～

上博七·凡甲 16 達見百～

上博七·凡乙 7 足牆(將)至千～

上博七·凡甲 9 足牆(將)至千～

上博七·凡乙 11 至聖(聽)千～

上博七·凡乙 11 達見百～

～，戰國文字或作 (郭店·窮達以時 11)、 (郭店·性自命出 17)、 (郭店·語叢一 32)、 (新蔡甲三 77)、 (新蔡乙三 54)、 (施 42)、 (施 65)、 (桓臺 40)、 (後李圖二 2)、 (古璽印輯存 26)、 (施 85)、 (新鄭圖 403)、 (塔圖 140)。《説文·里部》："里，居也。从田，从土。"

上博二·容 7、上博四·柬 13、上博七·凡甲 9、15、16、上博七·凡乙 7、11～，長度單位。古以三百步爲一里，後亦有以三百六十步爲一里者，今以一百五十丈爲一里。用爲市里的簡稱，二市里合一公里。《穀梁傳·宣公十五年》："古者三百步爲里。"

上博一·性 10～，讀爲"理"，理順。《廣雅·釋詁一》："理，順也"。

上博二·容26～，讀爲"廛"，又作"瀍"，指古瀍水。《淮南子·本經》："舜乃使禹疏三江五湖，闢伊闕，導廛、澗，平通溝陸，流注東海。"高誘注："廛、澗兩水名。"

上博六·天甲1、天乙1～，地方基層行政單位。《爾雅·釋言》："里，邑也。"《周禮·地官·遂人》："五家爲鄰，五鄰爲里。"以二十五家爲里。《管子·度地》謂："百家爲里。"而據銀雀山漢簡《田法》，則是"五十家而爲里"。諸説不一。

鄌

 上博六·競10 出喬于～

《説文·邑部》："鄌，南陽西鄂亭。从邑，里聲。"

上博六·競10～，今本作"鄙"。"鄌"、"鄙"同韻可通。《老子》二十章"而我獨頑似鄙"，帛書甲本"鄙"作"悝"。《逸周書·職方》"辯其邦國都鄙"，孔晁注："國曰都，邑曰鄙。"《管子·侈靡》："國貧而貪鄙富，苴美於朝，市國。國富而鄙貧，莫盡如市。"

裏

 上博三·彭2 若縹（表）與～

《説文·衣部》："裏，衣内也。从衣，里聲。"

上博三·彭2～，衣服的内層。《詩·邶風·綠衣》："綠兮衣兮，綠衣黄裏。"《漢書·賈誼傳》："白縠之表，薄紈之裏，緁以偏諸，美者黼繡。"

精紐再聲

再

 上博二·昔1 大（太）子～三

～，戰國文字或作、、、、。《説文・冓部》："再，一舉而二也。从冓省。"

上博二・昔 1"～三"，第二次第三次；一次又一次。《史記・孔子世家》："〔齊〕陳女樂文馬於魯城南高門外。季桓子微服往觀再三，將受。"

精紐宰聲

剘（宰）

 上博四・柬 13 大（太）～仓（答）

 上博四・柬 14 胃（謂）大（太）～

 上博四・柬 17 大（太）～迈而胃（謂）之

 上博四・柬 19 贅尹皆絧（紿）丌（其）言吕（以）告大（太）～

 上博四・柬 20 大（太）～胃（謂）陵尹

 上博四・柬 21 大（太）～言

 上博四・柬 22 命（令）尹子林酭（問）於大（太）～子韭（之）

 上博四・柬 23 大（太）～仓（答）曰

 上博四·柬 10 君王尚(當)昌(以)酮(問)大(太)～晉侯

 上博四·柬 11 大(太)～進倉(答)

 上博四·柬 13 大(太)～

 上博四·柬 14 侯大(太)～遞

 上博四·柬 23 命(令)尹胃(謂)大(太)～

 上博三·中 4 史(使)讐(雍)也從於～夫之後

 上博三·中 1 季逗子史(使)中(仲)弓爲～

 上博五·弟 11 ～我昏(問)君子

～,从"刀"(或从"刃"),"宰"聲,殺牲割肉曰宰,故字可从刀。"宰"字繁體。《説文·宀部》:"宰,辠人在屋下執事者。从宀,从辛。辛,辠也。"

上博三·中 1、上博三·中 4～,即"宰"。《論語·子路》:"仲弓爲季氏宰。"春秋時,宰爲卿大夫的家臣。《論語·公冶長》"求也,千室之邑,百乘之家,可使爲之宰也",何晏注:"宰,家臣。"

上博四"大～",亦稱"太宰"、"冢宰",爲六官之首,總理全國政務,輔助王者治理天下。《周禮·天官·大宰》:"大宰之職,掌建邦之六典,以佐王治邦國。"

上博五·弟 11"～我",即"宰我",孔子的弟子。《孟子·公孫丑上》:"宰我、子貢善爲説辭。"

精紐子聲

子

 上博一·孔 27 中(仲)氏君～

 上博一·孔 27～立

 上博一·緇 1～曰

 上博一·緇 1～曰

 上博一·緇 2～曰

 上博一·緇 3～曰

 上博一·緇 5～曰

 上博一·緇 6～曰

 上博一·緇 7～曰

 上博一·緇 8～曰

 上博一·緇 9～曰

 上博一·緇 10～曰

 上博一·緇 11～曰

 上博一·緇 12～曰

 上博一·緇 14～曰

 上博一·緇 15～曰

 上博一·緇 16～曰

 上博一·緇 17～曰

 上博一·緇 18 身也君～

 上博一·緇 19～曰

 上博一·緇 19 古(故)君～多睧(聞)

 上博一·緇 20[淑]人君～

 上博一・緇 20～曰

 上博一・緇 21～曰

 上博一・緇 21 君～不自蕳（留）安（焉）

 上博一・緇 21～曰

 上博一・緇 22 君～

 上博一・緇 22～曰

 上博一・緇 23～曰

 上博二・民 1[子]皂（夏）睧（問）於孔～

 上博二・民 1 幾（愷）俤（悌）君～

 上博二・民 3～皂（夏）曰

 上博二・民 4 君～㠯（以）正

 上博二・民 5～皂（夏）曰

 上博二·民6 君～㠯(以)此皇(橫)于天下

 上博二·民7～㠯(夏)曰

 上博二·民9～㠯(夏)曰

 上博二·子1 又(有)吳(虞)是(氏)之樂正宮宵之～也

 上博二·子1～羔曰

 上博二·子5～羔

 上博二·子6～羔曰

 上博二·子7 人～也

 上博二·子8～羔曰

 上博二·子9～羔昏(問)於孔子曰

 上博二·子9 皆人～也

 上博二·子9 殹(抑)亦城(誠)天～也與

 上博二・子13～羔曰

 上博二・子14 厽(叁)天～事之

 上博二・魯1～不爲我圖(圖)之

 上博二・魯3 出遇～贛曰

 上博二・魯3～贛曰

 上博二・魯3 戝(繄)虐(吾)～女達命丌(其)與

 上博二・從甲11 君～不言

 上博二・從甲11 君～不行

 上博二・從甲19 君～不㠯(以)流言歕(傷)人

 上博二・昔1 君～曰

 上博二・昔1 大(太)～朝君

 上博二・昔1 大(太)～昃聖(聽)

 上博二·昔1大(太)～前之毋(母)俤(弟)

 上博二·昔1大(太)～再三

 上博二·昔1大(太)～母俤(弟)

 上博二·昔2大(太)～内(入)見

 上博二·昔3君～曰

 上博二·昔3～眚(姓)

 上博二·昔4大(太)～乃亡睧(聞)亡聖(聽)

 上博二·容1皆不受(授)亓(其)～而受(授)臤(賢)

 上博二·容7㠯(以)爲天～

 上博二·容9而立爲天～

 上博二·容12堯又(有)～九人

 上博二·容12不㠯(以)亓(其)～爲後

 上博二・容13 乃及邦～

 上博二・容14 ～堯南面

 上博二・容17 舜又(有)～七人

 上博二・容17 不㠯(以)亓(其)～爲後

 上博二・容33 曡(禹)又(有)～五人

 上博二・容33 不㠯(以)亓(其)～爲後

 上博二・容46 ～敢勿事虖(乎)

 上博二・容46 箮(孰)天～而可反

 上博三・周8 長～衛(帥)帀(師)

 上博三・周8 弟～壨(輿)殤(尸)

 上博三・周8 大君～又(有)命

 上博三・周12 君～又(有)終

 上博三·周 12 麎（謙）君～

 上博三·周 16 係少（小）～

 上博三·周 16 遴（失）少（小）～

 上博三·周 18 又（有）～

 上博三·周 29 夫～凶

 上博三·周 31 君～吉

 上博三·周 38 君～夬夬

 上博三·周 50 少（小）～礪（厲）

 上博三·中 1 季逗～史（使）中（仲）弓爲剸（宰）

 上博三·中 3～又（有）臣蓳（萬）人

 上博三·中 20 含（今）之君～

 上博三·中 25 含（今）之君～史（使）人

上博三·中 26 忑(恐)惎虐(吾)～憗(羞)

上博三·中 26 忑(願)因虐(吾)～而訋(治)

上博三·中附簡夫～唯又(有)與(舉)

上博三·彭 4 夫～之惪(德)登矣

上博三·彭 5 父～兄弟

上博四·采 1～奴(如)思我

上博四·采 4～奴(如)思我

上博四·逸·交 1 懿(愷)俤君～

上博四·逸·交 1 君～相好

上博四·逸·交 2 君～

上博四·逸·交 4 君～相好

上博四·昭 1 又一君～

 上博四・昭 10 虐(吾)未又㠯(以)慭亓～

 上博四・柬 7 㠯(以)告安君與陵尹～高

 上博四・柬 15 中余(舍)與五連少(小)～及龍(寵)臣皆逗

 上博四・柬 19 虞(且)良倀(長)～

 上博四・柬 22 命(令)尹～林

 上博四・柬 22 命(令)尹子林訽(問)於大(太)剒(宰)～㞢(之)

 上博四・內 1 君～之立孝

 上博四・內 3 父之不能畜～者

 上博四・內 3 不與言人之～之不孝者

 上博四・內 3 古(故)爲人～者

 上博四・內 3 言人之～之不孝者

 上博四・內 3 不與言人之父之不能畜～者

 上博四・內 5 言畜～

 上博四・內 5 與～言

 上博四・內 6 君～事父毋(母)

 上博四・內 7 君～孝子

 上博四・內 7 君子孝～

 上博四・內 8 君～曰

 上博四・內 8 考(孝)～

 上博四・內 8 君～以城(成)亓(其)考(孝)

 上博四・內 9 是胃(謂)君～

 上博四・內 9 考(孝)～事父毋(母)

 上博四・內 10 君～曰

 上博四・相 4 告～贛(貢)曰

 上博四・相 4 ~贛(貢)曰

 上博四・相 4 虐(吾)~之舎(答)也可(何)女(如)

 上博四・曹 4 今天下之君~既可智(知)已

 上博四・曹 7 君~得之遊(失)之

 上博四・曹 9 君~㠯(以)臤(賢)再(稱)而遊(失)之

 上博四・曹 9 君~㠯(以)臤(賢)再(稱)

 上博四・曹 17 毋忢(愛)貨資~女

 上博四・曹 22 幾(豈)俤(弟)君~

 上博四・曹 23 二參~孛(勉)之

 上博四・曹 23 悊(過)不才(在)~

 上博四・曹 25 公孫公~

 上博四・曹 26 五(伍)之閒必又(有)公孫公~

　上博五·競1星兌（變）～

　上博五·競6虐（吾）不溺（賴）二厽（三）～

　上博五·競9幾（豈）不二～之悥（憂）也才（哉）

　上博五·競9擁芋（華）佣（明）～

　上博五·鮑2二品（三）～孚（勉）之

　上博五·季1季庚～酌（問）於孔子曰

　上博五·季1售（唯）～之䝯䏌（脂）

　上博五·季2此君～之大炙（務）也

　上博五·季2庚～曰

　上博五·季11庚～曰

　上博五·季11古（故）女虐（吾）～之疋肥也

　上博五·季13古（故）～㠯（以）此言爲奚女

 上博五·季14 庚~日

 上博五·季15 眯(眯)父兄~俤(弟)而禹賕

 上博五·季18 ~之言也已至(重)

 上博五·姑7 虐(吾)~煮(圖)之

 上博五·君1 君~爲豊(禮)

 上博五·君1 夫~曰

 上博五·君3 虐~可亓(其)脀(膡)也

 上博五·君3 虐新䎽(聞)言於夫~

 上博五·君3 夫~曰

 上博五·君4 夫~

 上博五·君11 非~人

 上博五·君11 ~羽䎽(問)於子贛曰

 上博五・君11 子羽酯（問）於～贛曰

 上博五・君11 中尼與虖（吾）～產箮（孰）臤（賢）

 上博五・君11 ～贛曰

 上博五・君11 夫～絧（治）十室之邑亦樂

 上博五・君12 ～贛曰

 上博五・君15 ～贛曰

 上博五・君16 ～絧（治）時（詩）箸（書）

 上博五・弟1 ～贛

 上博五・弟2 ～曰

 上博五・弟2 胥（脡）陵季‥

 上博五・弟4 ～懇曰

 上博五・弟4 ～遊曰

 上博五·弟 4 ～曰

 上博五·弟 5 ～曰

 上博五·弟 5 少（小）～

 上博五·弟 6 ～曰

 上博五·弟 7 ～曰

 上博五·弟 8 ～贛曰

 上博五·弟 8 ～

 上博五·弟 9 ～曰

 上博五·弟 11 剤（宰）我昏（問）君～

 上博五·弟 11 爲君～

 上博五·弟 12 肰（然）句（後）君～

 上博五·弟 12 ～

 上博五・弟13～曰

 上博五・弟13 君～亡所不足

 上博五・弟14 虐～皆能又時唐

 上博五・弟14 君～道朝

 上博五・弟14 肰(然)則夫二厽(三)～者

 上博五・弟16～曰

 上博五・弟17～迬(過)曹

 上博五・弟19 巨白玉偡(侍)唐～

 上博五・弟19～洛(路)遄(往)唐子

 上博五・弟19 子洛(路)遄(往)唐～

 上博五・弟20～虞(據)唐軾(軾)而囗

 上博五・弟22 囗～䚃(问)之曰

 上博五·弟23～曰

 上博五·三9母(毋)衾(錦)衣交(絞)袒俁～

 上博五·三22君～不蒽(慎)亓(其)悳(德)

 上博五·鬼3五(伍)～疋(胥)者

 港甲8目(以)爲吕執～或安

 上博五·鬼1此吕(以)貴爲天～

 上博六·競2二～急

 上博六·競3高～

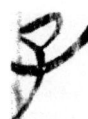 上博六·競3國～

 上博六·競3安～夕

 上博六·競3公内安～而告之

 上博六·競3高～

 上博六·競 4 王命屈木昏軛武～之行安

 上博六·競 4 文～倉(答)曰

 上博六·競 4 夫～吏丌(其)私吏聖獄於晉邦

 上博六·競 12 吾～

 上博六·競 12 晏～

 上博六·競 13 安～辭

 上博六·競 13 安～許諾

 上博六·孔 1 孔子見季桓～

 上博六·孔 2 桓～曰

 上博六·孔 2 夫～曰

 上博六·孔 3 夫～曰

 上博六·孔 4 女～皋悤(仁)

上博六・孔 5 君～行

上博六・孔 6 害君～聖(聖)之

上博六・孔 6 桓～曰

上博六・孔 7 虗(吾)～勿睧(聞)

上博六・孔 10 夫～曰

上博六・孔 13 見於君～

上博六・孔 15 君～恆㠯(以)衆福

上博六・孔 15 君～蜀之㠯(以)丌(其)所蜀

上博六・孔 19 夫～曰

上博六・孔 21 君～

上博六・孔 22 則恐舊虗(吾)～

上博六・孔 22 桓～曰

上博六・孔 22 虖(吾)～迷言之猶恐弗智

上博六・孔 23 君～又道

上博六・孔 24 君～流丌(其)觀安

上博六・莊 1 㠯(以)昏酖尹～脛

上博六・莊 2 酖尹～脛畲(答)

上博六・莊 4 酖尹～脛曰

上博六・莊 4 紳公～皇耆(戴)皇子

上博六・莊 4 紳公子皇耆(戴)皇～

上博六・莊 5 王～回敓之

上博六・莊 5 王～回立爲王

上博六・莊 5 紳公～皇見王

上博六・木 1 競(景)坪(平)王命王～木迈城父

上博六·木 2 王～曰

上博六·木 4 王～不智朩（麻）

上博六·木 4 王～不旻（得）君楚邦

上博六·木 5 王～瑨（問）成（城）公

上博六·木 5 王～曰

上博六·慎 1 訢（慎）～曰

上博六·慎 3【背】訢（慎）～曰共（恭）僉（儉）

上博六·慎 6 氏㠯（以）君～₌向方智道

上博六·天甲 1 天～建之㠯（以）州

上博六·天甲 1 凡天～七殜（世）

上博六·天甲 2 邦君象天～之

上博六·天甲 6 天～坐㠯（以）巨

上博六・天甲8凡天～欽斁

上博六・天甲8天～四辟

上博六・天乙1凡天～建之昌(以)州

上博六・天乙1凡天～七殜(世)

上博六・天乙2邦君象天～之立

上博六・天乙5天～坐

上博六・天乙7凡天～欽斁

上博六・天乙8天～四辟延席

上博七・鄭甲1奠(鄭)～豪(家)岂

上博七・鄭甲1奠(鄭)～豪(家)殺丌(其)君

上博七・鄭甲2含(今)奠(鄭)～豪(家)殺丌(其)君

上博七・鄭甲3奠(鄭)～豪(家)㥜(顛)返(覆)天下之豊(禮)

上博七·鄭甲4 愇牂(將)必囟(使)～豪(家)

上博七·鄭甲5 奠(鄭)人命㠯(以)～良爲執命

上博七·鄭甲5 囟(使)～豪(家)利(梨)木三睿(寸)

上博七·鄭甲6 㠯(以)～豪(家)之古(故)

上博七·鄭甲7 含(今)晉人牂(將)救～豪(家)

上博七·鄭乙1 ～豪(家)耑

上博七·鄭乙1 奠(鄭)～豪(家)殺丌(其)君

上博七·鄭乙2 奠(鄭)～豪(家)殺丌(其)君

上博七·鄭乙4 我牂(將)必囟(使)～豪(家)

上博七·鄭乙5 奠(鄭)人命㠯(以)～良爲執命

上博七·鄭乙5 囟(使)～豪(家)利(梨)木三睿(寸)

上博七·鄭乙6 㠯(以)～豪(家)之古(故)

 上博七·鄭乙7含(今)晉[人][牆(將)救]~豪(家)

 上博七·君甲4厌(侯)~三人

 上博七·君乙4厌(侯)~三人

 上博七·吳4周之𦙄(孽)~

 上博七·吳8天~之霝(靈)

 上博七·吳8天~之霝(靈)

 上博八·子1丌(其)一~道餓而死焉

 上博八·子1虗(吾)~齒年長壴(矣)

 上博八·子1元(願)虗(吾)~之煮(圖)之也

 上博八·子2㠯(以)受晉(戰)攻之飤(食)於~

 上博八·子2於~員(損)

 上博八·顔1敢䆞(問)君~之内事也又(有)道虐(乎)

 上博八·顔5 害（蓋）君～之内事也女（如）此矣

 上博八·顔5 君～之内事也

 上博八·顔6 敢䎽（問）君～之内教也又（有）道虖（乎）

 上博八·顔10 君～之内教也

 上博八·成6 青（請）睧（問）天～之正道

 上博八·成7 是胃（謂）天～之正道

 上博八·成11 非天～

 上博八·命1 鄴（葉）公～高之子見於命（令）尹子春

 上博八·命1 鄴（葉）公子高之～見於命（令）尹子春

 上博八·命1 鄴（葉）公子高之子見於命（令）尹～春

 上博八·命7 ～胃（謂）易（陽）爲𥊽（賢）於先夫=（大夫）

 上博八·王5 命（令）尹～春獸

　上博八·李1【背】差=(嗟嗟)君～

　上博八·有1䕆(助)余孳(教)保～今可(兮)

　上博八·有3慮(慮)余～亓(其)速倀(長)今

　上博八·有4女=(如女)～㪅(將)深(泣)今可(兮)

　上博八·有5若余～力今可(兮)

　上博八·鶹1～遺余嫠(鶹)栗(鶪)今可(兮)

　上博八·鶹1～可(何)舍=(舍余)今可(兮)

～，戰國文字或作 、、、、、、、、、、、、、、、、。《說文·子部》："子，十一月，陽氣動，萬物滋，人以爲偁。象形。![]，古文子。从巛，象髮也。![]，籀文子，囟有髮，臂脛在几上也。"

上博"君～"，對統治者和貴族男子的通稱。常與"小人"或"野人"對舉。《詩·魏風·伐檀》："彼君子兮，不素餐兮！"《孟子·滕文公上》："無君子莫治

野人,無野人莫養君子。"泛指才德出衆的人。《易·乾》:"九三:君子終日乾乾。"班固《白虎通·號》:"或稱君子何?道德之稱也。君之爲言群也;子者丈夫之通稱也。"

上博·緇衣"夫～曰"、"～曰",指孔子。

上博"天～",指帝王。《詩·大雅·江漢》:"明明天子,令聞不已。"

上博五·鬼3"五(伍)～疋(胥)",即"伍子胥",名員。本爲楚人,後奔吳,先後爲吳王闔廬、夫差臣。《史記》有《伍子胥列傳》。

上博三·彭5"父～",父親和兒子。《易·序卦》:"有夫婦,然後有父子。"

上博五·季15"父兄～俤(弟)"、"～弟",子與弟。對父兄而言。亦泛指子侄輩。《左傳·襄公八年》:"民死亡者,非其父兄,即其子弟。"

上博二·民3"～昰(夏)",讀爲"子夏",衛人,孔子弟子。

上博二·子5"～羔",孔子弟子。《史記·仲尼弟子列傳》:"高柴,字子羔。"

上博二·魯3"～贛",即"子貢",姓端木,名賜,字子貢,孔子弟子。《論語·先進》:"德行:顔淵、閔子騫、冉伯牛、仲弓。言語:宰我、子貢。政事:冉有、季路。文學:子游、子夏。"

上博二·容14"～堯南面",或疑此"子"是涉簡13"乃及邦子"的"子"字而衍。簡13的"子"出現在"堯"字前,後來鈔到下一句的"堯"時,又鈔成了"子堯"。(裘錫圭)或讀爲"使","子堯南面"就是"使堯南面"。(沈培)

上博三·中1"季逗～",即"季桓子",春秋時魯國大夫,季孫氏,名斯,謚桓子。

上博四·曹23"二參～",讀爲"二三子",《禮記》、《論語》稱"二三子"多指孔門弟子,而《左傳》亦多見"二三子",則是泛稱。《禮記·檀弓》:"孔子之喪,二三子皆絰而出。"《左傳·僖公十五年》:"秦伯使辭焉,曰:二三子何其慼也。"

上博五·競1"星兒(變)～",或讀爲"災",或讀爲"茲",或認爲係"公"字之誤。

上博五·季1"季庚～",讀爲"季康子",季桓子之子,名"肥",謚"康子",又名"季孫肥",春秋時魯國大夫,魯上卿諸臣之師。《論語·爲政》:"季康子問:'使民敬、忠以勸,如之何?'"何晏注:"孔曰:'魯卿季孫肥,康,謚。'"

上博五·君1"夫～",指孔子。

上博五·君11"～羽",孔子弟子,澹臺滅明,字子羽。《孔子家語·子路初見》:"澹臺子羽有君子之容,而行不勝其貌;宰我有文雅之辭,而智不充其辯。"

上博五·君11"～産",即公孫僑,子産其字也。鄭穆公之孫,乃春秋鄭國賢相。

上博五·弟2"脀(脠)陵季～",延陵季子,即季札,春秋末期吳國公子,受封於延陵(今江蘇武進),故名。《禮記·檀弓下》:"延陵季子適齊……孔子曰:延陵季子,吳之習於禮者也。"

上博五·弟19"～洛(路)",孔子弟子。《論語·憲問》:"子路問君子,子曰:'脩己以敬。'"

上博六·競3"高～","高子",指"高張",又名"高昭子"。《晏子春秋·內篇雜下》:"景公病疽在背,高子、國子請。"

上博六·競3"國～","國子",指"國夏"、"國惠子"、"惠子"。

上博六·競3"安～",讀爲"晏子"。即"晏嬰",春秋時齊國大夫。《史記·管晏列傳》:"晏平仲嬰者,萊之夷維人也。事齊靈公、莊公、景公,以節儉力行重於齊。"

上博六·競4"鞁武～",即"范武子",字季,春秋晉大夫,賜姓范。又稱"士會"、"士季"、"隨季"、"隨會"、"范武子"、"武子"等。

上博六·莊1"酰尹～桱",人名。

上博六·莊5"王～回","王子圍",楚共王次子,康王之弟,靈王圍,春秋時楚國國君。

上博六·慎1"斳～",讀爲"慎子",即慎到,戰國時期趙國人,曾在稷下學宮講學多年,負有盛名。

上博七·鄭甲1"奠(鄭)～豙(家)",人名。

上博七·吳4"胥～",讀爲"孽子",庶子,非正妻所生之子。《墨子·節葬下》:"然後伯父、叔父、兄弟、孽子其。"孫詒讓間詁:"孽,庶子也。"

上博七·鄭甲5、上博七·鄭乙5"～良",《左傳·宣公十二年》:"潘尪入盟,子良出矣。"杜預注:"潘尪,楚大夫。子良,鄭伯弟。"

上博四·曹17"～女",泛指美女。《韓非子·八姦》:"人主樂美宮室臺池,好飾子女狗馬以娛其心,此人主之殃也。"

上博八·王5"命(令)尹～春",即"令尹子春",人名。

上博八·命1"鄸(葉)公～高",春秋時楚國人,僭僞公,姓沈,名諸梁,字子高,沈尹戌之子,楚大夫,封於葉,爲葉縣尹。

上博"虔～",讀爲"吾子",對對方的敬愛之稱。一般用於男子之間。《左

· 413 ·

傳·隱公三年》:"吾子其無廢先君之功。"《儀禮·士冠禮》:"某有子某,將加布於其首,願吾子之教之也。"鄭玄注:"吾子,相親之辭。吾,我也;子,男子之美稱。"

上博三·周 16"少(小)～",猶言小人,特指無德的人。《易·漸》:"小子厲,有言,無咎。"孔穎達疏:"小人之言,未傷君子之義,故曰無咎也。"

上博三·周 8"長～",排行最大的兒子或女兒。《詩·大雅·大明》:"纘女維莘,長子維行,乃生武王。"毛亨傳:"長子,長女也。"桓寬《鹽鐵論·徭役》:"長子不還,父母愁憂,妻子詠歎。"

上博三·周 8"弟～",爲人弟者與爲人子者。泛指年幼的人。《易·師》:"長子帥師,弟子輿尸,貞凶。"《論語·學而》:"弟子,入則孝,出則悌。"邢昺疏:"男子後生爲弟。言爲人弟與子者,入事父兄則當孝與弟也。"

上博二·昔 1"大(太)～",周時天子及諸侯之嫡長子,或稱太子,或稱世子。

上博八·有 1"保～",指未成年的貴族子弟。

上博五·競 9"芋(華)倗(明)～",人名。

上博四·曹 26"公～",古代稱諸侯之庶子,以別於世子,亦泛稱諸侯之子。《儀禮·喪服》:"公子爲其母,練冠,麻,麻衣縓緣。"鄭玄注:"公子,君之庶子也。"《禮記·服問》:"傳曰,有從輕從重,公子之妻,爲其皇姑。"孔穎達疏:"公子謂諸侯之妾子也。"《禮記·玉藻》:"公子曰臣孽。"鄭玄注:"適而傳世曰世子,餘則但稱公子而已。"

上博四·内 9"考～",讀爲"孝子",孝順父母的兒子。《詩·大雅·既醉》:"威儀孔時,君子有孝子。孝子不匱,永錫爾類。"《莊子·天地》:"孝子操藥,以脩慈父,其色燋然,聖人羞之。"

李

 上博二·容 29 乃立咎(皋)䌛(陶)吕(以)爲～

 上博八·李 1【背】索府宫～

 上博八·李2 㠯(以)～(理)人情

～，从"子"，"來"聲，與 (新蔡甲三304)、 (施172)同。《説文·木部》："李，果也。从木，子聲。 ，古文。"

上博二·容29～，李(理)官，治理獄訟的官。《左傳·昭公十四年》："士景伯如楚，叔魚攝理。"孔穎達疏引孔晁曰："景伯，晉理官。"《禮記·月令》："〔孟秋之月〕命理瞻傷、察創……決訟獄，必端平。"鄭玄注："理，治獄官也。有虞氏曰士，夏曰大理，周曰大司寇。"

上博八·李1【背】～，李樹。或讀"宫李"爲"絳理"，謂紅色的木紋理。

上博八·李2"以～人情"，讀爲"以理人情"。《文選·干令升〈晉紀總論一首〉》："故其積基樹本，經緯禮俗，節理人情，恤隱民事，如此之纏綿也。"

杍

 上博四·逸·多2 莫奴松～(梓)

～，从"木"，"子"聲。《集韻》："杍，治木器曰杍。通作梓。"

上博四·逸·多2～，讀爲"梓"。《説文》："梓，楸也。从木，宰省聲，榟，或不省。"《埤雅·釋木》："梓爲木王，蓋木莫良于梓。"

精紐兹聲

兹

 上博四·采5 ～信然

～，與 (郭店·唐虞之道23)、 (郭店·成之聞之39)、 (新蔡甲三11、24)、 (新收1781陳逆簠)、 (三晉44)同。《説文·玄部》："兹，黑也。从二玄。《春秋傳》曰：'何故使吾水兹？'"

415

簡文～,代詞,此,这。《易·晉》:"受茲介福,于其王母。"

慈

上博一·緇 13 古(故)～吕(以)㤅(愛)之

上博三·中 7 老老～幼

上博三·中 8 若夫老老～幼

《説文·心部》:"慈,愛也。从心,茲聲。"

上博一·緇 13～,慈愛。《詩·大雅·皇矣》:"克順克比。"毛亨傳:"慈和徧服曰順。"孔穎達疏引服虔曰:"上愛下曰慈。"

上博三·中 7、8 "～幼",《周禮·地官·大司徒》:"以保息六養萬民:一曰慈幼……六曰安富。"鄭玄注:"慈幼,謂愛幼少也。"《孟子·告子下》:"葵丘之會諸侯……三命曰:敬老慈幼,無忘賓旅。"

縡

上博二·從甲 8 而不智則奉～害

上博四·曹 55～(蒞)者思咎

上博四·曹 61 賞朘(腬)□～(蒞)

上博五·鬼 6 隹～㑅(作)章

～,所從"絲(茲)"、"才"均是聲符,屬於雙聲字。戰國文字或作（郭店·

老子甲21)、(聚珍208)、(聚珍252)、(聚珍196)。

上博二·從甲8"～害",讀爲"災害"。天災人禍造成的損害。《左傳·成公十六年》:"是以神降之福,時無災害。"

上博四·曹55"～者思叴",讀爲"蒠者使悔"。蒠,畏懼;胆怯。《論語·泰伯》:"恭而無禮則勞,慎而無禮則蒠。"何晏集解:"蒠,畏懼之貌。"

上博四·曹61～,讀爲"蒠"。

上博五·鬼6～,讀爲"茲",代詞,此,这。

慈

上博四·内4 言人之倪(兄)之不能～(慈)俤(弟)者

上博四·内5 言～(慈)俤(弟)

上博八·顏3□必才(在)～(茲)之内矣

上博八·顏11 老=(老老)而～(慈)學(幼)

上博八·顏12 老=(老老)而～(慈)學(幼)

～,從"心","茲"聲,"慈"字繁體。

上博八·顏3～,讀爲"茲",代詞。此,这。

上博～,即"慈",參"慈"字條。

孳

上博三·彭2 女(汝)～～尃(布)昏(問)

 上博三·彭 3 旪=（旪旪）舍（余）朕～

 上博三·彭 8 朕～不男（敏）

《説文·子部》："孳，汲汲生也。从子，兹聲。 ，籒文孳，从絲。"

上博三·彭 3、8～，讀爲"兹"，《爾雅·釋詁》："兹，此也。"《廣雅·釋言》："兹，今也。"故簡文"朕孳未則於天"猶言"余此未則於天"或"余今未則於天"。《彭祖》篇簡八又見"朕孳不敏"語，猶言"余此不敏"或"余今不敏"。

上博三·彭 2"～～"，又作"孜孜"，不倦、不息貌。《禮記·表記》："俛焉日有孳孳，斃而後已。"《史記·周本紀》："諸侯咸會曰：'孳孳無怠。'武王乃作《太誓》。"《漢書·貢禹傳》："孳孳於民，俗之所寡。"顏師古注："孳與孜同，孜孜，不怠也。"

兹

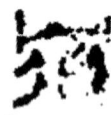 上博三·亙 2 未或～生

～，郭店·緇衣 1 作 。

上博三·亙 2"～生"，讀爲"滋生"，繁殖；發生。張協《安石榴賦》："含和澤以滋生，欝敷萌以挺栽。"《後漢書·陳忠傳》："兗豫蝗蟓滋生，荊楊稻收儉薄。"徐幹《中論·考僞》："萬事雜錯，變數滋生，亂德之道，固非一端而已。"

絲

 上博一·緇 15 王言女（如）～

《説文·絲部》："絲，蠶所吐也。从二糸。"

上博一·緇 15～，本義爲蠶絲，比喻極微細的東西。今本《禮記·緇衣》："王言如絲，其出如綸。"孔穎達疏："王言初出，微細如絲。"

清紐采聲

采

 上博三·亙 7 主～(綵)勿(物)

 上博三·亙 8 多～(綵)勿(物)

《説文·木部》:"采,捋取也。从木,从爪。"

上博三·亙"～物",讀爲"綵物"。《左傳·文公六年》:"古之王者知命之不長,是以并建聖哲,樹之風聲,分之采物……"孔穎達疏:"綵物,謂綵章物色,旌旗衣服,尊卑不同,名位高下,各有品制。""采物"爲同意詞連用,指區別等級的旌旗、衣物,相當於禮儀制度。

悇

 上博一·性 37 不又夫柬₌(柬柬)之心則～

《説文·心部》:"悇,姦也。从心,采聲。"

上博一·性 37～,姦也。《玉篇·心部》:"悇,恨也。"

菜

 上博一·孔 17《～萬(葛)》之悆婦☐

 上博三·周 21 勿藥又(有)～

《説文·艸部》:"菜,草之可食者。从艸,采聲。"

上博一·孔 17"～萬",讀爲"采葛",《詩經》篇名。《詩·王風·采葛》:"彼采葛兮,一日不見,如三月兮!"

上博三·周 21～，帛書本、今本作"喜"。上古音菜，清紐之部；喜，曉紐之部。二字可通。

𥹭

上博四·曹 11 食不胄（貳）～☐

上博二·容 21～不斲（折）骨

上博五·三 13 亞～與飤

上博六·木 3 鹽～不羹

～，从"粥"，"采"聲，即"𥹭"字。

上博二·容 21～，讀爲"宰"。"宰不折骨"義爲宰殺時不折斷骨頭。或讀作"饎"、"羹"。

上博四·曹 11"食不貳～"，讀爲"菜"。每餐祇喫一樣菜。或讀作"滋"，與"味"同義，簡文"食不貳滋"與《左傳·哀公元年》"昔闔廬食不二味，居不重席"之"食不二味"意同。或釋"羹"，羹是調味熬煮、用米或面調和而成濃湯或薄糊狀的食物。"羹"其實就跟今天的"菜"相當。（陳劍）

上博五·三 13～，讀爲"菜"。或釋"羹"。

上博六·木 3"鹽～"，讀爲"酪菜"，用醋醃製的菜。《禮記·禮運》："以亨以炙，以爲醴酪。"鄭玄注："酪，酢戴。"

從紐才聲

才

上博二·從甲 13 不必～（在）近迡（昵）藥（樂）

 上博二・從甲 18 行～(在)已而名才(在)人

 上博二・從甲 18 行才(在)已而名～(在)人

 上博三・周 7～(在)帀(師)审(中)吉

 上博三・周 17 又(有)孚～(在)道已明

 上博三・周 56 取皮(彼)～(在)坎(穴)

 上博三・中 7 塁(舉)臤(賢)～

 上博三・中 9 唯(雖)又(有)臤(賢)～

 上博三・中 9 敢昏(問)塁(舉)～

 上博三・中 10 夫臤(賢)～不可穿(弇)也

 上博三・中 15 善～(哉)昏唐

 上博三・亙 4 燚(氣)信神～(哉)

 上博三・彭 1 休～(哉)

 上博一・孔 12 樑(樛)木福斯～(在)君子

 上博一·孔 22 王～(在)上

 上博二·子 8 女(如)舜～(在)含(今)之殜(世)則可(何)若

 上博二·魯 2 之可(何)～(哉)

 上博二·魯 3 此是～(哉)

 上博二·魯 6 公剴(豈)不飯梁(粱)飤(食)肉～(哉)

 上博二·容 2 而官丌(其)～(材)

 上博二·容 9 會～(在)天墬(地)之間

 上博二·容 9 而橐～(在)四海(海)之内

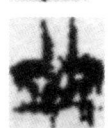 上博二·容 16 枲(禍)～(災)迲(去)亡

 上博四·昭 3 不犾(幸)儳(僕)之父之骨～(在)於此室之壐(階)下

 上博四·曹 5 箮能并兼人～(哉)

 上博四·曹 10 曼～(哉)

上博四·曹 23 怎(過)不～(在)子

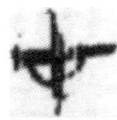上博四·曹 23 ～(在)□

上博五·君 7 亓(其)～(在)廷(庭)則欲齊齊

上博五·君 8 亓(其)～(在)堂則□

上博五·季 2 𢻻=(君子)～(在)民之上

上博五·季 22 ～(在)逡(後)

上博五·季 1 罷(一)不智(知)民秀(務)之安～(哉)

上博五·競 6 可虐～(哉)

上博五·競 9 戔(幾)不二子之惡也～(哉)

上博五·三 5 善～(哉)

上博五·三 5 曑(三)善～(哉)

上博五·三 17 天～(哉)

 上博五·三 17 人～(哉)

 上博五·三 17 翩(佩)可斬(新)～(哉)

 上博五·三 17 叟(沒)亓(其)身～(哉)

 上博四·內 7 若～(在)䐗(腹)中攷(巧)叟(弁)

 上博四·內 10～(在)小不釿(爭)

 上博四·內 10～(在)大不亂

 上博五·姑 6 可吕(以)女是亓(其)疾與～(哉)

 上博五·姑 7 虐(吾)敢欲袭裦(衿)吕(以)事殜(世)～(哉)

 上博五·姑 7 立死可戕(傷)～(哉)

 上博五·姑 4 隹(誰)欲畜女者～(哉)

 上博五·姑 6 袭裦(衿)吕(以)至於吟(今)～(哉)

 上博二·民 8 善～(哉)

正編・之部

上博二・民 9 丌(其)～詆(辯)也

上博五・競 6 可唬～(哉)

上博六・競 12 善～(哉)

上博六・用 10 言～(在)家室

上博六・用 13 又牘～(在)心

上博六・天甲 10～(在)道不語匿

上博六・天乙 9～(在)道不語匿

上博七・武 2～(在)丹箸(書)

上博七・君甲 2 虗(吾)躬(焉)又(有)白玉三回而不戔～(哉)

上博七・君甲 8 君人者可(何)必安～(哉)

上博七・君甲 9 君人者可(何)必安～(哉)

上博七・君乙 2 虗(吾)躬(焉)又(有)白玉三回而不戔～(哉)

 上博七·君乙 8 君人者可(何)必安～(哉)

 上博七·君乙 9 君人者可(何)必安～(哉)

 上博七·凡甲 4 五言～(在)人

 上博七·凡乙 3 五言～(在)人

 上博七·吳 5 幾(豈)不左(差)～(哉)

 上博七·吳 6 ～(在)啟(波)斀(濤)之閒(間)

 上博七·武 1 尧、舜之道～(在)唐(乎)

 上博八·顏 3 □必不～(在)慈(茲)之內矣

 上博八·成 2 □王～(在)鎬

 上博八·成 2 敬之～(哉)

 上博八·成 2 輚睧(聞)～(哉)

 上博八·成 3 各～(在)亓(其)身

　上博八·成12 道大～(在)宅(?)

　上博八·成14 可㠯(以)智(知)亡～(哉)

　上博八·成16 ～(在)周之東

　上博八·蘭1 凥(宅)～(在)學(幽)帀(中)

　上博八·蘭2 緩～(哉)菓(蘭)可(兮)

～，與 ★(郭店·老子甲3)、★(郭店·老子甲4)、★(郭店·魯穆公問子思4)、★(郭店·五行26)、★(郭店·唐虞之道28)、★(郭店·成之聞之3)、★(郭店·成之聞之22)、★(郭店·六德12)、★(郭店·語叢三15)、★(郭店·語叢四12)、★(郭店·殘片)、★(九66)、★(新蔡乙四35)、★(新蔡乙四44)、★(新蔡乙四55)、★(文物報1996·1·28磚文)、★(溫縣WT1K1:3105)同。《說文·才部》："才，艸木之初也。从丨上貫一，將生枝葉。一，地也。"

上博～，多讀爲"在"。

上博三·中7、9、10"㠯～"，讀爲"賢才"，才智出衆的人。《論語·子路》："仲弓爲季氏宰，問政。子曰：'先有司，赦小過，舉賢才。'"劉寶楠正義："賢才，謂才之賢者。"

上博三·中15、上博三·亙4、上博三·彭1、上博二·魯2、上博二·魯3、上博二·魯6、上博四·曹5、10、上博五·季1、上博五·競6、9、上博五·三17、上博五·姑4、6、7、上博七·君甲2、8、9、上博七·吳5、上博八·成2、14上博八·蘭2～，讀爲"哉"，語氣詞，表感歎。《易·乾》："大哉，乾元！萬物

資始,乃統天。"

上博三·中15、上博五·三5、上博二·民8、上博六·競12"善～",讀爲"善哉",好啊,讚歎之辭。《左傳·昭公十六年》:"宣子曰:'善哉,子之言是。'"

上博二·容2～,通"材",指任官以能。《國語·晉語四》:"官師之所材也,戚施植鎛,籧篨蒙璆,侏儒扶盧,矇瞍循聲,聾聵司火。"

上博二·容16"祟～",讀爲"禍災",即災禍,《史記·曆書》:"災禍不生,所求不匱。"

上博七·凡甲4～,讀爲"在",古文字習見。"在",由於,取決於。《書·湯誥》:"其爾萬方有罪,在予一人。"《書·皋陶謨》:"皋陶曰:'都,在知人,在安民。'""在人",取決於人。

忎

 上博五·鮑6 亓(其)爲～也深矣

 上博五·鮑8 日祲亦不爲～(災)

～,从"心","才"聲。與、、同。

上博五·鮑6～,或讀爲"猜"。《說文·犬部》:"猜,恨賊也。"或讀"戕"。《說文·戈部》:"戕,傷也。"

上博五·鮑8～,讀爲"災",災害。

材

 上博一·孔3 大僉(斂)～安(焉)

 上博五·三1 地共～

 上博五·三 17 智(知)地足㠯(以)古(固)～

 上博八·志 4 蟲～㠯(以)爲獻

～，與 (郭店·六德 13)、 (郭店·六德 21)、 (郭店·語叢四 24)同。《説文·木部》："材，木梃也。从木，才聲。"

上博一·孔 3～，兼指物材與人材(才)而言。或讀爲"財"，財物。《管子·揆度》："田野充則民財足。"

上博八·志 4"蟲～"，讀爲"蠢材"，或讀爲"掄材"、"濁材"、"庸材"等。

紂(緇)

 上博一·緇 1 㝅(好)顊(美)女(如)㝅(好)～(緇)衣

～，从"糸"，"才"聲。

上博一·緇 1"～衣"，讀爲"緇衣"。參"兹"字條。《禮記·檀弓上》"爵弁，絰，紂衣"，《釋文》："紂本又作緇"。

材

 上博五·三 2 天乃降～(災)

 上博五·三 9 乃無凶～(災)

 上博五·三 14 天～(災)繵(繩繩)

 港甲 4 乃無凶～

～，从"示"，"才"聲，"災"字異體。

上博～，災禍、災害。

灾

上博三·周21 邑人之～（災）

上博三·周56 是胃（謂）亦～（災）褚（眚）

～，从"火"，"才"聲，"災"字異體。《説文·火部》："裁，天火曰裁。从火，𢦔聲。灾，或从宀、火。𤆎，古文，从才。烖，籀文，从巛。"

簡文～，災害，禍患。《周禮·天官·膳夫》："天地有裁則不舉。"鄭玄注："天裁，日晦食；地裁，崩動也。"

軗

上博六·莊3 ～之塼車㠯（以）上虞

～，从"車"，"才"聲，"才"旁寫在"車"旁之上，或在"車"旁之左，"載"字異體。戰國文字或作𢦔（郭店·尊德義29）、 （施163）。《説文·車部》："載，乘也。从車，𢦔聲。"

上博六·莊3 ～，即"載"，運載。《易·大有》："大車以載，有攸往，無咎。"孔穎達疏："猶若大車以載物也。"

𢦔

上博四·采5 邘 ～虎

《説文·戈部》："𢦔，傷也。从戈，才聲。"

上博四·采5 ～，或讀作"豺"，"豺虎"，豺與虎。泛指猛獸。《詩·小雅·巷伯》："取彼譖人，投畀豺虎；豺虎不食，投畀有北。"

哉

 上博四·柬 13 君王毋敢～莟（害）羿

 上博六·用 7 愼可斳（愼）～

～，或作，左下从"二"，似"口"寫散，乃"哉"字異體。《說文·口部》："哉，言之閒也。从口，𢦒聲。"

上博四·柬 13"～莟羿"，讀爲"戴介蓋"。"戴"，把東西加在頭上或用頭頂著。《孟子·梁惠王上》："頒白者不負戴於道路矣。"或讀爲"栽"，植也，樹立也。或讀爲"災害"。（周鳳五）

上博六·用 7～，語氣助詞。表示感歎。《易·乾》："大哉，乾元！萬物資始，乃統天。"

栽

 上博四·曹 32 栽（車）連皆～

《說文·木部》："栽，築牆長版也。从木，𢦒聲。《春秋傳》曰：'楚圍蔡，里而栽。'"

上博四·曹 32～，或讀爲"𢦒"，《說文》："𢦒，傷也。"或讀爲"載"。

載

 上博一·孔 20 亓（其）言又（有）所～而句（後）内

上博三·亙 9 天道既～

上博四·曹 32 各～尔贄(藏)

上博三·周 33～

上博六·慎 1 逆友昌(以)～道

《說文·車部》:"載,乘也。从車,𢦏聲。"
上博三·亙 9～,訓爲"行"。《淮南子·俶真》:"日月無所載。"高誘注:"載,行也。"簡文"天道既載"是説天道已經開始運行。《莊子·庚桑楚》:"天道已行矣。"
上博一·孔 20～,或説指載幣帛等贄禮。
上博六·慎 1"～道",行道,實行一定的治國方略。《孟子·公孫丑上》孫奭疏:"又謂堯舜治天下,但見效於當時,即一時之功也,孔子著述五經,載道於萬世,以其有萬世之功,故以功爲言也。"

從紐士聲

士

上博一·孔 6[濟濟]多～

上博一·孔 29 涉秦(溱)亓(其)㫃(絶)聿而～

上博一·緇 12 毋吕(以)辟～甯(疾)大夫向(卿)使(士)

上博二·從甲 3 是吕(以)旻(得)臤(賢)～一人

上博二·從甲 4 遴(失)臤(賢)～一人

 上博三·亙 13 明～

 上博四·曹 29 是古(故)倀(長)必訋(約)邦之貴人及邦之可(奇)～

 上博四·曹 39 人吏(使)～

 上博四·曹 55 思良車良～往取之餌(耳)

 上博五·姑 1 爲～

 上博五·姑 1 與～處培

 上博五·弟 9 □～

 上博五·弟 10～䖈㠯(以)力

 上博六·孔 3 夫～

 上博六·天甲 1～建之㠯(以)室

 上博六·大甲 2～二殜(世)

 上博六·天甲 2～象夫=之立

 上博六·天甲 7～,視目恆

上博六・天甲8～受余

上博六・天甲9～一辟

上博六・天乙1～建之㠯（以）室

上博六・天乙1～二殜（世）

上博六・天乙2～象大夫之立

上博六・天乙7～，視目恆

上博六・天乙8～受余

上博六・天乙8～一辟

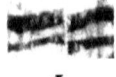上博七・武10～難㝵（得）而惕（易）筆

～，戰國文字或作▇（郭店・老子乙9）、▇（郭店・語叢四8）、▇（郭店・語叢四22）、▇（郭店・成之聞之13）、▇（鑒印附錄）、▇（齊呑刀背文先秦編402）、▇（古璽印輯存3）、▇（歷博・燕21）、▇（歷博・燕81）、▇（珍戰24）、▇（珍秦370）、▇（傅807）。與"土"的區別非常明顯，上、下二橫等長，中間豎畫有時不向下穿透。《説文・士部》："士，事也。數，始於一，終於十。从一，从十。孔子曰：'推十合一爲士。'"

上博～，多指卿。《詩・大雅・棫樸》："奉璋峨峨，髦士攸宜"，鄭玄箋：

"士,卿士也。"孔穎達疏:"士者,男子之大號。以奉璋亞祼,是宗伯之卿,故言卿士也。"《儀禮·喪服》:"公士、大夫之衆臣,爲其君布帶、繩屨。"鄭玄注:"士,卿士也。"賈公彥疏:"以其在公之下,大夫之上,尊卑當卿之位,故知是卿士也。"

上博五·姑1"爲～",意爲"做士"。"士"爲卿大夫之通稱。《詩·大雅·既醉序》:"人有士君子之行焉。"孔穎達疏:"士者,事也,公卿以下總稱之。"

上博五·姑1"與～",讀爲"舉士",舉薦賢士。《戰國策·齊策四》:"於是舉士五人任官,齊國大治。"

坄

　　上博二·容2 婁者～數

～,從"攴","士"聲,"仕"字或體。

上博二·容2～,讀爲"事"。仕、事二字古通。《詩·大雅·文王有聲》:"武王豈不仕?"《晏子春秋·諫下》引"仕"作"事"。《禮記·曲禮上》:"大夫七十而致事。"《白虎通·致事》引"事"作"仕"。《說文》:"事,職也","事數"即司職卜筮。

心紐史聲

史

上博一·性4 孝(教)～(使)肰(然)也

上博一·性30 必～(使)又(有)末

上博二·子1～(使)亡(无)又(有)少(小)大肥毳(脆)

上博三·中14 早～(使)不行

上博三·中 25 吟（今）之君子～（使）人不聿丌（其）□

上博五·競 6 至于～（吏）日食

上博二·從甲 17 君子難旻（得）而惕（易）～（事）也

上博二·從甲 17 丌（其）～（使）人

上博二·從甲 18 是吕（以）曰少（小）人惕（易）旻（得）而難～（事）也

上博二·從甲 18 丌（其）～（使）人

上博三·中 1 季逗子～（使）中弓爲剝（宰）

上博三·中 4 □～（使）雧（離）也憧

上博三·中 16 孝（教）而～（使）之

上博四·曹 39 人～（使）士

上博四·曹 39 我～（使）大夫

上博四·曹 39 人～（使）大夫

上博四・曹 39 我～(使)㫊(將)軍

上博四・曹 40 人～(使)㫊(將)軍

上博五・鮑 1 又雖(夏)是觀亓(其)容以～(使)

上博五・鮑 2 迿佝者～(吏)

上博五・鮑 7 至亞何而上不甞(時)～(使)

上博五・季 12 先₌(先人)之所～(使)而行之

上博五・季 15 □亞(惡)勿～(使)

上博二・子 1 ～(使)虘(皆)得丌(其)社稷百眚(姓)而奉守之

上博二・子 8 而～(使)君天下而禹(稱)

上博二・子 12 尚～(使)

上博四・曹 29 众(御)䘏(卒)～(使)兵

上博四・曹 33 ～(使)人不親則不緯(敦)

上博四·曹 36 ~（使）倀（長）百人

上博四·內 1 言人之君之不能~（使）亓（其）臣者

上博四·內 2 不與言人之君之不能~（使）其臣者

上博四·內 5 言~（使）臣

上博五·季 14 三代之遱（傳）~

上博六·競 2 是虔（吾）亡（無）良祝~也

上博六·競 2 虔敓敓者祝~

上博六·競 3 是信虔亡（無）良祝~

上博六·競 4 夫子~亓（其）厶史聖獄于晉邦

上博六·競 4 夫子史亓（其）厶~聖獄于晉邦

上博六·競 4 ~亓（其）厶祝、史進

上博六·競 4 祝、~進

正編・之部

 上博六・競 5 丌(其)祝～之爲丌(其)君祝敚也

 上博六・競 7 則恐逡(後)敚於～者

上博六・競 7 古丌(其)祝～裂蔑端折

 上博六・競 8 䪼(澤)梁(梁)～敍(漁)守之

 上博六・競 8 山替(林)～莫(衡)守之

 上博六・競 9 ～

 上博六・壽 4 不～

 上博七・武 15 ～民

 上博七・吳 4 孤～

上博七・吳 4 一介～

 上博七・吳 7 古(故)甬～丌(其)三臣

～，戰國文字或作、、![](郭店・

性自命出 8)、■(郭店·性自命出 9)、■(郭店·語叢四 17)、■(郭店·語叢四 20)、■(鑒印菁華 5)、■(保利藏金 276 頁六年相邦司空馬鈹)、■(施139)、■(秦風 45)、■（里 J1⑨981)。楚文字"史"、"弁"的主要區別在於"弁"的上部有向左右伸出的對稱短筆，而"史"則沒有。也有相混的時候。《說文·史部》："史，記事者也。从又持中。中，正也。"

上博一·性 4"嗇（教）～（使）肰（然）也"，《荀子·勸學》："干、越、夷、貉之子，生而同聲，長而異俗，教使然也。"

上博三·中 1"季逗子～（使）中弓爲剂（宰）"，命令。《管子·中匡》："桓公自莒反于齊，使鮑叔牙爲宰。"

上博五·鮑 7"不岺（時）～"，讀爲"使"。《春秋》成公十八年"築鹿囿"，《左傳》："書，不時也。"杜注："非土功時。"《論語·學而》："使民以時。"何晏集解引包曰："作事使民，必以其時，不妨奪農務。"《大戴禮記·曾子制言》："使民不時，失國，吾信之矣。"

上博六·競"祝、～"，官名。史，指"大史"，掌管卜筮、記事等事務。《左傳·昭公二十年》："君盍誅於祝固、史嚚以辭賓？"孔穎達疏引："服虔云：史嚚，大史也。"《周禮·春官·宗伯第三》："大祝：下大夫二人，上士四人，小祝、中士八人，下士十有六人，府二人，史四人，胥四人，徒四十人。"

上六·壽 4"不～"，讀爲"不事"，"不仕"。《孔子家語·儒行解》："上不臣天子，下不事諸侯。"

上博五·季 12～，讀爲"使"，義爲用。《詩經·大雅·烝民》序："任賢使能，周室中興焉。"孔穎達疏："使謂作用之。"

上六·競 4"私～"，讀爲"私吏"。治獄平法之下層官員稱"吏"。《說苑·貴德》："賤仁義之士，貴治獄之吏。"《韓非子·外儲說左下》："孔子相衛，弟子子皋爲獄吏。"又："吏者，平法者也。"

上博七·吳 4"一介～"，讀爲"吏"，古代對官員的通稱。《書·胤征》："天吏逸德，烈於猛火。"《左傳·成公二年》："王使委於三吏。"

上博七·吳 4"孤～"，讀爲"使"，受命出使。《論語·子路》："使於四方，不辱君命，可謂士矣。"

事

上博一・緇4臣～君

上博一・緇8下之～上也

上博一・性11堂(當)～因方而裚(制)之

上博一・性25上交近～君

上博一・性31凡憂悁(患)之～谷(欲)任

上博一・性31樂～谷(欲)後

上博二・子14厽(參)天子～之

上博二・魯2庶民智(知)敚(說)之～槼(鬼)也

上博二・魯3女(若)夫政型(刑)與悳(德)以﹦上天

上博三・周4不出迎(御)～

上博三・周5或從王～

441

 上博三·周32 少(小)～吉

 上博四·内1 不與言人之臣之不能～

 上博四·相2 敢昏(問)民～

 上博五·季5 ～皆曼(得)亓(其)堇而弜(強)之

 上博五·姑1 姑(苦)城(成)豪(家)父～敕(厲)公

 上博五·姑3 伏(幸)則晉邦之社畎(稷)可曼(得)而～也

 上博五·姑4 㠯(以)不能～君

 上博五·姑5 虐(吾)毋又(有)它正公～

 上博五·姑6 從～可(何)㠯(以)女(如)是

 上博五·弟10 裝(勞)㠯(以)壓(城)～

 上博二·從甲4 是古(故)君子訢(慎)言而不訢(慎)～

 上博二·從甲5 爲利枉～

上博二・從甲 7 不敬則～亡（無）城（成）

上博二・從甲 9 亓（其）～不

上博二・從甲 15 ～必又（有）丌（期）

上博二・從甲 19 從～而母（毋）說

上博二・昔 2 女（如）祭祀之～

上博二・昔 3 能～亓（其）㤺（親）

上博二・昔 4 各共（恭）尔（爾）～

上博二・容 9 運（畢）能亓（其）～

上博二・容 36 天埅（地）四時之～不攸（修）

上博二・容 46 臣敢勿～虖（乎）

上博二・容 46 子敢勿～虖（乎）

上博三・中 21 古之～君者

 上博三·亙6～出於名

 上博三·亙7～非事

 上博三·亙7 事非～

 上博三·亙7 無胃(謂)～

 上博三·亙7 复(作)安(焉)又(有)～

 上博三·亙7 不复(作)無～

 上博三·亙7 罌(舉)天之～

 上博三·亙7～甬(用)㠯(以)不可虞(更)也

 上博三·亙12 亓(其)～無不還(復)

 上博四·昭5 須既裕安從～

 上博四·柬17 王～可(何)

 上博四·柬18 必三軍又(有)大～

上博四・內 2 言人之臣之不能～亓(其)君者

上博四・內 5 言～君

上博四・內 6 君子～父毋(母)

上博四・內 9 考(孝)子～父毋(母)

上博四・曹 17 㠯(以)～亓(其)便㦟(嬖)

上博五・鮑 4 不㠯(以)邦豪(家)爲～

上博五・季 16 □之必敬女賓客之～也

上博五・季 17 毋逆百～

上博五・季 1 青昏(問)孝=(君子)之從～者

上博五・季 23 此孝=(君子)從～者齊=(之所)喑䚋也

上博五・弟 9 ～而弗受者

上博五・三 10 毋复(作)大～

 上博五·三 10 毋兒(變)～

 上博五·三 15 百～不述(遂)

 上博五·三 15 慮～不成

 上博五·三 15 卬(仰)天～君

 上博五·姑 7 虐(吾)敢欲裦(顧)裦(額)㠯(以)～殜(世)哉

 上博五·弟 21 未見善～人而忌裵

 上博五·三 6 壆(興)民～

 上博五·三 16 敓(奪)民時㠯(以)水～

 上博五·三 16 敓(奪)民時㠯(以)兵～

 上博四·相 1 古(故)此～～出政

 上博四·相 3 百攻(工)䖒(勸)於～

 上博六·孔 5 爲信㠯(以)～亓(其)上

上博六・孔5 爲信吕（以）～亓（其）上

上博六・莊8 紳公～不穀（穀）

上博六・用2 ～非與又方

上博六・用5 寧～虩₌

上博六・用14 毋～䅽₌

上博六・用14 克輰戎～

上博六・用17 ～既無杠

上博六・用18 起～乍（作）志

上博六・天甲5 信文旻（得）～

上博六・天甲9 ～鬼則行敬

上博六・天甲10 酋（尊）且（俎）不折～

上博六・天乙4 信文旻（得）～

上博六·天乙 8～鬼則行敬

上博六·天乙 9 奠(尊)且(俎)不折～

上博七·凡甲 6 虐(吾)奚古(故)～之

上博七·凡甲 8 虐(吾)奚～之

上博七·凡甲 16 箸(書)不與～

上博七·凡乙 5 虐(吾)奚古(故)～之

上博七·凡乙 11 箸(書)不與～

上博七·吴 9～先王

上博七·吴 9 不共承王～

上博八·顏 1 敢窞(問)君子之內～也又(有)道虖(乎)

上博八·顏 5 害(蓋)君子之內～也女(如)此矣

上博八·顏 5 君子之內～也

　上博八·成1長(常)～必至

　上博八·成7青(請)䎽(問)亓(其)～☐

　上博八·志2或猶走趣(趨)～王

　上博八·李2人因亓(其)情則樂亓(其)～

～,戰國文字或作 (郭店·老子甲8)、 (郭店·老子甲29)、 (郭店·老子丙2)、 (郭店·太一生水11)、 (郭店·緇衣23)、 (郭店·五行44)、 (郭店·唐虞之道4)、 (郭店·唐虞之道5)、 (郭店·唐虞之道9)、 (郭店·唐虞之道9)、 (郭店·尊德義18)、 (郭店·六德22)、 (郭店·語叢一41)、 (郭店·語叢二45)、 (郭店·語叢四18)、 (郭店·語叢四19)、 (郭店·語叢四26)、 (九27)、 (九41)、 (左塚漆桐)、 (新泰陶文)、 (新泰陶文)、 (新泰陶文)、 (山東103莒公孫潮子鎛)、 (施63)、 (古研27二年梁令戟束)、 (溫縣WT1K1:2667)、 (溫縣WT1K1:3105)、 (溫縣WT1K14:636)、 (珍秦戰208)、 (璽印類編94)、 (珍戰62)、 (珍秦182)、 (關沮29)、 (秦集一·五·2·2)、 (秦駰玉版)、 (秦風246)、 (里楬1)。《説文·史部》:"事,職也。从史,之省聲。 ,古文事。"

上博"～君",事奉君主。《禮記·祭義》:"居處不莊,非孝也;事君不忠,非孝也;涖官不敬,非孝也;朋友不信,非孝也;戰陣無勇,非孝也。"《論語·八

佾》：" 定公問：'君使臣，臣事君，如之何？'孔子對曰：'君使臣以禮，臣事君以忠。'"

上博一·緇8、上博五·姑1、上博二·昔3、上博四·曹17、上博六·孔5、上博六·莊8、上博七·吳9、上博八·志2～，事奉；服侍。《禮記·禮運》："君者所事也，非事人者也⋯⋯事人則失位。"

上博四·内6"君子～父毋（母）"、上博四·内9"考（孝）子～父毋（母）"，《論語·學而》："賢賢易色；事父母，能竭其力，事君，能致其身；與朋友交，言而有信。雖曰未學，吾必謂之學矣。"

上博三·周4"不出迎（御）～"，今本《周易》作"不永所事"。

上博三·周32"少（小）～吉"，《周易·睽》："睽：小事吉。"孔穎達疏："'睽'者，乖異之名，物情乖異，不可大事。大事謂與役動衆，必須大同之世，方可爲之。小事謂飲食衣服，不待衆力，雖乖而可，故曰'小事吉'也。"

上博五·弟10"城～"，讀爲"成～"，把事情辦成。《史記·平原君傳》："毛遂左手持槃血，而右手招十九人曰：'公相與歃此血於堂下。公等錄錄，所謂因人成事者也。'"

上博二·從甲4"斳（慎）～"，《吕氏春秋·慎大覽》："《周書》曰：'若臨深淵，若履薄冰。'以言慎事也。"

上博二·從甲7"不敬則～亡（無）城（成）"，《逸周書·諡法》："敬事供上曰恭。"朱右曾校釋："敬事，不懈於位。"《論語·學而》："敬事而信，節用而愛人，使民以時。"

上博二·昔2"女（如）祭祀之～"，《周禮·天官·冢宰》："寺人掌王之内人，及女宫之戒令。相道其出入之事而糾之。若有喪紀、賓客、祭祀之事，則帥女宫而致於有司，佐世婦治禮事，掌内人之禁令。"

上博五·季16"賓客之～"，《周禮·春官·宗伯》："大祭祀、大旅，凡賓客之事，共其玉器而奉之。"

上博四·柬18、上博五·三10"大～"，《禮記·月令》"仲春之月⋯⋯毋作大事，以妨農之事"，鄭玄注："大事，兵役之屬。"泛指重大或重要之事。如：《論語·子路》："見小利則大事不成。""大事"往往與"小事"對舉。《周易·小過》："亨，利貞，可小事，不可大事。"

上博五·姑6、上博二·從甲19、上博四·昭5、上博五·季1、23"從～"，行事；辦事。《詩·小雅·十月之交》："黽勉從事，不敢告勞。"《論語·泰伯》："昔者吾友嘗從事於斯矣。"《國語·齊語》："時雨既至，挾其槍、刈、耨、鎛，以旦暮從事於田野。"

上博五·季17、三15"百～",各種事務;事事。《禮記·月令》:"是月也,易關市,來商旅,納貨賄,以便民事。四方來集,遠鄉皆至,則財不匱,上無乏用,百事乃遂。凡舉大事,毋逆大數,必順其時,慎因其類。"《禮記·祭義》:"孝子將祭祀,必有齊莊之心以慮事,以具服物,以修宮室,以治百事。"

上博四·相2、上博五·三6"民～",指農事。《孟子·滕文公上》:"民事不可緩也。《詩》云:'晝爾于茅,宵爾索綯,亟其乘屋,其始播百穀。'"《文選·張衡〈東京賦〉》:"日月會於龍狨,恤民事之勞疚。因體力以息勤,致歡忻於春酒。"薛綜注:"謂田事畢,休民力、息勤勞也。"《國語·魯語上》:"舜勤民事而野死。"

上博三·周5、上博七·吳9、上博四·柬17"王～",特指朝聘、會盟、征伐等王朝大事。《易·坤》:"或從王事,無成有終。"高亨注:"從征者有人未立功亦得賞,是無成有終。"《禮記·喪大記》:"既葬,與人立。君言王事,不言國事。"孫希旦集解:"王事,謂朝聘、會盟、征伐之事。"《南史·劉悛傳》:"劉勔殞身王事,宜存封爵。"

上博五·姑5"公～",朝廷之事;公家之事。《詩·大雅·瞻卬》:"婦無公事,休其蠶織。"朱熹集傳:"公事,朝廷之事也。"

上博六·用18"起～乍志",即做事,與"乍志"意同。《韓非子·喻老》:"起事於無形,而要大功於天下,'是謂微明'。"

上博八·顏1、5"內～",指宗廟祭祀、朝廷、宮內等事,以正德爲内事。如《禮記·曲禮上》:"外事以剛日,内事以柔日。"孔穎達疏:"内事,郊内之事也。乙丁己辛癸五偶爲柔也。"孫希旦集解:"内事,謂祭内神。"《國語·晉語八》:"公族之不恭,公室之有回,内事之邪,大夫之貪,是吾罪也。"韋昭注:"内,朝內也。"指朝廷內的事。"内事"或讀爲"入仕"。(陳偉)

上博八·李2"樂亓(其)～",《史記·貨殖列傳》:"故物賤之徵貴,貴之徵賤,各勸其業,樂其事,若水之趨下,日夜無休時,不召而自來,不求而民出之。"

上博二·魯2、上博八·天甲9、天乙8"～鬼",《論語·先進》:"季路問事鬼神。子曰:'未能事人,焉能事鬼?'"

上博二·昔4"各共(恭)爾～",職守。《荀子·大略》:"主道知人,臣道知事。"楊倞注:"事謂職守。"

上博三·亙7"～非事,無胃事","事"這個名如果沒有"事"的實,就無所謂"事"。《老子》:"爲無爲,事無事。"

上博四·相1"古(故)此～～出政",首一"事"字義爲"勤"(《爾雅·釋詁

451

下》:"事,勤也。");次一"事"字釋爲"職守"(《荀子·大略》:"主道知人,臣道知事。"楊倞注:"事謂職守。"),全句謂:勤於職守以出政令。(季旭昇)

上博六·天甲 5、天乙 4"信文旻(得)~",治理,《晏子春秋·問上十一》:"盡智導民而不伐焉,勞力事民而不責焉。"王念孫《讀書雜志·晏子春秋一》:"事,治也。謂盡智以導民而不矜伐,勞力以治民而不加督責也。"《淮南子·原道》:"萬物固以自然,聖人又何事焉?"高誘注:"事,治也。"簡文意爲天子施用禮樂教化之事就可以使天下得到治理。

上博六·天甲 10、天乙 9"酋且不折~",讀爲"尊俎不誓事",~,事情。《論語·八佾》:"子入太廟,每事問。"

上博六·用 14"戎~",軍事;戰事。《左傳·僖公十五年》:"今乘異產以從戎事,及懼而變,將與人易。"

上博七·凡甲 16、凡乙 11~,實踐,從事。《論語·顏回》:"回雖不敏,請事斯語矣。"簡文"不與事"意思是不參與具體的實際行動。

上博五·三 16"兵~",戰事;戰爭。《穀梁傳·莊公八年》:"兵事以嚴終。"

上博五·三 16"水~",關於江河水利的事宜。《晉書·傅玄傳》:"以魏初未留意於水事,先帝統百揆,分河堤爲四部,並本凡五謁者,以水功至大,與農事並興,非一人所周故也。"

使

 上博一·緇 12 毋吕(以)辟士嚍(疾)大夫向(卿)~(士)

《説文·人部》:"使,伶也。从人,吏聲。"

上博一·緇 12"向~",讀爲"卿士",指卿、大夫。後用以泛指官吏。《書·牧誓》:"是信是使,是以爲大夫卿士。"孫星衍疏:"大夫卿士不云卿大夫士,蓋以此士,卿之屬也。"

洓

 上博二·子 7 則亦不大~

～,从"水","史"聲。

上博二·子7"大～"讀爲"大仕"。《論語·公冶長》:"令尹子文三仕爲令尹,無喜色。""仕爲令尹"之類大概就可以算作"大仕"了。(裘錫圭)或讀爲"大使"。

心紐司聲

司

 上博二·昔4尔(爾)～

 上博四·曹25凡又(有)～衒(率)倀(長)

 上博五·季1肥從又～之逡(後)

 上博二·容23乃立琞(禹)吕(以)爲～工

 上博三·中7先又(有)～

 上博三·中8夫先又(有)～爲之女(如)可(何)

 上博三·中9是古(故)又(有)～不可不先也

 上博四·曹23君自衒(率)必聚群又(有)～而告之

 上博六·用11～民之降兇

 上博八·子4 魯～寇(寇)奇䜌(言)遊於逡楚

 上博八·子4～寇(寇)酒(將)見我

 上博八·子5 而～寇(寇)不至

 上博八·子5～

 上博八·顔2【又(有)】～

 上博八·顔12【先】又(有)～

 上博八·命6 受～馬

～，戰國文字或作 、、、、、、、、、、。《説文·司部》："司，臣司事於外者。从反后。"

上博"又～"，讀爲"有司"，通常指官吏。古代設官分職，事各有專司。《書·大禹謨》："好生之德，恰于民心，茲用不犯於有司。"《周禮·天官·冢宰》："寺人掌王之内人，及女宫之戒令，相道其出入之事而糾之。若有喪紀、賓客、祭祀之事，則師女宫而致於有司，佐世婦治禮事。"鄭玄注："有司謂宫卿世婦。"

上博六·用11"～民"，《周禮·秋官·司寇》："司民：中士六人，府三人，史六人，胥三人，徒三十人。"又："司民：掌登萬民之數。自生齒以上皆書於版，司寇及孟冬祀司民之日，獻其數於王。"又《周禮·春官·天府》："若祭天

之司民司禄,而獻民數穀數,則受而藏之。"

上博二·容23"～工",官名。相傳少昊時所置,周爲六卿之一,即冬官大司空,掌管工程。《書·洪範》:"八政:一曰食,二曰貨,三曰祀,四曰司空,五曰司徒,六曰司寇,七曰賓,八曰師。"《禮記·王制》:"司空執度度地,居民山川沮澤,時四時,量地遠近,興事任力。"

上博三·中7、上博八·顏12"先又～",讀爲"先有司",《論語·子路》:"仲弓爲季氏宰,問政。子曰:'先有司,赦小過,舉賢才。'"

上博八·子"～寇(寇)","司寇",官名。夏殷已有之。周爲六卿之一,曰秋官大司寇。掌管刑獄、糾察等事。春秋列國亦多置之。孔子嘗爲魯司寇,因與季氏不合而去。《書·洪範》:"八政:一曰食,二曰貨,三曰祀,四曰司空,五曰司徒,六曰司寇,七曰賓,八曰師。"《周禮·秋官·大司寇》:"惟王建國,辨方正位,體國經野,設官分職,以爲民極。乃立秋官司寇,使帥其屬而掌邦禁,以佐王刑邦國。"

上博八·命6"～馬",官名。相傳少昊始置。周時爲六卿之一,曰夏官大司馬。掌軍旅之事。《書·周官》:"司馬掌邦政,統六師,平邦國。"

嗣(嗣)

 上博五·鮑1 乃命百又～(嗣)曰

 上博五·鮑3 乃命又～(嗣)箸(書)集浮

 上博五·鮑7 又～(嗣)祭備毋紋

～,从"冊","司"聲,釋爲"嗣"。乃承襲西周金文 ![], 的寫法。《說文·冊部》:"嗣,諸侯嗣國也。从冊,从口。司聲。![],古文嗣,从子。"

上博五"又～",讀爲"有司"。《吕氏春秋·務本》"民之治亂,在於有司",高誘注:"有司於《周禮》爲太宰,掌建國之六典,以佐王治邦國,以治官府,以紀萬民,此之謂也。"

上博五"百又～",讀爲"百有司",是指所有各種職掌的官員。

䣙

上博一·孔 23 以樂～而會𠯑(以)道交

上博一·性 2 道～(始)於情

上博一·性 2 ～(始)者近情

上博一·性 8 亓(其)～(始)出也皆生於[人]

上博一·性 13 亓(其)～宜道也

上博一·性 16 亓(其)反善遉(復)～(始)也訢(慎)

上博一·性 26 門內之～

上博一·性 27 □之～

上博一·性 38 □利～者

上博二·容 8 舜於是唬(乎)～(始)語堯天墬(地)人民之道

上博二·容 14 舜於是虐(乎)～(始)孛(免)薮(執)开㭭(耨)菱(鎒)

上博二·容 20 璗(禹)肰(然)句(後)～(始)爲之唬(號)旗(旗)

上博二·容 21 璗(禹)肰(然)句(後)～(始)行曰(以)僉(儉)

上博二·容 22 冬不敢曰(以)蒼～(滄)

上博二·容 22 頵(夏)不敢曰(以)層(暑)～(滄)

上博二·容 25 於是虖(乎)夾州涂(徐)州～(始)可尻(處)

上博二·容 25 於是唬(乎)競州篙(莒)州～(始)可尻(處)也

上博二·容 26 於是虖(乎)並州～(始)可尻(處)也

上博二·容 26 於是唬(乎)勳(荊)州鄢(揚)州～(始)可尻(處)也

上博二·容 27 於是於(乎)敘(豫)州～(始)可尻(處)也

上博二·容 27 於是虎(乎)虞州～(始)可尻也

上博二·容 29 喬(驕)能(態)～(始)复(作)

上博二·容 32 於是於～(始)篝(爵)而行彔(祿)

 上博二·容36 虖(虐)疾～(始)生

上博二·容37 ～(始)记(起)

上博二·從乙1 拿戒先邊則自己～(始)

上博三·周55 非～所思

 上博三·中8 正(政)之～(始)也

 上博三·中26 忎(願)因虐(吾)子而～(辭)

 上博四·逸·交3 閟(間)丩甹(謀)～

 上博四·逸·交4 閟(間)丩甹(謀)～

 上博四·昭2 君王～(始)内(入)室

 上博四·相1 政毋忘(荒)所～(司)事

 上博四·曹55 然後攺(改)～

 上博五·季1 售(唯)子之～䏮(脂)

上博五・弟 11 女(汝)能訢(慎)～(始)與終

上博六・孔 3 酣(聞)亓(其)～於失人虖(乎)

上博七・武 7 口生～

上博七・凡甲 9 亓(其)～生女(如)薛(孽)

上博七・凡甲 9 必從夺(寸)～

上博七・凡甲 10 日之～出

上博七・凡乙 7 亓(其)～生女(如)薛(孽)

上博七・凡乙 8 日之～出

上博五・季 18～日

上博八・命 6 先夫_(先大夫)～命(令)尹

～,"台"、"司"均是聲符,所從的"口",有可能是"台"、"司"二旁公用的部分,楚文字或作,左下可看作是"口"和"司"的橫畫共用,也可看作是"口"旁橫筆橫穿。或作(郭店・語叢四 1)、(郭店・六德 40)、(郭店・性自命出 3)、(郭店・五行 18)。

上博一·性 2"道~（始）於情"，《孝經》："子曰：'夫孝，德之本也，教之所由生也。……夫孝，始於事親，中於事君，終於立身。'"

上博一·性 2"~者近青"，讀爲"始者近情"，與"終者"相對。始，事物的開端，與"終"相對。《易·乾》："大哉乾元，萬物資始。"《禮記·大學》："物有本末，事有終始。"

上博一·性 38"利~"，讀爲"利辭"，敏捷巧辯之辭。《韓非子·詭使》："巧言利辭行姦軌以倖偷世者數御。"

上博一·孔 23"以樂~而會以道交"，讀爲"怡"。《説文》："怡，和也。"《爾雅·釋詁上》："怡，樂也。"《詩·小雅·鹿鳴》："鼓瑟鼓琴，和樂且湛。"

上博一·性 26"門内之~"，讀爲"治"。《禮記·喪服四制》："門内之治，恩掩義；門外之治，義斷恩。"

上博二·容 22~，讀爲"辭"，推辭；辭謝。《書·大禹謨》："禹拜，稽首固辭。"

上博三·中 26~，讀爲"辭"，辭讓。《論語·雍也》："季氏使閔子騫爲費宰。閔子騫曰：'善爲我辭焉。如有復我者，則吾必在汶上矣。'"

上博三·周 55~，讀爲"夷"。《爾雅·釋詁》："台，我也。""夷所思"，就是"我所思"；"匪夷所思"，就是"不是我所想到的"。

上博四·逸·交 3"悬~"，讀爲"謀思"。

上博四·相 1~，讀爲"治"，治理。

上博五·季 1"~貽"，讀爲"貽羞"，"貽"，遺留；致使。《禮記·内則》："將爲不善，思貽父母羞辱。"《逸周書·序》："穆王思保位惟難，恐貽世羞，欲自警悟，作《史記》。"吕温《代竇中丞與襄陽于相公書》："致遠之效莫彰，貽羞之責斯及。"

上博五·弟 11"訢~與終"，讀爲"慎始與終"，與"慎終如始"同。結束時仍然慎重，就同開始時一樣。指做事從頭至尾小心謹慎。《老子》："慎終如始，則無敗事。"劉向《説苑·談叢》："慎終如始，常以爲戒。"

上博七·武 7"口生~"，讀爲"怠"，"敬"、"怠"對言，"敬"言謹慎嚴肅，"怠"則指怠慢、懈怠，"口生敬"即指"慎於言"，"口生怠"即"禍從口出"。今本作"听"，可能是因爲怠、听二字形近，傳抄者亦難以根據所録的底本加以區分，故誤書而傳至今日。（郝士宏）

上博七·凡甲 9"必從夅（寸）~"，讀爲"始"，開始。《荀子·勸學》："是故不積跬步，無以致千里。"與此意義相近。

上博五·季 18"～曰",讀爲"辭曰",告辭説。《楚辭·九歌·少司命》："入不言兮出不辭。"

上博～,讀爲"始"。

悤(怠)

上博三·中 26 志(恐)～虗子慂(羞)

上博五·三 2～者遊(失)之

上博四·曹 33 既戠(戰)牆(將)歔爲之～

上博四·曹 41 可㠯(以)有～邦

上博四·曹 52 毋～(怠)

上博二·从甲 9 正之所～也

上博六·壽 2 奠壽～

上博八·莊 2 酖尹固～

上博七·武 3～勳(勝)義則亾(喪)

上博七·武 4 義勳(勝)～則長

461

～，从"心"，"訂"聲，"訂"是双聲符的字，"台"和"刁"（司）均是聲符。"台"所從的"口"或訛為"日"。與 ᙁ（郭店·老子甲 11）、ᙁ（郭店·老子甲 17）、ᙁ（新蔡乙四 110、117）同。

上博二·从甲 9"正之所～也"，讀爲"政之所殆也"，殆，危也。《論語·微子》："已而，已而，今之從政者殆而。"《逸周書·命訓》："極命則民墮，民墮則曠命，曠命以誠其上，則殆於亂；……極福則民禄……；極禍則民鬼……；極醜則民叛……；極賞則民賈其上……；極罰則民多詐，多詐則不忠，不忠則無報。凡此六者，政之殆也。"（周鳳五、陳劍）

上博三·中 26～，讀爲"貽"。《禮記·内則》："將爲不善，思貽父母羞辱。"《逸周書·序》："穆王思保位惟難，恐貽世羞，欲自警悟，作《史記》。"

上博四·曹 41～，讀"治"，治理；統治。

上博五·季 18、上博六·壽 2～，讀爲"辭"。《説文》："辭，不受也。"

上博六·莊 2"固～"，讀爲"固辭"，堅決推辭。見《書·大禹謨》："禹拜，稽首固辭。"

上博七·武～，讀爲"怠"，懈怠。《吕氏春秋·達鬱》："壯而怠則失時。"高誘注："怠，懈。"《國語·鄭語》："其民怠沓其君，而未及周德。"韋昭注："怠，慢也。"

伺

 上博五·鮑 2 迵～者史（吏）

 上博五·鮑 2 忘亓（其）迵～也

 上博五·鮑 2 寡人酒迵～

～，从"人"，"訂"聲。

上博五·鮑 2～，讀爲"治"。《荀子·修身》："不苟禮義之謂治。"

恖

上博七·武 14 敬勅(勝)～則吉

上博七·武 14～勅(勝)敬則威(滅)

～,從"心","侚"聲,"恖"字繁體。
上博七·武 14～,讀爲"怠",懈怠。

訟

上博七·凡甲 3 天墬(地)立終立～

上博七·凡乙 3 天墬(地)立終立～

上博七·凡甲 25 終則或～

上博七·凡乙 18 終則或～

～,從"言",從"心","訇"聲。
上博七～,讀爲"始"。"始",事物的開端,與"終"相對。《易·乾》:"大哉乾元,萬物資始。"《禮記·大學》:"物有本末,事有終始。"《莊子·田子方》:"始終相反乎無端,而莫知乎其所窮。"

詞(詞)

上博一·孔 17《東方未明》又(有)利～(詞)

 上博四·柬12 能~(治)者

 上博四·柬14 一人不能~(治)正(政)

 上博一·緇4 不~(辭)丌(其)所能

 上博二·子12 又(有)~(邰)是(氏)之女也

 上博三·亙1 又~安有遰(往)者

 港甲5 孔子~以豊

 上博六·競13 安(晏)子~(辭)

 上博六·孔9 ~(治)旻(得)不可人而與

上博七·凡甲17 若并天下而~(治)之

上博七·凡甲22 所㠯(以)攸(修)身而~邦豪(家)

上博七·凡甲30 少(小)之㠯(以)~(治)邦

 上博七·凡乙22 少(小)之㠯(以)~(治)邦

上博八·顏5 則~(辭)

上博八·顏12 又(有)余(餘)則~(辭)

~，从"言"，"𠂤"聲。與 、、、、同。

上博一·緇4"不~丌(其)所能"，讀爲"辭"，推辭。《書·大禹謨》："禹拜，稽首固辭。"或讀爲"詒"，欺騙。

上博二·子12"又~是"，讀爲"有邰氏"。古國名。周始祖后稷至公劉定居於此。在今陝西省武功縣西南。《詩·大雅·生民》："實方實苞，實種實褎……實穎實栗，即有邰家室。"毛亨傳："邰，姜嫄之國也。堯見天因邰而生后稷，故國后稷於邰。"《史記·周本紀》："周后稷，名棄。其母有邰氏女，曰姜原。姜原爲帝嚳元妃。姜原出野，見巨人跡，心忻然説，欲踐之，踐之而身動如孕者。居期而生子。"

上博三·亙1"又~安有往者"，~，讀爲"始"，開始，與"往"對稱。"始"，是時間的開端。古人認爲有天地萬物乃有四時運行，有四時運行必有時間的開端，故曰"有有焉有始"。

上博四·柬14"~正"，讀爲"治政"，《禮記·禮運》："是故，禮者君之大柄也，所以別嫌明微，儐鬼神，考制度，別仁義，所以治政安君也。故政不正，則君位危，君位危，則大臣倍，小臣竊。"

上博七·凡甲22"所以攸(修)身而~邦豪(家)"，讀爲"治"。《禮記·大學》："古之欲明明德於天下者，先治其國；欲治其國者，先齊其家；欲齊其家者，先脩其身。"可與簡义相參。

上博六·競13"安(晏)子~(辭)"，告別，辭別。《吕氏春秋·士節》："晏子見疑於齊君，出奔，過北郭騷之門而辭。"高誘注："辭者，別也。"

上博八·顏12~，讀爲"辭"，推辭；辭謝。《孟子·萬章下》："爲貧者，辭尊居卑，辭富居貧。"

絢

 上博二·子1 古(故)能～(治)天下

 上博二·容36 強溺(弱)不～(治)謁

 上博二·容43 亓(其)政～(治)而不賞

 上博二·容43 而～(治)亂不□

 上博二·容19 夫是㠯(以)逵(近)者敓(悅)～(治)

 上博二·從甲16 君子藥(樂)則～(治)正(政)

 上博二·從乙1 ～(治)正(政)教

 上博二·從乙3 從正(政)不～(治)則亂

 上博二·從乙3 ～(治)已至

 上博五·姑3 㠯(以)我爲能～(治)

 上博五·姑4 今虐(吾)亡(無)能～(治)也

正編・之部

　上博五・姑 4 虗(吾)弜(強)立～(治)衆

　上博四・柬 19 陸(陵)尹、贅尹皆～(治)丌(其)言曰(以)告大剒(宰)

　上博四・曹 36 能～(治)百人

　上博四・曹 36 能～(治)三軍(軍)

　上博五・姑 1 旦夕～(治)之

　上博五・君 11 夫子～(治)十室之邑亦樂

　上博五・君 11～(治)臺(萬)室之邦亦樂

　上博五・君 15 墨(禹)～(治)天下之川

　上博五・君 16 子～(治)時(詩)箸(書)

　上博一・性 16～(治)丌(其)悳

　上博六・天甲 5 文悳(德)～

　上博六・天乙 5 文悳(德)～

・467・

 上博三·亙 8 又(有)～(治)無亂

 上博八·顏 10 身～(治)大則〈則大〉录(禄)

 上博八·命 6～楚邦之正(政)

～，从"糸"，"訇"聲。與（郭店·老子甲 26）、（郭店·性自命出 58）、（郭店·六德 31）、（郭店·語叢一 49）同。

上博一·性 16～，讀爲"殆"，表示推測，可能，大概。（沈培）

上博三·亙 8"又(有)～無亂"、上博二·從乙 3"從正(政)不～則亂"、上博二·容 43～，讀爲"治"，指政治清明，社會安定。與"亂"相對。《易·繫辭下》："君子安而不忘危，存而不忘亡，治而不忘亂。"《書·君牙》："民之治亂在兹。"

上博二·容 36"～煬"，讀爲"治煬"，《集韻·漾韻》："煬，《字林》：'謹也。'"或讀爲"辭讓"，《禮記·禮運》："故聖人所以治人七情，修十義，講信修睦，尚辭讓，去爭奪，捨禮儀何以治之？"

上博二·容 43"政～"，讀爲"政治"，政事得以治理；政事清明。《書·畢命》："道洽政治，澤潤生命。"孔安國傳："道至普洽，政化治理，其德澤惠施，乃浸潤生民。"

上博四·柬 19～，讀爲"辭"。《孟子·公孫丑上》"又從爲之辭"，朱熹注："辭，辯也。"（陳偉）或讀爲"飾"，典籍作"飾言"，也作"飾辭"，《韓非子·顯學》："儒者飾辭曰。"或讀爲"紿"。

上博五·君 16"子～時(詩)箸(書)"，讀爲"子治詩書"，或指孔子自衛反魯，刪詩書，修春秋事也。《莊子·天運》："孔子謂老聃曰：'丘治《詩》、《書》、《禮》、《樂》、《易》、《春秋》六經，自以爲久矣，熟知其固矣。'"

上博六·天甲 5、天乙 5～，讀爲"治"。"文德治"，指以禮樂教化進行統治。

祠（祠）

 上博五·三 3 天乃隆（降）～（異）

～，从"示"，"司"聲，與 （新蔡乙四 53）同，"祠"之異體。《説文·示部》："祠，春祭曰祠。品物少，多文詞也。从示，司聲。仲春之月，祠不用犧牲，用圭璧及皮幣。"

上博五·三 3～，讀爲"異"，災異。《漢書·劉向傳》："往者衆臣見異，不務自修，深惟其故，而反晻昧説天，託咎此人。"顔師古注："異，災異也。"

枲

 上博八·鶹 1 欲衣而亞（惡）～（枲）今可（兮）

～，从"林"，"台"聲，"枲"字異體，爲《説文》"枲"字籀文所本。《説文·朮部》："枲，麻也。从朮，台聲。，籀文枲。从林，从辝。"

簡文～，即"枲"，粗麻，用來編製衣服稱爲"褐衣"，是古時貧賤者穿的衣服。《詩·豳風·七月》："無衣無褐，何以卒歲。"

戠

上博五·弟 10 士～㠯（以）力

～，从"戈"，从"旬"，"旬"亦可隸定作"伺"，其所从"口"是"台"、"司"二旁公用的部分，"台"、"司"二旁皆聲。郭店或作 （郭店·語叢三 28）、（郭店·語叢三 30）、（郭店·語叢三 31）。

上博五·弟 10～，讀爲"治"，指士治事以力。

心紐絲聲歸茲聲

心紐囪聲

囪

 上博四·昭 10～邦人膚（皆）見之

 上博四·曹 24 凡貴人～凥（處）毐（前）立（位）一行

 上博六·壽 1～

 上博七·鄭甲 2 楚邦～爲者（諸）厎（侯）正

 上博七·鄭甲 4 柴牾（將）必～子豪（家）

 上博七·鄭乙 2 楚邦～爲者（諸）厎（侯）正

 上博七·鄭乙 4 我牾（將）必～子豪（家）

 上博七·鄭乙 5～子豪（家）利（梨）木三奪（寸）

 上博七·君甲 7 民乍而～譴（應）之

 上博七·君乙 7 民乍而～譴（應）之

 上博八·有 1 ~(思)遊於忎(仁)今可(兮)

~,與 ▢(郭店·太一生水 12)、▢(新蔡乙四 27)同。《説文·囟部》："囟,頭會匘蓋也。象形。▢,或從肉、宰。▢,古文囟字。"

上博~,即"思"字之聲符,讀爲"使"。

思

 上博一·孔 2 丌(其)~深而遠

 上博一·孔 10 緑衣之~

 上博一·孔 11 則丌(其)~贎(益)矣

 上博一·孔 16 ~古人也

 上博一·性 16 羕(咏)~而敓(動)心

 上博一·性 19 凡憂~而句(後)悲

 上博一·性 20 [凡]樂~而句(後)忻

 上博一·性 20 凡~之甬(用)心爲甚

 上博一·性 20～之方也

 上博二·昔 4 唯哀悲是～

 上博二·容 3～役百官而月青（請）之

 上博二·容 20～民母（毋）惡（惑）

 上博二·容 44～民道之

 上博二·容 49～民不疾

 上博三·周 55 非台（夷）所～

 上博三·中 3～老其家

 上博三·亙 5 智昏（既）而亢（荒）～不宎（殄）

 上博四·采 1 子奴（如）～我

 上博四·采 5～之

 上博四·曹 30～（使）爲耑（前）行

上博四・曹31～(使)爲耑(前)行

上博四・曹36～(使)銜(帥)

上博四・曹38 古(故)銜(帥)不可～(使)牪

上博四・曹52 毋～(使)民矣(疑)

上博四・曹54～(使)忘亓(其)死而見亓(其)生

上博四・曹54～(使)良車良士往取之䬴(耳)

上博四・曹55～(使)亓(其)志记(起)

上博四・曹55 甬(勇)者～(使)憙(喜)

上博四・曹55 㦒(蒽)者～(使)啚(悔)

上博五・姑1 不～(使)反

上博五・姑1～又(有)君臣之節

上博五・姑5 虐(吾)睧(聞)爲臣者必～(使)君得志於吕(己)而又(有)後青(請)

 上博五・姑5 不～(使)從己立(涖)於廷

 上博五・三1 纍(明)王無～

 上博五・三14 ～道(?)而勿救

 上博六・競8 今新(薪)登(蒸)～(使)吴(虞)守之

 上博六・用1 ～民之初生

 上博六・用15 可～

 上博七・鄭甲5 ～(使)子豢(家)利(梨)木三眘(寸)

 上博七・凡甲7 虗(吾)女(如)之可(何)～(使)歔(飽)

 上博七・凡甲15 儃而～之

 上博七・凡甲17 旻(得)鼠(一)而～之

 上博七・凡乙6 虗(吾)女(如)之可(何)～(使)歔(飽)

 上博七・凡乙10 儃而～之

 上博七·凡乙 12 旻(得)鼠(一)而~之

 上博七·吴 9 不~亓(其)先君之臣

 上博八·命 5 不㠯(以)厶(私)~〈惠〉厶(私)悁(怨)內(入)于王門

 上博八·志 4 尔(爾)~(使)我旻(得)忧(尤)於邦多巳(已)

 上博八·李 1【背】~(使)虐(吾)桓(樹)秀可(兮)

~，戰國文字或作 、、、、、、、、、、、、、、。《說文·思部》："思，容也。从心，囟聲。"

上博一·孔 11~，思索；考慮。《孟子·告子上》："心之官則思，思則得，不思則不得。"《論語·爲政》："學而不思則罔，思而不學則殆。"

上博一·孔 16"~古人也"，《詩·邶風·綠衣》："綠兮絲兮，女所治兮。我思古人，俾無訧兮！"

上博一·性 19"憂~"，憂慮；憂愁的思緒。《禮記·儒行》："雖危，起居竟信其志，猶將不忘百姓之病也，其憂思有如此者。"

上博一·性 20、上博二·昔 4~，想。《詩·小雅·我行其野》："不思舊姻，求爾新特。"

上博一·性 16"羕(詠)~"，或讀爲"永思"，長思；長念。《書·大誥》："肆予沖人永思艱，曰：'嗚呼！允蠢鰥寡，哀哉！'"《荀子·正名》："詩曰：'長夜漫

兮,永思騫兮。'"

上博二·容3、19、44、49、上博三·中3～,讀爲"使"。

上博四·采5"～之",曲目。《詩·邶風·柏舟》:"靜言思之,寤辟有摽。"又:"靜言思之,不能奮飛。"

上博一·孔2"丌(其)～深而遠","思",憂思之情。《左傳·襄公二十九年》:"爲之歌《王》,曰:'美哉!思而不懼。'……爲之歌《唐》,曰:'思深哉!其有陶唐氏之遺民乎!不然,何其憂之遠也。'"杜預注:"宗周隕滅,故憂思。……晉本唐國,故有堯之遺風。憂深思遠,情發於聲。"

上博一·孔10"《綠衣》之～",簡16作《綠衣》之憂,思古人也",是"思"即思念古人之意。

上博六·用1"～民之初生",《爾雅·釋詁》:"悠、傷、憂,思也。"《禮記·樂記》:"亡國之音哀以思,其民困。"

幫紐不聲

不

 上博一·緇14 孚(教)之～城(成)也

 上博一·緇17 則行～可匿

 上博一·性殘□□智□者～□

 上博三·周4～利涉大川

 上博三·周4～出迎(御)事

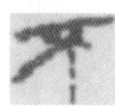 上博三·周4～克訟

 上博三·周 7 ～㾌（臧）凶

 上博三·周 9 ～寍（寧）方迷（來）

 上博三·周 10 亡（无）～利

 上博三·周 10 邑人～戒

 上博三·周 11 吉亡（无）～利

 上博三·周 12 亡（无）～利

 上博三·周 12 ～賏（富）以丌（其）晵（鄰）

 上博三·周 13 亡（无）～利

 上博三·周 14 ～終日

 上博三·周 15 亙（恆）～死

 上博三·周 18 ～可貞

 上博三·周 28 ～亙（恆）丌（其）惪（德）

 上博三·周 31 亡(无)～利

 上博三·周 35 ～利東北

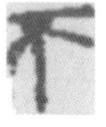 上博三·周 35 大訐～坴(來)

 上博三·周 39 䎽(聞)言～終

 上博三·周 40 ～利㝢(賓)

 上博三·周 42 又(有)孚～終

 上博三·周 44 改邑～改菜

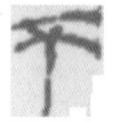 上博三·周 44 菜普～飤(食)

 上博三·周 45 菜杸(救)～飤(食)

 上博三·周 48 ～䐓(獲)丌(其)身

 上博三·周 48 ～

 上博三·周 48 ～陞(拯)丌(其)陸(隨)

上博三・周48 丌(其)心～悁

上博三・周50～終

上博三・周50 夫征～遞(復)

上博三・周52 晶(三)戩(歲)～覿

上博三・周57～女(如)西嚮(鄰)之酌(禴)祭

上博三・彭3～智(知)所終

上博三・彭6☐=之惎(謀)～可行

上博三・彭6 述(怵)惕之心～可長

上博三・彭7☐者～㠯(以)

上博三・彭8 氏(是)胃(謂)～長

上博三・彭8 朕摰～㝅(敏)

上博四・柬6～敢㠯(以)君王之身弁(變)亂㷠(鬼)神之常(常)古(故)

 上博四·柬 8 ～穀(穀)瘵(懆)甚疠(病)

 上博四·柬 9 含(今)夕～穀(穀)

 上博四·柬 11 者(諸)侯之君之～

 上博四·柬 14 一人～能詡(治)正(政)

 上博四·柬 21 ～以丌(其)身弁(變)贄尹之裳(常)古(故)

 上博五·鬼 4 櫐(鬼)神～明

 上博五·鬼 5 痌(狀)若生又(有)耳～睧(聞)

 上博一·孔 1 丌(其)又(有)～王虖(乎)

 上博一·孔 4 上下之～和者

 上博一·孔 6 ～(丕)显(顯)佳(維)悳(德)

 上博一·孔 6 於虖(乎)前王～忘

 上博一·孔 8 言～中志者也

 上博一・孔8 丌(其)言～亞(惡)

 上博一・孔11 則智(知)～可旻(得)也

 上博一・孔12 ～亦能改虐(乎)

 上博一・孔12～

 上博一・孔13～攻不可能

 上博一・孔13 不攻～可能

 上博一・孔13～亦智(知)亙(恆)虖(乎)

 上博一・孔13～亦又(有)離虖(乎)

 上博一・孔17～可不韋(畏)也

 上博一・孔17 不可‥韋(畏)也

 上博一・孔20 幣帛之～可迲(去)也

 上博一・孔20 人～可觕(觸)也

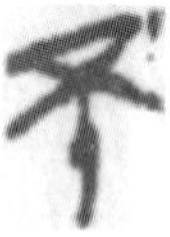 上博一・孔 21 則㠯(以)爲～可女(如)可(何)也

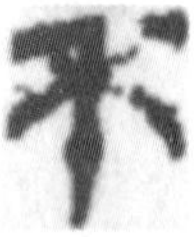 上博一・孔 23 終虐(乎)～猒(厭)人

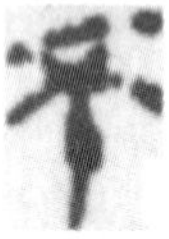 上博一・孔 25 又(有)兔～奉(逢)時

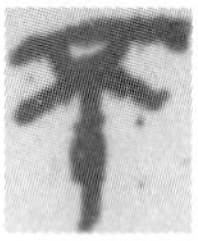 上博一・孔 25 少(小)明～

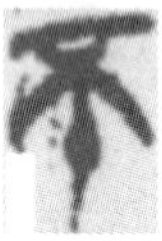 上博一・孔 27 北風～絶人之悁(怨)

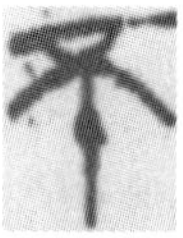 上博一・孔 27～

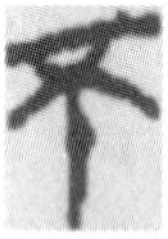 上博一・孔 28 亞(惡)而～絶

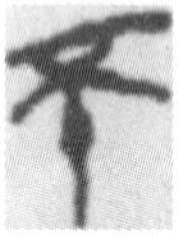 上博一・孔 28 牆又(有)薺(茨)慙(慎)簪(密)而～智(知)言

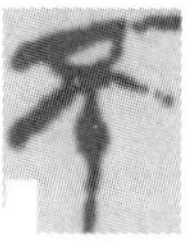 上博一・孔 29 青蠅(蠅)智(知)惓(患)而～智(知)人

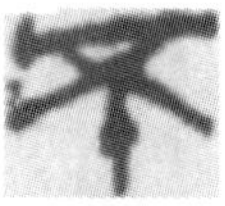 上博二・子 7 道～奉盟(盟)

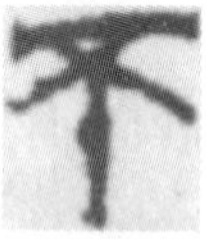 上博二・子 7 王則亦～大洩

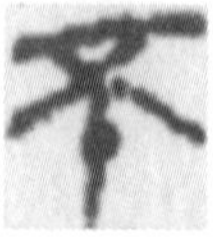 上博二・子 9 而丌(其)父戔(賤)而～足爯(稱)也與

 上博二・魯1～爲我圖(圖)之

 上博二・魯2～智(知)型(刑)與惪(德)

 上博二・魯4母(無)乃～可

 上博二・魯4女(如)天～雨

 上博二・魯5女(如)天～雨

 上博二・魯6公剴(豈)～飯粱(粱)飤(食)肉才(哉)

 上博三・中9是古(故)又(有)司～可不先也

 上博三・中9是古(故)又(有)司不可～先也

 上博三・中9雀(雍)也～悬(敏)

 上博三・中10夫臤(賢)才～叵穽(掩)也

 上博三・中10而(爾)所～智(知)

 上博三・中12～及丌(其)城(成)

 上博三·中14 曇(早)史(使)～行

 上博三·中17 型(刑)正(政)～憂(緩)

 上博三·中17 悳(德)孚(教)～悉(倦)

 上博三·中19 民亡～又(有)忎(過)

 上博三·中22 害□者～

 上博三·中23 ～可不斳(慎)也

 上博三·中23 不可～斳(慎)也

 上博三·中23 ～可不斳(慎)也

 上博三·中23 不可～斳(慎)也

 上博三·中24 一日以～善立

 上博三·中25 可～斳(慎)唇(乎)

 上博三·中25 ～聿(盡)丌(其)□

上博三・中附簡幾(豈)～又(有)患(狂)也

上博三・彭 5 五絽(紀)～工

上博五・弟 2 生而～因其浴

上博五・弟 5 荁年～亙(恆)至

上博五・弟 5 耆老～返(復)壯

上博五・弟 6 貧戔(賤)而～約者

上博五・弟 6 員(富)貴而～喬(驕)者

上博五・弟 8 死～瞑(顧)生

上博五・弟 13～凸(曲)方㠯(以)迲(去)人

上博五・弟 13 君子亡所▃～足

上博五・弟 15 隹多䎽(聞)而～友臤(賢)

上博五・弟 18～綺□☒

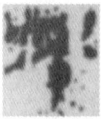 上博五·弟22～虐智也

 上博五·弟23～折其枳(枝)

 上博二·容12 聖(聽)～聰

 上博二·容1 皆～受(授)丌(其)子而受(授)臤(賢)

 上博二·容4 於是虖(乎)～賞不罰

 上博二·容4 於是虖(乎)不賞～罰

 上博二·容4～型(刑)不殺

 上博二·容6～蘳(勸)而民力

 上博二·容18 氒(宅)～工(空)

 上博二·容22 冬～敢以蒼(寒)訽(辭)

 上博二·容43(其)政紿(治)而～賞

 上博二·容43 官而～簬(爵)

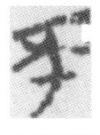 上博三·彭1 句(耇)是(氏)執心～忘

 上博三·彭1 乃～遊(失)尼(度)

 上博四·相4 ～昏(問)又(有)邦之道

 上博四·相4 ～亦墊唐(乎)

 上博五·君2 貝(視)之而～義

 上博五·君2 聖(聽)之而～義

 上博五·君1 言之而～義

 上博五·君2 達(動)而～義

 上博五·君3 欲迲(去)之而～可

 上博一·緇1 則民咸扐(力)而型(刑)--制

 上博一·緇11 則忠敬～足

 上博一·緇2 則民情～弋(忒)

 上博一·緇2 則君～悇(疑)丌(其)臣

上博一·緇2 臣～或(惑)於君

上博一·緇3 丌(其)義(儀)～弋(忒)

上博一·緇4 則民～惑

 上博一·緇4 言丌(其)所～能

 上博一·緇4 ～訂(辭)丌(其)所能

 上博一·緇4 則君～勞

 上博一·緇8 ～從丌(其)所㠯(以)命

 上博一·緇9 上之好亞(惡)～可不斬(慎)也

 上博一·緇9 上之好亞(惡)不可～斬(慎)也

 上博一·緇9 長民者衣備(服)～改

 上博一·緇10 大人～睪(親)丌(其)所臤(賢)

· 488 ·

上博一・緇10 女（如）～我得

上博一・緇10 亦～我力

上博一・緇11 大臣之～昪（親）也

上博一・緇11 邦家之～窜（寧）也

上博一・緇12～可不敬也

上博一・緇12 不可～敬也

上博一・緇12 古（故）君～與少（小）悔（謀）大

上博一・緇12 則大臣～夗（怨）

上博一・緇14 麻（靡）人～斂

上博 ・緇14 正（政）之～行

上博一・緇15 古（故）上～可以執（褻）型（刑）而翌（輕）抄（爵）

上博一・緇16 可言～可行

 上博一·緇 16 可行～可言

 上博一·緇 16 則民言～舍(危)行

 上博一·緇 16 行～舍(危)言

 上博一·緇 16 ～佴(愆)［於儀］

 上博一·緇 17 則民～能大丌(其)頾(美)而少(小)丌(其)亞(惡)

 上博一·緇 18 此言之砧(玷)～可爲

 上博一·緇 19 此㠯(以)生～可敓(奪)志

 上博一·緇 19 死～可敓(奪)名

 上博一·緇 21 厶(私)惠～褢(懷)惪(德)

 上博一·緇 21 君子～自薔(留)安(焉)

 上博一·緇 22 此㠯(以)邇者～惑

 上博一·緇 22 而遠者～怠(疑)

上博一・緇 22 則孚(好)惖(仁)～臤(堅)

上博一・緇 23 而惡惡～厇(著)也

上博一・緇 23 人隹(雖)曰～利

上博一・緇 24～我告猷

港甲 1 丌(其)容～改

上博三・周 1～又(有)躳(躬)

上博三・周 5～克訟

上博三・周 20～挣(耕)而穮(穫)

上博三・周 20～畜之

上博三・周 22～豪(家)而飤(食)

上博三・周 25～可涉大川

上博五・競 8 虗(吾)不智(知)亓(其)爲～善也

 上博五·競 8 寡人之～剝也

 上博五·鮑 3 老溺（弱）～型（刑）

 上博五·鮑 5 或（又）～旻（得）見

 上博五·鮑 6 亓（其）爲～悥（仁）厚矣

 上博五·鮑 7 至亞（惡）何（苛）而上～時史（使）

 上博五·鮑 8 日旗亦～爲忎（災）

 上博五·鮑 8 公蠱亦～爲戠（害）

 上博二·從甲 6 ～共（恭）則亡（無）㠯（以）敘（除）辱

 上博二·從甲 6 ～惠則亡（無）㠯（以）聚民

 上博二·從甲 6 ～悥（仁）則亡（無）㠯（以）行正（政）

 上博二·從甲 9 亓（其）事～

 上博二·從甲 11 君子～言

上博二・從甲 4 是古(故)君子訢(慎)言而～訢(慎)事

上博二・從甲 12 覃(敦)行～佚(倦)

上博二・從甲 12 時善～猒(厭)

上博二・從甲 12 唯(雖)殜(世)～儹(識)

上博二・從甲 13 ～必才(在)近迡(昵)藥(樂)

上博二・從甲 14 又(有)所又(有)舍(余)而～敢軎(盡)之

上博二・從甲 14 又(有)所～足而不敢弗

上博二・從甲 14 又(有)所不足而～敢弗

上博二・從乙 1 十曰口惠而～繇(由)

上博二・從乙 6 怠(仁)而～智則

上博五・鮑 3 老溺(弱)～型

上博五・鮑 4 ～㠯(以)邦豪(家)爲事

 上博一·性 3 善～善

 上博一·性 3 所善所～善

 上博一·性 3 弗鉤(扣)～鳴

 上博一·性 18 是古(故)亓(其)心～遠

 上博一·性 21 唯怎(過)～亞(惡)

 上博一·性 21 ～㠯(以)[其]情

 上博一·性 22 唯(雖)難～貴

 上博一·性 24 亞(惡)之而～可非者

 上博一·性 24 非之而～可亞(惡)者

 上博一·性 24 行之而～怎(過)

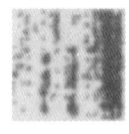 上博一·性 26 ～同方而交

 上博一·性 26 ～同兌(悅)而交

 上博一・性32 人之～能吕（以）悫（僞）也

 上博一・性32 ～怎（過）直（十）

 上博一・性34 唯亞（惡）～悬（仁）爲［近義］

 上博一・性36 ～［難］爲之死

 上博一・性37 ～又（有）夫柬（簡）柬（簡）之心則悉（采）

 上博一・性37 ～又（有）夫恆怨（忻）之志則曼（慢）

 上博一・性38 ～又（有）夫詘＝（詘詘）之心則流

 上博一・性38 ～又（有）夫奮犮之情則悉（侮）

 上博一・性38 弗牧～可

 上博一・性39 弗杸～足

 上博一・性39 朕（然）而亓（其）怎（過）～亞（惡）

 上博一・性39 人～言（慎）

上博二・從甲 11 可言而～可行

上博二・從甲 5 君子～悬(緩)則亡(無)㠯(以)頌(容)百眚(姓)

上博二・從甲 7 ～敬則事亡(無)城(成)

上博二・從甲 8 而～智(知)則奉(逢)芅(災)害

上博二・從甲 8 愳(威)則民～道

上博二・從甲 9 志獎(氣)～旨

上博二・從甲 11 可行而～可言

上博二・從甲 11 君子～行

上博二・從甲 15 ～攸(修)不武〈戒〉

上博二・從甲 15 不攸(修)～武〈戒〉

上博二・從甲 15 ～喬(教)而殺

上博二・從甲 16 㠯(以)靶(犯)虘懇(犯)見～訓行㠯(以)出之

上博二・從甲 19 君子～吕（以）流言戕（傷）人

上博二・從乙 1 從命則正～勞

上博二・從乙 2 則愚（偽）～章

上博二・從乙 2～膚濾嬴（盈）亞（惡）則民不悁（怨）

上博二・從乙 2 不膚濾嬴（盈）亞（惡）則民～悁（怨）

上博二・從乙 3 從正（政）～紿（治）則亂

上博二・從乙 6～武則志不遂

上博二・從乙 6 不武則志～遂

上博二・昔 3 割（蓋）悥（喜）於内～見於外

上博二・昔 3 悥（喜）於外～見於内

上博二・昔 3 恩（慍）於外～見於内

上博二・昔 3 内言～吕（以）出

 上博二·昔 3 外言～吕（以）内（入）

 上博二·昔 4 癹（廢）命～夜（赦）

 上博二·昔 4 ～睧（聞）不命（令）

 上博二·昔 4 不睧（聞）～命（令）

 上博二·容 12 ～以亓（其）子爲逡（後）

 上博二·容 3 □棄～㚻

 上博二·容 4 不型（刑）～殺

 上博二·容 6 ～型（刑）殺而無覜（盜）惻（賊）

 上博二·容 8 攼柬吕（以）～逆

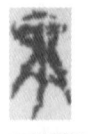 上博二·容 16 戬（癘）役（疫）～至

 上博二·容 16 祅（妖）羕（祥）～行

 上博二·容 17 視～明

 上博二・容17 聖（聽）～聰

 上博二・容17～亓（其）子爲後

 上博二・容18～旻（得）已

 上博二・容18～折（製）革

 上博二・容18～釰（刃）金

 上博二・容18～銘（略）矢

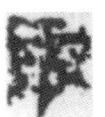 上博二・容21 衣～襲娩（美）

 上博二・容21 飤（食）～童（重）香（味）

 上博二・容21 朝～車逆

 上博二・容21 穜～毇米

 上博二・容21 䰜～折骨

 上博二・容22 頮（夏）～敢㠯（以）暑訶（辭）

 上博二・容 23 山陵～尻(疏)

 上博二・容 23 水滎(潦)～湝

 上博二・容 24 脛(脛)～生之毛

 上博二・容 29 無求～旻(得)

 上博二・容 33 ～以亓(其)子爲後

 上博二・容 34 述(遂)爯(稱)疾～出而死

 上博二・容 35 傑(桀)～述亓(其)先王之道

 上博二・容 36 強溺(弱)～絧(治)諹

 上博二・容 36 裦寡～聖(聽)訟

 上博二・容 36 天陞(地)四時之事～攸(修)

 上博二・容 38 ～量亓(其)力之不足

 上博二・容 38 不量亓(其)力之～足

 上博二・容39 惪(德)惠而～䚝

 上博二・容39 女(如)是而～可

 上博二・容42 受(紂)～述亓(其)先王之道

 上博二・容43 而絧(治)亂～□

 上博二・容44 ～能述(遂)者内(墜)而死

 上博二・容44 ～從命者

 上博二・容45 ～聖(聽)亓(其)邦之正(政)

 上博二・容47 豐喬(鎬)～備(服)

 上博二・容49 思民～疾

 上博二・容52 受(紂)～智(知)亓(其)未又(有)成正(政)

 上博三・周1 ～利爲寇(寇)

 上博三・周20 ～利又(有)卣(攸)往

 上博三·亙1 自猒(厭)～自忍

 上博三·亙3 ～蜀(獨)又(有)與也

 上博三·亙3 昏(泯)昏(泯)～盗(寧)

 上博三·亙5 隹(惟)返(復)㠯(以)～瀘(廢)

 上博三·亙5 智(知)旣(既)而巟(荒)思～㝩(㾕)

 上博三·亙7 ～复(作)無事

 上博三·亙7 事甬(用)㠯(以)～可賡(更)也

 上博三·亙8 又(有)人安(焉)又(有)～善

 上博三·亙10 習㠯(以)～可改也

 上博三·亙11 亓(其)察尨(蒙)～自若

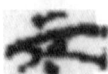 上博三·亙11 复(作)甬(庸)又(有)果與～果

 上博三·亙11 兩者～瀘(廢)

 上博三·亙12 亓(其)事無～返(復)

 上博三・亙 12 無～得亓（其）墾（極）而果述（遂）

 上博三・亙 13 甬（庸）又（有）求而～㤄（慮）

 上博四・采 2 ～要之娷

 上博四・采 2 奚言～從

 上博四・采 3 良人亡～宜也

 上博四・昭 2 君之備～可㠯（以）進

 上博四・昭 2 ～㞢（止）

 上博四・昭 3 ～幸儑（僕）之父之骨才於此室之墜（階）下

 上博四・昭 4 㠯（以）儑（僕）之～旻（得）

 上博四・昭 4 辻（卜）命（令）尹～爲之告

 上博四・昭 4 君～爲儑（僕）告

 上博四・昭 5 虐（吾）～智亓（其）尔蒉（墓）

上博四·昭 6～䏿(䏿)要臺(頸)之睾

上博四·內 1 言人之君之～能史(使)丌(其)臣者

上博四·內 1～與言人之臣之不能事

上博四·內 1 不與言人之臣之～能事

上博四·內 2 言人之臣之～能事丌(其)君者

上博四·內 2～與言人之君之不能史(使)丌(其)臣者

上博四·內 2 不與言人之君之～能史(使)丌(其)臣者

上博四·內 3 父之～能畜子者

上博四·內 3～與言人之子之不孝者

上博四·內 3 不與言人之子之～孝者

上博四·內 3 言人之子之～孝者

上博四·內 3～與言人之父之不能畜子者

· 504 ·

上博四・内 3 不與言人之父之～能畜子者

上博四・内 4 言人之倪(兄)之～能慈(慈)俤(弟)者

上博四・内 4 ～與言人之俤(弟)之不能承倪(兄)者

上博四・内 4 不與言人之俤(弟)之～能承倪(兄)者

上博四・内 4 言人之俤(弟)之～能承倪(兄)

上博四・内 6 ～善則止之

上博四・内 6 止之而～可

上博四・内 7 ～可

上博四・内 7 孝而～諫

上博四・内 7 ～城(成)

上博四・内 7 ～城(成)孝

上博四・内 7 ～飤(食)若才(在)腹中

 上博四・内8冠～介

 上博四・内8行～頌

 上博四・内8～翠立

 上博四・内8～庶語

 上博四・内10才(在)少(小)～静(争)

 上博四・内10才(在)大～亂

 上博四・曹2亡又(有)～民

 上博四・曹3此～貧於娟(美)而寡(富)於惪(德)與(歟)

 上博四・曹5則～可㠯(以)不攸(修)政而善於民

 上博四・曹5則不可㠯(以)～攸(修)政而善於民

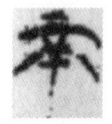 上博四・曹5～肰(然)

 上博四・曹6則亦～可㠯(以)不攸(修)政而善於民

上博四・曹6 則亦不可㠯(以)～攸(修)政而善於民

上博四・曹6 ～肰(然)

上博四・曹7〔□〕～同矣

上博四・曹7 臣是古(故)～敢㠯(以)古(故)含(答)

上博四・曹9 ～肰(然)

上博四・曹10 ～晝寢

上博四・曹11 ～飲酒

上博四・曹11 ～聖(聽)樂

上博四・曹11 居～褻曼(文)

上博四・曹11 食～菁(精)盬

上博四・曹17 交陞(地)～可㠯(以)先复(作)恕(怨)

上博四・曹18 ～和於邦

 上博四・曹 19～可㠯(以)出豫

 上博四・曹 19～和於豫

 上博四・曹 19～可㠯(以)出戙(陳)

 上博四・曹 19～和於戙(陳)

 上博四・曹 19～可㠯(以)戩(戰)

 上博四・曹 20 君必～巳

 上博四・曹 23 愄(過)～才(在)子才

 上博四・曹 23 亓(期)會之～難

 上博四・曹 33 吏(使)人～親則不繟(敦)

 上博四・曹 33 吏(使)人不親則～繟(敦)

 上博四・曹 33～和則不㠯(輯)

 上博四・曹 33 不和則～㠯(輯)

 上博四・曹33～愍(義)則不備(服)

 上博四・曹33 不愍(義)則～備(服)

 上博四・曹34 又(有)智(知)～足

 上博四・曹35 亡所～中

 上博四・曹37～牲

 上博四・曹38 古(故)衔(帥)～可思牲

 上博四・曹38 牲則～行

 上博四・曹39 人之兵～砥礨(礪)

 上博四・曹39 人之麞(甲)～緊(堅)

 上博四・曹42 父㾑(兄)～鳶(薦)

 上博四・曹44 亓(其)奎(去)之～速

 上博四・曹44 亓(其)邉(就)之～専(附)

 上博四·曹44 丌(其)坒(啓)節～疾

 上博四·曹45 丌(其)賞諓(淺)虗(且)～中

 上博四·曹45 丌(其)諙(誅)至(重)虗(且)不～謓(察)

 上博四·曹46 三軍大敗～羣(勝)

 上博四·曹48 君～可不慙(慎)

 上博四·曹48 君不可～慙(慎)

 上博四·曹48 ～釆則不亙(恆)

 上博四·曹48 不釆則～亙(恆)

 上博四·曹48 ～和則不葺(輯)

 上博四·曹48 不和則～葺(輯)

 上博四·曹48 ～兼畏

 上博四·曹51 虗(吾)戠(戰)啻(敵)～訓(順)於天命

上博四·曹56 三善圭(盡)甬(用)～皆棄

上博四·曹64 虖(吾)言氏(是)～(否)

上博五·競3～出三年

上博五·競6～遬(遷)於善而攽(奪)之

上博五·競6 虖(吾)～溿(賴)二品(三)子

上博五·競6～諦忞(恕)寡人

上博五·競7 天～見禹(害)

上博五·競7 墬(地)～生宵(孽)

上博五·競7 近臣～訐(諫)

上博五·競7 遠者～方

上博五·競8 虖(吾)～智(知)亓(其)爲不善也

上博五·競8 含(今)内之～旻(得)百生(姓)

511

 上博五·競9 幾(豈)～二子之惪(憂)也才(哉)

 上博五·季1 鼺(一)～智(知)民矛(務)之安才

 上博五·季3 而民～備安(焉)

 上博五·季8 君子～可㠯(以)不強

 上博五·季8 君子不可㠯(以)～強

 上博五·季8 則～立

 上博五·季9 愳(悁)則民～道

 上博五·季10 好型(刑)則～羊(祥)

 上博五·季14 幾敢～㠯(以)亓(其)先=(先人)之連(傳)等(志)告

 上博五·季15 肰(然)則民辻～善

 上博五·季18 脊(膡)民～鼓(樹)

 上博五·姑1 ～思(使)反(返)

上博五・姑 3 ～幸則取仐(免)而出

上博五・姑 3 隹(誰)～吕(以)厚

上博五・姑 3 ～可

上博五・姑 4 ～義

上博五・姑 4 吕(以)～能事君

上博五・姑 5 含(今)宔(主)君～遣於虐(吾)

上博五・姑 5 ～思(使)從己立(涖)於廷

上博五・姑 7 唯(雖)～堂(當)殜(世)

上博五・姑 8 取宔(主)君之衆吕(以)～聽命

上博五・姑 10 ～用其衆

上博五・君 1 葦～思(敏)

上博五・君 2 貝(視)之而～義

 上博五·君3 欲行之～能

 上博五·弟附簡□者亓(其)言□而～可

 上博五·三2 訐(忌)而～訐(忌)

 上博五·三2 已而～已

 上博五·三3 亓(其)身～叟(沒)

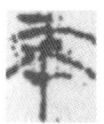 上博五·三3 是胃(謂)～恙(祥)

 上博五·三5 母(毋)胃(謂)之～敢

 上博五·三5 母(毋)胃(謂)之～狀(然)

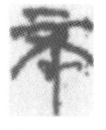 上博五·三5 古(故)棠(常)～利

 上博五·三7 㠯(以)祀～亯(享)

 上博五·三11 ～恙(祥)勿爲

 上博五·三12 ～歆(飲)

 上博五·三12～食

 上博五·三12 秉之～固

 上博五·三13～陞(墮)祭祀

 上博五·三13～有不褶(禍)必大恥

 上博五·三14 弗殺～隱(隕)

 上博五·三14 爲～善褶(禍)乃或(惑)之

 上博五·三15 百事～述(遂)

 上博五·三15 慮事～成

 上博五·三15 母(毋)～能而爲之

 上博五·三16～繺(絕)惪(憂)卹(恤)

 上博五·三17～攸(修)亓(其)成

 上博五·三18 天無～從

上博五·三 20 □之～戲（畏）

上博五·三 22 君子～慭（慎）元（其）悳（德）

上博五·鬼 1 又（有）所～明

上博五·鬼 2 身～昃（沒）

上博五·鬼 3 則善者或～賞而暴

上博五·鬼 4 畜（意）元（其）力古（固）～能至（致）安（焉）嘑（乎）

上博五·鬼 5 所明又（有）所～明

上博五·鬼 5 又（有）口～鳴

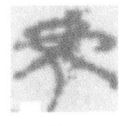
上博五·鬼 5 又（有）目～見

上博五·鬼 5 又（有）足～逫（趨）

上博五·鬼 8 ～及墬（遇）焚而正固

港甲 6 ～欲

上博二・民 6～可得而睧（聞）也

上博二・民 6～可得而視（見）也

上博二・民 8 城（成）王～敢康

上博二・民 10 燹（氣）志～愇（違）

上博六・競 1 僉（逾）歲（歲）～已

上博六・競 2 僉（逾）歲（歲）～已

上博六・競 4 塼情而～腮

上博六・競 5 外内～廢

上博六・競 7 則言～聖

上博六・競 7 青～腮

上博六・競 12 二夫何～受皇琛

上博六・競 12 祭、正～獲祟

上博六·競13 命割（會）疾（譴）～敢監祭

上博六·競13 棃（梁）丘虡～敢監正

上博六·孔3 上～皋息（仁）而縈尃

上博六·孔5 智亡～亂矣

上博六·孔7 頌貌～隶

上博六·孔7 異於人～宜

上博六·孔9～息（仁）人弗曼（得）進矣

上博六·孔9 諂得～可人而與

上博六·孔13 色～僕

上博六·孔13 此言～欺

上博六·孔14～飮五穀（穀）

上博六·孔14 豈～難虖烈與

上博六・孔 15 智～行矣

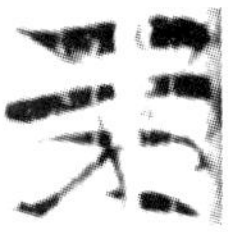

上博六・孔 15～口拜絽（絶）㠯（以）爲己

上博六・孔 17 禁言～當亓（其）所

上博六・孔 18～謰（察）不俖

上博六・孔 18 不謰（察）～俖

上博六・孔 20 女夫見人～猒

上博六・孔 20 瞯豊～券

上博六・孔 22 廬～辻

上博六・孔 24～窮

上博六・孔 25 民喪～可悲（怒）

上博六・孔 26 役～奉芻

上博六・孔 26～昧酉肉

上博六・孔 27 此㠯（以）～惑

上博六・莊 6 臣～智君王之酒（將）爲君

上博六・莊 7～嗀（穀）㠯（以）笑紳公

上博六・莊 8 紳公事～嗀（穀）

上博六・莊 9～㠯（以）晨（辱）斨（斧）䆞

上博六・壽 2～敢倉

上博六・壽 3～能

上博六・壽 3 女～能

上博六・壽 4～史

上博六・木 3 䤿盉～𠁁

上博六・木 3 䤿～盍

上博六・木 4 䤿～盍

上博六・木 4 豔～毚

上博六・木 4 王子～智林（麻）

上博六・木 4 王子～旻（得）君楚邦

上博六・木 4 或～旻（得）

上博六・慎 3 中尻而～皮

上博六・慎 5～纍其志

上博六・慎 6～可㠯（以）忞臨

上博六・用 2～可愔

上博六・用 3 亦～埶於惻

上博六・用 4 五井（刑）～行

上博六・用 4 而亦～可

上博六・用 6 亓（其）由能～沽

上博六・用 9 禍～降自天

上博六・用 9 亦～出自堼（地）

上博六・用 10 胃（謂）天高而～槩

上博六・用 10 胃（謂）堼（地）厚而～達

上博六・用 11 而亦～可逃

上博六・用 12 聶亓（其）髁而～可遝膧

上博六・用 13 ～皀於天

上博六・用 15 埶而～難

上博六・用 17 僉之～骨

上博六・用 17 而麈之亦～能

上博六・用 19 而亦～可虘

上博六・用 19 而亦～可沽

上博六·用 19 又昧丌(其)～見

上博六·用 19 ～邵亓(其)甚明

上博六·用 19 又泯=之～達

上博六·天甲 2 身～爯(免)

上博六·天甲 2 身～爯(免)

上博六·天甲 3 身～爯(免)

上博六·天甲 3 ～腈爲腈

上博六·天甲 3 ～娧(美)爲娧(美)

上博六·天甲 3 腈爲～

上博六·天甲 4 娧(美)爲～娧(美)

上博六·天甲 8 ～可㠯(以)不聞恥尸

上博六·天甲 8 不可㠯(以)～聞恥尸

上博六·天甲9 朝～語内

上博六·天甲10 才(在)道～語匿

上博六·天甲10 尻正～語樂

上博六·天甲10 酋(尊)且(俎)～折事

上博六·天甲10 聚衆～語怨

上博六·天甲10 男女～語鹿

上博六·天甲10 朋(明)友～語分

上博六·天甲11 臨飤～語亞(惡)

上博六·天甲11 ～言圂(亂)

上博六·天甲11 ～言寢

上博六·天甲11 ～言威

上博六·天甲11 ～言犮

 上博六・天甲 11～言尚

上博六・天甲 11 臨城～

 上博六・天甲 12 觀邦～言喪

 上博六・天甲 13 中～韋

 上博六・天甲 13 所～學於帀（師）者三

 上博六・天甲 13 此所～學於帀（師）也

 上博六・天乙 2 身～仐（免）

 上博六・天乙 2 身～仐（免）

 上博六・天乙 2 身～仐（免）

 上博六・天乙 3～腈爲腈

 上博六・天乙 3～娙（美）爲娙（美）

 上博六・天乙 3 腈爲～腈

上博六·天乙 3 娩（美）爲～娩（美）

上博六·天乙 7 ～可㠯（以）不聞恥𡰥

上博六·天乙 7 不可㠯（以）～聞恥𡰥

上博六·天乙 9 ～語內

上博六·天乙 9 社～語戩（戰）

上博六·天乙 9 才（在）道～語匿

上博六·天乙 9 尻正～語樂

上博六·天乙 9 酋（尊）且（俎）～折事

上博六·天乙 9 聚衆～語怨

上博六·天乙 10 女～語鹿

上博六·天乙 10 堋（朋）友～語分

上博六·天乙 10 臨飤～語亞（惡）

上博六・天乙10～言曷(亂)

上博六・天乙10～言寢

上博六・天乙10～言威

上博六・天乙11～言癹

上博六・天乙11～言耑

上博六・天乙11 臨城～言毀

上博六・天乙11 觀邦～言喪

上博七・武1～智(知)

上博七・武1～可得

上博七・武3～舁(與)北面

上博七・武5～息(仁)

上博七・武5～息(仁)

 上博七·武5～悬(仁)

 上博七·武6 亦～可[不]志

 上博七·武7 諫～遠

 上博七·武8～可求(救)

 上博七·武11 亦又(有)～涅(盈)於十言

 上博七·武11 而百殜(世)～遴(失)之道

 上博七·武12 君～祈

 上博七·武14～敬則不定

 上博七·武14 不敬則～定

 上博七·武15～逆而訓(順)城(成)

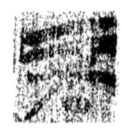 上博七·鄭甲1～毂(穀)日欲以告夫=(大夫)

 上博七·鄭甲4 弗悁(畏)鬾(鬼)神之～恙(祥)

上博七·鄭乙 1 ～毇（穀）日欲㠯（以）告夫=（大夫）

上博七·鄭乙 4 弗悓（畏）䰠（鬼）神之～恙（祥）

上博七·君甲 1 又（有）白玉三回而～戔

上博七·君甲 2 虐（吾）訊（焉）又（有）白玉三回而～戔才（哉）

上博七·君甲 3 ～聖（聽）簸（鼓）鐘之聖（聲）

上博七·君甲 4 天（一人）土（杜）門而～出

上博七·君甲 5 而天下莫～語（御）

上博七·君甲 5 而～爲丌（其）樂

上博七·君甲 7 民又（有）～能也

上博七·君甲 7 䰠（鬼）亡（無）～能也

上博七·君甲 8 君王唯（雖）～長年

上博七·君甲 8 言（然）～敢䛑（憚）身

上博七·君乙1 君王又(有)白玉三回而～戔

上博七·君乙2 虗(吾)躳(焉)又(有)白玉三回而～戔才(哉)

上博七·君乙3 ～聖(聽)笈(鼓)鐘之聖(聲)

上博七·君乙4 一人土(杜)門而～出

上博七·君乙5 而[天下]莫～語(御)

上博七·君乙5 而～爲丌(其)樂

上博七·君乙7 民又(有)～能也

上博七·君乙7 禩(鬼)亡(無)～能也

上博七·君乙7 君王唯(雖)～長年

上博七·君乙8 言(然)～敢罤(懌)身

上博七·凡甲1 奚旻(得)而～死

上博七·凡甲2 奚旻(得)而～㡷(危)

上博七・凡甲 6 身豊(體)～見

上博七・凡甲 10 可(何)古(故)大而～昷(炎)

上博七・凡甲 14 坐～下筥(席)

上博七・凡甲 16 箸(書)～與事

上博七・凡甲 20 鼠(一)言而禾終～螽(窮)

上博七・凡甲 21 天下亡(無)～又(有)

上博七・凡甲 22 則百勿(物)～遊(失)

上博七・凡甲 22 女(如)～能鑯(察)鼠(一)

上博七・凡甲 25 百勿(物)～死女(如)月

上博七・凡甲 26 心～剩(勝)心

上博七・凡甲 27～遊(失)亓(其)所然

上博七・凡甲 29 捼(握)之～涅(盈)捼(握)

上博七・凡乙 1 奚旻（得）而～死

上博七・凡乙 2 奚旻（得）而～厃（危）

上博七・凡乙 5 身豊（體）～見

上博七・凡乙 8 可（何）古（故）大而～㞴

上博七・凡乙 10 坐～下筥（席）

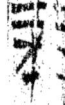上博七・凡乙 11 箸（書）～與事

上博七・凡乙 14 鼠（一）言而禾終～舲（窮）

上博七・凡乙 15 則百勿（物）～遊（失）

上博七・凡乙 15 女（如）～能叕（察）鼠（一）

上博七・凡乙 18 咸百勿（物）～死女（如）月

上博七・凡乙 19 心～剩（勝）心

上博七・凡乙 22 彔（握）之～涅（盈）彔（握）

上博七・吳 3 敢～芒（亡）

上博七・吳 3 昔上天～中（衷）

上博七・吳 4 㓝（荊）爲～道

上博七・吳 5 ～能

上博七・吳 5 幾（豈）～左（差）才（哉）

上博七・吳 9 隹（唯）～愍（敏）既圮矣

上博七・吳 9 楚人爲～道

上博七・吳 9 ～思丌（其）先君之臣

上博七・吳 9 ～共承王事

上博八・子 5 而可寇（宼）～全

上博八・顏 3 □必～才（在）慈（茲）之内矣

上博八・顏 6 則民莫～從矣

上博八·顏7 則民～靜（爭）矣

上博八·顏9 戔（賤）～枭（肖）而遠之

上博八·顏9 則丌（其）於教也～遠矣

上博八·顏12 录（禄）～足則青（請）

上博八·顏12 录（禄）～足則青（請）

上博八·成4 ～辱丌（其）身

上博八·成5 安（焉）～曰日章（彰）而冰澡（消）虐（乎）

上博八·成12 欲墾（譽）之～果

上博八·成13 是摳（？譴）之～果

上博八·成13 毀之～可

上博八·命1 忎（恐）～能

上博八·命4 ～禹（稱）墼（賢）

 上博八·命 5 ～吕(以)厶(私)思〈惠〉厶(私)悁(怨)内(入)于王門

 上博八·命 5 我～能聎(貫)璧而貝(視)聖(聽)

 上博八·命 7 莫～忻(欣)憙(喜)

 上博八·命 10 而邦正(政)～敗

 上博八·王 4 吕(以)員(損)～毇(穀)之

 上博八·志 2 縱～隻(獲)皋(罪)

 上博八·志 4 或～能節昺(暑)

 上博八·志 5 而縱～爲虖(吾)禹(稱)罤(擇)

 上博八·志 6 邦人亓(其)胃(謂)我～能禹(稱)人

 上博八·志 7 是則聿(盡)～毇(穀)之皋(罪)也

 上博八·李 1 矵亓(其)～還可(兮)

 上博八·李 1【背】奎(剛)亓(其)～弍(貳)可(兮)

 上博八·李 1【背】幾(豈)～皆生

 上博八·李 1【背】則～同可(兮)

 上博八·蘭 1 雨零(露)～墜(降)矣

 上博八·蘭 2……汗(旱)其～雨

 上博八·蘭 2 可(何)淵而～沽(涸)

 上博八·蘭 2 攸(搖)苕(落)而獣～遊(失)氒(厥)芳

 上博八·蘭 3～躬有折

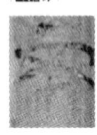 上博八·蘭 4 綻後其～長

 上博八·蘭 4 女(如)萊(蘭)之～芳

 上博八·蘭 5 風汗(旱)之～𠮷(岡)

 上博八·有 4 又(有)～善心耳今可(兮)

 上博八·有 4 莫～弁(變)改今可(兮)

上博八·鶹 2～哉(織)而欲衣今可(兮)

～,戰國文字或作 (郭店·老子甲 5)、 (郭店·老子甲 6)、 (郭店·老子甲 7)、 (郭店·老子乙 4)、 (郭店·老子乙 11)、 (郭店·緇衣 7)、 (郭店·五行 10)、 (郭店·五行 10)、 (郭店·忠信之道 1)、 (郭店·成之聞之 34)、 (郭店·尊德義 10)、 (郭店·尊德義 31)、 (郭店·尊德義 35)、 (郭店·六德 33)、 (郭店·語叢一 60)、 (郭店·語叢一 90)、 (郭店·語叢二 48)、 (九 3)、 (新蔡甲二 28)、 (新蔡零 508)、 (新泰陶文)、 (新泰陶文)、 (施 58)、 (鷹節集成 12105)、 (雁節集成 12104)、 (施 278)、 (溫縣 WT1K1:3858)、 (秦駰玉版)、 (里 J1⑨1 正三·13)。常常在橫畫的上部和豎筆上加一短橫或一圓點作為飾筆,個別筆勢發生變化,下部訛作"爪"形,如 (五行 10)、 (語叢一 75)、 (語叢二 45),還有一種寫法作 (民之父母 6),和"辛"形體很相近易混。《說文·不部》:"不,鳥飛上翔不下來也。从一,一猶天也。象形。"

上博三·周 35"大訐～垄(來)",今本作"朋"。"不",幫紐之部;"朋",並紐蒸部。幫、並均屬幫組,之、蒸陰陽對轉。"大蹇不來"義為大的災難就不會到來。

上博二·子 9、上博一·緇 11、上博二·從甲 14、上博五·弟 13、上博一·性 39、上博二·容 38、上博四·曹 34、上博八·顏 12"～足",不充足,不夠。《荀子·禮論》:"斷長續短,損有餘,益不足,達愛敬之文,而滋成行義之美者也。"

上博三·亙 8、上博五·競 8、上博四·內 6、上博五·季 15、上博八·有 4"～善",不好。《莊子·至樂》:"將子有不善之行,愧遺父母妻子之醜而為此乎?"

上博一·緇 3"～弋",讀為"不忒",沒有變更;沒有差錯。《易·豫》:"天地以順動,故日月不過,而四時不忒。"

上博一·緇 4"～惑",謂遇事能明辨不疑。《論語·子罕》:"知者不惑,仁者不憂,勇者不懼。"

上博一·緇 4"～詞",讀爲"不辭",不辭讓;不推辭。《莊子·天下》:"惠施不辭而應,不慮而對,徧爲説萬物,説而不休,多而無已。"成玄英疏:"不辭謝而應機,不思慮而對答。"

上博一·緇 11"～寧",不安定;不安寧。《禮記·月令》:"〔季秋之月〕行冬令,則國多盜賊,邊竟不寧,土地分裂。"

上博一·緇 16"～侃",讀爲"不愆",無過錯,無過失。《詩·大雅·假樂》:"不愆不忘,率由舊章。"《禮記·緇衣》:"詩曰:'淑慎爾止,不愆於儀。'"鄭玄注:"愆,過也。言善慎女之容止,不可過於禮之威儀也。"《詩·大雅·抑》作"不愆"。

上博一·孔 6"～㬎",讀爲"丕顯",猶英明。《書·康誥》:"惟乃丕顯考文王,克明德慎罰。"袁宏《後漢紀·章帝紀》:"咨王丕顯,勤王室,親命受策;昭於前世,出作蕃輔,克慎明德。"

上博三·彭 8"～畞"、上博三·中 9"～思",讀爲"不敏",不明達;不敏捷。《國語·晉語二》:"欵也不才,寡智不敏,不能教導,以至於死。"韋昭注:"敏,達也。"

上博三·中 17"～卷",讀爲"不倦",不厭倦;不勞累。《左傳·昭公十三年》:"施捨不倦,求善不厭。"

上博三·周 5"～克",不能。《詩·齊風·南山》:"析薪如之何,匪斧不克。"鄭玄箋:"克,能也。"

上博二·從甲 12"～猒",讀爲"不厭",不滿足;不飽。《楚辭·離騷》:"衆皆競進以貪婪兮,憑不厭乎求索。"《史記·伯夷列傳》:"然回也屢空,糟糠不厭,而卒蚤夭。"

上博二·從甲 15"～攸",讀爲"不脩",亦作"不修",不修明;不整治。《左傳·襄公二十八年》:"不脩其政德,而貪昧於諸侯,以逞其願,欲久,得乎?"

上博二·容 47"～備",讀爲"不服",不臣服;不順服。《書·立政》:"至於海表,罔有不服。"《周禮·夏官·大司馬》:"負固不服,則侵之。"賈公彦疏:"謂倚恃險固,不服事大國。"

上博五·姑 5"～思",讀爲"不使",不順從。《墨子·非命下》:"若以爲政乎天下,上以事天鬼,天鬼不使。"王念孫《讀書雜志·墨子三》:"《爾雅》:使,從也。天鬼不從,猶上文言上帝不順耳。"《漢書·趙皇后傳》:"少主幼弱則大臣不使。"顏師古注:"不使,不可使從命也。"

上博五·三 3"～旻",讀爲"不沒",不能終天年,指非自然死亡。《禮記·檀弓下》:"〔陽處父〕行並植於晉國,不沒其身,其知不足稱也。"鄭玄注:"沒,終也。"孔穎達疏:"言不得以理終沒其身。"《左傳·僖公二十二年》:"楚王其不沒乎?"杜預注:"不以壽終。"

上博五·三 15"～述",讀爲"不遂",不順利。《楚辭·九章·思美人》:"知前轍之不遂兮,未改此度。"

上博六·競 12"～獲",不得。《書·顧命》:"疾大漸,惟幾,病日臻,既彌留,恐不獲誓言嗣,茲予審訓命汝。"孔安國傳:"恐不得結信出言,嗣續我志。"

上博四·柬 9、上博六·莊 7、上博八·王 4、志 7"～穀",讀爲"不穀",不善。古代王侯自稱的謙詞。《老子》:"貴以賤爲本,高以下爲基,是以侯王自謂孤、寡、不穀。"穀,一本作"穀"。《左傳·僖公四年》:"齊侯曰:'豈不穀是爲,先君之好是繼,與不穀同好,如何?'"

上博六·用 10"～達",不明白;不通達。《尹文子·大道下》:"貧則怨人,賤則怨時……是不達之過,雖君子之郵,亦君子之恕也。"

上博四·曹 7"～敢",謂沒膽量,沒勇氣。亦表示沒有膽量做某事。《孟子·公孫丑下》:"我非堯舜之道,不敢以陳於王前。"

上博四·昭 3"～狀",即"不幸",不幸運,倒霉。《論語·雍也》:"有顏回者好學,不遷怒,不貳過。不幸短命死矣。"邢昺疏:"凡事應失而得曰幸,應得而失曰不幸。"

上博七·武 5"～悬",即"不仁",無仁厚之德;殘暴。《易·繫辭下》:"小人不恥不仁,不畏不義。"《老子》:"聖人不仁,以百姓爲芻狗。"《孟子·公孫丑上》:"不仁、不智,無禮、無義,人役也。"

上博七·吳 4"～道",無道;胡作非爲。《國語·晉語八》:"秦后子來奔……文子曰:'公子辱于弊邑,必避不道也。'"桓寬《鹽鐵論·非鞅》:"伍員相闔閭以霸,夫差不道,流而殺之。"

上博八·子 5"～至",不到。《禮記·坊記》:"以此坊民,婦猶有不至者。"

上博八·顔 7"～靜",讀爲"不爭",不爭奪。《老子》:"不尚賢,使民不爭。"河上公注:"不爭功名,返自然也。"《商君書·修權》:"賞誅之法不失其議,故民不爭。"

上博八·顔 9"～梟",讀爲"不肖",謂子不似父。《禮記·雜記下》:"諸侯

539

出夫人,夫人比至於其國……主人對曰:'某之子不肖,不敢辟誅。'"鄭玄注:"肖,似也。不似,言不如人。"

上博八·成 4"～丌(其)身",不辱沒。《論語·子路》:"使於四方,不辱君命。"司馬遷《報任少卿書》:"太上不辱先,其次不辱身。"

上博"莫～",無不;沒有一個不。《詩·周頌·時邁》:"薄言震之,莫不震疊。"

上博～,常作否定副詞。

上博六·用 19"～邵丌甚明","而"字的訛寫。

伓

上博二·子 10 丢而畫於～(背)而生

上博三·周 48 艮丌(其)～

上博二·從乙 3 悡(懼)則～

上博五·競 3 糷(狄)人之～者七百邦

上博五·鮑 4 箴(箴)逗～悡(願)

～,从"人","不"聲,"倍"字異體。與、、、、、同。《說文·人部》:"倍,反也。从人,音聲。"

上博二·從乙 3～,讀爲"背",違背;違反。《書·太甲中》:"既往背師保之訓。"

上博二·子 10～,讀爲"背",脊背。王充《論衡·狀留》:"且夫含血氣物之生也,行則背在上而腹在下。"

上博五・競3～,讀爲"附"。《詩・小雅・常棣》"鄂不韡韡",鄭箋:"不當作柎,古聲不、柎同。"《書・武成》:"華夏蠻貊,罔不率俾,恭天成命……天休震動,用附我大邑周。"毛亨傳:"蠻貊則戎夷可知也……天之美應震動民心,故用依附我。"或讀爲"服"。

否

上博二・魯3子貢曰:～

上博三・周31小人～

上博八・成14可㠯(以)智(知)善～

《說文・口部》:"否,不也。从口,从不,不亦聲。"

上博～,不,不然。表示否定。《說文》:"否,不也。"《詩・周南・葛覃》:"害澣害否,歸寧父母。"《孟子・梁惠王上》:"否,吾不爲是也。"

㤰

上博一・孔26《浴風》～

～,从"心","否"聲。與 (郭店・語叢二11)、 (郭店・語叢二11)同。《玉篇・心部》:"㤰,怒也。"

上博一・孔26～,或讀爲悲。或讀爲背。或隸作"怌",《玉篇・心部》:"怌,恐也。"《集韻・脂韻》:"怌,恐懼也。"

坯

上博六・慎3勿以～身

《説文·土部》:"坏,丘再成者也。一曰:瓦未燒。从土,不聲。"

上博六·慎 3～,或讀爲"背",違背。或讀爲"丕"。《漢書·郊祀志下》:"丕天之大律。"顏師古注:"丕,奉也。"或讀爲"佩"。

賞

 上博三·周 33 見豕～(負)奎(塗)

 上博三·周 37～(負)叔轏(乘)

 上博四·曹 21 祿(録)毋～

～,从"貝","怀"聲,"負"字繁體。《説文·貝部》:"負,恃也,从人守貝,有所恃也,一曰:受貸不償。"

上博三·周 37～,讀爲"負",擔負。周 33"～奎",或讀爲"伏途"。或讀爲"踣途",《説文》:"踣,僵也。"段玉裁注:"踣與仆音義皆同。孫炎曰:前覆曰仆。"

上博四·曹 21"禄毋～",或讀爲"負"。

並紐負聲

匭

 上博四·内 7 孝子不～

～,从"匚","負"聲。(房振三)

簡文～,讀爲"負"。《説文·貝部》段玉裁注:"凡背德忘恩曰負。"《玉篇·貝部》:"負,違恩忘德也。"

並紐婦聲

婦

上博一·孔 17《湯之水》丌(其)念～悡

上博一·孔 17《菜萬(葛)》之念～☐

上博一·孔 29《角𢝊(枕)》～

上博四·曹 34 佖(匹)夫寡～之獄訟

上博三·周 28～人吉

上博三·周 50～孕而

上博六·競 10 夫～皆祖

～，與 、、、、、、、、同。《說文·女部》："婦，服也。从女持帚灑掃也。"

上博六·競 10"夫～"，夫婦，夫妻。《易·序卦》："有天地然後有萬物，有萬物然後有男女，有男女然後有夫婦，有夫婦然後有父子。"

上博三·周 28"～人"，成年女子的通稱，多指已婚者。

上博四•曹34"寡~",沒有丈夫的婦人。後多指死了丈夫的婦人。《詩•小雅•大田》:"彼有遺秉,此有滯穗,伊寡婦之利。"《禮記•坊記》:"寡婦不夜哭。婦人疾,問之,不問其疾。"

並紐反聲歸又聲

明紐母聲

母

 上博二•子10 离(契)之~

 上博二•子12 句(后)稷之~

 上博二•子13 是句(后)稷之~也

 上博三•周18 槫(榦)~之蛊(蠱)

 上博四•昭3 儧(僕)之~辱君王

 上博四•昭4 并儧(僕)之父~之骨厶自

 上博四•柬11 之潩(旱)~(毋)帝(禘)

 上博四•曹22 民之父~

 上博五•季7 火=(小人)~(毋)痛(瘭)

 上博五・季 19 ～（女）遑（歸）

 上博三・周 14 ～（毋）頴（疑）

 上博三・周 44 亦～（毋）夔（繘）㳿

 上博四・采 2 ～（毋）迡（過）虐（吾）門

 上博四・采 6 狗（苟）虐（吾）君～（毋）死

 上博四・昭 8 王命龏（龔）之脾～見

 上博四・昭 9 今君王或命脾～見

 上博四・柬 12 夫唯（雖）～（毋）㳺（旱）

 上博四・柬 13 君王～（毋）敢哉（災）害

 上博四・柬 15 ～（毋）敢執箕箴

 上博四・内附簡 ～（毋）忘姑姊妹而遠敬之

 上博四・曹 17 疆埅（地）～先而必取□焉

 上博四·曹17~惡(愛)貨資子女

 上博四·曹20~穫(獲)民旹(時)

 上博四·曹20~敓(奪)民利

 上博四·曹21 录(禄)~賁(負)

 上博四·曹25~(無)牂(將)軍必又(有)數辟大夫

 上博四·曹25~(無)俾(裨)大夫

 上博四·曹27~誈(誅)而賞

 上博四·曹27~辠(罪)百眚(姓)

 上博四·曹29~返(復)遊(失)

 上博四·曹31 命之~行

 上博四·曹34 君~悬(憚)自勞

 上博四·曹35~辟(嬖)於便俾(嬖)

 上博四·曹35～倀(長)於父脭(兄)

 上博四·曹37～欨(虞)軍

 上博四·曹37～辟(避)皋

 上博四·曹52 戰(戰)～忖(殆)

 上博四·曹52～思民矣(疑)

 上博四·曹58 所㠯(以)爲～退

 上博四·曹60～冒㠯(以)迨(陷)

 上博四·曹63～火食

 上博四·曹64 而～或(惑)者(諸)少(小)道與(歟)

 上博五·三15～不能而爲之

 上博五·三15～能而悬(易)之

 上博五·三19～曰槙₌(冥冥)

 上博五·季11～乃肥之昏也

 上博五·季19～遑（歸）

 上博五·季19～欽遠

 上博五·季19～□逐

 上博五·季21～信玄曾

 上博五·三1櫺（平）旦～哭晦母（毋）訶（歌）

 上博五·三1櫺（平）旦母（毋）哭晦～訶（歌）

 上博五·三2～爲懇（偽）慮（怍）

 上博五·三4～訽（詬）政卿於神宋（次）

 上博五·三4～亯（享）脁（逸）安

 上博五·三4～胃（謂）之不敢

 上博五·三5～胃（謂）之不肰（然）

上博五·三 9～凶備(服)吕(以)亯(享)祀

上博五·三 9～衿(錦)衣交(絞)衵傒子

上博五·三 10～爲甬言

上博五·三 10～爲人昌(倡)

上博五·三 10～俊(作)大事

上博五·三 10～劗(殘)裳(常)

上博五·三 10～雍川

上博五·三 10～劗(斷)陓(洿)

上博五·三 10～威(滅)宗

上博五·三 10～虛牀(壯)

上博五·三 10～改敡

上博五·三 10～䁪(變)事

 上博五·三 10～燓（煩）古（姑）謢

 上博五·三 10～恥父踜（兄）

 上博五·三 11～臬（傲）貧

 上博五·三 11～芺（笑）型（刑）

 上博五·三 11～歂（揣）深

 上博五·三 11～氒（度）山

 上博五·三 11～穧（逸）亓（其）身

 上博五·三 11 居～惁（滯）

 上博五·三 11 俊（作）～康

 上博五·三 11 内（入）虛～樂

 上博五·三 12 陞（登）丘～訶（歌）

 上博五·三 12～遊（失）亓（其）道

 上博二·魯 1 ～(無)乃遴(失)者(諸)型(刑)與惪(德)虐(乎)

 上博二·魯 2 女(如)～(毋)悉(愛)珪璧幣帛於山川

 上博二·魯 3 ～(無)乃胃(謂)丘之荅(答)非與

 上博二·魯 3 女(若)天(夫)～(毋)悉(愛)圭(珪)璧幣帛於山川

 上博二·魯 4 ～(無)乃不可

 上博三·中 18 ～自隱(惰)也

 上博三·彭 8 ～故員(富)

 上博六·用 2 亦力孛㠯(以)～忘

 上博六·用 14 ～事縵₌

 上博八·王 4 忨(願)夫₌(大夫)之～(毋)徒

　　古文字中"女"、"母"、"毋"一字分化。戰國文字"母"、"毋"常常互用，大致區分如下，有兩點的是"母"，一短橫的是"毋"。楚文字或作 (郭店·老子甲 21)、 (郭店·太一生水 7)、 (郭店·窮達以時 14)、 (郭店·語叢

一 81)、◯(郭店·緇衣 22)、◯(新蔡甲二 33)。《說文·女部》:"母,牧也。从女,象裹子形。一曰:象乳子也。"

上博"父～",父親和母親。

上博二·魯 1"～乃",讀為"毋乃",莫非;豈非。《禮記·檀弓下》:"君反其國而有私也,毋乃不可乎?"

上博五·三 19～,或讀為"晦"。《爾雅·釋言》:"晦,冥也。"

上博四·柬 11"～啻",或讀為"毋啻",典籍多作不啻,有如同、無異於、不正是等意思。

上博五·季 7"～㝱",讀為"晦昧",猶愚昧。《意林》卷二引《尹文子》曰:"專用聰明,則功不成;專用晦昧,則事必悖。"

上博五·季 19"～逼","毋"字有可能是"女"字的錯寫,"如歸"。《管子·小匡》:"鼓之而三軍之士視死如歸。"(單育辰)

上博四·內附簡"～忘",讀為"毋忘",見《管子·小稱》引鮑叔牙奉杯語齊桓公:"使公毋忘出如莒時也,使管子毋忘束縛在魯也,使寧戚毋忘飯牛車下也。"

上博～,或讀為"毋",副詞,不,表示否定。

毋

 上博二·昔 1 君之～(母)俤(弟)是相

 上博二·昔 1 大(太)子旹(前)之～(母)俤(弟)

 上博二·昔 1 ～(母)俤(弟)夲(遜)退

 上博二·容 13 孝業(養)父～

 上博四·逸·多 2 莫奴(如)同父～(母)

552

上博四・內 6 父～(母)所樂樂之

上博四・內 6 父～(母)所憂憂之

上博四・內 7 古(故)父～(母)安

上博四・內 8 父～(母)又(有)疾

上博四・內 9 考(孝)子事父～(母)

上博五・弟 7 虗(吾)䏌父～(母)之喪

上博五・弟 8 莫新(新)唐父～(母)

上博四・內 6 君子事父～(母)

上博二・民 1 民之父～(母)

上博二・民 1 敢𥄎(問)可(何)女(如)而可胃(謂)民之父～(母)

上博二・民 2 民[之]父～(母)虖(乎)

上博二・民 3 丌(其)[之]胃(謂)民之父～(母)矣

 上博二·民12 爲民父～（母）

 上博一·緇12～吕（以）少（小）悔（謀）敗大煮（圖）

 上博一·緇12～吕（以）辟御肅（疾）妝（莊）后

 上博一·緇12～吕（以）辟士肅（疾）大夫向（卿）使（士）

 上博二·從甲15～暴

 上博二·從甲15～祷（虐）

 上博二·從甲15～惻（賊）

 上博二·從甲15～念（貪）

 上博二·從甲19 餡（飢）滄而～斂

 上博二·從甲19 從事而～說（說）

 上博二·從乙2～占民贍（斂）則同

 上博二·容20 思民～憨（惑）

上博三・彭 2 戒之～喬（驕）

上博三・彭 8～劭叚（賢）

上博三・彭 8～向桓

上博四・相 1 政～忘所訌（治）事

上博四・曹 5 君亓（其）～員（惲）

上博四・曹 37～囚筲（爵）

上博四・曹 62～上䐃（腰）而上䎽（聞）命

上博五・鮑 3～內（入）錢（殘）器

上博五・鮑 7 又（有）㷊（司）祭備（服）～（無）紋（黼）

上博五・季 17～逆百事

上博五・姑 5 虍（吾）～又（有）它正公事

上博五・姑 7 句（苟）義～售（久）

 上博五·姑9與亓(其)~

 上博五·季22□遬(速)~死(恆)

 上博五·君2身~迬(動)安

 上博五·君5凡色~惡

 上博五·君5~佻

 上博五·君5~俴(怍)

 上博五·君5~諛(詟)

 上博五·君5~

 上博五·君6~臭(畏)䚷(睇)

 上博五·君6凡目~遊

 上博五·君6~欽毋去

 上博五·君6毋欽~去

 上博五・君7 脊(肩)～戔(登)

 上博五・君7～詹

 上博五・君7 身～躬

 上博五・君7～倩

 上博五・君7 行～㠯(蹶)

 上博五・君7～敘

 上博五・君7 足～支

 上博五・君7～高

 上博五・弟3～又柔孝(教)

 上博五・弟3～又首猷(猶)

 上博一・性27 凡身谷(欲)青(靜)而～遣(譴)

 上博一・性27 甬(用)心谷(欲)悳(德)而～悥(僞)

 上博一·性 27 慮谷（欲）淵而～異

 上博一·性 27 退谷（欲）繡（肅）而～翌（輕）

 上博一·性 28 言谷（欲）植（直）而～流

 上博一·性 28 居凥（处）谷（欲）脱（逸）芴（易）而～曼（慢）

 上博一·性 30 言及則明壑（舉）之而～愚（僞）

 上博一·性 30 凡交～剌（烈）

 上博一·性 30 凡於道洛（路）～悢（畏）

 上博一·性 30 ～蜀（獨）言

 上博一·性 31 句（苟）～害

 上博七·武 6 ～行可思（悔）

 上博七·武 8 ～曰可（何）惥（傷）

 上博七·武 9 ～曰可（何）戔（殘）

 上博七·武 10～堇(謹)弗志

 上博七·武 10～

 上博七·鄭甲 4～㠯(以)城(成)名立於上

 上博七·鄭甲 5～敢夕門而出

 上博七·鄭乙 5～敢夕門而出

 上博七·凡甲 23～遠恣(求)

 上博七·凡乙 15～遠恣(求)厇(宅一度)

 上博七·吳 7～敢又(有)遲(遲)速之羿(期)

 上博六·競 7 君祝敓～溥青忍皋唬

 上博六·孔 13 大爲～聚

 上博八·顔 14 而～(毋)谷(欲)旻(得)安(焉)

 上博八·有 5 族援=(援援)必蠚(慎)～瑩今可(兮)

　上博八·有5視～以三誋

～，戰國文字或作 （郭店·緇衣23）、 （郭店·性自命出60）、 （郭店·性自命出60）、 （郭店·性自命出65）、 （九42）、 （新蔡甲三58）、 （新蔡甲三143）、 （秦風162）、 （里J1⑨1正）。《說文·毋部》："毋，止之也。从女，有姦之者。"

上博二·昔1"～俤"，讀爲"母弟"。《公羊傳·隱公七年》："母弟稱弟，母兄稱兄。"何休注："母弟，同母弟；母兄，同母兄。不言同母言母弟者，若謂不如爲如矣，齊人語也。"

上博～，副詞，不，表示否定。《韓非子·說林下》："以我爲君子也，君子安可毋敬也。"

上博"父～"，讀爲"父母"，父親和母親。《詩·小雅·蓼莪》："哀哀父母，生我劬勞。"

誨

　上博六·天甲13忠～

　上博七·凡甲4九囗（有/域）出～

　上博七·凡乙4九囗（有/域）出～

　上博八·有2自～（誨）今可（兮）

～，从"言"，"母"聲，古文"謀"字，見《說文》。

上博六·天甲13"忠～"，讀爲"中敏"，猶"內敏"。《漢書·黃霸傳》"霸爲人明察內敏"，顏師古注："內敏，言心思捷疾也。"（陳偉）或讀爲"謀"。

上博七～，同"誨"，《説文》："誨，曉教也。"勸諫的話。《書·説命上》："朝夕納誨，以輔台德。"孔安國傳："言當納諫誨直解，以輔我德。"

惡

上博三·中 5 余～（誨）女

上博三·中 9 雋（雖）也不～（敏）

上博五·君 1 韋不～（敏）

上博五·三 13 亞（惡）聖人之～（謀）

上博一·緇 12 古（故）君不與少（小）～（謀）大

上博一·緇 12 毋㠯（以）少（小）～（謀）敗大煮（圖）

上博三·彭 6 □□之～（謀）不可行

上博四·逸·交 3 闕（間）闡（關）～（謀）訇（治）

上博四·逸·交 4 闕（間）闡（關）～（謀）訇（治）

上博四·曹 13 有固～（謀）而亡固城

 上博六·孔 25 民喪不可～

 上博六·用 17 脂(羞)廟(聞)亞(惡)～(謀)

 上博一·孔 26 陘(隰)又(有)長(萇)楚得而～(悔)之也

 上博三·周 14 可余～

 上博三·周 14 迡(遲)又～

 上博三·周 19 亡～

 上博三·周 26 亡～

 上博三·周 27 亡～

 上博三·周 28 ～亡

 上博三·周 32 ～(悔)喪(亡)

 上博三·周 33 ～(悔)亡

 上博三·周 38 ～(悔)亡

上博三·周43 达(逐)～(悔)又悬(悔)

上博三·周43 达(逐)悬(悔)又～(悔)

上博五·三20 矕达(去)皀(以)～(悔)

上博一·性39 ～之方也

上博二·從乙4 酱～(悔)而共(恭)孫(遜)

上博七·武6 毋行可～

上博七·吴9 隹(唯)不～既卲矣

～，从"心"，"母"聲，或从"毋"聲。與 (郭店·老子甲25)、 (郭店·緇衣22)、 (郭店·尊德義16)、 (郭店·語叢四13)、 (郭店·語叢二38)、 (郭店·語叢三31)、 (郭店·六德21)同。

上博一·緇12 ～，讀爲"謀"，圖謀；算計。《左傳·襄公八年》："鄭群公子以僖公之死也，謀子駟。"

上博四·逸·交3"～司"，讀爲"謀思"。"謀"、"思"同義，都是"謀劃、思慮"之意。《書·康誥》"遠乃猷"，舊注："遠汝謀思爲長久"。或讀爲"謀治"。

上博三·周易"～亡"，讀爲"悔亡"。禍害消除。《易·咸》："九四：貞吉，悔亡……象曰：貞吉悔亡，未感害也。"王弼注："貞然後乃吉，吉然後乃得亡其悔也。"

上博一·性39 ～，讀爲"敏"，疾速；敏捷。《詩·小雅·甫田》："曾孫不

怒,農夫克敏。"毛亨傳:"敏,疾也。"

　　上博二·從乙 4"懃～",讀爲"怸悔",猶悔過。《宋書·沈演之傳》:"可徙勃西垂,令一思怸悔。"

　　上博三·中 5"余～女",讀爲"余誨女"。誨,教導。《論語·爲政》:"子曰:'由,誨女知之乎！知之爲知之,不知爲不知,是知也。'"

　　上博六·孔 25～,讀爲"侮",輕侮。

　　上博七·武 6"毋行可～",今本作"無行可悔"。～,讀爲"誨",教導也。

　　上博三·中 9、上博五·君 1、上博七·吳 9"不～",讀爲"不敏",不明達,不敏捷。用作對自己的謙稱。《論語·顏淵》:"回雖不敏,請事斯語矣。"上博三·中 9"雖也不敏"見《論語·顏淵》"仲弓曰:'雍雖不敏'"。

　　上博～,或讀爲"悔",悔恨。

唔

　　上博三·周 47～(悔)亡

　　上博四·曹 55 芋(葸)者思(使)～

　　～,從"口","母"聲,"謀"字異體。《玉篇·口部》:"唔,慮也。"《集韻·平侯》:"《說文》'慮難曰謀'……亦書作唔。"

　　上博三·周 47"～亡",讀爲"悔亡"。參"愳"字條。

　　上博四·曹 55"～",讀爲"悔",悔恨;後悔。《詩·召南·江有氾》:"不我以,其後也悔。"《淮南子·氾論》:"故桀囚於焦門,而不能自非其所行,而悔不殺湯於夏臺。"

拇

　　上博三·周 26 欽(感)亓(其)～

　　上博三·周 27 欽(感)亓(其)～

 上博三·周37 繲(解)亓(其)～

～,从"手","母"聲。母在手旁之左。《説文·手部》:"拇,將指也。从手,母聲。"

簡文～,《經典釋文》:"子夏作踇。"手或足的大指。《易·解》:"解而拇,朋至斯孚。"孔穎達疏:"拇,足大指也。"

洓(海)

 上博三·中18 昔三弋(代)之明王又(有)四～(海)之内

 上博二·容5 四～(海)之外寄(賓)

 上博二·容5 四～(海)之内貞

 上博二·容9 而橐才(在)四～(海)之内

 上博二·容19 四～(海)之内

 上博二·容20 四～(海)之外

 上博二·容25 東豉(注)之～(海)

 上博二·容26 東豉(注)之～(海)

 上博二·容 26 東皷(注)之～(海)

 上博二·容 41 以霂四～(海)之内

 上博二·民 7 而悳(德)既塞於四～(海)矣

 上博二·民 12 塞于四～(海)

 上博七·凡甲 15 練(陳)於四～(海)

 上博七·凡甲 16 之〈先〉智(知)四～(海)

 上博七·凡乙 11 先智(知)四～(海)

 上博七·吴 5 東～(海)之表

 上博八·命 7 四～(海)之内

～，从"水"，"毋"或"母"聲，"海"字異體。與 、、、同。《說文·水部》："海，天池也，以納百川者。从水，每聲。"

上博"四～"，即"四海"，泛指天下，中國各處。《孟子·梁惠王上》："故推恩足以保四海，不推恩無以保妻子。"《荀子·議兵》："四海之内若一家，通達之屬莫不從服。"

上博七·吴5"東～",即"東海",指我國東方濱海地區。《左傳·襄公二十九年》:"爲之歌《齊》,曰:'美哉,泱泱乎!大風也哉!表東海者,其大公乎!'"

畮

　　上博六·慎5送畮備～

～,从"田","女"(母)聲,疑即"畮"字異體。

上博六·慎5"送畮備～",讀爲"遵畮服畮",與《晏子春秋》的"蹲(遵)行畎畮之中"同。《晏子春秋·内篇諫上》"景公遊公阜一日有三過言晏子諫第十八"章:"君將戴笠衣褐,執銚耨,以蹲(遵)行畎畮之中。"

畮

　　上博二·子8采(由)者(諸)甽(畎)～之中

　　上博二·容14吕(以)三從舜於甽(畎)～之中

　　上博二·容52吕(以)少會者(諸)矦(侯)之帀(師)於～(牧)之埜(野)

　　上博五·鮑3～繹緟(短)

～,从"田","母"聲或"毋"聲。或从"田"、从"十"、从"攴"。《說文》:"畮,六尺爲步,步百爲畮。从田,每聲。畮或从田、十、久。"

上博二·子8、上博二·容14"畮～",田地;田野。《國語·周語下》:"天所崇之子孫,或在畎畮,由欲亂民也。"韋昭注:"下曰畎,高曰畮。畮,壟也。"《荀子·成相》:"舉舜甽畮,任之天下身休息。"

上博二·容52"～之埜",讀爲"牧之野",牧邑的野,古書亦稱"牧野"。牧在殷都朝歌的郊區(在今河南淇縣東北),周圍的野叫"牧野"。《書·牧誓》:

567

"時甲子昧爽,王朝至于商郊牧野,乃誓。"曾運乾正讀:"牧野,在紂都朝歌南七十里。"

上博五·鮑3"～緂",讀爲"畮墨",是畮的長度單位。

上博三·彭8朕㚄(孳)不～

～,从"力","毋"聲,"敏"字異體。

上博三·彭8"不～",讀爲"不敏",不明達;不敏捷。《國語·晉語二》:"欵也不才,寡智不敏,不能教導,以至於死。"韋昭注:"敏,達也。"

每

上博二·子4～(敏)呂(以)學寺(詩)

上博七·凡甲15～于千里

上博七·凡乙10～于☒

上博七·吴8姑～

古文字中的"每"字或作🆎(戩40·1)、🆎(昌鼎),从女或母,其上"🆎"、"🆎"象髮飾之形。楚簡"每"字(包括从每之字)上端的髮飾則完全訛變作"來"聲。郭店·語叢一34作🆎。《説文·屮部》:"每,艸盛上出也。从屮,母聲。"

上博二·子4～,讀爲"敏",勤勉。《禮記·中庸》:"人道敏政,地道敏樹。"鄭玄注:"敏,猶勉也。"

上博七·凡甲15～,讀爲"謀"。《説文》:"謀,處難曰謀。"謀慮,謀劃。

《詩·大雅·生民》:"載謀載惟。"《易·頌》:"君子以作事謀始。""謀於千里",謀劃於千里之外。

上博七·吴 8"～",或釋爲"姊"。

悔

 上博六·用 12 則弗可～

《說文·心部》:"悔,悔恨也。从心,每聲。"
簡文～,悔恨。

晦

 上博三·亙 9 先又(有)～(晦)

 上博五·鬼 8 虐(顔)色深～(晦)

～,从"日","母"聲,"晦"字異體。《說文·日部》:"晦,月盡也。从日,每聲。"

上博三·亙 9～,暗昧。《詩·鄭風·風雨》:"風雨如晦,雞鳴不已。"毛亨傳:"晦,昏也。"

上博五·鬼 8"深～",深微、含蓄。《左傳·成公十四年》:"春秋之稱,微而顯,志而晦,婉而成章。"

明紐某聲

慕

 上博二·容 3 喬(教)而～(誨)之

 上博二·容 37 湯乃～(謀)戒求瑉(賢)

～，从"心"，"某"聲。"謀"字異體。《説文·言部》："謀，慮難曰謀。從言，某聲。㘿，古文謀。䛑，亦古文。"

上博二·容3～，讀爲"誨"，"教而誨之"，見《詩·小雅·綿蠻》："飲之食之，教之誨之"。《説文》："誨，曉教也。"

上博二·容37～，讀爲"謀"，《玉篇·言部》："謀，謀計也。"

寐

上博二·容37 於是虐（乎）有諎（喑）、聾（聾）、皮、瞑、瘦（瘦）、～、婁始絧（起）

～，从"宀"，"某"聲。

簡文～，或讀爲"府"；或讀爲"瞢"或"瞑"；或讀爲"瘺"。《爾雅·釋詁》："瘺，病也。"

明紐麥聲歸來聲

明紐牧聲歸牛聲

徐在國 ◎ 著

上博楚簡文字聲系 一~八

第二册

正編·職部

上博楚簡文字聲系

職　部

影紐啻聲

啻

上博五·鬼 4～亓(其)力古不能至安啻

上博七·武 1～(意)敚忢(喪)不可旻(得)而詿(睹)唐(乎)

～，郭店·語叢三 64 作 ㄓ。《説文·言部》："啻，快也。从言，从中。"

楚簡～，讀爲"意"，疑度。郭店·語叢三 64"亡啻，亡古(固)，亡義(我)，亡必"，見《論語·子罕》："子絶四：毋意，毋必，毋固，毋我。"

上博五·鬼 4～，讀爲"抑"，轉接連詞。《國語·晉語八》："不知人殺乎抑厲鬼邪？"《説苑·辨物》"抑"作"意"。《論語·學而》："抑與之與？"《漢石經》"抑"作"意"。《墨子·明鬼下》："豈女爲之與，意鮑爲之與？"孫詒讓閒詁引王引之曰："意，與抑同。"《莊子·盜跖》："知不足邪，意知而力不能行邪？"

上博七～，讀爲"意"，謂推測。傳世本《大戴禮記·武王踐阼》對應文句作"意亦忽不可得見與"，《禮記·學記》鄭玄注所引同，孔穎達疏："但其道超忽已远，亦恍惚不可得見與。"

曉紐黑聲

墨

 上博六·用 3 誇亓(其)又帀～

～,戰國文字或作 、、。《説文·土部》:"墨,書墨也。从土,从黑,黑亦聲。"

上博六·用 3 ～,讀爲"謀"。"謀"、"墨"爲明紐雙聲,韻部爲之、職對轉,音近可通。《吕氏春秋·任數》中的"煤",《孔子家語·在厄》作"墨"。中謀,猶内謀。《國語·晉語三》:"内謀外度,考省不倦,日考而習,戒備畢矣。"(陳偉)或讀爲"忠謀",指忠誠之謀。(陳偉武)

纆

 上博五·鮑 3 昁(晦)～緟

 上博五·鮑 3 田～長

～,从"糸","墨"聲。《玉篇·糸部》:"纆,索也。"

上博～,讀爲"墨",古代的長度單位,五尺爲墨。《小爾雅·廣度》:"五尺爲墨,倍墨爲丈。""畮墨"就是畮的長度單位、"田墨"就是田的長度單位。

見紐革聲

革

 上博二·容 18 不折(制)～

 上博二·容51 武王於是虖(乎)复(作)爲～車千轚(乘)

 上博二·容51 武王乃出～車五百轚(乘)

 上博三·周30 戏用黄牛之～

 上博三·周47～

 上博三·周47 巩(鞏)用黄牛之～

 上博三·周47 攺(改)日乃～之

 上博三·周47 ～言晶(三)敓(就)

～，或作 ▨(郭店·唐虞之道12)、▨(珍戰6)。《説文·革部》："革，獸皮治去其毛，革更之。象古文革之形。▨，古文革。从三十。三十年爲一世，而道更也。臼聲。"

上博三·周47～，卦名，《周易》第四十九卦，離下兑上。《彖》曰："革，水火相息，二女同居，其志不相得，曰革。"《象》曰："澤中有火，革；君子以治厤明時。"

上博三·周47"～言"，謂更改供詞。《易·革》："九三：征凶。貞厲。革言三就，有孚。"王弼注："自四至上，從命而變，不敢自違，故曰革言三就。"高亨注："革言，有罪更改供詞。"

上博二·容51"～車"，古代兵車的一種。《左傳·閔公二年》："元年革車三十乘，季年乃三百乘。"杜預注："革車，兵車。"《孫子·作戰》："凡用兵之法，馳車千駟，革車千乘。"梅堯臣注："馳車，輕車也；革車，重車也。凡輕車一乘，

甲士步卒二十五人。重車一乘,甲士步卒七十五人。"

上博二·容18"折~",讀爲"製革",指製甲衣。《周禮·考工記·弓人》:"往體寡,來體多,謂之王弓之屬,利射革與質。"鄭玄注:"革謂干盾。"《孟子·公孫丑下》:"兵革非不堅利也,米粟非不多也。"

上博三·周30~,加工去毛的獸皮。《書·禹貢》:"齒革羽毛惟木。"孔安國傳:"革,犀皮。"孔穎達疏:"革之所美,莫過於犀,知革是犀皮也。《說文》云:'獸皮治去其毛爲革。'"

見紐戒聲

戒

上博二·從乙1 弇~先㴪(匡)

上博二·容37 湯乃悔(謀)~求臤(賢)

上博二·容39 於是虖(乎)訢(慎)~陞(徵)臤(賢)

上博三·周10 邑人不~

上博三·周57 終日~

上博三·彭2 ~之毋喬(驕)

上博四·昭1 王~邦夫=(大夫)㠯(以)歓=(歓酒)

上博四·曹37 □又(有)~言曰

上博四·曹49 含(答)曰:～

上博四·曹60 明懃(慎)㠯(以)～

上博五·三15 敄(務)蕽(農)敬～

上博七·武6 安樂必～

上博八·蘭2 備坚(修)庶～

～,戰國文字或作 、。《說文·収部》:"戒,警也。从廾持戈,以戒不虞。"徐灝《說文解字注箋》:"持戈以警備,引申爲凡戒慎之偁。"

上博四·昭1～,《周禮·天官·大宰》:"前期十日,帥執事而卜日,遂戒。"鄭玄注:"既卜,又戒百官以始齊(齋)。"孫詒讓正義:"《士冠禮》鄭注云:'戒,警也,告也。'既卜得吉,則告百官使始齊(齋),是卜與戒及始散齊(齋)並同日也。"

上博五·三15"敬～",警戒;戒備。《周禮·夏官·職方氏》:"攷乃職事,無敢不敬戒。"《荀子·大略》:"敬戒無怠。"

上博四·曹49～,謹慎。《吳子·論將》:"故將之所慎者五:一曰理,二曰備,三曰果,四月戒,五曰約。……戒者,雖克如始戰。"

上博七·武6～,警戒,防患。《説苑·敬慎》:"無多言,多口多敗;無多事,多事多患。安樂必戒,無行所悔。"

上博八·蘭2～,戒備。《詩·大雅·抑》:"用戒戎作,用遏蠻方。"鄭玄箋:"當用此備兵事之起,用此治九州之外不服者。"朱熹集傳:"戒,備。"簡文"備"、"修"、"戒"皆義近。

見紐亟聲

恆

 　上博一·性 37 不又(有)夫～悠之志則曼

 　上博三·亙 12 無不旻(得)亓(其)～而果述

～,燕陶文作 (歷博·燕 119)。《説文·心部》:"恆,疾也。从心,亟聲。一曰:謹重皃。"

上博一·性 37"～悠",郭店·性自命出 45 作"恆怡",恆、恆,均讀爲"極",程度副詞,猶甚、最、很、狠。《史記·高祖本紀》:"高祖曰:'豐吾所生長,極不忘耳!'""極怡"、"極忻",義爲最喜悦。

硻(硻)

 　上博三·亙 12 無許～

～,从"止","亟"聲。

上博三·亙 12～,讀爲"極"。《左傳·文公六年》"陳之藝極",孔穎達疏:"藝是準限,極是中正。"《漢書·兒寬傳》"唯天子建中和之極",顔師古注:"極,正也。"由正義引申,又有準則、法度一類意義。《説文》"必,分極也"段玉裁注:"極猶準也。"《詩·商頌·殷武》"商邑翼翼,四方之極",馬瑞辰《毛詩傳箋通釋》:"極亦法也。"

溪紐克聲

克

 　上博一·緇 11 女(如)亓(其)弗～見

上博三·周 4 不～訟

上博三·周 5 不～訟

上博四·曹 14 又（有）～正（政）而亡克戟（陳）

上博四·曹 14 又（有）克正（政）而亡～戟（陳）

上博四·曹 14 或㠯（以）～

上博四·曹 38 勿兵㠯（以）～

上博四·曹 38 勿兵㠯（以）～奚女（如）

上博四·曹 60 如㭪（將）弗～

上博六·用 14 ～輮戎事

～，戰國文字或作㪟（郭店·老子乙 2）、㪟（郭店·緇衣 19）、㪟（鄔王職壺上海博物館集刊·8·147）、㪟（珍吴 140 頁十七年相邦鈹）、㪟（施 323）、㪟（陝西 797）。《説文·克部》："克，肩也。象屋下刻木之形。㪟，古文克。㪟，亦古文克。"

上博四·曹 14 "～政"是足以勝人之政，"～陳"是足以勝人之陳。

上博四·曹 14、38、60 ～，戰勝；攻取。《易·既濟》："高宗伐鬼方，三年克之。"《吕氏春秋·愛士》:"〔繆公〕遂大克晉,反獲惠公以歸。"高誘注:"克,勝也。"

上博~,能够。《書·舜典》:"慎徽五典,五典克從。"孔安國傳:"五教能從,無違命。"《詩·齊風·南山》:"析薪如之何?匪斧不克。"毛亨傳:"克,能也。"

端紐哉聲

哉

 上博八·命4則~爲民窮窗

 上博八·鶹2不~(織)而欲衣今可(兮)

~,楚文字或作 (郭店·尊德義18)、 (郭店·六德24)、 (郭店·六德36)、 (施179)、 (新蔡甲三200)、 (新蔡零147),是一個從"戈"從"樴"的象形初文得聲的形聲字。弋、樴音義皆近,當是一語之分化。《説文·戈部》:"哉,闕。从戈,从音。"

上博八·命4~,讀爲"職",適也,即《詩·小雅·巧言》"無拳無勇,職爲亂階"之類"職"字。(陳劍)或説楚卜筮禱祠簡"特牛"之"特"寫作"哉"(如包山200號簡)。于此表轉折,却、竟義。(陳偉)

上博八·鶹2~,讀爲"織",製作布帛之總稱。《詩·大雅·瞻卬》:"婦無公事,休其蠶織。"《莊子·盜跖》:"不耕而食,不織而衣,搖唇鼓舌,擅生是非,以迷天下之主。"

儾

 上博二·从甲12售(唯)殜(世)不~(識)

~,从"人"、"齒"、"哉","齒"、"哉"均是聲符。上古音齒屬昌紐、之部,哉

屬章紐、職部。聲紐均屬舌音,韻部之、職對轉。

上博二·从甲 12～,讀爲"識"。《說文》:"識,知也。"簡文"唯(雖)世不識,必或智(知)之",義爲即使世人不認識,也一定知道他。

定紐食聲

飤

上博二·容 28 乃飤～(食)

上博三·周 44 菜普〈替〉不～(食)

上博三·周 45 菜杸(救)不～(食)

上博三·周 45 寒漻(泉)～(食)

上博三·周 50 酓(飲)～(食)䖈(衍)䖈(衍)

上博二·魯 6 公剴不飯秈(粱)～(食)肉才(哉)

上博二·從甲 7 禔卜衣～(食)

上博三·周 5～(食)舊惪(德)

上博四·內 9 以～(食)亞(惡)

 上博五·競 1 日之～(食)也

 上博五·競 6 至於史(使)日～(食)

 上博五·弟 8 ～(食)肉女(如)飯土

 上博五·弟 23 ～(食)丌(其)實□

 上博五·三 7 凡～(食)歙(飲)無量詁(計)

 上博五·三 13 亞(惡)盍與～(食)

 上博五·三 18 豻貌～(食)虎

 上博五·鬼 6 弗歙(飲)弗～(食)

 上博二·容 3 歙(飲)而～(食)之

 上博二·容 4 邦無～人

 上博二·容 21 ～(食)不童(重)香(味)

 上博二·容 28 乃～(食)於埜(野)

 上博二・容 29 民又(有)余(餘)～(食)

 上博四・曹 15 其～足吕(以)飤(食)之

 上博四・曹 15 其飤(食)足以～之

 上博四・曹 21 繡(紳)功而～

 上博四・曹 30 □立(位)至(重)～

 上博四・曹 32 □白徒暴(早)～戟兵

 上博四・曹 63 毋火～□

 上博五・三 12 不猷不～

 上博五・鮑 5 ～(食)、色、息

 上博五・鮑 6 偖(煮)而～(食)人

 上博五・鮑 7 至欲～(食)而上厚亓(其)會(飲)

 上博三・周 22 不豪(家)而～(食)

 上博四·曹 11～不胥(貳)鸎☐

 上博六·孔 14 不～五穀

 上博六·木 1 睹～於鼪寬(宿)

 上博六·木 3 睹～於鼪寬(宿)

 上博六·用 8 而可酓(飲)～

 上博六·天甲 6～㠯(以)義

 上博六·天甲 7 者(諸)矦(侯)～同狀

 上博六·天甲 8 邦君～盥

 上博六·天甲 11 臨～不語亞(惡)

 上博六·天乙 6～以義

 上博六·天乙 6 者(諸)矦(侯)～同狀

 上博六·天乙 7 邦君～盥

 上博六·天乙 10 臨~不語亞(惡)

 上博七·君甲 2 又(有)~田五貞(正)

 上博七·君乙 2 楚邦之中又(有)~田五貞(正)

 上博七·凡甲 6 虐(吾)奚自~之

 上博七·凡甲 8 覞(鬼)之神奚~

 上博七·凡乙 5 虐(吾)奚自~之

 上博七·凡乙 7[覞(鬼)之神]奚~

 上博八·子 2 㠯(以)受嘼(戰)攻之~(食)於子

 上博八·子 3 ~(食)而弗與爲豊(禮)

~,楚文字或贅加"口"旁作 ,或將"食"旁省爲"皀",作 (郭店·成之聞之 13)。《説文·食部》:"飤,糧也。从人、食。"

上博五·鮑 5"~(食)、色、息",參郭店·語叢一 110"飤(食)與穎(色)與疾",《孟子·告子上》:"告子曰:食色,性也。"

上博三·周 50"酓~",讀爲"飲食",吃喝。《書·酒誥》:"爾乃飲食醉飽。"

上博三·周 5"~(食)舊悳(德)",享受,受用。

上博五·競1"日之～"、上博五·競6"日～"，即"日食"，是日爲月所蔽之現象。《書·胤征》孔穎達疏："日食者，月掩之也，月體掩日，日被月映即不成共處，故以不集言曰食也。"

上博二·容21"～不童眷"，讀爲"食不重味"，見《史記·吳太伯世家》："衣不重采，食不重味。"《漢書·高祖本紀》："衣不兼采，食不重味。"《文子·上仁》："國有饑者，食不重味；民有寒者，冬不被裘。"

上博二·容3"歙（飲）而～（食）之"，《詩·小雅·緜蠻》："飲之食之，教之誨之。"馬王堆三號漢墓醫書《十問》簡45～46："舜曰：必愛而喜之，教而謀之，歙而食之……"

上博四·曹63"火～"，讀爲"火食"，舉火煮飯。《荀子·宥坐》："孔子南適楚，厄於陳蔡之間，七日不火食，藜羹不糁，弟子皆有饑色。"

上博五·鮑6"～（食）人"，"食人"指易牙烹子進君，見《呂氏春秋·先識覽》："管仲對曰：'願君之遠易牙、豎刁、常之巫、衛公子啟方。'公曰：'易牙烹其子以慊寡人，猶尚可疑邪？'"

上博六·木1"睹～於虺宿"，或讀爲"睹食"（義爲朝食），或讀爲"煮食"，或讀爲"舍食"。《後漢書·光武帝紀上》："於是光武趣駕南轅，晨夜不敢入城邑，舍食道傍。"

上博七·君甲2"又（有）～田五貞（正）"，"食田"，見《國語·晉語四》："士食田。"《戰國策·楚策一》："葉公子高，食田六百畛。"

上博六·天甲6、天乙6"～以義"，讀爲"食以宜"，《春秋繁露·天地之行》："飲食臭味，每至一時，亦有所勝有所不勝之理，不可不察也。四時不同氣，氣各有所宜。宜之所在，其物代美。視代美而代養之，同時美者雜食之，是皆其所宜也。春秋雜物其和，而冬夏代服其宜，則當得天地之美四時和矣。"

上博二·魯6"～（食）肉"，吃鳥獸的肉。《禮記·曲禮上》："父母有疾……食肉不至變味，飲酒不至變貌。"

緎

 上博五·競10 洶达（逐）畋～

～，从"糸"，"飤"聲。或疑是"飾"字的異體。

上博五·競10"畋～"，讀爲"田弋"，田獵弋射。《左傳·哀公七年》："及曹伯陽即位,好田弋。曹鄙人公孫彊好弋,獲白鴈,獻之,且言田弋之説,説之。"

定紐直聲

直

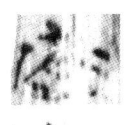　上博一·性32 不惎(過)～(十)

　上博六·天乙4 文～治

　上博六·天乙5 武～伐

　上博六·天乙5 日月～亓(其)甫

～,戰國文字或作 、、、、。《説文·乚部》:"直,正見也。从乚从十,从目。![],古文直。"

上博一·性32～,讀爲"十"。郭店《性自命出》與此字相對的作"十"。

上博六·天乙4 文～,讀爲"文德",指禮樂教化。與"武功"相對。《易·小畜》:"君子以懿文德。"《論語·季氏》:"故遠人不服,則修文德以來之。"《後漢書·光武帝紀上》:"言武功則莫之敢抗,論文德則無所與辭。"《漢書·刑法志》:"文德者,帝王之利器。威武者,文德之輔助也。"

上博六·天乙5"武～",讀爲"武德",即武道。《史記·秦始皇本紀》:"皇帝哀衆,遂發討師,奮揚武德。"

上博六·天乙5～,讀爲"得",獲得,得到。《詩·周南·關雎》:"求之不得,寤寐思服。"

悳

 上博一·孔 2 盛～也

 上博一·孔 5 王～也

 上博一·孔 5 秉叟(文)之～(德)

 上博一·孔 6 秉叟(文)之～(德)

 上博一·孔 6 不慇(顯)隹～(德)

 上博一·孔 7 褱(懷)尔(爾)㬎(明)～(德)

 上博一·孔 9 巽～(德)古也

 上博一·緇 3 咸又(有)一～(德)

 上博一·緇 7 又(有)梏～(德)行

 上博一·緇 13 㚔(教)之㠯(以)～(德)

 上博一·緇 21 厶(私)惠不褱(懷)～(德)

 港甲1民～(德)一

 上博二・子2伊堯之～(德)則甚昷(明)墾(歔)

 上博二・子6堯見垄(舜)之～(德)叚(賢)也

 上博二・子6垄(舜)之～(德)則城善

 上博二・子8古夫垄(舜)之～(德)

 上博二・魯1母(無)乃遊(失)者(諸)型(刑)與～(德)虘(乎)

 上博二・魯2不智(知)型(刑)與～(德)

 上博二・魯3女夫政(正)垔(型)與～(德)㠯(以)事上天

 上博三・彭4夫子之～(德)登矣

 上博一・孔24則㠯(以)之～(德)也

 上博二・从甲5從正(政)稾五～(德)

 上博二・从甲5五～(德)

上博二·容39～(德)惠而不賊

上博二·容1亓(其)～(德)酉清

上博二·容50成～(德)者

上博二·容32曰～(德)遬(速)裹□

上博三·中11敢昏(問)道民興～(德)女(如)可(何)

上博三·中13唯(雖)又(有)羕～(德)

上博三·中17～(德)孚(教)不悉(倦)

上博一·孔2《大顕(夏)》盛～(德)也

上博四·曹3此不貧於媞(美)而稟(富)於～與(歟)

上博四·曹21而賞篗(爵)又(有)～

上博五·季2□～(德)

上博五·季2青(請)昏(問)可(何)胃(謂)悬(仁)之吕(以)～(德)

 上博五・季 4 敬城亓(其)～(德)㠯(以)臨民

 上博五・季 4 此之胃(謂)惡(仁)之㠯(以)～(德)

 上博五・季 6 以箸(書)耉=(君子)之～(德)也

 上博五・季 7 君子敬城亓(其)～(德)

 上博五・三 1 是胃(謂)參(三)～

 上博五・三 22 君子不愨(慎)亓(其)～(德)

 上博一・性 10 孚(教)所㠯(以)生～于中者也

 上博一・性 16 絢亓(其)～

 上博一・性 23 又(有)～者也

 上博一・性 26 㠯(以)～者也

上博一・性 27 甬(用)心谷(欲)～(德)而毋□

 上博一・性 34 ～情出於眚(性)

 上博三·周5 飤（食）舊～（德）

 上博三·周28 不死（恆）丌（其）～（德）

 上博三·周28 死（恆）丌（其）～（德）

 上博六·競9 明～（德）觀行

 上博六·孔24 而亡城～（德）

 上博六·慎3 賃～（德）㠯（以）㠯（俟）

 上博六·慎4 旹～（德）而方義

 上博六·用2 禹秉䥫～（德）

 上博六·用3丨亓（其）又（有）成～（德）

 上博六·用4 ～（德）徑于康

 上博六·用8 寧又（有）保～（德）

 上博六·用9 台忘民～（德）

上博六·用13 嘉~(德)吉獸

上博六·天甲5 文~(德)

上博六·天甲5 武~(德)伐

上博六·天甲9 儳民則㠯(以)~(德)

上博六·天甲12 因~(德)而爲之折

上博六·天乙8 儳民則㠯(以)~(德)

上博八·子2 妝(偃)也攸(修)丌(其)~(德)行

上博八·顏10 ~(德)城(成)則名至矣

上博八·成9 枔市明之~(德)亓(其)殜(世)也□

上博八·蘭3 蘭斯秉~(德)

~,楚文字或作(郭店·老子甲33)、 (郭店·窮達以時9)、 (郭店·五行29)、 (郭店·成之聞之33)、 (郭店·尊德義28)、 (郭店·六德19)、 (郭店·語叢一24)、 (郭店·語叢二48)、 (郭店·語叢三24)、

、、、。《説文·心部》："悳，外得於人，内得於己也。从直，从心。![]，古文。"

　　上博一·孔 7"㮃～"，讀爲"明德"，光明之德；美德。《逸周書·本典》："今朕不知明德所則，政教所行，字民之道，禮樂所生，非不念而知，故問伯父。"《史記·五帝本紀》："天下明德皆自虞帝始。"

　　上博一·緇 3"咸又一～"，讀爲"咸有一德"，《書·咸有一德》："伊尹作《咸有一德》。惟尹躬暨湯，咸有一德。"孔穎達疏："太甲既歸於亳，伊尹致仕而退，恐太甲德不純一，故作此篇以戒之。經稱尹躬及湯咸有一德，言己君臣皆有純一之德，戒太甲使君臣亦然。"

　　上博一·緇 21"裛～"，讀爲"懷德"，感念恩德。《書·洛誥》："王伻殷乃承敘萬年，其永觀朕子懷德。"《史記·劉敬叔孫通列傳》："及周之盛時，天下和洽，四夷鄉風，慕義懷德。"

　　上博五·三 1"參（三）～"，三種品德。隨文而異。《書·洪範》："三德，一曰正直，二曰剛克，三曰柔克。"孔穎達疏："此三德者，人君之德，張弛有三也。一曰正直，言能正人之曲使直；二曰剛克，言剛強而能立事；三曰柔克，言和柔而能治。"《周禮·地官·師氏》："以三德教國子，一曰至德，以爲道本；二曰敏德，以爲行本；三曰孝德，以知逆惡。"《國語·晉語四》："晉公子善人也，而衛親也，君不禮焉，棄三德矣。"韋昭注："三德，謂禮賓、親親、善善也。"

　　上博六·競 9"明～（德）"，彰明德行。《管子·君臣下》："此先王所以明德圉姦，昭公滅私也。"《荀子·成相》："明德慎罰，國家既治四海平。"

　　上博六·天甲 5"文～"，讀爲"文德"，指禮樂教化。《易·小畜》："君子以懿文德。"《論語·季氏》："故遠人不服，則修文德以來之。"

　　上博六·天甲 5"武～（德）"，與"文德"相對。《國語·晉語九》："有孝德以出在公族，有恭德以升在位，有武德以羞爲正卿，有温德以成其名譽，失趙氏之典刑，而去其師保，基於其身，以克復其所。"

　　上博二·魯"型（刑）與～（德）"，郭店·語叢一 24"丌（其）型（刑）生德"，《禮記·王制》有"考禮正刑一德"。刑德，刑罰與教化；刑罰與恩賞。《韓非子·二柄》："何謂刑德？曰：殺戮之謂刑，慶賞之謂德。"

　　上博三·中 17"～孝"，即"德教"，道德教化。《孟子·離婁上》："沛然德教溢乎四海。"

上博二·容32"曰～(德)遬(速)衰",《孟子·萬章》:"萬章問曰:'人有言"至於禹而德衰,不傳於賢而傳於子",有諸?'"《莊子·天地》:"子高曰:昔堯治天下,不賞而民勸,不罰而民畏。今子賞罰而民且不仁,德自此衰,刑自此立,後世之亂自此始矣。"

上博二·從甲5"五～",指人的五種品德,謂溫、良、恭、儉、讓。《論語·學而》"夫子溫良恭儉讓以得之",何晏集解引鄭玄曰:"言夫子行此五德而得之。"

上博八·子2"～行",《周禮·地官·師氏》"以三德三行教國子",鄭玄注:"德、行,內外之稱;在心爲德,施之爲行。"《禮記·表記》:"君子恥有其服而無其容,恥有其容而無其辭,恥有其辭而無其德,恥有其德而無其行。"孔穎達疏:"德在於內,形接於外。內既有德,當須以德行之於外,以接於人民。"

上博～,道德;品德。《易·乾》:"君子進德脩業。"《周禮·地官·師氏》:"以三德教國子。"鄭玄注:"德行,內外之稱,在心爲德,施之爲行。"《論語·述而》:"德之不修,學之不講,聞義不能徙,不善不能改,是吾憂也。"

㥁

 上博六·孔21 君子～己而立帀(師)保

～,從"人","悳"聲,"德"字異體。

上博六·孔21"～己",讀爲"德己",使自己有德。《關尹子·九藥》:"不可非世是己,不可卑人尊己,不可以輕忽道己,不可以訕謗德己,不可以鄙猥才己。"

櫜

 上博五·姑7 虐～(直)立經行

～,從"木","悳"聲,"植"字異體。

上博五·姑7"～立",讀爲"直立",爲臣以正直。《荀子·榮辱》:"辯而不說者,爭也;直立而不見知者,勝也。"《管子·君臣》:"故妻子必定,子必正,相必直立以聽,官必中信以敬。"《禮記·檀弓下》有"直情徑行",可與簡文相參。

或讀爲"特立"。

植

 上博一·緇 2 好是正～（直）

 上博一·性 28 言谷（欲）～（直）而毋流

 上博五·弟 3～

 上博五·弟 20 又（有）戎（農）～（植）丌（其）檽而訶（歌）安

 上博六·孔 25 衆之所～

 上博八·李 1 亙（極）～（直）棘（速）成

～，與（郭店·老子乙 14）、（郭店·緇衣 3）、（左塚漆桐）、（郭店·五行 34）同。《說文·木部》："植，戶植也。從木，直聲。，或從置。"

上博一·性 28～，讀爲"直"，不彎曲。《詩·小雅·大東》："周道如砥，其直如矢。"

上博五·弟 20～，拄，倚扶。《論語·微子》："丈人以曰：'四體不勤，五穀不分。孰爲夫子？'植其杖而芸。"何晏集解引孔安國曰："植，倚也。"一說爲立。朱熹集注："植，立之也。"

上博六·孔 25～，種植。《淮南子·主術》："五穀蕃植。"

上博一·緇 2"正～"，讀爲"正直"，公正無私；剛直坦率。《書·洪範》："無反無側，王道正直。"蔡沈集傳："正直，不偏邪也。"《韓詩外傳》卷七："正直者順道而行，順理而言，公平無私，不爲安肆志，不爲危激行。"

上博八·李 1"亙～",讀爲"極直",形容樹榦挺拔,不彎曲。

定紐弋聲

弋

上博二·從甲 1 昔三～(代)之明王之又(有)天下者

上博三·中 18 昔三～之明王

上博五·鮑 1 殹(殷)人之所㠯(以)～(代)之

上博五·鮑 2 周人之所㠯(以)～(代)之

上博一·緇 2 則民情不～(忒)

上博一·緇 3 丌(其)義(儀)不～(忒)

上博二·容 50 虐(吾)敓而～(代)之

上博二·容 50 虐(吾)伐而～(代)之

上博四·曹 14 三～(代)之戟(陳)皆䧇(存)

上博四·曹 64 虐(吾)一谷(欲)睧(聞)三～(代)之所

　上博五·姑10 鑾(欒)箸(書)～(弑)敕(厲)公

　上博六·用4 迶相～耕

　上博七·武7 見(視)而所～

　上博七·凡甲13 遠之～

～，戰國文字或作 （郭店·緇衣5）、（郭店·魯穆公問子思4）、（郭店·唐虞之道9）、（郭店·唐虞之道17）、（郭店·唐虞之道18）、（珍秦263）、（傅492）。《說文·厂部》："弋，橜也。象折木衺銳著形。从厂，象物挂之也。"

　　上博一·緇3～，讀爲"忒"，疑惑。《詩·曹風·鳲鳩》："淑人君子，其儀不忒。"孔穎達疏："執義如一，無疑貳之心。"

　　上博"三～"，讀爲"三代"，《論語·衛靈公》："斯民也，三代之所以直道而行也。"邢昺疏："三代，夏、殷、周也。"《大戴禮記·哀公問於孔子》有"孔子遂言曰：'昔三代明王之政……'"

　　上博五·鮑1、2～，讀爲"代"，代替。

　　上博二·容50～，讀爲"代"，《說文》："代，更也"，段玉裁注："凡以此易彼謂之代"。或讀爲"式"，訓"效法"。

　　上博五·姑10～，讀爲"弑"。古代卑幼殺死尊長叫弑。《易·坤》："臣弑其君，子弑其父，非一朝一夕之故，其所由來者漸矣。"

　　上博七·武7～，讀爲"代"。簡文"所代"，指武王滅商，取而代之之事。

　　上博七·凡甲13～，用帶繩子的箭來射獵。《楚辭·九章·惜誦》："矰弋機而在上兮。"王逸注："弋亦射也。"字亦作"隿"。《楚辭·哀時命》："上牽聯於矰隿。"洪興祖考異："隿一作弋。"《說文》："隿，繳射飛鳥也。"《莊子·應帝王》："鳥高飛以避矰弋之害。"

代

 上博五·季14 三～之連(傳)史

《說文·人部》:"代,更也。从人,弋聲。"

上博五·季14～,朝代。《論語·八佾》:"子曰:'周監於二代,鬱鬱乎文哉!吾從周。'"邢昺疏:"言以今周代之禮法文章,迴視夏商二代,則周代鬱鬱乎有文章哉!"

軾

 上博五·弟20 子虞(據)～(軾)而□

～,从"車","弋"聲,"軾"字異體。《說文·車部》:"軾,車前也。从車,式聲。"

上博五·弟20～,讀爲"軾"。《說文》:"軾,車前也"。《後漢書·輿服志上》"文虎伏軾"下引《魏都賦》注曰:"軾,車橫覆膝,人所憑止者也。"《漢書·萬石衛直周張傳》:"過宮門闕必下車趨,見路馬必軾焉。"顏師古注:"軾,謂撫軾,蓋爲敬也。"

亥

 上博五·競10 或目(以)豎(豎)迻刁弄(與)～苫(牙)爲相

～,从"亥","弋"聲。

上博五·競10～,讀爲"易"。簡文"易牙",人名,齊桓公寵倖的近臣。《呂氏春秋·先識覽》:"管仲對曰:'願君之遠易牙、豎刁、常之巫、衛公子啟方。'公曰:'易牙烹其子以慊寡人,猶尚可疑邪?'"或認爲是"改"字異體,同義換讀爲"易"。

戠

　上博二·容 9 顏(履)埅(地)～(戴)天

～，從"首"，從"弋"(或認爲是弋、式)聲，"戴"字異體。

上博二·容 9"顏埅～天"，讀爲"履地戴天"。《大戴禮記·虞德戴》："……戴天履地以順民事。"《左傳·僖公十五年》："君履后土而戴皇天。"《吳越春秋·王僚使公子光傳》："子胥曰：吾聞父母之讎不與戴天履地……"

玳

　上博二·容 38～(飾)爲枀(瑤)臺

　上博三·周 30～用黃牛之革

～，從"玉"，"弋"聲。

上博二·容 38～，讀爲"飾"，裝飾。《太平御覽》卷八二引《竹書紀年》："後桀命扁伐山民，山民女於桀二人曰琬、曰琰。桀愛二人女，無子焉，斲其名於苕華之玉，苕是琬、華是琰，而棄其元妃於洛，曰妹喜。桀傾宮，飾瑤臺，作瓊室，立玉門。湯遂滅夏桀，桀逃南巢氏。"

上博三·周 30～，讀爲"飾"，裝飾。今本《周易》作"鞏"。

式

　上博一·緇 8 下土之～

～，從"土"，"弋"聲。

上博一·緇 8～，讀爲"式"，效法。《詩·大雅·下武》："成王之孚，下土之式。"毛亨傳："式，法也。"

定紐異聲

異

 上博三·亙3 ～生異

 上博三·亙3 異生～

 上博三·亙4 同出而～生(性)

 上博一·性4 丌(其)甬(用)心各～

 上博一·性27 慮谷(欲)淵而毋～

 上博四·曹7 今～於而(尔)言

 上博四·曹8 君言亡(無)以目(以)～於臣之言

 上博五·季9 ～於丘之所昏(聞)

 上博二·民13 愄(威)我(儀)～(翼)～(翼)

 上博六·孔7 ～於人不宜

 上博六·孔17 皆求～於人

 上博六·用6 各又亓(其)～煮(圖)

 上博七·凡甲4 虞(吾)奚～奚同

 上博七·凡乙3 虞(吾)奚～奚同

 上博八·李1【背】木～類可(兮)

 上博八·蘭5 菜(蘭)又(有)～勿(物)

 上博八·有2 同郼～心今可(兮)

～，甲骨文或作 (京都2141)像人首戴物之形，即"戴"之初文。楚簡文字中的"異"字中人的雙手變作" "或" "形，進而省簡作一橫筆。上部或訛為"日"、"厶"；下部或聲化為"亓"聲，或下穿筆畫訛為" "形，為三體石經古文 形所本。楚文字或作 (郭店·性自命出8)、 (郭店·性自命出9)、 (郭店·語叢二52)、 (郭店·語叢三3)、 (郭店·語叢三53)、 (新蔡甲三20)、 (新蔡甲三272)。《說文·異部》："異，分也。从廾，从畀。畀，予也。"

上博～，多訓為不同。《禮記·曲禮上》："別同異，明是非也。"《荀子·正名》："物有同狀而異所者，有異狀而同所者，可別也。狀同而為異所者，雖可合，謂之二實。"

上博二•民之父母 13"～～",讀爲"翼翼"。今本《禮記•孔子閒居》作"翼翼"。《詩•大雅•大明》"維此文王,小心翼翼",鄭玄箋:"小心翼翼,恭慎貌。"

上博八•李 1【背】"～類",不同種類。《莊子•人間世》:"虎之與人異類而媚養己者,順也。"

上博八•蘭 5"～勿(物)",讀爲"異物",不同尋常的特質,簡文指蘭草具有不同一般的品質特色。

上博八•有 2"～心",二心;叛離的意圖。《左傳•昭公三十一年》:"若得從君而歸,則固臣之願也,敢有異心?"《史記•淮南衡山列傳》:"當今諸侯無異心,百姓無怨氣。"

泥紐匿聲

匿

 上博一•緇 17 則行不可～

 上博二•容 33 达(去)䚩(苛)～(懸)

 上博六•競 6 今君之貪惛䚩(苛)～(懸)

 上博六•天甲 10 才(在)道不語～

 上博六•天乙 9 才(在)道不語～

～,與、、同。《説文•匚部》:"匿,亡也。从匚,若聲。讀如羊驪箠。"

上博一•緇 17、上博六•天甲 10、天乙 9～,隱藏;隱瞞。《書•盤庚上》:"王播告之脩,不匿厥指,王用丕欽。"孫星衍疏:"匿者,《廣雅•釋詁》云:

• 603 •

隱也。"

上博二・容33、上博六・競6"嗯～"，讀爲"苛慝"，暴虐邪惡。《左傳・昭公十三年》："苛慝不作，盜賊伏隱，私欲不違，民無怨心。"《集韻》："慝，隱情飾非曰慝。"

慝

上博六・用1～之台兇型（刑）

～，从"心"，"匿"聲。《廣韻》："慝，惡也。"
上博六・用1～，讀爲"匿"，隱匿、隱藏。

來紐力聲

力

上博一・緇10亦不我～

上博一・性36甬（用）～之事（盡）者

上博二・容6不蘍（勸）而民～

上博二・容35身～㠯（以）袋（勞）百眚（姓）

上博二・容38不量丌（其）～之不足

上博五・弟10士䤯㠯（以）～

上博五·三 1 民共～

上博五·鬼 4 亓(其)～能至(致)安(焉)而弗爲唬(乎)

上博五·鬼 4 啻(意)亓(其)～古(固)不能至(致)安(焉)唬(乎)

上博六·用 2 亦～㠯(以)毋忘

上博七·凡甲 30 之～古之力乃下上

上博七·凡甲 30 之力古之～乃下上

上博七·吳 8 裻(勞)～

上博七·武 15 弗～則桂(枉)

上博八·有 5 若余子～今可(兮)

～，戰國文字或作 、、、、、、。《說文·力部》："力，筋也。象人筋之形。治功曰力，能圉大災。"

上博七·武 15～，指"武力"。《孟子·公孫丑上》："以力服人者，非心服也。"

上博～,多指力量;力氣。《詩·邶風·簡兮》:"有力如虎,執轡如組。"

朸

 上博六·莊 4 哉於～述

 上博六·莊 6 忘夫～述之下虎(乎)

 上博八·李 1 秦(榛)～(棘)之閒(間)可(兮)

《說文·木部》:"朸,木之理也。从木,力聲。平原有朸縣。"

上博六·莊 4、6"～述",地名。

上博八·李 1"秦～",讀爲"榛棘",叢棘。《詩·小雅·斯干》"如矢斯棘",陸德明《釋文》:"棘,《韓詩》作朸。"《老子》"師之所處,荊棘生焉",馬王堆帛書甲本作"'師之'所居,楚朸生之","棘"作"朸"。《說文》:"棘,小棗叢生者。"泛指有芒刺的草木。《方言》三:"凡草木刺人,江湘之閒謂之棘。"《楚辭·七諫·怨思》:"荊棘聚而成林。"《楚辭·九歎·思古》:"藜棘樹於中庭。"揚雄《羽獵賦》:"斬叢棘,夷野草。""榛棘",亦見王粲《從軍詩》:"城郭生榛棘,蹊徑無所由。"

勑

 上博一·緇 1 則民咸～而型(刑)不刺

～,"力"、"來"均爲聲符。～字上部所從與 (來)形(鄔客量,《集成》10373)近。

上博一·緇 1～,讀"服"。今本即作"服"。《書·舜典》:"流共工於幽州,放驩兜於崇山,竄三苗于三危,殛鯀於羽山,四罪而天下咸服。"

㚋

 上博三·中13 緩怠而怼～之

～，與 （郭店·緇1）同，从"攴"，"力"聲。

上博三·中13～，讀爲"服"，從事；致力。《詩·周頌·噫嘻》："亦服爾耕，十千維耦。"鄭玄箋："服，事也。"班固《西都賦》："士承舊德之名氏，農服先疇之畎畝。"

訮

 上博二·從乙1㥶（黯）～䰜（懽）信

～，从"言"，"力"聲。

上博二·從乙1～，或認爲从"加"省，讀爲"嘉"，《説文》："嘉，美也。"《爾雅·釋詁上》："嘉，善也。"

精紐則聲

則

 上博一·緇2～民情不弋（忒）

 上博一·緇2～君不惫（疑）丌（其）臣

 上博一·緇3上人惫（疑）～百眚（姓）惑

 上博一·緇4～民不惑

上博一・緇 3 下難智(知)～君長[勞]

上博一・緇 6～下之爲悬(仁)也靜(爭)先

上博一・緇 1～民咸扐(力)而型(刑)不刺

上博一・緇 5 君好～民谷(欲)之

上博一・緇 9～[民悳(德)一]

上博一・緇 10 皮(彼)求我～

上博一・緇 11～忠敬不足

上博一・緇 12～大臣不夗(怨)

上博一・緇 13～民又(有)昱(勸)心

上博一・緇 13～民又(有)免心

上博一・緇 13～民又(有)睪(親)

上博一・緇 13～民不倍

 上博一・緇 13～民又(有)悉(遜)心

 上博一・緇 16～民言不舍(危)行

 上博一・緇 17 古(故)言～慮丌(其)所終

 上博一・緇 17 行～旨(稽)丌(其)所蔽(敝)

 上博一・緇 17～民訢(慎)於言而數(謹)於行

 上博一・緇 17～行不可匿

 上博一・緇 22～孚(好)悬(仁)不臤(堅)

 上博二・子 2 伊堯之悳(德)～甚盟(明)睪(與)

 上博二・子 2～之

 上博二・從乙 1 晜(櫜)訜(齇)(懼)信～愚(偽)不章

 上博五・競 5 肰(然)～可敓(奪)旱(與)

 上博五・鬼 3～善者或不賞

 上博一・緇7~民至(致)行己㠯(以)兌(悦)上

 上博一・孔8~言諓(譖)人之害也

 上博一・孔9~困天〈而〉谷(欲)反丌(其)古(故)也

 上博一・孔9~㠯(以)人益也

 上博一・孔9~

 上博一・孔11~丌(其)思賹(益)矣

 上博一・孔11~㠯(以)丌(其)彔(禄)也

 上博一・孔11~智(知)不可旻(得)也

 上博一・孔11~遆(離)者

 上博一・孔14丌(其)四章~俞(喻)矣

 上博一・孔16~

 上博一・孔18 折(杕)杜~情

　上博一·孔21～㠯(以)爲不可女(如)可(何)也

　上博一·孔23丌(其)甬(用)人～虐(吾)取

　上博一·孔24～㠯(以)文武之惪(德)也

　上博一·緇4～君不勞

　上博一·緇17～民不能大丌(其)頠(美)而少(小)丌(其)亞(惡)

　上博二·子6舜之惪(德)～城(誠)善□

　上博二·子7王～亦不大泆

　上博二·子8女(如)舜才(在)含(今)之殜(世)～可(何)若

　上博二·子13肰(然)～厽(三)王者箮(孰)爲

　上博二·中10～民可㲋

　上博三·中22～民懽(歡)承㝓(學)

　上博三·彭3未～于天

 上博四·內附簡～民又(有)豊(禮)

 上博四·昭9 此～儶(僕)之皋(罪)也

 上博五·競7～訢者(諸)槀(鬼)神曰

 上博五·競7～攸(修)者(諸)向(鄉)里

 上博五·鮑6 肰(然)～奚女(如)

 上博五·季4 孨=(君子)鼗～述

 上博五·季4 喬～泆

 上博五·季5～邦又榦(榦)童

 上博五·季8～不立

 上博五·季9 孨=(君子)弞(強)～迣(遺)

 上博五·季9 悡(慨)～民不道

 上博五·季10 卥～遴(失)衆

上博五・季10 皿(猛)～亡新(親)

上博五・季10 好型(刑)～不羊(祥)

上博五・季10 好殺～复(作)亂

上博五・季12～邦又穫(穫)

上博五・季13～姽(美)言也已

上博五・季15 言～姽(美)矣

上博五・季15 肰(然)～民迣不善

上博五・季18 田肥民～安

上博五・季20 大辠(罪)～夜(赦)之㠯(以)型(刑)

上博五・季20 蟄(中)辠(罪)～夜(赦)之㠯(以)罰

上博五・季20 少(小)～訨(訾)之

上博五・季21 □悢～民觺之

 上博五·季 23 肰(然)～邦坪而民腒(脂)矣

 上博五·姑 3 於君幸～晉邦之社畟(稷)可旻(得)而事也

 上博五·姑 3 不幸～取夅(免)而出

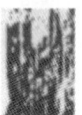 上博五·君 8 亓(其)才䢈(庭)～欲齊齊

 上博五·君 8 亓(其)才堂～□

 上博五·君 11 肰(然)～

 上博五·君 14 肰(然)～臤(賢)於壨(禹)也

 上博五·三 5 少(小)邦～戔(殘)

 上博四·曹 5～不可㠯(以)不攸(修)政而善於民

 上博四·曹 6～亦不可㠯(以)不攸(修)政而善於民

 上博四·曹 20～繇亓(其)杲(本)虖(乎)

 上博四·曹 28～民宜之

· 614 ·

 上博四・曹33 吏(使)人不親～不縪(敦)

 上博四・曹33 不和～不昋(輯)

 上博四・曹33 不愨(義)～不備(服)

 上博四・曹35 ～民新(親)之

 上博四・曹35 ～民和之

 上博四・曹50 ～录(禄)筥(爵)又(有)棠(常)

 上博五・弟10 ～俎

 上博五・弟14 肰(然)～夫二厽(三)子者

 上博五・弟16 寡𦖞(聞)～沽(孤)

 上博五・弟16 寡見～肆

 上博五・弟16 多𦖞(聞)～貳(惑)

 上博五・弟16 多見～☐

 上博三·周34 遇雨～吉

 上博一·性1～勿(物)取之

 上博一·性11 丌(其)先後之舍(敘)～(則)宜道也

 上博一·性11 或舍(敘)爲之節～(則)𢡺(文)也

 上博一·性14～(則)䩕(鮮)女(如)也斯意(喜)

 上博一·性15～(則)悸女(如)也斯難(歎)

 上博一·性15～(則)憿(齊)女(如)也斯复(作)

 上博一·性20 丌(其)聖(聲)弁(變)～(則)心從之矣

 上博一·性20～(則)丌(其)聖(聲)亦肰(然)

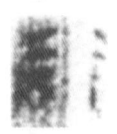 上博一·性30 言及～(則)明𦥑(舉)之而毋愚(僞)

 上博一·性30 蜀(獨)居～(則)習[父]兄之所樂

 上博一·性31 已～(則)勿逡(復)言也

上博一・性 37 不又(有)夫柬(簡)柬(簡)之心～(則)悇(采)

上博一・性 37 不又(有)夫恆怣(忻)之志～(則)曼(慢)

上博一・性 38 不又(有)夫詘詘之心～(則)流

上博一・性 38 不又(有)夫奮㹫之情～(則)悉(侮)

上博一・性 39 又(有)怣(過)～(則)咎

上博二・從甲 1 夫是～獸(守)之启(以)信

上博二・從甲 3 豊(禮)～寡而爲惥(仁)

上博二・從甲 3 諂(教)之启(以)型(刑)～逐

上博二・從甲 5 ～貪

上博二・從甲 5 君子不惥(緩)～亡(無)以頌(容)百眚(姓)

上博二・從甲 6 不共(恭)～亡(無)以敘(除)辱

上博二・從甲 6 不惠～亡(無)以聚民

 上博二·從甲 7 不惡(仁)～亡(無)以行正(政)

 上博二·從甲 7 不敬～事亡(無)城(成)

 上博二·從甲 8 而不智(知)～奉(逢)䍃(災)害

 上博二·從甲 8 獄～興

 上博二·從甲 8 愄(威)～民不道

 上博二·從甲 8 滷～遊(失)眾

 上博二·從甲 8 惻～亡新(親)

 上博二·從甲 8 罰～民逃

 上博二·從甲 9 好型(刑)～民复(作)亂

 上博二·從甲 10 信～得眾

 上博二·從甲 10 謎～遠戾

 上博二·從甲 15～暴

 上博二・從甲 15 ~ 裚（虐）

 上博二・從甲 15 ~ 惻（賊）

 上博二・從甲 16 君子藥（樂）~ 紨（治）正（政）

 上博二・從甲 16 慐（憂）~

 上博二・從甲 17 人 ~ 啓道之

 上博二・從甲 17 後人 ~ 奉相之

 上博二・從甲 17 少（小）人先人 ~ 弁哉之

 上博二・從甲 18 [後人] ~ 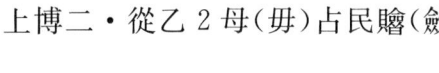毀之

 上博二・從乙 1 從命 ~ 正不裝（勞）

 上博二・從乙 1 ~ 自异（己）訋（始）

 上博二・從乙 2 母（毋）占民膽（斂）~ 同

上博二・從乙 2 不膚瀘嬴（盈）亞（惡）~ 民不惋（怨）

上博二・從乙 3 少(小)人藥(樂)～悬(疑)

上博二・從乙 3 憂～䁠(昏)

上博二・從乙 3 妲(怒)～勬(勝)

上博二・從乙 3 思(懼)～怀(倍)

上博二・從乙 3 恥～軋(犯)

上博二・從乙 3 從正(政)不絅(治)～亂

上博二・從乙 3～

上博二・從乙 6 不武～志不遂

上博二・從乙 6 悬(仁)而不智～

上博四・内 6 善～從之

上博四・内 6 不善～止之

上博四・内 10 肰(然)～孚(免)於戾

上博四・曹 24 後～見亡

上博四·曹 38 牪～不行

上博四·曹 46 少～惕（易）轈（察）

上博四·曹 46 圪成～惕（易）

上博四·曹 48 不釆（卒）～不死（恆）

上博四·曹 48 不和～不茸（辑）

上博四·曹 51～斯尼（宅）戕（傷）亡

上博五·鬼 1～以亓（其）賞善罰暴也

上博五·鬼 2～槼（鬼）神之賞

上博五·鬼 2～槼（鬼）

上博五·鬼 4～必乂（有）古（故）

上博五·鬼 5 名～可畏

上博五·鬼 5 寔（實）～可矛（侮）

 上博六·競12～未旻(得)與昏(聞)

 上博六·孔4～廬(斯)

 上博六·孔20～

 上博六·孔22～忎(恐)舊(久)吾子

 上博六·天甲9 儥民～㠯(以)悳(德)

 上博六·天乙8 事鬼～行敬

 上博六·天乙8 事鬼～行敬

 上博六·天乙8 儥民～㠯(以)悳(德)

 上博六·競7～言不聖

 上博六·競7～忎(恐)後敀(誅)於史者

 上博六·天甲9 事鬼～行敬

 上博六·天甲9 斷型(刑)～㠯(以)衺(哀)

 上博六・用4 淦(陰)～或淦(陰)

 上博六・用4 易(陽)～或易(陽)

 上博六・用7～方繇

 上博六・用12～弗可悔

 上博六・用12～行口

 上博七・武4 勮(勝)義～亡(喪)

 上博七・武4 義勮(勝)怠～長

 上博七・武4 義勮(勝)谷(欲)～從

 上博七・武4 谷(欲)勮(勝)義～兇

 上博七・武12 身～君之臣

 上博七・武12 道～聖人之道

 上博七・武12～弗道

 上博七·武13 志勴(勝)欲～利

 上博七·武14 欲勴(勝)志～喪

 上博七·武14 志勴(勝)欲～從

 上博七·武14 欲勴(勝)志～兇

 上博七·武14 敬勴(勝)㥈(怠)～吉

 上博七·武14 㥈(怠)勴(勝)敬～威(滅)

 上博七·武14 不敬～不定

 上博七·武15 [強]～桂(枉)

 上博七·凡甲19 捼(握)之～遬(失)

 上博七·凡甲19 敗之～高

 上博七·凡甲20 測(賊)之～滅

 上博七·凡甲22～百勿(物)不遬(失)

　上博七·凡甲 22〜百勿（物）具遊（失）

　上博七·凡甲 25 終〜或（又）詞（始）

　上博七·凡甲 25 至〜或（又）反

　上博七·凡乙 15〜百勿（物）不遊（失）

　上博七·凡乙 15〜百勿（物）具遊（失）

　上博七·凡乙 18 終〜或（又）詞（始）

　上博七·凡乙 18 至〜或（又）反

　上博七·吴 2 此〜社稷（稷）

　上博七·吴 3〜君之志也

　上博八·顏 5 又（有）余（餘）〜詞（辭）

　上博八·顏 6〜民莫不從矣

　上博八·顏 7〜民莫迲（遺）斩（親）矣

 上博八·顏7～民智（知）足矣

 上博八·顏7～民不靜（爭）矣

 上博八·顏9～民智（知）欽（禁）矣

 上博八·顏9～丌（其）於教也不遠矣

 上博八·顏10 悳（德）城（成）～名至矣

 上博八·顏10 身綺（治）大～录（祿）

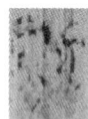 上博八·顏12 录（祿）不足～青（請）

 上博八·顏12 又（有）余（餘）～詞（辭）

 上博八·顏12 录（祿）不足～青（請）

 上博八·顏14□示～斤

 上博八·成12 㠯（以）進～邊（傷）安（焉）

 上博八·命4～哉爲民窮窗

 上博八·志7 是～聿（盡）不毃（穀）之辠（罪）也

 上博八·李1【背】～不同可（兮）

 上博八·李2 人因亓（其）情～樂亓（其）事

～，本从"刀"，从"鼎"，後"鼎"訛爲"貝"，或訛省爲䷀。《説文·刀部》："則，等畫物也。从刀，从貝。貝，古之物貨也。䷀，古文則。䷀，亦古文則。䷀，籀文則，从鼎。"

上博五·鬼1"～以亓（其）賞善罰暴也"，副詞。猶乃，就是。《左傳·哀公十五年》："雖隕于深淵，則天命也。"

郭店·五行32"和～（則）同，同～（則）善"，連詞，表承接，猶即，就。《易·繫辭下》："寒往則暑來，暑往寒來。"

上博七·凡甲25"終～或（又）詞（始），至～或（又）反"。連詞，表轉折。

上博一·緇10～，法則、標準。《詩·大雅·烝民》："天生烝民，有物有則。"

上博五·競5"肰（然）～可敓（奪）舁（與）"，連詞，連接句子，表示連貫關係。猶言"如此，那麼"或"那麼"。《詩·周南·關雎序》："是謂四始，詩之至也。然則《關雎》、《麟趾》之化，王者之風，故繫之周公。"

上博二·子8"如……則……"，表示假設和結果的關係。

上博三·彭3"～於天"，即"則天"，謂以天爲法，治理天下。語出《論語·泰伯》："巍巍乎唯天爲大，唯堯則之。"桓譚《新論》："堯能則天者，貴其能臣舜禹二聖。"

上博二·從甲7、上博二·從乙3～，副詞，"即"、"就"。

上博六·用4"淦～或淦，易～或易"，"陰則"、"陽則"或讀爲"陰賊"、"陽賊"，《莊子·雜篇·庚桑楚》："不能容人者無親，無親者盡人，兵莫憯于志，鏌鋣爲下；寇莫大于陰陽，無所逃于天地之間。非陰陽賊之，心則使之也。"（董珊）

惻

 上博二·容 6 不型(刑)殺而無覡(盜)～(賊)

 上博二·容 42～(賊)逃(盜)

 上博三·彭 7～者自賊也

 上博五·姑 10～(賊)參(三)坓(郊)

 上博五·鬼 2～(賊)百眚(姓)

 上博二·從甲 15 母(毋)～(賊)

 上博二·從甲 15 則～(賊)

 上博六·用 3 亦不執(邇)於～(賊)

 上博六·用 9 隹心自～(賊)

 上博七·鄭甲 4 感(戎)～(賊)亓(其)君

 上博七·鄭乙 4 感(戎)～(賊)亓(其)君

 上博七·凡甲 25 出～或(又)内(入)

 上博七·凡甲 26 ～(賊)慫(盜)之复(作)

 上博七·凡乙 18 出～或(又)内(入)

 上博七·凡乙 19 ～(賊)慫(盜)之复(作)

 上博八·蘭 3 戔(殘)～(賊)

 上博八·蘭 5 蓉～柬(簡)𤻮(逸)而莫之能訾(効)矣

～,楚文字或作、、、;或省作、。《説文·心部》:"慁,痛也。从心,則聲。"

上博二·容 6"觊～",讀爲"盜賊",劫奪和偷竊財物的人。《周禮·天官·小宰》:"五曰刑職,以詰邦國,以糾萬民,以除盜賊。"《荀子·君道》:"禁盜賊,除姦邪。"楊倞注:"盜賊通名,分而言之,則私竊謂之盜,劫殺謂之賊。"

上博二·容 42"～逃"、上博七·凡甲、上博七·凡乙 1926"～慫",均讀爲"賊盜",亦即"盜賊"。參卜。

上博五·鬼 2～,讀爲"賊"。"賊百姓",殘害百姓。《墨子·魯問》:"賊敖(殺)百姓。"

上博七·鄭甲 4、上博七·鄭乙 4"憾(戕)～",讀爲"戕賊",殘殺、毀壞。《孟子·告子上》:"如將戕賊杞柳而以爲桮棬,則亦將戕賊人以爲仁義與?"

上博三·彭 7～,淒惻。

賊

 上博三·彭 7 側者自～也

～，戰國文字或作🗚（山東 104 司馬楙編鎛）、🗚（溫縣 WT1K1:3690）、🗚（溫縣 WT1K1:3417）。《説文·戈部》："賊，敗也。从戈，則聲。"

上博三·彭 7～，害；伤害。《楚辭·招魂》："歸來兮，恐自遺賊些。"朱熹集注："自遺賊，自予賊害也。"

測

 上博七·凡甲 20～之則滅

《説文·水部》："測，深所至也。从水，則聲。"

上博七·凡甲 20～，測量。《周禮·地官·大司徒》："以土圭之灋測土深。"引申爲測度，揣測。《詩·大雅·常武》："不測不克，濯征徐國。"鄭玄箋："不可測度，不可攻勝。"《易·繫辭上》："陰陽不測之謂神。"《左傳·莊公十年》："夫大國難測也，懼有伏焉。"

精紐矢聲

矤

 上博二·昔 1 大（太）子～聖（聽）

 上博五·季 6 丘昏（聞）之孟者～曰

 上博六·用 9 而焚丌（其）反～

 上博八·志1反～(側)亓(其)口舌

～,楚文字或作 、。《説文·日部》:"昃,日在西方時。側也。从日,仄聲。《易》曰:'日昃之離。'"

上博二·昔1～,讀爲"側",旁邊。《詩·召南·殷其靁》:"殷其靁,在南山之側。"

上博五·季6"孟者～",讀爲"孟子側",即孟子反,爲孔子所敬者。《論語·雍也》:"子曰:孟之反不伐,奔而殿。將入門,策其馬,曰:'非敢後也,馬不進也。'"

上博六·用9"反～",讀爲"反側"。《楚辭·天問》:"天命反側,何罰何佑。"《荀子·儒效》:"作此好歌,以極反側。"

清紐畟聲

稷

 上博二·子6史(使)皆得亓(其)社～(稷)百眚(姓)而奉守之

 上博二·容28乃立句(后)～(稷)以爲緅

 上博二·容28句(后)～(稷)既已受命

 上博四·柬18社～(稷)以遞(危)與(歟)

 上博五·姑3幸則晉邦之坏(社)～(稷)可昙(得)而事也

 上博七·吳2社～

 上博七·吳 5 社～

 上博八·王 5～(稷)可(何)

～，"稷"字異體。"禝(稷)"字從"示"或從"禾"，從"田"，會"田主"或"穀主"之意。因是"田主"，所以可以加"人"旁會意。也有另外一種可能，此字從"田"從"人"，會"田正"、"田官"之意。《左傳·昭公二十九年》："稷，田正也。"孔穎達疏："正，長也，稷是田官之長。"《國語·周語上》："昔我先王世后稷，以服事虞夏。"韋昭注："稷，官也。"假如從此説，從"示"從"田"之"禝"有可能是從"示"從"田"、"人"、"止"(古文字中常常在"人"形下加"止"，"止"形上移，遂與"女"形近而訛)之"禝"的省形。所從的"田"或訛作"目"。楚文字或作 、、、、。

上博"句～"，讀爲"后稷"。周之先祖。虞舜命爲農官，教民耕稼，稱爲"后稷"。《詩·大雅·生民》："厥初生民，時維姜嫄……載生載育，時維后稷。"

上博"社～"，即"社稷"，古代帝王、諸侯所祭的土神和穀神。《書·太甲上》："社稷宗廟罔不祇肅。"《呂氏春秋·季冬紀·季冬》："以供皇天上帝社稷之享。"亦用爲國家的代稱。《左傳·成公二年》："吾子惠徼齊國之福，不泯其社稷，使繼舊好。"《左傳·隱公十一年》："無寧兹許公復奉其社稷，唯我鄭國之有請謁焉。"《國語·晉語八》："豹也受命於君，以從諸侯之盟，爲社稷也。"《禮記·檀弓下》："能執干戈以衛社稷。"

稷

 上博一·孔 24 句(后)～之見貴也

 上博二·子 12 句(后)～之母

 上博二·子13 是句(后)～之母也

 上博六·用8 非～之

《説文·禾部》:"稷,齋也。五谷之長。从禾,畟聲。𥟖,古文稷省。"《説文·夊部》:"畟,治稼畟畟進也。从田、人,从夊。《詩》曰:'畟畟良耜。'"

上博"句～",讀爲"后稷"。參上條。

趡

 上博四·采2 ～商

 上博四·采4 ～羽

～,从"走","畟"聲。

上博四·采～,或讀爲"曾"。"畟"與"曾"古音同爲精母,韻屬職、蒸,可以構成入、陽對轉。曾侯乙編鐘銘有後綴詞"曾",構成"宮曾"、"徵曾"、"商曾"、"羽曾"四個音名。(董珊)

心紐寑聲

塞

上博二·民7 而惪(德)既～於四海矣

上博二·民11 ～于四方

上博二·民12 ～于四海

《説文·廾部》："𡨄,室也。从廾从𠦜,室宀中。𠦜猶齊也。"段玉裁注："凡填塞字皆當作𡨄。自塞行而𡨄窴皆廢矣。""𡨄"象雙手塞物於室中,乃"塞"的表意本字。《説文·土部》："塞,隔也。从土,从𡨄。"

上博二·民～,堵塞;填塞。《詩·豳風·七月》："穹窒熏鼠,塞向墐户。"

寒

 上博三·周 45 爲我心～

《説文·心部》："寒,實也。从心,𡨄聲。"

～,帛書《周易》作"塞",今本《周易》作"惻"。"寒"、"塞"、"惻"上古音均在職部,可通。"爲我心惻",使我心中悽惻不安。

賽

 上博二·容 29 民乃～

 上博七·吴 6～

 上博二·容 6 堯戔貤(施)而岢=(時時)～

～,與 (郭店·老子甲 27)、 (郭店·老子乙 13)、 (郭店·語叢四 17)、 (新蔡甲三 303)同。《説文·貝部》："賽,報也。从貝,塞省聲。"

上博二·容 29"民乃～",讀爲"塞",安定義。《方言》卷六："塞,安也。"郭璞注："物足則定。"

上博二·容 6～,報神福。《韓非子·外儲説右下》："秦襄王病,百姓爲之禱,病癒,殺牛塞禱。"《史記·封禪書》："冬賽禱祠。"司馬貞《索隱》："賽,今報神福也。"

心紐嗇聲歸來聲

心紐色聲

色

 上博一·孔 10 㠯(以)～俞(喻)於豊(禮)

 上博一·孔 14 惫(擬)好～之惡(願)

 上博一·性 36 目之好～

 上博四·柬 16 王又(有)埜(野)～

 上博四·柬 17 复(作)～而言於廷

 上博五·鮑 5 飤(食)、～、息(疾)

 上博五·君 5 凡～毋惎

 上博五·弟附簡考(巧)言窒(令)～

 上博五·鬼 8 㲋(顏)～深晦

　上博六·用16 茅之台元～

　上博八·志2 王复(作)～曰

～,古文字或作🖼(獣鐘)、🖼(信陽簡1—01)等,从"爪"从"卩"。或作🖼(郭店·成之聞之24)、🖼(郭店·五行13)、🖼(郭店·五行14),所从"手",即"卩"的簡寫。或作🖼(郭店·語叢一110),从"頁","戛"聲,爲《説文》"色"字古文🖼之所本。《説文·色部》:"色,顏氣也。从人、从卩。🖼,古文。"

上博一·性36"目之好～",美好的容顏;美色。《莊子·至樂》:"所樂者,身安、厚味、美服、好色、音聲也。"

上博四·柬17、上博八·志2"复～",讀爲"作色",臉上變色。指神情變嚴肅或發怒。《禮記·哀公問》:"孔子愀然作色而對曰:'君之及此言也,百姓之德也。'"鄭玄注:"作,猶變也。"

上博四·柬16"埜～",即"野色",風塵之色。

上博五·弟附簡"考言窒～",讀爲"巧言令色",指用花言巧語和媚態僞情來迷惑、取悦他人。《論語·學而》:"巧言令色,鮮矣仁。"何晏集解引包咸曰:"巧言,好其言語;令色,善其顏色。皆欲令人悦之。"

上博五·鬼8"虘(顏)～",面容;面色。《禮記·玉藻》:"凡祭,容貌顏色,如見所祭者。"

上博五·君5"凡～毋惎",指顏色,人的面色,即儒家禮節中的色容。《論語·季氏》"色思溫",劉寶楠正義:"色,謂顏色。"《禮記·玉藻》"色容顛顛",孔穎達疏:"顏色憂思,顛顛然不舒暢也。"

上博六·用16"元～","元"是首,頭。《左傳·僖公三十三年》:"〔先軫〕免胄入狄師,死焉。狄人歸其元,面如生。"杜預注:"元,首。""元～",即顏色。

上博一·孔10～,好色。"以色喻於禮"意即因好色而知禮。《荀子·大略》:"《國風》之好色也。傳曰:'盈其欲而不愆其止。其誠可比於金石,其聲可内於宗廟。'"

上博五·鮑5"飮(食)、～、息(疾)",與郭店·語叢一110:"食與頯(色)與

636

疾"同。《孟子·告子上》："告子曰：食色，性也。"

䀛

 上博六·孔 13～不僕

～，从"目"，"色"聲，疑贅加了義符"目"，"色"字繁體。
上博六·孔 13～，讀爲"色"。

心紐息聲

息

 上博五·鮑 5 飤（食）、色、～

～，與 、、同。《説文·心部》："息，喘也。从心，从自，自亦聲。"

上博五·鮑 5～，讀爲"疾"。息从"自（鼻）"聲，"自"是"鼻"的象形初文，"疾"是從紐質部字，"鼻"是並紐質部字，音近可通。簡文"食、色、疾"與郭店·語叢一 110"食與色與疾"同。

幫紐北聲

北

 上博一·孔 26～（邶）白（柏）舟

 上博一·孔 27～風

 上博二·容 14 舜～面

 上博二·容 21～方之羿(旗)㠯(以)鳥

 上博二·容 27～皷(注)之河

 上博二·容 28 從灘(漢)㠯(以)～爲名浴(谷)五百

 上博二·容 31～方爲三俉

 上博二·容 38 妝～迲(去)丌(其)邦

 上博二·容 39 内(入)自～門

 上博三·周 24 㲋(拂)經于～頣(頤)

 上博三·周 35 不利東～

 上博四·采 4～埜(野)人

 上博四·曹 1 南～五百

 上博五·弟 18 東西南～

 上博七·武 3 不㠯(與)～面

上博七·武13 武王～面

～，像二人相背，是違背、背離之"背"的初文。楚簡或作 ![] 九93，當是"北"字的筆誤，左半作"彳"，蓋涉下文"行"所致。《說文·北部》："北，乖也。從二人相背。"

上博一·孔27"～風"，《詩經》篇名，見于《詩·邶風·北風》。

上博一·孔26"～白（柏）舟"，讀爲"邶柏舟"，《詩經》篇名，見于《詩·邶風·柏舟》。

上博二·容14、上博七·武3"～面"，面向北。《韓非子·功名》："此堯之所以南面而守名，舜之所以北面而效功也。"

上博四·釆4"～埜人"，曲目。"北"疑爲地名，即"邶"。

上博二·容39"～門"，北向的門。《詩·邶風·北門》："出自北門，憂心殷殷。終窶且貧，莫知我艱。"

上博～，方位名。與"南"相對。清晨面對太陽時左手的一邊。

宨

上博七·武6 民之反～

～，從"宀"，"北"聲。

上博七·武6～，讀爲"側"。"反側"，《詩·周南·關雎》"輾轉反側"，孔穎達疏："反側猶反覆。"《荀子·王制》"遁逃反側之民"，楊倞注："反側，不安之民也。"（程燕）

幫紐皕聲

畫

上博一·緇12 毋㠯（以）辟（嬖）御～（疾）妝（莊）后

 上博一·緇12 毋㠯（以）辟（嬖）士～（疾）大夫向（卿）使（士）

～，从"聿"，"皕"聲，"盡"字省體，西周金文作（多友鼎，《集成》2835），从"聿"从"皕"从"皿"。郭店·緇衣23作、。《説文·血部》："盡，傷痛也。从血、聿，皕聲。《周書》曰：民罔不盡傷心。"《説文·皕部》："皕，二百也。讀若祕。"

上博一·緇12～，讀爲"疾"，今本與之相對應的字正是"疾"。

奭

 上博一·緇18《君～》員（云）

～，與（郭店·成之聞之22）、（郭店·成之聞之29）、（郭店·緇衣36）同。《説文》："奭，盛也。从大从皕，皕亦聲。此燕召公名。讀若郝。，古文奭。"

上博一·緇18"君～"，《尚書》篇名。《書·君奭》："召公爲保，周公爲師，相成王爲左右。召公不説，周公作《君奭》。"

並紐葡聲

備

 上博一·緇9 長民者衣～（服）不改

 上博一·緇21 ～（服）之亡（無）臭（懌）

 上博二·民6 亡（無）～（服）之喪

上博二・民 7 亡(無)～(服)之喪

上博二・民 11 亡(無)～(服)之喪

上博二・民 12 亡(無)～(服)之喪

上博二・民 13 亡(無)～(服)[之]喪

上博二・民 13 亡(無)～(服)[之]喪

上博二・容 6 甚緩而民～(服)

上博二・從甲 18 必求～安(焉)

上博二・容 15 乃卉(草)～(服)

上博二・容 41 戔(殘)群安(焉)～(服)

上博二・容 47 七邦坙(來)～(服)

上博二・容 47 豐喬(鎬)不～(服)

上博三・中 13 ～(服)之惡(緩)

 上博四·昭 1 喪～(服)曼廷

 上博四·昭 2 君之～(服)不可目(以)進

 上博四·相 1～(服)丌(其)勥(強)

 上博四·相 3 目(以)～軍遞(旅)

 上博四·曹 33 不愁(義)則不～(服)

 上博五·鮑 7 又(有)嗣(司)祭～(服)毋(無)紋(黼)

 上博五·季 4 民瞠(望)亓(丌)道而～(服)安

 上博五·季 13 民必～(服)矣

 上博五·三 8 衣～(服)迅(過)折(制)

 上博五·三 9 毋凶～(服)以言(享)祀

 上博五·三 13 唯薦是～(服)

 上博五·季 3 而民不～(服)安(焉)

正編·職部

上博四·曹 52 乃遊(失)亓(其)～(服)

上博六·孔 7 衣～(服)

上博六·孔 19 衣～(服)好圖

上博六·孔 24 品勿～矣

上博六·壽 5 介～名

上博六·慎 5 送(遵)畍～(服)晦

上博七·武 2 耑(端)～曼(冕)

上博七·凡甲 8 先王之智奚～

上博七·凡乙 7 先王之智奚～

上博八·蘭 2 ～坙(修)庶戒

～，所從的"葡"，上部訛爲"羊"頭，下部訛爲"人"形，在"人"形的兩側各加兩撇形的飾筆，或贅加"止"形，上移與"女"形混。戰國文字或作(郭店·緇衣 41)、(郭店·唐虞之道 3)、(郭店·唐虞之道 13)、(郭店·成之

聞之3)、、、、、、、、、。《說文》："備，慎也。从人，葡聲。![]，古文備。"

上博一·緇21"～之亡斁"，讀爲"服之無斁"，見《詩·周南·葛覃》"爲絺爲綌，服之無斁"，孔穎達疏："君子得而服之，無厭倦也。"

上博二·民7"亡～之喪"，讀爲"無服之喪"，《禮記·孔子閒居》："孔子曰：'無聲之樂，無體之禮，無服之喪，此之謂三無。'"

上博二·容15"卉～"，讀爲"草服"，用絺葛做的衣服。《書·禹貢》："島夷卉服。"孔安國傳："南海島夷，草服葛越。"孔穎達疏："舍人曰：'凡百草一名卉'，知卉服是草服，葛越也。葛越，南方布名，用葛爲之。"

上博二·容47"七邦垈（來）～"，讀爲"服"，臣服。

上博五·鮑7"祭～"，讀爲"祭服"，古代祭祀時所穿的禮服。歷代形制有異。《周禮·天官·內宰》："中春，詔后，帥外內命婦始蠶于北郊，以爲祭服。"賈公彥疏："《禮記·祭義》亦云：蠶事既畢，遂朱綠之，玄黃之，以爲祭服。此亦當染之以爲祭服也。"

上博六·慎5"送畎～畮"，讀爲"遵畎服畮"，與《晏子春秋》的"蹲（遵）行畎畝之中"同。"服畮"即"服田"，服，從事；致力。《詩·周頌·噫嘻》："亦服爾耕，十千維耦。"鄭玄箋："服，事也。"《書·盤庚上》："若農服田力穡，乃亦有秋。""惰農自安，不昏作勞，不服田畮，越其罔有黍稷"。

上博五·季3"而民不～安"，讀爲"而民不服焉"。《論語·爲政》："舉直錯諸枉，則民服；舉枉錯諸直，則民不服。"

上博四·相1"～丌勥"，讀爲"服其強"，人民（以及豪族）的強者，要讓他們悅服。

上博六·壽5"～名"，或讀爲"服命"，《書·微子之命》："往敷乃訓，慎乃服命，率由典常，以蕃王室。""服命"謂賜官服受命。或說"備"，充當義，謙詞。

上博七·凡甲8、凡乙7～，具備，齊備。《易·繫辭下》："《易》之爲書也，廣大悉備。"《詩·小雅·楚茨》："禮儀既備。"

上博"衣～"，讀爲"服"，衣裳，服飾。《詩·小雅·大東》："西人之子，粲

· 644 ·

縩衣服。"

上博"不～",讀爲"不服",不臣服;不順服。《周禮·夏官·大司馬》:"負固不服,則侵之。"賈公彥疏:"謂倚恃險固,不服事大國。"

浦

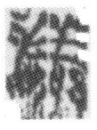 上博五·季 4～言多難

～,从"水","蒲"聲。

上博五·季 4"～言",讀爲"備言"。《漢書·杜欽傳》:"此則衆庶咸説,繼嗣日廣,而海内長安。萬事之是非,何足備言。"

並紐畐聲

福

 上博三·周 45 並受丌(其)～

 上博三·周 57 是受～

 上博一·孔 12 ～斯才(在)

 上博五·三 5 唯～之至(基)

上博五·三 14 爲善～乃坴(來)

上博三·彭 5 唯(雖)～必遊(失)

上博五·競 4 祭之旻(得)～者也

上博六·競 6 而湯清者與旻(得)蕙～安

上博六·孔 15 君子恆㠯(以)裦～

上博六·用 2 非憮于～

上博七·武 10 於貴～

上博七·吳 8 先王之～

上博七·吳 8 先王之～

～，或作▨(郭店·成之聞之 17)、▨(郭店·成之聞之 18)，受"畐"旁下部的影響而類化。或作▨(郭店·尊德義 2)、▨(郭店·語叢四 3)、▨(郭店·老子甲 38)、▨(新蔡甲一 21)、▨(新蔡甲三 217)、▨(新蔡甲三 419)。《說文·示部》："福，祐也。从示，畐聲。"

上博七·吳 8～，"福"，賜福，保佑。《左傳·莊公十年》："小信未孚，神弗福也。"

上博～，幸福；福氣。凡富貴壽考、康健安寧、吉慶如意、全備圓滿皆謂之福。《書·洪範》："五福：一曰壽，二曰富，三曰康寧，四曰攸好德，五曰考終命。"《詩·小雅·瞻彼洛矣》："君子至止，福祿如茨。"鄭玄箋："爵命爲福，賞賜爲祿。"孔穎達疏："凡言福者，大慶之辭；祿者，吉祉之謂。"

賹（富）

上博三·周 12 不～（富）㠯（以）亓（其）䢅（鄰）

上博三·彭 8 毋故～（富）

上博五·弟 6 ～（富）貴而不喬（驕）者

上博五·君 9 蜀～（富）

上博五·君 9 □斯人欲亓（其）長貴也～（富）而

～，从"貝"，"畐"聲，"富"字異體。與 、同。《説文·宀部》："富，備也。一曰：厚也。从宀，畐聲。"

上博五·弟 6 "～貴"，即"富貴"，富裕而顯貴，猶言有財有勢。《論語·顔淵》："商聞之矣：死生有命，富貴在天。"

上博三·周 12、上博三·彭 8、博五·君 9～，即"富"，財物多。《書·洪範》："五福：一曰壽，二曰富，三曰康寧，四曰攸好德，五曰終考命。"孔安國傳："富，財豐備。"孔穎達疏："二曰富，家豐財貨也。"

賵

上博五·鬼 2～（富）又（有）天下

～，从"貝"，"福"聲，"富"字異體。

上博五·鬼 2"～（富）又（有）天下"，完全擁有天下。《墨子·七患》："桀紂貴爲天子，富有天下。"

富

 上博一·緇 22 而厚（重）쓺（絶）～（富）貴

 上博一·緇 11 而～（富）貴月〈已〉迡（過）

～，从"貝"，"富"聲，"富"字異體。
上博一·緇"～貴"，即"富貴"。參上。

福

 上博四·曹 3 此不貧於娨（美）而～（富）於德歟

～，从"宀"，"福"聲，"富"字異體。與 (郭店·老子甲 31)同。
上博四·曹 3～，即"富"，財物多。

正編・蒸部

上博楚簡文字聲系

蒸 部

影紐雁聲

雁

上博五·弟 1 倗唐(虩)亓(其)～

港甲 3 仁而畫于～生

上博七·凡甲 11 奚古(故)少(小)～暲

～,西周金文或作 ▨(應公尊),从隹,▨(膺之初文)聲。新蔡簡或作 ▨(新蔡甲一 3)、▨(新蔡甲二 22、23、24)、▨(新蔡乙二 11)、▨(新蔡乙二 37)、▨(新蔡乙三)、▨(新蔡乙三 51)。《説文·隹部》:"雁,鳥也。从隹,瘖省聲。或从人,人亦聲。▨,籀文雁。从鳥。"

港甲 3～,讀爲"膺",胸膺也,跟上文之"背"相對。

上博七·凡甲 11～,或釋"雁",讀爲"焉"。我們懷疑～應讀爲"而",連詞。上古音雁,影紐蒸部;而,日紐之部。韻部對轉。簡文"小～暲樹"與"大而不喎"相對。

纏

 上博六·競8縛～者賍

～,從"糸","雁"聲。

上博六·競8～,讀爲"膺"或"纓"。《楚辭·九章·悲回風》:"紆思心以爲纏兮,編愁苦以爲膺。"王逸注:"膺,絡胸者也。"姜亮夫校注:"膺,纓聲借字也。"《詩·秦風·小戎》:"蒙伐有苑,虎韔鏤膺。"毛亨傳:"膺,馬帶也。"大概引申有羈絡義,與"縛"訓束縛義近。"纓"意爲纏繞繩子,"縛纓"詞義爲綁縛,引申義爲抓人。或讀爲"按",指按驗。(沈培)

膺

 上博七·君甲7民乍而囟～之

 上博七·君乙7民乍而囟～之

～,從"言"、"隹"、"乃"(仍)聲,乃"膺"字異體。《說文·言部》:"膺,以言對也。從言,雁聲。"

上博七"民乍而囟～之",讀爲"民詛而使膺之",百姓可以通過祝詛而使鬼神應對。

曉紐興聲

興

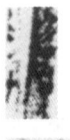 上博一·性11或～之也

 上博三·中11敢昏(問)道民～惪(德)女(如)可(何)

· 652 ·

　上博二·容 13 吕(以)堯爲善～臤(賢)

　上博五·弟 22 夙～夜牀(寐)

　上博二·從甲 8 獄則～

　上博二·從乙 1～邦豪(家)

　上博六·天乙 6 行吕(以)～

　上博六·孔 17～道

～，甲骨文作 <!-- 字形 -->(前 5·22·1)、<!-- 字形 -->(寧滬 1·6030)，像四手持<!-- 字形 -->(盤之象形)之形，或在字下添加"口"符。戰國文字所從的"<!-- 字形 -->"訛變作"<!-- 字形 -->"形，所從的"口"旁或爲"<!-- 字形 -->"形所取代。郭店簡或作<!-- 字形 -->(郭店·語叢四 16)、<!-- 字形 -->(郭店·窮達以時 5)、<!-- 字形 -->(郭店·唐虞之道 8)、<!-- 字形 -->(郭店·唐虞之道 17)、<!-- 字形 -->(郭店·性自命出 19)；左塚漆梮"纓"字作<!-- 字形 -->。《説文·舁部》："興，起也。從舁，從同。同力也。"

　　上博二·從甲 8"獄則～"，讀爲"釁"。《禮記·文王世子》："始立學者，既興器用幣。"鄭玄注："'興'，當爲'釁'，字之誤也。禮樂之器成，則釁之。又用幣告先聖先師以器成。"《國語·晉語九》"昔先主文子少釁於難"，韋昭注："釁，猶離也。"俞樾《群經平議》："釁，當讀爲興……釁與興亦聲近而通用。襄二十六年《左傳》：'釁於勇。'杜注曰：'釁，動也。'訓釁爲動，即讀釁爲興矣。'釁於難'，謂興起於患難之中也。"《國語·楚語下》："苟國有釁。"韋昭注："釁，隙也。"（連劭名、單周堯、黎廣基）

上博三·中 11"～惪",讀爲"興德"即振興民德,《禮記·王制》:"明七教,以興民德。"

上博二·容 13"以堯爲善～叡(賢)",～,推舉;起用。《周禮·地官·大司徒》:"以鄉三物教萬民,而賓興之。"鄭玄注:"興,猶舉也。"

上博六·孔 17～,《周禮·春官·大宗伯》:"以樂語教國子:興、道、諷、誦、言、語。"鄭玄注:"興者,以善物喻善事。道,讀曰導,導者,言古以剴今也。倍文曰諷。以聲節之曰誦。發端曰言。答述曰語。"

上博六·天乙 6"行以～",讀爲"繩"。《孟子·離婁上》:"繼之以規矩準繩。"《大戴禮記·哀公問五義》"行中矩繩"、《孔子家語·五儀解》"行中規繩"這兩句話,可爲此文"行以繩"之佐證。(單育辰)

興

 上博四·曹 37 或～或康

 上博五·季 10 夙～夜寐(寐)

 上博五·季 21 因邦斎=(之所)叡(賢)而～之

 上博五·三 2 皇天牆(將)～之

 上博五·三 6 ～民事

 上博五·三 14 ～而記(起)之

 上博五·三 14 牆(將)～勿殺

 上博五·三 17～地之駏

 上博五·三 19 瀘(廢)人勿～

～,從"止","興"聲,"興"字繁體。

上博四·曹 37"或～或康","興",有作、起之義;"康"有荒、廢之義,二者是相反的詞。

上博五·弟 22、上博五·季 10"夙～夜寐",早起晚睡。形容勤勞。《詩·大雅·抑》:"夙興夜寐,洒埽庭內,維民之章。"孔穎達疏:"侵早而起,晚夜而寐,洒埽室庭之內。"

蠅

 上博一·孔 28 青～(蠅)

～,從"蚰","興"聲,"蠅"字異體。

簡文"青～",即"青蠅",《詩經》篇名。《詩·小雅·青蠅》:"營營青蠅,止于樊。豈弟君子,無信讒言。"

澳

 上博二·容 21 帀(中)正之羿(旗)㠯(以)～

～,從"水","興"聲。

上博二·容 21～,讀爲"熊"("熊"是匣母蒸部字,"澳"從興聲,曉母蒸部字,讀音相近)。(李零)《周禮·春官·司常》"九旗"有類似號旗,如"日月爲常,交龍爲旂……熊虎爲旗,鳥隼爲旟,龜蛇爲旐"。《國語·吳語》:"王親秉鉞,載白旗以中陣而立。"韋昭注:"熊虎爲旗。此王所帥中軍。"

匣紐瓦聲

亙

 上博一·孔 13 不亦智～唬（乎）

 上博一·緇 23 人而亡（無）～

 上博三·周 2 利用～

 上博三·周 15 ～不死

 上博三·周 28 ～

 上博三·周 28 毀（叡）～卣（貞）凶

 上博三·周 29 毀（叡）～

 上博三·亙 1 ～（極）先無又

 上博三·亙 2 ～（極）莫生燹

 上博三·亙 2 ～（極）燹（氣）之生

 上博三·亙 3 或～（極）安

 上博三·亙 3【背】～(極)先

 上博三·亙 9～(極)燚(氣)之生

 上博三·彭 1 售(唯)～□

 上博四·曹 48 不稡(卒)則不～

 上博五·三 17～道必呈(淫)

 上博五·季 22□威瀨(速)毋～

 上博五·弟 5 荁年不～至

 上博六·孔 15 君子～㠯(以)袞福

 上博六·用 16 束亓(其)又(有)～井

 上博八·李 1～(極)植(直)棘(速)成

 上博六·用 8 悋保之～

～,甲骨文从"月",从"二",會月在天地間永恆之義。戰國文字或作 、、、

☲(郭店·性自命出45)、☲(新蔡甲一22)、☲(左塚漆桐)、☲(陶録3·614·1),或加"卜"、"攴",或上下各加一短橫作爲飾筆。《説文·二部》:"恆,常也。从心从舟,在二之閒上下。心以舟施,恆也。☲,古文恆。从月。《詩》曰:'如月之恆。'"

上博一·性37～,讀爲"極",程度副詞,猶甚,最,很,狠。《史記·高祖本紀》:"高祖曰:'豐吾所生長,極不忘耳!'""極怡"、"極忻",義爲最喜悦。

上博一·孔13"不亦知～乎",讀爲"極",中,中正的準則。《詩·商頌·殷武》:"商邑翼翼,四方之極。"鄭玄箋:"極,中也。商邑之禮俗翼然可則傚,乃四方之中正也。"

上博一·緇23"人而亡(無)～",恆心。《論語·子路》:"南人有言曰:'人而無恆,不可以作巫醫。'"

上博三"～先",讀爲"極先","極"有極頂、終極之義,"極先"猶文獻之"太始",指宇宙的本原,強調的是其最原始和在一切之先的特點。或讀"恆先",指作爲終極的"先"。長沙馬王堆帛書《道原》:"恆先之初,迵(洞)同大虚,虚同為一,恆一而止,濕濕(混混)夢夢,未有明晦。"(裘錫圭)

上博三·亙2～,讀爲"極"。"極先"的省稱。簡文説"極莫生氣",大概是強調"極先"的哪一個方面都沒有"生氣"的欲求。

上博三·亙2、9"～燚",讀爲"極氣",猶文獻之"元氣"、"初氣",指終極、原始之"氣"。《論衡·談天篇》"説《易》者曰:'元氣未分,混沌爲一'。"

上博三·亙3"或～安,域～焉,生域者同焉",讀爲横亙之"亙",亦即《詩·大雅·生民》"恆之秬秠"、"恆之穈芑"之"恆"。毛亨傳:"恆,徧也。"域是空間,無處無域,也可以説域是徧及各處的,所以説"域亙焉"。生域者即"極先",也是無處不在的,所以説"生域者同焉"。或許也應讀爲"極"。"極"有達到最高最遠之處義,如《詩·大雅·崧高》"駿極于天"之"極"、《爾雅·釋地》"四極"之"極"。"域極焉"即"域"無所不至、無所不在之意。(裘錫圭)

上博三·周28～,卦名,《周易》第三十二卦,巽下震上。《序卦》:"恆者,久也。"

上博四·曹48～,恆久。《易·恆》:"《象》曰:恆,久也。剛上而柔下。"

上博六·用16"～井",讀爲"亟形"。《左傳·襄公二四年》:"皆笑曰:'公孫之亟也。'"杜預注:"亟,急也。言其性急不能受屈。"(陳偉)或讀爲"恆形"。

恆

 上博一·性 22 未孚(教)而民～

～,從"心","亙"聲。楚文字或作 （郭店·魯穆公問子思 1）、 （郭店·尊德義 39）、 （新蔡甲三 44）。

簡文～,《説文》:"恆,常也。"《國語·越語下》:"因陰陽之恆,順天地之常。""未教而民恆",未施予教化,民衆能夠保持恆常本性。

㢆

上博六·天甲 7 士視目～

上博六·天乙 7 士視目～

上博六·用 14 ～民趨敗

～,從"止","亙"聲,與 （郭店·緇衣 32）、 （左塚漆梮）同。

上博六·天甲 7 士視目～,讀爲"恆",固定。

上博六·用 14 "～民",讀爲"恆民",常人,一般的人。《莊子·盜跖》:"夫可規以利而可諫以言者,皆愚陋恆民之謂耳,"《抱朴子·博喻》:"九疇之格言,不吐庸猥之口;金版之高算,不出恆民之懷。"

絚

 上博三·周 28 㪤(叙)～貞凶

 上博三·周 28 不～丌(其)

《說文·糸部》:"絚,大索也。一曰急也。从糸,恆聲。"

上博三·周 28～,讀爲"恆"。《詩·小雅·天保》"如月之恆",孔穎達正義:"集注本、定本'絚'字作'恆'。"

見紐弓聲

弓

 上博三·中 1 季逗子史(使)中(仲)～爲剞(宰)

 上博三·中 1 中(仲)～㠯(以)告孔子曰

 上博三·中 5 中(仲)～曰

 上博三·中 6 中(仲)～酓(答)曰

 上博三·中 8 中(仲)～曰

 上博三·中 9 中(仲)～曰

 上博三·中 10 中(仲)～曰

 上博三·中 16【背】中(仲)～

 上博三·中 17 中(仲)～曰

 上博三·中 20 中(仲)～曰

上博三·中 25 中(仲)～曰

 上博三·中 27 中(仲)～曰

《説文·弓部》："弓，以近窮遠。象形。古者揮作弓。《周禮》：'六弓：王弓、弧弓以射甲革甚質；夾弓、庾弓以射干侯鳥獸；唐弓、大弓以授學射者。'"

上博"中～"，讀"仲弓"，人名。仲弓是魯國人，姓冉，名雍，仲弓爲其字，孔子弟子。《論語·先進》："德行：顔淵，閔子騫，冉伯牛，仲弓。言語：宰我，子貢。政事：冉有，季路。文學：子游，子夏。"

見紐厷聲歸之部又聲

溪紐肎(肯)聲

肯

 上博六·用 17 僉之不～

《説文·肉部》："肎，骨閒肉，肎肎箸也。从肉，从冎省。一曰：骨無肉也。𩨳，古文肎。"

簡文"不～"，不同意；不接受。《穀梁傳·宣公四年》："公及齊侯平莒及郯，莒人不肯。"簡文"僉(斂)之不肯，而展之亦不能"，可參馬王堆帛書《稱》："同則不肯，離則不能。"（晏昌貴）或釋爲"不骨"，讀爲"不過"，與"不違"對言，見《周易·繫辭上》："與天地相似，故不違；知周乎萬物，而道濟天下，故不過。"又"範圍天地之化而不過"。

端紐登聲

登

上博三·彭 4 夫子之惪(德)～矣

上博六·競 8 今新(薪)～(蒸)思吳(虞)守之

上博一·性 13 所㠯(以)爲信與～(徵)也

～，从"癶"从"豆"从"廾"，雙手奉豆。戰國文字所从的"豆"旁已訛作从"日"从"口"。"廾"旁由於受到其上的表示雙足的"癶"形的影響後，也類化作"癶"形。"豆"上或訛作 ，與"癹"近。《説文·癶部》："登，上車也。从癶、豆。象登車形。 ，籀文登。从収。"

上博六·競 8～，讀爲"蒸"，薪細曰"蒸"，《説文·艸部》："蒸，折麻中榦也。从艸，烝聲。"麻榦可以燒。"薪蒸"，指柴木。《經典釋文》："麤曰薪，細曰蒸。"

上博三·彭 4～，高。"惪登"義即"德高"。《國語·晉語九》："不哀年之不登。"韋昭注："登，高也。"今言望重。

上博一·性 13～，讀爲"徵(證)"，憑證；證據。《大戴禮記·文王官人》："女平心去私，慎用六證。"盧辯注："六證，六徵也。"

端紐耑聲

耑

上博四·采 3 訐(衍)～(徵)

　上博四·采 33～（徵）和

～，甲骨文作（《甲骨文編》4299 號），像背部有胂子之"㞢"刀，即"㞢"字。戰國文字或作（曾侯乙鐘）、（曾侯乙鐘掛件）、（曾侯乙磬）、（曾侯乙磬）；或加"口"作（曾侯乙鐘），與《說文》"徵"字古文所從同。

上博四～，讀爲"徵"，音節名。《禮記·月令》："〔孟夏之月〕其蟲羽，其音徵。"

諹

　上博二·容 41 湯於是唬（乎）～（徵）九州之

～，與（郭店·性自命出 22）同，从"言"，"㞢"聲，"諹"字是典籍中表示徵信、證言（人）之"徵"的本字。《說文·壬部》："徵，召也。从微省，壬爲徵。行於微而文達者，即徵之。，古文徵。"

上博二·容 41～，即"徵"，徵召。《左傳·僖公十六年》："王以戎難告于齊，齊徵諸侯而戍周。"

敳

　上博三·周 54～馬臧（藏）

～，从"攴"、"㞢"聲，"抍"字之異體。《說文·手部》："抍，上舉也。从手，升聲。《易》曰：'抍馬壯吉。'，抍或从登。"撜、抍二字爲異體。

上博三·周 54～，《類篇》："拯，《說文》：'上舉也'，引《易》：'抍馬壯，吉。'或作承、撜、拯、丞。"或讀爲"登"，進獻。《禮記·月令》："〔孟夏之月〕農乃登麥。"鄭玄注："登，進也。"登獻來的馬健壯，吉利。

端紐爯聲

爯

　上博二·容 34 述（遂）～（稱）疾不出而死

　上博四·曹 9 君子曰（以）敗（賢）～（稱）而遊（失）之

　上博四·曹 9 曰（以）亡（無）道～（稱）而昬（沒）身邊（就）薨（死）

　上博四·曹 9 君子曰（以）敗（賢）～（稱）

　上博四·曹 10 曰（以）亡（無）道～（稱）

　上博五·季 15 眯（眯）父兄子俤（弟）而～賖

　上博五·君 6 ～亓（其）衆寡

　上博二·子 8 而史（使）君天下而～（稱）

　上博二·子 9 而丌（其）父戔（賤）而不足～（稱）也與

　上博六·用 2 ～秉鐘悳（德）

正編·蒸部

 上博八·命 4 不～(稱)孠(賢)

 上博八·志 6 邦人亓(其)胃(謂)我不能～(稱)人

 上博八·志 5 而縱不爲虐(吾)～辠

～，戰國文字或作 (郭店·魯穆公問子思 1)、 (郭店·魯穆公問子思 3)、 (郭店·魯穆公問子思 5)、 (郭店·成之聞之 22)、 (楚金版先秦編 24)、 (集粹 138)。《說文·冓部》："爯，并舉也。从爪，冓省。"

上博四·曹～，讀爲"稱"，稱道。《管子·大匡》："凡於父兄無過，州里稱之，吏進之，君用之。"

上博二·容 34"～疾"，讀爲"稱疾"，稱病。《史記·樗里子甘茂列傳》："今者張唐欲稱疾不肯行，甘羅說而行之。"

上博五·季 15"～賸"，讀爲"稱讎"，舉薦讎人。"稱"，舉薦。《禮記·儒行》："內稱不避親。"

上博五·君 6～，讀爲"稱"，相稱。

上博六·用 2"～秉"，讀爲"稱秉"，《管子·小匡》："其稱秉言，則足以補官之不善政。"黎翔鳳《管子校注》引王紹蘭云："'稱秉言'，《齊語》作'綏謗言'。凡從'秉'之字，多與'丙'通，'丙'與'方'通，'方'與'旁'通。'秉'當依《齊語》讀爲'謗'。'稱'即'偁'之借字。《說文》：'偁，揚也。'謂揚其謗言令上聞也，猶《晉語》云'問謗譽于路'矣。《齊語》之'綏'，蓋與'稱'形近而訛。"簡文"稱秉"或讀爲"偁謗"，義爲稱揚其謗。或讀爲"稱病"。(晏昌貴)

透紐升聲

陞

 上博二·容 31 高山～

 上博二·容 39 於是虖(乎)斳(慎)戒～(徵)叚(賢)

 上博二·容 39 ～(升)自戎述

 上博二·容 48 乃～文王

 上博三·周 33 ～宗䘳肤(膚)

 上博三·周 48 不～丌(其)陸

 上博五·三 11 ～丘毋訶(歌)

 上博六·孔 25 莫之能～也

～，從"阜"、從"止"，"升"聲，《集韻》："陞，登也，或省，亦從足，通作升。"

上博五·三 11"～丘"，即登丘，登上山丘。

上博三·周 33～，讀爲"登"。《爾雅·釋詁》："登，陞也。"《集韻》："升，登也。"《小爾雅·廣言》："登，升也。""升"與"登"二者皆屬舌音蒸部，音義可通。引申訓"入"。《淮南子·繆稱》："錦繡登廟。"高誘注："登猶入也。"

上博三·周 48～，讀爲"登"。

上博六·孔 25～，或讀爲"懲"，制止義。《詩·小雅·沔水》："民之訛言，寧莫之懲。"毛亨傳："懲，止也。"(陳偉)或釋爲"瀓"，讀爲"廢"。(陳劍)

上博二·容 31"高山～"，即"高山登"，謂登上高山，以測音準。

上博二·容 39"～叚"，讀爲"徵賢"，徵召；徵聘。多指君召臣。《左傳·僖公十六年》："王以戎難告于齊，齊徵諸侯而戍周。"

上博二·容 48～，是"降"之誤，指向文王投降。

上博二·容 39"～自戎述"，讀爲"升自陑遂"。《書·湯誓序》："伊尹相湯

伐桀,升自陑遂,與桀戰于鳴條之野,作《湯誓》。"孔安國傳:"桀都安邑,湯升道從陑出其不意。陑在河曲之南。"或釋爲"降"。

定紐乘聲

乘

 上博四·柬 2～黽尹速卜

 上博七·君甲 2 牞(范)～

上博七·君甲 2 牞(范)～曰

 上博七·君乙 2 牞(范)～

 上博七·君乙 2 牞(范)～

～,戰國文字或作(郭店·語叢二 26)、(新蔡甲三 79)、(新蔡乙四 151)、(新收 1032)、(後李圖二 10)、(耸肩空首布内蒙古 2000·1)、(施 323)、(施 346)、(新出温縣 WT1K14:867)、(珍秦 253)、(秦風 82)。《說文·桀部》:"乘,覆也。从入、桀。桀,黠也。軍法曰乘。 , 古文乘,从几。"

上博四·柬 2"～黽尹速卜",～,或讀爲"承",訓繼、次。黽尹去爲簡王掌傘,所以蓋尹接替他司卜。(陳偉)

上博七·君甲 2"牞～",人名,讀爲"范申"。"乘"、"申",音近可通。"范

申",當即"范無宇",楚大夫;又名"申無宇",申,氏,名無宇;又名芋尹、芋尹申無宇。"軛乘",是歷經郟敖、靈王、平王、昭王等四朝的老臣,愛憎分明,能懇誠輔政,不畏犯主之災,不憂逆耳之害。

輚

 上博二·容14 堯於是虎(乎)爲車十又五～

 上博二·容51 武王於是虖(乎)复(作)爲革車千～

 上博二·容51 武王乃出革車五百～

 上博五·鮑6 蓳(萬)～之邦

 上博五·季12 安复而～之

 上博三·周37 賆(負)叔～

 上博五·三12 百～之豪(家)

 上博二·容14 堯於是虖(乎)爲車十又(有)五～

 上博八·成2～睧(聞)才(哉)

～,戰國文字或作 (郭店·語叢二26)、 (施301)、 (施264)、 (陶錄4·113·1),從"車","乘"聲,即車乘之"乘"的專字。

上博二·容 14～，量詞。用以計算車子。《左傳·成公十八年》："晉欒書、中行偃使程滑弒厲公，葬之于翼東門之外，以車一乘。"

上博五·鮑 6"堇～之邦"，讀爲"萬乘之邦"。《孟子·梁惠王上》"萬乘之國，弒其君者必千乘之家"，趙岐注："萬乘，兵車萬乘，謂天子也。"

上博五·季 12～，讀爲"乘"，繼承。《書·君奭》："在亶乘兹大命。"

上博三·周 37～，讀爲"乘"，乘車。《書·益稷》："予乘四載，隨山刊木，暨益奏庶鮮食。"孔穎達疏："我乘舟車輴樏等四種之載。"

𢎗（勝）

上博二·從乙 3 妾（怒）則～

上博四·曹 46 □不～

上博四·曹 52 皆曰～之

上博三·周 30 莫之～敓（敚?）

上博四·曹 33 果～矣

上博四·曹 33 辟（親）銜～

上博四·曹 41 競必～

上博四·曹 49～則彔（祿）簹（爵）有棠

上博七·武 4～義則忘（喪）

上博七·武 4 義～怠則長

上博七·武 4 義～谷（欲）則從

上博七·武 4 谷（欲）～義則兇（凶）

上博七·武 13 志～欲則利

上博七·武 14 欲～志則喪

上博七·武 14 志～欲則從

上博七·武 14 欲～志則兇（凶）

上博七·武 14 敬～息（怠）則吉

上博七·武 14 息（怠）～敬則威（滅）

上博七·凡甲 26 心不～心

上博七·凡甲 26 心女（如）能～心

 上博七·凡乙 19 心不～心

 上博七·凡乙 19 心女(如)能～心

～,戰國文字或作、、、、、、、、、、,从"力","乘"聲,"勝"字異體。戰國文字或从"大"、"力",會大力爲勝。大也可能是"乘"之省。《說文·力部》:"勝,任也。从力,朕聲。"

上博三·周30～,克,能夠。《爾雅·釋詁》:"勝,克也。"

上博四·曹～,戰勝;勝利。《禮記·聘義》:"用之於戰勝。"鄭玄注:"勝,克敵也。"

上博七·武～,即"勝"。《爾雅·釋詁》:"勝,克也。"《大戴禮記·武王踐阼》:"敬勝怠者吉。"王聘珍解詁:"勝,克也。"

上博七·凡甲26、凡乙19"心不～心",讀爲"勝",戰勝。《管子·七法》:"不能彊其兵,而能必勝敵國者,未之有也。"引申爲克制、制服。《論語·子路》:"善人爲邦百年,亦可以勝殘去殺矣。"

上博三·周30～,盡。《孟子·梁惠王上》:"不違農時,穀不可勝食也。"

定紐蒸聲

承

 上博三·周8 啓邦～豪(家)

 上博三·周28 或～丌憨(羞)

 上博三·中22 則民蕢(勸)～孚(學)

 上博四·內4 不與言人之俤(弟)之不能～倪(兄)者

 上博四·內4 言人之俤(弟)之不能～倪(兄)

 上博四·內6 言～倪(兄)

 上博六·天甲8 大夫～鷹

 上博六·天乙8 ～鷹

 上博七·吳9 不共～王事

"承"甲骨文作![], 从"廾"奉"卩", 會奉承之意。隸作"承"。《集韻》:"承, 奉也, 受也。或作丞。"戰國文字或作、、、、、、。《說文·手部》:"承, 奉也。受也。从手、从卩、从㕚。"

上博三·周8～, 帛本、今本《周易》皆作"承", 承繼。

上博三·周28～, 承受,《說文》:"承, 奉也, 受也。"

上博三·中22"～孚(學)", 讀爲"承教", 接受教令。《孟子·梁惠王上》:"寡人願安承教。"趙岐注:"願安意承受孟子之教令。"《戰國策·趙策二》:"承教而動, 循法無私, 民之職也。"

上博六·天甲8"～鷹", 與下文"受余"相對。～, 受。

上博七・吴9～,《説文》"承,奉也,受也"。擔負,擔任。《韓非子・難三》:"中期善承其任,未慊昭王也。""不共承王事",《國語・吴語》作"不承共王事",同義。

上博四・内4～,順从。

定紐苶聲

苶

 上博二・昔1母弟～退

 上博七・凡甲9必從～旬(始)

～,從"廾"、"八"、"十"聲。

上博七・凡甲9～,即"朕"字所從的聲旁,讀爲"寸"。信陽簡借"苶"爲"寸"。"寸",長度單位,十分爲一寸。

上博二・昔1～,讀爲"遜"。或釋爲"送"。

愻

 上博一・緇13則民又(有)～(遜心)

 上博三・中13緩愻而～放之

～,從"心","苶"聲,"愻"字異體。

上博一・緇13～,合文,讀爲"遜心",恭順之心。《書・舜典》:"百姓不親,五品不遜。"孔安國傳:"遜,順也。"

上博三・中13～,讀爲"遜"。"遜"與上"緩"爲對文,遜,順也。古書多作"孫"。《禮記・學記》:"大學之法,不陵節而施之謂孫。"

絭

 上博二·容 51 至於共～(縢)之間

 上博五·鬼 7 雙(登)易(揚)～(縢)價

～，從"糸"，"桊"聲，"縢"之省文。《說文·糸部》："縢，緘也。從糸，朕聲。"

上博二·容 51～，即"縢"，地名。《左傳·閔公二年》："衛之遺民男女七百有三十人，益之以共、縢之民五千人，立戴公以廬于曹。"共在今河南輝縣一帶，縢地也在今輝縣一帶。（吴良寶）

上博五·鬼 7"～價"，讀爲"騰踰"，騰達超踰的意思。《文選·王褒〈洞簫賦〉》："亂曰：狀若捷武，超騰逾曳，迅漂巧兮。"《文選·張衡〈思玄賦〉》："超逾騰躍絶世俗，飄遥神舉逞所欲。"（裘錫圭）

遂

 上博五·鬼 3～丕(㥍)公者

～，從"辵"，"絭"聲，"送"字繁體。《說文·辵部》："送，遣也。從辵，俇省。䢠，籀文不省。"

上博五·鬼 3"～丕(㥍)公"，讀爲"秦穆公"，春秋時代秦國國君，在位期間"益國十二，開地千里，遂霸西戎"。《史記·蒙恬列傳》："昔者秦穆公殺三良而死，罪百里奚而非其罪也，故立號曰'繆'。昭襄王殺武安君白起。楚平王殺伍奢。吴王夫差殺伍子胥。此四君者，皆爲大失，而天下非之，以其君爲不明，以是籍於諸侯。故曰'用道治者不殺無罪，而罰不加於無辜'。"（李家浩、楊澤生）

朕

 上博三·彭1而塱(舉)於～身

 上博三·彭3舍(余)～孳

 上博三·彭8～孳不男(敏)

 上博六·用10而莫執～

～，戰國文字或作（山東104司馬楙編鎛）、（聳肩空首布中國錢幣1997·2）。《說文·舟部》："朕，我也。闕。"

上博三·彭1"～身"，狗(耇)老自稱，"朕身"金文屢見，義與叔夷鐘"余朕身"、《論語·學而》"吾日三省吾身"之"吾身"同。

上博三·彭3、8～，乃"耇老"自稱，與"余"、"我"同，爲第一人稱代詞。

送

 上博五·季5百眚(姓)～之昌(以)□☒

 上博六·慎5～畎備(服)畮(畝)

《說文·辵部》："送，遣也。从辵，倴省。，籀文不省。"

上博五·季5～，讀爲"遜"。（季旭昇）

上博六·慎5"～畎備畮"，讀爲"遵畎服畝"，沿著田間水溝到田里去從事農作。《晏子春秋》"景公遊公阜一日有三過言晏子諫第十八"："晏子曰：'昔者上帝以人之殁爲善，仁者息焉，不仁者伏焉。若使古而無死，丁公、太公將

675

有齊國,桓、襄、文、武將皆相之,君將戴笠衣褐,執銚耨以蹲行畎畝之中,孰暇患死!'公忿然作色,不說。""蹲",讀爲遵循之"遵"。(陳劍、沈培)

酋

上博六·天甲 10～且(俎)不折事

上博六·天乙 9～且(俎)不折事

～,郭店簡或作[圖](郭店·尊德義 1)、[圖](郭店·尊德義 4)、[圖](郭店·尊德義 20),從"酋","廾"(朕)聲,"尊"字異體。《說文·酋部》:"尊,酒器也。從酋,廾以奉之。《周禮》六尊:犧尊、象尊、著尊、壺尊、太尊、山尊,以待祭祀賓客之禮。[圖],尊或從寸。"

上博六·天甲 10"～且",讀爲"尊俎"。古代盛酒肉的器皿。尊,盛酒器;俎,置肉之几。《禮記·樂記》:"鋪筵席,陳尊俎,列籩豆。"

睿

上博七·鄭甲 5 利(梨)木三～

上博七·鄭乙 5 利(梨)木三～

～,從"旨","廾"聲。

簡文～,讀爲"寸"。長度名。一指寬爲寸。《公羊傳·僖公三十一年》:"觸石而出,膚寸而合。"何休注:"側手爲膚,案指爲寸。"《大戴禮記·主言》:"布指知寸,布手知尺。"(陳偉)

定紐孕聲

孕

上博三・周 50 婦～而

～,甲骨文作(《殷契佚存》五八六),像女子懷子之形。戰國文字承襲之。《説文・子部》:"孕,褢子也。从子,从几。"

上博三・周 50～,懷胎。《易・漸》:"鴻漸于陸,夫征不復,婦孕不育,凶。利御寇。"李鼎祚集解引虞翻曰:"孕,妊娠也。"

來紐夌聲

陵

上博四・柬 7 㠯(以)告安君與～尹子高

上博四・柬 19～尹

上博四・柬 20 大(太)剁(宰)胃(謂)～尹

上博四・柬 20～尹與

上博五・弟 1 貭～季=(季子)僑而弗受

上博五・弟 1 貭～季=(季子)亓(其)天民也虖

 上博五·弟 2 脰～季子

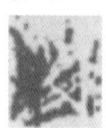 上博二·容 6 昔堯凥（處）於丹府與藋～之間

 上博二·容 18 山～

 上博二·容 23 山～不凥（處）

 上博六·壽 2 女毀新都戚～

～，楚文字或作 、、、、、，从"阜"、"土"、"來"聲。或省"阜"，从"土"，"來"聲。齊文字或作 、、，从"阜"、"土"、"夌"聲。秦文字或作 、、，从"阜"、"夌"聲，"夌"右部或下部所从兩點，乃是"夊"聲。《説文·𨸏部》："陵，大𨸏也。从𨸏，夌聲。"

上博二·容"山～"，山嶽。《左傳·襄公十年》："兆如山陵，有夫出征，而喪其雄。"

楚文字"～尹"，楚官名，亦複姓。《通志·氏族略·以官爲氏》："陵尹氏，楚大夫陵尹喜、陵尹招之後，陵尹楚官。"也見於《左傳·昭公十二年》、包山 179 等，一曰掌管山陵之官，一曰陵爲地名，以爲陵縣縣令。宋華強認爲"陵尹"也有可能是管理陵寢之官。

其他～，均地名後綴。

從紐曾聲

曾

 上博五・季 21 毋信玄～

 上博八・成 14 夫頡（夏）～（繒）是（氏）之道

 上博八・李 1【背】亂木～枳（枝）

《說文・八部》："曾，詞之舒也。从八，从曰，囟聲。"

上博五・季 21～，讀爲"憎"。《說文》："憎，惡也。"《荀子・大略》："君子之所憎惡也。"或讀爲"譜"。或讀爲"繒"，"繒"古代絲織品的總稱，但亦用作祭祀時的"幣帛"，如《禮記・禮運》："故先王秉蓍龜，列祭祀，瘞繒，宣祝嘏辭說，設制度。"鄭玄注："幣帛曰繒。"古代祭祀用品多用"玄"色，"玄繒"可能也是指祭品而言。（范常喜）

上博八・成 14～，讀爲"繒"、"鄫"。《元和姓纂》："曾，夏少康封少子曲烈于鄫，春秋時爲莒所滅，鄫太子巫仕魯，去邑爲曾氏。"《通志・音譌》："鄫氏爲繒氏。"《正義》："繒，自陵反，《國語》云：'繒，姒姓，夏禹後。'《括地志》云：'繒縣在沂州承縣，古侯國。'"江蘇省東海縣尹灣村漢墓簡記載，秦漢時期蒼山縣境內有繒縣，蒼山縣境有繒國故城。（濮茅左）

上博八・李 1【背】"～枳"，讀爲"曾枝"，枝條重累，見《楚辭・九章・橘頌》："曾枝剡棘。"王逸注："言橘枝重累，又有利棘。"

憎

 上博五・三 2 上帝牀（將）～之

 上博五・三 19 而句（后）帝之所～

《説文·心部》:"憎,惡也。从心,曾聲。"

簡文～,厭惡;憎恨。《詩·齊風·雞鳴》:"會且歸矣,無庶予子憎。"毛亨傳:"毋見惡於夫人。"《左傳·昭公十九年》:"子產憎其爲人也,且以爲不順,弗許,亦弗止。"

矰

 上博五·三 20～迲(去)吕(以)悬(悔)

～,戰國文字或作 ▊(十八年冢子韓矰戈)、▊(新鄭圖 348)、▊(秦風 92)。《説文·矢部》:"矰,雉躲矢也。从矢,曾聲。"

上博五·三 20～,是一種繫有生絲繩以射飛鳥的箭。《吕氏春秋·直諫》:"荆文王得茹黄之狗,宛路之矰,以畋於雲夢,三月不反。"高誘注:"矰,弋射短矢。""矰去"意爲"把逃離的人追捕回來"。(范常喜)或讀爲"增",增加刑罰,"去"乃減少或去除刑罰,"增去"乃謂對刑罰的增減損益。(林文華)

增

 上博五·三 19 埤(卑)牆(牆)勿～

～,與 ▊(九 A50)同。《説文·土部》:"增,益也。从土,曾聲。"

簡文～,加多,加添。《戰國策·中山策》:"繕治兵甲以益其强,增城濬池以益其固。"《吕氏春秋·季夏紀》:"興事動衆,以增國城,其可以移之乎!"

贈

 上博一·孔 27 賓～氏(是)也

《説文·貝部》:"贈,玩好相送也。从貝,曾聲。"

上博一·孔 27"賓～",是宴饗之禮後的賄贈。"賓"和"贈"是同義連文。《國語·周語上》:"賓饗贈餞如公命侯伯之禮。"《禮記·聘義》:"君親禮賓,賓

私面,私覿,致饔餼,還圭璋,賄贈,饗食燕,所以明賓客君臣之義也。"孔穎達疏:"賄贈者,因其還玉之時,主人之卿並以賄而往還玉,既畢,以賄贈之,故《聘禮》'還圭璋畢,大夫賄用束紡'是也。"

幫紐仌聲

冰

 上博八·成 5 安(焉)不曰日章(彰)而～澡(消)虖(乎)

楚文字"陵"字或从"仌"(冰)聲作 . 《說文·仌部》:"冰,水堅也。从仌,从水。 ,俗冰。从疑。"

簡文"～澡",讀爲"冰消",又作"冰銷",冰凍消融。董思恭《守歲》詩之二:"冰銷出鏡水,梅散入風香。"元稹《寄樂天》詩:"冰銷田地蘆錐短,春入枝條柳眼低。"

並紐朋聲

匉

 上博五·三 17～可(何)新(親)才(哉)

～,加注"勹"聲,"朋"字繁體。
上博五·三 17～,讀爲"凭"。《說文·几部》:"凭,依几也。从几,从任。《周書》:'凭玉几。'讀若馮。"

埄

 上博三·周 14～(朋)敀(盍)至(簪)

～,从"土","匉"聲,"堋"之異體。

上博三·周14～，讀爲"朋"，朋友；志同道合的人。《易·坤》："西南得朋，東北喪朋。"孔穎達疏："凡言朋者，非唯人爲其黨，性行相同，亦爲其黨。"高亨注："朋，朋友。"今本《周易》"朋來無咎"，馬王堆漢墓帛書《周易》作"堋來無咎"。《書·益稷》"朋淫于家"，《說文·土部》引"朋"作"堋"。

倗

 上博七·凡甲27 和～和墼（氣）

～，與 (郭店·六德28)同。《說文·人部》："倗，輔也。从人，朋聲。讀若陪位。"

上博七·凡甲27～，讀爲"朋"，義爲同，"和朋"與"和同"義同。《禮記·月令》："〔孟春之月〕天氣下降，地氣上騰，天地和同，草木萌動。"《淮南子·俶真》："含陰吐陽，而萬物和同者，德也。""和氣"，古人認爲天地間陰氣與陽氣交合而成之氣。萬物由此"和氣"而生。《老子》："萬物負陰而抱陽，沖氣以爲和。"《韓非子·解老》："孔竅虛，則和氣日入。"簡文"和朋和氣"，"和朋"、"和氣"義近。或說"和朋"，與朋友和睦、融洽。

倗

 上博五·競1 級（隰）～（朋）與鞁（鮑）畏（叔）舀（牙）從

 上博五·競2 與級（隰）～（朋）曰

 上博五·競5 汲（隰）～（朋）會（答）曰

 上博五·競9 伋（隰）～（朋）羿（與）鞁（鮑）畏（叔）舀（牙）皆拜

上博五·競 10 ～(朋)堂(黨)

上博五·競 10 甕(孌)～(朋)

上博五·鮑 9 鞊(鮑)甹(叔)舀(牙)與级(隰)～(朋)之諫

～,與 (郭店·六德 30)、(郭店·六德 30)同,从"人","堋"聲,"倗"字繁體。《說文·人部》:"倗,輔也。从人,朋聲。讀若陪位。"

上博五·競 1"级～",讀爲"隰朋",人名。

上博五·競 10"～堂",讀爲"朋黨",同類人互相勾結,排斥異己者。《管子·法禁》:"以朋黨爲友,以蔽惡爲仁。"《戰國策·趙策二》:"臣聞明王絶疑去讒,屏流言之迹,塞朋黨之門。"

上博五·競 10"甕～",讀爲"孌朋"。"孌"訓爲"牽",見《詩·唐風·山有樞》釋文引馬注。"朋黨群醜,孌朋取與",意正與《韓非子·有度》"交衆與多,外内朋黨"近似。(李學勤)

堋

上博三·中 25 所學皆～(崩)

上博三·中 19 山又(有)～(崩)

上博二·容 49 文王～(崩)

上博一·緇 23 ～(朋)友卣〈卣(攸)〉囡(攝)

 上博六·天甲 10～（朋）替（友）不［語分］

 上博六·天乙 10～（朋）替（友）不語分

～，從"土"，"朋"聲，或從二朋，古文字中往往單複無別。郭店·語叢四 14 作 ![]。《說文·土部》："塴，喪葬下土也。從土，朋聲。"

上博二·容 49"文王～"，讀爲"文王崩"。古代稱帝王、皇后之死。《春秋·隱公三年》："三月庚戌，天王崩。"《禮記·曲禮下》："天子死曰崩。"

上博三·中 19"山又（有）～"，讀爲"山有崩"，倒塌。《詩·小雅·十月之交》："百川沸騰，山冢崒崩。"《漢書·武帝紀》："山陵不崩，川谷不塞。"

上博三·中 25～，讀爲"崩"，敗壞。《論語·陽貨》："君子三年不爲禮，禮必敗；三年不爲樂，樂必崩。"

上博一·緇 23、上博六·天甲 10"～友"，讀爲"朋友"，同師同志的人，《易·兑》："君子以朋友講習。"《論語·學而》："與朋友交而不信乎？"

 上博五·鮑 2～丌（其）所㠯（以）䒴（亡）

 上博五·鮑 2～丌（其）所㠯（以）䒴（亡）

～，從"辵"，"塴"聲。

上博五·鮑 2～，或讀爲"比"（並紐脂部），二字聲同，韻爲旁對轉。比，及也。（季旭昇）或讀爲"凡"。"朋"是並母蒸部字，"凡"是並母侵部字。"朋"、"凡"二字在語音上應當是很接近的。古書裏就有"凡……所以……，爲……"的句子，跟簡文"朋其所以亡，爲其容"很相似。《吕氏春秋·振亂》："凡人之所以惡爲無道不義者，爲其罰也；所以蘄爲有道行義者，爲其賞也。""凡"翻譯成"不論"或"無論"。（沈培）

鹏

　上博八·李1～（鳳）鳥之所窠（集）

～，從"鳥"，"堋"聲，即"鵬"字繁構。《玉篇》："大鵬，鳥也。"

簡文～，讀爲"鳳"。《詩·大雅·卷阿》："鳳凰鳴矣，于彼高岡。梧桐生矣，于彼朝陽。"《莊子·秋水》："夫鵷鶵，發於南海而飛於北海，非梧桐不止，非練實不食，非醴泉不飲。"《釋文》："鵷鶵乃鸞鳳之屬也。"（讀書會）

明紐蒸聲

夢

　上博三·亙2～～

　上博四·柬8聚（驟）～高山深溪

　上博四·柬9王～厽（三）閈未啓

　上博四·柬10～若此

《說文·夕部》："夢，不明也。从夕，瞢省聲。"

上博三·亙2"～～"，昏亂的樣子。《詩·小雅·正月》"視天夢夢"；《爾雅·釋訓》："夢夢、訰訰，亂也。"郭璞注："皆闇亂。"又見長沙子彈庫楚帛書"夢夢墨墨，亡章弼弼"；帛書《道原》"濕濕夢夢，未有明晦"。

上博四～，做夢。《左傳·僖公二十八年》："晉侯夢與楚子搏。"

正編·幽部

上博楚簡文字聲系

幽　部

影紐憂聲歸首聲

影紐幽聲

幽

 上博五・三 3 昜(陽)而～

 上博五・三 3～而昜(陽)

 上博七・君甲 9 傑(桀)、受(紂)、幽、萬(厲)

 上博七・君乙 8 傑(桀)、受(紂)、～、萬(厲)

 上博八・蘭 2 尻(處)宎(宅)～录(麓)

《説文・丝部》："幽,隱也。从山、丝,丝亦聲。"

上博五・三 3～,陰,與陽相對。《史記・五帝本紀》："順天地之紀,幽明之占,死生之説,存亡之難。"張守節正義："幽,陰;明,陽也。"

上博七・君甲 9～,《謚法》："壅遏不達曰幽。"《史記・周本紀》："四十六年,宣王崩,子幽王宫湦立。"周幽王,西周最後一個國王。因寵愛褒姒,廢申后和太子宜臼。申侯率軍討伐,殺幽王於驪山之下。

上博八·蘭2～,深遠。《詩·小雅·伐木》:"出自幽谷,遷于喬木。"毛亨傳:"幽,深也。"《莊子·山木》:"彼其道幽遠而無人,吾誰與爲鄰?"簡文指蘭草生長在深山。《楚辭·九章·悲回風》:"蘭茝幽而獨芳。"《楚辭·離騷》"結幽蘭而延佇"、"謂幽蘭其不可佩"。又,《荀子·宥坐》:"芷、蘭生於深林,非以無人而不芳。"

孛

上博五·鬼2返(及)桀,受(紂),～(幽),萬(厲)

上博八·顔11 老=(老老)而慈(慈)～(幼)

上博八·顔12 老=(老老)而慈(慈)～(幼)

上博八·蘭1 宔(宅)才(在)～(幽)审(中)

～,從"子","幽"聲,"幽"所從的"幺"或作 。～,即"幼子"之"幼"的專字。"幽"、"幼"二字音近古通。《詩·小雅·鹿鳴》"出自幽谷",阜陽漢墓竹簡《詩經》"幽"作"幼"(《文物》1984年8期6頁)。戰國中山王大鼎銘文"寡人孛童未甬(通)智","孛"即"幼",從"子"從"幽"聲。《禮記·玉藻》"一命緼韍幽衡,再命赤韍幽衡",鄭玄注:"幽,讀爲黝。"郭店簡或作 (窮達以時15)、 (成之聞之34),與上博簡形同。

上博五·鬼2～,讀爲"幽",周幽王,參前。

上博八·顔11、12"慈～",讀爲"慈幼",愛護幼小者。《周禮·地官·大司徒》:"以保息六養萬民:一曰慈幼,二曰養老,三曰振窮,四曰恤貧,五曰寬疾,六曰安富。"鄭玄注:"慈幼,謂愛幼少也。"《孟子·告子下》:"葵丘之會諸侯……三命曰：敬老慈幼，無忘賓旅。"《孟子·梁惠王上》："老吾老，以及人之老；幼吾幼，以及人之幼。"

上博八·蘭1"宅才～中"，讀爲"宅在幽中"，與蘭2"凥宅幽麓"義近，猶《楚辭·九章·涉江》"幽獨處乎山中"。

影紐幺聲

幼

 上博二·子4虐（吾）昏（聞）夫舜丌（其）～也

 上博三·中7老老慈～

 上博三·中8若夫老老慈～

～，或贅加"口"。《説文·幺部》："幼，少也。从幺，从力。"

上博二·子4～，年紀小；未長成的。《書·盤庚中》："曷不暨朕幼孫有比。"《儀禮·喪服》："夫死，妻稺，子幼。"鄭玄注："子幼，謂年十五已下。"《禮記·曲禮上》："人生十年曰幼，學。"《楚辭·九章·涉江》："余幼好此奇服兮，年既老而不衰。"

上博三·中7"老老慈～"，尊敬年長者愛護幼小者。參"學"字條。

畜

 上博四·曹21凡～群臣

 上博二·民14㠯（以）～蠆（萬）邦

 上博三·周20不～之

 上博三·周 30～臣妾

 上博四·内 3 父之不能～子者

 上博四·内 3 不與言人之父之不能～子者

 上博四·内 5 言～子

 上博五·姑 4 隹（誰）欲～女（汝）者才（哉）

 上博五·姑 3 者（諸）矦（侯）～我

 上博八·子 3 是畱（戰）攻～之也

～，戰國文字或作 （郭店·六德 15）、（郭店·六德 20）、（秦風 165）。《説文·田部》：“畜，田畜也。《淮南子》曰：玄田爲畜。，《魯郊禮》畜从田，从兹。兹，益也。”

上博二·民 14"以～蕈邦"，《禮記·孔子閒居》"以畜萬邦"，鄭玄注："畜，孝也。使萬邦之民競爲孝也。"《詩·小雅·節南山》："式訛爾心，以畜萬邦。"鄭玄箋："畜，養也。"

上博三·周 30、上博四·曹 21、上博四·内 3、5、上博八·子 3～，養育。《詩·邶風·日月》："父兮母兮，畜我不卒。"朱熹集傳："畜，養……歎父母養我之不終。"《孟子·梁惠王上》："是故明君制民之産，必使仰足以事父母，俯足以畜妻子。"《大戴禮記·曾子立孝》："故爲人子而不能孝其父者，不敢言人父不能畜其子者。"《釋名》："畜，養也。"

上博五·姑 3～，容納。《左傳·襄公二十六年》"獲罪於兩君，天下誰畜

之",杜預注:"畜,猶容也。"

上博三·周 20"不~之",帛本作"不菑餘",今本作"不菑畬"。楚文字,"畜"與"畬"字形相近,"畜"是錯字,"之"和"菑"則是通假字,"之"是章母之部,"菑"是精母之部,古音相近。(李零)或説"菑"字實爲"畜"的誤字。茲聲字與甾聲字相通。經文"不畜之餘"的"畜"字在戰國時代的傳鈔本中有寫作"䇾"或"蓄"的,其上半所從的"兹"或"茲"很容易被誤認爲聲符,於是被轉寫成了與"兹"和"茲"讀音極其相近的"菑"字。(陳劍)

蓄

 上博六·用 8 樹惠~

《説文·艸部》:"蓄,積也。从艸,畜聲。"

簡文~,蓄养。《國語·晉語四》:"蓄力一紀,可以遠矣。"韋昭注:"蓄,養也。"

曉紐休聲

休

 上博三·彭 1~才(哉)

~,與 同。《説文·人部》:"休,息止也。从人依木。![],休或从广。"

簡文"~才",讀爲"休哉",即善哉,好啊。《廣雅·釋詁》:"休,善也。"《爾雅·釋詁下》:"休,美也。"《廣韻·尤韻》:"休,美也,善也。"或説"休"之本義爲"息止"。"休哉",停停吧!(讀本三)

曉紐好聲

好

 上博五·季10～型(刑)則不羊(祥)

 上博五·季10～殺則复(作)嬰(亂)

 上博五·季19～人勿貴

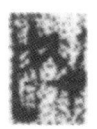 港甲9□～而縫之

 上博一·性3～亞(惡)

 上博一·性36 目之～色

 上博一·孔12～

 上博一·孔14 惫(擬)～色之忎(願)

 上博一·孔24 敚(悅)丌(其)人必～丌(其)所爲

 上博一·性12～丌(其)頌(容)

正編·幽部

上博二·從甲 8~型(刑)則民复(作)䚈(亂)

上博三·周 30~豚(遯)

上博四·逸·交 1 君子相~

上博四·逸·交 4 戠(媸)娓(美)是~

上博四·逸·交 1 戠(媸)娓(美)是~

上博四·逸·交 3 戠(媸)娓(美)是~

上博四·逸·交 4 君子相~

上博五·君 5 斯人欲亓(其)~

上博五·三 18~昌天從之

上博五·三 18~貢天從之

上博五·三 18~尨天從之

上博五·三 18~長天從之

· 695 ·

　上博六·用4 惡～弃忧

　上博七·凡甲27 室聖(聲)～也

　上博七·吴1 二邑之～

　上博八·李2 民之所～可(兮)

～，與👁(郭店·老子甲8)、👁(郭店·老子甲32)、👁(郭店·緇衣2)、👁(郭店·性自命出4)、👁(郭店·語叢一8)、👁(郭店·語叢三11)同，"子"或在右、或在下、或在左，偏旁位置變動不居。《説文·女部》："好，美也。从女、子。"

上博一·性3"～亞"，讀爲"～惡"，喜好與嫌惡。《禮記·樂記》："人生而静，天之性也；感於物而動，性之欲也。物至知知，然後好惡形焉。"《淮南子·原道》："人生而静，天之性也；感而後動，性之害也。物至而神應，知之動也。知與物接，而好憎生焉。"

上博一·性36、上博一·孔14"～色"，喜歡美色。《管子·小匡》："寡人有汙行，不幸而好色。"

上博一·孔24、上博四·逸·交1、3、4、上博五·三18～，喜愛，愛好。《易·謙》："人道惡盈而好謙。"《左傳·昭公二十五年》："喜生於好，怒生於惡。"

上博一·性12"～丌(其)頌(容)"，《新語·本行》："故聖人卑宫室而高道德，惡衣服而勤仁義，不損其行，以好其容，不虧其德，以飾其身，國不興不事之功，家不藏不用之器，所以稀力役而省貢獻也。"

上博二·從甲8、上博五·季10"～型"，讀爲"好刑"。《文子·道德》："人主好仁，即無功者賞，有罪者釋；好刑，即有功者廢，無罪者誅。"

上博五·季10"～殺"，《管子·七臣七主》："誅賢忠，近讒賊之士而貴婦人，好殺而不勇，好富而忘貧。"

上博四·逸·交 1、4～，古訓愛、喜、説(悦)、善等，"相好"應當是互相欣賞的意思。(王寧)

上博五·季 19"～人勿貴"，《論語·里仁》："唯仁者能好人，能惡人。"簡文"惡人勿陷，好人勿貴"，是説不要因討厭某人而使他埋沒，也不要因喜歡某人而使他尊貴。(冀小軍)

上博六·用 4、上博七·凡甲 27～，美好，良好。《詩·大雅·生民》："實發實秀，實堅實好。"《論語·子張》："譬之宫牆，賜之牆也及肩，窺見室家之好。"《荀子·成相》："君子由之佼以好。"

上博七·吴 1～，和睦，友好。《詩·衛風·木瓜》："投我以木瓜，報之以瓊琚。匪報也，永以爲好也。"《國語·吴語》："寡人帥不腆吴國之役，遵汶之上，不敢左右，唯好之故。"

上博八·李 2"民之所～可(兮)"，《韓非子·外儲説右下》："慶賞賜予者，民之所好也，君自行之。"

孜

上博一·緇 1～(好)頹(美)女(如)孜(好)紵(緇)衣

上博一·緇 1 孜(好)頹(美)女(如)～(好)紵(緇)衣

上博一·緇 1 又(有)國者章～(好)章惡

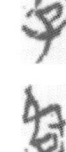
上博一·緇 2～(好)是正植(直)

上博一·緇 5 君～(好)則民谷(欲)之

上博一·緇 6 上～(好)㥑(仁)

 上博一·緇8 上～(好)

 上博一·緇9 上之～(好)亞(惡)不可不慙(慎)也

 上博一·緇21 人之～(好)我

 上博一·緇21 佳(惟)君子能～(好)亓(其)匹

 上博一·緇21 少(小)人剴(豈)能～(好)亓(其)匹

 上博一·緇22 君子～(好)敩(逑)

 上博一·緇22 則～(好)悬(仁)不臤(堅)

 上博六·孔14 ～(好)段(假)兴(美)㠯(以)爲□

 上博六·孔19 衣備～(好)圖

 上博六·孔26 ～(好)䙷

～，从"子"，"丑"聲，與 、、、、、同，"好"字異體。《説文·女部》："妞，人姓也。从女，丑聲。《商書》曰：無有作妞。"段玉裁注云："从本訓人姓，好惡自有真字，而壁中古文叚妞爲

好。"《説文》引《商書》讀爲"好"的"敃"字,可能就是"孯"的異體或訛文。(馮勝君)

上博一·緇 1"章～章惡",《吕氏春秋·孟秋紀》:"得民虜奉而題歸之,以彰好惡;信與民期,以奪敵資。"

上博一·緇 2"～是正植(直)",《詩·小雅·小明》:"靖共爾位,好是正直。"鄭玄箋:"好,猶與也。"

上博一·緇 6"上～息(仁)",《禮記·大學》:"未有上好仁而下不好義者也,未有好義其事不終者也,未有府庫財非其財者也。"

上博一·緇 9"～亞"(惡),喜好與嫌惡。《禮記·王制》:"命市納賈,以觀民之所好惡,志淫好辟。"

上博一·緇 1、5、21、上博六·孔 14～,喜愛,愛好。《易·謙》:"人道惡盈而好謙。"《左傳·昭公二十五年》:"喜生於好,怒生於惡。"

上博一·緇 22"～(好)逑(逑)",好配偶。《詩·周南·關雎》:"窈窕淑女,君子好逑。"陸德明釋文:"逑音求,毛云'匹也'。本亦作仇,音同。"

上博六·孔 19～,《國語·晉語一》:"子思報父之恥而信其欲,雖好色,必惡心,不可謂好。"韋昭注:"好,美也。"

匣紐學聲歸曰聲

見紐ㄐ聲

收

 上博四·曹 45 死者弗～

 上博四·曹 47 者～之

 上博四·曹 54～而聚之

《説文·攴部》:"收,捕也。从攴,ㄐ聲。"
上博四·曹 45～,指收尸。

上博四·曹54"～而聚之",收取聚集。《管子·幼官》:"十二,白露下,收聚。"

朻

上博三·周45 汬～不飤(食)

上博三·周45 汬～勿寞

《説文·木部》:"朻,高木也。从木,丩聲。"

簡文～,讀爲"斛"。傳世本《周易》:"井渫不食,爲我心惻。""斛"與"渫"字義同。《説文·斗部》:"斛,挹也。从斗,臾聲。""挹"是以瓢舀取。《水部》:"渫,除去也。从水,枼聲。"《水經注·汶水注》:"樹前有大井,極香冷,異于凡水。不知何代所掘,不常濬渫,而水旱不減。"斛、渫均有淘井義。(孟蓬生)或讀爲"氅"。(李零)

見紐九聲

九

上博二·容5 坣(匡)天下之正(政)十又(有)～年而王天下

上博二·容12 堯又(有)子～人

上博二·容24 決～河之濼(阻)

上博二·容41 湯於是唬(乎)諆(徵)～州之帀(師)

上博二·容44 於是唬(乎)复(作)爲～城(成)之臺

上博二·容45 於是唬(乎)～邦畔(叛)之

上博二·容 47～邦者丌(其)可坴(來)虎(乎)

上博二·容 47 文王於是虖(乎)素耑(端)襦裳㠯(以)行～邦

上博三·周 1 上～

上博三·周 2 初～

上博三·周 2～二

上博三·周 2～晶(三)

上博三·周 4～二

上博三·周 5～四

上博三·周 5～五

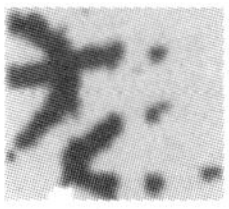

上博三·周 5 上～

上博三·周 7～二

上博三·周 10～五

上博三·周 11 上～

上博三·周 14～四

上博三·周 16 初～

上博三·周 16～四

上博三·周 17~五

上博三·周 18~二

上博三·周 18~晶(三)

上博三·周 20 初~

上博三·周 21~四

上博三·周 21~五

上博三·周 21 上~

上博三·周 22~二

上博三·周 22~晶(三)

上博三·周 23 上~

上博三·周 24 初~

上博三·周 25 上~

上博三·周 26~晶(三)

上博三·周 26~四

上博三·周 27~五

上博三·周 28~二

上博三·周 28～晶(三)

上博三·周 28～四

上博三·周 30～晶(三)

上博三·周 30～四

上博三·周 31～五

上博三·周 31 上～

上博三·周 32 初～

上博三·周 32～二

上博三·周 33 上～

上博三·周 35～晶(三)

上博三·周 35～五

上博三·周 37～二

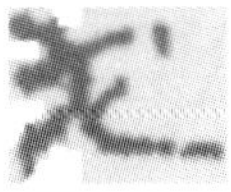

上博三·周 37～四

上博三·周 38～晶(三)

上博三·周 38～四

上博三·周 39～五

	上博三·周 40～二
	上博三·周 40～晶（三）
	上博三·周 41～四
	上博三·周 41～五
	上博三·周 41 上～
	上博三·周 44～二
	上博三·周 45～晶（三）
	上博三·周 45～五
	上博三·周 47 初～
	上博三·周 47～晶（三）
	上博三·周 48～晶（三）
	上博三·周 49 上～
	上博三·周 50～晶（三）
	上博三·周 51～晶（三）
	上博三·周 51～四
	上博三·周 53～晶（三）
	上博三·周 53～四

上博三・周 54〜二

上博三・周 55〜五

上博三・周 55 上〜

上博三・周 57〜五

上博三・周 58〜二

上博三・周 58〜四

港戰 2〜

上博五・鮑 1〜月敓迲(路)

上博三・周 22 初〜

上博六・用 5〜惠是貞

上博七・凡甲 4〜囚(有/域)出謀(謀)

上博七・凡乙 4〜囚(有/域)出謀(謀)

〜，戰國文字或作(中國古代陶文集拓第 2 冊第 3 頁)、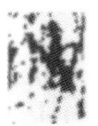(廿九年段陽戈)、(西安圖 209)、(里 J1⑨981 正)。《說文・九部》："九，陽之變也。象其屈曲究盡之形。"

上博二・容 5"十又(有)〜年"，即十九年。
上博二・容 12"堯又(有)子〜人"，《孟子・萬章上》："帝使其子九男二女,百官牛羊倉廩備,以事舜於畎畝之中。"《淮南子·泰族》:"堯乃妻以二女,以觀其内;任以百官,以觀其外;既入大麓,烈風雷雨而不迷,乃屬以九子,贈以昭華之玉,而傳天下焉。"《史記·五帝本紀》:"於是堯乃以二女妻舜以觀其内,使九男與處以觀其外。舜居嬀汭,内行彌謹。堯二女不敢以貴驕事舜親戚,甚有婦道。堯九男皆益篤。"

上博二·容24"～河",《爾雅·釋水》:"九河:徒駭、太史、馬頰、覆釜、胡蘇、簡、絜、鉤盤、鬲津。"《書·禹貢》:"導河積石,至于龍門,南至于華陰,東至于厎柱,又東至于孟津;東過洛汭,至于大伾;北過降水,至于大陸,又北播爲九河,同爲逆河,入于海。"《荀子·成相》:"禹有功,抑下鴻,辟除民害逐共工,北決九河、通十二渚疏三江。"

上博二·容41"～州",古代分中國爲九州。説法不一。《爾雅·釋地》:"兩河間曰冀州,河南曰豫州,河西曰雝州,漢南曰荆州,江南曰楊州,濟河間曰兗州,濟東曰徐州,燕曰幽州,齊曰營州。——九州。"《吕氏春秋·有始覽》:"何謂九州?河、漢之間爲豫州,周也;兩河之間爲冀州,晉也;河、濟之間爲兗州,衛也;東方爲青州,齊也;泗上爲徐州,魯也;東南爲揚州,越也;南方爲荆州,楚也;西方爲雍州,秦也;北方爲幽州,燕也。"後以"九州"泛指天下,全中國。《楚辭·離騷》:"思九州之博大兮,豈惟是其有女?"

上博二·容44"～城",讀爲"九成",猶九重,言極高。簡文"九成之臺"與郭店·老甲26"九城之臺"同,馬王堆帛書本和傅奕本亦作"九成之臺"。嚴遵本作"九重之臺"。王弼本作"九層之臺"。《吕氏春秋·孟春紀》:"有娀氏有二佚女,爲之九成之臺,飲食必以鼓。"

上博二·容45、47"～邦",是指豐、鎬(鎬)、郍、瑩、于(邘)、鹿、耆(黎)、宗(崇)、睿(密)須是(氏),他們叛殷,被文王征服,與《左傳·襄公四年》"文王帥殷之叛國以事紂"、《後漢書·西羌列傳》"(文王)乃率西戎,征殷之叛國以事紂"相近。

上博三·周1"上～",《易》卦在第六位的陽爻叫上九。《易·乾》:"上九:亢龍,有悔。"《文言》釋曰:"貴而無位,高而無民,賢人在下位而無輔,是以動而有悔也。"

上博五·鮑1"～月",一年之中第九月。《詩·豳風·七月》:"七月流火,九月授衣。"毛亨傳:"九月霜始降,婦功成。"

上博六·用5"～惠",《管子·入國》:"入國四旬,五行九惠之教。一曰老老,二曰慈幼,三曰恤孤,四曰養疾,五曰合獨,六曰問疾,七曰通窮,八曰振困,九曰接絶。"

上博七·凡甲 4、凡乙 4～,泛指多數。《楚辭·離騷》:"雖九死其猶未悔。"

咎

上博二·容 34～咎之叚(賢)也

上博二·容 34～秀乃五殹㠯(以)天下之叚(賢)者

～,郭店簡作 、。《説文·口部》:"咎,高氣也。从口,九聲。臨淮有咎猶縣。"

簡文"～咎"、"～秀",讀爲"皋陶",上古舜時之賢臣。"咎"、"咎"是群母幽部字,"秀"是心母幽部字。"皋"是見母幽部字,"陶"是喻母幽部字,古書"皋陶"亦作"咎繇"。皋陶是上古舜之賢臣。《史記·夏本紀》:"帝禹立而舉皋陶薦之,且授政焉,而皋陶卒。封皋陶之後於英、六,或在許。而後舉益,任之政。"《史記正義》引《帝王紀》云:"皋陶生於曲阜。……堯禪舜,命之作士;舜禪禹,禹即帝位,以皋陶最賢,薦之於天,將有禪之意,未及禪,會皋陶卒。"

頄

上博三·周 38 藏(藏)于～(頄)

～,从"首","九"聲。

簡文～,帛書《周易》作"頯",顴骨。《説文·頁部》:"頯,權也。"段玉裁注:"權者,今之顴字……《易·夬》:'九三,壯于頄。'王云:'面權也。'翟云:'面頯,頰間骨也。'鄭作頯。頯,夾面也。王與許説同。"

鳩

上博一·孔 21 尻(鳲)～(鳩)

 上博一·孔 22 尼(鳲)～(鳩)曰

《説文·鳥部》:"鳩,鶻鵃也。从鳥,九聲。"

簡文"尼～",讀爲"鳲鳩",《詩經》篇名。《詩·曹風·鳲鳩》:"鳲鳩在桑,其子七兮。"毛亨傳:"鳲鳩,秸鞠也。鳲鳩之養七子,朝從上下,莫從下上,平均如一。"鄭玄注:"興者,喻人君之德當均一於下也。"

見紐臼聲

學

 上博二·子 4 每(敏)㠯(以)～寺(詩)

 上博二·從甲 11 可胃(謂)～矣

 上博三·中 22 則民懽(歡)承～

 上博三·中 23 巽年～

 上博三·中 24 所～皆終

 上博三·中 25 所～皆堋(崩)

 上博六·孔 16 安與之尻而謪(察)聞亓(其)所～

　上博六·孔 17 興道～

　上博六·孔 18 民舊睧（聞）～

～，楚簡或作🈳（郭店·老子乙 3）、🈳（郭店·老子乙 4）、🈳（郭店·性自命出 8）、🈳（郭店·六德 9）。《說文·教部》："斅，覺悟也。从教，从冂，冂尚矇也。臼聲。🈳，篆文斅省。"段玉裁注："學者，放而像之也。"

上博二·子 4"每以～寺"，讀爲"敏以學詩"。《論語·季氏》："不學詩無以言也。"（黃德寬）

上博二·從甲 11、上博三·中 23、上博六·孔 16、17 ～，學習。《詩·周頌·敬之》："日就月將，學有緝熙于光明。"鄭玄箋："且欲學於有光明之光明者，謂賢中之賢也。"

上博三·中 22"承～"，讀爲"承教"，接受教令。《戰國策·趙策二》："承教而動，循法無私，民之職也。"

上博三·中 24、25 ～，或讀爲"教"。（季旭昇）

上博六·孔 18 ～，讀爲"教"，教育。《孟子·梁惠王上》："謹庠序之教，申之以孝悌之義。"

溪紐丂聲

丂

　上博三·瓦 7 ～采（綵）勿（物）

～，與🈳（新收 1781 陳逆簠）形同。《說文·丂部》："丂，氣欲舒出。勹上礙於一也。丂，古文以爲亏字，又以爲巧字。"

簡文～，讀爲"巧"，僞詐。《廣韻·巧韻》"巧，巧僞也"，《戰國策·西周策》"君爲多巧"，鮑彪注："巧，詐也。"（董珊）或說"巧"指的是與物品製作相關

的"智巧"、"技巧"。(曹峰)

攷

 上博三·周 18 又子～

 上博四·内 7 若才(在)腹(腹)中～(巧)弁(弁)

～，與(郭店·老子甲 1)、(郭店·老子乙 14)、(郭店·性自命出 45 形)同。《說文·攴部》："攷，敏也。从攴，丂聲。"

上博三·周 18～，讀爲"考"，帛本作"巧"，今本作"考"，韻母同屬幽部。

上博四·内 7"～弁"，讀爲"巧變"，善變。《大戴禮記·曾子事父母》作"孝子唯巧變，故父母安之"。

考

 上博一·孔 8～(巧)言

 上博五·弟附簡～(巧)言窒(令)色

 上博四·内 8～(孝)子

上博四·内 8 君子曰(以)城(成)亓(其)～(孝)

上博四·内 9～(孝)子事父毋(母)

上博六·用 12 非～仐訢(慎)良台家嗇

 　上博六·用 15 而～於左右

　～,戰國文字或作 (郭店·唐虞之道 6)、(山東 104 司馬楸編鎛)。《說文·老部》:"考,老也。从老省,丂聲。"

　上博一·孔 8"～言",讀爲"巧言",表面上好聽而實際上虛僞的話。《詩·小雅·雨無正》:"哿矣能言,巧言如流,俾躬處休。"《韓非子·詭使》:"上握度量所以擅生殺之柄也,今守度奉量之士欲以忠嬰上而不得見,巧言利辭行姦軌以倖偷世者數御。"

　上博五·弟附簡"～言窐色",讀爲"巧言令色",指用花言巧語和媚態僞情來迷惑、取悦他人。《書·皋陶謨》:"能哲而惠,何憂乎驩兜,何遷乎有苗,何畏乎巧言令色孔壬?"《論語·學而》:"巧言令色,鮮矣仁。"何晏集解引包咸曰:"巧言,好其言語;令色,善其顔色。皆欲令人悦之。"《逸周書·官人》:"華廢而誣,巧言令色,皆以無爲有者也。此之謂考言。"

　上博四·内 8、9"～子",讀爲"孝子",孝順父母的兒子。《詩·大雅·既醉》:"威儀孔時,君子有孝子。孝子不匱,永錫爾類。"《莊子·天地》:"孝子操藥,以脩慈父,其色燋然,聖人羞之。"《左傳·文公十八年》:"見有禮於其君者,事之如孝子之養父母也。"

　上博六·用 12"～仝",讀爲"巧辯",指詭辯。《淮南子·覽冥》:"輔佐有能,黜讒佞之端,息巧辯之説。"

　上博六·用 15～,讀爲"巧",擅長;善于。《荀子·哀公》:"昔舜巧於使民,而造父巧於使馬。"

溪紐臼聲

舊

 　上博一·性 16 丌(其)居節也～(久)

　　上博二·子 9～(久)矣

上博三·周 5 飤（食）～悳（德）

上博三·周 44～朿亡（無）含（禽）

上博三·中 8 夫民安～而至（重）塁（遷）

上博五·姑 7 句義毋～

上博六·孔 18 民～睧（聞）學

上博六·孔 22 則忑（恐）～虐（吾）子

～，从"萑"，"臼"聲，或从"隹"，與（郭店·忠信之道 3）、（郭店·性自命出 26）、（郭店·語叢四 1）、（九 A33）、（郭店·老子乙 3 形）同。《說文·舊部》："舊，鴟舊，舊留也。从萑，臼聲。，舊或从鳥，休聲。"

上博一·性 16、上博六·孔 18～，讀爲"久"，很久。"舊"、"久"音近古通。《書·無逸》"其在高宗，時舊勞於外"，《史記·魯周公世家》引"舊"作"久"。

上博二·子 9"善，爾問之也久矣"。可參《禮記·學記》："善問者，如攻堅木，先其易者，後其節目，及其久也，相說以解。"

上博三·周 5"飤（食）～悳（德）"，謂先人的德澤；往日的恩德。《易·訟》："食舊德，貞厲，終吉。"《左傳·成公十三年》："穆公不忘舊德，俾我惠公用能奉祀于晉。"

上博三·周 44"～朿"，古老之井。《易·井》："初六。井泥不食，舊井無禽。"王弼注："久井不見渫治，禽所不嚮。"

上博三·中 8"安～而至塁"，讀爲"安舊而重遷"即"安故重遷"。《說苑·修文》："《傳》曰：'觸情縱欲，謂之禽獸；苟可而行，謂之野人；安故重遷，謂之衆庶;辨然否通古今之道謂之士;進賢達能,謂之大夫;敬上愛下,謂之諸侯;天覆地載,謂之天子。'""故"就是"舊"。《管子·立政》:"勸勉百姓,使力作毋偷,懷樂家室,重去鄉里,鄉師之事也。""懷樂家室"即"安舊"、"安故"。(廖名春)

上博五·姑 7～,讀爲"咎","毋舊"即古書常見的"無咎",指沒有罪過。(陳偉)

上博六·孔 22～,讀爲"咎"。《淮南子·氾論》:"苟周於事,不必循舊。"高誘注:"舊或作'咎'也。"咎,責怪、追究。《論語·八佾》:"遂事不諫,既往不咎。"簡文"恐舊(咎)吾子"意思是怕先生您責怪。(楊澤生)或讀爲"久",訓久留。

溪紐求聲

求

上博一·緇 10 皮(彼)～我則

上博二·容 10 目(以)～臤(賢)者而襄(讓)安(焉)

上博二·容 29 無～不旻(得)

上博二·容 37 湯乃悔(謀)戒～臤(賢)

上博五·弟 12～爲之言

上博五·弟 12～爲之行

 上博五·弟 22 㠯(以)～䎽(聞)

 上博三·周 16 陸(隨)～又(有)旻(得)

 上博一·性 31 凡孷(教)者～丌(其)[心爲難]

 上博三·周 24 自～口實

 上博三·亙 3 ～丌(其)所生

 上博三·亙 3 ～慾(欲)自返(復)

 上博三·亙 13 甬(庸)又(有)～而不惎(慮)

 上博五·君 6 定視是～

 上博二·從甲 18 必～備安(焉)

 上博六·孔 17 皆～異於人

 上博六·孔 27 ～之於中

上博八·命 3 命～言㠯(以)含(答)

　上博六·孔 7 頌貌不～異於人

　上博七·武 8 溺于人不可～（救）

～，戰國文字或作 、、、、。《説文·裘部》："裘，皮衣也。从衣，求聲。一曰象形，與衰同意。![]，古文省衣。"

上博一·性 31"～丌（其）心"，《後漢書·列女傳》："由斯言之，夫不可不求其心。然所求者，亦非謂佞媚苟親也，固莫若專心正色。"

上博一·緇 10"皮（彼）～我則"，《詩·小雅·正月》："彼求我則，如不我得。執我仇仇，亦不我力。"鄭玄注："言君始求我，如恐不得我。既得我，持我仇仇然不堅固，亦不力用我，是不親信我也。"

上博二·容 10、37"～臤"，讀爲"求賢"，尋求賢能的人。《詩·周南·卷耳序》："《卷耳》，后妃之志也，又當輔佐君子，求賢審官，知臣下之勤勞。"劉向《説苑·君道》："故明君在上，慎於擇士，務於求賢。"

上博二·容 29"無～不得"，《荀子·正名》："欲雖不可去，所求不得，慮者欲節求也。"

上博三·周 16～，要求；需求。《詩·周頌·臣工》："嗟嗟保介，維莫之春，亦又何求？"

上博三·周 24～，尋找；搜尋。《詩·小雅·伐木》："嚶其鳴矣，求其友聲。"

上博三·亙 3"～慾"，讀爲"求欲"。見《左傳·襄公三十一年》"求欲無厭"、《吕氏春秋·離俗覽》"（晉）文公可謂知求欲矣"、《申鑑·政體》"賤求欲而崇克濟"，"求"、"欲"義近連用。（董珊）

上博五·君 6"定視是～"，《左傳·宣公十二年》："率師以來，唯敵是求。"

上博二·從甲 18"必～備安（焉）"，《禮記·表記》："子曰：夏道未瀆辭，不求備，不大望於民，民未厭其親。殷人未瀆禮，而求備於民。"

上博八·命 3～，《吕氏春秋·孟春紀》："上志而下求。"高誘注："求，猶問

也。”或説“求”當是選擇的意思。(劉雲)

上博七・武 8～,讀爲“救”。《大戴禮記・武王踐阼》:“溺于淵猶可游也,溺於人不可救也。”

恏

 上博七・凡甲 23 母(毋)遠～厇(度)

 上博七・凡乙 15 母(毋)遠～厇(度)

～,从“心”,“求”聲,與(郭店・語叢一 99)、(新蔡乙四 98)、(新蔡乙四 105)同。

上博七・凡～,讀爲“求”,尋找,搜尋。《詩・小雅・伐木》:“嚶其鳴矣,求其友聲。”

救

 上博五・季 20～民㠯(以)辭(辟)

 上博五・三 4～(求)利戔(殘)亓(其)新(親)

 上博五・三 14 思道而勿～

 上博二・容 31～聖(聲)之絽(紀)

 上博七・鄭甲 6 牆(將)～奠(鄭)

 上博七·鄭甲 7 含(今)晉人㑋(將)～子豪(家)

上博七·鄭乙 6 㑋(將)～奠(鄭)

《說文·攴部》："救，止也。从攴，求聲。"

上博五·季 20"～民"，《孟子·滕文公下》："救民於水火之中，取其殘而已矣。"

上博五·三 4"～(求)利"，讀爲"求利"，追求利益。《荀子·修身》："君子之求利也略，其遠害也早，其避辱也懼，其行道理也勇。"《文子·符言》："利爲害始，福爲禍先。不求利即無害，不求福即無禍。"

上博五·三 14～，《說文·攴部》："救，止也。"此句可能是說應引而導之，而不要加以禁止。

上博二·容 31"～聖(聲)之絽(紀)"，或讀爲"求聖之紀"，尋求聖人的法度或準則。

上博七·鄭～，援助，救援、解救。《爾雅·釋詁》："救，助也。"《禮記·檀弓》："扶服救之。"鄭玄注："救，猶助也。"

述

 上博二·民 11 日～月相

《說文·辵部》："述，斂聚也。从辵，求聲。《書·虞書》曰：'旁述孱功。'又曰：'怨匹曰述。'"

簡文"日～月相"，讀爲"日就月將"，每天有成就，每月有進步。形容積少成多，不斷進步。《詩·周頌·敬之》："日就月將，學有緝熙于光明。"孔穎達疏："日就，謂學之使每日有成就；月將，謂至於一月則有可行。言當習之以積漸也。"朱熹集傳："將，進也……日有所就，月有所進，續而明之，以至於光明。"

賕

　上博五·季15 賕（睞）父兄子俤（弟）而禹～

《說文·貝部》："賕，以財物枉法相謝也。从貝，求聲。一曰：戴質也。"

簡文～，讀爲"儔"，指儔人。"稱儔"，舉薦儔人。《左傳·襄公三年》："君子謂祁奚於是能舉善矣。稱其儔，不爲諂；立其子，不爲比；舉其偏，不爲黨。"簡文"迷父兄子弟而稱儔"意思大概是說能夠疑惑於父兄子弟而舉薦儔人。（劉國勝）

贅（賕）

　上博五·三13 選亓（其）～（賕）

～，从"貝"，"救"聲，"賕"字之異體。

簡文～，讀爲"賕"。《廣韻·宥韻》："賕，以財相請。"

梂

　上博一·孔10 ～（樛）木之時

　上博一·孔11 ～（樛）木之時

　上博一·孔12 ～（樛）木

～，郭店·五行41作 。《說文·木部》："梂，櫟實。一曰鑿首。从木，求聲。"

簡文"～木"，讀爲"樛木"，《詩經》篇名。《詩·周南·樛木》："南有樛木，葛藟纍之。"鄭玄箋："木下曲曰樛。"《漢書·敘傳上》："葛縣縣於樛木兮，詠南風以爲綏。"顏師古注："樛木，下垂之木也。"

溪紐咎聲

咎

 上博一·孔 9 實～於其也

 上博一·性 39 又(有)愆(過)則～

 上博二·子 12 遊於玄～(丘)之內(汭)

 上博二·容 29 乃立～(皋)䋣(陶)吕(以)爲李

 上博二·容 29 ～(皋)䋣(陶)既已受命

 上博二·容 34 見咎(皋)～(陶)之臤(賢)也

 上博三·周 2 亡(無)～

 上博三·周 7 亡(無)～

 上博三·周 7 亡(無)～

 上博三·周 7 亡(無)～

 上博三·周 8 亡（無）～

 上博三·周 9 亡（無）～

 上博三·周 9 亡（無）～

 上博三·周 11 亡（無）～

 上博三·周 15 亡（無）～

 上博三·周 16 亡（無）～

 上博三·周 17 可（何）～

 上博三·周 18 亡（無）～

 上博三·周 21 亡（無）～

 上博三·周 25 亡（無）～

 上博三·周 28 亡（無）～

 上博三·周 32 亡（無）～

 上博三·周 32 亡(無)～

 上博三·周 33 亡(無)～

 上博三·周 33 往可(何)～

 上博三·周 37 亡(無)～

 上博三·周 38 亡(無)～

 上博三·周 39 中行亡(無)～

 上博三·周 40 亡(無)～

 上博三·周 41 礪(厲)亡(無)大～

 上博三·周 41 亡(無)～

 上博三·周 42 往亡(無)～

 上博三·周 45 亡(無)～

 上博三·周 47 亡(無)～

 上博三·周 48 亡(無)～

 上博三·周 51 亡(無)～

 上博三·周 54 亡(無)～

 上博三·周 55 亡(無)～

 上博三·彭 6 舍(余)告女(汝)～

 上博三·中 20 丌(其)～

 上博四·采 4～比

 上博六·用 7～群言之弃

 上博六·用 17 用亡(無)～隹淫

 上博七·吳 6～(舅)生(甥)

 上博八·志 5 虘(吾)父㳟(兄)甥(甥)～(舅)之又(有)▇善

～，楚文字或作▇(郭店·老子甲 5)、▇(郭店·老子甲 38)、▇(九

A29)、󰀀(新蔡甲一5)，或作󰀀(新蔡乙四84)，"人"旁寫在"各"旁左邊。這種寫法的"咎"字還見於戰國官印及十一年皋落戈，李家浩先生最早釋爲"咎"，是正確的。《説文·人部》："咎，災也。从人，从各。各者，相違也。"

上博一·孔9、上博一·性39～，責怪；追究罪責。《論語·八佾》："遂事不諫，既往不咎。"

上博二·子12"玄～"，讀爲"玄丘"，參"玄"字條。

上博二·容29、34"咎（皋）～"，讀爲"皋陶"，是上古舜之賢臣。《史記·夏本紀》："帝禹立而舉皋陶薦之，且授政焉，而皋陶卒。封皋陶之後於英、六，或在許。而後舉益，任之政。"

上博三·周2"亡～"，讀爲"無咎"，無灾禍；無過失。《易·乾》："君子終日乾乾，夕惕若厲，無咎。"孔穎達疏："謂既能如此戒慎，則無罪咎。"

上博三·彭6～，罪過；過失。《詩·小雅·北山》："或湛樂飲酒，或慘慘畏咎。"鄭玄箋："咎，猶罪過也。"

上博三·中20～，災禍，不幸之事。與"休"相對。《書·大禹謨》："君子在野，小人在位，民棄不保，天降之咎。"孔穎達疏："天降之殃咎。"《左傳·莊公二十一年》："鄭伯效尤，其亦將有咎。"《史記·淮陰侯列傳》："蓋聞天與弗取，反受其咎。"

上博四·采4"～比"，曲目。詞義爲虎皮。"咎"讀爲"皋"，同音通假。《左傳·莊公十年》：夏六月，"齊師、宋師次於郎。公子偃……自雩門竊出，蒙皋比而先犯之"。杜預注："皋比，虎皮。"《禮記·樂記》："倒載干戈，包之以虎皮，將帥之士，使爲諸侯，名之曰建櫜。"鄭玄注："兵甲之衣曰櫜。""櫜"、"咎"通用。

上博六·用7～，厭惡。《廣雅·釋詁三》："咎，惡也。"《書·西伯戡黎序》："殷始咎周。"孔安國傳："咎，惡。""咎群言之棄"即"咎棄群言"，這是告誡君主要虛心接受別人的意見和建議。（張崇禮）

上博六·用17"亡～"，讀爲"無咎"，没有過錯。《漢書·律曆志》："五星之贏縮不是過也，過次者殃大，過舍者小，不過者亡咎。"

上博七·吳6"～生"、上博八·志5"甥～"，讀爲"舅甥"或"甥舅"，外甥和舅舅。《詩·小雅·頍弁》："豈伊異人，兄弟甥舅。"朱熹集傳："甥舅謂母姑姊妹妻族也。"

戜

　　上博一·緇10 執我～～(仇仇)

～，从"戈"、"咎"省聲。

簡文～～，讀作"仇仇"，傲慢的樣子。《詩·小雅·正月》："執我仇仇，亦不我力。"毛亨傳："仇仇，猶謷謷也。"孔穎達疏："《釋訓》云'仇仇、敖敖，傲也'，義同。"

端紐鳥聲

鳥

　　上博二·容21 北方之羿(旗)吕(以)～

　　上博三·周56 飛～羅(離)之

　　上博六·用5 征蟲飛～

　　上博八·李1 䳒(鳳)～之所棗(集)

　　上博八·李1【背】胃(謂)群眾～

　　上博四·采4 ～虎

～，楚文字"鳥"頭訛與"目"同。郭店·老子甲33作，秦印作(秦風53)、(尊古316)。《說文·鳥部》："鳥，長尾禽總名也。象形。鳥之足

似匕,从匕。"

上博二·容 21"北方之羿(旗)以～",北方的旗繪鳥。《周禮·春官·司常》"九旗"有類似號旗,如"日月爲常,交龍爲旂……熊虎爲旗,鳥隼爲旟,龜蛇爲旐……"

上博三·周 56、上博六·用 5"飛～",會飛的鳥類。亦泛指鳥類。《禮記·曲禮上》:"鸚鵡能言不離飛鳥,猩猩能言不離禽獸。"《吕氏春秋·功名》:"樹木盛則飛鳥歸之。"

上博八·李 1"鵬～",讀爲"鳳鳥",鳳凰。傳説中的瑞鳥。《左傳·昭公十七年》:"我高祖少皞摯之立也,鳳鳥適至。"《楚辭·九辯》:"鳳獨遑遑而無所集。"《詩·周南·葛覃》:"黄鳥于飛,集于灌木。"

上博八·李 1【背】"群衆～",猶言"群鳥"、"衆鳥","群"、"衆"同義疊用,亦是修辭的需要。"衆鳥",見《楚辭·九辯》:"衆鳥皆有所登棲兮。"《楚辭·七諫·謬諫》:"衆鳥皆有行列兮。"

上博四·采 4～,讀爲"柷"。"擣"、"搗"二字古通。《隸釋》十五《賜馮焕詔》:"搗毂無距。"洪适釋:"搗毂即擣擊字。""鑄"、"祝"二字古通。《禮記·樂記》:"封帝堯之後於祝。"鄭注:"祝或爲鑄。"簡文"～虎",讀爲"柷敔",樂器名。奏樂開始時擊柷,終止時敲敔。一説二者同用以和樂,不分終始。《書·益稷》:"下管鼗鼓,合止柷敔。"《周禮·春官·小師》:"小師掌教鼓鼗柷敔。"陸機《演連珠》:"柷敔希聲,以諧金石之和。"又寫作"柷圉"。《詩·周頌·有瞽》:"應田縣鼓,鞉磬柷圉。"或讀爲"鳥吾"或"鳥語"。(楊澤生)

端紐周聲

周

上博一·緇 21 覘(示)我～行

上博三·彭 5 五絽(紀)必～

上博四·曹 1 昔～室之邦魯

 上博四·曹 3 昔～

 上博四·曹 41《～等(志)》是鳶(存)

 上博五·鮑 2 ～人之所㠯(以)弋(代)之

 上博七·吳 4 ～之胬(孼)子

 上博七·吳 5 ～先王

 上博七·吳 6 聶(攝)～子孫

 上博七·吳 8 吳人虗(虐)於～

 上博八·成 1 成王既邦(封)～公二年

 上博八·成 2 䎽(召)～公旦曰

 上博八·成 3 ～公曰

 上博八·成 6 ～公曰

上博八·成 7 弗睿(密)而自～

上博八·成 10～

上博八·成 14～公曰

上博八·成 16 才(在)～之東

～，戰國文字或作 、、、、、。《說文·口部》："周，密也。从用、口。![]，古文周字。从古文及。"

上博一·緇 21"～行"，至善之道。《詩·小雅·鹿鳴》："人之好我，示我周行。"毛亨傳："周，至；行，道也。"馬瑞辰通釋："鄭注《萊誓》云：'至，猶善也。'是知〈傳〉訓'周行'爲'至道'，即善道也。鄭注《鄉飲酒禮》引《詩》云：'嘉賓示我以善道'，義與毛合。"

上博三·彭 5～，周密。《管子·內業》："凡道，必周必密，必寬必舒，必堅必固，守善勿舍，逐淫澤薄，既知其極，反於道德。"

上博四·曹 1"～室"，周王朝。《左傳·僖公四年》："五侯九伯，女實征之，以夾輔周室。"

上博四·曹 41"～等"，讀爲"周志"，即《周書》。又名《逸周書》。《左傳·文公二年》：《周志》有之，勇則害上，不登於明堂。"杜預注："《周志》，《周書》也。"

上博五·鮑 2、上博七·吳 4、5、6、8～，朝代名。姬姓。公元前 11 世紀武王滅商建周。都城鎬京(今陝西西安)，史稱西周。公元前 771 年，犬戎攻破鎬京，周幽王被殺。次年周平王東遷洛邑(今河南洛陽)，史稱東周。公元前 256 年爲秦所滅。共歷三十四王，八百多年。

上博八·成 1"～公"，即周公旦，姬姓、名旦，周文王之子，武王之弟，亦稱叔旦。《韓詩外傳》："其惟周公乎！文王之子，武王之弟，成王之叔父，假天子之尊位七年。"又稱"周文公"，《國語·周語上》"是故周文公之頌曰"，韋昭注："文公，周公旦之謚也。"受封於魯，《史記·周本紀》："(武王)封弟周公旦於曲阜,曰魯。""周公",《集解》引譙周曰:"以太王所居周地爲其采邑,故謂周公。"《索隱》:"周,地名,在岐山之陽,本太王所居,後以爲周公之采邑,故曰周公。即今之扶風雍東北故周城是也。諡曰周文公,見《國語》。"

上博八·成7"弗睿(密)而自～",《左傳·昭公四年》:"其藏之也周,其用之也徧。"杜預注:"周,密也。"周、密義近,古書有"周密"一詞,周到細密。《荀子·儒效》:"其知慮多當矣,而未周密也。"楊倞注:"周密,謂盡善也。""自周"見《晏子春秋·外篇上》:"夫能自周於君者才能皆非常也。"

上博八·成16～,地名。指周初都城鎬京。在今陝西西安市南。《書·召誥》:"王朝步自周,則至於豐。"孫星衍注引馬融曰:"周,鎬京也。"

窜

 上博八·命4則敧爲民窜～

～,从"穴","周"聲。

上博八·命4"窜～",或讀爲"仇讎"。(陳劍)或讀爲"窮(穹)室"。(孟蓬生)

端紐舟聲

舟

 上博一·孔26北(邶)白(柏)～悶

～,戰國文字或作 、、。《説文·舟部》:"舟,船也。古者,共鼓、貨狄,刳木爲舟,剡木爲楫,以濟不通。象形。"

簡文"白～",讀爲"柏舟",《詩·邶風》篇名。《詩·邶風·柏舟序》:"柏舟,言仁而不遇也。衛頃公之時,仁人不遇,小人在側。"後因以謂仁人不得志。

迬

 上博八·有4～(周)流天下今可(兮)

～,从"辵","舟"聲,與(郭店·太一生水 6)同。

簡文～,讀爲"周"。《詩·小雅·大東》:"舟人之子。"鄭玄箋:"舟當作周,聲相近故也。"《左傳·襄公二十三年》"華周",《説苑·立節》作"華舟";《孟子·告子上》"華周",《説苑·雜言》作"華舟";《老子》"雖有舟輿,無所乘之",馬王堆帛書本"舟"作"周"。"周流天下",指四面遊蕩,周行各地。《抱朴子·内十五》:"若能乘蹻者,可以周流天下,不拘山河。"《説苑·復恩》:"晉文公出亡,周流天下,舟之僑去虞而從焉。"又,《楚辭·天問》"穆王巧梅,夫何爲周流?環理天下,夫何索求?"《楚辭·離騷》:"覽相觀於四極兮,周流乎天余乃下。"

郹

 上博二·容 45 豐、蘽(蕎)、～、邕、于、鹿

～,从"邑","舟"聲,舟國之"舟"的專字。

簡文～,《國語·鄭語》:"禿姓舟人,則周滅之矣。"韋昭注:"禿姓,彭祖之别。舟人,國名。"疑即此"郹"。其地與虢、鄶鄰近(此"虢"是東虢,在今河南滎陽東北;"鄶",在今河南密縣東北),今河南沁陽縣東南。

受

 上博一·孔 2 文王～命矣

 上博一·孔 6 二句(后)～之

 上博二·子 7 舜丌(其)可胃(謂)～命之民矣

上博二·容 1 皆不～(授)丌(其)子而受(授)臤(賢)

 上博二·容1 皆不受(授)丌(其)子而~(授)叕(賢)

 上博二·容10 天下之叕(賢)者莫之能~也

 上博二·容11 而叕(賢)者莫之能~也

 上博二·容15 𨚗(禹)既已~命

 上博二·容18 肰(然)句(後)敢~之

 上博二·容28 句(后)禝(稷)既已~命

 上博二·容29 咎(皋)䎃(陶)既已~命

 上博二·容30 敱(質)既~命

 上博二·容37 泗(伊)尹既已~命

 上博二·容42 湯王天下三十又(有)一傑(世)而~(紂)复(作)

 上博二·容42 ~(紂)不述丌(其)先王之道

 上博二·容46 ~(紂)䎽(聞)之

· 730 ·

上博二·容 49 昔者文王之差(佐)～(紂)也

上博二·容 50 含(今)～(紂)爲無道

上博二·容 52 ～(紂)不智(知)丌(其)未又(有)成正(政)

上博二·容 53 ～(紂)爲亡(無)道

上博三·彭 1 ～命羕(永)長

上博四·曹 36 ～(授)又(有)智

上博四·曹 65 亦隹(唯)睧(聞)夫垔(禹)、康(湯)、傑(桀)、～(紂)矣

上博五·弟 9 事而弗～者

上博五·弟 10 㠯(以)新～录

上博五·鬼 2 返(及)桀、～(紂)、㝅(幽)、萬(厲)

上博五·鬼 2【背】而～(紂)首於只(岐)社

上博三·周 45 並～丌(其)福

 上博三·周57 是～福吉

 上博五·姑3 君貴我而～(授)我衆

 上博五·弟1 脡陞(陵)季=(季子)僑而弗～

 上博二·子1 善與善相～也

 上博六·競12 二夫可不～皇瑅

 上博六·天甲8 士～余

 上博六·天乙8 士～余

 上博六·用5 ～勿于天

 上博七·君甲9 傑(桀)、～(紂)、幽、萬(厲)

 上博七·君乙8 傑(桀)、～(紂)、幽、萬(厲)

 上博八·子2 㠯(以)～嘼(戰)攻之飤(食)於子

 上博八·命6 ～司馬

～，甲金文字作✧、✦等形，从二手以"舟"相授受，會意，"舟"亦聲。戰國文字承襲之，作✦(郭店·唐虞之道20)、✦(郭店·忠信之道8)、✦(郭店·成之聞之34)、✦(郭店·語叢三5)、✦(九A38)、✦(新蔡甲三206)、✦(2004中國重要考古發現75頁銀盤)、✦(里J1⑨5正)。《說文·受部》："受，相付也。从爰，舟省聲。"

上博"～命"，受天之命。古帝王自稱受命於天以鞏固其統治。《詩·大雅·文王有聲》："文王受命，有此武功。既伐于崇，作邑于豐。文王烝哉！"《書·無逸》："文王受命惟中身，厥享國五十年。"

上博一·孔6"二句(后)～之"，《詩·周頌·昊天有成命》："昊天有成命，二后受之。"鄭玄箋："文王、武王受其業，施行道德，成此王功，不敢自安逸，早夜始順天命，不敢解倦，行寬仁安靜之政以定天下。寬仁所以止苛刻也，安靜所以息暴亂也。"

上博二·容1、10、11、18、上博四·曹36、上博五·姑3～，讀爲"授"，給予。《國語·魯語上》："爲我予之邑，今日必授。"韋昭注："授，予也。"

上博二·容、上博四·曹65、上博五·鬼2、上博七·君甲9、君乙8～，讀爲"紂"。《書·牧誓》"今商王受"，《史記·周本紀》作"今殷王紂"。又，《書·泰誓上》"受有臣億萬"，《管子·法禁》引作"紂有臣億萬人"。《謚法》："殘義損善曰紂。"《史記·殷本紀》："帝乙崩，子辛立，是爲帝辛，天下謂之紂。帝紂資辨捷疾，聞見甚敏；材力過人，手格猛獸；知足以距諫，言足以飾非；矜人臣以能，高天下以聲，以爲皆出己之下。"紂，商代最後一個國君，廟號帝辛。實行暴政，爲周武王率軍討伐，兵敗自焚而死。

上博三·周45、上博三·周57"～福"，接受天地神明的降福。《易·困》："利用祭祀，受福也。"《漢書·禮樂志》："下民安樂，受福無疆。"

上博三·彭1"～命羕(永)長"，《書·君奭》："我受命無疆惟休，亦大惟艱。"簡文"受命永長"猶《書》之"受命無疆"。

上博五·弟10"～录"，讀爲"受祿"，接受福祉或俸祿。《詩·大雅·假樂》："宜民宜人，受祿於天。"鄭玄箋："安民官人，皆得其宜，以受福祿於天。"《禮記·表記》："是故君有責於其臣，臣有死於其言，故其受祿不誣，其受罪益寡。"

上博二·子1"相~(授)",《左傳·昭公七年》:"傳序相授,於今四王矣。"

上博五·弟1、9,上博六·競12、上博六·天甲8、天乙8~,接受。《詩·小雅·天保》:"天保定爾,俾爾戩穀。罄無不宜,受天百祿。"

上博六·用5"~勿",讀爲"受物",見《楚辭·漁父》:"安能以身之察察,受物之汶汶者乎?"

上博八·子2~,受到與武夫一樣的對待。

上博八·命6~,讀爲"授",任用;任命。《三國志·吳書·賀邵傳》:"〔高宗〕遠覽前代任賢之功,近瘖今日謬授之失,清澄朝位,旌叙俊乂,放退佞邪,抑奪姦勢。"

朝

 上博二·昔1大(太)子~君

 上博二·容5肣(禽)獸(兽)~

 上博二·容21~不車逆

 上博三·周6冬(終)~晶(三)麋之

 上博五·弟14君子道~

 上博六·用15宦于~夕

 上博六·天甲9~不語内

 上博七·武13奉丹箸(書)㠯(以)~

 上博八·志 6～记(起)而夕瀘(廢)之

～,戰國文字或作🔲(郭店·窮達以時 5)、🔲(郭店·成之聞之 34)、🔲(九 A71)、🔲(清華一·耆夜 12)、🔲(清華二·繫年 094)、🔲(清華二·繫年 095)、🔲(秦風 57)、🔲(里 J1⑨984 背)。乃"潮水"之"潮"的初文。《説文·倝部》:"朝,旦也。从倝,舟聲。"

上博二·昔 1"～君",朝見君王。《左傳·成公十二年》:"百官承事,朝而不夕。"孔穎達疏:"旦見君謂之朝。"

上博二·容 5"肣(禽)獸(獸)～",禽獸都來朝見。

上博二·容 21"～不車逆",會見賓客不以車迎。《周禮·秋官·司儀》:"主君郊勞,交擯,三辭,車逆,拜辱……"鄭玄注引鄭司農說:"車逆,主人以車迎賓於館也。"

上博三·周 6"冬(終)～",早晨。《詩·小雅·采綠》:"終朝采綠,不盈一匊。"毛亨傳:"自旦及食時爲終朝。"《左傳·僖公二十七年》:"楚子將圍宋,使子文治兵於睽,終朝而畢,不戮一人。"

上博五·弟 14～,讀爲"昭"。《左傳·昭公十五年經》:"蔡朝吳奔鄭。"《穀梁傳》同,《公羊傳》"朝吳"作"昭吳"。簡文"道昭",見《莊子·齊物論》:"道昭而不道。"(楊澤生)

上博六·用 15"～夕",謂早晚朝見。《詩·小雅·雨無正》:"邦君諸侯,莫肯朝夕。"鄭玄箋:"王流在外,三公及諸侯隨王而行者,皆無君臣之禮,不肯晨夜朝暮省王也。"

上博六·天甲 9"～不語内","朝",朝廷,《禮記·曲禮下》:"在朝言朝。"鄭玄注:"朝,謂君臣謀政事之處也。"

上博七·武 13～,謁見、朝見。《禮記·王制》:"天子無事,與諸侯相見曰朝。"鄭玄注:"事,謂征伐。"《集韻》:"朝,覲君之總稱。"

上博八·志 6"～记(起)而夕瀘(廢)之",猶如"朝令夕改",形容政令多變。《漢書·食貨志》:"賦斂不時,朝令而暮改。"

遡

 上博八·成 7 弗～（朝）而自至

～，從"辵"，"朝"聲，疑"朝見"之"朝"本字。

簡文"弗～而自至"，讀爲"弗朝而自至"。"朝"，朝見，臣見君曰"朝"。諸侯見天子之禮，《周禮·春官·大宗伯》："春見曰朝，夏見曰宗，秋見曰覲，冬見曰遇，時見曰會，殷見曰同。""弗朝而自至"，没朝見自己就到了。

敦

 上博八·有 3～蔽與楮今可（兮）

～，從"攴"，"朝"省聲。包山 270"彫敦"，即包山一號牘的"彫軸"。（李家浩）簡文～，讀爲"稠"，爲草木茂盛義，《説文·禾部》："稠，多也。"（子居）

端紐州聲

州

 上博二·容 25 於是虖（乎）夾～滄（涂）州訂（始）可尻（處）

 上博二·容 25 於是虖（乎）夾州滄（徐）～訂（始）可尻（處）

 上博二·容 25 於是虖（乎）競～籩（莒）州訂（始）可尻（處）也

 上博二·容 25 於是虖（乎）競州籩（莒）～訂（始）可尻（處）也

上博二·容26 於是虖(乎)並~司(始)可凥(處)也

上博二·容26 於是虖(乎)習(荊)~鄩(揚)州司(始)可凥(處)也

上博二·容26 於是虖(乎)習(荊)州鄩(揚)~司(始)可凥(處)也

上博二·容27 於是虖(乎)敘(豫)~司(始)可凥(處)也

上博二·容27 於是虖(乎)叡~司(始)可凥(處)也

上博二·容41 湯於是虖(乎)諹(徵)九~之帀(師)

上博六·天甲1 天子建之吕(以)~

上博六·天乙1 凡天子建之吕(以)~

上博七·君甲4 ~辻(徒)之樂

上博七·君乙4 ~辻(徒)之樂

~，戰國文字或作 、、、、，燕文字或贅加"土"旁作 、。《說文·川部》："州，水中可居曰州，周遶其旁，从重川。

昔堯遭洪水,民居水中高土,或曰九州。《詩》曰:'在河之州。'一曰:州,疇也。各疇其土而生之。𡿯,古文州。"

上博二·容 25、26、27 夾～、滄(徐)～、競～、簹(莒)～、並～、習(荊)～、鄎(揚)～、敘(豫)～、叔～,古州名,詳見《爾雅·釋地》:"兩河間曰冀州,河南曰豫州,河西曰雝州,漢南曰荊州,江南曰楊州,濟河間曰兖州,濟東曰徐州,燕曰幽州,齊曰營州。——九州。"

上博二·容 41"九～",古代分中國爲九州。後泛指天下,全中國。《楚辭·離騷》:"思九州之博大兮,豈惟是其有女?"《書·禹貢》:"禹別九州,隨山濬川,任土作貢。禹敷土,隨山刊木,奠高山大川。"

上博六·天甲 1、天乙 1～,謂區劃地域以聚居。《大戴禮記·主言》:"昔者明主之治民有法,必別地以州之,分屬而治之,然後賢民無所隱,暴民無所伏。"

上博七·君甲 4、君乙 4～,古代民户編制。《周禮·地官司徒·大司徒》:"令五家爲比,使之相保;五比爲閭,使之相受;四閭爲族,使之相葬;五族爲黨,使之相救;五黨爲州,使之相賙;五州爲鄉,使之相賓。"鄭玄注:"州,二千五百家。"《管子·度地》:"故百家爲里,里十爲術,術十爲州。"

端紐乆聲

守

 上博一·緇 19 齊而～之

 上博二·子 6 史(使)皆得丌(其)社稷(稷)百眚(姓)而奉～之

 上博三·彭 8 志(恐)弗能～

 上博六·競 8 今新(薪)登(蒸)思(使)吴(虞)～之

上博六·競 8 蓳(澤)棃(梁)史(使)敔(漁)～之

上博六·競 8 山埜(林)史(使)䁩(衡)～之

～，从"宀"，"肘"聲，"守"字異體。"肘"字郭店·成之聞之 3 作，从"又"，即手，""是指事符號，古文字中"肘"字的演變過程是：→→→。郭店·老子甲 13 作，所從的"肘"旁中，作爲"肘"字指事符號的""被置於手形之上，遠離了肘部的位置。戰國文字或作(郭店·唐虞之道 12)、(遺珠 178 十六年守相鈹)、(施 125)、(四十八年上郡假守鼄戈)、(里 J1⑨1 正)。《説文·宀部》："守，守官也。从宀，从寸。寺府之事者。从寸。寸，法度也。"

上博一·緇 19～，遵循；奉行；遵守。《左傳·襄公二十九年》："五聲和，八風平，節有度，守有序，盛德之所同也。"孔穎達疏："八音不相奪道理，是音各守其分，有次序也。"

上博二·子 6"奉～"，《戰國策·燕策三》："燕王誠振畏慕大王之威，不敢興兵以拒大王，願舉國爲内臣，比諸侯之列，給貢職如郡縣，而得奉守先王之宗廟。"

上博三·彭 8"忎(恐)弗能～"，《淮南子·詮言》："有智而無術，雖鑽之不通；有百技而無一道，雖得之弗能守。"

上博六·競 8～，看管；治理；管理。《左傳·昭公二十年》："山林之木，衡鹿守之；澤之萑蒲，舟鮫守之；藪之薪蒸，虞候守之；海之鹽、蜃，祈望守之。"孔穎達疏："言公立此官，使之守掌，專山澤之利。"

透紐首聲

首

上博三·周 10 比亡(無)～

　上博三·周 57 需丌(其)～

　上博三·彭 8 狗(耇)老式(二)拜旨(稽)～曰

　上博四·曹 53 必鬡(黔)～皆欲或之

　上博五·弟 3 毋又～猷(猶)

　上博五·三 13 蘆(怒)爲～

　上博六·慎 5～啬(戴)茅芙(蒲)

～，象形，戰國文字或作 、、。《說文·首部》："首，百同。古文百也。巛象髮，謂之鬊，鬊即巛也。"

上博三·周 10、上博三·周 57～，頭。《詩·邶風·靜女》："愛而不見，搔首踟躕。"

上博三·彭 8"式(二)拜旨(稽)～"，古時一種跪拜禮，叩頭至地，是九拜中最恭敬者。《公羊傳·宣公六年》："靈公望見趙盾，愬而再拜；趙盾逡巡北面再拜稽首，趨而出。"《史記·趙世家》："公子成再拜稽首曰：'臣固聞王之胡服也。'"

上博四·曹 53"鬡～"，讀爲"黔首"，古代稱平民；老百姓。《禮記·祭義》："明命鬼神，以爲黔首則。"鄭玄注："黔首，謂民也。"孔穎達疏："黔首，謂萬民也。黔，謂黑也。凡人以黑巾覆頭，故謂之黔首。"

上博五·弟 3～，開端，首先。《老子》："夫禮者，忠信之薄而亂之首。"王褒《四子講德論》："昔周公詠文王之德而作《清廟》，建爲頌首。"

上博五·三 13"蘆(怒)爲～",第一。《戰國策·齊策六》:"〔管仲〕據齊國之政,一匡天下,九合諸侯,爲五伯首。"《管子·問》:"理國之道,地德爲首。"

上博六·慎 5"～旹茅芺",讀爲"首戴茅蒲",頭戴茅蒲。《國語·齊語》:"及耕,深耕而疾耰之,以待時雨;時雨既至,挾其槍、刈、耨、鎛,以旦暮從事于田野。脱衣就功,首戴茅蒲,身衣襏襫霑體塗足,暴其髮膚,盡其四支之敏,以從事于田野。"

道

 上博一·性 2～𠯑(始)於情

 上博一·性 6～也

上博一·性 7～也

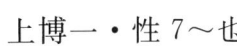 上博一·性 8～四述(術)也

上博一·性 8 唯人～爲可道也

上博一·性 8 唯人道爲可～也

上博一·性 8～之而已

上博一·性 11 丌(其)先後之舍(敘)則宜～也

 上博一·性 12 樂丌(其)～

上博一·性13 亓(其)訶(詞)宜～也

上博一·性23 又(有)～者也

上博一·性25 昏(聞)～反己

上博一·性24 智(知)～者[也]

上博一·性26 㠯(以)～者也

上博一·性30 凡於～迮(路)毋愄(畏)

上博一·性35[唯人]～爲可道也

上博一·性35[唯人]道爲可～也

上博一·孔23 㠯(以)～交見善而孨(學)

上博二·子7 亦紀先王之由～

上博二·從甲8 愳(威)則民不～

上博二·從甲13 肰(然)句(後)能立～

 上博二・從甲 17 人則啓～之

 上博二・容 4～迲（路）無殤死者

 上博二・容 8 舜於是虖（乎）訋（始）語堯天埅（地）人民之～

 上博二・容 35 傑（桀）不述丌（其）先王之～

 上博二・容 42 受（紂）不述丌（其）先王之～

 上博二・容 44 思民～之

 上博二・容 46 唯（雖）君亡（無）～

 上博二・容 46 唯（雖）父亡（無）～

 上博二・容 48 一人爲亡（無）～

 上博二・容 49 智（知）天之～

 上博二・容 50 含（今）受（紂）爲無～

 上博二・容 53 受（紂）爲亡（無）～

上博三·周17 又(有)孚才(在)~已明

上博三·中3 有臣萬人~女(汝)

上博三·中11 敢昏(問)~民興悳(德)女(如)可(何)

上博三·亙9 天~既載

上博三·彭1 皮(彼)天之~

上博三·彭8 既旻(得)昏(聞)~

上博四·采3 ~之遠尒(邇)

上博四·相4 不昏(問)又(有)邦之~

上博四·相4 而昏(問)相邦之~

上博四·曹6 嬰(鄭)邦之君亡(無)~

上博四·曹8 亦又(有)大~焉

上博四·曹9 㠯(以)亡(無)~禹(稱)而旻(沒)身邊(就)茇(死)

 上博四·曹 10 㠯(以)亡(無)～禹(稱)

 上博四·曹 38 戠(戰)又(有)䜴(顯)～

 上博四·曹 40 此戠(戰)之䜴(顯)～

 上博四·曹 46 退(復)敗戠(戰)又(有)～虖(乎)

 上博四·曹 50 退(復)盤戠(戰)又(有)～虖(乎)

 上博四·曹 53 此退(復)盤戠(戰)之～

 上博四·曹 53 退(復)甘戠(戰)又(有)～虖(乎)

 上博四·曹 53 此退(復)甘戠(戰)之～

 上博四·曹 54 退(復)㿱(故)戠(戰)又(有)～虖(乎)

 上博四·曹 55 此退(復)㿱(故)戠(戰)之～

 上博四·曹 64 此先王之至～

 上博四·曹 64 而毋或(惑)者(諸)少(小)～與(歟)

 上博五·競6 公身爲亡(無)～

 上博五·競9 公身爲亡(無)～

 上博五·季4 民朢(望)亓(其)～而備安

 上博五·季10 愳(懼)則民不～

 上博五·姑10 敇(屬)公亡(無)～

 上博五·姑7 亡～正也

 上博五·弟14 君子～朝

 上博五·三12 毋遊(失)亓(其)～

 上博五·三17 亙(恆)～必呈

 上博六·孔2 二～者

 上博六·孔4 仁者是能行耴(聖)人之～

上博六·孔4 行聖人之～

上博六・孔 5 是古魚～之

上博六・孔 7 仁人之～

上博六・孔 17 興～學

上博六・孔 23 君子又(有)～

上博六・孔 27 而民～之

上博六・慎 1 逆友㠯(以)載～

上博六・慎 2 ～莫金干

上博六・慎 6 氏(是)㠯(以)君子向方智～

上博六・用 19 民～絥(繁)多

上博六・天甲 10 才(在)～不語匿

上博六・天乙 9 才(在)～不語匿

上博七・武 1 不智(知)黃帝、嵩(顓)琂(頊)、堯、埶(舜)之～

 上博七·武 3～箸(書)之言

 上博七·武 9 迭(失)～於脂(嗜)谷(欲)

 上博七·武 11 而百殢(世)不遊(失)之～

 上博七·武 11 丌(其)～可旻(得)

 上博七·武 12～則聖人之道

 上博七·武 12 聖人之～

 上博七·武 12 牁(將)～之

 上博七·武 12 則弗～

 上博七·凡甲 7 川(順)天之～

 上博七·凡甲 14 甞(察)～

 上博七·凡甲 22 甞(察)～

上博七·凡乙 6 川(順)天之～

 上博七・凡乙 10 戠(察)～

 上博七・吳 3 ～㠯(以)告吳

 上博七・吳 4 쳏(荊)爲不～

 上博七・吳 9 楚人爲不～

 上博八・子 1 丌(其)一子～餓而死焉

 上博八・顏 1 敢甹(問)君子之内事也又(有)～虖(乎)

 上博八・顏 6 敢甹(問)君子之内教也又(有)～虖(乎)

 上博八・顏 7 ～(導)之㠯(以)僉(儉)

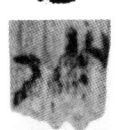 上博八・成 5 ～☐

 上博八・成 6 之止～也

 上博八・成 6 青(請)睧(問)天子之正～

 上博八・成 7 是胃(謂)天子之正～

 上博八·成 11 外～之明者

 上博八·成 12 ～大才（在）宅（？）

 上博八·成 14 夫顕（夏）曾（繒）是（氏）之～

 上博八·成 14 可胃（謂）又（有）～虐（乎）

 上博八·蘭 3 綽遠行～

 上博八·蘭 5 天～其迖（越）也

～，戰國文字作 (郭店·老子甲 20)、 (郭店·老子乙 9)、 (里 J1⑨9 正)，从"辵"，从"首"；或作 (清華二·繫年 069)，从"止"，从"首"；或作 (郭店·五行 5)、 (郭店·成之聞之 4)、 (郭店·成之聞之 16)、 (陝西 731)，从"辵"，从"頁"；或作 (郭店·語叢二 38)，从"行"，从"頁"；或作 (郭店·性自命出 41)、 (郭店·六德 26)、 (郭店·語叢一 36)、 (郭店·性自命出 21)，从"人"，从"行"，人走在路上，會意。《說文·辵部》："道，所行道也。从辵，从首。一達謂之道。 ，古文道从首寸。"

上博一·性 2"～訂（始）於情"，郭店·語叢二 1："情生於眚（性），豊（禮）生於情。"性 18："禮作於情。"道，是人道，"禮"是道的具體反映。《荀子·儒效》："聖人也者，道之管也。天下之道管是矣，百王之道一是矣。故《詩》、《書》、《禮》、《樂》之歸是矣。"《禮記·坊記》："禮者，因人之情而爲之節文，以

爲民坊者也。"

上博一·性8、35"唯人～爲可道也",只有人道可以稱道。

上博一·性25"昏(聞)～",領會某種道理。《論語·里仁》:"朝聞道,夕死可矣。"

上博一·性30、上博二·容4"～逄(路)",地面上供人或車馬通行的部分。《周禮·夏官·司險》:"司險掌九州之圖,以周知其山林川澤之阻,而達其道路。"

上博二·子7"先王之由～",先王所經由的道路,即先王治天下的道路、方法。(裘錫圭)

上博二·從甲8～,從,由也。《管子·禁藏》"故凡治亂之情,皆道上始",尹知章注:"道,從也。"《禮記·禮器》:"禮不虛道。"注:"道,猶由也,從也。"或讀爲"導",引導。

上博五·季10"不～",無道;胡作非爲。《國語·晉語八》:"秦後子來奔……文子曰:'公子辱于弊邑,必避不道也。'"桓寬《鹽鐵論·非鞅》:"伍員相闔閭以霸,夫差不道,流而殺之。"

上博二·從甲17～,讀爲"導",引導。《國語·周語中》:"敵國賓至,關尹以告,行理以節逆之,候人爲導。"韋昭注:"導賓至於朝。"

上博二·容35、42"先王之～",《荀子·強國》:"今子發獨不然,反先王之道,亂楚國之法,墮興功之臣,恥受賞之屬,無僇乎族黨而抑卑其後世,案獨以爲私廉,豈不過甚矣哉!"

上博"亡～",讀爲"無道",不行正道;作壞事。多指暴君或權貴者的惡行。《韓非子·外儲說左上》:"吾聞宋君無道,蔑侮長老,分財不中,教令不信,余來爲民誅之。"

上博三·中3～,讀爲"導",輔助意。《爾雅·釋詁下》:"導、左、右、助,勱也。"邢疏:"教導即贊勉,故又爲勱,《說文》云:'勱,助也。'不以力助以心助也。"或訓爲从、由。(楊懷源、陳偉)

上博三·中11"～民",讀爲"導民",引導民衆。《論語·學而》"道千乘之國",陸德明釋文:"道音導,本或作導。"皇侃本"道"作"導"。《漢書·地理志下》:"道民之道,可不慎哉!"顏師古注曰:"上道讀爲導。"又可通爲教導、勸導、誘導之"導"。《墨子·非儒下》"其學不可以導衆",《晏子春秋·外篇下》作"不可以道衆"。"道民"與"道衆"同義。郭店·尊德義"民可使道之,而不可使知之;民可道也,而不可強也"。

上博三·亙9、上博八·蘭5"天～",自然界的變化規律。《荀子·天論》:"天有常道矣,地有常數矣。"《莊子·庚桑楚》:"夫春與秋,豈無得而然哉?天道已行矣。"《論衡·亂龍》:"鯨魚死,彗星出,天道自然,非人事也。"

上博四·采3、上博六·天甲10、天乙9～,道路。《詩·小雅·大東》:"周道如砥,其直如矢。"《史記·陳涉世家》:"會天大雨,道不通。"

上博四·相4"相邦之～",輔佐國家的方法。

上博四·曹8"大～",正道;常理。指最高的治世原則,包括倫理綱常等。《禮記·禮運》:"孔子曰:'大道之行也,與三代之英,丘未之逮也,而有志焉。'"

上博四·曹38、40"㬎(顯)～",謂明確的道義準則。《書·泰誓下》:"天有顯道,厥類惟彰。"孔安國傳:"言天有明道,其義類惟明;言王所宜法則。"

上博四·曹46、50、53、54、55、上博八·顏1、6～,方法;途徑。《商君書·更法》:"治世不一道,便國不必法古。"

上博四·曹64"至～",指最好的學說、道德或政治制度。《禮記·學記》:"雖有嘉肴,弗食,不知其旨也;雖有至道,弗學,不知其善也。"《禮記·表記》:"道有至,義有考。至道以王,義道以霸,考道以爲無失。"鄭玄注:"此讀當言'道有至,有義,有考',字脱一有耳。"

上博四·曹64"少～",讀爲"小道",禮樂政教以外的學説;技藝。《論語·子張》:"雖小道,必有可觀者焉。"何晏集解:"小道謂異端。"

上博一·孔23、上博五·季4～,道德;道義。《左傳·桓公六年》:"所謂道,忠於民而信於神也。"《孟子·公孫丑下》:"得道者多助,失道者寡助。"

上博六·孔2"二～",同"道二"。《孟子·離婁上》:"孔子曰:'道二:仁與不仁而已矣。'暴其民甚,則身弑國亡;不甚,則身危國削。名之曰'幽、厲',雖孝子慈孫,百世不能改也。《詩》云'殷鑒不遠,在夏后之世',此之謂也。"或説"二道"即"仁人之道"與"邪民之行"。

上博六·孔23"君子又～",《晏子春秋·内篇雜上》:"嬰聞之,君子有道,懸之閭。紀有此言,注之壺,不亡何待乎!"

上博六·慎1"載～",《孟子·公孫丑上》孫奭疏:"又謂堯舜治天下,但見效於當時,即一時之功也,孔子著述五經,載道於萬世,以其有萬世之功,故以功爲言也。"

上博六·慎2"恭以爲體,～莫偏焉",意爲把恭敬作爲根本,道就不會偏離。此句與"恭儉以立身"照應。(劉洪濤)

上博六·慎6"智～",讀爲"知道",謂通曉天地之道,深明人世之理。《管子·戒》:"聞一言以貫萬物,謂之知道。"

上博七·武1～,《禮記·樂記》:"君子樂得其道。"鄭玄注:"道爲仁義也。"《新書·道德説》:"道者,德之本也。"(陳佩芬)

上博七·武3、12～,説;講述。《詩·鄘風·牆有茨》:"中冓之言,不可道也。"《荀子·勸學》"不道禮憲",楊倞注:"道,言説也。"

上博七·武9、11"遊～",讀爲"失道",失去準則;違背道義。《易·觀》:"觀我生進退,未失道也。"

上博七·武12"聖人之～",《荀子·禮論》:"終始具而孝子之事畢,聖人之道備矣。"

上博七·凡甲14、22、凡乙10"訾(察)～",就是"明一",見《管子·兵法》:"明一者皇,察道者帝,通德者王,謀得兵勝者霸。"

上博三·彭1、上博七·凡甲7、凡乙6"天之～",指自然規律。《老子》:"功遂身退,天之道也。"成玄英疏:"天者,自然謂之也。""天之道"與簡文義同。《孔子家語·禮運》:"孔子曰:'夫禮,先王所以承天之道,以治人之情。'"《管子·輕重戊》:"作九九之數以合天道,而天下化之。"可以參看。(曹錦炎)

上博七·吴3正～,讀爲"導",表達,傳達。《國語·晉語六》:"夫成子導前志以佐先君。"

上博七·吴4"翌(荆)爲不～"、上博七·吴9"楚人爲不～"。"不道",亦作"無道"。《國語·晉語三》:"晉君之無道莫不聞,公子重耳之仁莫不知。"《韓非子·外儲説左上》:"吾聞宋君無道……余來爲民誅之。"又,《左傳·哀公十五年》:"寡君聞楚爲不道,薦伐吴國,滅厥民人。"《國語·吴語》:"吴王夫差既退于黄池,乃使王孫苟告勞于周,曰:'昔者楚人爲不道,不承共王事,以遠我一二兄弟之國。'"《公羊傳·定公四年》:"楚人爲無道君如有憂中國之心,則若時可也矣。""荆爲不道"即"楚爲不道"、"楚人爲不道"、"楚人爲無道"。

上博八·子1"丌(其)一子～餓而死焉",他的一個兒子在路上餓死了。

上博八·顏7"～(導)之昌(以)僉(儉)",《孝經·三才章》:"先之以博愛,而民莫遺其親。陳之於德義,而民興行。先之以敬讓,而民不爭。導之以禮樂,而民和睦。示之以好惡,而民知禁。"

上博八·成6、7"天子之正～",天子之正道指先王之正義,先王之道。《書·洪範》:"無偏無陂,遵王之義。"孔穎達疏:"爲人君者當無偏無私,無陂曲,動循先王之正義。無有亂爲私好,謬賞惡人,動循先王之正道。無有亂爲私惡,濫罰善人,動循先王之正路。無偏私,無阿黨,王家所行之道蕩蕩然開闕矣。無阿黨,無偏私,王者所立之道平平然辯治矣。所行無反道,無偏側,王家之道正直矣。所行得無偏私皆正直者,集會其有中之道而行之。"

上博八·成11"外～",離道(遠正道)、異道、小人之道。

上博八·蘭3"綽遠行～","行",道路。《詩·大雅·行葦》:"敦彼行葦,牛羊勿踐履。"毛亨傳:"行,道也。"《楚辭·九歎·怨思》:"征夫勞于周行兮。"王逸注:"行,道也。"《詩·豳風·七月》:"女執懿筐,遵彼微行。""道",道路。《說文》:"道,所行道也。"《詩·小雅·大東》:"周道如砥,其直如矢。"《楚辭·九歌·湘君》:"駕飛龍兮北征,邅吾道兮洞庭。"《史記·陳涉世家》:"會天雨,道不通。""行道",見《詩·大雅·緜》:"柞棫拔矣,行道兌矣。"亦是同義疊用。《楚辭·九章·抽思》:"道卓遠而日忘兮。"(王逸注:"卓,一作逴。")"道卓(逴)遠"即簡文之"逴遠行道",可以互參。

惪(憂)

上博四·昭10 虘(吾)未又(有)㠯(以)～亓(其)子

上博五·競5 又(有)～於公身

上博五·競9 幾(豈)不二子之～也才(哉)

上博五·君5 凡色毋～

上博五·三4 ～懼之閒

上博五·三7 必返(復)之㠯(以)～喪

上博五·三14 而寡亓(其)～

 上博五·三 16 不絑（絶）～䘏（恤）

 上博一·性 19 凡～思而句（後）悲

 上博四·内 6 亡（無）厶（私）～

 上博四·内 6 父母所～～之

 上博一·孔 16 緑衣之～

 上博三·彭 7 □□者不㠯（以）多悉（戀）者多～

 上博三·周 41 又（有）～自天

 上博一·性 31 凡～惓（患）之事谷（欲）任

 上博二·從甲 16 ～則

 上博二·從乙 3 ～則䁣（昏）

 上博七·吴 6 宭（寧）心敳～

～，从"心"、"頁"，或从"首"。戰國文字作 （郭店·老子乙 4）、 （郭店·

五行9)、■(郭店·唐虞之道16)、■(郭店·六德41)、■(郭店·老子甲34)、■(秦駰玉版)。《說文繫傳》："惪,愁也,从心,頁聲。"按"惪"即"憂"之本字,从心、頁,會意。《說文·夊部》："憂,和之行也。从夊,惪聲。《詩》曰:'布政憂憂。'"

上博一·性19"～思",憂慮。《爾雅·釋詁》："憂,思也。"《禮記·儒行》:"雖危,起居竟信其志,猶將不忘百姓之病也,其憂思有如此者。"

上博一·性31"～悇",讀爲"憂患",困苦患難。《易·繫辭下》:"作《易》者,其有憂患乎?"《孟子·告子下》:"入則無法家拂士,出則無敵國外患者,國恆亡。然後知生於憂患而死於安樂也。"

上博一·孔16、上博二·從乙3、上博四·昭10、上博五·三14、上博五·競5、9、上博七·吳6～,憂慮。《韓非子·解老》:"故欲利甚於憂,憂則疾生;疾生而智慧衰;智慧衰,則失度量;失度量,則妄舉動;妄舉動,則禍害至。"

上博三·彭7"多～",《文子·微明》:"人多欲即傷義,多憂即害智。"

上博三·周41"又～自天",心中存著來自上天的憂患。

上博四·內6"厶(私)～(憂)",《史記·張丞相列傳》:"吾極知其左遷,然吾私憂趙王,念非公無可者。"

上博五·君5～,即憂愁、憂慮。《禮記·文王世子》:"其有不安節,則內豎以告文王,文王色憂,行不能正履。"《莊子·至樂》:"顏淵東之齊,孔子有憂色。"(徐少華)

上博五·三4"～懼",憂愁恐懼。《韓非子·姦劫弒臣》:"故刼殺死亡之君,此其心之憂懼、形之苦痛也,必甚於厲矣。"葛洪《抱朴子·刺驕》:"樂天知命,憂懼不能入。"

上博五·三7"～喪",《淮南子·本經》:"人之性,心有憂喪則悲,悲則哀,哀斯憤,憤斯怒,怒斯動,動則手足不靜。"

上博五·三16"～恤",讀爲"憂恤",憂慮。《詩·大雅·桑柔》:"告爾憂恤,誨爾序爵。"鄭玄箋:"恤亦憂也。"《國語·吳語》:"昔周室逢天之降禍,遭民之不祥,余心豈忘憂恤,不唯下士之不康靖。"

蛗

 上博二·容3厇(宅)～者鮫(漁)罧(澤)

～，从"虫"，"百"聲。

簡文～，讀爲"疣"，指長有贅疣的人。"疣者"見於《馬王堆·五十二病方》"令疣者抱禾"。

頁

 上博六·競2公舉～畣(答)之

 上博七·凡甲7虐(吾)奚㠯(以)爲～

 上博七·凡乙6虐(吾)奚㠯(以)爲頁

 上博八·命6黚(黔)～(首)蠆(萬)民

《說文·百部》："頁，頭也。从百，从儿。古文𩠐首如此。"

上博六·競2"舉～"，即"舉首"，抬頭。《管子·形勢解》："殷民舉首而望文王，願爲文王臣。"（何有祖）

上博七·凡甲7、凡乙6～，同"首"，首先，第一。《莊子·天下》："齊萬物以爲首。"王先謙集解引宣穎注："以此爲第一事。"《左傳·昭公元年》："令尹享趙孟，賦《大明》之首章。"《老子》："夫禮者，忠信之薄而亂之首。"《禮記·月令》："首種不入。"

上博八·命6"黚～"，讀爲"黔首"，平民；老百姓。《禮記·祭義》："明命鬼神，以爲黔首則。"鄭玄注："黔首，謂民也。"孔穎達疏："黔首，謂萬民也。黔，謂黑也。凡人以黑巾覆頭，故謂之黔首。"

酥

 上博二·容2 長者～厇（宅）

～，從"禾"，"首"聲，釋爲"秀"。"秀"、"首"二字古通。如《左傳·成公五年》："會晉荀首于穀。"《公羊傳》"首"作"秀"。所以"秀"可以"首"爲聲符。

簡文～，讀爲"繇"。"由"、"首"二字古通。《戰國策·西周策》："昔智伯欲伐仇由。"高誘注："仇由，狄國，或作仇首也。""由"、"繇"二字古通，典籍例證很多，詳《古字通假會典》714－716頁。《廣韻·宥韻》："繇，卦兆辭也。"《左傳·閔公二年》："成風聞成季之繇。"杜預注："繇，卦兆之占辭。"簡文"秀（繇）宅"義與卜宅近。"卜宅"見於古籍，如《書·召誥》："太保朝至洛，卜宅，厥既得卜，則經營。"《禮記·表記》："卜宅寢室。"《孝經·喪親章》："卜其宅兆而安措之。"或釋作"垗"、"兆"，讀爲"修"。

脜（脜）

 上博五·季1 售（唯）子之卲～

 上博五·季23 肰（然）則邦坪而民～矣

 上博六·用17 ～（羞）窗（聞）亞（惡）愳（謀）

～，與 (九 A40) 同，爲"脜"字或體，《說文·百部》："脜，面和也，從百，從肉，讀若柔。"《廣韻·尤韻》："脜，面和。"《集韻·尤韻》："脜，《説文》：面和也。或從頁。"又《集韻·有韻》："輮，面色和柔皃。或從頁。"

上博五·季1～，讀爲"擾"，馴也，柔服也。簡文"卲脜"，讀爲"司擾"，謂負責教育馴化。孔子一生從事教育工作，正是負責教育馴化的人。（季旭昇、陳劍）或讀爲"治優"猶如政優、仕優。《詩·商頌·長發》："敷政優優，百祿是遒。"《論語·子張》："子夏曰：'仕而優則學，學而優則仕。'"（楊澤生）

上博五·季23～,讀爲"柔",安也。簡文"民柔",即民安,參《荀子·議兵》:"故凝士以禮,凝民以政,禮修而士服,政平而民安。"《管子·君臣下》:"是以下之人無諫死之記,而聚立者無郁怨之心,如此,則國平而民無慝矣。"

上博六·用17～,讀爲"羞",恥辱。《易·恆》:"不恆其德,或承之羞。"《抱朴子外篇·君道》:"路無擊壤之叟,則羞聞和音之作。"(何有祖)

愳

上博三·周28 或承丌(其)～(羞)

上博三·中26 忎(恐)愳虐(吾)子～(羞)

～,從"心","胹(胹)"聲,當即羞恥之"羞"的專字。或分析爲從"憂"、疊加"肉"聲。(季旭昇)

上博三·周28、上博三·中26～,讀爲"羞"。《說文·肉部》:"胹,讀若柔。"古音柔聲、丑聲相通,故愳、羞可以相通。《儀禮·大射禮》:"公新揉之。"鄭玄注:"古文揉爲紐。"《儀禮·鄉射禮》:"則以白羽與朱羽糅。"鄭玄注:"今文糅爲縮。"《儀禮·鄉射禮》:"乃宿尸。"鄭玄注:"古文宿皆作羞。"《左傳·僖公九年》:"恐隕越於下,以遺天子羞。敢不下拜?"《禮記·內則》:"父母雖没,將爲善,思貽父母令名,必果。將爲不善,思貽父母羞辱,必不果。"(孟蓬生)

透紐手聲

手

上博七·君甲9 瘳(戮)死於人～

上博七·君乙9 瘳(戮)死於人～

～,像手形,郭店·五行45作 ,秦簡作 (里J1⑨7背)。《説文·手部》:"手,拳也。象形。*,古文手。"

簡文"戮死於人～",參《韓非子·難言》:"宓子賤、西門豹不鬭而死人手;董安于死而陳於市;宰予不免于田常;范雎折脅于魏。"《文子·上禮》:"夫人之所以亡社稷,身死人手,爲天下笑者,未嘗非欲也。"

透紐畜聲歸幺聲

透紐守聲歸乑聲

定紐卣聲

卣

 上博一·緇23 朋(朋)友～(攸)囡(攝)

 上博三·周1 亡(無)～(攸)利

 上博三·周20 不利又(有)～(攸)往

 上博三·周21 亡(無)～(攸)利

 上博三·周22 利又(有)～(攸)往

 上博三·周25 亡(無)～(攸)利

 上博三·周28 亡(無)～(攸)利

 上博三·周30 又(有)～(攸)往

 上博三·周 37 又(有)~(攸)往

 上博三·周 40 又(有)~(攸)往

 上博三·周 42 利又(有)~(攸)往

 上博七·武 10 ~(牖)名(銘)隹(唯)曰

~，郭店·緇衣 45 作 ▢，上博與之相對的字作 ▢，或釋爲"囚(㬎)"，認爲是"卣"的形近誤字，誤。

上博一·緇 23 "𣝛友~囟"，讀爲"朋友攸攝"。《禮記·緇衣》：《詩》云：'朋友攸攝，攝以威儀。'"鄭玄注："攸，所也。言朋友以禮義相攝正，不以貧富貴賤之利也。"

上博三·周 1、20~，讀爲"攸"，卣、攸二字上古音同爲喻紐幽部，《詩·大雅·江漢》"秬鬯一卣"，《經典釋文》："音酉，又音由，中尊也。本或作攸。""攸"，助詞，所。《易·坤》："君子有攸往，先迷後得主，利。"李鏡池通義："攸，所。"

上博七·武 10 "~名隹曰"，讀爲"牖銘唯曰"，今本作"户之銘曰"。《説文·片部》："牖，穿壁以木爲交窗也。"段玉裁注："交窗者，以木横直爲之，即今之窗也。在牆曰牖，在屋曰窗。"典籍常見"户牖"一詞，指門窗，如：《老子》："鑿户牖以爲室，當其無，有室之用。"《淮南子·氾論》："夫户牖者，風氣之所從往來。"

定紐𡆥聲

戜（戜）

 上博六·天甲 6 栽~戔亡

 上博六·天乙 5 栽～戔亡

 上博七·吴 6 才(在)啟(波)～(濤)之閖(間)

～，從"戈"，"圼"(疇)聲，或"晝"聲。郭店·尊德義 26 作；燕文字或作（郾王職壺），從"壽"聲。疑爲"讎"字異體。

上博六·天甲 6"栽～戔亡"，讀爲"仇讎殘亡"。《郭店·尊德義》26"弗愛，則戠也"。"戠"亦讀爲"讎"。仇讎，即仇人。《左傳·哀公元年》："〔越〕與我同壤，而世爲仇讎。"《荀子·臣道》："爪牙之士施，則仇讐不作。"

上博七·吴 6"啟～"，讀爲"波濤"，江河湖海中的大波浪。《淮南子·人間》："及至乎下洞庭，鶩石城，經丹徒，起波濤，舟杭一日不能濟也。"

賰

 上博六·用 13 非貨台～

～，與（郭店·語叢四 1）同，從"貝"，"晝"聲。

上博六·用 13～，讀爲"酬"（"酬"與"壽"通假之例子，詳參高亨、董治安《古字通假會典》782 頁），抵償；賠償。《後漢書·西羌傳論》："故得不酬失，功不半勞。"

壽

 上博四·采 1 祝君～

上博六·壽 1 奠(鄭)～

上博六·壽 2 奠(鄭)～辭

上博六·壽 3 奠(鄭)～

上博六·壽 4 ～告又疾

上博六·壽 4 ～出

上博七·吴 4 ～逨(來)

～,戰國文字或作(新蔡甲二 6、30、15)、(施 311)、(文物季刊 1992·4 十六年寍壽令戟)、(先秦編 357)、(尤家庄秦陶)、(秦風 252)。《說文·老部》:"壽,久也。从老省,𠷎聲。"

上博四·采 1"祝君～",曲目。可能是宴壽之樂。《詩·小雅·楚茨》:"樂具入奏,以綏後禄。爾殽既將,莫怨具慶。既醉既飽,小大稽首。神嗜飲食,使君壽考。"

上博六·壽"奠～",讀爲"鄭壽",人名。

上博七·吴 4"～逨(來)",人名。

𠷎

上博六·木 5 跪(跪)於～中

上博六·木 5 城公含(答)曰～

上博六·木 5 ～可㠯(以)爲

763

～,《集韻》:"草名。"《廣雅·釋草》:"蔥也。"

上博六·木～,讀爲"疇",特指種麻的田。《禮記·月令》:"〔季夏之月〕燒薙行水,利以殺草,如以熱湯,以糞田疇。"孔穎達疏引蔡邕曰:"穀田曰田,麻田曰疇。"《國語·周語下》:"田疇荒蕪,資用乏匱。"韋昭注:"穀地爲田,麻地爲疇。"劉向《說苑·辨物》:"成公乾曰:'疇也。''疇也者,何也?'曰:'所以爲麻也。''麻也者,何也?'曰:'所以爲衣也。'"

禱

 上博二·子12 履以祈～曰

～,楚文字或作(新蔡甲一 10)、(新蔡甲三 188、197)、(新蔡甲三 4)、(新蔡乙四 96)、(新蔡乙四 140),"示"旁或放右上角,或放下部。《說文·示部》:"禱,告事求福也。从示,壽聲。,禱或省。,籀文禱。"

簡文～,向神祝告祈求福壽。《論語·述而》:"子疾病,子路請禱。"《韓非子·外儲說右下》:"秦昭王有病,百姓里買牛而家爲王禱。"

定紐黽聲歸早聲

定紐攸聲

攸

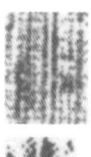 上博一·性19～肰(然)吕(以)思

 上博一·性25～(修)身者也

 上博一·性25～(修)身近至悬(仁)

上博二·從甲 15 不~(修)不武〈戒〉

上博二·容 36 天堃(地)四時之事不~(修)

上博二·容 40 降自鳴~(條)之述(遂)

上博三·周 25 丌(其)獸~(逐)~(逐)

上博三·彭 5 唯(雖)貧必~(修)

上博四·柬 11 牆(將)命之~(修)

上博四·柬 13 女(如)君王~(修)郢高(郊)

上博四·柬 15 ~(修)四蒿(郊)

上博四·曹 5 則不可邑(以)不~(修)政而善於民

上博四·曹 6 則亦不可邑(以)不~(修)政而善於民

上博四·曹 18 城臺(郭)必~(修)

上博五·競 4 安(焉)~(修)先王之瀍(法)

 上博五·競 7 則～(修)者(諸)向(鄉)里

 上博五·三 17 不～(修)亓(其)成

 上博七·凡甲 22 所㠯(以)～身而詞(治)邦豪(家)

 上博七·凡甲 22 所㠯(以)～身而詞(治)邦豪(家)

 上博八·子 2 妝(偃)也～(修)亓(其)惪(德)行

 上博八·顏 6 ～(修)身㠯(以)先

 上博八·成 11 先或(國)叓(變)之～(修)也

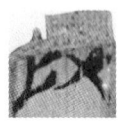 上博八·蘭 2 ～(搖)荂(落)而猷不遴(失)氒(厥)芳

～，戰國文字或作 、、、、、，或作 。《說文·攴部》："攸，行水也。从攴，从人，水省。![]，秦刻石繹山文攸字如此。"

上博一·性 19"～肰"，讀爲"攸然"，迅疾貌。《孟子·萬章上》："昔者有饋生魚於鄭子產，子產使校人畜之池。校人烹之。反命曰：'始舍之，圉圉焉，少則洋洋焉，攸然而逝。'"趙岐注："攸然，迅走水趣深處也。"

上博一·性 25、上博七·凡甲 22、上博八·顏 6"～身"，讀爲"修身"，修

養身心，涵養德性。典籍或作"脩身"。《禮記·大學》："自天子以至於庶人，壹是皆以脩身爲本。"《莊子·人間世》："是皆修其身以下傴拊人之民。"《禮記·中庸》："故爲政在人，取人以身，脩身以道，脩道以仁。仁者人也。"

上博二·從甲 15"不～"，讀爲"不修"，不修文德。《書·武成》："乃偃武修文，歸馬于華山之陽，放牛于桃林之野，示天下弗服。"

上博二·容 36"不～"，讀爲"不修"，不修明；不整治。《左傳·襄公二十八年》："不脩其政德，而貪昧於諸侯，以逞其願，欲久，得乎？"

上博二·容 40"鳴～"，讀爲"鳴條"，《書·湯誓序》："伊尹相湯伐桀，升自陑，遂與桀戰于鳴條之野，作《湯誓》。"《史記·夏本紀》："桀走鳴條遂，放而死。"鳴條在今山西運城東北，與古安邑鄰近。

上博三·周 25"～攸"，義爲遠。馬王堆本作"笛笛"，今本作"逐逐"。攸是喻母幽部，笛、逐是定母覺部。《釋文》："逐逐，如字，敦實也。薛云'速也'。《子夏傳》作'攸攸'。《志林》云'攸當爲逐'。蘇林音迪。荀作'悠悠'。劉作'跾'，云'遠也'。"《漢書·敘傳下》作"浟浟"。《玉篇·竹部》："篴，同笛。"《釋名·釋樂器》："篴，滌也，其聲滌滌然。"《風俗通·聲音》："笛者，滌也，所以蕩邪穢，納之於雅正也。""笛"、"逐"、"攸"可通。

上博三·彭 5～，讀爲"修"，美、善之意，《楚辭·離騷》："老冉冉其將至兮，恐修名之不立。"王逸注："修，美也。"

上博四·柬 11～，讀爲"修"，儆戒。《國語·魯語下》："吾冀而朝夕修我曰：'必無廢先人。'"韋昭注："修，儆也。"（陳偉）

上博四·柬 13～，讀爲"脩"，清掃。《周禮·天官·大宰》："祀五帝，則掌百官之誓戒與其具脩。"鄭玄注："脩，掃除糞灑。"（陳偉）

上博四·曹 5、6"～（修）政"，修明政教。《管子·大匡》："公內修政而勸民，可以信於諸侯矣。"

上博四·曹 18～，讀爲"修"，整修；修理。《書·禹貢》："既修太原，至於嶽陽。"

上博五·競 4～，讀爲"修"，循；遵循。《管子·九守》："修名而督實，按實而定名。"《商君書·定分》："遇民不修法，則問法官，法官即以法之罪告之，民即以法官之言正告之吏。"

上博五·競 7～，讀爲"修"，《廣雅·釋詁》："修，治也。"

上博八·子 2～，讀爲"修"，學習；培養。《論語·述而》："子曰：'德之不修，學之不講，聞義不能徙，不善不能改，是吾憂也。'"《後漢書·和熹鄧皇后紀》:"帝知后勞心曲體,歎曰:'修德之勞,乃如是乎!'"

上博八·蘭2"～茖",讀爲"搖落",凋殘,零落。《楚辭·九辯》:"悲哉秋之爲氣也!蕭瑟兮草木搖落而變衰。"庾信《枯樹賦》:"沉淪窮巷,蕪沒荊扉,既傷搖落,彌嗟變衰。"

設

 上博四·昭9大尹之言脾可～

～,從"言","攸"省聲。右部所從與包山牘1"攸"字作 同,省"攴"。

簡文～,讀爲"咎",罪過;過失。《詩·小雅·北山》:"或湛樂飲酒,或慘慘畏咎。"鄭玄箋:"咎,猶罪過也。"《古字通假會典》"絡與柳"通,"櫢與柳"通,"猶與悠"通,可以爲證。(劉洪濤)或讀爲"羞"。(何有祖)或疑"訛"之誤字,"訛"讀爲"過"。(陳劍)

頫

 上博三·彭7一命四～

 上博三·彭7一命三～

 上博三·彭7三命四～

～,從"首","攸"聲,"頫"字異體。《說文》"頫"字,小許本作"從逃省聲",《韻會》作"兆聲",上古音"攸"屬餘母幽部,"兆"屬定母宵部,聲母都是舌音,幽、宵關係密切,在古書中也有通假的例子。(李家浩)《說文·頁部》:"頫,低頭也。從頁,逃省。太史卜書,頫仰字如此。楊雄曰:人面頫, ,頫或從人,免。"

上博三·彭7～,即"頫",低頭。可參《左傳·昭公七年》:"一命而僂,再命而傴,三命而俯,循墻而走,亦莫余敢侮。饘於是,粥於是,以餬其口。"《莊子·列御寇》:"正考父一命而偏,再命而僂,三命而俯,循牆而走,孰敢不軌?如而夫者一命而吕鉅,再命而於車上儛,三命而名諸父,孰協唐許?"

埅

 上博八·蘭 2 備～(修)庶戒

～,从"土","攸"聲。

簡文～,讀爲"修",置備。《國語·周語中》:"修其簠簋。"韋昭注:"修,備也。"《吕氏春秋·季春紀·先己》:"琴瑟不張,鐘鼓不修。"高誘注:"修,設也。"《詩·小雅·大田》:"大田多稼,既種既戒,既備乃事。"《詩·小雅·楚茨》:"禮儀既備,鐘鼓既戒。"皆"戒"、"備"互對,與簡文用法相似。

筱

 上博六·慎 5 樸～執槌

《説文·竹部》:"筱,箭屬,小竹也。"

簡文～,讀爲"莜"。《説文·艸部》:"莜,艸田器。《論語》曰:'以杖荷莜。'"按今本《論語·微子》"莜"作"蓧",義爲農具,可證竹書"筱"確是"莜"和"蓧"字的異體。(劉洪濤、劉建民)

定紐由聲

由

 上博一·緇 15～(故)人人不昌(倡)流言

 上博三·彭 1 乃酒(將)多昏(問)因～

上博三·周 22 良馬～

 上博三·周 32 勿～自遉（復）

 上博五·三德 17 智（知）墬（地）足目（以）～材

古文字中"古"、"由"形近易混。在戰國文字中，一般情況下，"古"字可以從"曰"寫成"由"的形體，而"由"不能從"口"寫成"古"的形體，"凡古字下部都從口"（白於藍）。還有"古"字上部的十字形，橫筆較長，而"由"上部十字形上的橫筆則較短。（張新俊）

上博三·彭 1"因～"，"因"、"由"同義連用。《集韻》："由，因也，用也。"

上博三·周 22～，讀爲"逐"。追趕；追逐。《方言》："馬蚿，北燕謂之蛆蟝，其大者謂之馬蚰。"郭璞于"蚰"下注："音逐。"《説文·竹部》："笛，七孔筩也。從竹，由聲。"《集韻》："笛，羌笛，樂器。文七孔筩也，羌笛三孔，或作篴。"《經典釋文》："篴，又作笛，同徒歷反。"

上博三·周 32～，追求；求取。《易·既濟》："婦喪其茀，勿逐，七日得。"

上博五·三德 17～，讀爲"育"。《書·舜典》："教胄子。"《説文·㐬部》、《周禮·大司農》鄭玄注引胄作"育"。鄂君啟節"油水"之"油"，陳偉讀爲"淯"。"育材"即培養人才，《詩·小雅·菁菁者莪序》："菁菁者莪，樂育材也。君子能長育人材，則天下喜樂之矣。""順時"、"育材"、"會親"分別是"知天"、"知地"、"知人"所產生的積極結果。（秦曉華）或讀作"逐"，追求、求取義，《易·既濟》："婦喪其茀，勿逐，七日得。"《史記·淮陰侯列傳》："秦失其鹿，天下共逐之，於是高材疾足者先得焉。"《國語·晉語四》："夫必追擇前言，求善以終，厭邇逐遠，遠人入服，不爲郵矣。"韋昭注："逐，求也。"（范常喜）

迪

 上博八·顔 7 或～而教之

～，戰國文字或作 、、、。《説文·辵部》："迪，道也。從辵，由聲。"

簡文～，開導；引導。《書·太甲上》："旁求俊彦，啓迪後人。"孔安國傳：

"開道後人,言訓誡。""或迪而教之"意爲"又啓導而教育之"。或讀爲"由",因、從義。

冑

   上博一·緇 11 我弗～耴(聖)

～,從"目","由"聲,"冑"字異體。《説文·肉部》:"冑,胤也。從肉,由聲。"

簡文～,讀爲"由",今本《禮記·緇衣》作"由",鄭玄注:"由,用也。"

敀

   上博三·彭 8 毋～賏(富)

～,從"攴","由"聲。

簡文～,讀爲"偷",指苟且。古書中有從由從俞得聲之字通用之例,如《孟子·萬章下》:"由由然不忍去也。"《韓詩外傳》卷三作"愉愉然不忍去也"。"毋敀(偷)賏(富)",意謂不要苟且而致富。《禮記·曲禮上》:"臨財毋苟得,臨難毋苟免。"睡虎地秦簡《爲吏之道》:"臨材(財)見利,不取句(苟)富。"(陳偉武)或讀爲"逐"、"趨"、"聚"、"抽"。或認爲從"古"聲,讀爲"怙",《左傳·定公四年》:"反自召陵,鄭子大叔未至而卒。晉趙簡子爲之臨,甚哀,曰:黃父之會,夫子語我九言,曰:'無始亂,無怙富,無恃寵,無違同,無敖禮,無驕能,無復怒,無謀非德,無犯非義。'"(張新俊)

賏

   上博六·用 13 征民乃～

～,從"貝","由"聲。

簡文～,讀爲"搖"。擺動;動搖。《墨子·備城門》:"城上五十步一表,長丈,棄水者操表搖之。"《商君書·徠民》:"以大武搖其本,以廣文安其嗣。"(陳劍)或釋"貴"、"賈"。

定紐酉聲

酉

 上博五·弟 8 酓(飲)～(酒)女(如)泾

 上博二·容 45 或(又)爲～(酒)池

 上博二·容 45 諐(厚)樂於～(酒)

 上博二·容 53 土玉水～(酒)

 上博四·采 2 豊又(侑)～(酒)

 上博六·孔 26 不昧～肉

～，象盛酒的甕形，或説爲"酒"之本字。戰國文字或作 、、、。《説文·酉部》："酉，就也。八月黍成，可爲酎酒。象古文酉之形。![]，古文酉。从卯，卯爲春門，萬物已出。酉爲秋門，萬物已入。一，閉門象也。"

上博二·容 45"～池"，讀爲"酒池"，參《説苑·反質》："紂爲鹿臺、糟邱、酒池、肉林，宮牆文畫，雕琢刻鏤。"《史記·殷本紀》："大聚樂戲於沙丘，以酒爲池，縣肉爲林，使男女倮，相逐其間，爲長夜之飲。"

上博二·容 45"諐樂於～"，讀爲"厚樂於酒"，指沉湎於酒。《史記·殷本

紀》:"(紂)好酒淫樂,嬖於婦人。"

上博二·容 53"土玉水～",視玉如土,視酒如水。

上博四·采 2"又～",讀爲"侑酒",勸酒;爲飲酒者助興。孔平仲《孔氏談苑·南朝峭漢》:"自來奉使北朝,禮遇之厚,無如王拱辰。預釣魚放鶻之會,皇帝親御琵琶以侑酒。"

上博五·弟 8"酓～",讀爲"飲酒",喝酒。《國語·晉語一》:"〔史蘇〕飲酒出。"

上博六·孔 26"～肉",讀爲"酒肉",酒和肉。亦泛指好的飲食。《孟子·離婁下》:"其良人出,則必饜酒肉而後反。"

酋

 上博二·容 1 丌(其)悳(德)～清

《說文·酋部》:"酋,繹酒也。从酉,水半見於上。《禮》有'大酋',掌酒官也。"

簡文"～清",讀爲"幽靜",與史牆盤"青(靜)幽高祖"之"青(靜)幽"同。寂靜,清靜。宋玉《神女賦》:"既姽嬀於幽靜兮,又婆娑乎人間。"《孔子家語·好生》載孔子答魯哀公之語:"舜之爲君也,其政好生而惡殺,其授賢而替不肖,德若天地而靜虛,化若四時而變物。是以四海承風,暢於異類,鳳翔麟至,鳥獸馴德。無他也,好生故也。"或讀爲"瀏清"、"漻清",認爲即"淑清"。

猶

 上博一·孔 4《告(詩)》丌(其)～(猶)坪門

 上博一·孔 19～(猶)又惎(怨)言

 上博一·孔 21 丌(其)～(猶)駝與

 上博一·緇 24 不我告～

 上博三·周 14 ～(猶)舍(余)

 上博三·周 25 丌(其)～攸攸

 上博三·中 18 ～(猶)垄(賚)

 上博三·中 19 日月星唇(辰)～(猶)差

 上博三·亙 9 隹(惟)一㠯(以)～一

 上博三·亙 9 隹(惟)返(復)㠯(以)～返(復)

 上博五·弟 3 毋又首～(猶)

 上博五·弟 9 ～(猶)下臨也

 上博五·鬼 6 丌(其)～(猶)唉(峙)

 上博六·孔 22 虐(吾)子迷言之～忎(恐)弗智

 上博六·用 11 亞(惡)～忎(愛)

 上博六·用 13 嘉慸(德)吉～

 上博七·武 8～可遊

 上博七·吴 5～不能㠯(以)牧民而反志

 上博八·志 2 或～走趣(趨)事王

 上博八·蘭 2 攸(搖)荖(落)而～不遴(失)氒(厥)芳

～,戰國文字或作 、、、、、、、。《玉篇·犬部》:"猷,與猶同。"《説文·犬部》:"猶,玃屬。从犬,酋聲。一曰:隴西謂犬子爲猷。"

上博一·孔 4、上博五·弟 9、上博八·蘭 2～,如同;好比。《左傳·隱公四年》:"夫兵,猶火也。"

上博一·孔 19、21、上博三·中 18、19～,副詞,還,仍然。《墨子·公孟》:"匿一人者猶有罪,今子所匿者若此亓多,將有厚罪者也,何福之求?"

上博三·周 14"～余",讀爲"猶豫",遲疑不決。《楚辭·離騷》:"心猶豫而狐疑兮,欲白適而不可。"

上博三·周 25"丌～攸=(攸攸)",馬王堆本作"其容笛笛",今本作"其欲逐逐"。猷是喻母幽部,容是喻母東部,欲是喻母屋部,三者是通假關係。～,讀爲"欲",欲望、貪欲。

上博三·亙 9～,副詞,同樣。《左傳·襄公十年》:"從之將退,不從亦退。退,楚必圍我。猶將退也,不如從楚,亦以退之。"楊伯峻注:"猶,今言同樣。"王充《論衡·禍虛》:"天地所罰,小大猶發;鬼神所報,遠近猶至。"

上博六·孔22"～恐弗智",《吕氏春秋·不苟論》:"堯有欲諫之鼓,舜有誹謗之木,湯有司過之士,武王有戒慎之韶,猶恐不能自知。"

上博一·緇24、上博五·弟3、上博六·用13～,謀略;計畫。《爾雅·釋詁上》:"猷,謀也。"《詩·大雅·常武》:"王猷允塞,徐方既來。"毛亨傳:"猷,謀也。"

上博七·吴5～,連詞。尚且。《左傳·隱公元年》:"蔓草猶不可除,況君之寵弟乎?"《吕氏春秋·孟冬紀》:"雖聖人猶不能禁,而況於亂?"

上博八·志2"或～走趣(趨)事王","或"、"猶",皆謂疑而未定之辭,即迷惑,疑惑不決。《老子》:"豫兮若冬涉川,猶兮若畏四鄰。"

憖

 上博一·性26㠯(以)～者也

～,从"心","猷"聲。

簡文～,讀爲"猷",謀劃。《爾雅·釋詁上》:"猷,謀也。"

定紐幽聲

遊

 上博一·性21櫐(譟)～樂也

 上博一·性21～聖(聲)也

 上博一·性21戔～心也

 上博二·子7先王之～

 上博二・子11～於央臺之上

 上博二・子12～於玄咎(丘)之内(汭)

 上博五・君6凡目毋～

 上博五・弟4子～曰

 上博七・武8溺於淵猶可～

 上博八・子1謷(言)～

 上博八・子3謷(言)～曰

 上博八・子4魯司寇(寇)奇謷(言)～於逡楚

 上博八・子5謷(言)～去

 上博八・有1囟(思)～於忎(仁)今可(兮)

～，楚文字或作、、、、。《說文・㫃部》："游，旌旗之流也。从㫃，汓聲。![]，古文游。"

上博一·性21～，讀爲"流"，是流露的意思。或讀爲"由"。（李零、劉釗）

上博二·子7"先王之～道"，讀爲"先王之由道"，指先王之道。《説苑·辨物》："道也者，物之動莫不由道也。"

上博二·子11、12～，遊覽。《左傳·莊公八年》："冬十二月，齊侯游于姑棼，遂田于貝丘。"

上博五·君6"凡目毋～"，《儀禮·士相見禮》："若父則遊目，毋上於面，毋下於帶。""凡目毋遊，定視是求"即目光一定要集中，不要到處遊移。《禮記·曲禮上》："侍坐於君子……毋側聽……毋淫視"，孔穎達疏："'毋淫視'者，淫謂流移也。目當直瞻視，不得流動邪盼也。"

上博五·弟4"子～"，人名。

上博七·武8～，人或動物在水中行動。《詩·邶風·谷風》："就其淺矣，泳之游之。"《後漢書·馬援傳》："男兒溺死何傷而拘游哉！"

上博八·子"訡（言）～"，人名。

上博八·有1"～於忎（仁）"，《論語·述而》："子曰：'志於道，據於德，依於仁，游於藝。'"《禮記·學記》："故君子之於學也，藏焉，脩焉，息焉，游焉。"鄭玄注："游謂閒暇無事之爲游，然則游者不迫遽於之意。"

遊（游）

 上博五·三21 善～（游）者

～，从"止"，"游"聲，"游"字繁體。

簡文"善～者"，善於游泳的人。《管子·樞言》："凡國之亡也，以其長者也；人之自失也，以其所長者也。故善游者死于梁也，善射者死於中野。"

定紐嘼聲

嘼

 上博八·子2 㠯（以）受～（戰）攻之飤（食）於子

 上博八·子 3 是～(戰)攻畜之也

～，郭店·成之聞之 22 作 ，从"口"，从"單"，實乃"單"字繁化。《說文·嘼部》："嘼，𤞞也。象耳、頭、足厹地之形。古文嘼，下从厹。"

簡文"～攻"，或讀爲"獸工"，即製革工。《禮記·曲禮下》："天子之六工曰：土工、金工、石工、木工、獸工、草工，典制六材。"鄭玄注："獸工，函鮑韗韋裘也。"或讀爲"戰攻"。或讀爲"賤工"。或認爲是"商工"。

趲

 上博六·用 14 恆民～敗

～，从"走"，"嘼（單）"聲。

簡文～，讀爲"墮"，"墮敗"是同義詞連用。字書有"躔"字，《集韻·箇韻》釋其義爲"踣"，讀音是丁賀切。（沈培）

獸

 上博四·曹 18 必又(有)戠(戰)心吕(以)～(守)

 上博四·曹 57 善～者奚女(如)

 上博四·曹 13 ～(守)鄢(邊)壐(城)奚女(如)

 上博五·競 10 群(群)～(獸)

 上博二·從甲 1 夫是則～(守)之吕(以)信

 上博二·容2 坒(跛)皇(蹕)～(守)門

 上博二·容5 肣(禽)～(獸)朝

 上博二·容16 肣(禽)～(獸)肥大

 上博四·昭8 老臣爲君王～視之臣

 上博五·季19 疋言而䜁(蜜)～之

 上博五·季22 句能臣～

 上博五·三20 蒽(慎)～(守)虛□

 上博五·鬼6 類～非鼠

 上博五·鬼6 象皮(彼)～鼠

 上博七·武4 悬(仁)㠯(以)～之

 上博七·武5 悬(仁)㠯(以)～之

 上博七·武5 ～之

上博七·凡甲 13 含(禽)～旻(得)之吕(以)鳴

上博七·凡甲 13 含(禽)～奚旻(得)而鳴

上博七·凡乙 9 含(禽)～奚旻(得)而鳴

上博八·成 10 能吕(以)亓(其)六贁(藏)之～(守)取新(親)安(焉)

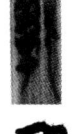

上博八·李 2～(守)勿(物)弜(強)槫(幹)

～,戰國文字或作(郭店·老子甲 24)、 (郭店·緇衣 38)、 (郭店·六德 43)。《説文·嘼部》:"獸,守備者。从嘼,从犬。"

上博二·從甲 1"～之以信",讀爲"守之以信",見《左傳·昭公五年》:"若奉吾幣帛,慎吾威儀,守之以信,行之以禮,敬始而思終,終無不復。"

上博二·容 2"～門",讀爲"守門",看守門户。《禮記·祭統》:"閽者,守門之賤者也,古者不使刑人守門。"《漢書·刑法志》:"凡殺人者踣諸市,墨者使守門,劓者使守關,宮者使守內,刖者使守囿,完者使守積。"

上博二·容 5、16"肣～",即"禽獸",鳥類和獸類的統稱。《孟子·滕文公上》:"草木暢茂,禽獸繁殖,五穀不登,禽獸偪人。"

上博四·曹 18、57～,讀爲"守",防守。《易·坎》:"王公設險,以守其國。"《左傳·襄公二十九年》:"聞守卞者將叛,臣帥徒以討之。"

上博四·曹 13"～鄾",讀爲"守邊",守衛邊境。《漢書·盧綰傳》:"豨少時,常稱慕魏公子,及將守邊,招致賓客。"《後漢書·鮮卑傳》:"守邊之術,李牧善其略。保塞之論,嚴尤申其要。"

上博五·競 10～,讀爲"醜",訓類。(李學勤)

上博四·昭 8"～視",讀爲"守視",看護;守衛。《後漢書·城陽恭王祉傳》:"以皇祖、皇考墓爲昌陵,置陵令守視。"顏之推《顏氏家訓·歸心》:"時復旱儉,飢民盜田中麥,思達遣一部曲守視,所得盜者,輒截手挈,凡戮十餘人。"

上博五·季19~,讀爲"守"。

上博五·季22"臣~",讀爲"固守",堅守。《國語·周語上》:"陵其民而卑其上,將何以固守。"《後漢書·傅燮傳》:"城中兵少糧盡,燮猶固守。"

上博五·三20"慭~",讀爲"慎守",謹慎地保住。《左傳·襄公二十八年》:"文子曰:'可慎守也已。'"《莊子·在宥》:"天地有官,陰陽有藏。慎守女身,物將自壯。"

上博五·鬼6"類~非鼠",《爾雅·釋鳥》:"二足而羽謂之禽,四足而毛謂之獸。"

上博七·武4、5"急以~之",讀爲"仁以守之"。《穀梁傳·隱公二年》:"知者慮,義者行,仁者守。"范甯集解:"衆之所歸,守必堅固。"

上博七·凡甲"含(禽)~",讀爲"禽獸",參上。

上博八·李2~,讀爲"守",保守、保持。《易·繫辭下》:"何以守位?曰仁。"孔穎達疏:"言聖人何以保守其位,必信仁愛。"《論語·泰伯》:"篤信好學,守死善道。"《莊子·漁父》:"慎守其真,還以物與人,則無所累矣。"

泥紐肉聲

肉

上博二·魯6公剴不飯秈(粱)飤(食)~才(哉)

上博五·弟8飤(食)~女飯土

上博六·孔26不昧酉~

《説文·肉部》:"肉,胾肉。象形。"

上博二·魯6、上博五·弟8~,讀爲"食肉",吃鳥獸的肉。《禮記·曲禮上》:"父母有疾……食肉不至變味,飲酒不至變貌。"

上博六·孔26"酉~",讀爲"酒肉",酒和肉。亦泛指好的飲食。《孟子·離婁下》:"其良人出,則必饜酒肉而後反。"

夅(猺)

 上博二·容 38 弋(飾)爲～臺(臺)

～,與 (左塚漆桐)形同,从"木","肉"聲。

上博二·容 38"弋爲～臺",讀爲"飾爲瑤臺"。《文選·七命》注引《汲塚古文》曰:"桀作傾宮,飾瑤臺。"《太平御覽》卷八二皇王部引《紀年》作:"桀傾宮,飾瑤臺,作瓊室,立玉門。"《路史·發揮》卷六引《汲塚古文冊書》作:"桀飾傾宮,起瑤臺,作瓊室,立玉門。"

謠

 上博五·君 5 毋～

～,郭店·性自命出 24"歌謠"之"謠"作 ,與此同。从"言","夅"聲,"䛬"字異體,或作"謠"。《説文·言部》:"䛬,徒歌。从言,肉。"

簡文"～",讀爲"愮",邪惑。《廣韻·宵韻》:"愮,憂也、悸也、邪也、惑也。"儒家容禮要求君子"色容莊",即在正式場合表現出不憂愁、不輕佻、不羞慚、不邪惑的樣子。或讀爲"謠"。(徐少華)

敪

 上博五·君 7 毋～

～,从"攴","夅"聲,當即搖動之"搖"的專字。

簡文～,讀爲"搖",搖動,這裏指行容應端莊,不宜顧盼搖晃。《管子·心術上》:"'毋先物動'者,搖者不走,趮者不靜,言動之不可以觀也。"《禮記·玉藻》:"凡行容惕惕,廟中齊齊,朝庭濟濟翔翔。君子之容舒遲,見所尊者齊遬。足容重,手容恭,目容端,口容止,聲容靜,頭容直,氣容肅,立容德,色容莊,坐如尸,燕居告温温。"

綵

上博三·周 25～（由）頤

上博四·曹 20 則～亓（其）槑（本）虎（乎）

上博四·曹 42～（由）邦駜（御）之

上博五·季 13～丘舊（觀）之

上博五·姑 9 㠯（以）入，～之

上博五·姑 9 女出內庫之～

上博五·弟 10～！夫㠯（以）衆軋（犯）難（難）

上博五·弟 17 夫安能王人～

上博六·孔 6～仁與

上博六·用 7 則方～

上博六·壽 1～之於宗廟（廟）

 上博六·壽 2 王固～之

 上博二·從乙 1 十曰口惠而不～(由)

～,西周金文或作🈁(師克盨),从"言","朕"聲。"朕"爲鼬鼠之"鼬"的象形初文,所謂"肉"是鼬鼠頭部變來的,有表聲的功能,所謂"系"是鼬鼠的身及尾部變來的。郭店簡或作🈁(郭店·窮達以時 6)、🈁(郭店·成之聞之 12)、🈁(郭店·尊德義 9)、🈁(郭店·尊德義 30)、🈁(郭店·六德 24)、🈁(郭店·六德 36)、🈁(郭店·六德 38)、🈁(郭店·語叢一 1)、🈁(郭店·語叢一 10)、🈁(郭店·語叢三 66)、🈁(郭店·尊德義 10)。或作🈁,雖與"係"形近,當由🈁(曾 115)形省簡而來。《説文·系部》:"繇,隨從也。从系,䌛聲。"

上博三·周 25、上博六·壽 2～,讀爲"由",從也。《詩·小雅·賓之初筵》:"匪由勿語。"鄭玄箋:"由,從也。"《論語·泰伯》:"民可使由之,不可使知之。"鄭玄注:"由,從也。"

上博四·曹 20"則～其杲虖",讀爲"則由其本乎"。《論語·泰伯》:"民可使由之,不可使知之。"鄭玄注:"由,從也"。《禮記·祭統》:"夫祭之爲物大矣,其興物備矣。順以備者也,其教之本與?……是故君子之教也,必由其本,順之至也,祭其是與?"此處的"本"即前述所謂"祭",而簡文的"本"即是指"邦"而言。(高佑仁)

上博四·曹 42"～(由)邦馭(御)之",由國家控制。

上博五·季 13～,讀爲"由",介詞,於;在。《書·康誥》:"別求聞由古先哲王,用康保民。"孫星衍疏:"由者,《詩》箋云:於也。言……徧求古先哲王致民安樂之道。"《禮記·雜記上》:"客使自下由路西。"鄭玄注:"客給使者入,設乘黃於大路之西。"

上博五·姑 9～,讀爲"囚",郭店·窮達以時 6"管夷吾拘繇(囚)束縛"。"繇"、"由"古常通用,銀雀山漢簡"許由"(《漢書·古今人表》作"許繇")之"由"寫作"囚",也是兩字相通之例。《禮記·樂記》:"封王子比干之墓,釋箕

子之囚,使之行商容而復其位。"(陳劍)

上博五·弟 10～,即"繇"。《爾雅·釋詁》:"繇,於也。"郭璞注:"繇,辭。"古文獻中與"猷"或"迪"通用,一般出現於句首,間亦見於句子中間多用爲語氣或嘆詞。或讀爲"由",是人名,即孔門弟子仲由,字子路。(牛新房)

上博六·孔 6～,讀爲"由"。

上博六·用 7～,同"繇",此處義爲"用"。《吕氏春秋·貴當》:"名號大顯,不可彊求,必繇其道。"高誘注:"繇,用也。"(王蘭)

上博六·壽 1"～之於宗廟",讀爲"繇之於宗廟",隨從他到宗廟。"繇",《説文·系部》:"隨從也。"(沈培)

上博二·從乙 1"口惠而不～",與《禮記·表記》"口惠而實不至"、郭店·忠信之道 5"口惠而實弗從"意同。簡文"繇"讀"由"。"繇"、"由"二字古通,例證極多。詳參高亨《古字通假會典》714－716 頁。"由"或訓從。如:《論語·秦伯》:"民可使由之,不可使知之。"鄭玄注:"由,從也。"或釋爲"係",讀爲"繼"。

來紐流聲

流

 上博一·性 19 丌(其)柬(烈)～女(如)也吕(以)悲

 上博一·性 28 言谷(欲)植(直)而毋～

 上博一·性 38 不又(有)夫訕訕之心則～(流)

 上博二·從甲 19 君子不吕(以)～言虝(傷)人

 上博二·容 24 剴灙湝～

上博六·孔 24 君子～亓(其)觀安

上博六·用 6 絕原～濂

上博七·凡甲 1 㠯(品)勿(物)～型(形)

上博七·凡甲 1～型(形)城(成)豊(體)

上博七·凡甲 2 民人～型(形)

上博七·凡甲 3～型(形)城(成)豊(體)

上博七·凡甲 3【背】㠯(品)勿(物)～型(形)

上博七·凡甲 10 水之東～

上博七·凡乙 1 㠯(品)勿(物)～型(形)

上博七·凡乙 1～型(形)城(成)豊(體)

上博七·凡乙 2 民人～型(形)

上博七·凡乙 2～型(形)城(成)豊(體)

　　上博七·凡乙 8 水之東～

　　上博八·有 4 迡（周）～天下今可（兮）

　～，楚文字或作 （璽彙 0212）、 （郭店·緇衣 30）、 （郭店·成之聞之 11）、 （郭店·尊德義 28）、 （郭店·性自命出 31）、 （郭店·語叢四 7），源於甲骨文和金文"㐬"字省體的" （㐬）"，本像倒子離開母體身帶羊水之形；羊水逐漸向倒子頭部聚攏，形成圓圈（倒子頭部）上下兩個"虫"字的模樣，中山王壺的" "字即爲其過渡形態；圓圈脱離倒子，移位在旁，乃至脱落，就剩下上下兩個"虫"形相疊了。（曾憲通、魏宜輝）或作 ，所從的"虫"進一步變爲"它"。秦簡或作 （里 J1⑨981）正。《説文·㳅部》："㳅，水行也。从㳅，㐬。㐬，突忽也。"

　　上博一·性 19"～女"，讀爲"流如"，思緒放蕩而無所依憑的樣子。（陳偉）"流如"，指變化貌。（劉昕嵐）"流如"之"流"意爲擴散或無節制。（劉釗）

　　上博一·性 38～，放縱；無節制。《禮記·樂記》："先王恥其亂，故制雅頌之聲以道之，使其聲足樂而不流，使其文足論而不息，使其曲直繁瘠廉肉節奏足以感動人之善心而已矣。"孔穎達疏："流，淫放也。"

　　上博一·性 28～，虛浮；無根據的。參"流言"。

　　上博二·從甲 19"～言"，沒有根據的話。多指背後議論、誣衊或挑撥的話。《詩·大雅·蕩》："流言以對，寇攘式内。"朱熹集傳："流言，浮浪不根之言也。"

　　上博二·容 24～，《説文》："水行也。"本指水或其他液體移動。《易·乾》："水流濕，火就燥。"

　　上博六·孔 24"～亓觀"，即"流其觀"，周覽遍觀。"流觀"一語見於古書，如《莊子·外物》："且以狶韋氏之流觀今之世。"《九章·哀郢》："曼余目以流觀兮，冀壹反之何時。"王逸注："言己放遠，日以曼曼，周流觀視，竟欲一還，知當何時也。"《後漢書·馬融傳》"於是流覽遍照"，李賢注："流覽，謂周流觀覽

也。"(鄔可晶)

上博六·用 6"絕原~澌",讀爲"絕源流澌",斷絕源泉,所以其流竭盡。"源流",就是水的本源和支流。《後漢書·五行志三》"則水不潤下",劉昭注引鄭玄曰:"無故源流竭絕,川澤以涸,是謂不潤下。"

上博七·凡"~型",讀爲"流形",謂萬物受自然之滋育而運動變化其形體。《易·乾》:"雲行雨施,品物流形。"孔穎達疏:"言乾能用天之德,使雲氣流行,雨澤施布,故品類之物,流布成形,各得亨通,無所壅蔽,是其'亨'也。"

上博七·凡甲 10、凡乙 8"東~",流向東方。《書·禹貢》:"嶓冢導漾,東流爲漢。"《孟子·告子上》:"性猶湍水也,決諸東方則東流,決諸西方則西流。"

上博八·有 4"迵~天下",讀爲"周流天下",流遍天下。《墨子·尚同下》:"聖王不往而視也,不就而聽也,然而使天下之爲寇亂盜賊者周流天下無所重足者,何也?"

譏

上博一·孔 8《小弁》、《考言》則言~(譏)人之害也

上博八·志 3 敯(殷—抑)忎(忌)韋(諱)~(譏)訨(?)以亞(惡)虐(吾)

上博八·志 4 然呂(以)~(譏)言相忥(諹)

~,从"言","充"聲。

上博一·孔 8"~人",讀爲"譏人",進讒言之人。《詩·小雅·青蠅》:"營營青蠅,止於棘,讒人罔極,交亂四國。"《荀子·哀公》:"君子固讒人乎!"

上博八·志 3"~",讀爲"譏",説別人的壞話,説陷害人的話。《莊子·漁父》:"不擇是非而言,謂之諛;好言人之惡,謂之讒。"

上博八·志 4"~言",讀爲"讒言",説壞話譭謗人。亦指壞話,挑撥離間的話。《書·盤庚下》:"爾無共怒,協比讒言予一人。"孔安國傳:"汝勿共怒我,合比凶人而妄言。"《詩·小雅·青蠅》:"營營青蠅,止于樊。豈弟君子,無信讒言。"

來紐翏聲

翏

 上博一·孔 26～（蓼）莪

 上博六·競 10～昏（攝）以東

～，與 同，或省作 。《説文·羽部》："翏，高飛也。从羽，从彡。"

上博一·孔 26"～莪"，讀爲"蓼莪"，《詩經》篇名。《詩·小雅·蓼莪》："蓼蓼者莪，匪莪伊蒿。哀哀父母，生我劬勞。"又"《蓼莪》，刺幽王也。民人勞苦，孝子不得終養爾。"

上博六·競 10～，讀"聊"，古地名，齊西界。《左傳·昭公二十年》"聊、攝以東"，杜預注："聊、攝，齊西界也。平原聊城縣東北有攝城。"在今山東省聊城市西北（山東、河北、河南三省交界處）。

膠

 上博八·有 6～膰秀（誘）余今可（兮）

 上博八·有 6～膰之脂也今可（兮）

《説文·肉部》："膠，昵也。作之以皮。从肉，翏聲。"

簡文～，古代學校名。《禮記·王制》："周人養國老於東膠，養庶老於虞庠。"鄭玄注："東膠亦大學，在國中王宮之東。""膰"，《説文》作"燔"，古代祭祀用的熟肉。"膠膰"，指致送學校的祭肉。

戮

 上博七·君甲 9 ～死於人手

 上博七·君乙 8 ～死於人手

～，從"歹"，"翏"聲，"戮"字異體。《字彙》："翏，同戮。"或作 （郭店·尊德義 3），"歹"在"翏"下。《説文·戈部》："戮，殺也。从戈，翏聲。"

簡文～，即"戮"，殺。《書·甘誓》："弗用命，戮於社。""戮死"，受戮而死。《管子·大匡》："桓公不聽，果與之遇。莊公自懷劍，曹劌亦懷劍，踐壇，莊公抽劍其懷曰：'魯之境去國五十里，亦無不死而已。'左樵桓公，右自承曰：'均之死也，戮死於君前。'"

來紐老聲

老

 上博三·中 3 思～丌（其）豢（家）

 上博三·中 7 ～～慈幼

 上博三·中 8 若夫～～慈幼

 上博三·彭 1 狗（耈）～昏（問）于彭祖曰

 上博三·彭 3 狗（耈）～曰

 上博三·彭8 狗(耇)～弍(二)拜旨(稽)首曰

 上博二·容17 舜乃～

 上博四·昭3 儑(僕)牆(將)垾亡～□

 上博四·昭8 ～臣爲君王歔(獸)視之臣

 上博五·鮑3 ～溺(弱)不型(刑)

 上博五·弟5 耇～不返(復)壯

 上博五·弟20 至～丘

 上博二·昔1 昔者君～

 上博七·凡甲5 虐(吾)既長而或(又)～

 上博七·凡乙4 虐(吾)既長而或(又)～=

 上博八·顏11 ～(老老)而慈(慈)學(幼)

上博八·顏12 ～(老老)而慈(慈)學(幼)

～，楚文字或作🔲（郭店·唐虞之道23）、🔲（郭店·老子甲35）、🔲（新蔡甲三188、197）、🔲（新蔡甲三268）、🔲（新蔡零429）。《説文·老部》："老，考也。七十曰老。从人、毛、匕。言須髮變白也。"

上博二·昔1"昔者君～"，指君年滿七十歲。《禮記·曲禮》："七十曰老而傳。"鄭玄注："七十全至老境，故曰老也。既老則傳授家事，付委子孫，不復指使也。"（彭浩）

上博三·中3"思～其家"，也就是使老其家，擔任家相（家宰）于其家的意思。《國語·周語下》"晉羊舌肸聘于周"章"單之老送叔向"，韋昭注："老，家臣室老也。禮，卿大夫之貴臣爲室老。"《儀禮·喪服》："傳曰：公卿大夫室老、士，貴臣，其餘皆衆臣也。"鄭玄注："室老，家相也。士，邑宰也。"（陳偉）

上博三·中7、8、上博八·顔11、12"老老慈幼"，《孟子·梁惠王上》"老吾老以及人之老，幼吾幼以及人之幼"，趙岐注："老，猶敬也；幼，猶愛也。敬吾之老，亦敬人之老；愛吾之幼，亦愛人之幼。"《管子·入國》："行九惠之教，一曰老老，二曰慈幼……"《禮記·祭義》："先王之所以治天下者五貴：有德、貴貴、貴老、敬長、慈幼。"

上博三·彭"狗（耇）～"，人名。

上博四·昭8"～臣"，年老之臣的自稱。《左傳·襄公二十九年》："且先君而有知也，毋寧夫人而焉用老臣。"《漢書·趙充國傳》："時充國年七十餘，上老之，使御史大夫丙吉問誰可將者，充國對曰：'亡踰於老臣者矣。'"

上博五·鮑3"～溺（弱）不型（刑）"，讀爲"老弱不刑"，在法定年齡之外的老、幼，如犯罪不論罪、服刑。《管子·戒》："於是管仲與桓公盟誓爲令曰：'老弱勿刑。'"（彭浩）

上博五·弟5"耇～"，年高有德的賢人。《逸周書·皇門》："下邑小國，克有耇老。"孔晁注："耇老，賢人也。"《國語·周語上》："肅恭明神，而敬事耇老。"柳宗元《答周君巢餌藥久壽書》："雖不至耇老，其谊壽矣。"

上博五·弟20"～丘"，地名。《左傳·定公十五年》"鄭罕達敗宋師于老丘"，《春秋大事表》開封府條下云："陳留縣東北四十里有老邱城，爲宋老邱地，定十五年鄭敗宋師于老邱，即此。"

上博二·容17、上博七·凡甲5、凡乙4～，年老，衰老。《左傳·僖公二十八年》："師直爲壯，曲爲老。"《論語·季氏》："及其老也，血氣既衰，戒之在得。"《吕氏春秋·先識覽·去宥》："人之老也，形益衰，而智益剩。"《楚辭·離騷》："老冉冉其將至兮。"

孝

 上博一·孔 26 翠(夢)莪又(有)～志

 上博二·容 13～羕(養)父母

 上博二·容 31～唇

 上博四·内 1 君子之立～

 上博四·内 3 不與言人之子之不～者

 上博四·内 3 言人之子之不～者

 上博四·内 5 言～父

 上博四·内 7～而不諫

 上博四·内 7 不城(成)～

 上博四·内 7 君子～子

 上博六·壽 6 於～夫

～,戰國文字或作🔲(郭店·老子丙3)、🔲(郭店·唐虞之道5)、🔲(郭店·唐虞之道7)、🔲(郭店·六德41)、🔲(郭店·語叢一55)、🔲(郭店·語叢一55)、🔲(郭店·語叢三6)、🔲(郭店·語叢三8)、🔲(郭店·語叢三61)、🔲(珍秦363)、🔲(珍秦364)、🔲(陝西846)、🔲(里J1⑨4正)。《説文·老部》:"孝,善事父母者。从老省,从子,子承老也。"

上博一·孔26、上博四·内7～,孝順,善事父母。《左傳·隱公三年》:"君義、臣行、父慈、子孝、兄愛、弟敬,所謂六順也。"賈誼《新書·道術》:"子愛利親謂之孝,反孝爲孽。"

上博二·容13、上博四·内5～,竭盡孝忱奉養父母。《書·酒誥》:"肇牽車牛遠服賈,用孝養厥父母。"孔安國傳:"農功既畢,始牽車牛,載其所有,求易所無,遠行賈賣,用其所得珍異孝養其父母。"

上博四·内1"君子之立～",《淮南子·説山》:"曾子立孝,不過勝母之閭;墨子非樂,不入朝歌之邑;曾子立廉,不飲盜泉;所謂養志者也。"

上博四·内3"不～",不孝敬父母。《書·康誥》:"元惡大憝,矧惟不孝不友。"

上博四·内7"不城(成)～",《鹽鐵論·結和》:"黃帝以戰成功,湯、武以伐成孝。"

上博四·内7"君子～子",孝順父母的兒子。《詩·大雅·既醉》:"威儀孔時,君子有孝子。孝子不匱,永錫爾類。"

上博六·壽6"～夫",讀爲"老夫",是老人自稱。《詩·大雅·板》:"老夫灌灌,小子蹻蹻。"《禮記·曲禮上》:"大夫七十而致事,若不得謝,則必賜之几杖,行役以婦人,適四方,乘安車,自稱曰老夫。"

辥

 上博三·中13售(唯)又～悳(德)

～,从"辛","孝"聲。

簡文"～悳",讀爲"孝德"。《周禮·地官·師氏》"以三德教國子……三曰孝德,以知逆惡",鄭玄注:"孝德,尊祖愛親,守其所以生者也。"(李朝遠)或

說左旁是"要"的另外一種寫法。（楊澤生）或認爲从"孝"、"辛"聲，讀爲"愆"。（讀本三）

精紐棗聲

曟（早）

 上博三·中 14～史（使）不行

 上博四·曹 32 將（將）～行

 上博四·曹 32 白徒～食餕兵

～，从"日"，"棗"（《說文·束部》："棗，羊棗也，从重束。"）省聲，早字異體。戰國文字或作 ![](）（郭店·老子乙 1）、![](）（郭店·老子乙 1）、![](）（郭店·語叢三 19）、![](）（郭店·語叢四 12）、![](）（郭店·語叢四 13）、![](）（新蔡零 9、新蔡甲三 23、57）、![](）（新出溫縣 WT1K14:867），仰天湖楚簡 13 號"鑲"字作![]，包山 46－2 號簽牌"棗"字作![]。（劉國勝釋）《說文·日部》："早，晨也。从日在甲上。"

上博三·中 14"～史"，讀爲"早使"。或釋"～弁"，讀爲"造變"，《廣雅·釋詁二》："造，猝也。"民安舊重遷，過於急躁的變化不可行，當從容行事，凡事先讓熟悉基層的有司去辦，不要事事都由自己決定、推行。（季旭昇）

上博四·曹 32～，在一定時間以前。《左傳·宣公二年》："〔趙盾〕盛服將朝，尚早，坐而假寐。"

上博四·曹 32～，早上；早晨。《韓非子·外儲說左上》："故人至暮不來，吳起至暮不食而待之。明日，早令人求故人，故人來，方與之食。"《詩·召南·小星》"夙夜在公"，鄭玄箋："或早或夜，在於君所。"

鷇

　　上博六·天甲 6～讎(讎)戔(殘)亡

　　上博六·天乙 5～讎(讎)戔(殘)亡

～，戰國文字或作 、、、、，從"戈"，"棗"省聲，"救"字異體。

簡文"～讎"，讀爲"仇讎"，即仇人。《左傳·哀公元年》："〔越〕與我同壤而世爲仇讎。"《荀子·臣道》："爪牙之士施，則仇讎不作。"

鷇

　　上博一·緇 22 君子孨(好)～(逑)

～，從"攴"、"棗"省聲，"救"字異體。郭店·緇衣 43"君子好逑"之"逑"作 ![]，從"棗"省聲，可以爲證。與 形同。

簡文"君子好～"，讀爲"君子好逑"，君子的佳偶。逑，通"仇"。仇，配偶。語本《詩·周南·關雎》："窈窕淑女，君子好逑。"毛亨傳："逑，匹也。言后妃有關雎之德，是幽閒貞專之善女，宜爲君子之好匹。"陸德明釋文："逑，本亦作仇。"陳奐傳疏："匹，配也。好匹，猶嘉配耳。"

精紐秋聲

秋

　　上博六·莊 1 㠯(以)共春～之嘗(嘗)

 上博六·用 10 春～還連

 上博五·鮑 7 而走(上)～亓(其)塱(刑)

～，戰國文字或作 (郭店·六德 25)、 (郭店·語叢一 40)、 (郭店·語叢三 20)、 (九 A90)、 (施 312)、 (陝西 1740)、 (秦集二·三·108·1)。《說文·禾部》："秋，禾穀孰也。从禾， 省聲。 ，籀文不省。"

上博六·莊 1"曹～之嘗(嘗)"，指春秋兩季的祭祀。《國語·楚語上》："唯是春秋所以從先君者，請爲'靈'若'厲'。"韋昭注："春秋，言春秋禘、祫。"

上博六·用 10"曹～"，春季與秋季。《文子·自然》："輪轉無窮，象日月之運行，若春秋之代謝。"張衡《東京賦》："於是春秋改節，四時迭代。"

上博五·鮑 7"而走～亓塱"，讀爲"而上繡其刑"。《管子·霸形》："人甚懼死，而刑政險。……緩其刑政，則人不懼死。"《管子·戒》："人患死，而上急刑焉。""遒"訓"迫"(見《說文》)，又訓"急"(見《廣雅·釋詁一》)。《詩·商頌·長發》："百祿是遒"，《說文》手部引作"百祿是摎"，是"秋"可通"遒"之證。"齊邦至惡死，而上遒其刑"，是說齊國人民最厭惡死，而統治者卻促迫其刑罰，而陷民於死。(張富海、季旭昇)或釋爲"穆"，讀爲"戮"。

清紐艸聲

卉

 上博二·子 5 从者(諸)～(草)茅之中

 上博二·容 15 乃～(草)備(服)

 上博二·容 16～(草)木晉長

 上博五•三 1～(草)木須時而句(後)奮

 上博七•凡甲 12～(草)木奚旻(得)而生

　　　　　　　　　上博七•凡甲 13～(草)木旻(得)之㠯(以)生

 上博七•凡乙 9～(草)木奚旻(得)而生

　　～，从三"中"，"艸"字繁體。《說文》："中，艸木初生也。象丨出形，有枝莖也。古文或以爲艸字。讀若徹。尹彤説。""芔，艸之總名也，从艸，从中。""中"、"艸"、"芔"是同一個字的異體。《方言》卷十："卉，草也，東越揚州之間曰卉。"《文選•左思吴都賦》劉淵林注："卉，百草總名，楚人語也。"或説卉、艸當是同義換用，《詩•小雅•出車》"春日遲遲，卉木萋萋"，毛亨傳："卉，草也。"《說文•艸部》："卉，艸之總名也。从艸、中。"（禤健聰）

　　上博二•子 5"～茅"，即草茅，指田野。郭店•唐虞之道 15－17："夫古者舜居於草茅之中而不憂，升爲天子而不驕。居草茅之中而不憂，知命也。"《戰國策•趙策四》："昔者堯見舜于草茅之中，席隴畝而蔭庇桑，陰移而授天下傳。'"

　　上博二•容 15"～備"，即"草服"，草編的衣服。《書•禹貢》"島夷卉服"，孔穎達疏："凡百草一名卉，知卉服是草服。"

　　上博二•容 16"～(草)木晉長"，參《孟子•滕文公上》："當堯之時，天下猶未平，洪水横流，氾濫於天下。草木暢茂，禽獸繁殖，五穀不登，禽獸偪人，獸蹄鳥跡之道交於中國。堯獨憂之，舉舜而敷治焉，舜使益掌火，益烈山澤而焚之，禽獸逃匿。禹疏九河。"《書•禹貢》："草木漸苞。"孔安國傳："漸，進長也。"

　　上博五•三 1、上博七•凡甲 12、13、凡乙 9"～木"，即"草木"，指草本植物和木本植物。《易•坤》："天地變化，草木蕃。"

窑

 上博二·子 1 宫～子也

～，从"宀"，"卉"（艸）聲。

簡文～，讀爲"叟（瞍）"。"艸"是清母幽部字，"叟（瞍）"是心母幽部字，二字可通。"宫～"，讀爲"瞽瞍"，舜的父親。瞽瞍任有虞氏樂正，符合古時樂師用盲人的傳統。（李學勤）

從紐曹聲

曹

 上博五·弟 4 ～之喪

上博五·弟 17 子遞（過）～

～，戰國文字或作(程訓義 1－76)、(秦駰玉版)，上部或從二東，或從一東。《説文·曰部》："曹，獄之兩曹也。在廷東。從㯥，治事者；從曰。"

上博五·弟 4、17 ～，古國名。西周諸侯國。周武王封弟振鐸于曹，稱曹叔振鐸。建都定陶（今山東省定陶縣西南），故地在今山東省菏澤、定陶、曹縣一帶。公元前 467 年爲宋所滅。

從紐槖聲

槖

 上博六·壽 1 競（景）坪（平）王～奠（鄭）壽

 上博七·鄭甲 1 臧（莊）王～夫=（大夫）而与之言曰

上博七·鄭乙1 戜(莊)王～夫=(大夫)而與(與)之言曰

上博八·成8 皆欲㠯(以)亓(其)邦～(就)之

～,从"言","京"聲,"言"、"京"共用筆畫。楚文字或作 (郭店·六德1)、 (郭店·六德2)、 (郭店·六德2)、 (新蔡甲三56)、 (郭店·五行21)、 (郭店·五行33)、 (郭店·五行13)、 (新蔡乙四96)、 (新蔡乙四96)。

上博六·壽1、上博七·鄭甲1、鄭乙1～,讀爲"就",造訪。

上博八·成8～,讀爲"就",趨向,接近。《易·乾》:"同聲相應,同氣相求,水流濕,火就燥。"《荀子·勸學》:"故君子居必擇鄉,遊必就士,所以防邪僻而近中正也。"

遶(就)

上博二·容7 銜(達)天下之人～(就)奉而立之

上博四·曹9 以亡(無)道禹而叟(沒)身～(就)薨(死)

上博四·曹44 其～(就)之不專

上博四·曹51 盤～(就)行

上博五·弟13 子～(就)人

　上博八·王5 王～(就)之

　上博八·王6 王～(就)

～,从"辵"或从"止","䇂"聲,"就"字異體。與 、、、、、同。

上博二·容7～,即"就",有來、至之義。

上博四·曹9～,赴;到。《國語·齊語》:"處工就官府,處商就市井,處農就田野。"荀悅《漢紀·高祖紀四》:"彭玘死,臣生,不如死,請就湯鑊。""就死"見《管子·明法解》:"故以法誅罪,則民就死而不怨;以法量功,則民受賞而無德也。"

上博四·曹44"亓～之不専",讀爲"其就之不附"。"就之",與"去之"相反,是前往趨敵。"不附",似指猶猶豫豫,欲戰不戰。

上博四·曹51"～行",《吴子·治兵》:"一鼓整兵,二鼓習陳,三鼓趨食。四鼓嚴辨,五鼓就行。"齊光云:"就行:進入行列,就,開始進入,到。行,行列。"(《吴起兵法今譯》頁51)李增杰以爲"就行"乃"各隊官兵進入大軍行列"。本簡指已歸入編好戰鬥行列的戰士。(高佑仁)或讀"盤就"爲"搫蒐"。上古音就爲從母幽部字,蒐爲山母幽部字,古音十分接近,例可相通。《左傳·成公十六年》:"苗賁皇徇曰:'蒐乘補卒,秣馬利兵,脩陳固列,蓐食申禱,明日復戰。'"楊伯峻《春秋左傳注》:"蒐,檢閱。劉文淇《疏証》引《爾雅·釋詁》云'聚也',亦通。""搫蒐行失車甲"當指斂聚作戰過程中走失的車甲,亦大體相當於《左傳》之"蒐乘、補卒"。(白於藍)

上博八·王5、6～,讀爲"就"。《廣韻》:"就,即也。"凡近而有所止、有所接皆曰"就"。或讀爲"蹙",促也,迫也,用作他動詞接賓語,即"催促"義。(陳劍)

譸

 上博二·從甲 13 孴（君子）之相～（就）也

～，從"言"，"臺"聲。

簡文～，讀爲"就"，趨；就近。《管子·法禁》："君失其道，則大臣比權重以相舉于國，小臣必循利以相就也。"

敼

 上博三·周 47 革言品（三）～（就）

～，從"攴"，"臺"聲，"就"字異體。與 、、、、同。《說文·京部》："就，就高也，從京，從尤。尤，異於凡也。"

簡文"三～"，讀爲"三就"，三成，三套。《儀禮·既夕禮》："薦馬，纓三就，入門，北面，交轡。"鄭玄注："纓，今馬鞅也；就，成也。諸侯之臣飾以三色而三成。"《周禮·春官·典瑞》："公執桓圭，侯執信圭，伯執躬圭，繅皆三采三就。"

心紐蒐聲

宼（宿）

 上博六·木 1 睹飤（食）於雎～

 上博六·木 3 睹飤（食）於雎～

～，從"宀"，"蒐"聲，"宿"字異體。

簡文～，即"宿"，指古代官道上設立的住宿站。"雎宼（宿）"即雎地之"宿"。《周禮·地官·遺人》："凡國野之道，十里有廬，廬有飲食。三十里有

803

宿,宿有路室,路室有委。五十里有市,市有候館,候館有積。"鄭玄注:"宿,可止宿,若今亭有室矣。"(陳劍)

心紐秀聲

秀

上博二·容34 咎(皋)～(陶)乃五襄(讓)㠯(以)天下之臤(賢)者

上博五·君7 狷(頸)而～

上博八·李2 思(使)虐(吾)桓(樹)～可(兮)

上博八·有6 膠膰～(誘)余今可(兮)

《說文·禾部》:"秀,上諱。"徐鍇曰:"禾,實也。有實之象,下垂也。"

上博二·容34"咎(皋)～",讀爲"皋陶(繇)"。上古音"皋陶(繇)"之"陶"屬余母幽部,與從"秀"得聲的"誘"、"莠"、"蜏"等聲母、韻部相同,故"陶"、"秀"二字可通。

上博五·君7"狷(頸)而～",典籍又作"秀頸",秀美的脖子。見《楚辭·大招》:"小腰秀頸,若鮮卑只。"王逸注:"鮮卑,袞帶頭也。言好女之狀,腰支細少,頸銳秀長,靖然而特異,若以鮮卑之帶,約而束之也。"

上博八·李2～,禾、草等植物吐穗開花。《詩·大雅·生民》"實發實秀",毛亨傳:"不榮而實曰秀。"《爾雅·釋草》:"不榮而實者謂之秀,榮而不實者謂之英。"簡文"樹～",指樹木茂盛。酈道元《水經注·渭水一》:"林障秀阻,人跡罕交。"

上博八·有6～,讀爲"誘",引誘,受誘惑。《書·費誓》:"竊馬牛,誘臣妾,汝則有常刑!"《荀子·正名》:"彼誘其名,眩其辭,而無深於其志義者也。"《文子·九守》:"無所誘慕,意氣無失。"因爲受"膠膰"(意思是好的待遇)之誘而擔任教職。

敄

 上博六·用 19 進退～立

～，从"攴"，"秀"聲。

簡文"～立"，或讀爲"跪立"，跪是跪坐，立是站起來。"進退跪立"是泛指各種政治行動。（董珊）

幫紐勹聲

匊

 上博一·緇 7 又(有)～(覺)悳(德)行

～，像兩手盛物之形，"匊(今作掬)"的表意字。《説文·勹部》："匊，在手曰匊。"段玉裁注："《唐風》'椒聊之實，蕃衍盈匊'，《小雅》'終朝采緑，不盈一匊'，毛皆云'兩手曰匊'。此云'在手'，恐傳寫之誤。""匊"、"梏"、"覺"的上古音皆爲見母覺部。（張富海）

簡文～，讀爲"梏"，正直；高大。《詩·大雅·抑》："有覺德行，四國順之。"毛亨傳："覺，直也。"馬瑞辰通釋："覺即梏的假借。"《禮記·緇衣》引《詩》作"有梏德行。"鄭玄注："梏，直也，大也。"《左傳·襄公二十一年》："夫子覺者也。"杜預注："較然正直。"

幫紐保聲

保

 上博一·孔 9 天～

 上博一·孔 10 甘棠之～(報)

上博一·孔 15 丌(其)～(報)厚矣

上博一·孔 18 因木芯(瓜)之～(報)

上博三·彭 2 訢(慎)終～裦(勞)

上博六·孔 21 君子德已而立帀(師)～

上博六·莊 2 幾可～之

上博六·壽 6 君王～邦

上博六·用 8 惓～之巫

上博六·用 8 自亓(其)又(有)～貨

上博六·用 8 寧又～悥(德)

上博七·鄭甲 2 酒(將)～丌(其)懇(恭)炎(嚴)

上博七·鄭乙 2 酒(將)～丌(其)懇(恭)炎(嚴)

上博八·有 1 董(助)余孚(教)～子今可(兮)

《説文・人部》:“保,養也。从人,从采省。采,古文孚。,古文保。,古文保。不省。”

上博一・孔9“天～”,《詩經》篇名,《詩・小雅・天保》:“天保定爾,亦孔之固。俾爾單厚,何福不除?俾爾多益,以莫不庶。”《詩・小雅・天保序》:“《天保》,下報上也。君能下下以成其政,臣能歸美以報其上焉。”

上博一・孔10、15～,讀爲“報”,因思念感激召公,而敬愛召公種植的甘棠,是其報德至厚。(李學勤)

上博一・孔18～,讀爲“報”,《詩・衛風・木瓜序》:“美桓公也。衛國有狄人之敗,出處于漕,齊桓公救而封之,遺之車馬器服焉。衛人思之,欲厚報之而作是詩也。”

上博三・彭2“～勞”,保持勞動。

上博六・孔21“帀～”,讀爲“師保”,古時任輔弼帝王和教導王室子弟的官,有師有保,統稱“師保”。《易・繫辭下》:“無有師保,如臨父母。”《書・太甲中》:“既往背師保之訓,弗克于厥初,尚賴匡救之德,圖惟厥終。”

上博六・莊2“～之”,《詩・周頌・烈文》:“惠我無疆,子孫保之。”

上博六・壽6“～邦”,《書・周官》:“若昔大猷,制治於未亂,保邦于未危。”

上博六・用8～,或讀爲“寶”。或讀如字,訓守。

上博六・用8“～悳”,《晏子春秋・内篇雜下》:“廉之謂公正,讓之謂保德,凡有血氣者,皆有爭心,怨利生孽,維義可以爲長存。”

上博七・鄭甲2、鄭乙2～,《詩・大雅・崧高》“南土是保”,鄭玄箋:“保,守也,安也。”

上博八・有1“～子”,本指繈褓中的嬰兒。《大戴禮記・王言》:“上之親下也,如腹心;則下之親上也,如保子之見慈母也。”簡文之“保子”指未成年的貴族子弟。

⿴衣呆

 上博四・昭7王訠而余之衽～

～,从“衣”,“呆(古文保)”聲,“褒”字異體。《説文・衣部》:“褒,衣博

裾也。"

　　簡文～,指寬大的衣服。"袚褱"或讀爲"領袍"。

賲

　　上博五·三9～

　　～,從"貝","保"聲,"寳"字異體。
　　簡文～,待考。

繰

　　上博七·吴2～綺

　　～,從"糸","賲(寳)"聲,"緥"字異體。《説文·糸部》:"緥,小兒衣也。從糸,保聲。"

　　簡文～,嬰兒衣被。《史記·蒙恬列傳》:"昔周成王初立,未離襁緥,周公旦負王以朝,卒定天下。"

幫紐缶聲

缶

　　上博三·周9又(有)孚盈～

　　～,戰國文字或作 (歷博·燕41)、 (歷博·燕55)、 (歷博·燕85)、 (歷博·燕88)、 (歷博·燕94)、 (歷博·燕95)。《説文·缶部》:"缶,瓦器。所以盛酒漿。秦人鼓之以節謌。象形。"

　　簡文～,盛酒或水的瓦器。《禮記·禮器》:"五獻之尊,門外缶、門内壺。"《墨子·備城門》:"水瓵,容三石以上,大小相雜。"

匋

   上博二・容 13～(陶)於河賓(濱)

～，從"宀"，"缶"聲，"匋"字異體。戰國文字或作 ▇(郭店・窮達以時 2)、▇(郭店・忠信之道 1)、▇(郭店・忠信之道 3)、▇(新蔡甲三 244)、▇(施 66)、▇(施 66)、▇(施 50)、▇(聚珍 220)、▇(聚珍 220)、▇(三晉 64)、▇(歷博・燕 68)、▇(歷博・燕 69)。《說文・缶部》："匋，瓦器也。從缶，包省聲。古者昆吾作匋。案：《史篇》讀與缶同。"

簡文"～於河賓"，讀爲"陶於河濱"。見《墨子・尚賢中》："古者舜耕歷山，陶河濱，漁雷澤。堯得之服澤之陽，舉以爲天子，與接天下之政，治天下之民。"《吕氏春秋・孝行覽》："舜耕於歷山，陶於河濱，釣於雷澤，天下說之，秀士從之。"《史記・五帝本紀》作"舜耕歷山，歷山之人皆讓畔；漁雷澤，雷澤上人皆讓居；陶河濱，河濱器皆不苦窳。"《新序・雜事》："故耕於歷山，歷山之耕者讓畔；陶於河濱，河濱之陶者器不苦窳；漁於雷澤，雷澤之漁者分均。"

垍

   上博二・容 29 乃立咎(皋)～(陶)吕(以)爲李

   上博二・容 29 咎(皋)～(陶)既已受命

～，從"土"，"匋"聲，郭店・窮達以時 13 作 ▇，從"土"，"缶"聲，乃"陶"之異文。《說文・𨸏部》："陶，再成丘也，在濟陰。從𨸏，匋聲。《夏書》曰：'東至于陶丘。'陶丘有堯城，堯嘗所居，故堯號陶唐氏。"

簡文"咎～"，讀爲"皋陶"。《書・舜典》："帝曰：'皋陶！蠻夷猾夏，寇賊姦宄。汝作士，五刑有服，五服三就；五流有宅，五宅三居。惟明克允。'"《管子・法法》："舜之有天下也，禹爲司空，契爲司徒，皋陶爲李，后稷爲田。"《說

苑·君道》:"當堯之時,舜爲司徒,契爲司馬,禹爲司空,后稷爲田疇,夔爲樂正,倕爲工師,伯夷爲秩宗,皋陶爲大理,益掌敺禽。"

橐

 上博二·容 9 而～才(在)四海(海)之内

 上博三·周 40 ～又(有)鱼

 上博三·周 41 ～又(有)鱼

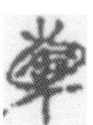 上博三·周 41 㠯(以)芑～苽(瓜)

《說文·橐部》:"橐,囊張大皃,从橐省,缶聲。"

上博二·容 9～,讀爲"包",囊括無遺之義。《墨子·辭過》:"凡回於天地之間,包於四海之内,天壤之情,陰陽之和,莫不有也,雖至聖不能更也。"

上博三·周 40 "～又鱼",讀爲"庖有魚"。"庖",廚房。《穀梁传·桓公四年》:"四時之田用三焉,唯其所先得,一爲乾豆,二爲賓客,三爲充君之庖。"范甯注:"先宗廟,次賓客,後庖厨。"《孟子·梁惠王上》:"庖有肥肉。"

上博三·周 41 "以芑～苽",讀爲"以芑(杞)苞瓜",《説文》"苞"字下段注:"苞,假借爲包裹。凡《詩》言'白茅苞之',《書》言'厥苞橘柚',《禮》言'苞苴',《易》言'苞蒙'、'苞荒'……皆用此字。近時經典凡訓包裹者,皆徑改爲包字。"

珧

 上博四·昭 6 逃～

 上博四·昭 7 叚逃～

～,从"玉","缶"聲,"寶"之異體。《玉篇》:"珤,古文寶字。"
簡文"逃～",地名。待考。

鞄

上博五·競1級(隰)偋(朋)與～(鮑)甼(叔)鹵(牙)從

上博五·競1～(鮑)甼(叔)鹵(牙)會(答)曰

上博五·競5～(鮑)甼(叔)鹵(牙)會(答)曰

上博五·競6～(鮑)甼(叔)鹵(牙)

上博五·競9伋(隰)偋(朋)舁(與)～(鮑)甼(叔)鹵(牙)皆拜

上博五·鮑7～(鮑)甼(叔)鹵(牙)會(答)曰

上博五·鮑9～(鮑)甼(叔)鹵(牙)與級(隰)朋之諫

～,从"革","缶"聲,"鞄"字異體。《説文·革部》:"鞄,柔革工也。从革,包聲。讀若朴。《周禮》曰:'柔皮之工鮑氏。'鞄即鮑也。"

簡文"～甼鹵",讀爲"鮑叔牙",又稱"鮑叔",春秋時齊國大夫,事齊桓公。《史記·管晏列傳》:"管仲夷吾者,潁上人也。少時常與鮑叔牙游,鮑叔知其賢。管仲貧困,常欺鮑叔,鮑叔終善遇之,不以爲言。已而鮑叔事齊公子小白,管仲事公子糾。及小白立,爲桓公,公子糾死,管仲囚焉。鮑叔遂進管仲。"

寶

 上博四·曹 56 民有～

～,从"宀"、"人"、"貝","缶"聲,"寶"字異體。《説文·宀部》:"寶,珍也。从宀从王从貝,缶聲。⿴,古文寶。省貝。"

簡文～,讀為"保",訓爲"守",指防御設施。《左傳·襄公八年》:"焚我郊保。"杜預注:"保,守也。"《左傳·哀公二十七年》:"乃先保南里以待之。"杜預注:"保,守也。"

幫紐髟聲

髟

 上博四·曹 52 攺(改)～尔鼓(鼓)

～,从"示","髟"聲。所從"髟"與郭店·成之聞之 22 ⿰(髟)同。

簡文～,讀爲"冒"。"冒鼓"見《周禮·考工記·韗人》:"凡冒鼓,必以啟蟄之日,良鼓瑕如積環。"鄭玄注:"啟蟄孟春之中也,蟄蟲始聞雷聲而動,鼓所取象也。冒,蒙鼓以革。"簡文"改冒爾鼓",意即改換戰鼓的皮革。(董珊、禤健聰)

並紐孚聲

孚

 上博三·周 2 又(有)～

 上博三·周 4 又(有)～

 上博三·周 9 又(有)～比之

 上博三·周 9 又(有)～

 上博三·周 11 毕(厥)～洨(交)女(如)

 上博三·周 17 又(有)～才(在)道已明

 上博三·周 17 ～于嘉

 上博三·周 33 交～

 上博三·周 40 羸(羸)豕～是(蹢)蜀(躅)

 上博三·周 42 又(有)～不終

 上博三·周 45 又(有)～元吉

 上博三·周 47 攺(改)日鹵(乃)～

 上博三·周 47 又(有)～

 上博三·中 20 ～愳(過)戎析

《說文·爪部》:"孚,卵孚也。从爪,从子。一曰:信也。𡥹,古文孚。从禾,禾,古文保。"

上博三·周～,信用;誠信。《詩·大雅·下武》:"王配于京,世德作求。永言配命,成王之孚。"鄭玄箋:"孚,信也。此爲武王言也。今長我之配行三后之教令者,欲成我周家王道之信也。王德之道成於信。"朱熹集傳:"言武王能繼先王之德,而長言合於天理,故能成王者之信於天下也。"

上博三·中20"～忎",讀爲"愎過",堅持過失。見《吕氏春秋·似順》:"世主之患,恥不知而矜自用,好愎過而惡聽諫,以至於危。"(陳劍)或解爲抵拒責備。(史杰鵬)

敦

 上博七·吴6宜(寧)心～惪(憂)

～,从"攴","孚"聲。

簡文～,讀爲"撫",安撫。《説文·手部》:"撫,安也。"《史記·高祖本紀》:"漢王之出關至陝撫關外父老。"

浮

 上博五·鮑3乃命又(有)嗣(司)箸集(籍)～

《説文·水部》:"浮,氾也。从水,孚聲。"

簡文～,或訓作罰。《淮南子·道應》"請浮君",高誘注:"浮,猶罰也。"《晏子春秋》卷六:"景公飲酒,田桓子侍,望見晏子,而復於公曰:'請浮晏子。'"孫星衍云:"高誘注淮南:'浮,猶罰也。'"《小爾雅·廣言》:"浮,罰也。"(彭浩)或讀爲"復",意即除免。除免老弱民衆的刑罰,是政策之一。(李學勤)或讀爲"符"。《禮記·投壺》:"若是者浮",鄭玄注:"浮或作符。"符有官府文書之義。(陳偉)或讀爲"賦"。(劉信芳)

　上博一·緇1璱(萬)邦复(作)～(孚)

～,甲骨文作 (《合集》37646)、 (《懷特》1885),金文作 (儺匜,《集成》10285.2),戰國文字作 ,或釋爲"巴",左从"丨",右从"卩",會意。"丨"象棍形,参《廣韻》"古本切"(上二十一混)之音讀,以及《説文》"丨,上下通也"(一上十六)之義訓。"巴"是典型的會意字,觀其字形:一人跪跽倚仗,其"扶持"、"把持"之狀宛如圖畫。然則,"巴"似是"把"之初文。"巴",幫紐魚部;"孚",並紐幽部;聲紐同屬幫系,幽、魚兩部往往相通。(何琳儀、房振三)

簡文～,讀爲"孚",訓爲"信"。《漢書·刑法志》:"儀刑文王,萬邦作孚。"顔師古注:"《大雅·文王》詩也。孚,信也。又言法象文王,則萬國皆信順也。"

明紐矛聲

　上博二·從甲10從正(政)所～(務)三

　上博二·從乙1[九]曰軓(犯)人之～(務)

　上博三·亙8先又(有)～(柔)

　上博五·鬼5竃(實)則可～(侮)

　上博二·昔4唯邦之大～(務)是敬

～,與、、同,乃源于金文"敄"(![])字左半,下皆從"人",像人披髮之形,當即"髳"(髦)之本字。(李學勤)戰國文字"孜"字上部訛從"矛",楚文字"矛"或作、可證。或作![],上部則從"矛"省。

上博二·從甲10"從正(政)所～(務)三",《管子·立政》:"君之所務者五:一曰山澤不救於火,草木不植成,國之貧也……"

上博二·昔4"大～",讀爲"大務"。"邦之大務",即"邦之大事"。"大務"一詞,傳世文獻多次出現。如:《墨子·耕柱》"爲義孰爲大務"、《韓非子·難二》"不以小功妨大務"、《六韜·國務》"文王問太公曰:'願聞國之大務。'""邦之大務"同《六韜》"國之大務"。"唯邦之大務是敬",表明太子居喪並非完全"無聞無聽",只是敬守"邦國大事"而已。(黃德寬)

上博三·亙8～,讀爲"柔",軟;弱。與"剛"相對。《易·坤》:"坤至柔,而動也剛。"孔穎達疏:"柔,弱。"《後漢書·臧宮傳》:"柔能制剛,弱能制彊。柔者,德也。剛者,賊也。"

上博五·鬼5～,讀爲"侮",輕慢,輕賤。《書·甘誓》:"有扈氏威侮五行,怠棄三正。"孔星衍疏:"威侮謂虐用而輕視之。"《論語·季氏》:"小人不知天命而不畏也,狎大人,侮聖人之言。"邢昺疏:"侮謂輕慢。"

敄

 上博五·三15～(務)甍(農)敬戒

～,從"攴","孜"聲。

簡文"～甍",讀爲"務農",從事農業生產。《國語·周語上》:"三時務農而一時講武,故征則有威,守則有財。"

浂

 上博五·季4喬則～

～,从"水","孜"聲。

簡文～,讀爲"繆",繆亂。《左傳·襄公二十七年》:"無威則驕,驕則亂生,亂生必滅,所以亡也。"(楊澤生)或讀爲"侮",輕慢、侮辱、欺凌。《書·大禹謨》:"侮慢自賢,反道敗德。"

孜(務)

 上博五·季1 罷(一)不智(知)民～(務)之安才(在)

 上博五·季2 此君子之大～(務)也

～,从"力","矛"聲,"務"字異體。

上博五·季1"民～",讀爲"民務",泛指民事。《大戴禮記·文王官人》:"王曰:'太師! 慎維深思,内觀民務,察度情僞,變官民能,歷其才藝,女維敬哉!'"

上博五·季2"大～",讀爲"大務",大事。《韓非子·難二》:"不以小功妨大務,不以私欲害人事。"

忞

 上博二·容53 嚻(絕)穜(種)～(侮)眚(姓)

 上博三·中15 昏(問)民～

 上博三·彭7 □□者不㠯(以)多～者多

～,从"心","矛"聲,與 (郭店·性自命出47)同,"懋"字異體。《說文·心部》:"懋,勉也。从心,楙聲。《虞書》曰:'時惟懋哉。' ,或省。"

上博二·容53～,讀爲"侮",欺侮。《詩·大雅·烝民》:"不侮矜寡,不畏

彊禦。"孔穎達疏："不欺侮於鰥寡孤獨之人，不畏懼於彊梁禦善之人。"

上博三·中15～，讀爲"務"。"民務"，謂民之所務。《大戴禮記·文王官人》："內觀民務。"《荀子·非十二子》："故勞力而不當民務，謂之姦事。"（陳劍）

上博三·彭7"多～"，讀爲"多務"，謂事務繁多。《管子·輕重丁》："寡人多務，令衡籍吾國之富商蓄賈稱貸家，以利吾貧萌、農夫，不失其本事。反此有道乎？"《南史·梁紀中·武帝下》："〔帝〕少而篤學，能事畢究。雖萬機多務，猶卷不輟手，然燭側光，常至戊夜。"或讀爲"多謀"。（孟蓬生）

孞

 上博五·鬼3 遾～公者

～，从"山"，"矛"聲，字亦見於郭店·老子乙13，作。

簡文"遾～公"，讀爲"秦穆公"，春秋時代秦國國君，在位期間"益國十二，開地千里，遂霸西戎"。參"遾"字條。（李家浩、楊澤生）

茅

 上博二·子5 從者卉（草）～之中

 上博六·慎5 首耆（戴）～芺（蒲）

 上博六·用16 ～之台元色

上博八·蘭1 苣（黃）薛～（茂）豐

～，與（新蔡甲三378）同。《說文·艸部》："茅，菅也。从艸，矛聲。"

上博二·子5"草～"，雜草。《楚辭·卜居》："寧誅鋤草茅以力耕乎？將游大人以成名乎？"《戰國策·趙策四》："昔者堯見舜於草茅之中，席隴畝而蔭

庇桑,蔭移而授天下傳。伊尹負鼎俎而干湯,姓名未著而受三公。”

上博六·慎 5“首耆～芙”,讀爲“首戴茅蒲”,見《國語·齊語》:“脱衣就功,首戴茅蒲,身衣襏襫,霑體塗足,暴其髮膚,盡其四支之敏,以從事於田野。”韋昭注:“茅蒲,簦笠也。”斗笠,一種擋雨遮陽用的笠帽。

上博六·用 16～,讀爲“務”,從事;致力。《禮記·射義》:“故事之盡禮樂,而可數爲以立德行者,莫若射,故聖王務焉。”《史記·孟子荀卿列傳》:“天下方務於合從連衡,以攻伐爲賢,而孟軻乃述唐、虞三代之德,是以所如者不合。”

上博八·蘭 1“～豐”,讀爲“茂豐”,禾稼草木豐盛茂密貌。王充《論衡·率性》:“夫肥沃墝埆,土地之本性也。肥而沃者性美,樹稼豐茂。”

敄

上博三·中 20 三害近～矣

～,从“攴”,“矛”聲,“攴”旁爲了避讓“矛”旁,而仄居於右下一角。

簡文～,讀爲“務”,其本義爲勉力、事務,引申可以理解爲任務、目標。“近務”,即近乎要求。(晁福林)

雺

上博三·周 38 遇雨女(如)～又(有)礪(厲)

～,从“雨”,“矛”聲,“霧”字籀文。《説文·雨部》:“霧,地氣發,天不應。从雨,敄聲。,籀文省。”《釋文》:“雺,或作霧,字同。”

簡文～,霧氣。氣温下降時,空氣中的水蒸氣凝結成小水點,懸浮在接近地面的空氣中,能使視野模糊不清。《管子·度地》:“風、霧、雹、霜,一害也。”《淮南子·天文》:“陰陽相薄,感而爲雷;激而爲霆;亂而爲霧;陽氣勝則散而爲雨露;陰氣勝則凝而爲霜雪。”或可依帛書和今本讀爲“濡”,沾濕。

柔

上博五·弟 3 毋又(有)～季(教)

~,與☒(左塚漆桐)、☒(郭店·性自命出 8)、☒(郭店·性自命出 9)、☒(郭店·性自命出 63)同。《説文·木部》:"柔,木曲直也。从木,矛聲。"

簡文~,寬柔,温順。《國語·齊語》"寬惠柔民",韋昭注:"柔,安也。"《國語·晉語》:"而柔和萬民。"《禮記·學記》:"故君子之教喻也,道而弗牽,強而弗抑,開而弗達。道而弗牽則和,強而弗抑則易,開而弗達則思。和易以思,可謂善喻矣。"孔穎達疏:"若人苟不曉而牽盒偪之,則彼心必生忿恚,師與弟子不復和親。今若但示正道,寬柔教之,則彼心和而意乃覺悟也。"

明紐冃聲

冃

 上博二·容 15 薑(答)莙(箬)~芙

 上博四·曹 60 毋~㠯(以)䧟(陷)

 上博六·用 2 ~難軋(犯)央

 上博六·用 11 晉行~還

~,與☒(郭店·窮達以時 3)、☒(新蔡零 35)同。《説文·冃部》:"冃,冢而前也。从冂,从目。☒,古文冃。"

上博二·容 15"~芙",或讀爲"茅蒲",《國語·齊語》:"脱衣就功,首戴茅蒲,身衣襏襫,霑體塗足,暴其髮膚。"(單育辰)或讀爲"箸箸冒、芙蓻",讀"芙蓻"爲"蒲笠"。

上博四·曹 60"毋~以䧟",讀爲"毋冒以陷"。"冒",指冒險。"陷",指陷敗。

上博六·用 2~,犯也。《漢書·李陵傳》:"冒白刃。"顔師古注:"冒,犯

也。""冒難"一詞見《六韜・龍韜・王翼》:"使冒難攻鋭。"

上博六・用 11"晢行～還","晢行"、"冒還"義近。《説文》:"僭,假也。"《字彙・門部》:"冒,又假稱曰冒。"後又有"僭冒"一詞,見《宋史・樂志九》:"風移僭冒,政治淳熙。"

冒(楣)

 上博二・容 2～戌(攻)鼓愁(瑟)

～,從"木","冒"聲。

簡文～,讀爲"瞀"。冒、瞀皆明母幽部字。《玉篇》:"瞀,目不明貌。"《莊子・徐無鬼》:"予適有瞀病。"(許全勝)

明紐戊聲

戊

 上博二・容 51～午之日

 上博七・君甲 1 軛(范)～

 上博七・君甲 8～行年卡=(七十)矣

 上博七・君乙 1 軛(范)～

 上博七・君乙 8～行年卡=(七十)矣

～,與 戊(郭店・老子甲 34)、戊(郭店・六德 28)、戊(新蔡甲一 10)、戊(新蔡甲三 126、零 95)同,秦簡或作 戊(里 J1⑨6 正)。《説文・戊部》:

"戊,中宮也。象六甲五龍相拘絞也。戊承丁,象人脅。"

上博二‧容51"～午之日,涉於孟津",《史記‧周本紀》:"[武王]乃遵文王,遂率戎車三百乘,虎賁三千人,甲士四萬五千人,以東伐紂。十一年十二月戊午,師畢渡盟津,諸侯咸會。"與《史記》所載正合。

上博七‧君甲1、君乙1"靶～",讀爲"范乘",人名。

明紐卯聲

猋

上博七‧凡甲7 虐(吾)女(如)之可(何)思(使)～

上博七‧凡乙6 虐(吾)女(如)之可(何)思(使)～

～,從"飤","卯"聲。"飽"字異體。《説文‧食部》:"飽,猒也。從食,包聲。䬜,古文飽。從采。䬌,亦古文飽。從卯聲。"

簡文～,滿足。《詩‧大雅‧既醉》:"既醉以酒,既飽以德。"

怸

上博八‧命9 皆亡～安(焉)而行之

～,從"心","留"聲,上部爲"留"的寫訛,可與上博一‧緇21"䉛"所從之"留"形對比。

簡文～,讀爲"留",稽留、滯留之義,《管子‧兵法》:"中處而無敵,令行而不留。"(單育辰)或認爲"懰"之異體。(張崇禮)

韜

上博四‧曹2 飯於土～

～,从"車","留"聲。

簡文"飯於土～",讀爲"飯於土䩅"或"飯於土簋"。"簋"是見母幽部字,"䩅"或"䯀"是來母幽部字,讀音相近。"䯀"同"簋",是食器。見於《墨子·節用》:"飯於土䯀,啜於土形。"《韓非子·十過》:"臣聞昔者堯有天下,飯於土簋,飲於土鉶。"

茵

　　上博一·緇 21 君子不自～(留)安(焉)

～,从"中","留"聲,"茵"字異體。"中"、"艸"二旁古通。與 （九 A34）、（九 A34）同。郭店·緇衣 41 作 ,贅加"宀"旁。《玉篇》:"茵,香草。"

簡文～,讀爲"留"。《禮記·緇衣》:"子曰:'私惠不歸德,君子不自留焉。'"孔穎達疏:"'私惠不歸德'者,言人以私小恩惠相問遺,不歸依道德,如此者,君子之人不用留意於此等之人,言不受其惠也。"

䐒

　　上博八·王 4 忨(願)夫=(大夫)之母(毋)～徒

～,从"肙","茆"聲。

簡文～,讀爲"留"。"母(毋)留",指不要延緩提升彭徒。（單育辰）

正編·覺部

上博楚簡文字聲系

覺　部

見紐告聲

告

　　上博一・緇 24 不我～獸

　　上博二・昔 2 㠯（以）～達（寺）人

　　上博二・昔 2 達（寺）人內（入）～于君

　　上博二・容 22 㠯（以）爲民之又（有）詁（訟）～者鼓（鼓）安（焉）

　　上博三・中 1 中（仲）弓㠯（以）～孔子曰

　　上博三・彭 2 舍（余）～女（汝）人綸

　　上博三・彭 5 舍（余）～女（汝）

上博三·彭 6 舍(余)～女(汝)咎

上博四·昭 2 少(小)人之～

上博四·昭 3～：僕(僕)之毋辱君王

上博四·昭 4 辻(卜)命(令)尹不爲之～

上博四·昭 4 君不爲僕(僕)～

上博四·昭 4 辻(卜)命(令)尹爲之～

上博四·昭 6 大尹内(入)～王

上博四·昭 8 㠯(以)～君王

上博四·柬 7 㠯(以)～安君與陵尹子高

上博四·柬 9 王㠯(以)～相屎(徙)與中余(舍)

上博四·柬 17 牆(將)爲客～

上博四·柬 19 贅尹皆絧丌(其)言㠯(以)～大(太)剚(宰)

上博四·相 4～子贛（貢）曰

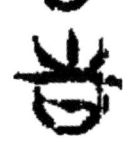上博四·曹 23 必聚群又（有）司而～之

上博四·曹 32 牒（諜）人圶（來）～曰

上博五·季 14 幾敢不㠯（以）亓（其）先=（先人）之連（傳）等（志）～

上博五·姑 2～姑（苦）城（成）豪（家）父曰

上博五·姑 9 公恩亡（無）～

上博五·弟 15 虐（吾）～女

上博二·容 52 㠯（以）～吝（閔）于天

上博六·競 3 公内安子而～之

上博六·競 3 若丌（其）～高子

上博六·孔 7 古牆（將）㠯（以）～

上博六·壽 4 壽～又（有）疾

 上博六·木 2 臣牂(將)又(有)～

 上博六·用 15～衆之所畏忌

 上博七·鄭甲 1 郻(邊)人㙛(來)～

 上博七·鄭甲 1 不穀(穀)日欲㠯(以)～夫=(大夫)

 上博七·鄭乙 1 郻(邊)人㙛(來)～

上博七·鄭乙 1 不穀(穀)日欲㠯(以)～夫=(大夫)

上博七·君甲 1 敢～於見(視)日

上博七·君乙 1 敢～於見(視)日

 上博七·吳 1 竊㙛(來)～曰

 上博七·吳 3 道㠯(以)～吳

 上博七·吳 7 敢～

 上博二·容 52 㠯(以)～吝(閔)于天

上博八·命 2 亦可曰(以)～我

上博八·王 1 邵昌爲之～

上博八·王 2 虗(吾)䑕(一)恥於～夫=(大夫)

上博八·王 2 昌爲之～

～，戰國文字或作 ✦(郭店·緇衣 47)、✦(郭店·窮達以時 11)、✦(新收 1097)、✦(秦駰玉版)。《説文·告部》："告，牛觸人，角箸横木，所以告人也。从口，从牛。《易》曰：'僮牛之告。'"

上博一·緇 24"不我～猷"，《詩·小雅·小旻》："我龜既厭，不我告猶。"毛亨傳："猶，道也。"鄭玄箋："猶，圖也。卜筮數而瀆龜，龜靈厭之，不復告其所圖之吉凶。言雖得兆，占繇不中。"孔穎達疏："我龜既厭繁數，不肯於我告其吉凶之道也。"

上博二·容 22"詎(訟)～"，讀爲"訟告"，訴訟；控告。《詩·召南·行露》："誰謂女無家，何以速我訟？雖速我訟，亦不女從。"

上博二·容 52"～𠰥"，讀爲"告閔"，向上天告求哀憫。或讀爲"造類"，"造"祭、"類"祭。《周禮·春官·肆師》："凡師甸，用牲于社宗，則爲位。類造上帝，封於大神，祭兵於山川，亦如之。"

上博四·柬 17"客～"，疑讀作"各曹"，猶言"兩曹"，指訴訟雙方。（陳偉）

上博五·姑 9"公恩亡～"，讀爲"公恩無怙"，謂厲公恩寵長魚矯，釋其怙。（季旭昇）

上博七·君甲 1、君乙 1、上博七·吴 7"敢～"，《禮記·雜記上》："寡君不禄，敢告于執事。"《左傳·成公二年》："且懼奔辟而忝兩君，臣辱戎士，敢告不敏，攝官承乏。"

上博～，告知，告訴。《詩·小雅·十月之交》："黽勉從事，不敢告勞。"《論語·學而》："告諸往而知來者。"《孟子·公孫丑上》："子路，人告之以有過

831

則喜。""告曰",亦可分列作"告某某曰",如《國語·吳語》:"吳王夫差乃告諸大夫曰","董褐既致命,乃告趙鞅曰"。

佶

 上博二·容 31 方爲三～

 上博二·容 31 東方爲三～

 上博二·容 31 西方爲三～

 上博二·容 31 南方爲三～

 上博二·容 31 北方爲三～

～,从"人","告"聲。與(施 156 形)同。

簡文～,或疑讀爲"調"。上文是講十二律,這裏似乎是説以十二律分屬四方,每方各爲三調。(李零)或讀作"誥"、"謦"、"宫"、"造"、"曹",或説與"牧"義近。

敇

 上博三·彭 7 氐(是)胃(謂)自～吳

 上博四·曹 1～蘘(穢)内(人)見曰

 上博四·曹 2【背】～蔑之戟(陳)

 上博四・曹 5 ～蔖曰

 上博四・曹 7 ～蘬（穢）曰

 上博四・曹 12 還年而翻（問）於～歃（蔑）曰

 上博四・曹 20 ～歃（蔑）含（答）曰

～，从"攴"，"告"聲。"造"字異體。

上博三・彭 7 "～吴"，讀爲"遭殃"，遭受災殃。王褒《九懷・尊嘉》："伊思兮往古，亦多兮遭殃。"朱駿聲《説文通訓定聲・孚部》："造，假借爲遭。"

上博四・曹"～蘬（穢）"、"～歃"、"～蔖"，讀爲"曹沫"。"敓"字古文字多用爲"造"，與"曹"讀音相同。《史記・刺客列傳》："曹沫者，魯人也，以勇力事魯莊公。莊公好力。曹沫爲魯將，與齊戰，三敗北。魯莊公懼，乃獻遂邑之地以和。猶復以爲將。"《戰國策・齊策六》："曹沫爲魯君將，三戰三北，而喪地千里。"

蔑

 上博四・曹 13 ～歃（蔑）含（答）曰

 上博四・曹 22 ～歃（蔑）曰

 上博四・曹 64 ～蘬（穢）含（答）曰

～，从"艸"，"敓"聲。

簡文"～歃"，讀爲"曹沫"。參"敓"字條。

嚳

 上博五·競 10 賸公～(告)而燮

～，从"爻"，从"告"，"爻"、"告"均爲聲符，典籍中"告"、"覺"二字相通。"覺"的基本聲符是"爻"，因此，"嚳"應爲"嚳"字初文。《説文·告部》："嚳，急告之甚也。从告，學省聲"。

簡文～，讀爲"告"。（張振謙）或疑讀爲"酷"、"誥"、"教"。

竈

 上博七·吳 1～犁(來)告曰

～，从"穴"、"火"，"告"聲，"竈"字異體。

簡文"～犁"，或寫作"胥(壽)逨(來)"（見第四簡），人名，晉臣。

𠦪（誥）

 上博一·緇 3《尹～(誥)》員(云)

 上博一·緇 15《康～(誥)》員(云)

～，从"廾"，从"言"，與 (郭店·緇衣 5)、 (郭店·緇衣 28)、 (郭店·成之聞之 38 形)同，"誥"字異體。《説文·言部》："誥，告也。从言，告聲。 ，古文誥。"

上博一·緇 3"尹～(誥)"，《尚書》篇名，今本《緇衣》誤爲"尹吉"。鄭玄注："吉當爲告，告古文誥字之誤也。"

上博一·緇 15"康～(誥)"，《尚書》篇名。《書·康誥》："成王既伐管叔、蔡叔，以殷餘民封康叔，作《康誥》、《酒誥》、《梓材》。惟三月哉生魄，周公初基，作新大邑于東國洛，四方民大和會。侯、甸、男邦、采、衛，百工播民，和見，

士于周。周公咸勤,乃洪大誥治。"

㪭

 上博二•容 44 從而桎～(梏)之

 上博五•鬼 7～(梏)

～,從"口",從"𢆉",甲骨文作"", 即"梏"之表意初文。正像手械之形。楚文字或作(郭店•成之聞之 36)、(左塚漆桐)。《說文•木部》:"梏,手械也。從木,告聲。"

上博二•容 44"桎～",即"桎梏"。"桎"是足械,"梏"是手械。"桎梏",刑具,腳鐐手銬。《易•蒙》:"利用刑人,用說桎梏。"孔穎達疏:"在足曰桎,在手曰梏。"《史記•齊太公世家》:"鮑叔牙迎受管仲,及堂阜而脫桎梏。"

上博五•鬼 7～,即"梏",《說文》:"梏,手械也。"泛指械繫。

𣏗(梏)

 上博三•周 22 僮牛之～(梏)

 上博五•姑 9 専(縛)長魚蟜(矯)～者(諸)廷

～,從"木"、從"㪭",會意,桎梏,"梏"字繁體。

上博三•周 22"僮牛之～",今本《周易》作"童牛之牿"。馬王堆帛書《周易》作"童牛之鞫"。"𣏗",讀爲"牿",加於牛角上的橫木;楅設於角,衡設於鼻,止其觝觸。

上博五•姑 9～,戴上手銬。泛指械繫;拘禁。《左傳•成公十七年》:"郤犨與長魚矯爭田,執而梏之。"杜預注:"梏,械也。"《山海經•海內西經》:"帝乃梏之疏屬之山,桎其右足,反縛兩手與髮,繫之山上木。"

端紐竹聲

竺

　上博二·容 9 ～（篤）義與信

～，與 、、 同。《說文·二部》："竺，厚也。从二，竹聲。"

簡文～，讀爲"篤"，重情義。《後漢書·趙熹傳》："趙熹篤義多恩，往遭赤眉出長安，皆爲熹所濟活。"

竺

　上博三·周 22 大～

～，从"土"，"竺"聲，或認爲"竺"之繁文，戰國文字往往增"土"旁爲飾。或認爲"築"字異體。《說文·木部》："築，擣也。从木，筑聲。![]，古文。"徐鍇《說文繫傳》："从土，箮聲。"

簡文"大～"，讀爲"大畜"，《易》卦名。乾下艮上。《易·大畜》："大畜，利貞，不家食，吉。"孔穎達疏："謂之大畜者，乾健上進，艮止在上，止而畜之，能畜止剛健，故曰大畜。"《彖》曰："《大畜》，剛健，篤實輝光，日新其德，剛上而尚賢。能止健，大正也。"

篤

　上博二·子 13 肰（然）則厽（三）王者～（孰）爲□

　上博二·容 46 ～天子而可反

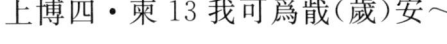

 上博四·柬 13 我可爲戠(歲)安～

 上博四·柬 16 四疆皆～

 上博四·曹 4 ～能并兼人才

 上博五·君 11 中(仲)尼與虗(吾)子產～叚(賢)

 上博五·君 12 ～叚(賢)

 上博五·君 15 與璺(禹)～叚(賢)

 上博七·凡甲 4 ～爲之公

 上博七·凡甲 5 ～智(知)亓(其)疆(彊)

 上博七·凡甲 11 甶(問)天～高與(歟)

 上博七·凡甲 11 陞(地)～袁(遠)与(歟)

上博七·凡甲 11 ～爲天

 上博七·凡甲 11 ～爲陞(地)

 上博七·凡甲 11～爲畾（雷）神（電）

 上博七·凡甲 12～爲靐（霆）

上博七·凡甲 14～雲潒之

上博七·凡甲 14～颿飆而迲之

上博七·凡乙 3～爲之

上博七·凡乙 4～爲之佳（封）

上博七·凡乙 4～爲𥎊（箭—薦）奉

上博七·凡乙 5～智（知）亓（其）畺（彊）

上博七·凡乙 9～雲潒之

 上博七·凡乙 9～颿飆而迲之

 上博七·吳 8～爲帀（師）徒

 ～，與 （郭店·老子甲 24）、（郭店·性自命出 39）、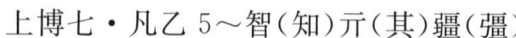（郭店·老子

甲 36)、❀(郭店·窮達以時 4)、❀(鑒印 1)同,或作❀(郭店·成之聞之 24),"䇾"下部訛爲"目"。《説文·䇾部》:"䇾,厚也。从䇾,竹聲。讀若篤。"段玉裁注:"䇾、篤亦古今字。䇾與《二部》竺音義皆同。今字篤行而䇾、竺廢矣。"《爾雅·釋詁下》:"竺,厚也。"

上博四·柬 13、16～,讀爲歲熟之"熟",有收成;豐收。《書·金縢》:"秋,大熟,未穫。"《穀梁傳·宣公十六年》:"五穀大熟。"

上博～,讀爲"孰",疑問代詞,相當於"誰"、"什麽"、"哪個"。《楚辭·天問》:"圜則九重,孰營度之? 惟茲何功? 孰初作之?"《墨子·兼愛下》:"然當今之時,天下之害孰爲大?"《莊子·秋水》:"萬物一齊,孰短孰長?"

㥁

 上博一·性 33～,㥁(仁)之方也

 上博一·性 33～,㥁(仁)之方也

～,从"心","䇾"聲。

簡文～,讀爲"篤",忠實厚道。《楚辭·遠遊》:"然猶懷念楚國,思慕舊故,忠信之篤,仁義之厚也。"

敄

 上博五·鮑 4～遝懷㥁(願)

～,从"攴","䇾"聲,"築"字異體。

簡文～,讀爲"篤","篤"有加厚、增厚之義,《孟子·梁惠王下》:"以篤周祜。"(陳劍)

篗(築)

 上博二·容 38～(築)爲璿室

～，从"土"，"筑"聲，"築"字古文。《說文·木部》："築，擣也。从木，筑聲。🔲古文。"徐鍇《說文繫傳》："从土，筑聲。"段玉裁注："按此从土，筑聲也。"桂馥《義證》："从土，筑聲，本書筑，厚也，言築之宜厚。"

簡文～，即"築"，修建，建造。《戰國策·魏策一》："今乃有意西面而事秦，稱東藩，築帝宮，受冠帶，祠春秋，臣竊爲大王媿之。""築爲璿室"，可參《路史·發揮》卷六引《汲塚古文册書》："桀飾傾宮，起瑤臺，作瓊室，立玉門。"《晏子春秋·內篇諫下》："及夏之衰也，其王桀背棄德行，爲璿室、玉門。"

端紐祝聲

祝

上博四·內8～于五祀

上博四·采1～君壽

上博六·競2是虐（吾）亡（無）良～史也

上博六·競2虐（吾）斂妝者～史

上博六·競3是信虐（吾）亡（無）良～史

上博六·競4～、史進

上博六·競5丌（其）～史之爲丌（其）君祝妝也

上博六·競5丌（其）祝史之爲丌（其）君～妝也

上博六·競 7～敚毋專青

上博六·競 7 古开（其）～史裂蔑端折

上博六·競 7～之多堝言

上博六·競 8～亦亡（無）嗌（益）

～，與 （新蔡甲三 188、197）、 （新蔡乙一 22）、 （秦集一·二·6·1）同。《説文·示部》："祝，祭主贊詞者。从示，从人、口。一曰：从兌省。《易》曰：'兌爲口，爲巫。'"

上博四·内 8～，祭祀時司祭禮的工作。《禮記·曾子問》："大宰命祝史，以名遍告於五祀山川。"

上博四·采 1～，祝頌。《左傳·哀公二十五年》："公宴於五梧，武伯爲祝。"杜預注："祝，上壽酒。"《莊子·天地》："請祝聖人，使聖人壽。"《吕氏春秋·先識覽》："王爲群臣祝，令群臣皆得志。"高誘注："祝，願也。"

上博六·競～，指"大祝"，官名。掌宗廟祭祀禱告治贊詞。時大祝爲"祝固"。孔穎達疏："服虔云：祝固，齊大祝。"《晏子春秋·外篇》："梁丘據、裔款言於公曰：'吾事鬼神，豐于先君有加矣。今君疾病，为諸侯憂，是祝史之罪也。諸侯不知。其謂我不敬，君盍誅于祝固、史嚚以辭賓？'"《周禮·春官·大祝》："大祝掌六祝之辭，以事鬼神示，祈福祥，求永貞。一曰順祝、二曰年祝、三曰吉祝、四曰化祝、五曰瑞祝、六曰筴祝。"

透紐卡聲

萩（葳）

 上博六·壽 2 女（如）毀新都～陵

 上博五·三 3 是胃(謂)大～

 上博八·有 3 敢～與楮今可(兮)

～，楚文字或作 (包山 225)、 (包山 224)、 (包山 221)、 (包山 220)、 (包山 218)、 (包山 216)、 (包山 212)、 (包山 209)、 (包山 207)、 (包山 206)、 (包山 205)、 (包山 194)、 (包山 176)、 (包山 167)、 (包山 166)、 (包山 162)、 (包山 141)、 (包山 140)、 (包山 131)、 (包山 129)、 (包山 126)、 (包山 58)、 (包山 12)、 (天)。郭店·性自命出 30 "蔵"作 。

上博六·壽 2 "～陵"，它與"臨昜"同是在楚平王晚年修建的"新都"。（何有祖）

上博五·三 3 ～，讀爲"慼"，憂愁，悲傷。《左傳·宣公四年》："楚司馬子良生子越椒，子文曰：'必殺之。……'子良不可，子文以爲大慼。"

洂（寂）

 上博三·亙 2 若～＝夢＝

～，从"水"，从"未"，从"戈"。

簡文～，讀爲"寂"。"洂"字所從聲符見於楚文字"蔵郹"之"蔵"字所從，"慼"、"寂"的基本聲符都是"未"，因此可以讀爲"寂"。"寂寂"，清静無聲。左思《詠史詩》之四（《文選》卷二一）："寂寂揚子宅，門無卿相與。"李善注："《説文》曰：寂寂，無人聲也。""寂寂"是形容不動的狀態，"夢夢"是説昏亂的樣子。《老子》："有物混成，先天地生，寂兮廖兮。"

定紐舀聲

舀

　港甲 6～民唯罢

　上博五・三 7 是胃（謂）～皇

～，與🦴（郭店・性自命出 24）、🦴（郭店・性自命出 44）同。《說文・臼部》："舀，抒臼也。从爪，臼。《詩》曰：'或簸或舀。'🦴，舀或从手，从宂。🦴，舀或从臼、宂。"

簡文～，怠慢，《左傳・昭公二十六年》："士不濫，官不滔。"杜預注："滔，慢也。""皇"訓為"天"，《詩・大雅・文王》："思皇多士，生此王國。"毛亨傳："皇，天。""滔皇"訓為"怠慢上天"，即對天不敬。（范常喜）

遙

　上博四・采 4 嘉賓～悥（憙）

～，從"辵"，"舀"聲。疑"蹈"字異體。

簡文"嘉賓～悥"，讀為"嘉賓慆喜"，《說文》："慆，說（悅）也。"《玉篇・心部》："慆，喜也。"《尚書大傳・泰誓》："師乃鼓噪，師乃慆，前歌後舞。"鄭玄注："慆，喜也。眾大喜，前歌後舞也。"郭店・性自命出 34"悥斯慆"可以為證。（季旭昇）

慆

　上博一・性 19 寮（潦）深膬～

～，與🦴（郭店・性自命出 34）同。《說文・心部》："慆，說也。从心，舀聲。"

簡文"䑛～",讀爲"鬱陶"。"鬱陶"一詞爲"鬱積"之意,既可訓爲"憂思",也可訓爲"喜樂"。《禮記·檀弓下》:"人喜則斯陶。"鄭玄注:"陶,鬱陶也。"孔穎達疏:"鬱陶者,心初悦而未暢之意也。"

定紐逐聲

逐

上博二·從甲 3 諎(教)之以型(刑)則～

上博五·季 19 毋□～

上博七·凡甲 7 奚～

上博七·凡甲 8 ～高從埤

上博七·凡乙 6 奚～

上博七·凡乙 7 ～高從埤

上博三·周 43 ～(逐)悬(悔)又悬(悔)

上博五·競 10 洵～(逐)畋

～,從"辵",從"豕",會追豕之意。或作,從"辵",從"犬",會追犬之意,"逐"字異體。《説文·辵部》:"逐,追也。從辵,從豚省。"

上博二·從甲 3～,《廣韻·屋韻》:"逐,驅也。""逐"有驅逐義。《玉篇》:

· 844 ·

"逐,從也。""逐"又有跟隨義。或釋爲"遯"之異體。

上博五・季 19、上博七・凡甲 7、凡乙 6～,追趕;追逐。《左傳・隱公十一年》:"公孫閼與潁考叔爭車,潁考叔挾輈以走,子都拔棘以逐之。"

上博七・凡甲 8、凡乙 7～,隨;跟隨。《楚辭・九歌・河伯》:"靈何爲兮水中,乘白黿兮逐文魚。"王逸注:"逐,從也。"

上博三・周 43～,《說文》:"逐,追也。"《廣韻》:"逐,走也,驅也。"今本《周易》作"動",當屬於同義關係。

上博五・競 10"迴～",讀爲"驅逐",策馬馳逐。《史記・孟子荀卿列傳》:"吾前見王,王志在驅逐;後復見王,王志在音聲。吾是以默然。"

來紐六聲

六

上博二・容 30 夌(作)爲～頪(律)六邵(呂)

上博二・容 30 夌(作)爲六頪(律)～邵(呂)

上博二・容 35[啟]王天下十又(有)～年〈世〉而傑(桀)夌(作)

上博三・周 1～晶(三)

上博三・周 1～四

上博三・周 1～五

上博三・周 2～四

 上博三·周 4 初～

 上博三·周 5～晶(三)

 上博三·周 7 初～

 上博三·周 7～晶(三)

 上博三·周 7～四

 上博三·周 7～五

 上博三·周 8 上～

 上博三·周 9 初～

 上博三·周 9～二

 上博三·周 9～晶(三)

 上博三·周 10～四

 上博三·周 10 上～

 上博三·周 11～五

 上博三·周 12 初～

 上博三・周 12～二

 上博三・周 12～五

 上博三・周 13 上～

 上博三・周 14 初～

 上博三・周 14～二

 上博三・周 14～晶（三）

 上博三・周 14～五

 上博三・周 15 上～

 上博三・周 16～二

 上博三・周 16～晶（三）

 上博三・周 17 上～

 上博三・周 18 初～

 上博三・周 19 上～

 上博三・周 20～二

 上博三・周 22～四

 上博三·周 23～五

 上博三·周 24～二

 上博三·周 24～晶(三)

 上博三·周 25～四

 上博三·周 25～五

 上博三·周 26 初～

 上博三·周 26～二

 上博三·周 27 上～

 上博三·周 28 初～

 上博三·周 28～五

 上博三·周 29 上～

 上博三·周 30 初～

 上博三·周 30～二

 上博三·周 32～晶(三)

 上博三·周 33～五

 上博三·周 35 初～

 上博三·周 35～二

 上博三·周 35～四

 上博三·周 36 上～

 上博三·周 37 初～

 上博三·周 37～晶(三)

 上博三·周 39 上～

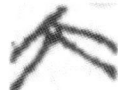 上博三·周 40 初～

 上博三·周 42 初～

 上博三·周 43 上～

 上博三·周 44 初～

 上博三·周 45～四

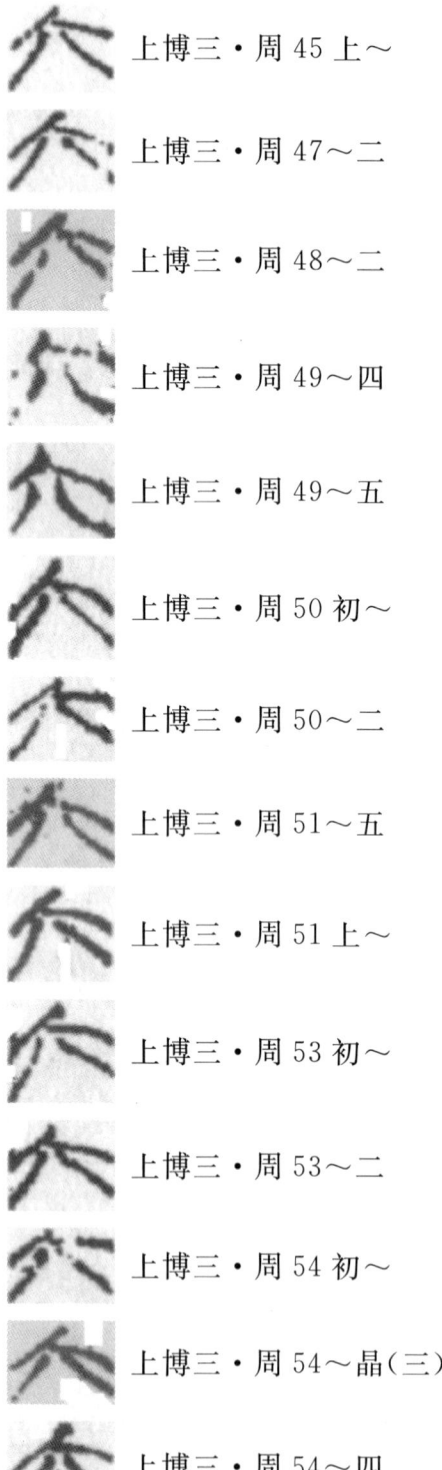

 上博三·周 56 上～

 上博三·周 57～四

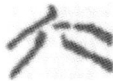 上博三·周 57 上～

 上博三·周 58～晶(三)

 上博七·吴 9 必五～日

上博八·成 10 能目(以)亓(其)～瞖(藏)之獸(守)取斳(親)安(焉)

上博八·成 10 是胃(謂)～斳(親)之約

上博八·成 15 此～者皆逆

～，戰國文字或作(郭店·五行 45)、 (後李圖三 8)、 (新鄭圖 541·4)、 (中國古代陶文集拓第 2 冊第 3 頁)、 (右冢子鼎)、 (關沮 136 叁)、(里 J1⑨1 正)。《説文·六部》："六，《易》之數，陰變於六，正於八。从入，从八。"

上博二·容 30"～穎六吕"，讀爲"六律六吕"，即十二律吕。《周禮·春官·大師》："大師掌六律、六同，以合陰陽之聲。陽聲：黄鐘、大蔟、姑洗、蕤賓、夷則、無射；陰聲：大吕、應鐘、南吕、函鐘、小吕、夾鐘。皆文之以五聲：宫、商、角、徵、羽。"

上博三·周 1～，《易》卦之陰爻稱六。《易·坤》："初六，履霜堅冰至。"孔穎達疏："六，陰爻之名。陰數六老而八少，故謂陰爻爲六也。"

上博～，數詞。五加一所得。《書·堯典》："朞三百有六旬有六日，以閏

月定四時,成歲。"

空(坴)

 上博五·競 1□□~

~,从"土","六"聲,與 同。《說文·土部》:"坴,土塊坴坴也。从土,圥聲。讀若逐。一曰:坴梁。"

簡文~,或讀爲"睦",親近。(陳偉)或讀爲"逐"。

苬

 上博三·周 39 莧~夬夬

《說文·中部》:"苬,菌苬地蕈,叢生田中,从中,六聲。"徐鍇曰:"从中者,象三菌叢生也。《易·夬》卦曰'莧陸夬夬',陸即苬也,與莧皆爲柔脆之物,坴字从此。"

簡文~,草名,即商陸。《易·夬》:"莧陸夬夬,中行無咎。"王弼注:"莧陸,草之柔脆者也,決之至易。"孔穎達疏引黄遇曰:"莧,人莧也;陸,商陸也。"

陸

 上博三·周 50 舡(鴻)漸于~

~,戰國文字或作 、、。《說文·自部》:"陸,高平地。从自,从坴,坴亦聲。![],籀文陸。"

簡文~,高平之地;陸地。《易·漸》:"鴻漸於陸。"王弼注:"陸,高之頂也。"孔穎達疏:"陸,高之頂也者,《爾雅》云:'高平曰陸。'故曰:'高之頂也'。"

清紐戚聲

慼

上博一・孔 4 民之又(有)～惓(患)也

～,與 同,新蔡簡或作、,从"心"、"戚"聲。"戚"郭店簡作、。《説文・心部》:"慼,憂也。从心,戚聲。"

簡文"～惓",讀爲"戚患",義爲憂患。《廣雅・釋詁三》:"慼,悲也。"

心紐肅聲

肅

上博一・孔 5 ～雝

《説文・聿部》:"肅,持事振敬也。从聿在𣶒上,戰戰兢兢也。![],古文肅。从心,从卪。"

簡文"～雝",莊嚴雍容,整齊和諧。形容祭祀時的氣氛和樂聲。《詩・周頌・清廟》:"於穆清廟,肅雝顯相。"毛亨傳:"肅,敬;雝,和。"《漢書・劉向傳》引作"肅雍顯相"。《詩・周頌・有瞽》:"喤喤厥聲,肅雝和鳴,先祖是聽。"

心紐宿聲

佰(宿)

上博二・容 28 ～(宿)於埜(野)

上博三•周37～(宿)吉

上博五•三1弦望齊～(宿)

《說文•宀部》:"宿,止也。从宀,佰聲。佰,古文夙。"

上博二•容28"～(宿)於埜(野)",在野外過夜。又見《戰國策•趙策三》:"今有人操隨侯之珠,持丘之環,萬今之財,時宿於野,内無孟賁之威、荆慶之斷,外無弓弩之禦,不出宿夕,人必危之矣。"

上博三•周37～,住宿;過夜。《詩•邶風•泉水》:"出宿于泲,飲餞于禰。"

上博五•三1"齊～",《孟子•公孫丑下》:"客不悦曰:'弟子齊宿而後敢言,夫子卧而不聽,請勿復敢見矣。'"朱熹集注:"齊宿,齋戒越宿也。"《史記•秦本紀》:"於是繆公虜晉君以歸,令於國:'齊宿,吾將以晉君祠上帝。'"

埅

上博二•民8～(夙)夜萁(基)命又(宥)簪(密)

～,疑从"止",从"宿",止宿之"宿"的專字。

簡文"～夜",讀爲"夙夜",朝夕,日夜。簡文又見《詩•周頌•昊天有成命》:"昊天有成命,二后受之。成王不敢康,夙夜基命宥密。於緝熙!單厥心,肆其靖之。"

心紐覺聲

夙

上博五•季10～嬰(興)夜寐(寐)

上博五•弟22～興夜牀(寐)

《説文·夕部》:"夙,早敬也,从丮、夕。持事雖夕不休,早敬者也。,古文夙。从人、囟。,亦古文夙。从人、丙。宿从此。

上博五"～興夜寐",讀爲"夙興夜寐",早起晚睡,形容勤勞。《詩·大雅·抑》:"夙興夜寐,灑埽庭内,維民之章。"孔穎達疏:"侵早而起,晚夜而寐,灑埽室庭之内。"《左傳·襄公七年》:"夙興夜寐,朝夕臨政,此以知其恤民也。"

並紐复聲

复

 　上博三·周 22 車敓(説)～(輹)

～,與 (郭店·老子甲 1)同。

簡文～,讀爲"輹",縛車身與車軸的繩。《説文·車部》:"輹,車軸縛也。从車,复聲。《易》曰:'輿説輹。'""車敓复",即《説文》"輿説(脱)輹"、《左傳·僖公十五年》所謂"車説(脱)其輹"。

逞(復)

 　上博三·周 19 亯(敦)～

 　上博三·周 32 自～

 　上博三·周 50 夫征不～

　　上博三·中 22 上下相～以忠

上博二·從乙 3～

上博三·周 5～即命愈（渝）

上博三·周 20 丌（其）非～又（有）禣（告）

上博三·周 37 丌（其）埶（來）～

上博五·鮑 8 雩（雨）坪（平）埅（地）至谻（郤）～

上博四·曹 51 牂（將）～戩（戰）

上博二·容 28～穀豢土

上博四·曹 29 史（使）兵毋～肯（前）

上博四·曹 46～敗戩（戰）有道虖（乎）

上博四·曹 50～盤戩（戰）有道虖（乎）

上博四·曹 50 既戩（戰）～譽（豫）

上博四·曹 52 明日～戩（陳）

上博四・曹 52 此～盤戰(戰)之道

上博四・曹 53～甘戰(戰)有道虎(乎)

上博四・曹 53 此～甘戰(戰)之道

上博四・曹 54～故戰(戰)有道虎(乎)

上博四・曹 55 此～故戰(戰)之道

上博五・三 7 必～之𠯑(以)憂喪

上博五・三 7 必～之𠯑(以)康

上博五・三 21 枸株～車

上博三・亙 3～

上博三・亙 5～丌(其)所慾(欲)

上博三・亙 5 隹(惟)～𠯑(以)不𢉦(廢)

上博三・亙 12 丌(其)事無不～

上博三·亙9隹(惟)～吕(以)猶遉

上博三·亙9隹(惟)遉吕(以)猶～

上博一·性10肰(然)句(後)～吕(以)孝(教)

上博一·性16丌(其)反善～訇(始)也斳(慎)

上博一·性31已則勿～言也

上博五·弟5耆老不～壯

上博六·壽4王～見奠壽

上博六·用12聶亓(其)睬而不可～臑

上博七·武13～䌷(問)

上博七·凡甲24訿(察)困而～

上博七·凡甲24人死～爲人

上博七·凡甲24水～於天

上博七·凡乙 17 叕(察)困而～

上博七·凡乙 17 人死～爲人

上博七·凡乙 17 水～於天

上博七·鄭甲 4 遃(顚)～天下之豊(禮)

上博七·鄭乙 4[子]豪(家)遃(顚)～天下之豊(禮)

上博八·命 5 非而所㠯(以)～

～，从"辵"或"止"、"复"聲，"復"之異體。"辵"、"止"、"彳"三旁古通。
(郭店·老子甲 12)、(郭店·太一生水 2)、(郭店·成之聞之 19)、
(郭店·成之聞之 19)、(郭店·性自命出 18)、(郭店·性自命出 26)、
(郭店·性自命出 61)、(郭店·語叢四 1)、(郭店·語叢四 4)、(九
A22)、(新蔡甲三 297)、(新蔡乙四 54)、(新蔡零 294、482、新蔡乙
四 129)、(新蔡零 421)、(珍戰 54)、(新出温縣 WT1K17：131)、
(秦駰玉版)、(關沮 247)。《說文·彳部》："復，往來也。从彳，复聲。"

上博一·性 10、上博四·曹 52、上博六·壽 4、上博七·武 13～，又；更；再。《左傳·僖公五年》："晉侯復假道於虞以伐虢。"《史記·刺客列傳》："於是遂誅高漸離，終身不復近諸侯之人。"

上博一·性 16"反善～訇(始)"，復歸初始的善性。《禮記·祭義》："君子反古復始，不忘其所由生也，是以致其敬，發其情，竭力從事，以報其親，不敢

弗盡也。"

上博一·性 31"勿～言",不要再説。《吕氏春秋·審應覽》:"固非寡人之志也,客請勿復言。"

上博二·容 28～,《説文》:"復,往來也。"引申指重復或繼續,《韓非子·五蠹》:"釋其耒而守株,冀復得兔。""復穀換土"是説讓土地輪休,而穀物在休耕後的土地上連續種植。(王輝)

上博三·周 5、19、32、50～,還,返回。《易·泰》:"無往不復。"高亨注:"復,返也。"《穀梁傳·宣公八年》:"公子遂如齊,至黄乃復。"

上博三·周 20～,帛書本、王弼本作"正",而阜陽漢簡本作"迮"。《玉篇》:"迮,古文征字。"簡文"復告"猶"彌補過失",諸本"正告"猶"糾正過失"。二者義近。(何琳儀)或訓"復"爲遏止、安寧,與"定"義近,故可互用。(廖名春)

上博三·周 37"坴(來)～",往還,去而復來。語見《易·復》,謂陽氣經七日已由剥盡而開始復生。後因以稱陽氣始生。

上博三·中 22～,讀爲"報"。"上下相報"見《大戴禮記·少閒》等。(陳劍)

上博三·亙 3～,是天道之運行("天行")的動力。《易·復卦·彖傳》"'反復其道,七日來復',天行也……復,其見天地之心乎";《易·蠱卦·彖傳》"'先甲三日,後甲三日',終則有始,天行也"。《正義》:"終則復始,若天之行用四時也。""復"又常訓爲"反(返)"、"歸"。《老子》:"致虚極、守静篤。萬物并作,吾以觀其復;夫物云云,各復歸其根。歸根曰静,是謂復命;復命曰常,知常曰明。"(董珊)

上博四·曹 51"～戰",即"返戰",即整頓再戰,《爾雅·釋言》:"復,返也。"《左傳·哀公十三年》:"丙戌,復戰,大敗吴師。獲太子友、王孫彌庸、壽於姚。"

上博四·曹 29～,還師回去。(陳劍)

上博四·曹 46"～敗戰",讀爲"復敗戰",指挽救"敗戰"。《左傳·莊公十一年》:"凡師,敵未陳曰敗某師,皆陳曰戰,大崩曰敗績。""敗"與陣形潰亂有關。

上博四·曹 50-55～,挽救。

上博五·三 7～,重復;反復;回環。《孫子·虚實》:"故其戰勝不復,而應形於無窮。"曹操注:"不重復動而應之也。"

上博五·三 21"～車",讀爲"覆車",翻車。《周禮·考工記·輈人》:"既克其登,其覆車也必易。"《史記·樗里子甘茂列傳》:"禽困覆車。"裴駰集解:"譬禽獸得困急,猶能抵觸傾覆人車。"

上博五·弟 5"耆老不～壯",《列女傳·孼嬖傳》:"其狀美好無匹,内挾伎術,蓋老而復壯者。"

上博七·凡甲 24、凡乙 17～,又;更;再。《集韻》:"復,重也。"《左傳·定公四年》:"無復怒。"杜預注:"復,重也。"《左傳·僖公五年》:"晉侯復假道於虞以伐虢。"《史記·刺客列傳》:"於是遂誅高漸離,終身不復近諸侯之人。"

上博七·凡甲 24、凡乙 17～,返回,還。《易·泰》:"無往不復。"《楚辭·九章·哀郢》:"至今九年而不復。"簡文言"困而復",即《國語·越語下》之"困而還"。

上博七·凡甲 24、凡乙 17"水～於天",郭店·太一生水:"水反復于太一","復",重復;反復;迴環。

上博七·鄭甲 4、鄭乙 4"遺(顛)～",讀爲"顛覆",顛倒失序。《書·胤征》:"惟時羲和,顛覆厥德,沈亂於酒,畔官離次。"孔穎達疏:"惟是羲和顛倒其奉上之德,而沈没昏亂於酒。"《墨子·非儒下》:"顛覆上下,悖逆父母。"

上博八·命 5～,告訴;回答。《管子·中匡》:"管仲會國用,三分之二在賓客,其一在國。管仲懼而復之。"尹知章注:"復,白也。"《文選·司馬相如〈子虛賦〉》:"先生又見客,是以王辭而不復,何爲無用應哉!"李善注引司馬彪曰:"復,答也。"

腹

上博四·内 7 若才(在)～中攷(巧)叓(弁)

～,與 (新蔡乙一 31、25)、 (施 187)同,贅加"口"旁。戰國戈字或作 (珍戰 30)、 (珍戰 44)、 (關沮 368)。《説文》:"腹,厚也。从肉,复聲。"

簡文～,肚子。《易·説卦》:"乾爲首,坤爲腹。"

明紐目聲

目

 上博一·性36～之好色

 上博二·民6明～而視之

 上博五·君2～勿貝(視)也

 上博五·君6凡～毋遊

 上博五·鬼5又(有)～不見

 上博六·用1心～彶言

 上博六·天甲7見～恆

 上博六·天乙7見～恆

 上博七·君甲5之〈先〉王㴋=(之所)㠯(以)爲～觀也

 上博七·君甲7耳～之欲

 上博七·君乙5先王㴋=(之所)㠯(以)爲～觀也

 上博七·君乙 6 耳～之欲

 上博八·蘭 5 身體貤(重)青(輕)而～耳袋(勞)矣

 上博八·志 5 虐(吾)吕(以)尔(爾)爲遠～耳

～，戰國文字或作 、、、、、、。《說文·目部》："目，人眼。象形。重童子也。![]，古文目。"

上博一·性 36"～之好色"，《荀子·王霸》："故人之情，口好味而臭味莫美焉，耳好聲而聲樂莫大焉，目好色而文章致繁婦女莫衆焉，形體好佚而安重閒靜莫愉焉，心好利而穀禄莫厚焉。"《莊子·至樂》："所苦者，身不得安逸，口不得厚味，形不得美服，目不得好色，耳不得音聲。"

上博二·民 6"明～"，明亮的眼睛。《禮記·孔子閒居》："是故，正明目而視之，不可得而見也；傾耳而聽之，不可得而聞也。"

上博五·君 2"～勿貝(視)也"，《文子·微明》："聖人者，以目視，以耳聽，以口言，以足行。真人者，不視而明，不聽而聰，不行而從，不言而公。"

上博五·君 6"凡～毋遊"，目光不要亂轉動。《儀禮·士相見禮》："若父則遊目，毋上於面，毋下於帶。"

上博五·鬼 5"又(有)～不見"，《荀子·君道》："牆之外，目不見也，里之前，耳不聞也；而人主之守司，遠者天下，近者境内，不可不略知也。"

上博六·用 1"心～彶言"，心和眼。《國語·晉語一》："上下左右，以相心目。"

上博六·天甲 7、天乙 7"～恆"，目光正常。

上博七·君甲 7、君乙 6"耳～之欲"，《荀子·性惡》："生而有耳目之欲，有好聲色焉，順是，故淫亂生而禮義文理亡焉。"《禮記·樂記》："是故先王之制

· 863 ·

禮樂也，非以極口腹耳目之欲也，將以教民平好惡而反人道之正也。"

上博七·君甲 5、君乙 5"～觀"，《國語·楚語》："若於目觀則美。"《慎子》："是以目觀玉輅琬象之狀，耳聽白雪清角之聲。"《淮南子·原道》："目觀掉羽、武象之樂，耳聽淘朗奇麗激抮之音。"

上博八·蘭 5"～耳"，眼睛和耳朵。常作"耳目"，《禮記·仲尼燕居》："若無禮，則手足無所措，耳目無所加。"

明紐穆聲

穆

 上博一·緇 17～穆文王

 上博四·采 1 宮～

"穆"字，甲骨文作 ，像盛開的花朵下垂之形；金文作 ，![] 是飾畫，"穆"字本義是花之華美有文彩（董蓮池）。戰國文字中的"穆"字形體發生訛變，植株訛爲禾，花朵訛爲"日"，"日"和 ![] 形結合訛爲"㬎"，作 ![]（郭店·緇衣 33）、![]（郭店·魯穆公問子思 1）、![]（郭店·窮達以時 7）、![]（文史第三十八輯璽印）等形。《說文·禾部》："穆，禾也。从禾，㬎聲。"

上博一·緇 17"～穆文王"，見《詩·大雅·文王》。穆穆，儀容或言語和美。《詩·大雅·文王》："穆穆文王，於緝熙敬止。"毛亨傳："穆穆，美也。"《荀子·大略》："言語之美，穆穆皇皇。"

上博四·采 1"宮～"與"徵和"指"變宮"和"變徵"兩個音名。《淮南子·天文》："宮生徵，徵生商，商生羽，羽生角，角生姑洗，姑洗生應鐘，〈不〉比于正音故爲'和'，應鐘生蕤賓，不比于正音故爲'繆'。"王念孫云："《大雅·烝民》箋曰：'穆，和也'。'穆'、'繆'古字通。"和、繆（穆）都訓爲"和"，指調和于正音。《隋書·卷十五·志第十》："宮、商、角、徵、羽爲正，變宮、變徵爲和。"（董珊）

正編・冬部

上博楚簡文字聲系

冬　部

匣紐夆聲

降

上博一·性 2 命自天～

上博二·容 40～自鳴攸（條）之述（遂）

上博五·季 19～嵩㠯（以）比

上博六·用 9 禍不～自天

上博六·用 11 司民之～兇

～，從"阜"，從兩個向下的"趾"形，會下降之意。與陡（郭店·性自命出 3）、降（清華一·楚居 1）、（喬村圖 340·2）同。《說文·𨸏部》："降，下也。从𨸏，夆聲。"

上博二·容 40～，即"降"。從高處往下走。與陟相對。《詩·大雅·公劉》："陟則在巘，復降在原。"鄭玄箋："陟，升；降，下也。"

867

上博六·用11"司民之～兇"、上博六·用9"禍不～自天",《詩·商頌·殷武》:"天命降監,下民有嚴。"《詩·小雅·節南山》:"昊天不惠,降此大戾。"

陸

 上博七·凡甲3 天～五尾(度)

 上博七·凡乙3 天～五尾(度)

 上博五·三2 天乃～(降)材(災)

 上博五·三3 天乃～㲼(異)

 上博八·蘭1 雨零(露)不～矣

～,與⬚(郭店·五行12)、⬚(清華一·程寤5)同,贅增"止"旁,表示行動,"降"字繁構。或作⬚(清華一·耆夜10),省一"趾"形,贅增"止"旁。

上博五·三2、3,上博七·凡甲3、凡乙3～,降落,降下。《詩·小雅·節南山》:"昊天不惠,降此大戾。"《書·君奭》:"弗弔天降喪於殷。"

上博八·蘭1"雨零(露)不～(降)",降落,降下。《荀子·議兵》:"若時雨之降,莫不説喜。"

陸

 上博七·吳3 ～惢(禍)於我

～,與⬚(清華一·保訓7)同,贅加"土"旁繁化。

簡文～,即"降",參"降"字條。

端紐冬聲

冬

 上博一·緇 6 晉～耆（祁）寒

 上博二·容 22～不敢目（以）蒼句（辭）

 上博四·昭 7 君王至於定～而被虜＝（襦衣）

 上博一·性 2～（終）者近義

 上博二·子 12～見芙玫（蘜）而薦之

 上博六·壽 5 前～言曰邦必喪

 上博八·李 1 旞（晉）～之旨（祁）寒

～，從"日"，"終"聲，所從的聲符"終"寫法不一，詳參"終"字。戰國文字或作 (郭店·老子甲 8)、 (郭店·老子甲 11)、 (郭店·緇衣 10)、 (郭店·五行 18)、 (新蔡甲三 107)、 (新蔡乙四 63、147)、 (秦駰玉版)、 (秦風 192)。《說文·夂部》："冬，四時盡也。從夂、從夊。夊，古文'終'字。 ，古文冬，從日。"秦漢篆隸階段，寫作從"仌"，或隸變作"冫"。

上博一·緇 6、上博二·容 22、上博四·昭 7、上博二·子 12～，冬天。一年四季的最後一季，農曆十月至十二月。《書·洪範》："日月之行，則有冬

有夏。"

上博六·壽5"前～",指去年冬天。

上博一·性2～,讀爲"終",事物的結局。與"始"相對。《詩·大雅·蕩》:"靡不有初,鮮克有終。"

終

 上博一·孔23～虖(乎)不猒(厭)人

 上博一·性19 甍(戚)肰(然)㠯(以)～

 上博二·容6 三十又(有)七年而民～

 上博三·彭2 斳(慎)～保勞

 上博三·彭3 不智(知)所～

 上博五·弟11 女(汝)斳(慎)訋(始)與～

 上博一·緇17 古(故)言則慮丌(其)所～

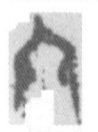 上博五·弟16 ☐☐安～

 上博三·周2 ～吉

 上博三·周4 ～凶

 上博三·周 4 ～吉

 上博三·周 5 ～吉

 上博三·周 5 ～朝晶(三)麌之

 上博三·周 9 ～迷(來)又(有)它吉

 上博三·周 14 不～日

 上博三·周 18 ～吉

 上博三·周 39 睧(聞)言不～

 上博三·周 42 又(有)孚不～

 上博三·周 50 不～

 上博三·周 57 ～日戒

 港甲 2 亡初又～

 上博六·用 20 凡民之～頪(類)

 上博七·凡甲 3 天墬（地）立～立諰（始）

 上博七·凡甲 18～身自若

 上博七·凡甲 25～則或（又）諰（始）

 上博七·凡乙 3 天墬（地）立～立諰（始）

 上博七·凡乙 13～身自若

 上博七·凡乙 18～則或（又）諰（始）

 上博三·中 24 所學（學）皆～

～，西周金文作 ▲（不其簋），以二點標示絲之兩端，爲終端、終結之"終"而造的字形，《說文》以爲"終"的古文。戰國文字"終"字作 ▲（郭店·性自命出 3）、▲（郭店·老子甲 15）、▲（郭店·緇衣 33）、▲（郭店·六德 19）、▲（郭店·語叢四 3）、▲（新蔡甲三 224）、▲（施 207）、▲（後李圖七 4），或從"糸"作：▲（曾侯乙編鐘）、▲（郭店·語叢一 49）、▲（楚帛書乙 3·81）。或作 ▲，從"糸"，"冬"聲。《說文·糸部》："終，絿絲也。從糸，冬聲。▲，古文終。"

上博一·孔 23、上博一·性 19、上博一·緇 17、上博五·弟 16～，事物的結局。與"始"相對。《詩·大雅·蕩》："靡不有初，鮮克有終。"

上博二·容 6～，人死。《禮記·文王世子》："文王九十七乃終。"《廣雅·

釋詁》:"殁、繹、結、冬,終也。"或讀爲考終、壽終。

上博三·彭 2"斳(慎)～"、上博五·弟 11"斳(慎)訋(始)與～",結束时仍然慎重。《書·太甲下》:"若升高,必自下。若陟遐,必自邇。無輕民事惟艱,無安厥位惟危,慎終於始。"孔穎達疏:"言終始皆當慎也。"《老子》:"慎終如始,則無敗事。"《説苑·談叢》:"慎終如始,常以爲戒。"

上博三·彭 3"不智(知)所～",不知道結局和下落。《國語·越語下》:"(范蠡)遂乘輕舟,以浮於五湖,莫知其所終極。"

上博三·周～,到底;終究。《墨子·天志中》:"欲以此求賞譽,終不可得。"

上博三·周 9"～逨(來)又(有)它吉",孔穎達疏:"有此孚信盈溢質素之缶,以此待物,物皆歸向,從始至終,尋常恆來,非唯一人而已,更有他人並來而得吉,故云'終來有他吉'也。"

上博三·周 5"～朝",早晨。《詩·小雅·采緑》:"終朝采緑,不盈一匊。"毛亨傳:"自旦及食時爲終朝。"《左傳·僖公二十七年》:"楚子將圍宋,使子文治兵於睽,終朝而畢,不戮一人。"

上博三·周 14、上博三·周 57"～日",整天。《荀子·勸學》:"吾嘗終日而思矣,不如須臾之所學也。"

上博三·周 39、上博三·周 42、上博三·周 50"不～",没有結果;没有到底。《左傳·僖公十六年》:"明年齊有亂,君將得諸侯而不終。"

港甲 2"又～",讀爲"有終",始終一貫。《易·謙》:"謙,亨。君子有終。"《詩·大雅·蕩》:"靡不有初,鮮克有終。"

上博六·用 20"～類",讀爲"終類",《太平經·妒道不傳處士助化訣》:"天地之神保終類,人乃不若六畜草木善邪哉,終類至道不可傳,天道無私,但當獨爲誰生乎?"

上博七·凡甲 3、凡乙 3、上博七·凡甲 25、凡乙 18"～",終止,結束,與"始"相對。《詩·大雅·蕩》:"靡不有初,鮮克有終。"《易·繫辭上》:"《易》之爲書也,原始要終,以爲質也。"

上博七·凡甲 18、凡乙 13"～身",一生。《禮記·王制》:"大夫廢其事,終身不仕,死以士禮葬之。"《漢書·司馬遷傳》:"蓋鍾子期死,伯牙終身不復鼓琴。"

上博三·中 24～,訓成,見《國語·周語》"純明則終"注。(季旭昇)

· 873 ·

愳

 上博三·周 12 君子又(有)～

～，从"心"，"終"聲。"忡"字異體。郭店·五行 12"憂心不能忡忡"之"忡"作𢖺可證。《說文·心部》："忡，憂也。从心，中聲。《詩》曰：'憂心忡忡。'"

簡文"又～"，讀爲"有終"，始終一貫。《詩·大雅·蕩》："靡不有初，鮮克有終。"

端紐中聲

中

 上博一·孔 17《酒(將)～》之言不可不韋也

上博一·孔 27《～氏》君子

 上博三·中 1 季逗子史(使)～(仲)弓爲剚(宰)

 上博三·中 1 ～(仲)弓㠯(以)告孔子曰

 上博三·中 5 ～(仲)弓曰

 上博三·中 6 ～(仲)弓含(答)曰

 上博三·中 8～(仲)弓曰

 上博三·中 8～(仲)尼曰

 上博三·中 9～(仲)弓曰

 上博三·中 10～(仲)尼

 上博三·中 10～(仲)弓曰

 上博三·中 16【背】～(仲)弓

 上博三·中 17～(仲)弓曰

 上博三·中 20～(仲)弓曰

 上博三·中 25～(仲)弓曰

 上博三·中 27～(仲)弓曰

 上博三·中 28～(仲)尼

 上博三·中附簡～(仲)

上博五·季 4 虞(且)笑(管)～(仲)又(有)言曰

上博五·季 9 牀(臧)曼(文)～又(有)言曰

上博五·君 10 昔者～尼籖(箴)徒三人

上博五·君 11 ～尼與虐子產箮(孰)叚(賢)

上博一·孔 8 言不～志者也

上博二·容 14 以三从舜于卣(畎)畮(亩)之～

上博二·容 40 立于～余(涂)

上博一·性 10 孚(教)所目(以)生悳(德)于～者也

上博一·性 34 唯宜道爲近～(忠)

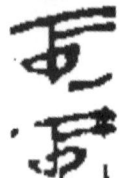

上博二·子 5 從者(諸)卉(草)茅之～

上博二·子 8 采(由)者(诸)甽(畎)畮(畝)之～

上博三·周 4 ～吉

上博三·周 39 ～行亡(無)咎

上博三・周 39 ～又（有）凶

上博三・周 51 日～見芰（瞞）

上博三・周 51 日～見斗

上博四・柬 3 城於膚～者

上博四・柬 9 王昌（以）告相屡（徙）與～余（舍）

上博四・柬 10 ～余（舍）仓（答）

上博四・柬 15 ～余（舍）與五連少（小）子及龍（寵）臣皆逗

上博四・逸・交 2 集于～渚

上博四・逸・交 3 集于～溝（瀨）

上博四・內附簡肰（然）后（後）奉之以～章（庸）

上博四・曹 35 亡所不～

上博四・曹 35 賞垫（均）聖（聽）～

上博四・曹 45 亓（其）賞諴敊（且）不～

上博四·曹 50 虖(號)命(令)于軍～曰

上博五·季 3 執民之～

上博四·內 7 不飤(食)若才(在)腹～

上博五·姑 6 參(三)坓(邨)～立

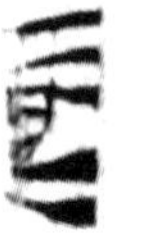

上博六·孔 7 衣備(服)此～

上博六·孔 27 求之於～

上博六·木 5 跪于薵～

上博六·慎 3～尻而不皮

上博六·天甲 4 必～青𠙷(以)瞿於勿

上博六·天甲 13～不韋

上博六·天乙 4 必～青𠙷(以)瞿於勿

上博七·君甲 2 楚邦之～

上博七·君乙 2 楚邦之～

上博七·吴 2 纊(裸)綺(褌)之～

上博七·吴 3 昔上天不～

上博七·吴 5 天□丌(其)～

～,楚文字或作 (郭店·唐虞之道 5)、 (新蔡甲三 275)、 (新蔡零 236、186)、 (新蔡零 336、341)、 (郭店·語叢三 33)、 (九 A47)、 (郭店·老子甲 24)、 (郭店·老子乙 9)、 (郭店·老子乙 14)、 (郭店·老子甲 22)、 (郭店·語叢一 21),或作 ,中間加一橫。齊文字或作 (新泰陶文)、 (新泰陶文)、 (山大 7)、 (齊幣 426)。燕文字或作 (貨系 3771)、 (先秦編 568)、 (先秦編 571)、 (施 297)。晉文字或作 (聚珍 233)、 (聚珍 233)、 (先秦編 240)、 (先秦編 240)、 (新出溫縣 WT1K1:3417)、 (新出溫縣 WT1K14:636)、 (新出溫縣 WT1K14:867)、 (新出溫縣 WT4K6:160)、 (新出溫縣 WT4K6:211)、 (上博集刊第八輯春成侯盉)。秦文字或作 (珍秦 2)、 (珍秦 3)、 (尊古 318)。《説文·丨部》:"中,内也。从口、丨,上下通。 ,古文中。 ,籀文中。"

上博一·孔 17"牂～",讀爲"將仲",《詩經》篇名,見《詩·鄭風·將仲子》。《詩序》:"《將仲子》,刺莊公也。不勝其母,以害其弟。弟叔失道而公弗制,祭仲諫而公弗聽,小不忍以致大亂焉。"

上博一·孔 27"～氏",讀爲"螽斯",《詩經》篇名。《詩·周南·螽斯》:"螽斯羽,詵詵兮。宜爾子孫,振振兮。"(李零)或認爲"仲氏"指"仲山甫"。(胡平生)

上博三·中"～(仲)弓",孔子弟子。《論語·先進》:"德行:顏淵、閔子騫、冉伯牛、仲弓。"《史記·仲尼弟子列傳》:"冉雍字仲弓。……孔子以仲弓爲有德行,曰:'雍也可使南面。'"

上博三·中 8、上博五·君 10、上博五·君 11"～(仲)尼",孔子的字。《史記·孔子世家》:"孔子生魯昌平鄉陬邑。其先宋人也,曰孔防叔。防叔生伯夏,伯夏生叔梁紇。紇與顏氏女野合而生孔子,禱於尼丘得孔子。魯襄公二十二年而孔子生。生而首上圩頂,故因名曰丘云。字仲尼,姓孔氏。"

上博五·季 4"筦(管)～",讀爲"管仲",名夷吾,諡曰"敬仲",史稱管子。春秋時期齊國著名政治家、軍事家。參"筦(管)"字條。

上博五·季 9"牀曼(文)～",讀爲"臧文仲",《論語·公冶長》子曰:"臧文仲居蔡,山節藻梲,何如其知也?"包咸曰:"臧文仲,魯大夫臧孫辰。文,諡也。"邢昺疏:"云'臧文仲,魯大夫臧孫辰'者,案《世本》'孝公生僖伯彄,彄生哀伯達,達生伯氏瓶,瓶生文仲辰',則辰是公子彄曾孫也。彄字子臧,公孫之子以王父字爲氏,故姓曰臧也。云'文,諡也'者,《諡法》云:'道德博厚曰文。'"

上博二·容 14"以三從舜於旬(畎)畮(畝)之～"、上博二·子 8"采(由)者(諸)甽(畎)畮(畝)之～",參《孟子·告子下》:"舜發於畎畝之中,傅說舉於版築之間,膠鬲舉於魚鹽之中,管夷吾舉於士,孫叔敖舉於海,百里奚舉於市。"

上博二·容 40"～余",讀爲"中塗",是都城的居於中央的大道的意思,簡文言"入自北門,立於中余(塗)","門"、"塗"於地點而言正好連貫。(單育辰)

上博一·性 10～,指内心。《莊子·天運》:"中無主而不止。"成玄英疏:"若使中心無受道之主,假令聞於聖説,亦不能止住於胸懷,故知無佗也。"《史記·樂書》:"情動於中,故形於聲。"張守節正義:"中猶心也。"

上博一·性 34～,讀爲"忠"。

上博二·子 5"从者(諸)卉(草)茅之～",《戰國策·趙策四》:"昔者堯見舜于草茅之中,席隴畝而蔭庇桑,陰移而授天下傳。"

上博三·周 4～,與"終"相對應,用爲"中間"意。

上博三·周 39"～行",中正之行。《荀子·子道》:"上順下篤,人之中行也。"《論語·子路》:"不得中行而與之,必也狂狷乎。"《象》曰:"'中行無咎',

中未光也。"

上博三·周51"日～",正午。《左傳·昭公元年》:"叔孫歸,曾夭御季孫以勞之。旦及日中不出。"

上博四·柬9、10、15"～余",讀爲"中射"或"中謝",古官名,宮廷中的侍衛官。《戰國策·楚策四》:"有獻不死之藥於荆王者,謁者操以入。中射之士問曰:'可食乎?'"《韓非子·十過》:"中射士諫曰:'合諸侯,不可無禮。'"陳奇猷集釋引孫詒讓曰:"中射者,射人之給事宮内者,猶涓人之在内者謂之中涓,庶子之在内者謂之中庶子矣。"一說,侍御的近臣。《吕氏春秋·去宥》:"有中謝佐制者,爲昭釐謂威王曰:'國人皆曰,王乃沈尹華之弟子也。'"高誘注:"中謝,官名也。佐王制法制也。"《史記·張儀列傳》:"中謝對曰:'凡人之思故,在其病也。'"司馬貞索隱:"蓋謂侍御之官。"或讀爲"中舍",職官名,爲楚王宫中的舍人之官。

上博四·内附簡"～章",讀爲"中庸",待人、處事不偏不倚,無過無不及。《論語·雍也》:"中庸之爲德也,其至矣乎。"何晏集解:"庸,常也,中和可常行之道。"

上博四·曹35"賞埅(均)聖(聽)～","中"與"均"對文,同義,平均、公平。《周禮·考工記·弓人》:"斲摯必中,膠之必均。"鄭玄注:"摯之言致也;中猶均也。"江永《周禮疑義舉要·考工記二》:"中與均皆謂無厚薄不匀也。"

上博四·曹45～,均,公平。

上博四·曹50"虗(号)命(令)于軍～",《穀梁傳·昭公四年》:"靈王使人以慶封令於軍中。"

上博五·姑6"～立",或疑讀爲"忠位",指忠守其職。

上博六·天甲13～,當指内心。《史記·樂書》:"情動於中,故形於聲。"張守節正義:"中猶心也。"不違,當訓爲不違背,依從。(張崇禮)

上博一·孔8,上博六·天甲4、天乙4～,符合,動詞。《管子·四時》:"不中者死,失理者亡。"尹知章注:"中猶合也。不合三政者則死。""中情",符合情。(張崇禮)

上博六"～青",讀爲"中情"。"中"訓爲"正",不偏不倚,無過不及。

上博七·吳3～,讀爲"衷",善。《國語·吳語》"天舍其衷",韋昭注:"衷,善也。"《書·湯誥》:"惟皇上帝,降衷於下民。""不衷",不善。

上博～,内,裡面。與"外"相對。《易·坤》:"《象》曰:黄裳元吉,文在中也。"

宙

上博二·容 7 於是虗(乎)方百里之～

上博二·容 21～正之羿(旗)以澳(熊)

上博三·亙 8 先又(有)～(中)

上博三·周 7 才(在)帀(師)～(中)吉

上博六·用 3 誇亓(其)又(有)～墨

上博六·用 18 叡亓(其)又(有)～成

上博七·凡甲 11 亓(其)人(入?)～

上博七·凡乙 8 亓(其)人〈入?〉～

上博八·李 1 剚(搏)外罡(疏)～(中)

上博八·蘭 1 庑(宅)才(在)學(幽)～(中)

～,楚文字或作、、、、、、![](新蔡

乙一 8)、（新蔡乙四 134）。从"宀"，"中"聲，"中"字繁體。

上博二·容 7"于是虔(乎)方百里之～"，《史記·貨殖列傳》："請略道當世千里之中，賢人所以富者，令後世得以觀擇焉。"

上博二·容 21"～正之羿(旗)以澳(熊)"，古史傳說黃帝號有熊氏，以熊爲圖騰，而黃帝在五方帝中位處正中，這當是中正之旗以熊的來歷。（李零）

上博六·用 3"～墨"，讀爲"忠謀"，《荀子·致士》："忠言、忠説、忠事、忠謀、忠譽、忠愬莫不明通，方起以尚盡矣。"（陳偉武）或讀爲"中墨"、"中默"或"終默"。

上博六·用 18"～成"，疑讀爲"忠誠"，真心誠意，無二心。《荀子·堯問》："忠誠盛於内，賁於外，形於四海。"荀悦《漢紀·文帝紀下》："周勃質樸忠誠，高祖以爲安劉氏者必勃也。"

上博七·凡甲 11、凡乙 8～，即"中"，中午。"其入中"，日到中午時候，猶言"日中"，即正午。《易·豐》："日中則昃，月盈則食。"《左傳·昭公元年》："叔孫歸，曾夭御季孫以牢之。且及日中不出。"

上博三·周 7，上博三·亙 8，上博八·李 1～，"中"與"外"相對，見《易·兑》："剛中而柔外。"《左傳·僖公十五年》："亂氣狡憤，陰血周作，張脈僨興，外彊中乾。"《文子·上禮》："鄧水之深，十仞而不受塵垢，金石在中，形見於外。"

上博八·蘭 1～，方位在中央。《孟子·盡心上》："中天下而立。"《新書·屬遠》："古者天子地方千里，中之而爲都。"《孫子·九地》："擊其中，則首位俱應。"《楚辭·九章·思美人》："羌芳華自中出。"

忠

上博一·緇 11 則～敬不足

上博三·中 21 㠯(以)～與敬

上博三·中 22 上下相返(復)㠯(以)～

上博一·孔 26～

上博六·慎 1～寔呂（以）反俞

上博六·天甲 13～聖（謀）

上博八·顔 13 先尻（處）～也

～，戰國文字或作 （郭店·魯穆公問子思 1）、 （郭店·魯穆公問子思 3）、 （郭店·唐虞之道 9）、 （郭店·忠信之道 8）、 （郭店·成之聞之 26）、 （郭店·性自命出 41）、 （郭店·六德 17）、 （郭店·六德 17）、 （郭店·性自命出 39）、 （郭店·六德 35）、 （郭店·語叢二 9）、 （郭店·語叢二 46）、 （郭店·語叢三 63）、 （集粹 885）、 （施 290）、 （施 327）、 （珍秦 343）。《説文·心部》："忠，敬也。从心，中聲。"

上博一·緇 11"～敬"，忠誠恭敬。《禮記·祭統》："致其誠信，與其忠敬，奉之以物……明薦之而已矣。"

上博三·中 21"以～與敬"，《説文·心部》："忠，敬也。"

上博～，忠誠無私；盡心竭力。《左傳·成公九年》："無私，忠也。"《國語·周語下》："言忠必及意，言信必及身。"韋昭注："出自心意爲忠。"

上博六·天甲 13"～聖"，讀爲"忠謀"。"忠"，忠誠。《論語·學而》："吾日三省吾身：爲人謀而不忠乎？與朋友交而不信乎？傳不習乎？"

端紐衆聲

衆

上博一·性 25 下交旻（得）～近從正（政）

上博二・從甲 8 濿則遊(失)～

上博二・從甲 10 信則旻(得)～

上博二・容 36 ～寡不聖(聽)訟

上博二・容 42 夫是目(以)旻(得)～而王天下

上博五・季 10 窗則遊(失)～

上博五・季 22 ～必亞

上博五・姑 3 君貴我而受(授)我～

上博五・姑 4 虐(吾)弜(強)立絧(治)～

上博五・姑 8 取宔(主)君之～目(以)不聽命

上博五・姑 10 不用亓(其)～

上博五・君 6 禹亓(其)～寡

上博五・弟 10 夫目(以)～軛(犯)難(難)

 上博六·競 8～

 上博六·孔 15 君子恆㠯(以)～福

 上博六·孔 25～之所植

 上博六·孔 25～之

 上博六·用 9 內閒諆～

 上博六·用 15 告～之所畏忌

 上博六·用 17 莫～而粗(迷)

 上博六·用 17 韓～誚諫

 上博六·用 17～……

 上博六·用 18 番圖紿～

 上博六·天甲 10 聚～不語怨

 上博六·天乙 9 聚～不語怨

 上博七·凡甲 20 眾(一)言而又(有)～

 上博七·凡甲 29 ～眾(一)言而萬民之利

 上博七·凡乙 14 眾(一)言而又(有)～

 上博八·王 3 是言既睧(聞)於～巳(已)

 上博八·李 1 ～木之紀(紀)可(兮)

 上博八·李 1【背】胃(謂)群～鳥

 上博八·蘭 3 親～秉志

～,戰國文字或作 (郭店·老子甲 12)、 (郭店·老子丙 13)、 (郭店·成之聞之 25)、 (郭店·語叢四 18)、 (歷博·燕 89)、 (後李圖三 2)、 (珍秦 365)、 (湖南 48)、 (秦風 52)。《說文·乑部》:"眾,多也。从乑、目,眾意。"

上博一·性 25、上博二·從甲 10、上博二·谷 42"得～",《論語·陽貨》:"恭則不侮,寬則得衆,信則人任焉,敏則有功,惠則足以使人。"

上博二·從甲 8、上博五·季 10"遊～",讀爲"失衆",《禮記·大學》:"道得衆則得國,失衆則失國。"

上博五·姑 4"絧～",讀爲"治衆",《韓非子·備內》:"勢後以應前,按法以治衆,衆端以參觀。"

上博五·姑 10"不用其～",不興師動衆,《左傳·成公十七年》:"將攻郤

氏,長魚矯請無用衆。""不用亓衆"同於"請無用衆"。

上博二·容36、上博五·君6"～寡",多或少。《論語·堯曰》:"君子無衆寡,無小大,無敢慢。"《孫子·謀攻》:"識衆寡之用者勝。"

上博五·弟10"夫曰(以)～軛(範)戁(難)",參《文選·爲吳令謝詢求爲諸孫置守塚人表》:"追惟吳僞武烈皇帝,遭漢室之弱,值亂臣之强,首唱義兵,先衆犯難。破董卓於陽人,濟神器於甄井。"

上博五·季22、上博五·姑3、8、上博六·孔25、上博六·用9、15、上博七·凡甲20、29,凡乙14、上博八·王3～,衆人,群衆。《易·晉》:"衆允,悔亡。"

上博六·用18～,衆多,許多。《説文》:"衆,多也。"《論語·爲政》:"譬如北辰,居其所而衆星共之。"

上博六·用17"莫～而粯",衆,衆人。迷,迷惑。《韓非子·内儲説上》:"魯哀公問於孔子曰:鄙諺曰:'莫衆而迷。'今寡人舉事,與群臣慮之,而國愈亂,其何故也?"(張崇禮)

上博六·天甲10、天乙9"聚～",聚集人衆。《莊子·盜跖》:"勇悍果敢,聚衆率兵,此下德也。"《孫子·軍爭》:"凡用兵之法,將受命於君,合君聚衆,交和而舍,莫難於軍爭。"

上博八·李1"～木",即衆樹。

上博八·李1【背】"群～鳥",《荀子·勸學》:"草木疇生,禽獸群焉,物各從其類也。是故質的張而弓矢至焉,林木茂而斧斤至焉,樹成蔭而衆鳥息焉,醯酸而蜹聚焉。"

上博八·蘭3"親～",《國語·晉語二》:"夫固國者,在親衆而善鄰,在因民而順之。"

定紐蟲聲

蟲

 上博八·志4～材以爲獻

～,與 (郭店·老子甲21)同。《説文·蟲部》:"蟲,有足謂之蟲,無足

謂之豸。从三虫。"

簡文"～材",讀爲"蠢材",謂愚者。亦作"庸才",才能平庸、低下的人。《漢書·薛宣傳》:"任重職大,非庸材所能堪。"

繼

　　上博五·三 14 天材(哉)～₌

～,从"糸","蟲"聲。

上博五·三 14～～,讀爲"隆隆"。《吕氏春秋·序意》:"智不公,則福日衰,災日隆。"高誘注:"隆,盛。"《文選·張華·女史箴》:"隆隆者墜。"劉良注:"隆隆,盛也。"(白於藍)或讀爲"繩繩",是綿綿不絕之義。

蠤(融)

　　上博五·鬼 5～(融)帀又成氏

　　上博五·鬼 7 昔～(融)之氏帀(師)

　　上博三·周 25 虎視～₌

～,从"章","蟲"省聲。"章",爲城墉之"墉",亦是聲旁。"墉"、"蟲"、"融"音近古通。 爲"融"字異體。上博三·周 25"融"字右上贅加"口"旁。古文字"融"字或作 (邾公釛鐘)、 (楚帛書)、 (望山簡)、 (包山簡)、 (新蔡甲三 188、197)、 (新蔡乙一 22)。"融(蠤)"字的"蚰"符是蟲的省變,這從《説文》融字籀文从鬲蟲聲、小篆从鬲蟲省聲便可得知。《説文》分虫、蚰、蟲爲三字,但古文字資料卻單復不别,作雙虫重疊的"蚰"符也當是蟲的别體。而一般釋爲"流(㳅)"字的"蚰"符則來源於毓字的省文即"㐬"形的訛變,有的"蚰"符旁邊還保留著圓圈形,便是倒子頭形的割裂,後來更連倒

889

子的頭部也省略了,最後訛成了"蚰"形。於是兩個來源不同的"蚰"形遂混而爲一。混同是以兩者的音同音近爲條件的。流、充(毓)、融,代表著上古幽、覺、冬三個韻部的讀音,即代表上古的冬韻及其相配的陰聲韻和入聲韻。因爲它們的主要母音相同,只是韻尾稍有區別而已。(曾憲通)《説文·鬲部》:"融,炊氣上出也。从鬲,蟲省聲。䭣,籀文融,不省。"

上博三·周25"～～",讀爲"眈眈"。"融",喻紐四等(歸定紐)冬部;"沉"、"眈",端紐侵部。定、端同屬端組,冬、侵旁轉。"融"、"由"二字古通。《左傳·昭公五年》:"吳子使某弟蹶由犒師。"《韓非子·説林下》引"由"作"融"。"由"、"尤"二字古通。《易·謙》:"由豫大有得。"漢帛書本"由"作"尤"。因此,"融"可讀爲"眈"。"眈眈",威視貌;注視貌。《易·頤》:"虎視眈眈,其欲逐逐。"馬王堆漢墓帛書《周易》作"沈沈";今本《周易》作"眈眈"。

上博五·鬼5、7～,即"融"字,"祝融"之省稱。《國語·周語上》"昔下之興也,融降於崇山",韋昭注:"融,祝融也。"據《史記·楚世家》及包山楚簡,"祝融"爲楚之先祖。《山海經·海外南經》:"南方祝融,獸身人面,乘兩龍。"《大荒西經》:"顓頊生老童,老童生祝融。"(曹錦炎)

蚰

　　上博六·用5 征～飛鳥

～,從二"虫","蟲"字異體。

簡文"征～",讀爲"貞蟲",細腰蜂一類的昆蟲。《墨子·明鬼下》:"百獸貞蟲,允及飛鳥,莫不比方。"《淮南子·原道》:"蚑蟯貞蟲,蝡動蚑作。"高誘注:"貞蟲,細腰之屬也。"

泥紐農聲

蓐(農)

　　上博五·三15 敄(務)～敬戒

～,與甲骨文形同,從"林",從"辰",會意。以"辰"(蜃蛤的殼製成的農

具)伐木開荒。《説文·晨部》:"農,耕也。从晨,囟聲。,籒文農,从林。,古文農。,亦古文農。"

簡文"敄～",讀爲"務農",從事農業生產。《國語·周語上》:"三時務農而一時講武,故征則有威,守則有財。"

泥紐戎聲

戎

 上博二·容 1 斳(神)～(農)是(氏)

 上博二·容 39 陞(徵)自～述(遂)

 上博三·周 38 莫(暮)譽(夜)又(有)～

 上博五·弟 20 有～(農)植丌(其)楊而訶(歌)安(焉)

 上博六·用 14 克輯～事

～,楚文字或作(郭店·成之聞之 13)、(楚王豆)、(楚王匜),秦文字或作(秦風 58)、(秦風 68)。《説文·戈部》:"戎,兵也。从戈、甲。"

上博三·周 38～,戰事,《左傳·成公十三年》:"國之大事,在祀與戎。"

上博二·容 1 "斳～是",讀爲"神農氏",傳説中的上古帝王炎帝。《淮南子·脩務》:"於是神農乃始教民播種五穀,相土地之宜,燥濕肥墝高下,嘗百草之滋味、水泉之甘苦,令民知所避就。"《白虎通·號》:"三皇者、何謂也?謂伏羲、神農、燧人也。或曰:伏羲、神農、祝融也。《禮》曰:'伏羲、神農、祝融,

三皇也。'"《莊子·胠篋》:"昔者容成氏、大庭氏、伯皇氏、中央氏、栗陸氏、驪畜氏、軒轅氏、赫胥氏、尊盧氏、祝融氏、伏犧氏、神農氏,當是時也,民結繩而用之,甘其食,美其服,樂其俗,安其居,鄰國相望,雞狗之音相聞,民至老死而不相往來。"

上博五·弟20~,讀爲"農",農夫,農民。《孟子·公孫丑上》:"耕者助而不稅,則天下之農,皆悦而願耕於其野矣。"《漢書·食貨志上》:"善爲國者,使民毋傷而農益勸。"

上博二·容39"陞自~述",讀爲"升自陑遂"。《書·湯誓序》:"伊尹相湯伐桀,升自陑遂,與桀戰於鳴條之野,作湯誓。""戎"、"仍"二字古通。《左傳·昭公四年》:"夏桀爲仍之會。"《史記·楚世家》作"有仍",《韓非子·十過》作"有戎"。"仍"與"陑"、"陾"古通。《詩·大雅·緜》:"捄之陾陾","陾陾"《詩考》引《説文》作"仍仍",引《玉篇》手部作"陑陑"。

上博六·用14"~事",《穀梁傳·桓公六年》:"秋,八月……平而脩戎事,非正也。"《左傳·成公十六年》:"從寡君之戎事。"《韓非子·外儲説下》:"是故脩車馬,比卒乘,以備戎事。"

精紐宗聲

宗

上博二·從乙4 息(仁)之~也

上博二·容41 於是虖(乎)叚(叛)~鹿(戮)族

上博二·容46 豊、稾(禱)、鄎(祁)、蛋于鹿耆~

上博三·周33 陞(陞)~齧(噬)肤(膚)

上博五·競2 昔高~祭

· 892 ·

　上博五·競4 高～命伓(傅)鳶(説)量之𠙴(以)祭

　上博一·孔5 敬～宙(廟)之豊(禮)

　上博一·孔24 虐(吾)𠙴(以)甘棠旻(得)～宙(廟)之敬

　上博三·中5 爲之～𢗯(謀)女(汝)

　上博三·彭4 可(何)丌(其)～(崇)

　上博五·三10 毋戚(滅)～

～，戰國文字或作 、、、、、。《説文·宀部》："宗，尊祖廟也。从宀、从示。"

上博二·從乙4～，根本；本旨。《左傳·昭公二年》："忠信，禮之器也。卑讓，禮之宗也。"《國語·晉語四》："愛親明賢，政之幹也；禮賓矜窮，禮之宗也；禮以紀政，國之常也。"韋昭注："宗，本也。"

上博二·容41～，宗族，即同宗同族之人。"叟～鹿族"讀爲"叛宗離族"，即叛離宗族。"叛"、"離"同意。《管子·形勢解》："失天之道，則民離叛而不聽從，故主危而不得久王天下。"《左傳·定公四年》："滅宗廢祀，非孝也。"

上博二·容46～，讀爲"崇"，古國名。《詩·大雅·文王有聲》："文王受命，有此武功。既伐于崇，作邑于豐。文王烝哉！"《中國歷史大辭典》定其地望在今河南嵩縣北。

上博三·周33～，指宗主。《書·顧命》："延入翼室，恤宅宗。"孔安國傳："延之使居憂，爲天下宗主。"

上博五·競2、4"高～",《書·高宗肜日》:"高宗祭成湯,有飛雉升鼎耳而雊,祖己訓諸王,作《高宗肜日》、《高宗之訓》。"《禮記·喪服四制》:"高宗者武丁。武丁者,殷之賢王也。繼世即位而慈良於喪,當此之時,殷衰而復興,禮廢而復起,故善之。善之,故載之書中而高之,故謂之高宗。"

上博一·孔5、24"～审",讀爲"宗廟",古代帝王、諸侯祭祀祖宗的廟宇。《國語·魯語上》:"夫宗廟之有昭穆也,以次世之長幼,而等胄之親疏也。"《史記·魏公子列傳》:"今秦攻魏,魏急而公子不恤,使秦破大梁而夷先王之宗廟,公子當何面目立天下乎?"

上博三·中5～,長也(《經籍纂詁》18頁),謂爲季氏家臣之長。(季旭昇)

上博三·彭4～,讀爲"崇"。《爾雅·釋詁上》:"崇,高也。"郭璞注:"崇,高大貌。"《後漢書·班固傳》:"莫崇乎陶唐。"李賢注引《爾雅》曰:"崇,高也。"《禮記·文王世子》:"宗廟之中,以爵爲位,崇德也。"鄭玄注:"崇,高也。""何其崇",意爲"多麽崇高啊",這是讚美夫子之德的隆盛。(李零)

上博五·三10"戚～",讀爲"滅宗",滅絕宗廟祭祀。《左傳·定公四年》:"滅宗廢祀,非孝也。"《墨子·明鬼下》:"(禽艾之道)之曰:'得(德)璣無小,滅宗無大。'則此言鬼神之所賞,無小必賞之;鬼神之所罰,無大必罰之。"《國語·楚語下》:"舊怨滅宗,國之疾眚也。"(林文華)讀爲"毋滅崇(興)"。(劉國勝)

心紐宋聲

宋

上博一·緇23～人又(有)言曰

上博六·競4木爲成於～

上博八·子2至～衛之外(間)

～,戰國文字或作 ❍(秦家嘴1)、❍(珍戰144)、❍(施250)、❍(施250)、❍(施250)、❍(施244)、❍(靈壽圖80·1)、❍(尤家庄秦陶)。《説

文·宀部》:"宋,居也。从宀,从木。讀若送。"

上博一·緇23"~人",指周代宋國人。宋人爲殷商後代,受到周人的歧視,被譏爲"蠢殷"、"頑民"。《莊子·逍遙遊》:"宋人資章甫而適諸越,越人斷髮文身,無所用之。"《孟子·公孫丑上》:"宋人有閔其苗之不長而揠之者,芒芒然歸。謂其人曰:'今日病矣!予助苗長矣!'其子趨而往視之,苗則槁矣。"《韓非子·五蠹》:"宋人有耕田者,田中有株,兔走觸株,折頸而死,因釋其耒而守株,冀復得兔,兔不可復得,而身爲宋國笑。"

上博六·競4、上博八·子2~,國名。春秋時爲十二諸侯之一。《漢書·地理志》:"(宋)爲齊、楚、魏所滅,三分其地。魏得其梁、陳留,齊得其濟陰、東平,楚得其沛。"

正編·宵部

上博楚簡文字聲系

宵　部

影紐夭聲

夭

上博五·競7天不見～

"夭"字像人雙臂擺動,邁開雙腿作奔跑狀,盂鼎"走"、"奔"作 ，戰國文字或訛變作 (郭店·唐虞之道11)、 (帛乙6·5)、 (璽彙0911)、 (珍秦120)。～,乃"夭"之變體。(陳劍)或釋爲"禹",或疑爲"萬"省。或分析爲上從"虫"下從"土",是"蚩"字的特殊寫法。《說文·夭部》:"夭,屈也。从大,象形。"

簡文～,讀爲"妖"或"祆",泛指自然界和人事中、社會上反常的、怪異的事物。《春秋繁露·必仁且知》:"莊王曰:天不見災,地不見孽,則禱之於山川,曰:'天其將亡予耶!不說吾過,極吾罪也。'"《說苑·君道》:"楚莊王見天不見妖,而地不出孽,則禱於山川,曰:'天其忘予歟?'此能求過於天,必不逆諫矣。安不忘危,故能終而成霸功焉。"《呂氏春秋·制樂》:"文王曰:'不可。夫天之見妖也,以罰有罪也。我必有罪,故天以此罰我也。今故興事動衆以增國城,是重吾罪也。不可。'"簡文句意與《說苑·君道》相合。(陳劍)

祅

 上博二·容16～(妖)羕(祥)不行

～,从"示","夭"聲。《説文》:"祅,地反物爲祅也。从示,芺聲。"段玉裁注:"祅,省作祆。經傳通作妖。"

簡文"～羕",讀爲"妖祥",指顯示災異的凶兆。《禮記·樂記》:"疾疢不作,而無妖祥。"《漢書·燕刺王劉旦傳》:"謀事不成,妖祥數見。"亦指各種怪異反常現象,如《左傳·宣公十五年》"地反物爲妖",《玉篇·示部》"祥,似羊切,妖怪也"。(李零)

芺

 上博二·子12冬見～

《説文·艸部》:"芺,艸也。味苦,江南食以下氣。从艸,夭聲。"

簡文～,《爾雅·釋草》:"鉤,芺。"郭注:"大如拇指,中空,莖頭有台,似薊,初生可食。"《説文》:"薐,艸也。从艸,要聲。詩曰:四月秀薐。劉向説,此味苦,苦薐也。"《説文解字繫傳》"芺"字下云:"今苦芺也。"可見"芺"和"薐"所指是同一種草。芺這種草可以食用,但大概是在夏曆四月的時候才長成。簡文言"冬見芺",是言其神異。(張富海)

迗

 上博四·柬2芥毬(義)愈(愈)～

～,从"辵","夭"聲。

簡文～,讀爲"夭"。《説文》:"夭,屈也。"引申爲傾斜。龜尹手執傘蓋爲簡王遮陽,傘柄隨著日影移動而逐漸傾斜。(周鳳五)或讀爲"突",《類篇》:"突,深也。"句意"病容益深"。

芺(笑)

上博一·性 13 ～(笑)

上博一·性 14 睧(聞)～(笑)耵(聲)

上博三·周 42 一斛于～

上博四·柬 19 人牆(將)～(笑)君

上博五·三 11 毋～(笑)型(刑)

上博五·鬼 2 爲天下～(笑)

上博六·莊 7 不穀以～紳公

上博六·壽 4 王～

上博六·壽 6 王～

～,從"艸"、從"犬",與 、、、同。《說文·竹部》:"笑,此字本闕。臣鉉等案:孫愐《唐韻》引《說文》云:'喜也。從竹從犬。'而不述其義。今俗皆從犬。又案:李陽冰刊定《說文》從竹,從夭。義云:竹得風,其體夭屈如人之笑。未知其審。"

上博一·性14～，顯露愉悅的表情，發出欣喜的聲音。《易·同人》："同人先號咷而後笑。"《素問·陰陽應象大論》："在聲爲笑。"王冰注："笑，喜聲也。"

上博三·周42"一斛于～"，讀爲"一握于笑"，一握之頃刻，變號爲笑。

上博四·柬19、上博六·莊7～，譏笑；嘲笑。《孟子·梁惠王上》："以五十步笑百步，則何如？"《詩·邶風·終風》："顧我則笑。"毛亨傳："侮之也。"

上博五·鬼2"爲天下～（笑）"，被天下人恥笑。《戰國策·齊策五》："然而智伯卒身死國亡，爲天下笑者，何謂也？"

上博五·三11"毋～（笑）型（刑）"，不要譏笑、嘲笑受刑之人。

影紐要聲

要

 上博一·性14 昏（聞）訶（歌）～

 上博四·采2～ 坓（丘）

《說文·臼部》："要，身中也。象人要自臼之形。從臼，交省聲。，古文要。"

上博一·性14"訶～"，讀爲"歌謠"，合樂爲歌，徒歌爲謠。《詩·魏風·園有桃》："心之憂矣，我歌且謠。"毛亨傳："曲合樂曰歌，徒歌曰謠。"《漢書·藝文志》："自孝武立樂府而采歌謠，於是有代趙之謳，秦楚之風，皆感於哀樂，緣事而發，亦可以觀風俗，知薄厚雲。"

上博四·采2"～坓（丘）"，讀爲"高丘"。"要"上古音屬宵部影母，高屬宵部見母。二字音近可通。"高丘"戰國時屬楚，又見於鄂君啟節銘文、包山楚簡和屈原《離騷》等。李家浩先生考定在今安徽宿縣北的符離集附近，淮水北不遠。（劉洪濤）

腰

上博四·采 2 不～之婬

上博四·昭 7 不脮(膄)～臺(頸)之辠

～,上從"目",下從兩手叉腰之形,"腰"字初文。包山 182"邀"字或從"要"聲作邊。《説文·臼部》:"要,身中也。象人要自臼之形。从臼,交省聲。𦥑,古文要。"

上博四·采 2"不～之婬",或釋爲"不要之淫",不加遏止的淫佚。

上博四·昭 7"～臺(頸)之辠",讀爲"腰頸之罪",腰斬或殺頭之罪。與古書常見的"要領之罪"意同。《戰國策·魏策二》:"今臣願大王陳臣之愚意,恐其不忠於下吏,自使有要領之罪,願大王察之。"《呂氏春秋·仲春紀》:"關龍逄、王子比干能以要領之死爭其上之過,而不能與之賢名。"(郭永秉)

曉紐嚚聲

嚚

上博一·孔 21 贓(將)大車之～也

上博五·三 5 民乃～(夭)死

上博五·三 16 四方垩(來)～

～,楚文字或作 (出土文獻研究第三輯 87 頁)、 (施 152)。《説文·品部》:"嚚,聲也。氣出頭上。从品从頁。頁,首也。𩒹,嚚或省。"

903

上博一·孔21～，喧嘩。《左傳·成公十六年》："在陳而嚚。"杜注："嚚，喧嘩也。"

上博五·三5"～死"，讀爲"夭死"。馬王堆帛書《陰陽五行》甲篇："耳痺病嚚死。"《大戴禮記·易本命》："故王者動必以道，靜必以理。動不以道，靜不以理……人民夭死，五穀不滋，六畜不蕃息。"湖北隨州孔家坡漢簡日書《歲》篇："七月並居申，以行秋氣，必寒；温，民多疾病，五穀夭死。"（李天虹）

上博五·三16～，喧嚚怨怒之義。《漢書·董仲舒傳》："此民之所以嚚嚚苦不足也。"顔師古注："嚚嚚，衆怨愁聲也。""喪忩（怠）係樂，四方來嚚"一句大意似爲："喪失了百姓又繼之以歌樂，四方的民衆都會喧嚚怨怒。"（范常喜）

戠

 上博七·君甲7 人以君王爲所以～

 上博七·君乙7 人以君王爲所以～

～，從"戈"，"嚚"聲，與曾侯乙墓竹簡1、12形同。

簡文～，或讀爲"矯"，訓矯情、矯詐、拂逆。《淮南子·俶真》："賢人之所以矯世俗者，聖人未嘗觀焉。"高誘注："矯，拂也。"（孟蓬生、李天虹）或讀爲"夭"。（蘇建洲）

匣紐爻聲

佫

 上博六·孔8 竊又易～也

～，从"口"，"佫"聲。"佫"字郭店·五行32作, 用爲"容貌"之"貌"。

簡文～，讀爲"貌"。

慐

 上博六·孔 7 頌～不隶

～，从"心"，"佲"聲。

簡文～，讀爲"貌"，容顏相貌。《論語·泰伯》："君子所貴乎道者三：動容貌，斯遠暴慢矣；正顏色，斯近信矣；出辭氣，斯遠鄙倍矣。"《史記·老子韓非列傳》："良賈深藏若虛，君子盛德，容貌若愚。"《春秋繁露》卷十："衣服中而容貌恭。"

教

 上博一·孔 23 以道交見善而～（學）

上博一·性 10 肰（然）句（後）逡（復）㠯（以）～（教）

上博一·性 12 兑（悦）丌（其）～（教）

上博一·性 22 未～（教）而民恆

上博一·性 31 凡～（教）者求丌（其）［心爲難］

 上博二·民 8 酒（將）可～（學）時（詩）矣

 上博二·容 3 ～（教）而悬（悔）之

 上博二·容 9 堯乃爲之～（教）曰

 上博二·容 48 文王時（持）故時而～（教）民時

 上博三·中 15 昏（聞）虘（乎）足旨（以）～（教）壴（矣）

 上博三·中 16 ～（教）而史（使）之

 上博三·中 17 惪（德）～（教）不悉（倦）

 上博三·亙 10 忢（慌）言之遉（後）者～（校）比安（焉）

 上博五·弟 3 毋又柔～（教）

 上博八·有 1 蕫（助）余～（教）保子今可（兮）

 上博一·性 4 ～（教）史（使）肰（然）也

 上博六·天甲 13 所不～（學）於帀（師）者三

 上博六·天甲 13 此所不～（學）於帀（師）也

～，从"子"，"爻"聲，"教"字異體。與 、 ![](郭店·六

德 21 形)同。《説文·教部》:"教,上所施下所效也。从攴、从孝。𦭒,古文教。𤕝,亦古文教。"

上博二·民 8"～晦",讀爲"學詩",《説苑·反質》:"子貢問子石:'子不學詩乎?'"(劉樂賢)

上博三·中 16"～而史(使)之"。《孟子·告子下》:"不教民而用之謂之殃民。"

上博三·亙 10"～比",讀爲"校比"。《周禮·地官·黨正》:"正歲,屬民讀灋而書其德行道藝,以歲時涖校比。"《國語·齊語》:"比校民之有道者。"韋昭注:"比,比方也;校,考合也,謂考其德行道藝而興賢者。"《周禮·春官·樂師》:"小胥掌學士之徵令而比之。"鄭玄注"比猶校也",孫詒讓《周禮正義》:"案凡考校,必比方之而後差等見,故引申之,考校亦得爲比。""校"是循名考實,"比"是等差次序。(李零、董珊)

上博三·中 17"悳(德)～(教)",道德教化。《孟子·離婁上》:"爲政不難,不得罪於巨室。巨室之所慕,一國慕之;一國之所慕,天下慕之;故沛然德教,溢乎四海。"

上博五·弟 3"柔～",寬柔教之。《禮記·學記》:"故君子之教喻也。"孔穎達疏:"今若但示正道,寬柔教之,則彼心和而意乃覺悟也。"

上博八·有 1～,把知識或技能傳授給人。《左傳·襄公三十一年》:"教其不知,而恤其不足。"

上博一·孔 23、上博六·天甲 13～,讀爲"學",學習。《詩·周頌·敬之》:"日就月將,學有緝熙于光明。"鄭玄箋:"且欲學於有光明之光明者,謂賢中之賢也。"

斈

　　上博二·從甲 1～(教)之㠯(以)義

　　上博二·從甲 15 不～(教)而殺

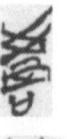 上博二·從乙 1 緒(治)正(政)～

 上博四·曹 19 三～之末

 上博四·曹 37 用都～(教)於邦

 上博四·曹 40 既成～(教)矣

 上博四·曹 63 非所吕(以)～(教)民

 上博五·季 3 紬(施)～(教)於百眚(姓)

 上博一·緇 13 長民者～(教)之吕(以)悳(德)

 上博一·緇 13～之吕(以)正(政)

 上博一·緇 10～(教)此吕(以)遊(失)

 上博八·蘭 5 蓉惻柬(簡)𤯍(逸)而莫之能～(效)矣

 上博二·從甲 3～(教)之以型(刑)則逐

～,从"言","爻"聲,與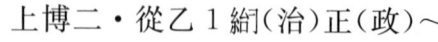(郭店·緇衣 18)、 (郭店·緇衣 23)、 (郭店·

緇衣 24）、▨（郭店·語叢一 11）、▨（郭店·尊德義 4）同。或作▨，所從"言"與"爻"共用部分筆畫。或作▨，贅加"口"旁，"言"在"爻"左邊。或作▨（郭店·尊德義 4），從"攴"，"曧"聲。或作▨（郭店·唐虞之道 4）、▨（郭店·唐虞之道 5），從"攴"，"爻"聲。均"教"字異體。

上博一·緇 13"～之以正（政）"，《管子·五輔》："然則得人之道，莫如利之；利之之道，莫如教之以政。"

上博一·緇 13"～（教）之以悳（德）"，《鹽鐵論》卷六："教之以德，齊之以禮，則民徙義而從善，莫不入孝出悌，夫何奢侈暴慢之有？"

上博二·從甲 15"不～（教）而殺"，《論語·堯曰》："子曰：'不教而殺謂之虐；不戒視成謂之暴；慢令致期謂之賊；猶之與人也，出納之吝謂之有司。'"

上博二·從甲 1"～（教）之以義"，《書·舜典》："慎徽五典，五典克從。"孔穎達疏："義者宜也，理也，教之以義，方使得事理之宜，故爲義也。"

上博二·從乙 1"正～"，讀爲"政教"，政治與教化。《逸周書·本典》："今朕不知明德所則，政教所行。"《史記·老子韓非列傳》："内脩政教，外應諸侯。"

上博四·曹 19"三～"，指"三和"（"和于邦"、"和于豫"、"和于阵"）之教。作者以"三教"爲本，陣法爲末。

上博四·曹 40～，《説文》："教，上所施下所效也。"教育，教誨，《禮記·曲禮上》："禮聞來學，不聞往教。"

上博四·曹 63"～民"，教育人民。《論語·子路》："善人教民七年，亦可以即戎矣。"

上博五·季 3"絀～"，讀爲"施教"，進行教育。《管子·弟子職》："先生施教，弟子是則。"《漢書·禮樂志》："敕身齊戒，施教申申。"

上博八·蘭 5～，讀爲"效"。《易·繫辭上》"效法之謂坤"，陸德明釋文"效"作"爻"。又，從"爻"之字與從"交"之字可通，如《詩·衛風·淇奥》"寬兮綽兮，猗重較兮"，《説文》"較"字作"䡈"；《史記·司馬相如列傳》"楚王乃駕馴駁之駟"，《漢書·司馬相如列傳》、《文選·子虛賦》"駁"作"駮"；《爾雅·釋畜》"四骹皆白驓"，陸德明釋文："骹，字書作䠙。"效，仿效，效法。《説文》："效，象也。"《易·繫辭上》："知崇禮卑。崇效天，卑法地。"

909

教

 上博八·顏6 敢䁂（問）君子之內～也又（有）道虗（乎）

 上博八·顏7 或迪而～之

 上博八·顏9 則亓（其）於～也不遠矣

 上博八·顏10 君子之內～也

～，與 、、、同，或作，从"爻"省，與三體石經古文相同。

上博八·顏6"內～"，《禮記·祭統》："是故君子之教也，外則教之以尊其君長，內則教之以孝於其親。是故明君在上，則諸臣服從。崇事宗廟社稷，則子孫順孝。盡其道，端其義，而教生焉。"孔穎達疏："外教謂郊天，內教謂孝於親、祭宗廟。"

上博八·顏7"或迪而～之"意爲"又啓導而教育之"。

肴

 上博六·競9 非爲娧（美）玉～生也

《説文·肉部》："肴，噉也。从肉，爻聲。"

簡文～，熟肉。亦泛指魚肉之類的葷菜。《禮記·學記》："雖有嘉肴，弗食，不知其旨也。"《後漢書·王丹傳》："每歲農時，輒載酒肴於田間，候勤者而勞之。"

泾

　上博五・弟 8 酓（飲）酉（酒）女～

～，从"水"，从"土"，"爻"聲。或說"✕"是"叕"之訛，本作聲符；"啜（或歠）"的對象是水，故字从水；"泾"讀爲"啜水"。（禤健聰、陳劍）

簡文～，或讀爲"淆"、"澆"。

匣紐虢聲　歸魚部虎聲

匣紐昊聲

昊

　上博一・孔 6《～=（昊天）又（有）成命》

《說文・夰部》："昊，春爲昊天，元氣昊昊。从日、夰，夰亦聲。"

簡文"～天有成命"，《詩經》篇名，即《詩・周頌・昊天有成命》："昊天有成命，二后受之。成王不敢康，夙夜基命宥密。於緝熙！單厥心，肆其靖之。"

見紐高聲

高

　上博二・容 31 ～山陞

　上博二・容 40 目（以）伐～神之門

　上博二・容 49 ～下肥毳之利聿（盡）智（知）之

 上博四·采 2～木

 上博四·柬 6 夫上帝皋(鬼)神～明

 上博四·柬 7 㠯(以)告安君與陵尹子～

 上博四·柬 8～山深溪

 上博四·柬 8 王㠯(以)訋(問)贅尹～

 上博四·柬 8 聚(驟)夢～山深溪

 上博四·柬 13 女(如)君王攸(修)郢～(郊)

 上博五·競 2 昔～宗祭

 上博五·競 4～宗命仪(傅)鳶(說)量之以祭

 上博五·君 7 毋～

 上博五·三 9～昜(陽)曰

 上博六·競 3～子

上博六·競 3～子

上博六·用 10 胃(謂)天～而不槩

上博七·凡甲 9 逐～從埤

上博七·凡甲 11 訊(問)天箮(孰)～與

上博七·凡甲 20 敗之則～

上博七·凡乙 7 逐～從埤

上博八·命 1 鄩(葉)公子～之子見於命(令)尹子春

上博八·蘭 5 宅立(位)窾下而比忞(擬)～矣

～，戰國文字或作 (施 51)、 (三晉 99)、 (高陵君弩機)、 (陝西 12)、 (秦都圖 117)。《說文·高部》：“高，崇也。象臺觀高之形。从冂、口。與倉、舍同意。”

上博二·容 31“～山”，高峻的山。《荀子·勸學》：“故不登高山，不知天之高也。”

上博二·容 40“～神之門”，即“巢門”、“焦門”。《呂氏春秋·簡選》：“登自鳴條，乃入巢門。”《淮南子·主術》：“湯革車三百乘，困之鳴條，禽之焦門。”高誘注：“或作巢。”《御覽》卷八二“皇王部”引《帝王世紀》：“湯來伐桀，以乙卯戰於鳴條之野。桀未戰而敗績，湯追之大涉，遂禽桀於焦，放之歷山，乃與妺

喜及諸嬖妾同舟浮海,奔於南巢之山而死。"又引《紀年》:"湯遂滅夏,桀逃南巢氏。"(許全勝)

上博二·容49"～下肥毳",《管子·宙合》:"山陵岑巖,淵泉閎流,泉逾灢而不盡,薄承瀷而不滿,高下肥墝,物有所宜。"

上博四·采2"～木",曲目,讀爲"喬木"。《詩·周頌·般》"隨山喬嶽",《玉篇·山部》引"喬"做"高"。《詩·周南·漢廣》"南有喬木,不可休息",《詩·小雅·伐木》"出自幽谷,遷於喬木"。

上博四·柬6"～明",崇高明睿。《禮記·中庸》:"悠遠則博厚,博厚則高明。"

上博四·柬7"陵尹子～",人名。

上博四·柬8"～山深溪",《吕氏春秋·先識覽》:"使治亂存亡若高山之與深溪,若白堊之與黑漆,則無所用智,雖愚猶可矣。"

上博四·柬13～,讀爲"郊",郊外。《儀禮·聘禮》:"有司展群幣以告,及郊,又展如初。"鄭玄注:"郊,遠郊也。周制:天子畿内千里,遠郊百里。以此差之,遠郊上公五十里,侯、伯三十里,子、男十里也。近郊各半之。"

上博五·君7"(足)毋～",参《國語·周語下》:"夫君子目以定體,足以從之,是以觀其容而知其心矣。目以處義,足以步目,今晉侯視遠而足高,目不在體,而足不步目,其心必異矣。"

上博五·三9"～易",讀爲"高陽",楚祖"顓頊"。

上博五·競2"昔～宗祭",《書·高宗肜日序》:"高宗祭成湯,有飛雉升鼎耳而雊,祖己訓諸王,作《高宗肜日》《高宗之訓》。"孔穎達疏:"高宗祭其太祖成湯于肜祭之日,有飛雉來升祭之鼎耳而雊鳴,其臣祖己以爲王有失德而致此祥,遂以道義訓王,勸王改修德政。"

上博六·競3"～子",指"高張",又名"高昭子"。

上博六·用10"天～",《禮記·樂記》:"天高地下,萬物散殊,而禮制行矣。"

上博七·凡甲9～,高處。《詩·小雅·漸漸之石》:"漸漸之石,維其高矣。"

上博七·凡甲11～,從下向上距離大,離地面遠。

上博七·凡甲20～,讀爲"槁"。《楚辭·九辯》"寧窮處而守高",洪興祖補注:"高即枯槁之槁。""槁",本指枯木。《説文·木部》:"槁,木枯也。"《易·説卦》:"其於木也,爲科上槁。"此處形容人的臉色如同枯木。

上博八·命 1"鄴(葉)公子～",春秋時楚國人,僭儈公,姓沈,名諸梁,字子高,沈尹戌之子,楚大夫,封於葉,爲葉縣尹。《吕氏春秋·慎行論》:"沈尹戌謂令尹曰:'夫無忌,荆之讒人也。'"高誘注:"沈尹戌,莊王之孫,沈諸梁葉公子高之父也。"

上博八·蘭 5～,在一般標準或平均程度之上。《淮南子·泰族》:"無被創流血之苦,而有高世尊顯之名。"又,《莊子·讓王》:"屠羊説居處卑賤而陳義甚高。"

膏

 上博八·成 13 亓(其)頨(狀)～(驕)呈(淫)

《説文·肉部》:"膏,肥也。从肉,高聲。"

簡文"～呈",讀爲"驕淫",驕縱放蕩。《書·畢命》:"驕淫矜侉,將由惡終。"孔安國傳:"言衆士驕恣過制,矜其所能,以自侉大,如此不變,將用惡自終。"

蒿

 上博二·容 53 武王素虐(甲)以申(陳)於醫(殷)～(郊)

 上博三·周 2 挈(需)于～(郊)

 上博四·柬 15 攸(修)四～(郊)

《説文·艸部》:"蒿,菣也。从艸,高聲。"

上博二·容 53"醫～",讀爲"殷郊",《吕氏春秋·慎大覽》:"武王果以甲子至殷郊,殷已先陳矣。至殷,因戰,大克之。"

上博三·周 2～,讀爲"郊",《周禮·地官·載師》"以宅田、士田、賈田任近郊之地",鄭玄注:"郊或爲蒿。"又引杜子春云:"'蒿'讀爲'郊'。"《象》曰:"'需于郊',不犯難行也。"

· 915 ·

上博四·柬 15"四～",讀爲"四郊"。《禮記·曲禮上》:"四郊多壘,此卿大夫之辱也。地廣大,荒而不治,此亦士之辱也。"鄭玄注:"辱其謀人之國,不能安也。壘,軍壁也,數見侵伐則多壘。辱其親民不能安。荒,穢也。"孔穎達疏:"此明食禄所宜任其事也。四郊者,王城四面並有郊,近郊五十里,遠郊百里;諸侯亦各有四面之郊,里數隨地廣狹,故云四郊也。"

鎬

 上博八·成 2☐王才(在)～

《説文·金部》:"鎬,溫器也。从金,高聲。武王所都,在長安西上林苑中,字亦如此。"

簡文～,即"鎬京",今陝西省西安市西南灃水東岸。周武王滅商,自酆徙都於此,史稱"宗周",又稱"西都"。

翯

 上博五·姑 8 公思(懼)乃命長魚～(矯)

 上博五·姑 9 長魚～(矯)典自公所

 上博五·姑 9 姑(苦)城(成)豪(家)父專(捕)長魚～(矯)

 上博五·姑 10 㠯(以)睪(釋)長魚～(矯)

～,从"羽","高"聲。

簡文"長魚～",讀爲"長魚矯"。"翯",从魚,高聲。上古音"高"、"矯"均爲見母宵部,例可通假。長魚,複姓,矯又作蟜,晉厲公所寵之大夫。《左傳·成公十七年》:"郤犫與長魚矯爭田,執而梏之,與其父母妻子同一轅。既,矯亦嬖于厲公。"

喬

上博二·容 1 ～結是(氏)

上博二·容 29 ～(驕)能(態)訂(始)复(作)

上博二·容 38 丌(其)～(驕)大(泰)女(如)是牆(狀)

上博二·容 47 豐～(鎬)不備(服)

上博二·容 48 文王乃记(起)帀(師)以鄉(嚮)豐～(鎬)

上博二·容 48 豐～(鎬)之民睧(聞)之

上博四·曹 8 而～(驕)大(泰)弖(以)遊(失)之

上博五·季 4 ～則泆

上博五·弟 6 員(富)貴而不～者

上博五·鬼 6 我(俄)曰叡(虐)～唬(乎)

上博三·彭 2 戒之毋～(驕)

 上博六·競 10 出～于鄩

～，與、、、同。《説文·夭部》："喬，高而曲也。从夭，从高省。《詩》曰：'南有喬木。'"

上博二·容 1"～結是"，或疑讀爲"高辛氏"。"高"爲宵部見母，"喬"爲宵部群母，韻同聲近。《詩·周頌·般》："墮山喬嶽。"《玉篇·山部》引"喬"作"高"。"辛"爲真部心母，"結"爲質部見母，韻近聲異。《詩·小雅·天保》："吉蠲爲饎。"《大戴禮記·遷廟》、《周禮·秋官·蜡氏》賈疏引"吉"作"絜"。而"驛"可與"挈"通。《周禮·地官·草人》："驛剛用牛。"鄭玄注："故書驛爲挈。'"（廖名春）或讀爲"僑極氏"。（黄人二）

上博二·容 29"～能訇夌"，讀爲"驕態始作"，指訟獄之事興起。

上博二·容 38、上博四·曹 8"～大"，讀爲"驕泰"，驕恣放縱。《禮記·大學》："是故君子有大道，必忠信以得之，驕泰以失之。"

上博二·容 47"豐～"，讀爲"豐鎬"。《韓非子·五蠹》："古者文王處豐、鎬之間，地方百里，行仁義而懷西戎，遂王天下。"《史記·周本紀》："太史公曰：'學者皆稱周伐紂，居洛邑，綜其實不然。武王營之，成王使召公卜，居九鼎焉，而周復都豐、鎬。'"

上博三·彭 2～，讀爲"驕"，《管子·弟子職》："見善從之，聞義則服。溫柔孝悌，毋驕恃力。"

上博五·弟 6"員貴而不～者"，讀爲"富貴而不驕"，見《荀子·君道》："故君子恭而不難，敬而不鞏，貧窮而不約，富貴而不驕，並遇變態而不窮，審之禮也。"

上博五·鬼 6～，讀爲"驕"，矜肆、放縱。《韓非子·六反》："不忍則驕恣。"《管子·白心》："強而驕者損其強，弱而驕者前死亡。"

上博五·季 4"～則侮"，讀作"驕則侮"，驕傲、驕縱，引申爲怠慢、輕視。《吕氏春秋·貴生》："世之人主多以富貴驕得道之人。"

上博六·競 10"出～于鄩"，讀爲"出矯於鄩"，與《左傳》"僭令於鄙"義近。《左傳·昭公二十年》："内寵之妾，肆奪於市；外寵之臣，僭令於鄙。"杜預注："詐爲教令於邊鄙。"簡文的"矯"，與"僭"義同。《玉篇·矢部》："矯，詐也。"

《公羊傳·僖公三十三年》"矯以鄭伯之命而犒師焉",何休注:"詐稱曰矯。"《漢書·高帝紀》"羽矯殺卿子冠軍",顏師古注:"矯,託也。託懷王命而殺之也。"(李天虹)

僑

 上博五·弟 1 脡陸(陵)季=(季子)～而弗受

《說文·人部》:"僑,高也。从人,喬聲。"

簡文～,有遷居、旅居之義,《韓非子·亡徵》:"羈旅僑士,重帑在外,上閒謀計,下與民事者,可亡也。"《公羊傳·襄公二十九年》:"季子去之延陵,終身不入吳國。"《吳越春秋》:"吳人固立季劄,季劄不受,而耕於野,吳人舍之。"(范常喜)或讀爲"矯"。(陳劍)

禞

 上博二·容 45 豐、～

～,从"示","喬"聲。

簡文～,讀爲"鎬"。《說文》:"鎬,武王所都,在長安西上林苑中。"

見紐宵聲

交

 上博一·孔 20 或前之而句(後)～

 上博一·孔 23 昌(以)道～見善而孚

 上博一·性 25 上～近事君

 上博一·性25下～得衆近從正（政）

 上博一·性26同方而～

 上博一·性26不同方而～

 上博一·性26［同兌（悦）］而～

 上博一·性26不同兌（悦）而～

 上博一·性30凡～毋剌（烈）

 上博三·周16出門～又（有）工（功）

 上博三·周33～孚

 上博四·曹17～墬（地）

 上博五·三9毋衿（錦）衣～（絞）袒

 上博四·逸·交2～交鳴䲸（鳥）

 上博四·逸·交3～交鳴䲸（鳥）

～，與 ✖(郭店·魯穆公問子思 6)、✖(郭店·性自命出 10)、✖(郭店·語叢三 34)、✖(九 A27)形同。《説文·交部》："交，交脛也。从大，象交形。"

上博一·孔 20～，疑讀爲"效"。"其言有所載而後入，或前之而後交"，可能是説《詩》的歌詞必有所負載，然後才能深入人心，或賦之於前而見效於後。（李零）或説"交"，上下相合。《易·泰》："天地交而萬物通也，上下交而志同也。"（連劭名）

上博一·性 25"上～"，謂地位低的人與地位高的人結交。《易·繫辭下》："君子上交不諂，下交不瀆。"揚雄《法言·修身》："上交不諂，下交不驕，則可以有爲矣。"

上博一·性 25"下～"，參上。

上博三·周 16"出門～又（有）工（功）"，《易·隨》孔穎達疏："'出門交有功'者，所隨不以私欲，故見善則往隨之，以此出門，交獲其功。"

上博三·周 33"～孚"，謂互相信任。《易·睽》："睽孤，遇元夫，交孚，厲無咎。"王弼注："同志相得而無疑焉，故曰交孚也。"

上博四·曹 17"～埅"，讀"交地"，兩國接壤之地。《孫子·九地》："我可以往，彼可以來者，爲交地"，"交地則無絶"，"交地吾將謹其守"。

上博四·逸·交 2、3～～，形容飛翔往來。《詩·秦風·黃鳥》："交交黃鳥，止於棘"。朱熹集傳："交交，往來之貌。"或訓爲鳥聲。馬瑞辰《毛詩傳箋通釋》："交交，通作咬咬，鳥聲也。"

上博五·三 9"毋衿（錦）衣～（絞）袒"，"絞"和"袒"，都是喪服即凶服的特徵。《儀禮·既夕禮》："既馮尸，主人袒，髺髮，絞帶。"《禮記·奔喪》："乃爲位，括髮袒，成踊，襲、絰、絞帶，即位。"《儀禮·喪服》："喪服，斬衰裳，苴絰杖、絞帶。"鄭玄注："絞帶者，繩帶也。"賈公彥疏："繩帶也者，以絞麻爲繩作帶，故云絞帶。"《禮記·喪服小記》"括髮于堂上"，孔穎達疏："袒，謂堂上去衣。"《詩·秦風·終南》："君子至止，錦衣狐裘。"毛亨傳："錦衣，采色也。"孔穎達疏："錦者，雜采爲文，故云采衣也。"錦衣不適合在喪禮上穿著。（陳偉）

上博～，結交；交往。《論語·學而》："吾日三省吾身：爲人謀而不忠乎？與朋友交而不信乎？傳不習乎？"邢昺疏："與朋友結交，而得無不誠信乎？"

骹

 上博四·采 1 □□又～

 上博四·采 2 要(丘)又～

 上博四·采 1 又文又～

～，從"音"，"交"聲。《集韻》："筊，《說文》：'手足指節鳴也。'或作'骹'、'狡'，通作'筊'。"

簡文～，讀爲"絞"，似指衆人和聲。《楚辭·大招》："伏戲《駕辯》，楚《勞商》只，謳和《揚阿》，趙簫倡只。"王逸注："勞，絞也，以楚聲絞商音，爲之清越也。"《文選》馬融《長笛賦》"絞灼激以轉"，李善注："絞灼激，聲相繞激也。"簡文"又骹(絞)"的意思是此曲有衆人歌聲與歌詩曲調相和。（董珊）或解爲以手足節聲之聲配合音樂發出節拍，或有節奏樂器伴奏之意。

絞

 上博八·顏 11 甖(豫)～而收貧

 上博八·顏 12 甖(豫)～而收貧

《說文·糸部》："絞，縊也。從交，從糸。"

簡文"豫～"，讀爲"舍繳"，意爲免除賦稅。或說"豫"讀爲"捨"，適與"收"對應。或疑讀爲"饒"，富裕、豐足義，與"貧"相對。（陳偉）

洨

 上博三·周 11 厽(厥)孚～(交)女(如)

《説文·水部》:"洨,水。出常山石邑井陘,東南入于泜。从水,交聲。邲國有洨縣。"

簡文～,王弼本作"交"、帛書《二三子》作"絞",均應讀爲"皎"。《莊子·漁父》"鬚眉交白",《經典釋文》:"交,一本作皎。""皎",《廣雅》:"皎,白也、明也。"《楚辭·九懷·危俊》"晞白日兮皎皎",光明而照察。馬王堆漢墓帛書《二三子》:"《卦》曰:'絞如委如,吉。'孔子曰:'絞,日也;委,老也。老日之行……故曰:吉。'"

窔

　　上博六·天甲12 見～而爲之内

《説文·穴部》:"窔,窜窔,深也。从穴,交聲。"

簡文～,疑讀爲"窈",深遠;幽深;昏暗。《老子》:"窈兮冥兮,其中有精。"《淮南子·道應》:"可以陰,可以陽,可以窈,可以明。"《文選·揚雄〈甘泉賦〉》:"雷鬱律於巖窔兮,電儵忽於牆藩。"李善注引《釋名》:"窔,幽也。"(張崇禮)

見紐羔聲

羔

　　上博二·子1 子～曰

　　上博二·子5 子～

　　上博二·子6 子～曰

　　上博二·子8 子～曰

 上博二·子9 子～昏(問)於孔子曰

 上博二·子13 子～曰

《説文·羊部》:"羔,羊子也。从羊,照省聲。"
簡文"子～",人名,孔子弟子。《論語·先進》:"子路使子羔爲費宰。"

疑紐堯聲

堯

 上博二·子2 伊～之悳(德)則甚盟(明)譽(與)

 上博二·子5 ～之取舜也

 上博二·子6 ～見舜之悳(德)臤(賢)

 上博二·子6 ～之叓(得)舜也

 上博四·曹2 昔～之鄉(饗)舜也

 上博二·容6 昔～尻(處)於丹府與藋陵之間

 上博二·容6 ～戔(賤)貤(施)而時₌(時時)寶(賽)

 上博二·容 8 舜於是虖（乎）訋（始）語～天埅（地）人民之道

 上博二·容 8 ～乃敓（悦）

 上博二·容 8 ～

 上博二·容 9 ～乃爲之昚（教）曰

 上博二·容 10 ～以天下襄（讓）於臤（賢）者

 上博二·容 12 ～又（有）子九人

 上博二·容 13 以～爲善興臤（賢）

 上博二·容 13 ～睧（聞）之而散（美）丌（其）行

 上博二·容 14 ～於是虖（乎）爲車十又（有）五輚（乘）

 上博二·容 14 子～南面

 上博五·鬼 1 昔者～舜塦（禹）湯

 上博七·武 1 不智（知）黄帝、尚（顓）琂（項）、～、垄（舜）之道才（存）虘（乎）

～，郭店簡作▨(郭店·六德 7)、▨(郭店·窮達以時 3)，或作▨(郭店·唐虞之道 1)、▨(郭店·唐虞之道 25)，贅加"土"旁。《說文·垚部》："堯，高也。从垚在兀上，高遠也。▨，古文堯。"

簡文～，傳說中古帝陶唐氏之號，祁姓，名放勳。《易·繫辭下》："神農氏沒，黃帝、堯、舜氏作。"《史記·五帝本紀》："帝嚳崩，而摯代立。帝摯立不善，而弟放勳立，是為帝堯。"

上博五·鬼 1"～舜壐(禹)湯"，《管子·樞言》："堯舜禹湯文武孝己，斯待以成，天下必待以生。"

疑紐夒聲

夒

 上博五·三 11 母(毋)～貧

《說文·夊部》："夒，貪獸也。从頁，从夊，巳亦聲。《虞書》曰：'若丹朱夒。'讀若傲。《論語》：'夒湯舟。'"三字石經《春秋·文公元年》作▨，《汗簡》中之二，四十七，引自《尚書》作▨。《說文》："夒讀若傲。"《玉篇》："夒……亦作傲。"《說文解字注》："夒與傲音義皆同。"《說文句讀》："與傲、嫯音義并同。"

簡文"母～貧"，讀為"毋傲貧"，應指不要輕視貧窮之人。《晏子春秋·內篇問上三》："景公外傲諸侯，內輕百姓。"傲、輕對文，張純一校注："傲，亦輕也。"《呂氏春秋·士容》："傲小物而志屬于大。"高誘注："傲，輕也。"《文選·孔稚圭〈北山移文〉》："傲百氏。"劉良注："傲，輕也。""傲貧"見《晏子春秋·內篇問上》："昔吾先君桓公能任用賢，國有什伍，治徧細民，貴不淩賤，富不傲貧，功不遺罷，佞不吐愚，舉事不私，聽獄不阿，內妾無羨食，外臣無羨祿，鰥寡無饑色，不以飲食之辟，害民之財。"(趙平安)或讀為"羞"、或釋為"憂"。

正編·宵部

端紐刀聲

卲

上博一·孔 15《甘棠》之蚤吕（以）～公□

上博一·孔 16 □～公也

上博一·孔 22 於～（昭）于天

上博一·緇 7（故）長民者章志吕（以）～（昭）百眚（姓）

上博二·昔 2～（召）之

上博四·昭 1～王爲室於死泜之滸（滸）

上博四·昭 5～王迹（蹠）逃珤

上博一·性 17～（韶）顗（夏）樂悥（意）

上博六·用 19 不～丌（其）甚明

上博八·有 5 日月～（昭）明今可（兮）

～，與 、同。《説文·刀部》:"邵,高也。从阝,召聲。"

上博一・孔"～公",典籍作"召公"。《書・君奭》:"召公爲保,周公爲師,相成王爲左右。召公不說,周公作《君奭》。"《史記・燕召公世家》:"召公奭與周同姓,姓姬氏。周武王之滅紂,封召公於北燕。……召公之治西方,甚得兆民和。召公巡行鄉邑,有棠樹,決獄政事其下,自侯伯至庶人各得其所,無失職者。召公卒,而民人思召公之政,懷棠樹不敢伐,哥詠之,作甘棠之詩。"

上博一・孔 22"於～(昭)于天",《詩・大雅・文王》:"文王在上,於昭于天。周雖舊邦,其命維新。"《詩・周頌・桓》:"綏萬邦,婁豐年。天命匪解,桓桓武王。保有厥土,于以四方,克定厥家。於昭于天,皇以間之。"

上博一・緇 7～,讀爲"昭",說明;開導。《書・君奭》:"乃惟時昭文王,迪見冒聞於上帝。"孫星衍疏:"昭,同'詔'。《釋詁》云:'勴也。'又云:'相勴也。'"《淮南子・繆稱》:"目之精者,可以消澤,而不可以昭誋。"高誘注:"昭,道;誋,誡也。不可以教導戒人。"

上博一・性 17"～顉",讀爲"韶、夏",舜樂和禹樂。亦泛指優雅的古樂。《史記・李斯列傳》:"《鄭》、《衛》、《桑間》、《昭》、《虞》、《武》、《象》者,異國之樂也。"裴駰集解引徐廣曰:"昭,一作'韶'。"葛洪《抱朴子・交際》:"單絃不能發《韶》、《夏》之和音,孑色不能成袞龍之瑋燁。"

上博二・昔 2～,讀爲"召",召喚;召見。《詩・小雅・出車》:"召彼僕夫,謂之載矣。"

上博四・昭 1"～王",即楚昭王。《史記・楚世家》:"平王卒,乃立太子珍,是爲昭王。"昭王在位二十七年(公元前 515 至公元前 489 年),卒於城父,謚昭。

上博六・用 19～,讀爲"昭"。《漢書・楚元王傳》:"爲后嗣憂,昭昭甚明。不可深圖,不可不蚤慮。"

上博八・有 5"～明",讀爲"昭明",顯明,光明。《書・堯典》:"百姓昭明,協和萬邦。"《詩・大雅・既醉》:"君子萬年,介爾昭明。""日月昭明",日月顯明。

罕

上博五・競 2～祖己而昏(問)安焉

　　　上博八·成 2～(召)周公旦曰

～，從"言"，"卲"聲，或從"加"聲。

上博五·競 2～，讀爲"召"。高宗召見其臣祖己，詢問雉鳴主何吉凶。《左傳·僖公二十一年》孔穎達疏引《禮記·檀弓》："歲旱，穆公召縣子而問焉。"

上博八·成 2～，讀爲"召"，召見。

端紐弔聲

弔

　　　上博五·鮑 9 鞁(鮑)～(叔)舀(牙)與級(隰)倗(朋)之諫

　　　上博六·用 16 嚨～昌(以)成

　　　上博六·用 20 而又～之淺

《說文·人部》："弔，問終也。古之葬者，厚衣之以薪。從人持弓，會敺禽。"

上博五·鮑 9"鞁～舀"，讀爲"鮑叔牙"，春秋時齊國大夫。

上博六·用 16"嚨～"，讀爲"恭淑"，與上博六·壽 7"昷(溫)龏(恭)淑惠"意同。

上博六·用 20～，讀爲"淑"。或說如字讀，指祭奠死者或對遭喪事及不幸者給予慰問。(何有祖)

弖

　　　上博一·緇 3～(淑)人君子

上博一·緇 16 ~(淑)訢(慎)尔(爾)止

上博五·競 1 㚔(隰)俚(倗)與鞄(鮑)~(叔)舀(牙)從

上博五·競 1 鞄(鮑)~(叔)舀(牙)會(答)曰

上博五·競 5 鞄(鮑)~(叔)舀(牙)會(答)曰

上博五·競 6 鞄(鮑)~舀(牙)

上博五·競 9 㚔(隰)俚(倗)弄(與)鞄(鮑)~(叔)舀(牙)皆拜记(起)而言曰

上博五·鮑 7 鞄(鮑)~(叔)舀(牙)倉(答)曰

上博八·成 4 白(伯)尼(夷)、~(叔)齊戔(餓)而死於唯(雎)澫(澨)

~，从"口"，"弔"聲。與 、、形同。

上博一·緇 3"~人"，讀爲"淑人"，善人。《詩·小雅·鼓鐘》："淑人君子，懷允不忘。"鄭玄箋："淑，善。"

上博一·緇 16"~訢"，讀爲"淑慎"，使和善謹慎。《詩·邶風·燕燕》："終溫且惠，淑慎其身。"鄭玄箋："淑，善也。"孔穎達疏："又終當顏色溫和，且能恭順，善自謹慎其身。"《儀禮·士冠禮》："敬爾威儀，淑慎爾德。"

上博五·競、鮑"鞄~舀(牙)"，讀爲"鮑叔牙"，春秋時齊國大夫。參"弔"字條。

上博八·成 4"～齊",讀爲"叔齊"。《史記》索隱:"伯夷名允,字公信。叔齊名致,字公達。"又《春秋少陽篇》:"叔齊,名智,字公達,伯夷之弟。齊亦謚也。"《史記·伯夷列傳》:"伯夷、叔齊,孤竹君之二子也。父欲立叔齊,及父卒,叔齊讓伯夷。伯夷曰:'父命也。'遂逃去。叔齊亦不肯立而逃之。……遂餓死於首陽山。"《韓詩外傳》:"伯夷、叔齊餓于首陽,而志益彰。"《大戴禮記·曾子制言》:"昔者,伯夷、叔齊死於溝澮之間,其仁成名於天下。"孔子稱伯夷、叔齊爲古之賢人。

迅

上博五·競 10 或曰(以)豎(豎)～弄(與)貳(易)呑(牙)爲相

上博五·鮑 5 吟(今)豎(豎)～佖(匹)夫

《説文·辵部》:"迅,至也。从辵,弔聲。"

簡文"豎(豎)～",讀爲"豎刁",春秋齊人,齊桓公寺人,甚見寵任,後桓公卒,與易牙、開方同亂齊國。《史記·齊太公世家》:"冬十月乙亥,齊桓公卒。易牙入,與豎刁因内寵殺群吏,立公子無詭爲君。"

埀

上博六·壽 7 昷恭～惠

～,从"十","弔"聲。

簡文～,讀爲"淑",善;善良。《國語·楚語下》:"其爲人也,展而不信,愛而不仁,詐而不智,毅而不勇,直而不衷,周而不淑。"韋昭注:"淑,善也。"《詩·小雅·鼓鐘》:"淑人君子,懷允不忘。"鄭玄箋:"淑,善也。"簡文"温恭淑惠",可參《詩·邶風·燕燕》:"終温且惠,淑慎其身。"毛亨傳:"惠,順也。"《禮記·表記》:"先王謚以尊名,節以壹惠,恥名之浮于行也。"鄭玄注:"惠,猶善也。""淑"、"惠"同義連用。

定紐盜聲

次

 上博三·周 53 裹(懷)丌(其)～

～，從"欠"、從"水"，亦作"涎"，《說文·次部》："次，慕欲口液也。"
　　簡文～，讀爲"羨"。《說文·次部》："羨，貪欲也。從次、從羑省。"朱駿聲《說文通訓定聲》已指出"次亦聲"。"羨"，有餘；剩餘。《詩·小雅·十月之交》："四方有羨。"毛亨傳："羨，餘也。"簡文"懷其羨"的"羨"用於商旅，當指商旅所得之贏利。《鹽鐵論·力耕》："大夫曰：'……長沮、桀溺，無百金之積，跖蹻之徒，無猗頓之富，宛、周、齊、魯，商遍天下。故乃商賈之富，或累萬金，追利乘羨之所致也。富國何必用本農，足民何必井田也？'文學曰：'……天下煩擾，而有乘羨之富。……'"（陳劍）帛書本作"茨"，今本作"資"，當是簡本"次"之訛誤。

定紐兆聲

卦

 上博六·天甲 11 臨～

 上博六·天乙 10 臨～

～，與 、形同，新蔡零 100 或作![]，加"辵"旁。《說文·卜部》："卦，灼龜坼也。從卜，兆象形。兆，古文卦省。"以火灼龜背面之鑽鑿，正面遇熱即會開裂，裂紋稱爲兆。"卦"是占卜中灼龜見兆的專字。"兆"的本義是"逃"，較早時代的"兆"用二人因洪水到來而各奔東西的字形來表示"逃"，後來，大概考慮到用二止形可以更顯逃跑之義，同樣能起到表意的作用，這自然會加速由"人"向"止"形的變化。其字形演變如下：

· 932 ·

上博六・天～,卜兆之"兆"的專用字,指古人占卜時燒灼甲骨所呈現的預示吉凶的裂紋。《周禮・春官・大卜》:"掌三兆之灋。一曰玉兆,二曰瓦兆,三曰原兆。"鄭玄注:"兆者,灼龜發於火,其形可占者,其象似玉、瓦、原之釁罅,是用名之焉。"《左傳・昭公五年》:"龜兆告吉,曰:克可知也。"《漢書・文帝紀》:"卜之,兆得大橫。"顔師古注引應劭曰:"卜以荆灼龜,文正橫也。"簡文"臨兆"指正要占卜的時候。

逃

上博二・從甲 8 罰則民～

上博二・容 40 傑(桀)乃～之鬲山是(氏)

上博二・容 40 傑(桀)乃～之南巢(巢)是(氏)

上博二・容 41 述(遂)～迲(去)

上博二・容 42 惻(賊)～(盜)

上博四・昭 6 ～珤

上博四・昭 7 叚(返)～珤

上博五・姑 5 唯(雖)死安(焉)～之

 上博六·孔5 上唯～

 上博六·孔12 亦吕(以)亓(其)勿審(蜜)二～者以觀於民

 上博六·孔21 ～亓(其)

 上博六·用11 而亦不可～

～，與(郭店·語叢二 18)、(九 A32)形同。《説文·辵部》："逃，亡也。从辵，兆聲。"

上博二·從甲8、上博六·用11、上博六·孔5～，逃亡；逃跑。《管子·輕重》："今發徒隸而作之，則逃亡而不守。"《孔子家語·六本》："小棰則待過，大杖則逃走。"《越絶書·越絶外傳記吳王占夢》："今日壬午，時加南方，命屬蒼天，不可逃亡。"

上博二·容40"傑(桀)乃～之南巢(巢)是(氏)"，《太平御覽》卷八二"皇王部"引《竹書紀年》曰："湯遂滅夏，桀逃南巢氏。"

上博二·容41"～迖"，《戰國策·趙策》："樓緩聞之，逃去。"

上博二·容42"惻～"，讀爲"賊盜"。指偷竊、劫奪財物的人。《管子·七法》："姦民傷俗教，賊盜傷國衆。"尹知章注："盜賊之人，常欲損敗於物也。"《詩·小雅·巧言》："君子信盜"，毛亨傳："盜，逃也。"孔穎達疏引應劭《風俗通》："盜，逃也，言其晝伏夜奔，逃避人也。"《穆天子傳》所記周穆王八駿之一的"盜驪"，《玉篇》馬部"驪"字注作"桃驪"，《廣雅·釋畜》作"駣驪"。

上博四·昭7"～珤"，地名。(陳劍)

上博五·姑5"安(焉)～之"，《左傳·成公十年》："彼，良醫也。懼傷我，焉逃之？"

上博六·孔12、21～，讀爲"道"。(陳劍)

覜

　　上博二・容 6 而無～(盜)惻(賊)

～,與 、(施 179)形同。《説文・見部》:"覜,諸侯三年大相聘曰頫。頫,視也。从見,兆聲。"

簡文"～惻",讀爲"盜賊",劫奪和偷竊財物的人。《周禮・天官・小宰》:"五曰刑職,以詰邦國,以糾萬民,以除盜賊。"《荀子・君道》:"禁盜賊,除姦邪。"楊倞注:"盜賊通名,分而言之,則私竊謂之盜,劫殺謂之賊。"今俗稱強取曰盜,私偷曰賊。

佻

　　上博五・君 5 毋～

《説文・人部》:"佻,愉也。从人,兆聲。《詩》曰:'視民不佻。'"
簡文～,《爾雅・釋言》:"佻,偷也。"郭璞注:"謂苟且。"《廣韻・蕭韻》"佻,輕佻",有輕佻苟且之義。(徐少華)

㤿

　　上博七・凡甲 26 惻(賊)～之复(作)

～,从"心","佻"聲。
簡文"惻～",讀爲"賊盜",指偷竊、劫奪財物的人。參"逃"字條。

桃

　　上博七・吳 4 惹(親)於～

《説文・木部》:"桃,果也。从木,兆聲。"

簡文~,魯國地名,今山東汶上縣北而稍東三十餘里之桃鄉。《左傳·襄公十七年》:"齊人以其未得志於我故,秋,齊侯伐我北鄙,圍桃。"

狱

　　上博五·競 8 外之爲者(諸)厌(侯)~(笑)

~,从"犬","兆"聲,"笑"字異體。"笑"字本从"犬",从"艸"得聲。(曾憲通)

簡文~,讀爲"笑",譏笑,嘲笑。"爲諸侯笑",古書多見。《左傳·襄公十年》:"今伐其師。楚必救之。戰而不克。爲諸侯笑。"《國語·吳語》:"今會日薄矣,恐事之不集,以爲諸侯笑。"《説苑·權謀》:"管仲有疾,桓公往問之曰:'仲父若棄寡人,豎刁可使從政乎?'對曰:'不可。豎刁自刑以求入君,其身之忍,將何有於君。'公曰:'然則易牙可乎?'對曰:'易牙解其子以食君,其子之忍,將何有於君,君用之必爲諸侯笑。'"

來紐勞聲歸熒聲

精紐焦聲

焦

　　上博二·魯 4 石酒~

~,與《説文》篆文同,或作（新鄭圖 403）、（珍秦 203）,與《説文》或體同。《説文·火部》:"爨,火所傷也。从火,譶聲。，或省。"

簡文~,謂物體受劇熱後失去水分,變成黃黑色,併發脆、變硬。《莊子·逍遙遊》:"之人也,物莫之傷。大浸稽天而不溺,大旱金石流土山焦而不熱。"《説苑·辨物》:"夫靈山固以石爲身,以草木爲髮;天久不雨,髮將焦,身將熱,彼獨不欲雨乎?祠之無益。"

從紐宵聲

趮(趠)

 上博一・性 35 凡甬心之～(趮)者

～,"走","巢"聲,"趠"字異體。上古音"巢"爲崇紐宵部字,"喿"爲心紐宵部字。二字均爲齒音宵部字,讀音相近。典籍中,"巢"聲與"喿"聲相通假的例子很多。《説文・走部》:"趮,疾也。从走,喿聲。"

簡文～,讀爲"躁",急躁;浮躁。《論語・季氏》:"侍於君子有三愆:言未及而言謂之躁;言及之而不言謂之隱;未見顔色而言謂之瞽。"《荀子・勸學》:"蟹六跪而二螯,非虵蟺之穴無可寄託者,用心躁也。"

櫐

 上博一・孔 10《鵲～(巢)》之遆(歸)

 上博一・孔 11《䳜(鵲)～(巢)》之遆(歸)則遃(離)者

 上博一・孔 13《䳜(鵲)～(巢)》出呂(以)百兩

《説文・木部》:"櫐,澤中守艸樓。从木,巢聲。"

簡文"鵲～",讀爲"鵲巢",《詩經》篇名。《詩・召南・鵲巢》:"維鵲有巢,維鳩居之。之子於歸,百兩御之。"

心紐小聲

少

 上博一・孔 3～(小)矣

上博一·孔 8 ~(小)吝(旻)

上博一·孔 8 ~(小)鼴(宛)

上博一·孔 8 又(有)悙(佞)安(焉)

上博一·孔 8 ~(小)弁

上博一·孔 25 腸(陽)腸(陽)~(小)人

上博一·孔 25 ~(小)明

上博一·緇 6 ~(小)民隹(惟)日宛(怨)

上博一·緇 6 ~(小)民亦隹(惟)日宛(怨)

上博一·緇 12 古(故)君不與~(小)悔(謀)大

上博一·緇 12 毋以~(小)悔(謀)敗大煮(圖)

上博一·緇 18 則民不能大丌(其)頻(美)而~(小)丌(其)亞(惡)

上博一·緇 18 ~(小)夏(雅)員(云)

上博一·緇 21 ~(小)人剅(豈)能好丌(其)匹

上博二·子 1 史（使）亡（無）又（有）～（小）大忌（肥）寷（脆）

上博二·從甲 17 ～（小）人先人

上博二·從甲 18 是以曰～（小）人惕（易）得而難史（事）也

上博二·從乙 3 ～（小）人藥則悆（疑）

上博二·容 52 以～（宵）會者（諸）侯之帀（師）於畧（牧）之埜（野）

上博三·周 2 ～（小）又（有）言

上博三·周 4 ～（小）又（有）言

上博三·周 16 係～（小）子

上博三·周 16 遴（失）～（小）子

上博三·周 18 ～又（有）

上博三·周 30 ～（小）利貞

上博三·周 32 ～（小）事吉

上博三·周 50 ～（小）子礪（厲）

上博三·周53～(小)卿(亨)

上博四·昭2～(小)人

上博四·昭2～(小)人

上博四·柬15 中余(舍)與五連～(小)子及龍(寵)臣皆逗

上博四·曹2 今邦㦖(彌)～(小)而鐘愈大

上博四·曹14～(小)邦尻(處)大邦之閒(間)

上博四·曹64 而毋或(惑)者(諸)～(小)道與(歟)

上博五·季19 靳(慎)～(小)㠯(以)倉(合)大

上博五·季20～(小)則訕(訾)之

上博五·季22～(小)皋罰之

上博五·三5～(小)邦則戔(殘)

上博一·性31～枉內(人)之可也

上博四·逸·交4 皆(偕)～皆(偕)大

正編·宵部

 上博四·內 10 才（在）～（小）不靜（爭）

 上博四·曹 46 稡（卒）谷（欲）～㠯（以）多

上博四·曹 46 ～則惕（易）轑

 上博五·君 1 弗能～居也

 上博六·壽 3 殺左尹宛、～帀（師）亡惎

 上博六·壽 4 王與之語～＝

 上博六·用 3 ～疋（疏）於穀

 上博七·凡甲 11 奚古（故）～雁暲皷

 上博七·凡甲 18 是胃（謂）～敽（徹）

上博七·凡甲 18 奚胃（謂）～敽（徹）

 上博七·凡甲 30 ～之㠯（以）詞（治）邦

上博七·凡乙 22 ～之㠯（以）詞（治）邦

 上博八·顏 8～(小)人靜(爭)而遊(失)之

 上博八·成 11～𧻚(疏)於身

 上博八·王 2 命(令)尹～進於此

～,"小"、"少"一字分化。楚簡或作 (郭店·老子甲 14)、 (郭店·緇衣 9)、 (郭店·尊德義 15)、 (新蔡甲三 204)。《説文·小部》："少,不多也。从小,丿聲。"

上博一·孔 8"～旻",讀爲"小旻",《詩經》篇名,即《詩·小雅·小旻》。

上博一·孔 8"～螽",讀爲"小宛",《詩經》篇名,即《詩·小雅·小宛》。

上博一·孔 8"～弁",讀爲"小弁",《詩經》篇名,即《詩·小雅·小弁》。

上博一·孔 25"～明",讀爲"小明",《詩經》篇名,即《詩·小雅·小明》。

上博一·緇 6"～民",讀爲"小民",指一般老百姓。《書·君牙》："夏暑雨,小民惟曰怨咨;冬祁寒,小民亦惟曰怨咨。厥惟艱哉!"

上博一·緇 12～,讀爲"小",小臣。

上博一·緇 12"毋以～(小)悔(謀)敗大悫(圖)",《禮記·緇衣》："葉公之《顧命》曰:'毋以小謀敗大作,毋以嬖御人疾莊后,毋以嬖御士疾莊士,大夫、卿、士。'"鄭玄注："小謀,小臣之謀也。大作,大臣之所爲也。"

上博一·緇 18"～夏",讀爲"小雅",即《詩·小雅》。

上博二·子 1"～(小)大",小的和大的。《書·顧命》："柔遠能邇,安勸小大庶邦。"《左傳·莊公十年》："小大之獄,雖不能察,必以情。"

上博二·容 52～,讀爲"宵"。《説文》："宵,夜也。"《國語·周語下》："王以二月癸亥夜陳,未畢而雨。……王以黃鐘之下宮,布戎於牧之野,故謂之厲,所以厲六師也。"韋昭注："二月,周二月。四日癸亥,至牧野之日。夜陳師,陳師未畢而雨。"(陳偉)

上博三·周 2"～又言",讀爲"小有言"。稍有一些。《易·訟》："不永所事,小有言,終吉。"

上博四·曹14、上博五·三5"～邦",讀爲"小邦",小國;小城邑。《書·武成》:"大邦畏其力,小邦懷其德。"

上博四·曹64"～道",讀爲"小道",禮樂政教以外的學說;技藝。《論語·子張》:"雖小道,必有可觀者焉。"何晏集解:"小道謂異端。"劉寶楠正義:"《周官·大司樂》注:'道,多才藝。'此小道亦謂才藝。鄭注云:'小道,如今諸子書也。'鄭舉一端,故云'如'以例之。"

上博四·逸·交4、上博五·季19、上博七·凡甲30～,讀爲"小",與"大"相對。

上博五·季22"～辠",讀爲"小罪",小的罪行。《書·康誥》:"人有小罪,非眚乃惟終。"《國語·齊語》:"小罪,讁以金分。"韋昭注:"小罪,不入於五刑者。以金贖,有分兩之差,今之罰金是也。"

上博四·内10～,讀爲"小",指小位,與後文"大"(大位)相對。

上博四·曹2"今邦恩(彌)～(小)而鐘愈大",《慎子》佚文作"褊小而鐘大"。

上博四·曹46～,數量小;少量;不多。《鹽鐵論·備胡》:"少發則不足以更適,多發則民不堪其役。"

上博五·君1"～居",停留的時間短。

上博六·壽3"～帀",讀爲"少師",官名。《書·周官》:"少師、少傅、少保曰三孤。"

上博七·凡甲11～,讀爲"小",與"大"相對,此處是指太陽到中午變得小了。

上博六·用3"～疋"、上博八·成11"～疌",讀爲"少疏",稍稍疏遠。《莊子·徐無鬼》:"今予病少痊,予又且復遊於六合之外。"

上博八·王2"～進",《儀禮·鄉射禮》:"賓少進。"鄭玄注:"差在前也。"

上博"～人",讀爲"小人",與"君子"相對。《書·大禹謨》:"君子在野,小人在位。"《周易·泰》:"君子道長,小人道消也。"

省

 上博七·凡甲28 夫此之胃(謂)～城(成)

　　上博七·凡乙 20 此之胃（謂）～城（成）

～，從"口"，"少"聲。

上博七·凡甲 28 "～城"，讀爲"小成"，略有成就。《禮記·學記》："一年視離經辨志，三年視敬業樂群，五年視博習親師，七年視論學取友，謂之小成。"

　　上博四·內 10 古（故）爲～（少）必聖（聽）長之命

～，從"子"，"少"聲，"少"子之"少"的專字。

簡文～，即"少"，與"長"相對。

雀

　　上博一·孔 20 虗（吾）以折（杕）杜旻（得）～（爵）

　　上博一·孔 27 可（何）斯～之矣

～，從"隹"、"少"，"少"亦聲，與 、、、同。《說文·隹部》："雀，依人小鳥也。從小、隹。讀與爵同。"

上博一·孔 20～，讀爲"爵"，爵位；官位。《詩·小雅·角弓》："民之無良，相怨一方，受爵不讓，至於己斯亡。"孔穎達疏："受其官爵，不以相讓。"

上博一·孔 27～，讀爲"爵"，飲人以酒。《國語·魯語下》："賓發幣于大夫，及仲尼，仲尼爵之。"韋昭注："爵之，飲之酒也。"簡文"斯爵之矣"，乃就詩中"曷飲食之"而言，指主人公以酒食款待來訪的君子。（陳斯鵬）

筶

上博二·容 32 於是於訇（始）～（爵）而行录（禄）

上博二·容 43 官而不～（爵）

上博四·曹 21 垩（型）罰有罪而賞～（爵）有德

上博四·曹 37 毋囻（攝）～（爵）

上博四·曹 50 勅（勝）則汞（禄）～（爵）又（有）常

～，从"竹"，"雀"聲。與 、同。

上博二·容 32"訇～"，讀爲"始爵"，與"行禄"義同，始行爵禄。

上博二·容 43～，讀爲"爵"，授爵。《禮記·王制》："論定然後官之，任官然後爵之，位定然後禄之。"孔穎達疏："謂堪任此官，然後爵命之。"《國語·魯語上》："乃出而爵之。"韋昭注："出，出之於隸也。爵，爵爲大夫也。"

上博四·曹 21"賞～"，爵禄和賞賜。《荀子·君子》："刑罰不怒罪，爵賞不踰德。"《禮記·祭統》："見親疏之殺焉，見爵賞之施焉。"

上博四·曹 50"汞～"，讀爲"禄爵"，俸禄和官爵。典籍常作"爵禄"，《周禮·夏官·司士》："凡邦國，三歲則稽士任而進退其爵禄。"《史記·淮南衡山列傳》："及所置吏，以其郎中春爲丞相，聚收漢諸侯人及有罪亡者，匿與居，爲治家室，賜其財物爵禄田宅，爵或至關内侯，奉以二千石，所不當得，欲以有爲。"

上博四·曹 37"毋囻～"，讀爲"毋攝爵"，是說爲君者不可惜爵而不授。

龰

 上博一·緇 15 古（故）上不可㠯（以）埶（褻）型（刑）而翌（輕）~（爵）

~，从"斗"，"少"聲，與 同。

簡文~，讀爲"爵"，爵位；官位。《詩·小雅·角弓》："民之無良，相怨一方，受爵不讓，至於已斯忘。"孔穎達疏："受其官爵，不以相讓。"郭店簡"雀"讀爲"爵"（典籍中雀、爵相通之例極多，參看《古字通假會典》802 頁），而"雀"正是從"小（少）"得聲，所以"翌"可讀爲"爵"。（馮勝君）

戠

 上博七·凡甲 14 ~道

 上博七·凡甲 18 人白（泊）爲~

 上博七·凡甲 20 ~此

 上博七·凡甲 22 ~道

 上博七·凡甲 22 能~鼠（一）

 上博七·凡甲 22 女（如）不能~鼠（一）

 上博七·凡甲 23 女（如）欲~鼠（一）

上博七·凡甲 24～智（知）而神

上博七·凡甲 24～神而同

上博七·凡甲 24～僉（險）而困

上博七·凡甲 24～困而逡（復）

上博七·凡甲 25～此

上博七·凡乙 10～道

上博七·凡乙 15～鼠（一）

上博七·凡乙 15 女（如）不能～鼠（一）

上博七·凡乙 15 女（如）欲～鼠（一）

上博七·凡乙 17～智（知）而神

上博七·凡乙 17～神而同

上博七·凡乙 17～同而僉

上博七·凡乙 17～僉而困

上博七·凡乙 17～困而返（復）

上博七·凡乙 18～此

～，从"言"，从"戈"，"少"聲。从"戈"，"少"聲的字應該是"戳"字。《說文·戈部》："戳，斷也。从戈，雀聲。"《玉篇·戈部》："戳，字亦作戩。"～，从"言"，"戳（戩）"聲，疑"詧"字異體。上古音"戩"，從紐月部字。"詧"、"察"，初紐月部字。三字迭韻可通。《書·秦誓》："惟戩戩善諞言，俾君子易辭。"孔穎達疏："戩戩猶察察，明辯便巧之意。""戩戩猶察察"當屬聲訓。"戩"、"戔"、"淺"古通。如《書·秦誓》："惟戩善諞言。"《說文·戈部》引《周書》作"戔戔巧言"。《潛夫論·救邊》引"戩戩"作"淺淺"。從"戔"聲的"幓"與"殺"通，"殺"與"蔡"通。可見"戩"、"詧"、"察"關係密切。

簡文～，讀爲"察"，知道、瞭解義。《孟子·離婁下》："察于人倫"，趙岐注："察，猶識也。"《禮記·喪服四制》："禮以治之，義以正之，孝子、弟弟、貞婦，皆可得而察焉。"鄭玄注："察，猶知也。"

心紐喿聲

喿

上博八·顏 9 戔（賤）不～（肖）而遠之

上博八·李 1～〈葉〉亓（其）方莕（落）可（兮）

～，與 、、同。《說文·品部》："喿，鳥群鳴也。从品在木上。"

上博八·顏 9"不～"，讀爲"不肖"，不成材；不正派。《禮記·射義》："發而不失正鵠者,其唯賢者乎?若夫不肖之人,則彼將安能以中。"孔穎達疏:"不肖,謂小人也。"簡文"賤不肖而遠之",意爲輕視小人并疏遠之。《說苑·尊賢》:"子路問於孔子曰:'治國何如?'孔子曰:'在於尊賢而賤不肖。'"《淮南子·泰族》:"聖王在上,明好惡以示之,經誹譽以導之,親賢而進之,賤不肖而退之,無被創流血之苦,而有高世尊顯之名,民孰不從!"

上博八·李 1~,讀爲"燥",乾燥。《說文》:"燥,乾也。""燥其方落",指桐樹直至寒冬乾燥時,其葉始纔脫落。

操

 上博七·凡甲 19 ~之可操

 上博七·凡甲 19 操之可~

 上博七·凡乙 14 可~

《說文·手部》:"操,把持也。从手,喿聲。"

簡文"操之可操","操之"之"操",讀爲"躁",急迫。《公羊傳·莊公三十年》:"蓋以操之唯以甗矣。"阮元校勘記:"武億云:'操,古本作躁。《詩·江漢》正義引此:躁,迫也。'""可操"之"操",掌握。《管子·權修》:"操民之命,朝不可以無政。"《商君書·算地》:"主操名利之柄而能致功名者,數也。"

藻

 上博二·容 40 傑(桀)乃逃之南~是(氏)

~,从"艸","喿"聲。

簡文"南~是",讀爲"南巢氏"。《太平御覽》卷八二"皇王部"引《竹書紀年》曰:"湯遂滅夏,桀逃南巢氏。"《吕氏春秋·仲秋紀》:"此夏桀之所以死于南巢也。"《史記·律書》"成湯有南巢之伐,以殄夏亂",《正義》云:"南巢,今廬州巢縣是也。《淮南子》云:'湯伐桀,放之歷山,與末嬉同舟浮江,奔南巢之山

而死。'按：巢即山名，古巢伯之國，云'南巢'者，在中國之南也。"即今安徽省的巢縣。

澡

 上博八·成5安(焉)不曰日章(彰)而冰～(消)虐(乎)

《説文·水部》："澡，洒手也。从水，喿聲。"

簡文"冰～"，讀爲"冰消"，亦作"冰銷"，冰凍消融。董思恭《守歲》詩之二："冰銷出鏡水，梅散入風香。"又有成語"冰消瓦解"，比喻事物消失或崩潰。成公綏《雲賦》："於是玄風仰散，歸雲四旋，冰消瓦解，奕奕翩翩。"

瘙

 上博四·柬5虐(吾)～

 上博四·柬8不敦～甚疠(病)

 上博四·柬20君王之～

～，與(溫縣WT4K5:13)同，从"疒"，"喿"聲。《玉篇》："瘙，疥瘙。同瘯。"《集韻》："瘙，疥也。"

簡文～，或讀爲"燥"，簡大王炙於日而燥熱過甚，因而生病，多次夢見要祭高山深溪以禳病。《素問·至真要大論》："夫百病之生也，皆生於風、寒、暑、濕、燥、火，以之化之變也。"《素問·至真要大論》："燥淫於內，治以苦溫，佐以甘辛，以苦下之。"（季旭昇、張崇禮）或讀爲"懆"、"騷"。

勦

 上博五·競9寡人之不～也

～,從"力","枭"聲。或釋"剝"、"繰",不確。

簡文～,讀爲"肖"。郭店·唐虞之道 28:"養不枭(肖)。""不肖"古書習見,謂子不似父。《禮記·雜記下》:"諸侯出夫人,夫人比至于其國……主人對曰:'某之子不肖,不敢辟誅。'"鄭玄注:"肖,似也。不似,言不如人。"簡文是自謙之稱。《戰國策·齊策二》:"今齊王甚憎張儀,儀之所在,必舉兵而伐之。故儀願乞不肖身而之梁。"

篍

 上博四·柬 15 毋敢執～籟

～,從"竹","枭"聲。

簡文"～籟",讀爲"藻笙",蓋"笙"以五采羽爲"藻"(此藻字特指旗旒或冕旒上成束的五采絲線,亦可泛指旒飾),故稱"藻笙"。《禮記·玉藻》:"天子玉藻,十有二旒。"孔穎達疏:"藻謂雜采之絲繩以貫於玉。"(孟蓬生)

滂紐票聲

藨

 上博一·緇 9 民之～(表)也

～,從"艸",從"木",從"票"省,"藨"之繁體。郭店·緇衣 15 作 。《說文·艸部》:"藨,苕之黃華也。從艸,麃聲。一曰:末也。"藨字所從之票,《說文·火部》:" ,火飞也。從火、覀,與覊同意。" " 與 所從在形體上可能有關係。

簡文～,讀爲"表",表率;準則。《韓非子·十過》:"夫堅中足以爲表,廉外則可以大任。"《大戴禮記·主言》:"上者民之表也,表正則何物不正。"

明紐毛聲

毛

 上博二·容 24 脛（脛）不生之～

《說文·毛部》："毛，眉髮之屬及獸毛也。象形。"

簡文"脛不生之～"，見《韓非子·五蠹》："禹之王天下也，身執耒臿以爲民先，股無胈，脛不生毛。"《尸子·廣澤》："禹於是疏河決江，十年不窺其家，足無爪，脛無毛，偏枯之病，步不能過，名曰禹步。"

眊

 上博三·彭 3～₌（眊眊）舍（余）朕孯（孳）

《說文·目部》："眊，目少精也。从目，毛聲。《虞書》：耄字从此。"

簡文"～₌"，讀爲"眇眇"。《書·顧命》："王再拜興答曰：眇眇予末小子，其能而亂四方以敬忌天威。"某氏傳："言微微我淺末小子，其能如父祖治四方以敬忌天威德乎？謙辭，託不能。"（孟蓬生）或讀爲"眊眊"，古書或作"薉薉"、"邈邈"。《韓詩外傳》卷六："不聞道術之人，則冥於得失。不知治亂之所由，眊眊乎其猶醉也。"

眊

 上博一·緇 14～民非甬（用）霝

～，从"視"，"毛"聲，疑"眊"字異體。

簡文"～民"，讀爲"苗民"，指古代三苗部族之主。《書·吕刑》："苗民弗用靈，制以刑，惟作五虐之刑曰法。"孔安國傳："三苗之君，習蚩尤之惡，不用善化民，而制以重刑，惟爲五虐之刑，自謂得法。"孔穎達疏："三苗之主，實國君也，頑凶若民，故謂之苗民。"

訑

 上博八·志3 敃(殿—抑)忌(忌)韋(諱)諓(讒)～以亞(惡)虗(吾)

～,從"言","毛"聲。

簡文～,讀爲"媢"。《文選·七發》:"冒以山膚。"李善注:"冒與芼,古字通。""媢",嫉妒。《禮記·大學》:"人之有技,媢疾以惡之。"鄭玄注:"媢,妒也。"(黃傑)

表

 上博二·容22 裚～靽(皮)專(黼)

 上博七·吴5 東海之～

《說文·衣部》:"表,上衣也。從衣,從毛。古者衣裘,以毛爲表。襞,古文表。從麃。"

上博二·容22"裚～靽專",讀爲"制服皮黼"。上古音"表"屬幫母宵部字,"服"屬並母職部字,古音很近。九店36有"折(製)衣裳、表紸"語。李家浩讀"表紸"爲"服飾"。"制服"一詞見於典籍,一般是指喪服,但亦可指依社會地位高低而制定的有定制的服裝。《管子·立政》:"度爵而制服,量禄而用材。飲食有量,衣服有制。"《孔叢子·陳士議》:"雖疏食飲水,吾猶爲之,若徒欲制服吾身,委以重禄,吾猶一夫爾。"《淮南子·本經》:"築城掘池,設機械險阻以爲備,飾職事,制服等,異貴賤,差賢不肖,經誹譽,行賞罰,則兵革興而分爭生。"(白於藍)

上博七·吴5～,外邊;外面。《書·立政》:"其克詰爾戎兵,以陟禹之跡,方行天下,至於海表。"或説"以廣東海之表",猶言"表東海者",《左傳·襄公二十九年》:"表東海者,其大公乎!"杜預注:"大公封齊,爲東海之表式。"

褱

上博四·柬 4 訟而卜之，～

上博四·柬 5 既訟而卜之，～

～，从"衣"省，从"鹿"頭。或从"麃"或"麀"省。與《説文》"表"字古文同。《集韻》："表，識也，明也。古作裏、襳、褱。"

簡文～，讀爲"孚"，訓爲"信"。古書中"表"與"剽"互爲異文，而从"孚"聲之字與从"票"聲之字可以相通，如"浮"與"漂"。《説文》古文"表"从"麃"聲，"麃"與"包"古通，而从"包"之字與从"孚"之字相通的也極多。此外，跟"表"字古文"褱"一樣从"鹿(麃)"聲的"鄜"，與"孚"的上古音都是滂母幽部。"孚辭"理解爲指占卜之後實際發生的結果跟占卜者在命辭或占辭中提出的情況相符與否。（沈培、陳劍）

明紐苗聲

宙（廟）

上博一·孔 5 清～（廟）

上博一·孔 5 敬宗～（廟）之豊（禮）

上博一·孔 24 虗（吾）吕（以）甘棠旻（得）宗～（廟）之敬

上博一·性 12 □～（廟）所吕（以）旻（文）節也

 上博三·周42 王各(格)于～(廟)

 上博三·周54 王叚(假)于～(廟)

 上博六·壽1 緐之於宗～(廟)

 上博六·天甲3 豊(禮)之於宗～(廟)也

 上博六·天乙3 豊(禮)之於宗～(廟)也

～，從"宀"，"苗"聲，同"庿"、"廟"。或作 、（郭店·性自命出63），所從"田"訛爲"曰"。或作 、（郭店·語叢四27），爲《説文》古文所本，"广"、"宀"二旁古通。或作 （郭店·唐虞之道5）、（郭店·語叢一88），從"宀"，"淖"（即潮水之"潮"的異體）聲，"廟"字異體。《説文·广部》："廟，尊先祖皃也，從广，朝聲。，古文。"徐鍇曰："《古今注》：廟，皃也。所以彷彿先人之容皃。"

上博一·孔5"清～"，即"清廟"，《詩經》篇名。即《詩·周頌·清廟》。《清廟序》："清廟，祀文王也。周公既成洛邑，朝諸侯，率以祀文王焉。"鄭玄箋："清廟者，祭有清明之德者之宮也，謂祭文王也。天德清明，文王象焉，故祭之而歌此詩也。"

上博一·性12～，讀爲"貌"。《釋名·釋宮室》："廟，貌也，先祖形貌所在也。"《詩·周頌·清廟序》鄭玄箋："廟之言貌也，死者精神不可得而見，但以生時之居立宮室，象貌爲之耳。"《荀子·禮論》"疏房、檖貌、越席、床笫、几筵，所以養體也"，楊倞注："貌，古貌字……貌，廟也。"簡文"致容貌所以文，節也"與《禮記·表記》"禮以節之，信以結之，容貌以文之，衣服以移之，朋友以極之，欲民之有壹也。"義近。（李家浩）

上博"宗～",古代帝王、諸侯祭祀祖宗的廟宇。《國語·魯語上》:"夫宗廟之有昭穆也,以次世之長幼,而等冑之親疏也。"《史記·魏公子列傳》:"今秦攻魏,魏急而公子不恤,使秦破大梁而夷先王之宗廟,公子當何面目立天下乎?"

正編·藥部

上博楚簡文字聲系

藥　部

疑紐樂聲

樂

　　上博一·性 9 豊(禮)～

　　上博一·性 12～亓(其)道

　　上博一·性 13～

　　上博一·性 17 凡古～堇心

　　上博一·性 17 賮(賚)武～取

　　上博一·性 17 卲(韶)頣(夏)～(樂)情

　　上博一·性 18 哀～(樂)

 上博一・性19～之敫(動)心也

 上博一・性20[凡]～思而句(後)忻

 上博一・性21 槀斿(遊)～也

 上博一・性23 蜀(獨)居而～

 上博一・性31 蜀(獨)居則習[父]兄之所～

 上博一・性31～事谷(欲)遂(後)

 上博一・性36[哀]～爲甚

 上博一・性36 耳之～聖(聲)

 上博五・三16 甕(喪)台(以)俤(由)～

 上博七・君甲5 州辻(徒)之～

 上博七・君甲5 而不爲丌(其)～

 上博七・君乙4 州辻(徒)之～

上博七·君乙 5 而不爲丌(其)～

上博七·武 6 安～必戒

上博二·容 8 與之言～

上博二·容 30 乃立敳(質)以爲～正

上博二·容 45 逨(厚)～於酉(酒)

上博四·内 6 父母所～

上博四·曹 11 不聖(聽)～

上博五·鮑 4 民轍(獵)～

上博五·三 7 悥(喜)～無堇(限)尼(度)

上博五·三 11 內(入)虛毋～

上博一·孔 1 ～亡(無)隱(隱)情

上博一·孔 2 丌(其)～安而犀(遲)

 上博一·孔 14 㠯（以）鍾鼓之～

 上博一·孔 23 㠯（以）～訇而會

 上博二·子 1 又（有）吳（虞）是（氏）之～正宕宯之子也

 上博五·君 11 夫子綯（治）十室之邑亦～

 上博五·君 11 綯（治）𡐦（萬）室之邦亦～

 上博六·競 11 愈（偷）爲～唬

 上博六·孔 3 盧忠=～之

 上博六·孔 21 訢（慎）亓豊～

 上博六·用 1 視之台（以）康～

 上博六·用 4 民曰愈～

 上博六·用 11 而自嘉～

上博六·天甲 10 尼正不語～

上博六・天乙 9 尻正不語～

上博八・顔 13 貧而安～

上博八・李 2 人因丌(其)情則～丌(其)事

上博二・民 2 必達於豊(禮)～(樂)之篆(原)

上博二・民 4 ～(樂)亦至安(焉)

上博二・民 4 ～(樂)之所至者

上博二・民 4 哀～(樂)相生

上博二・民 5 亡(無)聖(聲)之～(樂)

上博二・民 7 亡(無)聖(聲)之～(樂)

上博二・民 8 亡(無)聖(聲)之～(樂)

上博二・民 10 亡(無)聖(聲)之～(樂)

上博二・民 11 亡(無)聖(聲)之～(樂)

上博二·民 12 亡(無)聖(聲)之～(樂)

上博二·民 12 亡(無)聖(聲)之～(樂)

上博二·民 13 亡(無)聖(聲)之～(樂)

～，下部本从"木"，楚文字下部或訛變爲"矢"、"火"；或作 ，省右上"幺"，左部變爲"糸"。戰國文字或作 (郭店·老子甲 4)、 (郭店·老子丙 4)、 (郭店·語叢一 34)、 (十八年冡子韓矰戈)、 (珍戰 131)、 (璽印類編 478 頁)、 (西安圖 197)、 (秦風 58)。《說文·木部》："樂，五聲八音總名。象鼓鞞。木，虡也。"

上博一·孔 1"～亡(無)隱(隱)情"，讀爲"樂無隱情"，意謂"樂"不會隱匿"情"，也即"樂"是能夠表達情的。

上博一·孔 14"以鍾鼓之～"，《墨子·三辯》："昔諸侯倦于聽治，息於鐘鼓之樂；士大夫倦于聽治，息於竽瑟之樂。"

上博二·子 1、上博二·容 30"～正"，官名。古時樂官之長。《儀禮·鄉射禮》："樂正先升，北面立於其西。"鄭玄注："正，長也。"賈公彥疏："案《周禮》有大司樂、樂師，天子之官。此樂正，諸侯及士大夫之官，當天子大司樂……云長，樂官之長也。"劉勰《文心雕龍·頌贊》："昔虞舜之祀，樂正重讚，蓋唱發之辭也。"

上博一·性 12"～亓(其)道"，《孟子·盡心上》："樂其道而忘人之勢，故王公不致敬盡禮，則不得亟見之。"

上博一·性 17"古～"，古代帝王祭祀、朝會時所奏音樂。也稱雅樂，以別於民間音樂。《禮記·樂記》："吾端冕而聽古樂，則唯恐臥；聽鄭衛之音，則不知倦。敢問古樂之如彼，何也？"鄭玄注："古樂，先王之正樂也。"

上博一·性 17"萱(賁)武～取"，賁、武樂武王取得天下。

上博一·性 17"卲(韶)顕(夏)～情"，韶、夏樂舜、堯愛民之真情。

上博一·性 18、上博二·民 4"哀～",悲哀與快樂。《左傳·莊公二十年》:"哀樂失時,殃咎必至。"

上博一·性 19～,《禮記·樂記》:"樂也者,聖人之所樂也,而可以善民心。其感人深,其移風易俗,故先王重其教。"

上博一·性 21"斿(遊)～",流露心中喜悦。

上博一·性 23"蜀(獨)居而～",見《荀子·儒效》:"故君子無爵而貴,無禄而富,不言而信,不怒而威,窮處而榮,獨居而樂,豈不至尊、至富、至重、至嚴之情舉積此哉!"

上博一·性 31"～事谷(欲)逡(後)",享樂之事在後。《荀子·修身》:"勞苦之事則爭先,饒樂之事則能讓,端愨誠信,拘守而詳,横行天下,雖困四夷,人莫不任。"

上博二·容 45"詨(厚)～於酉(酒)",《孟子·梁惠王下》:"從流下而忘反謂之流,從流上而忘反謂之連,從獸無厭謂之荒,樂酒無厭謂之亡。"

上博五·鮑 4"钁(獵)～",追求快樂。揚雄《法言·學行》:"耕道而得道,獵德而得德。"

上博五·三 7"悥(喜)～",歡樂;高興。《詩·小雅·菁菁者莪序》:"君子能長育人材,則天下喜樂之矣。"《淮南子·泰族》:"〔民〕有喜樂之性,故有鐘鼓笙絃之音。"

上博六·用 4、上博四·内 6、上博六·孔 3、上博六·競 11、上博六·天甲 10、上博七·君甲 5～,快樂,歡樂。《詩·小雅·常棣》:"兄弟既具,和樂且孺。"孔穎達疏:"九族會聚和而甚忻樂也。"

上博七·武 6"安～",安逸,快樂。《孟子·告子下》:"入則無法家拂士,出則無敵國外患者,國恆亡;然後知生於憂患,而死於安樂也。"

上博二·民 2、上博六·孔 21"豊～",讀爲"禮樂",禮節和音樂。《禮記·樂記》:"樂也者,情之不可變者也;禮也者,理之不可易者也。樂統同,禮辨異。禮樂之説,管乎人情矣。"孔穎達疏:"樂主和同,則遠近皆合;禮主恭敬,則貴賤有序。"《吕氏春秋·孟夏》:"乃命樂師習合禮樂。"高誘注:"禮所以經國家,定社稷,利人民;樂所以移風易俗,蕩人之邪,存人之正性。"

上博六·用 1"康～",安樂。《禮記·樂記》:"嘽諧慢易繁文簡節之音作,而民康樂。"

上博六·用 11"嘉～",古代用於宴饗祭祀的鐘磬之樂。《左傳·定公十年》:"犧、象不出門,嘉樂不野合。"杜預注:"嘉樂,鐘、磬也。"《晉書·樂志上》:"光天之命,上帝是皇,嘉樂殷薦,靈祚景祥。"

上博八·顏13"安～",使安寧快樂。《荀子·王制》:"故天之所覆,地之所載,莫不盡其美,致其用,上以飾賢良,下以養百姓而安樂之。"董仲舒《春秋繁露·堯舜不擅移湯武不專殺》:"故其德足以安樂民者,天予之;其惡足以賊害民者,天奪之。"

上博八·李2"～丌(其)事",《史記·貨殖列傳》:"故物賤之徵貴,貴之徵賤,各勸其業,樂其事,若水之趨下,日夜無休時,不召而自來,不求而民出之。"

上博二·民4,5～,樂民之樂,以使民各樂其生。《孝經·廣要道》:"移風易俗,莫善於樂;安上治民,莫善於禮。"(彭裕商)

邀

 上博四·内6父毋(母)亡(無)厶(私)～

～,从"辵","樂"省聲。

簡文～,讀爲"樂",快樂,歡樂。《詩·小雅·常棣》:"兄弟既具,和樂且孺。"孔穎達疏:"九族會聚和而甚忻樂也。"

藥

 上博三·周21勿～又(有)菜

 上博一·性8䛑(詩)箸(書)豊(禮)～(樂)

 上博二·從甲13不必才近迡～(藥)

上博二·從甲16㝬(君子)～(藥)則絧(治)正

上博二·從乙3小人～(藥)則㠯(疑)

～，從"艸"，"樂"聲；或從"中"，"樂"聲，楚文字或作❀(郭店·五行 6)、❀(郭店·五行 8)、❀(郭店·五行 29)、❀(郭店·五行 50)。《説文·艸部》："藥，治病艸。從艸，樂聲。"

上博一·性 8"𡰥(詩)箸(書)豐～"，《莊子·天下》："詩以道志，書以道事，禮以道行，樂以道和，易以道陰陽，春秋以道名分。"《莊子·天運》："丘治《詩》、《書》、《禮》、《樂》、《易》、《春秋》六經。詩、書、禮、樂，其始出皆生於人。"《荀子·勸學》："故書者，政事之紀也；詩者，中聲之所止也；禮者，法之大分，類之綱紀也。故學至乎禮而止矣。夫是之謂道德之極。禮之敬文也，樂之中和也，詩書之博也，春秋之微也，在天地之閒者畢矣。"

上博二·從甲 16、從乙 3～，讀爲"樂"，快樂，歡樂。《史記·刺客列傳》："高漸離擊筑，荊軻和而歌於市中，相樂也，已而相泣，旁若無人者。"

疑紐虐聲

瘧

 上博六·競 1 齊競(景)公疥且～

 上博六·競 2 公疥且～

 上博六·競 2【背】競(景)公～

～，與❀(郭店·緇衣 27)同，從"疒"、"虐"聲，"瘧"字異體。《説文·疒部》："瘧，热寒休作。從疒、從虐，虐亦聲。"

簡文"疥且～"，見《晏子春秋·内篇諫上》第十二章："景公疥且瘧，期年不已。"《左傳·昭公二十年》："齊侯疥，遂痁，期而不瘳。"《晏子春秋·外篇》第七章："景公疥，遂痁，期而不瘳。"《説文》："痁有熱瘧，從疒，占聲。《春秋傳》曰：'齊侯疥，遂痁。'"或讀爲"痁"(痁)。(顧史考)

端紐卓聲

綽

 上博八·蘭 3～遠行道

～，"繛"字異體。與新出溫縣（WT4K6：212）形同。《説文》："繛，緩也。从素，卓聲。綽，繛或省。"

簡文～，讀爲"逴"。《説文》："逴，遠也。"《楚辭·遠遊》："逴絕垠乎寒門。"洪興祖補注："逴，遠也。"皆以"遠"訓"逴"。《楚辭·九辯》："春秋逴逴而日高兮，然惆悵而自悲。"《史記·衛將軍驃騎列傳》："取食於敵，逴行殊遠而糧不絕。""逴遠"，猶言"遼遠"、"遙遠"，同義疊用。

端紐勺聲

訋

 上博四·昭 2 小人牂（將）～寇（寇）

 上博四·昭 4 儓（僕）牂（將）～寇（寇）

 上博四·昭 7 王～而余之袵裵

 上博四·曹 29 必～（約）邦之貴人及邦之可（奇）士

～，從"言"，"勺"聲。《玉篇》："訋，挐也。"

上博四·昭 2、4～，讀爲"召"。古音勺聲、召聲相通。《淮南子·道應》："孔子勁杓國門之關。"又《主術》："孔子力招城關。"《戰國策·楚策四》："以其類爲招。"《文選·詠懷詩》李善注引"招"作"的"。《吕氏春秋·季春紀》："射

而不中,反修於招。"舊校:"招,一作的。"簡文"召寇"见《荀子·王制》:"故我聚之以亡,敵得之以彊,聚歛者,召寇、肥敵、亡國、危身之道也,故明君不蹈也。"《文子·微明》:"行有召寇,言有致禍。"

上博四·昭7～,或讀爲"詔",告訴。《楚辭·離騷》:"麾蛟龍使梁津兮,詔西皇使涉予。"王逸注:"詔,告也。"(孟蓬生)

上博四·曹29～,"教導"義。簡文意思是説,王在戰前一定要對國之貴人及奇士進行教導和訓誡。(孟蓬生)或讀爲"詔"。《爾雅·釋詁下》:"詔,導也。"郭璞注:"詔,謂教導之。"《莊子·盗跖》:"夫爲人父者,必能詔其子;爲人兄者必能教其弟。"

約

 上博二·容50 至～者(諸)侯

 上博二·容53 至～者(諸)侯

 上博五·弟6 貧戔(賤)而不～者

 上博六·競8 ～夾者關

 上博六·競10 貧胘(苦)～疠疾

 港甲9 以上下之～

 上博八·成10 是胃(謂)六斳(親)之～

 上博八·蘭4……年(佞)前其～會(儉)

～，郭店·性自命出8作 ，《説文·糸部》："約，纏束也。从糸，勺聲。"

上博二·容50～，義爲"邀結"或者"訂立共同應遵守的條款"。《孟子·告子下》："我能爲君約與國，戰必克。"趙岐章句："連諸侯以戰求必勝之也。"《淮南子·人間》：無忌曰："臣固聞之，太子内撫百姓，外約諸侯，齊、晉又輔之，將以害楚，其事已構矣。""至約者矦"，讀爲"致約諸侯"，意爲"導致諸侯相約結"。（范常喜）

上博五·弟6～，卑微；卑下。《國語·吴語》："夫固知君王之蓋威以好勝也，故婉約其辭，以從逸王志。"韋昭注："婉，順也。約，卑也。"簡文"貧賤而不約者"，參《荀子·君道》："故君子恭而不難，敬而不鞏，貧窮而不約，富貴而不驕，並遇變態而不窮，審之禮也。"《禮記·坊記》："小人貧斯約，富斯驕；約斯盗，驕斯亂。禮者，因人之情而爲之節文，以爲民坊者也。故聖人之制富貴也，使民富不足以驕，貧不至於約，貴不慊於上，故亂益亡。"

上博六·競8～，攔阻。《戰國策·燕策二》："秦召燕王，燕王欲往。蘇代約燕王……燕昭王不行。"《史記·蘇秦列傳》："母不能制，舅不能約。"（陳偉）簡文"約夾"或讀爲"要挾"。

上博六·競10～，訓爲"貧困"，"約弱"應大致等於"貧弱"。《論語·里仁》："不仁者，不可以久處約，不可以長處樂。"皇侃疏："貧困也。"《史記·張耳陳餘列傳》："然張耳、陳餘始居約時，相然信以死，豈顧問哉。"裴駰集解引《漢書音義》曰："在貧賤時也。"簡文"貧肫（苦）～疠疾"，即"貧苦約弱疾"，與《晏子春秋·内篇諫上》"景公信用讒佞賞罰失中晏子諫第八"章中的"民愁苦約病"意近。

上博八·成10"是胃六斬之～"，讀爲"是謂六新之約"。《周禮·秋官·司約》有"六約"："司約掌邦國及萬民之約劑，治神之約爲上，治民之約次之，治地之約次之，治功之約次之，治器之約次之，治摯之約次之。"鄭玄注："此六約者，諸侯以下至於民，皆有焉。劑，謂券書也。治者，理其相抵冒上下之差也。神約，謂命祀、郊社、群望及所祖宗也。夔子不祀祝融，楚人伐之。民約，謂徵稅遷移，仇讎既和，若懷宗九姓在晉，殷民六族七族在魯、衛皆是也。地約，謂經界所至，田萊之比也。功約，謂王功國功之屬，賞爵所及也。器約，謂禮樂吉凶車服所得用也。摯約，謂玉帛禽鳥，相與往來也。""六約"也是治國之要。或讀"六新"爲"六親"，指"夫婦、父子、兄弟"，"六親"一詞古亦常見。

上博八·蘭4"～會"，讀爲"約儉"，同義復詞，指行爲約束，節制。《説文》:"約,纏束也。"《莊子·駢拇》:"約束不以纆索。"《論語·子罕》:"博我以文,約我以禮。"《韓詩外傳》卷十:"制禮約法於四方。"《説文》:"儉,約也。"《左傳·僖公二十三年》:"晉公子廣而儉,文而有禮。"《墨子·辭過》:"儉節則昌,淫佚則亡。"《史記·遊俠列傳》:"及解年長,更折節爲儉,以德報怨,厚施而薄望。"

酌

　上博三·周 57 不女(如)西鄫(鄰)之～祭

《説文·酉部》:"酌,盛酒行觴也。从酉,勺聲。"

簡文～,讀爲"禴",祭名,指夏祭或春祭。《易·萃》:"引吉無咎。孚乃利用禴。"鄭玄注:"禴,殷春祭之名也,四時祭之省者也。"《詩·小雅·天保》:"禴祠烝嘗。"毛亨傳:"春曰祠,夏曰禴,秋曰嘗,冬曰烝。"今本《周易》作"禴",馬王堆帛書本作"濯"。

豹

　上博四·逸·交 2 若～若虎

～,从"鼠","勺"聲,"豹"字異體。《説文·豸部》:"豹,似虎,圜文。从豸,勺聲。"

簡文"若～若虎",形容君子的勇武。《書·牧誓》:"如虎如貔,如熊如羆。"《藝文類聚》引郭璞《貔贊》曰:"書稱猛士,如虎如貔,貔蓋豹屬。""豹"、"虎"君子稱美之辭。《文選·韋弘嗣·博弈論》:"勇略之士,則受熊虎之任,儒雅之徒,則處龍鳳之署。"李善注:"熊虎猛捷,故以譬武,龍鳳五彩,故以喻文。《尚書》曰:'如虎如豹,如熊如羆,于商郊。'《蘇武答李陵書》曰:'其於學人,皆如鳳如龍。'"

疒

　上博六·競 10 是皆貧胾(苦)約～疾

～,從"疒","勻"聲。

簡文"貧朋（苦）約～疾",意近《晏子春秋·內篇諫上》"景公信用讒佞賞罰失中晏子諫"篇中的"民愁苦約病"。"疒",讀爲"弱"。《左傳·昭公元年》："叔孫豹會晉趙武、楚公子圍、齊國弱……於虢。"《公羊傳·昭公元年》"齊國弱"作"齊國酌"。中山王大鼎的"汋",讀爲"溺"。郭店簡《語叢四》："士有謀友,則言談不勻。"裘錫圭先生的按語讀"勻"爲"弱"。《書·洪範》"六極：一曰凶短折,二曰疾,三曰憂,四曰貧,五曰惡,六曰弱",孔安國注："弱,尫劣。"孔穎達疏："'六極'謂窮極惡事有六……'尫'、'劣'並是弱事,爲筋力弱,亦爲志氣弱。"簡文"約"訓爲"貧","約弱"應大致等於"貧弱"。（張崇禮、李天虹）或認爲"疒"爲衍文,推測有的本子"約"字受下文"疾"字的類化影響而變作"疒（病）"。

定紐翟聲

蘿

上博二·容6 昔堯凥于丹寽（府）與～墜（陵）之閑（間）

《說文·艸部》："蘿,蘆艸也。一曰：拜商蘿。從艸,翟聲。"

簡文"丹府與～陵",爲堯幼時居住的地方。今本《竹書紀年》、《易·繫辭下》疏引《世紀》、《宋書·符瑞志》皆云堯生於丹陵,"丹陵"似是二者的合稱。《太平御覽》卷八十引《帝王世紀》："帝堯,陶唐氏,祁姓也。母曰慶都,孕十四月而生堯於丹陵,名曰放勳。"《宋書·符瑞志上》："帝堯之母曰慶都,生於斗維之野……孕十四月而生堯於丹陵,其狀如圖。"

曜

上博五·競3～人之怀（背）者

～,從"邑","翟"聲。"邑"旁的頭部與"隹"旁的頭部共用筆畫。與 同。

簡文～,讀爲"狄"。"翟"、"狄"二字古通,《書·禹貢》："羽畎夏翟。"《史記·夏本紀》《漢書·地理志》引翟作狄。《禮記·玉藻》"夫人揄狄"，孔穎達疏："'狄'讀如'翟'。"簡文"不出三年，狄人之附者七百里"，與《孔子集語·主德五》"三年，編髮重譯來朝者六國"相應。（李天虹）狄，是先秦北方少數民族的族名。《孟子·梁惠王下》："東面而征西夷怨，南面而征北狄怨。"或讀爲"逖人"，訓爲"遠人"。

泥紐伏聲

溺

上博二·容36 強～（弱）不絅（治）暘

上博五·姑10 公豪（家）乃～

上博七·武8 與亓（其）～於人

上博七·武8 ～於人

上博七·武8 寧～於宋（淵）

～，與 (郭店·老子甲8)、 (郭店·老子甲33)、 (郭店·太一生水9)、 (左塚漆梮)形同。或作 (郭店·語叢一36)，與《古文四聲韻》引古《老子》"弱"字作 、 同，是"沉溺"之"溺"的本字。秦文字作 (珍秦266)、 (珍秦99)。《説文·水部》："溺，水。自張掖刪丹西，至酒泉合黎，餘波入于流沙。从水，弱聲。桑欽所説。"

上博二·容36"強～"，讀爲"強弱"，強大與弱小。《淮南子·兵略》："故德義足以懷天下之民……謀慮足以知強弱之勢。"

上博五·姑 10～，讀爲"弱"，減弱。

上博七·武 8"與丌～於人，寧～於宋"，讀爲"與其溺於人，寧溺於淵"。中山王鼎："與其溺於人也，寧溺於淵。"《詩·大雅·桑柔》"載胥及溺"，鄭玄箋："陷溺於禍難。"《釋名·釋喪制》："死於水者曰溺。溺，弱也，不能自勝之言。"

溺

 上博五·鮑 3 老～（弱）不塱（型）

～，從"力"，"溺"聲，當是強弱之"弱"的專字。

簡文"老～"，即"老弱"，年老與年輕的人。《管子·戒》："於是管仲與桓公盟誓爲令曰：'老弱勿刑，參宥而後弊。關幾而不正，市正而不布。山林梁澤，以時禁發而不正也。'"《荀子·議兵》："不殺老弱，不獵禾稼，服者不禽，格者不舍，奔命者不獲。凡誅，非誅其百姓也，誅其亂百姓者也。"

並紐暴聲

暴

 上博二·從甲 15 母（毋）～

 上博二·從甲 15 不修不武〈戒〉謂之必成則～

 上博五·鬼 1 則以亓（其）賞善罰～也

 上博五·鬼 3 則善者或不賞而～

 上博六·競 12 神見虐逞（淫）～

〜，从"天"，从"日"，从"廾"，像兩手持草木一類東西在日下曝曬，"曝曬"之"曝"的初文。郭店·性自命出 64 作（），上部所從或認爲"爻"聲，或認爲是"虍"，均不確，當是"天"之訛變。下部所從與"襮"（曾4）、（曾4）右旁形近。《説文·日部》："暴，晞也。从日、从出、从廾、从米。，古文暴。从日，麃聲。"段玉裁注："日出而竦手舉米曬之，合四字會意。"《説文·本部》："暴，疾有所趣也。从日、出、本廾之。"

上博二·從甲 15〜，即"暴"，突然、猝急。《説文》："暴，疾有所趣也。"《廣雅·釋詁》："突、暴、暫，猝也。"簡文"毋暴、毋虐、毋賊、毋貪"，見《論語·堯曰》："子張曰：'何謂四惡？'子曰：'不教而殺謂之虐；不戒視成謂之暴；慢令致期謂之賊；猶之與人也，出納之吝謂之有司。'"《新序·雜事二》："緩令急誅，暴也。"（周鳳五）

上博五·鬼 1"賞善罰〜"，《墨子·天志上》："吾以賢者之必賞善罰暴也。"《文子·精誠》："故賞善罰暴者，正令也。其所以能行者，精誠也。"《國語·周語中》："天道賞善而罰淫，故凡我造國，無從非彝，無即慆淫，各守爾典，以承天休。"

上博五·鬼 3〜，暴虐。

上博六·競 12"遝〜"，讀爲"淫暴"，放縱暴戾、暴虐。《晏子春秋·諫上一》："勇力之士，無忌於國，身立威強，行本淫暴。"《墨子·公孟》："若大人行淫暴於國家，進而諫，則謂之不遜；因左右而獻諫，則謂之言議，此君子之所疑惑也。"

朘

 上博二·從甲 18 則〜毀之

〜，从"肉"，从"戈"，"暴"省聲。

簡文"〜毀"，讀爲"暴毀"，就是急毀。"暴"，急驟；猛烈。《詩·邶風·終風》："終風且暴，顧我則笑。"毛亨傳："暴，疾也。"孔穎達疏："《釋天》云：'日出而風爲暴。'孫炎曰：'陰雲不興而大風暴起。'然則爲風之暴疾，故云疾也。"（周鳳五）

繻

　上博三·彭2 若～與裏

～，从"糸"，"衣"，"暴"省聲，"襮"字繁體。从"糸"是贅加的義符。

簡文～，讀爲"表"。《吕氏春秋·仲冬紀》："臣請爲襮。"《新序·義勇》"襮"作"表"。"表裏"，表面和内部，内外。《管子·心術下》："表裏遂通，泉之不涸，四支堅固。"《淮南子·繆稱》："〔道〕包裹宇宙而無表裏。"

瘇

　上博二·容37 乃執兵欽(禁)～

～，从"疒"，"暴"聲，與 (包山102)、 (包山102反)、 (包山109)形同。

簡文"欽～"，讀爲"禁暴"，制止暴亂；制止強暴。《淮南子·兵略》："夫兵者，所以禁暴討亂也。"《荀子·議兵篇》："彼兵者，所以禁暴除害也，非爭奪也。"《晏子春秋·内篇諫下》："晏子入見公曰：'臣聞明君之蓄勇力之士也，上有君臣之義，下有長率之倫，内可以禁暴，外可以威敵，上利其功，下服其勇，故尊其位，重其禄。'"

正編·侯部

上博楚簡文字聲系

侯　部

匣紐侯聲

矦

上博三・周 14 利建～（侯）行帀（師）

上博五・姑 3 者（諸）～（侯）畜我

上博二・容 50 至紂者（諸）～（侯）

上博二・容 52 以少（宵）會者（諸）～（侯）之帀（師）於畕（牧）之埜（野）

上博二・容 53 至紂者（諸）～（侯）

上博四・柬 10 君王尚（當）以翻（問）大（太）剚（宰）晉～（侯）

上博四・柬 11 者（諸）～（侯）之君

　上博四·柬 14 ～大(太)剒(宰)遜

　上博五·競 8 者(諸)～(侯)

　上博五·弟 18 皆可呂(以)爲者(諸)～(侯)叟(相)歙(歈)

　上博六·天甲 7 ～量

　上博六·天甲 7 者(諸)～(侯)飤同狀

　上博六·天乙 6 見～量

　上博六·天乙 6 者(諸)～(侯)飤同狀

　上博七·鄭甲 2 楚邦囟(思)爲者(諸)～(侯)正

　上博七·鄭乙 2 楚邦囟(思)爲者(諸)～(侯)正

　上博七·君甲 4 ～(侯)子三人

　上博七·君乙 4 ～(侯)子三人

～，戰國文字或作 、、

（施151）、（施179）、（集成11081 墜疾因脊戈）、（上博集刊第八輯春成侯盉）、（錢典769）、（施342）、（秦風85）、（尊古314）。《説文·矢部》："矦，春饗所射矦也。从人，从厂，象張布；矢在其下。天子射熊虎豹，服猛也；諸侯射熊豕虎；大夫射麋，麋，惑也；士射鹿豕，爲田除害也。其祝曰：'毋若不寧矦，不朝于王所，故伉而射汝也。'厌，古文矦。"

上博三·周14"建～"，封立諸侯；封侯建國；立功封侯。《易·豫》："利建侯、行師。"韋孟《諷諫》詩："乃命厥弟，建侯于楚。"

上博"者～"，讀爲"諸侯"，古代帝王所分封的各國君主。《易·比》："先王以建萬國，親諸侯。"《史記·五帝本紀》："於是軒轅乃習用干戈，以征不享，諸侯咸來賓從。"

上博四·柬10"晉～"，人名。

上博四·柬14～，讀爲"候"，等候，等待。《漢書·遊俠傳》："嘗有部刺史奏事過邁，值其方飲，刺史大窮。候遵霑醉時，突入見遵母。"（季旭昇）

上博六·天甲7、天乙6～，箭靶。以獸皮或畫上獸形的布爲之。《詩·小雅·賓之初筵》："大侯既抗，弓矢斯張。"高亨注："侯，箭靶。"《儀禮·鄉射禮》："及物揖。左足履物，不方足，還，視侯中，俯正足。"或説"侯"指君王。

上博七·君甲4、君乙4"～子"，讀爲"后子"或"後子"，指姬妃之類。《漢書·外戚傳》："漢興，因秦之稱號，帝母稱皇太后，祖母稱太皇太后，適稱皇后，妾皆稱夫人。又有美人、良人、八子、七子、長使、少使之號焉。"《二年律令·置吏律》："諸侯王得置姬八子、孺子、良人。"可見嬪妃可稱"子"。（陳偉）

匣紐后聲

后

上博一·緇12毋以辟御嗇（嗌）妝（莊）～

～，戰國文字或作（郭店·唐虞之道3）、（郭店·唐虞之道10）、（中山王兆域圖，集成10478）、（王后鼎集成2360-1），與上博簡形同。

《説文·后部》:"后,繼體君也。象人之形。施令以告四方,故厂之。从一口。發號者,君后也。"

簡文"妝~",讀爲"莊后",《禮記·緇衣》:"毋以小謀敗大作,毋以嬖禦人疾莊后,毋以嬖禦士疾莊士,大夫、卿、士。"鄭玄注:"莊后,適夫人齊莊得禮者。"

匣紐夋聲

夋

　上博三·中 10 則民可~(後)

~,從"幺",從"夂",構形待考。

簡文~,讀爲"後",跟後、後從、順從講,王褒《九懷·九通》:"騰蛇兮後從,飛駏兮步旁。"簡文"宥過赦罪,則民可後"的意思是說,宥過赦罪,老百姓便可順從。(楊澤生)或釋爲"甞"讀爲"懲",意爲"做戒"、"鑒戒"。《詩·周頌·小毖》:"予其懲而毖後患。"鄭玄箋:"懲,艾也。"《書·呂刑》:"王曰:嗟!四方司政典獄,非爾惟作天牧,今爾何監?非時伯夷播刑之迪,其今爾何懲?"(陳劍)

逡(後)

　上博一·孔 2 多言~

　上博二·從甲 17 ~人則奉相之

　上博二·容 12 不㠯(以)丌(其)子爲~

　上博二·容 12 而欲㠯(以)爲~

上博二·容17 不以丌(其)子爲～

上博三·周9 ～夫凶

上博三·周18 ～甲晶(三)日

上博三·中4□史(使)雟(雍)也從於剬(宰)夫之～

上博五·鬼2 ～殜(世)遂(述)之

上博五·競4 既祭之～

上博五·姑5 虐(吾)睧(聞)爲臣者必思君得志於吕(己)而又(有)～青(請)

上博五·姑7 遠慮(慮)悆(圖)～

上博二·容17 而欲吕(以)爲～

上博二·容33 不吕(以)丌(其)子爲～

上博二·容34 而欲吕(以)爲～

上博三·瓦10 慌(妄)言之～者孝(效)比安(焉)

 上博四·曹 24～則見亡

 上博五·鮑 4 弗䙼（顧）前～

 上博五·季 1 肥從又（有）司之～

 上博五·季 22 才～=

 上博五·鬼 6 羑（蹼）～鬲□

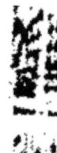 上博一·性 9 觀亓（其）先～而逆訓（順）之

 上博一·性 11 亓（其）先～之舍（敘）則宜道也

 上博一·性 31 樂事谷（欲）～

 上博四·曹 30 三行之～

 上博六·競 7 則恐～敓於史者

 上博六·莊 2 ～之人

 上博六·壽 6 ～之人可若

上博六·用5見前寡～

上博七·武6席～左耑（端）曰

上博七·武6～右耑（端）曰

上博七·武7必慮亓（其）～

上博七·鄭甲2於含（今）而～

上博七·鄭乙2於含（今）而～

上博七·凡甲1奚～之奚先

上博七·凡乙1奚～之奚先

上博七·吳5㠯（以）此前～之

上博八·王4☐☐塵能進～人

上博八·志7～舍勿肰（然）

上博八·王6命須～佖（蔽）

 上博八·蘭4 綉～其不長

～，或作 (郭店·老子甲3)、 (郭店·五行46)、 (郭店·窮達以時9)、 (郭店·窮達以時9)、 (九A49)；或作 (郭店·性自命出17)、 (郭店·性自命出19)，所從的"爻"訛為"糸"；或作 ，所從的"爻"省去了"爻"。
《説文·彳部》："後，遲也。從彳、幺，夊者，後也。 ，古文後。從辵。"

上博一·孔2～，讀作"后"，上古君王之稱。"後"與"后"均屬匣母侯部字，古音相同，二字古通。"多言后"是説《頌》在内容上多寫君王之士。（陳斯鵬、連劭名）

上博～，時間較遲或較晚，與"先"相對。《易·坤》："君子有攸往，先迷後得主。"《漢書·佞倖傳》："恐後漏盡宫門閉，請使詔吏開門。"

上博二·容12、17、33、34～，承繼。《商君書·境内》："陷隊之士知疾鬥，不得斬首隊五人，則陷隊之士、人賜爵一級，死則一人後。"高亨注："一人後，言家中一人繼承其爵位。"

上博三·周9"～夫"，後至者。《易·比》："不寧方來，後夫凶。"孔穎達疏："夫，語辭也。親比貴速，若及早而來，人皆親己，故在先者吉，若在後而至者，人或疏己。親比不成，故後夫凶。或以夫為丈夫，謂後來之人也。"何承天《鼓吹鐃歌·雍離篇》："歸德戒後夫，賈勇尚先鳴。"

上博三·周18"～甲晶（三）日"，《易·蠱》："元亨，利涉大川，先甲三日，後甲三日。"朱熹本義："甲，日之始，事之端也。先甲三日，辛也；後甲三日，丁也。"

上博五·鬼2"～殜（世）遂（述）之"，參《禮記·中庸》："素隱行怪，後世有述焉，吾弗為之矣。"

上博五·鮑4、上博七·吴5"前～"，指事物的前邊和後邊。《書·囧命》："惟予一人無良，實賴左右前後有位之士，匡其不及。"《左傳·隱公九年》："戎人之前遇覆者奔，祝聃逐之。衷戎師，前後擊之，盡殪。"

上博三·中4、上博五·季1～，落在後面。《論語·微子》："子路從而後，遇丈人以杖荷蓧。"

上博一·性9、11"先～"，前後。《禮記·大學》："物有本末，事有終始，知

所先後,則近道矣。"《楚辭·離騷》:"忽奔走以先後兮,及前王之踵武。"

上博六·莊 2、壽 6"～之人",泛稱後世之人,《書·君奭》:"告君乃猷裕,我不以後人迷。"《左傳·隱公十一年》:"度德而處之,量力而行之,相時而動,無累後人,可謂知禮矣。"

上博六·用 5"見前寡～",與"瞻前顧後"意同,兼顧前後。形容慮事周密,做事謹慎。《楚辭·離騷》:"瞻前而顧後兮,相觀民之計極。"《後漢書·張衡傳》:"向使能瞻前顧後,援鏡自戒,則何陷於凶患乎!"

上博七·武 6、上博八·蘭 4～,指與"前"或"上"相對的方位。《書·武成》:"前徒倒戈,攻於後以北。"《禮記·樂記》:"行成而先,事成而後。"鄭玄注:"後謂位在下也。"

上博七·鄭甲 2、鄭乙 2"於含(今)而～",《孟子·盡心下》:"孟子曰:'吾今而後知殺人親之重也。殺人之父,人亦殺其父;殺人之兄,人亦殺其兄。然則非自殺之也,一間耳。'"

上博八·王 4"～人",後世的人。《書·君奭》:"告君乃猷裕,我不以後人迷。"孔穎達疏:"我不用使後世人迷惑,故欲教之也。"

諃

 上博二·容 45～樂於酉(酒)

～,从"言","爰"聲。與 (新蔡乙一 16)、 (新蔡乙一 32、23、1)同,後者綴加"口"而已。

簡文"～樂於酉",讀爲"厚樂於酒",指沉湎於酒。《韓詩外傳》卷五:"桀爲酒池,可以運舟,糟丘足以望十里,一鼓而牛飲者三千人。"

匣紐㕚聲

厚

 上博三·彭 7 氏(是)胃(謂)自～

 上博一·孔 15 丌（其）保（報）～矣

 上博二·容 35 ～愛而泊（薄）僉（斂）安（焉）

 上博五·鮑 6 丌（其）爲不息（仁）～矣

 上博五·鮑 7 至欲飤（食）而上～丌（其）僉（歛）

 上博六·用 10 胃（謂）地～而不達

 上博四·曹 54 纍（束）而～之

 上博五·姑 3 隹（誰）不以～

 上博五·姑 8 參（三）埄（邦）家～

 上博一·緇 2 以眂（視）民～

"厚"字，西周金文或作▨（戈厚簋）、▨（牆盤）、▨（趞鼎）、▨（魯伯盤）、▨（井人妄鐘），從▨（石）從▨▨▨▨，比照表示城郭義的▨▨▨▨、▨（章，郭初文，亦是表示城垣義的墉初文。見《甲骨文編》），可知▨▨▨、▨是對▨▨▨、▨中表示城樓部分的（▨▨▨▨）截取，所以"厚"字其實是從"石"從"章"省，會意。從"章"省，表示字義和城有關；"石"則

是城垣建構的重要材料。戰國所見或从"土"从"石"作⬚(璽彙0724),或从"石"省从"章(墉)"作"⬚"(上博一·緇衣2),或从"石"从"章"省作⬚(郭店·老子甲4)、⬚(郭店·老子甲33)、⬚(郭店·緇衣2)、⬚(郭店·成之聞之5)、⬚(郭店·成之聞之9)、⬚(郭店·語叢一7),或作⬚(郭店·語叢一14)、⬚(郭店·語叢一82),下部所从已經很像"戈"字了,或作⬚(郭店·語叢三22)則完全變成从"戈"。古文作"⬚",顯然也是从"石"从"土",許慎云"从后省"非是。根據厚的从"章"省這種構形,可知"厚"字的本義應是表示郭垣的厚固,絕非表示山陵厚固。(董蓮池)《說文·𠂤部》:"𠂤,厚也。从反亯。"又"厚,山陵之厚也,从𠂤从厂"。從古文字來看,"厚"就是从"𠂤"聲的。"𠂤"字應該就是截取金文"章"字的下半而成。(馮勝君)

上博一·孔15~,深厚。《國語·晉語一》:"彼得其情以厚其欲。"韋昭注:"厚,益也。"

上博二·容35"~愛",《墨子·節用中》:"逮至其厚愛,黍稷不二,羹胾不重,飯於土塯,啜於土形,斗以酌。"

上博五·鮑6"亓(其)爲不㥷(仁)~矣",《禮記·表記》:"厚於仁者,薄於義,親而不尊;厚於義者,薄於仁,尊而不親。"

上博五·鮑7"~亓斂",讀爲"厚其斂",即"厚斂",即重斂,課以重稅。《左傳·昭公二十六年》:"陳氏雖無大德,而有施於民。豆區釜鐘之數,其取之公也薄,其施之民也厚。公厚斂焉,陳氏厚施焉,民歸之矣。"

上博六·用10"地~",《後漢書·鄧寇列傳》:"天廣而無以自覆,地厚而無以自載。"

上博四·曹54、上博五·姑3~,看重、優待,《墨子·尚賢中》:"厚於貨者,不能分人以祿。"《史記·秦本紀》:"遂復三人官秩如故,愈益厚之。"(王輝)

上博五·姑8"家~",《墨子·魯問》:"今而以夫子之教,家厚於始也。有家厚,謹祭祀鬼神。"

上博一·緇2、上博三·彭7~,敦厚;厚道。《書·君陳》:"惟民生厚,因物有遷。"孔安國傳:"言人自然之性敦厚。"《論語·學而》:"曾子曰:'慎終,追遠,民德歸厚矣。'"

見紐句聲歸口聲

溪紐口聲

口

 上博二·從乙 1 十曰～惠而不繇（由）

 上博三·周 24 自求～實

 上博六·用 12 既出於～

 上博六·用 12 則行～

 上博七·武 7～生詬

 上博七·武 7～生敬

 上博七·武 7 譑（慎）之～

 上博八·志 1 反昃（側）亓（其）～舌

～，像口之形。《說文·口部》："口，人所以言食也。象形。"

上博二·從乙 1"～惠"，空口許人以好處。《禮記·表記》："口惠而實不至，怨菑及其身，是故君子與其有諾責也，寧有已怨。"孔穎達疏："言口施恩惠於人而實行不至。"《淮南子·繆稱》："驕溢之君無忠臣，口慧之人無必信。"

上博三·周 24"～實",口中食物。《易·頤》:"自求口實。"孔穎達疏:"求其口中之實也。"

上博六·用 12"既出於～",《淮南子·人間》:"夫言出於口者,不可止於人,行發於邇者,不可禁於遠。"《文子·微明》:"言出於口,不可禁(止)於人,行發於近,不可禁於遠。"簡云"既出於口,則弗可悔",猶諺稱"一言既出,駟馬難追"也。

上博六·用 12"行～",相當於"行"、"言"連言,《管子·形勢》:"言而不可復者,君不言也;行而不可再者,君不行也。"《說苑·談叢》:"言出於己,不可止於人;行發於邇,不可止於遠。"(李天虹)

上博七·武 7"～生詬",《大戴禮記·武王踐阼》:"皇皇惟敬,口生㖭,口戕口。"

上博七·武 7"譶(慎)之～",郭店·語叢四 4:"口不慎而户之閉,亞(惡)言復己而死無日。"秦簡《爲吏之道》:"口,關也;舌,機也。一堵(曙)失言,四馬弗能追也。口者,關;舌者,符璽也。璽而不發,身亦毋辥(辭)。"《說苑·談叢》:"口者關也,舌者機也,出言不當,反自傷也。……《詩》曰:……斯言之玷,不可爲也。"《說苑·談叢》:"百行之本,一言也。一言而適,可以卻敵;一言而得,可以保國。響不能獨爲聲,影不能倍曲爲直,物必以其類及,故君子慎言出已。"(陳偉武)

上博八·志 1"～舌",是言語工具,引申爲語言。《史記·廉頗藺相如列傳》:"而藺相如徒以口舌爲勞,而位居我上。"《史記·天官書》:"箕爲敖客曰口舌。"司馬貞索隱:"《詩緯》云'箕爲天口,主出氣'。是箕有舌,象讒言。"

句

上博一·孔 20 丌(其)言又(有)所載而～(後)内

上博一·孔 20 或前之而～(後)交

上博一·孔 24～(后)稷之見貴也

 上博一·緇20～(苟)又(有)車

 上博一·緇20～(苟)又(有)衣

 上博一·性1坚(待)勿(物)而～(後)乍(作)

 上博一·性1寺(待)兌(悦)而～(後)行

 上博一·性1寺(待)習而～(後)奠(奠)

 上博一·性10肰(然)～(後)返(復)以孚(教)

 上博一·性14肰(然)～(後)丌(其)内(入)拔(撥)人之心也敏(厚)

 上博一·性19凡憂思而～(後)悲

 上博一·性20[凡]樂思而～(後)忻

 上博一·性31～(苟)毋害

 上博二·子12～(后)稷之母

 上博二·子13是～(后)稷之母也

 上博二·從甲 13 肰(然)～(後)能立道

 上博二·昔 1 肰(然)～(後)竝聖(聽)之

 上博二·容 18 肰(然)～(後)敢受之

 上博二·容 20 曐(禹)肰(然)～(後)旨(始)爲之唬(號)羿(旗)

 上博二·容 21 曐(禹)肰(然)～(後)旨(始)行以僉(儉)

 上博二·容 28 乃立～(后)稷(稷)以爲經

 上博二·容 28～(后)稷(稷)既已受命

 上博二·容 39 肰(然)～(後)從而攻之

 上博三·彭 1～(耆)是(氏)執心不忘

 上博四·內附簡然～奉之㠯(以)中鄜(墉)

 上博四·曹 30～(苟)見耑(短)兵

 上博四·曹 55 肰(然)～(後)改旨(始)

 上博五·季22～能臣猷（獸）▢

 上博五·姑7～（苟）義毋雟（久）

 上博五·弟12～義毋雟（舊）

 上博五·三1 卉木須時而～（後）奮

 上博五·三10 皇～（后）曰立

 上博五·三19 而～（后）帝之所憎

 上博一·孔6 二～（后）受之

 上博六·孔15～拜四方之立以童

～，戰國文字或作 、、、、、、、、。《説文·句部》："句，曲也。从口，丩聲。"又《丩部》："丩，相糾繚也。""丩"象物鈎曲相糾之形，"句"則當由"丩"加"口"旁分化出來的，故音義俱因仍之。

上博一·孔20、上博一·性1、19、20、上博五·三1、上博六·孔15～，讀爲"後"，時間較遲或較晚，與"先"相對。《易·坤》："君子有攸往，先迷後得主。"

上博"肰～",讀爲"然後"。表示接著某種動作或情況之後。《周禮·地官·賈師》:"展其成而奠其賈,然後令市。"《孔子家語·問禮》:"是故君子此之爲尊敬,然後以其所能教順百姓,不廢其會節。"

上博"～稷",讀爲"后稷",周之先祖。相傳姜嫄踐天帝足跡,懷孕生子,因曾棄而不養,故名之爲"棄"。虞舜命爲農官,教民耕稼,稱爲"后稷"。《詩·大雅·生民》:"厥初生民,時維姜嫄……載生載育,時維后稷。"《韓詩外傳》卷二:"夫闢土殖穀者后稷也,決江疏河者禹也,聽獄執中者皋陶也。"

上博一·孔6、上博五·三10、19～,讀爲"后",君主;帝王。《書·湯誓》:"我后不恤我衆。"孫星衍疏:"后者,《釋詁》云:君也。"

上博一·緇20、上博一·性31、上博五·季22、上博五·姑7、12～,讀爲"苟",連詞,假如;如果;只要。《易·繫辭下》:"苟非其人,道不虛行。"《楚辭·離騷》:"不吾知其亦已兮,苟余情其信芳!"《史記·周本紀》:"子苟能,請以國聽子。"

上博三·彭1"～是",或疑讀爲"耆氏"。或説"狗(苟)氏",即狗氏的氏族。(季旭昇)或認爲"苟是"一詞有假如、如果等義。《世説新語·文學》:"宣子曰:'苟是天下人望,亦可無言而辟,復何假一?'"(湯志彪)

上博四·曹30"～見",讀爲"苟見"。或讀爲"後見"。(季旭昇)

詢

上博五·三4毋～(詬)政卿於神宗

～,與 (郭店·五行10)、 (新蔡零115、22)同。《説文·言部》:"詬,謑詬,恥也。从言,后聲。 ,詬或从句。"

簡文～,羞辱;辱駡。《左傳·定公八年》:"公以晉詬語之。"杜預注:"詬,恥也。"《左傳·哀公八年》:"八年春,宋公伐曹,將還,褚師子肥殿。曹人詬之,不行。"杜預注:"詬,罵辱也。"

敂

上博一·性14信肰(然)句(復)亓内(入)㭬(拔)人之心也～(厚)

　上博三·周17 係而～(拘)之

　上博三·周40 ～(姤)

　上博三·周41 ～丌(其)角

　上博五·姑9 ～(拘)人於百豫

～，與 (郭店·性自命出23)同。《説文·攴部》："敂，擊也。从攴，句聲，讀若扣。"

上博一·性14～，讀爲"厚"。郭店·老子甲36"厚"字作 ，从"句"聲可證。簡文"然後其內撥人之心也厚"，謂然後音樂能夠撥動人心的作用也是非常強大的。

上博三·周17～，讀爲"拘"。今本作"拘係之"。拘係，拘禁。《漢書·成帝紀》："一人有辜，舉宗拘繋。"徐幹《中論·亡國》："因人者，非必著之桎梏而置之囹圄之謂也，拘係之愁憂之之謂也。"《説苑·君道》："不固溺於流俗，不拘繋於左右。"《越絶書》卷六："聽讒邪之辭，係而囚之。"(廖名春)

上博三·周40～，或讀爲"姤"。卦名，《周易》第四十四卦，巽下乾上。帛書作"狗"，又作"坸"，今本作"姤"。馬王堆漢墓帛書《易之義》："《坸》之卦，足而知餘。"《彖》曰："《姤》，遇也，柔遇剛也。"《象》曰："天下有風，《姤》；后以施命誥四方。"

上博五·姑9～，讀爲"拘"，逮捕；囚禁。《書·酒誥》："群飲，汝勿佚，盡執拘以歸于周，予其殺。"《晏子春秋·諫下一》："景公藉重而獄多，拘者滿圄，怨者滿朝。"或讀爲"糾"，糾集。

佝

　上博三·周34 昏(婚)～

正編·侯部

 上博五·季11 突～

《說文·人部》:"佝,務也。从人,句聲。"

上博三·周34"昏～",讀爲"婚媾"。《集韻》:"佝,或作傋。"婚姻;嫁娶。葛洪《抱朴子·弭訟》:"夫婚媾之結,義無偪迫,彼則簡擇而求,此則可意乃許。"

上博五·季11～,待考。

跔

 上博五·競2 又雊(雉)～(雛)於僮(彝)歬(前)

～,从"止","句"聲,"迥"字異體。

簡文"雊～",讀爲"雉雛",雄雞鳴也。《說苑·辨物》:"昔者高宗感於雉雛之變,修身自改,而享豐昌之福也。"《書·高宗肜日序》:"高宗祭成湯,有飛雉升鼎耳而雊。"後因以"雉雛"爲變異之兆。《後漢書·皇后紀上》:"高宗、成王有雉雛、迅風之變。"

迥

 上博五·競10 ～达(逐)畋緤

 上博五·鮑2 ～佝者吏(使)

 上博五·鮑2 忘亓(其)～佝也

 上博五·鮑2 寡人酒(將)～佝

～,从"辵","句"聲,"迥"字異體。"迥"字曾見於馬王堆漢墓帛書《戰國

縱橫家書·謂燕王章》:"天下服聽,因迫(驅)韓魏以伐齊。"

上博五·競10"～达",讀爲"驅逐",策馬馳逐。《史記·孟子荀卿列傳》:"吾前見王,王志在驅逐;後復見王,王志在音聲。吾是以默然。"《老子》:"五味令人口爽,馳騁畋獵,令人心發狂。"

上博五·鮑2～,讀爲"考"(古音溪紐幽部;"句"從"丩"得聲,"丩"古音見紐幽部)。《說文》本作"攷",云"攷,敂也",《說文》又云"敂,擊也,讀若扣",《莊子外篇·天地》"故金石有聲,不考不鳴",《淮南子·詮言》作"弗扣弗鳴"。根據段玉裁《說文解字注》,"敂"與"扣"爲古今字,可見"敂(扣)"與"考"聲系相通。"迫佝",讀爲"考治"。《周禮·天官·宰夫》:"掌治法,以考百官府、群都、縣、鄙之治,乘其財用之出入。……歲終,則令群吏正歲會。月終,則令正月要。旬終,則令正日成,而以考其治。"《周禮·地官·鄉師》:"歲月終,則考六鄉之治,以詔廢置。"王符《潛夫論·考績》:"夫守相令長效在治民,州牧刺史在憲聰明,九卿分職以佐三公,三公總統典和陰陽,皆當考治以效實爲王休者也。""考治",意爲"考績"。"忘其迫(考)佝(治)也"是"忘掉了那考績(的辦法)"的意思;"二三子勉之,寡人將迫(考)佝(治)"是齊桓公説:"各位大臣好好幹,我將考察(你們的)政績。"(董珊、李鋭、李學勤)

鉤

 上博一·性3 弗～不鉤(鳴)

～,與(郭店·語叢四8)同。《說文·金部》:"鉤,曲也。从金,从句,句亦聲。"

簡文～,讀爲"扣",敲擊。《墨子·公孟》:"譬若鍾然,扣則鳴,不扣則不鳴。"

䀠

上博五·季18 氏古(故)叚(叚)人大於邦而又～(劬)心

～,从"𤰞","句"聲,不見於字書。

簡文～,讀爲"劬",慰勞,勤奮。《禮記·內則》:"見於公宮,則劬。"張衡

998

《歸田賦》:"雖日夕而忘劬。"《後漢書·列女傳》:"夙夜劬心,勤不告勞。"賢人能爲邦國劬心瘁力。

耇

 上博五·弟5~老不返(復)壯

《説文·老部》:"耇,老人面凍黎若垢,从老省,句聲。"

簡文"~老",長壽的老人。《爾雅·釋詁》:"黃髮、齯齒、鮐背、耇老,壽也。"段玉裁注:"《釋詁》曰:'耇老,壽也。'《小雅》毛亨傳曰:'耇,壽也。'孫炎曰:'耇,面凍黎色如浮垢,老人壽徵也。'""耇老不復壯"相似的説法也見於馬王堆漢墓竹簡《十問》:"君必食陰以爲常,助以柏實盛良,飲走獸泉英,可以卻老復壯,曼澤有光。"

枸

 上博五·三21~株返(覆)車

《説文·木部》:"枸,木也,可爲醬。出蜀。从木,句聲。"

簡文~,讀爲"拘",斬斷的枯樹枝。一説近根盤錯處。《莊子·達生》:"吾處身也,若厥株拘;吾執臂也,若槁木之枝。"成玄英疏:"拘,謂斫殘枯樹枝也。"郭慶藩集釋引郭嵩燾曰:"株枸者,近根盤錯處;厥者,斷木爲杙也。身若斷株,臂若槁木之枝,皆堅實不動之意。"《山海經·海內經》:"有木,青葉紫莖,玄華黃實,名曰建木,百仞無枝,有九欘,下有九枸,其實如麻,其葉如芒,大皞爰過,黃帝所爲。"郭璞注:"根槃錯也。"簡文"枸株"當與"株拘"等同義,指大根槃錯的樹樁。車容易顛覆於樹樁。(陳劍)

狗

 上博三·彭1~(耇)老昏(問)于彭祖曰

　上博三·彭 8～(耇)老式(二)拜旨(稽)首曰

　上博三·彭 3～(耇)老曰

　上博四·采 6～(苟)虖(吾)君母(毋)死

～，戰國文字或作、、。《説文·犬部》："狗，孔子曰：'狗，叩也。叩氣吠以守。'从犬，句聲。"

上博三·彭"～老"，讀爲"耇老"，長壽的老人。馬王堆帛書《十問》有"帝盤庚問於耇老"，與"黃帝問於天師"、"黃帝問於大成"、"黃帝問於曹煞"、"黃帝問於容成"、"堯問於舜"、"王子巧夫問於彭祖"、"齊威王問於文摯"、"秦昭王問於王期"等類同。《爾雅·釋詁上》："耇，壽也。"邢昺疏引舍人曰："耇，靚也，血氣精華靚竭，言色赤黑如狗矣。"郭璞注："耇，猶耆也。"《逸周書·皇門》："下邑之國克有耇老據屏位。"孔晁注："耇老，賢人也。"朱右曾集訓校釋："耇老，老成人也。"

上博四·采 6"～虖(吾)君母(毋)死"，曲目。"狗"讀爲"苟"，連詞。

收

　上博八·顏 11 雙(豫)絞而～貧

　上博八·顏 12 雙(豫)絞而～貧

《説文·攴部》："收，捕也。从攴，丩聲。"

簡文"～貧"，見《管子·輕重甲》："君出四十倍之粟，以振孤寡，收貧病，視獨老。"《廣雅》："收，振也。"《周禮·地官·大司徒》："以保息六養萬民：一曰慈幼，二曰養老，三曰振窮，四曰恤貧，五曰寬疾，六曰安富。""收貧"與"振窮、恤貧"義同。

厚

 上博八·李 1 ～元(其)不還可(兮)

～，从"石"，"丩"聲。"厚"字異體，郭店·老子甲 36 "厚"作 ．

簡文～，即"厚"，《國語·魯語》："不厚其棟"，韋昭注："厚，大也。"（蘇建洲、王寧）

谷

 上博一·孔 9 則困天〈而〉～(欲)反亓(其)古(故)也

 上博一·孔 16 見亓(其)耑(美)必～(欲)反(返)

 上博一·緇 4 [故君民者章好以示民]～(欲)

 上博一·性 26 ～(欲)亓(其)䡕(宛)也

 上博一·性 27 ～(欲)亓(其)折也

 上博一·性 27 凡身～(欲)靑(靜)而毋遣(譴)

 上博一·性 27 甬(用)心～(欲)惪(德)而毋惌

 上博一·性 27 慮～(欲)淵而毋異

 上博一·性27 退~(欲)繡(肅)而毋翠(輕)

 上博一·性28 [進]~(欲)□而又(有)豊(禮)

 上博一·性28 言~(欲)植(直)而毋流

 上博一·性28 居尻(处)~(欲)豗(逸)芴(?)而毋曼(慢)

 上博一·性31 凡憂惓(患)之事~(欲)任

 上博一·性31 樂事~(欲)送(後)

 上博四·曹46 窣(卒)~(欲)少以多

 上博四·曹64 虐(吾)一~(欲)睧(聞)三弋(代)之所

 上博一·孔3 僎(觀)人~(俗)安(焉)

 上博一·孔7 文王唯(雖)~(欲)已

 上博六·孔15 規之以亓(其)所~

 上博七·武2 王女(如)~僎(觀)之

　上博七·武 4 義勳(勝)～則從

　上博七·武 4～勳(勝)義則兇

　上博七·武 9 惡迻道於脂(嗜)～(欲)

　上博一·緇 5 君孞(好)則民～(欲)之

　上博八·顔 14 而母(毋)～(欲)旻(得)安(焉)

　上博八·王 6 虐(吾)～(欲)速

～，與 、、同。或作 ![]，當如裘錫圭先生所説是"谷"的形近訛字。《説文·谷部》："谷，泉出通川爲谷。从水半見，出於口。"

上博～，讀爲"欲"，想要，希望。《商君書·更法》："今吾欲變法以治。"《史記·陳丞相世家》："張負歸，謂其子仲曰：'吾欲以女孫予陳平。'"

上博一·性 27"身～(欲)寈(静)"，《淮南子·時則》："君子齋戒，處必掩，身欲静，去聲色，禁嗜欲，寧身體，安形性。"

上博一·緇 4～，讀爲"欲"，愛好；喜愛。《左傳·成公二年》："余雖欲于鞏伯，其敢廢舊典以忝叔父？"王引之《經義述聞·左傳中》："欲，猶好也。言余雖愛好鞏伯，不敢廢舊典而以獻捷之禮相待也。古者'欲'與'好'同義。"《孟子·梁惠王上》："天下之欲疾其君者，皆欲赴愬于王。"俞樾《群經平議·孟子一》："上'欲'字猶好也……此文好、疾二字平列，欲其君者，謂好其君者也；疾其君者，謂惡其君者也。天下之好惡其君者莫不來告，故曰皆欲赴愬于王。"

上博一·孔 3~,讀爲"俗",習俗,風俗。《漢書·藝文志》:"《書》曰:'詩言志,歌詠言。'故哀樂之心感,而歌詠之聲發。誦其言謂之詩,詠其聲謂之歌。故古有采詩之官,王者所以觀風俗,知得失,自考正也。"

上博七·武 2~,想要。《禮記·學記》:"君子如欲化民成俗,其必由學乎!"

上博七·武 4~,讀爲"欲",《説文·欠部》:"貪欲也。"《禮記·曲禮上》"欲不可從",孔穎達疏:"心所貪愛爲欲。"

上博七·武 9"脂~",讀爲"嗜欲",嗜好與欲望。多指貪圖身體感官方面享受的欲望。《荀子·性惡》:"妻子具而孝衰於親,嗜欲得而信衰於友,爵祿盈而忠衰於君。"《孔子家語·五刑解》:"刑罰之源,生於嗜欲不節。失禮度者,所以御民之嗜欲而明好惡。順天之道,禮度既陳,五教畢修,而民猶或未化,尚必明其法典以申固之。"

上博八·顔 14~,讀爲"欲",《管子·法法》:"三欲者何也? 一曰求,二曰禁,三曰令。求必欲得,禁必欲止,令必欲行。"

上博八·王 6"~(欲)速",《左傳·哀公十四年》:"君欲速,故以乘車逆子。"《論語·子路》:"子夏爲莒父宰,問政。子曰:'無欲速,無見小利。欲速則不達,見小利則大事不成。'"

浴

上博二·容 27 毚(禹)乃從灘(漢)以南爲名~(谷)五百

上博二·容 28 從灘(漢)以北爲名~(谷)五百

上博二·容 31 以甕於溪~(谷)

上博三·周 44 茦~(谷)弜(射)狌(鮒)

上博四·采 4 王音深~(谷)

上博五·弟 2 生而不因亓(其)～

上博一·孔 26～(谷)風

～,或作💬(郭店·老子甲 2)、💬(郭店·老子甲 3)、💬(郭店·老子甲 3),所從"谷"加一小横或加二小横飾筆。《說文·水部》:"浴,洒身也。从水,谷聲。"

上博一·孔 26"～風",讀爲"谷風",《詩經》篇名。《詩·小雅·谷風》:"習習谷風,維風及雨。"

上博二·容 27、28"名～",讀爲"名谷",大的峽谷。《淮南子·氾論》:"古者大川名谷,衝絶道路,不通往來也。"

上博二·容 31"溪～",讀爲"溪谷",山間的河溝。《商君書·算地》:"故爲國任地者,山林居什一,藪澤居什一,溪谷流水居什一。"

上博三·周 44"茾～",讀爲"井谷",井中;井底。《易·井》:"井谷射鮒,甕敝漏。"左思《吳都賦》:"雖復臨河而釣鯉,無異射鮒於井谷。"

上博四·采 4"深～"讀爲"深谷",幽深的山谷。陸機《從軍行》:"深谷邈無底,崇山鬱嵯峨。"或讀爲"深裕",謂深而寬容。(季旭昇)

上博五·弟 2～,疑讀爲"俗",即習俗,風俗。《書·君陳》:"狃於姦宄,敗常亂俗,三細不宥。"簡文"生而不因其俗"大意似爲"季札堅持父死傳於長子的帝位繼承原則,而不因襲聽從諸樊傳位於弟的規定。"(范常喜)

欲

上博二·魯 4 亓(其)～雨或甚於我

上博二·魯 5 亓(其)～雨或甚於我

上博三·亙 4 因生亓(亓)所～

 上博三·彭 2 戁(難)易歓~

 上博二·容 12 而~以爲逡(後)

 上博二·容 17 而~以爲逡(後)

 上博二·容 19 因民之~

 上博二·容 30 舜乃~會天訇(地)之燹(氣)而聖(聽)甬(用)之

 上博二·容 34 而~以爲逡(後)

 上博四·柬 3 ~祭於楚邦者唐(乎)

 上博四·相 1 先丌(其)~

 上博四·曹 2 ~〈歓〉於土型(鉶)

 上博四·曹 13 虐(吾)~與齊戰

 上博四·曹 53 必贛(黔)首皆~或之

 上博五·鮑 4 縱公之所~

 上博五·鮑5 臣唯(雖)～訐(諫)

 上博五·鮑5 含(今)豊(豎)迅(刁)佖(匹)夫而～智(知)臺(萬)輮(乘)之邦

 上博五·鮑7 至～飤(食)而上厚亓(其)酓(飲)

 上博五·季20 凡～勿棠

 上博五·姑4 隹(誰)～畜女者才

 上博五·姑4 ～㠯(以)長建宝君而迀(御)難(難)

 上博五·姑6 鑾箸(書)～乍難(難)

 上博五·姑7 虐(吾)敢～裦裦㠯(以)事殜(世)才

 上博五·君3 ～行之不能

 上博五·君3 ～达(去)之而不可

 上博五·君4 斯人～亓(其)孝

 上博五·君8 亓(其)才㝫(庭)則～齊齊

 上博五·君 9 □斯人～亓（其）長貴也賹（富）而☒

 上博五·三 12 ～殺人

 上博五·三 20 民之所～

 港甲 6 不～

 上博七·武 13 志勶（勝）～則

 上博七·武 14 ～勶（勝）志則喪

 上博七·武 14 志勶（勝）～則從

 上博七·武 14 ～勶（勝）志則兇

 上博七·鄭甲 1 不穀（穀）曰～㠯（以）告夫=（大夫）

 上博七·鄭乙 1 不穀（穀）曰～㠯（以）告夫=（大夫）

 上博七·君甲 7 耳目之～

 上博七·君乙 6 耳目之～

上博七・凡甲7 虐(吾)~旻(得)百眚(姓)之和

上博七・凡甲23 女(如)~訾(察)鼠(一)

上博七・凡乙15 女(如)~訾(察)鼠(一)

上博八・成3□□~明智(知)之

上博八・成8 皆~豫(捨)亓(其)新(親)而新(親)之

上博八・成8 皆~㠯(以)亓(其)邦𦣞(就)之

上博八・成12 ~毇(譽)之不果

上博八・志6 虐(吾)~至(致)尔(爾)於皐(罪)

上博八・有4 鹿(麗—離)凥(居)而同~今可(兮)

上博八・鶹1 ~衣而亞(惡)綠(枲)今可(兮)

上博八・鶹2 不戠(織)而~衣今可(兮)

~，郭店簡或作 (郭店・老子甲2)、 (郭店・老子甲5)、 (郭店・

・1009・

老子丙13)、▨(郭店·老子丙13)，从"次"从"谷"。古文字"次"、"欠"二字形近，作爲偏旁往往混用。此字當是"欲"的異體。《說文·欠部》："欲，貪欲也。从欠，谷聲。"

上博三·亙4"因生亓(丌)所～"，《管子·五輔》："夫民必得其所欲，然後聽上；聽上，然後政可善爲也。"《韓非子·制分》："人情莫不出其死力以致其所欲。"

上博三·彭2"訍～"，讀爲"滯欲"，廢欲、止欲。

上博五·三20"民之所～"，《書·泰誓上》："天矜于民，民之所欲，天必從之。"

上博四·曹13"虗(吾)～與齊戰"，《戰國策·趙策四》："又欲與秦攻魏，以解其怨而取封焉。"

上博五·鮑5"臣唯(雖)～訐(諫)"，《說苑·正諫》："楚莊王欲伐陽夏，師久而不罷，群臣欲諫而莫敢。"

上博七·武13、14見《大戴禮記·武王踐阼》："敬勝怠者吉，怠勝敬者滅。義勝欲者從，欲勝義者凶。"《荀子·議兵》："故敬勝怠則吉，怠勝敬則滅；計勝欲則從，欲勝計則凶。"

上博七·君甲7、君乙6"耳目之～"，《荀子·性惡》："生而有耳目之欲，有好聲色焉，順是，故淫亂生而禮義文理亡焉。"

上博八·有4"同～"，同心；同一願望。《左傳·襄公二十年》："書曰：'蔡殺其大夫公子燮'，言不與民同欲也。"《左傳·昭公四年》："求逞於人，不可；與人同欲，盡濟。"《孫子·謀攻》："知可以戰與不可以戰者勝；識衆寡之用者勝；上下同欲者勝。"

上博五·鮑4～，欲望，貪欲。

上博二·魯4、5～，想要，希望。《商君書·更法》："今吾欲變法以治。"《史記·陳丞相世家》："張負歸，謂其子仲曰：'吾欲以女孫予陳平。'"

上博四·曹2"～〈歜〉於土型(鉶)"，當是"歜"字之誤。《集韻》："歜，《說文》：'歛也。'或作歜。"（李零）或說"欲"有"飲"、"歠"、"啜"等意。（蔡丹）"欲"，是"欥"字誤寫，"欥"是字書訓爲"啜"的"歜"字初文。（陳偉武）

慾

 上博三·亙 3 求～自返（復）

 上博三·亙 5 返（復）亓（其）所～

～，从"心"，"欲"聲。郭店簡或作 (郭店·緇衣 6)、 (郭店·緇衣 8)、 (郭店·語叢二 15)，从"心"，"谷"聲。

簡文～，讀爲"欲"。喜欲。《禮記·樂記》："人生而靜，天之性也。感於物而動，性之欲也。"

綌

 上博六·用 18 番圖～衆

 上博六·用 20 又贛=之～

《説文·糸部》："綌，粗葛也。从糸，谷聲。 ，綌或从巾。"

上博六·用 20～，讀爲"谷"。（凡國棟）
上博六·用 18～，讀爲"俗"，俗、衆同義連用，指百姓、群衆。（李鋭、張崇禮）

溪紐具聲歸東部奴聲

疑紐禺聲

禺

 上博五·三 4 必～（遇）凶央（殃）

～,與(郭店·老子乙 12)、◆(郭店·語叢四 10)同。《説文·由部》:"禺,母猴屬。頭似鬼。从由,从内。"

簡文～,讀爲"遇",遭遇。《論衡·卜筮》:"善則逢吉,惡則遇凶,天道自然,非爲人也。推此以論,人君治有吉凶之應,亦猶此也。君德遭賢,時適當平,嘉物奇瑞偶至。"

遇

　上博二·魯 3 出～子贛曰

　上博三·周 32 ～宔(主)于衖(巷)

　上博三·周 33 ～元夫

　上博三·周 34 ～雨則吉

　上博三·周 38 蜀(獨)行～雨

　上博三·周 51 ～开(其)尼(夷)宔(主)

　上博三·周 56 弗～悠(過)之

　上博四·昭 6 大尹～之

　上博四·昭 6 儥(僕)～脾

～,戰國文字或作◆(九 A45)、◆(塔圖 142)、◆(秦風 57)、◆(關沮

248)。《説文・辵部》:“遇,逢也。从辵,禺聲。”

上博～,相逢;不期而會。《書・胤征》:“入自北門,乃遇汝鳩、汝方。”孔安國傳:“不期而會曰遇。”《史記・高祖本紀》:“還至栗,遇剛武侯,奪其軍。”

上博二・魯 3“出～”,《戰國策・趙策三》:“魏使人因平原君請從于趙,三言之,趙王不聽。出遇虞卿。”

上博三・周 34、38“～雨”,《左傳・昭公二十二年》:“徐鉏、丘弱、茅地曰:‘道下,遇雨,將不出,是不歸也。’”

愚

 上博三・中 26～忑(恐)怠虐(吾)子慁(憂)

《説文・心部》:“愚,戇也。从心,从禺。禺,猴屬,獸之愚者。”

簡文～,自稱之謙詞。《史記・孟嘗君列傳》:“愚不知所謂也。”

堣

 上博六・競 7 多～言

～,與(郭店・窮達以時 6)、(郭店・窮達以時 8)、(郭店・唐虞之道 14)同。《説文・土部》:“堣,堣夷,在冀州陽谷。立春日,日值之而出。从土,禺聲。《尚書》曰:‘宅堣夷。’”

簡文“～言”,讀爲“偶言”,義同於“偶語”,相聚議論或竊竊私語。《史記・高祖本紀》:“父老苦秦苛法久矣,誹謗者族,偶語者棄市。”《集解》引應劭曰:“秦禁民聚語。偶,對也。”或讀爲“愚”、“訏”、“寓”。

端紐斗聲

枓

 上博三・周 51 日中見～

～,從"斗",象形,加注"主"聲。"斗"、"主"均屬舌音侯部。《易·豐》"日中見斗",釋文"斗孟作主"。《詩·大雅·行葦》"酌以大斗",釋文"斗"音"主"。此乃"斗"、"主"音近之佳證。《説文·斗部》:"斗,十升也。象形,有柄。"

簡文～,星宿名。因象斗形,故以爲名。指北斗七星。《易·豐》:"豐其蔀,日中見斗。"李鼎祚集解引虞翻曰:"斗,七星也。"

帥

上博六·天甲 6 根之以玉～

上博六·天乙 5 根之以玉～

～,從"中"、"斗"聲。

簡文"玉～",指北斗星,北斗七星形似酒器"斗",以色明朗如玉,所以簡文以"玉斗"喻之。後世亦有以"玉斗"稱北斗星者,如李白《夜宿龍門香山寺》詩:"玉斗横網户,銀河耿花宫。""根之以玉斗",言北斗星爲日、月運行之根基。(曹錦炎)

端紐主聲

宔

上博一·性 3 凡眚(性)爲～(主)

上博一·性 8 爲～(主)

上博三·周 51 遇丌(其)尸～

正編·侯部

 上博四·柬 6 爲楚邦之梟(鬼)神～(主)

 上博五·季 14 肰亓(其)～(主)人亦曰

 上博五·姑 4 欲吕(以)長建～(主)君而连(御)難

 上博五·姑 5 含(今)～(主)君不遹於虗(吾)

 上博五·姑 8 取～(主)君之衆吕(以)不聽命

 上博三·周 32 遇～于衝(巷)

 上博三·彭 7 氏(是)胃(謂)百眚(姓)之～(主)

 上博五·三 4 君無～(主)臣是胃(謂)畏(危)

 上博七·君甲 4 百眚(姓)之～

 上博七·君乙 3 百眚(姓)之～

～,與 、、、、、、、、![](新出温縣 WT1K1:

1015

2667)、㝊(新出温縣 WT1K17:131)同。《說文·宀部》："宔,宗廟宔祏也,從宀,主聲。"

上博一·性 3、8～,讀爲"主",根本;要素。《易·繫辭上》："言行,君子之樞機;樞機之發,榮辱之主也。"《晏子春秋·雜下十四》："禁者,政之本也;讓者,德之主也。"曹丕《典論·論文》："文以氣爲主。"

上博三·周 51"臣～",讀爲"夷主"。

上博三·周 32～,讀爲"主",主人。賓客的對稱。《禮記·檀弓下》："賓爲賓焉,主爲主焉。"《孟子·萬章下》："迭爲賓主。"

上博四·柬 6～,同"主",神主。《周禮·春官·大宗伯》："大宗伯之職,掌建邦之天神、人鬼、地示之禮,以佐王建保邦國。"鄭玄注："互以相成,明尊鬼神,重人事。"《左傳·襄公十四年》："夫君,神之主而民之望也。若困民之主,匱神乏祀,百姓絶望,社稷無主,將安用之?"

上博五·季 14"～人",接待賓客的人。與"客人"相對。《儀禮·士相見禮》："主人請見,賓反見,退,主人送於門外,再拜。"《荀子·樂論》："賓出,主人拜送。"

上博五·姑 4、5、8"～君",即"主君",對一國之主的稱呼。《墨子·貴義》："且主君亦嘗聞湯之説乎?"《史記·樗里子甘茂列傳》："樂羊再拜稽首曰:'此非臣之功也,主君之力也。'"簡文中的"主君"是姑成家父對晉厲公的稱謂。

上博五·三 4"～臣",對公卿大夫的敬稱。《周禮·天官·大宰》："以九兩繫邦國之民:一曰牧,以地得民……六曰主,以利得民。"鄭玄注引鄭司農云："主謂公卿大夫。"

上博三·彭 7、上博七·君甲 4、君乙 3～,君主。《書·仲虺之誥》："惟天生民有欲,無主乃亂。"孔安國傳："民無君主則恣情欲,必致禍亂。"《禮記·曲禮下》："凡執主器,執輕如不克。"鄭玄注："主,君也。"

柱(桂)

 上博一·性 28 孚=(君子)執志必又夫～=之心

～,從"木","宔"聲,"柱"字繁體。《説文·木部》："柱,楹也。從木,

主聲。"

簡文"～～",即"柱柱",亦即"注注",強調非常專注的意思。

𥑐(重)

上博五·季18 子之言也已～(重)

上博四·曹30 貴立(位)～(重)食

上博四·曹45 其諙(誅)～(重)叔不謪(察)

上博八·成1 而王～(重)亓(其)責(任)

上博一·緇22 而～(重)豎(絶)貟(富)貴

上博三·中8 夫民安舊而～(重)遷(遷)

上博三·亙4 ～(重)燓(氣)生坓(地)

～,从"石","主"聲;或从"石"省,"主"聲。楚文字或作𥑐(郭店·老子甲5)、𥑐(郭店·緇衣44)、𥑐(郭店·成之聞之39)、𥑐(郭店·尊德義29)、𥑐(郭店·成之聞之18)、𥑐(新蔡乙四135)。

上博五·季18"已～",是古人習語。《左傳·宣公十一年》:"牽牛以蹊者,信有罪矣。而奪之牛,罰已重矣。"《國語·吳語》"吳王夫差還自黃池"章云:"子爲我禮已重矣。"是其例。"子之言也已重",是說你的話說得嚴重了。(陳偉)

上博四•曹30"貴位~食"似應指一種身分,即地位較高的、俸禄較多的人,這些人應該在軍隊的前排,身先士卒。或釋爲"厚食"與"蓐食"義同。"蓐食"古書多見,用於戰陣指在作戰之前命士兵飽食。蓐,厚也,舊注或解爲"寢蓐"、"牀蓐"者失之,"蓐食"即"厚食","猶言多食",見王念孫《讀書雜志•漢書第八•韓彭英盧吳傳》"迺晨炊蓐食"條下。(陳劍、季旭昇)

上博四•曹45~,指重罪。"誀~",讀爲"誅重",見《韓非子•姦劫弒臣》:"於是犯之者其誅重而必,告之者其賞厚而信,故姦莫不得而被刑者衆,民疾怨而衆過日聞。"《後漢書•陳寵傳》:"漢舊事斷獄報重,常盡三冬之月,是時帝始改用冬初十月而已。"李賢注:"重,死刑也。"

上博一•緇22~,即"重",慎重;謹慎。《荀子•議兵》:"重用兵者强,輕用兵者弱。"

上博三•中8"安舊而~壆",讀爲"安舊而重遷"。《説苑•修文》:"觸情縱欲,謂之禽獸;苟可而行,謂之野人;安故重遷,謂之衆庶;辨然通古今之道謂之士;進賢達能,謂之大夫;敬上愛下,謂之諸侯;天覆地載,謂之天子。"引申爲不輕易,難。《管子•立政》:"勸勉百姓,使力作毋偷,懷樂家室,重去鄉里,鄉師之事也。"

上博三•亙4"~燓生陞",讀爲"濁氣生地"。《淮南子•天文》:"天地未形,馮馮翼翼,洞洞灟灟,故曰太昭。道始於虛霩,虛霩生宇宙,宇宙生氣。氣有涯垠,清陽者薄靡而爲天,重濁者凝滯而爲地。"

上博八•成1"而王~亓責",讀爲"而王重其任"。《晉書•劉毅列傳》:"今重其任而輕其人,所立品格,還訪刀攸。"

貯

 上博四•曹54~(重)賞泊(薄)垩(型)

 上博八•蘭5 身體~(重)寈(輕)而目耳裚(勞)矣

~,從"貝","主"聲("主"是章母侯部字,"重"是章母東部字,讀音相近),"重"字異體。

上博四•曹54"~(重)賞",豐厚的賞賜。《莊子•讓王》:"屠羊説曰:'楚

• 1018 •

國之法,必有重賞大功而後得見。'"《淮南子·人間》:"陽虎爲亂於魯,魯君令人閉城門而捕之,得者有重賞,失者有重罪。"

上博八·蘭 5"～宵",讀爲"重輕",指重與輕。賈誼《新書·六術》:"喪服稱親疏以爲重輕,親者重,疏者輕。"

奎

 上博八·李 1【背】～(剛)亓(其)不弌(貳)可(兮)

～,从"大","主"聲。楚文字从"奎"之字或作 ▓(楚帛書)、▓(鄂君啟節)、▓(包山 86)、▓(望山 M 二·15)、▓(包山 163)、▓(包山 180)、▓(包山 85)、▓、▓(左塚漆梮)。或釋爲"亢"。(陳劍)

簡文～,或讀爲"剛",或讀爲亢直之"亢"。

詮

 上博六·用 3 ～亓(其)又(有)审墨

～,从"言","奎"聲。

簡文～,或讀爲"重",著重、看重的意思。(陳偉)或讀爲"祝"。(李銳)或隸作"訊",讀爲"伉",是"當"的意思。(楊澤生)或讀爲"抗"。(陳劍)

桎

 上博五·三 14 牀(將)齊勿～

～,从"木","奎"聲。

簡文～,或認爲从"大"聲,讀爲"撻"。(李守奎)或讀爲"抗",抗拒。(陳劍)

絟

 續（裸）～

～，从"糸"，"全"聲。
簡文～，或釋爲"絝"。或讀爲"褌"。

陸

 上博五·三 10 毋剸（斷）～

～，从"𠂤"、"土"，"全"聲。
簡文～，或釋爲"陊"，讀爲"洿"。（劉洪濤）或讀爲"藪"。（李守奎）或讀爲山岡之"岡"。或讀爲"濆"（白於藍）

端紐晝聲

晝

 上博四·曹 10 不～寢

～，與 （九 A71）同。《説文·晝部》："晝，日之出入，與夜爲界。从畫省，从日。 ，籀文晝。"
簡文"～寢"，指白天睡覺。《論語·公冶長》："宰予晝寢。子曰：'朽木不可雕也，糞土之牆不可杇也；於予與何誅？'"

定紐豆聲

豆

 上博八·李 1【背】深利开～

～,戰國文字或作 ■(郭店·老子甲 2)、■(施 41)、■(古璽印輯存 26)、■(後李圖七 2)。《説文·豆部》:"豆,古食肉器也。从口,象形。■,古文豆。"

簡文～,讀爲"逗",止,停留。《説文》:"逗,止也。"

梪

上博三·彭 8 毋向～

～,與 ■(郭店·性自命出 8)同。《説文·豆部》:"梪,木豆謂之梪。从木、豆。"爲人們針對木豆而造的專字。

簡文～,讀爲"鬭"。"梪"从"豆"聲,"鬭"有異體作"鬪",亦以"豆"爲基本聲符,故可通。"向梪"猶言"尚戰",道家多反對爭戰。《老子》第三十章"以道佐人主者,不以兵強天下"。又三十一章"夫兵者,不祥之器,物或惡之,故有道者不處"。(陳斯鵬)

䜴(豎)

上博五·競 10 或旨(以)～(豎)迅(刁)舁(與)弐(易)舀(牙)爲相

上博五·鮑 5 吟(今)～(豎)迅(刁)佖(匹)夫

～,與 ■(新蔡甲三 293)、■(新蔡甲三 398)同,从"臣","豆"聲,"豎"字異體。《説文·豆部》:"豎,豎立也。从臤,豆聲。■,籀文豎从殳。"

上博五"～迅",讀爲"豎刁",春秋齊人,齊桓公寺人。《公羊傳·僖公十八年》:"齊桓公死,豎刁、易牙爭權。"《史記·齊太公世家》:"管仲病,桓公問曰:'群臣誰可相者?'……公曰:'豎刁如何?'對曰:'自宮以適君,非人情,難親。'"

樹

上博一·孔 15 敬惥(愛)丌(其)～(樹)

上博八·李 1 楒(相)虖(乎)官(棺)～(樹)

上博八·李 1【背】觀虖(乎)～(樹)之蓉(容)可(兮)

上博八·李 2 思(使)虖(吾)～(樹)秀可(兮)

上博五·季 18 膏(瘥)民不～(樹)

上博六·用 8～惠蓄

～,或作查,或作查,"火"形是"木"旁省去了豎筆的下段而形成的一種省體。或作𣏟,與𣏟(郭店·語叢三 46)同。《說文·木部》:"樹,生植之總名。从木,尌聲。𣏟,籀文。"

上博一·孔 15～,讀爲"樹"。即甘棠。《詩·召南·甘棠》:"蔽芾甘棠,勿翦勿伐,召伯所茇。"鄭玄箋:"召伯聽男女之訟,不重煩勞百姓,止舍小棠之下而聽斷焉。國人被其德,說其化,思其人,敬其樹。"

上博八·李～,讀爲"樹"。《說文》:"侸讀若樹。"是從"豆"聲之字可讀"樹"之證。樹,木本植物的總稱。《左傳·昭公二年》:"有嘉樹焉,宣子譽之。"

上博五·季 18～,立也。《史記·李斯列傳》:"建翠鳳之旗,樹靈鼉之鼓。"(季旭昇)

上博六·用 8～,種植;栽種。《易·繫辭下》:"古之葬者,厚衣之以薪,葬之中野,不封不樹,喪期無數。"孔穎達疏:"不種樹以標其處,是不樹也。"(何有祖)

尌

 上博六·用 18 建～之政

～，從"言"，從"木"、"攴"，所從"言"疑"豆"之訛，"樹"字異體。

簡文"建～"，讀爲"建樹"，樹立；建立。《陳書·衡陽憲王昌傳》："憲章故實，式遵典禮，欽或姬、漢，建樹賢戚。"

誣

 上博三·亙 10 虛～

 上博四·曹 27 □毋～而賞

 上博四·曹 45 其～（誅）至（重）叔不諕（察）

～，從"言"，"豆"聲。或説"誅"之異體。

《玉篇·言部》："誣，了逅切。誣譳，詀説也。"《廣韻·候韻》："誣，誣譳，不能言也。""誣譳"是一個聯綿詞，簡文的"誣"當與此無關。

上博三·亙 10"舉天下之名虛～"，讀爲"舉天下之名虛樹"，"樹"是名詞，謂樹立的表徵，即符號。"虛樹"是空虛的符號。（季旭昇）或讀爲"屬"。"屬名"意"托名"。

上博四·曹 27～，讀爲"誅"，指懲罰。《荀子·富國》："故不教而誅，則刑繁而邪不勝；教而不誅，則姦民不懲；誅而不賞，則勤屬之民不勸；誅賞而不類，則下疑俗險而百姓不一。"

上博四·曹 45～，讀爲"誅"，指懲罰。簡文"誅重"，見《韓非子·姦劫弒臣》："於是犯之者其誅重而必，告之者其賞厚而信，故姦莫不得而被刑者衆，民疾怨而衆過日聞。"

敊

 上博二·容 25 東～之海（海）

 上博二·容 25 東～之海（海）

 上博二·容 26 東～之海（海）

 上博二·容 27 東～之河

 上博二·容 27 北～之河

 上博六·競 2 虗敚～者祝史

 上博六·競 2 盍～之

 上博六·競 7 則恐遾（後）～於史者

 上博七·凡甲 11 奚古（故）少（小）雁暲～

 上博八·命 10 尚善安（焉）～（樹）

～，與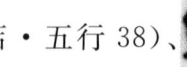（郭店·五行 35）、（郭店·五行 38）、（郭店·五行 39）同，從"攴"，"豆"聲，"誅"字異體。

上博二·容～，讀爲"注"，流入；灌入。《詩·大雅·文王有聲》："豐水東注，維禹之績。"酈道元《水經注·濟水一》："須水又東北流於滎陽城西南，北注索。""注之河"、"注之海"，水流入河、海。

上博六·競 2～，讀爲"誅"。《韓非子·外儲說右上》："天下賢者也，夫子何爲誅之？"

上博六·競 7～，讀爲"誅"，指責，責備。《周禮·天官·大宰》："以八柄詔王馭群臣……八曰誅，以馭其過。"鄭玄注："誅，責讓也。"

上博七·凡甲 11"暲～"，讀爲"障樹"，遮蔽。《禮記·郊特牲》："臺門而旅樹。"鄭玄注："屏謂之樹。樹所以蔽行道。""障樹"可以看作是由兩個義近字組合而成的同義複詞。（曹錦炎）或讀爲"脰"或"頭"。（宋華強）

上博八·命 10～，讀爲"樹"，樹立；建立。《史記·李斯列傳》："建翠鳳之旗，樹靈鼉之鼓。"

豉

上博二·容 50 天牆（將）將～（誅）安（焉）

上博二·容 53 天牆（將）～（誅）安（焉）

上博五·弟 19 噩噩女也女～（誅）

上博六·競 3 公盍～之

～，從"戈"，"豆"聲，"鬬"字的異體，從"戈"、"片"均與"鬬"有關，是義符，"豆"是聲符。上古音"鬬"、"誅"均屬端紐侯部，"豆"屬定紐侯部，音近可通。慈利簡"□戱（戰）不毆（鬬），善毆（鬬）□"，見於《逸周書·大武》："善戰不鬬，善鬬不敗。""鬬"字作 ，《古玉印集存》87 號楚璽"鬬廉朕"之"鬬"作 。馬王堆帛書《雜禁方》："姑婦善鬬，塗户方五尺。"銀雀山漢簡《實虛》："適（敵）唯（雖）衆，可毋鬬也。"《勢備》："喜而合，怒而鬬，天之道也，不可止也。"諸"所",均讀爲"嗣"。均可證明。

上博二·容50、53"天牆～安",讀爲"天將誅焉"。《左傳·襄公十年》:"大夫、諸司、門子弗順,將誅之。"

上博五·弟19～,讀爲"誅",指責;責備。《論語·公冶長》:"宰予晝寢。子曰:'朽木不可雕也,糞土之牆不可杇也;於予與何誅?'"

上博六·競3～,讀爲"誅",參"敂"字條。

荳

 上博五·弟5～年不死(恆)至

～,"艸"、"豆"聲,釋爲"荳"。《玉篇》:"荳,荳蔻。"《正字通》:"荳,俗豆字。"

簡文～,當讀爲"壽"。典籍中"趎"與"壽"、"疇"相通,如《莊子·庚桑楚》:"南榮趎。"《釋文》"趎"又作"壽"。《漢書·古今人表》作"南榮疇"。從"豆"聲的"頭"與"朱"通假,如《山海經·海外南經》:"讙兜國,或曰讙朱國。"因此,"荳"可讀爲"壽"。簡文"荳年不亙至,耇老不復壯",應讀爲"壽年不恆至,耇老不復壯"。《說文》:"壽,久也。"《字彙·士部》:"壽,年齒皆曰壽。"《吕氏春秋·尊師》:"由此爲天下名士顯人,以終其壽。"高誘注:"壽,年也。"壽、年同義,壽年義爲長壽。"壽年"見於應劭《風俗通·佚文》:"彭祖壽年八百歲,猶恨唾遠。"簡文"壽年不恆至"與"耇老不復壯"結構相同,意義相因。或釋爲"登年",見《國語·周語中》。(田煒)

逗

 上博四·柬15皆～

 上博四·柬16～者又歠(歇)人

～,與(新蔡甲三182—2)同。《說文·辵部》:"逗,止也。从辵;豆聲。"

簡文～,讀爲"屬"。官屬;部屬。《書·周官》:"六卿分職,各率其屬,以

倡九牧。"《左傳·宣公十七年》："郤子至,請伐齊,晉侯弗許,請以其私屬,又弗許。"

定紐俞聲

俞

 上博一·孔 10 以色～(喻)於豊(禮)

 上博一·孔 14 丌(其)四章則～(喻)矣

 上博一·孔 18 以～(喻)丌(其)悁(怨)者也

 上博一·孔 20 丌(其)㥯(隱)志必又(有)以～(喻)也

 上博六·慎 1 忠寔以反～

～,戰國文字或作 (郭店·忠信之道 3)、(郭店·五行 47)、(三晉 44)。《說文·舟部》："俞,空中木爲舟也。从亼,从舟,从巜。巜,水也。"

上博一·孔～,讀爲"喻",明白、知曉。《論語·里仁》"君子喻於義,小人喻於利。"皇侃疏："喻,曉也。"《孟子·告子下》："徵於色,發於聲,而後喻。"

上博六·慎 1～,有安定的意思。《呂氏春秋·知分》："古聖人不以感私傷神,俞然而以待耳。"高誘注："俞,安。"簡文"忠寔以反俞"當指忠實的品格會帶來自身內心的安定。(何有祖)或釋爲"貞",誠信。(陳偉)或讀爲"渝"。

逾

 上博六·莊 4～虖

 上博六·莊 4 四航以～

 上博七·武 2～堂敳（階）

～，或从"辵"、或从"止"、或从"彳"作 、、、、、。《説文·辵部》："逾，進也。从辵，俞聲。"

上博六·莊 4～，表示順流而下。《國語·吳語》："明日將舟戰於江，及昏，乃令左軍銜枚泝江五里以須，亦令右軍銜枚踰江五里以須。""踰"、"逾"一字異體，"踰江"是指沿江而下。郭店·老子甲 19："天地相合也，以逾甘露。"帛書《老子》甲、乙本皆作"俞"，今本作"降"。

上博七·武 2～，"降"、"下"。《儀禮·大射》："賓以虛爵降。主人降。賓洗南西北面坐奠觚，少進，辭降。"

 叟

 上博六·競 1～（逾）戢（歲）不已

 上博六·競 2～（逾）戢（歲）不已

～，从"又"，"俞"聲，或説"揄"字異體，"手"、"又"二旁古通。《説文·手部》："揄，引也。從手、俞聲。""又"也有可能是"止"之訛變，即"逾"字異體。

簡文～，讀爲"逾"，《玉篇》："逾，越也，遠也，進也。"

 愈

 上博三·周 5 返（復）即命～

 上博三·周15 又～

 上博三·周16 官又～

 上博三·彭7 氏(是)胃(謂)嗌～

 上博四·曹2 今邦㦯(彌)少(小)而鐘～大

 上博四·柬2 笒悘(義)～迲

 上博六·競11 ～爲樂虎

 上博六·用4 民日～樂

 上博七·凡甲5 亓(其)智～暲(障)

 上博七·凡乙11 亓(其)智～暲(障)

～，从"心"，"俞"聲，或作 、，从"俞"省，或作 。《說文》作"瘉"。

上博三·彭7 ～，賢；勝過。《論語·公冶長》："子謂子貢曰：'女與回也孰愈？'"何晏集解引孔安國曰："愈，猶勝也。"

上博三·周 ～，讀爲"渝"，《詩·鄭風·羔裘》："彼其之子，舍命不渝。"毛亨傳："渝，變也。"馬瑞辰通釋："謂雖至死而捨命亦不變耳。"《爾雅·釋言》：

"渝,變也。"

上博六·競11~,讀爲"偷",苟且。《左傳·襄公三十一年》:"穆叔至自會,見孟孝伯,語之曰:'趙孟將死矣。其語偷,不似民主。'"

上博六·用4"~樂",讀爲"偷樂",貪圖享樂。《楚辭·離騷》:"唯夫黨人之偷樂兮,路幽昧以險隘。"《晏子春秋·雜上十二》:"聖賢之君,皆有益友,無偷樂之臣,景公弗能及,故兩用之,僅得不亡。"《韓非子·六反》:"故法之爲道,前苦而長利;仁之爲道,偷樂而後窮。"

上博四·柬2、上博四·曹2、上博七·凡甲5、凡乙11~,副詞,相當於"越"、"更加"。《老子》:"聖人不積,既以爲人,己愈有;既以與人,己愈多。"《詩·小雅·小明》:"曷云其還,政事愈蹙。"鄭玄箋:"愈,猶益也。"《國語·越語下》:"使者往而復來,辭愈卑,禮愈尊。"

來紐婁聲歸角聲

精紐走聲

走

上博三·周54 籫~丌(其)尻

上博七·吳1 馬牂(將)~

上博七·吳9 吳~陳

上博八·志2 或猶~趣(趨)事王

~,像人甩開胳膊奔跑之形。《説文·走部》:"走,趨也。从夭止。夭止者,屈也。"

上博三·周54~,義同"奔"。《莊子·漁父》:"疾走不休。"

上博七·吳1~,疾趨,奔跑。《左傳·昭公七年》:"循牆而走。"《詩·大雅・緜》:"古公亶父,來朝走馬。"《韓非子・五蠹》:"兔走觸株,折頸而死。"

上博八・志 2"~趣",讀爲"走趨",即快步走。《漢書・金日磾傳》:"〔何羅〕見日磾色變,走趨臥内欲入。"顔師古注:"趨讀曰趣,嚮也。"《釋名・釋姿容》:"疾行曰趨。"

上博七・吳 9~,去,離開。簡文"吳走陣",吳軍離開了陣地。

清紐取聲

取

上博二・從甲 1 而□~之

上博二・容 34 啟於是唬(乎)攻益自~

上博二・容 38~丌(其)兩女晉(琰)㜷(婑)

上博三・周 1 勿用~(娶)女

上博三・周 26~女(娶)吉

上博三・周 40 勿用~(娶)女

上博三・周 53 此丌(其)所~懇

上博三・周 56~皮(彼)才(在)坎(穴)

上博四・昭 6 牂(將)~車

 上博四·昭 6 㳍(將)～車

 上博四·曹 6 亡㠯(以)～之

 上博四·曹 17 疆埅(地)毋先而必～□焉

 上博四·曹 55 思良車良士往～之䎹(耳)

 上博五·姑 3 不幸則～佥(免)而出

 上博五·姑 8 ～宔(主)君之衆以不聽命

 上博一·性 1 則勿(物)～之

 上博一·性 3 勿(物)～之也

 上博一·性 17 蕫(賁)武樂～

 上博五·競 10 ～舁(與)

 上博一·孔 23 丌(其)甬(用)人則虐(吾)～

 上博二·子 5 堯之～舜也

 上博二·子11～而軟（吞）之

 上博八·顔11所弖（以）～新（親）也

 上博八·成10能弖（以）亓（其）六贄（藏）之獸（守）～新（親）安（焉）

～，戰國文字或作 、、、、、、、、、。《説文》：" 取，捕取也。从又，从耳。《周禮》：'獲者取左耳。'《司馬法》曰：'載獻聝。'聝者，耳也。"

上博一·性1、3～，或讀爲"趣"，促。《管子·四稱》："不彌人爭，唯趣人詔。"王念孫《讀書雜志·管子六》："趣讀爲促；詔當爲訟，字之誤也。"（季旭昇）

上博一·性17～，容易地征服別國或打敗敵軍。《左傳·襄公十三年》："師救邿，遂取之。凡書'取'，言易也。"《左傳·莊公十一年》："覆而敗之，曰取某師。"

上博二·子5～，選拔。《晉書·熊遠列傳》："堯取舜於仄陋，舜拔賢於巖穴，姬公不曲繩于天倫，叔向不虧法于孔懷。"

上博二·容34"啟於是唬（乎）攻益自～"，《韓非子·外儲說右下》："已而啟與友黨攻益而奪之天下，是禹名傳天下於益，而實令啟自取之也，此禹之不及堯、舜明矣。"

上博三·周56～，捕捉；捉拿。《詩·豳風·七月》："取彼狐狸，爲公子裘。"

上博二·容38、上博三·周～，讀爲"娶"，即"娶妻"，男子結婚，把女子接過來成親。《書·益稷》："娶於塗山。"桓寬《鹽鐵論·未通》："二十而冠，三十而娶，可以從戎事。"

上博二·子11、上博二·從甲1、上博三·周53、上博四·曹6、7、上博四·昭6～，拿。《書·召誥》："太保乃以庶邦冢君，出取幣，乃復入，錫周公。"

上博四·曹 55"往～",前往攻取。

上博五·競 10"～畀(與)",或作"取予",收受和給予。《管子·幼官》："著於取與之分,則得地而不執。"《漢書·司馬遷傳》："然僕觀其爲人自奇士,事親孝,與士信,臨財廉,取予義。"《文選·司馬遷〈報任少卿書〉》作"取與"。葛洪《抱朴子·清鑒》："觀取與於宜適,謂虛實於言行,考操業於閨閫,校始終於信効,善否之驗不亦易乎!"

上博五·姑 8～,讀爲"聚"。"聚主君之衆",當指率部征百豫。不聽命,指不實施攻擊。這是欒書對郤犨處理百豫之役方式的曲解。(陳偉)

上博五·姑 3～,訓求。《易·蒙》"勿用取女"、《易·繫辭下》"遠近相取而悔吝生",焦循章句並言"取,猶求也。""不幸則取免而出",意謂不能成功則求全身而出。(冀小軍)或説"取免",猶獲免。(陳偉)

上博八·顔 11"～斳",讀爲"取親",意爲取得(民衆)的親附,《大戴禮記·子張問入官》："故非忠信,則無可以取親于百姓矣。"

赺(趣)

 上博四·昭 6 脾介～君王

 上博五·鬼 5 又足不～

 上博八·志 2 或猶走～(趨)事王

～,從"走","取"聲,"趣"字異體。"走"、"走"二旁古通。齊、燕文字或作 、、。《説文·走部》："趣,疾也。从走,取聲。"

上博五～,讀爲"趨",疾行;奔跑。《論語·微子》："孔子下,欲與之言。趨而辟之,不得與之言。"

上博四·昭 6～,讀爲"騶",指主管養馬並管駕車之人。《左傳·成公十八年》："程鄭爲乘馬御,六騶屬焉,使訓群騶知禮。"孔穎達疏："騶是主駕之官也。"(陳劍)或讀爲"趨"……"介趨君王"即"爲君王介趨"。《周禮·夏官·旅

賁氏》:"旅賁氏:掌執戈盾夾車而趨……軍旅,則介而趨。"(秦樺林)

上博八·志 2"走～",讀爲"走趨",奔往;前往。《漢書·金日磾傳》:"〔何羅〕見日磾色變,走趨卧內欲入。"顏師古注:"趨讀曰趣,嚮也。"

聚

 上博二·從甲 6 不惠則亡(無)吕(以)～民

 上博四·柬 8 ～(驟)夢高山深溪

 上博四·曹 23 君自衒(率)必～群又(有)司而告之

 上博四·曹 54 收而～之

 上博五·三 15 ～(驟)敓(奪)民時

 上博六·孔 26 好罢隹～

 上博六·天甲 10 ～衆不語怨

 上博六·天乙 9 ～衆不語怨

～,戰國文字或作、、、、。《說文·乑部》:"聚,會也。从乑,取聲。邑落云聚。"

上博二·從甲 6、上博六·孔 26～,會合;聚集。《易·繫辭上》:"方以類

聚,物以群分。"《莊子·知北遊》:"人之生,氣之聚也,聚則爲生,散則爲死。"《左傳·莊公二十三年》:"夏,公如齊觀社。"孔穎達疏:"《魯語》説此事云'夫齊棄大公之法而觀民於社',孔晁云'聚民於社,觀戎器也'。"

上博四·柬 8～,讀爲"驟",多次。《楚辭·九歌·湘夫人》:"時不可兮驟得,聊逍遥兮容與。"王逸注:"驟,數。"《左傳·文公十四年》:"公子商人驟施於國",杜預注:"驟,數也。"

上博四·曹 23"～群",《墨子·明鬼下》:"官府選效,必先祭器、祭服,畢藏於府,祝宗有司畢立於朝,犧牲不與昔聚群。"

上博四·曹 54"收而～之",《列子·黄帝》:"會而聚之,訓而受之,同於人民。"

上博五·三 15"～攴",讀爲"驟奪",頻繁地奪取。

上博六·天甲 10、上博六·天乙 9"～衆",會集衆人。《楚帛書》丙篇:"可以聚衆,會諸侯。"九店楚簡《日書》:"以祭、大事、聚衆,必或亂之。"《莊子·盗跖》:"勇悍果敢,聚衆率兵,此下德也。"

心紐須聲

須

上博四·昭 5 尔古～既袼安(焉)從事

上博五·三 1 卉木～時而句(後)奮

上博二·容 46 眘(密)～是(氏)

上博六·壽 4 居路㠯(以)～

上博八·成 15 可㫳(期)而～也

上博八·王6 命～亓(其)伒(儘)

上博八·王6 命～遂(後)佖(蔽)

《説文·須部》:"須,面毛也。从頁,从彡。"

上博二·容46"睿(密)～是",讀爲"密須氏"。密須是姑姓國,在今甘肅靈臺西。《説苑·指武》:"文王曰:'吾欲用兵,誰可伐?密須氏疑於我,可先往伐。'"《史記·周本紀》:"明年,伐犬戎。明年,伐密須。明年,敗耆國。殷之祖伊聞之,懼,以告帝紂。紂曰:'不有天命乎?是何能爲!'明年,伐邘。明年,伐崇侯虎。而作豐邑,自岐下而徙都豐。明年,西伯崩,太子發立,是爲武王。"

上博四·昭5"古～",讀爲"姑須(嬃)",義爲"姑且等待"。《説文·立部》:"嬃,待也。"傳世典籍亦多借"須"字爲之。《左傳·成公十二年》:"寡君須矣,吾子其入也。"整句大意爲:你姑且等落成典禮之後再遷葬你父親的遺骨吧。(孟蓬生、劉樂賢)

上博五·三1"～時",等待時機。叶適《送劉德修》詩:"蟄雷正須時,春雨宜滿澤。"

上博六·壽4、上博八·成15、王6～,等待。《詩·邶風·匏有苦葉》:"人涉卬否,卬須我友。"毛亨傳:"人皆涉,我反未至,我獨待之而不涉。"《易·歸妹》:"歸妹以須。"陸德明釋文:"須,待也。"

心紐需聲

需

上博二·容2 攸(俢)～(儒)爲矢

上博三·周57 ～又(有)衣袽(袽)

上博三·周57 ～亓(其)首

《說文·雨部》:"需,䇂也。遇雨不進,止䇂也。从雨,而聲。《易》曰:'雲上於天,需。'"

上博二·容 2"牧～",讀爲"侏儒",矮人。《國語·晉語四》"侏儒不可使援",韋昭注:"侏儒,短者,不能抗援。"

上博三·周 57～,《廣雅》:"需,須也。"或讀爲"濡",霑濕之義,《集韻》:"《說文》:'水出涿郡故安,東入漆涑。'一曰霑溼也。"

上博三·周 57～,或讀爲"繻"。《玉篇》:"繻,細密之羅也,絜縕也,綵也,帛邊也,古者過關以符書帛,裂而分之,如今券也。"引申爲裂縫。

幫紐付聲

府

 上博二·容 6 昔堯尻(處)於丹～與藋陵之朋(間)

 上博五·三 15～(俯)視地利

 上博八·李 1【背】索～宮李

～,从"宀","付"聲,"府"字異體。《說文·广部》:"府,文書藏也。从广,付聲。"

上博二·容 6"丹～",丹府與藋陵,爲堯幼時居住的地方。今本《竹書紀年》、《易·繫辭下》疏引《世紀》、《宋書·符瑞志》皆云堯生於丹陵,"丹陵"似是二者的合稱。(李零)

上博五·三 15～,向下看。宋玉《高唐賦》:"俯視崝嶸,窒寥窈冥。""俯視地利(理)"可參《易·繫辭上》:"仰以觀於天文,俯以察於地理。"

寶

 上博四·相 3 以實～(府)庫

～，從"貝"，"府（府）"聲，藏府、官府之"府"的專字。楚文字或作 (施156)、 (施156)、 (鑒印3)、 (珍戰223)；晉文字或作 (滎陽上官皿)、 (遺珠175平安少府鼎足)、 (施120)，所從"貝"省爲"目"形；或作 (珍秦金·吳越三晉182頁信安下官鼎)、 (施110)，從"付"聲；或從"土"，"付"聲作 (珍戰20)、 (施109)；秦文字作 (秦風25)、 (珍秦21)。

上博四·相3"～庫"，即"府庫"，乃國家貯藏財物、兵甲的處所。《孟子·梁惠王下》："君之倉廩實，府庫充。"《周禮·天官·大府》："凡萬民之貢，以充府庫。"《禮記·曲禮下》："在府言府，在庫言庫。"鄭玄注："府謂寶藏貨賄之處也；庫謂車馬兵甲之處也。"《史記·孫子吳起列傳》："起曰：治百官，親萬民，實府庫，子孰與起？"

㒒

上博八·命3 女（如）弖（以）～（僕）之觀視日也

上博八·命6 十又厽（三）亡～（僕）

上博八·命10 ～（僕）弖（以）此胃（謂）視日十又厽（三）亡㒒（僕）

上博八·命10 㒒（僕）弖（以）此胃（謂）視日十又厽（三）亡～（僕）

～，從"臣"，"付"聲。"㒒"，"僕"字異體。《説文·業部》："僕，給事者，從人，從業，業亦聲。"

上博八·命～，即"僕"，自稱的謙詞。《史記·滑稽列傳》："使張儀、蘇秦與僕並生於今之世，曾不能得掌故，安敢望常侍侍郎乎？"

正編・屋部

上博楚簡文字聲系

屋　部

見紐谷聲歸口聲

見紐角聲

角

　上博一・孔 29 ～楢（枕）

　上博三・周 41 敢丌（其）～

　上博五・三 10 母（毋）爲～言

～，戰國文字或作 、、、。《説文・角部》：“角，獸角也。象形，角與刀、魚相似。”

上博一・孔 29“～楢”，讀爲“角枕”，角製的或用角裝飾的枕頭。《詩・唐風・葛生》：“角枕粲兮，錦衾爛兮。予美亡此，誰與獨旦？”

上博三・周 41～，牛、羊、鹿等獸類頭頂或吻前突生的堅硬骨狀物。一般細長而彎曲，上端較尖，有防禦進攻等作用。《易・大壯》：“羝羊觸藩，羸其角。”

上博五・三 10“～言”，疑指爭訟。或讀爲“矯言”，即虛妄、誣矯之言。蓋“角”上古音爲見母屋部，“矯”爲見母宵部，二字聲母相同，韻部旁轉可通。

《莊子·盜跖》："今子脩文、武之道,掌天下之辯,以教後世,縫衣淺帶,矯言偽行,以迷惑天下之主,而欲求富貴焉,盜莫大於子。"(林文華)

婁

上博二·容 2 ～(僂)者坟(仕)數

上博二·容 37 於是虖(乎)又(有)諐(暗)、聾(聾)、皮、瞑、瘦(瘦)、窠、～(僂)始起(起)

上博八·鶹 1 子遺余～(鶹)栗(鶇)今可(兮)

上博八·鶹 1 ～(鶹)栗(鶇)之止今可(兮)

上博八·鶹 1 ～(鶹)栗(鶇)之羽今可(兮)

上博八·鶹 1 ～(鶹)栗(鶇)翯(翺)飛今

上博三·彭 2 大筐(匡)之～

上博六·競 10 丌(其)人～多已

上博七·君甲 4 宮妾㠯(以)十百～

上博七·君乙 4 宮妾㠯(以)十百～

～,楚文字或作、、。从"臼"从"女"、"角"聲。或作、![],把"角"旁訛爲"辛"或"言"旁,與下部的"女"旁合起來正好是個"妾"字,可以釋爲"搜妾腰";或作、,把"角"旁訛成"甾"旁,與下部的"女"旁合起來正好是個"妻"字,可以釋爲"搜妻腰"。"婁"字的本義既爲搜女腰。(季旭昇)《説文・女部》:"婁,空也。从母中女,空之意也。一曰:婁,務也。![],古文。"

上博二・容2、37～,讀爲"僂",駝背;佝僂。《穀梁傳・成公元年》:"冬十月,季孫行父禿,晉郤克眇,衛孫良夫跛,曹公子手僂,同時而聘於齊。齊使禿者御禿者,使眇者御眇者,使跛者御跛者,使僂者御僂者。"《史記・晉世家》:"郤克僂。"

上博八・鶹1"～栗",讀爲"鶹鵡",即"梟",或作"流離"、"留離"。"婁"爲來母侯部字,"留"爲來母幽部字,古音相近,讀爲"鶹"。《詩・邶風・旄丘》:"瑣兮尾兮,流離之子。"毛亨傳:"瑣、尾,少好之貌。流離,鳥也,少好長醜。"

上博六・競10"人～",讀爲"人數",衆人。《莊子・達生》:"汝得全而形軀,具而九竅,無中道夭於聾盲跛蹇而比於人數,亦幸矣,又何暇乎天之怨哉!"

上博七・君甲4、君乙4"十百～",即千數。數量。《漢書・律曆志上》:"數者,一、十、百、千、萬也。"

上博三・彭2～,讀爲"數",理數,《老子》五章:"多言數窮,不如守中。"(史杰鵬)或讀爲"屢",謹慎(《集韻》:"屢,一曰謹也。")(季旭昇)

![]

上博五・競10～(婁)俚(俍)取舁(與)

～,从"止","婁"聲,"遱"字異體。《説文・辵部》:"遱,連遱也,从辵,婁聲。"

簡文～,訓爲"牽",見《詩・山有樞》釋文引馬注。"朋黨群醜,婁朋取與",意正與《韓非子・有度》"交衆與多,外内朋黨"近似。(李學勤)或讀爲"摟"。(林志鵬)或讀爲"蔞"。(朱豔芬)或釋爲"要",有"約"義。(季旭昇)或

讀爲"邀"。(禤健聰)

謱

 上博五·三 10 毋焚古～

～,從"言","婁"聲,疑即"數"字。《説文·攴部》:"數,計也。從攴,婁聲。"

簡文"古～",讀爲"孤老",孤獨的老人,《管子·幼官》:"再會諸侯,令曰:'養孤老,食常疾,收孤寡。'"(陳偉武)或讀爲"姑嫂"。(劉國勝)或讀爲"故老"。《詩·小雅·正月》:"召彼故老,訊之占夢,具曰予聖。"鄭玄箋:"君臣在朝,侮慢元老,召之不問政事,但問占夢,不尚道德。"(林文華)

蔞

 上博二·容 25 甼(禹)乃迵(通)～與易

～,新蔡簡或作 (新蔡甲三 42)、 (新蔡零 317)。《説文·艸部》:"蔞,艸也。可以亨魚。從艸,婁聲。"

簡文～,指蔞水。《山海經·北次三經》:"又北三百里曰泰戲之山……虖沱之水出焉,而東流注于漊水。"郭璞注:"(漊)音樓。"一本作"蔞"。郝懿行箋疏:"案《地理志》云,代郡鹵城,虖池河東至參合〈户〉入虖池别。疑虖池别流即漊水矣。"《史記·蘇秦列傳》"(燕)南有嘑沱、易水",《正義》:"易水出易州易縣,東流過幽州歸義縣,東與呼沱河合也。"可見"南易"水與虖池水相合,東流入海。(晏昌貴)

螻

 上博八·蘭 3 ～蛾(蟻)虫蛇

《説文·虫部》:"螻,螻蛄也。從虫,婁聲。一曰蟹、天螻。"

簡文"～蛾",讀爲"螻蟻",螻蛄和螞蟻。泛指微小的生物。《莊子·列禦

寇》:"在上爲鳥鳶食,在下爲螻蟻食。"《楚辭・九思・惜誓》:"爲螻蟻之所裁。"《史記・伍子胥傳贊》:"向令伍子胥從(伍)奢俱死,何異螻蟻。"

斛

 上博三・周 42 一～(握)于芙(笑)

～,像斗口内含角字。晉文字或作(陶録 5・40・4)、(陶録 5・40・5)。《説文・斗部》:"斛,十斗也。从斗,角聲。"

簡文"一～",讀爲"一握",猶言一把。亦常喻微小或微少。《易・萃》:"若號,一握爲笑,勿恤。"孔穎達疏:"一握者,小之貌也。自比一握之間,言至小也。"《淮南子・原道》:"舒之幎於六合,卷之不盈於一握。"

譽

 上博四・曹 25 毋牆(將)軍必有～辟大夫

 上博四・曹 25 必有～大官之帀(師)

 上博五・君 2～日不出

 上博二・容 2 婁(僂)者坆(仕)～

～,與(銘文選 2.880 中山王鼎)、(銘文選 2.880 中山王鼎)形同。秦文字或作(珍秦 192)、(關沮 132 叁)。《説文・攴部》:"數,計也。从攴,婁聲。"

上博四・曹 25～,猶幾。表示不定的少數。《左傳・僖公三十三年》:"一日縱敵,數世之患也。"《史記・汲鄭列傳》:"〔汲黯〕爲右内史數歲,官事

不廢。"

　　上博五・君2"～日不出",《莊子・達生》:"公反,誒詒爲病,數日不出。"

　　上博二・容2～,算術,數學。古代六藝之一。《周禮・地官・大司徒》:"三曰六藝:禮、樂、射、御、書、數。"

縷

 上博三・周45 隹(唯)裧(敝)～

《說文・糸部》:"縷,綫也。从糸,婁聲。"

　　簡文"隹裧～",馬王堆本作"唯敝句",阜陽漢簡《周易》作"敝屢",今本作"甕敝漏"。"縷"、"屢"、"漏"是來母侯部,"句"是見母侯部,"縷"、"屢"、"句"都讀爲"漏"。

溪紐寇聲

寇

 上博三・周1 不利爲～(寇)

 上博三・周1 利御～(寇)

 上博三・周34 ～(寇)

 上博四・昭2 小人酒(將)詡～(寇)

 上博四・昭4 譬(僕)酒(將)詡～(寇)

 上博三·周 2 至(致)～(寇)至

 上博三·周 37 至(致)～(寇)至

 上博八·子 4 魯司～(寇)奇詧(言)遊於迲楚

 上博八·子 4 司～(寇)牂(將)見我

 上博八·子 5 而司～(寇)不至

戰國文字"寇"多从"戈"作,如 (九 A32)、 (保利藏金 273 頁二年邦司寇肖□鈹)、 (珍秦金·吳越三晉 96 頁二十一年安邑戈)、 (施 103)。古文字中,"戈"、"支"二旁古通。"寇"乃"寇"字異體。《說文·支部》:"寇,暴也。从支从完。"段玉裁注:"此與敗賊同意。"

上博三·周、上博四·昭～,盜匪、賊寇。《書·舜典》:"寇賊姦宄。"孔安國傳:"群行攻劫曰寇。"鄭玄注:"強取爲寇。"《左傳·文公七年》:"凡兵作於內爲亂,於外爲寇。"

上博八·子"司～",即"司寇",掌刑典。孔子曾爲魯司寇。《周禮·秋官·司寇》:"惟王建國,辨方正位,體國經野,設官分職,以爲民極。乃立秋官司寇,使帥其屬而掌邦禁,以佐王刑邦國。"

溪紐區聲歸曲聲

溪紐曲聲

曲

 上博五·季 23 丌(其)～呂(以)城之

 上博五・弟 13 不～方弖（以）迲（去）人

～，戰國文字或作 （郭店・六德 43）、 （施 149）、 （先秦編 99）、 （先秦編 350），象形。《説文・曲部》："曲，象器曲受物之形。或説曲，蠶薄也。 ，古文曲。"

上博五・季 23"～弖城之"，讀爲"曲以成之"，意同"曲成"。多方設法使有成就；委曲成全。《易・繫辭上》："曲成萬物而不遺。"韓康伯注："曲成者，乘變以應物，不係一方者也。"孔穎達疏："言聖人隨變而應，屈曲委細，成就萬物。"

上博五・弟 13～，周遍；多方面；詳盡。《逸周書・官人》："曲省其行，以觀其備。"朱右曾校釋："曲，委曲；備，細也。"《荀子・非相》："曲得所謂焉，然而不折傷。"梁啟雄釋："荀卿書'曲'字多有周徧之義。"

枂

 上博七・武 3～折而南

～，从"木"，"曲"聲。
簡文"～折"，讀爲"曲折"，彎曲迴轉。《廣雅・釋詁》："曲，折也。"

驅

 上博三・周 10 王晶（三）～

《説文・馬部》："驅，馬馳也。从馬，區聲。 ，古文驅从支。"
簡文"晶～"，即"三驅"。《詩・鄘風・載馳》："載馳載驅，歸唁衛侯。"古王者田獵之制。謂田獵時須讓開一面，三面驅趕，以示好生之德。《易・比》："九五，顯比，王用三驅。"孔穎達疏："褚氏諸儒皆以爲三面著人驅禽。必知三面者，禽唯有背己、向己、趣己，故左右及於後，皆有驅之。"《漢書・五行志上》："故行步有佩玉之度，登車有和鸞之節，田獵有三驅之制。"

溪紐青聲

榖

上博二·容 28 逗(復)~(榖)蒙土

上博四·柬 8 不~(榖)瘵

上博四·柬 9 今夕不~(榖)

港甲 10 □㮤(將)~

上博六·孔 14 不飲五~(榖)

上博六·莊 7 不~(榖)㠯(以)笑紳公

上博六·莊 8 紳公事不~(榖)

上博六·用 3 少疋於~

上博七·鄭甲 1 不~(榖)日欲㠯(以)告夫=(大夫)

上博七·鄭乙 1 不~(榖)日欲㠯(以)告夫=(大夫)

 上博八·王 4 以員(損)不～(穀)之

 上博八·志 7 是則朁(盡)不～(穀)之皋(罪)也

～，新蔡簡或作、。《説文·子部》："穀，乳也。从子，殼聲。一曰：穀瞀也。"

上博二·容 28"遷～豢土"，即"復穀換土"，指更換穀物的品種和讓土地輪休。

上博"不～"，讀爲"不穀"，不善，王者自貶之辭，謙稱。《左傳·僖公四年》："齊侯曰：'豈不穀是爲？'"杜預注："孤、寡、不穀，諸侯謙稱。"

上博六·孔 14"不飤五～"，讀爲"不飤五穀"，不吃糧食。古指道家辟穀。《莊子·内篇·逍遥遊》："連叔曰：'其言謂何哉？'曰：'藐姑射之山，有神人居焉。肌膚若冰雪，綽約若處子；不食五穀，吸風飲露；乘雲氣，御飛龍，而游乎四海之外；其神凝，使物不疵癘而年穀熟。'吾以是狂而不信也。"

上博六·用 3～，讀爲"禄"。"小疏於禄"，意爲不做官或不做高官。《詩·小雅·天保》"俾爾戩穀"，毛亨傳："穀，禄也。"朱駿聲《説文通訓定聲》認爲"穀"假借爲"禄"。（劉洪濤）

溪紐哭聲

哭

 上博一·性 18～亦悲

 上博一·性 18～之斂(動)心也

 上博五·三 1 櫺(平)旦毋～晦毋訶(歌)

～,與 、同。《説文·哭部》:"哭,哀聲也。从吅,獄省聲。"

簡文～,因悲傷痛苦或情緒激動而流淚、發聲。《論語·述而》:"子於是日哭,則不歌。"

疑紐玉聲

玉

上博二·容 38 立为～閆(門)

上博二·容 53 土～水酉(酒)

上博四·逸·交 1 若～若英

上博五·弟 19 巨白～佳(侍)虐子

上博五·季 3 是古(故)君子～亓(其)言

上博六·競 9 非爲媄(美)～肴生也

上博六·競 10 一丈夫執尋之幣、三布之～

上博六·天甲 6 根之㠯(以)～卟

上博六·天乙 5 根之㠯(以)～卟

 上博七·君甲 1 白～三回

 上博七·君甲 2 白～三回

 上博七·君乙 1 白～三回

上博七·君乙 2 白～三回

～，楚文字或作 (郭店·老子甲 38)、 (郭店·五行 13)、 (郭店·語叢四 24)、 (新蔡甲三 166、162)、 (新蔡甲三 170)。《說文·玉部》："玉，石之美。有五德：潤澤以溫，仁之方也；䚡理自外，可以知中，義之方也；其聲舒揚，專以遠聞，智之方也；不橈而折，勇之方也；銳廉而不技，絜之方也。象三玉之連，丨，其貫也。 ，古文玉。"

上博二·容 38"～閈"，讀爲"玉門"，飾玉的門。《太平御覽》卷八二皇王部引《紀年》作："桀傾宮，飾瑤臺，作瓊室，立玉門。"《路史·發揮》卷六引《汲冢古文冊書》作："桀飾傾宮，起瑤臺，作瓊室，立玉門。"《晏子春秋·內篇諫下》："及夏之衰也，其王桀背棄德行，爲璿室、玉門。"

上博二·容 53"土～水酉（酒）"，視玉如土，視酒如水。

上博四·逸·交 1"若～若英"，《穆天子傳》卷二："天子於是得玉榮枝斯之英。"注："英，玉之精華也。"《尸子》："龍泉有玉英。"

上博五·季 3"～亓言"，意也同"金玉其言"。《詩·小雅·白駒》："皎皎白駒，在彼空谷。生芻一束，其人如玉。毋金玉爾音，而有遐心。"就是忠告君子，言行自重。

上博六·競 9"娩～"，讀爲"美玉"，《論語·子罕》："有美玉於斯，韞櫝而藏諸？求善賈而沽諸？"

上博六·競 10～，溫潤而有光澤的美石。《詩·小雅·鶴鳴》："它山之石，可以攻玉。"泛指玉石的製品。如圭璧、玉佩、玉簪、玉帶等。《書·舜典》：

"修五禮、五玉、三帛、二生、一死贄。"孔穎達疏:"五玉,公、侯、伯、子、男所執之圭璧也。"

上博六·天甲6、天乙5"～中","讀爲"玉斗",北斗星,《九家舊晉書輯本》臧榮緒《晉書·天文志》:"北斗主殺伐。"《晉書·天文志》引石申曰:"第一曰正星,主陽德,天子之象也。二曰法星,主陰刑,女主之位也。三曰令星,主中禍。四曰伐星,主天理,伐無道。五曰殺星,主中央,助四旁,殺有罪。六曰危星,主天倉五穀。七曰部星,亦曰應星,主兵。"(張崇禮)

上博五·弟19、上博七·君甲1、2,君乙1、2"白～",白色的玉。亦指白璧。"白玉"極爲珍貴,因質美而不雕不紋。《淮南子·說林》:"白玉不雕,美珠不文,質有餘也。"《禮記·月令》:"〔孟秋之月〕衣白衣,服白玉。"《楚辭·九歌·湘夫人》:"白玉兮爲鎮,疏石蘭兮爲芳。"

琂

 上博七·武1端(顓)～(項)

～,从"言","玉"聲。

簡文"端～",讀爲"顓頊",上古帝王名。"五帝"之一,號高陽氏。相傳爲黃帝之孫、昌意之子,生於若水,居於帝丘。十歲佐少昊,十二歲而冠,二十登帝位。在位七十八年。《山海經·海內經》:"黃帝妻雷祖,生昌意,昌意降處若水,生韓流。韓流……取淖子曰阿女,生帝顓頊。"《淮南子·天文》:"北方,水也,其帝顓頊,其佐玄冥,執權而治冬。"

玟

 上博六·用13～亓(其)若岠

～,从"攴"、"玉"聲。

簡文～,疑讀爲"畜",養育。《詩·邶風·日月》:"父兮母兮,畜我不卒。"朱熹集傳:"畜,養……歎父母養我之不終。"《孟子·梁惠王上》:"是故明君制民之產,必使仰足以事父母,俯足以畜妻子。"

· 1055 ·

疑紐獄聲

獄

上博二·從甲 8～則興

上博二·容 29 而聖（聽）丌（其）訟～

上博二·容 30 三年而天下之人亡（無）訟～者

上博四·曹 34 仳（匹）夫寡婦之～訟

上博六·競 4 夫子吏丌（其）私吏聖～於晉邦

《説文·狱部》："獄，確也。从狱，从言。二犬，所以守也。"

上博二·從甲 8"～則興"，《全三國文·法鏡經序》："尊邪穢，賤清真，連叢瑣，謗聖賢，興獄訟，喪九親，斯家之所由矣。"或讀爲"桷則淩"。

上博二·容 29、30"訟～"、上博四·曹 34"～訟"，訟事；訟案。《周禮·地官·大司徒》："凡萬民之不服教而有獄訟者，與有地治者聽而斷之，其附于刑者歸於士。"鄭玄注："爭罪曰獄，爭財曰訟。"賈公彥疏："獄訟相對，故獄爲爭罪，訟爲爭財。若獄訟不相對，則爭財亦爲獄。"《國語·周語中》："君臣無獄。"韋昭注曰："獄，訟也。"

上博六·競 4"聽～"就是聽訟，處理爭訟之事。《墨子·尚賢中》："賢者之治國也，蚤朝晏退，聽獄治政，是以國家治而刑法正。"

透紐束聲

棘

 上博八·李 1 亙(極)植(直)～(速)成

 上博八·李 2 氏(是)古(故)聖人～此和勿(物)

 上博八·李 3 氏(是)古(故)聖人～此

～,从二"束"。郭店·尊德義 28"速"字作可證。

上博八·李～,讀爲"速"。或釋爲"兼"。《説文·秝部》:"兼,并也,从又持秝。兼持二禾,秉持一禾。"

速

 上博一·性 39～

 上博四·柬 2 乘龜尹～卜

 上博四·柬 5～祭之

 上博五·季 22□～毋亟(恆)

 上博二·容 22 璺(禹)必～出

 上博二·容 32 曰惪(德)～裹

 上博四·曹 44 亓(其)奎(去)之不～

 上博七·吴 1～㐌

 上博七·吴 7 遲(遲)～

 上博八·王 6 虐(吾)谷(欲)～

 上博八·有 3 慮(慮)余子丌(其)～倀(長)今

～，楚文字或作 ，所從"朿"與"朱"混同，或説從"朱"聲；或作 、、、、、，從二"朿"。《説文·辵部》："速，疾也，從辵，朿聲。![]，籀文。從欶。![]，古文。從欶，從言。"

上博四·柬 5"～祭之"，《左傳·僖公四年》："君夢齊姜，必速祭之。"

上博二·容 32"惪(德)～裹"，《漢書·刑法志》："禹承堯舜之後，自以德衰而制肉刑。"

上博七·吴 7"遲～"，讀爲"遲速"，慢和快；緩慢或迅速。《左傳·昭公十三年》："既聞命矣，敬共以往，遲速唯君。"

上博～，迅速，快。《説文》："速，疾也。"《論語·子路》："欲速則不達，見小利則大事不成。"

罺

 上博四·曹54～(束)而厚之

～，从"网"，"束"聲；或說从"朿"聲，"束"字繁體。《說文·束部》："束，縛也。从口、木。"

簡文～，讀爲"束"。或訓爲"約束"。（季旭昇）

東

 上博三·周35 不利～北

 上博三·周57 ～署(鄰)殺牛

 上博三·中2 夫季是(氏)河～之城(盛)豪(家)也

 上博二·容20 ～方之羿(旗)以日

 上博二·容25 ～畞(注)之洢(海)

 上博二·容25 ～畞(注)之洢(海)

 上博二·容26 ～畞(注)之河

 上博二·容31 ～方爲三佸

 上博二·容 26～敚(注)之洅(海)

 上博四·采 1 出門以～

 上博四·曹 1～西七百

 上博五·弟 18～西南北

 上博七·武 3～面而立

 上博七·凡甲 10 水之～濾(流)

 上博七·凡乙 8 水之～濾(流)

 上博七·吴 5～海之表

 上博八·成 16 才(在)周之～

～,戰國文字或作 、、、、、、、。《説文·東部》:"東,動也。從木。官溥説:從日在木中。"

上博二·容 20、31"～方",方位名。古代指陝以東地區或封國。《禮記·王制》:"東方曰夷,被髮文身,有不火食者矣。"《左傳·襄公十八年》:"中行獻

子將伐齊……巫曰：'今茲主必死，若有事於東方，則可以逞。'獻子許諾。"

上博二·容25"～敍（注）之泃（海）"，《呂氏春秋·仲夏紀》："禹立，勤勞天下，日夜不懈。通大川，決壅塞，鑿龍門，降通漻水以導河，疏三江五湖，注之東海，以利黔首。"

上博三·中2"河～"，是指東河之東。《周禮·夏官·職方氏》述九州云："河東曰兗州，其山鎮曰岱山，其澤藪曰大野，其川河、泲，其浸廬、維。"

上博三·周35"～北"，介於東和北之間的方向。《易·説卦》："艮，東北之卦也。"《戰國策·秦策四》："頃襄王二十年，秦白起拔楚西陵，或拔鄢郢夷陵，燒先王之墓，王徙東北，保于陳城，楚遂削弱，爲秦所輕。"

上博三·周57"～㙛（鄰）"，東邊的鄰居。《易·既濟》："東鄰殺牛，不如西鄰之禴祭，實受其福。"《後漢書·劉趙淳于江傳序》："言以義養，則仲由之菽，甘於東鄰之牲。"

上博五·弟18"～西南北"，四方。泛指到處，處處。《左傳·襄公二十九年》："東西南北，誰敢寧處。"《禮記·檀弓上》："今丘也東西南北之人也，不可以弗識也。"《淮南子·泰族》："孔子欲行王道，東西南北，七十説而無所偶。"

上博七·武3"～面而立"，面向東。《禮記·曲禮下》："天子當寧而立，諸公東面、諸侯西面曰朝。"

上博七·吴5"～海"，指我國東方濱海地區。《國語·吴語》："今君掩王東海，以淫命聞於天子。"《左傳·襄公二十九年》："表東海者，其大公乎！"杜預注："大公封齊，爲東海之表式。""以廣東海之表"，猶言"表東海者"，是説用此擴大楚國在東海地區的表率地位。

上博七·凡甲10"～流"，流向東方。《書·禹貢》："嶓塚導漾，東流爲漢。"《孟子·告子上》："性猶湍水也，決諸東方則東流，決諸西方則西流。"

上博八·成16"才（在）周之～"，在周的東部。

娷

 上博四·采2不要之～

～，从"女"，"重"聲。《集韻·上聲》："娷，女字。"

簡文"不要之～"，疑讀爲"不約而同"，《史記·平津侯主父列傳》："無尺寸之勢，起閭巷，杖棘矜，應時而皆動，不謀而俱起，不約而同會。"後以"不約而同"謂沒有經過商量或約定而彼此的看法或行動完全一致。

童

 上博二·容 21 飤（食）不～（重）昏（味）

 上博五·季 5 則邦又榦（幹）～

 上博一·孔 10～而皆臤（賢）於亓（其）初者也

 上博二·子 2 舜䏌（嗇）於～土之田

 上博二·子 3～土之莉（黎）民也

 上博六·孔 15 句拜四方之立㠯（以）～

 上博六·壽 1 禍敗因～於楚邦

 上博七·吳 1～之

 上博八·成·15 是胃（謂）～=

 上博八·成 15～光亓（其）昌也

～，戰國文字或作 、、![](郭

店·語叢四 14)、🔲(新蔡甲三 35)、🔲(左塚漆桐)、🔲(珍秦 86)。《説文·辛部》:"童,男有辠曰奴,奴曰童,女曰妾。从辛,重省聲。🔲,籀文童,中與竊中同,从廿。廿,以爲古文疾字。"

上博一·孔 10～,讀爲"動"。"動而皆賢于其初",意即每有舉動必定好於當初,亦即每次舉動都有進步。與《禮記·中庸》"君子動而世爲天下道"之"動"字的意思同。(張富海)或讀爲"誦",諷教箴諫之義。(馮時)

上博二·容 21～(重)香,讀爲"重味",指多種滋味。簡文"食不重味",見《文子·上仁》:"國有饑者,食不重味;民有寒者,冬不被裘。"

上博二·子 2、3"～土",沒有草木的土地。《莊子·徐無鬼》:"堯聞舜之賢,舉之童土之地。"成玄英疏:"地無草木曰童土。"《荀子·王制》:"斬伐養長不失其時,故山林不童,而百姓有餘材也。"楊倞注:"山無草木曰童。"

上博五·季 5"橦(幹)～",讀爲"姦動",《管子·九守》:"一曰長目;二曰飛耳;三曰樹明。明知千里之外,隱微之中,曰動姦。姦動則變更矣。"

上博六·孔 15～,讀爲"動"。《論語·顔淵》子曰:"非禮勿視,非禮勿聽,非禮勿言,非禮勿動。"

上博六·壽 1～,讀爲"踵",跟隨、因襲之義,《漢書·刑法志》:"天下既定,踵秦而置材官於郡國。"顔師古注:"踵,因也。"《左傳·昭公二十四年》:"吴踵楚,而疆場無備,邑,能無亡乎?"簡文"因踵"同義連用,指前後相承。(凡國棟)或讀爲"重",重複、重疊義,與"襲"義通。(陳偉)

上博七·吴 1～,讀爲"動"。"動",引動,觸動。《孟子·梁惠王下》:"是動天下之兵也。"《吕氏春秋·審應覽》:"説與治不誠,其動人心不神。"

上博八·成 15"～光",讀爲"重光",比喻累世盛德,輝光相承。《書·顧命》:"昔君文王、武王,宣重光。"孔安國傳:"言昔先君文武,布其重光累聖之德。"班固《典引》:"宣二祖之重光,襲四宗之緝熙。"

㣫

上博二·魯 3 戝(殹)虐(吾)子女～命丌(其)與

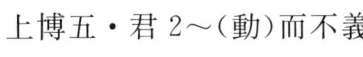

上博五·君 2～(動)而不義

上博五·君 2 身毋～(動)安(焉)

～,與 (郭店·尊德義 39)、 (郭店·老子甲 23)同,从"辵","童"聲,動字異體。

上博二·魯 3"～命",讀爲"重命",重複告訴。《戰國策·趙策二》:"周紹曰:'乃國未通于王胡服。雖然,臣王之臣也,而王重命之,臣敢不聽令乎。'再拜,賜胡服。"或認爲"重命",是重視百姓生命;猶言"明命"、"尊名"之意;看重禳除旱災的祭祀。或讀爲"踵命",意爲往來告其親友。(裘錫圭)

上博五·君 2"遑(動)而不義,身毋遑(動)安",可參《論語·顏淵》:"顏淵問仁。子曰:'克己復禮爲仁。一日克己復禮,天下歸仁焉。爲仁由己,而由人乎哉?'顏淵曰:'請問其目?'子曰:'非禮勿視,非禮勿聽,非禮勿言,非禮勿動。'"

僮

上博三·周 1 ～(童)尨(蒙)

上博三·周 22 ～(童)牛之梏(牿)

上博三·周 26 ～(憧)

上博三·周 53 旻(得)～(童)僕之貞

上博三·周 53 喪丌(其)～(童)僕

～,與 (郭店·老子甲 37)同。《說文·人部》:"僮,未冠也。从人,童聲。"

上博三·周 1"～尨(蒙)",讀爲"童蒙",幼稚愚昧。《易·蒙》:"匪我求童

蒙,童蒙求我。"朱熹本義:"童蒙,幼稚而蒙昧。"《淮南子·俶真》:"皆欲離其童蒙之心,而覺視於天地之間,是故其德煩而不能一。"

上博三·周 22"～牛",無角之牛;小牛。《易·大畜》:"童牛之牿。"陸德明釋文:"童牛,無角牛也。"《後漢書·西南夷傳·冉駹夷》:"〔冉駹夷〕有旄牛,無角,一名童牛。"《太平御覽》卷八四引《周書》:"童牛不服,童馬不馳。"

上博三·周 26～～,莊敬、竦敬貌。《詩·召南·采蘩》"被之僮僮,夙夜在公",《經典釋文》:"僮僮,竦敬也。"或讀爲"憧憧"。《集韻》:"憧憧,往來不絕貌。"

上博三·周 53"～儓",讀爲"童僕",家童和僕人。泛指奴僕。《易·旅》:"旅其次,懷其資,得童僕貞。"

憃

 上博三·中 4 售(讎)也～愚

～,從"心","童"聲。

簡文"～愚",愚昧。亦指愚昧之人。《玉篇·心部》:"憃,愚也。"《大戴禮記·千乘》:"作起不敬,以欺惑憃愚。"孔廣森補注:"造作不畏法之事,以惑愚民。"

斀

 上博一·性 4 或～之

 上博一·性 5 凡～(動)眚(性)者

 上博一·性 16 □羕思而～(動)心

 上博一·性 18 哭之～(動)心也浧焊

　　上博一·性19 樂之～（動）心也

　　上博一·性23 又内～者也

～，與（郭店·性自命出10）、(郭店·性自命出30)同，从"攴"，"童"聲，"動"字異體。

上博一·性5～，讀爲"動"，感動；觸動。《孟子·離婁上》："至誠而不動者，未之有也；不誠，未有能動者也。"

上博一·性16、18、19"～心"，讀爲"動心"，謂思想、感情引起波動。《孟子·公孫丑上》："我四十不動心。"《孟子·告子下》："所以動心忍性，曾益其所不能。"趙岐注："所以驚動其心，堅忍其性，使不違仁。"

箽

　　上博五·鮑3 百糧～

～，从"竹"，"童"聲。

簡文～，讀爲"鍾"。"百糧箽（鍾）"，意爲百石糧食納税一鍾。《管子·霸形》："桓公曰：'寡人仲父之言此三者，聞命矣，不敢擅也，將薦之先君。'於是命百官有司削方墨筆。明日，皆朝於大廟之門朝，定令於百吏。使税者百一鍾，孤幼不刑，澤梁時縱，關譏而不征，市書而不賦，近者示之以忠信，遠者示之以禮義。"尹知章注："假令百石而取一鍾。"鍾是齊國四量（豆、區、釜、鍾）中最大的，等於十石。（彭浩）

賱

　　上博七·吴9 濾（廢）丌（其）～獻

～，與(新蔡甲三123)同，从"貝"，"童"聲。

簡文"～獻",讀爲"貢獻",進奉;進貢。《國語·吳語》:"越國固貢獻之邑也,君王不以鞭箠使之,而辱軍士使寇令焉。"《後漢書·班固傳下》:"時北單于遣使貢獻,求欲和親,詔問群僚。"或讀爲"賨","南蠻賦也"。

種

 上博二·容 21 ～不穀米

 上博二·容 53 盬(絕)～(種)悆(侮)眚(姓)

 上博六·木 2 以～林(麻)

《説文·禾部》:"穜,先穜後孰也。从禾,重聲。"

上博二·容 21～,讀爲"舂",用杵臼搗去穀物的皮殼。《穀梁傳·文公十三年》:"禮,宗廟之事,君親割,夫人親舂,敬之至也。"

上博二·容 53"盬(絕)～",即"絕種",指滅族。《新唐書·沙陀傳》:"盡忠與朱邪執宜謀,曰:'我世爲唐臣,不幸陷汙,今若走蕭關自歸,不愈於絕種乎?'"

上博六·木 2"～林",讀爲"種麻"。《説文通訓定聲》:"穜,假借爲種。"《後漢書·東夷列傳》:"知種麻,養蠶,作綿布。"

糎

 上博六·用 8 非稷之～

～,从"米","童"聲,"種"字異體。

上博六·用 8～,植物的種子。《逸周書·大匡》:"無播蔬,無食種。"《漢書·溝洫志》:"如此,數郡種不得下。"顏師古注:"種,五穀之子也。"

緟

 上博八·李2豐芋(華)～(重)光

上博六·用2禹秉～悳

～,從"糸","童"聲,"緟"字異體。《説文·糸部》:"緟,增益也。從糸,重聲。"

上博八·李2"～光",讀爲"重光",本義指日光重明,比喻累世盛德,輝光相映。《漢書·兒寬傳》:"癸亥宗祀,日宣重光。"《書·顧命》:"昔君文王、武王,宣重光。"簡文"重光"是用來形容花貌。

上博六·用2"～悳",讀爲"重德",大德;厚德。亦指大德之人。《漢書·車千秋傳》:"千秋居丞相位,謹厚有重德。"

定紐蜀聲

蜀

 上博一·孔16以丌(其)～(獨)也

 上博三·周38～(獨)行遇雨

 上博三·周40贏(羸)豕孚是(蹢)～(躅)

 上博三·中附簡女(汝)～(獨)正之

 上博三·亙3不～(獨)又(有)與也

 上博一·性 23～（獨）居而樂

 上博一·性 30～（獨）居則習［父］兄之所樂

 上博一·性 30 毋～言

 上博五·君 9～智

 上博五·君 9～貴

 上博五·君 9～員（富）

 上博六·孔 15 君子～之目（以）亓（其）所蜀

 上博六·孔 15 君子蜀之目（以）亓（其）所～

 上博八·李 1 木斯～（獨）生

 上博八·有 6～（獨）論三夫今可（分）

～，與 、同。《説文·虫部》："蜀，葵中蠶也。从虫，上目象蜀頭形，中象其身蜎蜎。《詩》曰：'蜎蜎者蜀。'"

上博一·孔 16～，讀爲"獨"，用情專一，情志不移。

上博三·周 38"～行"，讀爲"獨行"，一人行路；獨自行走。《莊子·盜

踦》:"内周樓疏,外不敢獨行,可謂畏矣!"

上博三·周40"是～",讀爲"躑躅",徘徊不進貌。《莊子·外篇·秋水》:"知天人之行,本乎天,位乎得;躑躅而屈伸,反要而語極。"

上博一·性23、30"～居",讀爲"獨居",獨居,單獨居住。《孟子·滕文公上》:"子貢反,築室於場,獨居三年然後歸。"

上博三·亙3"不～又與也",讀爲"不獨有與也",疑指不是孤立,而是相互關聯。

上博五·君9"～智人所惡也,～貴人所惡也,～富人所惡[也]",讀爲"獨智,人所惡也;獨貴,人所惡也;獨富,人所惡[也]"。《大戴禮記·衛將軍文子》:"獨貴獨富,君子恥之,夫也中之矣。"王聘珍解詁:"獨者,不與民同也。"《易·小畜》九五:"有孚攣如,富以其鄰。"《象傳》曰:"'有孚攣如',不獨富也。"則"獨智"、"獨富"、"獨貴"蓋指己獨享智、富、貴,不與民同。《荀子·臣道》:"故明主好同,而闇主好獨。"楊倞注:"獨謂自任其智。""獨智",獨自享有知識,壟斷知識,不與他人分享。"獨貴",獨自享有尊位,壟斷權利。"獨富",獨自享有財富,壟斷財富。(周波)

上博一·性30、上博三·中附簡、上博八·李1～,讀爲"獨",單獨,獨自。《莊子·人間世》:"回聞衛君,其年壯,其行獨。"郭象注:"不與民同欲也。"陸德明釋文引崔譔云:"自專也。"

上博八·有6～,讀爲"嘱",叮嘱,嘱咐。"嘱命",嘱咐。

盨

上博五·鮑3 器必～(蠲)愍

上博六·天甲8 邦君飢～(蠲)

上博六·天乙7 邦君飢～(蠲)

～,從"皿","蜀"聲。或疑爲"蠲"字省體。"蠲"字上古音爲見紐元部。《說文》分析爲從"益"聲。

上博五·鮑3"～愍",讀爲"蠲潔",清潔。《墨子·尚同中》:"其事鬼神

也,酒醴粢盛,不敢不蠲潔。"《吕氏春秋·尊師》:"臨飲食,必蠲絜。"(陳劍)

上博六～,讀爲"蠲",潔淨,使清潔。《書·酒誥》:"惟我一人弗恤,弗蠲乃事,時同於殺。"孔安國傳:"汝乃不潔汝政事,是汝同於見殺之罪。"《國語·周語上》:"明神不蠲而民有遠志。"韋昭注:"蠲,潔也。"

踄

　　上博五·鮑 5 公弗詰～臣

～,從"止","蜀"聲。

簡文～,讀爲"蠲"。"詰蠲"同義連用,猶言"禁除"。"詰"本義爲責問,引申則有禁止、去除之義。《周禮·天官·大宰》:"以詰邦國",鄭玄注:"詰,猶禁也。"《管子·五輔》:"逐姦人,詰詐僞,去讒慝。""詰"與"逐"、"去"並舉。秦簡日書甲種有"詰咎"之語,即去除災咎之義。"蠲"訓潔,又訓除,皆係常訓。"公弗詰蠲",猶言"公不禁除之"。(張富海、李學勤)或認爲是"躅"之異體,讀作爲"逐"。(楊澤生)

謅

　　上博三·中 12 ～～猒(厭)人

　　上博六·用 9 内閒～衆

～,從"言","蜀"聲。

上博三·中 12 "謅=",或疑讀爲"謅(獨)蜀(主)"或"謅(獨)謅(主)"。"蜀"聲與"主"音近可通。"猒(厭)"字又見於簡 16,原皆釋讀爲"狷"。"獨主厭人"大意謂獨斷專行,不聽他人意見。(陳劍)

上博六·用 9 ～,讀爲"噣",《説文·口部》:"噣,喙也。"《莊子·外篇·秋水》:"今吾無所開吾喙,敢問其方。"《説苑·談叢》:"婦人之口可以出走,婦人之喙可以死敗。"(子居)或讀爲"諑",《楚辭·離騷》:"疾余之蛾眉兮,謠諑謂余以善淫。"《方言》:"諑,愬也。楚以南謂之諑。"(晏昌貴)

燭

　上博二·容2 於是虐(乎)唫聾執～

《說文·火部》：“燭，庭燎，火燭也。从火，蜀聲。”

簡文～，火炬；火把。《儀禮·士昏禮》：“從車二乘，執燭前馬。”鄭玄注：“使徒役持炬火居前照道。”

觠

　上博一·孔20 人不可～也

～，从"牛"、从"角"，會牛用角頂物之意。戰國文字或作：（輝縣3）、（施290）、（施338），與簡文形同。《玉篇·角部》以"觠"爲"觸"之古文。《新序·雜事》："獸窮則觸。"《淮南子·齊俗》作"獸窮則觠"。

簡文"人不可～"，即言人不可犯禮，觸情縱欲。《列子·楊朱》："若觸情而動，耽於嗜欲，則性命危矣。"

泥紐辱聲

辱

　上博二·從甲6 不共(恭)則亡(無)以敘(除)～

　上博四·昭3 饉(僕)之毋～君王

　上博六·壽5～

　上博七·吳7～命

　上博七·吴 9 隹(唯)三大夫丌(其)～昏(問)之

　上博八·成 4 不～丌(其)身

　上博八·命 2 㠯(以)～鈗(斧)䖒(鑽)

　上博八·命 2 僕(僕)既旻(得)～視日之廷

～,楚文字或作 、、、。《説文·辰部》:"辱,恥也。从寸在辰下。失耕時,於封畺上戮之也。辰者,農之時也。故房星爲辰,田候也。"

上博二·從甲 6～,恥辱。《易·繫辭上》:"樞機之發,榮辱之主也。"《荀子·仲尼》:"任重則必廢,擅寵則必辱。"

上博四·昭 3～,侮辱。《左傳·文公十五年》:"臣承其祀,其敢辱君,請承命于亞旅。"

上博六·壽 5～,降臨,謙詞。《左傳·襄公四年》:"子以君命辱於敝邑。"(陳偉)

上博七·吴 7"～命",敬語,交付使命。《左傳·昭公三年》:"君有辱命,惠莫大焉。"

上博七·吴 9～,表敬副詞,猶言"承蒙"。《左傳·隱公十一年》:"君若辱貺寡人,則願以滕君爲請。"《左傳·僖公四年》:"君惠徼福於敝邑之社稷,辱收寡君,寡君之願也。"

上博八·成 4"不～丌身",讀爲"不辱其身"。《禮記·祭義》:"不虧其體,不辱其身,可謂全矣。"《論語·微子》:"子曰:'不降其志,不辱其身,伯夷、叔齊與!'"

上博八·命 2～,玷辱。《論語·子路》:"使於四方,不辱君命。"

上博八·命 2～,受恥辱。《孟子·梁惠王上》:"南辱於楚,寡人恥之。"

槈

上博二·容14 坴(舜)於是虐(乎)訂(始)孚(挽)蓺开～耰

上博五·弟20 又(有)戎(農)植丌(其)～而訶(歌)安(焉)

《說文·木部》:"槈,薅器也。从木,辱聲。,或从金。"

楚簡～,讀爲"槈",是鋤類的農具。《呂氏春秋·任地》:"槈柄尺,此其度也。其槈六寸,所以間稼也。"高誘注:"槈所以耘苗也,刃廣六寸,所以入苗間也。"《釋名·釋用器》:"槈,似鋤,嫗薅禾也。"

來紐鹿聲

鹿

上博二·容41 於是虎(乎)敗(叛)宗～(离)族

上博二·容45 豐、藁(蒿)、鄬(郍)、甾、于、～、耆、宗

上博五·鬼6 毀折～戔(踐)

上博六·天甲10 男女不語～

上博六·天乙10 男女不語～

上博八·成15 民皆又(有)夬(乖)～(離)之心

上博八·有 4～（麗—離）尻（居）而同欲今可（兮）

《說文·鹿部》："鹿，獸也。象頭角四足之形。鳥鹿足相似，从匕。"

上博二·容 45～，地名，即"甘鹿"，在今河南嵩縣東北。《左傳·昭公十七年》："庚午，遂滅陸渾，數之以其貳于楚也。陸渾子奔楚，其衆奔甘鹿。周大獲。宣子夢文公攜荀吳而授之陸渾，故使穆子帥師，獻俘于文宮。"（李零）

上博二·容 41～，讀爲"離"。"鹿"的上古音屬屋部，包山楚簡"熊鹿"，何琳儀先生指出即楚君熊麗。上古音中"麗"屬于來母支母，"離"屬來母歌部，二字古通，如《易·離》："離王公也。"《釋文》："離，鄭作麗。"秦簡《歸藏》卦名作"麗"，傳本《歸藏》作"離"。簡文"離族"與"叛宗"意近，"離"，背離；違背。《書·仲虺之誥》："德日新，萬邦惟懷；志自滿，九族乃離。"《國語·楚語上》："德義不行則邇者騷離，而遠者距違。"韋昭注："離，畔也。"（范常喜）

上博五·鬼 6"～戔"，讀爲"離叛"，離心；背叛。《管子·形勢解》："失天之道，則民離叛而不聽從，故主危而不得久王天下。"《國語·周語中》："尊貴，明賢，庸勳，長老，愛親，禮新，親舊，然則民莫不審固其心力以役上令，官不易方，而財不匱竭……若七德離判，民乃攜貳。"或讀爲"離殘"。

上博六·天甲 10～，或讀爲"麗"，訓"偶"。《周禮·夏官·校人》："麗馬一圉，八麗一師。"鄭玄注："麗，耦也。"（陳偉）或讀爲"離"，分離。

上博八·成 15"夬～"，讀爲"乖離"，背離。《荀子·天論》："父子相疑，上下乖離，寇難並至。"《後漢書·馮異傳》："今長安壞亂，赤眉臨郊，王侯搆難，大臣乖離，綱紀已絕。"

上博八·有 4～，讀爲"離"，散處；分居。《詩·小雅·雨無正》："正大夫離居，莫知我勩。"鄭玄箋："長官之大夫於王流於彘而皆散處。"《左傳·文公十六年》："夫麇與百濮謂我飢不能師，故伐我也。若我出師，必懼而歸。百濮離居，將各走其邑，誰暇謀人。"

麓

上博一·孔 23～鳴

～，與 （新蔡零 352）同，加注聲符"录"。

簡文"～鳴",即"鹿鳴",《詩經》篇名。《詩·小雅·鹿鳴》："呦呦鹿鳴,食野之苹。我有嘉賓,鼓瑟吹笙。"

來紐录聲

录

上博一·孔 9 丌(其)得～(禄)蔑置(疆)矣

上博五·弟 10 以新受～(禄)

上博一·孔 11 則以丌(其)～(禄)也

上博二·容 32 於是於訋(始)箮(爵)而行～(禄)

上博六·慎 5～

上博八·顔 10 身綺(治)大則〈則大〉～(禄)

上博八·顔 12～(禄)不足則青(請)

上博八·顔 12～(禄)不足則青(請)

上博八·蘭 2 尻庀(宅)幽～(麓)

～,與作 (郭店·六德 14)、 (新蔡甲三 4)同。《説文·录部》："录,刻木录录也。象形。"

上博二·容32~,讀爲"禄",俸给。简文"行禄"與"始爵"義同。

上博五·弟10~,讀爲"禄"。简文"受禄"與"犯難"反義爲文。(何有祖)

上博一·孔9、11,上博四·曹21、上博八·顔~,讀爲"禄",俸给。《大戴禮記·盛德》:"賢能失官爵,功勞失賞禄,爵禄失,則士卒疾怨。"《左傳·昭公十年》:"桓子請老于莒。……凡公子公孫之無禄者,私分之邑;國之貧約孤寡者,私與之粟。"

上博八·蘭2~,讀爲"麓"。《説文》"麓"古文作"录";《周禮·地官·序官》"每大林麓,下士十有二人",陸德明釋文:"麓,本亦作录。"又,《説文》"漉"或作"渌"。麓,山腳,《詩·大雅·旱麓》:"瞻彼旱麓,榛楛濟濟。"毛亨傳:"麓,山足也。"

彔

上博四·曹21~(录)毋賷

上博四·曹50 秀(勝)則~(禄)簎(爵)有裳

~,與彔(郭店·魯穆公問子思7)、彔(郭店·魯穆公問子思7)同,上從"夕"可能兼聲。"彔(來屋)"、"夕(定鐸)",聲紐都是舌頭音,韻部鐸屋旁轉。或作彔,從"夕","彖"聲。

上博四·曹50"~簎",讀爲"禄爵",俸給和爵位。《禮記·王制》:"王者之制禄爵:公、侯、伯、子、男凡五等。"鄭玄注:"禄,所以受食;爵,秩次也。"《國語·晉語九》:"穆子召之曰:'鼓有君矣,爾心事君,吾定而禄爵。'"

綠

上博一·孔10~衣之思

 上博一·孔 16 ～衣之憂

《說文·糸部》:"綠,帛青黃色也。从糸,录聲。"

簡文"～衣",《詩經》篇名。《詩·邶風·綠衣》:"綠兮衣兮,綠衣黃裏。"孔穎達疏:"綠,蒼黃之間色。"

捊（握）

 上博七·凡甲 19 ～（握）之則遊（失）

 上博七·凡甲 29 ～（握）之不涅（盈）

上博七·凡甲 29 捊（握）之不涅（盈）～

 上博七·凡乙 14 ～

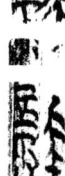 上博七·凡乙 22 ～之不涅（盈）捊（握）

上博七·凡乙 22 捊（握）之不涅（盈）～

～,从"手","录"聲。

上博七～,讀爲"握"。第一個"握",動詞,執持。第二個"握",量詞。指一手所能執持的量或一拳的長度。《禮記·王制》:"祭天地之牛,角繭栗;宗廟之牛,角握。"鄭玄注:"握謂長不出膚。"孔穎達疏:"鄭玄注《投壺禮》云:'四指曰扶,扶則膚也。'"簡文可參《文子·道原》:"表之不盈一握。"《淮南子·原道》:"舒之幎于六合,卷之不盈于一握。"

精紐足聲

足

上博一・緇 11 則忠敬不～

上博二・子 9 而丌(其)父戔(賤)而不～再(稱)也與

上博二・從甲 14 又(有)所不～而不敢弗

上博二・容 38 不量丌(其)力之不～

上博三・周 48 艮丌(其)～

上博三・中 15 ～以孚(教)壴(矣)

上博四・曹 15 丌(其)食～以食之

上博四・曹 15 丌(其)兵～以利之

上博四・曹 16 丌(其)城固～目(以)戎(捍)之

上博四・曹 34 又(有)智(知)不～

上博四・曹 49 此三者～以戠(戰)虖(乎)

上博五・弟 13 君子亡所不～

上博五·君 7～毋攴

上博五·鬼 5 又(有)～不逊(趨)

上博五·鬼 6 又(有)～而

上博一·性 39 弗校不～

上博五·三 17 智(知)天～㠯(以)川(順)時

上博五·三 17 智(知)地～㠯(以)古(固)材

上博五·三 17 智(知)人～㠯(以)會新(親)

上博六·孔 20 未～

上博七·凡甲 9～牆(將)至千里

上博七·凡乙 7～牆(將)至千里

上博八·顏 7 則民智(知)～矣

上博八·顏 12 录(禄)不～則青(請)

 上博八·顏12 录(禄)不～則青(請)

～，戰國文字或作 (郭店·老子甲6)、 (郭店·老子甲14)、 (郭店·老子甲27)、 (春成侯盉)、 (秦駰玉版)。《説文·足部》："足，人之足也。在下。从止、口。"

上博三·周48～，馬王堆帛書本作"肥"，今本作"腓"，《説文》："腓，脛腨也。""足，人之足也。"義相近，字不同。

上博五·君7、上博七·凡甲9、凡乙7～，腳；腿。《書·説命上》："若跣弗視地，厥足用傷。"孔安國傳："跣必視地，足乃無害。"《孟子·離婁上》："滄浪之水濁兮，可以濯我足。"《莊子·胠篋》："足跡接乎諸侯之境，車軌結乎千里之外。"

上博八·顏7"智～"，讀爲"知足"，謂自知滿足，不作過分的企求。《老子》："知足者富，強行者有志。"

上博"不～"，不充足，不够。《荀子·禮論》："斷長續短，損有餘，益不足，達愛敬之文，而滋成行義之美者也。"

上博"～以"，完全可以；够得上。《孟子·梁惠王上》："是心足以王矣。"

從紐族聲

族

上博二·容41 於是虖(乎)叚(版)宗鹿(麓)～

上博五·姑1 姑(苦)城(成)豪(家)父以亓(其)～參(三)坓(邳)正(征)百豫

上博五·姑2 以唐(吾)～參(三)坓(邳)與

上博八·有5～瑗=(瑗瑗)必慎(慎)毋縈今可(兮)

～，或作(郭店·六德 28)，所從"㫃"訛爲"止"，戰國文字或作(郭店·六德 30)、(郭店·語叢三 14)、(施 312)、(珍秦 129)。《説文·㫃部》："族，矢鋒也。束之族族也。从㫃，从矢。"

上博二·容 41"鹿～"，讀爲"離族"，即離散宗族。《書·仲虺之誥》："德日新，萬邦惟懷；志自滿，九族乃離。"

上博五·姑 1、2～，有一定血緣關係的親屬的統稱。《書·堯典》："克明俊德，以親九族。"陸德明釋文："上自高祖，下至玄孫，凡九族。"

上博八·有 5～，讀爲"奏"，節奏。《荀子·非相》："是以文久而滅，節族久而絶。""節奏"本指音樂中交替出現的有規律的强弱、長短的現象，引申爲均匀有規律的進程。

潄

上博七·凡甲 14 箮(孰)雲～之

上博七·凡乙 9 箮(孰)雲～之

～，从"水"，"族"聲。

簡文～，讀爲"族"，叢集；聚集。《爾雅·釋木》："木族生爲灌。"郭璞注："族，叢。"《莊子·在宥》："雲氣不待族而雨，草木不待黄而落。"成玄英疏："族，聚也。"

幫紐卜聲

卜

上博四·束 1 王自臨～

上博四·束 2 乘黿尹速～

上博四·柬 3 尚(當)訟而～之於

上博四·柬 4 訟而～之

上博四·柬 5 而～之

～,戰國文字或作 ㄣ(郭店·緇衣 46)、ㄣ(新蔡甲三 189)、ㄣ(新蔡零 66、新蔡甲三 234)、ㄣ(新蔡乙四 98)、ㄣ(考古 1973·1)、十(珍戰 18)、十(珍秦 327)。《說文·卜部》:"卜,灼剝龜也,象灸龜之形。一曰:象龜兆之從橫也。ㄣ,古文卜。"

簡文～,古人用火灼龜甲,根據裂紋來預測吉凶,叫卜。後泛稱用各種形式預測吉凶。《書·洛誥》:"予惟乙卯,朝至於洛師。我卜河朔黎水。"孔安國傳:"卜,必先墨畫龜,然後灼之,兆順食墨。"《周禮·春官·簭人》"凡國之大事,先簭而後卜",鄭玄注:"當用卜者,先簭之,即事有漸也,於筮之凶,則止,不卜。"

让

上博四·昭 3 ～(卜)命(令)尹陳眚爲視日

上博四·昭 4 ～(卜)命(令)尹不爲之告

上博四·昭 4 ～(卜)命(令)尹爲之告

上博八·王 7 乃命彭徒爲洛～(卜)尹

～，从"辵"，"卜"聲，"赴"字異體。與（左塚漆梮）同。《説文·走部》："赴，趨也。从走，仆省聲。"

上博四"～命尹"，讀爲"卜命尹"，即"卜尹"，官名，春秋時楚國所置，掌占卜。《左傳·昭公十三年》："楚子召觀從曰：'唯爾所欲。'對曰：'臣之先佐開卜。'乃使爲卜尹。"

上博八"～尹"，讀爲"卜尹"。參上。

滂紐攴聲

鈘

　　上博八·命 3 唯（雖）～（伏）於鈘（斧）虘（鑕）

～，从"金"，"攴"聲。

簡文～，讀爲"伏"或"負"。"鈘"字从"攴"聲，"攴"爲上古脣音屋部字，與脣音之職部的"伏"或"負"皆音近可通。《史記·范雎蔡澤列傳》："自非然者，臣願得少賜遊觀之間，望見顔色。一語無效，請伏斧質。"《呂氏春秋·慎行》："荆靈王聞之，率諸侯以攻吴，圍朱方，拔之。得慶封，負之斧質，以徇於諸侯軍。"（讀書會）

並紐業聲

業

　　上博五·鬼 6 ～逡（後）剴□

　　　上博七·吴 7 募（寡）君之～

《説文·業部》："業，瀆業也。从丵从廾，廾亦聲。"

上博五·鬼 6 ～，讀爲"蹼"。《爾雅·釋鳥》："鳧鴈醜，其足蹼。"郭璞注："腳趾間有幕蹼屬相著。"也指某些水棲或有水棲習性的動物趾間皮膜。"蹼

後",趾蹼朝后生。或讀爲"察"。(禤健聰)

上博七·吳 7～,讀爲"僕",謙辭,用於第一人稱。《史記·滑稽列傳》:"使張儀、蘇秦與僕並生於今之世,曾不能得掌故,安敢望常侍侍郎乎?"司馬遷《報任安書》:"僕非敢如是也。""寡君之僕",吳臣自謂,謙稱。

僕

 上博三·周 53 旻(得)僮(童)～(僕)之貞

 上博三·周 53 喪丌(其)僮(童)～(僕)

 上博四·昭 3～(僕)之毋辱君王

 上博四·昭 3 不幸～(僕)之父之骨才於此室之墜(階)下

 上博四·昭 3～(僕)牆(將)埮亡老□

 上博四·昭 4 以～(僕)之不旻(得)

 上博四·昭 4 并～(僕)之父母之骨厶自塼

 上博四·昭 4 君不爲～(僕)告

 上博四·昭 4～(僕)牆(將)訢寇(寇)

上博四·昭 6 ～（僕）遇脾

上博四·昭 8 或昏死言～（僕）見脾之寒也

上博四·昭 9 此則～（僕）之皋也

上博四·柬 20 君内（入）而語～（僕）之言於君王

上博八·命 2 ～（僕）既旻（得）辱視日之廷

上博八·命 8 亡～（僕）之尚（掌）楚邦之正（政）

～，从"臣"，"僕"聲，與《說文》"僕"古文从"臣"同。楚文字或省"人"旁作 (郭店·老子甲 2)、 (郭店·語叢四 18)。

上博三·周"僮～"，讀爲"童僕"，家童和僕人。泛指奴僕。《易·旅》："旅其次，懷其資，得童僕貞。"張華《輕薄篇》："童僕餘梁肉，婢妾蹈綾羅。"

上博四·昭、上博八·命～，"僕"之繁文。"僕"爲自謙之稱，《漢書·司馬遷傳》："僕非敢如此也。"

僕

上博六·孔 13 色不～

《說文·丵部》："僕，給事者。从人、从丵，丵亦聲。 ，古文从臣。"

簡文～，歸附，附著。《詩·大雅·既醉》："君子萬年，景命有僕。"毛亨傳："僕，附也。"

𦸂

 上博二·容 15 ～（箁）蒻（箬）

～，从"艸"，"菐"聲。

簡文"～蒻"，讀爲"箁箬"。《説文·竹部》："箁，竹箬也"，"箬，楚謂竹皮曰箬"。箁箬即今之竹笠。"僕"，並紐屋部；"箁"，並紐侯部，雙聲對轉。《戰國策·秦策三》："楚有和璞。"《史記·范雎蔡澤列傳》"璞"作"樸"。又《爾雅·釋言》："斃，踣也。"《左傳·定公八年》孔穎達疏引"踣"作"僕"。

厰

 上博三·亙 1 ～、害（害）、虚

～，从"厂"，"菐"聲。

簡文～，或讀爲"樸"，是説"道"的體無形狀、量無大小。《老子》："樸雖小，天下不敢臣"；"吾將鎮之以無名之樸"。《文子·道原》"故道者，虚無、平易、清靜、柔弱、純粹素樸，此五者，道之形象也"，"純粹素樸者，道之幹也"；《文子·自然》："老子曰：樸至大者無形狀。"或讀爲"質"。有本質、質素、質实、質樸等意義，《老子》四十一章："質真若渝。"《莊子·刻意》："恬惔寂漠，虚無無爲，此天地之平而道德之質也。"《列子·天瑞》："有太易，有太初，有太始，有太素。太易者，未見氣也；太初者，氣之始也；太始者，形之始也；太素者，質之始也。氣、形、質具而未相離，故曰渾淪。"（季旭昇、董珊）

明紐木聲

木

 上博一·孔 8 伐～

 上博一·孔 11 杺(樛)～之時

 上博一·孔 12 杺(樛)～

 上博一·孔 18 因～苽(瓜)之保(報)

 上博一·孔 19～苽(瓜)

 上博一·孔 10 杺(樛)～之時

 上博二·魯 4～㠯(以)爲民

 上博二·魯 4～牁(將)死

 上博二·容 16 卉(草)～晉長

 上博二·容 44 加纝(圖)～於亓(其)上

 上博四·采 2 高～

 上博五·三 1 卉～須時而句(後)奮

 上博六·競 4～爲成於宋

上博六·競4 王命屈～昏軛武子之行安

上博六·木1 競(景)坪(平)王命王子～迒城父

上博七·鄭甲5 利(梨)～三眷(寸)

上博七·鄭乙5 利(梨)～三眷(寸)

上博七·凡甲9 十回(圍)之～

上博七·凡甲12 卉(草)～奚旻(得)而生

上博七·凡甲13 卉(草)～旻(得)之㠯(以)生

上博七·凡乙7 十回(圍)之～

上博七·凡乙9 卉(草)～奚旻(得)而生

上博八·李1 㮚～之絽(紀)可(兮)

上博八·李1 ～斯獨生

上博八·李1【背】亂～曾枳(枝)

 上博八·李1【胄】～異類可（兮）

 上博八·李2～一心可（兮）

 上博八·李2 愇（違）與（於）佗（它）～

～，象形，戰國文字或作 ✶（郭店·成之聞之30）、✶（郭店·語叢四16）、✶（新蔡零343）、✶（施46）。《說文·木部》："木，冒也。冒地而生。東方之行。从屮，下象其根。"

上博～，樹，木本植物的通稱。《詩·周南·漢廣》："南有喬木，不可休思。"《楚辭·九歌·湘夫人》："嫋嫋兮秋風，洞庭波兮木葉下。"

上博一·孔8"伐～"，《詩經》篇名。《詩·小雅·伐木》："伐木許許，釃酒有藇！既有肥羜，以速諸父。寧適不來，微我弗顧。於粲洒埽，陳饋八簋。既有肥牡，以速諸舅。寧適不來，微我有咎。"

上博一·孔11、12"樛～"，讀為"樛木"，《詩經》篇名。《詩·周南·樛木》："南有樛木，葛藟纍之。"鄭玄箋："木下曲曰樛。"《漢書·敘傳上》："葛緜緜於樛木，詠《南風》以為綏。"顏師古注："樛木，下垂之木也。"

上博一·孔18"～苽"，讀為"木瓜"，《詩經》篇名。《詩·衛風·木瓜》："投我以木瓜，報之以瓊琚。"

上博六·木1"王子～"即"太子建"。《左傳·昭公十九年》："費無極言於楚子曰：'晉之伯也，邇於諸夏，而楚辟陋，故弗能與爭。若大城城父，而寘大子焉，以通北方，王收南方，是得天下也。'王說，從之。故太子建居城父。"杜預注："城父，今襄城城父縣。"

上博"卉（草）～"，指草本植物和木本植物。《易·坤》："天地變化，草木蕃。"

株

 上博五·三21 枸～返（覆）車

朱,戰國文字或作 、、、、、、。《説文·木部》:"株,木根也。从木,朱聲。"

簡文～,伐木後地面所餘下的木樁。"枸株"當與"株拘"等同義,指大枯樹根盤錯的樹樁。《莊子·達生》:"吾處身也,若厥株拘。"郭慶藩集釋:"徐鉉曰:株枸者,近根盤錯處。"《列子·黃帝》:"吾處也,若橜株駒。"楊伯峻集釋:"株駒,亦枯樹本也。"(陳劍)

牧

 上博二·容 2～需(儒)爲矢

～,从"攴","朱"聲。

簡文"～需",讀爲"侏儒",矮人。《國語·晉語四》"侏儒不可使援",韋昭注:"侏儒,短者,不能抗援。"又"侏儒扶盧",韋昭注:"扶,緣也。盧,矛戟之柲,緣之以爲戲。"

明紐屋聲

瀆(瀆)

 上博八·成 4 白(伯)尼(夷)、昜(叔)齊飤(餓)而死於隹(雖)～(瀆)

 上博八·王 7□言之～(瀆)

～,从"水"、"犢"聲,與同,"瀆"字異體。《説文·水部》:"瀆,溝也。从水,賣聲。一曰:邑中溝。"

上博八·成 4～,即"瀆",溝也。"壅瀆"或讀爲"溝瀆"、"窮瀆"。《大戴禮記·曾子制言》:"昔者,伯夷、叔齊死於溝澮之間,其仁成名於天下;夫二子者,居河濟之間,非有土地之厚、貨粟之富也,言爲文章、行爲表綴於天下。是

故君子思仁義,晝則忘食,夜則忘寐,日旦就業,夕而自省,以歿其身,亦可謂守業矣。"

上博八·王 7～,《正字通》:"瀆,重復。"《易·蒙》:"初筮告,再二瀆,瀆則不告,利貞。"或讀爲"篤",指切實、確鑿、程度深。(陳偉)

覿

上博三·周 52 晶(三)歲不～

上博一·緇 7 百眚(姓)㠯(以)悬(仁)～

～,从"視"、"賣"聲,"覿"字異體。或从"頁"、"賣"聲。《說文·見部(新附)》:"覿,見也。从見,賣聲。"

上博三·周 52～,見;相見。《易·困》:"三歲不覿。"陸德明釋文:"覿,見也。"《國語·周語中》:"武不可覿,文不可匿。"帛書本作"遂"。

上博一·緇 7～,讀爲"遂"。《易·豐》:"三歲不覿",馬王堆帛書本"覿"作"遂"。《廣雅·釋言》:"遂,育也。"王念孫《廣雅疏證》:"《齊語》:犧牲不略則牛羊遂。《管子·中匡篇》作育。"《說文》:"賣,衒也。讀若育。"郭店·緇衣12作"道",今本作"遂"。

䚆

港甲 6 韓言則～

～,从"彳"、"賣"聲。
簡文～,疑讀爲"篤",指切實、確鑿、程度深。

債

上博五·鬼 7 雙(登)易(揚)紾(縢)～

　　上博六·用9～言

～，包山簡作 ■（包山46）、■（包山52）、■（包山55）、■（包山64）、■（包山120）、■（包山152）、■（包山174），新蔡"瘴"字作■（新蔡甲一24）、■（新蔡甲三192、199—1）、■（新蔡甲三284）。

上博五·鬼7～，或讀爲"瞩"，《集韻·遇韻》："瞩，視貌。"（禤健聰）

上博六·用9"～言"，或讀爲"流言"。《大戴禮記·曾子立事》："君子不唱流言。"《禮記·緇衣》："故大人不倡游言。""價"从古文睦得聲，"睦"古音明紐覺部，可以讀爲來紐幽部的"流"；"價"通"鬻"，"鬻"、"流"皆與"酉"古通（參張儒、劉毓慶：《漢字通用聲素研究》，127、184頁）。（李鋭）或讀爲"篤"、"續"。

上博五·鬼7"縈～"，讀爲"騰踰"，騰達超踰的意思。《文選·王褒〈洞簫賦〉》："亂曰：狀若捷武，超騰踰曳，迅漂巧兮。"《文選·張衡〈思玄賦〉》："超踰騰躍絶世俗，飄遙神舉逞所欲。"（裘錫圭）

徐在國◎著

上博楚簡文字聲系 一～八

第三冊

北京師範大學出版社集團
安徽大学出版社

正編・東部

上博楚簡文字聲系

東　部

影紐𡇒聲

雝

上博一・孔 5 肅～(雝)［顯相］

上博三・中 4 史(使)～(雝)也從於剌(宰)夫之後

上博三・中 4 ～(雝)也憧

上博三・中 6 ～(雝)

上博三・中 6 ～(雝)也弗昏(聞)也

上博三・中 9 ～(雝)也不愳(敏)

上博三・中 21 ～(雝)

 上博三·中 26 孔子曰：～（雍）

 上博八·成 4 白（伯）尼（夷）、曑（叔）齊飤（餓）而死於～（雔）滍（瀆）

 上博五·三 10 毋～川

 上博六·木 3 莊王迓河～之行

～，从"隹"、从"㕣"，"㕣"亦聲，甲骨文中有" "、" "字，金文中有" "字，戰國文字或作 （施 53）、 （聚珍 282）、 （秦集二·一·9·1）、 （秦風 124）、 （陝西 802），均爲"雔"。"雔"隸作"雍"。《説文·隹部》："雔，雔䳺也。从隹，邕聲。"

上博三·中～，仲弓名。

上博一·孔 5"肅～（雍）"，莊嚴雍容，整齊和諧，形容祭祀時的氣氛和樂聲。《詩·周頌·清廟》："於穆清廟，肅雝顯相。"毛亨傳："肅，敬；雝，和。"《漢書·劉向傳》引作"肅雍顯相"。《詩·周頌·有瞽》："喤喤厥聲，肅雝和鳴，先祖是聽。"

上博五·三 10～，讀爲"壅"，堵塞。《詩·小雅·無將大車》："無將大車，維塵雝兮。"鄭玄箋："雝，猶蔽也。"陸德明釋文："字又作壅。"《穀梁傳·僖公九年》："讀書加于牲上，壹明天子之禁，曰毋雝泉。"范甯注："雝，塞也。"

上博六·木 3"河～"，《韓非子·喻老》："楚莊王既勝，狩於河雍，歸而賞孫叔敖。"又云：楚莊王"舉兵誅齊，敗之徐州，勝晉於河雍"。《淮南子·人間》："昔者楚莊王既勝晉於河雍之間，歸而封孫叔敖。"高誘注："莊王敗晉荀林父之師於邲。邲，河雍地也。"

上博八·成 4"～滍"，讀爲"雔瀆"，指地貌。"雔"通"壅"，堵塞。《詩·周頌·振鷺》："振鷺于飛，于彼西雝。"《詩·小雅·無將大車》："維塵雝兮。"《釋文》："雝，字亦作壅。"水被壅塞而成的池沼。與《大戴禮記·曾子制言》"死於

溝澮之間"相合。當指史書所稱的"首陽山"。

雔

　　上博五·競 9 ～芋(華)倗子㠯(以)𩢲(馳)於倪市

～，從"人"，"雔"聲，右下爲"吕"形，上邊"口"與"隹"共用筆畫。

簡文～，讀爲"擁"，抱；擁抱。《禮記·玉藻》："肆束及帶，勤者有事則收之，走則擁之。"孔穎達疏："擁，謂抱之於懷也。"（趙平安）

躳（躬）

　　上博三·周 1 不又(有)～(躬)

　　上博三·周 49 艮丌(其)～(身)

　　上博三·周 54 敯丌(其)～(躬)

　　上博五·姑 1 ～與士尻埮

　　上博八·蘭 3 不～又(有)折

～，戰國文字或作🆎(新蔡零 90)、🆎(遺珠 178 十六年守相鈹)、🆎(珍戰 203)、🆎(珍戰 214)。《說文·吕部》："躳，身也，從身，從吕。𦩎，或從弓。"

上博三·周 49"艮丌～(身)"，讀爲"身"。今本作"身"。趙十六年守相鈹"躳(信)平君"，讀爲"信平君"，"躳"古代有"身"的讀音，"躳"字讀爲"身"，借爲"信"。李家浩在《從戰國"忠信"印談古文字中的異讀現象》一文中已經指出。

上博三·周1、54～，古"躬"字，自身。《集韻》："躳，《説文》：'身也'，一曰'親'也，或从弓，又姓。"馬王堆漢墓帛書《周易》作"竆"，从宫聲，阜陽漢簡《周易》同，今本作"躬"。

上博五·姑1～，身親行之。《漢書·公孫弘傳》："躬率以正而遇民信也。"顔師古注："躬，身親行之。"（曹銀晶）

上博八·蘭3～，身體，自身。《詩·邶風·谷風》："我躬不閱，遑恤我後。"鄭玄箋："躬，身也。"《論語·堯曰》："天之曆數在爾躬，允執其中。"引申爲親自，親身。《論語·憲問》："禹、稷躬稼而有天下。""不躬"，猶言"弗躬"。《詩·小雅·節南山》："弗躬弗親，庶民弗信。"鄭玄箋："此言王之政不躬而親之，則恩澤不信於衆民也。"

窮（竆、竆）

上博六·孔24 不～

上博七·凡甲20 鼠（一）言而禾

上博七·凡乙14 鼠（一）言而而禾不～

上博八·命1 君王～（窮）亡人

上博八·命4 則敢爲民～窗

～，或从"宀"，从"身"作 (郭店·老子乙14)、 (郭店·窮達以時15)、 (郭店·窮達以時11)、 (郭店·窮達以時14)。或从"穴"，从"身"作 (九A49)。或从"宀"、"身"、"吕"作 (郭店·唐虞之道3)、 (新蔡甲三247、274)、 (左塚漆桐)。或从"穴"、"身"、"吕"作 (郭店·成之聞之

14)、(新蔡甲三 404)、(新蔡乙四 125)。或從"穴"、"身"、"臣"作(郭店·成之聞之 11)。《說文·穴部》："窮，極也。從穴，躬聲。"

上博六·孔 24"不～"，窮盡。或疑即"躬"字。

上博七·凡甲 20、凡乙 14～，盡，完。《書·微子之命》："作賓于王家，與國咸休，永世無窮。"孔安國傳："爲時王賓客與時皆美，長世無竟。"

上博八·命 1～，困窘；窘急。《墨子·非儒下》："孔某窮于蔡陳之間。"《韓非子·說難》："（彼）自智其計，則毋以其敗窮之。"《戰國策·秦策二》："秦惠王死，公孫衍欲窮張儀。"

上博八·命 4"～寙"，或讀爲"仇讎"。（陳劍）或讀爲"窮（穹）室"。（孟蓬生）

窮

　　上博一·性 39～之方也

～，從"心"，"窮"聲。

上博一·性 39～，讀爲"仁"。（白於藍）"窮"從"躬"聲，"躬"字古有"身"音。（李家浩）"窮"可讀爲"仁"。郭店簡《性自命出》，與"窮"字相對應的字是"息（仁）"。或將"窮"讀爲"信"或"恭"。（李守奎）

宮

　　上博二·容 38 晢爲丹～

　　　　　　上博四·采 1～穆

　　　　　　上博四·采 1～蹄（巷）

　　　　　　上博四·采 1～訐（訐）

 上博四·采 1～祝

 上博五·三 8～室迖（過）厇（度）

 上博五·三 12～室汙池

 上博七·君甲 4～妾㠯（以）十百婁（數）

 上博七·君乙 4～妾㠯（以）十百婁（數）

 上博八·李 1【背】索府～李

～，戰國文字或作：▆（郭店·成之聞之 7）、▆（郭店·成之聞之 8）、▆（歷博·燕 29）、▆（施 346）、▆（施 328）、▆（珍秦 5）、▆（秦風 127）、▆（秦 2000）、▆（秦風 23）。《說文·宀部》：" 宮，室也。从宀，躳省聲。"

上博四·采 1～，指"變宮"音名。《隋書·志第十》："宮、商、角、徵、羽爲正，變宮、變徵爲和。"古代五聲音階的第一音級。《莊子·徐無鬼》："鼓宮宮動，鼓角角動，音律同矣。"《禮記·樂記》："宮爲君，商爲臣，角爲民，徵爲事，羽爲物；五者不亂，則無怗懘之音矣。"《宋書·律曆志上》："楊子雲曰：'宮、商、角、徵、羽，謂之五聲。'"

上博五·三 8、12"～室汙池"，《孟子·滕文公下》："壞宮室以爲汙池。"宮室，指帝王的宮殿。

上博七·君甲 4、君乙 4"～妾"，宮女。《史記·衛康叔世家》："獻公十三年，公令師曹教宮妾鼓琴。"

上博二·容 38"丹～"，或是由"宮牆文畫"、"朱丹其宮"而得名。《說苑·反質》："紂爲鹿臺糟邱，酒池肉林，宮牆文畫，雕琢刻鏤……"《楚辭·九歌·河

伯》:"魚鱗屋兮龍堂,紫貝闕兮朱宮。"王逸注釋"朱宮"爲"朱丹其宮"。(陳劍)

上博八·李 1【背】~,房屋的通稱。《説文》:"宫,室也。""宫"、"室"同義。《爾雅·釋宫》:"宫謂之室,室謂之宫。"陸德明釋文:"宫,古者貴賤同稱宫,秦漢以來惟王者所居稱宫焉。""素府宫",猶言"素府"、"素宫"或"素室"。

曉紐凶聲

凶

 上博三·周 4 終~

 上博三·周 7 不塭(臧)~

 上博三·周 7~

 上博三·周 8 貞~

 上博三·周 9 逡(後)夫~

 上博三·周 10~

 上博三·周 14~

 上博三·周 24~

 上博三·周 24 征~

 上博三·周 24 貞~

 上博三·周 26~

1103

 上博三·周 28 貞～

 上博三·周 29 夫子～

 上博三·周 29 貞～

 上博三·周 38 又(有)～

 上博三·周 39 中又(有)～

 上博三·周 40 見～

 上博三·周 41 巳(起)～

 上博三·周 44～

 上博三·周 47 征～

 上博三·周 52～

 上博三·周 56～

 上博三·周 58 征～

 上博五·三 4 必禺(遇)～央(殃)

 上博五·三 9 乃無～材(災)

 上博五·三 9 毋～備(服)以亯(享)祀

 上博五·三 14 是奉(逢)～朔(孽)

港甲 4 乃无～戕

《說文·凶部》:"凶,惡也。象地穿交陷其中也。"

上博三·周~,與"吉"相對,"吉凶",猶禍福。《易·乾》:"與鬼神合其吉凶。"《史記·日者列傳》:"方辯天地之道,日月之運,陰陽吉凶之本。"

上博五·三4"~央",讀爲"凶殃",災禍。焦贛《易林·臨之涣》:"飽食從容,出門上堂,不失其常,家無凶殃。"王充《論衡·亂龍》:"禹鑄金鼎象百物,以入山林,亦辟凶殃。"

上博五·三9"~才",即"凶災",災難,災禍。《禮記·月令》:"先雷三日,奮木鐸以令兆民,曰:'雷將發聲,有不戒其容止者,生子不備,必有凶災。'"《漢書·朱邑傳》:"大司農邑,廉潔守節,退食自公……可謂淑人君子,遭離凶災,朕甚閔之。"

上博五·三9"~備",讀爲"凶服",喪服;孝衣。《周禮·春官·司服》:"其凶服,加以大功、小功。"鄭玄注:"喪服,天子諸侯齊斬而已,卿大夫加以大功、小功,士亦如之,又加緦焉。"《論語·鄉黨》:"凶服者式之。"何晏集解引孔安國曰:"凶服,送死之衣物。"

上博五·三14"~朔",讀爲"凶孽",指叛逆者。《三國志·魏志·毌丘儉傳》"吳以欽爲都護、假節、鎮北大將軍、幽州牧、譙侯",裴松之注引三國魏文欽《降吴表》:"前與毌丘儉、郭淮等俱舉義兵,當共討師,掃除凶孽。"

港甲4"~忒",讀爲"凶忒",凶惡。《文選·陳琳〈爲袁紹檄豫州〉》:"而操遂承資跋扈,肆行凶忒,割剝元元,殘賢害善。"李善注:"孔安國《尚書傳》曰:'忒,惡也。'"

兇

上博六·用1 慝之台~型(刑)

上博六·用11 司民之降~

上博六·用13 ~井(刑)厲政

 上博七·武 4 谷(欲)勀(勝)義則～

 上博七·武 14 欲勀(勝)志則～

 上博五·鬼 6 蔑亦見～

～，楚文字或作 、。或作 ![]，其下部"卩"形兩旁短斜畫是飾筆。或作 ![]，把"恩"和"兇"糅合在一起，或釋爲"恩"。（裘錫圭）《説文·凶部》："兇，擾恐也。从人在凶下。《春秋傳》曰：'曹人兇懼。'"

上博五·鬼 6"見～"，露出兇相。

上博六·用 1"～型"，讀爲"兇刑"。

上博六·用 13"～井屬政"，猶言"嚴刑嚴政"。《韓非子·有度》："法所以凌過游外私也，嚴刑所以遂令懲下也。"《韓非子·姦劫弒臣》："故其治國也，正明法，陳嚴刑，將以救群生之亂。"

上博六·用 11～，形容死亡、災難等不幸現象，與"吉"相對。

上博七·武 4 谷(欲)勀(勝)義則～、上博七·武 14 欲勀(勝)志則～，《廣韻》："兇，惡也。"《正字通》："兇，惡暴也。"《荀子·議兵》："故敬勝怠則吉，怠勝敬則滅；計勝欲則從，欲勝計則凶。"

說

 上博二·從甲 19 從事而毋～(訩)

～，从"言"，"兇"聲，"訩"之異體，《説文·言部》："訩，説也。从言，匈聲。![]，或省。![]，訩或从兇。"

簡文～，訓作"訟"。《説文》段玉裁注："訟各本譌説，今依《篇》、《韻》及《六書故》所據唐本正。《爾雅·釋言》、《小雅·魯頌》傳箋皆云：'訩，訟也'。"訟，《説文》："爭也"。簡文"饑而毋會，從事而毋訩"，意謂"饑寒之歲不要舉行

會同,行事之時不要爭訟。"(黄德寬)

聅

上博二·容 17 聖(聽)不～

～,與 、、同,從"耳","兑"聲,"聰"字異體。《說文·耳部》:"聰,察也。從耳,悤聲。"

上博二·容 17"聖不～",讀爲"聽不聰",聽覺不靈敏。郭店·五行 20:"不聅(聰)不明。"《禮記·雜記下》:"視不明,聽不聰,行不正,不知哀,君子病之。"《荀子·勸學》:"目不兩視而明,耳不兩聽而聰。"

聰

上博二·容 12 聖(聽)不～

～,從"心","聅"聲,"聰"字異體。

上博二·容 12"聖不～",讀爲"聽不聰"。參上。

見紐公聲

公

上博一·孔 8 王～恥之

上博一·孔 15 以卲(召)～

上博一·孔 16 卲(召)～也

上博一·緇 12 晉(晉)～之寡(顧)命員(云)

1107

 上博二·魯 1 哀～胃（謂）孔子

 上博二·魯 6～剴（豈）不飯梁（粱）飤（食）肉才（哉）

 上博四·相 2～曰

 上博四·曹 1 魯臧（莊）～酒（將）爲大鐘

 上博四·曹 6 臧（莊）～曰

 上博四·曹 10 臧（莊）～曰

 上博四·曹 20 臧（莊）～曰

 上博四·曹 22 臧（莊）～曰

 上博四·曹 23 臧（莊）～或（又）昏（問）

 上博四·曹 25～孫公子

 上博四·曹 25 公孫～子

 上博四·曹 26 必又（有）～孫公子

 上博四·曹 26 必又（有）公孫～子

 上博四·曹 33 臧（莊）～曰

 上博四·曹 35 臧（莊）～或（又）昏（問）

正編・東部

 上博四・曹 36 臧（莊）～或（又）睧（問）

 上博四・曹 38 臧（莊）～曰

 上博四・曹 40 臧（莊）～曰

 上博四・曹 41 臧（莊）～曰

 上博四・曹 42 臧（莊）～或（又）睧（問）曰

 上博四・曹 43 臧（莊）～或（又）睧（問）曰

 上博四・曹 44 臧（莊）～或（又）睧（問）曰

 上博四・曹 46 臧（莊）～或（又）睧（問）曰

 上博四・曹 49 臧（莊）～曰

 上博四・曹 50 臧（莊）～或（又）睧（問）曰

 上博四・曹 53 臧（莊）～或（又）睧（問）曰

 上博四・曹 53 臧（莊）～或（又）睧（問）曰

 上博四・曹 55 臧（莊）～或（又）睧（問）曰

 上博四・曹 57 臧（莊）～曰

 上博四・曹 59 臧（莊）～或（又）睧（問）曰

上博四・曹 64 臧（莊）～曰

・1109・

 上博五·競1～昏(問)二大夫

 上博五·競5 又(有)惌(憂)於～身

 上博五·競5～曰

 上博五·競5～身爲亡(無)道

 上博五·競6～曰

 上博五·競8～曰

 上博五·競9～身爲亡(無)道

 上博五·競10 取舁(與)膞～

 上博五·鮑4 縱～之所欲

 上博五·鮑5～弗詰

 上博五·鮑5～沽弗謭(察)

 上博五·鮑6～弗煮(圖)必竃(害)公身

上博五・鮑6公弗煮(圖)必籩(害)～身

上博五・鮑6～曰

上博五・鮑7～乃身命祭

上博五・鮑8～蠱亦不爲戠(害)

上博五・姑1姑(苦)城(成)豪(家)父事敕(屬)～

上博五・姑1㠯(以)見亞(惡)於敕(屬)～

上博五・姑5虗(吾)毋又(有)它正～事

上博五・姑6弜(強)於～豪(家)

上博五・姑8言於敕(屬)～曰

上博五・姑8～思(懼)乃命長魚嚞(矯)

上博五・姑9長魚嚞(矯)典自～所

上博五・姑9～恩(忍)

 上博五・姑 10 ～家乃溺（弱）

 上博五・姑 10 鑾（樂）箸（書）弋（弒）敕（厲）～

 上博五・鬼 3 遴（秦）丞（穆）～者

上博六・競 1 齊競（景）～疥叔瘧

上博六・競 1 割疾與粱（梁）丘虞言於～曰

 上博六・競 2 ～疥叔瘧

 上博六・競 2 ～舉首倉之

上博六・競 2【背】競（景）～瘧

上博六・競 3 ～盍或之

上博六・競 3 ～內安子而告之

上博六・競 9 ～退武夫

上博六・競 12 ～強起

上博六·競 13～或胃之

上博六·競 13～乃出

上博六·莊 4 紳～子皇戴皇子

上博六·莊 5 紳～爭之

上博六·莊 5 紳～子皇見王

上博六·莊 5 紳～

上博六·莊 6 紳～曰

上博六·莊 7 不瑴(穀)以笑紳～

上博六·莊 8 紳～事不瑴(穀)

上博六·莊 8 紳～危(跪)拜

上博六·木 1 城～㫇瓜(遇)

上博六·木 2 城～起

 上博六·木 5 王子聞城～

 上博六·木 5 城～倉(答)曰

 上博七·武 11 大(太)～㝅(望)

 上博七·武 11 大(太)～㝅(望)

 上博七·武 12 大(太)～㝅(望)

 上博七·武 13 大(太)～南面

 上博七·武 13 大(太)～倉(答)曰

 上博七·凡甲 4 簹(孰)爲之～

 上博七·凡乙 4 簹(孰)爲之～

 上博八·成 1 成王既邦(封)周～二年

 上博八·成 2 翌(召)周～旦曰

上博八·成 3 周～曰

上博八·成 6 周~曰

上博八·成 14 周~曰

上博八·命 1 鄐(葉)~子高之子見於命(令)尹子春

~,戰國文字或作 (郭店·魯穆公問子思 1)、 (郭店·緇衣 22)、 (山東 103 莒公孫潮子鎛)、 (施 301)、 (珍戰 30)、 (施 310)、 (施 310)、 (新出温縣 WT1K1:3105)、 (中山國靈壽城考古發掘報告 112 頁陶文)、 (施 300)、 (新鄭圖 437)、 (新鄭圖 452)、 (珍秦 273)。《説文·八部》:"公,平分也。从八,从厶。八猶背也。韓非曰:背厶爲公。"

上博一·孔 8"王~",指國君。《史記·天官書》:"敦牂歲:歲陰在午,星居西。以五月與胃、昴、畢晨出,曰開明。炎炎有光。偃兵;唯利公王,不利治兵。"又:"三星若合,其宿地國外内有兵與喪,改立公王。"《文子·上德》:"公王居上,以明道德。"(晏昌貴)

上博一·孔 15、16"卲~",讀爲"召公",《書·君奭》:"召公爲保,周公爲師,相成王爲左右。召公不説,周公作《君奭》。"

上博一·緇 12"晉~",讀爲"祭公"。《左傳·昭公十二年》:"昔穆王欲肆其心,周行天下,將皆必有車轍馬跡焉。祭公謀父作《祈招》之詩,以止王心,王是以獲没于祇宫。"

上博二·魯 1"哀~胃(謂)孔子",《禮記·哀公問》:"哀公問於孔子曰:'大禮何如?君子之言禮,何其尊也?'"

上博四·曹"臧(莊)~",讀爲"莊公",即魯莊公。

上博四·曹"~孫公子",諸侯之孫。《儀禮·喪服》:"諸侯之子稱公子,公子不得禰先君;公子之子稱公孫,公孫不得祖諸侯。"《漢書·惠帝紀》:"内外公孫。"顏師古注引張晏曰:"公孫,宗室侯王之孫也。"

上博五·競、鮑~,即齊桓公,春秋齊人,襄公弟,名小白。鮑叔牙爲公子

小白傅,後因齊亂,襄公無道,隨公子小白出齊莒。襄公被弒,小白自莒歸國即位,即齊桓公。

上博五·姑"敫(厲)～",讀爲"厲公"。

上博五·姑5"～事",《詩·大雅·瞻仰》"婦無公事",朱熹集傳:"公事,朝廷之事。"

上博五·姑6、10"～豪(家)",即公室,諸侯國。指三郤的力量超過了晉厲公。《左傳·僖公九年》:"公家之利,知無不爲,忠也。"《淮南子·人間》:"田子方見老馬於道,喟然有志焉,以問其御曰:'此何馬也?'其御曰:'此故公家畜也。老罷而不爲用,出而鬻之。'"

上博五·姑9"～所",官府。

上博五·鬼3"遴丕～",讀爲"秦穆公",春秋時代秦國國君,在位期間"益國十二,開地千里,遂霸西戎"。(李家浩、楊澤生)

上博六·競"齊競～",讀爲"齊景公",《晏子春秋·內篇諫上》:"景公疥且瘧,期年不已,召會譴、梁丘據、晏子而問焉。"

上博六·莊5、6、7、8"紳～",讀爲"申公",即楚申縣之縣公,與《左傳》莊公三十年所載楚"申公鬥班"同例,杜預注:"申,楚縣也。楚僭號,縣尹皆稱公。"

上博六·木"城～𩁹",讀爲"成公乾"。《說苑·辨物》:"王子建出守城父,與成公乾遇於疇中。"

上博七·武11、12"大～䣌",讀爲"太公望"。《史記·齊太公世家》:"太公望呂尚者,東海上人。其先祖嘗爲四嶽,佐禹平水土甚有功。虞夏之際封於呂,或封於申,姓姜氏。夏商之時,申、呂或封枝庶子孫,或爲庶人,尚其後苗裔也。本姓姜氏,從其封姓,故曰呂尚。"

上博七·凡甲4、凡乙4～,《說文》"平分也"。公正,公平。《呂氏春秋·孟春紀·貴公》:"昔先聖王之治天下也,必先公,公則天下平矣。"高誘注:"公,正也。"《書·周官》:"以公滅私,民其允懷。"《莊子·天下》:"公而不當(黨),易而無私。"《楚辭·七諫·謬諫》:"邪說飾而多曲兮,正法弧而不公。"

上博八·成"周～",即"周公旦",姬姓、名旦,周文王之子,武王之弟,亦稱叔旦。《韓詩外傳》:"其惟周公乎!文王之子,武王之弟,成王之叔父,假天子之尊位七年。"受封於魯,《史記·周本紀》:武王"封弟周公旦於曲阜,曰魯。"裴駰集解引譙周曰:"乙太王所居周地爲其采邑,故謂周公。"司馬貞索隱:"周,地名,在岐山之陽,本太王所居,後以爲周公之采邑,故曰周公。即今之扶風雍東北故周城是也。謚曰周文公,見《國語》。"

上博八·命1"鄴(葉)～子高",春秋時楚國人,僭稱公,姓沈,名諸梁,字子高,沈尹戌之子,楚大夫,封於葉,爲葉縣尹。《吕氏春秋·慎行論》:"沈尹戌謂令尹曰:'夫無忌,荆人譖人也……'"高誘注:"沈尹戌,莊王之孫,沈諸梁葉公子高之父也。"

上博五·鮑8"～蠱",讀爲"虹煇"。公、虹二字上古韻母同爲東部,聲母則爲見、匣二母,音近可通。《周禮·春官·眡祲》:"眡祲掌十煇之法,以觀妖祥,辨吉凶。一曰祲,二曰象,三曰鑴,四曰監,五曰闇,六曰瞢,七曰彌,八曰敘,九曰隮,十曰想。"鄭玄注:"鄭司農云:'彌者,白虹彌天也。'""隮,虹也"。古人視虹蜺爲淫邪之氣,《詩·鄘風·蝃蝀》:"蝃蝀在東,莫之敢指。"毛亨傳:"蝃蝀,虹也。夫婦過禮則虹氣盛,君子見戒而懼諱之,莫之敢指。"《釋名·釋天》:"虹,攻也,純陽攻陰氣也。""蜺,齧也,其體斷絶,見于非時。此災氣也,傷害於物,如有所食齧也。"《晉書·天文志》:"白虹者,百殃之本,衆亂所基。"(李學勤、林志鵬)

頌

上博一·性12 好丌(其)～(容)

上博一·性29 賓客之豊(禮)必又(有)夫齊齊之～(容)

上博二·從甲6 君子不憂(緩)則亡(無)㠯(以)～(容)百眚(姓)

上博四·内8 行不～

上博六·孔7 ～佫(貌)不隶

上博六·用7 丌(其)～之怍

上博六·用 16 繢亓（其）又戩～

～，郭店簡或作 （老子甲 8）、 （性自命出 20）。"頌"本來就是容貌之"容"的本字。《說文·頁部》："頌，皃也。从頁，公聲。 ，籀文。"

上博一·性 12～，讀爲"容"，儀容；相貌。《楚辭·招魂》："二八齊容，起鄭舞兮。"王逸注："言二八美女，其儀容齊一。"

上博一·性 29～，讀爲"容"，威儀；法度；規範。《禮記·雜記下》："威容稱其服。"鄭玄注："容，威儀也。"《韓詩外傳》卷四："致愛恭謹謂之禮，文禮謂之容。禮容之義生，以治爲法。"

上博二·從甲 6～，讀爲"容"，寬容；包容。《書·君陳》："必有忍，其乃有濟；有容，德乃大。"孔安國傳："爲人君長必有所含忍，其乃有所成；有所包容，德乃爲大。"孔穎達疏："爲人君必有所含忍，其事乃有所成；有所寬容，其德乃能大。"

上博四·內 8～，讀爲"翔"。"頌"爲邪紐東部字，"翔"爲邪紐陽部字，"頌"、"翔"雙聲，東陽旁轉。"行不翔"，見《禮記·曲禮上》："父母有疾，行不翔。"鄭玄注："不櫛，不翔，憂不爲容也。"《禮記·曲禮上》："堂上不趨，室中不翔。"鄭玄注："行而張拱曰翔。""行不翔"即謂行走時不可張開雙臂。

上博六·孔 7"～貌"，讀爲"容貌"，容顔相貌。《論語·泰伯》："君子所貴乎道者三：動容貌，斯遠暴慢矣；正顔色，斯近信矣；出辭氣，斯遠鄙倍矣。"《史記·老子韓非列傳》："良賈深藏若虛，君子盛德，容貌若愚。"

上博六·用 16"戩～"，讀爲"威容"，莊重威嚴的儀容。《東觀漢記·承宮傳》："臣狀醜不可以示遠，宜選長大威容者。"

訟

上博一·孔 5～

上博二·容 29 而聖（聽）亓（其）～獄

 上博二·容 30 三年而天下之人亡(無)～獄者

 上博二·容 36 衆寡不聖(聽)～

 上博二·容 53【背】～(容)城(成)氏(氏)

 上博三·周 5 不克～

 上博三·周 5～

 上博四·昭 8 自～於王

 上博一·孔 2～

 上博一·孔 6～

 上博三·周 4～

 上博三·周 4 不克～

 上博四·曹 34 仳(匹)夫寡婦之獄～

《說文·言部》:"訟,爭也。从言,公聲。曰:謌訟。 ,古文訟。"

上博二·容 29、30"～獄",訴訟。《管子·小匡》:"無坐抑而訟獄者,正三禁之。"

上博二·容36"聖～"，讀爲"聽訟"。《論語·顏淵》："聽訟，吾猶人也，必也使無訟乎。"《周禮·秋官·小司寇》："以五聲聽獄訟，求民情。一曰辭聽。"鄭玄注："觀其出言，不直則煩。"《淮南子·氾論》："禹之時，以五音聽治，懸鐘鼓磬鐸，置鞀，以待四方之士，爲號曰：'教寡人以道者擊鼓，諭寡人以義者擊鐘，告寡人以事者振鐸，語寡人以憂者擊磬，有獄訟者搖鞀。'當此之時，一饋而十起，一沐而三捉髮，以勞天下之民。"

上博二·容53【背】"～城氏"，讀爲"容成氏"。

上博三·周4、5～，《易》卦名。《易·訟》："訟，有孚，窒惕，中吉。"訟，訴訟；控告。《詩·召南·行露》："誰謂女無家，何以速我訟？雖速我訟，亦不女從。"《論語·顏淵》："聽訟，吾猶人也。必也使無訟乎？"

上博四·昭8～，責備。《廣雅·釋詁一》："訟，責也。"《論語·公冶長》："子曰：'已矣乎，吾未見能見其過而內自訟者也。'"何晏集解引包咸曰："訟，猶責也。言人有過，莫能自責。"（秦樺林）

上博一·孔2、5、6～，讀爲"頌"，即《毛詩·頌》的篇名。

上博四·曹34"獄～"，訟事；訟案。《周禮·地官·大司徒》："凡萬民之不服教而有獄訟者，與有地治者聽而斷之，其附于刑者歸於士。"鄭玄注："爭罪曰獄，爭財曰訟。"賈公彥疏："獄訟相對，故獄爲爭罪，訟爲爭財。若獄訟不相對，則爭財亦爲獄。"或釋爲"詷"，讀爲"訟"。

仒

 上博六·競11丌（其）左右相～自善

～，从"人"，"公"聲，與（郭店·五行32）同。

簡文～，讀爲"容"，爲喜悅義。《吕氏春秋·似順》："夫順令以取容者，衆能之，而況鐸歟？"高誘注："容，悅也。"《晏子春秋》"景公信用讒佞賞罰失中晏子諫"章記晏子語云："今與左右相說頌也，曰：'比死者勉爲樂乎！吾安能爲仁而愈黥民耳矣！'"（陳偉）

松

 上博四·逸·多 2 莫奴（如）～杍（梓）

《說文·木部》：“松，木也。从木，公聲。䅥，松或从容。”

簡文～，比擬兄弟之情，《詩·小雅·斯干》：“秩秩斯干，幽幽南山；如竹苞矣，如松茂矣。兄及弟矣，式相好矣，無相猶矣。”（廖名春）

容

 上博五·鮑 1 又（有）虘（夏）是（氏）觀亓（其）～

 上博五·鮑 1 皆爲亓（其）～

 上博五·鮑 1 觀亓（其）～

 上博五·鮑 2 爲亓（其）～

 上博五·鮑 2 觀亓（其）～

 上博一·緇 9 𨒌（從）～又（有）裳（常）

 港甲 1 亓（其）～不改

 上博四·昭 8 辠（罪）亓（其）～於死

上博四·曹 24 車閒～倍(伍)

上博四·曹 24 倍(伍)閒～兵

～，戰國文字或作 ᗉ(郭店·語叢一 13)、ᗉ(郭店·語叢一 47)、ᗉ(九 B6)、ᗉ(新鄭圖 452)，从"宀"，"公"聲，與《說文》容字古文同。《說文·宀部》："容，盛也。从宀、谷。ᗉ，古文容，从公。"

上博一·緇 9"ᗉ(從)～"，舉動。《禮記·緇衣》："長民者衣服不貳，從容有常。"孔穎達疏："從容有常者，從容，謂舉動有其常度。"《楚辭·九章·懷沙》："重華不可遌兮，孰知余之從容！"王逸注："從容，舉動也。"

上博五·鮑 1、2、港甲 1～，容貌。《楚辭·招魂》："華容備些。"王逸注："容，貌也。"《禮記·樂記》："望其容貌，而民不生易慢焉。"

上博四·昭 8"皋亓～於死"，罪行大得足以判處死刑。與《孟子·離婁》"此所謂率土地而食人肉，罪不容於死"近。（劉樂賢）

上博四·曹 24～，容納；容受。《書·泰誓》："其心休休焉其如有容。"孫星衍疏："其心休美寬大，如有所容納也。"《史記·呂太后本紀》："凡有天下治為萬民命者，蓋之如天，容之如地，上有歡心以安百姓，百姓欣然以事其上，歡欣交通而天下治。"

上博五·鮑 1～，與"言"對文，法度義，《呂氏春秋·士容》"此國士之容也"，高誘注："容，猶法也。"（單育辰）

匈

上博七·凡甲 29 尃(敷)之亡(無)所～

上博七·凡乙 22 尃(敷)之亡(無)所～

～，从"勻"，"公"聲。

簡文～,讀爲"容"。簡文"握之不盈握,敷之無所容",可與《文子·道原》"表之不盈一握"、《淮南子·原道》"舒之幎于六合,卷之不盈于一握"以及馬王堆漢墓帛書《道原》"小以成小,大以成大,盈四海之内,又包其外"對讀,形容道之高深變化。(孫飛燕)

蓉

 上博八·李 1【背】觀虐(乎)桓(樹)之～(容)可(兮)

 上博八·蘭 5～(容)惻悚(簡)牆(逸)

《説文·艸部》:"蓉,芙蓉也。从艸,容聲。"

簡文～,讀爲"容",容貌,儀容。《詩·周頌·振鷺》:"我客戾止,亦有斯容。"《孟子·萬章上》:"舜見瞽瞍,其容有蹙。"《楚辭·招魂》:"二八齊容,起鄭舞兮。"

見紐工聲

工

 上博一·孔 5 又(有)城(成)～(功)者可(何)女(如)

 上博二·容 18 尼(宅)不～(空)

 上博二·容 23 乃立禹(禹)㠯(以)爲司～

 上博三·周 16 出門交又(有)～(功)

 上博三·周 17 貞～(功)

上博三·彭 5 五紀不～

～，戰國文字或作 （郭店·忠信之道 7）、（郭店·成之聞之 23）、（後李圖八 5）、（文物 2004·9 右冢子鼎）、（歷博·燕 94）、（四十八年上郡假守聾戈）。《說文·工部》："工，巧飾也。象人有規榘也。與巫同意。，古文工。从彡。"

上博一·孔 5"城～"，讀爲"成功"，成就功業或事業。《書·禹貢》："禹錫玄圭，告厥成功。"

上博二·容 18～，讀爲"空"，空虛，中無所有。《管子·五輔》："公法行而私曲止，倉廩實而囹圄空。"

上博二·容 23"司～"，即"司空"，古代管理工業與工程的官員。《呂氏春秋·行論》："禹不敢怨，而反事之，官爲司空，以通水潦……"

上博三·周 16～，讀爲"功"。《周禮·春官·肆師》"凡師不功"，鄭玄注："故書功爲工，鄭司農'工'讀爲'功'，古者'工'與'功'同字。"《書·皋陶謨》"天工人其代之"，《尚書大傳》、《漢書·律曆志》引"工"作"功"。"出門交又工"，意臣出君門，與四方賢人交有功。《易·象》曰："'官有渝'，從正吉也。'出門交有工'，不失也。"

上博三·周 17～，讀爲"功"，或從馬王堆漢墓帛書《周易》、今本《周易》讀爲"凶"。"凶"、"工"同韻，古通。

上博三·彭 5～，或釋爲"乇"，讀爲"彝"，訓常。（陳斯鵬）或讀爲"肆"訓習。或釋爲"丌"字，讀爲"結"。（史杰鵬）

攻

上博二·容 34 啟於是虖（乎）～益自取

上博二·容 39 肰（然）句（後）從而～之

正編·東部

 上博二·容 40 湯或(又)從而～之

 上博二·容 40 湯或(又)從而～之

 上博四·曹 21 繡(申)～(功)而飤(食)

 上博四·曹 36 繡(申)～(功)走(上)叚(賢)

 上博四·曹 56 善～者奚女(如)

 上博四·曹 56 善～者必㠯(以)亓(其)所又(有)

 上博四·曹 57 㠯(以)～人之所亡(無)又(有)

 上博四·曹 60 必迡(過)肯(前)～

 上博五·三 16 敓(奪)民時㠯(以)土～(功)

 上博四·相 3 百～(工)懽(勸)於事

 上博一·孔 13 不～不可能

 上博八·子 2 㠯(以)受嘼(戰)～之飤(食)於子

· 1125 ·

上博八·子3 是嘗（戰）～畜之也

～，楚文字或作✎（郭店·老子甲 39）、✎（新蔡甲三 294、新蔡零 334）、✎（新蔡零 552）；齊文字或作✎（新收 1550 滕攻市戈）、✎（施 57）、✎（後李·圖三 8）；燕文字或作✎（中國古代陶文集拓第 2 冊第 3 頁）、✎（歷博·燕 73）、✎（歷博·燕 12）；晉文字或作✎（遺珠 178 十六年守相鈹）、✎（集成 11364 二年主父戈）；秦文字或作✎（關沮 139 貳）。《説文·攴部》："攻，擊也。从攴，工聲。"

上博二·容 34、39、40、上博四·曹 56、57、60～，攻擊；進攻。《易·繫辭下》："愛惡相攻而吉凶生。"孔穎達疏："或愛攻於惡，或惡攻於愛，或兩相攻擊，事有得失，故吉凶生也。"《書·仲虺之誥》："兼弱攻昧，取亂侮亡。"孔穎達疏："攻，謂擊之。"

上博四·曹 21、36"繡～"，讀爲"陳功"，即"量功"，係指平時對臣子工作的考核。《管子·君臣上》："爲人上者，量功而食之以足；爲人臣者，受任而處之以教。"（讀本四）

上博五·三 16"土～"，讀爲"土功"，挖土、填土的工程。《管子·度地》："當秋三月，山川百泉踴，降雨下，山水出……不利作土功之事，濡濕日生，土弱難成，利耗什分之六，土工之事亦不立。"

上博四·相 3"百～"，讀爲"百工"，各種工匠。《墨子·節用中》："凡天下群百工，輪車鞼匏，陶冶梓匠，使各從事其所能。"《左傳·文公十年》："（楚）王使（子西）爲工尹。"杜預注："掌百工之官。"

上博一·孔 13～，治也。《書·甘誓》："左不攻于左。"孔安國傳："攻，治也。"《論語·爲政》"攻乎異端，斯害也已"，范甯注："攻，專治也。""攻"意同"求"，乃行事之謂。郭店《成之聞之》："不求諸其本而攻諸其末。"（馮時）

上博八·子 3"嘗～"，或讀"戰攻"、"賤工"、"獸工"、"商工"。

戏(攻)

 上博二·容 2 瞽(楣)～(攻)鼓琵(瑟)

～,從"戈","工"聲,"攻"字異體,與(郭店·成之聞之 10)形同。

簡文"瞽(楣)～",讀爲"矇瞽",樂官。古代樂官多爲盲人,故稱。《周禮·春官·樂師》:"瞽矇掌播鼗、柷、敔、塤、簫、管、弦、歌。"《國語·晉語四》:"官師之所材也,戚施植鎛,籧篨蒙璆,侏儒扶盧,矇瞍循聲,聾聵司火。僬昏、嚚瘖、僬僥,官師之所不材也,以實裔土。夫教者,因體能質而利之者也。"

功

 上博一·緇 5 隹(唯)王之～(邛)

《説文·力部》:"功,以勞定國也。從力,從工,工亦聲。"

簡文～,讀爲"邛"。《爾雅·釋詁一》:"邛,勞也。"《廣韻·鍾韻》:"邛,病也。"《詩·小雅·小旻》:"我視謀猶,亦孔之邛。"毛亨傳:"邛,病也。"

巩

 上博三·周 47～用黃牛之革

～,從"丮","工"聲,右下的女是"止"旁的上移訛變。《説文·丮部》:"巩,襃也。從丮,工聲。𢀜,巩或加手。"

簡文～,讀爲"鞏",用熟牛皮束物。《易·革》:"鞏用黃牛之革。"高亨注:"鞏,束而縛之也。"

𪛉

上博三·周 50～(鴻)漸于澗

 上博三·周 50～(鴻)漸于陸(阪)

 上博三·周 50～(鴻)漸于陸

～,從"鳥","工"聲,"鴻"字異體。或隸作"鴚",認爲是糅合了"鳿"、"紅"而成。求之過深。《玉篇》:"鳿,鳥肥大也,或作鴻。"《説文·鳥部》:"鴻,鴻鵠也。從鳥,江聲。户工切。"

簡文～,大雁。《易·漸》:"鴻漸于干。"李鼎祚集解引虞翻曰:"鴻,大雁也。"

江

 上博二·容 26 堡(禹)乃迵(通)三～五沽(湖)

 上博七·吴 5～宭(濱)

～,戰國文字或作 、、、。《説文·水部》:"江,水。出蜀湔氐徼外崏山,入海。從水,工聲。"

上博二·容 26"堡(禹)乃迵(通)三～五沽(湖)",《周禮·夏官·職方氏》:"東南曰揚州……其川三江,其浸五湖。"《國語·越語上》:"三江環之,民無所移。"韋昭注:"松江、錢塘江、浦陽江。"《淮南子·本經》:"龍門未開,吕梁未發,江淮通流,四海溟涬,民皆上丘陵,赴樹木。舜乃使禹疏三江、五湖,闢伊闕,導瀍、澗。"《管子·輕重》:"(禹)疏三江,鑿五湖。"

上博七·吴 5～,此處專指長江。《詩·小雅·四月》:"滔滔江漢。"簡文"江濱",长江岸边。

1128

訌

 上博二·容 20 四海(海)之外皆請～

上博四·曹 37 牲尔正～

上博四·内 8 旹(時)、杳(昧)、～(攻)、縈(縈)、行

 上博六·用 4 ～之亡繇

上博六·用 17 事既無～

上博六·天甲 9 ～……

 上博六·天乙 9 ～不語

～，從"示"，"工"聲。"攻説"之"攻"的專字。與 （郭店·老子丙 2）、（郭店·窮達以時 9）、（新蔡甲三 189）同，或從"攻"聲作 （新蔡甲三 309）。

上博二·容 20 "請～"，讀爲"請貢"，指請求朝貢。（李零）

上博四·曹 37 ～，讀爲"訌"。《詩·大雅·召旻》："天降罪罟，蟊賊内訌。"毛亨傳："訌，潰也。"鄭玄箋："訌，爭訟相陷入之言也。"《爾雅·釋言》："訌，潰也。"郭璞注："謂潰敗。"（蘇建洲、孟蓬生）

上博六·用 17 "無～"，讀爲"無功"，没有收穫、成效。《史記·李將軍列傳》："是時單于覺之，去，漢軍皆無功。"

上博四·内 8、上博六·天乙 9 ～，讀"攻"，祭名。《周禮·春官·大祝》"掌六祈，以同鬼神示……五曰攻，六曰説"，鄭玄注引鄭司農云："攻、説，皆祭

名也。"又《周禮·秋官·庶氏》"掌除毒蠱，以攻説襘之"，鄭玄注："攻説，祈名，祈其神求去之也。"或讀爲"功"。"功不語戰"是説"談及功勞時不説戰功"。（單育辰）

忎（恐）

上博三·中 26～忎虐（吾）子愿（羞）

上博三·彭 8～弗能守

上博六·競 7 則～逡（後）誅於史者

上博六·孔 22 則～舊虐（吾）子

上博六·孔 22 虐（吾）子迷言之猶～弗智

上博七·武 5 武王窜（聞）之～偲（懼）

上博八·命 1～不能

上博四·曹 5 不肰（然）～亡安

～，从"心"，"工"聲，與《説文》"恐"字古文同，戰國文字習見，如 （九 B13）、（新蔡甲三 15、60）。《説文·心部》："恐，懼也。从心，巩聲。，古文。"

上博三·中 26、上博三·彭 8、上博四·曹 5、上博六·競 7、上博六·孔

22、上博八·命 1～,即"恐",擔心,恐怕。《書·盤庚中》:"恐人倚乃身,迂乃心。"司馬相如《上林賦》:"夫以諸侯之細,而樂萬乘之侈,僕恐百姓被其尤也。"

上博七·武 5"～偍",讀爲"恐懼",畏懼,害怕。《史記·秦始皇本紀》:"諸侯恐懼,會盟而弱秦。"

見紐奴聲

共

 上博二·從甲 5 二曰～(恭)

 上博二·從甲 6 不～(恭)則亡(無)以敘(除)辱

 上博二·從乙 4 謷悡(悔)而～(恭)孫(遜)

 上博二·昔 4 各～(恭)尔(爾)事

 上博二·容 51 至於～縢(滕)之閒(間)

 上博四·曹 8 必～(恭)會(儉)㠯(以)旻(得)之

 上博五·三 1 天～時

 上博五·三 1 地～材

 上博五·三 1 民～力

 上博六·莊 1 㠯（以）～春秋之棠（嘗）

 上博六·慎 1～恭會（儉）㠯（以）立身

 上博六·慎 2～㠯（以）爲體

 上博六·慎 3【背】訡（慎）子曰～恭會（儉）

 上博七·吴 9 不～承王事

～，戰國文字或作 ，上部也可看作是兩隻手形。或作 、、、、、、、。《説文·共部》："共，同也。从廾、廾。![]，古文共。"

上博二·從甲 5～，讀爲"恭"，肅敬；有禮貌。《論語·顔淵》："君子敬而無失，與人恭而有禮，四海之内，皆兄弟也。"

上博二·從甲 6～，讀爲"恭"，《爾雅》："恭，敬也。"《説苑·雜言》："不強不遠，不勞無功，不忠無親，不信無復，不恭無禮。慎此五者，可以長久矣。"

上博二·昔 4"各～爾事"，讀爲"各恭爾事"，見《書·盤庚上》："自今至於後日，各恭爾事，齊乃位，度乃口。罰及爾身，弗可悔。"

上博二·從乙 4"～孫"，讀爲"恭遜"，恭敬謙遜。《管子·小稱》："修恭遜、敬愛、辭讓、除怨、無爭以相逆也，則不失於人矣。"

上博二·容 51～，地名，在今河南輝縣。《左傳·閔公二年》："衛之遺民，男女七百有三十人。益之以共、滕之民，爲五千人，立戴公以廬于曹。"杜預注："共及滕，衛別邑。"

上博四·曹 8、上博六·慎 1"～會"，讀爲"恭儉"，《孟子·離婁上》："恭者

不侮人,儉者不奪人,侮奪人之君,惟恐不順焉,惡得爲恭儉?恭儉豈可以聲音笑貌爲焉?"《禮記·經解》:"恭儉莊敬,禮教也。"《書·周官》:"恭儉惟德,無載爾僞。"

上博五·三1~,讀爲"供",供給;供應。《書·費誓》:"峙乃楨榦,甲戌,我惟築,無敢不供。"《韓非子·解老》:"凡馬之所以大用者,外供甲兵,而內給淫奢也。"

上博六·莊1"以~春秋之嘗",讀爲"以供春秋之嘗"。《玉篇》:"供,祭也。"

上博六·慎2"~以爲體",讀爲"恭以爲禮"。《潛夫論·交際》:"恭者,禮之本也。"《論語·學而》:"恭近於禮,遠恥辱也。"郭店·五行22:"不敬不嚴,不嚴不尊,不尊不恭,不恭無禮。""恭以爲禮,道(?)莫偏焉",意爲把恭敬當作禮儀,道就不會偏離。(劉洪濤、劉建民)

上博七·吳9"~承",恭敬地承奉。《史記·張釋之馮唐列傳》:"非吾所以共承宗廟意也。"《漢書·孔光傳》:"丞相者,朕之股肱,所與共承宗廟,統理海內,輔朕之不逮以治天下也。"顏師古注:"共讀曰恭。"

絑

　　上博七·鄭甲5 絑(疏)索呂(以)~

　　上博七·鄭乙5 絑(疏)索呂(以)~

~,从"糸","共"聲。

簡文~,讀爲"供",供給;供應。《書·費誓》:"峙乃楨榦,甲戌,我惟築,無敢不供。"《韓非了·解老》:"凡馬之所以大用者,外供甲兵,而內給淫奢也。"

恭

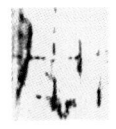　　上博六·孔18 亓(其)行板~哀與

~,楚文字或作 ,加注"工"聲,或作 。

《説文·心部》:"恭,肅也。从心,共聲。"

簡文~,肅敬;有禮貌。《論語·顏淵》:"君子敬而無失,與人恭而有禮,四海之内,皆兄弟也。"(何有祖)

甖

 上博六·木 3 ~不蓋

 上博六·木 4 智~不蓋

~,从"酉"、"皿","共"聲,"瓮"或"甕"字異體。《説文·瓦部》:"瓮,罌也。从瓦,公聲。"

簡文~,即"瓮"或"甕",小口大腹的陶製器皿。《禮記·檀弓上》:"宋襄公葬其夫人,醯醢百甕。"《禮記·雜記上》"甕甒筲衡",釋文:"甕,盛醯醢之器。"醯醢醬醋等調料盛於小口大腹的容器瓮/甕中,平常還需加以覆蓋,以防止揮發。"甕/瓮不蓋,酪不酸"當指盛酪漿之甕/瓮平常没有加以覆蓋,導致其揮發而無酸味,故以之調味的"酪羹"也不酸了。(陳劍)

戙

 上博四·曹 32 □白徒蓴(早)飤(食)~兵

~,从"戈","共"聲。

簡文"~兵",讀爲"輂兵",用馬車運載兵器。《説文·車部》:"輂,大車駕馬也。"本指馬拉的輜重車。《方言》卷十二:"輂,載也。"也指用輂車運載輜重。(李零)

巷(䢽)

 上博四·采 1 宫~(巷)

 上博二·魯 3 而(爾)昏(聞)～迱(路)之言

 上博三·周 32 遇宔(主)于～(巷)

上博一·緇 1 亞(惡)亞(惡)女(如)亞(惡)～白(伯)

～，或作 ，从"邑"，"共"聲，而"共"字，从"巾"，"共"省聲。或从"行"，"共"聲；或从"行"，从"止"，"共"聲；或从"辵"，"共"聲。戰國文字或作 (郭店·緇衣 1)、 (傅 567)、 (秦集一·二·53·2)、 (傅 563)。《說文·䢽部》："䢽，里中道也，从䢽、共，皆在邑中所共也。 ，篆文从䢽省。"

上博一·緇 1 "～白"，讀爲"巷伯"，宦官，太監。因居宮巷，掌宮内事，故稱。《左傳·襄公九年》："令司宮、巷伯儆宮。"杜預注："司宮，奄臣；巷伯，寺人。皆掌宮内之事。"

上博二·魯 3 "～迱"，即"巷路"，《後漢書·賈琮傳》："簡選良吏試守諸縣，歲間蕩定，百姓以安。巷路爲之歌曰……""巷路之言"猶"巷言"、"巷議"，與"街談巷議"意義相同。桓寬《鹽鐵論·相刺》："故觸死亡以干主之遇者，忠臣也。犯顔以匡公卿之失者，直士也。鄙人不能巷言面違。"《史記·秦始皇本紀》："入則心非，出則巷議。"（楊澤生）

上博三·周 32 ～，道路之隘徑。《易·象》曰："'遇主于巷'，未失道也。"

上博四·采 1 "宫～"，"巷"或疑讀爲"弘"（参看《古字通假會典》第 7 頁"洪與弘"），似指宫音之弘大者，即低音區的宫音。（董珊）

具

 上博一·緇 9 民～尔(爾)詹(瞻)

 上博七·凡甲 23 百勿(物)～遊(失)

上博七·凡乙 15 則百勿(物)～遴(失)

～,或作,從雙手奉"員",爲"具"字繁構。按,從古文字看,"具"字從"鼎",小篆已訛,《説文》誤爲"从貝省",而"員"之造字本意是以圓鼎表示方圓的"圓"。所以,"具"即"具"字。《説文·廾部》:"具,共置也。从廾,从貝省。古以貝爲貨。"

上博一·緇 9"民～尔(爾)瞻",見《詩·小雅·節南山》:"民具爾瞻。""具",副詞,相當於"都"、"皆"。

上博七·凡甲 23、凡乙 15～,副詞,相當於"都"、"皆"。

垱

上博四·采 1 疋～月

～,"土","廾"聲。

簡文～,讀爲"供",祭祀、奉祀。《後漢書·禮儀志上》:"正月上丁,祠南郊。禮畢,次北郊,明堂,高廟,世祖廟,謂之五供。五供畢,以次上陵。""供月",祭祀月神。(楊澤生)

溪紐孔聲

孔

上博五·三 3 天命～明

上博二·民 1 □昃(夏)<ruby>(問)於～子

上博六·孔 1～[子]見季桓子

～，西周金文中作：🐚（孔鼎）、🐚（師𩰬鼎）、🐚（虢季子白盤），"子"頭部的上部有一緊靠著的筆畫，或直或曲，郭沫若先生認爲："孔，乃指示小兒頭角上有孔也。故孔之本義當爲囟，囟者象形文，孔則指事字。引申之，則凡穴曰孔。有空則可通，故有通義。通達宏大每相因，故有大義。通達宏大則含善義，故有善義。此古人所以名嘉字子孔也。"戰國文字或作 🔲、🔲、🔲（秦都圖 519）、🔲（秦風 148）。《說文·乚部》："孔，通也。从乙、从子。乙，請子之候鳥也，乙至而得子，嘉美之也。古人名嘉字子孔。"

上博五·三 3"～明"，很完備；很潔淨；很鮮明。《詩·小雅·楚茨》："祝祭於祊，祀事孔明。"鄭玄箋："孔，甚也；明，猶備也，絜也。"《文選·張衡〈東京賦〉》："滌濯靜嘉，禮儀孔明。"薛綜注："孔，甚也，言禮儀甚鮮明也。"

上博二·民 1、上博六·孔 1"～子"，（公元前 551 至公元前 479）春秋末期思想家、教育家、儒家創始人。名丘，字仲尼，魯國陬邑（今山東曲阜東南）人。《史記·孔子世家》："孔子以詩書禮樂教，弟子蓋三千焉，身通六藝者七十有二人。"

端紐東聲歸矦部東聲

端紐冢聲歸矦部豕聲

定紐同聲

同

 上博一·緇 20 庶言～

 上博一·性 25 ～方而交

 上博一·性 26 不～方而交

 上博一·性26不~兌(悅)而交

 上博一·性26不~方而交

 上博二·民12屯(純)惪(德)~明

 上博二·民13上下禾(和)~

 上博二·從乙2母(毋)占民贍(斂)則~

 上博三·亙2睘(靜)~

 上博三·亙3生或(域)者~安(焉)

 上博三·亙4~出而異生(性)

 上博三·亙12曌(舉)天下之生~也

 上博四·逸·多2莫奴(如)~生

 上博四·逸·多2莫奴(如)~父毋(母)

 上博四·昭10脾既與虘(吾)~車

　上博四·曹 7 不～矣

　上博四·曹 21 貴戔(賤)～坒(待)

　上博四·曹 58 所㠯(以)～死

　上博六·孔 17 皆～亓(其)口

　上博六·天甲 7 者(諸)矦(侯)飤(食)～狀

　上博六·天甲 7 與卿夫=(大夫)～恥乇(度)

　上博六·天乙 6 者(諸)矦(侯)飤(食)～狀

　上博六·天乙 7 卿夫=(大夫)～恥乇(度)

　上博七·凡甲 4 虖(吾)奚異奚～

　上博七·凡甲 24 訬(察)神而～

　上博七·凡乙 3 虖(吾)奚異奚～

　上博七·凡乙 17 訬(察)神而～

 上博七·凡乙 17 戠（察）～而僉

 上博八·李 1【背】則不～可（兮）

 上博八·有 2～郙異心今可（兮）

 上博八·有 4 鹿（麗—離）凥（居）而～欲今可（兮）

～，楚文字或作 、、。《說文·冃部》："同，合會也。从冃从口。"

上博一·性 25、26"～方"，《禮記·儒行》："儒有合志同方，營道有術。"鄭玄注："同方、同術，等志行也。"

上博二·民 12"屯（純）悳（德）～明"，《禮記·孔子閒居》此句作"純德孔明"。"同"與"孔"是近義之詞，讀作"通"，"同明"即"通明"，也即"孔明"，《說文》："孔，通也"亦可讀作"洞"，洞與通、孔也是同義詞，《集韻·送韻》："洞，通也。"（黃德寬）

上博二·民 13"上下禾（和）～"，《管子·五輔》："是故上必寬裕而有解舍，下必聽從而不疾怨，上下和同而有禮義，故處安而動威，戰勝而守固，是以一戰而正諸侯。"

上博二·從乙 2～，聚集；會合。《詩·小雅·吉日》："獸之所同，麀鹿麌麌。"鄭玄箋："同，猶聚也。"

上博三·互 2"青～"，讀爲"靜同"，馬王堆漢墓帛書《道原》有"虛同"，《莊子·天地》有"德至同于初"、"同乃虛"，是類似表達。"同"是表示"虛"、"靜"的普遍。（李零）

上博四·逸·多 2"～生"、"～父毋（母）"，同父母所生的兄弟。

上博四·昭 10"～車"，共，共一個。《詩·鄭風·有女同車》："有女同車，顏如舜華。"

上博四·曹 58"～死"，《詩·邶風·谷風》："德音莫違，及爾同死。"

上博六·天甲7、天乙6"～狀",《莊子·天地》:"萬物一府,死生同狀。"

上博三·亙4、上博七·凡甲4、凡乙3、凡乙17、上博八·李1【背】、上博八·有2、4～,相同。《易·乾》:"同聲相應,同氣相求。""同"與"異"正相反。《禮記·曲禮上》:"別同異,明是非也。"《荀子·正名》:"物有同狀而異所者,有異狀而同所者,可別也。狀同而爲異所者,雖可合,謂之二實。"

上博一·緇20、上博一·性26、上博七·凡甲24、凡乙17～,相同,一樣。《易·睽》:"天地睽而其事同。"《易·乾》:"同聲相應,同氣相求。"《吕氏春秋·有始覽》:"帝者同氣,王者同義。"

迵(通)

上博二·容5 又吴～(通)

上博二·容25 鼍(禹)乃～(通)淮與忻(沂)

上博二·容25 鼍(禹)乃～(通)蔞與彔(易)

上博二·容26 鼍(禹)乃～(通)三江五沽(湖)

上博二·容26 鼍(禹)乃～(通)泵(伊)、洛

上博二·容27 鼍(禹)乃～(通)涇與渭

上博二·容32 㠯(以)嗀(讓)於又吴～

～,與(郭店·老子甲27)、(郭店·六德45)、(郭店·語叢一102)同,從"辵","同"聲。

上博二·容 5、32 "又吳～"，讀爲 "有虞逈"，"有虞" 即 "有虞氏"，"逈" 爲 "有虞部族首領的名字"，是 "在部族名稱後加上部族首領私名" 的例子。（郭永秉）

上博二·容 25、26、27～，讀爲 "通"，疏通。《吕氏春秋·古樂》："禹……通大川，決壅塞，鑿龍門，降通漻水以導河，疏三江五湖，注之東海。"《管子·輕重戊》："禹疏三江，鑿五湖。"（陳劍）

桐

 上博八·李 1～叔（且）息（治）可（兮）

～，戰國文字或作 ![] (新蔡甲三 317)、![] (新蔡甲三 325—1)、![] (新蔡甲三 409)、![] (施 211)、![] (施 331)。《説文·木部》："桐，榮也。从木，同聲。"

簡文～，木名，梧桐。《詩·鄘風·定之方中》："樹之榛栗，椅桐梓漆，爰伐琴瑟。" 朱熹集傳："桐，梧桐也。"

定紐用聲

用

 上博三·周 1 勿～取女

 上博三·周 2 利～死（恆）

 上博三·周 4 利～見大人

 上博三·周 8 小人勿～

 上博三·周 13 利～戎（侵）伐

上博三·周 13 可～行帀（師）

上博三·周 17 王～亯（享）于西山

上博三·周 25 十年勿～

上博三·周 30 勿～又（有）卣（攸）往

上博三·周 30 㢈～黄牛之革

上博三·周 40 勿～取（娶）女

上博三·周 42 ～大牲

上博三·周 43 利～祭祀

上博三·周 47 巩（鞏）～黄牛之革

上博三·周 57 勿～

上博五·姑 10 不～其衆

上博六·用 2 ～曰

上博六·用 3 ～曰

上博六·用 5～曰

上博六·用 5～曰

上博六·用 6～曰

上博六·用 7～曰

上博六·用 8～曰

上博六·用 9～曰

上博六·用 10～曰

上博六·用 11～曰

上博六·用 12～曰

上博六·用 14～曰

上博六·用 17～亡（無）咎隹（唯）涅（盈）

上博六·用 17～曰

 上博六·天甲 4 屯~青

 上博六·天甲 4 屯~勿

 上博六·天乙 4 屯~青

 上博六·天乙 4 屯~勿

《説文·用部》:"用,可施行也。从卜从中。衛宏説。𠔿,古文用。"

上博三·周 2、4、13、43~,介詞。猶言以。表示憑藉或者原因。《書·顧命》:"命汝嗣訓,臨君周邦,率循大卞,燮和天下,用答揚文武之光訓。"《史記·佞幸列傳》:"衛青、霍去病亦以外戚貴幸,然頗用材能自進。"

上博六·用~,可訓爲"乃","用曰"猶言"乃曰"。"用曰",當與"古諺曰"、"古語曰"、"故曰"之作用相當。《管子·形勢解》:"解惰簡慢,以之事主則不忠,以之事父母則不孝,以之起事則不成,故曰:'怠倦者不及也。'"或讀爲"以","用曰"的作用相當於"故曰",意思是總結上文,認爲《用曰》篇的性質是"經"之"説"。(董珊)

上博三·周"勿~",無所施行;实行。《易·乾》:"初九,潛龍勿用。"王引之《經義述聞·周易上》:"用者,施行也。勿用者,無所施行也。"《史記·孝文本紀》:"古者殷周有國,治安皆千餘歲,古之有天下者莫長焉,用此道也。"

甬

 上博一·孔 4 丌(其)~(用)心也牂(將)可(何)女(如)

 上博一·緇 14 虞(苗)民非~(用)霝

 上博三·周 12 ～(用)涉大川

 上博三·亙 13 ～(庸)又(有)求而不惡(慮)

 上博四·曹 37 ～(用)都畬(教)於邦

 上博四·曹 56 三善聿(盡)～(用)不皆(棄)

 上博一·孔 4 丌(其)～(用)心也酒(將)可(何)女(如)

 上博一·孔 23 丌(其)～(用)人則虐(吾)取

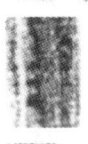 上博一·性 4 丌(其)～(用)心各異

 上博一·性 20 凡思之～(用)心爲甚

 上博一·性 27 ～(用)心谷(欲)悳(德)

 上博一·性 35 凡～(用)心之趮(躁)者

 上博一·性 35 ～(用)智之疾者

 上博一·性 35 ～(用)情之至[者]

 上博一·性 36 ～(用)身之弁者

 上博一·性 36 ～(用)力之聿(盡)者

 上博二·容 30 舜乃欲會天陞(地)之燬(氣)而聖(聽)～(用)之

 上博三·彭 6 遠慮(慮)～(用)素

 上博四·内 1 㤈(愛)是～(用)

 上博三·亙 7 事～(用)弖(以)不可賡(更)也

 上博三·亙 11 复(作)～(庸)又(有)果與不果

 上博三·亙 12 ～(庸)或

 上博三·亙 13 ～(庸)或遊(失)之

 上博六·慎 4 旻(得)～於殢(世)

 上博七·凡甲 15 记(起)而～(用)之

 上博七·吳 7 古(故)～吏(使)丌(其)三臣

～,戰國文字或作▨(郭店·老子甲29)、▨(郭店·老子丙7)、▨(郭店·性自命出32)、▨(九B26)、▨(左塚漆桐)、▨(新蔡乙四70)、▨(新蔡乙四48、零651)。《説文·马部》:"甬,艸木華甬甬然也。从马,用聲。"

上博一·緇14"～霝",讀爲"用靈",謂實行善政。《書·吕刑》:"苗民弗用靈,制以刑。"孔安國傳:"三苗之君,習蚩尤之惡不用善化民,而制以重刑。"

上博三·周12～,讀爲"用",介詞,猶言以,表示憑藉。《書·顧命》:"命汝嗣訓,臨君周邦,率循大卞,燮和天下,用答揚文武之光訓。"

上博四·曹37"～都",或讀爲"勇者"。(禤健聰)

上博四·曹56～,讀爲"用",使用;任用。《詩·大雅·公劉》:"執豕于牢,酌之用匏。"《孟子·梁惠王下》:"見賢焉,然後用之。"

上博一·孔23"～人",讀爲"用人",任用人才;使用人員。《淮南子·説林》:"凡用人之道,若以燧取火,疏之則弗得,數之則弗中,正在疏數之間。"

上博一·孔4、上博一·性4、20、27、35"～心",讀爲"用心",使用心力;專心。《論語·陽貨》:"飽食終日,無所用心,難矣哉。"

上博一·性35"～智",讀爲"用智",運用智謀。《吕氏春秋·博志》:"凡有角者無上齒,果實繁者木必庳;用智褊者無遂功,天之數也。"

上博一·性35"～情",讀爲"用情",以真實的感情相待。《禮記·祭義》:"教民相愛,上下用情,禮之至也。"《史記·仲尼弟子列傳》:"上好信,則民莫敢不用情。"裴駰集解引孔安國曰:"情,實也。言民化上各以實應。"

上博一·性36"～身",讀爲"用身",《墨子·貴義》:"今士之用身,不若商人之用一布之慎也。"

上博一·性36"～力",讀爲"用力",使用力氣;花費精力。《禮記·祭義》:"小孝用力,中孝用勞。"《史記·秦楚之際月表》:"以德若彼,用力如此,蓋一統若斯之難也。"

上博二·容30"聖～",讀爲"聽用",聽從並予採用或任用。《書·多士》:"予一人惟聽用德,肆予敢求爾於天邑商。"孔安國傳:"言我周亦法殷家,惟聽用有德。"《詩·大雅·抑》:"於乎小子,告爾舊止,聽用我謀,庶無大悔。"

上博三·彭6～,讀爲"用"。或讀爲"通"。(湯志彪)

上博四·内1"惡(愛)是～(用)",今本《大戴禮記·曾子立孝》作"忠之用"。

上博三·亙7、11、12、13～，讀爲"庸"，這裏是"乃"的意思。或引楊樹達《詞詮》"庸，反詰副詞，豈也"。（董珊）

上博七·凡甲15、上博七·吳7～，讀爲"用"，任用、任命。《左傳·僖公三十年》："吾不能早用子，今急而求子，是寡人之過也。"《孟子·梁惠王下》："見賢焉，然後用之。"

俑

 上博四·昭5 因命至～毀室

 上博八·顔4～（庸）言之信

 上博八·顔4～（庸）行之敬

《説文·人部》："俑，痛也。从人，甬聲。"

上博四·昭5"至～"，讀爲"致俑"。（陳劍）或説"俑"，指木質或陶質的用以殉葬的偶人。《孟子·梁惠王上》："仲尼曰：始作俑者，其無後乎？"趙岐注："俑，偶人也。用之送死。""至俑"即"致俑"，昭王賞賜君子送葬用的偶人，以示禮遇。（張崇禮）

上博八·顔4"～言之信，～行之敬"，讀爲"庸言之信，庸行之敬"。參《易·乾》："庸言之信，庸行之謹。閑邪存其誠，善事而不伐，德博而化。"孔穎達疏："'庸言之信，庸行之謹'者，庸謂中庸。庸，常也。從始至末，常言之信，實常行之謹慎。"《禮記·中庸》："庸德之行，庸言之謹，有所不足，不敢不勉，有餘不敢盡。"鄭玄注："庸，猶常也。言德常行也，言常謹也。聖人之行，實過於人。有餘不敢盡，常爲人法從禮也。"《荀子·不苟》："庸言必信之，庸行必慎之"。楊倞注："庸，常也。謂言常信，行常慎。"

埇

 上博四·曹61～（勇）者憙之

～，从"土"，"甬"聲。

簡文"～者"，即"勇者"，勇敢的人。《論語·子罕》："子曰：知者不惑，仁者不憂，勇者不懼。"

戭

上博四·曹55～（勇）者思意

～，從"戈"，"甬"聲，"勇"字異體，與 ᄇ（郭店·成之聞之9）、ᄇ（郭店·語叢四24形）同。或作 ᄇ（郭店·尊德義33）、ᄇ（郭店·性自命出63），與《說文》古文形同，亦"勇"字異體。《說文·力部》："勇，氣也。從力，甬聲。ᄇ，勇或從戈、用。ᄇ，古文勇從心。"

簡文"～者"，即"勇者"，勇敢的人。《論語·子罕》："子曰：知者不惑，仁者不憂，勇者不懼。"

定紐章聲

章

上博二·從甲5從政～五惪（德）

上博二·從甲12～行不佚（倦）

上博四·曹18坖（城）～（郭）必攸

上博四·內附簡然句（後）奉之昌（以）中～（庸）

《說文·章部》："章，度也，民所度居也。從回，象城郭之重，兩亭相對也。或但從口。"

上博四·曹 18"城～",亦作"城廓",城牆。城指内城的牆,郭指外城的牆。《逸周書·糴匡》:"宮室城廓修爲備,供有嘉菜,於是日滿。"孔晁注:"廓與郭同。"《禮記·禮運》:"大人世及以爲禮,城郭溝池以爲固。"孔穎達疏:"城,内城;郭,外城也。"

上博二·從甲 5～,讀爲"庸"。"庸德"見於《書·咸有一德》:"夏王弗克庸德。"

上博二·從甲 12"～行",讀爲"庸行",見《逸周書·大戒》:"庸行信貳。"《易·乾·文言》:"庸言之信,庸行之謹"。

上博四·内附簡"中～",讀爲"中庸",主張待人、處事不偏不倚,無過無不及。《論語·雍也》:"中庸之爲德也,其至矣乎。"何晏集解:"庸,常也,中和可常行之道。"或讀爲"敦"。

來紐龍聲

龍

 上博一·性 17 凡古樂～心

 上博四·柬 15 中余(舍)與五連少(小)子及～(寵)臣皆逗

 上博一·緇 13～(恭)以立(涖)之

 上博七·君甲 5 君王～丌(其)祭

 上博七·君乙 5 君王～丌(其)祭

～,戰國文字或作 、、、、、、

(珍秦75)。《説文·龍部》:"龍,鱗蟲之長。能幽,能明,能細,能巨,能短,能長;春分而登天,秋分而潛淵。从肉,飛之形,童省聲。"

上博一·性17～,《詩·周頌·酌》"我龍受之",毛亨傳:"和也。"聽古樂能够和心,奏益樂(用瑟演奏的有益樂曲)可以和詣。(李學勤)"龍"或疑讀爲"弄","弄"乃撩撥、挑逗意。(劉釗)或讀作"動"。(李零、陳偉)

上博一·緇13～,讀爲"恭",肅敬;有禮貌。《論語·顔淵》:"君子敬而無失,與人恭而有禮,四海之内,皆兄弟也。"

上博四·柬15"～臣",讀爲"寵臣",得寵之臣。《戰國策·楚策一》:"以財交者,財盡而交絶;以色交者,華落而愛渝。是以嬖女不敝席,寵臣不避軒。"

上博七·君甲5、君乙5～,讀爲"隆"。《説文繫傳》:"隆,豐大也。從生,降聲。臣鍇曰:生而不已,必豐大也。"《漢書·郊祀志》:"楚懷王隆祭祀,事鬼神,欲以獲福助,卻秦師,而兵挫地削,身辱國危。""隆其祭"指不遵禮,濫祭淫祀。"龍",或讀爲"淡"。《老子》第三十一章"恬淡爲上",《馬王堆帛書·老子乙本》"淡"作"龍"。"淡",淡漠。《大戴禮記·哀公問五義》:"百姓淡然,不知其善。"史游《急就篇》:"薄謂之淡。"本句意爲君王淡漠、無視祭典,不行祭樂。

龏

上博四·昭6～之脾駁(御)王

上博四·昭7～之脾被之

上博四·昭7 王命～之脾毋見

上博四·昭10 命～之脾見

上博五·季4 羣＝(君子)～則述(遂)

上博一·緇2 靜(靖)～(恭)尔立(位)

上博一·緇14 虗(吾)大夫～(恭)叔(且)僉(儉)

上博六·壽7(溫)～里(淑)惠

上博六·用6 凡～人

上博六·用6 非人是～

上博六·用7 擇～又武

～，所從的"龍"或從"兄"聲。或作🖼，省一手；或作🖼、🖼（郭店·尊德義34），字形有所訛變，左上所從亦訛變爲"言"。《說文·廾部》："龏，愨也。從廾，龍聲。"

上博一·緇2"靜～"，讀爲"靜恭"，靜肅恭謹。《韓詩外傳》卷四："《詩》曰：'靜恭爾位，好是正直。'"

上博一·緇14"～叔(且)僉(儉)"，即"恭儉"，參"共"字條。

上博五·季4～，讀爲"恭"，謹愨。《逸周書·諡法》曰："敬順事上曰恭。"《禮記·樂記》"莊敬恭順，禮之制也"，孔穎達疏："外貌莊敬，謙恭謹慎，是理之節制也。"

上博六·壽7"昷～"，讀爲"溫恭"，溫和恭敬。《書·舜典》："濬哲文明，溫恭允塞。"孔穎達疏："溫和之色，恭遜之容。"

上博六·用6"～人"，讀爲"恭人"。《詩·大雅·抑》："溫溫恭人，維德之基。"《詩·小雅·小宛》："溫溫恭人，如集于木。惴惴小心，如臨于谷。戰戰兢兢，如履薄冰。"簡文"恭人"即"恭於人"，指對人恭順尊重。（楊澤生）

上博六·用7～，讀爲"恭"，肅敬；有禮貌。

上博六·用6、上博四·昭"～之䏌",人名。以楚共王之謚法"龏"爲其族,"之"爲結構助詞,"䏌"是他的名字。(董珊)

慹

   上博七·鄭甲2 酒(將)保丌(其)～炎(嚴)

    上博七·鄭乙2 酒(將)保丌(其)～炎(嚴)

～,與(郭店·老子乙5)、(郭店·老子乙6)同,从"心","龍"聲。

簡文"～炎",讀爲"恭嚴"。《文子·道德》"'何謂禮'?曰:'爲上則恭嚴,爲下則卑敬,退讓守柔,爲天下雌,立於不敢,設於不能,此之謂禮也。'"或讀爲"慷愯"、"寵光"。

寵

    上博六·競9 今内～又(有)割疾

《說文·宀部》:"寵,尊居也。从宀,龍聲。"

簡文"内～",帝王寵愛的人,指内官之有權寵者。《左傳·僖公十七年》:"易牙入,與寺人貂因内寵以殺群吏。"杜預注:"内寵,内官之有權寵者。"

嚨

   上博六·用16 ～弔昌(以)成

～,从"口","龍"聲。

簡文"～弔",讀爲"恭淑",與上博六·壽7"昷(溫)龏(恭)淑惠"意同。

聾

上博二・容 2 於是虖(乎)唫(瘖)～埶燭

上博二・容 37 於是唬(乎)又(有)唫(瘖)～皮(跛)瞑、瘦(瘻)、䆧、婁始记(起)

《説文・耳部》："聾,無聞也。从耳,龍聲。"

簡文～,聽覺失靈或閉塞。《左傳・僖公二十四年》："耳不聽五聲之和爲聾,目不别五色之章爲昧。"《禮記・王制》："瘖、聾、跛躃、斷者、侏儒,百工各以其器食之。"孔穎達疏："瘖謂口不能言,聾謂耳不聞聲,跛躃謂足不能行,斷者謂支節解絶,侏儒謂容貌短小。"

從紐从聲

從

上博一・性 17 [非亓(其)]聖(聲)而～之也

上博二・民 13 燹(氣)志既～

上博二・子 5 ～者(諸)卉(草)茅之中

上博二・從甲 5 ～正(政)亳(德)

上博二・從甲 8 ～正(政)又(有)七幾(機)

上博二・從甲 10 ～正(政)所亾(務)三

· 1155 ·

 上博二·從甲 19～事而母（毋）說（詢）

 上博二·從乙 1～命則正不裦（勞）

 上博二·從乙 3～正（政）不絧（治）則罌（亂）

 上博二·容 14 㠯（以）三～舜於甸（畎）畮（畝）之中

 上博二·容 27 䣙（禹）乃～灘（漢）㠯（以）南爲名浴（谷）五百

 上博二·容 27～灘（漢）㠯（以）北爲名浴（谷）五百

 上博二·容 39 肰（然）句（後）～而攻之

 上博二·容 40 湯或（又）～而攻之

 上博二·容 40 湯或（又）～而攻之

 上博二·容 44 不～命者

 上博二·容 44～而桎晕（梏）之

 上博三·周 5 或～王事

 上博三・周 17〜乃矖(維)之

 上博三・中 4 史(使)雔(雍)也〜於剳(宰)夫之後

 上博三・中 12 戁(難)爲〜正

 上博四・采 2 奚言不〜

 上博四・昭 5 須旣袥安〜事

 上博四・柬 20 君王之瘵〜含(今)日以瘥(瘥)

 上博四・柬 22 君王之疠(病)牁(將)〜含(今)日㠯(以)已

 上博四・內 7〜之

 上博四・內 10〜人觀(勸)

 上博五・競 1 級(隰)倗(朋)與鞄(鮑)弔(叔)㰦(牙)〜

 上博五・競 8 此能〜善而迲(去)祂(過)者

 上博五・季 1 肥〜又(有)司之逡(後)

 上博五·季1 青（請）昏（問）君子之～事者於民之□悳（德）

 上博五·季23 此君子～事者之所菩卹也

 上博五·姑5 不思（使）～己立（涖）於廷

 上博五·姑6 ～事可（何）㠯（以）女（如）是

 上博五·弟14 □～

 上博五·三18 好昌天～之

 上博五·三18 好育天～之

 上博五·三18 好龍天～之

 上博五·三18 好長天～之

 上博五·三18 天無不～

 上博七·武4 義勅（勝）谷（欲）則～

 上博七·武14 志勅（勝）欲則～

上博七・凡甲4 虗(吾)奚隻(衡)奚～(縱)

上博七・凡甲9 逐高～埤

上博七・凡甲9 至遠～迡(邇)

上博七・凡甲9 必～弅(寸)旲(始)

上博七・凡乙3 虗(吾)奚隻(衡)奚～(縱)

上博七・凡乙7 逐高～埤

上博七・凡乙7 至(致)遠～迡(邇)

上博八・顏6 則民莫不～矣

上博八・李2 非與～風可(兮)

上博一・緇8 不～丌(其)所㠯(以)命

上博一・緇8 而～丌(其)所行

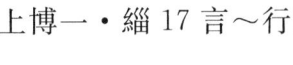

上博一・緇17 言～行之

 上博一·性 20 丌(其)聖(聲)弁(變)則心~之矣

 上博一·性 25 下交旻(得)衆近~正(政)

 上博一·性 30 身必~之

 上博四·内 6 善則~之

 上博四·内 8 如~呂(己)记(起)

~,或从"辵",與 、、、同。或从"止",乃"從"字異體。或作![],所从兩人形作上下結構且與右邊的"丁"旁有借筆。《説文·辵部》:"從,隨行也。从辵、从,从亦聲。"

上博一·性 17 ~,讀爲"縱"。《玉篇》:"縱,恣也,放也。"《國語·楚語》:"夫民氣縱則底。"韋昭注:"縱,放也。"(李學勤)

上博二·民 13"燹(氣)志既~",見《禮記·孔子閒居》"氣志既從",鄭玄注:"從,順也。"《國語·吳語》"以從逸王志",韋昭注:"從,隨也。"

上博二·子 5"~者(諸)卉(草)茅之中"、上博二·容 14"以三~舜於旬(畎)晦(畝)之中",可與子 8"由諸畎畝之中"、《尸子》"堯聞其賢,征諸草茅之中"、《孟子·告子下》"舜發於畎畝之中"參看,"從"與"由"、"發"、"征"之義相同。

上博一·性 25、上博二·從甲 5、8、10、上博二·從乙 3"~正",讀爲"從政",參與政事;處理政事。《左傳·定公元年》:"子家氏未有後,季孫願與子從政。"《漢書·敘傳上》:"周之廢興與漢異,昔周立爵五等,諸侯從政,本根既微,枝葉強大,故其末流有從横之事,其勢然也。"顔師古注:"言諸侯之國各別

爲政。"

上博二·從甲19、上博四·昭5、上博五·姑6"～事",行事;辦事。《詩·小雅·十月之交》:"黽勉從事,不敢告勞。"《詩·小雅·北山》:"偕偕士子,朝夕從事。王事靡盬,憂我父母。"

上博二·從乙1、上博二·容44"～命",猶遵命。《禮記·坊記》:"從命不忿,微諫不倦,勞而不怨,可謂孝矣。"《韓詩外傳》卷五:"故聖王之教其民也,必因其情,而節之以禮,必從其欲,而制之以義,義簡而備,禮易而法,去情不遠,故民之從命也速。"(王中江)

上博二·容39、40"～而攻之",《左傳·定公十三年》:"國人助公,二子敗,從而伐之。"

上博二·容44"～而桎桴(梏)之",追逐。《書·湯誓》:"夏師敗績,湯遂從之。"孔安國傳:"從,謂逐討之。"

上博三·周5"或～王事",聽從;順從。《易·坤》:"或從王事,無成有終。"孔穎達疏:"或順從於王事。"

上博三·中12"～正",趨從正道。《易·隨》:"《象》曰:'官有渝,從正吉也。'"孔穎達疏:"所執官守正,能隨時渝變以見貞正。"

上博五·競8"～善",《左傳·成公八年》:"从善如流,宜哉!"

上博五·季1、23"～事者",辦事的人。

上博五·姑5～,和順、安定。《左傳·昭公五年》:"昭子即位,朝其家衆,曰:'豎牛禍叔孫氏,使亂大從。'"陸德明釋文引服虔曰:"使亂大和順之道也。"楊伯峻注:"從,順也。謂其亂重要之順道也。"《孔子家語·入官》:"君子入官有此六者,則身安譽至而政從矣。"簡文是説不設法穩定自己在朝廷的地位。(陳偉)

上博五·競1、上博五·三18～,跟,隨。

上博七·武4"義勑(勝)谷(欲)則～"、上博七·武14"志勑(勝)欲則～",《荀子·議兵》:"故敬勝怠則吉,怠勝敬則滅;計勝欲則從,欲勝計則凶。"

上博七·凡甲4、凡乙3～,讀爲"縱"。《墨子·備城門》"以柴搏從橫施之"、《荀子·賦》"公正無私,反見從橫"、《韓非子·忠孝》"故世人多不言國法而言從橫"、宋玉《高唐賦》"巖嶇參差,從橫相追","從橫"皆即"縱橫"。"縱",與"橫"相對。"縱橫",縱向與橫向,亦以南北爲縱,東西爲橫。"橫縱"亦作"衡縱",《詩·齊風·南山》:"蓺麻如之何?衡從其畝。"同於簡文。"虐奚衡奚縱",猶《楚辭·七諫·沉江》謂:"不別橫之與縱。"

上博七·凡甲9、凡乙7~，自，由。《左傳·宣公二年》："晉靈公不君……從臺上彈人，而觀其辟丸也。"《史記·五帝本紀》："瞽叟從下縱火焚廩。"

上博二·容27、上博四·柬20、22、上博七·凡甲9、凡乙7~，介詞。自；由。

上博八·顏6"則民莫不~矣"，《荀子·非十二子》："一天下，財萬物，長養人民，兼利天下，通達之屬，莫不從服。"

上博八·李2"~風"，隨風。張衡《南都賦》："芙蓉含華，從風發榮。"何晏《景福殿賦》："參旗九旒，從風飄揚。"

上博一·緇8"而~丌（其）所行"、上博一·緇17"言~行之"，仿效其行爲。《後漢書·馬廖傳》："臣案前世詔令，以百姓不足，起於世尚奢靡，故元帝罷服官，成帝御浣衣，哀帝去樂府。然而侈費不息，至於衰亂者，百姓從行不從言也。"

上博四·内6"善則~（從）之"，即從善。參前。

上博四·内8"~己"，讀爲"從己"，《國語·晉語四》："欲人之從己也，必先從人。"

上博一·緇8、上博一·性20、上博四·内7、10、上博四·采2、上博五·競1~，聽從。《大戴禮記·曾子事父母》："從而不諫，非孝也；諫而不從，亦非孝也。"

縱

上博五·鮑4~公之所欲

上博五·鮑4曰城于~

上博八·志1~不隻（獲）辠（罪）

上博八·志5而~不爲虗（吾）再罢

《說文·糸部》："縱，緩也。一曰：舍也。从糸，從聲。"

上博五·鮑 4～，放縱。《詩·大雅·勞民》："無縱詭隨。"《楚辭·離騷》："縱欲而不忍。"《左傳·昭公十年》："《書》曰'欲敗度，縱敗禮'，我(子皮)之謂矣。夫子(子產)知度與禮矣，我實縱欲而不能自克也。"

上博五·鮑 4～，讀爲"從"。（李學勤）

上博八·志 1～，放縱。《書·酒誥》："誕惟厥縱淫泆于非彝。"《漢書·昭帝紀》："李種坐故，縱死罪棄市。"顔師古注："縱爲容放之。"

上博八·志 5～，是恣肆、不檢束之意。

旁紐丰聲

奉

 上博二·從甲 17 後人則～相之

 上博二·容 7～而立之

 上博一·孔 25 又(有)兔不～(逢)時

 上博二·子 6 史(使)皆得亓(其)社禝(稷)百眚(姓)而～守之

 上博二·子 7 道不～盟(盟)

 上博二·從甲 8 而不智(知)則～(逢)災害

 上博四·内附簡肰(然)后(後)～之邑(以)中章(庸)

 上博五·三 14 是～(逢)凶朔(孽)

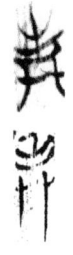
上博六·孔 26 役不～芻

上博七·武 3～箸（書）

上博七·武 13～丹箸（書）

上博七·凡甲 5 箮（埶）爲辨（箭—薦）～

上博七·凡乙 4 箮（埶）爲辨（箭—薦）～

～，戰國文字或作 ▨（郭店·老子乙 17）、▨（新蔡甲三 64）、▨（施 295）、▨（新出溫縣 WT4K6：211）、▨（秦風 56）、▨（陝西 753）、▨（陝西 652）。《說文·廾部》："奉，承也。从手、从廾，丰聲。"

上博二·從甲 17～，說明。《淮南子·說林》："人不見龍之飛舉而能高者，風雨奉之。"高誘注："奉，助也。"

上博二·容 7"～而立之"，《左傳·襄公七年》："簡公生五年，奉而立之。"

上博一·孔 25"～時"，讀爲"逢時"。《文子·符言》："故君子逢時即進，得之以義，何幸之有？"

上博二·從甲 8"～災害"，讀爲"逢災害"。《荀子·成相》："主忌苟勝，群臣莫諫必逢災。"

上博五·三 14～，讀爲"逢"，遭遇，遇到。《說文》："逢，遇也。"《楚辭·離騷》："夏桀之常違兮，乃遂焉而逢殃。"

上博二·子 6"～守"，《戰國策·燕策三》："燕王誠振畏慕大王之威，不敢興兵以拒大王，願舉國爲內臣，比諸侯之列，給貢職如郡縣，而得奉守先王之宗廟。"

上博二·子 7～，讀爲"逢"，遇到。

上博六·孔 26～，進獻。《周禮·地官·大司徒》："祀五帝，奉牛牲。"鄭玄注:"奉猶進也。"

上博七·武3"～箸(書)",《周禮·夏官·虎賁氏》:"若道路不通,有征事,則奉書以使于四方。"

上博七·凡甲5、凡乙4"辯～",讀爲"薦奉",祭祀供奉。《後漢書·孝和孝殤帝紀》:"帝下詔曰:'遠國珍羞,本以薦奉宗廟,苟有傷害,豈愛民之本。其敕太官勿復受獻。'"

邦

 上博八·有2亡(無)～又(有)風(諷)今可(兮)

 上博八·有2同～異心今可(兮)

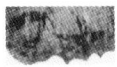 上博八·有2又(有)～……

～,从"邑","奉"聲。

上博八·有2～,讀爲"奉",奉獻,順從。

上博八·有2～,讀爲"奉",奉承。

封

 上博二·容18塁(禹)乃因山陵坪(平)徑(隰)之可～邑者而鯀(繁)實之

～,與 ![] 新蔡乙四136同,从"土","丰"聲,"封"異體,與《說文》"封"字籀文同。《說文·土部》:"封,爵諸侯之土也。从之,从土,从寸,守其制度也。公侯,百里;伯,七十里;子男,五十里。![],古文封省。![],籀文从半。"

簡文"～邑",古時帝王賜給諸侯、功臣以領地或食邑。《史記·晉世家》:"賞從亡者及功臣,大者封邑,小者尊爵。"《周禮·夏官·邍師》:"掌四方之地名,辨其丘陵、墳衍、邍隰之名物之可以封邑者。"

邦

 上博一·孔 3～風

 上博一·孔 4～風氏(是)也

 上博一·緇 1 墓(萬)～复(作)卪(孚)

 上博二·子 1 坪(平)萬～

 上博二·魯 1 魯～大旱

 上博二·魯 1～大旱

 上博二·容 45 不聖(聽)丌(其)～之正(政)

 上博二·容 45 於是唬(乎)九～畔(叛)之

 上博二·容 47 九～者丌(其)可坴(來)虖(乎)

 上博二·容 47 文王於是唬(乎)素耑(端)襪裳吕(以)行九～

 上博二·從甲 2 王舍(予)人～豪(家)土堅(地)

上博二・容4～無飤人

上博二・容10 萬～之君皆呂(以)丌(其)邦襄(讓)於臤(賢)[者]

上博二・容10 萬邦之君皆以丌(其)～襄(讓)於臤(賢)[者]

上博二・容13 乃及～子

上博二・容38 夗北迖(去)丌(其)～

上博二・容47 七～埜(來)備(服)

上博二・從乙1 興～豪(家)

上博三・周8 啓～承豪(家)

上博三・周13 征～

上博四・昭1 王戒～大=(大大)呂(以)猷=(猷酒)

上博四・昭9 天加禍於楚～

上博四・昭9 楚～之良臣所聲骨

 上博四・昭 10 囟(使)～人膚(皆)見之

 上博四・柬 3 欲祭於楚～者唬(乎)

 上博四・柬 5 楚～又(有)祟(常)古(故)

 上博四・柬 6 爲楚～之櫐(鬼)神宔(主)

 上博四・柬 12 而百眚(姓)逐(移)以达(去)～豪(家)

 上博四・柬 16 ～蒝(賴)之

 上博四・柬 17 君皆楚～之牆(將)軍

 上博四・柬 18 ～豪(家)以軒轅

 上博四・柬 18 ～豪(家)大㿋(旱)

 上博四・柬 18 疷(因)瘠(資)智(知)於～

 上博四・相 2 可胃(謂)相～矣

 上博四・相 4 不昏(問)又(有)～之道

 上博四・相 4 而昏(問)相～之道

 上博四・曹 1 昔周室之～魯

 上博四・曹 2 今～愿(彌)小而鐘愈大

 上博四・曹 5 叟(鄰)～之君明

 上博四・曹 6 叟(鄰)～之君亡(無)道

 上博四・曹 10 乃命毀鐘型而聖(聽)～政

 上博四・曹 14 少(小)～尻(處)大邦之閒(間)

 上博四・曹 14 少(小)邦尻(處)大～之閒(間)

 上博四・曹 14 啻(敵)～

 上博四・曹 19 不和於～

 上博四・曹 20 爲和於～女(如)之可(何)

 上博四・曹 22 此所以爲和於～

 上博四·曹 28 ～又(有)君

 上博四·曹 29 是古(故)倀(長)必訽(約)～之貴人及邦之可(奇)士

 上博四·曹 29 是古(故)倀(長)必訽(約)邦之貴人及～之可(奇)士

 上博四·曹 37 甬(用)都畬(教)於～

 上博四·曹 41 可㠯(以)又(有)忢(治)～

 上博四·曹 42 由～馭(御)之

 上博四·曹 56 ～豪(家)以态(宏)

 上博五·鮑 4 不以～豪(家)爲事

 上博五·鮑 4 皮(疲)㳄齊～

 上博五·鮑 6 含(今)豈(豎)迊(刁)佖(匹)夫而欲智(知)堇(萬)輭(乘)之～

 上博五·鮑 7 齊～之亞(惡)死

 上博五·鮑 8 晉～又(有)嬰(亂)

上博五・季5 則～又(有)檊(幹)童

上博五・季8 綮(葛)覤含(今)語肥也㠯(以)尻～豪(家)之述日

上博五・季10 是古(故)叚(賢)人之居～豪(家)也

上博五・季11 氏(是)古(故)夫故～甚難

上博五・季12 則～又(有)穙(穫)

上博五・季15 古之爲～者必㠯(以)此

上博五・季18 氏(是)古(故)叚(賢)人大於～而又嵒(劬)心

上博五・季21 因～亦=(之所)叚(賢)而翠(興)之

上博五・季22 ～相懇(懷)毀

上博五・季23 肰(然)則～坪(平)而民朋(胐)矣

上博五・三4 ～豪(家)亓(其)裹(壞)

上博五・三5 ～遊(失)㠯(幹)棠(常)

 上博五·三 5 少(小)～則戔(殘)

 上博五·三 5 大～迲(過)戨(傷)

 上博五·三 6 是胃(謂)～固

 上博五·三 6 是胃(謂)～薦

 上博五·三 8～四益

 上博五·三 13～叔(且)亡

 上博五·鬼 2 嬰(亂)～豢(家)

 上博五·鬼 7 訐尋顕(夏)～

 上博二·民 14 㠯(以)畜堇(萬)～

 上博二·昔 4 唯～之大耎(務)是敬

 上博五·姑 3 於君幸則晉～之社畩(稷)可昊(得)而事也

 上博五·君 11 絧(治)堇(萬)室之～亦樂

上博一·緇11~家之不寧也

上博五·競8~

上博六·競4 夫子吏(使)亓(其)私吏聖(聽)獄於晉~

上博六·競8 舉~爲欽

上博六·壽1 褙(禍)敗因童(重)於楚~

上博六·壽3 君王與楚~懼戁

上博六·壽5 耑(前)冬言曰~必喪

上博六·壽6 君王保~

上博六·木4 王子不旻(得)君楚~

上博六·天甲1~君建之已(以)坨

上博六·天甲1~君五殜(世)

上博六·天甲2 大夫象~君之立

 上博六·天甲 2～君象天子之

 上博六·天甲 4～喪

 上博六·天甲 4～喪

 上博六·天甲 5 幾殺而～正

 上博六·天甲 8～君飤（食）盥

 上博六·天甲 9～君三辟

 上博六·天甲 12 觀～不言喪

 上博六·天乙 1～君建之㠯（以）垞

 上博六·天乙 1～君五殜（世）

 上博六·天乙 2 大夫象～君之立

 上博六·天乙 2～君象天子之立

上博六·天乙 4～喪

上博六・天乙 4～喪

上博六・天乙 4 幾殺而～正

上博六・天乙 7～君飤（食）盥

上博六・天乙 8～君三辟

上博六・天乙 11 觀～不言喪

上博七・鄭甲 1 㠯（以）～之悶（悷—病）㠯（以）忢（急）

上博七・鄭甲 2 楚～囟（使）爲者（諸）疾（侯）正

上博七・鄭甲 3 售（雖）～之悶（悷—病）

上博七・鄭乙 2 㠯（以）～之悶（悷—病）

上博七・鄭乙 2 楚--囟（使）爲者（諸）疾（侯）正

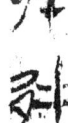
上博七・鄭乙 3 售（雖）～之悶（悷—病）

上博七・君甲 2 楚～之中

上博七·君甲6人胃（謂）之安～

上博七·君乙2楚～之中

上博七·君乙6人胃（謂）之安～

上博七·凡甲16～豪（家）

上博七·凡甲22所㠯（以）攸（修）身而論（治）～豪（家）

上博七·凡甲30少（小）之㠯（以）詞（治）～

上博七·凡乙11～

上博七·凡乙22少（小）之㠯（以）詞（治）～

上博七·吴6咎（舅）生（甥）之～

上博七·吴8陳～

上博八·成1成王既～（封）周公二年

上博八·成8皆欲㠯（以）亓（其）～喜（就）之

上博八·命1 命虘(吾)爲楚~

上博八·命6 綢(治)楚~之正(政)

上博八·命8 亡僕(僕)之尚(掌)楚~之正(政)

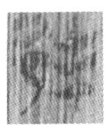上博八·命9 君王之所㠯(以)命與所爲於楚~

上博八·命10 而~正(政)不敗

上博八·王3 ~人其濾(沮)志解體

上博八·志1 是楚~之弝(強)秒(梁)人

上博八·志2 ~人亓(其)胃(謂)之可(何)

上博八·志6 旻(得)忧(尤)於~多巳(已)

上博八·志6 ~人亓(其)胃(謂)我不能再(稱)人

上博八·志8 或(又)不旻(得)【《平王與王子木》簡4】臣楚~

~,戰國文字或作 、、

▨(郭店·語叢四6)、▨(九A41)、▨(新蔡零172)、▨(施149)、▨(施67)、▨(施312)、▨(齊幣39)、▨(齊幣280)、▨(珍秦金·吳越三晉140頁十七年相邦鈹)、▨(三年大將弩機)。《說文·邑部》:"邦,國也。从邑,丰聲。▨,古文。"

上博一·孔3、4"～風",即《詩·國風》。孔穎達疏:"'國風'者,十五國之總稱。……言《國風》者,國是風化之界,詩以當國爲別,故謂之《國風》。"

上博二·魯1"魯～",即魯國。

上博二·容45、47"九～",即九國,《禮記·文王世子》:"文王謂武王曰:'女何夢矣?'武王對曰:'夢帝與我九齡。'文王曰:'女以爲何也?'武王曰:'西方有九國焉,君王其終撫諸?'"

上博二·容47"七～",即七國。

上博二·容13"～子",公卿大夫的子弟。《周禮·地官·師氏》:"以三德教國子:一曰至德,以爲道本;二曰敏德,以爲行本;三曰孝德,以知逆惡。"鄭玄注:"國子,公卿大夫之子弟。"

上博五·鮑4、7"齊～",即齊國。

上博五·鮑8、姑3、競4"晉～",即晉國。

上博七·吳8"陳～",即陳國。

上博四·曹1～,封也。《墨子·非攻下》:"唐叔與吕尚邦齊晉。"

上博四·曹5、6"奠(鄭)～",即"鄭邦",《韓非子·説林上》:"君予之地,智伯必驕而輕敵,鄰邦必懼而相親。以相親之兵待輕敵之國,則智伯之命不長矣。"

上博四·曹10"～政",國家軍政;執掌國家軍政。《書·周官》:"司馬掌邦政,統六師,平邦國。"孔安國傳:"夏官卿主戎馬之事,掌國征伐,統正六軍,平治王邦四方國之亂者。"

上博五·三5少(小)～、大～、上博四·曹14少(小)～尻(處)大邦之閒(間),《書·武成》:"大邦畏其力,小邦懷其德。"

上博四·曹14"啻(敵)～",即敵國。《周禮·夏官·環人》:"環人掌致師,察軍慝,環四方之故,巡邦國,搏諜賊,訟敵國,揚軍旅,降圍邑。"

上博五·鮑6"堇(萬)棶(乘)之～",《孟子·梁惠王上》:"萬乘之國,弑其君者,必千乘之家;千乘之國,弑其君者,必百乘之家。"

上博五·季15"爲～",治國。《論語·子路》:"善人爲邦百年,亦可以勝殘去殺矣。"

上博二·昔4"唯～之大叐(務)是敬",《周禮·天官·宮正》:"歲終,則會其行事,凡邦之大事,令于王宮之官府、次舍,無去守而聽政令。"

上博五·君11"絇(治)萬(萬)室之～",《孟子·告子下》:"萬室之國,一人陶,則可乎?"

上博六·競8"舉～",《三國志·吳書·張顧諸葛步傳》:"昭容貌矜嚴,有威風,權常曰:'孤與張公言,不敢妄也。'舉邦憚之。"

上博六·壽6"保～",《書·周官》:"王曰:'若昔大猷,制治于未亂,保邦于未危。'"

上博六·天甲、天乙"～君",見於《書·伊訓》:"……邦君有一於身,國必亡。"《論語·八佾》:"邦君樹塞門,管氏亦樹塞門。邦君爲兩君之好,有反坫,管氏亦有反坫。"

上博六·天甲4、天乙4"～喪",《書·多士》:"惟天不畀不明厥德,凡四方小大邦喪,罔非有辭於罰。"

上博七·君甲6、君乙6"安～",使國家平安穩定。焦贛《易林·家人之渙》:"解商驚惶,散我衣裝,君不安邦。"

上博四·曹41、上博七·凡甲30、凡乙22"絇(治)～",《周禮·天官·大宰》:"大宰之職,掌建邦之六典,以佐王治邦國。"

上博七·吳6"咎(舅)生(甥)之～",《全後周文·周儀同松滋公拓跋兢夫人尉遲氏墓誌銘》:"圖諜帝系,即有內外之親;分裂山河,仍爲舅甥之國。"

上博八·成1～,封也。《禮記·明堂位》:"成王以周公爲有勳勞於天下,是以封周公於曲阜,地方七百里,革車千乘。"

上博八·命10"～正",讀爲"邦政",《書·周官》:"司馬掌邦政,統六師,平邦國。"

上博"～人",國人;百姓。《書·金縢》:"二公命邦人,凡大木所偃,盡起而築之。"《史記·魯世家》作"國人"。

上博"～豪",即"邦家",猶言"國家",《書·湯誥》"俾予一人,輯寧爾邦家",孔安國傳:"言天使我輯安汝國家。國,諸侯。家,卿大夫。"《詩·小雅·南山有臺》:"樂只君子,邦家之基。"

上博"楚～",即楚國。

上博"萬～"，所有諸侯封國。後引申爲天下，全國。《書·堯典》："協和萬邦，黎民於變時雍。"《詩·大雅·文王》："儀刑文王，萬邦作孚。"鄭玄箋："儀法文王之事，則天下咸信而順之。"

上博～，《說文》："邦，國也。"後世作"國"，亦當爲避漢諱故。

豛

 上博三·周44 湶（井）浴豛（射）～

～，从"豕"，"丰"聲，可能是"豖"字異體。上古音"豖"爲明紐東部字，"丰"爲並紐東部字。聲紐均是唇音，韻部相同。"豖"字異體可从"丰"聲。

簡文～，讀爲"鮒"。馬王堆漢墓帛書本《周易》作"付"，今本作"鮒"。上古音"丰"爲並紐東部字，"付"爲幫紐侯部字，"鮒"爲並紐侯部字。聲紐均是唇音，韻部對轉。典籍中"鞛"、"琫"二字古通，如《左傳·桓公二年》："藻率鞞鞛。"《詩·大雅·公劉》正義引"鞛"作"琫"。"棓"或作"棒"，如《集韻·講韻》："棓，《說文》'梲也。'亦从奉。""柎"、"部"二字古通，如《左傳·昭公二五年》："唯是楄柎所以藉幹者。"《說文·木部》引"柎"作"部"。"附"、"培"二字古通，如《玉篇·阜部》"附，附婁小土山也，今作培"。因此，从"奉"（從丰聲）聲的字可與从"付"聲的字相通。《淮南子·氾論》："相戲以刃者，大祖軵其肘。"高誘注："軵，擠也。讀近茸。急察言之。"《廣韻·腫韻》："軵，推車。或作揖。""茸"、"揖"均爲東部字，此爲从"付"聲的字與東部字相通的直接證據。

佳

 上博七·凡甲4 筲（埶）爲之～

 上博七·凡乙4 筲（埶）爲之～

～，从"人"、"土"、"丰"聲。"封"字繁體。

簡文～，疆域；分界。《左傳·僖公三十年》："〔晉〕既東封鄭，又欲肆其西封。"杜預注："封，疆也。"《莊子·齊物論》："夫道未始有封。"成玄英疏："夫道無不在,所在皆無,蕩然無際,有何封域。"史游《急就篇》卷三:"頃町界畞畦埒封。"顏師古注:"封,謂聚土以爲田之分界也。"

豐

上博三·周 51～丌(其)荋(沛)

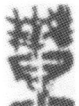
上博三·周 51～丌(其)坿

上博三·周 51～丌(其)荋

上博二·容 45～檽(鎬)

上博二·容 47～喬(鎬)不備(服)

上博二·容 48 文王乃记(起)帀(師)以鄉(嚮)～喬(鎬)

上博二·容 48～喬(鎬)之民䎽(聞)之

上博八·李 2～芋(華)緟(重)光

上博八·蘭 1 苢(黄)薛茅(茂)～

～,从"壴(鼓)","丰"聲。《説文·豐部》:"豐,豆之豐滿者也。从豆,象形。一曰《鄉飲酒》有豐侯者。 ,古文豐。"

上博三·周 51～,卦名,《周易》第五十五卦,離下震上。《易·象》曰:

"《豐》,大也。明以動,故豐。'王叚之',尚大也。'勿憂宜日中',宜照天下也。日中則昃,月盈則食,天地盈虛,與時消息,而況於人乎?況於鬼神乎?"《易·象》曰:"雷電皆至,《豐》;君子以折獄致刑。"

上博二·容〜,地名。《說文》:"酆,周文王所都,在京兆尹杜陵西南。"段玉裁注:"《詩》、《書》皆作豐。《左傳》:酆,文之昭也。字從邑,前、後二《志》亦作酆。《大雅》曰:'既伐於崇,作邑于豐。'杜預注:'酆在鄠縣',後《志》曰:'酆在京兆杜南陵西南。'"

上博八·李2〜,茂盛,茂密。《詩·小雅·湛露》:"湛湛露斯,在彼豐草。"毛亨傳:"豐,茂也。"《楚辭·九歎·思古》:"甘棠枯於豐草兮。""豐芋",讀爲"豐華",豐茂的花。陸雲《九湣·紆思》:"猗猗芳草,殖山阿兮,朝日來照,發豐華兮。"

上博八·蘭1"茅〜",讀爲"茂豐",典籍或作"豐茂",見《管子·水地》:"羽毛豐茂。"又,《論衡·率性》:"肥而沃者性美,樹稼豐茂。"亦指禾稼草木豐盛茂密貌。

旁紐豐聲歸丰聲

明紐龙聲

龙

上博三·周1困〜

上博三·周1僮(童)〜

上博三·周1瞉〜

上博三·亙11亓(其)瘵〜不自若

"",是"龙"之變體,與曾侯乙墓竹簡170"龙"(龍)形近。《説文·犬

部》:"尨,犬之多毛者。从犬、从彡。《詩》曰:'無使尨也吠。'"

上博三·周~,讀爲"蒙",《經典釋文》:"尨,莫江反,又音蒙。""蒙",卦名,《周易》第四卦,坎下艮上。今本"困蒙,吝",王弼注:"獨遠於陽,處兩陰之中,闇莫之發,故曰困蒙也。困於蒙昧,不能比賢以發其志,亦以鄙矣。故曰吝也。"馬王堆漢墓帛書《繆和》:"子曰'夫蒙者,然少未又(有)知也。凡物之少,人之所好也。故曰:蒙,亨。'"《序卦》:"物生必蒙,故受之以蒙。蒙者,蒙也,物之穉也。"

上博三·亙11"䆴~",讀爲"敦尨",或作"純尨"、"純麗"、"敦庬"、"敦懞"、"敦龐"、"厚大"或"純樸敦厚",《左傳·成公十六年》:"是以神降之福,時無災害,民生敦尨,和同以聽。"杜預注:"敦,厚也;尨,大也。"《詩·商頌·長發》:"受小共大共,爲下國駿尨。"鄭玄箋:"尨,厚也。"《楚辭·九章·惜往日》:"心純尨而不泄兮,遭讒人而嫉之。"王逸注:"純尨,素性敦厚,慎言語也。"《國語·周語上》:"夫民之大事在農。……敦尨純固,於是乎成。"《論衡·自紀》:"存敦尨之樸。"《管子·五輔》:"敦懞純固。"(董珊)或釋爲"䆴友",讀爲"肆伐"或"襲伐"。(蘇建洲)

正編·魚部

上博楚簡文字聲系

魚　部

影紐烏聲

烏（於）

 上博五・弟 4～！莫我智（知）也夫

 上博一・緇 2 臣不或（惑）～君

 上博二・子 9 子羔昏（問）～孔子曰

 上博二・子 10 晝～怀（背）而生

 上博二・子 11 觀～伊而旻（得）之

 上博二・子 11 遊～央臺之上

 上博二・子 12 遊～玄咎（丘）之内（汭）

 上博三·彭 1 而墾(舉)～朕身

 港甲 3 仁而盡～雁(膺)生

 上博一·緇 17 則民斱(慎)～言而敗(謹)於行

 上博一·緇 17 則民斱(慎)於言而敗(謹)～行

 上博一·緇 17～茲臣(緝熙)義止

 上博一·孔 6～唬(乎)耑(前)王不忘

 上博一·孔 9 實咎～其也

 上博一·孔 10 童而皆臤(賢)～丌(其)初者也

 上博一·孔 10 以色俞(喻)～豊(禮)

 上博一·孔 12 反内～豊(禮)

 上博一·孔 21～(猗)差(嗟)

 上博一·孔 22～(猗)差(嗟)曰

上博一・孔 22 ～卲（昭）于天

上博二・子 2 舜嗇（穡）～童土之田

上博二・魯 2 女（如）母（毋）忎（愛）珪璧幣帛～山川

上博二・魯 4 女（若）天（夫）母（毋）忎（愛）圭（珪）璧幣帛～山川

上博二・魯 4 丌（其）欲雨或甚～我

上博二・魯 5 丌（其）欲雨或甚～我

上博二・魯 5 ～（烏）唬（乎）

上博三・中 4 史（使）雟（雍）也從～剴（宰）夫之後

上博三・彭 4 既只（躋）～天

上博二・彭 4 或（又）椎（入）～囦（淵）

上博五・君 1 詹（顏）囦（淵）𣅊（侍）～夫子

上博五・君 1 㠯（以）依～㤑（仁）

 上博五·君3 虗(吾)新(親)聏(聞)言~夫子

 上博五·君3 詹(顏)囦(淵)㝅(侍)~夫子

 上博五·君11 子羽聏(問)~子贛(贛)曰

 上博五·君14 肰(然)則叚(賢)~罍(禹)也

 上博五·三4 毋詷(誷)政卿~神宋(次)

 上博五·三6 凡宅(託)官~人

 上博五·三6 宅(託)人~官

 上博五·三18 死~梁下

 上博一·性1 及丌(其)見~外

 上博一·性2 道訋(始)~情

 上博一·性2 情生~眚(性)

 上博一·性6 快~其(己)者之胃(謂)兌(悅)

 上博一·性 8 亓(其)訇(始)出也皆生~[人]

 上博一·性 14 亓(其)出~情也

 上博一·性 24 達~宜(義)者也

 上博一·性 24 贋(篤)~悬(仁)者也

 上博一·性 30 凡~道迲(路)

 上博一·性 34 □情出~眚(性)

 上博二·民 1 [子]昆(夏)甹(問)~孔子

 上博二·民 2 必達~豊(禮)樂(樂)之篆(原)

 上博二·民 7 而悳(德)既塞~四海矣

 上博二·昔 2 至命~閔

 上博二·昔 3 割(蓋)憙(喜)~內不見於外

 上博二·昔 3 割(蓋)憙(喜)於內不見~外

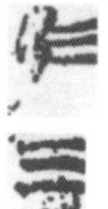 上博二·昔 3 悥(喜)～外不見於內

 上博二·昔 3 悥(喜)於外不見～內

 上博二·昔 3 慍(慍)～外不見於內

 上博二·昔 3 慍(慍)於外不見～內

 上博三·互 5 又(有)出～或(域)

 上博三·互 5 生出～又(有)

 上博三·互 5 音出～生

 上博三·互 5 言出～音

 上博三·互 5 名出～

 上博三·互 6 事出～名

 上博三·互 7 出～复(作)

 上博三·互 8 嬰(亂)出～人

 上博四·柬 1 命龜尹羅貞～大顕(夏)

上博四·柬 2 龜尹智（知）王之庶（炙）～日而疠（病）疥（疥）

上博四·柬 3 城～膚中者

上博四·柬 3 欲祭～楚邦者唬（乎）

上博四·柬 3 尚（當）諡而卜之～大夏

上博四·柬 4 贅尹至（致）命～君王

上博四·柬 17 复（作）色而言～廷

上博四·柬 18 痼瘠（資）智（知）～邦

上博四·柬 20～君

上博四·柬 20 君內（入）而語僕之言～君王

上博四·柬 22 命（令）尹子林䎽（問）～大（太）剚（宰）子止（之）

上博四·內 7 唯（雖）至～死

上博四·相 3 百攻（工）儷（勸）～事

 上博四·相 3 庶人蘁(勸)～四枳(肢)之褻(藝)

 上博四·相 4 虗(吾)見～君

 上博四·曹 3 此不貧於散(美)而寡(富)～悳(德)與(歟)

 上博四·曹 7 今異～而(尔)言

 上博四·曹 8 君言亡(無)㠯(以)異～臣之言

 上博四·曹 12 還年而䎽(問)～敓(曹)敿(沬)曰

 上博四·曹 16 繹紀～大國

 上博四·曹 19 不和～邦

 上博四·曹 19 不和～豫

 上博四·曹 21《詩》～又(有)之曰

 上博四·曹 23 所㠯(以)爲和～豫

 上博四·曹 24 爲和～戟(陳)女(如)可(何)

 上博四・曹 35 毋辟(嬖)～便俾(嬖)

 上博四・曹 35 毋倀(長)～父踺(兄)

 上博四・曹 37 甬(用)都耆(教)～邦

 上博四・曹 50 虖(號)命(令)～軍中曰

 上博四・曹 51 虖(吾)戩(戰)啻(敵)不訓(順)～天命

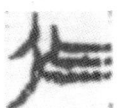 上博四・曹 63 乃自惥(過)以敓(悦)～蠆(萬)民

 上博四・曹 65 昔之明王之记(起)～天下者

 上博五・競 2 又(有)雙(雉)廷(雊)～僮(彝)前

 上博五・競 5 又(有)惥(憂)～公身

 上博五・競 6 不遷(遷)～善而敓(奪)之

 上博五・競 6 至～史(使)日食

 上博五・競 9 以鼉(馳)～倪(郳)市

上博楚簡文字聲系(一～八)

上博五·季1 季庚(庚)子䎽(問)～孔子曰

上博五·季3 紬(施)敎(教)～百眚(姓)

上博五·季9 異～丘斋=(之所)昏(聞)

上博五·季18 氏古(故)叚(賢)人大～邦而又𥈞(勮)心

上博五·姑1 以見亞(惡)～敕(厲)公

上博五·姑3～君幸則晉邦之社眫(稷)可㝵(得)而事也

上博五·姑8 言～敕(厲)公曰

上博五·三8 遴(失)～娧(美)

上博五·鬼2【背】此㠯(以)桀折～蒿山

上博五·鬼2【背】而受(紂)首～只(岐)袿(社)

上博四·昭1 卲(昭)王爲室～死沮(沮)之㳂(濟)

上博四·昭2 牂(將)剌(斷)～含(今)日

上博四·昭3 不幸僕(僕)之父之骨才(在)～此室之壟(階)下

 上博四·昭 5 王遅(徙)凥(處)～坪澫

 上博四·昭 5 䧙(卒)吕(以)夫=(大夫)歓(飲酒)～坪澫

 上博四·昭 7 君王至～定冬而被褧=(褧衣)

 上博四·昭 8 自訟～王

 上博四·昭 9 天加禍～楚邦

 上博四·昭 9 息君吳王身至～郢

 上博二·容 2～是虖(乎)啥(喑)聾執燭

 上博二·容 4～是虖(乎)不賞不罰

 上博二·容 6 昔堯凥(處)～丹府與藋陵之閒(間)

 上博二·容 6～是虖(乎)方百里之中

 上博二·容 7～是虖(乎)方囩(圓)千里

 上博二·容 7～是於(乎)坴板正立

 上博二·容 7 於是～(乎)竝板正立

 上博二·容 8 舜～是虖(乎)訋(始)語堯天壑(地)人民之道

 上博二·容 10 堯㠯(以)天下襄(讓)～臤(賢)者

 上博二·容 10 萬邦之君皆㠯(以)亓(其)邦襄(讓)～臤(賢)[者]

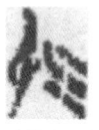 上博二·容 11 ～是虖(乎)天下之人

 上博二·容 13 昔舜靜(耕)～鬲丘

 上博二·容 13 匋(陶)～河賓(濱)

 上博二·容 13 魚(漁)～靁(雷)澤

 上博二·容 14 堯～是虖(乎)爲車十又(有)五輛(乘)

 上博二·容 14 㠯(以)三從舜～旬(畎)晦(畝)之中

 上博二·容 14 舜～是虖(乎)

 上博二·容 22 㝢(禹)乃建敫(鼓)～廷

 上博二·容 25～是虖(乎)夾州淦(徐)州卐(始)可凥(處)

 上博二·容 25～是虖(乎)競州篹(莒)州卐(始)可凥(處)也

 上博二·容 26～是虖(乎)並州卐(始)可凥(處)也

 上博二·容 26～是虖(乎)勮(荊)州鄡(揚)州卐(始)可凥(處)也

 上博二·容 27～是於(乎)敘(豫)州卐(始)可凥(處)也

 上博二·容 27 於是～(乎)敘(豫)州卐(始)可凥(處)也

 上博二·容 27～是虖(乎)叡州卐(始)可凥(處)也

 上博二·容 28 乃飤(食)～埜(野)

 上博二·容 28 㑋(宿)～埜(野)

 上博二·容 31 以籩～溪浴(谷)

 上博二·容 31 淒(濟)～坓(廣)川

 上博二·容 32～是於(乎)卐(治)篅(爵)而行录(禄)

 上博二·容32 於是～(乎)訇(治)篃(爵)而行彔(祿)

 上博二·容32 㠯(以)襄(讓)～

 上博二·容34 曡(禹)～是虖(乎)襄(讓)益

 上博二·容34 啟～是虖(乎)攻益自取

 上博二·容36 ～是虖(乎)又(有)諠(喑)聾皮(跛)瞑瘻(瘺)寠婁(僂)訇(始)记(起)

 上博二·容39 ～是虖(乎)訢(慎)戒陞(徵)臤(賢)

 上博二·容40 立～中余

 上博二·容41 湯～是虖(乎)詿(徵)九州之帀(師)

 上博二·容41 ～是虖(乎)天下之兵大记(起)

 上博二·容41 ～是虖(乎)羿(叛)宗鹿(戮)族

 上博二·容42 ～是虖(乎)

 上博二·容43 無萬(勵)～民

上博二·容44 加纓(圜)木～丌(其)上

上博二·容44～是虖(乎)复(作)爲金桎三千

上博二·容45 敄(厚)樂～酉(酒)

上博二·容45～是虖(乎)九邦畔(叛)之

上博二·容46 乃出文王～㝬(夏)臺之下而睧(問)安(焉)

上博二·容47 文王～是虖(乎)素耑(端)襡裳㠯(以)行九邦

上博二·容50 武王～是虖(乎)复(作)爲革車千輨(乘)

上博二·容51 涉～孟瀘(津)

上博二·容51 至～共㴲(滕)之間

上博二·容52 以少(宵)會者(諸)侯之帀(師)～䁖(牧)之埜(野)

上博二·容52 而旻(得)遊(失)行～民之𢈔也

上博二·容52 武王～是虖(乎)素冠㡰(冕)

 上博二·容53 武王素廛(甲)以申(陳)～譽(殷)蒿(郊)

 上博四·昭8 皋(罪)亓(其)公(容)～死

 上博四·内8 行祝～五祀

 上博四·内10 肰(然)則孚(免)～戾

 上博四·曹3 此不貧～敓(美)而寡(富)於惪(德)與(歟)

 上博四·曹2 飯～土鞙(簋)

 上博四·曹2 欲〈歠〉～土型(鉶)

 上博四·曹5 則不可㠯(以)不攸(修)政而善～民

 上博四·曹6 則亦不可㠯(以)不攸(修)政而善～民

 上博四·曹19 不和～战(陳)

 上博四·曹20 爲和～邦女(如)之可(何)

 上博四·曹22 此所以爲和～邦

· 1202 ·

上博四·曹 22 爲和～豫女(如)可(何)

上博四·曹 47 善～死者爲生者

上博五·季 1 季庚(康)子䣛(問)～孔子曰

上博五·姑 5 含(今)宔(主)君不遺～虗(吾)

上博五·姑 5 虗(吾)睧(聞)爲臣者必思(使)君旻(得)志～弖(己)而又(有)後青(請)

上博五·姑 6 ～言又(有)之

上博五·姑 6 褱(顧)䫢(額)吕(以)至～含(今)才(哉)

上博五·姑 9 不思(使)從己立(涖)～廷

上博五·姑 9 敂(拘)人～百豫

上博六·競 1 割疾與棨(梁)丘虐言～公曰

上博六·競 1 虗(吾)幣帛甚娩(美)～虗(吾)先君之量矣

上博六·競 1 虗(吾)珪璧大～虗(吾)先君之……

 上博六·競 2 是虗(吾)所望～女也

 上博六·競 4 木爲成～宋

 上博六·競 4 夫子使丌(其)厶(私)吏聖(聽)獄～晋邦

 上博六·競 5 可因～民者

 上博六·競 7 則忎(恐)逡(後)敚～史者

 上博六·競 10 出喬～鄆(里)

 上博六·競 12 㠯(以)至～此

 上博六·孔 3 睧(聞)亓(其)訇(辭)～僻人嘑(乎)

 上博六·孔 7 異～人

 上博六·孔 12 亦㠯(以)亓(其)勿睿(蜜)二逃者㠯(以)觀～民

 上博六·孔 13 見～君子

 上博六·孔 17 皆求異～人

上博六·孔 27 求之～中

上博六·莊 4 哉～朸述

上博六·壽 1 繇之～宗庿（廟）

上博六·壽 1 褶（禍）敗因童（重）～楚邦

上博六·壽 6～孝夫

上博六·木 1 睹（舍）飤（食）～䰠寬（宿）

上博六·木 3 睹（舍）飤（食）～䰠寬（宿）

上博六·木 5 坐～蕭中

上博六·慎 4 襄旻（得）甬～殜（世）

上博六·慎 5 必～……

上博六·用 2 非㦛～福

上博六·用 3 少疋～毄

上博六·用 3 亦不埶~惻

上博六·用 11 舉箮(竿)~壄(野)

上博六·用 12 既出~口

上博六·用 12 若矢之仐~弦

上博六·用 13 不吕~天

上博六·用 13 而吕~人

上博六·用 15 而考~左右

上博六·天甲 3 豊(禮)之~宗庿(廟)也

上博六·天甲 4 必中青以瞿~

上博六·天甲 13 所不學~帀(師)者三

上博六·天甲 13 此所不學~帀(師)也

上博六·天乙 3 豊(禮)之~宗庿(廟)也

 上博六·天乙 4 必中青以瞿～勿

 上博七·武 1 王畜（問）～帀（師）上（尚）父曰

 上博七·武 5 及～身

 上博七·武 6 名（銘）～筥（席）之四岗（端）

 上博七·武 8 與丌（其）溺～人

 上博七·武 8 溺～人

 上博七·吳 8 吳人唐（虐）～周

 上博七·武 9 亞（惡）危～忩連（戾）

 上博七·武 9 亞（惡）迲道～脂（嗜）谷（欲）

 上博七·武 10--貴福

 上博七·武 11 畜（問）～大（太）公踅（望）曰

 上博七·武 11 亦又（有）不涅（盈）～十言

 上博七·鄭甲2~含(今)而逡(後)

 上博七·鄭甲4毋吕(以)城(成)名立~上

 上博七·鄭甲5而威(滅)炎~下

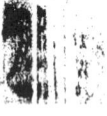 上博七·鄭甲7與之戰~兩棠

 上博七·鄭乙2~含(今)而逡(後)

 上博七·鄭乙7與之戰~兩棠

 上博七·君甲1敢告~見(視)日

 上博七·君甲3竽瑟(瑟)臭(衡)~耑(前)

 上博七·君甲9嫁(戮)死~人手

 上博七·君乙1敢告~見(視)日

 上博七·君乙3竽瑟(瑟)臭(衡)~耑(前)

 上博七·君乙9嫁(戮)死~人手

上博七・凡甲 5 覝（鬼）生～人

上博七・凡甲 6 覝（鬼）生～人

上博七・凡甲 15 寊（賓）～天

上博七・凡甲 15 下番（播）～囦（淵）

上博七・凡甲 15 每～千里

上博七・凡甲 15 練（陳）～四海（海）

上博七・凡甲 16 是古（故）聖人层（尻—處）～亓（其）所

上博七・凡甲 20 言记（起）～鼠（一）耑（端）

上博七・凡甲 23 乇（度）～身旨（稽）之

上博七・凡甲 25 ～天咸

上博七・凡甲 25 言记（起）～鼠（一）耑（端）

上博七・凡乙 4 覝（鬼）生～人

上博七·凡乙 5 愧(鬼)生～人

上博七·凡乙 10 下番(播)～囦(淵)

上博七·凡乙 10 每～□

上博七·凡乙 11 是古(故)聖人尻(處)～亓(其)所

上博七·凡乙 14 □～鼠(一)耑(端)

上博七·凡乙 16 ～身旨(稽)之

上博七·凡乙 18 水返(復)～天

上博七·凡乙 18 言记(起)～鼠(一)耑(端)

上博七·吳 3 青(請)城(成)～楚

上博七·吳 3 隆(降)忢(禍)～我

上博七·吳 4 慇(親)～桃

上博七·吳 7 辱命～募(寡)君之業(僕)

正編・魚部

上博七・武 8 寧溺~㝛(淵)

上博八・子 2 㠯(以)受嘼(戰)攻之飤(食)~子

上博八・子 2~妝(偃)僞

上博八・子 2~子員(損)

上博八・子 2~是虖(乎)可(何)侍(待)

上博八・子 4 魯司寇(寇)奇訡(言)遊~逡楚

上博八・顔 1 詹(顔)囦(淵)䎽(問)~孔₌(孔子)曰

上博八・顔 9 則丌(其)~教也不遠矣

上博八・成 4 白(伯)尼(夷)、弔(叔)齊餓(餓)而死~誰(雖)漬(瀆)

上博八・成 5--虖(呼)

上博八・成 11 少㕚(疏)~身

上博八・命 1 見~命(令)尹子春

 上博八·命 3 唯(雖)鈙(負)～鈙(斧)竃(鑽)

 上博八·命 7 子胃(謂)易(陽)爲摯(賢)～先夫=(大夫)

 上博八·命 8 君王之所㠯(以)命與所爲～楚邦

 上博八·命 9 必内(入)瓜(偶)之～十友又厽(三)

 上博八·王 2 命(令)尹少進～此

 上博八·王 2 虖(吾)鼠(一)恥～告夫=(大夫)

 上博八·王 3 是言既睧(聞)～衆巳(已)

 上博八·志 6 旻(得)忧(尤)～邦多巳(已)

 上博八·志 6 虖(吾)欲至(致)尓(爾)～辠(罪)

 上博八·有 1 囟(思)遊～志(仁)今可(兮)

～，西周金文作 (何尊)、 (毛公鼎)，取象於烏鴉，與鳥形極近。唯喙部大張，與鳥字不同。春秋金文作 (余義鐘)、 (鰲鎛)，所從的"鳥"形已簡化，右部所從的"人"形其實是從鳥的羽毛的變體，已與鳥形中分離出來。戰國文

字或作：■（郭店·老子甲25）、■（郭店·老子甲33）、■（郭店·老子乙9）、■（郭店·老子丙8）、■（郭店·五行39）、■（郭店·成之聞之4），承襲春秋文字，爲《說文》古文■形所本，于是就分化出了"於"；或作■（郭店·唐虞之道8）、■（新蔡甲三296）、■（陶彙3.652），右部訛爲"糸"的下部；或作■、■，左旁則訛爲"人"形；或作■、■（郭店·語叢二22）、■（郭店·語叢一22）、■（郭店·語叢一22）、■（郭店·語叢一105）、■（郭店·語叢二8）、■（郭店·語叢三50）、■（郭店·語叢三50）、■（郭店·語叢二42）、■（郭店·語叢三3）、■（中山王鼎），左部的鳥形很清晰，右部則訛混爲"羊"形，爲《說文》古文■形所本。《說文·烏部》："烏，孝鳥也。象形。孔子曰：烏，盱呼也。取其助氣，故以爲烏呼。■，古文烏，象形。■，象古文烏省。"

上博"～是虖"，猶於是。《國語·周語上》："民之有口，猶土之有山川也，財用於是乎出；猶其有原隰衍沃也，衣食於是乎生。"

上博二·容27"～是於（乎）"，讀爲"於是乎"。

上博四·曹21"《詩》～又（有）之曰"，或讀爲"固"，《莊子·外物》"《詩》固有之曰：'青青之麥，生於陵陂。生不佈施，死何含珠爲！'"（高佑仁）或讀爲"焉"。或疑爲"於《詩》有之"之倒。（李銳）

上博一·孔21、22"～差"，讀爲"猗嗟"，《詩經》篇名。《詩·齊風·猗嗟》："猗嗟昌兮，頎而長兮。"毛亨傳："猗嗟，歎辭。"

上博一·孔6、上博二·魯5、上博八·成5"～虖（呼）"，讀爲"烏乎"，亦作"烏嘑"、"烏虖"、"烏呼"，同"嗚呼"，嘆詞。《左傳·襄公三十年》："烏乎，必有此夫！"《漢書·外戚傳贊》："烏嘑！鑒茲行事，變亦備矣。"

上博五·弟4～，嘆詞。《書·堯典》："僉曰：'於！鯀哉！'"《詩·周頌·賚》："時周之命，於繹思。"朱熹集傳："於，歎詞。"王念孫《讀書雜志·漢隸拾遺》："於，音烏，歎詞也。"

上博二·魯4、5、上博八·命7～，介詞，比，表示比較。《禮記·檀弓下》："苛政猛於虎也。"

上博八・成 4～，介詞，在。《論語・述而》："子於是日哭則不歌。"酈道元《水經注・晉水》："晉荀吳帥師敗狄於大鹵。"

上博七・君甲 9、君乙 9～，介詞，被，表示被動。《論語・公冶長》："禦人以口給，屢憎於人，不知其仁，焉用佞！"《後漢書・鄭太傳》："燕、趙、齊、梁，非不盛也，終滅於秦。"

上博七・武 1、11、上博八・顏 1～，介詞，向。《論語・學而》："子禽問於子貢。"《史記・趙世家》："趙氏求救於齊。"

鴢

 上博四・逸・交 2 交₌鳴(鳴)～(烏)

 上博四・逸・交 3 交₌鳴(鳴)～(烏)

～，從"鳥"，"於"聲，"於"字繁體，是在"於"上加注"鳥"旁而形成的"累加字"。《龍龕手鏡・鳥部》："鴢，俗，音烏。"《字彙補・鳥部》："鴢，於姑切。音烏。見《篇海》。"張湧泉先生謂："此字疑即'烏'的增旁俗字。'烏'也爲鳥屬，故俗書贅旁作'鴢'。"（見《漢語俗字叢考》中華書局 2000 年）與  《安昌里館璽存》同。

簡文"鳴～"，鳴叫的烏鴉。古人歌詠烏鵲者不少。如尹灣漢簡《神烏賦》"蠕(？)飛之類，烏最可貴。其性好仁，反哺於親。行義淑茂，頗得人道。"曹操《短歌行》："月明星稀，烏鵲南飛。繞樹三匝，何枝可依。山不厭高，水不厭深。周公吐哺，天下歸心。"簡文以烏來興賢人君子。或説以"烏"比喻人民。

影紐亞聲

亞

上博一・性 21 唯(雖)悉(過)不～(惡)

上博一·性 24 ~(惡)之而不可非者

上博一·性 24 非之而不可~(惡)者

上博一·緇 9 上之好~(惡)不可不斬(慎)也

上博一·緇 18 則民不能大亓(其)頯(美)而少(小)亓(其)~(惡)

上博五·三 1 天~(惡)女(如)忻

上博五·三 8 皇天之所~(惡)

上博五·三 13 ~(惡)盍與飤(食)

上博五·三 13 ~(惡)聖人之惎(謀)

上博一·孔 8 亓(其)言不~(惡)

上博一·孔 24 ~(惡)亓(其)人者亦肰(然)

上博一·孔 28 ~(惡)而不曼(憫)

上博一·緇 1 ~(惡)亞(惡)女(如)亞(惡)巷白(伯)

上博一·緇 1 亞(惡)亞(惡)女(如)～(惡)巷白(伯)

上博一·性 3 好～(惡)

上博五·鮑 7 齊邦之～(惡)死

上博五·鮑 7 至～(惡)何(苛)而上不時史(使)

上博五·季 19 民之 敚(美)弃～(惡)母(女—如)遏(歸)

上博五·季 19～(惡)人勿歆(饗)

上博五·季 22 袅必～(惡)

上博五·君 9 人所～(惡)也

上博五·君 9 人所～(惡)也

上博五·君 9 人所～(惡)也

上博二·從乙 2 不膚瀘贏～(惡)則民不惓(怨)

上博二·昔 3 興敚(美)瀘(廢)～(惡)

正編・魚部

上博四・內 9 㠯(以)飢(食)～(惡)

上博五・季 15 □～(惡)勿史(使)

上博五・姑 1 㠯(以)見～(惡)於敫(厲)公

上博五・姑 5 古(故)而反～(惡)之

上博一・性 34 ～(惡)頪(類)三

上博一・性 34 唯～(惡)不息(仁)爲[近義]

上博一・性 39 凡人僞爲可～(惡)也

上博一・性 39 肰(然)而亓(其)悊(過)不～(惡)

上博六・競 7 如川(順)言弆～(惡)唬(乎)

上博六・競 9 ～(惡)聖人

上博六・用 11 ～(惡)猷(猶)忞(愛)曷(亂)節

上博六・用 17 腦(羞)䆞(聞)～(惡)愳(謀)

 上博六・天甲 11 臨飲（食）不語～（惡）

 上博六・天乙 10 臨飲（食）不語～（惡）

 上博七・武 9 曰～害

 上博七・武 9 ～危於忿連（戾）

 上博七・武 9 ～送道於脂（嗜）谷（欲）

 上博七・武 9 曰～（惡）害

 上博八・成 2 ～（嗚）唬（呼）

上博八・王 3 □毀～（惡）之

上博八・志 3 殹（殴—抑）忌（忌）韋（諱）諫（讒）訛（?）㠯（以）～（惡）虖（吾）

 上博八・鶹 1 欲衣而～（惡）緑（枲）今可（今）

～，楚文字或作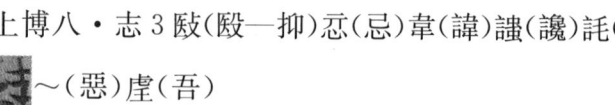

41)、▨(郭店·語叢三1)、▨(郭店·語叢三1)、▨(郭店·語叢四11)、▨(左塚漆桐)、▨(新蔡乙四23)。或作▨、▨，中間加一"○"形；或作▨，上部訛與"血"形上部同。《說文·亞部》："亞，醜也。象人局背之形。賈侍中說：以爲次弟也。"

上博一·性3、上博一·緇9"好～"，讀爲"好惡"，喜好與嫌惡。《禮記·王制》："命市納賈，以觀民之所好惡，志淫好辟。"

上博一·緇18～，讀爲"惡"，見《禮記·緇衣》："故君子寡言而行，以成其信，則民不得大其美而小其惡。"孔穎達疏："'則民不得大其美而小其惡'者，必須以行爲驗，不用虛辭。爲此之故，則人不得虛增大其美事，而減小其惡事。由美惡大小皆驗於行也。"

上博一·緇1～～，讀爲"惡惡"，憎恨邪惡。《公羊傳·僖公十七年》："君子之惡惡也疾始，善善也樂終。"

上博一·性39"可～"，讀爲"可惡"，令人厭惡惱恨。干寶《搜神記》卷十七："其身如兔，兩眼如鏡，形甚可惡。"

上博二·昔3、上博五·季19～，與"美"相對，醜；壞。指財貨、容貌、年成、政俗等。《荀子·儒效》："通財貨，相美惡，辨貴賤，君子不如賈人。"《史記·天官書》："凡候歲美惡，謹候歲始。"

上博四·內9～，不好，壞。"食惡"即惡食。《韓非子·說疑》："不明臣之所言，雖節儉勤勞，布衣惡食，國猶自亡也。"

上博五·季19"惡人"、"好人"均爲動賓結構。《論語·里仁》："唯仁者能好人，能惡人。"《呂氏春秋·孝行》："故愛其親，不敢惡人；敬其親，不敢慢人。"簡文"惡人勿陷，好人勿貴"，是說不要因討厭某人而使他埋沒，也不要因喜歡某而使他尊貴。（冀小軍）

上博七·武9"毋曰～害"，讀爲"毋曰胡害"，不說何害。

上博八·成2"～虖"，讀爲"嗚呼"，歎詞。表示讚美或慨歎。《書·旅獒》："嗚呼！明王慎德，四夷咸賓。"《書·五子之歌》："嗚呼曷歸，予懷之悲。"《漢書·武帝紀》："麟鳳在郊藪，河洛出圖書。嗚虖，何施而臻此與！"顏師古注："虖讀曰呼。嗚呼，歎辭也。"

上博八·鷁1～，惡，厭惡，討厭。《易·謙》："人道惡盈而好謙。"

上博六·競9"～聖人"，《晏子春秋》"莊公不說晏子晏子坐地訟公而歸"

章："嬰聞之，衆而無義，強而無禮，好勇而惡賢者，禍必及其身，若公者之謂矣。""景公遊公阜一日有三過言晏子諫"章："今君……近讒好優，惡文而疏聖賢人。"或將"亞"如字讀，"亞聖人"之意大概是"使聖人位次於武夫"之意。（李天虹）

　　上博六·天甲 11、天乙 10～，讀爲"惡"，污穢之物。《左傳·成公六年》："土厚水深，居之不疾，有汾澮以流其惡。"杜預注："惡，垢穢。"簡文"臨飤（食）不話（語）亞（惡）。"意爲"吃飯時不要談及污穢之物"。（劉釗）

　　上博七·武 9～，讀爲"惡"，疑問代詞。相當於"何"、"安"、"怎麽"。《左傳·桓公十六年》："棄父之命，惡用子矣？"杜預注："惡，安也。"《大戴禮記·武王踐阼》作"惡乎危？""惡乎失？"

　　上博八·王 3"毀～"，讀爲"毀惡"，誹謗詆毀之意。《史記·李斯列傳》："恐大臣入朝奏事，毀惡之。"《漢書·張禹傳》："數毀惡之。"顏師古注："惡爲其言過惡。"

　　上博～，讀爲"惡"，壞，不好，《韓非子·説疑》："不明臣之所言，雖節儉勤勞，布衣惡食，國猶自亡也。"

惡

上博一·緇 1 又（有）國者章好章～

上博一·緇 4 斁（謹）～以虞（禦）民淫

上博一·緇 22 丌（其）～也又（有）方

上博一·緇 23 而～～不厇（著）也

～，與 (郭店·語叢二 25)、 (郭店·語叢二 25)、 (關沮 253)同。《説文·心部》："惡，過也。从心，亞聲。"

　　上博一·緇 1～，壞，不好，與"好"相對。《韓非子·説疑》："不明臣之所言,雖節儉勤勞,布衣惡食,國猶自亡也。"

上博一·緇 4～,罪過;罪惡。《易·大有》:"君子以遏惡揚善,順天休命。"《左傳·定公五年》:"使復其所,吾以志前惡。"杜預注:"惡,過也。"

上博一·緇 22～,討厭,憎恨。《易·謙》:"人道惡盈而好謙。"《史記·韓世家》:"公之所惡者張儀也。"

啞

 上博三·周 32 見～(惡)人

《說文·口部》:"啞,笑也。从口,亞聲。《易》曰:'笑言啞啞。'"

簡文"～人",讀爲"惡人",壞人。揚雄《法言·修身》:"修其善則爲善人,修其惡則爲惡人。"

曉紐虍聲

虎

 上博三·周 25～見(視)虤=(眈眈)

 上博四·逸·交 2 若豹若～

 上博五·三 18 豻(狻)貌(猊)飤(食)～

 上博二·民 2□父母～(乎)

 上博二·民 3 五至～(乎)

 上博二·民 5 三亡(無)～(乎)

 上博四·采 4 鳥～

 上博四·采 5 卽　栈(戔)～

～,戰國文字或作 (聚珍 213)、 (聚珍 213),秦文字或作 (秦都圖 232)、 (珍秦 103)。《説文·虎部》:"虎,山獸之君。从虍,虎足象人足。象形。 ,古文虎。 ,亦古文虎。"

上博三·周 25"～見囂＝",讀爲"虎視眈眈",形容像猛虎一樣兇狠地注視着。《易·頤》:"虎視眈眈,其欲逐逐,無咎。"

上博四·逸·交 2"若豹若～","虎豹"取其有文飾之義,是説君子有文采。《論語·顔淵》:"棘子成曰:'君子質而已矣,何以文爲?'子貢曰:'惜乎,夫子之説君子也!駟不及舌。文猶質也,質猶文也,虎豹之鞹猶犬羊之鞹。'"(曹建國)

上博五·三 18"豺(狻)貌(猊)飤(食)～",獅子吃老虎。《爾雅·釋獸》:"狻麑如虦貓,食虎豹。"郭璞注:"即師子也,出西域。"《穆天子傳》卷一:"狻猊□野馬走五百里。"郭璞注:"狻猊,師子,亦食虎豹。"

上博二·民～,讀爲"乎",句尾語氣詞,相當於"嗎"。

上博四·采 5～,獸名。通稱老虎。哺乳類,貓科。毛黄褐色,有黑色横紋。性兇猛,力大。慣于捕食野獸,有時亦殘害人畜。《易·乾》:"雲從龍,風從虎。"

上博四·采 4"鳥～",讀爲"柷敔",樂器名。奏樂開始時擊柷,終止時敲敔。一説二者同用以和樂,不分終始。《書·益稷》:"下管鞀鼓,合止柷敔。"《周禮·春官·小師》:"小師掌教鼓鞀柷敔。"陸機《演連珠》:"柷敔希聲,以諧金石之和。"又寫作"柷圉"。《詩·周頌·有瞽》:"應田縣鼓,鞉磬柷圉。"

虗

上博一・孔16～（吾）㠯（以）薦（葛）覃（覃）得氏初之詩（詩）

上博一・孔20～（吾）㠯（以）折（杕）杜得雀（爵）

上博一・孔21～（吾）善之

上博一・孔21～（吾）憙（喜）之

上博一・孔27～（吾）奚舍之

上博一・孔22～（吾）善之

上博一・孔22～（吾）信之

上博一・孔22～（吾）岂（美）之

上博一・孔23 丌（其）甬（用）人則～（吾）取

上博一・緇14～（吾）大夫龏（恭）叔（且）僉（儉）

上博二・魯3 戁（繁）～（吾）子女達命丌（其）與

上博二·魯 4 或必寺~(吾)旳(名)虖(乎)

上博二·魯 5 或必寺虖(吾)旳(名)~(乎)

上博一·孔 24 ~(吾)㠯(以)甘棠得宗宙(廟)之敬

上博二·子 4 ~(吾)昏(聞)夫舜丌(其)幼也

上博一·孔 6 ~(吾)敬之

上博一·孔 6 ~(吾)敓(悦)之

上博一·孔 21 ~(吾)信之

上博一·孔 21 ~(吾)岂(美)之

上博一·孔 22 ~(吾)憙(喜)之

上博二·民 11 内~(恕)督(洵)悲

上博二·容 41 之喪~(吾)之埜(野)

上博二·容 48 ~(吾)所智(知)多鳶

上博二·容50～(吾)敓而弋(代)之

上博二·容50～(吾)伐而弋(代)之

上博二·容50～(吾)勶(勱)天畏(威)之

上博二·容53～(吾)勶(勱)天畏(威)之

上博三·中26忑(恐)悤～子愳(羞)

上博三·中26忎(願)因～子而訋(辭)

上博四·采2母(毋)迡(過)～(吾)門

上博四·采6狗(苟)～(吾)君母(毋)死

上博四·昭5～(吾)不智(知)亓(其)尔蘷(墓)

上博四·昭10～(吾)未又(有)㠯(以)悥亓(其)子

上博四·昭10脾既與～(吾)同車

上博四·柬5～(吾)瘴(懆)鼠(一)疠(病)

上博四・柬 8～(吾)所旻(得)

上博四・相 4～(吾)見於君

上博四・相 4～(吾)子之含(答)也可(何)女(如)

上博四・曹 10～(吾)䎽(聞)此言

上博四・曹 13～(吾)欲與齊戬(戰)

上博四・曹 51～(吾)戬(戰)音不訓(順)於天命

上博四・曹 59～(吾)有所䎽(聞)之

上博四・曹 64～(吾)言氏不

上博四・曹 64～(吾)一谷䎽(聞)三弋之所

上博五・競 6～(吾)不溝(賴)二厽(三)子

上博五・競 8～(吾)不智(知)亓(其)爲不善也

上博五・季 11 古(故)女～(吾)子之疋肥也

上博五·姑 2 吕(以)～(吾)族參(三)坓(邵)與

上博五·姑 4 今～(吾)亡(無)能絅(治)也

上博五·姑 4 ～(吾)弝(強)立絅(治)衆

上博五·姑 5 含(今)宔(主)君不遺於～(吾)

上博五·姑 5 ～(吾)毋又(有)它正公事

上博五·姑 5 ～(吾)睧(聞)爲臣者必思(使)君旻(得)志於吕(己)而又(有)後青(請)

上博五·姑 7 ～(吾)子悫(圖)之

上博五·姑 7 ～(吾)敢欲裒(顧)裒(顙)吕(以)事殜(世)才(哉)

上博五·姑 7 ～(吾)憇(直)立經(徑)行

上博五·君 1 ～(吾)語女

上博五·君 3 ～(吾)子可(何)亓(其)脊(膡)也

上博五·君 3 ～(吾)新(親)酮(聞)言於夫子

上博五·君 3 ～(吾)是吕(以)脊(膡)也

上博五·君 11 中(仲)尼與～(吾)子産箮(孰)叚(賢)

上博五·弟 6 ～(吾)見之壴(矣)

上博五·弟 6 ～(吾)䎽(聞)而

上博五·弟 7 ～(吾)䎽(聞)父母之喪

上博五·弟 9 ～(吾)見之壴(矣)

上博五·弟 9 ～(吾)䎽(聞)而未之見也

上博五·弟 14 ～(吾)子皆能又(有)時

上博五·弟 15 ～(吾)告女

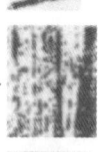上博五·弟 21☐～(吾)未見☐而信者

上博五·弟 22 不～(吾)智(知)也

上博五·鬼 4 ～(吾)因加

上博五・鬼 4～(吾)弗智(知)也

上博五・鬼 4～(吾)或(又)弗智(知)也

上博五・鬼 4～(吾)古(故)

上博一・緇 23～(吾)弗信之矣

上博六・競 1～(吾)幣帛甚娩(美)於虐(吾)先君之量矣

上博六・競 1 虐(吾)幣帛甚娩(美)於～(吾)先君之量矣

上博六・競 1～(吾)珪璧大於虐(吾)先君之

上博六・競 1 虐(吾)珪璧大於～(吾)先君之

上博六・競 2 是～(吾)亡(無)良祝吏也

上博六・競 2～(吾)徼致者祝吏

上博六・競 2 是～(吾)所望於女也

上博六・競 3 是信～(吾)亡(無)良祝吏

 上博六·競 12～（吾）子

 上博六·競 12 神見～（吾）遝〈淫〉暴

 上博六·孔 7～（吾）子勿睧

 上博六·孔 10～（吾）睧之

 上博六·孔 22 則忑（恐）舊（久）～（吾）子

上博六·孔 22～（吾）子迷言之猶忑（恐）弗智

 上博六·莊 1～（吾）既果城亡（無）鐸（射）

 上博六·壽 2～（吾）可改而可

 上博七·鄭甲 3～（吾）牆（將）可（何）㠯（以）含（答）

 上博七·鄭乙 3～（吾）牆（將）可（何）㠯（以）含（答）

 上博七·君甲 2～訐（焉）又（有）白玉三回而不戔才（哉）

 上博七·君乙 2～訐（焉）又（有）白玉三回而不戔才（哉）

上博七・凡甲 3～奚臭（衡）奚從（縱）

上博七・凡甲 4～奚異奚同

上博七・凡甲 4～既長而或（又）老

上博七・凡甲 6～奚古（故）事之

上博七・凡甲 6～奚自飤（食）之

上博七・凡甲 7～奚旹（時）之

上博七・凡甲 7～女（如）之可（何）思（使）歓（飽）

上博七・凡甲 7～奚㠯（以）爲頁（首）

上博七・凡甲 7～欲旻（得）百眚（姓）之和

上博七・凡甲 8～奚事之

上博七・凡甲 18～（吾）能㲋（一）之

上博七・凡甲 28～

上博七·凡乙 3～奚臬（衡）奚從（縱）

上博七·凡乙 3～奚異奚同

上博七·凡乙 4～既長而或（又）老

上博七·凡乙 5～奚古（故）事之

上博七·凡乙 5～奚自飤（食）之

上博七·凡乙 6～女（如）之可（何）思（使）歠（飽）

上博七·凡乙 6～奚㠯（以）爲頁（首）

上博七·凡乙 6～（吾）[欲旻（得）百眚（姓）之和]

上博七·凡乙 13～能䑕（一）虗（吾）

上博七·凡乙 13 虗（吾）能䑕（一）～

上博八·子 1～（吾）子齒年長壴（喜一矣）

上博八·子 1 元（願）～（吾）子之煮（圖）之也

上博八·成 5 安(焉)不曰日章(彰)而冰澡(消)～(乎)

上博八·成 5 於(嗚)～(呼)

上博八·成 14 可胃(謂)又(有)道～(乎)

上博八·命 1 命～(吾)爲楚邦

上博八·命 4 外臣而居～(吾)右₌(左右)

上博八·命 4 ～(吾)睧(聞)古之善臣

上博八·王 2 ～(吾)鼠(一)恥於告夫₌(大夫)

上博八·王 2 ～(吾)未

上博八·王 6 爲～(吾)訟(蔽)之

上博八·王 6 ～(吾)谷(欲)速

上博八·志 3 ～(吾)安尔(爾)而埶(設)尔(爾)

上博八·志 3 殹(殿—抑)忌(忌)韋(諱)譏(譏)託(?)㠯(以)亞(惡)～(吾)

上博楚簡文字聲系(一~八)

上博八·志 5 ~(吾)吕(以)尔(爾)爲遠自爲

上博八·志 5 而縱不爲~(吾)禹罨

上博八·志 5 ~(吾)父焷(兄)甥(甥)咎(舅)之又(有)■善

上博八·志 6 ~(吾)欲至(致)尔(爾)於皋(罪)

上博八·志 7 ~(吾)無女(如)袿(社)

上博八·李 1 椳(相)~(乎)官(棺)桓(樹)

上博八·李 1【背】觀~(乎)桓(樹)之蓉(容)可(兮)

上博八·李 1【背】思(使)~桓(樹)秀可(兮)

　　~，楚文字或作■(郭店·老子甲 21)、■(郭店·老子乙 7)、■(郭店·魯穆公問子思 3)、■(郭店·語叢二 50)、■(郭店·成之聞之 4)，由"虎"(■)形演變而來，是在■形下加一橫畫。古文字常常在"人"形的下部加一橫畫，參黃德寬先生文。所從"虍"或訛作■。

　　上博二·魯 4、5"岦~明~"，或讀爲"待呼名呼"，"'待乎名'，是等到叫名字的意思。在求雨祭儀中，祭祀者必定會叫呼山川之名。"(劉樂賢)《周禮·春官·大祝》："辨六號，一曰神號，二曰鬼號，三曰示號，四曰牲號，五曰齍號，六曰幣號。"鄭玄注："號，謂尊其名，更爲美稱焉。"或讀爲"又必待吾命乎"，意

1234

思是説難道必須等待我們的呼唤嗎。(陳偉)

上博二·民11"内～",讀爲"内恕",謂存心寬厚。《禮記·孔子閒居》:"無服之喪,内恕孔悲。"陳澔集説:"内恕孔悲者,言其以仁存心也。"董仲舒《春秋繁露·俞序》:"上奢侈,刑又急,皆不内恕,求備於人。"

上博二·容41"喪～之埜",讀爲"蒼梧之野"。《禮記·檀弓上》:"舜葬於蒼梧之野。""蒼梧",即九嶷山,在今湖南寧遠南。

上博～,讀爲"吾",我,第一人稱代詞。

上博"～子",讀爲"吾子",敬愛之稱。《儀禮·士冠禮》:"某有子某,將加布於其首,願吾子之教之也。"鄭玄注:"吾子,相親之辭。吾,我也;子,男子之美稱。"(陳偉)

上博八·成5、14～,讀爲"乎",句尾語氣詞。

上博八·李1【背】～,讀爲"乎",句中語氣詞。

上博八·成5"於～",讀爲"嗚呼",歎詞。参上。

虎

 上博二·容2 於是～(乎)

 上博二·容6 於是～(乎)

 上博二·容7 於是～(乎)

 上博二·容14 於是～(乎)

 上博二·容14 於是～(乎)

 上博二·容25 於是～(乎)

上博二·容26 於是~(乎)

上博二·容27 於是~(乎)

上博二·容46 臣敢勿事~(乎)

上博二·容46 子敢勿事~(乎)

上博二·容47 文王於是~(乎)索(素)耑(端)襡裳吕(以)行九邦

上博二·容51 武王於是~(乎)复(作)爲革車千椉(乘)

上博二·容52 武王於是~(乎)素冠冕(冕)

上博四·曹20 則繇其杲(本)~(乎)

上博四·曹40 出帀(師)又(有)幾~(乎)

上博四·曹42 三軍散果又(有)幾~(乎)

上博四·曹43 戬(戰)又(有)幾~(乎)

上博四·曹44 既戬(戰)又(有)幾~(乎)

上博四·曹 46 復敗戲(戰)又(有)道～(乎)

上博四·曹 49 足吕(以)戲(戰)～(乎)

上博四·曹 50 復盤戲(戰)又(有)道～(乎)

上博四·曹 50 又既戲(戰)復豫～(乎)

上博四·曹 53 復甘戲(戰)又(有)道～(乎)

上博四·曹 54 復敀(故)戲(戰)又(有)道～(乎)

上博四·曹 60 又(有)之～(乎)

上博六·莊 3 四與五之間～

上博六·莊 3 載之塼車吕(以)上～

上博六·莊 4 逾～

上博六·莊 6 忘夫朳述之下～

～，从"虍"，其下部之人形兩旁加飾筆而成"介"形，爲"虍"字之繁化。（季旭昇）

上博"於是～",讀爲"於是乎",猶於是。《國語·周語上》："民之有口也,猶土之有山川也,財用於是乎出;猶其有原隰衍沃也,衣食於是乎生。"

上博～,讀爲"乎",句尾語氣詞。

上博四～,讀爲"號"。

虖

上博一·孔 12 不亦能改～(乎)

上博一·孔 13 不亦又(有)遹(离)～(乎)

上博一·孔 23 終～(乎)不猒(厭)人

上博五·季 11 是右(左)～(乎)

上博一·緇 14 隹(唯)复(作)五～(虐)之型(刑)曰圣〈全〉(灋)

上博七·吴 8 吴人～於周

～,从"示","虍"聲。

上博一·孔 12、13、23、上博五·季 11～,讀爲"乎",句尾語氣詞。

上博一·緇 14"五～",讀爲"五虐",指大辟、割鼻、斷耳、宮、黥等五種酷刑。濫用五刑以殘民故謂"五虐"。《書·吕刑》："苗民弗用靈,制以刑,惟作五虐之刑曰法。殺戮無辜,爰始淫爲劓、刵、椓、黥。"孔安國傳："三苗之主,頑凶若民,敢行虐刑,以殺戮無罪,於是始大爲截人耳、鼻,椓陰,黥面,以加無辜,故曰五虐。"

唬（虐）

　上博一・孔 1 丌(其)又(有)不王～(乎)

　上博一・孔 6 於～(乎)寿(前)王不忘

　上博一・孔 7 旻(得)～(乎)

　上博一・孔 9 多恥者丌(其)惕之～(乎)

　上博一・孔 13 不亦智(知)互(恆)～(乎)

　上博二・魯 5 於(烏)～(乎)

　上博二・容 4 於是～(乎)不賞不罰

　上博二・容 8 舜於是～(乎)旬(始)語堯天陞(地)人民之道

　上博二・容 11 於是～(乎)天下之人

　上博二・容 20 壘(禹)肰(然)句(後)旬(始)爲之～(號)羿(旗)

　上博二・容 25 於是～(乎)

 上博二·容 26 於是～(乎)

 上博二·容 34 嘼(禹)於是～(乎)襄(讓)益

 上博二·容 34 啟於是～(乎)攻益自取

 上博二·容 37 於是～(乎)

 上博二·容 39 於是～(乎)

 上博二·容 41 湯於是～(乎)

 上博二·容 41 於是～(乎)天下之兵大记(起)

 上博二·容 41 於是～(乎)

 上博二·容 44 於是～(乎)复(作)爲九城(成)之臺

 上博二·容 45 於是～(乎)复(作)爲金桎三千

 上博二·容 45 於是～(乎)九邦畔(叛)之

 上博二·容 47 文王於是～(乎)素耑(端)襡裳以行九邦

上博三・周 38 酓(音)～(號)

上博三・周 39 忘～(號)

上博三・周 42 若～(號)

上博三・周 55 皾丌大～(號)

上博三・中 15 善才(哉)昏(問)～

上博三・中 25 可不斳(慎)～(乎)

上博四・柬 3 欲祭於楚邦者～(乎)

上博四・柬 21 又(有)古(故)～(乎)

上博四・柬 23 臣者亦又叚(耕)～(乎)

上博四・相 4 不亦㙴～(乎)

上博五・競 6 可～(乎)

上博五・弟 1 佣～兀(其)雁

上博五·弟1 脡(延)陸(陵)季=(季子)亓(其)天民也～

上博五·弟2 亓(其)天民也～

上博五·弟4 亓(其)必此～

上博五·弟4 又(有)墐(地)之胃(謂)也～

上博五·弟8 信～

上博五·弟8 莫新(新)～父母

上博五·弟8 可言～(乎)亓(其)信也

上博五·弟10 □女弗智也～

上博五·弟11 爲君子～

上博五·弟14 虐(吾)子皆能又(有)寺～

上博五·弟15 亓(其)縵(組)者～

上博五·弟19 巨白玉徏(侍)～子

正編・魚部

上博五・弟 20 子虞(據)～軾(軾)而☐

上博五・弟 23 刺～丌(其)下

上博五・鬼 4 丌(其)力能至(致)安(焉)而弗爲～(乎)

上博五・鬼 4 音(意)丌(其)力古(固)不能至(致)安(焉)～(乎)

上博五・鬼 5 此之胃(謂)～(乎)

上博五・鬼 5 我(俄)曰叔(虐)苔～(乎)

上博五・鬼 6 我(俄)曰叔(虐)喬～(乎)

港甲 3 乃～曰

上博二・容 36～(虐)疾钌(始)生

上博五・姑 1～(虐)丁百豫

上博六・競 7 忍睪(罪)～

上博六・競 7 女川(順)言弆亞(惡)～

上博六·競11 愈（偷）爲樂～

上博六·孔3 睧（聞）亓（其）訋（辭）於詸人～

上博六·孔14 豈不難～

上博六·孔19 兇言之～

上博七·武1 才（存）～

上博七·武1 竟（意）敗〈豈〉喪（喪）不可昇（得）而訏（睹）～（乎）

上博七·武2 盍諲（祈）～

上博七·武11 又（有）之～

上博七·武12 㠯（以）䎽（問）～

上博八·子2 於是～（乎）可（何）侍（待）

上博八·子4 曰：荼（除）～（乎）！

上博八·顏1 敢䎽（問）君子之内事也又（有）道～（乎）

 上博八·顔6 敢寢(問)君子之内教也又(有)道~(乎)

 上博八·成2 亞(嗚)~(呼)

 上博四·柬14 王卬而~而泣

~,與🖼(郭店·老子甲2)、🖼(郭店·老子甲5)、🖼(郭店·老子甲9)、🖼(郭店·老子丙2)、🖼(郭店·成之聞之19)、🖼(郭店·尊德義28)、🖼(郭店·魯穆公問子思4)、🖼(郭店·六德4)、🖼(郭店·語叢一109)形同。或作🖼,所从"虍"頭略有變化。或省"虍"。《説文·口部》:"唬,虎聲也。从口、虎。讀若暠。"段玉裁注:"唬,當讀呼,去聲,亦讀如鏄字,从虎、口,虎亦聲也。"《説文通訓定聲》:"叚借爲號。"《集韻》:"號,《説文》:'呼也。'或作諕,亦作皋、號、唬。"宋保《諧聲補逸》:"《説文》諕、號、唬三字皆从虎聲。古音魚、虞、模部内字多由藥、鐸轉入蕭、宵、肴、豪韻中。《楚辭·大招》:'青春受謝,白日昭只。春氣奮發,萬物遽只。冥凌浹行,魂無逃只。魂魄歸徠,無遠遙只。'招、逃、遙與遽爲韻。《荀子·哀公篇》云:'君號然也',《家語》作'君胡然也'。楊倞注云:'聲近字遂誤耳。'皆足爲唬从虎聲之證。"(劉樂賢)

上博一·孔1、上博六·競7、上博六·孔3、上博八~,讀爲"乎",句尾語氣詞,表疑問。相當於"嗎"。《論語·八佾》:"管仲儉乎?"

上博二·容、上博八·子2"於是~",讀爲"於是乎",猶於是。《國語·周語上》:"民之有口也,猶土之有山川也,財用於是乎出;猶其有原隰衍沃也,衣食於是乎生。"《禮記·祭義》:"以事天地山川社稷先古,以爲醴酪齊盛,於是乎取之,敬之至也。"

上博一·孔6、上博二·魯5"於~",讀爲"烏乎",亦作"烏嚤"、"烏虖"、"烏呼",同"嗚呼",表示讚美或慨歎、悲傷。《書·旅獒》:"嗚呼!明王慎德,四夷咸賓。"《左傳·襄公三十年》:"烏乎,必有此夫!"《漢書·外戚傳贊》:"烏嚤!鑒兹行事,變亦備矣。"

上博二·容 20"～羿",讀爲"號旗",古人圖繪群物於旌旗,作爲徽號。（李零）

上博三·周 38"啻（嘀）～",讀爲"惕號",驚恐呼號。《易·夬》："惕號,莫夜有戎,勿恤。"王弼注："雖有惕懼號呼,莫夜有戎,不憂不惑,故勿恤也。"

上博三·周 39～,讀爲"號",哭；大聲哭。《易·夬》："上六。無號,終有凶。"孔穎達疏："君子道長,小人必凶,非號咷所免,故禁其號咷,曰：無號,終有凶也。"《列子·黃帝》："而帝登假,百姓號之,二百餘年不輟。"

上博三·周 42、55～,讀爲"號",大聲呼叫。《詩·魏風·碩鼠》："樂郊樂郊,誰之永號?"毛亨傳："號,呼也。"《詩·大雅·蕩》："既愆爾止,靡明靡晦,式號式呼,俾晝作夜。"

上博五·弟 8、19、20～,讀爲"呼",介詞。

上博二·容 36"～（虐）疾",讀爲"虐疾"。"號"是宵部字,虐是藥部字,宵、藥兩部是嚴格的陰、入對轉關係,故讀"虐"與讀"號"應當是音近通假。"虐疾",指第三十七簡所述各種殘疾。《說文·虍部》"虐"字古文作"𧆓"。重病；惡疾。《書·金縢》："惟爾元孫某,遘厲虐疾。"孔穎達疏："厲,危也。虐訓爲暴,言性命危而疾暴重也。"孫星衍疏："虐者,《廣雅·釋詁》云惡也,言遇厲氣致惡疾。"

上博五·姑 1～,讀爲"虐"。《管子·大匡》："九年,公孫無知虐于雍廪,雍廪殺無知也。"

上博六·競 11～,讀爲"乎",語氣詞。

港甲 3～,讀爲"呼"。大聲喊叫。《詩·大雅·蕩》："式號式呼,俾晝作夜。"孔穎達疏："及其醉也,用是叫號,用是讙呼。"《荀子·勸學》："順風而呼,聲非加疾也,而聞者彰。"

上博四·柬 14～,讀爲"呼"。"仰天而呼"、"仰天大呼"一類說法古書多見。（陳劍）或釋爲"句"疑讀爲"哭"、或釋爲"吟"。

虐

上博二·从甲 15 毋～（虐）

上博二·从甲 15 不𢽠（教）而殺則～（虐）

~,从"示","虐"声。《説文·虍部》:"虐,殘也。从虍,虎足反抓人也。,古文虐如此。"

上博二·从甲15~,即"虐",残暴;兇残。《論語·堯曰》:"子張曰:'何謂四惡?'子曰:'不教而殺謂之虐;不戒視成謂之暴;慢令致期謂之賊;猶之與人也,出納之吝,謂之有司。'"《韓詩外傳》卷三:"子貢曰:'……賜聞之,托法而治謂之暴,不戒致期謂之虐,不教而誅謂之賊,以身勝人謂之責。責者失身,賊者失臣,虐者失政,暴者失民。'"(陳劍、周鳳五)

滹(滸)

 上博四·昭1邵(昭)王爲室於死沮之~

~,楚文字或作 (新蔡乙三7)、 (施172),从"水","虐"聲。

簡文~,讀爲"汻(滸)"。《説文·水部》:"汻,水厓也。从水,午聲。"徐鉉等按:"今作滸,非是。""虍"聲與"午"聲古均爲曉紐魚部字,故可相通。《爾雅·釋丘》:"岸上,滸。"郭璞注:"岸上地。"又《釋水》:"滸,水厓。"郭璞注:"水邊地。"《集韻·姥韻》:"汻,水厓也。或作滸、滹。"《詩·王風·葛藟》:"緜緜葛藟,在河之滸。"(孟蓬生)

柣

 上博六·用14 強君~政

~,从"木","虎"聲。

簡文"~政",讀爲"虐政"。《淮南子·覽冥》:"天而不夭於人虐也。"高誘注:"虐,害也。"

慮

上博一·性39 睪舉(斯)~矣

上博一•性 39 ～舁(斯)莫与(與)之結

上博一•緇 17 古(故)言則～亓(其)所冬(終)

上博七•武 7 必～亓(其)逡(後)

上博五•三 15 ～(慮)事不成

上博一•性 27 ～谷(欲)淵而毋異

～,或作 、、,從"心","虐"聲,可直接釋爲"慮"。或作 ,可能從"盧"聲,但在楚簡中"膚(虐)"旁和"盧"旁已有相混的現象,所以"慮"可能是"慮"字。(裘錫圭)《說文》:"慮,謀思也。從思,虍聲。"

上博一•性 27、39,上博一•緇、上博五•三 15～,讀爲"慮",思考;謀劃。《書•太甲下》:"弗慮胡獲,弗爲胡成。"《史記•淮陰侯列傳》:"智者千慮,必有一失;愚者千慮,亦有一得。"

簏

上博五•競 3 雖(發)古～

～,從"竹","慮"聲。也可能從"慮"聲。
簡文～,讀爲"作"。"發古(故)作"與"行故作"義同,舉措皆循先故。

虚

上博三•互 1 ～

上博三·亙 1～大(太)虛

上博三·亙 1 虛大(太)～

上博三·亙 2～青爲弌(一)

上博三·亙 10 舉(舉)天下之名～誙(樹)

上博五·三 8 唯(雖)溋(盈)必～

上博五·三 10 毋～牀(壯)

上博五·三 11 内(入)～毋樂

上博五·三 20 慭(慎)獸(守)～□

～，戰國文字或作 (郭店·老子甲 23)、 (郭店·老子甲 24)、 (新蔡甲三 350)、 (新蔡甲三 353)、 (施 173)、 (關沮 207)。《說文·丘部》："虛，大丘也。崑崙丘謂之崑崙虛。古者九夫爲井，四井爲邑，四邑爲丘。丘謂之虛。从丘，虍聲。"段玉裁注："'丘'、'虛'語之轉。《易·升》九三'升虛邑'，馬云：'虛，丘也。'虛猶聚也，居也。引申爲虛落，今作'墟'。"

上博三·亙 1"大～"，讀爲"太虛"。《老子》第十六章："致虛極、守靜篤。""虛極"，即"太虛"。《文子·精誠》："老子曰：若夫聖人之游也，即動乎至虛，游心乎太無，馳於方外。""至虛"與"太無"並稱，即"太虛"。《莊子·知北遊》："不過乎崑崙，不遊乎太虛。"帛書《道原》："恆先之初，迵同大虛。"（廖名春）

上博三·瓦2～，空虛。"虛清"，讀爲"虛靜"。《莊子·天道》："夫虛靜、恬淡、寂漠、無爲者，天地之平而道德之至。"

上博三·瓦10"～誩"，讀爲"虛樹"，虛假的建樹。(龐樸)

上博五·三8"唯(雖)溋(盈)必～"，"盈虛"，盈滿或虛空。《莊子·秋水》："察乎盈虛，故得而不喜，失而不憂。"劉劭《人物志·材理》："若夫天地氣化，盈虛損益，道之理也。"

上博五·三10"毋～牀"，讀爲"毋虛藏"，《太玄·玄文》："是故天道虛以藏之"，范汪注："以虛藏有也。"(晏昌貴)

上博五·三11～，讀爲"墟"，指丘墟里邑，與下文"丘"相應。《淮南子·人間》："身死人手，社稷爲墟。"

上博五·三20～，當即虛心、謙虛，這也是君子、從政者尤其是君王應當高度重視的一種修養，《易·咸》："君子以虛受人。"《淮南子·主術》："夫人主之聽治也，清明而不闇，虛心而弱志。"(范常喜)或說"虛"，絕之義。《文選·謝莊〈宋孝武宣妃誄〉》"國虛淵令"，呂延濟注："虛，絕也。"(劉國勝)

戲

 上博一·性21～斿心也

～，與郭店·性自命出33 同，从"亡"聲，"戲"字異體。戰國文字或作 (新出溫縣WT4K6:212)、 (施24)、 (塔圖142)、 (珍秦231)。

簡文～，即"戲"，遊戲；逸樂。《書·西伯戡黎》："非先王不相我後人，惟王淫戲用自絕。"孫星衍疏："言王遊戲自絕於天。"《史記·孔子世家》："孔子爲兒嬉戲，常陳俎豆，設禮容。"

膚

上博二·魯4石昌(以)爲～

上博二·魯4水昌(以)爲～

上博二·從乙 2 不～瀶嬴亞（惡）則民不惌（怨）

上博二·容 1［尊］～（盧）是（氏）

上博四·柬 3 城於～中者

～，戰國文字或作 (郭店·五行 43)、 (郭店·唐虞之道 11)、 (新蔡甲三 291—2)、 (聚珍 213)、 (聚珍 213)，"臚"字異體。《説文·肉部》："臚，皮也。从肉，盧聲。 ，籒文臚。"

上博二·魯 4"石以爲～、水以爲～"，《晏子春秋·内篇諫上》："晏子進曰：'不可，祠此無益也。夫靈山固以石爲身，以草木爲髮，天久不雨，髮將焦，身將熱，彼獨不欲雨乎？祠之無益。'"

上博二·從乙 2～，讀爲"虧"，《爾雅·釋詁》："虧，毁也。"簡文"虧法"，即破壞法令，《吕氏春秋·察今》："其時已與先王之法虧矣。"高誘注："虧，毁也。"《管子·法法》："爲愛民之故，不難毁法虧令，則是失所謂愛民矣。"《韓非子·孤憤》："重人也者，無令而擅爲，虧法以利私，耗國以便家，力能得其君，此所爲重人也。"《商君書·賞刑》："有功於前，有敗於後，不爲損刑；有善於前，有過於後，不爲虧法。"簡文"膚（虧）法盈惡"，"虧"與"盈"，相對而言。整句簡文之意爲：不破壞法令，增長罪惡，則百姓就不會有所怨恨。（顔世鉉、連劭名）

上博二·容 1"［尊］～是"，讀爲"尊盧氏"，上古傳説中的帝王。《莊子·胠篋》："昔者容成氏、大庭氏、伯皇氏、中央氏、栗陸氏、驪畜氏、軒轅氏、赫胥氏、尊盧氏、祝融氏、伏犧氏、神農氏……"

上博四·柬 3～，讀爲"莒"，"成於莒中"，可能即指《史記·楚世家》"簡王元年，北伐滅莒"之事，意謂在莒中這個地方發跡，成就功業。（陳斯鵬）或讀爲"宇"。（陳偉）

慮

上博三·彭 6 遠～(慮)甬(用)素

上博五·姑 7 遠～(慮)煮(圖)迻(後)

上博八·有 3～(慮)余子丌(其)速倀(長)今

～，與 、同，从"心"，"膚"聲，《說文》以"膚"爲"臚"之古文，而"臚"、"慮"均从"虍"聲，"慮"字異體。

上博三·彭 6、上博五·姑 7"遠～"，讀爲"遠慮"，深遠的計慮。亦指計慮深遠。《論語·衛靈公》："人無遠慮，必有近憂。"《史記·吳王濞列傳》："鼂錯爲國遠慮，禍反近身。"

𢕕

上博八·志 3 爾亡(無)㠯(以)～枉(匡)正我

～，从"又"，"膚"聲。

簡文～，讀爲"慮"，思考；謀劃。《書·太甲下》："弗慮胡獲，弗爲胡成。"《史記·淮陰侯列傳》："智者千慮，必有一失；愚者千慮，亦有一得。"

蘆

上博五·三 6 是胃(謂)邦～

～，从"艸"，"膚"聲。

簡文～，讀爲"露"，或"路"、"落"。《方言》三："露，敗也。"《莊子·漁父》："田荒室露。"《莊子·天地》："夫子闔行邪，無落我事。"成玄英疏："落，廢也。"廢即敗也。《管子·四時》："不知五穀之故，國家乃路。"《莊子·天地》的"無

落我事",《吕氏春秋·長利》記載同事作"無慮吾農事"。(陳劍)或讀爲"吕"或"膂"。(陳偉)

壚

 上博二·容 1 ～遅是(氏)

～,從"土","膚"聲,"壚"字異體。《説文·土部》:"壚,剛土也。從土,盧聲。"

簡文"～遅是",或讀爲"伏羲氏"。

勴(勵)

 上博二·容 50 虖(吾)～天畏之

 上博二·容 53 虖(吾)～天畏之

～,從"攴","膚"聲,即"勴"字異體。《説文·力部》:"勴,助也。從力,從非,慮聲。"

簡文～,即"勴",是贊助之義。《爾雅·釋詁上》:"導、助,勴也。"郭璞注曰:"勴謂贊勉。"《國語·越語上》記句踐伐吴之前"乃致其衆而誓之曰:'……今夫差衣水犀之甲者億有三千,不患其志行之少耻也,而患其衆之不足也。今寡人將助天威之……'""助天威之"顯即簡文之"勴天威之"。(陳劍)

鱸

 上博三·周 45 汬(井)～

～,從"鼠","膚"聲。

簡文～,今本《周易》作"甃",帛本作"椒"。或讀爲"抒"或"斜"(兩字同詞)。《説文·手部》:"抒,挹也。從手,予聲。"又《斗部》:"斜,抒也。從斗,余聲。"段玉裁注:"凡以物挹出之謂之斜。"簡文意爲:井淘治乾淨了,不會有凶

咎。或讀爲"疏",有滌除的意思,即對井中的污穢加以排除、疏通。《國語·楚語上》:"教之樂,以疏其穢而鎮其浮。"韋昭注:"疏,滌也。""疏"和今本作"㲉"上古音爲莊紐幽部,上古舌、齒音有相通之例,且魚幽旁轉,二字相通假。(讀本三)

簹

　　上博二·容 25 ～(莒)州訂(始)可尻(處)也

～,从"竹","膚"聲,"簾"字異體。

簡文～,讀爲"莒"。莒州得名當與莒國、莒人有關。杜預《春秋釋例》:"莒國,嬴姓少昊之後。周武王封茲輿期於莒,初都計,後徙莒。""莒"在今山東莒縣,正當沂水流域。(晏昌貴)

尻(處)

　　上博一·性 28 居～谷(欲)逸荡(易)而毋曼(慢)

　　上博三·周 16 利～卣(貞)

　　上博三·周 54 鼗走丌～

　　上博三·周 55 鼗丌～

　　上博三·周 25 懇(怫)經～

　　上博二·容 6 昔堯～於丹宕(府)

上博二·容 23 山墜(陵)不～

上博二·容 25 於是虐(乎)夾州、淦(涂)州乨(始)可～

上博二·容 25 於是唬(乎)競州、簷(籧)州乨(始)可～也

上博二·容 26 於是虐(乎)苙州乨(始)可～也

上博二·容 26 於是唬(乎)劘(莒)州、邼(鄗)州乨(始)可～也

上博二·容 27 敘州乨(始)可～也

上博二·容 27 於是虐(乎)虞(敍)州乨(始)可～也

上博三·周 26 ～吉

上博四·昭 5 王遱(徙)～於坪澫

上博四·曹 14 小邦～大邦之閱(間)

上博四·曹 24 凡貴人由(囟)～耑(前)立(位)一行

上博五·季 8 㠯(以)～邦豪(家)之述曰

 上博五·姑1躬與士～培

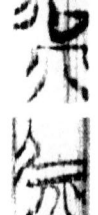 上博六·孔10～,可名而智與

 上博六·孔14宴～危杅

 上博六·孔16安與之～而謫(察)聞亓(其)所學

 上博六·壽5君王遝～

 上博六·慎3中～而不皮

 上博六·天甲10～正不語樂

 上博六·天乙9～正不語樂

 上博七·凡甲2佥(陰)昜(陽)之～

 上博七·凡甲16是古(故)聖人～於亓(其)所

 上博七·凡乙11是古(故)聖人～於亓(其)所

上博八·顏11所以～(處)息(仁)也

　上博八·顔13 先~(處)忠也

　上博八·顔13 先~(處)

　上博八·蘭2~宅(宅)幽录(麓)

　上博八·有4 鹿(麗—離)~(居)而同欲今可(兮)

~，與(郭店·老子甲22)、(郭店·成之聞之8)、(郭店·成之聞之34)、(郭店·語叢三11)、(郭店·語叢三36)、(九A45)、(新蔡甲三11、24)、(新蔡甲三132、130)同。《說文·几部》:"凥，処也，从尸、几，尸得几而止也。《孝經》曰:'仲尼凥'。凥，謂閒居如此。"

上博一·性28"居~"，包山32:"所死於其州者之居凥名族。"居、凥同義連用，指平日的儀容舉止。《論語·子路》:"居處恭，執事敬，與人忠，雖之夷狄不可棄也。"《史記·袁盎鼂錯列傳》:"淮南厲王朝，殺辟陽侯，居處驕甚。"

上博二·容6~，居家不仕，隱居。《易·繫辭上》:"君子之道，或出或處。"《孟子·萬章下》:"可以處而處，可以仕而仕，孔子也。"

上博二·容23~，停止，止歇。《易·小畜》:"既雨既處。"程頤傳:"既處，既止也。"《大戴禮記·誥志》:"川谷不處，深淵不涸。"《漢書·叙傳上》:"渾元運物，流不處兮。"顔師古注:"渾元，天地之氣也；處，止也。"

上博二·容25、26、27、上博六·孔14、上博八·壽5~，安居；安身。《詩·小雅·四牡》:"豈不懷歸，王事靡盬，不遑啓處。"毛亨傳:"啓，跪；處，居。"《史記·孝文本紀》:"夫四荒之外不安其生，封畿之内勤勞不處，二者之咎，皆自於朕之德薄而不能遠達也。"

上博三·周54、55~，即"處"，讀爲"居"亦可。帛本作"渙賁亓階"，今本《周易》作"渙奔其机"，"机"恐怕是"凥"的誤字。(季旭昇)

上博四·昭5"遌~"，讀爲"徙處"，遷居。《史記·袁盎鼂錯列傳》:"袁盎

者,楚人也,字絲。父故爲群盜,徙處安陵。"

上博四·曹14～,讀"居"。《左傳·文公十七年》:"居大國之間,而從於強令。"《左傳·昭公三十年》:"以敝邑居大國之間"。(高佑仁)

上博五·季8、上博六·天甲10、天乙9～,治理;辦理。《荀子·王制》:"明王始立,而處國有制。"

上博五·姑1、上博六·孔16～,相處,交往。《詩·小雅·黃鳥》:"此邦之人,不可與處。"《莊子·德充符》:"久與賢人處則無過。"

上博六·孔10～,指安居。《詩·小雅·四牡》:"豈不懷歸,王事靡盬,不遑啓處。"毛亨傳:"處,居。"《史記·孝文本紀》:"夫四荒之外不安其生,封畿之内勤勞不處。"《後漢書·孔融傳》:"至於一歲之限,不合禮意,又違先帝已然之法,所未敢處。"李賢注:"處,猶安也。"(陳偉)

上博六·慎3"中～",猶"居中",處在中正的位置。《論語·顏淵》:"居之無倦。"劉寶楠正義:"居爲居位。"《晏子春秋·内篇問上》:"不權居以爲行。"俞樾《諸子平議》:"居,猶位也。"(劉洪濤)

上博七·凡甲2～,當是"尻"字之譌,義同"居"。銀雀山漢簡中有"天地八風五行客主五音之居"。《晏子春秋·内篇問上》:"不權居以爲行,不稱位以爲忠。"

上博七·凡甲16、凡乙11、上博八·蘭2～,居住;居於,處在。《易·繫辭下》:"上古穴居而野處,後世聖人易之以宮室。"《莊子·至樂》:"魚處水而生,人處水而死。"《史記·樗里子甘茂列傳》:"昔曾參之處費,魯人有與曾參同姓名者殺人。"

上博八·顏11"～仁",見《荀子·大略》:"君子處仁以義,然後仁也;行義以禮,然後義也;制禮反本成末,然後禮也。"

上博八·有4"麂～",讀爲"離居",散處;分居。《詩·小雅·雨無正》:"正大夫離居,莫知我勩。"鄭玄箋:"長官之大夫於王流于彘而皆散處。"《左傳·文公十六年》:"夫麇與百濮謂我饑不能師,故伐我也。若我出師,必懼而歸。百濮離居,將各走其邑,誰暇謀人。"

昬(暑)

 上博一·緇6日～雨

 上博二·容 22 頾(夏)不敢㠯(以)～䛐(辭)

 上博八·志 4 或不能節～

～,從"日","日"旁或在上,或在下,或在中,"尻"聲,"暑"字異體。與
(郭店·緇衣 9)同。《說文·日部》:"暑,熱也。從日,者聲。"

上博一·緇 6"日～雨",夏大雨。《書·君牙》:"夏暑雨,小民惟曰怨咨,
冬祁寒,小民亦惟曰怨咨,厥惟艱哉!"蔡沈集傳:"祁,大也。暑雨祁寒,小民
怨咨,自傷其生之艱難也。"

上博二·容 22～,炎熱;炎熱的夏季。《易·繫辭下》:"寒往則暑來,暑往
則寒來。"

上博八·志 4"節～",讀爲"節度",猶節制,約束。《漢書·龔遂傳》:"功
曹以爲王生素耆酒,亡節度,不可使。"

曉紐西聲

賈

 上博六·用 13 隹唇之～臣

～,與 (雪齋二集 122 頁六年大陰令戈)同。《說文·貝部》:"賈,賈市
也。從貝,西聲。一曰:坐賣售也。"

簡文～,動詞,謀求、求取義。《國語·晉語八》:"和於政而好其道,謀於
衆不以賈好。"韋昭注:"賈,求也。"(陳劍)

匣紐于聲

于

上博一·孔 22 於卲(昭)～天

上博一·緇19 集大命~氏(是)身

上博一·性10 孝(教)所㠯(以)生悳(德)~中者也

上博二·民2 㠯(以)皇(橫)~天下

上博二·民6 君子㠯(以)此皇(橫)~天下

上博二·民11 塞~四方

上博二·民12 塞~四海

上博二·昔2 遅(寺)人内(入)告~君

上博二·容37 羕旻(得)~民

上博二·容45 豐鎬(鎬)鄗(郇)竁~鹿

上博二·容53 以告吝(閔)~天

上博三·周2 挐(需)~蒿(郊)

上博三·周2 挐(需)~屖(沙)

上博三·周2 挐(需)~坭(坭)

上博三·周 2 挐(需)～血

上博三·周 14 矸(介)～石

上博三·周 17 孚～嘉

上博三·周 17 王用亯(享)～西山

上博三·周 24 弗經～北湵(頤)

上博三·周 32 遇宔(主)～衖(巷)

上博三·周 38 臧(藏)～頁(頄)

上博三·周 40 繄～金柅

上博三·周 42 王叚(假)～富(廟)

上博三·周 42 一斛(握)～芙(笑)

上博三·周 43 困～蔆(葛)藟(藟)

上博三·周 43～剌□

上博三·周 50 鳿(鴻)漸(漸)～澗

上博三·周 50 鳿(鴻)漸～陸(阪)

 上博三·周 50 䲾(鴻)漸～澗

 上博三·周 54 王叚(假)～畗(廟)

 上博三·彭 1 狗(耇)老昏(問)～彭祖曰

 上博三·彭 1 而訑(謐)～帝棠

 上博三·彭 2～(吁)

 上博三·彭 3 未則～天

 上博四·逸·交 2 集～中渚

 上博四·逸·交 3 集～中滿(瀨)

 上博五·鮑 4 曰城(盛)～縱(縱)

 上博五·姑 1 唬(虖)～百豫

 上博五·姑 6 弪(強)～公豪(家)

 上博五·三 3 至～子孫

港甲 3 仁而盡～雁(膺)生

上博六·用 4 悳(德)徑～康

上博六·用 5 受勿～天

上博六·用 15 宜～朝夕

上博八·成 14 皆見章(彰)～天

上博八·命 5 不吕(以)厶(私)思〈惠〉厶(私)悁(怨)內(入)～王門

上博八·蘭 2 涅(馨)訑(謐)迡而達訋(聞)～四方

～,戰國文字或作 于(郭店·緇衣 32)、于(郭店·五行 30)、于(新蔡零 114)、于(新收 1069 淳于右戈)、于(秦駰玉版)、于(秦風 212)。《說文·亏部》:"亏,於也。象氣之舒亏。从丂,从一。一者,其氣平之也。"

上博三·彭 2～,讀爲"吁",歎詞,表示驚怪、不然、感慨等。《書·堯典》:"帝曰:'吁!嚚訟,可乎?'"孔安國傳:"吁,疑怪之辭。"《荀子·宥坐》:"孔子喟然而歎曰:'吁!惡有滿而不覆者哉!'"揚雄《法言·君子》:"吁,是何言歟?"李軌注:"吁者,駭歎之聲。"

上博～,介詞。猶在、以、用、自、從、對、對於、向等。

上博七·君甲 3～玩(瑟)奐(衡)於茾(前)

　上博七·君乙 3～阮（瑟）臭（衡）於毐（前）

《說文·竹部》："竽，管三十六簧也。从竹，亏聲。"

簡文～，樂器名。《周官義疏》："鄭康成云：'竽，管類。用竹爲之，形參差象鳥翼。'韓非曰：'竽者，五聲之長。故竽先，則鐘瑟皆隨竽唱，則諸樂皆和。'"《周禮·春官·笙師》："笙師掌教龡竽、笙、塤、籥、簫、篪、篴、管，春牘、應、雅。""鄭司農云：'竽，三十六簧。笙，十三簧。'"《廣雅》："竽象笙，三十六管，宮管在中央。"

芌

　上博一·孔 9 棠（裳）棠（裳）者～（華）

　上博四·逸·交 2 皆～（華）皆英

　上博五·競 9 擁～（華）佣（明）子

　上博五·三 8 是胃（謂）方～（華）

　上博八·李 2 豐～（華）緟（重）光

～，與、同。《說文·艸部》："芌，大葉實根，駭人，故謂之芌也。从艸，亏聲。"

上博一·孔 9"棠棠者～"，讀爲"裳裳者華"，《詩經》篇名。即《詩·小雅·裳裳者華》。

上博四·逸·交 2～，讀爲"華"，有"玉有光華"義，"英"有"玉光"義，這裏引申指英才、優秀的人物。《禮記·禮運》："大道之行也，與三代之英。"鄭玄

注:"英,俊選之尤者。""諧華諧英"爲使動用法,指使英才之間關係和諧。(秦樺林)

上博五·競9"～佴(明)子",讀爲"華孟子",子爲子姓,宋人,爲齊桓公的内嬖。見《左傳·僖公十七年》:"齊侯之夫人三:王姬、徐嬴、蔡姬,皆無子。齊侯好内,多内寵,内嬖如夫人者六人:長衛姬,生武孟;少衛姬,生惠公;鄭姬,生孝公;葛嬴,生昭公;密姬,生懿公;宋華子,生公子雍。"

上博五·三8"方～",讀爲"方華"。《詩·小雅·出車》:"昔我往矣,黍稷方華。今我來思,雨雪載塗。""邦四益,是謂方華"大意指迅速開疆拓土,國勢就像花兒剛開一樣生機旺盛。或讀爲"盂"。(范常喜)

上博八·李2～,讀爲"華",草木之榮。《爾雅·釋草》:"木謂之華,草謂之榮。"

盂

 上博二·容44 視～炭亓(其)下

《説文》:"盂,飯器也。从皿,亏聲。羽俱切。"

簡文"視～炭亓下",讀爲"寘盂炭其下",在臺下放置銅盂和炭,根據盂的特點,炭大概是置於盂中的。或認爲"盂"就是商紂"炮烙之刑"的"烙"。(趙平安)

汙

 上博五·三12 宫室～池

～,與 (九A47)同。《説文》:"汙,薉也。一曰小池爲汙。一曰涂也。从水,于聲。烏故切。"

簡文～,水池。《晏子春秋·諫下十四》:"今君窮臺榭之高,極汙池之深而不止。"《列子·楊朱》:"吞舟之魚,不游枝流;鴻鵠高飛,不集汙池。何則?其極遠也。"

雩

 上博五·鮑 8 ～（雨）坪埅（地）至邻（郊）返（復）

 上博一·緇 20 出內（入）自尔（爾）帀（師）～（虞）

～，戰國文字或作 、、。《說文·雨部》："雩，夏祭，樂於赤帝，以祈甘雨也。從雨，亐聲。"

上博一·緇 20 "出內（入）自尔（爾）帀（師）～（虞）"，《禮記·緇衣》："《君陳》曰：'出入自爾，師虞庶言同。'"鄭玄注："自，由也。師、庶，皆衆也。虞，度也。言出內政教，當由女衆之所謀度，衆言同，乃行之，政教當由一也。"或說，用爲"粵"，句首語氣詞。"雩庶言同"爲一句。

上博五·鮑 8～，讀爲"雨"，從雲層中降向地面的水。雲里的小水滴體積增大到不能懸浮在空氣中時，就下降成爲雨。《易·說卦》："雷以動之，風以散之，雨以潤之，日以烜之。"

匣紐羋聲

羋

 上博三·周 23 吅天之～

～，與 同，從"木"，"丫"，《說文》"丫，羊角也。象形"。簡文上部所從正像羊角形。此字當釋爲"羋"。《說文·木部》："羋，兩刃臿也。從木，丫，象形。宋魏曰羋也。![]，或從金從于。"羋爲耕田起土用的農具，後寫作"鏵"。

簡文～，讀爲"衢"。上古音"羋"爲匣紐魚部，"瞿"、"衢"爲群紐魚部。"羋"與"瞿"、"衢"的關係當屬於通假。《淮南子·齊俗》："脩脛者使之跖钁。"《太平御覽·地部二》、《器物部九》引"钁"作"鏵"。帛本作"何天之瞿"；今本

《周易》作"何天之衢",意處畜之極,四通八達,爲天之衢,亨道大行。《易·象》:"'何天之衢',道大行也。"

㞢

　　上博七·吳 1 速～

～,從"止","羊"聲,"羊"見於上博三·周易 23"叴天之羊",字作。馬王堆漢墓帛書《周易》作"瞿",今本《周易》作"衢"。

簡文～,疑讀爲"卻",義爲停止。《莊子·天道》:"昔者吾有刺於子,今吾心正卻矣,何故也?"成玄英疏:"卻,空也,息也。"《韓非子·外儲説右上》:"海上有賢者狂矞,太公望聞之往請焉,三卻馬於門而狂矞不報見也,太公望誅之。"

匣紐羽聲

羽

　　上博四·采 4 駱(鷺)～之白也

　　上博四·采 4 趣～

　　上博四·采 4 訐(衍)～

　　　上博四·采 4 ～

　　上博五·君 11 子～甜(問)於子贛(贛)曰

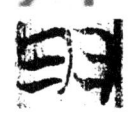　　上博八·鶹 1 婁(鶹)栗(鶹)之～今可(兮)

1267

《說文·羽部》:"羽,鳥長毛也。象形。"

上博四·采 4"駱(鷺)～",讀爲"鷺羽",白鷺的羽毛。古人用以製成舞具。《詩·陳風·宛丘》:"無冬無夏,值其鷺羽。"毛亨傳:"鷺鳥之羽,可以爲翳。"鄭玄箋:"翳,舞者所持以指麾。"

上博四·采 4～,五音之一。《周禮·春官·大師》:"皆文之以五聲:宮、商、角、徵、羽。"《國語·周語下》:"琴瑟尚宮,鍾尚羽。"《宋書·謝靈運傳論》:"欲使宮羽相變,低昂互節。若前有浮聲,則後須切響。"

上博五·君 11"子～",孔子弟子澹臺滅明,字子羽。《孔子家語·子路初見》:"澹臺子羽有君子之容,而行不勝其貌;宰我有文雅之辭,而智不充其辯。"《韓非子·顯學》:"故孔子曰:'以容取人乎,失之子羽;以言取人乎,失之宰予。'"

上博八·鶁 1～,鳥毛。引申爲鳥的翅膀。《詩·邶風·燕燕》:"燕燕于飛,差池其羽。"鄭玄箋:"謂張舒其尾翼。"《戰國策·秦策一》:"毛羽不豐滿者,不可以高飛。"《太玄·翕》:"翕其羽,利用舉。"

匣紐禹聲

禹

 上博一·緇 7～(禹)立厽(三)年

 上博二·子 10 是～(禹)也

 上博二·容 17 見～(禹)之臤(賢)也

 上博二·容 17～(禹)乃五襄(讓)㠯(以)天下之臤(賢)者

 上博二·容 18～(禹)聖(聽)正(政)三年

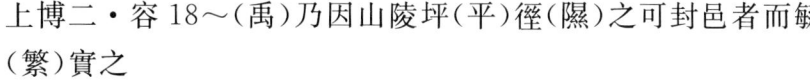

 上博二·容 18～（禹）乃因山陵坪（平）徑（隥）之可封邑者而緐（繁）實之

 上博二·容 20～（禹）肰（然）句（後）訋（始）爲之唬（號）羿（旗）

 上博二·容 21～（禹）肰（然）句（後）訋（始）行以僉（儉）

 上博二·容 22～（禹）乃建敫（鼓）於廷

 上博二·容 22～（禹）必速出

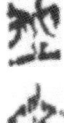 上博二·容 23 乃立～（禹）㠯（以）爲司工

 上博二·容 23～（禹）既已受命

 上博二·容 24～（禹）親執枌杞

 上博二·容 25～（禹）迵（通）淮與忻（沂）

 上博二·容 25～（禹）乃迵（通）蔞與昜

 上博二·容 26～（禹）乃迵（通）三江五沽（湖）

 上博二·容 26～（禹）乃迵（通）巹（伊）洛

 上博二·容27～（禹）乃迥（通）經（涇）與渭

 上博二·容27～（禹）乃從灘（漢）㠯（以）南爲名浴（谷）五百

 上博二·容33～（禹）又（有）子五人

 上博二·容34～（禹）於是唬（乎）襄（讓）

 上博四·曹65亓（其）亦唯䎽（聞）夫～（禹）、湯、傑（桀）、受（紂）矣

 上博五·君14肰（然）則㲃（賢）於～（禹）也

 上博五·君15與～（禹）箮（孰）㲃（賢）

 上博五·君15～（禹）約（治）天下之川

 上博五·鬼1昔者堯舜～（禹）湯

～，从"土"，"禹"聲，"禹"字繁體。與、、、同。《說文·内部》："禹，虫也。从厹，象形。![]，古文禹。"

上博～，姒姓，鯀之子。又稱大禹、夏禹、戎禹。原爲夏后氏部落領袖，後奉舜之命治理洪水，平定九州，有功，被舜選爲繼承人，舜死後擔任部落聯盟領袖，舜死後即位，建立夏代。《呂氏春秋·行論》："禹不敢怨，而反事之，官

爲司空,以通水潦。"《莊子·天下》:"墨子稱道曰:昔禹之湮洪水,決江河而通四夷九州也,名山三百,支川三千,小者無數。禹親自操橐耜而九雜天下之川,腓無胈,脛無毛,沐甚雨,櫛疾風,置萬國。"《管子·輕重》:"(禹)疏三江,鑿五湖。"《管子·桓公問》:"黄帝立明臺之議者,上觀於賢也;堯有衢室之問者,下聽於人也;舜有告善之旌,而主不蔽也;禹立建鼓於朝,而備訊唉;湯有總街之庭,以觀人誹也;武王有靈臺之復,而賢者進也。"《路史》卷二十二引《太公金匱》:"禹居人上,慄慄如不滿日,乃立建鼓。"

匣紐雨聲

雨

 上博一·孔 8～亡(無)政(正)

 上博一·緇 6 日暑～

 上博二·魯 4 女(如)天不～

 上博二·魯 4 丌(其)欲～或甚於我

 上博二·魯 5 女(如)天不～

 上博四·柬 16 大～

 上博二·魯 5 丌(其)欲～或甚於我

 上博三·周 34 遇～則吉

 上博三·周 38 蜀(獨)行遇～

 上博七·凡甲 14 夫～之至

 上博七·凡乙 9 夫～之至

 上博八·蘭 1～零(露)不墜(降)矣

 上博八·蘭 2……汗(旱)丌(其)不～

《説文·雨部》："雨，水从雲下也。一象天，冂象雲，水霝其間也。🜲，古文。"

上博一·孔 8"～亡政"，讀爲"雨無正"，《詩經》篇名，即《詩·小雅·雨無正·序》："《雨無正》，大夫刺幽王也。雨自上下者也，衆多如雨，而非所以爲政也。"

上博八·蘭 1"～零"，即"雨露"，雨和露，亦偏指雨水。《管子·度地》："當秋三月，山川百泉涌，降雨下，山水出，海路距，雨露屬。"《墨子·天志中》："是以天之爲寒熱也節，四時調，陰陽雨露也時，五穀孰，六畜遂，疾菑戾疫凶饑則不至。"《孟子·告子上》："是其日夜之所息，雨露之所潤，非無萌蘗之生焉，牛羊又從而牧之，是以若彼濯濯也。"

上博～，從雲層中降下地面的水滴。《詩·小雅·甫田》："琴瑟擊鼓，以御田祖，以祈甘雨。"《詩·豳風·東山》："我來自東，零雨其濛。"《易·説卦》："雨以潤之。"

匣紐下聲

下

 上博一·緇 2 爲～可頌(述)而旹(志)也

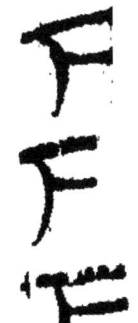

上博一・緇 3～難智（知）則君長［袋（勞）］

上博一・緇 6 則～之爲悥（仁）也靜（爭）先

上博一・緇 8～土之士

上博一・緇 8～之事上也

上博一・性 25～交旻（得）眾近從正（政）

上博二・子 1 古（故）能絧（治）天～

上博二・子 8 而史（使）君天～而禹（稱）

上博二・容 1 之又（有）天～也

上博二・容 2 而上悉（愛）～

上博二・容 5 上～貴戔（賤）

上博二・容 5 坒（匡）天～之正（政）十又（有）九年而王天下

上博二・容 5 坒（匡）天下之正（政）十又（有）九年而王天～

 上博二·容 7 銜(率)天~之人遼(就)

 上博二·容 7 褱(懷)㠯(以)逨(來)天~之民

 上博二·容 10 堯㠯(以)天~襄(讓)於臤(賢)者

 上博二·容 17 㙑(禹)乃五襄(讓)㠯(以)天~之臤(賢)者

 上博二·容 30 三年而天~之人亡(無)訟獄者

 上博二·容 30 天~大和均

 上博二·容 34 咎(皋)秀(陶)乃五襄(讓)㠯(以)天~之臤(賢)者

 上博二·容 35 [啟]王天~十又(有)六年〈世〉而傑(桀)复(作)

 上博二·容 35 □是(氏)之又(有)天~

 上博二·容 41 於是虖(乎)天~之兵大记(起)

 上博二·容 42 夫是㠯(以)旻(得)眾而王天~

 上博二·容 42 湯王天~三十又(有)一傑(世)而受(紂)复(作)

上博二・容 47 乃出文王於㘝(夏)臺之～而睧(問)安(焉)

上博二・容 49 高～肥毳之利聿(盡)智(知)之

上博五・弟 9 人而～佔(臨)

上博五・弟 23 刺虖(乎)丌(其)～

上博二・民 2 㠯(以)皇(橫)於天～

上博二・民 6 君子㠯(以)此皇(橫)於天～

上博二・民 13 上～禾(和)同

上博二・從甲 1 昔三弋(代)之明王之又(有)天～者

上博二・容 10 天～之臤(賢)者莫之能受也

上博二・容 11 於是虖(乎)天～之人

上博二・容 28 天～之民居奠

上博二・容 44 視(實)盂炭丌(其)～

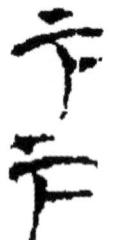上博三·亙 10 罄（舉）天～之名虛諹（樹）

上博三·亙 10 罄（舉）天～之复（作）強者

上博三·亙 10 果天～

上博三·亙 11 罄（舉）天～之爲也

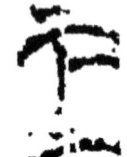上博三·亙 12 罄（舉）天～之生同也

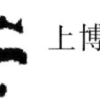上博三·亙 12 天～之复（作）也

上博三·亙 12 罄（舉）天～之复（作）也

上博三·亙 13 罄（舉）天～之名

上博三·亙 13 與天～之明王

上博四·逸·交 3 皆（偕）上皆（偕）～

上博四·昭 3 於此室之墮（階）～

上博四·内 9 㞷（美）～之

上博四·曹 3 而改（撫）又（有）天～

上博四·曹4 今天~之君子既可智(知)已

上博四·曹16 天~

上博四·曹65 昔之明王之记(起)於天~者

上博五·姑4 天~爲君者

上博五·姑6 目(以)正上~之訛

上博五·君12 埜(舜)君天~

上博五·君15 天~之川

上博五·三18 死於枊(梁)~

上博五·三19 上天又(有)~政

上博五·鬼1 天~瀘之

上博五·鬼2 賜(富)又(有)天~

上博五·鬼2 爲天~芺(笑)

上博五·鬼3 天～之聖人也

上博五·鬼3 天～之嬰（亂）人也

上博六·莊6 忘夫朸述之～虖（乎）

上博六·用8 硈（積）涅（盈）天之～

港甲9 目（以）上～之約

上博七·鄭甲4 遉（顛）逡（覆）天～之豊（禮）

上博七·鄭甲5 而威（滅）炎於～

上博七·鄭乙4 [子]豪（家）遉（顛）逡（覆）天～之豊（禮）

上博七·鄭乙5 [而威（滅）炎於]～

上博七·君甲5 而天～莫不語（禦）

上博七·凡甲14 坐不～笞（席）

上博七·凡甲15 ～番（播）於囜（淵）

上博七·凡甲 17 女(如)并天～而叔(抯)之

上博七·凡甲 17 若并天～詞(治)之

上博七·凡甲 21 天～亡(無)不又(有)

上博七·凡甲 21 天～亦亡(無)鼠(一)又(有)

上博七·凡甲 30 之目(以)智(知)天～

上博七·凡甲 30 之力古之力乃～上

上博七·凡乙 10 坐不～筥(席)

上博七·凡乙 10 ～番(播)於囡(淵)

上博七·凡乙 12 天～而叔(抯)之

上博七·凡乙 12 □若并天～

上博七·凡乙 22 大之目(以)智(知)天～

上博七·吳 5 ～之相敲(擠)也

 上博八・蘭 5 宅立(位)窥～而比㒸(擬)高矣

 上博八・有 4 迣(周)流天～今可(兮)

《説文・丅部》:"下,底也。指事。下,篆文丅。"

上博一・緇 2～,臣下。

上博一・緇 8"～土",四方;天下。《書・舜典》:"帝釐下土,方設居方。"孔安國傳:"言舜理四方,諸侯各設其官居其方。"《國語・吳語》:"余心豈忘憂恤,不唯下土之不康靖。"韋昭注:"不但憂四方,乃憂王室也。"

上博一・緇 3、8、上博二・容 2、上博七・吳 5～,臣下,百姓。《易・泰》:"上下交而其志同也。"孔穎達疏:"上,謂君也;下,謂臣也。"

上博一・性 25"～交",見《文子・上仁》:"智不足以爲治,威不足以行刑,則無以與下交矣。"

上博"天～",古時多指中國範圍內的全部土地;全國。《書・大禹謨》:"奄有四海,爲天下君。"

上博二・容 5"上～貴戔(賤)",《管子・任法》:"君臣上下貴賤皆從法,此謂爲大治。"

上博二・民 13"上～禾(和)同",《管子・五輔》:"是故上必寬裕而有解舍,下必聽從而不疾怨,上下和同而有禮義,故處安而動威,戰勝而守固,是以一戰而正諸侯。"

上博五・姑 6、港甲 9"上～",指地位的高低,猶言君臣、尊卑、長幼。《易・泰》:"上下交而其志同也。"孔穎達疏:"上,謂君也;下,謂臣也。"《書・周官》:"宗伯掌邦禮,治神人,和上下。"孔安國傳:"和上下尊卑等列。"《吕氏春秋・論威》:"義也者,萬事之紀也。君臣上下親疏之所由起也。"高誘注:"上,長;下,幼。"

上博～,位置在低處。《詩・小雅・北山》:"溥天之下,莫非王土。"《孟子・梁惠王上》:"民歸之,由水之就下,沛然誰能禦之?"

上博七・凡甲 14、凡乙 10"坐不～筥(席)",《儀禮・士相見禮》:"若君賜之爵,則下席,再拜稽首,受爵。"

匣紐夏聲

夏（魚）

 上博一・孔 2 大～（雅）

 上博一・緇 4 大～（雅）員（云）

 上博一・性 17 卲（韶）～樂情

 上博四・柬 1 命龜尹羅貞於大～

 上博四・柬 4 大～

 上博五・鬼 7 訏尋～邦

 上博二・容 22 ～不敢吕（以）暑訇（辭）

 上博八・成 14 夫～曾（繒）是（氏）之道

 上博一・緇 18 大～（雅）員（云）

 上博二・容 47 乃出文王於～臺之下而睧（問）安（焉）

 上博五·鮑1 又(有)～是(氏)觀亓(其)容吕(以)史(使)

 上博一·緇18 少(小)～(雅)員(云)

 上博二·民1[子]～(問)於孔子

 上博二·民3 子～曰

 上博二·民5 子～曰

 上博二·民7 子～曰

 上博二·民9 子～曰

"夏"字的形體演變如下：🖻→🖻→🖻→🖻→🖻。像"虫"形的那部分是由"夏"字中像人手臂形的部分訛變而成。或從"它"作🖻，是🖻形的進一步訛變形成的變體。(魏宜輝)戰國文字或作🖻(郭店·緇衣7)、🖻(郭店·性自命出25)、🖻(新蔡甲二6、30、15)、🖻(新蔡甲三248)、🖻(郭店·緇衣35)、🖻(郭店·唐虞之道13)、🖻(施301)、🖻(施323)。《說文·夊部》："夏，中國之人也。從夊，從頁，從臼。臼，兩手；夊，兩足也。🖻，古文夏。"

上博一·孔2、上博一·緇4、18"大～"、上博一·緇18"少～"。"大夏"，讀爲"大雅"，即今本《詩》"大雅"。"少夏"，讀爲"小雅"，即今本《詩》"小雅"。

上博一·性17"卲(韶)～樂情"，夏，禹樂名。《禮記·樂記》："故天子之

爲樂也,以賞諸侯之有德者也……《大章》,章之也;《咸池》,備矣;《韶》,繼也;《夏》,大也;殷周之樂盡矣。"鄭玄注:"《夏》,禹樂名也。言禹能大堯舜之德。"《莊子·天下》:"黃帝有《咸池》,堯有《大章》,舜有《大韶》,禹有《大夏》,湯有《大濩》,文王有《辟雍》之樂,武王、周公作《武》。"葛洪《抱朴子·交際》:"單絃不能發《韶》《夏》之和音,子色不能成袞龍之瑋燁。"

上博二·容 22〜,夏季。四季的第二季。陰曆四月至六月。《書·洪範》:"日月之行,則有冬有夏。"

上博二·容 47"〜臺",夏代獄名。又名均臺。在今河南省禹縣南。《史記·夏本紀》:"桀不務德而武傷百姓,百姓弗堪。迺召湯而囚之夏臺。"司馬貞索隱:"獄名,夏曰均臺。皇甫謐云'地在陽翟'是也。"《列女傳·孽嬖》:"造瓊室、瑤臺以臨雲雨,殫財盡幣,意尚不饜,召湯,囚之於夏臺,已而釋之。"簡文說紂囚文王於夏臺,恐誤。

上博二·民 1"子〜",孔子弟子。《史記·仲尼弟子列傳》:"卜商字子夏。少孔子四十四歲。……孔子既沒,子夏居西河教授,爲魏文侯師。其子死,哭之失明。"又"孔子曰'受業身通者七十有七人',皆異能之士也。德行:顏淵,閔子騫,冉伯牛,仲弓。政事:冉有,季路。言語:宰我,子貢。文學:子游,子夏。"

上博四·柬 1"大〜",龜名。或以爲水名。

上博五·鮑 1"又〜是",讀爲"有夏氏"。《全上古三代文》卷一:"禹姓姒,名文命,蜀之石紐人,顓頊六世孫。堯以爲司空,封夏伯,因稱伯禹。後受舜禪,號有夏氏,始降稱王。亦號夏后氏。攝位二十年,即位十年,謚曰禹,亦稱神禹,又曰大禹。"

上博八·成 14"〜曾是",讀爲"夏繒氏"。《史記正義》:"繒,自陵反,《國語》云:'繒,姒姓,夏禹後。'《括地志》云:'繒縣在沂州承縣,古侯國。'"

匣紐户聲

户

 上博三·周 5 丌(其)邑人晶(三)四〜

 上博七·武 7〜機曰

～,戰國文字或作、、、,《説文·户部》:"户,護也。半門曰户。象形。![]古文户从木。"

上博三·周5～,量詞。用以計户數。《易·訟》:"不克訟,歸而逋,其邑人三百户無眚。"《史記·秦始皇本紀》:"徙天下豪富於咸陽十二萬户。"

上博七·武7"～機",門户之樞機,即門的轉軸。户即門户。機即樞機。《説文·木部》:"樞,户樞也。"段玉裁注:"户所以轉動開閉之樞機也。"《釋名·釋兵》:"弩,含括之口曰機。言如機之巧也。亦言如門户之樞機,開合有節也。"《易·繫辭上》:"言行,君子之樞機。"《禮記·曲禮上》:"'安定辭'。審言語也。《易》曰:'言語者,君子之樞機。'"(程燕)

床

 上博三·周52 閨丌(其)～(户)

～,與、同,贅加"木",爲《説文》"户"字的古文所本。

上博三·周52～,單扇門。亦泛指門户。《詩·唐風·綢繆》:"綢繆束楚,三星在户。"朱熹集傳:"户,室户也。户必南出,昏見之星至此,則夜分矣。"《論語·雍也》:"誰能出不由户?"劉寶楠正義引《一切經音義》"一扇曰户,兩扇曰門。"

所

 上博二·容33 嬰(亂)淵～

 上博二·容48 虗(吾)～智(知)多虔

 上博四·相1 政母(毋)忘～訽事

上博四・曹17～㠯（以）岠（距）鄾（邊）

上博四・曹18～㠯（以）岠（距）内

上博四・曹18～㠯（以）爲倀（長）也

上博四・曹22 此～㠯（以）爲和於邦

上博四・曹23～㠯（以）爲和於豫

上博四・曹28 此三者～㠯（以）戬（戰）

上博四・曹34 亡（無）～不中

上博四・曹52 必迡（過）亓（其）～

上博四・曹57 善攻者必㠯（以）亓（其）～又（有）

上博四・曹57 㠯（以）攻人之～亡（無）又（有）

上博四・曹58～㠯（以）爲毋退

上博四・曹58～㠯（以）同死

 上博四·曹 59 虐（吾）又（有）～睧（聞）之

 上博四·曹 62 ～㠯（以）爲䣂（斷）

 上博四·曹 63 非～㠯（以）𦔻（教）民

 上博五·姑 9 長魚𩵋（矯）典自公～

 上博五·君 9 人～亞（惡）也

 上博五·君 9 人～亞（惡）也

 上博五·君 9 人～亞（惡）也

 上博五·三 6 民之～悥（喜）

 上博五·三 8 皇天之～亞（惡）

 上博五·三 12 ～㠯（以）爲天豊（禮）

 上博五·三 13 天之～敗

 上博五·三 19 皇天之～弃

上博五·三 19 而句(后)帝之～憎

上博五·三 20 民之～欲

上博五·鬼 1 今夫粲(鬼)神又(有)～明

上博五·鬼 1 又(有)～不明

上博五·鬼 5 ～明又(有)所不明

上博五·鬼 5 所明又(有)～不明

上博一·孔 20 亓(其)言又(有)～載而句(後)内

上博一·孔 24 敓(悦)亓(其)人必好亓(其)～爲

上博一·孔 27 蘠(离)亓(其)～惡(愛)

上博二·從甲 10 從正(政)～炙(務)三

上博二·從甲 10 遠戾～㠯(以)

上博三·周 37 亡(無)～往

上博三·周 53 此丌（其）～取

上博三·周 55 非台（夷）～思

上博三·中 10 壆（舉）而（爾）～智（知）

上博三·中 10 而（爾）～不智（知）

上博三·中 16 君子無～朕（厭）人

上博三·中 20 ～渿（竭）丌（其）青（情）

上博三·中 23 ～㠯（以）城（成）死也

上博三·中 23 ～㠯（以）立生也

上博三·中 24 ～㠯（學）皆終

上博三·中 25 ～㠯（學）皆朋（崩）

上博三·彭 3 不智（知）～終

上博四·柬 8 虗（吾）～旻（得）

 上博四·柬 11 此～胃(謂)

 上博五·弟 13 君子亡(無)～不足

 上博五·弟 13 亡(無)～又(有)余(餘)

 上博一·緇 4 言丌(其)～不能

 上博一·緇 4 不訋(辭)丌(其)～能

 上博一·緇 8 不從丌(其)～㠯(以)命

 上博一·緇 8 而從丌(其)～行

 上博一·緇 10 [黎民]～信

 上博一·緇 10 大人不睪(親)丌(其)～臤(賢)

 上博一·緇 10 而信丌(其)‥賤

 上博一·緇 17 古(故)言則慮丌(其)～終

 上博一·緇 17 行則旨(稽)丌(其)～蔽(敝)

 上博二·從甲 14 又(有)～又(有)舍(余)而不敢䏨(盡)之

 上博二·從甲 14 又(有)～不足而不敢弗

 上博一·性 3 ～善所不善

 上博一·性 10 孴(教)～㠯(以)生悳(德)于中者也

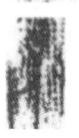 上博一·性 12 ～㠯(以)曼(文)節也

 上博一·性 13 ～㠯(以)爲信與登(徵)也

 上博一·性 31 蜀(獨)居則習[父]兄之～樂

 上博一·性 3 所善～不善

 上博二·民 3 勿(物)之～至者

 上博二·民 4 豊(禮)之～至者

 上博二·民 4 㵳(樂)之～至者

 上博四·昭 9 楚邦之良臣～聲骨

 上博四・内6 父毋(母)～樂樂之

 上博四・内6 父毋(母)～憂憂之

 上博五・鮑1 醫(殷)人之～㠯(以)弋(代)之

 上博五・鮑2 遱(珊)亓(其)～㠯(以)堯

 上博五・鮑2 周人之～以弋(代)之

 上博五・鮑2 遱(珊)亓(其)～㠯(以)衰堯

 上博五・季23 此羣=(君子)從事者之～啻齵

 上博五・鮑4 縱公之～欲

 上博三・互3 求亓(其)～生

 上博三・互4 因生亓(其)～慾(欲)

 上博三・互5 返(復)亓(其)～慾(欲)

 上博三・互12 無非亓(其)～

上博六·競2是虗(吾)～望於女也

上博六·孔15君子蜀之㠯(以)亓(其)～蜀

上博六·孔15𧧻(規)之㠯(以)亓(其)～谷

上博六·孔16安與之凥(處)而謘(察)睧(聞)亓(其)～學

上博六·孔17𡍺(禁)言不當亓(其)～

上博六·孔25彔之～植

上博六·孔25彔之～

上博六·壽2先王亡(無)～歸

上博六·壽6君王～改多

上博六·用15告彔之～畏忌

上博六·用15請命之～對

上博六·用15而言語之～起

上博六·天甲 13 ～不學於帀（師）者三

上博六·天甲 13 此～不學於帀（師）也

上博七·武 7 視而～弋（代）

上博七·凡甲 16 是古（故）聖人尻（處）於亓（其）～

上博七·凡甲 22 ～吕（以）攸（修）身而諹（治）邦豪（家）

上博七·凡甲 27 不遴（失）亓（其）～然

上博七·凡甲 29 尃（敷）之亡（無）～甾〈容〉

上博七·凡乙 11 是古（故）聖人尻（處）於亓（其）～

上博七·凡乙 22 尃（敷）之亡（無）～甾〈容〉

上博七·吳 6 隹（唯）舍（余）一人～豊

上博八·子 1 生未又（有）～奠（定）

上博八·顔 2 ～吕（以）旻（得）青（情）

 上博八·顔2～㠯(以)爲樂也

 上博八·顔5～㠯(以)信也

 上博八·顔11～㠯(以)凥(處)悬(仁)也

 上博八·顔11～㠯(以)取新(親)也

 上博八·命5 非而～㠯(以)䢔(復)

 上博八·命8 君王之～㠯(以)命與所爲於楚邦

上博八·命8 君王之所㠯(以)命與～爲於楚邦

 上博八·志4～㠯(以)皋(罪)人

 上博八·李1 鯉(鳳)鳥之～槳(集)

上博八·李2 民之～好可(兮)

上博七·君甲7 人㠯(以)君王爲～㠯(以)戮

～,戰國文字或作 (郭店·老子乙7)、 (郭店·緇衣14)、 (郭

店·成之聞之19)、☐(郭店·成之聞之34)、☐(郭店·尊德義36)、☐(郭店·語叢三54)、☐(九A42)、☐(新蔡甲二40)、☐(新蔡零12)、☐(新收1097邿左戈)、☐(保利藏金273頁二年邦司寇肖□鈹)、☐(里J①7正)。《說文·斤部》:"所,伐木聲也。从斤,户聲。《詩》曰:'伐木所所。'"

上博"～以",可與形容詞或動詞組成名詞性詞組,仍表示原因、情由。《莊子·天運》:"彼知矉美,而不知矉之所以美。"《史記·衞康叔世家》:"必求殷之賢人君子長者,問其先殷所以興,所以亡,而務愛民。"

上博五·鮑1、2、上博八·命8"之～以",連詞,表原因。

上博五·鮑4"縱公之～欲",《書·泰誓上》:"天矜于民,民之所欲,天必從之。"

上博二·民3、4"～至",讀爲"所致",使其然。《後漢書·逸民傳序》:"然觀其甘心畎畝之中,憔悴江海之上,豈必親魚鳥樂林草哉?亦云性分所至而已。"

上博六·壽2"亡～歸",歸依;歸宿。《老子》:"儽儽兮若無所歸。"

上博七·凡甲16、凡乙11～,處所,地方。《詩·魏風·碩鼠》:"樂土樂土,爰得我所。"《吕氏春秋·恃君覽》:"厥之諫我也,必於無人之所。"

上博七·君甲7～,"所"字異構(劉樂賢、陳斯鵬)。或讀爲"固",或讀爲"忤"。

上博～,助詞,用于句中補凑音節。《左傳·成公二年》:"能進不能退,君無所辱命。"《戰國策·趙策四》:"竊自恕,而恐太后玉體之有所郄也。"

見紐古聲

古

上博一·緇13～(故)慈目(以)悉(愛)之

上博一·緇19～(故)君子多暗(聞)

 上博一·性5～(故)也

 上博一·性7 有爲也[者]之胃(謂)～(故)

 上博一·性17 凡～樂堇心

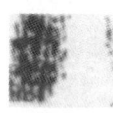 上博一·性18 是～(故)亓(其)心不遠

 上博一·性26 㠯(以)～(故)者也

 上博二·從甲4 是～(故)君子斬(慎)言而不斬(慎)事

 上博二·從甲12 是～(故)

 上博二·容3 ～(故)坣(當)是時也

 上博二·容43 ～(故)曰

 上博三·周35 非今之～(故)

 上博三·彭4 ～(故)君之悆(願)

 上博四·昭5 尔～須

 上博四・柬 5 楚邦又(有)棠(常)～(故)

 上博四・柬 6 不敢㠯(以)君王之身弁(變)亂枲(鬼)神之棠(常)～(故)

 上博四・柬 21 又(有)～(故)虖(乎)

 上博四・柬 21 不㠯(以)丌(其)身弁(變)贅尹之棠(常)～(故)

 上博四・内 1 ～(故)爲人君者

 上博四・内 2 ～(故)爲人臣者

 上博四・内 2 ～(故)爲人父者

 上博四・内 3 ～(故)爲人子者

 上博四・内 4 ～(故)爲人倪(兄)者

 上博四・内 4 ～(故)爲人俤(弟)者

 上博四・内 7 ～(故)父毋(母)安

 上博四・内 10 ～(故)爲耂(少)必聖(聽)長之命

 上博四・相 1 ～(故)此事使出政

 上博四・曹 7 臣是～(故)不敢吕(以)古(故)含(答)

 上博四・曹 7 臣是古(故)不敢吕(以)～(故)含(答)

 上博四・曹 7 肰(然)而～

 上博四・曹 19 是～(故)夫戕(陳)者

 上博四・曹 28 是～(故)倀(長)必訋(約)邦之貴人及邦之可(奇)士

 上博四・曹 38 ～(故)衛(帥)不可思(使)牪

 上博四・曹 44 是～(故)矣(疑)戕(陳)敗

 上博四・曹 65 今與～亦肰(然)

 上博五・競 3 癹(發)～簠

 上博五・競 3 行～复(作)

 上博五・季 3 是～(故)君子玉亓(其)言

 上博五・季 10 是～(故)叚(賢)人之居邦豪(家)也

 上博五・季 11 氏(是)～(故)夫敀邦甚難

 上博五・季 11 ～(故)女虗(吾)子之疋肥也

 上博五・季 13 ～(故)子曰(以)此言爲奚女(如)

 上博五・季 14 ～之爲邦者必曰(以)此

 上博五・季 17 因～冊豊而章之

 上博五・季 18 氏～(故)叚(賢)人大於邦而又䏁(劬)心

 上博五・姑 5 ～(故)而反亞(惡)之

 上博五・三 5 ～(故)裳(常)不利

 上博五・三 10 毋焚(煩)～譿

 上博五・鬼 4 則必又(有)～(故)

 上博五・鬼 4 酉(意)亓(其)力～(固)不能至(致)安(焉)虖(乎)

上博五·鬼 4 虗(吾)～(故)

上博八·命 4 虗(吾)睧(聞)～之善臣

上博八·命 7 請昏(問)亓(其)～(故)

上博八·李 2 氐(是)～(故)聖人棘此和勿(物)

上博八·李 3 氐(是)～(故)聖人棘此

上博一·孔 9 巽寡惪(德)～(故)也

上博一·孔 9 則困天〈而〉谷(欲)反丌(其)～(故)也

上博一·孔 16 思～人也

上博一·孔 16 民眚(性)～(固)肰(然)

上博一·孔 20 民眚(性)～(固)肰(然)

上博一·孔 24 以□□之～(故)也

上博一·孔 24 民眚(性)～(固)肰(然)

上博二・子1可(何)～(故)㠯(以)旻(得)爲帝

上博二・子1～(故)能絧(治)天下

上博二・子6～(故)讓之

上博二・子8～(故)夫舜之惪(德)丌(其)城(誠)叚(賢)矣

上博三・中9是～(故)又(有)司不可不先也

上博一・緇5～(故)心以豊(體)鴍

上博一・緇17～(故)言則慮丌(其)所終

上博五・三17智(知)地足以～(固)材

上博一・緇6～(故)長民者章志以卲(昭)百眚(姓)

上博一・緇12～(故)君不與少(小)悔(謀)大

上博一・緇15～(故)上不可㠯(以)埶(褻)型(刑)而翌(輕)尐(爵)

上博一・緇17～(故)君子寡(顧)言而行

上博一·緇 22～（故）君子之友也又（有）䎽（香）

上博六·競 7～丌（其）祝史裚蔑尚折

上博六·競 10 自～（姑）蚤（尤）㠯（以）西

上博六·競 11～死丌（其）𤖻（將）至

上博六·孔 5 是～魚道之

上博六·孔 7～𤖻（將）㠯（以）告

上博六·慎 3～曰青

上博六·慎 5～曰強

上博六·慎 6 遠迲爲民之～

上博六·天甲 4～亡（無）豊（禮）大瀘

上博六·天甲 11～龜又（有）五昇

上博六·天甲 12～見傷而爲之祈

上博六・天乙 3～亡（無）豊（禮）大瀘

上博六・天乙 11～龜又（有）五异

上博六・天乙 11～見傷而爲之祈

上博七・鄭甲 3 奠（鄭）人青（請）亓（其）～

上博七・鄭甲 6 㠯（以）子豪（家）之～

上博七・鄭乙 3 奠（鄭）人情（請）亓（其）～

上博七・鄭乙 6 㠯（以）子豪（家）之～

上博七・凡甲 5 奚～神睪（盟—明）

上博七・凡甲 6 虗（吾）奚～事之

上博七・凡甲 10 可（何）～大而不猣（炎）

上博七・凡甲 11 奚～

上博七・凡甲 12 是～

上博七·凡甲 16 是～聖人凥（處）於亓（其）所

上博七·凡甲 19 是～鼠（一）

上博七·凡甲 21 是～又（有）鼠（一）

上博七·凡甲 24 氏（是）～陳爲新

上博七·凡甲 27 ～曰努

上博七·凡甲 30 之力～之力乃下上

上博七·凡乙 4 奚～神䚈（盟―明）

上博七·凡乙 5 虗（吾）奚～事之

上博七·凡乙 8 可（何）～大而不㗉

上博七·凡乙 11 是～聖人凥（處）於亓（其）所

上博七·凡乙 17 氏（是）～陳爲新

上博六·用 6 其～能不沽

上博七•吳7～甬吏(使)丌(其)三臣

～,豎畫或穿透筆畫作 古(郭店•六德22),或在"口"中加一小橫飾筆,作 古(郭店•六德19)、古(九 A33)。《説文•古部》:"古,故也。从十、口。識前言者也。𠙹,古文古。"

上博一•性5、7～,讀爲"故",主要應指合乎儒家思想的各種禮制和倫理道德規範。

上博一•性17"～樂",古代帝王祭祀、朝會時所奏音樂。也稱雅樂,以別於民間音樂。《禮記•樂記》:"吾端冕而聽古樂,則唯恐卧;聽鄭衛之音,則不知倦。敢問古樂之如彼,何也?"鄭玄注:"古樂,先王之正樂也。"《三國志•魏志•杜夔傳》:"紹復先代古樂,皆自夔始也。"

上博四•昭5～,讀爲"姑",訓爲"且"。(劉樂賢)

上博四•柬5、6、21"䋫～",讀爲"常故",常規,舊例。《淮南子•氾論》:"常故不可循,器械不可因也,則先王之法度,有移易者矣。"也作"常古"古有成詞,指常法、舊法。《禮記•禮運》:"祝嘏莫敢易其常古,是謂大假。"孫希旦集解:"常古,舊法也。"《韓非子•南面》:"不知治者,必曰:'無變古,毋易常。'變與不變,聖人不聽,正治而已。然則古之無變,常之毋易,在常古之可與不可。"(陳偉)

上博四•曹65～,與"今"相對,古代。《三國志•吳書•是儀胡綜傳》:"然今與古,厥勢不同,南北悠遠,江湖隔絶,自不舉事,何得濟免!"

上博五•競3～,讀爲"故",指舊典、成例。

上博五•季11"氏～",讀爲"是故",連詞,因此;所以。

上博五•季13～,讀爲"故",訓爲"則"。《墨子•天志上》:"當若子之不事父,弟之不事兄,臣之不事君也,故天下之君子與謂之不祥者。"《莊子•齊物論》:"有成與虧,故昭氏之鼓琴也;無成與虧,故昭氏之不鼓琴也。"王引之《經傳釋詞》:"'故'字並與'則'字同義。"(冀小軍)

上博五•季14"～之爲邦者必以此",《新書》卷三:"古之爲天下,誠有其也。"

上博五•季17～,讀爲"故",指舊典、成例。《左傳•定公十年》:"齊魯之故,吾子何不聞焉?"杜預注:"故,舊典也。"《史記•商君列傳》:"是以聖人苟

可以強國,不法其故。"(陳偉)

上博五·姑5"～而",讀爲"故而"。《國語·晉語一》:"優施教驪姬夜半而泣謂公曰:'吾聞申生甚好仁而強,甚寬惠而慈於民,皆有所行之。今謂君惑於我,必亂國,無乃以國故而行強於君。'"(冀小軍)

上博三·彭4、上博五·三5～,讀爲"故"。

上博五·三10"～譹",讀爲"孤老"。《詩·衛風·碩人》:"施眔濊濊。"《說文·水部》"濊"字下、《淮南子·說山》高誘注並引"眔"作"罟"。"譹"與"老"爲來紐雙聲,韻則侯部與幽部甚近,應可通假。《管子·幼官》:"再會諸侯,令曰:'養孤老,食常疾,收孤寡。'""孤老"指孤獨的老人,老者安之,不宜勞擾,故簡文稱"毋焚(煩)古(孤)譹(老)"。(陳偉武)或讀爲"姑嫂"。(劉國勝)

上博五·鬼4"～不能",讀爲"固不能","固",原來、本來義。"固不能"是古人習語。《戰國策·秦策一》:"以此論之,王固不能行也。"《史記·越世家》:"嗟乎,一人固不能獨立。"(陳偉)

上博八·命4"～之善臣",《說苑·臣術》:"臣聞古之賢臣有受厚賜而不顧其國族,則過之。"

上博八·命7"請昏(問)亓(其)～(故)",《列子·黃帝》:"逆旅人有妾二人,其一人美,其一人惡;惡者貴而美者賤。楊子問其故。"

上博一·孔16"～人",古時的人。《書·益稷》:"予欲觀古人之象。"

上博一·孔16、20、24"～肰",讀爲"固然",本來就如此。《史記·平津侯主父列傳》:"行盜侵驅,所以爲業也,天性固然。"《楚辭·離騷》:"鷙鳥之不群兮,自前世而固然。"

上博五·三17～,讀爲"固",穩固。《書·五子之歌》:"民惟邦本,本固邦寧。"

上博六·競10"自～蚤以西",讀爲"自姑、尤以西",見《左傳·昭公二十年》:"姑、尤以西。"杜預注:"姑、尤,齊東界也。姑水、尤水皆在城陽郡。"孔穎達疏:"聊、攝、姑、尤皆是邑也,管仲夸楚,言其竟界所至,故遠舉河海也。晏子言其人多,故唯舉屬邑言之也。"姑、尤指姑水、尤水,即今山東半島中部的大沽河、小沽河。

上博二·子1、上博七·凡甲10、凡乙8"可～",讀爲"何故",什麼緣故;爲什麼。《左傳·宣公十一年》:"夏徵舒爲不道,弑其君,寡人以諸侯討而戮之,諸侯、縣公皆慶寡人,女獨不慶寡人,何故?"

上博七·凡"奚～",讀爲"奚故",何故。《吕氏春秋·審應覽·不屈》:"蝗螟,農夫得而殺之,奚故?爲其害稼也。"

上博七·凡甲 27～,讀爲"故",所以。《荀子·堯問》:"人人皆以我爲諭好士,然,故士至。"《禮記·少儀》:"事君者,量而後入,不入而後量。凡乞假於人,爲人從事者亦然。然,故上無怨而下遠罪也。"均"然"、"故"連用,同於簡文。

上博六·用 6～,讀爲"胡",疑問代詞,相當於"何"、"爲什麽"。

上博"是～",讀爲"是故",連詞。因此;所以。《論語·先進》:"其言不讓,是故哂之。"

上博～,讀爲"故",多用爲連詞。所以,因此。《論語·先進》:"求也退,故進之;由也兼人,故退之。"或作名詞,緣故,原因。

居

上博一·性 16 丌(其)～節也舊(久)

上博一·性 23 蜀(獨)～而樂

上博一·性 28～尻(處)谷(欲)逸(逸)惕(易)而毋曼(慢)

上博一·性 29～喪必又(有)夫縊(戀)縊(戀)之哀

上博一·性 30 蜀(獨)～則習[父]兄之所樂

上博二·容 28 天下之民～奠

上博四·采 5～

上博楚簡文字聲系(一~八)

 上博四・曹 11 ～不褻曼(文)

 上博五・季 10 是古(故)叚(暇)人之～邦豪(家)也

 上博五・君 1 弗能少～也

 上博五・三 8 唯(雖)成弗～

 上博五・三 11 ～毋悊(滯)

 上博六・壽 4 ～路吕(以)須

 上博七・吳 2 孤～

 上博七・吳 5 鳌(噬)敢～我江雩(濱)

 上博八・命 4 外臣而～虖(吾)右₌(左右)

 上博八・王 1【背】王～

 上博八・王 1 王～穌(蘇)遇之室

～,戰國文字或作 、、

1308

🖼(郭店·性自命出 26)、🖼(新蔡乙四 85)、🖼(歷博·燕 35)、🖼(珍戰 92)、🖼(秦集一·二·46·10)。《説文·尸部》："居，蹲也。从尸、古者，居从古。踞，俗居从足。"

上博一·性 16～，居、次，皆停止、駐留之意。"居次也久"是指樂的教化作用持久。（陳偉）"居即"或讀爲"居節"，"節"爲"節奏"、"節拍"，"居"亦應有"節奏"之意。（劉釗）

上博一·性 23、30"蜀（獨）～而樂"，《韓詩外傳》卷一："故中心存善而日新之，雖獨居而樂，德充而形。"《大戴禮記·衛將軍文子》："獨居思仁，公言言義。"

上博一·性 28"～尻（處）"，指平日的儀容舉止。《論語·子路》："居處恭，執事敬，與人忠，雖之夷狄不可棄也。"

上博一·性 29"～喪"，猶守孝。處在直系尊親的喪期中。《左傳·襄公三十一年》："居喪而不哀，在感而有嘉容，是謂不度。"《禮記·曲禮下》："居喪未葬，讀喪禮；既葬，讀祭禮；喪復常，讀樂章。"

上博二·容 28"天下之民～奠"，讀爲"天下之民居定"，天下之民安居樂業。《管子·小匡》："桓公曰：'民居定矣，事已成矣，吾欲從事于天下諸侯，其可乎？'"

上博四·曹 11"～不褻曼（文）"，《左傳·哀公元年》："昔闔廬食不二味，居不重席，室不崇壇，器不彤鏤，宮室不觀，舟車不飾，衣服財用，擇不取費。"

上博五·三 11～，指平日的儀容舉止。

上博六·壽 4"～路"，或讀爲"傴僂"，俯身彎腰表示恭敬。《左傳·昭公七年》："一命而僂，再命而傴，三命而俯。"杜預注："俯共於傴，傴共於僂。"（周鳳五）

上博七·吴 2～，處在，處於。《書·伊訓》："居上克明，未下克忠。"《易·乾》："居上位而不驕。"

上博七·吴 5～，居住。《易·繫辭上》："君子居其室。"引申爲佔據。《商君書·算地》："故爲國任地者，山林居什一。"

上博八·命 4～，指所在之處。《論衡·定賢篇》："復召爲光禄大夫，常居左右，論事説議，無不是者，才高智深，通明多見。"

上博五·季 10、上博八·王 1～，居住。《易·繫辭上》："君子居其室。"

姑

 上博四·內附簡母（毋）忘～姊妹而遠敬之

 上博五·姑1～（苦）城（成）豪（家）父

 上博五·姑1～（苦）城（成）豪（家）父

 上博五·姑2告～（苦）城（成）豪（家）父曰

 上博五·姑3～（苦）城（成）豪（家）父曰

 上博五·姑5～（苦）城（成）豪（家）父

 上博五·姑6胃（謂）～（苦）城（成）豪（家）父

 上博五·姑7～（苦）城（成）豪（家）父曰

 上博五·姑9～（苦）城（成）豪（家）父

 上博五·姑10埜（鄀）奇埜（鄀）至～（苦）城（成）豪（家）父立死

 上博七·吳8～每（鋂）

《説文·女部》:"姑,夫母也。从女,古聲。"

上博四·内附簡"～姊妹",父親的姐妹,姑母。《左傳·襄公十二年》:"無女而有姊妹及姑姊妹。"孔穎達疏:"若父之姊爲姑姊,父之妹爲姑妹。"

上博五·姑"～城豪父",讀爲"苦成家父",《元和姓纂》卷六"苦成"條:"晉卿郤犨食采苦成,因氏焉。"《路史·國名紀五》"苦"條:"苦成也。王符云:'郤犨采于苦,曰苦成。'"《左傳·成公十七年》"嬌以戈殺駒伯、苦成叔於其位",杜預注:"駒伯,郤锜;苦成叔,郤犨。"《左傳·成公十四年》:"衛侯饗苦成叔。"《國語·魯語上》:"郤犨欲予之邑,弗受也。歸,鮑國謂之曰:'子何辭苦成叔之邑?'"簡文"姑成家父"指郤犨。三郤中的郤锜、郤至都是郤克之子,郤犨則是郤克之族弟,故其輩分較高。

上博七·吳8"～每",讀爲"姑鯀",也就是吳王"諸樊"("鯀"、"樊"同音異寫)。按吳國兵器銘文,諸樊之名全稱作"姑發胃反","姑發"爲氏,"胃"爲名。(曹錦炎)

耆

 上博五·鮑3女～

～,从"老"省,"古"聲。與(左塚漆桐)同,齊文字作 (施334)。

簡文～,讀爲"苦",形容器物粗劣。《史記·平準書》:"鐵器苦惡。"司馬貞索隱:"凡病之器云苦。"《史記·五帝本紀》:"舜耕歷山……陶河濱,河濱器皆不苦窳。"張守節正義:"苦讀如盬,音古。盬,麤也。"《漢書·息夫躬傳》:"器用鹽惡,孰當督之!"顔師古注引鄧展曰:"鹽,不堅牢也。"王引之《經義述聞·周禮·飾行》:"古人謂物脆薄曰行,或曰苦。"(范常喜)或讀爲"胡"。《廣雅·釋詁》:"胡,大也。""必全如胡",是要求犧牲圭璧完整、豐大。(陳偉)或讀爲"故"。(季旭昇)

故

上博二·容48 文王時(持)～時而孚(教)民時

《説文·攴部》:"故,使爲之也。从攴,古聲。"

簡文～，舊的。《易·雜卦》："革，去故也；鼎，取新也。"《論語·爲政》："温故而知新，可以爲師矣。"朱熹集注："故者，舊所聞。""～時"，指遵循老的曆法以授民時。

胡

 上博六·競 10 是皆貧～約疠瘩（疾）

～，從"肉"，"古"聲。

簡文"貧～約疠瘩"，讀爲"貧苦約瘠疾"，意近《晏子春秋·内篇諫上》篇中的"民愁苦約病"。（陳偉武）

㱽

 上博四·曹 54 復～（故）戰（戰）有道虎（乎）

 上博四·曹 55 此復～（故）戰（戰）之道

～，從"次"，"古"聲。

上博四·曹"～戰"，讀爲"詐戰"，謂出其不意的攻擊。《公羊傳·昭公十七年》："楚人及吳戰于長岸。詐戰不言戰，此其言戰何？敵也。"《公羊傳·昭公二十三年》："此偏戰也，曷爲以詐戰之辭言之？"或讀爲"苦戰"。（高佑仁）

固

 上博四·曹 13 又（有）～悬（謀）而亡（無）固城

 上博四·曹 13 又（有）固悬（謀）而亡（無）～城

 上博四·曹 15 亓（其）城～足目（以）戎（捍）之

 上博四·曹56曰~

 上博五·三6是胃（謂）邦~

 上博七·凡甲2奚旻（得）而~

 上博七·凡乙2奚旻（得）而~

 上博五·三12秉之不~

 上博五·鬼8不及壟焚而正~

 上博六·莊2酖尹~忩（辭）

 上博六·莊2王~昏之

《說文·囗部》："固，四塞也。从囗，古聲。"

上博四·曹13~，堅固。

上博四·曹15"城~"，堅固。特指地形險要和城郭堅固。《荀子·王霸》："如是，則兵勁城固，敵國畏之。"《史記·陳涉世家論》："地形險阻，所以爲固也。"

上博四·曹56~，《說文·囗部》："固，四塞也。"《周禮·夏官·序官》"掌固"，鄭玄注："固，國所依阻者也。國曰固，野曰險。"這裏指險固。

上博五·三6"邦~"，國家穩固；安定。《書·五子之歌》："民惟邦本，本固邦寧。"《國語·晉語二》："諸侯義而撫之，百姓欣而奉之，國可以固。"

上博五·三12~，鄙陋，《論語·述而》："奢則不孫，儉則固。"又有破敗

義,如《國語·魯語上》:"夫莒太子殺其君而竊其寶來,不識窮固又求自邇,爲我流之於夷。"韋昭注:"固,廢也。"固又通作"痼",指疾病。《說文》:"痼,久病也。"段玉裁注:"多假固爲之。月令'十二月行春令,則國多固疾。'注曰:'生不充其性,有久疾。'"(陳偉)

上博七·凡甲2、凡乙2～,穩固,固定。《國語·魯語上》:"晉始伯而欲固諸侯。"《楚辭·天問》:"安得夫良藥,不(而)能固藏?"《楚辭·九辯》:"恐時世之不固。"屈原《楚辭·天問》:"陰陽三(參)合,何本何化?"

上博六·莊2"～怠",讀爲"固辭",堅辭也。《書·大禹謨》:"禹拜稽首固辭。"孔安國傳:"再辭曰固。"

上博六·莊2～,副詞。一再;執意、堅決地。《史記·齊太公世家》:"管仲固諫。不聽。"《後漢書·張奮傳》:"光武詔奮嗣爵,奮稱純遺勅,固不肯受。"

恩

 上博六·壽2王～繇之

～,從"心","固"聲。

簡文～,讀爲"固"。《集韻》:"固,一曰再辭。"《書·大禹謨》:"禹拜稽首固辭。"孔安國傳:"再辭曰固。"

沽

 上博二·容26聖(禹)乃迥(通)三江五～(湖)

 上博五·鮑5公～弗謵(察)人之生(性)厽(三)

 上博五·弟16寡訋(聞)則～(孤)

 上博八·蘭2可(何)淵而不～(涸)

· 1314 ·

 上博二·魯 5 水牂（將）～（涸）

 上博六·用 6 亓（其）由能不～

上博六·用 19 而亦不可～

《說文·水部》："沽，水。出漁陽塞外，東入海。从水，古聲。"

上博二·容 26"五～"，讀爲"五湖"。《呂氏春秋·仲夏紀·古樂》："禹立，勤勞天下，日夜不懈，通大川，決壅塞，鑿龍門，降通漻水以導河，疏三江五湖，注之東海，以利黔首。"《呂氏春秋·慎大覽·貴因》："禹通三江、五湖，決伊闕，溝廻陸，注之東海，因水之力也。"

上博五·鮑 5～，讀爲"固"，孤陋蔽塞。（李學勤）

上博五·弟 16"寡聞則～"，讀爲"寡聞則孤"。《禮記·學記》："獨學而無友，則孤陋而寡聞。"或讀爲"固"。《禮記·曲禮下》"君子謂之固"，鄭玄注"陋也"。《論語·學而》"學則不固"，何晏集解引孔安國注云"蔽也"。孤陋蔽塞，含義相同，正是寡聞造成的弊病。（李學勤）

上博二·魯 5、上博八·蘭 2～，讀爲"涸"，水枯竭。《禮記·月令》："〔仲秋之月〕殺氣浸盛，陽氣日衰，水始涸。"鄭玄注："涸，竭也。"

上博六·用 6、19～，讀爲"怙"，訓爲"恃"，謂依恃各種民道。或讀爲"罟"。"罟"原意爲網，引申爲"法網"。《詩·小雅·小明》："豈不懷歸，畏此罪罟。"（董珊、蔣文、程少軒）

臤

 上博二·从甲 5～三折

 上博五·季 22 句能～猷（猷）

～，戰國文字或作 臤（郭店·窮達以時 3）、臤（新蔡零 343）、臤（施

241),从"匚","古"聲。

上博二·从甲 5～,使穩固。

上博五·季 22"～獸",讀爲"固守",堅守。《國語·周語上》:"陵其民而卑其上,將何以固守。"《後漢書·傅燮傳》:"城中兵少糧盡,燮猶固守。"

見紐壴聲

鼓

上博一·孔 14 㠯(以)鐘～之樂

上博二·容 2 楫戉(攻)～(鼓)惡(瑟)

上博二·容 22 塱(禹)乃建～(鼓)於廷

上博二·容 22 㠯(以)爲民之又(有)詰(訟)告者～(鼓)安(焉)

上博二·容 48 三～(鼓)而進之

上博二·容 48 三～(鼓)而退之

上博四·柬 9 牂(將)～而涉之

上博四·柬 11 ～而涉之

上博二·容 22 瞉～(鼓)

上博四·曹 52 改□尔～

上博七·君甲 3 ～鐘之聖（聲）

上博七·君乙 3 不聖（聽）～鐘之聖（聲）

上博七·凡甲 19 ～之又（有）聖（聲）

上博七·凡乙 13 ～之又（有）聖（聲）

～，从手持槌以击鼓，"壴"像鼓形，實即"鼓"之初文，古文字加不加"口"往往無别。或作 ，所从的"壴"上部訛爲單"竹"；或作 ，右部所从"攴"旁上部類化爲單"竹"。《說文·鼓部》："鼓，郭也。春分之音，萬物郭皮甲而出，故謂之鼓。从壴，攴象其手擊之也。《周禮》六鼓：靁鼓八面，靈鼓六面，路鼓四面，鼖鼓、皋鼓、晉鼓皆兩面。 ，籀文鼓。从古聲。"

上博一·孔 14"鐘～"、上博七·君甲 3、君乙 3"～鐘"，鐘和鼓。古代禮樂器。《詩·周南·關雎》："窈窕淑女，鐘鼓樂之。"《國語·晉語五》："是故伐備鐘鼓，聲其罪也。"

上博二·容 2"～（鼓）惡（瑟）"，彈奏瑟。《詩·小雅·鼓鐘》："鼓鐘欽欽，鼓瑟鼓琴。"孔穎達疏："以鼓瑟鼓琴類之，故鼓鐘爲擊鐘也。"《國語·晉語四》："官師之所材也，戚施直鎛，蘧蒢蒙璆，侏儒扶盧，矇瞍循聲，聾聵司火。童昏、嚚瘖、僬僥，官師之所不材也，以實裔土。夫教者，因體能質而利之者也。"

上博二·容 22～，參《管子·桓公問》："黃帝立明臺之議者，上觀於賢也；堯有衢室之問者，下聽於人也；舜有告善之旌，而主不蔽也；禹立建鼓於朝，而備訊唉；湯有總街之庭，以觀人誹也。武王有靈臺之復，而賢者進也。"《路史》卷二十二引《太公金匱》："禹居人上，慄慄如不滿日，乃立建鼓。"《三國志·魏志·文帝紀》裴松之注:"禹立建鼓於朝,而備訴訟也。"

上博二·容 22"毄~(鼓)",《詩·小雅·甫田》:"琴瑟擊鼓,以御田祖。"

上博二·容 48"三~(鼓)而進之,三~(鼓)而退之",《周禮·夏官·司馬》:"既陳,乃設驅逆之車,有司表貉于陳前,中軍以鼙令鼓,鼓人皆三鼓,群司馬振鐸,車徒皆作,遂鼓行,徒銜枚而進。"

上博四·柬 9、11~,責讓;聲討鬼神而令其降雨除旱。《論語·先進》:"季氏富於周公,而求也爲之聚斂而附益之。子曰:'非吾徒也,小子鳴鼓而攻之可也。'"何晏集解引鄭玄曰:"鳴鼓,聲其罪以責之。"《國語·晉語五》:"乃發令於太廟,召軍吏而戒樂正,令三軍之鐘鼓必備。趙同曰:'國有大役,不鎮撫民而備鐘鼓,何也?'宣子曰:'大罪伐之,小罪憚之。襲侵之事,陵也。是故伐備鐘鼓,聲其罪也。'"(周鳳五)

上博四·曹 52~,是中軍之帥用以指揮作戰的重要工具,如果失去,則三軍不知所從,故曰"乃遊亓(其)備(服)"。

上博七·凡甲 19、凡乙 13~,古代一種打擊樂器。《荀子·富國》:"撞大鐘,擊鳴鼓。"《周禮·地官司徒·鼓人》:"鼓人,掌教六鼓,四金之音聲,以節聲樂,以和軍旅,以正田役。教爲鼓而辨其聲用,以雷鼓鼓神祀,以靈鼓鼓社祭,以路鼓鼓鬼享,以鼖鼓鼓軍事,以晉鼓鼓役事。"

見紐蠱聲

蠱

 上博三·周 18~(蠱)

 上博三·周 18 檊(榦)父之~(蠱)

 上博三·周 18 檊(榦)母之~(蠱)

 上博三·周 18 檊(榦)父之~(蠱)

～，與"![]"（合集6016）同，从"虫"、从"皿"，即"蠱"字。《說文·蟲部》："蠱，腹中蟲也。《春秋傳》曰：'皿蟲爲蠱。''晦淫之所生也。'梟桀死之鬼亦爲蠱。从蟲，从皿。皿，物之用也。"

上博三·周18～，《易》卦名。六十四卦之一。巽下艮上。《易·蠱》："象曰：山下有風，蠱，君子以振民育德。"

上博三·周18～，《集韻》："蠱，事也。"《易·序卦》："蠱者，事也。"

見紐瓜聲

苽（瓜）

上博一·孔18 因《木～（瓜）》之保

上博一·孔19《木～（瓜）》

上博三·周41 㠯（以）苴橐～（瓜）

～，从"艸"，"瓜"聲，"瓜"字異體。《說文·瓜部》："瓜，㼌也。象形。"

上博一·孔18"木～"，即"木瓜"，《詩經》篇名。《詩·衛風·木瓜》："投我以木瓜，報之以瓊琚。"

上博三·周41～，瓠瓜。杞生於肥地，瓠瓜爲物，繫而不食，杞包瓜繫而不食，以喻君雖貴，已徒有其名，不能施其教命，非所遇。

仉

上博三·周33 樸～

上博三·周33 樸～

～，从"人"，"瓜"聲。《集韻》："仉，乖"，"不正也，或作華"。

· 1319 ·

簡文～,讀爲"孤",幼年喪父或父母雙亡。《孟子·梁惠王下》:"幼而無父曰孤。"

孤

 上博七·吴 2 ～居

 上博七·吴 4 ～吏(使)

 上博七·吴 8 ～也可(何)裻(勞)力之又(有)安(焉)

 上博七·吴 8 ～也敢至(致)先王之福

《説文·子部》:"孤,無父也。从子,瓜聲。"

上博七·吴～,古代君王諸侯的自稱。春秋時諸侯自稱"寡人",有兇事則稱"孤",後漸無區別。《左傳·莊公十一年》"孤實不敬,天降之災","且列國有兇,稱孤,禮也"。杜預注:"列國諸侯無兇則稱寡人。"《國語·吴語》:"吴王親對之曰:'……孤之事君在今日,不得事君亦在今日。'"《老子》:"故貴以賤爲本,高以下爲基。是以侯王自稱孤、寡、不穀。"

上博七·吴 4 ～,孤立,單獨。《論語·里仁》:"德不孤,必有鄰。"《史記·平津侯主父列傳》:"天子孤弱,號令不行。"

鼩

 上博三·周 37 敀膴(獲)晶(三)～(狐)

～,从"鼠","瓜"聲,字亦見於《包山楚簡》,疑即"狐"字。戰國文字或作 、、。《説文·犬部》:"狐,獸也。鬼所乘之。有三德:其色中和,小前大後,死則丘首。从犬,瓜聲。"

簡文～,狐狸。《詩·豳風·七月》:"一之日於貉,取彼狐狸,爲公子裘。"

柧

　上博八·有1能爲余拜楮～今可（兮）

《説文·木部》：“柧，棱也。从木，瓜聲。又，柧棱，殿堂上最高之處也。”

簡文～，本指有棱之木。也指用作書寫的多棱木牘。銀雀山漢簡《孫臏兵法·陳忌問壘》：“將戰書柧，所以哀正也。”字又同“觚”，《文選》班固《西都賦》：“設璧門之鳳闕，上觚棱而棲金爵。”李善注：“《説文》曰：‘棱，柧也。’柧與觚同。”《急就篇》：“急就奇觚與衆異。”顔師古注：“觚者學書之牘，或以記事，削木爲之，蓋簡屬也。……其形或六面，或八面，皆可書。觚者，棱也。以有棱角，故謂之觚。”“楮柧”，用楮木製作的木牘，此處代指學書識字。“能爲余拜楮柧”，猶言拜我爲師接受教育。

霾

　上博二·容41㠯（以）～四洿（海）之内

～，从“雨”，“瓜”聲。

簡文～，讀爲“略”。《廣雅·釋詁》：“略，行也。”《左傳·隱公五年》：“公將如棠觀魚者……公曰：吾將略地焉。”杜預注：“略，總攝巡行之名。”《漢書·高祖紀》：“凡言略地者，皆謂行而取之。”或隸定爲“雹”，讀爲“批”、“沘”、“包”。《新語·過秦論》：“有席捲天下，包舉宇内，囊括四海之意，併吞八荒之心。”（白於藍）

瓜瓜

　上博八·命9必内（入）～之於十友又弎（三）

　上博六·木1成公𠭯（乾）～

～，从二“瓜”。

· 1321 ·

簡文～,讀爲"諭"。古"瓜"聲多與"俞"聲相通,如"窳"與"愉"通、"窳"與"貐"通。(張儒、劉毓慶:《漢字通用聲素研究》,355 頁【瓜通俞】條)《説文》:"諭,告也。""諭之於十友又三"即"告之於十友又三"。(張崇禮)或讀爲"愉",爲"愉悦"或"勞苦"義。(陳偉)或讀爲"偶"。

上博六·木 1～,讀爲"遇",《説苑·辨物》:"王子建出守於城父,與成公乾遇於疇中。"(陳偉)

見紐寡聲

寡（募）

上博一·孔 9 巽～悳(德)古(故)也

上博一·緇 12 晉(祭)公之～(顧)命員(云)

上博一·緇 17 古(故)君子～(顧)言而行

上博二·從甲 3 豊(禮)則～而爲悥(仁)

上博二·容 36 衆～不聖(聽)訟

上博四·曹 6 昔池胎語～人曰

上博四·曹 34 怭(匹)夫～婦之獄訟

上博四·曹 51 ☐～人

上博四·曹 59 亓(其)志者～矣

上博五·競 6 不諦态～人

上博五·競 8～人之不剝也

上博五·鮑 2～人酒(將)佝佝

上博五·君 6 禹亓(其)衆～

上博五·弟 16～䎽(聞)則沽(孤)

上博五·弟 16～見則肆

上博五·三 14 而～亓(其)慐(憂)

上博六·用 5 視耑(前)～逡(後)

上博六·天甲 7～還身

上博六·天甲 7～還肩(肩)

上博六·天甲 7～還

 上博六·天乙 6 ～還身

 上博六·天乙 6 ～還脅（肩）

 上博六·天乙 7 ～還面

 上博七·凡甲 1 奚～而鳴

 上博七·凡甲 18 能～言

 上博七·凡乙 1 奚～而鳴

 上博七·凡乙 13 能～言

 上博七·吴 7 ～君

 上博七·吴 7 ～君

 上博七·吴 8 ～君

～，戰國文字或作（郭店·緇衣 22）、（郭店·尊德義 15）、（山東 104 司馬楙編鎛），或作（郭店·老子甲 2）、（郭店·老子甲 24），與"須"形混。《説文·宀部》："寡，少也。从宀，从頒。頒，分賦也，故爲少。"

上博一·孔 9"～悳"，讀爲"顧德"。《文選·張衡〈東京賦〉》："神欲馨而

顧德。"薛綜注:"顧,眷也。"《書·康誥》:"王曰:'嗚呼! 封,敬哉! 無作怨,勿用非謀、非彝,蔽時忱。丕則敏德,用康乃心,顧乃德,遠乃猷,裕乃以民寧,不汝瑕殄。'"孔安國傳:"顧省汝德。"(李鋭)

上博一·緇 12"～命",讀爲"顧命"。《書·顧命》:"成王將崩,命召公、畢公率諸侯相康王,作《顧命》。"孔安國傳:"臨終之命曰顧命。"孔穎達疏:"顧是將去之意,此言臨終之命曰顧命,言臨將死去迴顧而爲語也。"

上博一·緇 17"～(顧)言而行",《禮記·中庸》:"言顧行,行顧言。"孔穎達疏:"'行顧言'者,使行副於言,謂恆顧視於言也。"

上博二·從甲 3～,讀爲"顧",義爲"回首"。簡文大意爲:"【教/齊之以】禮,則人民回過頭來去做仁義的事情。"(范常喜)

上博二·容 36、上博五·君 6"衆～",多或少。《論語·堯曰》:"君子無衆寡,無小大,無敢慢。"《孫子·謀攻》:"識衆寡之用者勝。"

上博四·曹 34"～婦",沒有丈夫的婦人。後多指死了丈夫的婦人。《詩·小雅·大田》:"彼有遺秉,此有滯穗,伊寡婦之利。"

上博四·曹 6、51、上博五·競 6、8、鮑 2"～人",《禮記·曲禮下》:"其與民言,自稱曰寡人。"鄭玄注:"寡,謙也。"

上博五·弟 16"～舏(聞)",見聞不廣。《晏子春秋·問上八》:"魯之君臣,猶好爲義,下之妥妥也,奄然寡聞。"

上博五·弟 16"～見",見識少。揚雄《法言·吾子》:"多聞則守之以約,多見則守之以卓;寡聞則無約也,寡見則無卓也。"李軌注:"少見無卓絶之照。"

上博五·三 14"～(寡)亓恳(憂)",讀爲"顧其憂"。《管子·形勢》:"故聖人擇言必顧其累,擇行必顧其憂。故曰:顧憂者,可與致道。"(何有祖)

上博六·用 5～,讀爲"顧","視前顧後"義同"瞻前顧後"。《楚辭·離騷》:"瞻前而顧後兮,相觀民之計極。"

上博六·天甲 7、天乙 6"～還身",《説文》:"顧,還視也"。《吕氏春秋·慎勢》:"積兔滿市,行者不顧。非不欲兔也,分已定也。"高誘注:"顧,視。""顧還身",是説看背後的東西要轉過身子。(陳偉)

上博六·天甲 7、天乙 6"～還肩(肩)",《詩·檜風·匪風》:"顧瞻周道,中心怛兮。"鄭玄箋:"回首曰顧。"

上博六·天乙 7"～還面",《新書》卷五:"帝自爲開户,自取玩好,自執器皿,亟顧還面,而器禦之不舉不臧,折毁喪傷。"

上博七·凡甲 1、凡乙 1～,讀爲"呱",小兒哭聲。《説文》:"呱,小兒嗁聲。

从口,瓜聲。《詩》曰:'后稷呱矣'"。《書·益稷》:"啓呱呱而泣。"

上博七·凡甲 18、凡乙 13"～言",讀爲"顧言"。《禮記·緇衣》:"故君子寡言而行以成其信。"鄭玄注:"以行爲驗,虛言無益於善也。寡,當爲顧,聲之誤也。"孔穎達疏:"以其言行相副之,故君子當顧言而行以成其信也。"

上博七·吳 7、8"～君",即"寡君",稱本國之君。《左傳·襄公十二年》:"夏,晉人徵朝于鄭,鄭人使少正公孫僑對,曰:'在晉先君悼公九年,我寡君於是即位。即位八月,而我先大夫子駟從寡君以朝于執事,執事不禮於寡君,寡君懼。'"《左傳·昭公十九年》:"子産不待而對客曰:'鄭國不天,寡君之二三臣,札瘥夭昏。'"《國語·吳語》記黃池之會,"晉乃令董褐復命曰:'寡君未敢觀兵身見,使褐復命曰……'"皆以"寡君"稱本國之君。

賜

 上博五·鮑 4 弗～(顧)耑(前)後

 上博五·弟 8 死不～(顧)生

～,從"視","寡"聲,"顧"字異體,與 (郭店·緇衣 34)同。《說文·頁部》:"顧,還視也。從頁,雇聲。"

上博五·鮑 4"弗～(顧)前後",不向前後看視。《楚辭·離騷》:"瞻前而顧後兮,相觀民之計極。"洪興祖補注:"顧,還視也……言前觀湯武之興,顧視桀紂之所以亡。"

上博五·弟 8"死不～(顧)生",就是"死不復生"。"顧"字當解爲"反"、"復"、"還"。《淮南子·説林》:"狗彘不擇甂甌而食,偷肥其體而顧近其死。"高誘注:"顧,反也。"《韓非子·外儲説右上》:"曾子之妻之市,其子隨之而泣,其母曰:'女還,顧反爲女殺彘。'"(王三峽)或斷爲"死不顧,生何言乎"。如果父母去世沒有哀悼之心的話,父母在世時哪裏談得上親情呢?(陳偉)

見紐叚聲歸石聲

見紐凥聲歸處聲

見紐䀠聲

懼

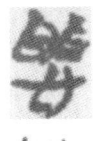
　　　　上博二・從乙 3～則怀

　　　　上博五・姑 8 公～乃命長魚鬲（矯）

　　　　上博六・壽 1～鬼神㠯（以）爲怒

　　　　上博六・壽 3 君王與楚邦～戁

　　　　上博七・武 5 武王䎽（聞）之忑（恐）～

　　　　上博五・三 4 憂～之閒

～，作，从"心"，"䀠"聲，爲《説文》"懼"字古义所本。或作，所从"䀠"中的一"目"作"視或見"。或作、（九 B13），从"心"，"瞿"聲。《説文・心部》："懼，恐也。从心，瞿聲。䀠，古文。"

上博二・從乙 3、上博五・姑 8、上博六・壽 1～，恐懼；害怕。《詩・小雅・谷風》："將恐將懼，維予與女。"《孟子・滕文公下》："公孫衍、張儀豈不誠大丈夫哉！一怒而諸侯懼，安居而天下熄。"

上博六·壽 3"～難",指擔心發生災難。《左傳·襄公二十七年》,伯凤謂趙孟曰:"楚氛甚惡,懼難。"(陳偉)

上博七·武 5"武王窜之忘～",讀爲"武王聞之恐懼"。今本作"王聞書之言,惕若恐懼,退而爲戒書"。"恐懼",畏懼,害怕。《易·震》:"君子以恐懼脩省。"《禮記·大學》:"有所恐懼,則不得其正。"

上博五·三 4"憂～之閒",憂愁恐懼。《韓非子·姦劫弑臣》:"故劫殺死亡之君,此其心之憂懼、形之苦痛也,必甚於厲矣。"

瞿

 上博七·武 2 王女(如)谷(欲)～之

上博七·武 5"思"字作,左邊從"視",右上從"目",即"䀠"字異體,字當分析爲從"心","䀠"聲,即懼字異體。～,從"宀"、"瞿"聲。疑讀作"䀠"。《說文·目部》:"䀠,左右視也。從二目。讀若拘。又若良士瞿瞿。"

上博七·武 2"王女(如)谷(欲)～之",今本《大戴禮記·武王踐阼》作"王欲聞之"。"瞿",驚貌;驚視貌。《禮記·雜記下》:"免喪之外,行於道路,見似目瞿,聞名心瞿。"孫希旦集解:"瞿者,瞿瞿然,驚貌。"《尸子》卷上:"聽言,耳目不瞿,視聽不深,則善言不往焉。"

見紐炎聲

家

 上博一·緇 11 邦～之不寧也

《說文·宀部》:"家,居也。從宀,豭省聲。,古文家。"

簡文"邦～",國家。

豪(家)

上博三·中3思老丌(其)～(家)

上博四·柬12而百眚(姓)逡(移)㠯(以)迲(去)邦～

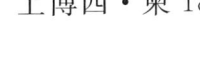
上博四·柬18邦～㠯(以)軒(杌)轍(隉)

上博四·柬18邦～大淲(旱)

上博五·鮑4不㠯(以)邦～(家)爲事

上博三·中2夫季是(氏)河東之城(盛)～(家)也

上博五·季8縈(葛)𧯷含語肥也㠯(以)尻(處)邦～(家)之述曰

上博五·三8上帝乃□□～(家)

上博五·季10是古(故)叚(叚)人之居邦～(家)也

上博五·三4邦～亓(其)褢(壞)

上博五·三12百乘之～(家)

 上博五·鬼2嬰(亂)邦～(家)

 上博二·從甲2王舍(予)人邦～(家)土陞(地)

 上博二·從乙1興邦～(家)

 上博四·曹56邦～(家)以态(忕)

 上博五·姑1姑(苦)城(成)～(家)父事敕(厲)公

 上博五·姑1姑(苦)城(成)～(家)父㠯(以)亓(其)族參(三)坓(邵)正(征)百豫

 上博五·姑2告姑(苦)城(成)～(家)父曰

 上博五·姑3姑(苦)城(成)～(家)父曰

 上博五·姑5姑(苦)城(成)～(家)父乃盜(寧)百豫

 上博五·姑6弝(強)於公～(家)

 上博五·姑6胃(謂)姑(苦)城(成)～(家)父曰

 上博五·姑7姑(苦)城(成)～(家)父曰

上博五·姑 8 參(三)垾(郤)～厚

上博五·姑 9 姑(苦)城(成)～(家)父專(捕)長魚嚣(矯)

上博五·姑 10 垾(郤)奇垾(郤)至姑(苦)城(成)～(家)父立死

上博五·姑 10 公～乃溺(弱)

上博三·周 8 啓邦承～(家)

上博三·周 52 坓(坪)丌～(家)

上博三·周 22 不～(家)而飤(食)

上博六·用 10 言才(在)～室

上博六·用 12 非考今斳(慎)良台～嗇

上博七·鄭甲 1 奠(鄭)子～芒

上博七·鄭甲 1 奠(鄭)子～殺丌(其)君

上博七·鄭甲 2 含(今)奠(鄭)子～殺丌(其)君

上博七·鄭甲 4 奠(鄭)子～(家)遺(顛)返(覆)天下之豊(禮)

上博七·鄭甲 4 子～

上博七·鄭甲 5 囟(思一使)子～利(梨)木三眷(寸)

上博七·鄭甲 6 㠯(以)子～之古(故)

上博七·鄭甲 7 含(今)晉人㫃(將)救子～

上博七·凡甲 16 邦～

上博七·鄭乙 1 子～芒

上博七·鄭乙 1 奠(鄭)子～殺丌(其)君

上博七·鄭乙 2 奠(鄭)子～殺丌(其)君

上博七·鄭乙 4 [子]～遺(顛)返(覆)天下之豊(禮)

上博七·鄭乙 6 㠯(以)子～之古(故)

上博七·鄭乙 7 含(今)晉[人㫃(將)救]子～

 上博七·鄭乙 4 我牁（將）必囟（思—使）子～

 上博七·鄭乙 5 囟（使）子～利（梨）木三奮（寸）

 上博七·凡甲 22 所吕（以）攸（修）身而諭（治）邦～

 上博八·子 1～（家）眚甚級（急）

～，从"爪"从"宀"从"豕"。楚簡中从宀字往往與不从宀者同，如"卒"字，或作"𡨄"，或作"𡨄"。楚文字"家"，多从"宀"，作 （郭店·老子乙 16）、 （郭店·老子丙 3）、 （郭店·緇衣 20）、 （郭店·語叢四 26）、 （九 A41）、 （新蔡甲三 216）、 （新蔡甲三 219），或从二"豕"繁化，作 （郭店·六德 20）；或加"宀"繁化，作 （郭店·五行 29）。

上博四·柬 12、上博四·柬 18、上博五·鮑 4、上博五·季 8、上博五·鬼 2、上博二·從甲 2、上博二·從乙 1、上博四·曹 56、上博五·季 10、上博五·三 4、上博七·凡甲 16、上博七·凡甲 22 "邦～"，國家。《詩·小雅·南山有臺》："樂只君子，邦家之基。"鄭玄箋："人君既得賢者，置之於位，又尊敬以禮樂，樂則能爲國家之本。"

上博三·周 8 "啓邦承～"，承繼家業。《易·師》："開國承家，小人勿用。"

上博三·周 22～，讀爲"稼"，耕稼、種植。（吳辛丑）或讀爲"不'家而食'"，謂不於家而食。（讀本三）

上博三·中 2、3、上博五·姑 8～，卿大夫或卿大夫的埰地食邑。《周禮·夏官·序官》："家司馬各使其臣以正於公司馬。"鄭玄注："家，卿大夫埰地。"《論語·八佾》："三家者以《雍》徹。"朱熹集注："三家，魯大夫孟孫、叔孫、季孫之家也。"《莊子·駢拇》："小人則以身殉利，士則以身殉名，大夫則以身殉家，聖人則以身殉天下。"

上博五·三 12 "百乘之～（家）"，《禮記·大學》："百乘之家，不蓄聚歛之臣。"

上博五·姑"姑（苦）城（成）～（家）父"，"家"是鄒聾之字。《國語·魯語上》："夫苦成叔家欲任兩國而無大德，其不存也，亡無日矣。"《左傳·成公十四年》"苦成家其亡乎"，唐石經"家"上有"叔"字，與《魯語》同。"叔"是排行，"家"是字。（陳偉、劉洪濤）

上博五·姑6、10"公～（家）"，指公卿之家。《後漢書·樊宏傳》："重性溫厚，在法度，三世共財，子孫朝夕禮敬，常若公家。"

上博六·用10"～室"，家庭；家眷。《詩·周南·桃夭》："之子於歸，宜其家室。"毛亨傳："家室，猶室家也。"陳奐傳疏："《孟子·滕文公篇》：'丈夫生而願為之有室，女子生而願為之有家。'桓十八年《左傳》：'申繻曰：女有家，男有室，無相瀆也，謂之有禮。'此家室互言也。渾言之，室亦家也。"

上博六·用12"～嗇"，讀為"稼穡"，耕種和收穫。泛指農業勞動。《書·無逸》："厥父母勤勞稼穡，厥子乃不知稼穡之艱難。"《孟子·滕文公上》："后稷教民稼穡。"（陳偉）

上博七·鄭"奠（鄭）子～"、"子～"，"子家"，即公子歸生，春秋時鄭國大夫，鄭靈公時為卿。

上博八·子1"～（家）害"，家裏疾苦。或讀為"家生"，指生計、營生。

溪紐去聲

去

上博五·君6毋欽毋～

上博七·君甲6含（今）君王聿（盡）～耳目之欲

上博七·君乙6含（今）君王聿（盡）～耳目之欲

上博八·子5䇞（言）遊～

～，與 、、、、、同。《説文·去部》："去，人相違也。从大，凵聲。"

上博五·君 6"毋欽毋～"，讀爲毋欠（溪紐談部）毋呿（溪紐魚部），不要打呵欠，也不要沒事把嘴巴張得大大的；或毋吟（疑紐侵部）毋噱（群紐鐸部），不要歎氣，也不要大笑。（季旭昇）

上博七·君甲 6、君乙 6"～耳目之欲"，《荀子·正名》："凡語治而待去欲者，無以道欲而困於有欲者也。凡語治而待寡欲者，無以節欲而困於多欲者也。"

迲

上博四·曹 43 亓（其）～（去）之不速

上博八·蘭 1 夬（決）～（去）選勿（物）

～，从"止"，"去"聲，"去"字繁體。
上博四·曹 43 ～，退去。

迲

上博一·孔 20 幣帛之不可～（去）也

上博二·容 16 祟（禍）才（災）～（去）㠯

上博二·容 19 ～（去）䘏（苛）而行柬（簡）

上博二·容 33 ～（去）䘏（苛）匿（慝）

 上博二·容 38 妖北～(去)丌(其)邦

 上博二·容 41 述(遂)逃～(去)

 上博三·彭 2 三～(去)丌(其)二

 上博四·柬 12 而百眚(姓)遂(移)以～(去)邦家

 上博五·競 8 此能從善而～(去)祂(過)者

 上博五·君 3 欲～(去)之而不可

 上博五·君 4 □困(淵)记(起)～(去)筥(席)曰

 上博五·三 20 矰～(去)吕(以)思(謀)

 上博五·弟 13 不曲方吕(以)～(去)人

～，从"辵"，爲贅加意符，"去"之繁體。與 、、、、同。

上博一·孔 20、上博八·蘭 1 ～，即"去"，去掉，除去。《周禮·地官·大司徒》："以荒政十有二，聚萬民……六曰去幾。"鄭玄注："去幾，去其稅耳。"《易·繫辭下》："以小惡爲無傷而弗去也。"

上博二·容 16"～亡"，《韓非子·有度》："今夫輕爵祿，易去亡，以擇其

主,臣不謂廉。"

上博二·容 19、33"～蟲(苛)",《考工記·玉人》"琰圭九寸,判規以除慝,以易行",鄭玄注:"諸侯有爲不義,使者徵之,執以爲瑞節也。除慝誅惡,逆也。易行,去煩苛。"

上博二·容 38、上博四·柬 12、上博八·子 5"～",離開。《書·胤征》:"伊尹去亳適夏。"

上博二·容 41"逃～",《戰國策·趙三》:"虞卿未反,秦之使者已在趙矣。樓緩聞之,逃去。"

上博三·彭 2"三～丌(其)二",去掉;除去。

上博五·競 8"從善而～祇(過)",讀爲"從善而去禍"。《全後周文·上書宣帝請重興佛法》:"人之好善,福雖未至,去禍遠矣。"

上博五·三 20"繒～",意爲"把逃離的人追捕回來"。(范常喜)或讀爲"增",增加刑罰,"去"乃減少或去除刑罰,"增去"乃謂對刑罰的增減損益。(林文華)

上博五·君 4"～席"即離席。表離席義古多作"越席"、"避席"。《禮記·仲尼燕居》:"子貢越席而對曰。"《孔子家語·顏回》:"公聞之,越席而起。""越"皆當訓爲"離"。《呂氏春秋·慎大覽》:"武王避席再拜之,此非貴虜也,貴其言也。"簡文"去席"與"越席"、"避席"義近。(周波)

上博五·弟 13"～人",讀爲"去人",猶言"拒人"。

詶

上博二·容 22 㠯(以)爲民之又(有)～告者鼓安

～,從"言","去"聲,"訟"的異體字。或説右旁所從非"去",當是"谷"。

簡文"禹乃建鼓於廷,以爲民之又(有)～(訟)告者鼓焉",參《三國志·魏志·文帝紀》裴松之注引《管子》作"禹立建鼓於朝,而備訴訟也"。《淮南子·氾論》:"禹之時以五音聽治,懸鐘、鼓、磬、鐸,置鞀,以待四方之士,爲號曰:'教寡人以道者擊鼓,諭寡人以義者擊鐘,告寡人以事者振鐸,語寡人以憂者擊磬,有獄訟者搖鞀。'當此之時,一饋而十起,一沐而三捉髮,以勞天下之民。"

溪紐巨聲

巨

上博五·弟 19～白玉偡(侍)唬(乎)子

上博六·天甲 6 天子坐𦙑(以)～

上博六·天乙 6 𦙑(以)～

～，戰國文字或作 ▨(郭店·語叢四 14)、▨(施 70)、▨(塔圖 137)。《說文·工部》："巨，規巨也。从工，象手持之。▨，巨或从木、矢。矢者，其中正也。▨，古文巨。"

上博五·弟 19"～白玉"，讀爲"蘧伯玉"，即蘧瑗，字伯玉，春秋時衛國大夫。《史記·仲尼弟子列傳》："孔子之所嚴事：於周則老子；於衛，蘧伯玉。"《列女傳·仁智傳》："蘧伯玉，衛之賢大夫也。仁而有智，敬於事上。"

上博六·天甲 6、天乙 6～，讀爲"矩"，是畫直角或方形用的曲尺。也可能借爲"虡"，是鐘、磬支架的立柱。《說文》"業"字下引《詩》"巨業維樅"，今本《詩·大雅·靈臺》"巨"作"虡"。(陳偉)

佢

上博四·曹 17 所𦙑(以)～鶞(邊)

上博四·曹 18 所𦙑(以)～内

 上博五・三 17 壆(興)埅(地)之～

 上博六・用 13 玟亓(其)若～

～,从"人","巨"聲,與 、同。

上博四・曹 17、18～,讀爲"距",拒守。也可讀爲"拒","拒守"、"捍衛"之義。《廣韻・語韻》:"拒,捍也。"《孫子・九地》:"是故始如處女,敵人開户;後如脱兔,敵不及拒。"

上博五・三 17～,讀爲"矩",法度;常規。《論語・爲政》:"七十而從心所欲,不踰矩。"《韓詩外傳》卷一:"行步中規,折旋中矩。"

上博六・用 13～,待考。

溪紐魚聲

虞

 上博五・弟 20 子～唬(乎)軾

 上博六・競 1 割(會)疾(譴)與棃(梁)丘～言於公曰

 上博六・競 13 棃(梁)丘～不敢監正

與 、、形近,乃"虞"字,晉文字或作 、。![]可看作是 ![]的省减。虞的初文本從鐘虡銅人取象,字初作 ![],後因象形文發生變化,便增益"虍"旁爲聲符,遂成虞字。《説文》應以虞爲正文,鐻爲重文,虞爲

· 1339 ·

訛文。其説解宜改爲:"虡,在旁舉枸也。从舁虍聲。"(曾憲通)《説文·虍部》:"虡,鐘鼓之柎也,飾爲猛獸。从虍,異象其下足。鐻,虡或从金豦聲。𧇒,篆文省。"由於虡字所从的舁和異字下端形體相同,所以後來誤以爲虡字从虍从異,換言之,从虍从異的虡可能是一個後起的字。(朱德熙、裘錫圭)

上博五·弟20～,讀爲"據",依靠,依從。《詩·邶風·柏舟》:"亦有兄弟,不可以據。"毛亨傳:"據,依也。"簡文"～虖軾",讀爲"據乎軾",靠著軾。軾,車前橫木。《莊子·盜跖》:"孔子再拜趨走,出門上車,執轡三失,目芒然無見,色若死灰,據軾低頭,不能出氣。"

上博六"梁丘～",讀爲"梁丘據",字"子猶",又稱"子游"、"梁邱據"、"梁丘子"、"梁丘"、"據",齊景公之嬖大夫。在齊景公心目中,"唯據與我和夫"(《左傳·昭公二十年》),深得齊景公歡心。在《晏子春秋》中,"梁邱據"見於篇題者有九篇。

墌

 上博六·競9 外₌又(有)梨(梁)丘～縈恚

～,从"土","𧇒"聲,也可看作是"𧇒"字異體。

簡文～,讀爲"據"。參"虡"字條。

疑紐吳聲

吳

 上博二·子1 又(有)～(虞)是(氏)之樂正

 上博二·容5 又(有)～迵(通)

 上博四·昭9 息君～王身至於郢

上博五·弟 2～人生七㠯

上博六·競 8 今新(薪)登(蒸)思(使)～守之

上博七·吴 3 道吕(以)告～

上博七·吴 3【背】～命

上博七·吴 6～白(伯)父

上博七·吴 8～人

上博七·吴 9～走陳

～，戰國文字或作 （郭店·唐虞之道 1）、（郭店·唐虞之道 13）、（郭店·唐虞之道 27）、（新蔡甲二 6、30、15）、（雪齋二集 118 頁）、（秦風 168）、（秦風 91）。《說文·矢部》："吴，姓也。亦郡也。一曰：吴，大言也。从矢口。，古文如此。"

上博二·子 1"又～是"，讀爲"有虞氏"，古部落名。傳說其首領舜受堯禪，都蒲阪。故址在今山西省永濟縣東南。有，詞頭。《周禮·考工記序》："有虞氏上陶，夏后氏上匠，殷人上梓。"《國語·魯語上》："夏后氏故有虞氏禘黄帝而祖顓頊，郊堯而宗舜。"

上博二·容 5"又～迵"，讀爲"有虞迵"，"有虞"即"有虞氏"，"迵"爲"有虞部族首領的名字"，是"在部族名稱後加上部族首領私名"的例子。"有虞迵"就是指有虞部族名迵的酋長。

上博六·競8～，讀爲"虞"，官名。《左傳·昭公二十年》："山林之木，衡鹿守之；澤之萑蒲，舟鮫守之；藪之薪蒸，虞候守之。海之鹽蜃，祈望守之。"杜預注："衡鹿、舟鮫、虞候、祈望，皆官名也。言公專守山澤之利，不與民共。"孔穎達疏："《周禮》山澤之官皆名爲虞，每大澤大藪，中士四人"。鄭玄注："虞，度也。度知山之大小及所生者。澤，水所鍾也，水希曰藪。則藪是少水之澤，立官使之候望，故以虞候爲名也。"

上博四·昭9"～王"，吳國君。

上博七·吳6"～白父"，讀爲"吳伯父"，吳先君。《國語·吳語》："昔吳伯父不失，春秋必率諸侯以顧余一人。"韋昭注："此晉述天子告讓之言也。同姓元侯曰伯父；吳伯父，吳先君。"

上博五·弟2、上博七·吳3、8、9～，國名。《史記·吳太伯世家》："吳太伯，太伯弟仲雍，皆周太王之子，而王季歷之兄也。季歷賢，而有聖子昌，太王欲立季歷以及昌，於是太伯、仲雍二人乃奔荆蠻，文身斷髮，示不可用，以避季歷。季歷果立，是爲王季，而昌爲文王。太伯之奔荆蠻，自號句吳。荆蠻義之，從而歸之千餘家，立爲吳太伯。"

众（虞）

 上博四·曹29～䘒(卒)

 上博四·曹37 毋～軍

～，與 众（《汗簡》2·26）、众（《古文四聲韻》1·24）、众（《集篆古文韻海》1·9，古文"虞"字）同。

上博四·曹29"～䘒"，讀爲"御卒"。

上博四·曹37"～軍"，讀爲"御軍"。《六韜·龍韜·立將》："臣聞國不可以從外治，軍不可以從中御。"(李零)或釋爲"從"、"耀"、"旅"。

疑紐魚聲

魚

 上博二·魯4～㠯(以)爲民

 上博二·魯5～牂(將)死

 上博二·容5～蠹(鼉)獻

 上博二·容13～(漁)於雷(雷)澤

 上博三·周40橐又(有)～

 上博三·周41橐亡(無)～

 上博五·姑8公思(懼)乃命長～䁓(矯)

 上博五·姑9長～䁓(矯)典自公所

 上博五·姑9姑(苦)城(成)豪(家)父專(捕)長～䁓(矯)

 上博五·姑10以罨(釋)長～䁓(矯)

　　上博六·孔5是古～道之

　　上博六·孔5～

～,戰國文字或作🐟(新蔡甲三321)、🐟(齊明刀背文考古1973·1)、🐟(中國古代陶文集拓第2冊第1頁)、🐟(秦風176)。《説文·魚部》:"魚,水蟲也。象形。魚尾與燕尾相似。"

上博二·魯4、上博三·周40、41～,水生脊椎動物。體溫隨外界溫度而變化。一般身體側扁,有鱗和鰭。用鰓呼吸。種類極多,大部分可供食用或製魚膠。《詩·小雅·魚藻》:"魚在在藻,有頒其首。"

上博二·魯5"～牀(將)死",《漢書·武五子傳》:"池水變赤,魚死。"

上博二·容5"～蟲(鼈)",即"魚鼈",魚和鼈。《周禮·天官·鼈人》:"以時籍魚鼈龜蜃凡貍物。"《禮記·中庸》:"黿鼉蛟龍魚鼈生焉。"《荀子·王制》:"黿鼉魚鼈鰌鱣孕別之時,罔罟毒藥不入澤。"

上博二·容13"～(漁)於靁(雷)澤",《管子·版法》:"舜耕歷山,陶河濱,漁雷澤,不取其利,以教百姓。"《史記·五帝本紀》:"舜耕歷山,漁雷澤。"《漢書·地理志下》:"舜漁靁澤。"

上博五·姑8、9、10"長～罳(矯)",人名。

上博六·孔5～,讀爲"吾"。或讀爲"御"。

上博六·孔5～,讀爲"語",指俗話、諺語或古書中的話。《禮記·文王世子》:"語曰:'樂正司業,父師司成;一有元良,萬國以貞。'"《穀梁傳·僖公二年》:"語曰:'脣亡則齒寒。'"范甯注:"語,諺言也。"《史記·范雎蔡澤列傳》:"語曰:'日中則移,月滿則虧。'"(何有祖)

魰

　　上博二·容3蟲者～澤

　　上博六·競 8 䛑(澤)粱(梁)吏(使)~守之

~,从"攴"、"魚","魚"亦聲,與 同。

上博二·容 3"~澤",即"漁澤",打魚於澤。

上博六·競 8~,管理捕魚的官吏。《左傳·昭公二十年》:"山林之木,衡鹿守之;澤之萑蒲,舟鮫守之;藪之薪蒸,虞候守之。海之鹽蜃,祈望守之。"杜預注:"舟鮫,官名。"《説文》:"籞,禁苑也。从竹,御聲。《春秋傳》曰:'澤之自籞。'叙,籞或作叙,从又从魚。"段玉裁注:"自當作舟。昭二十年《左傳》曰:'澤之萑蒲,舟鮫守之。'鮫當是叙之誤。"敘即《説文》籞之異體叙,以手捉魚,即漁字異體。《正字通·魚部》:"叙,同漁。"《周禮·天官·獻人》:"獻人掌以時獻爲梁。春獻王鮪,辨魚物鮮薧,以供王膳羞。"(王輝)

鱸

　　上博一·緇 4 數(謹)惡弖(以)~(御)民淫

~,"虍"、"魚"均爲聲符。戰國文字或作 、、、、。

簡文~,讀爲"御",制止;阻止。《左傳·襄公四年》:"匠慶用蒲圃之檟,季孫不御。"杜預注:"御,止也。"陸機《五等論》:"世治足以敦風,道衰足以御暴。"今本《禮記·緇衣》作"慎惡以御民之淫"。

穌

　　上博八·王 1 王居~(蘇)澫之室

~,與 、、、同。

簡文"~澫",讀爲"虞瀨",水名。瀨水,在江蘇省,溧水的別名。《吳越春秋·王僚使公子光傳》:"子胥默然,遂行至吳。疾於中道,乞食溧陽。適會女子擊綿於瀨水之上,筥中有飯。"《越絕書·越絕荆平王內傳》:"子胥遂行,至

溧陽界中,見一女子擊絮於瀨水之中。子胥曰:'豈可得託食乎?'女子曰:'諾。'即發簞飯,清其壺漿而食水。子胥食已而去,謂女子曰:'掩爾壺漿,毋令之露。'女子曰:'諾。'子胥行五步,還顧,女子自縱於瀨水之中而死。"《淮南子·原道》:"昔舜耕於歷山,期年而田者爭處墝埆,以封畔肥饒相讓。釣於河濱,期年而漁者爭處湍瀨,以曲隈深潭相予。"

 　上博二·魯1～邦大旱

 　上博四·曹1～臧(莊)公牁(將)爲大鐘

 　上博四·曹1昔周室之邦～

 　上博八·子4～司寇(寇)奇誉(言)遊於逡楚

～,與 、同。《說文·白部》:"魯,鈍詞也。从白,鮺省聲。《論語》曰:'參也魯。'"

上博二·魯1"～邦",魯國。周代諸侯國名。故地在今山東兖州東南至江蘇省沛縣、安徽省泗縣一帶。《史記·周本紀》:"〔周武王〕封弟周公旦於曲阜,曰魯。"

上博四·曹1"～臧公",讀爲"魯莊公",春秋魯國第十六任君主,魯桓公的兒子。《史記·齊太公世家》:"五年,伐魯,魯將師敗。魯莊公請獻遂邑以平,桓公許,與魯會柯而盟。"

上博八·子4"～司寇(寇)",孔子曾爲魯司寇,掌管刑獄、糾察等事。《淮南子·泰族》:"孔子爲魯司寇,道不拾遺,市買不豫賈,田漁皆讓長,而斑白不戴負,非法之所能致也。"

疑紐五聲

五

上博一·緇 14 隹(惟)复(作)～虡(辜)之型(刑)曰法

上博二·民 2 以至(致)～至

上博二·民 3 敢甹(問)可(何)胃(謂)～至

上博二·民 3～至虖(乎)

上博二·民 5 此之胃(謂)～至

上博二·民 5～至既甹(聞)之矣

上博二·從甲 5 從正(政)章(敦)～悳(德)

上博二·從甲 5～德

上博二·從甲 5～曰敬

上博二·容 14 堯於是虖(乎)爲車十又(有)～輓(乘)

上博二·容 16 鞭(辨)爲～音

 上博二·容17 壑(禹)乃～襄(讓)㠯(以)天下之臤(賢)者

 上博二·容26 壑(禹)乃迥(通)三江～沽(湖)

 上博二·容27 壑(禹)乃從灘(漢)以南爲名浴(谷)～百

 上博二·容28 從灘(漢)以北爲名浴(谷)～百

 上博二·容28 ～年乃襄(讓)

 上博二·容33 壑(禹)又(有)子～人

 上博二·容34 咎(皋)秀(陶)乃～襄(讓)㠯(以)天下之臤(賢)者

 上博二·容51 武王乃出革車～百輛(乘)

 上博三·周1 六～

 上博三·周5 九～

 上博三·周8 六～

 上博三·周10 九～

 上博三·周11 六～

 上博三·周12 六～

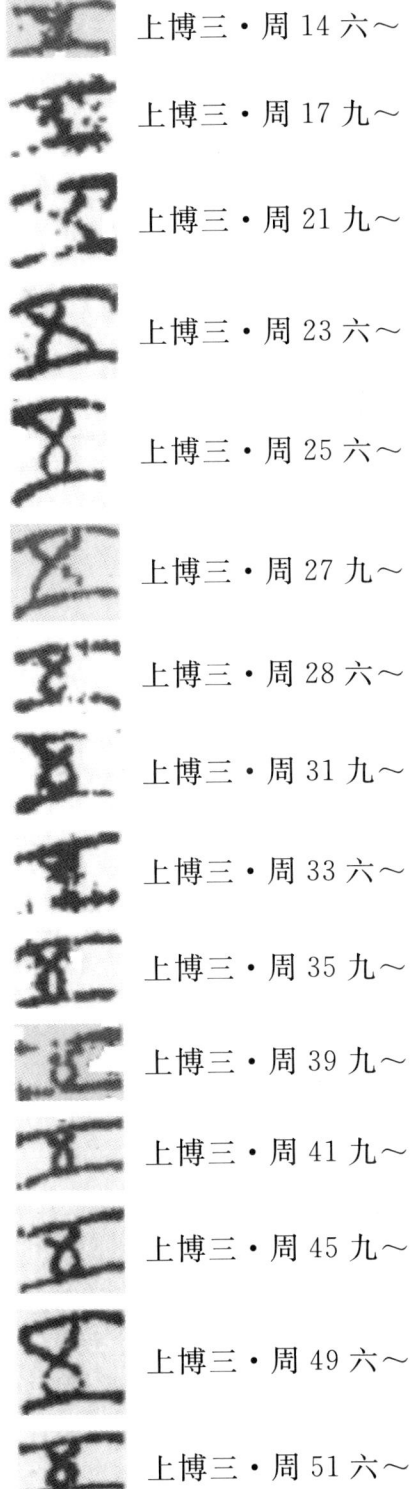

上博三·周 14 六~

上博三·周 17 九~

上博三·周 21 九~

上博三·周 23 六~

上博三·周 25 六~

上博三·周 27 九~

上博三·周 28 六~

上博三·周 31 九~

上博三·周 33 六~

上博三·周 35 九~

上博三·周 39 九~

上博三·周 41 九~

上博三·周 45 九~

上博三·周 49 六~

上博三·周 51 六~

 上博三·周55 九～

 上博三·周57 九～

 上博三·彭5～絽(紀)必(畢)周

 上博三·彭5～絽(紀)不工

 上博四·柬15 中余(舍)與～連少(小)子及龍(寵)臣皆逗

 上博四·內8 行祝於～祀

 上博四·曹1 南北～百

 上博四·曹26～(伍)之鬩(閒)必又(有)公孫公子

 上博四·曹26～人

 上博五·君10 弟徒～人

 上博五·三6 建～官弗散(措)

 上博五·鬼3～(伍)子疋(胥)

 上博一·性34 智頪(類)～

 上博六·競13 旬又～

上博六·孔 14 不猷～□

上博六·莊 3 四與～之閒虎（乎）

上博六·莊 3 女（如）四與～之閒

上博六·用 4 ～井不行

上博六·天甲 1 邦君～

上博六·天甲 11 古龜又～异

上博六·天乙 1 邦君～殜（世）

上博六·天乙 11 古龜又～异

上博七·君甲 3 又（有）飤（飮）田～貞（正）

上博七·君乙 2 楚邦之中又（有）飤（飮）田～貞（正）

上博七·凡甲 3 天隆（降）～厇（度）

上博七·凡甲 4 ～既（燹—氣）立至

· 1351 ·

 上博七·凡乙3 天隆（降）～尼（度）

 上博七·凡乙3 ～既（燹—氣）竝至

 上博七·凡乙3 ～言才（在）人

 上博七·吴9 必～六日

 上博八·命8 遞（坐）友～人

～，戰國文字或作 、、、、、、、、、、。《説文·五部》："五，五行也。从二，陰陽在天地間交午也。![]，古文五省。"

上博一·緇14"隹（惟）复（作）～虐（瘧）之型（刑）曰法"，《禮記·緇衣》孔穎達疏："'唯作五虐之刑，曰法'者，言唯作蚩尤五種虐刑，自謂爲法。"

上博二·民"～至"，謂志、詩、禮、樂、哀達到的最高境界。《禮記·孔子閒居》："子夏曰：'民之父母既得而聞之矣。敢問何謂五至？'孔子曰：'志之所至，詩亦至焉；詩之所至，禮亦至焉；禮之所至，樂亦至焉；樂之所至，哀亦至焉。哀樂相生，是故正明目而視之，不可得而見也，傾耳而聽之，不可得而聞也，志氣塞乎天地，此之謂五至。'"孔穎達疏："此經，子夏問五至之事，孔子爲説五至之理……云凡言至者，謂經中五事至者也，云至於民者，君行五事至極於民。"

上博二·從甲5"～德"，指人的五種品德，謂温、良、恭、儉、讓。《論語·學而》"夫子温良恭儉讓以得之"，何晏集解引鄭玄曰："言夫子行此五德而得之。"

上博二·從甲 5"～曰敬",第五是敬。

上博二·容 16"～音",宮、商、角、徵、羽。《孟子·離婁上》:"不以六律,不能正五音。"趙岐注:"五音,宮、商、角、徵、羽。"

上博二·容 26"～沽",讀爲"五湖",《淮南子·本經》:"龍門未開,呂梁未發,江、淮通流,四海溟涬。民皆上丘陵,赴樹木。舜乃使禹疏三江、五湖,闢伊闕,導瀍、澗。"《管子·輕重》:"(禹)疏三江,鑿五湖。"

上博三·彭 5"～絽(紀)",指歲、月、日、星辰、曆數。《書·洪範》:"五紀;一曰歲,二曰月,三曰日,四曰星辰,五曰曆數。"孔穎達疏:"凡此五者,皆所以紀天時,故謂之五紀也。"或指五倫。《莊子·盜跖》:"五紀六位,將何以爲別乎?"郭慶藩集釋引俞樾曰:"五紀即五倫也。"

上博四·柬 15"～連",《管子·乘馬》:"官成而立邑:五家而伍,十家而連,五連而暴,五暴而長,命之曰某鄉;四鄉命之曰都,邑制也。"

上博四·内 8"～祀",祭祀住宅内外的五種神。《禮記·月令》:"〔孟冬之月〕天子乃祈來年于天宗,大割祠於公社及門閭,臘先祖五祀。"鄭玄注:"五祀,門、户、中霤、竈、行也。"王充《論衡·祭意》:"五祀報門、户、井、竈、室中霤之功。門、户,人所出入,井、竈,人所欲食,中霤,人所託處,五者功鈞,故俱祀之。"

上博四·曹 1"南北～百",《後漢書·南蠻西南夷列傳》:"其珠崖、儋耳二郡在海洲上,東西千里,南北五百里。"

上博四·曹 26～,讀爲"伍",古代軍隊編制的最低一級,由五人而編成。

上博五·三 6"～官",《禮記·曲禮下》:"天子之五官,曰司徒、司馬、司空、司士、司寇、典司五衆。"

上博五·鬼 3"～子疋",讀爲"伍子胥",名員。"伍"字典籍或作"五",《漢書·藝文志》作"五子胥",《吕氏春秋·異寶》作"五員"。《史記·伍子胥列傳》:"伍子胥者,楚人也,名員。員父曰伍奢。員兄曰伍尚。其先曰伍舉,以直諫事楚莊王,有顯,故其後世有名於楚。"父兄被譖遭殺,伍子胥奔吳,先後爲吳王闔廬、夫差臣。曾以吳兵入郢報父仇。鞭楚平王屍。後遭太宰嚭所讒毀,被夫差賜劍自殺。

上博六·孔 14"～穀",讀爲"五穀",五種穀物。所指不一。《周禮·天官·疾醫》:"以五味、五穀、五藥養其病。"鄭玄注:"五穀,麻、黍、稷、麥、豆也。"《孟子·滕文公上》:"樹藝五穀,五穀熟而民人育。"趙岐注:"五穀謂稻、黍、稷、麥、菽也。"

上博六・用4"～井",讀爲"五刑",五種輕重不等的刑法。墨、劓、剕(刖)、宫、大辟(殺)。《書・舜典》:"五刑有服。"孔安國傳:"五刑:墨、劓、剕、宫、大辟。"《周禮・秋官・司刑》:"掌五刑之灋,以麗萬民之罪,墨罪五百,劓罪五百,宫罪五百,刖罪五百,殺罪五百。"《禮記・樂記》:"暴民不作,諸侯賓服,兵革不試,五刑不用,百姓無患,天子不怒,如此,則樂達矣。"

上博六・天甲1、天乙1"邦君～楪",《大戴禮記・禮三本》:"有天下者事七世,有國者事五世,有五乘之地者事三世,有三乘之地者事二世,待年而食者不得立宗廟,所以別積厚者流澤光,積薄者流澤卑也。"

上博六・天甲11、天乙11"～异",讀爲"五忌",五種忌諱。指前文的"臨兆不言亂,不言侵,不言威(滅),不言拔,不言尚"。

上博七・凡甲3、凡乙3"～尾",讀爲"五度",見《鶡冠子・天權》:"五度既正,無事不舉。"陸佃注:"左木、右金、前火、後水、中土是也。"

上博七・凡甲4、凡乙3"～既",讀爲"五氣",五行之氣,亦指五方之氣。《史記・五帝本紀》:"軒轅乃修德振兵,治五氣,蓺五種,撫萬民,度四方。"裴駰集解引王肅曰:"五行之氣。"

上博七・凡乙3"～言",五德之言。《書・益稷》:"予欲聞六律、五聲、八音,在治忽,以出納五言,汝聽。"孔安國傳:"以出納仁、義、禮、智、信五德之言,施于民以成化。"

上博～,數詞。四加一所得。表示計數。《易・繫辭上》:"天數五,地數五。"

敁

 上博五・三17 敬天之～

～,或从"攴","五"聲,"敔"字異體。
簡文～,訓爲"禁"。參"敔"字條。

䚯

 上博六・壽4 王與之～

・1354・

 上博六・用15 而言～之所起

 上博六・天甲10 才(在)道不～匿

 上博六・天甲10 凥(處)正不～樂

 上博六・天甲10 聚眾不～怨

 上博六・天甲10 男女不～鹿

 上博六・天甲11 臨食不～亞(惡)

 上博六・天乙9 才(在)道不～匿

 上博六・天乙9 凥(處)正不～樂

 上博六・天乙9 聚眾不～怨

 上博六・天乙10 女不～鹿

 上博六・天乙10 堋(朋)友不～分

 上博六・天乙10 臨食不～亞(惡)

～，或从"言"，"五"聲，"語"字異體。與（郭店·成之聞之36）同。

上博六·天、上博六·壽 4～，談話；談論。《詩·陳風·東門之池》："彼美淑姬，可與晤語。"《論語·鄉黨》："食不語，寢不言。"朱熹集注："答述曰語，自言曰言。"

吾

 上博六·孔 5～，會弗見也

《說文·口部》："吾，我，自稱也。从口，五聲。"
簡文～，讀作"語"。《論語·鄉黨》："食不語，寢不言。"（何有祖）

俉（伍）

 上博四·曹 24 車閒（間）空（容）～

～，从"人"，"吾"聲，"伍"字繁體。《說文·人部》："伍，相參伍也。从人，从五。"

簡文～，讀爲"伍"，古代軍隊編制的最低一級，由五人而編成。

語

 上博二·容 8 舜於是虖（乎）訂（始）～堯天墬（地）人民之道

 上博四·柬 20 君内（入）而～僕之言於君王

 上博四·内 8 不庶～

 上博四·曹 6 昔池舶～寡人曰

 上博五·季8萦(葛)戬含～肥也己(以)尻(處)邦豪(家)之述曰

 上博五·君1虐(吾)～女

 上博六·天甲9朝不～内

 上博六·天乙9不～内

 上博六·天乙9杠不～戬

 上博七·君甲5而天下莫不～

 上博七·君乙5而[天下]莫不～

～，與 、、同。《說文·言部》："語，論也。从言，吾聲。"

上博二·容8、上博四·曹6、上博五·季8、上博五·君1～，動詞，告訴。《左傳·隱公元年》："公語之故，且告之悔。"

上博四·内8"不庶～"，不與衆庶說話。《禮記·雜記下》："三年之喪，言而不語，對而不問。"（季旭昇）

上博六·用15"言～"，言辭；話。《禮記·少儀》："毋身質言語。"《禮記·少儀》："言語之美，穆穆皇皇。"《墨子·尚賢下》："而今天下之士君子，居處言語皆尚賢。"《韓詩外傳》第四卷："言語之暴與蠻夷不殊。"

上博六·天、上博七·君甲5、君乙5～，議論，《說文》："語，論也。""不～"，不議論。《論語·述而》："子不語怪力亂神。"

敔

 上博四·曹 26 五人昌（以）～

 上博五·三 10 毋改（改）～

《說文·攴部》："敔，禁也。一曰樂器，椌楬也，形如木虎。從攴，吾聲。"

簡文～，訓爲"禁"，古書或作"圄"、"圉"和"御"、"禦"等。馬王堆帛書老子乙本卷前古佚書《十大經·正亂》："上帝以禁。帝曰：毋乏（犯）吾禁。"簡 17 "敬天之敔"的意思跟"犯帝之禁"相對。簡 10 "改敔"即改變（舊有的各種）禁令，"變事"即改變（舊有的各種）政事。（陳劍）

戩

 上博二·從甲 17 則弁～之

 上博六·莊 4～於朸述

～，從"戈"，"吾"聲，"敔"字異體。

上博二·從甲 17 "弁～"，讀爲"變敔"，改變（舊有的各種）禁令。與上博五·三 10 "毋改（改）敔"之"改敔"意同。或讀爲"絆敔"、"並禦"、"慢侮"。

上博六·莊 4～，讀爲"禦"。所叙乃楚、秦侵鄭一事，見《左傳·襄公二十六年》："五月至於城麇，鄭皇頡戍之。出，與楚師戰。"析述當系楚軍接戰的小地名。（李學勤、陳偉、徐少華）

疑紐午聲

午

 上博二·容 51 戊～之日

～,與 、、、、、同。《説文·午部》:"午,啎也。五月,陰氣午逆陽。冒地而出。此予矢同意。"

簡文"戊～之日",《書·泰誓序》:"惟十有一年,武王伐殷,一月戊午,師渡孟津,作《泰誓》三篇。"天干與地支相配,用以紀年或紀日。

許

上博三·亙 12 無～郢(極)

上博四·柬 4 贅尹～諾

上博四·柬 15 王～諾

上博六·競 13 安子～若(諾)

上博七·鄭甲 6 王～之

上博七·鄭乙 6 王～之

上博八·王 6 乃～諾

上博八·王 7 命(令)尹～諾

《説文·言部》:"許,聽也。从言,午聲。"

上博三·亙 12 ～,處所,用法同《墨子·非樂上》"無將惡許用之"的"許"。

此句的意思是說沒有固定的處所。(李零)或讀爲"所"。《詩·小雅·伐木》"伐木許許",《說文》"所"字下引《詩》作"伐木所所",段玉裁以爲是許慎引三家《詩》。(董珊)或讀爲"忤",違逆。(季旭昇)

　　上博"～諾"、"～若",即"許諾",同意;應允。《儀禮·鄉射禮》:"司正禮辭,許諾,主人再拜,司正答拜。"

迕

　上博五·姑 4 欲吕(以)長建宝(主)君而～(禦)難

　～,從"辵","午"聲,"御"字異體。

　　上博五·姑 4"～難",讀爲"禦難"。《鹽鐵論·刑德》:"韓子疾有國者不能明其法勢,御其臣下,富國強兵,以制敵禦難。"

御

　上博一·孔 22 吕(以)～𤔲(亂)

　上博一·緇 12 毋吕(以)辟(嬖)～疕(疾)妝(莊)后

　上博三·周 1 利～寇(寇)

　上博三·周 4 不出～事

　～,楚文字作 、,從"辵"、"卩"、"午"聲;《說文·彳部》:"御,使馬也。從彳,從卸。![]古文御。從又、從馬。"

　　上博一·孔 22"以～亂",《詩·齊風·猗嗟》:"四矢反兮,以禦亂兮。"《左傳·襄公四年》:"匠慶用蒲圃之槾,季孫不禦。"杜預注:"禦,止也。"陸機《五等論》:"世治足以敦風,道衰足以禦暴。"

上博一·緇 12"辟(嬖)〜",受寵倖的姬妾、侍臣。《逸周書·祭公》:"汝無以嬖御固莊后。"孔晁注:"嬖御,寵妾也。"

上博三·周 1"〜寇(寇)",謂防禦賊寇。《易·蒙》:"上九,擊蒙,不利爲寇,利禦寇。"《左传·襄公十年》:"征者喪雄,禦寇之利也。"

上博三·周 4"〜(御)事",治事,《國語·周語上》:"百官御事。"

馭

　　上博四·昭 6 鼙(聾)之脽〜(御)王

　　上博五·弟 20 困(淵)〜(御)

〜,或作 、、,从"馬","午"聲;或作 ![],手拿鞭子御馬,"午"亦聲。"御"字異體。

上博四·昭 6、上博五·弟 20〜,駕馭車馬。周時爲六藝之一。《詩·鄭風·大叔于田》:"叔善射忌,又良御忌。"《周禮·地官·大司徒》:"三曰六藝:'禮、樂、射、御、書、數。'"

駷

　　上博四·曹 42 由邦〜(御)之

〜,从"馬",从"卩","午"聲,"御"字異體。

上博四·曹 42〜,控制;約束以爲用。《孫子·謀攻》:"將能而君不御者勝。"《六韜·龍韜·立將》:"臣聞國不可以從外治,軍不可以從中御。"

雓

　　上博四·采 2〜

〜,从"隹","午"聲。

簡文～,待考。

疑紐牙聲

牙

上博三·周 23 芬豸之～

上博五·競 10 或(又)目(以)豊(豎)迅(刁)舁(與)剔(易)～爲相

上博五·競 1 級(隰)俚(佣)與鞄(鮑)弔(叔)～從

上博五·競 1 鞄(鮑)弔(叔)～會(答)曰

上博五·競 5 鞄(鮑)弔(叔)～會(答)曰

上博五·競 6 鞄(鮑)弔(叔)～

上博五·競 9 伋(隰)俚(佣)舁(與)鞄(鮑)弔(叔)～皆拜

上博五·鮑 6 偒(易)～

上博五·鮑 7 鞄(鮑)弔(叔)～倉(答)曰

上博五·鮑 9 鞄(鮑)弔(叔)～與級(隰)朋之諫

 上博一·緇6 君～員(云)

～,从"臼","牙"聲,爲《説文》古文所本,與 (郭店·緇衣9)、 (集粹160)、 (施111)同。《説文·牙部》:"牙,牡齒也,象上下相錯之形。 ,古文牙。"

上博一·緇6"君～",《書·君牙》:"穆王命君牙,爲周大司徒,作《君牙》。"

上博三·周23～,指大牙,臼齒。古時,當唇者稱齒,在輔車之後者稱牙。《詩·召南·行露》:"誰謂鼠無牙?何以穿我墉?"朱熹集傳:"牙,牡齒也。"《左傳·隱公五年》:"皮革、齒牙、骨角、毛羽,不登於器。"孔穎達疏:"頷上大齒謂之爲牙。"

上博五·競1"鞄(鮑)吊(叔)～",即"鮑叔牙",人名。

上博五·競10"圿(易)～"、鮑6"偈(易)～",讀爲"易牙",人名。

端紐者聲

者

 上博一·性2 勾(始)～近情

 上博一·性2 冬(終)～近義

 上博一·性2 智(知)情～能出之

 上博一·性2 智(知)義～能内(入)[之]

 上博一·性5 凡敔(動)眚(性)～

 上博一·性5 逆眚(性)～

 上博一·性5 寔(實)眚(性)～

 上博一·性5 蒽(厲)眚(性)～

 上博一·性5 出眚(性)～

 上博一·性6 羕(養)眚(性)～

 上博一·性6 長眚(性)～

 上博一·性6 凡見～之胃(謂)勿(物)

 上博一·性6 快於其(己)～之胃(謂)兌(悅)

 上博一·性6 勿(物)之埶(勢)～之胃(謂)埶(勢)

 上博一·性7 宜(義)也～

 上博一·性7 習也～

 上博一·性8 丌(其)三述(術)～

上博一·性 10 孝(教)所㠯(以)生惪(德)于中～也

上博一·性 17 [皆教其]人～也

上博一·性 24 亞(惡)之而不可非～

上博一·性 24 達於宜(義)～也

上博一·性 24 非之而不可亞(惡)～

上博一·性 24 智(知)道～[也]

上博一·性 25 攸(修)身～也

上博一·性 26 㠯(以)道～也

上博一·性 26 㠯(以)古(故)～也

上博一·性 26 㠯(以)懋(猷)～也

上博一·性 31 凡孝(教)～求丌(其)[心爲難]

上博一·性 35 凡甬(用)心之趮(趨)～

上博一·性 35 甬（用）智之疾～

上博一·性 36 甬（用）身之弁～

上博一·性 36 甬（用）力之聿（盡）～

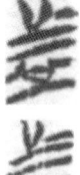上博二·民 3 勿（物）之所至～

上博二·民 4 志之[所]至～

上博二·民 4 豊（禮）之所至～

上博二·民 4 線（樂）之所至～

上博二·從甲 9 凡此七～

上博四·柬 3 城於膚中～

上博四·柬 3 欲祭於楚邦～虖（乎）

上博四·柬 11～（諸）侯之君之不

上博四·柬 12 能詞（治）～

· 1366 ·

上博四·柬 12 此爲君～之罰(刑)

上博四·柬 16 逗～又(有)欨(喝)人

上博四·柬 23 臣～亦又(有)叚(耕)唬(乎)

上博四·曹 19 是古(故)夫戙(陳)～

上博四·曹 45 死～弗收

上博四·曹 45 戕(傷)～弗舒(問)

上博四·曹 47 ～收之

上博四·曹 47 戕(傷)～舒(問)之

上博四·曹 47 善於死～爲生者

上博四·曹 47 善於死者爲生～

上博四·曹 49 此三～足㠯(以)戠(戰)虎(乎)

上博四·曹 55 甬(勇)～思喜(喜)

 上博四·曹 55 芧(慈)～思昷(悔)

 上博四·曹 56 善攻～奚女(如)

 上博四·曹 56 善攻～必㠯(以)亓(其)所又(有)

 上博四·曹 57 善戰～奚女(如)

 上博四·曹 59 亓(其)志～募(寡)矣

 上博四·曹 61 甬(勇)～憙(喜)之

 上博四·曹 61 亢～悡(悔)之

 上博四·曹 64 而毋或(惑)～(諸)少(小)道與(歟)

 上博四·曹 65 昔之明王之记(起)於天下～

 上博五·季 1 青(請)昏(問)尹=(君子)之從事～於民之

 上博五·季 6 丘昏(聞)之孟～戾曰

 上博五·季 7 夫㫭(詩)也～

上博五・季 7 夫義～

上博五・季 15 古之爲邦～必㠯(以)此

上博五・季 17 □～

上博五・君 10 □昔～中(仲)尼箴(箴)徒三人

上博五・弟 5 □～

上博五・弟 5 臤(賢)～

上博五・弟 6 貧戔(賤)而不約～

上博五・弟 6 員(富)貴而不喬～

上博五・弟 9 事而弗受～

上博五・弟 14 肰(然)則夫二厽(三)子～

上博五・弟 18 □～

上博五・弟 18 皆可㠯(以)爲～(諸)矦(侯)叟(相)欿(歟)

・ 1369 ・

 上博五·弟附簡□～亓(其)言□而不可

 上博五·三2 敬～旻(得)之

 上博五·三2 怣(怠)～逨(失)之

 上博五·三13 凡若是～

 上博五·三21 善游～

 上博五·鬼1 昔～堯舜垔(禹)湯

 上博五·鬼2 焚聖人殺訐(諫)～

 上博五·鬼3 返(及)五(伍)子疋(胥)～

 上博五·鬼3 遬(送)矛(敄)公～

 上博五·鬼3 則善～或不賞而暴

 上博五·鬼4 此兩～枳

 上博五·鬼4 此兩～枳(歧)虗(吾)古(故)

上博五·姑 3 ～(諸)矦(侯)畜我

上博五·姑 4 天下爲君～

上博五·姑 4 隹(誰)欲畜女(汝)～(諸)才(哉)

上博五·姑 5 虖(吾)睧(聞)爲臣～必思君旻(得)志於昌(己)而又(有)後青(請)

上博五·姑 9 楉～(諸)廷

上博一·性 22 又(有)兴(美)情～也

上博一·性 22 眚(性)善～也

上博一·性 23 又(有)心悓(畏)～也

上博一·性 23 又(有)悳(德)～也

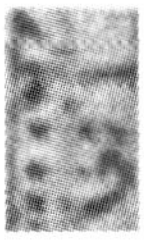

上博一·性 23 又(有)道～也

上博一·性 24 又(有)內斁～也

上博一·性 24 籩(篤)於息(仁)～也

上博一·性 25～也

上博一·性 26 㠯(以)悳(德)～也

上博二·從甲 1 昔三弋(代)之明王之又(有)天下～

上博二·容 5 道迨(路)無殤死～

上博二·容 10 堯㠯(以)天下襄(讓)於臤(賢)～

上博二·容 10 天下之臤(賢)～莫之能受也

上博二·容 16 昔～天堡(地)之差(佐)舜而右(佑)善

上博二·容 30 三年而天下之人亡(無)訟獄～

上博二·容 34 咎(皋)秀(陶)乃五襄(讓)㠯(以)天下之臤(賢)～

上博二·容 50 䎽(昏)～(諸)百眚(姓)

上博二·容 50 至約～(諸)侯

上博五·鮑 2 洵佾～叓(使)

 上博三・亙 1 又(有)詞(始)安(焉)有逜(往)～

 上博三・亙 3 生或(域)～同安(焉)

 上博三・亙 8 先～又(有)善

 上博三・亙 10 言名先～又(有)悬(疑)

 上博三・亙 10 忨(妄)言之後～孯(效)比安(焉)

 上博三・亙 10 擧(舉)天下之复(作)強～

 上博三・亙 11 兩～不瀘(廢)

 上博三・亙 13 無又(有)瀘(廢)～

 上博四・曹 28 此三～所㠯(以)戡(戰)

 上博四・曹 37 民～

 上博四・曹 56 三～

 上博三・彭 7 □□～不㠯(以)

 上博三·彭7多悉(務)～多惡

 上博三·彭7賊～自賊也

 上博四·内1古(故)爲人君～

 上博四·内1言人之君之不能史(使)丌(其)臣～

 上博四·内2丌(其)君～

 上博四·内2古(故)爲人臣～

 上博二·昔1昔～君老

 上博二·容2長～酥厇(宅)

 上博二·容2婁(僂)～坆(仕)數

 上博二·容3瘦(瘦)～煮盧(鹽)

 上博二·容3厇亶～魰(漁)澤

 上博二·容3凡民俾(卑)杸(末)～

正編・魚部

上博二・容 10 㠯(以)求叡(賢)～而襄(讓)安(焉)

上博二・容 11 叡(賢)～

上博二・容 11 而叡(賢)～莫之能受也

上博二・容 18 嘼(禹)乃五襄(讓)㠯(以)天下之叡(賢)～

上博二・容 19 嘼(禹)乃因山陵坪(平)徑(隰)之可封邑～而繇(繁)實之

上博二・容 19 夫是㠯(以)迡(近)～敓(悦)給(治)

上博二・容 19 而遠～自至

上博二・容 22 㠯(以)爲民之又(有)詻(訟)告～鼓安(焉)

上博二・容 24 㠯(以)波(陂)明～(都)之澤

上博二・容 44 能述(遂)～述(遂)

上博二・容 44 不能述(遂)～內(墜)而死

上博二・容 44 不從命～

・1375・

上博二·容47 九邦～丌(其)可垈(來)虎(乎)

上博二·容49 昔～文王之差(佐)受(紂)也

上博二·容50 城(成)惪(德)～

上博二·容52 㠯(以)少(宵)會～(諸)侯之帀(師)於畓(牧)之埜(野)

上博二·容53 䌈(昏)～(諸)百眚(姓)

上博二·容53 至約～(諸)侯

上博四·内2 言人之臣之不能事丌(其)君～

上博四·内2 不與言人之君之不能史(使)丌(其)臣～

上博四·内2 古(故)爲人父～

上博四·内3 父之不能畜子～

上博四·内3 不與言人之子之不孝～

上博四·内3 古(故)爲人子～

· 1376 ·

上博四·内3言人之子之不孝~

上博四·内3不與言人之父之不能畜子~

上博四·内4古（故）爲人倪（兄）~

上博四·内4言人之倪（兄）之不能慈（慈）俤（弟）~

上博四·内4不與言人之俤（弟）之不能承倪（兄）~

上博四·内4古（故）爲人俤（弟）~

上博四·相4~

上博五·季23此羣=（君子）從事~斎=（之所）䓀翩也

上博五·競3奜（發）复（作）~死

上博五·競3弗行~死

上博五·競3櫛（狄）人之怀（附）~七百邦

上博五·競4含（今）此祭之旻（得）福~也

上博五·競 7 則訴～(諸)槑(鬼)神曰

上博五·競 7 遠～不方

上博五·競 7 則攸(修)～(諸)向(鄉)里

上博五·競 8 此能從善而迲(去)祸(過)～

上博五·競 8 外之爲～(諸)矦(侯)獃(笑)

上博三·中 6 女(汝)智(知)～

上博三·中 10 人丌(其)豫(舍)之～

上博三·中 11 ～

上博三·中 16 小人之至～

上博三·中 20 丯(盡)丌(其)訢(慎)～

上博三·中 21 古之史(事)君～

上博三·中 22 害□～不

上博三·中附簡唯正（政）～

上博一·孔 1 行此～

上博一·孔 3 多言難而愋（怨）退（懟）～也

上博一·孔 4 上下之不和～

上博一·孔 5 又（有）城（成）工（功）～可（何）女（如）

上博一·孔 8 言不中志～也

上博一·孔 9 多恥～丌（其）忨之虖（乎）

上博一·孔 9 靖（菁）靖（菁）～莪

上博一·孔 9 棠（裳）棠（裳）～芋（華）

上博一·孔 10 童而皆取（賢）於丌（其）初～也

上博一·孔 11 則適（離）～

上博一·孔 18 㠯（以）俞（喻）丌（其）愋（怨）～也

上博一·孔 24 亞(惡)丌(其)人～亦肰(然)

上博二·子 1 昔～而弗殜(世)也

上博二·子 5 從～(諸)卉(草)茅之中

上博二·子 8 采(由)～(諸)甽(畎)畮(畝)之中

上博二·子 9 厽(三)王～之乍(作)也

上博二·子 11 又(有)鼹(燕)監(銜)卵而階(措)～(諸)丌(其)前

上博二·子 13 厽(三)王～之乍(作)也女(如)是

上博二·子 13 肰(然)則厽(三)王～箮(孰)爲

上博二·魯 1 母(無)乃遊(失)～(諸)型(刑)與悳(德)虖(乎)

上博一·性 38 人之[巧]言利舌(詞)～

上博一·性 38 人之□肰(然)可與和安～

上博一·緇 1 又(有)國～章好章惡

上博一・緇 6 古(故)長民～章志弖(以)卲(昭)百眚(姓)

上博一・緇 9 長民～衣備(服)不改

上博一・緇 13 長民～斆(教)之弖(以)惪(德)

上博一・緇 22 此弖(以)邇～不惑

上博一・緇 22 而遠～不叁(疑)

上博六・競 2 虐斂敚～祝史

上博六・競 5 可因於民～

上博六・競 6 而湯清～與旻(得)蘁福安

上博六・競 7 則恐逡(後)敚於史～

上博六・競 8 約夾～聞(關)

上博六・競 8 縛纏～肺(市)

上博六・競 9 勿而祟～也

上博六·孔 1 害畋～是能皋（罪）

上博六·孔 2 二道～

上博六·孔 4 仁～是能行㓞（聖）人之道

上博六·孔 8 而亡（無）㠯（以）言～口矣

上博六·孔 11 易與息（仁）人口～也

上博六·孔 12 亦㠯（以）亓（其）勿䛭（蜜）二逃～㠯（以）觀於民

上博六·孔 16 ～也

上博六·孔 16 女此～

上博六·孔 21……～

上博六·天甲 3 豊（禮）～

上博六·天甲 7 ～（諸）矦（侯）飤（食）同狀

上博六·天甲 13 所不學於帀（師）～三

· 1382 ·

上博六・天乙 2 豊（禮）～

上博六・天乙 6～（諸）矦（侯）飤（食）同狀

上博七・武 15 桂（柱）～敗

上博七・武 15 而敬～萬殜（世）

上博七・鄭甲 2 楚邦囟（思）爲～（諸）厌（侯）正

上博七・鄭乙 2 楚邦囟（思）爲～（諸）厌（侯）正

上博七・君甲 8 君人～可（何）必安才（哉）

上博七・君甲 9 君人～可（何）必安才（哉）

上博七・君乙 8 君人～可（何）必安才（哉）

上博七・君乙 9 君人～可（何）必安才（哉）

上博八・顔 9 女（如）進～藿（勸）行

上博八・顔 9 退～智（知）欽（禁）

上博八·成 10 而臤(賢)～

上博八·成 11 外道之明～

上博八·成 15 此六～皆逆

上博八·成 16 昔～又(有)神▢

上博五·弟 21▢虖(吾)未見▢而訐(信)～

上博五·弟 21 未見善事人而▢～

～,戰國文字或作 (郭店·老子甲 6)、 (郭店·老子甲 7)、 (郭店·老子甲 27)、 (郭店·老子甲 37)、 (郭店·老子乙 7)、 (郭店·太一生水 11)、 (郭店·緇衣 2)、 (郭店·緇衣 16)、 (郭店·魯穆公問子思 2)、 (郭店·五行 40)、 (郭店·五行 43)、 (郭店·五行 45)、 (郭店·五行 49)、 (郭店·唐虞之道 2)、 (郭店·唐虞之道 17)、 (郭店·唐虞之道 25)、 (郭店·唐虞之道 28)、 (郭店·唐虞之道 28)、 (郭店·忠信之道 4)、 (郭店·忠信之道 5)、 (郭店·尊德義 1)、 (郭店·尊德義 2)、 (郭店·尊德義 8)、 (郭店·尊德義 10)、 (郭店·六德 18)、 (郭店·六德 45)、 (郭店·六德 47)、 (郭店·語叢一 75)、 (郭店·語叢三 26)、 (郭店·語叢三 44)、 (郭店·語叢三 53)、 (郭店·語叢

三 54)、▨(郭店・語叢四 20)、▨(郭店・殘片 16)、▨(郭店・性自命出 14)、▨(九 A43)、▨(新蔡甲三 253)、▨(施 179)、▨(施 61)、▨(子禾子釜)、▨(陳侯因𩵦敦)、▨(陳純釜)、▨(璽彙 0153)、▨(中山王圓壺)、▨(守丘石刻)、▨(璽彙 3248)、▨(歷博・燕 26)、▨(秦風 81)。《說文・白部》："者，別事詞也。从白，𣥐聲。▨，古文旅字。"

上博二・從甲 9、上博三・亙 11、上博四・曹 28、56、49、上博五・鬼 4、上博八・成 15～，代詞。用在數詞之後，指代上文所說的幾種人或幾件事物。《孟子・梁惠王下》："老而無妻曰鰥，老而無夫曰寡，老而無子曰獨，幼而無父曰孤。此四者，天下之窮民而無告者。"

上博"～矦"，讀爲"諸侯"，國君。《莊子・胠篋》："彼竊鉤者誅，竊國者爲諸侯。諸侯之門，而仁義存焉。"《左傳・隱公七年》："凡諸侯同盟，於是稱名。"孔穎達疏："諸侯者，公侯伯子男五等之總號，雖爵小異而具是國君。故總稱諸侯也。"

上博"臤～"，讀爲"賢者"，賢能的人。《禮記・月令》："天子布德行惠，命有司，發倉廩，賜貧窮，振乏絕，開府庫，出幣帛，周天下。勉諸侯，聘名士，禮賢者。"

上博五・鬼 2～，代詞。用在形容詞、動詞、動詞短語或主謂詞組之後，組成"者"字結構，表示"……的人"、"……的事"。《老子》："知人者智，自知者明。"

上博一・性 25"攸(修)身～也"、上博五・鬼 3"汲(及)五(伍)子疋(胥)～"，助詞。用於名詞之後，標明語音上的停頓，並引出下文，常表示判斷。《禮記・中庸》："仁者，天下之表也；義者，天下之制也。"《史記・陳涉世家》："陳涉者，陽城人也，字涉。"《列子・湯問》："北山愚公者，年且九十，面山而居。"

上博二・子 5、8、11、上博二・魯 1、上博六・競 8、上博二・容 50、53～，讀爲"諸"，代詞"之"和介詞"於"的合音。《禮記・檀弓上》："兄弟，吾哭諸廟。"

上博三・中 10、上博五・姑 4～，讀爲"諸"，這種"諸"的用法相當於"乎"，《史記・項羽本紀》："富貴不歸故鄉，如衣繡夜行，誰知之者？"參看謝紀鋒主編《虛詞詁林》第 463～464 頁引裴學海《古書虛字集釋》"諸，乎也"條。（沈培）

上博五·季6"孟～昃"之～，虛詞，作用與"之"相類。"孟者昃"即"孟之側"、"孟之反"。"某之某"意为某族氏"的"某人，"某者某"意为某族氏"的人"某人。（董珊）

上博"昔～"，往日；從前。《易·説卦》："昔者聖人之作《易》也，幽贊於神明而生蓍。"孔穎達疏："據今而稱上世，謂之昔者也。"

偖

 上博五·鮑6人之與～而飤（食）人

～，从"人"，"者"聲。《正字通》："撦省作偖。"《集韻》："撦，裂也。"
簡文～，讀爲"徒"。"與徒"指共事者。賈誼《新書·大政下》："國之治政，在諸侯、大夫、士，察之理，在其與徒。君必擇其臣，而臣必擇其所與。"簡文"人之與徒"，應該是人之同類之意。（李天虹）或讀爲"煮"。

煮

 上博一·緇12毋目（以）少（小）惎（謀）敗大～（圖）

 上博四·曹2君其～（圖）之

 上博五·姑7虗子～（圖）之

 上博五·姑7遠慮（慮）～（圖）逡（後）

 上博五·鮑6公弗～（圖）

 上博六·孔19衣備（服）好～

上博六·用 6 各又(有)元(其)異～

上博六·用 14 設元(其)又(有)繼(絶)～

上博六·用 18 番～紿衆

上博七·凡甲 17～之

上博七·凡乙 16 旻(得)鼠(一)而～之

上博八·子 1 元(願)虐(吾)子之～(圖)之也

～,楚文字作 (郭店·緇衣 23)、 (郭店·成之聞之 2)、 (郭店·成之聞之 31),从"心"、"者"聲,《汗簡·心部》引裴光遠《集綴》"圖"字作 ,《古文四聲韻·模韻》引王存乂《切韻》"圖"字作 。"煮"應該就是表圖謀一類意義的"圖"的專字。(陳斯鵬)

上博一·緇 12～,讀爲"圖",圖謀。今本《禮記·緇衣》作"毋以小謀敗大作"。

上博五·姑 7"～(圖)逡(後)",《楚辭·離騷》:"不顧難以圖後兮,五子用失乎家巷。"王逸注:"圖,謀也。言太康不遵禹啟之樂,而更作淫聲,放縱情欲,以自娛樂,不顧患難,不謀後世,卒以失國,兄弟五人,家居閭巷,失尊位也。"

上博～,即"圖",圖謀、謀劃、謀取。《詩·小雅·棠棣》:"是究是圖,亶其然乎?"毛亨傳:"圖,謀。"《爾雅·釋詁》:"圖,謀也。"《戰國策·秦策四》:"韓魏從,而天下可圖也。"《墨子·脩身》:"多力而伐功,雖勞必不圖。"

睹

上博六・木1～飤於甝宿

上博六・木3～飤於甝宿

《說文・日部》："睹，旦明也。从日，者聲。"
　　上博六・木1、3～，讀爲"舍"，訓爲"宿"，或訓爲"止"，既可以指住宿過夜，也可以僅指停留休息，不一定住宿過夜。"舍食於甝宿"猶言"舍止於甝宿、食於甝宿"或者"舍止而食於甝宿"。《漢書・循吏列傳・黃霸》："吏出，不敢舍郵亭，食於道旁，烏攫其肉。"顏師古注："舍，止也。"《後漢書・光武帝紀上》："於是光武趣駕南轅，晨夜不敢入城邑，舍食道傍。"皆可與簡文"舍食於甝宿"相印證。（陳劍）或讀爲"曙"、"煮"。

暑

上博七・吳9～日

《說文・日部》："暑，熱也。从日，者聲。"
　　上博七・吳9"～日"，即暑日，炎熱的天氣。《易・繫辭下》："寒往則暑來，暑往則寒來。"

都

上博四・曹37甬（用）～喬（教）於邦

上博五・三12監川之～

上博六・壽2女（如）毀新～戚陵

～，戰國文字或作▨（小器集成10461）、▨（施77）、▨（聚珍223）、▨（珍戰16）、▨（珍戰17）、▨（珍秦285）、▨（里J1·16·9正）、▨（傅180）。《說文·邑部》："都，有先君之舊宗廟曰都。从邑，者聲。周禮：距國五百里爲都。"

上博四·曹37～，有"揔"意，見《鶡冠子·泰録》"故孰不詔請都理焉"陸佃注。"都教"謂總理教化。（季旭昇）或讀爲"勇者"。《管子·小匡》："鄉建賢，士使教于國，則民有禮矣。""士使教于國"與"勇者教于邦"用法相似。（禤健聰）

上博五·三12"監川之～"，監川的大城。"都"是國都以外有先君宗廟之主的大邑，有别于國都（即"國"）和一般的縣。

上博六·壽2"新～"，指新建的都城。《左傳·莊公二十八年》："凡邑有宗廟先君之主曰都，國城曰都。都者國君所居，人所部會也。"

渚

 上博四·逸·交2集于中～

～，與▨（郭店·語叢四17）、▨（新蔡乙四9）、▨（里J1·16·9正）形同。《說文·水部》："渚，水。在常山中丘逢山，東入湡。从水，者聲。《爾雅》曰：'小洲曰渚。'"

簡文～，小洲；水中的小塊陸地。《詩·召南·江有汜》："江有渚，之子歸，不我與。"毛亨傳："渚，小洲也。"字也作"陼"，《爾雅·釋丘》"如陼者陼丘"，郭璞注："水中小洲爲陼。"《詩·小雅·鴻鴈》："鴻鴈于飛，集於中澤。"毛亨傳："中澤，澤中也。""中渚"亦爲"渚中"。

煮

 上博二·容3瘦（瘠）者～盧（鹽）

～，从"火"，"者"聲。《說文·鬵部》："鬻，孚也。从鬵，者聲。▨，鬻或从

火。，鬻或从水在其中。"

简文"～盧"，即煮鹽，熬干含鹽分的水，提取食鹽。《管子·輕重甲》："北海之衆，無得聚庸而煮鹽。"包山 147："煮鹽於海。"

箸

 上博一·性 8 耑(詩)～(書)豊(禮)藥(樂)

 上博一·性 9～(書)

 上博五·季 6 㠯(以)～(書)羣₌(君子)之惪(德)也

 上博五·姑 6 鑾(樂)～(書)欲乍(作)䍰(難)

上博五·姑 7 鑾(樂)～(書)乃退

 上博五·姑 10 鑾(樂)～(書)弋(弒)敓(厲)公

 上博五·君 16 子絧(治)旹(詩)～(書)

上博五·鮑 3 乃命又(有)嗣(司)～(書)集(祚)浮

 上博七·武 2 才(在)丹～(書)

上博七·武 2 牂(將)㠯(以)～(書)視(示)

上博七·武 3 先王之～（書）

上博七·武 3 奉～（書）

上博七·武 3 道～（書）之言曰

上博七·武 13 奉丹～（書）

上博七·武 13 丹～（書）之言

上博七·武 15 丹～（書）之言

上博七·凡甲 16～（書）不與事

上博七·凡乙 11～（書）不與事

上博八·志 1 寺（持）～（書）乃言

上博三·彭 2 大～之妻

～，從"竹"，"者"聲，從"竹"者，表示簡冊的屬性或筆的屬性，"書"的專字。與 （郭店·性自命出 15）、 （郭店·性自命出 16）、 （郭店·六德 24）同。～與《説文·竹部》"箸，飯攲也"可能無關。

上博一·性 8、上博五·君 16～，指《尚書》。《左傳·僖公二十七年》：

"《詩》、《書》,義之府也;《禮》、《樂》,德之則也。"

上博五·季 6～,讀爲"著",顯揚,顯示。《禮記·大學》:"揜其不善而著其善。"《穀梁傳·僖公六年》:"著鄭伯之罪也。"或讀爲"書",書寫;記録,記載。《易·繫辭上》:"書不盡言,言不盡意。"

上博五·姑 6、7、10"鑾(樂)～(書)",人名。

上博五·鮑 3"～集(耟)",讀爲"書籍",指在户籍上登記。(李學勤)

上博七·武"丹～",謂天子之詔,亦稱丹詔。或指傳説中赤雀所銜的瑞書。《吕氏春秋·應同》:"及文王之時,天先見火,赤烏銜丹書集於周社。"《史記·周本紀》"生昌,有聖瑞"張守節正義引《尚書帝命驗》:"季秋之月甲子,赤爵銜丹書入於酆,止於昌户。其書云:'敬勝怠者吉,怠勝敬者滅……以不仁得之,不仁守之,不及其世。'"

上博七·武～,均指丹書。

上博七·凡甲 16、凡乙 11～,讀爲"書",典籍。許慎《説文解字·敘》:"著于竹帛謂之書。"《論語·先進》:"何必讀書,然後爲學?"

上博八·志 1"寺～",讀爲"志書",指古書。《國語·楚語上》記申叔時言傅太子曰:"教之故志,使知廢興者而戒懼焉。"《志》書蓋即這類典籍。或讀爲"持書"。

上博三·彭 2"大～",讀爲"大圖",猶言"大謀"、"大猷"、"大業",郭店、上博簡《緇衣》"不以小謀亂大圖"。(陳斯鵬)或讀爲"大書"或"大著"。(禤健聰)或釋"筐"。

楮

 上博八·有 1 能爲余拜～柧今可(兮)

 上博八·有 3 敢蔵與～今可(兮)

《説文·木部》:"楮,穀也。从木,者聲。柠,楮或从宁。"

簡文～,木名,即穀木。《山海經·西山經》:"鳥危之山其陽多磐石,其陰多檀楮。"郭璞注:"楮,即穀木。""楮柧",用楮木製作的木牘,此處代指學書識字。"能爲余拜楮柧",猶言拜我爲師接受教育。

圖

上博二·魯 1 子不爲我～（圖）之

～，从"囗"，"者"聲，"圖"字異體。《説文·囗部》："圖，畫計難也。从囗，从啚。啚，難意也。"

簡文"～之"即"圖之"，動詞，謂圖謀、計畫。《國語·晉語二》："時不可失，喪不可久，公子其圖之！"

透紐兔聲

兔

上博一·孔 23 ～蘆（苴）

上博一·孔 25 又（有）～

"兔"和"象"字一樣，從甲骨文起，是象形字，有軀體足尾可辨。在楚文字中，兩字除首部外，下作"肉"形，以致難於釋讀。《説文·兔部》："兔，獸名。象踞，後其尾形。兔頭與兔頭同。"

上博一·孔 23"～蘆"，讀爲"兔罝"，《詩經》篇名。《詩·周南·兔罝》："肅肅兔罝，椓之丁丁，赳赳武夫，公侯干城。"《詩序》："《兔罝》，后妃之化也。《關雎》之化行，則莫不好德，賢人衆多也。"鄭玄箋："罝兔之人，鄙賤之事，猶能恭敬，則是賢者衆多也。……有武力可任，爲將帥之德，諸侯可任以國守，扞城其民，折衝禦難於未然。"

上博一·孔 25"又（有）～"，讀爲"有兔"，見《詩·王風·兔爰》："有兔爰爰，雉離于羅。我生之初，尚無爲，我生之後，逢此百罹，尚寐無吪。"其第一句"有兔爰爰"，故亦題《有兔》。《詩序》："閔（憫）周也。桓王失信，諸侯背叛，構怨連禍，王師傷敗，君子不樂其生焉。"（李學勤）

透紐鼠聲

鼠

 上博五·鬼6 頪（類）獸（獸）非～

 上博五·鬼6 象皮（彼）獸（獸）～

《説文·鼠部》："鼠，穴蟲之總名也。象形。"
簡文～，老鼠。《詩·召南·行露》："誰謂鼠無牙，何以穿我墉？"

透紐土聲

土

 上博二·子2 舜嗇於童～之田

 上博二·子3 童～之莉（黎）民也

 上博二·從甲2 王舍（予）人邦豪（家）～埅（地）

 上博五·弟8 飤（食）肉女（如）飯～

 上博一·緇8 下～之式（式）

 上博二·容28 返（復）穀（穀）豢～

上博二·容53～玉水酉（酒）

上博四·曹2飯於～輻

上博四·曹2欲〈歠〉於～型（鉶）

上博五·三5～陛（地）乃坙（坯）

上博五·三6～陛（地）乃坙（坯）

上博五·三16敓（奪）民甞（時）㠯（以）～攻（功）

上博七·君甲4一人～門而不出

上博七·君乙4一人～門而不出

上博七·凡甲12～奚旻（得）而坪（平）

～，戰國文字或作 ![](）（郭店·緇衣13）、![](）（郭店·唐虞之道10）、![](）（郭店·忠信之道2）、![](）（左塚漆梮）、![](）（三晉72）、![](）（三晉72）、![](）（三晉124）、![](）（關沮346）。《說文·土部》：「土，地之吐生物者也。二象地之下、地之中，物出形也。」

上博二·子2、3"童～"，沒有草木的土地。《莊子·徐無鬼》：「堯聞舜之賢，舉之童土之地。」成玄英疏：「地無草木曰童土。」

上博二·從甲2、上博五·三5、6"～地"，田地；土壤。《周禮·地官·小司徒》：「乃經土地，而井牧其田野。」《漢書·鼂錯傳》：「審其土地之宜。」

上博五·弟 8"飯～",吃土。《韓詩外傳》卷四:"夫狂者自齕,忘其非芻豢也。飯土,而忘其非粱飯也。"

上博一·緇 8"下～",四方;天下。《書·舜典》:"帝釐下土,方設居方。"孔安國傳:"言舜理四方,諸侯各設其官居其方。"《國語·吳語》:"余心豈忘憂恤,不惟下土之康靖。"韋昭注:"不但憂四方,乃憂王室也。"

上博二·容 28、上博七·凡甲 12～,土地。《周禮·地官·小司徒》:"乃經土地,而井牧其田野。"

上博二·容 53～,名詞用作動詞,"土玉",以玉為土。

上博四·曹 2"～輻"、"～型(鉶)",盛飯的瓦器。"飯於土塯",見《墨子·節用中》:"飯於土塯,啜於土形。"孫詒讓閒詁:"土塯乃飯器。"《史記·秦始皇本紀》:"飯土塯,啜土形。"《史記·秦始皇本紀》:"堯舜采椽不刮,茅茨不翦,飯土塯,啜土形,雖監門之養,不觳於此。"《史記·李斯列傳》:"冬日鹿裘,夏日葛衣,糲糠之食,藜藿之羹,飯土匭,啜土鉶,雖監門之養不觳於此矣。"《鹽鐵論·通有》:"古者,采椽不斫,茅茨不翦,衣布褐,飯土硎,鑄金為鉏,埏埴為器,工不造奇巧,世不寶不可衣食之物,各安其居,樂其俗,甘其食,便其器。"

上博五·三 16"～攻",讀為"土功",指修整農田、修築城邑等事。

上博七·君甲 4、君乙 4"～門",讀為"杜門"。"杜門而不出",懲有罪者。《管子·輕重丁》:"滅其位,杜其門而不出。"《國語·晉語一》"讒言益起,狐突杜門不出",《國語·楚語上》"遂趨而退,歸,杜門不出"。

徒

 上博四·曹 32 乃☐白～

 上博四·曹 58 衛(率)～吕(以)徒

 上博四·曹 58 衛(率)徒吕(以)～

 上博五·鮑 1 十月而～秥(梁)城(成)

上博五·君10☐昔者中(仲)尼箴(箴)～三人

上博五·君10 弟～五人

上博五·君10 芫斁之～

上博七·君甲4 州～之樂

上博七·君乙4 州～之樂

上博七·吳8 箸(孰)爲市(師)～

上博八·王1 彭～羿(樊一返)謁圉(關)至(致)命

上博八·王2～自圉(關)至(致)命

上博八·王4 忨(願)夫=(大夫)之母(毋)～

上博八·王5 夫彭～罷(一)袋(勞)

上博八·王7 乃命彭～爲洛辻(卜)尹

～,與 (九 A30)、(鄂州戈)、(施 40)、(施 71)、(新出溫

縣 WT1K1:3858)、徒（新出溫縣 WT1K14:636）、（珍秦 201）同。《說文·辵部》："徒，步行也。从辵，土聲。"

上博四·曹 32"白～"，未經訓練的兵卒；臨時徵集的壯丁。《管子·七法》："以教卒練士擊敺衆白徒，故十戰十勝，百戰百勝。"《漢書·鄒陽傳》："今吳楚之王練諸侯之兵，敺白徒之衆，西與天子爭衡，濟北獨底節堅守不下。"顏師古注："白徒，言素非軍旅之人，若今言白丁矣。"

上博四·曹 58～，步兵。《詩·魯頌·閟宫》："公徒三萬，貝胄朱綅。"朱熹集傳："徒，步卒也。"《孫子·行軍》："塵高而鋭者，車來也；卑而廣者，徒來也。"

上博五·鮑 1"十月而～秾（梁）城（成）"，参《孟子·離婁下》："子產聽鄭國之政，以其乘輿濟人於溱洧。孟子曰：惠而不知爲政。歲十一月徒杠成，十二月輿梁成，民未病涉也。"趙岐注："周十月，夏九月，可以成涉度之功；周十一月，夏十月，可以成輿梁也。""徒杠"是人行獨木橋，即簡文的"徒梁"。（董珊）

上博五·君 10～，弟子，門徒。《論語·先進》："非吾徒也。小子鳴鼓而攻之，可也。"

上博七·吴 8"帀～"，讀爲"師徒"，指士兵。《國語·吴語》："吴王夫差既許越成，乃大戒師徒，將以伐齊。"包山楚墓占卜類簡中習見"大司馬悼愲遷楚邦之帀（師）徒以救郙之歲"一句，師徒亦指兵士，即軍隊。

上博八·王"彭～"，指彭地的司徒。徒，是衆的意思。司徒掌徒役之事。

註

 上博七·武 1 音（意）散（豈）忘（喪）不可叟（得）而～（睹）唬（乎）

～，从"言"，"土"聲。

簡文～，讀爲"睹"，看見；觀看。《禮記·禮運》："以天地爲本，故物可舉也。以陰陽爲端，故情可睹也。"

杜

 上博一·孔 18 折（秋）～則情

 上博一·孔 20 虐(吾)以折(杕)～旻(得)雀(爵)

《説文·木部》:"杜,甘棠也。从木,土聲。"

上博一·孔 18"折～",讀爲"杕杜",《詩經》篇名。《詩·小雅·杕杜》:"有杕之杜,有睆其實。王事靡盬,繼嗣我日。日月陽止,女心傷止,征夫遑止。"

埜(野)

 上博二·容 28 乃飲於～(野)

 上博二·容 28 倡(宿)於～

 上博二·容 41 之喪(蒼)虐(梧)之～(野)

 上博二·容 52 㠯(以)少(小)會者矣之帀(師)於畕(晦)之～(野)

 上博四·采 1 ～(野)又(有)蒃(葛)

 上博四·采 4 北～(野)人

 上博四·柬 16 王又(有)～(野)色

 上博六·用 11 壆(舉)箕於～

～,甲骨文作 ,从"林",从"土",會意。楚文字承襲之,

作☐(郭店·尊德義14)、☐(九A31)。秦文字作☐(陝西756)、☐(珍秦44)、☐(秦風29)。《說文·里部》:"野,郊外也。从里,予聲。☐古文野。从里省,从林。"《集韻》:"野,古作壄、埜。"

上博二·容28、上博六·用11～,野外。《爾雅·釋地》:"郊外謂之牧,牧外謂之野,野外謂之林。"

上博二·容28"侸(宿)於～",見《戰國策·趙策三》:"今有人操隨侯之珠,持丘之環,萬今之財,時宿於野,内無孟賁之威、荊慶之斷,外無弓弩之禦,不出宿夕,人必危之矣。"

上博二·容41"喪虐之～",讀爲"蒼梧之野"。《禮記·檀弓上》:"舜葬於蒼梧之野,蓋三妃未之從也。"

上博二·容52"晷(晦)之～",即"牧野",古代地名。在今河南省淇縣南。周武王與反殷諸侯會師,大敗紂軍於此。《書·牧誓》:"時甲子昧爽,王朝至於商郊牧野,乃誓。"曾運乾正讀:"牧野,在紂都朝歌南七十里。"

上博四·采1"～又葛",《詩·鄭風·野有蔓草》:"野有蔓草,零露漙兮。有美一人,清揚婉兮。邂逅相遇,適我願兮。"毛亨傳:"野,四郊之外。"

上博四·采4"北～(野)人",《國語·晉語》:"乃行,過五鹿,乞食於野人。野人舉塊以與之,公子怒,將鞭之。"

上博四·柬16"～色",風塵之色。或指郊野之人的膚色。或讀爲"豫色"。"豫"古常訓爲喜、悅、樂等。《荀子·禮論》:"故說豫、娩澤、憂戚、萃惡,是吉凶憂愉之情發于顔色者也。"《孟子·公孫丑下》:"夫子若有不豫色然。"朱熹集注:"豫,悅也。"(陳劍、孟蓬生、張桂光)

社

 上博二·子6～祿百眚(姓)

 上博四·柬18～㠯(以)遞(危)與(歟)

 上博五·姑3～畀(稷)

 上博七·吴 2～禝(稷)

《說文·示部》:"社,地主也。从示、土。《春秋傳》曰:共工之子句龍爲社神。周禮:二十五家爲社,各植其所宜之木。社,古文社。"

楚簡"～禝(稷)","社稷"古代帝王、諸侯所祭的土神和穀神。《書·太甲上》:"社稷宗廟罔不祇肅。"《吕氏春秋·季冬紀·季冬》:"以供皇天上帝社稷之享。"亦用爲國家的代稱。《左傳·成公二年》:"吾子惠徼福齊國之福,不泯其社稷,使繼舊好。"《左傳·隱公十一年》:"無寧兹許公復奉其社稷,唯我鄭國之有請謁焉。"《國語·晉語八》:"豹也受命於君,以從諸侯之盟,爲社稷也。"《禮記·檀公下》:"能執干戈以衛社稷。"簡文之"社稷"即指國家。

社

 上博五·鬼 2【背】而受(紂)首于只(岐)～

 上博七·吴 5～禝(稷)

 上博八·志 7 虐(吾)無女(如)～

～,與社(新蔡甲三 250)、社(新蔡甲三 317)同,爲《説文》"社"字古文所本。

上博五·鬼 2【背】"只(岐)～",古時於社前殺戮敵人,祖廟獎賞。《書·甘誓》:"用命,賞于祖;弗用命,戮於社。"《墨子·明鬼下》:"是以賞于祖而僇於社。"

上博八·志 7 "～(社)臣楚邦",是指楚國社稷之臣,也是身繫國家安危之臣,即國家之重臣。《禮記·檀弓下》:"有臣柳莊也者,非寡人之臣,社稷之臣也。"《論語·季氏》:"是社稷之臣也,何以伐爲?"

透紐車聲

車

 上博一·緇 20 句(苟)又(有)～

 上博二·容 14 堯於是虎(乎)爲～十又(有)五輮(乘)

 上博二·容 21 朝不～逆

 上博二·容 51 武王於是虎(乎)复(作)爲革～千輮(乘)

 上博二·容 51 武王乃出革～五百輮(乘)

 上博三·周 22 ～敓(說)复(輹)

 上博三·周 22 班～爰(衛)

 上博三·周 32 見～遏(轍)

 上博四·昭 6 酒(將)取～

 上博四·昭 6 酒(將)取～

 上博四·昭 10 脾既與虗(吾)同～

 上博四·曹 24～閔(間)厺(容)俉(伍)

 上博四·曹 31 遴(失)～虗(甲)

 上博四·曹 55 思良～良士徍(往)取之餌(耳)

 上博四·曹 58 銜(率)～吕(以)車

 上博四·曹 58 銜(率)車吕(以)～

 上博五·鮑 1 一之日而～秏(梁)城(成)

 上博五·三 21 枸株遉(覆)～

 上博一·孔 21 賦(將)大～

 上博六·莊 3 載之塼～吕(以)上虎(乎)

《説文·車部》："車,輿輪之總名。夏后時奚仲所造。象形。，籀文車。"

上博二·容 21"朝不～逆",《周禮·秋官·司寇》："主君郊勞,交擯,三辭,車逆,拜辱,三揖三辭,拜受,車送,三還,再拜。"鄭玄注："鄭司農云:'交擯

三辭,謂擯主之擯者俱三辭也。車逆,主人以車迎賓於館也。拜辱,賓拜謝辱也。'"《周禮·夏官·司馬》:"齊僕掌馭金路,以賓。朝覲、宗遇、饗食,皆乘金路。其法儀,各以其等爲車送逆之節。"

上博二·容51"革～",古代兵車的一種。《左傳·閔公二年》:"元年革車三十乘,季年乃三百乘。"杜預注:"革車,兵車。"《孫子·作戰》:"凡用兵之法,馳車千駟,革車千乘。"梅堯臣注:"馳車,輕車也;革車,重車也。凡輕車一乘,甲士步卒二十五人。重車一乘,甲士步卒七十五人。"

上博三·周22～,讀爲"輿"。今本《周易·困》"困于金車",《經典釋文》:"金車本亦作金輿。"今本《周易·賁》"舍車而徒",《經典釋文》:"張本作輿。"

上博四·曹24～,特指兵車。

上博四·曹31"～虘",讀爲"車甲",兵車和鎧甲。《禮記·王制》:"有發則命大司徒教士以車甲。"鄭玄注:"乘兵車衣甲之儀。"《史記·魯仲連鄒陽列傳》:"車甲全而歸燕,燕王必喜。"

上博四·曹55"良～",製作精良的車子。《周禮·春官·巾車》:"凡良車、散車不在等者,其用無常。"賈公彥疏:"作之有精粗,故有良、散之名。"《吕氏春秋·簡選》:"齊桓公良車三百乘,教卒萬人,以爲兵首。"

上博五·鮑1"一之日而～秒(梁)城(成)",《詩·小雅·甫田》:"曾孫之稼,如茨如梁。"毛亨傳:"梁,車梁也。"孔穎達疏:"《孟子》'十二月車梁成',梁謂水上橫橋。橋有廣狹,得容車渡,則高廣者也,故以比禾積。"《孟子·離婁下》:"子產聽鄭國之政,以其乘輿濟人於溱洧。孟子曰:惠而不知爲政。歲十一月徒杠成,十二月輿梁成,民未病涉也。"趙岐注:"周十月,夏九月,可以成涉度之功;周十一月,夏十月,可以成輿梁也。""輿梁"是車行橋,即簡文的"車梁"。(董珊)

上博五·三21"返(覆)～",《戰國策·韓策一》:"禽困覆車。公破韓,辱公仲,公仲收國復事秦,自以爲必可以封。"

上博一·孔21"臧(將)大～",讀爲"將大車"。《詩·小雅·無將大車》:"無將大車,祇自塵兮。無思百憂,祇自疧兮。""大車",古代乘用的牛車。亦特指大夫所乘之車。《詩·王風·大車》:"大車檻檻,毳衣如菼。"毛亨傳:"大車,大夫之車。"《論語·爲政》:"大車無輗,小車無軏,其何以行之哉?"何晏集解引包咸曰:"大車,牛車……小車,駟馬車。"

上博～,車子,陸地上有輪子的交通運輸工具。《詩·秦風·車鄰》:"有車鄰鄰,有馬白顛。"

軘

 上博四·曹 32～連皆栽

～，从"戈"，从"車"，"車"字繁體。

上博四·曹 32"～連"，讀爲"車輦"，泛指各種車輛。《周禮·地官·小司徒》："使各登其鄉之衆寡，六畜車輦，辨其物，以歲時入其數，以施政教，行徵令。"《左傳·莊公十二年》："南宫萬奔陳，以乘車輦其母，一日而至。"（陳劍）

庫

 上博五·姑 9 女（汝）出内～之繇（囚）

 上博四·相 3 㠯（以）實賓（府）～

～，或从"宀"，"庫"字異體。戰國文字或作 、、、、、。《説文·广部》："庫，兵車藏也。从車在广下。"

上博五·姑 9"内～"，皇宫的府庫。《魏書·高祖紀下》："其御府衣服、金銀、珠玉、綾羅、錦繡，太官雜器，太僕乘具，内庫弓矢，出其太半，班賚百官及京師士庶。"

上博四·相 3"賓（府）～"，國家貯藏財物、兵甲的處所。《孟子·梁惠王下》："君之倉廩實，府庫充。"《周禮·天官·大府》："凡萬民之貢，以充府庫。"《禮記·曲禮下》："在府言府，在庫言庫。"鄭玄注："府謂寶藏貨賄之處也；庫謂車馬兵甲之處也。"《史記·秦始皇本紀》："沛公道入咸陽，封宫室府庫。"

透紐余聲

余

 上博二·容 10～穴𨹄(窺)安(焉)

 上博五·弟 5 聖(聽)～言

 上博五·弟 11～(予)，女(汝)能訢(慎)訡(始)與終

 上博三·中 5～慗(誨)女(汝)

 上博二·容 29 民又(有)～(餘)飤(食)

 上博三·周 14～

 上博三·周 14 鳴～,凶

 上博三·周 14 可～慗(悔)

 上博三·周 14 猷(猶)～

 上博三·周 15 槇(冥)～

上博四・昭 7 王訋而～之衽裹

上博四・柬 9 王吕（以）告桹（相）屖（徙）與中～（舍）

上博四・柬 10 中～（舍）嘗（答）

上博四・柬 15 中～（舍）與五連少（小）子及龍（寵）臣皆逗

上博五・弟 13 無所又（有）～

上博三・彭 6 ～告女（汝）咎

上博五・姑 9 回而～（予）之兵

上博六・天甲 8 士受～

上博七・武 10 ～智（知）之

上博七・吳 4 胃（謂）～曰

上博七・吳 5 ～必攼芒（亡）尔𢗏（社）禝（稷）

上博八・顔 12 又（有）～則訇（辭）

 上博八·顏 12 又(有)～則訇(辭)

 上博八·有 1 董(助)～孝(教)保子今可(兮)

 上博八·有 1 能與～相董(助)今可(兮)

 上博八·有 1 能爲～拜楮柵今可(兮)

 上博八·有 3 慮(慮)～子亓(其)速倀(長)今

 上博八·有 5 若～子力今可(兮)

 上博八·有 6 膠膰秀(誘)～今可(兮)

 上博八·鶹 1 子遺～婁(鶹)栗(鶹)今可(兮)

～，楚文字常常在下部加一斜撇，或左或右，形與"少"形近；中間一豎或向上穿透；左右"八"字形的筆畫，或上移。戰國文字或作 （郭店·成之聞之 36）、 （郭店·尊德義 23）、 （左塚漆桐）、 （新蔡甲三 316）、 （郭店·太一生水 14）、 （新收 1781 陳逆簠）、 （新鄭圖 437）、 （秦駰玉版）。《説文·八部》："余，語之舒也。从八，舍省聲。"

上博二·容 10、上博三·中 5、上博三·彭 6、上博五·弟 5、上博七·武 10、上博七·吴 4、5、上博八·有 1、3、6、上博八·鶹 1～，代詞，第一人稱。《詩·邶風·谷風》："不念昔者，伊余來墍。"《楚辭·離騷》："皇覽揆余初度

兮,肇錫余以嘉名。"

上博五·弟11～,讀爲"予",宰我名予,字子我,此直呼其名也。

上博二·容29"民又(有)～(餘)飤(食)",《管子·八觀》:"田半墾而民有餘食而粟米多者,國地大而食地博也。"

上博三·周14～,讀爲"豫",六十四卦之一。坤下震上。《易·豫》:"象曰:雷出地奮,豫。"孔穎達疏:"雷是陽氣之聲,奮是震動之狀,雷既出地震動,萬物被陽氣而生,各皆逸豫。"

上博三·周14"鳴～",讀爲"鳴豫",謂逸豫過分。《易·豫》:"鳴豫,凶。"王弼注:"處豫之初,而特得志於上,樂過則淫,志窮則凶,豫何可鳴?"

上博三·周14"猷～",讀爲"猶豫",遲疑不決。《楚辭·離騷》:"心猶豫而狐疑兮,欲自適而不可。"

上博三·周15"楑～",讀爲"冥豫",謂耽于逸樂。《易·豫》:"上六,冥豫成,有渝,無咎。"王弼注:"處動豫之極,極豫盡樂,故至于冥豫成也。過豫不已,何可長乎?故必渝變然後無咎。"

上博四·昭7、上博五·姑9～,讀爲"予",賜予;給與。《詩·小雅·采菽》:"君子來朝,何錫予之?"《荀子·修身》:"怒不過奪,喜不過予。"楊倞注:"予,賜也。"

上博四·柬9、10、15"中～",讀爲"中謝"或"中射"。"余"、"謝"二字古通。《詩·大雅·崧高》"既入于謝",《楚辭·七諫》王逸注"謝"即引作"徐"。《史記·張儀列傳》:"越人莊舄仕楚執珪,有頃而病。楚王曰:'舄故越之鄙細人也,今仕楚執珪,貴富矣,亦思越不?'中謝對曰:'凡人之思故,在其病也。彼思越則越聲,不思越則楚聲。'"司馬貞索隱:"蓋謂侍御之官。"《韓非子·十過》:"昔者楚靈王爲申之會,宋太子後至,執而囚之,狎徐君,拘齊慶封。中射士諫曰:'合諸侯不可無禮,此存亡之機也。'"《戰國策·楚策四》"有獻不死之藥于荊王者"章同之,鮑彪注:"射人之在中者。"合而觀之,中謝(射)當是楚官名,其職掌則以司馬貞說近是,即侍禦之官。(陳偉)或讀爲"中余",爲楚王宮中的舍人之官。

上博六·天甲8"士受～",在這裏指最後剩下的食物。(裘錫圭)《儀禮·士昏禮》:"媵餕主人之餘,御餕婦餘。"餘,可指吃別人剩下的食物。《禮記·郊特牲》:"厥明,婦盥饋,舅姑卒食,婦餕餘,私之也。"孔穎達疏:"食餘曰餕。婦餕餘,謂舅姑食竟,以餘食與之也。"《左傳·莊公六年》:"對曰:'若不從三臣,抑社稷實不血食,而君焉取餘?'"簡文似指祭祀所剩物品。(何有祖)

上博八·顔12"又～",讀爲"有餘",《孔子家語·六本》:"中人之情也,有餘則侈。"

舍

上博一·孔27 虐(吾)奚～之

上博二·從甲1 莫之～(予)也

上博二·從甲2 王～(予)人邦豪(家)土墬(地)

上博二·從甲14 又(有)所又(有)～(餘)而不敢聿(盡)之

上博一·性11 丌(其)先後之～(敘)則宜道也

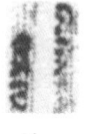
上博一·性11 或～(敘)爲之節則罗(文)也

上博三·彭2 ～(余)告女(汝)人綸

上博三·彭3 旽旽～(余)朕蟄

上博三·彭5 ～(余)告女(汝)□

上博三·彭2 ～(余)

 上博四·曹 28～又能

 上博六·天乙 8 士受～

 上博七·吴 6 隹(唯)～一人所豊(禮)

 上博八·志 7 後～勿朕(然)

～，从"口"，"余"聲。郭店簡或作 、、、。《説文·亼部》："舍，市居曰舍。从亼，中象屋也。口象築也。"

上博一·孔 27、上博二·從甲 1、2～，讀爲"予"。《爾雅·釋詁上》："予，賜也。"郭璞注："賜與也。"

上博二·從甲 14"又(有)所又(有)～(餘)而不敢耒(盡)之"，《禮記·中庸》："庸德之行，庸言之謹；有所不足，不敢不勉，有餘不敢盡；言顧行，行顧言，君子胡不慥慥爾！"

上博一·性 11～，讀爲"敘"，次序；次第。《書·舜典》："納於百揆，百揆時敘。"孔穎達疏："於是皆得次序，無廢事也。"《周禮·地官·鄉師》："凡邦事，令作秩敘。"鄭玄注："叙，猶次也。"

上博三·彭 2、5～，讀爲"余"，代詞，第一人稱。

上博三·彭 3～，或説是語氣詞。《説文·八部》："余，語之舒也。""余"亦可通作"歟"。《説文·女部》："䑑，讀若余。"簡文"眐眐余(或歟)"猶《釋文》所引《韓詩外傳》卷六"眐眐乎"。(湯志彪)

上博四·曹 28～，即"舍"，有安置之義。

上博七·吴 6"～一人"，即"余一人"，周天子自稱。《左傳·昭公三十二年》記周天子曰："余一人無日忘之，閔閔焉如農夫之望歲，懼以待時。"《國語·吴語》記吴王夫差使王孫苟告勞于周，周王答曰："伯父若能然，余一人兼受而介福。"

上博八•志 7～,待考。

諈

　　上博六•用 10 而～既彶

～,从"言","舍"聲。

簡文～,讀爲"除",歲末十二月之義。《楚帛書•丙篇》:"荼司冬,曰:敘,不可目(以)攻……"其中的"荼"和"敘"即《爾雅•釋天》十二月名之"塗",俞樾《群經平議•爾雅二》:"十一月爲辜,十二月爲塗。辜之言故,塗之言除也。一歲至此將除去故舊而更新矣,是以十一月謂之故,十二月謂之除也。"簡文大意似爲"四時相代,歲末即來"。(范常喜)

俆

　　上博五•君 6 聖(聲)之僧(疾)～

～,从"人","余"聲。

簡文～,讀爲"徐"。"聲之疾徐,稱其衆寡",意思是:講話聲音的快慢,要和聽衆人數的多少相稱。(季旭昇)或讀爲"疾舒"。《穀梁傳•桓公十四年》:"孔子曰:聽遠音者,聞其疾而不聞其舒。"集解:"疾謂激揚之聲,舒謂徐緩。"(侯乃峰)

敘

　　上博二•從甲 5～(除)十惌(怨)

　　上博二•從甲 6 不共(恭)則亡(無)目(以)～(除)辱

　　上博五•鮑 1 九月～洛(路)

～，从"攴"，"余"聲，當即去除之"除"的專字。與 （新蔡甲三 201）同。

上博二·從甲 5"～（除）十惌（怨）"，《管子·小稱》："修恭遜、敬愛、辭讓、除怨、無爭以相逆也，則不失於人矣。嘗試多怨爭利，相爲不遜，則不得其身。"《管子·版法解》："閉禍在除怨，非有怨乃除之，所事之地常無怨也。"

上博二·從甲 6～，讀爲"除"，清除，去除。《書·微子之命》："撫民以寬，除其邪虐。"

上博五·鮑 1"～迿"，讀爲"除路"，即"除道"，謂修治開通道路。《漢書·郊祀志》："群國各除道，道九原，抵雲陽。"《穀梁傳·襄公二十四年》："弛侯，廷道不除。"范甯注："廷内道路不脩除。"

敘

上博二·容 27 於是於（乎）～（豫）州訋（始）可尻（處）也

～，从"攴"，"舍"聲。與 （郭店·尊德義 3）同。

簡文"～州"，讀爲"豫州"，《書·禹貢》："荆、河惟豫州。伊、洛、瀍、澗既人於河。"

滄（涂）

上博二·容 25 於是虎（乎）夾州、～州訋（始）可

～，从"水"，"舍"聲，"塗"字異體。《説文·水部》："涂，水。出益州牧靡南山，西北入澠。从水，余聲。"

簡文"～州"，讀爲"徐州"，《書·禹貢》："海岱及淮惟徐州。淮、沂其乂，蒙、羽其藝。"孫詒讓《周禮正義》："《禹貢》淮、泗、沂並在徐州者，後注謂周青州則《禹貢》徐州地，是也。"《吕氏春秋·有始覽》："泗上爲徐州，魯也。"又《爾雅·釋地》："兩河間曰冀州，河南曰豫州，河西曰雝州，漢南曰荆州，江南曰揚州，濟河間曰兖州，濟東曰徐州，燕曰幽州，齊曰營州。"郭璞注："徐州，自濟東至海。"

荼

 上博八·子4曰:～(除)虖(乎)！

 上博八·子5門人既～(除)

《説文·艸部》:"荼,苦荼也。从艸,余聲。"

簡文～,讀爲糞除、掃除之"除"。《左傳·昭公三年》:"自子之歸也,小人糞除先人之敝廬,曰:'子其將來。'"(讀書會)

垒(塗)

 上博三·周33見豕賸(負)～

～,从"土","余"聲,"塗"字異體。《説文·土部》:"塗,泥也。从土,涂聲。"

簡文"賸～",讀爲"負塗",置身泥涂之中。《易·睽》:"上九:睽孤,見豕負塗,載鬼一車,先張之弧,後説之弧。"王弼注:"豕失負塗,穢莫過焉。"孔穎達疏:"豕而負塗,泥穢莫斯甚矣。"

定紐舁聲

與

 上博一·性38人之□肰(然)可～和安者

 上博一·緇12古(故)君不～少(小)悔(謀)大

上博二·容6昔堯凥(處)於丹府～藋陵之閒(間)

 上博二・容8～之言正(政)

 上博二・容8～之言樂

 上博二・容8～之言豊(禮)

 上博二・容9竺(篤)義～信

 上博二・容25虐(禹)迵(通)淮～忻(沂)

 上博二・容25虐(禹)乃迵(通)蔞～纍

 上博二・容27虐(禹)乃迵(通)經(涇)～渭

 上博三・中21㠯(以)忠～敬

 上博三・中附簡夫子唯又(有)～(舉)

 上博三・亙3恆燹(氣)之生不蜀(獨)又(有)～也

 上博三・亙11复(作)甬(庸)又(有)果～不果

 上博三・亙11無～也

 上博三·亙 13 ～天下之明王

 上博三·彭 2 天地～人

 上博三·彭 2 若經～緯

 上博三·彭 2 若縲(表)～裏

 上博四·昭 10 脾既～虐(吾)同車

 上博四·柬 7 㠯(以)告安君～陵尹子高

 上博四·柬 9 王㠯(以)告相屖(徙)～中余(舍)

 上博四·柬 15 中余(舍)～五連少(小)子及龏(寵)臣皆逗

 上博四·柬 18 社稷㠯(以)遞(危)～(歟)

 上博四·柬 20 陵尹～

 上博四·内 1 不～言人之臣之不能事

 上博四·内 2 不～言人之君之不能史(使)丌(其)臣者

 上博四·内3 不～言人之子之不孝者

 上博四·内3 不～言人之父之不能畜子者

 上博四·内4 不～言人之俤(弟)之不能承倪(兄)者

 上博四·内5 ～君言

 上博四·内5 ～臣言

 上博四·内5 ～父言

 上博四·内5 ～子言

 上博四·内5 ～倪(兄)言

 上博四·内6 ～俤(弟)言

 上博四·曹3 此不貧於斂(美)而寡(富)於惪(德)～(歟)

 上博四·曹13 虗(吾)欲～齊戰

 上博四·曹64 而毋或(惑)者(諸)少(小)道～(歟)

 上博四・曹 65 今～古亦肰（然）

 上博五・競 1 級（陾）俚（朋）～鞄（鮑）弔（叔）舀（牙）從

 上博五・鮑 6 人之～偖

 上博五・鮑 9 鞄（鮑）弔（叔）舀（牙）～級（陾）俚（朋）之諫

 上博五・姑 1 躬～士處培

 上博五・姑 2 㠯（以）虗（吾）族參（三）垺（郜）～

 上博五・姑 6 亓（其）疾～才（哉）

 上博五・姑 9 ～亓（其）妻與亓（其）母

 上博五・姑 9 與亓（其）妻～亓（其）母

 上博五・三 13 亞（惡）盇（饐）～飤（食）

 上博五・君 11 中尼～虗（吾）子產箮（孰）毆（賢）

 上博五・君 14 ～㙑（舜）

上博五·君15～壐(禹)箮(孰)叚(賢)

上博五·弟11 女(汝)能訢(慎)罰(始)～終

上博一·孔4 詩丌(其)猷坪(平)門～

上博一·孔21 丌(其)猷轪～

上博二·子1 善～善相受也

上博二·子5 ～之言豊(禮)

上博二·子9 而丌(其)父戔(賤)而不足禹(稱)也～

上博二·子9 叚(抑)亦城(誠)天子也～

上博二·魯1 母乃遊(失)者(諸)型(刑)～悳(德)虗(乎)

上博二·魯2 不智(知)型(刑)～悳(德)

上博二·魯2 政型(刑)～

上博二·魯3 毋乃胃(謂)丘之畣(答)非～

 上博二·魯3 戝(繄)虗(吾)子女達命亓(其)～

 上博二·魯3 女(若)夫政型(刑)～悳(德)呂(以)事上天

 上博七·武8～亓(其)溺於人

 上博七·鄭甲1 臧(莊)王憙(就)夫=(大夫)而～之言曰

 上博七·鄭甲7～之戰於兩棠

 上博七·鄭乙7～之戰於兩棠

 上博二·民10 可得而睧(聞)～

 上博六·競1 割疾～梁(梁)丘虞言於公曰

 上博六·競6 而湯清者～旻(得)蕙福安

 上博六·競12 則未旻(得)～昏

 上博六·競13 青祭～正

 上博六·孔11 夫～螭之民

上博六·孔 12～蝸之民

上博六·孔 13 拜昜～民也

上博六·孔 13 此～民

上博六·孔 18 亓(其)行板恭哀～

上博六·孔 19～蝸之民

上博六·莊 3 四～五之間虎(乎)

上博六·莊 3 女(如)四～五之間

上博六·壽 3 君王～楚邦懼戁

上博六·壽 4 王～之詁(語)

上博六·用 2 事非～又(有)方

上博六·天甲 7～卿夫=(大夫)同恥□

上博六·天乙 6～

上博八·子3 飤(食)而弗～爲豊(禮)

上博八·命8 君王之所㠯(以)命～所爲於楚邦

上博八·李2 悼(違)～(於)佗(它)木

上博八·李2 非～從風可(兮)

上博八·有1 能～余相蕫(助)今可(兮)

上博八·有3 敬蕺～楮今可(兮)

上博五·競2 ～級(隰)倗(朋)曰

上博五·競5 肰(然)則可攼(奪)～

上博五·競9 伋(隰)倗(朋)～鞄(鮑)弔(叔)䰩(牙)皆拜

上博五·競10 或(又)㠯(以)豎(豎)迡(刁)～敡(易)䰩(牙)爲相

上博五·競10 取～臏公

上博六·孔2 可聞～

上博六·孔 6 繇仁～

上博六·孔 14 剴(豈)不難唬(乎)烈～

上博六·孔 16 安～之尻(處)而謫(察)聞亓(其)所學

上博七·武 3 不～北面

上博七·凡甲 11 𦔮(問)天𥳑(孰)高～

上博七·凡甲 16 箸(書)不～事

上博七·凡乙 11 箸(書)不～事

～，从四手(上下各兩隻手)或兩手(即廾)，"牙"聲，"牙"或省爲"丩"、"丨"形，或訛爲"人"。戰國文字或作（郭店·老子甲 5）、（郭店·老子甲 20）、（郭店·老子甲 35）、（郭店·緇衣 22）、（郭店·五行 18）、（郭店·唐虞之道 22）、（郭店·成之聞之 6）、（郭店·成之聞之 28）、（郭店·尊德義 2）、（郭店·語叢三 17）、（郭店·語叢三 57）、（郭店·語叢四 12）、（新蔡乙一 15）、（新蔡零 99）、（新出溫縣 WT1K1:3858）、（新出溫縣 WT1K14:636）。《說文·舁部》："與，黨與也。从舁，从與。古文與。"

上博二·容 8、上博四·內 5、6、上博七·鄭甲 7、鄭乙 7、上博八·有 1、上博八·李2～，介詞。同，跟。《詩·邶風·擊鼓》："執子之手，與子偕老。"《史記·淮陰侯列傳》："足下與項王有故，何不反漢與楚連和，參分天下王之？"

上博三·亙3"又(有)～"，與"不獨"對文，可參看《慎子·德立》"立天子者……害在有與，不在獨也"。"與"訓爲"助"。《戰國策·秦策一》："楚攻魏。張儀謂秦王曰：'不如與魏以勁之。'"高誘注："與，猶助也。"或訓"與"爲"共"。（董珊）

上博二·容6、9、25、27、上博三·中21、上博三·亙11、上博三·彭2、上博四·昭10、上博四·柬7、9、15、上博四·曹65、上博五·競1、上博五·君11～，連詞，表並列關係，和；同；及。《易·說卦》："立天之道曰陰與陽，立地之道曰柔與剛，立人之道曰仁與義。"

上博一·孔4、21、上博二·子9、上博二·民10、上博二·魯3、上博四·柬18、上博四·曹3、64、上博五·姑2、6、上博五·競5、上博六·孔2、6、14、上博七·凡甲11～，讀爲"歟"，疑問語氣詞。《論語·學而》："夫子至於是邦也，必聞其政，求之與？抑與之與？"《論語·憲問》："丘何爲是栖栖者與？"《孟子·梁惠王上》："爲肥甘不足於口與？輕煖不足於體與？抑爲采色不足視於目與？"《史記·刺客列傳》："此人暴虐吾國相，王縣購其名姓千金，夫人不聞與？何敢來識之也？"

上博五·競10～，黨與。《荀子·強國》："今已有數萬之衆者也，陶誕比周以爭與。"楊倞注："與，黨與之國也。"《漢書·武五子列傳》："委任公卿，群臣連與成朋，非毁宗室。"顏師古注："與，謂黨與也。"《後漢書·寇榮傳》："榮性矜絜自貴，於人少所與。"李善注："與，黨與也。"簡文亦用此義。"聚與"見於先秦古籍，如《管子·山至數》："諸侯受而官之，連朋而聚與，高下萬物，以合民用。"（楊澤生）

上博六·孔11、12、19、13"～民"，讀爲"邪民"。"與"字本從"牙"得聲，"與"就是"牙"的變形（裘錫圭說），古書"與"跟"邪"相通之例習見。"邪民"指姦邪的百姓。《國語·晉語八》："今吾子嗣位，於朝無姦行，於國無邪民，於是無四方之患。"《荀子·宥坐》（又《孔子家語·始誅》略同）："邪民不從，然後俟之以刑，則民知罪矣。"（陳劍）

上博六·競6～，讀爲"舉"，皆；全部。《易·無妄》："天下雷行，物與無妄。"王弼注："與，猶皆也。天下雷行，物皆不可以妄也。"《荀子·正論》："將以爲有益於人，則與無益於人也。"王念孫《讀書雜志·荀子六》："與讀爲舉。舉，皆也。言其說皆無益於人也。"

上博三·瓦13、上博三·中附簡～,讀爲"舉",推舉;選舉。推薦有才能的人。《易·繫辭下》:"人謀鬼謀,百姓與能。"孔穎達疏:"天下百姓親與能人,樂推爲王也。"《禮記·禮運》:"大道之行也,天下爲公,選賢與能。"王引之《經義述聞·禮記中》:"與,當讀爲舉。《大戴禮記·主言》:'選賢舉能。'是也。舉、與古字通。"

上博七·武3"不～北面",今本作"先王之道,不北面"。"先王之書",指記載黄帝、顓頊、堯、舜之道的丹書。"不與",《列子·楊朱》:"古之人,損一毫利天下,不與也。"即"不爲也","不可以爲也"。此句是説師尚父認爲傳授先王的丹書,不可以位於北面。北面是賓位。

上博七·武8"～亓(其)溺於人",連詞。在比較兩件事或兩種情況的利害得失而表示有所取捨時,"與其"用在捨棄的一面。《書·大禹謨》:"與其殺不辜,寧失不經。好生之德,洽于民心。"《楚辭·九辯》:"與其無義而有名兮,寧窮處而守高。"中山王鼎(集成2840):"與其溺于人也,寧溺于淵。"

上博七·凡甲16、凡乙11～,參與。《左傳·宣公七年》:"夏,公會齊侯伐萊,不與謀也。"《論語·八佾》:"吾不與祭,如不祭。"《國語·魯語下》:"是故天子……日中考政,與百官之政事。"意思是不參與具體的實際行動。

譽

上博三·周35 往訐坴(來)～

上博三·周38 莫～又戎

上博二·从甲3 一人～

～,與(郭店·老子丙1)同。《説文·言部》:"譽,稱也。从言,與聲。"

上博三·周35～,名譽;聲譽。《孟子·告子上》:"令聞廣譽施於身,所以不願人之文繡也。"

上博三·周38"莫～",讀爲"暮夜",夜。《晏子春秋·諫下二二》:"每有風雨,暮夜求必存,吾是以知其愛也。"

1425

上博二•從甲 3～，稱讚；讚美。《論語•衛靈公》："吾之於人也，誰毀誰譽？如有所譽者，其有所試矣。"

舉

上博二•昔 3～敓（美）瀘亞（惡）

上博三•中 7～叚（賢）才

～，從"與"、從"呂"，"與"、"呂"均是聲符。典籍"舉"、"呂"相通。《左傳•成公二年》："君子謂華元、樂舉'於是乎不臣。'"《呂氏春秋•安死》高注引"樂舉"作"樂呂"。

上博二•昔 3～，讀爲"舉"，"舉"與"廢"對文見義。《論語•衛靈公》："子曰：'君子不以言舉人，不以人廢言。'"或認爲"興"之訛誤。

上博三•中 7"～叚才"，讀爲"舉賢才"，《論語•子路》："仲弓爲季氏宰，問政。子曰：先有司，赦小過，舉賢才曰：焉知賢才而舉之？曰：舉爾所知，爾所不知，人其舍諸？"

舉

上博三•中 9 弗智（知）～（舉）也

上博三•中 9 敢昏（問）～（舉）才

上博三•中 10～（舉）而（爾）所智（知）

上博三•中 11～（舉）之

上博三·亙 7～(舉)天之事

上博三·亙 10～(舉)天下之名

上博三·亙 10～(舉)天下之复(作)強者

上博三·亙 11～(舉)天下之爲也

上博三·亙 12～(舉)天下之生同也

上博三·亙 12～(舉)天下之复(作)也

上博三·亙 13～(舉)天下之名

上博二·子 2□～

上博二·子 2 伊堯之悳(德)則甚显(明)～

上博三·周 7 帀(師)或～(輿)殔(尸)

上博三·周 8 弟子～(輿)殔(尸)

上博五·鬼 2 長年又～

 上博三·中 10～（舉）而所智（知）

 上博一·性 9 又（有）爲～（舉）之也

 上博一·性 30 言及則明～（舉）之而毋愚（僞）

 上博六·競 2 公～首舍（答）之

 上博六·競 8～邦爲欽

 上博六·用 11～筭（竿）於壄（野）

上博八·成 12 欲～（譽）之不果

～，从"止"，"與"聲，"趣"字異體。楚簡或作 （郭店·性自命出 16）、 （郭店·性自命出 60）、 （郭店·五行 29）、 （郭店·六德 48）、 （郭店·性自命出 38）、 （郭店·緇衣 46）、 （新蔡甲一 11）、 （新蔡甲二 12）、 （新蔡乙一 13）、 （新蔡乙三 6）。《說文·走部》："趣，安行也，从走，與聲。"

上博三·中 9、10、11～，讀爲"舉"，推薦；選用。《左傳·襄公三年》："祁奚於是能舉善矣。稱其讎，不爲諂；立其子，不爲比；舉其偏，不爲黨。"《論語·堯曰》："興滅國，繼絕世，舉逸民，天下之民歸心焉。"《孟子·告子下》："傅說舉於版築之間，膠鬲舉於魚鹽之中。"

上博三·亙、上博六·競 8～，讀爲"舉"，表示全體、全部。楊樹達《詞詮》

卷四:"總,指示形容詞,凡也,全也。"《管子·法禁》:"故舉國之事,以爲亡黨。"

上博二·子2～,讀爲"歟",疑問語氣詞。《論語·學而》:"夫子至於是邦也,必聞其政,求之與？抑與之與？"

上博三·周7、8"～殞",讀爲"輿尸",以車運尸。《易·師》:"師或輿尸,大無功也。"揚雄《法言·淵騫》:"鼓之以道德,征之以仁義,輿尸血刃,皆所不爲也。"

上博五·鬼2～,讀爲"譽",稱譽讚揚。《墨子·天志中》:"帝善其順法則也,故舉殷以賞之,使貴爲天子,富有天下,名譽至今不息。"《墨子·非攻下》:"是以天賞之,鬼富之,人譽之,使貴爲天子,富有天下,名參乎天地,至今不廢。此則知者之道也,先王之所以有天下者也。""長年有譽"即"名譽至今不息"。(廖名春)

上博一·性9、30～,讀爲"舉",稱,言說。《禮記·雜記下》:"過而舉君之諱則起。"鄭玄注:"舉,猶言也。"

上博六·競2"～首",讀爲"舉首",抬頭。《管子·形勢解》:"殷民舉首而望文王,願爲文王臣。"

上博六·用11"～筭",讀爲"舉竿",猶言"揭竿"。《莊子·庚桑楚》:"揭竿而求諸海也。"《史記·秦始皇本紀》:"太史公曰……陳涉,斬木爲兵,揭竿爲旗,天下雲集響應,贏糧而景從。"

上博八·成12～,或讀爲"譽",稱譽讚揚。

譽

 上博三·彭1而～(舉)於朕身

～,從"疋",從"與","疋"、"與"均爲聲符。

簡文～,讀爲"舉",行也,爲也。《周禮·地官·帥氏》:"王舉則從。"鄭玄注:"舉猶行也。"或訓爲就。或讀爲"譽",作動詞用,訓爲"獲譽"。(孟蓬生)或釋爲"遷"。

譽

 上博三·周51又慶～

 上博三•周53 此丌(其)所取～

 上博三•中7 惑悆(過)～辠(罪)

～，从"心"，"與"聲。與 (郭店•成之聞之39)、 (郭店•語叢二42)同。《說文•心部》："懇，趣步懇懇也。从心，與聲。"

上博三•周51～，恭敬，行步安舒貌。亦書做"懊"。"懇懇"，福慶安舒。喻能爲章美光大之道，以發揚明德於天下，故有福慶安舒之事而獲吉。《象》曰："六五之吉，有慶也。"

上博三•周53～，讀爲"瘏"，《詩•周南•卷耳》："我馬瘏矣。"毛亨傳："瘏，病也。""此丌所取懇"，帛本作"此亓所取火"，今本《周易》作"斯其所取災"。(季旭昇)

上博三•中7"惑悆(過)～辠"，讀爲"宥過赦罪"。《周易•解卦》："君子以赦過宥罪。"孔穎達疏："赦，謂放免，過，謂誤失，宥，謂寬宥，罪謂故犯，過輕則赦，罪重則宥，皆解緩之義也。""赦過宥罪"與本簡文的差別只是"赦"與"宥"互換了位置。《商君書•賞刑》："聖人不宥過，不赦刑，故姦無起。"《孔叢子•刑論》："故宥過赦小罪，老弱不受刑，先王之道也。""宥過赦刑"、"宥過赦小罪"與本簡文大致吻合。(陳劍、楊懷源)或讀爲"舉罪"。(季旭昇)

獒

 上博二•容3□棄不～

～，从"犬"，"與"聲。

簡文～，讀爲"舉"，"不舉"即不予任用。雖然患癩也是殘廢的一種，但是擔心互相傳染，所以不予任用。(蘇建洲)

嶼(輿)

 上博四•逸•交3 隹(唯)心是～

～,从"艸","與"聲。

簡文～,讀爲"與",訓爲"聽從"。《國語·齊語》:"桓公知天下諸侯多與己也。"韋昭注:"與,從也。"《大戴禮記·用兵》:"必與其民。"王聘珍解詁:"與,從也。""惟心是與",即"惟與心",意爲"聽從内心(的道德等)"。(劉洪濤)或訓爲"修美"。(季旭昇)

定紐魚聲

与

上博一·性 39 慮嬖(斯)莫～之結

上博六·孔 9 詞(辭)旻(得)不可人而～

上博六·孔 10 可名而智～

上博六·孔 11 易～惹(仁)人口者也

上博六·孔 17 此～民也

上博七·凡甲 11 墅(地)管(孰)徟(遠)～

上博七·鄭乙 1 臧(莊)王裹(就)夫₌(大夫)而～之言曰

～,楚文字或作 、、、、、![](郭店·語叢一

· 1431 ·

109)、、、。

《說文·勺部》:"与,賜予也。一勺爲与。此与與同。"

  上博六·孔17"～民",讀爲"邪民",指姦邪的百姓。詳參"與"字條。
  上博六·孔9、孔10、上博七·凡甲11～,語氣詞。表疑問或反詰。
  上博一·性39、上博七·鄭乙1～,介詞。同,跟。
  上博六·孔11～,讀爲"舉"。

定紐予聲歸呂聲

定紐野聲歸土聲

泥紐女聲

  女

上博一·緇1孠(好)顝(美)～(如)孠(好)紈(緇)衣

上博一·緇1亞(惡)亞(惡)～(如)亞(惡)巷白(伯)

上博一·緇10～(如)不我得

上博一·緇15王言～(如)絲

上博一·緇15丌(其)出～(如)綸

上博一·緇15王言～(如)索

正編·魚部

上博一·性 14 則蘪（鮮）～（如）也斯憙（喜）

上博一·性 15 則悸～（如）也斯難（歎）

上博一·性 15 則憡（齊）～（如）也斯复（作）

上博一·性 16 葸（喟）～（如）也

上博一·性 19 □□～（如）也

上博一·性 19 丌（其）柬（烈）流～（如）也㠯（以）悲

上博一·性 37 又（有）丌（其）爲人之倏＝（倏倏）～（如）也

上博一·性 37 又（有）丌（其）爲人之柬（簡）柬（簡）～（如）也

上博一·性 38 又（有）丌（其）爲人之慧（快）～（如）也

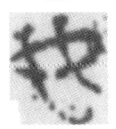
上博二·民 1 敢䈞（問）可（何）～（如）而可胃（謂）民之父母

上博二·昔 2 ～（如）祭祀之事

上博二·容 16 㠯（以）定男～之聖（聲）

· 1433 ·

 上博二・容17～（如）是牆（狀）也

 上博二・容38 亓（其）兩～晉（琰）巗（琬）

 上博二・容39 亓（其）喬（驕）大（泰）～（如）是牆（狀）

 上博二・容39～（如）是而不可

 上博二・容49～（如）是牆（狀）也

 上博三・周1 勿用取～

 上博三・周11 㞷（厥）孚洨（交）～（如）

 上博三・周11 意～（如）

 上博三・周26 取～吉

 上博三・周38～（如）雳又（有）礪（厲）

 上博三・周40～藏（藏）

 上博三・周40 勿用取（娶）～

 上博三・周 50 ~ 逞(歸)吉

 上博三・周 57 不~(如)西鄑(鄰)之酌祭

 上博三・彭 2 ~(汝)孳孳尃(布)昏(問)

 上博三・彭 2 舍(余)告~(汝)人綸

 上博三・彭 5 舍(余)告~(汝)□

 上博三・彭 6 舍(余)告~(汝)咎

 上博四・柬 4 ~(如)襄(表)

 上博四・柬 5 ~(如)襄(表)

 上博四・柬 13 ~(如)君王攸(修)郢高(郊)

 上博四・相 4 虖(吾)子之畲(答)也可(何)~(如)

 上博四・相 4 ~(如)誦

 上博四・曹 13 餌(問)戬(陳)奚~(如)

 上博四·曹 13 戡(獸)鶪(邊)城奚～(如)

 上博四·曹 17 毋忢(愛)貨資子～

 上博四·曹 20 爲和於邦～(如)之可(何)

 上博四·曹 22 爲和於豫～(如)可(何)

 上博四·曹 24 爲和於戙(陳)～(如)可(何)

 上博四·曹 27 君～(如)親銜(率)

 上博四·曹 33 爲親～(如)可(何)

 上博四·曹 35 爲和～(如)可(何)

 上博四·曹 36 爲義～(如)可(何)

 上博四·曹 38 勿兵吕(以)克奚～(如)

 上博四·曹 56 善攻者奚～(如)

 上博四·曹 57 善戰者奚～(如)

 上博五·鮑 3 ～(如)者(故)

 上博五·鮑 7 肰(然)則奚～(如)

 上博五·季 11 古(故)～虐(吾)子之疋肥也

 上博五·季 13 古(故)子㠯(以)此言爲奚～

 上博五·季 16 □之必敬～賓客之事也

 上博五·姑 4 隹(誰)欲畜～(汝)者(諸)才(哉)

 上博五·姑 6 從事可(何)㠯(以)～(如)是

 上博五·姑 9 ～(汝)出內庫之絲(囚)

 上博五·君 1 虐語～

 上博五·弟 8 飤(食)肉～飯土

 上博五·弟 8 酓(飲)酉(酒)～涇

 上博五·弟 10 □～弗智也唬

 上博五・弟 11 ～（汝）能訢（慎）訇（始）與終

 上博五・弟 15 虐（吾）告～

 上博五・弟 19 膓=（膓膓）～也其聖（聽）

 上博五・弟 19 噩噩女也～戉（誅）

 上博五・弟 19 噩噩女也～戉（誅）

 上博五・三 1 天亞（惡）～（如）忻

 上博五・三 3 男～又（有）節

 上博五・三 4 ～（如）反之

 上博五・鬼 3 ～（如）㠯（以）此詰之

 港甲 7 之～晏嬰也

 上博一・孔 4 丌（其）甬（用）心也牆（將）可（何）～（如）

 上博一・孔 4 丌（其）甬（用）心也牆（將）可（何）～（如）

 上博一·孔 5 又(有)城(成)工(功)者可(何)～(如)

 上博一·孔 21 則㠯(以)爲不可～(如)可(何)也

 上博一·孔 22 丌(其)義(儀)一氏(兮)心～(如)結也

 上博一·孔 27 ～(如)此

 上博二·子 8 ～(如)舜才(在)含(今)之殜(世)則可(何)若

 上博二·子 10 又(有)卤(娥)是(氏)之～也

 上博二·子 12 又(有)䛐(邰)是(氏)之～也

 上博二·子 13 厽(三)王者之乍(作)也～(如)是

 上博二·魯 2 ～(如)母(毋)恁(愛)珪璧幣帛於山川

 上博二·魯 3 戝(緊)虔(吾)子～逢命丌(其)與

 上博二·魯 3 ～(若)夫政型(刑)與悳(德)㠯(以)事上天

 上博二·魯 3 ～(若)天〈夫〉母(毋)恁(愛)圭(珪)璧幣帛於山川

 上博二·魯 4 ～(如)天不雨

 上博二·魯 5 ～(如)天不雨

 上博二·魯 6 殹(繄)亡(無)～(如)桌(庶)民可(何)

 上博三·中 3 有臣萬人道～(汝)

 上博三·中 5 爲之宗愳(謀)～(汝)

 上博三·中 6 ～(汝)智(知)者

 上博三·中 8 夫先又(有)司爲之～(如)可(何)

 上博三·中 10 ～(如)之可(何)

 上博三·中 11 敢昏(問)道民興惪(德)～(如)可(何)

 上博三·中 16 含(今)～(汝)相夫

 上博三·中 21 ～(汝)隹(惟)㠯(以)

 上博三·中附簡～(汝)蜀(獨)正之

上博六·競 2 是虐(吾)所望於~也

上博六·競 7~川言弆亞(惡)唬(乎)

上博六·孔 4~子辠(罪)怠(仁)

上博六·孔 5 怠(仁)亓~此也

上博六·孔 6~夫怠(仁)

上博六·孔 16~此者

上博六·孔 20~夫見人不猷

上博六·孔 22 皇亓(其)~

上博六·莊 3~四與五之間

上博六·莊 6~臣智君王

上博六·壽 2~毀新都戚陵

上博六·壽 3~不能

上博六·壽 6~我旻(得)免

上博六·天甲 10 男～不語鹿

上博六·天乙 10 男～不語鹿

上博七·武 2 王～谷(欲)瞿(觀)之

上博七·鄭甲 2～上帝視(鬼)神曰(以)爲蒸(怒)

上博七·鄭乙 2～上帝[視(鬼)][神]曰(以)爲蒸(怒)

上博七·凡甲 7 虐(吾)～之可(何)思(使)歔(飽)

上博七·凡甲 9 亓(其)訇(始)生～萌(孽)

上博七·凡甲 17～并天下而叔(担)之

上博七·凡甲 22～不能戬(察)鼠(一)

上博七·凡甲 23～欲戬(察)鼠(一)

上博七·凡甲 25 百勿(物)不死～月

上博七·凡甲 26 心～能勳(勝)心

 上博七·凡乙 6 虐(吾)～之可(何)思(使)歈(飽)

 上博七·凡乙 7 亓(其)訇(始)生～萌(蘖)

 上博七·凡乙 15～不能戠(察)鼠(一)

 上博七·凡乙 15～欲戠(察)鼠(一)

 上博七·凡乙 16□～

 上博七·凡乙 18 咸百勿(物)不死～月

 上博七·凡乙 19 心～能勳(勝)心

 上博七·吴 4～周之胥(蘖)子

 上博八·顏 1 敢痌(問)可(何)～(如)

 上博八·顏 5 害(蓋)君子之内事也～(如)此矣

 上博八·顏 6 敢痌(問)可(何)～(如)

 上博八·顏 9～(如)進者藿(勸)行

 上博八·命 3～（如）㠯（以）㒶（僕）之觀貝（視）日也

 上博八·志 7 虐（吾）無～（如）袿（社）

 上博八·蘭 4～（如）萰（蘭）之不芳

 上博八·有 4～子酒（將）深（泣）今可（兮）

《説文·女部》："女，婦人也。象形。王育説。"

上博二·容 16、上博五·三 3、上博六·天甲 10、天乙 10"男～"，男人和女人。《易·序卦》："有天地然後有萬物，有萬物然後有男女，有男女然後有夫婦。"

上博二·子 10、12、上博二·容 38～，女兒。

上博三·周 1、26、40"取～"，讀爲"娶女"，娶妻。

上博四·曹 17"子～"，男和女。《禮記·樂記》："獶雜子女，不知父子。"鄭玄注："獶，獼猴也。言舞者如獼猴戲也，亂男女之尊卑。"

上博一·緇 1、10、15、上博五·季 11、16、上博五·弟 8、上博七·凡甲 9、17、凡乙 7、上博八·蘭 4～，讀爲"如"，像；如同。《詩·王風·采葛》："一日不見，如三秋兮。"《詩·鄭風·大叔于田》："執轡如組，兩驂其舞。"

上博一·性 14、15、16、19、37、38、上博三·周 11、上博五·弟 19～，讀爲"如"，形容詞詞尾，猶然……的樣子。《易·屯》："屯如邅如，乘馬班如。"孔穎達疏："如，是語辭也。"王引之《經傳釋詞》卷七："如，猶然也。"

上博三·彭 2、5、6、上博五·姑 4、上博五·君 1、上博五·弟 11、15、上博三·中 3、5、6、16、21、上博七·吴 4～，讀爲"汝"，你，你們。

上博二·魯 4、5、上博五·鬼 3、上博二·子 8、上博四·曹 27、上博四·柬 4、5、13、上博六·壽 6、上博六·莊 6、上博七·凡甲 22、23、26、凡乙 15、19、上博七·武 2～，讀爲"如"，連詞，表示假設關係，假如，如果。《詩·秦風·黄鳥》："如可贖兮，人百其身。"

上博二·魯 2、上博五·姑 9、上博六·壽 2～，讀爲"如"，訓爲不如。《左傳·僖公二十二年》："若愛重傷，則如勿傷；愛其二毛，則如服焉。"《公羊傳·

隱公元年》:"母欲立之,已殺之,如勿與而已矣。"何休注:"如即不如,齊人語也。"(沈培)

上博二·魯3~,讀爲"如",加強語氣。

上博二·魯3"~夫",讀爲"若夫"。《廣雅》:"如,若也。"《荀子·不苟》:"民猶若未從也。"楊倞注:"若,如也。"《呂氏春秋·下賢》:"堯論其德行達智而弗若。"高誘注:"若,如也。""若夫",王引之《經傳釋詞》卷七:"'若夫',轉語詞也。"又"发語詞也"。典籍中習見。《大戴禮記·衛將軍文子》篇:"文子曰:'若夫知賢人莫不難。'"《史記·樂書》:"若夫禮樂之施於金石,越於聲音,用於宗廟社稷,事於山川鬼神。"又《史記·楚世家》:"若夫泗上十二諸侯,左縈而右拂之,可一旦而盡也。"

上博三·周57"不~",讀爲"不如",比不上。《易·屯》:"君子幾不如舍,往吝。"顏之推《顏氏家訓·勉學》:"諺曰,積財千萬,不如薄伎在身。"

上博四·相4"~(如)詔",讀爲"如訊",君王問我相邦之道,我即以相邦之道來回答他。(孟蓬生)

上博五·鮑3~讀爲"如",連詞,表示并列關係,如同"與"、"及"。"必全如胡",是要求犧牲圭璧完整、豐大。此外,"全"讀爲"牷",專指對犧牲的要求;"胡"專指對圭璧的要求,似亦通。(陳偉)

上博五·三1~,讀爲"如"。或説"母"之誤。"天惡毋忻"意爲"上天所厭惡的不要喜歡"。(范常喜)

上博六·孔22~,讀爲"若",如此的意思。《書·大誥》:"爾丕克遠省,爾知寧王若勤哉!"《孟子·梁惠王上》:"以若所爲,求若所欲,猶緣木而求魚也。"焦循正義:"若,如此也。"(陳偉)

上博"~之可",讀爲"如之何",怎麼,怎麼樣。《詩·齊風·南山》:"娶妻如之何?匪媒不得。""蓺麻如之何?衡從其畝"。《論語·先進》:"仍舊貫,如之何?"

上博"~可",讀爲"如何",怎麼,怎麼樣。《書·堯典》:"帝曰:'俞,予聞,如何?'"《左傳·僖公二十二年》:"傷未及死,如何勿重?若愛重傷,則如勿傷。"

上博"奚~",讀爲"奚如",如何,怎樣。《史記·平原君虞卿列傳》:"寡人使平陽君爲媾於秦,秦已内鄭朱矣,卿以爲奚如?"《論衡·用雩》:"魯繆公之時歲旱,繆公問縣子:'天旱不雨,寡人欲暴巫奚如?'"

上博"可~",讀爲"何如"。如何,怎麼樣。《左傳·襄公二十七年》:"子木問於趙孟曰:'范武子之德何如?'"

上博"～(如)此",像這樣。《禮記·樂記》:"如此,則國之滅亡無日矣。"
上博"～(如)是",如此,這樣。

如

 上博四·内 8 ～從旨(己)记(起)

 上博四·曹 60 ～牆(將)弗克

～,戰國文字或作 (郭店·緇衣 19)、 (郭店·五行 45)、 (郭店·五行 45)、 (珍秦 124)、 (里 J1⑧156)。《說文·女部》:"如,從隨也。從女,從口。"

上博四·内 8 ～,連詞,表示假設關係,假如,如果。《詩·秦風·黃鳥》:"如可贖兮,人百其身。"

上博四·曹 60 ～,或隸作"客",讀爲"焉"。(范常喜)

奴

 上博四·采 1 子～(如)思我

 上博四·采 4 子之賤(賤)～

 上博四·逸·多 1 莫～(如)萑葦

 上博四·逸·多 2 莫～(如)同生

 上博四·逸·多 2 莫～(如)松柏(梓)

 上博四·逸·多 2 莫～（如）同父毋（母）

 上博四·逸·多 1 莫～（如）貺（兄）

～，戰國文字或作、、、、、、。《說文·女部》："奴，奴、婢，皆古之辠人也。《周禮》曰：'其奴，男子入于辠隸，女子入于舂藁。'从女，从又。![]，古文奴，从人。"

上博四"莫～"，讀爲"莫如"，不如。《詩·小雅·常棣》："常棣之華，鄂不韡韡。凡今之人，莫如兄弟。"又《詩·大雅·崧高》："我圖爾居，莫如南土。"《國語·魯語上》："不厚其棟，不能任重，重莫如國，棟莫如德。"

上博四·采 1"子～（如）思我"，曲目。你如果想念我。《詩·鄭風·褰裳》："子惠思我，褰裳涉溱。子不我思，豈無他人？""子惠思我"的意思是："你如果真的想念我。""子奴（如）思我"和"子惠思我"意思非常接近。（季旭昇）

上博四·采 4"賤～"，或釋爲"賤奴"。

恕

 上博五·競 6 不諦～寡人

 上博六·天甲 6 一意一～

 上博六·天乙 5 一意一～

～，从"心"，"女"聲，"怒"字異體（《說文》以爲是"恕"字古文，當爲通假字）。《集韻》："怒，古作恕。"與、、同。《說文·心部》："怒，恚也。从心，奴聲。"

上博五·競6"諦",讀爲"謫",譴責;責備。《詩·邶風·北門》:"我入自外,室人交徧謫我。"毛亨傳:"謫,責也。""悠",讀爲"怒",譴責。《禮記·內則》:"若不可教,而後怒之。"鄭玄注:"怒,譴責也。""謫怒"同義復詞。《韓非子·說難》:"彼自多其力,則毋以其難概之也;自勇其斷,則無以其謫怒之;自智其計,則毋以其敗窮之。"(李學勤、陳偉)

上博六·天甲6、天乙5~,讀爲"怒",氣憤;憤怒。與"喜"對文。簡文"一喜一怒",又見《管子·霸言》:"夫爭強之國,必先爭謀,爭刑,爭權。令人主一喜一怒者,謀也;令國一輕一重者,刑也;令兵一進一退者,權也。"

悠

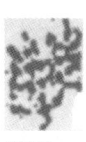 上博一·性1悠(悠)~(怒)哀悲之気(氣)

 上博七·鄭甲3女(如)上帝視(鬼)神㠯(以)爲~

上博七·鄭乙3女(如)上帝[視(鬼)][神]㠯(以)爲~

~,從"心","女"聲,"怒"字異體。與 (郭店·老子甲34)、 (郭店·性自命出2)同。

上博一·性1"悠(悠)~哀悲之気(氣)",喜、怒、哀、悲皆爲人之情、性,《禮記·禮運》:"何謂人情?喜怒哀悲之氣,性也。"《大戴禮記·文王官人》:"民有五性,喜怒欲懼憂也。"《孟子·公孫丑上》:"氣,體之充也。"趙岐注:"氣,所以充滿形體喜怒也。"

上博七·鄭甲3、鄭乙3~,讀爲"怒",氣憤;憤怒。《左傳·昭公二十年》:"君盍誅於祝固、史嚚以辭賓?"孔穎達疏:"服虔云:祝固,齊大祝,史嚚,大史也。謂祝史之固陋嚚闇,不能盡禮薦美,至於鬼神怒也。"

絮

 上博三·周57需又(有)衣~

～，从"糸"，"奴"聲，"絮"字異體。《説文·糸部》："絮，絜緼也，一曰敝絮，从糸，奴聲。《易》曰：'需有衣絮。'"

簡文～，《玉篇》："絮，緼也，塞也，或作袽。"塞船漏的破衣服。馬王堆漢墓帛書《周易》作"六四：繻有衣茹，冬日戒"；今本《周易》作"六四：繻有衣袽，終日戒"。

妑

上博二·從乙 3～（怒）則勎（勝）

上博六·壽 1 懼鬼神㠯（以）爲～

～，从"艸"，"女"聲。

上博二·從乙 3～，讀爲"怒"。郭店·語叢二 25－26："惡生於眚（性），忢（怒）生於惡，乘（勝）生於忢（怒）。"

上博六·壽 1～，讀爲"怒"。《左傳·昭公二十年》："山林之木，衡鹿守之。"孔穎達疏："言公立此官，使之守掌，專山澤之利，不與民共，故鬼神怒而加病也。"

蘆

上博五·三 13 㠯（以）～（怒）爲百（首）

上博五·三 13 唯～是備（服）

～，从"艸"、从"心"，"女"聲、"虍"聲，"虍"當即加注的聲符。"怒"之異體。

上博五·三 13～，即"怒"，氣憤；憤怒。《詩·邶風·柏舟》："薄言往愬，逢彼之怒。"孔穎達疏："反逢彼君之恚怒。"《荀子·大略》："爲人臣下者，有諫而無訕，有亡而無疾，有怨而無怒。"或説"虞"字的異體。（張新俊）

來紐旅聲

遬(旅)

上博三·周53~(旅)

上博三·周53~(旅)貞吉

上博三·周53~(旅)贏(瑣)贏(瑣)

上博三·周53~(旅)既宋

上博三·周53~(旅)焚丌(其)宋

上博三·周53~(旅)

上博四·相3㠯(以)備軍~(旅)

~，从"辵"，"旅"聲，"旅"字異體。《說文·放部》："旅，軍之五百人爲旅。从放从从。从，俱也。㞠，古文旅。古文以爲魯衛之魯。"

上博三·周53~，即"旅"，卦名，《周易》第五十六卦，艮下離上。《彖》曰："《旅》，小亨，柔得中乎外，而順乎剛，止而麗乎明，是以'小亨，旅貞吉也'。旅之時義大矣哉！"《象》曰："山上有火，《旅》；君子以明慎用刑，而不留獄。"

上博四·相3"軍~"，軍隊。《周禮·地官·小司徒》："五卒爲旅，五旅爲師，五師爲軍，以起軍旅，以作田役。"《韓非子·顯學》："征賦錢粟以實倉庫，且以救饑饉備軍旅也，而以上爲貪。"（范常喜）

來紐吕聲

吕

上博一・緇 8 ～型（刑）員（云）

上博一・緇 14 ～型（刑）員（云）

上博一・緇 15 ～型（刑）員（云）

《説文・吕部》："吕，脊骨也。象形。昔太嶽爲禹心吕之臣，故封吕矦。，篆文吕。从肉，从旅。"

上博一・緇 8"～型"，讀爲"吕刑"，《尚書》篇名。周穆王時有關刑法的文書，由於吕侯的請命，故名。《書・吕刑》："吕命，穆王訓夏贖刑，作《吕刑》。"孔安國傳："吕侯以穆王命作書，訓暢夏禹贖刑之法，更從輕以佈告天下。"《墨子・尚賢中》："先王之書《吕刑》道之曰：皇帝清問下民，有辭有苗。"

邔

上博二・容 16 六律六～

上博八・王 1 ～昌爲之告

～，从"邑"，"吕"聲，與（郭店・緇衣 13）、（郭店・窮達以時 4）同。或作 邔，"邔"之誤字。

上博二・容 16"六律六～"，讀爲"六律、六吕"，古樂有十二律，陽聲陰聲各六，陽爲律，陰爲吕。《尚書大傳》卷一："四時推六律、六吕，詷十有二變而道宏廣。"《國語・周語下》："律所以立均出度也。"韋昭注："律謂六律、六吕

1451

也。陽爲律，陰爲呂……六呂：林鍾、仲呂、夾鍾、大呂、應鍾、南呂也。"（陳劍）

上博八·王1～，姓。王國維《邵鐘跋》："〔銘曰〕'余畢公之孫，邵伯之子。'……余謂'邵'即《春秋左氏傳》'晉呂甥'之'呂'也。"

豫（豫）

 上博四·曹19 不可㠯（以）出～

 上博四·曹19 不和於～

 上博四·曹22 爲和於～女（如）可（何）

 上博四·曹23 所㠯（以）爲和於～

 上博三·周24 ～尔靁（禰）龜

 上博四·曹43 戨（陳）未～

 上博四·曹50 既戠（戰）返（復）～

 上博一·孔4 與戔民而～之

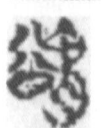 上博三·中10 人丌（其）～之者

 上博六·用1 ～命乃縈

上博八・成 8 皆欲～（捨）亓（其）斦（親）而新（親）之

～，楚文字或作█（郭店・六德 33）、█（左塚漆桐）。《説文・象部》："豫，象之大者。賈侍中説：不害於物。从象，予聲。█，古文。"

上博三・周 24、上博三・中 10～，讀爲"舍"。放棄；舍棄。《國語・楚語上》："女無亦謂我老耄而舍我。"韋昭注："舍，棄也。"

上博四・曹 19、22、23～，讀爲"舍"，名詞，軍營；營舍。《公羊傳・宣公十二年》："莊公親自手旌，左右撝軍，退舍七里。"陳立義疏："舍，次宿也。"或説"豫"是趨戰過程中臨時採取的隊形。也有可能是讀爲"敘"，"敘"有列次之義。（李零）

上博四・曹 43～，讀爲"舍"，動詞，意爲"軍隊駐扎"。（陳劍）

上博四・曹 50"返～"，讀爲"復舍"，屯駐營寨之意。《國語・晉語六》："欒武子曰：'昔韓之役，惠公不復舍。'"（高佑仁）

上博一・孔 4～，《爾雅・釋詁》："豫，樂也。"《國語・晉語四》："坤，母也；震，長男也。母老子強，故曰豫。"韋昭注："豫，樂也。"（馮時）

上博六・用 1"～命"，讀爲"舍命"，捨弃生命。《詩・鄭風・羔裘》："彼其之子，舍命不渝。"

上博八・成 8～，讀爲"捨"，捨弃；放下。張衡《東京賦》："今捨純懿而論爽德，以《春秋》所諱而爲美談。"

䊰

上博八・顏 12～絞而收貧

上博八・顏 11～絞而收貧

█是█寫法之訛寫或省寫。"豫"字異體。

簡文"～絞"，或讀爲"舍繳"，意爲免除賦稅。或讀爲"舒繳"、"捨饒"、"舉約"等。

墭

 上博五·姑 1 虐于百～(豫)

 上博五·姑 1 姑(苦)城(成)豪(家)父以亓(其)族參(三)垺(邻)正(征)百～(豫)

 上博五·姑 5 姑(苦)城(成)豪(家)父乃窒(寧)百～(豫)

 上博五·姑 9 敂(拘)人於百～(豫)吕(以)内(入)縣(囚)之

～，从"土"，"豫"聲。

簡文"百～"，地名，具體地望待考。

舒

 上博三·周 49 言又～

～，从"余"、"吕"聲，即"舒"字。《説文·予部》："舒，伸也。从舍，从予，予亦聲。一曰：舒緩也。"

簡文～，讀爲"序"。帛書、今本《周易》皆作"序"。"言有序"，説話有次序。

來紐魯聲歸魚聲

精紐且聲

且

 上博六·天甲 10 酱(尊)～不折事

 上博六·天乙 9 酱（尊）～不折事

《說文·且部》："且，薦也。从几，足有二橫，一其下地也。"

簡文"酱～"，讀爲"尊俎"，古代盛酒肉的器皿。尊，盛酒器；俎，置肉之几。《禮記·樂記》："鋪筵席，陳尊俎，列籩豆。"古書中常以"尊俎"作爲宴席的代稱，《晏子春秋·雜上》："夫不出于尊俎之間，而折衝千里之外，其晏子之謂也。"

虖

 上博一·緇 14 虖（吾）大夫龏（恭）～（且）僉（儉）

《說文·虍部》："虖，虎不柔不信也。从虍，且聲，讀若鄜縣。"

簡文～，讀爲"且"。連詞。連接兩個形容詞或形容詞性詞組，約相當於"又……又……"。《詩·小雅·魚麗》："君子有酒，旨且多。"王褒《四子講德論》："蓋聞國有道，貧且賤焉，恥也。"

叡（虖）

 上博六·用 19 而亦不可～

 上博六·競 1 齊競（景）公疥～瘧

 上博六·競 2 公疥～瘧

 上博一·孔 6 貴～（且）㬎（顯）矣

 上博二·容 27 於是虎（乎）～州䛗（始）可尻也

 上博三·周37 賭(負)~簞(乘)

 港甲2 天~劓

 上博四·柬19~(且)良辰(長)子

 上博四·曹14~臣酤之

 上博四·曹16 上下咊(和)~曰

 上博四·曹18~臣之酤(聞)之

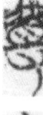 上博四·曹28~臣酤(聞)之

 上博四·曹45 亓賞識~不中

 上博四·曹45 其謳(誅)至(重)~不誦

 上博五·季4~(且)笑(管)中(仲)又言曰

 上博五·季14~夫戲吟之先莞(世)

 上博五·三13 身~(且)有疒(病)

上博五·三 13 邦～(且)亡

上博五·三 13 室～(且)弃

上博五·鬼 5 我曰～茖虖(乎)

上博五·鬼 6 我曰～喬虖(乎)

上博七·凡甲 17 女(如)并天下而～之

上博七·凡甲 19 ～之又(有)未(味)

上博七·凡乙 12 天下而～之

上博七·凡乙 13 □～之又(有)未(味)

上博七·吳 4 ～青(請)丌(其)行

上博八·李 1 桐～(且)怠(治)可(兮)

～，戰國文字或作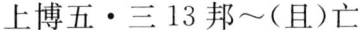(郭店·老子丙 12)、(郭店·緇衣 26)、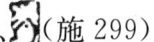(郭店·尊德義 29)、(新蔡甲三 269)、(後李圖七 1)、(珍戰 113)、(施 299)。《説文·又部》："叔，又卑也。从又，虘聲。"

上博一·孔 6、港甲 2、上博三·周 37、上博四·曹 16、上博六·競 1、2～，讀爲"且",連詞。參"盧"字條。

上博二・容 27"～州",相當《禹貢》之雍州。其名或與沮水有關。《漢書・地理志上》右扶風"雍"注引應劭云:"四面積高曰雍。"《經典釋文・爾雅・釋地》引李巡云:"河西其氣蔽壅,厥性急凶,故曰雍。雍,壅也。"又引《太康地記》:"雍州兼得梁州之地,西北之位,陽所不及,陰氣壅閼,故取名焉。"大致皆以壅塞爲說。～,讀爲"阻",訓險隘、障隔。(陳偉)《漢書・天文志》:"土與金合國亡地,與木合則國饑,與水合爲雍沮,不可舉事用兵。"

上博四・柬 19、上博四・曹 14、18、28、45、上博五・季 4、上博七・吳 4 ～,讀爲"且",連詞,而且。

上博五・季 14"～夫",讀爲"且夫",猶況且。承接上文,表示更進一層的語氣。《左傳・隱公三年》:"且夫賤妨貴,少陵長,遠間親,新間舊,小加大,淫破義,所謂六逆也。"

上博五・三 13～,讀爲"且",副詞。將要。《詩・齊風・雞鳴》:"會且歸矣,無庶予子憎!"

上博五・鬼 5～,讀爲"盧",語助詞。"盧苓虩",指口裏瞬間發出的聲音。

上博六・用 19～,讀爲"沮",敗壞;毀壞,謂敗壞制度。葛洪《抱朴子・譏惑》:"喪亂日久,風積教沮。"(董珊)

上博七・凡甲 17、19、凡乙 12、13～,"担",訓爲取。《說文》:"担,挹也。"《墨子・天志下》:"而況有踰於人之牆垣,担格人之子女者乎?"又,《老子》:"今舍慈且勇,舍儉且廣,舍後且先,死矣!"王弼注:"且,猶取也。""且"字亦讀爲"担"。

慮

 上博五・三 2 毋爲偽～

～,从"心","叔"聲。

簡文"偽～",讀爲"偽怍"。或讀爲"爲慮"。《郭店・老子甲》簡 1"絕偽棄慮"。

蔽

 上博一・孔 23《兔～》

　　上博四•曹 56 曰～

～,從"艸","叔"聲,"苴"或"蘆"字異體。《說文•艸部》:"苴,履中艸。從艸,且聲。"

上博一•孔 23"兔～",讀爲"兔罝",《詩經》篇名,《詩•周南•兔罝》:"肅肅兔罝,椓之丁丁。赳赳武夫,公侯干城。"

上博四•曹 56～,讀爲"阻",險阻。《說文•自部》:"阻,險也。"

櫨

　　上博六•慎 5 樸筱(蓧)執～(鉏)

《說文•木部》:"櫨,果似梨而酢。從木,盧聲。"

簡文～,讀爲"鉏"。《說文•金部》:"鉏,立薅所用也。"今字作"鋤"。《國語•齊語》:"時雨既至,挾其槍刈耨鎛,以旦暮從事於田野。"韋昭注:"在掖曰挾。槍,櫏也。刈,鎌也。耨,茲其也。鎛,鉏也。""執鉏"就是拿着鋤。江陵鳳凰山八號漢墓竹簡有某某奴婢"操柤",文例與"執櫨"相近,金立把"柤"讀爲"鋤"。(劉洪濤、劉建民)

瀘

　　上博八•王 3 邦人亓(其)～(沮)志解體

～,從"水","盧"聲,"沮"字繁體。

簡文～,即"沮",沮喪,灰心失望。《莊子•逍遙遊》:"且舉世而譽之而不加勸,舉世而非之而不加沮。"成玄英疏:"率土非毁,亦不加其沮喪。""沮志",即"喪志",古書常見,如《左傳•昭公元年》:"非鬼非食,惑以喪志。"《文選•辯命論》:"賈大夫沮志於長沙,馮都尉皓髮於郎署。"或説"沮志",謂毁壞意志。

褙

 上博六・競 8～爲亡戩

～，从"示"，"虘"聲。

簡文～，即"詛"，《集韻》："詛、謯，古作褙。"祭神以求加禍於人。《左傳・隱公十一年》："以詛射潁考叔者。"

瘧

 上博四・柬 20 從吟（今）日㠯（以）～（瘥）

～，从"疒"，"叔"聲。與 (新蔡甲三 22、59)、 (新蔡甲三 184—2、185、222)、 (新蔡乙二 2)同，或从"虘"聲，作 (新蔡甲三 173)、 (新蔡乙三 39)。

簡文～，讀爲"瘥"，病，疫病。《詩・小雅・節南山》："天方薦瘥，喪亂弘多。"鄭玄箋："天氣方今又重以疫病。"

祖

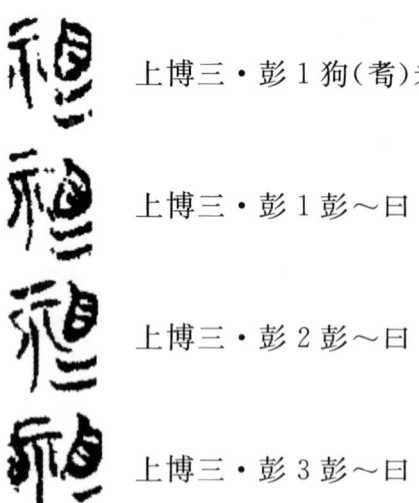

上博三・彭 1 狗（耇）老昏（問）于彭～曰

上博三・彭 1 彭～曰

上博三・彭 2 彭～曰

上博三・彭 3 彭～曰

上博三·彭 7 彭～曰

上博五·競 2 習(召)～己而昏(問)安(焉)

上博五·競 2 ～己會(答)曰

上博六·競 10 夫妇皆～

《説文·示部》:"祖,始廟也。从示,且聲。"

上博三"彭～",《史記·楚世家》:"吴回生陸終。陸終生子六人,坼剖而産焉。其長一曰昆吾;二曰參胡;三曰彭祖;四曰會人;五曰曹姓;六曰季連,芊姓,楚其後也。昆吾氏,夏之時嘗爲侯伯,桀之時湯滅之。彭祖氏,殷之時嘗爲侯伯,殷之末世滅彭祖氏。"傳説他善養生,有導引之術,活到八百高齡。

上博五·競 2"～己",商代高宗之賢臣。《史記·殷本紀》:"帝武丁崩,子帝祖庚立。祖己嘉武丁之以祥雉爲德,立其廟爲高宗,遂作高宗肜日及訓。"

上博六·競 10～,讀爲"詛",詛咒。《詩·小雅·何人斯》:"及爾如貫,諒不我知。出此三物,以詛爾斯。"陸德明釋文:"以禍福之言相要曰詛。"《新序·雜事一》:"一人祝之,一國詛之;一祝不勝,萬詛國亡。"

組

上博五·弟 15 丌(其)～者唬

～,所從的"且"省下面一横,贅加"又","組"右下加"又"的又見 、。《説文·糸部》:"組,綬屬。其小者以爲冕纓。从糸,且聲。"

簡文～,古代佩印用的綬。《史記·秦始皇本紀》:"子嬰即係頸以組,白馬素車,奉天子璽符,降軹道旁。"裴駰集解引應劭曰:"組者,天子黻也。"《漢

書·嚴助傳》:"陛下以方寸之印,丈二之組,填撫方外。"顏師古注:"組者,印之綬。"或疑"組絕"爲丟官解職之義。(范常喜)

俎

 上博五·弟 10 則～吕(以)

～,望山簡 2·45"四皇俎"之"俎"寫作 ,與～形近,只是左右偏旁的位置對調而已。《説文·且部》:"俎,禮俎也。从半肉在且上。"

簡文～,讀爲"沮",訓爲"敗、壞"。《韓非子·二柄》:"人主有二患:任賢,則臣將乘於賢以劫其君;妄舉,則事沮不勝。"舊注:"沮,毀敗也。"(張振謙)

清紐初聲

初

 上博一·孔 16 虐(吾)吕(以)萬(葛)覃(覃)旻(得)氏～之害(詩)

 上博三·周 2～九

 上博三·周 4～六

 上博三·周 7～六

 上博三·周 9～六

 上博三·周 12～六

 上博三·周 14～六

 上博三・周16～九

 上博三・周18～六

 上博三・周20～九

 上博三・周22～九

 上博三・周24～九

 上博三・周26～六

 上博三・周28～六

 上博三・周30～六

 上博三・周32～九

 上博三・周35～六

 上博三・周37～六

 上博三・周40～六

 上博三·周 42～六

 上博三·周 44～六

 上博三·周 47～九

 上博三·周 50～六

 上博三·周 53～六

 上博三·周 54～六

 港甲 2 亡～又（有）終

 上博一·孔 10 童而皆臤（賢）於亓（其）～者也

 上博五·姑 4～

 上博六·用 1 思民之～生

～，从"刀"，或从"刃"，與 （郭店·窮達以時 9）同。《說文·刀部》："初，始也。从刀，从衣。裁衣之始也。"

上博一·孔 10、16～，始也，于此則指人之本性。《莊子·繕性》："無以反其性情而復其初。"郭象注："初，謂性命之本。"（馮時）

上博三·周 2"～九"，表示序次居第一。《易·乾》："初九：潛龍，勿用。"

孔穎達疏:"居第一之位故稱初。"

港甲 2"亡～又終",與"終"相對,起始;開端。《書·伊訓》:"今王嗣厥德,罔不在初。"孔安國傳:"言善惡之由無不在初,欲其慎始。"《史記·樂書》:"佚能思初,安能惟始。"

上博六·用 1"～生",剛剛出生。《詩·大雅·緜》:"緜緜瓜瓞。民之初生,自土沮漆。古公亶父,陶復陶穴,未有家室。"《書·召誥》:"若生子,罔不在厥初生,自貽哲命。"

心紐疋聲

疋

上博一·孔 10 閞(關)～(雎)之改

上博一·孔 10 閞(關)～(雎)

上博一·孔 11 閞(關)～(雎)之改

上博二·容 1 茖(赫)～(胥)是(氏)

上博二·容 15 冒(帽)芺蕺□～□

上博三·周 38 丌(其)行綾(婁)～(且)

上博三·周 41 丌(其)行綾(婁)～(且)

上博四·采 1～(糈)共月

上博五·季 11 古(故)女虐(吾)子之～肥也

　上博五·季19～言而𤕝戡（獸）之

　上博五·鬼3返（及）五（伍）子～（胥）者

　　　　上博六·用2束=～=

　上博六·用3少～於穀

　～，與 、、、、、、同。《説文·疋部》："疋，足也。上象腓腸，下从止。《弟子職》曰：'問疋何止。'古文以爲《詩·大疋》字，亦以爲足字。或曰：胥字。一曰：疋，記也。"

　　上博一·孔10、11"閒（關）～"，讀爲"關雎"，《詩經》篇名。《詩·周南·關雎》："關關雎鳩，在河之洲。窈窕淑女，君子好逑。"

　　上博二·容1"茖～是"，讀爲"赫胥氏"，傳説中的古帝王。

　　上博二·容15～，或釋爲"足"。

　　上博三·周38、41"綾～"，讀爲"妻且"，盡心盡力。《詩·周頌·有客》"有萋有且，敦琢其旅"，毛亨傳："萋且，敬慎貌。"

　　上博四·采1"～共月"，逸詩篇名。～，讀爲"糈"。"糈"常被用作供品。《楚辭·離騷》："巫咸將夕降兮，懷椒糈而要之。"王逸注："糈，精米，所以享神。"《山海經·西山經》："其十輩神者，其祠之，毛一雄雞，鈐而不糈。"（楊澤生）或讀爲"湑"，《説文》："湑，茜酒也。"則"湑供月"即是以酒灌注茅束祭月；或是將"湑"視爲名詞，乃以清酒祭月之意。此外，"疋"也可能讀爲"胥"，當作副詞使用，即"共同"之意，故"胥供月"亦可能指"衆人一起來祭祀月神"。（讀本四）

　　上博五·季11～，或讀爲"疏"。《説文·厺部》："疏，通也。从厺，从疋，疋亦聲。"

　　上博五·季19～，讀爲"疏"，疏遠，不親近。《荀子·修身》："諂諛者親，

諫爭者疏。"《韓詩外傳》卷九:"與人以實,雖疎必密;與人以虛,雖戚必疎。"

上博五·鬼3"五子～",讀爲"伍子胥",人名。

上博六·用2～₌,讀爲"疏疏",猶"楚楚",指服裝鮮明整齊貌。《韓詩外傳》卷三:"子路盛服以見孔子。孔子曰:'由疏疏者何也?'"許維遹《集釋》:"'疏疏',讀爲'楚楚'。《詩·曹風·蜉蝣》篇'衣裳楚楚';毛亨傳:'楚楚,鮮明貌。'"

上博六·用3～,讀爲"疏"。其意義與下文的"邇"義正相反,意指疏遠,不親近。《荀子·修身》:"諂諛者親,諫爭者疏。"(何有祖)或讀爲"紓",紓緩。(董珊)

泹

 上博四·昭1邵王爲室於死～之滸(滸)

～,从"水","疋"聲。與(新蔡甲三11、24)同。

簡文～,讀爲"沮","沮水",即今沮漳河。《易·夬》"臀無膚,其行次且"之"且",上博三·周38作"疋",馬王堆漢墓帛書本作"胥"。(劉洪濤)

怴

 上博五·三4～達之

～,从"心","疋"聲。

簡文"～達",讀爲"疏達",豁達、開朗。《禮記·樂記》:"廣大而靜,疏達而信者,宜歌《大雅》。"《孔叢子·陳士義》:"今束間子疏達亮直,大丈夫也。"與"憂懼"略成對舉。(陳偉)

㢟

 上博五·三22之～

 上博八·成 11 少～(疏)於身

 上博八·李 1 劃(摶)外～(疏)宀(中)

～,从"网","疋"聲,可能是疏密之"疏"的專字。與 (左塚漆桐)同。

上博五·三 22～,讀作"疏"。

上博八·成 11"少～(疏)於身",句式與上博六·用 3"少～於穀"同。～,即"疏",意指疏遠,不親近。《荀子·修身》:"諂諛者親,諫爭者疏。"《韓詩外傳》卷九:"與人以實,雖疏必密;與人以虛,雖戚必疏。"

上博八·李 1"～宀",讀爲"疏中",指桐樹裏面有空心中通。

楚

 上博一·孔 26 陛(隮)又(有)長(萇)～

 上博四·昭 9 天加禍於～邦

 上博四·昭 9 ～邦之良臣所聲骨

 上博四·柬 3 欲祭於～邦者唬(乎)

 上博四·柬 5 ～邦又(有)裳(常)古(故)

 上博四·柬 6 爲～邦之櫐(鬼)神宔(主)

正編·魚部

上博四·柬 17 君皆～邦之牆（將）軍

上博六·壽 1 褐（禍）敗因童（重）於～邦

上博六·壽 3 君王與～邦懼戀

上博六·木 4 王子不旻（得）君～邦

上博七·鄭甲 2 ～邦囟（思）爲者（諸）矦（侯）正

上博七·鄭乙 2 ～邦囟（思）爲者（諸）矦（侯）正

上博七·君甲 2 ～邦之中

上博七·君甲 3 君王又（有）～

上博七·君甲 4 君王又（有）～

上博七·君乙 2 ～邦之中

上博七·君乙 3 君王又（有）～

上博七·君乙 4 君王又（有）～

 上博七·吴3 青(請)城(成)於~

 上博七·吴9 ~人爲不道

 上博八·子4 魯司寇(寇)奇訡(言)遊於逡~

 上博八·命1 命虐(吾)爲~邦

 上博八·命6 綺(治)~邦之正(政)

 上博八·命8 亡儦(僕)之尚(掌)~邦之正(政)

 上博八·命8 君王之所㠯(以)命與所爲於~邦

 上博八·命9 含(今)視日爲~命(令)尹

 上博八·志1 是~邦之弜(強)秋(梁)人

 上博八·志8 或(又)不旻(得)【《平王與王子木》簡4】臣~邦

《説文·木部》:"楚,叢木。一名荆也。从林,疋聲。"

上博一·孔26"陸又長~",讀爲"隰有萇楚",《詩經》篇名。《詩·檜風·隰有萇楚》:"隰有萇楚,猗儺其枝,夭之沃沃,樂子之無知。"

上博七·君甲3、4、君乙3、4、上博七·吴3正、9、上博八·子4、上博八·命9~,古國名。芈姓。始祖鬻熊。西周時立國于荆山一帶,都丹陽(今湖北

秭歸東南)。周人稱爲荊蠻。後建都於郢(今湖北江陵西北紀王城)。春秋戰國時國勢強盛。公元前 223 年爲秦所滅。參《史記‧楚世家》。

上博"～邦",楚國。《韓非子‧喻老》:"楚邦之法,禄臣再世而收地,唯孫叔敖獨在。"

綎

上博七‧鄭甲 5 ～索㠯(以)絉

上博七‧鄭乙 5 ～索㠯(以)絉

～,从"糸","疋"聲,與 、同。《玉篇》:"綎,亦疏字。"

簡文"～索㠯絉",讀作"疏索以供"。"疏",《詩‧大雅‧召旻》"彼疏斯粺",鄭玄箋:"疏,麤也。""疏索",意爲稀少。

幫紐夫聲

夫

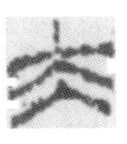
上博一‧孔 3 佳(惟)能～

上博一‧孔 7 此命也～

上博一‧孔 16 ～萬(葛)之見訶(歌)也

上博二‧子 4 虖(吾)昏(聞)～舜丌(其)幼也

 上博二・子 8 古～夌(舜)之悳(德)

 上博二・魯 3 女(若)～政型(刑)與悳(德)以事上天

 上博二・魯 4～山

 上博二・魯 4～川

 上博二・從甲 1～是則獸(守)之㠯(以)信

 上博二・容 19～是㠯(以)建(近)者敓(悅)紿(治)

 上博二・容 42～是㠯(以)得眾而王天下

 上博三・周 1 見金～

 上博三・周 9 後～凶

 上博三・周 16 遴(失)丈～

 上博三・周 16 係丈～

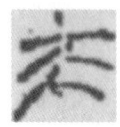 上博三・周 28～子凶

上博三·周 33 遇元～

上博三·周 50～征不遉(復)

上博三·中 2～季是(氏)河東之城(盛)豪(家)也

上博三·中 3～

上博三·中 4 史(使)雝(雍)也從於剞(宰)～之後

上博三·中 6～祭

上博三·中 8 若～老老慈幼

上博三·中 8～先又(有)司爲之女(如)可(何)

上博三·中 8～民安舊而至(重)壂(遷)

上博三·中 10～叡(賢)才不可穿(掩)也

上博三·中 16 含(今)女(汝)相～

上博三·中 23～行

 上博三·中 23～喪

 上博三·中附簡～子唯又(有)與(舉)

 上博四·柬 6～上帝鬾(鬼)神高明

 上博四·柬 12～唯(雖)母(毋)澫(旱)

 上博四·曹 19 是古(故)～戩(陳)者

 上博四·曹 34 伓(匹)～募(寡)婦之獄訟

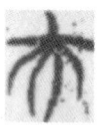 上博四·曹 65 亦佳(唯)睧(聞)～曡(禹)、康(湯)、傑(桀)、受(紂)矣

 上博五·鮑 5 含(今)豊(豎)迟(刁)伓(匹)～而欲智(知)墓(萬)輮(乘)之邦

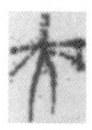 上博五·季 6 夫箸=(書者)

 上博五·季 7～唆(詩)也者

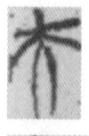 上博五·季 7～義者

 上博五·季 11 氏(是)古(故)～敀邦甚難

 上博五·季 14 虩~戡吟之先蒬(世)

 上博五·君 1 詹(顏)囦(淵)時(侍)於~子

 上博五·君 1 ~子曰

 上博五·君 3 虐(吾)新酮(聞)言於~子

 上博五·君 3 ~子曰

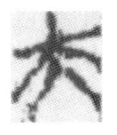 上博五·君 4 ~子

 上博五·君 11 ~子絧(治)十室之邑亦樂

 上博五·姑 9 弞(強)門大~

 上博五·君 13 ~

 上博五·弟 4 莫我智(知)也~

 上博五·弟 10 ~㠯(以)眾𢼠(犯)𩀔(難)

上博五·弟 12 有~言也

 上博五・弟14 肰(然)則～二厽(三)子者

 上博五・弟17 ～安能王人

 上博五・鬼1 今～櫐(鬼)神又(有)所明

 上博三・彭4 ～子之悳(德)登矣

 上博一・性28 君子執志必又(有)～柱柱之心

 上博一・性28 出言必又(有)～柬(簡)柬(簡)[之信]

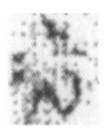 上博一・性29 賓客之豊(禮)必又(有)～齊齊之頌(容)

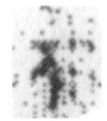 上博一・性29 祭祀之豊(禮)必又(有)～臍(齊)臍(齊)之敬

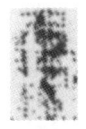 上博一・性29 居喪必又(有)～纞(戀)纞(戀)之哀

 上博一・性37 不又(有)～柬(簡)柬(簡)之心則悉(采)

 上博一・性37 不又(有)～恆惢(忻)之志則曼(慢)

 上博一・性38 不又(有)～詘詘之心則流

上博一・性 38 不又(有)～奮狢(作)之情則悉(侮)

上博六・競 4～子吏丌(其)私吏聖(聽)獄於晉邦

上博六・競 9 公退武～

上博六・競 10～婦皆祖

上博六・競 10 一丈～執尋之幣、三布之玉

上博六・競 10 雖是～

上博六・競 12 二～何不受皇瑻

上博六・孔 2～子曰

上博六・孔 3～子曰

上博六・孔 3～士

上博六・孔 6 女～仁

上博六・孔 10～子曰

上博六·孔 11～與蚑之民

上博六·孔 19～子曰

上博六·孔 20 女～見人不猒

上博六·莊 6 忘～朸述之下虎（乎）

上博六·壽 6 於孝～

上博六·天甲 1～=建之㠯（以）里

上博六·天甲 2 士象～=之立

上博六·天甲 2～=象邦君之立

上博六·天甲 5 文会～武易

上博六·天甲 7 與卿～=同恥□

上博六·天甲 8～=承䳑

上博六·天甲 9～=二辟

上博六・天乙 1～₌建之旨（以）里

上博六・天乙 1～₌三歾（世）

上博六・天乙 2 士象～₌之立

上博六・天乙 2～₌象邦君之立

上博六・天乙 7 卿～₌同恥□

上博六・天乙 7～₌

上博六・天乙 8～₌二辟

上博七・武 3～先王之箸（書）

上博七・凡甲 14～雨之至

上博七・凡甲 14～凼（風）之至

上博七・凡甲 28～此之胃（謂）省（小）城（成）

上博七・凡乙 9～雨之至

 上博七·凡乙 9～凷(風)之至

 上博七·凡乙 13～

 上博八·成 14～顕(夏)曾(繒)是(氏)之道

 上博八·成 14 是～

 上博八·王 5～彭徒罷(一)裵(勞)

 上博八·蘭 5～亦商(適)其戠(歲)也

 上博八·有 1 可旨(幾)成～今可(兮)

 上博八·有 6 論三～之旁也今可(兮)

 上博八·有 6 蜀(獨)論三～今可(兮)

 上博八·有 6 論～三夫之精也今可(兮)

 上博八·有 6 論夫三～之精也今可(兮)

～,戰國文字或作 、、

☲(郭店·忠信之道 4)、☲(郭店·成之聞之 13)、☲(郭店·性自命出 46)、☲(郭店·六德 34)、☲(郭店·語叢一 109)、☲(九 A26)、☲(珍秦金·吴越三晉 96 頁二十一年安邑戈)、☲(古研 27 二十年冢子戈)、☲(秦風 113)、☲(里 J1⑧157 正)。《説文·夫部》:"夫,丈夫也。从大,一以象簪也。周制以八寸爲尺,十尺爲丈。人長八尺,故曰丈夫。"

上博三·周 1"金～",剛夫。指剛强的男子。一説指多金的男子。《易·蒙》:"六三,勿用取女,見金夫,不有躬,無攸利。"鄭玄注:"見剛夫而求之,故曰不有躬也。"孔穎達疏:"見金夫者,謂上九,以其剛陽,故稱金夫,此六三之女,自往求見金夫……是爲女不能自保其躬,固守貞信,乃非禮而動,行既不順,若欲取之,無所利益,故云不有躬,無攸利也。"朱熹本義:"金夫,蓋以金賂己而挑之,若魯秋胡之爲者。"

上博三·周 9"後～",後至者。《易·比》:"不寧方來,後夫凶。"孔穎達疏:"夫,語辭也。親比貴速,若及早而來,人皆親己,故在先者吉,若在後而至者,人或疎己。親比不成,故後夫凶。或以夫爲丈夫,謂後來之人也。"

上博三·周 28"～子",指丈夫。《孟子·滕文公下》:"女子之嫁也,母命之,往送之門,戒之曰:'往之女家,必敬必戒,無違夫子!'"

上博三·周 33"元～",猶善士。《易·睽》:"睽孤遇元夫,交孚,厲,無咎。"程頤傳:"夫,陽之稱;元,善也。初九當睽之初,遂能與同德,而無睽之悔,處睽之至善者也,故目之爲元夫,猶云善士也。"

上博三·周 50～,指丈夫。《説文》:"夫,丈夫也。"

上博六·競 9"武～",有勇力的人。《詩·周南·兔罝》:"赳赳武夫,公侯干城。"《左傳·僖公三十三年》:"武夫力而拘諸原,婦人暫而免諸國。"

上博六·競 10"～婦",夫妻。《易·序卦》:"有天地然後有萬物,有萬物然後有男女,有男女然後有夫婦,有夫婦然後有父子。"《孟子·滕文公上》:"父子有親,君臣有義,夫婦有别,長幼有叙,朋友有信。"

上博三·周 16、上博六·競 10"丈～",男子。指成年男子。《穀梁傳·文公十二年》:"男子二十而冠,冠而列丈夫。"《管子·地數》:"凡食鹽之數,一月:丈夫五升少半,婦人三升少半,嬰兒二升少半。"

上博四·曹 34、上博五·鮑 5"仫～",讀爲"匹夫",古代指平民中的男子。

亦泛指平民百姓。《左傳·昭公六年》:"匹夫爲善,民猶則之,況國君乎?"《韓非子·有度》:"刑過不避大臣,賞善不遺匹夫。"班固《白虎通·爵》:"庶人稱匹夫者,匹,偶也,與其妻爲偶,陰陽相成之義也。"

上博二·魯 3"女(若)～"、上博三·中 8"若～",至于。用於句首或段落的開始,表示另提一事。《易·繫辭下》:"若夫雜物撰德,辯是與非,則非其中爻不備。"《史記·范雎蔡澤列傳》:"若夫窮辱之事,死亡之患,臣不敢畏也。"

上博五·鬼 1"今～",發語詞。《禮記·中庸》:"今夫天,斯昭昭之多,及其無窮也……今夫地,一撮土之多,及其廣厚。"俞樾《古書疑義舉例·古書發端之詞例》:"《禮記·中庸篇》'今夫天'一節,四用'今夫'爲發端,此近人所習用者;乃或變其文爲'今是'。"《論語·季氏》:"今夫顓臾固而近於費。"《史記·范雎蔡澤列傳》:"今夫韓、魏,中國之處而天下之樞也。"

上博六·競 12"二～",即祝、史。

上博三·中附簡、上博三·彭 4、上博五·君 1、3、4、11、上博六·競 4、上博六·孔"～子",孔門尊稱孔子爲夫子,後因以特指孔子。《論語·學而》:"子禽問於子貢曰:'夫子至於是邦也,必聞其政,求之與?抑與之與?'"

上博～,助詞。用于句首,表發端。《左傳·隱公四年》:"夫兵,猶火;弗戢,將自焚也。"

上博～,助詞。用于句末,表感歎或疑問。《論語·子罕》:"子在川上曰:'逝者如斯夫!不舍晝夜。'"《孟子·告子上》:"率天下之人而禍仁義者,必子之言夫!"《史記·孔子世家》:"吾歌,可夫?"

上博～,助詞。用于句中。《禮記·少儀》:"加夫襓與劍焉。"鄭玄注:"夫,或爲煩,皆發聲。"

上博六·天"～=","大夫"合文,古職官名。周代在國君之下有卿、大夫、士三等;各等中又分上、中、下三級。後因以大夫爲任官職者之稱。

肤

 上博三·周 4  上博三·周 33 陛宗醬(噬)～(膚)

逼(歸)～(膚)

 上博三·周 38 詬亡（無）～（膚）

 上博三·周 41 詬亡～（膚）

《説文·肉部》："臚，皮也。从肉，盧聲。𦞢，籀文臚。"《集韻》："膚，皮也，美也，或作'肤'。"

上博三·周 4"逞（歸）～"，讀爲"歸逋"。帛書、今本《周易》作"歸而逋"，《象傳》作"歸逋"。《説文》："逋，亡也。"逃竄，逃亡。《左傳·僖公十五年》："六年其逋，逃歸其國。"杜預注："逋，亡也。"歸逋即歸亡。

上博三·周"亡～"，讀爲"無膚"，無皮。

上博三·周 33"噬～"，讀爲"噬膚"，施刑恰當。《易·噬嗑》："噬膚滅鼻，無咎。"王弼注："噬，齧也。齧者，刑克之謂也。處中得位，所刑者當，故曰噬膚也。"孔穎達疏："膚，是柔脆之物，以喻服罪受刑之人也。"

芙

 上博二·容 15 冒～藝

 上博六·慎 5 首嗇（戴）茅～

《説文·艸部》："芙，芙蓉也。从艸，夫聲。"

上博六·慎 5～，讀爲"蒲"。上古音"芙"、"蒲"均屬並母魚部，音近可通。《説文》竹部"箁"字古文作"䒰"。《左傳·昭公十三年》："飲冰以蒲伏焉。"陸德明釋文："蒲本亦作扶。"《詩·邶風·谷風》："匍匐救之。"《禮記·檀弓下》、《孔子家語·論禮》、《漢書·谷永傳》引"匍"作"扶"。簡文"茅芙"，讀爲"茅蒲"，即斗笠，一種擋雨遮陽用的笠帽。《國語·齊語》："脱衣就功，首戴茅蒲，身衣襏襫，霑體塗足，暴其髮膚，盡其四支之敏，以從事于田野。"韋昭注："茅蒲，簦笠也。""首戴茅蒲"即頭上戴着斗笠。（何有祖、劉洪濤、劉建民）

幫紐百聲歸白聲

並紐父聲

父

 上博一·孔 9 詠(祈)～之責

 上博二·民 1 民之～母

 上博二·民 1 敢窞(問)可(何)女(如)而可胃(謂)民之～母

 上博二·民 2 民[之]～母虎(乎)

 上博二·民 12 爲民～母

 上博二·子 9 而丌(其)～戔(賤)而不足爯(稱)也與

 上博二·容 13 孝羕(養)～母

 上博二·容 46 唯(雖)～亡(無)道

 上博二·民 3 丌(其)[之]胃(謂)民之～母矣

 上博三・周 18 榦（幹）～之蛊（蠱）

 上博三・周 18 榦（幹）～之蛊（蠱）

 上博三・彭 5 ～子兄弟

 上博四・逸・多 2 莫奴（如）同～毋（母）

 上博四・昭 3 不幸僕（僕）之～之骨才（在）於此室之瞪（階）下

 上博四・昭 4 并僕（僕）之母之骨厶（私）自塼

 上博四・内 2 古（故）爲人～者

 上博四・内 3 ～之不能畜子者

 上博四・内 3 不與言人之～之不能畜子者

 上博四・内 5 與～言

 上博四・内 5 言孝～

 上博四・内 6 君子事～毋（母）

 上博四·内6～毋(母)所樂樂之

 上博四·内6～毋(母)所憂憂之

 上博四·内7古(故)～毋(母)安

 上博四·内8～毋(母)又(有)疾

 上博四·内9考(孝)子事～毋(母)

 上博四·曹22民之～母

 上博四·曹35毋倀(長)於～㹬(兄)

 上博四·曹42～㹬(兄)不鷹(薦)

 上博五·季15魅(眯)～兄子俤(弟)而叀賕

 上博五·姑1姑(苦)城(成)豪(家)～事敕(屬)公

 上博五·姑1姑(苦)城(成)豪(家)～以亓(其)族參(三)垺(邵)正(征)百豫

 上博五·姑2告姑(苦)城(成)豪(家)～曰

上博五・姑 3 姑(苦)城(成)豪(家)～日

上博五・姑 5 姑(苦)城(成)豪(家)～乃寍(寧)百豫

上博五・姑 6 胃(謂)姑(苦)城(成)豪(家)～日

上博五・姑 7 姑(苦)城(成)豪(家)～日

上博五・姑 9 姑(苦)城(成)豪(家)～叀(捕)長魚嚻(矯)

上博五・姑 10 垺(郲)奇垺(郲)至姑(苦)城(成)豪(家)～立死

上博五・弟 7 虐(吾)馹(聞)～母之喪

上博五・弟 8 莫新(親)虖(乎)～母

上博五・三 11 毋恥～䣈(兄)

上博六・木 1 競(景)坪(平)王命王子木迲城～

上博七・武 1 帀(師)上(尚)～

上博七・武 1 帀(師)上(尚)～

 上博七·武 2 帀(師)上(尚)～

 上博七·武 3 帀(師)上(尚)～

 上博七·吳 6 吳白(伯)～

 上博八·志 5 虐(吾)～ 蚟(兄)眚(甥)咎(舅)之又(有) 善

《說文·又部》："父，矩也。家長率教者。从又舉杖。"

上博一·孔 9 "詠～"，讀爲"祈父"，《詩經》篇名。《詩·小雅·祈父》："祈父，予王之爪牙。胡轉予於恤，靡所止居？"

上博二·民、上博四·曹 22 "民之～母"，《詩·小雅·南山有臺》："南山有杞，北山有李。樂只君子，民之父母。"《禮記·表記》："使民有父之尊，有母之親。如此而后可以爲民父母矣。"

上博三·彭 5 "～子兄弟"，《禮記·曲禮上》："君臣上下父子兄弟，非禮不定。"

上博"～蚟"，即"父兄"，《論語·子罕》："出則事公卿，入則事父兄，喪事不敢不勉，不爲酒困，何有於我哉？"

上博"～母"，父親和母親。《詩·小雅·蓼莪》："哀哀父母，生我劬勞。"《史記·屈原賈生列傳》："父母者，人之本也。"

上博五·姑"姑(苦)城(成)豙(家)～"，人名，春秋時晉國大夫郤犨。參"姑"字條。

上博六·木 1 "城～"，地名。春秋時期楚國地名，見於《左傳·昭公十九年》，杜預注："城父，今襄城城父縣。"

上博七·武 1、2、3 "帀(師)上(尚)～"，人名。

上博七·吳 6 "吳白(伯)～"，吳先君。《國語·吳語》："昔吳伯父不失，春秋必率諸侯以顧在余一人。"韋昭注："此晉述天子告讓之言也。同姓元侯曰伯父。吳伯父，吳先君。"

上博～，父親。《詩·小雅·蓼莪》："無父何怙？無母何恃？"

伇

上博五·競 4 高宗命～鳶（説）量之

～，从"人"，"父"聲。

簡文"～鳶"，讀爲"傅説"，爲商代高宗賢相，初隱于傅巖。《墨子·尚賢》："傅説，被褐帶索，庸築乎傅巖。武丁得之，舉以爲三公，與接天下之政，治天下之民。"

頫（䩉）

上博三·周 27 欽～夾脜（舌）

上博三·周 49 艮丌（其）～言又舒

～，从"頁"，"父"聲，"頗"字異體。《玉篇》："頗，頰骨也。"《集韻》："輔，《説文》'人頰車也'。或作頗。"

簡文～，面頰。《易·咸》："上六：咸其輔、頰、舌。"孔穎達疏引馬融曰："輔，上頷也。輔、頰、舌者，言語之具。"《釋名·釋形體》："或曰輔車，言其骨強，所以輔持口也；或曰牙車，牙所載也；或曰頷車，頷含也，口含物之車也；或曰頰車，亦所以載物也；或曰嗛車，嗛鼠之食積於頰，人食似之，故取名也；凡繫於車，皆取在下載上物也。"

枎

上博一·性 39 □也弗～不足

～，从"木"，"父"聲，"柛"之異體。與 （郭店·性自命出 48）同。

簡文～，讀爲"輔"，輔助。《書·蔡仲之命》："皇天無親，惟德是輔。"孔安國傳："天之於人無有親疏，惟有德者則輔佑之。"

釜(斧)

上博六·莊 9 不㠯(以)晨～壴

上博七·吴 5～戉(鉞)之畏(威)

上博八·命 2 㠯(以)辱～(斧)壴(鑕)

上博八·命 3 唯(雖)鈫(伏)於～(斧)壴(鑕)

～,从"金","父"聲,即"斧"字。《説文·斤部》:"斧,斫也。从斤,父聲。"

上博六·莊 9、上博八·命 2、3"～壴",讀爲"斧鑕",也作"斧質",斧子與铁椹,古代刑具。行刑时置人于椹上,以斧砍之。《晏子春秋·問下十一》:"寡君之事畢矣,嬰無斧鑕之罪,請辭而行。"《吕氏春秋·貴直論》:"王曰:'行法。'吏陳斧質於東閭。"《漢書·項籍傳》:"孰與身伏斧質,妻子爲戮乎?"顔師古注:"質謂鑕也。古者斬人,加於椹上而斫之也。"

上博七·吴 5"～戉",讀爲"斧鉞",斧與鉞,泛指兵器。亦泛指刑罰、殺戮。《左傳·昭公四年》:"王弗聽,負之斧鉞,以徇於諸侯。"《漢書·天文志》:"梁王恐懼,布車入關,伏斧戉謝罪,然後得免。"

布

上博六·競 10 一丈夫執尋之幣、三～之玉

～,戰國文字或作(郭店·六德 27)、(九 A20)、(里 J1⑨1 正)、(里 J1⑨7 正)。《説文·巾部》:"布,枲織也。从巾,父聲。"

簡文～,是一個量度單位,讀爲"尺"。《周禮·考工記·輿人》"大圭長三尺,杼上,終葵首,天子服之",鄭玄注:"王所搢大圭也,或謂之珽。"《周禮·宗

伯‧典瑞》"四圭有邸，以祀天，旅上帝"，鄭衆注："於中央爲璧，圭著其四面，一玉俱成。"賈公彥疏："云於中央爲璧，謂用一大圭，琢出中央爲璧形，亦肉倍好爲之。四面琢，各出一圭，璧之大小、圭之長短無文。天子以十二爲節，蓋四面圭各尺二寸，與鎮圭同。其璧爲邸，蓋徑六寸。總三尺，與大圭長三尺又等，故云一玉俱成也。"（李天虹）

紋

 上博五‧鮑 7 又㠯（嗣）祭備毋～

～，從"糸"，"父"聲，"黼"字異體。《説文‧黹部》："黼，白與黑相次文。从黹，甫聲。"

簡文～，讀爲"黼"。《荀子‧哀公》："黼衣、黻裳者，不茹葷，非口不能味也，服使然也。"楊倞注："黼衣、黻裳，祭服也。白與黑爲黼。"《通考‧王禮考》："古者祭服皆玄衣纁裳，以象天地之色。裳之飾有藻，粉面黼黻，今祭服上以青，其繡於裳者藻及粉面皆五色，圓花藉之，而黼用藍，黻用碧與黃。"簡文"毋黼"，就是"素服"。《禮記‧昏義》："是故日食則天子素服而脩六官之職，蕩天下之陽事；月食則后素服而脩六宮之職，蕩天下之陰事。"或讀爲"薄"。（李學勤）

槃

 上博六‧孔 3 上不辠（罪）息（仁）而～尃䎽亓（其）旨於逸人乎

～，從"木"，"紋"聲。

簡文"～尃"，或讀爲"溥佈"。或説"尃"字應視爲衍文。簡文似應爲"上不辠仁而～，尃䎽其旨於逸人乎"。～，讀爲"薄"。見於《禮記‧表記》："厚于仁者，薄於義，親而不尊；厚于義者，薄於仁，尊而不親。""上不親仁"自然就"薄"。"尃䎽"，當從陳劍讀爲"敷聞"。

甫

 上博六·天甲 6～

 上博六·天乙 5 日月₌直亓(其)～

《說文·用部》："甫,男子美稱也。从用、父,父亦聲。"
　　簡文～,讀爲"輔",輔助。《書·蔡仲之命》："皇天無親,惟德是輔。"孔安國傳："天之於人無有親疏,惟有德者則輔佑之。"或讀爲"布",指陳列,《爾雅·釋詁》："布,列也。"《書·康王之誥》："皆布乘黃朱。"蔡沈集傳："布,陳也。"（何有祖）

楠

 上博八·命 4 進可(何)呂(以)帠(屏)～(輔)我

～,戰國文字或作 (郭店·老子丙 13)、 (郭店·太一生水 1)、 (郭店·太一生水 3)、 (中國古代陶文集拓第 2 冊第 1 頁),从"木"、"甫"聲。
　　簡文～,讀爲"輔","屏輔",衛護;輔佐。《墨子·尚賢下》："睎夫!聖武知人,以屏輔而身。"

専

 上博一·孔 3 亓(其)內勿(物)也～(博)

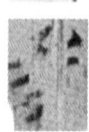 上博二·子 5 與之言豊(禮)悦～

上博三·彭 2 女(汝)孳孳~(布)昏(問)

上博二·容 22 裦表鞁(皮)~

上博二·容 36 湯乃~爲正(征)夊(籍)

上博二·容 45~(溥)亦(夜)㠯(以)爲堇(淫)

上博四·曹 44 其遷(就)之不~

上博五·姑 9 姑(苦)城(成)豪(家)父~(捕)長魚𩵋(矯)

上博六·競 7 祝敓毋~青

上博六·孔 3~䎽(聞)其旬於逸人唬(乎)

上博七·凡甲 29~之亡(無)所凶〈容〉

上博七·凡乙 22~之亡(無)所凶〈容〉

上博八·顔 7 耑(前)㠯(以)~(博)俖〈愛〉

~,楚文字或作 (施 164)、 (郭店·老子甲 12)、 (郭店·五行 37)、

☖(郭店·忠信之道8)、☖(郭店·成之聞之27)、☖(郭店·尊德義35)、☖(郭店·語叢一82)、☖(郭店·語叢二5)。《説文·寸部》:"尃,布也。从寸,甫聲。"

上博一·孔3~,讀爲"博",多;豐富。《禮記·禮器》:"大理物博,如此則得不以多爲貴乎?故君子樂其發也。"《荀子·強國》:"小事之至也數,其懸日也博,其爲積也大。"楊倞注:"博謂所懸繋時日多也。"

上博二·子5~,與容8"與之言禮,悦敀以不逆"之"敀"爲異文。《説文·攴部》:"敀,迮也。从攴,白聲。周書曰:常敀常任。""白"聲與"尃"聲字互通,如《老子》二十章"我獨泊兮",馬王堆帛書乙本"泊"作"博",《左傳·文公十二年》:"薄諸河",《説苑·至公》"薄"作"迫"。(黄德寛)

上博六·競7"~青",讀爲"布情",陳述實情,即講實話。(陳偉)

上博三·彭2~,讀爲"薄",《詩》多見,如《詩·周南·芣苢》"薄言采之",毛亨傳釋爲"詞也"。王夫之《詩經稗疏》以爲:"《方言》:'薄,勉也。''薄言采之'者,采者自相勸勉也。""尃昏"讀爲"薄問",猶口語"偪問"。彭祖想告訴狗老天道,狗老卻一直只想知道爲人之道。(季旭昇)或讀爲"孳孳博問"或"孜孜博問"。《淮南子·主術》:"於是略智博問,以應無方。"《漢書·成帝紀》:"夏四月,黄霧四塞,博問公卿大夫,無有所諱。"《説文解字·敘》:"恐巧説邪辭使學者疑,慎博問通人,考之於逵,作《説文解字》。"(湯志彪)

上博二·容22"鞁~",讀爲"皮黼",似指皮製的黼。"黼"之本義是指古代禮服上黑白相間的花紋,引申之又可指繡有花紋的禮服。《禮記·禮器》:"禮,有以文爲貴者,天子龍衮,諸侯黼,大夫黻,士玄衣纁裳。"《淮南子·説林》:"黼黻之美,在於杼軸。"高誘注:"白與黑爲黼,青與赤爲黻,皆文衣也。"古代有一種用羔和狐白雜爲黼文的裘衣,稱"黼裘"。《禮記·玉藻》:"唯君有黼裘以誓省。"鄭玄注:"以羔和狐白雜爲黼文也。省,當爲獮。獮,秋田也。國君有黼裘誓獮田之禮。"孔穎達疏:"黼裘,以黑羊皮雜狐白爲黼文以作裘也。"疑"皮黼"即此"黼裘"。(白於藍)

上博二·容36、45~,讀爲"溥",廣大;大。《詩·大雅·公劉》:"逝彼百泉,瞻彼溥原。"鄭玄箋:"溥,廣也。"張衡《西京賦》:"皇恩溥,洪德施。"

上博四·曹44"其遝(就)之不~",讀爲"其就之不附"。"就之",與"去之"相反,是前往趨敵。"不附",似指猶猶豫豫,欲戰不戰。或讀爲"傅",訓爲

1494

傅著之"著"。"附"也常訓爲"著",漢代魚部與侯部合流,漢人及後代人注書遂多謂意爲"著"之"傅","讀曰附"。(陳劍)或讀爲"迫"。

上博五·姑 9～,讀爲"捕"。《左傳·成公十七年》:"郤犨與長魚矯爭田,執而梏之,與其父母妻子同一轅。"或訓爲捕捉、搏擊。(陳偉)

上博六·孔 3～,讀爲"敷"、"布"等字。《書·文侯之命》:"丕顯文武,克慎明德。昭升于上,敷聞在下。"《史記·晉世家》作"布聞在下"。或作"傅聞在下",見《後漢書·東平憲王傳》。或作"鋪聞",班固《典引篇》(《後漢書·班彪(附班固)傳》、《文選》卷四十八):"故夫顯定三才昭登之績,匪堯不興;鋪聞遺策在下之訓,匪漢不弘厥道。"在"鋪聞"後加賓語"遺策",與簡文"敷聞其辭"結構更近。敷、布、鋪、傅等字音義皆近,並訓爲"陳","聞"即"使人聽到"。"敷聞"、"布聞"即敷陳、布陳而使人聽聞。(陳劍)

上博七·凡甲 29、凡乙 22～,我們懷疑讀爲"包"。典籍"抱"、"搏"二字古通,《呂氏春秋·孟冬紀》:"搏杖而揖之。"《廣韻》杖下"搏杖"作"抱杖"。簡文"専之亡所凶",讀爲"包之無所容",可與《淮南子·原道》"舒之幎于六合,卷之不盈于一握"以及帛書《道原》"小以成小,大以成大,盈四海之内,又包其外"對讀。或讀爲"敷",意爲布、施。(孫飛燕)

上博八·顔 7"～(博)㤝〈愛〉",讀爲"博愛"。《孝經·三才章》:"先之以博愛,而民莫遺其親。陳之於德義,而民興行。先之以敬讓,而民不爭。導之以禮樂,而民和睦。示之以好惡,而民知禁。"

塼

　上博四·昭 4 并僕(僕)之父母之骨厶(私)自～

　上博六·競 4～情而不腮

～,從"土","専"聲。

簡文～,讀爲"祔",合葬、附葬。《晏子春秋·外篇上》:"晏子對曰:'西郭徒居布衣之士,盆成适也,父之孝子,兄之順弟也,又嘗爲孔子門人,今其母不幸而死,祔柩未葬,家貧身老子孺,恐力不能合祔,是以悲也。'"或讀爲"宅"、"敷"、"赴"、"甫"。(單育辰)

上博六·競4"～情",讀爲"迫情",迫近情實。《左傳·昭公二十年》記趙武說:"夫子之家事治,言于晉國,竭情無私。"(董珊)或讀爲"薄情",薄有迫近、至、致的意思。(陳偉)

縛

 上博六·競8～纏者(諸)眎(市)

～,與(郭店·窮達以時6)同。《說文·糸部》:"縛,束也。从糸,専聲。"

簡文～,束,捆綁。《左傳·文公二年》:"晉襄公縛秦囚,使萊駒以戈斬之。"《史記·淮陰侯列傳》:"於是有縛廣武君而致戲下者。"

明紐馬聲

馬

 上博三·周22 良～由(逐)

 上博三·周32 喪～勿由(逐)

 上博三·周54 拯～藏(壯)

 上博七·吳1～牀(將)走

 上博八·命6 受司～

～,戰國文字或作:楚 (郭店·窮達以時8)、 (郭店·尊德義7)、

(新蔡甲三 325—2)、(新蔡零 214)、(新蔡甲三 233、190);齊:(施 37)、(施 39)、(施 37);燕:(施 81)、(施 337)、(施 336)、(施 84);晉:(三晉 120)、(先秦編 299)、(先秦編 299)、(聚珍 282);秦:(珍秦 278)、(珍秦 279)、(里 J1⑨1 背)。《説文・馬部》:"馬,怒也,武也。象馬頭髦尾四足之形。,古文。,籀文馬。與影同,有髦。"

上博~,哺乳動物。頭小面長,耳殼直立,頸上有鬣,尾有長毛,四肢強健,有蹄。性溫馴善跑,是重要力畜之一。《易・屯》:"屯如邅如,乘馬班如。"

上博八・命 6"司~",官名,周時爲六卿之一,掌軍旅之事。《書・周官》:"司馬掌邦政,統六師,平邦國。"孔安國傳:"夏官卿,主戎馬之事,掌國征伐,統正六軍,平治五邦四方國之亂者。"

明紐武聲

武

 上博一・孔 24 則吕(以)文~之悳(德)也

 上博一・性 15 會(觀)逑(賚)~

 上博二・子 12 乃見人~

 上博二・子 12 帝之~

 上博二・從乙 6 不~則志不遠

 上博二·容 49～王即立(位)

 上博二·容 49～王曰

 上博二·容 50～王於是虎(乎)复(作)爲革車千輛(乘)

 上博二·容 51～王乃出革車五百輛(乘)

 上博二·容 52～王於是虎(乎)素冠冕(冕)

 上博二·容 53～王素麑(甲)㠯(以)申(陳)於醫(殷)蒿(郊)

 上博四·曹 63 枭(鬼)神軔～

 上博一·性 17 萑(賚)～樂取

 上博六·競 4 王命屈木昏軛～子之行安

 上博六·競 9 公退～夫

上博六·用 7 擇箅又～

 上博六·用 14 煬～於外

上博六·用16 流吝惠～

上博六·天甲5 文佥(陰)夫～易(陽)

上博六·天甲5 信～旻(得)田

上博六·天甲5～悳(德)伐

上博六·天甲5 文生～殺

上博六·天乙4 文佥(陰)而～易(陽)

上博六·天乙4 信～旻(得)田

上博六·天乙5～直伐

上博六·天乙5 文生～殺

上博七·武2～王

上博七·武3～王

上博七·武5～王

上博七·武 11～王

上博七·武 11～王曰

上博七·武 12～王

上博七·武 13～王北面

上博二·從甲 15 不攸不～

《説文·戈部》："武，楚莊王曰：'夫武，定功戢兵。故止戈爲武。'"

上博一·性 15、17～，周代貴族用於祭祀的"六舞"之一，是頌揚周武王戰勝商紂王的樂舞。《論語·八佾》："子謂《韶》，'盡美矣，又盡善也。'謂《武》，'盡美矣，未盡善也。'"班固《東都賦》："抗五聲，極六律，歌九功，舞八佾，《韶》、《武》備，泰古畢。"

上博四·曹 63、上博六·用 7、14、16、上博六·天甲 5、天乙 4、天乙 5～，與"文"相對，指軍事征伐等暴力行動。《左傳·宣公十二年》："夫武，禁暴、戢兵、保大、定功、安民、和衆、豐財者也。"《史記·秦始皇本紀》："武殄暴逆，文復無罪。"張守節正義："言秦以武力能殄息暴逆，以文訓道令無罪失。"《孫子·行軍》："故令之以文，齊之以武。"《國語·周語》："武不可覿，文不可匿。"典籍或"文武"連言，《詩·小雅·六月》："文武吉甫，萬拜爲憲。"毛亨傳："吉甫，尹吉甫也，有文有武。"

上博二·子 12～，足迹。《詩·大雅·下武》："昭兹來許，繩其祖武。"毛亨傳："武，迹也。"

上博二·從乙 6～，勇猛；猛烈。《詩·鄭風·羔裘》："羔裘豹飾，孔武有力。"孔穎達疏："其人甚勇，且有力。"

上博一·孔 24～，周武王的簡稱。《詩·大雅·江漢》："文武受命，召公維翰。"鄭玄箋："昔文王武王受命，召康公爲之楨榦之臣以正天下。"

上博二·容、上博七·武"～王",周武王。

上博六·競4"靶～子",人名。

上博六·競9"～夫",有勇力的人。《詩·周南·兔罝》:"赳赳武夫,公侯干城。"《左傳·僖公三十三年》:"武夫力而拘諸原,婦人暫而免諸國。"

上博二·從甲15～,"戒"之訛。《論語》:"不戒視成謂之暴。"何晏集解引馬融説:"不宿戒而責目前成爲視成。"簡文"不修不武,謂之必成則暴",意思是説君子有所舉動,應當事先傳令通知,不可突如其來,教人措手不及,否則就是舉止鹵莽不得體。(周鳳五)

賦

　　上博二·容18 聞(關)市無～

～,三晉文字或作 (程訓義1－106),"貝"省爲"目"。《説文·貝部》:"賦,斂也。从貝,武聲。"

簡文～,田地税。泛指賦税。《書·禹貢》:"厥賦惟上上錯。"孔安國傳:"賦,謂土地所生以供天子。"《周禮·天官·大宰》:"七曰關市之賦。"賈公彦疏:"王畿四面皆有關門,及王之市廛二處。"

明紐無聲

無

　　上博二·容4 邦～飤人

　　上博二·容4 道洛(路)～殣死者

　　上博二·容6 不型(刑)殺而～覜(盜)惻(賊)

 上博二·容18 田～劇(蔡)

 上博二·容18 関(關)市～賦

 上博二·容29 ～求不旻(得)

 上博二·容43 ～萬(勵)於民

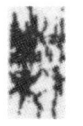 上博二·容50 含(今)受(紂)爲～道

 上博三·亙1 亙(恆)先～又(有)

 上博三·亙6 ～胃(謂)或(域)

 上博三·亙6 ～胃(謂)又(有)

 上博三·亙6 ～胃(謂)生

 上博三·亙6 ～胃(謂)音

 上博三·亙6 ～胃(謂)言

 上博三·亙7 ～胃(謂)名

 上博三·亙7～胃(謂)事

 上博三·亙7不复(作)～事

 上博三·亙8又(有)絧(治)～豳(亂)

 上博三·亙11～夜(舍)也

 上博三·亙11～與也

 上博三·亙12丌(其)事～不遠(復)

 上博三·亙12～許堅(極)

 上博三·亙12～非丌(其)所

 上博三·亙12～不得丌(其)堅(極)而果述(遂)

 上博三·亙13～又(有)瀘(廢)者

 上博四·柬3～又(有)名山名溪

 上博五·弟13～所又余

 上博五·三1絮(明)王～思

 上博五·三 7 凡飤(食)歈(飲)～量詣(計)

 上博五·三 9 乃～凶㚔(災)

 上博五·三 18 天～不從

 上博五·三 4 君～宔(主)臣是胃(謂)畏(危)

 上博五·三 7 憙(喜)樂～堇(限)厇(度)

 上博六·莊 1 虐既果城～鐸

 上博六·用 17 事既～杠

 港甲 4 乃～凶㦲

 上博八·王 1 觀～悓(畏)

 上博八·志 2 ～悓(畏)

 上博八·志 7 虐(吾)～女(如)袿(社)

～，戰國文字或作 、、![](郭

店·老子丙 11）、☒（郭店·老子丙 12）、☒（郭店·語叢四 22）、☒（新蔡甲一 22）、☒（新蔡甲三 232、95）、☒（九 A31）、☒（秦駰玉版）。《説文·林部》："無，豐也。从林；奭。或説規模字。从大；卌，數之積也；林者，木之多也。卌與庶同意。《商書》曰：'庶草繁無。'"

上博～，没有。《詩·小雅·車攻》："之子於征，有聞無聲。"毛亨傳："有善聞而無諠譁之聲。"

上博三·亙 1"～又"，讀爲"無有"，没有。

上博三·亙 6、7"～胃"，讀爲"無謂"，無所謂。

上博三·亙 7"～事"，没有變故。指没有戰事、災異等。《禮記·王制》："天子無事，與諸侯相見，曰朝。"鄭玄注："事謂征伐。"

上博三·亙 11"～與"，不參預；不相干。《左傳·襄公十四年》："詰朝之事，爾無與焉，與，將執女。"《漢書·張湯傳》："湯念獨丞相以四時行園，當謝；湯無與也，不謝。"顔師古注："與讀曰豫。無豫，謂不干其事也。"

上博四·束 3"～又"，讀爲"無有"。《戰國策·趙策一》"蘇秦爲趙王使于秦"章："今臣使于秦，而三日不見，無有謂臣爲鐵鉆者乎？"鮑彪注："無有，言得無有也。"《晏子春秋·諫上》："夫子何爲遽？國家無有故乎？"吳則虞集釋："孫星衍云：'《藝文類聚》'無有'作'得無有'，《御覽》作'得無'。'王念孫云："按'無'上有'得'字，而今本脱之。《雜上篇》'諸侯得微有故乎（微，無也），國家得微有事乎'，文義正與此同。《韓詩外傳》十作'得無有急乎'，《藝文類聚》人部八、産業部下、《御覽》人事部十七、九十七，并引作'得無有故乎'，皆有'得'字。"相形之下，竹書"無有"可能相當于"得無有"。"得無"爲"豈不"、"莫非"之意。這一句大概是説我在莒國所得的地方，莫非有名山名溪想要得到楚邦的祭祀。（陳偉）

上博六·用 17"～𢀜"，讀爲"無功"，没有功勞。《韓非子·内儲説上》："有過不罪，無功受賞，雖亡不亦可乎？"

上博三·亙 12、上博五·三 18"～不"，没有不；全是。《禮記·中庸》："辟如天地之無不持載，無不覆幬。"

上博三·亙 12"～非"，無一不是；不外乎。《管子·禁藏》："伍無非其人，人無非其里，里無非其家。"尹知章注："雖伍長亦選能者爲之也。"

上博五·弟 13"～所"，表示否定不必明言或不可明言的人或事物。《周禮·考工記·輪人》："無所取之,取諸圜也。"鄭玄注："非有他也,圜使之然也。"

上博六·莊 1"～鐸",讀爲"無射",周景王所鑄鐘名。後亦泛指大鐘。《左傳·昭公二十一年》："二十一年春,天王將鑄無射。"杜預注："周景王也。無射,鐘名,律中無射。"

上博二·容 50"～道",不行正道;作壞事。多指暴君或權貴者的惡行。《韓非子·外儲説左上》："吾聞宋君無道,蔑侮長老,分財不中,教令不信,余來爲民誅之。"《後漢書·李固傳》："自頃選舉牧守,多非其人,至行無道,侵害百姓。"

上博五·三 1"～思",不必操心思慮。《淮南子·原道》："是故大丈夫恬然無思,澹然無慮。"《莊子·天地》："德人者,居無思,行無慮,不藏是非、美惡。"

上博八·王 1"觀～愄"、上博八·志 2"～愄",讀爲"觀無畏",人名。

上博八·志 7"～女",即"無如",無奈。常與"何"配搭,表示無法對付或處置。《禮記·哀公問》："寡人既聞此言也,無如後罪何!"

憮

 上博六·用 2 非～於福

《説文·心部》："憮,愛也。韓鄭曰憮。一曰:不動。从心,無聲。"簡文～,愛。

徐在國 ◎ 著

上博楚簡文字聲系 一～八

第七冊

北京師範大學出版集團
安徽大學出版社

正編・月部

上博楚簡文字聲系

月　部

匣紐曰聲

曰

 上博一・孔 21 孔=(孔子)～

 上博二・民 1 詩～

 上博二・民 1 孔子𩚳(答)～

 上博二・民 3 子㠯(夏)～

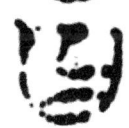 上博二・民 3 孔子～

 上博二・民 5 子㠯(夏)～

 上博二・民 5 孔子～

 上博二・民 7 子㠯(夏)～

 上博二·民 8 孔子～

 上博二·民 9 子㠯(夏)～

 上博二·容 9 堯乃爲之䛒(教)～

 上博二·容 32～惪(德)速衰

 上博二·容 33～

 上博二·容 43 古(故)～

 上博二·容 46 文王䎽(聞)之～

 上博二·容 47～

 上博二·容 47 文王～

 上博二·容 48～

 上博二·容 50 武王～

 上博二·容 53～

 上博四·昭 1 寡人㞢=(止之)～

 上博四·昭 2 不㞢(止),～

上博四·昭 5～：虞（吾）不智（知）亓（其）尔蘉（墓）

上博四·昭 9 王～

上博五·競 1 鞄（鮑）酉（叔）舀（牙）～

上博五·競 1～：爲齊异（與）

上博五·競 2 與汲（隰）倗（朋）～

上博五·競 2～

上博五·競 2 祖己會（答）～

上博五·競 5 言～多

上博五·競 5 鞄（鮑）酉（叔）舀（牙）會（答）～

上博五·競 5 公～

上博五·競 5 汲（隰）倗（倗）會（答）～

上博五·競 6 公～

 上博五・競 7 則訢者（諸）眔（鬼）神～

 上博五・競 8 公～

 上博五・競 9 记（起）而言～

 上博五・鮑 1 乃命百又（有）嗣（司）～

 上博五・鮑 6 公～

 上博五・鮑 7 鞄（鮑）叕（叔）酓（牙）倉（答）～

 上博五・季 1 季庚子舍（問）於孔子～

 上博五・季 2 庚子～

 上博五・季 2 孔₌（孔子）～

 上博五・季 4 虞（且）笑（管）中（仲）又言～

 上博五・季 6 孔₌（孔子）～

 上博五・季 6 丘昏（聞）之孟者戢～

 上博五・季 8 萦（葛）戲吟（今）語肥也目（以）尻邦豪（家）之述～

上博五·季9 牀(臧)曼(文)中又(有)言~

上博五·季11 庚子~

上博五·季13 孔=(孔子)~

上博五·季14 庚子~

上博五·季14 肰(然)丌(其)宔(主)人亦~

上博五·季15 孔=(孔子)~

上博五·季16 君~

上博五·季18 訇~

港甲9 亦~

上博一·孔1 孔子~

上博一·孔3 孔子~

上博一·孔4~

上博一·孔4~

上博一·孔5~

 上博一・孔 6 剌(烈)吝(文)～

 上博一・孔 7 孔～

 上博一・孔 10 ～

 上博一・孔 16 孔子～

 上博一・孔 19 既～天也

 上博一・孔 22 备(宛)丘～

 上博一・孔 22 於(猗)差(嗟)～

 上博一・孔 22 尼(尸)鳩～

 上博一・孔 27 必～

 上博一・孔 27 孔子～

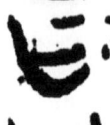 上博一・緇 1 子～

 上博一・緇 1 子～

 上博一・緇 2 子～

上博一·緇 3 子~

上博一·緇 5 子~

上博一·緇 6 子~

上博一·緇 7 子~

上博一·緇 8 子~

上博一·緇 9 子~

上博一·緇 10 子~

上博一·緇 11 子~

上博一·緇 12 子~

上博一·緇 14 隹(惟)复(作)五虐(瘧)之型(刑)~法

上博一·緇 14 子~

上博一·緇 15 子~

 上博一·緇 16 子～

 上博一·緇 17 子～

 上博一·緇 19 子～

 上博一·緇 20 子～

 上博一·緇 21 子～

 上博一·緇 21 子～

 上博一·緇 22 子～

 上博一·緇 23 人隹（雖）～不利

 上博一·緇 23 子～

 上博一·緇 23 宋人又（有）言～

 上博二·子 1 子羔～

 上博二·子 1 孔子～

上博二·子 2 孔子～

上博二·子 3 孔子～

上博二·子 6 子羔～

上博二·子 7 孔子～

上博二·子 8 子羔～

上博二·子 8 孔子～

上博二·子 9 子羔昏（問）於孔子～

上博二·子 9 孔子～

上博二·子 12 履昌（以）祈禱～

上博二·子 13 子羔～

港甲 3 乃虐～

上博二·魯 1 孔子畬（答）～

上博二·魯 2 孔子～

 上博二·魯 3 出遇子贛~

 上博二·魯 3 子贛~

 上博二·魯 5 孔子~

 上博二·從甲 1 睧(聞)之~

 上博二·從甲 3 睧(聞)之~

 上博二·從甲 5 睧(聞)之~

 上博二·從甲 5 一~㥑(緩)

 上博二·從甲 5 二~共(恭)

 上博二·從甲 5 三~惠

 上博二·從甲 5 四~㤅(仁)

 上博二·從甲 5 五~敬

 上博二·從甲 8 睧(聞)之~

上博二・從甲 9 䎽（聞）之～

上博二・從甲 10～

上博二・從甲 11 䎽（聞）之～

上博二・從甲 13 䎽（聞）之～

上博二・從甲 16 䎽（聞）之～

上博二・從甲 17 是㠯（以）～

上博二・從甲 18 是㠯（以）～少（小）人惕（易）旻（得）而難史（事）也

上博二・從甲 18 䎽（聞）之～

上博二・從甲 19 䎽（聞）之～

上博二・從乙 1［九］～軋（犯）人之秀（務）

上博二・從乙 1 十～口惠而不繇（由）

上博二・從乙 2 䎽（聞）之～

 上博二·從乙 3 睧(聞)之～

 上博二·從乙 4 睧(聞)之～

 上博二·昔 1 君子～

 上博二·昔 2 君～

 上博二·昔 3 君子～

 上博三·周 22～

 上博三·周 24～遺(顛)頤

 上博三·周 43～

 上博三·中 1 中(仲)弓㠯(以)告孔子～

 上博三·中 5 中(仲)弓～

 上博三·中 6 中(仲)弓倉(答)～

 上博三·中 6 孔子～

 上博三·中 8 中(仲)弓～

 上博三·中 8 中（仲）尼～

 上博三·中 9 中（仲）弓～

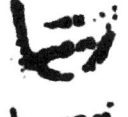 上博三·中 10 中（仲）弓～

 上博三·中 11 孔子～

 上博三·中 15 孔子～

 上博三·中 17 中（仲）弓～

 上博三·中 20 中（仲）弓～

 上博三·中 20 孔子～

 上博三·中 21～

 上博三·中 25 中（仲）弓～

 上博三·中 26 孔子～

 上博三·中 27 中（仲）弓～

上博三·中附簡孔子～

 上博三·彭 1 狗（耈）老昏（問）于彭祖～

 上博三·彭 1 彭祖～

 上博三·彭 2 彭祖～

 上博三·彭 2～

 上博三·彭 3 狗（耈）老～

 上博三·彭 3 彭祖～

 上博三·彭 7 彭祖～

 上博三·彭 8 狗（耈）老弍（二）拜旨（稽）首～

 上博四·柬 5 王～

 上博四·柬 5 贅尹倉（答）～

 上博四·柬 23 大（太）剤（宰）倉（答）～

 上博四·内 5～

 上博四·内 8 君子～

 上博四·内 9 君子～

 上博四·内 10 君子～

 上博四·相 2 公～

 上博四·相 4 告子贛(貢)～

 上博四·曹 1 敃(曹)蔑(沫)內(入)見～

 上博四·曹 5 敃墓(沫)～

 上博四·曹 5 臣睧(聞)之～

 上博四·曹 6 臧(莊)公～

 上博四·曹 6 昔池舶語寡人～

 上博四·曹 7 敃(曹)蔑(沫)～

 上博四·曹 8 臣睧(聞)之～

 上博四·曹 10 臧(莊)公～

 上博四·曹 13 還年而䎽(問)於敃(曹)蔑(沫)～

 上博四·曹 13 敃(曹)蔑(沫)含(答)～

 上博四·曹 20 臧(莊)公～

 上博四·曹 20 敃(曹)敫(沫)含(答)～

 上博四·曹21《詩》於又(有)之～

 上博四·曹22 臧(莊)公～

 上博四·曹22 鼓(曹)蔑(沫)～

 上博四·曹24 含(答)～

 上博四·曹32 諜(諜)人坴(來)告～

 上博四·曹32～牆(將)曩(早)行

 上博四·曹33 臧(莊)公～

 上博四·曹34 含(答)～

 上博四·曹35 含(答)～

 上博四·曹36 含(答)～

 上博四·曹37□又(有)戒言～

 上博四·曹38 臧(莊)公～

 上博四·曹38 含(答)～

 上博四·曹40 臧(莊)公～

 上博四·曹40 含(答)～

 上博四·曹41 臧(莊)公～

 上博四·曹 42 臧(莊)公或(又)酙(問)～

 上博四·曹 42 倉(答)～

 上博四·曹 43 臧(莊)公或(又)酙(問)～

 上博四·曹 43 倉(答)～

 上博四·曹 44 臧(莊)公或(又)酙(問)～

 上博四·曹 45 倉(答)～

 上博四·曹 46 臧(莊)公或(又)酙(問)～

 上博四·曹 46 倉(答)～

 上博四·曹 49 臧(莊)公～

 上博四·曹 49 倉(答)～

 上博四·曹 50 臧(莊)公或(又)酙(問)～

 上博四·曹 50 倉(答)～

 上博四·曹 51 虖(號)命(令)於軍中～

 上博四·曹 52 皆～羕(勝)之

 上博四·曹 53 臧(莊)公或(又)酙(問)～

 上博四·曹 53 倉(答)～

 上博四·曹54 臧(莊)公或(又)䎽(問)～

 上博四·曹54 倉(答)～

 上博四·曹55 臧(莊)公或(又)䎽(問)～

 上博四·曹56 倉(答)～

 上博四·曹56～城

 上博四·曹56～固

 上博四·曹56～虘(阻)

 上博四·曹57 臧(莊)公～

 上博四·曹57 倉(答)～

 上博四·曹59 臧(莊)公或(又)䎽(問)～

 上博四·曹60 倉(答)～

 上博四·曹64 臧(莊)公～

 上博四·曹64 敓(曹)蔑(沫)倉(答)～

 上博五·姑2 告姑(苦)城(成)豪(家)父～

 上博五·姑3 姑(苦)城(成)豪(家)父～

 上博五·姑6 胃(謂)姑(苦)城(成)豪(家)父～

· 2780 ·

上博五・姑 7 姑(苦)城(成)豪(家)父～

上博五・姑 8 言於敕(厲)公～

上博五・姑 9 弜(強)門大夫～

上博五・君 1 夫子～

上博五・君 1 詹(顏)囦(淵)復(作)而含(答)～

上博五・君 1 夫子～

上博五・君 3 □之～

上博五・君 3～

上博五・君 3 夫子～

上博五・君 4 □囦(淵)记(起)达(去)筥(席)～

上博五・君 11 子羽訋(問)於子贛～

上博五・君 11 子贛～

 上博五·君 12 子贛～

 上博五·君 15 子贛～

 上博五·弟 2 子～

 上博五·弟 4 子戁～

 上博五·弟 4 子遊～

 上博五·弟 4 子～

 上博五·弟 5 子～

 上博五·弟 6 子～

 上博五·弟 7 子～

 上博五·弟 9 子～

 上博五·弟 11 子～

 上博五·弟 13 子～

上博五·弟 15～

上博五·弟16子～

上博五·弟22☐子𦖞(問)之～

上博五·弟23子～

上博五·弟附簡☐～

上博五·三9高昜(陽)～

上博五·三10皇句(后)～立

上博五·三19母(毋)～槙₌(冥冥)

上博五·鬼5我(俄)～叔荅虖(乎)

上博五·鬼6我(俄)～叔喬虖(乎)

上博六·競1割疾與梁(梁)丘虞言於公～

上博六·競3高子、國子會～

上博六·競4文子會～

上博六·競11丌(其)左右相弘自善，～

上博六·競 12 違席～

上博六·孔 2 趄子～

上博六·孔 2 趄子～

上博六·孔 3 夫子～

上博六·孔 6 趄子～

上博六·孔 10～

上博六·孔 19 夫子～

上博六·孔 22 趄子～

上博六·孔 26 隹聚卬（仰）天而戁（歎）～

上博六·莊 1 㠯（以）昏（問）酖（沈）尹子桱，～

上博六·莊 3～：四與五之間虖（乎）

上博六·莊 3 王～

正編・月部

 上博六・莊 4 酖(沈)尹子桱～

 上博六・莊 5 王～

 上博六・莊 6 紳公～

 上博六・莊 7 王～

 上博六・壽 1 訊之於扈廟，～

 上博六・壽 3 王～

 上博六・壽 5～耑(前)冬言曰邦必喪

 上博六・壽 5 曰耑(前)冬言～邦必喪

 上博六・壽 5 詹～

 上博六・壽 6 詹～

 上博六・木 2……～

 上博六・木 2 王子～

 上博六·木 2 倉～

 上博六·木 2 城公起，～

上博六·木 3 王～

上博六·木 5 城公倉～

 上博六·木 5 王子～

 上博六·慎 1 訢子～

 上博六·慎 3 古～青

 上博六·慎 3【背】訢子～共（恭）僉（儉）

上博六·慎 5 古～弜（強）

 上博六·用 2 用～

上博六·用 3 用～

上博六·用 5 用～

上博六·用 5 用～

上博六·用 6 用～

上博六·用 7 用～

上博六·用 8 用～

上博六·用 10 用～

上博六·用 11 用～

上博六·用 12 用～

上博六·用 14 用～

上博六·用 17 用～

上博七·武 1 王龥（問）於帀（師）上（尚）父～

上博七·武 1 帀（師）上（尚）父～

上博七·武 3 道箸（書）之言～

 上博七·武6爲名（銘）於箬（席）之四耑（端）～

 上博七·武6右耑（端）～

 上博七·武6席遂（後）左耑（端）～

 上博七·武6遂（後）右耑（端）～

 上博七·武7户機～

 上博七·武7檻（鑑）名（銘）～

 上博七·武8鑑（盥）名（銘）～

 上博七·武8毋～可（何）悬（傷）

 上博七·武9～亞（惡）害

 上博七·武9毋～可（何）戔（殘）

 上博七·武9枳（枝—杖）名（銘）隹（唯）～

 上博七·武10卤（牖）名（銘）隹（唯）～

上博七·武 10～余智（知）之

上博七·武 11 䛨（問）於大（太）公望～

上博七·武 11 含（答）～

上博七·武 11 武王～

上博七·武 12 含（答）～

上博七·武 13 大（太）公含（答）～

上博七·武 13 又（有）之～

上博七·鄭甲 1 臧（莊）王豪（就）夫=（大夫）而與之言～

上博七·鄭甲 3 王命含（答）之～

上博七·鄭甲 6 夫=（大夫）皆進～

上博七·鄭乙 1 臧（莊）王豪（就）夫=（大夫）而与（與）之言～

上博七·鄭乙 6 夫=（大夫）皆進～

上博七·君甲 1 軛（范）戊～

上博七·君甲 2 王～

上博七·君甲 2 𨊠（范）乘～

上博七·君乙 1 𨊠（范）戊～

上博七·君乙 2 王～

上博七·君乙 2 𨊠（范）乘～

上博七·凡甲 2 䎛（問）之～

上博七·凡甲 8 䎛（聞）之～

上博七·凡甲 14 䎛（聞）之～

上博七·凡甲 20 䎛（聞）之～

上博七·凡甲 21 䎛（聞）之～

上博七·凡甲 22 䎛（聞）之～

上博七·凡甲 26 䎛（聞）之～

 上博七・凡甲 27 古(故)～勞

 上博七・凡甲 28～:百眚(姓)斋=(之所)貴唯君

 上博七・凡乙 2 䎹(問)之～

 上博七・凡乙 7 䎹(聞)之～

 上博七・凡乙 9 䎹(聞)之～

 上博七・凡乙 14 䎹(聞)之～

 上博七・凡乙 18 䎹(聞)之～

 上博七・凡乙 19 䎹(聞)之～

 上博七・凡乙 20～

 上博七・吳 1 又(有)言～

 上博七・吳 1 䆠埜(來)告～

 上博七・吳 4 胃(謂)余～

 上博七·吴 5～：余必攷芒（亡）尔社稷（稷）

 上博七·吴 7 酓（答）～

 上博八·子 1 門人桒（諫）～

 上博八·子 3 酓（言）遊～

 上博八·子 4～

 上博八·顏 1 酓（顏）困（淵）矞（問）於孔=（孔子）～

 上博八·顏 1 孔=（孔子）～

 上博八·顏 1 孔=（孔子）～

 上博八·顏 5 酓（顏）困（淵）～

 上博八·顏 6 孔=（孔子）～

 上博八·顏 6 孔=（孔子）～

 上博八·顏 9 酓（顏）困（淵）～

上博八·顏10 孔₌(孔子)～

上博八·成2 習(召)周公旦～

上博八·成3 周公～

上博八·成5 安(焉)不～日章(彰)而冰澡(消)虐(乎)

上博八·成5 成王～

上博八·成6 成王～

上博八·成6 周公～

上博八·成7 成王～

上博八·成10 成王～

上博八·成14 成王～

上博八·成14 周公～

上博八·成16 乃命之～

 上博八·命 1 子春胃（謂）之～

 上博八·命 2 倉（答）～

 上博八·命 6 命（令）尹～

 上博八·命 7 倉（答）～

 上博八·命 10 命（令）尹～

 上博八·王 5～

 上博八·志 2 王复（作）色～

 上博二·民 10 孔=（孔子）～

 上博四·相 4 子贛（貢）～

 上博四·相 4 孔子～

 上博五·弟 8 子贛（貢）～

 上博七·凡甲 15 䎽（聞）之～

～,是指事字,从"口",上有一小短橫,表示話從口中出來。戰國文字或作 ,上部短橫改作乙,有學者認爲"是有意使其聲符化的結果",此形爲《説文》篆文所本。《説文・曰部》:"曰,詞也。从口,乙聲。亦象口氣出也。"戰國文字"曰"字作 (郭店・老子甲 22)、 (郭店・緇衣 1)、 (郭店・成之聞之 1)、 (郭店・成之聞之 6)、 (新出温縣 WT1K14:572)、 (秦駰玉版)、 (里 J1⑨981 正)。上博簡"曰"字或作 (上博二・民 10),或釋爲"尐",从"丨"得聲。(董珊)我們懷疑諸形就是"曰"字,不是"尐",只是把"曰"字形體寫散了而已。

上博一・緇 14"～法"當爲後置定語。"作五虐之刑曰法",意思是制定了叫做"法"的五虐之刑。(張玉金)

上博二・從甲 5、上博二・從乙 1～,標舉項目用語,爲;是。《書・洪範》:"五行:一曰水。"《詩序》:"故詩有六義焉:一曰風。"

上博五・三 10、19、上博六・慎 3【背】～,助詞。用於句中。《詩・小雅・賓之初筵》:"其湛曰樂,各奏爾能。"

上博～,説;説道。《書・舜典》:"帝曰:'格汝舜,詢事考言,乃言底可績,三載,汝陟帝位。'"

匣紐衛聲

衛

　上博二・容 31 目(以)～於溪(谿)谷

　上博八・子 2 至宋～之外(間)

～,从"止","衛"聲,"衛"字繁體,或作 ,中間訛爲"子"。或作 (郭店・性自命出 27),省了中間的圓圈。《説文・行部》:"衛,宿衛也。从韋、帀,从行。行,列衛也。"

上博二·容31～,讀爲"越"。"越"古音屬匣紐月部,"衛"亦屬匣紐月部。二者聲韻全同,可通。《説文》:"越,度也。"《六韜·龍韜·奇兵》:"奇伎者,所以越深水、渡江河也。"《墨子·兼愛中》:"譬若挈太山越河濟也。"簡文"越於溪谷",義爲渡溪谷。

上博八·子2～,周武王弟康叔封地,國名。《韓非子·難一》:"聞開方事君十五年,齊、衛之間不容數日行,棄其母久宦不歸,其母不愛,安能愛君?"

戔

 上博三·周22 班車～

 上博六·孔17 墉䓪～

 上博六·用6 㤅身是～

 上博四·逸·交4 㠯(以)自爲～

～,與新蔡甲三380 同,从"戈"从兩"乂",兩"乂"即"樊"字初文,从"戈",从"樊",會護衛之義,"樊"亦聲。或説戔實乃"歲"字,這是一個从"戌"省,从二"止"的訛變字。(秦樺林)或認爲从"歲"从"乂"會意,"歲"、"乂"皆兼聲。"歲"(心/月,从歲得聲的劌則在見紐月部)、"乂"(疑/月)、衛(匣/月)聲,三字韻同聲近。(季旭昇)或分析爲从戈,爻聲,是表護衛義的"衛"的專字。"爻"爲匣母宵部字,"衛"爲匣母月部字,二字雙聲,宵部字"小"、"少",即歌部字"沙"的初文,此爲宵、月相通之證。(陳斯鵬)

上博三·周22"班車～",讀爲"閑輿衛"。《周易·大畜》:"九三:曰閑輿衛。"王弼注:"衛,護也。"或讀爲"害"字。(李零)

上博六·孔17"墉䓪～",讀爲"閑車(輿)衛"。《周易·大畜》:"九三:曰閑輿衛。"王弼注:"衛,護也。"(濮茅左)

上博六·用6"㤅身是～",衛護自身、保全自身,亦即保身、守身,如《莊子·養生主》:"爲善無近名,爲惡無近刑。緣督以爲經,可以保身,可以全生,可以養親,可以盡年。"《孟子·離婁上》:"孟子曰:'事孰爲大?事親爲大;守孰爲大?守身爲大。不失其身而能事其親者,吾聞之矣;失其身而能事其親者,吾未之聞也。孰不爲事?事親,事之本也;孰不爲守?守身,守之本也。'"(楊澤生)

上博四·逸·交4～,即"衛",意爲"守護"。或讀爲"慧",敏、智之義。

叕

 上博四·昭9 楚邦之良臣所～骨

～,從"日","叕"聲,"叕"又從"戈","爻"聲,"叕"字就應係"暴曬"、"暴露"(此二義實亦相因)之"暴"及其後起分別字"曝"之異體。"叕"字的聲符"叕"跟用爲"衛"的"叕"字就是本來沒有關係的兩個字,因形體訛變而混同。(陳劍)或說"叕"或由"教"的古文""演變而來。(秦樺林)

簡文～,讀爲"暴"。"暴"字上古音或歸入宵部,或歸入藥部,與"爻"或同部或爲陰入對轉,從"駁"字從"爻"得聲可以看出其聲母也有密切關係。"暴骨"古書多見,猶言捐軀拋屍,"暴"意爲"暴(曝)露"。《國語·越語上》:"暴露百姓之骨於中原。"(陳劍)或讀爲"熭",《說文》:"暴乾也。""衛"、"熭"上古音同屬匣紐月部,"熭骨"意思同"暴骨"。(張繼凌)

匣紐會聲

會

 上博一·孔23 曰(以)樂䚷而～

 上博一·性9 聖人比亓(其)頪(類)而侖(論)～之

 上博二·容9 ～才(在)天壈(地)之間

 上博二·容 19～天陛（地）之利

 上博二·容 30 舜乃欲～天陛（地）之燹（氣）而聖（聽）甬（用）之

 上博二·容 52 㠯（以）少（宵）～者（諸）侯之帀（師）於畕（牧）之埜（野）

 上博四·曹 23 丌（期）～之不難

 上博四·曹 38 或康㠯（以）～

 上博五·三 17 智（知）人足㠯（以）～新（親）

 上博八·成 7 弗～而自剌（斷）

～，楚文字或作 、、、、。《說文·會部》："會，合也。从亼，从曾省。曾，益也。![]，古文會如此。"

上博一·孔 23"以樂訋而～"，音節、節奏。《周禮·春官·大胥》："以六樂之會正舞位。"鄭玄注："大同六樂之節奏正其位，使相應也。"《文選·嵇康〈琴賦〉》："激清響以赴會，何弦歌之綢繆。"李善注："會，節會也。"

上博一·性 9、上博二·容 19、30～，匯合、彙集之義。《爾雅·釋詁上》："會，合也。"

上博二·容 9"～才（在）天陛（地）之間"，《墨子·辭過》："凡回於天地之間，包于四海之內，天壤之情，陰陽之和，莫不有也，雖至聖不能更也。"

上博二·容 52"以少（宵）～者（諸）侯之帀（師）於畕（牧）之埜（野）"，《國

語·晉語》:"四年,會諸侯於雞丘,魏絳爲中軍司馬,公子揚干亂行于曲梁,魏絳斬其僕。"

上博四·曹 23 "亓~",讀爲"期會",約期聚集。《史記·項羽本紀》:"漢王乃追項王至陽夏南,止軍,與淮陰侯韓信、建成侯彭越期會而擊楚軍。"《後漢書·趙岐傳》:"紹等各引兵去,皆與岐期會洛陽,奉迎車駕。"

上博四·曹 38~,有會合、聚會。

上博八·成 7~,《爾雅》:"會,合也。"《周禮·春官·大宗伯》:"時見曰會。"鄭玄注:"時見者,言無常期,諸侯有不順服者,王將有征討之事,則既朝覲,王爲壇於國外,合諸侯而命事焉。"

譮(話)

 上博六·用 18~諫

《說文·言部》:"話,合會善言也。从言,昏聲。《傳》曰:'告之話言。'譮,籀文話,从會。"

簡文~,同"話",善言。《詩·大雅·抑》:"慎爾出話,敬爾威儀。"毛亨傳:"話,善言也。"(張崇禮)

敆

 上博二·從甲 19 餂(饑)寒(寒)而毋~

~,从"攴","會"聲。與 ᵅ(新蔡甲一 10)同。

簡文~,訓爲至。《大戴禮記·千乘》:"會時必節",王聘珍《解詁》:"會,至也。"《廣雅·釋詁一》:"會,至也。"或讀爲"忾"。《廣雅·釋詁》:"忾,憂也。"又:"忾,懼也。"(周鳳五)

匣紐戉聲

戉

　上博七·吳 5 釜（斧）～之愚（威）

《說文·戉部》："戉，斧也。从戈，丨聲。《司馬法》曰：'夏執玄戉，殷執白戚，周左杖黃戉，右秉白髦。'"

簡文"釜～"，即"斧鉞"，斧與鉞，兵器。《左傳·昭公四年》："王弗聽，負之斧鉞，以徇於諸侯。"《漢書·天文志》："梁王恐懼，布車入關，伏斧戉謝罪，然後得免。"此處借指刑罰、殺戮之權。

越

　上博八·蘭 5 天道其～（越）也

～，从"辵"，"戉"聲，"越"字異體。"辵"、"走"二旁古通。《說文·走部》："越，度也。从走，戉聲。"

簡文～，即越，逾越，超出某種規定或範圍。《易·繫辭下》："其稱名也，雜而不越。"韓康伯注："備物極變，故其名雜也。各得其序，不相踰越。"《文子·九守》："故能有名譽者，必不以越行求之。"《孔子家語·五儀》："油然若將可越而不可及者，君子也。"

歲（歲）

上博三·周 52 晶（三）～（歲）不覿

上博四·柬 13 ～（歲）安（焉）筶（熟）

上博六·競 1 夒（逾）～（歲）不已

 上博六·競 2 僉～不已

 上博六·壽 4 盥～

 上博五·鮑 8 是～（歲）也

 上博八·李 1【背】悆（願）～之啟時

 上博八·蘭 5 夫亦商（適）其～（歲）也

～，甲骨文从"戉"，"戉"亦聲。西周春秋金文仍从"戉"聲作 、" 、 、 、 。戰國、秦文字或作 、 、 、 、 、 ，仍从"戉"聲。楚文字多作 ，或作 、 、 ，从月表意亦表音，爲"歲"字異體。《說文》認爲"歲"字。从"戌"聲，乃是據漢代文字"歲"字而言，漢簡"歲"字或作 、 、 、 、 ，皆从"戌"作。（葉玉英）《說文·步部》："歲，木星也。越歷二十八宿，宣徧陰陽，十二月一次。从步，戌聲。律歷書名五星爲五步。"

上博三·周 52 "晶～"，即"三歲"，三年。

上博四·柬 13 ～，收成。《左傳·昭公三十二年》："閔閔焉如農夫之望

歲。"筲",讀爲"熟"。"歲筲",即年豐。

上博六·競1、2"敓(逾)～不已",過了一年病未痊癒。《左傳·昭公二十年》作"期而不瘳"。《晏子春秋·内篇諫上》作"期年不已"。

上博六·壽4"盈～",讀爲"明歲",明年。

上博五·鮑8"是～",即"是歲","此年"。《左傳·僖公十五年》:"是歲晉亦饑。"

上博八·李1【背】"～之啓時",新的一年開始之時,亦即立春之時,猶《楚辭·九章·思美人》言"開春發歲兮","開"、"發"皆訓始,指來年開春始歲之時。

上博八·蘭5～,歲時。

識

 上博四·曹45亓賞～叔不中

～,從"言","歲"聲。

簡文～,疑讀爲"淺"("淺"是清母元部字,"歲"是心母月部字,讀音相近)。(李零)或讀爲"鮮","鮮(心元)","鮮"訓作"少"、"寡",常見。(高佑仁)

匣紐害聲

害

 上博一·孔8則言譏(讒)人之～也

 上博一·性31句(苟)毋～

 上博二·從甲8而不智(知)則奉(逢)灾(災)～

 上博三·中22～□者不

　上博五·競 5～牆(將)垡(來)

　上博五·姑 4 而因㠯(以)～君

　上博五·姑 6～參(三)㘽(邵)

　上博五·姑 8 牆(將)大～

　上博六·孔 1～臤(賢)者是能皋(罪)

　　上博六·孔 6～君子挈之

　上博七·武 9 曰亞(惡)～

　上博八·顔 5～(蓋)君子之内事也女(如)此矣

　～，西周金文作：𠧧(師害簋)、𠧨(害弔簋)，本像下器上蓋之形，跟"會"、"蓋"等字音義皆近。(周法高)《説文》以"傷"爲"害"字本義，顯然是把"害"字的假借義誤認爲本義了。(裘錫圭)楚文字或作𠧨(郭店·老子甲28)、𠧨(郭店·成之聞之33)、𠧨(郭店·六德33)、𠧨(郭店·成之聞之22)；或贅加"爪"作𠧨(郭店·性自命出61)；或作𠧨、𠧨(新蔡乙四30、32)，中間訛爲"羊"形。《説文·宀部》："害，傷也。从宀，从口。宀、口，言从家起也。丯聲。"

　　上博一·孔 8、上博五·姑 4～，損害；傷害。《國語·楚語上》："子寳不睿聖，於倚相何害。"韋昭注："害，傷也。"

上博一·性 31"毋～"，不要損害。《禮記·月令》："〔孟夏之月〕是月也，驅獸毋害五穀，毋大田獵。"

上博二·從甲 8"羚～"，讀爲"災害"，天災人禍造成的損害。《左傳·成公十六年》："是以神降之福，時無災害。"

上博五·競 5"～酒（將）坙"，讀爲"曷將來"。"曷"，《詩·商頌·長發》："則莫我敢曷。"毛亨傳："曷，害也。"《説文通訓定聲》："曷，假借爲害。""曷將來"，禍害將由彼至此。或讀爲"蓋"，推測之辭。（陳偉）

上博五·姑 6～，畏懼、顧忌。王引之《經義述聞·大戴記上·躬行忠信而心不置仁義在己而不害不知》："害者，患也（《樂記》注及《吕氏春秋·重己》篇注並云：'患，害也。''患'、'害'一聲之轉，故'患'可訓'害'，'害'亦可訓'患'）。言不患人之不己知也。成十五年《左傳》：'晉三郤害伯宗，譖而殺之。'言患伯宗之直言，故譖而殺之也。"此"害三郤"也是"患三郤"之意。（劉洪濤）

上博五·姑 8"大～"，大的禍患。《荀子·臣道》："遂以解國之大患，除國之大害。"

上博六·孔 1、6～，讀爲"曷"，何不。《詩·唐風·有杕之杜》："中心好之，曷飲食之？"

上博七·武 9"曰亞（惡）～"，讀爲"曰胡害"，何害。《大戴禮記·武王踐阼》作"毋曰胡害"。

上博八·顏 5～，讀爲"蓋"，推測之辭。

害

上博一·孔 7～

上博一·孔 10～

上博三·中 20 三～近與矣

 上博四・柬 13 君王母（毋）敢哉～犿

 上博四・曹 10～（曷）又（有）弗遊（失）

 上博四・曹 9～（曷）又（有）弗得

 上博五・競 1～（曷）爲

"害"，从"亼"之訛形，从"害"，隸定爲"害"，是糅合了"萬"（，讀爲傷害之"害"）、"害"（）這兩個經常可以通假的字後形成的。其中間的""部，既可看作是"害"字頂部，也可看作是"害"字的中部。郭店・尊德義的 23、38、38 字上部是標準的"亼"形，或作（郭店・老子甲 4）、（郭店・老子丙 4）、（郭店・語叢四 21），上部"亼"形進一步訛變。或作，下部所從"九"，或疑爲郭店・尊德義 26 之省體，分析爲从"害"从"萬"。

上博一・孔 7、上博一・孔 10～，何也。《詩・周南・葛覃》："害澣害否。"毛亨傳："害，何也。"（馮時）

上博三・中 20"三～"，是仲弓所說的當時"君子"的各種毛病，這些毛病對於臣下侍奉君主來說都是很不利的，故合稱之爲"二害"。（陳劍）或疑即"三患"。

上博四・柬 13"哉～犿"，讀爲"戴介蓋"。"介"，《爾雅・釋詁》："介，大也。""君王毋敢戴大蓋"就是齊景公不敢頭上撐著遮陽蔽日的大傘蓋。《晏子春秋・內篇諫上》："晏子曰：'若誠避宮殿暴露，與靈山、河伯共憂，其幸而雨乎！'於是景公出野居暴露，三日，天果大雨，民盡得種時。"或讀爲"栽介蓋"。或讀爲"災害"。（周鳳五、季旭昇）

上博四・曹 9、10～，讀爲"曷"，代詞。表示疑問。相當於"何"、"什麼"。

《集韻》："曷，《說文》'何也'。或作害。"《書·盤庚上》："汝曷弗告朕。"孔安國傳："曷，何也。"孔穎達疏："曷、何同音，故曷爲何也。"

上博五·競1"～爲"，讀爲"曷爲"。《呂氏春秋·審分覽》："吾未得仲父則難，已得仲父之後，曷爲其不易也？"

鹖

 上博五·鮑6 必～（害）公身

～，从"羽"，"害"聲。

簡文～，讀爲"害"。損害；傷害。《國語·楚語上》："子實不睿聖，於倚相何害。"韋昭注："害，傷也。"

割

 上博五·弟13～☐

 上博二·昔3～（蓋）憙（喜）於内不見於外

 上博六·競1～疾譴與梁（梁）丘虞言於公曰

 上博六·競9 今内寵又～疾譴

 上博六·競13 命～疾譴不敢監祭

 上博八·成15 而或（國）又（有）相串（患）～（害）之志

～，或作 、，从"刀"或"刃"，

· 2806 ·

"害"聲,"割"字異體。《説文·刀部》:"割,剝也。从刀,害聲。"

上博二·昔3、上博五·弟13~,讀爲"蓋",語氣詞。多用於句首。《史記·李斯列傳》:"蓋聞聖人遷徙無常,就變而從時,見末而知本,觀指而覩歸。"

上博六·競1、9、13"~疾",讀爲"會譴"。"割"上古音屬月部見紐,而會屬月部匣紐。韻部相同,聲部爲喉牙音,音近可通。"會譴",齊景公寵臣。《晏子春秋·内篇諫上》:"景公疥且瘧,期年不已。召會譴、梁丘據、晏子而問焉。"

上博八·成15"串~",讀爲"患害",禍害。《管子·度地》:"故善爲國者,必先除其五害,人乃終身無患害而孝慈焉。"《史記·太史公自序》:"自三代以來,匈奴常爲中國患害。"

戬

 上博五·鮑8 公蠹亦不爲~(害)

~,與(郭店·緇衣37)同,從"戈","害"聲,"割"字異體。"刀"、"戈"二旁古通。

簡文~,讀爲"害"。《左傳·襄公八年》:"寇不爲害,民不罷病,不亦可乎?"

葛

 上博一·孔16 虚(吾)吕(以)~(葛)覃(覃)得氏初之喜(詩)

 上博一·孔16 夫~(葛)之見訶(歌)也

上博一·孔17 菜(采)~(葛)

~,從"艸","萬"聲,或從"禹","萬"字或作(郭店·尊德義26)、(新

· 2807 ·

蔡甲三 294、新蔡零 334）、（新蔡甲三 64）、（郭店·五行 35）。

上博一·孔 16"～融"，讀爲"葛覃"，《詩經》篇名。《詩·周南·葛覃》："葛之覃兮，施于中谷，維葉萋萋。黄鳥于飛，集於灌木，其鳴喈喈。"

上博一·孔 16、17～，讀爲"葛"，多年生草本植物。莖蔓生。塊根含澱粉，供食用，亦可入藥，能發汗解熱。莖皮可製葛布。《詩·周南·葛覃》："葛之覃兮，施于中谷。"

匣紐曷聲

葛

 上博三·周 43 困于～虆（蘲）

上博四·采 1 埜（野）又～

上博五·季 8～戲吟語肥也

，從"艸"、"素（或索）"，與三體石經《春秋》僖公人名"介葛盧"之"葛"形近。或懷疑此字是用"索"、"艸"兩字會意（"索"或變作"素"），從"可爲繩索之草"的角度來表示"葛"。或作，與《古璽彙編》2263、2264形近，或作，少"糸"旁兩邊的四小斜筆。（陳劍）

上博三·周 43"～虆"，讀爲"葛藟"，植物名。又稱"千歲藟"。落葉木質藤本。葉廣卵形，夏季開花，圓錐花序，果實黑色，可入藥。《詩·周南·樛木》："南有樛木，葛藟纍之。"《左傳·文公七年》："葛藟猶能庇其本根，故君子以爲比。"楊伯峻注："葛藟爲一物……亦單名藟，亦名千歲藟、蘡薁、薁藟、苣瓜、巨荒，屬葡萄科，爲自生之蔓性植物。"

上博四·采 1"埜（野）又～"，讀爲"野有葛"，葛草蔓生，《詩·唐風·葛生》："葛生蒙楚，蘞蔓于野，予美亡此，誰與獨處！"《詩·鄭風·野有蔓草》：

"野有蔓草,零露漙兮。有美一人,清揚婉兮。"或讀"蓡"爲"疏"。

上博五・季 8"～戩吟",人名。

見紐介聲

介

   上博四・昭 6 脾～趣君王

   上博六・壽 5～備名

   上博七・吴 4 一～吏(使)

《説文・八部》:"介,畫也。从八,从人。人各有介。"

上博四・昭 6～,動詞,披甲。《左傳・哀公十五年》:"大子與五人介。"杜預注:"介,被甲。""介趣君王"即"爲君王介趣"。《周禮・夏官・旅賁氏》:"旅賁氏:掌執戈盾夾車而趨……軍旅,則介而趨。"(秦樺林)《詩・鄭風・清人》:"清人在彭,駟介旁旁。"孔穎達疏:"介是甲之別名。"《左傳・成公二年》:"'余姑翦滅此而朝食。'不介馬而馳之。"簡文"介趣"連言,當爲套馬駕車之意。(張崇禮)

上博六・壽 5～,獨、特義。《方言》卷六:"介,特也。"錢繹箋疏:"介、特,皆獨也。"(陳偉)"介"訓"恃",《左傳・襄公二十四年》"以陳國之介恃大國",王念孫《讀書雜志》按:"介,恃也。"(董珊)或釋爲"掌"、"尔"、"示"。

上博七・吴 4 一～,一個,指一個人,含有藐小、卑賤的意思。用作謙詞。《國語・吴語》:"勾踐請盟:一介嫡女,執箕箒以眩姓於王宫;一介嫡男,奉槃匜以隨諸御。"韋昭注:"一介,一人。"《禮記・雜記上》:"寡君有宗廟之事,不得承事,使一介老某相執綍。"

价

 上博二·容14～而跪之

～，從二"介"。或説會畫分之意。《説文》："介，畫也。"這是特殊的"同體會意字"。（何琳儀）

簡文～，疑讀"謁"（"謁"是影母月部字，"介"是見母月部字，讀音相近），是拜見之義。《後漢書·周黨》："及陛見帝廷，黨不以禮屈，伏而不謁，偃蹇驕悍，同時俱逝。"

憨

 上博五·鮑3器必盥（蠲）～

～，從"心"、"視"，"介"聲。

簡文"盥～"，讀爲"蠲潔"，清潔。《墨子·尚同中》："其事鬼神也，酒醴粢盛，不敢不蠲潔。"《吕氏春秋·尊師》："臨飲食，必蠲絜。"（陳劍、李學勤）

疥

 上博六·競1齊競（景）公～且瘧

 上博六·競2公～且瘧

～，從"虫"，從"疒"，"介"聲，"疥"字繁體，或作 、，從"芥"聲。《説文·疒部》："疥，搔也。从疒，介聲。"

上博六·競1"齊競公～且瘧"，《晏子春秋·外篇》作"景公疥遂痁"，《晏子春秋·内篇諫上》作"景公疥且瘧"。《左傳·昭公二十年》作"齊侯疥遂痁"。陸德明釋文："疥，舊音戒，梁元帝音該。依字則當作痎。《説文》：'兩日一發之瘧也。'痎又音皆，後學之徒斂以疥字，爲誤。案傳例因事曰遂，若痎已

是瘧疾,何爲復言遂痁乎？痁,失廉反。""疥"讀爲"痎"。《説文繫傳》:"痎,二日一發瘧也,從疒,亥聲。臣鍇按:顏之推《家訓》以爲《左氏傳》'齊侯疥遂痁','疥'字當是此字,借'疥'字耳,引此爲證。言初二日一發,漸加至一日一發也。"《黃帝内經素問·生氣通天論篇》:"夏傷於暑,秋爲痎瘧。"王冰注:"夏熱已甚,秋陽復收,陽熱相攻,則爲痎瘧。痎,老也。亦曰:'瘦也。'"齊景公患了疥病,之後又加上瘧病。

衸

 上博三·周 14 ～(介)于石

～,從"矢","介"聲。

簡文～,讀爲"介",堅實。《經典釋文》:"介,古文作砎。"《類篇》:"砎,硬也,或從界。砎,一曰磨也。"《荀子·修身》:"善在身介然,必以自好也。"楊倞注:"介然,堅固貌。《易》曰:介如石焉,自好自樂其善也。"

笧

 上博四·柬 2 ～悉(義)愈(愈)返

～,從"竹","介"聲,"蓋"字之異體。

簡文～,即"蓋",遮陽蔽雨的用具。《淮南子·兵略》:"故古之善將者,必以其身先之,暑不張蓋,寒不被裘,所以程寒暑也。"《史記·商君列傳》:"五羖大夫之相秦也,勞不坐乘,暑不張蓋。"(周鳳五)

翜

 上博四·柬 15 君王母(毋)敢哉害～

～,從"羽","介"聲,"蓋"字之異體。古音盍聲、介聲相通。《説文·大部》:"奔,大也。從大,介聲。讀若蓋。""蓋"或以羽爲之,故"翜"字從羽。《周禮·春官·巾車》:"輂車,組輓,有翣,羽蓋。"鄭注:"有翣,所以禦風塵。以羽作小蓋,爲翳日也。"

簡文～，即"蓋"，以避雨日。服虔《通俗文》："張帛避雨謂之繖蓋。"《六韜》："將冬不服裘，夏不操扇，天雨不張蓋。"（孟蓬生）

見紐丯聲

达

　　上博五·弟 5 可～而告也

～，從"辵"，"丯"聲，與（郭店·緇衣 38）、（郭店·緇衣 39）同。

簡文～，或讀爲"略"，要約。郭店·緇衣 39："精智，略而行之。"陳澔《禮記集説》引吕大臨云："雖由多聞多知而得之，又當精思以求其至約而行之。略者，約也。"《淮南子·本經》："其言略而循理，其行悦而順情。"高誘注："略，要約也。""略而告"亦猶"要約告之"。或讀"格"，訓爲"至"。（陳斯鵬）

詳

　　上博八·命 2 先夫=（先大夫）之風（諷）～遺命

～，從"言"，"丯"聲，疑"諫"字異體。

簡文"風～"，讀爲"諷諫"，以婉言隱語相勸諫。《史記·滑稽列傳》："優孟，故楚之樂人也。長八尺，多辯，常以談笑諷諫。"

垰

　　上博五·姑 1 姑成豕（家）父昌（以）亓（其）族參～正百甤（豫）

　　上博五·姑 2 ☐☐～奇酊（聞）之

　　　　　上博五·姑 2 昌（以）虐（吾）族參（三）～與

 上博五·姑 6 参(三)～中立

 上博五·姑 6 害参(三)～

 上博五·姑 8 参(三)～豪(家)厚

 上博五·姑 10 惻参(三)～

 上博五·姑 10～至

～，從"土"，"丰"聲。《説文·丰部》："丰，艸蔡也，象艸生之散亂也。讀若介。"段玉裁注："凡言艸芥皆丰之假借也，芥行而丰廢矣。"

簡文"參～"，讀爲"三郤"，春秋晉大夫郤錡、郤犨、郤至的合稱。郤，亦作"郄"。《左傳·成公十七年》："胥童曰：'必先三郤。族大多怨，去大族不偪。'"《後漢書·袁安傳》："吾先公福祚，後世不能以德守之，而競爲驕奢，與亂世爭權，此即晉之三郤矣。"李賢注："三郤，謂郤錡、郤犨、郤至，皆晉卿也。"

陛

 上博一·緇 19 行又(有)～(格)

 上博一·緇 19～而行之

～，從"阜"，從"土"，"丰"聲。

上博一·緇 19～，讀爲"格"。今本《禮記·緇衣》："言有物而行有格也。"鄭玄注："格，舊法也。""丰"與"格"見紐雙聲，月鐸通轉。

上博一·緇 19～，讀爲"略"簡略。《荀子·非相》："傳者久則論略，近則論詳；略則舉大，詳則舉小。"

 上博一·性 38 人之～肰(然)可與咊(和)安者

～,从"父"(別)从"丯"。《說文·八部》:"父,分也。从重八。八,別也,亦聲。"古音父,幫紐月部;丯,見紐月部。此字似是個雙聲符字。

簡文～,讀爲"悅"。

見紐夬聲

夬

 上博三·周 38 君子～夬

 上博三·周 39 莧芇(陸)～夬

 上博四·采 3 弁也遺～(玦)

 上博七·凡甲 5 丌(其)～奚𡧱(適)

 上博七·凡乙 5 ～奚𡧱(適)

 上博八·成 15 民皆又(有)～(乖)鹿(離)之心

上博八·蘭 1 ～(決)迲(去)選勿(物)

～,與 (郭店·老子乙 14)、 (郭店·語叢一 91)同。《說文·又部》:

"夬,分决也。从又,中象决形。"

上博三·周38、39"～～",果斷貌。《易·夬》:"君子夬夬。"王弼注:"決之不疑,故曰夬夬。"

上博四·采3～,讀爲"玦",玉佩。"遺玦"之説見於《楚辭·九歌·湘君》:"捐余玦兮江中,遺餘佩兮醴浦。采芳洲兮杜若,將以遺兮下女。時不可兮再得,聊逍遥兮容與。"

上博七·凡甲5、凡乙5～,讀爲"缺",殘缺,缺少。《詩·豳風·破斧》:"既破我斧,又缺我斨。"《莊子·逍遥遊》:"堯讓天下於許由,曰:'……夫子立而天下治,而我猶尸之,吾自視缺然,請致天下。'"

上博八·成15"～鹿",讀爲"乖離",背離。《荀子·天論》:"父子相疑,上下乖離,寇難並至。"《後漢書·馮異傳》:"今長安壞亂,赤眉臨郊,王侯搆難,大臣乖離,綱紀已絶。"

上博八·蘭1～,讀爲"決"。《説文》:"決,行流也。"本指打開缺口,導引水流。《書·益稷》:"予決九川,距四海。"引申爲分辨,確定。《荀子·強國》:"聽決百事不留。"《韓非子·解老》:"目不能決黑白之色則謂之盲。"《禮記·曲禮上》:"決嫌疑,别同異。"

快

 上博一·性6～於其(己)者之胃(謂)兑(悦)

～,從"心","夬"聲。"夬"所從的"扳指"和"手"形調換了位置,扳指位下,右手位上,遂致形體與"右"近似。(李天虹)白於藍、李零先生認爲是"慧"字省文。裘錫圭先生認爲是誤摹之字,謂"'右'、'夬'皆从'又',其另一組成部分形亦相近,疑'忎'即'恚'之誤字"。

簡文～,高興;愉快。《易·旅》:"得其資斧,心未快也。"《孟子·梁惠王上》:"抑王興甲兵,危士臣,構怨於諸侯,然後快於心與?"《説文》:"快,喜也。"

慧

 上博一·性38又亓爲人之～(快)女也弗校不足

～,"慧"和"快"這兩個字糅合在一起所致。"慧"、"快"兩字古通。《老子》十八章"智慧出,有大僞",《馬王堆漢墓帛書·老子甲本》"慧"作"快"。慧,《郭店楚墓竹簡·性自命出》作"快"。(吳振武)李天虹先生認爲當隸定作"慧",下部即"快"字,上部"丯"係"慧"的省形。"快"、"慧"雙聲。

簡文～,讀爲"快",高興;愉快。《荀子·大略》:"國將興,必貴師而重傅。貴師而重傅,則法度存。國將衰,必賤師而輕傅。賤師而輕傅,則人有快;人有快則法度壞。"《戰國策·趙策二》:"恭於教而不快,和於下而不危。"鮑彪注:"快,謂縱逸。"

決

 上博二·容 24～九河之澯

《説文·水部》:"決,行流也。从水,从夬。廬江有決水,出於大別山。"

簡文～,是疏通水道的意思。《國語·周語》:"(禹)決汨九川,陂鄣九澤。"《吴越春秋·越王無餘外傳》:"(禹)疏九河於涽淵。"《吕氏春秋·古樂》:"禹……通大川,決壅塞,鑿龍門,降通漻水以導河,疏三江五湖,注之東海。"

獥

 上博三·周 52～亓(其)亡人

～,从"𦣞","夬"聲。《説文·𦣞部》:"獥,缺也。古者城闕其南方謂之獥。从𦣞,缺省聲。讀若拔物爲決引也。"

簡文～,讀爲"闃",今本作"闃"。上古音"闃"爲溪母錫部,"獥"爲溪母月部。二者聲母相同,錫、月兩部關係密切,从"夬"、"夬"得聲的字可以相通,如"鴃"、"鴃"相通:《詩·豳風·七月》"七月鳴鴃",《孟子·滕文公上》趙岐注引"鴃"作"鴃";《禮記·月令》"鴃始鳴",《大戴禮記·夏小正》"鴃"(原書誤作鴂)作"鴃";《孟子·滕文公上》:"今也南蠻鴃舌之人。"孫奭音義:"鴃,丁云:'《毛詩》作"鴃"。'"《説文·門部(新附)》:"静也。"《玉篇》:"闃,静無人也。""闃亓亡人",即"空寂無人"。

見紐氐聲

氐

上博三·周 11 ～(厥)孚洨(交)女(如)

上博六·用 6 ～身是攽

上博六·用 11 ～辟台民乍康

上博八·蘭 2 攸(搖)蒼(落)而獣不遴(失)～(厥)芳

～戰國文字或作 （郭店·緇衣 37）、 （郭店·忠信之道 8）、 （新收 1781 陳逆簠）、 （秦駰玉版）。《說文·氐部》："氐，木本。从氐。大於末。讀若厥。"

上博三·周 11 ～，即"厥"，《爾雅·釋言》："厥，其也。"

上博六·用 6 "～身"，即"厥身"，《書·伊訓》："嗚呼！嗣王祇厥身。"《書·太甲中》："伊尹拜手稽首曰：修厥身，允德協于下，惟明后。"《書·盤庚上》："以自災於厥身。"《書·無逸》："是叢於厥身。"

上博六·用 11 "～辟"，《書·無逸》："此厥不聽，人乃或譸張為幻，曰：'小人怨汝詈汝。'則信之。則若時，不永念厥辟，不寬綽厥心，亂罰無罪，殺無辜。"

上博八·蘭 2 "～芳"，即"厥芳"，其芬芳。《全晉文·鮑叔像贊》："厥芳猶蘭，其堅如金。遙遙景跡，君子攸欽。"

氐

 上博五·君 7 行毋～

～，从"止"，"氐"聲。"蹶"字異體。或隸作"氐"，誤。《說文·足部》：

"蹶,僵也。从足,厥聲。一曰:跳也。亦讀若蹷。"

簡文～,即"蹶",顛仆;跌倒。《孟子·公孫丑上》:"今夫蹶者、趨者,是氣也,而反動其心。"朱熹集注:"如人顛躓趨走,則氣專在是而反動其心焉。"桓寬《鹽鐵論·非鞅》:"善鑿者建周而不疲,善基者致高而不蹶。"又訓疾行;跑。《國語·越語下》:"臣聞從時者,猶救火、追亡人也,蹶而趨之,唯恐弗及。"韋昭注:"蹶,走也。""行毋蹶",可參《禮記·曲禮上》:"將即席,容毋怍。兩手摳衣去齊尺,衣毋撥,足毋蹶。先生書策琴瑟在前,坐而遷之,戒勿越。"

見紐盍聲歸葉部盍聲

溪紐桀聲

桀

　上博五·鬼2返(及)～受(紂)學(幽)萬(厲)

　上博五·鬼2【背】此以～折於鬲山

　上博二·容40～乃逃之鬲山是

《説文·桀部》:"桀,磔也。从舛在木上也。"

上博五～,夏代最後一個國君,名履癸。《史記·夏本紀》:"帝發崩,子帝履癸立,是爲桀。帝桀之時,自孔甲以來而諸侯多畔夏,桀不務德而武傷百姓,百姓弗堪。迺召湯而囚之夏臺,已而釋之。湯修德,諸侯皆歸湯,湯遂率兵以伐夏桀。桀走鳴條,遂放而死。桀謂人曰:'吾悔不遂殺湯於夏臺,使至此。'湯乃踐天子位,代夏朝天下。"《墨子·法儀》:"暴王桀、紂、幽、厲,兼惡天下之百姓,率以詬天侮鬼,其賊人多,故天禍之,使遂失其國家,身死爲僇於天下,後世子孫毀之,至今不息。"

傑

 上博二·容 35 □王天下十又六年而～复(作)

 上博二·容 35 ～不述亓(其)先王之道

 上博二·容 40 ～乃逃之鬲(歷)山是(氏)

 上博四·曹 65 亓(其)亦唯䎹(聞)夫噩(禹)、湯、～、(受)矣

 上博七·君甲 8 ～(桀)、受(紂)、幽、萬(厲)

 上博七·君乙 8 ～(桀)、受(紂)、幽、萬(厲)

～，與 、同，从"人"，"桀"聲。《説文·人部》："傑，傲也。从人，桀聲。"

上博～，讀爲"桀"，夏代最後一個國君。參"桀"字條。

㮷

 上博五·鮑 8 日～亦不爲忎(裁)

～，从"力"，"桀"聲，與、、、同。

簡文～，讀爲見母月部的"璚"。《開元占經》卷七有"日璚"，引石氏云："氣青赤，曲向外，中有一橫，狀如帶鉤，名爲璚。"如淳："日刺曰璚。璚，決

傷也。"並引有《孝經雌雄圖》等緯書,都認爲是嚴重的凶兆。(李學勤)或隸作"妣",讀爲"差忒"之"差"。日有差忒,可以包含日食等多種異象。(陳劍)

渿

上博二·容 25 決九河之～

上博三·中 19 川又～

上博三·中 20 子所～丌(其)青(情)

～,從"水","桀"聲。

上博二·容 25～,讀爲"竭",訓爲阻遏。《淮南子·原道》:"凝竭而不流。"王念孫《讀書雜志·淮南内篇一》:"竭之言遏也。《爾雅》曰:'遏,止也。'""決九河之竭",意思是説疏通九河之阻遏。或隸作"渿",讀爲葉,《方言》卷三:"攕,翕,葉,聚也。"《淮南子·主術》:"業貫萬世而不壅,横扃四方而不窮。"王念孫《讀書雜志》認爲"業"當爲葉,義爲聚、積,"積"有"滯積"之意。或隸作"渿",讀爲"阻"。

上博三·中 19～,讀爲"竭",窮盡。《禮記·大傳》:"人道竭矣。"鄭玄注:"竭,盡也。""川有～",山崩川竭,古人認爲是重大事變或其徵兆。《國語·周語上》:"夫國必依山川。山崩川竭,亡之徵也。"

上博三·中 20"～丌青",讀爲"竭其情",即"竭情",盡心。《左傳·昭公二十年》:"夫子之家事治,言於晉國,竭情無私。"董仲舒《春秋繁露·離合根》:"爲人臣常竭情悉力而見其短長,使主上得而器使之。"(孫飛燕)

疑紐埶聲

埶

上博一·性 3～(勢)也

上博一・性 5 ～（勢）也

上博一・性 6 勿（物）之～（勢）者之胃（謂）埶（勢）

上博一・性 6 勿（物）之埶（勢）者之胃（謂）～（勢）

上博三・彭 1 可～可行

港甲 8 㠯（以）爲𠂤～子國安

上博一・緇 15 古（故）上不可㠯（以）～（褻）型（刑）而翟（輕）
䣂（爵）

上博六・慎 1 精濾㠯（以）巽～

上博六・用 3 亦不～於惻

上博八・志 3 虗（吾）尔（爾）而～（設）尔

上博六・用 2 ～君埶戻

上博六・用 2 埶君～戻

上博六・用 15 ～而不難

　上博六·用18～立帀(師)長

～，甲骨文作"㙗"(《甲》2295)，从"丮"持木，會樹藝之意；楚文字或作"埶"(郭店·六德14)、"埶"(郭店·語叢一86)、"埶"(郭店·語叢二50)、"埶"(郭店·語叢二50)、"埶"(郭店·語叢二51)、"埶"(郭店·語叢三51)、"埶"(郭店·殘片1)、"埶"(郭店·緇衣28)、"埶"(郭店·緇衣43)、"埶"(郭店·尊德義7)、"埶"(郭店·尊德義14)、"埶"(郭店·性自命出5)、"埶"(郭店·性自命出11)、"埶"(郭店·性自命出13)、"埶"(郭店·性自命出13)、"埶"(郭店·六德13)、"埶"(九A31)，其右下的"女"形是"止"的訛變。《說文·丮部》："埶，種也。从坴、丮。持亟種之。《書》曰：'我埶黍稷。'"

上博一·性3、5、6～，讀爲"勢"。或認爲即"藝"，指才藝、藝能。

上博一·緇15～，讀爲"褻"，親近；親狎。《論語·鄉黨》："見冕者與瞽者，雖褻，必以貌。"邢昺疏："褻，謂數相見也。言孔子見大夫與盲者，雖數相見，必當以貌禮之。"劉寶楠正義："褻與狎同，故解爲數相見。"

上博六·慎1"巽～"，讀爲"權勢"，權力和勢力。《莊子·徐無鬼》："錢財不積則貪者憂，權勢不尤則誇者悲。"《後漢書·馬廖傳》："廖性質誠畏慎，不愛權埶聲名，盡心納忠，不屑毀譽。"

上博八·志3～，讀爲"設"。"埶"、"設"二字古通。武威漢簡《儀禮》多以"埶"爲"設"。《大戴禮記·五帝德》說黃帝"治五氣，設五量，撫萬民，度四方，教熊羆貔豹虎，以與赤帝戰於阪泉之野"。《史記·五帝本紀》記此事，"設五量"作"蓺五種"。九店A31"埶罔"，李家浩先生讀爲"設網"，指設置捕鳥獸的網。簡文"設"，設置之義。《玉篇·言部》："設，置也，陳也。"

上博六·用2～，讀爲"邇"，《管子·四稱》："近君爲拂，遠君爲輔。""邇君"，與"近君"同意，"近君爲拂"，拂逆君意是猶近戾也。"遠君爲輔"，輔助人君，自然遠戾。"邇君邇戾"與簡3"遠君遠戾"對舉，其義益顯。

上博六·用3、15～，讀爲"邇"，《書·舜典》："柔遠能邇，惇德允元。"孔安國傳："柔，安。邇，近。敦，厚也。元，善之長。言當安遠，乃能安近。厚行德信，使足長善。"

上博六・用18"～立市長",讀爲"設立",設置、建立。

上博三・彭1"可～可行",讀爲"何藝何行"。"藝"指才藝、技能,《書・金縢》:"予仁若考,能多材多藝,能事鬼神。乃元孫不若旦多材多藝,不能事鬼神。"或讀爲"設",訓爲施行。(季旭昇)

駐(馹)

上博四・柬16斐(發)～(馹)迊(蹠)四疆

～,從"馬","坒"聲,"馹"字異體。《説文・馬部》:"馹,驛傳也。從馬,日聲。"

簡文～,讀爲"馹",古代驛站專用的車。《左傳・文公十六年》:"楚子乘馹,會師於臨品。"杜預注:"馹,傳車也。""發馹蹠四疆",意思是:發傳車到四境。(孟蓬生)

褻

上博四・曹11居不～曼(文)

上博二・容21衣不～敚(美)

上博四・相3枭(庶)人蘦(勸)於四杫(肢)之～

《説文・衣部》:"褻,私服。從衣,執聲。《詩》曰:'是褻袢也。'"

上博四・曹11～,讀爲"襲",意爲"重","重"常訓爲"多"。"居不褻(襲)文"指宫室的門户、牆壁、楹柱等祇用一種顏色或一種文彩塗畫爲飾等内容。

上博二・容21"衣不～敚(美)",讀爲"衣不襲美",指衣著不華美、服飾不盛美之意。《史記・吴太伯世家》:"食不重味,衣不重采。"《新書・春秋》:"食不衆味,衣不雜采。"《鹽鐵論・刺復》:"衣不重彩,食不兼味。"

上博四・相3"四杫(肢)之～",讀爲"四肢之藝",也可能是泛指農事而言。"藝"在先秦多指農業種植,如《書・禹貢》:"淮沂其乂,蒙羽其藝。"孔安

・2823・

國傳:"二水已治,二山已可種藝。"《詩·唐風·鴇羽》:"王事靡盬,不能藝稷黍。"(范常喜)

遫

 上博二·容19 夫是㠯(以)～者敓(悅)紿(治)

～,从"辵","埶"聲。"埶"从"木"、从"丮"會意。郭店·緇衣43 有"遐(邇)"字作。(施謝捷、周波)

簡文～,讀爲"邇",近。《書·舜典》:"柔遠能邇,惇德允元。"孔安國傳:"柔,安。邇,近。敦,厚也。元,善之長。言當安遠,乃能安近。厚行德信,使足長善。"(周波)

疑紐臬聲

劓

 上博三·周43 于～□

港甲2 天臲～

～,从"刃","臬"聲,"劓"字異體。《說文·刀部》:"劓,刑鼻也。从刀,臬聲。《易》曰:'天且劓。'劓,臬或从鼻。"

簡文～,割鼻。古代五種酷刑之一。《書·呂刑》:"惟作五虐之刑曰法。殺戮無辜,爰始淫爲劓、刵、椓、黥。"孔穎達疏:"劓,截人鼻。"

港甲2～,泛指鼻子受到毀傷。《易·睽》:"見輿曳,其牛掣,其人天且劓,無初有終。"高亨注:"劓,傷鼻。"

疑紐月聲

月

 上博一·孔 8 十~

 上博二·民 11 日述（求）~相

 上博二·容 3 思役百官而~青（請）之

 上博二·容 20 西方之羿（旗）㠯（以）~

 上博四·采 1 疋（糈）㯱~

 上博五·鮑 1 九~敓逄（路）

 上博五·鮑 1 十~而徒秾（梁）城（成）

 上博六·天甲 5 日~=旻（得）亓……

 上博六·天乙 5 日~=直亓甫

 上博七·鄭甲 3 回（圍）奠（鄭）三~

 上博七·鄭乙 3 囗(圍)奠(鄭)三～

 上博七·凡甲 10～之又(有)軍(暈)

 上博七·凡甲 25 百勿(物)不死女(如)～

 上博七·凡乙 8～之又(有)軍(暈)

 上博七·凡乙 18 咸百勿(物)不死女(如)～

 上博八·蘭 1 日～遊(失)時

 上博八·有 5 日～卲(昭)明今可(兮)

～，戰國文字或作 (九 A18)、 (九 A83)、 (新蔡甲三 215)、 (山東 104 司馬楙編鎛)、 (山東 76 莒公孫潮子鐘)、 (中國古代陶文集拓第 2 冊第 3 頁)、 (新出溫縣 WT1K1)、 (滎陽上官皿)、 (里 J1⑨7 正)。《說文》："月，闕也。大陰之精。象形。"

上博一·孔 8、上博五·鮑 1、上博七·鄭甲 3、鄭乙 3～，記時單位。農曆按月相朔、弦、望、晦的變化週期，即初一至月盡爲一月，一年分十二月。《書·洪範》："一曰歲，二曰月。"孔穎達疏："二曰月，從朔至晦大月三十日，小月二十九日，所以紀一月也。"《禮記·月令》："孟春之月，日在營室。"

上博二·民 11、上博二·容 20、上博四·采 1、上博七·凡甲 10、凡乙 8～，月亮。《詩·小雅·天保》："如月之恆，如日之升。"

上博"日～"，太陽和月亮。《易·離》："日月麗乎天，百穀草木麗乎土。"

上博七·凡甲 25、凡乙 18"百勿（物）不死女（如）～"，月亮死而復生。《孫子·虛實篇》："日有短長，月有死生。"

閒

 上博二·容 6 與薑陞（陵）之～（間）

 上博二·容 9 會才天陛（地）之～（間）

 上博二·容 51 至於共、縢（縢）之～（間）

 上博五·三 4 憂懼之～（閒）

 上博四·曹 14 小邦尻（處）大邦之～（間）

 上博四·曹 24 車～（間）厹（容）伍

 上博四·曹 24 伍～（間）厹（容）兵

 上博四·曹 26 五之～（間）必有公孫公子

 上博四·逸·交 3 ～（間）丩慗（謀）訂（始）

 上博四·逸·交 4 ～（間）丩慗（謀）訂（始）

上博六·莊 3 四與五之～虖(乎)

上博六·莊 3 女四與五之～

上博六·用 9 内～謁衆

上博七·吴 6 才(在)敀(波)敖(濤)之～

上博八·李 1 秦(榛)朸(棘)之～(間)可(兮)

上博四·曹 65 今與古亦～(間)

上博八·子 2 至宋衛(衛)之～(間)

～，戰國文字或作(郭店·語叢三 27)、(郭店·語叢三 29)、(施 284)(珍秦 206)；或作 (新蔡甲三 208)、 (新蔡甲三 232、95)、 (新蔡甲一 22)、 (新蔡甲二 28)、 (新泰陶文)、 (新泰陶文)；或省作 (郭店·老子甲 23)。《說文·門部》："間，隟也。从門，从月。 ，古文閒。"

上博四·曹 24～，中間。

上博四·逸·交 3、4"～卝"，讀爲"間關"，作爲一個聯綿詞，其基本意思是"輾轉曲折"。《漢書·王莽傳下》："士死傷略盡，馳入宫，間關至漸臺。"顏師古曰："間關，猶言崎嶇輾轉也。"《後漢書·荀彧傳論》："荀君乃越河、冀，間關以從曹氏。"李賢注："間關，猶輾轉也。"《後漢書·鄧寇列傳》："間關詣闕。"李賢注："間關，猶崎嶇也。"所謂"輾轉"或"崎嶇"意思相同，即"曲折迂回"之

義。(孟蓬生)

上博"之～",中間;内。亦指事物兩者的關係。《易·序卦》:"盈天地之間者唯萬物。"《孟子·梁惠王上》:"七八月之間旱,則苗槁矣。"

上博四·曹65～,即"間",訓爲遠、隔、別等。《淮南子·俶真》:"則醜美有間矣。"高誘注:"間,遠也。"《漢書·西域傳下》:"車師去渠犁千餘里,間以河山。"顔師古注:"間,隔也。"《禮記·内則》:"夫婦之禮,唯及七十,同藏無間。"孔穎達疏:"間,别也。"(白於藍)或訓"容",見《禮記·文王世子》"遠近容三席",陸德明釋文,"容"有"或"義。間不同,謂容或不同也,委婉語。(季旭昇)

上博六·用9"内～",讀爲"内外"正好相對。(何有祖)

澗

 上博三·周50 訌(鴻)漸(漸)于～(澗)

上博五·三12 穮～之邑

～,从雙"阜"、从"水",兩自夾水,會意,"澗"字初文。《說文·水部》:"澗,山夾水也。从水,間聲。一曰澗水,出弘農新安,東南入洛。"《釋名·釋水》:"山夾水曰澗。澗,間也,言在兩山之間也。"

上博三·周50～,讀爲"干"。《詩·衛風·考槃》"考槃在澗",《經典釋文》:"澗,《韓詩》作干。"又《詩·小雅·斯干》:"秩秩斯干。"毛亨傳:"干,澗也。""鴻漸于干",孔穎達疏:"鴻,水鳥也。干,水涯也。漸進之道,自下升高,故取譬。鴻飛,自下而上也。初之始進,未得禄位,上無應援,體又窮下,若鴻之進於河之干,不得安寧也,故曰'鴻漸於干'也。"

上博五·三12"穮～之邑",疑讀爲"面澗之邑",與"臨川之都"對文。"面"、"臨"對文同意。"川"、"澗"皆屬險地。古代都邑建設多憑依天險。《史記·高祖本紀》:"可急使兵守函谷關",《史記正義》引顔師古曰:"今桃林南有洪溜澗,古函谷也。"《後漢書·耿弇傳》:"恭以疏勒城傍有澗水可固。"(何有祖)

外

 上博一·性1 及亓(其)見於～

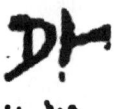 上博二·昔3 割(蓋)憙(喜)於内不見於～

 上博二·昔3 憙(喜)於～不見於内

 上博二·昔3 恩(慍)於～不見於内

 上博二·昔3 ～言不㠯(以)内(入)

 上博二·容5 四海(海)之～宓(賓)

 上博二·容20 四海(海)之内及四海(海)之～皆青(請)糺(貢)

 上博三·周10 ～败(比)之

 上博三·亙8 安(焉)又(有)～

 上博五·競8 ～之爲者(諸)矦(侯)狀(笑)

 上博五·三3 ～内又䛊(辨)

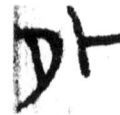 上博六·競5 ～内不廢

 上博六·競9 ～=又梨(梁)丘虞

上博六・用 14 煬武於～

上博八・成 11～道之明者

上博八・命 4～臣而居虐(吾)右₌(左右)

上博八・李 1 剌(搏)～疋(疏)审(中)

～,楚文字或作 外(郭店・六德 31)、外(郭店・語叢一 20)、外(郭店・語叢一 23)、外(九 A31)、外(九 A31)、外(新蔡乙四 106)。《説文・夕部》:"外,遠也。卜尚平旦,今夕卜,於事外矣。外,古文外。"

上博一・性 1、上博二・昔 3、上博三・亙 8、上博八・李 1～,外面。與"内"或"裏"相對。《莊子・天下》:"至大無外,謂之大一;至小無内,謂之小一。"袁康《越絶書・外傳計倪》:"夫有勇見於外,必有仁於内。"

上博二・昔 3"～言不以内(入)",男子所説有關公務之言。《禮記・曲禮上》:"外言不入於梱,内言不出於梱。"鄭玄注:"外言、内言,男女之職也。不出入者,不以相問也。"

上博二・容 5、20"四海(海)之～",《莊子・逍遙遊》:"藐姑射之山,有神人居焉。肌膚若冰雪,淖約若處子。不食五穀,吸風飲露,乘雲氣,御飛龍,而游乎四海之外。"

上博五・競 8"～之爲者(諸)矦(侯)狀(笑)",《禮記・禮器》:"古之聖人,内之爲尊,外之爲樂,少之爲貴,多之爲美。"

上博五・三 3"～内又諆(辨)",外部和内部有別。

上博六・競 5"～内不廢",見《左傳・昭公二十年》:"若有德之君,外内不廢,上下無怨,動無違事,其祝史薦信,無愧心矣。"

上博六・競 9～₌,或認爲是"外外"即"外閒",讀爲"外嬖",與"内寵"相對。或讀爲"外姦"、"外襲"。

上博六・用 14"煬武於～",《國語・晉語六》:"吾聞之,君人者刑其民,

2831

成,而後振武於外,是以内和而外威。"

上博八·成11～,遠,異。《説文》:"外,遠也。""外道",離道(遠正道)、異道、小人之道。

上博八·命4"～臣",古諸侯國的士大夫對別國君主的自稱。《禮記·雜記上》:"〔士〕訃於他國之君,曰君之外臣某死。"《儀禮·士相見禮》:"凡自稱於君……他國之人,則曰外臣。"《左傳·成公三年》:"若從君之惠而免之,以賜君之外臣首,首其請於寡君,而以戮於宗,亦死且不朽。"

辇

 上博七·武10 士難尋(得)而惕(易)～

～,從"車","外"聲,疑"轍"字異體。

簡文～,疑讀爲"失"。"軼"、"轍"二字古通。《史記·孝文本紀》:"結軼於道。"《漢書·文帝紀》"軼"作"轍"。《莊子·徐無鬼》:"超軼絶塵。"《淮南子·道應》"軼"作"轍"。簡文"難得而易失"見《文子·道原》:"時難得而易失。故聖人隨時而舉事,因資而立功。"《新書》卷九:"故夫天下者,難得而易失也,難常而易忘也。"或讀爲"外"。《説文·夕部》:"外,遠也。"或讀爲"捛"。《集韻》:"捛,折也。"或讀爲"間",是離間一類意思。

肯

 上博七·吴4 周之～子

～,从"屮","月"聲,"薛"字異體。

簡文"～子",讀爲"孽子",庶子,非正妻所生之子。《墨子·節葬下》:"然後伯父、叔父、兄弟、孽子其。"孫詒讓閒詁:"孽,庶子也。"《史記·淮南衡山列傳》:"王有孽子不害,最長,王弗愛,王、王后、太子皆不以爲子兄數。"

萌

 上博七·凡甲9 亓(其)旨(始)生女(如)～

 上博七·凡乙 7 亓(其)旨(始)生女(如)～

～，从"肯",加注"屮"聲,"肯(薛)"字繁體。

簡文～,讀爲"蘖",旁生萌芽。《詩·商頌·長發》:"苞有三蘖,莫遂莫達。"朱熹注:"蘖,旁生萌蘖也。"《孟子·告子上》:"無非萌蘖之生焉。"或作"櫱",《廣雅·釋詁》:"櫱,始也。"王念孫疏證:"櫱,與萌芽同義。《盤庚》云:'若顛木之有由櫱。'"《說苑·正諫》:"夫十圍之木,始生於櫱,可引而絕,可擢而拔,據其未生,先其未形"。

宵

 上博五·競 7 墬(地)不生～

～，从"它","肯(薛)"聲。从"它"可視爲義符,古人以"它(蛇)"爲一種災害。(季旭昇)

簡文"墬不生～",讀爲"地不生孼",句意與《春秋繁露·必仁且智》"楚莊王以天不見災,地不見孼,則禱之於山川,曰:天其將亡予邪？不説吾過,極吾罪也"相似。

朔

 上博五·三 14 是奉凶～

～，从"辛","月"聲,"孼"字異體。

簡文"凶～",讀爲"凶孼",禍害。《晋書·劉琨祖逖列傳贊》:"祖生烈烈,夙懷奇節。扣楫中流,誓清凶孼。"《楚辭·天問》:"革孼夏民。"蔣驥注:"孼,害也。"《孟子·公孫丑上》:"天作孼。"朱熹集注:"孼,禍也。"《荀子·君道》:"好女之色,惡者之孼也。"王念孫曰:"孼,猶害也。"

誚

　　上博六·用 17 輯衆～諫

　　上博六·天甲 4 亡義大～

　　上博六·天乙 3 亡義大～

～，從"言"，"肖（薛）"聲。所從的 ，當由金文" "（薛）、 （先秦璽印 1036 薛）、 等省變而來。

簡文～，讀爲"孽"。《楚辭·天問》"革孽夏民。"蔣驥注："孽，害也。"《孟子·公孫丑上》："天作孽。"朱熹集注："孽，禍也。""廢"、"孽"押月部韻。（劉洪濤）

端紐帶聲

䚢

　　上博三·周 5 或賜緇（鞶）～（帶）

　　上博四·柬 2 王滄至～（帶）

～，戰國文字或作 （上博集刊第八輯春成侯盃）、 （珍戰 37）、 （珍秦 298）。從"糸"，"帶"聲，"帶"字繁體。《説文·巾部》："帶，紳也。男子鞶帶，婦人帶絲。象繫佩之形。佩必有巾，從巾。"

上博四·柬 2～，即"帶"，腰帶，古代多用皮革、金玉、犀角或絲織物製成。《詩·衛風·有狐》："心之憂矣，之子無帶。"毛亨傳："帶，所以申束衣也。"

上博三·周 5"繻～",讀爲"鞶帶",皮製的大帶,爲古代官員的服飾。《易·訟》:"或錫之鞶帶,終朝三褫之。"孔穎達疏:"鞶帶,謂大帶也。"

透紐世聲

偞

　　上博二·容 42 湯王天下卅=(三十)又一～(世)而受叏(作)

～,從"人","枼"聲。或釋爲"偞",讀爲"世"。

上博二·容 42～,讀爲"世",歲;年。《禮記·曲禮下》:"去國三世。"陸德明釋文:"三世,盧、王云:'世,歲也。萬物以歲爲世。'"

睮

　　上博四·曹 31～人□坖(來)告曰

～,從"視","枼"聲,疑同"睮"(見《玉篇》、《廣韻》等書)。

簡文～,讀爲"間諜"之"諜"。《説文·言部》:"諜,軍中反間也。"(李零)

殜

　　上博二·子 1 昔者而弗～(世)也

　　上博二·子 8 女(如)舜才(在)含(今)之～(世)則可(何)若

　　上博四·曹 65 各㠯(以)元(其)～(世)

　　上博五·弟 21 吟(今)之～(世)□

 上博五·鬼 2 迻(後)～(世)遂之

 上博二·容 5 各得亓(其)～(世)

 上博五·季 22 後～(世)比亂

 上博二·從甲 12 唯(雖)～(世)不儼(識)

 上博五·姑 6 爲此～(世)也從事

 上博五·姑 7 虔敢欲襲裒(衿)㠯(以)事～(世)才

 上博五·姑 7 售(唯)不竪(當)～(世)

 上博六·慎 4 襄旻(得)甬於～

 上博六·天甲 1 凡天子七～

 上博六·天甲 2 三～

 上博六·天甲 2 士二～

 上博六·天甲 12 時言而～行

上博六・天乙1 凡天子七～

上博六・天乙1 邦君五～

上博六・天乙1 夫=（大夫）三～

上博六・天乙1 士二～

上博七・武5 亓（其）䇂（運）十～

上博七・武11 而百～不遊（失）之道

上博七・武15 而敬者萬～

上博八・成9 㭱市明之悳（德）亓（其）～（世）也▄

～，从"歺"，或从"死"，"枼"聲或"世"聲；郭店簡"世"字或作 ᰡ（唐虞之道3）、ᰢ（唐虞之道7）。"殜"字或作 ᰣ（郭店・窮達以時2）、ᰤ（郭店・尊德義25）、ᰥ（郭店・語叢四3）、ᰦ（郭店・語叢四3），从"枼（世）"之字或作 ᰧ（包山175）、ᰨ（新蔡甲三233）。

上博二・子1"弗～"，即"不世"，世，謂世襲，繼承。《玉篇・世部》："世，父子相繼也。"《周禮・秋官・大行人》："世相朝也。"鄭玄注："父死子立曰世。"《呂氏春秋・圜道》："皆欲世勿失矣。"高誘注："父死子繼曰世。"《漢書・賈誼傳》："賈嘉最好學，世其家。"顏師古注："言繼其家業。"（孟蓬生、陳英傑）

上博二·子8、上博五·弟21"含(今)之～(世)",現代;當代。《韓非子·五蠹》:"然則今有美堯、舜、湯、武、禹之道於當今之世者,必爲新聖笑矣。"劉向《九歎·愍命》:"惜今世其何殊兮,遠近思而不同。"

上博四·曹65～,即"世"。《說文》:"世,三十年爲一世。"引申爲世代。《詩·大雅·嵩高》:"世執其功。"

上博五·鬼2、季22"逡～",讀爲"後世",後代。《易·繫辭下》:"上古穴居而野處,後世聖人易之以宮室。"

上博二·容5"各得丌(其)～(世)","世",古代以三十年爲一世。此作"年歲"解。簡文"各得其世",謂無論貴賤每個人都能平安快樂,盡享天年。或讀爲"各得其列"。《左傳·襄公十五年》:"王及公、侯、伯、子、男、甸、采、衛大夫,各居其列,所謂周行也。"或讀爲"各得其所"、"各得其宜"。(陳偉、馮勝君)

上博二·從甲12～,讀爲"世",世人。

上博六·天甲12"時言而～行","時言"與"世行"相對而言,當指符合時世的言行。

上博六·天"凡天子七～、邦君五～、夫=三～、士二～"。"世",代,父子相繼爲一世。《詩·大雅·文王》:"文王孫子,本支百世。"簡文"七世"、"五世"、"三世"、"二世"云云,是指祭禮之廟制。相似文句亦見於《大戴禮記·禮三本》:"故有天下者事七世,有國者事五世,有五乘之地者事三世,有三乘之地者事二世。"

上博七·武5十～,《說文》:"三十年爲一世。"

上博七·武11"百～",即"百世",世世代代。指久遠的歲月。《詩·大雅·文王》:"文王孫子,本支百世。"《史記·平原君虞卿列傳》:"此百世之怨而趙之所羞,而王弗知惡焉。"

上博七·武15"萬～",很多世代。形容時代久遠。《書·太甲中》:"惟朕以懌,萬世有辭。"

薨

 上博五·季14 敊夫戯吟之先～(世)

 上博四·曹 9 㠯(以)亡道䢅而叟(没)身遱(就)～

～，上从"世"，"死"旁"人"形寫作"力"形，"世"字繁體。

上博五·季 14"先～"，即"先世"，前代；祖先。王充《論衡·感類》："陰陽不和，災變發起，或時先世遺咎，或時氣自然。"

上博四·曹 9"遱～"，讀爲"就世"，終世。《國語·越語下》："先人就世，不穀即位。"韋昭注："就世，終世也。""沒身就世"亦即"壽終正寢"。（高佑仁）或釋爲"死"。

透紐奎聲

達

 上博五·三 4 伀(俉)～之宑(次)

 上博一·孔 19 木苽(瓜)又(有)臧(藏)忎(願)而未旻(得)～(達)也

 上博七·凡甲 16 ～見百里

 上博七·凡乙 11 ～見百里

 上博二·民 2 必～(達)於豊(禮)㮈(樂)之䇂(原)

 上博一·性 24 ～(達)於宜(義)者也

上博六·用 10 胃(謂)坓(地)厚而不～

上博六·用 19 又泯₌之不～

上博八·成 12～

上博八·蘭 2 涅（馨）訛（謐）迲而～翻（聞）于四方

～，西周金文或作 (牆盤)、 (保子達簋)，所從的 ，或説上部像針類，像砭石（針砭），用針刺治療。（趙平安）戰國文字或作 (郭店·老子甲 8)、 (郭店·窮達以時 15)、 (郭店·五行 43)、 (郭店·性自命出 54)、 (郭店·語叢一 60)、 (郭店·語叢一 60)、 (郭店·窮達以時 11)、 (九 A30)、 (新出溫縣 WT1K17:131)、 (珍秦 153)、 (傅 1535)。《説文·辵部》："達，行不相遇也。从辵，羍聲。《詩》曰：'挑兮達兮。' ，達或从大。或曰迭。"

上博五·三 4"怔（惰）～"，讀爲"疏達"，豁達；開朗。《禮記·樂記》："廣大而靜，疏達而信者，宜歌《大雅》。"《孔叢子·陳士義》："今東閭子疏達亮直，大丈夫也。"

上博一·孔 19"未得～（達）"，不通暢。《楚辭·九章·惜誦》："情沈抑而不達兮，又蔽而莫之白。"姜亮夫校注："謂情沈抑而不通利也。"

上博七·凡甲 16、凡乙 11～，至達，通達。《書·舜典》："月正元日，舜格于文祖，詢于四嶽，辟四門，明四目，達四聰。"孔安國傳："廣視聽於四方，使天下無壅塞。"孔穎達疏："'聰'謂耳聞之也。既云'明四目'不云'聰四耳'者，目視苦其不明，耳聰貴其及遠，'明'謂所見博，'達'謂聽至遠，二者互以相見。故傳總申其意'廣視聽於四方，使天下無壅塞'。天子之聞見在下，必由近臣四嶽親近之官，故與謀此事也。"江聲集注音疏："達，通也。"

上博一·性 24、上博二·民 2～，通曉；明白。《論語·鄉黨》："康子饋藥，拜而受之，曰：'丘未達，不敢嘗。'"劉寶楠正義："達，猶曉也。言不曉此藥治何疾,恐飲之反有害也。"

上博六·用 10"胃地厚而不～",可參《禮記·樂記》:"及夫禮樂之極乎天而蟠乎地,行乎陰陽而通乎鬼神,窮高極遠而測深厚。"王念孫曰:"測,盡也,謂盡其深厚。言禮樂之大,無所不至,窮乎高,極乎遠,而盡乎深厚也。"(劉釗)"達",到達;達到。《書·禹貢》:"浮於濟漯,達於河。"

上博六·用 19"不～"是説感官不易察覺。《吕氏春秋·不苟》:"戎人不達於五音與五味,君不若遺之。"《吕氏春秋·遇合》:"凡能聽音者,必達於五聲。""有泯泯之不達"可理解爲"有混混沌沌不易聽到的東西"。

上博八·蘭 2～,《玉篇》:"達,通也。""達聞于四方",香氣飄散到四方。

定紐大聲

大

　　上博二·民 9～矣

　　上博二·昔 1～(太)子朝君

　　上博二·昔 1～(太)子昋聖(聽)

　　上博二·昔 1～(太)子耑(前)之毋(母)俤(弟)

　　上博二·昔 4～(太)子乃亡(無)睧(聞)亡(無)聖(聽)

　　上博二·昔 1～(太)子再三

　　上博二·昔 1～(太)子母俤(弟)

 上博二·昔 2 ～(太)子內(入)見

 上博二·昔 4 唯邦之～矛(務)是敬

 上博二·容 16 肣(禽)獸(兽)肥～

 上博二·容 30 天下～和均

 上博二·容 39 丌(其)喬(驕)～(泰)女(如)是狀(狀)

 上博二·容 41 於是虖(乎)天下之兵～記(起)

 上博二·容 51 三軍～軋(犯)

 上博三·周 2 利涉～川

 上博三·周 4 利用見～人

 上博三·周 4 不利涉～川

 上博三·周 8 ～君子又(有)命

 上博三·周 12 甬(用)涉～川

 上博三·周 14 ～又(有)旻(得)

 上博三·周 18 利涉～川

 上博三·周 22～

 上博三·周 22 利涉～川

 上博三·周 25 不可涉～川

 上博三·周 35 利見～人

 上博三·周 35～訐不埜（來）

 上博三·周 36 利見～人

 上博三·周 42 利見～人

 上博三·周 42 用～牲

 上博三·周 54 利見～人

 上博三·周 55 瘝（渙）亓（其）～虖（號）

 上博三·周 58 利涉～川

 上博三·亙 1 黁～（太）黁

上博三·亙1 宵～(太)宵

上博三·亙1 虛～(太)虛

上博三·亙8 安(焉)又(有)～

上博三·亙11 之～复(作)

上博四·逸·交4 皆(偕)少(小)皆(偕)～

上博四·昭6 ～尹遇之

上博四·昭6 ～尹內(入)告王

上博四·昭8 ～尹昏之

上博四·昭9 ～尹之言脾可

上博四·柬1 柬(簡)～王泊澤(旱)

上博四·柬4 ～顗(夏)

上博四·柬10 君王尚(當)㠯(以)酻(問)～(太)剴(宰)晉侯

上博四·柬11 ～(太)剴(宰)進倉(答)

上博四·柬13 ～(太)剴(宰)

上博四·柬 14 胃(謂)～(太)剚(宰)

上博四·柬 14 侯～(太)剚(宰)遜

上博四·柬 16～雨

上博四·柬 17～(太)剚(宰)迡而胃(謂)之

上博四·柬 18 必三軍又(有)～事

上博四·柬 18 邦家～漌(旱)

上博四·柬 20～(太)剚(宰)胃(謂)陵尹

上博四·柬 21～(太)剚(宰)言

上博四·柬 22 命(令)尹子林餌(問)於～(太)剚(宰)子㞷(之)

上博四·柬 23～(太)剚(宰)倉(答)曰

上博四·内 10 才(在)～不嬰(亂)

上博四·曹 1 魯臧(莊)公牁(將)爲～鐘

 上博四·曹 8 亦又(有)～道焉

 上博四·曹 16 繹紀於～國

 上博四·曹 46 三軍～敗不秀(勝)

 上博五·季 2 此君子之～矛(務)也

 上博五·季 18 氏(是)古(故)臤(賢)人～於邦而又雩(劬)心

 上博五·季 19 訢(慎)少(小)㠯(以)倉(合)～

 上博五·季 20 ～皋(罪)則夜(赦)之㠯(以)型(刑)

 上博五·季 21 ～皋(罪)殺之

 上博五·姑 8 牁(將)～害

 上博五·三 3 是胃(謂)～葴(感)

 上博五·三 5 ～邦悐(過)戕(傷)

 上博五·三 7 是胃(謂)～宎(荒)

上博五·三 10 毋佐(作)～事

 上博五・三 13 不有～褚(禍)必大恥

 上博五・三 13 不有大褚(禍)必～恥

 上博一・孔 2 ～顕(雅)

 上博一・孔 3 ～僉(斂)材安(焉)

 上博一・孔 21 賊(將)～車

 上博一・孔 25 ～田

 上博二・子 1 史(使)亡(無)又(有)少(小)～肥毚(脆)

 上博二・子 7 王則亦不～浹

 上博二・魯 1 魯邦～旱

 上博二・魯 1 邦～旱

 上博三・周 22 利涉～川

 上博三・周 41 礪(厲)亡(無)～咎

 上博三・周 54 利涉～川

 上博四・柬 1 命龜尹羅貞於～顕(夏)

・2847・

 上博三·彭 2～箸之羮

 上博四·柬 13～(太)剌(宰)晉(答)

 上博四·柬 19 贅尹皆綌(給)亓(其)言吕(以)告～(太)剌(宰)

 上博四·柬 23～夫可(何)羕(用)救(爭)

 上博四·曹 2 今邦愿(彌)小而鐘愈～

 上博四·曹 8 而喬(驕)～(泰)吕(以)遊(失)之

 上博四·曹 14 少(小)邦凥(處)～邦之閒

 上博四·曹 25 必又(有)數～官之帀(師)

 上博一·緇 4～夏(雅)員(云)

 上博一·緇 10～人不睪(親)亓(其)所臤(賢)

 上博一·緇 11～臣之不睪(親)也

 上博一·緇 12 古(故)君不與少(小)悔(謀)～

上博一·緇 12 則～臣不夗（怨）

上博一·緇 12 毋㠯（以）少（小）悔（謀）敗～煮（圖）

上博一·緇 18 則民不能～兀（其）顗（美）而少（小）兀（其）亞（惡）

上博一·緇 18～夏（雅）員（云）

上博一·緇 18 廛（展）也～城（成）

上博一·緇 19 集～命于氏（是）身

上博六·競 1 虗（吾）珪璧～於虗（吾）先君之

上博六·競 3 二～=

上博六·孔 13～爲毋枽

上博六·天甲 4 古亡（無）豊（禮）～瀘

上博六·天甲 4 亡（無）義～誚（孽）

上博六·天乙 3 古亡（無）豊（禮）～瀘

 上博六·天乙 3 亡義～誚（孽）

 上博七·武 9 祁（禍）酒（將）～

 上博七·武 11～（太）公望

 上博七·武 11～（太）公望

 上博七·武 12～（太）公望

 上博七·武 12～

 上博七·武 13～（太）公南面

 上博七·武 13～（太）公會（答）曰

 上博七·鄭甲 7～敗晉帀（師）安（焉）

 上博七·鄭乙 7～敗晉［帀（師）安（焉）］

 上博七·凡甲 10 可（何）古（故）～而不罷

 上博七·凡甲 26～嬰（亂）乃复（作）

上博七·凡甲 29 尃(敷)之亡(無)所匎(容)～

上博七·凡乙 8 可(何)古(故)～而不䍙

上博七·凡乙 19 ～嬰(亂)乃复(作)

上博七·凡乙 22 ～之㠯(以)智(知)天下

上博七·吳 8 ～戺之邑

上博八·子 6 而之～難寢

上博八·顏 10 身綺(治)～則〈則大〉彔(禄)

上博八·成 12 道～才(在)宅

上博八·有 3 ～迳(路)今可(兮)大

～，戰國文字或作 大、大 (施 344)、大(齊幣 221)，像人形兩臂的部分拉直。或作 大(郭店·老子甲 22)、大(郭店·老子乙 9)、大(郭店·語叢二 51)、大(施 173)、大(後李圖四 3)、大(後李圖一 2)、大(王太后右柕室鼎考文 1994·3)、大(上博集刊第八輯春成侯盉)、大(珍秦金·吳越三晉 169 頁)、大(秦駰玉版)、大(秦 2000)。《說文·大部》："大，天大，地大，人亦

大。故大象人形。古文大也。"

上博一·孔21"臧(將)～車",讀爲"將大車",《詩經》篇名。《詩·小雅·無將大車》:"無將大車,祇自塵兮。無思百憂,祇自疷兮。"

上博一·孔25"～田",《詩經》篇名。《詩·小雅·大田》:"大田多稼,既種既戒,既備乃事。以我覃耜,俶載南畝。播厥百穀,既庭且碩,曾孫是若。"

上博一·孔2、上博一·緇4、緇18"～夏",讀爲"大雅",《詩·大雅》。

上博一·緇10、上博三·周4、35、36、42、54"～人",指在高位者,如王公貴族。《易·乾》:"九二:見龍在田,利見大人。"《史記·孟子荀卿列傳》:"王公大人初見其術,懼然顧化,其後不能行之。"

上博一·緇11、12"～臣",官職尊貴之臣。《左傳·昭公元年》:"和聞之,國之大臣,榮其寵祿,任其大節。"

上博一·緇18～,重視。《荀子·天論》:"大天而思之,孰與物畜而制之!"

上博一·緇12、上博三·周35、上博三·亙11、上博四·逸·交4、上博四·曹2、上博五·季19～,與"小"相對。

上博一·孔3、上博二·容30、上博三·亙11、上博五·姑8、上博五·三3、上博五·三7、上博六·天甲4、天乙3～,表示範圍廣或表示程度深。《史記·陳丞相世家》:"漢王大怒而罵,陳平蹴漢王。"

上博一·緇18"～城",讀爲"大成",大的成就。指事功。《詩·小雅·車攻》:"允矣君子,展也大成。"鄭玄箋:"大成,謂致太平也。"

上博一·緇19"集～命",天命。《書·太甲上》:"天監厥德,用集大命,撫綏萬方。"孔安國傳:"天視湯德,集王命於其身。"

上博二·子1"少(小)～",指尊卑而言。《書·無逸》:"至於小大,無時或怨。"鄭玄注:"小大,謂萬人上及群臣,言人臣大小皆無怨王也。"《鬼谷子·揣篇》:"度于大小,謀於眾寡;稱貨財有無之數,料人民多少、饒乏,有餘不足幾何。"

上博二·子7"～泚",讀爲"大仕"。《論語·公冶長》:"令尹子文三仕爲令尹,無喜色。""仕爲令尹"之類大概就可以算作"大仕"了。(裘錫圭)或讀爲"大使"。

上博二·魯1、上博四·柬18"～滸",讀爲"大旱",《韓非子·十過》:"晉國大旱,赤地三年。平公之身遂癃病。"

上博二·昔1、4"～(太)子",周時天子及諸侯之嫡長子,或稱太子,或稱世子。

上博二·昔4、上博五·季2"～矛","讀爲"大務",重大的事務。《管子·治國》:"粟者,王之本事也,人主之大務,有人之塗,治國之道也。"《漢書·禮樂志》:"是故古之王者莫不以教化爲大務,立大學以教於國,設庠序以化於邑。"

上博二·容16"肥～",肥胖壯實。《禮記·禮器》:"牲不及肥大,薦不美多品。"

上博二·容39、上博四·曹8"喬～",讀爲"驕泰",驕恣放縱。《禮記·大學》:"是故君子有大道,必忠信以得之,驕泰以失之。"《管子·禁藏》:"故適身行義,儉約恭敬,其唯無福,禍亦不來矣;驕傲侈泰,離度絶理,其唯無禍,福亦不至矣。"

上博二·容41"於是虖(乎)天下之兵～忑(起)",參《史記·儒林列傳》:"秦時焚書,伏生壁藏之。其後兵大起,流亡,漢定,伏生求其書,亡數十篇,獨得二十九篇,即以教于齊魯之間。"

上博三·周41"～咎",非常的災禍。《左傳·僖公十四年》:"期年,將有大咎,幾亡國。"《國語·晉語八》:"非死逮之,必有大咎。"韋昭注:"非常之禍。"

上博三·周2、4、12、18、22、25、54、58"～川",大河。《書·禹貢》:"禹別九州,隨山濬川,任土作貢。禹敷土,隨山刊木,奠高山大川。"

上博三·周8"～君子",馬王堆本作"大人君",雙古堆本、今本作"大君",疑皆"大人君子"之省。(李零)

上博三·周42"～牲",供祭祀用的牛。《易·萃》:"用大牲吉,利有攸往,順天命也。"李鼎祚集解引鄭玄曰:"大牲,牛也。"《左傳·僖公十九年》:"小事不用大牲。"

上博三·周55"～唐(號)",帝王的號令。《易·渙》:"渙汗其大號。"孔穎達疏:"渙汗其大號者,人遇險阨驚怖而勞,則汗從體出,故以汗喻險阨也。九五處尊履正,在號令之中,能行號令以散險阨者也。"

上博三·亙1～,有最高、超越等意味。或讀爲太,義爲極、至。《廣雅·釋詁一》:"太,大也。"《易·繫辭上》:"易有大極。"《文子·自然》:"老子曰:樸,至大者無形狀。"《禮記·禮運》:"夫禮必本於大一,分而爲天地,轉而爲陰陽,變而爲四時,列而爲鬼神。"《莊子·天運》:"吾奏之以人,征之以天,行之以禮義,建之以大清。"

上博四·昭6、8"～尹",官名。《左傳·哀公二十六年》:"六卿三族降聽政,因大尹以達。"杜預注:"大尹,近官有寵者。六卿因之以自通達於君。"《戰國策·宋策》:"謂大尹曰:'君日長矣,自知政,則公無事。公不如令楚賀君之孝,則君不奪太后之事矣,則公常用宋矣。'"

上博四·柬 1、4"～顕",即"大夏",龜名。

上博四·柬 1"柬(簡)～王"之"大"是謚法,應讀爲"簡厲王"或"簡烈王"。出土文獻所見春秋戰國時代的楚王常有雙字謚法。(董珊)

上博四·柬"～(太)剚(宰)",讀爲"太宰",相傳殷置太宰。周稱冢宰,爲天官之長,掌建邦之六典,以佐王治邦國。春秋列國亦多置太宰之官,職權不盡相同。《禮記·曲禮下》:"天子建天官,先六大,曰大宰、大宗、大史、大祝、大士、大卜,典司六典。"《大戴禮記·保傅》:"青史氏之記曰:'古者胎教……太宰持斗而御戶右。'"盧辯注:"太宰,膳夫也,冢宰之屬。"

上博四·柬 16"～雨",降雨量較大的雨。亦指下大雨。《春秋·隱公九年》:"三月癸酉,大雨,震電。"

上博四·柬 18"～事",重大的事情。這裏指征伐。《書·大誥》:"我有大事,休,朕卜並吉。"孔安國傳:"大事,戎事也。"

上博五·三 10"毋俇(作)～事",《禮記·月令》:"仲春之月……毋作大事,以妨農之事。"鄭玄注:"大事,兵役之屬。"《呂氏春秋·仲春紀》:"仲春之月……是月也,耕者少舍,乃修闔扇,寢廟必備。無作大事,以妨農功。""大事"不光指兵事,還應包括"土功",即修城郭宮室等大型工程。

上博四·曹 14、上博五·三 5"～邦",大國。《書·武成》:"大邦畏其力,小邦懷其德。"孔安國傳:"言天下諸侯,大者畏威,小者懷德。"

上博四·曹 25"～官之帀(師)",《國語·吳語》:"陳士卒百人,以爲徹行百行。行頭皆官師,擁鐸拱稽,建肥胡,奉文犀之渠。十行一嬖大夫。"韋昭注:"三君皆云:'官師,大夫也。'昭謂:下言'十行一嬖大夫',此一行宜爲士。""官師"當即此"大官之師"。(陳劍)

上博四·内 10"才(在)～不亂",居大位而不亂。

上博四·曹 1"～鐘",《晏子春秋·外篇下》卷八:"景公爲大鐘,將懸之,晏子、仲尼、柏常騫三人朝,俱曰:'鐘將毁。'"

上博四·曹 8"～道",正道;常理。指最高的治世原則,包括倫理綱常等。《禮記·禮運》:"孔子曰:'大道之行也,與三代之英,丘未之逮也,而有志焉。'"

上博四·曹 16"～國",古指大諸侯國。《詩·商頌·長發》:"玄王桓撥,受小國是達,受大國是達。"《公羊傳·隱公五年》:"諸侯者何?天子三公稱公,其餘大國稱侯。"何休注:"大國謂百里也。"

上博四·曹 46、上博七·鄭甲 7、鄭乙 7"～敗",《荀子·宥坐》:"三軍大敗,不可斬也;獄犴不治,不可刑也,罪不在民故也。"

上博五·季 20、21"～辠",《管子·禁藏》:"秋行五刑,誅大罪,所以禁淫邪,止盜賊。"

上博五·三 13"～褐",讀爲"大禍",《韓非子·解老》:"夫內有死夭之難而外無成功之名者,大禍也。"

上博四·柬 23、上博六·競 3"～夫",古職官名。周代在國君之下有卿、大夫、士三等;各等中又分上、中、下三級。後因以大夫爲任官職者之稱。《周禮·天官·冢宰》:"大宰,卿一人。小宰,中大夫二人。宰夫,下大夫四人、上士八人、中士十有六人。"

上博七·武 11、12、13"～公望",即太公望,吕尚,人名。

上博七·凡甲 26、凡乙 19"～亂",秩序嚴重破壞;大騷亂。《周禮·秋官·司約》:"若大亂,則六官辟藏,其不信者殺。"鄭玄注:"大亂,謂僭約若吴楚之君、晉文公請隧以葬者。"《孟子·滕文公下》:"及紂之身,天下又大亂。"

上博八·顔 10"身綺(治)～則〈則大〉录(禄)"。或疑"大"、"則"二字爲抄手誤倒。或讀"綺(治)～"爲"辭泰"。

上博八·有 3"～洛",即"大路",大車。《禮記·明堂位》:"大路,殷路也。"鄭玄注:"大路,木路也。""路"字或作"輅",《書·顧命》:"大輅在賓階面。"

㚌

 上博一·緇 8 菫(萬)民～(賴)之

～,从"言","大"聲。

簡文～,讀爲"賴"。賴,來紐月部;大,定紐月部,音近可通。"賴",得益,受益。《書·吕刑》:"一人有慶,兆民賴之。"孔穎達疏:"天子有善,以善事教天下,則兆民蒙賴之。"

定紐折聲

折

上博一·孔 18 ～(杕)杜則情

上博一·孔 20 虐(吾)㠯(以)～(杕)杜旻(得)雀(爵)

上博一·緇 14 ～(制)㠯(以)型(刑)

上博一·性 27 谷(欲)丌(其)～也

上博二·從甲 5 匧(固)三～(制)

上博二·從甲 7 三～(制)

上博三·周 51 ～丌(其)右拡(肱)

上博五·三 8 衣備(服)怣(過)～(制)

上博五·鬼 2【背】此㠯(以)桀～於鬲山

上博五·鬼 6 毀～鹿戔

上博六·競 7 古丌（其）祝史裚蔑尚～

上博六·競 13 見～

上博六·用 14～濾即井

上博六·天甲 10 酓（尊）且（俎）不～事

上博六·天甲 12 因惥（德）而爲之～

上博六·天乙 9 酓（尊）且（俎）不～事

上博八·蘭 3 不躳有～

上博二·容 18 不～（製）革

上博二·容 21 驁不～骨

上博五·弟 23 不～丌（其）枳（枝）

上博七·武 3 柚（曲）～而南

～，从斤斷木，或作 ![char](郭店·緇衣 26)，中間指示折斷處訛爲"日"，或説左旁是"叀"。或作☒(郭店·性自命出59),贅加"木",省"斤"。《說文·艸部》:"折,斷也。从斤斷艸。譚長説。☒,籀文折,从艸在仌中,仌寒故折。☒,篆文折,从手。"

上博一·孔18、20"～杜",讀爲"杕杜",《詩經》篇名。《詩·唐風·杕杜》:"有杕之杜,其葉菁菁。獨行睘睘,豈無他人? 不如我同姓。嗟行之人,胡不比焉? 人無兄弟,胡不佽焉?"

上博一·緇14"～以型",讀爲"制以刑"。《禮記·緇衣》:"苗民匪用命,制以刑,惟作五虐之刑曰法。"鄭玄注:"高辛氏之末,諸侯有三苗者作亂,其治民不用政令,專制御之以嚴刑,乃作五虐蚩尤之刑,以是爲法。"

上博一·性27"門外之治谷(欲)丌(其)～也",參《禮記·喪服四制》:"門内之治,恩掩義;門外之治,義斷恩。""折",訓斷。《説文》:"折,斷也。"《戰國策·秦策四》:"刳腹折頤,首身分離,暴骨草澤,頭顱僵僕。"高誘注:"折,斷也。"

上博二·從甲5、7"三～",讀爲"三制",《管子·樞言》:"凡國有三制,有制人者,有爲人之所制者,有不能制人、人亦不能制者。"或讀爲"三慎"。

上博三·周51～,折斷,割取。《易·豐》:"折其右肱。"

上博五·三8"迡～",讀爲"過制",超過禮制的規定。《左傳·襄公十年》"子駟抑尉止曰:'爾車,非禮也'",杜預注:"言女車猶多,過制。"孔穎達疏:"子駟心憎尉止,嫌其豪富,本意不爲過禮制也。"《漢書·成帝紀》:"或乃奢侈逸豫,務廣第宅,治園池,多畜奴婢,被服綺縠,設鐘鼓,備女樂,車服、嫁娶、葬埋過制。"

上博五·鬼2【背】～,折斷,施之於人,指的是斷人之頭,即"折首"。《逸周書·克殷》:"武王答拜,先入適王所,乃克射之,三發而後下車,而擊之以輕吕,斬之以黃鉞,折,懸諸太白。"《墨子·明鬼下》:"武王逐奔入宫,萬年梓株,折紂而繫之赤環,載之白旗。"(陳斯鵬)

上博五·鬼6"毁～",毁壞、折斷。《荀子·王制》:"兵革器械者,彼將日日暴露毁折之中原,我今將修飾之,拊循之,掩蓋之於府庫。"《孫子兵法·兵勢》:"鷙鳥之疾,至於毁折者,節也。"《國語·周語中》:"吾聞王室之禮無毁折,今此何禮也?"《文子·道德》:"是以風雨不毁折,草木不夭死,河出圖,洛出書。"

上博六・競 13"見～",指裁斷、處理(事務),《書・吕刑》:"哀敬折獄。"《法言・吾子》:"眾言淆亂,則折諸聖。"或讀爲"厲"。"見厲"景公看見鬼。"現厲"即"厲現",作祟的厲出現了。或讀爲"視折"、"見制"。(陳偉武、沈培、蘇建洲)

上博六・用 14"～灋",讀爲"制法"。《戰國策・趙策二》:"及至二王,觀時而制法,因事而制禮,法度制令,各順其宜。"

上博六・天甲 10、天乙 9～,讀爲"制"。"制事",謂處理政治、軍事等重大事件。《管子・禁藏》:"聖人之制事也,能節宮室、適車輿以實藏,則國必富、位必尊。"《史記・蘇秦列傳》:"臣聞古之善制事者,轉禍爲福,因敗爲功。"(陳偉)

上博六・天甲 12～,讀爲"制",決斷,《大戴禮記・五帝德》"依鬼神以制義",王聘珍解詁:"制,斷也。""因德而爲之制"即用"德"來決斷人的言行。(何有祖)

上博八・蘭 3～,責難。《正字通・手部》:"折,直指人過失曰折。"

上博二・容 18"～革",讀爲"製革",典籍或作"制革"。《周禮・冬官・考工記》:"凡爲甲,必先爲容,然後制革。"

上博二・容 21"鬻不～骨","剔除",與"摘"、"剔"義近。簡文"～骨",是將肉中的骨頭摘(音他歷切)去、剔除。(陳劍)

上博五・弟 23"不～丌枳(枝)",不折斷樹枝。《韓詩外傳》卷二:"田饒曰:'臣聞食其食者,不毀其器。陰其樹者,不折其枝。有臣不用,何書其言?'"《新序》卷五:"田饒曰:'臣聞食其食者,不毀其器。蔭其樹者,不折其枝。有士不用,何書其言?'"郭店・語叢四 16、17:"利木陰者,不折其枝;利其渚(瀦)者,不賽(塞)其溪。"(劉洪濤)

上博七・武 3"柚～",讀爲"曲折",彎曲。《楚辭》:"曲屋步壛,宜擾畜只。"王逸注:"言南堂之外,復有曲屋,周旋閣道,步壛長砌,其路險狹,宜乘擾謹之馬,周旋曲折,行遊觀也。"

悊

 上博五・三 11 居毋～

《説文・心部》:"悊,敬也。从心,折聲。"

簡文～，讀爲"適"。《周禮·秋官·序官》："萚蔟氏。"鄭玄注："鄭司農云'萚讀爲擿。'""適"有"安逸，閒適"義。《楚辭·九辯》："堯舜皆有所舉任兮，故高枕而自適。"王逸注："安臥垂拱，萬國治也。"《論語·學而》"君子食無求飽，居無求安，敏於事而慎於言，就有道而正焉，可謂好學也已"，可與簡文對讀。（范常喜）

裚

 上博一·性 11 叟事因方而～（制）之

 上博二·容 21～（製）表韡（韍）專

 上博六·競 7 古丌（其）祝吏～葸尚折

～，從"衣"，"折"聲，"製"字異體。《說文·衣部》："製，裁也。從衣，從制。"

上博一·性 11～，讀爲"制"，制定禮儀。

上博二·容 21"～表"，讀爲"制服"，一般是指喪服，但亦可指依社會地位高低而制定的有定制的服裝，如《管子·立政》："度爵而制服，量祿而用材。飲食有量，衣服有制。"

定紐舌聲

舌

 上博八·志 1 反昃（側）亓（其）口～

《說文·舌部》："舌，在口，所以言也、別味也。從干，從口，干亦聲。"徐鍇曰："凡物入口必干於舌，故從干。"

簡文"口～"，指言辭、言語。《易·說卦》："兌爲澤，爲少女，爲巫，爲口舌。"孔穎達疏："取口舌爲言語之具也。"桓寬《鹽鐵論·利議》："諸生闒茸無

行……乃安得鼓口舌,申顏眉,預前議論是非國家之事也?"

舌

上博三·周 27 欽婋(䎽)夾~

上博六·用 10 而莫執朕~

~,從"肉",乃贅加的義符,"舌"字繁體。
上博三·周 27、上博六·用 10~,即"舌"。郭店·語叢四 19:"若齒之事舌(舌)。"《釋名》:"舌,泄也,舒泄所當言也。"

䗦

上博六·用 12 聶亓(其)睐而不可逗~

~,從"虫","舌(舌)"聲。
簡文~,讀爲"括",謂箭上弦。《淮南子·人間》:"於是乃升城而鼓之。一鼓,民被甲、括矢、操兵弩而出。"

逝

上博五·姑 5 吟(今)宔(主)君不~於虐

上博五·姑 7 伐尼(宅)~逝

~,從"辵","舌(舌)"聲。
上博五·姑 5~,讀爲"察",考察。或讀爲"閱",訓察。或讀爲"厭"。"不厭於吾"即"不慊於吾",即對我不滿。
上博五·姑 7~,讀爲"恬",爲安逸、安定意。(陳偉)

适

 上博五·姑 7 伐氒遣～

～，與郭店·緇衣 30"話"字 所从近似。

簡文～，有閉塞、清靜一類意思，與"恬"相關。簡文大概是說不要提正直，那樣會不得安寧。（陳偉）

定紐丙聲

敕（徹）

 上博七·凡甲 18 是胃（謂）少（小）～

 上博七·凡甲 18 奚胃（謂）少（小）～

～，與 （郭店·緇衣 40）、 （郭店·語叢四 10）同，从"攴"，"丙"聲、"呂"聲，"敕"字異體。《古文四聲韻》引古《老子》和《義雲章》"轍"字寫作 、 ，右旁所從與楚文字"敕"左邊所從相近。秦文字"敕"字寫作 （"徹"所从，睡編 46）、 （"勶"所从，璽彙 3983）。《說文·攴部》："徹，通也。从彳，从攴，从育。 ，古文徹。"段注："蓋合三字會意。攴之而養育之而行之，則無不通也。"從古文字"敕"及秦漢文字从"敕"之字的字形看，"徹"乃是从"彳""敕"聲的形聲字，並非會意字。"徹"所從的"敕"乃是 形之訛省，並非是"育"。

上博七·凡甲 18～，讀爲"徹"。《說文》："徹，通也。"《列子·湯問》："汝心之固，固不可徹；曾不若孀妻弱子。"引申爲通達，通曉。

遏

 上博三·周 32 見車～（轍）

～，從"辵"，"嗀（散）聲"，"轍"字異體。《說文·車部（新附）》："轍，車跡也。從車，徹省聲。本通用徹，後人所加。"故字可從"辵"。

簡文～，帛本作"𢛳"，阜陽漢簡作"渫"，今本作"曳"，均當讀爲"轍"，車輪碾過的痕跡。《莊子·外物》："周昨來，有中道而呼者。周顧視車轍中，有鮒魚焉。"

轍

 上博一·緇 20 北（必）見其～（轍）

～，從"車"，"嗀（散）"聲，"轍"字異體。《說文·車部（新附）》："轍，車跡也。從車，徹省聲。本通用徹，後人所加。"

簡文～，車輪碾過的痕跡。《管子·小匡》："平原廣牧，車不結轍，士不旋踵，鼓之而三軍之士視死如歸，臣不如王子城父。"

定紐箁聲

箁

 上博三·周 9 备（邊）～

 上博四·曹 52 迟（及）尔龜～

～，楚簡或作 (郭店·緇衣 46)、 (新蔡甲三 72)、 (新蔡甲三 114)、 (新蔡甲三 15)。從"口"，乃增飾偏旁。或作 (郭店·緇衣 46)，從"卜"。

或説 ,从"竹","酓"聲。《周禮·秋官·序官》"萚簇氏",鄭玄注:"鄭司農云:'萚讀爲摘。'""摘"從"酓"聲,折、筮均爲禪紐月部字。《説文·竹部》:"筮,《易》卦用蓍也。从竹,从巫。巫,古文巫字。"

上博三·周9～,《周禮·春官·簭人》:"簭人掌三易,以辨九簭之名。"

上博四·曹52"龜～(筮)",占卦。古時占卜用龜,筮用蓍,視其象與數以定吉凶。亦指占卦的人。《書·大禹謨》:"鬼神其依,龜筮協從。"蔡沈集傳:"龜,卜;筮,蓍。"陳琳《大荒賦》:"假龜筮以貞吉,問神諝以休詳。"(禤健聰)

定紐叡聲

璿

上博二·容38 篡(筑)爲～室

《説文·玉部》:"璿,美玉也。从玉,睿聲。《春秋傳》曰:璿弁玉瓔。瓊,古文璿。叡,籀文璿。"

簡文"～室",用美玉砌成的宫室。《太平御覽》卷八二皇王部引《紀年》作:"桀傾宫,飾瑤台,作瓊室,立玉門。"《路史·發揮》卷六引《汲塚古文冊書》作:"桀飾傾宫,起瑤台,作瓊室,立玉門。"《晏子春秋·内篇諫下》:"及夏之衰也,其王桀背棄德行,爲璿室、玉門。"《淮南子·本經》:"晚世之時,帝有桀紂,爲琁室、瑤臺、象廊、玉床。"

叡

上博六·用18～亓(其)又(有)宙成

上博三·周28～恆卣(貞)凶

上博三·周29～恆

《説文·叡部》:"叡,深明也,从奴、从目、从谷省。𠭣,古文叡。𡧝,籀文叡,从土。"

上博六·用18～,聖明,聰慧。《逸周書·謚法》:"叡,聖也。"《漢書·敘傳下》:"燕蓋譸張,實叡實聰,皐人斯得,邦家和同。"

上博三·周28"～亙(恆)",帛本作"夐恆",今本作"濬恆";29今本作"振恆"。"叡亙",即"濬恆",也就是疏通恆,使恆固鬆動而發生改變。引申之,就是離恆固越來越遠。《廣雅·釋詁一》:"振,動也。""振恆",是使恆固動搖。《易·恆》:"濬恆貞凶。"孔穎達疏:"濬,深也。最處卦底,故曰深也。深恆者,以深爲恆是也。"(廖名春)

濬

 上博一·性19～深膉慆(陶)

～,郭店·性自命出31作,下从"見","見"、"目"二旁古通,"濬"字異體。《説文·谷部》:"𧮫,深通川也。从谷从卢。卢,殘地,阮坎意也。《虞書》曰:'𧮫畎濬距川。'濬,𧮫或从水。𠑾,古文𧮫。"

簡文"～深",同義復詞。《爾雅·釋言》:"濬,深也。"(廖名春)或讀爲"濬深",似是形容思想、感情的深沉。

定紐剡聲

戜

 上博二·容16～没(役)不至

 上博五·季8縈(葛)～含語肥也

 上博五·季14虞(叔)夫～含之先莞(世)

～，或疑"厵"字異文。《説文・金部》："鋭，芒也，從金，兑聲。 ，籀文鋭，從厂、剡"。或説從"炎"，與從"火"同，"戉"聲，釋爲"威"。（王輝）或説從"惔"，"惔"從乚、從二火，會烈火燒乚（區之初文，像一個區域或隱蔽之地，戰國文字"或〈域〉"、"區"多從此形）之意，爲"烈"之象意本字。（季旭昇）

上博二・容 16"～㱿"，讀爲"癘疫"，瘟疫。《左傳・昭公元年》："山川之神，則水旱癘疫之災，於是乎禜之。"孔穎達疏："癘疫謂害氣流行，歲多疾病。"《周禮・夏官・戎右》："贊牛耳桃茢。"鄭玄注："故書茢爲滅。杜子春云：'滅當爲厲。'"（王輝）

上博五・季 8、14"紫（葛）～含"，人名。

剙

 上博三・周 49 ～（列）亓（其）衛（胤）

～，從"刀"，"戭"字異體。

簡文～，讀爲"列"。《説文・刀部》："列，分解也。從刀，歺聲。"列，馬王堆漢墓帛書本作"戾"，今本作"列"，"戾"、"列"都是來母月部字，可通。

颲（洌）

 上博三・周 45 汬（井）～

～，從"水"，"剙"聲，"洌"字或體。《説文・水部》："洌，水清也，從水，列聲。《易》曰：'井洌，寒泉，食。'"

簡文～，即"洌"，《廣雅・釋詁一》："洌，清也。"《易・井》："井洌寒泉食。"王弼注："洌，潔也。"崔注："洌，清潔也。"《文選・東京賦》："玄泉洌清。"薛綜注："洌，清澄貌。"

定紐兌聲歸元部合聲

來紐剌聲

朿

 上博一·性 19 亓～(剌)流女也呂(以)悲

～，從"木"、從雙"手"。或說"剌"之省體。

簡文～，讀爲"烈"，甚，厲害；猛烈。《孟子·萬章下》："《康誥》曰：'殺越人於貨，閔不畏死，凡民罔不譈。'……於今爲烈，如之何其受之？"

剌

 上博一·性 30 凡交毋～(烈)

 上博五·弟 23～虘丌(其)下

 上博一·孔 6～(烈)吝(文)曰

～，楚簡或作 （郭店·性自命出 30）、 （郭店·性自命出 31）、 （郭店·性自命出 60）。《說文·束部》："剌，戾也。从束，从刀。刀者，剌之也。"

上博一·性 30～，讀爲"烈"，訓爲"濃"，與"淡"相對，此句的"末"應訓爲"終"，與"成"相近。意思是說，凡交友之道，不要太過濃密，淡淡相交，必使有終。《禮記·表記》："君子之接如水，小人之接如醴；君子淡以成，小人甘以壞。"（彭裕商）

上博一·孔 6"～吝"，讀爲"烈文"，《詩經》篇名。《詩·周頌·烈文》："烈文辟公，錫茲祉福。惠我無疆，子孫保之。無封靡於爾邦，維王其崇之。念茲戎功，繼序其皇之。無競維人，四方其訓之。不顯維德，百辟其刑之。於乎，

前王不忘！"

上博五·弟23"～虐丌下",讀爲"列乎其下","列",陳列；排列。《禮記·樂記》："鋪筵席,陳尊俎,列籩豆,以升降爲禮者,禮之末節也。"揚雄《長楊賦》："羅千乘於林莽,列萬騎於山隅。"《漢書·司馬相如傳》："於是乎盧橘夏孰,黃甘橙楱,楷杷燃柿,亭奈厚朴,樗棗楊梅,櫻桃蒲陶,隱夫薁棣,荅遝離支,羅乎後宮,列乎北園。"

敕

上博五·姑1 姑成豪（家）父事～公

上博五·姑1 㠯（以）見亞（惡）於～=公=

上博五·姑8 言於～公曰

上博五·姑10 鋆（鑾）箸（書）弋～公

～,从"攴","朿"聲,"刺"字異體。

簡文"～公",讀爲"厲公",即晉厲公,公元前580至公元前573年在位。鄢陵之戰,大敗楚軍,威震諸侯。后驕奢淫逸,近嬖臣,遠良朋,殺三郤（郤锜、郤犫、郤至）。終爲欒書、荀偃所殺。（李朝遠）

來紐戾聲

戾

上博四·内10 肰（然）則孚（免）於～

上博二·從甲10 誂則遠～

　　上博六·用 2 孰君孰~

　　上博六·用 3 遠君遠~

《說文·犬部》:"戾,曲也。从犬出户下。戾者,身曲戾也。"

簡文~,罪、暴戾、違逆義。《爾雅·釋詁上》:"戾,罪也。"《荀子·儒效》:"殺管叔,虚殷國,而天下不稱戾焉。"楊倞注:"戾,暴也。"《詩·小雅·節南山》:"昊天不惠,降此大戾。"鄭玄箋:"戾,乖也。"

來紐乎聲

爰

　　上博六·孔 9 悬(仁)~悬(仁)而進之

~,楚文字或作 、、。楚文字標準的"爰"中間多作四筆,如 、;或省而少一筆,如 ;再省一筆,即成以上最簡形的"爰"。《説文·受部》:"爰,引也。从受,从于。籀文以爲車轅字。"

簡文~,讀爲"援",援引。簡文意謂,仁人在上,所援引(舉薦、提拔)的也是仁人,不仁之人也就無由進仕了。(陳劍)

豽

　　上博五·三 18~貘飤(食)虎

~,从"鼠","乎"聲。

簡文"~貘",應即狻猊的别名。《爾雅·釋獸》:"狻麑如虥貓,食虎豹。"

(虥貓是淺毛虎)《穆天子傳》卷一也提到"狻猊",郭璞注:"狻猊,獅子,亦食虎豹。"獅子原產地爲非洲,爲中國所無。獅子傳入中國,目前的可靠記載是在漢代。(李零)

慢

 上博二·從甲 5 一曰～

 上博二·從甲 5 尋=(君子)不～則亡吕(以)頌百姓

～,从"心","爰"聲,或贅加"宀",作(郭店·尊德義 34)。《玉篇》:"慢,恨也,忘也。"

上博二·從甲 5 ～,讀爲"緩"。或讀爲"寬"。《國語·吳語》:"將必寬然有伯諸侯之心焉。"韋昭注:"寬,緩也。"《詩·衛風·淇奧》:"寬兮綽兮。"毛亨傳:"寬能容衆。"《禮記·表記》:"以德報怨,則寬身之仁也。"(連劭名)

㜷

 上博八·有 5 族～=(㜷㜷)必䜟(慎)毋䕺今可(兮)

～,从"子","慢"聲。

簡文～～,讀爲"緩緩"。《玉篇》:"緩,遲緩也。"《易·雜卦》:"解,緩也。"焦循章句:"緩,猶慢也。""緩緩",猶言"徐徐",寬綽緩慢之意。《楚辭·九歌·東皇太一》"疏緩節兮安歌","疏緩節"即簡文之"族緩緩",可以參看。

緩

 上博二·容 1 軒～(轅)是(氏)

 上博二·容 6 甚～而民備(服)

上博八·蘭 2～才(哉)菉(蘭)可(兮)

上博八·顔 2 所䛃(以)爲～也

《說文·素部》"繟，繖也。从素，爰聲。緩，繟或省。"

上博二·容 1"軒～是"，讀爲"軒轅氏"，傳說中的古代帝王黄帝的名字。傳說姓公孫，居於軒轅之丘，故名曰軒轅。曾戰勝炎帝於阪泉，戰勝蚩尤于涿鹿，諸侯尊爲天子。後人以之爲中華民族的始祖。《楚辭·遠遊》："軒轅不可攀援兮，吾將從王喬而娛戲！"《史記·五帝本紀》："黄帝者，少典之子，姓公孫，名曰軒轅。"

上博二·容 6～，寬緩。《管子·霸形》："公輕其稅斂，則人不憂飢；緩其刑政，則人不懼死。"《史記·李斯列傳》："緩刑罰，薄賦斂。"

上博八·蘭 2～，義爲舒緩，和緩。《禮記·樂記》："其樂心感者，其聲嘽以緩。"《楚辭·九歌·東皇太一》："疏緩節兮安歌。"《韓非子·亡征》："緩心而無成，柔茹而寡斷。"

上博八·顔 2～，讀爲"寬"，寬緩。《韓非子·五蠹》："如欲以寬緩之政，治急世之民，猶無轡策而御駻馬，此不知之患也。"（單育辰）

緩

上博三·中 13～悤而惫放之

上博三·中 17 型正不～(緩)

～，从"心"，"緩"聲。即"緩"字繁體。

上博三·中 13"～悤"，讀爲"緩施"，《大戴禮記·千乘》："方春三月，緩施生育，動作百物，於時有事，享于皇祖皇考。"王聘珍注："緩，和也。"《賈子·輔佐》："方春三月，緩施生遂，動作百物，是時有事于皇祖皇考。"

上博三·中 17～，讀爲"緩"，寬緩、鬆弛。《荀子·王制》："刑政平，百姓和，國俗節，則兵勁城固，敵國案自詘矣。"《淮南子·主術》："當此之時，法寬

刑緩,囹圄空虛,而天下一俗,莫懷姦心。"(陳偉武)

夒

 上博三·周 54～走丌(其)尻

 上博三·周 54～丌(其)躳(躬)

 上博三·周 54～丌(其)群

 上博三·周 54～丌(其)丘

 上博三·周 55～丌(其)大唬(號)

 上博三·周 55～丌(其)尻

 上博三·周 55～丌(其)血

 上博三·周 54～

 上博三·周 54～丌(其)群

～,從"睿",從"爰","睿"、"爰"皆聲。或作 ,"睿"旁加"廾",其實就是"奐"字,等於"奐"加"爰"。(李零)

上博三～,讀爲"渙",渙散,離散。卦名,《周易》第五十九卦,坎下巽上。《彖》曰:"《渙》,亨。剛來而不窮,柔得位乎外而上同。"《象》曰:"風行水上,

《涣》;先王以享于帝立廟。"

來紐列聲

列

上博五·鮑 4～民轘樂

上博四·采 3～也遺夬

～,與(包山 150)所從同。从"刀"或"刃",从"歹",會分解之意。《説文·刀部》:"列,分解也。从刀,歺聲。"或認爲从"刃"、"奴"省聲,讀爲"殘"。(季旭昇、何景成)或釋爲"弁"。(袁金平)

上博五·鮑 4～,讀爲"厲",虐也,害也。《書·梓材》:"予罔厲殺人。"桓寬《鹽鐵論·疾貪》:"長吏厲諸小吏,小吏厲諸百姓。""厲民"見於《孟子·滕文公上》:"今也滕有倉廩府庫,則是厲民而以自養也。"(陳劍)

精紐祭聲

祭

上博一·性 29～祀之豊(禮)必又(有)夫齎(齊)齎(齊)之敬

上博二·昔 2 女(如)～祀之事

上博三·周 43 利用～祀

上博三·周 57 不女(如)西喜(鄰)之酌～

上博三·中6夫~

上博四·柬3欲~於楚邦者唬（乎）

上博四·柬4牉（将）~之

上博四·柬5遬（速）~之

上博四·柬7安敢殺~

上博四·柬7殺~

上博五·競2昔高宗~

上博五·競3高宗命伇（傅）鳶（説）量之曰（以）~

上博五·競3既~

上博五·競4~之旻（得）臬（福）者也

上博五·鮑7公乃身命~

上博五·鮑7又（有）翮（司）~備（服）毋（無）絞（齵）

上博五·三 13 不陸(墮)～祀

上博五·競 4 既～之後

上博六·競 12 ～、正不腬祟

上博六·競 13 青～與正

上博六·競 13 命割(會)疾(譴)不敢監～

上博七·君甲 5 君王龍(隆)亓(其)～

上博七·君乙 5 君王龍(隆)亓(其)～

上博七·凡甲 7 窒～員奚逐

上博七·凡乙 6 窒～員奚逐

《説文·示部》："祭，祭祀也。从示，以手持肉。"

上博一·性 29、上博二·昔 2、上博三·周 43、上博五·三 13"～祀"，祀神供祖的儀式。《禮記·曲禮》："禱祠祭祀，供給鬼神，非禮不誠不莊。是以君子恭敬撙節退讓以明禮。"《周禮·天官·酒正》："凡祭祀，以灋(法)共五齊三酒，以實八尊。大祭三貳，中祭再貳，小祭壹貳，皆有酌數。"

上博三·周 57"酌～"，讀爲"禴祭"，古代祭名。指夏祭或春祭。《易·萃》："引吉無咎。孚乃利用禴。"鄭玄注："禴，殷春祭之名也，四時祭之省者也。"

上博四·柬 7"殺～",參下"殺"字條。

上博五·鮑 7"～備",讀爲"祭服",祭祀時所穿的禮服。《周禮·天官·内宰》:"中春,詔后,帥外内命婦始蠶於北郊,以爲祭服。"賈公彦疏:"《禮記·祭義》亦云:蠶事既畢,遂朱緑之,玄黄之,以爲祭服。此亦當染之以爲祭服也。"

上博六·競 12、13"～、正不臘祟","祭正"是泛稱巫卜祝史之官。(董珊)

上博六·競 13"命割疾不敢監～",《晏子春秋》"景公病久不愈欲誅祝史以謝晏子諫"章與上引簡文相當之處作"命會譴毋治齊國之政,梁丘據毋治賓客之事"。兩相比照,可以認爲簡文"祭"之事務與《晏子春秋》中的"賓客之事"大體相當。(李天虹)

上博～,祭祀。對陳物供奉神鬼祖先的通稱。《禮記·祭統》:"祭者,所以追養繼孝也。"《穀梁傳·成公十七年》:"祭者,薦其時也,薦其敬也,薦其美也,非享味也。"

清紐殺聲

殺

上博二·從甲 15 不叡(教)而～

上博二·容 4 不型(刑)不～

上博二·容 6 不型(刑)～而無䚻(盜)惻(賊)

上博三·周 57 東䣙(鄰)～牛

上博四·柬 7 㠯(以)君王之身～祭

上博五・季 10 好～則复(作)纓(亂)

上博五・季 21 大辠(罪)～之

上博五・三 12 出欲～人

上博五・三 14 牆(將)膉(興)勿～

上博五・鬼 2 焚聖人～訐(諫)者

上博六・壽 3～左尹鼉(宛)、少帀(師)亡(無)諅(忌)

上博六・天甲 5 幾～而邦正

上博六・天甲 5 文生武～

上博六・天乙 4 幾～而邦正

上博六・天乙 5 文生武～

上博四・柬 7 安敢～祭

上博七・鄭甲 1 奠(鄭)子豪(家)～亓(其)君

・ 2877 ・

上博七·鄭甲2 含(今)奠(鄭)子豪(家)～丌(其)君

上博七·鄭乙1 奠(鄭)子豪(家)～丌(其)君

上博七·鄭乙2 奠(鄭)子豪(家)～丌(其)君

～，西周金文作✦，以械擊人之形，會擊殺之意。楚文字作✦（郭店·老子丙7）、✦（郭店·魯穆公問子思5）、✦（郭店·尊德義3），或作✦（郭店·唐虞之道7）、✦（郭店·語叢三40），與《說文》古文✦及三體石經古文✦（僖公）相合。《說文·殺部》："殺，戮也。从殳、杀聲。✦，古文殺。✦，古文殺。✦，古文殺。"

上博二·從甲15"不嗇(教)而～"，《論語·堯曰》："子曰：'不教而殺謂之虐。不戒視成謂之暴。慢令致期謂之賊。猶之與人也，出納之吝，謂之有司。'"

上博二·容6"不型(刑)～"，處以死刑。《周禮·秋官·掌囚》："及刑殺，告刑于王，奉而適朝士，加明桔，以適市而刑殺之。"《商君書·定分》："故聖人立天下而無刑死者，非不刑殺也，行法令，明白易知，爲置法官吏爲之師，以道之，知萬民皆知所避就，避禍就福，而皆以自治也。"

上博三·周57"～牛"，宰殺牛。《禮記·王制》："諸侯無故不殺牛，大夫無故不殺羊，士無故不殺犬豕，庶人無故不食珍。"

上博四·柬7～，減省。《周禮·地官·廩人》："若食不能人二釜，則令邦移民就穀，詔王殺邦用。"鄭玄注："殺，猶減也。""殺祭"，指降殺祭祀對象的規格。"殺祭"指不祭楚邦的"高山深溪"，而去祭莒中之"名山名溪"。讀爲"散祭"，或讀爲"數"，義爲"數祭"，即頻繁地祭祀。

上博五·季10"好～"，喜好殺戮。《管子·七臣七主》："昔者桀紂是也。誅賢忠，近讒賊之士而貴婦人，好殺而不勇，好富而忘貧。"

上博五·季21"大皋～之"，《左傳·哀公十六年》："'請三之後，有罪殺之。'公曰:'諾哉!'"

上博五・三 12"～人",《左傳・哀公十四年》:"陳逆殺人,逢之,遂執以入。"

上博五・鬼 2"焚聖人～訐(諫)者",《淮南子・道應》:"乃爲炮烙,剖比干,剔孕婦,殺諫者。"

上博六・天甲 5、天乙 4～,指刑殺。《吕氏春秋・仲秋紀》:"斬殺必當。"高誘注:"軍刑斬,獄刑殺。"《周禮・秋官・司刑》:"殺罪五百。"鄭玄注:"殺,死刑也。"

上博六・天甲 5、天乙 5"文生武～",馬王堆帛書老子乙本卷前古佚書《經法・君正》:"天有死生之時,國有死生之政。因天之生也以養生,謂之文,因天之殺也以伐死,謂之武。文武並行,則天下從矣。"

上博五・三 14、上博六・壽 3、上博七・鄭甲 1、2、鄭乙 1、2～,殺戮。《書・大禹謨》:"與其殺不辜,寧失不經。"

清紐大聲

縍

 上博三・彭 8 氏(是)胃(謂)豔(絶)～

～,从"糸","蔡"聲。

簡文～,或讀爲"綴"。或讀爲"殺"。《吕氏春秋・長利》:"是故地日削,子孫彌殺。"高誘注:"殺,衰也。"或讀爲"世","絕世"即"絕後"。見《左傳・哀公十五年》:"大命隕隊,絕世於良。"杜預注:"絕世,猶棄世。"又見《論語・堯曰》:"興滅國,繼絕世。"又見《禮記・中庸》:"繼絕世,舉廢國。"

清紐毳聲

毳

 上博二・容 49 高下肥～之利聿(盡)智(知)之

《説文·毳部》:"毳,獸細毛也。从三毛。"

簡文"肥～",讀爲"肥磽",土地肥沃或瘠薄。《孟子·告子上》:"雖有不同,則地有肥磽,雨露之養,人事之不齊也。"《荀子·王制》:"相高下,視肥墝,序五種,省農功,謹蓄藏,以時順修,使農夫樸力而寡能,治田之事也。"《淮南子·脩務》:"時多疾病毒傷之害,於是神農乃始教民播種五穀,相土地宜,燥濕肥墝高下,嘗百草之滋味,水泉之甘苦,令民知所辟就。"

窡

 上博二·子1 史(使)亡(無)又(有)少(小)大忌(肥)～

 上博八·子6 而之大難～

～,从"宀","毳"聲。

上博二·子1"忌～",讀爲"肥磽",土地肥沃或瘠薄。參上。或讀爲"肥脆"。"脆(膬)",清紐月部;"磽",精紐支部。故二字爲齒音雙聲。如果退一步從"膬"或作"脆"分析,"危"歸歌部(董同龢、王力之説),歌、月對轉。而如將"危"歸支部(段玉裁、王念孫、朱駿聲之説),則"脆"與"磽"同屬支部。"肥磽",見《書·禹貢》:"田之高下肥磽。"《吕氏春秋·仲秋紀》:"案芻豢,瞻肥磽。"或作"肥腯",見《管子·問》:"時簡稽帥馬牛之肥腯。"(何琳儀)或讀爲"饒"。(白於藍)

上博八·子6～,墓穴。《正字通》:"窡,窋之譌。"《説文》:"窋,穿地也。从穴,毳聲。一曰小鼠。《周禮》曰:'大喪甫窋。'"《小爾雅·廣名》:"壙,謂之窋。"窋,亦指挖地造墓穴。

霩

 上博四·采3～氏

～,从"雨","毳"聲,霩(包山185)、霩(郭店老甲25),今本《老子》作"脆"。

簡文"～氏",曲目。～,讀爲"毳"。《通志·氏族略》引《姓苑》有"毳氏",《五音集韻》清四:"毳,細毛也。又姓,出《姓苑》。"《周禮·天官·掌皮》:"掌皮,掌秋斂皮,冬斂革,春獻之。遂以式灋頒皮革於百工。"鄭玄注:"皮革踰歲乾,久乃可用,獻之,獻其良者于王,以入司裘給王用。""毳氏"疑爲掌皮的百工。(張新俊)

從紐𢆶聲

絶(𢇍)

上博五·三 16 不～(絶)惪(憂)卹(恤)

上博一·孔 27 北風不～(絶)人之惌(怨)

上博一·孔 29 涉秦(溱)亓(其)～㭭而士

上博一·緇 22 翌(輕)～(絶)貧賤

上博一·緇 22 而厚(重)～(絶)員(富)貴

上博二·容 53 ～(絶)穜(種)悉(侮)眚(姓)

上博三·彭 8 氏(是)胃(謂)～絲

上博四·柬 14 而百眚(姓)㠯(以)～(絶)

 上博六·孔 15 不囗拜～㠯（以）爲己

 上博七·吴 1 惎～（絕）

 上博六·用 6～原流滺

 上博六·用 14 訾兀（其）又（有）～煮

～，楚文字或作 、、、，从"刀"，从"糸"或"絲"，會用刀斷絲之意，"絕"字的異體。《説文·糸部》："絕，斷絲也。从糸，从刀，从卪，![]，古文絕。象不連體，絕二絲。"

上博五·三 16 "不～（絕）惥（憂）䘏（恤）"，見《吕氏春秋·上農》："時事不共，是謂大凶。奪之以土功，是謂稽，不絕憂唯，必喪其粃。"

上博一·孔 29～，横度；越過。《荀子·勸學》："假舟楫者，非能水也，而絕江河。"楊倞注："絕，過。"

上博一·緇 22、上博四·柬 14～，斷絕。

上博二·容 53 "～穜"，讀爲"絕種"，指滅族。

上博三·彭 8 "～絺"，斷絕。参"絺"字條。

上博七·吴 1～，斷絕，摒棄。《論語·子罕》："子絕四：毋意，毋必，毋固，毋我。"《老子》："絕仁棄義，絕學無憂。"

上博六·用 6 "～原"，讀爲"絕源"。《説苑·臣術》："四曰明察幽，見成敗，早防而救之，引而復之，塞其間，絕其源，使君終以無憂，如此者，智臣也。"《鹽鐵論·禁耕》："夫不蚤絕其源而憂其末，若決吕梁，沛然，其所傷必多矣。"（董珊）

蔸

　　上博一·緇12 民之～也

　　上博一·性7 群善之～也

～,从"艸","繼"聲,與 ⿳(郭店·緇衣21)、⿳(郭店·性自命出13)同。《説文·艸部》:"蔸,朝會束茅表位曰蔸。从艸,絶聲。《春秋國語》曰:'致茅蔸,表坐。'"

上博一·緇12～,古代演習朝會禮儀時束茅立於地以標位次。《國語·晉語八》:"置茅蔸,設望表。"韋昭注:"置,立也。蔸,謂束茅而立之。"《史記·劉敬叔孫通列傳》"爲綿蕞",司馬貞索隱引賈逵曰:"束茅以表位爲蔸。"今本《禮記·緇衣》作"民之表也"。"蔸"與"表"同義。

上博一·性7～,與"表"同義,表徵或標準之義。

禠

　　上博五·弟15 亓(其)綬(組)～虖(乎)

～,从"衣","絶"聲,
簡文～,讀爲"絶"。"組絶"或認爲是丢官解職之義。

心紐戌聲

戌

　　上博五·季22 □～遬(速)毋死(恆)

　　上博五·三10 毋～宗

 上博五·三 11 善勿～

 上博六·天甲 11 不言～

 上博六·天乙 10 不言～

 上博七·武 14 愴(怠)勳(勝)敬則～

 上博七·鄭甲 4 而～嚴於下

《說文·火部》:"威,滅也。从火、戌。火死於戌,陽氣至戌而盡。《詩》曰:'赫赫宗周,褒似威之'。"

上博五·三 10"毋～宗",《左傳·定公四年》:"違強陵弱,非勇也。乘人之約,非仁也。滅宗廢祀,非孝也。動無令名,非知也。"

上博五·三 11"善勿～",意爲不要滅亡善。

上博六·天甲 11、天乙 10～,即"滅",當指滅亡。《公羊傳·哀公八年》:"曷爲不言其滅？諱同姓之滅也。何諱乎同姓之滅？力能救之而不救也。"(楊澤生)

上博七·武 14"愴(怠)勳(勝)敬則～",《禮記·學記》孔穎達疏:"案《大戴禮》云:'其書之言曰:敬勝怠者強,怠勝敬者亡。'《瑞書》云:'敬勝怠者吉,怠勝敬者滅,義勝欲者從,欲勝義者凶。'"

上博五·季 22～,讀爲"滅"。待考。

滅

 上博七·凡甲 20 測(賊)之則～

～,與 (郭店·唐虞之道 28)同,从"水","戌"聲,"滅"字異體。郾王職

壺作。《説文·水部》:"滅,盡也。从水,威聲。"

上博七·凡甲20～,《説文》:"滅,盡也。"引申爲隱没,消失。《莊子·應帝王》:"列子追之不及,反,以報壺子曰:'已滅矣,已失矣,吾弗及已。'"《淮南子·原道》:"草木注根,魚鱉湊淵。莫見其爲者,滅而無形。"

心紐柰聲

柰

 上博六·競9勿而～者也

 上博六·競12祭、正不臁～

～,楚文字或作(包山247)、米(新蔡甲三112)、米(新蔡零241),从"木",从"示","木"或省變作"大"、"业"、"山"。《説文·示部》:"祟,神禍也。从示,从出。𥛱,籀文祟,从襲省。"

上博六·競9、12～,即"祟",鬼神的禍害。古人以爲想象中的鬼神常出而禍人。《戰國策·東周策》:"及王病,使卜之。太卜譴之曰:'周之祭地爲祟。'"鮑彪注:"神禍也。"《莊子·天道》:"一心定而王天下,其鬼不祟。"

心紐离聲

离

上博二·子12是～也

上博二·子10～之母

～，像人形，突出大的頭部，頭上"ɿɿɿ"像頭髮形，下部有腳趾。或從四腳趾，是由於類化的影響。（魏宜輝）《說文·内部》："禼，蟲也，從厹，象形，讀與偰同。，古文禼。"

簡文～，即契，商人祖先。《列女傳·母儀傳》："契母簡狄者，有娀氏之長女也。當堯之時，與其妹娣浴于玄丘之水。有玄鳥銜卵，過而墜之。"《説苑·君道》："當堯之時，舜爲司徒，契爲司馬，禹爲司空，后稷爲田疇，夔爲樂正，倕爲工師，伯夷爲秩宗，皋陶爲大理，益掌歐禽。"《管子·法法》："舜之有天下也，禹爲司空，契爲司徒，皋陶爲李，后稷爲田。"

諩

 上博四·曹 45 亓（其）諻（誅）至（重）叔不～

上博五·鮑 5 弗～人之生厽（三）

上博六·孔 6 人之未～

上博六·孔 16 安與之尻而～聞亓（其）所學

上博六·孔 18 不～不僾

上博六·孔 27 是～

～，楚文字或作（郭店·語叢一 68）、（郭店·窮達以時 1）、(郭店·五行 8）、(郭店·五行 13）、(包山 12）、(包山 15）、(包山 22）、(包山 42）、(包山 125）、(包山 157），從"言"，"禼"聲，或"禼"

省聲。(李零)或説从"㞢"、"㞢"、"乂",可能是"辛"字的變體,是聲旁。

上博四·曹 45、上博六·孔 18 不～、上博五·鮑 5 弗～、上博六·孔 6 未～,意即"不察",不察知;不瞭解。《楚辭·離騷》:"荃不察余之中情兮,反信讒而齌怒。"

上博六·孔 16、27～,讀爲"察",仔細察看。《易·繫辭上》:"仰以觀於天文,俯以察於地理,是故知幽明之故。"

敼

 上博二·容 30 乃立～㠯(以)爲樂正

 上博二·容 30～既受命

 上博六·孔 8～又易佫(效)也

～,與(郭店·語叢四 8)、(郭店·語叢四 8)同,从"攴","离"聲。

簡文～,讀爲"契"。《大戴禮記·五帝德》:"使禹敷土,主名山川,以利於民;使后稷播種,務勤嘉穀,以作飲食;羲和掌厤,敬授民時;使益行火,以辟山萊;伯夷主禮,以節天下;夔作樂,以歌籥舞,和以鐘鼓;皋陶作士,忠信疏通,知民之情;契作司徒,教民孝友,敬政率經。"《史記·五帝本紀》:"而禹、皋陶、契、后稷、伯夷、夔、龍、倕、益、彭祖自堯時而皆舉用,未有分職。"(陳偉)

上博六·孔 8～,或讀爲"竊",謙詞。(陳偉)

剔

 上博二·容 18 田無～

 上博五·三 10 毋～

～，从"刀"，"离"聲。

上博二·容 18～，讀爲"蔡"，義爲野草。《説文·艸部》："蔡，艸也。"

上博五·三 10"毋～棠"，或讀爲"毋害常"，不要妨害正常的事物。（季旭昇）

轞

 上博四·曹 46 少則愆（惕）～

～，从"車"，"离"聲。

簡文～，或讀爲"察"。（季旭昇）

夒

 上博八·志 1 曰（以）～譌王夫=（大夫）之言

～，从"又"，"离"聲。

簡文"～譌"，讀爲"變化"。（讀書會）或讀爲"對"，應對、答問之意。

縭

 上博二·容 51～（帶）虖（甲）墓（萬）人

 上博二·容 51～（帶）虖（甲）三千

～，从"糸"，"离"聲，"帶"字異體。或説从"糸"，从"帶"。

上博二·容 51"～虖"，讀爲"帶甲"，披甲的將士。《國語·越語上》："有帶甲五千人將以致死。"《戰國策·齊策一》："齊地方二千里，帶甲數十萬。"

幫紐貝聲

貝

 上博四·逸·交 4□~

《説文·貝部》:"貝,海介蟲也。居陸名猋,在水名蜬。象形。古者貨貝而寶龜,周而有泉,至秦廢貝行錢。"

簡文~,待考。

敗

 上博一·緇 12 毋㠯(以)少(小)悔(謀)~大惹(圖)

 上博四·曹 44 是古(故)矣(疑)戟(陳)~

 上博四·曹 46 逻(復)~戢(戰)又(有)道虎(乎)

 上博四·曹 46 三軍大~不秀(勝)

 上博五·三 13 天之所~

 上博二·民 2 四方又(有)~

 上博二·民 9 ~矣

上博六·壽 1 禍（禍）～因童（重）於楚邦

上博六·用 1 是善～之經

上博六·用 14 恆民趨～

上博七·武 15 桂（柱）者～

上博七·鄭甲 7 大～晉帀（師）安（焉）

上博七·鄭乙 7 大～晉［帀（師）安（焉）］

上博七·凡甲 19 ～之則高

上博八·命 10 而邦正（政）不～

～，楚文字或作 、、，爲《説文》籀文所本。《説文·貝部》："敗，毀也。从攴、貝。敗、賊皆从貝，會意。![]，籀文敗，从賏。"

上博一·緇 12 "毋以少（小）悔（謀）～大慇（圖）"，《禮記·緇衣》孔穎達疏："'葉公之《顧命》曰：毋以小謀敗大作'者，此葉公《顧命》之書，無用小臣之謀敗損大臣之作。"

上博四·曹 46 "㠯～戰"，讀爲"復敗戰"，指挽救"敗戰"。《左傳·莊公十一年》："凡師，敵未陳曰敗某師，皆陳曰戰，大崩曰敗績。""敗"與陣形潰亂有關。（李零）

上博四・曹 44、46～，失敗；失利。《孫子・形》："故善戰者，立於不敗之地。"《史記・項羽本紀》："戰勝而將驕卒惰者敗。"

上博二・民 2～，讀爲"美"。簡文"四方有美，必先知之"，君子若能夠通於禮樂之源，能夠達到"五至"與"三無"的境界，則必能感知、發現天下四方之人的美德懿行。（林素清）

上博二・民 9"～矣宏矣大矣"，"敗"讀爲"美"，二字雙聲可通。簡文與《禮記・孔子閒居》"言則大矣，美矣，盛矣"似可相互對應。（何琳儀）

上博六・壽 1"禍～"，災禍與失敗。《左傳・襄公九年》："商人閱其禍敗之釁，必始於火。"《國語・晉語八》："民志不厭，禍敗無已。"《後漢書・李固傳》："譬猶一門之内，一家之事，安則共其福慶，危則通其禍敗。"

上博六・用 1"善～"，成敗。《左傳・僖公二十年》："量力而動，其過鮮矣。善敗由己，而由人乎哉？"《韓非子・主道》："是以明君守始以知萬物之源，治紀以知善敗之端。"

上博六・用 14"趑～"，讀爲"墮敗"，是同義詞連用。（沈培）

上博七・武 15"桂（柱）者～"，《大戴禮記・武王踐阼》："凡事不強則枉，弗敬則不正。柱者滅廢，敬者萬世。""敗"，即滅廢。《說文・攴部》："敗，毀也。"《史記・韓王信傳》："今王以敗亡走胡，非有大罪。""敗亡"，是指破滅。

上博七・鄭甲 7、鄭乙 7"大～晉[帀（師）安（焉）]"，打敗。《春秋・隱公十年》："公敗宋師於菅。"

上博七・凡甲 19～，做事失敗，不成功。《老子》："民之從事，常於幾成而敗之。"

上博八・命 10"而邦正（政）不～"，毀壞。《易・大有》："大車以載，積中不敗也。"

幫紐拜聲

拜

上博一・性 12～□

上博五・競 9 伋（陝）偟（朋）弅（與）鞄（鮑）昷（叔）爲（牙）皆～

 上博三·彭 8 狗(耇)老弌(二)～旨(稽)首曰

 上博六·孔 13～此與民也

 上博六·孔 15 句～四方之立启(以)童

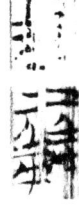 上博六·孔 15 不□～繼(絕)启(以)爲己

上博六·孔 15～此民

 上博六·莊 8 紳公跪～

 上博八·有 1 能爲余～楮杊今可(兮)

～，郭店·性自命出 21 作，與上博同，从兩手，會意。《說文·手部》："捧，首至地也。从手、桒。桒音忽。𢷎，楊雄說：拜从兩手下。𠬹，古文拜。"

上博一·性 12、上博六·孔 15、上博五·競 9～，表示恭敬的一種禮節。行禮時下跪，低頭與腰平，兩手至地。後用爲行禮的通稱。《書·顧命》："授宗人同，拜，王答拜。"《荀子·大略》："平衡曰拜。"楊倞注："謂磬折頭與腰如衡之平。"

上博三·彭 8 "弌(二)～"，拜了又拜，表示恭敬。古代的一種禮節。《論語·鄉黨》："問人於他邦，再拜而送之。"《史記·孟嘗君列傳》："坐者皆起，再拜。"

上博六·孔 13、15 "～易"，讀爲"拜賜"，拜謝或拜受賜贈。《禮記·玉藻》："大夫拜賜而退，士待諾而退。"孔穎達疏："此一節尊卑受賜拜謝之禮。"《史記·大宛列傳》："〔騫〕乃曰：'天子致賜，王不拜則還賜。'昆莫起拜賜，

其他如故。"

上博六・莊 8"跪～",屈膝下拜;磕頭。《史記・淮陰侯列傳》:"信常過樊將軍噲,噲跪拜送迎。"

上博八・有 1～,即《詩・召南・甘棠》"蔽芾甘棠,勿翦勿拜"之"拜",猶"拔"。"楮"是一種惡木,大概是說能爲"我"剪除惡人。或說"能爲余拜楮柉",猶言拜我爲師接受教育。(鄔可晶)

幫紐市聲

芾

 上博三・周 51 豐芾(其)～

上博三・周 51 豐芾(其)～

～,從"艸","市"聲。

簡文～,帛本、今本作"屋"。或讀爲"庝"或"茇",指草舍一類簡單的房子。《說文・广部》:"庝,舍也。从广,犮聲。《詩》曰:'召伯所庝。'"今本《詩・召南・甘棠》"庝"作"茇"。鄭玄箋:"茇,草舍也。"或說"屋"本爲"帳幄"之"幄"的初文(參《說文新證》下冊頁 42),與"芾"讀爲"茆",釋爲"幡幔"義近。(楊澤生)

彶

 上博二・容 3 凡民俾～者

～,從"攴","市"聲。

簡文"俾～",讀爲"蔽芾"。《詩・召南・甘棠》:"蔽芾甘棠。"毛亨傳:"蔽芾,小貌。"(裘錫圭)或讀爲"罷羸",疲困衰弱。王充《論衡・效力》:"薦致之者,罷羸無力,遂卻退竄於巖穴矣。"《周禮・考工記・廬人》……鄭玄注"言罷羸宜短兵,壯健宜長兵"。(林素清)

滂紐登聲

發

上博六·競5 外内不～

上博六·用11 若罔之未～

上博五·競3 ～古箴

上博二·昔4 ～命不夜

上博四·柬16 ～(發)駐(馹)逜(蹠)四疆

上博五·君7 脊(肩)毋～

上博五·鬼7 ～易(揚)綵(縢)價

～，或作（郭店·老子甲7）、（郭店·成之聞之24）。或作（郭店·忠信之道2），與三體石經古文同，將所從"攴"旁或"人"旁的豎筆向下拉長，並在拉長的豎筆上添加人形飾筆。與"及"或作氣類同。《說文·癶部》："發，以足蹋夷艸。从癶，从殳。《春秋傳》曰：'發夷蘊崇之。'"

上博六·競5～，讀為"廢"。《左傳·昭公二十年》："外内不廢，無廢事，上下無怨，動無違事，其祝史薦信，無愧心矣。"杜預注："君有功德，祝、史陳說之無所愧。"

上博六·用11"若罔之未～"，即未張網。《文子·上仁》："豺未祭兽，罝罘不得通於野；獵未祭魚，網罟不得入於水；鷹隼未擊，羅網不得張於皋。"《戰國策·楚策三》："麋知獵者張網前而驅己也，因還走而冒人，至數。"

上博五·競3～，讀爲"發"，施行；實行。《詩·齊風·東方之日》："履我發兮。"毛亨傳："發，行也。"《詩·大雅·烝民》："賦政于外，四方爰發。"馬瑞辰通釋："按《商頌》'遂視既發'，箋：'發，行也。徧省視之教令則盡行也。'此詩'發'亦當訓'行'，承上'賦政於外'言之。'四方爰發'猶云四方之政行焉。"《吕氏春秋·重言》："齊桓公與管仲謀伐莒，謀未發而聞於國。"高誘注："發，行。"《史記·商君列傳》："發教封内，而巴人致貢。"簡文"發故慮"與"行故作"義同。（劉信芳、張富海）

上博二·昔4"～命"，讀爲"廢命"，古人習語。如《左傳·僖公五年》："守官廢命，不敬。"《左傳·哀公十一年》説："奉爾君事，敬無廢命。"（陳偉）

上博四·柬16～，讀爲"發"，派遣。《戰國策·齊策一》："言章子之敗者，異人而同辭，王何不發將而擊之？"高誘注："發，遣。"

上博五·君7～，讀爲"撥"，訓爲"不正"，《管子·宙合》："夫繩，扶撥以爲正；準，壞險以爲平；鉤，入枉而出直。"郭沫若等集校引張文虎曰："撥，傾也，與'正'相對。"《戰國策·西周策》："少焉氣力倦，弓撥矢鉤，一發不中，前功盡矣。"（劉釗）或説"發"，訓爲"動"。《淮南子·原道》"非謂其底滯而不發"，高誘注："發，動也"；《論語·微子》"廢中權"，陸德明釋文説："（廢）鄭作發，動貌。""肩毋發、毋侗（恫）"，就是站在那里肩臂不要晃動，不要傾斜。（徐少華）

上博五·鬼7"～易"，讀爲"發揚"，本義爲奮起，引申爲舉薦、起用。《後漢書·樊宏傳》附樊準上疏："臣愚以爲宜下明詔，博求幽隱，發揚巖穴，寵進儒雅。"《禮記·樂記》："其喜心感者，其聲發以散。"鄭玄注："發，猶揚也。"

發

上博五·競3～迲者死

《説文·弓部》："發，射發也。从弓，癹聲。"
簡文～，讀爲"廢"，廢除。

戗

 上博五·鮑 8 晉人～(伐)齊

～，从"戈"，"發"聲。"伐"字異體。《說文·人部》："伐，擊也。从人，持戈。一曰：敗也。"

簡文"～齊"，即"伐齊"，征討，攻打齊國。《孟子·梁惠王下》："湯放桀，武王伐紂。"曹植《王仲宣誄》："公高建業，佐武伐商。"

脄

 上博三·周 26 欽亓(其)～

 上博三·周 26 欽亓(其)～

～，从"肉"，"犮"聲。"犮"，見於甲骨文，裘錫圭先生釋之爲"發"，用手撥動弓弦會發射之義。"脄"，"腓"的異體字。"腿"之聲旁"肥"爲並紐微部字，"腓"亦爲並紐微部字，"腿"很可能是"腓"字的異體。"脄"字聲旁"犮"(發)爲幫紐月部字。從聲紐上看，跟"腿"和"腓"字屬於幫、並旁紐雙聲。從韻部上看，"脄"字跟"腿"和"腓"爲微、月旁對轉關係。"脄"，馬王堆漢墓帛書《周易》作"腿"，今本作"腓"。

簡文～，讀爲"腓"，《說文》："腓，脛腨也。从肉，非聲。"《易·咸》："六二：咸其腓。"孔穎達疏："腓，足之腓腸也。"《韓非子·揚權》："腓大於股，難以趣走。"《莊子·天下》："禹治水，腓無胈，脛無毛。""腓"字當訓爲"小腿肌"，即"腿肚"。此處指小腿。"欽亓(其)脄，凶，凥(居)，吉。"依據今本當讀爲"咸其腓，凶，居，吉"。其大意爲：傷了小腿，有兇險。居家不出，吉利。（徐寶貴、季旭昇、陳斯鵬）

並紐犮聲

犮

 上博五·三 18 好～天從之

 上博六·天甲 11 不言～

 上博六·天乙 11 不言～

《說文·犬部》:"犮,走犬皃。从犬而丿之。曳其足,則剌犮也。"

上博五·三 18～,讀爲"祓",意爲"福",《爾雅·釋詁》:"祓,福也"。《大戴禮記·虞戴德》:"子曰:'斯爲美。雖有美者,必偏。屬於斯,昭天之福,迎之以祥。作地之福,制之以昌。興民之德,守之以長。'"

上博六·天甲 11、天乙 11～,讀爲"拔",疑當攻伐、攻取講。《孫子·謀攻》:"故善用兵者,屈人之兵,而非戰也;拔人之城,而非攻也;毀人之國,而非久也。"《漢書·高帝紀上》:"攻碭,三日拔之。"顏師古注:"拔者,破城邑而取之,言若拔樹木,並得其根本也。"(楊澤生、曹峰)

拔

 上博一·性 14 肰(然)句(後)丌(其)内(入)～(撥)人之心也敂(厚)

～,楚簡或作 、、,从"木",从雙手,會雙手拔樹之意。《說文·手部》:"拔,擢也。从手,犮聲。"

簡文～,訓爲"急",《禮記·少儀》:"毋拔來,毋報往。"孔穎達疏:"拔,速疾之意。"《禮記·樂記》:"奮疾而不拔。"鄭玄注:"舞雖奮疾而不失節。""毋拔"即"不失節",也就是儒家要求的"安徐正靜"(金文謂"溫恭舒遲")。(劉釗)

茇

 上博三·周 51 日中見～

《説文·艸部》:"茇,草根也。从艸,犮聲。春草根枯,引之而發土爲撥,故謂之茇。一曰:草之白華爲茇。"

簡文～,草舍;止宿於草舍中。《詩·召南·甘棠》:"蔽芾甘棠,勿翦勿伐,召伯所茇。"鄭玄箋:"茇,草舍也。"

並紐伐聲

伐

 上博一·孔 8～木

 上博二·容 38 记(起)帀(師)㠯(以)～昏(岷)山是(氏)

 上博二·容 40 㠯(以)～高神之門

 上博二·容 50 虗(吾)～而弋(代)之

 上博五·姑 7～凥遣适

 上博五·三 14 方縈(營)勿～

 上博三·周 13 利用戡(侵)～

上博六·天甲 5 武悳～

上博六·天乙 5 武直～

《説文·人部》:"伐,擊也。从人持戈。一曰:敗也。"

上博一·孔 8"～木",《詩經》篇名。《詩·小雅·伐木》:"伐木丁丁,鳥鳴嚶嚶。出自幽谷,遷于喬木。嚶其鳴矣,求其友聲。相彼鳥矣,猶求友聲。矧伊人矣,不求友生? 神之聽之,終和且平。"

上博二·容 38、40、50～,征討,攻打齊國。《孟子·梁惠王下》:"湯放桀,武王伐紂。"

上博五·姑 7～,敗。亦可讀爲"廢"。(陳偉)

上博三·周 13"戔(侵)～",興兵越境討罪;進攻他國。《左傳·桓公十年》:"鄭人怒,請師於齊,齊人以衛師助之,故不稱侵伐。"《春秋·桓公十年》:"齊侯、衛侯、鄭伯來戰于郎。"杜預注:"改'侵伐'而書'來戰'。"孔穎達疏:"然則侵伐者,師旅討罪之名也。"

上博六·天甲 5、天乙 5～,殺伐。《説文》:"伐,擊也。"《詩·大雅·皇矣》:"是伐是肆,是絶是忽。"鄭玄箋:"伐,謂擊刺之。"

並紐罰聲

罰

上博一·緇 15 敬明乃～

上博二·從甲 8～則民逃

上博二·容 4 於是唬(乎)不賞不～

　上博四·曹 21 荆(刑)～又(有)辠(罪)

　上博五·季 20 壁(中)辠(罪)則夜之㠯(以)～

　上博五·季 22 少(小)辠(罪)～之

　上博五·鬼 1 則㠯(以)元(其)賞善～暴也

～，楚簡或作 （郭店·成之聞之 5）、（郭店·成之聞之 38）、（郭店·緇衣 29）。《説文·刀部》："罰，辠之小者。从刀，从詈。未以刀有所賊，但持刀駡詈，則應罰。"

上博一·緇 15"敬明乃～"，見《書·康誥》："嗚呼！封，敬明乃罰。"

上博二·從甲 8～，刑罰、處罰。《荀子·强國》："故賞不用而民勸，罰不用而威行。"

上博二·容 4"不賞不～"，不奬賞和不懲罰。《墨子·尚同下》："善人不賞而暴人不罰，爲政若此，國衆必亂。故賞罰不得下之情，而不可不察者也。"

上博四·曹 21"荆～"，讀爲"刑罰"，刑指肉刑、死刑，罰指以金錢贖罪。後泛指依照法律對違法者實行的强制處分。《書·吕刑》："刑罰世輕世重，惟齊非齊，有倫有要。"《史記·吕太后本紀》："刑罰罕用，罪人是希。"

上博五·季 20、22～，出金贖罪。《周禮·秋官·職金》："掌受士之金罰、貨罰，入於司兵。"鄭玄注："罰，罰贖也。"賈公彦疏："既言金罰又曰貨罰者，出罰之家，時或無金，即出貨以當金直，故兩言之。"《管子·小匡》："制重罪入以兵甲、犀脅、二戟，輕罪入蘭、盾、鞈革、二戟，小罪入以金鈞分，宥薄罪入以半鈞，無坐抑而訟獄者，正三禁之而不直，則入一束矢以罰之。"

上博五·鬼 1"賞善～暴"，見《墨子·非命下》："是故出政施教，賞善罰暴。"

並紐敝聲

帛

上博一·孔 20 ～帛之不可达(去)也

上博二·魯 2 女(如)母(毋)炁(愛)珪璧～帛於山川

上博二·魯 4 女(若)天(夫)母(毋)炁(愛)圭(珪)璧～帛於山川

上博一·性 13 ～帛

上博六·競 1 虐(吾)～帛甚媓(美)於虐(吾)先君之量矣

上博六·競 6 ～韋

上博六·競 10 一丈夫執尋之～、三布之玉

上博七·吳 9 ～邑之异(期)

～，與(郭店·老子乙 14)、(郭店·緇衣 33)、(新蔡甲三 350)同，從"巾"，"㡀"聲；或說從"釆"聲，"㡀"屬並母月部，"釆"屬並母元部，二字聲母相同，元、月二部陽入對轉。古文字"㡀"或把上部改寫作與它形近的"釆"，顯然是爲了使它聲符化。《説文·巾部》："幣，帛也。從巾，敝聲。"

上博一·性 13、上博一·孔 20、上博二·魯 2、4、上博六·競 1"～帛"，繒帛。古代用於祭祀、進貢、饋贈的禮物。《墨子·尚同中》："其祀鬼神也……

珪璧、幣帛,不敢不中度量。"

上博六·競6"～韋",讀爲"辟違",指邪僻背理。《左傳·昭公二十年》:"其適遇淫君,外内頗邪,上下怨疾,動作辟違,從欲厭私。"《荀子·修身》:"勞苦之事則偷儒轉脱,饒樂之事則佞兑而不曲,辟違而不愨,程役而不録,横行天下,雖達四方,人莫不棄。"(何有祖)

上博六·競10～,用以餽贈之帛,亦用以祭神。《周禮·地官·媒氏》:"凡嫁子娶妻,入幣純帛,無過五兩。"鄭玄注:"五兩,十端也。……《雜記》曰:'納幣一束,束五兩,兩五尋。'然則每端二丈。"《儀禮·覲禮》:"四享,皆束帛加璧,庭實唯國所有。奉束帛,匹馬卓上,九馬隨之,中庭西上。"(蘇建洲)

上博七·吴9"～邑",讀爲"敝邑",謙稱自己的國家。《左傳·僖公四年》:"君惠徼福於敝邑之社稷,辱收寡君,寡君之願也。"《左傳·成公二年》:"子以君師辱於敝邑。"《左傳·昭公三年》:"楚人日徵敝邑,以不朝立王之故。"《禮記·檀弓下》:"君王討敝邑之罪,又矜而赦之。"

襒

 上博三·周44 隹～縷

～,從"衣","㡀"聲,或説"釆"聲,"㡁"字異體。"衣"、"巾"二旁古通。
簡文～,即"敝",破舊。《論語·子罕》:"衣敝緼袍。"

幣

 上博五·鮑4 皮(疲)～(敝)齊邦

～,與 施37同。《説文·巾部》:"幣,帛也。從巾,敝聲。"

簡文"皮～",讀爲"疲弊"。《韓非子·大體》:"車馬不疲弊於遠路。"《三國志·蜀志·諸葛亮傳》:"今天下三分,益州疲弊,此誠危急存亡之秋也。""疲弊"作困憊、勞困解。簡文"皮幣齊邦",使齊國處於疲憊、勞困的狀態。

蔽

 上博一·緇17 行則旨（稽）丌（其）所~

~，从"艸"，"敝"聲，"蔽"字異體。《説文》："蔽，蔽蔽，小艸也。从艸，敝聲。"

簡文~，讀爲"敝"，終；盡。《左傳·襄公三十年》："國之禍難，誰知所敝。"王引之《經義述聞·春秋左傳中》："敝，猶終也，言不知禍難所終也。《歸妹》象傳曰：'君子以永知敝。'《緇衣》曰：'故言必慮其所終，而行必稽其所敝。'是敝與終同義。"

蟞（鱉）

 上博二·容5 魚~（鱉）獻

~，从二"虫"，"尚"聲，"鱉"字異體。《説文·黽部》："鱉，甲蟲也。从黽，敝聲。"

簡文"魚~"，魚和鱉。《周禮·天官·鱉人》："以時籍魚鱉龜蜃凡貍物。"《禮記·中庸》："黿鼉蛟龍魚鱉生焉。"《荀子·王制》："黿鼉魚鱉鰌鱣孕別之時，罔罟毒藥不入澤。"

明紐末聲

末

 上博四·采1 喪之~

 上博四·曹20 三教之~

~，與朩（郭店·成之聞之11）、朩（郭店·性自命出60）、末（關沮201）

同。《說文·木部》:"末,木上曰末。从木,一在其上。"

上博四·采 1"喪之～",喪歌之末曲。(季旭昇)

上博四·曹 20～,末尾,最後的階段。

殺

 上博五·三 14 弗～不隕(隕)

～,从"殳","末"聲。

簡文"弗～",讀爲"弗滅",與"不隕(隕)"同義,指天災綿綿不絕。

明紐旨聲

蔑

 上博一·孔 9 丌(其)得录(祿)～畺(疆)矣

 上博四·曹 2【背】歔(曹)～(沫)之戠(陳)

 上博五·鬼 6～帀(師)見兇

 上博六·競 7 古(故)丌(其)祝史裚～短嵩折

《說文·苜部》:"蔑,勞目無精也。从苜,人勞則蔑然;从戍。"

上博一·孔 9"～畺",讀爲"蔑疆",無疆。《詩·小雅·天保》:"君曰卜爾,萬壽無疆。"王引之《經傳釋詞》卷十:"蔑,無也。常語。"《詩·大雅·板》:"喪亂蔑資,曾莫惠我師。"毛亨傳:"蔑,無。資,財也。"(秦樺林)

上博四·曹 2【背】"歔～",讀爲"曹沫",人名。《史記·刺客列傳》:"曹沫者,魯人也,以勇力事魯莊公。莊公好力。曹沫爲魯將,與齊戰,三敗北。魯莊公懼,乃獻遂邑之地以和。猶復以爲將。"典籍或作"曹翽"、"曹劌"。

上博五·鬼6~,輕視。《國語·周語中》:"鄭未失周典,王而蔑之,是不明賢也。"韋昭注:"蔑,小也。"

上博六·競7~,讀爲"篾"。《國語·越語上》:"西至於姑蔑。"《舊音》蔑作篾。《玉篇·竹部》:"篾,竹皮也。"《正字通·竹部》:"篾,《埤倉》:析竹層也。"篾與筳爲同一物品。《玉篇·竹部》:"筳,小破竹也。""製篾",就是製作占卜用的小竹片。(張崇禮)

穢

 上博四·曹1 敓(曹)~(沫)内(入)見曰

 上博四·曹7 敓(曹)~(沫)曰

 上博四·曹64~,虐(吾)言氏不

 上博四·曹64 敓(曹)~(沫)含(答)曰

 上博八·蘭4 信萊(蘭)其~也

~,从"禾","蔑"聲。

上博四·曹"敓~",讀爲"曹沫",人名。參上。

上博八·蘭4~,讀爲"邁","穢"、"邁"皆明紐月部,此處形容蘭品質之高邁。(單育辰)簡文"邁",超然不俗。《晉書·裴楷傳》:"楷風神高邁,容儀俊爽。"

歡

 上博四·曹13 敓(曹)~(沫)含(答)曰

　上博四·曹 20 敓(曹)～(沫)㝬(答)曰

～,從"攴","蔑"聲,"蔑"字所從的"人"旁稍有訛變,"攴"、"戈"二旁古通。簡文"敓～",讀爲"曹沫",人名。參上。

蔑

　上博四·曹 13 ～曰

　上博四·曹 22 敓(曹)～(沫)曰

～,從"艸","蔑"聲。
簡文"敓～",讀爲"曹沫",人名。參上。

明紐萬聲

萬

　上博二·容 10 ～邦之君皆弖(以)亓(其)邦襄(讓)於臥(賢)〔者〕

　上博二·容 43 無～(勵)於民

　上博四·逸·交 4 隹(唯)心是～(勵)

　上博五·鬼 2 返(及)桀受(紂)學(幽)～(厲)

　上博七·武 15 而敬者～殜(世)

上博七·君甲9 傑(桀)、受(紂)、幽、～(厲)

上博七·君乙8 傑(桀)、受(紂)、幽、～(厲)

上博七·凡甲29 衆鼠(一)言而～民之利

～，與、、、、、、同。《説文·内部》："萬，蟲也。从厹，象形。"

上博二·容10"～邦"，所有諸侯封國。後引申爲天下，全國。《書·堯典》："協和萬邦，黎民於變時雍。"《詩·大雅·文王》："儀刑文王，萬邦作孚。"鄭玄箋："儀法文王之事，則天下咸信而順之。"

上博二·容43"無～(勵)於民"，讀爲"勵"，勸勉，鼓勵。《國語·吴語》："請王勵士，以奮其朋勢。"

上博四·逸·交4"隹(唯)心是～"，讀爲"惟心是屬"，意即"屬心"，專心；用心。《論衡·實知》："夫可知之事，惟精思之，雖大無難；不可知之事，屬心學問，雖小無易。故智能之士，不學不成，不問不知。"《説苑·建本》："詩書辟立，非我也，而可以屬心。"（秦樺林）或讀爲"勵"，或讀爲"賴"。

上博七·武15"～諜"，讀爲"萬世"，萬代、永久之意。

上博七·君甲9、君乙8～，讀爲"厲"，萬、厲同韻。《謚法》："暴慢無禮曰厲，愎狠遂過曰厲。"《史記·周本紀》："夷王崩，子厲王胡立。厲王即位三十年，好利，近榮夷公。""三年，乃相與畔，襲厲王。厲王出奔於彘。""共和十四年，厲王死於彘。"

蕅

上博一·性4 或～之

上博一·性5～眚(性)者

上博四·柬16邦～之

上博六·競6而湯清者與旻(得)～福焉

～,从"心","萬"聲。

上博一·性4、5～,或讀爲"厲",砥礪。《吕氏春秋·離俗》:"高節厲行,獨樂其意,而物莫之害。"或讀爲"慢",指輕慢、輕忽。《禮記·緇衣》:"可敬不可慢。"《孔子家語·儒行》:"其大讓如慢,小讓如僞。"王肅注:"慢,簡略也。"古書從"曼"從"萬"之字可以通用,如《荀子·正論》:"曼而饋。"楊倞注:"曼當爲萬。"(陳偉武)

上博四·柬16～,讀爲"賴",利也。《國語·齊語》:"相示以利,相示以賴。"韋昭注:"賴,贏也。"《廣韻》:"賴,利也。"《三國志·吴志·陸遜傳》:"遜開倉以振貧民,勸督農桑,百姓蒙賴。"《書·吕刑》:"一人有慶,兆民賴之。"孔穎達疏:"天子一人有善事,則億兆之民蒙賴之。""蒙賴",即蒙其利。"邦蒽之",猶言一國受其利。(孟蓬生、陳劍)

上博六·競6"～福",讀爲"萬福",多福,祝禱之詞。《詩·小雅·蓼蕭》:"和鸞雝雝,萬福攸同。"又《詩·小雅·采菽》:"樂只君子,萬福攸同。"《詩·小雅·桑扈》:"彼交匪敖,萬福來求。"

萬

上博一·緇1～(萬)邦复(作)乂

上博一·緇8～(萬)民戾之

上博二·民14㠯(以)畜～(萬)邦

上博二·子1坪(平)～(萬)邦

上博二·容51縞(帶)虘(甲)～(萬)人

上博三·中3子又(有)臣～(萬)人

上博四·曹5敓(曹)～(沫)曰

上博四·曹12☐兼忞(愛)～(萬)民

上博四·曹61～(萬)民

上博四·曹63乃自怂(過)㠯(以)敓於～(萬)民

上博五·鮑6舍(今)豎(豎)迡(刁)伦(匹)夫而欲智(知)～(萬)輨(乘)之

上博五·君11絧(治)～(萬)室之邦亦樂

上博八·命6鼇(黔)頁(首)～(萬)民

～，从"土"，"萬"聲，"萬"字繁體，與 (郭店·太一生水7)、 (郭店·緇衣13)、 (山東104司馬梜編鎛)同。

上博一·緇8、上博四·曹12、61、63、上博八·命6、上博七·凡甲29"～民"，廣大百姓。《詩·小雅·都人士》："行歸于周，萬民所望。"《易·謙》："勞謙君子,萬民服也。"《史記·蒙恬列傳》:"凡臣之言,非以求免於咎也,將以諫而死,願陛下爲萬民思從道也。"

上博二·容51"縛(帶)麞(甲)～(萬)人",《國語·越語上》:"是以帶甲萬人事君也,無乃即傷君王之所愛乎?"

上博三·中3"子又(有)臣～(萬)人",《晏子春秋·内篇問上》:"今君之朝臣萬人,兵車千乘,不善政之所失於下,竇墜下民者衆矣,未有能士敢以聞者。臣故曰:官未具也。"

上博四·曹5"敓～",讀爲"曹沫",人名。參上。

上博五·鮑6"～鞣",讀爲"萬乘",萬輛兵車。古時一車四馬爲一乘。《韓非子·五蠹》:"萬乘之國莫敢自頓於堅城之下,而使強敵裁其弊也。"

上博五·君11"～室之邦",即萬室之國。《孟子·告子下》:"孟子曰:'子之道,貉道也。萬室之國,一人陶,則可乎?'"

上博一·緇1、上博二·民14、上博二·子1,"～邦",讀爲"萬邦"。參"萬"字條。

上博五·鬼2～,讀爲"厲"。參"萬"字條。

萬

 上博四·逸·交3集于中～

 上博四·昭5王逞(徙)尻於坪～

 上博四·昭5孳(卒)目(以)夫=(大夫)歓(飲酒)於坪～

 上博五·競6虐不～

 上博八·王1王居穌(蘇)～之室

～,從"水","萬"聲,見於石鼓文。

上博四·逸·交 3～,讀爲"瀨",義爲淺水。《史記·范雎蔡澤列傳》:"漆身爲厲。"司馬貞索隱:"厲音賴。言以漆塗身而生瘡如病癩。"《漢書·地理志》:"厲鄉,故厲國也。"顏師古注:"厲讀曰賴。"《説文·水部》:"瀨,水流沙上也。从水,賴聲。"《楚辭·九歌》:"石瀨兮淺淺,飛龍兮翩翩。"(孟蓬生)

上博四·昭 5"坪～",讀爲"平瀨",平坦的水邊。"瀨"義爲淺水。

上博五·競 6"不～",讀爲"不勵",指不勉勵,"吾不勵"即我自己不勉勵。或讀爲"邁"或"勱",訓爲"勉"。(李學勤)或讀爲"不賴"、"不罍"。

厲

 上博六·用 13 兇井～政

《説文·厂部》:"厲,旱石也。从厂,蠆省聲。 ,或不省。"

簡文～,《玉篇》:"厲,虐也。""厲政"即虐政,殘暴的政策法令。《孟子·公孫丑上》:"且王者之不作,未有疏於此時者也;民之憔悴於虐政,未有甚於此時者也。"

礪

 上博三·周 5 卣(貞)～

 上博三·周 18 亡咎,～,終吉

 上博三·周 25～,吉

 上博三·周 30～

 上博三·周 30～

 上博三·周 33～，亡咎

 上博三·周 38 又～，亡咎

 上博三·周 41～，亡大咎

上博三·周 49～

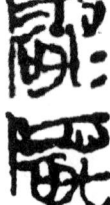 上博三·周 50 少子～

上博三·周 53 貞～

 上博三·周 57～

～，從"石"，"萬"聲，古文字的"厂"旁是從"石"旁分化，～，厲本來就是一個字，～可以直接寫成厲。《說文·厂部》："厲，旱石也。從厂，蠆省聲。 或不省。"

簡文～，即"厲"，危險。《易·乾》："君子終日乾乾，夕惕若厲，無咎。"孔穎達疏："厲，危也。"《書·冏命》："怵惕惟厲，中夜以興，思免厥愆。"《穀梁傳·定公元年》："踰年即位，厲也。"范甯注："厲，危也。"

壓（礪）

 上博三·周 22 又(有)～利巳

 上博四·曹 39 人之兵不砥～

 上博四·曹 39 我兵必砥～

～，从"土"，"礪"聲，"礪"字繁體。

上博四·曹 39"戹～"，讀爲"砥礪"。本指磨石。《山海經·西山經》："西南三百六十里，曰崦嵫之山……苕水出焉，而西流注於海，其中多砥礪。"郭璞注："磨石也。精爲砥，粗爲礪。"引申指磨練、鍛煉，簡文即此義。《墨子·節葬下》："此皆砥礪其卒伍，以攻伐並兼爲政於天下。"《後漢書·竇融傳》："融乃與五郡太守共砥厲兵馬。"

正編・元部

上博楚簡文字聲系

元　部

影紐安聲

安

 上博一・性 38 人之□肰（然）可與和～者

 上博二・民 3 志亦至～（焉）

 上博二・民 4 豊（禮）亦至～（焉）

 上博二・民 4 繹（樂）亦至～（焉）

 上博二・民 4 哀亦至～（焉）

 上博二・容 35 厚愛而泊（薄）僉（斂）～（焉）

 上博三・周 5～貞吉

 上博四·柬7㠯(以)告～君與陵尹子高

 上博五·季3而民不備～(焉)

 港甲5孫～□

 上博五·季18田肥民則～

 上博四·内7古(故)父毋(母)～

 上博七·武6～樂必戒

 上博七·鄭甲7王～還軍㠯(以)迓之

 上博七·鄭甲7大敗晉帀(師)～

 上博七·鄭乙7王～還軍㠯(以)迓之

 上博七·君甲6人胃(謂)之～邦

 上博七·君甲8君人者可(何)必～才(哉)

 上博七·君甲9君人者可(何)必～才(哉)

上博七・君乙 6 人胃（謂）之～邦

上博七・君乙 8 君人者可（何）必～才（哉）

上博七・君乙 9 君人者可（何）必～才（哉）

上博七・吳 1 非疾痛～加之

上博七・吳 8 可（何）裚（勞）力之又（有）～

上博一・性 12 是以敬～（焉）

上博一・性 23 貧而民聚～（焉）

上博一・孔 2 丌（其）樂～而犀（遲）

上博一・孔 3 儠（觀）人谷（俗）～（焉）

上博一・孔 3 大僉（斂）材～（焉）

上博一・孔 8 少又（有）㥯（佞）～（焉）

上博五・競 2 翌（召）祖己而昏（問）～（焉）

　上博五·競 3～（焉）命行先王之瀌（法）

　上博五·競 4～（焉）攸（修）先王之瀌（法）

　上博一·緇 21 君子不自蕾（留）～（焉）

　上博二·從甲 11 内（納）亓（其）息（身）～（焉）

　上博二·從甲 18 必求備～（焉）

　上博二·容 10 自内～（焉）

　上博二·容 10 余穴䏬（窺）～（焉）

　上博二·容 10 㠯（以）求臤（賢）者而襄（讓）～（焉）

　上博二·容 22 㠯（以）爲民之又（有）詰（訟）告者鼓～（焉）

　上博二·容 32～（焉）㠯（以）行正（政）

　上博二·容 41 戔（殘）群～（焉）備（服）

　上博二·容 47 乃出文王於㫊（夏）臺之下而訋（問）～（焉）

· 2920 ·

上博二·容 50 天牂(將)戜(誅)～(焉)

上博二·容 53 天將戜(誅)～(焉)

上博三·中 8 夫民～舊而至(重)壆(遷)

上博三·亙 1 又(有)或～(焉)又(有)氣

上博三·亙 1 又(有)氣～(焉)又(有)又(有)

上博三·亙 1 又(有)又(有)～(焉)又(有)訇(始)

上博三·亙 1 又(有)訇(始)～(焉)有往者

上博三·亙 3 亙(恆)～(焉)

上博三·亙 3 生或(域)者同～(焉)

上博二·亙 7 叏(作)～(焉)又(有)事

上博三·亙 8 又(有)人～(焉)又(有)不善

上博三·亙 8 ～(焉)又(有)外

 上博三·亙8～(焉)又(有)大

 上博三·亙8～(焉)

 上博三·亙9～(焉)又(有)枋(方)

 上博三·亙9～(焉)又(有)明

 上博三·亙9～(焉)又(有)長

 上博三·亙10 慌言之遂(後)者孛(教)比～(焉)

 上博四·昭5 須既裕～從事

 上博四·昭9 又～

 上博四·昭10～命龏(龔)之脾見

 上博四·柬7～敢殺祭

 上博四·柬13 歲(歲)～(焉)箸(熟)

 上博四·曹5 不肰(然)忎(恐)亡～(焉)

上博四・曹 8 肰(然)而古亦又大道～

上博四・曹 17 疆坓(地)毋先而必取□～

上博五・季 1 翟(一)不智(知)民矛(務)之～才

上博五・季 4 民望亓(其)道而備～

上博五・季 12 ～复而棶(乘)之

上博五・姑 4 型(刑)莫大～(焉)

上博五・姑 5 唯(雖)死～(焉)逃之

上博五・君 2 身毋䢔(動)～

上博五・弟 6 □～

上博五・弟 16 ⃒□～終

上博五・弟 17 夫～能王人

上博五・弟 20 又(有)戎(農)植丌(其)槈而訶(歌)～

 上博五·弟 24 ☐~☐也☐

 上博五·三 4 母(毋)言(享)覐(逸)~

 上博五·鬼 4 亓(其)力能至(致)~(焉)而弗爲唬(乎)

 上博五·鬼 4 啻(意)亓(其)力古(固)不能至(致)~(焉)唬(乎)

 上博六·競 3 或可㤅(愛)~

 上博六·競 3 ~(晏)子

 上博六·競 3 ~子

 上博六·競 4 王命屈木昏(問)軋(范)武子之行~

 上博六·競 6 而湯清者與旻(得)萬福~

 上博六·競 13 ~子辭

 上博六·競 13 ~子許若

 上博六·孔 11 亓(其)述多方~

上博六·孔 16 ～與之凥而謫（察）晤亓（其）所學

上博六·孔 24 君子流亓（其）觀～（焉）

上博六·莊 7 臣牁（將）或至～（焉）

上博六·用 3 良人鼎～

港甲 8 昌（以）爲吕執子國～

上博八·子 1 亓（其）一子道餓而死～（焉）

上博八·子 3 ☒☐（將）～（焉）往

上博八·顔 13 貧而～樂

上博八·顔 14 而母（毋）谷（欲）昃（得）～（焉）

上博八·成 5 ～（焉）不曰日章（彰）而冰澡（消）虐（乎）

上博八·成 10 能昌（以）亓（其）六贄（藏）之獸（守）取新（親）～（焉）

上博八·成 12 昌（以）進則邊（傷）～（焉）

上博八·命 9 皆亡～（焉）而行之

上博八·命 10 尚善～（焉）敓（樹）

上博八·志 3 虐（吾）～尔（爾）而埶（設）尔（爾）

上博八·蘭 2 方時（時）～（焉）复（作）

～，戰國文字或作、、、、、、、、、、、、、、、、、、、、、、、、、、、、、、、、、。《說文·宀部》："安，靜也。从女在宀下。"

上博一·性 38"和～"，溫順安分。《國語·晉語七》："其冠也，和安而好敬。"《史記·秦始皇本紀》："皆遵度軌，和安敦勉，莫不順令。"

上博三·周 5～，安全，安穩。

上博四·柬 7"～君"，封號。

上博四·內 7～，安樂、舒服。

上博七·武 6、上博八·顏 13"～樂"，安逸，快樂。《孟子·告子下》："入

則無法家拂士,出則無敵國外患者,國恆亡;然後知生於憂患,而死於安樂也。"《墨子·魯問》:"安樂在上而憂慼在臣。"《史記·秦始皇本紀》:"以諸侯爲郡縣,人人自安樂,無戰爭之患,傳之萬世。"

上博七·君甲6、君乙6"～邦",使國家平安穩定。焦贛《易林·家人之渙》:"解商驚惶,散我衣裝,君不安邦。"

上博七·君甲8、9,君乙8、9～,安樂;安適;安逸。《左傳·僖公二十三年》:"懷與安,實敗名。"《論語·學而》:"君子食無求飽,居無求安,敏於事而慎於言,就有道而正焉,可謂好學也已。"

上博一·孔2～,徐緩。《釋名·釋言語》:"安,晏也,晏晏然和喜無動懼也。"《左傳·襄公七年》:"吾子其少安。"杜預注:"安,徐也。"《楚辭·九歌·東皇太一》:"揚枹兮拊鼓,疏緩節兮安歌。"王逸注:"徐歌相和以樂神也。"古代歌樂相配。

上博三·中8～,習慣,《韓非子·南面》:"凡人難變古者,憚易民之安也。""安舊而重犖(遷)",《説苑·修文》:"觸情縱欲,謂之禽獸;苟可而行,謂之野人;安故重遷,謂之衆庶;辨然通古今之道謂之士;進賢達能,謂之大夫;敬上愛下,謂之諸侯;天覆地載,謂之天子。"

上博二·容50、上博二·容53、上博五·鬼4～,讀爲"焉",代詞。相當於"之"、"此"。《左傳·僖公二十三年》:"子女玉帛,則君有之;羽毛齒革,則君地生焉。"

上博四·柬7、上博七·鄭甲7、鄭乙7、上博八·子3～,讀爲"焉",疑問代詞。相當於"怎麽"、"哪里"。《詩·衛風·伯兮》:"焉得諼草,言樹之背。"《左傳·閔公元年》:"鶴實有禄位,余焉能戰?"

上博三·亙8、9、上博五·競3、4～,讀爲"焉",王引之《經傳釋詞》卷二:"猶'於是'也,乃也,則也。"《左傳·隱公元年》:"制,巖邑也;虢叔死焉,佗邑唯命。"

上博二·民3、4、上博一·性12、23、上博一·孔3、8、上博一·緇21、上博二·從甲11、18、上博二·容10、22、上博五·競2、上博七·吴8、上博五·季3、上博七·鄭甲7、上博八·顔14、上博八·成10、12～,讀爲"焉",語氣詞,表示停頓,用於句尾。《列子·湯問》:"寒暑易節,始一反焉。"或説是介代兼詞,可以表示施事、受事、物件、與事、伴隨、比較、處所、範圍、方位、時間等。(張玉金)

上博六·競3、13"～子",讀爲"晏子",即"晏嬰",晏弱(晏桓子)之子,春秋時齊國大夫。夷維（今山東高密）人，字仲，謚號平，亦稱晏平仲、晏子嬰、晏子，相齊國，名顯諸侯，世譽爲"天下之辯士"，歷仕齊靈公、齊莊公、齊景公等三朝國君，是繼管仲之後的著名政治家。《史記·管晏列傳》："晏平仲嬰者，萊之夷維人也。事齊靈公、莊公、景公，以節儉力行重於齊。既相齊，食不重肉，妾不衣帛。其在朝，君語及之，即危言；語不及之，即危行。國有道，即順命；無道，即衡命。以此三世顯名於諸侯。"

侒

 上博七·凡甲 26 㡭（危）～䧹（存）忘（亡）

 上博七·凡乙 19～䧹（存）忘（亡）

～，从"人"，"安"聲。

簡文"㡭～"，讀爲"危安"，危險與平安。典籍或作"安危"。《管子·參患》："君主之所以尊卑，國之所以安危者，莫要於兵。"

䞙

 上博五·君 7 身毋～

～，从"身"，"安"聲。

簡文～，讀爲"軀"，《類篇》："軀，傴也……曲身也。"即彎腰駝背。或讀爲"偃"。（徐少華）

侒

 上博五·弟 4 子曰：～

～，从"彳"，"安"聲。

簡文～，讀爲"偃"，子遊即言偃。"偃"係孔子回答子遊問題而先呼其名，與《上博（五）·君子爲禮》簡 2"夫子曰：'回……'"等相類。（陳劍、季旭昇）

綏

 上博六·用 16 而～亓(其)又(有)寧

～,从"糸","安"聲。

簡文～,讀爲"晏",晏有平靜、安處之意。(凡國棟)

鎜(盤)

 上博七·武 8～名(銘)曰

～,从"皿"、"金","安"聲,"盤"字異體。《説文·木部》:"槃,承槃也。从木,般聲。鉴,古文,从金。鏧,籀文,从皿。"

簡文～,即"盤",用於沐浴盥洗或盛食承物的敞口、扁淺器皿。《禮記·喪大記》:"沐用瓦盤,挋用巾,如它日。"孔穎達疏:"沐用瓦盤者,盤貯沐汁,就中沐也。"

晏

 上博六·競 12～子

 港甲 7 之女～嬰也

～,从"日","安"聲,與 (郭店·五行 40)、 (郭店·五行 43)同。《説文·日部》:"晏,天清也。从日,安聲。"

上博六·競 12"～子"、港甲 7"～嬰",春秋時齊國大夫。參"安"字條。

正編·元部

2929

妟

 上博八·子2～（偃）也攸（修）亓（其）惪（德）行

 上博八·子2於～（偃）僞

～，从"旡"，"安"聲。
簡文～，讀爲"偃"，言遊名。言姓，名偃，字子遊，吳人，一說魯人。

影紐臥聲

䢼

 上博二·容24面～鰭

 上博五·三5邦遴（失）～（幹）棠

 港甲6～言則律

 上博六·木1城公～（遇）

 上博七·君甲2虐（吾）～又（有）白玉三回而不戔才（哉）

 上博七·君乙2虐（吾）～又（有）白玉三回而不戔才（哉）

 上博八·李1～（晉）冬之旨（祁）寒

～，从"队"，"旱"聲，晉文字或作⿱(新出温縣 WT4K6：211)、⿱(珍秦金·吳越三晉 229 頁韓少夫戟)。

上博二·容 24～，讀爲"乾"。《集韻·寒韻》："乾，燥也。"乾爲乾燥義。"面乾"，面部皮膚乾燥粗糙。《史記·李斯列傳》："禹鑿龍門，通大夏，疏九河，曲九防，決淳水致之海，而股無胈，脛無毛，手足胼胝，面目黎黑，遂以死於外，葬於會稽。"《喻林》引《劉子》："禹爲匹夫，未有功名。堯深知之，使治水焉。乃鑿龍門，斬荆山，導熊耳，通鳥鼠，櫛奔風，沐驟雨，面目鰲黔，手足胼胝，冠絓不暇取，經門不及過，使百川東注於海，西被於流沙，生人免爲魚鼈之患。"

上博五·三 5～，讀爲"憲"。古音干聲與憲聲相通。《禮記·樂記》："致右憲左。"鄭玄注："憲讀爲軒，聲之誤也。"《禮記·內則》："皆有軒。"鄭玄注："軒，讀爲憲。"《漢書·揚雄傳》："所麾城摣邑。"顔師古注引李奇："摣音車轞之轞。"簡文"旟常"，讀爲"憲常"，義爲"法度"。《詩·小雅·六月》："萬邦爲憲。"毛亨傳："憲，法也。"《國語·越語下》："無忘國常。"韋昭注："常，舊法。"《文選·東京賦》："布教頒常。"薛綜注："常，舊典也。"（孟蓬生）

上博六·木 1"城公～"，讀爲"成公乾"，人名。《説苑·辨物》："王子建出守於城父，與成公乾遇於疇中，問曰：'是何也？'成公乾曰：'疇也。'疇也者，何也？'曰：'所以爲麻也。''麻也者，何也？'曰：'所以爲衣也。'成公乾曰：'昔者莊王伐陳，舍於有蕭氏，謂路室之人曰：巷其不善乎！何溝之不濬也？莊王猶知巷之不善，溝之不濬，今吾子不知疇之爲麻，麻之爲衣，吾子其不主社稷乎？'王子果不立。"（陳偉）

上博七·君甲 2、君乙 2～，讀爲"焉"，疑問代詞。

上博八·李 1～，讀爲"寒"。《左傳·襄公四年》"寒浞"，《漢書·古今人表》作"韓浞"。《吕氏春秋·審分覽》："寒哀作御。"《世本·作篇》"寒哀"作"韓哀"。《吕氏春秋·恃君覽》："古之善相馬者，寒風是相口齒。"《淮南子·齊俗》"寒風"作"韓風"。寒，冷。《説文》："寒，凍也。"《書·洪範》："庶徵：曰雨，曰暘，曰燠，曰寒，曰風，曰時。"孔穎達疏："寒是冷之極。"《易·繫辭下》："寒往則暑來，暑往則寒來。"

檊（榦）

　上博三·周 18～父之盅（蠱）

　上博三·周 18～母之盅（蠱）

　上博三·周 18～父之盅（蠱）

　上博五·季 5 則邦又～童

　上博八·李 2 獸（守）勿（物）弜（強）～（榦）

～，從"木"，"𠦝"聲。"榦"字異體。《說文·木部》："榦，築牆端木也。從木，倝聲。"段玉裁注："榦俗作幹。"

上博三·周 18～，即"幹"。《類篇》："幹，能事也。"《玉篇》："幹，體也。"《易·象》曰："'幹父之蠱'，意承考也。""幹父之蠱"，謂兒子能繼承父志，完成父親未竟之業。《易·蠱》："幹父之蠱，有子，考無咎。"王弼注："以柔巽之質，幹父之事，能承先軌，堪其任者也。"

上博五·季 5～，讀爲"姦"，干犯，擾亂。《左傳·莊公二十年》："姦王之位，禍孰大焉？"杜預注："姦，音干。"《左傳·襄公十四年》："君制其國，臣敢姦之，雖姦之，庸知愈乎？"杜預注："姦，猶犯也。"《韓非子·定法》："法者，憲令著於官府，刑罰必於民心，賞存乎慎法，而罰加乎姦令者也，此臣之所師也。"

上博八·李 2～，讀爲"悍"，勇猛、強勁。《說文》："悍，勇也。"《淮南子·兵略》："故水激則悍，矢激則遠。"《史記·河渠書》："水湍悍。"裴駰集解引韋昭曰："悍，彊也。"簡文"強"、"悍"是同義疊用。"強悍"，亦見《魏書·李苗傳》："隴兵強悍，且群聚無資。"

澩

 上博四·柬 1 柬(簡)大王泊～(旱)

 上博四·柬 11 此所胃(謂)之～(旱)母

 上博四·柬 12 而蜀(刑)之吕(以)～(旱)

 上博四·柬 12 夫唯母～(旱)而百眚迻吕(以)迲(去)邦豪(家)

 上博四·柬 18 邦豪(家)大～(旱)

～,从"水","旂"聲。

上博四·柬 1、18～,讀爲"旱"。久未降雨或降雨太少。《詩·大雅·雲漢》:"旱既大甚,蘊隆蟲蟲。"《周禮·春官·司巫》:"司巫掌群巫之政令。若國大旱,則帥巫而舞雩;國有大災,則帥巫而造巫恆。"

上博四·柬 11"～母",讀爲"旱母",即"旱魃"、"女魃",神鬼之屬。《説文·鬼部》:"魃,旱鬼也。"《詩·大雅·雲漢》"旱魃爲虐",孔穎達疏:"魃字從鬼,連旱言之,故知旱神。《神異經》曰:'南方有人,長二三尺,袒身而目在頂上,走行如風,名曰魃。所見之國大旱,赤地千里。一名旱母。'"《梁書·太祖五王傳》:"南浦侯推……所臨必赤地大旱,吳人號'旱母'焉。"(濮茅左)

影紐晏聲

嬰

 港甲 7 之女晏～也

～,從三"貝",下從"女",即"嬰"字之繁構。

簡文"晏～",人名,即春秋時期齊景公之相。參"安"字條。

䴏(燕)

上博一·孔 10 ～～(燕燕)之情

上博一·孔 16 ～～(燕燕)之情

上博二·子 11 又(有)～(燕)監(銜)卵而階(措)者(諸)亓(其)耑(前)

～,從"鳥","晏"聲,"燕"字異體。《説文·燕部》:"燕,玄鳥也。籋口,布翅,枝尾。象形。"

上博一·孔"～䴏",即"燕燕",《詩經》篇名。《詩·邶風·燕燕》:"燕燕于飛,差池其羽。"孔穎達疏:"此燕即今之燕也,古人重言之。"

上博二·子11～,即"燕",鳥綱燕科各種類的通稱。體型小,翅膀尖而長,尾巴分叉像剪刀。飛行時捕食昆蟲,對農作物有益。屬候鳥。常見的有家燕。《樂府詩集·雜曲歌辭十三·楊白花》:"秋去春還雙燕子,願銜楊花入窠裹。"

瘦

上博二·容 2 ～(瘦)者煮盧(鹽)

上博二·容 37 於是虐(乎)有諳(暗)、聾(聾)、皮(跛)、瞑、～瘦(瘦)、寠、婁始记(起)

～,從"疒","晏"聲。"瘦"字異體。《説文·疒部》:"瘦,頸瘤也。從疒,嬰聲。"

簡文"～者",即"瘦者",指患有大脖子病的人。《張家山漢簡·脈書》:"在頤下,爲瘦。"《説文·疒部》:"瘦,頸瘤也。"《釋名·釋疾病》:"瘦,嬰也,在頸嬰喉也。"

瑌

 上博六・競 12～則未旻(得)與聞

～,從"玉","旻"聲,"瓔"字異體。新蔡簡或作(新蔡甲三 166、162)、(新蔡乙一 17)、(新蔡乙三 41)、(新蔡乙一 24)。《玉篇》:"瓔,瓔琅,石似玉也。"

簡文～,讀爲"嬰",是晏子之名。《晏子春秋》多見"嬰則未得與聞"之類的話,如《內篇諫上》第一章"用此存者,嬰未聞有也",《外篇重而異者》第十八章"不仁而取名者,嬰未得聞之也"等。(李天虹、何有祖)

影紐夗聲

孯

 上博三・周 2～

 上博三・周 2～於蒿(郊)

 上博三・周 2～於屋(沙)

 上博三・周 2～於坭(泥)

 上博三・周 2～於血

～,從"子","夗"聲。楚文字從"夗"的字或作(包山 151)、(九

A13)、▨(九 A22)、▨(九 A24),從"艸",從"田","夗"聲。或釋 ▨ 爲"乳",讀爲"需"。古文字中的"勹"旁,像人俯身,是從人旁分化。(李零)字又見於曾侯乙墓編鐘銘文,舊釋爲"嗣",現在看來是錯誤的(字當讀爲"亂")。

簡文~,讀爲"奭"。"夗"、"奭"上古音均爲元部字。"奭"、"需"二字古通。詳見高亨《古字通假會典》212頁。~,當讀爲"需",等待。《易·需》:"需,須也。"孔穎達疏:"是需,待之義,故云需,須也。"

聟

　　上博七·君甲 9 ~溪

　　上博七·君乙 9 ~溪

~,是一個雙聲符的字,從"旱",從"勹(夗)",二者皆聲(上古音乾屬群母元部;旱屬匣母元部;從"夗"之字亦屬元部)。(何家興)

上博七·君甲 9、君乙 9"~溪",讀爲"乾谿"。地名。春秋時屬楚。在今安徽省亳縣東南。《左傳·昭公六年》:"令尹子蕩帥師伐吳,師于豫章,而次於乾谿。"杜預注:"乾谿在譙國城父縣南,楚東竟。"(何有祖)

畱

　　上博一·孔 21《~(宛)丘》虐(吾)善之

　　上博一·孔 22《~(宛)丘》曰

~,從"田","夗"聲。

上博一·孔 21"~丘",讀爲"宛丘",《詩經》篇名。《詩·陳風·宛丘》:"子之湯兮,宛丘之上兮。洵有情兮,而無望兮。"《爾雅·釋丘》:"陳有宛丘。"郭璞注:"今在陳郡陳縣。"

2936

宛

上博五·鲍 5 百眚(姓)皆～(怨)慐

上博五·姑 1 ～行正諙(訊)弝(強)

上博一·緇 6 少(小)民隹(唯)日～(怨)

上博一·緇 6 少(小)民亦隹(唯)日～(怨)

上博一·緇 12 則大臣不～(怨)

～，從"宀"，"夗"聲。《説文》"怨"字古文作、三體石經·無逸"怨"字古文作，可證。或釋～爲"夗"，是令累加聲符〇的形體。(馮勝君)

上博一·緇 6、12、上博五·鲍 5～，讀爲"怨"，怨恨；仇恨。《易·繫辭下》："益以興利，困以寡怨。"《史記·魏其武安侯列傳》："武安由此大怨灌夫、魏其。"

上博五·姑 1"～行"，讀爲"婉行"，謂委婉之行，不肯犯上，行事委婉。(季旭昇)或釋爲"序"。

影紐肙聲

肙(肎)

上博二·容 36 民乃宜～(怨)

～，與(新蔡甲三 110)同，所從的"卜"爲羨符，"肙"字異體。《説文·肉部》:"肙,小蟲也。从肉,口聲。一曰:空也。"

簡文～,讀爲"怨",怨恨;仇恨。《韓非子·難一》:"若非罪人,則勸之以徇,勸之以徇,是重不辜也,重不辜,民所以起怨者也,民怨則國危。"

惌

上博四·曹 17 不可㠯(以)先复(作)～(怨)

上博一·孔 19 猷(猶)又～(怨)言

上博一·孔 27《北風》不絶人之～(怨)

上博二·從甲 5 敘(除)十～(怨)

上博二·從乙 2 則民不～(怨)

上博八·命 5 不㠯(以)厶(私)思〈惠〉厶(私)～(怨)内(入)于王門

上博一·孔 18 㠯(以)俞丌(其)～(怨)者也

～,與(郭店·緇衣 10)、 (郭店·緇衣 10)、 (郭店·緇衣 22)、(郭店·尊德義 34)同。《説文·心部》:"悁,忿也。从心,肙聲。一曰:憂也。 ,籀文。"

上博四·曹 17"先复(作)～",讀爲"先作怨",指先制造怨恨。《書·康誥》:"王曰:'嗚呼!封,敬哉!無作怨。'"

上博一·孔 19"～言",讀爲"怨言",埋怨的話。《論語·憲問》:"奪伯氏騈邑三百,飯疏食,沒齒無怨言。"《宋書·劉湛傳》:"雖奉詔旨,頗有怨言。"

上博一·孔18~,讀爲"怨",蘊藏義。《荀子·哀公》:"富有天下而無怨財。"楊倞注:"怨,讀爲蘊。"《孟子·梁惠王下》:"當是時也,內無怨女,外無曠夫。""怨女"猶言"思婦"也。簡文"以喻其怨",來表明自己心中的怨慕懷戀之情。(陳斯鵬)或讀爲"婉",委婉之意。(季旭昇)

上博一·孔27、上博二·從甲5、上博二·從乙2~,讀爲"怨",怨恨;仇恨。

上博八·命5"厶~",讀爲"私怨",屬於私人之間的怨恨。《韓非子·外儲說左下》:"解狐薦其讎于簡主以爲相。其讎以爲且幸釋己也,乃因往拜謝。狐乃引弓迎而射之,曰:'夫薦汝,公也,以汝能當之也;夫讎汝,吾私怨也,不以私怨汝之故擁汝於吾君。'故私怨不入公門。"《左傳·文公六年》:"夫子禮於賈季,我以其寵報私怨,無乃不可乎!"《史記·李斯列傳》:"初,趙高爲郎中令,所殺及報私怨眾多。"

宽

 上博一·孔3 多言難而~(悁)退者也

~,從"宀","悬"聲,"悁"字異體。

上博一·孔3"~退",讀爲"怨懟",心懷不滿也。《漢書·王商傳》:"章下有司,商和怨懟。"《左傳·襄公二十九年》:"爲之歌《小雅》,曰:'美哉!思而不貳,怨而不言,其周德之衰乎!猶有先王之遺民焉。'"杜預注:"有哀音。"

偮

 上博五·鮑5 百眚(姓)皆宛(怨)~

~,從"人",從"心","肙"省聲。楚簡中有從糸從占的字,即"絹"字之省。

簡文~,即"悁"字,《說文》訓作"忿也"。《詩·陳風·澤陂》:"中心悁悁。"毛亨傳:"猶悒悒也。""怨悁"連言,猶古書中"麤粗"或"麤觕"連言。(李學勤、張富海)或讀爲"憎"。(季旭昇)或讀爲"厭",憎惡、嫌棄之意。(李天虹)

兔兔兔

上博一·性26 門內之治谷亓(其)～也

上博二·容38 取其(亓)兩女晉(琰)～

上博一·孔8《少(小)～(宛)》亓(其)言不亞

上博六·壽3 殺左尹～、少帀(師)亡惎

～，或認爲从三"目"。或認爲从三"兔"。《說文·兔部》："毚，疾也，从三兔，闕。"或作，从兔下有二肉，實際上是把下面兩個"兔"字的頭部省去了。李學勤認爲是从"冤"省聲。包山簡中"犍"字或作（包山271）、（包山273），从"革"从"毚"。左塚漆梮"憩(怨)"字作。（季旭昇）或認爲"肎"與"目"都是"兔"字的變體，而作爲"兔"字變體的"肎"與"目"又都是从三個"兔"的"毚"的簡省分化字。（劉洪濤）

上博一·孔8"少～"，讀爲"小宛"，《詩經》篇名。《詩·小雅·小宛》："宛彼鳴鳩，翰飛戾天。我心憂傷，念昔先人。明發不寐，有懷二人。"

上博一·性26"門內之治谷亓～也"，參《禮記·喪服四制》："門內之治，恩揜義；門外之治，義斷恩。"孔穎達疏："以門內之親，恩情既多，揜藏公義，言得行私恩，不行公義。"～，讀爲"揜"，揜藏。

上博二·容38～，讀爲"琬"，《太平御覽》卷一三五"皇親部"引《竹書紀年》作："後桀伐岷山，岷山女於桀二人，曰琬、曰琰。桀受二女，無子，刻其名於苕華之玉，苕是琬，華是琰。"

上博六·壽3"左尹～"，讀爲"左尹宛"，即令尹"郤宛"。《春秋·昭公二十七年》："楚殺其大夫郤宛。"《左傳·昭公二十七年》："左尹郤宛、工尹壽帥師至於潛，吳師不能退。"（李學勤、馮勝君）

愳

上博六·天甲 10 聚衆不語～

上博六·天乙 9 聚衆不語～

～，從"心"，"鼍"省聲，"悁"字異體。或説從"兔"省聲，"逸"字異體。
簡文～，讀爲"怨"，私怨。《韓非子·外儲説左下》："故私怨不入公門。"（陳偉、劉洪濤）

涓

上博三·周 58～丌輪

～，從"水"，"鼍"省聲，"涓"字異體。或説從"水"，"兔"聲，隸定爲"㴒"，"洗"字的異體，用作"逸"。
簡文～，讀爲"曳"。《廣韻》："水中曳船曰淪。"《易·既濟》："初九，曳其輪，濡其尾，無咎。"意謂"初九，水中引船，水濺船尾，沒有災害"。馬王堆漢墓帛書《周易》作"抴丌綸"；今本《周易》作"曳其輪"。（何琳儀、程燕）

曉紐魂聲

難

上博一·性 15 則悷女（如）也斯～（歎）

上博一·性 20～（歎）

上博一·性 22 唯（雖）～不貴

上博二·從甲17 君子～旻(得)而惕(易)史(事)也

上博二·從甲18 是呂(以)曰少(小)人惕(易)旻(得)而～史(事)也

上博二·從甲18 名～靜(爭)也

上博四·曹23 亓(期)會之不～

上博五·季4 浦言多～

上博五·季11 氏(是)古(故)夫敀邦甚～

上博一·孔3 多言～而悁(怨)退(懟)者也

上博一·孔27 七(蟋)率(蟀)智(知)～

上博一·緇3 下～智(知)則君長［勞］

上博六·孔14 豈不～唬烈

上博六·用2 冒～軛(犯)央

上博六·用3 ～之

 上博六·用 5 ～之

 上博六·用 8 韓～

 上博六·用 15 埶（設）而不～

 上博七·武 10 立（位）～旻（得）而惕（易）遾（失）

 上博七·武 10 士～旻（得）而惕（易）𨎌

 上博八·子 6 而之大～竃

～，楚文字或作 、、、、，或作 ，乃《説文》"難"字古文所本。《説文·鳥部》："鸛，鳥也，从鳥，堇聲。![]，鸛或从隹。![]，古文鸛。![]，古文鸛。![]，古文鸛。"

上博一·性 15、20 ～，讀爲"歎"，歎氣；歎息。《詩·邶風·泉水》："我思肥泉，茲之永歎。"王逸《〈九歎〉序》："歎者，傷也，息也。"

上博一·孔 3、上博二·從甲 17、18、上博七·武 10 ～，與"易"相對，困難；不易。《書·説命中》："禮煩則亂，事神則難。"孔安國傳："事神禮煩，則亂而難行。"

上博六·用 2 ～，危難；禍患。《易·否》："君子以儉德辟難，不可榮以禄。"孔穎達疏："以節儉爲德，辟其危難。""冒難"與"軔央"同義。不避禍患。《三國志·魏志·王脩傳》："脩聞融有難，夜往奔融。賊初發，融謂左右曰：'能冒難來，唯王脩耳。'"

戁

上博三·中 12 ～（難）爲從正

上博三·中 20 ～（難）以內（納）諫

上博三·中 21 唯丌（其）～（難）也

上博三·彭 2 ～（難）易訦欲

上博四·內附簡□□亡～

上博五·弟 4 子～曰

上博六·孔 26 隹（唯）聚卬（仰）天而～（歎）曰

～，戰國文字或作 （郭店·老子丙 13）、 （郭店·性自命出 32）、 （郭店·性自命出 35）、 （郭店·六德 49）、 （郭店·語叢四 14）、 （郭店·老子甲 16）、 （秦駰玉版）。《説文·心部》：“戁，敬也。从心，難聲。”

上博三·中～，讀爲"難"，困難；不易。

上博三·彭 2 "～易"，讀爲"難易"，艱難與容易。《禮記·學記》：“君子知至學之難易，而知其美惡，然後能博喻。”《玉篇·隹部》：“難，不易之稱。”

上博五·弟 4、上博六·孔 26～，讀爲"歎"。歎氣，歎息。《吕氏春秋·審分覽》：“孔子歎曰：‘所信者目也，而目猶不可信；所恃者心也，而心猶不足恃。弟子記之：知人固不易矣。’”《詩·邶風·泉水》：“我思肥泉，兹之永歎。”王逸

《〈九歎〉序》:"歎者,傷也,息也。"

漢

上博一·孔 10《~(漢)坓》之智

上博一·孔 11《~(漢)坓》之智則智不可旻(得)也

上博二·容 27 㠯(禹)乃從~(漢)㠯(以)南爲名浴五百

上博二·容 28 從~(漢)㠯(以)北爲名浴五百

~,與 、同,从"水","難"聲,"漢"字異體。《說文·水部》:"漢,漾也。東爲滄浪水。从水,難省聲。![],古文。"

上博一·孔 10、上博一·孔 11"~坓",讀爲"漢廣",《詩經》篇名。《詩·周南·漢廣》:"漢之廣矣,不可泳思。江之永矣,不可方思。"

上博二·容 27、28~,水名。漢水,也稱漢江,爲長江最長的支流。發源於今陝西省甯強縣,流經湖北省,在武漢市入長江。《書·禹貢》:"嶓塚導漾,東流爲漢。"孔安國傳:"泉始出山爲漾水,東南流爲沔水,至漢中東流爲漢水。"《三國志·蜀志·諸葛亮傳》:"荊州北據漢沔,利盡南海,東連吳會,西通巴蜀。"

難

上博五·姑 5 欲㠯(以)長建宔(主)君而迬(禦)~

上博五·姑 6 鑾(鸞)箸(書)欲乍(作)~(難)

 上博五·弟10 夫呂(以)衆釳(犯)～(難)

 上博六·用1 多險呂(以)～成

 上博六·用14 而～亓(其)又(有)惠

～，从"土"，"難"聲，"難"字繁體。

上博五·姑5"迮～"，讀爲"禦難"。《鹽鐵論·刑德》："韓子疾有國者不能明其法勢，御其臣下，富國強兵，以制敵禦難，惑於愚儒之文詞，以疑賢士之謀，舉浮淫之蠹，加之功實之上，而欲國之治，猶釋階而欲登高，無銜橛而禦捍馬也。"

上博五·姑6"乍～"，讀爲"作難"，作亂；起事。《左傳·成公十七年》："公曰：'季子欺余，厲公將作難。'"《韓非子·內儲說下》："居三月，諸卿作難，遂殺厲公而分其地。"

上博五·弟10～，讀爲"難"，變亂。《左傳·文公二年》："吾與女爲難。"楊伯峻注："難，去聲，爲難，即發難共殺先軫。"

上博六·用1"～成"，《文子·微明》："故事或可言而不可行者，或可行而不可言者，或易爲而難成者，或難成而易敗者。"《大戴禮記·誥志》："政不率天，下不由人，則凡事易壞而難成。"又《史記·曆書》："則凡事易壞而難成矣。"《淮南子·氾論》："有易爲而難成者，有難成而易敗者。"

曉紐厂聲

彦(顏)

 上博五·鬼8 ～(顏)色深㬎(晦)

～，从"色"，"彥"省聲，"顏"字異體，"色"與顏色義有關，故"顏"字異體或从"色"旁。郭店·五行"顏色"合文作 。《說文·頁部》："顏，眉目之間也。

· 2946 ·

从頁,彥聲。,籀文。"

簡文"～色",面容、臉色。《論語·泰伯》:"正顏色,斯近信矣。"《楚辭·漁夫》:"屈原既放,遊于江潭,行吟澤畔。顏色憔悴,形容枯槁。"

彥

 上博五·君 1 ～(顏)囦(淵)㫳(侍)於夫子

 上博五·君 1 ～(顏)囦(淵)𠈧(作)而畣(答)曰

 上博五·君 2 ～(顏)囦(淵)退

 上博五·君 3 ～(顏)囦(淵)㫳(侍)於夫子

 上博八·子 1 ～(言)遊□之也

 上博八·子 3 ～(言)遊

 上博八·子 4 魯司寇(寇)奇～(言)遊於逡楚

 上博八·子 5 ～(言)遊去

上博八·顏 1 ～(顏)囦(淵)䎽(問)於孔=(孔子)曰

上博八·顏 1 ～(顏)囦(淵)

上博八·顏 3 ～(顏)囦(淵)西

上博八·顏 5 ～(顏)囦(淵)曰

上博八·顏 6 ～(顏)囦(淵)

上博八·顏 9 ～(顏)囦(淵)曰

～，從"言"，"彥"省聲。

上博五·君、上博八·顏 1"～囦(淵)"，讀爲"顏淵"（公元前 521 至公元前 481），顏姓，名回，字子淵。生於魯昭公二十一年，卒於魯哀公十四年，享年四十一歲。

上博八·子"～(言)遊"，讀爲"言遊"，言姓，名偃，字子遊，吳人，一説魯人。

產

上博五·君 11 中尼與虗(吾)子～簹(孰)臤(賢)

《説文·生部》："產，生也。從生，彥省聲。"

簡文"子～"，即公孫僑，字子產，鄭穆公之孫，乃春秋鄭國賢相。"仲尼與吾子產孰賢"類似問句形式，見《論語·先進》："子貢問：'師與商也，孰賢？'"《孟子·公孫丑上》："或問乎曾西曰：'吾子與子路孰賢……然則吾子與管仲孰賢？'"

炭(炭)

上博二·容 44 視(寔)盂～亓(其)下

～,从"火","彥"省聲,"炭"字異體。《說文》:"炭,燒木餘也。從火,岸省聲。"

簡文"盂～",即"盂炭",可能指以盂盛炭。《文選·陸佐公石闕銘》李善注引《六韜》:"紂患刑輕,乃更爲銅柱,以膏塗之,加於然炭之上。使有罪者緣焉,滑跌墮水中,紂與妲己笑以爲樂,名曰炮烙之刑。"《列女傳》:"百姓怨望,諸侯有畔者,紂乃爲炮格之法,膏銅柱,加之炭,令有罪者行其上,輒墮炭中,妲己乃笑。"《史記·殷本紀》司馬貞索隱引鄒誕生云:"見蟻布銅斗,足廢而死,於是爲銅格,炊炭其下,使罪人步其上。"

反

上博一·孔 9 則困天〈而〉谷(欲)～丌(其)古(故)也

上博一·孔 12 ～内於豊(禮)

上博一·孔 16 見丌(其)兝(美)必谷(欲)～(返)丌(其)本

上博二·容 46 篙(孰)天子而可～

上博三·周 35 逪(往)訐𡉚(來)～

上博四·曹 51 ～(返)帀(師)牆(將)遝(復)

上博五·姑 1 百豫～之

上博五·姑 1 不思(使)～(返)

上博五·姑 5 古(故)而～亞(惡)之

上博五·三 4 女(如)～之

上博五·三 6 是胃(謂)～逆

上博一·性 16 丌(其)～善遉(復)司(始)也訢(慎)

上博一·性 25 昏(聞)道～己

上博四·內 6 ～此亂也

上博六·慎 1 忠慮吕(以)～俞

上博六·用 9 而焚丌(其)～杲

上博六·天甲 3 義～之

上博六·天乙 3 義～之

上博七·武 6 民之～側

上博七·凡甲 25 至則或(又)～

 上博七・凡乙 18 至則或(又)～

 上博七・吳 54 㠯(以)牧民而～志

 上博八・志 1～㫃(側)亓(其)口舌

～，戰國文字或作 、、、、。《説文・又部》："反，覆也。从又，厂反形。![]，古文。"

上博一・孔 9～，讀爲"返"，還；回歸。《莊子・逍遙遊》："大而無當，往而不返。"

上博一・性 16"～善"，《後漢書・荀韓鐘陳列傳》："視君狀貌，不似惡人，宜深克己反善。"

上博一・性 25"～己"，反回頭來要求自己。《莊子・徐無鬼》："反己而不窮，循古而不摩，大人之誠。"《文子・下德》："唯有道者，能遺物反己。"

上博二・容 46"箮(孰)天子而可～"，《吕氏春秋・恃君覽》："昔者紂爲無道，殺梅伯而醢之，殺鬼侯而脯之，以禮諸侯於廟。文王流涕而咨之。紂恐其畔，欲殺文王而滅周。文王曰：'父雖無道，子敢不事父乎？君雖不惠，臣敢不事君乎？孰王而可畔也？'紂乃赦之。""反"，反叛；造反。《墨子・號令》："諸吏卒民，有謀殺傷其將長者，與謀反同罪。"《史記・樗里子甘茂列傳》："蜀侯煇，相壯反，秦使甘茂定蜀。"

上博三・周 35～，反省。《淮南子・氾論》："(紂)不反其過。"臣忠心而諫，君反省知返，懸崖勒馬。《易・象》曰："'往蹇來反'，内喜之也。"

上博四・曹 51"～帀酒遷"，讀爲"返師將復"，疑指回營休整。(李零)

上博四・内 6～，違背。《國語・周語下》："言爽，日反其信。"韋昭注："反，違也。"

上博五・姑 1～，反對。(劉洪濤)

上博五・三 4"女(如)～之"，指不順天常。

上博五・三6"～逆",叛逆;謀反。《史記・晉世家》:"今適庶名反逆,此後晉其能毋亂乎?"《漢書・晁錯傳》:"吳王反逆亡道,欲危宗廟,天下所當共誅。"

上博六・慎1～,讀爲"返",還;回歸。《莊子・逍遙遊》:"大而無當,往而不返。"

上博七・凡甲25、凡乙18～,《説文》:"覆也。"方向相背。《易・説卦》:"震爲雷……其於稼也,爲反生。"《韓非子・六反》:"害者,利之反也。"《論語・顔淵》:"君子成人之美,不成人之惡。小人反是。"

上博七・吳54～,相反。《韓非子・六反》:"害者,利之反也。"

上博六・用9、上博七・武6、上博八・志1"～戻",讀爲"反側",反覆之意,《詩・周南・關雎》:"輾轉反側。"孔穎達疏:"反側猶反覆。"

板

 上博二・容7於是於𢦏(持)～正立

 上博一・緇4上帝～～

 上博六・孔18亓(其)行～恭哀與

～,板(郭店・緇衣7)、板(郭店・窮達以時7)。《説文・片部》:"版,判也。从片,反聲。"

上博二・容7"𢦏(持)～",讀爲"持板",指手持板笏一類東西。(李零)

上博一・緇4"上帝～～",見《詩・大雅・板》:"上帝板板,下民卒癉。"毛亨傳:"板板,反也。"孔穎達疏:"《釋訓》云:'板板,僻也。'邪僻,即反戾之義,故爲反也。"

上博六・孔18～,待考。

飯

 上博二·魯 6 公刲不～秫（粱）飤（食）肉才

 上博五·弟 8 飤（食）肉女～土

 上博四·曹 2～於土

《説文·食部》："飯，食也。从食，反聲。"

上博二·魯 6～，《集韻》："飯，食也。"《論語·述而》："飯疏食，飲水，曲肱而枕之。"《孟子·盡心下》："舜之飯糗茹草也，若將終身焉。"

上博四·曹 2"～於土輜"，見《墨子·節用》："飯於土瑠，啜於土形。"《韓非子·十過》："臣聞昔者堯有天下，飯於土簋，飲於土鉶。"

上博五·弟 8"女～土"，像吃土一樣。

阪

 上博三·周 50 釭（鴻）蘣（漸）於～

 上博四·曹 43 行～濟墮（障）

 上博二·從甲 4 方亦～是

《説文·𨸏部》："阪，坡者曰阪。一曰：澤障。一曰：山脅也。从𨸏，反聲。"

上博二·從甲 4～，或讀爲"隨"。（劉樂賢）

上博三·周 50～，亦"阪"字。《集韻》："阪，或从土。"《説文·𨸏部》："坡者曰阪。一曰澤障，一曰脅也。""堅"，或讀爲"磐"。

上博四·曹 43～，是山之坡。《説文》："坡，阪也。"

曉紐顯聲歸絲聲

曉紐奐聲

奐

 上博四·内 8 冠不～

侯馬盟書"奐"字作 、 等形，"袚"字作 、 等形，"寏"字作 ，所從之"奐"與 形同。 應釋爲"奐"。（田煒）《説文·廾部》："奐，取奐也。一曰：大也。从廾，夐省。"

簡文～，讀爲"綰"。上古音"奐"字屬曉紐元部，"綰"字屬影紐元部，聲紐俱屬喉音，韻部相同，例可通假。《説文·宀部》："寏，周垣也。院，寏或從𨸏。"《集韻·諫韻》："綰，系也。或作綄。"《廣韻·潸韻》、《集韻·諫韻》均訓"綰"爲"系也"。慧琳《一切經音義》卷一百"綰髮"下注"結也"。"冠不奐"就是因父母有疾，不綰髮系冠之意，《禮記·曲禮上》："父母有疾，冠者不櫛，行不翔，言不惰。"與簡文意近。（田煒）

匣紐寒聲

寒

 上博三·周 45 ～湶（泉）飤（食）

 上博四·昭 8 或昏（昧）死言儓（僕）見脾之～也

 上博一·緇 6 晉冬耆（祁）～

～，金文或作 （克鼎）、（寒姒鼎）、（中方鼎），从人在宀下，以舛薦

覆之，下有仌，會寒冷之意。《説文・宀部》："寒，凍也。从人在宀下，以茻薦覆之，下有仌。"

上博一・緇 6"晉冬耆（祁）～"，《書・君牙》："夏暑雨，小民惟曰怨咨；冬祁寒，小民亦惟曰怨咨。"《禮記・緇衣》："夏日暑雨，小民惟曰怨，資冬祁寒，小民亦惟曰怨。"

上博三・周 45"～㵎（泉）"，清洌的泉水或井水。《易・井》："井洌寒泉，食。"左思《招隱詩》之二："前有寒泉井，聊可瑩心神。"

上博四・昭 8～，或釋爲"倉"。楚文字已多見以"倉"、"蒼"或"滄"爲"寒"者，屬於"義同换讀"的關係。

匣紐爰聲歸月部寽聲

匣紐雚聲

雚

上博五・季 7 㦱=（小人）～之

上博五・季 5 事皆旻（得）亓（其）～而弝（强）之

上博五・季 13 鯀丘～之

上博八・顔 9 女（如）進者～（勸）行

～，从"雚、叩"，皆聲，郭店簡或作 、、、、、。《集韻》："雚，水鳥也。或从鳥。"

上博五・季 7～，讀爲"勸"，獎勉；鼓勵。《國語・越語上》："國人皆勸，父

勉其子,兄勉其弟,婦勉其夫。"或讀爲"觀"。(季旭昇)

上博五·季 5～,讀爲"勸",勤勉;努力。《管子·輕重乙》:"若是則田野大辟,而農夫勸其事矣。"

上博五·季 13～,讀爲"觀"。《禮記·檀弓上》:"孔子在衛,有送葬者,而夫子觀之。"

上博八·顏 9～,讀爲"勸"。"勸行"即敦行、篤行之義。

懽

上博三·中 22 則民～(歡)承导(學)

上博四·相 3 百攻～(勸)於事

上博二·從乙 1 聶(聶)訅～(勸)信

上博二·容 6 不～(勸)而民力

上博四·曹 61 㠯(以)～(勸)亓(其)志

上博四·相 3 㡭(庶)人～(勸)於四枳(肢)之襞

上博四·曹 60 一出言三軍皆～

～,郭店簡或作（郭店·緇衣 24)、（郭店·緇衣 28)、（郭店·性自命出 52)、（郭店·尊德義 16)、（郭店·尊德義 32)。《說文·心部》:"懽,喜欵也。从心,藋聲。《爾雅》曰:'懽懽愮愮,憂無告也。'"

上博三·中 22～,同"歡",歡喜。"民歡",與郭店·緇衣"民有懽(歡)心"

· 2956 ·

義同。《晏子春秋·内篇問上》:"義厚則敵寡,利多則民歡。"

上博四·相3~,讀爲"勸",勤勉;努力。《管子·輕重乙》:"若是則田野大辟,而農夫勸其事矣。"

上博二·從乙1"~信",讀爲"勸信"。《書·多方》:"王曰:'嗚呼!多士,爾不克勸忱我命,爾亦則惟不克享,凡民惟曰不享。'"孔安國傳:"王歎而言曰:'衆士,汝不能勸信我命,汝亦則惟不能享天祚矣,凡民亦惟曰不享於汝祚矣。'"孔穎達疏:"'勸信我命',勸勉而信順之。"

上博二·容6"不~而民力",讀爲"不勸而民力"。《吕氏春秋·離俗覽》:"以德以義,不賞而民勸,不罰而邪止。"高誘注:"勸善也。"即勉力爲善。《荀子·君道》:"故賞不用而民勸,罰不用而民服,有司不勞而事治,政令不煩而俗美。"

上博四·相3、上博四·曹60、61~,讀爲"勸",獎勉;鼓勵。《説文》:"勸,勉也。"《國語·越語上》:"國人皆勸,父勉其子,兄勉其弟,婦勉其夫。"

觀(矔)

上博三·周24~頤

上博三·周24~我敓頤

上博四·曹34㠯(以)~上下之情愚(偽)

上博五·鮑1又(有)虘(夏)是~亓(其)容㠯(以)史(使)

上博五·鮑1~亓(其)容

上博五·鮑2~亓(其)容

上博二·子 11～於伊而旻（得）之

上博六·競 9 明德～行

上博六·孔 12 亦㠯（以）亓（其）勿審（蜜）二逃者㠯（以）～於民

上博六·孔 24 君子流亓（其）～安

上博六·天甲 12～邦不言喪

上博六·天乙 11～邦不言喪

上博七·君甲 5 之〈先〉王斎=（之所）㠯（以）爲目～也

上博七·君乙 5 先王斎=（之所）㠯（以）爲目～也

上博八·命 3 女（如）㠯（以）莅（僕）之～貝（視）日也

上博八·王 1～無悁（畏）

上博八·李 1【背】～虖（乎）桓（樹）之蓉（容）可（兮）

上博一·性 9～亓（其）先遂（後）而逆訓（順）之

上博一·性 15～埜(來)武則懝女也斯复(作)

上博一·性 15～☐

上博四·内 10 從人～

～，楚簡或作 (郭店·老子乙 18)、 (郭店·老子乙 18)、 (郭店·老子乙 18)、 (郭店·緇衣 37)、 (新蔡零 326)，从"視"，"雚"聲。或从"目"，爲《説文》古文所本。《説文·見部》："觀，諦視也。从見，雚聲。 ，古文觀，从囧。"

上博三·周 24"～頤"，謂觀察研究養生之道。《易·頤》："觀頤，自求口實。"孔穎達疏："觀頤者，頤，養也，觀此聖人所養物也。"荀勖《晉四厢樂歌·賓之初筵》："胥之陪寮，憲兹度楷。觀頤養正，降福孔偕。"

上博一·性 9、上博四·曹 34、上博六·孔 12～，觀察；察看。《荀子·强國》："入境，觀其風俗，其百姓樸，其聲樂不流汙，其服不挑，甚畏有司而順，古之民也。"

上博五·鮑 1、2"～亓(其)容"，《國語·周語下》："夫君子目以定體，足以從之，是以觀其容而知其心矣。"

上博二·子 11～，《書·無逸》："繼自今嗣王，則其無淫于觀、于逸、于遊、于田。"孔穎達疏："言'觀'爲非時而行，違禮觀物，如《春秋》隱公'如棠觀魚'，莊公'如齊觀社'。《穀梁傳》曰：'常事曰視，非常曰觀。'此言'無淫於觀'，禁其非常觀也。"《墨子·明鬼》："燕之有祖，當齊之有社稷，宋之有桑林，楚之有雲夢也，此男女之所屬而觀也。"簡文"觀于伊"之"觀"與"遊於央臺之上"、"遊于玄丘之内"之"遊"意思近同，都是特指參加祭天祈子求福。（廖名春）

上博一·性 15、上博八·命 3、上博八·李 1【背】～，觀看。《詩·小雅·庭燎》："君子至止，言觀其旂。"

上博四·内 10～，讀爲"勸"，勸勉。

上博六·競 9"～行"，觀行其道，看實際行動。《論語·公冶長》："子曰：

始吾於人也,聽其言而信其行;今吾於人也,聽其言而觀其行。於予與改是。"或讀爲"勸行"。《左傳·襄公二十八年》載陳文子之言曰:"先事後賄,禮也。小事大,未獲事焉,從之如志,禮也。雖不與盟,敢叛晉乎?重丘之盟,未可忘也。子其勸行!"(凡國棟)

上博六·孔 24"流亓～",即"流觀",四方遠望。《楚辭·九章·哀郢》:"曼余目以流觀。"

上博六·天甲 12、上博六·天乙 11～,觀察,《説文》:"觀,諦視也。"《易·繫辭下》:"仰則觀象於天,俯則觀法於地。"《論語·爲政》:"視其所以,觀其所由,察其所安。""邦",國。"觀邦",猶言"觀國",《易·觀》:"觀國之光,利用賓于王。"

上博七·君甲 5、君乙 5"目～",從外表看。《國語·楚語上》:"(章華之臺)若於目觀則美,縮於財用則匱,是聚民利以自封而瘠民也,胡美之爲?"韋昭注:"於目則美,於德則不美。"

上博八·王 1"～無恨(畏)",人名。

僅

 上博一·孔 3～人谷(俗)安(焉)

～,從"人","瞱"聲,"觀"之繁體。

簡文～,觀察民風土俗,《論語·陽貨》:"子曰:小子何莫學夫詩?詩,可以興,可以觀,可以群,可以怨。邇之事父,遠之事君。多識於鳥獸草木之名。"鄭玄注:"觀,觀風俗之盛衰也。"皇侃疏:"可以觀者,《詩》有諸國之風,風俗盛衰可以觀覽而知也。"《禮記·王制》:"命大師陳詩,以觀民風;命市納賈,以觀民之所好惡,志淫好辟。"《漢書·藝文志》:"故古有采詩之官,王者所以觀風俗,知得失,自考正也。"

權

 上博六·用 13 心懼之既～

《説文·木部》:"權,黃華木。從木,藋聲。一曰:反常。"

簡文~,衡量、比較。《孟子·梁惠王上》:"權,然後知輕重;度,然後知長短。"《吕氏春秋·離俗覽》:"且人固難全,權而用其長者,當舉也。"(陳偉)

蘿

 上博四·逸·多1莫吝(吝)~蘿

~,從"艸","雚"聲,"雚"字繁體。《説文·萑部》:"雚,小爵也。從萑,吅聲。《詩》曰:'雚鳴于垤。'"

簡文"~蘿",植物,根叢生,亦名"蒹葭"。《詩·豳風·七月》:"七月流火,八月萑葦。"朱熹集傳:"萑葦即蒹葭。"《淮南子·説林》:"橘柚有鄉,萑葦有叢,獸同足者相從遊,鳥同翼者相從翔。"高誘注:"以類聚也。"《周禮·地官·大司徒》:"其植物宜叢物。"鄭玄注:"叢物,萑葦之屬。"

昱

 上博一·緇13則民又(有)~心

~,與 (包山48)同,上從"口",下從"立",站立的人張著口,會驚呼之意,乃"吅"字或體。《説文·吅部》:"吅,驚呼也。從二口。讀若讙。"包山或從邑,作 (包山41),均用作姓氏,讀爲"權"。左塚漆桐有字作 ,從"木","昱"聲,"權"字異體。

上博一·緇13~,郭店簡本"懽",裘錫圭先生讀爲"勸",訓爲勉。今本作"格",格,來也。

逗

 上博五·鮑4篚(篤)~怀(背)悫(願)

~,從"辵","昱"聲。

簡文~,讀爲"懽",即"歡"。"篚~",讀爲"篤歡",盡情歡樂。

匣紐宦聲歸宀聲

匣紐幻聲

弦

上博五·三 1 ~望齊佪（宿）

上博六·用 12 若矢之令於~

《說文·弦部》："弦，弓弦也。从弓，象絲軫之形。"

上博五·三 1"~望"，月半曰"弦"（分上弦、下弦），月滿曰"望"。

上博六·用 12~，弓弦。《儀禮·鄉射禮》："有司左執柎，右執弦而授弓。"《文選·陸機〈為顧彥先贈婦〉》："離合非有常，譬彼弦與括。"李善注："劉熙《釋名》曰：矢末曰括，括，會也。與弦會。"

匣紐縣聲

縣

上博六·天甲 6 立昌（以）~

上博六·天乙 6 立昌（以）~

~，从"木"，从"首"，从"系"，會懸人首于木之意。《說文·県部》："縣，繫也。从系持県。"

簡文~，懸掛，引申為懸掛的垂直線。《墨子·法儀》："直以繩，正以縣。""立以縣"，指天子的站立姿勢，如同懸線一般垂直。

匣紐袁聲

遠

上博一·孔 2 丌(其)思深而～

上博一·緇 22 而～者不惑(疑)

上博二·子 5 或曰(以)曼(文)而～

上博二·從甲 10 誂則～戾

上博三·彭 6 ～慮(慮)甬(用)素

上博四·采 3 道之～尔(邇)

上博四·內附簡母(毋)忘姑姊妹而～敬之

上博五·競 7 ～者不力

上博五·季 19 毋欽～

上博五·姑 7 ～慮(慮)煮(圖)逡(後)

上博一·性 18 是古（故）兀（其）心不～

上博二·容 19 乃因迡㠯（以）智（知）～

上博二·容 19 而～者自至

上博六·孔 12 唯又信弗～

上博六·用 3 ～君遠戾

上博六·用 3 遠君～戾

上博七·武 7 諫不～

上博七·凡甲 9 至～從迵（遹）

上博七·凡甲 11 墜（地）管（孰）～与（歟）

上博七·凡甲 13 ～之弋

上博七·凡甲 23 母（毋）～志（求）

上博七·凡乙 7 至（致）～從迵（遹）

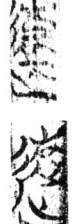
上博七·凡乙 15 母（毋）～恕（求）尽（度）

上博八·顏 9 戔（賤）不杲（肖）而～之

上博八·顏 9 則丌（其）於教也不～矣

上博八·志 5 虗（吾）㠯（以）爾爲～目耳

上博八·李 2～丌（其）情

上博八·蘭 3 綽～行道

～，戰國文字或作 、、、、、、、。《說文·辵部》："遠，遼也。从辵，袁聲。![]，古文遠。"

上博一·孔 2"丌（其）思深而～"，指思慮、計謀等深刻而長遠。《戰國策·趙策四》："父母之愛子，則爲之計深遠。"

上博一·緇 22、上博二·容 19、上博五·競 7"～者"，《禮記·緇衣》："是故邇者不惑，而遠者不疑也。"《論語·子路》："葉公問政。子曰：'近者悅，遠者來。'"

上博三·彭 6、上博五·姑 7"～慮"，遠離思慮。《玉篇·辵部》："遠，離也。"《漢書·劉向傳》："遠外戚，毋授以政。"顏師古注："遠謂疏而離之也。"（湯志彪）

上博四·采 3"～尔"，讀爲"遠邇"，猶遠近。《書·盤庚上》："乃不畏戎毒

2965

於遠邇。"孔安國傳:"不畏大毒於遠近。"《荀子·議兵》:"兵不血刃,遠邇來服。"《後漢書·朱暉傳》:"憲度既張,遠邇清壹。"

上博五·季19、上博八·顏9～,疏遠,離去。《論語·衛靈公》:"遠佞人。"《論語·顏淵》:"不仁者遠矣!"

上博二·容19"乃因迡以智(知)～",《大戴禮記·四代》:"此昔者先王之所以爲天下也。小以及大,近以知遠。"

上博六·用3、上博七·武7、上博七·凡甲9、13、凡乙7～,與"邇"相對,遠處,距離遙遠。《孟子·梁惠王上》:"王曰:'叟!不遠千里而來,亦將有以利吾國乎?'"

上博七·凡甲11～,遙遠,距離長。《莊子·逍遙遊》:"天之蒼蒼,其正色邪?其遠而無所至極邪?"

上博八·李2～,離去,避開。

上博八·蘭3"綽～",猶言"遼遠"、"遙遠",同義疊用。《楚辭·九章·抽思》:"道卓遠而日忘兮。"(王逸注:"卓,一作逴。")"道卓(逴)遠"即簡文之"逴遠行道",可以互參。

睘(瞏)

 上博六·孔26 好～

～,戰國文字或作 (新蔡乙四102)、 (新蔡零214)、 (瞏矛集成11477)、 (小器集成10420)、 (小器集成10431)、 (上博集刊第八輯春成侯盂)、 (中國古錢譜117)。《說文·目部》:"瞏,目驚視也。从目,袁聲。《詩》曰:'獨行瞏瞏。'"

簡文～,讀爲"還",《方言》:"還,積也。"

還

 上博四·曹12～年而訽(問)於敊(曹)敉(沫)曰

上博六·用 10 春秋~連

上博六·用 11 晉行冒~

上博六·天甲 7 寡~身

上博六·天甲 7 寡~骨(肩)

上博六·天甲 7 寡~……

上博六·天乙 6 寡~身

上博六·天乙 6 寡~骨(肩)

上博六·天乙 7 寡~面

上博七·鄭甲 6 帀(師)未~

上博七·鄭甲 6 王𨟻(將)~

上博七·鄭甲 7 王安~軍㠯(以)迖之

上博七·鄭乙 6 帀(師)未~

上博七·鄭乙6王牁（將）～

上博七·鄭乙7王安～軍吕（以）迅之

上博八·李1砳亓（其）不～可（兮）

～,楚文字或作 ▨（郭店·成之聞之38）、▨（郭店·尊德義25）、▨（新蔡甲一12）、▨（新蔡甲三342）。《說文·辵部》:"還,復也。从辵,瞏聲。"

　　上博四·曹12"～年",讀爲"期年"。新蔡葛陵楚簡常常用"瞏"或从"瞏"之字來表示地支之"亥","其"、"亥"二字古通,如《淮南子·時則》"爨其燧火",高誘注:"其,讀荄備之荄。"《易·明夷》"箕子之明夷",陸德明釋文引劉向本"箕子"作"荄滋"。《孟子·萬章下》"晉平公於亥唐也",《抱朴子·逸民》"亥唐"作"期唐"。"還"既然可以讀爲"亥",當然也可以讀爲"期"。《左傳·莊公六年》:"楚文王伐申,過鄧。鄧祁侯曰:'吾甥也。'止而享之。騅甥、聃甥、養甥請殺楚子,鄧侯弗許。……還年,楚子伐鄧。十六年,楚復伐鄧,滅之。"《左傳》和簡文中的"還年"就是古書常見的"期年",一年。（宋華強）

　　上博六·用10"～連",讀爲"還轉",旋轉;迴旋。《莊子·庚桑楚》:"夫尋常之溝,巨魚無所還其體。"陸德明釋文:"還,音旋,回也。"《楚辭·招魂》:"抑鶩若通兮,引車右還。"王逸注:"還,轉也。"

　　上博六·用11"晉行冒～","冒還"與"晉行"義近。"還",來、到來。《逸周書·周祝》:"故時之還也,無私貌;日之出也,無私照。"孔晁注:"還謂至也。"《廣韻·庚韻》:"行,適也。"《戰國策·齊策三》:"孟嘗君出行國。"鮑彪注:"行,之。"

　　上博六·天"寡～",讀爲"顧還"。"顧",回首;回視。《詩·檜風·匪風》:"顧瞻周道,中心怛兮。"毛亨傳:"迴首曰顧。""還",回頭。《漢書·項籍傳》:"是時,楊喜爲郎騎,追羽,羽還叱之,喜人馬俱驚,辟易數里。"顏師古注:"還謂迴面也。""顧"、"還"同意疊用。

　　上博七·鄭甲6、鄭乙6、上博八·李1～,返回。《左傳·隱公四年》:"諸侯之師敗鄭徒兵，取其禾而還。"

上博七·鄭甲7、鄭乙7"～軍"，回師。《史記·高祖本紀》："乃封秦重寶財物府庫，還軍霸上。"

儇

 上博二·容44 加～木於亓（其）上

～，從"糸"，"儇"聲。

簡文"～木"，讀爲"圜木"，指圓木。《淮南子·俶真》："逮至夏桀殷紂，燔生人，辜諫者，爲炮烙，鑄金柱。"所謂"金柱"大概是從《容成氏》中的"圜木"演繹而來的。

見紐干聲

干

 上博二·容26 并里〈澶〉～（澗）

 上博六·慎2……～

 上博六·慎2莫僉～

 上博六·慎2莫僉～

《說文·干部》："干，犯也。从反入，从一。"

上博二·容26～，讀爲"澗"，即澗水（"干"、"澗"都是見母元部字）。《書·禹貢》曰："荊、河惟豫州，伊、洛、瀍、澗，即入于河。"

上博六·慎～，讀爲"焉"，語氣詞。上古音"焉"屬影母元部，"干"屬見母元部。二字韻部相同，聲母都屬喉音，可以通用。戰國竹書語詞"焉"皆以

"安"爲之,而古書中有"安"聲之字與"干"聲之字通用的例子。如《史記·酷吏列傳》"日晏,天子忘食",《漢書·張湯傳》"晏"作"旰";《楚辭·九嘆·怨思》"懼年歲之既晏",洪興祖補注"晏,一作旰"。所以"干"可以用作"焉"。(李學勤、劉洪濤、劉建民)

訐

上博三·周35～

上博三·周35 迡(往)～垕(來)譽

上博三·周35 王臣～～

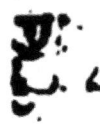
上博三·周35 迡(往)～垕(來)反

上博三·周35 迡(往)～垕(來)連

上博三·周35 大～不垕(來)

上博三·周36 迡(往)～垕(來)碩

上博四·采1 宮～(衍)

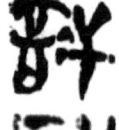
上博四·采3 ～(衍)隉(徵)

上博四·采4 ～(衍)羽

上博五·競7 近臣不～

上博五·鬼2 焚聖人殺～（諫）者

上博四·采2～（衍）商

上博五·鮑5 臣唯（雖）欲～（諫）

《説文·言部》："訐，面相斥罪，相告訐也。从言，干聲。"

上博三·周35～，讀爲"蹇"，卦名，《周易》第三十九卦，艮下坎上。此字馬王堆漢墓帛書《周易》作"塞"；今本《周易》作"蹇"。

上博三·周35"～₌"，讀爲"謇謇"，直言。《楚辭·離騷》："余固知謇謇之爲忠兮，忍而不能舍也。"王逸注："謇謇，忠貞貌也，《易》曰：'王臣謇謇，匪躬之故。'舍，止也，言已知忠言謇謇，刺君之過，必爲身患，然中心不能自止而不言也。"

上博三·周35"往～"，謂前往則遇難。《易·蹇》："初六：往蹇來譽。"孔穎達疏："往則遇難。"

上博四·采1、2、3、4～，讀爲"衍"，訓爲"大"、"廣"。在簡文中，"宮訐"、"訐（衍）商"、"訐（衍）徵"、"訐（衍）羽"分別指低音區的宮、商、徵、羽，都較正音低一個八度。（董珊）

上博五·競7"近臣不～"，讀爲"近臣不諫"，參《禮記·表記》："子曰：事君遠而諫，則謟也；近而不諫，則尸利也。"

上博五·鬼2"焚聖人殺～者"，讀爲"焚聖人殺諫者"。《淮南子·道應》："乃爲炮烙，剖比干，剔孕婦，殺諫者。"即是説紂王殺諫者。《説苑·權謀》："孫伯曰：'昔桀罪諫者，紂焚聖人，剖王子比干之心。袁氏之婦，絡而失其紀，其妾告之，怒棄之。夫亡者，豈斯人知其過哉？'"（陳偉）

上博五·鮑5～，讀爲"諫"，諫諍，規勸。《論語·里仁》："事父母幾諫，見志不從，又敬不違，勞而不怨。"

攼

　　上博二·子12～而薦之

　　上博七·吳5～芒(亡)

～，从"攴"，"干"聲。《集韻》："攼，求也，又得也。"《玉篇》："進也。"

上博二·子12～，讀爲"搴"。"搴"義爲拔取、採取，而且多指拔取草類，如《楚辭·離騷》："朝搴阰之木蘭兮，夕攬洲之宿莽。"《九歌·湘君》："采薜荔兮水中，搴芙蓉兮木末。"《晏子春秋·内篇諫下》："寡人不席而坐地，二三子莫席，而子獨搴草而坐之，何也？"《方言》卷十："攓，取也。楚謂之攓。""攓"即"搴"字的異體。"冬見芙，攼而薦之"，應讀爲："冬見芙，搴而薦之"。冬日見可食之芙，於是拔取之，而進獻於上帝。（張富海）

上博七·吳5～，同"敦"，停止、阻止，見《集韻·翰韻》。《説文》："敦，止也。《周書》曰：'敦我于艱。'"

旱

　　上博二·魯1魯邦大～

　　上博二·魯1邦大～

《説文·日部》："旱，不雨也。从日，干聲。"

簡文～，久未降雨或降雨太少。《詩·大雅·雲漢》："旱既大甚，蘊隆蟲蟲。"

焊

　　上博一·性18哭之敦(動)心也兼(慱)～

《廣韻》:"焊,火乾也。同熯。"

簡文"稟～",讀爲"浸殺",或主張"是漸趨衰弱之義"。或認爲是描寫悲痛欲絶之狀。郭店・性自命出 30 對應的字句作"瀸殺"。

軒

 上博四・柬 18 邦豪(家)㠯(以)～軓

 上博二・容 1～緩(轅)是(氏)

 上博七・吴 5～輗(冕)

《説文・車部》:"軒,曲輈藩車。从車,干聲。"

上博二・容 1"～緩",讀爲"軒轅",傳説中的古代帝王黄帝的名字。傳説姓公孫,居於軒轅之丘,故名曰軒轅。後人以之爲中華民族的始祖。《楚辭・遠遊》:"軒轅不可攀援兮,吾將從王喬而娱戲!"《史記・五帝本紀》:"黄帝者,少典之子,姓公孫,名曰軒轅。"

上博四・柬 18"～軓",讀爲"軒輕"或"軒摯"。《周禮・考工記・輈人》:"是故大車平地既節軒摯之任。"車輿前高後低(前輕後重)稱"軒",前低後高(前重後輕)稱"輕",引申爲輕重、高低、平衡、掌握等意。或讀爲"扤隉",危而不安也。《書・秦誓》:"邦之扤隉,曰由一人。""軒"之可與"扤"通,猶"元"之與"兀"本爲一字分化。(陳劍)

上博七・吴 5"～輗",讀爲"軒冕",本指古時大夫以上官員的車乘和冕服,借指官位爵禄。《管子・立政》:"生則有軒冕、服位、穀禄、田宅之分。"《莊子・繕性》:"古之所謂得志者,非軒冕之謂也,謂其無以益其樂而已矣。今之所謂得志者,軒冕之謂也。軒冕在身,非性命也,物之儻來,寄者也。"

玕

 上博六・孔 14 罦尻危～

～,从"木","干"聲。

簡文～,讀爲"岸",指水邊高起之地。(陳偉)

戎

上博三·中 20 吟(今)之孥=(君子)孚怂(過)～(干)析

上博四·曹 16 其壁(城)固足㠯(以)～(捍)之

～,从"戈","干"聲,"戦"字異體。《說文·戈部》:"戦,盾也。从戈,旱聲。"

上博三·中 20 "～析",讀爲"捍責",意思是"抵拒責備"。"捍"有"抗拒抵禦"的意思,《禮記·祭法》:"能御大災則祀之,能捍大患則祀之。"上古音"責"是莊母錫部字,"析"爲心母錫部字,聲母韻部俱近,可以通假。《淮南子·兵略》:"淅米而儲之。"《文子·上議》"淅"作"漬",可以爲證。"捍責"既然是抵拒責備,那"愎過"也應當是相似的意思。(史傑鵬)或讀爲"扞婞",是抵制,排斥剛直之臣(言)的意思。(楊懷源)

上博四·曹 16 ～,讀爲"捍",捍衛。《集韻·翰韻》:"捍,衛也,或作扞。"《商君書·賞刑》:"千乘之國,若有捍城者,攻將淩其城。"

竿

上博五·三 21 ～之長

上博六·用 11 舉～於壄(野)

～,或作竿,竹下部"干"上還从一小圓,下部可以看作是"旱"字,聲符繁化。《說文·竹部》:"竿,竹梃也。从竹,干聲。"

上博五·三 21 ～,竹竿。竹子的主干。《詩·衛風·竹竿》:"籊籊竹竿,以釣于淇。"

上博六·用 11 "舉～",義同"揭竿",舉竿;持竿。《莊子·庚桑楚》:"若規規然,若喪父母,揭竿而求諸海也。"成玄英疏:"似儋揭竿木,尋求大海,欲測深底,其可得乎!"

汗

上博八·蘭 1……~(旱)

上博八·蘭 2……~(旱)亓(其)不雨

上博八·蘭 4 風~(旱)之不罔(罔)

《説文·水部》:"汗,人液也。从水,干聲。"

上博八·蘭 1、2~,讀爲"旱",乾旱,久晴不雨。《説文》:"旱,不雨也。"《詩·大雅·雲漢》:"旱既大甚,蘊隆蟲蟲。"《詩·大雅·召旻》:"如彼歲旱,草不潰茂。"《莊子·秋水》:"春秋不變,水旱不知。"

上博八·蘭 4"風~",讀爲"風旱",指風災和旱災。"風旱"連稱亦見《周禮·春官·小祝》:"掌小祭祀,將事侯禳禱祠之祝號,以祈福祥,順豐年,逆時雨,寧風旱,彌烖兵,遠皋疾。"鄭玄注:"禳,禳卻凶咎,寧風旱之屬。"

見紐建聲

建

上博三·周 14 利~矦(侯)行帀(師)

上博二·容 22 叀(禹)乃~敦(鼓)於廷

上博五·競 1【背】競~内之

· 2975 ·

上博楚簡文字聲系(一～八)

上博五·三 6～五官弗龔(措)

上博五·姑 4 欲㠯(以)長～宔(主)君而迖(御)難

上博六·用 18～龔之政(正)

上博六·天甲 1 天子～之㠯(以)州

上博六·天甲 1 邦君～之㠯(以)垗

上博六·天甲 1 夫=(大夫)～之㠯(以)里

上博六·天甲 1 士～之㠯(以)室

上博六·天乙 1 凡天子～之㠯(以)州

上博六·天乙 1 邦君～之㠯(以)垗

上博六·天乙 1 夫=(大夫)～之㠯(以)里

上博六·天乙 1 士～之㠯(以)室

～,金文或作 ,像人持物樹立於"乚"內之形。戰國文字或从"聿"从

"止","建"之簡寫。《説文・廴部》:"建,立朝律也,从聿,从廴。"

上博二・容 22~,《廣韻・願韻》:"建,立也,樹也,至也。""建鼓"見《儀禮・大射儀》:"建鼓在阼階西。"注:"建猶樹也。"

上博三・周 14"~厌(侯)",封立諸侯;封侯建國;立功封侯。《易・豫》:"利建侯、行師。"韋孟《諷諫》詩:"乃命厥弟,建侯于楚。"

上博五・競 1【背】"競~",讀爲"景建",人名。

上博五・三 6、上博五・姑 4、上博六・天甲 1、天乙 1~,建立,設置。《書・洪範》:"皇建其有極。"蔡沈集傳:"建,立也。"《國語・周語中》:"夫王公諸侯之有飫也,將以講事成章,建大德,昭大物也。"

見紐見聲

見

上博一・孔 16~丌(其)岜(美)必谷(欲)反(返)丌(其)本

上博一・孔 16 夫萬(葛)之~訶(歌)也

上博一・孔 23~善而孛

上博一・孔 24 句(后)稷之~貴也

上博 ・性 1 及丌(其)~於外

上博一・性 6 凡~者之胃(謂)勿(物)

上博二・子 6 堯~舜之惪(德)叞(賢)

上博二·子12 冬～芙孜（薊）而薦之

上博二·子12 乃～人武

上博二·從甲11～善行

上博二·從甲16 㠯（以）軋（犯）賡慇（犯）～不訓行㠯（以）出之

上博二·昔2 大（太）子內（入）～

上博二·昔3 割（蓋）悥（喜）於內不～於外

上博二·昔3 悥（喜）於外不～於內

上博二·昔3 恩（慍）於外不～於內

上博二·容12～舜之臤（賢）也

上博二·容17～嬰（禹）之臤（賢）也

上博二·容33～咎（皋）咎（陶）之臤（賢）也

上博三·周1～金夫

 上博三·周 4 利用～大人

 上博三·周 32～晉（惡）人

 上博三·周 32～車遏

 上博三·周 33～豕負（負）奎（塗）

 上博三·周 35 利～大人

 上博三·周 36 利～大人

 上博三·周 40～凶

 上博三·周 42 利～大人

 上博三·周 51 日中～茇

 上博三·周 51 日中～抖（斗）

 上博三·周 54 利～大人

 上博四·昭 8 王命龏（龔）之脾母（毋）～

上博四·昭 8 或昏(昧)死言僕(僕)～脾之寒也

上博四·昭 9 今君王或命脾母(毋)～

上博四·昭 10 囟邦人膚(皆)～之

上博四·昭 10 安命龏(龔)之脾～

上博四·相 4 虐(吾)～於君

上博四·曹 1 敓(曹)秣(沫)內(入)～曰

上博四·曹 24 迻(後)則～亡

上博四·曹 30 句(苟)～耑(短)兵

上博四·曹 54 思忘亓(其)死而～亓(其)生

上博五·競 7 天不～夭(祅)

上博五·鮑 5 或(又)不旻(得)～

上博五·姑 1 㠯(以)～亞(惡)於敔(厲)公

上博五・弟 6 虗(吾)見之壴(矣)

上博五・弟 9 虗(吾)～之壴(矣)

上博五・弟 9 虗(吾)餌(聞)而未之～也

上博五・弟 16 寡～則肆

上博五・弟 16 多～則☒

上博五・弟 21 ☒虗未～☐而信者

上博五・弟 21 未～善事人而忍者

上博五・鬼 5 又(有)目不～

上博五・鬼 6 蔑币(師)～兇

上博六・競 12 神～虐逕〈淫〉暴

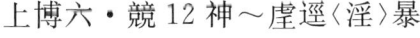
上博六・競 13 ～折

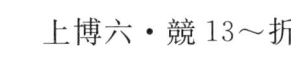
上博六・莊 5 紳公子皇～王

 上博六·壽 4 王復～奠=

 上博六·用 19 又(有)眛丌(其)不～

 上博六·天甲 12 古(故)～傷而爲之晢

 上博六·天甲 12 ～窆而爲之内

 上博七·武 7 ～亓(其)前

 上博七·君甲 1 敢告於～日

 上博七·君甲 2 王乃出而～之

 上博七·君乙 1 敢告於～日

 上博七·君乙 1 王乃出而～之

 上博七·凡甲 6 身豊(體)不～

 上博七·凡甲 16 達～百里

 上博七·凡甲 19 忻(近)之可～

上博七·凡乙 5 身豊(體)不～

上博七·凡乙 11 達～百里

上博八·子 5 司寇(寇)□～我

上博八·成 14 皆～章(彰)于天

上博八·命 1 鄴(葉)公子高之子～於命(令)尹子春

～,戰國文字或作 (郭店·老子丙 5)、 (郭店·緇衣 19)、 (郭店·五行 10)、 (郭店·五行 23)、 (郭店·五行 24)、 (郭店·五行 25)、 (郭店·五行 27)、 (郭店·性自命出 12)、 (新蔡甲三 177)、 (新蔡零 198、203)、 (關沮 247)、 (里 J1⑧147)。古文字中以" "爲見,以" "爲視,以人的跪與立行爲別。"見"、"視"是同義關係。《說文·見部》:"見,視也。从儿,从目。"

上博～,看見;看到。《易·艮》:"行其庭,不見其人。"《禮記·大學》:"心不在焉,視而不見,聽而不聞。"

上博一·孔 16、24～,用在動詞前面表示被動。相當於被,受到。《孟子·梁惠王上》:"百姓之不見保,爲不用恩焉。"

上博四·相 4、上博四·曹 1、上博五·鮑 5、上博六·莊 5、上博二·昔 2、上博三·周 35、上博八·命 1～,謁見;拜見。《書·大禹謨》:"負罪引慝,祗載見瞽瞍,夔夔齋慄,瞽亦允若。"《左傳·莊公十年》:"十年春,齊師伐我。公將戰。曹劌請見。"

上博四·曹 54～,讀爲"獻"。"獻其生"意即奉獻出自己的生命。

上博五·弟 16"寡～",見識少。揚雄《法言·吾子》:"多聞則守之以約,

多見則守之以卓；寡聞則無約也，寡見則無卓也。"李軌注："少見無卓絕之照。"

上博七・凡甲 16、凡乙 11"達～"，明白透徹的預見。《三國志・吳主傳》："惟君天資忠亮，命世作佐，深覩曆數，達見廢興。"

上博一・性 6、上博二・昔 3、上博五・競 7、上博五・姑 1、上博五・鬼 6、上博八・成 14～，"現"的古字，顯示、顯露之意，《漢書・元帝紀》："天見大異。"

莧

 上博三・周 39～芫（陸）夬夬

《說文・艸部》："莧，莧菜也。從艸，見聲。"

簡文"～芫"，讀爲"莧陸"，即商陸。多年生草本，春初發苗，葉卵形而大。夏季開紅紫或白色小花。入秋結實，實多肉，赤黑色。嫩葉可食，其根有毒，可供藥用。《易・夬》："莧陸夬夬，中行無咎。"王弼注："莧陸，草之柔脆者也。"

見紐肩聲

𢼛（肩）

 上博五・君 7～（肩）毋雙（嫠）、毋詹

～，從"攴"，"肩"聲，與 ⿰ （新蔡乙四 61）、 ⿰ （析君戟）同。上方之"戶"形實象肩形。甲骨文中的"肩"字初文本來就像動物肩胛骨的形狀。"肩"字的形體演變序列： ⿰ （石鼓文）→ ⿰ （析君戟）→ ⿰ （新蔡簡）→ ⿰ （上博簡）。（宋華強）《說文・肉部》："肩，髆也。從肉，象形。 ⿰ ，俗肩從戶。"

簡文～，讀爲"肩"。"肩無廢"謂"肩膀不要向下垮"。（季旭昇）

肩

上博六·天甲 7 寡還～

上博六·天乙 6 寡還～

～，或認為從"毛"，受到同簡後面"厇（度）"的影響而類化，遂改"攴"旁爲"毛"旁。實際上是從"又"，"啟"字或體。

簡文～，即"肩"，肩膀。《左傳·桓公五年》："祝聃射王中肩，王亦能軍。"（蘇建洲）

見紐开聲

开

上博二·容 14 舜於是虗（乎）刉（始）孚（挽）藝～梩（耜）菱

上博八·李 1【背】深利～豆

楚文字從"开"的字或作 、。《說文·开部》："开，平也。象二干對構，上平也。"

上博二·容 14～，或讀爲"錢"。《說文·金部》："錢，銚也。古田器。"段注："云古田器者，古謂之錢。今則但謂之銚，謂之臿，不謂之錢。"《詩·周頌·臣工》："庤乃錢鎛"，毛亨傳："錢，銚也。"《莊子·外物》："春雨日時，草木怒生，銚鎒於是乎始脩，草木之到植者過半而不知其然。"（蘇建洲）或隸作"玨"，讀爲"鉏"。（單育辰）

訮

　上博五·鬼7～誓（尋）顗（夏）邦

《説文·言部》："訮，静語訮訮也。从言，开聲。"

簡文～，讀爲"研"，研究。《字彙·石部》："研，究也。"《易·繫辭下》："能説諸心，能研諸侯之慮。""尋"也有究義。朱駿聲《説文通訓定聲》："尋所以度物，故揣度以求物謂之尋。"《正字通·寸部》："尋，探求也。"《淮南子·俶真》："下揆三泉，上尋九天。"因此，"訮尋"即"研尋"，而"研尋"復辭同義，皆爲探究、研究之意。"研尋夏邦"，即研究中國。（廖名春）或説"訮尋"，地名。（曹錦炎）

見紐閒聲歸月部月聲

見紐柬聲

柬

　上博四·柬1～（簡）大王泊澩（旱）

　上博一·性28 出言必又（有）夫～（簡）柬（簡）［之信］

　上博一·性37 不又（有）夫～（簡）柬（簡）之心則㤿（采）

　上博一·性37 又（有）丌（其）爲人之～（簡）柬（簡）女（如）也

　上博二·容8 敓～（簡）㠯（以）行

 上博二·容 19 迭（去）蛊（苛）而行～（簡）

 上博三·中 20 懋㠯（以）内～

上博六·用 2 ～=疋=

上博六·用 7 曼=～=

 上博六·用 16 ～亓（其）又（有）亙（恆）井

 上博八·子 1 門人～（諫）曰

上博八·蘭 5 蓉惻～（簡）臔（逸）而莫之能耆（効）矣

～，或作 ✳（郭店·五行 37），與"柬"形近。《說文·束部》："柬，分別簡之也。从束，从八。八，分別也。"

上博一·性 28、37"～～"，讀爲"簡簡"，《詩·周頌·執競》"降福簡簡"，毛亨傳："簡簡，大也。"《爾雅·釋言》："簡簡，大也。"

上博二·容 8 ～，讀爲"簡"，簡單、簡略。《廣韻·産韻》："簡，略也。"《易·繫辭上》："乾以易知，坤以簡能；易則易知，簡則易從。"孔穎達疏："簡謂簡省。"簡文"敚簡以行"，可參《管子·桓公問》："曰：法簡而易行，刑審而不犯，事約而易從，求寡而易足。"《尸子》："與之語禮，樂而不逆；與之語政，至簡而易行；與之語道，廣大而不窮。"《路史》卷二十一："語禮，樂詳而不孛；語政，治簡而易行；論道，廣大而亡窮；語天下事，貫昵條達，咸葉於帝，而咸可底績。"

上博三·中 20"内～"，讀爲"納諫"，接受規勸。多指君主接受臣下進諫。《國語·晉語八》："納諫不忘其師，言身不失其友。"

上博四·柬 1"～大王"，讀爲"簡大王"，又見望山簡，即楚簡王，楚惠王之子熊中。《史記·楚世家》："五十七年，惠王卒，子簡王中立。""二十四年，簡王卒"。《逸周書·謚法解》："壹德不解曰簡。平易不疵曰簡。"《謚法》："簡，治典不殺曰簡，正直無邪曰簡。"

上博六·用 2、7～₌，讀爲"簡簡"，大貌。《爾雅·釋訓》："丕丕、簡簡，大也。"《詩·周頌·執競》："降福簡簡，威儀反反。既醉既飽，福祿來反。"又《詩·商頌·那》："奏鼓簡簡，衎我烈祖。"《淮南子·時則》："優優簡簡，百怨不起。"

上博六·用 16～，讀爲"簡"，簡省。劉勰《文心雕龍·物色》："物色雖繁，而析辭尚簡。"

上博八·子 1～，讀爲"諫"，諫諍，規勸。《論語·里仁》："事父母幾諫，見志不從，又敬不違，勞而不怨。"

上博二·容 19、上博八·蘭 5～，讀爲"簡"，簡易，簡約。《易·繫辭上》："易則易知，簡則易從。"

諫

上博五·鮑 9 鞄(鮑)毌(叔)𤘽(牙)與級(隰)俚之～

上博四·内 7 孝而不～

上博六·用 17 韓衆誚～

上博六·用 18 諭～殿

上博七·武 7～不遠

《説文·言部》："諫，証也。从言，柬聲。"

上博四·内 7、上博五·鮑 9、上博六·用 17、18～，諫諍，規勸。《論語·

里仁》:"事父母幾諫,見志不從,又敬不違,勞而不怨。"《說苑·臣术》:"有能盡言於君,用則留之,不用則去之,謂之諫;用則可生,不用則死,謂之諍。"

上博七·武7～,《吕氏春秋·恃君覽》:"内之,則諫其君之過也。"高誘注:"諫,止也。"《廣雅·釋詁一》:"諫,正也。""諫"也可讀爲"鑑",《廣韻》:"鑑,誡也。"

蘭（蘭）

上博八·蘭2 緩才(哉)～(蘭)可(兮)

上博八·蘭3 ～斯秉悳(德)

上博八·蘭4 女(如)～(蘭)之不芳

上博八·蘭4 信～(蘭)元(其)茂也

上博八·蘭5 ～(蘭)又(有)異勿(物)

～,從三"中",即"艸"之繁體,"柬"聲,"蘭"字異構。《說文·艸部》:"蘭,香艸也。从艸,闌聲。"

簡文～,香草。古書稱"蘭"多指蘭草、澤蘭,屬菊科,多年生草本,有香氣,秋末開花,與今蘭(即春蘭)不是同一種植物。《易·繫辭上》:"同心之言,其臭如蘭。"《楚辭·九歌·湘夫人》:"沅有茝兮醴有蘭。"《楚辭·九歌·東皇太一》:"蕙肴蒸兮蘭籍,奠桂酒兮椒漿。"

見紐官聲歸宀聲

見紐串聲

串

 上博八・成 15 而或(國)又(有)相～(患)割(害)之志

～，與(九 A27)同，本是"毌"字初文。《說文・毌部》："毌，穿物持之也。从一橫貫，象寶貨之形。讀若冠。"

簡文"～害"，讀爲"患害"，禍害。《管子・度地》："故善爲國者，必先除其五害，人乃終身無患害而孝慈焉。"《史記・太史公自序》："自三代以來，匈奴常爲中國患害。"

聯

 上博八・命 5 我不能～(貫)壁而視聖(聽)

～，从"耳"，"串"聲。

簡文～，讀爲"貫"，《廣雅・釋言》："貫，穿也。""貫壁"，鑿通牆壁。典籍常作"穿壁"，《三國志・吳志・呂蒙傳》："封爵未下，會蒙疾發……時有鍼加，權爲之慘慽，欲數見其顏色，又恐勞動，常穿壁瞻之。"《西京雜記》卷二："〔匡衡〕勤學而無燭，鄰舍有燭而不逮，衡乃穿壁引其光，以書映光而讀之。"《淮南子・詮言》："百姓穿户鑿牖，自取照焉。"

闗(關)

 上博一・孔 10 ～(關)疋(雎)之改

 上博一・孔 10 ～(關)疋(雎)

 上博一·孔 11 ~(關)疋(雎)之改

 上博二·容 18 ~(關)市無賦

 上博二·容 36 㠯(以)正(征)~(關)市

 上博五·三 22 是帝之~(關)

 上博六·競 8 約夾者~

 上博六·用 3 悶言自~

 上博八·王 1 彭徒䍙(返)睗~(關)至(致)命

 上博八·王 2 徒自~(關)至(致)命

~，從"門"，"串"聲，"關"字異體。《説文·門部》："關，以木橫持門户也。從門，䜌聲。"

上博一·孔 10、11"~疋"，讀爲"關雎"，《詩·周南》篇名。《詩·周南·關雎序》："《關雎》，后妃之德也。風之始也，所以風天下而正夫婦也。"

上博六·競 8~，徵税的關卡。

上博二·容 18、36"~(關)市"，位于交通要道的市集。《周禮·天官·大宰》："七曰關市之賦。"賈公彦疏："王畿四面皆有關門，及王之市廛二處。"《吕氏春秋·仲夏紀》："關市無索。"高誘注："關，要塞也。市，人聚也。無索，不征税。"

上博五·三 22，上博八·王 1、2~，關口，關塞。《廣雅·釋詁四》："關，塞

也。"《楚辭·離騷》："吾令帝閽開關兮,倚閶闔而望予。"

上博六·用3"閟言自～",讀爲"閉言自關"。《淮南子·覽冥》"城郭不關",高誘注："關,閉也。"

見紐祓聲

瘓

 上博六·競1 割(會)～與梨(梁)丘虞言於公曰

 上博六·競9 今内寵又割～(會)

 上博六·競13 命割(會)～不敢監祭

～,從"疒","卷"省聲,疑亦"瘓"字。楚文字從"关"之字或作(郭店·窮達以時6)、(朕,郭店·唐虞之道26)、(鄭,施150)。

簡文"割～",讀爲"會譴",人名。《左傳·昭公二十年》作"裔款"(《晏子春秋·外篇》同),《晏子春秋·内篇諫上》作"會譴"。

倦(倦)

 上博二·從甲12 臺(敦)行不～(倦)

～,與(新蔡甲三 235—1)同,從"人","卷"省聲,"倦"字異體。《説文·人部》:"倦,罷也。從人,卷聲。"

簡文"不～",即"不倦",不厭倦;不勞累。《左傳·昭公十三年》:"施舍不倦,求善不厭。"

悉(惓)

 上博一·孔 4 民之又(有)慽~也

 上博一·孔 29《~而》不智(知)人

 上博一·性 31 凡慐(憂)~(患)之事谷(欲)任

 上博一·性 35 ~爲甚

 上博三·中 17 惪(德)季(教)不~(倦)

 上博四·相 1 牧亓(其)~(倦)

~，與 ☒(左塚漆桐)同，从"心"，"卷"省聲，"惓"字異體。

上博一·性 31"慐~"，讀爲"憂患"，猶言憂慮、困苦患難。《易·繫辭下》："作《易》者，其有憂患乎？"《孟子·告子下》："入則無法家拂士，出則無敵國外患者，國恆亡。然後知生於憂患而死於安樂也。"

上博一·性 35、上博四·相 1~，讀爲"患"，憂慮；擔心。《論語·季氏》："丘也聞有國有家者，不患寡而患不均。"

上博一·孔 29"~而"，讀爲"卷耳"，《詩經》篇名。《詩·周南·卷耳》："采采卷耳，不盈頃筐。嗟我懷人，置彼周行。"

上博一·孔 4"慽~"，或讀爲"戚患"，《詩·小雅·小明》："心之憂矣，自詒伊戚。"毛亨傳："戚，憂也。"患，憂慮；擔心。《論語·季氏》："丘也聞有國有家者，不患寡而患不均。""戚患"乃同義復詞連用，意爲憂患。

上博三·中 17"不~"，即"不倦"，不厭倦；不勞累。《左傳·昭公十三年》："施舍不倦，求善不厭。"

筲

　上博五·季4 尗(且)～(管)中(仲)又(有)言曰

～，從"竹"、"卷"省聲，"䈞"之異體，《玉篇》："䈞，丘下切。曲行。"《類編》："䈞，驅圓切。揉竹。"

簡文"～中"，即"管仲"（公元前725？至公元前645年），周王同族姬姓之後，管嚴之子，名夷吾，字仲，諡敬仲，齊稱仲父。春秋時著名的思想家、政治家、軍事家。《史記·管晏列傳》："管仲夷吾者，潁上人也。少時常與鮑叔牙遊，鮑叔知其賢。管仲貧困，常欺鮑叔，鮑叔終善遇之，不以爲言。已而鮑叔事齊公子小白，管仲事公子糾。及小白自立爲桓公，公子糾死，管仲囚焉。鮑叔遂進管仲。管仲既用，任政於齊，齊桓公以霸，九合諸侯，一匡天下，管仲之謀也。"

豢

　上博二·容28 返(復)穀～土

～，與 、、同。《說文》："豢，以穀圈養豕也。从豕，𢍏聲。"

簡文"返穀～土"，即"復穀換土"，指更換穀物的品種和讓土地輪休。（李零）

劵

　上博六·孔20 䎽(聞)豊(禮)不～

～，與同，左旁从"力"，如。而"力"、"人"二旁古通，如《上博四·曹沫之陣》9"沒身就死(![])"，"死"字即从"力"作。

簡文～，讀爲"倦"。"聞禮不倦"，在於學禮不倦。《孔子家語·致思》：

"鯉乎,吾聞可以與人終日不倦者,其唯學焉。其容體不足觀也,其勇力不足憚也,其先祖不足稱也,其族姓不足道也。終而有大名,以顯聞四方,流聲後裔者,豈非學之效也。"

見紐圖聲

擂

 上博八·成 13 是～(譴)之不果

～,從"手","圖"("㬎"之聲符)聲。"圖"旁也見於《包山》174 。

簡文～,讀爲"譴",與"毀"相應。《論衡·自紀》:"《呂氏》、《淮南》,懸於市門,觀讀之者,無訾一主。今無二書之美,文雖衆盛,猶多譴毀。"

見紐く聲

畎(く)

 上博二·子 8 采者～晦之中

 上博六·慎 5 送～備晦

《說文·く部》:"く,水小流也。周禮,匠人爲溝洫,梠廣五寸,二梠爲耦;一耦之伐,廣尺、深尺,謂之く。倍く謂之遂,倍遂曰溝,倍溝曰洫,倍洫曰巜。𡿨,古文く,從田,從川。畎,篆文く,從田,犬聲。六畎爲一晦。"《漢書·劉向傳》:"欲終不言,念忠臣雖在甽畝,猶不忘君,惓惓之義也。"顏師古注:"甽者,田中之溝也。……字或作畎,其音同耳。"

簡文"～晦",讀爲"畎畝",田地;田野。《國語·周語下》:"天所崇之子孫,或在畎畝,由欲亂民也。"韋昭注:"下曰畎,高曰畝。畝,壟也。"《荀子·成相》:"舉舜甽畝,任之天下身休息。"

溪紐侃聲

侃

 上博一·緇16 不~(愆)〔於儀〕

~,與 (郭店·緇衣32)同。《説文·川部》:"侃,剛直也。从伻。伻,古文信。从川,取其不舍晝夜。《論語》曰:'子路侃侃如也。'"

簡文~,讀爲"愆",違背;違失。《詩·大雅·假樂》:"不愆不忘,率由舊章。"鄭玄箋:"成王之令德,不過誤,不遺失。"

𧌒

 上博三·周50 酓(飲)飤(食)~~

~,从二"虫","侃"聲。

簡文~~,讀爲"衎衎",和樂貌。《易·漸》:"鴻漸于磐,飲食衎衎,吉。"尚秉和注:"衎衎,和樂也。"《後漢書·樊準傳》:"每讌會,則論難衎衎,共求政化。"李賢注:"衎衎,和樂貌也。"帛書作"衍衍",今本作"衎衎"。(陳偉)

溪紐辛聲

童(遣)

 上博一·性27 凡身谷(欲)靑(靜)而毋~(遣)

~,从"止","音"聲,或从"辵"作 (郭店·語叢四21),"遣"字異體。

簡文~,即"遣",派遣;差遣。《墨子·非儒下》:"〔孔子〕乃遣子貢之齊,因南郭惠子以見田常,勸之伐吳。"《史記·孟嘗君列傳》:"孟嘗君乃約車幣而遣之。"或讀爲"愆",過錯。

· 2996 ·

訡

上博二·从乙 4～愳而共孫

～,从"曰","訞"聲。

簡文～,讀爲"悐"。"悐悔"是悔過的意思。《宋書·沈演之傳》："可徙勃西垂,令一思悐悔。"(陳偉)

㱃

上博三·周 33 陞宗～肤(膚)

上博七·吳 5～敢居我江㝛(濱)

～,與 、同。从"曰"、"欠","辛"、"甹"皆聲。

上博三·周 33～,據帛書本、今本可讀爲"噬"。"噬膚",施刑恰當。《易·噬嗑》："噬膚滅鼻,無咎。"王弼注："噬,齧也。齧者,刑克之謂也。處中得位,所刑者當,故曰噬膚也。"孔穎達疏："膚,是柔脆之物,以喻服罪受刑之人也。"

上博七·吳 5"～敢",疑讀爲"曷敢",副詞。表示反問,相當於"何不"、"豈"、"難道"。《詩·唐風·有杕之杜》："中心好之,曷飲食之?"《書·周書·泰誓上》："有罪無罪,予曷敢有越厥志?"或讀爲"愆",訓溢、廣、大,引申爲恣意、放散之義。

墼

上博四·相 4 不亦～唬(乎)

～,从"土",左上从"辛"聲,"辛"下爲"自"省,並不从"口",右旁从"欠",

全字當隸定作"䐃"(从"畫"聲)。

简文～,讀爲"愆",訓爲"失",《詩·大雅·假樂》:"不愆不忘,率由舊章。"鄭玄箋:"成王之令德,不過誤,不遺失。"《左傳·昭公二十六年》:"王昏不若,用愆厥位。"杜預注:"愆,失也。"(董珊)

訳

 上博三·彭 2 戁(難)易～欲

～,从"欠","言"聲。或說从"辛"聲,"辛"形訛爲"言"形,與"䛐"、"䛐"實爲一字。郭店·性自命出 62 作,與之相對的上博簡作"遣"。

简文～,讀爲"滯",廢也、止也(參《經籍纂詁》700 頁),滯欲,就是廢欲、止欲。或讀爲"遣",《玉篇》:"遣,去也。""遣欲"義爲去除多欲。耶律楚材《再用張敏之韻》:"遣欲絶形累。"例雖後出,亦可資佐證。古書或作"去欲"。《莊子·山木》:"吾願君刳形去皮,灑心去欲,而游于無人之野。"(李鋭、陳斯鵬)

疑紐虞聲

獻

 上博二·容 5 魚蟲(鱉)～

 上博七·吳 9 瀘(廢)亓(其)贍～

 上博八·志 4 蟲材㠯(以)爲～

～,或作,所從的"鬲"上部訛爲"目",下部訛爲"羊"。戰國其他系文字或作(施 344)、(珍秦 230)、(秦風 76)。《說文·犬部》:"獻,宗廟犬名羹獻。犬肥者以獻之。从犬,鬳聲。"

上博二·容5、上博七·吳9～，奉獻，進貢，指藩屬奉獻禮物。《書·旅獒》："西旅獻獒，太保作《旅獒》。"孔安國傳："西戎遠國貢大犬。"《周禮·天官·内府》："凡四方之幣獻之金玉、齒革、兵器，凡良貨賄入焉。"

上博八·志4～，奉獻。把東西奉送給尊者或敬重的人。《詩·鄭風·大叔于田》："襢裼暴虎，獻於公所。"《周禮·天官·玉府》："凡王之獻金玉……之物，受而藏之。"鄭玄注："謂百工爲王所作，可以遺獻諸侯。古者致物於人，尊之則曰獻，通行曰饋。"賈公彥疏："正法：上於下曰饋，下於上曰獻。若尊敬前人，雖上於下，亦曰獻。是以天子於諸侯亦曰獻。"

疑紐言聲

言

 上博一·孔1旻(文)亡(無)隱(隱)～

 上博一·性9又(有)爲～之也

 上博一·性22未～而信

 上博一·性28～谷(欲)植(直)而毋流

 上博一·性28出～必又(有)夫柬(簡)柬(簡)[之信]

 上博一·性30～及則明鏨(舉)之而毋惄(僞)

 上博一·性30毋蜀(獨)～

 上博一·性 31 已則勿返（復）～也

 上博一·性 38 人之［巧］～利訶（詞）者

 上博二·從甲 4 是古（故）君子斳（慎）～而不斳（慎）事

 上博二·從甲 11 㠯（以）改丌（其）～

 上博二·從甲 11 可～而不可行

 上博二·從甲 11 君子不～

 上博二·從甲 11 可行而不可～

 上博二·從甲 19 君子不㠯（以）流～戠（傷）人

 上博二·昔 3 内～不㠯（以）出

 上博二·昔 3 外～不㠯（以）内（入）

 上博二·從乙 5 君子睧（聞）善～

上博二·容 8 與之～正（政）

上博二·容8與之~樂

上博二·容8與之~豊(禮)

上博二·容22身~

上博三·周49~又(有)舒(序)

上博三·亙5~出於音

上博三·亙6名出於~

上博三·亙6~非言

上博三·亙6言非~

上博三·亙6無胃(謂)~

上博三·亙10~名先者又(有)㠯(疑)

上博三·亙10~之後者孚(校)比安(焉)

上博三·彭2~天埅(地)與人

 上博四·采 2 奚～不從

 上博四·昭 8 或昏(昧)死～諐(僕)見脽之寒也

 上博四·昭 9 大尹之～脽可

 上博四·柬 17 复(作)色而～於廷

 上博四·柬 19 贅尹皆絧(紿)丌(其)～㠯(以)告大(太)剒(宰)

 上博四·柬 20 君內(入)而語僕之～於君王

 上博四·柬 21 大(太)剒(宰)～

 上博四·內 1 ～人之君之不能史(使)丌(其)臣者

 上博四·內 1 不與～人之臣之不能事

 上博四·內 2 ～人之臣之不能事丌(其)君者

 上博四·內 2 不與～人之君之不能史(使)丌(其)臣者

上博四·內 2 ～人之

上博四·内3 不與～人之子之不孝者

上博四·内3 ～人之子之不孝者

上博四·内3 不與～人之父之不能畜子者

上博四·内4 ～人之倪（兄）之不能慫（慈）俤（弟）者

上博四·内4 不與～人之俤（弟）之不能承倪（兄）者

上博四·内4 ～人之俤（弟）之不能承倪（兄）

上博四·内5 與君～～史（使）臣

上博四·内5 與臣～～事君

上博四·内5 與父～

上博四·内5 與子～

上博四·内5 與倪（兄）～

上博四·内6 與俤（弟）～

上博四·曹7 今異於而(尔)～

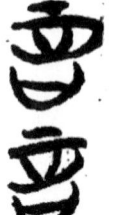上博四·曹8 君言亡吕(以)異於臣之～

上博四·曹10 虘(吾)睧(聞)此～

上博四·曹37 □又(有)戒～曰

上博四·曹60 一出～三軍皆懂

上博四·曹60 一出～三軍皆往

上博四·曹64 虘(吾)～氏(是)不(否)

上博五·競5 ～曰多

上博五·競9 记(起)而～曰

上博五·鮑2 爲丌(其)～

上博五·鮑2 聖(聽)～

上博五·季3 是古(故)君子玉丌(其)～

上博五・季4 尗(且)箕(管)中(仲)又(有)～曰

上博五・季4 浦～多難

上博五・季9 牀(臧)曼(文)中(仲)又(有)～曰

上博五・季13 古(故)子曰(以)此～爲奚女(如)

上博五・季14 則散(美)～也已

上博五・季15～則娩(美)矣

上博五・季18 子之～也已至(重)

上博五・季19 疋～而䨅(蜜)獸(獸)之

上博五・姑6 於～又(有)之

上博五・姑8～於敕(屬)公曰

上博五・君1～之而不義

上博五・君2 口勿～也

 上博五·君 3 虗(吾)斲(親)䎽(聞)～於夫子

 上博五·三 10 毋爲角～

 上博五·三 11 而多亓(其)～

 港甲 6 韓～則徫

 上博五·鮑 2 聖(聽)亓(其)～

 上博一·孔 2 多～後

 上博一·孔 2 多～

 上博一·孔 3 多～難而悁(怨)退(懟)者也

 上博一·孔 3 亓(其)～吝(文)

 上博一·孔 8 善諀(譬)～

 上博一·孔 8 皆～上之衰也

 上博一·孔 8 ～不中志者也

上博一·孔 8 丌(其)～不亞(惡)

上博一·孔 8 考(巧)～

上博一·孔 8 則～諓(譖)人之害也

上博一·孔 17 牆(將)中(仲)之～

上博一·孔 19 猷又(有)悁(怨)～

上博一·孔 20 丌(其)～又(有)所載而句(後)内

上博一·孔 25 智(知)～而又(有)豊(禮)

上博一·孔 28 牆又(有)薺(茨)慗(慎)宻(密)而不智(知)～

上博一·緇 15 王～女(如)絲

上博一·緇 15 王～女(如)索

上博一·緇 17 則民訢(愼)於～而墐(謹)於行

上博一·緇 17 古(故)君子寡(顧)～而行

· 3007 ·

上博二·子4丌(其)～

上博二·子5 與之～豊(禮)

上博二·子10 生而能～

上博二·魯3 而(爾)昏(聞)巷迲(路)之～

上博三·周2 少(小)又(有)～

上博三·周4 少(小)又(有)～

上博三·周8 利執～

上博三·周39 瞽(聞)～不終

上博三·周47 革～晶(三)歔(就)

上博三·周50 又(有)～

上博五·弟5 聖(聽)余～

上博五·弟8 可～虖(乎)丌(其)信也

上博五·弟附簡考(巧)～窒(令)色

上博五・弟附簡□者亓(其)～□而不可

上博五・弟12 求爲之～

上博五・弟12 有夫～也

上博五・弟12 ～行相怨

上博一・緇4 ～亓(其)所不能

上博一・緇16 可～不可行

上博一・緇16 君子弗～

上博一・緇16 可行不可～

上博一・緇16 則民～不舍(危)行

上博一・緇16 行不舍(危)～

上博一・緇17 古(故)～則慮亓(其)所終

上博一・緇17 ～率行之

上博一·緇 18 此～之砧（玷）不可爲

上博一·緇 19 君子～又（有）勿（物）

上博一·緇 20 庶～同

上博一·緇 23 宋人又（有）～曰

港甲 1 出～

上博六·競 1 割（會）疾（譴）與梨（梁）丘虞～於公曰

上博六·競 3 是～也

上博六·競 7 則～不聖（聽）

上博六·競 7 女川～弇亞虖（乎）

上博六·競 7 祝之多堣～

上博六·競 12 是壞逗之～也

上博六·孔 2 ～即至矣

上博六·孔 13 出～不忞

上博六·孔 17 圣～不當亓(其)所

上博六·孔 19 岜～之唬

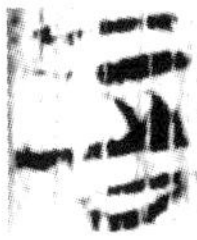

上博六·孔 22～之

上博六·孔 22 虗(吾)子迷～之猶恐弗智

上博六·莊 7 氏(是)～弃之

上博六·壽 5 耑(前)冬～曰邦必喪

上博六·慎 2 信㠯(以)爲～

上博六·用 1 心目彶～

上博六·用 3 圂～自閛(關)

上博六·用 5 隹～之又(有)信

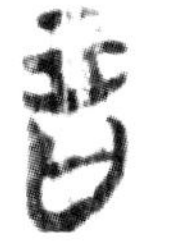

上博六·用 7 咎群～之弃

上博六・用 7 亓(其)～之祝

上博六・用 9 償～

上博六・用 10 ～才(在)家室

上博六・用 15 而～語之所起

上博六・用 18 ～台爲章

上博六・天甲 11 不～𢿢(亂)

上博六・天甲 11 不～帰

上博六・天甲 11 不～威

上博六・天甲 11 不～犮

上博六・天甲 11 不～尚

上博六・天甲 12 觀邦不～喪

上博六・天甲 12 時～而殜(世)行

上博六·天甲 13 信～

上博六·天乙 10 不～䜔(亂)

上博六·天乙 10 不～歸

上博六·天乙 10 不～威

上博六·天乙 11 不～友

上博六·天乙 11 不～耑

上博六·天乙 11 臨城不～毀

上博六·天乙 11 觀邦不～喪

上博七·武 3 道箸(書)～

上博七·武 9 祑(禍)牁(將)～

上博七·武 11 亦又(有)不涅(盈)於十～

上博七·武 13 丹箸(書)之～

 上博七·武 15 丹箸（書）之～

 上博七·鄭甲 1 臧（莊）王豪（就）夫=（大夫）而與之～曰

 上博七·鄭乙 1 臧（莊）王豪（就）夫=（大夫）而與（與）之～曰

 上博七·君甲 8～不敢罜（懌）身

 上博七·君乙 8～不敢罜（懌）身

 上博七·凡甲 4 五～才（在）人

上博七·凡甲 18 能募（寡）～

  上博七·凡甲 20～记（起）於鼠（一）尚（端）

上博七·凡甲 20 鼠（一）～而禾不飭（窮）

上博七·凡甲 20 鼠（一）～而又（有）衆

 上博七·凡甲 25～记（起）於鼠（一）尚（端）

上博七·凡甲 27 并（屏）氣（氣）而～

上博七・凡甲 29 衆鼠(一)～而萬民之利

上博七・凡甲 29 鼠(一)～而爲天墜(地)旨

上博七・凡乙 3 五～才(在)人

上博七・凡乙 13 能募(寡)～

上博七・凡乙 14 鼠(一)～而禾不螚(窮)

上博七・凡乙 14 鼠(一)～而又(有)衆

上博七・凡乙 14 鼠(一)言☐

上博七・凡乙 18～记(起)於鼠(一)耑(端)

上博七・吳 1 又(有)～曰

上博七・吳 2 君而或～

上博八・顔 4 俑(庸)～之信

上博八・命 3 命求～㠯(以)含(答)

上博八·王 3 是～既睧（聞）於衆巳（已）

上博八·王 7 □～之漳（瀆）

上博八·志 1 寺箸（書）乃～

上博八·志 1 吕（以）敚譌王夫=（大夫）之～

上博八·志 4 然吕（以）誩（讒）～相忞（謗）

～，戰國文字或作 （郭店·老子甲 4）、 （郭店·老子丙 9）、 （郭店·忠信之道 8）、 （郭店·成之聞之 6）、 （郭店·六德 36）、 （郭店·語叢四 23）、 （新蔡甲三 31）、 （施 187）、 （歷博·燕 75）、 （珍戰 203）、 （珍秦 205）、 （里 J1⑨7 正）。《說文·言部》："言，直言曰言，論難曰語。从口，辛聲。"

上博一·性 22"未～而信"，《荀子·君子》："不視而見，不聽而聰，不言而信，不慮而知，不動而功，告至備也。"《禮記·中庸》："故君子不動而敬，不言而信。"

上博一·性 28"出～"，說話；發言。《詩·小雅·都人士》："其容不改，出言有章。"劉向《說苑·談叢》："口者關也，舌者機也，出言不當，四馬不能追也。"

上博一·性 30"蜀～"，讀爲"獨言"，一人自言。潘嶽《寡婦賦》："廓孤立兮顧影，塊獨言兮聽響。"

上博一·孔 8、上博一·性 38、上博五·弟附簡"巧～"，表面上好聽而實際上虛僞的話。《詩·小雅·雨無正》："哿矣能言，巧言如流，俾躬處休。"《漢書·東方朔傳》："二人皆僞詐，巧言利口以進其身。"

上博二·從甲 4"訢(慎)～",出言謹慎。《墨子·非命中》:"初之列士桀大夫,慎言知行。"

上博二·從甲 19"流～",散佈沒有根據的話。多指背後議論、誣蔑或挑撥的話。《書·金縢》:"武王既喪,管叔及其群弟乃流言於國。"《詩·大雅·蕩》:"流言以對,寇攘式内。"朱熹集傳:"流言,浮浪不根之言也。"

上博二·從乙 5"善～",有益之言;好話。《孟子·離婁下》:"禹惡旨酒,而好善言。"韓愈《與少室李拾遺書》:"方今天子仁聖……樂善言如不得聞。"

上博一·孔 25、上博一·孔 28"智(知)～",謂善於辨析他人之言辭。《論語·堯曰》:"不知言無以知人也。"《孟子·公孫丑上》:"'何謂知言?'曰:'詖辭知其所蔽,淫辭知其所陷,邪辭知其所離,遁辭知其所窮。'"

上博一·緇 15"王～女(如)索",君王的言語、詔誥。《書·咸有一德》:"大哉王言。"《禮記·緇衣》:"王言如絲,其出如綸。王言如綸,其出如綍。"

上博一·孔 19"惌(怨)～",埋怨的話。《論語·憲問》:"奪伯氏駢邑三百,飯疏食,没齒無怨言。"

上博三·周 47"革～",謂更改供詞。《易·革》:"九三:征凶。貞厲。革言三就,有孚。"王弼注:"自四至上,從命而變,不敢自違,故曰革言三就。"高亨注:"革言,有罪更改供辭。"

上博三·周 2、4、上博三·周 50～,專指責備之言;謗言。《易·需》:"小有言。"孔穎達疏:"雖小有責讓之言,而終得其吉也。"一說,言,讀爲"愆"。指過失。見聞一多《古典新義·周易義證類纂》。

上博三·周 8"執～",拿出主張;建白。《易·師》:"田有禽,利執言,無咎。"王弼注:"物先犯己,故可以執言而無咎也。"孔穎達疏:"故可以執此言往問之。"

上博五·弟 12"～行",言語和行爲。《易·繫辭上》:"言行,君子之樞機。"

上博一·緇 18"此～之砧(玷)",政令;號令。《詩·大雅·抑》:"白圭之玷,尚可磨也;斯言之玷,不可爲也。"鄭玄箋:"玉之缺尚可磨鑢而平,人君政教一失,誰能反覆之。"

上博七·凡"鼠～",即"一言",一句話;一番話。《書·立政》:"時則勿有間之,自一話一言。我則末惟成德之彦,以乂我受民。"《左傳·僖公二十八年》:"楚一言而定三國;我一言而亡之。"

上博八·顔 4"俑(庸)～之信",《易·文言》:"子曰:'龍德而正中者也。

庸言之信,庸行之謹,閑邪存其誠,善世而不伐,德博而化。'"孔穎達疏:"'庸言之信,庸行之謹'者,庸謂中庸,庸,常也。從始至末,常言之信實,常行之謹慎。"朱熹説:"常言亦信,常行亦謹,盛德之至也。"

上博八·志 4"譴～",讀爲"讒言",説壞話譭謗人。亦指壞話,挑撥離間的話。《書·盤庚下》:"爾無共怒,協比讒言予一人。"孔安國傳:"汝勿共怒我,合比凶人而妄言。"

上博一·孔 1"旻(文)亡隱(隱)～",或讀爲"文無隱意"。

上博一·緇 23、上博六·慎 2、上博六·孔、上博六·用、上博七·武 13、15、上博七·凡乙 18、上博七·吴 1、上博八·王 3～,言辭,言論。《書·盤庚上》:"遲任有言曰。"《詩·小雅·雨無正》:"如何昊天,辟言不信。"

上博六·天、上博七·凡甲 27、上博七·鄭甲 1、鄭乙 1、上博八·志 1～,動詞,説;説話。《書·無逸》:"〔殷高宗〕三年不言。"《左傳·隱公六年》:"周桓公言於王曰:'我周之東遷,晉鄭焉依!'"

善

上博二·民 8～才(哉)

上博一·孔 3 丌(其)聖(聲)～

上博一·孔 8～諆(譬)言

上博一·孔 21 虐(吾)～之

上博一·孔 22 虐(吾)～之

上博一·孔 23 目(以)道交見～而爭

上博一・性3~不善

上博一・性3善不~

上博一・性3所~所不善

上博一・性3所善所不~

上博一・性7群~之蒁也

上博一・性12~丌(其)節

上博一・性16丌(其)反~逗(復)訇(始)也訡(慎)

上博一・性22眚(性)~者也

上博二・子1~與善相受也

上博二・子1善與~相受也

上博二・子6舜之悳(德)則城(誠)~鼜(歟)

上博二・子9~

 上博二·從甲 3～人

 上博二·從甲 11 見～行

 上博二·從甲 12 哼(持)～猒(厭)

 上博二·從乙 5 君子昏(聞)～言

 上博二·容 13 㠯(以)堯爲～興叡(賢)

 上博二·容 13 㠯(以)～丌(其)新(親)

 上博二·容 17 昔者天壑(地)之差(佐)舜而右(佑)～

 上博三·中 15～才(哉)

 上博三·中 24 一曰㠯(以)～立

 上博三·中 24 一曰㠯(以)不～立

上博三·亙 8 先者又(有)～

上博三·亙 8 又(有)人安(焉)又(有)不～

上博四·柬 23 君～

上博四·内 6～則從之

上博四·内 6 不～則止之

上博四·曹 5 則不可㠯(以)不攸(修)政而～於民

上博四·曹 6 則亦不可㠯(以)不攸(修)政而～於民

上博四·曹 47～於死者爲生者

上博四·曹 56～攻者奚女(如)

上博四·曹 56～攻者必㠯(以)亓(其)所又(有)

上博四·曹 57～戠(戰)者奚女(如)

上博五·競 6 不遷(遷)於～而敓(奪)之

上博五·競 8 此能從～而迲(去)悘(過)者

上博五·競 8 虗(吾)不智(知)亓(其)爲不～也

 上博五·季12 先人斎=(之所)～亦善之

 上博五·季12 先人斎=(之所)善亦～之

 上博五·季15 肰(然)則民迡不～

 上博五·季22 ～,叚(賢)人𡍬(當)亓(其)曲㠯(以)城之

 上博五·弟11 斯～欥(歟)

 上博五·弟17 ～欥(歟)

 上博五·弟21 未見～事人而忌者

 上博五·三5 ～才(哉)～才(哉)

 上博五·三5 参(三)～才(哉)

 上博五·三11 ～毋烕(滅)

 上博五·三14 爲～福乃坴(來)

 上博五·三14 爲不～𥙆(禍)乃或(惑)之

上博五・三 21～游者

上博五・鬼 1 則㠯(以)亓(其)賞～罰暴也

上博五・鬼 3 則～者或不賞而暴

上博六・競 11 丌(其)左右相弘自～

上博六・競 12～才(哉)

上博六・用 1 是～敗之經

上博六・用 20 隹善是～

上博六・用 20 隹～是善

上博六・用 20～古君之

上博八・成 14 可㠯(以)智(知)～否

上博八・命 5 虐(吾)睧(聞)古之～臣

上博八・命 10 甚～

　　　上博八·志5 虐(吾)父甦(兄)眚(甥)咎(舅)之又(有)～

　　　上博八·有4 又(有)不～心耳今可(兮)

～,戰國文字或作善(郭店·老子甲7)、善(郭店·魯穆公問子思4)、善(郭店·忠信之道7)、善(郭店·尊德義16)、善(郭店·性自命出5)、善(郭店·語叢一17)、善(郭店·語叢一32)、善(郭店·語叢四20)、善(左塚漆桐)、善(施176)、善(程訓義2—54)、善(珍戰213)、善(陝西1747)、善(尖足小布)、善(珍秦151)。《説文·誩部》:"譱,吉也。从誩,从羊。此與義、美同意。善,篆文善,从言。"

上博"～才",讀爲"善才",讚歎之辭。《左傳·昭公十六年》:"善哉,子之言是。"

上博一·孔3、23、上博一·性7、16、上博二·子1、上博二·容17、上博四·内6、上博五·競6～,名詞,好;美好;善行;善事。《禮記·中庸》:"禍福將至,善,必先知之,不善,必先知之。故至誠如神。"

上博一·孔21～,動詞,以……爲善。

上博一·性22"眚(性)～者也",人生之初其性是善良的。《孟子·告子上》:"人性之善也,猶水之就下也。人無有不善,水無有不下。"《孟子·滕文公上》:"孟子道性善,言必稱堯舜。"

上博二·從甲3"～人",《論語·述而》:"子曰:善人,吾不得而見之矣。得見有恆者,斯可矣。亡而爲有,虛而爲盈,約而爲泰,難乎有恆矣。"

上博二·從甲11"～行",美好的品行;美好的行爲。《禮記·曲禮上》:"博聞强識而讓,敦善行而不怠,謂之君子。"《孟子·盡心上》:"及其聞一善言,見一善行,若決江河,沛然莫之能禦也。"

上博二·從甲12"時(持)～",《論衡·譴告篇》:"故諫之爲言,間也,持善間惡,必謂之一亂。"

上博二·從乙5"～言",有益之言;好話。《孟子·離婁下》:"禹惡旨酒,而好善言。"

上博二·容 13～,動詞,交好;亲善。《吕氏春秋·貴公》:"夷吾善鮑叔牙。"

上博四·曹 5、6、47"～於死者爲生者",善待死伤者,方能求得生存。

上博一·孔 8、上博二·容 13、上博四·曹 56、57～,擅長;善於。《書·秦誓》:"惟截截善諞言,俾君子易辭。"

上博五·競 8"從～",依從善道;聽從善言。劉歆《移書讓太常博士》:"猶欲保殘守缺,挾恐見破之私意,而亡從善服義之公心。"

上博五·季 22～,表示贊同、應諾。《左傳·襄公二年》:"孟獻子曰:'請城虎牢以偪鄭。'知武子曰:'善。'"

上博五·弟 11、17"～欤(歟)",讀爲"善矣",《吕氏春秋·仲冬紀》:"今子得免而去之,亦善矣。"

上博五·三 14"爲～福乃埜(來)",《史記·吳王濞列傳》:"蓋聞爲善者,天報之以福。"

上博"不～",不良也。《書·伊訓》:"作不善,降之百殃。"《荀子·勸學》:"其善者少,不善者多,桀、紂、盗跖也。"

上博五·三 21"～游者",善於游泳的人。《管子·樞言》:"故善游者死于梁也,善射者死於中野。"

上博五·鬼 1、3"賞～罰暴",《墨子·天志上》:"吾以賢者之必賞善罰暴也。何以知賢者之必賞善罰暴也？吾以昔者三代之聖王知之。"《文子·精誠》:"故賞善罰暴者,正令也。其所以能行者,精誠也。"

上博六·競 11～,訓爲"喜"。《大戴禮記·衛將軍文子》"業功不伐,貴位不善",王聘珍解詁:"善,猶喜也。不善,謂無喜色也。"(李天虹)

上博六·用 1"～敗",猶言成敗。《左傳·僖公二十年》:"善敗由己,而由人乎哉?"竹添光鴻會箋:"'善敗'猶云'成敗'。《國語·周語上》召公曰:'口之宣言也,善敗於是乎興。'言口能作事之成敗也。其下云:'夫民慮之於心而宣之於口,成而行之',直以'成'字代'善'字,可以見矣。又《國語·晉語九》趙簡子曰:'擇才而薦之,朝夕誦善敗而納之。'《國語·楚語下》:'左史倚相能道訓典以叙百物,以朝夕獻善敗於寡君。'其義皆同。"簡文説:心、目、言,是成敗的關鍵。(晏昌貴)

上博六·用 20"佳～是善",《禮記·大學》引《楚書》云:"楚國無以爲寶,惟善以爲寶。"簡文"惟善是善"猶言"惟善是寶"。

上博八·命5"～臣",《吕氏春秋·審應覽》:"宜矣王之制於秦也! 王何疑秦之善臣也?"

上博八·命10"甚～",《莊子·讓王》:"子華子曰:'甚善! 自是觀之,兩臂重於天下也,身亦重於兩臂。韓之輕於天下亦遠矣,今之所爭者,其輕于韓又遠。君固愁身傷生以憂戚不得也!'"

疑紐邍聲

备

 上博三·周9～筮(筮)

～,與叼(錢典82)同,"邍"字省體。《説文·辵部》:"邍,高平之野,人所登。从辵、备、彔。闕。"

上博三·周9"～筮",讀爲"原筮",干寶:"原,卜也。《周禮》三卜,一曰原兆。……考之蓍龜,以謀王業,大相東土,卜惟洛食,遂乃定鼎郟鄏。"蘇軾:"原,再也。再筮,慎之至也。"朱熹亦謂:"再筮以自審。"孔穎達:"原謂原窮比者根本,筮謂筮決求比之情。"尚秉和:"原筮,猶言野筮也。《儀禮·士喪禮》筮於兆域,兆域在郊外,即原筮也。"或疑"原"訓諒。"筮",疑讀爲"折",指折敗。"原筮",即恕免他人的折敗。(廖名春)

疑紐元聲

元

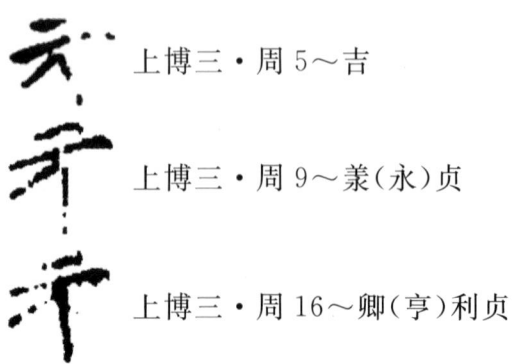

上博三·周5～吉

上博三·周9～羕(永)貞

上博三·周16～卿(亨)利貞

上博三·周 18 ~卿（亨）

上博三·周 20 ~卿（亨）利贞

上博三·周 22 ~吉

上博三·周 33 遇~夫

上博三·周 45 又（有）孚~吉

上博三·周 47 ~羕（永）贞

上博三·周 54 ~吉

上博四·柬 21 君王~君

上博四·柬 23 君王~君

上博六·用 16 茅之台（以）~色

上博八·子 1 ~（願）虐（吾）子之惹（圖）之也

《説文·一部》："元，始也。从一，从兀。"

上博三·周 5、22、45、54"~吉"，大吉。《文選·東京賦》"祚靈主以元吉"，李善注："元，大也；吉，福也。"《左傳·昭公十二年》："南蒯枚筮之，遇坤之比曰'黄裳，元吉'，以爲大吉也。"

上博三·周 9、47~，大。《書·大禹謨》："天之歷數在汝躬，汝終陟元后。"孔安國傳："元，大也。"

上博三·周16、18、20"～卿",讀爲"元亨",猶言大通,大吉。《易·大有》:"其德剛健而文明,應乎天而時行,是以元亨。"王弼注:"應天則大,時行無違,是以元亨。"孔穎達疏:"以有此諸事,故大通而元亨也。"

上博三·周33"～夫",猶善士。《易·睽》:"睽孤遇元夫,交孚,厲,無咎。"程頤傳:"夫,陽之稱;元,善也。初九當睽之初,遂能與同德,而無睽之悔,處睽之至善者也,故目之爲元夫,猶云善士也。"

上博四·柬21"～君",賢德之君,《國語·晉語》"抑人之有元君,將稟命焉",韋昭注:"元,善也。"楊樹達指出:"元君猶《書》言元首。韋訓善,非也。"（陳偉）

上博八·子1～,讀爲"願",希望。《楚辭·九章·惜誦》:"固煩言不可結詒兮,願陳志而無路。"王逸注:"願,思也。"《漢書·蕭何傳》:"願君讓封勿受,悉以家私財佐軍。"

悉

上博一·孔19《木苽(瓜)》又寢(藏)～(願)而未旻(得)達也

上博三·彭4 古君之～(願)良□

上博一·孔14 怣(疑)好色之～(願)

上博三·中26 ～(願)因虐子而訇(辭)

上博四·柬21 ～(願)聞(聞)之

上博五·鮑4 簽(箸)逗怀～(願)

 上博八・王 4～(願)夫=(大夫)之母(毋)徒

 上博八・李 1【背】～(願)歲之啟時

～，从"心"，"元"聲，可能就是欲願之"願"的本字。

上博一・孔 14、19，上博三・彭 4～，願望；心願。《詩・鄭風・野有蔓草》："邂逅相遇，適我願兮。"陶潛《歸去來兮辭》："富貴非吾願，帝鄉不可期。"

上博三・中 26、上博四・柬 21、上博八・王 4、上博八・李 1【背】～，希望。《漢書・蕭何傳》："願君讓封勿受，悉以家私財佐軍。"

上博五・鮑 4"怀～"，讀爲"倍願"，《廣韻・願韻》："願，欲也。""篤逗倍願"義爲厚其樂而倍其欲。（李守奎）

芫

 上博五・君 10～斂之徒

《說文・艸部》："芫，魚毒也。从艸，元聲。"

簡文～，讀爲"玩"。《易・繫辭上》："所樂而玩者。"陸德明釋文："玩，研玩也。"《楚辭・哀時命》："誰可與玩此遺芳。"王逸注："玩，習也。"《列子・黃帝》："玩其文也久矣。"殷敬順釋文："玩，習也。"此當指師徒間研玩學問。（何有祖）

冠

 上博二・容 52 武王於是虎(乎)素～彔(冕)

上博四・內 8～不奐

 上博六・孔 5～弗見也

3029

～,从"元"、从"冃",會頭上戴帽之意,"元"亦聲,"冠"字異體。《説文·冖部》:"冠,絭也。所以絭髮,弁冕之總名也。从冖,从元,元亦聲。冠有法制,从寸。"

上博二·容52"素～(冠)",白色的帽子。古代遭凶喪事時所戴。《禮記·曲禮下》:"大夫、士去國,踰竟,爲壇位,鄉國而哭,素衣、素裳、素冠。"孔穎達疏:"素衣、素裳、素冠者,今既離君,故其衣、裳、冠皆素,爲凶飾也。"

上博四·内8～,帽子的總稱。《禮記·曲禮上》:"爲人子者,父母存,冠衣不純素。"史游《急就篇》卷三:"冠幘簪簧結髮紐。"顔師古注:"冠者,冕之總名,備首飾也。"

上博六·孔5～,戴帽子;戴。《孟子·滕文公上》:"'許子冠乎?'曰:'冠。'"張衡《東京賦》:"冠通天,佩玉璽。"

端紐丹聲

丹

 上博二·容6 昔堯凥(處)於～府

 上博二·容38 戕(飾)爲～宫

 上博七·武2 才(在)～箸(書)

 上博七·武13 奉～箸(書)

 上博七·武13 ～箸(書)之言

 上博七·武15 ～箸(書)之言

《説文·丹部》:"丹,巴越之赤石也。象采丹井,一象丹形。⿱⺆𠄞,古文丹。彡,亦古文丹。"

上博二·容6"~府",丹府與葦陵爲堯幼時居住的地方。《太平御覽》卷八十引《帝王世紀》:"帝堯,陶唐氏,祁姓也。母曰慶都,孕十四月而生堯於丹陵,名曰放勳。"《宋書·符瑞志上》:"帝堯之母曰慶都,生於斗維之野……孕十四月而生堯於丹陵,其狀如圖。""丹陵"似是二者的合稱。

上博二·容38"~宮"或是由"宮牆文畫"、"朱丹其宮"而得名。《説苑·反質》:"紂爲鹿台糟邱,酒池肉林,宮牆文畫,雕琢刻鏤。"《楚辭·九歌·河伯》:"魚鱗屋兮龍堂,紫貝闕兮朱宮。"王逸注:"朱丹其宮。"(陳劍)

上博七·武2、13、15"~箸(書)","丹書",謂天子之詔,亦稱丹詔,古策府之遺典。司馬遷《報任少卿書》:"僕之先,非有剖符丹書之功。"

端紐旦聲

旦

上博五·姑1~夕紿(治)之

上博五·三1橺(柄)~毋哭

上博八·成2翌(召)周公~曰

上博八·成3~之睧(聞)之也

~,戰國文字或作(珍戰83)、(珍戰110),从"日","丁"聲。《説文·旦部》:"旦,明也。从日見一上。一,地也。"

上博五·姑1"~夕",早晚,猶言夙興夜寐。《墨子·號令》:"諸門下朝夕立若坐,各令以年少長相次,旦夕就位,先右有功有能。"

上博五·三 1"檑（柄）～"，讀爲"平旦"，古代十二時之一，相當於後來的寅時。也指清晨。《孟子·告子上》："其日夜之所息，平旦之氣，其好惡與人相近也者幾希。"劉向《新序·雜事四》："君昧爽而櫛冠，平旦而聽朝。"

上博八·成"周公～"，姬姓、名旦，周文王之子，武王之弟，亦稱叔旦。

但

 上博六·用 20 又～之深

《説文·人部》："但，裼也。從人，旦聲。"

簡文～，或讀爲"袒"，指古代行禮時脱去上衣的左袖，露出裼衣。《儀禮·鄉射禮》："司射適堂西，袒決遂。"鄭玄注："袒，左免衣也。"《禮記·檀弓上》："主人既小斂，袒、括髮。"孔穎達疏："凡弔喪之禮，主人未變之前，弔者吉服而弔，吉服謂羔裘、玄冠、緇衣、素裳，又袒去上服以露裼衣，則此裼裘而弔是也。"（何有祖）或讀爲"潭"。（凡國棟）

袒

 上博五·三 9 毋衿（錦）衣交（絞）～

～，郭店·六德 28 作 。《説文·衣部》："袒，衣縫解也。從衣，旦聲。"

簡文～，古代行禮時脱去上衣的左袖，露出裼衣。《儀禮·鄉射禮》："司射適堂西，袒決遂。"鄭玄注："袒，左免衣也。"《禮記·檀弓上》："主人既小斂，袒、括髮。"孔穎達疏："凡弔喪之禮，主人未變之前，弔者吉服而弔，吉服謂羔裘、玄冠、緇衣、素裳，又袒去上服以露裼衣，則此裼裘而弔是也。"《禮記·玉藻》："錦衣以裼之。""裼"與"袒"同義。脱衣露出上身。《禮記·曲禮上》："冠毋免，勞毋袒，暑毋褰裳。"陸德明釋文："袒，露也。"孔穎達疏："雖有疲勞之事厭患其衣，而不得袒露身體。"《吕氏春秋·上德》："曹共公視其駢脅，使袒而捕池魚。"

端紐單聲

戁(憚)

 上博四·曹 34 君毋~自袋(勞)

~,從"心","嘼(單)"聲,"憚"字異體。《説文·心部》:"憚,忌難也。從心,單聲。一曰:難也。"

簡文~,同"憚",是畏難之義。

戰(戰)

 上博四·曹 13 虗(吾)欲與齊~

 上博四·曹 18 必有~心㠯(以)守

 上博四·曹 19 不可㠯(以)~

 上博四·曹 31 盟(明)日牂(將)~

 上博四·曹 28 所㠯(以)~

 上博四·曹 32 既~牂(將)歔爲之㤅

 上博四·曹 38 ~有㱃道

 上博四·曹40 此～之恧道

 上博四·曹43 ～有幾虎(乎)

 上博四·曹44 此～之幾

 上博四·曹44 疑～死

 上博四·曹44 既～有幾虎(乎)

 上博四·曹45 既～而有忩(息心)

 上博四·曹45 此既～之幾

 上博四·曹46 復敗～又(有)道虎(乎)

 上博四·曹49 足㠯(以)～虎(乎)

 上博四·曹50 復盤～有道虎(乎)

 上博四·曹50 既～復豫

 上博四·曹51 明日牆(將)～

上博四·曹 51 虗(吾)～嘗不訓於天命

上博四·曹 51 牆(將)復～

上博四·曹 53 此復盤～之道

上博四·曹 53 復甘～又(有)道虖(乎)

上博四·曹 53 此復甘～之道

上博四·曹 54 復欰(故)～有道虖(乎)

上博四·曹 55 此復欰(故)～之道

上博六·天甲 10～

上博六·天乙 9 杠不語～

上博七·鄭甲 7 與之～於兩棠

上博七·鄭乙 7 與之～於兩棠

～,與 、、![](新蔡甲三

296）同，从"戈"，"嘼（單）"聲，"戰"字繁體。下從"口"爲古文字構形習見之贅飾。

上博六·天乙 9～，戰爭，《論語·述而》："子之所慎：齋、戰、疾。"

上博四·曹、上博七·鄭甲 7、鄭乙 7～，作戰；戰爭。《書·甘誓》："大戰于甘，乃召六卿。"《商君書·畫策》："故以戰去戰，雖戰可也。"《漢書·蕭何傳》："臣等身被堅執兵，多者百餘戰，少者數十合，攻城略地，大小各有差。"

端紐叀聲

遱（傳）

上博五·季 14 三代之～史

上博五·季 14 幾敢不㠯（以）丌（其）先=（先人）之～等（志）告

上博六·用 10 春秋還～

～，從"辵"，"叀"聲，"傳"字異體。與（郭店·老子甲 22）、（郭店·尊德義 28）、（郭店·唐虞之道 13）、（雁節集成 12103）、（馬節集成 12091）同。或作（郭店·語叢四 20），聲符繁化，從"剚"聲。或作（郭店·唐虞之道 1），從"彳"。《説文·人部》："傳，遽也。从人，專聲。"

上博五·季 14～，即"傳"，書傳；著作。《孟子·梁惠王下》："齊宣王問曰：'文王之囿方七十里，有諸？'孟子對曰：'於傳有之。'"張華《博物志》："賢者著述曰傳曰記。"

上博五·季 14"～等（志）"，傳記，指記載個人或群體事蹟的文字。《漢書·敘傳》："彼何人斯，竊此富貴，營損高明，作戒後世。述《佞倖傳》第六十三回。"

上博六·用 10～，讀爲"轉"。"春秋還轉"，言四時代序也。

·3036·

剸（斷）

 上博四·昭 2 牁（將）～（斷）於命（今）日

 上博四·曹 62 所㠯（以）爲～（斷）

 上博五·三 10 毋～（斷）陓（污）

 上博四·采 3 碴（蓙）～之實

 上博六·慎 3～蠱

 上博六·天甲 9～型（刑）則㠯（以）袞（哀）

 上博六·天乙 8～型（刑）則㠯（以）袞（哀）

 上博八·成 7 弗會而自～（斷）

 上博八·李 1～（搏）外疋（疏）审（中）

～，郭店簡或作 、、、，即"剸"字，《説文》以爲"䯃"之或體。《説文·首部》："䯃，截也。从首，从斷。剸，或从刀，專聲。"

上博四·昭 2、上博四·曹 62～，斷，決也，猶言裁定功過賞罰之標準。

（陳劍）

　　上博五・三10～，斷絕；隔絕。《禮記・儒行》："過言不再，流言不極；不斷其威，不習其謀。"孔穎達疏："斷，絕也。"

　　上博四・采3"碫（廬）～"，讀爲"輾轉"，翻來覆去的樣子。參上。

　　上博六・天甲9、天乙8"～型（刑）"，即判刑。《呂氏春秋・孟秋》："戮有罪，嚴斷刑。"《白虎通・考黜》："進善乃能退惡，退惡乃能斷刑。"（陳偉）

　　上博八・成7"弗會而自～"，指不召開公會便可以決斷。

　　上博八・李1～，讀爲"摶"，《管子・霸言》："夫摶國不在敦古。"尹知章注："摶，聚也。"顏昌嶢校釋引郭大癡說："摶國，殆控御其封內。""摶"猶如今天說的凝聚、緊密團結。或讀爲"端"，端直，符合梧桐樹樹幹端直的特點。

　　上博六・慎3～，待考。

塼

　　上博六・莊3 載之～車呂（以）上虖（乎）

　　～，从"土"，"叀"聲。

　　簡文"～車"，讀爲"專車"。《國語・魯語下》："吳伐越，墮會稽，獲骨焉，節專車。"韋昭注："骨一節，其長專車。專，擅也。"《文選・江賦》："紫蚖如渠，洪蚶專車。"李善注引賈逵曰："專，滿也。""專"亦寫作"剸"。《荀子・富國》："然後六畜禽獸一而剸車。"楊倞注："剸與專同，言一獸滿一車。"無射之鐘重而大，所以要用專車裝載。（陳偉）

端紐耑聲

耑

　　上博二・容47 文王於是虖（乎）素～（端）襘裳呂（以）行九邦

　　上博四・曹30 句（苟）見～（短）兵

上博五·季 19 降～㠯（以）比

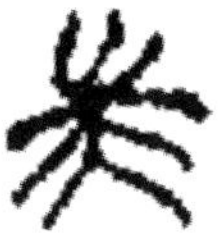

上博三·亙 9 先又（有）～（短）

上博六·競 7 古丌（其）祝吏裚薎～折

上博六·天甲 11 不言～

上博六·天乙 11 不言～

上博七·武 1～（顓）琂（項）

上博七·武 2～備（服）曼（冕）

上博七·武 6 箮（席）之四～（端）

上博七·武 6 右～（端）曰

上博七·武 6 席遂（後）左～（端）曰

上博七·武 6 遂（後）右～（端）曰

上博七·凡甲 14～曼（文）

上博七·凡甲 20 言记（起）於黹（一）～

上博七·凡甲 25 言记（起）於黹（一）～

上博七·凡乙 10 ～曼（文）

上博七·凡乙 14 於黹（一）～

上博七·凡乙 18 言记（起）於黹（一）～

～，與 黹（郭店·老子甲 16）、黹（郭店·語叢一 98）、黹（郭店·語叢三 23）同。《説文·耑部》："耑，物初生之題也。上象生形，下象其根也。"

上博二·容 47 ～，讀爲"端"，指上衣。《釋名·釋衣服》："玄端，玄衣也，其袖（幅）下正直端方，與要接也。"《荀子·哀公》："夫端衣、玄裳，絻而乘路者，志不在於食葷。""端"、"裳"多對言，分別指上衣、下衣，從《容成氏》簡 47"端"、"裳"在一起看，此簡的"端"也指上衣。（單育辰）

上博四·曹 30"～兵"，讀爲"短兵"，刀劍等短武器。《管子·參患》："弩不可以及遠，與短兵同實。"《史記·匈奴列傳》："其長兵則弓矢，短兵則刀鋋。""耑"、"短"古音均屬端母元部字，可通。《老子》："長短相較"，郭店楚簡本"短"作"耑"。郭店·老甲 37"湍而群之"，馬王堆帛書《老子》乙本作"撜而允之"。

上博五·季 19 ～，讀爲"端"。《説文》段玉裁注："題者，額也。人體額爲最上，物之初見即其額也。古發端字作此，今則端行而耑廢。"往上之意。

上博三·亙 9 ～，讀爲"短"，與"長"相對。謂兩端距離小。與"長"相對。《左傳·昭公三年》："彼其髮短而心甚長，其或寢處我矣。"

上博六·競 7 ～，讀爲"篿"，爲動詞，即"楚人名結草折竹以卜曰篿"。字又作"篿"。趙翼《蘇州元妙觀登三層樓》詩："周廊千步地，列肆百區廛。祝卜筵篿集，遊觀履鳥駢。""篿折"，即折竹占卜。又寫作"折篿"。柳宗元《天對》：

"折箄剟筳,午施旁豎。"(張崇禮)

上博六·天甲11、天乙11~,讀爲"剟",意爲剪滅,《越絶書·外傳記越地傳》:"子胥大怒,目若夜光,聲若哮虎:'此越未戰而服,天以賜吳,其逆天乎?臣唯君王急剟之。'"簡文"亂、侵、滅、拔、剟"指侵亂、滅亡等比較高危的重大事情,所以成爲臨兆不能說的五忌。(楊澤生)

上博七·武1"~瑁",讀爲"顓頊"。此句今本《大戴禮記·武王踐阼》作"昔黃帝、顓頊之道存乎"。《大戴禮記·五帝德》孔子曰:"顓頊,黃帝之孫,昌意之子也,曰高陽。"

上博七·武2"~備(服)曼(冕)",讀爲"端服、冕"。今本作"端冕"。"端服",指端正的祭服。

上博七·武6~,讀爲"端",頂部。《禮記·檀弓下》:"柏槨以端,長六尺。"孔穎達疏:"端,猶頭也。積柏材作槨,並茸材頭,故云以端。"

上博七·凡甲14、凡乙10~,"端",正。《禮記·玉藻》:"端行,頤霤如矢。"《管子·四時》:"端險阻,修封疆,正千伯。"《禮記·祭統》:"盡其道,端其義。"

上博七·凡甲20、25、凡乙18~,讀爲"端",開頭。《孟子·公孫丑》:"惻隱之心,仁之端也。"趙岐注:"端者,首也。"《禮記·禮器》:"喪禮,忠之至也;備服器,仁之至也。"

揣

 上博五·三11毋~深

《説文·木部》:"揣,箠也。从木,耑聲。一曰:揣度也。一曰:剟也。"
簡文~,讀爲"揣",揣度。"深",指水深。

緆

 上博五·鮑3畎(畮)繧~

~,从"糸","耑"聲。
簡文~,讀作"短","畎繧短,田繧長","短"與下文"長"對文。(何有祖)

透紐延聲

延

 上博六·天乙 8 天子四辟～席

～，从"止"，"丿"聲，"延"字初文。《説文·延部》："延，長行也。从延，丿聲。"新蔡甲三 261 作 ，贅加"彳"旁。

簡文～，讀爲"筵"，鋪地藉坐的墊子。古時制度，筵鋪在下面，席加在上面。《周禮·春官》："司几筵下士二人。"鄭玄注："鋪陳曰筵，藉之曰席。"賈公彥疏："設席之法，先設者皆言筵，後加者爲席。"孫詒讓正義："筵長席短，筵鋪陳于下，席在上，爲人所坐藉。"《禮記·樂記》："鋪筵席，陳尊俎，列籩豆，以升降爲禮者，禮之末節也，故有司掌之。"

脠

 上博五·弟 1 ～陸（陵）季=（季子）僑而弗受

 上博五·弟 1 ～陸（陵）季=（季子）亓（其）天民也唇

 上博五·弟 2 ～陸（陵）季=（季子）

《説文·肉部》："脠，生肉醬也。从肉，延聲。"

上博五"～陵季子"，讀爲"延陵季子"，即季札，春秋末期吴國公子，受封於延陵（今江蘇武進），故名。《禮記·檀弓下》："延陵季子適齊，於其反也，其長子死，葬於嬴、博之間。孔子曰：'延陵季子，吴之習於禮者也。'"延陵季子亦嘗被稱頌爲古之賢人（見《穀梁傳·襄公二十九年》）。

透紐羴聲

羴

上博一·性 14 則～(鮮)女(如)也斯憙(喜)

～,與(郭店·性自命出 24)同。《説文·羴部》:"羴,羊臭也。从三羊。,羴或从亶。"

上博一·性 14"～(鮮)女(如)",讀爲"鮮如",猶"粲然","粲"與"鮮"讀音相近("粲"是清母元部字,"鮮"是心母元部字),形容笑貌。《穀梁傳·昭公四年》:"軍人粲然皆笑。"(李零)或説"鮮如",形容快樂貌,"鮮"訓爲"鮮明"。(劉釗)

定紐善聲歸言聲

定紐廛聲

廛

上博四·采 3～(輾)刣(轉)之實

上博五·季 3 而～亓(其)行

上博六·用 17 而～之亦不能

上博八·王 4 □□～能進後人

上博一·緇 18～(展)也大城(成)

～，郭店·緇衣36作■，從"石"（或省），從"土"，"鼎"聲，或認爲從"炅"聲，古文字的"炅"是"熱"的異體，熱屬日母月部，上古音娘、日歸泥。（楊澤生、禤健聰）■，與秦印■（戰編842）所從之■相近。～，"廛"字異體。《說文·广部》："廛，一畝半，一家之居。從广、里、八、土。"

上博一·緇18～，讀爲"展"。《方言》卷一："允……展……信也。齊魯之間曰允……荊吳淮汭之間曰展。"《爾雅·釋詁上》："展，誠也。"《國語·楚語下》："展而不信，愛而不仁。"韋昭注："展，誠也。"

上博四·采3"～盌"，讀爲"輾轉"，翻來覆去的樣子。《詩·陳風·澤陂》："寤寐無爲，輾轉伏枕。"朱熹集傳："輾轉伏枕，臥而不寐，思之深且久也。"《詩·周南·關雎》："輾轉反側。"

上博五·季3～，讀爲"展"。《爾雅·釋詁上》："展，誠也。"《國語·楚語下》："展而不信，愛而不仁。"韋昭注："展，誠也。""展"訓爲"誠"，與前後文之"玉"、"敬"義近。

上博六·用17～，讀爲"展"，伸展；舒展。《莊子·盜跖》："盜跖大怒，兩展其足，案劍瞋目，聲如乳虎。"成玄英疏："兩展其足，伸兩腳也。"簡文"僉（斂）之不肯，而～（展）之亦不能"，可參馬王堆帛書《稱》："同則不肯，離則不能。"《鬼谷子·反應第二》："欲聞其聲，反默；欲張，反斂；欲高，反下；欲取，反與。欲開情者，象而比之，以牧其辭。同聲相呼，實理同歸。"（晏昌貴）或讀爲"侈"，奢侈，與"儉"相對。

上博八·王4～，待考。

纏

　上博四·曹18～磨（柙）利兵

　上博四·曹51～磨（柙）利兵

～，從"糸"，"磼（廛）"聲，"纏"字異體。

簡文～，讀爲"繕"，修補；修葺。《左傳·隱公元年》："繕甲兵，具卒乘。"楊伯峻注："繕，修補也。甲兵，指武器。"

定紐次聲歸宵部盜聲

定紐仚聲

仚

 上博三·周 49 礪～心

《説文·口部》："仚，山閒陷泥地。从口，从水敗皃。讀若沇州之沇。九州之渥地也，故以沇名焉。㕣，古文仚。"

簡文～，讀爲"薰"。《説文》："仚，讀若沇州之沇。"《説文》"沇"字古文作㕣，从水从仚。"沇"字从允聲。上古音"允"爲匣紐文部字，"薰"爲曉紐文部字。所以"仚"可讀爲"薰"。馬王堆帛書本、阜陽漢簡本和今本與仚對應之字皆作"薰"。"薰"應同"熏"，"熏心"，意思就是"心像火燒一樣痛苦"。

兑

 上博一·緇 7 則民至（致）行己昌（以）～（悦）上

 上博一·性 1 寺（待）～（悦）而句（後）行

 上博一·性 5 ～（悦）也

 上博一·性 6 快於其（己）者之胃（謂）～（悦）

 上博一·性 12 ～（悦）亓（其）孚（教）

· 3045 ·

上博一·性 21 凡人情爲可～(悦)也

上博一·性 26 不同～(悦)而交

～，或作 (郭店·忠信之道 4)、 (郭店·忠信之道 4)，所從"口"的橫筆向左右延伸。《說文·儿部》："兌，說也。從儿，㕣聲。"

上博一·緇 7"則民至(致)行己以～(悦)上"，《禮記·緇衣》："民致行己以說其上矣。"孔穎達疏："言上能化下，如此則在下之人致盡行己之意，以說乐其上矣。"

上博一·性～，讀爲"悦"，歡樂，喜悦。《孫子·火攻》："怒可以復喜，慍可以復悦。"

上博一·性 26"不同～(悦)而交"，可參《大戴禮記·文王官人》："不同而交，交必重己，心說之而身不近之，身近之而實不至，而懽忠不盡，懽忠盡見於衆而貌克，如此者，隱於交友者也。"王聘珍解詁："實，情實也。忠，中心也。懽忠者，中心悦而誠服也。"

敓

上博一·孔 6 虐(吾)～(悦)之

上博一·孔 14 目(以)䇳(琴)珸(瑟)之～(悦)

上博一·孔 24 ～(悦)丌(其)人必好丌(其)所爲

上博一·緇 19 此目(以)生不可～(奪)志

上博一·緇 19 死不可～(奪)名

 上博二·子 5～尃□

 上博二·魯 2 庶民智（知）～（說）之事枲（鬼）也

 上博二·容 8～柬（簡）吕（以）行

 上博二·容 8～和吕（以）長

 上博二·容 8～敀吕（以）不逆

 上博二·容 8 堯乃～（悅）

 上博二·容 19 夫是吕（以）迲（近）者～（悅）絎（治）

 上博二·容 50 虐（吾）～而弋（代）之

 上博三·周 22 車～复

 上博四·曹 20 母（毋）～民利

 上博四·曹 63 乃自怣（過）吕（以）～於堇（萬）民

 上博五·競 5 肰（然）則可～（說）尋（歟）

 上博五·競 6 不遂於善而～之

 上博五·三 15 聚～民眚（時）

 上博五·三 16 ～民眚（時）㠯（以）土攻

 上博五·三 16 ～民眚（時）㠯（以）水事

 上博五·三 16 ～民眚（時）㠯（以）兵事

 上博六·競 5 丌（其）祝史之爲丌（其）君祝～也

 上博六·競 7 祝～毋專青

 上博六·莊 5 王子回～之

 上博六·競 2 虗～敓者祝史

 上博三·周 30 莫之勝～

～，或作，左上贅加"八"形。楚文字或作![](郭店·老子甲 21）、![](郭店·緇衣 38）、![](郭店·語叢二 21）、![](郭店·語叢二 42）、![](新蔡乙三 61）、![](新蔡乙三 50）、![](左塚漆梮）。《說文·攴部》："敓，彊取也。《周

書》曰:'攸攘矯虔。'从攴,兑聲。"

上博一·孔6、14、24、上博四·曹63~,讀爲"悦",喜悦。

上博一·緇19"~志",讀爲"奪志",迫使改變志向。《論語·子罕》:"三軍可奪帥也,匹夫不可奪志也。"

上博一·緇19"~名",讀爲"奪名",迫使改變名字。

上博二·容8~,讀爲"説",是指舜對堯所云話題的闡述。可參《尸子》:"與之語禮,樂而不逆;與之語政,至簡而易行;與之語道,廣大而不窮。"《路史》卷二十一:"語禮,樂詳而不字;語政,治簡而易行;論道,廣大而亡窮;論天下事,貫昵條達。"

上博二·子5"~專",與上博二·容8"敓敓"爲音近異文。(黄德寬)

上博二·容19"夫是以逵(近)者~(悦)給(怡)",參《論語·子路》:"葉公問政。子曰:'近者悦,遠者來。'"《韓非子·難三》:"葉公子高問政於仲尼,仲尼曰:'政在悦近而來遠。'"《孔子家語·辨政》:"公問政於夫子,夫子曰:'政在悦近而來遠。'"

上博二·容50~,讀爲"説"。《吕氏春秋·孟秋紀》:"凡救守者,太上以'説',其次以'兵'。"高誘注:"説,説言也。"(讀本二)

上博三·周22~,讀爲"脱",脱落,掉下。《老子》:"善建者不拔,善抱者不脱。"

上博四·曹20"毋~民利",讀爲"奪",强取。《後漢書·獨行列傳》:"程氏貴盛,在帝左右,不聽則恐見怨,與之則奪民利,爲之奈何?"

上博二·魯2~,讀爲"説",祭名。《周禮·春官·大祝》:"掌六祈以同鬼神示。一曰類,二曰造,三曰禬,四曰禜,五曰攻,六曰説。"鄭玄注引鄭衆:"皆祭名也。"鄭玄注:"攻、説皆以辭責之。"賈公彦疏:"攻、説用幣而已。"《淮南子·泰族》:"祈禱而求福,雩兑而請雨。"《書·金縢》:"周公所自以爲功代武王之説。""説"也是祝辭。此處的"説"當即禱祝之意。

上博五·競5、6、7~,即《周禮·大祝》六祈中的"説",有除去災害的特點。《周禮·秋官·庶氏》:"掌除毒蠱,以攻説禬之,嘉草攻之。"鄭玄注:"攻説,祈名,祈其神求去之也。"(李学勤、沈培)

上博五·三15、16"~民甾(時)",讀爲"奪民時",使喪失,耽誤。《管子·小匡》:"無奪民時,則百姓富;犧牲不勞,則牛馬育。"《荀子·富國》:"罕興力役,無奪農時。"

上博六·莊5"~之",讀爲"奪之",即奪到楚國國君之位。

上博六・競2～,疑讀爲"盍"。"虔～敳者祝史",參《左傳・昭公二十年》:"今君疾病,爲諸侯憂,是祝史之罪也。諸侯不知,其謂我不敬。君盍誅于祝固、史嚚以辭賓?"或讀爲"欲"。

上博三・周30～,《集韻》:"敓,強取也,古奪字。"以喻牢固。馬王堆漢墓帛書本作"奪";今本作"說"。或疑釋"豕"。今本作"說"。"豕"與"兌"聲系可通。參《古字通假會典》555－557頁。(何琳儀、程燕)

悦

 上博一・性26 不同～而交

 上博一・性29 凡～人勿罣(吝)

 上博一・性36 ～爲甚

～,從"心","兌"聲。

上博一・性29～,悦服。《爾雅・釋詁上》:"悦,服也。"郭璞注:"謂喜而服從。"(李天虹)

上博一・性36～,歡樂,喜悦。《孫子・火攻》:"怒可以復喜,愠可以復悦。"

定紐鳶聲

鳶

 上博五・競4 高宗命佚～量之

《説文》:"鳶,鷙鳥也。從鳥,屰聲。"徐鉉曰:"屰非聲,一本從屮,疑從萑省,今俗別作鳶,非是。"

簡文"佚～",讀爲"傅說",爲商代高宗賢相。高宗武丁聽從祖己,命傅鳶做了對雉的處理,入鼎而用作祭品。"鳶"字喻母元部,"說"字喻母月部,韻部對轉,可通。

泥紐肰聲

肰

上博一・孔 16 民眚（性）古（固）～（然）

上博一・孔 20 民眚（性）古（固）～（然）

上博一・孔 24 民眚（性）古（固）～（然）

上博一・孔 24 亞（惡）丌（其）人者亦～（然）

上博一・性 4 𡥈（教）史（使）～（然）也

上博一・性 10 ～（然）句（後）返（復）㠯（以）𡥈（教）

上博一・性 14 ～（然）句（後）丌（其）內（入）拔（撥）人之心也敏（厚）

上博一・性 19 戚～（然）㠯（以）终

上博一・性 19 攸～（然）㠯（以）思

上博一・性 20 則丌（其）聖（聲）亦～（然）

上博一・性38 人之□～(然)可與和安者

上博一・性39～(然)而丌(其)怸(過)不亞(惡)

上博二・從甲13～(然)句(後)能立道

上博二・昔1～(然)句(後)竝聖(聽)之

上博二・子13～(然)則厽(三)王者筸(孰)爲

上博二・容18～(然)句(後)敢受之

上博二・容20 塁(禹)～(然)句(後)訂(始)爲之唬(號)羿(旗)

上博二・容21 塁(禹)～(然)句(後)訂(始)行㠯(以)僉(儉)

上博二・容39～(然)句(後)從而攻之

上博四・柬13 女(如)君王攸(修)郢(郢)高(郊)方若～里

上博四・內10 從人舊(觀)～(然)則孚(免)於戾

上博四・內附簡～(然)句(後)奉之㠯(以)中章(庸)

・3052・

上博四・曹 5 不～忢〈忘〉亡安

上博四・曹 6 不～，亡（無）吕（以）取之

上博四・曹 7 ～而古亦又（有）大道安

上博四・曹 9 不～，君子吕（以）叚（賢）禹

上博四・曹 55 ～（然）句（後）攺（改）訋

上博五・競 5 ～（然）則可敓（奪）异（與）

上博五・鮑 5 盧（鹽）～牁（將）蔿（亡）

上博五・鮑 6 ～（然）則奚女（如）

上博五・季 14 ～丌（其）宔（主）人亦曰

上博五・季 15 ～▨

上博五・季 23 ～（然）則邦坪而民脜（脜）矣

上博五・君 3 ～

 上博五·君 11～則☐

 上博五·君 14～則臤（賢）於罜（禹）也

 上博五·弟 12～句（後）君子

 上博五·弟 14～則夫二厽（三）子者

 上博五·三 5 毋胃（謂）之不～（然）

 上博六·競 2 尚～

 上博八·志 7 逡（後）舍勿～（然）

～，與 、、、、、同。《説文·肉部》："肰，犬肉也。从犬、肉。讀若然。![]，古文肰。![]，亦古文肰。"

上博一·孔 16、20、24"古～"，讀爲"固然"，本來就如此。《左傳·定公元年》："踐土固然。"《楚辭·離騷》："鷙鳥之不群兮，自前世而固然。"

上博四·曹、上博五·三 5"不～"，讀爲"不然"，不如此，不是這樣。《論語·八佾》："王孫賈問曰：'與其媚於奧，寧媚於竈，何謂也？'子曰：'不然。獲罪於天，無所禱也。'"邢昺疏："然，如此也。言我則不如世俗之言也。"

上博簡"～句"，讀爲"然後"，表示接著某種動作或情況之後。《周禮·地官·賈師》："展其成而奠其賈，然後令市。"《孔子家語·問禮》："是故君子此

之爲尊敬，然後以其所能教順百姓，不廢其會節。"

上博簡"～則"，讀爲"然則"，連詞。連接句子，表示連貫關係。猶言"如此，那麽"或"那麽"。《詩·周南·關雎序》："是謂四始，詩之至也。然則《關雎》、《麟趾》之化，王者之風，故繫之周公。"

上博四·柬 13"若～"，讀爲"若干"，指不定之數。《墨子·天志下》："吾攻國復軍，殺將若干人矣。"《禮記·曲禮下》："問天子之年，對曰：'聞之始服衣若干尺矣。'"《漢書·食貨志下》："或用輕錢，百加若干。"顏師古注："若干，且設數之言也。干，猶個也，謂當如此個數耳。"（周鳳五）

上博一·性 19"慼～"，讀爲"戚然"，憂傷貌。《列子·説符》："楊子戚然變容，不言者移時，不笑者竟日。"《後漢書·鍾離意傳》："比上天降旱，密雲數會，朕戚然慙懼，思獲嘉應。"

上博一·性 19"攸～"，讀爲"悠然"，閒適貌；淡泊貌。陶潛《飲酒》詩之五："採菊東籬下，悠然見南山。"

上博五·鮑 5"㱃～"，讀爲"儼然"，嚴肅莊重的樣子。《論語·堯曰》："君子正其衣冠，尊其瞻視，儼然人望而畏之。"《戰國策·秦策一》："今先生儼然不遠千里而庭教之，願以異日。"高誘注："矜莊兒。"

上博一·性 20、上博一·孔 24、上博一·性 4"～"，讀爲"然"，代詞。如此；這樣。《孟子·梁惠王上》："河東凶亦然。"《史記·晉世家》："太子所以然者，不過以妾及奚齊之故。"

上博一·性 39、上博四·曹 7"～而"，讀爲"然而"，連詞。連接分句，表示轉折。連接的兩部分意思相反。猶言如此，不過；如此，但是。《左傳·昭公十五年》："臣豈不欲吴，然而前知其爲人之異也。"桓寬《鹽鐵論·刑德》："昔秦法繁於秋荼，而網密於凝脂，然而上下相遁，姦僞萌生。"

上博五·季 14"～"，連詞。猶但是、然而。表轉折。《孟子·萬章下》："晉平公於亥唐也……雖蔬食菜羹，未嘗不飽，蓋不敢不飽也，然終於此而已矣。"《史記·高祖本紀》："周勃重厚少文，然安劉氏者必勃也。"

上博五·君 3"～"，常作表示肯定的答語。《史記·季布欒布列傳》："諸將皆阿吕后意，曰：'然。'"

上博八·志 7"勿～"，讀爲"勿然"，經籍言"不然"，反設之辭也。《左傳·襄公十年》："不然，是不與楚也。""不然"爲"不如此也"。

然

 上博四·采 5 丝(茲)信～

 上博五·季 15～

 上博七·凡甲 27 不遴(失)亓(其)所～

上博八·志 4～㠯(以)讇(讒)言相忎(謗)

～，與 (郭店·老子乙 15)、 (郭店·太一生水 4)、 (郭店·太一生水 4)同。《說文·火部》："然，燒也。从火，肰聲。 ，或从艸、難。"

上博四·采 5～，代詞。如此；這樣。《孟子·梁惠王上》："河東凶亦然。"

上博七·凡甲 27"不遴(失)亓(其)所～"，《韓非子·八說》："以愚人之所惽，處治事之官而爲其所然。"

上博八·志 4～，副詞。猶乃，竟然，表轉折。《莊子·天地》："始也我以女爲聖人邪，今然君子也。"《漢書·丙吉傳》："君侯爲漢相，姦吏成其私，然無所懲艾。"王念孫《讀書雜志·漢書十二》："然猶乃也。"

叕肰

 上博五·季 21□畏則民～之

～，从"叕"、"肰"，"叕"、"肰"均是聲符。

簡文～，讀爲"然"。

· 3056 ·

來紐連聲

連

上博三·周35 逜(往)訐垄(來)～

上博四·柬15 中余(舍)與五～少(小)子及龍(寵)臣皆逗

上博四·曹32 載～皆栽

上博七·武9 惡危於忩～

《説文·辵部》:"連,員連也。从辵,从車。"

上博三·周35～,《周易》鄭康成注:"連如字,遲久之意。"孔穎達疏:"馬云'連亦難'也。鄭云'遲久之意'。"

上博四·柬15"五～",《管子·乘馬》:"五家爲伍,十家而連,五連而暴,五暴而長,命之曰某鄉,四鄉命之曰都,邑制也。""五連少(小)子"與"楔(相)屎"、"中㐹(余)"、"龍(寵)臣"並舉,估計也爲王之近臣、楚朝廷要員。

上博四·曹32"載～",讀爲"車輦",泛指各種車輛。《周禮·地官·小司徒》:"使各登其鄉之衆寡,六畜車輦,辨其物,以歲時入其數,以施政教,行徵令。"

上博七·武9～,讀爲"縺"。《集韻》:"縺,縷不解。""忩縺",結怨不解。

來紐卵聲

卵

上博二·子11 又(有)鳦(燕)監(銜)～

 上博四·逸·交 3 閖(間)～愳(謀)訇(始)

 上博四·逸·交 4 閖(間)～愳(謀)訇(始)

～，象形，像"卵"之形。《說文·石部》："磺，銅鐵樸石也。从石，黃聲。讀若穬。北，古文礦。《周禮》有卝人。"段玉裁注："卝，本《說文》卵字。古音如關，亦如鯤。引申爲總角卝兮之卝，又假借爲金玉樸之磺。"段注可從。

上博二·子 11～，蛋。《孫子·勢》："兵之所加，如以碬投卵者，虛實是也。""有燕監(銜)卵"，見《列女傳·母儀傳》："契母簡狄者，有娀氏之長女也。當堯之時，與其妹娣浴於玄丘之水。有玄鳥銜卵，過而墜之。"

上博四·逸·交 3、4"間～"，讀爲"間關"，見《詩·小雅·車舝》："間關車之舝兮。"毛亨傳："間關，設舝(貌)也。"舝即轄，是車軸兩端的金屬鍵，用以擋住車輪，不使脫落。車行則設轄，無事則脫。(董珊)

來紐亂聲

亂

 上博一·孔 22 四矢弁(反)呂(以)御～(亂)

 上博二·容 43 而絧(治)～(亂)不□

 上博二·容 33 ～泉

 上博三·周 42 乃～(亂)卥(乃)啐(萃)

 上博三·亙 8 又(有)絧(治)無～(亂)

上博三·互 8～(亂)出於人

上博五·弟 4～(亂)節而悥(哀)聖(聲)

上博五·鬼 2～(亂)邦豪(家)

上博五·鬼 3 天下之～(亂)人也

上博二·從甲 2 亓(其)～(亂)

上博二·從甲 9 好型(刑)則民复(作)～(亂)

上博二·從乙 3 從正(政)不絅(治)則～(亂)

上博四·內 10 才(在)大不～(亂)

上博五·鮑 8 晉邦又(有)～(亂)

上博四·內 6 反此～(亂)也

上博五·季 10 好殺則复(作)～

上博五·季 22 遂(後)殜(世)比～(亂)

 上博八·李1【背】～木曾枳(枝)

 上博六·孔5 智亡不～矣

 上博七·凡甲26 大～乃复(作)

 上博七·凡乙19 大～乃复(作)

 上博四·柬6 不敢曰(以)君王之身弁(變)～(亂)枭(鬼)神之裳(常)古(故)

 上博六·用11 亞猷忎～節

 上博六·天甲11 不言～

 上博六·天乙10 不言～

～,从"品","𤔔"聲。"𤔔"實際上就是"亂"的本字,像雙手整理亂絲之形。或作 ,上部的手形被省去,位於"𤔔"旁左右兩邊的"品"變作兩豎畫。或作 ,左右兩"口"受"糸"的影響類化而訛變作兩"糸"形。或作 。从"爪"从"宀"从"𨷺"聲。秦簡作 。(魏宜輝)《説文·乙部》:"亂,治也。从乙,乙,治之也;从𤔔。"

上博一·孔22"四矢弁(反)以御～(亂)",《詩·齊風·猗嗟》:"四矢反兮,以禦亂兮。"

上博二·容43"而綢(治)～(亂)",謂治理混亂的局面,使國家安定、太

平。《孔子家語·哀公問政》："繼絕世,舉廢邦,治亂持危,朝聘以時,厚往而薄來,所以懷諸侯也。"

上博二·容33"～泉",截斷泉水。《説苑·反質》："昔堯之葬者,空木爲櫝,葛藟爲緘。其穿地也,下不亂泉,上不泄臭。故聖人生易尚,死易葬。不加於無用,不損於無益。"《漢書·楊王孫傳》："昔帝堯之葬也,窾木爲匱,葛藟爲緘。其穿,下不亂泉,上不泄殠。故聖王生易尚,死易葬也。不加功於亡用,不損財於亡謂。"顏師古注："亂,絶也。"（郭永秉）

上博三·周42～,昏亂;迷亂。《易·萃》："乃亂乃萃,其志亂也。"高亨注："亂者,神志昏亂也。"《漢書·于定國傳》："定國食酒至數石不亂,冬月請治讞,飲酒益精明。"

上博三·亙8"又(有)絧(治)無～(亂)",《莊子·秋水》："故曰,蓋師是而無非,師治而無亂乎?"

上博五·鬼2～,擾亂。《韓非子·五蠹》："儒以文亂法。"郭店·老子丙"邦豪(家)緍(昏)[亂]",今本《老子》十八章作"國家昏亂"。《易·師》："《象》曰'大君有命',以正功也。'小人勿用',必亂邦也。""亂邦家",使國家混亂。

上博五·鬼3"～人",昏庸無道作亂之人,與上文"聖人"相對。《左傳·襄公二十七年》："聖人以興,亂人以廢,廢興存亡昏明之術,皆兵之由也。"

上博二·從甲9、上博五·季10"复(作)～(亂)",制造叛亂,暴亂。《論語·學而》："不好犯上而好作亂者,未之有也。"《史記·五帝本紀》："蚩尤作亂,不用帝命。"

上博二·從乙3"不絧(治)則～(亂)",《墨子·非儒下》："吏不治則亂,農事緩則貧,貧且亂政之本而儒者以爲道教,是賊天下之人者也。"《韓非子·心度》："夫民之性,惡勞而樂佚,佚則荒,荒則不治,不治則亂,而賞刑不行於天下者必塞。"

上博五·鮑8"晉邦又(有)～(亂)",《左傳·僖公十六年》："今兹魯多大喪,明年齊有亂,君將得諸侯而不終。"《孝經》："禍亂不作。"皇侃疏："臣下反逆爲亂也。"

上博八·李1【背】～,雜亂,無條理。"亂木"猶言"雜樹"。

上博四·柬6"弁(變)～(亂)",變更,使紊亂。《書·無逸》："此厥不聽,人乃訓之,乃變亂先王之正刑,至於小大。"《韓非子·八説》："法明則内無變亂之患。"

上博五·弟4、上博六·用11"～節",猶言"亂紀",《宋書·武帝本紀》：

"天子遣兼太常葛籍授公策曰:'有扈滔天,夷羿乘釁,亂節干紀,寔撓皇極。'"

上博六·天甲11、天乙10~,動亂;暴亂;淫亂。"不言亂",參《論語·述而》:"子不語怪、力、亂、神。"(楊澤生)

上博七·凡甲26、凡乙19"大~",秩序嚴重破壞;大騷亂。《周禮·秋官·司約》:"若大亂,則六官辟藏,其不信者殺。"鄭玄注:"大亂,謂僭約若吳楚之君、晉文公請隧以葬者。"《孟子·滕文公下》:"及紂之身,天下又大亂。"

上博二·從甲2、上博三·亙8、上博四·內6、10、上博五·季22~,無秩序;混亂;暴亂。《逸周書·武稱》:"岠嶮伐夷,並小奪亂。"朱右曾校釋:"百事失紀曰亂。"《管子·君臣下》:"爲人君者,倍道棄法而好行私謂之亂。"《漢書·高帝紀下》:"大王起於細微,滅亂秦,威動海內。"

來紐絲聲

鑾

 上博五·姑6~(欒)箸(書)欲乍(作)難

 上博五·姑7~(欒)箸(書)乃退

 上博五·姑10~(欒)箸(書)弋(弒)敚(厲)公

《說文·金部》:"鑾,人君乘車,四馬鑣,八鑾鈴,象鸞鳥聲,和則敬也。從金,從鸞省。"

簡文"~箸",讀爲"欒書"。欒書即欒武子,欒盾之子,曾爲晉景公十一年爲下軍之將,十三年將中軍,后又得寵於晉厲公,出師伐秦、伐鄭。

陘(隰)

 上博一·孔26~又(有)長(萇)楚

~,從"阜","㬰"聲,"隰"字異體。"㬰",從"土",聲,是"隰"的古

體。趙國貨幣文字有"城",即"隰城"。(黄德寛)

《説文・阜部》:"隰,阪下溼也。从阜,㬎聲。"

簡文"～又萇楚",讀爲"隰有萇楚",《詩經》篇名。《詩・檜風・隰有萇楚》:"隰有萇楚,猗儺其枝,夭之沃沃,樂子之無知。"

遝

 上博二・容18 鼍(禹)乃因山陵坪～(隰)之可垪(封)邑者而緐實之

上博六・用10 之～

～,从"辵","㲋"聲,或从"兹"聲。晉侯鮇盨:"湛樂於遝隰","隰"作。敔簋:"率有司師氏奔追遝戎于棫林。"敔簋:"王令敔追遝于上洛、㕇谷,至于伊。"中山王兆域圖:"快遝子孫。"並當讀爲"襲",後一例訓及。《廣雅・釋詁一》:"襲,及也。"(裘錫圭、黄德寛)

上博二・容18"坪～",讀爲"坪隰",即"邍隰",高平乾燥地和低下潮濕地。《周禮・夏官・邍師》:"邍師,掌四方之地名,辨其丘陵墳衍邍隰之名,物之可以封邑者。"賈公彥疏:"按鄭注《大司徒》云:'……高平曰原,下濕曰隰。'"

上博六・用10～,讀爲"襲",訓作復、返。

㬎

 上博一・孔6 不(丕)～(顯)隹(維)惪(德)

 上博一・孔6 貴叔(且)～(顯)矣

 上博二・從乙1～(顯)訫懽(勸)信

 上博四·曹 38 戠(戰)有～(顯)道

 上博四·曹 40 此戠(戰)之～(顯)道

 上博五·鬼 8 而志行～(顯)明

～，與 、、同。《說文·日部》："㬎，眾微杪也。從日中視絲。古文以爲顯字。或曰眾口皃。讀若唫唫。或以爲繭。繭者，絮中往往有小繭也。"

上博一·孔 6"不～"，讀爲"丕顯"，猶英明。《書·康誥》："惟乃丕顯考文王，克明德慎罰。"

上博一·孔 6"貴叔(且)～(顯)矣"，"貴顯"，即"顯貴"，顯達尊貴。《史記·儒林列傳》："諸齊人以《詩》顯貴，皆固之弟子也。"

上博二·從乙 1"～訧"，讀爲"顯嘉"，顯揚美善。《孟子·公孫丑上》："管仲以其君霸，晏子以其君顯。"趙岐注："晏子相景公以顯名。"

上博四·曹 38、40"～道"，讀爲"顯道"，謂明確的道義準則。《書·泰誓下》："天有顯道，厥類惟彰。"孔安國傳："言天有明道，其義類惟明；言王所宜法則。"《易·繫辭上》："顯道神德行，是故可與酬酢，可與祐神矣。"

上博五·鬼 8"～明"，讀爲"顯明"，明白。《荀子·成相》："許由、善卷，重義輕利行顯明。""志顯明"，即簡文之"志行顯明"。

顯

 上博三·周 10～比

《說文·頁部》："顯，頭明飾也。從頁，㬎聲。"

簡文"～比"，謂臣子以光明之道輔佐其君。《易·比》："九五：顯比，王用三驅，失前禽，邑人不誡。"王弼注："顯比者也，比而顯之。"高亨注："顯比者，

以光明之輔也。"

纞（孿）

 上博一·性29 居喪必又夫～₌（孿孿）之哀

～，與 （郭店·尊德義1）、 （郭店·性自命出30）、 （郭店·性自命出67）、 （郭店·忠信之道8）、 （上博集刊第八輯春成侯盉）、 （珍戰90）同，从"車"，"絲"聲，"孿"字異體。

簡文～～，讀爲"戀戀"，形容哭聲，似是一種悲哀的情绪。或讀爲"漣漣"，泪流不止的樣子。

精紐薦聲

薦

 上博二·子12 冬見芙攺（薊）而～之

《說文·廌部》："薦，獸之所食艸。从廌，从艸。古者神人以廌遺黄帝。帝曰：'何食？何處？'曰：'食薦；夏處水澤，冬處松柏。'"

簡文～，進獻。《左傳·隱公三年》："苟有明信，澗、溪、沼、沚之毛，蘋、蘩、蕰藻之菜，筐、筥、錡、釜之器，潢、汙、行潦之水，可薦於鬼神。"或訓"薦"爲"藉墊"。《史記·周本紀》："飛鳥以其翼覆薦之。"（白於藍）

從紐戔聲

戔

 上博一·孔4 ～民而豫（裕）之

 上博二·子 9 而丌(其)父～(賤)而不足爯(稱)也與

 上博二·容 5 上下貴～(賤)

 上博二·容 6 堯～(賤)眵(施)而時₌(時時)賽(賽)

 上博二·容 41～(殘)群安(焉)備(服)

 上博四·內 10 爲～(賤)必聖(聽)貴之命

 上博五·弟 6 貧～(賤)而不約者

 上博五·三 4 救(求)利～(殘)亓(其)新(親)

 上博五·三 5 少(小)邦則～(殘)

 上博五·鬼 6 毀折鹿～(踐)

 上博四·曹 21 貴～(賤)同坓(等)

 上博一·性 23～(賤)而民貴之

 上博六·用 6～亓(其)又綸紀

　上博六·用 14 台員四～

　上博六·天甲 6 栽戠～亡

　上博六·天乙 5 栽戠～亡

　上博七·武 9 毋曰可（何）～

　上博七·君甲 1 又（有）白玉三回而不～

　上博七·君甲 1 命爲君王～之

　上博七·君甲 2 虗（吾）肰（焉）又（有）白玉三回而不～才（哉）

　上博七·君乙 1 君王又（有）白玉三回而不～

　上博七·君乙 1 命爲君王～之

　上博七·君乙 2 虗（吾）肰（焉）又（有）白玉三回而不～才（哉）

　上博八·顔 9 ～（賤）不㬅（肖）而遠之

　上博八·蘭 3 ……～（殘）惻（賊）

～，從二"戈"，會意。楚文字或作▨（郭店·老子甲29）、▨（郭店·緇衣18）、▨（郭店·成之聞之34）。《說文·戈部》："戔，賊也。從二戈。《周書》曰：'戔戔巧言。'"

上博一·孔4"～民"，讀爲"賤民"，地位低下的人。《史記·酈生陸賈列傳》："高陽賤民酈食其，竊聞沛公暴露，將兵助楚討不義。"

上博一·性23、上博四·曹21、上博二·容5"貴～"，讀爲"貴賤"，富貴與貧賤。指地位的尊卑。《易·繫辭上》："卑高以陳，貴賤位矣。"韓康伯注："天尊地卑之義既列，則涉乎萬物貴賤之位明矣。"

上博二·容6"～貤"，讀爲"踐施"，猶踐履。或讀爲"賤施"。（劉信芳）

上博二·容41"～群"，讀爲"殘群"，即使得本來完整和諧的親族、朋輩關係殘缺了。《孟子·梁惠王下》："凶年饑歲，君之民，老弱轉乎溝壑，壯者散而之四方者，幾千人矣。而君之倉廩實，府庫充，有司莫以告，是上慢而殘下也。"趙岐注："是上驕慢以殘賊其下也。"

上博二·子9、上博四·内10～，讀爲"賤"，地位低下。與"貴"相對。《論語·里仁》："貧與賤，是人之所惡也。"邢昺疏："無位曰賤。"

上博五·弟6"貧～"，讀爲"貧賤"，貧苦微賤。《管子·牧民》："民惡貧賤，我富貴之。"《史記·魯仲連鄒陽列傳》："魯連逃隱於海上，曰：'吾與富貴而詘於人，寧貧賤而輕世肆志焉。'"

上博五·三4～，讀爲"殘"，殘害，《戰國策·秦策一》："張儀之殘樗里疾也，重而使之楚。因令楚王爲之請相於秦……秦王大怒，樗里疾出走。"高誘注："殘，害也。"

上博五·三5～，讀爲"殘"，滅。《戰國策·秦策五》："昔智伯瑤殘范、中行，圍偪晉陽，卒爲三家笑。"高誘注："殘，滅也。""小邦則殘"，參《呂氏春秋·仲春紀》："此四王者，所染不當，故國殘身死，爲天下僇。"

上博五·鬼6～，讀爲"踐"。"鹿踐"，像鹿一樣踐踏，意爲毀壞。

上博六·用6～，讀爲"先"。《漢書·文帝紀》："臨者皆無踐。"顏師古注引晉灼曰："踐，漢語作跣。"簡文"戔亓"，讀爲"先其"。《禮記·學記》："善問者如攻堅木，先其易者，後其節目。及其久也，相說以解。"這裏的"先其……及其……"與簡文"戔其……及其……"相當。（楊澤生）

上博六·用14～，讀爲"界"。郭店簡有個在簡文中可讀爲竊、察、淺的字,説明卣、祭、戔聲字可以相通。《説文·丯部》:"丯,艸蔡也。像艸生之散亂也,讀若介。"《廣韻·怪韻》:"丯,草介。"《玉篇·艸部》:"蔡,草介也。"《説文解字注·艸部》:"蔡,草丯也。"可知丯、介、祭聲字可通。而丯聲字和卣聲字的關係也很密切,《書·舜典》"契",《史記·司馬相如列傳》作"卨"。《説文》:"卣讀與偰同"。這些都是介聲字與戔聲字可以輾轉相通的例子。"四戔"可讀爲"四界"。《説文·畫部》:"畫,界也。象田四界,筆所以畫之。"(劉剛)或讀爲"踐","四踐"猶言"四方疆土"。

上博六·天甲6、天乙5"～亡",讀爲"殘亡",滅亡。《墨子·所染》:"國家殘亡,身爲刑戮,宗廟破滅,絶無後類。"《吕氏春秋·遇合》:"凡舉人之本,太上以志,其次以事,其次以功。三者弗能,國必殘亡,群孽大至,身必死殃。"

上博七·武9～,讀爲"殘",殘害。《孟子·梁惠王下》:"凶年饑歲,君之民,老弱轉乎溝壑,壯者散而之四方者,幾千人矣。而君之倉廩實,府庫充,有司莫以告,是上慢而殘下也。"趙岐注:"是上驕慢以殘賊其下也。"

上博七·君甲1、2君乙1、2～,讀爲"察",明察。《孟子·梁惠王上》:"明足以察秋毫之末,而不見輿薪,則王許之乎?"賈誼《新書·道術》:"纖微皆審謂之察。"或讀爲"淺"、"踐"、"賤"。(陳偉、董珊、何有祖)

上博八·顔9"～不㒸(肖)而遠之",讀爲"賤不肖而遠之",意爲輕視小人並疏遠之。《書·旅獒》:"不貴異物賤用物,民乃足。"

上博八·蘭3～,讀爲"殘",傷害,毁壞。《説文》:"殘,賊也。""～惻",讀爲"殘賊",殘害。《詩·小雅·四月》:"山有嘉卉,侯栗侯梅,廢爲殘賊,莫知其尤。"鄭玄箋:"言在位者貪殘爲民之害。"《史記·淮南衡山列傳》:"往者秦爲無道,殘賊天下。"

㢋

上博六·壽5君土～尻

上博六·慎6～诠爲民之古

上博五·競6不～於善而攺之

上博七·吳 8～履陳塦（地）

～，楚文字或作 （郭店·老子甲 25）、 （施 244），从"辵"，或从"彳"，或从"止"，"戔"聲，均"踐"字異體。《說文·足部》："踐，履也。从足，戔聲。"

上博六·壽 5"～凥"，讀爲"閒處"，與"閒居"意同，《莊子·刻意》："就藪澤，處閒曠，釣魚閒處，無爲而已矣。"《晏子春秋·內篇雜下》："嬰之家俗，閒處從容不談議，則疏。"《孔子家語·賢君第十三》："孔子閒處，喟然而嘆曰。""君王踐（閒）處辱於老夫"謂君王無故被老夫所辱。（董珊）或讀爲"遷"。訓作"移"。（何有祖）

上博六·慎 6"遂～"，疑讀爲"顑頷"，因饑餓而面黃肌瘦的樣子。《楚辭·離騷》："苟餘情其信姱以練要兮，長顑頷亦何傷。"王逸注："不飽貌。"洪興祖補注："顑頷，食不飽，面黃貌。"《說文》："箞讀若錢。""黬"、"點"古通。《論語·先進》："點！爾何如？"《說文·黑部》"點"作"黬"。因此，"遂"可讀爲"顑"。

上博五·競 6～，《說文·足部》："踐，履也。"《論語·先進》"不踐跡"，何晏集解："孔曰：踐，循也。""不踐於善"即不因循於善道。或讀爲"遷"，訓爲歸、返。（陳劍）

上博七·吳 8"～履"，讀爲"踐履"，同義並用，踩踏之意。《詩·大雅·行葦》："敦彼行葦，牛羊勿踐履。"《易林·明夷之乾》："踐履寒冰，十步九尋。"《後漢書·隗囂傳》："自經歷虎口，踐履死地，已十數矣。"

賤

上博四·采 4 子之～奴

～，从"視"，从三"戈"，與从"戔"同。"餞"字作 （程訓義 1－8），又作 （施 336）可証。

簡文～，讀爲"賤"，左旁義符爲"視"，其義或即爲"賤視"、"鄙視"。"子之賤奴"或可釋爲"你所鄙視的奴隸"。（陳斯鵬、季旭昇）

錢

 上博五·鮑 3 毋内(入)～(殘)器

《説文·金部》:"錢,銚也。古田器。从金,戔聲。《詩》曰:'庤乃錢鎛。'"

簡文～,讀爲"殘","錢器"即"殘器"。"毋内殘器"即殘損之器不用作祭器。簡文的這段話可與《墨子·尚同上》對照:"潔爲酒醴粢盛,以祭祀天鬼。其事鬼神也,酒醴粢盛不敢不蠲潔,犧牲不敢不腯肥,圭璧幣帛不敢不中度量"。(彭浩、李學勤)或讀爲"賤器"。

賤

 上博一·緇 10 而信丌(其)所～

 上博一·緇 22 翟(輕)絕(絕)貧～

～,與 (郭店·成之聞之 17)同。《説文·貝部》:"賤,賈少也。从貝,戔聲。"

上博一·緇 10～,地位低下的人。荀悦《漢紀·文帝紀上》:"小不得僭大,賤不得逾貴。"

上博一·緇 22"貧～",貧苦微賤。《管子·牧民》:"民惡貧賤,我富貴之。"《史記·魯仲連鄒陽列傳》:"魯連逃隱於海上,曰:'吾與富貴而詘於人,寧貧賤而輕世肆志焉。'"

灒(淺)

 上博六·用 20 而又(有)弔之～

～,郭店·五行 46 作 ,三體石經"踐"字古文作" ",所從之" "與楚

3071

簡"㦰"所從的"𢀂"同，乃"淺"字異體。

簡文～，讀爲"察"。"弔（淑）之察"與郭店《五行》簡 13"清則察"相合。（凡國棟）

從紐蒚聲

蒚

上博一·孔 6 於虖（乎）～王不忘

上博一·孔 20 或～之而句（後）交

上博二·子 11 又鼹（燕）監（銜）卵而陼（措）者（諸）丌（其）～

上博四·曹 24 凡貴人囟（思）凥（處）～立（位）一行

上博四·曹 29 史（使）兵母（毋）遃（復）～

上博四·曹 30 思（使）爲～行

上博四·曹 31 思（使）爲～行

上博四·曹 60 必㥑（過）～攻

上博五·競 2 又鼶（雉）㕒（雊）於僷（彝）～

上博五・鮑 4 弗瞁(顧)～逡(後)

上博二・昔 1 大(太)子～之毋(母)俤(弟)

上博二・昔 1～之

上博三・周 10 遊(失)～黔(禽)

上博六・壽 5～冬言曰邦必喪

上博六・用 5 視～寡(顧)逡(後)

上博七・武 7 見亓(其)～

上博七・君甲 3 竽瑟臭(衡)於～

上博七・君乙 3 竽瑟臭(衡)於～

上博七・吳 5 㠯(以)此～逡(後)之

上博八・顏 6～(前)㠯(以)專(博)㤅〈愛〉

上博八・顏 7～(前)之㠯(以)讓

上博八·蘭 4……年(㐌)～亓(其)約會(僉)

～,與🖼(郭店·老子甲 3)、🖼(郭店·老子甲 4)、🖼(郭店·尊德義 2)、🖼(郭店·窮達以時 9)同。《説文·止部》:"歬,不行而進謂之歬。从止在舟上。"

上博一·孔 6"於虖(乎)～王不忘",見《詩·周頌·烈文》:"於乎前王不忘。"毛亨傳:"前王,武王也。"《楚辭·離騷》:"忽奔走以先後兮,及前王之踵武。"朱熹集注:"欲其有以躡先王之遺跡也。"

上博一·孔 20"或～之而後交",指善行。前、先同義。《禮記·中庸》:"可以前知。"鄭玄注:"前,亦先也。"《荀子·修身》:"以善先人者謂之教。"(連劭名)

上博二·子 11、上博五·競 2、上博七·君甲 3、君乙 3、上博七·武 7～,與"後"相對,謂正面的或位次在頭裏的。《書·顧命》:"先輅在左塾之前,次輅在右塾之前。"《論語·子罕》:"瞻之在前,忽焉在後。"

上博四·曹 30、31"～行",前鋒。《吳子·應變》:"募吾材士,與敵相當,輕足利兵,以爲前行。"《史記·項羽本紀》:"項羽乃立章邯爲雍王,置楚軍中。使長史欣爲上將軍,將秦軍爲前行。"

上博四·曹 60"～攻",前次進攻。

上博五·鮑 4、上博七·吳 5"～逡(後)",用於空間,指事物的前邊和後邊。《書·冏命》:"惟予一人無良,實賴左右前後有位之士,匡其不及。"《左傳·隱公九年》:"戎人之前遇覆者奔,祝聃逐之。衷戎師,前後擊之,盡殪。"

上博二·昔 1～,引導。《廣韻·先韻》:"前,先也。"《儀禮·特牲饋食禮》:"尸謖,祝前,主人降。"鄭玄注:"前,猶導也。"(吳辛丑)

上博三·周 10"遊(失)～黅(禽)",在前面逃逸的禽獸。古時以不逐前禽喻統治者的懷柔政策。《易·比》:"顯比,王用三驅,失前禽,邑人不誡,吉。"《晉書·李雄李班等載記論》:"授甲晨征,則理均於困獸;斬關宵遁,則義殊於前禽。"

上博六·壽 5"～冬",指去年冬天。《禮記·檀弓上》:"我未之前聞也。"鄭玄注:"前猶故也。"

上博六·用 5"見～寡後",義同"瞻前顧後",兼顧前後。形容慮事周密,做事謹慎。《楚辭·離騷》:"瞻前而顧後兮,相觀民之計極。"《後漢書·張衡傳》:"向使能瞻前顧後,援鏡自戒,則何陷於凶患乎!"

上博八·顔6、7"～(前)之以",相當於古書中常見的"先以"、"先之以"。《孝經·三才章》:"先之以博愛,而民莫遺其親。陳之於德義,而民興行。先之以敬讓,而民不争。導之以禮樂,而民和睦。示之以好惡,而民知禁。"(讀書會)

上博八·蘭4～,表示切近,面前,跟前。"佞前",佞人面前。

從紐全聲

全

 上博五·鮑3犖(犧)生(牲)珪璧必～

《説文·入部》:"全,完也。从入,从工。全,篆文仝,从玉。純玉曰全。"

簡文～,完美;齊全。《周禮·考工記·弓人》:"得此六材之全,然後可以爲良。"鄭玄注:"全,無瑕病者。"《荀子·勸學》:"君子知夫不全不粹之不足以爲美也,故誦數以貫之,思索以通之。"《淮南子·時則》:"乃命宰祝,行犧牲,案芻豢,視肥臞全粹。"高誘注:"全,無虧缺也。"

從紐泉聲

泉

 上博二·容33□亂～

～,楚文字作、、。《説文·泉部》:"泉,水原也。象水流出成川形。"

簡文～,泉水。"亂泉",見《説苑·反質》:"昔堯之葬者,空木爲櫝,葛藟爲緘。其穿地也,下不亂泉,上不泄臭。故聖人生易尚,死易葬。不加於無用,不損於無益。"《漢書·楊王孫傳》:"昔帝堯之葬也,窾木爲匱,葛藟爲緘。其穿,下不亂泉,上不泄殠。故聖王生易尚,死易葬也。不加功於亡用,不損財於亡謂。"《吳越春秋·越王無余外傳第六》:"(禹)命群臣曰:'吾百世之後,葬我會稽之山,葦槨桐棺。穿壙七尺,下無及泉,墳高三尺,土階三等。葬之後。'"(郭永秉)

薕

 上博二·民 2 必達於豐緛(樂)之～

～,從"竹","原"聲。"厂"與"泉"借用一筆,所以容易誤釋爲"茝"。

簡文"必造於豐緛之～",讀爲"必達於禮樂之原",見《禮記·孔子閒居》,鄭玄注:"原,猶本也。"《孔子家法·論禮》"原"作"源"。(何琳儀)

渌

 上博三·周 45 寒～飲(食)

～,從"水",從"泉",與 (包山 3)、 (郭店·成之聞之 14)同,"泉"字繁體。

簡文"寒～",清冽的泉水或井水。《易·井》:"井洌寒泉,食。"左思《招隱詩》之二:"前有寒泉井,聊可瑩心神。"

原

 上博六·用 6 絶～流湏

～,從"厂",從"泉"。

簡文～,指水源。《左傳·昭公九年》:"猶衣服之有冠冕,木水之有本原。"《荀子·君道》:"官人守數,君子養原;原清則流清,原濁則流濁。"(何有祖)

心紐山聲

山

上博一·孔 8 即(節)南～

上博二·魯 2 女(如)母(毋)炁(愛)珪璧幣帛於～川

上博二·魯 4 女(若)天(夫)母(毋)炁(愛)圭(珪)璧幣帛於～川

上博二·魯 4 夫～

上博二·容 18 璺(禹)乃因～陵坪(平)隓(隨)之可封邑者而繇(繁)實之

上博二·容 23 ～陵不尻(處)

上博二·容 38 記(起)帀(師)以伐昏(崏)～是(氏)

上博二·容 40 傑(桀)乃逃之鬲(歷)～是(氏)

上博四·柬 3 無又(有)名～名溪

上博四·柬 8 高～深溪

上博四·柬 8 聚(驟)夢高～深溪

上博二·容 31 高～陛

 上博三·周 17 王用亯于西～

 上博三·中 19 ～又（有）堋（崩）

 上博四·曹 2 非～菲澤

 上博五·三 11 毋厇（度）～

 上博五·鬼 2【背】此吕（以）桀折於鬲～

 上博六·競 8 ～棽（林）史（使）奠（衡）守之

～，戰國文字或作 、、、、、、、、、、。《說文·山部》："山，宣也。宣氣散，生萬物，有石而高。象形。"

上博一·孔 8"即南～"，讀爲"節南山"，《詩經》篇名。《詩·小雅·節南山》："節彼南山，維石巖巖。赫赫師尹，民具爾瞻。"

上博二·魯 2、4"～川"，指名山大川。《書·舜典》："望于山川，徧于群神。"孔安國傳："九州名山大川，五嶽四瀆之屬，皆一時望祭之。"《楚辭·九章·惜誦》："俾山川以備禦兮，命咎繇使聽直。"朱熹集注："山川，名山大川之神也。"《史記·蒙恬列傳》："〔秦始皇〕道病，使蒙毅還禱山川，未反。"

上博二·容 18、23"～陵"，山嶽。《左傳·襄公十年》："兆如山陵，有夫出征，而喪其雄。"

上博二·容 38"昏～是"，讀爲"岷山氏"。《左傳·昭公十一年》作"有緡"，《韓非子·難四》作"崏山"，《楚辭·天問》作"蒙山"，《竹書紀年》作"岷山"（參看方詩銘、王修齡《古本竹書紀年輯證》）。《太平御覽》卷一三五"皇親部"引《竹書紀年》作："後桀伐岷山，岷山女於桀二人，曰琬、曰琰。桀受二女，無子，刻其名于苕華之玉，苕是琬，華是琰。"

· 3078 ·

上博二·容 40"禼～是",即"禼山氏",或"歷山氏"。歷山在今山西垣曲、永濟一帶。

上博四·柬 3"名～名溪",指名山大川,五嶽四瀆之屬。祀禮所指五嶽,《爾雅·釋山》:"泰山爲東嶽,華山爲西嶽,霍山爲南嶽,恆山爲北嶽,嵩山爲中嶽。"《周禮·春官·大司樂》:"四鎮五嶽崩。"鄭玄注:"五嶽,岱在兗州,衡在荆州,華在豫州,嶽在雍州,恆在并州。"

上博二·容 31、上博四·柬 8"高～",高峻的山。《荀子·勸學》:"故不登高山,不知天之高也。"

上博三·周 17"王用亯於西～",西方的山。《易·隨》:"王用享於西山。"

上博二·魯 4、上博三·中 19、上博四·曹 2、上博五·三 11～,地面上由土石構成的隆起部分。《書·禹貢》:"禹敷土,隨山刊木。"《荀子·勸學》:"積土成山,風雨興焉。"

上博五·鬼 2【背】"此以桀折於禼～",山名。相傳爲夏桀的死地。《荀子·解蔽》:"桀死於禼山,紂懸於赤斾。"王念孫《讀書雜志·荀子七》:"作禼山者是也。禼讀與歷同。"

上博六·競 8"～埜",即"山林",山與林。亦指有山有林的地區。《周禮·地官·大司徒》:"辨其山林、川澤、丘陵、墳衍、原隰之名物。"《晏子春秋·外篇上》:"山林之木,衡鹿守之。"

心紐鮮聲

鮮

 上博四·逸·多 1～我二人

《說文·魚部》:"鮮,魚名。出貉國。从魚,羴省聲。"

簡文～,少。"鮮我二人",就是說"兄及弟也",連兄帶弟,我們兩個人太少了。《詩·鄭風·揚之水》:"終鮮兄弟,維予與女。"《詩·大雅·蕩》:"靡不有初,鮮克有終。"或訓爲善,美好。《詩·邶風·新臺》:"燕婉之求,籧篨不鮮。"鄭玄箋:"鮮,善也。"《詩·小雅·北山》:"嘉我未老,鮮我方將。"鄭玄箋:"嘉、鮮,皆善也。"

心紐亘聲

趄

 上博六・孔1 孔子見季～子

 上博六・孔2 ～子曰

 上博六・孔6 ～子曰

 上博六・孔22 ～子曰

～，从"走"，"亘"聲。《說文繫傳・走部》："趄田，易居也。从走、亘聲。臣鍇按，《春秋左傳》'晉於是乎作爰田'，《國語》作'轅田'，皆假借，此乃正字也，謂以田相換易也。"

上博六・孔"季～子"、"～子"，即"季桓子"，魯大夫，季氏第七代，季平子（季孫意如）之子，名"斯"，又稱"季係斯"、"桓子"。自魯定公五年至魯哀公三年時的執政上卿。《左傳・哀公三年》："秋，七月，丙子，季孫斯卒。"諡桓子。

逗

 上博六・競12 是襄～之言也

 上博三・中1 季～子史（使）中弓爲䩞（宰）

～，與 同，从"辵"，"亘"聲，所从"亘"與"自"形混。"趄"字異體。

上博六・競12"襄～"，讀爲"良翰"，賢良的輔佐。《詩・大雅・崧高》：

"周邦咸喜,戎有良翰。"鄭玄箋:"翰,榦也。"《周書·史寧權景宜等傳論》:"總戎薄伐,著剋敵之功;布政蒞民,垂稱職之譽。若此者,豈非有國之良翰歟?"(程燕、何有祖)

上博三·中 1"季~子",即"季桓子"。參"赵"字條。

幫紐班聲

班

 上博三·周 22 曰~车戣(衛)

《説文·玨部》:"班,分瑞玉。从玨,从刀。"

簡文"~車戣",從今本讀爲"閑輿衛",王弼注:"閑,闌也。衛,護也。進得其時,雖涉艱難而無患也,輿雖遇閑而故衛也。"孔穎達疏:"'曰閑輿衛'者,進得其時,涉難無患,雖曰有人欲閑闌車輿,乃是防衛見護也,故云'曰閑輿衛'也。""閑"就是闌、止,也就是閒置,"闌輿"就是把兵車閒置起來,放到一邊。(廖名春)

幫紐半聲

迸

 上博四·束 14~進

~,從"辵","半"聲,"半"亦同"料",《説文·斗部》:"料,量物分半也,从斗,从半,半亦聲。"段玉裁注:"今按半即料也。"

簡文~,讀爲"返","返進太宰"是王發出的動作,然後王詢問太宰自己應該怎麼做。(董珊)

畔

 上博二·容 45 於是噩(乎)九邦~(叛)之

3081

～，从"田"，"半"聲，"半"，即"料"，與 、同。《說文·斗部》："料，量物分半也，從斗，從半，半亦聲。"《說文·田部》："畔，田界也。從田，半聲。"

簡文～，讀爲"叛"，背叛。《書·大誥序》："武王崩，三監及淮夷叛。"

緥（鞶）

 上博三·周 5 或賜～（鞶）縞（帶）

～，從"糸"，"畔"聲。是"鞶"之異體。《說文·革部》："鞶，大帶也。《易》曰：'或賜之鞶帶。'男子帶鞶，婦人帶絲。從革，般聲。"

簡文"～縞"，讀爲"鞶帶"，皮製的大帶，爲古代官員的服飾。《易·訟》："或錫之鞶帶，終朝三襭之。"孔穎達疏："鞶帶，謂大帶也。"陸雲《吳故丞相陸公誄》："鞶帶翩紛，珍裘阿那。"

幫紐般聲

盤

 上博四·曹 50 返（復）～戩（戰）有道虎（乎）

 上博四·曹 51 ～邌（就）行□

 上博四·曹 53 此返（復）～戩（戰）之道

《說文》："槃，承槃也。從木，般聲。![]古文，從金。![]籀文，從皿。"

上博四·曹 50、53"復～戩（戰）"，當係指前一日戰況膠著，次日繼續奮力作戰。（季旭昇）或讀爲"偏戰"。《公羊傳》"此偏戰也"，何休解詁："偏，一面也，結日定戰，各居一面，鳴鼓而戰，不相詐。""偏戰"說的是對陣的野戰。

上博四·曹 51"～邌（就）"，或讀爲"挐蒐"，斂聚。《集韻·戈韻》："挐，斂

聚也。"《左傳》"蒐乘、補卒"之"蒐",楊伯峻《春秋左傳注》:"蒐,檢閱。劉文淇《疏證》引《爾雅·釋詁》云'聚也',亦通。"(白於藍)或讀爲"偏",古代戰陣的組織單位。(董珊)

並紐釆聲

番

上博六·競 9～涅(盈)臘箸

上博六·用 18～煮(圖)袷衆

上博七·凡甲 15 下～於困(淵)

上博七·凡乙 10 下～於困(淵)

《説文·釆部》:"番,獸足謂之番。从釆,田象其掌。 ,番或从足、从煩。 ,古文番。"

上博六·競 9、用 18～,讀爲"播",傳布。《國語·晉語三》:"夫人美於中,必播於外。"韋昭注:"播,布也。"(張崇禮)

上博六·用 18～,讀爲"播",傳布。(張崇禮)

上博七·凡甲 15、凡乙 10"下～於困(淵)",遍及;充滿。《孔子家語·致思》:"旌旗繽紛,下蟠於地。"馬王堆漢墓帛書《十問》:"尚(上)察於天,下播於地。"《莊子·刻意》:"上際於天,下蟠於地。"成玄英疏:"下蟠薄於厚地,上際逮於玄天。"

蟠

 上博一·緇 15～型(刑)之由(迪)

～，隸作"釆"，《楚辭・湘夫人》："釆芳椒兮成堂"，洪興祖《楚辭補注》謂："一云'播芳椒兮盈堂'"，則"釆"應讀爲"播"。還有一種可能是从釆从月，"月"旁與"釆"旁共用部分筆畫，![](）+![](）=![](），郭店簡本習字之省，从月釆聲，讀爲"播"。與《說文》"番"字古文![](）類似。（馮勝君）

簡文"～型"，讀爲"播刑"，施行刑法。《書・呂刑》："今爾何監，非時伯夷播刑之迪。"孔安國傳："言當視伯夷布刑之道而法之。"《禮記・緇衣》："《甫刑》曰：'播形之不迪。'"鄭玄注："播猶施也。'不'衍字耳……言施刑之道。"牟庭《同文尚書・甫刑之命》："《尚書》'由'字多作'迪'，而《緇衣》作'播刑之不由。'《緇衣》注云：'不字衍。'今據《書》義，當有'不'字，非衍也……此爲播施刑法之所不由其故，非爾所宜監視也。"

膰

 上博八・有6膠～秀（誘）余今可（兮）

 上博八・有6膠～之腈也今可（兮）

～，从"肉"，"番"聲。《廣韻》："膰，祭餘肉。"

簡文"膠～"，指致送學校的祭肉。《周禮・春官・大宗伯》："以脤膰之禮，親兄弟之國。"賈公彥疏："脤是社稷之肉，膰是宗廟之肉。"

並紐桼聲

网

 上博二・容41於是虘（乎）～宗鹿族戔（殘）群

 上博四・昭7～逃珤

・3084・

　上博八·王1 彭徒～(返)謁聞(關)至(致)命

楚文字"樊"字或作👤(淅川下寺"朋戈"👤字所從)、👤(清華楚居05)、👤(楚居08)、👤(楚居10),下部所從兩手形並非"廾",而是"氺",是其聲符。所從的"网"疑爲"👤(像樊籬形)"訛變。👤、👤形乃源於👤(樊季氏孫仲鼎《集成》5·2624·1)。👤、👤、👤(包山130反)、👤(天星觀楚簡)則是👤形之省。(程燕)《說文·爻部》:"棥,藩也。从爻,从林。《詩》曰:'營營青蠅,止于棥。'"《說文·爻部》:"樊,鷙不行也。从氺,从棥,棥亦聲。"《說文·爻部》:"𠬪,引也。从反廾。👤,𠬪或从手,从樊。"

　　上博二·容41"～宗",讀作"叛宗"。樊、叛皆爲並紐元部字,雙聲疊韻可通。"樊"與"板"相通之例見《古字通假會典》217頁。《廣雅·釋詁三》:"叛,亂也。"《正字通·又部》:"叛,離叛也。"《左傳·隱公四年》:"衆叛親離,難以濟矣。"簡文"叛宗離族殘群",叛、離義近。(程燕)

　　上博四·昭7、上博八·王1～,讀爲"返"。《說文》:"返,還也。"

並紐圣聲

圣(鞭)

　上博二·容16 ～爲五音

　上博二·容20 目(以)～亓(其)右(左)右

　上博二·容29 乃～㑒(陰)昜之氣(氣)

　上博五·君7 足毋～

上博六·慎2道莫～干

上博六·慎2莫～干

～,或作 (郭店·老子甲1)、 (郭店·尊德義14)、 (郭店·成之聞之32),與《説文》"鞭"字古文作 者相合,實均由西周金文"鞭"字 (九年衛鼎)、 (懺匜"便"字所從)等形演變而來,本爲以手執鞭之形。《説文·革部》"鞭,驅也。从革,便聲。 ,古文鞭。"

上博二·容16、20～,讀爲"辨",辨別。《易·同人》:"君子以族類辨物。"孔穎達疏:"辨物,謂分辨事物,各同其黨,使自相同,不相雜也。"《周禮·春官·宗伯》:"辨其名物而頒之于五官,使共奉之。"

上博二·容29"～侌昜之鬳",讀爲"辨陰陽之氣",參《周禮·春官·宗伯》:"占夢掌其歲時觀天地之會,辨陰陽之氣。以日、月、星、辰占六夢之吉凶。"

上博五·君7"足毋～",讀爲"偏",不居中,邊側。《左傳·僖公十年》:"七日,新城西偏,將有巫者而見我焉。"《禮記·曲禮下》:"行不舉足,車輪曳踵。"又《玉藻》:"疾趨則欲發,而手足毋移,圈豚行,不舉足,齊如流。"此皆指行容而言。

上博六·慎2～,讀作"偏"。"偏",不正,偏離。《書·洪範》:"不偏不黨,其若是乎?""莫偏干"就是不要偏離正中,空乏非誠。

詙(辯)

上博二·民9亓(其)才～也

上博四·柬19厶～

·3086·

 上博五·三3 外内又～

～,郭店·五行34作 , 从"言",从古文"鞭"聲,即"辯"字異體。右部所从與信陽簡 2—04 ("纆"字从"糸",从古文"鞭")字右部同。《說文·辡部》:"辯,治也。从言在辡之間。"

上博二·民9"才～",即"才辯",是才智辭辯的意思。如《後漢書·列女傳》:"陳留董祀妻者,同郡蔡邕之女也,名琰,字文姬,博學有才辯,又妙於音律。"《晉書·周顗傳》:"廣陵戴若思東南之美,舉秀才,入洛,素聞顗名,往候之,終坐而出,不敢顯其才辯。"《史記·仲尼弟子列傳》:"宰予……利口辯辭……子貢利口巧辭,孔子常黜其辯。"簡文"其才辯也,美矣,宏矣,大矣"的意思是說:孔子的才智辭辯,太完美了,太廣博了,太偉大了!(李家浩)

上博四·柬19～,讀爲"變"。簡文"爲私變",爲一己之念而改變"常古"。

上博五·三3"外内又～",讀爲"外内有辨",即外内有別。《墨子·非命上》:"坐處有度,出入有節,男女有辨。"孫詒讓閒詁:"辨、别同。"

伎(便)

上博四·曹18 㠯(以)事亓(其)～俾(嬖)

上博四·曹35 母(毋)辟(嬖)於～俾(嬖)

～,从"人","夆"(鞭)聲,"便"字異體。《說文·人部》:"便,安也。人有不便,更之。从人、更。"

簡文"～俾",讀爲"便嬖",君主左右受寵幸的小臣。《孟子·梁惠王上》:"聲音不足聽於耳與?便嬖不足使令於前與?王之諸臣皆足以供之,而王豈爲是哉?"《荀子·富國》:"觀其官職,則其治者能;觀其便嬖,則其信者慤,是明主已。"

並紐弁聲

弁

上博一·孔 8 少(小)～

上博一·孔 22 四矢～(反)㠯(以)御(禦)亂

上博五·三 10 母(毋)～事

上博五·三 5～裳(常)惕(易)豊(禮)

上博四·内 7 若才(在)腹中玫(巧)～

上博四·柬 6 不敢㠯(以)君王之身～亂橐(鬼)神之裳古

上博四·柬 21 不㠯(以)亓(其)身～贅尹之裳古

上博一·性 20 亓(其)聖(聲)～(變)則心從之矣

上博一·性 20 亓(其)心～(變)

上博一·性 36 甬(用)身之～者

上博五·競 1 星～

上博八·成 11 先或（國）～（變）之攸（修）

上博八·有 4 莫不～（變）改今可（兮）

～，戰國文字或作 (郭店·五行 21)、 (郭店·五行 32)、 (郭店·性自命出 32)、 (郭店·性自命出 33)、 (郭店·性自命出 43)、 (集粹 79)、 (于省吾教授百年誕辰紀念文集 159 頁玉璜)、 (秦集三·一·2·1)、 (秦集三·一·3·1)。《說文》之"弁"字正篆作" "形者，係由戰國文字" "形演變而來。《說文·兒部》："覍，冕也。周曰覍，殷曰吁，夏曰收。从兒，象形。 ，籀文覍。从廾，上象形。 ，或覍字。"

上博一·性 36～，有急、疾之意。（陳偉）

上博一·孔 8"少～"，即"小弁"，《詩經》篇名。《詩·小雅·小弁》："弁彼鷽斯，歸飛提提。民莫不穀，我獨於罹。何辜於天？我罪伊何？心之憂矣，云如之何？"

上博一·孔 22～，讀爲"反"。"四矢反以禦亂"，見《詩·齊風·猗嗟》："四矢反兮，以禦亂兮！"鄭玄箋："反，復也。禮射三而止。每射四矢，皆得其故處，此之謂復射。必四欠者，象其能禦四方之亂也。"

上博五·三 5"～常"，讀爲"變常"，改變常道。《後漢書·郎顗傳》："是知變常而善，可以除災，變常而惡，必致於異。"

上博一·性 20、上博四·内 7、上博四·柬 21、上博五·三 10～，讀爲"變"，變化；改變。《書·畢命》："既歷三紀，世變風移。"孔安國傳："言殷民遷周已經三紀，世代民易，頑者漸化。"《楚辭·離騷》："雖體解吾猶未變兮，豈余心之可懲？"

上博四·柬 6"～亂"，讀爲"變亂"，變更，使紊亂。《書·無逸》："此厥不聽,人乃訓之,乃變亂先王之正刑,至於小大。"《韓非子·八説》:"法明則内無變亂之患。"

上博五·競1～,讀爲"變",變異。《禮記·曾子問》載孔子之言曰:"昔者吾從老聃助葬於巷黨,及堩,日有食之。老聃曰:'丘止柩就道右,止哭以聽變。'"鄭玄注:"變,日食也。"陳澔《禮記集説》:"聽變,聽日食之變動也。"《後漢書·五行志》引《春秋緯》曰:"日之將蝕,則斗第二星變色,微赤不明,七日而蝕。"(陳偉、顔世鉉)

上博八·有4"～改",讀爲"變改",改變。《後漢書·郎顗傳》"五際之戹,其咎由此",李賢注引《韓詩外傳》:"五際,卯酉午戌亥也。陰陽終始際會之歲,於此則有變改之政。"

弁

　　上博二·從甲17則～哉之

～,與 (信陽簡2—28)同,像立人戴弁形,所從的"人"下部或加一小橫,為古文字之常例。此即"弁"字異體。

上博二·從甲17"～哉",讀爲"慢侮"。《春秋繁露·竹林》:"君慢侮而怒諸侯,是失禮大矣。"《史記·留侯世家》:"顧上有不能致者,天下有四人。四人者年老矣,皆以爲上慢侮人,故逃匿山中,義不爲漢臣。"或讀爲"慢詡"、"反敉"、"絆敉"。(周鳳五、楊澤生)

綷

　　上博一·緇10民此以(以)～

　　上博六·用19民道～多

～,與 (郭店·緇衣18)同,從"糸","弁"聲,"緤"字異體。

上博一·緇10～,讀爲"煩",煩亂。《周禮·考工記·弓人》:"凡爲

弓……夏治筋,則不煩。"鄭玄注:"煩,亂。"

上博六·用19"～多",讀为"煩多",形容法律煩瑣冗雜。《漢書·刑法志》:"今律令煩多而不約。"《漢書·王莽傳》:"又好變改制度,政令煩多習見。"

並紐緐聲

緐

 上博二·容19壟(禹)乃因山陵坪(平)陲(隰)之可封邑者而～(繁)實之

《說文·糸部》:"緐,馬髦飾也。从糸,每聲。《春秋傳》曰:'可以稱旌緐乎？'緐或从鼻。鼻,籀文弁。"

簡文"～實之",讀爲"繁實之",指移殖人口以充實之。

明紐宀聲

宦

 上博六·用15～于朝夕

《說文·宀部》:"宦,仕也。从宀,从臣。"
簡文～,或疑讀爲"貫"。(李鋭)

官

 上博二·容2而～丌(其)才(材)

 上博二·容3思役百～而月青(請)之

 上博三·周16～又(有)愈(渝)

 上博四·相 3 實～蒼（倉）

 上博四·曹 25 必又（有）數大～之帀（師）

 上博五·弟 10 卬㠯（以）㞑（屬）～

 上博五·三 6 凡宅（宅）～於人

 上博五·三 6 宅（宅）人於～

 上博五·三 6 建五～弗階（措）

 上博二·容 43 ～而不䈜（爵）

 上博八·李 1 椥（相）虖（乎）～（棺）桓（樹）

～，戰國文字或作 （郭店·六德 14）、（郭店·六德 14）、（施 159）、（施 160）、（珍戰 205）、（里 J1⑨ 981 正），三晉文字或作 （集成 2658 三十六年私官）、（珍秦金·吳越三晉 182 頁信安下官鼎），所從"自"省爲""，與"輨"作 （璽彙 2498）同。《説文·自》："官，史，事君也。从宀，从自。自猶衆也。此與師同意。"

上博二·容 2"～丌（其）才（材）"，動詞，授予官職。此句指任官以能。《國語·晉語四》："官師之所材也，戚施直鎛，籧篨蒙璆，侏儒扶盧，矇瞍循聲，聾聵司火。僬昏、嚚瘖、僬僥，官師之所不材也，以實裔土。夫教者，因體能質

而利之者也。"

上博二·容3"思役百～而月青(請)之",《周禮·秋官·大司寇》鄭玄注"役諸司空,坐曰訖,使給百工之役也。役月訖,使其州里之人任之,乃赦之"與簡文"思役百官而月青(請)之"在文義上是十分接近的。簡文"百官"亦與鄭注之"百工"相當。(白於藍)

上博三·周16"～又愈",讀爲"官有渝"。孔穎達疏:"'官有渝'者,官謂執掌之職。人心執掌,與官同稱,故人心所主,謂之'官渝變'也。"

上博四·相3"～蒼",讀爲"官倉",官府的倉廩。《隋書·食貨志》:"〔魏天平元年〕於諸州緣河津濟,皆官倉貯積,以擬漕運。"

上博四·曹25"大～之币",讀爲"大官之師",指大夫。《國語·吳語》:"陳士卒百人,以爲徹行百行。行頭皆官師,擁鐸拱稽,建肥胡,奉文犀之渠。十行一嬖大夫。"韋昭注:"三君皆云:'官師,大夫也。'"

上博五·弟10"厎～",讀爲"屬官",屬下的官吏。《韓非子·有度》:"屬官威民,退淫殆,止詐僞,莫如刑。"《漢書·百官公卿表上》:"元壽二年復賜大司馬印綬,置屬官,去將軍,位在司徒上。"

上博五·三6～,官職。《荀子·正論》:"夫德不稱位,能不稱官,賞不當功,罰不當罪,不祥莫大焉。"

上博五·三6"五～",殷周時分掌政事的五個高級官職。《禮記·曲禮下》:"天子之五官,曰司徒、司馬、司空、司士、司寇,典司五衆。"鄭玄注:"此亦殷時制也。"《周禮·春官·小宗伯》:"毛六牲,辨其名物,而頒之於五官,使共奉之。"

上博二·容43"～而不筲(爵)",做官。《鹽鐵論·除狹》:"古之進士也,鄉擇而里選,論其才能,然後官之,勝職任然後爵而禄之。"

上博八·李1～,或訓爲公。或訓爲官道。或讀爲"棺"、"館"。

垍

上博五·姑1躳與士尻～

～,从"土","官"聲。

簡文～,讀爲"館",訓舍,這裏指征百豫前線的臨時住所。(陳偉)

明紐面聲

面

 上博二·容 14 子堯南～

 上博二·容 14 舜北～

 上博二·容 24～軙(豜)鱛(䉤)

 上博五·季 5☐～

 上博六·天乙 7 寡還～

 上博七·武 2 南～而立

 上博七·武 3 不舁(與)北～

 上博七·武 3 西～而行

 上博七·武 3 東～而立

 上博七·武 13 大(太)公南～

　上博七·武 13 武王北～

～,與 、同,指事字。《説文·面部》:"面,顔前也。从𦣻,象人面形。"

上博二·容 14、上博七·武 13、上博七·武 2"南～",古代以坐北朝南爲尊位,故帝王諸侯見群臣,或卿大夫見僚屬,皆面向南而坐,因用以指居帝王或諸侯、卿大夫之位。《易·説卦》:"聖人南面而聽天下,嚮明而治。"《論語·雍也》:"子曰:'雍也可使南面。'"

上博二·容 14、上博七·武 3、13"北～",面向北。古禮,臣拜君,卑幼拜尊長,皆面向北行禮,因而居臣下、晚輩之位曰"北面"。《周禮·夏官·司士》:"正朝儀之位,辨其貴賤之等。王南鄉,三公北面東上。"《韓非子·功名》:"此堯之所以南面而守名,舜之所以北面而效功也。"

上博二·容 24"～𦘦(肝)鯌(胾)",《史記·李斯列傳》:"禹鑿龍門,通大夏,疏九河,曲九防,決淳水致之海,而股無胈,脛無毛,手足胼胝,面目黎黑,遂以死於外,葬於會稽。"

上博五·季 5、上博六·天乙 7～,臉;頭的前部。《新書》卷五:"帝自爲開户,自取玩好,自執器皿,亟顧還面,而器御之不舉不臧,折毀喪傷:凡此其屬,少保之任也。"

上博七·武 3～,向;對着。《周禮·夏官·撢人》:"使萬民和説而正王面。"鄭玄注:"面,猶鄉也。使民之心曉而正鄉王。"《史記·孟子荀卿列傳》:"齊威王、宣王用孫子、田忌之徒,而諸侯東面朝齊。"

明紐覍聲

鶣(邊)

　上博四·曹 13 狱(獸)～城奚女

　上博四·曹 17 所㠯(以)歫～

上博七·鄭甲 1～人坒（來）告

上博七·鄭乙 1～人坒（來）告

～，从"邑"，"臱"聲，"邊"字異體。《說文·辵部》："邊，行垂崖也。从辵，臱聲。"

上博四·曹 13"～城"，讀爲"邊城"，靠近國界的城市。《管子·度地》："當冬三月，天地閉藏，暑雨止，大寒起，萬物實然，利以填塞空郤，繕邊城，塗郭術。"桓寬《鹽鐵論·擊之》："往者縣官未事胡越之時，邊城四面受敵，北邊尤被其苦。"

上博四·曹 17～，讀爲"邊"，邊境；邊界。《國語·吳語》："句踐用帥二三之老，親委重罪，頓顙於邊。"韋昭注："邊，邊境。"《呂氏春秋·先己》："故上失其道，則邊侵於敵。"

上博七·鄭甲 1、鄭乙 1"～人"，讀爲"邊人"，指駐守邊境的官員、士兵等。《國語·魯語上》："晉人殺厲公，邊人以告。"韋昭注："邊人，疆場之司也。"

上博八·鶹 1 婁（鶹）栗（鶹）～（翩）飛今

～，从"羽"，"臱"聲。

簡文～，讀爲"翩"，疾飛貌。《詩·魯頌·泮水》："翩彼飛鴞，集于泮林。"《楚辭·九章·悲回風》："愁悄悄之常悲兮，翩冥冥之不可娛。"洪興祖補注："翩，疾飛也。""翩飛"見《文選·赭白馬賦（並序）》："惕飛鳥之峙衡。"李善注："古文《周書》曰：穆王田，有黑鳥若鳩，翩飛而峙於衡。御者斃之以策。"

明紐曼聲

曼

 上博一·性 28 居尻(处)谷(欲)豫(逸)昜(易)而毋~(慢)

 上博一·性 37 不又(有)夫恆怠(忻)之志則~(慢)

 上博四·昭 1 喪備~廷

 上博四·曹 10 ~才(哉)

 上博六·用 7 ~~柬=

 上博七·武 2 耑(端)備(服)~

~,與(郭店·老子乙 12)同,或作,所從的"又",與"毛"訛混。《說文·又部》:"曼,引也。从又,冒聲。"

上博一·性 28、37 ~,讀爲"慢",《廣韻·釋詁二》:"謾、詐、僞,欺也。"

上博四·昭 1 ~,讀爲"蹒",《集韻》:"蹒,踰也。"或讀爲"邁"。或讀爲"冒"。或讀爲"綧",喪冠。(陳偉、陳偉武、單育辰)

上博四·曹 10 "~才",讀爲"慢哉",遲了啊。《詩·鄭風·大叔于田》:"叔馬慢忌。"毛亨傳:"遲也。"(季旭昇)或讀爲"晚"。或讀爲"勉"。

上博六·用 7 "~~",形容距離遠或時間長。《六韜·文韜·文師》:"曼曼綿綿,其聚必散。"《楚辭·九章·悲回風》:"終長夜之曼曼兮,掩此哀而不去。"《楚辭·遠遊》:"路曼曼其修遠兮,徐弭節而高厲。""曼曼柬柬",猶言"簡曼"。《管子·八觀》:"禁罰威嚴,則簡慢之人整齊。"

上博七·武2～，讀爲"冕"，《説文》："大夫以上冠也。"古代天子、諸侯、卿、大夫等行朝儀、祭禮時所戴的禮帽。《左傳·桓公二年》："袞、冕、黻、珽。"孔穎達疏："冠者，首服之大名；冕者，冠之別號……《世本》云：'黄帝作冕。'宋仲子云：'冕，冠之有旒者。'"

輓

 上博七·吳5軒～

～，从"車"，"曼"聲。所从"車"旁，受上字"軒"字影響而類化。

簡文"軒～"，讀爲"軒冕"，本指古時大夫以上官員的車乘和冕服，借指官位爵禄。《管子·立政》："生則有軒冕、服位、穀禄、田宅之分。"《莊子·繕性》："古之所謂得志者，非軒冕之謂也，謂其無以益其樂而已矣。今之所謂得志者，軒冕之謂也。軒冕在身，非性命也，物之儻來，寄也。"

明紐免聲

免

 上博一·緇13則民又(有)～心

～，西周金文作 ，楚簡承襲之作 、、。或説字像人戴冠冕之形。

簡文～，今本作"遜"，鄭玄注："遜，逃也。"《論語·爲政》："道之以政，齊之以刑，民免而無恥。"孔安國注："免，苟免。"劉寶楠《論語正義》："彼言'遜'，此言'免'，義同，《廣雅·釋詁》：'免，脱也。'謂民思脱避於罪也。"《史記·樂書》："免席而請。"張守節正義："免猶避也。"

挽

 上博五·姑3不幸則取～(免)而出

上博五·姑4唯(雖)旻(得)~(免)而出

上博四·内10肰(然)則~(免)於戾

上博二·容14䍃(舜)於是虖(乎)饲(始)~䠽开㮰蓤

上博四·曹23二三子~之

上博五·鮑2二厽(三)子~之

上博六·莊8君王~之死

上博六·壽6女(如)我旻(得)~

上博六·用2亦力~㠯(以)毋忘(今)

上博六·用12若矢之~於弦

上博六·用12非考~斳(慎)良台家嗇

上博六·用18台(以)~民生

上博六·天甲2身不~

 上博六·天甲 2 身不～

 上博六·天甲 3 身不～

 上博六·天乙 2 身不～

 上博六·天乙 2 身不～

 上博六·天乙 2 身不～

 上博五·君 6～視

～，甲骨文或作 ▯（甲骨·燕 183）、▯（鐵 13·1）、▯（林 2·30·16），金文或作 ▯（角戌父娩鼎），女子分娩之"娩"的初文，楚文字或作 ▯（郭店·六德 28）、▯（新蔡甲三 266）、▯（郭店·緇衣 24）、▯（郭店·成之聞之 23）、▯（包山 288），"冂"形或訛變為"丌"，或訛變為"宀"形，產道中像胎兒的部件替換爲義符"子"，省去兩手。《說文·子部》："挽，生子免身也。从子从免。"與"娩"爲一字異體。望山 1·38"憂"、新蔡簡 ▯（新蔡甲一 16）、▯（新蔡甲三 291—1），是"悗"字的異體。包山 259"鞯"，是"鞔"字的異體。"娩"字或作 ▯，與"字"形混，《說文·子部》："字，乳也。"《廣雅·釋詁一》："字，生也。"《易·屯卦》"女子貞不字，十年乃字"，虞翻注："字，妊娠也。""字"有生育、妊娠的意思，或許是"娩"的誤識；也可能是由"娩"的誤識衍變而來，即由於將"娩"誤識爲"字"，而導致人們後來直接用"字"來表示生育、妊娠的意思。（李天虹）

上博四·内 10"～於戾",讀爲"免於戾",免於過錯,即"免戾"。《後漢書·方術列傳》:"昔爲陪隸,與臣從事,奮忠毅之操,躬史魚之節,董臣嚴綱,勖臣懦弱,得以免戾,實賴厥勳。"《三國志·魏書·崔毛徐何邢鮑司馬傳》:"老臣以能守職,幸得免戾,今所說人非遷次,是以不敢奉命。"

上博二·容14～,讀爲"免",猶"釋",指放下。所釋之物皆農具。

上博四·曹23、上博五·鮑2～,讀爲"勉",努力。《左傳·襄公二十九年》:"吾子勉之！君侈而多良,大夫皆富,政將在家。"

上博五·姑3、上博六·莊8、上博六·壽6～,讀爲"免"。《集韻》:"免,釋也。"《周禮·地官·鄉士》:"欲免之。"鄭玄注:"免,猶赦也。"

上博六·用2"力～",讀爲"力勉",猶言盡力也。《論衡·祭意篇》:"報功以勉力,修先以崇恩。力勉恩崇,功立化通,聖王之務也。"

上博六·用12"若矢之～於弦",讀爲"挽",拉；牽引。曹植《名都篇》:"左挽因右發,一縱兩禽連。"也可能讀爲"銜"。《列子·仲尼》:"善射者,能令後鏃中前括,發發相及,矢矢相屬；前矢造準而無絕落,後矢之括猶銜弦,視之若一焉。"《論衡·超奇篇》:"論說之出,猶弓矢之發也；論之應理,猶矢之中的。夫射以矢中效巧,論以文墨驗奇。"

上博六·用12"考～",讀爲"巧辯",指詭辯。《淮南子·覽冥》:"輔佐有能,黜讒佞之端,息巧辯之說。"(何有祖)

上博六·用18～,讀爲"勉",勸勉；鼓勵。《詩·周南·汝墳序》:"文王之化行乎汝墳之國,婦人能閔其君子,猶勉之以正也。"《禮記·月令》:"〔季春之月〕周天下,勉諸侯,聘名士,禮賢者。"

上博六·天甲2、3、天乙2～,讀爲"免",離開、釋放的意思。《論語·陽貨》:"子生三年,然後免於父母之懷。"《春秋·僖公三十一年》:"四卜郊不從,乃免牲。"杜預注:"免,猶縱也。"(陳偉)

上博五·君6～,讀爲"俛"。《玉篇·人部》:"俛,低頭也。"《後漢書·劉玄傳》:"更始羞怍,俛首刮席不敢視。"李賢注:"俛,俯也。""俛視"即低頭而視。《新書·屬遠》:"俛視中國,遠望四夷,莫不如志矣。"簡文"毋俛視"與"毋側睇"並舉,均爲對君子視容的要求,不俛不側,是謂"定視"。(陳斯鵬)

徐在國 ◎ 著

上博楚簡文字聲系 一～八

第八冊

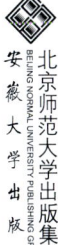

北京師範大學出版社集團
安徽大學出版社

正編·緝部

上博楚簡文字聲系

緝 部

影紐邑聲

邑

上博二·容 18 塁(禹)乃因山陵坪(平)陸(隰)之可封～者而緐(繁)實之

上博三·周 4 丌(其)～人晶(三)四戶

上博三·周 10 ～人不戒

上博三·周 21 ～人之灾(災)

上博三·周 44 改～不改萊

上博五·君 11 夫子絧(治)十室之～亦樂

上博五·三 12 竆澗之～

 上博七·吴 1 二～

 上博七·吴 1 二～之好

 上博七·吴 8 大邳之～

 上博七·吴 9 帮（敝）～之异（期）

《説文·邑部》："邑，國也。从口，先王之制，尊卑有大小；从卪。"

上博二·容 18"封～"，古時帝王賜給諸侯、功臣以領地或食邑。《史記·晉世家》："賞從亡者及功臣，大者封邑，小者尊爵。"

上博三·周"～人"，封地上的人。《易·比》："邑人不誡，上使中也。"《左傳·哀公十六年》："子木暴虐於其私邑，邑人訴之。"《左傳·定公九年》："盡借邑人之車，鍥其軸，麻約而歸之。"

上博三·周 44～，《周禮·地官·小司徒》："九夫爲井，四井爲邑，四邑爲丘。"賈公彥疏："井方一里，邑方二里。"

上博五·君 11"十室之～"，《左傳·莊公九年》："十室之邑，可以逃難，百室之邑，可以隱死。以千乘之魯而不能存子糾，以公爲病矣。"

上博七·吴 1～，國。古代稱"國"爲"邑"。《説文》："邑，國也。"《左傳·桓公十一年》："鄖人軍其郊，必不誡，且日虞四邑之至也。"杜預注："虞，度也。四邑，隨、絞、州、蓼也。邑，亦國也。""二邑"，簡文此處指吴、晉兩國。

上博七·吴 9"帮（敝）～"，謙辭。稱自己的國家。《禮記·檀弓下》："君王討敝邑之罪，又矜而赦之。"《左傳·僖公二十六年》："寡君聞君親舉玉趾，將辱於敝邑。"

匣紐合聲歸入聲

溪紐及聲

及

　　上博一·孔 15～丌(其)人

　　上博一·緇 3 隹(惟)尹身～康(湯)咸又(有)一惪(德)

　　上博一·性 1～丌(其)見於外

　　上博一·性 30 言～則明墾(舉)之而毋惌(僞)

　　上博四·逸·多 1 覬(兄)～弟淇(也)

　　上博五·鬼 8 不～塱(遇)焚而正固

　　上博二·容 13 乃～邦子

　　上博二·容 43 臤～□

　　上博三·中 12 不～丌(其)城(成)

上博四·柬 15 中余(舍)與五連少(小)子～龍(寵)臣皆逗

上博四·曹 29 是古(故)倀(長)必訋(約)邦之貴人～邦之可(奇)士

上博四·曹 65 㠯(以)～亓(其)身

上博六·壽 5 我～含可若

上博七·武 5～於身

上博二·容 19 四海(海)之内～四海(海)之外皆青(請)杠(貢)

上博二·民 12 它(施)～子孫

上博二·民 13 它(施)～四國

上博四·曹 52～(及)尔龜箸(筮)

上博五·鮑 1～(及)亓(其)薨(葬)也

上博五·鬼 2～(及)桀受(紂)嚳(幽)萬(厲)

上博五·鬼 3～(及)五(伍)子疋(胥)者

· 3108 ·

　　上博六·用 1 心目～言

　　上博六·用 10 而諂既～

～，戰國文字或作 、、、。或从"止"作 ，或从"辵"作 、、。《説文·又部》："及，逮也。从又，从人。![]，古文及，秦刻石及如此。![]，亦古文及。![]，亦古文及。"

　　上博一·緇 3、上博二·容 19、上博四·逸·多 1、上博四·柬 15、上博四·曹 29～，連詞。猶和。《詩·豳風·七月》："六月食鬱及薁，七月烹葵及菽。"《史記·高祖本紀》："爲泗水亭長，廷中吏無所不狎侮。好酒及色。"

　　上博二·容 13、上博三·中 12、上博五·鬼 8、上博六·用 10～，跟上；涉及；牽連。《漢書·蘇武傳》："事如此，此必及我。"《論語·顔淵》："子貢曰：'惜乎！夫子之説君子也。駟不及舌。'"

　　上博四·曹 52～，介詞。乘，趁。《孟子·公孫丑上》："國家閒暇，及是時明其政刑，雖大國必畏之矣。"（季旭昇）

　　上博七·武 5～，《廣雅·釋詁四》："及，連也。"《左傳·隱公六年》："長惡不悛，從自及也。"

　　上博二·民 12、13"它～"，讀爲"施及"，《國語·楚語下》："子之仁，不忘子孫，施及楚國，敢不從子。"

　　上博五·鮑 1、上博五·鬼 2、3、上博六·壽 5～，待，等到。《論語·季氏》："君子有三戒：少之時，血氣未定，戒之在色；及其壯也，血氣方剛，戒之在鬥；及其老也，血氣既衰，戒之在得。"

　　上博五·弟 5 臤（賢）者～安

　上博七·鄭甲2昌（以）邦之悡（悜—病）昌（以）～

　上博七·鄭乙2昌（以）邦之悡（悜—病）昌（以）～

《説文·心部》："急，褊也。从心，及聲。"
　上博～，讀爲"及"，訓爲至。（凡國棟）

伋

　上博五·競9～（隰）傰（朋）

《説文·人部》："伋，人名。从人，及聲。"
　簡文"～傰"，讀爲"隰朋"。春秋時齊人，助管仲相桓公成霸業，嘗平戎于晉。《管子·戒》："管仲對曰：'隰朋可。朋之爲人，好上識而下問。臣聞之，以德予人者，謂之仁；以財予人者，謂之良；以善勝人者，未有能服人者也；以善養人者，未有不服人者也。於國有所不知政，於家有所不知事，必則朋乎。且朋之爲人也，居其家不忘公門，居公門不忘其家，事君不二其心，亦不忘其身。舉齊國之幣，握路家五十室，其人不知也。大仁也哉，其朋乎。'"《史記·齊太公世家》："桓公既得管仲，與鮑叔、隰朋、高傒修齊國政，連五家之兵，設輕重魚鹽之利，以贍貧窮，禄賢能，齊人皆説。"

汲

　上博六·競2二子～

～，从"水"，"伋"聲，"汲"字異體。
　簡文～，疑讀爲"急"，心急；著急。《吕氏春秋·首時》："聖人之於事，似緩而急。"

級

上博五·競 1 ～(隰)俚(佣)與鞄(鮑)弔(叔)舀(牙)從

上博五·鮑 9 鞄(鮑)弔(叔)舀(牙)與～(隰)俚(朋)之諫

上博八·子 1 豪(家)眚(姓)甚～(急)

～，與🌀(郭店·語叢四 5)、🌀(郭店·語叢四 5)、🌀(保利藏金 273 頁二年邦司寇肖□鈹)同。《說文·糸部》："級，絲次弟也。从糸，及聲。"

上博五·競 1、鮑 9"～俚"，讀爲"隰朋"，春秋時齊人。參"伋"字條。

上博八·子 1～，讀爲"急"，或當訓爲困難、窮迫，即《論語·雍也》"君子周急不繼富"、《大戴禮記·五帝德》"知民之急"、《管子·問》"舉知人急"之"急"。

汲

上博五·競 2 ～(隰)俚(佣)曰

上博五·競 5 ～(隰)俚(朋)含(答)曰

上博三·周 45 可㠯(以)～

《說文·水部》："汲，引水於井也。从水，从及，及亦聲。"

上博五·競"～俚"，讀爲"隰朋"，春秋時齊人。參"伋"字條。

上博三·周 45～，從井里取水。亦泛指打水。《易·井》："井渫不食，爲我心惻，可用汲。"

浕

 上博五·競4 青昊（煌）之㠯（以）肻（衰）～

～，从"月（肉）"，"汲"聲。

簡文～，讀爲供給的"給"。"量之以衰給"與"相地而衰征"語例相近。所"給"當屬祭品。《南齊書·武帝本紀》："量給祭秩，禮同諸侯。"（楊澤生）或讀爲"汲"、"浛"、"亡"。

疑紐眘聲

眘

 上博六·競10 聊～㠯（以）東

～，隸作"㐭"，即《說文》籀文"眘"。《說文》："眘，盛皃。从大，从日。讀若蔪蔪。一曰：若存。𥄗，籀文眘，从二子。一曰：㐭即奇字㐭。"楚文字"厬"字作⿸（新蔡乙一15）、⿸（新蔡乙三24）、⿸（包山207）、⿸、⿸（楚帛書），从"厂"，"㐭"聲，"㐭"即見于《說文》的"眘"字異體。

簡文"～（眘）"，讀爲"攝"。"攝"字上古音爲泥紐葉部字，"眘"的羊入切讀，上古音爲余母緝部，緝、葉二部字音關係密切，泥、余均爲舌音，所以，簡文"㐭"（眘）可讀爲"攝"，古地名，在今平縣西。春秋齊地，本邢地聶北，邢亡後入齊，改稱攝，爲齊之西界。《左傳·昭公二十年》："聊、攝以東。"杜預注："聊、攝，齊西界也。平原聊城縣東北有攝城。"

疑紐㲹聲歸元部孨聲

定紐眔聲

涊

　上博八·有 4 女=(如女)子将(將)～(泣)今可(兮)

～，从"水"，从"眔"。"眔"是"泣"的初文，上从"目"，下从"水"，即泪水，"水"形豎畫或加一小短橫飾筆，遂訛爲"米"。疑"涊"即"泣"字異體。郭店·五行 17"泣涕女(如)雨"之"泣"作，與上博八形近。（陳斯鵬）

簡文～，讀爲"泣"，無聲流淚或低聲而哭。《易·中孚》："得敵，或鼓或罷，或泣或歌。"

定紐十聲

十

　上博一·孔 8～月

　上博二·從甲 5 敘(除)～悁(怨)

　上博二·從乙 1～曰口惠而不繇(由)

　上博二·容 39 祇三～仁而能之

　上博五·君 11 夫子絠(治)～室之邑亦樂

上博二·容 5 坓(匡)天下之正(政)～又(有)九年而王天下

上博二·容 14 堯於是虎(乎)爲車～又(有)五輅(乘)

上博二·容 35 [啟]王天下～又(有)六年(世)而傑(桀)复(作)

上博三·周 24 ～年勿用

上博五·鮑 1 ～月而徒秨(梁)城(成)

上博五·三 12 ～室之佸

上博七·武 5 元(其)篁(運)～殜(世)

上博七·武 11 亦又(有)不涅(盈)於～言

上博七·武 12 齋～日

上博七·君甲 4 宮妾㠯(以)～百嫂(數)

上博七·君乙 4 宮妾㠯(以)～百嫂(數)

上博七·凡甲 9 ～回(圍)之木

　上博七·凡乙 7～回(圍)之木

　上博八·命 6～厽(三)亡䚈(僕)

　上博八·命 9 必内(入)瓜(偶)之於～友又厽(三)

　上博八·命 10 䚈(僕)曰(以)此胃(謂)貝(視)日～又厽(三)亡䚈(僕)

～，戰國文字或作 (郭店·緇衣 47)、 (郭店·性自命出 38)、 (郭店·六德 45)、 (九 A3)、 (新蔡甲三 224)、 (山東 104 司馬枺編鎛)、 (山東 76 莒公孫潮子鐘)、 (十八年冢子韓矰戈)、 (高陵君弩機)、 (關沮 369)。《説文·十部》：" 十，數之具也。一爲東西，丨爲南北，則四方中央備矣。"

上博一·孔 8、上博五·鮑 1"～月"，一年中的第十月。《詩·豳風·七月》："八月其穫，十月隕蘀。"《史記·劉敬叔孫通列傳》："漢七年，長樂宫成，誠侯群臣皆朝十月。"司馬貞索隱："案：諸書並云十月爲歲首。"

上博三·周 24～，數之終，也是足數，"十年勿用"，指終不可用。

上博五·三 12"～室"，十户。《漢書·伍被傳》："於是百姓悲痛愁思，欲爲亂者十室而六。"

上博七·武 5"～殜"，即"十世"。《荀子·禮論》："故有天下者事十世，有一國者事五世，有五乘之地者事三世，有三乘之地者事二世，持手而食者不得立宗廟，所以别積厚，積厚者流澤廣，積薄者流澤狹也。"

上博七·武 11"～言"，十次言論。表示多次言論。《史記·龜策列傳》："先得此龜者爲天子，且十言十當，十戰十勝……以言而當，以戰而勝，王能寶之，諸侯盡服。"

上博七·凡甲 9、凡乙 7"～回"，讀爲"十圍"，亦作"十韋"。形容粗大。《文選·枚乘〈上書諫吴王〉》："夫十圍之木，始生而蘖，足可搔而絶，手可擢而

拔。"張銑注："十圍,言大也。"《漢書·成帝紀》："是日大風,拔甘泉時中大木十韋以上。"顏師古注："韋與圍同。"

上博七·君甲 4、上博七·君乙 4"～百數",十百為千,即"千數"。

上博八·命"～又厽(三)",即十三。

攴

 上博四·曹 30～遊(失)車麐(柙)

～,從"攴","十"聲,與 (郭店·語叢四 15)、(楚璽,鄁鬭(閒)技(執)篇)同,疑為"執"字異體。

上博四·曹 30～,即"執",拿;持。《詩·邶風·簡兮》："左手執籥,右手秉翟。"引申有主持、掌管義。《周禮·天官·小宰》："執邦之九貢、九賦、九式之貳,以均財節邦用。"或認為【簡 30】與【簡 26】連讀,"攴五之閒"讀"什伍之閒"。(高佑仁)

定紐習聲

習

 上博一·性 1 寺(待)～而句(後)奠(奠)

 上博一·性 6～也

 上博一·性 7～也者

 上博一·性 7 又(有)㠯(以)～兀(其)眚(性)也

 上博一·性 30 蜀(獨)居則～

 上博三·瓦 10～呂(以)不可改也

～，楚文字或作 、、；或作 ，下部訛爲"自"。《説文·習部》："習，數飛也。从羽，从白。"

上博一·性 1、6、7～，學習。《吕氏春秋·聽言》："蠹門始習於甘蠅。"高誘注："習，學也。"《文選·張衡〈東京賦〉》："鄙哉，予乎！習非而遂迷也。"薛綜注："自鄙其迷惑，所學者非正也。"

上博一·性 7～丌(其)眚(性)"，修養性情。《北史·常爽傳》："由是言之，六經者先王之遺烈，聖人之盛事也，安可不遊心寓目習性文身哉？"《吕氏春秋·有始覽》："凡人亦必有所習其心，然後能聽説。不習其心，習之於學問。"

上博一·性 30～，復習；練習。《論語·學而》："學而時習之，不亦説乎？"皇侃義疏："習是修故之稱也。言人不學則已，既學必因仍而修習，日夜無替也。"獨處時没有師友可以請教或相與討論，所以只能復習或練習已經學過的東西。(裘錫圭)

上博三·瓦 10～，讀爲"襲"("襲"、"習"都是邪母緝部字)，重疊。《左傳·襄公十三年》："先王卜征五年，而歲習其祥，祥習則行。不習，則增修德而改卜。"楊伯峻注："'習'一本作'襲'。習與襲通用，重復也。祥，吉祥。歲習其祥，謂五年之中每年卜征都吉。"

飁

 上博七·凡甲 14 簹(孰)颸～而進之

 上博七·凡乙 9 簹(孰)颸～而进之

～，从"風"，"習"聲。《廣韻》："颯飁，大風。"

簡文～，《說文》未收，字見《廣韻》。後世有"颯飁"一詞，見杜甫《曾崔十三評事公輔》詩"颯飁寒山桂"，指大風貌。又，古以"習習"形容風貌。如《詩·邶風·谷風》"習習谷風"。"飁"字用法或同"習"。

定紐緝聲

衺（襲）

 上博三·瓦 3 ～生衺

 上博三·瓦 3 衺生～

～，从"衣"在"衣"中，像重衣之形，"褺"或"襲"字異體。《說文·衣部》："襲，左衽袍。从衣，龖省聲。"籀文襲不省。《說文·衣部》："褺，重衣也。从衣，執聲。巴郡有褺江縣。"

簡文～，因襲。《禮記·內則》"寒不敢襲"，鄭玄注："襲謂重衣。"引申爲"重、層"，《管子·輕重丁》："使其牆三重而門九襲。"尹知章注："襲，亦重也。"

泥紐緝聲

執

 上博一·緇 10 ～我敊（仇）敊（仇）

 上博一·性 28 君子～志必又（有）夫柱柱之心

 上博二·容 2 於是虍（乎）唫（喑）聾～燭

· 3118 ·

 上博二·容 24 壆（禹）親～紛（畚）朼（耜）

 上博二·容 37 乃～兵欽（禁）暴

 上博三·周 8 利～言

 上博三·周 26～丌（其）隆（陸）

 上博三·彭 1 句是～心不忘

 上博四·柬 15 母（毋）敢～篡簌

 上博五·季 3～民之中

 上博六·競 10 一丈夫～尋之幣、三布之玉

 上博六·慎 5 □筱～櫨

 上博七·鄭甲 5 奠（鄭）人命㠯（以）子良爲～命

 上博七·鄭乙 5 奠（鄭）人命㠯（以）子良爲～命

～，與 (郭店·老子甲 10)、 (郭店·緇衣 18)、 (郭店·性自命出

65)、同,右下之"女"形實爲"止"形之訛。《説文·幸部》:"執,捕罪人也。从丮,从幸,幸亦聲。"

上博一·緇 10"～我敊(仇)敊(仇)",《詩·小雅·正月》:"執我仇仇,亦不我力。"鄭玄箋:"王既得我,執留我,其禮待我警警然,亦不問我在位之功力。言其有貪賢之名,無用賢之實。"

上博一·性 28"～志",堅持素志,不改變其操守。《後漢書·高鳳傳》:"鳳年老,執志不倦,名聲著聞。"

上博二·容 2"～燭",《儀禮·大射儀》:"宵,則庶子執燭於阼階上,司宮執燭於西階上,甸人執大燭於庭,閽人爲燭於門外。"

上博二·容 37"～兵欽(禁)暴",《墨子·非攻中》:"古者吳闔閭教七年,奉甲執兵,奔三百里而舍焉。"或讀爲"戢兵",藏兵。《左傳·宣公十二年》:"夫武,禁暴、戢兵、保大、定功、安民、和眾、豐財者也,故使子孫無忘其章。"(孫飛燕)

上博三·周 8"～言",拿出主張;建白。《易·師》:"田有禽,利執言,無咎。"王弼注:"物先犯己,故可以執言而無咎也。"孔穎達疏:"故可以執此言往問之。"

上博三·彭 1"～心"猶言"秉心"、"操心",執、秉、操三字同義。"執心不忘"即秉心謹慎,不敢荒寧。《逸周書·謚法解》:"執心決斷曰肅。"(孟蓬生)或訓"執心"爲心志恆一。《後漢書·岑彭列傳》:"彭,郡之大吏,執心堅守,是其節也。"《三國志·魏書·高堂隆傳》:"執心堅白,蹇蹇匪躬。"(湯志彪)

上博二·容 24、上博四·柬 15、上博六·慎 5、上博六·競 10～,拿;持。《詩·邶風·簡兮》:"左手執籥,右手秉翟。"

上博五·季 3～,讀爲"執",實行,執行。《莊子·德充符》:"始也吾以南面而君天下,執民之紀而憂其死,吾自以爲至通矣。"

上博七·鄭甲 5、鄭乙 5"～命",掌政。《論語·季氏》:"陪臣執國命,三世希不失矣。"

墊

 上博四·曹 63 弗～征(危)墜(地)

~,從"玉","夆"聲。

簡文~,讀爲"蹟"或"夆"。夆、夆、蹟古音相同。《説文·夆部》:"夆,讀若爾。"《集韻》:"爾,《説文》:箝也。……亦作钁、钀、鈺。"《説文·止部》:"夆,機下足所履者。从止,从又,入聲。"又《足部》:"蹟,蹈也。从足,聶聲。"《廣雅·釋詁一》:"蹟,履也。""弗瑝危地"即"不蹈危地"或"不履危地"之義。(孟蓬生)或讀爲"陷"、"狎"、"據"、"涉"。

蓺

 上博二·容14 堯(舜)於是唬(乎)訋(始)孚(挽)~开(楎)椑(耒)

 上博二·容15 乃卉服箬箬冒芙~□疋

~,从"艸","執"聲。

上博二·容14~,疑與"蓺"形近混用,音近假爲"刈"("刈"、"蓺"都是疑母月部字)。《國語·齊語》:"時雨既至,挾其槍、刈、耨、鎛,以旦暮從事於田野。"韋昭注:"刈,鎌也。"即鎌類的農具。(李零)或讀爲"笠",斗笠。(陳劍)

上博二·容15"芙~",讀爲"蒲笠"。《國語·齊語》:"令夫農……時雨既至,挾其槍、刈、耨、鎛,以旦暮從事於田野。脱衣就功,首戴茅蒲,身衣襏襫,霑體塗足,暴其髮膚,盡其四支之敏,以從事於田野。"韋昭注:"茅蒲,簦笠也。襏襫,蓑薜衣也。茅,或作'萌'。萌,竹萌之皮,所以爲笠也。"

䈞

 上博四·柬15 毋敢執䈞~

~,从"竹","執"聲。《集韻》:"䈞,竹名。"

簡文"藻~",讀爲"藻翣",蓋"翣"以五采羽爲"藻"(此藻字特指旗旒或冕旒上成束的五采絲線,亦可泛指旒飾),故稱"藻翣"。翣,字或做"篓、翣、篓",从竹,其骨架蓋以竹製,从羽,以五采羽爲藻(斿飾)也。《説文·竹部》:"篓,扇也。从竹,疌聲。篓,篓或从妾。"《小爾雅·廣服》:"大扇謂之翣。"《周禮·春官·巾車》:"連車,組輓,有翣,羽蓋。"鄭玄注:"有翣,所以禦風塵。以羽作

小蓋，爲翳日也。"《淮南子·精神》："知冬日之箑、夏日之裘無用於己，則萬物之變爲塵埃矣。"高誘注："楚人謂扇爲箑。"（孟蓬生、周鳳五）

輵

 上博四·柬 18 邦豪（家）㠯（以）軒～

～，从"車"，"執"聲。《玉篇》卷十八車部"輕"同"輒"。

簡文"軒～"，讀爲"軒輊"。車前高後低叫軒，前低後高叫輊。引申爲高低、輕重、優劣。《詩·小雅·六月》："戎車既安，如輊如軒。"朱熹集傳："輊，車之覆而前也；軒，車之卻而後也。凡車從後視之如輊，從前視之如軒，然後適調也。"《淮南子·人間》："道者，置之前而不輊，錯之後而不軒，內之尋常而不塞，布之天下而不窕。""軒輊"有失衡、傾覆之意，從而與上下文中的"大事"、"危"對應。（濮茅左、陳偉）或讀爲"杌陧"，危而不安也。《書·秦誓》："邦之杌陧，曰由一人。"（陳劍）

虜（柙）

 上博二·容 51 帶～（甲）萬人

 上博二·容 53 武王素～（甲）㠯（以）陳於殷郊

 上博四·曹 18 緹（纏）～（柙）利兵

 上博四·曹 31 攸遊（失）車～（柙）

 上博四·曹 39 人之～（柙）不緊（緊）

 上博四·曹39 我～(柙)必緊(緊)

 上博四·曹51 經(纏)～(柙)利兵

～,从"虍"、从"夆(幸)","夆"象刑具之形。"虡"字,見西周金文,均用爲"甲",李零認爲可能是"柙"之本字,李家浩認爲"虡"當是"虘(狎)"字異體。郭店·語叢三50作![img],郭店·窮達以時6"柙"字作![img]。

上博二·容51"帶～",讀爲"帶甲",指披帶鎧甲的戰士。《國語·越語上》:"是以帶甲萬人事君也,無乃即傷君王之所愛乎?"

上博二·容53"素～",讀爲"素甲",用絹素製的鎧甲。《韓非子·初見秦》:"武王將素甲三千,戰一日,而破紂之國,禽其身,據其地而有其民,天下莫傷。"鮑彪注:"絹素爲之,非金革也。"

上博四·曹18、51"經(纏)～",讀爲"繕甲",謂整治武器裝備。《詩·鄭風·叔于田序》:"叔處于京,繕甲治兵,以出於田。"鄭玄箋:"繕之言善也;甲,鎧也。"《史記·張儀列傳》:"敝邑恐懼懾伏,繕甲厲兵,飾車騎,習馳射,力田積粟,守四封之内。"

上博四·曹31"車～",讀爲"車甲",兵車和鎧甲。《禮記·王制》:"有發則命大司徒教士以車甲。"鄭玄注:"乘兵車衣甲之儀。"《周禮·夏官·司馬》:"若有兵甲之事,則授之車甲,合其卒伍,置其有司,以軍法治之。"

上博四·曹39～,讀爲"甲",《廣雅·釋器》:"甲,鎧也。"王念孫疏證:"《周官·司甲》注:'甲,今時鎧也。'疏云:'今古用物不同,其名亦異,古用皮謂之甲,今用金謂之鎧。'"《書·說命中》:"惟甲胄起戎。"孔安國傳:"甲,鎧。"

來紐立聲

立

 上博一·孔24 甚貴丌(其)人必敬丌(其)～(位)

 上博一·孔 27 子～

 上博一·緇 2 静（靖）龏（恭）尔～（位）

上博一·緇 7 噩（禹）～厽（三）年

上博一·緇 13 龓（恭）旨（以）～（涖）之

 上博二·從甲 13 肰（然）句（後）能～道

 上博二·容 7 奉而～之

 上博二·容 7 於是於（乎）𨑓（持）板正～

 上博二·容 9 而～爲天子

 上博二·容 13 而卒～之

 上博二·容 23 乃～噩（禹）旨（以）爲司工

 上博二·容 28 乃～句（后）禝（稷）旨（以）爲經

 上博二·容 29 乃～咎（皋）䩱（陶）旨（以）爲李

 上博二·容 30 乃～敵(質)㠯(以)爲樂正

 上博二·容 37 乃～泗(伊)尹㠯(以)爲差(佐)

 上博二·容 38 ～爲玉閏(門)

 上博二·容 40 ～於中□

 上博二·容 49 武王即～(位)

 上博三·中 23 所㠯(以)～生也

 上博三·中 24 一曰㠯(以)善～

 上博三·中 24 一曰㠯(以)不善～

 上博四·柬 1 王向日而～

 上博四·内 1 君子之～孝

 上博四·内 8 不崒～

 上博四·曹 24 凡貴人由(凶)尻(處)前～(位)一行

 上博四·曹30□～（位）至（重）食

 上博五·季8不強則不～

 上博五·姑6參（三）埜（邵）中～

 上博五·姑7虗（吾）櫃（直）～經（徑）行

 上博五·姑4虗（吾）弜（強）～絧（治）衆

 上博五·姑7～死何戕（傷）才（哉）

 上博五·姑9不思（使）從己～（蒞）於廷

 上博五·姑10埜（邵）奇埜（邵）至姑（苦）城（成）豪（家）父～死

 上博五·三10皇句（后）曰～

 上博六·孔15句拜四方之～㠯（以）童

 上博六·孔21君子德已而～帀（師）保

 上博六·莊5王子回～爲王

上博六・慎1共僉吕(以)～身

上博六・慎1堅強吕(以)～志

上博六・用18埶～市長

上博六・用19進退敚～

上博六・天甲2士象夫=(大夫)之～

上博六・天甲2夫=(大夫)象邦君之～

上博六・天甲6～吕(以)縣

上博六・天乙2士象夫=(大夫)之～

上博六・天乙2夫=(大夫)象邦君之～

上博六・天乙2邦君象天子之～

上博六・天乙6～吕(以)縣

上博七・武2南面而～

 上博七·武 3 東面而～

 上博七·武 10～難旻（得）而惕（易）迭（失）

 上博七·鄭甲 4 毋㠯（以）城（成）名～於上

 上博七·凡甲 3 天坒（地）～終立慁（始）

 上博七·凡甲 3 天坒（地）立終～慁（始）

 上博七·凡乙 3 天坒（地）～終立慁（始）

 上博七·凡乙 3 天坒（地）立終～慁（始）

 上博八·命 8～友七人

 上博八·命 10～友亡一人

 上博八·命 11～友三人

 上博八·蘭 5 宅～（位）窊下而比叄（擬）高矣

～，戰國文字或作 （郭店·老子甲 21）、（郭店·緇衣 12）、（郭

店·窮達以時 3)、▲(郭店·成之聞之 3)、▲(郭店·緇衣 3)、▲(郭店·語叢二 35)、▲(施 67)、▲(新泰陶文)、▲(新泰陶文)、▲(齊幣 160)、▲(北郊秦陶)。"立"字像正面站立於地之人形。《説文·立部》:"立,住也。从大立一之上。"

上博一·孔 24"甚貴亓(其)人必敬亓(其)～(位)",《説苑·貴德》:"甚尊其人,必敬其位。"《孔子家語·好生》:"尊其人,必敬其位。"

上博一·孔 27"子～",讀爲"子衿",《詩經》篇名。即《詩·鄭風·子衿》:"青青子衿,悠悠我心。縱我不往,子寧不嗣音?"(馮勝君)

上博一·緇 2"静(靖)龏(恭)尔～(位)",恭謹地奉守你的職位、地位。《詩·小雅·小明》:"靖共爾位,正直是與。"

上博一·緇 13"龏(恭)以～(涖)之",《禮記·緇衣》:"恭以涖之,則民有孫心。"鄭玄注:"涖,臨也。孫,順也。"

上博二·從甲 13"能～道",《韓非子·安危》:"堯無膠漆之約於當世而道行,舜無置錐之地於後世而德結。能立道于往古,而重德于萬世者之謂明主。"

上博二·容 7"奉而～之",《左傳·襄公七年》:"簡公生五年,奉而立之。"

上博二·容 7～,讀爲"位"。

上博二·容 9"～爲天子",《墨子·所染》:"舜染於許由、伯陽,禹染於皋陶、伯益,湯染於伊尹、仲虺,武王染於太公、周公。此四王者所染當,故王天下,立爲天子,功名蔽天地。"

上博二·容 13、23、28、29、30、37、上博五·三 10、上博六·莊 5～,扶立;確定某種地位。《左傳·隱公三年》:"先君舍與夷而立寡人。"《晏子春秋·諫上十一》:"廢長立少,不可以教下。"

上博二·容 38"～爲玉閈(門)",參《太平御覽》卷八二皇王部引《紀年》作:"桀傾宫,飾瑶台,作瓊室,立玉門。"《路史·發揮》卷六引《汲塚古文册書》作:"桀飾傾宫,起瑶台,作瓊室,立玉門。"《晏子春秋·内篇諫下》:"及夏之衰也,其王桀背棄德行,爲璿室、玉門。"

上博二·容 49"即～",讀爲"即位",指開始成爲帝王。《左傳·桓公元年》:"春王正月,公即位。"《周禮·春官·小宗伯》:"小宗伯之職,掌建國之神位。"鄭玄注:"鄭司農云,'立'讀爲'位'。古者立、位同字。古文《春秋經》'公即位'爲'公即立'。"《後漢書·皇后紀上·和熹鄧皇后》:"至冬立爲皇后,辭讓者三，然後即位。"

上博三·中23～，確定，建立。"生"，《廣韻·庚韻》："生，生長也。"《荀子·禮論》："天地者，生之本也。""立生"，安生立命。

上博三·中24～，行，見《呂氏春秋·貴因》高誘注；亦可讀爲"涖"，臨也。（季旭昇）

上博二·容40、上博四·柬1～，站立。《書·顧命》："一人冕，執劉，立於東堂。"《史記·項羽本紀》："噲遂入，披帷西嚮立。"

上博四·内1"～孝"，《淮南子·說山》："曾子立孝，不過勝母之閭；墨子非樂，不入朝歌之邑；曾子立廉，不飲盜泉；所謂養志者也。"

上博四·曹24～，讀爲"位"，位置；方位。《書·召誥》："越三日庚戌，太保乃以庶殷攻位於洛汭。越五日甲寅，位成。"孔安國傳："以衆殷之民治都邑之位於洛水北。"《周禮·天官·冢宰》："惟王建國，辨方正位。"

上博四·曹30～，讀爲"位"，職位；地位。《詩·小雅·小明》："靖共爾位，正直是與。"《呂氏春秋·勸學》："故爲師之務，在於勝理，在於行義，理勝義立，則位尊矣。"

上博五·季8"不～"，《荀子·王霸》："故國者，重任也，不以積持之則不立。"

上博五·姑7"檍（直）～"，立身正直。《荀子·榮辱》："辯而不說者，爭也；直立而不見知者，勝也。"楊倞注："直立，謂己直人曲。"

上博五·姑4"弜（強）～"，遇事能明辨不疑。《禮記·學記》："九年知類通達，強立而不反，謂之大成。"鄭玄注："強立，臨事不惑也。"孔穎達疏："強立謂專強獨立，不有疑滯。"或謂剛直；剛正。《逸周書·官人》："直方而不毁，廉潔而不戾，彊立而無私，曰有經者也。"

上博五·姑7、10"～死"，《戰國策·燕三》："於是，太子預求天下之利匕首，得趙人徐夫人之匕首，取之百金，使工以藥焠之，以試人，血濡縷，人無不立死者。"

上博五·姑9～，讀爲"涖"、"莅"，到；臨。《周禮·地官·鄉師》："以涖匠師。"鄭玄注："故書涖作立，鄭司農云：'立讀爲涖。'"

上博六·孔15"四方之～"，讀爲"四方之位"。

上博六·慎1"～身"，處世、爲人。《孝經·開宗明義》："立身行道，揚名於後世，以顯父母，孝之終也。"《史記·太史公自序》："且夫孝始於事親，中於事君，終於立身。"

上博六·慎1"～志",樹立獨立的意志。《左傳·襄公二十七年》:"志以發言,言以出信,信以立志,參以定之。"《孟子·萬章下》:"故聞伯夷之風者,頑夫廉,懦夫有立志。"

上博六·用18"埶～",讀爲"設立",設置;建置。

上博六·用19"敇～",讀爲"跪立",跪坐和站立。

上博六·天甲2、天乙2"邦君象天子之～、夫=象邦君之～、士象夫=之～",讀爲"位",應指宗廟的昭穆之位。按照禮制,"天子七世",就有七代先祖的牌位;"邦君五世",就有五代先祖的牌位;"大夫三世",就有三代先祖的牌位;"士二世",就有兩代先祖牌的位;不得逾越。"士爲大夫之位"者,就是士不按禮制規定爲兩代先祖的牌位,而爲大夫級別的三代先祖的牌位(包括更高的)。《逸周書·明堂解》:"周公攝政,君天下弭亂,六年而天下大治,乃會方國諸侯於宗周,大朝諸侯明堂之位,天子之位,負斧扆南面立。率公卿士,侍於左右。三公之位,中階之前,北面東上。諸侯之位,阼階之東,西面北上。"(劉洪濤)

上博六·天甲6、天乙6"～以縣",指天子的站立姿勢,如同懸線一般垂直。《墨子·法儀》:"直以繩,正以縣。"

上博七·武2"南面而～",《禮記·禮器》:"饗帝於郊,而風雨節,寒暑時,是故聖人南面而立,而天下大治。"

上博七·武3"東面而～",《説苑·君道》:"昔齊桓公得管仲、隰朋,辯其言,説其義,正月之朝,令具太牢進之先祖,桓公西面而立,管仲隰朋東面而立。"

上博七·武10～,讀爲"位",名位。

上博七·凡甲3、凡乙3"天陞(地)～終立諐(始)","立",設置;建立。《書·周官》:"立太師、太傅、太保。"《説苑·建本》:"是故君子貴建本而重立始。"

上博八·命"～友",站著的朋友。

上博八·蘭5～,讀爲"位",位置;方位。《周禮·天官·冢宰》:"惟王建國,辨方正位。"

泣

 上博四·柬14 王卬(仰)天吟而～

《說文·水部》:"泣,無聲出涕曰泣。从水,立聲。"

簡文～,無聲流淚或低聲而哭。《易·中孚》:"得敵,或鼓或罷,或泣或歌。"

清紐咠聲

咠

 上博四·曹 16 上下和叔(且)～(輯)

 上博四·曹 33 不和則不～(輯)

～,楚文字或作 (郭店·魯穆公問子思 2)、 (新蔡乙四 128)、 (新蔡乙四 139)、 (新蔡乙四 145)。"計"字作 (郭店·緇衣 34)。《説文·口部》:"咠,聶語也。从口,从耳。《詩》曰:'咠咠幡幡。'"

簡文～,讀爲"輯",和悅;和睦。《爾雅·釋詁上》:"輯,和也。"《管子·形勢解》:"君臣親,上下和,萬民輯,故主有令則民行之,上有禁則民不犯。君臣不親,上下不和,萬民不輯,故令則不行,禁則不止。"《後漢書·劉焉傳》:"韙因人情不輯,乃陰結州中大姓。"李賢注:"輯,和也。"(李零)或讀爲"篤"。(沈培)

葺

 上博四·曹 48 不味(和)則不～

《説文·艸部》:"葺,茨也。从艸,咠聲。"
簡文～,讀爲"輯",和悅;和睦。參上。

從紐入聲

· 3132 ·

含

 上博二・魯 1 孔子～(答)曰

 上博二・魯 3 毋(無)乃胃(謂)丘之～(答)非與

 上博四・曹 7 臣是古不敢㠯(以)古～(答)

 上博四・曹 13 敓蔑(蔑)～(答)曰

 上博四・曹 20 敓敚(蔑)～(答)曰

 上博四・曹 24～(答)曰

 上博四・曹 34～(答)曰

 上博四・曹 35～(答)曰

 上博四・曹 36～(答)曰

 上博四・曹 38～(答)曰

 上博四・曹 40～(答)曰

 上博四·曹 42～(答)曰

 上博四·曹 43～(答)曰

 上博四·曹 45～(答)曰

 上博四·曹 46～(答)曰

 上博四·曹 49～(答)曰

 上博四·曹 50～(答)曰

 上博四·曹 53～(答)曰

 上博四·曹 54～(答)曰

 上博四·曹 56～(答)曰

 上博四·曹 57～(答)曰

 上博四·曹 60～(答)曰

 上博四·曹 64 瞽蒙(穢)～(答)曰

 上博五·季 19 訢(慎)少(小)弖(以)～(合)大

 上博五·君 1 詹(顏)囦(淵)佳(作)而～(答)曰

 上博二·民 1 孔子～(答)曰

 上博四·柬 5 贅尹～(答)曰

 上博四·柬 10 楒(相)㞐中余～(答)

 上博四·柬 11 大剚(宰)進～(答)

 上博四·柬 13 大剚(宰)～(答)

 上博四·柬 23 大剚～(答)曰

 上博四·相 4 虐(吾)子之～(答)也可(何)女(如)

 上博五·鮑 7 鞄(鮑)叴(叔)䎵(牙)～(答)曰

 上博三·中 6 中弓～(答)曰

 上博六·競 2 公舉首～之

 上博六·競3高子、國子～曰

 上博六·競4文子～曰

 上博六·莊2酖(沈)尹子桱～

 上博六·莊8起～

 上博六·壽2不敢～

 上博六·壽2～：女毀新都戚陵

 上博六·壽5～曰

 上博六·壽6～曰

 上博六·木2～曰

 上博六·木5城公～曰

 上博七·武11～曰

 上博七·武12～曰

 上博七·武 13 大(太)公～曰

 上博七·鄭甲 3 虗(吾)牂(將)可(何)㠯(以)～

 上博七·鄭甲 3 王命～之曰

 上博七·鄭乙 3 虗(吾)牂(將)可(何)㠯(以)～

 上博七·鄭乙 3 王命～之

 上博七·吳 7～曰

 上博八·命 2～(答)曰

 上博八·命 3 命求言㠯(以)～(答)

 上博八·命 7～(答)曰

 上博八·王 1 王未～(答)之

 上博八·王 6 命(令)尹～(答)

～，楚文字或作 (郭店·老子甲 19)、 (郭店·老子甲 34)，从"曰""合"聲，"答"字異體。"答"之古文作"畣"，應即由"㪉"訛變。

上博"～曰",讀爲"答曰",回答説。《書·顧命》:"王再拜,興,答曰:'眇眇予末小子,其能而亂四方以敬忌天威。'"或讀爲"對曰"。

上博"～",讀爲"答",回答。《論語·憲問》:"南宮适問於孔子曰:……夫子不答。"《孟子·盡心上》:"有答問者,有私淑艾者。"《左傳·宣公二年》:"既合而來奔。"杜預注:"合猶答也。"

上博五·季19～,讀爲"答",應對義。《漢書·郊祀志下》:"不答不饗,何以甚此!"顏師古注:"不答,不當天意。"讀爲"對",亦可。(陳偉)

閤

 上博二·昔 2 至命於～

《説文·門部》:"閤,門旁户也。从門,合聲。"

簡文～,讀爲"閽",《説文》:"閽,豎也。宮中奄閽閉門者。"段注本改作:"門豎也。宮中奄昏閉門者。"是"閽"可爲宮中守門人之稱。(張富海)

僉

 上博五·競 1 鞄(鮑)曻(叔)舀(牙)～(答)曰

 上博五·競 2 祖已～(答)曰

 上博五·競 5 鞄(鮑)曻(叔)舀(牙)～(答)曰

 上博五·競 5 汲(隰)俚(倗)～(答)曰

～,從"言","合"聲,"答"字異體。

簡文"～曰",即"答曰"。參"盒"字條。

今

 上博四·曹 2～邦㦷（彌）小而鐘愈大

 上博四·曹 4～天下之君子既可智（知）已

 上博四·曹 7～異於而（尔）言

 上博五·鬼 1～夫㝅（鬼）神又（有）所明

 上博三·周 35 非～之古（故）

 上博四·昭 8～君王或命脾毋見

 上博四·曹 65～與古亦肰（然）

 上博五·姑 3～虐（吾）亡（無）能絧（治）也

 上博六·競 6～君之貪昏（惛）蠱（苟）匿（慝）

 上博六·競 8～新（薪）登（蒸）思（使）吳（虞）守之

 上博六·競 9～内寵又割（會）疾（譖）

 上博七·吳 9～日

～,或作 、。《說文·人部》:"今,是時也。从亼,从㇇。㇇,古文及。"

上博三·周 35～,《周易》今本作"躬",馬王堆帛書《二㕣子》引作"今"。簡文"今",讀爲"躬"。上古音今,見母侵部字;躬,見母冬部字。侵、冬旁轉,故二字可通假。

上博五·鬼 1"～夫",句首語氣助詞,舊稱"發語詞"。吳昌瑩《經詞衍釋》謂:"今夫,亦發語詞也。其承上文而以今夫發語者,則猶言若彼也。《論》、《孟》'今夫顓臾'、'今夫蹶者趨者'之類,是也。"《禮記·中庸》"今夫天"、"今夫地"、"今夫山"句例,用法相同。

上博七·吳 9"～日",今天。《孟子·公孫丑上》:"今日病矣,予助苗長矣。"

上博四·曹 65～,現代;當代。與"古"相對。《孟子·梁惠王下》:"今之樂,由古之樂也。"

其餘上博～,現在。《詩·魯頌·有駜》:"自今以始,歲其有。"《孟子·離婁上》:"今天下溺矣,夫子之不援,何也?"

含

上博四·昭 2 酒(將)刿(斷)於～(今)日

上博五·季 8 萦(葛)戱～語肥也

上博五·季 14 虞(叙)夫戱～之先菀(世)

上博七·鄭甲 2 於～而遂(後)

上博七·鄭甲 2～奠(鄭)子豪(家)殺丌(其)君

上博七·鄭甲6~晉人牂(將)救子豪(家)

上博七·君甲6~君王聿(盡)去耳目之欲

上博七·君乙6~君王聿(盡)去耳目之欲

上博七·凡甲13~獸旻(得)之㠯(以)鳴

上博七·凡甲13~獸奚旻(得)而鳴

上博七·凡乙9~獸奚旻(得)而鳴

上博七·鄭乙2於~而逡(後)

上博七·鄭乙6~晉[人][牂(將救)]子豪(家)

上博六·莊7~日

上博六·壽5我及~

上博二·子8女(如)舜才(在)~(今)之殜(世)則可(何)若

上博二·容50~(今)受(紂)爲無道

上博三·中16～(今)女(汝)相夫

上博三·中20～(今)之君子

上博三·中20～(今)之君子

上博三·中25～(今)之君子史(使)人

上博四·柬9～(今)夕不穀

上博四·柬20 君王之瘇從～(今)日昌(以)瘇(瘥)

上博四·柬22 君王之疠(病)酒(將)從～(今)日昌(以)已

上博五·競4～(今)此祭之旻(得)福者也

上博五·競8～(今)内之不旻(得)百生(姓)

上博五·鮑5～(今)昱(豎)迅(刁)伈(匹)夫而欲智(知)蓳(萬)輮(乘)之邦

上博五·姑5～(今)宔(主)君不遣於虐(吾)

上博五·姑6 褽(顧)衮(頷)昌(以)至於～(今)才(哉)

上博五·弟21~(今)之殜(世)□

上博八·有1又(有)皇(凰)酒(將)𢀡(起)~可(兮)

上博八·有1蕫(助)余孚(教)保子~可(兮)

上博八·有1囟(思)遊於忎(仁)~可(兮)

上博八·有1能與余相蕫(助)~可(兮)

上博八·有1可𠮷(幾)成夫~可(兮)

上博八·有1能爲余拜楮枛~可(兮)

上博八·有2……自誨(誨)~可(兮)

上博八·有2又(有)悠(過)而能改~可(兮)

上博八·有2亡(無)䢄又(有)風(諷)~可(兮)

上博八·有2同䢄異心~可(兮)

上博八·有3大洛(路)~可(兮)

 上博八·有3 敦葳與楮～可(兮)

 上博八·有3 慮(慮)余子丌(其)速倀(長)～

 上博八·有4 ～可(兮)

 上博八·有4 鹿(麗—離)尻(居)而同欲～可(兮)

 上博八·有4 迿(周)流天下～可(兮)

 上博八·有4 㫳(將)莫皇～可(兮)

 上博八·有4 又(有)不善心耳～可(兮)

 上博八·有4 莫不弁(變)改～可(兮)

 上博八·有4 女=(如女)子㫳(將)潄(泣)～可(兮)

 上博八·有5 若余子力～可(兮)

 上博八·有5 族瑗=(瑗瑗)必顰(慎)毋瑩～可(兮)

 上博八·有5 日月邵(昭)明～可(兮)

· 3144 ·

 上博八・有6也～可（兮）

 上博八・有6論三夫之旁也～可（兮）

 上博八・有6膠艚秀（誘）余～可（兮）

 上博八・有6蜀（獨）論三夫～可（兮）

 上博八・有6膠艚之腈也～可（兮）

 上博八・有6論夫三夫之䄠也～可（兮）

 上博八・鶹1子遺余婁（鶹）栗（鶪）～可（兮）

 上博八・鶹1婁（鶹）栗（鶪）之止～可（兮）

 上博八・鶹1欲衣而亞（惡）綠（枲）～可（兮）

 上博八・鶹1婁（鶹）栗（鶪）之羽～可（兮）

 上博八・鶹1子可（何）舍＝（舍余）～可（兮）

 上博八・鶹1婁（鶹）栗（鶪）䎝（翩）飛～

上博八・鶹2不戠(織)而欲衣～可(兮)

上博八・命9～(今)貝(視)日爲楚命(令)尹

～,楚文字或作 、、、,隸作"含","今"字繁構。戰國文字中有些字常常贅加"口"旁,如"士"作"吉","壴"作"喜","辰"作"唇",均其例。《説文・亼部》:"今,是時也。从亼,从乁。乁,古文及。"

上博四・昭2、上博四・柬20、22、上博六・莊7"～日",即"今日",今天。

上博五・季8、14"縈(葛)既～",人名。

上博七・鄭甲2、鄭乙2"於～而後",《左傳・襄公七年》:"吾乃今而後知有卜筮。"

上博二・子8"女(如)舜才(在)～(今)之殜(世)則可(何)若",《韓非子・五蠹》:"然則今有美堯、舜、湯、武、禹之道於當今之世者,必爲新聖笑矣。"

上博三・中20"～(今)之君子",《禮記・檀弓下》:"古之君子,進人以禮,退人以禮,故有舊君反服之禮也。今之君子,進人若將加諸膝,退人若將隊諸淵,毋爲戎首,不亦善乎!"

上博四・柬9"～(今)夕",今晚;當晚。左思《蜀都賦》:"樂飲今夕,一醉累月。"

上博五・姑6"以至於～(今)",《莊子・漁父》:"丘少而脩學,以至於今,六十九歲矣,無所得聞至教,敢不虛心!"

上博五・弟21"～(今)之殜(世)",《荀子・非相》:"古者有姑布子卿,今之世,梁有唐舉,相人之形狀顔色而知其吉凶妖祥,世俗稱之。"

上博七・凡甲13、凡乙9"～獸",讀爲"禽獸",鳥和獸的統稱。《孟子・滕文公上》:"五穀不登,禽獸偪人。"《禮記・曲禮上》:"鸚鵡能言,不離飛鳥;猩猩能言,不離禽獸。"

上博八・有、鶹"～可(兮)",語氣詞,相當於現代詩歌中的"哎啊"。本篇使用雙音節語氣詞"含兮",在楚辭中屬首見。或說"今"字的用法,懷疑類似今天的"嗯(hm)"或者"哼hng",象聲詞,描摹哼唱時發出的聲音,取其抒情助

氣而已。（孟蓬生）

上博～，即"今"，現在。《詩·魯頌·有駜》："自今以始，歲其有。"《孟子·離婁上》："今天下溺矣，夫子之不援，何也？"

念

 上博五·鬼 7 浩（沈）呈～惟

 上博二·從甲 15 毋暴、毋裚（虐）、毋惻、毋～（貪）

～，左塚漆桐作 ，與上博五·鬼 7 形同。或加一小撇，作 （左塚漆桐）；或加二小撇，作 （郭店·語叢二 13）；或加"口"作 （郭店·語叢二 13 二）、 （郭店·成之聞之 2）。《說文·心部》："念，常思也。从心，今聲。"

上博五·鬼 7"～惟"，猶言"思念"，同意疊用。"念"，思念、懷念。《詩·秦風·小戎》："言念君子，溫其在邑。"王褒《九懷·匡機》："撫檻兮遠望，念君兮不忘。""惟"，思考；思念。《詩·大雅·生民》："載謀載惟，取蕭祭脂。"鄭玄箋："惟，思也。"

上博二·從甲 15"毋暴、毋裚、毋惻、毋～"，讀爲"毋暴、毋虐、毋賊、毋貪"。《論語·堯曰》："子張曰：'何謂四惡？'子曰：'不教而殺謂之虐；不戒視成謂之暴；慢令致期謂之賊；猶之與人也，出納之吝謂之有司。'"《論語·堯曰》的"出納之吝謂之有司"，應爲"出納之吝謂之貪"，"吝"可訓貪。《後漢書·黃憲傳》："時月之間，不見黃生，則鄙吝之萌復存乎心。"李賢注："吝，貪也。"（周鳳五）

肣

 上博二·容 5～獸（獸）朝

上博二·容 16～（禽）獸（兽）肥大

～，從"肉"，"今"聲，"禽"字異體。《說文·内部》："禽，走獸總名。從厹，象形，今聲。禽、离、兕頭相似。"

簡文"～獸"，讀爲"禽獸"，鳥類和獸類的統稱。《孟子·滕文公上》："草木暢茂，禽獸繁殖，五穀不登，禽獸偪人。"

迼

 上博六·慎6遂～爲民之古

～，從"辵"，"今"聲。

簡文"遂～"，疑讀爲"顑頷"，因饑餓而面黄肌瘦的樣子。《楚辭·離騷》："苟余情其信姱以練要兮，長顑頷亦何傷。"王逸注："不飽貌。"洪興祖補注："顑頷，食不飽，面黄貌。"

貪

 上博二·從甲5則～

 上博六·競6今君之～昏（惛）蟲（苛）匿（慝）

～，從"貝"，"含"聲，"貪"字異體。楚簡或從"今"聲作（郭店·語叢三19）。《說文·貝部》："貪，欲物也。從貝，今聲。"

上博二·從甲5～，貪侈。《吕氏春秋·慎大》："桀爲無道，暴戾頑貪。"高誘注："求無厭足爲貪。"《史記·項羽本紀》："猛如虎，很如羊，貪如狼。"

上博六·競6"～惛"，讀爲"貪昧"，貪財昧利。《左傳·襄公二十八年》："楚子將死矣，不脩其政德，而貪昧於諸侯，以逞其願，欲久，得乎？"楊伯峻注："貪昧與《昭三十年傳》'貪冒無厭'之'貪冒'同，言楚子貪諸侯之奉己也。"《淮南子·兵略》："貪昧饕餮之人，殘賊天下，萬人搔動，莫寧其所。"《左傳·成公十二年》："諸侯貪冒，侵欲不忌。"《國語·周語上》："國之將亡，其君貪冒、辟邪、淫佚、荒怠、麤穢、暴虐；其政腥臊，馨香不登；其刑矯誣，百姓攜貳。明神不蠲而民有遠志，民神怨痛，無所依懷，故神亦往焉，觀其苛慝而降之禍。"

衿

 上博五・三9毋～(錦)衣交(絞)袒

～,从"衣","今"聲。

簡文"～衣",讀爲"錦衣",精美華麗的衣服。舊指顯貴者的服裝。《詩・秦風・終南》:"君子至止,錦衣狐裘。"毛亨傳:"錦衣,采色也。"孔穎達疏:"錦者,雜采爲文,故云采衣也。"或釋爲"袀",是一種上衣下裳同色的衣服,常用作祭服。(范常喜)

裕

 上博五・姑6裛～㠯(以)至於吟(今)才

 上博五・姑7虔敢欲裛～㠯(以)事殢(世)才

～,从"衣","含"聲。

簡文"裛～",讀爲"顑頷",因饑餓而面黃肌瘦的樣子。《楚辭・離騷》:"苟余情其信姱以練要兮,長顑頷亦何傷。"王逸注:"不飽貌。"洪興祖補注:"顑頷,食不飽,面黃貌。"參"裛"字條。(季旭昇)

欽

 上博三・周41～章

～,从"玉","欽"聲,疑亦"玲"字。

簡文"～章",讀爲"含章",包含美質。《易・坤》:"六三,含章可貞。"孔穎達疏:"章,美也。"《三國志・魏志・管寧傳》:"含章素質,冰絜淵清。"

3149

酓

 上博三·周 50 ～（飲）飤（食）䢜（衍）䢜（衍）

 上博五·弟 8 ～（飲）酉（酒）女

～，楚文字或作☒（郭店·老子甲 33）、☒（新蔡乙一 22）、☒（新蔡乙四 134）、☒（楚王酓忎盤）。《説文·酉部》："酓，酒味苦也。从酉，今聲。"

上博三·周 50"～飤"，讀爲"飲食"，吃喝。余義鐘："樂我父兄，飲食歌舞。"《書·酒誥》："爾乃飲食醉飽。"

上博五·弟 8"～酉"，讀爲"飲酒"，喝酒。《國語·晉語一》："〔史蘇〕飲酒出。"

猷

 上博二·容 3 ～（飲）而飤（食）之

 上博五·三 7 凡飤（食）～（飲）無量詀（計）

 上博五·三 12 不～（飲）

 上博五·鬼 6 弗～（飲）弗飤（食）

 上博六·用 8 而可～飤

～，或作☒，省"今"聲。秦簡或作☒（關沮 373）。《説文·歙部》："歙，歠

也。从欠，酓聲。，古文歓，从今、水。，古文歓，从今、食。"

上博五·三 7"飤～"，讀爲"食飲"，《荀子·修身》："食飲、衣服、居處、動靜，由禮則和節，不由禮則觸陷生疾。"

上博五·三 12"不～（飲）"，《左傳·昭公五年》："小有述職，大有巡功。設机而不倚，爵盈而不飲；宴有好貨，飧有陪鼎，入有郊勞，出有贈賄。禮之至也。"

上博五·鬼 6"弗～弗飤"，即"弗飲弗食"，不吃不喝。《公羊傳·成公八年》："晉侯聞之曰：'嘻，奈何使人之君，七年不飲酒，不食肉，請皆反其所取侵地。'"

上博六·用 8"而可～飤"，吃喝。《論語·泰伯》："子曰：'禹，吾無間然矣。菲飲食而致孝乎鬼神，惡衣服而致美乎黻冕，卑宮室而盡力乎溝洫。禹，吾無間然矣。'"

禽

 上博三·周 8 畋（田）又（有）～（禽）

 上博三·周 10 遊（失）前～（禽）

 上博三·周 28 畋亡（无）～（禽）

 上博三·周 44 舊茶亡（无）～（禽）

～，从"凶"，實即从"罙"（像長柄鳥網之形）省，"今"聲，"禽"字異體。《説文·内部》："禽，走獸總名。从厹，象形，今聲。禽、离、兕頭相似。"

簡文"畋又～"，今本《周易》作"田有禽"，荀爽注："田，獵也。謂二帥師禽五。"李鼎祚集解："在師之時，蓋由殷紂而被武王擒于鹿臺之類是也。"這是説田獵有所擒獲，故《釋文》："禽，徐本作擒。"意爲田獵有所擒獲。（廖名春）

金

 上博一·性3～石之又(有)聖(聲)也

 上博二·容18不釸(刃)～

 上博二·容45於是虖(乎)复(作)爲～桎三千

 上博二·容45既爲～桎

 上博三·周1見～夫

 上博三·周40繫于～柅

～,戰國文字或作 (郭店·老子甲38)、 (郭店·五行19)、 (郭店·五行20)、 (郭店·性自命出5)、 (郭店·語叢四24)、 (新蔡甲三211)、 (考古1973·1)、 (上博集刊第八輯春成侯盉)、 (西安圖135)、 (珍秦381)、 (里J1⑨7正)。《説文·金部》:"金,五色金也。黃爲之長。久薶不生衣,百鍊不輕,从革不違。西方之行。生於土,从土;左右注,象金在土中形;今聲。 ,古文金。"

上博一·性3"～石",指鐘磬一類樂器。《國語·楚語上》:"而以金石匏竹之昌大、囂庶爲樂。"韋昭注:"金,鐘也;石,磬也。"江淹《別賦》:"金石震而色變,骨肉悲而心死。"

上博二·容18"釸(刃)～",即"刃金",指砥礪兵刃。"金"指刀劍等武器。

上博二·容45～,銅製的足械。賈誼《新書·君道》:"紂作梏數千,睆諸

侯之不諂己者,杖而梏之。""作梏數千"當即簡文之"作爲金桎三千",桎、梏爲同類的刑具。(陳劍)

上博三·周1"～夫",剛夫。指剛強的男子。一說指多金的男子。《易·蒙》:"六三,勿用取女,見金夫,不有躬,無攸利。"鄭玄注:"見剛夫而求之,故曰不有躬也。"孔穎達疏:"見金夫者,謂上九,以其剛陽,故稱金夫,此六三之女,自往求見金夫……是爲女不能自保其躬,固守貞信,乃非禮而動,行既不順,若欲取之,無所利益,故云不有躬,無攸利也。"朱熹本義:"金夫,蓋以金賂己而挑之,若魯秋胡之爲者。"

上博三·周40"～柅",金屬製的車刹。《易·姤》:"初六,繫于金柅,貞吉。"王弼注:"金者堅剛之物,柅者制動之主。"朱熹本義:"柅,所以止車,以金爲之,其剛可知。"

唫

 上博二·容2 於是虖(乎)～聾執燭

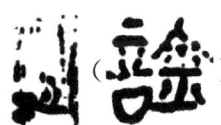 上博二·容37 於是唐(乎)有諗(唫)、聾、皮、瞑、瘦(瘻)、疛、婁始記(起)

～,或从"言","金"聲,乃"唫"字異體。"言"、"口"二旁古通。《説文·口部》:"唫,口急也。从口,金聲。"

簡文"唫聾"、"諗聾",讀爲"瘖聾",聾啞人。"瘖"字典籍亦作"喑"。《禮記·王制》:"瘖聾、跛躃、斷者、侏儒、百工,各以其器食之。"班固《白虎通·考黜》:"諸侯喑聾、跛躄、惡疾不免黜者何?尊人君也。"

釜(琴)

 上博一·孔14 㠯(以)～(琴)㻃(瑟)之敓(悦)悉(擬)好色之惡(願)

 上博一·性15 聖(聽)～(琴)㻃(瑟)之聖(聲)

～，从"瑟"，"金"聲。郭店・性自命出 24 作 ，"瑟"字略有簡省。戰國時期楚系文字"瑟"字 、 和《說文》古文 等形體是甲骨文 字的訛變形體。參"瑟"字條。《說文・珡部》："琴，禁也。神農所作。洞越。練朱五弦，周加二弦。象形。 ，古文珡，从金。"

簡文"～琵"，即"琴瑟"，樂器，琴和瑟。也指琴瑟之聲。《荀子・非相》："聽人以言，樂於鍾鼓琴瑟。"《荀子・樂論》："君子以鐘鼓道志，以琴瑟樂心，動以干戚，飾以羽旄，從以磬管。故其清明象天，其廣大象地，其俯仰周旋，有似於四時。故樂行而志清，禮脩而行成。耳目聰明，血氣和平，移風易俗，天下皆寧，美善相樂。"《周禮・春官・司樂》："凡樂，黃鍾為宮，大呂為角，大蔟為徵，應鍾為羽，路鼓路鼗，陰竹之管，龍門之琴瑟，《九德》之歌，《九磬》之舞，於宗廟之中奏之，若樂九變，則人鬼可得而禮矣。"（徐寶貴）

袷

 上博四・昭 7 亓（其）～貝（視）

《說文・衣部》："袷，交衽也，从衣，金聲。"段玉裁注："此則謂掩裳際之袷，當前幅後幅相交之處，故曰交衽。"

簡文"～視"，疑讀為"監視"，監督視察。《漢書・韋賢傳》："四方群后，我監我視，威儀車服，唯肅是履！"

鉇

 上博二・子 12～

～，从"色"，从"金"，"金"亦聲，是金色之"金"的專字。

簡文～，讀為金錫之"金"。契生而呼曰"金"，蓋與商得金德之説有關。《呂氏春秋・應同》："及湯之時，天先見金（有人在此讀斷）刃生於水。湯曰：'金氣勝！'金氣勝，故其色尚白，其事則金。"從《子羔》説契"生乃呼曰'金'"來看，古代應有商自始祖契即得金德之説。王嘉《拾遺記》："商之始也，有神女簡狄遊於桑野,見黑鳥遺卵於地,有五色文,作'八百'字。簡狄拾之,貯以玉筐,覆以朱紱,夜夢神母謂之曰:'爾懷此卵,卵生貴子,以繼金德。'狄乃懷卵,一年而有娠,經十四月而生契。"(裘錫圭)

淦

 上博六・用 4 ～(陰)則或淦(陰)

 上博六・用 4 淦(陰)則或～(陰)

《説文・水部》:"淦,水入船中也。一曰:泥也。从水,金聲。,淦或从今。"

簡文"～則或淦",讀爲"陰則或陰"。《鬼谷子・捭闔》:"或陰或陽,或柔或剛,或開或閉,或弛或張。"又《本經・陰符》:"智略計謀,各有形容,或圓或方,或陰或陽,或吉或凶,事類不同。"郭店・太一生水 1:"神明復相輔也,是以成陰陽,陰陽復相輔也,是以成四時。""陰則或陰,陽則或陽"亦蓋言四時代易,井然有序也。

侌

 上博二・容 29 乃攴(鞭)～(陰)昜(陽)之䉷(氣)

 上博六・天甲 5 文～(陰)夫武昜(陽)

 上博六・天乙 4 文～(陰)夫武昜(陽)

 上博七・凡甲 2 ～(陰)昜(陽)之尿

 上博七・凡乙1～(陰)昜(陽)[之㞋]

～,郭店簡作 (郭店・語叢四16)、 (郭店・太一生水5),從"云","今"聲,"雲"字古文。《說文・雲部》:"雲,雲覆日也。從雲,今聲。 ,古文或省。 ,亦古文雲。"

上博"～昜",讀爲"陰陽"。郭店・太一生水:"四時者,会(陰)昜(陽)之所生也"。"陰陽",中國古代哲學認爲是宇宙中通貫物質和人事的兩大對立面。《易・繫辭上》:"一陰一陽之謂道。"此處"陰陽"是指天地間化生萬物的二氣。《易・繫辭上》:"陰陽不測之謂神。"

欽

 上博三・周26～(感)

 上博三・周26～(感)亓(其)脢(腓)

 上博三・周27～(感)亓(其)拇

 上博三・周26～(感)亓(其)拇

 上博三・周27～(感)頫(輔)夾(頰)舌(舌)

 上博二・容37 乃執兵～(禁)暴

 上博三・周26～(感)亓(其)脢(腓)

 上博五·季 19 母(毋)~遠

 上博五·君 6 毋~毋去

 上博六·競 8 嬰(舉)邦爲~

 上博八·顔 9 則民智(知)~(禁)矣

 上博八·顔 9 退者智(知)~(禁)

 上博六·天甲 8 凡天子~燹(氣)

 上博六·天乙 7 凡天子~燹(氣)

~,與🈳(郭店·尊德義 2)同。《説文·欠部》:"欽,欠皃。从欠,金聲。"

上博三·周 26~,讀爲"咸",六十四卦之一。艮下,兌上。《易·咸》:"咸,亨,利貞,取女吉。"

上博三·周 26、27~,讀爲"感",感應。《易·咸》:"彖曰:咸,感也。柔上而剛下,二氣感應以相與。"《荀子·大略》:"咸,感也,以高下下,以男下女,柔上而剛下。"

上博五·季 19~,恭敬、謹慎。《書·胤征》:"欽承天子威命。"《書·舜典》:"帝曰:俞,往,欽哉!"

上博五·君 6"毋~",讀爲毋欠,不要打呵欠;或毋吟,不要歎氣。(季旭昇)或讀爲"毋欿",不要憂愁。(徐少華)

上博二·容 37"~暴",讀爲"禁暴",制止暴亂;制止強暴。《周禮·地官·司市》:"以刑罰禁虣而去盜。"賈公彥疏:"以刑罰禁虣亂之人。"《禮記·

樂記》:"刑禁暴,爵舉賢,則政均矣。"《左傳·宣公十二年》:"夫武,禁暴、戢兵、保大、定功、安民、和衆、豐財者也。故使子孫無忘其章。""金"、"禁"都是見母侵部字,音近可通。《説文》手部"捦"字重文作"擒",《玉篇》衣部"裣"字重文作"襟"。《戰國策·趙策一》第九章"韓乃西師以禁秦國",馬王堆漢墓帛書《戰國縱橫家書》第二一章與此句相當的文字"禁"作"唫"。

上博六·競 8～,讀爲"禁",含有禁戒性的規條及法令。《書·周官》:"司寇掌邦禁,詰姦慝,刑暴亂。"《孟子·梁惠王下》:"臣始至於境,問國之大禁,然後敢入。"《晏子春秋·外篇第七》:"公説,使有司寬政,毀關去禁,薄斂已責。"(楊澤生)

上博八·顏 9～,讀爲"禁",含有禁戒性的規條及法令。

上博六·天甲 8、天乙 7～,讀爲"歙","金"見母侵部,"歙"曉母侵部,古音相近。"歙氣"與"食濁"爲對,當指攝取食物之精華。(裘錫圭)或讀爲"飲"。《淮南子·時則》:"石城金室,飲氣之民,不死之野,少皞、蓐收之所司者,萬二千里。"(何有祖)

從紐毳聲

集

 上博一·緇 19～大命于氏(是)身

 上博四·逸·交 2～于中渚

 上博四·逸·交 3～于中瀟(瀨)

～,會意,群鳥在木上也。與 同。《説文·雥部》:"雧,群鳥在木上也。从雥,从木。![],雧或省。"

上博一·緇 19～,降;墜落。《韓非子·解老》:"時雨降集,曠野閒靜。"《淮南子·説山》:"雨之集,無能霑,待其止而能有濡。"高誘注:"集,下也。"

上博四·逸·交2、上博四·逸·交3～，棲身；停留。《國語·晉語二》："人皆集於苑，己獨集於枯。"韋昭注："集，止也。苑，茂木貌。己，里克也。喻人皆與奚齊，己獨與申生。"

寠

上博八·李1 鸎（鳳）鳥之所～（集）

上博八·李1【背】敬而勿～（集）可（兮）

～，與 、、同，從"宀"，"集"聲，"集"字繁體。

上博八·李"～（集）"，鳥棲止於樹。《詩·唐風·鴇羽》："肅肅鴇羽，集于苞栩。"毛亨傳："集，止。"禰衡《鸚鵡賦》："飛不妄集，翔必擇林。"

正編・侵部

上博楚簡文字聲系

侵　部

影紐音聲

音

　上博四·采4王～深浴

　上博二·容16鞭（辨）爲五～

　上博三·亙5～出於生

　上博三·亙5言出於～

　上博三·亙6～非音

　上博三·亙6音非～

　上博三·亙6無胃（謂）～

～，楚文字或作 （郭店·老子甲16）、（郭店·老子乙12）、（郭

店·五行15)、■(郭店·成之聞之29)、■(左塚漆桐)。《説文·音部》："音,聲也。生於心,有節於外,謂之音。宫商角徵羽,聲;絲竹金石匏土革木,音也。从言含一。"

　　上博二·容16"五～",五聲音階中的五個音級,即宫、商、角、徵、羽。《孟子·離婁上》："不以六律,不能正五音。"趙岐注："五音,宫、商、角、徵、羽。"王充《論衡·定賢》："鼓無當於五音,五音非鼓不和。"

　　上博三·亙5～,或讀爲"意",心意。《史記·淮陰侯列傳》："項王喑噁叱咤。"《漢書》作"意烏猝嗟"。馬王堆帛書《老子甲》96"意聲之相和也",今本《老子》作"音聲之相和也"。簡文"意出於性"謂人的思想產生自人所得自於天的質性。"言出於音(意)"謂人的言語出自人的思考。《易·繫辭上》："書不盡言,言不盡意。"《莊子·外物》："言者所以在意,得意而忘言。"《列子·仲尼》："子列子曰:得意者無言,進知者亦無言。"(季旭昇)

　　上博四·采4"王～深浴",讀爲"王意深裕"、"王言深裕"。"深裕",謂深而寬容。(季旭昇)

匣紐咸聲

咸

上博一·緇1 則民～扤(力)而型(刑)不刺

上博一·緇3 隹(惟)尹身及康(湯)～又(有)一惪(德)

上博七·凡甲25 於天～

上博七·凡乙18～百勿(物)不死女(如)月

　　～,戰國文字或作■(郭店·緇衣5)、(塔圖137)、(塔圖137)。《説文·口部》："咸,皆也,悉也。从口,从戌。戌,悉也。"

上博一·緇1、3～,總括副詞,皆、都。《易·乾》:"首出庶物,萬國咸寧。"《史記·淮陰侯列傳》:"於諸侯之約,大王當王關中,關中民咸知之。"

上博七·凡甲25"天～",即"天一"之異稱,也就是"天一",郭店楚簡《太一生水》作"太一"之名,古籍多見,釋義也不盡相同。

箴(緘)

　　　上博五·君10☐昔者中尼～(箴)徒三人

"箴"字,左塚漆桐作![], 从"竹"省,"咸"聲。"緘"字,叔弓鎛作,从"糸","箴"省聲,由於下加"糸"的原因,就把"咸"所从的"口"省去了。楚文字或作、、、,所从"咸"訛省爲"戈"。![]所从之"竹"則不省。"緘"乃"緘"字繁體。

簡文～,讀爲"箴"。《晏子春秋·外篇重而異者》"景公問後世孰將踐有齊者晏子對以田氏"章:"父慈而教,子孝而箴,兄愛而友,弟敬而順"。《左傳·昭公二十六年》:"子孝而箴。"杜預注:"箴,諫也。"(何有祖)

|　　　上博二·容1樟～(針)是

|　　　上博六·用3～亓(其)又成慝

|　　　上博八·李·1【背】濤(浸)🞍(毀)～可(兮)

～,是"針"字的象形初文。(裘錫圭)

上博二·容1"樟～是",或讀爲"渾沌氏"(《史記·帝王本記》)或"渾敦氏"(《左傳·文公廿十八年》),上古傳說中之帝王。

上博六·用3"～亓",讀爲"及其","及"爲时间介詞,常跟"其"連用。郭店·唐虞之道18-19:"方在下位,不以匹夫爲輕;及其有天下也,不以天下爲重。"《韓詩外傳》卷七:"爲人父者,必懷慈仁之愛,以畜養其子,撫循飲食,以全其身;及其有識也,必嚴居正言,以先導之。"《禮記·學記》:"善問者如攻堅木,先其易者,後其節目。及其久也,相説以解。"(楊澤生)

褱

 上博五·姑6～昏(以)至於吟(今)才

 上博五·姑7虐敢欲～昏(以)事殜(世)才

～,从"衣","咸"聲。

簡文"～褱",讀爲"顑頷",《楚辭·離騷》:"長顑頷亦何傷。"王逸注:"不飽貌。"洪興祖補注:"言我中情實美,又擇要道而行。雖顏色憔悴、形容枯槁,亦何傷乎。彼先口體而後仁義,豈知要者。或曰:有道者雖貧賤而容貌不枯,屈原何爲其顑頷也。曰當是時國削而君辱,原獨得不憂乎!"(季旭昇)

匣紐弓聲

靳

 上博二·從甲16目(以)～(犯)脣(唇)憨見

 上博二·從乙1曰～(犯)人之炙

 上博二·從乙3恥(耻)則～(犯)

 上博二·容51三軍大～(犯)

· 3166 ·

 上博五·弟10 夫吕(以)衆～(犯)難(難)

 上博六·競4 王命屈木昏～(范)武子之行安

 上博六·用2 冒難～(犯)央

 上博七·君甲1 ～(范)戊

 上博七·君甲2 ～(范)乘

 上博七·君甲2 ～(范)乘曰

 上博七·君乙1 ～(范)戊

 上博七·君乙2 ～(范)乘

 上博七·君乙2 ～(范)乘

"軋","軓"之古文。《說文·車部》:"軓,車軾前也。从車,凡聲。《周禮》曰:'立當前軓。'"段玉裁注:"按其字蓋古文作'軋'今字作'軓',叚借作'范','范'又譌'范'。"

上博二·從甲16～,讀爲"犯",傷害;損害。《國語·周語下》:"水火之所犯,猶不可救,而況天乎?"韋昭注:"犯,害也。"《禮記·表記》:"其君子尊仁畏義,恥費輕實,忠而不犯,義而順,文而靜,寬而有辨。"

上博二·從乙1"～人",讀爲"犯人",冒犯他人。《禮記·檀弓上》:"事親

有隱而無犯。"

上博二·從乙 3～,讀爲"犯",欺淩;污辱。《國語·周語下》:"單襄公見晉厲公視遠步高,晉郤錡見其語犯。"韋昭注:"犯,陵犯人也。"

上博二·容 51～,讀爲"犯",《説文》:"犯,侵也。"此指進軍。《左傳·莊公十年》"蒙皋比而先犯之"、《左傳·襄公十七年》"宵犯齊師"等。《漢書·王尊傳》:"吳起爲魏守西河,而秦韓不敢犯,讒人間焉,斥逐奔楚。"(許全勝)

上博五·弟 10"～難",讀爲"犯難",猶冒險。《逸周書·史記》:"犯難爭權,疑者死。"《易·兑》:"説以犯難,民忘其死。"

上博六·用 2"～央"與"冒難"、"犯難"意同。《三國志·魏書·劉司馬梁張温賈傳》裴松之注:"今忍其私忿而急彼之憂,冒難犯危而免之於害,使功顯於明君,惠施於百姓,身登於君子之塗,義愧於敵人之心,雖豺虎猶將不覺所復,而況於曹休乎?"

上博六·競 4"～武子",即"范武子"(約公元前 660 年至公元前 583 年),字季。春秋時晉大夫,初封隨,後改封范。故或曰"隨武子",或曰"范武子"。

上博七·君"～戌"、上博七·君"～乘",讀爲"范",姓。

恕

 上博二·從甲 16 㠯(以)軋(犯)賡(續)～見

～,从"心","軋"聲。

簡文～,讀爲"犯",是"惡意"或者"有意"的侵犯。《禮記·表記》:"以怨報德,則民有所勸;以怨報怨,則民有所懲。"簡文的"以犯賡犯",與"以怨報怨"義近,意思是爲了有所懲戒而用侵犯回應惡意侵犯。(楊朝明)

見紐今聲歸緝部入聲

端紐占聲

占

 上博二·從乙 2 母(毋)～民贍(斂)則同

《説文·卜部》:"占,視兆問也。从卜,从口。"

簡文～,讀爲"征"。"占"、"定";"定"、"正"古通,詳《古字通假會典》60—61頁。簡文"征民斂",即徵收百姓賦税。典籍常作"征斂",《周禮·地官·司徒》:"趨其耕耨,行其秩敘,以待有司之政令,而征斂其財賦。"《左傳·昭公二十年》:"布常無藝,征斂無度;宮室日更,淫樂不違。"

砧

上博一·緇 18 白珪之～(砧)尚可磨

上博一·緇 18 此言之～(砧)不可爲

～,从"石"省,"占"聲,"砧"字異體,與郭店·緇衣 36 同。《説文·石部》:"砧,石柎也。从石,占聲。"

簡文～,讀爲"玷",玉的斑點、瑕疵。《詩·大雅·抑》:"白圭之玷,尚可磨也。"

翋

上博七·凡甲 10 可(何)古(故)大而不～

上博七·凡乙 8 可(何)古(故)大而不～

～,从"羽","痁"聲,"痁"从"占"得聲。或説"痁"即"阽"。

簡文～,讀爲"燿"。《説文》:"燿,照也。"引申爲光線強烈,字亦同"耀"。"不燿",光線不強烈。《老子》:"是以聖人方而不割,廉而不劌,直而不肆,光而不燿。"(曹錦炎)或讀爲"炎"。"燿"、"炎"詞義相近。《雲笈七籤》卷九一"如光之不燿,如景之不炎",《初學記》卷二四引何尚之《華林清暑殿賦》"暑雖殷而不炎"。《玉篇》:"炎,熱也。""不炎"就是不熱。(宋華強)

宎

 上博二・子 1～宎子也

～,从"宀",从"占",或認爲"古"訛;或認爲"兔"省聲。或認爲"貴"字。

簡文"～宎",讀爲"瞽叟"。《書・堯典》説舜"瞽子,父頑,母嚚,象傲"。孔安國傳:"無目曰瞽,舜父有目,不能分別好惡,故時人謂之瞽,配字曰瞍。瞍,無目之稱。"《吕氏春秋・古樂》:"瞽叟乃拌五弦之瑟,作以爲十五弦之瑟。命之曰《大章》,以祭上帝。舜立,仰延乃拌瞽叟之所爲瑟,益之八弦,以爲二十三弦之瑟。"《國語・鄭語》:"夫成天下之大功者,其子孫未嘗不章,虞、夏、商、周是也。虞幕能聽協風,以成樂物生者也。""協風"又見於《國語・周語》:"先時五日,瞽告有協風至。"韋昭注:"瞽,樂太師,知風聲者也。"幕是舜的祖先。(陳偉)或讀爲"質"、"燮"。

透紐突聲

罙

 上博五・季 11～佝

 上博八・成 13 㠯(以)罜～㗥▱

～,从"宀","尤"聲,所從的"木(尤)"旁或加斜筆爲飾作"木",與"火"類同,遂爲《説文》所本。《説文・穴部》:"突,深也。一曰竈突。从穴,从火,从求省。"

上博五・季 11～,讀爲"深"。

上博八・成 13～,讀爲"深"。《説文》:"罙,深也。"從水面到水底的距離大。跟"淺"相對。《詩・邶風・谷風》:"就其深矣,方之舟之。"左思《魏都賦》:"回淵漼,積水深。"

深

 上博一·孔 2 丌(其)思～而遠

 上博一·性 19 濬～臓惱(陶)

 上博四·采 4 王音～浴(谷)

 上博四·柬 8 高山～溪

 上博四·柬 8 聚(驟)夢高山～溪

 上博五·鮑 6 丌(其)爲炎(災)也～矣

 上博五·三 11 母(毋)椯(揣)～

 上博五·鬼 8 淰(顔)色～昧(晦)

 上博六·用 20 又但之～

 上博八·李 1 ～利幵豆

～,楚文字或作(郭店·老子甲 8)、(郭店·尊德義 19)、(郭店·

性自命出23)、▨(郭店·性自命出31)、▨(郭店·成之聞之4),或作▨(郭店·五行46)、▨(郭店·五行46)。《説文·水部》:"深,水。出桂陽南平,西入營道。从水,罙聲。"

上博一·孔2"思～",《左傳·襄公二十九年》:"爲之歌《唐》,曰:'思深哉!其有陶唐氏之遺民乎?不然,何憂之遠也?非令德之後,誰能若是?'"

上博一·性19"濬～",《書·舜典》:"濬哲文明,温恭允塞。"孔安國傳:"濬,深。哲,智也。舜有深智文明温恭之德,信允塞上下。"孔穎達疏:"舍人曰:'濬,下之深也。哲,大智也。'舜有深智,言其智之深,所知不淺近也。"《詩·大雅·韓奕》孔穎達疏:"高築是城,濬深是壑,正是田畝,定是税籍,皆使之復於故常。"

上博四·采4"～浴(谷)",《詩·小雅·十月之交》:"高岸爲谷,深谷爲陵。"《墨子·明鬼下》:"故鬼神之明,不可爲幽閒廣澤、山林深谷,鬼神之明必知之。"或讀爲"深裕"。

上博四·柬8"深～",大壑。《淮南子·脩務》:"上峭山,赴深谿,游川水。"高誘注:"峭山,高山;深谿,大壑;遊,渡也。"高山深溪,道多隘,地險要,不能還車,兵法所忌,此環境多逢兇險。

上博五·鮑6～,深重;嚴重。《韓非子·喻老》:"君有疾在腠理,不治將恐深。"

上博五·三11、上博六·用20～,從水面到水底的距離大。跟"淺"相對。《詩·邶風·谷風》:"就其深矣,方之舟之。"左思《魏都賦》:"迴淵漼,積水深。"

上博五·鬼8"～昷(晦)",讀爲"深墨",甚黑。《孟子·滕文公上》:"歠粥,面深墨,即位而哭,百官有司莫敢不哀,先之也。"趙岐注:"孟子言如是,不可用他事求也。喪尚哀,惟當以哀戚感之耳。國君薨,委政冢宰大臣,嗣君但盡哀情,歠粥不食,顔色深墨。深,甚也。墨,黑也。即喪位而哭,百官有司莫敢不哀者,以君先哀之也。"

上博八·李1～,深入。此處指樹根往下深紮。《楚辭·九章·橘頌》"深固難徙",謂橘樹根深堅固。

透紐審聲

審

 上博一·孔 21《～零(露)》之賦也

～,秦文字或作▨(珍秦 379)、▨(里 J1⑨981 正)。《說文·釆部》:"宷,悉也。知宷諦也。从宀,从釆。▨,篆文宷,从番。"

上博一·孔 21"～零",讀為"湛露",《詩·小雅》篇名。《左傳·文公四年》:"昔諸侯朝正於王,王宴樂之,於是乎賦《湛露》。則天子當陽,諸侯用命也。"

定紐甚聲

甚

 上博一·孔 24～貴丌(其)人必敬丌(其)立(位)

 上博一·性 20 凡思之甬(用)心為～

 上博一·性 35 思為～

 上博一·性 35 惓(患)為～

 上博一·性 36 [哀]樂為～

 上博一·性36 悦爲～

 上博一·性36 利爲～

 上博二·子2 伊堯之悳(德)則～盟(明)墾(與)

 上博二·魯4 丌(其)欲雨或～於我

 上博二·魯5 丌(其)欲雨或～於我

 上博二·容6～緩而民備(服)

 上博四·柬8 不穀(穀)瘝(懆)～疚(病)

 上博四·柬22～

 上博五·競6～才(哉)

 上博五·季11 氏(是)古(故)夫敌邦～難

 上博六·競1 虗幣帛～娸(美)於虗先君之量矣

 上博六·用19 不卲亓(其)～明

　上博六・用19而散亓(其)～章

　　　　　上博八・子1豥(家)眚(姓)～級(急)

～，楚文字或作☒(上博五・季11)、☒(郭店・語叢四25)、☒(郭店・唐虞之道24者)，爲《説文》"甚"字古文所本。或作☒(郭店・老子甲5)、☒(郭店・老子甲36)、☒(郭店・緇衣15)、☒(郭店・尊德義37)、☒(郭店・性自命出43)，則是將"八"、"口"位置互換，"八"下面的小短橫則爲飾筆。或作☒(新蔡乙四24)，上下各有"八"形。燕陶文則作☒(歷博・燕119)，"口"則是共用筆畫。《説文・甘部》："甚，尤安樂也。从甘，从匹，耦也。☒，古文甚。"

上博一・性20"心爲～"，《孟子・梁惠王上》："權，然後知輕重；度，然後知長短。物皆然，心爲甚。王請度之！"

上博一・性35、36～，厲害；嚴重。《穀梁傳・文公三年》："雨螽于宋。外災不志，此何以志也？曰：災甚也。其甚奈何？茅茨盡矣。"

上博二・子2"伊堯之悳(德)則～盟(明)縣(與)"，《荀子・正論》："道德純備，智惠甚明，南面而聽天下，生民之屬莫不振動從服以化順之。"

上博二・魯4、5，上博六・競1～，超過；勝過。《戰國策・楚策四》："今鄭袖知寡人之説新人也，其愛之甚於寡人。"《國語・周語上》："防民之口，甚於防川。"

上博一・孔24、上博二・容6～，很；極。《國語・晉語一》："吾聞申生甚好仁而彊，甚寬惠而慈於民。"

上博四・柬8"～疠(病)"，《韓非子・安危》："故甚病之人利在忍痛，猛毅之君以福拂耳。"

上博五・季11"～難"，《戰國策・魏策三》："伐楚，道涉而谷行三十里，而攻危隘之塞，所行者甚遠而所攻者甚難，秦又弗爲也。"

上博六・用19"不邵亓～明、而散亓～章"，"其甚明"，與"其甚彰"，語義

相同。(沈培)

上博八·子1"～級(急)",很;極。《韓非子·內儲說上》:"韓昭侯握爪,而佯亡一爪,求之甚急,左右因割其爪而效之。"

上博五·競6"～才",讀爲"甚哉",《國語·晉語三》:"郭偃曰:'甚哉,善之難也!'"或說"甚"是"尚"之訛。"傷哉"表示傷感。(何有祖、楊澤生)

定紐冘聲

瀋(沈)

 上博五·鬼7～巠念惟

～,從"水","㐱"聲,"㐱"乃是人沉於臼中,"沈"字異體。與(郭店·窮達以時9)同。《說文·水部》:"沈,陵上滈水也。從水,冘聲。一曰:濁黕也。"

簡文"～巠",讀爲"耽淫",沉湎。《三國志·魏志·齊王芳傳》:"皇帝芳春秋已長,不親萬機,耽淫內寵,沈漫女德"。簡文"耽淫念惟"是"沉湎于思念"的意思。(劉釗)或讀爲"沈抑"。(裘錫圭)

酖

 上博六·莊1㠯(以)昏(問)～(沈)尹子桱

 上博六·莊2～(沈)尹固辭

 上博六·莊2～(沈)尹子桱含(答)

上博六·莊4～(沈)尹子桱曰

《說文·酉部》:"酖,樂酒也。從酉,冘聲。"

簡文"～尹",讀爲"沈尹",官名。簡文"沈尹子桱"見《呂氏春秋·不苟

論》:"沈尹莖游於郢五年,荊王欲以爲令尹。沈尹莖辭曰:……荊王於是使人以王輿迎叔敖,以爲令尹。十二年而莊王霸。此沈尹莖之功也,功無大於進賢。"

定紐坙聲

坙

上博六·孔 17 ～言不當亓(其)所

上博五·鬼 7 湛(沈)～念惟

上博八·成 13 亓(其)䛘(狀)膏(驕)～(淫)

～,楚文字"坙"字作(《古璽彙編》0252),"淫"字作 (上博一·緇 4),與 形近。作 者,應分析爲從"爪",從"跪","坙"字異體。中山器"痊"字或作: (《中山王𰻐器文字編》81 頁)可證。裘錫圭先生隸定爲從"印"加"土"。

上博六·孔 17"～言",讀爲"淫言",花言巧語。《逸周書·酆保》:"淫言流説以服之。"朱右曾校釋:"淫言,巧言。"

上博五·鬼 7"湛(沈)～",讀爲"耽淫",沉湎。參"沈"字條。或讀爲"沈抑"。(裘錫圭)

上博八·成 13"膏～",讀爲"驕淫",驕縱放蕩。《書·畢命》:"驕淫矜侉,將由惡終。"孔安國傳:"言衆士驕恣過制,矜其所能,以自侉大,如此不變,將用惡自終。"

淫

上博一·緇 4 斁(謹)惡㫃(以)䖍(禦)民～

～，郭店·緇衣作，是"淫"字之訛。《説文》："淫，侵淫隨理也。从水，𡈼聲。一曰久雨爲淫。"

簡文～，貪欲；貪心。《禮記·坊記》："夫禮，坊民所淫，章民之別，使民無嫌，以爲民紀者也。"鄭玄注："淫，猶貪也。"《禮記·緇衣》："故君民者，章好以示民俗，慎惡以禦民之淫，則民不惑矣。"鄭玄注："淫，貪侈也。"

逕〈淫〉

 上博六·競12 神見虐(吾)～暴

～，从"辵"，"巠"聲。實乃"淫"之誤字，"巠"、"淫"互訛。郭店簡"淫"字或作淫(郭店·緇衣6)、浮(郭店·唐虞之道12)、𡈼(郭店·尊德義3)可證。

簡文"～暴"，即"淫暴"，放縱暴戾、暴虐無度。《晏子春秋·諫上一》："勇力之士，無忌於國，身立威強，行本淫暴。"《墨子·公孟》："若大人行淫暴於國家，進而諫，則謂之不遜；因左右而獻諫，則謂之言議，此君子之所疑惑也。"（董珊）

定紐尋聲

蕁

上博一·孔2 丌(其)訶(歌)紳而～

～，从"艸"，"尋"聲。新蔡簡"蕁"字作蕁(新蔡乙三29)。《説文·艸部》："蕁，芜藩也。从艸，尋聲。薚，蕁或从爻。"或釋爲"荨"。

簡文～，讀爲"覃"。《淮南子·天文》："火上蕁，水下流。"高誘注："蕁，讀若《葛覃》之覃。"《淮南子·原道》："故雖游于江潯海裔。"高誘注："潯，讀《葛覃》之覃也。"《爾雅·釋言》："流，覃也。覃，延也。"《經典釋文》："覃本又作姆。孫叔然云：'古覃字'。"《説文》："覃，長味也。"《廣雅·釋詁二》："覃，長也。"《詩·大雅·生民》："鳥乃去矣，后稷呱矣。實覃實訏，厥聲載路。"毛亨

傳："覃，長。"《列子·湯問》："過逆旅，逆旅人辱之。韓娥因曼聲哀哭，一里老幼悲愁，垂涕相對，三日不食。遽而追之。娥還，復爲曼聲長歌。一里老幼喜躍抃舞，弗能自禁，忘向之悲也。"張湛注："曼聲猶長引也。"《經典釋文》："曼聲，引聲也。""曼聲"義爲"引聲"，與"長歌"義近。

䢫

 上博一·孔 16 虐（吾）曰（以）《萬（葛）～》旻（得）氏初之旨（詩）

～，从"尋"聲，所从的"由"乃是贅加的聲符。从"尋"聲之字與"覃"相通。"禪"與"導"、"道"通。如《禮記·喪大記》："禪而内無哭者。"鄭玄注："禪或皆作道。"《儀禮·士虞禮》："中月而禪。"鄭注："古文禪或爲導。""廸"、"道"古通。如《書·益稷》："各廸有功。"《史記·夏本紀》"廸"作"道"。《書·君奭》："我道惟寧王德延。"陸德明釋文："道，馬本作廸。"可見由、道、覃關系密切。

簡文"萬（葛）～"，讀爲"葛覃"，《詩經》篇名。見于今本《詩·周南·葛覃》。《淮南子·天文》高誘注："尋讀若《葛覃》之覃。"《原道》高誘注："潯讀《葛覃》之覃也。"

尋

 上博五·鬼 7 訐～顓（夏）邦

 上博六·競 10 一丈夫執～之幣、三布之玉

 上博七·凡甲 27 ～牆（牆）而豊（禮）

甲骨文"尋"字作、、，像人伸兩臂度量的形狀，繇鎛"鄩"作"![]"，楚文字或作、、、、![](新蔡乙

一 26、2)。《説文·寸部》:"𠭥,繹理也。从工,从口,从又,从寸。工、口,亂也。又、寸,分理之。彡聲。此與𣪠同意。度人之兩臂爲尋。八尺也。"

上博五·鬼 7～,有究義。《説文·寸部》:"尋,繹理也。"朱駿聲《説文通訓定聲》:"尋所以度物,故揣度以求物謂之尋。"《正字通·寸部》:"尋,探求也。"《淮南子·俶真》:"下揳三泉,上尋九天。"因此,"訐尋"即"研尋",而"研尋"復辭同義,皆爲探究、研究之意。"研尋夏邦",即研究中國。(廖名春)

上博六·競 10～,長度單位。《詩·魯頌·閟宮》:"是斷是度,是尋是尺。"鄭玄箋:"八尺曰尋。或云七尺、六尺。"《史記·張儀列傳》:"秦馬之良,戎兵之衆,探前趹後蹄間三尋騰者,不可勝數。"司馬貞索隱:"七尺曰尋。"(何有祖)

上博七·凡甲 27"～牆",讀爲"尋墙",隨著、循著墙走。《左傳·昭公七年》:"一命而僂,再命而傴,三命而俯,循墙而走。"也見于《莊子·列禦寇》,成玄英疏:"傴曲循墙,並敬容極恭,卑退若此,誰敢將不軌之事而侮之也。"

泥紐男聲

男

 上博二·容 16 吕(以)定～女之聖(聲)

 上博五·三 3～女又(有)節

 上博六·天甲 10～女不語鹿

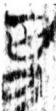 上博六·天乙 9～

～,戰國文字或作 (郭店·六德 33)、 (郭店·六德 39)、 (九 A34)、 (關沮 368)。《説文·男部》:"男,丈夫也。从田,从力。言男用力於田也。"

上博二·容 16"～女",男人和女人。《易·序卦》:"有天地然後有萬物,有萬物然後有男女,有男女然後有夫婦。"

上博五·三 3"～女又(有)節",《禮記·效特牲》:"男女有別,然後父子親。"《墨子·非命上》:"是以入則孝慈于親戚,出則弟長於鄉里,坐處有度,出入有節,男女有辨。"

上博六·天甲 10"～女不語麂","男女",兩性間性欲。《禮記·禮運》:"飲食男女,人之大欲存焉。"

泥紐壬聲

任

上博一·性 31 凡憂惓(患)之事谷(欲)～

上博四·內 6 罡(憐)而～

～,郭店·性自命出 62 作 ,從"力","壬"聲,"任"字異體。《説文·人部》:"任,保也。从人,壬聲。"

上博一·性 31～,責任,任務。《論語·泰伯》:"仁以爲己任,不亦重乎?"簡文"凡憂惓(患)之事谷(欲)～樂事谷(欲)後",參《荀子·修身》:"勞苦之事則爭先,饒樂之事則能讓,端愨誠信,拘守而詳,橫行天下,雖困四夷,人莫不任。"

上博四·內 6～,擔當之意。《左傳·僖公十五年》:"重怒難任,背天不祥。"杜預注:"任,當也。"《大戴禮記·曾子立孝》:"吾任其過。"王聘珍解詁:"任,當也。"(曹建敦)

責(賃)

上博六·慎 3～悥呂(以)害

上博八·成 1 而王至(重)亓(其)～(任)

～,从"貝","壬"聲,與 (郭店·六德 10)、 (郭店·六德 13)、 (郭店·六德 4)同。"賃"字異體。

上博六·慎 3"～悳",讀爲"任德",就是用德。《漢書·禮樂志》:"天道大者,在於陰陽。陽爲德,陰爲刑。天使陽常居大夏,而以生育長養爲事;陰常居大冬,而積於空虛不用之處,以此見天之任德不任刑也。"

上博八·成 1"而王至亓～",讀爲"而王重其任",意指王委其重任。《左傳·襄公十年》:"余贏老也,可重任乎?"杜預注:"不任受女此責。"

泥紐南聲

南

　　上博二·容 14 子堯～面

　　上博二·容 20 ～方之羿(旗)吕(以)它(蛇)

　　上博二·容 27 曑(禹)乃從灘(漢)吕(以)～爲名浴(谷)五百

　　上博二·容 31 ～方爲三倍

　　上博二·容 40 傑(桀)乃逃之～巢(巢)是(氏)

　　上博三·周 35 利西～

　　上博三·周 37 利西～

上博四·曹 1～北五百

上博五·弟 18 東西～北

上博一·孔 8 即（節）～山

上博七·武 2～面而立

上博七·武 3 柚（曲）折而～

上博七·武 13 大（太）公～面

～，戰國文字或作（郭店·太一生水 13）、（郭店·唐虞之道 25）、（九 A49）、（新蔡甲三 393）、（施 42）、（施 65）、（施 96）、（施 123）、（秦風 23）。《説文·宋部》："南，艸木至南方有枝任也。从宋，羊聲。，古文。"

上博二·容 20、31"～方"，泛指南部地區，指長江流域及其以南地區。《左傳·昭公十九年》："若大城城父，而寘大子焉，以通北方，王收南方，是得天下也。"

上博二·容 40"～巢（巢）"，古地名。在今安徽巢縣西南。因位於古代華夏族活動地區的南方，故名。《書·仲虺之誥》："成湯放桀于南巢，惟有慙德。"《史記·夏本紀》："桀走鳴條，遂放而死。"張守節正義引《括地志》："廬州巢縣有巢湖，即《尚書》'成湯伐桀，放於南巢'者也。"

上博三·周 35、37"西～"，西和南之間的方向，即八卦坤所指的方向。《國語·周語下》："行之以遂八風。"韋昭注："西南曰坤。"

上博四·曹1"～北五百",《吕氏春秋·有始览》:"凡四海之内,东西二万八千里,南北二万六千里。"

上博五·弟18"东西～北",四方。泛指到处,处处。《左传·襄公二十九年》:"东西南北,谁敢宁处。"

上博一·孔8"即(节)～山",读为"节南山",《诗经》篇名,即《诗·小雅·节南山》:"节彼南山,维石岩岩。赫赫师尹,民具尔瞻。"

上博七·武3～,南去;向南行。《周礼·地官·大司徒》:"日南,则景短多暑。日北,则景长多寒。"

上博二·容14、上博七·武2、上博七·武13"～面",面向南,古人君听治之位居北,其面向南,故称人君曰南面也。《论语·雍也》:"子曰:雍可以使南面。"朱熹注:"南面者,人君听治之位。"《庄子·齐物论》:"昔者,尧问于舜曰:我欲伐宗、脍、胥敖,南面而不释然,其故何也?"王先谦集解:"南面,君位也。"

来纽林声

林

 上博二·容31 蓁～内(入)

 上博四·柬22 命(令)尹子～酾(问)于大(太)剀(宰)子(之)

《说文·林部》:"林,平土有丛木曰林。从二木。"

上博二·容31"蓁～",读为"榛林",榛木林。亦泛指丛林。宋玉《高唐赋》:"榛林郁盛,葩华覆盖。"枚乘《七发》:"于是榛林深泽,烟云闇莫。"

上博四·柬22"命(令)尹子～",人名。

呠

 上博六·竞8 山～史(使)薁(衡)守之

～,从"口","林"声,"林"字异体。

簡文"山～",山與林。亦指有山有林的地區。《周禮·地官·大司徒》:"辨其山林、川澤、丘陵、墳衍、原隰之名物。""山～吏莫守之",即"山林使衡守之",參《晏子春秋·外篇上》:"山林之木,衡鹿守之;澤之萑蒲,舟鮫守之;藪之薪蒸,虞候守之;海之鹽蜃,祈望守之。"

來紐向聲

萳

　　上博七·君甲 9 先君靈王乾溪云～

　　上博七·君乙 9 先君靈王乾溪云～

～,从"艸","向"聲,與（新蔡甲一12）同。

上博七·君 9"云～",讀爲"隕命",死亡;喪身。《左傳·成公十三年》:"天誘其衷,成王殞命。"(李家浩)

來紐臨聲

臨

　　上博四·柬 1 王自～卜

　　上博五·季 4 目(以)～民

　　上博五·三 22～民目(以)息(仁)

　　上博五·弟 9 猷(猶)下～也

上博六・慎6不可吕(以)炱(疑)～

上博六・天甲11～䬣不語亞(惡)

上博六・天甲11～衶

上博六・天甲11～城不[言毀]

上博六・天乙10～䬣不語亞(惡)

上博六・天乙10～衶

上博六・天乙11～城不言毀

上博六・壽3～易

～，郭店・老子甲11作 ，从倒趾。或作 ，屬於類化。秦文字或作 (秦集二・二・22・1)。《説文・臥部》："臨，監臨也。从臥，品聲。"

上博四・柬1～，涖，臨視。"臨卜"，見《周禮・春官・宗伯》："凡國大貞，卜立君，卜大封，則眡高作龜。"賈公彦疏："以大貞事大，故大卜身爲勞事，則大宗伯臨卜，其餘陳龜、貞龜皆小宗伯爲之也。"

上博五・季4、上博五・三22"～民"，治民。《國語・魯語上》："若以邪臨民，陷而不振。"又《楚語下》："夫神以精明臨民者也，故求備物，不求豐大。"

上博五・弟9～，統治、監督。《書・大禹謨》："臨下以簡。"《左傳・宣公七年》："王叔桓公臨之。"

上博六・慎 6"君子向方知道,不可以疑～",意爲君子懂得大道,不能夠用疑去臨對他。因爲道德已成,不爲所動。《論語・爲政》:"臨之以莊則敬。"邢昺疏:"自高涖下曰臨。"《左傳・昭公六年》:"臨之以敬。"孔穎達疏:"臨,謂位居其上,俯臨其下。"(劉洪濤、劉建民)

上博六・天甲 11、天乙 10～,面對,《詩・小雅・小旻》:"如臨深淵,如履薄冰。"

上博六・天甲 11、天乙 10"～犱",與"臨卜"意近。

上博六・天甲 11、天乙 11～,居上視下,《詩・邶風・日月》:"日居月諸,照臨下土。"此處指登臨。《新序・雜事》:"王奢去齊之魏,臨城自剄,以卻齊而存魏。"

上博六・壽 3"～易",讀爲"臨陽",疑當《左傳》文公十六年之"臨品"。"楚子乘馹,會師於臨品"。楊伯峻注引《欽定春秋傳說匯纂》謂在今湖北省均縣界。(凡國棟)

쓺(臨)

　　上博五・弟 9 人而下～(臨)

～,乃 🔲(臨)之省形。

簡文"下～",即"下臨",下對;下視。枚乘《七發》:"上有千仞之峯,下臨百丈之谿。"王巾《頭陁寺碑文》:"飛閣逶迤,下臨無地。"

精紐瞀聲

瞀

　　上博二・容 38 取亓(其)兩女～(琰)、𩁺(琬)

　　上博六・用 11～行冒還

～,與 🔲(左塚漆梮)同。《說文・曰部》:"瞀,曾也。從曰,舛聲。《詩》

曰：'朁不畏明。'"

上博二·容38～，讀爲"琰"。"取其（亓）兩女～、㜎"，讀爲"娶其兩女琰、琬"，《太平御覽》卷一三五"皇親部"引《竹書紀年》作："後桀伐岷山，岷山女於桀二人，曰琬、曰琰。桀受二女，無子，刻其名于苕華之玉，苕是琬，華是琰。"

上博六·用11"～行冒還"，"僭"與"冒"同義並舉。《說文》："僭，假也。"《字彙·門部》："冒，又假稱曰冒。"後又有"僭冒"一詞，見《宋史·樂志九》："風移僭冒，政治淳熙。"《左傳·昭公元年》："楚又行僭，非所害也。"杜預注："僭，不信。"（王蘭）

蠶

 上博四·采3～亡

《說文·䖵部》："蠶，任絲蟲也。从䖵，朁聲。"

簡文"～亡"，疑讀爲"蠶桑"，養蠶與種桑。《管子·山權數》："民之通於蠶桑，使蠶不疾病者，皆置之黃金一斤，直食八石。"《晏子春秋·內篇雜上》："公恐，復召晏子，諸侯忌其威，而高、國服其政，田疇墾辟，蠶桑豢牧之處不足，絲蠶于燕，牧馬于魯，共貢入朝。"《管子·輕重甲》："陽春，蠶桑且至。"《後漢書·東夷傳》："土地肥美，宜五穀。知蠶桑，作縑布。"

清紐侵聲

戩（侵）

 上博三·周13 利用～（侵）伐

～，从"戈"，"帚"聲，"侵"字異體。新蔡甲一7作，與上博三形同。《說文·人部》："侵，漸進也。从人又持帚，若埽之進。又，手也。"

簡文"～伐"，即"侵伐"。興兵越境討罪；進攻他國。《左傳·桓公十年》："鄭人怒，請師於齊，齊人以衛師助之，故不稱侵伐。"《左傳·莊公二十九年》："夏鄭人侵許。凡師有鐘鼓曰伐，無曰侵。"《春秋·桓公十年》："齊侯、衛侯、鄭伯來戰于郎。"杜預注："改'侵伐'而書'來戰'。"孔穎達疏："然則侵伐者，師

旅討罪之名也。"

寢

   上博四·曹 11 不晝～

   上博二·容 2 而～亓（其）兵

～，从"宀"，"㦰（侵）"聲，"寢"字異體。《説文·宀部》："寢，臥也。从宀，曼聲。📷，籀文寢省。"

上博二·容 2"～亓（其）兵"，即"寢兵"，息兵；停止戰爭。《管子·立政》："寢兵之説勝，則險阻不守；兼愛之説勝，則士卒不戰。"《史記·匈奴列傳》："願寢兵休士卒養馬，除前事，復故約，以安邊民。"

上博四·曹 11"不晝～"，不白天睡覺。《論語·公冶長》："宰予晝寢。子曰：'朽木不可雕也，糞土之牆，不可杇也；於予與何誅？'"

浸

   上博一·性 18 哭之敫（動）心也～焊

～，與📷（郭店·語叢二 17）、📷（郭店·語叢二 17）同，隸作"浧"，即浸字異體。郭店·性自命出 30 作📷，聲符繁化。

簡文"～焊"，郭店·性自命出 30 作"濺澩"，均讀作"浸殺"，是漸趨衰落的意思。《禮記·樂記》："是故志微噍殺之音作，而民思憂"，"是故其哀心感者，其聲噍以殺"。"浸"，漸漸，《易·臨》："剛浸而長"。殺，減少。《周禮·地官·虞人》："若食不能人二鬴，則令邦移民就穀，詔王殺邦用。"鄭玄注："殺猶減也。""浸殺"，（哭聲）漸漸減少。

寑

 上博八·李 1【背】～（浸）刞（毀）｜可（兮）

～，从"宀"，"帚"聲，秦印或作（秦風 23）。

簡文"～刞"，讀爲"侵毀"，《後漢書·循吏傳》："河決積久，日月侵毀，濟渠所漂數十許縣。"侵，副詞，逐漸。《易·遯》："浸而長也。"孔穎達疏："浸者，漸進之名。"《楚辭·遠遊》："形穆穆以浸遠兮，離人群而遁逸。"

寑

 上博六·天甲 11 不言～

 上博六·天乙 10 不言～

～，从"爿"，"帚"聲，"寑"字異體。《說文·宀部》："寑，臥也。从宀，㜱聲。䆞，籀文寑省。"

簡文～，讀爲"侵"，指侵伐、侵犯、侵奪。如《詩·小雅·六月》："玁狁匪茹，整居焦穫。侵鎬及方，至於涇陽。"《左傳·莊公二十九年》："夏，鄭人侵許。凡師，有鐘鼓曰伐，無曰侵，輕曰襲。"《左傳·桓公二年》："哀侯侵陘庭之田。"又古書"侵"、"亂"常連言，《潛夫論·思賢》："國以侵亂，不自知爲下所欺也。"《後漢書·皇甫張段列傳》："時太山賊叔孫無忌侵亂郡縣，中郎將宗資討之未服。"（楊澤生）

心紐三聲

三

上博一·性 8 亓（其）～述（術）者

正編·侵部

上博一·性 34 亞(惡)頪(類)～

上博二·民 2 㠯(以)行～亡(無)

上博二·民 5 敢睧(問)可(何)胃(謂)～亡(無)

上博二·民 5 ～亡(無)虖(乎)

上博二·民 7 此之胃(謂)～亡(無)

上博二·從甲 1 昔～弋(代)之明王之又(有)天下者

上博二·從甲 5 叿(固)～折(制)

上博二·從甲 5 ～曰惠

上博二·從甲 7 ～折(制)

上博二·從甲 10 從正(政)所炙(務)～

上博二·昔 1 大(太)子再～

上博二·容 14 㠯(以)～从舜於甽(畎)畮(畝)之中

上博二·容 18 墅(禹)聖(聽)正(政)～年

上博二·容 23 舜聖(聽)正(政)～年

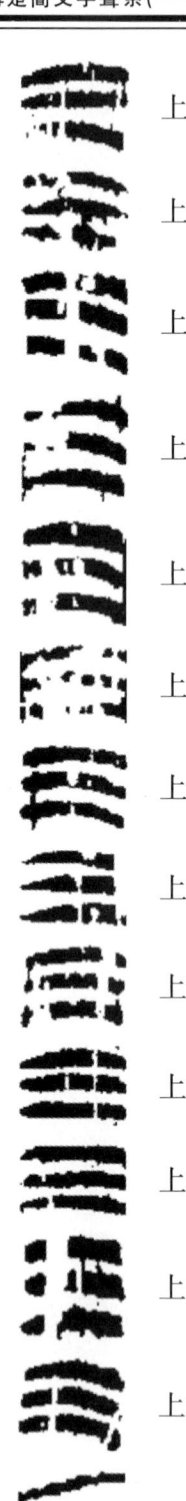

上博二·容26 叠(禹)乃迵(通)～江五沽(湖)

上博二·容29 ～年而天下之人亡(無)訟獄者

上博二·容31 方爲～佸

上博二·容31 東方爲～佸

上博二·容31 西方爲～佸

上博二·容31 南方爲～佸

上博二·容31 北方爲～佸

上博二·容39 狐～十仁而能之

上博二·容45 於是唬(乎)复(作)爲金桎～千

上博二·容48 ～敦(鼓)而進之

上博二·容48 ～敦(鼓)而退之

上博二·容51 ～军大䡂(犯)

上博二·容51 縭(帶)麐(甲)(甲)～千

上博三·中17 若出(此)～

上博三·中 18 昔～弋(代)之明王又(有)四海之內

上博三·中 20 ～害近與矣

上博三·彭 2 ～迲(去)亓(其)二

上博三·彭 7 一命～聶

上博三·彭 7 ～命四聶

上博三·彭 8 ～命四臟

上博四·昭 10 ～日

上博四·柬 16 ～日

上博四·柬 18 必～军又(有)大事

上博四·曹 14 ～弋(代)之戬(陳)皆鳶(存)

上博四·曹 19 ～䎽(教)之末

上博四·曹 22 ～軍出

上博四·曹 28 ～軍又(有)衒(帥)

上博四·曹 28 此～者所㠯(以)戬(戰)

上博四·曹 30 ～行之后

上博四·曹 36 能紣(治)～軍

上博四·曹 40 ～軍出〔乎〕競(境)必秀(勝)

上博四·曹 42 ～軍盞(散)果(裹)又(有)幾(忌)虖

上博四·曹 43 ～軍未成

上博四·曹 46 ～軍大敗不秀(勝)

上博四·曹 49 此～者足㠯(以)戩(戰)虖(乎)

上博四·曹 56 ～善聿(盡)甬(用)不皆(棄)

上博四·曹 60 一出言～軍皆懽(歡)

上博四·曹 60 一出言～軍皆逜(往)

上博四·曹 64 虐(吾)一谷(欲)睧(聞)～弋(代)之所

上博五·競 3 不出～年

上博五·季 14 ～代之迪(傳)史

上博五·君 10 昔者中尼籔(箴)徒～人

港甲 3□～

上博六·競 10 一丈夫執尋之幣、～布之玉

上博六·天甲 2 ～殜(世)

上博六・天甲 9 邦君～辟

上博六・天甲 13 所不學於帀(師)者～

上博六・天乙 1 夫=～殜(世)

上博六・天乙 8 邦君～辟

上博七・武 2 諲(祈)～日

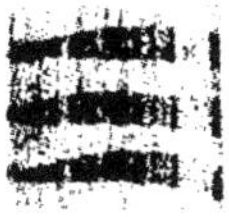

上博七・鄭甲 3 回(圍)奠(鄭)～月

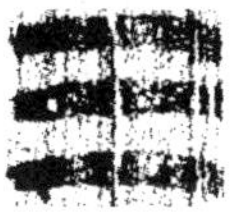

上博七・鄭甲 5 利(梨)木～睿(寸)

上博七・鄭乙 3 回(圍)奠(鄭)～月

上博七・鄭乙 5 利(梨)木～睿(寸)

上博七・君甲 1 白玉～回

上博七・君甲 2 白玉～回

上博七・君甲 4 庡(侯)子～人

上博七・君甲 6 此丌(其)～回也

上博七·君乙1 白玉～回

上博七·君乙2 白玉～回

上博七·君乙4 厌(侯)子～人

上博七·君乙5 此丌(其)～回也

上博七·吴7 ～臣

上博七·吴7 ～大夫

上博七·吴9 ～大夫

上博八·命11 遞(坐)友～人

上博八·命9 必内(入)瓜(偶)之於十友又～

上博八·命11 立友～人

上博八·有5 視毋㠯(以)～誈……

上博八·有6 論～夫之旁也今可(兮)

上博八·有6 蜀(獨)論～夫今可(兮)

 上博八·有 6 論夫～夫之精也今可(兮)

《說文·三部》:"三,天地人之道也。从三數。弎,古文三,从弋。"

簡文～,數詞。二加一所得。《易·需》:"有不速之客三人來。"《戰國策·齊策四》:"狡兔有三窟,僅得免其死耳。"

心紐參聲

上博一·緇 7 叀(禹)立～(三)年

上博二·子 9 ～(三)王者之乍(作)也

上博二·子 11 寔(懷)～(三)

上博二·子 13 ～(三)王者之乍(作)也女(如)是

上博二·子 13 肰(然)則～(三)王者篙(孰)爲

上博二·子 14 ～(三)天子事之

上博四·柬 9 王夢～(三)閨未啟

上博四·柬 16 ～(三)日

上博四·曹 23 二～子亭(免)之

上博五·弟 14 肰(然)則夫二～(三)子者

上博五·競6二～(三)子不謫忞(恕)寡人

上博五·鮑2二～(三)子孯(晚)之

上博五·鮑5弗謫人之生～(三)

上博八·命6十又～(三)亡𥎦(僕)

上博八·命10𥎦(僕)㠯(以)此胃(謂)視日十又～(三)亡𥎦(僕)

上博三·周1六～(三)

上博三·周2九～(三)

上博三·周4丌(其)邑人～(三)四户

上博三·周5六～(三)

上博三·周6終朝～(三)虁之

上博三·周7王～(三)賜命

上博三·周7六～(三)

上博三·周9六～(三)

 上博三·周 10 王～(三)驅

 上博三·周 14 六～(三)

上博三·周 16 六～(三)

上博三·周 18 选(先)甲～(三)日

上博三·周 18 後甲～(三)日

上博三·周 18 九～(三)

上博三·周 22 九～(三)

上博三·周 24 六～(三)

 上博三·周 26 九～(三)

上博三·周 28 九～(三)

 上博三·周 30 九～(三)

上博三·周 32 六～(三)

 上博三·周 35 九～(三)

 上博三·周37 畋脮(腰)晶~(三)狐(狐)

 上博三·周37 六~(三)

 上博三·周38 九~(三)

 上博三·周40 九~(三)

 上博三·周45 九~(三)

 上博三·周47 九~(三)

 上博三·周47 革言~(三)遼(就)

 上博三·周48 九~(三)

 上博三·周50 九~(三)

 上博三·周51 九~(三)

 上博三·周52 ~(三)歲(歲)不覿

 上博三·周53 九~(三)

 上博三·周54 六~(三)

上博三·周58 六~(三)

上博七·凡甲 21 兩生～

上博五·三 1 是胃(謂)～(三)惪

上博五·姑 2 㠯(以)虞(吾)族～(三)坓(邭)與

上博五·姑 1 姑(苦)城(成)豪(家)父㠯(以)亓(其)族～(三)坓(邭)正(征)百豫

上博五·姑 2 㠯(以)虞(吾)族～(三)坓(邭)與

上博五·姑 6～(三)坓(邭)中立

上博五·姑 6 害～(三)坓(邭)

上博五·姑 8～(三)坓(邭)家厚

上博五·姑 10 惻(賊)～(三)坓(邭)

上博五·姑 10～(三)坓(邭)既亡

上博六·用 1～節之未旻(得)

上博五·三 5～(三)善才(哉)

～，戰國文字或作▨（左塚漆桐）、▨（左塚漆桐）、▨（施150）、▨（郭店·性自命出15）、▨（郭店·性自命出41）、▨（郭店·語叢三67）、▨（新泰陶文）、▨（新泰陶文）、▨（施41）、▨（新收1080少司馬耳杯）、▨（先秦編178）、▨（珍戰133）、▨（施253）、▨（西安圖209）、▨（秦風88）、▨（關沮151壹）。▨、▨乃▨之省形。《說文·晶部》："曑，商星也。从晶，今聲。▨，曑或省。"

上博二·子9、13"～王"，讀爲"三王"，即禹、契、后稷，夏、商、周三代王室的始祖，所以稱爲"三王"。

上博四·柬9"～（三）闈"，三個宮中小門。《公羊傳·宣公六年》："有人荷畚，自閨而出者。"何休注："宮中之門謂之闈，其小者謂之閨。"

上博四·曹23、上博五·弟14、上博五·競6上博五·鮑2"二～（三）子"，猶言諸君；幾個人。《論語·八佾》："二三子何患於喪乎？天下之無道也久矣，天將以夫子爲木鐸。"

上博三·周10"～（三）驅"，古王者田獵之制。謂田獵時須讓開一面，三面驅趕，以示好生之德。《易·比》："九五，顯比，王用三驅。"孔穎達疏："褚氏諸儒皆以爲三面著人驅禽。必知三面者，禽唯有背己、向己、趣己，故左右及於後，皆有驅之。"一說，田獵一年以三次爲度。

上博五·三1"～（三）惪"，《大戴禮記·四代》："子曰：'有天德，有地德，有人德，此謂三德。三德率行，乃有陰陽；陽曰德，陰曰刑。'"與"天時"、"地材"、"民力"相關的"德"稱之爲"三德"。（曹峰）

上博五·姑"～（三）埅"，讀爲"三郤"，指郤錡、郤犨、郤至。《國語·楚語下》："晉長魚矯殺三郤於榭，魯圉人犖殺子般於次。"

上博六·用1"～節"，指心、目、言。

上博三·周52"～（三）歲"，虛數，猶言其多。汪中《釋三九》："生人之措辭，凡一二之所不能盡者，則約之以三，以見其多。三之所不能盡者，則約之以九，以見其極多。此言語之虛數也。實數可稽也，虛數不可執也。"

心紐心聲

心

 上博一·孔 4 丌(其)甬(用)～也䍒(將)可(何)女(如)

 上博一·孔 4 丌(其)甬(用)～也䍒(將)可(何)女(如)

 上博一·孔 22 丌(其)義(儀)一氏(兮)～女(如)結也

 上博一·緇 13 則民又(有)昱～

 上博一·緇 13 則民又(有)免～

 上博三·周 45 爲我～寒

 上博三·周 48 丌(其)～不悸

 上博三·周 49 礪(厲)合(薰)～

 上博一·緇 5 民䎽(以)君爲～

 上博一·緇 5 古(故)～䎽(以)儕(體)馬(廢)

 上博三·彭 1 句(耉)是(氏)執～不忘

 上博三·彭6 述（怵）惕之～不可長

 上博三·彭6 ～白身澤（釋）

 上博一·性1 ～亡（無）正（定）志

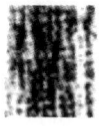 上博一·性4 亓（其）甬（用）～各異

 上博一·性14 肰（然）句（後）亓（其）內（入）拔（撥）人之～也敂（厚）

 上博一·性16 羕（詠）思而斁（動）～

 上博一·性17 凡古樂𦰩～

 上博一·性18 是古（故）亓（其）～不遠

 上博一·性18 哭之斁（動）～也

 上博一·性19 樂之斁（動）～也

 上博一·性20 凡思之甬（用）～爲甚

 上博一·性20 亓（其）聖（聲）弁（變）則～從之矣

上博一·性 20 亓(其)～弁(變)

上博一·性 21 叡斿(遊)～也

上博一·性 23 又(有)～愄(畏)者也

上博一·性 27 甬(用)～谷(欲)悳(德)而毋惌(僞)

上博一·性 28 君子執志必又(有)夫柱=(柱柱)之～

上博一·性 32 [求其]～又(有)爲(僞)也

上博一·性 35 凡甬(用)～之趀(趨)者

上博一·性 37 不又(有)夫柬=(柬柬)之～則悉(采)

上博一·性 38 不又(有)夫詘=(詘詘)之～則流

上博四·逸·交 3 隹(唯)～是奠

上博四·逸·交 4 隹(唯)～是萬(勵)

上博四·曹 18 必又(有)戬(戰)～吕(以)獸(守)

上博五·季18 氏(是)古(故)叚(殴)人大於邦而又舂(劬)～

上博六·莊8 必㠯(以)氏(是)～

上博六·莊9 可(何)敢～之又(有)

上博六·用1 ～目汲言

上博六·用6 階～懷惟

上博六·用7 ～

上博六·用9 隹～自惻

上博六·用13 又牆才～

上博六·用13 ～牆之既權

上博七·凡甲26 ～不勅(勝)心

上博七·凡甲26 心不勅(勝)～

上博七·凡甲26 ～女(如)能勅(勝)心

正編・侵部

上博七・凡甲 26 心女(如)能勅(勝)～

上博七・凡乙 19 ～不勅(勝)心

上博七・凡乙 19 心不勅(勝)～

上博七・凡乙 19 ～女(如)能勅(勝)心

上博七・凡乙 19 心女(如)能勅(勝)～

上博七・吳 6 寍(寧)～敓慐(憂)

上博七・凡甲 28 君齋=(之所)貴唯～

上博七・凡乙 20 君齋=(之所)貴唯～

上博八・成 15 民皆又(有)夬(乖)鹿(離)之～

上博八・李 2 木一～可(兮)

上博八・有 2 同埶異～今可(兮)

上博八・有 4 又(有)不善～耳今可(兮)

～，戰國文字或作(郭店・老子甲 35)、(郭店・緇衣 8)、(郭

· 3207 ·

店·緇衣 26）、▲（郭店·五行 10）、▲（新出溫縣 WT1K1:3417）、▲（尊古 318）。《說文·心部》："心，人心，土藏，在身之中。象形。博士說，以爲火藏。"

上博一·孔 4"甬～"，讀爲"用心"，存心；居心。《莊子·天道》："昔者舜問於堯曰：'天王之用心何如？'"

上博一·孔 22"丌（其）義（儀）一氏（兮）～女（如）結也"，見《詩·曹風·鳲鳩》："鳲鳩在桑，其子七兮。淑人君子，其儀一兮。其儀一兮，心如結兮。"

上博一·緇 13"免～"，今本作"遯心"，鄭玄注："遯，逃也。"《論語·爲政》："道之以政，齊之以刑，民免而無恥。"孔安國注："免，苟免。"劉寶楠正義："彼言'遯'，此言'免'，義同，《廣雅·釋詁》：'免，脫也。'謂民思脫避於罪也。"

上博一·緇 13"忞（遜）～"，讀爲"遜心"，順從的心。《禮記·緇衣》："故君民者，子以愛之，則民親之；信以結之，則民不倍；恭以涖之，則民有孫心。"鄭玄注："涖，臨也。孫，順也。"陸德明釋文："孫音遜。"

上博三·周 45"～寒"，讀爲"心惻"。《易·井》："爲我心惻。"孔穎達疏："'爲我心惻'者，爲，猶使也。井渫而不見食，猶人修己全潔而不見用，使我心中惻愴，故曰'爲我心惻'也。"

上博三·周 49"礪（厲）合（薰）～"，謂心受熏灼。常形容愁苦。《易·艮》："艮其限，列其夤，厲薰心。"王弼注："危亡之憂，乃薰灼其心也。"

上博一·緇 5"古（故）～以體廢（廢）"，古人以心爲思維器官，故後沿用爲腦的代稱。《國語·周語上》："夫民慮之於心，而宣之於口，成而行之，胡可壅也。"《孟子·告子上》："心之官則思。"《素問·靈蘭秘典論》："心者，君主之官也，神明出焉。"

上博三·彭 1"執～"，謂心志專一堅定。袁宏《後漢紀·光武帝紀一》："彭爲郡吏，執心堅守，是其節也。"

上博三·彭 6"述（怵）惕之～不可長"，《禮記·祭義》："春，雨露既濡，君子履之，必有怵惕之心，如將見之。"

上博三·彭 6"～白"，與《管子·白心》有關。《莊子·天下》："不累於俗，不飾於物，不苟於人，不忮於衆，願天下之安寧以活民命，人我之養畢足而止，以此白心，古之道術有在於是者，宋鈃、尹文聞其風而悦之。""白心"之説和宋鈃一派又有關係。（周鳳五）《説苑·臣術》："二曰虛心白意，進善信道，勉主以體誼，諭主以長策，將順其美，匡救其惡，功成事立，歸善于君，不敢獨伐其勞，如此者良臣也。"

上博一·性16、18、19"敓（動）～"，謂思想、感情引起波動。《孟子·公孫丑上》："我四十不動心。"

上博一·性17"凡古樂龍～"，聽古樂能够和心。（李學勤）

上博一·性21"斿～"，讀爲"遊心"，留心；心神傾注在某一方面。《莊子·德充符》："夫若然者，且不知耳目之所宜，而遊心乎德之和。"

上博四·曹18"戬（戰）～"，戰鬥的決心。《尉繚子·攻權》："分險者無戰心，挑戰者無全氣，鬭戰者無勝兵。"賈誼《新書·修政語下》："凡有戰心者，必修之以政而興之以義，然後能以勝也。"

上博五·季18"㕁（劬）～"，謂勞心。《後漢書·列女傳》："夙夜劬心，勤不告勞，而今而後，乃知免耳。"

上博六·莊9"可敢～之又"，讀爲"何敢心之有"，"心"即爭奪之心。（李學勤）

上博六·用1"～目"，心和眼。泛指記憶，眼前。《國語·晉語一》："上下左右，以相心目。"《大戴禮記·曾子立事》："故目者，心之浮也；言者，行之指也，作於中，則播於外也。"

上博七·凡甲26、凡乙19～，思想、意念、感情的統稱。《易·繫辭上》："二人同心，其利斷金。"《詩·小雅·巧言》："他人有心，予忖度之。"

上博七·吴6"寍（寧）～"，靜心。

上博八·李2"一～"，一條心。同心；齊心。《書·泰誓上》："受（商紂名）有臣億萬，惟億萬心；予有臣三千，惟一心。"《韓詩外傳》卷六："故近者競親而遠者願至，上下一心，三軍同力。"

上博八·有2"異～"，二心；叛離的意圖。《左傳·昭公三十一年》："若得從君而歸，則固臣之願也，敢有異心？"《史記·淮南衡山列傳》："當今諸侯無異心，百姓無怨氣。"

上博八·有4"善～"，善良的心，好心腸。《荀子·樂論》："使其曲直、繁省、廉肉、節奏，足以感動人之善心。"

上博～，思想、意念、感情的通稱。《詩·小雅·巧言》："他人有心，予忖度之。"

滂紐品聲

品

 上博六·孔 3～勿

 上博六·孔 24～勿備矣

《說文·品部》："品，衆庶也。从三口。"

簡文"～勿"，讀爲"品物"，猶萬物。《易·乾》："大哉乾元！萬物資始，乃統天。雲行雨施，品物流形，大明終始，六位時成，時乘六龍，以御天。乾道變化，各正性命。"《國語·楚語下》："天子遍祀群神品物。"韋昭注："品物，謂若八蜡所祭貓虎昆蟲之類。"《周禮·天官·庖人》："掌共六畜六獸六禽，辨其名物。凡其死生鮮薧之物，以共王之膳，與其薦羞之物。"鄭玄注："備品物曰薦，致滋味乃爲羞。"

明紐凡聲

凡

 上博一·性 1～人唯（雖）又（有）生（性）

 上博一·性 3～眚（性）爲宔（主）

 上博一·性 4～眚（性）

 上博一·性 5～敩（動）眚（性）者

上博一·性6～見者之胃（謂）勿（物）

上博一·性17～古樂壐心

上博一·性17～[至樂]必悲

上博一·性19～憂思而句（後）悲

上博一·性20～思之甬（用）心爲甚

上博一·性21～人情爲可兌（悅）也

上博一·性27～身谷（欲）靑（靜）而毋遣（譴）

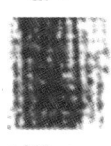
上博一·性29～悅人勿翠（隱）[也]

上博一·性30～交毋剌（烈）

上博一·性30～於道洛（路）毋悁（悒）

上博一·性31～憂悁（患）之事谷（欲）任

上博一·性31～孚（教）者求亓（其）[心爲難]

 上博一·性35~甬心之趎（趣）者

 上博一·性39~人僞爲可亞（惡）也

 上博二·容3~民俾（卑）敉（末）者

 上博三·亙7~多采物先者又善

 上博四·曹21~畜群臣

 上博四·曹24~貴人由（囚）凥（處）前立（位）一行

 上博四·曹25~又（有）司銜（率）倀（長）

 上博五·季20~欲勿棠

 上博五·季20~遊（失）勿岙（危）

 上博五·君5~色毋惎

 上博五·君6~目毋遊

 上博五·三6~宅官於人

 上博五·三7~飤（食）歈（飲）無量詡

上博五・三 13～若是者

上博六・用 6～羣人

上博六・用 20～民之終穎

上博六・天甲 1～天子七殜（世）

上博六・天甲 8～天子欽燹

上博六・天乙 1～天子建之吕（以）州

上博六・天乙 1～天子七殜（世）

上博六・天乙 7～天子欽燹

～,與 ✦(郭店・成之聞之 22)、✦(郭店・性自命出 12)、✦(郭店・語叢一 45)、✦(郭店・語叢四 5)、✦(九 A41)、✦(先秦編 559)、✦(關沮 141 貳)同。《說文・二部》:"凡,最括也。从二,二,偶也。从乁,乁,古文及。"
上博～,副詞,所有;凡是。《易・益》:"凡益之道,與時偕行。"

咠

上博二・從甲 9～(凡)此七者

 上博七·凡甲 1～勿(物)流型

 上博七·凡甲 3【背】～勿(物)流型

 上博七·凡甲 14 夫～之至

 上博七·凡乙 1～勿(物)流型

 上博七·凡乙 9 夫～之至

～，从"口"，"凡"聲，"凡"字繁體。

上博七·凡甲 14、凡乙 9～，讀爲"風"。"風"从"凡"聲，可以相通。"風"，空氣流動的現象。《詩·鄭風·蘀兮》："蘀兮蘀兮，風其吹女。"《論語·顏淵》："君子之德風，小人之德草。草尚之風，必偃。"

風

 上博一·孔 3 邦～

 上博一·孔 4 邦～氏(是)也

 上博一·孔 26 浴(谷)～

 上博一·孔 27 北～

 上博五・弟 4 □□～也

 上博八・命 2 先夫=(先大夫)之～(諷)諫(諫)遺命

 上博八・李 2 非與從～可(兮)

 上博八・蘭 4 ～汗(旱)之不閹(罔)

 上博八・有 2 亡(無)郢又(有)～(諷)今可(兮)

《説文・風部》：“風，八風也。東方曰明庶風，東南曰清明風，南方曰景風，西南曰涼風，西方曰閶闔風，西北曰不周風，北方曰廣莫風，東北曰融風。風動蟲生。故蟲八日而化。从虫，凡聲。𠙈，古文風。”

上博一・孔 3、4"邦～"，即國風，《詩經》的一部分。大抵是周初至春秋間各諸侯國的民間詩歌。包括《周南》、《召南》、《邶風》、《鄘風》、《衛風》、《王風》、《鄭風》、《齊風》、《魏風》、《唐風》、《秦風》、《陳風》、《檜風》、《曹風》和《豳風》，也稱爲"十五國風"，共一百六十篇。

上博一・孔 26"浴～"，讀爲"谷風"。《詩經》篇名。《詩・邶風・谷風》："習習谷風，以陰以雨。黽勉同心，不宜有怒。采葑采菲，無以下體？德音莫違，及爾同死。"

上博一・孔 27"北～"，《詩經》篇名。《詩・邶風・北風》："北風其涼，雨雪其雱。惠而好我，攜手同行。其虛其邪？既亟只且！"

上博八・命 2"～諫"，讀爲"諷諫"，以婉言隱語相勸諫。《史記・滑稽列傳》："優孟，故楚之樂人也。長八尺，多辯，常以談笑諷諫。"

上博八・李 2"從～"，隨風。張衡《南都賦》："芙蓉含華，從風發榮。"何晏《景福殿賦》："參旗九旒，從風飄揚。"

上博八・蘭 4"～汗"，讀爲"風旱"，風灾和旱灾。《周禮・春官・小祝》："逆時雨，寧風旱，彌灾兵，遠辠疾。"《後漢書・寇榮傳》："願陛下思帝堯五教

在寬之德,企成湯避遠讒夫之誠,以寧風旱,以彌災兵。"

上博八·有 2～,讀爲"諷",用委婉的語言暗示、勸告或譏刺、指責。《韓非子·八經》:"故使之諷,諷定而怒。"王先慎集解:"諷,勸諫。"陳奇猷集釋:"不以正言謂之諷。"

正編・葉部

上博楚簡文字聲系

枼 部

匣紐盍聲

枼

上博六·競 2 ~敓(誅)之

上博六·競 3 公~戜(誅)之

上博六·競 11 ~必死

上博六·木 3 蠱不~

上博六·木 4 智(知)蠱不~

上博七·武 2 ~諲(祈)虖(乎)

上博七·吳 9 我先君~

~，與 、、、同。

· 3219 ·

《説文·血部》:"盇,覆也。从血、大。"

上博六·競 2、3、11～,代詞。表示疑問,猶何、什麽、怎麽。《管子·霸形》:"仲父胡爲然,盇不當言,寡人其有鄉乎?"尹知章注:"何不陳當言,令寡人有所歸向?"《楚辭·九歌·東皇太一》:"瑶席兮玉瑱,盇將把兮瓊芳。"王引之《經傳釋詞》卷四:"王注曰:盇,何也,言靈巫何持乎,乃復把玉枝以爲香也。今本作'盇,何不也。''不'字乃後人所加。注言靈巫何持,則訓盇爲何,明矣。……蓋後人但知盇爲何不,而不知其又訓爲何,故紛紛妄改耳。"

上博六·木 3、4～,讀爲"蓋",器物上部有遮蓋作用的東西。《禮記·少儀》:"器則執蓋。"

上博七·武 2～,副詞。表示反詰,猶何不。《左傳·成公六年》:"或謂樂武子曰:'聖人與衆同欲,是以濟事。子盇從衆?'"杜預注:"盇,何不也。"

上博七·吴 9"～盧"讀爲"蓋盧",吴王,夫差之父,典籍或作"闔閭",見《吴越春秋》。《國語·吴語》:"吴王夫差既退於黄池,乃使王孫苟告勞於周,曰:'昔者楚人爲不道,不承共王事,以遠我一二兄弟之國。吾先君闔盧不貰不忍,被甲帶劍,挺鈹擂鐸,以與楚昭王毒逐於中原柏舉。'"

欿

 上博三·周 14 母(毋)頴(疑)覀(佩)～(盇)亞(簪)

 上博三·周 55 ～易出

～,从"欠","去"聲。"嗑"字異體,二字均从"去"(葉部字)得聲,義符"欠"、"口"可通用。《説文·口部》:"嗑,多言也。从口,盇聲。讀若甲。"

簡文～,即"嗑",多言也。今本、馬王堆漢墓帛書本對應文字分別是"勿疑朋盇簪"、"勿疑朋甲讒",高亨先生認爲"盇"通"嗑"。(陳斯鵬、季旭昇)

憲

 上博六·用 2 不可～

～,从"心","盇"聲。

簡文～,或疑讀爲"愆"(古音溪紐元部),意爲過。"罪之枝葉,良人可思,【而亦】不可愆",當指要謹小慎微,防微杜漸。(李鋭)

瀍

上博二·從乙2 不膚～嬴(盈)亞(惡)則民不惓(怨)

上博二·昔3 興敚(美)～(廢)亞(惡)

上博五·季15 先人斎=(之所)～(瀍)勿记(起)

上博五·三19 ～(廢)人勿譻(興)

上博五·競3 安(焉)命行先王之～(法)

上博五·競4 安(焉)攸(修)先王之～(法)

上博五·鬼1 天下～(法)之

上博三·亙11 兩者不～(廢)

上博三·亙13 無又(有)～(廢)者

上博三·亙5 隹(惟)返(復)㠯(以)不～(廢)

· 3221 ·

上博六·慎1 精~㠯（以）巽埶

上博六·用14 折（制）~即井

上博六·天甲4 古（故）亡（無）豊（禮）大~（廢）

上博六·天乙3 古（故）亡（無）豊（禮）大~（廢）

上博七·吳9 ~丌（其）贈

上博八·志7 朝起（起）而夕~（廢）之圣〈全〉

上博一·緇14 隹（唯）复（作）五虐（虐）之型（刑）曰~（灋）

~，楚文字或作 (郭店·老子甲31)、 (郭店·老子甲23)、 (郭店·老子甲23)、 (郭店·老子甲23)、 (郭店·緇衣9)、 (左塚漆梮)，或省水作 (郭店·六德2)、 (郭店·六德40)、 (郭店·六德44)，或作 ，與 金（《說文》古文）、 金（古文四聲韻引石經）、 金（古文四聲韻引樊先生碑）、 金（汗簡）等形近。李學勤、劉樂賢認爲"金"可能就是"乏"字，古文用爲"灋"（李學勤、劉樂賢）。黃錫全、李零、魏宜輝、馮勝君認爲"金"字當分析爲從"宀""乏"聲，爲"灋"。其他系文字或作 （山東104 司馬楙編鎛）、 （施218）、 （陝西9）、 （秦駰玉版）。《說文·廌部》："灋，刑也。平之如水，從水。廌，所以觸不直者；去之，從去。 ，今文省。金，古文。"

上博二·昔 3"興歠～亞",讀爲"興美廢惡",《書·君陳》:"有廢有興,出入自爾師虞,庶言同則繹。"

上博五·季 15～,讀爲"廢",荒廢。(季旭昇)

上博五·三 19"～人",讀爲"廢人",《管子·法法》:"廢人而復起,殆。"

上博五·競 3、4"先王之～(法)",《吕氏春秋·察今》:"今世之主法先王之法也,有似於此。"

上博五·鬼 1"天下～(法)之",天下之人以爲法儀。《墨子·天志下》:"故昔也三代之聖王堯舜禹湯文武之兼愛之天下也……於是加其賞焉,使之處上位,立爲天子以法也。"《墨子·明鬼下》:"不識若昔者三代聖王堯舜禹湯文武者足以爲法乎?""若昔者三代聖王,足以爲法矣!"

上博三·亙 11"兩者不～",讀爲"兩者不廢",《管子·法法》:"兵當廢而不廢,則古今惑也;此二者不廢而欲廢之,則亦惑也。"

上博六·慎 1"精～以巽埶",讀爲"情法以權勢"。(劉洪濤、劉建民)

上博六·用 14"折～",讀爲"制法",《文子·自然》:"故先王之制法,因民之性,而爲之節文,無其性,不可使順教;無其資,不可使遵道。"

上博三·亙 5、13、上博六·天甲 4、天乙 3～,讀爲"廢",廢棄,《老子》:"大道廢,有仁義。"

上博七·吴 9～,讀爲"廢",廢棄。《老子》:"大道廢,有仁義。"《論語·衛靈公》:"君子不以言舉人,不以言廢人。"

上博八·志 7～,讀爲"廢",與"起"相對,廢止。《漢書·食貨志》:"賦斂不時,朝令而暮改。"

上博一·緇 14～,標準;模式。《易·繫辭上》:"制而用之謂之法。"孔穎達疏:"言聖人裁制其物而施用之,垂爲模範,故云'謂之法'。"

見紐甲聲

甲

上博三·周 18 选(先)～晶(三)日

上博三·周 18 後～晶(三)日

楚簡"甲"一般作■(郭店·老子甲26)、■(新蔡甲三80),爲三面包圍狀,有時可以省去上邊一橫作■(包山90)、■(望一137)、■(新蔡甲三134、108)、■(九A38),爲半包圍狀,與"亡"有混同的情況。燕、秦文字則作■(先秦編577)、■(秦風147)、■(秦風155)。《說文·甲部》:"甲,東方之孟,陽氣萌動,从木戴孚甲之象。一曰:人頭宜爲甲,甲象人頭。■,古文甲。始於十,見於千,成於木之象。"

簡文~,一旬的第一日。《易·蠱》:"先甲三日,後甲三日。"孔穎達疏:"甲,爲十日之首。"高亨注:"每月三旬。每旬十日,以甲、乙、丙、丁、戊、己、庚、辛、壬、癸十字記之。"《禮記·郊特牲》:"日用甲,用日之始也。"揚雄《法言·先知》:"先甲一日易,後甲一日難。"李軌注:"甲者,一旬之始,已有之初也。"

見紐夾聲

夾

 上博六·競8 約~者關

 上博二·容25 於是虐(乎)~州、滄(涂)州訇(始)可尻

 上博三·周27 欽(感)煩(顅)~肯(舌)

《說文·大部》:"夾,持也。从大俠二人。"

上博二·容25"~州",讀爲"冀州"。《爾雅·釋地》:"兩河間曰冀州"。《呂氏春秋·有始覽》:"河、漢之間爲豫州,周也;兩河之間爲冀州,晉也;河、濟之間爲兗州。"或認爲相當於"兗州";或說"夾"讀爲"兗";或認爲是"寅"之誤寫,通"兗"。

上博三·周27~,讀爲"煩",臉的兩側從眼到下頷部分。《易·咸》:"上六:咸其輔、頰、舌。"《釋名》:"頰,夾也,兩旁稱也,亦取挾斂食物也。"馬王堆

漢墓帛書本作"郟",今本作"頰"。

上博六·競8～,通"挾",夾持。簡文"約挾諸關,縛纒諸市",即"約挾之於關,縛纒之於市"。

疑紐業聲

業（業）

　　上博一·孔5㠯(以)爲丌(其)～(業)

　　上博三·亙4～=天堅(地)

～,從二"業","業"字繁體。三晉文字或作 (古研24)、 (古研24)、 (古研24)、 (江漢考古1989·3十四年鄭下庫戈)。《說文·丵部》："業,大版也,所以飾縣鍾鼓。捷業如鋸齒,以白畫之。象其鉏鋙相承也。從丵,從巾,巾象版。《詩》曰:'巨業維樅。' ,古文業。"

上博一·孔5"秉文之德,以爲其業",《太玄·遠離》："秉道德仁義而施之之謂業也。"《釋名·釋言語》："業,捷也,事捷乃有功業也。"《小爾雅·廣詁》："捷,及也。"又："捷,疾也。"《易·乾》："君子進德修業,欲及時也。"(連劭名)

上博三·亙4"業業",盛大義。《詩·大雅·烝民》："四牡業業。"毛亨傳："業業,言高大也。"引申爲盛大。或讀爲"察察",《廣雅·釋訓》："顯顯、察察,著也。"

定紐涉聲

涉

　　上博一·孔29～秦(溱)

上博二·容51～於孟瀗（津）

上博三·周22 利～大川

上博三·周25 不可～大川

上博三·周25 利～大川

上博四·柬9 牆（將）鼓而～之

上博四·柬11 鼓而～之

上博五·季7 羣=（君子）～之

上博三·周2 利～大川

上博三·周4 不利～大川

上博三·周12 甬（用）～大川

上博三·周18 利～大川

上博三·周54 利～大川

　　上博三·周 58 利～大川

　　上博三·周 58 利～大川

　　上博七·鄭甲 6 晉人～

　　上博七·鄭乙 6 晉人～

～，與 (郭店·老子甲 8)同。《説文·㱽部》："㱽，徒行厲水也。从㱽，从步。 ，篆文，从水。"

上博一·孔 29"～秦"，讀爲"涉溱"，見《詩·鄭風·褰裳》："子惠思我，褰裳涉溱。"

上博二·容 51"～於孟㱽(津)"，師渡孟津。《書·序》作："惟十有一年，武王伐殷，一月戊午，師渡孟津。作《太誓》三篇。"《史記·周本紀》作："[武王]乃遵文王，遂率戎車三百乘，虎賁三千人，甲士四萬五千人，以東伐紂。十一年十二月戊午，師畢渡盟津，諸侯咸會。"

上博三·周～，徒步渡水。《詩·鄭風·褰裳》："子惠思我，褰裳涉溱。"

上博五·季 7"君子～之"，"之"，指"書"、"詩"和"儀"。～，涉獵。指閲讀學習。《漢書·賈山傳》："山受學袪，所言涉獵書記，不能爲醇儒。"顔師古注："涉若涉水，獵若獵獸，言歷覽之不專精也。"嵇康《與山巨源絶交書》："少加孤露，母兄見驕，不涉經學。"

定紐葉聲

枼

　　上博六·用 15 皋(罪)之枝～

～,秦文字或作 (廿一年相邦冉戈)、葉(傅封)。《説文・艸部》:"葉,艸木之葉也。從艸,枼聲。"

簡文"枝～",枝條和樹葉。《詩・大雅・蕩》:"枝葉未有害,本實先撥。"引申指同宗的旁支、從屬的次要的事物。《史記・陳涉世家》:"夫先王以仁義爲本,而以固塞文法爲枝葉,豈不然哉!"

鄴

 上博八・命 1～(葉)公子高之子見於命(令)尹子春

～,與(新蔡甲三 233、190)同,從"邑","枼"聲,即"葉"地之專字,其地在今河南南陽葉縣南。

簡文"～公子高",春秋時楚國人,僭稱公,姓沈,名諸梁,字子高,沈尹戌之子,楚大夫,封於葉,爲葉縣尹。《吕氏春秋・慎行論》:"沈尹戌謂令尹曰:'夫無忌,荆人讒人也。'"高誘注:"沈尹戌,莊王之孫,沈諸梁葉公子高之父也。"

泥紐聶聲

聶

 上博六・用 12～亓(其)睞而不可遶膻

上博七・吴 6～周子孫

《説文・耳部》:"聶,附耳私小語也。從三耳。"

上博六・用 12～,讀爲"攝",謂張弓注矢作射擊準備。《文選・司馬相如〈喻巴蜀檄〉》:"夫邊郡之士,聞烽舉燧燔,皆攝弓而馳,荷兵而走。"李善注:"攝,謂張弓注矢而持之。"或認爲"聶"用其本義。《説文・耳部》:"聶,附耳私小語也。"(李天虹)或讀爲"囁"、"喦"。(曹峰)

上博七・吴 6～,讀爲"攝",收斂;吸引。《莊子・胠篋》:"將爲胠篋探囊

・3228・

發匱之盜而爲守備,則必攝緘縢,固扃鐍,此世俗之所謂知也。"陸德明釋文引崔譔曰:"攝,收也。""攝周子孫",聚合在一起的周人子孫,猶言所有的周人的後裔。

槑

上博六·孔 13 大爲毋～

～,從"木","聑"聲。"聑"、"聶"二字音近古通。王莽年號"居攝"之"攝",居延漢簡有時就寫作"聑"。曾侯乙墓竹簡的"聶"和"鄂"、郭店·緇衣 45 的"槑"、天星觀楚墓竹簡、九 A44 的"墾",皆應當讀爲"攝"。

簡文～,讀爲"攝"。"攝"常訓爲"整",亦訓爲"收"、"斂",有自我整飭、收斂、約束一類意思。《左傳·襄公十四年》:"不書,惰也。……書于伐秦,攝也。"杜預注:"能自攝整。"(陳劍)

悊

上博六·用 4 ～好棄憂

～,從"心","聑"聲,"懾"字異體。《說文·心部》:"懾,失氣也。從心,聶聲。一曰服也。"

簡文～,讀爲"攝",訓安。《漢書·嚴助傳》:"近者親附,遠者懷德,天下攝然,人安其生。"顏師古注引孟康曰:"攝,安也,音奴協反。"《文選·劉琨〈勸進表〉》:"抗明威以攝不類,杖大順以肅宇内。"李善注:"攝,安也。"

泥紐囡聲

囡

上博一·緇 23 璺(朋)友卤〈卤(攸)〉～

上博楚簡文字聲系(一~八)

 上博四·曹 37 毋~筲(爵)

 上博七·凡甲 4 九~出誨

 上博七·凡乙 4 九~出誨

《説文·囗部》:"囩,下取物縮藏之。从囗,从又。讀若聶。"段玉裁注:"謂攝取也","下取,故从又","縮藏之,故从囗"。《玉篇》:"囩,手取物也。"

上博一·緇 23~,讀爲"攝",佐理;輔助。《詩·大雅·既醉》:"朋友攸攝,攝以威儀。"毛亨傳:"言相攝佐者以威儀也。"王引之《經義述聞·毛詩下》:"攝即佐也。"《左傳·襄公十四年》:"衛北宮括不書於向,書於伐秦,攝也。"俞樾《群經平議·左傳二》:"攝之言佐也,助也。言北宮括於此役有佐助之功也。"

上博四·曹 37"~筲",讀爲"攝爵"。"毋囩爵"可能是説爲君者不可惜爵而不授。

上博七·凡甲 4、凡乙 4"九~",讀爲"九域",典籍或作"九有",即"全天下"。《詩·商頌·玄鳥》:"方命厥后,奄有九有。"毛亨傳:"九有,九州也。"(季旭昇)

來紐鼠聲

轈

 上博五·鮑 4 ![img]民~樂

 上博六·用 14 克~戎事

~,从"車","鼠"聲,"獵"字的異體。古時駕車狩獵,故字从"車"。九 A31 作![img]、包山 150 作![img],與上博簡形同。楚文字"鼠"或从"鼠"之字或作![img](郭

店・性自命出 54)、▨(九店 A25);邋:▨(郭店・六德 43)、▨(清華三・芮良夫 6);獻:▨(郭店・六德 40)、▨(郭店・六德 41)、▨(郭店・語叢三 12);髖:▨(清華一・楚居 3)、▨(清華一・楚居 3)。《說文・犬部》:"獵,放獵逐禽也。从犬,巤聲。"

上博五・鮑 4"～樂",讀爲"獵樂",即以田獵爲樂。《詩・魏風・伐檀》:"不狩不獵,胡瞻爾庭有縣貆兮。"曹植《求出獵表》:"于七月伏鹿鳴麈,四月五月射雉之際,此正獵樂之時。"

上博六・用 14"克～戎事",即"克獵戎事"猶言能利用田獵以備戎事。《禮記・仲尼燕居》:"是故以之居處,長幼失其別,閨門三族失其和,朝廷官爵失其序,田獵戎事失其策,軍旅武功失其制,宮室失其度,量鼎失其象,味失其時,樂失其節,車失其式,鬼神失其饗,喪紀失其哀,辨說失其黨,官失其體,政事失其施,加於身而錯於前,凡眾之動失其宜。"

清紐妾聲

妾

上博三・周 30 畜臣～

上博七・君甲 5 宮～㠯(以)十百婁(數)

上博七・君乙 4 宮～㠯(以)十百婁(數)

～,秦文字或作▨(秦風 86)、▨(里 J1・16・6 正)、▨(里 J1⑨984 背)。《說文・辛部》:"妾,有辠女子,給事之得接於君者。从辛,从女。《春秋》云:'女爲人妾。'妾,不娉也。"

上博三・周 30"臣～",古時對奴隸的稱謂。男曰臣,女曰妾,後亦泛指統治者所役使的民眾和藩屬。《漢書・食貨志上》:"王莽因漢承平之業,匈奴稱藩,百蠻賓服,舟車所通,盡爲臣妾。"

上博七·君甲·5、君乙4"宫～",《史記·衛康叔世家》:"獻公十三年,公令師曹教宫妾鼓琴,妾不善,曹笞之。"

萐

 上博二·容14 樢(褥)、～(鍤)

《説文·竹部》:"箑,扇也。从竹,疌聲。篓,箑或从妾。"

簡文～,或疑讀"鍤"("鍤"是初母葉部字,"萐"是生母葉部字,讀音相近)。鍤是鏟類的農具。《淮南子·要略》:"禹之時,天下大水,禹身執虆臿,以爲民先。"

正編·談部

上博楚簡文字聲系

談　部

影紐猒聲

猒

上博一・孔 23 終虎(乎)不～(猒)人

上博一・緇 24 我龜既～(猒)

上博二・從甲 12 旹(持)善不～(猒)

上博三・中 12 讇讇～人

上博三・亙 1 自～不自忍

上博三・中 16 君子亡所～人

上博八・王 5 命(令)尹子春～

上博六·孔 20 女夫見人不～

～，郭店·緇衣 46 作𣥺。《說文·甘部》："猒，飽也。从甘，从肰。𣤶，猒或从目。"

上博一·緇 24"我龜既～（猒）"，《禮記·緇衣》："詩云：我龜既厭，不我告猶。"孔穎達疏："《小雅·小旻》之篇，刺幽王之詩。言幽王性行無恆，數誣卜筮，故云我龜既厭倦於卜，不於我身告其吉凶之道也。"

上博三·亙 1～，讀爲"厭"，滿足。《左傳·僖公三十年》："夫晉何厭之有！既東封鄭，又欲肆其西封。"

上博一·孔 23、上博三·中 12、16"～人"，讀爲"厭人"，見《管子·形勢解》："明主不厭人，故能成其衆。"或釋爲"怨"。

上博二·從甲 12、上博六·孔 20"不～"，不滿足；不飽。厭，通"饜"。《楚辭·離騷》："衆皆競進以貪婪兮，憑不厭乎求索。"《史記·伯夷列傳》："然回也屢空，糟糠不厭，而卒蚤夭。"《漢書·王莽傳中》："富者犬馬餘菽粟，驕而爲邪；貧者不厭糟糠，窮而爲姦。""不厭"與"不倦"相對。

䁙

上博五·競 10～公䇒（告）而爨

～，从"視"，"屑"聲。"屑"與鄂君啟節𦎧、郭店·老子丙 7𦎧字右旁同。簡文～，讀爲"厭"或"饜"。或讀爲"厭"、"讘"、"諂"。

影紐弇聲

弇

上博二·從乙 1～戒先達（匿）

 上博三·中 10 夫臤才不可～（弇）也

 上博六·競 7 女川言～亞虖

～，與 （郭店·成之聞之 16）、 （郭店·成之聞之 23）、 （新蔡甲三 203）同，或作 （郭店·六德 31），爲《説文》古文所本。《説文·収部》："弇，蓋也。从廾，从合。 ，古文弇。"

上博二·從乙 1～，讀爲"掩"，掩藏。《易·繫辭下》："故惡積而不可掩，罪大而不可解。"《吕氏春秋·孟冬紀》："於是察阿上亂法者則罪之，無有掩蔽。"簡文"弇（掩）戒"即將戒令掩藏起來，即不用或者罕用戒令刑罰之意。（范常喜）

上博三·中 10～，讀爲"揜"，覆蓋遮蔽之意。《晏子春秋·内篇問上》："不權居以爲行，不稱位以爲忠，不揜賢以隱長，不刻下以諛上。"

上博六·競 7"～亞"，讀爲"掩惡"，《漢書·王商史丹傅喜傳》："丹之輔道副主，掩惡揚美，傅會善意，雖宿儒達士無以加焉。"

襥

 上博二·容 47 文王於是虖（乎）索（素）尚～裳㠯（以）行九邦

～，从"眪"、从"弇"、从"衣"、从"又"，"衣"形的最後兩筆與其上下的"冖"及"又"形略有點黏連。

簡文～，或讀爲"屨"，單底鞋。多以麻、葛、皮等製成。後亦泛指鞋。《周禮·天官·屨人》："掌王及后之服屨。"鄭玄注："復下曰舃，禪下曰屨。"（單育辰）或認爲"襹裳"，即"褰裳"，謂撩起下裳。（邱德修）

匣紐炎聲

炎

上博七·鄭甲 2 牀(將)保亓(其)慇(恭)～

上博七·鄭甲 5 而娍(滅)～於下

上博七·鄭乙 2 牀(將)保亓(其)慇(恭)～

《説文·炎部》:"炎,火光上也。从重火。"

上博七·鄭甲 2、鄭乙 2"慇～",讀爲"恭嚴"。《文子·道德》:"'何謂禮'? 曰:'爲上則恭嚴,爲下則卑敬,退讓守柔,爲天下雌,立於不敢,設於不能,此之謂禮也。'"或讀爲"憃悓"、"寵光"。(陳偉)

上博七·鄭甲 5～,待考。

埮

上博四·昭 3 儥(僕)牀(將)～亡老

～,从"土","炎"聲。

簡文～,讀爲"掩"或"揜",是掩埋的意思。《吕氏春秋·孟春紀》:"揜骼霾髊。"此句大致是説擬將父母合葬。(劉樂賢)

敪

上博七·鄭甲 5～之城至(基)

上博七·鄭乙 5～之城至(基)

～,从"攴","臽"聲。

簡文～,讀爲"掩"或"揜",是掩埋的意思。參上。

匣紐臽聲

迫（陷）

 上博四·曹 60 母(毋)冒以～(陷)

～,从"辵","臽"聲。

簡文～,讀爲"陷",指陷敗,遭到失敗。《六韜·戰騎》:"明將之所以遠避,闇將之所以陷敗也。"司馬遷《報任少卿書》:"身雖陷敗,彼觀其意,且欲得其當而報於漢。"

見紐兼聲

兼

 上博四·曹 4 簹(孰)能并～人

 上博四·曹 12 ～忎(愛)萬民

 上博四·曹 48 不～畏

～,戰國文字或作 、、、。《説文·秝部》:"兼,并也。从又持秝。兼持二禾,秉持一禾。"

上博四·曹 4 "并～",合並;並吞敵國。《墨子·非攻下》:"今天下之諸侯,將猶多皆免功伐並兼,則是有譽義之名,而不察其實也。"《史記·蘇秦列傳》:"毛羽未成,不可以高蜚;文理未明,不可以並兼。"

上博四"～惡",即"兼愛",同時愛不同的人或事物。《荀子·成相》:"堯讓賢,以爲民,氾利兼愛德施均。"墨子有"兼愛"之説。

上博四·曹 48～,讀爲"謙",即謙虛、謹慎之義。"畏"指敬畏,《廣雅·釋訓》:"畏,敬也。"(高佑仁)

塵(廉)

 上博三·周 12～(廉)

 上博三·周 12～(廉)君子

 上博三·周 12 鳴～(廉)

 上博三·周 12 賚～(廉)

 上博三·周 13 鳴～(廉)

～,从"土","廉"聲。

上博三·周 12～,讀爲"謙",卦名。《周易》六十四卦之一,艮下坤上。《易·謙》:"《象》曰:地中有山,謙,君子以裒多益寡,稱物平施。"

上博三·周 12"～君子",今本作"謙謙君子",謙虛謹慎、彬彬有禮的人。《易·謙》:"謙謙君子,卑以自牧也。"

上博三·周 12"鳴～(廉)",謂謙德表著於外。《易·謙》:"鳴謙,貞吉。"王弼注:"鳴者,聲名聞之謂也。得位居中,謙而正焉。"孔穎達疏:"鳴謙者謂聲名也,處正得中,行謙廣遠,故曰鳴謙。"徐陵《勸進元帝表》:"出震等於勛華,鳴謙同于旦奭。"

見紐甘聲

甘

 上博一·孔 10 ～棠之保（報）

 上博一·孔 13 ～[棠]

 上博一·孔 15 ～棠

 上博一·孔 24 虗（吾）㠯（以）～棠昮（得）宗宙（廟）之敬

 上博四·曹 53 返（復）～戬（戰）又（有）道虎

 上博四·曹 53 此返（復）～戬（戰）之道

～，戰國文字或作 ▢（郭店·老子甲 19）、▢（聚珍 185）、▢（先秦編 593）、▢（先秦編 593）。《説文·甘部》：「甘，美也。从口含一。一，道也。」

上博一·孔 10"～棠"，《詩經》篇名。《詩·召南·甘棠》："蔽芾甘棠，勿翦勿伐，召伯所茇。"《史記·燕召公世家》："周武王之滅紂，封召公於北燕……召公巡行鄉邑，有棠樹，決獄政事其下，自侯伯至庶人各得其所，無失職者。召公卒，而民人思召公之政，懷棠樹不敢伐，哥詠之，作《甘棠》之詩。"

上博四·曹 53"～戰"，多日沉於不分勝負的持久戰役。銀雀山漢簡《孫臏兵法·威王問》："勁弩趨發者，所以甘戰持久也。"或讀爲"酣戰"。《韓非子·十過》："酣戰之時，司馬子反渴而求飲，豎穀陽操觴酒而進之。"

敢

 上博二·民 1 ～㦖（問）可（何）女（如）而可胃（謂）民之父母

· 3241 ·

上博二·民3～寅（問）可（何）胃（謂）五至

上博二·民5～問可（何）胃（謂）三亡（無）

上博二·民8 城（成）王不～康

上博二·從甲14 又（有）所又（有）舍（餘）而不～聿（盡）之

上博二·從甲14 又（有）所不足而不～弗

上博四·昭2 寵人弗～虐（止）

上博五·季14 幾～不吕（以）亓（其）先＝（先人）之逺（傳）等（志）告

上博五·姑7 虐（吾）～欲裛（顧）襄（頷）吕（以）事殜（世）哉

上博五·君4～卽（聞）可胃也

上博五·三5 母（毋）胃（謂）之不～

上博二·容18 肰（然）句（後）～受之

上博二·容22 冬不～吕（以）蒼舟（辭）

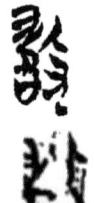

 上博二·容 22 頠（夏）不～㠯（以）暑䛐（辭）

 上博二·容 46 臣～勿事虘（乎）

 上博二·容 46 子～勿事虘（乎）

 上博三·中 5～昏（問）爲正（政）可（何）先

 上博三·中 9～昏（問）墼（舉）才

 上博三·中 11～昏（問）道民興惪（德）女（如）可（何）

 上博三·中 27～

 上博三·彭 3～昏（問）爲人

 上博四·柬 6 不～㠯（以）君王之身弁（變）亂鬼（鬼）神之裳（常）古（故）

 上博四·柬 7 安～殺祭

 上博四·柬 13 君王母（毋）～哉（災）害

 上博四·柬 15 母（毋）～執䈞籤

上博四・相 2～昏(問)民事

上博四・曹 7 臣是古(故)不～㠯(以)古(故)含(答)

上博六・競 13 命割(會)疾(譖)不～監祭

上博六・競 13 梨(梁)丘虞不～監正

上博六・孔 20 䣝～訨之

上博六・莊 9 可～心之又

上博六・壽 2 不～含(答)

上博七・鄭甲 5 毋～夕門而出

上博七・鄭乙 5 毋～夕門而出

上博七・君甲 1～告於見(視)日

上博七・君甲 8 言(然)不～睪(懌)身

上博七・君乙 1～告於見(視)日

• 3244 •

上博七・君乙 8 言(然)不～罿(懌)身

上博七・吳 3 ～不芒(亡)

上博七・吳 5 聱(噬)～居我江㝵(濱)

上博七・吳 7 毋～又(有)遲(遲)速之羿(期)

上博七・吳 7 ～告

上博七・吳 8 孤也～至(致)先王之福

上博八・顔 1 ～䆵(問)君子之內事也又(有)道虖(乎)

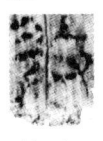上博八・顔 1 ～䆵(問)可(何)女(如)

上博八・顔 5 ～䆵(問)君子之內教也又(有)道虖(乎)

上博八・顔 6 ～䆵(問)可(何)女(如)

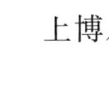上博八・顔 10 ～䆵(問)至明〈名〉

上博八・命 3 命勿之～韋(違)

～，戰國文字或作■（郭店·老子甲9）、■（郭店·六德16）、■（郭店·六德17）、■（新蔡甲三61）、■（新蔡乙四48、零651）、■（施345）、■（新出溫縣WT1K1:3417）、■（秦騮玉版）、■（秦風79）、■（里J1⑨7正）。《説文·受部》："敢，進取也。从受，古聲。■，籀文敢。■，古文敢。"

上博二·民"～瘖"、上博三·中"～昏"、上博八·顏"～瘖"，讀爲"敢問"，謙詞。猶冒昧。《儀禮·士虞禮》："敢用絜牲剛鬣。"鄭玄注："敢，昧冒之辭。"賈公彥疏："敢，昧冒之辭者，凡言敢者，皆是以卑觸尊不自明之意。"《禮記·樂記》："文侯曰：'敢問溺音何從出也？'"

上博"不～"，謂沒膽量，沒勇氣。亦表示沒有膽量做某事。《孟子·公孫丑下》："我非堯舜之道，不敢以陳於王前。"

上博四·昭2"弗～"、上博四·柬13、15"母（毋）～"、上博七·吳7"毋～"，不敢，謂沒膽量，沒勇氣。

上博五·季14"幾～"，讀爲"豈敢"，怎麼敢。《詩·鄭風·將仲子》："將仲子兮，無逾我里，無折我樹杞。豈敢愛之？"

上博五·姑7、上博七·吳3正～，即"豈敢"、"不敢"，用作謙詞。《左傳·莊公二十二年》："敢辱高位，以速官謗。"杜預注："敢，不敢也。"

上博四·柬7"安～"，怎麼敢。《墨子·貴義》："翟上無君上之事，下無耕農之難，吾安敢廢此？"

上博七·吳5～，敢於，表示有膽量做某種事情。《書·益稷》："誰敢不讓。"《書·湯誓》："予畏上帝，不敢不正。"

上博八·命3"～韋（違）"，《左傳·成公三年》："若不獲命，而使嗣宗職，次及於事，而帥偏師以修封疆，雖遇執事，其弗敢違。"

上博七·君甲1、君乙1、吳7～，謙辭，猶言冒昧。"敢告"，見于《禮記·雜記上》："君訃於他國之君，曰：'寡君不禄，敢告於執事。'"

上博六·莊9"可～心之又"，讀爲"何敢心之有"，"冒犯"之義。《廣雅·釋詁四》："敢，犯也。"《國語·吳語》："吳王夫差既勝齊人于艾陵，乃使行人奚斯釋言于齊，曰：'寡人帥不腆吳國之役，遵汶之上，不敢左右，唯好之故。'"王引之《經義述聞》卷二十一"不敢左右"條下云："家大人曰：《廣雅》：'敢，犯也。'言不犯君之左右，唯有恩好之故也。"（郝士宏）或疑讀爲"慊"。"慊心"就

是不滿足之心。（楊澤生）

嚴

 上博五·三 15～恪必信

《説文·吅部》："嚴,教命急也。从吅,厰聲。,古文。"

簡文"～恪",讀爲"嚴恪",莊嚴恭敬。《漢書·匡衡傳》："正躬嚴恪,臨衆之儀也。"顏師古注："嚴讀曰儼。"《南史·謝方明傳》："方明嚴恪,善自居遇,雖暗室未嘗有惰容。"

見紐敢聲歸甘聲

見紐監聲

監

 上博二·子 11 又（有）鸎（燕）～（銜）卵而階（措）者（諸）丌（其）前

 上博五·三 12～川之都

 上博六·競 13 命割（會）疾（譖）不敢～祭

 上博六·競 13 桼（梁）丘虡不敢～正

～,戰國文字或作 (郭店·窮達以時 4)、 (郭店·語叢二 32)、 (郭店·語叢二 33)、 (秦集一·五·29·1)。《説文·臥部》："監,臨下也。从臥,衉省聲。 ,古文監,从言。"

上博二·子11～,讀爲"銜",含。《列女傳·母儀傳》:"契母簡狄者,有娀氏之長女也。當堯之時,與其妹娣浴于玄丘之水。有玄鳥銜卵,過而墜之。五色甚好,簡狄與其妹娣競往取之。簡狄得而含之,誤而吞之,遂生契焉。"

上博五·三12"～川之都",臨川的大城。"監",也可能是"臨"字的誤寫。(李零)

上博六·競13"～祭",掌管;主管。《國語·周語中》:"火師監燎,水師監濯。"簡文"監祭",即主管祭祀。

上博六·競13"～正",讀爲"監貞",即主管貞卜。

檻

 上博七·武7～(鑑)名(銘)曰

《説文·木部》:"檻,櫳也。从木,監聲。一曰圈。"

簡文"～名曰",讀爲"鑑銘曰"。《大戴禮記·武王踐阼》:"鑑之銘曰:'見爾前,慮爾後。'"鑑,古器名,形似大盆,有耳,青銅製,盛行于東周。或盛水,大的可作浴盆;或盛冰,用來冷藏食物。有時借爲照影之用。《詩·邶風·柏舟》:"我心匪鑒。"毛亨傳:"鑒所以察形也。"《周禮·天官·凌人》:"春始治鑑。"鄭玄注:"鑑,如甄。大口,以盛冰,置食物於中,以御温氣。"

溪紐欠聲

歟

 上博五·季19亞(惡)人勿～

 上博六·用20又～=之綌

～,从"章",从"次",即《説文》"韰"字所從聲旁"𩫠"。九店"𩫠"即"𩫠"字的異體,作▨(九A13)、▨(九A19)、▨(九A23)。《説文·夂部》:"𩫠,繇也,舞也。樂有章。从章,从舛,从夂。《詩》曰:'𩫠𩫠舞我。'"

上博五·季19~,讀爲"陷",陷害。九店·日書"𨽏",秦簡《日書》與之對應的字作"陷"或"窞"。簡文"惡人勿陷,好人勿貴"意思是説:惡人不要加以陷害,好人不要惠以厚愛。(劉國勝)或訓爲"埋沒"之"沒"。《玉篇·阜部》:"陷,沒也。"簡文"惡人勿陷,好人勿貴",是説不要因討厭某人而使他埋沒,也不要因喜歡某人而使他尊貴。(冀小軍)

上博六·用20"~=",讀为"坎坎",謂險難重重。《易·坎》:"六三,來之坎坎,險且枕,入於坎窞,勿用。"

贛(贛)

上博二·魯3 出遇子~(貢)曰

上博二·魯3 子~(貢)曰

上博五·君11 子羽䚘(問)於子~(貢)曰

上博五·君11 子~(貢)曰

上博五·君12 子~(貢)曰

上博五·君15 子~(貢)曰

上博五·弟1 子~(貢)

上博五·弟8 子~(貢)曰

· 3249 ·

　上博四·相 4 告子～（貢）曰

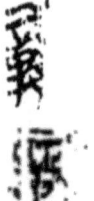　上博四·相 4 子～（貢）曰

　上博四·曹 53 必□～（黔）首皆欲或之

　上博六·用 7～～險＝

～，與 （新蔡甲一 10）、（新蔡甲三 46）同。《說文·貝部》："贛，賜也。从貝，从竷省聲。，籀文贛。"

上博"子～"，讀爲"子貢"，孔子弟子。《史記·仲尼弟子列傳》："端沐賜，衛人，字子貢。少孔子三十一歲。子貢利口巧辭，孔子常黜其辯。"

上博四·曹 53"～首"，讀爲"黔首"。《史記·秦始皇本紀》："二十六年，更名民曰黔首。"《禮記·祭義》、《韓非子·忠孝》、《戰國策·魏策二》"魏惠王死"章、銀雀山漢簡《守法守令等十三篇》、馬王堆漢墓帛書《老子甲本卷前古佚書·十大經·姓爭》等中已見"黔首"。（陳劍）

上博六·用 7"～～"，讀为"坎坎"。《易·坎》："六三，來之坎坎，險且枕，入於坎窞，勿用。"《漢書·賈誼傳》："易'坎爲險'，遇險難而止也。"《釋名·釋天》："子，孳也。陽氣始萌，孳生於下也。於《易》爲坎，坎，險也。"《詩·小雅·伐木》"坎坎鼓我，蹲蹲舞我"。釋文："《說文》作'竷'，音同，云'舞曲也'。""坎坎險險"，形容谿谷深險。

　上博八·命 6～（黔）頁（首）蠆（萬）民

～，从"鹵"、"竷"，"鹵"、"竷"均是聲符。字又見於齊國陶文。

簡文"～頁"，讀爲"黔首"，古代稱平民、老百姓。《禮記·祭義》："明命鬼

3250

神,以爲黔首則。"鄭玄注:"黔首,謂民也。"孔穎達疏:"黔首,謂萬民也。黔,謂黑也。凡人以黑巾覆頭,故謂之黔首。"

溪紐贛聲歸欠聲

端紐詹聲

詹〈詹〉

　　上博一·緇9民具尔(爾)~(瞻)

~,所從的"畐"當是"言"字的誤寫,上部從"厂",可參 (貨系544)、 (上博一·緇16),應釋爲"詹"。《說文》:"詹,多言也。从言,从八,从厂。"段玉裁謂:"此當作厂聲。"

簡文~,讀爲"瞻",看;望。《詩·魏風·伐檀》:"不狩不獵,胡瞻爾庭有縣貆兮?"《左傳·襄公十四年》:"鷄鳴而駕,塞井夷竈,唯余馬首是瞻。"

詹

　　上博五·君7毋~

~,從"厂",下邊的"言"旁改寫成"口","詹"字的異體。(劉釗)或說從"冋"聲,"冋"就是楚文字中爲"傾仄"意之"傾"所造的本字。(陳劍)

簡文~,讀爲"檐"。"檐",舉也。《管子·七法》:"不明于則,而欲出號令,猶立朝夕于運均之上,檐竿而欲定其末。"尹知章注:"檐,舉也。"《樂府詩集·清商曲辭五·襄陽樂》:"上水郎檐篙,下水搖雙櫓。""檐"字典籍又作"擔"。"檐"、"擔"皆用爲"肩負"義,肩擔物自然會向上抬舉,所以簡文"敝(肩)毋殳(廢)、毋詹(檐)"是說"肩膀不要下垂也不要上舉",這與《新書·行容》"行以微磬之容,臂不搖掉,肩不上下,身似不則,從容而任"中的"肩不上下"的說法正合。(劉釗)

瞻（贍）

 上博六·壽 7 民疋～望

～，從"視"，"詹"聲，"瞻"字異體。郭店·緇衣 16 作 . 《說文·目部》："瞻，臨視也。從目，詹聲。"

簡文"民疋～望"，讀爲"民具瞻望"，《詩·小雅·節南山》："赫赫師尹，民具爾瞻。""瞻望"，展望；仰望。《詩·魏風·陟岵》："陟彼岵兮，瞻望父兮。"《後漢書·杜喬傳》："先是李固見廢，內外喪氣，群臣側足而立，唯喬正色無所回橈。由是海內歎息，朝野瞻望焉。"（陳劍）

定紐盧聲

鹽（鹽）

 上博二·容 3 瘐（瘦）者煮～（鹽）

～，從"鹵"，從"皿"，會意，本義是煮鹽。"鹽"字初文。楚金版作 （文編 228），包山 147 作 ，秦文字作 （陝西 14）、 （傅 412）、 （傅 409）。《說文·鹵部》："鹵，西方鹹地也。從西省，象鹽形。安定有鹵縣。東方謂之㡿，西方謂之鹵。"段注："鹽，鹵也。天生曰鹵，人生曰鹽。"徐灝箋："天生謂不湅治者，如今鹽田所曬生鹽。人生謂湅治者，如今揚灶所煎熟鹽是也。"《說文·鹽部》："鹽，鹹也。從鹵，監聲。古者，宿沙初作煮海鹽。"

簡文"煮～"，即煮鹽。《周禮·天官·鹽人》："凡齊事，煮鹽以待戒令。"《史記·平準書》："冶鑄煮鹽，財或累萬金，而不佐國家之急，黎民重困。""（東郭）咸陽，齊之大煮鹽，孔僅，南陽大冶，皆致生累千金，故鄭當時進言之"。《漢書·蒯伍江息夫傳》："采山銅以爲錢，煮海水以爲鹽。"（趙平安）

鹽（鹽）

 上博五・鮑 5～（鹽）肰（然）酒（將）薨（亡）

～，從"水"，"鹽"聲，"鹽"字異體。《説文・鹽部》："鹽，鹹也。從鹵，監聲。古者，宿沙初作煮海鹽。"

簡文"～肰"，讀爲"奄然"。《白虎通義・崩薨》："諸侯曰薨，國失陽。薨之言奄也，奄然亡也。"《文選・陳情表》："氣息奄奄。"吕向注："奄奄，將絶也。""奄然"是奄奄一息的樣子。或説是形容消失不見的狀詞。或讀爲"儼然（嚴然）"、"恬然"、"忽然"。

精紐斬聲

漸

 上博三・周 50 魟（鴻）～于陛（阪）

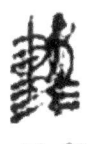 上博三・周 50 魟（鴻）～于陸

 上博三・周 50～（漸）

 上博三・周 50 魟（鴻）～（漸）于䏌（澗）

～，有二種形體，一種是從"水"，"斬"聲；另外一種是從"斤"，"漢"聲。漸，精紐談部；漢，曉紐元部。談、元二部關係密切，學者多有論及。《説文・水部》："漸，水。出丹陽黟南蠻中，東入海。從水，斬聲。"

上博三・周 50～，《周易》卦名。艮下巽上。《易・漸》："漸，女歸吉，利貞。"王弼注："《漸》者，漸進之卦也。"

上博三・周 50"魟～"，讀爲"鴻漸"，謂鴻鵠飛翔從低到高，循序漸進。潘

嶽《西征賦》:"振鷺于飛,鳧躍鴻漸,乘雲頡頏,隨波澹淡。"

清紐僉聲

僉

上博七·凡甲 24[戠(察)同]而～(險)

上博七·凡甲 24 戠(察)～而困

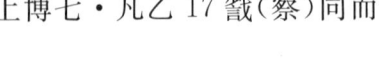
上博七·凡乙 17 戠(察)同而～

上博七·凡乙 17 戠(察)～而困

上博八·顔 7 道(導)之㠯(以)～(儉)

上博六·用 17～之不肯

《說文·亼部》:"僉,皆也。从亼,从吅,从从。《虞書》曰:'僉曰伯夷。'"
　上博七·凡甲 24、凡乙 17～,讀爲"險",危險。《易·蹇》:"見險而能止,知矣哉。"《荀子·榮辱》:"安利者常樂易,危害者常憂險。"
　上博八·顔 7～,讀爲"儉",節省。《論語·八佾》:"禮,與其奢也,寧儉。"簡文"導之以儉",民無佖心,故自知足。《周禮·地官·大司徒》:"以度教節,則民知足。"
　上博六·用 17～,讀爲"儉",節儉、儉樸之意。

會

 上博一·孔 3 大～材安

 上博一·緇 14 虗(吾)大=(大夫)欮(恭)虘(且)～(儉)

 上博二·容 35 厚忎而泊～焉

 上博四·曹 8 必共～㠯(以)旻(得)之

 上博二·容 21 嘼(禹)肰(然)句(後)訋(始)行㠯(以)～

 上博五·鮑 7 至欲歔而上厚亓(其)～(儉)

 上博六·慎 1 共～㠯(以)立身

上博六·慎 3【背】斬(慎)子曰共～

 上博六·孔 5～弗見也

上博八·蘭 4……年(佞)前其約～(儉)

～，與(郭店·老子甲 5)、(郭店·性自命出 64)同，贅加"曰"，"僉"字繁體。

上博一·孔 3～，讀爲"斂"，《爾雅·釋詁》："斂，聚也。"《廣雅·釋詁》："斂，取也。"

上博二·容 21～，讀爲"儉"，節儉。《太平御覽》卷三八引劉向《列女傳》："昔者堯、舜、桀、紂俱爲天子，堯、舜安於節儉，茅茨不剪，採椽不斲，後宮衣不曳地，食不重味。至今數千歲，天下歸善。"

上博二·容 35"泊～"，讀爲"薄斂"，減輕賦税。《左傳·昭公二十年》："公說，使有司寬政，毀關，去禁，薄斂，已責。"《漢書·吳王劉濞傳贊》："吳王擅山海之利，能薄斂以使其衆。"

上博五·鮑 7"厚亓～"，讀爲"厚其斂"，即重斂財物。亦指徵收重稅。《左傳·昭公二十六年》："公厚斂焉，陳氏厚施焉，民歸之矣。"《史記·晉世家》："十四年，靈公壯，侈，厚斂以彫牆。"

上博一·緇 14、上博四·曹 8、上博六·慎 1、3【背】"共～"，讀爲"恭儉"，恭謹謙遜。《書·周官》："恭儉惟德，無載爾僞。"《北齊書·趙彦深傳》："溫良恭儉，雖其妻子，亦未嘗怠慢，終日儼然。"《孟子·離婁上》："恭者不侮人，儉者不奪人，侮奪人之君，惟恐不順焉，惡得爲恭儉？恭儉豈可以聲音笑貌爲哉？"

上博八·蘭 4～，讀爲"儉"，約束；節制。《説文》："儉，約也。"簡文"約儉"是由兩個義近字組合而成的同義復詞，指行爲約束節制，古書亦有"約儉"一詞，是指節約省儉，兩者意思不同。

險

 上博二·從甲 19 行～至（致）命

 上博六·用 1 多～㠯（以）難成

 上博六·用 7 贛₌～₌

～，从"阜"，"僉"聲，"險"字異體。《説文·𨸏部》："險，阻，難也。从𨸏，僉聲。"

上博二·從甲 19"行～"，即"行險"，做冒險的事；走危險的路。《禮記·

《中庸》:"故君子居易以俟命,小人行險以徼幸。"鄭玄注:"險,謂傾危之道。"孔穎達疏:"小人以惡自居,恆行險難傾危之事,以徼求榮幸之道。"

上博六·用 7"贛₌~₌",讀爲"坎坎險險",形容谿谷深險。

上博六·用 1~,訓爲"艱",乃"困苦"之意。《詩·小雅·何人斯》:"彼何人斯,其心孔艱。"朱熹集傳:"艱,險也。"《楚辭·離騷》:"長太息以掩涕兮,哀民生之多艱。"(劉釗)

斂

 上博一·緇 14 林(靡)人不~(斂)

~,與(郭店·緇衣 26)同。《説文·攴部》:"斂,收也。从攴,僉聲。"

簡文~,讀爲"欽"。"斂"爲來紐談部字,"欽"爲溪紐侵部字,音近可通。《後漢書·周爕傳》"爕生而欽頤折頞,醜狀駭人",李賢注:"欽,或作顩。""欽"有"敬"義。《書·盤庚上》"不匿厥指,王用丕欽",蔡沈集傳:"而能不隱匿其指意,故王用大敬之。"《書·堯典》"欽、明、文、思、安安",孔安國傳:"欽,敬也。"簡文"吾大夫恭且儉,靡人不欽",義爲吾大夫恭謹又儉約,無人不敬佩。(徐寶貴)

贉(賟)

 上博二·從乙 2 毋占民~則同

~,从"貝","會"聲。

簡文"占民~",讀爲"徵民斂",即征收百姓賦税。典籍常作"征斂",《周禮·地官·司徒》:"趣其耕耨,行其秩叙,以待有司之政令,而征斂其財賦。"《左傳·昭公二十年》:"布常無藝,征斂無度;宫室日更,淫樂不違。"

墊

上博六·孔 17 ~堇羕

〜，从"土"，"會"聲。

簡文〜，讀爲"閑"，熟習。《詩·大雅·卷阿》："君子之馬，既閑且馳。"鄭玄箋："閑，習也。"《荀子·王制》："順州里，定廛宅，養六畜，閑樹藝。"王先謙集解引王念孫曰："閒與閑同。《爾雅》：'閒，習也。'謂習樹藝之事也。"簡文"墭𦥑𣪘"，讀爲"閑車（輿）衛"，見《易·大畜》："良馬逐，利艱貞，曰閑輿衛，利有攸往。"聞一多類纂："《釋文》引鄭本曰作日，注曰'日習車徒'，於義爲長。"

合文

上博楚簡文字聲系

合 文

之部

之日

　　上博二·容 51 戊午～

～,"之日"二字的合文。與 、、同。

簡文"之日",可參《公羊傳·桓公五年》:"甲戌之日亡,己丑之日死而得,君子疑焉,故以二日卒之也。"

之時

　　上博五·三 18 川天～

～,"之時"二字的合文。

簡文"川天～",讀爲"順天之時",見《管子·禁藏》:"故春仁、夏忠、秋急、冬閉,順天之時,約地之宜,忠人之和。故風雨時,五穀實,草木美多,六畜蕃息,國富兵強,民材而令行,内無煩擾之政,外無強敵之患也。"

之志

上博五·季7 弖(以)篌(誌)䎽(君子)～

～,"之志"兩字合文。郭店·性自命出 45 作。

簡文"君子之志",見《禮記·祭統》:"凡三道者,所以假於外而以增君子之志也。故與志進退,志輕則亦輕,志重則亦重。輕其志而求外之重也,雖聖人弗能得也。"《孟子·盡心上》:"孟子曰:'流水之爲物也,不盈科不行;君子之志于道也,不成章不達。'"

之所

上博二·從甲9 正(政)～忨也

上博四·曹64 虐(吾)一谷䎽(聞)三弋(代)～

上博五·季9 異於丘～昏

上博五·季12 先=(先人)～善亦善之

上博五·季12 先=(先人)～史(使)而行之

上博五·季15 先=(先人)～瀘勿记(起)

上博五·季21 因邦～叚(賢)而塱(興)之

上博七·君甲5 之〈先〉王～旦(以)爲目觀也

上博七·君乙5 先王～旦(以)爲目觀也

上博七·凡甲28 百眚(姓)～貴唯君

上博七·凡甲28 君～貴唯心

上博七·凡甲28 心～貴唯𣦼(一)

上博七·凡乙20 百眚(姓)～貴唯君

上博七·凡乙20 君～貴唯心

上博七·凡乙20 心～貴唯𣦼(一)

～，與(郭店·太一生水4)、(郭店·太一生水5)、(郭店·老子乙5)同，"之所"兩字合文。

簡文"之所"，可參《管子·明法解》："明主雖心之所愛而無功者不賞也，雖心之所憎而無罪者弗罰也。"

止之

　上博四·昭1 寵人～曰

～，"止之"二字的合文。

簡文"止之",可參《左傳·僖公五年》:"孔叔止之曰:'國君不可以輕,輕則失親。失親患必至,病而乞盟,所喪多矣,君必悔之。'弗聽,逃其師而歸。"

寺之

 港甲 8～

～,"寺之"二字的合文。

疑矣

 上博一·孔 8《少(小)旻(旻)》多～

～,"疑矣"二字的合文。

簡文～,讀爲"疑矣"。可參《呂氏春秋·禁塞》:"故世之患,不在救守,而在於不肖者之幸也。救守之說出,則不肖者益幸也,賢者益疑矣。"

怠心

 上博四·曹 45 既戬(戰)而有～

～,"怠心"二字的合文。

簡文～,讀爲"殆心",指危懼之心。

不伓

 上博一·緇 13 則民～

～,"不伓"二字的合文。

簡文～,即"不倍"二字的合文,義爲"不背"。《禮記·大學》:"所謂平天下在治其國者,上老老而民興孝,上長長而民興弟,上恤孤而民不倍,是以君子有絜矩之道也。"

子孫

上博二·民 12 它(施)及～

上博四·柬 10 皮(彼)聖人之～

上博五·三 3 至於～

上博七·吴 6 聶(攝)周～

～,"子孫"二字的合文。與▨(郭店·老子乙 16)同。

簡文"子孫",兒子和孫子,泛指後代。《書·洪範》:"身其康强,子孫其逢吉。"賈誼《過秦論》:"自以爲關中之固,金城千里,子孫帝王萬世之業也。"

烝部

悉心

 上博一·緇 13 則民又(有)～

～,"悉心"二字的合文。

簡文～,讀爲"遜心",順從的心。《禮記·緇衣》:"故君民者,子以愛之,則民親之;信以結之,則民不倍;恭以涖之,則民有孫心。"鄭玄注:"涖,臨也。孫,順也。"陸德明釋文:"孫音遜。"

冬部

中心

 　　　上博六·孔 3 廬～樂之

～，"中心"二字的合文。

簡文"中心"，心中。《詩·王風·黍離》："行邁靡靡，中心搖搖。"《詩·唐風·有杕之杜》："彼君子兮，噬肯適我？中心好之，曷飲食之？"

宵部

小人

　　　　　　　　上博三·周 8～勿用

　　　　　　　　上博三·周 31～否

　　　　　　　　上博五·季 7～蘁之

　　　　　　　　上博三·中 16～之至者

　　　　　　　　上博五·鬼 8～酭（聞）重昜（湯）

　　　　　　　　上博五·季 7～母（毋）瘺（瘝）

～，與（包山 141）、（包山 142）、（郭店·成之聞之 32）、（郭店·

尊德義 32)同,"小人"合文。或作(郭店·尊德義 25)、(郭店·語叢四 11),即"少人",讀爲"小人"。

上博"～人",讀爲"小人",與"君子"相對。《書·大禹謨》:"君子在野,小人在位。"《周易·泰》:"君子道長,小人道消也。"

昊天

上博一·孔 6《～又成命》

～,"昊天"二字的合文。

簡文"昊天有成命",《詩經》篇名,即《詩·周頌·昊天有成命》:"昊天有成命,二后受之。"鄭玄箋:"昊天,天大號也。有成命者,言周自后稷之生而已有王命也。""昊天",蒼天。昊,元氣博大貌。《書·堯典》:"乃命羲和,欽若昊天,曆象日月星辰,敬授人時。"

東部

孔子

上博一·孔 1～曰

上博一·孔 3～曰

上博一·孔 7～曰

上博一·孔 16～曰

上博一·孔 21～曰

上博一·孔 27～曰

上博二·子 1～曰

上博二·子 2～曰

上博二·子 3～曰

上博二·子 7～曰

上博二·子 8～曰

上博二·子 9 子羔昏（問）於～曰

上博二·子 9～曰

上博二·魯 1 哀公胃（謂）～

上博二·魯 1～含（答）曰

上博二·魯 2～曰

上博二·魯 5～曰

合文

上博四·相 2～

上博四·相 4～退

上博四·相 4～曰

上博二·民 1～倉（答）曰

上博二·民 3～曰

上博二·民 5～曰

上博二·民 8～曰

上博二·民 10～

上博三·中 1 中（仲）弓㠯（以）告～曰

上博三·中 6～曰

上博三·中 11～曰

上博三·中 12～

上博三·中 15~曰

上博三·中 20~曰

上博三·中 26~曰

上博三·中附簡~曰

上博五·季 1 季庚子餌（問）於~曰

上博五·季 2~曰

上博五·季 6~曰

上博五·季 11~

上博五·季 13~曰

上博五·季 15~曰

港甲 5~訠㠯（以）豊

上博八·顔 1 䏌（顔）困（淵）䆱（問）於~曰

　上博八・顔 1～曰

　上博八・顔 1～曰

　上博八・顔 6～曰

　　　　上博八・顔 6～曰

　上博八・顔 10～曰

～，"孔子"二字的合文。虢季子白盤"孔"字作𡥜，指示小兒頭囟有孔。指示囟孔的"乚"形，楚文字或訛變爲"卜"、"人"、"乙"。

簡文"～子"，（公元前 551 至公元前 479）春秋末期思想家、教育家、儒家創始人。名丘，字仲尼，魯國陬邑（今山東曲阜東南）人。《史記・孔子世家》："孔子以詩書禮樂教，弟子蓋三千焉，身通六藝者七十有二人。"

魚部

古之

　上博三・中 21～事君者呂（以）忠與敬

～，"古之"二字的合文。

者又

　上博三・中 19 叚（賢）～☐

~,"者又"二字。"="爲增補符號。(孫偉龍、李守奎)

箸者

　　上博五·季6夫~

~,"箸者"二字的合文。
簡文~,讀爲"書者"。

女丌

　　上博一·緇11~弗克見

~,"女丌"二字。"="是增補符號,是校勘符號之一種。(孫偉龍、李守奎)
簡文~,讀爲"如其"。

虎乎

　　上博八·成12~

~,"虎乎"二字的合文。
簡文~,讀爲"嗚呼",嘆詞,表示悲傷或慨歎。《書·五子之歌》："嗚呼曷歸,予懷之悲。"《書·旅獒》："嗚呼!明王慎德,四夷咸賓。"

舍余

　　上博八·鶹1子可(何)~今可(兮)

~,"舍余"二字的合文。

陽部

上下

上博一·孔 4～之不和者

上博三·中 22～相逡(復)呂(以)忠

上博四·曹 16～和叔(且)胥(輯)

上博四·曹 34 觀～之青(情)慇(僞)

～，"上下"二字的合文，中間一橫是公用的筆畫，其右下側兩點是合文符號。與(九 A26)同。

簡文"上下"，指位分的高低，猶言君臣、尊卑、長幼。《易·泰》："上下交而其志同也。"孔穎達疏："上，謂君也；下，謂臣也。"《書·周官》："宗伯掌邦禮，治神人，和上下。"孔安國傳："和上下尊卑等列。"《呂氏春秋·仲秋紀》："義也者，萬事之紀也。君臣上下親疏之所由起也。"高誘注："上，長；下，幼。"

上帝

上博四·柬 6 夫～眔(鬼)神高明

～，"上帝"二字的合文。

簡文"上帝鬼神"，見《墨子·天志上》："故昔三代聖王禹、湯、文、武，欲以天之爲政于天子，明說天下之百姓，故莫不犓牛羊，豢犬彘，潔爲粢盛酒醴，以祭祀上帝鬼神，而求祈福於天。"《國語·吳語》："天子有命，周室卑約，貢獻莫入，上帝鬼神而不可以告。"

昷日

上博四·曹 31～牁（將）戩（戰）

上博八·王 5 亓（其）～

～，"明日"二字的合文。

上博四·曹 31"明日將戰"，見《左傳·襄公二十六年》："雍子發命於軍曰：'歸老幼，反孤疾，二人役，歸一人，簡兵蒐乘，秣馬蓐食，師陳焚次，明日將戰。'"《呂氏春秋·先識覽》："明日將戰，華元殺羊饗士，羊斟不與焉。"

亡喪

上博三·周 32 悬（悔）～馬

～，"亡，喪"二字的合文。

支部

珪玉

上博七·君甲 3～之君

上博七·君乙 3～之君

～，"珪玉"二字的合文。

簡文"珪玉"，即玉圭，古代帝王、諸侯朝聘或祭祀時所持的玉器，是權利和身份的象徵。王嘉《拾遺記·軒轅黃帝》："詔使百辟群臣受德教者，先列珪玉於蘭蒲席上。"曹植《辨道論》："瓊蕊玉華，不若玉圭之潔也。"

質部

一人

 上博四·曹 26～☐

 上博七·君甲 4～土(杜)門而不出

～,"一人"二字的合文。

簡文"一人",一个人。《詩·鄭風·野有蔓草》:"有美一人,清揚婉兮。"

一日

 上博三·中 24～㠯(以)善立

 上博三·中 24～㠯(以)不善立

～,"一日"二字的合文。

簡文"一日",一晝夜;一天。《詩·王風·采葛》:"一日不見,如三月兮。"司馬遷《報任安書》:"是以腸一日而九廻。"

日月

 上博三·中 19～星唇(辰)猷(猶)差

上博六·天甲 5～旻(得)亓(其)甫(輔)

上博六·天乙 5～直(得)亓(其)甫(輔)

～,"日月"二字的合文。

簡文"日月",太陽和月亮。《禮記·月令》:"乃命大史守典奉法,司天日月星辰之行,宿離不貸,毋失經紀,以初爲常。"

季子

上博五·弟1 脡陸(陵)～僑而弗受

上博五·弟1 脡陸(陵)～亓(其)天民也唬

～,"季子"二字的合文。

簡文"脡陵～",讀爲"延陵季子",即季札,春秋時吳王壽夢第四子。《史記·吳太伯世家》:"十三年,王諸樊卒。有命授弟余祭,欲傳以次,必致國於季札而止,以稱先王壽夢之意,且嘉季札之義,兄弟皆欲致國,令以漸至焉。季札封於延陵,故號曰延陵季子。"省稱"季子"。《陳書·宣帝紀》:"詠季子之高風,思城陽之遠託。"

七十

上博七·君甲8 戊行年～矣

上博七·君乙8 戊行年～矣

～,"七十"二字的合文。與 、正同。

簡文"行年七十",見《莊子·天道》:"臣不能以喻臣之子,臣之子亦不能受之於臣,是以行年七十而老斫輪。"

物部

骨肉

上博七·凡甲 5 ～之既杶（靡）

上博七·凡甲 6 ～之既杶（靡）

上博七·凡乙 4 ～之

上博七·凡乙 5 ～之既杶（靡）

～，"骨肉"二字的合文。

簡文"骨肉"，指身體。《禮記·檀弓下》："骨肉歸復於土，命也。"《論衡·無形》："故人老壽遲死，骨肉不可變更，壽極則死矣。"

文部

君子

上博一·孔 12 梂（樛）木福斯才（在）～

上博二·從甲 4 是古（故）～訢（慎）言而不訢（慎）事

上博二·從甲 5 ～不悆（緩）則亡（無）吕（以）頌（容）百眚（姓）

上博二·從甲 13 ～之相遝（就）也

· 3277 ·

上博二·從甲 16～藥（樂）則綢（治）正（政）

上博二·從甲 17～難旻（得）而惕（易）史（事）也

上博二·從乙 5 是古（故）～勥（強）行㠯（以）晢（待）名之至也

上博二·從乙 5～睧（聞）善言

上博一·緇 3 咠（淑）人～

上博一·性 28～執志必又（有）夫柱柱之心

上博三·中 16～無所腴（厭）人

上博三·中 20 含（今）之～

上博五·季 1 青（請）昏（問）～之從事者

上博五·季 2～才（在）民之上

上博五·季 3 氏（是）～之恥也

上博五·季 3 是古（故）～玉亓（其）言

上博五·季 4～龏(恭)則述(遂)

上博五·季 6 㠯(以)箸(書)～之惪(德)也

上博五·季 7 㠯(以)篌(誌)～志₌(之志)

上博五·季 7 㠯(以)斤～之行也

上博五·季 7～涉之

上博五·季 7～敬城亓(其)惪(德)

上博五·季 8～不可㠯(以)不弜(強)

上博五·季 9～弜(強)則遺

上博五·季 18 丘也昏～□

上博五·季 23 此～從事者之所啻㔷也

上博一·緇 16～弗言

上博一·緇 16～弗行

上博一·緇 17 古(故)～寡(顧)言而行

上博一·緇 21 隹(惟)～能好丌(其)匹

上博一·緇 22 古(故)～之友也又(有)替(香)

上博一·性 12 ～岂(美)丌(其)情

～，"君子"的合文。右下方的"="是合文符號，其中"子"字上部的"口"兼充"君"的下部。這屬於借筆合文。在古文字中類似的現象是很常見的。郭店簡或作 (郭店·忠信之道 5)、 (郭店·性自命出 67)、 (郭店·成之聞之 16)、 (郭店·性自命出 20)、 (郭店·六德 38)。合文符號有"="，還有一小橫"-"，有的合文則不加符號。

上博"～子"，對統治者和貴族男子的通稱。常與"小人"或"野人"對舉。《孟子·滕文公上》："無君子莫治野人，無野人莫養君子。"《淮南子·説林》："農夫勞而君子養焉。"泛指才德出衆的人。班固《白虎通·號》："或稱君子何？道德之稱也。君之爲言群也；子者丈夫之通稱也。"《禮記·鄉飲酒義》鄭玄注："君子，謂卿、大夫、士也。"

先人

上博二·從甲 17 少(小)人～

上博五·季 12 ～旂₌(之所)善亦善之

上博五·季 12 ～之所史(使)而行之

上博五•季 14 尗夫戩吟之～

上博五•季 14 幾敢不㠯(以)亓(其)～之連(傳)等(志)告

上博五•季 15～㕚=(之所)瀘勿记(起)

上博七•吳 1～

～,"先人"二字的合文。與 (新蔡甲三 13)同。

上博二•從甲 17"先人",處於他人之前。(陳劍)

上博"先人",前人。《國語•越語》:"先人有言曰:'伐柯者,其則不遠。'"

歌部

惥爲

 上博一•性 39 凡人～可亞也

～,"惥爲"二字的合文。

左右

上博八•命 4 外臣而居虐(吾)～

～,"左右"二字的合文。

上博二•容 20"～右",方位,指左面和右面。《詩•周南•關雎》:"參差荇菜,左右流之。"

上博六•用 15、上博六•競 11、上博七•吳 8"～右",近臣;侍從。《左傳•宣公二十年》:"〔楚子〕左右曰:'不可許也,得國無赦。'"《史記•廉頗

藺相如列傳》:"左右欲刃相如,相如張目叱之,左右皆靡。"

月部

大夫

上博四·昭 1 王戒邦~吕(以)猷=(猷酒)

上博四·昭 5 稡(卒)吕(以)~猷=(猷酒)於坪滿

上博四·柬 23 君善~

上博四·曹 25 毋(無)牆(將)軍必又(有)數辟~

上博四·曹 25 毋(無)俾(裨)~

上博四·曹 39 我史(使)~

上博四·曹 39 人史(使)~

上博五·競 1 公昏(問)二~

上博五·姑 9 告弜(強)門~

上博五·姑 10 弜(強)門~

合文

上博一·緇 12 毋㠯(以)辟士畵(疾)～向(卿)使(士)

上博一·緇 14 虗(吾)～龏(恭)叔(且)僉(儉)

上博六·天甲 1～聿之㠯(以)里

上博七·吳 4 丌(其)～

上博七·吳 7 三～

上博七·吳 9 三～

上博七·鄭甲 1 臧(莊)王𩪊(就)～而與之言曰

上博七·鄭甲 1 不穀(穀)曰欲㠯(以)告～

上博七·鄭甲 6～皆進曰

上博七·鄭乙 1 臧(莊)王𩪊(就)～而與(與)之言曰

上博七·鄭乙 1 不穀(穀)曰欲㠯(以)告～

上博七·鄭乙 6～皆進曰

· 3283 ·

上博八·命 2 先～之風（諷）諍（諫）遺命

上博八·命 6 先～ 酓命（令）尹

上博八·命 7 子胃（謂）昜（陽）爲叚（賢）於先～

上博八·王 2 虗（吾）䑕（一）恥於告～

上博八·王 4 忨（願）～之母（毋）█徒

上博八·志 1 㠯（以）斐譌王～之言

～，"大夫"二字合文。戰國文字或作█（郭店·緇衣 23）、█（郭店·緇衣 26）、█（施 166）、█（施 167）、█（施 167）、█（施 167）、█（施 167）、█（集成 12107 辟大夫虎符）、█（山璽 006）、█（大夫北鏃集成 11988）、█（大夫北鏃集成 11989）、█（郭大夫釜甗考古 94·4·6）、█（三年大將弩機）、█（秦風 54）、█（珍秦 126）、█（珍秦 280）、█（傅 1148）、█（傅 1150）。

簡文"大夫"，先秦時代官職等級名。《禮記·王制》："諸侯之上大夫卿、下大夫、上士、中士、下士，凡五等。"《國語·吳語》："吳王夫差乃告諸侯大夫曰。"

上博四·柬 23、上博六·競 3"～夫"，古職官名。周代在國君之下有卿、大夫、士三等；各等中又分上、中、下三級。後因以大夫爲任官職者之稱。《周禮·天官·冢宰》："大宰，卿一人。小宰，中大夫二人。宰夫，下大夫四人、上士八人、中士十有六人。"

元部

昱心

上博一・緇13 則民又(有)～

～,"昱心"二字的合文。昱,與 同,上從"口",下從"立",站立的人張著口,會驚呼之意,乃"叩"字或體。《說文》:"叩,驚呼也。從二口。讀若讙。"包山或從"邑",作 ,均用作姓氏,讀爲"權"。左塚漆桐有字作 ![],從"木","昱"聲,"權"字異體。

簡文"昱心",讀爲"歡心"。"昱",郭店簡本作"懽",裘錫圭先生讀爲"勸",訓爲勉。今本作"格",格,來也。

緝部

兹臣

上博一・緇17 於～義之(止)

～,"兹臣"二字的合文。

簡文～, ![] 的合文,即"兹臣",當從今本《緇衣》和《詩》讀爲"緝熙"。上古音"緝"屬清母緝部,"溼"屬書母緝部。"溼"與"緝"的韻部相同,聲母有關,例如"少"、"朿"屬書母,從"少"、"朿"得聲的"沙"、"鈔"、"抄"、"揀"、"諫"、"婡"等屬清母。"熙"從"巸"聲,"巸"所從"臣"、"巳"皆聲。"遝"從"臣"聲,"臣"也應該從今本《緇衣》和《詩》讀爲"熙"。《詩・大雅・文王》毛亨傳:"緝熙,光明也。"(李家浩)

侵部

飲酉

上博四·昭 1 王戒邦夫=（大夫）㠯（以）～

上博四·昭 5 䘚（卒）㠯（以）夫=（大夫）～於坪澫

上博四·曹 11 不～

～，"飲酉"二字的合文。
簡文～，讀爲"飲酒"，喝酒。《國語·晉語一》："〔史蘇〕飲酒出。"

三十

上博二·容 5 ～又（有）七年而□終

上博二·容 42 湯王天下～又（有）一傑（世）而受（紂）复（作）

～，"三十"二字的合文。
簡文"三十"，數詞，十的三倍。《詩·小雅·無羊》："三十維物，爾牲則具。"《左傳·宣公三年》："昔成王定鼎於郟鄏，卜世三十，卜年七百。"

襡衣

上博四·昭 6 被～

上博四·昭 6 被～

　　上博四·昭 7 君王至於定冬而被～

～，"襪衣"二字的合文。

簡文～，或讀爲"縠衣"。（陳斯鵬）或讀爲"襌衣"。（張崇禮）或讀爲"苴衣"，也可寫作"麤衣"、"粗衣"，是麻布做的粗衣，爲平民春夏所服，冬天穿之自然寒冷。（單育辰）或釋爲"袔衣"二字的合文，復衣、夾衣也。（陳劍）

附錄

上博楚簡文字聲系

附　錄

上博三·周 14 母(毋)頴(疑)墾(佣)敌(盍)～(簪)

上博五·鬼 8 小人聞～湯

～,楚文字有:▨(上博一·緇 9)、▨(郭店·緇衣 16)、▨(新蔡簡零 189)、▨(新蔡簡零 484)、▨(新蔡簡零 300),或釋爲"適"、"疌"(劉樂賢)、"甬"(李零、魏宜輝)。都有一個共同的聲符"▨",陳劍認爲"▨"來源於甲骨金文的"亞"字,即"琮"的表意初文。在楚簡《緇衣》中可讀爲"從";在楚簡《周易》中可與"簪"、"宗"等字相通;在新蔡楚簡中義爲"速",讀爲"憯"。宋華強認爲"▨"可能是截取"▨"("簪"字初文)的上部"▨"形發展而來的。

上博三·周 14～,或疑讀爲"譖"。(廖名春)馬王堆漢墓帛書《周易》作"譣",今本《周易》作"簪"。

上博五·鬼 8～,讀爲"崇",可訓"大",修飾"揚"字,相當於後世"名聲大噪"之"大"。《書·盤庚中》:"高后丕乃崇降罪疾。"蔡沈集傳:"崇,大也。"又典籍中"崇"多訓爲"高也"、"尊也"等義,"高"、"尊"皆有凸顯之意。若取此義,則"崇揚"即顯揚之意,與下"顯明"義近。《韓詩外傳》卷六:"君子崇人之德,揚人之美,非道諛也。"或讀爲"從"。(宋華強)

上博一·緇 9～容有常

簡文"～容",今本作"從容"。

　　上博二·从甲10 敬、～、信

　　上博二·从甲10～則遠戾

～,或認爲从"言","兆"聲。
或讀爲"謙"。(讀本二)或讀爲"挑"。(連劭名)

　　上博二·容3～棄不奠

～,或分析爲从"疒"省、"害"、"出"、"水",疑讀爲"害"。《說文》:"害,傷也。"(何琳儀)或讀爲"瘑"。(蘇建洲)

　　上博二·容6 卅=有七年而～終

李零隸定爲"民",讀爲"泯";陳劍疑讀爲"歿";蘇建洲隸定爲"奴",讀爲"祿",又讀爲"繹";郭永秉引陳劍說從"丩"得聲或讀"考",或讀"壽"。

　　上博二·容40 立於中～

～,上从"宀",下从"束"。(何琳儀)或隸作"柬"字,即今"闌"字,釋爲"門檻"。(邱德修)或釋爲"余",讀爲"塗"。"中塗"是都城的居於中央的大道的意思,簡文言"入自北門,立於中余(塗)","門"、"塗"於地點而言正好連貫。(單育辰)

　　上博三·中25 吟(今)之君子史(使)人不肂丌(其)～□

或釋爲"逆(兑)",爲"喜悦"義。《釋名·釋天》:"兑,説也,物得備足,皆喜説也。"或讀爲"説"。

　　上博四·采 2～商

或釋爲"徙",讀爲"少"。"徙商"即見於曾侯乙編鐘之"少商","少商"即比"商"音高八度。(季旭昇)或疑是"率"。(董珊)

　　上博四·采 4 羽～

　　上博四·采 5 叚(邵)～戈(㦴)虎

或隸作"盬",讀爲"索"。(季旭昇)或釋"韔"。或釋爲"詖"。(楊澤生)

　　上博四·昭 2 少(小)人之告～

～,從"夋"聲,讀爲"竢"。(楊澤生)讀爲"送"。(單育辰)或疑爲"綆"。(董珊)

　　上博四·曹 61 賞膫～羿(孽)

或隸定爲"詰",從"弋"聲,讀爲"飭",戒也。(季旭昇)

　　上博五·季 23 此羣₌(君子)從事者之所寍酮也

或疑爲"趨"字。或釋作"廷"。《廣雅·釋詁三》:"廷,平也。"《廣韻·青韻》:"廷,正也。"(何有祖)

 上博五·弟10 印㠯(以)～官

或分析为从"尸"从"旦",讀作"擅"。《説文》:"擅,專也。"《荀子·君道》"天子三公,諸侯一相,大夫擅官,士保職,莫不法度而公,是所以班治之也。"(何有祖)或釋爲"㢈",讀爲"属",委託、任用之意。(陳偉)

 上博五·三14 思～而勿救

或釋爲"道",字不清,也有可能是"遱"字。此句可能是説應引而導之,而不要加以禁止。(李零)

 上博五·鬼6 粪(蹼)送(後)～□

～,或分析爲从"衰"、从"刀",下从"弗",字待考。或疑从"飤"聲,讀爲"伺"。(禤健聰)

 上博六·孔26 役不奉～

或疑爲"芷"字。或釋爲"芻"。(何有祖)或釋爲"岜",即"芒",讀爲"亡"。(讀書會)

 上博六·慎3 斷～

或釋爲"室"。或釋爲"蠱"。(張崇禮)

 上博六·用20 而又縓₌之～

或釋爲"鄐"。或隸作"𧘇",認爲從"攴(鞭)"聲。(劉剛)

窒

上博七·凡甲 7 ～祭員奚逐

上博七·凡乙 6 ～祭員奚逐

～,隸作"窒",或認爲"塞"字異體。(曹錦炎)或疑從"穴","圣"聲。(羅小華)疑讀爲"竃"或"造"。(孫飛燕)或讀爲"隋"。(季旭昇)隸定爲"窒",疑當釋爲堂奧之"奧"。(宋華强)"窒"實際上可以看作雙聲符字,就是在"穴"基礎上加了"圣"爲聲符。"穴"爲"墓穴"義。(孟蓬生)或認爲從"六"聲,讀爲"櫃"。(劉信芳)

上博七·凡甲 19 ～[之又(有)菓(臭?)]

上博七·凡乙 13 ～之又(有)菓(臭?)

上博七·凡乙 13 菓(嗅?)之又(有)～

～,或疑是"嗅"。(讀書會)疑此字從"畀",從"達"省。

上博八·志 5 虐(吾)父𨝫(兄)甥(甥)咎(舅)之又(有)～善

或疑爲"所"字。(讀書會)

上博一·孔 24 㠯(以)～□之古也

讀爲"絺綌"。（李零、陳劍）《易林·兌之謙》："葛生衍蔓，絺綌爲願。"王先謙《詩三家義集疏》："《詩》言絺綌之事，始於爲而終於服，見婦功之實有成。"或讀爲"蒙棘"。（晁福林）

 上博一·孔 24 㠯（以）□～之古也

參上。

 上博一·孔 19 □～志

或釋"溺"。"溺志"即《禮記·樂記》"宋音燕女溺志"。"溺"，訓爲"沒"。（李零、何琳儀）或讀爲"弱"，"弱志"，《大戴禮記·文王官王》："易移以言，存志不能守錮，已諾無斷，曰'弱志'者也。"（秦樺林）

 上博一·性 36 ～之獒也

或疑爲"撏"。或說从"人"，"叀"聲，係"鬱"字古文。（邱德修）

 上博二·容 15 冒芺蓻～

或釋爲"手"。（馮勝君）

 上博二·容 28 乃～飤（食）

或釋爲"飭"。《易·雜卦》："蠱則飭也。"王弼注："飭，整治也。"《國語·吳語》："周軍飭壘。"韋昭注："傷，治也。"（何琳儀）

 上博三·周43 于剝～

或釋爲"帶",讀爲"厄"。(袁瑩)

 上博三·周58～

或認爲"利"字之殘。(陳劍)

 上博三·中2～昏之

或釋爲"愨"。(李朝遠)

 上博三·彭5 舍(余)告女(汝)貨～

此字下半殘缺,上从"化"聲,讀爲"禍"。(李零)

 上博三·彭6～₌之惎(謀)不可行

或認爲从"心","虫"聲,讀爲"忽"。《說苑·談叢》:"忽忽之謀,不可爲也;惕惕之心,不可長也。"(陳斯鵬、陳偉武)

 上博四·逸交2 戠(職)俤～

或釋爲"君子"。或疑爲"牙爪"二字。(楊澤生)

 上博五·季19～美棄惡

或隸作"俦",讀爲"勸"。(濮茅左)或疑讀爲"辨"。(季旭昇)讀爲"播"。(禤健聰)

 上博五·季19 母(毋)～逐

或釋爲"詣",同"倪",傲慢。(濮茅左)或讀爲"指",意爲指責、斥責。(楊澤生)

 上博五·三20～之不危

或釋"攺",讀爲"弛"。"弛"有捨棄之意。(袁金平)或說"攺"即"胣"字,讀爲"施"。(范常喜)

 上博五·三20～

或疑此字當爲"信"字之殘。(范常喜)

 上博五·三12～欲殺人

或疑是"出"字,讀爲"絀"。(李零)像"庚"字或"康"字的頭部。(陳劍)疑此殘存偏旁可能是"老"字的上半部分。下部爲"旨",整字即"耆"字,讀爲"嗜"。(范常喜)或釋爲"若"字。(林文華)

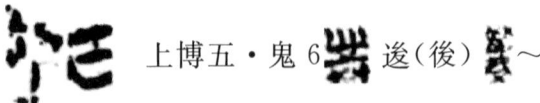 上博五·鬼6 遂(後)～

或認爲是"昃"字異寫。(禤健聰)

 上博六·莊2～遂(後)之人

或釋"吾"。(陳偉)或釋"勝",讀作"朕"。(凡國棟)

　　　　上博五·弟 18 不~□

左部殘,右從"奇"聲。

　　　　上博五·弟 10~㠯(以)㞋(屬)官

或釋爲"印"。(何有祖)或釋爲"色",讀爲"嗇",愛惜;慳吝。(陳偉)

　　　　上博五·弟 1~

或隸作"俑(?)"。(陳劍)或隸作"伲"。(何有祖)或釋爲"俑"。(范常喜)

參考文獻

B

白於藍:《釋"玄咎"》,簡帛研究網 2003 年 1 月 19 日。

白於藍:《〈上博簡(二)〉〈容成氏〉編連問題補議》,《華南師範大學學報》2004 年第 4 期。

白於藍:《讀上博簡(二)劄記》,《江漢考古》2005 年第 4 期。

白於藍:《上海博物館藏竹簡〈容成氏〉"凡民俾敊者"考》,《文物》2005 年第 11 期。

白於藍:《〈曹沫之陳〉新編釋文及相關問題探討》,《中國文字》新 31 期,(臺灣)藝文印書館 2006 年;復旦大學出土文獻與古文字研究中心網 2008 年 3 月 2 日。

白於藍:《簡牘帛書通假字字典》,福建人民出版社 2008 年。

白於藍:《戰國秦漢簡帛古書通假字彙纂》,福建人民出版社 2012 年。

C

蔡丹:《上博四〈曹沫之陳〉試釋二則》,簡帛網 2006 年 1 月 3 日。

曹峰:《楚簡〈恆先〉"祥義利巧綵物出于作"解》,簡帛研究網 2004 年 12 月 26 日。

曹峰:《〈三德〉零釋》,簡帛網 2006 年 4 月 6 日。

曹峰:《〈三德〉零釋(二)》,簡帛網 2006 年 4 月 8 日。

曹峰:《〈三德〉零釋(三)》,簡帛網 2006 年 4 月 11 日。

曹峰:《上博六〈用曰〉篇劄記》,簡帛研究網 2007 年 7 月 12 日;簡帛網 2007 年 7 月 12 日。

曹峰:《上博六〈用曰〉篇劄記(續一)》,簡帛研究網 2007 年 7 月 12 日。

曹峰:《上博六〈用曰〉篇劄記(續二)》,簡帛研究網 2007 年 7 月 16 日。
曹方向:《上博八〈蘭賦〉"芳馨秘酳"試解》,簡帛網 2011 年 7 月 26 日。
曹方向:《讀上博楚簡第八冊瑣記》,簡帛網 2011 年 8 月 22 日。
曹方向:《上博八〈成王既邦〉劄記》,簡帛網 2011 年 7 月 18 日。
曹建敦:《讀上博藏楚竹書〈内豊〉篇劄記》,簡帛研究網 2005 年 3 月 4 日。
曹建國:《楚簡逸詩〈交交鳴鷟〉考論》,簡帛網 2006 年 11 月 26 日。
曹錦炎:《讀楚簡劄記(二則)》,《華學》第 7 輯,中山大學出版社 2004 年。
曹錦炎:《上海博物館藏楚竹書〈墨子〉佚文》,《文物》2006 年第 7 期。
曹錦炎:《讀上海博物館藏楚竹書劄記(二則)》,《簡帛》第 2 輯,上海古籍出版社 2007 年。
曹錦炎:《楚竹書〈問曰〉章與〈列子·湯問〉"小兒辯日"故事》,《古文字研究》第 27 輯,中華書局 2008 年。
曹銀晶:《上博竹書〈姑成家父〉"躬與士處官(從土)"小考》,簡帛網 2007 年 3 月 7 日。
晁福林:《孔子何以頌"葛"——試析上博簡〈詩論〉第 16 簡的一個問題》,《史學集刊》2006 年第 4 期。
晁福林:《上博簡〈仲弓〉疏證》,《孔子研究》2005 年第 2 期。
陳劍:《〈孔子詩論〉補釋一則》,《中國哲學》第 24 輯,遼寧教育出版社 2002 年。
陳劍:《上博簡〈子羔〉、〈從政〉篇的拼合與編連問題》,簡帛研究網 2003 年 1 月 8 日。
陳劍:《上博簡〈容成氏〉的拼合與編連問題》,簡帛研究網 2003 年 1 月 9 日。
陳劍:《上博簡〈民之父母〉"而得既塞於四海矣"句解釋》,簡帛研究網 2003 年 1 月 18 日;《上博館藏戰國楚竹書研究續編》,上海書店出版社 2004 年。
陳劍:《上海博物館藏戰國楚竹書〈從政〉篇研究(三題)》,第三屆國際簡帛研討會(Mount Holyoke College,U.S.A.,2004.4.23—25)論文;復旦大學出土文獻與古文字研究中心網 2008 年 2 月 23 日;《簡帛研究 2005》,廣西師範大學出版社 2008 年。
陳劍:《上博竹書〈仲弓〉篇新編釋文(稿)》,簡帛研究網 2004 年 4 月 18 日。

陳劍:《上博竹書〈曹沫之陳〉新編釋文(稿)》,簡帛研究網 2005 年 2 月 12 日。

陳劍:《上博竹書〈昭王與龔之脽〉和〈柬大王泊旱〉讀後記》,簡帛研究網 2005 年 2 月 15 日。

陳劍:《釋上博竹書〈昭王毀室〉的"幸"字》,《漢字研究》第 1 輯,學苑出版社 2005 年;簡帛網 2005 年 12 月 16 日。

陳劍:《上博竹書異文選釋(六則)》,《出土簡帛文獻與古代學術國際研討會論文集》,臺灣政治大學中文系 2005 年;《文史》2006 年第 4 輯。

陳劍:《談談〈上博(五)〉的竹簡分篇、拼合與編聯問題》,簡帛網 2006 年 2 月 19 日。

陳劍:《〈上博(五)〉零劄兩則》,簡帛網 2006 年 2 月 21 日。

陳劍:《上博竹書"葛"字小考》,簡帛網 2006 年 3 月 10 日;《中國文字研究》第 8 輯,大象出版社 2007 年。

陳劍:《〈三德〉竹簡編聯的一處補正》,簡帛網 2006 年 4 月 1 日。

陳劍:《也談〈競建内之〉簡 7 的所謂"害"字》,簡帛網 2006 年 6 月 16 日。

陳劍:《讀〈上博(六)〉短劄五則》,簡帛網 2007 年 7 月 20 日。

陳劍:《柞伯簋銘補釋》,《甲骨金文考釋論集》,綫裝書局 2007 年。

陳劍:《甲骨金文舊釋"𠦪"之字及相關諸字新釋》,復旦大學出土文獻與古文字研究中心網 2007 年 12 月 29 日。

陳劍:《釋上博竹書和春秋金文的"羹"字異體》,復旦大學出土文獻與古文字研究中心網 2008 年 1 月 6 日。

陳劍:《〈上博(六)·孔子見季桓子〉重編新釋》,復旦大學出土文獻與古文字研究中心網 2008 年 3 月 21 日。

陳劍:《〈上博(三)·仲弓〉賸義》,《簡帛》第 3 輯,上海古籍出版社 2008 年。

陳劍:《試說戰國文字中寫法特殊的"亢"和從"亢"諸字》,復旦大學出土文獻與古文字研究中心網 2010 年 10 月 7 日。

陳劍:《關於"營="與早期出土文獻中的"省代符"》,復旦大學出土文獻與古文字研究中心網 2011 年 7 月 9 日。

陳劍:《上博(八)〈子道餓〉補說》,復旦大學出土文獻與古文字研究中心網 2011 年 7 月 9 日。

陳劍:《上博(八)〈王居〉復原》,復旦大學出土文獻與古文字研究中心網

2011 年 7 月 9 日。

陳劍:《甲骨金文考釋論集》,綫裝書局 2007 年。

陳斯鵬:《楚簡〈周易〉初讀記》,孔子 2000 網 2004 年 4 月 25 日。

陳斯鵬:《"罙"爲"泣"之初文説》,《古文字研究》第 25 輯,中華書局 2004 年。

陳斯鵬:《上海博物館藏楚簡〈彭祖〉新釋》,《華學》第 7 輯,中山大學出版社 2004 年。

陳斯鵬:《楚簡〈詩論〉詩學思想綜析》,《古典傳統與自由教育》(《經典與解釋》第 5 輯),華夏出版社 2005 年。

陳斯鵬:《初讀上博竹書(四)文字小記》,簡帛研究網 2005 年 3 月 6 日。

陳斯鵬:《〈柬大王泊旱〉編聯補議》,簡帛研究網 2005 年 3 月 10 日。

陳斯鵬:《讀〈上博竹書(五)〉小記》,簡帛網 2006 年 4 月 1 日。

陳斯鵬:《戰國楚帛書甲篇文字新釋》,《古文字研究》第 26 輯,中華書局 2006 年。

陳斯鵬:《簡帛文獻學與文學考論》,中山大學出版社 2007 年。

陳斯鵬:《上海博物館藏戰國竹簡〈詩論〉解詁》,《考古與文物》2007 年第 6 期;《先秦、秦漢史》2008 年第 2 期。

陳斯鵬:《上博館藏楚簡文字考釋四則》,《江漢考古》2008 年第 2 期。

陳斯鵬:《楚簡中的一字形表多詞現象》,《出土文獻與古文字研究》第 2 輯,復旦大學出版社 2008 年。

陳偉:《上海博物館藏楚竹書〈從政〉校讀》,簡帛研究網 2003 年 1 月 10 日。

陳偉:《讀〈魯邦大旱〉劄記》,簡帛研究網 2003 年 1 月 27 日;《上博館藏戰國楚竹書研究續編》,上海書店出版社 2004 年。

陳偉:《〈上海博物館藏戰國楚竹書(二)〉零釋》,簡帛研究網 2003 年 3 月 17 日。

陳偉:《竹書〈容成氏〉零識》,《第四届國際中國古文字學研討會論文集》,香港中文大學中國語言及文學系 2003 年;簡帛網 2005 年 11 月 13 日。

陳偉:《楚竹書〈周易〉文字試釋》,簡帛研究網 2004 年 4 月 18 日。

陳偉:《關於楚簡"視日"的新推測》,簡帛研究網 2005 年 3 月 6 日。

陳偉:《竹書〈仲弓〉詞句試解(三則)》,簡帛研究網 2005 年 8 月 15 日;簡帛網 2005 年 11 月 6 日;《古文字研究》第 26 輯,中華書局 2006 年。

陳偉:《上博楚竹書〈仲弓〉"季桓子章"集釋》,簡帛網 2005 年 12 月 10 日。
陳偉:《上博五〈鬼神之明〉篇初讀》,簡帛網 2006 年 2 月 18 日。
陳偉:《上博五〈三德〉初讀》,簡帛網 2006 年 2 月 19 日。
陳偉:《上博五〈弟子問〉零釋》,簡帛網 2006 年 2 月 21 日。
陳偉:《〈競建内之〉〈鮑叔牙與隰朋之諫〉零識》,簡帛網 2006 年 2 月 22 日。
陳偉:《上博五〈姑成家父〉零釋》,簡帛網 2006 年 2 月 24 日。
陳偉:《〈苦成家父〉通釋》,簡帛網 2006 年 2 月 26 日。
陳偉:《〈季康子問孔子〉零識(續)》,簡帛網 2006 年 3 月 2 日;《出土文獻研究》第 8 輯,上海古籍出版社 2007 年。
陳偉:《〈鮑叔牙與隰朋之諫零識(續)〉》,簡帛網 2006 年 3 月 5 日。
陳偉:《〈弟子問〉零識(續)》,簡帛網 2006 年 3 月 7 日。
陳偉:《也説〈鮑叔牙與隰朋之諫〉與〈管子·霸形〉的對讀》,簡帛網 2006 年 4 月 4 日。
陳偉:《〈簡大王泊旱〉新研》,簡帛網 2006 年 11 月 22 日。
陳偉:《上博竹書〈慎子曰恭儉〉初讀》,簡帛網 2007 年 7 月 5 日。
陳偉:《讀〈上博六〉條記》,簡帛網 2007 年 7 月 9 日。
陳偉:《讀〈上博六〉條記之二》,簡帛網 2007 年 7 月 10 日。
陳偉:《〈天子建州〉校讀》,簡帛網 2007 年 7 月 13 日。
陳偉:《〈用曰〉校讀》,簡帛網 2007 年 7 月 15 日。
陳偉:《〈王子木蹠城父〉校讀》,簡帛網 2007 年 7 月 20 日。
陳偉:《〈孔子見季桓子〉22 號簡試讀》,簡帛網 2007 年 7 月 24 日。
陳偉:《〈景公瘧〉9 號簡中的"物"應指鬼神》,簡帛網 2007 年 7 月 29 日。
陳偉:《〈慎子曰恭儉〉初讀》,《古文字學論稿》,安徽大學出版社 2008 年。
陳偉:《讀上博楚竹書〈景公瘧〉劄記》,《出土文獻與古文字研究》第 2 輯,復旦大學出版社 2008 年。
陳偉:《上博楚竹書〈莊王既成〉初讀》,《古文字研究》第 27 輯,中華書局 2008 年。
陳偉:《〈鄭子家喪〉初讀》,簡帛網 2008 年 12 月 31 日。
陳偉:《讀〈武王踐阼〉小劄》,簡帛網 2008 年 12 月 31 日。
陳偉:《〈君人者何必安哉〉初讀》,簡帛網 2008 年 12 月 31 日。
陳偉:《上博八〈命〉篇剩義》,簡帛網 2011 年 7 月 9 日。

陳偉:《上博楚竹書〈王居〉新編校釋》,簡帛網 2011 年 7 月 20 日。
陳偉:《"魯司寇寄言游于逡楚"試説》,簡帛網 2011 年 7 月 21 日。
陳偉:《〈顔淵問於孔子〉内事、内教二章校讀》,簡帛網 2011 年 7 月 22 日。
陳偉:《上博八零識(二則)》,簡帛網 2011 年 7 月 25 日。
陳偉:《郭店竹書别釋》,湖北教育出版社 2002 年。
陳偉:《新出楚簡研讀》,武漢大學出版社 2010 年。
陳偉武:《讀上博藏簡第三册零劄》,《華學》第 7 輯,中山大學出版社 2004 年。
陳偉武:《上博藏簡識小録》,《語言文字學研究》,中國社會科學出版社 2005 年。
陈偉武:《簡帛文獻中的殘疾人史料及其相關問題》,中國簡帛學國際論壇 2006,武漢大學 2006 年。
陳偉武:《讀上博藏簡第四册零劄》,《古文字研究》第 26 輯,中華書局 2006 年。
陳偉武:《上博簡考釋掇瑣》,《古文字研究》第 27 輯,中華書局 2008 年。
陳偉武:《試論簡帛文獻中的格言資料》,中國簡帛學國際論壇 2008,芝加哥大學顧立雅中國古文字學中心 2008 年。
陳英傑:《讀上博簡(二)劄記五則》,簡帛研究網 2005 年 2 月 15 日。
陳英傑:《楚簡劄記二則》,簡帛研究網 2005 年 2 月 7 日。
陳英傑:《讀〈香港中文大學文物館藏簡牘〉劄記》,《古文字論集》(三),《考古與文物》2005 年增刊。
程鵬萬:《〈仲弓〉的"㠱"字考釋》,簡帛研究網 2005 年 6 月 6 日;《釋〈仲弓〉第 16 簡的"小人"》,《古文字研究》第 26 輯,中華書局 2006 年。
程燕:《上海楚竹書(二)研讀記》,簡帛研究網 2003 年 1 月 13 日;《上博館藏戰國楚竹書研究續編》,上海書店出版社 2004 年。
程燕:《"豈"、"戠"同源考》,《古文字研究》第 26 輯,中華書局 2006 年。
程燕:《讀上博六劄記》,簡帛網 2007 年 7 月 24 日;《古文字學論稿》,安徽大學出版社 2008 年。
程燕:《上博七考釋五則》,《簡帛語言文字研究》第 5 輯,巴蜀書社 2010 年。
程燕:《坐、跪同源考》,《古文字研究》第 29 輯,中華書局 2012 年。

程燕:《釋"何"》,《中國文字學報》第 4 輯,商務印書館 2012 年。

程燕:《"苑璽"考》,《考古與文物》2012 年第 2 期。

D

大西克也:《從語法的角度論楚簡中的"囟"字》,《康樂集——曾憲通教授七十壽慶論文集》,中山大學出版社 2006 年。

大西克也:《戰國楚系文字中的兩種"告"字——兼釋上博楚簡〈容成氏〉的"三佸"》,《簡帛》第 1 輯,上海古籍出版社 2006 年。

大西克也:《試釋上博楚簡〈昭王毀室〉中的"刑訇"——楚簡文字中的"夂""升""旡"》,《語苑擷英(二)——慶祝唐作藩教授八十華誕學術論文集》,中國大百科全書出版社 2007 年;簡帛研究網 2008 年 2 月 8 日。

大西克也:《上博楚簡(四)"龏之脾"的"脾"字怎麽讀?》,《中國語學研究開篇》vol.27,(東京)好文出版 2008 年;簡帛網 2008 年 9 月 6 日。

大西克也:《戰國楚簡文字中讀作舌根音的幾個章組字》,《古文字研究》第 27 輯,中華書局 2008 年。

丁四新:《楚簡〈恆先〉章句釋義》,簡帛研究網 2004 年 7 月 25 日;簡帛網 2005 年 12 月 30 日。

丁四新:《上博楚簡〈鬼神〉篇注釋》,簡帛網 2006 年 5 月 7 日;《楚地簡帛思想研究》第 3 輯,湖北教育出版社 2007 年。

丁四新主編:《楚地簡帛思想研究》第 3 輯,湖北教育出版社 2007 年。

董蓮池:《上海博物館藏〈戰國楚竹書(一)·孔子詩論〉解詁(二)》,《古籍整理研究學刊》2003 年第 2 期。

董蓮池:《釋戰國楚系文字中从 ![字] 的幾組字》,《古文字研究》第 25 輯,中華書局 2004 年。

董蓮池:《古漢字形義探索二篇》,《中國文字研究》第 6 輯,廣西教育出版社 2005 年。

董蓮池:《沬司徒疑簋"徏"、"嗇"釋"徙"、釋"圖"説平議》,《中國文字研究》第 10 輯(2008 年第 1 輯),大象出版社 2008 年。

董珊:《楚簡〈恆先〉初探》,簡帛研究網 2004 年 5 月 12 日。

董珊:《楚簡〈恆先〉"詳宜利巧"解釋》,簡帛研究網 2004 年 11 月 9 日。

董珊:《讀〈上博藏戰國楚竹書(四)〉雜記》,簡帛研究網 2005 年 2 月

20 日。

董珊:《阮校〈孟子〉與〈鮑〉簡對讀》,簡帛網 2006 年 4 月 2 日。

董珊:《〈曹沫之陣〉中的四種"復戰"之道》,簡帛網 2007 年 6 月 6 日。

董珊:《楚簡中从"大"聲之字的讀法》,簡帛網 2007 年 7 月 8 日。

董珊:《讀〈上博六〉雜記》,簡帛網 2007 年 7 月 10 日。

董珊:《讀〈上博六〉雜記(續一)》,簡帛網 2007 年 7 月 11 日。

董珊:《讀〈上博六〉雜記(續二)》,簡帛網 2007 年 7 月 11 日。

董珊:《〈鮑叔牙〉篇的"考治"與其歷史文獻背景》,簡帛網 2007 年 7 月 16 日。

董珊:《讀〈上博六〉雜記四則》,簡帛網 2007 年 7 月 22 日。

董珊:《出土文獻所見"以謚爲族"的楚王族——附説〈左傳〉"諸侯以字爲謚因以爲族"的讀法》,復旦大學出土文獻與古文字研究中心網 2008 年 2 月 17 日。

董珊:《戰國竹簡中可能讀爲"説"的"尐"字》,復旦大學出土文獻與古文字研究中心網 2008 年 5 月 2 日。

董珊:《釋上博簡中讀爲"曰"的一個字》,簡帛網 2008 年 6 月 10 日。

F

范常喜:《讀〈上博四〉劄記四則》,簡帛研究網 2005 年 3 月 31 日。

范常喜:《上博二〈從政(甲)〉簡三補説》,《康樂集——曾憲通教授七十壽慶論文集》,中山大學出版社 2006 年。

范常喜:《〈上博五·競建内之〉簡 2"彝"字試説》,簡帛網 2006 年 2 月 20 日。

范常喜:《〈上博五·三德〉劄記三則》,簡帛網 2006 年 2 月 24 日。

范常喜:《〈上博五·鮑叔牙與隰朋之諫〉簡 3"秙"字試説》,簡帛網 2006 年 3 月 2 日。

范常喜:《〈上博五·三德〉劄記二則》,簡帛網 2006 年 3 月 4 日。

范常喜:《試説〈上博五·三德〉簡 1 中的"暝"——兼談楚簡中的相關諸字》,簡帛網 2006 年 3 月 9 日。

范常喜:《〈上博五·三德〉劄記六則》,簡帛網 2006 年 5 月 18 日。

范常喜:《〈上博五·弟子問〉1、2 號簡殘字補説》,簡帛網 2006 年 5 月 21 日。

范常喜:《〈弟子問〉〈季庚子問於孔子〉劄記三則》,簡帛網 2006 年 8 月 2 日。

范常喜:《〈上博五·三德〉簡 12、20 補議》,簡帛網 2007 年 4 月 28 日。

范常喜:《〈上博二·從政乙〉劄記二則》,簡帛網 2007 年 5 月 15 日。

范常喜:《〈上博二·容成氏〉武王伐紂"誓詞"新釋》,簡帛網 2007 年 6 月 10 日。

范常喜:《讀〈上博六〉劄記六則》,簡帛網 2007 年 7 月 25 日。

范常喜:《〈上博六·競公瘧〉簡 9"勿"字補議》,簡帛網 2007 年 7 月 29 日。

范常喜:《上博簡〈容成氏〉和〈天子建州〉中"鹿"字合證》,簡帛網 2007 年 8 月 10 日。

范常喜:《〈上博五·三德〉"滔皇"小議》,簡帛網 2008 年 9 月 6 日。

范常喜:《上博楚竹書文字補釋八則》,《古文字研究》第 27 輯,中華書局 2008 年。

凡國棟:《讀〈上博楚竹書六〉記》,簡帛網 2007 年 7 月 9 日。

凡國棟:《〈上博六〉楚平王逸篇初讀》,簡帛網 2007 年 7 月 9 日。

凡國棟:《上博六〈用曰〉篇初讀》,簡帛網 2007 年 7 月 10 日。

凡國棟:《〈用曰〉篇中的"寧"字》,簡帛網 2007 年 7 月 12 日。

凡國棟:《〈用曰〉篇簡 20 考釋一則》,簡帛網 2007 年 7 月 13 日。

凡國棟:《〈景公瘧〉劄記一則》,簡帛網 2007 年 7 月 28 日。

凡國棟:《〈上博七·鄭子家喪〉校讀劄記兩則》,簡帛網 2008 年 12 月 31 日。

房振三:《上博館藏楚竹書(四)釋字二則》,簡帛研究網 2005 年 4 月 3 日。

馮勝君:《釋戰國文字中的"怨"》,《古文字研究》第 25 輯,中華書局 2004 年。

馮勝君:《郭店簡與上博簡〈緇衣〉對比研究叢劄(一)》,《江漢考古》2004 年第 4 期。

馮勝君:《戰國楚文字"罪"字用作"龜"字補議》,《漢字研究》第 1 輯,學苑出版社 2005 年;簡帛網 2005 年 11 月 7 日。

馮勝君:《郭店〈緇衣〉"渫"字補釋——兼談戰國楚文字"枼"、"桀"、"枽"之間的形體區別》,中國簡帛學國際論壇 2007,臺灣大學 2007 年。

馮勝君:《郭店簡與上博簡對比研究》,綫裝書局 2007 年。

馮時:《戰國楚竹書〈子羔·孔子詩論〉研究(一)》,《考古學報》2004 年第 4 期;《中國古代、近代文學研究》2005 年第 2 期。

復旦大學出土文獻與古文字研究中心學生讀書會:《攻研雜誌(一)》,復旦大學出土文獻與古文字研究中心網 2008 年 1 月 9 日。

復旦大學出土文獻與古文字研究中心學生讀書會:《攻研雜誌(二)》,復旦大學出土文獻與古文字研究中心網 2008 年 2 月 1 日。

復旦大學出土文獻與古文字研究中心學生讀書會:《攻研雜志(三)——讀〈上博(六)·孔子見季桓子〉札記(四則)》,復旦大學出土文獻與古文字研究中心網 2008 年 5 月 23 日。

復旦大學出土文獻與古文字研究中心學生讀書會:《〈上博七·凡物流形〉重編釋文》,復旦大學出土文獻與古文字研究中心網 2008 年 12 月 31 日。

復旦吉大古文字專業研究生聯合讀書會:《上博八〈子道餓〉校讀》,復旦大學出土文獻與古文字研究中心網 2011 年 7 月 17 日。

復旦吉大古文字專業研究生聯合讀書會:《上博八〈顔淵問於孔子〉校讀》,復旦大學出土文獻與古文字研究中心網 2011 年 7 月 17 日。

復旦吉大古文字專業研究生聯合讀書會:《上博八〈成王既邦〉校讀》,復旦大學出土文獻與古文字研究中心網 2011 年 7 月 17 日。

復旦吉大古文字專業研究生聯合讀書會:《上博八〈命〉校讀》,復旦大學出土文獻與古文字研究中心網 2011 年 7 月 17 日。

復旦吉大古文字專業研究生聯合讀書會:《上博八〈王居〉、〈志書乃言〉校讀》,復旦大學出土文獻與古文字研究中心網 2011 年 7 月 17 日。

復旦吉大古文字專業研究生聯合讀書會:《上博八〈李頌〉校讀》,復旦大學出土文獻與古文字研究中心網 2011 年 7 月 17 日。

復旦吉大古文字專業研究生聯合讀書會:《上博八〈蘭賦〉校讀》,復旦大學出土文獻與古文字研究中心網 2011 年 7 月 17 日。

復旦吉大古文字專業研究生聯合讀書會:《上博八〈有皇將起〉校讀》,復旦大學出土文獻與古文字研究中心網 2011 年 7 月 17 日。

復旦吉大古文字專業研究生聯合讀書會:《上博八〈鶹鷅〉校讀》,復旦大學出土文獻與古文字研究中心網 2011 年 7 月 17 日。

G

高佑仁:《〈曹沫之陣〉"君必不已則由其本乎"釋讀》,簡帛研究網 2005 年

9月4日。

高佑仁:《〈曹沫之陣〉校讀九則》,簡帛網2005年11月14日。

高佑仁:《讀〈上博四〉劄記三則》,簡帛網2006年2月24日。

高佑仁:《談〈曹沫之陣〉"爲和於陣"的編聯問題》,簡帛網2006年2月28日。

高佑仁:《釋〈競建内之〉簡7的"則質諸鬼神曰:'天地明棄我矣?'"》,簡帛網2008年5月31日。

顧史考:《上博楚簡〈用曰〉章解》,中國簡帛學國際論壇2007,臺灣大學2007年。

顧史考:《楚文"虤"字之雙重用法:説"競公'瘧'"及苗民"五'號'之刑"》,《古文字研究》第27輯,中華書局2008年。

郭永秉:《從〈容成氏〉33號簡看〈容成氏〉的學派歸屬》,簡帛網2006年11月7日;《出土文獻與古文字研究》第2輯,復旦大學出版社2008年。

郭永秉:《從上博楚簡〈容成氏〉的"有虞迵"説到唐虞傳説的疑問》,《出土文獻與古文字研究》第1輯,復旦大學出版社2006年。

郭永秉:《讀〈平王問鄭壽〉篇小記二則》,簡帛網2007年8月30日。

郭永秉:《説〈子羔〉簡4的"敏以好詩"》,《出土文獻與古文字研究》第1輯,復旦大學出版社2006年。

郭永秉:《〈苦成家父〉末兩簡文義試説》,簡帛網2006年2月24日。

郭永秉:《説〈姑成家父〉簡3的"取免"》,簡帛網2006年4月19日。

郭永秉:《讀〈六德〉、〈子羔〉、〈容成氏〉劄記三則》,簡帛網2006年5月26日。

郭永秉:《釋上博楚簡〈平王問鄭壽〉的"訊"字》,《古文字研究》第27輯,中華書局2008年。

郭永秉:《帝系新研:楚地出土戰國文獻中的傳説時代古帝王系統研究》,北京大學出版社2008年。

郭永秉:《古文字與古文獻論集》,上海古籍出版社2011年。

H

郝士宏:《初讀〈上博簡(六)〉》,簡帛網2007年7月21日。

何家興:《説"韋"及其相關諸字》,《簡帛》第5輯,上海古籍出版社2010年。

何景成:《説"列"》,《中國文字研究》第 11 輯(2008 年第 2 輯),大象出版社 2008 年。

何琳儀:《滬簡二册選釋》,簡帛研究網,2003 年 1 月 14 日;《學術界》2003 年第 1 期。

何琳儀、程燕:《滬簡〈周易〉選釋》,簡帛研究網 2004 年 5 月 16 日。

何琳儀:《第二批滬簡選釋》,《上博館藏戰國楚竹書研究續編》,上海書店出版社 2004 年。

何琳儀、房振三:《"也""只"考辨》,《上海文博論叢》2005 年第 3 期。

何琳儀:《帛書〈周易〉校記》,《湖南省博物館館刊》第 3 期,嶽麓書社 2006 年。

何琳儀:《楚竹書〈周易〉校記(上)》,《安大史學》(第 2 輯),安徽大學出版社 2006 年。

何琳儀:《貴尹求義》,《中華文史論叢》2007 年第 4 期。

何琳儀、程燕、房振三:《滬簡〈周易〉選釋(修訂)》,《周易研究》2006 年第 1 期;《簡帛考論》,上海古籍出版社 2007 年。

何琳儀、徐在國:《釋蒝》,《楚文化研究論集》第 5 集,2003 年;《文字學論叢》第 2 輯,2004 年。

何琳儀、房振三:《釋巴》,《東南文化》2008 年第 1 期。

何琳儀:《戰國文字通論(訂補)》,江蘇教育出版社 2003 年。

何琳儀:《戰國古文字典——戰國文字聲系》,中華書局 1998 年。

何有祖:《上博楚竹書(四)劄記》,簡帛研究網 2005 年 4 月 15 日。

何有祖:《上博五楚竹書〈競建內之〉劄記五則》,簡帛網 2006 年 2 月 18 日。

何有祖:《〈季庚子問於孔子〉與〈姑成家父〉試讀》,簡帛網 2006 年 2 月 19 日。

何有祖:《上博五〈君子爲禮〉試讀》,簡帛網 2006 年 2 月 19 日。

何有祖:《上博五〈弟子問〉試讀三則》,簡帛網 2006 年 2 月 20 日。

何有祖:《上博五〈三德〉試讀》,簡帛網 2006 年 2 月 20 日。

何有祖:《上博五〈三德〉試讀(二)》,簡帛網 2006 年 2 月 21 日。

何有祖:《上博五零釋二則》,簡帛網 2006 年 3 月 3 日。

何有祖:《上博楚簡試讀三則》,簡帛網 2006 年 9 月 20 日。

何有祖:《上博五〈君子爲禮〉試讀》,簡帛網 2006 年 2 月 19 日。

何有祖:《上博五零釋(二)》,簡帛網 2006 年 2 月 24 日。
何有祖:《上博五零釋二則》,簡帛網 2006 年 3 月 3 日。
何有祖:《楚簡釋讀七則》,《江漢考古》2006 年第 1 期。
何有祖:《〈慎子曰恭儉〉劄記》,簡帛網 2007 年 7 月 5 日。
何有祖:《讀〈上博六〉劄記》,簡帛網 2007 年 7 月 9 日。
何有祖:《讀〈上博六〉劄記(二)》,簡帛網 2007 年 7 月 9 日。
何有祖:《上博六〈景公瘧〉初探》,簡帛網 2007 年 7 月 11 日。
何有祖:《上博六劄記(三)》,簡帛網 2007 年 7 月 13 日。
何有祖:《讀〈上博六〉劄記(四)》,簡帛網 2007 年 7 月 14 日。
何有祖:《讀〈上博六〉劄記三則》,簡帛網 2007 年 7 月 17 日。
何有祖:《楚簡散劄六則》,簡帛網 2007 年 7 月 21 日。
何有祖:《釋〈景公瘧〉的"良翰"》,簡帛網 2007 年 7 月 25 日。
何有祖:《〈景公瘧〉劄記四則》,簡帛網 2007 年 7 月 27 日。
何有祖:《讀上博楚竹書(五)劄記》,《出土文獻研究》第 8 輯,上海古籍出版社 2007 年。
何有祖:《楚簡劄記二則》,《簡帛》第 2 輯,上海古籍出版社 2007 年。
何有祖:《釋"當楣"》,簡帛網 2008 年 12 月 30 日。
何有祖:《上博七〈君人者何必安哉〉校讀》,簡帛網 2008 年 12 月 31 日。
何有祖:《上博楚簡釋讀劄記》,簡帛網 2011 年 7 月 24 日。
侯乃峰:《上博(五)幾個固定詞語和句式補説》,簡帛網 2006 年 3 月 20 日。
侯乃峰:《讀簡帛散劄》,簡帛網 2006 年 11 月 26 日。
侯乃峰:《〈周易〉文字彙校集釋》,安徽大學博士學位論文 2007 年。
洪颺:《古文字考釋通假關係研究》,福建人民出版社 2008 年。
黄德寬:《〈戰國楚竹書〉(二)釋文補正》,簡帛研究網 2003 年 1 月 21 日;《學術界》2003 年第 1 期;《上博館藏戰國楚竹書研究續編》,上海書店出版社 2004 年。
黄德寬:《楚簡〈周易〉"䍃"字説》,《中國文字研究》第 6 輯,廣西教育出版社 2005 年。
黄德寬、徐在國:《上海博物館藏戰國楚竹書(一)孔子詩論釋文補正》,《安徽大學學報》2002 年第 2 期;人大復印資料《語言文字學》2002 年第 7 期。

黃德寬、徐在國:《上海博物館藏戰國楚竹書(一)緇衣·性情論釋文補正》,《古籍整理研究學刊》2002年第2期。

黃德寬主編:《古文字譜系疏證》,商務印書館2007年。

黃德寬、何琳儀、徐在國:《新出楚簡文字考》,安徽大學出版社2007年。

黃人二:《讀上博藏簡容成氏書後》,簡帛研究網2003年1月15日;《出土文獻論文集》,高文出版社2005年。

黃人二、林志鵬:《上博藏簡第三冊仲弓試探》,簡帛研究網2004年4月23日。

黃人二、林志鵬:《上博藏簡第三冊彭祖試探》,簡帛研究網2004年4月29日。

黃人二、林志鵬:《上博藏簡第三冊恆先試探》,簡帛研究網2004年5月12日。

黃人二:《上博藏簡昭王毀室試釋》,《考古學報》2008年第4期。

黃錫全:《讀上博〈戰國楚竹書(三)〉劄記數則》,簡帛研究網2004年6月22日;《康樂集——曾憲通教授七十壽慶論文集》,中山大學出版社2006年。

黃錫全:《讀上博楚簡劄記》,《新出簡帛研究》,文物出版社2004年。

J

冀小軍:《〈苦成家父〉補說》,簡帛網2006年6月13日。

冀小軍:《〈季康子問於孔子〉補說》,簡帛網2006年6月26日。

季旭昇:《讀〈上博(二)〉小議》,簡帛研究網2003年1月12日。

季旭昇:《〈上博二〉小议(二):〈民之父母〉"五至"解》,簡帛研究網2003年3月19日。

季旭昇:《〈孔子詩論〉"木瓜之報以喻其婉"說》,簡帛研究網2004年1月7日。

季旭昇:《〈上博三周易〉簡六"朝三鷹之"說》,簡帛研究網2004年4月18日。

季旭昇:《〈上博三·仲弓〉篇零釋三則》,簡帛研究網2004年4月23日。

季旭昇:《〈上博三·周易〉零釋七則》,簡帛研究網2004年4月24日。

季旭昇:《上博三周易簡26"欽其腓"說》,簡帛研究網2004年5月16日。

季旭昇:《〈上博三·恆先〉"意出於生,言出於意"說》,簡帛研究網2004年6月22日;《中國文字》新30期,藝文印書館2005年。

季旭昇:《〈上博四·柬大王泊旱〉三題》,簡帛研究網 2005 年 2 月 12 日。

季旭昇:《上博四零拾》,簡帛研究網 2005 年 2 月 15 日。

季旭昇:《〈上博四·逸詩·交交鳴鳥〉補釋》,簡帛研究網 2005 年 2 月 15 日。

季旭昇:《淺探〈性自命出〉、〈性情論〉"藝"字及其與"性"有關的問題》,《康樂集——曾憲通教授七十壽慶論文集》,中山大學出版社 2006 年。

季旭昇:《上博五芻議(上)》,簡帛網 2006 年 2 月 18 日。

季旭昇:《上博五芻議(下)》,簡帛網 2006 年 2 月 18 日。

季旭昇:《說"妻"、"要"》,《古文字研究》第 26 輯,中華書局 2006 年。

季旭昇:《〈采風曲目〉釋讀(摘要)》,簡帛網 2006 年 12 月 5 日。

季旭昇:《說上博楚四昭王與龔之脽的陳袍》,《中國文字》新 32 期,藝文印書館 2006 年。

季旭昇:《從隨文說解的體例談〈恆先〉的詮解》,《簡帛》第 1 輯,上海古籍出版社 2006 年。

季旭昇:《〈上博三·周易·頌卦〉二題:悷、其邑三四户》,《中國文字》新 31 期,藝文印書館 2006 年。

季旭昇:《說李》,《文字的俗寫現象及多元性——第十七屆中國文字學全國學術研討會論文集》,聖環圖書公司 2006 年。

季旭昇:《〈交交鳴鳥〉新詮》,《古文字與古代史》第 1 輯,臺北中研院歷史語言研究所 2007 年。

季旭昇:《上博五〈鮑叔牙與隰朋之諫〉試讀》,《楚地簡帛思想研究(三)》,湖北教育出版社 2007 年。

季旭昇:《戰國楚系新出字及其在文字學上的價值》,《語言文字與教學的多元對話》,東海大學中文系 2008 年。

季旭昇:《從楚簡本與傳世本談〈禮記·緇衣·苟有車〉章的釋讀》,《簡帛》第 3 輯,上海古籍出版社 2008 年。

季旭昇:《上博七芻議二》,簡帛網 2009 年 1 月 2 日。

季旭昇主編,陳霖慶、鄭玉姍、鄒濬智合撰:《〈上海博物館藏戰國楚竹書(一)〉讀本》,萬卷樓圖書股份有限公司 2003 年。

季旭昇主編,陳美蘭、蘇建洲、陳嘉凌合撰:《〈上海博物館藏戰國楚竹書(二)〉讀本》,萬卷樓圖書股份有限公司 2003 年。

季旭昇主編,陳惠玲、連德榮、李繡玲合撰:《〈上海博物館藏戰國楚竹書

(三)〉讀本》,萬卷樓圖書股份有限公司 2005 年。

　　季旭昇主編,袁國華協編,陳思婷、張繼淩、高佑仁、朱賜麟合撰:《〈上海博物館藏戰國楚竹書(四)〉讀本》,萬卷樓圖書股份有限公司 2007 年。

　　蔣文、程少軒:《〈用曰〉第 4 簡與第 19 簡試讀》,復旦大學出土文獻與古文字研究中心網 2008 年 3 月 24 日。

K

　　康少峰:《〈詩論〉簡制、簡序及文字釋讀研究》,四川大學博士學位論文 2005 年。

L

　　來國龍:《〈柬大王泊旱〉的敘事結構與宗教背景——兼釋"殺祭"》,中國簡帛學國際論壇 2007,臺灣大學 2007 年。

　　來國龍:《說"殺"、"散"——兼談古文字釋讀中的通假字問題》,中國簡帛學國際論壇 2008,芝加哥大學顧立雅中國古文字學中心 2008 年。

　　李家浩:《戰國竹簡〈民之父母〉中的"才辯"》,《北京大學學報》2004 年第 2 期;《先秦、秦漢史》2004 年第 4 期。

　　李家浩:《釋上博戰國竹簡〈緇衣〉中的"茲臣"合文——兼釋兆域圖"遴"和屬羌鐘"䈞"等字》,《康樂集——曾憲通教授七十壽慶論文集》,中山大學出版社 2006 年。

　　李家浩:《談包山楚簡"歸鄧人之金"一案及其相關問題》,《出土文獻與古文字研究》第 1 輯,復旦大學出版社 2006 年。

　　李家浩:《說"青廟"——關於郭店竹簡〈語叢一〉88 號的解釋》,中國簡帛學國際論壇 2007,臺灣大學 2007 年。

　　李家浩:《戰國竹簡〈緇衣〉中的"逯"》,《古墓新知——紀念郭店楚墓竹簡出土十周年論文專輯》,國際炎黃文化出版社 2003 年。

　　李家浩:《戰國官印考釋三篇》,《出土文獻研究》第 6 輯,上海古籍出版社 2004 年。

　　李家浩:《包山卜筮簡 218－219 號研究》,《長沙三國吳簡暨百年來簡帛發現與研究國際學術研討會論文集》,中華書局 2005 年。

　　李家浩:《仰天湖楚簡剩義》,《簡帛》第 2 輯,上海古籍出版社 2007 年。

　　李家浩:《釋老簋銘文中的"濾"字——兼談"只"字的來源》,《古文字研究》第 27 輯,中華書局 2008 年。

李家浩:《南越王墓車馹虎節銘文考釋》,《容庚先生百年誕辰紀念文集》,廣東人民出版社 1998 年。

李家浩:《談包山楚簡 263 號所記的席》,《出土文獻研究》第 9 輯,中華書局 2010 年。

李家浩:《楚簡所記楚人祖先"螇(鬻)酓"與"穴酓"爲一人説——兼説上古音幽部與微、文二部音轉》,《文史》2010 年第 3 期。

李家浩:《甲骨文北方神名"勹"與戰國文字从"勹"之字》,《文史》2012 年第 3 輯。

李家浩、楊澤生:《談上博竹書〈鬼神之明〉中的"送盂公"》,《簡帛》第 4 輯,上海古籍出版社 2009 年。

李零:《〈上海博物館藏戰國楚竹書(一)〉釋文校訂》,《中國哲學》第 24 輯,遼寧教育出版社 2002 年。

李零:《〈彭祖〉釋文考釋》,《上海博物館藏戰國楚竹書(三)》,上海古籍出版社 2003 年。

李零:《讀上博楚簡〈周易〉》,《中國歷史文物》2006 年第 4 期。

李零:《上博楚簡〈恆先〉語譯》,《中華文史論叢》2006 年第 1 期。

李零:《讀清華簡筆記:卨與竊》,《清華簡研究》,中西書局 2012 年。

李鋭:《讀上博簡(二)〈子羔〉劄記》,簡帛研究網 2003 年 1 月 10 日;《上博館藏戰國楚竹書研究續編》,上海書店出版社 2004 年。

李鋭:《上博館藏楚簡續劄》,《上博館藏戰國楚竹書研究續編》,上海書店出版社 2004 年。

李鋭:《〈彭祖〉補釋》,簡帛研究網 2004 年 4 月 19 日。

李鋭:《〈恆先〉淺釋》,簡帛研究網 2004 年 4 月 23 日。

李鋭:《〈曹劌之陣〉釋文新編》,簡帛研究網 2005 年 2 月 25 日。

李鋭:《讀上博三劄記》,簡帛研究網 2005 年 8 月 19 日。

李鋭:《讀上博五劄記》,簡帛研究網 2006 年 2 月 20 日。

李鋭:《〈用曰〉新編(稿)》,簡帛網 2007 年 7 月 13 日。

李鋭:《讀〈用曰〉札記》,簡帛網 2007 年 7 月 17 日。

李鋭:《讀〈用曰〉札記(二)》,簡帛網 2007 年 7 月 20 日。

李鋭:《簡帛釋證與學術思想研究論集》,臺灣書房出版有限公司 2008 年。

李鋭:《〈凡物流形〉釋文新編》,簡帛研究網 2008 年 12 月 31 日。

李守奎:《〈鮑叔牙與隰朋之諫〉補釋》,《楚地簡帛思想研究(三)》,湖北教育出版社 2007 年。

李守奎:《楚文字考釋獻疑》,《古文字學論稿》,安徽大學出版社 2008 年。

李守奎:《楚文字編》,華東師範大學出版社 2003 年。

李守奎、曲冰、孫偉龍:《上海博物館藏戰國楚竹書(一—五)文字編》,作家出版社 2007 年。

李天虹:《〈上海博物館藏戰國楚竹書(二)〉雜識》,簡帛研究網 2003 年 9 月 17 日;《武漢大學學報》2004 年第 4 期。

李天虹:《簡本〈緇衣〉字體比較初探》,《古文字研究》第 25 輯,中華書局 2004 年。

李天虹:《〈葛覃〉考》,《新出簡帛研究》,文物出版社 2004 年。

李天虹:《楚簡文字形體混同、混訛舉例》,《江漢考古》2005 年第 6 期。

李天虹:《戰國文字"莿"、"剌"續議》,《出土文獻研究》第 7 輯,上海古籍出版社 2005 年。

李天虹:《上博五〈競〉、〈鮑〉篇校讀四則》,簡帛網 2006 年 2 月 19 日。

李天虹:《讀〈季康子問於孔子〉劄記》,簡帛網 2006 年 2 月 24 日。

李天虹:《〈上博(五)〉零識三則》,簡帛網 2006 年 2 月 26 日。

李天虹:《〈性自命出〉"叟"、"罢"二字補釋》,《簡帛》第 1 輯,上海古籍出版社 2006 年。

李天虹:《上博(六)劄記兩則》,簡帛網 2007 年 7 月 21 日。

李天虹:《〈景公瘧〉校讀三則》,簡帛網 2007 年 7 月 24 日。

李天虹:《〈景公瘧〉校讀二則》,簡帛網 2007 年 7 月 26 日。

李天虹:《〈季康子問於孔子〉"訕"字小議》,簡帛網 2007 年 8 月 21 日。

李天虹:《〈鮑叔牙與隰朋之諫〉5—6 號簡再讀》,《簡帛》第 2 輯,上海古籍出版社 2007 年。

李天虹:《上博六〈景公瘧〉字詞校釋》,《古文字學論稿》,安徽大學出版社 2008 年。

李天虹:《〈上博竹書(五)〉零識》,《簡帛研究 2006》,廣西師範大學出版社 2008 年。

李天虹:《上博六〈景公瘧〉編聯試析》,《新果集——慶祝林沄先生七十華誕論文集》,科學出版社 2009 年。

李天虹:《簡本〈晏子春秋〉與今本對讀劄記》,《齊魯學刊》2009 年第 3 期。

李天虹:《上博七〈鄭子家喪〉補釋》,《江漢考古》2009年第3期。

李天虹:《上博七〈君人者何必安哉〉補説》,《簡帛》第4輯,上海古籍出版社2009年。

李天虹:《郭店竹簡〈窮達以時〉篇14、9號簡再讀》,《古文字研究》第28輯,中華書局2010年。

李天虹:《簡本〈晏子春秋〉與今本文本關係試探》,《中國史研究》2010年第3期。

李天虹:《竹書〈鄭子家喪〉所涉歷史事件綜析》,《出土文獻》第1輯,中西書局2010年。

李天虹:《郭店竹簡〈性自命出〉研究》,湖北教育出版社2002年。

李學勤:《〈古韻通曉〉簡評》,《中國社會科學》1991年第3期;《擁篲集》,三秦出版社2000年。

李學勤:《釋〈詩論〉簡"兔"及从"兔"之字》,《北方論叢》2003年第1期。

李學勤:《上博楚簡〈魯邦大旱〉解義》,《孔子研究》2004年第1期。

李學勤:《楚簡〈恆先〉首章釋義》,簡帛研究網2004年4月23日;《中國哲學史》2004年第3期。

李學勤:《試釋楚簡〈鮑叔牙與隰朋之諫〉》,《文物》2006年第9期;《先秦、秦漢史》2007年第1期。

李學勤:《楚簡〈子羔〉研究》,《上博館藏戰國楚竹書研究續編》,上海書店出版社2004年。

李學勤:《讀上博簡〈莊王既成〉兩章筆記》,簡帛研究網2007年7月16日。

李學勤:《談楚簡〈慎子〉》,《中國文化》第二十五、二十六期,2007年。

李學勤:《楚簡〈弟子問〉與"繇"字》,《出土文獻研究》第8輯,上海古籍出版社2007年。

李學勤:《文物中的古文明》,商務印書館2008年。

李學勤:《通向文明之路》,商務印書館2010年。

李學勤主編:《清華大學藏戰國竹簡(壹)》,中西書局2010年。

李學勤主編:《清華大學藏戰國竹簡(貳)》,中西書局2011年。

李學勤主編:《清華大學藏戰國竹簡(叁)》,中西書局2012年。

李運富:《楚簡"譔"字及相關諸字考辨》,簡帛研究網2003年1月24日。

李運富:《論出土文本字詞關係的考證與表述》,《古漢語研究》2005年第2

期;《語言文字學》2005年第10期。

黎廣基:《上博楚竹書(二)〈民之父母〉"夙夜基命宥密"考》,《中國文字研究》第6輯,廣西教育出版社2005年。

黎廣基:《上博楚竹書(二)〈從政乙〉"雍戒先匪,則罪紀治"考》,簡帛網2007年8月5日。

連劭名:《楚竹書〈孔子詩論〉疏證》,《出土文獻研究》第7輯,上海古籍出版社2005年。

連劭名:《上海博物館藏楚簡叢釋》,《簡帛考論》,上海古籍出版社2007年。

廖名春:《上博簡〈子羔〉篇感生神話試探》,《福建師範大學學報》2003年第6期。

廖名春:《上博藏楚簡〈魯邦大旱〉校補》,《古籍整理研究學刊》2004年第1期。

廖名春:《楚簡〈周易〉校釋記(二)》,孔子2000網站2004年4月16日;簡帛研究網站2004年4月23日;《周易研究》2004年第5期。

廖名春:《上博藏楚竹書〈恆先〉簡釋》,簡帛研究網2004年4月19日。

廖名春:《楚簡〈周易〉校釋記(一)》,簡帛研究網2004年4月23日。

廖名春:《楚簡〈周易〉校釋記(二)》,簡帛研究網2004年4月23日;《周易研究》2004年第5期。

廖名春:《楚簡〈周易·大畜〉卦再釋》,簡帛研究網2004年4月24日。

廖名春:《楚簡〈周易·頤〉卦試釋》,簡帛研究網2004年4月24日。

廖名春:《楚簡〈逸詩·交交鳴鳥〉補釋》,簡帛研究網2005年2月12日。

廖名春:《楚竹書〈曹沫之陣〉與〈慎子〉佚文》,簡帛研究網2005年2月12日。

廖名春:《讀楚竹書〈內豊〉篇劄記(一)》,簡帛研究網2005年2月20日。

廖名春:《楚簡〈仲弓〉篇與〈論語·子路〉篇仲弓章對讀劄記》,簡帛研究網2005年4月4日;《淮陰師範學院學報》2005年第1期。

廖名春:《楚竹書〈內禮〉、〈曾子立孝〉首章的對比研究》,簡帛研究網2005年4月4日。

廖名春:《讀〈上博五·融師有成氏〉篇劄記四則》,簡帛研究網2006年2月20日。

廖名春:《讀〈上博五·鬼神之明〉篇劄記》,簡帛研究網2006年2月

20日。

廖名春:《讀〈上海博物館藏戰國楚竹書(四)〉劄記》,《華學》第 8 輯,紫禁城出版社 2006 年。

廖名春:《〈凡物流形〉校讀零劄(一)》,清華大學簡帛研究 2008 年 12 月 31 日。

廖名春:《〈凡物流形〉校讀零劄(二)》,清華大學簡帛研究 2008 年 12 月 31 日。

廖名春:《楚竹書〈詩論〉一號簡"隱"字新釋》,《古文字研究》第 27 輯,中華書局 2008 年。

林清源:《釋"葛"及其相關諸字》,復旦大學出土文獻與古文字研究中心網 2008 年 12 月 8 日。

林清源:《郭店楚簡〈語叢四〉"㚔弱"考釋》,《古文字研究》第 27 輯,中華書局 2008 年。

林素清:《上博簡》(二)〈民之父母〉幾個疑難字的釋讀》,簡帛研究網 2003 年 1 月 17 日;《上博館藏戰國楚竹書研究續編》,上海書店出版社 2004 年。

林素清:《讀〈容成氏〉劄記》,《簡帛》第 2 輯,上海古籍出版社 2007 年。

林素清:《上博楚竹書〈昔者君老〉新釋》,《上博館藏戰國楚竹書研究續編》,上海書店出版社 2004 年。

林素清:《上博四〈内禮〉篇重探》,《簡帛》第 1 輯,上海古籍出版社 2006 年。

林素清:《釋"匴"——兼及〈内禮〉新釋與重編》,《南山論學集——錢存訓先生九五生日紀念》,北京圖書館出版社 2006 年。

林素清:《上博館藏簡互證》,《屈萬里先生百歲誕辰國際學術研討會論文集》,2006 年。

林素清:《説懋》,《古文字與古代史》第 1 輯,臺北中研院歷史語言研究所 2007 年。

林素清:《讀〈季庚子問於孔子〉與〈弟子問〉劄記》,《楚地簡帛思想研究》第 3 輯,湖北教育出版社 2007 年。

林素清:《上博〈曹沫之陣〉考釋二則》,《第二屆傳統中國研究國際學術討論會論文集(一)》,2007 年。

林素清:《〈容成氏〉簡十四"免笠植褥菨藉而坐"試解》,中國簡帛學國際論壇 2007,臺灣大學 2007 年。

　　林文華:《〈上博五·三德〉"高陽"、"皇后"考》,簡帛研究網 2007 年 9 月 10 日。

　　林文華:《〈三德〉"毋焚古謢,毋恥父兄"新解》,簡帛研究網 2007 年 9 月 24 日。

　　林文華:《〈三德〉新詁三則》,簡帛研究網 2007 年 12 月 6 日。

　　林文華:《〈三德〉簡 12、20 新解》,簡帛網 2007 年 12 月 11 日。

　　林文華:《〈天子建州〉"強行"考》,簡帛網 2008 年 2 月 23 日。

　　林文華:《〈天子建州〉釋讀五則》,簡帛網 2008 年 7 月 15 日。

　　林文華:《〈天子建州〉"強行"考》,復旦大學出土文獻與古文字研究中心網 2008 年 2 月 22 日。

　　林志鵬:《上博楚竹書〈競建内之〉重編新解》,簡帛網 2006 年 2 月 24 日。

　　林志鵬:《楚竹書〈鮑叔牙與隰朋之諫〉補釋》,簡帛網 2007 年 7 月 13 日。

　　林志鵬:《〈魯邦大旱〉詮解》,《上博館藏戰國楚竹書研究續編》,上海書店出版社 2004 年。

　　林志鵬:《楚竹書〈子羔〉篇補釋四則》,《江漢考古》2005 年第 1 期。

　　林志鵬:《上海博物館藏楚竹書〈周易〉字詞劄記》,簡帛網 2007 年 10 月 30 日。

　　林志鵬:《釋戰國楚簡中的"曷"字——兼論〈緇衣〉"民有格心"句異文》,簡帛網 2007 年 1 月 30 日。

　　林志鵬:《論楚竹書〈慎子曰恭儉〉"去囿"及相關問題》,簡帛網 2008 年 5 月 6 日。

　　林志鵬:《〈鮑叔牙與隰朋之諫〉"塝地"、"公蠱"二詞試解》,簡帛網 2006 年 6 月 26 日。

　　劉大鈞主編:《簡帛考論》,上海古籍出版社 2007 年。

　　劉大鈞主編:《大易集釋》,上海古籍出版社 2007 年。

　　劉剛:《上博六〈用曰〉篇初步考察》,復旦大學出土文獻與古文字研究中心網 2008 年 10 月 31 日。

　　劉國勝:《上博(五)零劄(六則)》,簡帛網 2006 年 3 月 20 日。

　　劉國勝:《楚簡文字中的"綉"和"緅"》,《江漢考古》2007 年第 4 期。

　　劉洪濤:《〈上博五·弟子問〉小考兩則》,簡帛網 2006 年 5 月 31 日。

　　劉洪濤:《上博五〈弟子問〉小考兩則(修訂稿)》,簡帛網 2006 年 7 月 5 日。

劉洪濤:《說上海博物館藏戰國竹書〈民之父母〉中的"詩"字》,簡帛網 2006 年 9 月 6 日。

劉洪濤:《讀〈上海博物館藏戰國竹書(四)〉劄記》,簡帛網 2006 年 11 月 8 日。

劉洪濤:《讀〈上海博物館藏戰國楚竹書(四)〉劄記(二)》,簡帛網 2007 年 1 月 17 日。

劉洪濤:《說"非山非澤,亡有不民"》,簡帛網 2007 年 3 月 24 日。

劉洪濤:《上博竹書〈姑成家父〉重讀》,簡帛網 2007 年 3 月 27 日。

劉洪濤:《上博竹書〈鳴烏〉解釋》,簡帛網 2007 年 4 月 24 日。

劉洪濤:《上博竹書〈慎子曰恭儉〉校讀》,簡帛網 2007 年 7 月 6 日。

劉洪濤:《讀上博竹書〈天子建州〉劄記》,簡帛網 2007 年 7 月 12 日。

劉洪濤:《讀上博竹書〈用曰〉劄記》,簡帛網 2007 年 7 月 13 日。

劉洪濤:《讀上博竹書劄記(兩則)》,《古籍研究》2007 年卷上,安徽大學出版社 2007 年。

劉洪濤、劉建民:《上博竹書〈慎子曰恭儉〉校讀》,《簡帛》第 3 輯,上海古籍出版社 2008 年。

劉洪濤:《釋"冐"——兼釋"囗"字》,簡帛網 2011 年 8 月 1 日。

劉洪濤:《論掌握形體特點對古文字考釋的重要性》,北京大學博士學位論文 2012 年。

劉樂賢:《〈說文〉"法"字古文補釋》,《古文字研究》第 24 輯,中華書局 2002 年。

劉樂賢:《讀上博簡〈民之父母〉等三篇劄記》,簡帛研究網 2003 年 1 月 10 日。

劉樂賢:《讀上博簡〈容成氏〉小劄》,簡帛研究網 2003 年 1 月 13 日;《上博館藏戰國楚竹書研究續編》,上海書店出版社 2004 年。

劉樂賢:《讀上博(四)劄記》,簡帛研究網 2005 年 2 月 15 日。

劉樂賢:《讀上博五〈競建内之〉劄記》,簡帛網 2006 年 2 月 20 日。

劉樂賢:《讀楚簡劄記(三則)》,《中國古代文明研究與學術史——李學勤教授伉儷七十壽慶紀念文集》,河北大學出版社 2006 年。

劉樂賢:《額濟納漢簡的"唬"字與楚簡的"唐"字》,《古文字研究》第 26 輯,中華書局 2006 年。

劉樂賢:《楚簡〈逸詩·多薪〉補釋一則》,簡帛研究網 2005 年 2 月 20 日。

劉樂賢:《談簡帛本〈老子〉的銛銕》,《長沙三國吳簡暨百年來簡帛發現與研究國際學術研討會論文集》,中華書局 2005 年。

劉樂賢:《"遠者不方"補説》,簡帛網 2006 年 2 月 20 日。

劉樂賢:《楚秦選擇術的異同及影響——以出土文獻爲中心》,《歷史研究》2006 年第 6 期;《先秦、秦漢史》2007 年第 2 期。

劉樂賢:《上博楚簡考釋三則》,《楚地簡帛思想研究》第 3 輯,湖北教育出版社 2007 年。

劉信芳:《上博藏竹書〈恆先〉試解》,簡帛研究網 2004 年 5 月 16 日。

劉信芳:《竹書〈柬大王泊旱〉試解五則》,簡帛研究網 2005 年 3 月 14 日。

劉信芳:《上博藏五試解續》,簡帛網 2006 年 3 月 20 日。

劉信芳:《上博藏竹書所載殷高宗政令及相關問題》,《中國歷史文物》2006 年第 5 期。

劉信芳:《上博藏五試解四則》,《楚地簡帛思想研究(三)》,湖北教育出版社 2007 年。

劉信芳:《上博藏六〈用曰〉12、13 號簡試解》,簡帛網 2007 年 7 月 28 日。

劉信芳:《〈上博藏六〉試解之三》,簡帛網 2007 年 8 月 9 日。

劉信芳:《〈上博藏六〉試解六則》,《簡帛》第 3 輯,上海古籍出版社 2008 年。

劉信芳:《古文字歧讀釋例》,《許慎文化研究——首屆許慎文化國際研討會論文集》,文藝出版社 2006 年;《安徽大學學報》2008 年第 5 期。

劉信芳:《楚簡"免"與從"免"之字試釋》,《古文字研究》第 27 輯,中華書局 2008 年。

劉信芳:《〈凡物流形〉的櫨祭及相關問題》,簡帛網 2009 年 1 月 13 日。

劉信芳:《楚簡帛通假彙釋》,高等教育出版社 2011 年。

劉釗:《説"度天心"》,簡帛研究網 2004 年 9 月 10 日;《華學》第九、十輯,上海古籍出版社 2008 年;復旦大學出土文獻與古文字研究中心網 2008 年 1 月 10 日。

劉釗:《〈容成氏〉釋讀一則》,簡帛研究網 2003 年 3 月 15 日;《上博館藏戰國楚竹書研究續編》,上海書店出版社 2004 年。

劉釗:《〈上博五·君子爲禮〉釋字一則》,簡帛網 2007 年 7 月 23 日。

劉釗:《〈上博五·融師有成氏〉"耽淫念惟"解》,簡帛網 2007 年 7 月 25 日。

劉釗:《讀〈上博六〉詞語札記三則》,中國簡帛學國際論壇 2007,臺灣大學 2007 年;《中國文字研究》第 10 輯(2008 年第 1 輯),大象出版社 2008 年。

劉釗:《古文字構形學》,福建人民出版社 2006 年。

羅小華:《〈凡勿流型〉甲本選釋五則》,簡帛網 2008 年 12 月 31 日。

M

馬承源主編:《上海博物館藏戰國楚竹書(一)》,上海古籍出版社 2001 年。
馬承源主編:《上海博物館藏戰國楚竹書(二)》,上海古籍出版社 2002 年。
馬承源主編:《上海博物館藏戰國楚竹書(三)》,上海古籍出版社 2003 年。
馬承源主編:《上海博物館藏戰國楚竹書(四)》,上海古籍出版社 2004 年。
馬承源主編:《上海博物館藏戰國楚竹書(五)》,上海古籍出版社 2005 年。
馬承源主編:《上海博物館藏戰國楚竹書(六)》,上海古籍出版社 2007 年。
馬承源主編:《上海博物館藏戰國楚竹書(七)》,上海古籍出版社 2008 年。
馬承源主編:《上海博物館藏戰國楚竹書(八)》,上海古籍出版社 2008 年。

孟蓬生:《上博竹書(二)字詞劄記》,簡帛研究網 2003 年 1 月 14 日;《上博館藏戰國楚竹書研究續編》,上海書店出版社 2004 年。

孟蓬生:《上博竹書(三)字詞考釋》,簡帛研究網 2004 年 4 月 26 日;《上博竹書〈周易〉字詞考釋》,《華學》第 8 輯,紫禁城出版社 2006 年。

孟蓬生:《上博竹書(四)閒詁》,簡帛研究網 2005 年 2 月 15 日;《簡帛研究 2004》,廣西師範大學出版社 2006 年。

孟蓬生:《上博竹書(四)閒詁(續)》,簡帛研究網 2005 年 3 月 6 日;《簡帛研究 2004》,廣西師範大學出版社 2006 年。

孟蓬生:《〈彭祖〉字義疏證》,簡帛研究網 2005 年 6 月 21 日。

孟蓬生:《上博竹書〈周易〉的兩個雙聲符字》,簡帛研究網 2005 年 3 月 31 日。

孟蓬生:《上博竹書〈周易〉字詞考釋》,《華學》第 8 輯,紫禁城出版社 2006 年。

孟蓬生:《〈三德〉零詁(二則)》,簡帛網 2006 年 2 月 28 日;《簡帛》第 2 輯,上海古籍出版社 2007 年。

孟蓬生:《"牪"疑》,簡帛網 2007 年 9 月 22 日;《簡帛》第 3 輯,上海古籍出版社 2008 年。

孟蓬生:《説〈凡物流形〉之祭員》,復旦大學出土文獻與古文字研究中心網 2009 年 1 月 12 日。

N

牛新房:《讀上博(五)〈弟子問〉劄記一則》,簡帛網 2006 年 3 月 4 日。

牛新房:《讀上博(五)〈季康子問於孔子〉瑣議》,簡帛網 2006 年 3 月 9 日。

牛新房:《讀上博(五)劄記》,簡帛網 2006 年 9 月 17 日。

P

龐樸:《喜讀"五至三無"——初讀〈上博簡〉(二)》,簡帛研究網 2003 年 1 月 12 日;《上博館藏戰國楚竹書研究續編》,上海書店出版社 2004 年。

龐樸:《〈恆先〉試讀》,簡帛研究網 2004 年 4 月 26 日。

彭浩:《〈昔者君老〉與"世子法"》,《文物》2004 年第 5 期。

彭浩:《"錢器"小議》,簡帛網 2006 年 3 月 1 日。

彭浩:《"有司箸作浮老弱不刑"解》,簡帛網 2006 年 3 月 7 日。

彭浩:《試說"畎繮短,田繮長,百糧筐"》,簡帛網 2006 年 4 月 2 日。

彭裕商:《上博簡〈民之父母〉對讀〈禮記·孔子間居〉》,簡帛研究網 2004 年 3 月 13 日;《康樂集——曾憲通教授七十壽慶論文集》,中山大學出版社 2006 年。

彭裕商:《上博竹書〈孔子詩論〉劄記二則》,《古文字研究》第 26 輯,中華書局 2006 年。

彭裕商:《〈郭店楚簡〉劄記四則》,《考古與文物》2008 年第 5 期。

彭裕商:《〈孔子詩論〉隨記二則》,《古文字研究》第 27 輯,中華書局 2008 年。

濮茅左:《楚竹書〈周易〉研究》,上海古籍出版社 2006 年。

Q

秦樺林:《上博簡〈孔子詩論〉辨證》,《古漢語研究》2003 年第 2 期。

秦樺林:《釋"戔""𣪘"》,簡帛研究網 2004 年 8 月 17 日。

秦樺林、淩瑜:《"習以不可改也"——楚簡〈恆先〉中有關"語言符號的強制性"的思想》,簡帛研究網 2005 年 1 月 26 日。

秦樺林:《楚簡佚詩〈交交鳴鷉〉劄記》,簡帛研究網 2005 年 2 月 20 日。

秦樺林:《楚簡〈昭王與龔之脽〉補釋》,簡帛研究網 2005 年 2 月 24 日。
秦樺林:《"聲"字所從聲旁"殳"試說》,簡帛研究網 2005 年 9 月 4 日。
秦樺林:《楚簡〈君子爲禮〉劄記一則》,簡帛網 2006 年 2 月 22 日。
秦曉華:《上博(五)〈三德〉釋讀一則》,簡帛網 2006 年 2 月 27 日。
邱德修:《上博楚簡容成氏注釋考證》,臺灣古籍出版有限公司 2003 年。
邱德修:《上博楚簡(一)(二)字詞解詁》,臺灣古籍出版有限公司 2005 年。
裘錫圭:《燹公盨銘文考釋》,《中國歷史文物》2002 年第 6 期。
裘錫圭:《關於〈孔子詩論〉》,《國際簡帛研究通訊》2 卷 4 期,2002 年;《經學今詮三編》,《中國哲學》第 24 輯,遼寧教育出版社 2002 年。
裘錫圭:《釋郭店〈緇衣〉"出言有丨,黎民所訂"——兼説"丨"爲"針"之初文》,《古墓新知——紀念郭店楚簡出土十周年論文專輯》,國際炎黃文化出版社 2003 年。
裘錫圭:《新出土先秦文獻與古史傳説》,《李珍華紀念集》,北京大學出版社 2003 年;《北京大學中國古文獻研究中心集刊(四)》,北京大學出版社 2004 年;簡帛研究網 2007 年 2 月 20 日。
裘錫圭:《由郭店簡〈性自命出〉的"室性者故也"説到〈孟子〉的"天下之言性也"章》,《第四屆國際中國古文字學術研討會論文集》,香港中文大學中國語言及文學系 2003 年。
裘錫圭:《讀上博簡〈容成氏〉劄記二則》,《古文字研究》第 25 輯,中華書局 2004 年。
裘錫圭:《北京大學中國古文獻研究中心郭店楚墓竹簡研究項目介紹》,《出土文獻研究》第 6 輯,上海古籍出版社 2004 年。
裘錫圭:《釋戰國楚簡中的"旮"》,《古文字研究》第 26 輯,中華書局 2006 年。
裘錫圭:《關於〈老子〉的"絕仁棄義"和"絕聖"》,《出土文獻與古文字研究》第 1 輯,復旦大學出版社 2006 年。
裘錫圭:《〈天子建州〉(甲本)小劄》,簡帛網 2007 年 7 月 16 日;《簡帛》第 3 輯,上海古籍出版社 2008 年。
裘錫圭:《釋〈子羔〉篇"鉋"字並論商得金德之説》,《簡帛》第 2 輯,上海古籍出版社 2007 年。
裘錫圭:《説〈魯邦大旱〉"抑吾子如重命丌歟"句》,《華學》第九、十輯,上海古籍出版社 2008 年。

裘錫圭：《説"亦紀先王之由道"》，《中國古代文明研究與學術史——李學勤教授伉儷七十壽慶紀念文集》，河北大學出版社 2006 年。

裘錫圭：《是"恆先"還是"極先"》，中國簡帛學國際論壇 2007，臺灣大學 2007 年。

裘錫圭：《釋古文字中的有些"恩"字和从"恩"、从"兜"之字》，《出土文獻與古文字研究》第 2 輯，復旦大學出版社 2008 年。

裘錫圭：《糾正我在郭店〈老子〉簡釋讀中的一個錯誤——關於"絕偽棄詐"》，《郭店楚簡國際學術研討會論文集》，湖北人民出版社 2000 年。

裘錫圭：《談談上博簡和郭店簡中的錯別字》，《新出楚簡與儒學思想國際學術研討會論文集》（2002）；《華學》第 6 輯，紫禁城出版社 2003 年。

裘錫圭：《〈上海博物館藏戰國楚竹書（二）·子羔〉釋文》，《裘錫圭學術文集》，復旦大學出版社 2012 年。

裘錫圭：《〈上海博物館藏戰國楚竹書（二）·魯邦大旱〉釋文》，《裘錫圭學術文集》，復旦大學出版社 2012 年。

裘錫圭：《〈上海博物館藏戰國楚竹書（四）·相邦之道〉釋文》，《裘錫圭學術文集》，復旦大學出版社 2012 年。

裘錫圭：《説从"㕣"聲的从"貝"與从"辵"之字》，《文史》2012 年第 3 輯。

裘錫圭：《裘錫圭學術文集》，復旦大學出版社 2012 年。

R

饒宗頤：《説澹——〈老子〉"大曰逝"説》，《長沙三國吳簡暨百年來簡帛發現與研究國際學術研討會論文集》，中華書局 2005 年。

饒宗頤主編：《上博藏戰國楚竹書字彙》，安徽大學出版社 2012 年。

S

單育辰：《上博五短劄（三則）》，簡帛網 2006 年 4 月 30 日。

單育辰：《佔畢隨録》，簡帛網 2007 年 7 月 27 日。

單育辰：《佔畢隨録之二》，簡帛網 2007 年 7 月 28 日。

單育辰：《佔畢隨録之三》，簡帛網 2007 年 12 月 1 日。

單育辰：《佔畢隨録之五》，復旦大學出土文獻與古文字研究中心網 2008 年 1 月 17 日。

單育辰：《佔畢隨録之六》，簡帛網 2008 年 8 月 5 日。

單育辰:《佔畢隨錄之十五》,復旦大學出土文獻與古文字研究中心網 2011 年 7 月 22 日。

單育辰:《〈容成氏〉新編聯及釋文》,復旦大學出土文獻與古文字研究中心網 2008 年 5 月 21 日。

單育辰:《談戰國文字中的"鼂"》,簡帛網 2007 年 5 月 30 日;《簡帛》第三輯,上海古籍出版社 2008 年。

單育辰:《〈曹沫之陳〉文本集釋及相關問題研究》,吉林大學碩士學位論文 2007 年。

單育辰:《〈容成氏〉文本集釋及相關問題研究》,吉林大學 2008 年"985 工程"研究生創新基金資助項目。

單周堯:《説荦》,《華學》第 7 輯,中山大學出版社 2004 年。

單周堯、黎廣基:《讀上博楚竹書〈從政〉甲篇"惽則亡新"劄記》,簡帛研究網 2003 年 1 月 22 日;《中國文字研究》第 8 輯,大象出版社 2007 年。

單周堯、黎廣基:《上博楚竹書(二)〈從政〉甲篇"獄則興"試釋》,《簡帛》第 1 輯,上海古籍出版社 2006 年。

申紅義:《〈上海博物館藏戰國楚竹書〉(三)〈仲弓〉雜記》,簡帛研究網 2004 年 6 月 30 日。

沈培:《周原甲骨文裏的"囟"和楚墓竹簡裏的"囟"或"思"》,《漢字研究》第 1 輯,學苑出版社 2005 年。

沈培:《説上博簡〈容成氏〉中的"脛不生之毛"》,《出土文獻與古文字研究》第 1 輯,復旦大學出版社 2006 年。

沈培:《關於"抄寫者誤加'句讀符號'"的更正意見》,簡帛網 2006 年 2 月 25 日。

沈培:《上博簡〈姑成家父〉一個編聯組位置的調整》,簡帛網 2006 年 2 月 22 日。

沈培(尚賢):《小議上博簡〈鮑叔牙與隰朋之諫〉中的虛詞"凡"》,簡帛網 2006 年 5 月 13 日;《出土文獻與古文字研究》第 1 輯,復旦大學出版社 2006 年。

沈培:《説古文字裏的"祝"及相關之字》,《簡帛》第 2 輯,上海古籍出版社 2007 年。

沈培:《〈上博(六)〉中〈平王問鄭壽〉和〈平王與王子木〉應是連續抄寫的

兩篇》，簡帛網 2007 年 7 月 12 日。

沈培：《由上博簡證"如"可訓爲"不如"》，簡帛網 2007 年 7 月 15 日；《出土文獻與古文字研究》第 2 輯，復旦大學出版社 2008 年。

沈培：《試釋戰國時代从"之"从"首（或从'頁'）"之字》，簡帛網 2007 年 7 月 17 日。

沈培：《〈上博（六）〉字詞淺釋（七則）》，簡帛網 2007 年 7 月 20 日；《中國文字學報》第 2 輯，商務印書館 2008 年。

沈培：《〈上博（六）·競公瘧〉"正"字小議》，簡帛網 2007 年 7 月 31 日；《簡帛》第 3 輯，上海古籍出版社 2008 年。

沈培：《從戰國簡看古人占卜的"蔽志"——兼論"移祟"説》，《古文字與古代史》第 1 輯，臺北中研院歷史語言研究所 2007 年；復旦大學出土文獻與古文字研究中心網 2007 年 12 月 16 日。

沈培：《從西周金文"姚"字的寫法看楚文字"兆"字的來源》，《古文字學論稿》，安徽大學出版社 2008 年。

沈培：《上博（六）字詞淺釋（七則）》，《中國文字學報》第 2 輯，商務印書館 2008 年。

沈培：《上博七字詞補説兩則》，復旦大學出土文獻與古文字研究中心網 2009 年 1 月 3 日。

沈培：《〈上博（六）〉和〈上博（八）〉竹簡相互編聯之一例》，復旦大學出土文獻與古文字研究中心網 2011 年 7 月 17 日。

史傑鵬：《上博竹簡（三）注釋補正》，簡帛研究網 2005 年 7 月 16 日；《古文字論集（三）》，《考古與文物》2005 年增刊。

史傑鵬：《〈孔子詩論〉簡中的"諄言"和傳世文獻中相關字詞疏證》，《古文字研究》第 26 輯，中華書局 2006 年。

史傑鵬：《談談上海博物館楚簡的"舍"字》，《簡帛研究 2002、2003》，廣西師範大學出版社 2005 年。

史傑鵬：《上博簡〈容成氏〉字詞考釋二則》，《江漢考古》2007 年第 1 期。

宋華強：《楚墓竹簡中的"罨"字及"縛"字》，簡帛研究網 2004 年 6 月 13 日。

宋華強：《楚簡"能（从羽）禱"新釋》，簡帛網 2006 年 9 月 3 日。

宋華強：《新蔡簡與"速"義近之字及楚簡中相關諸字新考》，簡帛網 2006 年 7 月 31 日；《中國文字》新 32 期，藝文印書館 2006 年。

宋華強:《"還年"小議》,簡帛網 2008 年 8 月 9 日。
宋華強:《上博竹書〈問〉篇偶識》,簡帛網 2008 年 10 月 21 日。
宋華強:《上博七〈凡物流形〉散劄》,簡帛網 2009 年 1 月 6 日。
宋華強:《釋上博竹書中讀爲"曰"的一個字》,《中國文字研究》2009 年第 2 輯。
宋華強:《新蔡葛陵楚簡初探》,武漢大學出版社 2010 年。
蘇建洲:《〈容成氏〉柬釋(一)》,簡帛研究網 2003 年 3 月 27 日。
蘇建洲:《〈容成氏〉補釋一則》,簡帛研究網 2004 年 3 月 6 日。
蘇建洲:《〈容成氏〉柬釋(四)》,簡帛研究網 2003 年 4 月 16 日。
蘇建洲:《〈上博(四)·曹沫之陣〉劄記》,簡帛研究網 2005 年 3 月 7 日。
蘇建洲:《〈上博(四)·曹沫之陣〉三則補議》,簡帛研究網 2005 年 3 月 10 日。
蘇建洲:《〈上博楚簡(四)〉考釋三則》,《出土文獻語言研究》第 1 輯,廣東教育出版社 2006 年。
蘇建洲:《初讀〈上博(六)〉》,簡帛網 2007 年 7 月 19 日。
蘇建洲:《讀〈上博六〉劄記六則》,簡帛網 2007 年 7 月 25 日。
蘇建洲:《讀〈上博六〉筆記》,簡帛網 2007 年 8 月 1 日。
蘇建洲:《〈上博(六)·景公虐〉補釋一則》,簡帛網 2007 年 10 月 7 日。
蘇建洲:《釋〈語叢〉、〈天子建州〉幾個從"毛"形的字——兼説〈説文〉古文"垂"》,簡帛網 2008 年 11 月 18 日。
蘇建洲:《〈上博楚竹書〉文字及相關問題研究》,萬卷樓圖書公司 2008 年。
蘇建洲:《楚文字論集》,萬卷樓圖書公司 2011 年。
孫飛燕:《〈容成氏〉"執兵欽癙,羕旻於民"試解》,簡帛研究網 2007 年 8 月 4 日。
孫飛燕:《讀〈凡物流形〉劄記》,簡帛研究網 2009 年 1 月 1 日。
孫偉龍、李守奎《上博簡標識符號五題》,《簡帛》第 3 輯,上海古籍出版社 2008 年;簡帛網 2008 年 10 月 14 日。

T

湯余惠:《戰國文字編》,福建人民出版社 2001 年。
湯志彪:《上博簡(三)〈彭祖〉篇校讀瑣記》,《江漢考古》2005 年第 3 期。
田煒:《讀上博竹書(四)瑣記》,簡帛研究網 2005 年 4 月 3 日。

田煒:《〈戰國文字編〉讀後記》,《湖南省博物館館刊》第 3 期,嶽麓書社 2006 年。

田煒:《上博五〈弟子問〉"登年"小考》,簡帛網 2006 年 3 月 22 日。

田煒:《釋〈容成氏〉"其德酉清"》,簡帛網 2006 年 10 月 25 日。

田煒:《讀〈上海博物館藏戰國楚竹書〉零劄》,《江漢考古》2008 年第 2 期。

W

王貴元:《上博五劄記二則》,簡帛網 2006 年 3 月 3 日。

王貴元:《〈説文〉古文與楚簡文字合證》,《中國文字研究》第 11 輯(2008 年第 2 輯),大象出版社 2008 年。

王輝:《讀上博楚竹書〈容成氏〉劄記(十則)》,《古文字研究》第 25 輯,中華書局 2004 年。

王輝:《上博楚竹書(五)讀記》,《中國文字》新 32 期,藝文印書館 2006 年。

王輝:《上博楚竹書(六)讀記》,《古文字研究》第 27 輯,中華書局 2008 年。

王晶、胡海琼:《〈三德〉簡 1"句奮"解》,簡帛網 2006 年 3 月 8 日。

王蘭:《上博五〈三德〉編聯》,簡帛網 2006 年 4 月 15 日。

王蘭:《上博六〈用曰〉編聯》,簡帛網 2007 年 10 月 13 日。

王寧:《〈曹沫之陳〉第 63 簡下段文字另解》,簡帛研究網 2008 年 1 月 20 日。

王寧:《逸詩〈交交鳴烏〉箋釋》,簡帛研究網 2008 年 1 月 28 日。

王三峽:《"死不顧生"句試解》,簡帛網 2006 年 3 月 8 日。

王中江:《〈從政〉重編校注》,簡帛研究網 2003 年 1 月 16 日。

王志平:《〈恆先〉管窺》,簡帛研究網 2004 年 5 月 8 日。

王志平:《上博簡(二)劄記》,《上博館藏戰國楚竹書研究續編》,上海書店出版社 2004 年。

王志平:《〈容成氏〉中制樂諸簡的新闡釋》,《上博館藏戰國楚竹書研究續編》,上海書店出版社 2004 年。

王志平:《再論〈容成氏〉中的"方爲三俈"》,《華學》第 8 輯,紫禁城出版社 2006 年。

王志平:《"罷"字的讀音及相關問題》,《古文字研究》第 27 輯,中華書局 2008 年。

王志平:《"戴"字釋疑》,《簡帛》第 3 輯,上海古籍出版社 2008 年。

魏宜輝:《楚系簡帛文字形體訛變分析》,南京大學博士學位論文 2003 年。

魏宜輝:《讀上博楚簡(四)劄記》,簡帛研究網 2005 年 3 月 10 日。

魏宜輝:《再論郭店簡、上博簡〈緇衣〉用爲"從"之字》,《出土文獻語言研究》第 1 輯,廣東高等教育出版社 2006 年;《中國文字》新 31 期,藝文印書館 2006 年。

魏宜輝:《關於"箭之初文"的補釋》,簡帛網 2007 年 12 月 18 日。

魏宜輝:《試析古文字中的"激"字》,簡帛網 2006 年 3 月 29 日。

鄔可晶:《談上博七〈凡物流形〉甲乙本編聯及相關問題》,復旦大學出土文獻與古文字研究中心網 2009 年 1 月 7 日。

吴良寶:《平肩空首布"叩"字考》,《中國錢幣》2005 年第 2 期。

吴良寶:《説燕尾布與連布中的"忻"字》,《安徽錢幣》2005 年第 1 期。

吴良寶:《楚地"鄝昜"新考》,《古文字學論稿》,安徽大學出版社 2008 年。

吴良寶:《戰國楚簡地名輯證》,武漢大學出版社 2010 年。

吴辛丑:《楚簡〈周易〉"不家而食"新解》,簡帛研究網 2004 年 7 月 18 日。

吴辛丑:《竹書〈昔者君老〉一、四簡疏解》,簡帛研究網 2004 年 7 月 25 日。

吴辛丑:《楚竹書〈周易〉訓詁劄記》,《古文字研究》第 26 輯,中華書局 2006 年。

吴振武:《戰國文字中一種值得注意的構形方式》,《姜亮夫、蔣禮鴻、郭在貽先生紀念文集》,上海教育出版社 2003 年。

X

蕭毅:《説"孔"》,《康樂集——曾憲通教授七十壽慶論文集》,中山大學出版社 2006 年。

蕭毅:《楚簡文字研究》,武漢大學出版社 2010 年。

蕭聖中:《上博竹書(五)劄記三則》,《楚地簡帛思想研究》第 3 輯,湖北教育出版社 2007 年。

小埔:《説〈容成氏〉的"墼爲丹宫"》,復旦大學出土文獻與古文字研究中心網 2008 年 4 月 27 日。

徐寶貴:《郭店楚簡研究三則》,《古籍整理研究學刊》2003 年第 2 期。

徐寶貴:《楚墓竹簡文字考釋》,《清華大學學報》2005 年第 3 期。

徐寶貴:《殷商文字研究兩篇》,《出土文獻與古文字研究》第 1 輯,復旦大學出版社 2006 年。

徐寶貴:《以"它""也"爲偏旁文字的分化》,《文史》2007 年第 3 輯。

許全勝:《〈容成氏〉補釋》,簡帛研究網 2003 年 1 月 14 日。

許全勝:《〈容成氏〉篇釋地》,《上博館藏戰國楚竹書研究續編》,上海書店出版社 2004 年。

徐少華:《論竹書〈君子爲禮〉的思想内涵與特徵》,《中國哲學史》2007 年第 2 期;《中國哲學》2007 年第 8 期。

徐少華:《上博簡〈申公臣靈王〉及〈平王與王子木〉兩篇疏正》,《古文字研究》第 27 輯,中華書局 2008 年。

徐少華:《論〈上博五·君子爲禮〉的編聯與文本結構》,《楚地簡帛思想研究》第 3 輯,湖北教育出版社 2007 年。

徐少華:《上博楚簡所載申公、城公考析》,《歷史地理學研究的新探索與新動向》,三秦出版社 2008 年。

徐在國:《上博簡性情論補釋一則》,《史學集刊》2003 年第 1 期。

徐在國:《上博竹書(二)文字雜考》,《學術界》2003 年第 1 期。

徐在國:《釋楚簡"敚"兼及相關字》,《古文字研究》第 25 輯,中華書局 2004 年。

徐在國:《上博竹書〈子羔〉瑣記》,《上海博物館藏戰國楚竹書研究續編》,上海書店 2004 年。

徐在國:《説"咠"及其相關字》,簡帛研究網 2005 年 3 月 4 日。

徐在國:《從新蔡葛陵楚簡中的"延"字談起》,《簡帛》第 1 輯,上海古籍出版社 2006 年。

徐在國:《談楚帛書讀"厭"之字》,《華學》第九、十輯,上海古籍出版社 2008 年。

徐在國:《上博竹書(三)〈周易〉釋文補正》,《康樂集——曾憲通教授七十壽慶論文集》,中山大學出版社 2006 年。

徐在國:《上博竹書(三)劄記二則》,《古文字研究》第 27 輯,中華書局 2008 年。

徐在國:《上博五文字考釋拾遺》,《簡帛》第 3 輯,上海古籍出版社 2008 年。

徐在國:《説楚簡"叚"兼及相關字》,《簡帛語言文字研究》第 5 輯,巴蜀書社 2010 年。

徐在國:《談上博七〈凡物流形〉中的"䇞"字》,《古文字研究》第 28 輯,中華書局 2010 年。

徐在國:《〈上海博物館藏戰國楚竹書〉(六)文字考釋二則》,《湖南省博物館館刊》第 8 輯,嶽麓書社 2012 年。

徐在國:《傳抄古文字編》,綫裝書局 2006 年。

徐在國:《楚帛書詁林》,安徽大學出版社 2010 年。

禤健聰:《讀楚簡零識》,《中山大學研究生學刊》2005 年第 1 期。

禤健聰:《新出楚簡零劄》,《康樂集——曾憲通教授七十壽慶論文集》,中山大學出版社 2006 年。

禤健聰:《楚簡文字與〈説文〉互證舉例》,《許慎文化研究》,中國文藝出版社 2006 年。

禤健聰:《上博楚簡(五)零劄(一)》,簡帛網 2006 年 2 月 24 日。

禤健聰:《上博楚簡(五)零劄(二)》,簡帛網 2006 年 2 月 26 日。

禤健聰:《戰國楚簡所見楚系用字習慣考察》,《中國文字》新 33 期,藝文印書館 2007 年。

禤健聰:《釋戰國文字的"叕"》,《古籍研究》2007 年卷下,安徽大學出版社 2007 年。

禤健聰:《戰國竹書〈融師有成〉校釋》,《廣東教育學院學報》2008 年第 4 期。

禤健聰:《楚簡釋讀瑣記(五則)》,《古文字研究》第 27 輯,中華書局 2008 年。

Y

顔世鉉:《上博楚竹書散論(三)》,簡帛研究網 2003 年 1 月 19 日。

顔世鉉:《上博楚竹書散論(四)》,簡帛研究網 2003 年 2 月 20 日。

顔世鉉:《上博楚竹書補釋二則》,簡帛研究網 2003 年 4 月 29 日。

顔世鉉:《上博楚竹書文字釋讀劄記五則》,《簡帛》第 1 輯,上海古籍出版社 2006 年。

顔世鉉:《從"形訛"和"通假"論古代史料的校讀》,《古文字與古代史》第 1 輯,臺北中研院歷史語言研究所 2007 年。

晏昌貴:《〈上海博物館藏戰國楚竹書(二)〉中〈容成氏〉九州柬釋》,《武漢大學學報》2004 年第 4 期。

晏昌貴:《〈三德〉四劄》,簡帛網 2006 年 3 月 7 日。

晏昌貴:《〈用曰〉劄記三則》,簡帛網 2007 年 7 月 20 日。

晏昌貴:《〈用曰〉零劄》,簡帛網 2007 年 7 月 22 日。

晏昌貴:《讀〈用曰〉劄記一則》,簡帛網 2007 年 7 月 27 日。

晏昌貴:《上博藏戰國楚竹書〈用曰〉篇的編聯與注解》,《楚文化研究論集》第 8 集,大象出版社 2009 年。

楊朝明:《上博竹書〈從政〉篇與〈子思子〉》,《孔子研究》2005 年第 2 期;《中國哲學》2005 年第 5 期。

楊華:《〈天子建州〉禮疏》,中國簡帛學國際論壇 2007,臺灣大學 2007 年。

楊懷源:《讀上博簡(三)〈中弓〉劄記四則》,簡帛研究網 2004 年 8 月 7 日;《江漢考古》2008 年第 2 期。

楊懷源:《讀上博簡〈中弓〉劄記三則》,《古漢語研究》2005 年第 2 期。

楊澤生:《〈上海博物館所藏竹書(二)〉補釋》,簡帛研究網 2003 年 2 月 15 日。

楊澤生:《上海博物館所藏竹書劄記》,簡帛研究網 2003 年 4 月 16 日。

楊澤生:《上博竹書第三冊零釋》,簡帛研究網 2004 年 4 月 29 日。

楊澤生:《竹書〈周易〉劄記(四則)》,簡帛研究網 2004 年 5 月 8 日。

楊澤生:《竹書〈周易〉中的兩個異文》,簡帛研究網 2004 年 5 月 29 日;《古典傳統與自由教育》(《經典與解釋》第 5 輯),華夏出版社 2005 年。

楊澤生:《讀上博竹書劄記六則》,《古文字研究》第 25 輯,中華書局 2004 年。

楊澤生:《讀〈上博四〉劄記》,簡帛研究網 2005 年 3 月 24 日;《古文字研究》第 26 輯,中華書局 2006 年。

楊澤生:《楚地出土簡帛中的總括副詞》,《簡帛語言文字研究》第 2 輯,巴蜀書社 2006 年。

楊澤生:《〈上博五〉零釋十二則》,簡帛網 2006 年 3 月 20 日。

楊澤生:《〈上博五〉劄記三則》,《中山人文學術論叢》第 8 輯,文津出版社 2007 年。

楊澤生:《說〈上博六·競公瘧〉中的"欽"字》,簡帛網 2007 年 7 月 20 日。

楊澤生:《讀〈上博六〉小劄》,簡帛網 2007 年 7 月 21 日。

楊澤生:《讀〈上博六〉劄記(三則)》,簡帛網 2007 年 7 月 24 日。

楊澤生:《上博簡〈用曰〉中的"及"和郭店簡〈緇衣〉中的"出言有及,黎民所慎"》,簡帛網 2007 年 7 月 30 日。

楊澤生:《〈上博六〉字詞零釋(五則)》,《古文字研究》第 27 輯,中華書局 2008 年。

葉玉英:《論程度副詞{太}出現的時代及其與"太"、"大"、"泰"的關係》,復旦大學出土文獻與古文字研究中心網 2008 年 1 月 2 日。

于茀:《上海博物館藏戰國楚簡詩論補釋》,《北方論叢》2003 年第 1 期。

于凱:《上博楚簡〈容成氏〉疏劄九則》,簡帛研究網 2003 年 9 月 24 日;《上博館藏戰國楚竹書研究續編》,上海書店出版社 2004 年。

虞萬里:《上博〈詩論〉簡"其歌紳而蕩"臆解》,《古漢語研究》2006 年第 4 期。

虞萬里:《上博館藏楚竹書〈緇衣〉綜合研究》,武漢大學出版社 2009 年。

袁國華:《楚簡形聲字探究舉隅——以匹字爲例》,《古文字與古代史》第 1 輯,臺北中研院歷史語言研究所 2007 年。

袁國華:《〈上海博物館藏戰國楚竹書(五)鮑叔牙與隰朋之諫〉——"鉘(伐)器"、"滂沱"考釋》,《中國文字》新 32 期,藝文印書館 2006 年;《楚地簡帛思想研究(三)》,湖北教育出版社 2007 年。

袁金平:《讀〈上博(五)〉劄記三則》,簡帛網 2006 年 2 月 26 日。

袁瑩:《上博三〈周易〉中的"帶"字》,簡帛網 2008 年 11 月 22 日。

Z

曾憲通:《〈周易・離〉卦卦辭及九四爻辭新詮》;《第四屆國際中國古文字學研討會討論集》,香港中文大學 2003 年 10 月;《古籍整理研究學刊》2004 年第 4 期;《古文字與出土文獻叢考》,中山大學出版社 2005 年。

曾憲通:《再說"蚩"符》,《古文字研究》第 25 輯,中華書局 2004 年。

張崇禮:《讀上博四〈昭王毀室〉劄記》,簡帛網 2007 年 4 月 21 日。

張崇禮:《讀上博四〈昭王與龔之脽〉劄記》,簡帛網 2007 年 5 月 1 日。

張崇禮:《釋〈景公瘧〉中的"偶言"》,簡帛研究網 2007 年 7 月 23 日。

張崇禮:《〈景公瘧〉第十簡解詁》,簡帛研究網 2007 年 7 月 26 日。

張崇禮:《〈景公瘧〉第九簡解詁》,簡帛研究網 2007 年 7 月 28 日。

張崇禮:《讀〈莊王既成申公臣靈王〉劄記》,簡帛研究網 2007 年 8 月 7 日。

張崇禮:《讀〈天子建州〉劄記》,簡帛研究網 2007 年 10 月 9 日。

張崇禮:《釋〈用曰〉的一個編聯組》,簡帛研究網 2007 年 11 月 29 日。

張崇禮:《釋〈景公瘧〉的"製蔑尙折"》,復旦大學出土文獻與古文字研究中心網 2008 年 2 月 18 日。

張富海:《上博簡〈子羔〉篇"后稷之母"節考釋》,簡帛研究網 2003 年 1 月 17 日;《上博館藏戰國楚竹書研究續編》,上海書店出版社 2004 年。

張富海:《讀楚簡劄記五則》,《古文字研究》第 25 輯,中華書局 2004 年。

張富海:《竹簡〈詩論〉補釋》,《古文字論集(三)》,《考古與文物》2005 年增刊。

張富海:《說"矣"》,《古文字研究》第 26 輯,中華書局 2006 年。

張富海:《上博簡五〈鮑叔牙與隰朋之諫〉補釋》,簡帛網 2006 年 5 月 10 日;《北方論叢》2006 年第 4 期。

張光裕、鄧佩玲:《上博竹書"其"、"己"通假字辨析》,《上博館藏戰國楚竹書研究續編》,上海書店出版社 2004 年。

張光裕:《從簡帛所見"然句"看"句"、"后"、"逅"諸字的關係》,《簡帛》第 1 輯,上海古籍出版社 2006 年。

張桂光:《上博簡(二)〈子羔〉篇釋讀劄記》,《上博館藏戰國楚竹書研究續編》,上海書店出版社 2004 年;《華南師範大學學報》2004 年第 4 期。

張桂光:《〈柬大王泊旱〉編聯與釋讀略說》,《古文字研究》第 26 輯,中華書局 2006 年。

張新俊:《上博楚簡文字研究》,吉林大學博士學位論文 2005 年。

張新俊:《釋上博楚簡〈三德〉中的"虞"》,《古文字研究》第 27 輯,中華書局 2008 年。

張世超:《釋"逸"》,《中國文字研究》第 6 輯,廣西教育出版社 2005 年。

張通海:《〈上博簡〉(一、二)集釋》,安徽大學碩士學位論文 2004 年。

張玉金:《字詞考釋四篇、〈尚書〉新證八則》,《中國語文》2006 年第 3 期。

張玉金:《論出土戰國文獻中的兼詞"焉"》,《古文字研究》第 27 輯,中華書局 2008 年。

張玉金:《出土戰國文獻中助詞"之"的研究》,《華南師範大學學報》2008 年第 4 期。

張振謙:《上博(五)劄記二則》,簡帛網 2006 年 2 月 27 日;《古籍研究》2006 年卷下,安徽大學出版社 2006 年。

趙建功:《以〈易〉解〈恆先〉六則》,《中國哲學史》2006 年第 1 期;簡帛研究網 2006 年。

趙平安:《談〈容成氏〉所載"炮烙之刑"考》,《上博館藏戰國楚竹書研究續編》,上海書店出版社 2004 年。

趙平安:《戰國文字中的鹽字及相關問題研究》,《考古》2004 年第 8 期;《語言文字學》2004 年第 11 期。

趙平安:《"進芋明(从人)子以馳于倪廷"解》,簡帛網 2006 年 3 月 31 日。

趙平安:《上博藏楚竹書〈競建内之〉第 9 至 10 號簡考辨》,《出土文獻研究》第 8 輯,上海古籍出版社 2007 年。

趙平安:《上博簡〈三德〉"毋褱貧"解讀》,簡帛網 2007 年 1 月 1 日。

趙平安:《關於及的形義來源》,簡帛網 2007 年 1 月 23 日;《中國文字學報》第 2 輯,商務印書館 2008 年。

趙平安:《"達"字"針"義的文字學解釋——從一個實例看古文字字形對於詞義訓詁研究的特殊重要性》,《語言研究》2008 年第 2 期。

趙平安:《對上古漢語語氣詞"只"的新認識》,《簡帛》第 3 輯,上海古籍出版社 2008 年。

趙彤:《戰國楚方言音系》,中國戲劇出版社 2006 年。

趙彤:《"卉"是楚方言詞嗎?》,簡帛網 2007 年 6 月 17 日。

趙彤:《戰國楚竹書〈彭祖〉篇補釋》,簡帛網 2007 年 3 月 18 日。

鄭偉:《古代楚方言"羅"字的來源》,《中國語文》2007 年第 4 期。

周波:《讀〈容成氏〉、〈君子爲禮〉劄記(二則)》,《出土文獻與古文字研究》第 1 輯,復旦大學出版社 2006 年。

周波:《上博五劄記(三則)》,簡帛網 2006 年 2 月 26 日。

周波:《楚文字字詞劄記》,簡帛研究網 2003 年 10 月 9 日。

周波:《楚文字中的"雩"》,簡帛研究網 2004 年 4 月 29 日。

周波:《竹書〈周易〉考釋三則》,簡帛研究網 2004 年 6 月 6 日。

周波:《上博五補釋二則》,簡帛網 2006 年 4 月 5 日。

周波:《"侮"字歸部及其相關問題考論》,簡帛網 2007 年 9 月 5 日。

周波:《戰國時代各系文字間的用字差異現象研究》,復旦大學博士學位論文 2008 年。

周鳳五:《讀上博楚竹書〈從政(甲篇)〉劄記》,簡帛研究網 2003 年 1 月 10 日;《上博館藏戰國楚竹書研究續編》,上海書店出版社 2004 年。

周鳳五:《上博四〈柬大王泊旱〉重探》,《簡帛》第 1 輯,上海古籍出版社 2006 年。

周鳳五:《上博楚竹書〈彭祖〉重探》,《傳統中國研究集刊》第 1 輯,上海人民出版社2006年。

　　周鳳五:《上博六〈莊王既成〉、〈申公臣靈王〉、〈平王問鄭壽〉、〈平王與王子木〉新探》,中國簡帛學國際論壇2007,臺灣大學2007年。

　　周鳳五:《上博〈性情論〉"金石之有聲也,弗扣不鳴"解》,《語言文字學研究》,中國社會科學出版社2005年。

　　周鳳五:《楚簡釋字四則》,中國簡帛學國際論壇2008,芝加哥大學顧立雅中國古文字學中心2008年。

　　周鳳五:《〈上博四·昭王與龔之脽〉"君王不赦汏佟之罪"考》,《龐朴教授八十壽辰紀念文集》,中華書局2008年。

　　朱德熙、裘錫圭:《〈戰國文字研究(六種)〉之一〈侯馬載書"麻夷非是"解〉》,《朱德熙文集》第5卷,商務印書館1999年。

　　朱豔芬:《〈競建内之〉與〈鮑叔牙與隰朋之諫〉集釋》,吉林大學碩士學位論文2008年。

　　子居(網名):《上博六〈用曰〉再編連》,《學燈》第15期,簡帛研究網2010年7月1日。

　　子居(網名):《上博八〈成王既邦〉再編連》,孔夫子2000網2011年7月21日。

出處簡稱

簡稱	全稱
上博一	《上海博物館藏戰國楚竹書（一）》
上博二	《上海博物館藏戰國楚竹書（二）》
上博三	《上海博物館藏戰國楚竹書（三）》
上博四	《上海博物館藏戰國楚竹書（四）》
上博五	《上海博物館藏戰國楚竹書（五）》
上博六	《上海博物館藏戰國楚竹書（六）》
上博七	《上海博物館藏戰國楚竹書（七）》
上博八	《上海博物館藏戰國楚竹書（八）》
讀本一	《〈上海博物館藏戰國楚竹書（一）〉讀本》
讀本二	《〈上海博物館藏戰國楚竹書（二）〉讀本》
讀本三	《〈上海博物館藏戰國楚竹書（三）〉讀本》
讀本四	《〈上海博物館藏戰國楚竹書（四）〉讀本》
讀書會	復旦大學出土文獻與古文字研究中心學生讀書會
集成	《殷周金文集成》
新收	《新收殷周青銅器銘文暨器影彙編》
遺珠	《歐洲所藏中國青銅器遺珠》
珍吳	《珍秦齋藏金・吳越三晉篇》
珍銅	《珍秦齋藏金（秦銅器篇）》
古研	《古文字研究》
璽彙	《古璽彙編》
山東	《山東新出土古璽印》
珍秦	《珍秦齋藏印（秦印篇）》
珍戰	《珍秦齋藏印（戰國篇）》

港印	《香港中文大學文物館藏印集》
港續	《香港中文大學文物館藏印續集一》
輯存	《古代璽印輯存》
集粹	《中國璽印集粹》
程訓義	《中國古印：程訓義古璽印集存》
鑒印	《鑒印山房藏古璽印菁華》
類編	《中國璽印類編》
施	《古璽彙考》
秦風	《秦代印風》
封成	《古封泥集成》
陶彙	《古陶文彙編》
陶錄	《陶文圖錄》
北郊	《西安北郊秦墓》
歷博	《中國歷史博物館藏法書大觀第3卷：陶文、磚文、瓦文》
山大	《新泰出土陶文及相關問題研究》
新出	《新出簡帛研究》
秦集	《秦封泥集》
傅	《秦封泥彙考》
西安	《西安相家巷遺址秦封泥的發掘》
于京	《于京新見秦封泥中的地理內容》
先秦編	《中國錢幣大辭典》第一卷《先秦編》
齊幣	《齊國貨幣》
三晉	《三晉貨幣》
錢典	《古錢大辭典》
聚珍	《燕下都東周貨幣聚珍》
研究	《先秦貨幣研究》
通論	《先秦貨幣通論》
叢考	《古幣叢考》
九A	《九店楚簡》56號墓
九B	《九店楚簡》621號墓
新蔡	《新蔡葛陵楚墓》竹簡
郭店	《郭店楚墓竹簡》
關沮	關沮周家臺秦簡
里	里耶秦簡

上博楚簡文字聲首

之部

曉紐
喜 ……………………〔3〕
灰 ……………………〔6〕

匣紐
又 ……………………〔6〕
或 ……………………〔57〕

見紐
丌 ……………………〔68〕
其 ……………………〔109〕
己 ……………………〔112〕
龜 ……………………〔120〕

溪紐
丘 ……………………〔121〕

疑紐
牛 ……………………〔123〕
㠯 ……………………〔125〕

端紐
止 ……………………〔126〕
旻 ……………………〔247〕

定紐
呂 ……………………〔247〕
臣 ……………………〔297〕

臺 ……………………〔299〕

邪紐
巳 ……………………〔299〕

泥紐
而 ……………………〔307〕
耳 ……………………〔353〕
能 ……………………〔357〕
乃 ……………………〔365〕
卤 ……………………〔373〕

來紐
來 ……………………〔374〕
里 ……………………〔380〕

精紐
再 ……………………〔382〕
宰 ……………………〔383〕
子 ……………………〔385〕
兹 ……………………〔415〕

清紐
采 ……………………〔419〕

從紐
才 ……………………〔420〕
士 ……………………〔432〕

心紐

史	……………………………	〔435〕
司	……………………………	〔453〕
絲	……………………………	〔470〕
囟	……………………………	〔470〕

幫紐

不	……………………………	〔476〕

並紐

負	……………………………	〔542〕

婦	……………………………	〔543〕
艮	……………………………	〔544〕

明紐

母	……………………………	〔544〕
某	……………………………	〔569〕
麥	……………………………	〔570〕
牧	……………………………	〔570〕

職部

影紐

啻	……………………………	〔573〕

曉紐

黑	……………………………	〔574〕

見紐

革	……………………………	〔574〕
戒	……………………………	〔576〕
亟	……………………………	〔578〕

溪紐

克	……………………………	〔578〕

端紐

戠	……………………………	〔580〕

定紐

食	……………………………	〔581〕
直	……………………………	〔587〕
弋	……………………………	〔597〕
異	……………………………	〔601〕

泥紐

匿	……………………………	〔603〕

來紐

力	……………………………	〔604〕

精紐

則	……………………………	〔607〕
矢	……………………………	〔630〕

清紐

叏	……………………………	〔631〕

心紐

塞	……………………………	〔633〕
嗇	……………………………	〔635〕
色	……………………………	〔635〕
息	……………………………	〔637〕

幫紐

北	……………………………	〔637〕
畐	……………………………	〔639〕

並紐

葡	……………………………	〔640〕
畐	……………………………	〔645〕

蒸部

影紐
雁 …………………… 〔651〕

曉紐
興 …………………… 〔652〕

匣紐
互 …………………… 〔656〕

見紐
弓 …………………… 〔660〕
厷 …………………… 〔661〕

溪紐
冎（肯） ……………… 〔661〕

端紐
登 …………………… 〔662〕
峜 …………………… 〔662〕
再 …………………… 〔664〕

透紐
升 …………………… 〔665〕

定紐
乘 …………………… 〔667〕
承 …………………… 〔671〕
夌 …………………… 〔673〕
孕 …………………… 〔677〕

來紐
夌 …………………… 〔677〕

從紐
曾 …………………… 〔679〕

幫紐
夂 …………………… 〔681〕

並紐
朋 …………………… 〔681〕

明紐
莔 …………………… 〔685〕

幽部

影紐
憂 …………………… 〔689〕
幽 …………………… 〔689〕
幺 …………………… 〔691〕

曉紐
休 …………………… 〔693〕
好 …………………… 〔694〕

匣紐
學 …………………… 〔699〕

見紐
丩 …………………… 〔699〕
九 …………………… 〔700〕
臼 …………………… 〔708〕

溪紐
丂 …………………… 〔709〕
臼 …………………… 〔711〕
求 …………………… 〔713〕
咎 …………………… 〔719〕

端紐

鳥	〔724〕
周	〔725〕
舟	〔728〕
州	〔736〕
聖	〔738〕

透紐

首	〔739〕
手	〔759〕
畜	〔760〕
守	〔760〕

定紐

卣	〔760〕
臮	〔761〕
鼂	〔764〕
攸	〔764〕
由	〔769〕
酉	〔772〕
斿	〔776〕
壽	〔778〕

泥紐

肉	〔782〕

來紐

流	〔786〕
翏	〔790〕

老	〔791〕

精紐

棗	〔796〕
秋	〔797〕

清紐

艸	〔798〕

從紐

曹	〔800〕
喿	〔800〕

心紐

蒐	〔803〕
秀	〔804〕

幫紐

勹	〔805〕
保	〔805〕
缶	〔808〕
髟	〔812〕

並紐

孚	〔812〕

明紐

矛	〔815〕
冃	〔820〕
戊	〔821〕
卯	〔822〕

覺部

見紐

告	〔827〕

端紐

竹	〔836〕
祝	〔840〕

	透紐			心紐	
尗	………………	〔841〕	肅	………………	〔853〕
	定紐		佰	………………	〔853〕
舀	………………	〔843〕	㐁	………………	〔854〕
逐	………………	〔844〕		並紐	
	來紐		复	………………	〔855〕
六	………………	〔845〕		明紐	
	清紐		目	………………	〔862〕
戚	………………	〔853〕	穆	………………	〔864〕

冬部

	匣紐			泥紐	
夅	………………	〔867〕	農	………………	〔890〕
	端紐		戎	………………	〔891〕
冬	………………	〔869〕		精紐	
中	………………	〔874〕	宗	………………	〔892〕
衆	………………	〔884〕		心紐	
	定紐		宋	………………	〔894〕
蟲	………………	〔888〕			

宵部

	影紐		昊	………………	〔911〕
夭	………………	〔899〕		見紐	
要	………………	〔902〕	高	………………	〔911〕
	曉紐		交	………………	〔919〕
囂	………………	〔903〕	羔	………………	〔923〕
	匣紐			疑紐	
爻	………………	〔904〕	堯	………………	〔924〕
虩	………………	〔911〕	鼻	………………	〔926〕

端紐		**從紐**	
刀	〔927〕	巢	〔937〕
弔	〔929〕	**心紐**	
定紐		小	〔937〕
盜	〔932〕	杲	〔948〕
兆	〔932〕	**滂紐**	
來紐		票	〔951〕
勞	〔936〕	**明紐**	
精紐		毛	〔952〕
焦	〔936〕	苗	〔954〕

藥部

疑紐		**定紐**	
樂	〔959〕	翟	〔972〕
虐	〔967〕	**泥紐**	
端紐		伏	〔973〕
卓	〔968〕	**並紐**	
勺	〔968〕	暴	〔974〕

侯部

匣紐		**溪紐**	
侯	〔979〕	口	〔990〕
后	〔981〕	具	〔1011〕
夋	〔982〕	**疑紐**	
昴	〔987〕	禺	〔1011〕
見紐		**端紐**	
句	〔990〕	斗	〔1013〕
		主	〔1014〕

畫	〔1020〕		清紐
	定紐	取	〔1031〕
豆	〔1020〕		心紐
俞	〔1027〕	須	〔1036〕
	來紐	需	〔1037〕
婁	〔1030〕		幫紐
	精紐	付	〔1038〕
走	〔1030〕		

屋部

	見紐		來紐
谷	〔1043〕	鹿	〔1074〕
角	〔1043〕	录	〔1076〕
	溪紐		精紐
寇	〔1048〕	足	〔1079〕
區	〔1049〕		從紐
曲	〔1049〕	族	〔1081〕
㱿	〔1051〕		幫紐
哭	〔1052〕	卜	〔1082〕
	疑紐		滂紐
玉	〔1053〕	攴	〔1084〕
獄	〔1056〕		並紐
	透紐	僕	〔1084〕
束	〔1057〕		明紐
	定紐	木	〔1087〕
蜀	〔1068〕	冒	〔1091〕
	泥紐		
辱	〔1072〕		

· 3349 ·

東部

影紐
卬 …………………………… 〔1097〕

曉紐
凶 …………………………… 〔1103〕

見紐
公 …………………………… 〔1107〕
工 …………………………… 〔1123〕
奴 …………………………… 〔1131〕

溪紐
孔 …………………………… 〔1136〕

端紐
東 …………………………… 〔1137〕
冢 …………………………… 〔1137〕

定紐
同 …………………………… 〔1137〕
用 …………………………… 〔1142〕
童 …………………………… 〔1150〕

來紐
龍 …………………………… 〔1151〕

從紐
从 …………………………… 〔1155〕

旁紐
丰 …………………………… 〔1163〕
豐 …………………………… 〔1182〕

明紐
尨 …………………………… 〔1182〕

魚部

影紐
烏 …………………………… 〔1187〕
亞 …………………………… 〔1214〕

曉紐
虍 …………………………… 〔1221〕
西 …………………………… 〔1259〕

匣紐
于 …………………………… 〔1259〕
羋 …………………………… 〔1266〕
羽 …………………………… 〔1267〕
禹 …………………………… 〔1268〕
雨 …………………………… 〔1271〕
下 …………………………… 〔1272〕
户 …………………………… 〔1283〕

見紐
古 …………………………… 〔1295〕
壴 …………………………… 〔1316〕
蠱 …………………………… 〔1318〕
瓜 …………………………… 〔1319〕
寡 …………………………… 〔1322〕
叚 …………………………… 〔1327〕
尻 …………………………… 〔1327〕
昍 …………………………… 〔1327〕
夋 …………………………… 〔1328〕

溪紐
去 …………………………… 〔1334〕
巨 …………………………… 〔1338〕
典 …………………………… 〔1339〕

	疑紐			來紐	
吴	……………………	〔1340〕	旅	……………………	〔1450〕
魚	……………………	〔1343〕	吕	……………………	〔1451〕
五	……………………	〔1347〕	魯	……………………	〔1454〕
午	……………………	〔1358〕		精紐	
牙	……………………	〔1362〕	且	……………………	〔1454〕
	端紐			清紐	
者	……………………	〔1363〕	初	……………………	〔1462〕
	透紐			心紐	
兔	……………………	〔1393〕	疋	……………………	〔1465〕
鼠	……………………	〔1394〕		幫紐	
土	……………………	〔1394〕	夫	……………………	〔1471〕
車	……………………	〔1402〕	百	……………………	〔1484〕
余	……………………	〔1406〕		並紐	
	定紐		父	……………………	〔1484〕
舁	……………………	〔1414〕		明紐	
与	……………………	〔1431〕	馬	……………………	〔1496〕
予	……………………	〔1432〕	武	……………………	〔1497〕
野	……………………	〔1432〕	無	……………………	〔1501〕
	泥紐				
女	……………………	〔1432〕			

鐸部

	影紐			疑紐	
隻	……………………	〔1509〕	逆	……………………	〔1520〕
	見紐		咢	……………………	〔1522〕
各	……………………	〔1511〕		端紐	
	溪紐		乇	……………………	〔1523〕
宗	……………………	〔1519〕		定紐	
			石	……………………	〔1528〕

射	〔1534〕		心紐
夕	〔1535〕	素	〔1559〕
亦	〔1536〕	昔	〔1561〕
睪	〔1542〕		並紐
	泥紐	白	〔1565〕
若	〔1546〕		明紐
	從紐	莫	〔1577〕
乍	〔1551〕		

陽部

	影紐	誩	〔1645〕
央	〔1585〕	巠	〔1646〕
	曉紐		疑紐
皀	〔1586〕	卬	〔1650〕
香	〔1589〕		端紐
高	〔1589〕	章	〔1651〕
向	〔1591〕		透紐
兄	〔1592〕	商	〔1654〕
	匣紐	昌	〔1655〕
行	〔1594〕		定紐
王	〔1609〕	上	〔1656〕
坣	〔1632〕	丈	〔1663〕
黄	〔1637〕	昜	〔1664〕
	見紐	羊	〔1672〕
畕	〔1638〕	象	〔1676〕
京	〔1640〕	尚	〔1677〕
庚	〔1640〕	長	〔1686〕
更	〔1643〕		泥紐
光	〔1643〕	叚	〔1693〕
	溪紐		來紐
慶	〔1644〕	兩	〔1695〕

量	〔1697〕	丙	〔1735〕
良	〔1699〕	秉	〔1736〕
清紐		方	〔1737〕
倉	〔1701〕	**並紐**	
夘	〔1703〕	彭	〔1746〕
從紐		竝	〔1747〕
爿	〔1705〕	**明紐**	
心紐		明	〔1748〕
桑	〔1723〕	亡	〔1756〕
相	〔1728〕	网	〔1780〕
喪	〔1732〕	皿	〔1781〕
幫紐			
兵	〔1732〕		

支部

匣紐		**定紐**	
系	〔1785〕	是	〔1806〕
篤	〔1785〕	氏	〔1822〕
見紐		鷹	〔1825〕
圭	〔1785〕	**泥紐**	
解	〔1788〕	兒	〔1827〕
溪紐		**清紐**	
攴	〔1789〕	此	〔1828〕
企	〔1791〕	**心紐**	
端紐		虒	〔1836〕
知	〔1791〕	**幫紐**	
只	〔1801〕	卑	〔1837〕
透紐		**明紐**	
豕	〔1804〕	糸	〔1840〕

· 3353 ·

錫部

影紐
益 ……………………………〔1851〕

匣紐
畫 ……………………………〔1853〕

見紐
毄 ……………………………〔1854〕

端紐
帝 ……………………………〔1855〕

定紐
易 ……………………………〔1860〕

來紐
役 ……………………………〔1863〕
鬲 ……………………………〔1864〕

清紐
朿 ……………………………〔1865〕
冊 ……………………………〔1866〕

心紐
析 ……………………………〔1866〕

並紐
辟 ……………………………〔1867〕

耕部

匣紐
幸 ……………………………〔1873〕
熒 ……………………………〔1874〕
刑 ……………………………〔1878〕

見紐
茍 ……………………………〔1878〕
巠 ……………………………〔1883〕

端紐
鼎 ……………………………〔1886〕
正 ……………………………〔1891〕

透紐
耵 ……………………………〔1904〕
壬 ……………………………〔1914〕

定紐
呈 ……………………………〔1914〕
廷 ……………………………〔1918〕
成 ……………………………〔1919〕

泥紐
盈 ……………………………〔1932〕

來紐
霝 ……………………………〔1934〕

精紐
晶 ……………………………〔1935〕
井 ……………………………〔1936〕
爭 ……………………………〔1945〕

清紐
青 ……………………………〔1948〕

心紐
生 ……………………………〔1961〕

滂紐
甹 ……………………………〔1977〕

並紐
平 ……………………………〔1977〕
并 ……………………………〔1979〕

明紐

名	……………………	〔1981〕
鳴	……………………	〔1985〕
冥	……………………	〔1987〕

脂部

見紐

皆	……………………	〔1991〕
癸	……………………	〔1997〕
几	……………………	〔1998〕

端紐

氐	……………………	〔1999〕

透紐

矢	……………………	〔2001〕
尸	……………………	〔2002〕

定紐

夷	……………………	〔2009〕
弟	……………………	〔2009〕
示	……………………	〔2012〕

泥紐

二	……………………	〔2018〕
尔	……………………	〔2024〕

來紐

豊	……………………	〔2027〕

履	……………………	〔2037〕

精紐

弗	……………………	〔2037〕

清紐

妻	……………………	〔2039〕

從紐

齊	……………………	〔2040〕

心紐

死	……………………	〔2044〕
衰	……………………	〔2049〕
厶	……………………	〔2050〕
巿	……………………	〔2051〕

幫紐

匕	……………………	〔2056〕

明紐

米	……………………	〔2062〕

質部

影紐

一	……………………	〔2067〕

曉紐

肙	……………………	〔2075〕

血	……………………	〔2075〕

匣紐

頁	……………………	〔2076〕
惠	……………………	〔2076〕

見紐

吉	……………………………	〔2079〕
季	……………………………	〔2086〕

溪紐

器	……………………………	〔2088〕
棄	……………………………	〔2088〕

端紐

至	……………………………	〔2090〕
疐	……………………………	〔2104〕

透紐

替	……………………………	〔2106〕

定紐

聿	……………………………	〔2107〕
失	……………………………	〔2107〕
逸	……………………………	〔2111〕
實	……………………………	〔2112〕

泥紐

日	……………………………	〔2114〕
疒	……………………………	〔2121〕

來紐

栗	……………………………	〔2123〕
利	……………………………	〔2124〕

精紐

卩	……………………………	〔2132〕

清紐

七	……………………………	〔2135〕
泰	……………………………	〔2137〕

從紐

自	……………………………	〔2138〕
疾	……………………………	〔2157〕

心紐

瑟	……………………………	〔2148〕
四	……………………………	〔2149〕
繇	……………………………	〔2157〕

幫紐

八	……………………………	〔2157〕
必	……………………………	〔2170〕
畢	……………………………	〔2170〕
閉	……………………………	〔2170〕

滂紐

匹	……………………………	〔2171〕

真部

影紐

因	……………………………	〔2175〕
开	……………………………	〔2178〕

匣紐

玄	……………………………	〔2180〕
胤	……………………………	〔2181〕
弦	……………………………	〔2182〕

見紐

勻	……………………………	〔2182〕

端紐

丩	……………………………	〔2183〕

透紐

天	……………………………	〔2189〕
申	……………………………	〔2207〕

身	〔2213〕	聿	〔2301〕
		進	〔2303〕
	定紐		清紐
田	〔2213〕		
陳	〔2217〕	千	〔2306〕
臣	〔2218〕		從紐
奠	〔2230〕	秦	〔2306〕
	泥紐		心紐
人	〔2233〕	辛	〔2307〕
	來紐	信	〔2313〕
令	〔2281〕		明紐
亼	〔2293〕	民	〔2313〕
	精紐	丏	〔2332〕
巠（矢）	〔2296〕	命	〔2334〕

微部

	影紐	鬼	〔2366〕
威	〔2337〕		溪紐
衣	〔2337〕	豈	〔2375〕
伊	〔2345〕		疑紐
	曉紐	产	〔2376〕
火	〔2345〕	兀	〔2381〕
虫	〔2345〕		端紐
𡨴	〔2346〕	隹	〔2381〕
	匣紐	𠂤	〔2392〕
韋	〔2348〕	對	〔2393〕
胃	〔2353〕		透紐
回	〔2353〕	水	〔2393〕
褱	〔2356〕		來紐
臼（貴）	〔2358〕	畾	〔2396〕
	見紐		幫紐
幾	〔2363〕	飛	〔2397〕

· 3357 ·

	非 ……………… 〔2398〕		明紐	
	並紐		散 ……………… 〔2404〕	
	肥 ……………… 〔2402〕			

物部

	匣紐		來紐	
囚 ……………… 〔2413〕		類 ……………… 〔2460〕		
	見紐		心紐	
旡 ……………… 〔2422〕		率 ……………… 〔2461〕		
骨 ……………… 〔2435〕		幫紐		
	溪紐		弗 ……………… 〔2463〕	
氣 ……………… 〔2437〕		並紐		
	透紐		弱 ……………… 〔2469〕	
出 ……………… 〔2437〕		㷍 ……………… 〔2470〕		
㚇 ……………… 〔2445〕		明紐		
	定紐		勿 ……………… 〔2470〕	
术 ……………… 〔2447〕		未 ……………… 〔2479〕		
	泥紐			
內 ……………… 〔2451〕				

文部

	影紐		見紐	
殷 ……………… 〔2489〕		斤 ……………… 〔2515〕		
慍 ……………… 〔2490〕		艮 ……………… 〔2521〕		
	曉紐		軍 ……………… 〔2522〕	
昏 ……………… 〔2491〕		鰥 ……………… 〔2525〕		
	匣紐		堇 ……………… 〔2526〕	
云 ……………… 〔2510〕		溪紐		
員 ……………… 〔2511〕		困 ……………… 〔2528〕		

端紐
屯 ……………… 〔2529〕
透紐
川 ……………… 〔2531〕
定紐
辰 ……………… 〔2536〕
窜 ……………… 〔2538〕
尹 ……………… 〔2539〕
允 ……………… 〔2571〕
泥紐
刃 ……………… 〔2575〕
來紐
侖 ……………… 〔2575〕
從紐
卯 ……………… 〔2577〕

心紐
先 ……………… 〔2579〕
西 ……………… 〔2586〕
孫 ……………… 〔2588〕
隼 ……………… 〔2589〕
幫紐
分 ……………… 〔2589〕
奮 ……………… 〔2593〕
本 ……………… 〔2593〕
並紐
楚 ……………… 〔2595〕
明紐
文 ……………… 〔2596〕
門 ……………… 〔2602〕

歌部

曉紐
化 ……………… 〔2609〕
匣紐
爲 ……………… 〔2615〕
禾 ……………… 〔2643〕
見紐
加 ……………… 〔2648〕
果 ……………… 〔2650〕
丹 ……………… 〔2652〕
溪紐
可 ……………… 〔2652〕
疑紐
我 ……………… 〔2681〕
宜 ……………… 〔2693〕

端紐
多 ……………… 〔2695〕
透紐
它 ……………… 〔2699〕
妥 ……………… 〔2709〕
定紐
也 ……………… 〔2709〕
來紐
羅 ……………… 〔2744〕
羸 ……………… 〔2745〕
离 ……………… 〔2746〕
精紐
冫 ……………… 〔2747〕

· 3359 ·

心紐
沙 ……………………………… 〔2752〕
並紐
皮 ……………………………… 〔2754〕

明紐
麻 ……………………………… 〔2758〕

月部

匣紐
日 ……………………………… 〔2763〕
衛 ……………………………… 〔2795〕
會 ……………………………… 〔2797〕
戉 ……………………………… 〔2800〕
害 ……………………………… 〔2802〕
曷 ……………………………… 〔2808〕
見紐
介 ……………………………… 〔2809〕
丯 ……………………………… 〔2812〕
夬 ……………………………… 〔2814〕
氒 ……………………………… 〔2817〕
蓋 ……………………………… 〔2818〕
溪紐
朅 ……………………………… 〔2818〕
疑紐
埶 ……………………………… 〔2820〕
臬 ……………………………… 〔2824〕
月 ……………………………… 〔2825〕
端紐
帶 ……………………………… 〔2834〕
透紐
世 ……………………………… 〔2835〕
牵 ……………………………… 〔2839〕

定紐
大 ……………………………… 〔2841〕
折 ……………………………… 〔2856〕
舌 ……………………………… 〔2860〕
丙 ……………………………… 〔2862〕
筮 ……………………………… 〔2863〕
叡 ……………………………… 〔2864〕
劂 ……………………………… 〔2865〕
兑 ……………………………… 〔2867〕
來紐
刺 ……………………………… 〔2867〕
戾 ……………………………… 〔2868〕
孚 ……………………………… 〔2869〕
列 ……………………………… 〔2873〕
精紐
祭 ……………………………… 〔2873〕
清紐
殺 ……………………………… 〔2876〕
叐 ……………………………… 〔2879〕
毳 ……………………………… 〔2879〕
從紐
蠿 ……………………………… 〔2881〕
心紐
戌 ……………………………… 〔2883〕
柰 ……………………………… 〔2885〕

离	〔2885〕	伐	〔2898〕
		罰	〔2899〕
	幫紐	敽	〔2901〕
貝	〔2889〕		
拜	〔2891〕		**明紐**
市	〔2893〕	末	〔2903〕
		首	〔2904〕
	滂紐	萬	〔2906〕
癹	〔2894〕		
	並紐		
友	〔2897〕		

元部

	影紐		**見紐**
安	〔2917〕	干	〔2969〕
氒	〔2930〕	建	〔2975〕
晏	〔2933〕	見	〔2977〕
夗	〔2935〕	肩	〔2984〕
肙	〔2937〕	开	〔2985〕
		閒	〔2986〕
	曉紐	柬	〔2986〕
莧	〔2941〕	官	〔2990〕
厂	〔2946〕	串	〔2990〕
顯	〔2954〕	叕	〔2992〕
奐	〔2954〕	毌	〔2995〕
	匣紐	丩	〔2995〕
寒	〔2954〕		**溪紐**
爰	〔2955〕	侃	〔2996〕
萑	〔2955〕	辛	〔2996〕
宦	〔2962〕		**疑紐**
幻	〔2962〕	虡	〔2998〕
縣	〔2962〕	言	〔2999〕
袁	〔2963〕	邍	〔3026〕

• 3361 •

元	…………………… 〔3026〕		從紐	
	端紐	夋	……………………	〔3065〕
丹	…………………… 〔3030〕	疛	……………………	〔3072〕
旦	…………………… 〔3031〕	全	……………………	〔3075〕
單	…………………… 〔3033〕	泉	……………………	〔3075〕
叀	…………………… 〔3036〕		心紐	
耑	…………………… 〔3038〕	山	……………………	〔3077〕
	透紐	鮮	……………………	〔3079〕
延	…………………… 〔3042〕	亘	……………………	〔3080〕
羴	…………………… 〔3043〕		幫紐	
	定紐	班	……………………	〔3081〕
善	…………………… 〔3043〕	半	……………………	〔3081〕
廛	…………………… 〔3043〕	般	……………………	〔3082〕
次	…………………… 〔3045〕		並紐	
合	…………………… 〔3045〕	釆	……………………	〔3083〕
鷰	…………………… 〔3050〕	栟	……………………	〔3084〕
	泥紐	全	……………………	〔3085〕
肰	…………………… 〔3051〕	弁	……………………	〔3088〕
	來紐	緐	……………………	〔3091〕
連	…………………… 〔3057〕		明紐	
卵	…………………… 〔3057〕	宀	……………………	〔3091〕
罱	…………………… 〔3058〕	面	……………………	〔3094〕
絲	…………………… 〔3062〕	鬯	……………………	〔3095〕
	精紐	曼	……………………	〔3097〕
薦	…………………… 〔3065〕	免	……………………	〔3098〕

緝部

	影紐			匣紐	
邑	……………………	〔3105〕	合	……………………	〔3107〕

	溪紐			泥紐	
及	…………………	〔3107〕	숲	…………………	〔3118〕
	疑紐			來紐	
萅	…………………	〔3112〕	立	…………………	〔3123〕
鰀	…………………	〔3113〕		清紐	
	定紐		早	…………………	〔3132〕
眔	…………………	〔3113〕		從紐	
十	…………………	〔3113〕	스	…………………	〔3132〕
習	…………………	〔3116〕	雥	…………………	〔3158〕
龖	…………………	〔3118〕			

侵部

	影紐		壬	…………………	〔3181〕
音	…………………	〔3163〕	南	…………………	〔3182〕
	匣紐			來紐	
咸	…………………	〔3164〕	林	…………………	〔3184〕
丂	…………………	〔3166〕	向	…………………	〔3185〕
	見紐		臨	…………………	〔3185〕
今	…………………	〔3168〕		精紐	
	端紐		朁	…………………	〔3187〕
占	…………………	〔3168〕		清紐	
	透紐		侵	…………………	〔3188〕
突	…………………	〔3170〕		心紐	
審	…………………	〔3173〕	三	…………………	〔3190〕
	定紐		參	…………………	〔3197〕
甚	…………………	〔3173〕	心	…………………	〔3203〕
尤	…………………	〔3176〕		滂紐	
圣	…………………	〔3177〕	品	…………………	〔3210〕
尋	…………………	〔3178〕		明紐	
	泥紐		凡	…………………	〔3210〕
男	…………………	〔3180〕			

· 3363 ·

葉部

匣紐
盍 …………………………… 〔3219〕

見紐
甲 …………………………… 〔3223〕
夾 …………………………… 〔3224〕

疑紐
業 …………………………… 〔3225〕

定紐
涉 …………………………… 〔3225〕

枼 …………………………… 〔3227〕

泥紐
聶 …………………………… 〔3228〕
囡 …………………………… 〔3229〕

來紐
巤 …………………………… 〔3230〕

清紐
妾 …………………………… 〔3231〕

談部

影紐
猒 …………………………… 〔3235〕
弇 …………………………… 〔3236〕

匣紐
炎 …………………………… 〔3238〕
召 …………………………… 〔3239〕

見紐
兼 …………………………… 〔3239〕
甘 …………………………… 〔3241〕
敢 …………………………… 〔3247〕
監 …………………………… 〔3247〕

溪紐
欠 …………………………… 〔3248〕
贛 …………………………… 〔3251〕

端紐
詹 …………………………… 〔3251〕

定紐
盙 …………………………… 〔3252〕

精紐
斬 …………………………… 〔3253〕

清紐
僉 …………………………… 〔3254〕

筆畫索引

一畫

一	〔2067〕	丨	〔3165〕
乀	〔2995〕		

二畫

又	〔6〕	二	〔2018〕
乃	〔365〕	厶	〔2050〕
力	〔604〕	七	〔2135〕
九	〔700〕	人	〔2233〕
丂	〔709〕	十	〔3113〕
卜	〔1082〕		

三畫

兀	〔68〕	弋	〔597〕
己	〔112〕	弓	〔660〕
之	〔128〕	卬	〔815〕
巳	〔299〕	口	〔990〕
子	〔385〕	工	〔1123〕
才	〔420〕	于	〔1259〕
士	〔432〕	下	〔1272〕

土	〔1394〕	川	〔2531〕
与	〔1431〕	也	〔2709〕
女	〔1432〕	大	〔2841〕
夕	〔1535〕	千	〔2969〕
上	〔1656〕	山	〔3077〕
丈	〔1663〕	及	〔3107〕
亡	〔1756〕	三	〔3190〕
千	〔2277〕	凡	〔3210〕

四畫

友	〔42〕	牙	〔1362〕
左	〔56〕	夫	〔1471〕
牛	〔123〕	父	〔1484〕
止	〔126〕	王	〔1609〕
不	〔476〕	印	〔1650〕
毋	〔552〕	方	〔1737〕
手	〔759〕	氏	〔1822〕
六	〔845〕	井	〔1936〕
中	〔874〕	市	〔2051〕
天	〔899〕	比	〔2056〕
弔	〔929〕	日	〔2114〕
少	〔937〕	匹	〔2171〕
毛	〔952〕	天	〔2189〕
木	〔1087〕	仁	〔2271〕
凶	〔1103〕	火	〔2345〕
公	〔1107〕	水	〔2393〕
孔	〔1136〕	气	〔2437〕
户	〔1283〕	内	〔2451〕
巨	〔1338〕	勿	〔2470〕
五	〔1347〕	云	〔2510〕
午	〔1358〕	斤	〔2515〕

屯	〔2529〕	夬	〔2814〕
尹	〔2539〕	月	〔2825〕
允	〔2571〕	反	〔2949〕
卬	〔2577〕	元	〔3026〕
分	〔2589〕	丹	〔3030〕
文	〔2596〕	今	〔3139〕
曰	〔2763〕	心	〔3203〕
介	〔2809〕		

五畫

右	〔40〕	功	〔1127〕
丘	〔121〕	用	〔1142〕
呂	〔247〕	尻	〔1254〕
台	〔288〕	古	〔1295〕
迈	〔372〕	瓜	〔1319〕
史	〔435〕	去	〔1334〕
司	〔453〕	奴	〔1446〕
母	〔544〕	且	〔1454〕
代	〔599〕	疋	〔1465〕
北	〔637〕	布	〔1490〕
孕	〔677〕	尼	〔1523〕
幼	〔691〕	石	〔1528〕
叴	〔707〕	乍	〔1551〕
由	〔769〕	白	〔1565〕
卉	〔798〕	央	〔1585〕
戉	〔821〕	兄	〔1592〕
目	〔862〕	夨	〔1771〕
冬	〔869〕	只	〔1801〕
句	〔991〕	冊	〔1866〕
玉	〔1053〕	正	〔1891〕
辻	〔1083〕	生	〔1961〕

氐	〔1999〕		未	〔2479〕
尼	〔2002〕		本	〔2593〕
尼	〔2004〕		禾	〔2643〕
辷	〔2005〕		加	〔2648〕
示	〔2012〕		可	〔2652〕
尓	〔2024〕		它	〔2699〕
扰	〔2058〕		左	〔2747〕
戈	〔2070〕		皮	〔2754〕
失	〔2107〕		戉	〔2800〕
四	〔2149〕		外	〔2830〕
穴	〔2157〕		友	〔2897〕
必	〔2158〕		末	〔2903〕
玄	〔2180〕		旦	〔3031〕
申	〔2207〕		弁	〔3088〕
田	〔2213〕		仅	〔3110〕
乎	〔2296〕		立	〔3123〕
矢	〔2296〕		占	〔3168〕
民	〔2313〕		甲	〔3223〕
出	〔2437〕		囚	〔3229〕
弗	〔2463〕		甘	〔3241〕

六畫

有	〔42〕		而	〔307〕
吕	〔113〕		耳	〔353〕
异	〔114〕		再	〔382〕
迁	〔116〕		戍	〔430〕
芭	〔119〕		囟	〔470〕
寺	〔234〕		怀	〔540〕
各	〔236〕		劣	〔568〕
芒	〔304〕		式	〔600〕

朸	〔606〕	邦	〔1166〕
㧐	〔607〕	芓	〔1264〕
色	〔635〕	汙	〔1265〕
互	〔656〕	羽	〔1267〕
冰	〔681〕	佢	〔1338〕
休	〔693〕	伍	〔1356〕
好	〔694〕	如	〔1446〕
收	〔699〕	妟	〔1449〕
杸	〔700〕	吕	〔1451〕
孜	〔710〕	伋	〔1489〕
考	〔710〕	各	〔1511〕
舟	〔728〕	屰	〔1520〕
州	〔736〕	宅	〔1523〕
守	〔738〕	亦	〔1536〕
肉	〔782〕	百	〔1570〕
老	〔791〕	向	〔1591〕
早	〔796〕	行	〔1594〕
岳	〔808〕	光	〔1643〕
夙	〔854〕	羊	〔1672〕
戎	〔891〕	亢	〔1777〕
交	〔919〕	芒	〔1778〕
后	〔981〕	网	〔1780〕
夋	〔982〕	圭	〔1785〕
收	〔1000〕	此	〔1828〕
曲	〔1049〕	廷	〔1918〕
兇	〔1105〕	成	〔1919〕
仫	〔1120〕	并	〔1979〕
巩	〔1127〕	名	〔1981〕
江	〔1128〕	旨	〔1998〕
共	〔1131〕	弌	〔2022〕
㘴	〔1136〕	死	〔2044〕
同	〔1137〕	旨	〔2059〕

· 3369 ·

血	〔2075〕		伊	〔2568〕
吉	〔2079〕		先	〔2579〕
至	〔2090〕		西	〔2586〕
聿	〔2107〕		多	〔2695〕
自	〔2138〕		地	〔2702〕
因	〔2175〕		毕	〔2817〕
旬	〔2182〕		舌	〔2860〕
臣	〔2218〕		列	〔2873〕
念	〔2264〕		伐	〔2898〕
年	〔2278〕		安	〔2917〕
旁	〔2332〕		阪	〔2953〕
衣	〔2337〕		汗	〔2975〕
虫	〔2345〕		开	〔2985〕
回	〔2353〕		延	〔3042〕
危	〔2376〕		全	〔3075〕
忌	〔2403〕		汲	〔3111〕
岂	〔2404〕		攼	〔3116〕
艮	〔2521〕		任	〔3181〕
刿	〔2531〕		合	〔3213〕

七畫

忧	〔44〕		里	〔380〕
抚	〔57〕		李	〔414〕
昇	〔106〕		孙	〔415〕
至	〔108〕		志	〔428〕
忌	〔114〕		材	〔428〕
志	〔229〕		村	〔429〕
矣	〔289〕		灾	〔430〕
祀	〔303〕		坎	〔435〕
改	〔305〕		句	〔456〕

否	〔541〕	佝	〔996〕
坏	〔541〕	砃	〔1001〕
每	〔568〕	谷	〔1001〕
戒	〔576〕	豆	〔1020〕
克	〔578〕	走	〔1030〕
㧵	〔600〕	角	〔1043〕
皁	〔697〕	足	〔1079〕
求	〔713〕	攻	〔1124〕
卣	〔760〕	戏	〔1127〕
攸	〔764〕	𠃊	〔1129〕
酉	〔772〕	志	〔1130〕
孝	〔794〕	甬	〔1145〕
秀	〔804〕	㐬	〔1182〕
孚	〔812〕	匠	〔1315〕
灸	〔815〕	𠤎	〔1319〕
㐾	〔817〕	吴	〔1340〕
告	〔827〕	吾	〔1356〕
空	〔852〕	迁	〔1360〕
共	〔852〕	杜	〔1398〕
审	〔882〕	社	〔1400〕
宋	〔894〕	車	〔1402〕
芙	〔900〕	余	〔1406〕
迒	〔900〕	忩	〔1447〕
芡	〔901〕	初	〔1462〕
孛	〔905〕	芺	〔1483〕
卲	〔927〕	甫	〔1492〕
䁆	〔929〕	迩	〔1514〕
迅	〔931〕	夋	〔1553〕
巠	〔931〕	倪	〔1593〕
次	〔932〕	𡉈	〔1632〕
牟	〔943〕	狂	〔1636〕
孛	〔944〕	疕	〔1662〕

· 3371 ·

良	〔1699〕	忻	〔2516〕
汳	〔1703〕	近	〔2517〕
妝	〔1705〕	困	〔2528〕
壯	〔1707〕	㤃	〔2531〕
兵	〔1732〕	忢	〔2536〕
芳	〔1745〕	君	〔2545〕
忘	〔1774〕	忍	〔2575〕
攺	〔1779〕	芬	〔2592〕
矣	〔1780〕	叏	〔2599〕
汤	〔1791〕	吝	〔2600〕
邙	〔1804〕	逸	〔2611〕
豕	〔1804〕	阩	〔2647〕
𢍆	〔1851〕	伽	〔2649〕
役	〔1863〕	何	〔2677〕
呈	〔1914〕	䏡	〔2680〕
坓	〔1938〕	我	〔2681〕
尾	〔2007〕	佗	〔2701〕
弟	〔2009〕	牠	〔2701〕
姊	〔2037〕	妥	〔2709〕
宋	〔2038〕	逨	〔2812〕
利	〔2124〕	坒	〔2812〕
即	〔2132〕	快	〔2815〕
㠯	〔2167〕	決	〔2816〕
囟	〔2178〕	苩	〔2832〕
均	〔2182〕	折	〔2856〕
㞷	〔2207〕	貝	〔2889〕
忢	〔2264〕	帯	〔2893〕
身	〔2265〕	冐	〔2937〕
叟	〔2355〕	攻	〔2972〕
厓	〔2377〕	旱	〔2972〕
氢	〔2437〕	杆	〔2973〕
囩	〔2511〕	戋	〔2974〕

見	〔2977〕	佥	〔3085〕
串	〔2990〕	免	〔3098〕
言	〔2999〕	邑	〔3105〕
芫	〔3029〕	迻	〔3148〕
但	〔3032〕	沈	〔3176〕
兑	〔3045〕	男	〔3180〕
卵	〔3057〕	夾	〔3224〕

八畫

盉	〔44〕	直	〔587〕
忿	〔57〕	戾	〔630〕
肱	〔57〕	宛	〔639〕
或	〔57〕	肯	〔661〕
忞	〔105〕	承	〔671〕
其	〔109〕	斂	〔673〕
牧	〔124〕	咎	〔719〕
牪	〔125〕	周	〔725〕
坒	〔127〕	郁	〔729〕
昔	〔240〕	受	〔729〕
侍	〔244〕	迪	〔770〕
坷	〔246〕	条	〔783〕
妃	〔307〕	宥	〔800〕
固	〔373〕	匊	〔805〕
采	〔419〕	匋	〔809〕
事	〔441〕	盂	〔818〕
使	〔452〕	茅	〔818〕
泼	〔452〕	竺	〔836〕
怱	〔461〕	奎	〔852〕
呼	〔564〕	佰	〔853〕
拇	〔564〕	降	〔867〕
海	〔565〕	忠	〔883〕

· 3373 ·

宗	……………………………	〔892〕	固	…………………………… 〔1312〕
袄	……………………………	〔900〕	沽	…………………………… 〔1314〕
肴	……………………………	〔910〕	苽	…………………………… 〔1319〕
昊	……………………………	〔911〕	孤	…………………………… 〔1320〕
卙	……………………………	〔932〕	迲	…………………………… 〔1335〕
佻	……………………………	〔935〕	夵	…………………………… 〔1342〕
杪	……………………………	〔946〕	叝	…………………………… 〔1354〕
表	……………………………	〔953〕	者	…………………………… 〔1363〕
疠	……………………………	〔971〕	兔	…………………………… 〔1393〕
迫	……………………………	〔997〕	舍	…………………………… 〔1410〕
狗	……………………………	〔999〕	邵	…………………………… 〔1451〕
斜	……………………………	〔1014〕	泟	…………………………… 〔1467〕
宝	……………………………	〔1014〕	怔	…………………………… 〔1467〕
奎	……………………………	〔1019〕	肤	…………………………… 〔1482〕
取	……………………………	〔1031〕	校	…………………………… 〔1489〕
宕	……………………………	〔1038〕	斧	…………………………… 〔1490〕
東	……………………………	〔1059〕	武	…………………………… 〔1497〕
彔	……………………………	〔1076〕	宪	…………………………… 〔1526〕
松	……………………………	〔1121〕	垊	…………………………… 〔1527〕
匃	……………………………	〔1122〕	迬	…………………………… 〔1530〕
具	……………………………	〔1135〕	夜	…………………………… 〔1541〕
奉	……………………………	〔1163〕	若	…………………………… 〔1546〕
於	……………………………	〔1187〕	怍	…………………………… 〔1553〕
亞	……………………………	〔1214〕	迮	…………………………… 〔1559〕
虎	……………………………	〔1221〕	昔	…………………………… 〔1561〕
孟	……………………………	〔1265〕	泊	…………………………… 〔1568〕
茱	……………………………	〔1266〕	帛	…………………………… 〔1569〕
雨	……………………………	〔1271〕	吳	…………………………… 〔1586〕
床	……………………………	〔1284〕	英	…………………………… 〔1586〕
所	……………………………	〔1284〕	往	…………………………… 〔1633〕
居	……………………………	〔1307〕	柱	…………………………… 〔1636〕
姑	……………………………	〔1310〕	京	…………………………… 〔1640〕

筆畫索引

庚	……	[1640]	卹	……	[2075]
弨	……	[1646]	季	……	[2086]
昌	……	[1655]	泗	……	[2156]
尚	……	[1677]	俏	……	[2170]
長	……	[1686]	迪	……	[2208]
兩	……	[1695]	取	……	[2224]
枊	……	[1704]	命	……	[2281]
戕	……	[1708]	泯	……	[2332]
怲	……	[1735]	依	……	[2340]
秉	……	[1736]	卒	……	[2342]
忞	……	[1743]	疟	……	[2379]
枋	……	[1745]	佳	……	[2381]
並	……	[1747]	非	……	[2398]
明	……	[1748]	肥	……	[2402]
孟	……	[1781]	忢	……	[2422]
卑	……	[1837]	屈	……	[2445]
易	……	[1860]	述	……	[2447]
昕	……	[1866]	妹	……	[2483]
幸	……	[1873]	味	……	[2484]
定	……	[1902]	昏	……	[2491]
征	……	[1903]	祈	……	[2520]
菉	……	[1936]	侖	……	[2575]
爭	……	[1945]	忩	……	[2590]
青	……	[1948]	忿	……	[2592]
坪	……	[1977]	門	……	[2602]
迡	……	[2005]	怸	……	[2609]
坭	……	[2006]	坓	……	[2612]
屄	……	[2006]	祂	……	[2613]
追	……	[2008]	和	……	[2644]
迖	……	[2023]	果	……	[2650]
妻	……	[2039]	奇	……	[2678]
敀	……	[2058]	㝡	……	[2678]

· 3375 ·

河	〔2679〕		佚	〔2992〕
宜	〔2693〕		券	〔2994〕
沱	〔2707〕		侃	〔2996〕
垈	〔2748〕		备	〔3026〕
波	〔2757〕		忢	〔3028〕
林	〔2758〕		肰	〔3051〕
戔	〔2796〕		戔	〔3065〕
迲	〔2800〕		伎	〔3087〕
价	〔2810〕		坴	〔3090〕
肇	〔2814〕		官	〔3091〕
戾	〔2868〕		泣	〔3131〕
械	〔2893〕		念	〔3147〕
拔	〔2897〕		胗	〔3147〕
茇	〔2898〕		金	〔3152〕
侔	〔2928〕		舍	〔3155〕
孥	〔2935〕		宫	〔3170〕
宛	〔2937〕		罙	〔3170〕
板	〔2952〕		坕	〔3177〕
呈	〔2961〕		林	〔3184〕
弦	〔2962〕		妾	〔3231〕
建	〔2975〕		炎	〔3238〕
肩	〔2984〕			

九畫

壴	〔 3 〕		肯	〔237〕
昪	〔 45 〕		峙	〔238〕
紀	〔115〕		峕	〔238〕
起	〔116〕		郢	〔382〕
紕	〔125〕		兹	〔415〕
逪	〔235〕		茲	〔418〕

籿	〔429〕	洓	〔922〕
哉	〔431〕	逃	〔933〕
俗	〔462〕	眊	〔952〕
祠	〔469〕	約	〔969〕
思	〔471〕	矣	〔979〕
怨	〔561〕	逡	〔982〕
革	〔574〕	後	〔982〕
贰	〔599〕	厚	〔987〕
訒	〔607〕	敂	〔995〕
則	〔607〕	虐	〔997〕
恆	〔659〕	耇	〔999〕
再	〔664〕	枸	〔999〕
陛	〔665〕	禺	〔1011〕
送	〔675〕	钭	〔1013〕
幽	〔689〕	重	〔1017〕
奐	〔707〕	俞	〔1027〕
迺	〔728〕	玫	〔1055〕
首	〔739〕	宮	〔1101〕
頁	〔757〕	巷	〔1134〕
敃	〔771〕	郛	〔1134〕
酋	〔773〕	週	〔1141〕
秋	〔797〕	俑	〔1149〕
保	〔805〕	封	〔1165〕
怹	〔817〕	佳	〔1180〕
柔	〔819〕	咠	〔1258〕
敄	〔819〕	竽	〔1263〕
冒	〔820〕	耇	〔1311〕
俉	〔832〕	故	〔1311〕
祝	〔840〕	胡	〔1312〕
复	〔855〕	柩	〔1321〕
要	〔902〕	壴	〔1335〕
侉	〔904〕	俉	〔1356〕

· 3377 ·

俆	〔1412〕	耴	〔1904〕
祖	〔1460〕	衽	〔1914〕
俎	〔1462〕	郢	〔1915〕
逄	〔1513〕	𡈼	〔1918〕
洛	〔1515〕	庭	〔1918〕
客	〔1516〕	城	〔1922〕
茖	〔1517〕	星	〔1935〕
逆	〔1520〕	型	〔1939〕
坨	〔1527〕	牲	〔1975〕
叚	〔1529〕	逝	〔1980〕
伇	〔1557〕	皆	〔1991〕
息	〔1567〕	癸	〔1997〕
敀	〔1568〕	屍	〔2004〕
胎	〔1568〕	柅	〔2006〕
香	〔1589〕	俤	〔2010〕
㕣	〔1589〕	迷	〔2063〕
皇	〔1630〕	室	〔2100〕
昜	〔1664〕	釆	〔2113〕
秒	〔1704〕	胤	〔2181〕
牀	〔1709〕	均	〔2182〕
相	〔1728〕	軟	〔2208〕
疠	〔1744〕	神	〔2208〕
忘	〔1776〕	戬	〔2212〕
罔	〔1780〕	畋	〔2214〕
淦	〔1791〕	信	〔2260〕
枳	〔1802〕	怿	〔2281〕
是	〔1806〕	書	〔2301〕
係	〔1840〕	威	〔2337〕
帝	〔1855〕	哀	〔2341〕
脛	〔1883〕	韋	〔2348〕
貞	〔1886〕	鬼	〔2366〕
政	〔1900〕	畏	〔2372〕

飛	〔2397〕	肯	〔2937〕
美	〔2407〕	炭	〔2948〕
娀	〔2408〕	奐	〔2954〕
胃	〔2413〕	竽	〔2974〕
既	〔2425〕	柬	〔2986〕
骨	〔2435〕	畎	〔2995〕
退	〔2445〕	冠	〔3029〕
昧	〔2485〕	峀	〔3038〕
恩	〔2490〕	泉	〔3075〕
軍	〔2522〕	逗	〔3080〕
春	〔2530〕	迸	〔3081〕
身	〔2571〕	罖	〔3084〕
罶	〔2578〕	便	〔3087〕
选	〔2586〕	宦	〔3091〕
逊	〔2699〕	面	〔3094〕
差	〔2750〕	急	〔3109〕
敂	〔2756〕	級	〔3111〕
虐	〔2756〕	柙	〔3122〕
疥	〔2810〕	茸	〔3132〕
钎	〔2811〕	衿	〔3149〕
陡	〔2813〕	音	〔3163〕
适	〔2862〕	咸	〔3164〕
洌	〔2866〕	軏	〔3166〕
刺	〔2867〕	甚	〔3173〕
爰	〔2869〕	南	〔3182〕
柰	〔2885〕	侵	〔3188〕
拜	〔2891〕	品	〔3210〕
癹	〔2894〕	風	〔3214〕
殼	〔2904〕	欪	〔3220〕
侒	〔2928〕	奔	〔3236〕

· 3379 ·

十畫

蚘	〔45〕		戙	〔724〕
羿	〔107〕		埀	〔769〕
倠	〔128〕		冐	〔771〕
時	〔240〕		流	〔786〕
㫢	〔244〕		珧	〔810〕
蚩	〔245〕		浮	〔814〕
肥	〔298〕		浸	〔816〕
洍	〔298〕		務	〔817〕
恥	〔355〕		弄	〔834〕
能	〔357〕		舀	〔843〕
宰	〔383〕		逐	〔844〕
軎	〔430〕		陸	〔852〕
栽	〔431〕		笑	〔901〕
翀	〔455〕		滏	〔911〕
海	〔565〕		高	〔911〕
畝	〔567〕		羔	〔923〕
悔	〔569〕		桃	〔935〕
飤	〔581〕		狱	〔936〕
戟	〔599〕		訩	〔968〕
匿	〔603〕		酌	〔971〕
勞	〔606〕		豹	〔971〕
息	〔637〕		浴	〔1004〕
峯	〔662〕		㜪	〔1017〕
乘	〔667〕		荳	〔1026〕
朕	〔675〕		逗	〔1026〕
陵	〔677〕		柚	〔1050〕
舸	〔681〕		哭	〔1052〕
倗	〔682〕		速	〔1057〕
畜	〔691〕		辱	〔1072〕
述	〔717〕		株	〔1090〕

牧	〔1091〕	射	〔1534〕
躬	〔1099〕	臭	〔1542〕
容	〔1121〕	索	〔1559〕
恐	〔1130〕	階	〔1564〕
恭	〔1133〕	莫	〔1577〕
哉	〔1134〕	卿	〔1586〕
通	〔1141〕	逡	〔1633〕
桐	〔1142〕	窒	〔1637〕
埇	〔1149〕	弩	〔1649〕
郴	〔1165〕	運	〔1672〕
烏	〔1187〕	恙	〔1673〕
虐	〔1223〕	悵	〔1691〕
虎	〔1235〕	辰	〔1692〕
夏	〔1281〕	倉	〔1701〕
蚊	〔1321〕	病	〔1744〕
家	〔1328〕	旁	〔1745〕
偖	〔1386〕	倜	〔1755〕
都	〔1388〕	覓	〔1774〕
徒	〔1396〕	記	〔1776〕
訑	〔1398〕	悆	〔1778〕
庫	〔1405〕	貢	〔1779〕
茶	〔1414〕	剛	〔1781〕
釡	〔1414〕	珪	〔1786〕
荵	〔1448〕	倪	〔1827〕
旅	〔1450〕	俾	〔1837〕
是	〔1467〕	奚	〔1841〕
紋	〔1491〕	高	〔1864〕
専	〔1492〕	徑	〔1884〕
馬	〔1496〕	涅	〔1915〕
隻	〔1509〕	耕	〔1946〕
袼	〔1518〕	倩	〔1955〕
席	〔1533〕	肯	〔1970〕

嚊	〔1977〕	塦	〔2687〕
眠	〔2000〕	窒	〔2702〕
砥	〔2000〕	馳	〔2708〕
尾	〔2003〕	被	〔2757〕
犀	〔2007〕	害	〔2802〕
窜	〔2012〕	芥	〔2811〕
菁	〔2022〕	界	〔2811〕
黎	〔2048〕	坚	〔2817〕
衰	〔2049〕	桀	〔2818〕
耆	〔2061〕	薁	〔2855〕
柽	〔2104〕	胅	〔2861〕
疾	〔2121〕	東	〔2867〕
栗	〔2123〕	殺	〔2876〕
莉	〔2131〕	戚	〔2883〕
恩	〔2177〕	晏	〔2929〕
陳	〔2217〕	桉	〔2930〕
翌	〔2293〕	智	〔2936〕
秤	〔2298〕	涓	〔2941〕
晉	〔2298〕	炭	〔2948〕
秦	〔2306〕	許	〔2970〕
悆	〔2340〕	軒	〔2973〕
袞	〔2340〕	莧	〔2984〕
散	〔2405〕	脣	〔2985〕
昧	〔2484〕	倦	〔2992〕
盈	〔2490〕	恭	〔2993〕
員	〔2511〕	袒	〔3032〕
根	〔2522〕	脡	〔3042〕
訓	〔2534〕	悦	〔3050〕
唇	〔2537〕	連	〔3057〕
逡	〔2571〕	巡	〔3063〕
孫	〔2588〕	肯	〔3072〕
羕	〔2687〕	原	〔3076〕

班	〔3081〕		峈	〔3187〕
畔	〔3081〕		浸	〔3189〕
挽	〔3098〕		盉	〔3219〕
浆	〔3110〕		涉	〔3225〕
脋	〔3112〕		陷	〔3239〕
衾	〔3133〕		兼	〔3239〕
砧	〔3169〕			

十一畫

得	〔45〕		邑	〔637〕
國	〔67〕		珊	〔683〕
寇	〔68〕		悉	〔716〕
訝	〔105〕		救	〔716〕
悬	〔106〕		棶	〔718〕
基	〔108〕		鳥	〔724〕
惫	〔126〕		脜	〔758〕
惫	〔296〕		戡	〔761〕
逑	〔376〕		翏	〔790〕
菜	〔377〕		曹	〔800〕
悆	〔419〕		敖	〔805〕
菜	〔419〕		鈶	〔809〕
恕	〔461〕		敦	〔814〕
詞	〔463〕		敫	〔816〕
袺	〔469〕		敂	〔832〕
戲	〔469〕		善	〔834〕
悉	〔541〕		羍	〔835〕
匿	〔542〕		梧	〔835〕
婦	〔543〕		笙	〔836〕
晦	〔569〕		宿	〔853〕
惬	〔578〕		終	〔870〕
異	〔601〕		蓍	〔907〕

教	〔910〕	虗	〔1248〕
突	〔923〕	處	〔1254〕
雀	〔944〕	雩	〔1266〕
毻	〔952〕	故	〔1312〕
訛	〔953〕	盍	〔1318〕
窜	〔954〕	募	〔1322〕
欲	〔1005〕	菐	〔1340〕
柞	〔1016〕	魚	〔1343〕
畫	〔1020〕	䚄	〔1354〕
桓	〔1021〕	敔	〔1358〕
致	〔1024〕	哉	〔1358〕
戜	〔1025〕	許	〔1359〕
僉	〔1028〕	渚	〔1389〕
遮	〔1034〕	圉	〔1393〕
筐	〔1039〕	埜	〔1399〕
妻	〔1044〕	野	〔1399〕
斛	〔1047〕	袨	〔1401〕
宼	〔1048〕	戟	〔1405〕
琂	〔1055〕	敍	〔1412〕
卑	〔1072〕	虗	〔1455〕
鹿	〔1074〕	組	〔1461〕
彔	〔1077〕	絚	〔1471〕
椂	〔1078〕	楠	〔1492〕
族	〔1081〕	埅	〔1531〕
訟	〔1118〕	庶	〔1531〕
戠	〔1150〕	泵	〔1533〕
從	〔1155〕	笴	〔1533〕
邦	〔1180〕	若	〔1551〕
吾	〔1221〕	恚	〔1636〕
虐	〔1238〕	敃	〔1637〕
唬	〔1239〕	黃	〔1637〕
虘	〔1239〕	康	〔1641〕

章	〔1651〕	殹	〔2001〕
商	〔1654〕	偨	〔2009〕
傷	〔1666〕	視	〔2012〕
鄁	〔1667〕	淒	〔2039〕
剔	〔1669〕	眯	〔2062〕
兼	〔1674〕	悸	〔2087〕
象	〔1676〕	逸	〔2111〕
牼	〔1707〕	烈	〔2131〕
臧	〔1709〕	痏	〔2178〕
牲	〔1714〕	野	〔2183〕
㮛	〔1731〕	紳	〔2213〕
訪	〔1743〕	堅	〔2229〕
望	〔1772〕	急	〔2271〕
啟	〔1789〕	聿	〔2303〕
埊	〔1790〕	進	〔2303〕
豚	〔1805〕	新	〔2309〕
紕	〔1836〕	焠	〔2344〕
逮	〔1838〕	剄	〔2348〕
埤	〔1839〕	唯	〔2384〕
惕	〔1860〕	惟	〔2390〕
堃	〔1863〕	淮	〔2391〕
責	〔1865〕	惛	〔2496〕
硃	〔1865〕	寁	〔2517〕
桱	〔1884〕	惢	〔2519〕
悙	〔1903〕	訢	〔2520〕
程	〔1917〕	菫	〔2526〕
盛	〔1932〕	脜	〔2536〕
脜	〔1944〕	唇	〔2537〕
情	〔1952〕	貪	〔2590〕
清	〔1957〕	貨	〔2614〕
宵	〔1959〕	悉	〔2686〕
階	〔1997〕	犇	〔2688〕

· 3385 ·

悠	〔2701〕	連	〔3036〕
蛇	〔2702〕	敓	〔3046〕
紽	〔2707〕	遂	〔3069〕
屡	〔2752〕	淺	〔3071〕
徙	〔2752〕	絣	〔3090〕
殷	〔2753〕	培	〔3093〕
戠	〔2800〕	曼	〔3097〕
諆	〔2812〕	習	〔3116〕
埶	〔2820〕	執	〔3118〕
萮	〔2832〕	貪	〔3148〕
朝	〔2833〕	僉	〔3150〕
帶	〔2834〕	唅	〔3153〕
傑	〔2835〕	釜	〔3153〕
蒐	〔2838〕	淦	〔3155〕
懖	〔2859〕	深	〔3171〕
祭	〔2873〕	酖	〔3176〕
离	〔2885〕	淫	〔3177〕
敗	〔2889〕	貢	〔3181〕
脊	〔2896〕	梧	〔3184〕
帗	〔2901〕	菖	〔3185〕
瑛	〔2935〕	㲋	〔3190〕
惋	〔2938〕	參	〔3197〕
産	〔2948〕	鄋	〔3228〕
逗	〔2961〕	薑	〔3232〕
㻁	〔2966〕	埮	〔3238〕
焊	〔2972〕	迶	〔3239〕
惓	〔2993〕	敢	〔3241〕
欮	〔2998〕		

十二畫

惑 …… [66]	綦 …… [674]
惎 …… [105]	䇡 …… [676]
期 …… [106]	曾 …… [679]
斯 …… [110]	學 …… [690]
戣 …… [112]	朝 …… [734]
絽 …… [115]	敦 …… [736]
等 …… [245]	道 …… [741]
䇓 …… [246]	酥 …… [758]
坴 …… [374]	貼 …… [771]
杳 …… [377]	猶 …… [773]
剳 …… [383]	遊 …… [776]
椮 …… [416]	游 …… [778]
犂 …… [417]	敘 …… [783]
絲 …… [418]	就 …… [801]
絾 …… [469]	堙 …… [854]
詡 …… [560]	遏 …… [855]
晦 …… [567]	復 …… [855]
寐 …… [570]	陞 …… [868]
啻 …… [573]	衆 …… [884]
塈 …… [578]	蚰 …… [890]
戠 …… [580]	喬 …… [917]
惠 …… [588]	絞 …… [922]
植 …… [596]	堯 …… [924]
測 …… [630]	昇 …… [926]
備 …… [640]	悤 …… [935]
富 …… [647]	焦 …… [936]
登 …… [662]	詢 …… [995]
䄅 …… [669]	遇 …… [1012]
勝 …… [669]	堣 …… [1013]
惢 …… [673]	椌 …… [1016]

・3387・

貯	[1018]	虎	[1528]
桎	[1019]	散	[1563]
逾	[1027]	菖	[1590]
須	[1036]	蚓	[1593]
粜	[1059]	邊	[1667]
婭	[1061]	湯	[1667]
童	[1062]	葛	[1671]
握	[1078]	棠	[1685]
敍	[1084]	量	[1697]
羮	[1084]	葬	[1709]
聡	[1107]	喪	[1723]
絸	[1133]	彭	[1746]
惡	[1220]	圌	[1755]
楋	[1247]	堯	[1779]
暑	[1258]	智	[1791]
羞	[1267]	遂	[1806]
壘	[1268]	皐	[1838]
恩	[1314]	侯	[1847]
詁	[1337]	畫	[1853]
御	[1360]	啻	[1857]
锥	[1361]	泉	[1862]
煮	[1386]	敬	[1878]
睹	[1388]	愼	[1891]
暑	[1388]	窑	[1932]
煮	[1389]	崢	[1946]
楮	[1392]	腈	[1956]
敍	[1413]	裙	[1959]
絮	[1448]	餠	[1980]
舒	[1454]	湝	[1996]
敍	[1490]	硯	[2003]
無	[1501]	磔	[2004]
嚣	[1512]	訛	[2059]

筆畫索引

悶 …… [2065]	詘 …… [2445]
惠 …… [2076]	寐 …… [2485]
結 …… [2085]	愠 …… [2490]
棄 …… [2088]	隕 …… [2515]
替 …… [2106]	逸 …… [2571]
晚 …… [2111]	舜 …… [2572]
欺 …… [2119]	巽 …… [2577]
訟 …… [2168]	焚 …… [2595]
閔 …… [2170]	矞 …… [2600]
淵 …… [2178]	悶 …… [2605]
鈞 …… [2183]	爲 …… [2615]
勞 …… [2228]	睎 …… [2651]
奠 …… [2230]	禍 …… [2652]
軫 …… [2281]	訶 …… [2676]
貪 …… [2293]	軛 …… [2707]
陊 …… [2295]	貽 …… [2708]
傛 …… [2301]	跛 …… [2756]
惲 …… [2303]	散 …… [2760]
達 …… [2350]	聱 …… [2797]
悼 …… [2350]	割 …… [2806]
葦 …… [2352]	葛 …… [2808]
貴 …… [2358]	傑 …… [2819]
幾 …… [2363]	媒 …… [2819]
愧 …… [2366]	剝 …… [2824]
愝 …… [2373]	閒 …… [2827]
裒 …… [2374]	肇 …… [2832]
剴 …… [2375]	寶 …… [2833]
椎 …… [2391]	達 …… [2839]
悲 …… [2401]	瑗 …… [2870]
統 …… [2410]	毳 …… [2879]
渭 …… [2422]	絕 …… [2881]
嘅 …… [2432]	發 …… [2895]

· 3389 ·

萬	……	〔2906〕	番	…… 〔3083〕
綏	……	〔2929〕	裦	…… 〔3118〕
痩	……	〔2934〕	葺	…… 〔3132〕
肇	……	〔2936〕	禽	…… 〔3151〕
廒	……	〔2946〕	琴	…… 〔3153〕
飯	……	〔2953〕	欽	…… 〔3156〕
寒	……	〔2954〕	集	…… 〔3158〕
脅	……	〔2984〕	尋	…… 〔3179〕
菓	……	〔2989〕	替	…… 〔3187〕
筅	……	〔2994〕	戠	…… 〔3188〕
善	……	〔3018〕	葉	…… 〔3227〕
然	……	〔3056〕	猒	…… 〔3235〕
潒	……	〔3076〕		

十三畫

憙	……	〔 4 〕	慰	…… 〔628〕
歆	……	〔 6 〕	賊	…… 〔630〕
誉	……	〔 45 〕	塞	…… 〔633〕
詩	……	〔235〕	蒲	…… 〔645〕
誉	……	〔243〕	福	…… 〔645〕
齒	……	〔378〕	慳	…… 〔659〕
裏	……	〔382〕	蒼	…… 〔676〕
慈	……	〔416〕	塱	…… 〔681〕
慗	……	〔417〕	僅	…… 〔682〕
載	……	〔431〕	夢	…… 〔685〕
嗣	……	〔455〕	蓄	…… 〔693〕
偬	……	〔463〕	鳩	…… 〔707〕
絗	……	〔466〕	窬	…… 〔728〕
賃	……	〔542〕	愳	…… 〔754〕
塘	……	〔569〕	脤	…… 〔758〕
堅	……	〔578〕	設	…… 〔768〕

筬	〔769〕	賈	〔1259〕
裹	〔807〕	鼓	〔1316〕
雾	〔819〕	雹	〔1321〕
冥	〔821〕	虞	〔1339〕
楣	〔821〕	虞	〔1342〕
蒥	〔823〕	鼠	〔1394〕
蒇	〔841〕	溣	〔1413〕
溅	〔842〕	塗	〔1414〕
遃	〔843〕	與	〔1414〕
愘	〔843〕	遂	〔1450〕
肅	〔853〕	戲	〔1455〕
腹	〔861〕	虞	〔1455〕
農	〔890〕	楚	〔1468〕
腰	〔903〕	頌	〔1489〕
慅	〔905〕	塼	〔1495〕
嵩	〔915〕	路	〔1513〕
覰	〔935〕	褚	〔1519〕
槑	〔948〕	睪	〔1542〕
溺	〔973〕	墓	〔1581〕
鉤	〔998〕	萸	〔1609〕
蜀	〔998〕	曡	〔1638〕
絡	〔1011〕	戢	〔1669〕
愚	〔1013〕	腸	〔1670〕
隆	〔1020〕	堂	〔1679〕
壼	〔1021〕	棠	〔1681〕
愈	〔1028〕	蒼	〔1702〕
毂	〔1051〕	滄	〔1703〕
蜀	〔1068〕	棃	〔1705〕
軀	〔1099〕	頎	〔1707〕
說	〔1106〕	痊	〔1744〕
頌	〔1117〕	槊	〔1753〕
蓉	〔1123〕	覘	〔1787〕

・3391・

解	……………………	〔1788〕	巠	…………………… 〔2296〕
觜	……………………	〔1805〕	綦	…………………… 〔2307〕
鷹	……………………	〔1825〕	新	…………………… 〔2310〕
訕	……………………	〔1836〕	悪	…………………… 〔2342〕
溪	……………………	〔1847〕	詠	…………………… 〔2344〕
嗌	……………………	〔1851〕	毀	…………………… 〔2346〕
壑	……………………	〔1859〕	樟	…………………… 〔2351〕
辟	……………………	〔1867〕	襲	…………………… 〔2368〕
寞	……………………	〔1581〕	魃	…………………… 〔2372〕
牆	……………………	〔1706〕	跪	…………………… 〔2378〕
翌	……………………	〔1884〕	雷	…………………… 〔2396〕
經	……………………	〔1885〕	嫩	…………………… 〔2408〕
聖	……………………	〔1904〕	愛	…………………… 〔2422〕
經	……………………	〔1917〕	惡	…………………… 〔2432〕
睜	……………………	〔1946〕	燬	…………………… 〔2433〕
楑	……………………	〔1997〕	槃	…………………… 〔2435〕
資	……………………	〔2023〕	褙	…………………… 〔2436〕
豐	……………………	〔2027〕	槓	…………………… 〔2451〕
裵	……………………	〔2049〕	衡	…………………… 〔2461〕
覬	……………………	〔2062〕	群	…………………… 〔2569〕
贙	……………………	〔2062〕	叟	…………………… 〔2572〕
畵	……………………	〔2078〕	遜	…………………… 〔2589〕
詰	……………………	〔2084〕	閏	…………………… 〔2605〕
憲	……………………	〔2103〕	蛾	…………………… 〔2688〕
節	……………………	〔2133〕	義	…………………… 〔2688〕
傣	……………………	〔2137〕	馳	…………………… 〔2708〕
詣	……………………	〔2144〕	羅	…………………… 〔2744〕
皋	……………………	〔2144〕	遏	…………………… 〔2746〕
瑟	……………………	〔2148〕	陸	…………………… 〔2748〕
遺	……………………	〔2183〕	菁	…………………… 〔2751〕
訢	……………………	〔2184〕	膣	…………………… 〔2751〕
慎	……………………	〔2186〕	會	…………………… 〔2797〕

話	〔2799〕		搻	〔2993〕
歲	〔2800〕		遣	〔2996〕
嗇	〔2804〕		傳	〔3036〕
溹	〔2820〕		剷	〔3037〕
殢	〔2835〕		楯	〔3041〕
搇	〔2860〕		亂	〔3058〕
遒	〔2861〕		赶	〔3080〕
筮	〔2863〕		詨	〔3086〕
勘	〔2866〕		眷	〔3112〕
惫	〔2870〕		溧	〔3113〕
減	〔2884〕		瑋	〔3120〕
剷	〔2887〕		虜	〔3122〕
夢	〔2888〕		舍	〔3138〕
戮	〔2896〕		裦	〔3149〕
裘	〔2902〕		欽	〔3149〕
躲	〔2928〕		裌	〔3154〕
旆	〔2930〕		愍	〔3168〕
傴	〔2939〕		屠	〔3169〕
詹	〔2947〕		溍	〔3176〕
遠	〔2963〕		賃	〔3181〕
罥	〔2966〕		業	〔3225〕
訮	〔2986〕		廉	〔3240〕
聘	〔2990〕		詹	〔3251〕
瘆	〔2992〕		僉	〔3254〕

十四畫

旗	〔107〕		詞	〔463〕
臺	〔299〕		僮	〔595〕
餌	〔356〕		戬	〔600〕
緇	〔429〕		厭	〔604〕

· 3393 ·

褐	〔631〕		緑	〔1077〕
寒	〔634〕		潒	〔1082〕
敦	〔663〕		僕	〔1086〕
迺	〔684〕		厵	〔1087〕
賕	〔718〕		雊	〔1097〕
蚕	〔757〕		釭	〔1127〕
戩	〔761〕		溏	〔1247〕
壽	〔762〕		渹	〔1247〕
夏	〔768〕		寡	〔1322〕
搖	〔783〕		豪	〔1329〕
辱	〔795〕		語	〔1356〕
恩	〔822〕		箸	〔1390〕
蔽	〔833〕		瀘	〔1459〕
詰	〔834〕		粱	〔1491〕
葴	〔841〕		膡	〔1510〕
膏	〔915〕		零	〔1515〕
僑	〔919〕		絡	〔1518〕
璺	〔928〕		碩	〔1529〕
薰	〔951〕		遹	〔1551〕
邈	〔966〕		篿	〔1559〕
瘧	〔967〕		惕	〔1667〕
綽	〔968〕		養	〔1674〕
絟	〔1020〕		裳	〔1685〕
誼	〔1023〕		藏	〔1712〕
趣	〔1034〕		臧	〔1713〕
聚	〔1035〕		壓	〔1713〕
需	〔1037〕		脞	〔1773〕
蔞	〔1046〕		誈	〔1777〕
獄	〔1056〕		閏	〔1787〕
棘	〔1057〕		毃	〔1854〕
僮	〔1064〕		適	〔1859〕
櫋	〔1074〕		愓	〔1861〕

榮	…………………	〔1874〕	縉	…………………	〔2510〕
裴	…………………	〔1875〕	蓉	…………………	〔2519〕
熒	…………………	〔1877〕	暨	…………………	〔2519〕
臺	…………………	〔1883〕	誒	…………………	〔2536〕
墊	…………………	〔1945〕	綸	…………………	〔2576〕
精	…………………	〔1960〕	賨	…………………	〔2614〕
靖	…………………	〔1961〕	僞	…………………	〔2640〕
禚	…………………	〔1976〕	嘉	…………………	〔2649〕
鳴	…………………	〔1985〕	歌	…………………	〔2676〕
槊	…………………	〔1987〕	遞	…………………	〔2752〕
餡	…………………	〔1999〕	詭	…………………	〔2753〕
縷	…………………	〔2040〕	墐	…………………	〔2753〕
齊	…………………	〔2040〕	犖	…………………	〔2754〕
審	…………………	〔2063〕	鞍	…………………	〔2756〕
鼠	…………………	〔2071〕	颮	…………………	〔2757〕
廑	…………………	〔2104〕	戩	…………………	〔2760〕
蜜	…………………	〔2169〕	截	…………………	〔2807〕
運	…………………	〔2170〕	駉	…………………	〔2823〕
斳	…………………	〔2187〕	遨	…………………	〔2824〕
緊	…………………	〔2228〕	誚	…………………	〔2834〕
罨	…………………	〔2295〕	毆	…………………	〔2865〕
親	…………………	〔2307〕	敕	…………………	〔2868〕
賓	…………………	〔2333〕	貌	…………………	〔2869〕
塵	…………………	〔2371〕	緒	…………………	〔2879〕
慼	…………………	〔2372〕	罰	…………………	〔2899〕
戩	…………………	〔2375〕	幣	…………………	〔2902〕
敲	…………………	〔2376〕	蓗	…………………	〔2904〕
膵	…………………	〔2389〕	厲	…………………	〔2911〕
蜥	…………………	〔2425〕	斡	…………………	〔2932〕
達	…………………	〔2461〕	摶	…………………	〔3038〕
聞	…………………	〔2497〕	鳶	…………………	〔3050〕
餌	…………………	〔2497〕	鳰	…………………	〔3063〕

· 3395 ·

縣	〔3091〕	寚	〔3190〕
蓺	〔3121〕	慇	〔3220〕
閭	〔3138〕	監	〔3247〕
鉋	〔3154〕	漸	〔3253〕
寢	〔3189〕		

十五畫

憲	〔 67 〕	叡	〔 822 〕
賊	〔 67 〕	霄	〔 823 〕
篿	〔 245 〕	樺	〔 835 〕
齒	〔 247 〕	箸	〔 836 〕
畬	〔 378 〕	麃	〔 842 〕
墨	〔 574 〕	感	〔 853 〕
稷	〔 632 〕	慾	〔 874 〕
奭	〔 640 〕	蔑	〔 890 〕
雁	〔 651 〕	敳	〔 922 〕
緟	〔 659 〕	櫟	〔 937 〕
諅	〔 663 〕	戮	〔 946 〕
遷	〔 674 〕	勒	〔 950 〕
憎	〔 679 〕	廟	〔 954 〕
增	〔 680 〕	樂	〔 959 〕
趣	〔 736 〕	澫	〔 974 〕
憂	〔 754 〕	暴	〔 974 〕
禚	〔 764 〕	慾	〔1011〕
嘼	〔 778 〕	誈	〔1019〕
諒	〔 783 〕	豎	〔1021〕
膠	〔 790 〕	鼓	〔1023〕
戮	〔 791 〕	寶	〔1038〕
寬	〔 803 〕	畫	〔1045〕
鞎	〔 811 〕	遷	〔1063〕
髟	〔 812 〕	憧	〔1065〕

滓	……………………………	〔1091〕	遲	……………………………	〔2008〕
律	……………………………	〔1092〕	瘠	……………………………	〔2023〕
僬	……………………………	〔1099〕	僼	……………………………	〔2036〕
窮	……………………………	〔1100〕	履	……………………………	〔2037〕
慮	……………………………	〔1247〕	頡	……………………………	〔2061〕
膚	……………………………	〔1250〕	頫	……………………………	〔2084〕
鮫	……………………………	〔1344〕	遊	……………………………	〔2107〕
鮇	……………………………	〔1345〕	實	……………………………	〔2112〕
魯	……………………………	〔1346〕	墊	……………………………	〔2232〕
豫	……………………………	〔1452〕	論	……………………………	〔2293〕
樀	……………………………	〔1459〕	窒	……………………………	〔2301〕
櫨	……………………………	〔1460〕	憖	……………………………	〔2308〕
賦	……………………………	〔1501〕	糧	……………………………	〔2347〕
憮	……………………………	〔1506〕	緯	……………………………	〔2351〕
諾	……………………………	〔1550〕	遺	……………………………	〔2362〕
麇	……………………………	〔1643〕	寇	……………………………	〔2367〕
慶	……………………………	〔1644〕	憯	……………………………	〔2367〕
暲	……………………………	〔1653〕	儳	……………………………	〔2379〕
糊	……………………………	〔1671〕	頦	……………………………	〔2407〕
殤	……………………………	〔1672〕	頰	……………………………	〔2460〕
賞	……………………………	〔1683〕	篲	……………………………	〔2525〕
數	……………………………	〔1698〕	數	……………………………	〔2527〕
慼	……………………………	〔1712〕	槿	……………………………	〔2527〕
餓	……………………………	〔1778〕	韋	……………………………	〔2538〕
貌	……………………………	〔1827〕	輪	……………………………	〔2576〕
諢	……………………………	〔1839〕	選	……………………………	〔2578〕
薏	……………………………	〔1859〕	餓	……………………………	〔2686〕
賜	……………………………	〔1862〕	駝	……………………………	〔2708〕
漚	……………………………	〔1916〕	隱	……………………………	〔2750〕
請	……………………………	〔1956〕	衛	……………………………	〔2795〕
瞑	……………………………	〔1987〕	萬	……………………………	〔2807〕
虜	……………………………	〔1996〕	憨	……………………………	〔2810〕

澗	〔2829〕	緄	〔3041〕
徹	〔2862〕	麈	〔3043〕
遷	〔2863〕	潞	〔3071〕
敕	〔2868〕	賤	〔3071〕
緩	〔2870〕	潦	〔3076〕
褭	〔2880〕	盤	〔3082〕
劋	〔2881〕	歈	〔3150〕
蕝	〔2883〕	窠	〔3159〕
毃	〔2887〕	箴	〔3165〕
蕫	〔2908〕	褢	〔3166〕
漧	〔2910〕	審	〔3173〕
磐	〔2929〕	蕁	〔3178〕
閳	〔2990〕	廞	〔3251〕
摜	〔2995〕	險	〔3256〕
憚	〔3033〕		

十六畫

歔	〔 6 〕	賮	〔 808 〕
頰	〔 297 〕	築	〔 839 〕
頤	〔 297 〕	穆	〔 864 〕
樧	〔 376 〕	融	〔 889 〕
縱	〔 586 〕	嚻	〔 916 〕
櫨	〔 595 〕	橋	〔 919 〕
賣	〔 647 〕	操	〔 949 〕
福	〔 648 〕	菓	〔 949 〕
興	〔 652 〕	澡	〔 950 〕
學	〔 708 〕	諼	〔 987 〕
澄	〔 778 〕	樹	〔1022〕
曡	〔 796 〕	鼓	〔1065〕
戲	〔 797 〕	窮	〔1100〕
縠	〔 797 〕	聰	〔1107〕

龍	〔1151〕	邊	〔2147〕
襦	〔1246〕	濼	〔2149〕
駭	〔1361〕	繇	〔2157〕
駢	〔1361〕	繹	〔2178〕
嶧	〔1430〕	韓	〔2352〕
蕻	〔1430〕	褱	〔2356〕
蘬	〔1449〕	機	〔2366〕
蕨	〔1458〕	嶷	〔2371〕
舖	〔1489〕	邀	〔2380〕
縛	〔1496〕	雍	〔2392〕
虜	〔1519〕	隤	〔2515〕
罷	〔1522〕	瞳	〔2528〕
賙	〔1530〕	虒	〔2538〕
皋	〔1544〕	樸	〔2579〕
澤	〔1544〕	錼	〔2588〕
蕈	〔1546〕	奮	〔2593〕
縲	〔1580〕	鳶	〔2641〕
蕘	〔1581〕	磨	〔2759〕
衡	〔1608〕	慧	〔2815〕
障	〔1653〕	繃	〔2834〕
暘	〔1670〕	牒	〔2835〕
殹	〔1693〕	膧	〔2861〕
澫	〔1826〕	敦	〔2862〕
諦	〔1858〕	叡	〔2864〕
壁	〔1870〕	劓	〔2866〕
薜	〔1870〕	斁	〔2905〕
縈	〔1874〕	蕙	〔2907〕
頸	〔1883〕	澔	〔2933〕
靜	〔1947〕	燕	〔2934〕
鴟	〔2000〕	寰	〔2939〕
罷	〔2070〕	憖	〔2941〕
器	〔2088〕	縣	〔2962〕

還	〔2966〕		鮮	〔3079〕
諫	〔2988〕		縢	〔3084〕
奲	〔2996〕		槳	〔3229〕
戰	〔3033〕		憗	〔3229〕
燹	〔3056〕		麤	〔3240〕
隩	〔3062〕		賭	〔3252〕
薦	〔3065〕		埨	〔3257〕
錢	〔3071〕			

十七畫

龜	〔120〕		韋	〔1150〕
趉	〔633〕		縱	〔1162〕
賽	〔634〕		戲	〔1250〕
輮	〔668〕		虨	〔1252〕
繒	〔680〕		勵	〔1253〕
舊	〔711〕		勱	〔1253〕
愿	〔759〕		頤	〔1281〕
薺	〔763〕		盧	〔1345〕
憝	〔776〕		謤	〔1412〕
橐	〔800〕		墾	〔1426〕
橐	〔810〕		舉	〔1426〕
韜	〔822〕		懇	〔1429〕
篣	〔945〕		斃	〔1430〕
麋	〔954〕		應	〔1458〕
薹	〔972〕		駱	〔1518〕
螻	〔1046〕		牆	〔1708〕
縷	〔1048〕		藏	〔1712〕
穜	〔1067〕		賻	〔1853〕
𡎺	〔1071〕		璧	〔1869〕
燭	〔1072〕		霝	〔1934〕
償	〔1092〕		邁	〔2026〕

筆畫索引

體	〔2035〕	騺	〔2823〕
薺	〔2043〕	濬	〔2865〕
齋	〔2043〕	縭	〔2888〕
爨	〔2063〕	蔕	〔2903〕
懍	〔2106〕	蕆	〔2906〕
罿	〔2120〕	檞	〔2932〕
豰	〔2137〕	嬰	〔2933〕
懕	〔2186〕	醫	〔2997〕
隱	〔2296〕	鮮	〔3079〕
縴	〔2393〕	縮	〔3082〕
燹	〔2432〕	簌	〔3121〕
罊	〔2489〕	魶	〔3179〕
罅	〔2508〕	臨	〔3185〕
蠚	〔2678〕	斂	〔3248〕
斂	〔2799〕	薈	〔3255〕
褻	〔2823〕	斂	〔3257〕

十八畫

釐	〔111〕	藥	〔966〕
鼇	〔378〕	謱	〔1046〕
謷	〔463〕	簜	〔1066〕
矗	〔639〕	糧	〔1067〕
贅	〔718〕	鎝	〔1068〕
贈	〔762〕	蹋	〔1070〕
繇	〔784〕	殰	〔1091〕
寶	〔812〕	竅	〔1100〕
簞	〔839〕	鹽	〔1134〕
蟲	〔888〕	豐	〔1181〕
鎬	〔916〕	膺	〔1252〕
蹶	〔937〕	壙	〔1253〕
癒	〔950〕	瓬	〔1320〕

· 3401 ·

賹	……	〔1326〕	靦	…… 〔2507〕
鎣	……	〔1429〕	膞	…… 〔2539〕
癖	……	〔1460〕	蟜	…… 〔2642〕
穫	……	〔1509〕	識	…… 〔2802〕
鹽	……	〔1519〕	璿	…… 〔2864〕
鵲	……	〔1564〕	譐	…… 〔2886〕
糧	……	〔1698〕	轆	…… 〔2888〕
礬	……	〔1714〕	鯤	…… 〔2934〕
醬	……	〔1714〕	顏	…… 〔2946〕
臏	……	〔1773〕	雚	…… 〔2955〕
璧	……	〔1869〕	闖	…… 〔2990〕
鯉	……	〔1976〕	墼	…… 〔2997〕
戁	……	〔2027〕	斷	…… 〔3037〕
懟	……	〔2042〕	彝	…… 〔3043〕
斂	……	〔2043〕	蟠	…… 〔3083〕
臍	……	〔2043〕	鞭	…… 〔3085〕
窾	……	〔2169〕	邊	…… 〔3095〕
憗	……	〔2188〕	轇	…… 〔3098〕
儴	……	〔2357〕	輴	…… 〔3122〕
歸	……	〔2392〕	聶	…… 〔3228〕
叢	……	〔2397〕	檻	…… 〔3248〕
瞿	……	〔2469〕	瞻	…… 〔3252〕

十九畫

贅	……	〔379〕	譓	…… 〔789〕
賣	……	〔648〕	蕙	…… 〔839〕
纏	……	〔652〕	譈	…… 〔839〕
澳	……	〔655〕	簶	…… 〔951〕
贈	……	〔680〕	縢	…… 〔975〕
獸	……	〔779〕	矃	…… 〔1066〕

麕	……	[1075]	羅	……	[2744]
藺	……	[1087]	瓊	……	[2754]
韝	……	[1152]	犧	……	[2760]
寵	……	[1154]	轍	……	[2863]
嚨	……	[1154]	繰	……	[2871]
鯠	……	[1214]	襦	……	[2883]
慮	……	[1252]	蠱	……	[2903]
餘	……	[1452]	穮	……	[2905]
鯌	……	[1563]	礪	……	[2911]
疆	……	[1639]	鎞	……	[2929]
繲	……	[1789]	難	……	[2941]
繫	……	[1854]	戲	……	[3033]
穧	……	[1988]	囂	……	[3033]
繡	……	[2215]	贐	……	[3070]
慼	……	[2309]	肇	……	[3082]
懷	……	[2357]	臏	……	[3236]
蟗	……	[2568]	嚴	……	[3247]
譎	……	[2642]	瀘	……	[3253]
賵	……	[2643]			

二十畫

墾	……	[654]	嶂	……	[1708]
邊	……	[801]	櫳	……	[1736]
趯	……	[937]	繡	……	[1859]
癢	……	[976]	瓣	……	[1869]
譪	……	[1071]	騤	……	[2009]
竈	……	[1101]	纏	……	[2106]
龑	……	[1154]	藻	……	[2189]
譽	……	[1425]	騰	……	[2470]
競	……	[1645]	犧	……	[2688]

贏	〔2745〕	懽	〔2956〕
譮	〔2799〕	蘭	〔2989〕
譻	〔2806〕	蠅	〔2996〕
孰	〔2816〕	獻	〔2998〕
霹 靐	〔2880〕	糲	〔3065〕
	〔2912〕	飄	〔3117〕

二十一畫

纆	〔574〕	臞	〔1695〕
贐	〔647〕	麚	〔1837〕
歠	〔803〕	竈	〔2120〕
竈	〔834〕	纍	〔2396〕
囂	〔903〕	鰥	〔2525〕
纝	〔976〕	緯	〔2539〕
驅	〔1050〕	權	〔2960〕
蘧	〔1248〕	蘿	〔2961〕
篟	〔1254〕	纍	〔2969〕
懼	〔1327〕	纏	〔3044〕
寁	〔1328〕	辯	〔3086〕
鐐	〔1454〕	翳	〔3096〕
鐸	〔1545〕	籤	〔3165〕
襗	〔1546〕	灜	〔3221〕

二十二畫

癰	〔652〕	覿	〔1092〕
鯉	〔685〕	聾	〔1155〕
趯	〔779〕	夒	〔1453〕
纘	〔808〕	聽	〔1904〕
罈	〔1047〕	體	〔2034〕

⿰齒幾 ……………………… 〔2375〕
鱉 ……………………… 〔2903〕
⿱難土 ……………………… 〔2945〕
灘 ……………………… 〔2945〕
⿰邑臱 ……………………… 〔3095〕
襲 ……………………… 〔3118〕
⿰車巤 ……………………… 〔3230〕

二十三畫

⿰田巂 ……………………… 〔1785〕
⿰睿爰 ……………………… 〔2872〕
戁 ……………………… 〔2944〕
顯 ……………………… 〔3064〕

二十四畫

鬻 ……………………… 〔 420 〕
⿰亻幾 ……………………… 〔 580 〕
⿰言槀 ……………………… 〔 803 〕
⿰糸蟲 ……………………… 〔 889 〕
讓 ……………………… 〔1694〕
⿱兔⿰兔兔 ……………………… 〔2940〕
觀 ……………………… 〔2957〕
⿰貝雚 ……………………… 〔2957〕
儹 ……………………… 〔2960〕
蠶 ……………………… 〔3188〕
贛 ……………………… 〔3249〕
贑 ……………………… 〔3249〕
鹽 ……………………… 〔3253〕
贍 ……………………… 〔3257〕

二十五畫

⿰器戈 ……………………… 〔 904 〕

二十六畫

⿱覃醯 ……………………… 〔2397〕
⿱䜌車 ……………………… 〔3065〕
⿰米業 ……………………… 〔3225〕
⿰衤覆 ……………………… 〔3237〕

二十七畫

欟	〔972〕	鑾	〔3062〕

二十八畫

蠿	〔655〕	鷫	〔1253〕
蠶	〔889〕	鼇	〔2997〕

三十畫

爨	〔2572〕	𩇓	〔3250〕

三十一畫

靈	〔2396〕

合文

之日	〔3261〕	昊天	〔3267〕
之時	〔3261〕	孔子	〔3267〕
之志	〔3262〕	古之	〔3271〕
之所	〔3262〕	者又	〔3271〕
止之	〔3263〕	箸者	〔3272〕
寺之	〔3264〕	女丌	〔3272〕
疑矣	〔3264〕	虎乎	〔3272〕
忽心	〔3264〕	舍余	〔3272〕
不怀	〔3264〕	上下	〔3273〕
子孫	〔3265〕	上帝	〔3273〕
㞋心	〔3265〕	㬎日	〔3274〕
中心	〔3266〕	亡喪	〔3274〕
小人	〔3266〕	珪玉	〔3274〕

一人	〔3275〕	爲爲	〔3281〕
一日	〔3275〕	左右	〔3281〕
日月	〔3275〕	大夫	〔3282〕
季子	〔3276〕	昱心	〔3285〕
七十	〔3276〕	茲臣	〔3285〕
骨肉	〔3277〕	歓酉	〔3286〕
君子	〔3277〕	三十	〔3286〕
先人	〔3280〕	襦衣	〔3286〕

拼音索引

A

悉 āi	……	〔2340〕
衰 āi	……	〔2340〕
哀 āi	……	〔2341〕
恙 āi	……	〔2342〕
悉 ài	……	〔2422〕
愛 ài	……	〔2422〕
蒀 ài	……	〔2425〕
憨 ài	……	〔2432〕
安 ān	……	〔2917〕
侒 ān	……	〔2928〕
鞍 ān	……	〔2928〕
侒 ān	……	〔2928〕
綏 ān	……	〔2929〕
胺 ān	……	〔2930〕
卬 áng	……	〔1650〕
芺 ǎo	……	〔900〕
戮 ào	……	〔904〕
冪 ào	……	〔926〕

B

颰 bá	……	〔2757〕
癹 bá	……	〔2894〕
友 bá	……	〔2897〕
拔 bá	……	〔2897〕
茇 bá	……	〔2898〕
白 bái	……	〔1565〕
百 bǎi	……	〔1570〕
敗 bài	……	〔2889〕
拜 bài	……	〔2891〕
班 bān	……	〔3081〕
板 bǎn	……	〔2952〕
阪 bǎn	……	〔2953〕
邦 bāng	……	〔1166〕
鞄 báo	……	〔811〕
保 bǎo	……	〔805〕
褓 bǎo	……	〔807〕
賮 bǎo	……	〔808〕
緥 bǎo	……	〔808〕

· 3409 ·

字	拼音	頁碼	字	拼音	頁碼
琔	bǎo	〔810〕	朼	bì	〔2058〕
寶	bǎo	〔812〕	必	bì	〔2158〕
歠	bǎo	〔822〕	運	bì	〔2170〕
豹	bào	〔971〕	閟	bì	〔2170〕
暴	bào	〔974〕	帗	bì	〔2901〕
臊	bào	〔975〕	襞	bì	〔2902〕
癳	bào	〔976〕	幣	bì	〔2902〕
卑	bēi	〔1837〕	蔽	bì	〔2903〕
逺	bēi	〔1838〕	夳	biān	〔3085〕
埤	bēi	〔1838〕	鞭	biān	〔3085〕
悲	bēi	〔2401〕	鶣	biān	〔3095〕
恁	běi	〔541〕	邊	biān	〔3095〕
北	běi	〔637〕	翼	biān	〔3096〕
伓	bèi	〔540〕	詖	biàn	〔3086〕
備	bèi	〔640〕	辯	biàn	〔3086〕
蒲	bèi	〔645〕	伎	biàn	〔3087〕
鞁	bèi	〔2756〕	便	biàn	〔3087〕
被	bèi	〔2757〕	弁	biàn	〔3088〕
貝	bèi	〔2889〕	垒	biàn	〔3090〕
本	běn	〔2593〕	髟	biāo	〔812〕
迎	bēng	〔684〕	薵	biāo	〔951〕
塑	bèng	〔681〕	表	biǎo	〔953〕
堋	bèng	〔683〕	麃	biǎo	〔954〕
逬	bèng	〔1980〕	蟲	biē	〔2903〕
俾	bǐ	〔1837〕	鱉	biē	〔2903〕
比	bǐ	〔2056〕	穷	bīn	〔2332〕
辟	bì	〔1867〕	賓	bīn	〔2333〕
壁	bì	〔1869〕	冰	bīng	〔681〕
璧	bì	〔1869〕	兵	bīng	〔1732〕
臂	bì	〔1869〕	恆	bǐng	〔1735〕
薜	bì	〔1870〕	檌	bǐng	〔1736〕
壁	bì	〔1870〕	秉	bǐng	〔1736〕

疒	bìng	……	〔1744〕	帛	bó	……	〔1569〕
病	bìng	……	〔1744〕	臕	bó	……	〔2470〕
癋	bìng	……	〔1744〕	坌	bǒ	……	〔2756〕
並	bìng	……	〔1747〕	跛	bǒ	……	〔2756〕
并	bìng	……	〔1979〕	卜	bǔ	……	〔1082〕
波	bō	……	〔2757〕	捕	bǔ	……	〔1495〕
縛	bó	……	〔 976〕	不	bù	……	〔 476〕
胉	bó	……	〔1568〕	布	bù	……	〔1490〕
泊	bó	……	〔1568〕				

C

才	cái	……	〔 420〕	艸	cǎo	……	〔 798〕
材	cái	……	〔 428〕	宷	cǎo	……	〔 800〕
采	cǎi	……	〔 419〕	憥	cè	……	〔 628〕
採	cǎi	……	〔 419〕	測	cè	……	〔 630〕
菜	cài	……	〔 419〕	趩	cè	……	〔 633〕
儠	cài	……	〔 420〕	䇡	cè	……	〔 639〕
緂	cài	……	〔2879〕	冊	cè	……	〔1866〕
參	cān	……	〔3197〕	曾	céng	……	〔 679〕
蠶	cán	……	〔3188〕	譆	chá	……	〔2886〕
朁	cǎn	……	〔3187〕	差	chà	……	〔2750〕
倉	cāng	……	〔1701〕	延	chān	……	〔3042〕
蒼	cāng	……	〔1702〕	謹	chán	……	〔 789〕
滄	cāng	……	〔1703〕	廛	chán	……	〔3043〕
痐	cáng	……	〔1707〕	纏	chán	……	〔3044〕
藏	cáng	……	〔1712〕	產	chǎn	……	〔2948〕
蔵	cáng	……	〔1712〕	昌	chāng	……	〔1655〕
臧	cáng	……	〔1713〕	倀	chāng	……	〔1691〕
賶	cáng	……	〔1714〕	腸	cháng	……	〔1670〕
操	cāo	……	〔 949〕	棠	cháng	……	〔1681〕
曹	cáo	……	〔 800〕	長	cháng	……	〔1686〕

辰	cháng	……	〔1692〕	啻	chì	……	〔1857〕
篧	chāo	……	〔951〕	鴟	chì	……	〔2000〕
朝	cháo	……	〔734〕	憧	chōng	……	〔1065〕
遡	cháo	……	〔736〕	蟲	chóng	……	〔888〕
敦	cháo	……	〔736〕	繡	chóng	……	〔889〕
樔	cháo	……	〔937〕	蚰	chóng	……	〔890〕
車	chē	……	〔1402〕	寵	chǒng	……	〔1154〕
軷	chē	……	〔1405〕	戳	chóu	……	〔761〕
敫	chè	……	〔2862〕	戳	chóu	……	〔761〕
徹	chè	……	〔2862〕	賵	chóu	……	〔762〕
迵	chén	……	〔2208〕	菁	chóu	……	〔763〕
戜	chén	……	〔2212〕	初	chū	……	〔1462〕
陳	chén	……	〔2217〕	出	chū	……	〔2437〕
臣	chén	……	〔2218〕	尻	chǔ	……	〔1254〕
唇	chén	……	〔2537〕	處	chǔ	……	〔1254〕
湛	chén	……	〔3176〕	楮	chǔ	……	〔1392〕
沈	chén	……	〔3176〕	楚	chǔ	……	〔1468〕
乘	chéng	……	〔667〕	畜	chù	……	〔691〕
輚	chéng	……	〔668〕	隼	chù	……	〔1072〕
承	chéng	……	〔671〕	詘	chù	……	〔2445〕
呈	chéng	……	〔1914〕	川	chuān	……	〔2531〕
成	chéng	……	〔1919〕	揣	chuán	……	〔3041〕
城	chéng	……	〔1922〕	牀	chuáng	……	〔1708〕
再	chèng	……	〔664〕	椎	chuí	……	〔2391〕
蚩	chī	……	〔245〕	春	chūn	……	〔2530〕
岂	chí	……	〔238〕	唇	chún	……	〔2537〕
迡	chí	……	〔2008〕	鶉	chún	……	〔2538〕
遲	chí	……	〔2008〕	章	chún	……	〔2538〕
駞	chí	……	〔2708〕	膞	chún	……	〔2539〕
馳	chí	……	〔2708〕	綽	chuò	……	〔968〕
齒	chǐ	……	〔247〕	慈	cí	……	〔416〕
恥	chǐ	……	〔355〕	慸	cí	……	〔417〕

詞	cí	〔463〕
詞	cí	〔463〕
祠	cí	〔469〕
祠	cí	〔469〕
此	cǐ	〔1828〕
玼	cǐ	〔1836〕
賜	cì	〔1862〕
𡨴	cì	〔2038〕
聪	cōng	〔1107〕
聰	cōng	〔1107〕
從	cóng	〔1155〕
爨	cuàn	〔2572〕

爨	cuàn	〔2572〕
啐	cuì	〔2344〕
毳	cuì	〔2879〕
竁	cuì	〔2880〕
顇	cuì	〔2880〕
虘	cuó	〔1455〕
瘥	cuó	〔1460〕
蒫	cuó	〔2751〕
脞	cuó	〔2751〕
散	cuò	〔1563〕
鯫	cuò	〔1563〕
阼	cuò	〔1564〕

D

達	dá	〔2839〕
畣	dá	〔3138〕
大	dà	〔2841〕
奭	dà	〔2855〕
貸	dài	〔243〕
代	dài	〔599〕
貸	dài	〔600〕
繻	dài	〔2834〕
緰	dài	〔2888〕
丹	dān	〔3030〕
𢖽	dān	〔3033〕
憚	dān	〔3033〕
酖	dān	〔3176〕
旦	dàn	〔3031〕
但	dàn	〔3032〕
逿	dàng	〔1667〕
禱	dǎo	〔764〕

蹈	dǎo	〔843〕
道	dào	〔741〕
悼	dào	〔935〕
旻	dé	〔45〕
得	dé	〔45〕
悳	dé	〔588〕
德	dé	〔595〕
登	dēng	〔662〕
等	děng	〔245〕
簦	děng	〔245〕
迪	dí	〔770〕
䚯	dí	〔972〕
覿	dí	〔1092〕
麇	dí	〔1837〕
氐	dǐ	〔1999〕
砥	dǐ	〔2000〕
墬	dì	〔931〕

帝	dì	〔1855〕	㪷	dǒu	〔1014〕
諦	dì	〔1858〕	豆	dòu	〔1020〕
睇	dì	〔2003〕	桓	dòu	〔1021〕
弟	dì	〔2009〕	荳	dòu	〔1026〕
俤	dì	〔2010〕	逗	dòu	〔1026〕
第	dì	〔2012〕	都	dū	〔1388〕
埊	dì	〔2702〕	潭	dú	〔1091〕
地	dì	〔2702〕	瀆	dú	〔1091〕
顚	diān	〔2183〕	律	dú	〔1092〕
奠	diàn	〔2230〕	篤	dǔ	〔836〕
鐕	diàn	〔2232〕	蒀	dǔ	〔839〕
弔	diào	〔929〕	杜	dù	〔1398〕
㐁	diào	〔929〕	耑	duǎn	〔3041〕
㾕	diào	〔931〕	剬	duàn	〔2531〕
藿	diào	〔972〕	剸	duàn	〔3037〕
牒	dié	〔2835〕	斷	duàn	〔3037〕
定	dìng	〔1902〕	縋	duì	〔2393〕
悑	dìng	〔1903〕	兌	duì	〔3045〕
冬	dōng	〔869〕	多	duō	〔2695〕
東	dōng	〔1059〕	鐸	duó	〔1545〕
箽	dǒng	〔1066〕	敚	duó	〔3046〕
㠭	dòng	〔1063〕	埵	duò	〔2748〕
戴	dòng	〔1065〕	陸	duò	〔2748〕
㪷	dǒu	〔1013〕	隱	duò	〔2750〕

E

譌	é	〔2642〕	吾	è	〔1221〕
莪	é	〔2687〕	噩	è	〔1522〕
蛾	é	〔2688〕	餓	è	〔2686〕
惡	è	〔1220〕	恩	ēn	〔2177〕

而	ér	〔307〕		邇	ěr	〔2824〕
耳	ěr	〔353〕		二	èr	〔2018〕
餌	ěr	〔356〕		弍	èr	〔2022〕
尔	ěr	〔2024〕		貮	èr	〔2022〕
邇	ěr	〔2026〕		貳	èr	〔2023〕
爾	ěr	〔2027〕				

F

發	fā	〔2895〕		肥	féi	〔2402〕
髮	fā	〔2896〕		腓	féi	〔2403〕
戮	fá	〔2896〕		芾	fèi	〔2893〕
伐	fá	〔2898〕		柿	fèi	〔2893〕
罰	fá	〔2899〕		分	fēn	〔2589〕
灋	fǎ	〔3221〕		芬	fēn	〔2592〕
膰	fán	〔3084〕		份	fén	〔2592〕
羿	fán	〔3084〕		焚	fén	〔2595〕
絣	fán	〔3090〕		忿	fèn	〔2590〕
絲	fán	〔3091〕		奮	fèn	〔2593〕
凡	fán	〔3210〕		封	fēng	〔1165〕
舀	fán	〔3213〕		犎	fēng	〔1180〕
反	fǎn	〔2949〕		佳	fēng	〔1180〕
飯	fàn	〔2953〕		豐	fēng	〔1181〕
軓	fàn	〔3166〕		風	fēng	〔3214〕
憇	fàn	〔3168〕		奉	fèng	〔1163〕
方	fāng	〔1737〕		邦	fèng	〔1165〕
芳	fāng	〔1745〕		否	fǒu	〔541〕
枋	fāng	〔1745〕		缶	fǒu	〔808〕
忥	fáng	〔1743〕		膚	fū	〔1250〕
訪	fǎng	〔1743〕		臚	fū	〔1252〕
飛	fēi	〔2397〕		蔦	fū	〔1252〕
非	fēi	〔2398〕		夫	fū	〔1471〕

· 3415 ·

肤	fū	〔1482〕		甫	fǔ	〔1492〕
尃	fū	〔1492〕		楅	fǔ	〔1492〕
福	fú	〔645〕		改	fǔ	〔1779〕
孚	fú	〔812〕		貟	fù	〔542〕
敦	fú	〔814〕		匫	fù	〔542〕
浮	fú	〔814〕		婦	fù	〔543〕
卪	fú	〔815〕		賣	fù	〔647〕
芙	fú	〔1483〕		富	fù	〔647〕
弗	fú	〔2463〕		賵	fù	〔647〕
韈	fú	〔2469〕		賣	fù	〔648〕
夏	fǔ	〔768〕		福	fù	〔648〕
符	fǔ	〔1038〕		逭	fù	〔855〕
寶	fǔ	〔1038〕		復	fù	〔855〕
頫	fǔ	〔1489〕		腹	fù	〔861〕
酺	fǔ	〔1489〕		赴	fù	〔1083〕
杸	fǔ	〔1489〕		父	fù	〔1484〕
釜	fǔ	〔1490〕		伇	fù	〔1489〕
斧	fǔ	〔1490〕		縛	fù	〔1496〕
紋	fǔ	〔1491〕		賦	fù	〔1501〕
粲	fǔ	〔1491〕				

G

改	gǎi	〔305〕		甘	gān	〔3241〕
槩	gài	〔2435〕		敢	gǎn	〔3241〕
芥	gài	〔2811〕		旱	gàn	〔2930〕
蓋	gài	〔2811〕		榦	gàn	〔2932〕
干	gān	〔2969〕		幹	gàn	〔2932〕
杆	gān	〔2973〕		澣	gàn	〔2933〕
戋	gān	〔2974〕		攼	gàn	〔2972〕
竿	gān	〔2974〕		淦	gàn	〔3155〕

· 3416 ·

贛	gàn	〔3249〕	埂	gēng	〔1946〕
灨	gàn	〔3249〕	耕	gēng	〔1946〕
㓻	gāng	〔1781〕	厷	gōng	〔 56 〕
高	gāo	〔 911 〕	玜	gōng	〔 57 〕
膏	gāo	〔 915 〕	肱	gōng	〔 57 〕
羔	gāo	〔 923 〕	弓	gōng	〔 660 〕
告	gào	〔 827 〕	躳	gōng	〔1099〕
誥	gào	〔 834 〕	躬	gōng	〔1099〕
祰	gào	〔 834 〕	宮	gōng	〔1101〕
詰	gào	〔 834 〕	公	gōng	〔1107〕
訶	gē	〔2676〕	工	gōng	〔1123〕
歌	gē	〔2676〕	攻	gōng	〔1124〕
割	gē	〔2806〕	戉	gōng	〔1127〕
戈	gē	〔2807〕	功	gōng	〔1127〕
革	gé	〔 574 〕	訌	gōng	〔1129〕
鬲	gé	〔1864〕	恭	gōng	〔1133〕
䒱	gé	〔2807〕	龏	gōng	〔1134〕
葛	gé	〔2808〕	龔	gōng	〔1152〕
陸	gé	〔2813〕	共	gòng	〔1131〕
閣	gé	〔3138〕	供	gòng	〔1133〕
各	gè	〔1511〕	𡉙	gòng	〔1136〕
㗉	gè	〔1512〕	佝	gōu	〔 996 〕
𦯎	gè	〔1517〕	鉤	gōu	〔 998 〕
鉻	gè	〔1518〕	䪞	gōu	〔 998 〕
袼	gè	〔1518〕	句	gǒu	〔 991 〕
褐	gè	〔1519〕	者	gǒu	〔 999 〕
根	gēn	〔2522〕	枸	gǒu	〔 999 〕
艮	gèn	〔2521〕	狗	gǒu	〔 999 〕
亙	gèn	〔 656 〕	詬	gòu	〔 995 〕
絙	gēng	〔 659 〕	㝓	gòu	〔 997 〕
庚	gēng	〔1640〕	彀	gòu	〔1051〕
賡	gēng	〔1643〕	姑	gū	〔1310〕

· 3417 ·

沽	gū	〔1314〕	藿	guàn	〔2955〕
佤	gū	〔1319〕	蘿	guàn	〔2961〕
孤	gū	〔1320〕	串	guàn	〔2990〕
柧	gū	〔1321〕	睴	guàn	〔2990〕
谷	gǔ	〔1001〕	冠	guàn	〔3029〕
古	gǔ	〔1295〕	光	guāng	〔1643〕
耂	gǔ	〔1311〕	室	guǎng	〔1637〕
故	gǔ	〔1312〕	龜	guī	〔120〕
鼓	gǔ	〔1316〕	圭	guī	〔1785〕
蠱	gǔ	〔1318〕	珪	guī	〔1786〕
賈	gǔ	〔1530〕	閨	guī	〔1787〕
骨	gǔ	〔2435〕	歸	guī	〔2392〕
羍	gù	〔835〕	癸	guǐ	〔1997〕
桻	gù	〔835〕	巜	guǐ	〔2063〕
牿	gù	〔835〕	蝸	guǐ	〔2642〕
故	gù	〔1311〕	鬼	guǐ	〔2366〕
固	gù	〔1312〕	媿	guǐ	〔2368〕
匡	gù	〔1315〕	貴	guì	〔2358〕
賄	gù	〔1326〕	跪	guì	〔2378〕
苽	guā	〔1319〕	庪	guì	〔2379〕
瓜	guā	〔1319〕	僞	guì	〔2379〕
寡	guǎ	〔1322〕	遡	guì	〔2380〕
寡	guǎ	〔1322〕	賵	guì	〔2643〕
鰥	guān	〔2525〕	丨	gǔn	〔3165〕
觀	guān	〔2957〕	國	guó	〔67〕
雚	guān	〔2957〕	或	guó	〔68〕
儹	guān	〔2960〕	果	guǒ	〔2650〕
閞	guān	〔2990〕	悠	guò	〔2609〕
關	guān	〔2990〕	迦	guò	〔2611〕
官	guān	〔3091〕	岯	guò	〔2612〕
琯	guǎn	〔3093〕			

H

海	hǎi	〔565〕
海	hǎi	〔565〕
害	hài	〔2802〕
嗐	hài	〔2804〕
驚	hài	〔2806〕
欽	hán	〔3149〕
寒	hán	〔2954〕
灘	hàn	〔2945〕
旱	hàn	〔2972〕
焊	hàn	〔2972〕
汗	hàn	〔2975〕
蒿	hāo	〔915〕
槹	háo	〔1247〕
好	hǎo	〔694〕
㚪	hǎo	〔697〕
昊	hào	〔911〕
鎬	hào	〔916〕
禾	hé	〔2643〕
和	hé	〔2644〕
陜	hé	〔2647〕
何	hé	〔2677〕
河	hé	〔2679〕
阿	hé	〔2680〕
舍	hé	〔3133〕
盍	hé	〔3219〕
嗃	hè	〔916〕
恆	héng	〔659〕
㮎	héng	〔659〕
衡	héng	〔1608〕
蘅	héng	〔1609〕

虹	hóng	〔1127〕
矦	hóu	〔979〕
㢟	hòu	〔982〕
逅	hòu	〔982〕
後	hòu	〔982〕
謑	hòu	〔987〕
厚	hòu	〔987〕
垕	hòu	〔1001〕
唬	hū	〔1239〕
虖	hū	〔1239〕
斛	hú	〔1047〕
胡	hú	〔1312〕
瓠	hú	〔1320〕
虎	hǔ	〔1221〕
㿟	hǔ	〔1223〕
虎	hǔ	〔1235〕
虒	hǔ	〔1238〕
滹	hǔ	〔1247〕
滸	hǔ	〔1247〕
戶	hù	〔1283〕
𢇇	hù	〔1284〕
㧱	hù	〔1314〕
叕	huā	〔1267〕
苿	huá	〔1266〕
畫	huà	〔1853〕
譮	huà	〔2799〕
話	huà	〔2799〕
褱	huái	〔2356〕
儇	huái	〔2357〕
懷	huái	〔2357〕

壞	huái	……	〔2371〕	虫	huǐ	……	〔2345〕
窽	huái	……	〔2371〕	毀	huǐ	……	〔2346〕
淮	huái	……	〔2391〕	檓	huǐ	……	〔2347〕
懽	huān	……	〔2956〕	剴	huǐ	……	〔2348〕
呈	huān	……	〔2961〕	惠	huì	……	〔2076〕
逗	huān	……	〔2961〕	畫	huì	……	〔2078〕
睘	huán	……	〔2966〕	會	huì	……	〔2797〕
睘	huán	……	〔2966〕	敜	huì	……	〔2799〕
還	huán	……	〔2966〕	昏	hūn	……	〔2491〕
儇	huán	……	〔2969〕	惛	hūn	……	〔2496〕
緩	huǎn	……	〔2870〕	慁	hūn	……	〔2507〕
戀	huǎn	……	〔2871〕	火	huǒ	……	〔2345〕
歡	huàn	……	〔2872〕	穫	huò	……	〔1509〕
奐	huàn	……	〔2954〕	隻	huò	……	〔1509〕
豢	huàn	……	〔2994〕	臐	huò	……	〔1510〕
宦	huàn	……	〔3091〕	惑	huò	……	〔1712〕
巟	huāng	……	〔1777〕	褐	huò	……	〔2436〕
恍	huāng	……	〔1778〕	袘	huò	……	〔2613〕
慌	huāng	……	〔1778〕	貨	huò	……	〔2614〕
皇	huáng	……	〔1630〕	賮	huò	……	〔2614〕
黃	huáng	……	〔1637〕	禍	huò	……	〔2652〕
回	huí	……	〔2353〕				

J

至	jī	……	〔108〕	悈	jí	……	〔578〕
基	jī	……	〔108〕	亟	jí	……	〔578〕
毄	jī	……	〔1854〕	恆	jí	……	〔578〕
旨	jī	……	〔1998〕	碏	jí	……	〔1865〕
錇	jī	……	〔1999〕	吉	jí	……	〔2079〕
機	jī	……	〔2366〕	疾	jí	……	〔2121〕

即	jí	……	〔2132〕	加	jiā	……	〔2648〕
及	jí	……	〔3107〕	伽	jiā	……	〔2649〕
急	jí	……	〔3109〕	嘉	jiā	……	〔2649〕
伋	jí	……	〔3110〕	夾	jiá	……	〔3224〕
殧	jí	……	〔3110〕	賈	jiǎ	……	〔1259〕
級	jí	……	〔3111〕	甲	jiǎ	……	〔3223〕
汲	jí	……	〔3111〕	間	jiān	……	〔2827〕
瘠	jí	……	〔3112〕	臇	jiān	……	〔2984〕
集	jí	……	〔3158〕	肩	jiān	……	〔2984〕
寨	jí	……	〔3159〕	臋	jiān	……	〔2985〕
己	jǐ	……	〔112〕	开	jiān	……	〔2985〕
呂	jǐ	……	〔113〕	戔	jiān	……	〔3065〕
斀	jǐ	……	〔2043〕	籤	jiān	……	〔3165〕
幾	jǐ	……	〔2363〕	籛	jiān	……	〔3165〕
訐	jì	……	〔105〕	兼	jiān	……	〔3239〕
忎	jì	……	〔105〕	監	jiān	……	〔3247〕
惎	jì	……	〔105〕	窒	jiàn	……	〔2301〕
惎	jì	……	〔106〕	秤	jiàn	……	〔2298〕
忌	jì	……	〔114〕	諫	jiàn	……	〔2812〕
紀	jì	……	〔115〕	澗	jiàn	……	〔2829〕
綗	jì	……	〔115〕	建	jiàn	……	〔2975〕
禝	jì	……	〔631〕	見	jiàn	……	〔2977〕
稷	jì	……	〔632〕	柬	jiàn	……	〔2986〕
薺	jì	……	〔2043〕	諫	jiàn	……	〔2988〕
繫	jì	……	〔1854〕	薦	jiàn	……	〔3065〕
季	jì	……	〔2086〕	遂	jiàn	……	〔3069〕
悸	jì	……	〔2087〕	賤	jiàn	……	〔3070〕
詣	jì	……	〔2144〕	賤	jiàn	……	〔3071〕
既	jì	……	〔2425〕	檻	jiàn	……	〔3248〕
祭	jì	……	〔2873〕	漸	jiàn	……	〔3253〕
家	jiā	……	〔1328〕	江	jiāng	……	〔1128〕
豪	jiā	……	〔1329〕	畺	jiāng	……	〔1638〕

· 3421 ·

疆	jiāng	……	〔1639〕	戒 jiè	〔576〕
降	jiàng	……	〔867〕	介 jiè	〔2809〕
墜	jiàng	……	〔868〕	价 jiè	〔2810〕
隆	jiàng	……	〔868〕	悈 jiè	〔2810〕
逞	jiàng	……	〔1672〕	疥 jiè	〔2810〕
牲	jiàng	……	〔1714〕	斺 jiè	〔2811〕
醬	jiàng	……	〔1714〕	聿 jīn	〔2301〕
膠	jiāo	……	〔790〕	忂 jīn	〔2303〕
季	jiāo	……	〔905〕	斤 jīn	〔2515〕
蕉	jiāo	……	〔907〕	今 jīn	〔3139〕
教	jiāo	……	〔910〕	迄 jīn	〔3148〕
交	jiāo	……	〔919〕	衿 jīn	〔3149〕
欶	jiāo	……	〔922〕	裵 jīn	〔3149〕
絞	jiāo	……	〔922〕	金 jīn	〔3152〕
焦	jiāo	……	〔936〕	裣 jīn	〔3154〕
角	jiǎo	……	〔1043〕	鉒 jīn	〔3154〕
皆	jiē	……	〔1991〕	緊 jǐn	〔2228〕
虘	jiē	……	〔1996〕	堇 jǐn	〔2526〕
湝	jiē	……	〔1996〕	斳 jǐn	〔2527〕
階	jiē	……	〔1997〕	槿 jǐn	〔2527〕
結	jiē	……	〔2085〕	瑾 jǐn	〔2528〕
萎	jiē	……	〔3232〕	晉 jìn	〔2298〕
戠	jié	……	〔946〕	僐 jìn	〔2301〕
頡	jié	……	〔2084〕	津 jìn	〔2303〕
詰	jié	……	〔2084〕	進 jìn	〔2303〕
節	jié	……	〔2133〕	近 jìn	〔2517〕
桀	jié	……	〔2818〕	唫 jìn	〔3153〕
傑	jié	……	〔2819〕	浸 jìn	〔3189〕
偞	jié	……	〔2819〕	京 jīng	〔1640〕
潃	jié	……	〔2820〕	徑 jīng	〔1884〕
訐	jié	……	〔2970〕	經 jīng	〔1885〕
解	jiě	……	〔1788〕	睛 jīng	〔1956〕

精 jīng	……………	〔1960〕
靖 jīng	……………	〔1961〕
亶 jǐng	……………	〔1883〕
頸 jǐng	……………	〔1883〕
井 jǐng	……………	〔1936〕
菁 jǐng	……………	〔1936〕
競 jìng	……………	〔1645〕
敬 jìng	……………	〔1878〕
脛 jìng	……………	〔1883〕
徑 jìng	……………	〔1884〕
睁 jìng	……………	〔1946〕
静 jìng	……………	〔1947〕
朻 jiū	……………	〔 700 〕
鳩 jiū	……………	〔 707 〕
九 jiǔ	……………	〔 700 〕
舊 jiù	……………	〔 711 〕
救 jiù	……………	〔 716 〕
咎 jiù	……………	〔 719 〕
臼 jiù	……………	〔 800 〕
匶 jiù	……………	〔 801 〕
就 jiù	……………	〔 801 〕
譳 jiù	……………	〔 803 〕
敹 jiù	……………	〔 803 〕
蕨 jū	……………	〔1458〕
居 jū	……………	〔1307〕
菊 jú	……………	〔 805 〕
泟 jǔ	……………	〔1467〕
澽 jǔ	……………	〔1459〕
聚 jù	……………	〔1035〕
具 jù	……………	〔1135〕
懼 jù	……………	〔1327〕
瞿 jù	……………	〔1328〕
巨 jù	……………	〔1338〕
虡 jù	……………	〔1339〕
籈 jù	……………	〔1340〕
蠲 juān	……………	〔1070〕
塯 juān	……………	〔1071〕
涓 juān	……………	〔2941〕
眷 juàn	……………	〔 674 〕
瘝 juàn	……………	〔2992〕
倦 juàn	……………	〔2992〕
倦 juàn	……………	〔2992〕
恭 juàn	……………	〔2993〕
悁 juàn	……………	〔2993〕
筨 juàn	……………	〔2994〕
券 juàn	……………	〔2994〕
篞 jué	……………	〔 945 〕
夬 jué	……………	〔2814〕
決 jué	……………	〔2816〕
厥 jué	……………	〔2817〕
噩 jué	……………	〔2817〕
絕 jué	……………	〔2881〕
蟨 jué	……………	〔2881〕
蕨 jué	……………	〔2883〕
襀 jué	……………	〔2883〕
埍 jūn	……………	〔2182〕
均 jūn	……………	〔2182〕
黔 jūn	……………	〔2183〕
鈞 jūn	……………	〔2183〕
軍 jūn	……………	〔2522〕
君 jūn	……………	〔2545〕
濬 jùn	……………	〔2865〕

· 3423 ·

K

嘅 kǎi ……〔2432〕	敂 kòu ……〔995〕
侃 kǎn ……〔2996〕	寇 kòu ……〔1048〕
侃 kǎn ……〔2996〕	哭 kū ……〔1052〕
裚 kǎn ……〔3166〕	㐌 kù ……〔832〕
欿 kǎn ……〔3248〕	庫 kù ……〔1405〕
齫 kǎn ……〔3250〕	快 kuài ……〔2815〕
康 kāng ……〔1641〕	憉 kuài ……〔2815〕
孜 kǎo ……〔710〕	恇 kuáng ……〔1636〕
考 kǎo ……〔710〕	狂 kuáng ……〔1636〕
蝌 kē ……〔2678〕	誆 kuáng ……〔1777〕
可 kě ……〔2652〕	親 kuī ……〔1787〕
欰 kè ……〔3220〕	楑 kuí ……〔1997〕
克 kè ……〔578〕	愧 kuì ……〔2366〕
客 kè ……〔1516〕	媿 kuì ……〔2367〕
肯 kěn ……〔661〕	憒 kuì ……〔2367〕
恐 kǒng ……〔1130〕	蟲 kūn ……〔2568〕
恐 kǒng ……〔1130〕	困 kùn ……〔2528〕
孔 kǒng ……〔1136〕	适 kuò ……〔2862〕
口 kǒu ……〔990〕	

L

束 là ……〔2867〕	咅 lái ……〔377〕
刺 là ……〔2867〕	贅 lái ……〔379〕
敕 là ……〔2868〕	勑 lài ……〔606〕
坴 lái ……〔374〕	蘭 lán ……〔2989〕
棶 lái ……〔376〕	菓 lán ……〔2989〕
逨 lái ……〔376〕	勞 láo ……〔1875〕
萊 lái ……〔377〕	老 lǎo ……〔791〕

字	拼音	页码		字	拼音	页码
醪	lào	〔1519〕		連	lián	〔3057〕
樂	lè	〔959〕		縺	lián	〔3065〕
逽	lè	〔966〕		蠻	lián	〔3065〕
靁	léi	〔2396〕		麎	lián	〔3240〕
雷	léi	〔2396〕		廉	lián	〔3240〕
蠃	léi	〔2745〕		斂	liǎn	〔3257〕
櫑	lěi	〔2396〕		贜	liǎn	〔3257〕
蘲	lěi	〔2397〕		臉	liǎn	〔3257〕
藟	lěi	〔2397〕		歛	liǎn	〔3257〕
頛	lèi	〔2451〕		量	liáng	〔1697〕
顡	lèi	〔2460〕		糧	liáng	〔1698〕
釐	lí	〔378〕		良	liáng	〔1699〕
剺	lí	〔2131〕		沙	liáng	〔1703〕
邐	lí	〔2746〕		枊	liáng	〔1704〕
里	lǐ	〔380〕		䄺	liáng	〔1704〕
野	lǐ	〔382〕		粱	liáng	〔1705〕
裏	lǐ	〔382〕		兩	liǎng	〔1695〕
李	lǐ	〔414〕		敱	liàng	〔1698〕
豊	lǐ	〔2027〕		列	liè	〔2873〕
力	lì	〔604〕		巤	liè	〔3230〕
㔹	lì	〔606〕		裂	liè	〔2866〕
㔫	lì	〔607〕		洌	liè	〔2866〕
訓	lì	〔607〕		奜	lín	〔2293〕
粟	lì	〔2123〕		陾	lín	〔2295〕
利	lì	〔2124〕		㒩	lín	〔2296〕
莉	lì	〔2131〕		翌	lín	〔2296〕
戾	lì	〔2868〕		林	lín	〔3184〕
厲	lì	〔2911〕		楋	lín	〔3184〕
礪	lì	〔2911〕		臨	lín	〔3185〕
蠇	lì	〔2912〕		嵒	lín	〔3187〕
立	lì	〔3123〕		菌	lǐn	〔3185〕
恖	lián	〔2295〕		吝	lìn	〔2600〕

賣	lìn	……	〔3181〕	录	lù	……	〔1076〕
賃	lìn	……	〔3181〕	彔	lù	……	〔1077〕
陵	líng	……	〔677〕	迲	lù	……	〔1513〕
霝	líng	……	〔1934〕	路	lù	……	〔1513〕
流	liú	……	〔786〕	逯	lù	……	〔1514〕
㻷	liú	……	〔822〕	雺	lù	……	〔1515〕
鎦	liú	……	〔822〕	駱	lù	……	〔1518〕
蕾	liù	……	〔823〕	縷	lǚ	……	〔1048〕
翏	liù	……	〔790〕	遴	lǚ	……	〔1450〕
六	liù	……	〔845〕	旅	lǚ	……	〔1450〕
龍	lóng	……	〔1151〕	吕	lǚ	……	〔1451〕
寵	lóng	……	〔1154〕	郘	lǚ	……	〔1451〕
嚨	lóng	……	〔1154〕	履	lǚ	……	〔2037〕
聾	lóng	……	〔1155〕	緑	lǜ	……	〔1077〕
婁	lóu	……	〔1044〕	慮	lǜ	……	〔1247〕
㝏	lóu	……	〔1045〕	慮	lǜ	……	〔1252〕
謱	lóu	……	〔1046〕	勵	lǜ	……	〔1253〕
蔞	lóu	……	〔1046〕	勵	lǜ	……	〔1253〕
螻	lóu	……	〔1046〕	鑾	luán	……	〔3062〕
壚	lú	……	〔1253〕	卵	luǎn	……	〔3057〕
簬	lú	……	〔1254〕	亂	luàn	……	〔3058〕
魯	lǔ	……	〔1346〕	侖	lún	……	〔2575〕
戮	lù	……	〔791〕	輪	lún	……	〔2576〕
坴	lù	……	〔852〕	綸	lún	……	〔2576〕
㙫	lù	……	〔852〕	羅	luó	……	〔2744〕
芖	lù	……	〔852〕	翟	luó	……	〔2744〕
陸	lù	……	〔852〕	洛	luò	……	〔1515〕
鹿	lù	……	〔1074〕	䢼	lüè	……	〔2812〕
麋	lù	……	〔1075〕				

M

馬	mǎ	〔1496〕	昧	mèi	〔2485〕
漫	màn	〔2910〕	門	mén	〔2602〕
曼	màn	〔3097〕	閩	mén	〔2605〕
蔓	màn	〔3098〕	悶	mèn	〔2605〕
尨	máng	〔1182〕	瞢	méng	〔1753〕
芒	máng	〔1778〕	盟	méng	〔1755〕
炙	máo	〔815〕	夢	mèng	〔685〕
髳	máo	〔823〕	孟	mèng	〔1781〕
髦	máo	〔818〕	瞇	mī	〔2062〕
茅	máo	〔818〕	眯	mī	〔2062〕
毛	máo	〔952〕	迷	mí	〔2063〕
髦	máo	〔952〕	訛	mì	〔2059〕
眊	máo	〔953〕	審	mì	〔2063〕
愁	mào	〔817〕	謐	mì	〔2168〕
冒	mào	〔820〕	宓	mì	〔2169〕
瞀	mào	〔821〕	蜜	mì	〔2169〕
楣	mào	〔821〕	免	miǎn	〔3098〕
侔	mào	〔904〕	勉	miǎn	〔3098〕
懋	mào	〔905〕	面	miàn	〔3094〕
孝	mào	〔905〕	窅	miào	〔954〕
眊	mào	〔952〕	廟	miào	〔954〕
貌	mào	〔1827〕	戚	miè	〔2883〕
每	měi	〔568〕	滅	miè	〔2884〕
頮	měi	〔2407〕	蔑	miè	〔2904〕
美	měi	〔2407〕	襪	miè	〔2905〕
媄	měi	〔2408〕	敠	miè	〔2905〕
嬍	měi	〔2408〕	蔑	miè	〔2906〕
妹	mèi	〔2483〕	民	mín	〔2313〕
眛	mèi	〔2484〕	緡	mín	〔2510〕
寐	mèi	〔2485〕	勞	mǐn	〔568〕

· 3427 ·

泯	mǐn	〔2332〕	寞	mò	〔1581〕
暋	mǐn	〔2600〕	毣	mò	〔2355〕
明	míng	〔1748〕	末	mò	〔2903〕
倗	míng	〔1755〕	殁	mò	〔2904〕
名	míng	〔1981〕	哞	móu	〔564〕
鳴	míng	〔1985〕	槑	mǒu	〔570〕
瞑	míng	〔1987〕	母	mǔ	〔544〕
榠	míng	〔1987〕	拇	mǔ	〔564〕
禝	míng	〔1988〕	晦	mǔ	〔567〕
命	mìng	〔2281〕	畝	mǔ	〔567〕
諡	mìng	〔2293〕	葚	mǔ	〔569〕
䚇	mìng	〔2293〕	牧	mù	〔124〕
磨	mó	〔2759〕	目	mù	〔862〕
墨	mò	〔574〕	穆	mù	〔864〕
纆	mò	〔574〕	木	mù	〔1087〕
莫	mò	〔1577〕	蓦	mù	〔1581〕
嫫	mò	〔1580〕	墓	mù	〔1581〕

N

乃	nǎi	〔365〕	坭	ní	〔2006〕
鹵	nǎi	〔373〕	柅	nǐ	〔2006〕
奈	nài	〔2885〕	眷	nǐ	〔3112〕
難	nán	〔2941〕	匿	nì	〔603〕
㸲	nán	〔2945〕	溺	nì	〔973〕
男	nán	〔3180〕	芛	nì	〔1520〕
南	nán	〔3182〕	逆	nì	〔1520〕
戁	nǎn	〔2944〕	昵	nì	〔2005〕
內	nèi	〔2451〕	屰	nì	〔2005〕
能	néng	〔357〕	年	nián	〔2278〕
倪	ní	〔1827〕	念	niàn	〔3147〕
尼	ní	〔2004〕	鳥	niǎo	〔724〕

萖	niè	……	〔2832〕	襛	nóng	……	〔890〕
寜	niè	……	〔2833〕	農	nóng	……	〔890〕
朔	niè	……	〔2833〕	耨	nòu	……	〔1074〕
詀	niè	……	〔2834〕	奴	nú	……	〔1446〕
瑋	niè	……	〔3120〕	怒	nù	……	〔1447〕
聶	niè	……	〔3228〕	莣	nù	……	〔1448〕
槷	niè	……	〔3229〕	蘆	nù	……	〔1449〕
窜	níng	……	〔1932〕	女	nǚ	……	〔1432〕
怟	nìng	……	〔2281〕	瘧	nüè	……	〔967〕
牛	niú	……	〔123〕	謔	nüè	……	〔1246〕
牰	niú	……	〔125〕	諾	nuò	……	〔1550〕

P

怕	pà	……	〔1567〕	坯	pī	……	〔2058〕
派	pài	……	〔2758〕	埤	pí	……	〔1839〕
番	pān	……	〔3083〕	皮	pí	……	〔2754〕
鎜	pán	……	〔2929〕	攱	pí	……	〔2756〕
盤	pán	……	〔2929〕	諀	pǐ	……	〔1839〕
縏	pán	……	〔3082〕	仳	pǐ	……	〔2167〕
磐	pán	……	〔3082〕	匹	pǐ	……	〔2171〕
盤	pán	……	〔3082〕	貧	pín	……	〔2590〕
蟠	pán	……	〔3083〕	品	pǐn	……	〔3210〕
辿	pàn	……	〔3081〕	軿	pīng	……	〔1977〕
畔	pàn	……	〔3081〕	坪	píng	……	〔1977〕
旁	páng	……	〔1745〕	缾	píng	……	〔1980〕
橐	pāo	……	〔810〕	敀	pò	……	〔1568〕
舠	péng	……	〔681〕	扑	pū	……	〔1084〕
倗	péng	……	〔682〕	炇	pú	……	〔1084〕
僵	péng	……	〔682〕	僕	pú	……	〔1085〕
鯁	péng	……	〔685〕	僕	pú	……	〔1086〕
彭	péng	……	〔1746〕	葡	pú	……	〔1087〕

㒒	pú	……	〔1087〕	瞨	pù	…… 〔2797〕
箁	pú	……	〔1039〕			

Q

㠱	qī	……	〔106〕	起	qǐ	…… 〔116〕
期	qī	……	〔106〕	芑	qǐ	…… 〔119〕
萋	qī	……	〔841〕	芑	qǐ	…… 〔304〕
蒝	qī	……	〔841〕	啟	qǐ	…… 〔1789〕
慽	qī	……	〔853〕	垐	qǐ	…… 〔1790〕
妻	qī	……	〔2039〕	頡	qǐ	…… 〔2061〕
淒	qī	……	〔2039〕	剴	qǐ	…… 〔2375〕
縷	qī	……	〔2040〕	敧	qǐ	…… 〔2376〕
七	qī	……	〔2135〕	湬	qì	…… 〔842〕
羿	qí	……	〔107〕	嫠	qì	…… 〔842〕
旗	qí	……	〔107〕	器	qì	…… 〔2088〕
丌	qí	……	〔68〕	棄	qì	…… 〔2088〕
其	qí	……	〔109〕	燛	qì	…… 〔2432〕
萁	qí	……	〔111〕	燛	qì	…… 〔2433〕
嘴	qí	……	〔1785〕	气	qì	…… 〔2437〕
齊	qí	……	〔2040〕	氫	qì	…… 〔2437〕
懠	qí	……	〔2042〕	湶	qì	…… 〔3113〕
臍	qí	……	〔2043〕	泣	qì	…… 〔3131〕
耆	qí	……	〔2061〕	㠯	qì	…… 〔3132〕
戟	qí	……	〔2375〕	葺	qì	…… 〔3132〕
蟣	qí	……	〔2375〕	僉	qiān	…… 〔3254〕
愨	qí	……	〔2519〕	會	qiān	…… 〔3255〕
晢	qí	……	〔2519〕	臤	qiān	…… 〔2224〕
祈	qí	……	〔2520〕	千	qiān	…… 〔2277〕
奇	qí	……	〔2678〕	搴	qián	…… 〔2936〕
寄	qí	……	〔2678〕	錢	qián	…… 〔3071〕
异	qǐ	……	〔114〕	荓	qián	…… 〔3072〕

拼音索引

蕁	qián	……	〔3178〕	寑	qǐn	……	〔3190〕
膁	qiǎn	……	〔2996〕	鋟	qǐn	……	〔3190〕
遣	qiǎn	……	〔2996〕	翌	qīng	……	〔1884〕
諐	qiǎn	……	〔2997〕	卿	qīng	……	〔1586〕
繾	qiǎn	……	〔2997〕	青	qīng	……	〔1948〕
堅	qiǎn	……	〔2997〕	清	qīng	……	〔1957〕
欿	qiǎn	……	〔2998〕	圊	qīng	……	〔1959〕
澿	qiǎn	……	〔3071〕	情	qíng	……	〔1952〕
淺	qiǎn	……	〔3071〕	請	qǐng	……	〔1956〕
倩	qiàn	……	〔1955〕	檾	qǐng	……	〔1959〕
羌	qiāng	……	〔1646〕	慶	qìng	……	〔1644〕
牆	qiáng	……	〔1708〕	窮	qióng	……	〔1100〕
墻	qiáng	……	〔1708〕	窮	qióng	……	〔1100〕
弱	qiǎng	……	〔1649〕	竆	qióng	……	〔1100〕
喬	qiáo	……	〔917〕	惸	qióng	……	〔1101〕
僑	qiáo	……	〔919〕	丘	qiū	……	〔121〕
橋	qiáo	……	〔919〕	秋	qiū	……	〔797〕
巧	qiǎo	……	〔709〕	夲	qiú	……	〔707〕
且	qiě	……	〔1454〕	冘	qiú	……	〔707〕
妾	qiè	……	〔3231〕	求	qiú	……	〔713〕
親	qīn	……	〔2307〕	恖	qiú	……	〔716〕
慦	qīn	……	〔2308〕	逑	qiú	……	〔717〕
懃	qīn	……	〔2309〕	賕	qiú	……	〔718〕
欽	qīn	……	〔3156〕	贅	qiú	……	〔718〕
戡	qīn	……	〔3188〕	梂	qiú	……	〔718〕
侵	qīn	……	〔3188〕	戟	qiú	……	〔724〕
秦	qín	……	〔2306〕	酋	qiú	……	〔773〕
朲	qín	……	〔3147〕	穀	qiú	……	〔797〕
禽	qín	……	〔3151〕	穀	qiú	……	〔797〕
鋈	qín	……	〔3153〕	迴	qū	……	〔997〕
琴	qín	……	〔3153〕	驅	qū	……	〔1050〕
寑	qǐn	……	〔3189〕	屈	qū	……	〔2445〕

· 3431 ·

佢	qú	……………	〔1338〕	泉	quán	…………… 〔3075〕
取	qǔ	……………	〔1031〕	藻	quán	…………… 〔3076〕
曲	qǔ	……………	〔1049〕	㴞	quán	…………… 〔3076〕
柚	qǔ	……………	〔1050〕	畎	quǎn	…………… 〔2995〕
詓	qǔ	……………	〔1337〕	〈	quǎn	…………… 〔2995〕
迺	qù	……………	〔1034〕	欮	quē	…………… 〔2816〕
趣	qù	……………	〔1034〕	雀	què	…………… 〔 944〕
去	qù	……………	〔1334〕	鵲	què	…………… 〔1564〕
壑	qù	……………	〔1335〕	逡	qūn	…………… 〔2571〕
达	qù	……………	〔1335〕	逡	qūn	…………… 〔2571〕
權	quán	……………	〔2960〕	群	qún	…………… 〔2569〕
全	quán	……………	〔3075〕			

R

肰	rán	……………	〔3051〕	駬	rì	…………… 〔2823〕
然	rán	……………	〔3056〕	迺	réng	…………… 〔 372〕
燃	rán	……………	〔3056〕	蟲	róng	…………… 〔 889〕
臁	rǎng	……………	〔1695〕	融	róng	…………… 〔 889〕
敠	ràng	……………	〔1693〕	戎	róng	…………… 〔 891〕
讓	ràng	……………	〔1694〕	佮	róng	…………… 〔1120〕
欻	rè	……………	〔2119〕	容	róng	…………… 〔1121〕
㞕	rén	……………	〔2002〕	鎔	róng	…………… 〔1122〕
人	rén	……………	〔2233〕	蓉	róng	…………… 〔1123〕
念	rén	……………	〔2264〕	腬	róu	…………… 〔 758〕
忎	rén	……………	〔2264〕	脜	róu	…………… 〔 758〕
忥	rén	……………	〔2271〕	㥜	róu	…………… 〔 759〕
仁	rén	……………	〔2271〕	柔	róu	…………… 〔 819〕
忍	rěn	……………	〔2575〕	肉	ròu	…………… 〔 782〕
任	rèn	……………	〔3181〕	如	rú	…………… 〔1446〕
日	rì	……………	〔2114〕	辱	rǔ	…………… 〔1072〕
駐	rì	……………	〔2823〕	荋	rù	…………… 〔1449〕

叡	ruì	……	〔2864〕	若	ruò	…… 〔1546〕
甋	ruì	……	〔2865〕	萚	ruò	…… 〔1551〕
勫	ruì	……	〔2866〕	遳	ruò	…… 〔1551〕
渃	ruò	……	〔974〕			

S

塞	sāi	……	〔633〕	賞	shǎng	…… 〔1683〕
賽	sài	……	〔634〕	上	shàng	…… 〔1656〕
三	sān	……	〔3190〕	辻	shàng	…… 〔1662〕
糤	sǎn	……	〔2760〕	尚	shàng	…… 〔1677〕
散	sǎn	……	〔2760〕	裳	shang	…… 〔1685〕
繖	sǎn	……	〔2760〕	少	shǎo	…… 〔937〕
喪	sàng	……	〔1723〕	省	shǎo	…… 〔943〕
塞	sè	……	〔634〕	抄	shǎo	…… 〔946〕
色	sè	……	〔635〕	邵	shào	…… 〔927〕
邑	sè	……	〔637〕	孚	shào	…… 〔944〕
嗇	sè	……	〔378〕	柂	shé	…… 〔244〕
瑟	sè	……	〔2148〕	蛇	shé	…… 〔2702〕
澀	sè	……	〔2149〕	舌	shé	…… 〔2860〕
屖	shā	……	〔2752〕	胹	shé	…… 〔2861〕
墔	shā	……	〔2753〕	臚	shé	…… 〔2861〕
殺	shā	……	〔2876〕	逪	shé	…… 〔2861〕
脠	shān	……	〔3042〕	舍	shě	…… 〔1410〕
羴	shān	……	〔3043〕	社	shè	…… 〔1400〕
山	shān	……	〔3077〕	袿	shè	…… 〔1401〕
善	shàn	……	〔3018〕	射	shè	…… 〔1534〕
商	shāng	……	〔1654〕	涉	shè	…… 〔3225〕
傷	shāng	……	〔1667〕	渫	shè	…… 〔3229〕
剔	shāng	……	〔1669〕	慹	shè	…… 〔3229〕
觴	shāng	……	〔1669〕	申	shēn	…… 〔2207〕
殤	shāng	……	〔1672〕	軟	shēn	…… 〔2208〕

· 3433 ·

紳	shēn	……	〔2213〕	至	shī	……	〔2296〕
繟	shēn	……	〔2215〕	矢	shī	……	〔2296〕
紳	shēn	……	〔2215〕	悠	shī	……	〔2701〕
身	shēn	……	〔2265〕	時	shí	……	〔240〕
罙	shēn	……	〔3170〕	旹	shí	……	〔240〕
深	shēn	……	〔3171〕	石	shí	……	〔1528〕
神	shén	……	〔2208〕	适	shí	……	〔1530〕
審	shěn	……	〔3173〕	埕	shí	……	〔1531〕
訢	shèn	……	〔2184〕	實	shí	……	〔2112〕
慭	shèn	……	〔2186〕	十	shí	……	〔3113〕
慎	shèn	……	〔2186〕	史	shǐ	……	〔435〕
訢	shèn	……	〔2187〕	使	shǐ	……	〔452〕
慭	shèn	……	〔2188〕	豕	shǐ	……	〔1804〕
譅	shèn	……	〔2189〕	偨	shì	……	〔128〕
甚	shèn	……	〔3173〕	侍	shì	……	〔244〕
陞	shēng	……	〔665〕	坢	shì	……	〔246〕
生	shēng	……	〔1961〕	貤	shì	……	〔246〕
牲	shēng	……	〔1975〕	士	shì	……	〔432〕
甦	shēng	……	〔1976〕	坃	shì	……	〔435〕
褚	shěng	……	〔1976〕	事	shì	……	〔441〕
脥	shèng	……	〔669〕	泄	shì	……	〔452〕
勝	shèng	……	〔669〕	緎	shì	……	〔586〕
聖	shèng	……	〔1904〕	戠	shì	……	〔599〕
盛	shèng	……	〔1932〕	戜	shì	……	〔600〕
詩	shī	……	〔235〕	式	shì	……	〔600〕
㫺	shī	……	〔238〕	奭	shì	……	〔640〕
各	shī	……	〔236〕	是	shì	……	〔1806〕
㦝	shī	……	〔2004〕	氏	shì	……	〔1822〕
屍	shī	……	〔2004〕	適	shì	……	〔1859〕
帀	shī	……	〔2051〕	啻	shì	……	〔1859〕
遊	shī	……	〔2107〕	繬	shì	……	〔1859〕
失	shī	……	〔2107〕	眡	shì	……	〔2000〕

示	shì	〔2012〕	豎	shù	〔1047〕
視	shì	〔2012〕	棘	shù	〔1057〕
室	shì	〔2100〕	喿	shù	〔1059〕
寔	shì	〔2103〕	庶	shù	〔1531〕
僕	shì	〔2835〕	泵	shù	〔1533〕
殖	shì	〔2835〕	述	shù	〔2447〕
莞	shì	〔2838〕	衰	shuāi	〔2049〕
筮	shì	〔2863〕	衜	shuài	〔2461〕
收	shōu	〔699〕	達	shuài	〔2461〕
收	shōu	〔1000〕	水	shuǐ	〔2393〕
守	shǒu	〔738〕	忎	shùn	〔2536〕
首	shǒu	〔739〕	舜	shùn	〔2572〕
手	shǒu	〔759〕	碩	shuò	〔1529〕
受	shòu	〔729〕	斯	sī	〔110〕
壽	shòu	〔762〕	戕	sī	〔112〕
獸	shòu	〔779〕	絲	sī	〔418〕
嘼	shòu	〔778〕	司	sī	〔453〕
疋	shū	〔1465〕	思	sī	〔471〕
疋	shū	〔1467〕	澌	sī	〔1836〕
紓	shū	〔1471〕	厶	sī	〔2050〕
舒	shū	〔1454〕	死	sǐ	〔2044〕
蜀	shǔ	〔1068〕	寺	sì	〔234〕
謅	shǔ	〔1071〕	俟	sì	〔235〕
屬	shǔ	〔1258〕	涘	sì	〔298〕
署	shǔ	〔1258〕	巳	sì	〔299〕
睹	shǔ	〔1388〕	祀	sì	〔303〕
暑	shǔ	〔1388〕	杞	sì	〔307〕
鼠	shǔ	〔1394〕	鼏	sì	〔455〕
壆	shù	〔1021〕	嗣	sì	〔455〕
豎	shù	〔1021〕	佀	sì	〔462〕
樹	shù	〔1022〕	飤	sì	〔581〕
鼓	shù	〔1023〕	四	sì	〔2149〕

· 3435 ·

泗	sì	〔2156〕		宿	sù	〔853〕
澨	sì	〔2157〕		堡	sù	〔854〕
松	sōng	〔1121〕		夙	sù	〔854〕
遻	sòng	〔674〕		速	sù	〔1057〕
送	sòng	〔675〕		遂	suí	〔1806〕
宋	sòng	〔894〕		采	suì	〔2113〕
頌	sòng	〔1117〕		歲	suì	〔2800〕
訟	sòng	〔1118〕		歲	suì	〔2800〕
穌	sū	〔1345〕		譈	suì	〔2802〕
宽	sù	〔803〕		孫	sūn	〔2588〕
宿	sù	〔803〕		蓑	suō	〔2049〕
肅	sù	〔853〕		所	suǒ	〔1284〕
佰	sù	〔853〕		索	suǒ	〔1559〕

T

它	tā	〔2699〕		鉇	táo	〔809〕
駝	tā	〔2701〕		逃	táo	〔933〕
臺	tái	〔299〕		桃	táo	〔935〕
貪	tān	〔3148〕		慝	tè	〔604〕
埮	tán	〔3238〕		體	tǐ	〔2034〕
袒	tǎn	〔3032〕		膿	tǐ	〔2035〕
炭	tàn	〔2948〕		僼	tǐ	〔2036〕
炭	tàn	〔2948〕		悥	tì	〔1859〕
湯	tāng	〔1667〕		惕	tì	〔1860〕
蕩	tāng	〔1671〕		愵	tì	〔1861〕
糖	táng	〔1671〕		替	tì	〔2106〕
坣	táng	〔1679〕		天	tiān	〔2189〕
棠	táng	〔1685〕		芖	tiān	〔2207〕
傷	tǎng	〔1666〕		田	tián	〔2213〕
慆	tāo	〔843〕		畋	tián	〔2214〕
匋	táo	〔809〕		佻	tiāo	〔935〕

覜	tiào	〔935〕		潳	tú	〔1413〕
耴	tīng	〔1904〕		塗	tú	〔1413〕
聽	tīng	〔1904〕		荼	tú	〔1414〕
桯	tīng	〔1917〕		㻌	tú	〔1414〕
桯	tīng	〔1917〕		𡍩	tú	〔1414〕
廷	tíng	〔1918〕		土	tǔ	〔1394〕
庭	tíng	〔1918〕		訡	tǔ	〔1398〕
庭	tíng	〔1918〕		兔	tù	〔1393〕
祍	tǐng	〔1914〕		退	tuì	〔2445〕
童	tóng	〔1062〕		豚	tún	〔1805〕
僮	tóng	〔1064〕		𧰨	tún	〔1805〕
瞳	tóng	〔1066〕		臀	tún	〔2389〕
穜	tóng	〔1067〕		屯	tún	〔2529〕
同	tóng	〔1137〕		宊	tún	〔2531〕
週	tóng	〔1141〕		佗	tuó	〔2701〕
通	tóng	〔1141〕		紽	tuó	〔2707〕
桐	tóng	〔1142〕		鼉	tuó	〔2707〕
悆	tú	〔1386〕		沱	tuó	〔2707〕
圖	tú	〔1393〕		妥	tuǒ	〔2709〕
徒	tú	〔1396〕				

W

窊	wā	〔1321〕		亡	wáng	〔1756〕
外	wài	〔2830〕		訨	wáng	〔1776〕
宛	wǎn	〔2937〕		莣	wáng	〔1779〕
惋	wǎn	〔2938〕		莔	wáng	〔1779〕
萬	wàn	〔2906〕		𡚽	wáng	〔1780〕
蔓	wàn	〔2907〕		网	wǎng	〔1780〕
蔓	wàn	〔2908〕		罔	wǎng	〔1780〕
王	wáng	〔1609〕		罔	wǎng	〔1780〕

坒	wǎng	〔1632〕	偽	wěi	〔2640〕
迋	wǎng	〔1633〕	愳	wěi	〔2641〕
往	wǎng	〔1633〕	畏	wèi	〔2372〕
枉	wǎng	〔1636〕	褢	wèi	〔2374〕
牧	wǎng	〔1637〕	胃	wèi	〔2413〕
亾	wàng	〔1771〕	渭	wèi	〔2422〕
望	wàng	〔1772〕	未	wèi	〔2479〕
䏠	wàng	〔1773〕	味	wèi	〔2484〕
𦣝	wàng	〔1773〕	衛	wèi	〔2795〕
見	wàng	〔1774〕	彶	wèi	〔2796〕
忘	wàng	〔1774〕	昷	wēn	〔2490〕
㤃	wàng	〔1776〕	馧	wén	〔2497〕
威	wēi	〔2337〕	聞	wén	〔2497〕
魏	wēi	〔2372〕	䎽	wén	〔2508〕
𩴮	wēi	〔2372〕	文	wén	〔2596〕
偎	wēi	〔2373〕	玟	wén	〔2599〕
危	wēi	〔2376〕	罋	wèng	〔1134〕
厃	wēi	〔2377〕	睋	wǒ	〔2651〕
峕	wēi	〔2404〕	我	wǒ	〔2681〕
散	wēi	〔2405〕	捼	wò	〔1078〕
綏	wēi	〔2410〕	握	wò	〔1078〕
韋	wéi	〔2348〕	烏	wū	〔1187〕
違	wéi	〔2350〕	鷂	wū	〔1214〕
韓	wéi	〔2352〕	汙	wū	〔1265〕
唯	wéi	〔2384〕	吳	wú	〔1340〕
惟	wéi	〔2390〕	無	wú	〔1501〕
爲	wéi	〔2615〕	五	wǔ	〔1347〕
尾	wěi	〔2007〕	吾	wú	〔1356〕
偉	wěi	〔2350〕	俉	wǔ	〔1356〕
緯	wěi	〔2351〕	伍	wǔ	〔1356〕
樟	wěi	〔2351〕	午	wǔ	〔1358〕
葦	wěi	〔2352〕	武	wǔ	〔1497〕

拼音索引

憮 wǔ …… [1506]	務 wù …… [817]
毋 wù …… [552]	敄 wù …… [819]
敄 wù …… [816]	霧 wù …… [819]
浂 wù …… [816]	戊 wù …… [821]
矛 wù …… [817]	勿 wù …… [2470]

X

息 xī …… [637]	蓰 xǐ …… [2752]
夕 xī …… [1535]	諰 xǐ …… [2753]
昔 xī …… [1561]	枲 xǐ …… [2754]
奚 xī …… [1841]	璽 xǐ …… [2754]
傒 xī …… [1847]	矗 xì …… [639]
溪 xī …… [1847]	綌 xì …… [1011]
肵 xī …… [1866]	戲 xì …… [1250]
犀 xī …… [2007]	虩 xì …… [1519]
貗 xī …… [2137]	係 xì …… [1840]
傺 xī …… [2137]	塈 xì …… [2812]
西 xī …… [2586]	叚 xiá …… [1529]
犇 xī …… [2688]	虖 xiá …… [3122]
犧 xī …… [2688]	柙 xiá …… [3122]
篤 xí …… [1533]	下 xià …… [1272]
席 xí …… [1533]	夏 xià …… [1281]
隰 xí …… [3062]	顠 xià …… [1281]
巡 xí …… [3063]	先 xiān …… [2579]
習 xí …… [3116]	选 xiān …… [2586]
飁 xí …… [3117]	鮮 xiān …… [3079]
裏 xí …… [3118]	賢 xián …… [2228]
襲 xí …… [3118]	擎 xián …… [2229]
憙 xǐ …… [4]	咸 xián …… [3164]
纚 xǐ …… [469]	弦 xián …… [2962]
徙 xǐ …… [2752]	顯 xiǎn …… [3063]

· 3439 ·

顯	xiǎn	……	〔3064〕	新	xīn	…… 〔2309〕
險	xiǎn	……	〔3256〕	新	xīn	…… 〔2310〕
縣	xiàn	……	〔2962〕	忻	xīn	…… 〔2516〕
莧	xiàn	……	〔2984〕	㤴	xīn	…… 〔2517〕
獻	xiàn	……	〔2998〕	慾	xīn	…… 〔2519〕
次	xiàn	……	〔932〕	訢	xīn	…… 〔2520〕
逌	xiàn	……	〔3239〕	心	xīn	…… 〔3203〕
陷	xiàn	……	〔3239〕	囟	xìn	…… 〔470〕
香	xiāng	……	〔1589〕	信	xìn	…… 〔2260〕
亯	xiǎng	……	〔1589〕	興	xīng	…… 〔652〕
菖	xiǎng	……	〔1590〕	䎸	xīng	…… 〔654〕
巷	xiàng	……	〔1134〕	星	xīng	…… 〔1935〕
鄸	xiàng	……	〔1134〕	行	xíng	…… 〔1594〕
向	xiàng	……	〔1591〕	榮	xíng	…… 〔1874〕
象	xiàng	……	〔1676〕	垩	xíng	…… 〔1938〕
相	xiàng	……	〔1728〕	型	xíng	…… 〔1939〕
想	xiàng	……	〔1731〕	㓝	xíng	…… 〔1944〕
囂	xiāo	……	〔903〕	䪼	xíng	…… 〔1945〕
洨	xiáo	……	〔922〕	省	xǐng	…… 〔1970〕
筱	xiǎo	……	〔769〕	澳	xìng	…… 〔655〕
孝	xiào	……	〔794〕	幸	xìng	…… 〔1873〕
㸚	xiào	……	〔795〕	凶	xiōng	…… 〔1103〕
苂	xiào	……	〔901〕	兇	xiōng	…… 〔1105〕
笑	xiào	……	〔901〕	詾	xiōng	…… 〔1106〕
獄	xiào	……	〔936〕	兄	xiōng	…… 〔1592〕
繲	xiè	……	〔1789〕	俍	xiōng	…… 〔1593〕
褻	xiè	……	〔2823〕	𠚣	xiōng	…… 〔1593〕
离	xiè	……	〔2885〕	休	xiū	…… 〔693〕
䚔	xiè	……	〔2887〕	酥	xiù	…… 〔758〕
劓	xiè	……	〔2887〕	秀	xiù	…… 〔804〕
輶	xiè	……	〔2888〕	敹	xiù	…… 〔805〕
夑	xiè	……	〔2888〕	須	xū	…… 〔1036〕

需	xū	……	〔1037〕	颴	xuǎn	……	〔2753〕
虛	xū	……	〔1248〕	選	xuǎn	……	〔2578〕
徐	xú	……	〔1412〕	苷	xuē	……	〔2832〕
許	xǔ	……	〔1359〕	學	xué	……	〔708〕
怵	xǔ	……	〔1467〕	血	xuè	……	〔2075〕
蓄	xù	……	〔693〕	穴	xuè	……	〔2157〕
敍	xù	……	〔1412〕	旬	xún	……	〔2182〕
敘	xù	……	〔1413〕	鱏	xún	……	〔3179〕
絮	xù	……	〔1448〕	尋	xún	……	〔3179〕
卹	xù	……	〔2075〕	愻	xùn	……	〔673〕
憲	xuān	……	〔2870〕	訓	xùn	……	〔2534〕
瑗	xuān	……	〔2870〕	腮	xùn	……	〔2536〕
軒	xuān	……	〔2973〕	巽	xùn	……	〔2577〕
玄	xuán	……	〔2180〕	鄋	xùn	……	〔2578〕
璿	xuán	……	〔2864〕	遜	xùn	……	〔2589〕

Y

牙	yá	……	〔1362〕	弇	yǎn	……	〔3236〕
亞	yà	……	〔1214〕	敳	yǎn	……	〔3238〕
麠	yán	……	〔2946〕	晏	yàn	……	〔2929〕
顏	yán	……	〔2946〕	鰋	yàn	……	〔2934〕
訮	yán	……	〔2986〕	燕	yàn	……	〔2934〕
言	yán	……	〔2999〕	厣	yàn	……	〔2947〕
炎	yán	……	〔3238〕	猒	yàn	……	〔3235〕
嚴	yán	……	〔3247〕	饜	yàn	……	〔3237〕
簷	yán	……	〔3251〕	央	yāng	……	〔1585〕
澹	yán	……	〔3253〕	吳	yāng	……	〔1586〕
鹽	yán	……	〔3253〕	昜	yáng	……	〔1664〕
琂	yán	……	〔1055〕	鄢	yáng	……	〔1667〕
纏	yǎn	……	〔3045〕	崵	yáng	……	〔1670〕
僉	yǎn	……	〔3150〕	羊	yáng	……	〔1672〕

・3441・

養	yǎng	〔1674〕	衣	yī	〔2337〕
恙	yàng	〔1673〕	依	yī	〔2340〕
羕	yàng	〔1674〕	誒	yī	〔2344〕
夭	yāo	〔899〕	伊	yī	〔2568〕
妖	yāo	〔900〕	㐰	yí	〔125〕
腰	yāo	〔903〕	悬	yí	〔126〕
柔	yáo	〔783〕	頤	yí	〔297〕
謠	yáo	〔783〕	配	yí	〔298〕
敄	yáo	〔783〕	訇	yí	〔456〕
延	yáo	〔900〕	怸	yí	〔461〕
肴	yáo	〔910〕	忩	yí	〔461〕
堯	yáo	〔924〕	悤	yí	〔463〕
舀	yǎo	〔843〕	慧	yí	〔463〕
要	yào	〔902〕	𢓈	yí	〔1863〕
窔	yào	〔923〕	役	yí	〔1863〕
藥	yào	〔966〕	尾	yí	〔2003〕
埜	yě	〔1399〕	儓	yí	〔2009〕
野	yě	〔1399〕	遺	yí	〔2362〕
也	yě	〔2709〕	奎	yí	〔2687〕
夜	yè	〔1541〕	宜	yí	〔2693〕
頁	yè	〔757〕	迻	yí	〔2699〕
鄴	yè	〔3225〕	敧	yǐ	〔6〕
業	yè	〔3225〕	歆	yǐ	〔6〕
葉	yè	〔3227〕	㠯	yǐ	〔247〕
鄴	yè	〔3228〕	台	yǐ	〔288〕
殹	yī	〔2001〕	矣	yǐ	〔289〕
㞋	yī	〔2006〕	㐹	yǐ	〔296〕
黎	yī	〔2048〕	頍	yǐ	〔297〕
一	yī	〔2067〕	剝	yǐ	〔2824〕
弌	yī	〔2070〕	音	yì	〔573〕
壹	yī	〔2070〕	弋	yì	〔597〕
鼠	yī	〔2071〕	贰	yì	〔599〕

· 3442 ·

異	yì	……	〔601〕	纓	yīng	〔652〕
亦	yì	……	〔1536〕	膺	yīng	〔652〕
斁	yì	……	〔1542〕	英	yīng	〔1586〕
殪	yì	……	〔1542〕	罌	yīng	〔1875〕
燡	yì	……	〔1546〕	嬰	yīng	〔2933〕
嗌	yì	……	〔1851〕	瑛	yīng	〔2935〕
异	yì	……	〔1851〕	蠅	yíng	〔655〕
膇	yì	……	〔1853〕	淦	yíng	〔1791〕
易	yì	……	〔1860〕	汤	yíng	〔1791〕
泉	yì	……	〔1862〕	縈	yíng	〔1874〕
瘗	yì	……	〔2111〕	瑩	yíng	〔1877〕
逸	yì	……	〔2111〕	溋	yíng	〔1916〕
佾	yì	……	〔2170〕	郢	yǐng	〔1915〕
義	yì	……	〔2688〕	浧	yǐng	〔1915〕
貤	yì	……	〔2708〕	廮	yǐng	〔2934〕
肔	yì	……	〔2708〕	雍	yōng	〔1097〕
悆	yì	……	〔2686〕	傭	yōng	〔1099〕
勎	yì	……	〔2820〕	韋	yōng	〔1150〕
邑	yì	……	〔3105〕	甬	yǒng	〔1145〕
因	yīn	……	〔2175〕	俑	yǒng	〔1149〕
疝	yīn	……	〔2178〕	埇	yǒng	〔1149〕
絪	yīn	……	〔2178〕	戙	yǒng	〔1150〕
譍	yīn	……	〔2489〕	用	yòng	〔1142〕
鞎	yīn	……	〔2588〕	忧	yōu	〔44〕
僉	yīn	……	〔3155〕	幽	yōu	〔689〕
音	yīn	……	〔3163〕	𦥑	yōu	〔690〕
堊	yín	……	〔3177〕	蒠	yōu	〔754〕
淫	yín	……	〔3177〕	憂	yōu	〔754〕
尹	yǐn	……	〔2539〕	量	yōu	〔757〕
歓	yǐn	……	〔3150〕	攸	yōu	〔764〕
胤	yìn	……	〔2181〕	詨	yōu	〔768〕
雁	yīng	……	〔651〕	窔	yōu	〔769〕

3443

蚤	yóu	……………………	〔44〕	盧	yú	…………………… 〔1345〕
蚘	yóu	……………………	〔45〕	余	yú	…………………… 〔1406〕
由	yóu	……………………	〔769〕	諛	yú	…………………… 〔1412〕
猶	yóu	……………………	〔773〕	礜	yú	…………………… 〔1430〕
慭	yóu	……………………	〔776〕	羽	yǔ	…………………… 〔1267〕
游	yóu	……………………	〔776〕	雨	yǔ	…………………… 〔1271〕
遊	yóu	……………………	〔778〕	瓨	yǔ	…………………… 〔1321〕
遊	yóu	……………………	〔778〕	䛒	yǔ	…………………… 〔1354〕
繇	yóu	……………………	〔784〕	語	yǔ	…………………… 〔1356〕
有	yǒu	……………………	〔42〕	敔	yǔ	…………………… 〔1358〕
友	yǒu	……………………	〔42〕	與	yǔ	…………………… 〔1414〕
䇦	yǒu	……………………	〔45〕	舉	yǔ	…………………… 〔1426〕
卣	yǒu	……………………	〔760〕	嬰	yǔ	…………………… 〔1426〕
酉	yǒu	……………………	〔772〕	鼙	yǔ	…………………… 〔1429〕
又	yòu	……………………	〔6〕	懇	yǔ	…………………… 〔1429〕
右	yòu	……………………	〔40〕	与	yǔ	…………………… 〔1431〕
幼	yòu	……………………	〔691〕	浴	yù	…………………… 〔1004〕
禺	yú	……………………	〔1011〕	欲	yù	…………………… 〔1005〕
愚	yú	……………………	〔1013〕	慾	yù	…………………… 〔1011〕
堣	yú	……………………	〔1013〕	遇	yù	…………………… 〔1012〕
俞	yú	……………………	〔1027〕	寓	yù	…………………… 〔1028〕
逾	yú	……………………	〔1027〕	愈	yù	…………………… 〔1028〕
於	yú	……………………	〔1187〕	玉	yù	…………………… 〔1053〕
于	yú	……………………	〔1259〕	玟	yù	…………………… 〔1055〕
竽	yú	……………………	〔1263〕	獄	yù	…………………… 〔1056〕
盂	yú	……………………	〔1265〕	儥	yù	…………………… 〔1092〕
雩	yú	……………………	〔1266〕	芋	yù	…………………… 〔1264〕
薯	yú	……………………	〔1268〕	砓	yù	…………………… 〔1354〕
欤	yú	……………………	〔1342〕	哉	yù	…………………… 〔1358〕
虞	yú	……………………	〔1342〕	迂	yù	…………………… 〔1360〕
魚	yú	……………………	〔1343〕	御	yù	…………………… 〔1360〕
鮫	yú	……………………	〔1344〕	馭	yù	…………………… 〔1361〕

馭	yù	〔1361〕
譽	yù	〔1425〕
歟	yù	〔1430〕
礜	yù	〔1430〕
鷸	yù	〔1452〕
豫	yù	〔1452〕
籲	yù	〔1453〕
鬻	yù	〔1454〕
聿	yù	〔2107〕
囦	yuān	〔2178〕
淵	yuān	〔2178〕
肙	yuān	〔2937〕
肯	yuān	〔2937〕
寃	yuān	〔2939〕
冤	yuān	〔2939〕
龕	yuān	〔2940〕
鴛	yuān	〔2941〕
搵	yuān	〔2995〕
鳶	yuān	〔3050〕
園	yuán	〔2511〕
員	yuán	〔2511〕
畱	yuán	〔3026〕
元	yuán	〔3026〕
芫	yuán	〔3029〕
原	yuán	〔3076〕
趄	yuán	〔3080〕
逗	yuán	〔3080〕
遠	yuǎn	〔2963〕
孕	yuàn	〔2935〕
媛	yuàn	〔2936〕
怨	yuàn	〔3028〕
約	yuē	〔969〕
曰	yuē	〔2763〕
戉	yuè	〔2800〕
越	yuè	〔2800〕
月	yuè	〔2825〕
悦	yuè	〔3050〕
云	yún	〔2510〕
隕	yǔn	〔2515〕
陨	yǔn	〔2515〕
㿝	yǔn	〔2571〕
允	yǔn	〔2571〕
孕	yùn	〔677〕
愠	yùn	〔2490〕
愳	yùn	〔2490〕
篕	yùn	〔2525〕

Z

灾	zāi	〔428〕
材	zāi	〔429〕
烖	zāi	〔430〕
戈	zāi	〔430〕
哉	zāi	〔431〕
栽	zāi	〔431〕
剚	zǎi	〔383〕
宰	zǎi	〔383〕
宰	zǎi	〔430〕
載	zǎi	〔431〕

· 3445 ·

再	zài	〔382〕	樝	zhā	〔1459〕
臧	zāng	〔1709〕	乍	zhà	〔1551〕
壓	zāng	〔1713〕	怍	zhà	〔1553〕
牂	zàng	〔1709〕	齋	zhāi	〔2043〕
葬	zàng	〔1709〕	厇	zhái	〔1523〕
枲	zǎo	〔796〕	宅	zhái	〔1523〕
早	zǎo	〔796〕	宖	zhái	〔1526〕
杲	zǎo	〔948〕	垞	zhái	〔1527〕
菓	zǎo	〔949〕	坧	zhái	〔1527〕
澡	zǎo	〔950〕	詹	zhān	〔3251〕
瘷	zǎo	〔950〕	詹	zhān	〔3251〕
勦	zǎo	〔950〕	瞻	zhān	〔3252〕
敄	zào	〔832〕	贍	zhān	〔3252〕
鼔	zào	〔833〕	戰	zhàn	〔3033〕
竈	zào	〔834〕	占	zhàn	〔3168〕
趮	zào	〔937〕	章	zhāng	〔1651〕
趯	zào	〔937〕	暲	zhāng	〔1653〕
則	zé	〔607〕	墇	zhàng	〔1653〕
睪	zé	〔1544〕	丈	zhàng	〔1663〕
澤	zé	〔1544〕	钊	zhāo	〔968〕
葦	zé	〔1546〕	曌	zhào	〔928〕
責	zé	〔1865〕	䂁	zhào	〔932〕
昃	zè	〔630〕	𢆶	zhé	〔2832〕
賊	zéi	〔630〕	折	zhé	〔2856〕
繒	zēng	〔680〕	悊	zhé	〔2859〕
增	zēng	〔680〕	遏	zhé	〔2863〕
憎	zèng	〔679〕	轍	zhé	〔2863〕
贈	zèng	〔680〕	者	zhě	〔1363〕
叡	zhā	〔1455〕	貞	zhēn	〔1886〕
虘	zhā	〔1455〕	愼	zhēn	〔1891〕
慮	zhā	〔1458〕	蓁	zhēn	〔2307〕

砧	zhēn	〔3169〕		鷙	zhì	〔1825〕
軫	zhěn	〔2281〕		鴻	zhì	〔1826〕
朕	zhèn	〔675〕		鑕	zhì	〔2009〕
諢	zhèn	〔2536〕		至	zhì	〔2090〕
崢	zhēng	〔662〕		桎	zhì	〔2104〕
諄	zhēng	〔663〕		疐	zhì	〔2104〕
征	zhēng	〔1903〕		慬	zhì	〔2106〕
爭	zhēng	〔1945〕		縋	zhì	〔2106〕
整	zhěng	〔663〕		雉	zhì	〔2392〕
正	zhèng	〔1891〕		襲	zhì	〔2860〕
政	zhèng	〔1900〕		篯	zhì	〔3121〕
之	zhī	〔128〕		轾	zhì	〔3122〕
只	zhī	〔1801〕		終	zhōng	〔870〕
枳	zhī	〔1802〕		悠	zhōng	〔874〕
邶	zhī	〔1804〕		中	zhōng	〔874〕
戠	zhí	〔580〕		宋	zhōng	〔882〕
儎	zhí	〔580〕		忠	zhōng	〔883〕
直	zhí	〔587〕		種	zhǒng	〔1067〕
樴	zhí	〔595〕		緟	zhǒng	〔1068〕
植	zhí	〔596〕		衆	zhòng	〔884〕
妷	zhí	〔3116〕		至	zhòng	〔1017〕
執	zhí	〔3118〕		重	zhòng	〔1017〕
止	zhǐ	〔126〕		眾	zhòng	〔1018〕
坒	zhǐ	〔127〕		詮	zhòng	〔1019〕
旨	zhǐ	〔2059〕		媑	zhòng	〔1061〕
靦	zhǐ	〔2062〕		周	zhōu	〔725〕
志	zhì	〔229〕		啇	zhōu	〔728〕
耆	zhì	〔237〕		舟	zhōu	〔728〕
絇	zhì	〔466〕		逌	zhōu	〔728〕
戠	zhì	〔469〕		郮	zhōu	〔729〕
智	zhì	〔1791〕		州	zhōu	〔736〕

· 3447 ·

冑 zhòu	〔771〕	䢤 zhuàn	〔3036〕
畫 zhòu	〔1020〕	傳 zhuàn	〔3036〕
䚱 zhòu	〔1253〕	妝 zhuāng	〔1705〕
訐 zhū	〔1023〕	㞡 zhuāng	〔1706〕
敀 zhū	〔1024〕	䟽 zhuàng	〔1707〕
戜 zhū	〔1025〕	壯 zhuàng	〔1707〕
株 zhū	〔1090〕	隹 zhuī	〔2381〕
牪 zhū	〔1091〕	纏 zhǔn	〔2539〕
竺 zhú	〔836〕	酌 zhuó	〔971〕
笁 zhú	〔836〕	兹 zī	〔415〕
逐 zhú	〔844〕	孳 zī	〔416〕
燭 zhú	〔1072〕	孶 zī	〔417〕
宔 zhǔ	〔1014〕	茲 zī	〔418〕
奎 zhǔ	〔1019〕	紂 zī	〔429〕
偖 zhǔ	〔1386〕	緇 zī	〔429〕
渚 zhǔ	〔1389〕	訿 zī	〔1836〕
煮 zhǔ	〔1389〕	資 zī	〔2023〕
壴 zhù	〔 3 〕	瘠 zī	〔2023〕
皶 zhù	〔839〕	藉 zí	〔3121〕
篁 zhù	〔839〕	孫 zǐ	〔415〕
築 zhù	〔839〕	子 zǐ	〔385〕
祝 zhù	〔840〕	姊 zǐ	〔2037〕
柠 zhù	〔1016〕	自 zì	〔2138〕
桂 zhù	〔1016〕	宗 zōng	〔892〕
桎 zhù	〔1019〕	縱 zòng	〔1162〕
箸 zhù	〔1390〕	走 zǒu	〔1030〕
庶 zhù	〔1528〕	足 zú	〔1079〕
塼 zhuān	〔3038〕	族 zú	〔1081〕
尚 zhuān	〔3038〕	㴇 zú	〔1082〕
㔾 zhuàn	〔2577〕	卒 zú	〔2342〕
樸 zhuàn	〔2579〕	襢 zǔ	〔1460〕

祖	zǔ	〔1460〕	左	zuǒ	〔2747〕
組	zǔ	〔1461〕	乍	zuò	〔1553〕
俎	zǔ	〔1462〕	作	zuò	〔1557〕
辠	zuì	〔2144〕	迮	zuò	〔1559〕
辢	zuì	〔2147〕	集	zuò	〔1559〕
尊	zūn	〔 676 〕			

後 記

　　《上博簡楚文字聲系》(一～八)的书稿交給出版社了。翻看"備忘錄"："2012年7月7日冒酷暑,完成了《上博(八)》的歸韻。之部無法保存,拆分成5個文檔才可以"、"2012年10月1日至8日,門都没出,效率奇高"、"2013年1月30日至2月14日,全力投入修改之中,每天晚上到十一二點,效率很高"、"清明節放假3天,又是苦干"……在做聲系的過程中,常常是一坐下來就是一上午,吃過飯,接著又坐下了。晚上出去散散步,我戲稱"放風",呼吸一下新鮮空氣。巡走在寒冬,漫步在暑夏,一年就過去了。每年的變化是身高縮了,白髮長了,大腦健忘,用我老家的話説就是"屬老鼠的,擱爪就忘"。人過中年,身體開始走下坡路了,儘管還有一顆年輕的心。學問不可能一蹴而就,慢慢來,能做多少就做多少,自己盡力了,就問心無愧。

2013年5月5日立夏

　　暑假一校稿打印出來,爲確保書稿質量,我帶劉剛、孫合肥、李鵬輝、蔣偉男4人集中在外地,對照上博簡原書將所有的字形、辭例核對一遍;將聲系所引的《説文》核對一遍;把全部書稿通讀一遍。時值酷暑,工作量大、辛苦,但高興。跟隨自己的内心,踏踏實實做點事情,這應該是最愉快的。最後感謝李家浩先生、吳振武先生,没有他們的推薦,此書不可能入選國家出版基金項目。感謝吳師振武先生,在百忙中爲拙作題寫書名!感謝安徽大學出版社的領導!感謝朱麗琴、盧坡、劉中飛老師!感謝程燕、劉剛!感謝我的学生!窗

外豔陽高照,秋高氣爽,今天是九九重陽節,僅録唐王維《九月九日憶山東兄弟》詩作爲結語:

獨在異鄉爲異客,
每逢佳節倍思親。
遙知兄弟登高處,
遍插茱萸少一人。

癸巳年九月九日在國補記

徐在國 ◎ 著

上博楚簡文字聲系 一～八

第六册

北京師範大學出版集團
安徽大學出版社

正編·物部

上博楚簡文字聲系

物　部

匣紐囫聲

胃

上博一・性 6 凡見者之～(謂)勿(物)

上博一・性 6 快於其(己)者之～(謂)兌(悅)

上博一・性 6 勿(物)之埶(勢)者之～(謂)埶(勢)

上博一・性 7 有爲也[者]之～(謂)古(故)

上博二・民 1 敢窞(問)可(何)女(如)而可～(謂)民之父母

上博二・民 3 丌(其)[之]～(謂)民之父母矣

上博二・民 3 敢窞(問)可(何)～(謂)五至

 上博二·民5 此之～(謂)五至

 上博二·民5 敢睧(問)可(何)～(謂)三亡(無)

 上博二·民7 此之～(謂)三亡(無)

 上博五·姑6 ～(謂)姑(苦)城(成)豪(家)父曰

 上博三·亙6 無～(謂)言

 上博四·柬11 此所～(謂)

 上博四·柬14 ～(謂)大(太)劀(宰)

 上博四·柬23 命(令)尹～(謂)大(太)劀(宰)

 上博四·內9 是～(謂)君子

 上博五·季2 青(請)昏(問)可～(謂)悬(仁)之昌(以)惪(德)

 上博五·季4 此之～(謂)悬(仁)之昌(以)惪(德)

 上博五·君4 敢翩(聞)可～(謂)也

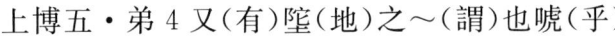

 上博五·弟 4 又(有)墬(地)之~(謂)也虖(乎)

 上博五·弟 11 此之~(謂)息(仁)

 上博五·弟附簡未可~(謂)息(仁)也

 上博五·三 1 是~(謂)参(三)悳(德)

 上博五·三 1 是~(謂)川(順)天之棠(常)

 上博五·三 2 是~(謂)天棠(常)

 上博五·三 3 是~(謂)大蔵(感)

 上博五·三 3 是~(謂)不羕(祥)

 上博五·三 3 是~(謂)天豊(禮)

 上博五·三 4 是~(謂)違(罪)

 上博五·三 4 君無宝(主)臣是~(謂)畏(危)

 上博五·三 4 毋~(謂)之不敢

 上博五・三 5 毋～(謂)之不肰(然)

 上博五・三 6 是～(謂)邦固

 上博五・三 6 是～(謂)邦蘼

 上博五・三 6 是～(謂)反逆

 上博五・三 7 是～(謂)大亢(荒)

 上博五・三 7 是～(謂)滔皇

 上博五・三 8 是～(謂)方芋(華)

 上博五・三 8 是～(謂)違章

 上博五・三 9 是～(謂)忘神

 上博五・三 16 是～(謂)頡(稽)

 上博五・三 16 是～(謂)

 上博五・鬼 5 此之～(謂)虖(乎)

上博三·周56 是～(謂)亦炗(災)褙(眚)

上博三·亙6 無～(謂)或(域)

上博三·亙6 無～(謂)又(有)

上博三·亙6 無～(謂)生

上博三·亙6 無～(謂)音

上博三·亙7 無～(謂)名

上博三·亙7 無～(謂)事

上博一·孔7 城(誠)～(謂)之也

上博二·子7 舜丌(其)可～(謂)受命之民矣

上博二·魯1 哀公～(謂)孔子

上博二·魯3 毋(無)乃～(謂)丘之䛚(答)非與(歟)

上博二·從甲11 可～(謂)學矣

 上博二·從甲 15～(謂)之必城(成)

 上博三·彭 7 氏(是)～(謂)益愈

 上博三·彭 7 氏(是)～(謂)自厚

 上博三·彭 7 氏(是)～(謂)百眚(姓)之宔(主)

 上博三·彭 7 氏(是)～(謂)敓吳

 上博三·彭 8 氏(是)～(謂)不長

 上博三·彭 8 氏(是)～(謂)䘏(絕)綊(輟)

 上博四·柬 17 大(太)剞(宰)迕而～(謂)之

 上博四·柬 20 大(太)剞(宰)～(謂)陵尹

 上博四·相 2 可～(謂)相邦矣

 上博四·曹 26 是～(謂)軍紀

 港甲 7 此之～(謂)君

上博六·競 13 公或~(謂)之

上博六·用 10 ~(謂)天高而不概

上博六·用 10 ~(謂)堡(地)厚而不達

上博六·天甲 12 是~(謂)

上博七·君甲 6 人~(謂)之安邦

上博七·君甲 6 ~(謂)之利民

上博七·君乙 6 人~(謂)之安邦

上博七·君乙 6 ~(謂)之利民

上博七·凡甲 18 是~(謂)少(小)徹(徹)

上博七·凡甲 18 奚~(謂)少(小)徹(徹)

上博七·凡甲 28 夫此之~(謂)少(小)城(成)

上博七·凡乙 20 此之~(謂)少(小)城(成)

 上博七·吴 4～（謂）余曰

 上博八·成 8 是～（謂）天子之正道

 上博八·成 10 是～（謂）六靳（親）之約

 上博八·成 14 可～（謂）又（有）道虐（乎）

 上博八·成 15 是～（謂）童

 上博八·命 1 子春～（謂）之曰

 上博八·命 7 子～（謂）昜（陽）爲擊（賢）於先夫=（大夫）

 上博八·命 10 笸（僕）目（以）此～（謂）貝（視）日十又厽（三）亡笸（僕）

 上博八·王 3～（謂）

 上博八·王 6 王～（謂）

 上博八·志 2 邦人亓（其）～（謂）之可（何）

 上博八·志 3 此是～（謂）死辠（罪）

　上博八·志6 邦人亓(其)～(謂)我不能禹(稱)人

　上博八·李1【背】～(謂)群眔鳥

～,郭店簡或作🖼(老子甲28)、🖼(魯穆公問子思1)、🖼(忠信之道4)。《說文·肉部》:"胃,穀府也。囚,象形。"

上博三·亙6、7"無～",讀爲"無謂",無所謂。

上博二·魯1、上博五·姑6、上博四·柬14、17、20、23、上博七·吴4、上博八·命1、上博八·王6～,讀爲"謂",對……說;說。《書·盤庚下》:"爾謂朕:'曷震動萬民以遷?'"《詩·召南·行露》:"誰謂鼠無牙?何以穿我墉?"

上博"氏～"、"是～",讀爲"是謂",這就叫做。《禮記·禮運》:"祝嘏莫敢易其常古,是謂大假,祝嘏辭說,藏於宗祝巫史,非禮也,是謂幽國。醆斚及尸君,非禮也,是謂僭君。冕弁兵革藏於私家,非禮也,是謂脅君。大夫具官,祭器不假,聲樂皆具,非禮也,是謂亂國。"

上博～,意思指,說的是。《左傳·文公二年》:"《詩》曰:'問我諸姑,遂及伯姊。'君子曰:'禮。謂其姊親而先姑也。'"楊樹達《詞詮》卷八:"〔謂〕言也。解釋時用之。"《穀梁傳·僖公二年》:"語曰'脣亡則齒寒',其斯之謂與!"《後漢書·應劭傳》:"《書》曰'刑罰時輕時重',此之謂也。"

上博"可～",讀爲"何謂",甚麼叫做;甚麼是。《孟子·公孫丑上》:"敢問何謂浩然之氣?"

上博二·從甲11、上博二·子7、上博五·弟附簡"可～",讀爲"可謂",可以稱爲;可以說是。《論語·學而》:"三年無改於父之道,可謂孝矣。"曹丕《與吴質書》:"偉長獨懷文抱質,恬淡寡欲,有箕山之志,可謂彬彬君子者矣。"

上博八·命7～,評論。《論語·八佾》:"孔子謂季氏:'八佾舞於庭,是可忍也,孰不可忍也?'"何晏集解:"謂者,評論之稱。"《孟子·滕文公下》:"子謂薛居州,善士也。"

渭

 上博二·容 27 毣（禹）乃迵（通）經（涇）與～

《説文·水平》："渭，水。出隴西首陽渭首亭南谷，東入河。从水，胃聲。杜林説。《夏書》以爲出鳥鼠山。雝州浸也。"

簡文～，水名。黃河最大支流，源出甘肅省鳥鼠山，橫貫陝西省中部，至潼關入黃河。《書·禹貢》："弱水既西，涇屬渭汭。"張衡《西京賦》："畫地成川，流渭通涇。"

見紐旡聲

忢（愛）

 上博一·孔 17《湯（揚）之水》丌（其）～婦悡

 上博一·孔 27 遼（離）丌（其）所～

 上博一·緇 13 古（故）慈㠯（以）～（愛）之

 上博二·魯 2 女毋～（愛）珪（圭）璧幣帛於山川

 上博二·魯 3 女夫毋～圭璧幣帛於山川

 上博六·競 3 或可～安

 上博一·孔 17《菜（采）萬（葛）》之～婦□

 上博三·中 23 至～之裒(卒)也

 上博四·曹 17 毋～(愛)貨資子女吕(以)事其伎(便)遱(嬖)

 上博二·容 1 亓(其)悳(德)酉清而上～下

 上博四·內 1～(愛)是甬(用)

 上博二·容 35 厚～而泊會(儉)焉

 上博四·曹 12 □兼～(愛)堇(萬)民

 上博一·性 34～頪(類)七

 上博一·性 34 售(唯)眚～爲坖(近)悥(仁)

 上博八·志 7 唯我～(愛)尔(爾)

～,戰國文字或作 、、、、、、、、、。或從"心","既"聲,作、,《古文四聲韻》引《古孝經》作![]、![],與《說文》古文相同。《說文·心部》:

"恁,惠也。从心,无聲。⟨古文字形⟩,古文。"

上博一·孔 17、27～,仰慕。《鶡冠子·能天》:"聖者賢之愛也。"陸佃注:"愛,猶慕也。"《論語·憲問》:"愛之,能勿勞乎?"皇侃疏:"愛,慕也。"(陳斯鵬)

上博一·緇 13"慈以～之",即"慈愛",仁慈愛人。多指上對下或父母對子女的愛憐。《國語·楚語上》:"明慈愛以導之仁,明昭利以導之文。"

上博二·魯 2、上博四·曹 17～,憐惜;愛惜。《左傳·僖公二十二年》:"愛其二毛,則如服焉。"《晏子春秋·諫上四》:"公曰:'章諫吾曰:"願君之廢酒也!不然,章賜死。"如是而聽之,則臣爲制也;不聽,又愛其死。'"《淮南子·脩務》:"夫鴈順風以愛氣力。"

上博六·競 3"或可～安",讀爲"又何愛焉"。愛,指對人或物的深厚真摯感情。《莊子·山木》:"〔孔子〕徐行翔佯而歸,絶學捐書,弟子無挹於前,其愛益加進。"《禮記·禮運》:"何謂人情?喜、怒、哀、懼、愛、惡、欲。"(陳偉)

上博三·中 23"至～",見《韓詩外傳》卷三:"雖桀跖豈肯爲其所至惡,賊其所至愛哉!"

上博二·容 1"上～下",見《詩·大雅·皇矣》孔穎達疏:"'慈和徧服'者,服虔云:'上愛下曰慈。和,中和也。'爲上而愛下,行之以中和,天下徧服從而順之。"《説苑·修文》:"進賢達能,謂之大夫;敬上愛下,謂之諸侯;天覆地載,謂之天子。"

上博四·内 1"～是甬(用)",《大戴禮記·曾子立孝》作"忠之用",應是同義換讀。《吕氏春秋·慎大覽·權勳》:"故豎陽穀之進酒也,非以醉子反也,其心以忠也。"高誘注:"忠,愛也。"《大戴禮記·文王官人》:"誠忠必有可親之色。"王聘珍:"忠,愛也。""忠"、"愛"義近,故文獻常並稱。《管子·五輔》:"薄稅斂,毋苟於民,待以忠愛,而民可使親。"《禮記·王制》:"悉其聰明、致其忠愛以盡之。"(廖名春)

上博二·容 35"厚～",深愛。《韓非子·六反》:"故母厚愛處,子多敗,推愛也;父薄愛教笞,子多善,用嚴也。"

上博四·曹 12"兼～",同時愛不同的人或事物。《荀子·成相》:"堯讓賢,以爲民,氾利兼愛德施均。"

上博一·性 34"～類七"、"售(唯)眚～爲丘(近)悳(仁)",愛分七種,出自於人性的愛最近於仁。

上博八·志 7～,《禮記·表記》:"愛莫助之。"鄭玄注:"愛,猶惜也。"

蟁

上博一·孔 11 青～也

上博一·孔 15 ☐及丌（其）人敬～丌（其）查（樹）

上博一·孔 15《甘棠》之～㠯（以）卲（召）公☐

～，从"虫"，"悉"聲，其所增之"虫"即是在"悉"字金文或體 ![] （中山王圓壺）的基礎上訛變而來，成爲累加聲符。悉，影母物部，虫，曉母微部。"愛"字當與"慶"字類似，所从之"夊"也是由"虫"符訛變而來。"愛"與"悉"古本一字。（禤健聰）《說文·夊部》："愛，行皃。从夊，悉聲。"

上博一·孔 11"青～"，讀爲"情愛"，親愛或友愛之情。宗炳《明佛論》："觀大鳥之廻翔，小鳥之嗁噍，葛盧所聽之牛，西巴所感之鹿，情愛各深於其類矣。"

上博一·孔 15"敬～"，讀爲"敬愛"，尊敬熱愛。《戰國策·秦策三》："質仁秉義，行道施德於天下，天下懷樂敬愛，願以爲君王，豈不辯智之期與？"

既

上博一·緇 11 我～見

上博一·緇 24 我龜～猒（厭）

上博一·孔 19 ～曰天也

上博三·周 53 遞（旅）～㢟

 上博三·亙9 天道～載

 上博三·彭4 ～只(躋)於天

 上博三·彭8 ～旻(得)昏(聞)道

 上博四·柬4 ～謐而卜之

 上博二·民5 五至～睧(聞)之矣

 上博二·民7 而旻(得)(德)～塞於四海矣

 上博二·民13 燹(氣)[志]～旻(得)

 上博二·民13 燹(氣)志～從

 上博二·容23 壐(禹)～已受命

 上博二·容28 句(后)禝(稷)～已受命

 上博二·容29 咎(皋)駝(陶)～已受命

 上博二·容30 敵(質)～受命

 上博二・容 37 泗(伊)尹~已受命

 上博二・容 45~爲金桎

 上博三・中 8~昏(聞)命豈(矣)

 上博三・中 11~昏(聞)命豈(矣)

 上博四・昭 1 室~成

 上博四・昭 1~䈞 之

 上博四・昭 5 須~裕安從事

 上博四・昭 10 脾~與虔(吾)同車

 上博四・曹 1 型~城(成)矣

 上博四・曹 4 今天下之君子~可智(知)已

 上博四・曹 32~戠(戰)䢉(將)斁(量)

 上博四・曹 40~成喬(教)矣

上博四·曹44～戬(戰)又(有)幾(忌)虖(乎)

上博四·曹45～戬(戰)而又(有)殆心

上博四·曹45 此～戬(戰)之幾(忌)

上博四·曹50～戬(戰)逡(復)豫

上博五·競1 曰～

上博五·競3～祭

上博五·競4～祭之後

上博五·鮑8～至齊埅(地)

上博五·姑10 參(三)埗(邵)～亡

上博六·莊1 莊王～成亡(無)鐸(射)

上博六·莊1 虗(吾)～果城(成)無鐸(射)

上博六·莊1【背】莊王～成

上博六・用10 而諈～迻

上博六・用12～出於口

上博六・用13 心牆之～權

上博六・用17 事～無红

上博七・凡甲1～城（成）既生

上博七・凡甲1 既城（成）～生

上博七・凡甲1～杲（本）既槿（根）

上博七・凡甲1 既杲（本）～槿（根）

上博七・凡甲4 五～竝至

上博七・凡甲4 虗（吾）～長而或（又）老

上博七・凡甲5 骨=（骨肉）之～林（靡）

上博七・凡甲6 骨=（骨肉）之～林（靡）

上博楚簡文字聲系(一~八)

 上博七·凡乙 1 ~城(成)既生

 上博七·凡乙 1 既城(成)~生

 上博七·凡乙 1 ~枺(本)既槿(根)

 上博七·凡乙 1 既枺(本)~槿(根)

 上博七·凡乙 3 五~竝至

 上博七·凡乙 4 虐(吾)~長而或(又)老

 上博七·凡乙 5 骨=(骨肉)之~朩(靡)

 上博七·凡乙 11 ~朩(靡)

 上博七·吳 9 ~妃(犯)

 上博八·子 5 門人~荼(除)

 上博八·顏 5 惲(回)~䎽(聞)命矣

 上博八·顏 10 惲(回)~䎽(聞)矣

· 2430 ·

 上博八·成1 成王～邦(封)周公二年

 上博八·命2 儝(僕)～旻(得)辱視日之廷

 上博八·王3 是言～睧(聞)於衆巳(已)

～，戰國文字或作 (郭店·老子丙1)、 (郭店·老子甲20)、 (郭店·緇衣19)、 (郭店·五行10)、 (郭店·五行10)、 (郭店·五行10)、 (郭店·六德15)、 (新蔡甲一25)、 (新蔡甲三6)、 (新蔡甲三215)、 (秦駰玉版)。《說文·皀部》：" 既，小食也。从皀，旡聲。《論語》曰：'不使勝食既'。"

上博三·周53"遞(旅)～宋"，今本作"即"，形近而誤。"旅既次"即商旅已經在客舍住下。（陳劍）

上博五·競1"日～"，日食盡爲"既"。《史記·周本紀》："東西周皆入于秦，周既不祀。"司馬貞索隱："既，盡也。日食盡曰既。"《書·舜典》："既月。乃日覲四嶽群牧。"孔穎達疏："日月食盡曰既。"《左傳·桓公三年》："秋七月壬辰朔，日有食之，既。"楊伯峻注："既，盡也。日全食也。"（季旭昇）

上博七·凡甲4、凡乙3～，讀爲"氣"。《論語·鄉黨》"不使勝食氣。"《說文·皀部》引"氣"作"既"。"五燯"，即"五氣"，五行之氣，亦指五方之氣。《史記·五帝本紀》："軒轅乃修德振兵，治五氣，蓺五種，撫萬民，度四方。"裴駰集解引王肅曰："五行之氣。"庾信《配帝舞》："四時咸一德，五氣或同論。"

上博二·民7"而得(德)～塞於四海矣"，其德已經充塞於四海了。"既"，已經。《淮南子·原道》："是故春風至則甘雨降，生育萬物，羽者嫗伏，毛者孕育，草木榮華，鳥獸卵胎。莫見其爲者，而功既成矣。"（陳劍）"得～"，或讀爲"志氣"。《禮記·孔子閒居》："志氣塞乎天地。"

上博～，已經，已然。《詩·鄭風·溱洧》："女曰觀乎？士曰既且。"鄭玄箋："既，已也。"《書·堯典》："克明俊德，以親九族，九族既睦，平章百姓。"孔

安國傳:"既,已也。"

嘅

上博三·互5智(知)～(既)而亢(荒)思不夷

～,從"口","既"聲。

簡文～,讀爲"幾"。《歸妹》、《中孚》二卦爻辭均有"月幾望",《釋文》:"荀作'既'。""智(知)既(幾)"見於《易·繫辭下》:"子曰:知幾其神乎？君子上交不諂,下交不瀆,其知幾乎？幾者,動之微,吉之先見者也。君子見幾而作,不俟終日。"孔穎達疏:"'知幾其神乎'者,神道微妙,寂然不測,人若能豫知事之幾微,則能與其神道合會也。"(董珊)

愍

上博六·用11亞猷～圖節

～,從"心","既"聲,爲《說文》"愛"字古文所本,與(郭店·語叢一92)、(郭店·語叢三30)同。

簡文～,讀爲"氣"。"惡猶氣",是說惡德就像氣體一樣。(陳偉)

燰

上博二·民10～(氣)志不愇(違)

～,從"火","愍"聲,"燰(氣)"字異體。

上博二·民10"～(氣)志",指精神、意志。《禮記·孔子閒居》:"清明在躬,氣志如神。"《楚辭·九章·惜往日》:"信讒諛之溷濁兮,盛氣志而過之。"

氡

上博一·性1 憙(喜)蒭(怒)哀悲之~(氣)

上博三·亙1 又(有)或安(焉)又(有)~(氣)

上博三·亙2 ~(氣)是自生

上博三·亙2 亙(恆)莫生~(氣)

上博三·亙2 亙(恆)~(氣)之

上博三·亙4 至(濁)~(氣)生坒(地)

上博三·亙4 清~(氣)生天

上博三·亙4 ~(氣)信神才(哉)

上博三·亙9 亙(恆)~(氣)之生

上博一·性36 □□之~(氣)也

上博二·民12 ~(氣)[志]既旻(得)

上博二·民 13 ～（氣）志既從

上博二·從甲 9 志～（氣）不旨

上博二·容 30 舜乃欲會天墬（地）之～（氣）而聖（聽）甬（用）之

上博二·容 29 乃鞭（辨）佥（陰）昜（陽）之～（氣）

上博六·天甲 8 凡天子欽～

上博六·天乙 7 凡天子欽～

上博七·凡甲 27 并（屏）～而言

上博七·凡甲 27 和佣和～

～，从"火"，"既"聲，"氣"字異體，與（郭店·老子甲 35）、（郭店·語叢一 48）、（郭店·語叢一 52）、（郭店·語叢一 68）同。

上博一·性 1"意（喜）蒼（怒）哀悲之～（氣）"，喜、怒、哀、悲四種情緒。《管子·侈靡》："脩之心，其殺以相待，故有滿虛哀樂之氣也。"

上博三·亙～，即"氣"與"有"對稱，氣無形體，有是物質。"氣"是"有"的本原，是天地萬物的根源。（李學勤）

上博二·从甲 9"志～（氣）"，意志和精神。《莊子·盜跖》："目欲視色，耳欲聽聲，口欲察味，志氣欲盈。"

上博二·容 30"天墬（地）之～（氣）"，《禮記·郊特牲》："天子大社必受霜露風雨,以達天地之氣也。"《文子・上仁》:"老子曰:天地之氙,莫大於和。和者,陰陽調,日夜分。故萬物春分而生,秋分而成;生與成,必得和之精。故積陰不生,積陽不化,陰陽交接,乃能成和。"

上博二・容 29"乃鞭(辨)会(陰)易(陽)之~(氣)",《周禮・春官・占夢》:"占夢掌其歲時觀天地之會,辨陰陽之氣。"

上博六・天甲 8、天乙 7"欽~",讀爲"歆氣",與"食濁"爲對,當指攝取食物之精華。(裘錫圭)

上博七・凡甲 27"并(屏)~",抑止呼吸。形容謹慎畏懼的樣子。《論語・鄉黨》:"攝齊升堂,鞠躬如也,屏氣似不息者。"

上博七・凡甲 27"和佣和~",古人認爲天地間陰氣與陽氣交合而成之氣。萬物由此"和氣"而生。《老子》:"萬物負陰而抱陽,沖氣以爲和。"《韓非子・解老》:"孔竅虛,則和氣日入。"王充《論衡・講瑞》:"瑞物皆起和氣而生。"

榽

 上博六・用 10 胃(謂)天高而不~

《說文・木部》:"榽,枅斗斛。从木,既聲。"

簡文~,或讀爲"曁",至、到義,與"達"對應。(陳偉)或讀爲"極"。"天高而不極",指天高不可至。《孔叢子・問答》:"今世人言高者,必以極天爲稱,言下者以深淵爲名。"《禮記・樂記》:"及夫禮樂之極乎天而蟠乎地,行乎陰陽而通乎鬼神。"《慎子・外篇》:"譬之天高而不可極,川深而不可測。"(何有祖)

見紐骨聲

骨

 上博二・容 21 盬不折~

 上博四・昭 3 不幸鑑(僕)之父之~才(在)於此室之隓(階)下

 上博四·昭4 并僕(僕)之父母之～厶(私)自塼

 上博四·昭10 楚邦之良臣所聱～

《說文·骨部》:"骨,肉之覈也。从冎有肉。"

上博二·容21～,骨頭。《楚辭·招魂》:"雕題黑齒,得人肉以祀,以其骨爲醢些。"

上博四·昭3、4、10～,指尸骨。《左傳·僖公三十二年》:"必死是間,余收爾骨焉!"

禬

 上博五·三13 不有大～(禍)必大恥

 上博五·三14 爲不善～(禍)乃或(惑)之

 上博六·壽1 ～(禍)敗因童(重)於楚邦

 上博六·用9 ～(禍)不降自天

～,从"示","骨"聲,與 (新蔡乙一15)、 (新蔡零266)同。

上博五·三13、14、上博六·用9～,讀爲"禍",災害;災殃。指一切有害之事。《禮記·表記》:"君子慎以避禍。"《史記·孔子世家》:"聞君子禍至不懼,福至不喜。"

上博六·壽1"～敗",讀爲"禍敗",災禍與失敗。《左傳·襄公九年》:"商人閱其禍敗之釁。"《荀子·彊國》:"國之禍敗,不可勝悔也。"

溪紐气聲

气

上博三·周 44～(汔)至

《説文·气部》:"气,雲气也。象形。"

簡文"～至",今本作"汔至",帛書本作"訖至"。"汔"舊或訓爲"幾"、"近",或訓爲"乾涸"、"水竭"等。或讀爲"渴"(《説文》作"澻")。《穀梁傳·僖公九年》記葵丘之會的誓辭有"毋訖糴",《孟子·告子下》作"無遏糴"。"渴至"與"饑寒至"、"饑寒至身"(《漢書·食貨志上》)相類。《説苑·雜言》:"譬之猶渴而穿井,臨難而後鑄兵,雖疾從而不及也。"《説苑·奉使》:"寡人所謂饑而求黍稷,渴而穿井者。"(陳劍)

壐(圪)

上博四·曹 46～成則㥄(惕)

～,从"土","气"聲。

簡文～,或讀爲"迄",屆也,至也。或讀爲"既",已經。(季旭昇、蘇建洲)

透紐出聲

出

上博一·孔 13 鵲樔(巢)～以百兩(輛)

上博一·緇 15 亓(其)～女(如)緇

上博一·緇 20～内(入)自尔(爾)帀(師)雩(虞)

 港甲 1～言

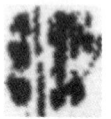 上博一・性 2［性］自命～

 上博一・性 2 智（知）情者能～之

 上博一・性 4 或～［之］

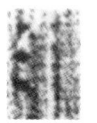 上博一・性 5～眚（性）者

 上博一・性 8 兀（其）䚻（始）～也皆生於［人］

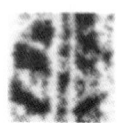 上博一・性 10 里（理）兀（其）情而～内（入）之

 上博一・性 14 兀（其）～於情也信

 上博一・性 16 兀（其）～内（入）也訓（順）

 上博一・性 28～言必又（有）夫柬（簡）柬（簡）［之信］

 上博一・性 34 情～于眚（性）

 上博二・魯 3～遇子贛曰

上博二·從甲 16 㠯(以)軋(犯)虞憨(犯)見不訓行㠯(以)～之

上博二·昔 3 内言不㠯(以)～

上博二·容 22 毘(禹)必遬(速)～

上博二·容 34 述(遂)禹(稱)疾不～而死

上博二·容 46 乃～文王於顕(夏)臺(臺)之下而餔(問)安

上博二·容 51 武王乃～革車五百輛(乘)

上博三·周 2 ～

上博三·周 4 不～迎(御)事

上博三·周 7 帀(師)～以聿(律)

上博三·周 16 ～門交又(有)工(功)

上博三·周 55 欤易～

上博三·亙 2 ～生

上博三·亙 4 同～而異生(性)

 上博三·瓦5 又(有)～於或(域)

 上博三·瓦5 生～於又(有)

 上博三·瓦5 音～於生

 上博三·瓦5 言～於音

 上博三·瓦5 名～於

 上博三·瓦6 事～於名

 上博三·瓦7 ～於复(作)

 上博三·瓦8 夒(亂)～於人

 上博四·采1 ～門㠯(以)東

 上博四·相1 待時～

 上博四·相1 古(故)此事使～政

 上博四·曹19 不可㠯(以)～豫

 上博四·曹19 不可㠯(以)～戩(陳)

 上博四·曹22 三軍～

 上博四·曹40 ～市(師)又(有)幾(忌)虖(乎)

正編·物部

 上博四·曹 40 三軍～〔乎〕競（境）必秀（勝）

 上博四·曹 42 此～帀（師）之幾（忌）

 上博四·曹 60 一～言三軍皆懼

 上博四·曹 60 一～言三軍皆往

 上博五·競 3 不～三年

 上博五·姑 3 不幸則取余（免）而～

 上博五·姑 4 唯（雖）旻（得）余（免）而～

 上博五·姑 9 女（汝）～內庫之緐（囚）

 上博五·君 2 數日不～

 上博六·競 10 ～喬于鄩

 上博六·競 13 公乃～

 上博六·壽 4 壽～

 上博六·用 9 亦不～自堕（地）

· 2441 ·

 上博六·用12 既～於口

 上博七·鄭甲5 毋敢夕門而～

 上博七·鄭乙5 毋敢夕門而～

 上博七·君甲1 王乃～而見之

 上博七·君甲4 天(一人)土(杜)門而不～

 上博七·君乙1 王乃～而見之

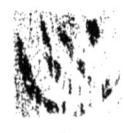 上博七·君乙4 一人土(杜)門而不～

 上博七·凡甲4 九囡(域)～誨

 上博七·凡甲10 日之旨(始)～

 上博七·凡甲25 ～惻(則)或内(入)

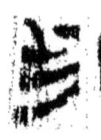 上博七·凡乙4 九囡(域)～誨

 上博七·凡乙8 日之旨(始)～

上博七·凡乙18～(則)或(又)内(人)

上博六·孔13～言不欺

～，會意，會腳从囗中出來之意。或作 ，右上角作曲折之形。戰國文字或作 (郭店·緇衣29)、 (郭店·語叢一19)、 (郭店·語叢一21)、 (郭店·性自命出18)、 (九A45)、 (新出温縣WT4K5：11)、 (關沮350)。《說文·出部》："進也。象艸木益滋，上出達也。"

上博一·孔13～，行往迎之。（馮時）

上博一·性16、上博一·緇20、上博一·性10"～内(入)"，出進。《詩·小雅·北山》："或出入風議，或靡事不爲。"

上博一·性2"[性]自命～"，即性出自命。

上博一·性2"～之"，使之出，與"内(入)之"相對。

上博一·性5"～眚(性)者"，讓人性展現出來。

上博一·性14"丌(其)～於情也信"，《戰國策·齊策四》："是皆率民而出于教情者也……此率民而出于無用者也。"此"出"當作"至"、"到達"解。

上博二·昔3"内言不以～"，《禮記·曲禮上》："外言不入於梱，内言不出於梱。"

上博二·容34～，出仕。《易·繫辭上》："子曰，君子之道，或出或處，或默或語，二人同心，其利斷金，同心之言，其臭如蘭。"

上博二·容46、上博五·姑9～，釋放。《韓非子·初見秦》："出其父母懷衽之中，生未嘗見寇耳。"

上博二·容51"～革車五百輛(乘)"，《戰國策·楚一》："遂出革車千乘，卒萬人，屬之子滿與子虎，下塞以東，與吳人戰于濁水而大敗之，亦聞于遂浦。"

上博三·周4～，爲"入"之反，猶言往也。"不出御事"實指不往治事，而帛書本及今本作"不永所事"指事情沒做長久，語意存在差異，均可通。（陳偉武）

上博三·周7"帀(師)～以聿(律)"，指軍隊出動。《易·師》："初六，師出

以律,否臧凶。"《韓非子·飾邪》:"始攻大梁而秦出上黨矣,兵至釐而六城拔矣。"

上博三·周16、上博四·釆1"～門",外出;走出門外。《易·同人》:"出門同人,又誰咎也。"《史記·淮陰侯列傳》:"信出門,笑曰:'生乃與噲等爲伍。'"

上博三·亙2"～生","出"、"生"同義連用。《易·説卦》:"萬物出乎震。"李鼎祚集解引虞翻曰:"出,生也。"

上博三·亙4、5、6"～",出自。

上博四·相1"～政",《墨子·非命下》:"是故出政施教,賞善罰暴。"《晏子春秋·内篇諫上》:"且天之下殃,固于富强,爲善不用,出政不行,賢人使遠,讒人反昌,百姓疾怨,自爲祈祥,録録强食,進死何傷?"

上博四·曹19"不可以～豫、不可以～戦(陳)",可参《吴子·圖國》,吴子曰:"昔之圖國家者,必先教百姓而親萬民。有四不和:不和於國,不可以出軍;不和於軍,不可以出陳;不和於陳,不可以進戰;不和於戰,不可以決勝。"

上博四·曹40、42"～帀(師)",出兵。《左傳·文公十六年》:"夫麋與百濮,謂我饑不能師,故伐我也。若我出師,必懼而歸。"《後漢書·吴漢傳》:"每當出師,朝受詔,夕即引道,初無辨嚴之日。"

上博一·性28、上博四·曹60"～言",説話;发言。《詩·小雅·都人士》:"其容不改,出言有章。"劉向《説苑·談叢》:"口者關也,舌者機也,出言不當,四馬不能追也。"

上博五·競3"不～三年",《墨子·明鬼》:"吾君殺我而不辜,若以死者爲無知,則止矣。若死而有知,不出三年,必使吾君知之。"

上博六·用12"既～於口",《管子·内業》:"治心在於中,治言出於口,治事加於人,然則天下治矣。一言得而天下服,一言定而天下聽,公之謂也。"

上博二·魯3、上博二·容22、上博五·君2、上博六·競13、上博七·鄭甲5、鄭乙5、上博七·君甲1、4、君乙1、4～,自内而外,與"入"、"進"相對。《禮記·祭義》:"樂正子春下堂而傷其足,數月不出。"

上博七·凡甲4、凡乙4"九囿～畮",讀爲"九域出畝"。《漢書·食貨志下》:"……而民不齊出南畝,商賈滋衆。"顏師古對"民不齊出南畝"的注釋是:"言農人尚少,不皆務耕種也。"可見"出畝"指出去耕作。(沈培)

上博七·凡甲10、凡乙8"日之旬(始)～",太陽剛剛升起。《吕氏春秋·審分覽》:"是故聖王之德,融乎若日之始出,極燭六合,而無所窮屈;昭乎若日之光,變化萬物,而無所不行。"

上博七·凡甲 25、凡乙 18"～惻或内",讀爲"出則又入",與"入"相對。

詘

 上博一·性 38 不又(有)夫～～之心則流

～,楚文字或作 ▨(郭店·老子乙 14)、▨(郭店·性自命出 46),秦印作 ▨(珍秦 83)、▨(陝西 609)。《説文·言部》:"詰詘也。一曰:屈襞。从言,出聲。▨,詘或从屈。"

簡文～,言語鈍拙。《史記·李斯列傳》:"慈仁篤厚,輕財重士,辯於心而詘於口。"簡文"詘詘",指質樸淳厚。

屈

 上博六·競 4 王命～木昏(問)軛(范)武子之行安(焉)

～,與 ▨(郭店·老子甲 23)、▨(郭店·老子乙 15)、▨(先秦編 247)、▨(鐵雲 53)同。《説文·尾部》:"屈,無尾也。从尾,出聲。"

簡文"～木",又稱"子木"、"屈建"、"建",曾任楚莫敖、令尹。《左傳·襄公二十二年》:"復使薳子馮爲令尹,公子齮爲司馬,屈建爲莫敖。"杜預注:"屈建,子木也。"《左傳·襄公二十五》:"楚薳子馮卒,屈建爲令尹。"

透紐戞聲

退

 上博一·孔 3 多言難而惉(怨)～(懟)者也

上博二·容48 三鼓而~之

上博五·君2 㕣(顔)囦(淵)退

上博一·性27 ~谷(欲)繡(肅)而毋翌(輕)

上博二·昔1 毋(母)俤(弟)夵(遜)~

上博五·姑8 鑾(樂)箸(書)乃~

上博四·相4 孔子~

上博四·曹58 所㠯(以)爲毋~

上博五·君2 㕣(顔)囦(淵)~

上博六·競3 二大=(大夫)~

上博六·競9 公~武夫

上博六·用19 進~敫立

上博八·顔9 ~者智(知)欽(禁)

～,簡文右上或訛作"目",或加"口"繁化。楚文字或作 、、、、,或加"丿"形飾筆。《説文·彳部》:"復,卻也。一曰:行遲也。从彳,从日,从夊。![],復或从内。![],古文从辵。"

上博一·孔 3"悁～",讀爲"怨懟",同義複詞,《説文》:"懟,怨也。"《穀梁傳·莊公三十一年》:"財盡則怨,力盡則懟。"《孟子·萬章上》:"以懟父母。"趙岐注:"以怨懟父母。"《淮南子·原道》:"聖人處之,不爲愁悴怨懟。"(秦樺林)

上博二·容 48～,指使後退;摒退。《墨子·兼愛中》:"越王擊金而退之。"

上博一·性 27"～谷(欲)繡(肅)",《韓非子·説疑》:"趙之先君敬侯,不修德行,而好縱欲,適身體之所安,耳目之所樂,冬日罝弋,夏浮淫,爲長夜,數日不廢禦觴,不能飲者以筒灌其口,進退不肅、應對不恭者斬於前。"

上博二·昔 1～,退讓;謙遜。《國語·楚語上》:"夫子踐位則退,自退則敬。"韋昭注:"退,謙退也。"

上博四·相 4、上博四·曹 58、上博六·競 3、上博五·君 2、上博五·姑 8～,退卻;後退。《易·大壯》:"羝羊觸藩,不能退,不能遂。"

上博六·競 9～,或讀爲"内"或"納"。古"退"、"内"均爲物部字;"退"屬透母,"内"屬泥母,均爲舌音,二字音近可通,馬王堆帛書《周易》、《老子》"退",或寫作"内"、"芮",可以爲證。(李天虹)

上博六·用 19"進～",前進與後退。《易·繫辭上》:"變化者,進退之象也。"韓康伯注:"往復相推,迭進退也。"孔穎達疏:"萬物之象皆有陰陽之爻,或從始而上進,或居終而倒退,以其往復相推,或漸變而頓化,故云進退之象也。"

定紐朮聲

述

 上博一·性 8 道四～(術)也

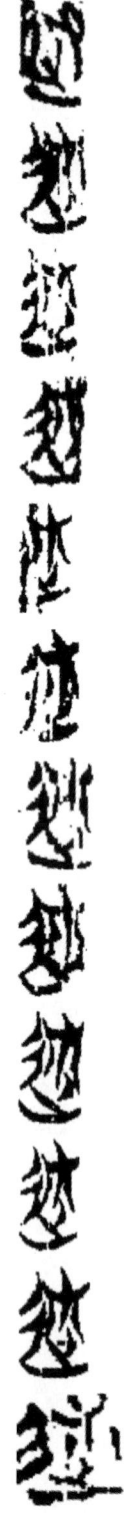

上博一·性 8 丌(其)三~(術)者

上博二·容 34~(遂)禹(稱)疾不出而死

上博二·容 35 傑(桀)不~丌(其)先王之道

上博二·容 37~迷而

上博二·容 39 陞(徵)自戎~(遂)

上博二·容 40 降自鳴攸(條)之~(遂)

上博二·容 41~(遂)逃迲(去)

上博二·容 42 受(紂)不~丌(其)先王之道

上博二·容 44 能~(遂)者述(遂)

上博二·容 44 能述(遂)者~(遂)

上博二·容 44 不能~(遂)者内(墜)而死

上博三·亙 12 無不旻(得)亓(其)惡(極)而果~(遂)

上博三·彭 6 ～(怵)惕之心不可長

上博五·季 4 羣=(君子)羣則～

上博五·季 8 紫(葛)踐含語肥也吕(以)尻(處)邦豪(家)之～日

上博五·三 15 百事不～(遂)

上博六·孔 11 亓(其)～多方安(焉)

上博六·莊 4 哉於枆～

上博六·莊 6 忘夫枆～之下虖(乎)

上博八·子 2 ～(遂)行

上博八·王 2 ～日

～，古文字或作：、、、、、、。《説文·辵部》：“述，循也。从辵，朮聲。![]，籀文从秫。”

上博一·性 8"道四～(術)也、亓(其)三～(術)者"，～，讀爲"術"。"四術"指"詩"、"書"、"禮"、"樂"四種經術總稱。"三術"指"詩"、"書"、"禮"。或説"道四術"是指"心術"和"詩"、"書"、"禮樂"三術。

上博二·容35、42～，順應；符合。《國語·周語下》："如是，而鑄之金，磨之石，繫之絲木，越之匏竹，節之鼓而行之，以遂八風。"韋昭注："遂，順也。"《史記·李斯列傳》："斷而敢行，鬼神避之，後有成功。願子遂之。"

上博二·容39"戎～"，讀爲"陑遂"，地名。《書·湯誓序》："伊尹相湯伐桀，升自陑遂，與桀戰於鳴條之野，作湯誓。"（許全勝）

上博二·容40"降自鳴攸（條）之～（遂）"，《史記·夏本紀》："桀走鳴條遂，放而死。"

上博二·容34、41、上博八·子2～，讀爲"遂"，副詞，于是；就。《春秋·僖公四年》："四年春，王正月，公會齊侯、宋公……侵蔡。蔡潰。遂伐楚，次於陘。"杜預注："遂，兩事之辭。"

上博二·容44～，讀爲"遂"，通過。《易·大壯》："羝羊觸藩，不能退，不能遂。"孔穎達疏："遂謂進往。"《文選·謝靈運〈九日從宋公戲馬台集送孔令〉詩》："歸客遂海嶠，脫冠謝朝列。"李善注："《廣雅》曰：遂，往也。"

上博三·亙12～，讀爲"遂"，成功。《墨子·脩身》："功成名遂，名譽不可虛假，反之身者也。"《老子》第十七章："功成事遂"。

上博三·彭6"～惕"，讀爲"怵惕"，戒懼；驚懼。《禮記·祭義》："春，雨露既濡，君子履之，必有怵惕之心，如將見之。"《書·囧命》："怵惕惟厲，中夜以興，思免厥愆。"孔安國傳："言常悚懼惟危，夜半以起，思所以免其過悔。"睡虎地秦簡《爲吏之道》："術（怵）愁（惕）之心，不可長。"《說苑·談叢》："忽忽之謀，不可爲也；惕惕之心，不可長也。"簡文"述惕"與"惕惕"義同。或讀"述"爲"墜"，"述惕"、"術惕"、"惕惕"均指輕慢。（陈斯鹏、陳偉武）

上博五·季4"龏則～"，讀爲"恭則遂"，恭敬就會順遂、成功。

上博五·季8～，讀爲"術"，方法；手段。《禮記·祭統》："惠術也，可以觀政矣。"鄭玄注："術猶法也。"《吕氏春秋·決勝》："夫兵貴不可勝。不可勝在己，可勝在彼。聖人必在己者，不必在彼者，故執不可勝之術，以遇不勝之敵，若此則兵無失矣。"

上博五·三15～，讀爲"遂"，成也，順也。《禮記·月令》："百事乃遂。"鄭玄注："遂，猶成也。"《國語·周語》："以遂八風。"韋昭注："遂，猶順也。"《墨子·修身》："功成名遂，名譽不可虛假，反之身者也。"

上博六·孔11～，讀爲"遂"，指通達。《吕氏春秋·圜道》："日夜不休，宣通下究，瀸於民心，遂於四方。"高誘注："遂，達。"《史記·孟子荀卿列傳》："荀卿嫉濁世之政，亡國亂君相屬，不遂大道而營於巫祝，信禨祥。"（何有祖）

上博六·莊 4、6"朸～",地名。或讀爲"棘遂",《左傳·襄公二十四年》:"楚子伐鄭以救齊,門於東門,次於棘澤。""朸遂"應該就是鄭東門外之"棘澤"。(凡國棟)

上博八·王 2"～日",指前日或昨日。或讀爲"遂日"。《廣雅·釋詁一》:"昔、遂,往也。""遂日"即昔日、往日。(張崇禮)

頛

　　上博一·緇 2 爲下可～(類)而眢也

～,從"頁","朮"聲,"類"字異體。此字郭店簡《緇衣》作 ,今本《禮記·緇衣》作"述"。裘錫圭先生按語:"簡文讀爲'可類而等之',於義可通,似不必從今本改讀。"

簡文～,即"類",相似;像。《易·繫辭下》:"於是始作八卦,以通神明之德,以類萬物之情。"孔穎達疏:"今作八卦,以類象萬物之情,皆可見也。"

泥紐内聲

内

　　上博一·孔 3 丌(其)～勿也

　　上博一·孔 12 反～(入)於豊(禮)

　　上博一·孔 20 丌(其)言又(有)所載而句(後)～

　　上博四·内 1【背】～豊(禮)

　　上博一·性 2 智(知)義者能～(入)[之]

 上博一・性 10 里（理）亓（其）情而出～（入）之

 上博一・性 16 亓（其）出～（入）也訓（順）

 上博二・昔 2 逆人～（入）告于君

 上博二・昔 2 太子～（入）見

 上博二・昔 3 外言不䚅（以）～（入）

 上博二・容 10 自～安（焉）

 上博二・容 32 蓁林～（入）

 上博二・容 39 ～（入）自北門

 上博二・容 44 ～（入）而死

 上博三・中 20 戁（難）䚅（以）～（納）諫

 上博四・昭 1 王～（入）

 上博四・昭 2 君王訇（始）～（入）室

　上博四·昭 6 大尹～（人）告王

　上博四·柬 7 王～（人）

　上博四·柬 20 君～（人）而語儳（僕）之言於君王

　上博四·曹 1 敓（曹）蔑（沫）～（人）見曰

　上博五·競 1【背】競建～之

　上博五·姑 9 㠯（以）～（人）

　上博五·三 11 ～（人）虛毋樂

　上博一·緇 20 出～（人）自尒（爾）帀（師）

　上博二·子 12 遊於玄咎之～

　上博一·性 4 [四海之]～

　上博一·性 14 肰（然）句（後）亓（其）～（人）臬（拔）人之心也敓

　上博一·性 23 又（有）～歛者也

 上博一·性 26 門～之綺（治）

 上博一·性 31 少枉～（人）之可也

 上博二·容 19 四海（海）之～圣（及）四海（海）之外皆請社

 上博二·容 41 㠯（以）𩁹四海（海）之～

 上博二·民 11 ～虖巽悲

 上博二·從甲 11 ～亓（其）㤅安（焉）

 上博二·昔 3 割意於～

 上博二·昔 3 不見於～

 上博二·昔 3 不見於～

 上博二·容 5 四海（海）之～貞

 上博二·容 9 而橐（包）才（在）四海（海）之～

 上博三·周 9 比之自～

 上博三·中 18 昔三弋(代)之明王又(有)四海之～

 上博四·曹 18 所以歫(距)～

 上博五·競 8 吟(今)～之不旻(得)百生

 上博五·鮑 3 毋～錢器

 上博五·姑 9 女出～庫之繇而余之兵

 上博五·三 3 外～又(有)詀(辨)

 上博五·三 22 四亢之～

 上博六·競 3 公～安子而告之

 上博六·競 5 外～不廢

 上博六·競 9 今～寵又(有)割疾

 上博六·用 9 ～閒諹衆

 上博六·天甲 9 朝不語～

 上博六·天甲 12 見窔而爲之～

 上博六·天乙 9 不語～

 上博七·鄭甲 2 㠯(以)叟(沒)～墬(地)

 上博七·鄭乙 2 㠯(以)叟(沒)～墬(地)

 上博七·凡甲 25 出惻(則)或(又)～

 上博七·凡乙 18 出惻(則)或(又)～

 上博八·顏 1 敢䎽(問)君子之～事也又(有)道嗁(乎)

 上博八·顏 3 □必不才(在)慈(茲)之～矣

 上博八·顏 4 □～矣

 上博八·顏 5 害(蓋)君子之～事也女(如)此矣

 上博八·顏 5 君子之～事也

 上博八·顏 6 敢䎽(問)君子之～教也又(有)道嗁(乎)

　上博八·顔 10 君子之～教也

　上博八·命 5 不㠯(以)厶(私)思〈惠〉厶(私)悁(怨)～(人)于王門

　上博八·命 7 四海之～

　上博八·命 9 必～(人)瓜(偶)之於十友又厽(三)

～，戰國文字或作 (郭店·緇衣 39)、 (郭店·性自命出 9)、 (郭店·語叢一 20)、 (郭店·語叢三 60)、 (郭店·六德 26)、 (九 A41)、 (施 171)。《説文·入部》："内，入也。从口，自外而入也。"

上博一·孔 3"～勿"，讀爲"納物"，採納四方風物。

上博一·孔 20～，讀爲"入"。"其言有所載而後入"，是說《詩》的歌詞必有所負載，然後才能深入人心。(李零)

上博四·内 1【背】"～豊"，讀爲"内禮"，"内"爲心，"内禮"是説孝既要有内心的忠愛之情，又要有外在的禮節形式。《大戴禮記·曾子》："兄之行若中道，則兄事之；兄之行若不中道，則養之；養之内，不養於外，則是越之也；養之外，不養於内，則是疏之也；是故君子内外養之也。"王聘珍解詁："'養'讀若'中心養養'，憂念也。内謂心，外謂貌。……内外養之，謂憂誠於中，形于外，冀感悟之也。"(林素清)

上博二·容 10"～安"，讀爲"入焉"。《春秋·桓公十五年》："許叔入于許。"杜預注："許叔，莊公弟也。隱十一年，鄭使許大夫奉許叔居許東偏。鄭莊公既卒，乃入居位。"孔穎達疏："入者，自外之辭，本其所自之處。言其自許東偏而人入于許，非從外國入也。"簡文"入焉以行政"，入居其位以執掌國家政權。(白於藍)

上博三·中 20"～諫"，讀爲"納諫"，接受規勸。多指君主接受臣下進諫。《國語·晉語八》："納諫不忘其師，言身不失其友。"

上博二·昔 2、上博二·容 32、39、上博四·昭 1、2、6、上博四·柬 7、20、上博四·曹 1、上博五·姑 9、上博五·三 11、上博八·命 5～，讀爲"入"，進入，由外至内。《書·禹貢》："導淮自桐柏，東會于泗沂，東入于海。"《孟子·滕文公上》："當是時也，禹八年於外，三過其門而不入，雖欲耕，得乎？"

上博五·競 1【背】～，讀爲"納"，獻納。

上博二·子 12～，讀爲"汭"，水邊之地。《穆天子傳》卷四："剬柏絮觴天子于澡澤之上，罰多之汭。"郭璞注："汭，水崖。"（陳偉）

上博一·性 14～，讀爲"入"，進入。"肰句亓内（入）巣（拔）人之心也敓"，意爲然後它進入人心、感動人心才夠深厚。《荀子·樂論》："夫聲乐之入人也深，其化人也速，故先王謹为之文。"（讀本一）

上博一·性 26"門～之紿（治）"，《禮記·喪服四制》："門内之治，恩掩義；門外之治，義斷恩。"孔穎達疏："以門内之親，恩情既多，撐藏公義，言得行私恩，不行公義。若《公羊傳》云'有三年之喪，君不呼其門'是也。"

上博二·民 11"～虔巽悲"，讀爲"内恕洵悲"。"内恕"，謂存心寬厚。《禮記·孔子閒居》："無服之喪，内恕孔悲。"陳澔集說："内恕孔悲者，言其以仁存心也。"董仲舒《春秋繁露·俞序》："上奢侈，刑又急，皆不内恕，求備於人。"

上博二·從甲 11"～亓（其）怠安"，讀爲"納其身焉"，見善行就加入到、投身于這一行爲之中。（陳劍）

上博二·昔 3～，參《禮記·内則》："男不言内，女不言外，非祭非喪不相授器。其相授則女授於篚；其無篚，則皆坐奠之而後取之。外内不共井，不共湢浴，不通寢席，不通乞假。男女不通衣裳，内言不出，外言不入。"此簡是論述別男女之職、嚴内外之限。

上博二·容 5、9、19、41、上博三·中 18、上博八·命 7"四洷（海）之～"，《孟子·告子下》："夫苟好善，則四海之内皆將輕千里而來告之以善。"《論語·顔淵》："司馬牛憂曰：'人皆有兄弟，我獨亡！'子夏曰：'商聞之矣：死生有命，富貴在天。君子敬而無失，與人恭而有禮，四海之内皆兄弟也！君子何患乎無兄弟也。'"

上博三·周 9～，指國内。（李零）

上博五·鮑 3～，讀爲"入"，

上博五·三 3"外～又詨（辨）"，"外"、"男"指的是"陽"，"内"、"女"指的是"幽"。

上博五·三 22"四亢之～"，即四方荒遠之内。《楚辭·離騷》："忽反顧以遊目兮,將往觀乎四荒。"朱熹集注:"故復反顧而將往觀乎四方絶遠之國。"

上博六·兢3～,讀爲"入",在簡文中有引進、接納之意。《晏子春秋·内篇諫上》:"梁丘據肙入歌人虞,變齊音。"(何有祖)

上博五·兢8～,與"外"相對。

上博六·兢5"外～不廢",《左傳·昭公二十年》:"若有德之君,外内不廢,上下無怨,動無違事,其祝史薦信,無愧心矣。"

上博六·兢9"～寵",帝王寵愛的人,指内官之有權寵者。《左傳·僖公十七年》:"易牙入,與寺人貂因以内寵以殺群吏。"杜預注:"内寵,内官之有權寵者。"

上博六·用9"～閒",讀爲"内外"。

上博六·天甲9、天乙9～,内室,此處指内室之事,亦即私事。"朝不語内",即《禮記·曲禮下》"在朝言朝"的另一種説法。

上博六·天甲12～,讀爲"納",訓爲"藏"。《書·金縢》:"公歸,乃納册于金縢之匱中。"(張崇禮)

上博七·鄭甲2、鄭乙2"～墜(地)",讀爲"入地"。"入地",入於地下,猶言死也。

上博七·凡甲25、凡乙18～,讀爲"入",與"出"相對。

上博八·顔1、5"～事",指宗廟祭祀、朝廷、宫内等事,以正德爲内事。如《禮記·曲禮上》:"外事以剛日,内事以柔日。"孔穎達疏:"内事,郊内之事也。乙丁己辛癸五偶爲柔也。"孫希旦集解:"内事,謂祭内神。"《國語·晉語八》:"公族之不恭,公室之有回,内事之邪,大夫之貪,是吾罪也。"韋昭注:"内,朝内也。"指朝廷内的事。或讀爲"入仕"。(陳偉)

上博八·顔6、10"～教",孝親、祭宗之教,同"五教"(父義,母慈,兄友,弟恭,子孝)。《禮記正義》:"外教謂郊天,内教謂孝於親、祭宗廟。""内教"也與孔子答曾子的七教相類。《孔子家語·王言解》:"曾子曰:'敢問何謂七教?'孔子曰:'上敬老則下益孝,上尊齒則下益悌,上樂施則下益寬,上親賢則下擇友,上好德則下不隱,上惡貪則下恥爭,上廉讓則下恥節,此之謂七教。七教者,治民之本也。政教定,則本正也。凡上者,民之表也,表正則何物不正。……'"或疑讀爲"入教"。《國語·晉語四》:"若有違質,教將不入,其何善之爲",韋昭注:"不入其心。"郭店·性自命出:"凡聲其出于情也信,然後其入撥人之心也厚。"此處"入教"似與類似,指使教化深入人心。(陳偉)

上博"出～",讀爲"出入",出進。《詩·小雅·北山》:"或出入風議,或靡

事不爲。"《史記·項羽本紀》:"所以遣將守關者,備他盜出入與非常也。"(李學勤)

來紐類聲

頪

 　　上博一·性9 聖人比丌(其)～(類)而侖(論)會之

 　　上博一·性34 忎(愛)～(類)七

 　　上博一·性34 智～(類)五

 　　上博一·性34 亞(惡)～(類)三

 　　上博二·容30 复(作)爲六～(律)

 　　上博五·鬼6 ～(類)獸非鼠

 　　上博六·用20 凡民之終～(類)

 　　上博八·李1【背】木異～(類)可(分)

～,與 (郭店·尊德義4)、 (郭店·六德31)同,从"米",从"頁"。

上博一·性9～,讀爲"類",品類。"仁類"、"義類",與《五行》"仁之方"、"義之方"類似。(陳偉)

上博二·容30～,即"類",讀爲"律"。"類"、"律"古音均爲來紐物部,故

可通假。《禮記·樂記》:"律小大之稱。"《史記·樂書》"律"作"類"。"六律",見《國語·楚語下》:"是以先王之祀也,以一純、二精、三牲、四時、五色、六律……以致之……";《鄭語》:"是以和五味以調口,剛四支以衛體,和六律以聰耳……"。《淮南子·泰族》:"夔之初作樂也,皆合六律而調五音,以通八風……";又《本經》:"用六律者,伐亂禁暴,進賢而退不肖……"。

上博五·鬼6～,即"類",相似;像。《易·繫辭下》:"於是始作八卦,以通神明之德,以類萬物之情。"孔穎達疏:"今作八卦,以類象萬物之情,皆可見也。""類獸非鼠",樣子既像走獸但又不是鼠類。

上博八·李1【背】"異～",即"異類",不同種類。《莊子·人間世》:"虎之與人異類而媚養己者,順也。"桓寬《鹽鐵論·刺議》:"葶藶似菜而味殊,玉石相似而異類。"

心紐率聲

衛（達）

 上博二·容7～（達）天下之人還（就）奉而立之

 上博一·孔27七（蟋）～（蟀）

 上博三·周8長子～（達）帀（師）

 上博四·曹22君自～

 上博四·曹27～有智

 上博四·曹28三軍又（有）～

2461

 上博四·曹 32 亓(其)遥(將)～(師)剔(傷)

 上博四·曹 33 辟(親)～勅(勝)

 上博四·曹 36 思～

 上博四·曹 38 古～不可思牪

 上博四·曹 25 凡又(有)司～倀(長)

 上博四·曹 58 ～車呂(以)車

 上博四·曹 58 ～徒呂(以)徒

上博五·姑 10 弝(強)門大夫～(率)呂(以)罩長魚䈞

～，即"遳"字，《玉篇》："遳，先道也，別也，今爲帥。"《古文四聲韻》"率"字下引《義雲章》作" "，與簡文同。《儀禮·聘禮》："使者朝服，帥衆介夕。"鄭玄注："古文帥皆作率。"《說文·率部》："率，捕鳥畢也。象絲罔，上下其竿柄也。"

上博二·容 7～，率領；帶領。《書·顧命》："成王將崩，命召公、畢公率諸侯相康王。"孔穎達疏："使率領天下諸侯輔相康王。"《史記·吳太伯世家》："越王句踐率其衆以朝吳。"或疑屬上讀。"率"有順服義。（陳偉）

上博一·孔 27"七～"，讀爲"蟋蟀"，《詩經》篇名。《詩·唐風·蟋蟀》："蟋蟀在堂，歲聿其莫。今我不樂，日月其除。無已大康，職思其居。好樂無荒，良士瞿瞿。"

上博三·周 8"～帀"，讀爲"帥師"，率領軍隊。《書·秦誓》："秦穆公伐

鄭,晉襄公帥師敗諸崤,還歸,作《秦誓》。"

上博四·曹22、27、28、36、38~,讀爲"帥",指三軍之將,《論語·子罕》:"三軍可奪帥也。"《荀子·富國》:"將率不能則兵弱。"楊倞注:"率與帥同。"

上博四·曹32"逵~",讀爲"將帥",將領。《禮記·樂記》:"君子聽鼓鼙之聲,則思將帥之臣。"徐幹《中論·慎所從》:"若夫攻城必拔,野戰必克,將帥之事也。"

上博四·曹25、33、上博五·姑10~,率領;帶領。

上博四·曹58~,同"率"。簡文指率車則與車同在,率徒則與徒同在。

幫紐弗聲

弗

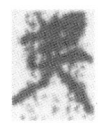　　上博一·性3~鉤(扣)不鳴

　　上博一·性32~旻(得)之矣

　　上博一·性38~敚不可

　　上博一·性39~校不足

　　上博二·子1昔者而~殜(世)也

　　上博三·周56~遇佐(過)之

　　上博三·彭8志(恐)~能守

 上博四·昭2 寵人～敢坒（止）

 上博五·競3～行者死

 上博五·鮑4～顧耇（前）遂（後）

 上博五·鮑5 公～詰

 上博五·鮑5 公沽～謫（察）

 上博五·鮑6 公～煮（圖）

 上博五·三6 建五官～散（措）

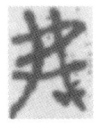 上博五·三7 皇天～京（諒）

 上博五·三7 上帝～京（諒）

 上博五·三7 上帝～京（諒）

 上博五·三8 唯（雖）成～居

 上博五·三8 上帝～京（諒）

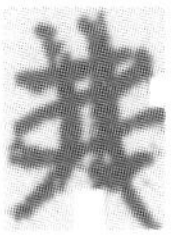

上博五・三 14～殺不隱（隕）

上博五・三 22 民莫～新（親）

上博三・中 6 雝（雍）也～昏（聞）也

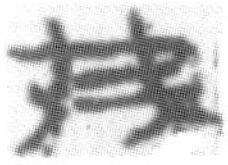

上博四・曹 9 害（曷）又（有）～旻（得）

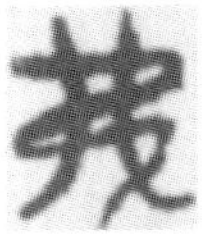

上博四・曹 10 害（曷）又（有）～遊（失）

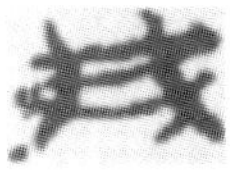

上博四・曹 45 死者～收

上博四・曹 45 戕（傷）者～訇（問）

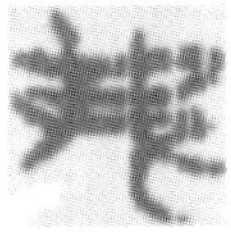

上博四・曹 60 如牆（將）～克

上博四・曹 63～琗危堲（地）

上博五・君 1～能少居也

上博五・弟 1 脡陸（陵）季=（季子）僑而～受

上博五・弟 9 事而～受者

上博五・弟 10 囗女～智（知）也唬（乎）

 上博五·弟 17～王

 上博三·中 9～智(知)懇(舉)也

 上博四·曹 8 君～聿(盡)

 上博五·鬼 4 亓(其)力能至(致)安(焉)而～爲唬(乎)

 上博五·鬼 4 虐(吾)～智(知)也

 上博五·鬼 4 虐(吾)或(又)～智(知)也

 上博五·鬼 6～歆(飲)弗飤(食)

 上博五·鬼 6 弗歆(飲)～飤(食)

 上博一·緇 16 君子～言

 上博一·緇 16 君子～行

 上博二·從甲 14 又(有)所不足而不敢～

 上博一·緇 11 女(如)丌(其)～克見

正編・物部

上博一・緇 11 我～曺（迪）耵（聖）

上博一・緇 23 虐（吾）～信之矣

上博二・從甲 2 而民或～義

上博六・孔 5 冠～見也

上博六・孔 5 會～見也

上博六・孔 5 䉕～見也

上博六・孔 9 不惥（仁）人～旻（得）進

上博六・孔 12 唯又□～遠

上博六・孔 22 虐（吾）子迷言之猶忈（恐）～智（知）

上博六・壽 6 臣～智（知）

上博六・用 5 而亦～能弃

上博六・用 7 而～可矣

上博六·用12則～可悔

上博六·用20民亦～能望

上博七·武10毋堇(謹)～志

上博七·武12則～道

上博七·武14～[強]則桎(枉)

上博七·鄭甲4～㥜(畏)䰠(鬼)神之不羕(祥)

上博七·鄭乙4～㥜(畏)䰠(鬼)神之不羕(祥)

上博七·吳3兩君之～愻(順)

上博八·子3飤(食)而～與爲豊(禮)

上博八·成1西行～埜(來)

上博八·成7～遡(朝)而自至

上博八·成7～睿(密)而自周

 上博八·成 7～會而自剠(斷)

 上博八·命 7 莫～瞽(聞)

～,戰國文字或作 、、、、、、、、、、、、。《說文·丿部》:"弗,撟也。从丿,从乀,从韋省。"

上博二·子 1"～殜",即"不世",謂古時帝王位不世襲。

上博八·子 3"～與",不如。《漢書·晁錯傳》:"今匈奴地形技藝與中國異,上下山阪,出入溪澗,中國之馬弗與也。"顔師古注:"與猶如。""飤(食)而～與爲豊(禮)",意即只吃不如去做禮事。

簡文～,不。《書·堯典》:"九載績用弗成。"《莊子·秋水》:"至德者,火弗能熱,水弗能溺,寒暑弗能害,禽獸弗能賊。"

並紐弱聲

彏

 上博三·周 24～(佛)經于北湣

 上博三·周 24～(佛)頤

 上博三·周 25～(佛)尻(居)

～，从"弜"，从"惟"，"弜"、"惟"均是聲符。

簡文～，帛本作"柫"，今本《周易》作"拂"，阜陽漢簡作"弗"。"䇿"所從"弜"、"惟"均是聲符，與"柫"、"弗"、"拂"爲通假關係。"弼"以"弜"爲聲符。"弼"、"拂"二字古通，《書·益稷》："汝弼。"《史記·夏本紀》作"女匡拂予"。《大戴禮記·保傅》："絜廉而切直，匡過而諫邪者，謂之弼；弼者，拂天子之過者也。"《賈子新書·保傅》"弼"作"拂"。《荀子·臣道》："謂之拂。"楊倞注："拂，讀爲弼。""䇿經"就是"弼經"，義爲努力經營。曰"曰遘頤，䇿經"就是要重視頤養，努力經營。"䇿頤"就是"弼頤"，勉力頤養。（廖名春）或讀爲"弗"，不。

並紐豈聲

滕

 上博一·性19 湝深～慆（陶）

～，郭店·性自命出31作 𦴐、性自命出44作 𦴐，應該是包山簡寫作 𦴐（包山80）形的"脖"字的省體，而 𦴐 上部所從是侯馬盟書 𦴐 字上部所從的變體，即將一正一倒兩"戈"旁改爲同方向的兩"戈"旁，即"豈"旁之省。

簡文"～慆"，讀爲"鬱陶"。《説文》認爲"豈"是"詩"字的籀文，"詩"是並紐物部字，"鬱"是影紐物部字。《書·五子之歌》："鬱陶乎予心，顏厚有忸怩。"孔安國傳："鬱陶，言哀思也。"陸德明釋文："鬱陶，憂思也。"《禮記·檀弓下》："人喜則思陶。"鄭玄注："陶，鬱陶也。"孔穎達疏："鬱陶者，心初悦而未暢之意也。"王念孫《廣雅疏證》參會衆説，指出"鬱陶"兼憂、喜二義，"大抵喜憂不能舒，結而爲思"。

明紐勿聲

勿

 上博四·曹38 ～兵㠯（以）克

 上博四·曹 38 ~兵㠯(以)克奚女(如)

 上博一·孔 3 丌(其)内~(物)也尃(博)

 上博一·緇 19 君子言又(有)~(物)

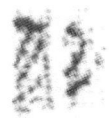 上博一·性 5 ~(物)也

 上博一·性 6 凡見者之胃(謂)~(物)

 上博一·性 6 ~(物)之埶(勢)者之胃(謂)埶(勢)

 上博一·性 29 凡悦人~㥯(隱)[也]

 上博一·性 31 已則~返(復)言也

 上博一·性 33 ~(物)之即(節)也

 上博二·容 46 臣敢~事虖(乎)

 上博二·容 46 子敢~事虖(乎)

 上博三·周 1 ~用取女

 上博三·周 8 小人～用

 上博三·周 21 ～藥又(有)菜

 上博三·周 24 十年～用

 上博三·周 30 ～用又(有)卣(攸)往

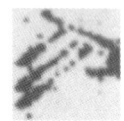 上博三·周 32 喪馬～由(逐)

 上博三·周 38 ～卹(恤)

 上博三·周 40 ～用取(娶)女

 上博三·周 42 ～卹(恤)

 上博三·周 45 㯱杽～寞

 上博三·周 57 ～用

 上博三·亙 7 采(綵)～(物)

 上博三·亙 8 多采(綵)～(物)

上博五·季15 □亞(惡)～史(使)

上博五·季15 先人斎=(之所)瀘(廢)～记(起)

上博五·季20 好人～貴

上博五·季20 凡欲～棠

上博五·季19 亞(惡)人～歉(鞻)

上博五·季20 凡遊(失)～㐫(危)

上博五·君2 口～言也

上博五·鬼6 ～(物)斯可惑

上博五·三11 善～威(滅)

上博五·三11 不恙(祥)～爲

上博五·三14 思道而～救

上博五·三14 方縈(營)～伐

 上博五·三14 牆(將)琞(興)～殺

 上博五·三14 牆(將)齊～桍(刳)

 上博五·三19 埤(卑)牆(牆)～增

 上博五·三19 瀘(廢)人～琞(興)

 上博一·性1 垡(待)～(物)而句(後)乍(作)

 上博一·性1 則～(物)取之

 上博一·性3 ～(物)也

 上博一·性3 ～(物)取之也

 上博二·民3 ～(物)之所至者

 上博五·君2 目～視也

 上博五·君2 耳～聖(聽)也

 上博六·競9 ～而祟者也

· 2474 ·

上博六·孔 3 品～

上博六·孔 7 虐(吾)子～昏(問)

上博六·孔 12 亦㠯(以)亓(其)～

上博六·孔 12 亓(其)～

上博六·孔 24 品～備矣

上博六·慎 3～㠯(以)坏身

上博六·用 5 受～于天

上博六·用 5 民之乍～

上博六·天甲 4 屯用～

上博六·天甲 5～

上博六·天乙 4 屯用～

上博六·天乙 4 必中青㠯(以)瞿於～

 上博七·凡甲1 凸(品)～流型

 上博七·凡甲3【背】凸(品)～流型

 上博七·凡甲22 則百～不遴(失)

 上博七·凡甲23 百～具遴(失)

 上博七·凡甲25 百～不死女(如)月

 上博七·凡乙1 凸(品)～流型

 上博七·凡乙15 則百～不遴(失)

 上博七·凡乙15 則百～具遴(失)

 上博七·凡乙18 咸百～不死女(如)月

 上博八·命3 命～之敢韋(違)

 上博八·志7 後舍～肰(然)

 上博八·李1【背】敬而～槳(集)可(兮)

　上博八·李 2 獸(守)～(物)弜(強)榦(幹)

　上博八·李 2 氏(是)古(故)聖人棘此和～(物)

　上博八·蘭 1 夬(決)迲(去)選～(物)

　上博八·蘭 5 萰(蘭)又(有)異～(物)

～，郭店簡或作、、、、、、。《説文·勿部》："勿，州里所建旗。象其柄，有三游。雜帛，幅半異。所以趣民，故遽稱勿勿。![]，勿或从於。"

上博四·曹 38～，表示禁止或勸阻，義同於"別"、"莫"。《廣韻·物韻》："勿，莫也。"《論語·衛靈公》："己所不欲，勿施於人！"簡文"勿兵以克"猶言"莫以士兵克敵"之義。（高佑仁）

上博一·孔 3"内～"，讀爲"納物"，即納取百物。《論語·陽貨》："四時行焉，百物生焉。"（馮時）

上博一·緇 19"君子言又(有)～(物)"，《禮記·緇衣》："子曰：'言有物而行有格也。'"鄭玄注："物，謂事驗也。格，舊法也。"

上博一·性 6～，讀爲"物"，指一切客觀存在的、人可發現的事物。

上博一·性 33"～(物)之即(節)也"，《漢書·匡衡傳》："臣又聞聖王之自爲動静周旋，奉天承親，臨朝享臣，物有節文，以章人倫。"顏師古注："物，事也，事事皆有節文。"

上博一·性 1～，讀爲"物"，指外界環境。《史記·樂書》"人心動，物使之然也"，張守節《正義》："物者，處境也。外有善惡來觸於心，則應觸而動，故云物使之然也。"

上博一·性 3"～(物)取之也"，《禮記·樂記》："凡音之起，由人心生也。

人心之動,物使之然也。感於物而動,故形於聲。……樂者,音之所由生也,其本在人心之感於物也。"

上博二·民 3～,讀爲"物"。"物之所至者,志亦至焉",與《性自命出》的"(心志)待物而後作"類同。"物至"應指天地萬物之理、當然包括人民之所欲。(季旭昇、李天虹)

上博二·容 46、上博三·周 21～,副詞,不,表否定。《詩·王風·君子于役》:"君子于役,如之何勿思。"

上博三·周 1、8、24、30、40、57"～用",猶勿動,謂不可有所作爲。《易·乾》:"初九,潛龍,勿用。"孔穎達疏:"聖人雖有龍德,於此時唯宜潛藏,勿可施用,故言勿用。"王引之《經義述聞·周易上》:"用,施行也。勿用,無所施行也。"王引之《易·既濟》:"高宗伐鬼方,三年克之。小人勿用。"《易·頤》:"六三:拂頤,貞凶,十年勿用。無攸利。"

上博三·亙 7、8"采～",讀爲"綵物",似偏指"物",萬物。

上博五·鬼 6～,讀爲"物"。

上博五·君 2"目～視也",《論語·顏淵》:"子曰:'非禮勿視,非禮勿聽,非禮勿言,非禮勿動。'"

上博五·君 2"耳～聖(聽)也",《後漢書·袁紹劉表列傳》:"屬有讒人交鬥其間,以求一朝之利,願塞耳勿聽也。"

上博六·競 9～,讀爲"物",指鬼神。《史記·扁鵲倉公列傳》:"長桑君乃出其懷中藥予扁鵲:'飲是以上池之水,三十日當知物矣。'"司馬貞索隱:"服之三十日,當見鬼物也。"《漢書·武帝紀》:"朕巡荊陽,輯江淮物,會大海氣,以合泰山。"顏師古注引如淳曰:"物,猶神也。"簡文"物而祟者也,非爲美玉肴牲也",是説鬼神作祟,不是爲了索取祭品,而是顯示上天的譴戒。(陳偉)

上博六·孔 3、24"品～",讀爲"品物",猶萬物。《易·乾》:"雲行雨施,品物流形。"蔡邕《太尉汝南李公碑》:"惟清惟敏,品物以熙。"

上博六·用 5"乍～",讀爲"作物"。《大戴禮記·少閒》云大禹"作物配天,修使來力",成湯"作物配天,制典慈民",文王"作物配天,制無用,行三明"。(顧史考)

上博六·天甲 4、天乙 4、上博六·天乙 4～,讀爲"物",訓爲事,泛指刑獄之事。《周禮·地官·司稽》:"掌巡市,而察其犯禁者與其不物者而搏之。"注:"不物,衣服視占不與眾同及所操物不如品式。"孫詒讓正義:"物,猶法也。不物謂不如常法。《左傳·隱公五年》:'講事以度軌量謂之軌,取材以章物采

· 2478 ·

謂之物,不軌不物謂之亂政。'與此不物文異而義略同。"

上博七·凡甲 1、3,凡乙 1"凡～湟型",讀爲"凡物流形",謂萬物受自然之滋育而運動變化其形體。《易·乾》:"雲行雨施,品物流形。"

上博七·凡"百～",讀爲"百物",猶萬物。亦指各種貨物。《禮記·祭法》:"黃帝正名百物,以明民共財,顓頊能脩之。"王符《潛夫論·務本》:"六畜生於時,百物聚於野,此富國之本也。"

上博八·志 7"～肰",讀爲"勿然",經籍言"不然",反設之辭也。《左傳·襄公十年》:"不然,是不與楚也。""不然"爲"不如此也"。

上博八·李 2"獸～",讀爲"守物",《左傳·成公十六年》:"德以施惠,刑以正邪,詳以事神,義以建利,禮以順時,信以守物。民生厚而德正,用利而事節,時順而物成。"《管子·輕重丁》:"未嘗籍求於民,而使用若河海,終則有始。此謂守物而御天下也。"

上博八·李 2"和～",讀爲"和物",《文選·袁彦伯·三國名臣序贊一首》:"仲翔高亮,性不和物。好是不群,折而不屈。"李善注:"《吴志》曰:翻性不協俗,多見毁謗。"

上博八·蘭 1～,讀爲"物",物種、種類。《國語·晉語六》:"如草木之產也,各以其物。"

上博八·蘭 5～,讀爲"物",指事物的内容、實質。"蘭有異物",意思是説蘭草具有不同一般的品質特色。

其他上博～,副詞。毋,不要。表禁止。《詩·大雅·行葦》:"敦彼行葦,牛羊勿踐履。"《孟子·梁惠王上》:"百畝之田,勿奪其時,八口之家,可以無饑矣。"

明紐未聲

未

上博一·孔 17 東方～明又(有)利詞(詞)

上博一·孔 19 木苽(瓜)又(有)藏(藏)恐(願)而～旻(得)達也

　上博一·緇 10～見聖

　上博一·性 22～言而信

　上博一·性 22～孝(教)而民恆

　上博二·容 52 受(紂)不智(知)丌(其)～又(有)成正(政)

　上博三·周 58～淒(濟)

　上博三·彭 3～則于天

　上博四·昭 10 虗(吾)～又㠯(以)惡(憂)亓(其)子

　上博四·柬 7～尚(嘗)又(有)

　上博四·柬 9 王夢厽(三)聞～啓

　上博四·曹 43 三軍～成

　上博四·曹 43～豫

　上博五·弟 9 虗(吾)䎽(聞)而～之見也

· 2480 ·

 上博五·弟21 □虖(吾)～見□而訐(信)者

 上博五·弟21～見善事人而□者

 上博五·弟附簡～可胃(謂)息(仁)也

 上博五·三22～可㠯(以)遂

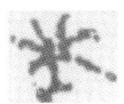 上博三·互1～又(有)天墬(地)

 上博三·互1～

 上博三·互2而～或明

 上博三·互2～或兹(滋)生

 上博六·競12則～得與皆(聞)

 上博六·孔6人之～謫(察)

 上博六·孔20～足

 上博六·用1參節之～旻(得)

 上博六·用 11 若罔之～發

 上博七·鄭甲 6 帀(師)～還

 上博七·鄭乙 6 帀(師)～還

 上博七·凡甲 3～智(知)左右之請(情)

 上博七·凡甲 19 叔之又(有)～

 上博七·凡乙 2～智(知)左右之請

 上博七·凡乙 13 叔之又(有)～

 上博八·子 1 生～又(有)所奠(定)

 上博八·王 1 王～盦(答)之

 上博八·王 2 虐(吾)～

～,楚文字或作、、、、、、、、、

未（新蔡乙四 82）。《説文·未部》："未，味也。六月，滋味也。五行，木老於未。象木重枝葉也。"

上博一·孔 17"東方～明"，《詩經》篇名，見《詩·齊風·東方未明》："東方未明，顛倒衣裳。顛之倒之，自公召之。"

上博一·性 22"～言而信"，見《莊子·内篇·德充符》："今哀駘它未言而信，無功而親，使人授己國，唯恐其不受也，是必才全而德不形者也。"

上博三·周 58"～淒（濟）"，《易》卦名。六十四卦之一。離上坎下。《易·未濟》："《象》曰：火在水上，未濟，君子以慎辨物居方。"高亨注："火炎在上，水浸在下，水未能滅火，是救火之功未成。"

上博四·柬 7"～尚"，讀爲"未嘗"，未曾，不曾。《論語·雍也》："非公事，未嘗至於偃之室也。"

上博五·三 22"～可以遂"，不可。《左傳·莊公十年》："公將鼓之，劌曰：'未可。'齊人三鼓，劌曰：'可矣。'"

上博三·亙 1"～又（有）天陞（地）"，謂尚未成形。《史記·律書》："聖人知天地識之别，故從有以至未有，以得細若氣，微若聲。"張守節正義："從有，謂萬物形質也。未有，謂天地未形也。"

上博三·亙 2"～或"，没有。《書·五子之歌》："有一於此，未或不亡。"《後漢書·光武郭皇后紀論》："斯誠志士之所沉溺，君人之所抑揚，未或違之者也。"

上博六·孔 20"～足"，不足，不能。《後漢書·齊武王縯傳》："春陵去宛三百里耳，未足爲功。"

上博七·鄭甲 6、鄭乙 6"帀（師）～還"，《周書·列傳第十四》："師未還，屬元顥自梁入洛，孝莊出居河内。"

上博八·子 1～，没有；不曾有。《詩·大雅·緜》："古公亶父，陶復陶穴，未有家室。"《史記·魏公子列傳》："如姬之欲爲公子死，無所辭，顧未有路耳。"

其餘上博～，不。《儀禮·鄉射禮》："衆賓未拾取矢，皆袒決遂。"鄭玄注："未，猶不也。"

妹

 上博四·内附簡母（毋）忘姑姊～妹而遠敬之

《説文·女部》:"妹,女弟也。从女,未聲。"

簡文"姊～",姐姐和妹妹。《左傳·襄公十二年》:"無女而有姊妹及姑姊妹。"《漢書·孝武李夫人傳》:"夫人姊妹讓之。"

味

 上博二·容21 飤(食)不童(重)～

 上博六·孔26 不～酉(酒)肉

～,从"甘","未"聲,"味"字異體。與郭店·老子丙5"味"字將"口"旁寫在"未"旁之下作 同。《説文·口部》:"味,滋味也。从口,未聲。"

上博二·容21"飤不童～",讀爲"食不重味",指多種滋味。《文子·上仁》:"國有饑者,食不重味;民有寒者,冬不被裘。"《史記·吴太伯世家》:"衣不重采,食不重味。"《漢書·高祖本紀》:"衣不兼采,食不重味。""重味"偏指肉類方面的美食。

上博六·孔26～,吃;進食。《韓非子·難四》:"屈到嗜芰,文王嗜菖蒲菹……所味不必美。"

眛

 上博六·用19 又(有)～丌(其)不見

《説文·目部》:"眛,目不明也。从目,未聲。"

簡文～,暗;昏暗。《淮南子·原道》:"氣不當其所充而用之則泄,神非其所宜而行之則眛。"高誘注:"眛,不明也。"《漢書·中山靖王劉勝傳》:"塵埃拚覆,眛不(見)泰山。"顔師古注:"眛,暗也。"或認爲"眛"下脱漏了重文符號,"眛眛"義同"冥冥"、"茫茫"、"漠漠"。《六韜·文韜》:"曼曼綿綿,其聚必散。嘿嘿眛眛,其光必遠。"(蔣文、程少軒)

寐

上博五·季 7 㠯（小人）母（毋）～

上博五·季 10 夙墨（興）夜～

上博五·弟 22 夙興夜～

～，或從"爿"（牀之象形），"未"聲，"寐"之異體。或作，從"宀"（寢），"未"聲，"寐"之異體。《說文·寢部》："寐，臥也。從寢省，未聲。"

上博五·季 7"母～"，讀爲"晦昧"，猶愚昧。《意林》卷二引《尹文子》曰："專用聰明，則功不成；專用晦昧，則事必悖。"晦、昧爲同義詞。《詩·周頌·酌》"於鑠王師，遵養時晦"，毛亨傳："晦，昧也。"（陳偉、李天虹）

上博五·季 10、弟 22"夙興夜～"，早起晚睡，猶言夙夜匪懈也。《詩·衛風·氓》："三歲爲婦，靡室勞矣。夙興夜寐，靡有朝矣。"《大戴禮記·衛將軍文子》："文子曰：'吾子之所及，請問其行也。'子貢對曰：'夙興夜寐，諷誦崇禮，行不貳過，稱言不苟，是顏淵之行也。'"

昧

上博四·內 8 眚（時）、～、杠（攻）、縈（縈）、行，祝於五祀

～，從"日"，"未"聲，"日"在"未"下。《說文·日部》："昧，爽，旦明也。從日，未聲。一曰：闇也。"

簡文～，有"割"義，疑指社祭。《管子·幼官》："刑則詔、昧、斷、絕。"《公羊傳·襄公二十七年》："苟有履衛地、食衛粟者，昧雉彼視。"何休注："昧，割也。"《禮記·月令》："擇元日，命民社。"鄭玄注："社，后土也。使民祀焉，神其農業也。"（廖名春）

正編·文部

上博楚簡文字聲系

文　部

影紐殷聲

䜣

上博二·容 53 武王素䩤（甲）㠯（以）申於～（殷）蒿（郊）

上博二·容 53 而～（殷）

上博五·鮑 1 ～（殷）人之所㠯（以）弋之

～，从"邑"，"殷"聲，"殷商"之"殷"的專用字。清華簡或作▨（清華一·金縢 1）、▨（清華二·繫年 017）、▨（清華一·祭公 10）；五年陸令戟作▨，秦印作▨（秦風 73）、▨（秦風 98），漢文字作▨（銀雀山《六韜》簡 686－687）、▨（《漢印文字徵》13·13）。《說文·𠬶部》："殷，作樂之盛稱殷。从𠬶，从殳。《易》曰：'殷薦之上帝'。"

上博二·容～，即"殷"，殷商。《詩·大雅·文王》："殷之未喪師，克配上帝。宜鑒於殷，駿命不易。"《孟子·公孫丑上》："天下歸殷久矣。久則難變矣。"

上博五·鮑 1 "～人"，即"殷人"，《論語·八佾》："夏后氏以松，殷人以柏，

· 2489 ·

周人以栗。"

影紐囚聲

囚

上博六・壽 7～龏（恭）罣（淑）惠

"囚"字見於甲骨、金文。爲"蘊"字的本字，包裹曰蘊，"囚"正像有所包容之象。"囚"，後分化出"囧"，又孳乳出"溫"、"蘊"、"煴"、"慍"諸字。"囚"後變形音化爲从"㲃"作"㲃"。或説"囚（蘊）"寫作"㲃"，有可能是受到了"㲃（鞄）"字的類化。

簡文"～龏"，讀爲"溫恭"，溫和恭敬。又見楚王孫遺者鐘（1·261）、王子午鼎（5.2811）："囚（溫）恭舒遲。"《書·舜典》："濬哲文明，溫恭允塞。"孔穎達疏："溫和之色，恭遜之容。"《詩·商頌·那》："自古在昔，先民有作。溫恭朝夕，執事有恪。"

慍（恩）

上博二・從乙 4～（溫）良而忠敬

上博二・昔 3～（慍）於外不見於内

上博六・競 5～（溫）聖

"與"（郭店・性自命出 35）、"（郭店・性自命出 34）、"（郭店・語叢二 7 形）同。"與"（郭店・語叢二 30）、"（郭店・語叢二 30 形）同。均从"心"，"囚"聲，"慍"字異體。《説文·心部》："慍，怒也。从心，囧聲。"

上博二・從乙 4"～良"，讀爲"溫良"，溫和善良。《管子·形勢》："人主

者,温良寬厚則民愛之。"《漢書·匡衡傳》:"舉異材,開直言,任温良之人,退刻薄之吏。"

上博二·昔3"～於外",讀爲"愠",含怒;怨恨。《論語·學而》:"人不知而不愠。"陸德明釋文引鄭玄云:"愠,怨也。"《詩·邶風·柏舟》:"憂心悄悄,愠於群小。"毛亨傳:"愠,怒也。"

上博六·競5"～聖",讀爲"温聖",與春秋徐賸尹鼎"囚(温)良聖敏"義同。"温",指温和。《書·舜典》:"直而温,寬而栗。"孔穎達疏:"正直者失於太嚴,故令正直而温和。"《詩·邶風·燕燕》:"終温且惠,淑慎其身。"鄭玄箋:"温謂顔色和也。"又有"温敏"一詞,指温厚聰敏。皇甫謐《高士傳·摯恂》:"既通古今而性復温敏,不恥下問,故學者宗之。"

曉紐昏聲

昏

上博一·性14～(聞)訶(歌)要(謠)

上博一·性25～(聞)道反己

上博二·子9子羔～(問)於孔子曰

上博二·子9而(爾)～(問)之也

上博二·容38记(起)帀(師)以伐～(崏)山是(氏)

上博三·周34～(婚)佝(媾)

 上博三·中 5 敢～(問)爲正(政)可(何)先

 上博三·中 9 敢～(問)墾才女(如)之可(何)

 上博三·中 11 既～(聞)命壴(矣)

 上博三·亙 3 ～～不盗(寧)

 上博五·季 1 青(請)～(問)

 上博五·季 2 青(請)～可(何)胃(謂)惪(仁)之吕(以)惪(德)

 上博五·季 6 丘～(聞)之孟者昃曰

 上博五·季 9 異於丘斋=(之所)～

 上博五·季 9 㞴(丘)～之

 上博五·季 11 毋乃肥之～也

 上博五·季 18 丘也～孯=(君子)☐

 上博二·子 4 虐(吾)～(聞)夫舜丌(其)幼也

上博二·魯 3 而(爾)~(聞)巷逄(路)之言

上博三·中 2 □懇~(聞)之

上博三·中 6 售(雍)也弗~(聞)也

上博三·中 8 既~(聞)命壴(矣)

上博三·中 11 敢~(問)道民興惪(德)女(如)可(何)

上博三·中 15 ~(聞)民忞

上博三·中 15 善才(哉)~(問)虖(乎)

上博三·彭 1 狗(耇)老~(問)于彭祖曰

上博四·昭 8 大尹~之

上博四·昭 8 或~(昧)死言僕(僕)見脾之寒也

上博四·相 2 敢~(問)民事

上博四·相 4 不~(問)又(有)邦之道

 上博四·相 4 而～(問)相邦之道

 上博五·競 1 公～(問)二大夫

 上博五·競 2 翟(召)祖已而～(問)安(焉)

 上博五·弟 11 䩋(宰)我～(問)君子

 上博三·彭 1 乃酒(將)多～(問)因由

 上博三·彭 2～(問)

 上博三·彭 2 女(汝)孳孳尃(布)～(聞)

 上博三·彭 3 敢～(問)爲人

 上博三·彭 8 既旻(得)～(聞)道

 上博六·競 4 王命屈木～䡋(范)武子之行安(焉)

 上博六·競 12 則未旻(得)與～

 上博六·莊 1 㠯(以)～酖(沈)尹子桱

 上博六·莊 2 王固～(問)之

 上博七·吳 8～(問)左右

 上博七·吳 9 隹(唯)三大夫亓(其)辱～(問)之

 上博八·命 7 請～(問)亓(其)古(故)

～，楚文字或作 、、、、。《說文·日部》"昏，日冥也。从日，氐省。氐者，下也。一曰：民聲。"段玉裁注："字从氐省爲會意，絕非从民聲爲形聲也。蓋隸書淆亂，乃有从民作昬者。"作"昏"者，乃"隸書淆亂"，"昏"字俗體。

上博一·性 14 "～訶要"，讀爲"聞歌謠"。《書·君奭》："我則鳴鳥不聞，矧曰其有能格。"

上博一·性 25、上博三·彭 8 "～道"，讀爲"聞道"，領會某種道理。《論語·里仁》："朝聞道，夕死可矣。"

上博三·中 2 "懇～"，讀爲"與聞"，謂參與其事並知曉内情。《左傳·隱公十一年》："雖君有命，寡人弗敢與聞。"

上博二·子 9～，讀爲"問"。《詩·王風·葛藟》："謂他人昆，亦莫我聞。"王引之《經義述聞》卷五："聞，猶問也，謂相恤問也。古字聞與問通。"

上博"敢～"，讀爲"敢問"。《禮記·哀公問》："公曰：'敢問何謂成身？'孔子對曰：'不過乎物。'公曰：'敢問君子何貴乎天道也？'"

上博五·季 1 "青～"，讀爲"請問"。《論語·顏淵》："顏淵曰：'請問其目？'子曰：'非禮勿視，非禮勿聽，非禮勿言，非禮勿動。'"

上博三·亙 3～～，與上簡"夢夢"相似，昏亂貌。《莊子·在宥》："至道之極，昏昏默默。"或讀爲"混混"。

上博三·周 34 "～佝"，讀爲"婚媾"，婚姻；嫁娶。或作"昏媾"。《左傳·

隱公十一年》:"唯我鄭國之有請謁焉,如舊昏媾。"葛洪《抱朴子·弭訟》:"夫婚媾之結,義無偪迫,彼則簡擇而求,此則可意乃許。"

上博二·容38"～山是",讀爲"岷山氏"。《太平御覽》卷一三五"皇親部"引《竹書紀年》作:"後桀伐岷山,岷山女於桀二人,曰琬、曰琰。桀受二女,無子,刻其名於苕華之玉,苕是琬,華是琰。"《左傳·昭公十一年》作"有緡",《韓非子·難四》作"峗山",《楚辭·天問》作"蒙山",《竹書紀年》作"岷山"

上博三·彭2"尃～",讀爲"布聞",傳佈。《史記·太史公自序》:"主上明聖,而德不布聞,有司之過也。""聞"有傳佈之意,如《詩·小雅·鶴鳴》:"鶴鳴於九皋,聲聞於天。"《管子·牧民》:"不祇山川則威令不聞。"

上博四·昭8～,讀爲"昧",昏、昧物文對轉,聲母關係密切,義近。《左傳·宣公十二年》隨武子曰:"兼弱攻昧,武之善經也。"杜預注:"昧,昏也。"簡文"昧死"猶"冒死",言冒昧而犯死罪。古時臣下上書帝王慣用此語,表示敬畏之意。《韓非子·初見秦》:"臣昧死願望見大王,言所以破天下之從。"(陳劍)

上博三·中15"善才～虖",讀爲"善哉問乎"。《論語·顏淵》:"樊遲從遊於無雩之下,曰:'敢問學德修慝辯惑。'子曰:'善哉問!先事後得,非崇德與?'"(黃人二、林志鵬、申紅義)

上博七·吳8、9、上博八·命7～,讀爲"問",詢問,詰問。《論語·泰伯》:"以能問於不能,以多問於寡。"《莊子·知北遊》:"無問問之,是問窮也。"

上博五·季11～,糊塗。《詩·小雅·小宛》:"彼昏不知,壹醉日富。"《後漢書·皇甫嵩傳》:"昏主之下,難以久居。"

惛

 上博六·競6 今君之貪～盬(苟)匿(慝)

～,與(郭店·性自命出64)、(左塚漆梮)同。《說文·心部》:"惛,不憭也。从心,昏聲。"

簡文"貪～",讀爲"貪昧",貪財昧利。《左傳·襄公二十八年》:"楚子將死矣,不脩其政德,而貪昧於諸侯,以逞其願,欲久,得乎?"楊伯峻注:"貪昧與《昭三十年傳》'貪冒無厭'之'貪冒'同,言楚子貪諸侯之奉己也。"《淮南子·

兵略》:"貪昧饕餮之人,殘賊天下,萬人搔動,莫寧其所。"

䎹(聞)

 上博二·從甲 1～(聞)之曰

 上博二·從甲 3～(聞)之曰

 上博二·從甲 5～(聞)之曰

 上博二·從甲 8～(聞)之曰

 上博二·從甲 9～(聞)之曰

 上博二·從甲 11～(聞)之曰

 上博二·從甲 13～(聞)之曰

 上博二·從甲 16～(聞)之曰

 上博二·從甲 18～(聞)之曰

 上博二·從甲 19～(聞)之曰

 上博二·從乙 2～(聞)之曰

 上博二·從乙 3～(聞)之曰

 上博二·從乙 4～(聞)之曰

 上博二·從乙 5 君子～(聞)善言

 上博二·容 47 乃出文王於頳(夏)臺之下而～(問)安(焉)

 上博二·容 13 堯～(聞)之而敚(美)丌(其)行

 上博二·容 39 湯～(聞)之

 上博二·容 46 文王～(聞)之曰

 上博二·容 46 受(紂)～(聞)之

 上博二·容 48 豐喬(鎬)之民～(聞)之

 上博二·容 50～(昏)者(諸)百眚(姓)

 上博二·容 53～(昏)者(諸)百眚(姓)

 上博三·周 38～(聞)言不終

上博四·柬 8 王吕（以）～（問）贅尹高

上博四·柬 10 君王尚（當）吕（以）～（問）大（太）剤（宰）晉侯

上博四·柬 22 命（令）尹子林～（問）於大（太）剤（宰）子㞷（之）

上博四·曹 12 還年而～（問）於敫敷（蔑）曰

上博四·曹 13 ～（問）𢦚（陳）奚女（如）

上博四·曹 23 牪（莊）公或～（問）

上博四·曹 35 戚（臧）公或～（問）

上博四·曹 36 戚（臧）公或～（問）

上博四·曹 43 戚（臧）公或～（問）曰

上博四·曹 44 戚（臧）公或～（問）曰

上博四·曹 46 戚（臧）公或～（問）曰

上博四·曹 47 剔（傷）者～（問）之

 上博四·曹50 臧(臧)公或~(問)曰

 上博四·曹53 臧(臧)公或~(問)曰

 上博四·曹53 臧(臧)公或~(問)曰

 上博四·曹55 臧(臧)公或~(問)曰

 上博四·曹59 臧(臧)公或~(問)曰

 上博四·柬21 惎(願)~(聞)之

 上博四·曹5 臣~(聞)之曰

 上博四·曹8 臣~(聞)之曰

 上博四·曹10 虗(吾)~(聞)此言

 上博四·曹13 臣~(聞)之

 上博四·曹14 叔(且)臣~(聞)之

 上博四·曹18 叔(且)臣之~(聞)之

 上博四·曹 28 尗(且)臣~(聞)之

 上博四·曹 40 臣~(聞)之

 上博四·曹 42 臧(臧)公或~(問)曰

 上博四·曹 42 臣~(聞)之

 上博四·曹 45 剔(傷)者弗~(問)

 上博四·曹 59 臧(臧)公或~(問)曰

 上博四·曹 62 毋上朕(縢)而上~(聞)命

 上博四·曹 64 虗(吾)一谷(欲)~(聞)三弋(代)之所

 上博四·曹 64 臣~(聞)之

 上博四·曹 65 亓(其)亦唯~(聞)夫䎽(禹)、湯、傑(桀)、受(紂)矣

 上博五·君 3 虗(吾)新~(聞)言於夫子

 上博五·弟 6 虗(吾)~(聞)而

 上博五·弟7 虗(吾)～父母之喪

 上博五·弟9 虗(吾)～而未之見也

 上博五·弟15 佳(雖)多～而不友臤(賢)

 上博五·弟16 寡～則沽(孤)

 上博五·弟16 多～則賊(惑)

 上博五·弟22 □子～(問)之曰

 上博五·弟22 㠯(以)求～

 上博五·鬼5 牂(狀)若生又(有)耳不～

 上博五·鬼8 寡～㠭易(湯)

 上博五·季1 季庚(康)子～(問)於孔子曰

 上博五·君4 敢～(問)可(何)胃(謂)也

 上博五·君11 子羽～(問)於子贛(贛)曰

上博一·緇 19 古(故)君子多～

上博二·昔 4 大(太)子乃亡(無)～亡(無)聖(聽)

上博二·昔 4 不～不命(令)

上博六·孔 1 廬～之

上博六·孔 2 可旻(得)～與

上博六·孔 3～亓(其)旨(辭)於遴人唬(乎)

上博六·孔 7 虐(吾)子勿～

上博六·孔 10 虐(吾)～之

上博六·孔 16 安與之尻(處)誩(察)～亓(其)所學

上博六·孔 18 民舊～學

上博六·孔 20～豊(禮)不券(倦)

上博六·木 5 王子～城公

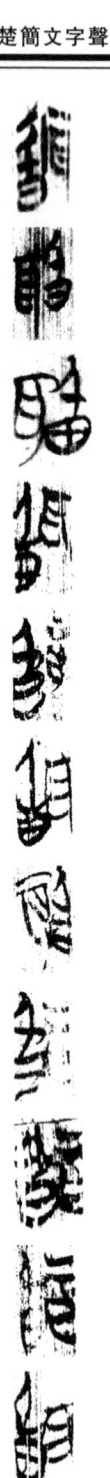

上博六·用 17 朋（羞）～亞（惡）愳（謀）

上博六·天甲 8 不可㠯（以）不～恥尾

上博六·天乙 7 不可㠯（以）不～恥尾

上博七·凡甲 8 ～之曰

上博七·凡甲 13 亡（無）耳而～聖（聲）

上博七·凡甲 14 ～之曰

上博七·凡甲 15 ～之曰

上博七·凡甲 20 ～之曰

上博七·凡甲 21 ～之曰

上博七·凡甲 22 ～之曰

上博七·凡甲 26 ～之曰

上博七·凡乙 7 ～之曰

上博七・凡乙 9～之曰

上博七・凡乙 14～之曰

上博七・凡乙 18～之曰

上博七・凡乙 19～之曰

上博八・蘭 2 淫（馨）訨（謐）迡而達～（聞）于四方

上博八・成 3 旦之～之也

上博八・成 6 青（請）～（問）天子之正道

上博八・成 7 青（請）～（問）亓（其）事☐

上博八・成 10 青（請）～（問）亓（其）方

上博八・命 4 虗（吾）～古之善臣

上博八・命 7 莫弗～（聞）

上博七・凡甲 2～之曰

上博七・凡甲 11～天箮（孰）高與

上博七・凡乙 2～之日

上博八・成 2 輚～（聞）才（哉）

上博八・王 3 是言既～（聞）於衆巳（已）

～，楚文字或作 ■（郭店・老子丙 5）、■（郭店・緇衣 38）、■（郭店・成之聞之 1）、■（郭店・語叢四 24）、■（左塚漆梮），从"耳"，"昏"聲，與《說文》古文同。所从的"昏"下部或訛爲"目"或訛爲"田"。或作 ■（郭店・五行 23）、■（郭店・五行 26）、■（郭店・五行 49）、■（郭店・五行 50）、■（新蔡零 173）。《說文》："聞，知聞也。从耳，門聲。■，古文从昏。"

上博二・容 50、上博二・容 53～讀爲"昏"，《書・牧誓》："今商王受惟婦言是用，昏棄厥祀弗答，昏棄厥遺王母弟不迪。"王引之《經義述聞・尚書上》："昏，蔑也，讀曰泯。昏棄即泯棄也。"或讀爲"昏屠"，猶言"昏殺"，《逸周書・商誓解》："今在商紂，昏憂天下，弗顯上帝，昏虐百姓，奉天之命。"其中之"昏虐百姓"與此"昏屠百姓"文例頗近。

上博八・命 7"莫弗～"，即"無不聞"。《韓詩外傳》卷八："四鄰諸侯，莫不聞也。"

上博八・蘭 2"達～"，顯達有聲譽。《論語・顏淵》："在邦必聞，在家必聞。……在邦必達，在家必達。"諸葛亮《前出師表》："苟全性命於亂世，不求聞達於諸侯。"

上博二・昔 4"亡～（聞）亡聖（聽）"，《說文》："聞，知聞也。"《禮記・大學》："心不在焉，視而不見，聽而不聞。"

上博二・昔 4"不～（聞）不命（令）"，太子沒有不善之名聲傳播於外。《左傳·宣公九年》:"洩冶諫曰:'公卿宣淫,民無效焉,且聞不令,君其納之。'""且聞不令"句,于鬯《香草校書》謂此倒句也,猶云"不令且聞",指不善之聲且外聞於民。(顔世鉉)

上博六·孔 18～,知道,《説文》:"聞,知聞也。"《論語·里仁》:"朝聞道,夕死可矣。"

上博六·孔 20"～豊",讀爲"問禮",詢問禮法;學禮。《禮記·曲禮下》:"在朝言禮,問禮,對以禮。"《史記·老子韓非列傳》:"孔子適周,將問禮於老子。"

上博六·用 17"～亞",讀爲"聞惡"。《管子·四稱》:"又何以聞惡爲?"《新書·大政上》:"聞善而行之如爭,聞惡而改之如讎。"

上博"～之曰",讀爲"問之曰"。"問",詢問,詰問。《論語·泰伯》:"以能問於不能,以多問於寡。"《莊子·知北遊》:"無問問之,是問窮也。"《楚辭·漁父》:"漁父見而問之曰:'子非三閭大夫與?何故至於斯?'"

上博"青(請)～",讀爲"請問",古恆語。《禮記·曾子問》:"請問其祭如之何?"《大戴禮記·衛將軍文子》:"文子曰:'吾子之所及,請問其行也。'"《論語·顔淵》:"顔淵曰:'請問其目。'"

上博"敢～",讀爲"敢問",古恆語。《論語·顔淵》:"樊遲從遊於舞雩之下,曰:'敢問崇德、修慝、辨惑。'"《論語·先進》:"曰:'敢問死。'曰:'未知生,焉知死?'"《禮記·孔子閒居》:"子夏曰:'民之父母,既得而聞之矣,敢問何謂五至?'"

䫂(惛)

 上博二·從乙 3 惡(憂)則～(惛)

～,从"心","䫂"聲,"惛"字繁體。《説文·心部》:"惛,不憭也。从心,昏聲。"

簡文～,愁悶,煩惱。《吕氏春秋·本生》:"上爲天子而不驕,下爲匹夫而不惛。"高誘注:"惛,讀憂悶之悶,義亦然也。"《後漢書·張衡傳》:"不見是而不惛,居下位而不憂,允上德之常服焉。"李賢注:"惛猶悶也。《易》曰:'不見是而無悶。'"

䎽

上博二·民1[子]昏（夏）～（問）於孔子

上博二·民1敢～（問）可（何）女（如）而可胃（謂）民之父母

上博二·民3敢～（問）可（何）胃（謂）五至

上博二·民5敢～可（何）胃（謂）三亡（無）

上博一·性14～（聞）芺（笑）耳（聲）

上博二·民5五至既～（問）之矣

上博二·民10可得而～（聞）舁（與）

上博五·姑2圼（邵）奇～（聞）之

上博五·姑5虐（吾）～（聞）爲臣者必思君得志於㠯（己）而又（有）逡（後）青（請）

上博七·武1王～（問）於帀（師）上（尚）父曰

上博七·武5～之

· 2508 ·

上博七·武 11～於大(太)公賹(望)曰

上博七·武 12 以～虘(乎)

上博七·武 13 返(復)～

上博八·颜 1 耸(顏)囦(淵)～(問)於孔=(孔子)曰

上博八·颜 1 敢～(問)君子之内事也又(有)道虘(乎)

上博八·颜 1 敢～(問)可(何)女(如)

上博八·颜 5 悍(回)旣～(聞)命矣

上博八·颜 5 敢～(問)君子之内教也又(有)道虘(乎)

上博八·颜 6 敢～(問)可(何)女(如)

上博八·颜 10 悍(回)旣～(聞)矣

上博八·颜 10 敢～(問)至明〈名〉

～，从"宀"，"䎽"聲，"聞"字繁體。參上。
上博一·性 14～，聽見。《書·君奭》："我則鳴鳥不聞，矧曰其有能格。"

上博"敢～",讀爲"敢問",古恆語。參上。

上博"～",讀爲"問",詢問;詰問。《書·呂刑》:"皇帝清問下民。"蔡沈集傳:"清問,虛心而問也。"

緡

 上博一·緇 15 丌(其)出女(如)～

～,從"糸"省,"昏"聲,"糸"在"昏"下。楚簡或作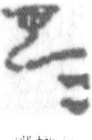(郭店·老子丙 3)、(郭店·緇衣 29)、(郭店·六德 38)。《說文·糸部》:"緡,釣魚繁也。從糸,昏聲。吳人解衣相被,謂之緡。"

簡文～,釣絲。《詩·召南·何彼襛矣》:"其釣維何?維絲伊緡。"高亨注:"緡,釣魚繩也。"今本《禮記·緇衣》作"其出如綸"。綸,粗絲線。多指釣絲。《史記·老子韓非列傳》:"走者可以爲罔,游者可以爲綸,飛者可以爲矰。"緡、綸同義,又可連用,如謝靈運《山居賦》:"緡綸不投,罝羅不披。"

匣紐云聲

云

上博三·亙 4 ～～(云云)相生

上博七·君甲 9 先君靈王乾溪～蔷(命)

上博七·君乙 9 先君靈王乾溪～蔷(命)

～,甲骨文寫作等形(《甲骨文編》456 頁),從"上","旬"聲。

戰國文字"云"或作:(郭店·緇衣 35)、(包山 22 號簡"邧"所從)、

(《璽彙》4876)、(《璽彙》4877)。《説文・雲部》："雲,山川氣也。从雨、云,象雲回轉形。,古文省雨。,亦古文雲。"

上博三・亙4"～～",是衆多之義。《莊子・在宥》："萬物云云,各復其根。"成玄英疏："云云,衆多也。"或作"芸芸",《老子》第十六章："夫物芸芸,各復歸其根。"《抱朴子・外篇・逸民》："萬物芸芸,化爲埃塵矣。"

上博七・君甲9"～薔",讀爲"隕命",死亡;喪身。《左傳・成公十三年》："天誘其衷,成王殞命。"《後漢書・鄧寇傳論》："蓋忠臣殺身以解君怒,孝子殞命以寧親怨。"(李家浩)

囩

 上博二・容7 於是虎(乎)方～千里

 上博三・亙9 先又(有)～

～,從"囗","云"聲,隸作"囩",即"圓"字異體。《説文・囗部》："圓,圜全也。从囗,員聲,讀若員。"

上博二・容7"方～千里",即"方圓千里",指方圓千里之中。《山海經・大荒北經》："丘方圓三百里,丘南帝俊竹林在焉,大可爲舟。"

上博三・亙9～,即"圓",與"方"相對。圓周;環形。《墨子・法儀》："百工爲方以矩,爲圓以規。"《韓非子・功名》："右手畫圓,左手畫方。"

匣紐員聲

員

 上博一・緇2 岂(詩)～(云)

 上博一・緇10 岂(詩)～(云)

上博一·緇 10 君紳(陳)～(云)

上博一·緇 12 晉(祭)公之寡(顧)命～(云)

上博一·緇 14 呂型(刑)～(云)

上博一·緇 15 呂型(刑)～(云)

上博一·緇 16 寺(詩)～(云)

上博一·緇 17 寺(詩)～(云)

上博一·緇 18 大夏(雅)～(云)

上博一·緇 18 少(小)夏(雅)～(云)

上博一·緇 18 君奭～(云)

上博一·緇 20 君紳(陳)～(云)

上博一·緇 21 寺(詩)～(云)

上博一·緇 2 寺(詩)～(云)

上博一·緇22 㠯(詩)~(云)

上博一·緇23 㠯(詩)~(云)

上博一·緇24~(云)

港甲1 㠯(詩)~

上博一·緇1 㠯(詩)~(云)

上博一·緇2 㠯(詩)~(云)

上博一·緇3 尹羆(誥)~(云)

上博一·緇4 大夏(雅)~(云)

上博一·緇5 㠯(詩)~(云)

上博一·緇6 君牙~(云)

上博一·緇7 㠯(詩)~(云)

上博一·緇8 呂型(刑)~(云)

· 2513 ·

　上博一·緇9 岂(詩)～(云)

　上博一·緇15 康㝬(誥)～(云)

　上博一·緇13 岂(詩)～(云)

　上博四·曹5 君亓(其)毋～(懼)

　上博六·用14 台～四戔

　上博七·凡甲7 窒祭～奚逐

　上博七·凡乙6 窒祭～奚逐

　上博八·子2 於子～(損)

　上博八·王4 以～(損)不穀(穀)之

～,楚文字或作🄰(郭店·老子甲24)、🄱(郭店·緇衣4)、🄲(郭店·緇衣7)、🄳(郭店·緇衣13)、🄴(郭店·緇衣22)、🄵(郭店·唐虞之道19),从"鼎","○(圓)"聲,"○"或訛爲"日",作🄶(郭店·語叢三11)。或作🄷(郭店·老子乙3)、🄸(新蔡乙二3、4)、🄹(新蔡乙三47),下部所从"鼎"有所訛變。《說文·員部》:"員,物數也。从貝,口聲。🄺,籀文,从鼎。"

上博一・緇～，讀爲"云"，説。《禮記・坊記》："子云：'善則稱人，過則稱己，則民讓善，詩云："考卜惟王，度是鎬京，惟龜正之，武王成之。"'"

上博四・曹 5～，讀爲"惲"，《説文・心部》訓"憂"。或讀爲"云"，猶然也。簡文"君其毋員（云）"意謂"君王您不要如此……"（陳偉武）

上博六・用 14"台～四戔"，讀爲"以損四踐"，以致損害四鄰。

上博七・凡甲 7～，或讀爲"云"。

上博八・子 2～，讀爲"損"，損失。《荀子・解蔽》："若夫非分是非，非治曲直，非辨治亂，非治人道，雖能之無益於人，不能無損於人。"

上博八・王 4～，讀爲"損"，損害；傷害。《莊子・駢拇》："伯夷死名於首陽之下，盜跖死利於東陵之上。……若其殘生損性，則盜跖亦伯夷已。"

隕（隕）

 上博五・三 14 弗殺不～（隕）

～，從"止"，"隕"聲，"隕"字繁體。《説文・自部》："隕，從高下也。從自，員聲。《易》曰：'有隕自天。'"

簡文"不～"，即"不隕"，不墜落。《易・姤》："有隕自天。"高亨注："隕，墜也，滅也。"《左傳・莊公七年》："夜中星隕，如雨。"陸德明釋文："隕，落也。"

見紐斤聲

斤

 上博五・季 7 曰（以）～羣＝（君子）之行也

 上博八・顏 14 □示則～

《説文・斤部》："斤，斫木也。象形。"

上博五・季 7～，讀爲"謹"，約束；禁止。《説文・走部》："赾，行難也。從走，斤聲。讀若堇。"《詩・大雅・民勞》："無縱詭隨，以謹無良。"朱熹集傳："謹，斂束之意。"《荀子・王制》："易道路，謹盜賊。"楊倞注："謹，嚴禁也。"簡

文"夫義(儀)者,以斤(謹)君子之行也。"大意爲:"禮儀,是用來約束君子行爲的。"(李天虹、范常喜)

上博八·顏14～,明察貌。《爾雅》:"明明斤斤,察也。"

忻

 上博一·性20[凡]樂思而句(後)～

 上博二·容25 	(禹)迵(通)淮與～(沂)

 上博五·三1天亞(惡)女(如)～

 上博八·命7莫不～(欣)意(喜)

 上博七·凡甲19～之可見

～,戰國文字或作 (郭店·性自命出32)、 (郭店·性自命出41)、 (郭店·性自命出41)、 (新蔡零691、零448)、 (施239)。《說文·心部》:"忻,闓也。从心,斤聲。《司馬法》曰:'善者,忻民之善,閉民之惡。'"

上博一·性20"[凡]樂思而句(後)～",《玉篇·心部》:"忻,喜也。"《國語·晉語九》:"思樂而喜,思難而懼,人之道也。"語意與簡文相近。

上博二·容25～,讀爲"沂",沂水,水名。《書·禹貢》:"海岱及淮惟徐州。淮、沂其乂,蒙、羽其藝。"《周禮·夏官·職方氏》:"正東曰青州,其山鎮曰沂山,其澤藪曰望諸,其川淮泗,其浸沂沭。"

上博五·三1～,"忻",喜歡,與"惡"含義相反。

上博八·命7"～意",讀爲"欣喜",歡喜,高興。《左傳·哀公二十年》:"先造於越軍,曰:'吳犯閒上國多矣,聞君親討焉,諸夏之人莫不欣喜,唯恐君志之不從。請入視之。'"《國語·周語上》:"至於武王,昭前之光明而加之以

慈和,事神保民,莫弗欣喜。"

上博七·凡甲 19～,欣喜。《墨子·説經上》:"其言之忻,使人督之。"《史記·周本紀》:"姜原出野,見巨人跡,忻忻然説,欲踐之。"《淮南子·覽冥》:"斬艾百姓,彈盡大半,而忻忻然常自以爲治。"《後漢書·順帝紀上》:"陛下龍興,海内莫不忻悦。"

忞

 上博七·凡甲 12～之辨(箭—薦)人

～,从"心","斉"聲,"忻"之繁體。

簡文～,或讀爲"近"。

近

 上博二·從甲 13 不必才(在)～迡(昵)藥(樂)

上博三·中 20 三害～與矣

上博五·競 7 ～臣不訐(諫)

上博一·性 2 訋(始)者～情

上博一·性 2 冬(終)者～義

上博一·性 18 丌(其)眚(性)相～也

上博一·性 34 唯眚(性)㤅(愛)爲～息(仁)

上博一·性34 唯宜道爲～中(忠)

上博一·性25 上交～事君

上博一·性25 下交得眔～從正(政)

上博一·性25 攸(修)身～至㤅(仁)

～，或从"止"，"斤"聲，"近"字異體。郭店簡或作 (郭店·成之聞之37)、 (郭店·五行7)、 (郭店·性自命出57)、 (郭店·性自命出36)。《說文》："近，附也。从辵，斤聲。 ，古文近。"

上博一·性2"～情"，《禮記·表記》："子曰：恭近禮，儉近仁，信近情，敬讓以行，此雖有過，其不甚矣。"

上博一·性18"丌(其)眚(性)相～也"，《論語·陽貨》："子曰：'性相近也，習相遠也。'"

上博一·性34"～㤅(仁)"，《論語·子路》："子曰：'剛、毅、木、訥，近仁。'"

上博一·性34"～中"，讀爲"近忠"。《新語·輔政》："察察者有所不見，恢恢者何所不容。樸質者近忠，便巧者近亡。"

上博一·性25、上博三·中20～，接近；靠近。《韓非子·難二》："景公過晏子曰：'子宮小，近市，請徙子家豫章之圃。'"

上博二·從甲13"不必才(在)～昵(昵)藥(樂)"，《三國志·魏書四·三少帝紀》："季末闇主，不知損益，斥遠君子，引近小人，忠良疏遠，便辟褻狎，亂生近昵，譬之社鼠。"

上博五·競7"～臣不訐(諫)"，《國語·楚語上》："齊桓、晉文，皆非嗣也，還軫諸侯，不敢淫逸，心類德音，以德有國。近臣諫，遠臣謗，輿人誦，以自誥也。"

斻

上博二·子12 顏(履)吕(以)～

～,从"心","斻"聲。

簡文～,讀爲"忻"。參《詩·大雅·生民》:"履帝武敏歆。"馬瑞辰:"歆之言忻也。"(何琳儀)

惄

上博一·性37 不又夫惄～之志則曼

上博五·弟12 言行相～

～,从"心",从"彳","斤"聲,疑"忻"字繁體。

上博一·性37～,讀爲"忻",郭店本从"心"从"台"省,釋爲"怡",二字含義相近。

上博五·弟12～,讀爲"循",遵也,依也。"言行相循",即是言行一致。《易·繫辭上》:"言行,君子之樞機。樞機之發,榮辱之主也,言行,君子之所以動天地也,可不慎乎?"(陳偉武)或讀爲"近"。讀作"謹",敬慎,《說文·言部》:"謹,慎也。"(何有祖)

晢

上博六·天甲12 古(故)見傷(蕩)而爲之～(祈)

上博六·天乙11 古(故)見傷(蕩)而爲之～

上博二·容38～爲丹宮

～，从"臼"，"祈"聲，"祈"字繁構。

上博二·容38～，讀爲"墍"。《説文》："墍，仰塗也。"《廣雅·釋宫》："墍，塗也。"《漢書·谷永傳》："古者穀不登，虧膳；災屢至，損服；凶年不墍塗，明王之制也。""墍"又有"飾"義。《後漢書·西域傳》説大秦國"列置郵亭，皆堊墍之"，李賢注："墍，飾也。"簡文"墍爲丹宫"義爲塗飾成一座朱丹色的宫殿。（小墉）

上博六·天甲12、天乙11～，即"祈"，《説文》謂"求福也。"《書·召誥》："王其德之用，祈天永命。"

訢

上博五·競7則～者畏（鬼）神

～，與（左塚漆梮）、（施317）同。《説文·言部》："訢，喜也。從言，斤聲。"

簡文～，讀爲"祈"，向天或神求禱。《書·召誥》："我非敢勤，惟恭奉幣，用供王能祈天永命。"孔安國傳："求天長命，將以慶王多福。"《詩·小雅·甫田》："琴瑟擊鼓，以御田祖，以祈甘雨，以介我稷黍。"（季旭昇）或釋爲"慎"，讀爲"質"，"質諸鬼神"見《禮記·中庸》等。（高佑仁）

祈

上博七·武12君不～

上博七·武2盍～虖（乎）

上博七·武2～三日

～，或加注"是"聲，"祈"字繁體。《説文·示部》："祈，求福也。從示，斤聲。"

簡文～,讀爲"齋"。《説文·示部》:"齋,戒潔也。"《莊子·人間世》:"是祭祀之齋,非心齋也。"《吕氏春秋·孟春》:"天子乃齋。"高誘注:"《論語》曰:'齋必變食,居必遷坐,自禋潔也。'"

見紐艮聲

艮

 上博三·周 48～

 上博三·周 48～丌(其)足

 上博三·周 48～丌(其)瞳(限)

 上博三·周 49～丌(其)躳

 上博三·周 49～丌(其)敃(輔)

 上博三·周 49 臺(敦)～

《説文·匕部》:"艮,狠也,从匕、目,匕目猶目相匕,不相下也,《易》曰:'艮其限'。匕目爲艮,匕目爲真也。"

上博三·周 48～,《易》卦名,象徵山。《易·説卦》:"艮爲山。"《左傳·昭公五年》:"艮,山也。"

上博三·周 48、49～,止息;停止。《易·説卦》:"艮,止也。"高亨注:"艮爲山,山是靜止不動之物,故艮爲止。"《易·艮》:"艮其背,不獲其身。"王弼注:"施止於背,不隔物欲,得其所止也。"孔穎達疏:"施之於人,則是止物之情,防其動欲。"

根

 上博六・天甲 6 ～之以玉斗

 上博六・天乙 5 ～之以玉斗

～，从"木"、"目"、"止"，或說"止"形當从"人"形變來。或說可能是受了字義的影響。《易・說卦》："艮，止也。""艮"多訓爲"止"，也可能對書手產生一種誤導，認爲"艮"从"止"作。《說文・木部》："根，木株也。从木，艮聲。"（蘇建洲、張崇禮）或釋爲"相"。（范常喜）

簡文～，根基，本源，《老子》："玄牝之門，是爲天地根。"河上公注："根，元也。""根之以玉斗"，言北斗星爲日、月運行之根基。

見紐軍聲

軍

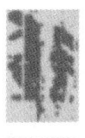 上博二・容 51 三～大軶（犯）

 上博四・柬 17 君皆楚邦之酒（將）～

 上博四・相 3 以備～遮（旅）

 上博四・曹 22 三～出

 上博四・曹 25 進必又（有）二酒（將）～

上博四·曹25 母(無)酒(將)～必又(有)數辟大夫

上博四·曹26 是胃(謂)～紀

上博四·曹28 三～又(有)銜(帥)

上博四·曹36 能紡(治)三～

上博四·曹37 母欯～

上博四·曹39 我吏(使)酒(將)～

上博四·曹40 人吏(使)酒(將)～

上博四·曹40 三～出〔乎〕競(境)必秀(勝)

上博四·曹42 三～戩(散)果(裹)又(有)幾(忌)虖

上博四·曹43 三～未成

上博四·曹46 三～大敗不秀(勝)

上博四·曹50 虖(號)命(令)於～中曰

 上博四·曹 60 一出言三～皆懂

 上博四·曹 60 一出言三～皆逆(往)

 上博七·鄭甲 7 王安還～曰(以)迓之

 上博七·鄭乙 7 王安還～曰(以)迓之

 上博七·凡甲 10 月之又(有)～

 上博七·凡乙 8 月之又(有)～

～，戰國文字或作 (郭店·老子丙 9)、 (郭店·成之聞之 9)、 (郭店·語叢三 2)、 (施 33)、 (歷博 93·2·50 貴將軍虎節)、 (歷博·燕 115)、 (秦風 168)。作 、 者，則是加注了"兄"聲。《說文·車部》："軍，圜圍也。四千人爲軍。从車，从包省。軍，兵車也。"

上博二·容 51"三～"，軍隊的通稱。《論語·子罕》："三軍可奪帥也，匹夫不可奪志也。"

上博四·柬 17"牆～"，讀爲"將軍"，官名。《墨子·非攻中》："昔者晉有六將軍。"孫詒讓閒詁："六將軍，即六卿爲軍將者也。春秋時通稱軍將爲將軍。"

上博四·相 3"～遊(旅)"，部隊。《周禮·地官·小司徒》："五人爲伍，五伍爲兩，四兩爲卒，五卒爲旅，五旅爲師，五師爲軍，以起軍旅，以作田役。"作戰或戰爭。《韓非子·難一》："然必曰出於詐僞者，軍旅之計也。"

上博四·曹 26"～紀"，疑指軍隊編制。

上博四·曹"三～"，即"三軍"，《左傳·宣公十二年》："楚子北師次於郔。

沈尹將中軍,子重將左,子反將右。"三軍,中軍、左軍、右軍。《周禮·夏官司馬》:"凡制軍,萬有二千五百人爲軍,王六軍,大國三軍,次國二軍,小國一軍,軍將皆命卿;二千有五百人爲師,師帥皆中大夫;五百人爲旅,旅帥皆下大夫;百人爲卒,卒長皆上士;二十五人爲兩,兩司馬皆中士;五人爲伍,伍皆有長。"

上博七·凡甲 10～,讀爲"暈","暈"從"軍"聲,可通。馬王堆帛書《日月風雨雲氣占》"月軍(暈)"、"月交軍(暈)",甲、乙本"暈"字均作"軍"。"暈",日、月周圍的光圈。《開元占經》卷十五"月暈一"引石氏説:"月傍有氣圓而周匝黃白名爲暈。"《史記·天官書》:"日月暈適,雲風,此天之客氣,其發見亦有大運。"

箽

 上博七·武 4 亓(其)～百[世]

上博七·武 5 亓(其)～十殜(世)

～,從"竹","軍"聲。

簡文～,讀爲"運"。"殜",即"世"字繁構。"運世"一詞見於典籍,指運轉世局。班彪《王命論》:"未見運世無本,功德不紀,而得倔起在此位者也。"又指世代的遞變。曹植《制命宗聖侯孔羨奉家祀碑》:"於赫四聖,運世應期,仲尼既歿,文亦在兹。"

見紐鰥聲

鰥

 上博六·用 16～之身

《説文·魚部》:"鰥,魚也。从魚,眔聲。"

簡文～,或讀爲"敬"。《書·呂刑》"哀敬折獄",《漢書·于定國傳·贊》作"哀鰥哲獄"。"敬身",見《大戴禮記·哀公問於孔子》:"公曰:'敢問何謂敬身?'孔子對曰:'君子過言則民作辭,過動則民作則。君子言不過辭,動不過

則,百姓不命而敬恭,如是則能敬其身。能敬其身,則能成其親矣。'"《詩·小雅·雨無正》:"凡百君子,各敬爾身。胡不相畏,不畏於天。"(晏昌貴)

見紐堇聲

堇

上博三·周 22 利～(艱)貞

上博五·三 7 憙(喜)樂無～(限)厇(度)

上博七·武 10 毋～弗志

上博七·武 7 皇惟～口

～,楚簡或作▲(郭店·老子甲 24)、▲(郭店·老子乙 9)。《說文·堇部》:"堇,黏土也。从土,从黃省。▲、▲,皆古文堇。"

上博三·周 22"利～(艱)貞",謂遭逢艱危而能守正不移。《易·明夷》:"明夷,利艱貞。"孔穎達疏:"時雖至闇,不可隨世傾邪,故宜艱難堅固,守其貞正之德。"或解爲占問艱難之事。(廖名春)

上博五·三 7"～厇",讀爲"謹度"。《潛夫論·斷訟》:"勑民慎行德義,無違制節謹度。"《孝經·諸侯章》:"在上不驕,高而不危。制節謹度,滿而不溢。"注:"費用約儉,謂之制節;慎行禮法,謂之謹度。"(何有祖、王蘭)或讀爲"期度"、"終極"或"窮盡"的意思。(孟蓬生)

上博七·武 7～,讀爲"謹",《說文·言部》:"慎也。"《荀子·王霸》:"各謹其所聞。"楊倞注:"謹,謂守行無越思。""謹口"猶慎言,敬慎進言。《穀梁傳·桓公三年》:"夏,齊侯、衛侯胥命于蒲。胥之爲言猶相也。相命而信諭,謹言而退,以是爲近古也。"孔平仲《孔氏談苑·石曼卿滑稽》:"次遷郎官。有上官彌郎中勸以謹口。對曰:'下官口干上官鼻何事?'"

上博七·武10～,讀爲"勤",《爾雅·釋詁》:"勞也。"《左傳·僖公二十八年》:"令尹其不勤民。"杜預注:"盡心盡力,無所愛惜爲勤。"

勤

上博一·緇4～(謹)惡吕(以)䢼(禦)民淫

上博一·緇17則民䚻(慎)於言而～(謹)於行

～,從"攴","菫"聲。與之相對的郭店·緇衣作𦰩6、𦰩33。

簡文～,讀爲"謹",謹慎行事。《史記·平津侯主父列傳》:"蓋君子善善惡惡,君若謹行,常在朕躬。"《後漢書·獨行傳·繆肜》:"肜深懷憤歎,乃掩户自撾曰:'繆肜,汝修身謹行,學聖人之法,將以齊整風俗,奈何不能正其家乎?'"

槿

上博二·容45專亦吕(以)爲～

上博七·凡甲1既杲(本)既～

上博七·凡乙1既杲(本)既～

～,從"木","菫"聲,疑爲"根"字異體。

上博二·容45"專亦吕(以)爲～",讀爲"溥夜以爲淫"。"淫",放縱;恣肆。《左傳·昭公六年》:"制爲禄位以勸其從,嚴斷刑罰以威其淫。"杜預注:"淫,放也。"

上博七～,讀爲"根"。《老子》"各復歸其根",郭店本作"各遉(復)丌(其)菫"可證。"根",指植物長在土中(或水中)吸收營養的部分,引申爲植根。《孟子·盡心上》:"君子所性,仁義禮智根於心。""本"與"根"義正相因,後常連用,如《韓非子·解老》:"上不屬天,而下不著地,以腸胃爲根本,不食則不能活。"

瞫

 上博三·周 48 艮丌(其)~

~,從"目","堇"聲。

簡文~,讀爲"限"。上古音"堇"爲見紐文部字,"限"爲匣紐文部字,二字音近可通。今本《周易》作"限"。"限",身腰部,人繫帶之處,以喻人不能制其事於始,又不能成其事於終。

溪紐困聲

困

 上博一·孔 9 則~天〈而〉谷(欲)反(返)丌(其)古(故)也

 上博三·周 1 ~尨(蒙)

 上博三·周 43 ~于葛(葛)藟(虆)

 上博七·凡甲 24 嚛(察)僉(險)而~

 上博七·凡甲 24 嚛(察)~而返(復)

 上博七·凡乙 17 嚛(察)僉(險)而~

 上博七·凡乙 17 嚛(察)~而返(復)

《說文·囗部》:"困,故廬也。从木在囗中。柰,古文困。"

上博一·孔 9～,《荀子·大略》:"患至而後慮者,謂之困。"《論語·季氏》:"困而學之。"何晏集解引孔氏:"困,謂有所不通也。"《周易·繫辭下》:"困,德之辨也。"(連劭名)

上博三·周 1"～尨(蒙)",處於困境的蒙昧之人。《易·蒙》:"困蒙,吝。《象》曰:'困蒙之吝,獨遠實也。'"高亨注:"困蒙,處於困境之愚昧之人。"

上博三·周 43～,阻礙。《易·困》:"困于石,據於蒺藜。"

上博七·凡甲 24、凡乙 17～,盡,極。《論語·堯曰》:"四海困窮,天祿永終。"《國語·越語下》:"日困而還,月盈而匡。"韋昭注:"困,窮也。"《論衡·定賢篇》:"神蛇能斷而復屬,不能使人弗斷。聖賢能困而復通,不能使人弗害。"

端紐屯聲

屯

上博二·民 12～旻(得)同明

上博六·天甲 4～用青,邦喪

上博六·天甲 4～用勿,邦喪

上博六·天乙 4～用青,邦喪

上博六·天乙 4～用勿,邦喪

～,楚文字或作 ㄓ(郭店·老子甲 9)、ㄓ(郭店·緇衣 1)、ㄓ(左塚漆桐),在下部豎畫上加點或小短橫爲飾筆。《說文·屮部》:"屯,難也。象艸木之初生,屯然而難。从屮貫一。一,地也。尾曲。《易》曰:'屯,剛柔始交而難生。'"

上博二·民12"～旻",讀爲"純德",純粹的德行。《國語·鄭語》:"建九紀以立純德,合十數以訓百體。"韋昭注:"純,純一不駁也。"《淮南子·原道》:"穆忞隱閔,純德獨存。"高誘注:"純,不雜糅也。"左塚漆桐"屯悳",也讀爲"純德"。

上博六·天～,訓爲"皆"。信陽楚簡"屯"字凡二十一見,楚銅器鄂君啟節的"屯"字,新蔡甲三214"就禱三楚先屯一牂"之"屯"字,均訓爲"皆"。《考工記·玉人》:"諸侯純九,大夫純五。"鄭玄注:"純猶皆也。"《墨子·節用上》:"若純三年而字。"孫詒讓《墨子閒詁》亦引《周禮》鄭玄注訓"純"爲"皆"。(楊澤生)

上博六·莊1㠯(以)共～秋之裳(嘗)

上博六·用10～秋還連

上博八·王5命(令)尹子～猷

上博八·命1鄡(葉)公子高之子見於命(令)尹子～

～,從"日",從"艸","屯"聲。楚文字或作(郭店·六德25)、(郭店·六德25),從"日","屯"聲;或作(郭店·語叢一40)、(郭店·語叢三20),與三體石經古文"春"字寫法相同。或作(包山203)、(欒書缶,集成10008·1)。三晉文字或作(珍戰152)、(珍戰75)、(珍戰7)、(珍秦金·吳越三晉260頁四年春成左庫戈)。秦文字作(尤家莊秦陶)、(職官34)。《説文·艸部》:"萅,推也。從艸,從日,艸春時生也;屯聲。"

上博六·莊1"～稼",讀爲"春秋",《左傳·襄公十三年》:"唯是春秋窀穸之事,所以從先君於禰廟者。"杜預注:"春秋謂祭祀。"

上博六·用10"～秋",《禮記·孔子閒居》:"天有四時,春秋冬夏,風雨霜露,無非教也。"《文子·自然》:"輪轉無窮,象日月之運行,若春秋之代謝。"《詩·魯頌·閟宮》:"春秋匪懈,享祀不忒。"鄭玄箋:"春秋猶言四時也。"

上博八·王5"令尹子～","子春",曾子弟子,即樂正子春,春秋時魯國人。《大戴禮記·曾子大孝》:"樂正子春下堂而傷其足,傷瘳,數日不出,猶有憂色。"樂正子春到了楚國,深得楚王重視,成爲令尹子春。或説子春爲坪夜君子良之子,曾任吾縣縣公,湖北荊門包山二號楚墓所出卜筮祭禱簡中稱之爲"吾公",是包山二號楚墓墓主邵㐁經常祭祀的先祖之一。

剸

上博一·緇1則民咸扮(飭)而型(刑)不～

～,从"刀","屯"聲。郭店·緇衣1作 。

簡文"型不～",讀爲"刑不頓",與古書中"甲兵不頓"意近。《左傳·襄公五年》:"以德綏戎,師徒不勤,甲兵不頓。"今本作"刑不試"。(馮勝君)

宒

上博八·成12道大才(在)～

～,从"宀","屯"聲。或釋爲"宅"。

簡文～,待考。

透紐川聲

川

上博一·緇7四或～(順)之

 上博二·魯 2 女母(毋)忢(愛)珪(圭)璧幣帛於山～

 上博二·魯 4 幣帛於山～

 上博二·魯 4 夫～，水㠯(以)爲膚

 上博二·容 31 湒(淒)於坐～

 上博三·周 2 利涉大～

 上博三·周 4 不利涉大～

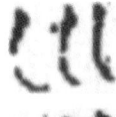 上博三·周 12 甬(用)涉大～

 上博三·周 18 利涉大～

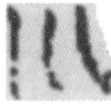 上博三·周 22 利涉大～

 上博三·周 25 不可涉大～

 上博三·周 25 利涉大～

 上博三·周 54 利涉大～

 上博三·周 58 利涉大～

 上博三·周 58 利涉大～

 上博三·中 19 ～又潨

 上博五·君 15 壴（禹）絈（治）天下之～

 上博五·三 1 是胃（謂）～天之棠

 上博五·三 10 母（毋）漗（灘）～

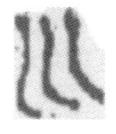 上博五·三 12 監～之都

 上博五·三 17 智天足㠯（以）～岢（時）

 上博五·三 18 ～天岢=（之時）

 上博六·競 7 如～言拿惡唬

 上博七·凡甲 7 ～天之道

 上博七·凡乙 6 ～天之道

～，戰國文字或作 、、、、。《說文·川部》：

"川,貫穿通流水也。《虞書》曰:'濬く巜,距川。'言深く巜之水會爲川也。"

上博一·緇7"四或～(順)之",《詩·大雅·抑》:"無競維人,四方其訓之。有覺德行,四國順之。訏謨定命,遠猶辰告。敬慎威儀,維民之則。"

上博二·魯2"山～",指名山大川。《書·舜典》:"望於山川,徧於群神。"孔安國傳:"九州名山大川,五嶽四瀆之屬,皆一時望祭之。"也指名山大川之神。《楚辭·九章·惜誦》:"俾山川以備禦兮,命咎繇使聽直。"朱熹集注:"山川,名山大川之神也。"《史記·蒙恬列傳》:"(秦始皇)道病,使蒙毅還禱山川,未反。"

上博二·容31"坓～",讀爲"廣川",大的河流。《管子·乘馬》:"凡立國都,非於大山之下,必於廣川之上。高毋近旱而水用足,下毋近水而溝防省。"《國語·周語下》:"夫周,高山、廣川、大藪也,故能生是良材,而幽王蕩以爲魁陵、糞土、溝瀆,其有俊乎?"

上博五·三1"～天",讀爲"順天",遵循天道;順從天的意旨。《易·大有》:"君子以遏惡揚善,順天休命。"孔穎達疏:"順奉天德。"《管子·形勢》:"順天者有其功,逆天者懷其凶。"

上博五·三17"～旹",讀爲"順時",謂順應時宜;適時。《左傳·成公十六年》:"禮以順時,信以守物。"《文選·王粲〈從軍詩〉之二》:"我軍順時發,桓桓東南征。"李善注:"順時,應秋以征也。《禮記》曰:'舉事必順其時。'"

上博三·周2"大～",大的河流。《書·禹貢》:"禹別九州,隨山濬川,任土作貢。禹敷土,隨山刊木,奠高山大川。"

上博六·競7"～言",讀爲"順言",與"弇惡"對舉,應是指順從當權者的旨意。

上博七·凡甲7"～天之道",讀爲"順天之道",順應自然規律。《呂氏春秋·孟秋紀》:"今兵之來也,將以誅不當爲君者也,以除民之讎而順天之道也。"《管子·中匡》:"對曰:'臣聞壯者無怠,老者無偷,順天之道,必以善終者也。三王失之也,非一朝之萃,君奈何其偷乎?'"

訓

 上博一·性10 觀丌(其)先迻(後)而逆～(順)之

上博一·性16 丌(其)出内(入)也～(順)

上博二·從甲16 㠯(以)軋(犯)賡慭(犯)見不～行㠯(以)出之

上博四·曹51 虐(吾)戡(戰)啻(敵)不～(順)於天命

上博七·武15 不逆而～城(成)

～,楚文字或作 、、、、、。《説文·言部》:"訓,説教也。从言,川聲。"

上博一·性10"逆～",讀爲"逆順",逆與順。多指臣民的順與不順,情節的輕與重,境遇的好與不好,事理的當與不當等。《管子·版法解》:"人有逆順,事有稱量。"《史記·張釋之馮唐列傳》:"法如是足也。且罪等,然以逆順爲差。"

上博一·性16～,讀爲"順",順理,合乎事理。《易·蒙》:"象曰:勿用取女,行不順也。"

上博二·從甲16"～行",疑讀爲"慎行",行爲謹慎檢點。《孝經·感應》:"宗廟致敬,不忘親也。修身慎行,恐辱先也。"《荀子·彊國》:"故爲人上者,不可不順也。"楊倞注:"不可不順義。或曰:'順'當爲'慎'。"《荀子·勸學》:"故君子不傲不隱不瞽,謹順其身。"王先謙集解引盧文弨曰:"'順',宋本作'慎'。"

上博四·曹51"～(順)於天命",《易·萃》:"'用大牲吉,利有攸往',順天命也。觀其所聚,而天地萬物之情可見矣。"

上博七·武15"～城",讀爲"順成",順利。《左傳·宣公十二年》:"執事順成爲臧,逆爲否。"

惢

　上博七·吴 3 君之～之

　上博七·吴 3 兩君之弗～

～，與 （郭店·緇衣 12）同，从"心"，"川"聲，"順"字異體。

簡文～，即"順"，和順。《詩·鄭風·女曰雞鳴》："知子之順之，雜佩以問之。"鄭玄箋："順，謂與己和順。"

腮

　上博六·競 4 埒情而不～

～，从"月"，"惢"聲。

簡文～，或讀爲"徇"（从川得聲之字與从旬得聲之字，通假的例子，參看高亨：《古字通假會典》138－139 頁）。"徇"有謀求義。《廣雅·釋言》："徇，營也。"《一切經音義》卷二十一引《蒼頡篇》："徇，求也。"《史記·項羽本紀》："今不恤士卒而徇其私，非社稷之臣。"司馬貞索隱引崔浩云："徇，營也。""不徇"，是說不謀求私利。（陳偉）或讀爲"遁"，隱匿之意。（李天虹）

定紐辰聲

詠

　上博三·周 38～亡膚（膚）

　上博三·周 40～亡膚（膚）

～，从"言"，"辰"聲。

簡文～,讀爲"臀",人體後面兩股上端和腰相連的部位。《周禮・考工記・栗氏》:"其臀一寸",鄭玄注:"故書臀作脣,杜子春云:當爲臀。"今本作"臀",帛書本作"脈"。

脣

上博二・容 31 孝～

上博二・容 52 而旻(得)遊(失)行於民之～也

《説文・口部》"脣,驚也。从口,辰聲。"或説～即"辰"之繁體。

上博二・容 31"孝～",或讀爲"效辰"。或釋爲"訒",讀"始"、"治"、"慈"。

上博二・容 52～,讀如脣齒之脣。同于《説文・肉部》"脣,口端也"之"脣"。《國語・周語》:"防民之口,甚於防川。川壅而潰,傷人必多,民亦如之。是故爲川者決之使導,爲民者宣之使言。""民之脣"如言"民之口"。紂之得失流行於民之口,《論語・季氏》:"天下有道,則庶人不議。"

晨

上博三・中 19 日月星～(辰)猷(猶)差

上博六・莊 9 不㠯(以)～鈙(斧)疐

～,从"日","辰"聲,與 (九 A32)、(新蔡零 147)同。

上博三・中 19"星～",讀爲"星辰",星的通稱。《書・堯典》:"曆象日月星辰。"

上博六・莊 9～,讀爲"辱",謙詞。簡文"不以辱斧鑕"的意思是説"(君主您)不拿(我)來玷污了斧鑕",這是一種謙卑和委婉的説法,古漢語常見。(陳偉、張崇禮)

虘

 上博六·用 6～亡齒倉

～，从"虍"，"虍"下之形很可能是" "（中山王鼎"振"上部所从）的訛變，即"振"省聲。（單育辰）

簡文"～亡齒倉"，讀爲"脣亡齒寒"，嘴脣失去，牙齒即要寒冷。比喻互爲依存，利害相關。《左傳·僖公五年》："晉侯復假道於虞以伐虢，宮之奇諫曰：'虢，虞之表也；虢亡，虞必從之。晉不可啟，寇不可翫。一之謂甚，其可再乎？諺所謂"輔車相依，脣亡齒寒"者，其虞、虢之謂也。"《左傳·哀公八年》："晉與齊、楚輔之，是四讎也。夫魯，齊晉之脣，脣亡齒寒，君所知也，不救何爲？"

定紐羣聲

臺

 上博三·周 19□～遆（復）

 上博三·周 49～艮

《說文·言部》："臺，孰也。从言，从羊，讀若純。一曰：鬻也。"

上博三·周 49～，厚重；篤實。《易·艮》："敦艮，吉。"孔穎達疏："敦，厚也。……在上能用敦厚以自止，不陷非妄，宜其吉也。"程頤傳："敦，篤實也。"葛洪《抱朴子·審舉》："務寬含垢之政，可以蒞敦禦樸，而不可以拯衰弊之變也。"

上博三·周 19"～遆"，讀爲"敦復"，督促。《易·復》："敦復，無悔。"高亨注："敦本督責促迫之義。"《孟子·公孫丑下》："前日不知虞之不肖，使虞敦匠事。"朱熹集注："充虞，孟子弟子，嘗董治作棺之事。"

2538

膞

 上博五·弟 19～～女也丌（其）聖（聽）

～，从"肉"，"臺"聲。

簡文～=，讀如"惇惇"，純厚貌。《後漢書·第五倫傳論》："第五倫峭覈爲方，非夫愷悌之士，省其奏議，惇惇歸諸寬厚，將懲苛切之敝使其然乎？"《爾雅·釋詁》："惇、亶、祜篤……厚也。"《禮記·內則》："惇行孝悌，博學不教，內而不出。"

繛

 上博四·曹 33 史（使）人不辟（親）則不～（敦）

～，从"糸"，"臺"聲。

簡文～，讀爲"敦"，勤勉，《爾雅·釋詁》："敦，勉也。"邢昺疏："敦者，厚相勉也。"《管子·君臣上》："上惠其道，下敦其業。"

定紐尹聲

尹

 上博一·緇 3 ～弄（誥）員（云）

 上博一·緇 3 隹（惟）～身（允）及康（湯）咸又（有）一悳（德）

 上博一·緇 9 虩=（虩虩）帀（師）～

 上博二·容 37 乃立泗（伊）～吕（以）爲差（佐）

2539

 上博二·容37 泗(伊)～既已受命

 上博四·昭3 辻(卜)命(令)～陳眚爲視日

 上博四·昭4 辻(卜)命(令)～不爲之告

 上博四·昭4 辻(卜)命(令)～爲之告

 上博四·昭6 大～遇之

 上博四·昭6 大～内(入)告王

 上博四·昭8 大～昏之

 上博四·昭9 大～之言膊

 上博四·柬1 命龜～羅貞於大頣(夏)

 上博四·柬2 龜～智(知)王之庶(炙)於日而疠(病)斧(疥)

 上博四·柬2 贅～智(知)王之疠(病)

 上博四·柬2 乘龜～速卜

上博四·柬 4 贅~許諾

上博四·柬 4 贅~至(致)命於君王

上博四·柬 5 贅~愈(答)曰

上博四·柬 7 以告安君與陵~子高

上博四·柬 8 王以訊(問)贅~高

上博四·柬 19 陵~

上博四·柬 19 贅~皆絧(給)丌(其)言以告大(太)剳(宰)

上博四·柬 20 大(太)剳(宰)胃(謂)陵~

上博四·柬 20 陵~

上博四·柬 21 贅~

上博四·柬 21 不㠯(以)丌(其)身弁(變)贅~之棠(常)古(故)

上博四·柬 21 贅~

 上博四·柬 22 命(令)～子林訊(問)於大(太)劐(宰)子㱴(之)

 上博四·柬 23 命(令)～胃(謂)大(太)劐(宰)

 上博五·鮑 6 而貴～

 上博六·莊 1 㠯(以)昏(問)酖(沈)～子桱

 上博六·莊 2 酖(沈)～固辭

 上博六·莊 2 酖(沈)～子桱僉(答)

 上博六·莊 4 酖(沈)～子桱曰

 上博六·壽 3 殺左～宛、少帀亡基

 上博六·天甲 6 洛～行身和二

 上博六·天乙 5 洛～行身和二

 上博八·命 1 鄴(葉)公子高之子見於命(令)～子春

 上博八·命 6 命(令)～曰

上博八·命 6 先夫=(大夫)訇命(令)～

上博八·命 9 含(今)視日爲楚命(令)～

上博八·命 10 命(令)～曰

上博八·王 2 命(令)～少進於此

上博八·王 5 命(令)～子春

上博八·王 6 命(令)～含(答)

上博八·王 7 命(令)～許諾

上博八·王 7 乃命彭徒爲洛辻(卜)～

～，戰國文字或作 （郭店·緇衣 5）、 （郭店·緇衣 16）、 （郭店·窮達以時 8）、 （新蔡甲三 400）、 （珍秦 329），或贅加"肉"旁作 （新蔡零 200、323）、 （歷博·燕 121）、 （右易攻𢧵弩牙集成 11930）、 （右易攻𢧵弩牙集成 11929）、 （中國古代陶文集拓第 2 册第 3 頁）、 （保利藏金 273 頁二年邦司寇肖□鈹）、 （新鄭圖 403）、 （施 148）。《說文·又部》："尹，治也。从又、丿，握事者也。 ，古文尹。"

上博一·緇 3"～㝬"，即"尹誥"。今本《禮記·緇衣》："《尹吉》曰：'惟尹

2543

躬及湯,咸有一德。"鄭玄注:"吉,當爲'告'。告,古文'誥'字之誤也。尹告,伊尹之誥也。"

上博一·緇 3"佳(惟)～允及康(湯)咸又(有)一惪(德)",今本《禮記·緇衣》:"《尹吉》曰:'惟尹躬及湯,咸有一德。'"尹,即伊尹。梁玉繩《古今人表考》卷二:"伊氏,尹字,名摯。"《書·湯誓序》:"伊尹相湯伐桀,升自陑,遂與桀戰於鳴條之野。作《湯誓》。"

上博一·緇 9"虩虩帀(師)～",《詩·小雅·節南山》:"赫赫師尹,民具爾瞻。憂心如惔,不敢戲談。"毛亨傳:"師,大師,周之三公也。尹,尹氏,爲大師。"鄭玄箋:"此言尹氏,女居三公之位,天下之民俱視女之所爲,皆憂心如火灼爛之矣。又畏女之威,不敢相戲而言語。疾其貪暴,脅下以形辟也。"

上博二·容 37"泗～",讀爲"伊尹",參上。

上博四·昭 3"辻(卜)命(令)～"、上博八·王 7"辻(卜)～",即"卜尹",官名。協助卜人占卜的官員。《左傳·昭公十三年》:"召觀從,〔楚〕王曰:'唯爾所欲?'對曰:'臣之先,佐開卜。'乃使爲卜尹。"杜預注:"佐卜人開龜兆。"

上博四·昭 6"大～",官名,即"大攻尹",鄂君啟節有"大攻尹",爲楚國官名。"攻尹"又作"工尹"。《禮記·檀弓下》:"工尹商陽與陳棄疾追吳師及之。"鄭玄注:"工尹,楚官名。"《左傳·文公十年》:"王使爲工尹。"杜預注:"掌百工之官。"

上博四·柬 1"龜～",官名。與"卜尹"執掌近。

上博四·柬 2"贅～",官名。

上博四·柬 7"陵～",官名。《左傳·昭公十三年》:"吳人敗諸豫章,獲其五帥。平王封陳、蔡,復遷邑。"杜預注:"五帥,謂蕩侯、潘子、司馬裂、囂尹午、陵尹喜五人。"《禮記·檀弓下》:"工尹商陽與陳棄疾追吳師,及之。"鄭玄注:"工尹,楚官名。棄疾,楚公子棄疾也。以魯昭八年帥師滅陳,縣之,楚人善之,因號焉。至十二年,楚子狩於州來,使蕩侯、潘子、司馬督、囂尹午、陵尹喜圍徐以懼吳,於時有吳師。陳或作陵,楚人聲。"

上博四·柬 22、上博八"命～",讀爲"令尹",春秋戰國時楚國執政官名,相當於宰相。《左傳·莊公四年》:"令尹鬬祁、莫敖屈重除道梁槎,營軍臨隨。隨人懼,行成。"《論語·公冶長》:"令尹子文,三仕爲令尹,無喜色;三已之,無慍色。"邢昺疏:"令尹,宰也……楚臣令尹爲長,從他國之言,或亦謂之宰。"《漢書·高帝紀上》:"〔懷王〕以羽爲魯公,封長安侯,呂臣爲司徒,其父呂青爲令尹。"顏師古注引臣瓚曰:"諸侯之卿,唯楚稱令尹,其餘國稱相。"

上博六·莊 1"酖～",讀爲"沈尹",官名。《左傳·昭公五年》:"楚子懼吳,使沈尹射待命於巢,薳啟彊待命於雩婁,禮也。"《左傳·宣公十二年》:"楚子北師次於郔。沈尹將中軍。"杜預注:"沈或作寢。寢,縣也,今汝陰固始縣。"孔穎達疏:"楚官多名爲尹。沈者或是邑名,而其字或作寢。哀十八年有寢尹吳由於。因解寢爲縣名,不言寢是而沈非也。"

上博六·壽 3"左～",官名。《左傳·宣公十一年》:"楚左尹子重侵宋,王待諸郔。"《左傳·昭公二十七年》:"左尹郤宛、工尹壽帥師至於潛,吳師不能退。"

上博六·天甲 6"洛～",或讀爲"樂尹",《左傳·定公五年》:"以妻鍾建,以爲樂尹。"杜預注:"司樂大夫。"

上博五·鮑 6"貴～",讀爲"潰朘(隤朘)",指把生殖器割掉,古代宮刑又稱腐刑,生殖器割下來以後,患部會腐爛。"尹",喻四文部,讀爲"朘";"朘",精紐文部,所從聲母"允"上古音屬喻四文部,與"尹"聲韻畢同。"夋"與"勻"、"尹"聲系相通。《史記·李將軍列傳》:"悛悛如鄙人。"司馬貞索隱:"悛悛,《漢書》作恂恂。"《禮記·大學》:"瑟兮僩兮者,恂慄也。"鄭玄注:"恂字或作悛,讀如嚴峻之峻"。《公羊傳·文公十五年》:"筍將而來也。"《史記·張耳陳餘列傳》裴駰集解:"筍作峻"。《詩·商頌·長發》:"爲下國駿尨。"《大戴禮記·衛將軍文子》引"駿作恂"。又《禮記·聘義》:"孚尹旁達,信也。"鄭玄注:"尹讀如竹箭之筠。"《詩·大雅·韓奕》:"維筍及蒲。"陸德明釋文"筍字或作筠"。"尹"可讀爲"朘",男性生殖器也,《老子》五十五章:"未知牝牡之合而朘作,精之至也。"(何琳儀、季旭昇)

君

上博一·孔 27 中(仲)氏～子

上博一·緇 2 則～不悆(疑)丌(其)臣

上博一·緇 2 臣不或(惑)於～

 上博一·緇 3 下難智（知）則～長［勞］

 上博一·緇 4 臣事～

 上博一·緇 4 則～不裦（勞）

 上博一·緇 5 民㠯（以）～爲心

 上博一·緇 5 ～㠯（以）民爲體（體）

 上博一·緇 5 ～好則民谷（欲）之

 上博一·緇 5 ～㠯（以）［民］亡

 上博一·緇 6 ～牙員（云）

 上博一·緇 10 ～紳（陳）員（云）

 上博一·緇 12 古（故）～不與少（小）悔（謀）大

 上博一·緇 18 身（允）也～子

 上博一·緇 18 ～夷員（云）

正編・文部

上博一・緇 19 ~子言又（有）勿（物）

上博一・緇 19 古（故）~子多聏（聞）

上博一・緇 20 [淑]人~子

上博一・緇 20 ~紳（陳）

上博一・緇 21 ~子不自蓸（留）安（焉）

上博一・緇 22 ~子孞（好）敼（述）

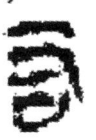
上博一・性 25 上交近事~

上博二・民 1 幾（愷）俤（悌）~子

上博二・民 4 ~子以正

上博二・民 6 ~子曰（以）此皇（橫）於天下

上博二・子 8 而史（使）~天下而禹（稱）

上博二・從甲 11 ~子不言

 上博二·從甲 11～子不行

 上博二·從甲 16～子藥(樂)則絧(治)正(政)

 上博二·昔 1～子曰

 上博二·昔 1 昔者～老

 上博二·昔 1 大(太)子朝～

 上博二·昔 2 遲(寺)人內(入)告於～

 上博二·昔 3～子曰

 上博二·昔 4～卒

 上博二·容 10 萬邦之～皆目(以)亓(其)邦襄(讓)於臤(賢)〔者〕

 上博二·容 46 唯(雖)～亡(無)道

 上博三·中 15～

 上博三·中 20 含(今)之～子

上博三·中 21 古之事～者

上博三·中 25 含(今)之～子史(使)人

上博三·亙 13 明～

上博三·彭 4 古(故)～之恋(願)

上博四·采 1 祝～壽

上博四·采 6 狗(苟)虐(吾)～母(毋)死

上博四·逸·交 1 戠(愷)俤～子

上博四·逸·交 1 ～子相好

上博四·逸·交 2 ～子

上博四·逸·交 4 ～子相好

上博四·昭 1 又一～子

上博四·昭 2 ～王訋(始)内(入)室

 上博四·昭 2 ～之備不可㠯(以)進

 上博四·昭 3 篗(僕)之母(毋)辱～王

 上博四·昭 4 ～不爲篗(僕)告

 上博四·昭 6 脾介趣～王

 上博四·昭 7 ～王

 上博四·昭 8 老臣爲～王獸(狩)貝(視)之臣

 上博四·昭 8 㠯(以)告～王

 上博四·昭 8 今～王或命脾母(毋)見

 上博四·昭 9 息～吳王身至於郢

 上博四·柬 4 贅尹至(致)命於～王

 上博四·柬 6 不敢㠯(以)～王之身弁(變)亂禀(鬼)神之裳(常)古(故)

 上博四·柬 7 㠯(以)～王之身殺祭

上博四·柬 7 㠯（以）告安～與陵尹子高

上博四·柬 10～王尚（當）以訊（問）大（太）剆（宰）晉侯

上博四·柬 11 者（諸）侯之～之不

上博四·柬 12 此爲～者之劉（刑）

上博四·柬 13 女（如）～王攸（修）郢高（郊）

上博四·柬 13～王母（毋）敢哉（災）害

上博四·柬 17～皆楚邦之牆（將）軍

上博四·柬 19 諀（便）人牆（將）芺（笑）～

上博四·柬 19～聖人

上博四·柬 20 於～

上博四·柬 20～内（入）而語僕之言於君王

上博四·柬 20 君内（入）而語僕之言於～王

 上博四·柬21～王元君

 上博四·柬21 君王元～

 上博四·柬22～王之疠(病)酒(將)從含(今)日旨(以)已

 上博四·柬23～王元君

 上博四·柬23 君王元～

 上博四·内1～子之立孝

 上博四·内1 古(故)爲人～者

 上博四·内1 言人之～之不能史(使)亓(其)臣者

 上博四·内2 亓(其)～者

 上博四·内2 言人之臣之不能事亓(其)～者

 上博四·内2 不與言人之～之不能史(使)亓(其)臣者

 上博四·内5 與～言

· 2552 ·

 上博四·內5 言事～

 上博四·內6 ～子事父母(母)

 上博四·內7 ～子孝子

 上博四·內8 ～子曰

 上博四·內8 ～子以城(成)亓(其)考(孝)

 上博四·內9 是胃(謂)～子

 上博四·內10 ～子曰

 上博四·相4 虗(吾)見於～

 上博四·曹2 ～亓(其)煮(圖)之

 上博四·曹4 今天下之～子既可智(知)已

 上博四·曹5 ～亓(其)毋員(惧)

 上博四·曹5 叟(鄰)邦之～明

上博四·曹6 叟(鄰)邦之～亡道

 上博四·曹 7～子旻(得)之遊(失)之

 上博四·曹 8～言亡㠯(以)異於臣之言

 上博四·曹 8～弗肂(盡)

 上博四·曹 8～子㠯(以)臤(賢)禹(稱)而遊(失)之

 上博四·曹 9～子㠯(以)臤(賢)禹(稱)

 上博四·曹 20～必不已

 上博四·曹 22 幾(豈)俤(弟)～子

 上博四·曹 22～自衒(率)必聚群又(有)司而告之

 上博四·曹 27～女(如)親衒(率)

 上博四·曹 28 邦又(有)～

 上博四·曹 34～母(毋)戄(憚)自裻(勞)

 上博四·曹 34～必身聖(聽)之

 上博四·曹 40 我～身進

上博四·曹47～不可不慭(慎)

上博四·曹63唯～亓(其)智(知)之

上博五·競2昔先～客(格)王

上博五·季2此～子之大秀(務)也

上博五·季16～曰

上博五·姑1思又(有)～臣之節

上博五·姑3☐於～

上博五·姑3～貴我而受(授)我衆

上博五·姑4而因㠯(以)害～

上博五·姑4㠯(以)不能事～

上博五·姑4天下爲～者

上博五·姑4欲㠯(以)長建宔(主)～而连(禦)難

 上博五·姑5 含(今)宔(主)～不遣於虗(吾)

 上博五·姑5 虗(吾)睧(聞)爲臣者必思～得志於㠯(己)而又(有)逡(後)青(請)

 上博五·姑8 取宔(主)～之衆㠯(以)不聽命

 上博五·君1 ～子爲豊(禮)

 上博五·君12 埊(舜)～天下

 上博五·弟11 𠚤(宰)我昏(問)～子

 上博五·弟11 爲～子㢈

 上博五·弟12 肰(然)句(後)～子

 上博五·弟13 ～子亡所不足

 上博五·弟14 ～子道朝

 上博五·三4 ～無宔(主)臣是胃(謂)畏(危)

 上博五·三15 卬(仰)天事～

 上博五·三 22～子不惠(慎)亓(其)惪(德)

 港甲 7 此之胃(謂)～

 上博三·周 8 大～子又(有)命

 上博三·周 12～子又(有)慫(終)

 上博三·周 12 㥯(謙)～子

 上博三·周 30～子吉

 上博三·周 38～子夬夬

 上博六·競 1 虔幣帛甚娩(美)於虔先～之量矣

 上博六·競 1 虔珪璧大於虔先～之

 上博六·競 5 丌(其)祝史之爲丌(其)～祝欱也

 上博六·競 6 今～之貪惛蝨(苛)匿(慝)

 上博六·競 7～,祝欱毋專青

 上博六·孔 5～子行

 上博六·孔 6 害～子聖之

上博六·孔 13 見於～子

 上博六·孔 15～子恆吕（以）衆福

 上博六·孔 15～子蜀之㠯（以）亓（其）所蜀

 上博六·孔 21～子德已而立帀（師）保

 上博六·孔 23～子又道

 上博六·孔 24～子流亓（其）觀安

上博六·莊 6 臣不智（知）～王之牂（將）爲君

 上博六·莊 6 臣不智君王之牂（將）爲～

 上博六·莊 6 女臣智～王之爲君

上博六·莊 7 女臣智君王之爲～

 上博六・莊8臣爲～王臣

 上博六・莊8～王免之死

 上博六・壽3～王與楚邦懼戁

 上博六・壽5臣爲～王臣

 上博六・壽5～王遂凥

 上博六・壽6～王所改多₌

 上博六・壽6～王保邦

 上博六・木2吾先～

 上博六・木3先～

 上博六・木4王子不㝱(得)～楚邦

 上博六・慎6氏㠯(以)～子₌向方智道

 上博六・用2埶～埶庚

上博六·用 2～……

上博六·用 3 遠～遠戻

上博六·用 14 強～梐政

上博六·用 20 善古～之

上博六·天甲 1 邦～建之㠯(以)坨

上博六·天甲 1 邦～五[世]

上博六·天甲 2 夫=象邦～之立

上博六·天甲 2 邦～象天子之[立]

上博六·天甲 8 邦～飲盥

上博六·天甲 9 邦～三辟

上博六·天乙 1 邦～建之㠯(以)坨

上博六·天乙 1 邦～五殜(世)

上博六・天乙 2 夫₌象邦～之立

上博六・天乙 2 邦～象天子之立

上博六・天乙 7 邦～飤盨

上博六・天乙 8 邦～三辟

上博七・武 12 身則～之臣

上博七・武 12 ～齋

上博七・武 12 ～不祈

上博七・鄭甲 1 奠(鄭)子豪(家)殺丌(其)～

上博七・鄭甲 2 含(今)奠(鄭)子豪(家)殺丌(其)～

上博七・鄭甲 4 慼(戚)惻(賊)丌(其)～

上博七・鄭甲 6 ～王之記(起)此帀(師)

上博七・鄭乙 6 ～王之記(起)此帀(師)

 上博七·鄭甲7～王必進帀(師)㠯(以)迡之

 上博七·鄭乙1奠(鄭)子豪(家)殺亓(其)～

 上博七·鄭乙2奠(鄭)子豪(家)殺亓(其)～

 上博七·君甲1～王

 上博七·君甲1命爲～王戔之

 上博七·君甲3～王又(有)楚

 上博七·君甲3珪玉之～

 上博七·君甲4～王又(有)楚

 上博七·鄭乙4慼(戚)惻(賊)亓(其)～

 上博七·鄭乙6～王之记(起)此帀(師)

 上博七·君甲5～王龍(隆)亓(其)祭

 上博七·君甲6含(今)～王聿(盡)去耳目之欲

上博七·鄭乙7～王必進帀（師）㠯（以）迡之

上博七·君甲7人㠯（以）～王爲炁（所）㠯（以）戮

上博七·君甲8～王唯（雖）不長年

上博七·君甲8～人者可（何）必安才（哉）

上博七·君甲9先～䨄（靈）王

上博七·君甲9～人者可（何）必安才（哉）

上博七·君乙1～王又（有）白玉三回而不戔

上博七·君乙1命爲～王戔之

上博七·君乙3～王又（有）楚

上博七·君乙3.珪＝（珪玉）之～

上博七·君乙4～王又（有）楚

上博七·君乙5～王龍（隆）亓（其）祭

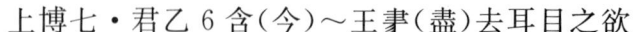

 上博七·君乙6 含(今)～王聿(盡)去耳目之欲

 上博七·君乙6 人弖(以)～王爲戱

 上博七·君乙7 ～王唯(雖)不長年

 上博七·君乙8 ～人者可(何)必安才(哉)

 上博七·君乙9 先～霝(靈)王

 上博七·君乙9 ～人者可(何)必安才(哉)

 上博七·吳2 唯～是望

 上博七·吳2 ～而或言

 上博七·吳3 ～之忞(順)之

 上博七·吳3 ～之志

 上博七·吳3 兩～之弗忞(順)

 上博七·吳7 募(寡)～

上博七·吳 7 募(寡)~

上博七·吳 8 募(寡)~

上博七·吳 9 先~之臣

上博七·吳 9 先~

上博七·凡甲 28 百眚(姓)斋=(之所)貴唯~

上博七·凡乙 20 百眚(姓)斋=(之所)貴唯~

上博六·用 13 隹~之賈臣

上博八·顏 1 敢䎽(問)~子之內事也又(有)道㦿(乎)

上博八·顏 5 害(蓋)~子之內事也女(如)此矣

上博八·顏 5 ~子之內事也

上博八·顏 6 敢䎽(問)~子之內教也又(有)道㦿(乎)

上博八·顏 10 ~子之內教也

 上博八·命1～王窘（窮）亡人

 上博八·命8～王之所㠯（以）命與所爲於楚邦

 上博八·李1【背】差＝（嗟嗟）～子

～，戰國文字或作▆（郭店·老子丙6）、▆（郭店·緇衣4）、▆（郭店·緇衣19）、▆（郭店·成之聞之32）、▆（郭店·六德23）、▆（郭店·語叢三6）、▆（施150）、▆（施150）、▆（施31）、▆（施31）、▆（歷博·燕121）、▆（施91）、▆（中國歷史文物2007·4成君鼎）、▆（施93）、▆（高陵君弩機）。《說文·口部》："君，尊也。从尹；發號，故从口。▆，古文。象君坐形。"

上博一·緇2、上博六·用14～，古代大夫以上、據有土地的各級統治者的通稱。《儀禮·喪服》："君，至尊也。"鄭玄注："天子、諸侯及卿大夫有地者，皆曰君。"常用以專稱帝王。《儀禮·喪服》："君，至尊也。"《書·大禹謨》："皇天眷命，奄有四海，爲天下君。"

上博一·緇6"～牙"，《書·君牙》："穆王命君牙，爲周大司徒，作《君牙》。"

上博一·緇10、20"～紳"，讀爲"君陳"，《書·君陳》："周公既沒，命君陳分正東郊成周，作《君陳》。"

上博一·緇18"～奭"，《書·君奭》："召公爲保，周公爲師，相成王爲左右。召公不說，周公作《君奭》。"

上博一·緇22"～子孚（好）救（逑）"，君子的佳偶。見《詩·周南·關雎》："窈窕淑女，君子好逑。"

上博二·民1"幾（愷）俤（悌）～子"、上博四·逸·交1"豈（䘱）（愷）俤～子"、上博四·曹22"幾（豈）俤（弟）～子"，《詩·大雅·泂酌》："豈弟君子，民之父母。"國家最高的領導人，應該就是指國君。

上博三·亙13"明～",賢明的君主。《左傳·成公二年》:"大夫爲政,猶以衆克,況明君而善用其衆乎?"

上博四·昭2、上博八·命1、8"～王",古稱天子或諸侯。《詩·小雅·斯干》:"朱芾斯皇,室家君王。"鄭玄箋:"室家,一家之內。宣王將生之子,或且爲諸侯,或且爲天子。"《楚辭·招魂》:"君王親發兮憚青兕。"王逸注:"言懷王是時親自射獸,驚青兕牛而不能制也。"

上博五·姑1"～臣",君主與臣下。《易·序卦》:"有父子,然後有君臣;有君臣,然後有上下。"

上博五·姑8"宔(主)～",對一國之主的稱呼。《墨子·貴義》:"且主君亦嘗聞湯之說乎?"《史記·樗里子甘茂列傳》:"樂羊再拜稽首曰:'此非臣之功也,主君之力也。'"指諸侯互相聘問的主國之君。《周禮·秋官·司儀》:"賓繼主君,皆如主國之禮。"《禮記·聘義》:"使者聘而誤,主君弗親饗食也,所以愧厲之也。"孔穎達疏:"來聘使者行聘之時禮有錯誤,則主國之君不親自饗食以接賓。"

上博二·子8、上博五·君12～,主宰,統治。《書·說命上》:"天子惟君萬邦,百官承式。"《管子·內業》:"執一不失,能君萬物。"

上博五·競2、上博六·木2、上博七·君甲9"先～",前代君主。《詩·邶風·燕燕》:"先君之思,以勗寡人。"《莊子·山木》:"魯侯曰:'吾學先王之道,脩先君之業。'"成玄英疏:"先君,謂周公伯禽也。"

上博六·天甲1"邦～",見於《書·伊訓》:"……邦君有一於身,國必亡。"《詩·小雅·雨無正》:"邦君諸侯"。《論語·八佾》:"邦君樹塞門,管氏亦樹塞門。邦君爲兩君之好,有反坫,管氏亦有反坫。"又《季氏》:"邦君之妻,君稱之曰夫人。"

上博七·吳7"募(寡)～",臣下對別國謙稱本國國君。《國語·魯語上》:"展禽使乙喜以膏沐犒師,曰:'寡君不佞,不能事疆場之司,使君盛怒,以暴露於弊邑之野,敢犒輿師。'"《韓非子·難四》:"叔孫穆子趨進曰:'諸侯之會,寡君未嘗後衛君也,今子不後寡君一等,寡君未知所過也。'"

上博七·君"～王",指楚昭王,楚平王子,羋姓,熊氏,名壬,又名軫(珍),公元前515年至公元前489年在位。《史記·楚世家》:"十三年,平王卒。將軍子常曰:'太子珍少,且其母乃前太子建所當娶也。'欲立令尹子西。子西,平王之庶弟也,有義。子西曰:'國有常法,更立則亂,言之則致誅。'乃立太子珍,是爲昭王。"

上博七·君"～人者",爲人之君;統治人民。《左傳·隱公三年》:"君人者,將禍是務去,而速之,無乃不可乎?"《荀子·王制》:"故君人者欲安則莫若平政愛民矣,欲榮則莫若隆禮敬士矣,欲立功名則莫若尚賢使能矣,是君人者之大節也。"

上博六·用13～,或釋爲"唇",讀爲"辱"。(單育辰)

上博"～子",對統治者和貴族男子的通稱。常與"小人"或"野人"對舉。《孟子·滕文公上》:"無君子莫治野人,無野人莫養君子。"《淮南子·説林》:"農夫勞而君子養焉。"泛指才德出衆的人。班固《白虎通·號》:"或稱君子何？道德之稱也。君之爲言群也;子者丈夫之通稱也。"

伊

 上博二·子2～堯之惪(德)則甚盟(明)壆(與)

 上博二·子11 觀於～而旻(得)之

《説文·人部》:"伊,殷聖人阿衡,尹治天下者。从人,从尹。 ,古文伊。从古文死。"

上博二·子2"～堯",堯的名號。《潛夫論·五德志》:"後嗣慶都,與龍合婚,生伊堯。"(劉樂賢)

上博二·子11～,或讀爲"禋",禋祀。《詩·大雅·生民》:"生民如何？克禋克祀,以弗無子。"毛亨傳:"去無子,求有子"。鄭玄箋:"乃禋祀上帝於郊禖,以祓除其無子之疾,而得其福也。""觀于伊而得之",指禹母參加禋祀祭天祈子求福而終於懷孕得子。(廖名春)

蝨

 上博五·鮑8 公～亦不爲戠(害)

～,從"蚰","君"聲,"蜫"字異體。《説文通訓定聲》:"從二虫,會意,讀若昆,經傳皆以昆爲之。昆,衆也。"

簡文"公～",讀爲"虹煇"。《周禮・春官》有"眡祲"一職,"掌十煇之灋,以觀妖祥,辨吉凶。"十煇中"彌",鄭玄注引鄭衆説是"白虹彌天"、"九曰隮"注云"虹也"。是虹氣可稱爲"虹煇"。古人視虹蜺爲淫邪之氣,《晉書・天文志》:"白虹者,百殃之本,衆亂所基。"《新語・明誠》:"世衰道失,非天之所爲也,乃君國者有以取之也。惡政生惡氣,惡氣生災異。螟蟲之類,隨氣而生;虹蜺之屬,因政而見。治道失於下,則天文變於上;惡政流於民,則螟蟲生於野。"(李學勤、林志鵬)

群

　　上博五・競 2 ～臣之辠(罪)也

　　上博五・競 10 ～獸(獸)

　　上博二・容 41 戔(殘)～安(焉)備(服)

　　上博三・周 54 鬘(涣)丌(其)～

　　上博四・曹 21 凡畜～臣

　　上博四・曹 23 君自衒(率)必聚～又(有)司而告之

　　上博一・性 7 ～善之蔲也

　　上博六・用 7 咎～言之棄

 上博八·李 1【背】胃（謂）～衆鳥

～，楚文字或作▨（郭店·老子甲 38）、▨（郭店·性自命出 13）、▨（郭店·性自命出 14）。《說文·羊部》："羣，輩也。从羊，君聲。"

上博一·性 7"～善"，即衆善，見《呂氏春秋·開春論》："王者厚其德，積衆善，而鳳皇聖人皆來至矣。"

上博二·容 41"戔～"，讀爲"殘羣"。"群"同樣也是指親族、朋輩。《禮記·三年問》："因以飾羣，别親疏貴賤之節。"鄭玄注："羣，謂親之黨也。"孔穎達疏："羣，謂五服之親也。"《禮記·檀弓上》："吾離羣而索居。"鄭玄注："羣，謂同門朋友也。""戔（殘）羣"指使得本來完整和諧的親族、朋輩關係殘缺了。（范常喜）

上博三·周 54～，衆。意天下之渙，起於衆心，大臣秉大公之道，使天下之黨盡散。

上博四·曹 23"～又（有）司"，指軍中的負責官吏。

上博四·曹 21、上博五·競 2"～臣"，《管子·幼官》："定府官，明名分，而審責於群臣有司，則下不乘上，賤不乘貴。法立數得，而無比周之民，則上尊而下卑，遠近不乖。"

上博五·競 10"～獸（獸）"，很多野獸。《國語·吴語》："夫吴民離矣，體有所傾，譬如群獸然，一個負矢，將百群皆奔，王其無方收也。越人必來襲我，王雖悔之，其猶有及乎？"

上博六·用 7"～言之棄"，可參《書·秦誓》："予誓告汝，群言之首。"《法言·孝至》："或問：'群言之長，群行之宗。'曰：'群言之長，德言也；群行之宗，德行也。'"

上博八·李 1【背】～，禽獸聚合。《詩·小雅·無羊》："誰謂爾無羊，三百維羣。"《國語·周語上》："獸三爲羣，人三爲衆。"《楚辭·七諫·初放》："群衆成朋兮。""群衆鳥"，即"群鳥"、"衆鳥"，"群"、"衆"同義。"衆鳥"，見《楚辭·九辯》："衆鳥皆有所登棲兮。"《楚辭·七諫·謬諫》："衆鳥皆有行列兮。"

定紐允聲

身(允)

上博一·緇3 隹(唯)尹~(允)及康(湯)

上博一·緇18~(允)也君子

~,與𠂤(郭店·緇衣5)、𠂤(郭店·緇衣36)同,下部从"身",變形音化。允,喻紐文部;身,書紐真部。喻、書二紐相近,真、文二部相通的例子也很多,所以兩種簡本的"允"可以从"身"聲。(馮勝君)《說文·儿部》:"允,信也。从儿,㠯聲。"

上博一·緇18"~也君子",見《禮記·緇衣》:"《小雅》曰:'允也君子,展也大成。'"鄭玄注:"允,信也。展,誠也。"《書·顧命》:"命汝作納言,夙夜出納朕命,惟允。"孔安國傳:"納言,喉舌之官,聽下言納於上,受上言宣於下,必以信。"

上博一·緇3"隹(惟)尹~及康(湯),咸又(有)一惪(德)",今本《禮記·緇衣》:"《尹吉》曰:'惟尹躬及湯,咸有一德。'"清華一·尹誥1:"隹(惟)尹既及(及)湯咸又(有)一惪(德)。"疑"允"讀爲"已",已經。

遵(逡)

上博八·子4 魯司寇(寇)奇誇(言)遊於~楚

~,从"辵","身"聲,"逡"字異體。《說文·辵部》:"逡,復也。从辵,夋聲。"《爾雅》:"逡,退也。"《玉篇》:"逡,巡也,退也,郤也。"

簡文~,或說是復、返、還、退之意。"~楚",或說地名,或說人名,是一個權貴。或讀爲"遂胥"。

夋（爨）

上博六・木3 醢盉不～

上博六・木4 醢不～

～,楚文字或作、、、![]天,从"灵"（熱）,"允"聲,應該是後代的"焌"字。（曾憲通）。或説是"爨"字的異體。或認爲下部从"異"聲。（魏宜輝）

簡文～,讀爲"酸",醋。《楚辭・招魂》:"大苦醎酸,辛甘行些。"朱熹集注:"酸,酢也。"或讀爲"爨"。《孟子・滕文公上》:"以釜甑爨。"趙岐注:"爨,炊也。"（單育辰）

舜

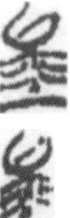
上博二・子2 ～（舜）嗇於童土之田

上博二・子4 虐（吾）昏（聞）夫～（舜）丌（其）幼也

上博二・子5 堯之取～（舜）也

上博二・子6 堯見～（舜）之惪（德）聖（賢）

上博二・子6 堯之旻（得）～（舜）也

上博二・子6 ～（舜）之惪（德）則城（誠）善懸（歟）

上博二·子 7 ～(舜)丌(其)可胃(謂)受命之民矣

上博二·子 7 ～(舜)

上博二·子 8 古(故)夫～(舜)之惪(德)丌(其)城(誠)叟(賢)矣

上博二·子 8 女(如)～(舜)才(在)含(今)之殜(世)則可(何)若

上博二·容 12 見～(舜)之叞(賢)也

上博二·容 13 昔～(舜)靜(耕)於鬲丘

上博二·容 14 㠯(以)三從～(舜)於旬(畎)畮(畝)之中

上博二·容 14 ～(舜)於是虖(乎)訇(始)孛(挽)蓺开(耕)萎(耜)

上博二·容 14 ～(舜)北面

上博二·容 14 ～(舜)於是虖(乎)訇(始)語堯天墬(地)人民之道

上博二·容 16 昔者天墬(地)之差(佐)～(舜)而右(佑)善

上博二·容 17 ～乃老

　上博二·容17～（舜）又（有）子七人

　上博二·容23～（舜）聖（聽）正（政）三年

　上博二·容30～乃欲會天埅（地）之燹（氣）而聖（聽）甬（用）之

　上博四·曹2昔堯之卿（饗）～（舜）也

　上博五·君12～（舜）君天下

　上博五·君14與～（舜）

　上博五·鬼1昔者堯～（舜）垔（禹）湯

　上博七·武1不智（知）黃帝、耑（顓）琂（頊）、堯、～之道在（存）虖（乎）

～，郭店簡或作 、、、、、、，从"允"从"火"从"土"，"允"聲。《說文·䑞部》："䑞，艸也。楚謂之葍，秦謂之蔓。蔓地連華。象形。从舛，舛亦聲。![]，古文䑞。"

上博～，人名，五帝之一，傳說中我國父系氏族社會後期部落聯盟的賢明首領。姚姓，有虞氏，名重華，史稱虞舜或舜。相傳受堯禪讓，後禪位於禹，死在蒼梧。《史記·五帝本紀》："舜，冀州之人也。舜耕歷山，漁雷澤，陶河濱，

作什器於壽丘,就時於負夏。舜父瞽叟頑,母嚚,弟象傲,皆欲殺舜。舜順適不失子道,兄弟孝慈。欲殺,不可得;即求,嘗在側。"

泥紐刃聲

忍

　上博三·亙1自猒(厭)不自～

　上博六·競7～皋(罪)唬

～,郭店·語叢二51作 [字], 左塚漆桐作 [字], 从"刃"聲。《説文·心部》: "忍,能也。从心,刃聲。"

上博三·亙1～,讀作"牣",訓爲滿。道本無有自足,但不自滿,於是有所生,出現了"或"。(李學勤)"自忍",自我克制。《國語·晉語一》:"其爲人也,小心精潔,而大志重,又不忍人。精潔易辱,重債可疾,不忍人,必自忍也。"《荀子·解蔽》:"孟子惡敗而出妻,可謂能自彊矣,有子惡臥而焠掌,可謂能自忍矣,未及好也。"(廖名春)

上博六·競7"～皋",忍心於罪,不顧罪惡。《荀子·大略》:"欲富乎,忍恥矣。"楊倞注:"忍恥,不顧廉恥。"(陳偉)

來紐侖聲

侖

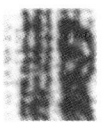　上博一·性9聖人比亓(其)頪(類)而～會之

～,楚文字"侖"或作 [字](郭店·成之聞之31)、[字](郭店·成之聞之32)、[字](郭店·尊德義1)、[字](郭店·尊德義5)、[字](郭店·尊德義25)、[字](郭

店·尊德義30)、▨(郭店·尊德義30)、▨(郭店·尊德義35)、▨(郭店·性自命出17),中部多有"叩"旁。楚簡中"𦰩"旁上部所從"𠆢"、"丫"楚文字多簡化爲"人"或"仌"。"侖"與"𦰩"二個形體的上部完全同形,區別就在於下部是從"冊",還是從"隹"。《說文·亼部》:"侖,思也。从亼,从冊。▨,籀文侖。"

簡文~,讀爲"論",選擇。《國語·齊語》:"令夫工群萃而州處,審其四時,辨其功苦,權節其用,論比協材。"韋昭注:"論,擇也。比,比其善惡也。"

輪

 上博三·周58 涓丌~

~,郭店·語叢四20作▨。《說文·車部》:"輪,有輻曰輪,無輻曰軨。从車,侖聲。"

簡文~,車輪。《周禮·考工記序》:"凡察車之道,必自載於地者始也,是故察車自輪始。"

綸

 上博二·從乙4 豊之~也

 上博三·彭2 舍(余)告女(汝)人~(論)

 上博六·用6 戔亓(其)又~紀

《說文·糸部》:"綸,青絲綬也。从糸,侖聲。"

上博二·從乙4"豊之~也",《荀子·大略》:"親親、故故、庸庸、勞勞,仁之殺也;貴貴、尊尊、賢賢、老老、長長,義之倫也。行之得其節,禮之序也。"

上博三·彭2"人~",讀爲"人綸",封建禮教所規定的人與人之間的關係。特指尊卑長幼之間的等級關係。《孟子·滕文公上》:"使契爲司徒,教以

人倫:父子有親,君臣有義,夫婦有別,長幼有序,朋友有信。"《孟子·離婁上》:"規矩,方員之至也;聖人,人倫之至也。"

上博六·用6"～紀",讀爲"倫紀",倫常綱紀。賈誼《新書·服疑》:"下不凌等,則上位尊;臣不踰級,則主位安;謹守倫紀,則亂無由生。"

從紐卯聲

卯

　　上博五·三13 天之所敗～亓(其)賶(賕)

～,从兩"卩"。

簡文"天之所敗～其賶",或讀爲"天之所敗順其求"。天欲敗某人,必先滿足其無厭之求,使之惡貫滿盈,然後纔能得而誅之。(劉洪濤)或讀爲"天之所敗緣其賶"。(沈培)或讀爲"選"。(何有祖)

巽

　　上博三·中23 ～年皇(學)之

　　上博六·慎1 精瀘吕(以)～執

　　上博一·孔9 ～寡惪(德)古也

～,戰國文字或作(中國古錢譜114)、(中國古錢譜114)、(新鄭圖402)。《説文·丌部》:"巽,具也。从丌,巳聲。,古文巽,篆文巽。"

上博一·孔9"～寡",讀爲"眷顧",又作"睠顧",垂愛;關注。《史記·屈原賈生列傳》:"〔屈原〕雖放流,睠顧楚國,繫心懷王,不忘欲反。"(康少峰)或訓"巽"爲順,《廣雅·釋詁》:"巽,順也。"《易·蒙》:"童蒙之吉,順以巽也。"孔穎達疏:"巽謂貌順。"簡文"巽寡惪(德)古也",意爲"能順從君王應有的德

行的緣故啊"。或讀爲"緣顧德故也"。(沈培)

上博三·中 23"～年",讀爲"旬年"。"巽"與"勹(旬)"音近,《周禮·春官·典庸器》:"而設筍虡。"鄭玄注引杜子春云:"筍讀爲博選之選。"滿一年稱爲"旬年"、"旬歲"。《後漢書·何敞傳》:"(臣)復以愚陋,旬年之間,歷顯位,備機近,每念厚德,忽然忘生。"《漢書·翟方進傳》:"方進旬歲間免兩司隷,朝廷由是憚之。"顔師古注:"旬,徧也,滿也。旬歲猶言滿歲也,若十日之一周。"簡文"旬年"與"一日"相對。(陳劍)

上博六·慎 1～,讀爲"權"。《論語·先進》:"異乎三子者之撰。"陸德明釋文:"撰,鄭作'僎',讀曰'詮'。"《淮南子·齊俗》:"縣之乎銓衡。"《群書治要》引"銓"作"權"。權衡、衡量之義。《戰國策·趙策二》:"權甲兵之用。"鮑彪注:"權,猶度。"簡文"情法以權勢",意爲從情和法兩個方面衡量所處之勢。(劉洪濤、劉建民)或讀爲"順"。(李學勤)

選

 上博八·蘭 1 夬(決)迖(去)～勿(物)

～,新蔡甲三 11、24 作 。《説文·辵部》:"選,遣也。从辵、巽,巽,遣之。巽亦聲。一曰:選,擇也。"

簡文～,選擇。《荀子·儒效》:"遂選馬而進,朝食於戚,暮宿於百泉,厭旦於牧之野。"楊倞注:"選,簡擇也。"

叩(巽)

上博二·民 11 亡備之喪内虘～悲

～,從"叩",從"甘",古文字常於字形上加"甘"形飾符,即"巽"字的異體。《説文·卩部》:"叩,二卩也。巽从此。闕。"又丌部:"巽,具也。从丌,叩聲。""叩"是"巽"的聲符,此字乃"巽"字異體。(劉洪濤、劉建民)

簡文～,讀爲"洵",副詞,《爾雅·釋詁》:"洵,信也。"《詩·鄭風·叔于田》:"洵美且都。"《詩·陳風·宛丘》:"洵有情兮,而無望兮。""洵"這個副詞用於謂詞前,表示對動作行爲或事實的肯定。與"孔"意義相近。《禮記·孔子閒居》:"無服之喪,内恕孔悲。"鄭玄注:"孔,甚也。"(楊澤生)或疑是"皆"字異體。

樸

 上博六·慎5～筮執樸

～,從"木","巽"聲。"巽"字參上條。

簡文～,讀爲"撰",握持義。《楚辭·九歌·東君》:"撰余轡兮高駝翔,杳冥冥兮以東行。"洪興祖補注:"撰,定也,持也。"《禮記·曲禮上》:"侍坐於君子,君子欠伸、撰杖屨、視日蚤莫,侍坐者請出矣。"鄭玄注:"撰,猶持也。"(陳偉)疑讀爲"援"。(沈培)

心紐先聲

先

 上博一·緇6則下之爲悬(仁)也靜(爭)～

 上博一·性9會(觀)亓(其)～逡(後)而逆訓(順)之

 上博一·性11亓(其)～逡(後)之舍(敘)則宜道也

 上博二·民2必～智(知)之

 上博二·子7～王之遊

 上博二·從乙1弇戒～邃(匡)

　上博二・從甲 17 少(小)人～人則弁哉之

　上博二・容 35 傑(桀)不述亓(其)～王之道

　上博二・容 42 受(紂)不述亓(其)～王之道

　上博三・中 5 敢昏(問)爲正(政)可(何)～

　上博三・中 7～又(有)司

　上博三・中 8 夫～又(有)司爲之女(如)可(何)

　上博三・中 9 是古(故)又(有)司不可不～也

　上博三・亙 1 亙(恆)～無又(有)

　上博三・亙 3【背】亙(恆)～

　上博三・亙 8～者又(有)善

　上博三・亙 8～又(有)宔(中)

　上博三・亙 8～又(有)少(小)

上博三・亙 8 ～又(有)矛(柔)

上博三・亙 9 ～又(有)囩(圓)

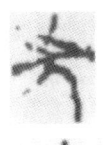上博三・亙 9 ～又(有)晦(晦)

上博三・亙 9 ～又(有)耑(短)

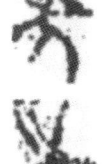上博三・亙 10 言名～者又(有)𢤱(疑)

上博四・相 1 ～丌(其)欲

上博四・曹 17 交陞(地)不可㠯(以)～复(作)舩(怨)

上博四・曹 17 疆陞(地)母(毋)～而必取□焉

上博四・曹 64 此～王之至道

上博五・競 3 安(焉)命行～王之灋(法)

上博五・競 4 安(焉)攸(修)～王之灋(法)

上博五・競 2 昔～君客(格)王

上博六·競1虗幣帛甚娨(美)於虗～君之量矣

上博六·競1虗珪璧大於虗～君之

上博六·孔16～

上博六·壽2～王亡所歸

上博六·木2吾～君

上博六·木3～君

上博七·武3～王

上博七·君甲6～王爲此

上博七·君乙9～君霝(靈)王

上博七·君甲9～君霝(靈)王

上博七·君乙5～王斎=(之所)㠯(以)爲目觀也

上博七·君乙6～王爲此

上博七·君乙 9～君霝（靈）王

上博七·凡甲 2 奚逡（後）之奚～

上博七·凡甲 8～王之智奚備

上博七·凡乙 1 奚逡（後）之奚～

上博七·凡乙 7～王之智奚備

上博七·凡乙 11～智（知）四海（海）

上博七·凡乙 19 可～智（知）

上博七·吳 5 周～王

上博七·吳 8～王

上博七·吳 8～王之福

上博七·吳 8～王

上博七·吳 9～君之臣

上博七·吴 9 事～王

上博七·吴 9～君

上博八·颜 2～【又(有)】司

上博八·颜 6 攸(修)身呂(以)～

上博八·颜 13～凥(處)忠也

上博八·颜 13～凥(處)

上博八·成 11～或(國)叓(變)之攸(修)也

八·命 2～大夫之風(諷)諫(諫)遺命

八·命 6～大夫訇命(令)尹

八·命 7 子胃(謂)昜(陽)爲摰(賢)於～大夫

～，戰國文字或作(郭店·老子甲 16)、(郭店·緇衣 11)、(郭店·唐虞之道 6)、(郭店·成之聞之 20)、(郭店·六德 39)、(郭店·語叢一 70)、(新蔡甲三 188、197)、(秦駰玉版)、(關沮 351)。《説文·先部》：

"先,前進也。从儿,从之。"

上博一·緇6"静～",讀爲"爭先",《文子·上義》:"白刃交接,矢石若雨,而士爭先者,賞信而罰明也。"

上博一·性9"～後",前後。《禮記·大學》:"物有本末,事有終始,知所先後,則近道矣。"《楚辭·離騷》:"忽奔走以先後兮,及前王之踵武。"

上博二·從甲17"～人",超越别人。《左傳·文公二年》:"禹不先鯀,湯不先契,文武不先不窋。"

上博二·容35"～王之道",《論語·學而》:"有子曰:'禮之用,和爲貴。先王之道,斯爲美;小大由之。有所不行,知和而和,不以禮節之,亦不可行也。'"所謂"先王之道"者,係指過去聖君明王治理國家,平定天下的大道理。(邱德修)

上博三·中7"～又(有)司",《論語·子路》:"仲弓爲季氏宰,問政。子曰:'先有司,赦小過,舉賢才。'"程樹德《論語集釋》引王肅曰:"先有司,言爲政當先任有司,而後責其事。""先有司"即"有司不可不先也",管事的不能不率先垂範。(廖名春)

上博三·亙1"亙(恆)～",讀爲"極先",猶文獻之"太始",指宇宙的本原,强調的是其最原始和在一切之先的特點。《廣雅·釋詁一》:"先,始也。"(裘錫圭)

上博"～王",前代君王。《書·伊訓》:"惟元祀,十有二月,乙丑,伊尹祠于先王。"孔安國傳:"此湯崩,踰月太甲即位,奠殯而告。"也指上古賢明君王。《易·比》:"先王以建萬國,親諸侯。"

上博五·競2、上博六·競1"～君",前代君主。《詩·邶風·燕燕》:"先君之思,以勖寡人。"《莊子·山木》:"魯侯曰:'吾學先王之道,脩先君之業。'"成玄英疏:"先君,謂周公伯禽也。"也稱自己的祖先。《〈書〉序》:"先君孔子,生於周末。"

上博七·凡甲2～,謂時間或次序在前。與"後"相對。

上博八·顔6"攸(修)身以～",《禮記·大學》:"欲齊其家者,先修其身。"

上博八·命2、7"～大夫",指先大夫、先父。

选

 上博三·周 18～(先)甲晶(三)日

～，从"辵"，"先"聲，"先"之繁體。與 、形同。

簡文～，即"先"，謂時間或次序在前。與"後"相對。《易·蠱》："先甲三日，後甲三日。"孔穎達疏："鄭義以爲甲者造作新令之日，甲前三日取改過自新，故用辛也；甲後三日取丁寧之義，故用丁也。"

心紐西聲

西

 上博二·容 20～方之羿(旗)㠯(以)月

 上博二·容 31～方爲三佸

 上博三·周 17 王用亯於～山

 上博三·周 35 利～南

 上博三·周 37 利～南

 上博三·周 57 不女(如)～䚄(鄰)之酌(禴)祭

 上博五·弟 18 東～南北

 上博四·曹1 東～七百

 上博六·競10 自古(姑)蚤(尤)㠯(以)～

 上博七·武3～面而行

 上博八·顏3 謇(顏)㡹(淵)～

 上博八·成1～行弗坙(來)

～,戰國文字或作 （郭店·太一生水13）、 （九A46）、 （新蔡零147）、 （尖足小布三晉57）、 （施346）、 （施123）、 （珍戰35）、 （西安圖125）、 （中國璽印類編12·3）、 （塔圖141）、 （秦集二·四·8·5）。《說文·西部》:"西,鳥在巢上。象形。日在西方而鳥棲,故因以爲東西之西。 ,西或从木、妻。 ,古文西。 ,籀文西。"

上博二·容20"～方之羿(旗)以月",古人夕月於西,故西方之旗以月。

上博三·周17"～山",即"岐山",阜陽漢簡本"西"作"支"。"岐山"在周西,文王所治之地。文王居岐山之下,一年成邑,二年成都,三年五倍其初,王業興於此,能亨盛其王業於西山。"用享於西山",在岐山設祭出師討討。

上博三·周35"～南",西和南之間的方向。

上博三·周57"～冔(鄰)",西邊鄰居。《左傳·僖公十五年》:"女承筐,亦無貺也。西鄰責言,不可償也。"

上博四·曹1"東～七百",《呂氏春秋·有始覽》:"凡四海之内,東西二萬八千里,南北二萬六千里。"

上博五·弟18"東～南北",四方。泛指到處,處處。《左傳·襄公二十九年》:"東西南北,誰敢寧處。"

上博六·競 10"自古（姑）甴（尤）以～"，《左傳·昭公二十年》："聊、攝以東，姑、尤以西，其爲人也多矣。"

上博七·武 3"～面而行"，《説苑·指武》："天子南面而授之鉞，東行，西面而揖之，示弗御也。"

上博八·成 1"～行"，向西行。

㯱

 上博五·三 8 鬼（鬼）神～祀

～，從"宀"、"攴"、"亞"聲。

簡文"～祀"，讀爲"禋祀"，古代祭天的一種禮儀。先燔柴升煙，再加牲體或玉帛于柴上焚燒。《周禮·春官·大宗伯》："以禋祀祀昊天上帝，以實柴祀日月星辰，以槱燎祀司中、司命、飌師、雨師。"鄭玄注："禋之言煙。周人尚臭，煙氣之臭聞者。槱，積也。……三祀皆積柴、實牲體焉。或有玉帛燔燎，而升煙所以報陽也。"孫詒讓正義："竊以意求之，禋祀者蓋以升煙爲義，實柴者蓋以實牲體爲義，槱燎者蓋以焚燎爲義。禮各不同，而禮盛者得下兼其燎柴則一。"《漢書·禮樂志》："〔《郊祀歌》十九章〕恭承禋祀，溫豫爲紛，黼繡周張，至神至尊。"泛指祭祀。《左傳·桓公六年》："故務其三時，修其五教，親其九族，以致其禋祀。"杜預注："禋，絜敬也。"孔穎達疏："《釋詁》云：'禋，敬也。'故以禋爲絜敬。"

心紐孫聲

孫

 上博二·從乙 4 謷悔（悔）而共（恭）～（遜）

 上博四·曹 25 公～公子

 上博四·曹 26 五（伍）之閒必又（有）公～公子

港甲 5～安□

～，戰國文字或作 (郭店·魯穆公問子思 4)、(郭店·性自命出 64)、(新蔡零 313)、(施 176)、(山東 103 莒公孫潮子鎛)、(施 302)、(施 311)、(新鄭圖 403)、(雪齋二集 119 頁三年閐令戈)、(珍戰 78)、(珍秦 273)、(秦駰玉版)。《説文·系部》："孫，子之子曰孫。从子，从系。系，續也。"

上博二·從乙 4"共～"，讀爲"恭遜"，恭敬謙遜。《管子·小稱》："修恭遜、敬愛、辭讓、除怨、無爭以相逆也，則不失於人矣。"

上博四·曹 25"公～公子"，諸侯之孫。《儀禮·喪服》："諸侯之子稱公子，公子不得禰先君；公子之子稱公孫，公孫不得祖諸侯。"《漢書·惠帝紀》："内外公孫。"顏師古注引張晏曰："公孫，宗室侯王之孫也。"

遜

上博四·柬 14 大剸(宰)～

《説文·辵部》："遜，遁也。从辵，孫聲。"

簡文～，逃遁。《書·微子》："吾家耄，遜於荒。"孔安國傳："在家耄亂，故欲遜出於荒野。"揚雄《劇秦美新》："是以耆儒碩老，抱其書而遠遜。"

心紐隼聲歸脂部隹聲

幫紐分聲

分

上博六·慎 4 均～而生眡

 上博六・天乙 10 堋(朋)友不語～

～,與(郭店・窮達以時 1)、(郭店・窮達以時 1)同。《説文・八部》:"分,别也。从八,从刀,刀以分别物也。"

上博六・慎 4"均～",公平分配;平均分配。《國語・周語中》:"昔我先王之有天下也,規方千里,以爲甸服。……其餘均分公、侯、伯、子、男。"韋昭注:"均,平也。《周禮》:公之地方五百里,侯四百里,伯三百里,子二百里,男百里。"

上博六・天乙 10～,分開,離散,《書・舜典》:"分北三苗。"孔安國傳:"分北流之,不令相從。"《論語・季氏》:"邦分崩離析而不能守也。"

忿

 上博七・武 9 於～連(戾)

～,郭店・尊德義 1 作,《説文・心部》:"忿,悁也。从心,分聲。"

簡文"～連",讀爲"忿戾",蠻横無理,動輒發怒。《論語・陽貨》:"古之矜也廉,今之矜也忿戾。"何晏集解引孔安國曰:"惡理多怒。"劉寶楠正義:"注以'惡理'訓戾,'多怒'訓忿……乖戾則多違理,故注云惡理。"《後漢書・應劭傳》:"裁以軍令,則忿戾作亂;制禦小緩,則陸掠殘害。"

貧

 上博一・緇 22 翌(輕)毉(絶)～賤

 上博一・性 23～而民聚安(焉)

 上博三・彭 5 唯(雖)～必攸(修)

上博四·曹 3 此不～於斂而寡（富）於惪（德）與（歟）

上博五·弟 6 ～戔（賤）而不約者

上博五·三 11 母（毋）奡（傲）～

上博六·競 10 是皆～痞

上博八·颜 11 夒（豫）絞而收～

上博八·颜 12 夒（豫）絞而收～

上博八·颜 13 ～而安樂

～，戰國文字或作 (郭店·緇衣 44)、 (郭店·成之聞之 17)、 (郭店·性自命出 53)、 (里 J1⑨1 正)、 (里 J1⑨7 正)。《說文·貝部》："貧，財分少也。从貝，从分，分亦聲。 ，古文。从宀，分。"

上博一·緇 22"～賤"，貧苦微賤。《管子·牧民》："民惡貧賤，我富貴之。"《史記·魯仲連鄒陽列傳》："魯連逃隱於海上，曰：'吾與富貴而詘於人，寧貧賤而輕世肆志焉。'"

上博五·弟 6"～戔而不約"，讀爲"貧賤而不約"，見《韓詩外傳》卷四："昔者先王審禮以惠天下，故德及天地，動無不當，夫君子恭而不難，敬而不鞏，貧窮而不約，富貴而不驕，應變而不窮，審之禮也。"

上博一·性 23、上博三·彭 5、上博四·曹 3～，缺少財物，貧困。與"富"相對。《書·洪範》："六極：……四曰貧。"孔安國傳："困於財。"《漢書·揚雄傳》:"得士者富,失士者貧。"

上博五·三 11"毋槩(傲)～",《晏子春秋·内篇問上》:"昔吾先君桓公能任用賢,國有什伍,治徧細民,貴不淩賤,富不傲貧,功不遺罷,佞不吐愚,舉事不私,聽獄不阿,内妾無羨食,外臣無羨禄,鰥寡無饑色,不以飲食之辟,害民之財。"

上博六·競 10"～痞",讀爲"貧苦",貧窮困苦。《禮記·禮運》:"飲食男女,人之大欲存焉;死亡貧苦,人之大惡存焉。"《漢書·晁錯傳》:"如此連年,則中國貧苦而民不安矣。"

上博八·顔 11、12"收～",《管子·輕重甲》:"君出四十倍之粟,以振孤寡,收貧病,視獨老。"

上博八·顔 13"～而安樂",《禮記·坊記》:"子云:'貧而好樂,富而好禮,衆而以寧者,天下其幾矣。《詩》云:民之貪亂,寧爲荼毒。故制國不過千乘,都成不過百雉,家富不過百乘。以此坊民。諸侯猶有畔者。'"《論語·學而》:"子曰:'可也。未若貧而樂,富而好禮者也。'"

枌

 上博二·容 24 壁(禹)親(親)執～

《説文·木部》:"枌,榆也。从木,分聲。"

簡文"～𣂁",讀爲"畚耜",畚是盛土之器,耜是掘土之器。《國語·周語中》:"其時儆曰:收而場功,偫而畚梮,營室之中,土功其始。"韋昭注:"畚,器名,土籠也。""畚",《説文》從"弁"聲。《周禮·夏官·隸僕》:"掌五寢之埽除糞灑之事。"鄭玄注:"氾埽曰埽,埽席前曰拚。""拚"《經典釋文》云:"本又作扮。"孫詒讓正義:"糞與坌音義略同。經典多借拚爲坌。……坋者,亦坌之假借字。"《説文》:"坌,埽除也。從土、弁聲。讀若糞。"《説文》"漢"字"讀若粉"。《禮記·王制》:"百畝之分。"鄭玄注:"分或爲糞。"(顔世鉉)

芬

 上博三·周 23～(貜)豕之𦟀(牙)

《説文·屮部》:"芬,艸初生其香分佈也。从屮,分聲。"

簡文～,讀爲"豷",去勢的豬。《易·大畜》:"六五,豶豕之牙,吉。"《經典釋文》引劉表注:"豕去勢曰豶。"焦贛《易林·頤之遯》:"豶豕童牛,童傷不來。"

幫紐奮聲

奮

 上博一·性 15 昏詞(歌)要☐～

 上博一·性 38 不又(有)夫～复(作)之情則悔(侮)

 上博五·三 1 卉木須時而句(後)～

～,戰國文字或作☒(郭店·性自命出 24)、☒(郭店·性自命出 34)、☒(郭店·性自命出 46)、☒(秦風 88)。《説文·奞部》:"奮,翬也。从奞在田上。《詩》曰:'不能奮飛。'"

上博一·性 15 ～,發揚;振奮。《詩·大雅·常武》:"王奮厥武,如震如怒。"賈誼《過秦論》:"及至始皇,奮六世之餘烈,振長策而禦宇内。"

上博一·性 38 "～复(作)",《漢書·敘傳》:"上天下澤,春雷奮作,先王觀象,爰制禮樂。厥後崩壞,鄭、衛荒淫,風流民化,湎湎紛紛。"

上博五·三 1 ～,發也。《易·豫》:"雷出地奮。"焦循章句:"奮,發也。"《史記·樂書》:"奮至德之光。"裴駰集解引孫炎曰:"奮,發也。"簡文"卉木須時而句奮"意思就是"草木等待季節而發芽生長"。(王晶、胡海琼)

幫紐本聲

本

 上博一·孔 16 見亓(其)𡙗(美)必谷反亓(其)～

 上博一·孔 5 以爲丌(其)～

 上博三·中 23～(本)也

 上博四·曹 20 則繇其～虖(乎)

 上博七·凡甲 1 既～既槿(根)

上博七·凡乙 1 既～既槿(根)

～，从"木"，下部加點或短橫指示樹的根部。戰國文字或作 、、，加"曰"，表示地下。或作 ![]，"曰"在"木"上，"本"字或體。《説文·木部》："本，木下曰本。从木，一在其下。![]，古文。"

上博一·孔 16～，本源、本初。《禮記·大學》："物有本末，事有始終。"《孟子·梁惠王上》："蓋亦反其本矣。"《史記·屈原賈生列傳》："人窮則反本。""見其美必欲反其本"，意謂："(人們)見到美好的事物，總要溯本求原。"(康少峰)

上博一·孔 5、上博三·中 23～，根本，《論語·學而》："君子務本。"

上博四·曹 20～，與"三教之末"之"末"相對，"三教"指"邦"、"舍"、"陣"，其本是"邦"，其末是"陣"。簡文意爲你如果一定要打仗，那就先把國政治理好吧。(劉洪濤)

上博七·凡甲 1、凡乙 1"既～既槿(根)"，本、根義近，參"槿"字條。

並紐焚聲

焚

 上博三·周 53 遬(旅)～丌(其)帚(次)

 上博三·亙 4～(紛)焚(紛)

 上博五·三 10 母(毋)～(煩)古(姑)謢

 上博五·鬼 2～聖人殺訐(諫)者

 上博五·鬼 8 不及星(遇)～而正固

 上博六·用 9 而～丌(其)反昃

《說文·火部》："焚,燒田也。从火、棥,棥亦聲。"

上博三·周 53～,燒,焚燒。《易·旅》："旅焚其次,喪其童僕。"

上博三·亙 4"焚=",重文,讀爲"紛紛"。《韓詩外傳》卷五："孔子曰:'幽幽冥冥,德之所藏;紛紛沸沸,道之所行。'"《尚書帝命驗》："東南紛紛。"鄭玄注："紛紛,動擾之貌"。(董珊)

上博五·三 10～,讀爲"煩"。"焚"屬並母文部,"煩"屬並母元部,文、元旁轉,二字古音相近可通。"煩",煩辱、勞苦之意。《戰國策·秦策一》："政教不順者不可以煩大臣。"高誘注："煩,勞也。""煩"與下文"恥"對舉,"恥",辱沒之義。(劉國勝)

上博五·鬼 2"～聖人殺訐(諫)者",《説苑·權謀》："昔桀罪諫者,紂焚聖人,剖王子比干之心。"《書·泰誓》："焚炙忠良,刳剔孕婦。"

上博五•鬼8～,讀爲"忿"。《大戴禮記•曾子大孝》:"惡言不出於口,忿言不反於身。"《鶡冠子•世兵》:"故曹子去忿悁之心,立終身之功;棄細忿之愧,立累世之名。"簡文"不及媿焚"讀爲"不及愧忿",是説"有成氏""志行顯明",心中無愧也無忿。(廖名春)

上博六•用9～,《左傳•襄公二十四年》:"象有齒以焚其身。"杜預注:"焚,斃也。"《經典釋文》引服虔云:"焚,讀曰僨。僨,僵也。"《集韻》:"僨或作焚。"

明紐文聲

文

上博一•孔7 命此～王

上博一•孔7 ～王唯(雖)谷(欲)已

上博一•孔21～王

上博一•孔22～王

上博一•孔24 則㠯(以)～武之惪(德)也

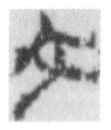
上博一•緇1 埜(儀)型(刑)～王

上博一•緇17 穆=(穆穆)～王

上博二•容46～王聞(聞)之曰

 上博二·容46 乃出～王於邑(夏)臺之下而餂(問)安(焉)

 上博二·容47 ～王曰

 上博二·容47 ～王於是唬(乎)素耑(端)襌裳吕(以)行九邦

 上博二·容47 ～王乃迡(起)帀(師)吕(以)鄉(嚮)豐喬(鎬)

 上博二·容48 乃降～王

 上博二·容49 昔者～王之差(佐)受(紂)也

 上博二·容49 ～王堋(崩)

 上博四·采1 又(有)～又(有)殹

 上博六·競4 ～子倉曰

 上博六·天甲5 ～佥(陰)夫武易(陽)

 上博六·天甲5 信～旻(得)事

 上博六·天甲5 ～生武殺

 上博六·天甲 5～生武殺

 上博六·天乙 4～佥（陰）而武昜（陽）

 上博六·天乙 4 信～旻（得）事

 上博六·天乙 4～直

 上博六·天乙 5～生武殺

～，戰國文字或作✕（郭店·緇衣 37）、✕（郭店·五行 29）、✕（新蔡甲三 200）、✕（後李·圖七 11）、✕（施 284）、✕（施 93）、✕（秦風 136）。《說文·文部》："文，錯畫也。象交文。"

上博"～王"，《史記·周本紀》："西伯曰文王，遵后稷、公劉之業，則古公、公季之法，篤仁，敬老，慈少。禮下賢者，日中不暇食以待士，士以此多歸之。伯夷、叔齊在孤竹，聞西伯善養老，盍往歸之。太顛、閎夭、散宜生、鬻子、辛甲大夫之徒皆往歸之。"

上博四·采 1～，指鼓樂節奏。《禮記·樂記》："始奏以文，復亂以武"。鄭玄注："文，謂鼓也；武，謂金也。"（董珊）

上博六·競 4"～子"，即"趙武"，又稱"趙孤"、"趙孟"、"趙文子武"。趙孤，趙朔之子，趙盾之孫，名武，諡"文子"。《史記·趙世家》："趙孤名曰武。"

上博六·天甲 5、天乙 5、4"～生武殺、～佥夫武昜"。"文"，禮樂儀制；"武"，軍事，《書·大禹謨》："乃武乃文。""文"與"武"相對，《孫子·行軍》："故令之以文，齊之以武。"《國語·周語》："武不可覿，文不可匿。"《經法·君正》："天有死生之時，國有死生之正。因天之生也以養生，謂之文；因天之殺也以伐死，謂之武。文武並行，則天下從矣。"

上博六·天甲 5、天乙 4"信～得事"，《詩·魯頌·泮水》："允文允武，昭假烈祖。"鄭玄箋："則，法也。僖公之行，民之所法效也。僖公信文矣，爲修泮宮

也；信武矣，爲伐淮夷也。其聰明乃至於美祖之德，謂遵伯禽之法。"

丈

 上博一・孔 1～（文）亡隱（隱）言

 上博一・孔 2～王受命矣

 上博一・孔 3 丌（其）言～（文）

 上博一・孔 5 秉～（文）之悳（德）

 上博一・孔 6 秉～（文）之悳（德）

 上博一・孔 6《剌～（文）》曰

 上博一・孔 8《少（小）～（文）》多㠯＝（疑矣）

～，从"文"，右部筆畫上加"口"，或說是"吝"字異體，或說是"文"字異體。

上博一・孔 3～，文采也。《論語・八佾》："周監於二代，鬱鬱乎文哉！"《禮記・樂記》："禮減而進，以進爲文。樂盈而反，以反爲文。"鄭玄注："文，猶美也，善也。"《說苑・脩文》："文，德之至也。"

上博一・孔 1"～亡隱（隱）言"，讀爲"文無隱言"，意謂文飾、文采不會掩蓋詩文之所言。《左傳・襄公二十五年》："《志》有之：'言以足志，文以足言。'不言，誰知其志？言之無文，行而不遠。"（陳斯鵬）

上博一・孔 6"剌～"，讀爲"烈文"，《詩經》篇名。《詩・周頌・烈文》："烈文辟公，錫茲祉福。惠我無疆，子孫保之。無封靡於爾邦，維王其崇之。念茲戎功，繼序其皇之。無競維人，四方其訓之。不顯維德，百辟其刑之。於乎，前王不忘！"

上博一・孔 8"少～"，讀爲"小旻"，《詩經》篇名。《詩・小雅・小旻》："旻天疾威，敷於下土。謀猶回遹，何日斯沮？"

・ 2599 ・

吝

上博二·容53 弖(以)告～(閔)於天

上博三·周1～

上博三·周26～

上博三·周28 貞～

上博三·周41～

上博六·用16 流～惠武

《說文·口部》："吝，恨、惜也。从口，文聲。《易》曰：'以往吝。' ，古文吝，从彣。"

上博二·容53～，讀爲"閔"，哀憐之義，字亦作"湣"。古有閔天之稱。《周禮·春官·大祝》："六曰誄。"鄭玄注引《左傳》："孔子卒，哀公誄之曰：'閔天不淑。'"

上博六·用16～，讀爲"文"。"文"與"武"對文。

上博三·周26～，悔恨；遺憾。《易·繫辭上》："悔吝者，憂虞之象也。"韓康伯注："失得之微者，足以致憂虞而已。"

憂

上博一·孔28 ☒☐亞而不～

　上博一·性 10 體(體)亓(其)宜而節～之

　上博一·性 11 或舎(舍)爲之節則～也

　上博一·性 12 □宙(廟)所㠯(以)～節也

　　　　　上博二·子 5 或㠯(以)～而遠

　　　　　上博四·曹 11 居不褻～(文)

　　　　　上博五·季 9 牀～(文)中又(有)言曰

　　　　　上博六·用 18 人無～

　　　　　上博七·凡甲 14 崗(揣)～

　上博七·凡乙 10 崗(揣)～

～，楚簡或作 (郭店·尊德義 17)、 (郭店·性自命出 17)、 (郭店·性自命出 20)、 (郭店·語叢一 4)、 (郭店·語叢一 88)、 (郭店·語叢一 97)、 (郭店·語叢二 5)、 (郭店·語叢二 5)、 (郭店·語叢三 10)、 (郭店·語叢三 41)、 (郭店·語叢三 44)、 (郭店·語叢三 71)、 (郭店·語叢四 6)、 (郭店·殘片 18)，从"民"从"目"从"又"，即《汗簡》卷中之二彡部和《古文四

聲韻》卷三軫韻所引《石經》古文 ,乃"閔"字。(李家浩)或說上從"民"、下從"殳",即"敃","民"右旁的"又"聲化爲"拇"的初文"乂",隸定當作"暋",於楚簡多讀爲"文"。(陳劍)

上博一·孔28~,或讀爲"憫",憂愁;憂傷。《孟子·公孫丑上》:"遺佚而不怨,阨窮而不憫。"趙岐注:"憫,懣也。"《淮南子·詮言》:"凡人之性,樂恬而憎憫,樂佚而憎勞。"高誘注:"憫,憂有所在也。"

上博一·性12"□宙(廟)所㠯(以)~節也",郭店·性自命出18—21作"致容貌所以文,節也",意爲在禮儀中所呈現的容貌之所以要有文飾,這是由於要有所節制的原因。(沈培)

上博一·性10"節~",讀爲"節文",謂制定禮儀,使行之有度。《禮記·檀弓下》:"辟踊,哀之至也;有算,爲之節文也。"《孟子·離婁上》:"孟子曰:仁之實,事親是也。義之實,從兄是也。……禮之實,節文斯二者是也。樂人之實,樂斯二者,樂廣則生矣",趙岐注:"禮義之實,節文事親從兄,使不失其節,而文其禮敬之容,故中心樂之也。"《史記·劉敬叔孫通列傳》:"禮者,因時世人情爲之節文者也。"(李家浩)

上博二·子5、上博七·凡甲14~,讀爲"文",禮樂制度及其所蘊含之文德。《論語·子罕》:"文王既沒,文不在茲乎?"朱熹集注:"道之顯者謂之文,蓋禮樂制度之謂。"

上博四·曹11"居不褻~",是說居室裏不重復設置漂亮的裝飾。《廣雅·釋詁》:"文,飾也。"與上博二·容成氏21"衣不褻美"意思相近。

上博五·季9"牀~中",讀爲"臧文仲",人名。姓臧,名辰,諡文。春秋時魯國大夫,歷仕魯莊公、閔公、僖公、文公四君。《國語·晉語》:"魯先大夫臧文仲,其身歿矣,其言立於後世,此之謂死而不朽。"

上博六·用18~,讀爲"文",指色彩、花紋。

明紐門聲

門

 上博一·孔4 凿(詩)丌(其)猷坪(平)~與

上博一·性 26～內之紿（治）

上博二·容 2 坒（跛）皇（躃）獸（守）～

上博二·容 40 内（入）自北～

上博二·容 40 㠯（以）伐高神之～

上博四·采 1 出～㠯（以）東

上博四·采 2 母（毋）迡（過）虡（吾）～

上博五·姑 9 弳（強）～大夫

上博五·姑 10 弳（強）～大夫衒（率）

上博七·鄭甲 5 毋敢夕～而出

上博七·鄭乙 5 毋敢夕～而出

上博七·君甲 4 天（一人）土（杜）～而不出

上博七·君乙 4 一人土（杜）～而不出

上博八·子1～人柬（諫）曰

上博八·子5～人既荼（除）

上博八·命5不㠯（以）厶（私）思〈惠〉厶（私）悁（怨）内（入）于王～

～，戰國文字或作 (郭店·老子乙13)、 (郭店·性自命出59)、 (璽彙0325)、 (先秦編376)、 (施123)、 (239)、 (施123，加注"文"聲)。《説文·門部》："門，聞也。从二户。象形。"

上博一·孔4"坪（平）～"，讀爲"平門"，正門，正對其門也。

上博一·性26"～内之紿（治）"，《禮記·喪服四制》："其恩厚者，其服重，故爲父斬衰三年，以恩制者也。門内之治，恩掩義；門外之治，義斷恩。"

上博二·容2"獸～"，讀爲"守門"，看守城門。《周禮·秋官·掌戮》："凡軍旅、田役，斬殺刑戮亦如之。墨者使守門，劓者使守關，宫者使守内，刖者使守囿，髡者使守積。"《吕氏春秋·季夏紀》："子長成人，幕動坼橑，斧斫斬其足，遂爲守門者。"

上博二·容40"北～"，北向的門。《詩·邶風·北門》："出自北門，憂心殷殷。終窶且貧，莫知我艱。"

上博二·容40"以伐高神之～"，與《吕氏春秋·仲秋紀》"登自鳴條，乃入巢門"對照，可知"高神之門"即"巢門"。其名或作"焦門"，《淮南子·主術》記湯伐桀云："湯革車三百乘，困之鳴條，禽之焦門（高誘注：或作巢）。"上古"巢"、"焦"、"高"皆爲宵部字，音近可通。蓋"高車之門"省稱"高門"，又以音訛爲"巢門"、"焦門"也。（許全勝）

上博四·采1"出～"，《莊子·盗跖》："孔子再拜趨走，出門上車，執轡三失，目芒然無見，色若死灰，據軾低頭，不能出氣。"

上博四·采2"母（毋）迡（過）虖（吾）～"，《列子·楊朱》："禹纂業事仇，惟荒土功，子産不字，過門不入；身體偏枯，手足胼胝。"

上博五·姑10"弪（强）～"，豪門大族。《魏書·陸俟傳》："又簡取諸縣强

門百餘人,以爲假子。"

上博七·君甲 4"土～",讀爲"杜門",閉門,堵門。《史記·陳丞相世家》:"陵怒,謝疾免,杜門竟不朝請。"

上博八·子 1"～人","門人",弟子。《禮記·檀弓下》:"子思哭於廟,門人至。"鄭玄注:"門人,弟子也。"簡文"門人"指言游弟子。

上博八·命 5"王～",指王宮之皋門、庫門。《周禮·地官·大司徒》:"若國有大故,則致萬民於王門。"孫詒讓正義:"王門,即王宮之皋門、庫門,虎賁氏所守者。"

悶

 上博一·孔 26 北(邶)白(柏)舟～

《説文·心部》:"悶,懣也。从心,門聲。"

簡文～,煩憂;憤懣。《説文》:"悶,懣也。"《楚辭·惜頌》:"中悶瞀之忳忳。"王逸注:"悶,煩也。"《素問·風論》:"悶則熱而悶。"王冰注:"悶,不爽貌。"《孔子家語·弟子行》:"蹈忠而行信,終日言,不在尤之内,國無道,處賤不悶,貧而能樂,蓋老子之行也。"(連劭名)

閆

 上博二·容 38 立爲玉～(門)

～,从"玉","門"聲,可能是表示玉門的專用字。

簡文"玉～",即"玉門",飾玉的門。《晏子春秋·内篇諫下》:"及夏之衰也,其王桀背棄德行,爲璿室、玉門。"《太平御覽》卷八二皇王部引《紀年》作:"桀傾宫,飾瑶台,作瓊室,立玉門。"《路史·發揮》卷六引《汲塚古文册書》作:"桀飾傾宫,起瑶台,作瓊室,立玉門。"

正編·歌部

上博楚簡文字聲系

歌　部

曉紐化聲

佗

　上博一・性 21 唯～(過)不亞(惡)

　上博一・性 32 不～(過)直▢

　上博一・性 39 肰(然)而丌(其)～(過)不亞(惡)

　上博一・性 39 又(有)～(過)則咎

　上博一・性 40[斯]又(有)～(過)

　上博三・中 7 惑～(過)䛩(與)皋(罪)

　上博三・中 10 惑～(過)䛩(與)皋(罪)

上博三·中19 民亡（無）不又（有）～（過）

上博三·中20 孚～（過）戈析

上博四·曹23 惥（過）不才（在）子

上博四·曹63 乃自～（過）㠯（以）敚於䕿（萬）民

上博五·三5 ～而攺（改）

上博七·吴3 隆（降）～於我

上博八·有2 又（有）～（過）而能改今可（兮）

～，从"心"，"化"聲。郭店簡或作、、、；或作，所从"化"作"惥"，繁化。可能是過錯之"過"的專字。"化"爲歌部曉紐，"過"爲歌部見紐，"化"、"過"疊韻，曉、見旁紐。

上博一·性32 ～，讀爲"過"，超過。

上博一·性39"又～則咎"，讀爲"有過則咎"。《孟子·萬章下》："君有過則諫，反覆之而不聽，則去。"《論語·八佾》："遂事不諫，既往不咎。"

上博一·性40 ～，讀爲"過"。過失；錯誤。《書·大禹謨》："宥過無大，刑故無小。"

上博三·中7、10"惑～"，讀爲"赦過"，赦免小過。《論語·子路》："先有司，赦小過，舉賢才。"過，應該是指比較小的無心之錯，《左傳·宣公二年》：

"人誰無過？過而能改,善莫大焉。"(季旭昇)

上博三·中 20"乎～",讀爲"愎過",堅持過失。《吕氏春秋·似順論》:"世主之患,恥不知而矜自用,好愎過而惡聽諫,以至於危。"

上博四·曹 63"自～",讀爲"自過",指引咎自責。《越絕書·越絕計倪內經》:"愈信其意而行其言,後雖有敗,不自過也。"

上博五·三 5"～而攺",讀爲"過而改",《大戴禮記·盛德》:"過,失也。人情莫不有過,過而改之,是不過也。"(曹峰)

上博七·吴 3～,讀爲"禍"。《説文》:"禍,害也,神不福也。"災害,災難。《詩·小雅·何人斯》:"二人從行,誰爲此禍?"《禮記·表記》:"君子慎以避禍。"《國語·晉語二》:"乃使梁由靡告于秦穆公曰:'天降禍于晉國。'"《國語·越語下》:"昔者上天降禍於越,委制於吴,而吴不受。"

上博八·有 2"又(有)～(過)而能改今可(今)",《周易·益》:"君子以見善則遷,有過則改。"

其餘～,過失、錯誤。《大戴禮記·子張問入官》:"民有小罪,必以其善以赦其過,如死使之生。"

迲

 上博四·采 2 毋～(過)虗(吾)門

 上博四·曹 52 必～(過)亓(其)所

 上博四·曹 60 必～(過)耑(前)攻

 上博五·弟 17 子～(過)曺(曹)

 上博五·三 5 大邦～(過)戕(傷)

上博五·三 8 宮室~（過）尺（度）

上博五·三 8 衣備（服）~（過）折（制）

上博一·緇 11 而稟（富）貴已~（過）

~，從"辵"，"化"聲，與 、、同；"過"字異體。《說文·辵部》："過，度也。從辵，咼聲。"

上博四·采 2、上博五·弟 17 "~"，讀爲"過"，經過。《論語·憲問》："子擊磬於衛，有荷蕢而過孔氏門者。"

上博五·三 5 "~戕"，讀爲"過傷"，甚傷。"過"，過分；太甚。《論語·先進》："子貢問：'師與商也孰賢？'子曰：'師也過，商也不及。'"

上博五·三 8 "~尺"，讀爲"過度"，超越常度。《左傳·襄公十四年》："有君而爲之貳，使師保之，勿使過度。"

上博五·三 8 "~折"，讀爲"過制"，超過法度。《書·畢命》："驕淫矜侉，將由惡終。"孔安國傳："言殷衆士驕恣過制，矜其所能，以自侉大。"《漢書·五行志》："既退歸國，猶有恨心，内則思慮霿亂，外則土功過制，故牛旤作。"

上博一·緇 11 ~，讀爲"過"，過去。

上博三·周 56 ~，讀爲"過"，過失；錯誤。《書·大禹謨》："宥過無大，刑故無小。"

上博一·性 32、上博四·曹 52、60 ~，讀爲"過"，超過。

﨑

上博一·性 24 行之而不~（過）

上博三·周 56 弗遇~（過）之

正編·歌部

 上博六·木1～紳

～，從"止"，"化"聲，與(郭店·老子甲12)同。"迲"字異體。簡文～，讀爲"過"，經過。參"迲"字條。

祡

 上博二·容16～(禍)才(災)达(去)亡

 上博五·競8此能从善而达(去)～(過)者

 上博七·武8～牆(將)長

 上博七·武9～牆(將)大

 上博七·武9～牆(將)言(然)

 上博八·顔1敬又(有)～

上博八·顔2所㠯(以)敬又(有)～

～，或从"示"，"化"聲，與（郭店·尊德義2)同，"禍"字異體。或作，所从"化"右上多了二小橫，或作，"化"所从倒人訛爲"止"形；或作，"化"所从正人變爲"亻"，倒人訛爲"止"形。

上博二·容16"～才"，讀爲"禍災"，災害；災難。《國語·楚語下》："禍災

不至,求用不匱。"《荀子·勸學》:"怠慢忘身,禍災乃作。"

上博五·競 8"迲～",讀爲"去過",《國語·晉語六》:"夫戰,刑也,刑之過也。過由大,而怨由細,故以惠誅怨,以忍去過。"

上博七·武 8～,讀爲"禍",災害;災殃。指一切有害之事。《禮記·表記》:"君子慎以避禍。"《史記·孔子世家》:"聞君子禍至不懼,福至不喜。"

上博八·顔 1、2～,讀爲"過"。或釋爲"位"。或釋爲"宗"。

貨

上博四·曹 17 毋悉(愛)～資子女

上博六·用 8 自亓(其)又(有)保～

上博六·用 13 非～台

～,與(郭店·老子甲 35)、(郭店·老子甲 12)、(九 A29)同。"貨"、"財"同義。《説文·貝部》:"貨,財也。从貝,化聲。"

上博四·曹 17"～資",貨物資財。《韓非子·解老》:"故服文采,帶利劍,厭飲食而貨資有餘者,是之謂盗竽矣。"《廣雅·釋詁四》:"財,貨也。"

上博六·用 8"保～",猶寶物。亦泛指金銀財寶。桓寬《鹽鐵論·本議》:"工不出,則農用乏;商不出,則寶貨絶。農用乏,則穀不殖;寶貨絶,則財用匱。"

上博六·用 13～,財物,金錢珠玉布帛的總稱。《書·洪範》:"一曰食,二曰貨。"孔穎達疏:"貨者,金玉布帛之總名。"

蕢

上博三·周 12～塵(廉)

～,从"艸","貨"聲。

簡文"～麈",讀爲"撝謙",謂施行謙德。泛指謙遜。《易·謙》:"無不利,撝謙。"王弼注:"指撝皆謙,不違則也。"《陳書·周弘正傳》:"竊聞撝謙之象,起於羲軒爻畫;揖讓之源,生於堯舜禪受。"

匣紐爲聲

爲

上博一·孔 5 㠯(以)～丌(其)本

上博一·孔 5 㠯(以)～丌(其)䉷(業)

上博一·孔 21 則㠯(以)～不可女(如)可(何)也

上博一·孔 24 敓(悦)丌(其)人必好丌(其)所～

上博二·子 1 可(何)古(故)㠯(以)旻(得)～帝

上博二·子 13 肰(然)則厽(三)王者箮(孰)～

上博二·魯 1 子不～我圉(圖)之

上博二·魯 4 石㠯(以)～膚

上博二·魯 4 木㠯(以)～民

上博二・魯 4 水吕（以）～膚

上博一・緇 2 ～上可灾（望）而智（知）也

上博一・緇 2 ～下可頯（述）而昔（志）也

上博一・緇 5 民吕（以）君～心

上博一・緇 5 君吕（以）民～豊（體）

上博一・緇 6 則下之～悬（仁）也静（爭）先

上博一・緇 18 此言之砧（玷）不可～

上博一・性 3 凡眚（性）～宔（主）

上博一・性 6 有～也［者］之胃（謂）古（故）

上博一・性 8 ～宔（主）

上博一・性 8 唯人道～可道也

上博一・性 9 又（有）～爲之也

上博一・性9 又(有)～言之也

上博一・性9 又(有)～㤹(舉)之也

上博一・性11 或舍(敘)～之節則蔓(文)也

上博一・性13 所㠯(以)～信與登(徵)也

上博一・性20 凡思之甬(用)心～甚

上博一・性21 凡人情～可兌(悦)也

上博一・性32 [求其]心又(有)～(僞)也

上博一・性34 唯眚(性)㤅(愛)～近㥑(仁)

上博一・性34 唯宜道～近中(忠)

上博一・性34 唯亞(惡)不㥑(仁)～[近義]

上博一・性35 [唯人]道～可道也

上博一・性35 思～甚

上博一·性35 悁（患）～甚

上博一·性36［哀］樂～甚

上博一·性36 悦～甚

上博一·性36 利～甚

上博一·性37 不［難］～之死

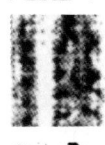
上博一·性37 又（有）丌（其）～人之㒞=女（如）也

上博一·性37 又（有）丌（其）～人之柬（簡）柬（簡）女（如）也

上博一·性38 又（有）丌（其）～人之慧（快）女（如）也

上博一·性38 又（有）丌（其）～人之

上博二·民12 ～民父母

上博二·魯5 魚㠯（以）～民

上博二·從甲3 豊（禮）則寡而～悬（仁）

 上博二・從甲 15～利柱事

 上博二・容 7 㠯(以)～天子

 上博二・容 9 而立～天子

 上博二・容 9 堯乃～之𢙓(教)曰

 上博二・容 12 不㠯(以)亓(其)子～後

 上博二・容 12 而欲㠯(以)～後

 上博二・容 13 㠯(以)堯～善興臤(賢)

 上博二・容 14 堯於是虖(乎)～車十又(有)五輚(乘)

上博二・容 17 而欲㠯(以)～後

 上博二・容 23 乃立㙑(禹)㠯(以)～司工

上博二・容 31 東方～三佸

上博二・容 31 西方～三佸

 上博二·容 31 南方～三告

 上博二·容 31 北方～三告

 上博二·容 35 自～

 上博二·容 38 篁(築)～璿室

 上博二·容 45 尃(溥)亦(夜)㠯(以)～堇(淫)

 上博二·容 50 含(今)受(紂)～無道

 上博二·容 51 武王於是虎(乎)复(作)～革車千輛(乘)

 上博二·容 53 受(紂)～亡(無)道

 上博三·周 1 不利～寇(寇)

 上博三·周 45～我心塞

 上博三·彭 3 敢昏(問)～人

 上博三·中 1 季逗子史(使)中弓～韧(宰)

　上博三・中 5～之

　上博三・中 5 敢昏(問)～正可先

　上博三・中 8～之女可

　上博三・中 12 戁～从正

　上博四・逸・交 1 㠯(以)自～辰(長)

　上博四・逸・交 4 㠯(以)自～殳

　上博四・昭 1 卲王～室於死沰之滸(滸)

　上博四・昭 3 辻(卜)命(令)尹陳眚～貝(視)日

　上博四・昭 4 辻(卜)命(令)尹不～之告

　上博四・昭 4 君不～僕(僕)告

　上博四・昭 4 辻(卜)命(令)尹～之告

　上博四・昭 8 老臣～君王戠(獸)貝(視)之臣

 上博四·柬 6～楚邦之嬰(鬼)神宔(主)

 上博四·柬 7 卿～

 上博四·柬 12 此～君者之罰(刑)

 上博四·柬 13 我可(何)～

 上博四·柬 17 酒(將)～客告

 上博四·柬 22～人

 上博四·内 1 古(故)～人君者

 上博四·内 2 古(故)～人臣者

 上博四·内 2 古(故)～人父者

 上博四·内 3 古(故)～人子者

 上博四·内 4 古(故)～人俍(兄)者

 上博四·内 4 古(故)～人俤(弟)者

 上博四·内 10 古(故)~少(少)必聖(聽)長之命

 上博四·内 10~戔(賤)必聖(聽)貴之命

 上博四·曹 1 魯臧(莊)公牆(將)~大鐘

 上博四·曹 18 所㠯(以)~倀(長)也

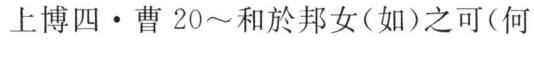 上博四·曹 20~和於邦女(如)之可(何)

 上博四·曹 22 此所㠯(以)~和於邦

 上博四·曹 22~和於豫女(如)可(何)

 上博四·曹 23 所㠯(以)~和於豫

 上博四·曹 24~和於戩(陳)女(如)可(何)

 上博四·曹 30 思~前行

 上博四·曹 31 思~前行

 上博四·曹 32~之

 上博四·曹33~親女(如)可(何)

 上博四·曹35~和女(如)可(何)

 上博四·曹36~義女(如)可(何)

 上博四·曹47 善於死者~生者

 上博四·曹58 所㠯(以)~毋退

 上博四·曹62 所㠯(以)~刞(斷)

 上博五·競1 害(曷)~

 上博五·競1~齊

 上博五·競6 公身~亡(無)道

 上博五·競8 虐(吾)不智(知)亓(其)~不善也

 上博五·競8 外之~者(諸)矦(侯)狀(笑)

 上博五·競9 公身~亡(無)道

· 2624 ·

上博五・競 10 或(又)㠯(以)豊(豎)逆(刁)䛗(與)戜(易)
䈞(牙)～相

上博五・鮑 1 及(及)丌(其)葬(葬)也，皆～丌(其)容

上博五・鮑 4 不㠯(以)邦豪(家)～事

上博五・鮑 6 丌(其)～炎(災)也深矣

上博五・鮑 2 ～丌(其)容

上博五・鮑 2 ～丌(其)言

上博五・鮑 6 丌(其)～不㥛(仁)厚矣

上博五・鮑 8 曰㦴(差)亦不～炎(災)

上博五・鮑 8 公蟲亦不～戠(害)

上博五・季 13 古(故)子㠯(以)此言～奚女

上博五・季 14 古之～邦者必㠯(以)此

上博五・季 18 能～㮎(鬼)

 上博五・姑 1～士

 上博五・姑 3 㠯（以）我～能紿（治）

 上博五・姑 4 天下～君者

 上博五・姑 5 虗（吾）睧（聞）～臣者必思君得志於㠱（己）而又（有）後青（請）

 上博五・姑 6～此殜（世）也

 上博五・君 1 君子～豊（禮）

 上博五・君 13 □㠯（以）～异明（名）

 上博五・弟 11～君子唬（乎）

 上博五・弟 12 求～之行

 上博五・弟 18 皆可㠯（以）～者（諸）医（侯）叜（相）歀（歡）

 上博五・三 2 母（毋）～息（僞）慮（詐）

上博五・三 10 毋～角言

正編・歌部

 上博五・三 10 毋～人昌(倡)

 上博五・三 11 不恙(祥)毋～

 上博五・三 12 所㠯(以)～天豊(禮)

 上博五・三 13 蒀～首

 上博五・三 14 ～善福乃坙(來)

 上博五・三 14 ～不善褐(禍)乃或(惑)之

 上博五・三 15 毋不能而～之

 上博五・鬼 1 此㠯(以)貴～天子

 上博五・鬼 2 ～天下芙(笑)

 上博五・鬼 4 丌(其)力能至(致)安(焉)而弗～虖(乎)

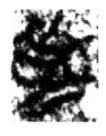 港甲 8 㠯(以)～

 上博二・從甲 1 民皆㠯(以)～義

 上博二·容 16 鞭(辨)～五音

 上博二·容 17 不㠯(以)丌(其)子～後

 上博二·容 20 璺(禹)肰(然)句(後)䛃(始)～之虖(號)羿(旗)

 上博二·容 22 㠯(以)～民之又(有)訩(訟)告者鼓安(焉)

 上博二·容 27 璺(禹)乃從灘(漢)以南～名浴(谷)五百

 上博二·容 28 從灘(漢)㠯(以)北～名浴(谷)五百

 上博二·容 28 乃立句(后)稷(稷)㠯(以)～涅

 上博二·容 29 乃立咎(皋)䋃(陶)㠯(以)～李

 上博二·容 30 乃立敱(質)㠯(以)～樂正

 上博二·容 30 乍(作)～六頪(律)

 上博二·容 31 方～三俈

 上博二·容 33 是㠯(以)～名

正編・歌部

上博二・容33 不㠯(以)丌(其)子～後

上博二・容34 而欲㠯(以)～後

上博二・容36 湯乃尃～正(征)复(籍)

上博二・容37 乃立泗(伊)尹㠯(以)～差(佐)

上博二・容38 □～丹宮

上博二・容38 弌(飾)～㫃(瑤)臺

上博二・容38 立～玉閏(門)

上博二・容42 自～芑爲

上博二・容42 自爲芑～

上博二・容44 於是唬(乎)复(作)～九城(成)之臺

上博二・容45 於是唬(乎)复(作)～金桎三千

上博二・容45 既～金桎

・2629・

 上博二·容 45 或（又）～酉（酒）池

 上博二·容 48 一人～亡（無）道

 上博二·容 2 敊（侏）需（儒）～矢

 上博三·亙 2 虛清～弌（一）

 上博三·亙 7 自复（作）～

 上博三·亙 11 毀（舉）天下之～也

 上博三·亙 11 而能自～也

 上博六·競 3 身～新

 上博六·競 4 木～成於宋

 上博六·競 5 丌（其）祝史之～丌（其）君祝敓也

 上博六·競 8 襘～亡（無）戕（傷）

 上博六·競 8 舉邦～欽

上博六・競 9 非～娩（美）玉肴牲也

上博六・競 11 偷～樂唬（乎）

上博六・孔 5～信㠯（以）事亓（其）上

上博六・孔 13 大～毋栗

上博六・孔 14 好叚（假）兊（美）㠯（以）～

上博六・孔 15 不口拜絕㠯（以）～己

上博六・莊 5 王子回立～王

上博六・莊 6 臣不智（知）君王之牆（將）～君

上博六・莊 7 之～君

上博六・莊 8 臣～君王臣

上博六・壽 1 懼鬼神㠯（以）～妾（怒）

上博六・壽 5 臣～君王臣

上博六·木 2 可㠯(以)□～

上博六·木 2 㠯(以)～衣

上博六·木 5 䔷可㠯(以)～

上博六·慎 2 共㠯(以)～體

上博六·慎 2 信㠯(以)～言

上博六·慎 6 遝迨～民之古

上博六·用 18 言台～章

上博六·天甲 3 不腈～腈

上博六·天甲 3 不娩(美)～娩(美)

上博六·天甲 3 腈～不腈

上博六·天甲 4 娩(美)～不娩(美)

上博六·天甲 12 古見傷而～之祈

上博六·天甲 12 見窔而～之内

上博六·天甲 12 因悳(德)而～之折

上博六·天乙 3 不腈～腈

上博六·天乙 3 不娩(美)～娩(美)

上博六·天乙 3 腈～不腈

上博六·天乙 3 娩(美)～不娩(美)

上博六·天乙 11 古見傷而～之祈

上博七·武 5 ～名(銘)於筥(席)之四嵩(端)曰

上博七·武 15 百眚(姓)之～經

上博七·鄭甲 2 楚邦囟(思)～者(諸)医(侯)正

上博七·鄭甲 3 女(如)上帝鬾(鬼)神㠯(以)～恚(怒)

上博七·鄭甲 3 牊(將)必～帀(師)

上博七·鄭甲5 奠(鄭)人命㠯(以)子良～執命

上博七·鄭乙2 楚邦囟(思)～者(諸)庆(侯)正

上博七·鄭乙3 女(如)上帝[𩲡(鬼)][神]㠯(以)～惹(怒)

上博七·鄭乙3 㨗(將)必～帀(師)

上博七·鄭乙5 奠(鄭)人命㠯(以)子良～執命

上博七·君甲1 命～君王戔之

上博七·君甲5 之〈先〉王㪔=(之所)㠯(以)～目觀也

上博七·君甲5 而不～丌(其)樂

上博七·君甲6 先王～此

上博七·君甲7 人㠯(以)君王～庆(所)㠯(以)戳

上博七·君乙1 命～君王戔之

上博七·君乙5 先王㪔=(之所)㠯(以)～目觀也

上博七・君乙 5 而不~丌(其)樂

上博七・君乙 6 先王~此

上博七・君乙 6 人㠯(以)君王~戠

上博七・凡甲 4 簹(孰)~之公

上博七・凡甲 4 簹(孰)~之佳(封)

上博七・凡甲 5 簹(孰)~舜(箭—薦)奉

上博七・凡甲 7 虐(吾)奚㠯(以)~頁(首)

上博七・凡甲 11 簹(孰)~天

上博七・凡甲 11 簹(孰)~墬(地)

上博七・凡甲 11 簹(孰)~靁(雷)神(電)

上博七・凡甲 12 簹(孰)~啇(霆)

上博七・凡甲 17 □鼠(一)㠯(以)~天墬(地)旨

上博七·凡甲 18 人白(泊)~叡(察)

上博七·凡甲 24 氏(是)古(故)陳~新

上博七·凡甲 24 人死返(復)~人

上博七·凡甲 29 (一)言而~天堕(地)旨

上博七·凡乙 3 箮(孰)~之

上博七·凡乙 4 箮(孰)~之佳(封)

上博七·凡乙 4 箮(孰)~辨(箭—薦)奉

上博七·凡乙 6 虗(吾)奚㠯(以)~頁(首)

上博七·凡乙 17 氏(是)古(故)陳~新

上博七·凡乙 17 人死返(復)~人

上博七·凡乙 22~天堕(地)旨

上博七·吳 4 㓝(荊)~不道

上博七·吳8 箮(孰)～帀(師)徒

上博七·吳9 楚人～不道爲坪夜君

上博八·子3 飤(食)而弗與～豊(禮)

上博八·顏2 所㠯(以)～樂也

上博八·命1 命虗(吾)～楚邦

上博八·命4 則哉～民窮窅

上博八·命7 子胃(謂)昜(陽)～賢(賢)於先夫=(大夫)

上博八·命8 君王之所㠯(以)命與所～於楚邦

上博八·命9 含(今)視日～楚命(令)尹

上博八·王1 邵昌～之告

上博八·王2 昌～之告

上博八·王5～虗(吾)訟(蔽)之

 上博八・王 7 乃命彭徒～洛辶（卜）尹

 上博八・志 4 蟲材昌（以）～獻

 上博八・志 5 虐（吾）昌（以）尔（爾）～遠目耳

 上博八・志 5 而縱不～虐（吾）禹罩

 上博八・有 1 能～余拜楮杁今可（兮）

～，以手牽象，會意。戰國文字或作 、、、、、、、、、、、、、、、。《說文・爪部》："爲，母猴也。其爲禽好爪。爪，母猴象也。下腹爲母猴形。王育曰：'爪，象形也。'![]古文爲，象兩母猴相對形。"

上博"以～"，認爲。《左傳・僖公二十三年》："及齊，齊桓公妻之，有馬二十乘，公子安之。從者以爲不可，將行，謀於桑下。"

上博一・孔 24～，名詞，作爲、行爲。

上博一・緇 5"以……～"，把……當作。

上博一・性 32～，讀爲"僞"，虛僞、虛假。

上博二・民 12"～民父母"，做民父母。《孟子・滕文公上》："爲民父母，

使民盻盻然,將終歲勤動,不得以養其父母,又稱貸而益之,使老稚轉乎溝壑,惡在其爲民父母也?"

上博二・容 2、38、44、45、14、51、31、上博四・昭 1～,動詞,作,製作,創作。

上博三・周 45～,做連詞,表示承接關係,相當於"則"、"就"。

上博四・昭 4、上博四・柬 17、上博六・競 5、上博六・天甲 12、天乙 11、上博二・魯 1、上博四・昭 4～,介詞,表對象,相當於"替"、"給"。

上博五・競 8"虐(吾)不智(知)亓(其)～不善也",《禮記・内則》:"將爲不善,思貽父母羞辱,必不果。"

上博五・鬼 2"～天下芺(笑)",介詞,引出動作行爲的主動者,相當于"被"。《墨子・備梯》:"古有亓術者,内不親民,外不約治,以少間衆,以弱輕强,身死國亡,爲天下笑。"

上博五・競 8"～者矦狱",讀爲"爲諸侯笑",被諸侯嘲笑。《左傳・襄公十年》:"今伐其師,楚必救之。戰而不克,爲諸侯笑。"

上博五・鮑 6"亓(其)～灾(災)也深矣",《左傳・宣公十五年》:"天反時爲災,地反物爲妖,民反德爲亂,亂則妖災生。"

上博五・鮑 6"亓(其)～不悳(仁)厚矣",《墨子・天志中》:"然獨無報夫天,而不知其爲不仁不祥也。"

上博五・鮑 8"不～戠(害)",《荀子・正名》:"單足以喻則單,單不足以喻則兼,單與兼無所相避則共,雖共,不爲害矣。"

上博五・季 14～,治理。《論語・子路》:"善人爲邦百年,亦可以勝殘去殺矣。"皇侃疏:"爲者,治也。"《國語・周語上》:"是故爲川者,決之使導;爲民者,宣之使言。"

上博五・姑 6～,介詞,表時間或處所,相當於"于"、"在"。

上博五・三 14"～善福乃埜(來)、～不善猾(禍)乃或(惑)之",《荀子・宥坐》:"爲善者天報之以福,爲不善者天報之以禍。"

上博五・鬼 1"貴～天子",《墨子・七患》:"桀、紂貴爲天子,富有天下。"

上博五・競 1害(曷)～、上博六・木 2 可以林(麻)～、上博六・木 5 壽可以～,語氣詞,用於句末。

上博七・鄭甲 3、鄭乙 3"～帀(師)",《經傳釋詞》:"爲,猶用也,用兵也。"

上博二・容 50、53、上博五・競 6、9"～亡(無)道",《左傳・宣公六年》:"靈公爲無道,使諸大夫皆内朝,然後處乎臺上,引彈而彈之,已趨而辟丸,是

・2639・

樂而已矣。"

上博七·吳4、9"～不道",《左傳·昭公二十六年》:"晉爲不道,是攝是贅,思肆其罔極。"《國語·吳語》:"越爲不道,背其齊盟。"

上博二·容9、12、17、33、23、28、29、30、37、上博二·子1、上博三·中1、上博二·魯4、上博四·昭3、8、上博三·周1、上博四·柬6、12、上博四·内10、上博五·姑4、上博五·弟18、上博六·莊5、6、7、8、壽5 上博七·鄭甲5、鄭乙5、上博八·王7～,是;充當,擔任。《左傳·宣公三年》:"余爲伯儵。余,而祖也。"劉向《説苑·辨物》:"其在鳥則雄爲陽,雌爲陰。"

上博四·内1、2、3、4～,參《禮記·大學》:"爲人君,止於仁;爲人臣,止於敬;爲人子,止於孝;爲人父,止于慈;與國人交,止於信。"

上博四·曹1魯"臧(莊)公泏(將)～大鐘",《慎子》作"魯莊公鑄大鐘"。簡文所謂"爲",也就是"鑄"。(廖名春)

上博五·競10"～相",《戰國策·齊四》:"孟嘗君爲相數十年,無纖介之禍者,馮諼之計也。"

上博五·三13"～首",謂居第一。劉勰《文心雕龍·議對》:"漢世善駁,則應劭爲首;晉代能議,則傅咸爲宗。"

上博七·君甲5、君乙5～,行。

上博七·凡甲11、12、24、凡乙17～,成爲,變成。

上博八·子3"弗與～豊(禮)",不與之一起做"禮"事。

上博七·君甲6、君乙6、上博八·命1"命虐(吾)～楚邦",《左傳·文公六年》:"何以爲民。"《經典釋文》:"爲,治也。"《小爾雅·廣詁》:"爲,治也。"

上博七·君甲1、君乙1、上博八·王1、2、5、上博八·有1、上博八·志5～,替。

上博"～人",做人處世接物。《論語·學而》:"其爲人也孝弟,而好犯上者,鮮矣。"《穀梁傳·僖公二十二年》:"人之所以爲人者,言也。人而不能言,何以爲人?"

僞

 上博八·子2於妝(僞)～

《説文·人部》:"僞,詐也。从人,爲聲。"

簡文~,欺僞。或讀爲"違",訓恨、怨恨。"違"義爲恨,怨恨。《文選·班固〈幽通賦〉》:"豈余身之足殉兮,違世業之可懷。"李善注引曹大家曰:"違,恨也。懷,思也。違,或作愇。愇亦恨也。"(廖名春)

爲

上博一·性30 言及則明巹(舉)之而毋~(僞)

上博一·性32 人之不能㠯(以)~(僞)也

上博一·性39 ~(僞)斯(斯)惡矣

上博四·曹34 㠯(以)觀上下之情~(僞)

上博五·三2 毋爲~(僞)慮(詐)

上博二·從乙1 則~(僞)不章

~,从"心","爲"聲。

上博一·性30、32、39、上博二·從乙1~,讀爲"僞",虛僞;虛假。《淮南子·俶真》:"是故神越者其言華,德蕩者其行僞。"

上博四·曹34"情~",讀爲"情僞",真假;真誠與虛僞。《易·繫辭下》:"情僞相感而利害生。"孔穎達疏:"情謂實情,僞謂虛僞。"《左傳·僖公二十八年》:"晉侯在外十九年矣……民之情僞,盡知之矣。"

上博五·三2"~慮",讀爲"僞詐",欺詐。《韓非子·姦劫弑臣》:"是以左右近習之臣,知僞詐之不可以得安也。"《史記·淮陰侯列傳》:"齊僞詐多變,反覆之國也。"

譌

　　上博五·姑 6 㠯(以)正上下之～

　　上博八·志 1 㠯(以)斐～王夫=(大夫)之言

～，從"言"，"爲"聲，與 (郭店·忠信之道 1)、(郭店·忠信之道 4)同。

上博五·姑 6～，即"訛"，訛誤、錯謬。（陳偉）

上博八·志 1"斐～"，或疑當讀爲"變化"，與前言"反側其口舌"義相銜接。（讀書會）"變化"，事物在形態上或本質上產生新的狀況。《易·乾》："乾道變化，各正性命。"孔穎達疏："變，謂後來改前；以漸移改，謂之變也。化，謂一有一無；忽然而改，謂之爲化。"賈誼《鵩鳥賦》："萬物變化兮，固無休息。"

蝎

　　上博六·孔 11 夫與～之民

　　上博六·孔 12 與～之民

　　上博六·孔 19 與～之民

～，從"虫"，"爲"聲。郭店·唐虞之道 21 的"蝎"字作，上博六·孔14"爲"字或作，與簡 19"蝎"字右上之形近。簡 12 之形上所從的"目"形，則又是出於筆畫的粘連、重新組合，將豎寫的"爪"形跟其右半的筆畫合起來書寫爲成字的偏旁而成。（陳劍）

簡文"與～"，讀爲"邪僞"，近義連用，"邪"意義重點在"（立身行事）不正"，"僞"意義重點在"人爲修飾、誇飾"。《論衡·累害篇》："邪僞之人，治身

2642

以巧俗,脩詐以偶衆。"(陳劍)

賹

　　上博六・孔23 生民之～

～,與 (郭店・語叢三60)同。《説文・貝部》:"賹,資也。从貝,爲聲。或曰:此古貨字,讀若貴。"

簡文～,財物,《集韻》:"賹,財也。或从危。"

匣紐禾聲

禾

　　上博二・民13 上下～(和)同

　　上博二・容7 四向阤～(和)

　　上博七・凡甲20 (一)言而～不竆(窮)

　　上博七・凡乙14 (一)言而～不竆(窮)

～,象形,戰國文字或作 (齊明刀背文禾考古1973・1)、 (《于省吾教授百年誕辰紀念文集》159頁玉璜)、 (施103)、 (關沮349)。《説文・禾部》:"禾,嘉穀也。二月始生,八月而孰,得時之中,故謂之禾。禾,木也。木王而生,金王而死。从木,从𠂹省。𠂹象其穗。"

上博二・民13"上下～(和)同",和睦同心。《管子・五輔》:"上下交引而不和同,故處不安而動不威。"戰國玉璜銘:"上兂(變)下𨒌(動),相盒(合)禾

・2643・

（和）同。"

上博二·容 7"陈～"，或讀爲"綏和"，和合安定。

上博七·凡甲 20、上博七·凡乙 14～，讀爲"和"。《説文》："和，相應也。"《大戴禮記·曾子立事》："人言不信不和。"王聘珍曰："和，聲相應也。"《韓詩外傳》卷二："應物而不窮。"簡文"和不窮"即應言而不窮。《鶡冠子·泰録》："用一不窮，影則隨形，響則應聲。"（宋華强）

和

 上博一·孔 4 上下之不～者

 上博一·性 38 人之□肰（然）可與～安者

 上博二·子 8 □而～

 上博二·容 8 敓～吕（以）長

 上博二·容 30 天下大～均

 上博四·采 3 嵒（徵）～

 上博四·曹 16 上下～叔（且）耳（輯）

 上博四·曹 18 不～於邦

 上博四·曹 19 不～於豫

 上博四·曹19 不~於戜(陳)

 上博四·曹20 爲~於邦女(如)之可(何)

 上博四·曹22 此所㠯(以)爲~於邦

 上博四·曹22 爲~於豫女(如)可(何)

 上博四·曹23 所㠯(以)爲~於豫

 上博四·曹24 爲~於戜(陳)女(如)可(何)

 上博四·曹33 不~則不咠(輯)

 上博四·曹35 爲~女(如)可(何)

 上博四·曹36 則民~之

 上博四·曹48 不~則不咠(輯)

 上博六·天甲6 洛~二

 上博六·天乙5 洛尹行身~二

 上博七·凡甲 2 水火之～

 上博七·凡甲 8 虐(吾)欲旻(得)百眚(姓)之～

 上博七·凡甲 27 ～倗(朋)和燹(氣)

 上博七·凡甲 27 和倗(朋)～燹(氣)

 上博七·凡乙 2 水火之～

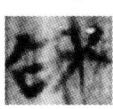 上博八·李 2 氐(是)古(故)聖人棘此～勿(物)

《說文·口部》:"和,相譍也。从口,禾聲。"

上博一·孔 4"上下之不～者",參《管子·形勢》:"上失其位則下踰其節。上下不和,令乃不行。"

上博一·性 38"～安",溫順安分。《國語·晉語七》:"其冠也,和安而好敬。"《史記·秦始皇本紀》:"皆遵度軌,和安敦勉,莫不順令。"

上博二·容 8"敓～",悅和,見《後漢書·郎顗傳》:"陛下若欲除災昭祉,順天致和,宜察臣下尤酷害者,亟加斥黜,以安黎元,則太皓悅和,雷聲乃發。""樂者,天地之和也。"音樂悅和與蒼天悅和一樣,聲和才能遠長。而"聲音之道,與政通矣"。(黃錫全)

上博二·容 30"～均",協調;諧和。應劭《風俗通·正失·樂正後夔一足》:"和均五聲,以通八風。"

上博四·采 3"宮穆"與"徵～"指"變宮"和"變徵"兩個音名,即較"宮"、"徵"音位低半音(一律)的音名。王念孫云:"《大雅·烝民》箋曰:'穆,和也'。'穆'、'繆'古字通。""和"、"繆"(穆)都訓爲"和",指調和于正音。"穆(繆)"亦訓"和",所以楚簡音名綴詞"穆"、"和"可以換用。《隋書·卷十五·志第十》:"宮、商、角、徵、羽爲正,變宮、變徵爲和。"(董珊)

上博四·曹 16"上下～敊（且）昌（輯）"、上博四·曹 33、48"不～則不昌（輯）"，《管子·形勢解》："君臣親，上下和，萬民輯，故主有令則民行之，上有禁則民不犯。君臣不親，上下不和，萬民不輯，故令則不行，禁則不止。故曰：'上下不和，令乃不行。'"

上博四·曹 18、19"不～於邦，不～於豫，不～於戜（陳）"，《吳子·圖國》："吳子曰：'昔之圖國家者，必先教百姓而親萬民。有四不和：不和於國，不可以出軍；不和於軍，不可以出陳；不和於陳，不可以進戰；不和於戰，不可以決勝。'"（陳劍）

上博六·天甲 6、天乙 5、上博七·凡甲 2、凡乙 2～，調和、匯合。《禮記·郊特牲》："陰陽和而萬物得。"《荀子·儒效》："詩言是其志也，書言是其事也，禮言是其行也，樂言是其和也。"《禮記·樂記》："樂者，天地之和也；禮者，天地之序也。"

上博七·凡甲 8～，和睦，和諧。《左傳·隱公四年》："臣聞以德和民，不聞以亂。"《易·乾》："保合大和乃利貞。"《荀子·富國》："百姓之群，待之而後和。"

上博七·凡甲 27"～倗～燓（氣）"，"和朋"，與朋友和睦、融洽。《書·皋陶謨》："同寅協恭，和衷哉。""和氣"，溫和的氣度。《禮記·祭義》："有和氣者必有愉色。"

上博八·李 2"～勿（物）"，猶隨俗。《文選·袁宏〈三國名臣序贊〉》："仲翔（虞翻）高亮，性不和物；好是不群，折而不屈。"李善注："《吳志》曰：'翻性不協俗。'"

隊

 上博二·容 7 四向～禾

～，與秅（集粹 89）同，從"阜"，"禾"聲。郭店·緇衣 31"隊"字作 ， 。

簡文～，讀作"綏"。中山王鼎"匡賃之邦"，徐中舒、伍仕謙先生讀爲"委任之邦"，《汗簡》"魏"字作"凾"。郭沫若說："綏從委得聲，委從禾得聲，禾聲與綏沙古音同在歌部，歌部音漢初已多轉入支，故乃讀如蕤。"《詩·大雅·民勞》："民亦勞止，汔可小康！惠此中國，以綏四方。"《爾雅·釋詁》："綏，安

也。"《詩·周頌·桓》:"綏萬邦,屢豐年。"鄭玄箋:"綏,安也。"《左傳·宣公十二年》:"其六曰:'綏萬邦,屢豐年。'……和眾、豐財者也。"孔穎達疏:"綏萬邦,和眾也。屢豐年,豐財也。"陳奐《詩毛氏傳疏》卷二十六:"綏,猶和也。"可見"綏"和"和",有義近的關係。簡文"四向綏和","綏和"可視爲同義詞連用。(顏世鉉)

見紐加聲

加

上博二·容 44～瀪(圜)木於亓(其)上

上博四·昭 9 天～禍於楚邦

上博五·鬼 4 古虐(吾)因～鬼神不明

上博七·吳 1 非疾痾安(焉)～之

～,戰國文字或作 (郭店·窮達以時 9)、 (鑒印附錄)、 (滎陽上官皿)、 (陝西 663),或加"爪"作 (郭店·語叢三 5)。《說文·力部》:"加,語相增加也。从力,从口。"

上博二·容 44～,增加,謂置此於彼之上。

上博四·昭 9"天～禍於楚邦",可參《論衡·變虛篇》:"若是者,天使熒惑加禍於景公也,如何可移於將相、若歲與國民乎?"

上博五·鬼 4～,《爾雅·釋詁上》:"加,重也。"簡文"加"是進一步提出一種新說,《靈樞·壽夭剛柔》:"其有因加疾者,不及二十而死也。"《素問·離合真邪論》:"因不知合之四時五行,因加相勝,釋邪攻正,絕人長命。"賈誼《新書·數寧》:"因加以常安,四望無患。"(廖名春)或讀爲"嘉"。

上博七·吳 1～,外加,把本來沒有的添上去。《左傳·昭公三年》:"足以昭禮、命事、謀闕而已,無加命矣。"引申爲強加。《論語·公冶長》:"我不欲人之加諸我也,吾亦欲無加諸人。"

伽

　　上博五·鮑 3～(加)之㠯(以)敬

～,從"人","加"聲。

簡文～,讀爲"加",增加。此句大意爲如要增加祭品以表示敬重。

嘉

　　上博三·周 17 孚于～

　　上博四·采 4～賓遌(道)意(喜)

　　上博三·周 31～脤(遯)

　　上博六·用 11 而自～樂

　　上博六·用 13～悳(德)吉獸

～,戰國文字或作 、、、、、、、;或從"禾",作 、、;或作 ,所從"壴",省作"木"字形。《説文·壴部》:"嘉,美也。從壴,加聲。"

上博三·周17～，善，美好。《詩·豳風·東山》："其新孔嘉,其舊如之何?"鄭玄箋："嘉,善也。"《爾雅·釋詁》："嘉,美也,善也"。

上博四·采4"～賓",貴客。《詩·小雅·鹿鳴》："我有嘉賓,鼓瑟吹笙。"

上博三·周31"～豚(遯)",舊時謂合乎正道的退隱,合乎時宜的隱遁。《易·遯》："嘉遯貞吉,以正志也。"《三國志·魏志·管寧傳》："在乾之姤,匿景藏光,嘉遁養浩,韜韞儒墨,潛化傍流,暢於殊俗。"

上博六·用11"～樂",嘉美喜樂。《禮記·中庸》："詩曰：嘉樂君子,憲憲令德,宜民宜人,受祿於天,保佑命之,自天申之。"

上博六·用13"～德",猶言"善德"。《左傳·桓公六年》："奉酒醴以告曰：'嘉栗旨酒',謂其上下皆有嘉德,而無違心也。"

見紐果聲

果

 上博三·亙10～天下

 上博三·亙11 复(作)甬(庸)又(有)～與不果

 上博三·亙11 复(作)甬(庸)又(有)果與不～

 上博三·亙12 無不旻(得)丌(其)惡(極)而～述(遂)

 上博四·曹33～勥(勝)矣

 上博四·曹42 三軍戠(散)～又(有)幾(忌)虎(乎)

 上博四·曹43 此戠(散)～之幾(忌)

 上博六·莊1 虐既～城無鐸

 上博八·成12 欲毄(譽)之不～

 上博八·成13 是揗(?譴)之不～

《說文·木部》:"果,木實也。从木,象果形在木之上。"

上博三·亙10～,成就;實現。表示事與預期相合。《韓非子·外儲說左下》:"君謀欲伐中山,臣薦翟角而謀得果。"陳奇猷集釋:"果,成也。謀得果,猶言謀得成也。"或說"果"是動詞,用如"課",是檢驗考核之義。(李零)

上博三·亙11"～與不果","果"指合於願望,"不果"指不合於願望。

上博三·亙12、上博四·曹33～,果然之義。《韓非子·內儲說下》:"(文公)乃召其堂下而譙之,果然,乃誅之。"

上博四·曹42、43"戩(散)～",或釋爲"捷果",待考。

上博六·莊1～,副詞。相當于"終于"。《左傳·僖公二十八年》:"晉侯在外十九年矣,而果得晉國。"《國語·晉語三》:"佞之見佞,果喪其田;詐之見詐,果喪其賂。"韋昭注:"果,猶竟也。"《呂氏春秋·仲冬紀》:"吳王不能止,果伏劍而死。"高誘注:"果,終也。"

上博八·成12、13"不～",沒有成爲事實。《左傳·哀公十五年》:"歸告褚師比,欲與之伐公,不果。"

暊

 上博六·用12 聶(攝)亓(其)～

～,从"日","果"聲。

簡文～,讀爲"楇",字亦作"栝",栝字上古音在見紐月部,果在見紐歌部,聲紐同,韻部爲陰入對轉。《莊子·齊物論》:"發若機栝。"成玄英疏:"機,弩牙也。栝,箭栝也。"簡文"聶亓暊"之"聶"猶"攝弓"之"攝",謂張開弩機以發矢也。(劉信芳)或疑讀爲"禍"、"過"。(李天虹)

見紐冎聲

禍

上博四·昭 9 天加～于楚邦

《說文·示部》:"禍,害也,神不福也。从示,咼聲。"
上博四·昭 9 "天加～于楚邦",《論衡·變虛篇》:"若是者,天使熒惑加禍於景公也,如何可移於將相、若歲與國民乎?"

溪紐可聲

可

上博一·孔 4 丌(其)甬(用)心也牆(將)～(何)女(如)

上博一·孔 4 丌(其)甬(用)心也牆(將)～(何)女(如)

上博一·孔 5 又(有)城(成)工(功)者～(何)女(如)

上博一·孔 11 則智(知)不～旻(得)也

上博一·孔 13 ～旻(得)

上博一·孔 13 不攻不～能

上博一·孔 17 不～不韋(畏)也

上博一·孔 20 帬(幣)帛之不~迖(去)也

上博一·孔 20 人不~牏(觸)也

上博一·孔 21 則㠯(以)爲不~女(如)可(何)也

上博一·孔 21 則㠯(以)爲不可女(如)~(何)也

上博一·孔 27 ~(何)斯

上博一·緇 2 爲上~䶒(望)而智(知)也

上博一·緇 2 爲下~槙(述)而㫚(志)也

上博一·緇 9 上之好亞(惡)不~不慬(慎)也

上博一·緇 12 不~不敬也

上博一·緇 15 古(故)上不~㠯(以)執(褻)型(刑)而翌(輕)
杪(爵)

上博一·緇 16 ~言不可行

上博一·緇 16 可言不~行

上博一·緇 16 ~行不可言

上博一·緇 16 可行不~言

上博一·緇 17 則行不~匿

上博一·緇 18 白珪之砧(玷)尚~磨

上博一·緇 18 此言之砧(玷)不~爲

上博一·緇 19 此㠯(以)生不~敓(奪)志

上博一·緇 19 死不~敓(奪)名

上博二·子 1 ~(何)古(故)㠯(以)旻(得)爲帝

上博二·子 7 舜丌(其)~胃(謂)受命之民矣

上博二·子 8 女(如)舜才(在)含(今)之殜(世)則~(何)若

上博二·魯 2 之~(何)才

上博二·魯 4 母(無)乃不~

上博二·魯 6 殹（繫）亡（無）女（如）㪔（庶）民～（何）

上博三·周 13 ～用行帀（師）

上博三·周 14 ～（阿）余（豫）悔

上博三·周 17 ～（何）咎

上博三·周 18 不～貞

上博三·周 25 不～涉大川

上博三·周 33 往～（何）咎

上博三·周 45 ～㠯（以）汲

上博三·中 5 敢昏（問）爲正（政）～（何）先

上博三·中 8 夫先又（有）司爲之女（如）～（何）

上博三·中 9 是古（故）又（有）司不～不先也

上博三·中 10 女（如）之～（何）

上博三·中10 夫臤(賢)才不~弇(掩)也

上博三·中10 則民~後

上博三·中11 敢昏(問)道民興悳(德)女(如)~(何)

上博三·中23 不~不斳(慎)也

上博三·中23 不~不斳(慎)也

上博三·中25 ~不斳(慎)唬(乎)

上博三·亙10 習㠯(以)不~改也

上博三·彭1 臣~(何)埶(藝)可(何)行

上博三·彭1 臣可(何)埶(藝)~(何)行

上博三·彭4 ~(何)丌(其)

上博三·彭6 愳(謀)不~行

上博三·彭6 述(怵)惕之心不~長

上博四·柬 10～（何）

上博四·柬 11 此～（何）

上博四·柬 13 我～（何）爲

上博四·柬 17 王事～（何）

上博四·柬 23 大夫～（何）兼（用）殹（爭）

上博四·相 2～胃（謂）相邦矣

上博四·相 4 虐（吾）子之舎（答）也～（何）女（如）

上博五·弟 5～逑而告也

上博五·弟 8～言虖（乎）丌（其）信也

上博五·弟 18 皆～吕（以）爲者（諸）厌（侯）叟（相）歕（歌）

上博五·弟附簡未～胃（謂）悳（仁）也

上博五·弟附簡□者亓（其）言□而不～

上博五·鬼 5 寁(實)則～矛(侮)

上博五·鬼 6 勿(物)斯～惑

上博一·性 8 唯人道爲～道也

上博一·性 21 凡人情爲～兌(悅)也

上博一·性 24 亞(惡)之而不～非者

上博一·性 24 非之而不～亞(惡)者

上博一·性 31 少枉內(入)之～也

上博一·性 32 ～智(知)也

上博一·性 35 [唯人]道爲～道也

上博一·性 38 人之□肰(然)～與和安者

上博一·性 38 弗牧不～

上博一·性 39 凡人偽爲～亞(惡)也

上博二·民1敢篭（問）~（何）女（如）而可胃（謂）民之父母

上博二·民1敢篭（問）可（何）女（如）而~胃（謂）民之父母

上博二·民3敢篭（問）~（何）胃（謂）五至

上博二·民5敢問~（何）胃（謂）三亡（無）

上博二·民6不~旻（得）而睧（聞）也

上博二·民6不~旻（得）而視（見）也

上博二·民7~（何）志（詩）是迡

上博二·民8牆（將）~孚（教）時（詩）矣

上博二·民10~旻（得）而篭（聞）舁（與）

上博二·從甲11~胃（謂）學矣

上博二·從甲11~言而不可行

上博二·從甲11可言而不~行

上博二·從甲 11～行而不可言

上博二·從甲 11 可行而不～言

上博二·從甲 19 之人～也

上博二·容 18 畁（禹）乃因山陸（陵）坪（平）徑（隰）之～封邑者而緐（繁）實之

上博二·容 25 訂（始）～凥（處）

上博二·容 25 訂（始）～凥（處）

上博二·容 26 訂（始）～凥（處）

上博二·容 26 訂（始）～凥（處）

上博二·容 27 訂（始）～凥（處）

上博二·容 27 訂（始）～凥（處）

上博二·容 39 女（如）是而不～

上博二·容 46 簹（孰）天子而～反

上博二・容 47 九邦者丌(其)～夌(來)虔(乎)

上博二・容 47～

上博二・容 48 百眚(姓)丌(其)～(何)辠(罪)

上博三・周 21～貞

上博三・亙 7 事甬(用)吕(以)不～賡(更)也

上博三・亙 10 言～先者

上博四・昭 2 君之備不～吕(以)進

上博四・昭 9 大尹之言脾～

上博四・内 6 止之而不～

上博四・内 7 不～

上博四・曹 4 今天下之君子既～智(知)已

上博四・曹 5 則不～吕(以)不攸(修)政而善於民

 上博四·曹 6 則亦不～吕（以）不攸（修）政而善於民

 上博四·曹 17 交坓（地）不～吕（以）先复（作）訧（怨）

 上博四·曹 19 不～吕（以）出豫

 上博四·曹 19 不～吕（以）出戩（陳）

 上博四·曹 19 不～吕（以）戩（戰）

 上博四·曹 20 爲和於邦女（如）之～（何）

 上博四·曹 22 爲和於豫女（如）～（何）

 上博四·曹 24 爲和於戩（陳）女（如）～（何）

 上博四·曹 29 是古（故）倀（長）必訋（約）邦之貴人及邦之～（奇）士

 上博四·曹 34 爲親女（如）～（何）

 上博四·曹 35 爲和女（如）～（何）

 上博四·曹 36 爲義女（如）～（何）

上博四·曹38 古(故)銜(帥)不～思牪

上博四·曹41 ～弖(以)又(有)忈(治)邦

上博四·曹48 君不～不惎(慎)

上博五·競2 是～(何)也

上博五·競5 肰(然)則～敚(奪)舁(與)

上博五·競6 ～唬(乎)於

上博五·季2 青(請)昏(問)～胃(謂)悬(仁)之弖(以)悳(德)

上博五·季8 君子不～弖(以)不弜(不強)

上博五·姑3 於君狄(幸)則晉邦之社畎(稷)～旻(得)而事也

上博五·姑3 不～

上博五·姑6 從事～(何)弖(以)女(如)是

上博五·姑7 立死～戲(傷)才(哉)

上博五·君3 虗子～亓（其）脀（脙）也

上博五·君3 欲迖（去）之而不～

上博五·君4 敢䎽（聞）～（何）胃（謂）也

上博五·三17 佣（凭）～（何）新（親）才（哉）

上博五·三22 未～㠯（以）遂

上博五·鬼5 名則～畏

上博六·競3 或～炁（愛）安

上博六·競5 ～因於民者

上博六·競11 ～仁

上博六·競12 二夫～不受皇瑆

上博六·孔2 ～旻（得）聞與

上博六·孔9 辭旻（得）不～人而與

上博六·孔 10～名而智與

上博六·孔 25 民喪不～悔

上博六·莊 2 幾～保之

上博六·莊 9～敢心之又

上博六·壽 2 吾～改而可

上博六·壽 2 吾可改而～

上博六·壽 5～若

上博六·壽 6 逡之人～若

上博六·木 2～㠯(以)林(麻)爲

上博六·木 5 此～

上博六·木 5 薵～㠯(以)爲

上博六·慎 6 不～㠯(以)□臨

上博六·用2 不～

上博六·用4 而亦不～

上博六·用7 而弗～矣

上博六·用7 愼～訴哉

上博六·用8 而～飲食

上博六·用11 而亦不～逃

上博六·用12 則弗～悔

上博六·用12 聶亓（其）睬而不～遻膴

上博六·用15 良人～思

上博六·用19 而亦不～叔

上博六·用19 而亦不～沽

上博六·天甲8 不～㠯（以）不睧恥尼

上博六・天乙 7 不～㠯(以)不睧恥尾

上博七・武 1 不～旻(得)

上博七・武 6 毋行～愳(悔)

上博七・武 6 亦不～[不]志

上博七・武 8 猶～遊

上博七・武 8 不～求(救)

上博七・武 8 毋曰～悬(傷)

上博七・武 9 毋曰～㦰(殘)

上博七・武 11 丌(其)道～旻(得)

上博七・鄭甲 3 虐(吾)酒(將)～㠯(以)含(答)

上博七・鄭乙 3 虐(吾)酒(將)～㠯(以)含(答)

上博七・君甲 8 ～也

上博七·君甲 8 君人者～必安才(哉)

上博七·君甲 9 君人者～必安才(哉)

上博七·君乙 7～也

上博七·君乙 8 君人者～必安才(哉)

上博七·君乙 9 君人者～必安才(哉)

上博七·凡甲 7 虐(吾)女(如)之～思(使)歅(飽)

上博七·凡甲 10 牆(將)～聖(聽)

上博七·凡甲 10 牆(將)～正(征)

上博七·凡甲 10 牆(將)～涅(盈)

上博七·凡甲 10～古(故)大而不罟(炎)

上博七·凡甲 19 忻(近)之～見

上博七·凡甲 19 操之～操

正編·歌部

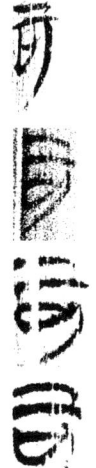

上博七·凡甲 26 ～之〈先〉智（知）

上博七·凡乙 6 虘（吾）女（如）之～思（使）歗（飽）

上博七·凡乙 8［牂（將）］～聖（聽）

上博七·凡乙 8 牂（將）～正（征）

上博七·凡乙 8 牂（將）～浧（盈）

上博七·凡乙 8 ～古（故）大而不㕟

上博七·凡乙 14 ～操

上博七·凡乙 19 ～先智（知）

上博七·吳 8 ～袋（勞）力之又（有）安（焉）

上博八·有 1 能與余相董（助）今～（兮）

上博八·子 2 於是唬（乎）～（何）侍（待）

上博八·顏 1 敢窜（問）～（何）女（如）

上博八·顏 6 敢𦖞(問)～(何)女(如)

上博八·成 13 毀之不～

上博八·成 14～㠯(以)智(知)善否

上博八·成 14～㠯(以)智(知)亡才(哉)

上博八·成 14～胃(謂)又(有)道虖(乎)

上博八·成 15～콬(期)而須也

上博八·命 2 亦～㠯(以)告我

上博八·命 4 進～(何)㠯(以)𢍰(屏)楅(輔)我

上博八·王 5 禝(稷)～(何)

上博八·志 2 邦人亓(其)胃(謂)之～(何)

上博八·李 1 桐叔(且)怠(治)～(兮)

上博八·李 1 裹木之絽(紀)～(兮)

上博八・李1 枽〈葉〉亓(其)方茖(落)～(兮)

上博八・李1 忯(竢)旹(時)而隹(作)～(兮)

上博八・李1 秦(榛)朸(棘)之䦞(間)～(兮)

上博八・李1 矵亓(其)不還～(兮)

上博八・李1【背】𡘣(剛)亓(其)不弋(貳)～(兮)

上博八・李1【背】㴎(浸)剴(毀)｜～(兮)

上博八・李1【背】觀虗(乎)桓(樹)之蓉(容)～(兮)

上博八・李1【背】則不同～(兮)

上博八・李1【背】敬而勿槷(集)～(兮)

上博八・李1【背】木異類～(兮)

上博八・李2 思(使)虖(吾)桓(樹)秀～(兮)

上博八・李2 民之所好～(兮)

上博八·李2木一心～(兮)

上博八·李2非與從風～(兮)

上博八·蘭2～(何)淵而不沽(涸)

上博八·蘭2緩才(哉)萰(蘭)～(兮)

上博八·有1又(有)皇(凰)牊(將)记(起)今～(兮)

上博八·有1蕫(助)余㝅(教)保子今～(兮)

上博八·有1囟(思)遊於忎(仁)今～(兮)

上博八·有1能與余相蕫(助)今～(兮)

上博八·有1能爲余拜楮柧今～(兮)

上博八·有2……自誨(誨)今～(兮)

上博八·有2又(有)恁(過)而能改今～(兮)

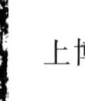
上博八·有2亡(無)郣又(有)風(諷)今～(兮)

上博八·有2 同郵異心今～(兮)

上博八·有3 大洛(路)今～(兮)

上博八·有3 敦葳與楮今～(兮)

上博八·有4 今～(兮)

上博八·有4 鹿(麗—離)尻(居)而同欲今～(兮)

上博八·有4 迿(周)流天下今～(兮)

上博八·有4 牪(將)莫皇今～(兮)

上博八·有4 又(有)不善心耳今～(兮)

上博八·有4 莫不弁(變)改今～(兮)

上博八·有4 女=(如女)子牪(將)深(泣)今～(兮)

上博八·有5 若余子力今～(兮)

上博八·有5 族援=(援援)必譶(慎)毋螢今～(兮)

上博八·有5日月卲(昭)明今~(兮)

上博八·有6也今~(兮)

上博八·有6論三夫之旁也今~(兮)

上博八·有6膠膰秀(誘)余今~(兮)

上博八·有6蜀(獨)論三夫今~(兮)

上博八·有6膠膰之腈也今~(兮)

上博八·有6論夫三夫之䘏也今~(兮)

上博八·鷗1子遺余婁(鷗)栗(鶖)今~(兮)

上博八·鷗1婁(鷗)栗(鶖)之止今~(兮)

上博八·鷗1欲衣而亞(惡)綟(梟)今~(兮)

上博八·鷗1婁(鷗)栗(鶖)之羽今~(兮)

上博八·鷗1子~(何)舍=(舍余)今可(兮)

 上博八·鶹1 子可(何)舍=(舍余)今～(兮)

 上博八·鶹2 ……～(兮)

 上博八·鶹2 不啟(織)而欲衣今～(兮)

～，戰國文字或作 (郭店·老子甲8)、 (郭店·老子甲21)、 (郭店·老子甲28)、 (郭店·緇衣3)、 (郭店·成之聞之19)、 (郭店·語叢一101)、 (珍戰186)、 (珍戰185)、 (新收1074 䣛可忌豆)、 (施300)、 (秦駰玉版)。《說文·可部》：“可，㫚也。从口、丂，丂亦聲。”

上博～，可以，能夠。

上博"不～"，不可以；不可能。《公羊傳·文公九年》：“緣民臣之心，不可一日無君；緣終始之義，一年不二君。”

上博～，讀爲"何"，疑問代詞。

上博"女～"，讀爲"如何"，怎樣、怎麼辦。《書·堯典》：“帝曰：'俞，予聞，如何？'”

上博"女(如)之～(何)"，即"如何"。

上博"～女"，讀爲"何如"，如何，怎麼樣。用於詢問。《左傳·襄公二十七年》：“子木問於趙孟曰：'范武子之德何如？'”

上博"～(何)若"，讀爲"何若"。如何，怎樣。用於詢問。《晏子春秋·問上十八》：“景公問晏子曰：'明王之教民何若？'”《管子·問篇》：“今其事之久留也，何若？”房玄齡注：“今乃久留其事，將如之何？”

上博"～以"，讀爲"何以"，即"以何"，用什麼；怎麼。《詩·召南·行露》：“誰謂雀無角，何以穿我屋？”

上博"～胃"，讀爲"何謂"，什麼叫做；什麼是。《孟子·公孫丑上》：“敢問何謂浩然之氣？”宋玉《高唐賦》：“王曰：'何謂朝雲？'”

上博"～古"，讀爲"何故"，什麼緣故。《左傳·莊公三十二年》：“惠王問諸侯内史過曰:'是何故也?'"《左傳·宣公十一年》:"諸侯、縣公皆慶寡人,女獨不慶寡人,何故?"

上博七·君甲 8、9、君乙 8、9"～必",讀爲"何必",用反問的語氣表示不必。《左傳·襄公三十一年》:"年鈞擇賢,義鈞則卜,古之道也。非適嗣,何必娣之子?"

上博七·凡乙 19～,讀爲"何",誰,哪個。《左傳·昭公十一年》:"今兹諸侯何實吉?何實凶?"

上博七·吴 8～,讀爲"何",反問,相當於"豈"、"怎"。《論語·公冶長》:"賜也,何敢望回?"

上博八～,讀爲"兮"。"可"、"兮"皆从"丂"得聲,故可相通。《老子》"淵兮似萬物之宗"、"荒兮其未央哉"、"儽儽兮若無所歸"、"寂兮寥兮"等諸"兮"字,馬王堆帛書本皆作"呵";《書·秦誓》"斷斷猗",《禮記·大學》引作"斷斷兮";《詩·魏風·伐檀》"河水清且漣猗",漢石經"猗"作"兮"。《説文》:"兮,語所稽也。""兮"作爲語氣詞,或在句中表停頓,或在句末,歌詠時起舒緩遲延作用,相當於"啊"。

訶(歌)

上博一·孔 2 丌(其)～(歌)紳而蕁

上博一·性 14 昏(聞)～(歌)要□畜(奮)

上博五·弟 20 又(有)戎(農)植其(其)耨而～(歌)安

上博五·三 1 明毋～(歌)

上博五·三 12 陞丘毋～(歌)

 上博一·孔16 夫萬(葛)之見～(歌)也

～，从"言"，"可"聲，"歌"之專字。與 (郭店·窮達以時5)、(郭店·性自命出24)同。與《說文》"訶"(大言而怒也。从言，可聲)非一字。《說文·欠部》："歌，詠也。从欠，哥聲。謌，謌或从言。"

上博一·性14"～要"，讀爲"歌謠"，以合樂爲歌，徒歌爲謠。《詩·魏風·園有桃》："心之憂矣，我歌且謠。"毛亨傳："曲合樂曰歌，徒歌曰謠。"

上博一·孔2～，即"歌"，弦歌也。(馮時)

上博五·弟20、三1、12～，歌唱。《易·中孚》："或鼓或罷，或泣或歌。"《史記·張釋之馮唐列傳》："使慎夫人鼓瑟，上自倚瑟而歌。"

上博一·孔16～，即"歌"，歌頌；讚美。《左傳·文公七年》："九功之德皆可歌也。"班固《〈兩都賦〉序》："故皋陶歌虞，奚斯頌魯。"

何

上博五·鮑7 至亞(惡)～(苛)而上不時史(使)

上博五·三12 十室之～

～，或作 ，隸作"偌"。古文字中"偌"及从"偌"之字或作： (《合集》275正)、 (同簋《集成》4271)、 (庚壺《集成》9733)、 (國差罐《集成》10361)、 (何次簿簠底銘《淅川》11頁)。 ，像人荷戈之形，为荷担字初文。《說文·人部》："何，儋也。从人，可聲。"

上博五·鮑7～，讀爲"苛"。《玉篇》："苛，政煩也。"又疑爲"擾"意，《國語·晉語一》："朝夕苛我邊鄙。"韋昭注："苛，擾也。"(李天虹)

上博五·三12～，讀爲"戶"。《詩·鄘風·相鼠》："胡不遄死?"《左傳·定公十年》、《史記·商君列傳》引"胡"作"何"。《詩·唐風·揚之水》："云何其憂"，《漢石經》"何"作"胡"。可見"可"聲系與"古"聲系相通。又《楚辭·天

問》:"鯪魚何所?"洪興祖考異:"所一作居。""所"從"戶"聲,故"何"可讀作"戶"。(程燕)

奇

 上博八·子4 魯司寇(寇)～酓(言)遊於逡楚

～,戰國文字或作 (歷博·燕 106)、、、。《説文·可部》:"奇,異也。一曰不耦。从大,从可。"段玉裁注:"會意。可亦聲。"

簡文～,讀爲燕飲之"燕",字亦作"宴",應是"禮"之一種。"奇"與"燕/宴"韻部係歌元對轉(與"奇"同從"可"聲之"笴"字即有歌部、元部兩讀),聲母亦近(同從"奇"聲之"猗"、"倚"、"輢"等字,跟"燕/宴"一樣皆係影母字)。(陳劍)或讀爲"寄食、寄政"之"寄"。或讀爲"嘉"。

寄

 上博五·姑2 □□坒～餶(聞)之

 上博五·姑10 惻參坒=(坒,坒)～、坒至、姑成豪(家)父立死

～,從"宀","可"聲,"寄"字的異體,"宀"旁寫作![],當是楚國文字的特殊寫法。(楊澤生)《説文·宀部》:"寄,託也。从宀,奇聲。"

簡文"坒～",讀爲"郤錡",三郤之一。《左傳·成公十七年》稱"駒伯",又稱"郤子"。郤克之子,晉厲公時爲上軍之將。

蚵

 上博二·容19 迖(去)～而行束

 上博二·容33 迖(去)～(苛)匿(慝)

 上博六·競6 今君之貪惛～匿(慝)

～,與(新出溫縣WT1K1:2667)同,从"虵","可"聲,"蚵"字異體。

上博二·容19～,讀爲"苛",煩瑣,《史記·韓長孺列傳》:"今太后以小節苛禮責望梁王。"

上博二·容33、上博六·競6"～匿",讀爲"苛慝",暴虐邪惡。《左傳·昭公十三年》:"苛慝不作,盜賊伏隱,私欲不違,民無怨心。"

河

 上博一·孔29～水

 上博二·容13 匋(陶)於～賓(濱)

 上博二·容24 決九～

 上博二·容27 東敔(注)之～

 上博二·容27 北敔(注)之～

 上博三·中2 夫季是(氏)～東之城(盛)豢(家)也

 上博六·木3 莊王迊～雕之行

《説文・水部》:"河,水。出燉煌塞外昆侖山,發原注海。从水,可聲。"

上博一・孔29"~水",逸詩。《左傳・僖公二十三年》:"公子賦《河水》,公賦《六月》。"杜預注:"《河水》,逸詩,義取河水朝宗於海,海喻秦。"

上博二・容13"匋(陶)於~賓(濱)",《吕氏春秋・孝行覽》:"舜耕於歷山,陶於河濱,釣於雷澤,天下説之,秀士從之,人也。"

上博二・容24"決九~",疏通九條河流。《史記・李斯列傳》:"禹鑿龍門,通大夏,疏九河,曲九防,決渟水,致之海。而股無胈,脛無毛,手足胼胝,面目黎黑,遂以死於外,葬於會稽。"《爾雅・釋水》列舉九河名爲:"徒駭、太史、馬頰、覆鬴、胡蘇、簡、絜、鉤盤、鬲津。"《漢書・溝洫志》載許商以爲"古説九河之名,有徒駭、胡蘇、鬲津,今見在成平、東光、鬲界中。自鬲北至徒駭間,相去二百餘里。"

上博二・容27~,古代對黄河的專稱。《書・禹貢》:"島夷皮服,夾右碣石入于河。"

上博三・中2"~東",是指東河之東。《周禮・夏官・職方氏》述九州云:"河東曰兗州,其山鎮曰岱山,其澤藪曰大野,其川河、泲,其浸盧、維……"。《爾雅・釋山》:"河東岱",邢昺疏:"云'河東岱'、注'岱宗,泰山'者,在東河之東,一名岱宗,一名泰山。"(陳偉)

上博六・木3"~雝",地名。《韓非子・喻老》:"楚莊王既勝,狩於河雝,歸而賞孫叔敖。"《吕氏春秋・不苟論》:"繆公能令人臣時立其正義,故雪殽之恥,而西至河雝也。"

牁

 上博三・彭8 毋~叚(賢)

 上博三・周23 ~天之羗

~,從"力","可"聲,或疑爲"抲"字異體,《集韻》:"抲"通"荷"、"何"。

上博三・彭8~,讀爲"訶",意爲斥責、責罵,曹植《與楊德祖書》:"劉季緒才不能逮於作者,而好詆訶文章,掎摭利病。"魏學洢《老子初繹序》:"我乃何人,敢譙訶賢聖乎?""毋訶賢"就是不要責罵賢人。(楊澤生、孟蓬生)或讀爲

"苛"、"嘉"、"倚"、"誇"。

上博三·周 23~,今本作"何"。《易·大畜》:"上九:何天之衢,亨。"王弼注:"處畜之極,畜極則通,大畜以至於大亨之時。何,辭也,猶云何畜,乃天之衢亨也。"孔穎達疏:"'何天之衢亨'者,何謂語辭,猶云'何畜'也。處畜極之時,更何所畜?乃天之衢亨,無所不通也。"

疑紐我聲

我

上博一·緇 10 皮(彼)求~則

上博一·緇 10 女(如)不~旻(得)

上博一·緇 10 執~敆(仇)敆(仇)

上博一·緇 10 亦不~力

上博一·緇 11 ~既見

上博一·緇 11 ~弗甹(迪)耵(聖)

上博一·緇 21 人之好~

上博一·緇 21 覞(示)~周行

上博一·緇24～龜既猒（厭）

上博一·緇24不～告猒

上博二·魯5丌（其）欲雨或甚於～

上博二·民8祂（威）～（儀）尼（遲）尼（遲）

上博二·民11祂（威）～（儀）尼（遲）尼（遲）

上博二·民13祂（威）～（儀）異（翼）異（翼）

上博二·魯4丌（其）欲雨或甚於～

上博三·周24觀～斂（微）頤

上博三·周45爲～心塞

上博四·采1子奴（如）思～

上博四·逸·多1鮮～二人

上博四·曹39～兵必砥礍（礪）

上博四•曹 39～麿(甲)必緊(堅)

上博四•曹 39～史(使)大夫

上博四•曹 39～史(使)牆(將)軍

上博四•曹 40～君身進

上博五•競 7 天陞(地)盟(明)弃～矣

上博五•姑 3 者(諸)矦(侯)畜～

上博五•姑 3 君貴～而受(授)我衆

上博五•姑 3 君貴我而受(授)～衆

上博五•姑 3 㠯(以)～爲能絧(治)

上博五•弟 4 莫～智(知)也夫

上博五•弟 11 㓵(宰)～昏(問)君子

上博五•鬼 5～(俄)曰叔(盧)䓈虖(乎)

　上博五·鬼6~（俄）曰叔（虞）喬唬（乎）

　上博二·魯1子不爲~圖（圖）之

　上博四·柬13~可（何）爲

　上博六·壽5~及含

　上博六·壽6女（如）~旻（得）㝅（免）

　上博七·鄭乙4~牆（將）必囟（使）子豪（家）

　上博七·吳1而慭鑾（絕）~二邑之好

　上博七·吳3隆（降）忢（禍）於~

　上博七·吳5嚭（噬）敢居~江㝏（濱）

　上博七·吳9~先君盍（闔）［閭☒］

　上博八·子5司寇（寇）牆（將）見~

　上博八·命2亦可㠯（以）告~

上博八·命 4 進可(何)㠯(以)㡀(屏)楠(輔)～

上博八·命 5 ～不能聅(貫)壁而視聖(聽)

上博八·志 3 爾亡(無)㠯(以)臚(慮?)柾(匡)正～

上博八·志 4 尔(爾)思(使)～旻(得)忧(尤)於邦多巳(已)

上博八·志 6 邦人亓(其)胃(謂)～不能禹(稱)人

上博八·志 7 唯～㤅(愛)尔(爾)

上博七·鄭甲 4 ～牂(將)必囟(使)子豢(家)

甲骨文"我"字或作 、,林澐先生認爲"我"取象於一種刃部有齒的鉞。西周金文 ,進一步突出刃部的齒形。楚簡"我"字所從" ![] "" ![] "形的鉞形下端的一筆或被省去,變作"戈"形,或作 、、、。或作 ,爲"我"之訛體。秦文字或作 、。《説文·我部》:"我,施身自謂也。或説:我,頃頓也。从戈,从𠂇。𠂇,或説古垂字。一曰古殺字。![],古文我。"何琳儀先生在分析"我"字時指出,"我"从戈,戈亦聲。(魏宜輝)

上博五·弟 11"䏁(宰)～",孔子弟子。《史記·仲尼弟子列傳》:"孔子曰

'受業身通者七十有七人',皆異能之士也。德行:顏淵、閔子騫、冉伯牛、仲弓。政事:冉有、季路。言語:宰我、子貢。"

上博二·民 8、11、13 "䙝~",讀爲"威儀",莊重的儀容舉止。《書·顧命》:"思夫人自亂於威儀。"孔安國傳:"有威可畏,有儀可象。"

上博五·鬼 5、6 ~,讀爲"俄",瞬間,極短暫的時間。《公羊傳·桓公二年》:"至乎地之與人則不然,俄而可以爲其有矣。"何休注:"俄者,謂須臾之間。"

上博~,代詞。稱自己。或我們;我們的。《詩·小雅·采薇》:"昔我往矣,楊柳依依;今我來思,雨雪霏霏。"《國語·周語中》:"我周之東遷,晉鄭是依。"

悉

上博四·柬 2 斧~(義)愈(愈)迁

上博四·曹 33 不~(義)則不備(服)

~,與 ✲(郭店·緇衣 2)、✲(郭店·語叢一 76)、✲(郭店·語叢一 93)、✲(郭店·語叢三 9)、✲(郭店·語叢三 35)同,从"心","我"聲。

上博四·曹 33 "不~",讀爲"不義"。見《管子·七法》:"成功立事,必順於禮義;故不禮不勝天下,不義不勝人。故賢知之君,必立於勝地,故正天下而莫之敢御也。"或說"義"似是公平之義。

上博四·柬 2 ~,讀爲"儀",《爾雅·釋詁》:"儀,榦也。"《玉篇·木部》:"榦,柄也。"此句可能是說傘蓋愈益向簡王傾斜(大概原本還兼顧卜者)。(陳偉)或讀作"蓋榦愈夭",指龜尹手執傘蓋爲簡王遮陽,傘柄隨著日影移動而逐漸傾斜。(周鳳五)

餓

上博八·子 1 丌(其)一子道~而死焉

 上博八·成 4 白(伯)尸(夷)、弔(叔)齊～而死於雎(離)澫(濆)

～,從"食","我"聲;或作,則從"食","戈"聲,"餓"字異體。學者或認爲"我"从"戈"聲可能是對的。《説文·食部》:"餓,飢也。从食,我聲。"

上博八·子 1"～而死",典籍習見。《韓非子·十過》:"靈王餓而死乾溪之上。"《戰國策·齊策六》:"(齊王)處之共松柏之間,餓而死。"

上博八·成 4"白(伯)尸(夷)、弔(叔)齊～(餓)而死於雎(離)澫(濆)",參《莊子·雜篇》:"二子北至於首陽之山,遂餓而死焉。若伯夷、叔齊者,其于富貴也,苟可得已,則必不賴。高節戾行,獨樂其志,不事於世,此二士之節也。"《史記·伯夷列傳》:"(伯夷、叔齊)及餓且死,作歌。"

莪

 上博一·孔 9 靖=(菁菁)者～

 上博一·孔 26《翏～》又(有)孝志

《説文·艸部》:"莪,蘿莪,蒿屬。从艸,我聲。"

上博一·孔 9"靖=(菁菁)者～",讀爲"菁菁者莪",《詩經》篇名。《詩·小雅·菁菁者莪》:"菁菁者莪,在彼中阿。"

上博一·孔 26"翏～",讀爲"蓼莪",《詩·小雅·谷風之什》篇名。《詩·蓼莪》:"蓼蓼者莪,匪莪伊蒿。哀哀父母,生我劬勞。"

垈

 上博一·緇 1～(儀)型(刑)文王

～,从"土","我"聲。

簡文～,讀爲"儀",效法。《詩·大雅·文王》:"儀刑文王,萬邦作孚。"朱熹集傳:"儀,象。刑,法。"

2687

犙（犧）

 上博五·鮑 3 ～（犧）生（牲）珪（圭）璧（璧）

～，從"牛"，"我"聲，"犧"字異體。新蔡簡或作、、、、。《說文·牛部》："犧，宗廟之牲也。從牛，義聲。賈侍中說此非古字。"

簡文"～生"，讀爲"犧牲"，供祭祀用的純色全體牲畜。《書·泰誓上》："犧牲粢盛，既於凶盜。"《周禮·地官·牧人》："凡祭祀，共其犧牲。"鄭玄注："犧牲，毛羽完具也。"《禮記·月令》："是月也，祀不用犧牲，用圭璧，更皮幣。"

蛾

 上博八·蘭 3 螻～（蟻）虫蛇

～，從"虫"，"我"聲；新蔡簡作，從"䖵"，"蛾"字異體。《說文·虫部》："蛾，羅也。從虫，我聲。"

簡文"螻～"，讀爲"螻蟻"，螻蛄和螞蟻。泛指微小的生物。《禮記·學記》："蛾子時術之。"陸德明釋文："本或作蟻。"《莊子·列禦寇》："在上爲烏鳶食，在下爲螻蟻食。"《淮南子·人閒》："千里之隄，以螻蟻之穴漏。"

義

上博一·孔 22 亓（其）～（儀）一氏（兮）

上博一·緇 3 亓（其）～（儀）不弋（忒）

上博一·緇 16 敬尔（爾）威～（儀）

上博一・緇 17 於茲（緝）臣（熙）～止

上博一・緇 20 丌（其）～（儀）一也

上博一・緇 23 囚（攝）㠯（以）戉（威）～（儀）

上博一・性 2 冬（終）者近～

上博一・性 2 智（知）～者能內（入）[之]

上博二・從甲 1 民皆㠯（以）爲～

上博二・從甲 2 爻（教）之㠯（以）～

上博二・從甲 2 而民或弗～

上博二・容 9 竺（篤）～與信

上博五・季 7 夫～者

上博五・姑 4 不～

上博五・姑 7 句（苟）～毋舊（久）

上博五·君1 言之而不～

上博五·君2 視之而不～

上博五·君2 聖(聽)之而不～

上博五·君2 遭(動)而不～

上博五·鬼1 忎(仁)～聖智

上博四·曹36 爲～女可

上博六·天甲3 ～反之

上博六·天甲4 亡(無)～大誚(孽)

上博六·天甲6 飲㠯(以)～

上博六·天乙2 ～之兄也

上博六·天乙3 ～反之

上博六·天乙3 亡(無)～大誚(孽)

上博六・天乙 6 飲㠯(以)～

上博七・武 4 勝(勝)～則亾(喪)

上博七・武 4～勝(勝)怠則長

上博七・武 4～勝(勝)谷(欲)則從

上博七・武 4 谷(欲)勝(勝)～則兇

上博六・天甲 8 民之～也

上博六・天乙 7 民之～也

～,楚文字或作 ![字形](郭店・老子丙 3)、![字形](郭店・五行 41)、![字形](郭店・唐虞之道 8)、![字形](郭店・成之聞之 31)、![字形](郭店・尊德義 4)、![字形](郭店・語叢一 16)、![字形](郭店・語叢一 53)、![字形](郭店・語叢三 65)、。或作 ![字形](新蔡乙一 1),寫法特別,"羊"在下,"我"在"羊"之上。此種寫法的"義"又見於包山 129 號簡。《説文・我部》:"義,己之威儀也。从我、羊。![字形]《墨翟書》義从弗。魏郡有義陽鄉,讀若錡。今屬鄴,本内黄北二十里。"

上博一・孔 22、上博一・緇 3、20～,讀爲"儀",容止儀表。《詩・大雅・烝民》:"令儀令色,小心翼翼。"鄭玄箋:"善威儀,善顔色。"

上博一・緇 16、23"威～",讀爲"威儀",莊重的儀容舉止。《書・顧命》:"思夫人自亂於威儀。"孔安國傳:"有威可畏,有儀可象。"《漢書・薛宣傳》:

"宣爲人好威儀,進止雍容,甚可觀也。"

上博一・性 2、上博二・從甲 1、2、上博五・君 1、2~,謂符合正義或道德規範。《論語・述而》:"不義而富且貴,於我如浮雲。"

上博二・容 9"竺(篤)~與信",《論語・學而》:"信近於義。"

上博五・季 7~,讀爲"儀",指禮儀。《周禮・春官・肆師》:"凡國之大事,治其禮儀,以佐宗伯。"《荀子・正論》:"故諸夏之國,同服同儀;蠻夷戎狄之國,同服不同制。"王念孫《讀書雜志・荀子六》"同儀":"楊注曰:'儀謂風俗也。'念孫案:風俗不得謂之儀,儀謂制度也。"(李天虹、范常喜)

上博五・姑 7~,或讀爲"我"。(陳偉)

上博五・姑 4"不~",不合乎道義。《國語・周語中》:"佻天不祥,乘人不義。"《史記・汲鄭列傳》:"天子置公卿輔弼之臣,寧令從諛承意,陷主于不義乎?"

上博五・鬼 1"悳(仁)~聖智",《莊子・胠篋》:"彼竊鉤者誅,竊國者爲諸侯,諸侯之門而仁義存焉,則是非竊仁義聖知邪?"

上博六・慎 4"悳(德)而方~",《孟子・公孫丑上》:"其爲氣也,配義與道。"趙岐注:"義謂仁義,可以立德之本也。"《禮記・曲禮上》:"道德仁義,非禮不成。"《禮記・郊特牲》:"禮之所尊,尊其義也。"

上博六・天甲 3、4、天乙 2、3~,讀爲"儀",儀式;禮節。《左傳・昭公五年》:"是儀也,不可謂禮。禮所以守其國,行其政令,無失其民者也。""義"者"宜"也,禮應以義爲根據,不得言禮爲仁義之義之兄。儀出於禮,故可言"禮者,義之兄也"。禮、儀二者,禮爲根本,儀爲形式,故有"不精爲精,不美爲美"及"精爲不精,美爲不美"之不同。(裘錫圭)

上博六・天甲 6、天乙 6"飤以~",讀爲"食以儀","食"的儀態而言。《大戴禮記・保傅》:"(天子)食以禮,徹以樂。失度,則史書之。"

上博七・武 4~,《論語・學而》:"信近於義。"《釋名・釋典藝》:"義,正也。"《孟子・盡心下》:"春秋無義戰。"趙岐注:"《春秋》所載戰伐之事,無應王義者也。"

上博六・天甲 8、天乙 7~,法度,準則。《說文》:"儀,度也。"《墨子・天志》:"置此以爲法,立此以爲儀,將以量度天下之王公大人、卿大夫之仁與不仁,譬之猶分黑白也。"

疑紐宜聲

宜

上博一・性 5 ~(義)也

上博一・性 7 ~(義)也者

上博一・性 10 豊(體)丌(其)~(義)而節曼(文)之

上博一・性 11 丌(其)先後之舍(敘)則~道也

上博一・性 12 貴丌(其)~(義)

上博一・性 13 丌(其)訇(詞)~道也

上博一・性 24 達於~(義)者也

上博一・性 33 ~(義)之方也

上博一・性 33 ~(義)

上博一・性 34 唯~道爲近中(忠)

 上博三·亙7 悉(祥)～(義)利巧

 上博二·容36 民乃～夗(怨)

 上博三·中16 ☐～

 上博四·采3 良人亡(無)不～也

 上博四·曹28 則民～之

～，戰國文字或作🔲(郭店·性自命出4)、🔲(郭店·性自命出3)、🔲(郭店·六德22)、🔲(郭店·六德32)、🔲(郭店·六德3)、🔲(郭店·語叢三35)、🔲(九A46)、🔲(新蔡甲三65)、🔲(新蔡甲三315)、🔲(新蔡乙四35)、🔲(考古與文物2002·2 二年宜陽戈)、🔲(珍戰208)、🔲(珍戰209)、🔲(秦風2)、🔲(里J1⑨1正)、🔲(傅1010)。《說文·宀部》："宜，所安也。從宀之下，一之上，多省聲。🔲，古文宜。🔲，亦古文宜。"

上博一·性～，讀爲"義"，謂符合正義或道德規範。《論語·述而》："不義而富且貴，於我如浮雲。"《韓非子·忠孝》："湯武自以爲義而弑其君長。"

上博三·亙7～，讀爲"義"，"名義"或"字義"，"詳宜"也就是"詳審于'名義'或'字義'"，即對於概念範疇的詳細解釋和定義。（董珊）

上博二·容36～，讀爲"益"。《說文》："䳢，鶃或從宜。"鶃、鷁二字古通。《左傳·僖公十六年經》："六鶂退飛，過宋都。"陸德明釋文："鶂本或作鷁。"孔穎達正義："鶂字或作鷁。"《漢書·五行志》、《說文·鳥部》引"鶂"作"鷁"。《莊子·天運》："夫白鶂之相視。"《太平御覽》九二五引"鶂"作"鷁"。"宜"可讀爲"益"，副詞。更加。《左傳·昭公七年》："國人益懼。"《史記·伯夷列

傳》:"伯夷、叔齊雖賢,得夫子而名益彰。"

上博四·采 3～,使和順;親善。《詩·周南·桃夭》:"桃之夭夭,灼灼其華,之子於歸,宜其室家。"朱熹集傳:"宜者,和順之意。"《禮記·內則》:"子甚宜其妻,父母不悦,出。"鄭玄注:"宜猶善也。"

端紐多聲

多

上博五·季 4 滿言～難

上博五·三 11 而～亓(其)言

上博一·孔 2～言後

上博一·孔 2～言

上博一·孔 3～言難而惌(怨)退(懟)者也

上博一·孔 6[济济]～士

上博一·孔 8～惎(疑)矣

上博一·孔 9～恥者亓(其)忨之嘑(乎)

上博一·緇 19 古(故)君子～睧(聞)

 上博一·緇 19～峕(志)

 上博二·容 48 虐(吾)所智(知)～鷹

 上博三·亙 8～采(綵)勿(物)

 上博三·彭 1 乃牆(將)～昏(問)因由

 上博三·彭 7～矛(務)者多惡

 上博三·彭 7 多矛(務)者～惡

 上博四·逸·多 1～薪多薪

 上博四·逸·多 1～人多人

 上博四·逸·多 2 多薪～薪

 上博四·逸·多 2 多人～人

 上博四·曹 46 崒(卒)谷(欲)少㠯(以)～

 上博四·曹 62 □又～

上博五·競 5 言曰～

上博五·季 11 民能～▢

上博五·弟 15 佳～䎽（聞）而不友臤（賢）

上博五·弟 16～䎽（聞）則戜（惑）

上博五·弟 16～見則▢

上博六·競 7 祝之～堣言

上博六·競 10 丌（其）人數～已

上博六·孔 11 丌（其）述～方安

上博六·壽 6 君王所改～ =

上博六·用 1～險㠯（以）難成

上博六·用 19 民道絣～

上博七·吳 9 㠯（以）勞（賢）～异（期）

上博八·志6 旻(得)忧(尤)於邦～巳(已)

～，楚文字或作 ■（郭店·老子甲14）、■（郭店·老子甲36）、■（郭店·緇衣3）、■（郭店·成之聞之27）。《說文·多部》："多，重也。從重夕。夕者，相繹也，故爲多。重夕爲多，重日爲疊。■，古文多。"

上博一·孔2、3"～言"，猶言好講閒話；多說。《詩·鄭風·將仲子》："豈敢愛之，畏人之多言。仲可懷也，人之多言，亦可畏也。"《史記·秦始皇本紀》："二世曰：'吾願得一郡爲王。'弗許。又曰：'願爲萬户侯。'弗許。曰：'願與妻子爲黔首，比諸公子。'閻樂曰：'臣受命於丞相，爲天下誅足下，足下雖多言，臣不敢報。'麾其兵進。二世自殺。"

上博一·孔6"～士"，古指衆多的賢士。也指百官。《書·多方》："猷告爾有方多士，暨殷多士。"《詩·大雅·文王》："濟濟多士，文王以寧。"

上博一·孔8"～惥"，讀爲"多疑"，多疑惑；疑心重。劉劭《人物志·體別》："精良畏慎，善在恭謹，失在多疑。"

上博一·緇19"～睧(聞)"，"～告(志)"，《禮記·緇衣》："故君子多聞，質而守之；多志，質而親之；精知，略而行之。"鄭玄注："質，猶少也。多志，謂博交汎愛人也。"

上博四·曹46～，諸，衆多。（董珊）

上博四·曹62～，戰功曰"多"。後泛指有戰功。《周禮·夏官·司勳》："戰功曰多。"《國語·晉語九》："下邑之役，董安于多。"韋昭注："時安于力戰有功。"

上博五·季11～，疑讀爲"移"或"迻"，移一或類似于齊一。（陳偉）

上博五·弟16"～睧(聞)"、"～見"，見《論語·爲政》："子張學干禄。子曰：'多聞闕疑，慎言其餘，則寡尤。多見闕殆，慎行其餘，則寡悔。言寡尤，行寡悔，禄在其中矣。'"又《論語·述而》："子曰：'蓋有不知而作之者，我無是也。多聞，擇其善者而從之，多見而識之。知之次也。'"簡云"多聞則惑"，義與"多聞闕疑"相若。

上博六·孔11"～方"，多端，多方面。《墨子·公孟》："人之所得於病者多方，有得之寒暑，有得之勞苦。"《楚辭·九辯》："心怵惕而震盪兮，何所憂之多方。"朱熹集注:"方,猶端也。"

上博六·壽 6"～～",益言多。《史記·淮陰侯列傳》:"上問曰:'如我能將幾何?'信曰:'陛下不過能將十萬。'上曰:'於君何如?'曰:'臣多多而益善耳。'上笑曰:'多多益善,何爲爲我禽?'""君王所改多多君王保邦",或讀爲"君王所改多,多(宜)君王保邦"。(董珊)

上博六·用 19"絎～",讀爲"繁多",衆多。王符《潛夫論·浮侈》:"爲非則姦宄,姦宄繁多,則吏安能無嚴酷?"

上博～,數量大。與少、寡相對。《易·謙》:"君子以裒多益寡,稱物平施。"《詩·邶風·柏舟》:"覯閔既多,受侮不少。"

迻

 上博四·柬 12 夫唯母滵(旱)而百眚～目(以)迲(去)邦豢(家)

～,與 (郭店·語叢二 48)同。新蔡簡作 (新蔡甲三 99)、(新蔡甲三 212、199),从"辵"从"耳"从"多";包山簡或作 (包山 204)、(包山 214),从"辵"从"亡"从"多",均"迻"字繁體。《説文·辵部》:"迻,遷徙也。从辵,多聲。"

簡文～,遷徙。《玉篇》:"迻,徙也,遷也。今做移。"

透紐它聲

它

 上博二·民 12 ～(施)及子孫

 上博二·民 13 ～(施)及四國

 上博二·容 20 南方之羿(旗)目(以)～(蛇)

 上博三·周 9 終迻（來）又（有）～吉

 上博五·姑 5 虐（吾）毋又（有）～正公事

 上博七·吴 8 㠯（以）陳邦非～也

～，甲骨文或作 （《甲骨文合集》14353），金文或作 （胡簋"陀"字所從），像蛇身體的部分比較粗。金文"它"字中間的一豎是甲骨文"它"字蛇身花紋的簡化，省去中間一豎的是較晚的寫法。戰國文字或作 （郭店·老子甲 33）、 （郭店·忠信之道 7）、 （郭店·六德 1）、 （新蔡甲三 397）、 （齊幣 418）、 （鑒印 4）。《説文·它部》："它，虫也。从虫而長，象冤曲垂尾形。上古艸居患它，故相問無它乎。蛇，它或从虫。"

上博三·周 9"冬（終）迻（來）又（有）～吉"，孔穎達疏："從始至終，尋常恆來，非唯一人而已，更有他人並來而得吉，故云'終來有他吉'也。"

上博七·吴 8～，代詞，相當於"別的"、"其他的"。

上博二·民 12、13"～（施）及子孫、～（施）及四國"之～，讀爲"施"。參《禮記·孔子閒居》："孔子曰：'無聲之樂，氣志不違；無體之禮，威儀遲遲；無服之喪，内恕孔悲。無聲之樂，氣志既得；無體之禮，威儀翼翼；無服之喪，施及四國。無聲之樂，氣志既從；無體之禮，上下和同；無服之喪，以畜萬邦。無聲之樂，日聞四方；無體之禮，日就月將；無服之喪，純德孔明。無聲之樂，氣志既起；無體之禮，施及四海；無服之喪，施于孫子。'"

上博二·容 20"南方之羿（旗）以～（蛇）"，"它"即"蛇"，蛇於十二屬當巳位，在南，蕭吉《五行大義·論禽蟲》："《拭經》云：'巳有騰蛇之將，因而配之。蛇，陽也，本在南……'"以不同徽號表示不同等級和用途的常、旂、旜、物、旗、旟、旐、旞、旌等九種旗幟之一。《周禮·春官·司常》："司常掌九旗之物名，各有屬以待國事。日月爲常，交龍爲旂……熊虎爲旗，鳥隼爲旟，龜蛇爲旐……"

佗

　　上博八·李 2 愇(違)與(於)～(它)木

～，與 (新蔡甲三 293)、(包山 102)同。《説文·人部》："佗，負何也。从人，它聲。"

簡文～，代詞，其他的。《集韻》："佗，彼之稱。或从也。"《正字通》："佗，與他、它通。"《左傳·隱公元年》："制，巖邑也，虢叔死焉。佗邑唯命。"《戰國策·宋衛策》："願王博事秦，無有佗計。"

悠

　　上博三·中 13 緩(緩)～而怼放之

～，从"佗"、从"心"，"佗"亦聲。

簡文"緩～"，讀爲"緩施"，《大戴禮記·千乘》："方春三月，緩施生育，動作百物，於時有事，享于皇祖皇考。"王聘珍注："緩，和也。"《賈子·輔佐》："方春三月，緩施生遂，動作百物，是時有事于皇祖皇考。"簡文此處"緩施"之意，似指和緩地施行、加佈(道德)。《論語·顔淵》"己所不欲，勿施於人"，劉寶楠正義："施猶加也。"(李鋭)

阤

　　上博五·季 6 □窊(寧)～肥也

～，从"力"，"它"聲，包山簡數見，皆作人名用。

簡文～，讀爲"移"，改變。《荀子·樂論》："移風易俗。"或讀爲"施"。(季旭昇)

蛇

 上博八·蘭3 螻蛾(蟻)虫～

《説文》以"蛇"爲"它"字異體。參"它"字條。

簡文"虫～",毒蛇。馬王堆帛書《老子》(乙本):"蠭(蜂)癘(蠆)虫蛇弗赫(螫)。"《韓非子·五蠹》:"上古之世,人民少而禽獸衆,人民不勝禽獸虫蛇。"蔡邕《篆勢》:"蘊若虫蛇之棼緼。"

墬(地)

 上博二·從甲2 王舍(予)人邦豪(家)土～(地)

 上博二·容8 舜於是虖(乎)㠯(始)語堯天～(地)人民之道

 上博二·容9 履～(地)戴(戴)天

 上博二·容9 會才(在)天～(地)之間

 上博二·容16 昔者天～(地)之差(佐)舜而右(佑)善

 上博二·容19 會天～(地)之利

 上博二·容30 舜乃欲會天～(地)之燹(氣)

 上博二·容36 天～(地)四時之事不攸(修)

上博二・容49 智(知)~(地)之利

上博三・亙1 未又(有)天~(地)

上博三・亙4 至(濁)燰(氣)生~

上博三・亙4 信涅(盈)天~

上博三・亙4 糵糵天~

上博三・彭2 天~與人

上博四・曹17 交~(地)不可昌(以)先夊(作)舥(怨)

上博四・曹17 疆~(地)母(毋)先而必取□焉

上博四・曹63 弗琗危~

上博五・競7 ~不生甯(孽)

上博五・競7 天~(地)盟(明)弃我矣

上博五・鮑8 既至齊~(地)

 上博五·鮑 8 雩（雨）坪～（地）至貍（郯）

 上博五·弟 4 又（有）～（地）之胃（謂）也唬（乎）

 上博五·三 1 ～共材

 上博五·三 5 土～乃堲（坏）

 上博五·三 6 土～乃堲（坏）

 上博五·三 15 竘（俯）視～利

 上博五·三 17 䁖（興）～之岠

 上博五·三 17 智（知）～足㠯（以）古（固）材

 上博五·三 18 记（起）～之

 上博六·用 9 亦不出自～

 上博六·用 10 胃（謂）～厚而不達

 上博七·鄭甲 2 㠯（以）叟（沒）内（入）～

上博七・鄭乙 2 㠯(以)叟(沒)内(入)～

上博七・凡甲 3 天～立終立慇(始)

上博七・凡甲 11 ～篙(孰)猿(遠)與(歟)

上博七・凡甲 11 篙(孰)爲～

上博七・凡甲 17 ▢鼠(一)㠯(以)爲天～旨

上博七・凡甲 29 鼠(一)言而爲天～旨

上博七・凡乙 3 天～立終立慇(始)

上博七・凡乙 22 爲天～旨

上博七・吳 8 麊(踐)履陳～

～，或从"土"，"它"聲，作(郭店・語叢四 22)、(郭店・語叢四 22)、(秦駰玉版)、(秦風 180)；或从"阜"、从"土"，"豕"聲，作(郭店・忠信之道 4)、(郭店・忠信之道 5)；或从"阜"、从"土"，"它"聲，作(郭店・六德 4)、(郭店・太一生水 10)、(郭店・五行 49)。《說文・土部》："地，元氣初分，輕清陽爲天，重濁陰爲地。萬物所陳列也。从土，也聲。

![字形],籀文地,从隊。"

上博二·從甲2、上博五·三5、6"土～（地）"，田地；土壤。《周禮·地官·小司徒》："乃經土地而井牧其田野。"

上博二·容9"履～（地）戠（戴）天"，《吴越春秋·王僚使公子光傳》："子胥曰：'吾聞父母之讎，不與戴天履地；兄弟之讎，不與同域接壤；朋友之讎，不與鄰鄉共里。今吾將復楚，幸以雪父兄之恥。'"

上博二·容49"智（知）～（地）之利"，《管子·小匡》："墾草入邑，辟土聚粟多衆，盡地之利，臣不如甯戚，請立爲大司田。"

上博四·曹17"交～（地）"，孫子所説"九地"之一。指道路交錯，交通方便的地區。《孫子·九地》："我可以往，彼可以來者，爲交地。"曹操注："道正相交錯也。"

上博四·曹17"疆～（地）"，兩國疆界之地。

上博四·曹63"危～"，危險的地方。

上博五·競7"～不生甯（孽）"，《春秋繁露·必仁且知》："楚莊王以天不見災，地不見孽，則禱之於山川，曰：天其將亡予邪？不説吾過，極吾罪也。"

上博五·鮑8、上博七·吴8～，領土，屬地；地區。《周禮·地官·大司徒》："諸公之地，封疆方五百里。"《淮南子·兵略》："夫爲地戰者，不能成其王；爲身戰者，不能立其功。"

上博三·瓦4"至（濁）㷌（氣）生～"，大地。與"天"相對。《易·繫辭下》："仰則觀象於天，俯則觀法於地。"《説文·土部》："地，元氣初分，輕清陽爲天，重濁陰爲地。萬物所陳列也。"

上博五·鮑8"坪～（地）"，平坦的地面。《左傳·隱公九年》："凡雨，自三日以往爲霖。平地尺爲大雪。"

上博五·三15"～利"，讀爲"地理"，土地、山川等的環境形勢。今指全世界或一個地區的山川、氣候等自然環境及物產、交通、居民點等社會經濟因素的總的情況。《易·繫辭上》："仰以觀於天文，俯以察於地理。"孔穎達疏："地有山川原隰，各有條理，故稱理也。"《漢書·郊祀志下》："三光，天文也；山川，地理也。"

上博六·用10"～厚而不達"，《後漢書·鄧寇列傳》："天廣而無以自覆，地厚而無以自載，蹈陸土而有沉淪之憂，遠巖牆而有鎮壓之患。"

上博七·凡甲11～，即"地"，大地，與"天"相對。《莊子·逍遙遊》："天之蒼蒼,其正色邪? 其遠而無所至極邪?""地遠",典籍一般作"地厚",如《文子・精誠》:"天致其高,地致其厚。"

上博~,土地。

上博"天~",天和地。指自然界或社會。《荀子・天論》:"星隊木鳴,國人皆恐……是天地之變、陰陽之化,物之罕至者也。"《莊子・天地》:"天地雖大,其化均也。"

紽

　　上博五・季 3 ~(施)喬(教)於百眚(姓)

~,從"糸","它"聲。

簡文"~喬",或讀爲"施教"。進行教育。《管子・弟子職》:"先生施教,弟子是則。"《漢書・禮樂志》:"敕身齊戒,施教申申。"

軚

　　上博一・孔 21 丌(其)猷(猶)~與

~,從"車","它"聲,

簡文~,讀爲"酡"。《玉篇・酉部》:"酡,飲酒朱顏皃。"《集韻・哿韻》:"酡,將醉謂之酡。"《易林・屯之鼎》"《湛露》之歡,三爵畢恩",正是説《湛露》之"益"、之"歡"在於不醉,即是"酡",有節制,保持"令德"、"令儀"。(李鋭)或讀爲"施","施捨"、"施惠"、"給予恩賜"之義。(康少峰)

沱

　　上博二・容 45 或(又)爲酉(酒)~

　　上博四・曹 6 昔~舶語募(寡)人曰

　　上博五·三 12 宫室汙～

～，戰國文字或作 <!--image--> （郭店·五行 17）、<!--image-->（珍秦金·吴越三晉 164 頁五年陞令戟）、<!--image-->（秦風 92）。《説文·水部》："沱，江別流也。出崏山東，別爲沱。从水，它聲。"

上博二·容 45 "酉～"，讀爲 "酒池"。《韓非子·喻老》："居五年，紂爲肉圃，設炮烙，登糟邱，臨酒池，紂遂以亡。"《説苑·反質》："紂爲鹿臺糟邱，酒池肉林，宫牆文畫，雕琢刻鏤……"

上博四·曹 6 "～舶"，讀爲 "施伯"。《國語·齊語》"施伯，魯君之謀臣也"，韋昭注："施伯，魯大夫，惠公之孫，施父之子。"（李零）

上博五·三 12 "汙～"，讀爲 "污池"，水池。《晏子春秋·諫下十四》："今君窮臺榭之高，極汙池之深而不止。"

駝（馳）

　　上博五·競 9 㠯（以）～（馳）於倪（郳）市

～，从"馬"，"它"聲，"馳"字異體。《説文·馬部》："馳，大驅也。从馬，也聲。"

簡文～，《廣韻》："馳，疾驅也。"《左傳·昭公十七年》："嗇夫馳，庶人走。"杜預注："車馬曰馳。"

貤（貤）

　　上博二·容 6 堯戔～（施）旹=（時時）賨（賽）

　　上博六·慎 4 均分而生（廣）～

～，从"貝"，"它"聲，"貤"字異體。《説文·貝部》："貤，重次第物也。从貝，也聲。"

上博二·容6、上博六·慎4～,讀爲"施",給予;施捨。《廣雅·釋詁三》:"施,予也。""廣施"即廣泛地施捨。《漢書·谷永杜鄴傳》:"流恩廣施,振贍困乏,開關梁,內流民,恣所欲之,以救其急。"

透紐妥聲

妥

 上博三·中14～尾

～,段玉裁《説文解字注》:"妥,安也。从爪、女,妥與安同意。"

簡文"～尾",讀爲"委蛇",連綿詞。"委"和"妥"都是歌部字,可以通假。《詩·大雅·韓奕》:"淑旂綏章。"《經典釋文》:"綏本亦作緌。"《禮記·祭統》:"而下有凍餒之民也。"《經典釋文》:"餒作餧。""尾"所從的"巳"、"它",均是聲符。"委蛇",又作"逶迤"、"威迤"、"威夷"、"委隋"、"猗移"等。"委蛇"在古書中一般指委婉曲折的狀態,可以形容山川、道路、行止、態度等。形容人的行爲時,一般指曲折地行進,顯示一種雍容、好整以暇的狀態。(史傑鵬)

定紐也聲

也

 上博一·孔2寺(時)～

 上博一·孔2坪(平)惪(德)～

 上博一·孔2盛惪(德)～

 上博一·孔3～

上博一·孔 3 多言難而悁(怨)退(對)者～

上博一·孔 3 丌(其)内勿(物)～専(博)

上博一·孔 4 丌(其)甬(用)心～牆(將)可(何)女(如)

上博一·孔 4 民之又(有)慼惓(患)～

上博一·孔 4 丌(其)甬(用)心～牆(將)可(何)女(如)

上博一·孔 5 王惪(德)～

上博一·孔 7 城(誠)胃(謂)之～

上博一·孔 7 城(誠)命之～

上博一·孔 7 此命～夫

上博一·孔 7 此命～

上博一·孔 8 皆言上之衷～

上博一·孔 8 言不中志者～

上博一・孔 8 則言諆(譖)人之害～

上博一・孔 9 寶咎於其～

上博一・孔 9 巽募(寡)悳(德)古(故)～

上博一・孔 9 亦又(有)㠯(以)～

上博一・孔 9 則困天〈而〉谷(欲)反丌(其)古(故)～

上博一・孔 9 則㠯(以)人益～

上博一・孔 10 童而皆臤(賢)於丌(其)初者～

上博一・孔 11 青(情)忢(愛)～

上博一・孔 11 則㠯(以)丌(其)录(禄)～

上博一・孔 11 則智(知)不可旻(得)～

上博一・孔 16 卲(召)公～

上博一・孔 16 思古人～

 上博一·孔16 㠯(以)丌(其)蜀(獨)～

 上博一·孔16 夫蒿(葛)之見訶(歌)～

 上博一·孔17 不可不韋(畏)～

 上博一·孔18 㠯(以)俞(喻)丌(其)惌(怨)者～

 上博一·孔18 憙(喜)丌(其)至～

 上博一·孔19 既曰天～

 上博一·孔19 木苽(瓜)又(有)臧(藏)愿(願)而未旻(得)達～

 上博一·孔20 幣帛之不可迲(去)～

 上博一·孔20 丌(其)隱(隱)志必又(有)㠯(以)俞(喻)～

 上博一·孔20 人不可犅(觸)～

 上博一·孔21 貴～

 上博一·孔21 臧(將)大車之囂～

上博一・孔 21 則𠄞（以）爲不可女（如）可（何）～

上博一・孔 21 審（湛）零（露）之賹～

上博一・孔 22 丌（其）義（儀）一氏（兮）心女（如）結～

上博一・孔 24 𠄞（以）□□之古（故）～

上博一・孔 24 句（后）稷之見貴～

上博一・孔 24 則𠄞（以）文武之惪（德）～

上博一・孔 26 陞（隰）又（有）長（萇）楚旻（得）而悹（悔）之～

上博一・緇 15～

上博二・子 1 又（有）吴（虞）是（氏）之樂正㝬窅之子～

上博二・子 1 昔者而弗殜（世）～

上博二・子 1 善與善相受～

上博二・子 2 鈞（均）～

 上博二·子 3 童土之莉(黎)民～

 上博二·子 4 虘(吾)昏(聞)夫舜丌(其)幼～

 上博二·子 5 堯之取舜～

 上博二·子 6 堯之旻(得)舜～

 上博二·子 7 人子～

 上博二·子 9 厽(三)王者之乍(作)～

 上博二·子 9 皆人子～

 上博二·子 9 而丌(其)父戔(賤)而不足爯(稱)～與

 上博二·子 9 殹(抑)亦城(誠)天子～與

 上博二·子 9 而(爾)昏(問)之～

 上博二·子 10 是曡(禹)～

 上博二·子 11 又(有)卥(娀)是(氏)之女～

上博二·子11～

上博二·子12 是卨（契）～

上博二·子12 又（有）詞（邰）是（氏）之女～

上博二·子13 是句（后）稷之母～

上博二·子13 厽（三）王者之乍（作）～女（如）是

上博二·魯2 庶民智（知）敓（說）之事鬼（鬼）～

上博三·中2 夫季是（氏）河東之城（盛）豖（家）～

上博三·中4 史（使）雎（雍）～從於剒（宰）後

上博三·中4 雎（雍）～憧

上博三·中6 雎（雍）～弗昏（聞）也

上博三·中6 雎（雍）也弗昏（聞）～

上博三·中8 正（政）之䛀（始）～

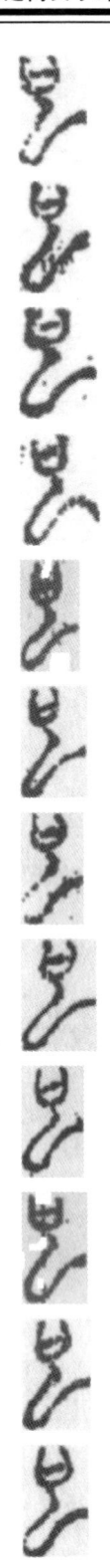

上博三·中 9 是古(故)又(有)司不可不先～

上博三·中 9 雝(雍)～不㦖(敏)

上博三·中 9 弗智(知)㰐(舉)～

上博三·中 10 夫臤(賢)才不可穿(掩)～

上博三·中 18 毋自隱(惰)～

上博三·中 21 唯丌(其)戁(難)～

上博三·中 23 至㤅(愛)之卒(卒)～

上博三·中 23 所㠯(以)城(成)死～

上博三·中 23 不可不訶(慎)～

上博三·中 23 巽華皁(學)杏(本)～

上博三·中 23 所㠯(以)立生～

上博三·中 23 不可不訶(慎)～

上博三·中附簡正～

上博三·中附簡幾(豈)不又(有)恙(狂)～

上博一·性5勿(物)～

上博一·性5古(故)～

上博一·性5宜(義)～

上博一·性5埶(勢)～

上博一·性6習～

上博一·性6道～

上博一·性6有爲～[者]之胃(謂)古(故)

上博一·性10孚(教)所㠯(以)生惪(德)于中者～

上博一·性11或興之～

上博一·性11丌(其)先後之舍(敘)則宜道～

上博一·性11 或舍（敘）爲之節則曼（文）～

上博一·性12 所㠯（以）曼（文）節～

上博一·性13 所㠯（以）爲信與登（徵）～

上博一·性13 丌（其）訇（詞）宜道～

上博一·性13 惪（意）之淺睪也

上博一·性14 丌（其）出於情～信

上博一·性14 肰（然）句（後）丌（其）内（入）拔（撥）人之心～敀（厚）

上博一·性14 則羴（鮮）女（如）～斯惪（喜）

上博一·性15 則悸女（如）～斯難（歎）

上博一·性15 則憏（齊）女（如）～斯复（作）

上博一·性16 萈（喟）女（如）～

上博一·性16 丌（其）居節～舊（久）

上博一・性 16 丌(其)反善遉(復)訋(始)～訦(慎)

上博一・性 16 丌(其)出内(入)～訓(順)

上博一・性 17 [非其]聖(聲)而從之～

上博一・性 17 [皆教其]人者～

上博一・性 18 皆至丌(其)情～

上博一・性 18 丌(其)眚(性)相近～

上博一・性 18 哭之敳(動)心～

上博一・性 19 □□女(如)～

上博一・性 19 樂之敳(動)心～

上博一・性 19 丌(其)柬(烈)流女(如)～㠯(以)悲

上博一・性 20 思之方～

上博一・性 21 斿(遊)聖(聲)～

上博一·性21 戠斿(遊)心～

上博一·性22 又(有)峟(美)情者～

上博一·性22 眚(性)善者～

上博一·性23 又(有)心悓(畏)者～

上博一·性23 又(有)惪(德)者～

上博一·性23 又(有)道者～

上博一·性24 又(有)內斂者～

上博一·性24 達於宜(義)者～

上博一·性24 臕(篤)於㥑(仁)者～

上博一·性25 者～

上博一·性25 攸(修)身者～

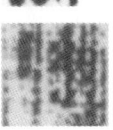上博一·性26 㠯(以)道者～

上博一・性26 㠯(以)古(故)者～

上博一・性26 㠯(以)悳(德)者～

上博一・性26 㠯(以)憖(獻)者～

上博一・性26 谷(欲)亓(其)惌(宛)～

上博一・性27 谷(欲)亓(其)折～

上博一・性31 少枉内(入)之可～

上博一・性31 已則勿返(復)言～

上博一・性32 [求其]心又(有)爲(僞)～

上博一・性32 人之不能㠯(以)愄(僞)～

上博一・性32 可智(知)～

上博一・性33 宜(義)之方～

上博一・性33 敬之方～

上博一·性33 勿(物)之即(節)～

上博一·性33 息(仁)之方～

上博一·性33 眚(性)之方～

上博一·性35 [唯人]道爲可道～

上博一·性36 □□之燹(氣)～

上博一·性37 又(有)丌(其)爲人之倲=(倲倲)女(如)～

上博一·性37 又(有)丌(其)爲人之柬(簡)柬(簡)女(如)～

上博一·性38 又(有)丌(其)爲人之慧(快)女(如)～

上博一·性39～

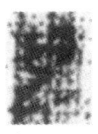
上博一·性39 凡人僞爲可亞(惡)～

上博一·性39 慮之方～

上博一·性39 悔(謀)之方～

正編・歌部

上博二・容 1 之又(有)天下～

上博二・容 3 古(故)堂(當)是時～

上博二・容 10 天下之臤(賢)者莫之能受～

上博二・容 11 而臤(賢)者莫之能受～

上博二・容 12 見舜之臤(賢)～

上博二・容 16 堂(當)是時～

上博二・容 17 女(如)是牆(狀)～

上博二・容 17 見璽(禹)之臤(賢)～

上博二・容 25 於是虖(乎)競州簹(籚)州㠯(始)可尻(處)～

上博二・容 26 於是虖(乎)並州㠯(始)可尻(處)～

上博二・容 26 於是虖(乎)㙷(荊)州䢵(揚)州㠯(始)可尻(處)～

上博二・容 27 於是於(乎)敘(豫)州㠯(始)可尻(處)～

・2723・

 上博二·容27 於是虎(乎)叡州ㄐ(始)可尸(處)～

 上博二·容33 丌(其)生賜羕(養)～

 上博二·容34 見咎(皋)昝(陶)之臤(賢)～

 上博二·容49 昔者文王之差(佐)受(紂)～

 上博二·容49 女(如)是牀(狀)～

 上博二·容52 而得遊(失)行於民之脣(辰)～

 上博四·內6 反此亂～

 上博四·內10 民之經～

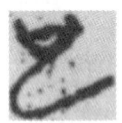 上博五·季2 此君子之大矞(務)～

 上博五·季8～

 上博五·季10 是古(故)啟(臤)人之居邦豪(家)～

 上博五·季16 □之必敬女賓客之事～

上博五·季18子之言～已至（重）

上博五·季18丘～昏（聞）孯=（君子）☐

上博五·季23此孯=（君子）從事者之所睿䏡～

上博五·姑3於君幸則晉邦之社畉（稷）可旻（得）而事～

上博五·姑4今虗（吾）亡（無）能綢（治）～

上博五·姑6爲此殜（世）～

上博五·姑7亡道正～

上博五·君1弗能少居～

上博五·君2口勿言～

上博五·君2目勿視～

上博五·君2耳勿聖（聽）～

上博五·君3虗（吾）子可亓（其）塍～

 上博五·君3 虘(吾)是㠯(以)媵～

 上博五·君4 敢䎽(聞)可胃(謂)～

 上博五·君9 人所亞(惡)～

 上博五·君9 人所亞(惡)～

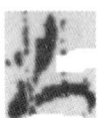 上博五·君9 人所亞(惡)～

 上博五·君9 □斯人欲(欲)亓(其)長貴～賫(富)而□

 上博五·君14 肰(然)則叚(叚)於㠧(禹)～

 上博五·弟24 □安□～□

 上博五·弟附簡未可胃(謂)悥(仁)～

 上博五·鬼1 則㠯(以)亓(其)賞善罰暴～

 上博五·鬼3 天下之聖人～

 上博五·鬼3 天下之䦆(亂)人～

上博五·鬼4 虗(吾)弗智(知)～

上博五·鬼4 虗(吾)或(又)弗智(知)～

上博一·緇6 則下之爲㥯(仁)～静(爭)先

上博一·緇11 大臣之不杲〈昦(親)〉～

上博一·緇12 邦家之不窢(寧)～

上博一·緇18 𡉴(展)～大城(成)

上博一·性1 眚(性)～

上博一·性3 勿(物)～

上博一·性3 眚(性)～

上博一·性3 埶(勢)～

上博一·性3 勿(物)取之～

上博一·性3 金石之又(有)聖(聲)～

上博二・從甲1 莫之舍(予)～

上博二・從甲2 行之吕(以)豊(禮)～

上博二・從甲3 善人～

上博二・從甲9 正(政)之所息(殆)～

上博二・從甲13 君子之相遼(就)～

上博二・從甲17 君子難得而惕(易)史(事)～

上博二・從甲18 是吕(以)曰少(小)人惕(易)得而難史(事)～

上博二・從甲18 名難靜(爭)～

上博二・從甲19 之人可～

上博二・從乙4～

上博二・從乙4 豊(禮)之侖～

上博二・從乙5 是古(故)君子勥(強)行吕(以)待名之至～

上博三·彭 7 賊者自賊～

上博四·相 4 虗(吾)子之含(答)～可(何)女(如)

上博五·競 8 虗(吾)不智(知)亓(其)爲不善～

上博五·鮑 1 迡(及)亓(其)蓌～

上博五·弟 1 脡陛(陵)季=(季子)亓(其)天民～虐

上博五·弟 2 亓(其)天民～虐

上博五·弟 4 □□風～

上博五·弟 4 莫我智～夫

上博五·弟 4 又陛(地)之胃(謂)～虐

上博五·弟 5 可迱而告～

上博五·弟 8 可言虐(乎)其(其)信～

上博五·弟 9 虗(吾)酮(聞)而未之見～

　上博五・弟9 猷（猶）下臨～

　上博五・弟10 □女弗智～虗

　上博五・弟11 □□～

　上博五・弟12 □～

　上博五・弟12 有夫言～

　上博五・弟19 膞=（膞膞）女～其聖（聽）

　上博五・弟19 噩噩女～女戠（誅）

　港甲7 之女晏嬰～

　上博一・緇2 爲上可夗（望）而智（知）～

　上博一・緇2 爲下可頪（述）而㞢（志）～

　上博一・緇8 下之事上～

　上博一・緇9 上之好亞（惡）不可不斳（慎）～

上博一·緇 9 民之標（表）～

上博一·緇 11 大臣之不旱（親）～

上博一·緇 12 民之蕊～

上博一·緇 14 教之不城（成）～

上博一·緇 18 身～君子

上博一·緇 20 丌（其）義（儀）一～

上博一·緇 22 古（故）君子之友～又（有）替（香）

上博一·緇 22 丌（其）惡～又（有）方

上博一·緇 23 而惡惡不廌（著）～

上博一·性 4 丌（其）眚（性）一～

上博一·性 4 孝（教）史（使）肰（然）～

上博一·性 5 兌（悅）～

 上博一·性7宜(義)～者

 上博一·性7群善之蘁～

 上博一·性7習～者

 上博一·性7又(有)吕(以)習丌(其)眚(性)～

 上博一·性7道～

 上博一·性8道四述(術)～

 上博一·性8唯人道爲可道～

 上博一·性8丌(其)㚸(始)出～皆生於[人]

 上博一·性9又(有)爲爲之～

 上博一·性9又(有)爲言之～

 上博一·性9又(有)爲舉(舉)之～

 上博三·亙3不蜀(獨)又(有)與～

上博三·亙 7 事甬（用）㠯（以）不可賡（更）～

上博三·亙 10 習㠯（以）不可改～

上博三·亙 11 𦔻（舉）天下之爲～

上博三·亙 11 無夜（舍）～

上博三·亙 11 無與～

上博三·亙 11 而能自爲～

上博三·亙 12 𦔻（舉）天下之生同～

上博三·亙 12 天下之复（作）～

上博三·亙 12 𦔻（舉）天下之复（作）～

上博四·采 3 良人亡不宜～

上博四·采 3 ～遺夬（玦）

上博四·采 4 丌（其）～

上博四·采 4 鴼（鷺）羽之白～

上博四·曹 2 昔堯之鄉（饗）舜～

 上博四·曹 12 而亡又(有)厶(私)～

 上博四·曹 18 所㠯(以)爲倀(長)～

 上博五·鮑 2 忘亓(其)迥倜～

 上博五·鮑 6 亓(其)爲忎(災)～深矣

 上博五·鮑 8 是戠(歲)～

 上博五·競 1 日之食～

 上博五·競 2 群臣之辠(罪)～

 上博五·競 2 是可(何)～

 上博五·競 4 含(今)此祭之得福者～

 上博五·競 9 寡人之不剝～

 上博五·競 9 幾(豈)不二子之慐(憂)～才(哉)

 上博五·競 10 二人～

· 2734 ·

上博五·季 3 氏(是)羣₌(君子)之恥～

上博五·季 6 □窜(寧)它肥～

上博五·季 6 㠯(以)箸(書)羣₌(君子)之悳(德)～

上博五·季 7 夫唆(詩)～者

上博五·季 7 㠯(以)斤羣₌(君子)之行～

上博五·季 8 萦(葛)戲吟語肥～

上博五·季 11 毋乃肥之昏～

上博五·季 11 古(故)女虐(吾)子之疋肥～

上博五·季 14 言～已

上博二·民 6 不可旻(得)而睧(聞)～

上博二·民 7 不可旻(得)而視(見)～

上博二·民 8 商～

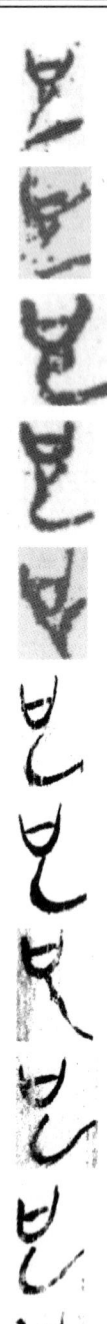

上博二·民 9[亡(無)備(服)]之喪~

上博二·民 9丌(其)才(在)誋(辯)~

上博四·昭 8 或昏死言馘(僕)見脾之寒~

上博四·昭 9 此則馘(僕)之辠(罪)~

上博五·弟 22 不虗(吾)智~

上博六·競 2 是虗(吾)亡(無)良祝史~

上博六·競 2 是虗(吾)所望於女~

上博六·競 3 是言~

上博六·競 5 丌(其)祝吏之爲丌(其)君祝敓~

上博六·競 9 勿而祟者~

上博六·競 9 非爲娨(美)玉肴生~

上博六·競 12 是壤逗之言~

上博六·孔 5 㥯(仁)亓(其)女此～

上博六·孔 5 冠弗見～

上博六·孔 5 儉弗見～

上博六·孔 5 迅弗見～

上博六·孔 8～

上博六·孔 8 竊又昜佫(效)～

上博六·孔 8 唯非㥯(仁)人～

上博六·孔 10 唯㥯(仁)人～

上博六·孔 11 昜與㥯(仁)人口者～

上博六·孔 13 昜與民～

上博六·孔 14 民之行～

上博六·孔 16 者～

上博六·孔 17 此與民～

上博六·孔 25 莫之能阩～

上博六·孔 26～

上博六·天甲 3 義之兄～

上博六·天甲 3 豊（禮）之於宗庿（廟）～

上博六·天甲 8 民之儀～

上博六·天甲 13 此所不學於帀（師）～

上博六·天乙 2 義之兄～

上博六·天乙 3 豊（禮）之於宗庿（廟）～

上博六·天乙 7 民之儀～

上博七·君甲 3 此亓（其）一回（違）～

上博七·君甲 4 此亓（其）二回（違）～

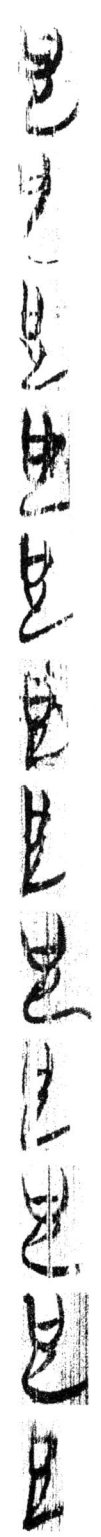

上博七・君甲 5 之〈先〉王斎=(之所)㠯(以)爲目觀～

上博七・君甲 6 此丌(其)三回(違)～

上博七・君甲 7 民又(有)不能～

上博七・君甲 7 槐(鬼)亡(無)不能～

上博七・君甲 8 可～

上博七・君乙 3 此丌(其)一回(違)～

上博七・君乙 4 此丌(其)二回(違)～

上博七・君乙 5 先王斎=(之所)㠯(以)爲目觀～

上博七・君乙 6 此丌(其)三回(違)～

上博七・君乙 7 民又(有)不能～

上博七・君乙 7 槐(鬼)亡(無)不能～

上博七・君乙 8 可～

上博七·凡甲 27 室聖(聲)好～

上博七·吴 3 則君之志～

上博七·吴 5 下之相敵(擠)～

上博七·吴 8 孤～可(何)裦(勞)力之又(有)安(焉)

上博七·吴 8 孤～敢至(致)先王之福

上博七·吴 8 㠯(以)陳邦非它～

上博七·吴 9 皆帍(敝)邑之异(期)～

上博八·子 1 元(願)虗(吾)子之煮(圖)之～

上博八·子 2 奢(言)遊□之～

上博八·子 2 妝(偃)～攸(修)丌(其)悳(德)行

上博八·顏 1 敢甯(問)君子之內事～又(有)道虖(乎)

上博八·顏 2 □所㠯(以)爲樂～

上博八·顏5 所吕(以)信～

上博八·顏5 害(蓋)君子之内事～女(如)此矣

上博八·顏5 君子之内事～

上博八·顏6 敢嚻(問)君子之内教～又(有)道嗘(乎)

上博八·顏9 則丌(其)於教～不遠矣

上博八·顏10 君子之内教～

上博八·顏11 所吕(以)凥(處)㤅(仁)～

上博八·顏12 所吕(以)取新(親)～

上博八·顏13 先凥(處)忠～

上博八·成3 旦之睧(聞)之～

上博八·成6 之正道～

上博八·成9 柿市明之惪(德)亓(其)殜(世)～☐

上博八·成 11 先或(國)叀(變)之攸(修)～

上博八·成 15 童光亓(其)昌～

上博八·成 15 可퐈(期)而須～

上博八·命 3 女(如)㠯(以)䇂(僕)之觀貝(視)日～

上博八·志 7 是則聿(盡)不穀(穀)之皋(罪)～

上博八·蘭 4 信萰(蘭)其蔑～

上博八·蘭 5 天道其迭(越)～

上博八·蘭 5 夫亦啇(適)其歲(歲)～

上博八·有 6 ～今可(兮)

上博八·有 6 論三夫之旁～今可(兮)

上博八·有 6 膠膰之腈～今可(兮)

上博八·有 6 論夫三夫之腈～今可(兮)

～,戰國文字或作☐(郭店·太一生水10)、☐(郭店·唐虞之道29)、☐(郭店·忠信之道4)、☐(郭店·成之聞之10)、☐(郭店·成之聞之11)、☐(郭店·尊德義6)、☐(郭店·性自命出26)、☐(郭店·六德24)、☐(郭店·六德33)、☐(郭店·六德49)、☐(郭店·語叢一56)、☐(郭店·語叢一56)、☐(郭店·語叢一57)、☐(郭店·語叢一74)、☐(郭店·語叢三13)、☐(郭店·語叢三23)、☐(郭店·語叢三53)、☐(郭店·語叢三60)、☐(郭店·語叢四21)、☐(郭店·語叢四27)、☐(郭店·殘片8)、☐(新蔡甲三10)、☐(新蔡甲三283)、☐(山東103莒公孫潮子鎛)、☐(郭大夫釜甗考古1994·4·6)、☐(九州第三輯洴陽戈)、☐(珍秦161)、☐(秦駰玉版)、☐(關沮350)。《說文·乁部》:"也,女陰也。象形。☐,秦刻石也字。"許慎釋"也"爲"女陰"之說,於形不可信。"也"字本從口,下綴一筆畫。與"只"一字分化。《說文·只部》:"只,語已詞也。从口,象氣下引之形。""口"之下所綴筆畫亦當是"象氣下引之形狀"。"也"所從之口,戰國文字多寫作☐形,中間的橫畫多拉出於左右兩側直畫之外,作☐形者,是把"也"字所從之口與下綴筆畫,並爲三筆來書寫的,其橫畫右側的鉤,是書寫過程中收筆造成的。後來中間的短畫下部與左邊的弧形長畫分離寫作☐形,中間的斜畫寫成直形就變成了☐形,現在的"也"就是從這種形體演變過來的。其形體發展演變如下:

☐→☐→☐→☐→☐→☐→☐→☐→☐→☐→也

《說文》篆文☐是在☐形的基礎之上,把右側帶有圓鉤的橫畫的左側也寫成圓鉤形,使之左右對稱,再把上出的兩個直畫向兩邊彎曲,使整個字變成筆畫茂美、勻稱,結構非常規整。這樣處理的結果使形體出現了較大的訛變。(徐寶貴)

上博一·孔2、上博一·孔10～,語氣詞。用於句末,表判斷或疑問語氣。

《莊子·逍遙遊》:"南冥者,天池也。"《詩·邶風·旄丘》:"何其久也?"

上博一·孔 16、上博一·孔 19、上博一·孔 3、上博三·中 4～,語氣助詞。用在句中,表停頓。《詩·陳風·墓門》:"夫也不良,國人知之。"《史記·白起王翦列傳》:"武安君之死也,以秦昭王五十年十一月。"

來紐羅聲

羅（羅）

上博三·周 56 飛鳥～(離)之

上博四·柬 1 命龜尹～貞於大颠(夏)

上博六·天甲 4 必中青目(以)～於勿

上博六·天乙 4 必中青目(以)～於勿

～,或作 ，从"网"捕鳥,即"羅"之本字。《說文·网部》:"羅,以絲罟鳥也。从网,从維,古者芒氏初作羅。"

上博三·周 56～,張網捕鳥。《詩·小雅·鴛鴦》:"鴛鴦于飛,畢之羅之。"《周禮·夏官·大司馬》:"羅弊,致禽以祀坊。"鄭玄注:"羅弊,罔止也。"也可讀爲"離","離"、"羅"二字皆爲來紐歌部,可相通。"離"義爲"以有柄的罕捕鳥;鳥被捉到"(參《說文新證》上册 275 頁)。帛書、今本《周易》作"離"。(讀本三)

上博四·柬 1～,人名。

上博六·天甲 4、天乙 4～,讀爲"麗"。左思《吳都賦》:"赤須蟬蛻而附麗。"劉逵達注引《爾雅》:"麗,附也。""必中情以麗於物",意爲"情"、"物"兩者兼顧才能治好刑獄之事,只用情和只用物都不能成事。(劉洪濤)或說"羅"有約束、防範義。《漢書·刑法志》:"今律令煩多而不約,自典文者不能分明,而

欲羅元元之不逮,斯豈刑中之意哉!"(陳偉)

來紐羸聲

羸

上博二·從乙 2 不膚瀘～亞

上博三·周 40～豕孚是(蹢)蜀(躅)

上博三·周 44～丌(其)缾

上博三·周 53 遽(旅)～=

～,从"角","羸"聲。

上博二·从乙 2"～亞",讀爲"羸惡",訓"瘦弱"。《論衡·語增》:"夫言聖人憂世念人,身體羸惡,不能身體肥澤。"(何琳儀)或讀爲"盈惡"。(顔世鉉)

上博三·周 40"～豕",讀爲"羸豕",牝豕,羸弱之豕,豭強而牝弱,故稱"羸豕",或讀爲"累豕",被困縛之豕。《釋名》:"羸,累也,恆累於人也。"《急就篇》:"羸,困弱也。"《玉篇》:"羸,弱也,病也,瘦也,劣也。"

上博三·周 53"～=",重文,讀爲"瑣",羸、瑣同屬歌部,細小,瑣碎。《抱朴子·守塉》:"拾瑣沙而捐隋和。""瑣瑣",猶"小小"。《象》曰:"'旅瑣瑣',志窮災也。"

上博三·周 44～,讀爲"儡"。喪敗;損毀。《易·井》:"羸其瓶,凶。"高亨注:"此羸字疑借爲儡……《説文》:'儡,相敗也。'敗、毀,義相近,則儡可訓毀,儡其瓶謂毀其甕也。"《淮南子·脩務》:"今劍或絕側羸文、蠡缺卷鋋,而稱以頃襄之劍,則貴人爭帶之。"高誘注:"絕無側,羸無文。"

來紐离聲

遹

上博一·孔11《鶹（鵲）樔（巢）》之遹（歸）則～（離）者

上博一·孔13 不亦又～（離）虖（乎）

上博一·孔27 ～（離）丌（其）所恧

上博六·用4 ～相弋耕

～，從"辵"，"离"聲，"离"字異體。"离"字《說文》作，睡虎地秦簡"離"所從之"离"作，郭店·尊德義24"恧"作可證。"离"有離別義，故字可從"辵"。《廣韻·支韻》："离，近曰离，遠曰別。"

上博一·孔11、13～，讀爲"麗"。"离"、"麗"二字古通，如《詩·小雅·魚麗》。《儀禮·鄉飲酒禮》鄭玄注引作《魚離》。《戰國策·燕策三》："高漸離。"《論衡·書虛》作"高漸麗"。《史記·司馬相如列傳》："麗靡廣衍。"《漢書·司馬相如傳》"麗"作"離"。因此，"離"可讀爲"麗"。《小爾雅·廣言》："麗，兩也。"《周禮·夏官·校人》："麗馬一圉，八麗一師。"鄭玄注："麗，耦也。""麗"有成對、匹配之義。《詩·召南·鵲巢》："之子于歸，百兩御之。"毛亨傳："百兩，百乘也。諸侯之子嫁于諸侯，送御皆百乘。""出以百兩"，是門當户對之意。簡十三"不亦又（有）离（麗）乎"，意即"不也是相匹配嗎？"或認爲從"辵"，"恧"聲，是"送"字的異構。《詩·召南·鵲巢》："之子于歸，百兩將之。"毛亨傳："將，送也。"簡13《鵲巢》出以百兩"，是就"百兩將之"說的，簡11的"送"當指娘家送女而言。簡11、13的"送"也可讀爲"媵"。古代以財物、奴隸以至姪娣陪嫁，皆稱"媵"。"不亦有送乎"似以讀"不亦有媵乎"爲好。以車百輛送女，所媵之物與人必多。（裘錫圭）

上博六·用4～,待考。

精紐ナ聲

左

上博三·周7帀(師)～宋(次)

上博五·季11是～虖(乎)

上博二·容20㠯(以)鞭(辨)亓(其)～右

上博六·競11亓(其)～右相弘自善

上博六·壽3殺～尹宛、少帀(師)亡綦

上博六·用15而考於～右

上博七·武6席逡(後)～耑(端)曰

上博七·凡甲3未智(知)～右之請(情)

上博七·凡乙3智(知)～右之請(情)

上博七·吳5幾(豈)不～才(哉)

上博七・吴 8 昏（問）～右

～，戰國文字或作[圖]（郭店・老子丙 6）、[圖]（郭店・老子丙 8）、[圖]（郭店・老子丙 9）、[圖]（山璽 009）、[圖]（山璽 004）、[圖]（後李圖六 1）、[圖]（歷博・齊 4）、[圖]（集粹 11）、[圖]（珍戰 15）、[圖]（歷博・燕 30）、[圖]（秦集一二・48・12）。《說文・左部》："左，手相左助也。从ナ、工。"

上博三・周 7 "帀～宋"，讀爲 "師左次"，謂軍隊駐紮在高險之地。《易・師》："師左次，無咎。" 孔穎達疏："師在高險之左以次止，則無凶咎也。" 一說，謂退止。尚秉和注："次，舍也。震爲左，故曰左次。古人尚右，左次則退也。"

上博七・吴 5、上博五・季 11～，悖謬不合理的意思，《左傳・昭公四年》："且冢卿無路，介卿以葬，不亦左乎？" 或讀爲 "差"，訓差失。（陳斯鵬）

上博六・壽 3 "～尹"，官名。《史記・項羽本紀》："左尹項伯。"

上博二・容 20 "～右"，方位，指左面和右面。《詩・周南・關雎》："參差荇菜，左右流之。"

上博七・武 6 "～耑"，讀爲 "左端"，左頂部。

上博六・用 15、上博六・競 11、上博七・吴 8 "～右"，近臣；侍從。《左傳・宣公二十年》："〔楚子〕左右曰：'不可許也，得國無赦。'"《史記・藺相如傳》："左右欲刃相如，相如張目叱之，左右皆靡。"

垰

上博八・志 3 㠯（以）～亞（惡）虐（吾）外臣

～，从 "土"，"坴" 省聲。

簡文～，讀爲 "隓/墮"，訓爲 "毀"，王居 3 有 "毀惡之" 之語。（陳劍）

陸

上博三・周 26 執丌（其）～

 上博五·三 13 不～（墮）祭祀

 上博三·周 16 ～元卿

 上博三·周 16 ～求又旻（得）

 上博三·周 48 不陞丌（其）～

 上博三·周 16 ～又賸（媵）

～，幽公盨"陸"（墮）字作 ▦，"像用手使'阜'上之土墮落，是一個表意字。其所從之'圣'後來變爲'左'，當是由於'圣'、'左'形近，而'左'字之音又與'墮'相近的緣故。"（裘錫圭）▦、▦（新蔡甲三 25）承繼西周金文；或作 ▦，省一"又"；或作 ▦（郭店·唐虞之道 26），省二"又"；或作 ▦（郭店·老子甲 16）。《説文·自部》："陸，敗城自曰陸，从自，㚏聲。▦，篆文。臣鉉等曰：《説文》無㚏字，蓋二左也，衆力左之，故从二左。今俗作隳，非是。"段注："墮爲篆文，則陸爲古籀可知也。"

上博三·周 26、上博三·周 48～，足趾。《易·艮》："艮其腓，不拯其隨，其心不快。"王弼注："隨，謂趾也。"孔穎達疏："腓動則足隨之，故謂足爲隨。"賈誼《新書·容經》："隨前以舉項衡以下，寧速無遲。"

上博三·周 16～，卦名，帛本作"隋"，今本作"隨"。《周易》第十七卦，震下兑上。馬王堆漢墓帛書《易之義》："《隨》之卦，相而能戒也。"《象》曰："《隨》，剛來而下柔，動而説，《隨》。"

上博三·周 16、上博三·周 16～，追逐；追求。《易·隨》："六三：係丈夫，失小子，隨有求，得。"高亨注："隨，追逐。"《韓非子·初見秦》："當此時也，隨荆以兵，則荆可舉。"陈奇猷集釋引傅佛崖曰："隨與追爲疊韻互訓字。"

上博五・三 13～，即"墮"，《儀禮・士虞禮》："祝命佐食墮祭。"鄭玄注："下祭曰'墮'，'墮'之言猶墮下也。……齊魯之間謂祭爲'墮'。"或讀爲"綏"，訓安。或讀爲"隨"，《説文》："隨，从也。"

惰

　上博三・中 18 母（毋）自～（惰）也

～，从"心"，"陸"聲，"惰"字異體。包山作。《説文・心部》："惰，不敬也。从心，墮省。《春秋傳》曰：'執玉惰。'惰，惰或省自。，古文。"

簡文～，懈怠；懒惰。《廣雅・釋詁二》："惰，懒也。"《書・益稷》："元首叢脞哉，股肱惰哉，萬事墮哉。"《論語・子罕》："語之而不惰者，其回也與！"

差

　上博一・孔 21 於（猗）～（嗟）

　上博一・孔 22 於（猗）～（嗟）曰

　上博三・中 19 日月星唇（辰）獣（猶）～

　上博二・容 16 昔者天埅（地）之～（佐）舜而右（佑）善

　上博二・容 37 乃立泗（伊）尹旨（以）爲～（佐）

　上博二・容 49 昔者文王之～（佐）受（紂）也

　　上博八·李 1【背】～=(嗟嗟)君子

～,戰國文字或作 (郭店·老子甲 6)、 (郭店·窮達以時 4)、 (新蔡甲三 211)、 (珍秦 45)、 (陝西 810)。《說文·左部》:"差,貳也,差不相值也。从左,从巫。 ,籒文壓。从二。"

上博一·孔 21、22"於～",讀爲"猗嗟",《詩經》篇名。《詩·齊風·猗嗟》:"猗嗟昌兮,頎而長兮。抑若揚兮,美目揚兮。巧趨蹌兮,射則臧兮。"

上博三·中 19～,讀爲"左",指相違背。(陳偉武)或說"差"是失當,差錯之意。(楊懷源)

上博二·容 16、49～,讀爲"佐",輔助;幫助。《大戴禮記·衛將軍文子》:"廉於其事上也,以佐其下,是澹臺滅明之行也。"王聘珍解詁:"佐,助也。"《詩·小雅·六月》:"王于出征,以佐天子。"

上博二·容 37～,讀爲"佐",指輔佐者。《墨子·尚賢上》:"況又有賢良之士……此固國家之珍而社稷之佐也。"

上博八·李 1【背】～=,讀爲"嗟嗟"("嗟"從"差"聲,例可相通),歎詞。《楚辭·九思·悼亂》:"嗟嗟兮悲夫。"

肴(膉)

　　上博五·季 18～(膉)民不鼓(樹)

　　上博五·君 3 虖子可亓(其)～(膉)也

　　上博五·君 3 虖是㠯(以)～(膉)也

～,從"肉","差"聲。

上博五·君 3～,讀爲"瘥",瘦也,與"肥"相對。《說文》作"膌"。差聲、此聲和朿聲字多可相通。如古書中表示"人和鳥獸屍體的殘骨"義之字有胔、

骴、髊、漬、脊、瘠等多種寫法，即其例。（陳劍）

上博五·季 18"～民"，讀爲"瘠民"，貧困之民。《國語·楚語上》："夫君國者，將民之與處。民實瘠矣，君安得肥？"《國語·楚語上》："若於目觀則美，縮於財用則匱，是聚民利以自封而瘠民也，胡美之爲？"

心紐沙聲

上博四·柬 9 王吕（以）告梄（相）～與中余

上博四·柬 10 梄（相）～中余倉（答）

上博四·柬 15 迖進羿梄（相）～、中余與五連少（小）子及龍臣皆逗

～，從"尾"，"沙"省聲，乃源于西周師毁簋"㞕"（彤沙之"沙"）形。

簡文"相～"，或讀爲"相徙"，職官名。或讀爲"相隨"，官名，爲楚王近侍之官。或疑讀爲"長沙"，爲楚縣名。

遟（徙）

上博四·昭 5 王～（徙）凥於坪（坪）溝

～，戰國文字或作㞕（郭店·五行 17）、㞕（九 A90）、㞕（新蔡甲三 183）、㞕（新蔡甲三 204）、㞕（新蔡乙一 18）、㞕（新蔡乙四 47）、㞕（施 55）、㞕（施 55）。"㞕"即《說文》"徙"字古文㞕，從"尾"，"沙"省聲。"遟"即《古文四聲韻》卷三紙韻"徙"字所引《古老子》㞕。"遟"是"遟"的省體。（李家浩）

"徙"的演變序列是㞕（商）→㞕（西周）→㞕、㞕（戰國）→㞕（戰國）→㞕、

（見張世超、張玉春《秦簡文字編》）。（董蓮池）

簡文"～尻"，讀爲"徙居"或"徙處"，《廣韻》："徙，移也。"包山250："命攻解於漸木立，叔遐（徙）其尻。"遷居。焦贛《易林·大有之頤》："大蓋治床，南歸殺羊，長伯爲我，多得牛馬，利於徙居。"

詷

　　上博六·用7亓(其)言之～罨

～，从"言"，"屖"省聲。

簡文"～罨"，讀爲"娩澤"。《荀子·禮論》："故說豫娩澤，憂戚萃惡，是吉凶憂愉之情，發於顔色者也。"楊倞注："娩，媚也。澤，顔色潤澤也。""娩澤"或作"晼澤"，《楚辭·遠遊》："玉色頩以晼顔兮。"洪興祖補注："晼澤也。""亓言之詷罨"就是花言巧語的意思。（劉剛）

攲

　　上博六·用18 諂諫～

～，从"支"，"屖"省聲。

簡文～，讀爲"選"，選擇；挑選。《荀子·儒效》："遂選馬而進，朝食于戚，暮宿於百泉，厭旦於牧之野。"楊倞注："選，簡擇也。"

墀

　　上博三·周2 挐(需)于～(沙)

～，从"土"，"屖"聲，《說文》所無。

簡文～，讀爲"沙"，帛本、今本均作"沙"。《易》孔穎達疏："沙是水傍之地，去水漸近，待時于沙，故難稍近。"《易·象》曰："'需于沙'，衍在中也。"

2753

斯

 上博六·孔 1 ～䎵（聞）之

 上博六·孔 3 ～中心樂之

 上博六·孔 4 則～

 上博六·孔 22 ～不远

～，从"車"，"屖（徲）"省聲。

簡文～，讀爲"斯"，季桓子之名。季桓子名斯，見於《春秋·定公十一年》。《類篇》"䇁"或作"縰"。《禮記·問喪》："親始死，雞斯徒跣。"鄭玄注："'雞斯'當爲'笄纚'，聲之誤也。"是其音近可通之證。（陳劍）

𡿧

 上博六·孔 5 魚～弗見也

～，从"𡿧"、"屖（徲）"，二旁均是聲符。

簡文～，讀爲"𡿧"，《説文》："𡿧，頭會，䐉蓋也。"

並紐皮聲

皮

 上博二·容 37 於是唬（乎）又（有）諳（喑）、聾、～（跛）、瞑、瘻（瘻）、寠、婁始记（起）

上博三·周56 取～(彼)才(在)坎(穴)

上博三·彭1 ～(彼)天之道

上博五·鮑4 ～(疲)敝齊邦

上博一·緇10 ～(彼)求我則

上博五·鬼6 象～(彼)獸鼠

上博四·柬10 ～(彼)聖人之子孫

上博六·慎3 中尻而不～

～，戰國文字或作▨（郭店·緇衣18）、▨（郭店·語叢四6）、▨（珍秦金·吳越三晉134頁十三年皮氏戟）、▨（先秦編230）、▨（施331）。《説文·皮部》："皮，剝取獸革者謂之皮。从又，爲省聲。▨，古文皮。▨，籀文皮。"

上博二·容37～，讀爲"跛"，足瘸。《易·履》："跛能履，不足以與行也。"

上博五·鮑4"～敝"，讀爲"疲敝"，困苦窮乏。《韓非子·大體》："故至安之世……車馬不疲弊於遠路。"《後漢書·郭憲傳》："憲以爲天下疲敝，不宜動衆。"

上博六·慎3～，讀爲"彼"，用作語詞。《吕氏春秋·本味》："道者止彼在己。"朱駿聲《説文通訓定聲》認爲是"發聲之詞"。或作"非（匪）"。（劉洪濤）

上博～，讀爲"彼"。指示代詞，那；那個；那裡。"此"的對稱。

敀

　上博七·吳 6 ～（波）敀（濤）

～，從"攴"，"皮"聲，楚文字或作▨（九 A16），燕文字作▨（枳里瘟戈集成 11402），與吳 6 形同。楚文字或作▨、▨（左塚漆梮），"皮"所從"又"訛爲"止"。

簡文"～敀"，讀爲"波濤"，江河湖海中的大波浪。《淮南子·人間》："及至乎下洞庭，鶩石城，經丹徒，起波濤，舟杭一日不能濟也。"

尪（跛）

　上博二·容 2 ～（跛）䏿（躃）獸（獸）門

《説文·尢部》："尪，蹇也。从尢，皮聲。"段注："足部曰：蹇者，尪也。二篆爲轉注。尪，俗作跛，或以爲沾人足部，致正俗復出，非也。今之經傳有跛無尪，《王制》《公羊》《穀梁》皆作跛。"

簡文"～䏿"，即"跛躃"，瘸子。《禮記·王制》："瘖、聾、跛躃、斷者、侏儒、百工，各以其器食之。"鄭玄注："兩足不能行也。"古代多以瘸子或受刖刑者守門。

鞁

　上博二·容 22 褧（製）裵（表）～甫

《説文·革部》："鞁，車駕具也。从革，皮聲。"

簡文"褧表～甫"，讀爲"製服皮黼"。簡文"皮黼"，似指皮製的黼。（白於藍）或讀爲"製服皮附"，意爲做衣服，動物的皮毛都没弄掉，還附在衣服上面（按：遠古常以動物皮毛爲衣，並不視爲珍貴），這是形容禹製衣方法之苟省。（單育辰）

被

 上博四·昭 6 ～虗=（襦衣）

 上博四·昭 6 ～虗=（襦衣）

 上博四·昭 7 ～虗=（襦衣）

 上博四·昭 7 鞋（襲）之脾～之

《說文·衣部》："被，寢衣，長一身有半。从衣，皮聲。"

簡文～，讀爲"披"，覆蓋或搭衣於肩。王褒《九懷·昭世》："襲英衣兮緹褶，披華裳兮芳芬。"

波

 上博二·容 24 呂（以）～（陂）明者（都）之澤

《說文·水部》："波，水涌流也。从水，皮聲。"

簡文"～明者之澤"，讀爲"陂孟諸之澤"。《書·禹貢》作"被孟豬"，《史記·夏本紀》作"被明都"，"被"讀爲"陂"，即《禹貢》"九澤既陂"之"陂"，是築堤障塞之義。

颰

 上博七·凡甲 14 簹（孰）～飄而迸之

 上博七·凡乙 9 簹（孰）～飄而迸之

～,从"風","皮"聲。

簡文～,讀爲"披",飄動。《楚辭·九歌·大司命》:"靈衣兮披披,玉佩兮陸離。"《莊子·天運》:"風起北方……孰噓吸是?孰居無事而披拂是?"以"披拂"指"風"飄動,與簡文用法相似。又,"颇"字若讀爲"飄",亦可。古音從"皮"得聲的"披"、"岥"、"鈹"等字與"飄"聲母相同(均爲滂母),爲雙聲關係,例可通假。"飄",指風吹送。《楚辭·九歌·山鬼》:"東風飄兮神靈雨。"《戰國策·趙策三》:"夫飄於清風,則橫行四海。"(曹錦炎)或讀爲"噓吸"。(宋華強)

明紐麻聲

麻

 上博一·緇 14 ～(靡)人不斂(歛)

 上博六·木 2 㠯(以)種～(麻)

 上博六·木 2 可㠯(以)～(麻)爲

 上博六·木 4 王子不智～(麻)

 上博七·凡甲 5 骨=(骨肉)之既～

 上博七·凡甲 6 骨=(骨肉)之既～

 上博七·凡乙 5 骨=(骨肉)之既～

　上博七・凡乙 11 既～

～，與 ▨（郭店・緇衣 26）、▨（郭店・六德 28）、▨（新蔡乙四 53）同。《說文・林部》："朮，葩之總名也，朮之爲言微也。微纖爲功，象形。"段玉裁注："朮、麻古蓋同字。"《說文通訓定聲》："枲已緝績曰麻。古無木棉，凡言布，皆麻爲之。"

上博一・緇 14～，讀爲"靡"，無。《詩・小雅・采薇》："靡室靡家。"鄭玄箋："靡，無也。"簡文"靡人不斂"，跟《詩・大雅・雲漢》"靡人不周"爲同一句式。（徐寶貴）

上博六・木 2"種～"，讀爲"種麻"。《越絕書・越絕外傳記地傳》："句踐欲伐吳，種麻以爲弓弦，使齊人守之，越謂齊人'多'，故曰麻林多，以防吳。"

上博六・木 2、4～，讀爲"麻"，大麻。莖皮纖維長而堅韌，可供紡織等。《詩・陳風・東門之池》："東門之池，可以漚麻。"賈思勰《齊民要術・種麻》："凡種麻，用白麻子。麻欲得良田，不用故墟，地薄者糞之。"《說苑・辨物》："王子建出守城父，與成公乾遇於疇中。問曰：'是何也？'成公乾曰：'疇也。''疇也者，何也？'曰：'所以爲麻也。''麻也者，何也？'曰：'所以爲衣也。'"

上博七・凡甲 5、凡乙 11～，讀爲"糜"，碎爛，毀壞。王逸《九思・傷時》："潛貞良兮遇害，將夭折兮碎糜。"《莊子・胠篋》："昔者龍逢斬，比干剖，萇弘胣，子胥糜。"簡文"骨肉之既糜"，謂骨肉即身體已經糜爛消失，猶言人之已死。

磨

　上博一・緇 18 白珪之玷尚可～

～，從"石"省，"朮"聲，"磨"字異體。郭店・緇衣 36"磨"字作▨。《說文・石部》："䃺，石磑也。从石，靡聲。"

簡文～，磨治；摩擦。

戮

 上博四·曹 43 此～（散）果之幾

 上博五·弟 1□而馘～（散）

～，从"又"持"戈"芟除草木，與 ("散"，《甲》1360)、 (散車父壺)形近，"攴"、"戈"二旁古通。"散"字異體。

上博四·曹 43"～果"，讀爲"散裹"，銀雀山漢簡《孫臏兵法·官一》有"圉（御）裹"，是防止敵人包圍的辦法。這裹的"散裹"可能是指打破敵人包圍的辦法。（李零）

上博五·弟 1"馘～"，疑讀爲"擊殺"。"擊"，殺；搏殺。《儀禮·少牢饋食禮》："司馬刲羊，司士擊豕。"鄭玄注："刲、擊，皆謂殺之。"《史記·廉頗藺相如列傳》："擊數牛相士。""擊殺"同意復詞。《方言》卷三："虔、散，殺也，東齊曰散。"或讀爲"劌"，季劌之名。（范常喜）

散

 上博六·用 19 而～亓甚章

～，从"肉"，"林"聲，"散"字省體。
簡文～，散煥，引申出"煥發"的意思。（蔣文、程少軒）

戮

 上博四·曹 42 三軍～果有幾虎（乎）

～，从"邑"，"散"聲。
簡文"～果"，讀爲"散裹"。參上條。

徐在國 ◎ 著

上博楚簡文字聲系 一～八

第四册

北京師範大學出版集團
安徽大學出版社

正編·鐸部

上博楚簡文字聲系

鐸　部

影紐隻聲

隻

　　上博八·志 2 縱不～（獲）皋（罪）

～，從"手"抓"隹"，"獲"字初文。與 ▨（施 311）、▨（九 A31）同。《說文·犬部》："獲，獵所獲也。從犬，蒦聲。"

簡文"～皋"，讀爲"獲罪"，得罪；遭罪。《左傳·哀公六年》："不穀雖不德，河非所獲罪也。"《論語·八佾》："獲罪於天，無所禱也。"《史記·孔子世家》："昔此國幾興矣，以吾獲罪於孔子，故不興也。"

穫

　　上博五·季 12 則邦又～

　　上博三·周 20 不耕（耕）而～

　　上博四·曹 20 毋～（獲）民眥（時）

～，或從"禾"，"蒦"聲，"穫"字異體。《說文·禾部》："穫，刈穀也。從禾，

夔聲。"

上博三·周20~，即"穫"。收割莊稼。《書·金縢》："秋，大熟，未穫。"《廣雅·釋言》："穫，刈也。"史游《急就篇》卷三"捃穫秉把插捌杷"，顏師古注："刈取曰穫。"《詩·豳風·七月》"十月穫稻"。《呂氏春秋·慎大覽》："人爲人之所欲，己爲人之所惡，先陳何益？適令武王不耕而穫。"

上博四·曹20"毋~民旹"，讀爲"毋獲民時"。"獲"有違誤之義，如《淮南子·兵略》"音氣不戾八風，詘伸不獲五度"，高誘注："獲，誤也。"（李零）此簡"獲"與"敓（奪）"互文見義，疑當訓爲"取"。占用民時，正是強取的表現。（陳偉武）

上博五·季12~，讀爲"獲"，收成、收穫意。《楚辭·九章》："孰不實而有獲？"或讀爲"蒦"，法度。《管子·宙合》："成功之術，必有巨蒦。"

膄

 上博三·周17 陵（陸）又~（膄）

 上博三·周37 畋~（膄）晶（三）狐（狐）

 上博三·周48 不~（膄）丌（其）身

 上博四·昭7 不~（膄）要臺（頸）之皋（罪）

 上博四·曹61 賞~（膄）□竽

 上博四·曹62 毋上~（膄）而上䎽（聞）命

 上博六·競7 青不~

上博六·競 12 祭、正不～祟

～,所從"丹"形右豎與"隹"左豎合書。《汗簡》有訛從"片"者。《説文·丹部》:"腹,善丹也。从丹,蒦聲。《周書》曰:'惟其斁丹腹。'讀若雀。"

上博三·周 17"陵(陸)又～",讀爲"隨有獲"。"獲",得到;取得。

上博三·周 37"畋～",讀爲"畋獲",獵得;獵捕。《易·巽》:"田獲三品,有功也。"

上博四·昭 7"不～",讀爲"不獲",沒有獲得。"不～要頸之辠",典籍習見"獲罪",如《國語·晉語二》:"夫孺子豈獲罪於民?"

上博四·曹 61、62～,讀爲"獲",俘獲。《易·離》:"王用出征,有嘉折首,獲匪其醜,無咎。"《荀子·強國》:"子發將而伐蔡,克蔡,獲蔡侯。"

上博六·競 7"青不～",讀爲"請不獲",即"請不獲命",義亦同"請不許"。

上博六·競 12"～祟",讀"獲祟",即"得祟"。

見紐各聲

各

　上博一·性 4 丌(其)甬(用)心～異

　上博二·昔 4～共(恭)尔(爾)事

　上博二·容 5～得丌(其)𥻂(世)

　上博五·季 20～

　上博五·三 12～慗(慎)亓(其)㡀(度)

　上博四·曹32～ 載尔齌（藏）

　上博四·曹65～以亓（其）殜（世）

　上博六·用6～又亓（其）異圖

　上博八·成3～才（在）亓（其）身

～，戰國文字或作 、、、、、、。《説文·口部》："各，異辭也。从口、夂。夂者，有行而止之，不相聽也。"

上博一·性4"亓（其）甬（用）心～異"，《列女傳·仁智傳》："父子不同，執心各異。願勿遺。"

上博二·昔4"～共（恭）尔（爾）事"，《書·盤庚上》："自今至于後日，各恭爾事，齊乃位，度乃口。罰及爾身，弗可悔。"

上博二·容5"～得亓（其）殜（世）"，《文子·符言》："耳目鼻口，不知所欲，皆心爲之制，各得其所。"

上博五·三12"～慜（慎）亓厇（度）"，《漢書·五行志》："又飭衆官，各慎其職。"

上博～，各個；各自。《書·湯誥》："各守爾典，以承天休。"

畧

　上博五·三15嚴～必信

 上博三·周 42 王～于

～，从"叩"，"各"聲。

上博三·周 42 ～，讀爲"格"，至。《書·堯典》："光被四表，格于上下。"《爾雅》："格，至也，陞也。"

上博五·三 15"嚴～"，讀爲"嚴恪"，莊嚴恭敬。《漢書·匡衡傳》："正躬嚴恪，臨衆之儀也。"顔師古注："嚴讀曰儼。"

逫（路）

 上博一·性 30 凡於道～（路）毋悋（畏）

 上博二·魯 3 而（爾）昏（聞）巷～（路）之言

 上博二·容 4 道～（路）無殤死者

 上博五·鮑 1 九月攼（除）～（路）

 上博六·壽 4 居～㠯（以）須

 上博五·弟 19 子～（路）

 上博八·有 3 大～（路）今可（兮）

～，从"辵"，"各"聲，"路"字異體。戰國文字或作 、、、、。《説文·足

部》:"路,道也。从足,从各。"

上博一·性 30、上博二·容 4"道～(路)",地面上供人或車馬通行的部分。《周禮·夏官·司險》:"司險掌九州之圖,以周知其山林川澤之阻,而達其道路。"

上博二·魯 3"巷～(路)",《論衡·論死》:"人且死見鬼,宜見數百千萬,滿堂盈廷,填塞巷路,不宜徒見一兩人也。"

上博五·鮑 1"敘～",讀爲"除路",即"除道",謂修治開通道路。《漢書·郊祀志》:"群國各除道,道九原,抵雲陽。"青川戰國秦木牘:"以秋八月,修封守(埒),正疆畔,及芟阡陌之大草;九月,大除道及阪險;十月爲橋,修波堤,利津澗,鮮草離。"

上博六·壽 4"居～",讀爲"傴僂",以俯身彎腰表示恭敬。參"居"字條。(周鳳五)

上博五·弟 19"子～(路)",孔子弟子。

上博八·有 3"大～",即"大路",大車。《禮記·明堂位》:"大路,殷路也。"鄭玄注:"大路,木路也。"據《周禮·春官·巾車》稱,王有五路,即玉路、金路、象路、革路、木路。"路"字或作"輅",《書·顧命》:"大輅在賓階面。"

迻

上博五·季 15 肰(然)則民～不善

～,從"辵",從加了飾筆的"攵"(倒"止"),"迻"(路)字異體。郭店簡"路"字作 (郭店·性自命出 60)、 (郭店·成之聞之 31)可證。(陳斯鵬)或釋爲"降",或釋爲"迅"。

簡文～,讀爲"格",糾正、匡正義。《書·冏命》:"繩愆糾謬,格其非心。"孔穎達疏:"格其非妄之心。心有妄作則格正之。"《孟子·離婁上》:"人不足與適也,政不足間也,惟大人爲能格君心之非。"趙岐注:"格,正也。"《後漢書·范滂傳》:"若范孟博者,豈宜以公禮格之?"李賢注:"格,正也。"簡文"格不善",即"正不善"之意。(陳偉)

露

 上博一·孔 21《睿(糟)～(露)》之賙也

 上博八·蘭 1 雨～(露)不墜(降)矣

～,从"雨","各"聲,與 同,"露"字異體。《説文·雨部》:"露,潤澤也。从雨,路聲。"

上博一·孔 21"睿(糟)～",讀爲"湛露",《詩經》篇名。《詩·小雅·湛露》:"湛湛露斯,匪陽不晞。"

上博八·蘭 1～,讀爲"露",指近地面的水氣夜間遇冷,凝結在物體上的水珠。《詩·召南·行露》:"厭浥行露,豈不夙夜?謂行多露。""雨露",雨與露,泛指雨水。《管子·度地》:"海路距,雨露屬。"

洛

 上博二·容 26 叟(禹)乃迵(通)淢(伊)、～

 上博六·天甲 6～尹行身和二

 上博六·天乙 5～尹行身和二

 上博八·王 7 乃命彭徒爲～辻(卜)尹

～,與 、、同。《説文·水部》:"洛,水。出左馮翊歸德北夷界中,東南入渭。从水,各聲。"

上博二·容 26～,洛水,即東洛水,發源于陝西洛南縣,東經河南盧氏、洛甯、宜陽、洛陽、偃師,至鞏縣入黃河。《書·禹貢》:"荆、河惟豫州。伊、洛、瀍、澗,既入于河。"

上博六·天甲 6、天乙 5"～尹",讀爲"樂尹",《荀子·王霸》:"爍然扶持心國。"楊倞注:"爍讀爲落,石貌也。"《左傳·定公五年》:"以妻鍾建,以爲樂尹。"杜預注:"司樂大夫。"或疑是"洛伯"、"伊尹"。或讀爲"格尹行"。

上博八·王 7～,待考。

客

 上博六·莊 2 㠯(以)時四鄰之賓～

 上博一·性 29 賓～之豊(禮)必又(有)夫齊齊之頌(容)

 上博四·柬 17 牆(將)爲～告

 上博五·競 7 昔先君～(格)王

 上博五·季 16 □之必敬女賓～之事也

～,與 ☒(郭店·老子甲 9)、☒(郭店·老子丙 4)、☒(郭店·語叢一 88)、☒(郭店·語叢三 55)、☒(施 154)、☒(秦風 64)同。《說文·宀部》:"客,寄也。从宀,各聲。"

上博一·性 29、上博五·季 16、上博六·莊 2"賓～",客人的總稱。《詩·小雅·吉日》:"發彼小豝,殪此大兕,以御賓客,且以酌醴。"

上博四·柬 17～,起兵伐人,《禮記·月令第六》"兵戎不起,不可從我始",鄭玄注:"爲客不利。"孔穎達疏:"起兵伐人爲之客,敵來禦捍者謂之主。""客告"或疑讀作"各曹",猶言"兩曹",指訴訟雙方。(陳偉)

上博五·競7"～王",讀爲"格王",見《書·高宗肜日》:"高宗肜日,越有雊雉。祖己曰:'惟先格王,正厥事。'乃訓于王曰……"孔安國傳:"言至道之王遭變異,正其事而異自消。"孔穎達疏:"'格',至也。至道之王謂用心至極,合於道德,遭遇變異,該修德教,正其事,而異自消。"

茖

 上博二·容1～(赫)疋(胥)是(氏)

 上博五·三17～

 上博五·鬼5我曰虞(虡)～唬(乎)

 上博八·李1杲亓(其)方～(落)可(兮)

 上博八·蘭2攸(搖)～(落)而猒不遊(失)氒(厥)芳

～,與茖(郭店·窮達以時13)、茖(新蔡甲三42)、茖(考古2005·6上皋落戈)同。《説文·艸部》:"茖,艸也。从艸,各聲。"

上博二·容1"～疋是",讀爲"赫胥氏",《太平御覽》卷七六引《六韜》:"昔柏皇氏、栗陸氏、驪連氏、軒轅氏、赫胥氏、尊盧氏、祝融氏,此古之王者也。"

上博五·三17～,讀爲"落",指人本身的"凋落"、"零落"。《國語·吴語》:"使吾甲兵鈍獘,民人離落,而日以憔悴,然後安受吾燼。"韋昭注:"離,叛也。落,殞也。"《吕氏春秋·決勝》:"夫兵有本干:必義,必智,必勇。義則敵孤獨,敵孤獨則上下虚,民解落。"(陳劍)

上博五·鬼5～,下簡作"喬",兩字形近,必有一字訛誤。"虞茖唬",指口里瞬間發出的聲音。

上博八·李1～,脱落。《説文》:"落,凡艸曰零,木曰落。"《詩·衛風·氓》:"桑之未落,其葉沃若。"《楚辭·離騷》:"惟草木之零落兮,恐美人之遲

1517

暮。"《文子·上德》:"華太早者不須霜而落。"
　　上博八·蘭 2"攸～",讀爲"搖落",凋殘,零落。《楚辭·九辯》:"悲哉!秋之爲氣也。蕭瑟兮,草木搖落而變衰。"

鵅

　上博四·采 4～羽

～,從"鳥","各"聲,"鷺"之異體,乃水鳥名。
簡文"～羽",即"鷺羽",見《詩·小雅·宛丘》"值其鷺羽"。（董珊）

鉻

　上博二·容 18 不～（略）矢

《説文·金部》:"鉻,鬜也。從金,各聲。"
簡文"～矢",讀爲"勮矢"。《爾雅·釋詁下》:"勮,利也。"字亦作"略",《詩·周頌·載芟》:"有略其耜,俶載南畝。"毛亨傳:"略,利也。"這裏指使矢鏃鋒利。（李零）

袼

　上博四·昭 1 既勮（詛）～之

　上博四·昭 1 酒（將）～之

　上博四·昭 1 酒（將）～

～,從"示",或從"各"省聲;或從"各"聲;或從"客"聲,均爲一字。
上博四·昭 1"詛～",讀爲"釁落",指釁廟祭禮。古代爲宮室或器物的始建成舉行的禮儀稱爲"落"。《左傳·昭公七年》:"楚子成章華之臺,願與諸侯

落之。"杜預注:"宮室始成,祭之爲落。"(董珊)

上博四·昭 1~,讀爲"落",相當於文獻中的"樂",具體指燕享飲酒。或讀爲"格",有升登義。(陳偉)

祮

 上博四·昭 5 尔古須既~安从事

~,从"示","客"聲。

上博四·昭 5~,讀爲"落",指祭祀之禮的"落"。

盬

 上博六·木 3~盂不爨

上博六·木 4~不爨

~,从"皿","酪"聲。

簡文~,讀爲"酪",指醋。《禮記·禮運》:"以亨以炙,以爲醴酪。"鄭玄注:"酪,酢酨。"《楚辭·大招》:"鮮蠵甘雞,和楚酪只。"王逸注:"酪,酢酨也。""酢酨"即醋,《説文》"酢,醶也",段玉裁注:"今俗皆用醋。"《廣韻·代韻》:"酨,醋也。"即醋。酪菜,恐是用醋調拌的蔬菜,有如現今涼拌菜,所以不需要放在火上燒煮(不爨)。(何有祖、陳偉)

溪紐宵聲

虐

 上博一·緇 9~=(赫赫)帀(師)尹

上博六·用 5 寧事~=

1519

～，楚文字或作、、、、。～所從的"虗"下部訛變爲"火"形，或省去上部的"小"。《說文·虎部》："虩，《易》：'履虎尾虩虩。'恐懼。一曰：蠅虎也。从虎，𡭴聲。"

簡文"～～"，同"虩虩"，讀爲"赫赫"。《詩·大雅·大明》："明明在下，赫赫在上。"毛亨傳："明明，察也。文王之德明明在下，故赫赫然著見於天。"《莊子·田子方》："至陽赫赫。"《爾雅·釋訓》："赫赫，躍躍，迅也。"《逸周書·太子晉第六十四》："穆穆虞舜，明明赫赫。"《楚辭·大招》："魂乎徠歸，國家爲只。雄雄赫赫，天德明只。"《小爾雅·廣詁》："赫，明也。"又《小爾雅·廣言》："赫，顯也。"

疑紐逆聲

屰

 上博八·顔13☐～行而信

～，像倒人之形。《說文·干部》："屰，不順也。从干，下屮。屰之也。"

簡文～，《玉篇》："《說文》曰'不順也'，今作逆。"或釋爲"干"，讀爲"見"。《韓詩外傳》卷三："其次聞其言而信之。其次見其行而信之。既見其行，而衆皆不信，斯下矣。《詩》曰：'慎爾言矣，謂爾不信。'"

逆

 上博一·性4 或～之

上博一·性5 ～眚（性）者

 上博一·性10 觀丌（其）先後而～訓（順）之

 上博二·容 8 敚敀㠯（以）不～

 上博二·容 21 朝不車～

 上博二·容 52 或亦记（起）帀（師）㠯（以）～之

 上博五·三 6 是胃（謂）反～

上博五·季 17 毋～百事

 上博六·慎 1 ～友㠯（以）載道

 上博七·武 15 不～而訓（順）城（成）

 上博七·吴 4 ～裳（勞）

 上博八·成 15 此六者皆～

～，與 、、、、、形同。陳逆簠作；秦簡或作。《説文·辵部》："逆，迎也。从辵，屰聲。關東曰逆，關西曰迎。"

上博一·性 5"～眚（性）者"，《爾雅·釋言》："逆，迎也。"《韓詩外傳》卷九："見色而悦謂之逆。"此簡謂"逆性者，悦也"，正用此意。

1521

上博一·性 10 "～訓"，讀爲"逆順"，逆與順。多指臣民的順與不順，情節的輕與重，境遇的好與不好，事理的當與不當等。《管子·版法解》："人有逆順，事有稱量。"

上博二·容 8 "啟敌以不～"，《太平御覽》卷八一引《尸子》："堯聞其賢，徵諸草茅之中。與之語禮，樂而不逆。"《路史》卷二一："語禮，樂詳而不莩。"

上博二·容 21、52、上博七·吳 4～，迎接，迎侯。《爾雅·釋言》："逆，迎也。"《書·顧命》："虎賁百人，逆子釗於南門之外。"

上博五·三 6 "反～"，"逆"、"反"同義連用。《國語·晉語八》："未退而逆之。"韋昭注："逆，反也。"《史記·晉世家》："今適庶名反逆，此後晉其能毋亂乎？"

上博五·季 17、上博八·成 15～，不順從，違反。《禮記·月令》："凡舉大事，毋逆大數，必順其時，慎因其類。"《史記·周本紀》："余嘉乃勳，毋逆朕命。"《國語·晉語八》："未退而逆之。"韋昭注："逆，反也。"《荀子·非十二子》"言辯而逆"，楊倞注："逆者，乖於常理。"《廣雅·釋詁三》："逆，亂也。"

上博七·武 15 "不～而訓（順）城（成）"，"逆"與"順"相對。參《晏子春秋·內篇諫下》："其動作，悅順而不逆，可以奉生，是以下皆法其服，而民爭學其容。"《禮記·祭統》："孝者畜也。順于道不逆於倫，是之謂畜。"《莊子·漁父》："爲事逆之則敗，順之則成。"

上博六·慎 1 "～友"，讀爲"却宥"或"去宥"，即《呂氏春秋·去宥》的"去宥"，是宋尹一派學說的重要觀念。（李學勤）或釋爲"干友"，即求友、結交朋友。或讀爲"諫友"，意與"諍友"同。（陳偉、何有祖）

疑紐咢聲

噩

　上博五·弟 19 ～～女也女戜（誅）

～，楚璽作（噩（鄂）宮大夫鈢）。《說文·吅部》："咢，譁訟也。从吅，屰聲。"

簡文～～，讀爲"咢咢"或"諤諤"、"愕愕"，直言。《漢書·韋賢傳》："瞻瞻諤夫,諤諤黄髮。"顔師古注:"諤諤,直言也。"《集韻·鐸韻》:"謣,謣謣,直言。"《史記·商君列傳》:"千人之諾諾,不如一士之諤諤。"《文選·袁宏〈三國名臣序贊〉》李善注引作"愕愕"。(陳斯鵬)

端紐毛聲

毛(宅)

上博二·容 18 ～不工

上博三·彭 1 乃不遊(失)～

上博四·曹 51 則斯～戕(傷)亡

上博五·三 7 悘(喜)樂無堇～

上博五·三 8 宫室牁(過)～

上博五·三 11 毋～山

上博五·三 12 各慗(慎)亓(其)～

上博五·三 11 毋～山

上博六·天甲 8 不可㠯(以)不睧恥～

上博六·天乙 7 不可㠯（以）不睧恥～

上博六·天甲 7 與卿夫=（大夫）同恥～

上博六·天乙 7 卿夫=（大夫）同恥～

上博二·容 2 長者酥～

上博二·容 3 ～亶者鮫（漁）澤

上博五·競 10 亡䍿（旗）～

上博五·姑 7 伐～遆遆

上博六·天甲 7 與卿夫=（大夫）同恥～

上博六·天乙 7 卿夫=（大夫）同恥～

上博六·天甲 8 不可㠯（以）不睧恥～

上博六·天乙 7 不可㠯（以）不睧恥～

上博七·凡甲 3 天隆（降）五～

上博七・凡甲 6 亓(其)坴(來)亡(無)～

上博七・凡甲 23 母(毋)遠忎(求)～

上博七・凡乙 3 天隆(降)五～

上博七・凡乙 5□亓(其)坴(來)亡(無)～

上博七・凡乙 15 母(毋)遠忎(求)～

上博八・蘭 5～立(位)敍(隱)下而比㒵(擬)高矣

～，从"厂"，"乇"聲，"宅"字異體，"厂"、"宀"二旁古通。戰國文字或作 、、、、、、、、、。《說文・宀部》："宅，所託也。从宀，乇聲。![]，古文宅。![]，亦古文宅。"

上博二・容 2、18～，《爾雅・釋言》："宅，居也。"邢昺疏："謂居處也。"《書・召誥》："太保朝至於洛卜宅。"是王室宮殿也可稱謂"宅"。"宅"，此疑爲禹之宮室。"宅不工"意爲宮室不作華麗裝飾。《晏子春秋・問上》："公曰：善，於是令玩好不御，公市不豫，宮室不飾，業土不成，止役輕稅，上下行之而百姓相親。"（何有祖）

上博三・彭 1"遊(失)～"，讀爲"失度"，猶言失去法度。顏之推《顏氏家訓・治家》："梁孝元世，有中書舍人，治家失度，而過嚴刻。"

上博四•曹51"斯～",讀爲"廝徒"。猶廝役。《戰國策•魏策一》:"今竊聞大王之卒,武力二十餘萬,蒼頭二十萬,奮擊二十萬,廝徒十萬。"《史記•張儀列傳》:"料大王之卒,悉之不過三十萬,而廝徒負養在其中矣。"司馬貞索隱:"廝,謂雜役之賤者。"《三國志•魏志•高堂隆傳》:"今無若時之急,而使公卿大夫並與廝徒共供事役,聞之四夷,非嘉聲也,垂之竹帛,非令名也。"《史記•蘇秦列傳》"廝徒十萬"正義:"謂炊烹供養雜役。"(陳劍)

上博五•三7～,讀爲"度"。《集韻•陌韻》:"宅,或作度。"《書•堯典》:"宅西曰昧谷",《周禮•天官•縫人》鄭玄注引"宅"作"度"。《書•舜典》:"五流有宅",《史記•五帝本紀》作"五流有度"。

上博五•三8"𢛯(過)～",讀爲"過度",超越常度。《左傳•襄公十四年》:"有君而爲之貳,使師保之,勿使過度。"

上博五•三11～,讀爲"度",與上"揣"字互文,測量揣度。《管子•九守》:"高山,仰之不可極也。深淵,度之不可測也。"

上博五•三12～,讀爲"度",計量長短的標準。《書•舜典》:"同律、度、量、衡。"《漢書•律曆志上》:"度者,分、寸、尺、丈、引也。"

上博六•天"恥～",《說文》:"度,法則也。"引申爲尺度、標準,《禮記•王制》:"用器不中度,不粥於市。""恥度",恥辱之標準尺度。

上博五•競10"羿～",讀爲"期度",法度;限度。《參同契》卷上:"日辰爲期度,動靜有早晚。"《漢書•霍光傳》:"顯及諸女,晝夜出入長信宮殿中,亡期度。"

上博七•凡甲3正、凡乙3"五～",讀爲"五度",見《鶡冠子•天權》:"五度既正,無事不舉。"陸佃注:"左木、右金、前火、後水、中土是也。"

上博七•凡甲6、凡乙5"亡(無)～","無度",指不一定,難以預料。或讀爲"託"。

上博七•凡甲23、凡乙15～,讀爲"度",法度;規范。《左傳•昭公三年》:"公室無度。"《後漢書•班固傳》:"鋪觀二代洪纖之度,其賾可探也。"

宅

 上博五•三6凡～(宅)官於人

上博五・三 6～（宅）人於官

上博八・蘭 1～（宅）才（在）學（學）帀（中）

上博八・蘭 2 尻～（宅）幽录（麓）

～，與宅（新蔡甲三 11、24）同，从"宀"，"乇"聲，"宅"字繁體。

上博五・三 6～，讀爲"度"。"度官于人"，大概是説權衡官職而授人；"度人於官"，則是考察人選以安排官職。《論語・子路》："及其使人也，器之。"集解引孔曰："度才而官之。"《韓非子・難二》："且官職所以任賢也，爵禄所以賞功也，設官職，陳爵禄，而士自至，君人者奚其勞哉！使人又非所佚也，人主雖使人必以度量準之，以刑名參之，以事；遇於法則行，不遇於法則止；功當其言則賞，不當則誅；以刑名收臣，以度量準下；此不可釋也，君人者焉佚哉？"（陳偉）或讀爲"托"。

上博八・蘭 1、2、5～，寄託之所。《説文》："宅，所托也。"《莊子・大宗伯》："且彼有駭形而無損心，有旦宅而無情死。"引申爲居住。《書・禹貢》："桑土既蠶，是降丘宅土。"

垞（垞）

上博六・天甲 1 邦君建之邑（以）～

上博六・天乙 1 邦君建之邑（以）～

～，从"土"，"乇"聲，即"垞"字異體。

簡文～，讀爲"都"。《集韻・麻韻》："䦛，丘名，或作垞。"郭店・緇衣 44："輕絶貧賤，而重絶富貴，則好仁不堅，而惡惡不著也。""著"原簡文从"糸"从"乇"，上博一・緇衣 23"著"从"貝"从"乇"。是"者"、"乇"相通之證。"都"，古代行政區劃名。《周禮・地官・小司徒》："乃經土地而井牧其田野，九夫爲井,四井爲邑,四邑爲丘,四丘爲甸,四甸爲縣,四縣爲都,以任地事而令貢賦。"《管子·度地》:"故百家爲里,里十爲術,術十爲州,州十爲都,都十爲霸國。"兩說不同,簡文所指之"都",未知孰是。(曹錦炎)"都"爲都邑,在此爲卿大夫之封地。簡文"邦君建之以都",意謂邦君建置都邑以分封其子孫。(林文華)

覒

 上博一·緇 23 而惡不～(著)也

～,從"見","氐"聲,"顯著"之"著"的異體。郭店簡作" ",從"糸","氐"聲。

簡文～,即"著",明顯;顯著。《禮記·樂記》:"好惡著則賢不肖別矣。"

定紐石聲

石

 上博二·魯 4 ～吕(以)爲膚

 上博二·魯 4 ～牆(將)焦

 上博三·周 14 尒(介)于～

 上博一·性 3 金～之又(有)聖(聲)也

《說文·石部》:"石,山石也。在厂之下;口,象形。"

上博一·性 3 "金～",指鐘磬一類樂器。《國語·楚語上》:"而以金石匏竹之昌大、囂庶爲樂。"韋昭注:"金,鍾也;石,磬也。"

上博二·魯 4 "～以爲膚、～牆(將)焦",參《說苑·辨物》:"晏子進曰:'不

1528

可,祠此無益也。夫靈山固以石爲身,以草木爲髮;天久不雨,髮將焦,身將熱,彼獨不欲雨乎?祠之無益。'"

上博三·周14～,石頭。《詩·小雅·漸漸之石》:"漸漸之石,維其高矣。"

碩

 上博三·周36 往訐壟(來)～

 上博四·采1～人又文

《說文·頁部》:"碩,頭大也。从頁,石聲。"

上博三·周36～,大。《爾雅·釋詁》:"碩,大也。"《詩·魯頌·閟宮》:"松桷有舄,路寢孔碩。"鄭玄箋:"碩,大也。"《禮記·大學》:"人莫知其子之惡,莫知其苗之碩。"

上博四·采1"～人",曲目。"碩人"本指美人。《詩·衛風·碩人》:"碩人其頎,衣錦褧衣。"鄭玄箋:"碩,大也,言莊姜儀表長麗俊好,頎頎然。"或指賢德之人。《詩·邶風·簡兮》:"碩人俁俁,公庭萬舞。"毛亨傳:"碩人,大德也。"

叚

 上博三·周54 王～于宙(廟)

 上博六·孔14 好～岜(美)呂(以)爲

 上博七·吳7～日

～,西周金文作<g/>(克鐘),从"受","石"聲。春秋金文作<g/>(曾伯霖臣),

其 𠬝 訛作 𠂉 形,遂與"刀"混。戰國文字承襲西周金文作 𠭯、𠭯、𠭯(清華一·保訓 8)即 𠭯 之省形。《説文》:"叚,借也。闕。𠭯 古文叚。𠭯 譚長説,叚如此。"

上博三·周 54"王～于宙(廟)",今本《周易》作"王假有廟",王弼注:"假,至也,王以聚至有庙也。"

上博六·孔 14～,讀爲"假",訓借。《廣雅·釋詁二》:"假,借也。"

上博七·吴 7"～日",讀爲"假日",即借日。見《楚辭·離騷》:"奏《九歌》而舞《韶》兮,聊假日以偷樂。"洪興祖補注:"顔師古云:此言遭遇幽厄,中心愁悶,假延日月苟爲娱樂耳。今俗猶言借日度時。"

賈

　　上博二·容 39 悳(德)惠而不～

～,與 𠭯(郭店·語叢四 26)同,从"貝","叚"聲,疑是"賈"字異體。上古音"賈"、"叚"均爲見紐魚部,《説文》:"椵,讀若賈。"亦可爲證。

上博二·容成氏 39～,讀爲"賈",義爲賣。《詩·邶風·谷風》:"既阻我德,賈用不售。"鄭玄箋:"我修婦道而事之,覬其察己,猶見疏外,如賣物之不售。"陸德明釋文:"賈音古,市也。""德惠而不賈",德澤恩惠而不售。或讀爲"椵"。

迓

　　上博四·柬 16 雙(登)駐(駟)～(蹠)四壃(疆)

　　上博四·昭 1 牁(將)～(蹠)閨

　　上博四·昭 5 卲王～(蹠)逃珥

上博六·木1 競(景)坪(平)王命王子～城父

上博六·木3 莊王～河雒之行

～,從"辵","石"聲,字書所無,九A32"迈(蹠)四方野外",秦簡《日書》甲種楚除外陽日占辭與此字相當的文字作"遮"。"迈"從"石"聲,"遮"從"庶"聲。按"庶"本從"石"聲,故"石"、"庶"二字作爲聲旁可以通用。例如《説文》手部"拓"字重文作"摭",《廣韻》卷四禡韻"柘"字重文作"橭",卷五昔韻"蹠"字重文作"跖"。"迈"當是"遮"字的異體。(李家浩)

上博～,讀爲"蹠",訓爲"適"、"至"。《淮南子·原道》"出生入死,自無蹠有,自有蹠無,而以衰賤矣",高誘注:"蹠,適也。"或讀爲"適",《集韻》:"適,往也。"(孟蓬生)

埌

 上博五·三5 土陞(地)乃～(坼)

上博五·三6 土陞(地)乃～(坼)

～,從"土","迈"聲。

簡文～,讀爲"坼",裂開;分裂。《淮南子·本經》:"天旱地坼。"《後漢書·五行志四》:"建光元年九月己丑,郡國三十五地震,或地坼裂,壞城郭室屋,壓殺人。"

庶

 上博二·昔1 ～醋進

 上博一·緇 20～言同

 上博四·柬 2 䚄尹智(知)王之～(炙)於日而疒(病)芥(疥)

 上博四·內 8 不～語

 上博八·蘭 2 備坙(修)～戒

～，从"火"，"石"聲，炙烤之義（參于省吾先生《甲骨文字釋林·釋庶》）。戰國文字或作、、。《說文·广部》："庶，屋下衆也。从广、炗。炗，古文光字。"

上博一·緇 20"～言"，群言；輿論。《書·立政》："文王罔攸兼於庶言、庶獄、庶慎。"孔安國傳："文王無所兼知於毀譽衆言及衆刑獄、衆當所慎之事。"《禮記·緇衣》："君陳曰：'出入自爾師虞，庶言同。'"鄭玄注："衆言同，乃行之。"

上博四·柬 2～，讀爲"炙"，上古音"庶"、"炙"都是章組鐸部字，音近可通。《漢書·賈誼傳》"又苦跖蹻"，顏師古注："跖，古'蹠'字也。"《顏氏家訓·書證》說吳人"炙"作"燶"，从"庶"聲。包山 257、258 有"庶豬"、"庶鷄"，二"庶"字讀爲"炙"。《易·晉·九四》："晉如鼫鼠。"馬王堆帛書《周易》"鼫"作"炙"。《呂氏春秋·本味》"貛貛之炙"王念孫云"炙"當"讀爲雞跖之跖"。簡文"炙"，《廣雅·釋詁二》："炙，爇也。"曝曬。韓愈《石鼓歌》："雨淋日炙野火燎，鬼物守護煩撝呵。"（孟蓬生、陳劍）

上博四·內 8"不～語"，不與衆庶語。《說文》："庶，屋下衆也。"《禮記·雜記下》："三年之喪，言而不語，對而不問。"（季旭昇）

上博八·蘭 2～，衆多，多次。《詩·小雅·小明》："念我獨兮，我事孔庶。"鄭玄箋："庶，衆也。"或說"庶"，副詞，表示希望和可能。

厇

上博二·魯 2 ~(庶)民智(知)敓(說)之事粜(鬼)也

上博二·魯 6 殹(繄)亡(無)女(如)~(庶)民可(何)

上博四·相 3 ~(庶)人

~，从"众","石"聲，眾庶之"庶"的專字。《説文·广部》："庶,屋下眾也。"此字亦以眾爲意符。

上博二·魯 2、6"~(庶)民",讀爲"庶民",眾民；平民。《詩·大雅·靈臺》："庶民攻之,不日成之。"

上博四·相 3"~(庶)人",平民,百姓。《書·洪範》："汝則有大疑,謀及乃心,謀及卿士,謀及庶人。"孔安國傳："有大疑,先盡汝心以謀慮之,次及卿士、眾民。"《漢書·食貨志上》："庶人之富者累鉅萬,而貧者食糟糠。"

筮（席）

上博五·君 4 □困(淵)记(起)迲(去)~曰

上博六·競 12 違~曰

上博六·天甲 9 ~

上博六·天乙 8 天子四辟延~

上博七·武 6 ~之四耑(端)

上博七·武 6～遊（後）左嵩（端）曰

上博七·凡甲 14 坐不下～

上博七·凡乙 10 坐不下～

～，從"竹"，"石"聲，"席"字異體，亦見仰天湖、信陽及望山楚簡等，郭店·成之聞之 34 作．，關沮 335 作．。《說文·巾部》："席，籍也。《禮》：'天子、諸侯席，有黼繡純飾。'從巾，庶省。．，古文席。從石省。"

上博五·君 4、上博六·競 12～，坐臥鋪墊用具。由竹篾、葦篾或草編織成的平片狀物。《詩·邶風·柏舟》："我心匪席，不可卷也。"

上博六·天乙 8"延～"，讀爲"筵席"，《禮記·樂記》："鋪筵席，陳尊俎，列籩豆，以升降爲禮者，禮之末節也。""筵"也專指墊底的竹席，席是加在"筵"上面的坐席。《周禮·春官·序官》："司几筵下士二人。"鄭玄注："筵亦席也。鋪陳曰筵，藉之曰席。然其言之筵席通矣。"賈公彥疏："設席之法，無設者皆言筵，後加者爲席。"

上博七·武 6"爲名於～之四嵩（端）曰、～遊（後）左嵩（端）曰"，今本作"于席之四端爲銘焉……席前左端之銘曰：'安樂必敬'。"

上博七·凡甲 14、凡乙 10"坐不下～"，即"坐不下席"，坐著不離開席位。《說苑·征理》："景公乃下席而謝。"《史記·項羽本紀》："且國兵新破，王坐不安席。"《文子·精誠》："聖人不降席而匡天下。""不下席而匡天下者，求諸己也。"

定紐射聲

射

上博三·周 44 茱（井）浴～

～，與郭店・窮達以時 8 作 同，从"弓"、从倒矢，會意，"射"字異體。或作 (清華二・繫年 064)，从"弓"从"夬"（"夬"是射箭用的扳指），會射箭之意。又作 (清華三・祝辭 5)、 (清華三・赤鵠 1)，从"弓"从"夬"从"矢"或"至"（箭之初文），用手上的扳指拉弓射箭，會射箭之意更爲明顯。秦文字作 (珍秦 263)、 (尊古 316)。《説文・矢部》："躲，弓弩發於身而中於遠也。从矢，从身。 ，篆文躲，从寸。寸，法度也，亦手也。"

上博三・周 44～，射箭。《易・解》："公用射隼于高墉之上，獲之，無不利。"《詩・齊風・猗嗟》："巧趨蹌兮，射則臧兮。"《左傳・成公十六年》："潘尪之黨與養由基蹲甲而射之，徹七札焉。"《論語・述而》："子釣而不綱，弋不射宿。"

定紐夕聲

夕

 上博四・柬 9 含（今）～不穀

 上博五・姑 1 旦～綱（治）之

 上博六・競 3 安子～

 上博六・用 15 宦于朝～

 上博七・鄭甲 5 毋敢～門而出

上博七・鄭乙 5 毋敢～門而出

上博八·志7朝记(起)而～瀍(廢)之

《說文·夕部》:"夕,莫也。从月半見。"

上博四·柬9"含(今)～",今晚;當晚。左思《蜀都賦》:"樂飲今夕,一醉累月。"

上博五·姑1"旦～",早與晚。《墨子·號令》:"諸門下朝夕立若坐,各令以年少長相次,旦夕就位,先右有功有能。"也指日夜;每天。《書·冏命》:"昔在文武,聰明齊聖……其侍御僕從,罔非正人,以旦夕承弼厥辟。"

上博六·競3～,指傍晚晉見君王,與"朝"相對。《左傳·成公十二年》:"百官承事,朝而不夕。"孔穎達疏:"旦見君謂之朝,莫見君謂之夕。"

上博六·用15"朝～",謂早晚朝見。《詩·小雅·雨無正》:"邦君諸侯,莫肯朝夕。"鄭玄箋:"王流在外,三公及諸隨王而行者,皆無君臣之禮,不肯晨夜朝暮省王也。"

上博七·鄭甲5、鄭乙5～,讀作"藉"。"夕",邪紐鐸部;"藉",從紐鐸部,二者音近可通。"夕"與"昔"二聲系通假,例證可參見《古字通假會典》905頁"昔與夕"條。"藉"有踐踏之義。《荀子·正名》:"故窮藉而無極。"楊倞注:"藉,踐履也。"《左傳·昭公十八年》:"鄅人藉稻。"孔穎達疏:"藉,踐履之義。"簡文"毋敢藉門而出"即不敢踏著門出去。(程燕)或釋爲"丁"。

上博八·志7～,與"朝"對文。《漢書·食貨志》:"賦斂不時,朝令而暮改。"一般是指法令之廢止而言。猶如"朝令夕改",謂"政令無常也"。《全梁文》卷十五:"遂稱兵而內侮,宜朝起而夕亡。"

定紐亦聲

亦

上博一·孔9～又(有)吕(以)也

上博一·孔12不～能改虎(乎)

上博一·孔 13 不～智（知）亙（恆）虎（乎）

上博一·孔 13 不～又（有）邁（離）虖（乎）

上博一·孔 24 亞（惡）丌（其）人者～肰（然）

上博一·性 18 哭～悲

上博一·性 20 則丌（其）聖（聲）～肰（然）

上博二·子 7～紀

上博二·子 7 王則～不大浧

上博二·子 9 殹（抑）～城（誠）天子也與

上博二·從甲 4 方（謗）～陞（坂）是

上博二·容 45 專（溥）～（夜）㠯（以）爲槿（淫）

上博二·容 52 或～记（起）帀（師）㠯（以）逆之

上博三·周 44～母（毋）夒（繘）敄

 上博三·周56 是胃（謂）～災襠（眚）

 上博三·中2 ～㠯（以）行矣

 上博四·柬23 臣者～又（有）叚（耕）唬（乎）

 上博四·相4 不～壁唬（乎）

 上博四·曹6 則～不可㠯（以）不攸（修）政而善於民

 上博四·曹7 ～又（有）大道焉

 上博四·曹9 ～天命

 上博四·曹65 今與古～肰（然）

 上博四·曹65 ～隹（唯）睧（聞）夫嬰（禹）、康（湯）、傑（桀）、受（紂）矣

 上博五·鮑8 曰旟（差）～不爲忎（災）

 上博五·鮑8 公蟲～不爲戠（害）

 上博五·季12 先人斎=（之所）善～善之

 上博五·季14 肤亓（其）宔（主）人～曰

· 1538 ·

 上博五·君 11 夫子絧（治）十室之邑～樂

 上博五·君 11 絧（治）蓳（萬）室之邦～樂

 港甲 9～曰

 上博二·民 3 志～至安（焉）

 上博二·民 4 豊（禮）～至安（焉）

 上博二·民 4 繏（樂）～至安（焉）

 上博二·民 4 哀～至安（焉）

 上博六·競 8 祝～亡（無）嗌（益）

 上博六·孔 12～以亓（其）勿審（蜜）逃者㠯（以）觀於民

 上博六·用 2～力孛㠯（以）毋忘

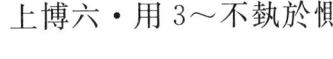 上博六·用 3～不執於惻

 上博六·用 4 而～不可

 上博六·用 5 而～弗能弃

 上博六·用 9 ～不出自地

 上博六·用 11 而～不可逃

 上博六·用 17 而鏖之～不能

 上博六·用 19 而～不可叡

 上博六·用 19 而～不可沽

 上博六·用 20 民～弗能望

 上博七·武 11 ～又(有)不涅(盈)於十言

 上博七·武 6 ～不可[不]志

 上博七·凡甲 21 天下～亡(無)𨚓(一)又(有)

 上博七·吳 2 ～唯君是望

 上博七·吳 6 ～隹(唯)吳白(伯)父

 上博八·命 2 ～可㠯(以)告我

 上博八·蘭 5 夫～啇(適)其歲(歲)也

 上博一·緇 6 少(小)民～隹(惟)日夗(怨)

 上博一·緇 10 ～不我力

～，本從像正面立人形的"大"，以兩點指示人形的腋下部位，後為本義造"腋"字，"亦"却被假借作虛詞。《說文·亦部》："亦，人之臂亦也。从大，象兩亦之形。"

上博三·中 2 ～，且也(見《經詞衍釋》)，"亦以行矣"，意思是：且以施行抱負、理想。（讀本三）

上博二·容 45 ～，讀爲"夜"，夜晚。

上博三·周 56 ～，讀爲"奕"，大。《詩·周頌·豐年》："亦有高廩，萬億及秭。"鄭玄箋："亦，大也。"

上博～，副詞。也；也是。《書·康誥》："怨不在大，亦不在小。"

夜

 上博二·昔 4 癹(廢)命不～(赦)

 上博三·亙 11 無～(舍)也

 上博二·民 8 逦(夙)～菩(基)命又(宥)謐(密)

 上博五·季 10 夙興～寐(寐)

 上博五·季20 大皋（罪）則～之昌（以）型（刑）

 上博五·季20 塑（中）皋（罪）則～之昌（以）罰

 上博五·弟22 夙興～痲（寐）

～，从"夕"，"亦"聲，"夕"或在"亦"下，或在右"腋"下，或从"月"作 ![](新蔡甲三233、190）、![](新蔡甲三246）。戰國文字或作 ![](郭店·老子甲8）、![](璽彙0102）、![](新蔡甲三115）、![](古研27 七年宅陽令隔登戟）、![](考古2005·6 上皋落戈）、![](秦駰玉版）、![](里J1⑨981 正）。《說文·夕部》："夜，舍也。天下休舍也。从夕，亦省聲。"

上博二·昔4～，讀爲"赦"。《左傳·昭公二十五年》："若夫宋國之法，死生之度，先君有命矣，群臣以死守之，弗敢失隊，臣之失職，常刑不赦。"

上博三·亙11～，讀爲"舍"，舍棄之意。

上博二·民8"遁～"，讀爲"夙夜"，朝夕，日夜。《書·旅獒》："夙夜罔或不勤，不矜細行，終累大德。"孔安國傳："言當早起夜寐。"

上博五·季20～，讀爲"赦"，減刑處理。《逸周書·大聚》："赦刑以寬。"

上博五·季10、上博五·弟22"夙興～牀"，讀爲"夙興夜寐"，早起晚睡。形容勤勞。《詩·大雅·抑》："夙興夜寐，洒埽庭内，維民之章。"孔穎達疏："侵早而起，晚夜而寐，洒埽室庭之内。"

定紐睪聲

睪（臭）

 上博一·緇21 備（服）之亡（無）～（斁）

 上博六·孔 14～尻危杍

 上博一·性 13 憙（喜）之淺～（澤）也

 上博五·姑 10 弪（強）門夫=（大夫）衛（衛）㠯（以）～長魚矯

 港甲 6 舀民唯～

 上博七·君甲 8 言（然）不敢～身

上博七·君乙 8 言（然）不敢～身

 上博八·成 13 㠯（以）～罙㚔▢

上博八·志 5 而縱不爲虐（吾）禹～

～，或作（郭店·語叢一 87），即"臭"。《說文·大部》："臭，大白澤也，从大从白，古文以爲澤字。"郭店楚簡"澤"或作：（郭店·語叢四 7）；"擇"作：（郭店·窮達以時 6），均可爲證。或作（郭店·性自命出 64）、（郭店·六德 44）、（郭店·語叢三 38）、（新蔡甲三 4）。《說文·㚔部》："睪，目視也。从橫目，从㚔。令吏將目捕罪人也。"

上博一·緇 21"亡～"，讀爲"無斁"，不厭惡；不厭倦。《詩·周南·葛覃》："爲絺爲綌，服之無斁。"鄭玄箋："斁，厭也。"

上博一·性 13、上博八·成 13～，讀爲"澤"，水聚匯處。《書·禹貢》："九

川滌源,九澤既陂。"《禮記·月令》:"〔仲冬之月〕山林藪澤,有能取蔬食田獵禽獸者,野虞教導之。"孔穎達疏:"有水之處謂之澤。"

上博五·姑 10~,讀爲"釋",《説文》:"釋,解也。"《漢書·吳王濞傳》:"猶懼不見釋。"顏師古注:"釋,解也,放也。"

上博七·君甲 8、君乙 8~,讀爲"斁"或"數"。《説文》:"斁,敗也。從攴,睪聲。《商書》曰'彝倫攸斁'。"《玉篇》:"斁亦作數。"《詩·大雅·思齊》:"古之人無數。"

上博八·志 5"禹~",讀爲"稱擇",謂稱舉、選擇賢人。(陳劍)

上博六·孔 14"~凥",讀爲"擇處",即選擇處所。《孔子家語·六本》:"夫君子居必擇處,游必擇方,仕必擇君。"《説苑·雜言》:"吾聞君子居必擇處,游必擇士。居必擇處,所以求士也。"(何有祖)

睪

 上博六·用 7~龏又武

~,與 (新蔡甲三 201)、(新蔡乙四 134)、(新收 1781 陳逆簠)同。《説文·廾部》:"睪,引給也。从廾,睪聲。"

簡文~,或讀爲"懌";或讀爲"釋"。

澤

 上博二·容 13 魚(漁)於靁(雷)~

上博二·容 24 㠯(以)波(陂)明者(都)之~

上博四·曹 2 非山非~

上博二·容 3 凥(宅)虘者鮫(漁)~

　　上博三·彭6心白身～（釋）

～，或作[圖]、[圖]（郭店·語叢四7），从"水"，"睪"聲。或作[圖]（郭店·性自命出23）、[圖]（文物季刊1992·3邙皮戟）、[圖]（關沮88）。《説文·水部》："澤，光潤也。从水，睪聲。"

上博二·容13"魚（漁）於䨽（雷）～"，即"漁於雷澤"。《史記·五帝本紀》作"（舜）漁雷澤"。"雷澤"的地望，古書有二説，一説在今山東菏澤東北，一説在今山西永濟南。（李零）

上博二·容24"明者之～"，即"明都之澤"，即古書常見的孟諸澤，"明都"、"孟豬"皆"孟諸"之異文。方位在今河南商丘東北，單縣西南，元代以後堙廢。

上博二·容3"鮁～"，即"漁澤"，打魚於澤。

上博三·彭6～，讀爲"釋"，《説文·釆部》："釋，解也。"《玉篇·釆部》："釋，放也，解也。"《漢書·霍光傳》："食監奏未釋服未可御故食。"顏師古注："釋，謂解脱也。""遠慮用素，心白身釋"其大意是：遠離思慮則通于質樸；心靈淡泊則身體解脱。（湯志彪）或讀爲"懌"，語謂心胸坦蕩，身體悅懌。（陳偉武）或讀爲"澤"，取"潤澤"或"光澤"之義。《神異經》："東方有樹焉……其子形如甘瓠，少覈，甘美，食之令人身澤。"（孟蓬生）

上博四·曹2～，水聚匯處。《釋名·釋地》："下而有水曰澤。"《書·禹貢》："九川滌源，九澤既陂。"《禮記·月令》："〔仲冬之月〕山林藪澤，有能取蔬食田獵禽獸者，野虞教導之。"孔穎達疏："有水之處謂之澤。"

鐸

　　上博六·莊1莊王既成亡（無）～

　　上博六·莊1虗（吾）既果城亡（無）～

～，从"金"，"睪（睪）"聲，釋爲"鐸"。《説文·金部》："鐸，大鈴也。軍法：

1545

五人爲伍,五伍爲兩,兩司馬執鐸。从金,睪聲。"

簡文"亡～",讀爲"無射"。無射指鐘而言,西周南宮乎鐘:"作大林協鐘,茲名曰無㚰(射)",《國語·周語下》:"(周景)王將鑄無射,而爲之大林。"《左傳·昭公二十一年》:"天王將鑄無射",杜預注:"無射,鐘名,律中無射。"(李學勤、陳偉)

葟

 上博六·競8～梨(梁)吏敓守之

～,从"艸","睪"聲。《集韻》:"葟,葛屬。"

簡文"～梨",讀爲"澤梁",在水流中用石築成的攔水捕魚的堰。《禮記·王制》:"獺祭魚,然後虞人入澤梁。"鄭玄注:"梁,絕水取魚者。"《荀子·王制》:"山林澤梁,以時禁發而不稅。"楊倞注:"石絕水爲梁,所以取魚也。"劉向《說苑·指武》:"於是廢澤梁之禁,弛關市之征,以爲民惠也。"

繹

 上博四·采4丌(其)～也

～,疑从"於"、"睪","於"、"睪"皆聲。或隸作"鱳",讀"翱"。(季旭昇)似誤。

簡文～,待考。

泥紐若聲

若

 上博四·逸·交1～玉若英

 上博四·逸·交1若玉～英

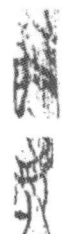 上博四·逸·交 2～豹若虎

 上博四·逸·交 2 若豹～虎

 上博四·内 7 不飤(食)～才(在)腹中

 上博二·子 8 女(如)舜才(在)含(今)之殜(世)則可(何)～

 上博三·周 42～唬(號)

 上博三·中 8～夫老老慈幼

 上博三·中 17～出(此)三

 上博三·亙 2～寂水

 上博三·亙 11 丌(其)䍤尨(蒙)不自～

 上博三·彭 2～經與緯

 上博三·彭 2～繷(表)與裏

上博三·彭 2 幾(豈)～已

上博四·柬 9 王~（諾）

上博四·柬 10 夢~此

上博四·柬 13 方~肰（然）里

上博五·三 13 凡~是者

上博五·鬼 5 眉（狀）~生又（有）耳不睹（聞）

上博六·競 3 ~亓（其）告高子

上博六·競 13 安子許~

上博六·壽 5 可~

上博六·壽 6 逡之人可~

上博六·用 11 ~罔（網）之未癹（發）

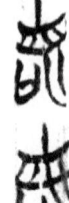上博六·用 12 ~矢之夲（免）於弦

上博六·用 13 玟亓（其）~駏

上博七·凡甲 17～并天下而詞（治）之

上博七·凡甲 18 終身自～

上博七·凡乙 12～并天下

上博七·凡乙 13 終身自～

上博七·吴 2～是

上博八·有 5～余子力今可（兮）

～，戰國文字或作（出土文獻研究第三輯）、（郭店·老子甲 38）、

（郭店·老子乙 1）、（郭店·老子乙 9）、（郭店·老子丙 12）、（郭店·成之聞之 36）、（郭店·尊德義 23）、（郭店·語叢四 21）、（新蔡甲三 31）、（新蔡甲三 61）、（秦駰玉版）、（關沮 312）。《說文·叒部》："叒，日初出東方湯谷，所登榑桑，叒木也。象形。，籀文。"《說文·艸部》："若，擇菜也。从艸、右。右，手也。一曰：杜若，香艸。"

上博二·子 8、上博六·壽 5、6"可～"，讀爲"何若"，如何，怎樣。《晏子春秋·問上十八》："景公問晏子曰：'明王之教民何若？'"

上博三·周 42、上博六·競 3～，如果。

上博三·中 8"～夫"，至于。用于句首或段落的開始，表示另提一事。《易·繫辭下》："若夫雜物撰德，辯是與非，則非其中爻不備。"《史記·范雎蔡澤列傳》："若夫窮辱之事，死亡之患，臣不敢畏也。"

上博三·亙 11"自～"，保持原來的樣子。

上博三·彭 2"幾～",讀爲"豈若",猶何如。表示不如。《論語·微子》:"且而與其從辟人之士也,豈若從辟世之士哉?"

上博四·柬 9～,讀爲"諾",表示同意、遵命的答應聲。《後漢書·光武帝紀上》:"諸將憂迫,皆曰'諾'。"

上博四·柬 13"～肰(然)",讀爲"若干",多少。用于指不定量。《墨子·天志下》:"吾攻國覆軍殺將若干人。"《漢書·食貨志下》:"又民用錢,郡縣不同:或用輕錢,百加若干;或用重錢,平稱不受。"

上博六·競 13"許～",讀爲"許諾",同意;應允。《國語·吴語》:"越王許諾,乃命諸稽郢行成于吴。"

上博三·彭 2、上博四·逸·交 1、2、上博五·鬼 5、上博六·用 11、12、13、上博七·凡甲 17、凡乙 12～,像,如同。《書·盤庚上》:"若网在網,有條而不紊。"《老子》:"中士聞道,若存若亡。"《楚辭·九歌·國殤》:"旌蔽日兮敵若雲。"

上博七·凡甲 18、凡乙 13"自～",鎮靜自如,毫不拘束;一如既往,依然如故。《國語·越語下》:"自若以處,以度天下,待其來者而正之,因時之所宜而定之。"《史記·陳涉世家》:"雍州之地、殽函之固自若也。"

上博四·柬 10～此、上博五·三 13 凡～是者、上博七·吴 2～是,"若是",如此,這樣。《國語·楚語》:"若是而不從,動而不悛,則文詠物以行之,求賢良以翼之。……若是而不濟,不可爲也。"

諾

 上博四·柬 4 贅尹許～

 上博四·柬 15 王許～

 上博八·王 6 乃許～

 上博八·王 7 命(令)尹許～

《説文·言部》:"諾,譍也。从言,若聲。"

簡文"許～",同意;應允。《儀禮·鄉射禮》:"司正禮辭,許諾,主人再拜,司正答拜。"《國語·吴語》:"越王許諾,乃命諸稽郢行成于吴。"

若

 上博二·容 15 蒚(箬)～

～,从"艸","若"聲,"箬"字異體。

簡文"蒚～",即"箬箬"。《説文·竹部》:"箬,竹箬也","箬,楚謂竹皮曰箬"。箬箬即今之竹笠。

遌

 上博二·從乙 1 穽(弇)戒先～(匿)

 上博二·從乙 6 不武則志不～(匿)

～,从"辵","若"聲。

簡文～,讀爲"匿",惻隱之心。《書·盤庚上》:"王播告之脩,不匿厥指,王用丕欽。"孫星衍疏:"匿者,《廣雅·釋詁》云:隱也。"《國語·齊語》:"則事可以隱令。"韋昭注:"隱,匿也。"《韓詩外傳》卷八:"聞其角聲,使人惻隱而愛仁。"《説苑·貴德》:"仁人之德教也,誠惻隱於中,悃愊於内,不能已於其心。"(范常喜)

從紐乍聲

乍

 上博一·孔 6 ～〈亡〉競隹(維)人

 上博二·子 9 叁(三)王者之～(作)也

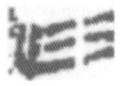 上博二·子13 厽（三）王者之～（作）也女（如）是

 上博一·性1 垈（待）勿（物）而句（後）～（作）

 上博五·姑6 鑾（樂）箸（書）欲～（作）難

 上博三·亙1 或（域）～（作）

 上博三·亙2 又（有）～（作）行

 上博六·用5 民之～勿

 上博六·用11 垕辟台民～康

 上博六·用18 起事～志

 上博七·君甲7 民～而凶讙（應）之

 上博七·君乙7 民～而凶讙（應）之

～，甲骨文或作 ⿰⿱ 等形，曾憲通先生指出，"乍"字本从耒形取象，本義爲以耒起土，引申而爲耕作、農作之作。其説至確。楚文字中的"乍"字，一般寫作 ⿰（郭店·六德2）、⿰（郭店·語叢三56）、⿰（亙先1）、⿰（郭店·忠信之道6）、⿰（帛書乙）、⿰（郭店·緇衣2）、⿰（曾侯乙鐘）、⿰（酓章鐘）。《說文·亾部》："乍，止也。一曰：亡也。从亡，从一。"

上博一·孔6"～〈亡〉競隹（維）人"。"乍"與"亡"字形相近，"亡"、"無"通

用,今本"無"乃傳抄之誤。《詩·周頌·烈文》:"無競維人,四方其訓之。不顯維德,百辟其刑之。"朱熹集傳將"無"、"不"字都當作實詞加以解釋:"又言莫強于人,莫顯於德,先王之德所以人不能忘者,用此道也。"

上博一·性1、上博二·子9、13、~,讀爲"作"。《集韻》:"作……始也,生也。"興起;發生。《易·繫辭下》:"包犧氏没,神農氏作。"

上博五·姑6"~難",讀爲"作難",作亂;起事。《左傳·成公十七年》:"公曰:'季子欺余,厲公將作難。'"

上博三·瓦2~,讀爲"作",疑指"始"。《廣雅·釋詁一》:"作,始也。""行",疑指"往"。

上博六·用5"~勿",讀爲"作物",造物。《大戴禮記·少閒》:"發厥明德,順民天心菑地,作物配天,制典慈民。"又:"文王卒受天命,作物配天,制無用,行三明,親親尚賢。"

上博六·用11"~康",讀爲"作康",意爲作樂,行樂,取樂。陶潛《雜詩》之一:"得歡當作樂,斗酒聚比隣。"

上博六·用18~,讀爲"作"。《説文》:"作,起也。""志"、"事"音近古通。簡文"起事"與"作志"義同,即辦事。《管子·形勢》:"解惰簡慢,以之事主則不忠,以之事父母則不孝,以之起事則不成。"

上博七·君甲7、君乙7~,讀爲"作"。《説文》:"作,起也。"

怍

上博六·用7亓(其)頌之~

《説文·心部》:"怍,慙也。从心,作省聲。"

簡文~,改變容色。《玉篇》:"怍,顏色變也。"《孟子·盡心上》:"仰不愧於天,俯不怍於人。"《管子·弟子職》:"危坐鄉師,顏色毋怍。"尹知章注:"怍,謂變其容貌。"《禮記·曲禮上》:"將即席,容毋怍。"鄭玄注:"怍,顏色變也。"

复

上博一·緇14隹(惟)~(作)五虐(瘧)之型(刑)曰法

 上博一·緇1 堇(萬)邦~(作)卪(孚)

 上博一·性15 則愭(齊)女(如)也斯~(作)

 上博三·亙2 燹(氣)是自生自~(作)

 上博三·亙7 出於~(作)

 上博三·亙7 不~(作)無事

 上博三·亙7 自~(作)爲

 上博三·亙10 譽(舉)天下之~(作)強者

 上博三·亙11 之大~(作)

 上博三·亙11 ~(作)甬(庸)又(有)果與不果

 上博三·亙12 天下之~(作)也

 上博三·亙12 譽(舉)天下之~(作)也

 上博四·柬17 ~(作)色而言於廷

上博四·曹 17 不可以先～(作)舡(怨)

上博五·季 10 好殺則～(作)亂

上博五·季 12 安～而輚(乘)之

上博二·從甲 9 好型(刑)則民～(作)亂

上博二·容 29 喬(驕)能(態)㕁(始)～(作)

上博二·容 30 ～(作)爲六顡(律)

上博二·容 35 [啟]王天下十又(有)六年(世)而傑(桀)～(作)

上博二·容 36 湯乃專爲正～(作)

上博二·容 42 湯王天下三十又(有)一傑(世)而受(紂)～(作)

上博二·容 44 於是虖(乎)～(作)爲九城(成)之臺

上博二·容 45 於是虖(乎)～(作)爲金桎三千

上博二·容 51 武王於是虖(乎)～(作)爲革車千輚(乘)

上博七·凡甲 26 大亂乃～

上博七·凡乙 19 大亂乃～

上博七·凡甲 26 惻(賊)愆(盜)之～

上博七·凡甲 26 大亂乃～

上博七·凡乙 19 惻(賊)愆(盜)之～

上博七·凡乙 19 大亂乃～

上博八·志 2 王～(作)色曰

上博八·蘭 2 方旹(時)安(焉)～(作)

～，"乍"加"又"旁而成的繁體("乍"兼表聲)，"作"之異體。與 、、、、同。

上博一·緇 1"～孚"，讀爲"作孚"，信服、信從。《詩·大雅·文王》："儀刑文王，萬邦作孚。"

上博三·亙 2～，讀"作"，這裏指"或"的創生。

上博三·亙～，即"作"，創造製作。

上博四·曹 17"～舭(怨)"，《書·康誥》："王曰：'嗚呼！封，敬哉！無作怨,勿用非謀非彝蔽時忱。丕則敏德,用康乃心,顧乃德,遠乃猷,裕乃以;民寧,不汝瑕殄。'"

上博二·從甲9、上博五·季10"～亂",讀爲"作亂",製造叛亂;暴亂。《論語·學而》:"不好犯上而好作亂者,未之有也。"《史記·五帝本紀》:"蚩尤作亂,不用帝命。"

上博二·容36"正～",讀爲"征籍",是抽稅的意思。中山王方壺"籍斂中則庶民附","籍"作"夋"可証。"籍"古訓稅,《左傳·襄公二十五年》:"賦車籍馬。"孔穎達疏:"賦與籍俱是稅也。"《管子·國蓄》:"租籍者,所以彊求也。租稅者,所慮而請也。"尹知章注:"在工商曰租籍;在農曰租稅。""正籍"見於《管子·輕重甲》:"請以令使賀獻、出正籍者必以金,金坐長而百倍。"又《輕重乙》:"故租籍,君之所宜得也。正籍者,君之所強求也。亡君廢其所宜得而斂其所強求,故下怨上而令不行。"于省吾先生云:"正應讀作征。征籍與上文租籍對文。"簡文"正(征)夋(籍)"可與《管子》"正(征)籍"合證。(李零、陈斯鹏)

上博二·容30、44、45、51"～爲",即"作爲",創。《詩·小雅·巷伯》:"寺人孟子,作爲此詩。"《禮記·樂記》:"然後聖人作爲鞉、鼓、椌、楬、壎、篪。"《墨子·辭過》:"故聖王作爲宮室,爲宮室之法。"《史記·秦本紀》:"夫自上聖黃帝,作爲禮樂法度。"

上博二·容29、35、42、上博七·凡甲26、凡乙19、上博八·蘭2～,即"作",興起,產生。《易·乾》:"雲從龍,風從虎,聖人作而萬物覩。"《易·繫辭下》:"包犧氏沒,神農氏作。"

上博四·柬17、上博八·志2"～色",讀爲"作色"。《禮記·哀公問》:"孔子愀然作色而對。"鄭玄注:"作色,猶變色。"《戰國策·齊策》:"王忿然作色曰:'王者貴乎?士貴乎?'"《韓詩外傳》卷八:"景公勃然作色。"指臉部變色。

復

上博五·君1 脣(顏)囦(淵)～(作)而含(答)曰

上博五·君5 凡色毋憂、毋佻、毋～(怍)

上博五·三 10 毋～(作)大事

上博五·三 11 ～(作)毋康

上博五·鬼 6 隹(惟)厷(茲)～章(彰)

上博五·鬼 7 蚩蚘(尤)～(作)

上博八·李 1 𢼊(竢)峕(時)而～(作)可(兮)

～，从"人"、"乍"聲，"作"字異體。或作 （九 A31）、 （九 A33），"人"、"尸"二字在戰國文字中字形相近，作爲偏旁往往混用不別，所以簡文"作"將"人"旁寫作"尸"字形。《說文·人部》："作，起也。从人，从乍。"

上博五·君 1～，起來；起身。《論語·先進》："舍瑟而作。"何晏集解："孔曰：'置瑟起對。'"劉寶楠正義："作，起也。"

上博五·君 5～，讀爲"怍"。《說文》"心"部"怍，慙也。"《管子·弟子職》"顔色毋怍"，尹知章注："怍，謂變其容貌。"《禮記·曲禮上》："將即席，容毋怍。"《後漢書·禰衡傳》"顔色不怍"，李賢注："怍，羞也。"郭店·成之聞之 24："形於中，發於色。"

上博五·三 10"毋～(作)大事"，《禮記·月令》："是月也，耕者少舍。乃修闔扇，寢廟畢備。毋作大事，以妨農之事。"

上博五·鬼 7"蚩蚘(尤)～(作)兵"，蚩尤製造兵器。《山海經·大荒北經》："蚩尤作兵伐黄帝，黄帝乃令應龍攻之冀州之野。"

上博五·三 11、上博五·鬼 6、上博八·李 1～，興起；發生。《易·繫辭下》："包犧氏沒，神農氏作。"張衡《東京賦》："堅冰作於履霜，尋木起於蘗栽。"

迮

上博五·競 3 行古～

上博五·競 3 發(廢)～者死

～，从"辵"，"乍"或"复"聲，與（郭店·六德 24）同，或从"止"，"乍"聲，作（郭店·六德 38）。

簡文～，讀爲"籍"，關市之征。（劉信芳）或說讀爲"作"，《詩·常武》鄭玄箋："行也。""古"均讀作"故"。"廢故錯，行故作"，即廢先祖之所廢，行先祖之所行，而對於廢先祖所行者，不執行王命者，都須處死。（李學勤）

祭

上博五·鮑 3 乃命又嗣(嗣)箸(書)～浮

～，从"又"，从"示"，"乍"聲，即"祚"字異體。《說文·示部》："祚，福也。从示，乍聲。"

簡文～，讀爲"籍"，"乍"、"籍"均爲從母鐸部字。《說文》："籍，簿書也。"《釋名·釋書契》："籍，籍也，所以籍疏人名戶口也。""箸籍"即"著籍"，謂登記貢賦、人事及戶口等檔案。（禤健聰）"書籍"指在戶籍上登記。（李學勤）

心紐素聲

索

上博二·容 47 文王於是唬(乎)～耑(端)襏裳以行九邦

 上博二·容52 武王於是虖(乎)～冠亮(冕)

 上博二·容53 武王～虖(甲)以申(陳)於磬(殷)蒿(郊)

 上博三·彭6 遠慮甬(用)～

 上博一·緇15 王言女(如)～

 上博七·鄭甲5 綎(疏)～㠯(以)綨

 上博七·鄭乙5 綎(疏)～㠯(以)綨

 上博八·李1【背】～府宫李

～，像人兩手持糸以作繩索之形。郭店簡或作 、。《説文·宋部》：“索，艸有莖葉可作繩索。从宋、糸。杜林説：宋亦朱木字。”

上博二·容47“～耑”，讀爲“素端”，凶事齋戒時所服，其服縞冠，白布衣，素裳，素履。《周禮·春官·司服》：“其齊服有玄端、素端。”鄭玄注：“士齊有素端者，亦爲札荒有所禱請。變素服言素端者，明異制。”《禮記·雜記上》：“素端一，皮弁一，爵弁一，玄冕一。”孫希旦集解：“素端制若玄端，而用素爲之，蓋凶札祈禱致齊之服也。”

上博二·容52“～冕”，即“素冠”，白色的帽子。古代遭凶喪事時所戴。《禮記·曲禮下》：“大夫、士去國，踰竟，爲壇位，鄉國而哭，素衣、素裳、素冠。”孔穎達疏：“素衣、素裳、素冠者，今既離君，故其衣、裳、冠皆素，爲凶飾也。”

上博二·容53“～虖”，讀爲“素甲”，用絹素製的鎧甲。鎧甲應用金、革製

作,用素製,極言其不堅固。《戰國策·秦策一》:"武王將素甲三千領,戰一日,破紂之國。"鮑彪注:"絹素爲之,非金革也。"

上博三·彭6～,讀爲"素",質樸無飾。《老子》十九章:"見素抱樸,少私寡欲。"河上公章句:"見素者,當抱素守真,不尚文飾也;抱樸者,當見其篤樸,以示下,故可法則。"《淮南子·本經》:"其心愉而不僞,其事素而不飾。"高誘注:"素,樸也。"《文子·九守·守平》:"委心不慮,棄聰明,返太素。""白"與"素"意近。《文子·九守·守樸》:"明白太素,無爲而復樸。"或認爲"索(素)"指平素、素常,《國語·吳語》:"夫謀,必素見成事焉而後履之。"(陳偉武)

上博一·緇15～,粗繩。泛指繩索。《書·五子之歌》:"予臨兆民,懍乎若朽索之馭六馬。"今本《禮記·緇衣》作"王言如綸"。綸,粗絲線。多指釣絲。《史記·老子韓非列傳》:"走者可以爲罔,游者可以爲綸,飛者可以爲矰。""索"、"綸"義近。

上博七·鄭甲5、鄭乙5"綎～",讀爲"疏索",意爲稀少。

上博八·李1【背】"～府宮",猶言"素府"、"素宮"或"素室","府"、"宮"同義疊用。"素府宮李",意思是普通人家園子里的李樹。或説"索府宮李"當讀爲"素柎絳理"。素者,白也;府、柎音同而假,柎者,花萼之房也,謂白色的花房;"絳理"謂紅色的木紋理也。桐樹白色的花房、紅色的紋理,異於常木,故下文曰"木異類可(兮)"。(王寧)

心紐昔聲

昔

 上博二·子1～者而弗殜(世)也

 上博二·從甲1～三弋(代)之明王之又(有)天下者

 上博二·昔1～者君老

 上博二·容6～堯尻(處)於丹府

 上博二·容13～舜靜(耕)於鬲丘

 上博二·容16～者天陘(地)之差(佐)舜而右(佑)善

 上博二·容49～者文王之差(佐)受(紂)也

 上博三·中18～三弋(代)之明王又(有)四海之内

 上博四·曹1～周室之邦魯

 上博四·曹2～堯之卿(饗)舜也

 上博二·容16～者天陘(地)之差(佐)舜而右(佑)善

 上博二·容49～者文王之差(佐)受(紂)也

 上博三·中18～三弋(代)之明王又(有)四海之内

 上博四·曹1～周室之邦魯

 上博四·曹2～堯之卿(饗)舜也

 上博五·君10□～者中尼箴(箴)徒三人

 上博五·鬼 1～者堯舜壴（禹）湯

 上博五·鬼 7～融之氏市

 上博七·吴 3～上天不中（衷）

 上博八·成 16～者又（有）神

～，戰國文字或作 、、、、。《説文·日部》："昔，乾肉也。从殘肉，日以晞之。與俎同意。![]，籀文。从肉。"

上博～，從前，往日。《書·堯典》："昔在帝堯，聰明文思，光宅天下。"

上博"～者"，往日；從前。《易·説卦》："昔者聖人之作《易》也，幽贊於神明而生蓍。"孔穎達疏："據今而稱上世，謂之昔者也。"

㪿

 上博五·三 6 建五官弗～

～，从"攴"，"昔"聲。與同。

簡文～，讀爲"措"，弃置；擱置。《禮記·中庸》："有弗學，學之弗能，弗措也。"孔穎達疏："措，置也。言學不至於能，不措置休廢，必待能之乃已也。"

鯌

 上博二·容 24 面黢～

～，从"魚"，"昔"聲。《集韻》："鱜，魚名。鼻前有骨如斧斤。一説，生子在腹，朝出食，莫還入。"

簡文～，讀爲"粗"。典籍中从"昔"聲的字常和从"且"聲的字通假。如：《周禮·秋官·序官》"蜡氏"，鄭玄注："蜡讀如狙司之狙。"《周禮·地官·遂人》："以與鋤利甿。"鄭玄注："鄭大夫讀鋤爲藉。"因此，此字可讀爲"粗"。《説文》："粗，疏也。"引申指粗糙。

鵲

 上博一·孔 10《～櫟（巢）》之遣（歸）

 上博一·孔 11《～櫟（巢）》之遣（歸）

 上博一·孔 13《～櫟（巢）》出㠯（以）百兩

～，从"鳥"，"昔"聲。鳥名。頭背黑褐色，背有青紫色光澤，肩、頸、腹等白色。尾巴長，鳴聲喳喳，通稱喜鵲。

簡文"～櫟"，讀爲"鵲巢"，《詩經》篇名，見《詩·召南·鵲巢》："維鵲有巢，維鳩居之。之子於歸，百兩御之。"

階

 上博二·子 11 又鷖（燕）監卵（卵）而～（措）者亓（其）前

 上博六·用 6～心懷惟

～，从"阜"，"昔"聲。

上博二·子 11～，讀爲"措"，放置。《論語·子路》："刑罰不中，則民無所措手足。"《鹽鐵論·世務》："是猶措重寳於道路而莫之守也。"

上博六·用 6～，讀爲"錯"，《方言》卷六："錯，藏也。周秦曰藏。"《廣雅·

1564

釋詁四》:"錯,藏也。"《曾子·制言下》"君子錯在高山之上",阮元注:"錯,藏也。""錯心"和"懷惟"意近。(劉洪濤)

並紐白聲

白

 上博一·孔 26 北(邶)～(柏)舟

 上博一·緇 1 亞(惡)亞(惡)女(如)亞(惡)巷～(伯)

 上博一·緇 18 ～珪之砧(玷)尚可磨

 上博三·彭 6 心～身澤(釋)

 上博四·采 4 駱(鷺)羽之～也

 上博四·曹 32 乃☐～徒

 上博五·弟 19 巨～玉佋(佁)虡子

 上博七·君甲 1 ～玉三回

 上博七·君甲 2 ～玉三回

 上博七·君乙 1 ～玉三回

 上博七·君乙 2～玉三回

 上博七·凡甲 18 人～爲𢾼(察)

 上博七·凡甲 18 奚㠯(以)智(知)丌(其)～

 上博七·凡乙 13～

 上博七·吴 6 吴～父

 上博八·成 4～(伯)尼(夷)、畱(叔)齊飤(餓)而死於唯(雖)濟(潛)

《説文·白部》："白,西方色也。陰用事,物色白。从入合二。二,陰數。㿟,古文白。"

上博一·孔 26"～舟",讀爲"柏舟",《詩·邶風》篇名。《詩·邶風·柏舟序》："柏舟,言仁而不遇也。衛頃公之時,仁人不遇,小人在側。"後因以謂仁人不得志。

上博一·緇 1"巷～",讀爲"巷伯",宦官,太監。因居宫巷,掌宫内事,故稱。《左傳·襄公九年》："令司宫、巷伯儆宫。"杜預注："司宫,奄臣;巷伯,寺人。皆掌宫内之事。"

上博一·緇 18"～珪",古代白玉製的禮器。《詩·大雅·抑》："白圭之玷,尚可磨也。"

上博三·彭 6"心～",潔淨。《楚辭·九章·橘頌》："青黄雜糅,文章爛兮,精色内白,類可任兮。"王逸注："内懷潔白,以言賢者。"或説"心白"一詞當與《管子·白心》有關。

上博四·采 4～,像雪一般的顔色。《管子·揆度》："其在色者,青、黄、白、黑、赤也。"

上博四·曹32"～徒",沒有受過軍事訓練的人。《管子·七法》:"以教卒練士擊驅衆白徒。"尹知章注:"白徒,謂不練之卒,無武藝。"張家山漢簡《奏讞書》175:"諸以縣官事詑(訑)其上者,以白徒罪論之。有白徒罪二者,駕(加)其罪一等。白徒者,當今隸臣妾;倡,當城旦。""白徒",魯國刑徒名,先秦魯國之"白徒"相當於漢代之"隸臣妾"。"隸臣妾",刑徒名,男稱隸臣,女稱隸妾。平時服雜役,戰時充作士卒。(何有祖)或説"白徒"在此是指步兵,《管子·乘馬》:"白徒三十人奉車兩。"《吕氏春秋·仲秋紀》:"善用兵者,諸邊之内莫不與鬥,雖廝輿白徒,方數百里皆來會戰,勢使之然也。"(董珊)

上博五·弟19、上博七·君甲1、2,君乙1、3"～玉",白色的玉。亦指白璧。《禮記·月令》:"〔孟秋之月〕衣白衣,服白玉。"《楚辭·九歌·湘夫人》:"白玉兮爲鎮,疏石蘭兮爲芳。"

上博七·凡甲18～,清楚,明白。《荀子·王霸》:"三者明主之所謹擇也,仁人之所務白也。"

上博七·吳6"吳～父",讀爲"吳伯父",吳先君。

上博八·成4"～尼",讀爲"伯夷"。《史記索隱》:"伯夷名允,字公信。叔齊名致,字公達。"又,"伯夷、叔齊餓于首陽,而志益彰。"《大戴禮記·曾子制言》:"昔者,伯夷、叔齊死於溝澮之間,其仁成名於天下;夫二子者,居河濟之間,非有土地之厚、貨粟之富也,言爲文章、行爲表綴於天下。是故君子思仁義,晝則忘食,夜則忘寐,日旦就業,夕而自省,以殁其身,亦可謂守業矣。"孔子稱伯夷、叔齊爲古之賢人。

怕

 上博四·昭9～君吳王身至於郢

～,從"心","白"聲。《集韻》:"怕,古書作怕。"

簡文"～君",讀爲"伯(霸)君"。《說苑·政理》:"桓公,霸君也;管仲,賢佐也。"《中論·審大臣》:"若時無鮑叔之擧,霸君之聽,休功不立於世,盛名不垂於後,則長爲賤丈夫矣。"吳王闔廬"西破彊楚,入郢,北威齊晉,顯名諸侯"(《史記·孫子吳起列傳》),故可稱爲"霸君"。(孟蓬生)或釋爲"快君",乃昭王對吳王闔廬出於敵愾之稱,如"快"字之釋可靠,"快君"或可讀爲"獪君",謂其狡獪也。(陳劍)

敀

 上博二·容 8 敀～㠯(以)不逆

 上博五·季 11 氏(是)古(故)夫～邦甚難

～，與(郭店·窮達以時 7)同。《說文·攴部》："敀，迮也。从攴，白聲。《周書》曰：'常敀、常任。'"

上博二·容 8～，讀爲"溥"或"博"，與"詳"同義。(劉樂賢)《尸子》："與之語禮，樂而不逆；與之語政，至簡而易行；與之語道，廣大而不窮。"《路史》卷二十一："語禮，樂詳而不孛；語政，治簡而易行；論道，廣大而亡窮；論天下事，貫昵條達。"或讀爲"樂"，訓爲喜悦。

上博五·季 11～，讀爲"伯"，君長。《爾雅·釋詁下》："伯，長也。"郭璞注："正、伯皆官長。"《廣雅·釋詁》："伯，君也。"簡文"伯邦"，猶如古書中的"君國"。《國語·晉語四》："君國可以濟百姓，而釋之者，非人也。"《國語·楚語上》："夫君國者，將民之與處；民實瘠矣，君安得肥？"(陳偉)

胉

 上博四·曹 6 昔池～語寡人曰

～，从"肉"，"白"聲。《廣韻·鐸韻》："胉，脅也。"

簡文"池～"，讀爲"施伯"，見《國語·齊語》："施伯，魯君之謀臣也。"韋昭注："施伯，魯國大夫，惠公之孫，施父之子。"

泊

上博二·容 35 厚愛而～(薄)僉(斂)安(焉)

 上博四·柬 1 柬(簡)大王~游(旱)

 上博四·曹 54 貹(重)賞~(薄)坓(刑)

 上博六·用 7 亓自見之~

~,與(郭店·性自命出 63)同,从"水","白"聲。《玉篇·水部》:"泊,止舟也。"

上博二·容 35"~僉",讀爲"薄斂",減輕賦稅。《左傳·昭公二十年》:"公說,使有司寬政,毀關,去禁,薄斂,已責。"

上博四·柬 1~,或讀爲求雨雩祭之"雩"。《淮南子·泰族》:"禱祠而求福,雩兌而請雨。"或讀爲"酺",祭名,《周禮·地官·族師》:"春秋祭酺亦如之。"鄭玄注:"酺者,爲人物烖害之神也。故書酺或爲步。杜子春云,當爲酺。玄謂,校人職又有冬祭馬步,則未知此世所云蝝螟之步與,人鬼之步與?蓋亦爲壇位如雩禜云。"或讀爲"祓",除也。《說文》:"祓,除惡祭也。"《玉篇》:"祓,除災求福也。"或讀爲"敀/迫"。

上博四·曹 54"~坓",讀爲"薄刑",減損刑罰;不以刑罰爲重。班固《白虎通·考黜》:"諸侯始封,爵土相隨者何?君子重德薄刑,賞宜從重。"

帛

 上博二·魯 2 女(如)母(毋)忢(愛)珪璧幣~於山川

 上博二·魯 4 女(若)夭(夫)母(毋)忢(愛)圭(珪)璧幣~於山川

 上博一·孔 20 幣~之不可迲(去)也

 上博一·性13 帛～

 上博六·競1 虗(吾)帛～甚娩(美)於虗(吾)先君之量矣

～,與(郭店·性自命出 22)同。《説文·帛部》："帛,繒也。从巾,白聲。"

簡文"帛～",繒帛。古代用於祭祀、進貢、饋贈的禮物。《墨子·尚同中》："其祀鬼神也……珪璧、幣帛,不敢不中度量。"

百

 上博一·孔13 鵲樔(巢)出㠯(以)～兩(輛)

 上博一·緇3 上人悑(疑)則～眚(姓)惑

 上博一·緇6 卒勞～眚(姓)

 上博一·緇7 古(故)長民者章志㠯(以)卲(昭)～眚(姓)

 上博一·緇7 ～眚(姓)㠯(以)息(仁)

 上博二·子6 史(使)皆得丌(其)社禝～眚(姓)而奉守之

 上博三·彭7 氏(是)胃(謂)～眚(姓)之宝(主)

 上博四·柬14 而～眚(姓)㠯(以)鑾(絶)

上博二·從甲6 君子不懌(緩)則亡(無)吕(以)頌(容)～眚(姓)

上博二·容3 思役～官而月青(請)之

上博二·容7 於是虖(乎)方～里之中

上博二·容27 墨(禹)乃從灘(漢)吕(以)南爲名浴(谷)五～

上博二·容28 從灘(漢)吕(以)北爲名浴(谷)五～

上博二·容35 身力吕(以)裦(勞)～眚(姓)

上博二·容48 ～眚(姓)丌(其)可(何)皋(罪)

上博二·容50 昬(昏)者(諸)～眚(姓)

上博二·容51 武王乃出革車五～輭(乘)

上博二·容53 昬(昏)者(諸)～眚(姓)

上博四·柬12 而～眚(姓)遂(移)吕(以)迲(去)邦家

上博四·相3 ～攻(工)僊(勸)於事

 上博四·曹1東西七～

 上博四·曹1南北五～

 上博四·曹27毋皋～眚(姓)

 上博四·曹36能絧(治)～人

 上博四·曹36吏(使)倀(長)～人

 上博五·競3㰀(狄)人之怀(附)者七～邦

 上博五·競8含(今)内之不得～生(姓)

 上博五·鮑1乃命～又(有)翮(司)曰

 上博五·鮑3～糧簺

 上博五·鮑4～眚(姓)皆宛(怨)慝

 上博五·季3紸(施)䢼(教)～眚(姓)

 上博五·季5～眚(姓)迻(送)之㠯(以)□☒

正編・鐸部

上博五・季 17 毋逆～事

上博五・姑 1 虐于～豫

上博五・姑 1 姑(苦)城(成)豪(家)父以亓(其)族參(三)坏(邔)正(征)～豫

上博五・姑 5 姑(苦)城(成)豪(家)父乃盗(寧)～豫

上博五・姑 9 敂(拘)人於～豫

上博五・三 12 ～軙(乘)之豪(家)

上博五・三 15 ～事不述(遂)

上博五・鬼 2 惻(賊)～眚(姓)

上博六・天甲 7 見～正

上博六・天乙 6 見～正

上博七・武 4 亓(其)箽(運)～[世]

上博七・武 11 而～殜(世)不遊(失)之道

上博七·武15～眚(姓)之爲經

上博七·君甲3～眚(姓)之宝(主)

上博七·君甲4宮妾㠯(以)十～婁(數)

上博七·君乙3～眚(姓)之宝(主)

上博七·君乙4宮妾㠯(以)十～婁(數)

上博七·凡甲8虗(吾)欲旻(得)～眚(姓)之和

上博七·凡甲16達見～里

上博七·凡甲22則～勿(物)不遊(失)

上博七·凡甲23～勿(物)具遊(失)

上博七·凡甲25～勿(物)不死女(如)月

上博七·凡甲28～眚(姓)斎=(之所)貴唯君

上博七·凡乙11達見～里

 上博七·凡乙 15 則～勿（物）不遴（失）

 上博七·凡乙 15 則～勿（物）具遴（失）

 上博七·凡乙 18 咸～勿（物）不死女（如）月

 上博七·凡乙 20～眚（姓）斎=（之所）貴唯君

～，戰國文字或作 、、、、、、、、、、、、。《說文》：“百，十十也。从一、白。數，十百爲一貫。相章也。![]，古文百。从自。”

上博一·孔 13、上博二·容 27、上博二·容 28、上博四·曹 1、上博五·競 3、上博五·鮑 1、上博五·鮑 3、上博七·君甲 4、君乙 4～，數詞。十的十倍。《書·堯典》：“朞三百有六旬有六日，以閏月定四時成歲。”

上博二·容 3“～官”，與“百工”相當。《書·堯典》：“允釐百工，庶績咸熙。”孔安國傳：“工，官。”《漢書·律曆志》引作：“允釐百官，衆功皆美。”《管子·輕重·巨乘馬》：“謂遠近之縣里邑百官。”馬非百《管子輕重篇新詮》：“百官即百工。《書·堯典》‘允釐百工’，《史記·五帝本紀》作‘信飭百官’，即其證。”《史記·夏本紀》：“乃歌曰：‘股肱喜哉，元首起哉，百工熙哉！’”裴駰集解引孔安國曰：“股肱之臣喜樂盡忠，君之治功乃起，百官之業乃廣。”（白於藍）

上博二·容 7“方～里”，古時諸侯封地範圍。《孟子·萬章下》：“天子之制，地方千里，公侯皆方百里。”

上博二·容 51“革車五～乘”，《韓非子·十過》：“革車五百乘，疇騎二千，步卒五萬，輔重耳入之于晉，立爲晉君。”

上博五·三 12"～乘",兵車一百輛。《禮記·大學》:"百乘之家,不蓄聚斂之臣。"《晏子春秋·諫上十》:"景公有男子五人,所使傅之者,皆有車百乘者也。"

上博四·相 3"～攻",讀爲"百工",《周禮·冬官·考工記》:"國有六職,百工與居一焉。……審曲面埶,以飭五材,以辨民器,謂之百工。"又云:"知者創物,巧者述之守之,世謂之工,百工之事,皆聖人之作也。""僾",當讀爲"勸"。"百工勸於事",猶言百工勉力於事也。《論語·子張》:"子夏曰:百工居肆以成其事,君子學以致其道。"

上博四·曹 36"～人",滿百人的概數。《國語·吳語》:"陳士卒百人,以爲徹行。"

上博五·季 17、上博五·三 15"～事",各種事務;事事。《書·舜典》"納于百揆,百揆時叙",孔安國傳:"舜舉八凱,使揆度百事,百事時叙,無廢事業。"《史記·淮陰侯列傳》:"審豪氂之小計,遺天下之大數,智誠知之,決弗敢行者,百事之禍也。"

上博五·姑"～豫",地名。

上博六·天甲 7、天乙 6"～正",讀作"迫",近也。"迫正"指近似於正視。(楊華)或訓爲百官。

上博七·武 4、上博七·武 11"～殜",讀爲"百世",猶言百代,歷時長久之意。《詩·大雅·文王》:"文王孫子,本支百世。"《孟子·離婁下》:"雖孝子慈孫,百世不能改也。"

上博七·凡甲 16、凡乙 11"達見～里",一百里,謂距離甚遠。《易·震》:"震驚百里,不喪匕鬯。"

上博七·凡"～勿",讀爲"百物",猶萬物。亦指各種貨物。《禮記·祭法》:"黃帝正名百物,以明民共財,顓頊能脩之。"

上博"～眚",讀爲"百姓",百官族姓。《詩·小雅·天保》:"群黎百姓,徧爲爾德。"毛亨傳:"百姓,百官族姓也。"《國語·周語中》:"百姓兆民,夫人奉利而歸諸上,是利之内也。"韋昭注:"百姓,百官也,官有世功受氏姓也。"《史記·五帝本紀》"便章百姓",裴駰集解:"孔安國曰:'百姓,百官。'鄭玄曰:'百姓,群臣之父子兄弟。'""百姓"是指百官族姓。《論語·憲問》:"修己以安百姓。"《易·繫辭上》:"百姓日用而不知。""百姓"是指天下衆民、庶民。

明紐莫聲

莫

上博二・從甲 1～之舍(予)也

上博二・容 10 天下之臤(賢)者～之能受也

上博二・容 11 而臤(賢)者～之能受也

上博三・周 30～之秀(勝)(敓?)

上博三・周 38～(暮)譽(夜)又(有)戎

上博三・亙 2 亙(恆)～生熙(氣)

上博四・逸・多 1～奴(如)蓳葦

上博四・逸・多 1～奴(如)㾟(兄)

上博四・逸・多 2～奴(如)同生

上博四・逸・多 2～奴(如)松杍(梓)

上博四·逸·多 2～奴（如）同父毋（母）

上博四·曹 50 幾（忌）～之堂（當）

上博五·弟 4～我智也夫

上博五·弟 8～新（親）虐（乎）父母

上博五·三 22 民～弗新（親）

上博五·姑 4 型（刑）～大安（焉）

上博六·孔 25～之能阩也

上博六·慎 2 道～佥干

上博六·慎 2～佥干

上博六·用 8 而～之能得

上博六·用 10 而～執朕胠

上博六·用 17～裳而粮

上博七・君甲 5 而天下～不語(御)

上博七・君乙 5 而[天下]～不語(御)

上博八・顔 6 則民～不從矣

上博八・顔 7 則民～逆(遺)新(親)矣

上博八・命 7～不忻(欣)意(喜)

上博八・命 7～弗瞎(聞)

上博八・蘭 5 蓉惻柬(簡)𦗪(逸)而～之能喬(效)矣

上博八・有 4 牁(將)～皇今可(兮)

上博八・有 4～不弁(變)改今可(兮)

上博一・性 39 慮其(斯)～與之結

上博二・子 9 丌(其)～

～,戰國文字或作(郭店・老子甲 5)、(郭店・語叢三 47)、(新蔡

甲三36)、█(施42)、█(集粹80)。《說文·茻部》:"莫,日且冥也。从日在茻中。"

上博二·從甲1"～之舍",讀爲"莫之與",見《易·繫辭下》:"危以動,則民不與也;懼以語,則民不應也;無交而求,則民不與也;莫之與,則傷之者至矣。"

上博～,代詞。沒有誰;沒有什麼(指處所或事物)。《易·益》:"莫益之,或擊之。"《荀子·天論》:"在天者,莫明於日月。"

上博三·周38～,古"暮"字。《禮記·檀弓》:"魯人有朝祥而莫歌者。"《說文·茻部》:"莫,日且冥也,从日在茻中。"

上博四·逸·多"～奴",讀爲"莫如",不如。《國語·魯語上》:"不厚其棟,不能任重,重莫如國,棟莫如德。"《史記·樂毅列傳》:"王必欲伐之,莫如與趙及楚魏。"

上博五·弟4"～我智也夫",相同語例又見《論語·憲問》:"子曰:'莫我知也夫!'子貢曰:'何爲其莫知子也?'子曰:'不怨天,不尤人,下學而上達。知我者,其天乎?'"

上博八·命7"～弗睧(聞)",《韓非子·十過》:"昔者晉獻公與寡人交,諸侯莫弗聞。"

上博五·三22"～弗新(親)",《荀子·王制》:"仁眇天下,故天下莫不親也;義眇天下,故天下莫不貴也;威眇天下,故天下莫敢敵也。"

上博"～之能",不能。

上博"～不",無不;沒有一個不。《詩·周頌·時邁》:"薄言震之,莫不震疊。"《左傳·成公十六年》:"民生敦厖,和同以聽,莫不盡力,以從上命。"

縸

 上博六·用14 毋事～₌

 上博六·用20 而又～₌之会

～,从"糸","莫"聲。《類篇》:"縸,惡絮也。齊人語。"

簡文"～₌",讀爲"莫莫"。"莫莫"有茂密義,《詩·大雅·旱麓》:"莫莫葛

齰,施於條枚,愷悌君子,求福不回。"又有敬謹義,或與"慔慔"相通訓爲勤勉者,《詩·小雅·楚茨》:"執爨踖踖,爲俎孔碩,或燔或炙。君婦莫莫,爲豆孔庶,爲賓爲客。"莫字本義为暮,"莫莫"又引申爲隱蔽義。"毋事繲繲",凡爲事應光明磊落,毋須隱瞞掩蔽也。

薨(墓)

 上博四·昭 5 虐(吾)不智亓(其)尔～(墓)

～,从"死","莫"聲,"墓"之異體。《說文·土部》:"墓,丘也。从土,莫聲。"

簡文～,即"墓",坟墓。古代埋葬死者,封土隆起的叫墳,平的叫墓。《書·武成》:"釋箕子囚,封比干墓。"《漢書·劉向傳》:"孔子葬母於防,稱古墓而不墳……孔子流涕曰:'吾聞之,古[者]不修墓。'"顏師古注:"墓,謂壙穴也。"

寞

 上博三·周 45 渿(井)朷勿～

～,與 、同。《廣韻·鐸韻》:"寞,寂寞。"

簡文～,寂寞、冷落。簡文意爲受救治,不再冷落、荒廢。

正編·陽部

上博楚簡文字聲系

陽　部

影紐央聲

央

上博五・三 4 必禺（遇）凶～（殃）

上博二・子 11 遊於～臺之上

上博六・用 2 冒難軛（犯）～

～，戰國文字或作 、。《説文・冂部》："央，中央也。从大在冂之内。大，人也。央、旁同意。一曰：久也。"

上博二・子 11"～臺"，或讀爲"瑤臺"、"陽臺"、"桑野"。陳劍疑"央臺"即《楚辭・天問》"璜臺十成，誰所極焉"之"璜臺"。

上博五・三 4"凶～"，讀爲"凶殃"，災禍。焦贛《易林・臨之涣》："飽食從容，出門上堂，不失其常，家無凶殃。"王充《論衡・亂龍》："禹鑄金鼎象百物，以入山林，亦辟凶殃。"

上博六・用 2"軛～"，讀爲"犯殃"，與"冒難"同義。"殃"有禍患；災難義。《易・坤》："積善之家，必有餘慶；積不善之家，必有餘殃。""難"有危難；禍患義。《易・否》："君子以儉德辟難，不可榮以禄。"孔穎達疏："以節儉爲德，辟其危難。"

吴

　　上博三·彭 7 氏（是）胃（謂）自敄（遭）～

～，从"口"，"央"聲。

簡文"敄～"，讀爲"遭殃"，遭受災殃。王褒《九懷·尊嘉》："伊思兮往古，亦多兮遭殃。"

英

　　上博四·逸·交 1 若玉若～

　　上博四·逸·交 2 皆芋（華）皆～

～，戰國文字或作 ■（施 186）、■（新鄭圖 403）。《説文·艸部》："英，艸榮而不實者。一曰：黄英。从艸，央聲。"

上博四·逸·交 1～，讀爲"瑛"。《詩·齊風·著》"尚之以瓊英乎而"，毛亨傳："瓊英，美石似玉者。"陳奂《詩毛氏傳疏》："英者，瑛之假借字。《説文》：'瑛，玉光也。'瑛本爲玉光，引申爲石之次玉。"簡文"若玉若瑛"，以玉比擬國君之德。（讀本四）

上博四·逸·交 2"皆芋皆～"，讀爲"皆華皆英"。英，《説文》："艸榮而不實者。"《詩·鄭風·有女同車》"顔如舜英"，毛亨傳："猶華也。"英、華，皆植物之精華，引申爲人類之菁英。（季旭昇）

曉紐皀聲

卿

　　上博四·柬 7～爲

正編·陽部

 上博五·三 4 毋訽(詬)政～於神弔(次)

 上博三·周 2 光～(亨)

 上博三·周 12～(亨)

 上博三·周 16 元～(亨)利貞

 上博三·周 18 元～(亨)

 上博三·周 20 元～(亨)利貞

 上博三·周 23～(亨)

 上博三·周 26～(亨)

 上博三·周 28～(亨)

 上博三·周 30～(亨)

 上博三·周 42～(亨)

 上博三·周 53 少(小)～(亨)

上博三·周 54～(亨)

上博四·曹 2 昔堯之～(饗)埈(舜)也

上博二·容 47 文王乃记(起)帀(師)吕(以)～(嚮)豊、喬(鎬)

上博六·天甲 7 與～夫=同恥氏(度)

上博六·天乙 7～夫=同恥氏(度)

～，是"饗"的初文，像二人相嚮而食之形。戰國文字或作 、、、、、、。《說文·卯部》："卿，章也。六卿：天官冢宰、地官司徒、春官宗伯、夏官司馬、秋官司寇、冬官司空。从卯，皂聲。"

上博二·容 47～，即"嚮"，去；前往。《後漢書·文苑傳上·杜篤》："師之攸向，無不靡披。"《宋書·柳元景傳》："魯爽向虎牢，復使元景率安都等北出關城……會爽退，復還。"

上博三·周 2～，讀爲"亨"，通達；順利。《易·坤》："坤厚載物，德合無疆，含弘光大，品物咸亨。"孔穎達疏："咸亨者，包含以厚，光著盛大，故品類之物，皆得亨通。"

上博四·柬 7～，古代君對臣、長輩對晚輩的稱謂。《三國志·吳志·魯肅傳》："權歉息曰：'此諸人持議，甚失孤望；今卿廓開大計，正與孤同，此天以卿賜我也。'"

上博四·曹 2～，讀爲"饗"，以隆重的禮儀宴請賓客。泛指宴請，以酒食犒勞、招待。《詩·小雅·彤弓》："鐘鼓既設，一朝饗之。"鄭玄箋："大飲賓曰饗。"孔穎達疏："謂以大禮飲賓，獻如命數，設牲俎豆，盛於食、燕。"《儀禮·士

昏禮》:"舅姑共饗婦以一獻之禮。"鄭玄注:"以酒食勞人曰饗。"

上博五·三 4"政～",讀爲"正卿",上卿。春秋時諸侯國的最高執政大臣,權力僅次於國君。《左傳·文公七年》:"子爲正卿,以主諸侯,而不務德,將若之何?"《國語·晉語八》:"晉爲諸侯盟主,子爲正卿,若能靖端諸侯,使服聽命於晉,晉國其誰不爲子從?"

上博六·天甲 7"～夫₌",公卿和大夫。後借指高級官員。《國語·魯語下》:"卿大夫朝考其職,晝講其庶政。"《周禮·秋官·司寇》:"凡卿大夫之獄訟,以邦法斷之。凡庶民之獄訟,以邦成弊之。"《禮記·王制》:"王者之制禄爵……諸侯之上大夫卿、下大夫、上士、中士、下士,凡五等。"鄭玄注:"上大夫曰卿。"

曉紐香聲

香

 上博一·緇衣 22 故君子之友也又(有)～

～,從"甘",從"林",古文字中木與禾往往通用,漢印香字每從禾(《漢印徵》7·12),華山廟碑香從兩禾,因此所從"林"可以理解爲兩禾,乃"香"字異體。《説文·香部》:"香,芳也。從黍,從甘。《春秋傳》曰:'黍稷馨香。'"～下部和《汗簡》所引碧落碑香字所從相同。

簡文～,讀爲"鄉"。《説文·艸部》:"薌,穀氣也,亦作香。"《儀禮·士虞禮》:"香合嘉薦。"《釋文》:"香,本又作薌。""香"可以讀爲"鄉"。郭店·緇衣作"向",亦讀爲"鄉"。

曉紐亯聲

亯

 上博三·周 17 王用～于西山

 上博五·三 4 母(毋)～(享)覒(逸)安

 上博五·三 7 㠯(以)祀不～

 上博五·三 9 毋凶備㠯(以)～祀

 上博六·孔 8 而亡㠯(以)～者

《説文·亯部》:"亯,獻也。从高省,曰象進孰物形。《孝經》曰:'祭則鬼亯之。'㬞,篆文亯。"

上博三·周 17、上博五·三 7～,供祭品奉祀祖先。《書·盤庚上》:"兹予大享于先王。"孔穎達疏:"《周禮·春官·大宗伯》祭祀之名:天神曰祀,地祇曰祭,人鬼曰享。此大享於先王,謂天子祭宗廟也。"

上博五·三 4～,享受;受用。《左傳·僖公二十三年》:"保君父之命而享其生禄。"杜預注:"享,受也。"

上博五·三 9"～祀",即"享祀",祭祀。《易·困》:"困于酒食,朱紱方來,利用享祀。"《詩·魯頌·駉之什》:"春秋匪解,享祀不忒。皇皇后帝！皇祖后稷！"

上博六·孔 8～,或疑釋爲"合"。(陳劍)

菖

 上博六·競 9 番涅藏～

～,从"艸","亯"聲。

簡文"番涅藏～",讀爲"播馨揚芳"。"享"、"芳"二字古通。《易·損》:"曷之用二簋。可用享。"馬王堆漢墓帛書本"享"作"芳"。《易·困》:"利用享祀。"馬王堆漢墓帛書本"享"作"芳"。簡文"播馨"與"揚芳"義同,即傳佈芳香。或讀爲"篤",不確。

曉紐向聲

向

 上博一·緇 12 毋以辟士嘼(疾)大夫～(卿)使(士)

 上博三·彭 8 毋～桓

 上博四·柬 1 王～日而立

 上博五·競 7 則攸(修)者(諸)～(鄉)里

 上博二·容 7 四～阩禾(和)

 上博六·慎 6 氏以君子～方智道

～，上部均像兩人背對之形，似應分析爲從"北"從"口"。《說文》："向，北出牖也。"從"北"可爲《說文》訓"向"爲朝北窗户之一證。湯余惠、吳良寶先生認爲楚簡"󰀀"字是由"󰀁"形演變來的，其演變過程爲：󰀁→󰀂→󰀃→󰀄→󰀀。或說󰀀爲"饗"之省體。戰國文字或作：󰀅(郭店·老子乙17)、󰀆(郭店·老子乙 18)、󰀇(郭店·魯穆公問子思 3)、󰀈(郭店·尊德義 28)、󰀉(郭店·六德 3)、󰀊(九 A44)、󰀋(中國文字新二十三期公朱右自鼎)。《說文·宀部》："向，北出牖也。从宀，从口。《詩》曰：'塞向墐户。'"徐鍇曰："牖所以通人氣，故从口。"

上博一·緇 12"～使"，讀爲"卿士"。上古音"向"是曉紐陽部字，"卿"是溪紐陽部字，聲紐都是喉牙音，疊韻。典籍中"向"與"鄉"相通的例子極多(參

《古字通假會典》281～282 頁),而"卿"和"鄉"在古文字中本來就是一個字,所以"向"可讀爲"卿"。簡文"卿士"指卿、大夫。后用以泛指官吏。《書·牧誓》:"是信是使,是以爲大夫卿士。"孫星衍疏:"大夫卿士不云卿大夫士,蓋以此士,卿之屬也。"《史記·宋微子世家》:"殷既小大好草竊姦宄,卿士師師非度,皆有罪辜,乃無維獲,小民乃並興,相爲敵讎。"

上博二·容 7"四～",四周;四方。《北史·牛弘傳》:"堂高三尺,以應三統;四向五色,各象其行。"

上博三·彭 8"～桓",讀爲"尚鬭",崇尚戰鬥;爭鬥。《詩·谷風·鼓鐘》"以雅以南",鄭玄箋:"雅,萬舞也。周樂尚武,故謂萬舞爲雅。"

上博四·柬 1"～日",朝著太陽;面對太陽。《史記·龜策列傳》:"於是元王向日而謝,再拜而受。"

上博五·競 7"～里",讀爲"鄉里"。《管子·幼官圖》:"間男女之畜,修鄉里之什伍。量委積之多寡,定府官之計數。養老弱而勿通,信利害而無私。"《國語·齊語》:"國子、高子退而修鄉,鄉退而修連,連退而修里……。是故匹夫有善,可得而舉也;匹夫有不善,可得而誅也。政既成,鄉不越長,朝不越爵,罷士無伍,罷女無家。夫是,故民皆勉爲善。"

上博六·慎 6"～方",《禮記·樂記》:"樂行而民鄉方"。孔穎達疏:"方,猶道也,而民歸鄉仁義之道也。"《吕氏春秋·音初》:"故君子反道以修德,正德以出樂,和樂以成。樂和而民鄉方矣。"高誘注:"鄉,仰。方,道。""向方"即"鄉方",向道也。郭店簡《尊德義》有"爲故率民向方者,惟德可。"

曉紐兄聲

兄

 上博三·彭 5 父子～弟

 上博五·季 15 魅(眯)父～子佛(弟)而禹賕

～,與 ?(郭店·六德 13)、?(郭店·語叢一 70)同。

《説文·儿部》:"兄,長也。从儿,从口。"

上博三·彭 5"父子～弟"、上博五·季 15"父～子俤(弟)",《爾雅·釋親》:"男子先生爲兄,後生爲弟。"父親與兄長。《論語·子罕》:"出則事公卿,入則事父兄。"《禮記·樂記》:"在閨門之内,父子兄弟同聽之,則莫不和親。"

伬

 上博四·内 4 古(故)爲人～(兄)者

 上博四·内 4 言人之～(兄)之不能慈(慈)俤(弟)者

 上博四·内 4 不與言人之俤(弟)之不能承～(兄)者

 上博四·内 4 言人之俤(弟)之不能承～(兄)

 上博四·内 5 與～(兄)言

 上博四·内 6 言承～(兄)

～,从"人"、"兄",會人兄之意,"兄"字繁體。

上博四·内 4"爲人～(兄)",《墨子·兼愛》:"爲人君必惠,爲人臣必忠,爲人父必慈,爲人子必孝,爲人兄必友,爲人弟必悌。"

靮

 上博四·曹 35 毋倀(長)於父～(兄)

 上博四·曹 42 父～(兄)不鴈

1593

 上博五·三 11 毋恥父～(兄)

 上博四·逸·多 1～(兄)及弟淇(也)

 上博四·逸·多 1 莫奴(如)～(兄)

 上博六·天甲 3 義之～也

上博六·天乙 2 義之～也

 上博八·志 5 虐(吾)父～(兄)眚(甥)咎(舅)之又(有)善

～，加注"生"聲，"兄"字繁體。

上博六·天甲 3～，讀爲"皇"，《書·無逸》："無皇曰:今日耽樂。"《漢石經》"皇"作"兄"。《書·無逸》："則皇自敬德"，《正義》："王肅本皇作況"。《書·秦誓》："我皇多有之"，《公羊傳·文公十二年》作"而況乎我多有之"。《廣雅·釋詁》："皇，美也。"《詩·周頌·烈文》："繼序其皇之"，毛亨傳："皇，美也。"簡文"禮者，義之兄也"，"義之兄"可讀爲"義之皇"，意爲"義之美"。《荀子·禮論》："禮者，斷長續短，損有餘，益不足，達愛敬之文，而滋成行義之美者也。"《韓非子·解老》："光有澤而澤有事，義者仁之事也。事有禮而禮有文，禮者義之文也。"(林文華)或讀爲"匡"，匡正。(劉洪濤)也可能讀爲"方"。《周易·繫辭下》："井以辯義。"王弼注："施而無私，義之方也。"孔穎達疏："井能施而無私，則是義之方所，故辨明於義也。"

匣紐行聲

行

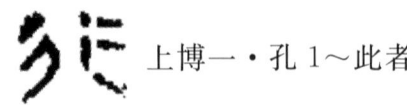 上博一·孔 1～此者

上博一・緇 7 則民至(致)～己㠯(以)兌(悦)上

上博一・緇 7 又(有)匊(格)悳(德)～

上博一・緇 8 而從丌(其)所～

上博一・緇 14 正(政)之不～

上博一・緇 16 可言不可～

上博一・緇 16 可～不可言

上博一・緇 16 君子弗～

上博一・緇 16 則民言不舎(危)～

上博一・緇 17～則旨(稽)丌(其)所蔽(敝)

上博一・緇 17 則民慭(慎)於言而斳(謹)於～

上博一・緇 17 言率～之

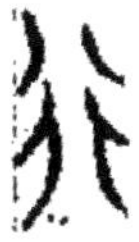

上博一・緇 17 則～不可匿

上博一·緇 17 古（故）君子寡（顧）言而～

上博一·緇 19 ～又（有）陸（格）

上博一·緇 19 陸（略）而～之

上博一·緇 21 覞（示）我周～

上博一·性 1 寺（待）兑（悦）而句（後）～

上博一·性 24 ～之而不怸（過）

上博二·從甲 16 以虳（犯）虞見不訓～㠯（以）出之

上博二·從甲 18 ～才（在）己而名才（在）人

上博二·從甲 19 ～險至（致）命

上博二·從乙 5 是古（故）君子劈（強）～㠯（以）時（待）名之至也

上博二·容 8 敓柬（簡）㠯（以）～

上博二·容 14 堯聐（聞）之而敚（美）丌（其）～

上博二·容 16 祅(妖)羕(祥)不～

上博二·容 19 达(去)虛(苛)而～柬(簡)

上博二·容 21 璺(禹)肰(然)句(後)訂(始)～目(以)僉(儉)

上博二·容 32 安(焉)目(以)～正(政)

上博二·民 2 目(以)～三亡(無)

上博二·從甲 2 ～之目(以)豊(禮)也

上博二·從甲 7 不息(仁)則亡(無)目(以)～正(政)

上博二·從甲 7 旹(持)～視上衣飤(食)

上博二·從甲 11 見善～

上博二·從甲 11 可言而不可～

上博二·從甲 11 可～而不可言

上博二·從甲 11 君子不～

上博二·從甲 12 臺(敦)～不俟(倦)

上博二·容 32 於是於(乎)匀(治)簉(爵)而～录(禄)

上博二·容 47 文王於是虖(乎)素耑(端)襓裳以～九邦

上博二·容 52 而得遴(失)～於民之脣(辰)也

上博三·周 13 可用～帀(師)

上博三·周 14 利建疾(侯)～帀(師)

上博三·周 21 ～又(有)禣(眚)

上博三·周 38 蜀(獨)～遇雨

上博三·周 38 丌(其)～縷(婁)疋(且)

上博三·周 39 中～亡(無)咎

上博三·周 41 丌(其)～縷(婁)疋(且)

上博三·周 48 ～丌(其)廷

上博三·中 5 以～壴(矣)

上博三·中 14 曓(早)史(使)不～

上博三·中 23 夫～

上博三·亙 2 又(有)乍(作)～

上博三·亙 4 生之生～

上博三·亙 5 明明天～

上博三·彭 1 臣可(何)埶(藝)可(何)～

上博三·彭 6 □□之惎(謀)不可～

上博四·內 8 ～不頌

上博四·內 8 ～祝於五祀

上博四·曹 24 凡貴人囟(思)尻(處)前立(位)一～

上博四·曹 30 思爲前～

上博四·曹 30 三～之逡(後)

上博四·曹 31 命之毋～

上博四·曹31 思爲前~

上博四·曹32 曰牆(將)曩(早)~

上博四·曹38 牪則不~

上博四·曹43 ~阪淒(濟)壇(障)

上博四·曹51 盤遷(就)~□人

上博五·競3 安(焉)命~先王之瀘

上博五·競3 ~古弄(作)

上博五·競3 弗~者死

上博五·季3 而塵亓(其)~

上博五·季7 以斤羣=(君子)之~也

上博五·季13 先=(先人)之所史(使)而~之

上博五·季17 皆青~之

上博五·姑 1～正（政）詷（迅）弜（強）

上博五·姑 7 虗（吾）悳（直）立經（徑）～

上博五·君 3 欲～之不能

上博五·君 7～毋堊（躅）

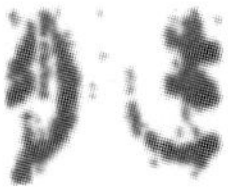

上博五·君 11～子人子羽

上博五·弟 12 求爲之～

上博五·弟 12 言～相愆

上博五·三 6～逞（往）視逨（來）

上博五·鬼 8 而志～曑（顯）明

上博六·競 4 王命屈昏軝武子之～安

上博六·競 9 明德觀～

上博六·孔 4 仁者是能～叕（聖）人之道

上博六·孔 4～聖人之道

上博六·孔 5 君子～

上博六·孔 6 亓(其)～

上博六·孔 14 民之～也

上博六·孔 15 智不～矣

上博六·孔 18～年

上博六·孔 18 亓(其)～板恭哀與

上博六·木 3 莊王迲河雝之～

上博六·用 4 五井不～

上博六·用 11 晢～冒還

上博六·用 12 則～口

上博六·天甲 6 洛尹～身和二

上博六・天甲 6～呂（以）興

上博六・天甲 9 事鬼則～敬

上博六・天甲 12 時言而殜（世）～

上博六・天甲 13 強～

上博六・天乙 5 洛尹～身和二

上博六・天乙 6～呂（以）興

上博六・天乙 8 事鬼則～敬

上博七・武 3 西面而～

上博七・武 6 毋～可悥（悔）

上博七・君甲 8 戍～年卒=（七十）矣

上博七・君乙 8 戍～年卒=（七十）矣

上博七・吳 4 叔（且）青（請）亓（其）～

上博八·子2妝(偃)也攸(修)丌(其)悳(德)～

上博八·子2述(遂)～

上博八·顔4甬(庸)～之敬

上博八·顔9女(如)進者藿(勸)～

上博八·顔13□屰(素?)～而信

上博八·成1西～弗埜(來)

上博八·命9皆亡　安(焉)而～之

上博八·蘭3綽遠～道

～,戰國文字或作 (郭店·老子甲17)、 (郭店·忠信之道6)、 (郭店·成之聞之1)、 (郭店·語叢一42)、 (新蔡乙四52)、 (新蔡乙四55)、 (左塚漆桐)、 (後李圖四9)、 (施297)、 (秦風251)。《說文·行部》:"行,人之步趨也。从彳,从亍。"

上博一·緇7～,恭行。

上博一·緇7、上博八·子2"悳(德)～",道德品行。《易·節》:"君子以制數度,議德行。"孔穎達疏:"德行謂人才堪任之優劣。"《孟子·公孫丑上》:"宰我、子貢善爲說辭;冉牛、閔子、顏淵善言德行。"

上博一·緇17"歎（謹）於～"，謹慎行事。《史記·平津侯主父列傳》："蓋君子善善惡惡，君若謹行，常在朕躬。"《後漢書·獨行傳·繆肜》："肜深懷憤歎，乃掩户自撾曰：'繆肜，汝修身謹行，學聖人之法，將以齊整風俗，奈何不能正其家乎？'"

上博一·緇21"周～"，至善之道。《詩·小雅·鹿鳴》："人之好我，示我周行。"毛亨傳："周，至；行，道也。"

上博一·緇、上博一·性1、上博二·民2、上博二·容21、上博五·競3～，施行。《易·繫辭上》："形而上者謂之道，形而下者謂之器，化而裁之謂之變，推而行之謂之通。"孔穎達疏："因推此以可變而施行之，謂之通也。"

上博二·從甲18～，做；從事某種活動。《書·湯誓》："非台小子，敢行稱亂，有夏多罪，天命殛之。"

上博二·從甲19"～險"，做冒險的事；走危險的路。《禮記·中庸》："故君子居易以俟命，小人行險以徼幸。"

上博二·容14"散丌～"，讀爲"美其行"，《列女傳·貞順傳》："淮陽太守以聞，漢孝文皇帝高其義，貴其信，美其行。"

上博二·容19"～柬"，讀爲"行簡"，行事簡易。《論語·雍也》："居敬而行簡，以臨其民，不亦可乎？"朱熹集注："言自處以敬，則中主而自治嚴，如是而行簡以臨民，則事不煩而民不擾。"

上博二·容32"訇籥而～录"，讀爲"始爵而行禄"，謂此時才開始制定實行爵禄之制。

上博二·容52～，傳佈；散佈。《左傳·襄公二十五年》："言之無文，行而不遠。"

上博二·從甲2"～之以豊（禮）"，《禮記·文王世子》："是故，聖人之記事也，慮之以大，愛之以敬，行之以禮，脩之以孝養，紀之以義，終之以仁。"

上博二·從甲11"善～"，美好的品行；美好的行爲。《禮記·曲禮上》："博聞強識而讓，敦善行而不怠，謂之君子。"《孟子·盡心上》："及其聞一善言，見一善行，若決江河，沛然莫之能禦也。"

上博二·從甲7、上博二·容32、上博五·姑1"～正"，讀爲"行政"，指執掌國家政權。《史記·周本紀》："周公、召公二相行政，號曰'共和'。"《孟子·梁惠王上》："爲民父母，行政，不免於率獸而食人，惡在其爲民父母也？"

上博二·從甲12"亯（敦）～"，篤行。《逸周書·小明武》："敦行王法，濟用金鼓。"

上博三·周 13"～帀（師）"，指出兵。《史記·司馬穰苴列傳》："若夫穰苴，區區爲小國行師，何暇及《司馬兵法》之揖讓乎？"

上博三·周 38"蜀（獨）～"，一人行路；獨自行走。《莊子·盜跖》："内周樓疏，外不敢獨行，可謂畏矣！"

上博三·周 38、上博八·子 2～，行走。《詩·唐風·杕杜》："獨行踽踽。豈無他人？不如我同父。"

上博三·周 39"中～亡（無）咎"，《易》王弼注："處中而行，足以免咎而已，未足光也。"

上博三·中 5～，施行。這裏大概指實現孔子師徒的政治理念。《大戴禮記·曾子立事》"君子愛日以學，及時以行"，王聘珍解詁："行，謂行其所學。"（陳偉）

上博三·亙 2"乍（作）～"，"乍（作）"，疑指"始"。"行"，疑指"往"。

上博三·亙 4、上博三·亙 5～，即天道的運行，四時的運行。

上博三·彭 1、6～，"爲"也。《墨子·經上》："行，爲也。"《論語·述而》："吾無所行而不與二三子者。"皇侃疏："行，猶爲也。"《論語·顏淵》："子曰：'爲之難，言之得無訒乎？'"皇侃疏："爲，猶行也。"故簡文之"□□之謀不可行"即《説苑·談叢》之"忽忽之謀不可爲也"。（湯志彪）

上博四·内 8"～不頌"，讀爲"行不翔"，行走時不可張開雙臂。《禮記·曲禮上》："父母有疾，冠者不櫛，行不翔，言不惰，琴瑟不御。食肉不至變味，飲酒不至變貌，笑不至矧，怒不至詈。疾止復故。"

上博四·内 8"～祝"，舉行祝禱。《儀禮·既夕禮》："乃行禱於五祀。"

上博四·曹 30"前～"，前鋒。《吳子·應變》："募吾材士，與敵相當，輕足利兵，以爲前行。"

上博四·曹 30"三～"，謂（前行、前軍）向敵軍三次前進，"行"當爲動詞。《左傳·定公十四年》："吳伐越，越子勾踐禦之，陳于檇李。勾踐患吳之整也，使死士再禽焉，不動。使罪人三行，屬劍於頸，而辭曰：'二君有治，臣姦旗鼓，不敏於君之行前。不敢逃刑，敢歸死。'遂自剄也。"《史記·吳大伯世家》："十九年夏，吳伐越，越王句踐迎擊之檇李。越使死士挑戰，三行造吳師，呼，自剄。"《史記·越王勾踐世家》："元年，吳王闔廬聞允常死，乃興師伐越。越王勾踐使死士挑戰，三行至吳陳，呼而自剄。"皆謂三次前進之後到達吳軍之陣。（陳劍）

上博四·曹 31"毋～"，《戰國策·魏策一》："公至宋，道稱疾而毋行。"

上博四·曹32"暴～"，讀爲"早行"。《淮南子·天文》："蟄蟲早出，故雷早行。"

上博四·曹38、51～，《廣雅·釋詁二》："行，陳（陣）也。"

上博四·曹43"～阪淒墜"，讀爲"行阪濟障"，與《吳子·料敵》"行阪涉險"義近。

上博五·競3"～先王之瀍"，施行先聖王的綱紀法度。《易·小傳》："上順天時，下順先王之法。"《孟子·離婁上》："遵先王之法而過者，未之有也。"

上博五·君11"～子人"，即行人。官名。《管子·小匡》："王子城父爲將，弦子旗爲理，甯戚爲田，隰朋爲行。"尹知章注："行，謂行人也。"《左傳·襄公二十九年》："鄭行人子羽曰：'是謂不宜，必代之昌。松柏之下，其草不殖。'"

上博五·季17"青～之"，《史記·田敬仲完世家》："德施人之所欲，君其行之；刑罰人之所惡，臣請行之。"

上博五·姑7"經～"，讀爲"徑行"，任性而行。《禮記·檀弓下》："禮有微情者，有以故興物者，有直情而徑行者，戎狄之道也。"孔穎達疏："謂直肆己情而徑行也。"

上博五·君3"欲～之"，《孟子·梁惠王上》："王欲行之，則盍反其本矣！"

上博五·君7～，行走。《禮記·曲禮上》："爲人子者，居不主奥，坐不中席，行不中道，立不中門。食饗不爲槩，祭祀不爲尸。聽于無聲，視於無形。不登高，不臨深。不苟訾，不苟笑。"

上博五·弟12"言～"，言語和行爲。《易·繫辭上》："言行，君子之樞機。"

上博五·三6～，前往。《詩·秦風·無衣》："王于興師，修我甲兵，與子偕行。"毛亨傳："行，往也。"

上博五·鬼8"志～"，志向和操行。《易·屯》："《象》曰：雖磐桓，志行正也。"《漢書·傅喜傳》："少好學問，有志行。"

上博六·競9"觀～"，觀察行爲。《論語·學而》："父在觀其志，父没觀其行。"《吕氏春秋·觀世》："察實者不留聲，觀行者不譏辭。"《韓非子·觀行》："明於堯不能獨成，烏獲之不能自舉，賁育之不能自勝，以法術，則觀行之道畢矣。"

上博六·孔4"～聖（聖）人之道"，《史記·李斯列傳》："夫不能行聖人之術，則舍爲天下役何事哉？"

上博六·孔14"民之～也"，《漢書·藝文志》："《孝經》者，孔子爲曾子陳孝道也。夫孝,天之經,地之義,民之行也。"

上博六·孔 18"～年",經歷的年歲,指當時年齡。《荀子·君道》:"以爲好麗邪?則夫人行年七十有二,齞然而齒墮矣。"《國語·晉語四》:"郤縠可,行年五十矣,守學彌惇。"

上博三·中 14、上博六·用 4"不～",不施行。《書·呂刑》:"上下比罪,無僭亂辭,勿用不行。"孔安國傳:"無聽僭亂之辭以自疑,勿用折獄,不可行。"

上博六·天甲 6"～以興",讀爲"行以繩",天子行走要像繩子一樣成直線。《墨子·法儀》:"百工爲方以矩,爲圓以規,直以繩,正以縣。"《大戴禮記·哀公問五義》:"行中矩繩。"《孔子家語·五儀解》:"行中規繩。"(單育辰)

上博六·天甲 13"強～",勉力、努力實行。《老子》:"強行者有志。"或讀爲"剛行",即"行剛",指行爲果斷剛正。(劉釗、林文華)

上博七·武 6"毋～可悳(悔)",今本《大戴禮記·武王踐阼》作"無行可悔"。

上博七·吳 4～,去;離開。《國語·晉語二》:"舟之僑告諸其族曰:'衆謂虢亡不久,吾今乃知之……内外無親,其誰云救之。吾不忍俟之。'將行,以其族適晉。"韋昭注:"行,去也。"《莊子·人間世》:"顔回見仲尼請行。"

上博八·顔 4"倯(庸)～",《荀子·不苟》:"庸言必信之,庸行必慎之。"《易·乾》:"庸言之信,庸行之謹,閑邪存其誠,善世而不伐,德博而化。"孔穎達疏:"庸謂中庸,庸,常也。從始至末,常言之信實,常行之謹慎。"

上博八·顔 9"蓳～",讀爲"勸行",敦行、篤行之義。

上博八·成 1"西～",向西運行。

上博八·蘭 3～,道路。"行道",見《詩·大雅·緜》:"柞棫拔矣,行道兌矣。"亦是同義疊用。《爾雅·釋宮》:"行,道也。"

衡

 上博七·君甲 3 竽瑟(瑟)～於耑(前)

 上博七·君乙 3 竽瑟(瑟)～於耑(前)

上博七・凡甲 4 虗(吾)奚～奚從(縱)

上博七・凡乙 3 虗(吾)奚～奚從(縱)

～,從"角",從"大","大"中有飾筆,形似"矢",爲《說文》古文所本。《說文・角部》:"衡,牛觸,橫大木其角。從角,從大,行聲。《詩》曰:'設其楅衡。'𠀤,古文衡如此。"

上博七・君甲 3、君乙 3～,讀爲"衡",訓作橫、橫貫。《大戴禮記・曾子制言》:"天下無道,循道而行,衡塗而僨。"(何有祖)

上博七・凡甲 4、凡乙 3～,與"縱"相對。《禮記・檀弓上》:"古者冠縮縫,今也衡縫。"顏師古《匡謬正俗》:"《禮》云:'古之冠縮縫,今也衡縫。'衡即橫也,不勞借音。"《楚辭・東方朔〈七諫・沉江〉》:"不開寤而難道兮,不別橫之與縱。"王逸注:"緯曰橫,經曰縱。"

蘅

上博六・競 8 山林吏～守之

～,從"艸","奚(衡)"聲。

簡文～,讀爲"衡",古官名,掌保護巡守山林。《左傳・昭公二十年》:"山林之木,衡鹿守之;澤之萑蒲,舟鮫守之;藪之薪蒸,虞候守之;海之鹽、蜃,祈望守之。"孔穎達疏:"《周禮》司徒之屬,有林衡之官,掌巡林麓之禁。鄭玄云:'衡,平也。平林麓之大小及所生者。竹木生平地曰林,山足曰麓。'此置衡鹿之官,守山林之木。是其宜也。"

匣紐王聲

王

上博一・孔 1 丌(其)又(有)不～唬(乎)

上博一·孔 2 文～受命矣

上博一·孔 5～惪(德)也

上博一·孔 6 於唬(乎)前～不忘

上博一·孔 7 命此文～

上博一·孔 7 文～唯(雖)谷(欲)已

上博一·孔 8～公恥之

上博一·孔 21 文～

上博一·緇 1 垩(儀)型(刑)文～

上博一·緇 5 隹(唯)～之功(邛)

上博一·緇 15～言女(如)絲

上博一·緇 15～言女(如)索

上博一·緇 17 穆穆文～

上博二·民 8 城(成)～不敢康

上博二·子 7 先～之遊

上博二·子 7 ～則亦不大淲

上博二·子 9 厽(三)～者之乍(作)也

上博二·子 13 厽(三)～者之乍(作)也女(如)是

上博二·子 13 肰(然)則厽(三)～者箮(孰)爲

上博二·從甲 1 昔三弋(代)之明～之又(有)天下者

上博二·從甲 2 ～舍(予)人邦豪(家)土埅(地)

上博二·容 5 圶(匡)天下之正(政)十又(有)九年而～天下

上博二·容 35［啓］～天下十又(有)六年(世)而傑(桀)复(作)

上博二·容 35 傑(桀)不述兀(其)先～之道

上博二·容 42 夫是㠯(以)旻(得)衆而～天下

上博二·容 42 湯～天下三十又(有)一傑(世)而受(紂)复(作)

上博二·容 42 受(紂)不述兀(其)先～之道

上博二·容 46 文～聤（聞）之曰

上博二·容 46 乃出文～於皂（夏）臺之下而聤（問）安（焉）

上博二·容 47 文～曰

上博二·容 47 文～於是虖（乎）素端（端）襓裳弖（以）行九邦

上博二·容 47 文～乃迟（起）帀（師）弖（以）鄉（向）豐喬（鎬）

上博二·容 48 乃降文～

上博二·容 49 昔者文～之差（佐）受（紂）也

上博二·容 49 文～堋（崩）

上博二·容 49 武～即立（位）

上博二·容 49 武～曰

上博二·容 50 武～於是虖（乎）复（作）爲革車千乘（乘）

上博二·容 51 武～乃出革車五百乘（乘）

上博二·容 52 武～於是虖（乎）素冠㡰（冕）

上博二·容 53 武～素麿（甲）以申（陳）於甗（殷）蒿（郊）

上博三·中 18 昔三弋（代）之明～又（有）四海之内

上博三·亙 13 與天下之明～

上博三·周 5 或從～事

上博三·周 7 ～晶（三）賜命

上博三·周 10 ～晶（三）驅

上博三·周 17 ～用亯於西山

上博三·周 35 ～臣訐訐

上博三·周 42 ～䧴（格）於宮（廟）

上博三·周 45 ～明

上博三·周 54 ～叚（假）於宮（廟）

上博四·采 4 ～音深浴（谷）

上博四·昭 1 卲～爲室於死澨之滸（漵）

上博四·昭 1～戒邦夫=（大夫）㠯（以）歓（飲酒）

上博四·昭 1～内（入）

上博四·昭 2 君～訋（始）内（入）室

上博四·昭 3 僕（僕）之毋辱君～

上博四·昭 5～遅（徒）尻於坪萬

上博四·昭 5 卲～

上博四·昭 6 龏之脾駿（馭）～

上博四·昭 6 大尹内（入）告～

上博四·昭 6 脾介趣君～

上博四·昭 7 君～

上博四·昭 7～訋而余之袿褒

上博四・昭 7～命辭之脾毋見

上博四・昭 8 自訟於～

上博四・昭 8 君～

上博四・昭 8 㠯(以)告君～

上博四・昭 8 今君～或命脾毋見

上博四・昭 9～曰

上博四・昭 9 息君吳～身至於郢

上博四・柬 1 柬(簡)大～泊澫(旱)

上博四・柬 1～自臨卜

上博四・柬 1～向日而立

上博四・柬 1～滄(汗)至

上博四・柬 2 龜尹智(知)～之庶(炙)於日而疠(病)芥(疥)

上博四·柬 2 龜尹智（知）～之疠（病）

上博四·柬 4 龜尹至（致）命於君～

上博四·柬 5 ～曰

上博四·柬 6 不敢㠯（以）君～之身弁（變）亂櫜（鬼）神之棠（常）古（故）

上博四·柬 7 㠯（以）君～之身殺祭

上博四·柬 7 ～内（入）

上博四·柬 8 ～以睧（問）贅尹高

上博四·柬 9 ～若（諾）

上博四·柬 9 ～夢晶（三）閨未啟

上博四·柬 9 ～㠯（以）告相屖（徙）與中余（舍）

上博四·柬 10 君～尚（當）㠯（以）睧（問）大（太）剸（宰）晉侯

上博四·柬 13 女（如）君～攸（修）郢高（郊）

上博四·柬 13 君～母（毋）敢哉（災）害

上博四·柬 14 ～卬（仰）天乎而泣

上博四·柬 15 ～許諾

上博四·柬 16 ～又（有）埜（野）色

上博四·柬 17 ～事可（何）

上博四·柬 20 君内（入）而語僕之言於君～

上博四·柬 21 君～元君

上博四·柬 22 君～之疠（病）牂（將）從含（今）日㠯（以）已

上博四·柬 23 君～元君

上博四·曹 64 此先～之至道

上博四·曹 64 昔之明～之忌（起）於天下者

上博五·競 3 安（焉）命行先～之瀼

上博五·競 4 安(焉)攸(修)先～之瀘

上博五·競 7 昔先君客(格)～

上博五·弟 17 弗～

上博五·弟 17 夫安(焉)能～人

上博五·三 1 纍(明)～無思

上博六·競 4～命屈木昏軋武子之行安

上博六·莊 1 莊～既成亡(無)鐸(射)

上博六·莊 1【背】莊～既成

上博六·莊 2～固昏(問)之

上博六·莊 3～曰

上博六·莊 5～子回敓之

上博六·莊 5～子回立爲王

上博六・莊5 王子回立爲～

上博六・莊5 紳公子皇見～

上博六・莊6 臣不智君～之牂（將）爲君

上博六・莊6 女臣智君～

上博六・莊7 ～曰

上博六・莊8 臣爲君～臣

上博六・莊8 君～免之

上博六・壽1 競（景）坪（平）～橐（就）奠壽

上博六・壽2 先～亡所歸

上博六・壽2 ～固緐之

上博六・壽3 ～曰

上博六・壽3 君～與楚邦懼戁

上博六·壽 4～復見奠=

上博六·壽 4～與之語

上博六·壽 4～芙（笑）

上博六·壽 5 臣爲君～臣

上博六·壽 5 君～遠尻

上博六·壽 6 君～所改多=

上博六·壽 6 君～保邦

上博六·壽 6～芙（笑）

上博六·木 1 競（景）坪（平）～

上博六·木 1 競（景）坪（平）王命～子木迡城父

上博六·木 2～子曰

上博六·木 3 莊～迡河雝之行

上博六・木 3～曰

上博六・木 4～子不智林（麻）

上博六・木 4～子不得君楚邦

上博六・木 5～子聞城公

上博六・木 5～子曰

上博七・武 1～䆣（問）于帀（師）上（尚）父曰

上博七・武 2～女（如）谷（欲）䚅（觀）之

上博七・武 2 武～

上博七・武 3 先～

上博七・武 3 武～

上博七・武 5 武～

上博七・武 11 武～

 上博七·武 11 武～曰

 上博七·武 12 武～

 上博七·武 13 武～北面

 上博七·鄭甲 1 臧(莊)～虞(就)夫=(大夫)而與之言曰

 上博七·鄭甲 3 ～命倉(答)之曰

 上博七·鄭甲 6 ～許之

 上博七·鄭甲 6 ～牄(將)還

 上博七·鄭甲 6 君～之记(起)此帀(師)

 上博七·鄭甲 7 君～必進帀(師)㠯(以)迡之

上博七·鄭甲 7 ～安還軍㠯(以)迡之

 上博七·鄭乙 1 臧(莊)～虞(就)夫=(大夫)而与(與)之言曰

上博七·鄭乙 3 ～命倉(答)之

上博七・鄭乙 6～許之

上博七・鄭乙 6～牂(將)還

上博七・鄭乙 6 君～之记(起)此帀(師)

上博七・鄭乙 7 君～必進帀(師)吕(以)迓之

上博七・鄭乙 7～安還軍吕(以)迓之

上博七・君甲 1 君～

上博七・君甲 1 命爲君～戔之

上博七・君甲 1～乃出而見(視)之

上博七・君甲 2～曰

上博七・君甲 3 君～又(有)楚

上博七・君甲 4 君～又(有)楚

上博七・君甲 5 之〈先〉～斎=(之所)吕(以)爲目觀也

上博七・君甲 5 君～龍(隆)丌(其)祭

上博七・君甲 6 先～爲此

上博七・君甲 6 含(今)君～聿(盡)去耳目之欲

上博七・君甲 7 人㠯(以)君～爲炎(所)㠯(以)戠

上博七・君甲 8 君～唯(雖)不長年

上博七・君甲 9 先君需(靈)～

上博七・君乙 1 君～又(有)白玉三回而不戔

上博七・君乙 1 命爲君～戔之

上博七・君乙 1 ～乃出而見之

上博七・君乙 2 ～曰

上博七・君乙 3 君～又(有)楚

上博七・君乙 4 君～又(有)楚

上博七·君乙 5 先～斎=（之所）㠯（以）爲目觀也

上博七·君乙 5 君～龍（隆）丌（其）祭

上博七·君乙 6 先～爲此

上博七·君乙 6 含（今）君～聿（盡）去耳目之欲

上博七·君乙 6 人㠯（以）君～爲□

上博七·君乙 7 君～唯（雖）不長年

上博七·君乙 9 先君需（靈）～

上博七·凡甲 8 先～之智奚備

上博七·凡乙 7 先～之智奚備

上博七·吴 5 周先～

上博七·吴 8 先～

上博七·吴 8 先～之福

上博七·吴 8 先～

上博七·吴 9 事先～

上博七·吴 9 不共承～事

上博八·成 1 成～既邦（封）周公二年

上博八·成 1 而～至（重）亓（其）貢（任）

上博八·成 2 □～才（在）鎬

上博八·成 5 成～曰

上博八·成 6 成～曰

上博八·成 7 成～曰

上博八·成 10 成～曰

上博八·成 14 成～曰

上博八·命 1 君～竆（窮）亡人

上博八·命 5 不吕（以）ム（私）思〈惠〉ム（私）悁（怨）内（入）於～門

上博八·命 8 君～之所吕（以）命與所爲於楚邦

上博八·王 1【背】～居

上博八·王 1～居鯀（蘇）澫之室

上博八·王 1～未含（答）之

上博八·王 5～豪（就）之

上博八·王 6～胃（謂）

上博八·王 6～豪（就）

上博八·志 1 以斐謁～夫＝（大夫）之言

上博八·志 2 或猶走趣（趨）事～

上博八·志 2～夌（作）色曰

～，戰國文字或作 （郭店·老子甲 2）、（施 43）、（施 44）、（施

67)、▯(中國古文字研究·1·141)、▯(王太后鼎)、▯(珍秦161)。《説文·王部》:"王,天下所歸往也。董仲舒曰:'古之造文者,三畫而連其中謂之王。三者,天、地、人也,而参通之者王也。'孔子曰:'一貫三爲王。'▯,古文王。"

上博簡"文~",周文王,即西伯,又稱周侯,周季歷之子,姬姓,名昌,生於西岐(今寶雞市岐山縣)。

上博簡"武~",周武王,姬姓,名發,西周王朝開國君主,周文王次子。《史記·殷本紀》:"於是周武王爲天子。其後世貶帝號,號爲王。"

上博一·孔1~,動詞,統治;稱王。《孟子·梁惠王上》:"然而不王者,未之有也。"

上博一·孔5"~悳(德)",《戰國策·劉向書錄》:"其比王德,豈不遠哉?"

上博一·孔6"于虖(乎)前~不忘",《詩·周頌·烈文》:"於乎,前王不忘!"

上博一·孔8"~公",天子與諸侯。《易·坎》:"王公設險,以守其國。"《周禮·考工記序》:"坐而論道,謂之王公。"鄭玄注:"天子,諸侯。"《國語·周語中》:"王公立飫,則有房烝。"韋昭注:"王,王子;公,諸侯也。"

上博~,夏商周三代天子之稱號。《書·盤庚上》:"王若曰:'格,汝衆。'"《周禮·天官序》:"惟王建國。"陸德明釋文引干寶云:"王,天子之號,三代所稱也。"戰國時列國國君皆稱王。《孟子·梁惠王下》:"吾王之好鼓樂,夫何使我至於此極也。"

上博一·緇15"~言",君王的言語、詔誥。《書·咸有一德》:"大哉王言。"《禮記·緇衣》:"王言如絲,其出如綸。王言如綸,其出如綍。"

上博二·子9、13"厽(三)~","三王",指夏、商、周三代之君。夏禹、商湯、周文王。《孟子·告子下》:"五霸者,三王之罪人也。"趙岐注:"三王,夏禹、商湯、周文王是也。"

上博"明~",聖明的君主。《左傳·宣公十二年》:"古者明王伐不敬。"

上博"~天下",統治;稱王。《易·繫辭下》:"古者包犧氏之王天下也,仰則觀象於天,俯則觀法於地。"

上博"先~",前代君王。《書·伊訓》:"惟元祀,十有二月,乙丑,伊尹祠于先王。"孔安國傳:"此湯崩,踰月太甲即位,奠殯而告。"也指上古賢明君王。

《易·比》:"先王以建萬國,親諸侯。"

上博三·周5、上博七·吴9"～事",特指朝聘、會盟、征伐等王朝大事。《易·坤》:"或從王事,無成有終。"高亨注:"從征者有人未立功亦得賞,是無成有終。"《禮記·喪大記》:"既葬,與人立。君言王事,不言國事。"孫希旦集解:"王事,謂朝聘、會盟、征伐之事。"

上博三·周35"～臣",志匡王室之臣。《易·蹇》:"六二,王臣蹇蹇。匪躬之故。"王弼注:"執心不回,志匡王室者也。"

上博二·民8"城～"、上博八·成"成～",即周成王,姓姬,名誦,周武王之子,是西周第二代國王,諡號成王。

上博四·昭9"吴～",吴國國君。

上博四·昭1"卲～",即楚昭王。《史記·楚世家》:"平王卒,乃立太子珍,是爲昭王。"

上博四·柬"柬(簡)大～",楚簡王,楚惠王之子熊中。

上博六·木3、上博六·莊1、上博七·鄭甲1、鄭乙1"臧～",讀爲"莊王",即楚莊王。春秋時楚國國君,穆王子,羋姓,熊氏,名侣,又作旅,爲春秋五霸之一。

上博七·君甲9、上博七·君乙9"霝～",即"楚靈王",春秋時楚國國君,熊氏,名圍,一作回,後改名虔。楚康王弟。《史記·管蔡世家》:"楚公子圍弑其王郟敖而自立,爲靈王。"

上博六·壽1、木1"競坪～",讀爲"景平王",即楚平王,春秋時楚國國君,名"棄疾",爲楚共王第五子。及即位,改名"熊居"。"競坪"是楚平王的雙字諡法。

上博六·莊5"～子回",讀爲"王子圍"。《史記·管蔡世家》:"楚公子圍弑其王郟敖而自立,爲靈王。"

上博六·木"～子",《左傳·哀公十六年》:"楚大子建之遇讒也,自城父奔宋。又辟華氏之亂於鄭,鄭人甚善之。又適晉,與晉人謀襲鄭,乃求復焉。鄭人復之如初。晉人使諜於子木,請行而期焉。子木暴虐於其私邑,邑人訴之。鄭人省之,得晉諜焉。遂殺子木。"杜預注:"子木,即建也。"(陳偉)

上博五·弟17"～人",見《六韜·上賢》:"文王問太公曰:'王人者,何上何下,何取何去,何禁何止?'太公曰:'上賢,下不肖。取誠信,去詐僞。禁暴亂,止奢侈。故王人者有六賊七害。'"《史記·周本紀》:"夫王人者,將導利而布之上下者也。"

上博八·命5"～門",指王宮之皋門、庫門。《周禮·地官·大司徒》:"若國有大故,則致萬民於王門。"孫詒讓正義:"王門即王宮之皋門、庫門。"

上博"君～",古稱天子或諸侯。《詩·小雅·斯干》:"朱芾斯皇,室家君王。"鄭玄箋:"室家,一家之内。宣王將生之子,或且爲諸侯,或且爲天子。"《楚辭·招魂》:"君王親發兮憚青兕。"王逸注:"言懷王是時親自射獸,驚青兕牛而不能制也。"

皇

 上博二·民2㠯(以)～(橫)于天下

 上博二·民6君子㠯(以)此～(橫)于天下

 上博五·三2～天牆(將)璺(興)之

 上博五·三7～天弗京(諒)

 上博五·三7是胃(謂)滔～

 上博五·三8～天之所亞(惡)

 上博五·三10～句(后)曰立

 上博五·三19～天之所棄

 上博六·競12二夫可不受～瑗

上博六·孔 22～亓(其)女

上博六·莊 4 紳公子～

上博六·莊 4 紳公子皇戴～子

上博六·莊 5 紳公子～見王

上博七·武 7～₌隹(惟)謹

上博八·有 1 又(有)～(凰)牁(將)记(起)今可(兮)

上博八·有 4 牁(將)莫～今可(兮)

～,戰國文字或作 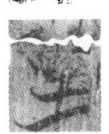(郭店·緇衣46)、 (郭店·忠信之道3)、 (山東104司馬楙編鎛)、 (侯马318)。《説文·王部》:"皇,大也。从自。自,始也。始皇者,三皇,大君也。自,讀若鼻,今俗以始生子爲鼻子。"

上博二·民 2、6～,讀爲"横",廣行、遍行。《禮記·孔子閒居》:"孔子曰:'夫民之父母乎!必達於禮樂之原,以致五至,而行三無,以横於天下,四方有敗,必先知之。此之謂民之父母矣。'"《荀子·修身》:"體恭敬而心忠信,術禮義而情愛人,横行天下,雖困四夷,人莫不貴。"王先謙集解引盧文弨曰:"横行天下,猶《書》所云'方行天下',言周流之廣。"

上博五·三 2、7、8、19"～天",對天及天神的尊稱。《書·大禹謨》:"皇天眷命,奄有四海,爲天下君。"《楚辭·離騷》:"皇天無私阿兮,覽民德焉錯輔。"許慎《五經異義·天號》引《古尚書説》:"天有五號,各用所宜稱之:尊而君之,則曰皇天。"

上博五·三 7"滔～",意爲滔天。《詩·大雅·文王》："思皇多士,生此王國。"毛亨傳："皇,天。"《風俗通·皇霸·三皇》："皇者,天;天不言,四時行焉,百物生焉。"或讀爲"饗皇"、"淫荒"。

上博五·三 10"～句",讀爲"皇后",皇天上帝,《尸子·廣澤》："天、帝、皇、后、辟、公、弘……皆大也,十有餘名而實一也。"《詩·魯頌·閟宫》："春秋匪解,享祀不忒;皇皇后帝,皇祖后稷,享以騂犧。是饗是宜,降福既多。"鄭玄箋："皇皇后帝,謂天也。"高亨注："后帝,上帝。"（林文華）

上博六·孔 22～,讀爲"況",連詞,何況;況且。《易·繫辭上》："出其言不善,則千里之外違之,況其邇者乎？"

上博六·莊 4、5～,似爲穿封戌之字。

上博六·莊 4"～子"即鄭將皇頡。《左傳·襄公二十六年》稱"穿封戌囚皇頡",簡文則云申公子皇,傳聞異辭。公子圍與之爭的經過,詳見《左傳》,成語"下上其手"即由之而來。（李學勤）

上博七·武 7"～=惟謹",今本《大戴禮記·武王踐阼》作"机之銘曰:'皇皇惟敬。'""皇皇",《詩·小雅·皇皇者華》"皇皇者華",毛亨傳："皇皇,猶煌煌也。"《詩·魯頌·泮水》"烝烝皇皇",毛亨傳："皇皇,美也。"指有光儀,輝煌。

上博八·有 1～,或讀爲"遑",閒暇;餘裕。《詩·小雅·四牡》："王事靡盬,不遑啓處。"毛亨傳："遑,暇。"或讀爲"凰"。

上博八·有 4"莫～",讀爲"莫遑",没有閒暇,與"有遑"相對。

匣紐坓聲

坓

 上博一·孔 10《糵（漢）～》之智

 上博二·容 5～天下之政十有九年而王天下

 上博二·容 31 湊（淒）於～川

 上博一·孔 11《鸂(漢)～》之智

 上博六·慎 4 均分而～虵(施)

～,戰國文字或作 、、,爲《說文》古文所本。《說文·之部》:"生,草木妄生也,从之在土上,讀若皇。"

上博一·孔 10"鸂～",讀爲"漢廣",《詩經》篇名。《詩·周南·漢廣》:"漢之廣矣,不可泳思。江之永矣,不可方思。"

上博二·容 5"～天下之正",即"匡天下之政",謂匡正天下的政治作風。

上博二·容 31"～川",讀爲"廣川",大的河流。

上博六·慎 4"～虵",讀爲"廣施",即廣泛地移此以益彼,這是均分的一種手段。《漢書·谷永杜鄴傳》:"臣願陛下勿許加賦之奏,益減大官、導官、中御府、均官、掌畜、廪犠用度,止尚方、織室、京師郡國工服官發輸造作,以助大司農。流恩廣施,振贍困乏,開關梁,内流民,恣所欲之,以救其急。"《全北齊文·爲司空景讓表》:"屬平分廣施,造物多品,長短入用,小大見收,連采台階,堪均鼎足,昨者謫見垂象,災起潛伏。此之爲累,非直微躬。"

迣(往)

 上博四·曹 55 思良車良士～取之餌(耳)

 上博三·周 30 勿用又(有)卣(攸)～(往)

 上博三·周 34～(往)

 上博三·周 35～(往)訐坴(來)譽

 上博三·周 35～(往)訐㘽(來)反

 上博三·周 35～(往)訐㘽(來)連

 上博三·周 36～(往)訐㘽(來)碩

 上博三·周 40 又(有)卤(攸)～(往)

 上博三·周 42 利又(有)卤(攸)～(往)

上博三·周 42～(往)亡(無)咎

上博三·周 44～(往)㘽(來)㳟㳟

 上博三·周 20 不利又(有)卤(攸)～(往)

上博三·周 22 利又(有)卤(攸)～(往)

 上博三·周 37 亡(無)所～(往)

 上博三·周 37 又(有)卤(攸)～(往)

上博三·亙 1 又(有)訅(始)安(焉)有～(往)者

 上博四・曹60 一出言三軍皆～（往）

 上博五・弟19 子洛（路）～（往）虐子

 上博五・三6 行～（往）視逨（來）

 上博七・吳9 自暑日㠯（以）～

上博八・子3□𦓲（將）安（焉）～（往）

～，與（郭店・尊德義31）、（郭店・尊德義32）、（郭店・語叢四2形）同，爲《説文》"往"字古文所本。或作（郭店・老子丙4）。《説文・彳部》："往，之也。从彳，㞷聲。，古文。从辵。"

上博三・亙1～，即"往"，與"始"對稱。《廣雅・釋詁》："往，歸也"，故始是開端，往是終結。《穀梁傳・莊公三年》："其曰王者，民之所歸往也。"《史記・孔子世家》："雖不能至，然心鄉往之。"《漢書・刑法志》："從之成群，是爲君矣；歸而往之，是爲王矣。"（李學勤）

上博四・曹55"～取"，前往攻取。

上博五・弟19"～虐子"，即"往乎子"，到孔子那裏去。（陳斯鵬）

上博三・周35、36、44、上博五・三6～，去，與"來"相對。《易・繫辭下》："寒往則暑來，暑往則寒來，寒暑相推，而歲成焉。"《論語・學而》："告諸往而知來者。"典籍常見"往來"一詞，《易・咸》："憧憧往來，朋從爾思。"

上博七・吳9"以～"，以後。《左傳・襄公二十五年》："自今以往，兵其少弭矣。"《易・繫辭下》："過此以往，未之或知也。"

上博～，去。《詩・小雅・采薇》："昔我往矣，楊柳依依；今我來思，雨雪霏霏。"

枉

　　上博二·從甲 15 爲利～事

　　上博一·性 31 少～内（入）之可也

　　上博七·武 15［強］則～

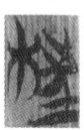　　上博八·志 3 爾亡（無）以臚（慮）～（匡）正我

～，與 (郭店·成之聞之 21)、 (郭店·性自命出 61)形同，《說文·木部》："枉，衺曲也。从木，㞷聲。"

上博一·性 31～，邪曲，不正直。《禮記·少儀》："毋瀆神，毋循枉。"孔穎達疏："循，猶追述也；枉，邪曲也。人非圓煨，不免時或邪曲，若前已行之，今當改正，不得猶追述已之邪事也。"

上博二·從甲 15、上博七·武 15～，謂違法曲斷，欺凌弱者。《呂氏春秋·仲秋紀》"命有司，申嚴百刑，斬殺必當，無或枉橈"，高誘注："凌弱爲枉，違彊爲橈。"《禮記·月令》："乃命有司，申嚴百刑，斬殺必當，毋有枉橈。"孔疏："枉謂違法曲斷。橈謂有理不申。應重乃輕，應輕更重，是其不當也。"

上博八·志 3"～正"，讀爲"匡正"，扶正；糾正。《左傳·哀公十六年》："王孫若安靖楚國，匡正王室，而後庇焉，啓之願也，敢不聽從？"

恙（狂）

　　上博三·中附簡幾不又～（狂）也

　　上博六·競 9 外₌又梁（梁）丘虞縈～

《說文·犬部》:"狂,狾犬也。从犬,㞷聲。,古文。从心。"

上博三·中附簡～,讀爲"枉",不正,矯枉過正。意思是對賢哲不能求全責備。

上博六·競 9"縈～",讀作"營誑","營"、"誑"均有迷惑欺騙之義。參"縈"字條。(范常喜)

敓

 上博三·周 33～可咎

～,从"攴","生"聲。

簡文～,讀爲"往",去。《易·繫辭下》:"寒往則暑來,暑往則寒來,寒暑相推,而歲成焉。"

室

 上博七·吳 5 㠯(以)～東海之表

～,从"宀","生"聲,"廣"字異體。"宀"、"广"二旁古通,"黄"、"生"(往)同音聲旁替換。《說文·广部》:"廣,殿之大屋也。从广,黄聲。"

簡文～,讀爲"廣",擴大。《易·繫辭上》:"夫《易》,聖人所以崇德而廣業也。"《史記·樂毅列傳》:"破宋,廣地千餘里。"

匣紐黄聲

黄

 上博三·周 30 䵒(執)用～牛之革

 上博三·周 47 巩(鞏)用～牛之革

上博一·孔 9 ～鳴〈鳥〉

上博三·周 37 旻(得)～矢

上博七·武 1 不智(知)～帝、耑(顓)琂(頊)、堯、垒(舜)之道在(存)虞(乎)

《說文·黃部》："黃，地之色也。从田，从茨，茨亦聲。茨，古文光。 ，古文黃。"

上博一·孔 9 "～鳴〈鳥〉"，即黃鳥，《詩經》篇名。《詩·秦風·黃鳥》："交交黃鳥，止於棘。誰從穆公？子車奄息。維此奄息，百夫之特。臨其穴，惴惴其慄。彼蒼者天，殲我良人！如可贖兮，人百其身！"

上博三·周 30 "～牛"，牛的一種。角短，皮毛黃褐色，或黑色，也有雜色的。常用來耕地或拉車。肉可食，皮可製革。《易·遯》："執之用黃牛之革。"《史記·秦本紀》："乃用騮駒、黃牛、羝羊各三，祠上帝西畤。"

上博三·周 37 "～矢"，銅箭頭。《易·解》："九二，田獲三狐，得黃矢，貞吉。"

上博七·武 1 "～帝"，古帝名。傳說是中原各族的共同祖先。少典之子，姓公孫，居軒轅之丘，故號軒轅氏。又居姬水，因改姓姬。國於有熊，亦稱有熊氏。以土德王，土色黃，故曰黃帝。《易·繫辭下》："神農氏沒，黃帝、堯、舜氏作，通其變，使民不倦。"孔穎達疏："黃帝，有熊氏少典之子，姬姓也。"《史記·五帝本紀》："黃帝者，少典之子，姓公孫，名曰軒轅。生而神靈，弱而能言，幼而徇齊，長而敦敏，成而聰明。"裴駰集解："號有熊。"司馬貞索隱："有土德之瑞，土色黃，故稱黃帝，猶神農火德王而稱炎帝然也。"

見紐罜聲

罜

上博一·孔 9 亓(其)旻(得)录(祿)蔑～(疆)矣

～，从二"田"，中間"一"，其界畫也，會田界之意，"疆"字初文。《説文·畕部》："畕，比田也。从二田。"

簡文"蔑～"，讀爲"蔑疆"，無止境；無窮。《易·益》："《益》動而巽，日進無疆。"《左傳·成公二年》："今吾子求合諸侯，以逞無疆之欲。"杜預注："疆，竟也。"《書·大誥》："洪惟我幼沖人，嗣無疆大歷服。"孔安國傳："言子孫承繼祖考無窮。"

疆

　　　上博四·曹 17～陞（地）毋先而必取□安（焉）

　　　上博七·凡甲 6 箮（孰）智（知）亓（其）～

　　　上博七·凡乙 5 箮（孰）智（知）亓（其）～

　　　上博四·柬 16 四～皆箮（熟）

～，从"土"，"彊"聲。"彊"字楚文字或作█（郭店·語叢三 46）、█（郭店·語叢三 48），或省一"田"，从"力"作█（郭店·五行 34）、█（郭店·五行 41）。或作█，省一"田"，"田"上加"屮"。《説文·畕部》："畺，界也。从畕；三，其界畫也。█，畺或从彊、土。"

上博四·曹 17"～陞"，讀爲"疆地"，指兩國交界之地。《周禮·地官·封人》："凡封國，設其社稷之壝，封其四疆。"賈公彥疏："諸侯百里以上至五百里，四邊皆有封疆而樹之。"孫詒讓正義："疆，界也。"

上博四·柬 16"四～"，四方的疆界。《周禮·地官·封人》："凡封國，設其社稷之壝，封其四疆。"袁康《越絶書·内傳陳成恆》："今君悉擇四疆之中，出大臣以環之，黔首外死，大臣内空。"

上博七·凡甲 6、凡乙 5～，讀爲"彊"，強大；強盛。《吕氏春秋·長攻》：

"凡治亂存亡,安危疆弱,必有其遇,然後可成。"一本作"彊"。《孫子·勢》:"亂生於治,怯生於勇,弱生於彊。"

見紐京聲

京

 上博五·三 7 皇天弗～(諒)

 上博五·三 7 上帝弗～(諒)

 上博五·三 7 上帝弗～(諒)

 上博五·三 21～(諒)

～,戰國文字或作 、。《説文·京部》:"京,人所爲絶高丘也。从高省,丨象高形。"

上博五·三～,讀爲"諒",體諒;體察。《詩·鄘風·柏舟》:"母也天只,不諒人只。"或釋爲"就"之省形。"就"有從、向義。"上帝弗就",大概是説上帝不肯定、不贊成。(陳偉)

見紐庚聲

庚

 上博五·季 1 季～子甬(問)於孔子曰

 上博五·季 2～子曰

　上博五・季 11～子曰

　上博五・季 14～子曰

　上博六・慎 2 弜（強）以～志

～，戰國文字或作（九 A40）、(新蔡甲三 109)、(新蔡甲三 221)、(山東 104)、(陝西 894)、(秦風 226)。《說文・庚部》："庚，位西方，象秋時萬物庚庚有實也。庚承己，象人齊。"

上博五・季"季～子"，讀爲"季康子"，人名。《戰國策・韓策二》"司馬康"，《史記・韓世家》作"司馬庚"。

上博六・慎 2～，讀爲"剛"，剛強。《書・皋陶謨》："剛而塞，彊而義。"《逸周書・諡法》："剛彊理直曰武。"（李學勤）

康

　上博二・民 8 城（成）王不敢～

　上博四・曹 37 或墾或～

　上博五・三 7 必返（復）之㠯（以）～

　上博五・三 11 俊（作）毋～

　上博一・緇 3 隹（惟）尹身及～（湯）咸又（有）一惪（德）

 上博一·緇 15～亯（誥）員（云）

 上博四·曹 65 亦隹（唯）睧（聞）夫䰠（禹）、～（湯）、傑（桀）、受（紂）矣

 上博六·用 1 旻之台～樂

上博六·用 4 悥徑于～

 上博六·用 11 氏辟台民乍～

～，戰國文字或作 （郭店·成之聞之 38）、 （郭店·緇衣 28）、 （新蔡甲三 134、108）、 （秦風 143）。《説文·禾部》：“穅，穀皮也。从禾从米，庚聲。 ，穅或省。”

上博一·緇 3、上博四·曹 65～，讀爲“湯”，商朝的開國之君。又稱成湯、成唐、武湯、武王、天乙等。《書·湯誓》：“伊尹相湯伐桀。”《孟子·梁惠王下》：“是故湯事葛。”

上博一·緇 15“～亯”，讀爲“康誥”，《尚書》篇名。《書·康誥序》：“成王既伐管叔、蔡叔，以殷餘民封康叔，作《康誥》《酒誥》《梓材》。”

上博二·民 8“城（成）王不敢～”，成王不敢安樂、安寧。《詩·周頌·昊天有成命》：“昊天有成命，二后受之。成王不敢康，夙夜基命宥密。”《禮記·孔子閒居》“夙夜其命宥密”，孔穎達疏：“‘二后受之’，謂文武二君承受之。‘成王不敢康’，言文、武成此王功，不敢康寧。”

上博四·曹 37～，訓“盛”。“康”從“庚”得聲，有“堅彊”義。劉熙《釋名·釋天》：“庚猶更也。庚，堅强貌也。”《書·洪範》：“身其康彊，子孫其逢，吉。”“康彊”猶言“堅彊”，指身體强壯。《書·皋陶謨》：“元首明哉，股肱良哉，庶事康哉！”此處之“康”訓爲“盛”，“堅彊”之引申義。（孟蓬生）

上博五・三7、11～,有荒、虛之義。《淮南子・天文》有"十二歲一康"之說。

上博六・用1"～樂",安樂。《大戴禮記・禮察》:"導之以德教者,德教行而民康樂;毆之以法令者,法令極而民哀戚。"

上博六・用4、11～,《爾雅・釋詁》:"康,樂也。"張衡《東京賦》:"君臣歡康,具醉熏熏。"

賡

 上博二・從甲16㠯(以)軛～(續)䎡見

 上博三・亙7甬㠯(以)不可～(續)也

～,從"貝","庚"聲,爲《說文》"續"字古文所本。

上博二・從甲16～,《爾雅・釋詁》"賡、揚,續也";《書・益稷》"乃賡載歌",孔安國傳:"賡,續也"。

上博三・亙7～,讀爲"更",更改。

見紐更聲歸丙聲

見紐光聲

光

 上博三・周2～卿(亨)

 上博八・李2豐芋(華)縜(重)～

 上博八・成15童～亓(其)昌也

～,戰國文字或作▨(郭店·老子甲 27)、▨(秦駰玉版)。《說文·火部》:"光,明也。从火在人上,光明意也。▨,古文。▨,古文。"

上博三·周 2～,《說文·火部》:"光,明也。"朱駿聲《六十四卦經傳》讀爲"廣"。

上博八·李 2"縺～",即"重光",本義指日光重明,見《漢書·兒寬傳》:"癸亥宗祀,日宣重光。"《書·顧命》:"昔君文王、武王,宣重光。"比喻累世盛德,輝光相映。簡文"重光"是用來形容花貌。"豐華重光",猶言"繁花如錦"。

上博八·成 15"童～",讀爲"重光"。參上。

溪紐慶聲

慶

 上博三·周 51 又(有)～慇(譽)

 上博一·緇 8 一人又(有)～

～,西周金文作▨(五祀衛鼎)、▨(召伯簋),从"廌"从"心",何琳儀先生以"慶"字會心正直善美之義。"慶"的本義當指廌身上之花紋,由廌身上美麗的花紋進而引申出善美之義。(魏宜輝)戰國文字"慶"字所从"廌"或省去尾巴或省去身體,尾巴或變得與"虫"同。所从"心"或訛爲"白",或从"鹿"作▨(郭店·緇衣 13)。戰國文字或作▨(施 344)、▨(施 295)、▨(施 229)、▨(施 324)、▨(珍秦 90)、▨(秦風 130)。《說文·心部》:"慶,行賀人也。从心,从夊。吉禮以鹿皮爲贄,故从鹿省。"

上博一·緇 8"一人又(有)～",《禮記·緇衣》孔穎達疏:"《甫刑》曰:'一人有慶,兆民賴之。'慶,善也。一人,謂天子也。天子有善行,民皆蒙賴之。引者證上有善行,賴及於下。"《書·呂刑》:"惟敬五刑,以成三德。一人有慶,兆民賴之,其寧惟永。"孔穎達疏:"汝等惟當敬慎用此五刑,以成剛柔正直之三德,以輔我天子。我天子一人有善事,則億兆之民蒙賴之。若能如此,其乃安寧,惟久長之道也。"

上博三·周 51"～㥍",讀爲"慶譽",美好的聲譽。《易·豐》:"六五:來章,有慶譽,吉。"

溪紐詰聲

競

上博二·容 25 於是虗(乎)～州、箮(盧)州訂(始)可凥也

上博四·曹 41 ～必秀(勝)

上博五·競 1【背】～建内之

上博一·孔 6 乍～佳人

上博六·競 2【背】～公瘧

上博六·壽 1 ～坪王臮(就)奠壽

上博六·木 1 ～坪王命王子木迈城父

上博六·競 1 齊～公疥叔瘧

《說文·誩部》:"競,彊語也。一曰:逐也。从誩,从二人。"
上博一·孔 6"乍～佳人",當爲"無競維人",見《詩·周頌·烈文》:"無競維人,四方其訓之。"鄭玄箋:"競,強也。人君爲政,無彊於得賢人。"

上博二·容25"～州",讀爲"青州"。《書·夏書·禹貢》:"海岱惟青州。"《周禮·夏官·識方氏》:"正東曰青州,其山鎮曰沂山,其澤藪曰望諸,其川淮泗,其浸沂沭,其利蒲魚,其民二男二女,其畜宜雞、狗,其穀宜稻、麥。"《吕氏春秋·有始覽·有始》:"東方爲青州,齊也。"

上博四·曹41～,或讀爲"境";或讀如字。

上博五·競1【背】"～建",人名,"競"即楚王族屈、昭、景三氏之"景"氏。楚文字中習見。(陳劍)

上博六·壽1、上博六·木1"～坪王",又見秦王鐘:"秦王卑(俾)命競(景)坪(平)王之定救秦戎。"新蔡甲三:69"延祭競平王"。"競坪王"讀爲"景平王",即楚平王,春秋時楚國國君,名"棄疾",爲楚共王第五子。及即位,改名"熊居"。《史記·楚世家》:"平王以詐弒兩王而自立,恐國人及諸侯叛之,乃施惠百姓。復陳、蔡之地而立其後如故,歸鄭之侵地。存恤國中,修政教。""競坪"是楚平王的雙字謚法,楚三大族"屈"、"昭"、"景"之"景"氏即取楚景平王謚法的前一字爲族稱。

上博六·競1、2"齊～公",讀爲"齊景公",春秋齊國國君,齊莊公異母弟,名"杵臼",一稱"箸臼"。崔杼弒莊公後,立莊公異母弟杵臼爲君。《史記·齊太公世家》:"崔杼立莊公異母弟杵臼,是爲景公。景公母,魯叔孫宣伯女也。景公立,以崔杼爲右相,慶封爲左相。"

溪紐弜聲

弜

 上博二·容36 ～溺(弱)不絎(治)愓

 上博三·亙10 巠(舉)天下之复(作)～者

 上博五·季5 事皆旻(得)亓(其)舊(萑)而～(強)之

上博五·季8～君子不可㠯(以)不～

上博五·季9 虗=(君子)～(強)則遺

上博五·姑1 行正(政)訥(迅)～(強)

上博五·姑4 虐(吾)～(強)立絧(治)衆

上博五·姑6～(強)於公豪(家)

上博五·姑9～(強)門大夫

上博五·姑10～(強)門大夫銜(率)

上博六·慎1 堅～㠯(以)立志

上博六·慎2～㠯(以)庚志

上博六·慎5 古曰～

上博六·用14～君桄政

上博六·天甲13～行、忠譬(謀)、信言

上博八·志1是楚邦之～(強)秌(梁)人

～,戰國文字或作■(郭店·老子甲6)、■(郭店·成之聞之15)、■(郭店·殘片5)、■(郭店·成之聞之23)、■(郭店·語叢四25)、■(左塚漆桐)、■(施282)、■(施324)、■(新出溫縣WT1K17∶129),均從"弓"。與《説文》"剛"字古文■同。

上博二·容36"～溺",讀爲"強弱",強大與弱小。典籍或作"彊弱"。《孫子·勢》:"亂生於治,怯生於勇,弱生於彊……彊弱,形也。"《淮南子·兵略》:"故德義足以懷天下之民……謀慮足以知強弱之勢。"

上博三·亙10"复～",讀爲"作強",謂産生強勁之力。《素問·靈蘭秘典論》:"腎者,作強之官,伎巧出焉。"王冰注:"強於作用,故曰作強。"

上博五·季5～,勸勉。《周禮·地官·司諫》:"掌糾萬民之德而勸之朋友,正其行而強之道藝。"鄭玄注:"強猶勸也。"

上博五·姑1"謞～",讀爲"迅強",迅猛強大。(沈培)

上博五·姑4"～立",即"強立",遇事能明辨不疑。《禮記·學記》:"九年知類通達,強立而不返,謂之大成。"鄭玄注:"強立,臨事不惑也。"孔穎達:"強立謂專強獨立,不有疑滯。"

上博五·姑6"～(強)於公豪(家)",爲公家盡力之意。《爾雅·釋詁下》:"強,勤也。"郭璞注:"自勉強者,亦勤力者。"邢昺疏:"皆謂勤勞也。……自勉強者,亦爲勤。"王引之《經義述聞·爾雅上·勞來強事謂勤也》:"強、事、謂,皆'勤勞'之'勤'也。"

上博五·姑9、10"～門",指豪門大族。或説"強門"當即屬公宫中某門之名,"強門大夫"即主管此門之人。(陳劍)強門大夫應該就是指胥童、夷羊五等人。(季旭昇)

上博六·慎1"堅～",強固有力,不可動搖或摧毁。典籍或作"堅彊"。《左傳·成公九年》:"勤以撫之,寬以待之,堅彊以御之。"《荀子·不苟》:"君子寬而不僈,廉而不劌,辯而不爭,察而不激,寡立而不勝,堅彊而不暴,柔從而不流,恭敬謹慎而容。"

上博六·慎2～,堅強。《書·皋陶謨》:"彊而義。"孔安國傳:"無所屈

撓。"孔穎達疏:"強,謂性行堅強。"《墨子·脩身》:"志不彊者智不達。言不信者行不果。"

上博六·慎 5～,與上文的"纕(讀爲羸,弱也)"相對。(陳劍)

上博六·用 14"～君",《荀子·臣道》:"有能比知同力,率群臣百吏而相與強君撟君,君雖不安,不能不聽,遂以解國之大患,除國之大害,成於尊君安國,謂之輔。"

上博六·天甲 13"～行",讀爲"剛行"。《説文》"剛"字古文作"䂖",就是借"強"爲"剛"。"剛行"也就是"行剛",指行爲果斷剛正。《逸周書·謚法解》:"布義行剛曰景。"蘇洵《謚法》:"強毅果敢曰剛。"簡文的"信言"和"剛行"合起來其實就是《論語·子路》篇所説的"言必信、行必果。"(劉釗)"強行",就是勉力實行善道之意,同於"力行"、"勤行",其德近於"仁"也。《禮記·中庸》:"子曰:'好學近乎智,力行近乎仁,知恥近乎勇。'"《老子·三十三章》:"強行者有志。"《大戴禮記·保傅》:"天子無恩於父母……不中於刑獄……不哀於喪……不厚於德,不強於行……凡是之屬太傅之任也。"(林文華)

上博八·志 1"～秒",讀爲"強梁",強橫凶暴。《墨子·魯問》:"譬有人於此,其子強梁不材,故其父笞之,其鄰家之父舉木而擊之。"也指強勁有力;勇武。《老子》:"強梁者不得其死。"桓寬《鹽鐵論·訟賢》:"剛者折,柔者卷,故季由以強梁死,宰我以柔弱殺。"

弓

 上博二·從乙 5 弜₌(君子)～(強)行

 上博四·相 1 備亓(其)～(強)

 上博六·競 12 公～起

 上博八·李 2 戰(守)勿(物)～(強)榦(幹)

～,與(郭店·老子甲 22)、(郭店·五行 41)、(郭店·尊德義 22)、

(施254)同，從"力"，"弜"聲，"勥"字異體。《説文·力部》："勥，迫也。從力，強聲。疆，古文。從彊。"

上博二·從乙5"～行"，即"強行"，力行，乃謂勉力實行善道之意。《禮記·中庸》："力行近乎仁。"《老子》第三十三章："強行者有志。"王弼注："勤能行之，其志必獲，故曰強行者有志矣。"

上博四·相1"僃亓～"，讀爲"服其強"，人民（以及豪族）的強者，要讓他們悦服。（季旭昇）

上博六·競12～，勉強、強迫，《説文》："勥，迫也"。"強起"，見《戰國策·中山》："王聞之怒，因見武安君，強起之。"

上博八·李2"～榦"，即"彊幹"，加強本幹，削弱枝葉。《史記·漢興以來諸侯王年表序》："而漢郡八九十，形錯諸侯閒，犬牙相臨，秉其阸塞地利，彊本幹，弱枝葉之勢，尊卑明而萬事各得其所矣。"

疑紐卬聲

卬

 上博五·三15～天事君

 上博七·凡甲23～而視之

 上博七·凡乙15～而視之

 上博六·孔26 佳聚～天而嘆曰

《説文·匕部》："卬，望欲有所庶及也。從匕，從卪。《詩曰》：高山卬止。"

上博五·三15、上博六·孔26"～天"，讀爲"仰天"，仰望天空。多爲人抒發抑鬱或激動心情時的狀態。《左傳·襄公二十五年》："晏子仰天歎曰：'嬰所不唯忠於君、利社稷者是與，有如上帝！'"

上博七·凡甲 23、凡乙 15～，讀爲"仰"，抬頭，臉向上。《易·繫辭上》："仰以觀於天文，俯以察於地理。"

端紐章聲

章

上博五·季 17 因古冊豊（禮）而～之

上博五·三 8 是胃（謂）違～

上博五·鬼 6 佳（惟）孨（兹）作～（彰）

上博一·緇 1 又（有）國者～好章惡

上博一·緇 1 又（有）國者章好～惡

上博三·周 41 欽（含）～

上博三·周 51 坴（來）～

上博一·緇 6 古（故）長民者～志咠（以）卲（昭）百眚（姓）

上博一·孔 14 丌（其）四～則俞（喻）矣

　　上博一·孔 25 大田之卒～

　　上博二·從乙 2 則愚（偽）不～

　　上博六·用 18 言台爲～

　　上博六·用 19 而散亓（其）甚～

　　上博八·成 5 安（焉）不曰日～（彰）而冰澡（消）虖（乎）

　　上博八·成 14 皆見～（彰）于天

～，戰國文字或作 （郭店·老子甲 31）、 （郭店·緇衣 2）、 （郭店·尊德義 39）、 （郭店·語叢三 10）、 （新蔡甲三 11、24）、 （施 335）、 （集粹 68）、 （珍秦 12）。《說文·音部》："章，樂竟爲一章。从音，从十。十，數之終也。"

　　上博一·緇 1～，讀爲"彰"，顯揚；表彰。《孟子·告子下》："尊賢育才，以彰有德。"《吕氏春秋·孟秋紀》："得民虜奉而題歸之，以彰好惡；信與民期，以奪敵資。"

　　上博三·周 41"欽（含）～"，包含美質。《易·坤》："六三，含章可貞。"孔穎達疏："章，美也。"

　　上博一·緇 6"～志"，《禮記·緇衣》："故長民者章志、貞教、尊仁，以子愛百姓，民致行己以説其上矣。"鄭玄注："章，明也。貞，正也。"

　　上博一·孔 14、25～，詩歌或樂曲的段落。《左傳·襄公二十八年》："賦詩斷章，余取所求焉，惡識宗？"杜預注："譬如賦詩者，取其一章而已。"《左傳·文公十三年》："子家賦《載馳》之四章，文子賦《采薇》之四章。"

上博二·從乙 2"不～",即"不彰",謂沒有彰顯出來。

上博五·三 8～,典章制度。《詩·大雅·假樂》:"不愆不忘,率由舊章。"朱熹集傳:"舊章,先王之禮樂政刑也。"《左傳·僖公二十五年》:"王章也。未有代德而有二王,亦叔父之所惡也。"

上博五·鬼 6～,讀爲"彰",宣揚、表露。《書·畢命》:"彰善癉惡。"《論衡·自紀》:"好自周,不肯自彰。"

上博六·用 18"言台爲～",謂自己開始以言語文過飾非。(董珊)

上博六·用 19～,明顯;顯著。《國語·周語下》:"夫見亂而不惕,所殘必多,其飾彌章。"韋昭注:"章,著也。"《呂氏春秋·勿躬》:"故善爲君者,矜服性命之情,而百官已治矣,黔首已親矣,名號已章矣。"高誘注:"章,明也。"

上博八·成 5"日～(彰)而冰澡",讀爲"日彰而冰消",意即太陽照耀,冰雪融化。

上博八·成 14～,讀爲"彰",明。《左傳·昭公三十一年》:"或欲蓋而名章。""章於天",亦見於《詩·大雅·棫樸》:"倬彼雲漢,爲章於天。"

墇

 上博四·曹 43 行阪濟～(障)

～,從"土",贅加義符,"障"字繁體。《說文·自部》:"障,隔也。從自,章聲。"

簡文～,指岸邊的堤防。《呂氏春秋·愛類》:"禹於是疏河決江,爲彭蠡之障。"高誘注:"障,堤防也。"(高佑仁)

暲

上博七·凡甲 5 亓(其)智愈～

上博七·凡甲 11 奚古(故)少(小)雁～皷

上博七·凡乙 11 亓(其)智愈～

· 1653 ·

～,从"日","章"聲。《玉篇·日部》:"暲,明也。與章同。"

上博七·凡甲 5～,讀爲"障",阻塞;阻隔。《管子·法法》:"令而不行,謂之障。"《吕氏春秋·貴直》:"人主之患,欲聞枉而惡直言,是障其源而欲其水也,水奚自至?"高誘注:"障,塞也。"

上博七·凡甲 11～,讀爲"障",遮挡;遮蔽。庚信《和炅法師游昆明池》之二:"密菱障浴鳥,高荷沒釣船。"指遮蔽物。《孫子·行軍》:"衆草多障者,疑也。"賈林注:"結草多爲障蔽者,欲使我疑之。"(曹錦炎)或讀爲"煬",暴曬、炙烤之義。(宋華強)

透紐商聲

商

上博四·采 2 ～

上博四·采 2 趡～

上博四·采 2 訐(衍)～

上博二·民 8 ～也

～,或作,所從的"辛"旁由於類化作用的影響,而與兩飾形混同皆作"○"形。《說文·㕯部》:"商,从外知内也。从㕯,章省聲。𠷣,古文商。𠷤,亦古文商。𡂦,籀文商。"

上博二·民 8～,孔子弟子子夏的名。子夏向孔子問學,孔子讚賞子夏之敏。

上博四·采 2～,五音(宫、商、角、徵、羽)之一。宋玉《對楚王問》:"引商刻羽,雜以流徵。"

透紐昌聲

昌

 上博五·三 10 毋爲人～（倡）

 上博五·三 18 好～天從之

 上博六·用 10～

 上博八·成 15 童光亓（其）～也

 上博八·王 1 邵～爲之告

 上博八·王 2～爲之告

～，戰國文字或作 (郭店·緇衣 30)、 (郭店·成之聞之 9)、 (施 42)、 (先秦編 290)、 (施 91)、 (歷博·燕 64)、 (集粹 886)、 (珍秦 110)、 (秦集二·三·87·1)。从"口"，篆文从"曰"者是後起訛形，"昌"爲"唱"之古字，"其上作'日'者，原始人群衣褐難給，多取暖於日，黑夜伏處，苦乏燈燭，曉起見日初升，陽和披體，出黑暗之中，頓啟光明，不覺鼓舞歡呼，引起呼聲，而歌唱生焉。"（王獻唐）"'唱'最初很可能指日方出時呼喚大家起身幹事的叫聲。這種叫聲大概多數有一定的調子，是歌唱的一個源頭。"（裘錫圭）或説 ，"口"中作一圓圈，像張口高唱形。《説文·日部》："昌，美言也。从日、从曰。一曰：日光也。《詩》曰：東方昌矣。 ，籀文。"

上博五·三 10～，讀爲"倡"，倡導、流傳。《淮南子·原道》："先唱者，窮之路也。後動者，達之原也。"《淮南子·詮言》："聖人内藏，不爲物先倡，事來而制，物至而應。"《春秋繁露·離合根》："不可先倡，感而後應。故居倡之位，而不行倡之勢。"

上博五·三 18、上博八·成 15～，"昌"，昌盛。《集韻》："昌，盛也。"《廣雅》："昌，光也。"

上博八·王 1"邵～"，人名，係關人，司關之吏。邵昌向楚昭王報告此事。

定紐上聲

上

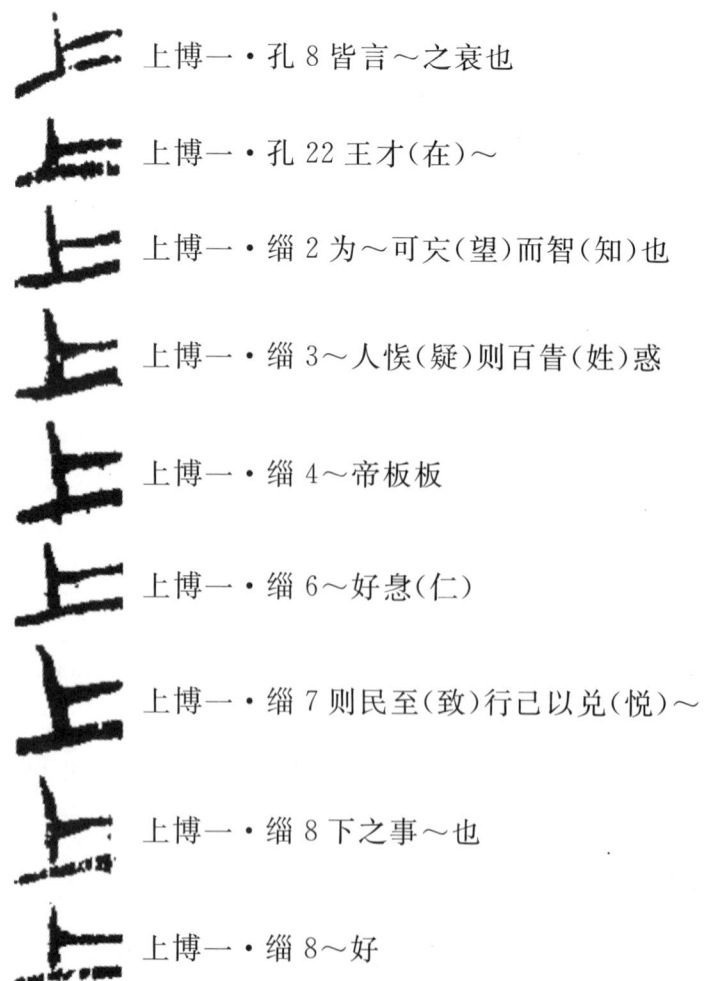

上博一·孔 8 皆言～之衰也

上博一·孔 22 王才（在）～

上博一·緇 2 为～可亥（望）而智（知）也

上博一·緇 3 ～人悉（疑）則百眚（姓）惑

上博一·緇 4 ～帝板板

上博一·緇 6 ～好悬（仁）

上博一·緇 7 則民至（致）行己以兑（悦）～

上博一·緇 8 下之事～也

上博一·緇 8 ～好

上博一·緇 9 ～之好亞（惡）不可不斳（慎）也

上博一·緇 15 古（故）～不可以埶（褻）型（刑）而翌（輕）爯（爵）

上博一·性 25 ～交近事君

上博二·子 11 游於央臺之～

上博二·魯 3 女（若）夫政型（刑）與惪（德）以事～天

上博二·容 1 而～忎（愛）下

上博二·容 5 ～下貴戔（賤）

上博二·容 44 加纕（圜）木于丌（其）～

上博三·周 1 ～九

上博三·周 5 ～九

上博三·周 8 ～六

上博三·周 10 ～六

上博三·周 11 ～九

上博三·周 13 ～六

上博三·周 15 ～六

上	上博三·周17~六
上	上博三·周19~六
上	上博三·周21~九
上	上博三·周23~九
上	上博三·周25~九
上	上博三·周27~六
上	上博三·周29~六
上	上博三·周31~九
上	上博三·周33~九
上	上博三·周36~六
上	上博三·周39~六
上	上博三·周41~九
上	上博三·周43~六
上	上博三·周45~六
上	上博三·周49~九
上	上博三·周51~六
上	上博三·周55~九

上 上博三·周 56～六

上 上博三·周 57～六

上 上博四·采 3 城～生之葦

上 上博四·曹 62 女（如）～朕（獲）而上聒（聞）

上 上博四·曹 62 女（如）上朕（獲）而～聒（聞）

上 上博五·季 3 孨=（君子）才民之～

上 上博五·姑 6 以正～下之訛

上 上博五·弟 9 猷（猶）～臨也

上 上博五·三 2 ～帝牆（將）憎之

 上博五·三 6 ～帝是有（佑）

 上博五·三 7 ～帝弗京（諒）

 上博五·三 7 ～帝弗京（諒）

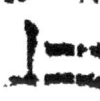 上博五·三 8 ～帝弗京（諒）

 上博五·三 8 ～帝乃訇邦豪（家）

 上博五·三 19 ～天又（有）下政

 港甲 4 ～帝懿之

港甲 9 㠯(以)～下之約

上博七・凡甲 28～□□

上博七・凡甲 30 之力古之力乃下～

上博七・吳 3 昔～天不中(衷)

上博二・民 13～下禾(和)同

上博二・从甲 7 時(持)行視～衣飤(食)

上博五・鮑 7 至欲飤(食)而～厚亓(其)會(斂)

上博五・鮑 7 至亞(惡)何(苛)而～不时史(使)

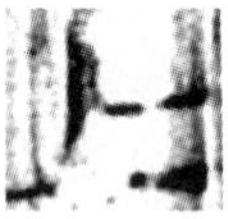
上博六・孔 3～不辠(罪)仁而枀専昏(聞)

上博六・孔 5 为信㠯(以)事亓(其)～

上博六・孔 5～唯逃

上博七・武 1 帀(師)～父

上博七·武 1 帀(師)～父

上博七·武 2 帀(師)～父

上博七·武 3 帀(師)～父

上博七·鄭甲 2 女(如)～帝䰟(鬼)神吕(以)为悳(怒)

上博七·鄭甲 4 毋吕(以)城(成)名立於～

上博七·鄭乙 2 女(如)～帝[䰟(鬼)][神]吕(以)为悳(怒)

～，下部或加一短橫飾筆，個別變成一長橫。戰國文字或作 上（郭店·老子丙 1）、上（郭店·語叢一 69）、上（歷博·燕 88）、上（施 123 上西門）、上（四十八年上郡假守冟戈）。《說文·上部》："丄，高也。此古文上，指事也。凡丄之屬皆从丄。上，篆文丄。"

上博二·容 5"～下貴戔(賤)"，《管子·任法》："君臣上下貴賤皆從法，此謂爲大治。"

上博二·民 13"～下禾(和)同"，《管子·五輔》："是故上必寬裕而有解舍，下必聽從而不疾怨，上下和同而有禮義，故處安而動威，戰勝而守固，是以一戰而正諸侯。"《禮記·孔子閒居》："無聲之樂，氣志既從；無體之禮，上下和同；無服之喪，以畜萬邦。"

上博三·周 1"～九"，《易》卦在第六位的陽爻叫上九。《易·乾》："上九：亢龍，有悔。"《文言》釋曰："貴而無位，高而無民，賢人在下位而無輔，是以動而有悔也。"

上博四·采 3"城～"，城牆上面。《左傳·襄公十八年》："城上有烏，齊師其遁。"

上博四·曹36"～臤",讀爲"上賢",古書亦作"尚賢"。《廣雅·釋詁一》:"尚,舉也。"即薦舉、選拔。王念孫《廣雅疏證》:"尚者,《王制》:'上賢以崇德','上賢'謂舉賢也。上與尚通。"

上博四·曹62～,讀爲"尚",句意爲以聽命爲上而不以俘獲多少爲上。(陳劍)

上博七·鄭甲4"立于～",《戰國策·秦一》:"是故兵勝於外,義強於內;武立於上,民服於下。"

上博五·鮑7～,以國君爲首的上層統治者。

上博七·武1"帀～父",讀爲"師尚父",人名,姜尚,名望,吕氏,字子牙,也稱吕尚、太公望。《史記·齊太公世家》:"太公望吕尚者,東海上人。其先祖嘗爲四嶽,佐禹平水土甚有功。虞夏之際封於吕,或封於申,姓姜氏。夏商之時,申、吕或封枝庶子孫,或爲庶人,尚其後苗裔也。本姓姜氏,從其封姓,故曰吕尚。……於是武王已平商而王天下,封師尚父於齊營丘。"

上博"～天",古人觀念中萬物的主宰。《詩·大雅·文王》:"上天之載,無聲無臭。"《書·湯誥》:"上天孚佑下民,罪人黜伏。"《書·泰誓》:"今商王受,弗敬上天,降災下民。"

上博"～帝",天帝。《易·豫》:"先王以作樂崇德,殷薦之上帝,以配祖考。"《國語·晉語八》:"夫鬼神之所及,非其族類,則紹其同位,是故天子祀上帝,公侯祀百辟,自卿以下不過其族。"

上博"～下",指位分的高低,猶言君臣、尊卑、長幼。《易·泰》:"上下交而其志同也。"孔穎達疏:"上,謂君也;下,謂臣也。"《書·周官》:"宗伯掌邦禮,治神人,和上下。"孔安國傳:"和上下尊卑等列。"《吕氏春秋·論威》:"義也者,萬事之紀也。君臣上下親疏之所由起也。"高誘注:"上,長;下,幼。"

止

上博六·莊3載之塼車吕(以)～虜

上博四·逸·交3皆(偕)～皆(偕)下

上博四·曹 36 繡(紳)功～叞

上博五·鮑 7 而～秋亓(其)型

～,與(郭店·成之聞之 6)、(郭店·成之聞之 7)、(郭店·成之聞之 9)、(新蔡乙四 9)同,贅加"止"爲動符,乃"上"字繁體。

上博四·逸·交 3"皆(偕)～皆(偕)下",《書·堯典》"格于上下",孔安國傳"至於天地",孔穎達疏"至於上天下地"。簡文"上下",指"天上地下","皆上皆下"的意思也就是"和諧地事奉天地神明"。(季旭昇)

定紐丈聲

丈

上博三·周 7～人吉

上博三·周 16 遊(失)～夫

上博三·周 16 係～夫

上博六·競 10 一～夫執尋之幣、三布之玉

～,戰國文字或作(郭店·六德 27)、(嶽簡 936),《說文·十部》:"丈,十尺也。从又持十。"

上博三·周 7"～人",老人、貴族之稱,馬王堆漢墓《周易》作"大人";《周易集解》引崔憬曰:"《子夏傳》作'大人',竝王者之師也。"又引陸績曰:"丈人者,聖人也。"

上博三·周16"～夫",指成年男子。《穀梁傳·文公十二年》:"男子二十而冠,冠而列丈夫。"《管子·地數》:"凡食鹽之數,一月:丈夫五升少半,婦人三升少半,嬰兒二升少半。"

上博六·競10"一～夫"應該是指齊景公之"祝"(祝固)。因爲對應于上文的"人數多已"、"夫婦皆詛",所以這裏用"一"字強調。(陳偉)

定紐易聲

昜

上博二·容29 乃鞭(辨)佥(陰)～(陽)之熒(氣)

上博五·三3 ～(陽)而幽

上博五·三3 幽而～(陽)

上博五·三9 高～(陽)曰

上博五·鬼7 癹(發)～(揚)紊價

上博五·鬼8 寡暜(聞)至(崇)～(湯)

上博六·壽3 臨～

上博六·用4 ～則或易

上博六·用 4 易則或～

上博六·天甲 5 文会(陰)而武～

上博六·天乙 4 文会(陰)而武～

上博七·凡甲 2 会(陰)～之尿

上博七·凡乙 1 会(陰)～[之尿]

上博八·命 7 子胃(謂)～(陽)爲摯(賢)於先夫=(大夫)

上博八·顔 5 所吕(以)～信也

～,戰國文字或作(郭店·太一生水 5)、 (郭店·窮達以時 9)、 (九 A26)、 (施 177)、 (先秦編 390)、 (新泰陶文)、 (施 79)、 (施 81)、 (施 119)。《説文·勿部》:"昜,開也。从日、一、勿。一曰:飛揚。一曰:長也。一曰:彊者衆皃。"

上博二·容 29"支会～之嚻",即"辨陰陽之氣"。《史記·律書》:"王者制事立法,物度軌則,壹稟於六律。"《漢書·律曆志上》:"律十有二,陽六爲律,陰六爲吕。"此決獄本之陰陽説。

上博五·鬼 7"癹～",讀爲"發揚",本指奮發,奮起。引申爲引薦;起用。《後漢書·樊準傳》:"臣愚以爲宜下明詔,博求幽隱,發揚巖穴,寵進儒雅。"

上博五·三 9"高～",讀爲"高陽",顓頊有天下,號高陽。《楚辭·離騷》:"帝高陽之苗裔兮,朕皇考曰伯庸。"王逸注:"高陽,顓頊有天下之號也。"《史記·五帝本紀》:"帝顓頊高陽者,黃帝之孫而昌意之子也。"劉向《九歎·逢紛》:"云余肇祖于高陽兮,惟楚懷之嬋連。"

上博五·三 3"幽而~(陽)",陰陽。《禮記·祭義》:"祭日於壇,祭月於坎,以別幽明,以制上下。"鄭玄注:"幽明者,謂日照晝,月照夜。"《史記·五帝本紀》:"順天地之紀,幽明之占,死生之說,存亡之難。"張守節正義:"幽,陰;明,陽也。"

上博五·鬼 8~,讀爲"湯",指商湯,名天(大)乙,商代開國君主,滅夏建商。

上博六·天甲 5"文会而武~","陰"、"陽"是宇宙中通貫物質和人事的兩大對立面,《易·繫辭上》:"一陰一陽之謂道。"故簡文謂"文陰而武陽"。

上博六·用 4~,讀爲"陽",與"陰"相對。

上博六·壽 3"臨~",地名。

上博七·凡甲 2"会~",讀爲"陰陽"。郭店楚簡《太一生水》:"四時者,会(陰)昜(陽)之所生也。会(陰)昜(陽)者,神明之所生也。""陰陽",中國古代哲學認爲是宇宙中通貫物質和人事的兩大對立面。指天地間化生萬物的二氣。《易·繫辭上》:"一陰一陽之謂道。"

上博八·顏 5~,讀爲"揚",意謂彰顯。(劉雲)或釋爲"尋",讀爲"申"。(蘇建洲)

傷

 上博六·天甲 12 古見~而爲之祈

 上博六·天乙 11 古見~而爲之祈

~,從"人","昜"聲。《字彙補·人部》:"傷,古蕩字。"

簡文~,讀爲"禓"。《說文》:"禓,道上祭。"《急就篇》:"謁禓塞禱魁神寵。"顏師古注:"禓,道上之祭也。"

惕

 上博七·武 8 毋曰可(何)～

～，从"心"，"易"聲，"惕"字異體。《說文·心部》："惕，憂也。從心，殤省聲。"

簡文～，讀爲"傷"，害也。簡文"何傷"，何妨，何害。意謂沒有妨害。《論語·先進》："子曰：'何傷乎？亦各言其志也。'"《楚辭·九章》："苟余心其端直兮，雖僻遠之何傷？"

逷

 上博八·成 12 㠯(以)進則～(傷)安(焉)

～，从"辵"，"易"聲。《集韻》："逷，失據而倒也。"

簡文～，跌倒。《漢書·王式傳》"陽(佯)醉逷墜"，顏師古注："逷，失據而倒也。墜，古地字。"進則失敗。也可讀爲"傷"。《周易·序卦》："進必有所傷。"

鍚

 上博二·容 26 ～州訋(始)可凥也

～，从"邑"，"易"聲。

簡文"～州"，讀爲"揚州"。《禹貢》："揚州……三江既入，震澤底定。"《周禮·夏官·職方氏》："東南曰揚州……其川三江，其浸五湖。"

湯

 上博一·孔 17 ～(揚)之水丌(其)炁(愛)婦㤅(烈)

上博二·容36～乃尃爲正(征)夊(籍)

上博二·容37～乃悔(謀)戒求臤(賢)

上博二·容39～睧(聞)之

上博二·容40～或(又)從而攻之

上博二·容40～或(又)從而攻之

上博二·容41～於是虖(乎)誩(徵)九州之帀(師)

上博二·容42～王天下三十又(有)一傑(世)而受(紂)夊(作)

上博五·鬼1昔者堯舜垔(禹)～

上博六·競6而～清者與旻(得)蕙福安

～，戰國文字或作 、、、、、。《説文·水部》："湯，熱水也。从水，易聲。"

上博一·孔17"～之水"，讀爲"揚之水"，《詩經》篇名。《詩·王風·揚之水》："揚之水，不流束薪。彼其之子，不與我戍申。懷哉懷哉，曷月予還歸哉！"

上博二·容36、上博五·鬼1～，湯，名天(大)乙，商代開國君主，滅夏建國。

《墨子·天志中》:"得天之賞者誰也？曰若昔三代聖王堯舜禹湯文武者是也。"

上博六·競6"～清",讀爲"揚情"或"揚請"。"揚"訓爲"説"。《廣雅·釋詁二》:"揚、讀、曉、謂、道,説也。""情",實情;"請",《爾雅·釋詁上》:"請,告也。""揚情"即稱説實情,"揚請"屬近義詞連用。（李天虹）

剔

 上博四·曹32 元（其）達（將）衛（率）隶（盡）～（傷）

 上博四·曹45 ～（傷）者弗盩（問）

 上博四·曹47 ～（傷）者盩（問）之

 上博四·曹51 則斯庀（宅）～（傷）亡

～,從"刀","易"聲,"傷"字異體。郭店簡或作 、、。《説文·人部》:"傷,創也。從人,𥏫省聲。"

上博四·曹32～,受傷。《新書》卷四:"令尹子西、司馬子綦皆親群父也,無不盡傷。"

上博四·曹45、47"～（傷）者",受傷的人。《國語·越語》:"於是葬死者,問傷者,養生者,弔有憂,賀有喜,送往者,迎來者,去民之所惡,補民之不足。"

上博四·曹51"～亡",即傷亡。或讀爲"煬"。（季旭昇）

戕

 上博二·從甲19 君子不㠯（以）諕（流）言～（傷）人

 上博五·姑 7 立死可（何）～（傷）才

 上博五·三 5 大邦迡（過）～（傷）

 上博六·競 8 禮爲亡～

～，从"戈"，"易"聲，"傷"字異體。

上博二·從甲 19"～（傷）人"，詆毀、中傷。《荀子·榮辱》："故與人善言，煖於布帛；傷人之言，深於矛戟。"

上博五·三 5"迡～"，讀爲"過傷"，甚傷。

上博五·姑 7"可～"，讀爲"何傷"，何妨，何害。《論語·先進》："何傷乎？亦各言其志也。"

上博六·競 8～，讀爲"傷"，損害義。《荀子·王霸》："傷國者何也？曰：'以小人尚民而威，以非所取於民而巧，是傷國之大災也。'"《左傳·昭公二十年》："祝有益也，詛亦有損。"損、傷義近。（陳偉）

腸

 上博一·孔 25《囗～=（腸腸）》少（小）人

《説文·肉部》："腸，大小腸也。从肉，易聲。"

簡文"～～"，讀爲"蕩蕩"，《詩》篇名，指的是《大雅·蕩》篇。此篇開首即謂"蕩蕩上帝"，是原以"蕩蕩"二字爲篇名。（馬承源、許全勝）或讀爲"陽陽"，指《王風·君子陽陽》。（李學勤、李零、廖名春、黃懷信）

鍚

 上博二·容 36 弜（強）溺不綱（治）～

 上博八·王1彭徒羿（返）～闻（關）至（致）命

～，從"言"，"易"聲。《玉篇·言部》："謨，誉也，謹也。"

上博二·容36"～謨"，讀爲"辭讓"，謙遜推讓。《禮記·曲禮上》："長者問，不辭讓而對，非禮也。"《孟子·公孫丑上》："辭讓之心，禮之端也。"《史記·李斯列傳》："夫大行不小謹，盛德不辭讓，鄉曲各有宜而百官不同功。""強弱不辭讓"，強者與弱者不互相辭讓，而尚爭奪。或讀爲"辭揚"、"治謨"、"辭聽"、"慈謨"。

上博八·王1"～闗"，或疑讀爲"陽關"。《華陽國志》："巴、楚相攻伐，故置江關、陽關。"《括地志》："江關，今夔州魚復縣南二十里江南岸白帝城是。陽關，今涪州永安縣治[陽]關城也。"（周波）或釋爲"謣"，讀爲"鄂"。（蘇建洲）

蕩

 上博四·采3～人

～，從"艸"，"易"聲，"易"所從"日"下作二橫筆。

簡文"～人"，讀爲"場人"，《周禮·地官·場人》："掌國之場圃而樹之果蓏珍異之物，以時斂而藏之。凡祭祀賓客共其果蓏，享亦如之。"（季旭昇）

糃

 上博六·用14～武於外

～，從"米"，"易"聲。《集韻》："糃，精米。"

簡文"～武"，讀爲"揚武"，奮揚武德之意，參《史記·秦始皇本紀》："皇帝哀衆，遂發討師，奮揚武德。"或認爲即"振武"之意。《國語·晉語六·范文子論外患與内憂》："吾聞之，君人者，刑其民。成，而後振武於外，是以内和而外威。"

殤

 上博二·容 4 道洛（路）無～死者

～，從"歹"，"易"聲，"殤"字異體。《說文·歺部》："殤，不成人也。人年十九至十六死，爲長殤；十五至十二死，爲中殤；十一至八歲死，爲下殤。從歺，傷省聲。"

簡文～，未至成年而死。《儀禮·喪服》："子女子子之長殤中殤。"鄭玄注："殤者，男女未冠笄而死可傷者。"《左傳·哀公十一年》："孔子曰：'能執干戈以衛社稷，可無殤也。'"

定紐羊聲

羊

 上博三·周 38 喪～悬（悔）亡

 上博五·季 10 好型則（刑）不～

《說文·羊部》："羊，祥也。从丫，象頭角足尾之形。孔子曰：'牛羊之字以形舉也。'"

上博三·周 38"喪～"，丟了羊。《列子·說符》："楊子之鄰人亡羊，既率其黨，又請楊子之豎追之。"

上博五·季 10"好型則不～"，讀爲"好刑則不祥"。參《墨子·法儀》："殺不辜者，得不祥焉。"

遅（將）

 上博四·曹 27 毋罪百眚（姓）而改（改）亓～（將）

 上博四·曹 32 亓(其)～(將)銜聿(盡)剔(傷)

 上博四·曹 42 亓～(將)卑

～,從"辵","羊"聲,"遥"字之省,"遥"字常見於金文、包山簡,或省作"送",乃"將"字或體。

上博四·曹 27、42～,讀爲"將",將帥;將領。《孫子·計》:"將者,智信仁勇嚴也。"《史記·司馬穰苴列傳》:"將受命之日則忘其家。"

上博四·曹 32"～銜",讀爲"將帥",將領。《禮記·樂記》:"君子聽鼓鼙之聲,則思將帥之臣。"徐幹《中論·慎所從》:"若夫攻城必拔,野戰必克,將帥之事也。"

恙

 上博三·亙 7～(祥)宜(義)利丂(巧)

 上博五·三 3 是胃(謂)不～(祥)

 上博五·三 11 不～(祥)毋爲

 上博七·鄭甲 4 弗悁(畏)槐(鬼)神之不～

 上博七·鄭乙 4 弗悁(畏)槐(鬼)神之不～

《説文·心部》:"恙,憂也。從心,羊聲。"

上博三·亙 7"～宜",讀爲"祥義"。《左傳·成公十六年》:"德、刑、詳、義、禮、信,戰之器也。德以施惠,刑以正邪,詳以事神,義以建利,禮以順時,信以守物。"《墨子·迎敵祠》:"其人爲不道,不修義詳。""祥"指與神相關之

事,"義"指與人相關之事,都是名詞。(廖名春、曹峰)或讀爲"詳",詳審。(董珊)

上博"不～",讀爲"不祥",不吉利。《易·困》:"入于其宮,不見其妻,不祥也。"孔穎達疏:"祥,善也,吉也。不吉,必有凶也。"

養

 上博一·性 38 又(有)亓(其)爲人之慧(快)女也弗～不可

～,从"攴","羊"聲,"養"字古文,與 (郭店·唐虞之道 22)、 (郭店·忠信之道 4)、 (郭店·六德 33)形同。《說文·食部》:"養,供養也。从食,羊聲。 ,古文養。"

簡文～,供給人食物及生活所必需,使生活下去。《書·梓材》:"引養引恬。"孔安國傳:"能長養民,長安民。"

羕

 上博一·性 6 ～(養)眚(性)者

 上博一·性 16 ～(咏)思而敳(動)心

 上博二·容 13 孝～(養)父母

 上博二·容 16 祅(妖)～(祥)不行

 上博二·容 33 丌(其)生賜(易)～(養)也

 上博二·容37～旻(得)於民

 上博三·彭1受命～(永)長

 上博三·周9元～(永)貞

 上博三·周47元～(永)貞

 上博三·周48利～(永)貞

 上博四·柬23大夫可(何)～(用)叚(爭)

～,戰國文字或作 (郭店·尊德義39)、 (郭店·性自命出10)、 (郭店·性自命出34)、 (郭店·老子甲35)、 (左塚漆梮)、 (新收1781陳逆簠)。《説文·水部》:"羕,水長也。从永,羊聲。《詩》曰:'江之羕矣。'"段玉裁注:"引申之爲凡長之偁。《釋詁》云:'羕,長也。'……《漢廣》文,毛詩作'永',韓詩作'羕',古音同也。"

上博一·性16～,讀爲"詠"。《説文·言部》:"詠,歌也。从言,永聲。咏,詠或从口。"徐灝注箋:"詠之言永也,長聲而歌之。"《書·堯典》:"歌永言。"《禮記·樂記》:"歌之爲言也,長言之也。説之,故言之;言之不足,故長言之。"或讀爲"養思"。

上博一·性6"～告",讀爲"養性";謂修養身心,涵養天性。《孟子·盡心上》:"存其心,養其性,所以事天也。"《淮南子·俶真》:"靜漠恬澹,所以養性。"《文子·符言》:"老子曰:'治身養性者,節寢處,適飲食,和喜怒,便動靜,内在己者得,而邪氣無由入。……'"

上博二·容13"孝～",讀爲"孝養",竭盡孝忱奉養父母。《書·酒誥》:

"肇牽車牛遠服賈,用孝養厥父母。"孔安國傳:"農功既畢,始牽車牛,載其所有,求易所無,遠行賈賣,用其所得珍異孝養其父母。"

上博二·容 16"祅~",讀爲"妖祥"。郭店·老甲 35:"益生曰羕。"今本《老子》第五十五章,"羕"正作"祥",馬王堆帛書本同。王弼注:"生不可益,益之則夭。"簡文"妖祥"指顯示災異的凶兆。《禮記·樂記》:"疾疢不作,而無妖祥。"《漢書·燕刺王劉旦傳》:"謀事不成,妖祥數見。"

上博二·容 33"賜~",讀爲"易養",容易撫養。

上博二·容 37"~得",讀爲"養德","養德于民"猶言"養民以德"。(陳偉武)或讀爲"永得於民"。"羕"與"永"通。《爾雅·釋詁上》:"永、羕,長。"爲長久、久遠地取信於民,得民眾之心。(孫飛燕)

上博三·彭 1~,讀爲"永",《爾雅·釋詁上》:"永、羕,長也。"《詩·小雅·楚茨》"永錫爾極",鄭玄箋:"永,長。"

上博三·周 9、47、48"~(永)貞",謂長享正命。《易·坤》:"用六,利永貞。"孔穎達疏:"永,長也,貞,正也,言長能貞正也。"《周禮·春官·大祝》:"大祝掌六祝之辭,以事鬼神,示祈福祥,求永貞。"鄭玄注:"永,長也,貞,正也,求多福,歷年得正命也。"

上博四·柬 23"可~",讀爲"何用",爲什麼。《詩·小雅·節南山》:"國既卒斬,何用不監?"孔穎達疏:"何以不監察之而令相伐也?"

定紐象聲

象

上博五·鬼 6~皮(彼)獸鼠

上博六·天甲 2 士~夫=(大夫)之立

上博六·天甲 2 夫=(大夫)~邦君之立

上博六·天甲 2 邦君～天子之

上博六·天乙 2 士～夫=（大夫）之立

上博六·天乙 2 夫=（大夫）～邦君之立

上博六·天乙 2 邦君～天子之立

～，楚文字或作 (郭店·老子乙 12)、 (郭店·老子丙 4)。《説文·象部》："象，長鼻牙，南越大獸，三年一乳，象耳牙四足之形。"

上博五·鬼 6～，象徵。《易·繫辭下》："是故易者，象也。象也者，像也。"《漢書·郊祀志下》："池中有蓬萊、方丈、瀛州、壺梁，象海中神山龜魚之屬。"

上博六·天甲 2、天乙 2～，仿效、效法。《荀子·解蔽》："故學者以聖王爲師，案以聖王之制爲法，法其法以求其統類，以務象效其人。"《漢書·禮樂志》："天稟其性而不能節也，聖人能爲之節而不能絶也，故象天地而制禮樂，所以通神明，立人倫，正情性，節萬事者也。"（陳偉）簡文義爲士效法大夫之地位；大夫效法邦君之地位；邦君效法天子之地位，將遭致"身不免"的禍害。

定紐尚聲

尚

上博一·緇 18 白珪之砧（玷）～可磨

上博二·子 12～史（使）

上博四·柬 3～謐而卜之於

 上博四·柬 7 未～（嘗）又（有）

 上博四·柬 10 君王～（當）以訊（問）大（太）剤（宰）晉侯

 上博六·競 2～然

 上博八·命 8 亡儧（僕）之～（掌）楚邦之正（政）

上博八·命 10～善安（焉）攱（樹）

～，戰國文字或作 (郭店·緇衣 35)、 (郭店·五行 22)、 (郭店·語叢二 12)、 (新出温縣 WT4K5：13)、 (集粹 11) (秦風 82)。《説文·八部》："尚，曾也。庶幾也。从八，向聲。"

上博一·緇 18～，副詞。猶；還。《詩·大雅·荡》："雖無老成人，尚有典刑。"

上博二·子 12"～史"，讀爲"倘使"，假如；如果。

上博四·柬 7"未～"，讀爲"未嘗"，未曾，不曾。《論語·雍也》："非公事，未嘗至於偃之室也。"

上博四·柬 3、10、上博八·命 10～，讀爲"當"，應該；應當。《史記·司馬相如列傳》"自以得使女尚司馬長卿晚"，司馬貞索隱："尚本或作當也。"《晏子春秋·雜上四》："昔者嬰之所以當誅者宜賞，今所以當賞者宜誅，是故不敢受。"

上博六·競 2"～然"，或讀爲"倘然"，指驚疑貌。《莊子·在宥》："雲將東游，過扶搖之枝而適遭鴻蒙。鴻蒙方將拊脾雀躍而游，雲將見之，倘然止，贄然立。"成玄英疏："倘，驚疑貌。"（何有祖）或釋爲"甚然"，是加強肯定語氣的答辭。《韓非子·難三》："左右對曰：甚然。"《呂氏春秋·審應覽·應言》："王曰：甚然。"（董珊）

上博八・命 8～，讀爲"掌"，掌管。《周禮・天官・冢宰》："乃立天官冢宰，使帥其屬而掌邦治。"

當

上博一・性 11～事因方而裴（制）之

上博二・容 3 古～（當）是旹（時）也

上博二・容 16～（當）是時也

上博二・容 36～（當）是旹（時）

上博四・曹 50 幾莫之～（當）

上博五・季 23 各～（當）亓（其）曲㠯（以）城之

上博五・姑 7 唯（雖）不～（當）殜（世）

上博五・競 10 俚（佣）～群（群）獣（獸）

上博六・孔 17 禁言不～亓（其）所

上博七・武 2 愈（逾）～歆

 上博五·君 8 亓(其)才(在)～則□

～，从"立"，"尚"聲，"當"字異體。所从"尚"或省作 ![]。戰國文字或作 、、、。《說文·田部》："當，田相值也。从田，尚聲。"

上博一·性 11～，即"當"，副詞。相當於"將"、"將要"。《儀禮·特牲饋食禮》："佐食當事，則戶外南面。"鄭玄注："當事，將有事而未至。"

上博二·容 3、16、36"～(當)是昔(時)"，正值這個時候。《孟子·梁惠王下》："當是時也，內無怨女，外無曠夫。"《左傳·襄公九年》："君明臣忠，上讓下競。當是時也，晉不可敵，事之而後可。君其圖之！"

上博四·曹 50"幾莫之～"，讀爲"忌莫之當"，指忌諱不得其當。

上博五·季 23～，對等；相當。《禮記·王制》："小國之上卿，位當大國之下卿，中當其上大夫，下當其下大夫。"孔穎達疏："據經文，小國卑於大國，故知小國之卿在大國之卿下。"《呂氏春秋·孟夏紀》："行爵出祿，必當其位。"高誘注："當，直也。"

上博五·姑 7"～諜"，讀爲"當世"，有隨順世俗的意思。《漢書·韓安國傳》："安國爲人多大略，知足以當世取捨，而出於忠厚。"王先謙補注："明於趨避，所言所行當世俗意也。"(陳偉)"當世"，與"顧頷"相對，應是"得志、當道"之意。(劉洪濤)

上博五·競 10"俚～"，讀爲"朋黨"，謂結爲朋黨。《韓非子·有度》："交眾與多，外內朋黨，雖有大過，其蔽多矣。"《晉書·郤詵傳》："動則爭競，爭競則朋黨，朋黨則誣諂，誣諂則臧否失實，真僞相冒，主聽用惑，姦之所會也。"

上博六·孔 17"不～亓所"，《國語·晉語》："威與懷各當其所則國安矣。"《淮南子·原道》："夫形者，非其所安也，而處之則廢氣不當其所。"

上博七·武 2～，讀爲"堂"，建於高臺基之上的廳房。《詩·唐風·蟋蟀》："蟋蟀在堂。"《禮記·禮器》："天子之堂九尺……士三尺。"《論語·先進》："由也升堂矣，未入於室也。"《說文·土部》："堂，殿也。"段玉裁注："堂之所以偁殿者，正謂前有陛，四緣皆高起……古曰堂，漢以後曰殿。古上下皆偁堂，漢上下皆偁殿，至唐以後，人臣無有偁殿者。"

上博五·君 8～，讀爲"堂"，即廟堂、宗廟。《文選·東京賦》："度堂以筵",薛綜注:"堂,明堂也。"《大戴禮記·盛德》:"可坐廟堂之上而知也。"王聘珍解詁:"廟堂者,大廟明堂也。"《淮南子·本經》:"是故古者明堂之制。"高誘注:"明堂,王者布政之堂。……其中可以序昭穆,謂之太廟。"(徐少華)

棠

上博一·孔 9〜〜(裳裳)者芋(華)

上博一·緇 9 ⟨從⟩容又(有)〜(常)

上博三·彭 1 而詔于帝〜

上博四·柬 5 楚邦又(有)〜(常)古(故)

上博四·柬 6 不敢吕(以)君王之身弁(變)亂㷭(鬼)神之〜(常)古(故)

上博四·柬 21 不以丌(其)身弁(變)贅尹之〜(常)古(故)

上博四·曹 24 □〜

上博四·曹 50 則彔(祿)簪(爵)又(有)〜

上博五·季 20 凡欲勿〜

上博五·三 1 是胃(謂)川(順)天之〜(常)

上博五·三 2 是胃（謂）天～（常）

上博五·三 5 古（故）～（常）不利

上博五·三 5 邦遊（失）榦（幹）～（常）

上博五·三 5 党（變）～（常）悬（易）豊（禮）

上博五·三 10 毋劉（殘）～（常）

上博六·莊 1 㠯（以）共春秋之～

～，從"示"，"尚"聲，從"示"，本當與祭祀有關，嘗祭之"嘗"的專字。楚文字或作、、、。

上博一·孔 9"～裳者芋"，讀爲"裳裳者華"，《詩經》篇名，即《詩·小雅·裳裳者華》。"裳裳"，毛亨傳："裳裳，猶堂堂也。"

上博三·彭 1"帝～"，讀爲"禘嘗"。《禮記·王制》："天子、諸侯宗廟之祭：春曰礿，夏曰禘，秋曰嘗，冬曰烝。"又《祭統》："禘者陽之盛也，嘗者陰之盛也。故曰：莫重於禘嘗。""禘嘗"亦作"嘗禘"，《禮記·仲尼燕居》："明乎郊社之義、嘗禘之禮，治國其如指諸掌而已乎！"（陳斯鵬）

上博四·柬 5、6、21"～古"，讀爲"常故"，"常事"意。故，事也，乃其常訓。"常故"猶言素常奉行之做法、恆常之做法，或可譯爲"恆常之慣例或原則"。或說"常故"，是一同義複詞，指常規、成式。《淮南子·氾論》："常故不可循，器械不可因也，則先王之法度有移易者矣。"《論衡·程材篇》："是以選舉取常故，案吏取無害。"（劉樂賢、陳劍）

上博一·緇 9、上博四·曹 50"又～"，讀爲"有常"，正常狀態或秩序。

《詩·唐風·鴇羽》:"悠悠蒼天,曷其有常!"

上博五·季 20"凡欲勿～",讀爲"凡欲勿長",欲望不要讓它不斷增長。(季旭昇)

上博五·三 1、2"天～",讀爲"天常",天的常道。《荀子·天論》:"天行有常,不爲堯存,不爲桀亡,應之以治則吉,應之以亂則凶。"《左傳·文公十八年》:"顓頊氏有不才子,不可教訓,不知話言,告之則頑,舍之則嚚,傲很明德,以亂天常。"

上博五·三 5～,讀爲"常",典章法度。《易·繫辭下》:"初率其亂,而揆其方,既有典常。"《國語·越語下》:"肆與大夫觴飲,無忘國常。"韋昭注:"常,舊法。"《文選·張衡〈東京賦〉》:"布教頒常。"李善注:"常,舊典也。"

上博五·三 5"兌～悬豊",讀爲"變常易禮",參《十六經·姓爭》:"過極失當,變故易常。德則無有,措刑不當。居則無法,動作爽名。是以受其刑。"指那些不可更易的準則、規範。

上博五·三 10"毋劌～",讀爲"毋殘常",不要輕易去破壞這些準則、規範。

上博六·莊 1～,祭名。《禮記·王制》:"天子、諸侯宗廟之祭:春曰礿,夏曰禘,秋曰嘗,冬曰烝。"

賞

上博二·容 4 於是唬(乎)不～不罰

上博二·容 43 丌(其)政紿(治)而不～

上博四·曹 21 而～箮(爵)又(有)悳(德)

上博四·曹 27 毋誋(誅)而～

上博四·曹 35～坰(均)聖(聽)中

 上博四·曹 45 亓(其)～諓(淺)叔(且)不中

 上博四·曹 54 赶(重)～泊(薄)垩(刑)

 上博四·曹 61～脮(獲)□孚

 上博四·曹 62 四人皆～

 上博五·鬼 1 則以亓(其)～善罰暴也

 上博五·鬼 2 則枭(鬼)神之～

 上博五·鬼 3 則善者或不～

 上博七·吳 5 又(有)軒鞔(冕)之～

　　～,與 同。或作 、,所從"尚"省"口"。《説文·貝部》:"賞,賜有功也。从貝,尚聲。"

　　上博二·容 4"不～不罰",《左傳·昭公五年》:"爲政者不賞私勞,不罰私怨。"《荀子·王制》:"無德不貴,無能不官,無功不賞,無罪不罰,朝無幸位,民無幸生,尚賢使能而等位不遺,析願禁捍而刑罰不過。"

　　上博四·曹 21"～箻",讀爲"賞爵"。《商君書·境内》:"能得甲首一者,賞爵一級,益田一頃,益宅九畝,一除庶子一人,乃得人兵官之吏。"

　　上博四·曹 27"毋詤(誅)而～",《韓非子·難一》:"今襄子不誅驕侮之臣,而賞無功之赫,安在襄子之善賞也?"

　　上博四·曹 54"赶(重)～泊(薄)垩(刑)",《商君書·去彊》:"重罰輕賞,

則上愛民,民死上;重賞輕罰,則上不愛民,民不死上。"

上博四‧曹 61"～䏦",讀爲"賞獲",指賞賜有斬獲者。

上博五‧鬼 1"～善罰暴",指獎賞善者,懲罰惡人。《墨子》書中或作"賞善罰暴",或作"賞賢罰暴",義同。如《墨子‧非命下》"是故出政施教,賞善罰暴";《天志下》"吾以賢者之必賞善罰暴也";《天志中》"使之賞賢而罰暴";《明鬼下》"不明乎鬼神之能賞賢而罰暴也","嘗若鬼神之能賞賢如罰暴也","故古聖王必以鬼神爲賞賢而罰暴",均是其例。(曹錦炎)

上博四‧曹 35、45、62、上博五‧鬼 2、3、上博七‧吳 5～,賞賜。《説文》:"賞,賜有功也。"《荀子‧王制》:"無功不賞。"

裳

　上博二‧容 47 文王於是唐(乎)索(素)耑襈～以行九邦

～,从"衣"省,"尚"聲。或作 (九 A36),从"糸","尚"聲,"裳"字異體。戰國文字或作 (新蔡甲三 207)、 (歷博‧齊 37)。《説文‧巾部》:"常,下帬也。从巾,尚聲。 ,常或从衣。"

簡文～,古代稱下身穿的衣裙,男女皆服。《詩‧邶風‧緑衣》:"緑兮衣兮,緑衣黄裳。"毛亨傳:"上曰衣,下曰裳。"

棠

　上博一‧孔 10 甘～之保(報)

　上博一‧孔 15 甘～

　上博一‧孔 24 虐(吾)㠯(以)甘～旻(得)宗窜(廟)之敬

1685

 上博七·鄭甲 7 與之戰於兩～

 上博七·鄭乙 7 與之戰於兩～

《説文·木部》："棠，牡曰棠，牝曰杜。从木，尚聲。"

上博一·孔 10、上博一·孔 15、上博一·孔 24"甘～"，木名。即棠梨。《詩·召南·甘棠》："蔽芾甘棠，勿翦勿伐，召伯所茇。"陸璣疏："甘棠，今棠梨，一名杜梨。"《史記·燕召公世家》："周武王之滅紂，封召公於北燕……召公巡行鄉邑，有棠樹，決獄政事其下，自侯伯至庶人各得其所，無失職者。召公卒，而民人思召公之政，懷棠樹不敢伐，哥詠之，作《甘棠》之詩。"

上博七·鄭甲 7、鄭乙 7"兩～"，地名。《吕氏春秋·仲冬紀》："荆興師，戰於兩棠，大勝晉，歸而賞有功者。"

定紐長聲

長

 上博一·孔 26 陸（隰）又（有）～（萇）楚

 上博一·緇 3 下難智（知）則君～[勞]

 上博一·緇 6 古（故）～民者章志吕（以）卲（昭）百眚（姓）

 上博一·緇 9 ～民者衣備（服）不改

 上博一·緇 13 ～民者喬（教）之吕（以）惪（德）

上博一·性 5 或~之

上博一·性 6 ~眚(性)者

上博二·容 2 ~者酥厇(宅)

上博二·容 8 斂和㠯(以)~

上博二·容 16 卉(草)木晉~

上博三·周 8 ~子衜(帥)帀(師)

上博三·亙 9 安(焉)又(有)~

上博三·彭 1 受命羕(永)~

上博三·彭 6 述(怵)惕之心不可~

上博三·彭 8 氏(是)胃(謂)不~

上博四·內 10 古(故)爲㝵(少)必聖(聽)~之命

上博五·姑 4 欲㠯(以)~建宔(主)君而迀(禦)難

上博五・姑 8 公思（懼）乃命～魚䍙（矯）

上博五・姑 9 ～魚䍙（矯）典自公所

上博五・姑 9 姑（苦）城（成）豪（家）父専（捕）～魚䍙（矯）

上博五・姑 10 㠯（以）䍁（釋）～魚䍙（矯）

上博五・君 9 斯人欲亓（其）～貴也貟（富）而□

上博五・弟 19 ～

上博五・三 18 好～天從之

上博五・三 21 竿之～

上博五・鬼 2 ～年又（有）䃹（譽）

上博五・鬼 3 ～年而㱼（沒）

上博五・鮑 3 田繹～

上博六・用 18 埶（設）立帀（師）～

上博七·武 4 義勮（勝）怠則～

上博七·武 8 衸（禍）牆（將）～

上博七·凡甲 4 虖（吾）既～而或（又）老

上博七·凡乙 4 虖（吾）既～而或（又）老

上博七·君甲 8 君王唯（雖）不～年

上博七·君乙 7 君王唯（雖）不～年

上博八·子 1 虖（吾）子齒年～壴（喜－矣）

上博八·成 1 ～（常）事必至

上博八·蘭 4 緃後其不～

～，戰國文字或作（郭店·老子甲 8）、（郭店·唐虞之道 23）、（郭店·語叢三 6）、（郭店·性自命出 10）、（左塚漆梮）、（施 253）、（施 293）、⾧（考古與文物 2002·2 宜陽戈）、⾧（施 288）、⾧（秦風 219）。《說文·長部》："長，久遠也。从兀，从匕。兀者，高遠意也。久則變化。亾聲。厂者，倒亾也。⾧，古文長。兏，亦古文長。"

上博一·孔26"陸又(有)～楚",讀爲"隰有萇楚",《詩經》篇名,即《詩·檜風·隰有萇楚》:"隰有萇楚,猗儺其枝,夭之沃沃,樂子之無知。"

上博一·緇3"下難智(知)則君～[勞]",《禮記·緇衣》孔穎達疏:"'下難知則君長勞'者,若在下之人,心懷欺詐,難知其心,則在上君長治之勞苦。"

上博一·緇6、9、13"～民者",爲民之長;官長。古指天子、諸侯,後泛指地方官吏。《禮記·緇衣》:"長民者,衣服不貳,從容有常,以齊其民,則民德壹。"《孔子家語·入官》:"上者尊嚴而危,民者卑賤而神。愛之則存,惡之則亡,長民者必明此之要。"

上博一·性5、6～,增長。

上博二·容2"～者",應指身體特長的人,或説指個子高大而有某種缺陷之人。

上博二·容16"卉(草)木晉～",《莊子·馬蹄》:"禽獸成群,草木遂長。"

上博三·周8"～子",排行最大的兒子。《鹽鐵論·徭役》:"長子不還,父母愁憂,妻子詠歎。"

上博三·彭1"羕(永)～",長久。《後漢書·光武帝紀下》:"周封八百,同姓諸姬並爲建國,夾輔王室,尊事天子,享國永長,爲後世法。"

上博三·彭6"述(怵)惕之心不可～",《説苑·談叢》:"利不兼,賞不倍;忽忽之謀,不可爲也,惕惕之心,不可長也。"

上博三·彭8"不～",不能長久。《大戴禮記·四代》:"不長饗國。"

上博四·内10～,指相比之下年紀較大的人、長輩。《左傳·隱公三年》:"且夫賤妨貴,少陵長,遠間親,新間舊,小加大,淫破義,所謂六逆也。"

上博五·姑8、9、10"～魚矞",即"長魚矯"。長魚,復姓,矯又作蟜,晉厲公之大夫。

上博五·鬼2、鬼3、上博七·君甲8、君乙7"～年",長壽。《管子·中匡》:"道血氣以求長年長心長德,此爲身也。"《水經注》卷二十三:"彭祖長年八百,綿壽永世。"亦稱年老之人,《淮南子·説山》:"文公棄荏席後黴黑,咎犯辭歸,故桑葉落而長年悲也。"《説苑·貴德》:"景公遊於壽宮,覩長年負薪而有饑色。"

上博三·亙9、上博五·三21、上博五·鮑3～,與"短"相對。

上博六·用18"帀～",讀爲"師長",衆官之長。《書·盤庚下》:"嗚呼!邦伯師長,百執事之人,尚皆隱哉!"孔穎達疏:"衆官之長,故爲三公六卿也。"或指大夫。《國語·楚語下》:"自卿以下至於師長、士,苟在朝者,無謂老耄而舍我。"韋昭注:"師長,大夫。"

上博七·武4"義勳(勝)怠則～",《説文·長部》:"久遠也。"正義戰勝懈怠,則能保持久遠。

上博七·武8"祪(禍)酒(將)～",《説苑·敬慎》:"勿謂何傷,其禍將長;勿謂何害,其禍將大。"

上博七·凡甲4、凡乙4"虗(吾)既～而或(又)老"。"長",年長,年高。《國語·晉語四》:"齊侯長矣。"典籍中"長老"連用,指老年人。《管子·五輔》:"養長老,慈幼孤。"

上博八·子1"齒年～",《吕氏春秋·上農》:"齒年未長,不敢爲園囿。""長",年紀大,輩分高。"齒年長"也同"齒長"。《左傳·昭公二十年》:"子之齒長矣,不能事人。"《國語·周語中》:"鄭伯捷之齒長矣,王而弱之,是不長老也。"

上博八·成1"～(常)事",平常的事情;常有的事情。《公羊傳·桓公四年》:"《春秋》之法常事不書。"

上博八·蘭4～,居先,居首位。《易·乾》:"元者,善之長也。""不長",不居先。

倀

上博四·柬19 叔(且)良～(長)子

上博四·曹18 所㠯(以)爲～(長)也

上博四·曹25 凡又(有)司銜(率)～(長)

上博四·曹28 卒又(有)～(長)

上博四·曹28 是古(故)～(長)必訋(約)邦之貴人及邦之可(奇)士

　上博四·曹 35 毋～(長)於父貶(兄)

　上博四·曹 36 吏(使)～(長)百人

　上博八·有 3 慮(慮)余子丌(其)速～(長)今

～，與 、、形同。《說文·人部》："倀，狂也。从人，長聲。一曰：什也。"

上博四·柬 19"～(長)子"，排行最大的子女。九店 56 號墓簡 36："倀(長)子吉。"桓寬《鹽鐵論·徭役》："長子不還，父母愁憂，妻子詠歎。"

上博四·曹 18"所以爲～(長)也"，猶言"所以爲上也"。

上博四·曹 25～，讀爲"長"，疑伍長、什長、卒長之類。

上博四·曹 28"卒又(有)～(長)"，古代軍隊百人爲卒，其長官稱卒長。《周禮·夏官·司馬》："凡制軍……百人爲卒，卒長皆上士。"《管子·小匡》："鄉有行伍，卒長則其制令，且以田獵因以賞罰，則百姓通於軍事矣。"

上博四·曹 35～，讀爲"長"，指淩駕。

上博四·曹 36"～百人"，讀爲"長百人"。"長百人"者爲卒長。

上博八·有 3～，讀爲"長"，長大，成年。《公羊傳·隱公元年》："隱長而卑。"《史記·孔子世家》："孔子貧且賤，及長，嘗爲季氏史。""速長"，迅速長大。

辰

　上博四·逸·交 1 昌(以)自爲～

～，从"厂"，"長"聲。

簡文～，讀爲"長"，領導。《詩·大雅·皇矣》："克長克君。"毛亨傳："教誨不倦曰長。"屈原《橘頌》："年歲雖少，可師長兮。"(季旭昇)

泥紐[illegible]聲

[illegible]

上博二·容 10 㠯(以)求臤(賢)者而～(讓)安(焉)

上博二·容 10 堯㠯(以)天下～(讓)於臤(賢)者

上博二·容 10 萬邦之君皆㠯(以)丌(其)邦～(讓)於臤(賢)[者]

上博二·容 17 墨(禹)乃五～(讓)㠯(以)天下之臤(賢)者

上博二·容 29 五年乃～(讓)

上博二·容 32 㠯(以)～於又(有)吴迵

上博二·容 34 咎(皋)秀(陶)乃五～(讓)㠯(以)天下之臤(賢)者

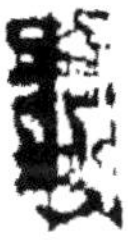
上博二·容 34 墨(禹)於是虖(乎)～(讓)益

上博五·君 9 貴而翟(能)～

上博六·競 12 是～逗之言也

上博六・慎 4～旻(得)甬於殜(世)

～，戰國文字或作 ▨(郭店・成之聞之 29)、▨(郭店・成之聞之 34)、▨(郭店・成之聞之 34)、▨(郭店・成之聞之 18)、▨(郭店・語叢四 23)、▨(左塚漆桐)、▨(珍戰 47)、▨(先秦編 238)、▨(天津 116)，乃《說文》"嚚"字籀文所本。《說文・叩部》："嚚，亂也。从爻、工、交、叩。一曰窒嚚。讀若禳。▨，籀文嚚。"

上博二・容 10、17、29、32、34～，讀爲"讓"，指把好處讓給別人。《呂氏春秋・行論》："堯以天下讓舜。"高誘注："讓，猶予也。"

上博五・君 9"貴而罷～"，《淮南子・繆稱》："君子見過忘罰，故能諫；見賢忘賤，故能讓；見不足忘貧，故能施。"《管子・立政》："故大德至仁，則操國得眾；見賢能讓，則大臣和同。"

上博六・競 12"～逭"，讀爲"良翰"。典籍從"襄"從"良"之字多可通，《史記・仲尼弟子列傳》："公良孺。"《索隱》："鄒誕本作公襄孺。"《爾雅・釋蟲》："不過，蟷蠰。"《禮記・月令》"蟷蠰"作"螳蜋"。"良翰"，指賢良的輔佐。《詩・大雅・崧高》："周邦咸喜，戎有良翰。"鄭玄箋："翰，榦也。"（何有祖）

上博六・慎 4～，或釋爲"敬"，讀爲"苟"。

讓

上博二・子 6 古～之

上博八・顏 7 耑(前)之吕(以)～

《說文・言部》："讓，相責讓。从言，襄聲。"

上博二・子 6～，指把好處讓給別人。《呂氏春秋・行論》："堯以天下讓舜。"高誘注："讓，猶予也。"

上博八・顏 7～，謙讓；推辭。《書・堯典》："允恭克讓。"孔穎達疏引鄭玄

曰:"推賢尚善曰讓。"《楚辭·九章·懷沙》:"知死不可讓,願勿愛兮。"王逸注:"讓,辭也。"

䑋

上博三·彭 7 一命弍(一)～

上博三·彭 8 三命四～

《說文·肉部》:"䑋,益州人謂言人盛,諱其肥,謂之䑋。从肉,襄聲。"

簡文～,讀爲"仰","䑋"爲日母陽部字,"仰"爲疑母陽部字,讀音相近,例可通假。疑、日二母相通之例:如"兒"屬日母,而從"兒"聲的"霓"、"郳"、"掜"、"鯢"等則屬疑母;又從"堯"聲的"荛"、"僥"、"蟯"等在古代兼有疑母、日母二讀等等,可爲旁證。"仰"與"俯"相對,蓋以喻君上之驕態。"抬頭露出自滿的樣子"。(陳斯鵬)或讀爲"襄","上舉"之義。《書·堯典》:"湯湯洪水方割,蕩蕩懷山襄陵,浩浩滔天。"某氏傳:"襄,上也。"《漢書·賈鄒枚路傳》:"臣聞交龍襄首奮翼,則浮雲出流,霧雨咸集。"顏師古注:"襄,舉也。"又《漢書·敘傳》:"雲起龍襄,化爲侯王。"顏師古注:"襄,舉也。"(孟蓬生)

來紐兩聲

兩

上博二·容 38 取丌(其)～女晉(琎)瑹(琓)

上博三·亙 11～者不瀘(廢)

上博一·孔 13 鵲(鵲)樔(巢)》出㠯(以)百～

1695

 上博一・孔 14～矣

 上博五・鬼 4 此～者枳(歧)虐(吾)古(故)

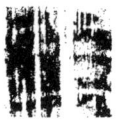 上博七・鄭甲 7 與之戰於～棠

 上博七・鄭乙 7 與之戰於～棠

 上博七・凡乙 18 鼠(一)生～

 上博七・吳 3 ～君之弗忎(順)

 上博七・凡甲 21 鼠(一)生～

～，西周金文作▦（宅簋），乃是截取古文字車字的部分構形而爲之，取象于車衡縛雙軛之形。所從的"▦"車衡、輈之形，"▦"像双軛之形。（于省吾）楚文字中的"兩"字中間訛變作"羊"，目的是以"羊"爲聲符。（魏宜輝）《說文·㒳部》："兩，二十四銖爲一兩。从一、㒳，平分，亦聲。"

上博一・孔 13"百～"，即百輛車。特指結婚時所用的車輛。亦泛言車輛多。《詩·召南·鵲巢》："之子於歸，百兩御之。"毛亨傳："百兩，百乘也，諸侯之子嫁於諸侯，送御者皆百乘。"

上博一・孔 14～，匹也，耦也。《易·說卦》："參天兩地而倚數。"韓康伯注："參，奇。兩，耦也。"《周禮·天官·大宰》："以九兩繫邦國之民。"鄭玄注："兩，猶耦也。"（馮時）

上博二・容 38、上博三・亙 11、上博五・鬼 4～，數詞。二。常用于成對的人或事物以及同時出現的雙方。《詩·齊風·還》："並驅從兩肩兮，揖我謂

我儇兮。"

上博七・鄭甲 7、鄭乙 7"～棠",地名。《吕氏春秋・至忠》:"荊興師戰於兩棠,大勝晉。"高誘注:"兩棠,地名也。荊尅晉負,故曰大勝。"《新書・先醒》:"(楚莊王)乃與晉人戰於兩棠,大克晉人。"

上博七・凡甲 21、凡乙 18"䑕(一)生～",即一生二。《老子・德經》:"道生一,一生二,二生三,三生萬物。萬物負陰而抱陽,沖氣以爲和。"

上博七・吴 3"～君",《論語・八佾》:"邦君爲兩君之好,有反坫。"

來紐量聲

量

 上博二・容 38 不～丌(其)力之不足

 上博五・三 7 凡飤(食)歓(飲)無～詎(計)

 上博六・競 1 虗(吾)幣帛甚娧(美)於虗(吾)先君之～矣

 上博六・天甲 7 矣(侯)～

 上博六・天乙 6 見矣(侯)～

 上博五・競 4 青(請)～之㠯(以)衰湝(汲)

 上博五・競 4 高宗命伇(傅)鳶(説)～之㠯(以)祭

～,晉文字或作 (古研 24)。《説文・重部》:"量,稱輕重也。从重省,

嬛省聲。🀄,古文量。"

上博二·容38"～丌(其)力",衡量人的力量和能力。《左傳·隱公十一年》:"鄭息有違言。息侯伐鄭,鄭伯與戰於竟,息師大敗而還。君子是以知息之將亡也,不度德,不量力……其喪師也,不亦宜乎!"

上博五·三7"～詣",讀爲"量計",計量、籌畫。《晉書·張華傳》:"及將大舉,以華爲度支尚書,乃量計運漕,決定廟算。"或作"計量",《管子·宙合》:"天淯陽,無計量;地化生,無泮崖。"

上博五·競4～,計算、估量。或讀爲"禳"。禳者,消災除難之祭也。(林志鵬)或釋爲"鬺"("餗"),意爲"鼎实"。"餗之以浸涪",意思是作鼎實而浸以肉汁,指鳴叫的雉而言。(李學勤)

上博六·競1～,可能是幣帛的別稱。《禮記·曲禮下》:"凡祭宗廟之禮,牛曰一元大武,豕曰剛鬣,豚曰腯肥……玉曰嘉玉,幣曰量幣。"《周禮·宗伯·大祝》"辨六號,一曰神號,二曰鬼號,三曰示號,四曰牲號,五曰齍號,六曰幣號",鄭玄注:"號,謂尊其名,更爲美稱焉。……幣號,若玉云嘉玉,幣云量幣。"(李天虹)

上博六·天甲7、天乙6～,標準、規格。《文子·下德》:"故高不可及者,不以爲人量,行不可逮者,不以爲國俗。"《吕氏春秋·仲秋紀》:"乃命司服,具飭衣裳,文繡有常,制有小大,度有短長,衣服有量。""視侯量",指看諸侯時動作的標準。(張崇禮)

斁

 上博四·曹32 既戳(戰)牁(將)～爲之

～,从"攴","量"聲。

簡文～,讀爲"掠",掠奪。(董珊)

糧

 上博五·鮑3百～篁

～，與 （郭店・成之聞之 13）形同，"米"在"量"下。或作 （九 A44）。《説文・米部》："糧，穀食也，从米，量聲。"

簡文"百～"，百石糧食。或讀爲"百量"。《管子・山權數》："桓公問於管子曰：請問國制。管子對曰：國無制，地有量。桓公曰：何謂國無制，地有量。管子對曰：高田十石，間田五石，庸田三石，其餘皆屬諸荒田，地量百畝，一夫之力也。"（劉信芳）

來紐良聲

良

 上博三・周 22 ～馬由（逐）

 上博二・從乙 4 恩（溫）～而忠敬

 上博三・彭 4 ～

 上博四・采 3 ～人亡（無）不宜也

 上博四・昭 9 楚邦之～臣所聾骨

 上博四・柬 19 叔（且）～倀（長）子

 上博四・曹 54 思～車良士往取之餌（耳）

 上博四・曹 55 思良車～士往取之餌（耳）

上博六·競2 是虐(吾)亡(無)=～祝吏也

上博六·競3 是信虐(吾)亡(無)～祝吏

上博六·用3 ～人鼎安

上博六·用12 非考仌訢(慎)～台家嗇

上博六·用15 ～人可思

上博七·鄭甲5 奠(鄭)人命㠯(以)子～爲執命

上博七·鄭乙5 奠(鄭)人命㠯(以)子～爲執命

上博八·王5 而必～慗(慎)之

～，最初不從"亡"聲，以"亡"爲聲是由於變形音化造成的。戰國文字"良"多從"亡"聲，或作 ，上、下均從"亡"。或作 (新蔡甲二28)、 (新蔡甲三131)、 (新蔡乙三28)、 (施340)、 (施88)、 (關沮363)。《說文·富部》："良，善也。从富省，亡聲。 ，古文良。 ，亦古文良。 ，亦古文良。"

上博三·周22"～馬"，駿馬。《詩·鄘風·干旄》："素絲紕之，良馬四之。"《墨子·親士》："良馬難乘，然可以任重致遠。"

上博二·從乙4"恩(溫)～"，讀爲"溫良"，溫和善良。《管子·形勢》："人主者,溫良寬厚則民愛之。"

上博四·采3、上博六·用3、15"～人",賢者;善良的人。《詩·大雅·桑柔》:"維此良人,作爲式穀。"《莊子·田子方》:"昔者寡人夢見良人。"

上博四·昭9"～臣",《國語·楚語下》:"故莊王之世,滅若敖氏,唯子文之後在,至於今處鄖,爲楚良臣。是不先恤民而後己之富乎?"《書·説命下》:"股肱惟人,良臣惟聖。"

上博四·柬19～,善良;賢良。《書·益稷》:"元首明哉,股肱良哉。"《詩·小雅·角弓》:"民之無良,相怨一方。"鄭玄箋:"良,善也。"《論語·學而》:"夫子溫、良、恭、儉、讓以得之。"

上博四·曹54"～車",好車。《吕氏春秋·仲秋紀》:"齊桓公良車三百乘,教卒萬人,以爲兵首,横行海内,天下莫之能禁,南至石樑,西至酆郭,北至令支。""～士",賢士。《書·秦誓》:"番番良士,旅力既愆,我尚有之。"

上博六·競2、3～,善良;賢良。《書·益稷》:"元首明哉,股肱良哉。"

上博六·用12"訢(慎)～",見蔡侯器"聰介慎良"。"慎良","謹慎"、"善"之意。《詩·小雅·角弓》:"民之無良,相怨一方。"鄭玄箋:"良,善也。"《論語·學而》:"夫子溫、良、恭、儉、讓以得之。"

上博七·鄭"子～",人名。

上博八·王5"～慜",即"良慎",與"慎良"義同,參上。

清紐倉聲

倉

上博二·容1～頡是(氏)

上博六·用6屑亡齒～

上博八·李1旇(晉)冬之旨(祁)～

～,戰國文字或作 、、

▲(新蔡甲三 331)、▲(新鄭圖 452)、▲(珍戰 222)、▲(傅 419)。《説文·倉部》:"倉,穀藏也。倉黄取而藏之,故謂之倉。从食省,口象倉形。▲,奇字倉。"

上博二·容 1"～頡是(氏)",古代傳説中的漢字創造者。《史記》據《世本》以爲是黄帝時的史官。《荀子·解蔽》:"好書者衆矣,而倉頡獨傳者壹也。"許慎《説文解字序》:"黄帝之史倉頡,見鳥獸蹏迒之迹,知分理之可相别異也,初造書契。"

上博六·用 6～,讀爲"滄"或"凔"。《説文》:"滄,寒也。"又:"凔,寒也。"《逸周書·周祝》:"天地之間有滄熱。"孔晁注:"滄,寒。"《荀子·正名》:"疾養滄熱。"楊倞注:"滄,寒也。"郭店楚簡《緇衣》:"晉冬旨(耆)滄,小民亦惟曰怨。""耆滄",今本《緇衣》作"祁寒",又上博二·從政甲 19"饑寒"亦書作"饑凔"。"倉(滄、凔)"、"寒"的關係屬於同義换讀。

上博八·李 1"㫃(晉)各(冬)之旨(祁)～",郭店簡《緇衣》作"晉冬旨滄",上博《緇衣》及今本均作"晉冬祁寒"。～,讀爲"滄"或"凔",訓寒。

蒼

　上博二·容 22 冬不敢㠯(以)～訇(辭)

　上博四·相 3 實官～(倉)

～,戰國文字或作▲(郭店·老子乙 15)、▲(施 294)、▲(北郊秦印)。《説文·艸部》:"蒼,艸色也。从艸,倉聲。"

上博二·容 22～,讀爲"滄"或"凔"。《説文》:"滄,寒也。"又:"凔,寒也。"與"暑"相對。《易·繫辭上》:"日月運行,一寒一暑",《詩·小雅·小明》:"二月初吉,載離寒暑。心之憂矣,其毒大苦。"

上博四·相 3～,讀爲"倉",貯藏糧食的場所。《詩·小雅·甫田》:"乃求千斯倉,乃求萬斯箱。""官倉",官府的倉廩。《隋書·食貨志》:"〔魏天平元年〕於諸州緣河津濟,皆官倉貯積,以擬漕運。"

滄

上博四·柬 1 王～(汗)至帶

上博二·從甲 19 飤(飢)～而毋敓

～,與"寒"同義,或稱之爲"義同換讀"、"同義換讀"。《説文·水部》:"滄,寒也。从水,仓聲。"

上博二·從甲 19"飢～",訓爲飢寒。飢餓寒冷。《國語·周語下》:"然則無夭昏札瘥之憂,而無飢寒乏匱之患,故上下能相固以待不虞。"《大戴禮記·盛德》:"地宜不殖,財物不蕃,萬民飢寒。"

上博四·柬 1～,用爲"寒"。"寒"與"汗"古音相同。或説此字以"水"爲意符、"仓(寒)"爲聲符,很可能本來就是"汗"字的異體。(陳劍)簡文"王汗至帶"汗水濕透了衣裳最外層的大帶。《晏子春秋》:齊大旱,"景公出野居,暴露三日,天果大雨,民盡得種時。"

清紐阳聲

汾

上博四·逸·交 1 中～(梁)

～,从"水","刅"聲,"刅"即"創"之本字,所從"刅"與"刃"混同,與 形同。

簡文～,讀爲"梁",魚梁。簡文所缺之文補足應爲"交交鳴鸒(烏),集于中梁",《詩·邶風·谷風》:"毋逝我梁,毋發我笱。"毛亨傳:"梁,魚梁;笱,所以捕魚也。"孔穎達疏引鄭司農曰:"梁,水堰。堰水而爲關空,以笱承其空。"朱熹詩集傳:"梁,堰石障水而空其中,以通魚之往來者也。"

枊

 上博五·三18 死於～下

 上博二·魯6 公剴不飯～（梁）飤（食）肉才（哉）

～，從"木"，"刅"聲，"梁"字異體。《說文·木部》："梁，水橋也。從木，從水，刅聲。𣹕，古文。"

上博二·魯6～，讀爲"梁"，小米。"飯"、"食"同義，是吃的意思。古有"粱肉"一詞，以粱爲飯，以肉爲肴。指精美的膳食。《管子·小匡》："食必粱肉，衣必文繡。"又有"粱飯"一詞，精細的米飯。《史記·滑稽列傳》："願賜美酒粱飯大殮臣，臣乃言。"

上博五·三18～，讀爲"梁"，魚梁。《詩·邶風·谷風》："毋逝我梁，毋發我笱。"毛亨傳："梁，魚梁；笱，所以捕魚也。"孔穎達疏引鄭司農曰："梁，水堰。堰水而爲關空，以笱承其空。"

秥

 上博五·鮑1 十月而徒～（梁）城（成）

 上博五·鮑1 一之日而車～（梁）城（成）

 上博八·志1 是楚邦之㝩（强）～（梁）人

～，從"禾"，"刅"聲，疑"梁"之或體，從"禾"與從"米"通。《說文·米部》："粱，米名也。從米，梁省聲。"也可能是"枊（梁）"字異體。

上博五·鮑1～，讀爲"梁"，橋梁。《說文·木部》："梁，水橋也。從木，從水，刅聲。"段玉裁注："梁之字，用木跨水，則今之橋也。"董珊結合《孟子·離婁下》及青川木牘的相關記載，認爲"徒秥"即"徒梁"，是人行獨木橋，就是《孟

子·離婁下》的"徒杠";"車杒"即"車梁",是車行橋,就是《孟子·離婁下》的"輿梁"。

上博八·志 1"弞～",讀爲"強梁",強勁有力;勇武。《老子》:"強梁者不得其死。"桓寬《鹽鐵論·訟賢》:"剛者折,柔者卷,故季由以強梁死,宰我以柔弱殺。"

槳

 上博六·競 1 剖(會)疾(譴)與～丘虡言於公曰

 上博六·競 8 葦(澤)～吏(使)敓(漁)守之

 上博六·競 9 外=又～丘虡縈恚

 上博六·競 13～丘虡不敢監正

～,從"木","杒"聲,"梁"字繁體。

上博六·競 1、9、13"～丘虡",讀爲"梁丘據",人名,春秋齊有梁丘據。見《左傳·昭公二十年》:"齊侯疥,遂痁,期而不瘳,諸侯之賓問疾者多在。梁丘據與裔款言於公曰……"

上博六·競 8"葦～",讀作"澤梁",在水流中用石築成的攔水捕魚的堰。《禮記·王制》:"獺祭魚,然後虞人入澤梁。"鄭玄注:"梁,絶水取魚者。"《荀子·王制》:"山林澤梁,以時禁發而不税。"楊倞注:"石絶水爲梁,所以取魚也。"

從紐爿聲

妝

 上博一·緇 12 毋㠯(以)辟御肅～(莊)后

～,从"女","爿"聲,與 (郭店・緇衣 23)同。《説文・女部》:"妝,飾也。从女,牀省聲。"

簡文～,讀爲"莊",《禮記・緇衣》:"毋以小謀敗大作,毋以嬖御人疾莊后。"鄭玄注:"莊后,適夫人齊莊得禮者。"孔穎達疏:"莊后,謂齊莊之后,是適夫人也。無得以嬖御賤人之爲非毁於適夫人。"

牆

 上博二・容 17 女(如)是～(狀)也

 上博二・容 39 丌(其)喬(驕)大(泰)女(如)是～(狀)

 上博二・容 49 女(如)是～(狀)也

 上博六・天甲 7 者(諸)疾(侯)飤(食)同～

 上博六・天乙 6 者(諸)疾(侯)飤(食)同～

 上博五・鬼 5 ～若生

～,从"首","爿"聲,"狀"字異體,與 、形同。《説文・犬部》:"狀,犬形也。从犬,爿聲。"段玉裁注:"引申爲形狀。"

上博二・容 17、39、49 ～,讀爲"狀",形狀;形態。"如是狀",就是像這種形狀。

上博六・天甲 7、天乙 6 ～,《荀子・禮論》:"事死如事生,事亡如事存,狀乎無形影,然而成文。"楊倞注:"狀,類也。""同狀",同樣,類似。此指在諸侯

吃飯的時候,目光看他也同樣。

上博五・鬼 5“～若生”,即“狀若生”,形狀如同剛出生。

⿰爿頁

 上博八・成 3 丌(其)～(狀)膏(驕)𦤸(淫)

～,从“頁”,“爿”聲,“狀”字異體。

上博八・成 3～,讀爲“狀”,形狀;形態。

⿰爿言

 上博三・周 7 不～凶

～,从“言”,“爿”聲,與(新蔡甲三 192、199—1)、(新蔡甲三 212、199—3)、(新蔡甲三 215)形同。

簡文～,讀爲“臧”,《經典釋文》:“臧,作郎反,善也。”今本、帛書本均作“臧”。或讀爲“壯”,訓爲“迅疾”。《爾雅・釋言》:“疾、齊,壯也。”《爾雅・釋詁》:“齊、亟,疾也。”

壯

 上博五・弟 5 耇老不逿(复)～

～,與(郭店・窮達以時 10)、(郭店・尊德義 20)、(郭店・性自命出 63)同。《説文・士部》:“壯,大也。从士,爿聲。”

簡文～,強壯;壯盛;盛大。《易・大壯》:“彖曰:大壯,大者壯也。”“耇老不逿(復)壯”的反義是“老當益壯”。《後漢書・馬援傳》:“〔援〕轉游隴漢間,常謂賓客曰:‘丈夫爲志,窮當益堅,老當益壯。’”

牆（牆）

上博一·孔 28 ～又（有）薺（茨）

上博五·三 19 埤（卑）～（牆）勿增

上博七·凡甲 27 敔～而豊（禮）

～，從"𩫏"（墉或郭之古體），"爿"聲，"牆"字異體，與 （郭店·語叢四 2）同。《說文·嗇部》："牆，垣蔽也。從嗇，爿聲。，籀文。從二禾。，籀文。亦從二來。"

上博一·孔 28"～又薺"，讀爲"墻有茨"，《詩經》篇名。《詩·鄘風·牆有茨》："牆有茨，不可掃也。中冓之言，不可道也。所可道也，言之醜也。"

上博五·三 19"～"，即"牆"，房屋、院落、城邑等的四圍。多爲土築或磚砌而成，垂直於地面。《詩·鄭風·將仲子》："將仲子兮，無踰我牆，無折我樹桑。"毛亨傳："牆，垣也。"

上博七·凡甲 27"敔～而豊"，讀爲"尋牆而禮"。《左傳·昭公七年》："一命而僂，再命而傴，三命而俯，循牆而走。"也見於《莊子·列禦寇》，成玄英疏云："傴曲循牆，并敬容極恭，卑退若此，誰敢將不軌之事而侮之也。"

牀

上博五·季 9 ～曼（文）中又（有）言曰

上博五·三 10 毋虛～（壯）

《說文·木部》："牀，安身之坐者。從木，爿聲。"

上博五·季 9"～曼中"，讀爲"臧文仲"，又稱"臧孫辰"，魯公子驅之曾孫。

春秋時魯國大夫,姓張,名長,"文"爲謚號。《孔子家語·顔回》孔子說"身殁言立,所以爲文仲也"。《論語·衛靈公》:"臧文仲,其竊位者與。知柳下惠之賢,而不與立也。"

上博五·三 10～,讀爲"壯"。《易·剝》"剝牀以足",焦循章句:"牀,壯字假借也。"壯,盛也。"虛壯",猶言絕壯。簡文"毋滅祟,毋虛壯",似與《三德》14 號簡"將興勿殺,將齊勿剺"意思相近。(劉國勝)或讀爲"虛葬",猶言"無葬"、"絕葬"。(林文華)

烎(葬)

 上博二·容 33 亓(其)死賜(易)～(葬)

～,从"歹","爿"聲,"葬"字異體。郭店·六德 16 作 ，齊文字作 (文物報 1996·1·28 磚文)、 (文物報 1996·1·28 磚文)。《說文·茻部》:"葬,藏也。从死在茻中;一其中,所以薦之。《易》曰:'古之葬者,厚衣之以薪。'"

上博二·容 33～,即"葬",掩埋尸體。《易·繫辭下》:"古之葬者,厚衣之以薪,葬之中野,不封不樹,喪期無數,後世聖人易之以棺椁,蓋取諸《大過》。"

臧

 上博四·曹 1 魯～(莊)公酒(將)爲大鐘

 上博四·曹 6～(莊)公曰

 上博四·曹 10～(莊)公曰

 上博四·曹 20～(莊)公曰

 上博四・曹 22～（莊）公曰

 上博四・曹 33～（莊）公曰

 上博四・曹 35～（莊）公或（又）䎽（問）

 上博四・曹 36～（莊）公或（又）䎽（問）

 上博四・曹 38～（莊）公曰

 上博四・曹 41～（莊）公曰

 上博四・曹 42～（莊）公或（又）䎽（問）曰

 上博四・曹 43～（莊）公或（又）䎽（問）曰

 上博四・曹 44～（莊）公或（又）䎽（問）曰

 上博四・曹 45～（莊）公或（又）䎽（問）曰

 上博四・曹 49～（莊）公曰

 上博四・曹 50～（莊）公或（又）䎽（問）曰

 上博四·曹 53～（莊）公或（又）䚿（問）曰

 上博四·曹 53～（莊）公或（又）䚿（問）曰

 上博四·曹 55～（莊）公或（又）䚿（問）曰

 上博四·曹 57～（莊）公曰

 上博四·曹 59～（莊）公或（又）䚿（問）曰

 上博四·曹 64～（莊）公曰

 上博六·莊 1～王既成亡（無）鐸（射）

 上博六·莊 1【背】～王既成

 上博六·木 3～王迈河雔之行

 上博七·鄭甲 1～王豪（就）夫=（大夫）而與之言曰

 上博七·鄭乙 1～王豪（就）夫=（大夫）而與之言曰

～，从"口"，"戕"聲，"臧"字異體，與（郭店·窮達以時 8）、（施

186)、▨(施315)同。三晉文字作▨(先秦編113)、▨(右冢子鼎),從"臣","爿"聲。秦印則作▨(陝西637)。《説文·臣部》:"臧,善也。從臣,戕聲。▨,籀文。"

上博四·曹"～公",讀爲"莊公",即魯莊公,爲春秋魯國第十六任君主,魯桓公的兒子。《史記·齊太公世家》:"五年,伐魯,魯將師敗。魯莊公請獻遂邑以平,桓公許,與魯會柯而盟。"

上博六·莊1、上博六·木3、上博七·鄭甲1、鄭乙1"～王",讀爲"莊王",即楚莊王。春秋時楚國國君,穆王子,羋姓,熊氏,名侶,又作旅,在位二十三年(公元前613年至公元前591年)。《史記·楚世家》:"莊王即位三年,不出號令,日夜爲樂,令國中曰:'有敢諫者死無赦。'伍舉入諫……大夫蘇從乃入諫……於是乃罷淫樂,聽政,所誅者數百人,所進者數百人,任伍舉、鯀從以政,國人大説。是歲滅庸。六年,伐宋,獲五百乘。八年,伐陸渾戎,遂至洛,觀兵於周郊,周定王使王孫滿勞楚王,楚王問鼎小大輕重。"爲春秋五霸之一。

憾

　　上博七·鄭甲4～惻(賊)丌(其)君

　　上博七·鄭乙4～惻(賊)丌(其)君

～,從"心","臧(臧)"聲。

簡文"～惻",讀爲"戕賊",摧殘、殘害。《孟子·告子上》:"如將戕賊杞柳而以爲桮棬,則亦將戕賊人以爲仁義與?"《書·盤庚中》:"汝共作我畜民,汝有戕則在乃心。"孔安國傳:"戕,殘也。"

藏(藏)

　　上博三·周38～(藏)于頁(頏)

 上博三·周 40 女～（壯）

 上博三·周 54 敿（徵）馬～（藏）

～，從"艸"，"臧（藏）"聲，"藏"字異體。《説文·艸部（新附）》："藏，匿也。臣鉉等案：《漢書》通用臧字。從艸，後人所加。"

上博三·周 38"～（藏）于頄（頄）"，帛書《周易》作"九三：牀于頯"；今本《周易》作"九三：壯于頄"。

上博三·周 40"女～"，讀爲"女壯"，女子淫壯。

上博三·周 54"馬～"，讀爲"馬壯"，馬強壯。《孟子·萬章下》："孔子嘗爲委吏矣，曰：'會計當而已矣。'嘗爲乘田矣，曰：'牛羊茁壯長而已矣。'"

寴（藏）

 上博一·孔 19《木苽（瓜）》又～（藏）忢（願）而未旻（得）達也

～，從"宀"，"臧（藏）"聲，"藏"之異體，從"宀"作正寓蘊藏之義。與 (珍戰 3)、 (珍戰 5)形同。

上博一·孔 19"～忢"，讀爲"藏願"，指的是蘊藏于内心之願。

蹙

 上博五·季 20 ～（中）辠（罪）則夜之㠯（以）罰

 上博五·季 22 ～（中）辠（罪）墾（型）之

 上博六·競 9 番涅～菖

～,从"土","戕(臧)"聲,即"壾"之異文,亦即"臧"之籀文。與 (郭店·老子甲 35)同。《説文·臣部》:"臧,善也。从臣,戕聲。 ,籀文。"《字彙》疑"壾"字下部從"上",實爲"土"之訛。

上博五·季 20、22"～辠",讀爲"中罪"。《漢書·刑法志》:"凡囚,'上罪梏拲而桎,中罪梏桎,下罪梏;王之同族拲,有爵者桎,以待弊。'"

上博六·競 9"番涅～菖",讀爲"播馨揚芳"。"播馨"與"揚芳"義同,即傳佈芳香。"藏",讀爲"揚",與"播"義同。"播揚",即傳揚;傳佈,見袁宏《後漢紀·獻帝紀五》:"方今外有遺虜,遐夷未賓;旗鼓尚在邊境,干戈不得韜刃。斯乃播揚洪烈,立功垂名之秋也。"《顏氏家訓·後娶》:"播揚先人之辭迹,暴露祖考之長短。"

臧

 上博一·孔 21《～(將)大車》之嚚也

 上博四·曹 32 各載爾～(藏)

 上博八·成 10 能㠯(以)亓(其)六～(藏)之獸(守)取新(親)安(焉)

～,與 (郭店·老子甲 36)、 (郭店·太一生水 6)同,从"貝","戕(臧)"聲,"賘"字異體。《玉篇》:"賘,藏也。"《廣韻》:"賘,納賄曰賘。"

上博一·孔 21"～大車",讀爲"將大車",《詩經》篇名。《詩·小雅·無將大車》:"無將大車,祇自塵兮。無思百憂,祇自疧兮。"

上博四·曹 32"各載爾～",讀爲"各載爾藏",泛指輜重糧秣。

上博八·成 10"～",讀爲"藏"。

牆(醬)

 上博一·孔 4 亓(其)甬(用)心也～(將)可(何)女(如)

 上博一·孔 4 丌(其)甬(用)心也～(將)可(何)女(如)

 上博一·孔 17 ～(將)中(仲)之言

 上博二·魯 4 石～(將)焦

 上博二·魯 4 木～(將)死

 上博二·魯 5 水～(將)沽(涸)

 上博二·魯 5 魚～(將)死

 上博三·彭 1 乃～(將)多昏(問)因由

 上博四·柬 4 ～(將)祭之

 上博四·柬 10 ～(將)必

 上博四·柬 11 ～(將)命之攸(修)

 上博四·柬 17 ～(將)爲客告

 上博四·柬 17 君皆楚邦之～(將)軍

 上博四·柬 19～(將)正

 上博四·柬 22～(將)必智(知)之

 上博四·柬 22 君王之疠(病)～(將)從含(今)日㠯(以)已

 上博四·曹 40 人史(使)～(將)軍

 上博四·曹 40～(莊)公曰

 上博四·曹 51 明日～(將)戬(戰)

 上博二·民 8～(將)可孝(教)寺(詩)矣

 上博二·容 50 天～(將)或(誅)安(焉)

 上博二·容 53 天～(將)或(誅)安(焉)

 上博四·采 2～(將)㞢(美)人

 上博四·昭 1～(將)袼之

 上博四·昭 1～(將)袼

上博四·昭 1 ～（將）迊（蹴）閨

上博四·昭 2 ～（將）剸（斷）於含（今）日

上博四·昭 2 小人～（將）訽寇（寇）

上博四·昭 3 儳（僕）～（將）埑亡老□

上博四·昭 4 儳（僕）～（將）訽寇（寇）

上博四·昭 6 ～（將）取車

上博四·昭 6 ～（將）取車

上博四·柬 9 ～（將）鼓而涉之

上博四·柬 19 人～（將）芙（笑）君

上博四·曹 1 魯臧（莊）公～（將）爲大鐘

上博四·曹 23 ～（莊）公或（又）酮（問）

上博四·曹 25 必又二～（將）軍

 上博四·曹31 明日~(將)戬(戰)

 上博四·曹51 明日~(將)戬(戰)

 上博五·競5 害~(將)坴(來)

 上博五·競5 ~(將)又(有)兵

 上博五·鮑2 寡人~(將)迴佝

 上博五·鮑5 瀘(奄)肰(然)~(將)堯(亡)

 上博五·三2 皇天~(將)嬰(興)之

 上博五·三2 上帝~(將)憎之

 上博五·三14 ~(將)嬰(興)勿殺

 上博五·三14 ~(將)齊勿桍(刳)

 港甲10 □~(將)

 上博四·曹39 我史(使)~(將)軍

上博四・曹 25 毋~(將)軍必又(有)數辟大夫

上博四・曹 32 ~(將)曩(早)行

上博四・曹 32 既戠(戰)~(將)敚

上博四・曹 60 各(如)~(將)弗克

上博六・競 2 ~(將)

上博六・競 11 古死丌(其)~(將)至

上博六・孔 7 古~(將)㠯(以)告

上博六・莊 6 臣不智(知)君王之~(將)爲君

上博六・莊 7 臣~(將)或至安

上博六・木 2 臣~(將)又(有)告

上博七・武 2 ~(將)以箸(書)視(示)

上博七・武 8 祧(禍)~(將)長

上博七·武 9 祂(禍)～(將)大

上博七·武 9 祂(禍)～(將)言(然)

上博七·武 12～(將)道之

上博七·鄭甲 2～(將)保丌(其)懇(恭)炎(嚴)

上博七·鄭甲 3 虐(吾)～(將)可(何)㠯(以)倉(答)

上博七·鄭甲 3～(將)必爲帀(師)

上博七·鄭甲 4～(將)必囟(使)子豪(家)

上博七·鄭甲 6～(將)救奠(鄭)

上博七·鄭甲 6 王～(將)還

上博七·鄭甲 7 含(今)晉人～(將)救子豪(家)

上博七·鄭乙 2～(將)保丌(其)懇(恭)炎(嚴)

上博七·鄭乙 3 虐(吾)～(將)可(何)㠯(以)倉(答)

上博七・鄭乙 3 ~(將)必爲帀(師)

上博七・鄭乙 4 我~(將)必囚(使)子豪(家)

上博七・鄭乙 6 ~(將)救奠(鄭)

上博七・鄭乙 6 王~(將)還

上博七・凡甲 9 足~(將)至千里

上博七・凡甲 10 ~(將)可(何)聖(聽)

上博七・凡甲 10 ~(將)可(何)正(征)

上博七・凡甲 10 ~(將)可(何)淫(盈)

上博七・凡乙 7 足~(將)至千里

上博七・凡乙 8 ~(將)可(何)正(征)

上博七・凡乙 8 ~(將)可(何)淫(盈)

上博七・吴 1 馬~走

 上博八·子3□～(將)安(焉)迬(往)

 上博八·子5 司寇(寇)～(將)見我

 上博八·有1 又(有)皇(凰)～(將)记(起)今可(兮)

 上博八·有4～(將)莫皇今可(兮)

 上博八·有4 女=(如女)子～(將)深(泣)今可(兮)

 上博五·姑8～(將)大害

～，從"酉"，"爿"聲，爲"醬"字異體。與 ◨(郭店·老子甲13)、◨(郭店·老子甲14)、◨(郭店·老子甲19)、◨(郭店·老子甲20)、◨(郭店·老子丙8)、◨(郭店·尊德義13)、◨(新蔡甲二16)形同。《說文·酉部》："牆，鹽也。從肉；從酉，酒以和牆也；爿聲。◨，古文。◨，籀文。"

上博一·孔17"～(將)中(仲)之言"，《詩·鄭風·將仲子》："將仲子兮，無踰我里，無折我樹杞。豈敢愛之？畏我父母。仲可懷也，父母之言亦可畏也。"

上博～，讀爲"將"，副詞。就要；將要。《左傳·文公十八年》："春，齊侯戒師期，而有疾。醫曰：'不及秋將死。'"

上博四·曹23、40"～公"，讀爲"莊公"，即魯莊公。參前。

上博四·采2"～岜人"，讀爲"將美人"。"將美人毋過吾門"與《詩·鄭風·將仲子》每章首之"將仲子兮，無踰我里/牆/園"極爲接近，唯後者多一襯字"兮"。（陳劍）

上博"～軍"，讀爲"將軍"，官名。《墨子·非攻中》："昔者晉有六將軍。"孫

詁讓閒詁:"六將軍,即六卿爲軍將者也。春秋時通稱軍將爲將軍。"《戰國策·秦策二》:"齊、秦之交陰合。楚因使一將軍受地于秦。"

上博五·競5〜,讀爲"槍",星名,又稱天槍。《史記·天官書》:"紫宮左三星曰天槍"。張守節正義引《漢書·天文志》:"天槍主兵亂也。""孝文時,天槍夕出西南,占曰爲兵喪亂,其六年十一月,匈奴入上郡、雲中,漢起兵以衛京師。"《漢書·天文志》引《石氏星經》:"槍、欃、棓、彗異狀,其殃一也,必有破國亂君,伏死其辜,餘殃不盡,爲旱凶饑暴疾。""主兵亂"、"必有破國亂君",與簡文"有兵"、"有憂於公身"合。後一"將"字,似讀"槍"或"將"皆通。姑讀爲"槍"。(陳偉)

心紐桑聲

喪

上博二·民6亡(無)備(服)之〜

上博二·民7亡(無)備(服)之〜

上博二·民11亡(無)備(服)之〜

上博二·民12亡(無)備(服)之〜

上博二·容41之〜(蒼)虘(梧)之埜(野)

上博四·采1〜之末

上博五·弟4曹之〜

 上博五·弟 7 虗(吾)舿(聞)父母之～

 上博三·周 44 亡(無)～亡(無)旻(得)

 上博三·周 53～丌(其)僮(童)

 上博三·周 32～馬勿由(逐)

 上博三·周 38～羊毄(悔)亡

 上博六·壽 5 歬(前)冬言曰邦必～

 上博六·天甲 4 邦～

 上博六·天甲 4 邦～

 上博六·天甲 12 觀邦不言～

 上博六·天乙 4 邦～

 上博六·天乙 4 邦～

 上博六·天乙 11 觀邦不言～

上博七・鄭甲 1 奠（鄭）子豪（家）~

上博七・鄭乙 1 子豪（家）~

上博七・吳 5 玫~

上博四・昭 1~備（服）曼廷

上博一・性 29 居~必又夫繇=（肇肇）之哀

上博二・民 9 □之~也

上博二・民 13 亡（無）備（服）［之］~

上博二・民 14 亡（無）備（服）［之］~

上博五・三 7 民人乃~

上博五・三 7 必遉（復）之㠯（以）憂~

上博五・三 16 必~亓（其）佖（匹）

上博五・三 16 ~怠係（由）樂

 上博六·壽 7……～

 上博六·孔 25 民～不可悔

 上博七·武 1 敓(豈)～

 上博七·武 4 勀(勝)義則～

 上博三·中 23 夫～

 上博七·武 14 欲勀(勝)志則～

～，甲骨文作 、，从三口或四口，"桑"聲。西周金文作 、、、、，承襲甲骨文的寫法，所从的"桑"或作 ![]、![]、![]，下部變形音化爲"亡"聲。戰國文字承襲甲、金文，但形體變化繁多，具體分析如下：1. ![]、、、，从二口、四口不等，"桑"聲，或徑釋爲"桑"，不確。楚文字"桑"字作 可證。所从的"桑"上部訛與"九"形。2. ![]、、，从二口、四口不等，"桑"聲、"亡"聲。3. ![]，从二"口"，"桑"省聲、"亡"聲，"桑"訛省與"中"形混同。4. ![]、![]，"桑"省聲、"亡"聲，此形爭議最大，尤其是後一形，或釋爲"芒"。5. ![]、![]，从二口、四口不等，"亡"聲。6. ![]、、![](郭店·老子

丙9)、 、 ,从"死","喪"聲。

7. 、 ![字形],从"死","喪"聲、"亡"聲。8. ![字形],从"歹","喪"聲。以上均爲"喪"字異體。《說文·哭部》:"喪,亾也。从哭,从亾。會意。亾亦聲。"

上博六·孔25"民～",或讀爲"民氓",指民衆、百姓。《戰國策·秦策一》:"彼固亡國之形也,而不憂民氓,悉其士民,軍於長平之下,以爭韓之上黨。"《晏子春秋·問上六》:"田野不修,民氓不安。"(陳偉)

上博二·民"亡(無)備(服)之～",《禮記·孔子閒居》:"無聲之樂,無體之禮,無服之喪,此之謂三無。"

上博二·容41"～虖",讀爲"蒼梧",地名。《楚辭·離騷》"朝發軔於蒼梧兮",王逸注:"蒼梧,舜所葬也。"洪興祖補注:"《山海經》云:'蒼梧山,舜葬于陽,帝丹朱葬于陰。'《禮記》曰:'舜葬於蒼梧之野。'鄭玄注云:'舜征有苗而死,因葬焉。蒼梧于周,南越之地,今爲郡。'如淳云:'舜葬九疑。九疑在蒼梧馮乘縣,故或曰舜葬蒼梧也。'"《史記·蘇秦列傳》"南有洞庭、蒼梧",司馬貞索隱:"地名,《地理志》有蒼梧郡。"張守節正義:"蒼梧山在道州南。"即在今湖南省衡陽一帶。

上博四·采1"～之末",可能即"喪歌之末曲"。《左傳·哀公十一年》:"公孫夏命其徒歌虞殯。"杜預注:"虞殯,送葬歌曲,示必死。"(讀本四)

上博一·性29"居～",猶守孝。處在直系尊親的喪期中。《左傳·襄公三十一年》:"居喪而不哀,在感而有嘉容,是謂不度。"《禮記·曲禮下》:"居喪未葬,讀喪禮;既葬,讀祭禮;喪復常,讀樂章。"

上博三·中23～,指喪禮。

上博五·三7"憂～",《淮南子·本經》:"人之性,心有憂喪則悲,悲則哀,哀斯憤,憤斯怒,怒斯動,動則手足不靜。"

上博五·三16"必～亓伓(匹)",《禮記·三年問》:"今是大鳥獸,則失喪其群匹,越月踰時焉,則必反巡,過其故鄉,翔回焉。"

上博五·弟7"父母之～",《禮記·曾子問》:"君之喪既引,聞父母之喪,如之何?"

上博三·周44～,亡、喪失。與"得"相對。

上博三·周38"～羊",帛書本、今本作"牽",誤。

上博三·周32、53,上博六·壽5,上博六·天甲4、12,天乙4、11,上博七·吴5～,亡,滅亡。《説文》:"喪,亡也。"《論語·子路》:"一言而喪邦,有諸?"

上博七·鄭甲1～,指喪事。《左傳·僖公九年》"凡在喪",杜預注:"在喪,未葬也。"

上博四·昭1"～備",讀爲"喪服",居喪所穿的衣服。《周禮·天官·閽人》:"喪服、凶器不入宫。"《儀禮·喪服》:"喪服,斬衰裳,苴絰杖絞帶,冠繩纓,菅屨者。傳曰:斬者何,不緝也。苴絰者,麻之有蕡者也。"

心紐相聲

相

 上博一·性18 丌(其)眚(性)～近也

 上博二·民4 悬(哀)緙(樂)～生

 上博二·子1 善與善～受也

 上博二·從甲13 君子之～譹(就)也

 上博二·從甲17 後人則奉～之

 上博三·亙4 云云～生

 上博四·逸·交1 君子～好

 上博四·逸·交4 君子～好

正編・陽部

上博五・競 10 或(又)㠯(以)豊(豎)迅(刁)䢍(與)剔(易)
舀(牙)爲～

上博五・季 22 邦～裹(懷)毀

上博二・昔 1 君之毋(母)俤(弟)是～

上博五・弟 12 言行～㦷

上博六・競 11 丌(其)左右～弘自善

上博六・用 4 遒～弋耕

上博七・吳 5～敵(擠)

上博二・民 11 日逑(就)月～

上博八・成 15 而或(國)又(有)～串(患)割(害)之志

上博八・志 4 然㠯(以)諓(讒)言～忘(謗)

上博八・有 1 能與余～蕫(助)今可(兮)

上博八・李 1～虖(乎)官(棺)桓(樹)

・1729・

上博三·中16含(今)女(汝)～夫

～,"目"下或加一横或加二横作爲飾筆。戰國文字或作（郭店·老子甲16）、（郭店·老子甲16）、（郭店·六德49）、（施149）、（新鄭圖403）、（于省吾教授百年誕辰紀念文集159頁玉璜）、（施318）、（秦駰玉版）。《説文·目部》:"相,省視也。从目,从木。《易》曰:'地可觀者,莫可觀於木。'《詩》曰:'相鼠有皮。'"

上博一·性18"～近",差不多;接近。《論語·陽貨》:"性相近也,習相遠也。"

上博二·民4、上博三·亙4"～生",事物由於矛盾轉化而生生不已。《孫子·勢》:"奇正相生,如循環之無端,孰能窮之。"

上博二·子1"～受",互相接納。《周禮·地官·大司徒》:"令五家爲比,使之相保;五比爲閭,使之相受。"鄭玄注:"受者,宅舍有故,相受寄託也。"賈公彦疏:"相受者,閭胥使二十五家有宅舍破損者受寄託。"

上博二·從甲13"～讓(就)",主動靠近;主動親近。元稹《螟子》詩之一:"將身遠相就,不敢恨非辜。"

上博四·逸·交1、4"～好",彼此友善;相互交好。《詩·邶風·日月》:"日居月諸,下土是冒。乃如之人兮,逝不相好。胡能有定?"《左傳·成公十三年》:"昔逮我獻公及穆公相好,戮力同心,申之以盟誓,重之以婚姻。"簡文"相好",或説是對我們很好。或説是偏指的用法,"君子相好",意爲"其他的君子喜歡他"。

上博五·競10～,古官名。百官之長。後通稱宰相。《荀子·王霸》:"相者,論列百官之長,要百事之聽,以飾朝廷臣下百事之分,度其功勞,論其慶賞,歲終奉其成功以效於君。"《史記·魏世家》:"家貧則思良妻,國亂則思良相。"《吕氏春秋·舉難》:"相也者,百官之長也。"《國語·魯語》"師尹維旅牧相",韋昭注:"國相也"。

上博五·季22～,輔助者、重臣。《論語·季氏》:"危而不持,顛而不扶,則將焉用彼相矣。"《吕氏春秋·非相》:"相也者,百官之長也。"

上博二·昔1、上博二·從甲17～,"輔佐、扶助"之意,《易·泰》:"輔相天

地之宜。"孔穎達疏:"相,助也。"

上博五·弟12"～怎",讀爲"相近"。

上博七·吳5"～敵",讀爲"相擠",《國語·晉語四》:"二帝用師以相濟也,異德故也。"韋昭注:"濟當爲'擠'。擠,滅也。《傳》曰:'黃帝戰於阪泉。'"

上博二·民11"日述月～",《禮記·孔子閒居》作"日就月將"。"相"讀爲"將",《廣雅·釋詁一》:"將,行也。"《詩·周頌·敬之》"日就月將",毛亨傳:"將,行也。""月將",猶言"月行"。

上博八·志4"～忞",讀爲"相謗"。《左傳·襄公六年》:"宋華弱與樂轡少相狎,長相優,又相謗也。"

上博八·有1"～萤(助)",互助。《孟子·滕文公上》:"出入相友,守望相助。"

上博八·李1～,觀察,審視。《説文》:"相,省視也。从目、从木。《易》曰:'地可觀者莫可觀於木。'"《楚辭·離騷》:"瞻前而顧後兮,相觀民之計極。"

楔(相)

上博五·弟18 皆可㠯(以)爲者(諸)疾(侯)～(相)欨(歟)

上博四·柬9 王㠯(以)告～(相)屖(徙)與中余(舍)

上博四·柬10 ～(相)屖(徙)

上博四·柬15 ～(相)屖(徙)

上博四·相2 可胃(謂)～(相)邦矣

上博四·相4 而昏(問)～(相)邦之道

～，加"又"旁繁化，"相"字異體。與 (郭店·窮達以時 6)同。

上博五·弟 18～，即"相"，古官名。

上博四·柬 9、10、15"～(相)屡(徒)"，官名。或讀爲"長沙"，爲"長沙公"之省。或讀爲"相隨"。

上博四·相 2、4"～(相)邦"，"相邦"作爲動名詞組，而非作爲官職之名。"相"即"輔佐、扶助"之意，《易·泰》："輔相天地之宜。"孔穎達疏："相，助也。"故知"相邦"即"輔佐治理國家"之意。"相邦"，先秦多作"相國"，《左傳·僖公廿三年》："吾觀晉公子之從者，皆足以相國。"(讀本四)

心紐喪聲歸桑聲

幫紐兵聲

兵

上博二·容 2 而寢丌(其)～

上博二·容 37 乃執～欽(禁)暴

上博二·容 41 於是嘑(乎)天下之～大记(起)

上博四·曹 15 丌(其)～足㠯(以)利之

上博四·曹 18 纏(繕)𦥑(甲)利～

上博四·曹 24 倍(伍)閼(間)容～

 上博四·曹29 众(虞—御)稡(卒)史(使)~

 上博四·曹30 句(苟)見耑(短)~

 上博四·曹32 □白徒曩(早)食戕~

 上博四·曹38 勿~㠯(以)克

 上博四·曹38 勿~㠯(以)克奚女(如)

 上博四·曹38 人之~不砥亃(礪)

 上博四·曹39 我~必砥亃(礪)

 上博四·曹51 纏(繕)虗(甲)利~

 上博五·競5 酒(將)又(有)~

 上博五·姑9 回而余(予)之~

 上博五·三16 敓(奪)民時㠯(以)~事

 上博五·鬼7 蚩蚘(尤)复(作)~

～，戰國文字或作☒（郭店・老子甲 6）、☒（郭店・老子甲 29）、☒（郭店・老子丙 6）、☒（郭店・唐虞之道 12）、☒（九 A43）、☒（關沮 297）、☒（職官 43）。《說文・廾部》："兵，械也。从廾持斤，並力之皃。☒古文兵，从人廾干。☒，籀文。"

上博二・容 2"寢丌（其）～"，即"寢兵"，止兵，停止戰爭。《史記・匈奴列傳》："北州已定，願寢兵休士卒養馬，除前事，復故約，以安邊民，以應始古，使少者得成其長，老者安其處，世世平樂。"

上博二・容 37～，兵器。《左傳・成公二年》："擐甲執兵，固即死也。"或讀爲"輯兵"，意爲藏兵。

上博二・容 41、上博四・曹 15～，兵卒；軍隊。《戰國策・齊策三》："齊、衛之交惡，衛君甚欲約天下之兵以攻齊。"

上博四・曹 18、51"利～"，鋒利的武器。《左傳・哀公二十五年》："司徒期因三匠與拳彌以作亂，皆執利兵，無者執斤。"

上博四・曹 29"御卒使～"，"兵"應與"卒"同義，古籍中"兵"、"卒"常對舉，如《荀子・議兵》："故仁人之兵，聚則成卒。"

上博四・曹 30"耑～"，讀爲"短兵"，刀劍等短武器。《管子・參患》："弩不可以及遠，與短兵同實。"《史記・匈奴列傳》："其長兵則弓矢，短兵則刀鋌。"

上博四・曹 38"勿～以克"，似是"不戰而屈人之兵"的意思（參看《孫子・謀攻》）。泛指軍戰。

上博五・競 5"酒又～"，讀爲"將有兵"，將要有兵災。

上博四・曹 24、38、39、上博五・姑 9～，兵器。《詩・秦風・無衣》："王于興師，脩我甲兵，與子偕行。"《呂氏春秋・慎大》："釁鼓旗甲兵。"高誘注："兵，戈、戟、箭、矢也。"

上博五・三 16"～事"，戰事；戰爭。《穀梁傳・莊公八年》："兵事以嚴終。"荀悅《漢紀・武帝紀一》："萬民苦於兵事，逃亡必衆。"

上博五・鬼 7"乍～"，即"作兵"，製造兵器。《呂氏春秋・孟秋紀》："人曰'蚩尤作兵'，蚩尤非作兵也，利其械矣。未有蚩尤之時，民固剝林木以戰矣，勝者爲長。長則猶不足治之，故立君。君又不足以治之，故立天子。"

幫紐丙聲

怲

上博二·從甲 8～則亡新

上博七·鄭甲 1 㠯（以）邦之～㠯（以）叚（急）

上博七·鄭甲 3 售（雖）邦之～

上博七·鄭乙 2 㠯（以）邦之～㠯（以）叚（急）

上博七·鄭乙 3 售（雖）邦之～

《說文·心部》："怲，憂也。从心，丙聲。"

上博二·從甲 8～，讀爲"妨"。楚簡"病"字或从"方"聲。《說文》"仿"，籀文或从"丙"聲。"枋"又作"柄"。《儀禮·士昏禮》："皆南枋。"注："今文枋作柄。"《禮記·禮運》："以四時爲柄。"《釋文》："柄本又作枋。"因此，"怲"字可讀爲"妨"。《說文》："妨，害也。"《左傳·隱公三年》："且夫賤妨貴、少陵長、遠間親、新間舊、小加大、淫破義，所謂六逆也。"孔穎達疏："妨，謂有所害。"簡文"妨則亡（無）新（親）"意爲傷害則失去親近。或讀爲"猛"，即"威而不猛"之猛，《左傳·昭公二十年》："大叔爲政，不忍猛而寬。……仲尼曰：'善哉！政寬則民慢，慢則糾之以猛。猛則民殘，殘則施之以寬。寬以濟猛，猛以濟寬，政是以和。'"或讀爲"迫"。

上博七·鄭甲 1～，《說文·心部》："怲，憂也。從心，丙聲。"《詩·小雅·頍弁》曰："憂心怲怲。"《廣韻》："怲，憂也。"《玉篇》："怲，憂也，懼也。"或讀爲"病"。（陳偉）

柄

 上博五·三 1～旱(旦)毋哭

～,从"木",从二"丙",古文字中往往單復無別,此乃"柄"之繁化。《説文·木部》:"柄,柯也。从木,丙聲。,或从秉。"

簡文～,讀爲"平"。"平旦",故十二時制的寅時,約相當今二十四時的五至六時。或讀爲"再","再旦"天亮兩次的奇異天象。

幫紐秉聲

秉

 上博一·緇 5 隹(誰)～或(國)[成]

 上博一·孔 5～吝(文)之惪(德)

 上博一·孔 6～吝(文)之惪(德)

 上博五·三 12～之不固

 上博六·用 2 禹～縺悳(德)

 上博八·蘭 3 親衆～志

 上博八·蘭 3 蘭斯～悳(德)

～,手持禾,與、、、形同。《説文·又部》:"秉,禾束也。从又持禾。"

上博一·緇 5、上博六·用 2～,秉持。《詩·小雅·節南山》:"維周之氐,秉國之均,四方是維。……誰秉國成,不自爲政,卒勞百姓。"

上博一·孔 5、6"～悳(文)之悳(德)",《詩·周頌·清廟》:"於穆清廟,肅雝顯相。濟濟多士,秉文之德。對越在天,駿奔走在廟。不顯不承,無射於人斯。"毛亨傳:"執文德之人也。"鄭玄箋:"對,配。越,於也。濟濟之衆士,皆執行文王之德。文王精神已在天矣,猶配順其素如存生存。"

上博五·三 12～,秉持。《史記·太史公自序》:"春秋之後,陪臣秉政。"《漢書·孔光傳》:"君秉社稷之重,總百僚之任。"簡文"秉之不固"大意爲"秉持國政不會穩固。"(范常喜)

上博八·蘭 3～,執持,堅持。《詩·小雅·小弁》:"君子秉心,維其忍之。"鄭玄箋:"秉,執也。"《國語·晉語一》:"若不知辱,亦必不知固秉常矣。"《新語·懷慮》:"失道者誅,秉義者顯。""志",意志,志向。《説文》:"志,意也。"《書·舜典》:"詩言志。"《論語·公冶長》:"盍各言爾志?"《楚辭·離騷》:"屈心而抑志兮。""秉志",持志,見皮日休《九諷·舍慕》:"粵吾秉志,潔於瑾瑜。"又《楚辭·九章·惜誦》:"欲橫奔而失路兮,堅志而不忍。""堅志"與"秉志"義近。

上博八·蘭 3"～悳(德)",保持美德。《書·君奭》:"百姓王人,罔不秉德明慎。"《楚辭·九章·橘頌》:"秉德無私,參天地兮。"

幫紐方聲

方

　上博一·孔 17 束～未明又(有)利訇(詞)

　上博一·緇 22 丌(其)惡也又(有)～

 上博一·性11 堂（當）事因～而裚（制）之

 上博一·性20 思之～也

 上博一·性25 同～而交

 上博一·性26 不同～而交

 上博一·性33 宜（義）之～也

 上博一·性33 敬之～也

 上博一·性33 悬（仁）之～也

 上博一·性33 眚（性）之～也

 上博一·性39 慮之～也

 上博一·性39 悔（謀）之～也

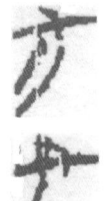 上博二·民2 四～又（有）敗

上博二·民11 塞于四～

 上博二·從甲 4～(謗)亦臤(坂)是

 上博二·容 6 於是虖(乎)～百里之中

 上博二·容 7 於是虖(乎)～囩(圓)千里

 上博二·容 20 東～之羿(旗)以日

 上博二·容 20 西～之羿(旗)以月

 上博二·容 20 南～之羿(旗)以它(蛇)

 上博二·容 21 北～之羿(旗)以鳥

 上博二·容 31～爲三俉

 上博二·容 31 東～爲三俉

 上博二·容 31 西～爲三俉

 上博二·容 31 南～爲三俉

 上博二·容 31 北～爲三俉

 上博三·周9 不窑(寧)～迷(來)

 上博四·柬13 ～若肰(然)里

 上博五·弟13 不曲～㠯(以)迲(去)人

 上博五·三8 是胃(謂)～芋(華)

 上博五·三14 ～縈(營)勿伐

 上博五·三16 四～𡉚(來)嚚

 上博五·競7 遠者不～

 上博六·孔11 亓(其)述多～安

 上博六·孔15 句拜四～之立㠯(以)童

 上博六·慎4 旹惪(德)而～義

 上博六·慎6 氏(是)㠯(以)君子向～智道

 上博六·用2 事非與又～

上博六・用 7 則～繇

上博八・成 10 青(請)睧(問)亓(其)～

上博八・李 1 槀〈葉〉亓(其)～苔(落)可(兮)

上博八・蘭 2～時(時)安(焉)复(作)

上博八・蘭 2 涅(馨)訑(謐)迡而達甌(聞)于四～

上博八・蘭 5 苴(黄)薛之～记(起)

～,戰國文字或作 ✦(郭店・老子乙 12)、✦(郭店・五行 40)、✦(郭店・尊德義 28)、✦(郭店・性自命出 19)、✦(郭店・性自命出 32)、✦(郭店・性自命出 38)、✦(新蔡甲一 11)、✦(施 326)、✦(秦駰玉版)。《說文・方部》:"方,併船也。象兩舟省總頭形。✦,方或从水。"

上博一・孔 17"東～未明",《詩經》篇名。即《詩・齊風・東方未明》:"東方未明,顛倒衣裳。顛之倒之,自公召之。"

上博一・緇 22、上博一・性 11～,品類;類別。《禮記・緇衣》:"故君子之朋友有鄉,其惡有方。"鄭玄注:"鄉、方,喻輩類也。"《淮南子・精神》:"以死生為一化,以萬物為一方,同精於太清之本。"高誘注:"方,類也。"

上博一・性 20、25、26、33、39～,術也,亦即方法、辦法。(劉昕嵐)《爾雅・釋詁三》:"方,類也。"簡文說"歎"屬於思維的範疇。(陳偉)

上博二・民 2、11、上博五・三 16、上博六・孔 15、上博八・蘭 2"四～",指東南西北四個方向。引申指天下;各處。《易・姤》:"後以施命誥四方。"

《淮南子·原道》:"泰古二皇,得道之柄,立於中央,神與化遊,以撫四方。"高誘注:"撫,安也。四方,謂之天下也。"

上博二·從甲4～,讀爲"謗",誹謗;譭謗。《論語·子張》:"信而後諫;未信,則以爲謗己也。"(劉樂賢)

上博二·容20、21、31～,方向;方位。《詩·齊風·雞鳴》:"東方明矣,朝既昌矣。"《文選·張衡〈東京賦〉》:"飛雲龍於春路,屯虎神於秋方。"薛綜注:"秋方,西方也。"

上博三·周9"不盜(寧)～迡(來)",即《周易》"不寧方來",孔穎達疏:"此是寧樂之時,若能與人親比,則不寧之方,皆悉歸來。"

上博二·容6、7、上博四·束13～,古代計量面積用語。後加表示長度的數字或數量詞,表示縱橫若干長度的意思。多用於計量土地。《論語·先進》:"方六七十,如五六十,求也爲之,比及三年,可使足民。"

上博五·弟13"凸～",讀爲"曲防"。《孟子·告子下》:"無曲防,無遏糴,無有對而不告。"

上博五·三8～,廣大、廣博義。《國語·晉語一》:"晉國之方,偏侯也。"韋昭注:"方,大也。"《廣雅·釋詁一》:"方,大也。"(范常喜)或讀爲"芳花"。香花。《楚辭·九章·思美人》:"芳與澤其雜糅兮,羌芳華自中出。"簡文帝《梅花賦》:"折此芳花,舉茲輕袖。"

上博五·三14～和"將"是將要、快要的意思。(曹峰)或説"方",一併、一齊。《漢書·敘傳下》:"文武方作,是庸四克。"顏師古注引晉灼曰:"方,並也。"(張崇禮)

上博五·競7"遠者不～",讀爲"遠者不謗",遠方不誹謗。(季旭昇)

上博六·孔11"多～",猶言"多端",如《楚辭·九辨》"心怵惕而震盪兮,何所憂之多方!"洪興祖補注引五臣注:"方,猶端也。"《墨子·貴義》:"子墨子曰:'雖使我有病,何遽不明?人之所得於病者多方,有得之寒暑,有得之勞苦,百門而閉一門焉,則盜何遽無從入?'""人之所得於病者多方"即人得病的原因有多種多樣。(讀書會)

上博六·慎4"時悳而～義",讀爲"恃德而傍義"。《論衡·答佞》:"思慮遠者,必傍義依仁,亂于大賢。"(陳偉)或讀爲"秉"。(范常喜)

上博六·慎6、上博八·成10～,道理;常規。《易·恆》:"君子以立不易方。"孔穎達疏:"方,猶道也。"

上博六·用2"又～",讀爲"有方",《論語·里仁》:"子曰:父母在,不遠遊,游必有方。"何晏集解:"鄭曰:'方,猶常也。'"《大戴禮記·曾子立事》:"君子不唱流言,不折辭,不陳人以其所能。言必有主,行必有法,親人必有方。多知而無親,博學而無方,好多而無定者,君子弗與也。"《莊子·人間世》:"顏闔將傅衛靈公大子而問于蘧伯玉曰:有人於此,其德天殺。與之爲無方,則危吾國;與之爲有方,則危吾身。若然者,吾奈之何?"陸德明釋文引李頤曰:"方,道也。"(晏昌貴)

上博八·李1~,副詞。方始;方才。《詩·大雅·公劉》:"弓矢斯張,干戈戚揚,爰方啓行。"朱熹集傳:"方,始也。"

上博八·蘭2~,讀爲"旁"。《書·吕刑》"方告無辜於上",《論衡·變動》引"方"作"旁";《淮南子·主術》"旁流四達",《文子·微明》"旁"作"方"。旁,憑依。"旁時"猶言"依時"。或讀爲"逢",賈誼《鵩鳥賦》"逢時不祥。"《漢書·列傳》引《語》曰:"雖有茲基,不如逢時。"(讀書會)

上博八·蘭5~,並也。《老子》"萬物並作",郭店楚簡本"並"作"方",同義替代。"方起"即"並起",猶《老子》之"並作",皆一同興起之義。

忘

　上博一·孔9 多耻者丌(其)~之虖(乎)

　上博八·志4 然昌(以)諓(譖)言相~(謗)

~,从"心","方"聲。《集韻》:"忘與妨同,害也。"

上博一·孔9~,讀爲"病"。或讀爲"仿",訓爲"效仿"。(于茀)

上博八·志4~,讀爲"謗",誹謗;毁謗。《説文》:"謗,毁也。"《左傳·莊公二十二年》:"所獲多矣,敢辱高位以速官謗?"《論語·子張》:"信而後諫;未信,則以爲謗己也。"

訪

　上博八·成1 乃~□□

《説文·言部》:"訪,汎謀曰訪。从言,方聲。"

1743

簡文～，《爾雅·釋詁》："訪，謀也。"《玉篇》："訪，問也。"《書·洪範》："王訪于箕子。"《逸周書·大戒》："維正月既生魄，王訪于周公曰：……"

疠（病）

 上博四·柬 2 龜尹智（知）王之庶（炙）於日而～（病）岕（疥）

 上博四·柬 8 不穀瘝（懆）甚～（病）

 上博四·柬 2 贅尹智（知）王之～（病）

 上博四·柬 5 虗（吾）瘝（懆）臥（一）～（病）

 上博四·柬 22 君王之～（病）牂（將）從含（今）日昌（以）已

～，從"疒"，"方"聲，"病"字異體，與 、、同。《説文·疒部》："病，疾加也。從疒，丙聲。"

上博～，即"病"，重病；傷痛嚴重。《論語·述而》："子疾病，子路請禱。"《左傳·僖公二十八年》："魏犨傷於胸。公欲殺之，而愛其材。使問，且視之。病，將殺之。"

癔

 上博五·三 13 身戲（且）有～（病）

～，從"心"，"疠（病）"聲，"病"繁體。

簡文"有～"，讀為"有病"，《莊子·大宗師》："俄而子來有病，喘喘然將死，其妻子環而泣之。"

芳

上博八·蘭 2 攸(搖)莕(落)而猷(猶)不遊(失)氒(厥)～

上博八·蘭 4 女(如)萊(蘭)之不～

～,與(郭店·窮達以時 13)同。《說文·艸部》:"芳,香艸也。從艸,方聲。"

上博八·蘭 2～,《說文》:"芳,香草也。"引申爲香、香氣。《楚辭·九章·悲回風》:"故茶薺不同畮兮,蘭茝幽而獨芳。"

上博八·蘭 4"女(如)萊(蘭)之不～",《荀子·宥坐》:"且夫芷蘭生於深林,非以無人而不芳。"

枋

上博三·亙 9 安(焉)又(有)～(方)

《說文·木部》:"枋,木,可作車。從木,方聲。"

簡文～,讀爲"方",與"圓"相對,方形。《周禮·考工記·輿人》:"圜者中規,方者中矩。"《淮南子·本經》:"戴圓履方,抱表懷繩。"高誘注:"圓,天也;方,地也。"

旁

上博八·有 6 論三夫之～也今可(兮)

《說文·上部》:"旁,溥也。從二,闕;方聲。᧗,古文旁。᧗,亦古文旁。᧗,籀文。"

簡文～,讀爲"謗"。《莊子·齊物論》:"旁日月。"陸德明釋文:"旁,崔本作謗。"謗,譭謗,誹謗。《說文》:"謗,毀也。"《左傳·莊公二十二年》:"所獲多矣,敢辱高位以速官謗?"《論語·子張》:"信而後諫;未信,則以爲謗己也。"《國語·晉語六》:"考百事於朝,問謗譽於路。""三夫之謗",多人傳佈的譭謗流言,猶成語"三夫之言"。《後漢書·馬援傳》:"海内不知其過,衆庶未聞其毀,卒遇三夫之言,橫被誣罔之讒。"

並紐彭聲

彭

上博三·彭1 狗(耇)老昏(問)于～祖曰

上博三·彭1 ～祖曰

上博三·彭2 ～祖曰

上博三·彭3 ～祖曰

上博三·彭7 ～祖曰

上博八·王1 ～徒罙(返)賜閛(關)至(致)命

上博八·王5 夫～徒罷(一)裦(勞)

上博八·王7 乃命～徒爲洛辻(卜)尹

～,從"壴",即鼓之初文,"彡"爲鼓聲之标志,"彡"多作兩撇或一撇。《説文·壴部》:"彭,鼓聲也。从壴,彡聲。"

上博三·彭1"～祖",傳説中的人物。因封于彭,故稱。傳説他善養生,有導引之術,活到八百高齡。見劉向《列仙傳·彭祖》。《荀子·修身》:"扁善之度:以治氣養生,則身後彭祖;以修身自强,則名配堯禹。"《吕氏春秋·爲欲》:"彭祖,至壽也。"張家山漢簡《引書》:"春産,夏長,秋收,冬藏,此彭祖之道也。"

上博八～,地名,即彭城,爲春秋時楚邑,位於江蘇銅山縣,今彭城縣。彭,原爲宋邑,《左傳·成公十八年》:"遂會楚子伐宋,取朝鄏。楚子辛、鄭皇辰侵城郜,取幽丘,同伐彭城。""彭徒",指彭地的司徒。徒,是衆的意思。司徒掌徒役之事。

並紐竝聲

竝

 上博二·昔1肰(然)句(后)～聖(聽)之

 上博三·周45～受丌(其)福

 上博七·凡甲4五熒(氣)～至

 上博七·凡乙3五熒(氣)～至

～,與 、同。《説文·竝部》:"竝,併也。从二立。"

上博二·昔1"～聖(聽)",《後漢書·樊宏陰識列傳》:"至孝明皇帝,兼天地之姿,用日月之明,庶政萬機,無不簡心,而垂情古典,遊意經藝,每饗射禮畢,正坐自講,諸儒並聽,四方欣欣。"

上博三·周45～,副詞。普遍;全都。《易·井》:"王明,並受其福。"王引

之《經義述聞·周易上》:"並之言普也,徧也。謂天下普受其福也。"

上博七·凡甲4、凡乙3～,同時,一起。《書·費誓》:"徂茲淮夷、徐戎並興。"《詩·秦風·車鄰》:"既見君子,並坐鼓瑟。"

明紐明聲

明

 上博三·亙2而未或～

 上博三·亙5～=天行

 上博三·亙9安(焉)又(有)～

 上博三·亙13與天下之～王

 上博三·亙13～君

 上博三·亙13～士

 上博一·孔17東方未～又(有)利訋(詞)

 上博一·孔25少(小)～

 上博一·緇15敬～乃罰

 上博一·性30言及則～墾(舉)之而毋愳(僞)

 上博二·民 6 ～目而視之

 上博二·民 12 屯(純)惪(德)同～

 上博二·從甲 1 昔三弋(代)之～王之又(有)天下者

 上博二·容 17 見(視)不～

 上博二·容 24 㠯(以)波(陂)～者(都)之澤

 上博三·周 17 又(有)孚才(在)道已～

 上博三·周 45 王～

 上博三·中 18 昔三弋(代)之～王又(有)四海之内

 上博四·柬 6 夫上帝㮁(鬼)神高～

 上博四·曹 5 㖞(鄰)邦之君～

 上博四·曹 51 ～日牂(將)戩(戰)

 上博四·曹 52 ～日遉(復)戩(陳)

 上博四·曹60～惎(慎)以戒

 上博四·曹64 昔之～王之记(起)於天下者

 上博五·三3 天命孔～

 上博五·鬼1 今夫畏(鬼)神又(有)所～

 上博五·鬼1 又(有)所不～

 上博五·鬼2 此～矣

 上博五·鬼3 此～矣

 上博五·鬼4 畏(鬼)神不～

 上博五·鬼5 所～又(有)所不明

 上博五·鬼5 所明又(有)所不～

 上博五·鬼8 而志行㬎(顯)～

 上博六·競9～惪觀行

 上博六·用19 不邵亓(其)甚～

 上博八·顔10 敢簡(問)至~〈名〉

 上博八·成3☐☐欲~智(知)之

 上博八·成9 梓市~之惪(德)亓(其)殜(世)也☐

 上博八·成11 外道之~者

 上博八·有5 日月卲(昭)~今可(兮)

 上博五·三1 ~母(毋)訶(歌)

~，从"日"，从"月"或从"囧"，从"月"會意。戰國文字或作 、、、、、、、、。《説文·朙部》："朙，照也。从月从囧。![]，古文朙。从日。"

上博一·孔17"東方未~"，《詩經》篇名。《詩·齊風·東方未明》："東方未明，顛倒衣裳。顛之倒之，自公召之。"

上博一·孔25"少~"，讀爲"小明"，《詩經》篇名。《詩·小雅·小明》："明明上天，照臨下土。我征徂西，至於艽野。二月初吉，載離寒暑。心之憂矣，其毒大苦。念彼共人，涕零如雨。豈不懷歸？畏此罪罟！"

上博一·緇15"敬~乃罰"，謹慎嚴明。《書·康誥》："王曰：'嗚呼！封，敬明乃罰。人有小罪，非眚，乃惟終，自作不典，式爾，有厥罪小，乃不可不殺。'"

上博二·民 6"～目",明亮的眼睛。《荀子·儒效》:"若夫充虚之相施易也,'堅白''同異'之分隔也,是聰耳之所不能聽也,明目之所不能見也。"

上博二·民 12"屯(純)悳(德)同～",《禮記·孔子閒居》:"無服之喪,純德孔明。"

上博二·從甲 1、上博三·中 18、上博三·亙 13、上博四·曹 64"～王",聖明的君主。《左傳·宣公十二年》:"古者明王伐不敬。"

上博二·容 17"視不～",眼睛;視力。《禮記·檀弓上》:"子夏喪其子而喪其明。"鄭玄注:"明,目精。"《禮記·雜記下》:"視不明,聽不聰,行不正,不知哀,君子病之。"

上博二·容 24"～者",讀爲"明都",《史記·夏本紀》作"明都",《禹貢》作"孟豬",《爾雅》、《説文》、《墨子》、《左傳》均作"孟諸"。《漢書·地理志》作"盟豬",梁國"睢陽"縣條下又作"盟諸",《周禮·夏官·職方氏》作"望諸",鄭玄注:"望諸,明都也。"賈公彥疏:"按《禹貢》云:'導柯澤,被明都。'"孟諸是先秦時期著名的澤藪,《爾雅·釋地》、《淮南子·地形》、《呂氏春秋·有始覽》都將孟諸列爲天下九藪或十藪之一。《左傳》文公十年、文公十一年、昭公二十一年均有"田孟諸"的記載。孟諸可以田獵,可見還包括丘陵平地,不盡爲水域。其地在今河南商丘東北,接虞城界。

上博三·周 17～,讀爲"盟",對神發誓立約。《易·隨》:"有孚在道,以明,何咎。"李鏡池通義:"明,借爲盟。"

上博三·亙 2～,光明。

上博三·亙 5"明=",重文。《爾雅·釋訓》:"明明、斤斤,察也。"孫炎曰:"明明,性理之察也。""天行",應指天道的運行。《詩·大雅·大明》:"明明在下,赫赫在上。"毛亨傳:"明明,察也。文王之德明明於下,故赫赫然著見於天。"

上博三·亙 9～,與"晦"相對,白晝;白天。《詩·大雅·蕩》:"既愆爾止,靡明靡晦。"鄭玄箋:"不爲明晦,無有止息也。""晦明"也指陰晴;明暗。《國語·楚語上》:"地有高下,天有晦明。"

上博三·亙 13"～君",賢明的君主。《左傳·成公二年》:"大夫爲政,猶以衆克,況明君而善用其衆乎?"

上博三·亙 13～,賢明。

上博四·柬 6"高～",高而明亮。《尸子》卷上:"天高明,然後能燭臨萬物。"

上博三·周45、上博四·曹5～,聖明;明智;明察。《易·井》:"王明,並受其福。"

上博四·曹51、52"～日",明天;今天的下一天。《左傳·文公十二年》:"兩君之士皆未憖也,明日請相見也。"

上博四·曹60"～慎(慎)",明察審慎。《易·旅》:"君子以明慎用刑,而不留獄。"

上博五·三3"孔～",很完備;很潔淨;很鮮明。《詩·小雅·楚茨》:"祝祭於祊,祀事孔明。"鄭玄箋:"孔,甚也;明,猶備也,絜也。"《文選·張衡〈東京賦〉》:"滌濯靜嘉,禮儀孔明。"薛綜注:"孔,甚也,言禮儀甚鮮明也。"

上博五·鬼～,指鬼神之聰明、明智。《老子》第三十三章:"知人者智,自知者明。"《吕氏春秋·慎人》:"信賢而任人,君子明也。"《墨子·明鬼下》:"故神鬼之明,不可爲幽閒廣澤,山林深谷,鬼神之明必知之。"

上博五·鬼8"顯～",讀爲"顯明",光明高尚;賢明。《荀子·成相》:"許由、善卷,重義輕利,行顯明。"《韓非子·説疑》:"如此臣者,雖當昏亂之主尚可致功,況於顯明之主乎?此謂霸王之佐也。"

上博六·競9"～悳",彰明德行。《管子·君臣下》:"此先王所以明德圉姦,昭公滅私也。"《荀子·成相》:"明德慎罰,國家既治四海平。"

上博八·顏10～,讀爲"名",名聲;名譽。《易·乾》:"不成乎名,遯世無悶。"孔穎達疏:"不成乎名者,言自隱黜,不成就令名,使人知也。"

上博八·成3"～智",讀爲"明知",明確理解或瞭解。《商君書·定分》:"法令以當時立之者,明旦,欲使天下吏民皆明知而用之。"

上博六·用19、上博八·有5"卲～",讀爲"昭明",顯明,光明。《書·堯典》:"百姓昭明,協和萬邦。"《詩·大雅·既醉》:"君子萬年,介爾昭明。""日月昭明",日月顯明。

上博五·三1～,天亮。《淮南子·天文》所述十二時制有"晨明"、"朏明"、"旦明",用以表示夜半後、日出前的時段,其中"旦明"即"平旦"。或釋爲"晦"(晏昌貴)。或認爲是"暝"字之異體。(范常喜)

累

上博一·孔7 襄尔～(明)悳(德)害(害)

 上博五·三 1 ~（盟）王無思

 上博五·競 7 天陞（地）~（明）弃我矣

 上博七·凡甲 5 奚古（故）神~

上博七·凡甲 8 敬天之~奚旻（得）

 上博七·凡乙 4 奚古（故）神~

~，从"示"，"明"聲，"盟"字異體。與 、同。

上博一·孔 7"~悳"，讀爲"明德"，光明之德；美德。《書·君陳》："至治馨香，感於神明。黍稷非馨，明德惟馨。"《逸周書·本典》："今朕不知明德所則，政教所行，字民之道，禮樂所生，非不念而知，故問伯父。"《史記·五帝本紀》："天下明德皆自虞帝始。"

上博五·三 1"~王"，讀爲"明王"，聖明的君主。《左傳·宣公十二年》："古者明王伐不敬。"

上博五·競 7"~弃"，讀爲"明棄"。《戰國策·燕策三》："寡人望有非則君掩蓋之，不虞君之明罪之也；望有過則君教誨之，不虞君之明棄之也。"或讀爲"罔棄"，不要拋棄。（楊澤生）

上博七·凡甲 5、凡乙 4"神~"，讀爲"神明"，《易·繫辭上》："神而明之存乎其人。"《易·繫辭下》："陰陽合德，而剛柔有體，以體天地之變，以通神明之德。"或讀爲"神盟"。

上博七·凡甲 8~，讀爲"明"。

盟

上博二·子 2 伊堯之惪(德)則甚～(明)罋(與)

上博五·季 10 ～則亡斬(新)

上博六·壽 4 ～(明)歲

上博二·子 7 不奉～(盟)王

～，从"日"，从"皿"，"盟"字異體，即"盟"之初文。或从"田"，从"皿"。从"田"，可能是"日"之訛，也可能是"囧"之訛。《說文·囧部》："盟，《周禮》曰：'國有疑則盟。'諸侯再相與會，十二歲一盟。北面詔天之司慎司命。盟，殺牲歃血，朱盤玉敦，以立牛耳。从囧，从血。 ，篆文从皿。 ，古文。从明。"

上博二·子 2 ～，讀爲"明"。簡文"德則甚明"，古書常作"明德"。《書·君陳》："至治馨香，感於神明。黍稷非馨，明德惟馨。"

上博五·季 10 ～，讀爲"猛"。《淮南子·氾論》："故恩推則懦，懦則不威；嚴推則猛，猛則不和；愛推則縱，縱則不令；刑推則虐，虐則無親。"（陳劍）

上博六·壽 4 "～歲"，讀爲"明歲"，第二年。

上博二·子 7 "～王"，讀爲"明王"。《禮記·檀弓上》記孔子說："夫明王不興，而天下其孰能宗予。"《孔子家語·本姓解》記齊太史子與說："惜乎，夫子之不逢明王，道德不加於民，而將垂寶以貽後世。"（陳偉）

倗

上博五·競 9 儕芋(華)～子邑(以)𨊠(馳)於倪市

～，从"人"，"明"聲。

簡文～，讀爲"孟"。華孟子是宋國華氏的庶長女，子姓，即《左傳》僖公十七年提到的桓公内嬖宋華子,生公子雍。《史記·齊太公世家》:"初,齊桓公之夫人三:曰王姬、徐姬、蔡姬,皆無子。桓公好内,多内寵,如夫人者六人,長衛姬,生無詭;少衛姬,生惠公元;鄭姬,生孝公昭;葛嬴,生昭公潘;密姬,生懿公商人;宋華子,生公子雍。"裴駰集解引賈逵曰:"宋華氏之女,子姓。"(李學勤、趙平安)

明紐亡聲

亡

 上博一·孔1 告(詩)～(無)隱(隱)志

 上博一·孔1 樂～(無)隱(隱)情

 上博一·孔1 吝(文)～(無)隱(隱)言

 上博一·孔8 雨～(無)政(正)

 上博一·孔22 訽(洵)又(有)情而～(無)望

 上博一·緇5 君㠯(以)[民]～

 上博一·緇21 備(服)之～(無)斁(懌)

 上博一·緇23 人而～(無)亙(恆)

 上博一·性1 心～(無)正(定)志

 上博二·子1 史(使)～(無)又(有)少(小)大肥毳(脆)

上博二・從甲 5 君子不惷(緩)則~(無)㠯(以)頌(容)百眚(姓)

上博二・魯 6 殹(繄)~(無)女(如)窯(庶)民可(何)

上博二・從甲 6 不共(恭)則~(無)㠯(以)敘(除)辱

上博二・從甲 6 不惠則~(無)㠯(以)聚民

上博二・從甲 7 不悬(仁)則~(無)㠯(以)行正(政)

上博二・從甲 7 不敬則事~(無)城(成)

上博二・從甲 8 恟(猛)則~新(親)

上博二・從甲 15 命~(無)時

上博二・昔 4 大(太)子乃~睧(聞)亡聖(聽)

上博二・昔 4 大(太)子乃亡睧(聞)~聖(聽)

上博二・容 3 ~並

上博二・容 16 柴(禍)才(災)迲(去)~

上博二・容 30 三年而天下之人~(無)訟獄者

上博二・容 46 唯(雖)君~(無)道

 上博二·容46 唯(雖)父~(無)道

 上博二·容48 一人爲~(無)道

 上博二·容53 受(紂)爲~(無)道

 上博三·周1 ~(無)卣(攸)利

 上博三·周2 ~(無)咎

 上博三·周5 ~(無)禣(眚)

 上博三·周5 ~(無)成

 上博三·周7 ~(無)咎

 上博三·周7 ~(無)咎

 上博三·周7 ~(無)咎

 上博三·周8 ~(無)咎

 上博三·周9 ~(無)咎

 上博三·周9 ~(無)咎

 上博三·周10 ~(無)不利

 上博三·周10 比~(無)首

 上博三·周11 ~(無)咎

 上博三·周 11 吉～(無)不利

 上博三·周 12～(無)不利

 上博三·周 13～(無)不利

 上博三·周 15～(無)咎

 上博三·周 16～(無)咎

 上博三·周 18 攺～(無)咎

 上博三·周 19～(無)炁(悔)

 上博三·周 20～(無)忘

 上博三·周 20～(無)忘

 上博三·周 21～(無)咎

 上博三·周 21～(無)忘又(有)疾

 上博三·周 21～(無)忘

 上博三·周 21～(無)卣(攸)利

 上博三·周 25～(無)卣(攸)利

 上博三·周 25～(無)咎

 上博三·周 26 貞吉～(無)炁(悔)

 上博三·周 27～(無)炁(悔)

上博三·周 28～(無)咎

上博三·周 28～(無)卣(攸)利

上博三·周 28 悬(悔)～(無)

上博三·周 31～(無)不利

上博三·周 32～(無)咎

上博三·周 32～(無)咎

上博三·周 33 礪(厲)～(無)咎

上博三·周 33 悬(悔)～(無)

上博三·周 37～(無)所往

上博三·周 37～(無)咎

上博三·周 38～(無)咎

上博三·周 38 謜(臀)～(無)肤(膚)

上博三·周 38 悬(悔)～(無)

上博三·周 39 中行～(無)咎

上博三·周 40～(無)咎

上博三·周 40 謜(臀)～肤(膚)

上博三·周 41 礪(厲)～(無)大咎

 上博三・周41 橐~(無)魚

 上博三・周41 ~(無)咎

 上博三・周42 往~(無)咎

 上博三・周44 ~(無)喪亡(無)旻(得)

 上博三・周44 亡(無)喪~(無)旻(得)

 上博三・周44 舊菜~(無)含(禽)

 上博三・周45 ~(無)咎

 上博三・周47 唎~(無)

 上博三・周47 ~(無)咎

 上博三・周48 ~(無)咎

 上博三・周49 愄(悔)~(無)

 上博三・周51 ~(無)咎

 上博三・周52 鬻(閵)丌(其)~(無)人

 上博三・周54 愄(悔)~(無)

 上博三・周54 愄(悔)~(無)

 上博三・周54 ~(無)咎

 上博三・周55 ~(無)咎

・1761・

 港甲2～初又(有)终

 上博四·采3鹽～

 上博四·采3良人～不宜也

 上博四·内6～(無)厶(私)樂

 上博四·内6～(無)厶(私)慐(憂)

 上博四·曹2～又(有)不民

 上博四·曹5忎(任)～焉

 上博四·曹6叟(鄰)邦之君～道

 上博四·曹6～㠯(以)取之

 上博四·曹8君言～㠯(以)異於臣之言

 上博四·曹9㠯(以)～道禹(稱)而叟(沒)身遶(就)蒐(死)

 上博四·曹10㠯(以)～道禹(稱)

 上博四·曹12而～又(有)厶(私)也

 上博四·曹13又(有)固悬(謀)而～固城

 上博四·曹14又(有)克正(政)而～克戠(陳)

 上博四·曹14或㠯(以)～

 上博四·曹 24 後則見～

 上博四·曹 34～所不中

 上博四·曹 51 則斯厇(宅)戕(傷)～

 上博四·曹 57 㠯(以)攻人之所～又(有)

 上博五·弟 13 君子～(無)所不足

 上博五·三 13 邦虞(且)～

 上博三·中 16 君子～所朕(狷)人

 上博三·中 19 民～不又(有)怣(過)

 上博四·內附簡□～(無)戁(難)

 上博五·競 6 公身爲～(無)道

 上博五·競 9 公身爲～(無)道

 上博五·競 10～(無)羿(旗)厇(宅)

 上博五·季 10 昷則～(無)新(親)

 上博五·姑 1 敫(屬)公～(無)道

 上博五·姑 4 今虗(吾)～(無)能絧(治)也

 上博五·姑 7 ～道正也

 上博五·姑 9 公恩(慍)～告強大夫

 上博五·姑 10 参(三)坓(邵)既～

 上博二·民 2 㠯(以)行三～(無)

 上博二·民 5 敢問可(何)胃(謂)三～(無)

 上博二·民 5 三～(無)虎(乎)

 上博二·民 5 ～(無)聖(聲)之縈(樂)

 上博二·民 5 ～(無)體(體)[之]豊(禮)

 上博二·民 6 ～(無)備(服)之喪

 上博二·民 7 此之胃(謂)三～(無)

 上博二·民 7 ～(無)聖(聲)之縈(樂)

 上博二·民 7 ～(無)體(體)之豊(禮)

 上博二・民 7～（無）備（服）之喪

 上博二・民 8～（無）聖（聲）之縸（樂）

 上博二・民 10～（無）聖（聲）之縸（樂）

 上博二・民 11～（無）備（服）之喪

 上博二・民 11～（無）聖（聲）之縸（樂）

 上博二・民 11～（無）體（體）之豊（禮）

 上博二・民 11～（無）體（體）之豊（禮）

 上博二・民 12～（無）聖（聲）之縸（樂）

 上博二・民 12～（無）體（體）之豊（禮）

 上博二・民 12～（無）備（服）之喪

 上博二・民 12～（無）聖（聲）之縸（樂）

 上博二・民 13～（無）體（體）之豊（禮）

 上博二・民 13～（無）備（服）[之]喪

 上博二·民13~（無）聖（聲）之緟（樂）

 上博二·民13~（無）豊（體）之豊（禮）

 上博二·民13~（無）備（服）[之]喪

 上博四·昭3 僿（僕）牆（將）埱~老□

 上博六·競2 是虛（吾）~良祝吏也

 上博六·競3 是信虛（吾）~良祝史

 上博六·競8 襦爲~戕（傷）

 上博六·競8 祝亦~嗑

 上博六·孔5 智~不嬲（亂）矣

 上博六·孔8 而~㠯（以）言者

 上博六·孔24 而~城德

 上博六·莊1 莊王既成~（無）鐸（射）

 上博六·壽2 先王~所歸

上博六·壽 3 少帀(師)～甚

上博六·用 4 杠之～繮

上博六·用 6 屑～齒倉〈寒〉

上博六·用 10 勞人～赴

上博六·用 17 用～咎隹(唯)浧(盈)

上博六·用 18 人～文

上博六·天甲 4 古～豊(禮)大瀘

上博六·天甲 4～義大孽

上博六·天甲 6 栽(仇)戠(讎)戔(殘)～

上博六·天乙 3 古～豊(禮)大瀘

上博六·天乙 3～義大孽

上博六·天乙 5 栽(仇)戠(讎)戔(殘)～

上博七·君甲 7 愧(鬼)～不能也

 上博七·君乙 7 衹(鬼)～不能也

 上博七·凡甲 6 亓(其)逨(來)～厇(度)

 上博七·凡甲 13～耳而聝(聞)聖(聲)

 上博七·凡甲 21 天下～不又(有)

 上博七·凡甲 21～鼠(一)

 上博七·凡甲 21 天下亦～鼠(一)又(有)

 上博七·凡甲 21～訾(察)道

 上博七·凡甲 29 尃(敷)之～所匀(容)

 上博七·凡乙 5 亓(其)逨(來)～厇(度)

 上博七·凡乙 22 尃(敷)之～所匀〈容〉

 上博八·成 14 可㠯(以)智(知)～才(哉)

 上博八·命 1 君王窘(窮)～人

　上博八·命 6 十又厽(三)～㝬(僕)

　上博八·命 8 ～㝬(僕)之尚(掌)楚邦之正(政)

　上博八·命 9 皆～女(安—焉)而行之

　上博八·命 9 遞(坐)友～一人

　上博八·命 10 立友～一人

　上博八·命 10 㝬(僕)㠯(以)此胃(謂)貝(視)日十又厽(三)～㝬(僕)

　上博八·志 3 尔～(無)㠯(以)虞枉(匡)正我

　上博八·有 2 ～(無)郭又(有)風(諷)今可(兮)

～,戰國文字或作 、、、,或作 ![]、、、、,與"乍"、"甲"相混。《說文·亡部》:"亡,逃也。从入,从乚。"

上博一·孔 8"雨～政",讀爲"雨無正",《詩經》篇名,即《詩·小雅·雨無正》。

上博一·孔 22"～(無)望",沒有指望;沒有希望。《詩·陳風·宛丘》:"洵有情兮,而無望兮。"《左傳·昭公二十七年》:"嗚呼！爲無望也夫,其死於此乎！"

上博一·緇 21"～臭",讀爲"無斁",不厭惡;不厭倦。《詩·周南·葛覃》:"爲絺爲綌,服之無斁。"鄭玄箋:"斁,厭也。"

上博一·緇 23"～(無)亙(恆)",没有恆心。《論語·子路》:"南人有言曰:'人而無恆,不可以作巫醫。'"

上博二·子 1"～又",讀爲"無有",沒有、不分之意。《書·盤庚上》:"無有遠邇,用罪伐厥死,用德彰厥善。"《左傳·僖公十八年》:"有渝此盟,明神殛之,俾隊其師,無克祚國,及而玄孫,無有老幼。"《吕氏春秋·愛類》:"昔上古龍門未開,呂梁未發,河出孟門,大溢逆流,無有丘陵沃衍、平原高阜,盡皆滅之。"(陳偉)或說"無"當"無論"、"不論"講。"有",助詞,用在名詞之前,無實在意義。(白於藍)

上博二·魯 6"～女",讀爲"無如"猶云"無奈",可參看《禮記·哀公問》"無如後罪何"鄭玄注。(李學勤)

上博二·從甲 8"怲(猛)則～新(親)",《淮南子·氾論》:"故恩推則懦,懦則不威;嚴推則猛,猛則不和;愛推則縱,縱則不令;刑推則虐,虐則無親。"

上博二·從甲 15"命～時",指隨時任意發號施令。"亡時",即"無時",指沒有定時,不依規矩。《禮記·内則》:"孺子蚤寢晏起,唯所欲;食無時。"(周鳳五)

上博二·容 46、48、53、曹 6、9、10、競 6、9、姑 1"～道",讀爲"無道",不行正道;作壞事。多指暴君或權貴者的惡行。《韓非子·外儲說左上》:"吾聞宋君無道,蔑侮長老,分財不中,教令不信,余來爲民誅之。"《後漢書·李固傳》:"自頃選舉牧守,多非其人,至行無道,侵害百姓。"

上博二·民"三～",讀爲"無",即無聲之樂、無體之禮、無服之喪。

上博三·周、上博六·用 17"～咎",讀爲"無咎",無災禍;無過失。《易·乾》:"君子終日乾乾,夕惕若厲,無咎。"孔穎達疏:"謂既能如此戒慎,則無罪咎。"

上博三·周 5"～(無)𥅽(眚)",沒有災禍。《易·訟》:"不克訟,歸而逋其邑,人三百戶,無眚。"王弼注:"若能以懼歸竄其邑,乃可以免災。"

上博三·周 10"比～(無)首",不見居首者。《易·乾》:"用九,見群龍,無首,吉。"王弼注:"夫以剛健而居人之首,則物所不與也。"

上博四·曹 6"～㠯(以)取之",指無以取敵國而兼併之。

上博四·曹 12"～又(有)厶(私)",即"無私",公正沒有偏心;不自私。《左傳·成公九年》:"樂操土風,不忘舊也。稱大子,抑無私也。"

正編・陽部

上博四・曹 51"戕(傷)～",死亡。

上博五・三 13、上博五・姑 10"～",滅亡;敗亡。《左傳・莊公六年》:"亡鄧國者,必此人也。"《孟子・離婁上》:"暴其民甚,則身弒國亡。"

上博三・中 16"～所",讀爲"無所",表示否定不必明言或不可明言的人或事物。《周禮・考工記・輪人》:"無所取之,取諸圜也。"鄭玄注:"非有他也,圜使之然也。"《後漢書・杜喬傳》:"先是李固見廢,内外喪氣,群臣側足而立,唯喬正色無所回橈。"

上博五・姑 7"～道",無道,疑是不説的意思。《孟子・梁惠王上》:"仲尼之徒,無道桓、文之事者,是以後世無傳焉。"(陳偉)

上博六・莊 1"～鐸",周景王所鑄鐘名。後亦泛指大鐘。《左傳・昭公二十一年》:"二十一年春,天王將鑄無射。"杜預注:"周景王也。無射,鐘名,律中無射。"

上博六・壽 3"少帀～綦",讀爲"無忌",人名。

上博六・用 6"脣～齒仓",即脣亡齒寒。

上博七・君甲 7、君乙 7"槐(鬼)～不能也",《列子・天瑞》:"無知也,無能也;而無不知也,而無不能也。"

上博七・凡甲 6、凡乙 5"～厇(度)",不依法度。《書・多士》:"惟爾洪無度,我不爾動,自乃邑。"孔安國傳:"惟汝大無法度。"董仲舒《春秋繁露・王道》:"楚昭王行無度,殺伍子胥父兄。"

上博八・命 1、9、10"～人",指亡命之人。《左傳・僖公九年》:"臣聞,亡人無黨,有黨必有讎。"《戰國策・齊策一》:"田忌亡人也,而得封,必德王。"《史記・吴王濞列傳》:"誘天下亡人,謀作亂。"

上博八・命 6、10"～僅(僕)",是鄭(葉)公子高之子對其亡父(子高)的稱呼。或讀爲"亡父"。

上博～,讀"無",没有。《詩・小雅・車攻》:"之子于征,有聞無聲。"毛亨傳:"有善聞而無諠譁之聲。"

亡

 上博一・緇 2 爲上可～而智(知)也

～,從"人","亡"聲,"人"旁左右兩側加了飾筆,"望"字異體。

簡文～,《廣雅·釋詁一》:"望,視也。"

望

 上博一·孔 22 茍又情而亡～

 上博六·用 20 民亦弗能～

 上博五·三 1 弦～齊佀（宿）

 上博七·吳 2 唯君是～

朢,甲骨文作🅖(《甲骨文編》354 頁),像人站在高處極目遠望形。郭店則作🅖(窮達以時 4)、🅖(郭店·語叢一 1),从"壬","亡"聲。或作🅖,从"月","室"聲,與🅖(郭店·語叢一 104)、🅖(郭店·語叢二 33)同。或作🅖,"月"偏居右上角。《説文·壬部》:"朢,月滿與日相望,以朝君也。从月,从臣,从壬。壬,朝廷也。🅖,古文朢省。"商承祚《説文古文考》:"象人登高舉目遠矚……從月,月遠望而可見意也。《説文》誤以目爲君臣之臣。"朱駿聲《説文通訓定聲》:"今皆以望为之。"《説文·亡部》:"望,出亡在外,望其還也。从亡,朢省聲。"徐灝注箋:"竊謂望、朢實本一字。《玉篇》有室字,蓋即古瞻望之望。從壬,亡聲。壬者,歧而望之之義也。"

上博一·孔 22"茍又情而亡～",《詩·陳風·宛丘》:"洵有情兮,而無望兮。"鄭玄箋:"此君信有淫荒之情,其威儀無可觀望而則傚。""望"即名望、聲望之義。或解爲恨望、朢望。（彭裕商）

上博五·三 1"弦～",指農曆每月初七、八、廿二、廿三和十五（有時是十六、十七）。《鶡冠子·天則》:"弦望晦朔,終始相巡。"陸佃解:"月盈虧而成弦望。"王充《論衡·四諱》:"八日月中分謂之弦,十五日日月相望謂之望,三十日日月合宿謂之晦,晦與弦望一實也。"

上博七·吴 2～，瞻仰，景仰。《詩·小雅·都人士》："行歸於周，萬民所望。"鄭玄箋："咸瞻望。"《易·繫辭下》："君子知微知彰，知柔知剛，萬夫之望。"亦指榜樣。《孟子·離婁下》："寇至，則先去以爲民望。"

䀠

 上博五·季 4 民～（望）亓（其）道而備（服）安（焉）

～，從"視"，"望"聲，"望"字繁體。

簡文～，視。

䀛

 上博六·壽 7 民疋瞻～

 上博七·武 11 大（太）公～

上博七·武 11 大（太）公～

 上博七·武 12 大（太）公～

上博七·武 13 大（太）[公]～奉丹箸（書）吕（以）朝

～，從"視（或見）"，"室"聲，與（郭店·緇衣 3）同。"望"字異體。

上博六·壽 7"瞻～"，遠望；展望。《詩·魏風·陟岵》："陟彼岵兮，瞻望父兮。"引申爲仰望；仰慕。《後漢書·杜喬傳》："先是李固見廢，内外喪氣，群臣側足而立，唯喬正色無所回橈。由是海内歎息，朝野瞻望焉。"

上博七·武"大（太）公～"，即吕尚。

覒

 上博六·競2是虐所～於女也

～,从"視","亡"聲,"望"字異體。

上博六·競2～,《廣雅·釋詁一》:"望,視也。"《玉篇·亡部》:"望,遠視也。"《詩·衛風·河廣》:"誰謂宋遠,跂予望之。"鄭玄箋:"跂足則可以望見之。"

忘

 上博一·孔6於唬(乎)前王不～

 上博三·周20亡(無)～

 上博三·周20亡(無)～

 上博三·周21亡(無)～又(有)疾

 上博三·周21亡(無)～

 上博三·周39～唬(號)

 上博三·彭1句(耇)是(氏)執心不～

 上博四·相1政母(毋)～所訋(治)事

上博四·曹 54 思～亓(其)死而見亓(其)生

上博五·鮑 2～亓(其)泂佁也

上博五·三 9 是胃(謂)～神

上博四·内豊簡母(毋)～姑姊妹而遠敬之

上博六·競 6～矣

上博六·莊 6～夫枳述之下虎(乎)

上博六·用 2 亦力孛吕(以)母(毋)～

上博六·用 9 台(以)～民惪(德)

上博七·凡甲 26 厇(危)侒(安)廌(存)～

上博七·凡乙 19 侒(安)廌(存)～

～，與 <!-- 字 --> (郭店·尊德義 14)、<!-- 字 --> (郭店·語叢二 16)同。《説文·心部》："忘，不識也。从心，从亡，亡亦聲。"

上博一·孔 6"於虐(乎)前王不～"，《詩·周頌·烈文》："不顯維德，百辟其刑之。於乎，前王不忘！"

上博三·周"亡(無)～",讀爲"無妄",《易經》卦名。六十四卦之一,震下乾上。《易·無妄》:"無妄,元亨利貞。"程頤傳:"無妄者,至誠也。"《說文·女部》:"妄,亂也。"《管子·牧民》:"上無量則民乃妄。"

上博三·周 39"～虒",讀爲"無號",不要大聲哭。《易·夬》:"上六。無號,終有凶。"孔穎達疏:"君子道長,小人必凶,非號咷所免,故禁其號咷,曰:無號,終有凶也。"

上博三·彭 1～,亡失、虛妄。《詩·大雅·假樂》:"不愆不忘",鄭玄箋:"不過誤、不遺失。"(季旭昇)

上博六·用 2、上博四·相 1"毋～",《呂氏春秋·貴直論》:"使公毋忘出奔在於莒也,使管仲毋忘束縛而在於魯也,使甯戚毋忘其飯牛而居於車下。"

上博四·曹 54、上博四·内附簡、上博五·鮑 2、上博五·三 9、上博六·用 9、上博六·莊 6～,忘記;不記得。《國語·晉語八》:"臣敢忘其死而叛其君,以煩司寇。"

上博六·競 6～,讀爲"亡",滅亡。或讀爲"妄"、"無"。

上博七·凡甲 26、凡乙 19"鳶(存)～",讀爲"存亡",存在或滅亡;生存或死亡。《易·乾》:"知進退存亡而不失其正者,其唯聖人乎。"《史記·袁盎鼂錯列傳》:"夫一旦有急叩門,不以親爲解,不以存亡爲辭,天下所望者,獨季心、劇孟耳。"

伀

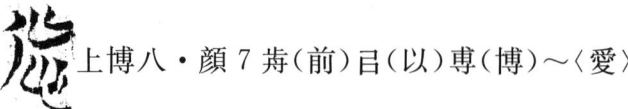上博八·顔 7 耑(前)呂(以)專(博)～〈愛〉

～,从"人","忘"聲。或疑爲"忢"字抄訛。(讀書會)

簡文"專～",讀作"博愛"。《孝經·三才章》:"先之以博愛,而民莫遺其親。陳之以德義,而民興行。先之以敬讓,而民不爭。導之以禮樂,而民和睦。示之以好惡,而民知禁。"(讀書會)

訖

上博六·孔 20 鈞孰敢～之

～,从"言","亡"聲。

簡文～,讀爲"望",希望;期待。《孟子·梁惠王上》:"王如知此,則無望民之多於鄰國也。"(陳劍)

誆

 上博八·有 5 視毋㠯(以)三～也含可

～,从"言","㞷"聲,"誆"字或體。

簡文～,讀爲"誆",欺騙。《說文·言部》:"誆,欺也。从言,狂聲。"《禮記·曲禮上》:"幼子常視毋誑。""視毋誑"與簡文用法相似。

巟

 上博三·亙 5 智(知)旣(既)而～(荒)思不天(殄)

 上博四·曹 61～者悬(悔)之

 上博五·三 7 是胃(謂)大～

上博五·三 22 四～之內

～,與 、形同。《說文·川部》:"巟,水廣也。从川,亡聲。《易》曰:'包巟用馮河。'"

上博三·亙 5～,讀爲"荒",是廣大之義。"巟"字亦見西周銅器《巟伯簋》(見《三代吉金文存》7 卷第 13 頁背)。這裏疑是荒廢之義。(李零)或讀爲"亡",即相當於"無"。"亡思不天",句式可與《詩·大雅·文王有聲》中的"自西自東,自南自北,無思不服"比較。詩的意思是思服,所以簡文的"知幾而亡思不天",即相當於知幾而可思天。(李鋭)

上博四·曹 61～,讀爲"妄",隨意、散漫之義,《老子》6 章:"不知常,妄作,

凶。"《廣雅·釋詁三》:"妄,亂也。""亢(妄)者"猶言"妄人",《孟子·離婁下》:"此亦妄人也已矣。"簡文是説對勇敢者加以嘉奬(使之喜),對散漫者加以教導。(陳偉武)或讀"亡者",疑即上文"孚(悥)者"。

上博五·三 7"大～",讀爲"大荒",荒廢不治。《荀子·彊國》:"故善日者王,善時者霸,補漏者危,大荒者亡。"楊倞注:"大荒,謂都荒廢不治也。"

上博五·三 22"四～",讀爲"四荒",《爾雅·釋地》:"觚竹、北户、西王母、日下,謂之四荒。"

悥

 上博三·亙 10～言之

～,从"心","亢"聲。

簡文～,疑讀爲"罔",欺罔。(黃人二、林志鵬)或讀爲"無"(董珊)、"荒"(丁四新)、"詭"(秦樺、林淩瑜)、"妄"(廖名春)。

䭱

 上博四·曹 63 母(毋)火食～

～,从"食","亢"聲。

簡文～,或認爲是"飧"或"享"之或體。(王寧)待考。

芒

 上博七·吴 3 敢不～

～,與 (新蔡甲三 364)、 (新蔡零 338、24)同。《説文·艸部》:"芒,艸耑。从艸,亡聲。"

上博七·吴 3"敢不～",讀爲"敢不喪"。《説文》:"喪,亡也。"引申爲禍難。《詩·邶風·谷風》:"凡民有喪,匍匐救之。"

兦（亡）

上博五·鮑 1 汲（及）亓（其）～也

上博五·鮑 2 遷亓（其）所㠯（以）～

上博五·鮑 2 遷亓（其）所㠯（以）衰～

上博五·鮑 5 盧（鹽）肰（然）酒（將）～

～，從"死"，"芒"聲，"死亡"之"亡"的專字。

上博五·鮑 1、2、5～，即"亡"，滅亡；敗亡。《左傳·莊公六年》："亡鄧國者，必此人也。"《孟子·離婁上》："暴其民甚，則身弒國亡。"

上博五·鮑 2"衰～"，即"衰亡"，衰落滅亡。《韓非子·愛臣》："是以姦臣蕃息，主道衰亡。"《後漢書·西羌傳》："戰國世，大荔、義渠稱王，及其衰亡，餘種皆反舊為酋豪云。"

攺

上博四·曹 3 而～又（有）天下

～，從"攴"，"亡"聲。

簡文"～又"，讀為"撫有"，據有，佔有。《左傳·襄公十三年》："赫赫楚國，而君臨之，撫有蠻夷，奄征南海，以屬諸夏，而知其過，可不謂共乎？"

貟

上博五·三 18 好～（亡）天從之

～，從"貝"，"亡"聲。與 、、

· 1779 ·

（九 A96）同。

簡文～，讀爲"亡"，與"昌"含義相對。

妄

 上博一・性 38 不又(有)夫奮(奮)～之情則悉(悔)

～，从"犬"，"亡"聲。與(郭店・性自命出 47)、(左塚漆桐)同。

簡文～，讀爲"猛"。"奮猛"，謂人奮擊猛起也。

明紐网聲

网（罔）

 上博六・用 11 若～之未發

～，从"网"，"亡"聲，與（九 A31）同。《説文・网部》："网，庖犧所結繩，以漁。从冂，下象网交文。网，网或从亡。網，网或从糸。冈，古文网。网，籀文网。"

上博六・用 11～，用繩綫等結成的捕魚或捉鳥獸的用具。《詩・邶風・新臺》："魚網之設，鴻則離之。"比喻法律。《史記・酷吏列傳》："昔天下之網嘗密矣，然姦僞萌起。"

罔

 上博八・蘭 5 風汗(旱)之不～(罔)

～，从"口"，"网"聲，"口"，乃赘加的飾符。

上博八・蘭 5～，訓爲害。《論語・雍也》："君子可逝也，不可陷也；可欺也，不可罔也。"何晏集解引馬融曰："不可罔者，不可得誣罔令自投下也。"

・1780・

剛

 上博三·瓦 9 安（焉）又（有）～

～，戰國文字或作 、、、、。《說文·刀部》："剛，彊斷也。从刀，岡聲。![]，古文剛如此。"

簡文～，與"柔"相對。陽性剛，陰性柔。《易·繫辭下》："剛柔相推，變在其中矣。"孔穎達疏："剛柔即陰陽也。"《淮南子·精神》："剛柔相成，萬物乃形。"高誘注："剛柔，陰陽也。"《孫子·九地》："剛柔皆得，地之理也。"王晳注："剛柔，猶強弱也。"

明紐皿聲

孟

 上博二·容 51 涉於～瀘（津）

 上博五·季 6 丘昏（聞）之～者昊（旻）曰

～，戰國文字或作 、。《說文·子部》："孟，長也。从子，皿聲。![]，古文孟。"

上博二·容 51"～瀘"，讀爲"孟津"，地名。《書·泰誓序》："惟十有一年，武王伐殷，一月戊午，師渡孟津，作《泰誓》三篇。"《史記·周本紀》作："[武王]乃遵文王，遂率戎車三百乘，虎賁三千人，甲士四萬五千人，以東伐紂。十一年十二月戊午，師畢渡盟津，諸侯咸會。"《書·禹貢》："導河積石，至于龍門，南至于華陰，東至于厎柱，又東至于孟津；東過洛汭，至于大伾；北過降水，至于大陸；又北播爲九河，同爲逆河，入于海。"今河南孟津縣東。

上博五·季 6"～者炅",人名。與《左傳·哀公十一年》"孟之側後入以爲殿",杜預注"之側,孟氏族也,字反"中所説的"孟之側",《册府元龜·將帥部·不伐》"孟子側,字反,魯孟氏族也"中所説的"孟子側",非同一人。

正編·支部

上博楚簡文字聲系

支 部

匣紐系聲歸糸聲

匣紐雟聲

曪

 上博三·周 17 從乃～之

～，从"田"，"雟"聲。把"囧"寫在左邊，與新蔡簡"醴"作 同，所从"雟"，把"囧"寫在了左邊。楚文字或作 (九 A7)、 (施 166)，从"崔"（"雟"之省），"曪"字的異體。《集韻》："畦，或作曪。"《楚辭·離騷》："畦留夷與揭車兮。"王逸注："畦，共呼種之名。……五十畝爲畦也。"

上博三·周 17～，帛書本寫作"鬻"，今本作"維"。讀爲"繣"，或讀爲"維"。《説文·糸部》："繣，維綱中繩也。从糸，雟聲。讀若畫，或讀若維。"或讀爲"解"（古音圭聲、雟聲與解聲相通），解除。"係而拘之，從乃曪之"意爲先把俘虜拘係起來，當他們表示服從之後，則解除束縛，即前人所謂"綏之以德"也。（孟蓬生）

見紐圭聲

圭

 上博二·魯 3 女(若)天〈夫〉母(毋)炁(愛)～(珪)璧幣帛於山川

～，與圭（新出溫縣 WT1K14:572）、圭（秦駰玉版）同。《說文·土部》："圭，瑞玉也。上圜下方。公執桓圭，九寸；侯執信圭，伯執躬圭，皆七寸；子執穀璧，男執蒲璧，皆五寸。以封諸侯。从重土。楚爵有執圭。珪，古文圭，从玉。"

簡文"～璧"，古代帝王、諸侯祭祀或朝聘時所用的一種玉器。《詩·大雅·雲漢》："靡神不舉，靡愛斯牲。圭璧既卒，寧莫我聽。"朱熹集傳："圭璧，禮神之玉也。"《周禮·考工記·玉人》："圭璧五寸，以祀日月星辰。"《書·金縢》記周武王有疾，周公爲祭先王："爲壇於南方，北面，周公立焉，植璧秉珪，乃告大王、王季、文王。史乃冊祝曰：'惟爾元孫某，遘厲虐疾。若爾三王是有丕子之責於天，以旦代某之身。……今我即命於元龜，爾之許我，我其以璧與珪，歸俟爾命。爾不許我，我乃屏璧與珪。'"

珪

 上博二·魯2 女毋愛(愛)～璧幣帛於山川

 上博五·鮑3 犧(犧)生(牲)～(圭)璧

 上博一·緇18 白～(圭)之砧(玷)

 上博六·競1 虗(吾)～(圭)璧大於虗(吾)先君之[珪]

～，與珪（郭店·緇衣35）、珪（新蔡零207）同，从"玉"，"圭"聲，"圭"字或體。

上博二·魯2、上博五·鮑3"～璧"，古代帝王、諸侯祭祀或朝聘時所用的一種玉器。《禮記·月令》："是月也，祀不用犧牲，用圭璧，更皮幣。"

上博一·緇18"白～"，古代白玉製的禮器。《詩·大雅·抑》："白圭之

玷,尚可磨也。"

上博六・競1~,古代帝王諸侯舉行朝聘、祭祀、喪葬等隆重儀式時所用的玉製禮器。長條形,上尖下方。其名稱、大小因爵位及用途不同而異。《易・益》:"有孚中行,告公用圭。"《儀禮・聘禮》:"所以朝天子,圭與繅皆九寸,剡上寸半,厚半寸,博三寸。"鄭玄注:"圭,所執以爲瑞節也,剡上象天圜地方也……九寸,上公之圭也。"賈公彦疏:"凡圭,天子鎮圭,公桓圭,侯信圭,皆博三寸,厚半寸,剡上左右各寸半,唯長短依命數不同。"

親

上博二・容10 余穴~(窺)安(焉)

上博六・孔15~(窺)之吕(以)亓(其)所谷(欲)

~,從"視","圭"聲,"窺"字異體。《説文・穴部》:"窺,小視也。從穴,規聲。"《論語・子路》:"窺見室家之好。"

上博二・容10"余穴~焉",即"余穴窺焉",謂我從鑿壁孔中仔細觀察。《孟子・滕文公下》:"鑽穴隙相窺,踰牆相從。"

上博六・孔15"~之以亓所欲",與傳世典籍中的"窺欲"同。意爲非分希求;覬覦。《漢書・王莽傳上》:"孝哀皇帝即位,驕妾窺欲,姦臣萌亂,公手劾高昌侯董宏,改正故定陶共王母之僭坐。"《後漢書・西羌傳・滇良》:"臣愚以爲宜及此時,建復西海郡縣,規固二榆,廣設屯田,隔塞羌胡交關之路,遏絶狂狡窺欲之源。"

閨

上博三・周52~(閨)亓(其)戻(户)

上博四・昭1牂(將)迱(蹠)~

 上博四·昭 3 至～

 上博四·柬 9 王夢亼(三)～未啓

《説文·門部》:"閨,特立之户,上環下方,有似圭。从門,圭聲。"

上博三·周 52～,讀爲"闚",上古音"閨"爲見紐支部,"闚"爲溪紐支部,可通假。"闚",傾頭門中視。《廣韻》:"闚,小視。"

上博四～,指宫中之小門。《爾雅·釋宫》:"宫中之門謂之闈,其小者謂之閨,小閨謂之閣。"《楚辭·九思·逢尤》:"念靈閨兮,隩重深。"王逸注:"閨,閣門。"

見紐解聲

解

 港甲 4～于時

 上博七·凡甲 28 旻(得)而～之

 上博七·凡乙 21 旻(得)而～之

 上博八·王 3 邦人其濾(沮)志～體

～,楚文字或作🔲(郭店·老子甲 27)、🔲(新蔡甲三 61),郭店·五行 36 作🔲,與《古文四聲韻》卷四卦韻引《古孝經》"解"字作🔲同。(李家浩)《説文·角部》:"解,判也。从刀判牛角。一曰:解廌,獸也。"

上博七·凡甲 28、凡乙 21 "旻(得)而～之","得",曉悟,明白。"解",知

曉,理解。《莊子·天地》:"大惑者,終身不解;大愚者,終身不靈。"《禮記·學記》:"善問者如攻堅木,先其易者,後其節目,及其久也,相説而解。"簡文"得"、"解"同義。(曹錦炎)

上博八·王3"～體",比喻人心離散。《左傳·成公八年》:"信不可知,義無所立;四方諸侯,其誰不解體。"《後漢書·楊彪傳》:"今橫殺無辜,則海內觀聽,誰不解體。"

繲

　　上博三·周37～

　　上博三·周37～丌(其)拇

～,从"糸","解"聲。

簡文～,讀爲"解",卦名。六十四卦之一,取緩解之義。《易·解》:"解,利西南,無所往。其來復吉,有攸往,夙吉。"孔穎達疏:"解者,卦名也……《序卦》云:'物不可以終難,故受之以解。解者,緩也。'然則解者險難解釋,物情舒緩,故爲解也。"

溪紐啟聲

啟

　　上博四·柬9王夢晶(三)閏未～

　　上博三·周8～邦承豢(家)

　　上博二·容34～於是虗(乎)攻嗌(益)自取

 上博二·從甲17 人則～道之

 上博八·李1【背】忼(願)歲之～時

《說文·攴部》:"啟,教也,从攴,启聲。《論語》曰:'不憤不啟。'"

上博四·柬9～,開;打開。《書·金縢》:"王與大夫盡弁,以啟金縢之書。"《左傳·定公十年》:"夫子則勇矣,然我往,必不敢啟門。"

上博三·周8"～邦",即"開國"。"啟"、"開"古通用。《左傳·閔公元年》"天啟之矣",《史記·晉世家》"啟"作"開"。《左傳·襄公二十五年》"門啟而入",《史記·齊太公世家》"啟"作"開"。"啟",今本作"開",避漢景帝諱。

上博二·容34～,人名,禹的兒子。《晉書·束皙傳》引《竹書紀年》曰:"益干啟位,啟殺之。"《戰國策·燕策一》:"禹授益,而以啟為吏。及老,而以啟為不足任天下,傳之益也。啟與支黨攻益,而奪之天下,是禹名傳天下于益,其實令啟自取之。"

上博二·從甲17"～道",讀為"啟導",開導;啟發。《左傳·襄公二十五年》:"天誘其衷,啟敝邑之心。"杜預注:"啟,開也。開道其心,故得勝。"嵇康《聲無哀樂論》:"今蒙啟導,將言其一隅焉。"葛洪《抱朴子·勖學》:"啟導聰明,飾染質素。"

上博八·李1【背】～,訓為"開",開始。《詩·小雅·六月》"以先啟行",朱熹《集傳》:"啟,開也。"又,《左傳·僖公五年》"凡分、至、啟、閉",杜預注:"啟,立春立夏。"《左傳·昭公十七年》"青鳥氏司啟者也",孔穎達疏:"立春、立夏謂之啟。""歲之啟時",新的一年開始之時,亦即立春之時,猶《楚辭·九章·思美人》言"開春發歲兮","開"、"發"皆訓為始,指來年開春始歲之時。

埜

 上博四·曹44亓(其)～(啟)節不疾

～,從"土","启"聲。

簡文"～節",讀為"啟節",疑指"發機"。《孫子·勢》:"是故善戰者,其勢險,其節短。勢如彍弩,節如發機。"又《孫子·九地》:"帥與之深入諸侯之地,

而發其機。"(李零)疑應釋爲"殷節"。

溪紐企聲

淦（汲）

 上博三·周 9 又孚～（盈）缶

～，从"水"，"企"聲。"企"字殷墟甲骨文作（《甲骨文編》339～340 頁），象人舉踵跂足而立之形。《說文·人部》："企，舉踵也，从人，止聲。"《集韻》："企，舉踵也，或作跂。""汲"當分析爲从"水"从"及（企）聲"，是從"水滿器則盈"角度爲"盈"義造的異體字。"企"與"盈"聲紐相同，韻部由支耕對轉。"企"或與"畦"相通，《龍崗秦簡》簡 120："侵食道、千（阡）、陌，及斬（塹）人疇企（畦），貲一甲。"而从"圭"聲的跬步的"跬"字，古書常常寫作"頃"，又或作"蹞"（《會典》445 頁"跬"與"頃"條、又 53～54 頁"頃"與"跬"條）；从"奚"聲的"謑"與間接从"圭"聲的"謴"爲一字異體，而《禮記·孔子閒居》和《孔子家語·論禮》的"傾耳而聽之"，《上博（二）·民之父母》簡 6 作"奚耳而聽之"，"奚"通"傾"。（何琳儀、程燕、陳劍）或說右旁爲"殷"之初文。

簡文～，讀爲"盈"，滿，充滿。《詩·周南·卷耳》："采采卷耳，不盈頃筐。"

端紐知聲

智

 上博一·孔 10 灘（漢）生（廣）之～（知）

 上博一·孔 11 灘（漢）生（廣）之～（知）

 上博一·孔 11 則～（知）不可得也

 上博一·孔 13 不亦～(知)亙(恆)虖(乎)

 上博一·孔 25 ～(知)言而又(有)豊(禮)

 上博一·孔 27 七(蟋)䢦(蟀)～(知)難

 上博一·孔 28 牆又(有)薺(茨)慜(慎)䆨(蜜)而不～(知)言

 上博一·孔 28 青䖣(蠅)～(知)惓(患)而不智(知)人

 上博一·孔 29 青䖣(蠅)智(知)惓(患)而不～(知)人

 上博一·孔 29 河水～(知)

 上博一·性 2 ～(知)情者能出之

 上博一·性 2 ～(知)義者能内(入)[之]

 上博一·性 24 ～(知)道者[也]

 上博一·性 32 可～(知)也

 上博一·性 34 ～頪(類)五

上博二・魯 2 庶民～(知)敚(說)之事槀(鬼)也

上博二・魯 2 不～(知)型(刑)與惪(德)

上博二・從甲 8 而不～(知)則奉(逢)𢦏(災)害

上博二・從甲 12 必或～(知)之

上博二・從乙 6 悬(仁)而不～則

上博二・容 19 乃因迡昌(以)～(知)遠

上博二・容 48 虖(吾)所～(知)多䳑

上博二・容 49 高下肥毳之利疌(盡)～(知)之

上博二・容 49～(知)天之道

上博二・容 49～(知)墬(地)之利

上博二・容 52 受(紂)不～(知)丌(其)未又(有)成正(政)

上博三・中 6 女～(知)者

上博三·中 9 弗～(知)璺(舉)也

上博三·中 10 璺(舉)而所～(知)

上博三·中 10 而所不～(知)

上博三·彭 3□□不～(知)所終

上博四·昭 5 虗(吾)不～(知)丌(其)尔蘁(墓)

上博四·柬 2 龜尹～(知)王之庶(炙)於日而疠(病)笄(疥)

上博四·柬 2 贅尹～(知)王之疠(病)

上博四·曹 4 今天下之君子既可～(知)已

上博四·曹 28 銜有～

上博四·曹 34 又(有)～(知)不足

上博四·曹 63 唯君丌(其)～(知)之

上博五·競 8 虗(吾)不～(知)丌(其)爲不善也

上博五·鮑 6 含(今)豊(豎)逆(刁)佖(匹)夫而欲～(知)𦱤(萬)輱(乘)之邦

上博五·季 1 罷(一)不～(知)民秀(務)之安才

上博五·君 4 ～而比信

上博五·君 9 蜀～

上博五·弟 4 莫我～(知)也夫

上博五·弟 10 □女弗～(知)也䧪

上博五·弟 22 不虖～(知)也

上博五·三 17 ～(知)天足㠯(以)川旹(時)

上博五·三 17 ～(知)地足㠯(以)由材

上博五·三 17 ～(知)人足㠯會新

上博五·鬼 1 悬(仁)義聖～

上博五·鬼 4 虐(吾)弗～(知)也

 上博五·鬼 4 虐(吾)或(又)弗～(知)也

 上博二·民 2 必先～(知)之

 上博三·亙 5～啟(既)而亢思不矣

 上博四·柬 18 痼(因)瘠(資)～於邦

 上博四·柬 22 牆(將)必～(知)之

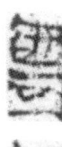 上博一·性 35 甬(用)～之疾者

 上博一·緇 2 爲上可交(望)而～(知)也

上博一·緇 3 下難～(知)則君長[勞]

 上博一·緇 19 青(精)～(知)

 上博六·孔 5～亡不亂矣

上博六·孔 10 可名而～(知)与

 上博六·孔 15～不行矣

上博六·孔22吾子迷言之猶忑(恐)弗～

上博六·莊6臣不～(知)君王之酒(將)爲君

上博六·莊6女(如)臣～(知)君王

上博六·木1……～

上博六·木4～(知)鹽不盍(蓋)

上博六·木4王子不～(知)

上博六·慎6氏(是)昌(以)君子向方～(知)道

上博七·武1不～(知)

上博七·武10余～之

上博七·凡甲3未～(知)左右之請(情)

上博七·凡甲5亓(其)～愈暲(障)

上博七·凡甲5箸(孰)～(知)亓(其)疆(彊)

上博七·凡甲 8 先王之～奚備

上博七·凡甲 13 而～(知)名

上博七·凡甲 15 至情而～

上博七·凡甲 16 之〈先〉～(知)四海(海)

上博七·凡甲 18 奚㠯(以)～(知)丌(其)白(泊)

上博七·凡甲 24 叡(察)～而神

上博七·凡甲 26 可之〈先〉～

上博七·凡甲 30 之㠯(以)～(知)天下

上博七·凡乙 3 ～(知)左右之請(情)

上博七·凡乙 5 箸(孰)～(知)亓(其)疆(彊)

上博七·凡乙 7 先王之～奚備

上博七·凡乙 11 先～(知)四海(海)

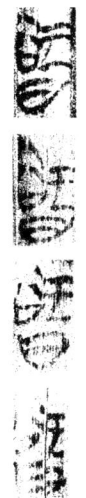

上博七・凡乙 11 亓（其）～愈暲（彰）

上博七・凡乙 13 □～（知）亓（其）白（泊）

上博七・凡乙 17 情而～

上博七・凡乙 17 訾（察）～而神

上博七・凡乙 19 可先～

上博七・凡乙 22 大之昌（以）～（知）天下

上博八・顔 7 則民～（知）足矣

上博八・顔 9 則民～（知）欽（禁）矣

上博八・顔 9 退者～（知）欽（禁）

上博八・成 3 □□欲明～（知）之

上博八・成 14 可昌（以）～（知）善否

上博八・成 14 可昌（以）～（知）亡才（哉）

～，戰國文字或作▢（郭店·老子甲 1）、▢（郭店·老子甲 6）、▢（郭店·老子甲 6）、▢（郭店·老子丙 1）、▢（郭店·五行 9）、▢（郭店·五行 9）、▢（郭店·五行 30）、▢（郭店·忠信之道 1）、▢（郭店·成之聞之 17）、▢（郭店·六德 38）、▢（郭店·語叢一 16）、▢（郭店·語叢一 63）、▢（左塚漆桐）、▢（施 243）、▢（珍戰 101）、▢（先秦編 158）、▢（珍戰 39）、▢秦風 251。或作▢，左上部的"矢"（戰國文字中"智"所從的"矢"多訛作"大"）寫成"谷"形而已。《說文·白部》："智，識詞也。从白，从亏，从知。▢，古文智。"

上博一·孔 10、11、上博四·柬 18、上博七·凡甲 8、凡乙 7～，智慧；聰明。《老子》："絕聖棄智，民利百倍。"《孟子·公孫丑上》："是非之心，智之端也。"

上博一·性 34"～穎（類）五"，《孟子·離婁上》："仁之實，事親是也；義之實，從兄是也；智之實，知斯二者弗去是也。""智類"是接近知性的道德修爲。

上博二·容 49"～（知）天之道"，《史記·龜策列傳》："龜者是天下之寶也，先得此龜者爲天子，且十言十當，十戰十勝。生於深淵，長於黃土。知天之道，明於上古。"

上博五·三 17"～天、～地、～人"，《禮記·中庸》："思事親，不可以不知人；思知人，不可以不知天。"

上博五·鬼 1"悬（仁）義聖～"，謂聰明睿智，無所不通。亦指具有非凡的道德智慧者。《墨子·尚同中》："是故選擇天下賢良聖知辯慧之人立以爲天子，使從事乎一同天下之義。"《荀子·宥坐》："聰明聖知，守之以愚。"《史記·范雎蔡澤列傳》："夫人生百體堅彊，手足便利，耳目聰明而心聖智，豈非士之願與？"

上博二·民 2"必先～（知）之"，本句《禮記·孔子閒居》、《孔子家語·論禮》皆作"四方有敗，必先知之"。

上博一·緇 19"青～"，讀爲"精知"，《禮記·緇衣》："故君子多聞，質而守之；多志，質而親之；精知，略而行之。"鄭玄注："精知，執慮於衆也。精，或爲'清'。"孔穎達疏："謂精細而知，執慮於衆，要略而行之。"

上博六·慎 6"氏以君子向方～道"，謂通曉天地之道，深明人世之理。

《管子·戒》:"聞一言以貫萬物,謂之知道。"銀雀山漢墓竹簡《孫臏兵法·八陣》:"知道者,上知天之道,下知地之理,内得其民之心,外知敵之情。"

上博七·凡甲5、凡乙11~,讀爲"知"。"知",知識。《論語·子罕》:"吾有知乎哉?無知也。"《荀子·正名》:"所以知之在人者謂之知,知有所合謂之智。"

上博七·凡甲24、凡乙17"戠(察)~而神",《墨子·明鬼下》:"子墨子曰:是與天下之所以察知有與無之道者,必以衆之耳目之實知有與亡爲儀者也。"

上博七·凡甲16、凡乙11"先~四海(海)",《列子·湯問》:"朕以是知四海、四荒、四極之不異是也。故大小相含,無窮極也。含萬物者,亦如含天地。含萬物也故不窮,含天地也故無極。"

上博七·凡甲30、凡乙22"大之㠯(以)~天下",《文子·精誠》:"故不出於户,以知天下,不窺於牖,以知天道。其出彌遠,其知彌少。此言精誠發於內,神氣動於天也。"

上博八·顏7"~足",讀爲"知足",謂自知滿足,不作過分的企求。《老子》:"知足者富,強行者有志。"劉向《列女傳·王章妻女》:"人當知足,獨不念牛衣中流涕時耶?"

上博八·顏9"~欽",讀爲"知禁",《管子·霸形》:"是欲以文克齊,而以武取宋、鄭也,楚取宋、鄭而不知禁,是失宋、鄭也;禁之,則是又不信于楚也。"

上博~,讀爲"知",知道,瞭解。《書·皋陶謨》:"知人則哲。"《論語·爲政》:"知之爲知之,不知爲不知,是知也。"

端紐只聲

只

上博三·彭4既~(躋)於天

上博五·鬼2【背】而受(紂)首於~(岐)袿(社)

~,郭店·尊德義14作 。"只"的形體發展脈絡如下:

山 258）→ 兄 → 兄（枳枳馬王·方 442）→ 兄（疷疷睡虎·法 87）→ 只（只隸辨（卷三·四）張休崖涘銘）。"只"是由"也"分化出來的一個字。也就是説，"只"是省去早期"也"字寫法的左臂筆畫而成。"只"、"也"二字古音相近。"支子"，馬王堆漢墓帛書《陰陽五行》乙種作"枳子"，而《陰陽五行》甲種作"杝子"。"只"、"也"二字都是語氣詞，可以同訓。《廣雅·釋詁四》："也，只，詞也。"《詩·鄘風·柏舟》"母也天只，不諒人只"，毛亨傳："諒，信也。母也、天也，尚不信我。天謂父也。"馬瑞辰《毛詩傳箋通釋》："毛傳也、只同訓。段玉裁謂如'日居月諸'，居、諸同訓乎，是也。"（何琳儀）或説"只"本像人的肢干之形。《說文》："胑，體四胑也。從肉，只聲。肢，胑或從支。""胑"是在象形"只"字上加"肉"旁，後又用"支"替換"只"，寫作"肢"。（趙平安）《説文·只部》："只，語已詞也。从口，象氣下引之形。"

上博三·彭 4～，或疑讀爲"躋"。"只"上古音屬支部章母，"躋"屬脂部精母，二字韻部旁轉。"只"聲之字與"旨"聲之字可以通假，如《詩·小雅·南山有臺》"樂只君子"，《左傳·襄公十一年》引"只"作"旨"。"旨"聲之字又可以與"妻"聲之字通假，如《楚辭·九思》"鷄鶩棲兮柴蔟"，洪興祖考異"棲，一作指"。"妻"聲之字又可以與"齊"聲之字通假，如《周易·未濟·六三》"未濟，征凶"，上博竹書本"濟"作"凄"。所以，"只"可假借爲"躋"。《説文·足部》："躋，登也。"《周易·震》："躋於九陵。"陸德明釋文："躋，升也。"《文選》張衡《東京賦》："西登少華。"薛綜注："登，升也。"是"登"、"躋"義近。"既只於天，又椎於淵"，所描述的也是龍。以登天入地之龍，比喻夫子之德，這是對夫子之德的盛讚。這樣理解，也與"夫子之德登矣，何其崇"的評價一致。（劉洪濤）或讀爲"詣"、"抵"、"適"、"支"、"指"、"施"等。

上博五·鬼 2【背】～，讀爲"岐"，《説文》"胑"或體作"肢"。"只社"，即"岐社"，周族之宗社，設於岐山。"受首於岐社"，指商紂之首級獻於岐社。（曹錦炎）

枳

上博四·相 3 庶人蓳（勸）於四～（肢）之褻（藝）

上博五·弟 23 不斮(折)丌~(枝)

上博五·鬼 4 此兩者~(歧)虐(吾)古(故)

上博六·用 15 皋之~(枝)葉

上博七·武 9 ~(枝)名(銘)隹(唯)曰

上博八·李 1【背】亂木曾~(枝)

~，與 枳（郭店·唐虞之道 26）、枳（郭店·語叢四 17）同。《說文·木部》：“枳，木，似橘。从木，只聲。”

上博四·相 3“四~”，讀爲“四肢”，人體兩上肢和兩下肢的合稱。《孟子·盡心下》：“四肢之於安佚也，性也。”《韓詩外傳》卷十：“寡人有四子，猶有四肢也。”郭店·唐虞之道 26“四枳倦惰”即“四肢倦惰”。

上博五·鬼 4~，讀爲“歧”，不相同，不一致。《廣雅·釋木》：“枳，枝也。”《韓詩外傳》卷二“陰其樹者，不折其枝”，郭店楚簡《語叢四》作“利木陰者，不折其枳”。“枝”作“枳”。《爾雅·釋地》：“中有枳首蛇焉。”《楚辭·天問》王逸注：“中央之州，有歧首之蛇。”又，“枝”義也同“歧”。《莊子·駢拇》“駢拇枝指”，成玄英疏：“枝指者，謂手大拇指傍枝生一指，成六指也。”陸德明《釋文》：“崔云：音歧，謂指有歧也。”

上博五·弟 23“不斮(折)丌~”，讀爲“不折其枝”，古成語，見於郭店《語叢四》16－17：“利木會(陰)者，不折其枳(枝)。”《韓詩外傳》卷二：“田饒曰：‘臣聞食其食者，不毀其器，陰其樹者，不折其枝。’”《淮南子·說林》：“食其食者不毀其器，食其實者不折其枝。塞其源者竭，背其本者枯。”

上博七·武 9“~名(銘)隹(唯)曰”，讀爲“枝銘誨曰”。今本作“杖之銘曰：‘惡乎危？於忿疐。’”

上博八·李 1【背】~，讀爲“枝”。《廣雅·釋木》：“枳，枝也。”“曾枝”，枝條重累,見《楚辭·九章·橘頌》:"曾枝剡棘。"王逸注:"言橘枝重累,又有利棘。"

邸

 上博四·采5~ 戈虎

~,从"邑","只"聲,與 (包山83)、 (包山99)、 (包山173)同。

上博四·采5"~詙戈虎",曲目。或讀爲"置彼豺虎",認爲與《詩·小雅·巷伯》"取彼譖人,投畀豺虎。豺虎不食,投畀有北"的"投畀豺虎"相當,而此曲目或與《詩·小雅·巷伯》有關。(楊澤生)或讀作"技"。《集韻·支韻》:"技,不端也。"(何有祖)

透紐豕聲

豕

 上博三·周23 芬(豶)~之舀(牙)

 上博三·周33 見~賁(負)塗(塗)

 上博三·周40 羸(羸)~孚是(蹢)蜀(躅)

《説文·豕部》:"豕,彘也。竭其尾,故謂之豕。象毛足而後有尾。讀與豨同。按:今世字,誤以豕爲彘,以彘爲豕。何以明之?爲啄、琢从豕,蠡从彘。皆取其聲,以是明之。 ,古文。"

上博三·周23"芬~",讀爲"豶豕",去勢的豬。《易·大畜》:"六五,豶豕之牙,吉。"焦贛《易林·頤之遯》:"豶豕童牛,童傷不來。"

上博三·周33、周40~,豬。《書·召誥》:"越翼日戊午,乃社於新邑,牛一,羊一,豕一。"《漢書·公孫弘卜式等傳贊》:"公孫弘、卜式、兒寬皆以鴻漸

之翼困於燕爵,遠跡羊豕之間。"

豚(䐗)

上博三・周 30～

上博三・周 30～丌尾

上博三・周 30 係～

上博三・周 30 好～

上博三・周 31 嘉～

上博三・周 31 肥～

～,從"肉",從"豕",豕上有八字形的兩撇。"豚"字繁體。《說文・豚部》:"豚,小豕也。从彖省,象形。从又持肉,以給祠祀。𠻳,篆文。从肉、豕。"

上博三・周 30～,讀爲"遯",卦名,《周易》第三十三卦,艮下乾上。《序卦》:"遯者,退也。"《彖》曰:"《遯》亨,遯而亨也。剛當位而應,與時行也。"《象》曰:"天下有山,《遯》。君子以遠小人,不惡而嚴。"帛本作"掾";今本《周易》作"遯"。

其餘～,小豬。亦泛指豬。《國語・越語上》:"生丈夫,二壺酒,一犬;生女子,二壺酒,一豚。"

遂

上博五·三 22 之罡未可㠯(以)～

上博五·鬼 2 遆(後)殜(世)～(述)之

《說文·辵部》:"遂,亾也。从辵,㒸聲。𧗟,古文遂。"

上博五·三 22～,完成;成功。《墨子·脩身》:"功成名遂,名譽不可虛假,反之身者也。"

上博五·鬼 2～,讀爲"述"。"遂"、"述"二字古通。如《史記·封禪書》"諸布、諸嚴、諸述之屬",司馬貞索隱:"述,《漢書·郊祀志》作遂。"《史記·魯周公世家》"東門遂殺適立庶",司馬貞索隱:"遂,《系本》作述。"《老子》九章"功遂身退",郭店楚簡本、馬王堆帛書本"遂"均作"述";魏三體石經"遂"字古文也作"述"。金文中也有不少例子。《說文》:"述,循也。"訓爲遵循、依照。《詩·邶風·日月》:"胡能有定,報我不述。"毛亨傳:"述,循也。"《禮記·中庸》:"父作之,子述之。"(曹錦炎)

定紐是聲

是

上博一·緇 2 好～正植(直)

上博一·性 12～㠯(以)敬安(焉)

上博一·性 18～古(故)丌(其)心不遠

上博二·魯 3 此～才(哉)

上博二・從甲 1 夫～則獸(守)之弖(以)信

上博二・從甲 3 ～弖(以)旻(得)臤(賢)士一人

上博二・從甲 4 ～古(故)

上博二・從甲 12 ～古(故)

上博二・從甲 17 ～弖(以)曰

上博二・從甲 18 ～弖(以)曰少(小)人惕(易)旻(得)而難史(事)也

上博二・昔 1 君之毋(母)俤(弟)～相

上博二・昔 4 唯哀悲～思

上博二・昔 4 唯邦之大炋(務)～敬

上博二・容 1 [尊]膚(盧)～(氏)

上博二・容 1 荅(赫)疋(胥)～(氏)

上博二・容 1 喬結～(氏)

 上博二·容1 倉頡～(氏)

 上博二·容1 軒緩(轅)～(氏)

 上博二·容1 訢(神)戎(農)～(氏)

 上博二·容1 樟丨～(氏)

 上博二·容1 壚運～(氏)

 上博二·容2 於～虎(乎)唫(暗)聾執燭

 上博二·容3 古(故)瑩(當)～時也

 上博二·容4 於～唬(乎)不賞不罰

 上博二·容6 於～虎(乎)方百里之中

 上博二·容7 於～虎(乎)方圓(圓)千里

 上博二·容7 於～於(乎)壴板正立

 上博二·容8 舜於～唬(乎)旨(始)語堯天陞(地)人民之道

· 1808 ·

　上博二·容9～㠯(以)視臤(賢)

　上博二·容11 於～虖(乎)天下之人

　上博二·容14 堯於～虖(乎)爲車十又(有)五輛(乘)

　上博二·容14 舜於～虖(乎)

　上博二·容16 堂(當)～時也

　上博二·容17 女(如)～牆(狀)也

　上博二·容19 夫～㠯(以)逮(近)者敓(悅)紿(治)

　上博二·容25 於～虖(乎)

　上博二·容25 於～虖(乎)

　上博二·容26 於～虖(乎)

　上博二·容26 於～虖(乎)

　上博二·容27 於～於(乎)

 上博二·容27 於～虎(乎)

 上博二·容33 ～㠯(以)爲名

 上博二·容34 㙑(禹)於～唬(乎)襄(讓)益

 上博二·容34 啟於～唬(乎)攻益自取

 上博二·容35 □～(氏)之又(有)天下

 上博二·容36 堂(當)～時

 上博二·容36 於～唬(乎)

 上博二·容38 记(起)帀(師)㠯(以)伐昏(岷)山～(氏)

 上博二·容39 丌(其)喬(驕)大(泰)女(如)～牂(狀)

 上博二·容39 於～唬(乎)斳(慎)戒陞(徵)臤(賢)

 上博二·容39 女(如)～而不可

 上博二·容40 傑(桀)乃逃之鬲山～(氏)

上博二·容 40 傑(桀)乃逃之南巢(巢)～(氏)

上博二·容 41 湯於～虖(乎)諆(徵)九州之帀(師)

上博二·容 41 於～虖(乎)天下之兵大记(起)

上博二·容 41 於～虖(乎)叝(叛)宗鹿(戮)族

上博二·容 42 夫～㠯(以)旻(得)衆而王天下

上博二·容 44 於～虖(乎)复(作)爲九城(成)之臺

上博二·容 44 於～虖(乎)复(作)爲金桎三千

上博二·容 45 於～虖(乎)九邦畔(叛)之

上博二·容 46 奮(密)須～(氏)

上博二·容 47 文王於～虖(乎)素耑(端)襘裳以行九邦

上博二·容 49 女(如)～牆(狀)也

上博二·容 51 武王於～虎(乎)复(作)爲革車千緱(乘)

 上博二·容52 武王於～虎(乎)素冠㡀(冕)

 上博二·容32 於～於(乎)罰(治)籥(爵)而行彔(禄)

 上博三·中2 夫季～(氏)河東之城(盛)豪(家)也

 上博三·中9 ～古(故)又(有)司不可不先也

 上博三·彭1 句(耇)～(氏)執心不忘

 上博四·内1 悉(愛)～甬(用)

 上博四·内1 豊(禮)～貴

 上博四·内9 ～胃(謂)君子

 上博四·曹19 ～古(故)夫戙(陳)者

 上博四·曹44 ～古(故)矣(疑)戙(陳)敗

 上博五·競2 ～可(何)也

上博五·鮑1 又(有)虽(夏)～(氏)觀亓(其)容昌(以)史(使)

· 1812 ·

上博五・鮑 8～哉（歲）也

上博五・姑 6 從事可（何）以女（如）～

上博五・君 3 虐（吾）～㠯（以）胥（媵）也

上博五・君 6 定視～求

上博二・民 8 可（何）志（詩）～迡

上博四・逸・交 1 豈（豈）媆（美）～好

上博四・逸・交 3 豈（豈）媆（美）～好

上博四・逸・交 3 隹（唯）心～奠

上博四・逸・交 4 豈（豈）媆（美）～好

上博四・逸・交 4 隹（唯）心～萬（勱）

上博四・曹 7 臣～古（故）不敢㠯（以）古（故）含（答）

上博四・曹 26～胃（謂）軍紀

上博四・曹 28～古（故）

上博四·曹41《周等(志)》~鷹(存)

上博五·季3~古(故)君子玉亓(丌)言

上博五·季10~古(故)臤(賢)人之居邦豪(家)也

上博五·季11~右(左)虗(乎)

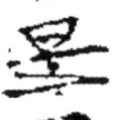上博三·周40 赢(嬴)豕孚~(蹢)蜀(躅)

上博三·周56~胃(謂)亦夾(災)楮(眚)

上博三·周57~受福吉

上博三·亙2 燚(氣)~自生

上博三·亙2 燚(氣)~自生自复(作)

上博五·三1~胃(謂)參(三)悳(德)

上博五·三1~胃(謂)川(順)天之棠(常)

上博五·三2~胃(謂)天棠(常)

上博五·三3~胃(謂)大藏(感)

· 1814 ·

上博五・三 3 ～胃(謂)不悬(祥)

上博五・三 3 ～胃(謂)天豊(禮)

上博五・三 4 ～胃(謂)達(罪)

上博五・三 4 君無宔(主)臣～胃(謂)畏(危)

上博五・三 6 上帝～有(祐)

上博五・三 6 ～胃(謂)邦固

上博五・三 6 ～胃(謂)邦蘆(呂)

上博五・三 6 ～胃(謂)反逆

上博五・三 7 ～胃(謂)大亢(荒)

上博五・三 7 ～胃(謂)滔皇

上博五・三 8 ～胃(謂)方芋(華)

上博五・三 8 ～胃(謂)違章

上博五·三 9 ～胃(謂)忘神

上博五·三 13 唯蘁～備(服)

上博五·三 13 凡若～者

上博五·三 14 ～奉(逢)凶朔

上博五·三 16 ～胃(謂)頡(稽)

上博五·三 16 ～胃(謂)

上博五·三 16 ～

上博五·三 20 槷(鬼)神～有(祐)

上博五·三 22 ～帝之闈(關)

上博二·子 1 又(有)吴(虞)～(氏)之樂正宮齊之子也

上博二·子 10 ～㙑(禹)也

上博二·子 10 又(有)鹵(娥)～(氏)之女也

上博二·子12~离(契)也

上博二·子12 又(有)詞(邰)~(氏)之女也

上博二·子13~句(后)稷之母也

上博二·子13 厽(三)王者之乍(作)也女(如)~

上博三·中1 季~(氏)

上博六·競2~虐亡(無)良祝史也

上博六·競2~虐所望於女也

上博六·競3~言也

上博六·競3~信虐亡(無)良祝史

上博六·競10~皆貧胡

上博六·競10 唯~夫……

上博六·競12~壞逗之言也

上博六·孔1 害叴（賢）者～能皋（罪）

上博六·孔4 仁者～能行㓞（聖）人之道

上博六·孔5～古魚道之

上博六·孔27～謫（察）

上博六·用1～善敗之經

上博六·用5 九惠～貞

上博六·用6 非人～龏（恭）

上博六·用6 氒（厥）身～戔

上博六·用20 佳（唯）善～善

上博六·天甲12～胃（謂）

上博六·壽7 民～瞻望

上博七·凡甲12～古（故）

上博七·凡甲 16～古(故)聖人尻〈凥—處〉於亓(其)所

上博七·凡甲 18～胃(謂)少(小)敞(徹)

上博七·凡甲 19～古(故)鼠(一)

上博七·凡甲 21～古(故)又(有)鼠(一)

上博七·凡乙 11～古(故)聖人尻(處)於亓(其)所

上博七·吴 2 唯君～望

上博七·吴 2 若～

上博八·子 2 於～虖(乎)可(何)侍(待)

上博八·子 3～嘼(戰)攻畜之也

上博八·成 8～胃(謂)天子之正道

上博八·成 10～胃(謂)六新(親)之約

上博八·成 13～摳(？譴)之不果□

上博楚簡文字聲系(一~八)

上博八·成14 夫顕(夏)曾(繒)~(氏)之道

上博八·成14 ~夫

上博八·成15 ~胃(謂)童=

上博八·王3 ~言既睧(聞)於眔巳(已)

上博八·志1 ~楚邦之弜(強)秒(梁)人

上博八·志2 此~胃(謂)死辠(罪)

上博八·志7 ~則聿(盡)不穀(穀)之辠(罪)也

~,戰國文字或作 ⿱日正 (郭店·老子甲3)、⿱日正(九 A26)、⿱日正(新蔡甲三 321)、⿱日正(新蔡零 115、22)、⿱日正(新出溫縣 WT1K1:3417)、⿱日正(三晉 98)、⿱日正(三晉 127)、⿱日正(關沮 143)。《説文·是部》:"是,直也。从日、正。⿱日正,籀文是。从古文正。"

上博~,讀爲"氏",《儀禮·覲禮》"太史是右",鄭玄注:"古文是爲氏也。"《漢書·地理志下》:"至玄孫,氏爲莊公。"顔師古注:"氏與是同,古通用字。""氏",上古貴族表明宗族的稱號,爲姓的分支。《左傳·隱公八年》:"天子建德,因生以賜姓,胙之土而命之氏。"遠古傳説中的人物、國名均係以氏。《書·甘誓》:"予誓告汝,有扈氏威侮五行怠棄三正。"《大戴禮記·帝繫》:"黄帝居軒轅之丘,娶於西陵氏,西陵氏之子謂之嫘祖氏。"

上博二·容 16、36 "堂(當)~時",《孟子·梁惠王下》:"當是時也,内無怨

女,外無曠夫。"

上博四·內1"炁(愛)～甬(用)、豊(禮)～貴",《大戴禮記·曾子立孝》:"曾子曰:'君子立孝,其忠之用,禮之貴。'"簡文與此略同。簡文"愛是用,禮是貴"的"是"與"忠之用,禮之貴"的"之"字同。

上博三·周40"～蜀",讀爲"蹢躅"。《經典釋文》:"蹢躅,不靜也。"

上博三·亙2～,讀爲"寔",訓爲"實",在句中做表示强調語氣的副詞,而非判斷動詞"是"(或稱之爲"系詞"、"系動詞")。王引之《經傳釋詞》卷九:"是,猶'寔'也。《詩·魯頌·閟宫》曰:'是生后稷。'言姜嫄寔生后稷也。字或作'氏'。《大戴禮記·帝繫》篇曰:'黄帝娶於西陵氏之子,謂之嫘祖。氏産青陽及昌意。'言寔生青陽及昌意也。"(董珊)

上博二·子10、11、12～,此、這,代詞作主語。《左傳·僖公三十年》:"吾不能早用子,今急而求子,是寡人之過也。"

上博"～古",讀爲"是故",連詞。因此,所以。《國語·周語上》:"防民之口,甚於防川。川雍而潰,傷人必多。民亦如之。是故爲川决之使導,爲民者宜之使言。"《國語·齊語》:"於是天下諸侯知桓公之非爲己動也,是故諸侯歸之。"《論語·先進》:"其言不讓,是故哂之。"

上博"～胃",讀爲"是謂",這就是。《禮記·禮運》:"如有不由此者,在執者去,眾以爲殃,是謂小康。"

上博"於～虖"、"於～唬"、"於～於",讀爲"於是乎",猶於是。《國語·周語上》:"民之有口,猶土之有山川也,財用於是乎出;猶其有原隰衍沃也,衣食於是乎生。"

上博"～以",連詞。因此;所以。《老子》:"功成而弗居。夫唯弗居,是以不去。"

上博二·容"女(如)～",像這樣。

上博七·吴2"若～",像這樣。

上博～,代詞,此,這;這裏。《詩·大雅·崧高》:"因是謝人,以作爾庸。"

上博二·昔1、4,上博四·逸·交1、3、4,上博五·三6、13,上博七·吴2～,代詞。用在賓語和它的動詞之間,起著把賓語提前的作用,以達到强調的目的。《書·益稷》:"無若丹朱傲,惟慢遊是好。"

上博六·壽7～,或讀爲語氣詞"寔",或亦作"實"。(董珊)或釋为"疋",讀爲"胥",訓"皆"。(郭永秉)

定紐氏聲

氏

上博一·孔 4 邦風～(是)也

上博一·孔 5～(是)也

上博一·孔 5～(是)也

上博一·孔 16 虗(吾)㠯(以)萬(葛)覃(覃)旻(得)～初之喜(詩)

上博一·孔 22 亓(其)義(儀)一～(兮)心女(如)結也

上博一·緇 19 集大命於～(是)身

上博三·彭 7～(是)胃(謂)益愈

上博三·彭 7～(是)胃(謂)自厚

上博三·彭 7～(是)胃(謂)百眚(姓)之宔(主)

上博三·彭 7～(是)胃(謂)敖(遭)映(殃)

上博三·彭 8～(是)胃(謂)不長

上博三·彭 8～(是)胃(謂)匫(絕)絺(繫)

上博一·孔 27 賓贈～(是)也

上博一·孔 27 中(仲)～

上博四·采 3 霝(靁)～

上博四·曹 64 虐(吾)言～(是)不(否)

上博五·季 3～羣=(君子)之恥也

上博五·季 11～古夫敀邦甚難

上博五·季 18～古(故)臤(賢)人大於邦而又(侑)心

上博五·鬼 5 蟲(融)帀(師)又(有)成～

上博五·鬼 7 昔蟲(融)之～帀(師)

上博六·莊 7～言棄之

上博六·莊 8 必㠯(以)～心

上博六·慎 6～㠯(以)君子向方智(知)道

上博七·凡甲 24～古(故)陳爲新

上博七·凡乙 17～古(故)陳爲新

《説文·氏部》："氏,巴蜀山名岸脅之旁箸欲落墮者曰氏,氏崩,聞數百里。象形,乀聲。楊雄賦:響若氏隤。"

上博～,讀爲"是",代詞,此,這;這裏。《詩·大雅·崧高》:"因是謝人,以作爾庸。"

上博一·孔 16"～初",讀爲"祇初",敬始、敬本。《荀子·禮論》:"故君子敬始而慎終,終始如一,是君子之道,禮義之文也。"《莊子·繕性》"無以反其性情而復其初",注:"初,謂性命之本。"(陳劍、廖名春)

上博一·孔 22"丌(其)義(儀)一～(兮)心女(如)結也",今《詩·曹風·鳲鳩》:"其儀一兮,心如結兮。""氏"古音爲禪紐支部,"兮"爲匣紐支部,音近,馬王堆帛書《五行》有"其宜(儀)一氏",郭店楚墓竹簡《五行》作"其義(儀)罷(一)也","也"古音爲喻紐歌部,與"兮"音亦近。

上博三·彭 7、8"～胃",讀爲"是謂",這就是。

上博一·孔 27"中～",讀爲"螽斯",《詩經》篇名。《詩·周南·螽斯》:"螽斯羽,詵詵兮。宜爾子孫,振振兮。"(李零)或認爲"仲氏"指"仲山甫"。(胡平生)

上博四·采 3"靁(虇)～",曲目。"靁",讀爲"甍"。《通志·氏族略》引《姓苑》有"甍氏",或疑爲掌皮的百工。

上博四·曹 64"～不",讀爲"是否",意思是説我的話是不對的。

上博六·莊 8"～心",讀爲"是心"。《荀子·富國》:"其所是焉誠美。"楊倞注:"是,善也。"《淮南子·脩務》:"立是廢非。"高誘注:"是,善也。"

上博六·慎 6"～以",讀爲"是以",連詞,因此;所以。《老子》:"功成而弗居。夫唯弗居,是以不去。"

上博簡"～古",讀爲"是故",連詞,因此,所以。《論語·先進》:"其言不讓,是故哂之。"《國語·齊語》:"於是天下諸侯知桓公之非爲己動也,是故諸侯歸之。"

定紐應聲

應

上博一·緇 5 古(故)心旨(以)僼(體)～(存)

上博二·容 48 虗(吾)所智多～

上博四·曹 42 父䞓(兄)不～(存)

上博四·曹 14 三代之陳(陳)皆～(存)

上博四·曹 41 周等(志)是～(存)

上博六·天甲 8 大夫承～

上博六·天乙 8 承～

上博七·凡甲 26 厃(危)侒(安)～(存)忘(亡)

上博七·凡乙 19 侒(安)～(存)忘(亡)

 上博五·季 16 君曰：～豐

～,楚簡文字或作 、、、、。《說文·廌部》："廌,解廌獸也,似山牛,一角。古者決訟,令觸不直。象形,從豸省。"

上博一·緇 5～,讀爲"存"。郭店·語叢四 8～9："竊鉤者誅,竊邦者爲諸侯。諸侯之門,義士之所廌。"《莊子·胠篋》作"彼竊鉤者誅,竊國者爲諸侯。諸侯之門,而仁義存焉"。"薦"、"荐"二字古通,如《詩·大雅·雲漢》"饑饉薦臻",《春秋繁露·郊祀》引"薦"作"荐";《國語·楚語下》"禍災荐臻",《史記·曆書》"荐"作"薦";《莊子·齊物論》"麋鹿食薦",《左傳·襄公四年》劉炫注引"薦"爲"荐";郭店本《緇衣》作"故心以體瀘,君以民亡"。今本《緇衣》作"心以體全,亦以體傷;君以民存,亦以民亡"。

上博二·容 48～,讀爲"存",簡文相應的意思是"豐、鎬這兩國裏我所認識的舊人還多存活"。(單育辰)或疑讀爲"盡"、"矜"。

上博四·曹 42"不～",讀爲"不存",不存在。《左傳·僖公十四年》："皮之不存,毛將安傅？"

上博四·曹 14、41～,讀爲"存",存在;生存;存留。《孟子·公孫丑上》："紂之去武丁未久也,其故家遺俗、流風善政,猶有存者。"

上博五·季 16～,讀爲"薦",進獻,上供。《儀禮·鄉射禮》："薦脯醢。"《禮記·月令》："是月也,農乃登穀,天子嘗新,先薦寢廟。"

上博六·天甲 8、天乙 8～,讀爲"餕",二字皆精母文部字。"餕"與"餘"義近。(裘錫圭)

上博七·凡甲 26、凡乙 19"厃俴～忘",讀爲"危安存亡"。"存亡"存在或滅亡;生存或死亡。《易·乾》："知進退存亡而不失其正者,其唯聖人乎。"《易·繫辭下》："是故君子安而不忘危,存而不忘亡,治而不忘亂。"

瀺

 上博二·容 51 涉於孟～(津)

～,從"水","薦"省聲,與 同。

簡文"孟～",讀爲"孟津",在今河南省孟津縣東北、孟州市西南。《書·泰誓》説"惟十有三年春,大會于孟津。"《史記·周本紀》作:"[武王]乃遵文王,遂率戎車三百乘,虎賁三千人,甲士四萬五千人,以東伐紂。十一年十二月戊午,師畢渡盟津,諸侯咸會。"

泥紐兒聲

倪

　上博五·競 9 弖(以)騁(馳)於～(郳)市

《説文·人部》:"倪,俾也。從人,兒聲。"

簡文～,讀爲"郳",地名。《通志·氏族略·以國爲氏》:"倪氏即郳氏也,避仇改爲倪。"《説文·邑部》:"郳,齊地。從邑,兒聲。《春秋傳》曰:'齊高厚定郳田。'"簡文意思爲齊桓公擁美女乘車疾驅於郳市。

貌

　上博五·三 18 豻～飤(食)虎

～,從"鼠","兒"聲,"貌"字異體。

簡文"豻～",讀爲"狻猊",亦作"狻麑",獸名,獅子。《爾雅·釋獸》:"狻麑如虥貓,食虎豹。"郭璞注:"即師子也,出西域。"《穆天子傳》卷一:"狻猊□野馬走五百里。"郭璞注:"狻猊,師子,亦食虎豹。"簡文"枸株覆車,善遊者死於枈(梁)下,豻貌食虎"三句,意在説明禍敗常出於細小之事物、易被輕忽之事物。(陳劍)

清紐此聲

此

上博一·孔 1 行～者

上博一·孔 7 命～文王

上博一·孔 7～命也夫

上博一·孔 7～命也

上博一·孔 27 女(如)～

上博一·緇 10 訐(教)～以(以)遊(失)

上博一·緇 10 民～以(以)緩(煩)

上博一·緇 18～言之砧(玷)不可爲

上博一·緇 19～以(以)生不可敓(奪)志

上博一·緇 22～以(以)邇者不惑

上博二·民 5～之胃(謂)五至

 上博二·民 6 君子曰(以)～皇(橫)於天下

 上博二·民 7～之胃(謂)三亡(無)

 上博二·魯 3～是才(哉)

 上博二·從甲 9 凸(凡)～七者

 上博三·周 53～丌(其)所取

 上博三·中 17 若～三

 上博四·昭 3 不幸僕(僕)之父之骨才(在)於～室之隓(階)下

 上博四·昭 9～則僕(僕)之皋(罪)也

 上博四·柬 10 夢若～

 上博四·柬 11～可(何)

 上博四·柬 11～所胃(謂)

上博四·柬 12～爲君者之劉(刑)

 上博四・内 6 反～﨤(亂)也

 上博四・相 1 古(故)～事

 上博四・曹 3～不貧於敚(美)而㝅(富)於惪(德)與(歟)

 上博四・曹 10 虗(吾)睧(聞)～言

 上博四・曹 22～所㠯(以)爲和於邦

 上博四・曹 28～三者所㠯(以)戬(戰)

 上博四・曹 40～戬(戰)之㬎(顯)道

 上博四・曹 42～出帀(師)之幾(忌)

 上博四・曹 43～戬(散)果(裹)之幾(忌)

 上博四・曹 44～戬(戰)之幾(忌)

 上博四・曹 45～既戬(戰)之幾(忌)

 上博四・曹 49～三者足㠯(以)戬(戰)虖(乎)

 上博四・曹 52～返(復)盤戬(戰)之道

 上博四·曹53～返(復)甘戰(戰)之道

 上博四·曹55～返(復)故(故)戰(戰)之道

 上博四·曹63～先王之至道

 上博五·競4 含(今)～祭之旻(得)福者也

 上博五·競8～能從善而达(去)祂(禍)者

 上博五·季2～君子之大秀(務)也

 上博五·季4～之胃(謂)悬(仁)之㠯(以)惪(德)

 上博五·季13 古(故)子㠯(以)～言爲奚女(如)

 上博五·季15 邦者必㠯(以)～

 上博五·季23～䍒=(君子)從事者斋=(之所)啻□也

 上博五·姑6 爲～殜(世)也

 上博五·弟4 丌(其)必～唬(乎)

 上博五·弟11～之胃(謂)悬(仁)

 上博五·鬼1～以貴爲天子

 上博五·鬼2～明矣

 上博五·鬼4～兩者枳(歧)虐(吾)古(故)

 上博五·鬼5～之胃(謂)唬(乎)

 上博五·鬼2【背】～㠯(以)桀折於鬲山

 上博五·鬼3 女(如)㠯(以)～詰之

 港甲7～之胃(謂)君

 上博六·競12 㠯(以)至於～

 上博六·孔5 惌(仁)亓(其)女(如)～也

 上博六·孔13～與民

 上博六·孔16 女(如)～者

 上博六·孔17～與民也

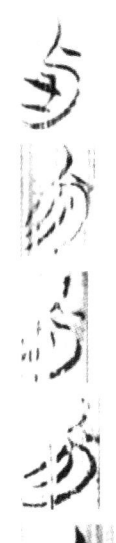

上博六·孔 27～𠯑(以)不惑

上博六·孔 8 竊又～佾(效)也

上博六·孔 11～與㤵(仁)人口者也

上博六·孔 13 拜～與民也

上博六·孔 15 拜～民

上博六·木 5～可(何)

上博六·天甲 13～所不學於帀(師)也

上博七·鄭甲 6 君王之记(起)～帀(師)

上博七·鄭乙 6 君王之记(起)～帀(師)

上博七·君甲 3～丌(其)一回(違)也

上博七·君甲 4～丌(其)二回(違)也

上博七·君甲 6～丌(其)三回(違)也

上博七·君甲 6 先王爲～

上博七·君乙 3～丌(其)一回(違)也

上博七·君乙 4～丌(其)二回(違)也

上博七·君乙 5～丌(其)三回(違)也

上博七·君乙 6 先王爲～

上博七·凡甲 20 敚(察)～

上博七·凡甲 25 敚(察)～

上博七·凡甲 28 夫～之胃(謂)少(小)城(成)

上博七·凡乙 18 敚(察)～

上博七·凡乙 20～之胃(謂)少(小)城(成)

上博七·吳 2～則社稷(稷)

上博八·顔 5 害(蓋)君子之内事也女(如)～矣

　上博八·成15～六者皆逆

　上博八·命10 㠯（僕）𠯑（以）～胃（謂）貝（視）日十又厽（三）亡㠯（僕）

　上博八·王2 命（令）尹少進於～

　上博八·志2～是胃（謂）死辠（罪）

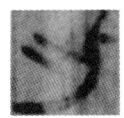　上博八·李2 氏（是）古（故）聖人棘～和勿（物）

　上博八·李3 氏（是）古（故）聖人棘～

　上博六·孔8 而亡（無）以言者（諸）～矣

～，或作 、，將左邊的"匕"省去一筆。《說文·此部》："此，止也。从止，从匕。匕，相比次也。"

　　上博一·孔27、上博六·孔16、上博八·顏5"女（如）～"，像這樣。

　　上博三·中17、上博四·柬10"若～"，像這樣。

　　上博～，這；這個。與"彼"相對。《詩·唐風·綢繆》："今夕何夕，見此良人！"

　　上博五·鬼2【背】"～以"，猶是以，因此。《禮記·大學》："《詩》云：'於戲，前王不忘。'君子賢其賢而親其親，小人樂其樂而利其利，此以沒世不忘也。"《左傳·襄公二十六年》："賞以春夏，刑以秋冬。是以將賞爲之加膳，加膳則飫賜，此以知其勸賞也。將刑爲之不舉，不舉則徹樂，此以知其畏刑也。"《墨子·脩身》："慧者心辯而不繁說，多力而不伐功，此以名譽揚天下。"

訿

　上博五·季20 少(小)則～(訾)之

～，與"訾"同。《説文·言部》："訾，不思稱意也。从言，此聲。《詩》曰：'翕翕訿訿。'"

簡文～，即"訾"，訾毀、指責義。《禮記·喪服四制》"訾之者，是不知禮之所由生也"，鄭玄注："口毀曰訾。"《吕氏春秋·審應》"公子遌訾之曰"，高誘注："毀也。""訾"的這種用義，與秦律"諆"正好相應。（李天虹）或讀爲"貲"，《説文》："貲，小罰以財自贖也。"

秕

　上博二·容39～(訾)三十尸而能之

～，从"矛"，"此"聲。

簡文～，讀爲"訾"。《國語·齊語六》："桓公召而與之語，訾相其質，足以比成事，誠可立而授之。"韋昭注："訾，量也。相，視也。"《廣雅·釋詁一》："量、沘，度也。"王念孫《疏證》："沘之言訾也。"《列子·説符》："錢帛無量，財貨無訾。"殷敬順釋文："訾，音髭，言不可度量也。賈逵注《國語》云：'訾，量也。'"至於"能"字，《廣雅·釋詁二》："能，任也。"故"秕三十仁而能之"蓋謂量度三十位仁者而任之。（白於藍）或讀爲"積"、"求"。

心紐虒聲

㴍

　上博六·用6絶原流～(澌)

～，从"水"，"虒"聲。《説文·水部》："㴍，水出趙國襄國，東入湡。从水，虒聲。"

簡文～，讀爲"澌"。虒、㴍、斯和澌諸字古音相同，《左傳·襄公十年》人

名"狄虒彌",《漢書·古今人表》作"狄斯彌"。《説文·水部》:"澌,水索也。"索,盡也。簡文"絶原流澌",義爲斷絶源泉,其流竭盡。(陳劍)

麛

　上博三·周 6 終朝晶(三)~(褫)之

~,從"鹿","裒"("褐"、"狄")聲。"裒",所從"爪"形形向右。而且"爪"形簡寫爲"刀"形。或認爲"麃"之異體。或認爲從"衣","鹿"聲。或認爲從"衣"從"刀"、"鹿"聲,"剝"的異體。

簡文~,讀爲今本《周易》之"褫(徹紐支部)"。"終朝三褫之"意思是:一個早上被拿掉三次。(季旭昇、廖名春、楊澤生)

幫紐卑聲

卑

　上博七·吴 5 ~(俾)周先王僻

《説文·ナ部》:"卑,賤也。執事也。從ナ、甲。"

簡文~,讀爲"俾",《荀子·宥坐》引詩曰:"四方是維,天子是庳,卑民不迷。"楊倞注:"卑讀爲俾。""俾",使。《詩·大雅·民勞》:"式遏寇虐,無俾民憂。"

俾

　上博二·容 3 凡民~敌者

　上博四·曹 25 毋(無)~(嬖)大夫

　上博四·曹 35 毋辟(嬖)於便~(嬖)

 上博八·顔10 名至必～(卑)身=

《說文·人部》:"俾,益也。从人,卑聲。一曰俾,門侍人。"

上博二·容3"～敊",讀爲"蔽芾","俾"从"卑"聲。"卑"和从"卑"聲之字,古或與"蔽"通。《史記·淮陰侯列傳》"閒道萆山而望趙軍",《集解》如淳注:"萆音蔽,依山自覆蔽。"《列子·楊朱》"卑宫室",殷敬順釋文"卑"作"蔽"。"敊"當爲從"市"聲之字,"芾"亦從"市"聲,二字自亦可通。《詩·召南·甘棠》"蔽芾甘棠",毛亨傳:"蔽芾,小貌。"《詩·小雅·我行其野》"我行其野,蔽芾其樗",鄭玄箋:"樗之蔽芾始生,謂仲春之時嫁取之月。"始生者必小,此"蔽芾"之義與《甘棠》略同。簡文所說的"凡民蔽芾者",當指雖已成年但身材顯著比一般人矮小者。(裘錫圭)或讀爲"罷羸"、"罷敝"。

上博四·曹25"～大夫",讀爲"嬖大夫"。《國語·吳語》:"陳士卒百人,以爲徹行百行。行頭皆官師,擁鐸拱稽,建肥胡,奉文犀之渠。十行一嬖大夫……"韋昭注:"三君皆云:'官師,大夫也。'昭謂:下言'十行一嬖大夫',此一行宜爲士。《周禮》:'百人爲卒,卒長皆上士。'……十行,千人。嬖,下大夫也。子產謂子南曰:'子晳,上大夫。汝,嬖大夫。'"簡文"嬖大夫"與此同。

上博四·曹35"便～",讀爲"便嬖",君主左右受寵倖的小臣。《孟子·梁惠王上》:"聲音不足聽於耳與？便嬖不足使令於前與？王之諸臣皆足以供之,而王豈爲是哉？"《荀子·富國》:"觀其官職,則其治者能；觀其便嬖,則其信者愨；是明主已。"

上博八·顔10"～身",讀爲"卑身",猶言低身、屈身、伏身。《莊子·逍遙遊》:"子獨不見狸狌乎？卑身而伏,以候敖者。"

遱(坒)

 上博四·曹18 毋悉(愛)貨資子女臣(以)事其伎(便)～(嬖)

 上博四·曹42 亓遱(將)～(卑)

上博二·容 2 坒(跛)~(躃)猷(獸)門

~,從"辵","卑"聲。或從"止","卑"聲。

上博四·曹 18~,讀爲"嬖"。"便嬖",受寵愛者。《説文·女部》:"嬖,便嬖,愛也。"

上博四·曹 42~讀爲"卑",低微;低賤。《公羊傳·隱公元年》:"桓幼而貴,隱長而卑。"

上博二·容 2"坒~",讀爲"跛躃",瘸子。《禮記·王制》:"瘖聾、跛躃、斷者、侏儒、百工,各以其器食之。"鄭玄注:"兩足不能行也。"古代多以瘸子或受刖刑者守門。

諀

上博一·孔 8 善~(譬)言

~,從"言","卑"聲。《廣雅》:"諀,訾也,訑也。"

簡文"~言",讀爲"譬言",譬喻之言。《詩·大雅·抑》:"取譬不遠,昊天不忒。"鄭玄箋:"今我爲王取譬喻不及遠也,維近耳。"張衡《西京賦》:"譬衆星之環極,叛赫戲以煇煌。"或讀爲"諞言","諞"指一個人口才好、善辯。(史傑鵬)

埤

上博五·三 14~(卑)牆(牆)勿增

上博七·凡甲 9 逐高從~(卑)

上博七·凡乙 7 逐高從~(卑)

《説文·土部》:"埤,增也。從土,卑聲。"

上博五·三 14～，城上呈凹凸形的矮牆。《商君書·賞刑》："〔晉〕舉兵伐曹五鹿，及反鄭之埤，東衛之畝，勝荊人於城濮。"高亨注："朱説：'……韋昭注：反，撥也。陴，城上女垣。'按，反即推倒之意。陴與埤通，是城上的短牆。"《北齊書·祖珽傳》："珽不關城門，守埤者皆令下城靜坐。"

上博七·凡甲 9、凡乙 7～，讀爲"卑"，低。與高相對。《易·繫辭上》："卑高以陳，貴賤位矣。"

明紐糸聲

係

 上博三·周 16～少子

 上博三·周 16～丈夫

 上博三·周 17～而敏（拘）之

 上博三·周 30～肴（豚）

 上博五·三 16 甍（喪）忌（惎）～樂

～，從"人"、從"糸"，"糸"亦聲，會捆縛之意。《説文·人部》："係，絜束也。從人，從糸，糸亦聲。"

上博三·周 16～，束縛；捆綁。《易·坎》："係用徽纆，置於叢棘，三歲不得。凶。"《國語·越語上》："若以越國之罪爲不可赦也，將焚宗廟，係妻孥，沈金玉於江，有帶甲五千人將以致死，乃必有偶。"韋昭注："係，繫也。"

上博五·三 16～，義爲繼、接續。《鶡冠子·備知》："是以鳥鵲之巢，可俯而窺也；麋鹿群居，可從而係也。"《後漢書·安帝紀》："親德係後，莫宜於祜。"李賢注："係即繼也。"（范常喜）

奚

上博一·孔 27 虐(吾)～舍之

上博二·民 6～(傾)耳而聖(聽)之

上博四·采 2～言不從

上博四·曹 13 翩(問)戟(陳)～女(如)

上博四·曹 13 獣(獸)鶡(邊)城～女(如)

上博四·曹 38 勿兵吕(以)克～女(如)

上博四·曹 56 善攻者～女(如)

上博四·曹 57 善獣(守)者～女(如)

上博五·鮑 6 肰(然)則～女(如)

上博五·季 13 古(故)子吕(以)此言爲～女

上博七·凡甲 1～旻(得)而城(成)

上博七·凡甲1～旻(得)而不死

上博七·凡甲1～募而鳴

上博七·凡甲1～遂(後)之奚先

上博七·凡甲2奚遂(後)之～先

上博七·凡甲2～旻(得)而固

上博七·凡甲2～旻(得)而不厏(危)

上博七·凡甲2～旻(得)而生

上博七·凡甲3～遴(失)而死

上博七·凡甲3虘(吾)～臭(衡)奚從(縱)

上博七·凡甲4虘(吾)奚臭(衡)～從(縱)

上博七·凡甲4虘(吾)～異奚同

上博七·凡甲4虘(吾)奚異～同

上博七·凡甲 5～古(故)神䨴(明)

上博七·凡甲 5 亓(其)夬(慧)～罣(適)

上博七·凡甲 6 虗(吾)～古(故)事之

上博七·凡甲 6 虗(吾)～自䬸(食)之

上博七·凡甲 7 虗(吾)～旹(時)之

上博七·凡甲 7 窒祭員～逐

上博七·凡甲 7 虗(吾)～㠯(以)爲頁(首)

上博七·凡甲 8 虗(吾)～事之

上博七·凡甲 8 敬天之䨴(明)～旻(得)

上博七·凡甲 8 禔(鬼)之神～䬸(食)

上博七·凡甲 8 先王之智～備

上博七·凡甲 11～古(故)少(小)雁暲攱

上博七·凡甲 12 土～旻(得)而坪(平)

上博七·凡甲 12 水～旻(得)而清

上博七·凡甲 12 卉(草)木～旻(得)而生

上博七·凡甲 13 含(禽)獸～旻(得)而鳴

上博七·凡甲 18～胃(謂)少(小)散(徹)

上博七·凡甲 18～㠯(以)智(知)丌(其)白(泊)

上博七·凡乙 1～旻(得)而城(成)

上博七·凡乙 1～旻(得)而不死

上博七·凡乙 1～㝱而鳴

上博七·凡乙 1～逡(後)之奚先

上博七·凡乙 1 奚逡(後)之～先

上博七·凡乙 2～旻(得)而固

上博七·凡乙 2 ～旻(得)而不厇(危)

上博七·凡乙 2 ～旻(得)而生

上博七·凡乙 2 ～遊(失)而死

上博七·凡乙 3 虗(吾)～奊(衡)奚從(縱)

上博七·凡乙 3 虗(吾)奚奊(衡)～從(縱)

上博七·凡乙 3 虗(吾)～異奚同

上博七·凡乙 3 虗(吾)奚異～同

上博七·凡乙 4 ～古(故)神䫾(明)

上博七·凡乙 5 夬(慧)～㝅(適)

上博七·凡乙 5 虗(吾)～古(故)事之

上博七·凡乙 5 虗(吾)～自飤(食)之

上博七·凡乙 6 窒祭員～逐

 上博七·凡乙6虘(吾)～吕(以)爲頁(首)

 上博七·凡乙7〔禔(鬼)之神〕～飤(食)

 上博七·凡乙7先王之智～備

 上博七·凡乙8～

 上博七·凡乙9～旻(得)而清

 上博七·凡乙9卉(草)木～旻(得)而生

 上博七·凡乙9含(禽)獸～旻(得)而鳴

《說文·大部》："奚，大腹也。从大，鯀省聲。鯀，籀文系字。"

上博一·孔27～，表示疑問，相當於"何"、"怎麽"。

上博二·民6～，讀爲"傾"。"奚"，匣紐支部；"傾"溪紐耕部。匣、溪唯深喉、淺喉之別，支、耕陰陽對轉。《禮記·孔子閒居》、《孔子家語·論禮》均作"傾耳而聽之"。《禮記·祭義》："故君子頃步而弗敢忘。""頃"，《經典釋文》"讀爲跬"。《淮南子·俶真》："於是萬民乃始慊觟離跂。"高誘注："觟讀溪徑之溪。""圭"屬見紐支部。"傾耳而聖(聽)之"，與《漢書·賈山傳》"使天下之人戴目而視，傾耳而聽"、《漢書·王褒傳》"不單頃耳而聽已聰"、《後漢書·盧植傳》"天下聚目而視，攢耳而聽"中的"傾耳而聽"、"頃耳而聽"、"攢耳而聽"同。

上博四·采2"～言不從"即"何言不從"，語釋爲"爲甚麽不聽從我的話"，或"爲甚麽要說'不從'"。（讀本四）

上博四·曹、上博五·鮑6、上博五·季13"～女"，讀爲"奚如"，如何，怎樣。《史記·平原君虞卿列傳》："寡人使平陽君爲媾於秦，秦已內鄭朱矣，卿

以爲奚如?"王充《論衡·用雩》:"魯繆公之時歲旱,繆公問縣子:'天旱不雨,寡人欲暴巫奚如?'"

上博七·凡~,表示疑問,相當於"何"、"怎麽"。《論語·子路》:"衛君待子而爲政,子將奚先?"《論語·爲政》:"或謂孔子曰:'子奚不爲政?'"《國語·吳語》:"唯是車馬、兵甲、卒伍既具,無以行之,請問戰奚以而可?""奚得",怎麽能够。帛書《明君》:"君奚得而尊?"

上博七·凡"~古",讀爲"奚故",何故。《吕氏春秋·審應覽·不屈》:"蝗螟,農夫得而殺之,奚故?爲其害稼也。"(曹錦炎)

俟

　　上博五·三9母(毋)衿(錦)衣交袓~子

~,从"人","奚"聲,"俟"字異體。《玉篇·人部》:"俟,待也。本作竢。"《說文·彳部》:"徯,待也。从彳,奚聲。蹊,徯或从足。"

簡文"~子",疑讀爲"絅紫",紫色的禪衣。罩在外面的紫色單衣。《禮記·玉藻》:"禪爲絅。"鄭玄注:"有衣裳而無裏。"《禮記·中庸》引《詩》:"衣錦尚絅。"朱熹集傳:"'褧','絅'同;禪衣也。"今本《詩·衛風·碩人》作"衣錦褧衣"。或說"奚子",就是傳說中的造車者"奚仲"。

溪

　　上博二·容31以衛於~浴(谷)

　　上博四·柬3無又(有)名山名~

　　上博四·柬8高山深~

　　上博四·柬8聚(驟)夢高山深~

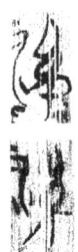上博七·君甲 9 鼙（乾）～

上博七·君乙 9 鼙（乾）～

～，與 (郭店·語叢四 17)、 (新蔡甲三 355)同，从"水"，"奚"聲，"谿"字異體。秦文字作 (秦風 37)、 (里 J1⑨11 正)。《說文·谷部》："谿，山瀆無所通者。从谷，奚聲。"

上博二·容 31～，山間的河溝。《商君書·算地》："故爲國任地者，山林居什一，藪澤居什一，溪谷流水居什一。"

上博四·柬 8"深～"，深谷。《墨子·明鬼下》："雖有深谿博林，幽澗毋人之所，施行不可以不董。"《荀子·勸學》："故不登高山，不知山之高也；不臨深谿，不知地之厚也。"

上博四·柬 3"名～"，"溪"亦作"谿"，泛指名水。《爾雅·釋水》："江、河、淮、濟爲四瀆"，"水注川曰谿，注谿曰谷，注谷曰溝，注溝曰澮，注澮曰瀆。"

上博七·君甲 9、君乙 9"鼙～"，讀爲"乾溪"，水名。《左傳·昭公六年》："令尹子蕩帥師伐吳，師于豫章，而次於乾溪。吳人敗其師于房鍾，獲宮廄尹棄疾。子蕩歸罪於蓮泄而殺之。"《韓非子·十過》："靈王南遊，群臣從而劫之。靈王餓而死乾溪之上。"

正編·錫部

上博楚簡文字聲系

錫　部

影紐益聲

嗌（异）

上博一・孔 9 則以人～（益）也

上博一・性 17（益）～樂堊［指］

上博二・容 34 毁（禹）於是唬（乎）襄（讓）～（益）

上博二・容 34 啟於是唬（乎）攻～（益）自取

上博三・彭 7 氏（是）胃（謂）～（益）愈

上博四・内 8 勄（豈）必又（有）～（益）

上博五・三 8 邦四～（益）

 上博六·競 8 祝亦亡～（益）

～，象形。戰國文字或作 、、、、、、、。《說文·口部》："嗌，咽也。从口，益聲。![]，籀文嗌。上象口，下象頸脈理也。"

上博一·性 17"～樂"，或說是淫樂。

上博二·容 34～，人名。即伯益。相傳爲堯舜時大臣。《書·舜典》："帝曰：'俞！咨益，汝作朕虞。'"《史記·夏本紀》："十年，帝禹東巡狩，至於會稽而崩。以天下授益。三年之喪畢，益讓帝禹之子啓，而辟居箕山之陽。禹子啓賢，天下屬意焉。及禹崩，雖授益，益之佐禹日淺，天下未洽。故諸侯皆去益而朝啓，曰'吾君帝禹之子也'。於是啓遂即天子之位，是爲夏后帝啓。"《晉書·束晳傳》引《竹書紀年》曰："益干啓位，啓殺之。"《戰國策·燕策一》："禹授益，而以啓爲吏。及老，而以啓爲不足任天下，傳之益也。啓與支黨攻益，而奪之天下，是禹名傳天下于益，其實令啓自取之。"

上博三·彭 7～，副詞。更加。《左傳·昭公七年》："國人益懼。"《史記·伯夷列傳》："伯夷、叔齊雖賢，得夫子而名益彰。"

上博一·孔 9、上博四·内 8～，讀爲"益"，利益；好處。《書·大禹謨》："滿招損，謙受益。"《孟子·公孫丑上》："助之長者，揠苗者也。非徒無益，而又害之。"

上博五·三 8"邦四～"，指因謙讓而得到的四種好處。《漢書·藝文志》："合於堯之克攘，《易》之嗛嗛，一謙而四益，此其所長也。"顏師古注："四益，謂天道虧盈而益謙，地道變盈而流謙，鬼神害盈而福謙，人道惡盈而好謙也。"

上博六·競 8"亡～"，讀爲"無益"，沒有好處；沒有裨益。"祝亦無益"，見《晏子春秋·内篇諫上》："上帝神，則不可欺；上帝不神，祝亦無益。願君察之也。"

賹

 上博一・孔 11 則丌(其)思～(益)矣

 上博一・孔 21 審(湛)零(露)之～(益)也

～，从"貝"，"嗌"聲，與 、、同。

上博～，讀爲"益"，增益、進益。《論語・憲問》："益者與？"皇侃疏："是自求進益之道也與？"

匣紐畫聲

畫

 上博二・子 10 而～於㤖(背)而生

 港甲 3 而～于雁(膺)

《說文・畫部》："畫，界也。象田四界。聿，所以畫之。![]，古文畫省。![]，亦古文畫。"

簡文～，劃开，开辟。《文選・鮑照〈蕪城賦〉》："劃崇墉，刳濬洫。"劉良注："劃，開。"《春秋繁露・三代改別質文》："……至禹生髮於背……謂契母吞玄鳥卵生契，契先〈生？〉髮於胸。……謂后稷母姜原履天之跡而生后稷。"《淮南子・脩務》"禹生於石，契生於卵"，高誘注："禹母脩己，感石而生禹，坼胸而生。契母，有娀氏之女簡翟（'翟''狄'通）也，吞燕卵而生契，偪（副）背而出。《詩》云'天命玄鳥，降而生商'是也。"《太平御覽》卷 371 引《帝王世紀》："簡翟浴玄丘之水，燕遺卵吞之，剖背生契。"（裘錫圭）

1853

見紐毄聲

毄

 上博三・周 1～(擊)尨

 上博二・容 22～(擊)鼓(鼓)

 上博五・弟 1□而～

～,與(郭店・性自命出 10)同,既不从"童",也不从"重",應分析爲从"土"从"毄"省,即"墼"字。《説文》以为"毄"字从"殳"从"軎"。从"軎"之説是有問題的。秦簡"毄"字或作(里 J1⑨981 正)、(關沮 244),左旁作下"東"加"凵"之形。後來,"毄"字左旁"軎"所包含的"東"被寫成"車",就演變出了《説文》的"軎"形和隸楷的"軎"形。(裘錫圭)《説文・殳部》:"毄,相擊中也,如車相擊,故从殳、从軎。"

上博二・容 22"～鼓",讀爲"擊鼓",敲鼓。《淮南子・氾論》:"禹之時以五音聽治,懸鐘鼓磬鐸,置鞀,以待四方之士,爲號曰:教寡人以道者擊鼓,諭寡人以義者擊鐘,告寡人以事者振鐸,語寡人以憂者擊磬,有獄訟者搖鞀。"此亦言禹事,而于鼓、鐘、磬皆用"擊"字。(裘錫圭)

上博三・周 1"～尨",讀爲"擊蒙",發蒙;启蒙。《易・蒙》:"上九,擊蒙。不利爲寇,利禦寇。"王弼注:"擊去童蒙,以發其昧,故曰擊蒙也。"

繫

 上博三・周 40～于金柅

～,从"糸","毄"聲。《説文・系部》:"系,繫也。从糸,丿聲。,系或从

觳、處。,籀文系。从爪、絲。"

簡文～,拴縛。《禮記·禮器》:"三月繫,七日戒,三日宿,慎之至也。"鄭玄注:"繫,繫牲於牢也。"

端紐帝聲

帝

 上博五·三 2 上～牁(將)憎之

 上博五·三 6 上～是有(佑)

 上博五·三 7 上～弗京(諒)

 上博五·三 7 上～弗京(諒)

 上博五·三 8 上～弗京(諒)

 上博五·三 8 上～乃□□豪(家)

 上博五·三 19 而句(后)～之所憎

 上博五·三 22 是～(敵)之闈(關)

港甲 4 上～意之

上博四·柬 11 之漁(旱)母(毋)～(謫)

上博一·緇 4 上～板板

上博二·子 1 可(何)古(故)㠯(以)旻(得)为～

上博二·子 12～之武

上博三·彭 1 而詴(謐)于～裳(嘗)

上博七·武 1 不智(知)黃～

上博七·鄭甲 2 女(如)上～禥(鬼)神㠯(以)为𢟪(怒)

上博七·鄭乙 2 女(如)上～[禥(鬼)][神]㠯(以)为𢟪(怒)

～,與(郭店·緇衣 37)、(郭店·唐虞之道 9)、𢂽(郭店·六德 38)同。《說文·丄部》:"帝,諦也。王天下之號也。从丄,朿聲。帝,古文帝。古文諸丄字皆从一,篆文皆从二。二,古文上字。辛、示、辰、龍、童、音、章皆从古文丄。"

上博"上～",天帝、帝王。《易·豫》:"先王以作樂崇德,殷薦之上帝,以配祖考。"《國語·晉語八》:"夫鬼神之所及,非其族類,則紹其同位,是故天子祀上帝,公侯祀百辟,自卿以下不過其族。"

上博五·三 19"句(后)～",讀爲"后帝",天帝;上帝。《詩·魯頌·閟宮》:"皇皇后帝,皇祖后稷。"鄭玄箋:"皇皇后帝,謂天也。"《論語·堯曰》:"予小子履敢用玄牡,敢昭告于皇皇后帝。"《楚辭·天問》:"何獻蒸肉之膏,而后帝不若。"王逸注:"后帝,天帝也。"

上博五·三 22～,讀爲"敵",仇敵;敵人。《墨子·七患》:"以七患守城,敵至國傾。"

上博二·子 1～,君主;皇帝。遠古實指部族聯盟的領袖。《孟子·公孫丑上》:"〔舜〕自耕稼陶漁以至於帝,無非取於人者。"

上博二·子 12"～之武",《詩·大雅·生民》:"厥初生民,時維姜嫄。生民如何?克禋克祀,以弗無子。履帝武敏歆,攸介攸止,載震載夙。載生載育,時維后稷。"毛亨傳:"履,踐也。帝,高辛氏之帝也。武,跡。"鄭玄箋:"帝,上帝也。敏,拇也。介,左右也。夙之言肅也。祀郊禖之時,時則有大神之跡,姜嫄履之,足不能滿。履其拇指之處,心體歆歆然。"

上博三·彭 1"～嘗",讀爲"禘嘗"。《禮記·中庸》:"明乎郊社之禮,禘嘗之義,治國其如示諸掌乎?"又《祭統》:"凡祭有四時:春祭曰礿,夏祭曰禘,秋祭曰嘗,冬祭曰烝。礿、禘,陽義也;嘗、烝,陰義也。禘者,陽之盛也;嘗者,陰之盛也:故曰莫重於禘嘗。古者於禘也,發爵賜服,順陽義也;於嘗也,出田邑、發秋政,順陰義也。"

上博四·柬 11～,讀爲"謫","之旱毋謫,將命之修"意謂"那旱災沒有謫告,此是上天要君王反省而修其政"。

上博七·武 1"黃～",古帝名。傳說是中原各族的共同祖先。《史記·五帝本紀》:"黃帝者,少典之子,姓公孫,名曰軒轅。生而神靈,弱而能言,幼而徇齊,長而敦敏,成而聰明。"裴駰集解:"號有熊。"司馬貞索隱:"有土德之瑞,土色黃,故稱黃帝,猶神農火德王而稱炎帝然也。"

啻

上博四·曹 14～(敵)邦

上博四·曹 51 虐(吾)戠(戰)～(敵)不訓(順)於天命

上博三·周 38～(惕)虩(虩)

　　上博五·季 23 此羣=（君子）從事者斉=（之所）～□也

　　上博七·凡甲 12 筶（孰）爲～

　　上博八·蘭 5 夫亦～（適）丌（其）歲（歲）也

　　《說文·口部》："啻，語時不啻也。从口，帝聲。一曰：啻，諟也。讀若鞮。"
　　上博四·曹 14"～邦"，讀爲"敵邦"。《越絕書·越絕外傳記寶劍》："闔廬使專諸爲奏炙魚者，引劍而刺之，遂弑王僚。此其小試於敵邦，未見其大用於天下也。"
　　上博四·曹 51～，讀爲"敵"，仇敵；敵人。《墨子·七患》："以七患守城，敵至國傾。"
　　上博三·周 38～，讀爲"惕"。"啻"古音屬審紐錫部，"惕"古音屬透紐錫部。"惕號"，驚恐呼號。《易·夬》："惕號，莫夜有戎，勿恤。"王弼注："雖有惕懼號呼，莫夜有戎，不憂不惑，故勿恤也。"
　　上博七·凡甲 12～，讀爲"電"。古音"電"爲定母真部字，從"商"聲的"敵"、"蹢"爲定母錫部字，"商"、"電"爲雙聲關係，可以相通。"電"，閃電。《說文》："電，陰陽擊耀也。"《詩·小雅·十月之交》："爗爗震電，不寧不令。"《呂氏春秋·仲春紀·貴生》："故雷則掩耳，電則掩目。"
　　上博八·蘭 5～，讀爲"適"。《說文》謂"適"從"啻"得聲，故可通。適，順適，適合。《淮南子·人間》："故直意適情，則堅強賊之。"

諦

　　上博五·競 6 二厽（三）子不～（諦）忞（怒）寡人

　　《說文·言部》："諦，審也。从言，帝聲。"
　　簡文"～忞"，讀爲"諦怒"，譴責、責備。《廣雅·釋詁一》："諦，責也。"《玉篇》："諦，咎也。"《方言》卷三："諦，怒也。"《左傳·成公十七年》："國子諦我"，杜預注："諦，譴責也。""不諦怒寡人"也就是"不譴責齊桓公"之意。（李學勤）

啇

　　上博三·周 4 愭~(惕)

~,从"心","啇"聲,《説文》所無。

簡文~,帛本作"寧",今本作"惕"。"愭"（从"啇"得聲）,透紐支部;"寧",泥紐耕部;"惕",透紐支部。透、泥同屬端組,支、耕陰陽對轉。"惕"之本義爲"警惕"、"戒慎"。《左傳·襄公二十二年》："無日不惕,豈敢忘職。"杜預注："惕,懼也。"或訓"惕"爲止息。

啻（適）

　　上博七·凡甲 5 亓（其）夬（慧）奚~（敵）

　　上博七·凡乙 5 夬（慧）奚~（敵）

~,从"止","帝"聲,"適"字異體。《説文·辵部》："適,之也。从辵,啻聲。適,宋魯語。"

簡文"亓夬奚~",讀爲"其慧奚敵",意思是：這些智者們的智慧都自以爲無人可敵。（季旭昇）

繂

　　上博六·用 4 扛之亡~(敵)

~,从"糸","適"聲。

簡文~,讀作"敵"。"攻之無敵"即所向無敵、戰無不勝的意思。《禮記·聘義》："故勇敢强有力者,天下無事則用之於禮義,天下有事則用之於戰勝。用之於戰勝則無敵,用之於禮義則順治。"（凡國棟）或讀爲"綜",綜理之意。（蔣文、程少軒）

定紐易聲

易

 上博三·周 55 故～出

 上博三·彭 2 戁(難)～訰欲

～，楚文字或作 、、、。《説文·易部》："易，蜥易，蝘蜓，守宫也，象形。祕書説：日月爲易，象陰陽也。一曰：从勿。"

上博三·周 55～，變易。《廣韻》："易，變易，又始也，改也，奪也，轉也。"《書·盤庚中》："今予告汝不易。"孔穎達疏："鄭玄云：我所以告汝者不變易。"

上博三·彭 2"戁～"，讀爲"難易"，《左傳·昭公五年》："敝邑雖羸，若早修完，其可以息師。難易有備，可謂吉矣。"或説意動用法，以易爲難。

惕

 上博二·從甲 17 君子難旻(得)而～(易)史(事)也

 上博二·從甲 18 是㠯(以)曰少(小)人～(易)旻(得)而難史(事)也

 上博四·曹 46 少則～(易)轄(察)

 上博四·曹 46 忔成則～(易)

 上博三·彭 6 述(怵)~之心不可長

 上博五·三 5 貞(變)棠(常)~(易)豊(禮)

 上博五·三 15 毋能而~(易)之

 上博七·武 10 立(位)難旻(得)而~遂(失)

 上博七·武 10 士難旻(得)而~箽

~,所從"易"或作 玩(郭店·老子甲 14)。《説文·心部》:"惕,敬也。從心,易聲。"

上博二·從甲 17、18、上博七·武 10~,讀爲"易",容易。與"難"相對。《詩·大雅·文王》:"宜鑒于殷,駿命不易。"朱熹集傳:"不易,言其難也。"《禮記·學記》:"君子知至學之難易,而知其美惡,然後能博喻。"

上博四·曹 46~,讀爲"易",容易。

上博三·彭 6"述~",讀爲"怵惕",戒懼;驚懼。《書·冏命》:"怵惕惟厲,中夜以興,思免厥愆。"孔安國傳:"言常悚懼惟危,夜半以起,思所以免其過悔。"

上博五·三 5、15~,讀爲"易",改變,更改。《書·盤庚中》:"今予告汝不易。"孔穎達疏:"鄭玄云:我所以告汝者不變易。"

偒

 上博五·鮑 6~(易)舀(牙)

~,從"人"、"心"、"易"聲。《集韻》:"惕,或作偒。"

簡文"~牙",讀爲"易牙",人名。《管子·小稱》:"管仲攝衣冠起,對曰:

'臣願君之遠易牙、豎刁、堂巫公子開方。夫易牙以調和事公,公曰惟烝嬰兒之未嘗,於是烝其首子而獻之公,人情非不愛其子也,於子之不愛,將可有於公。'"

浂

 上博二·容25 壘(禹)乃迵(通)蔞與～(易)

～,从"水","易"聲。"易水"之"易"的專字。

簡文～,即"易",古燕地的易水。《周禮·夏官·職方氏》並州下記云:"其澤藪曰昭余祁,其川虖池、嘔夷,其浸淶、易。"水名。在河北省西部。源出易縣境,入南拒馬河。《戰國策·燕策三》:"风蕭蕭兮易水寒,壯士一去兮不復还。"

賜

 上博五·弟22～,不虔智也

 上博二·魯3～

 上博二·容33 丌(其)生～(易)羕(養)也

 上博二·容33 丌(其)死～(易)妝(葬)

 上博三·周5 或～繒(聲)繻(帶)

 上博三·周7 王晶(三)～命

《說文·貝部》:"賜,予也。从貝,易聲。"

上博二・魯3、上博五・弟22～,子貢的名。《史記・仲尼弟子列傳》:"端木賜,衛人,字子貢。少孔子三十一歲。"

上博二・容33～,讀爲"易"。"其生易養也,其死易葬",是"聖人"的作爲,"其"指代的就是"聖人"。《説苑・反質》:"昔堯之葬者,空木爲櫝,葛藟爲緘。其穿地也,下不亂泉,上不泄臭。故聖人生易尚,死易葬。不加於無用,不損於無益。"(郭永秉)

上博三・周5～,賞賜,給予。《禮記・少儀》:"其以乘壺酒、束脩、一犬賜人。"鄭玄注:"於卑者曰賜。"

上博三・周7"晶～命",讀爲"三賜命"。"賜",與。三賜,貨財、衣服、車馬。《禮記・曲禮》:"一命受爵,再命受服,三命受車馬。"又《周禮》:"壹命受職,再命受服,三命受位。"王之上士與公侯伯之卿,皆三命而授之以位,使之臨民。《象》曰:"'在師中吉',承天寵也。'王三錫命',懷萬邦也。"

定紐役聲

伇(役)

上博二・容3 思～(役)百官而月青之

上博二・容16 賤～(役)不至

上博六・孔26～(役)不奉

～,楚簡作 伇(郭店・五行45)、伇(清華一・耆夜10)。 伇,从又(手)持广(广,旌旗,羅振玉以爲象杠、首飾及遊形,是旆的本字。旌旗有指揮、使役的功能),使役的意思非常明顯,很可能是役的初文,辵或彳是後來加上去的表意偏旁。(趙平安)《説文・彳部》:"役,戍邊也。从殳,从彳。 伇,古文役。从人。"篆文 役 所从的殳旁,應是 伇 訛變的結果。

上博二・容3～,使役。《書・大誥》:"予造天役遺,大投艱於朕身,越予沖人,不卬自恤。"孫星衍《尚書今古文注疏》:"役者,使也。"《周禮·春官·瞽矇》:"以役大師。"鄭玄注:"役,爲之使。"《周禮·春官·典祀》:"征役于司隸而役之。"鄭玄注:"役之作使之。"《大戴禮記·曾子天圓》:"所以役於聖人也。"王聘珍解詁:"役,謂役使。"(趙平安)

上博二·容 16"賊～",讀爲"癘疫"或"疠疫",瘟疫。《左傳·昭公元年》:"山川之神,則水旱癘疫之災,於是乎禜之。"孔穎達疏:"癘疫謂害氣流行,歲多疾病。"

上博六·孔 26～,可指僕役。《左傳·定公元年》:"季孫使役如闞公氏。"《左傳·襄公十一年》:"季氏使其乘之人,以其役邑入者無征。"孔穎達疏:"役謂供官力役,則今之丁也。"在簡文中似指儀式準備人員。(何有祖)或疑讀爲"繄",是句首語氣詞。《方言》卷十:"欸、繄,然也。南楚凡言然者曰欸,或曰繄。"又作"醫"。《列子·黃帝》"仲尼曰:醫!吾與若玩其文也久矣",殷敬順《釋文》:"醫,音衣,與譩同,歎聲也。"(劉洪濤)

來紐鬲聲

鬲

上博二·容 40 傑(桀)乃逃之～山是(氏)

上博五·鬼 2【背】此吕(以)桀折於～山

上博二·容 13 昔舜靜(耕)於～(鬲)丘

楚文字"鬲"字上常加雙手形的"𦥑"而構成繁體。如郭店·窮達以時 2"鬲"字作. 上博二·容 13 應隸作"䪞",从"𦥑","音"聲,"鬻"字或體。("䪞"字隸定從許文獻說)晉文字"鬲"字或作(鐵雲 192)、(先秦編 149)。

《說文·鬲部》:"鬲,鼎屬。實五觳。斗二升曰觳。象腹交文,三足。,鬲或从瓦。☒,漢令鬲。从瓦,厤聲。"

上博二·容40、上博五·鬼2【背】"～山",讀爲"歷山"。郭店·窮達以時2"舜耕於鬲(歷)山"。《荀子·解蔽》:"桀死於亭山。"楊倞注:"亭山,南巢之山。或本作鬲山。"王念孫説:"案作'鬲山'者是也。鬲讀與歷同,字或作歷。《太平御覽·皇王部七》引《尸子》曰:'桀放於歷山。'《淮南子·脩務》篇:'湯整兵鳴條,困下南巢,醜以其過,放之歷山。'高注曰:'歷山,蓋歷陽之山。'……"《史記·五帝本紀》"舜耕歷山,漁雷澤,陶河濱,作什器于壽丘,就時于負夏",《集解》引鄭玄云:"歷山在河東。"《正義》引《括地志》云:"蒲州河東縣雷首山,一名中條山,亦名歷山。歷山有舜井。"即在今山西永濟縣的東南。

上博二·容13"～丘",讀爲"歷丘","丘"則可能是"山"字之誤。

清紐束聲

責

 上博一·孔9 詍(祈)父之～(刺)

～,从"貝","束"聲,"貝"或在左部,或在下部作☒(郭店·太一生水9)。《説文·貝部》:"責,求也。从貝,束聲。"

簡文～,讀爲"刺","刺"、"責"義近。《潛夫論·班禄》:"班禄頗而傾甫刺。"顧廣圻云:"'傾'當作'頃'。《隸釋·高陽令楊著碑》:'頃甫班禄。'頃甫即毛詩《祈父》,頃、傾字形相近而誤。"吳陸景《典語》:"祈父失職,詩人作刺。"(劉樂賢、李鋭)

硃

 上博六·用8～(積)浧(盈)天之下

～,从"石","束"聲,或从"石"省,作☒(郭店·忠信之道1)、☒(郭店·忠信之道1)、☒(郭店·忠信之道2)。

简文～，读为"积"。《黄帝内經·微旨大論》："歧伯曰：所謂步者，六十度而有奇。故二十四步積盈百刻而成日也。"

清紐冊聲

冊

上博五·季17 因故～豊（禮）而章（彰）之

～，與 (新蔡甲三137)、 (新蔡甲三267)同。《説文·冊部》："冊，符命也，諸侯進受於王也。象其札一长一短，中有二編之形。 ，古文冊，从竹。"

簡文～，讀爲"䇂"，《説文·曰部》："䇂，告也。从曰从冊，冊亦聲。"段玉裁注："簡牘曰冊，以簡告誡曰䇂。冊行而䇂廢矣。""䇂（冊）禮"即祝告禮儀。（陳偉武）或讀爲"典"、"跡"（遵循、仿效義）。

心紐析聲

斨

上博三·中20 孚怣（過）戎（捍）～（責）

～，从"斤"，从"片"（半木），會用斤劈木之意，"析"字異體。"策"字戰國中山王壺銘文作"筴"，馬王堆3號漢墓帛書《老子》甲本作"筴"，乙本作"筓"，仰天湖楚簡18作 ，"片"爲"斨"之省。《説文·木部》："析，破木也。一曰折也。从木，从斤。"

簡文"玫～"，讀爲"捍責"，意思是"抵拒責備"。"捍"有"抗拒抵禦"的意思，《禮記·祭法》："能禦大災則祀之，能捍大患則祀之。"上古音"責"是莊母錫部字，"析"爲心母錫部字，聲母韻部俱近，可以通假。《淮南子·兵略》："淅米而儲之。"《文子·上議》"淅"作"漬"，可以爲證。（史傑鵬）

正編·錫部

並紐辟聲

辟

上博一·緇 12 毋呂(以)～(躄)士薵(疾)夫=(大夫)向(卿)使(士)

上博四·曹 35 毋～(躄)於便俾(躄)

上博四·曹 37 毋～(避)辠(罪)

上博四·曹 25 毋牊(將)軍必又(有)數～(躄)大夫

上博六·用 11 辟～台(以)民乍(作)康

上博六·天甲 8 天子四～

上博六·天甲 9 邦君三～

上博六·天甲 9 夫=(大夫)二～

上博六·天甲 9 士一～

上博六·天乙 8 天子四～延席

· 1867 ·

上博六·天乙 8 邦君三～

上博六·天乙 8 夫=（大夫）二～

上博六·天乙 8 士一～

～，郭店·五行 47 作 ． 《說文·辟部》："辟，法也。从卩，从辛，節制其皋也；从口，用法者也。"

上博一·緇 12"～士"，"嬖士"，受君主寵愛的小臣。《逸周書·祭公》："汝無以嬖御士疾大夫卿士。"《禮記·緇衣》："毋以嬖御士疾莊士大夫卿士。"鄭玄注："嬖御士，愛臣也。"

上博四·曹 35～，讀爲"嬖"，寵愛。《國語·鄭語》："褒人褒姁有獄，而以爲入於王，王遂置之，而嬖是女也，使至於爲后而生伯服。"韋昭注："以邪辟取愛曰嬖。"

上博四·曹 37"～皋"，讀为"避罪"。《韓非子·八經·起亂》："陳過則明其固，知辟罪以止威"，王先慎注："'辟'，即避字。既知避罪，則上可以止威。"《淮南子·兵略》："所謂四義者，便國不負兵，爲主不顧身，見難不畏死，決疑不辟罪。"（何有祖）

上博四·曹 25"～大夫"，讀爲"嬖大夫"，即下文之"俾（嬖）大夫"。《國語·吳語》："陳士卒百人，以爲徹行百行。行頭皆官師，擁鐸拱稽，建肥胡，奉文犀之渠。十行一嬖大夫。"韋昭注："三君皆云：'官師，大夫也。'昭謂：下言'十行一嬖大夫'，此一行宜爲士。《周禮》：'百人爲卒，卒長皆上士。'……十行，千人。嬖，下大夫也。子產謂子南曰：'子晳，上大夫。汝，嬖大夫。'""官師"當即此"大官之師"。（陳劍）

上博六·用 11～，天子；君主。《書·洪範》："惟辟作福，惟辟作威，惟辟玉食。臣無作福，作威，玉食。"《詩·大雅·文王有聲》："豐水東注，維禹之績；四方攸同，皇王維辟。"鄭玄箋："辟，君也。"

上博六·天～，義爲疊，《文選·七命》："乃煉乃爍，萬辟千灌。"李善注："辟謂疊之，灌謂鑄之。"《莊子·田子方》："心困焉而不能知，口辟焉而不能言。"陸德明《釋文》引司馬彪云:"辟卷不開也。"由疊義引申,訓爲閉合。字亦同"褺",訓爲摺疊,《漢書·揚雄傳·反離騷》:"芳酷烈而莫聞兮,固不如襞而幽之離房。"顏師古注:"襞,疊衣也。""天子四辟筵席",指天子用四層的筵席,即四重竹席。"邦君三辟,大夫二辟,士一辟",天子用四重竹席,邦君(諸侯)用三重竹席。大夫用二重竹席,士用一席。《禮記》對此也有記載,《禮器》:"天子之席五重,諸侯之席三重,大夫再重。"(曹錦炎)

璧(璧)

 上博二·魯 2 女(如)母(毋)忞(愛)珪(圭)~帛(幣)帛于山川

 上博二·魯 3 女(若)天(夫)母(毋)忞(愛)圭~帛(幣)帛于山川

 上博五·鮑 3 犇(犧)生(牲)珪(圭)~必全

 上博六·競 1 虞(吾)珪(圭)~大于虞(吾)先君之

~,从"玉"从"辛",或从"玉"从"辛"从"口",或作 、,从"玉","辟"聲。《說文·玉部》:"璧,瑞玉圜也。从玉,辟聲。"

上博二·魯 2、3、上博五·鮑 3、上博六·競 1"珪~",珪璧,爲祭祀朝聘等所用的玉器。《墨子·尚同中》:"珪璧幣帛不敢不中度量。"或作"圭璧"。《禮記·曲禮下》:"執主器,操幣圭璧。"《禮記·月令》:"是月也,祀不用犧牲,用圭璧,更皮幣。"

璧

 上博五·季 20 救民目(以)~(辟)

～,从“見”,“辟”省聲。

簡文～,讀爲“辟”,義爲“刑法”。(季旭昇)或讀作“避”。此處指避罪。(何有祖)

薜

上博八·蘭1 茞(荑)～茅(茂)豐

上博八·蘭5 茞(荑)～之方记(起)

《説文·艸部》:“薜,牡贊也。从艸,辟聲。”

簡文“茞(荑)～”,頗疑讀爲“荑稗”,荑、稗爲二草名,似禾,實比穀小,亦可食。荑,通“稊”,草名。《孟子·告子上》:“五穀者,種之美者也;苟爲不熟,不如荑稗。”葛洪《抱朴子·博喻》:“嘉穀不耘,則荑莠彌蔓。”

壁

上博八·命5 我不能聑(貫)～而視聖(聽)

《説文·土部》:“壁,垣也。从土,辟聲。”

簡文～,牆壁。大都以磚土爲之,也有用木板做的。《儀禮·特牲饋食禮》:“饎爨在西壁。”鄭玄注:“西壁,堂之西牆下。”“貫壁”,即穿壁,見《西京雜記》卷二:“〔匡衡〕勤學而無燭,鄰舍有燭而不逮,衡乃穿壁引其光,以書映光而讀之。”《三國志·周瑜魯肅吕蒙傳》:“常穿壁瞻之,見小能下食則喜,顧左右言笑,不然則咄唶,夜不能寐。”

正編・耕部

上博楚簡文字聲系

耕部

匣紐幸聲

幸

上博四·昭 3 不～僕（僕）之父之骨才（在）於此室之隉（階）下

上博五·姑 3 ～則晉邦之坛（社）畟（稷）可旻（得）而事也

上博五·姑 3 不～則取奔（挽）而出

～，从"倒矢"，从"犬"，可隸定作"狀"，即"幸"字。據秦漢文字，"幸"字上半可以肯定本爲"犬"字。其下半，大致有 ![] 、![] 兩類形體，本爲"倒矢"形，秦八年内史戈"幸"字作 ![] ，秦印作 ![] （《南京市博物館藏印選》50）。馬王堆一號墓遣策"幸"字作 ![] （簡 186）、![] （簡 187）、![] （簡 193），三號墓遣策"幸"字作 ![] （簡 247）、![] （簡 248）。均上从"犬"下从"倒矢"形。古文字的偏旁作左右並列和作上下重疊是没有區别的。（陳劍）《説文·夭部》："㚔，吉而免凶也。从屰，从夭。夭，死之事，故死謂之不㚔。"

簡文～，指一種偶然的因素，使應得禍的人免於禍。《論語·雍也》："罔之生也幸而免。"《左傳·僖公十九年》："得死爲幸。"又《昭公三年》："叔向曰：

'幸而得死。'""不幸"指因偶然的因素,使應得福的人反而得禍。《論語·先進》:"有顏回者好學,不幸短命死矣。"

匣紐熒聲

滎

 上博二·容 23 水～(潦)不渚

～,從"水","熒"聲。

簡文～,讀爲"潦"。《呂氏春秋·行論》:"禹不敢怨,而反事之,官爲司空,以通水潦。"《淮南子·脩務》:"夫地勢,水東流,人必事焉,然後水潦得谷行。"與此簡文義近。

縈

 上博五·三 14 方～(榮)勿伐

 上博五·三 15 聖(聽)亓(其)～(榮)

 上博四·内 8 旹(時)、香(昧)、杠(攻)、～(縈)、行

 上博六·競 9 外=又棃(梁)丘虞～恚

 上博六·用 1 豫命乃～(營)

～,或作縈,從"糸",從二"火",即"熒"之省。戰國文字或作縈(新蔡甲三 327—2)、縈(施 223)、縈(文物 2003·10 榮陽上官皿)、縈(滎陽上官皿)、

(施119)。《説文·糸部》:"縈,收韏也。从糸,熒省聲。"

上博五·三14～,讀爲"榮",指繁盛。縈與榮諧聲相通,例可通假。縈或與從榮得聲之字異文,《詩·周南·樛木》:"葛藟縈之。"《説文·艸部》引"縈"作"蔂"。簡文"方縈(榮)勿伐"意謂事物正繁盛時不要傷害它。《荀子·王制》:"聖主之制也,草木榮華滋碩之時,則斧斤不入山林,不夭其生,不絶其長也。"(陳偉武)

上博五·三15～,讀爲"榮",繁茂,茂盛。《素問·四氣調神大論》:"春三月,此爲發陳,天地俱生,萬物以榮。"陶潛《歸去來兮辭》:"木欣欣以向榮,泉涓涓而始流。"

上博四·内8～,讀爲"禜",古代禳災之祭。爲禳風雨、雪霜、水旱、癘疫而祭日月星辰、山川之神。《周禮·春官·大祝》:"掌六祈以同鬼神示,一曰類,二曰造,三曰禬,四曰禜,五曰攻,六曰説。"鄭玄注:"禜,日月星辰山川之祭也。"《左傳·昭公元年》:"山川之神,則水旱、癘疫之災,於是乎禜之;日月星辰之神,則雪霜、風雨之不時,於是乎禜之。"或説是"勞"的誤字。(董珊)

上博六·競9"～恚",讀爲"營誈","營"、"誈"均有迷惑欺騙之義。《吕氏春秋·尊師》:"凡學,必務進業,心則無營。"高誘注:"營,惑也。"《國語·周語下》:"夫天道導可而省否,莨叔反是,以誈劉子,必有三殃。"韋昭注:"誈,惑也。"簡文中的"營誈"當與文獻中常見的"營惑"、"熒惑"意相近。《史記·孔子世家》:"匹夫而營惑諸侯者罪當誅!"(范常喜)

上博六·用1～,讀爲"營",迷惑。《史記·孔子世家》:"匹夫而營惑諸侯者罪當誅!"銀雀山漢墓竹簡《孫臏兵法·威王問》:"營而離之,我並卒而擊之,毋令敵知之。"《雲笈七籤》卷八八:"目營萬象,心虛異端。"

勞

上博一·緇4 則君不～(勞)

上博一·緇6 卒～(勞)百眚(姓)

上博四·曹34 君母(毋)嚚(憚)自～(勞)

上博三·彭2 訢(慎)終保～(勞)

上博二·從乙1 從命則正不～(勞)

上博二·容35 身力以～(勞)百眚(姓)

上博五·弟10 ～(勞)呂(以)城事

上博六·用10 ～(勞)人亡赴

上博七·吳4 逆～(勞)

上博七·吳8 ～(勞)力

上博八·王5 夫彭徒翟(一)～(勞)

上博八·蘭5 身體壯(重)青(輕)而目耳～(勞)矣

"褮"字,即"褮"字初文。《説文·衣部》:"褮,鬼衣。从衣,熒省聲。讀若《詩》曰'葛藟縈之',一曰:若'靜女其袾'之袾。"此字在簡文中用爲"勞"。《説文·力部》:"勞,劇也。从力,熒省。熒,火燒冂,用力者勞。𢥠,古文勞。从悉。"

上博一·緇6、上博二·容35"卒～（勞）百眚（姓）"，《詩·小雅·節南山》："不自爲政，卒勞百姓。"鄭玄箋："卒，終也。昊天不自出政教，則終窮苦百姓。"孔穎達疏："蓋言王身不自爲政教，終勞苦我百姓。"

上博一·緇4、上博二·從乙1"不～（勞）"，《孟子·公孫丑下》："故湯之於伊尹，學焉而後臣之，故不勞而王；桓公之於管仲，學焉而後臣之，故不勞而霸。"

上博三·彭2～（勞），勞動。

上博四·曹34"自～（勞）"，《史記·衛康叔世家》："文公初立，輕賦平罪，身自勞，與百姓同苦，以收衛民。"

上博六·用10"～（勞）人"，憂傷之人。《詩·小雅·巷伯》："驕人好好，勞人草草。蒼天蒼天！視彼驕人，矜此勞人。"馬瑞辰通釋："高誘《淮南子》注：'勞，憂也。''勞人'即憂人也。"

上博七·吳4～（勞），慰勞。《詩·小雅·黍苗》："悠悠南行，召伯勞之。"《儀禮·覲禮》："（侯氏）北面立，王勞之。"《穆天子傳》卷一："河宗伯夭逆天子燕然之山，勞用束帛加璧。"《楚辭·卜居》："將送往勞來斯無窮乎？""逆勞"見《周禮·秋官·小行人》："凡諸侯入王，則逆勞于畿。"

上博七·吳8"～（勞）力"，本指從事體力勞動，引申爲耗費氣力。《左傳·襄公九年》："小人勞力。"《墨子·魯問》："子之所謂義者，亦有力以勞人，有財以分人乎？"

上博八·王5"罷（一）～"，讀爲"一勞"，甚操勞。

上博八·蘭5"目耳～（勞）"，使耳目操勞。《史記·五帝本紀》："勞勤心力耳目，節用水火材物。"

瑩

 上博八·有5族瑗=（瑗瑗）必諹（慎）毋～今可（兮）

～，從"五"，"熒"省聲。

簡文～，或認爲"勞"字之訛。勞，勞累，辛苦。或說"縈"之訛字。或說從"五"得聲，當讀爲忤、悟一類字。

匣紐刑聲歸井聲

見紐苟聲

敬

 上博一·孔 5 ～宗富（廟）之豊（禮）

 上博一·孔 6 虖（吾）～之

 上博一·孔 24 虖（吾）㠯（以）甘棠旻（得）宗富（廟）之～

 上博一·孔 24 甚貴丌（其）人必～丌（其）立（位）

 上博一·緇 11 則忠～不足

 上博一·緇 12 不可不～也

 上博一·緇 15 ～明乃罰

 上博一·緇 16 ～尔（爾）威義（儀）

 上博一·性 12 是㠯（以）～安（焉）

上博二·從甲 5 五曰～

上博二·從甲 7 不～則事亡（無）城（成）

上博二·從甲 10～

上博二·從乙 4 恖（温）良而忠～

上博二·昔 4 唯邦之大炎（務）是～

上博三·中 6～之

上博三·中 21 忠與～

上博四·內附簡母（毋）忘姑姊妹而遠～之

上博五·鮑 3 伽（加）之吕（以）～

上博五·季 3～城（成）丌（其）悳（德）吕（以）臨民

上博五·季 16 □之必～女（如）賓客之事也

上博五·三 2～者旻（得）之

 上博五·三 3～之

 上博五·三 15 敄(務)辳(農)～戒

 上博五·三 17～天之砍(敂)

 上博五·季 7 君子～城(成)亓(其)悳(德)

 上博一·孔 15～忢(愛)亓(其)查(樹)

 上博一·性 29 祭祀之豊(禮)必又(有)夫臍(齊)臍(齊)之～

 上博一·性 33～之方也

 上博一·性 33～

 上博六·天甲 9 事鬼則行～

 上博六·天乙 8 事鬼則行～

 上博七·武 7 敀生～

 上博七·武 14～勀(勝)憶(怠)則吉

上博七·武 14 億（怠）勅（勝）～則威（滅）

上博七·武 14 不～則不定

上博七·武 15 而～者萬殜（世）

上博七·凡甲 8 ～天之䚈（明）奚旻（得）

上博八·顏 1 ～又（有）

上博八·顏 2 ～又（有）

上博八·顏 4 㒒（庸）行之～

上博八·成 2 ～之才（哉）

上博八·李 1【背】～而勿㯱（集）可（兮）

～，從"攴"，"苟"聲，戰國文字或作（郭店·緇衣 21）、（郭店·成之聞之 8）、（郭店·語叢一 95）、（新蔡零 198、203）、（鄂州戈）、（集粹 861）、（集粹 197）、（珍秦 373）、（珍秦 367）、（秦風 246）、（里 J1⑨981 正）。或作（郭店·五行 22）、（郭店·五行 28），所從"苟"訛為"兄"，或說"兄"亦表聲。或作，下部"人"形和"口"旁訛作形體與之相近的"肉"旁。《説文·苟部》:"敬,肅也。从攴、苟。"

上博一·孔 5"~宗宙(廟)",《管子·牧民》:"順民之經,在明鬼神,祇山川,敬宗廟,恭祖舊。"

上博一·孔 24"虗(吾)以甘棠得宗宙(廟)之~、甚貴丌(其)人必~丌(其)立(位)",參《説苑·貴德》:"孔子曰:'吾於《甘棠》見宗廟之敬。甚尊其人,必敬其位。'"《孔子家語·好生》:"孔子曰:'吾於《甘棠》見宗廟之敬也,甚矣。思其人,必愛其樹;尊其人,必敬其位,道也。'"

上博一·緇 11、上博二·從乙 4"忠~",忠誠恭敬。《禮記·祭統》:"致其誠信,與其忠敬,奉之以物……明薦之而已矣。"

上博一·緇 15"~明",謹慎嚴明。簡文"敬明乃罰",見《書·康誥》:"王曰:'嗚呼!封,敬明乃罰。人有小罪,非眚,乃惟終,自作不典,式爾,有厥罪小,乃不可不殺。'"

上博一·緇 16"~尔(爾)威義(儀)",《詩·大雅·抑》:"質爾人民,謹爾侯度,用戒不虞。慎爾出話,敬爾威儀,無不柔嘉。白圭之玷,尚可磨也;斯言之玷,不可爲也!"

上博二·從甲 7"不~則事亡(無)城(成)",《左傳·僖公十一年》:"敬,禮之輿也。不敬則禮不行,禮不行則上下昏,何以長世?"

上博三·中 21"忠與~","敬",《玉篇·苟部》:"敬,慎也。"《論語·子路》:"居處恭,執事敬,與人忠。"邢昺疏:"居處恭謹,執事敬慎,忠以與人也。"

上博五·季 3、7"君子~城亓(其)悳(德)",《書·周書》:"惟不敬厥德,乃早墜厥命。"

上博五·三 15"~戒",警戒;戒備。《周禮·夏官·職方氏》:"攷乃職事,無敢不敬戒。"《荀子·大略》:"敬戒無怠。"《詩·大雅·常武》:"既敬既戒,惠此南國。"鄭玄箋:"敬之言警也,警戒大軍之衆。"

上博五·三 17"~天之戜(敬)",《詩·大雅·板》:"敬天之怒,無敢戲豫。敬天之渝,無敢馳驅。"

上博一·孔 15"~炁(愛)",尊敬熱愛。《戰國策·秦策三》:"質仁秉義,行道施德於天下,天下懷樂敬愛,願以爲君王,豈不辯智之期與?"

上博七·武 14"~勑(勝)億(怠)則吉,億(怠)勑(勝)~則威(滅),不~則不定",參《大戴禮記·武王踐阼》:"敬勝怠者吉,怠勝敬者滅,義勝欲者從,欲勝義者凶,凡事,不強則枉,弗敬則不正,枉者滅廢,敬者萬世。"

上博八·成 2"~之才",讀爲"敬之哉"。《書·吕刑》:"嗚呼!敬之哉!

官伯族姓,朕言多懼。朕敬于刑,有德惟刑。"《左傳·襄公十四年》:"茲率舅氏之典,纂乃祖考,無忝乃舊。敬之哉,無廢朕命!"

上博～,恭敬;端肅;敬慎。《易·坤》:"君子敬以直内,義以方外。"孔穎達疏:"内謂心也,用此恭敬以直内。"

見紐坙聲

巠(頸)

上博四·昭 7 不腜(獲)要～之皋(罪)

上博五·君 7～而秀

～,從"首","坙"聲,"頸"字異體。楚文字"坙"字或作 、、。《說文·頁部》:"頸,頭莖也。從頁,坙聲。"

上博四·昭 7～,即"頸",頸項。頭部與軀幹連接的部分。又稱脖子。《左傳·定公十四年》:"使罪人三行,屬劍於頸。"

上博五·君 7"～而秀",《禮記·玉藻》:"立容辨,卑毋諂,頭頸必中。"(何有祖)

陘

上博二·容 24～(脛)不生之毛

～,從"丩","坙"聲。

簡文～,讀爲"脛",當屬下讀。"脛不生之毛",即脛(小腿)不生毛。見於《韓非子·五蠹》:"禹之王天下也,身執耒臿以爲民先,股無胈,脛不生毛。"《尸子·廣澤》:"禹於是疏河決江,十年不窺其家,足無爪,脛無毛,偏枯之病,步不能過,名曰禹步。"簡文所記禹之事正與典籍合。"面乾粗,脛不生之毛",

是指大禹面幹粗糙,小腿不長毛。

桱

上博六·莊 1 㠯(以)昏(问)醋(沈)尹子～

上博六·莊 2 醋(沈)尹子～含(答)

上博六·莊 4 醋(沈)尹子～曰

《說文·木部》:"桱,桱桯也,東方謂之蕩。从木,巠聲。"
簡文"醋(沈)尹子～","沈尹"爲官名,"子桱"爲人名,即沈尹莖,春秋楚國沈縣大夫,楚莊王師。《呂氏春秋·不苟論》:"沈尹莖遊於郢,五年,荆王欲以爲令尹,沈尹莖辭曰:'期思之鄙人有孫叔敖者,聖人也,王必用之,臣不若也。'荆王於是使人以王輿迎叔敖,以爲令尹。十二年而莊王霸。此沈尹莖之功也,功無大乎進賢。"

徑

上博六·用 4 惪(德)～于康

《說文·彳部》:"徑,步道也。从彳,巠聲。"
簡文～,取道之意,"德徑于康"乃指德行取法商湯。(李銳)

巠

上博一·緇 15 古(故)上不可以埶(褻)型(刑)而～(輕)眇(爵)

上博一·緇 22 ～(輕)㔔(絕)貧賤而厚(重)㔔(絕)貟(富)貴

～，與■(郭店・緇衣 28)、■(郭店・五行 11)同，从"羽"，"巠"聲，字从"羽"作，謂其"輕"如"羽"，"輕"字異體。《説文・車部》："輕，輕車也。从車，巠聲。"

上博一・緇 22～，與"重"相對。《管子・乘馬數》："彼物輕則見泄，重則見射。"《漢書・食貨志下》："錢益多而輕，物益少而貴。"顔師古注引臣瓚曰："鑄錢者多，故錢輕。輕亦賤也。"

上博一・緇 15"～抄"，讀爲"輕爵"，輕視；鄙視爵位。《莊子・秋水》："我嘗聞少仲尼之聞，而輕伯夷之義者。"

經

   上博二・容 27 曡(禹)乃逈(通)～(涇)與渭

   上博三・周 24 翟(弗)～于北滰(頤)

   上博三・周 25 翟(弗)～

   上博三・彭 2 若～與緯

   上博四・内 10 民之～也

   上博五・姑 7 虐(吾)䡉(直)立～(徑)行

   上博六・用 1 是善敗之～

上博七・武 15 百眚(姓)之爲～

～，與▣（郭店·太一生水 7）、▣（左塚漆桐）同。《説文·糸部》："經，織也。从糸，巠聲。"

上博二·容 27"～與渭"，讀爲"涇與渭"。"涇"，涇水。"渭"，渭水。涇、渭二水爲雍州之望。《書·禹貢》："黑水西河惟雍州，弱水既西，涇屬渭汭。"

上博三·彭 2"若～與緯"，織物的縱綫和横綫。比喻條理、秩序。《左傳·昭公二十五年》："禮，上下之紀，天地之經緯也。"孔穎達疏："言禮之於天地，猶織之有經緯，得經緯相錯乃成文，如天地得禮始成就。"

上博三·周 24"罷～于北洍（頤）"、上博三·周 25"罷（弗）～"，王弼訓"常"。或訓爲營、求。"罷經"就是"弼經"，義爲努力經營。（廖名春）或説"拂經"是食物從左邊的腮幫子傳遞到右邊，然後又由右邊傳遞到左邊。（李零）

上博四·内 10～，義理，法則。

上博五·姑 7"～行"，讀爲"徑行"，《禮記·檀弓》子游之語："有直情而徑行者，戎狄之道也。"（沈培）

上博六·用 1"是善敗之～"，《韓非子·主道》："是以明君守始以知萬物之源，治紀以知善敗之端。"《書·大禹謨》："與其殺不辜，寧失不經。"孔安國傳："經，常。"經，指常道。《禮記·樂記》："著誠去僞，禮之經也。"又《問喪》："此孝子之至也，人情之實也，禮義之經也。"簡文"心目返言，是善敗之經"，蓋言心目及口舌之非，往往易招禍端。

上博七·武 15～，讀爲"聽"。

端紐鼎聲

貞

 上博四·柬 1 命龜尹羅～於大顕（夏）

 上博三·周 2 ～吉

 上博三·周 5 ～礪（厲）

上博三·周5 安～吉

上博三·周7～

上博三·周8～凶

上博三·周9 元亲（永）～

上博三·周14～吉

上博三·周15～疾

上博三·周16 元卿（亨）利～

上博三·周16～吉

上博三·周16 利尻（居）～

上博三·周17～工（功）

上博三·周18 不可～

上博三·周20 元卿（亨）利～

 上博三·周 21 可～

 上博三·周 22 利～

 上博三·周 22 利堇(艱)～

 上博三·周 24～吉

 上博三·周 24～凶

 上博三·周 25 尻(居)～

 上博三·周 26 利～

 上博三·周 26～吉亡(无)悔

 上博三·周 28 利～

 上博三·周 28～凶

 上博三·周 28～吝

 上博三·周 28～

 上博三·周 29～凶

 上博三·周 30 少(小)利～

 上博三·周 37～吉

 上博三·周 40～吉

 上博三·周 42 利～

 上博三·周 47 元羕(永)～

 上博三·周 47 利～

 上博三·周 48 利羕(永)～

 上博三·周 50 利～

 上博三·周 53 遬(旅)～吉

 上博三·周 53 旻(得)僮(童)儏(僕)之～

 上博三·周 53～礪(厲)

 上博三·周 58～吉

 上博三·周 58～吉

 上博二·容 5 四海(海)之内～

 上博七·君甲 3 又(有)飴(飤)田五～

 上博七·君乙 3 楚邦之中又(有)飴(飤)田五～

 上博六·用 3 良人～安

 上博六·用 5 九惠是～

～，从"卜"，"鼎"聲。戰國文字所从的"鼎"或訛省爲"目"，或訛爲"田"。或作 (郭店·老子甲 13)、 (郭店·緇衣 9)、 (新蔡甲三 72)、 (郭店·老子乙 16)、 (新蔡乙四 122)、 (文物 2004·9 右冢子鼎)、 (右冢子鼎)。《説文·卜部》："貞，卜問也。从卜，貝以爲贄。一曰：鼎省聲。京房所説。"

上博三·周"～吉"，謂占卜問卦，遇"需"卦則吉利幸福。後指吉利與幸福。《易·需》："貞吉，利涉大川。"尚秉和注："貞吉者，卜問則吉也。"高亨注："貞吉，猶占吉也。有所占問，筮遇此卦則吉。"張衡《思玄賦》："抨巫咸使占夢兮，乃貞吉之元符。"

上博三·周 16"元卿(亨)利～"，《易·乾》："元亨利貞。""利貞"，利于占卜。

上博四·柬 1～，卜問；占卜。《周禮·春官·天府》："季冬，陳玉，以貞來

歲之媺惡。"鄭玄注:"問事之正曰貞。"

上博二·容5～,讀爲"廷",來至朝廷朝見曰"廷","廷"亦爲動詞,或作"庭"("廷"、"庭"同音,簡文"貞"與之爲端、定鄰紐,耕部疊韻,音近可通),古書"來庭"、"不庭"亦多見。《詩·大雅·常武》:"王猶允塞,徐方既來。徐方既同,天子之功。四方既平,徐方來庭。"(陳劍)

上博六·用3"～安",讀爲"正焉"。《老子》第五十七章:"故聖人云:……我好靜而民自正。"(晏昌貴)

上博七·君甲3、君乙3～,似爲田畝的面積單位,或疑讀爲"町"。《左傳·襄公二十五年》記蒍掩庀賦云:"町原防,牧隰皋,井衍沃。"杜預注:"堤防間地不得方正如井田,別爲小頃町。"孔穎達疏引賈逵曰:"原防之地,九夫爲町,三町而當一井也。"(陳偉)

慎

 上博六·用7～可斳(慎)哉

～,从"心","貞"聲。

簡文～,讀爲"貞",誠信。《論語·衛靈公》:"子曰:君子貞而不諒。"揚雄《太玄·交》:"冥交於神齊,不以其貞。"范望注:"貞,精誠也。""貞可慎哉",猶言誠可慎哉歟。

端紐正聲

正

 上博一·緇2 好是～植(直)

 上博一·緇6 [不自爲]～

 上博一·緇13 教之以～(政)

 上博一·緇14～(政)之不行

 上博一·性1心亡(無)～(定)志

 上博一·性25下交旻(得)眾近從～(政)

 上博三·中12戁(難)爲從～(政)

 上博三·中附簡唯～(政)者

 上博三·中附簡～也

 上博三·中附簡女(汝)蜀(獨)～之

 上博二·民5君子㠯(以)～

 上博二·子1又(有)吳(虞)是(氏)之樂～宮宵之子也

 上博二·從甲5從～(政)䭆五悳(德)

 上博二·從甲7不㤅(仁)則亡(無)㠯(以)行～(政)

 上博二·從甲8從～(政)又(有)七幾(機)

 上博二·從甲9～(政)之所怠(殆)也

 上博二·從甲10從～(政)所炙(務)三

上博二·從甲 16 君子藥(樂)則絧(治)~(政)

上博二·從乙 1 絧(治)~(政)善(教)

上博二·從乙 1 從命則~不裦(勞)

上博二·從乙 3 從~(政)不絧(治)則蹈(亂)

上博二·容 5 坐(匡)天下之~(政)十又(有)九年而王天下

上博二·容 7 於是於(乎)㞢(持)板~立

上博二·容 8 與之言~(政)

上博二·容 18 壘(禹)聖(聽)~(政)三年

上博二·容 21 中~之羿(旗)㠯(以)澳(熊)

上博二·容 23 舜聖(聽)~(政)三年

上博二·容 30 乃立敽(質)以爲樂~

上博二·容 32 安(焉)以行~(政)

上博二·容36 湯乃專爲～(征)复(籍)

上博二·容36 以～(征)闗(關)市

上博二·容45 不聖(聽)丌(其)邦之～(政)

上博二·容52 受(紂)不智(知)丌(其)未又(有)成～(政)

上博三·中5 敢昏(問)爲～(政)可(何)先

上博三·中8 ～(政)之卵(始)也

上博三·中17 型(刑)～(政)不縵(緩)

上博四·柬14 一人不能諳(治)～(政)

上博四·柬19 牀(將)～

上博四·曹14 又(有)克～(政)而亡(無)克戟(陳)

上博四·曹37 尔～杠

上博五·姑1 ～(政)諨(迅)弴(強)

· 1894 ·

上博五·姑1 姑(苦)城(成)豪(家)父昌(以)亓(其)族参(三)
埾(邵)～百豫

上博五·姑5 虗(吾)毋又(有)它～公事

上博五·姑6 昌(以)～上下之謿

上博五·姑7 亡道～也

上博五·鬼8 不及愧(遇)焚而～固

上博六·競5～

上博六·競12 祭、～不腠(獲)祟

上博六·競13 青(請)祭與～

上博六·競13 梨(梁)丘虞不敢監～

上博六·天甲5 幾殺而邦～

上博六·天甲7 視百～

上博六·天甲10 尻(處)～(政)不語樂

上博六·天乙 4 幾殺而邦～

上博六·天乙 6 視百～

上博六·天乙 9 凥（處）～（政）不語樂

上博七·鄭甲 2 楚邦囟（思）爲者（諸）厌（侯）～

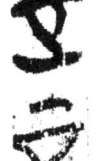上博七·鄭乙 2 楚邦囟（思）爲者（諸）厌（侯）～

上博七·凡甲 10 牆（將）可（何）～

上博七·凡乙 8 牆（將）可（何）～

上博八·成 6 之～道也

上博八·成 6 青（請）睧（問）天子之～道

上博八·成 7 是胃（謂）天子之～道

上博八·命 6 綺（治）楚邦之～（政）

上博八·命 8 亡儓（僕）之尚（掌）楚邦之～（政）

 上博八·命10而邦～(政)不敗

 上博八·志3爾亡(無)以臘枉(匡)～我

～,戰國文字或作 (郭店·老子甲32)、 (郭店·緇衣27)、 (郭店·唐虞之道3)、 (郭店·唐虞之道13)、 (郭店·唐虞之道26)、 (九A30)、 (施46)、 (施47)、 (山壓015)、 (施132)、 (珍戰186)、 (陝西1738)。《說文·正部》:"正,是也。从止,一以止。 ,古文正。从二,二,古上字。 ,古文正。从一,足。足者亦止也。"

上博一·緇2"～植(直)",公正無私;剛直坦率。《書·洪範》:"無反無側,王道正直。"蔡沈集傳:"正直,不偏邪也。"《韓詩外傳》卷七:"正直者順道而行,順理而言,公平無私,不爲安肆志,不爲危激行。"《書·洪範》:"三德:一曰正直,二曰剛克,三曰柔克。"孔穎達疏:"一曰正直,言能正人之曲使直。"

上博一·性1"～志",讀爲"定志",集中意志;專心。東方朔《非有先生論》:"〔寡人〕體不安席,食不甘味,目不視靡曼之色,耳不聽鐘鼓之音,虛心定志,欲聞流議者三年於茲矣。"

上博三·中12"從～",趨從正道。《易·隨》:"《象》曰'官有渝',從正'吉'也。"孔穎達疏:"所執官守正,能隨時渝變以見貞正,則往隨從。"

上博三·中附簡"唯正者,正也",讀爲"唯政者,正也"。參《大戴禮記·哀公問於孔子》:"政者正也,君爲正,百姓從政焉。""正",正中、平正、不偏不斜。《說文·正部》:"正,是也。"

上博三·中附簡～,匡正。《荀子·王霸》:"禮之所以正國也,譬之猶衡之於輕重也,猶繩墨之於曲直也。"《論語》:"就有道而正焉。"

上博二·民5"君子以～",君子以正己正民。

上博二·子1、上博二·容30"樂～",官名。古時樂官之長。《儀禮·鄉射禮》:"樂正先升,北面立於其西。"鄭玄注:"正,長也。"賈公彥疏:"案《周禮》有大司樂、樂師,天子之官。此樂正,諸侯及士大夫之官,當天子大司樂……

云長,樂官之長也。"

上博二·從甲7、上博二·容32"行~(政)",執掌國家政權,管理國家事務。《孟子·梁惠王上》:"爲民父母,行政,不免於率獸而食人,惡在其爲民父母也?"《史記·殷本紀》:"帝太甲既立三年,不明,暴虐,不遵湯法,亂德,於是伊尹放之於桐宫。三年,伊尹攝行政當國,以朝諸侯。"

上博一·性25、上博二·從甲5、8、9、10、從乙3"從~(政)",參與政事;處理政事。《左傳·定公元年》:"子家氏未有後,季孫願與子從政。"

上博二·從甲16、從乙1"絧~",讀爲"治政",治理政事。《禮記·禮運》:"是故,禮者君之大柄也,所以別嫌明微,儐鬼神,考制度,別仁義,所以治政安君也。"

上博二·從乙1~,君長之義。《廣雅·釋詁下》:"正、伯,長也。"郭璞注:"正、伯,皆官長。"邢昺疏:"正、伯皆官長。《詩·大雅·雲漢》云:'以戾庶正。'《書·盤庚》云:'邦伯師長。'"《大戴禮記·主言》:"孔子曰:'上敬老則下益孝,上順齒則下益悌,上樂施則下益諒,上親賢則下擇友,上好德則下不隱,上惡貪則下恥爭,上強果則下廉恥。民皆有別則貞,則正亦不勞矣。此謂七教。'"(陳偉)

上博二·容7"~立",端正地站立。《禮記·曲禮上》:"遭先生於道,趨而進,正立拱手。"《論語·鄉黨》:"升車,必正立,執綏。"《漢書·成帝紀贊》:"成帝善修容儀,升車正立,不内顧,不疾言,不親指。"

上博二·容18、23"聖(聽)~(政)",坐朝處理政務;執政。《禮記·玉藻》:"君日出而視之,退適路寢聽政。"《左傳·昭公元年》:"君子有四時,朝以聽政,晝以訪問,夕以脩令,夜以安身。"

上博二·容21"中~之羿(旗)以澳(熊)",方位,正中的意思。古史傳說黃帝號有熊氏,是以熊爲圖騰,而黃帝在五方帝中位處正中,這是中正之旗以熊的來歷。(李零)

上博二·容36"~(征)复",讀爲"征籍",是抽稅的意思。

上博二·容36"以~(征)闈(關)市",《晏子春秋·內篇問上》:"百官節適,關市省征,山林陂澤不專其利,領民治民勿使煩亂。"《荀子·王制》:"田野什一,關市幾而不征,山林澤梁以時禁發而不稅。"

上博三·中5"敢昏(問)爲~(政)可(何)先",《禮記·哀公問》:"公曰:'敢問何謂爲政?'孔子對曰:'政者正也。君爲正,則百姓從政矣。君之所爲,百姓之所從也。君所不爲,百姓何從?'公曰:'敢問爲政如之何?'孔子對曰:

'夫婦別,父子親,君臣嚴。三者正,則庶物從之矣。'"

上博三·中17"型～",讀爲"刑政",刑法政令。《國語·周語下》:"出令不信,刑政放紛。"

上博四·曹14"克～",讀爲"克政",足以勝人之政。

上博四·曹37"～虹",或讀爲"定訌"。

上博五·姑1～誑(迅)弡(強),"正"謂治罪。《周禮·夏官·大司馬》:"賊殺其親,則正之。"鄭玄注:"正之者,執而治其罪。《王霸紀》曰:'正,殺之也。'"(冀小軍)

上博五·姑1～百豫、姑5～公事、姑6以～上下之譌,"正","糾正"、"治理"的意思。《禮記·經解》:"理之於正國也,猶衡之於輕重也。"

上博五·姑7～,疑讀爲"政"。"無道政"即"無道之政"。樂書引此言指的大概是"厲公無道"之事。

上博六·競12、13～,讀爲"貞",貞卜。《國語·吳語》:"晉乃令董褐復命曰:'寡君未敢觀兵身見,使褐復命曰:曩君之言,周室既卑,諸侯失禮於天子,請貞於陽卜,收文、武之諸侯。'"韋昭注:"貞,正也。龜曰卜,以火發兆,故曰陽。言吳欲正陽卜,收復文王、武王之諸侯,以奉天子。"(沈培)

上博六·天甲5、天乙4"邦～",猶言"國治"。《易·蹇》:"當位貞吉,以正邦也。"

上博六·天甲7、天乙6"百～",或讀爲"迫正",指近似於正視。(楊華)

上博六·天甲10、天乙9"尻～",讀爲"處政",治政之意。《荀子·王制》:"明王始立,而處國有制。"

上博七·鄭甲2、鄭乙2～,君、長之義。這裏指擔當諸侯盟主。《墨子·親士》:"昔者文公出走而正天下。"王念孫曰:"《爾雅》曰:'正,長也。'晉文爲諸侯盟主,故曰'正天下',與下'霸諸侯'對文。又《廣雅》'正,君也'。《尚賢》篇曰:'堯、舜、禹、湯、文、武之所以王天下正諸侯者。'凡《墨子》書言正天下正諸侯者,非訓爲長,即訓爲君,皆非征伐之謂。"(陳偉、凡國棟)

上博七·凡甲10、凡乙8～,讀爲"征",征伐。《書·胤征》"胤征",孔傳:"奉辭伐罪曰征。"《易·謙》:"利用行師征邑國。"《國語·周語上》:"有攻伐之兵,有征討之備。"

上博八·成6、7"～道",正確的道理、準則。《管子·立政》:"正道捐棄,而邪事日長。"《禮記·燕義》:"上必明正道以道民,民道之而有功。"

上博八·命6、8"楚邦之～",讀爲"楚邦之政",《國語·楚語上》:"夫子承楚國之政,其法刑在民心而藏在王府,上之可以比先王,下之可以訓後世,雖微楚國,諸侯莫不譽。"

上博八·命 10"而邦～(政)不敗",《書·周官》:"冢宰掌邦治,統百官,均四海。司徒掌邦教,敷五典,擾兆民。宗伯掌邦禮,治神人,和上下。司馬掌邦政,統六師,平邦國。司冠掌邦禁,詰姦慝,刑暴亂。司空掌邦土,居四民,時地利。"

上博八·志 3"枉～",讀爲"匡正",扶正;糾正。《左傳·哀公十六年》:"王孫若安靖楚國,匡正王室,而後庇焉,啓之願也,敢不聽從?"

上博～,或讀爲"政",政治、政教、政務、政事之意。

政

上博一·孔 8 雨亡(無)～(正)

上博二·魯 2～型(刑)與

上博二·魯 3 女(若)夫～型(刑)與惪(德)㠯(以)事上天

上博二·容 43 丌(其)～綺(治)而不賞

上博四·相 1 事出～

上博四·曹 5 則不可㠯(以)不攸(修)～而善於民

上博四·曹 6 則亦不可㠯(以)不攸(修)～而善於民

上博四·曹 10 乃命毀鐘型而聖(聽)邦～

 上博五・三 4 毋詢(詬)～(正)卿於神宋(次)

 上博五・三 19 上天又(有)下～

 上博六・用 13 兇井(刑)厲～

 上博六・用 14 強君桅～

 上博六・用 18 建敳之～

～,戰國文字或作(郭店・語叢一 67)、(新出温縣 WT4K6:212)、(珍秦 321)。《説文・攴部》:"政,正也。从攴,从正,正亦聲。"

上博一・孔 8"雨亡～",讀爲"雨無正",《詩經》篇名。詳見《詩・小雅・雨無正》。

上博二・魯 2、3～,讀爲"正",這裏是動詞,即端正、糾正。(李學勤)

上博二・容 43"～紿(治)",讀爲"政治",政事得以治理;政事清明。《書・畢命》:"道洽政治,澤潤生命。"孔安國傳:"道至普洽,政化治理,其德澤惠施,乃浸潤生民。"賈誼《新書・大政下》:"有教然後政治也,政治然後民勸之。"

上博四・相 1～,政令;政策。《逸周書・命訓》:"震之以政,動之以事。"朱右曾校釋:"政,政令。"

上博四・曹 5、6"攸～",讀爲"修政",修明政教。《管子・大匡》:"公内修政而勸民,可以信於諸侯矣。"

上博四・曹 10"聖(聽)邦～",參《禮記・玉藻》:"君日出而視之,退適路寢聽政。"

上博五・三 4"～卿",讀爲"正卿",上卿。春秋時諸侯國的最高執政大臣,權力僅次於國君。《左傳・文公七年》:"子爲正卿,以主諸侯,而不務德,將若之何?"

上博六·用13"厉~",即惡政,《論衡·變虛篇》:"使景公有失誤之行,以致惡政,惡政發,則妖異見,熒惑之守心,桑穀不生朝。"

上博六·用14"梏~",讀爲"虐政",殘暴的政策法令。《孟子·公孫丑上》:"民之憔悴於虐政,未有甚於此時者也。"

上博六·用18~,政令。《淮南子·泰族》:"聖王之設政施教也,必察其終始。"(張崇禮)

定

 上博二·容16 㠯(以)~男女之聖(聲)

 上博三·中12也~

 上博四·昭7君王至於~(正)冬而被虞＝(襦衣)

 上博五·君6~(正)視是求

 上博六·用19~又紀

 上博七·武14不敬則不~(正)

《説文·宀部》:"定,安也。从宀,从正。"

上博二·容16"以~男女之聖(聲)",古人認爲音樂有別男女之用,如《禮記·樂記》"化不時則不生,男女無辨則亂升,天地之情也。及夫禮樂之極乎天而蟠乎地,行乎陰陽而通乎鬼神,窮高極遠而測深厚,樂著大始而禮居成物","律小大之稱,比終始之序,以象事行,使親疏貴賤長幼男女之理皆形見於樂。"(李零)

上博四·昭7"~冬",讀爲"正冬",仲冬、隆冬。《説苑·敬慎》:"正冬采榆葉。"(陳劍)

上博五·君 6"～視",讀爲"正視"。《新書·容經》:"固頤正視,平肩正背。"(秦樺林)

上博六·用 19～,或釋爲"乏",讀爲"法"。(蔣文、程少軒)

上博七·武 14"不～",讀爲"不正",不端正;不正派;不正當。《論語·子路》:"身不正,雖令不從。"

悙

 上博六·用 8～保之㱃

～,从"心","定"聲。

簡文"～保",讀爲"定保"。《逸周書·周書序》:"武王平商,維定保天室,規擬伊洛,作《度邑》。"《左傳·襄公二十一年》:"《書》曰:聖有謨勛,明徵定保。"《書·胤征》:"嗟予有眾,聖有謨訓,明徵定保。"

征

 上博三·周 13 可用行帀(師)～邦

 上博三·周 24～凶

 上博三·周 43～吉

 上博三·周 47～吉

 上博三·周 47～凶

 上博三·周 50 夫～不返(復)

 上博三·周 58～凶

 上博六·用 5～蟲飛鳥

上博六·用 13～民乃䏁

《説文·辵部》:"延,正行也。从辵,正聲。𧗟,延或从彳。"

上博三·周 13～,征伐。《書·胤征》"胤征",孔安國傳:"奉辭伐罪曰征。"《易·謙》:"利用行師征邑國。"

上博六·用 5"～蟲",讀爲"貞蟲"、"正蟲",細腰蜂一類的昆蟲。《墨子·明鬼下》:"百獸貞蟲,允及飛鳥,莫不比方。"《淮南子·原道》:"蚑蟯貞蟲,蠕動蚑作。"高誘注:"貞蟲,細腰之屬也。"(陳偉)

上博六·用 13～,讀爲"正"。

透紐耳聲

耴(聽)

 上博一·緇 11 我弗冒(迪)～(聖)

～,从"耳"、"口",會意,"聽"字初文。

簡文～,讀爲"聖"。《禮記·緇衣》:"《君陳》曰:未見聖,若己弗克見,既見聖,亦不克由聖。"孔穎達疏:"此《書·君陳》篇,成王戒君陳之辭也。言凡人未見聖道之時,如似己不能見,既見聖道,亦不能用之也。"

聖

 上博一·性 36 耳之樂～(聲)

 上博二·容 31 救～(聲)之綰(紀)

上博二・容 33～人

上博四・柬 10 皮(彼)～人之子孫

上博四・柬 19 君～人

上博五・三 13 亞(惡)～人之愳(謀)

上博五・鬼 1 惥(仁)義～智

上博五・鬼 2 焚～人殺訐(諫)者

上博五・鬼 3 天下之～人也

上博一・性 9～人比丌(其)頪(類)而侖(論)會之

上博七・武 12～人之道

上博七・君甲 3 不～(聽)敀(鼓)鐘之聖(聲)

上博七・君甲 3 敀(鼓)鐘之～(聲)

上博七・君乙 3 不～(聽)敀(鼓)鐘之聖(聲)

上博七·君乙 3 不聖(聽)筳(鼓)鐘之～(聲)

上博七·凡甲 10 牆(將)可(何)～

上博七·凡甲 13 亡(無)耳而聏(聞)～

上博七·凡甲 16 至～(聽)千里

上博七·凡甲 16 是古(故)～人尻〈尻—處〉於亓(其)所

上博七·凡甲 19 鼓之又(有)～(聲)

上博七·凡甲 27 室～好也

上博七·凡乙 8 [牆(將)]可(何)～

上博七·凡乙 11 至～(聽)千里

上博七·凡乙 11 是古(故)～人尻(處)於亓(其)所

上博七·凡乙 13 鼓之又(有)～(聲)

上博八·命 5 我不能聥(貫)壁而䙷(視)～(聽)

正編・耕部

上博八・李 2 氏(是)古(故)～人棘此和勿(物)

上博八・李 3 氏(是)古(故)～人棘此

上博一・緇 11 未～

上博二・容 12 □～(聽)不聰

上博二・容 17～(聽)不聰

上博二・容 18 曡(禹)～(聽)正(政)三年

上博二・容 29 而～(聽)丌(其)訟獄

上博二・容 23 舜～(聽)正(政)三年

上博二・容 30 舜乃欲會天墬(地)之燹(氣)而～(聽)甬(用)之

上博二・容 36 衆寡不～(聽)訟

上博二・容 45 不～(聽)丌(其)邦之正(政)

上博四・曹 10 乃命毀鐘型而～(聽)邦政

 上博四·曹 11 不～(聽)樂

 上博四·曹 34 君必身～(聽)之

 上博四·曹 35 賞坃(均)～(聽)中

 上博五·鮑 1 ～(聽)亓(其)言

 上博五·鮑 2 ～(聽)言

 上博五·姑 8 取宔(主)君之衆㠯(以)不～(聽)命

 上博五·君 2 ～(聽)之而不義

 上博五·君 2 耳勿～(聽)也

 上博五·君 6 ～(聲)之僧徐

 上博五·三 15 ～(聽)亓(其)縈(營)

 上博一·性 15 ～(聽)琴㻎(瑟)之聖(聲)

 上博二·民 6 奊(傾)耳而～(聽)之

上博二・昔 1 大（太）子戉～（聽）

上博二・昔 1 肰（然）句（後）竝～（聽）之

上博二・昔 4 大（太）子乃亡（無）睧（聞）亡（無）～（聽）

上博四・内 10 古（故）爲少（少）必～（聽）長之命

上博四・内 10 爲戔（賤）必～（聽）貴之命

上博五・弟 5 ～（聽）余言

上博五・弟 19 膻=（膻膻）女（如）也其～（聽）

上博一・孔 3 丌（其）～（聲）善

上博一・性 3 金石之又（有）～（聲）也

上博二・容 16 以定男女之～（聲）

上博五・弟 4 䌛（亂）節而悥（哀）～（聲）

上博一・性 14 ～（聲）

 上博一·性 14 瑉(聞)芺(笑)～(聲)

 上博一·性 15 聖(聽)鑑(琴)惡(瑟)之～(聲)

 上博一·性 17〔非丌(其)〕～(聲)而從之也

 上博一·性 20 丌(其)～(聲)弁(變)則心從之矣

 上博一·性 20 則丌(其)～(聲)亦肰(然)

 上博一·性 21 □斿(遊)～(聲)也

 上博一·性 36 耳之樂～(聲)

 上博二·民 5 亡(無)～(聲)之縷(樂)

 上博二·民 6 奚(傾)耳而～(聽)之

 上博二·民 7 亡(無)～(聲)之縷(樂)

 上博二·民 8 亡(無)～(聲)之縷(樂)

 上博二·民 10 亡(無)～(聲)之縷(樂)

上博二·民 11 亡（無）～（聲）之繹（樂）

上博二·民 12 亡（無）～（聲）之繹（樂）

上博二·民 12 亡（無）～（聲）之繹（樂）

上博二·民 13 亡（無）～（聲）之繹（樂）

上博六·競 4 夫子吏（使）丌（其）私吏～（聽）獄於晉邦

上博六·競 5 恩（溫）～

上博六·競 7 則言不～（聽）

上博六·競 9 亞（惡）～人

上博六·孔 4 仁者是能行～人之道

上博六·孔 4 行～人之道

上博六·孔 6 害君子～之

～，楚文字或作（郭店·老子甲 11）、（郭店·老子丙 11）、（郭

店·唐虞之道1)、☐(郭店·唐虞之道3)、☐(郭店·唐虞之道4)、☐(郭店·唐虞之道5)、☐(郭店·唐虞之道14)、☐(郭店·唐虞之道15)、☐(郭店·唐虞之道25)、☐(郭店·唐虞之道27)、☐(郭店·成之聞之26)、☐(郭店·語叢一86)、☐(左塚漆梮)。《説文·耳部》:"聖,通也。从耳,呈聲。"

上博二·容18、23、45、上博四·曹10"～正",讀爲"聽政",執政。《禮記·玉藻》:"君日出而視之,退適路寢聽政。"《左傳·昭公元年》:"君子有四時,朝以聽政,晝以訪問,夕以修令,夜以安身。"

上博五·鬼1"息(仁)義～智",《周禮·大司徒》:"大司徒以鄉三物,教萬民而賓興之。一曰六德:知、仁、聖、義、忠、和。"鄭玄注:"聖,通而先識也。"

上博五·姑8"～命",猶從命。《禮記·祭義》:"進退必敬,如親聽命。"《左傳·僖公二十四年》:"鄭之人入滑也,滑人聽命。"

上博一·性36"耳之樂～(聲)",《吕氏春秋·仲春紀》:"耳不樂聲,目不樂色,口不甘味,與死無擇。"

上博二·民6"奚耳而～之",讀爲"傾耳而聽之",《禮記·孔子閒居》:"是故,正明目而視之,不可得而見也;傾耳而聽之,不可得而聞也;志氣塞乎天地,此之謂五至。"《戰國策·秦策一》:"父母聞之,清宫除道,張樂設飲,郊迎三十里;妻側目而視,傾耳而聽;嫂蛇行匍伏,四拜自跪謝。"

上博"～人",指品德最高尚、智慧最高超的人。《易·乾》:"聖人作而萬物睹。"《孟子·滕文公下》:"堯舜既没,聖人之道衰。"《春秋繁露·爲人者天》:"聖人之道,不能獨以威勢成政,必有教化。故曰:先之以博愛,教以仁也;難得者,君子不貴,教以義也;雖天子必有尊也,教以孝也;必有先也,教以弟也。此威勢之不足獨恃,而教化之功不大乎?"也指賢能之人。《吕氏春秋·不苟論》:"期思之鄙人有孫叔敖者,聖人也。"

上博七·君甲3、君乙3"不～笍(鼓)鐘之聖(聲)",《孟子·梁惠王下》:"今王鼓樂於此,百姓聞王鐘鼓之聲,管籥之音,舉疾首蹙頞而相告曰。"

上博二·容31、上博七·凡甲13～,讀爲"聲",聲音。《説文》:"聲,音也。"《易·乾》:"同聲相應,同氣相求。"郭店楚簡《性自命出》:"目之好色,耳之好聖(聲)。"

上博七·凡甲16、凡乙11～,讀爲"聽",聽聞、審察。《戰國策·秦策一》:

"且軫欲去秦而之楚,王何不聽乎?"高誘注:"聽,察也。"《荀子·議兵》:"且仁人之用十里之國,則將有百里之聽。用百里之國,則將有千里之聽。用千里之國,則將有四海之聽。"

上博二·容12、17"~(聽)不聰",《禮記·雜記下》:"視不明,聽不聰,行不正,不知哀,君子病之。"

上博二·容29、36"~(聽)亓(其)訟獄",即"聽訟"。《論語·顏淵》:"聽訟,吾猶人也,必也,使無訟乎。"孔穎達疏:"(聽訟)聽斷訟獄。"(蘇建洲)

上博二·容30"~甬",讀爲"聽用",聽從並予採用或任用。《書·多士》:"予一人惟聽用德,肆予敢求爾於天邑商。"孔安國傳:"言我周亦法殷家,惟聽用有德。"《詩·大雅·抑》:"於乎小子,告爾舊止,聽用我謀,庶無大悔。"

上博五·鮑1、2"~亓言",讀爲"聽其言"。《論語·公冶長》:"子曰:'始吾於人也,聽其言而信其行;今吾於人也,聽其言而觀其行。於予與改是。'"

上博一·性15"~(聽)銮(琴)恶(瑟)之聖(聲)",《禮記·樂記》:"君子聽琴瑟之聲則思志義之臣。竹聲濫,濫以立會,會以聚衆。君子聽竽笙簫管之聲則思畜聚之臣。鼓鼙之聲讙,讙以立動,動以進衆。君子聽鼓鼙之聲則思將帥之臣。"

上博二·昔4"亡睧亡~",讀爲"亡聞亡聽",指修身正心。《禮記·大學》:"視而不見,聽而不聞,食而不知其味,此謂修身在心。"(連劭名)

上博一·性3"金石之又(有)~(聲)也",《晏子春秋·内篇諫上》:"酒醴之味,金石之聲,願夫子無與焉。"

上博五·弟4"悥~",讀爲"哀聲",見《三國志·魏書·王毌丘諸葛鄧鍾傳》:"哀聲未絕而便罷息,爲臣不忠,爲子不孝,其罪二也。"

上博六·競4"~獄",聽理訟獄。《國語·魯語上》:"余聽獄雖不能察,必以情斷之。"《墨子·非樂上》:"王公大人蚤朝晏退,聽獄治政,此其分事也。"

上博二·民"亡~之繹",讀爲"無聲之樂",見《禮記·孔子閒居》。

上博四·曹35"~中",讀爲"聽中",意與"賞均"同。

上博一·孔3、上博一·性14、17、20、21、上博四·曹11、34、上博五·君6~,讀爲"聲",聲音;聲响。《詩·齊風·雞鳴》:"匪鷄則鳴,蒼蠅之聲。"

上博二·昔1、上博四·内10、上博四·曹34、上博五·君2、上博五·三15上博五·弟5、19、上博六·孔6、上博七·凡甲10、凡乙8~,讀爲"聽",以耳受聲。《書·泰誓中》:"天視自我民視,天聽自我民聽。"《禮記·大學》:"心不在焉,視而不見,聽而不聞,食而不知其味。"

上博六·競5"恩～",讀爲"温聖",與春秋徐䣙尹鼎"囚(温)良聖敏"義同。《書·洪範》:"恭作肅,從作乂,明作哲,聰作謀,睿作聖。"孔安國傳:"於事無不通謂之聖。"

上博六·競7"則言不～",讀爲"則言不聽",謂不聽取諫勸之言。《詩·大雅·桑柔》:"聽言則對,誦言如醉。"鄭玄箋:"見道聽之言,則應答之。"高亨注:"言,指諫勸的話。"《韓非子·揚權》:"聽言之道,溶若甚醉。"

上博七·凡甲27～,事無不通,光大而化,超越凡人者。《書·大禹謨》:"乃聖乃神,乃武乃文。"

上博八·命5"貝～",讀爲"視聽",看和聽。《書·蔡仲之命》:"詳乃視聽。"《墨子·尚同中》:"夫唯能使人之耳目,助己視聽;使人之唇吻,助己言談。"亦指視覺和聽覺。

透紐壬聲

袵

 上博四·昭7 王訽而余之～襃

～,从"衣","壬"聲。

簡文"～襃",或讀爲"領袍",謂一領袍子。《荀子·正論》:"太古薄葬,棺厚三寸,衣衾三領。"袍不但有表有裏,而且内有絮著,可以禦寒。(陳劍)或釋爲"衼袌",讀爲"綈袍"。(陳斯鵬)或釋爲"袸袌",讀爲"陳袍",謂陳舊的袍子。(讀本四)

定紐呈聲

呈

 上博五·三17 歼(恆)道必～

～,从陳劍釋。《説文·口部》:"呈,平也。从口,壬聲。"

簡文～,或讀爲"浧(盈)"。或訓"呈"爲平易舒緩。(侯乃峰)

郢

上博四·昭 9 息君吴王身至於～

上博四·柬 13 女(如)君王攸(修)～高(郊)

～,戰國文字或作🔲(發展史 200 頁)、🔲(施 178)、🔲(新蔡甲一 3)、🔲(秦風 134)。《説文·邑部》:"郢,故楚都。在南郡江陵北十里。从邑,呈聲。🔲,郢或省。"

上博四·昭 9"吴王身至於～",《史記·伍子胥列傳》:"庚辰,吴王入郢。"

上博四·柬 13"～高",讀爲"郢郊",《説苑·指武》:"吴王闔廬與荆人戰於柏舉大勝之,至於郢郊。"

浧

上博三·亙 4 信～(盈)天陞(地)

上博六·競 9 番～甗(藏)菩

上博六·用 8 硗(積)～(盈)天之下

上博七·武 11 亦又(有)不～(盈)於十言

上博七·凡甲 10 牆(將)可(何)～(盈)

上博七·凡甲 29 祿(握)之不～(盈)祿(握)

　上博七·凡乙8 酒(將)可(何)～(盈)

　上博七·凡乙22 㯱(握)之不～(盈)㯱(握)

　上博八·蘭2～(馨)訑(謐)迡而達聝(聞)于四方

～，與 、、、、同。

上博三·亙4～，讀爲"盈"。此句似乎是說氣到處彌漫，充滿天地。《易·序卦》："有天地，然後萬物生焉。盈天地之間者唯萬物，故受之以《屯》。"

上博六·競9"番～藏菖"，讀爲"播馨揚芳"。"播馨"與"揚芳"義同，即傳佈芳香。"馨"，香氣遠聞；芳香。《詩·大雅·鳧鷖》："爾酒既清，爾殽既馨。"毛亨傳："馨，香之遠聞也。"《國語·周語上》："其德足以昭其馨香，其惠足以同其民人。"韋昭注："馨香，芳馨之升聞者也。"《古詩十九首·庭中有奇樹》："馨香盈懷袖，路遠莫致之。"

上博六·用8"硛～天之下"，讀爲"積盈天之下"，即積滿天下。

上博七·武11～，讀爲"盈"，《詩·小雅·節南山》"降此鞠訩"，毛亨傳："鞠，盈。"鄭玄箋："盈，猶多也。"

上博七·凡甲10、凡乙8～，讀爲"盈"，充滿。《莊子·秋水》："天下之水莫大於海，萬川歸之，不知何時止而不盈。"

上博七·凡甲29、凡乙22～，讀爲"盈"，訓爲滿。

上博八·蘭2～，讀爲"馨"。《說文》："馨，香之遠聞者也。"《國語·周語》："其德足以昭其馨香。"《山海經·西山經》："丹木五歲五味乃馨成。"

淫

　上博五·三8 唯(雖)～(盈)必虛

　上博六·用 17 用亡（無）咎隹～（盈）

～，从"皿"，"涅"聲，與 (九 A47)同，"盈"字的異體。《說文》："盈，滿器也。从皿、夃。"

上博五·三 8、上博六·用 17～，盈滿，與虛空相對。《莊子·秋水》："察乎盈虛，故得而不喜，失而不憂。"

絏

　上博二·容 28 乃立句（后）禝（稷）吕（以）爲～

～，與 (郭店·成之聞之 35)、 (郭店·成之聞之 35)、 (九 B10)、 (新蔡零 238)同。《說文·系部》："緹，緩也。从糸，盈聲。讀與聽同。絏，緹或从呈。"

簡文～，讀爲"田"。"田"、"絏"上古聲母相同，都是定母；韻分別是真部和耕部，真部和耕部關係比較密切。《管子·法法》："舜之有天下也，禹爲司空，契爲司徒，皋陶爲李，后稷爲田。"《小匡》："弦子爲理，甯戚爲田。"《淮南子·天文》："何謂五官？東方爲田，南方爲司馬，西方爲理，北方爲司空，中央爲都。"皆稱掌農業的官爲田。（張富海）或讀爲"盈"、"正"、"畯"、"程"。

程

　上博七·武 8～名（銘）隹（唯）[曰]

《說文·木部》："程，牀前几。从木，呈聲。"

簡文～，讀爲"楹"。《集韻》："楹，柱也，或从呈。"今本作"楹之銘曰：'毋曰胡殘，其禍將然。'"

定紐廷聲

廷

 上博二·容 22 厘(禹)乃建鼓於～

 上博三·周 48 行丌(其)～

 上博四·昭 1 喪備(服)曼～

 上博四·柬 17 复(作)色而言於～

 上博五·姑 9 不思(使)從己立(涖)於～

 上博五·姑 9 梧者(諸)～

 上博八·命 3 僕(僕)既旻(得)辱視日之～

～，戰國文字或作 （郭店·成之聞之 34）、、。《說文·廴部》："廷，朝中也。从廴，壬聲。"

簡文～，朝廷，君主受朝施政的地方。《莊子·漁父》："廷無忠臣，國家昏亂。"《史記·廉頗藺相如列傳》："秦王齋五日後，乃設九賓於廷，引趙使者藺相如。"

寇(庭)

上博五·君 8 亓(其)才(在)～(廷)則欲齊齊

～,从"宀","廷"聲,"庭"字異體。《説文·广部》:"庭,宫中也。从广,廷聲。"

簡文～,讀爲"廷",朝廷,君主受朝施政的地方。《莊子·漁父》:"廷無忠臣,國家昏亂。"

定紐成聲

成

上博三·周 5 亡(無)～

上博三·周 15 槙(冥)余(豫)～

上博五·三 8 唯(雖)～弗居

上博五·三 15 慮事不～

上博五·三 17 不攸(修)亓(其)～

上博五·鬼 5 蠹(融)帀(師)又(有)～氏

上博一·緇 21 朼(必)見亓(其)～

上博二·容 50 ～惪(德)者

上博二·容 52 受(紂)不智(知)亓(其)未又(有)～正(政)

 上博四·昭 1 室既～

 上博四·曹 40 既～嗇（教）矣

 上博四·曹 43 三軍未～

 上博四·曹 46 圪～則惕（易）

 上博六·競 4 木爲～於宋

 上博六·莊 1 莊王既～亡（無）鐸（射）

 上博六·莊 1【背】莊王既～

 上博六·用 1 多險以難～

 上博六·用 3 丨亓（其）又～悳（德）

 上博六·用 16 嚨（恭）弔（淑）㠯（以）～

 上博六·用 18 叡亓（其）又（有）帀（中）～

 上博八·成 1～王既邦（封）周公二年

 上博八·成 5～王曰

 上博八·成 6～王曰

 上博八·成 7～王曰

 上博八·成 10～王曰

 上博八·成 14～王曰

 上博八·李 1 亙（極）植（直）棘（速）～

～，戰國文字或作 、、、、、、、、、。《説文·戊部》：“成，就也。从戊，丁聲。![]，古文成。从午。”

上博五·三 15“不～”，無所成就；不成功。《史記·項羽本紀》：“項籍少時，學書不成，去學劍，又不成。”

上博五·鬼 5“又（有）～氏”，或疑即“有仍氏”。或以爲“有成氏”即“容成氏”。

上博一·緇 21“北（必）見丌（其）～”，《禮記·緇衣》孔穎達疏：“‘苟或行之，必見其成’者，人苟稱有行此事，必須見其成驗，不可虛稱有行而無成驗也。”

上博二·容 50“～悳”，讀爲“成德”，謂修成聖德。《管子·内業》：“敬守勿失，是謂成德。”或讀爲“盛德”，品德高尚；高尚的品德。《易·繫辭上》：“日

新之謂盛德。"《史記·老子韓非列傳》:"良賈深藏若虛,君子盛德,容貌若愚。"

上博四·曹 40"~善",讀爲"承教","成"字上古音定紐、耕部,"承"字定紐、蒸部,聲母相同,韻部近。《禮記·士昏禮》"承我宗事",《荀子·大略》作"成我宗事"。"承教"爲接受教誨、教令之義。《孟子·梁惠王上》"梁惠王曰:'寡人願安承教'",趙岐注:"承受孟子之教令。"(高佑仁)

上博四·曹 43"三軍未~戙(陳)",《吳子·料敵》有"吳子曰:凡料敵,有不卜而與之戰者八……八曰陣而未定,舍而未畢,行阪涉險,半隱半出","三軍未成陳"即"陣而未定"。(陳劍)

上博五·三 8、上博六·用 1、上博四·曹 46~,成功。《詩·大雅·靈臺》:"庶民攻之,不日成之。"

上博六·競 4~,和解;媾和。《詩·大雅·緜》:"虞芮質厥成,文王蹶厥生。"毛亨傳:"成,平也。"孔穎達疏:"言由諧文王而得成其和平也。"《左傳·桓公六年》:"楚武王侵隨,使薳章求成焉,軍于瑕以待之。"

上博六·莊 1~,完成,這裏指鑄成。

上博六·用 3"~悳","成德",盛德。《管子·内業》:"敬守勿失,是謂成德。"《易·乾》:"君子以成德爲行。"《孟子·盡心上》:"君子之所以教者五,有如時雨化之者,有成德者,有達財者,有答問者,有私淑艾者。此五者,君子之所以教也。"

上博六·用 18"宁~",疑讀爲"忠誠",真心誠意,無二心。《荀子·堯問》:"忠誠盛於内,賁於外,形於四海。"荀悦《漢紀·文帝紀下》:"周勃質樸忠誠,高祖以爲安劉氏者必勃也。"

上博八·成"~王",周成王,姬姓,名誦,周武王之子。

上博八·李 1"棘(速)~",快速长成。

城

 上博一·緇 18 鹿(展)也大~(成)

 上博一·緇 14 教之不~(成)也

 上博一·緇 17 㠯(以)～(成)亓(其)信

 上博二·子 6 舜之惪(德)則～(誠)善□

 上博二·子 8 古(故)夫舜之惪(德)亓(其)～(誠)臤(賢)矣

 上博二·子 9 殹(抑)亦～(誠)天子也與

 上博二·容 44 於是唬(乎)复(作)爲九～(成)之臺

 上博四·內 7 不～(成)□

 上博四·內 7 不～(成)孝

 上博四·內 8 君子以～(成)亓(其)考(孝)

 上博四·曹 13 獸(守)䢃(邊)～奚女(如)

 上博四·曹 13 又(有)固恕(謀)而亡(無)固～

 上博四·曹 15 亓(其)～固足以戈(捍)之

 上博四·曹 18 ～蒿(郭)必攸(修)

 上博四·曹 56 曰～

 上博五·季 23 亓(其)凸(曲)吕(以)～之

 上博五·姑 7 姑～豪(家)父曰

 上博二·容 53【背】訟(容)～(成)氏(氏)

 上博一·孔 5 又(有)～(成)工(功)者可(何)女(如)

 上博一·孔 6 昊天又(有)～(成)命

 上博一·孔 7 ～(誠)胃(謂)之也

 上博一·孔 7 ～(誠)命之也

 上博三·中 2 夫季是(氏)河東之～(盛)豪(家)也

 上博三·中 9 又(有)～(成)

 上博三·中 12 不及亓(其)～(成)

 上博三·中 23 所吕(以)～(成)死也

正編·耕部

 上博四·曹1型既～(成)矣

 上博四·采3～上生之葦

 上博五·弟10 裝(勞)弖(以)～事

 上博二·民8～(成)王不敢康

 上博五·季3 敬～(成)亓(其)悳(德)弖(以)臨民

 上博五·季7 君子敬～(成)亓(其)悳(德)

 上博五·鮑1 十月而徒秾(梁)～(成)

 上博五·鮑1 一之日而車秾(梁)～(成)

 上博五·鮑4 日～(盛)于縱(縱)

 上博五·姑1 姑(苦)～(成)豪(家)父事敕(屬)公

 上博五·姑1 姑(苦)～(成)豪(家)父

 上博五·姑2 告姑(苦)～(成)豪(家)父曰

上博五·姑 3 姑(苦)~(成)豢(家)父曰

上博五·姑 5 姑(苦)~(成)豢(家)父

上博五·姑 6 胃(謂)姑(苦)~(成)豢(家)父曰

上博五·姑 9 姑(苦)~(成)豢(家)父尃(捕)長魚䎹(矯)

上博五·姑 10 姑(苦)~(成)豢(家)父立死

上博二·從甲 7 不敬則事亡(無)~(成)

上博二·從甲 15 胃(謂)之必~(成)

上博六·孔 24 而亡(無)~(成)德

上博六·莊 1 虐(吾)既果~(成)亡(無)鐸(射)

上博六·木 1 競(景)坪(平)王命王子木迚~父

上博六·木 1~公䣷瓜(遇)

上博六·木 2~公記(起)

上博六·木 5 王子睧(問)～公

上博六·木 5～公畣(答)曰

上博六·天甲 11 臨～不

上博六·天乙 11 臨～不言毀

上博七·武 15 不逆而訓(順)～(成)

上博七·鄭甲 4 毋㠯(以)～(成)名立於上

上博七·鄭甲 5 斂(掩)之～㞢(基)

上博七·鄭乙 5 斂(掩)之～㞢(基)

上博七·凡甲 1 奚旻(得)而～(成)

上博七·凡甲 1 流型～(成)豊(體)

上博七·凡甲 1 既～(成)既生

上博七·凡甲 3 流型～(成)豊(體)

上博七·凡甲 2 又(有)旻(得)而～(成)

上博七·凡甲 21 四～結

上博七·凡甲 28 夫此之胃(謂)少(小)～(成)

上博七·凡乙 1 奚旻(得)而～

上博七·凡乙 1 流型(形)～(成)豊(體)

上博七·凡乙 1 既～(成)既生

上博七·凡乙 2 流型～(成)豊(體)

上博七·凡乙 2 又(有)旻(得)而～(成)

上博七·凡乙 20 此之胃(謂)少(小)～(成)

上博七·吴 3 青(請)～(成)於楚

上博四·柬 3 ～(成)于膚中者

上博八·顔 10 悳(德)～(成)則名至矣

 上博八·有1可昏(幾)~(成)夫今可(兮)

~,戰國文字或作成(郭店·老子甲16)、𢦏(郭店·老子甲17)、𢦏(郭店·老子乙13)、𢦏(郭店·老子丙2)、𢦏(郭店·老子丙12)、𢦏(郭店·太一生水1)、𢦏(郭店·太一生水12)、𢦏(郭店·緇衣36)、𢦏(郭店·五行8)、𢦏(郭店·成之聞之13)、𢦏(郭店·語叢三29)、𢦏(郭店·語叢四22)、𢦏(九A22)、𢦏(新蔡乙一14)、𢦏(新蔡零102、59)、𢦏(新蔡甲三8、18)、𢦏(新蔡乙一32、23、1)、𢦏(施31)、𢦏(鄔王職壺上海博物館集刊·8·147)、𢦏(施81)、𢦏(施292)、𢦏(先秦編603)、𢦏(施325)、𢦏(日本27)。《說文·土部》:"城,以盛民也。从土,从成,成亦聲。𢦏,籀文城。从𩫏。"

上博一·緇18"大~",讀爲"大成",大的成就。《詩·小雅·車攻》:"允矣君子,展也大成。"鄭玄箋:"大成,謂致太平也。"《孟子·萬章下》:"孔子之謂集大成。集大成也者,金聲而玉振之也。"趙岐注:"孔子集先聖之大道,以成己之聖德者也。"

上博二·子6、8、9、上博一·孔7~,讀爲"誠",確實。《孟子·梁惠王上》:"挾太山超北海,語人曰:'我不能。'是誠不能也。"

上博二·容44~,讀爲"成",重;層。《呂氏春秋·音初》:"爲之九成之臺。"高誘注:"成,猶重。"

上博四·內7、8"君子以~丌考",讀爲"君子以成其孝",參《大戴禮記·曾子立孝》:"以敬如此而成于孝子也。"

上博三·中23~,讀爲"成"。《說文》:"成,就也。"有趨向之義。"成死"與下述的"立生"對文。

上博五·季3、7"敬~丌(其)悳(德)",與叔弓鐘"肅成朕師旟之政德"意近。《國語·晉語六》:"夫王者成其德,而遠人以其方賄歸之,故無憂。"

上博一·緇14、上博五·鮑1、上博二·從甲7、15、上博三·中12、上博六·莊 1~,讀爲"成",完成;實現;成功。《詩·大雅·靈臺》:"庶民攻之,不日成之。"

上博六·孔 24"~德",讀爲"成德",即"已成之德"之意,《易·乾》:"君子以成德爲行。"《國語·周語下》:"始於德讓,中於信寬,終於固和,故曰成。單子儉敬讓咨,以應成德。"《左傳·成公十三年》:"不穀惡其無成德,是用宣之,以懲不壹。"

上博四·曹 13、15、上博四·采 3、上博六·天甲 11、上博六·天乙 11、上博七·鄭甲 5、鄭乙 5~,城垣,城邑四周用作防守的牆垣。《墨子·七患》:"城者,所以自守也。"《禮記·曲禮上》:"登城不指,城上不呼。"陳澔集説:"城,人所以恃爲安固者。有所指,則惑見者;有所呼,則駭聽者。"

上博四·曹 13"鄢(邊)~",指靠近國界的城市。《管子·度地》:"當冬三月,天地閉藏,暑雨止,大寒起,萬物實然,利以填塞空郄,繕邊城,塗郭术。"

上博四·曹 18"~鄣(郭)",城牆。城指内城的牆,郭指外城的牆。《逸周書·糴匡》:"宮室城廓脩爲備,供有嘉菜,於是曰滿。"孔晁注:"廓與郭同。"《禮記·禮運》:"大人世及以爲禮,城郭溝池以爲固。"孔穎達疏:"城,内城;郭,外城也。"

上博五·姑"姑~豪(家)父曰",人名,即苦成叔,春秋時晉國大夫郤犨,見於《左傳》和《國語》。

上博二·容 53【背】"訟~氏",讀爲"容成氏",古帝王名。

上博一·孔 5"~工",讀爲"成功",成就功業或事業。《書·禹貢》:"禹錫玄圭,告厥成功。"桓寬《鹽鐵論·結和》:"黃帝以戰成功,湯武以伐成孝。"

上博一·孔 6"昊天又(有)~(成)命",《詩經》篇名。《詩·周頌·昊天有成命》:"昊天有成命,二后受之。成王不敢康,夙夜基命宥密。於緝熙!單厥心,肆其靖之。"

上博三·中 2"~豪",讀爲"成家"。《左傳·襄公十四年》:"師歸自伐秦。晉侯舍新軍,禮也。成國不過半天子之軍。周爲六軍,諸侯之大者,三軍可也。"杜預注:"成國,大國。"又《左傳·昭公五年》:"箕襄、邢帶、叔禽、叔椒、子羽,皆大家也;韓賦七邑,皆成縣也;羊舌四族,皆強家也。"後面那段文句以"大家"和"成縣"以及"強家"對文。"成家"亦即"大家",是卿大夫中最有勢力的家族。(史傑鵬、陳偉)

上博三·中 9"又~",讀爲"又成",成功,有成效,有成就。《詩·小雅·黍苗》:"召伯有成,王心則寧。"《論語·子路》:"苟有用我者,期月而已也,三年有成。"

上博五·弟 10"～事",讀爲"成事",《論語·八佾》:"哀公問社於宰我……子聞之曰:'成事不説,遂事不諫,既往不咎。'"《禮記·哀公問》:"有成事,然后治其雕鏤文章黼黻以嗣。"

上博二·民 8"～王",讀爲"成王",見《詩·周頌·昊天有成命》:"昊天有成命,二后受之。成王不敢康,夙夜基命宥密。"鄭玄箋:"文王、武王受其業,施行道德,成此王功,不敢自安逸,早夜始信順天命,不敢解倦,行寬仁安靜之政以定天下。寬仁所以止苛刻也,安靜所以息暴亂也。"

上博五·鮑 4～,讀爲"盛",旺盛;興盛;茂盛。《禮記·月令》:"〔季春之月〕生氣方盛,陽氣發泄。"《論語·泰伯》:"孔子曰:'才難,不其然乎?唐虞之際,於斯爲盛。'"

上博六·木 1"～父",地名,見《左傳·昭公十九年》:"費無極言於楚子曰:'晉之伯也,邇於諸夏,而楚辟陋,故弗能與爭。若大城城父,而寘大子焉,以通北方,王收南方,是得天下也。'王説,從之。故太子建居城父。"杜預注:"城父,今襄城城父縣。"

上博六·木 1、2、5"～公",即楚城父縣的縣公,"城公旆",即見于典籍的"成公乾"。《説苑·辨物》:"王子建出守城父,與成公乾遇於疇中。問曰:'是何也?'成公乾曰:'疇也。''疇也者何也?'曰:'所以爲麻也。''麻也者何也?'曰:'所以爲衣也。'"

上博七·武 15"訓～",讀爲"順成",謂順理而成功。《左傳·宣公十二年》:"執事順成爲臧,逆爲否。"杜預注:"今彘子逆命不順成,故應否臧之凶。"楊伯峻注:"凡行事,順其道而行以有成則爲善。"

上博七·鄭甲 4"～名",讀爲"成名"。《易·繫辭下》:"善不積,不足以成名。"韓康伯注:"成立聲名也。"

上博七·凡甲 1、凡乙 1～,讀爲"成"。《説文》:"成,就也。"成就,形成。《老子》:"有物混成。"郭店楚簡《太一生水》:"舍易之所不能城(成)。"

上博七·凡甲 1、3 正、凡乙 1、2"～豐",讀爲"成體",《淮南子·説山》:"魄問於魂曰:'道何以爲體?'""爲體"猶言"成體"。

上博七·凡甲 1、凡乙 1"既～既生",《老子》"有物混成,先天地生"、"有無相生,難易相成",郭店楚簡《太一生水》"太一生水,水反輔太一,是以成天","成"、"生"用法與此同。

上博七·凡甲 21"四～結","成",成爲。"結",結束,終了。

上博七·凡甲 28、凡乙 20"少～"，讀爲"小成"，略有成就。《禮記·學記》："一年視離經辨志，三年視敬業樂群，五年視博習親師，七年視論學取友，謂之小成。"

上博七·吳 3～，讀爲"成"，和解，媾和。《戰國策·趙策二》："皆欲割諸侯之地以與秦成。""請成"，求和。《左傳·隱公六年》："鄭伯侵陳，大獲。往歲，鄭伯請成于陳，陳侯不許。"

上博四·柬 3～，讀爲"成"，指完成祭祀。包山 202 反："新父既城，新母既城"，即對親父、親母的祭祀禳除已經完成。（周鳳五）

上博八·顏 10"悳～"，讀爲"德成"，《禮記·文王世子》："君子曰德，德成而教尊，教尊而官正，官正而國治，君之謂也。"《國語·周語》："成，德之終也。"

上博八·有 1～，讀爲"成"，成長，長成。（讀書會）

盛

 上博一·孔 2～悳（德）也

～，楚文字或作 （《襄陽王坡東周秦漢墓》圖 116·6 盛氏官鼎）、（郭店·唐虞之道 2），或从"城"聲作 （新蔡乙一 13）。《説文·皿部》："盛，黍稷在器中以祀者也。从皿，成聲。"

簡文"～德"，品德高尚；高尚的品德。《易·繫辭上》："日新之謂盛德。"《史記·老子韓非列傳》："良賈深藏若虛，君子盛德，容貌若愚。"《國語·周語下》："且其語説《昊天有成命》，頌之盛德也。"

泥紐寍聲

寍

上博一·緇 11 邦家之不～（寧）也

上博三·周 9 不～（寧）方迻（來）

上博三·互 3 昏(混)昏(混)不~(寧)

上博五·季 6 □~(寧)佗肥也

上博五·姑 5 姑(苦)城(成)豪(家)父乃~(寧)百豫

上博七·武 8~(寧)溺於宎(淵)

上博七·吳 6~心敳惪(憂)

上博六·用 5~(寧)事虩=

上博六·用 8~(寧)又(有)保惪(德)

上博六·用 16 而綏亓(其)又~(寧)

楚文字"宭"字皆作"宭",如、、,古文字"宀"旁或寫作"穴",如侯馬盟書"寓"或作"窵"(《侯馬盟書》326頁)。或作![],"穴"訛作"大"。晉、秦文字"寧"字作、、。《說文·宀部》:"宭,安也。從宀、心在皿上,人之飲食器,所以安人。"《集韻》:"通作寧。"

上博一·緇 11、上博三·周 9、上博三·互 3"不~",讀爲"不寧",不安定;不安寧。《禮記·月令》:"〔季秋之月〕行冬令,則國多盜賊,邊竟不寧,土地分裂。"

上博五·季6~，讀爲"寧"，《説文》："寧，願詞也，从丂、寍聲。""寧"，寧願，寧可。《左傳·定公十三年》："與其害于民，寧我獨死。"

上博五·姑5~，讀爲"寧"，安定。《左傳·定公五年》："及寧，王欲殺之。"杜預注："寧，安定也。"

上博七·武8"~溺於宋（淵）"，中山王鼎銘"篲其溺於人，寧溺於淵。"

上博七·吴6~，讀爲"寧"，安寧，安定。《書·大禹謨》："野無遺賢，萬邦咸寧。"亦指問安。《詩·周南·葛覃》："害澣害否，歸寧父母。"朱熹集傳："寧，安也。謂問安也。"

上博六·用5~，使安定之意。《書·湯誥》："俾予一人，輯寧爾邦家。"

來紐霝聲

霝

 上博一·緇14 毗（苗）民非甬（用）~（靈）

 上博三·周24 豫（舍）尔~（靈）龜

 上博七·君甲9 先君~（靈）王

 上博七·君乙9 先君~（靈）王

 上博七·吴8 天子之~（靈）

 上博七·吴8 天子之~（靈）

~，或從二口、或從三口、或從四口同。《説文·雨部》："霝，雨零也。從雨，吅象雫形。《詩》曰：'霝雨其濛。'"

上博一·緇14~，今本《禮記》引作"命"。鄭玄注："命，謂政令也。""甬

～"或讀爲"用靈",應訓爲"爲善",意即做善事。(張玉金)

上博三·周 24～,讀爲"靈",神異的。《漢書·食貨志》:"工商能采金銀銅連錫登龜取貝者。"顏師古注引如淳曰:"龜有靈,故言登。"

上博七·君甲 9"～王",即"楚靈王",公元前 540 年至公元前 529 年在位,熊氏,名圍,一作回,後改名虔。楚康王弟。《史記·管蔡世家》:"楚公子圍弒其王郟敖而自立,爲靈王。"是楚國的暴君,侵陵諸侯,驕奢淫逸。

上博七·吴 8～,讀爲"靈",福,佑。《國語·晉語二》:"以君之靈,鬼神降衷。"《漢書·董仲舒傳》:"受天之佑,享鬼神之靈。"又,《左傳·隱公三年》:"若以大夫之靈,得保首領以没。"《國語·晉語七》:"八年之中,七合諸侯,君之靈也。""大夫之靈"、"君之靈"與簡文"天之靈"用法相同。

精紐晶聲

星

上博五·競 1～兇(變)

上博三·中 19 日月～唇(辰)猷(猶)差

《説文·晶部》:"曐,萬物之精,上爲列星。从晶,生聲。一曰:象形。从口,古口復注中,故與日同。🌠,古文星。星,曐或省。"

上博三·中 19"～辰",星的通稱。《書·堯典》:"曆象日月星辰。"

上博五·競 1"～兇(變)子",讀爲"眚變,災"。《左傳·莊公二十五年》:"非日月之眚不鼓。"杜預注:"眚,猶災也。月侵日爲眚。陰陽逆順之事,賢聖所重,故特鼓之。"孔穎達疏:"月侵日爲眚,陰犯陽爲逆。"《禮記·曾子問》載孔子之言曰:"昔者吾從老聃助葬於巷黨,及堩,日有食之。老聃曰:'丘止柩以就道右,止哭以聽變。'"鄭玄注:"變,日食也。"簡文"眚變",即指發生日食這種變異現象。(顏世鉉)

精紐井聲

井

上博六·用 4 五～(刑)不行

上博六·用 13 兇(凶)～(刑)屬政

上博六·用 14 折濾即～(刑)

上博六·用 16 柬亓(其)又(有)恆～(刑)

《説文·井部》："井，八家一丼，象構韓形。丶，甕之象也。古者伯益初作井。"

上博六·用 4 "五～"，讀爲"五刑"，五種輕重不等的刑法。《書·舜典》："五刑有服。"孔傳："五刑：墨、劓、剕、宮、大辟。"《周禮·秋官·司刑》："掌五刑之灋，以麗萬民之罪，墨罪五百，劓罪五百，宮罪五百，刖罪五百，殺罪五百。"《書·吕刑》："五辭簡孚，正于五刑；五刑不簡，正于五罰。"《禮記·樂記》："暴民不作，諸侯賓服，兵革不試，五刑不用，百姓無患，天子不怒，如此，則樂達矣。""五刑不行"亦國泰民安之表現。

上博六·用 13 "兇～"，讀爲"凶刑"，與"嚴刑"意近。

上博六·用 14、16 ～，讀爲"刑"，《左傳·隱公十一年》："許無刑而伐之，服而舍之。"杜預注："刑，法也。"《易·豐》："君子以折獄致刑。"

彔

 上博三·周 44～

 上博三·周 44 攺(改)邑不攺(改)～

 上博三·周 44 往埜(來)～=

 上博三·周 44 亦母(毋)蘽(繘)～

 上博三·周 44 ～普不飤(食)

 上博三·周 44 舊～亡(無)愈(禽)

 上博三·周 44 ～浴(谷)弞(射)狒(鮒)

 上博三·周 45 ～朻(救)不飤(食)

 上博三·周 45 ～䨲

 上博三·周 45 ～緊(冽)

 上博三·周 45 ～朻(救)勿寞

～，从"水"，"井"聲，《說文》以爲是"阱"字的古文。井是畜水的，"汬"可能是"井"字的異體，古文假借爲"阱"。(李家浩)《說文·井部》："阱，陷也，从𨸏、井，井亦聲。𠕲，阱或从穴。汬，古文阱。从水。"

上博三·周 44～，水井。《易·井》："改邑不改井。"孔穎達疏："古者穿地取水，以瓶引汲，謂之爲井。"

上博三·周44～,"阱"的古字。《易·井》:"舊井無禽。"王引之《經義述聞·周易上》:"井當讀爲阱。"高亨注:"'舊井'之井,謂捕獸之陷井,陷井它書多作陷阱,古無阱字,只作井。"

上博三·周44～,《易》卦名。六十四卦之一,巽下坎上。《易·井》:"《象》曰:木上有水,井。"孔穎達疏:"井之爲義,汲養而不窮。"王安石《九卦论》:"君子之學,至乎井、巽而大備。"

上博三·周45"～枊(收)勿寞",謂井已挖成。《易·井》:"井收勿幕,有孚元吉。"王弼注:"處井上極,水已出井,井功大成,在此爻矣,故曰井收也。"尚秉和注:"收,成也。幕,蓋也,覆也……言井既成,以出水爲功,不宜蓋覆也。"

垩

上博二·魯2 政～(刑)與

上博二·魯3 女(若)夫政～(刑)與惪(德)已(以)事上天

上博四·曹21～(刑)罰又(有)辠(罪)而賞篏(爵)又(有)惪(德)

上博四·曹54 赶(重)賞泊(薄)～(刑)

上博六·用1 愿(匿)之台兇(凶)～(刑)

～,與 、同,从"土","井"聲。"型"字異體。

上博四·曹21"～罰",讀爲"刑罰",刑指肉刑、死刑;罰指以金錢贖罪。後泛指依照法律對違法者實行的強制處分。《書·吕刑》:"刑罰世輕世重,惟齊非齊,有倫有要。"《史記·吕太后本紀》:"刑罰罕用,罪人是希。"

上博四·曹54"泊～",讀爲"薄刑",輕罪;輕刑。《禮記·月令》:"〔孟夏之月〕斷薄刑,決小罪,出輕繫。"《國語・魯語上》:"大刑用甲兵,其次用斧鉞;中刑用刀鋸,其次用鑽笮;薄刑用鞭撲:以威民也。"

型

 上博一・緇 14 隹(惟)复(作)五虐(瘧)之～(刑)曰金(法)

 上博一・緇 14 呂～(刑)員(云)

 上博一・緇 15 古(故)上不可以埶(褻)～(刑)而翌(輕)杪(爵)

 上博一・緇 15 番(播)～(刑)之由(迪)

 上博一・緇 1 埜(儀)～(刑)文王

 上博一・緇 8 呂～(刑)員(云)

 上博一・緇 13 齊之以～(刑)

 上博一・緇 14 折(制)以～(刑)

 上博一・緇 15 呂～(刑)員(云)

 上博二・魯 1 母(無)乃遊(失)者(諸)～(刑)與惪(德)虖(乎)

上博二·魯 2 不智(知)～(刑)與悳(德)

上博二·容 4 不～(刑)不殺

上博三·中 17～(刑)正(政)不繯(緩)

上博五·鮑 3 老溺(弱)不～(刑)

上博五·鮑 7 而走(尚)穆亓(其)～(刑)

上博五·三 11 毋芙(笑)～(刑)

上博五·三 20 至～(刑)台(以)袞(哀)

上博六·天甲 4～(刑),屯用青,邦喪

上博六·天甲 9 斷～(刑)則㠯(以)袞(哀)

上博六·天乙 3～

上博六·天乙 8 斷～(刑)則㠯(以)袞(哀)

上博二·從甲 3 諈(教)之㠯(以)～(刑)則逐

 上博四・曹 1 ～既城(成)矣

 上博四・曹 2 欲〈歇〉於土～(鉶)

 上博四・曹 10 乃命毀鐘～而聖(聽)邦政

 上博一・緇 1 則民咸劧(力)而～(刑)不刾

 上博二・容 6 不～(刑)殺而無覞(盜)惻(賊)

 上博五・季 10 好～(刑)則不羊(祥)

 上博五・季 20 大辠(罪)則夜(赦)之㠯(以)～(刑)

 上博五・季 22 蹙(中)辠(罪)～(刑)之

 上博五・姑 4 ～(刑)莫大女(安)

 上博七・凡甲 1 凸(品)勿(物)溓(流)～

 上博七・凡甲 1 溓(流)～城(成)豊(體)

 上博七・凡甲 2 民人溓(流)～

 上博七·凡甲3 滰(流)～城(成)豊(體)

 上博七·凡甲3【背】峊(品)勿(物)滰(流)～

 上博七·凡乙1 峊(品)勿(物)滰(流)～

 上博七·凡乙1 滰(流)～城(成)豊(體)

 上博七·凡乙2 民人滰(流)～

上博七·凡乙2 滰(流)～城(成)豊(體)

～，楚文字或作 (郭店·老子甲16)、 (郭店·五行2)、 (郭店·成之聞之6)、 (郭店·成之聞之24)、 (郭店·成之聞之39)、 (郭店·語叢一6)、 (郭店·語叢三70)、 (左塚漆梮)，所从的"井"或訛爲"凡"形，"刀"或作"刃"、或作"夘"。《說文·土部》："型，鑄器之法也。从土，刑聲。"

上博一·緇14"隹(惟)复(作)五虐(瘧)之～(刑)曰法"，見《書·吕刑》："惟作五虐之刑曰法。"孔穎達疏："學蚩尤制之，用五刑而虐爲之，故爲'五虐之刑'。"

上博一·緇"吕～(刑)"，《書·吕刑》："吕命穆王訓夏贖刑，作《吕刑》。"

上博一·緇15"執(褻)～(刑)"，謂輕率用刑。《新唐書·陸贄傳》："信賞必罰，霸王之資也。輕爵褻刑，衰亂之漸也。非功而獲爵則輕，非罪而肆刑則褻。"

上博一·緇15"番～"，讀爲"播刑"，施行刑法。《書·吕刑》："今爾何監，非時伯夷播刑之迪。"孔安國傳："言當視伯夷布刑之道而法之。"《禮記·緇衣》："《甫刑》曰：'播刑之不迪。'"鄭玄注："播猶施也。'不'衍字耳……言施刑之道。"牟庭《同文尚書·甫刑之命》:"《尚書》'由'字多作'迪',而《緇衣》作'播刑之不由。'《緇衣》注云:'不字衍。'今據《書》義,當有'不'字,非衍也……此爲播施刑法之所不由其故,非爾所宜監視也。"

上博一·緇 1"墼～",讀爲"儀刑",效法。《詩·大雅·文王》:"儀刑文王,萬邦作孚。"朱熹集傳:"儀,象。刑,法。"陸機《皇太子宴玄圃有令賦詩》:"儀刑祖宗,妥綏天保。"

上博一·緇 13"齊之以～(刑)",《論語·爲政》:"道之以政,齊之以刑,民免而無恥;道之以德,齊之以禮,有恥且格。"

上博一·緇 14、上博五·鮑 7～,讀爲"刑",《左傳·隱公十一年》:"許無刑而伐之,服而舍之。"杜預注:"刑,法也。"

上博二·魯 1、2"～(刑)與悥(德)",刑罰與教化;刑罰與恩賞。《韓非子·二柄》:"何謂刑德? 曰:殺戮之謂刑,慶賞之謂德。"葛洪《抱朴子·廣譬》:"二儀不能廢春秋以成歲,明主不能舍刑德以致治。"《論語·里仁》"君子懷德,小人懷土;君子懷刑,小人懷惠"。

上博二·容 4、6"不～(刑)殺",《商君書·定分》:"故聖人立,天下而無刑死者,非不刑殺也。"

上博三·中 17"～正",讀爲"刑政",刑法政令,《國語·周語下》:"出令不信,刑政放紛。"

上博五·鮑 3"老溺(弱)不～",參《管子·霸形》:"孤幼不刑,澤梁時縱,關譏而不征,市書而不賦。"

上博五·三 11～,讀爲"刑",疑是受刑殘廢之人。

上博六·天甲 9、天乙 8"斷～",讀爲"斷刑"。《禮記·月令》:"決獄訟,必端平。戮有罪,嚴斷刑。"

上博四·曹 2～,讀爲"鉶",鉶是一種盛羹之器。《周禮·秋官·掌客》:"鉶四十有二。"鄭玄注:"鉶,羹器也。"盛羹的器皿。《周禮·天官·內饔》:"凡掌共羞、脩刑、膴胖、骨鱐,以待共膳。"鄭玄注:"刑,鉶羹也。"簡文"歠於土鉶",參《漢書·司馬遷傳》:"飯土簋,歠土刑。"顏師古注:"刑以盛羹也。"《墨子·節用中》"飯於土塯,啜于土刑"(《史記·太史公自序》引"塯"作"簋",《漢書·司馬遷傳》引"塯"亦作"簋","啜"作"歠"),《韓非子·十過》"飯於土簋,飲於土鉶"(《史記·秦始皇本紀》引"簋"作"塯"、"飲"作"啜"、"鉶"作"刑",《李斯列傳》引"簋"作"匭"、"飲"作"啜")。

上博四·曹 10～,鑄鐘的陶範。

上博五·季10~,讀爲"刑"。古書有"好刑"之説。如《淮南子·詮言》:"好刑,則有功者廢,無罪者誅。"本句的"好刑"如何,與上句"罰則民逃"意義上有聯繫。(陳偉)

上博一·緇1、上博五·三20、上博五·季20、22、上博五·姑4、上博六·天甲4、上博六·用1、上博二·從甲3~,懲罰;處罰。《書·康誥》:"非汝封刑人殺人,無或刑人殺人。"孔安國傳:"言得刑殺罪人。"又指刑法;法度。《書·呂刑》:"王享國百年,耄荒,度作刑以詰四方。"《左傳·隱公十一年》:"許無刑而伐之,服而舍之。"杜預注:"刑,法也。"

上博七·凡~,讀爲"形",形體。《易·繫辭上》:"在天成象,在地成形。"韓伯康注:"象,況日月星辰;形,況山川草木也。"《楚辭·天問》:"上下未形,何由考之?""凡物流形",謂萬物受自然之滋育而運動變化其形體。《易·乾》:"雲行雨施,品物流形。"

型

上博二·容26 於是唬(乎)~(荆)州、郢(鄢)州訂(始)可尻(處)也

上博四·昭1 既~ (禁?)之

上博七·吳4 ~(荆)爲不道

~,從"田","刑"聲,所從"田"或訛作"日"。或作 (九A87),則從"井"聲。均爲"型"字異體。

上博二·容26"~州",讀爲"荆州",古"九州"之一。在荆山、衡山之間。《書·禹貢》:"荆及衡陽惟荆州。"

上博四·昭1~,讀爲"鬻"。《大戴禮記·諸侯釁廟》:"宗人曰:'請令以鬻某廟。'君曰:'諾。'遂入。"或讀爲"請"。(劉洪濤)或讀爲"行",釋爲"且也、將也"(參《虛詞詁林》223頁),同"將落之"。(季旭昇)

上博七·吳4~,讀爲"荆",楚國的別稱。《史記·吳太伯世家》"太伯之犇荆蠻",司馬貞索隱:"荆者,楚之舊號,以州而言之曰荆。"又,《穀梁傳》莊公十年、十四年、二十八年並謂:"荆者,楚也。"從青銅器銘文看,"楚"爲楚國自稱,他國稱其爲"荆"似乎帶有貶意。《國語·吴語》:"今伯父有蠻、荆之虞。""荆"即指楚國。

罧

　上博四·柬 12 而~(刑)之吕(以)潞(旱)

　上博四·柬 12 此爲君者之~(刑)

~,從"网","型"聲,疑"刑"之或體。戰國文字"刑"字或作井(山東 104 司馬棶編鎛)、(中國古代陶文集拓第 2 册第 3 頁)、(珍秦 229)。《説文·井部》:"刑,罰辠也。从井,从刀。《易》曰:'井,法也。'井亦聲。"

上博四·柬 12~,讀爲"刑"。《商君書·畫策》:"以刑去刑。"

上博四·柬 12~,讀爲"刑",懲罰;處罰。《書·康誥》:"非汝封刑人殺人,無或刑人殺人。"孔安國傳:"言得刑殺罪人。"

精紐爭聲

爭

　上博六·莊 5 紳公~之

~,或作(郭店·成之聞之 35),從"力","青"聲。《説文·受部》:"引也,从受、厂。"

簡文~,爭奪;奪取。《左傳·隱公十一年》:"公孫閼與潁考叔爭車。"《楚辭·卜居》:"寧與黄鵠比翼乎,將與雞鶩爭食乎?"

埩（耕）

 上博四·柬 23 爲人臣者亦又～（耕）虖（乎）

 上博四·柬 23 可羕～（耕）

 上博三·周 20 不～（耕）而穫（穫）

～，从"井"，"爭"聲，"耕"字異體。或从"田"、"力"，會意，作 ![](）（郭店·成之聞之 13）。《説文·耒部》："耕，犁也。从耒，井聲。一曰：古者井田，謂从井，會意。"

上博三·周 20"不～（耕）而穫（穫）"，《吕氏春秋·慎大覽》："適令武王不耕而獲。"

上博四·柬 23～，讀爲"諍"，諫諍，規勸。《論語·里仁》："事父母幾諫，見志不從，又敬不違，勞而不怨。"劉向《説苑·臣術》："有能盡言於君，用則留之，不用則去之，謂之諫；用則可生，不用則死，謂之諍。"（劉樂賢）

畊

 上博六·用 4 遳相弋～

～，从"曰"乃从"田"之訛，"爭"聲，與 ![](（郭店·窮達以時 2）同，"耕"字異體。

上博六·用 4"弋～"，讀爲"代耕"。《禮記·王制》："諸侯之下士視上農夫，禄足以代其耕也。"

静

上博一·緇 2 ～(靖)龏(恭)尔立(位)

上博二·容 13 昔舜～(耕)於鬲丘

上博一·緇 6 則下之爲悬(仁)也～(爭)先

上博二·從甲 18 名䑋(難)～(爭)也

上博四·內 10 才(在)少(小)不～(爭)

上博八·顏 7 則民不～(爭)矣

上博八·顏 8 少(小)人～(爭)而遊(失)之

～，戰國文字或作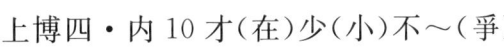(郭店·老子甲 5)、 (郭店·老子甲 5)、 (郭店·尊德義 14)、 (郭店·尊德義 27)、 (郭店·語叢二 11)、 (郭店·語叢二 12)、 (秦風 154)。《說文·青部》："静，審也。从青，爭聲。"

上博一·緇 2～，讀爲"靖"，恭謹地奉守；靜肅恭謹。《詩·小雅·小明》："靖共爾位，正直是與。"高亨注："靖，猶敬也。共，奉也。"

上博一·緇 6"～先"，讀爲"爭先"，猶搶前。《左傳·襄公二十七年》："晉楚爭先。"杜預注："爭先歃血。"

上博二·容 13"昔舜～(耕)於鬲丘"，郭店簡·窮達以時"舜耕於鬲(歷)山，匋(陶)(拍)於河"。《墨子·尚賢下》："是故昔者舜耕於歷山，陶於河瀕，

1947

漁于雷澤,灰于常陽。"

上博二・从甲 18～,讀爲"爭"。《荀子・儒效》:"彼大儒者,雖隱於窮閻漏屋,無置錐之地,而王公不能與之爭名。"

上博四・内 10、上博八・顔 7"不～",讀爲"不爭"。《老子》:"水善利萬物而不爭。"

上博八・顔 8～,讀爲"爭",爭奪;奪取。《左傳・隱公十一年》:"公孫閼與潁考叔爭車。"

清紐青聲

青

上博一・孔 11～(情)惎(愛)也

上博一・孔 28～蠅(蠅)

上博二・容 3 思(使)役百官而月～(請)之

上博二・容 20 四海(海)之内及四海(海)之外皆～(請)貢(貢)

上博三・中 20 所漅(竭)丌(其)～(情)

上博四・曹 34 㠯(以)觀上下之～(情)爲(偽)

上博五・競 4～(請)量之㠯(以)衰脀(汲)

上博五・季 1～(請)昏(問)𦉈=(君子)之從事者於民之□惪(德)

上博五・季 2 ～(請)昏(問)可(何)胃(謂)㲋(仁)之㠯(以)
悳(德)

上博五・季 17 皆～(請)行之

上博五・姑 5 虐(吾)聏(聞)爲臣者必思(使)君旻(得)志於吕
(己)而又(有)後～(請)

上博一・緇 19 ～(精)智(知)

上博六・競 7 祝敓毋專～

上博六・競 7 ～(請)不腰

上博六・競 13 ～祭與正

上博六・慎 3 古曰～

上博六・天甲 4 屯用～

上博六・天甲 4 必中～(情)㠯(以)瞿於勿(物)

上博六・天乙 4 屯用～

上博六・天乙 4 必中～(情)㠯(以)瞿於勿(物)

上博七·吳 3 ~（請）城（成）於楚

上博七·吳 4 赦（且）~（請）丌（其）行

上博八·顏 11 所㠯（以）旻（得）~（情）

上博八·顏 12 录（禄）不足則~（請）

上博八·顏 12 录（禄）不足則~（請）

上博八·成 6 ~（請）啻（問）天子之正道

上博八·成 7 ~（請）啻（問）丌（其）事□

上博八·成 10 ~（請）啻（問）丌（其）方

~，戰國文字或作 、、、、、、、、。《說文·青部》："青，東方色也。木生火，从生、丹。丹青之信言象然。![]，古文青。"

上博一·孔 11 "~惡"，讀爲"情愛"，親愛或友愛之情。宗炳《明佛論》："觀大鳥之廻翔，小鳥之啁噍，葛盧所聽之牛，西巴所感之鹿，情愛各深於其類矣。"

上博一·孔 28 "~蠅"，讀爲"青蠅"，《詩經》篇名。《詩·小雅·青蠅》：

"營營青蠅,止于樊。豈弟君子,無信讒言。"

上博三·中 20"澯丌～",讀爲"竭其情",盡心。《左傳·昭公二十年》:"夫子之家治事,言於晉國,竭情無私。"董仲舒《春秋繁露·離合根》:"爲人臣常竭情悉力而見其短長,使主上得而器使之。"《禮記·禮器》:"君子之于禮也,有所竭情盡慎,致其敬而誠若,有美而文而誠若。"

上博四·曹 34"～(情)僞",真假;真誠與虛僞。《易·繫辭上》:"聖人立象以盡意,設卦以盡情僞。"《左傳·僖公二十八年》:"晉侯在外十九年矣……民之情僞,盡知之矣。"

上博五·競 4、上博五·季 17～,讀爲"請",敬辭。表示自己願意做某件事而請求對方允許。《論語·顏淵》:"顏淵曰:'回雖不敏,請事斯語矣。'"《史記·呂不韋列傳》:"不韋雖貧,請以千金爲子西游,事安國君及華陽夫人,立子爲適嗣。"

上博一·緇 19"～智",讀爲"精知"。《禮記·緇衣》:"精知,略而行之。"孔穎達疏:"謂精細而知,孰慮於衆,要略而行之。此皆謂聞見雖多,執守簡要也。"

上博六·競 7"尃～",讀爲"布情",陳述實情,即講實話。(陳偉)

上博六·競 7"～不賸",讀爲"請不獲",即"請不獲命",義亦同"請不許"。

上博六·天甲 4、天乙 4～,讀爲"情",感情、情緒,《荀子·正名》:"性之好、惡、喜、怒、哀、樂謂之情。"

上博六·天甲 4、天乙 4"中～",讀爲"中情",符合真實的情狀。《左傳·莊公十年》:"公曰:'小大之獄,雖不能察,必以情。'"《史記·呂不韋列傳》:"於是秦王下吏治,具得情實,事連相國呂不韋。"《二年律令》110 號簡有"證不言情,以出入罪人者,死罪,黥爲城旦舂"。(何有祖)

上博二·容 3、20、上博七·吳 3、4、上博八·顏 12～,讀爲"請",請求。《左傳·文公十三年》:"冬,公如晉朝,且尋盟。衛侯會公于沓,請平晉。"《論語·八佾》:"儀封人請見。"《列子·力命》:"請謁不相及,遨遊不同行。"

上博八·顏 11"旻～",讀爲"得情",民情可得。

上博五·季 1、2"～昏(問)"、上博八·成 6、7、10"～聟(問)",讀爲"請問"。《論語·顏淵》:"顏淵曰:'請問其目?'子曰:'非禮勿視,非禮勿聽,非禮勿言,非禮勿動。'"

情

 上博一·孔 1 樂亡（無）隱（隱）～

 上博一·孔 10 䁥（燕）䁥（燕）之～

 上博一·孔 16 䁥（燕）䁥（燕）之～

 上博一·孔 18 折（杕）杜則～

 上博一·孔 22 訽（泃）又（有）～而亡（無）望

 上博一·性 2 道訒（始）於～，～生於眚（性）

 上博一·性 2 訒（始）者近～

 上博一·性 2 智（知）～者能出之

 上博一·性 10 里（理）丌（其）～而出內（入）之

 上博一·性 11 豊（禮）[作於]～

 上博一·性 12 君子岜（美）丌（其）～

上博一・性 14 亓(其)出於～也信

上博一・性 17 卲(韶)頣(夏)樂～

上博一・性 18 皆至亓(其)～也

上博一・性 21 凡人～爲可兌(悦)也

上博一・性 21 句(苟)㠯(以)亓(其)～

上博一・性 22 又(有)岂(美)～者也

上博一・性 35 甬(用)～之至[者]

上博一・性 38 不又(有)夫奮犲之～則悉(侮)

上博一・緇 2 則民～不弋(忒)

上博六・競 4 堛～而不䐃

上博七・鄭甲 3 奠(鄭)人～(請)亓(其)古(故)

上博七・鄭乙 3 奠(鄭)人～(請)亓(其)古(故)

 上博七·凡甲 15 至～而智（知）

 上博七·凡乙 17～而智（知）

 上博八·李 2 以李（理）人～

 上博八·李 2 人因亓（其）～則樂亓（其）事

 上博八·李 2 遠亓（其）～

～，戰國文字或作 （郭店·緇衣 3）、 （郭店·性自命出 23）、 （郭店·性自命出 28）、 （郭店·性自命出 29）、 （郭店·語叢一 31） （郭店·語叢二 1）、 （郭店·語叢二 1）、 （秦駰玉版）。《説文·心部》："情，人之陰氣有欲者。从心，青聲。"

上博一·性 2"～生於性"，《荀子·正名》："生之所以然者謂之性，性之和所生，精合感應，不事而自然謂之性。性之好惡喜怒哀樂謂之情。"

上博一·性 11"豊（禮）[作於]～"，郭店·語叢二 1"豊（禮）生於～"。《禮記·坊記》："禮者，因人之情而爲之節文，以爲民坊者也。"

上博一·孔 1"樂亡（無）隱（隱）～"，樂沒有隱而不發的情感。

上博一·孔 10、16"鼴（燕）鼴（燕）之～"，讀爲"《燕燕》之情"。"《燕燕》之情"即言夫亡而寡妻終守其情也。（馮時）

上博一·孔 22"詢（洵）又（有）～而亡（無）望"，《詩·陳風·宛丘》："洵有情兮，而無望兮。"鄭玄箋："此君信有淫荒之情，其威儀無可觀望而則傚。"

上博一·性～，感情。《荀子·正名》："性之好、惡、喜、怒、哀、樂謂之情。"

上博一·性 14"凡聖（聲）丌（其）出於～也信"，《禮記·樂記》："凡音者，生人心者也。情動於中，故形於聲。"《淮南子·齊俗》："情發於中而聲應

於外。"

上博一·性17～，真情。

上博一·性21、22～，真誠。《墨子·非攻上》："今至大爲不義攻國，則弗知非，從而譽之，謂之義。情不知其不義也，故書其言以遺後世。"孫詒讓閒詁引王念孫曰："情誠通用。"

上博一·性35"甬（用）～"，《禮記·祭義》："教民相愛，上下用情，禮之至也。"

上博一·緇2"民～"，民衆的心情、願望等。《書·康誥》："天畏棐忱，民情大可見。"《漢書·刑法志》："聖人既躬明悊之性，必通天地之心，制禮作教，立法設刑，動緣民情，而則天象地。"

上博六·競4"埔～"，讀爲"迫情"，迫近情實。《左傳·昭公二十年》記趙武説："夫子之家事治，言于晉國，竭情無私。"（董珊）或讀爲"薄情"，薄有迫近、至、致的意思。（陳偉）

上博七·鄭甲3、鄭乙3～，讀爲"請"，詢問。《禮記·樂記》："賓牟賈起，免席而請曰：'夫武之備戒之已久，則既聞命矣，敢問遲之遲而又久，何也？'"孔穎達疏："此一經是賓牟賈問詞也。"

上博七·凡甲15、凡乙17～，《説文》："人之陰氣有欲者。"徐灝注箋："發於本心謂之情。"感情，情緒。《禮記·禮運》："何謂人情？喜、怒、哀、懼、愛、惡、欲，七者弗學而能。""至情"，極其真實的思想感情。《六韜·文師》："言至情者，事之極也。今臣至情不諱君，其惡之乎？"

上博八·李2"人～"，《禮記·禮運》："何謂人情？喜、怒、哀、懼、愛、惡、欲，七者弗學而能。"

上博八·李2"人因亓（其）～則樂亓（其）事"，《韓詩外傳》卷五："故聖王之教其民也，必因其情而節之以禮；必從其欲而制之以義。"

上博八·李2～，情緒。

倩

 上博五·君7毋～

《説文·人部》："倩，人字。从人，青聲。東齊壻謂之倩。"

簡文～，讀作"傾"。《禮記·曲禮下》："傾則姦"，鄭玄注："傾，或爲側。"

《鶡冠子·泰鴻》："夫物之始也，傾傾。"陸佃解："傾傾，未正之貌。""身毋䈂（軀）、毋倩（傾）"，即站在那裏不要彎腰駝背，也不要左傾右斜。（徐少華）

請

上博六·用 15～命之所對

上博七·凡甲 3 未智（知）左右之～

上博七·凡乙 3 智（知）左右之～

上博八·命 7～昏（問）亓（其）古（故）

《説文·言部》："請，謁也。从言，青聲。"

上博六·用 15"～命"，《書·湯誥》："聿求元聖，與之戮力，以與爾有衆請命。"《管子·幼官圖》："請命於天地，知氣和，則生物從。"

上博七·凡甲 3、凡乙 3～，請求。《論語·八佾》："儀封人請見。"

上博八·命 7"～昏"，讀爲"請問"，《列子·黄帝》："今夫子閒矣，請問其過。"

腈

上博六·天甲 3 不～爲腈

上博六·天甲 3 不腈爲～

上博六·天甲 3～爲不腈

上博六·天甲 4 腈爲不～

上博六·天乙 3 不～爲腈

上博六·天乙 3 不腈爲～

上博六·天乙 3 ～爲不腈

上博六·天乙 3 腈爲不～

上博八·有 6 膠膰之～也今可(兮)

～,從"肉","青"聲,米之精細者爲"精",則肉之精細者可爲"腈"。或"腈"當爲"精"字異構。《説文·米部》:"精,擇也。"

上博六～,讀爲"精",訓爲純净、精細。《論語·鄉黨》:"食不厭精,膾不厭細。"簡文"不精爲精,不美爲美",是説禮講求質樸。(裘錫圭)或疑讀爲"情"。

上博八·有 6"膠膰之～",讀爲"膠膰之精",謂致送學校之祭肉精細。

清

上博一·孔 5 ～宙(廟)

上博一·孔 21 ～

上博二·容 1 丌(其)惪(德)酋～

 上博三·亙 4～（清）熙（氣）生天

 上博六·競 6 而湯～者與旻（得）蒀（萬）福安

 上博七·凡甲 12 水奚旻（得）而～

 上博七·凡乙 9 奚旻（得）而～

～，郭店簡或作 、、、、。《説文·水部》："清，朖也。澂水之皃。从水，青聲。"

上博一·孔 5"～宙（廟）"，《詩經》篇名，即《詩·周頌·清廟》，《清廟序》："清廟，祀文王也。周公既成洛邑，朝諸侯，率以祀文王焉。"鄭玄箋："清廟者，祭有清明之德者之宮也，謂祭文王也。天德清明，文王象焉，故祭之而歌此詩也。"

上博二·容 1"酋～"，讀爲"幽靜"，與《史牆盤》"青（静）幽高祖"之"青（静）幽"同。寂靜，清靜。宋玉《神女賦》："既姽嫿於幽靜兮，又婆娑乎人間。"《孔子家語·好生》載孔子答魯哀公之語云："舜之爲君也，其政好生而惡殺，其授賢而替不肖，德若天地而静虛，化若四時而變物。是以四海承風，暢於異類，鳳翔麟至，鳥獸馴德。無他也，好生故也。"或讀爲"瀏清"、"澂清"，認爲即"淑清"。

上博三·亙 4"～（清）熙（氣）生天"，《淮南子·天文》："虛霩生宇宙，宇宙生氣。氣有涯垠，清陽者薄靡而爲天，重濁者凝滯而爲地。"

上博六·競 6"湯～"，讀爲"揚情"或"揚請"。"揚"訓爲"説"。"情"，實情；"請"，"告"。《爾雅·釋詁上》："請，告也。""揚情"即稱説實情，"揚請"屬近義詞連用。（李天虹）

上博七·凡甲 12、凡乙 9～，水明澈，與"濁"相對。《詩·小雅·四月》："相彼泉水，載清載濁。"《詩·魏風·伐檀》："河水清且漣猗。"《楚辭·九辯》：

"收潦而水清。"

裾

 上博八·有6論夫三夫之～也今可(兮)

～,从"示","青"聲。

簡文～,讀爲"請",二字皆从"青"得聲,可通。請,請求,要求。《左傳·隱公元年》:"(武姜)愛共叔段,欲立之。亟請於武公,公弗許。"《論語·八佾》:"儀封人請見。"

寈

 上博一·性27凡身谷～而毋童(遺)

 上博三·亙1厥、～、虛

 上博三·亙1～大寈

 上博三·亙1寈大～

 上博三·亙2虛～爲弌(一)

 上博三·亙2～同而未或明

 上博四·相1～(靜)㠯(以)寺(待)時

 上博八·蘭 5 身體貯(重)～(輕)而目耳袋(勞)矣

～，从"宀"，"青"聲，與 ![] (郭店·性自命出 62)、![] (郭店·語叢四 1)同。

上博一·性 27～，讀爲"靜"，《吕氏春秋·仲夏紀》："君子齋戒，處必揜，身欲靜無躁，止聲色，無或進，薄滋味，無致和，退嗜欲，定心氣，百官靜，事無刑，以定晏陰之所成。"

上博三·亙 1、2～，讀爲"靜"，也可讀爲"清"。简文"虚青爲一"（類於帛書《道原》的"虚同爲一"），"清虚"見於《文子·自然》："老子曰：清虚者，天之明也。無爲者，治之常也。"似以讀"清"更好。簡文"清，大（太）清"，"太清"見《莊子·列禦寇》："太一形虚……水流乎無形，發泄乎太清。"《鶡冠子·度萬》："其德上反太清，下及泰寧。"（李學勤）

上博三·亙 2"～同"，讀爲"靜同"。《文子·自然》："靜則同，虚則通，至德無爲，萬物皆容，虚靜之道，天長地久。"馬王堆帛書《道原》："恆先之初，迵同大虚，虚同爲一，恆一而止。"

上博四·相 1～，讀爲"靜"，"靜以待"，宜靜而待之，謀定而後動。

上博八·蘭 5"貯～"，讀爲"重輕"，指重與輕。賈誼《新書·六術》："喪服稱親疏以爲重輕，親者重，疏者輕。"

精

 上博六·慎 1～瀘吕（以）巽埶

 上博八·成 4～☐

～，或作 ![] (郭店·老子甲 34)，"米"在"青"下，秦文字作 ![] (秦駰玉版)。《說文·米部》："精，擇也。从米，青聲。"

上博六·慎 1"～瀘以巽埶"，讀爲"情瀘以權勢"。"精瀘"連言，"精"的意思應與"瀘"有關，應讀爲"情"。"情"、"精"都从"青"聲，故可通用。（劉洪濤、劉建民）

靖

 上博一·孔 9～=者莪

～，从"缶"，"青"聲。

簡文"～～者莪"，讀爲"菁菁者莪"，《詩經》篇名。《詩·小雅·菁菁者莪》："菁菁者莪，在彼中阿。"毛亨傳："菁菁，盛貌。"

心紐生聲

生

 上博一·性 1 凡人唯(雖)又(有)～(性)

 上博一·性 2 情～於眚(性)

 上博一·性 8 丌(其)㠯(始)出也皆～於[人]

 上博一·性 10 季(教)所㠯(以)～悳(德)于中者也

 上博一·性 33 眚(性)或～之

 上博二·民 4 㤅(哀)樂相～

 上博二·容 24 經(脛)不～之毛

 上博二·容33亓(其)~賜(易)羕(養)也

 上博二·容36唬(虐)疾䚯(始)~

 上博四·采3城上~之葦

 上博四·逸·多2莫奴(如)同~

 上博四·曹47善於死者爲~者

 上博四·曹54思(使)忘亓(其)死而見亓(其)~

 上博五·鬼5痌(狀)若~又(有)耳不聕(聞)

 上博五·競7埅(地)不~宵(孽)

 上博五·競8含(今)內之不旻(得)百~(姓)

 上博五·鮑3犉(犧)~(牲)珪璧必全

 上博五·鮑5人之~品(三)

 上博二·子10~而能言

 港甲 3 而畫于雁（膺）～

 上博一·緇 19 此吕（以）～不可敚（奪）志

 上博三·中 23 所吕（以）立～也

 上博三·亙 2 出～

 上博三·亙 2 未或茲（滋）～

 上博三·亙 2 熭（氣）是自～

 上博三·亙 2 亙（恆）莫～熭（氣）

 上博三·亙 2 熭（氣）是自～自复（作）

 上博二·亙 3～

 上博三·亙 3～或（域）者同安（焉）

 上博三·亙 3 求丌（其）所～

 上博三·亙 3 異～異

 上博三·亙3 鬼(畏)~鬼(畏)

 上博三·亙3 韋(違)~非

 上博三·亙3 非~韋(違)

 上博三·亙3 裒~裒

 上博三·亙4 ~之生行

 上博三·亙4 生之~行

 上博三·亙4 至(濁)燹(氣)~地

 上博三·亙4 清燹(氣)~天

 上博三·亙4 云云相~

 上博三·亙4 同出而異~(性)

 上博三·亙4 因~丌(其)所慾(欲)

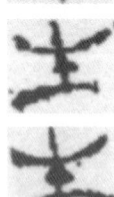 上博三·亙5 ~出於又(有)

 上博三·亙5 音出於~

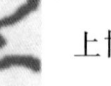 上博三·亙6 ~非生

正編·耕部

　上博三·亙 6 生非～

　上博三·亙 6 無胃（謂）～

　上博三·亙 9 亙（恆）燹（氣）之～

　上博三·亙 12 塁（舉）天下之～同也

　上博五·弟 2～而不因丌（其）浴

　上博五·弟 2 吳人～七

　上博五·弟 8 死不瞑（顧）～

　上博六·競 9 非爲娧（美）玉肴～也

　上博六·孔 23～民之賜……

　上博六·用 1 思民之初～

　上博六·用 18 台（以）夆民～

　上博六·天甲 5 文～武殺

上博六·天乙 5 文～武殺

上博七·武 7 勻～敬

上博七·武 7 口～詬

上博七·凡甲 1 既城（成）既～

上博七·凡甲 2 奚旻（得）而～

上博七·凡甲 5 槐（鬼）～於人

上博七·凡甲 6 槐（鬼）～於人

上博七·凡甲 9 亓（其）台（始）～女（如）萌（蘖）

上博七·凡甲 12 卉（草）木奚旻（得）而～

上博七·凡甲 13 卉（草）木旻（得）之㠯（以）～

上博七·凡甲 21 鼠（一）～兩

上博七·凡甲 21 兩～厽（三）

正編・耕部

上博七・凡甲 21 厽(三)～四

上博七・凡乙 1 既城(成)既～

上博七・凡乙 2 奚旻(得)而～

上博七・凡乙 4 槐(鬼)～於人

上博七・凡乙 5 槐(鬼)～於人

上博七・凡乙 7 亓(其)訇(始)～女(如)萴(蘖)

上博七・凡乙 9 卉(草)木奚旻(得)而～

上博七・凡乙 18 鼠(一)～兩

上博七・吳 6 咎(舅)～(甥)

上博八・子 1～未又(有)所奠(定)

上博八・李 1 木斯蜀(獨)～

上博八・李 1【背】幾(豈)不皆～

～，戰國文字或作 ▆（郭店·老子甲 35）、▆（郭店·老子乙 3）、▆（郭店·太一生水 1）、▆（郭店·太一生水 9）、▆（郭店·唐虞之道 14）、▆（郭店·六德 7）、▆（郭店·語叢一 1）、▆（郭店·語叢一 3）、▆（齊幣 217）、▆（施 292）、▆（輝縣 7）、▆（陝西 1730）。《說文·生部》："生，進也。象艸木生出土上。"

上博一·性 1"凡人唯（雖）又（有）～（性）"，人的本性。《易·繫辭上》："一陰一陽之謂道。繼之者善也，成之者性也。"孔穎達疏："若能成就此道者，是人之本性。"《論語·陽貨》："性相近也，習相遠也。"劉寶楠正義："人性相近，而習相遠。"

上博一·性 2、8、10、33、上博二·民 4、上博二·容 36、上博七·武 7～，產生。

上博二·容 24"脛不～之毛"，小腿不長毛。

上博四·逸·多 2"同～"，謂同父所生。因以指兄弟。《國語·晉語四》："其同生而異姓者，四母之子別爲十二姓。"

上博一·緇 19、上博三·中 23、上博四·曹 47、54、上博七·凡甲 2、凡乙 2、上博七·凡甲 12、凡乙 9、上博八·子 1～，活着，與"死"相對。

上博五·鬼 5～，或讀爲"眚"，疾病。《國語·楚語下》記子高云："吾聞國家將敗，必用姦人，而嗜其疾味，其子之謂乎？夫誰無疾眚！能者早除之。舊怨滅宗，國之疾眚也。"張衡《東京賦》："勤恤民隱而除其眚"，薛綜注："隱，痛也。眚，病也。"（李銳）或讀爲"狌（猩）"。《禮記·曲禮上》："猩猩能言，不離禽獸。"（廖名春）

上博五·競 8"百～"，讀爲"百姓"。

上博五·鮑 3"犖～"，讀爲"犧牲"，供祭祀用的純色全體牲畜。《書·泰誓上》："犧牲粢盛，既於凶盜。"《周禮·地官·牧人》："凡祭祀，共其犧牲。"鄭玄注："犧牲，毛羽完具也。"《國語·周語上》："使太宰以祝、史帥狸姓，奉犧牲、粢盛、玉帛往獻焉，無有祈也。"韋昭注："純色曰犧。"《漢書·禮樂志》："河龍供鯉醇犧牲。"顏師古注："醇謂色不雜也。犧牲，牛羊全體者也。"

上博五·鮑 5"人之～三"，大意可能是說人生來有三件大事。（李天虹）

上博三·亙 2"兹（滋）～"，發生；引起。徐幹《中論·考僞》："萬事雜錯，變數滋生,亂德之道,固非一端而已。"

上博三·亙4"異～",讀爲"異性",指稟賦不同。

上博五·弟2～,指諸侯之子繼父位。《公羊傳·莊公三十二年》:"牙謂我曰:'魯一生一及,君已知之矣。'"何休注:"父死子繼曰生,兄死弟繼曰及。"(范常喜)

上博五·弟8"死不瞑(顧)～",《三國志·魏書·二公孫陶四張傳》裴松之注:"而七營虎士,五部蠻夷,各懷素飽,不謀同心,奮臂大呼,排門逼出。近郊農民,釋其耨鎛,伐薪制梃,改案爲櫓,奔馳赴難,軍旅行成,雖蹈湯火,死不顧生。"

上博六·競9～,讀爲"牲"。祭祀用牛等家畜。《左傳·僖公二十一年》:"牛卜日曰牲。"《禮記·郊特牲》:"用牲於庭。"

上博六·孔23"～民",人民。《孟子·公孫丑上》:"率其子弟,攻其父母,自有生民以來未有能濟者也。"

上博六·用1"思民之初～",《詩·大雅·緜》:"緜緜瓜瓞。民之初生,自土沮漆。古公亶父,陶復陶穴,未有家室。"

上博六·用18"民～",民衆的生計、生活。《左傳·宣公十二年》:"民生在勤,勤則不匱。"

上博六·天甲5、天乙5"文～武殺",《禮記·表記》:"事君可貴可賤,可富可貧,可生可殺,而不可使爲亂。"

上博二·子10、上博三·亙、上博七·凡甲1、凡乙1～,出生。《孟子·離婁下》:"舜生於諸馮。"《史記·秦始皇本紀》:"(秦始皇)以秦昭王四十八年正月生於邯鄲。"《老子》:"故有無相生,難易相成。"郭店楚簡《太一生水》:"大一生水,水反捕(輔)大一,是以成天。"

上博七·凡甲5、6、凡乙4、5"禜(鬼)～於人",《論衡·訂鬼》:"鬼者,本生於人。時不成人,變化而去。天地之性,本有此化,非道術家所能論辯。"

上博四·采3、上博七·凡甲9、凡乙7、上博八·李1～,長出,生長。《詩·大雅·卷阿》:"梧桐生矣,于彼朝陽。"《管子·形勢》:"春夏生長,秋冬收藏,四時之節也。"《吕氏春秋·季春紀》:"虹始見,萍始生。"

上博七·凡甲21、凡乙18壹(一)～兩、兩～厽(參—三)、厽(參—三)～四,參《老子》:"道生一,一生二,二生三,三生萬物。"

上博七·吴6"咎(舅)～",讀爲"舅甥",舅舅和外甥。《詩·小雅·頍弁》:"豈伊異人,兄弟甥舅。"朱熹集傳:"甥舅謂母姑姊妹妻族也。"

靑

 上博一·緇7 古(故)長民者章志吕(以)卲(昭)百~(姓)

 上博一·緇7 百~(姓)

 上博一·性1 ~(性)也

 上博一·性2 情生於~(性)

 上博一·性3 ~(性)也

 上博一·性3 凡~(性)爲宔(主)

 上博一·性4 丌(其)~(性)一也

 上博一·性4 凡~(性)

 上博一·性5 凡敔(動)~(性)者

 上博一·性5 逆~(性)者

 上博一·性5 宲(實)~(性)者

 上博一·性 5 蕙(厲)～(性)者

 上博一·性 5 出～(性)者

 上博一·性 6 羕(養)～(性)者

 上博一·性 6 長～(性)者

 上博一·性 7 又(有)㠯(以)習丌(其)～(性)也

 上博一·性 18 丌(其)～(性)相近也

 上博一·性 22 ～(性)善者也

 上博一·性 33 ～(性)之方也

 上博一·性 33 ～(性)或生之

 上博一·性 34 情出于～(性)

 上博一·性 34 唯～(性)炁(愛)爲近息(仁)

 上博四·昭 3 辻(卜)命(令)尹陳～爲貝(視)日

 上博一·孔 16 民～(性)古(固)肰(然)

 上博一·孔 20 民～(性)古(固)肰(然)

 上博一·孔 24 民～(性)古(固)肰(然)

 上博二·子 6 史(使)皆旻(得)丌(其)社禝(稷)百～(姓)而奉守之

 上博五·季 3 紬(施)爹(教)於百～(姓)

 上博四·曹 27 毋辠(罪)百～(姓)

 上博一·緇 3 上人悇(疑)則百～(姓)惑

 上博一·緇 6 秂(卒)袋(勞)百～(姓)

 上博二·從甲 6 君子不慓(緩)則亡(無)以頌(容)百～(姓)

 上博二·昔 3 子～(姓)

 上博二·容 35 身力㠯(以)袋(勞)百～(姓)

 上博二·容 48 百～(姓)丌(其)可(何)辠(罪)

 上博二・容50 昏(昏)者(諸)百～(姓)

 上博二・容53 昏(昏)者(諸)百～(姓)

 上博二・容53 鑾(絕)穜(種)悉(悔)～(姓)

 上博三・彭7 氏(是)胃(謂)百～(姓)之宔(主)

 上博四・柬14 而百～(姓)㠯(以)鑾(絕)

 上博四・柬12 而百～(姓)逐(移)㠯(以)迲(去)邦豪(家)

 上博五・鮑5 百～(姓)皆宛(怨)悁

 上博五・季5 百～(姓)迻(送)之㠯(以)□☒

 上博五・鬼2 惻(賊)百～(姓)

 上博七・武15 百～(姓)之爲經

 上博七・君甲4 百～(姓)之宔(主)

 上博七・君乙3 百～(姓)之宔(主)

　　上博七·凡甲 8 虔(吾)欲昊(得)百～(姓)之和

　　上博七·凡甲 28 百～(姓)㳄=(之所)貴唯君

　　上博七·凡乙 20 百～(姓)㳄=(之所)貴

　　上博八·子 1 豪(家)～甚級(急)

　　上博八·志 5 虔(吾)父瑾(兄)～(甥)咎(舅)之又(有)▉善

～，戰國文字或作 ▉(郭店·老子丙 2)、▉(郭店·唐虞之道 11)、▉(郭店·成之聞之 26)、▉(郭店·成之聞之 28)、▉(郭店·性自命出 4)、▉(郭店·性自命出 14)、▉(郭店·語叢二 8)、▉(郭店·語叢三 57)、▉(郭店·語叢三 71)、▉(新出溫縣 WT4K6:160)。《説文·目部》："眚，目病生翳也。从目，生聲。"

上博一·性 1、3、4～，讀爲"性"，《中庸》："天命之謂性。"《孔子家語·本命》："命者，性之始也。"

上博一·性 5"動～者，物也"，能興動性的是"物"。

上博一·性 5"逆～者，悦也"，能迎合性的是"悦"。

上博一·性 5"實～者，故也"，能節制人性的是禮樂倫理、道德規範等"故"。

上博一·性 5"厲～者，義也"，能砥礪人性的是"義"。

上博一·性 5"出～者，藝也"，能讓人性表現的是"藝"。

上博一·性 6"養～者，習也"，能教化人性的是"習"。

上博一·性 6"長～者，道也"，能增長人性的是"道"。（季旭昇）

上博一·性 18"兀(其)～(性)相近也"，《論語·陽貨》："子曰：'性相近

也,習相遠也。'"劉寶楠正義:"人性相近,而習相遠。"

上博一·性 34"～(性)忎(愛)",相親相愛。陶潛《歸鳥》詩:"遐路誠悠,性愛無遺。"

上博一·性～,讀爲"性",人的本性。《易·繫辭上》:"一陰一陽之謂道。繼之者善也,成之者性也。"孔穎達疏:"若能成就此道者,是人之本性。"

上博四·昭 3"陳～",人名。

上博一·孔 16"民～",讀爲"民性",人的天賦本性。《禮記·王制》:"司徒修六禮以節民性,明七教以興民德。"《荀子·大略》:"不富無以養民情,不教無以理民性。"《淮南子·泰族》:"聖人治天下,非易民性也。"

上博"百～",讀爲"百姓"。

上博二·昔 3"子～",讀爲"子姓",指後生、晚輩。《墨子·非儒下》:"五穀既收,大喪是隨,子姓皆從,得厭飲食。"《漢書·田蚡傳》:"蚡爲諸曹郎,未貴,往來侍酒嬰所,跪起如子姓。"《廣雅·釋親》:"姓,子也。"王念孫疏證:"姓者,子孫之通稱也。"(孟蓬生)

上博二·容 53～,讀爲"性",標誌家族系統的稱號。《左傳·隱公八年》:"天子建德,因生以賜姓,胙之土而命之氏。"《史記·屈原賈生列傳》:"屈原者,名平,楚之同姓也。"

上博八·子 1"豪～",讀爲"家生",指生計、營生。《史記·扁鵲倉公列傳》:"文王病時,臣意家貧,欲爲人治病,誠恐吏以除拘臣意也,故移名數,左右不脩家生,出行游國中,問善爲方數者事之久矣,見事數師,悉受其要事,盡其方書意,及解論之。"或説"告"如字讀,訓爲"疾苦"。(廖名春、劉洪濤)

上博八·志 5"～咎",讀爲"甥舅"。外甥和舅舅。《詩·小雅·頍弁》:"豈伊異人,兄弟甥舅。"朱熹集傳:"甥舅謂母姑姊妹妻族也。"

牲

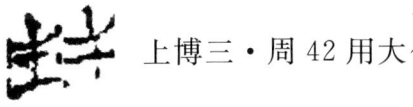 上博三·周 42 用大～

《説文·牛部》:"牲,牛完全。从牛,生聲。"

簡文"大～",供祭祀用的牛。《易·萃》:"用大牲吉,利有攸往,順天命也。"李鼎祚集解引鄭玄曰:"大牲,牛也。"《左傳·僖公十九年》:"小事不用大牲。"

禣

 上博三·周 5 亡(無)～(眚)

 上博三·周 20 亓(其)非返(復)又有～(眚)

 上博三·周 21 又(有)～(眚)

 上博三·周 56 是胃(謂)亦炗(災)～(眚)

～，从"示"，"眚"聲。

上博三～，讀爲"眚"，指災異；妖祥。《廣韻》："眚，過也，災也。"《左傳·僖公三十二年》："且吾不以一眚掩大德。"《左傳·莊公二十五年》："非日月之眚不鼓。"杜預注："眚，猶災也。月侵日爲眚。"

鼪

 上博六·木 1 睹飤(食)於～寃(宿)

 上博六·木 3 睹飤(食)於～寃(宿)

～，从"鼠"，"生"聲，"鼪"即鼬鼠，俗稱黃鼠狼。《爾雅·釋獸》："鼬鼠"，郭璞注："江東呼爲鼪"。（何有祖）

簡文～，地名，地望不詳。

滂紐甹聲

嘳

上博八·命 4 進可（何）吕（以）～（屏）桷（輔）我

～，與 𠴎（集粹 102）同，從"口"，"甹"聲，疑"甹"字繁體。

《說文·丂部》："甹，亟詞也。從丂，從由。或曰：甹，俠也。三輔謂輕財者爲甹。"

簡文"～桷"，讀爲"屏輔"，衛護；輔佐。《墨子·尚賢下》："晞夫！聖武知人，以屏輔而身。"

並紐平聲

坪

上博一·孔 2 ～（平）悳（德）也

上博二·子 1 ～（平）堇（萬）邦

上博一·孔 4 䚘（詩）兀（其）猷～（平）門與

上博四·昭 5 䘚（卒）吕（以）夫＝（大夫）歓（飲酒）於～滿

上博五·鮑 8 雩（雨）～（平）𡎑（地）至䣛（郤）

上博五·季 23 肰（然）則邦～（坪）而民䫃（柔）矣

上博二·容 18 塁(禹)乃因山陵~(平)陞(隰)之可封邑者而緐(繁)實之

上博四·昭 5 崒(卒)㠯(以)夫=(大夫)歈(歈酒)於~溿

上博六·壽 1 競~(平)王豪(就)奠(郑)壽

上博六·木 1 競(景)~(平)王命王子木迲城父

上博七·凡甲 12 土奚旻(得)而~

~,楚文字或作 、、、、、、、。《説文·土部》:"坪,地平也。从土,从平,平亦聲。"

上博一·孔 2"~悳",讀爲"平德"。"平"訓正,故"平德"即中庸、中和之德。《周禮·地官·師氏》:"至德以爲道本。"鄭玄注:"至德,中和之德。"與《詩論》以《頌》有平德而爲至德正合。(馮時)

上博一·孔 4"~門",讀爲"平門",正門,正對其門也。《詩》猶正門,典出《論語·陽貨》。(馮時)

上博二·子 1~,讀爲"平",平定;平息。《詩·小雅·常棣》:"喪亂既平,既安且寧。"《史記·樂毅列傳》:"〔燕昭王〕使樂毅復以兵平齊城之不下者。"

上博五·季 23"邦~(坪)",《管子·君臣下》:"如此,則國平而民無慝矣。"

上博四·昭 5"~溿",或讀爲"平漫"。或讀爲"坪(旁)瀨"。

上博五·鮑 8"~埅(地)",平坦的地面。《左傳·隱公九年》:"凡雨,自三日以往爲霖。平地尺爲大雪。"《史記·吴王濞列傳》:"吳多步兵,步兵利險;漢多車騎,車騎利平地。"

上博二·容 18"～陸",讀爲"平隰",廣平與低濕之地。《書·禹貢》:"原隰厎績,至於豬野。"《國語·周語上》:"猶其原隰之有衍沃也。"韋昭注:"廣平曰原,下濕曰隰。"《文選·與嵇茂齊書》:"肆目平隰,則遼廓而無睹;極聽脩原,則淹寂而無聞。"

上博六·壽 1、木 1"競～王",讀爲"景平王"。

上博七·凡甲 12～,讀爲"平",平治,填平。《詩·小雅·黍苗》:"原隰既平,泉流既清。"毛亨傳:"土治曰平,水治曰清。"《書·堯典》:"汝平水土,爲時懋哉。"《書·大禹謨》:"地平天成。"

並紐并聲

并

上博二·容 3 亡(無)～

上博二·容 26～里、干

上博四·昭 4 㠯(以)僕(僕)之不旻(得)～僕(僕)之父母之骨厶(私)自塼

上博四·曹 4 箮(孰)能～兼人

上博七·凡甲 17 女(如)～天下而叔(捊)之

上博七·凡甲 17 若～天下而詞(治)之

上博七·凡甲 27～燙(氣)而言

上博楚簡文字聲系(一~八)

 上博七·凡乙 12 若～天下

《説文·从部》:"并,相從也。从从,开聲。一曰:从持二爲并。"

上博二·容 26、上博四·昭 4～,合並;聚合。《韓非子·初見秦》:"軍乃引而退,並於李下,大王又並軍而至。"《漢書·董仲舒傳》:"科別其條,勿猥勿並。"顏師古注:"並,合也。"

上博四·曹 4"～兼",合並;並吞。《墨子·非攻下》:"今天下之諸侯,將猶多皆免功伐並兼,則是有譽義之名,而不察其實也。"《史記·蘇秦列傳》:"毛羽未成,不可以高蜚;文理未明,不可以並兼。"

上博七·凡甲 17、凡乙 12"女(如)～天下","並",兼併,吞併。《韓非子·有度》:"荆莊王並國二十六,開地三千里。"《史記·秦始皇本紀》:"招致賓客游士,欲以並天下。"

上博七·凡甲 27"～燹",讀爲"屏氣",抑止呼吸。形容謹慎畏懼的樣子。《論語·鄉黨》:"攝齊升堂,鞠躬如也,屏氣似不息者。"楊伯峻注:"屏氣即屏息,壓抑呼吸。"《後漢書·李膺傳》:"自此諸黃門常侍,皆鞠躬屏氣,休沐不敢復出宮省。"

迸

 上博七·凡甲 14 簹(孰)颰飄而～之

上博七·凡乙 9 簹(孰)颰飄而～之

《説文·辵部》:"迸,散走也。从辵,并聲。"

簡文～,讀爲"屏",訓爲"逐"。《禮記·大學》:"唯仁人放流之,迸諸四夷,不與同中國。"朱熹注:"迸,讀爲屏,古字通用。屏,猶逐也。"

餅

 上博三·周 44 贏(赢)丌(其)～

《說文·缶部》:"缾,罋也。从缶,并聲。瓶,缾或从瓦。"

簡文~,盛器。多用於盛水、酒、粟等。《左傳·昭公七年》:"人有言曰:雖有挈缾之知,守不假器,禮也。"

明紐名聲

名

 上博三·亙 5 ~出於

 上博三·亙 6 事出於~

 上博三·亙 6 ~非

 上博三·亙 7 ~

 上博三·亙 7 無胃(謂)~

 上博三·亙 10 言~先者又(有)𠗝(疑)

 上博三·亙 10 䎽(舉)天下之~虛誩(樹)

 上博三·亙 13 䎽(舉)天下之~

 上博一·緇 19 死不可敓(奪)~

 上博二·魯 4 或必寺(待)虗(乎)~虗(乎)

 上博二・魯 5 或必寺(待)虖(乎)～虖(乎)

 上博二・從甲 18 行才(在)己而～才(在)人

 上博二・從甲 18 ～難靜(爭)也

 上博二・從乙 5 是古(故)君子勥(強)行以寺(待)～之至也

 上博二・容 27 噩(禹)乃從灘(漢)以南爲～浴(谷)五百

 上博二・容 28 從灘(漢)以北爲～浴(谷)五百

 上博二・容 33 是以爲～

 上博四・柬 3 無又(有)～山名溪

 上博四・柬 3 無又(有)名山～溪

 上博五・君 13 ☐𠂤(以)爲异～

 上博五・君 14 亦𠂤(以)异(眔)～

 上博五・鬼 5 ～則可畏

正編·耕部

上博六·孔10 可～而智与

上博六·壽5 介備～

上博七·武6 ～(銘)於筥(席)之四耑(端)

上博七·武7 檻(鑒)～(銘)曰

上博七·武8 籃(盥)～(銘)曰

上博七·武8 桯～(銘)隹(唯)[曰]

上博七·武9 枳～(銘)隹(唯)曰

上博七·武10 卣(牖)～(銘)隹(唯)曰

上博七·鄭甲4 毋㠯(以)城(成)～立於上

上博七·凡甲13 而智(知)～

上博八·顔10 悳(德)城(成)則～至矣

上博八·顔10 ～至必俾(卑)身

～，楚文字或作█（郭店·緇衣38）；或作█（郭店·老子甲13）、█（郭店·語叢一96）、█（郭店·語叢三29）、█（郭店·成之聞之13），从"月"，古文字"月"、"夕"二旁常可通用。《説文·口部》："名，自命也。从口、从夕。夕者，冥也。冥不相見，故以口自名。"

上博三·亙5、上博七·凡甲13～，事物的名稱。《管子·心術》："物固有形，形固有名。"《尹文子·大道上》："有形者必有名。"《論語·陽貨》："邇之事父，遠之事君，多識於鳥獸草木之名。"

上博二·魯4、5～，動詞，稱名。

上博四·柬3"～山名溪"，著名的大山。古多指五嶽。《禮記·禮器》："是故因天事天，因地事地，因名山升中於天，因吉土以饗帝於郊。"鄭玄注："名，猶大也。"孫希旦集解："名山，謂五嶽也。"

上博五·鬼5、上博六·孔10～，形容、評説。《論語·泰伯》："大哉，堯之爲君也！巍巍乎，唯天爲大，唯堯則之！蕩蕩乎，民無能名焉！"朱熹集注："言物之高大，莫有過於天者，而獨堯之德能與之準。故其德之廣遠，亦如天之不可以言語形容也。"（何有祖）

上博七·武～，讀爲"銘"，刻寫在器物上的文辭。《左傳·昭公三年》："《讒鼎之銘》曰：'昧旦丕顯，後世猶怠。'"

上博七·鄭甲4"城～"，讀爲"成名"，樹立名聲；得名於世。《易·繫辭下》："善不積，不足以成名。"《論語·子罕》："達巷黨人曰：'大哉孔子，博學而無所成名。'"朱熹集注引尹焞曰："達巷黨人見孔子之大，意其所學者博，而惜其不以一善得名於世。蓋慕聖人而不知者也。"

上博一·緇19、上博二·從甲18、上博二·從乙5、上博八·顔10～，名聲；名譽。《易·乾》："不成乎名，遯世無悶。"孔穎達疏："不成乎名者，言自隱黜，不成就令名，使人知也。"《晏子春秋·内篇雜上》："晏子長不滿六尺，身相齊國，名顯諸侯。"

明紐鳴聲

鳴

 上博一・孔 9 黃～〈鳥〉

 上博一・孔 23 鹿～

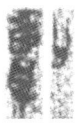 上博一・性 3 弗鉤（扣）不～

 上博二・容 40 降自～攸（條）之述（遂）

 上博三・周 12 ～鷹（謙）

 上博三・周 13 ～鷹（謙）

 上博三・周 14 ～余（豫）

 上博四・逸・交 2 交交～鷞

 上博四・逸・交 3 交交～鷞

 上博五・鬼 5 又（有）口不～

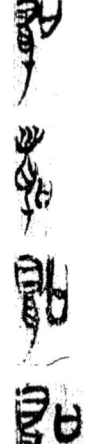

上博七·凡甲1 奚募而～

上博七·凡甲13 含(禽)獸旻(得)之吕(以)～

上博七·凡甲13 含(禽)獸奚旻(得)而～

上博七·凡乙1 奚募而～

上博七·凡乙9 含(禽)獸奚旻(得)而～

～，戰國文字或作 ▨(新蔡甲三263)、▨(新蔡甲三41)、▨(新蔡甲三263)、▨(關沮173)。《説文·鳥部》："鳴，鳥聲也。从鳥，从口。"

上博一·孔9"黄～〈鳥〉"，《詩經》篇名。《詩·小雅·黄鳥》："黄鳥黄鳥，無集於穀，無啄我粟。此邦之人，不我肯穀。言旋言歸，復我邦族。"

上博一·孔23"鹿～"，《詩經》篇名。《詩·小雅·鹿鳴》："呦呦鹿鳴，食野之苹。我有嘉賓，鼓瑟吹笙。吹笙鼓簧，承筐是將。人之好我，示我周行。"

上博一·性3"弗鉤(扣)不～"，發出聲響。《墨子·非儒下》："君子若鐘，擊之則鳴，弗擊不鳴。"

上博二·容40"～攸"，讀爲"鳴條"，地名。《書·湯誓》："伊尹相湯伐桀，升自陑，遂與桀戰於鳴條之野，作《湯誓》。"《吕氏春秋·仲秋紀》："殷湯良車七十乘，必死六千人，以戊子戰於郕，遂禽推移、大犧，登自鳴條，乃入巢門，遂有夏。"

上博三·周12、13"～謙(謙)"，謂謙德表著於外。《易·謙》："鳴謙，貞吉。"王弼注："鳴者，聲名聞之謂也。得位居中，謙而正焉。"孔穎達疏："鳴謙者謂聲名也，處正得中，行謙廣遠，故曰鳴謙。"

上博三·周14"～余(豫)"，謂逸豫過分。《易·豫》："鳴豫，凶。"王弼注："處豫之初，而特得志於上，樂過則淫，志窮則凶，豫何可鳴？"

上博七·凡甲1、凡乙1～,鳥叫,引申爲叫喊,此處指嬰兒啼哭。

上博四·逸·交2、上博五·鬼5、上博七·凡甲13、凡乙9～,鳥獸昆蟲叫。《易·中孚》:"鶴鳴在陰,其子和之。"《楚辭·九歌·山鬼》:"靁填填兮雨冥冥,猨啾啾兮又夜鳴。"《詩·鄭風·風雨》:"風雨如晦,雞鳴不已。"

明紐冥聲

瞑

 上博二·容37 於是虐(乎)有諡(喑)、聾(聾)、皮(跛)、～、瘻(瘻)、寋、婁始記(起)

～,一半明一半黑,當是"瞑"的本字,以塗黑一邊表示目瞑看不清楚的意思。《説文·目部》:"瞑,翕目也。从目、冥,冥亦聲。"

簡文～,表示"目盲",《逸周書·大子晉》:平公將歸之,師曠不可,曰:"請使瞑臣往與之言,若能懞予,反而復之"……師曠蹶然起曰:"瞑臣請歸。"……師曠對曰:"瞑臣無見,爲人辯也。唯耳之恃……"《文子·精誠》:"其民童蒙,不知西東,視瞑瞑,行蹟蹟,侗然自得,莫知其所由,浮游泛然不知所本,罔養不知所如往。"

楳

 上博三·周15～(冥)夅(余)成

 上博五·三19 母(毋)曰～～(冥冥)

～,从"木"、"瞑"聲,"楳"字異體,字見《玉篇》、《廣韻》、《集韻》。從此偏旁者又有 、、。

上博三·周15"～余",讀爲"冥豫",謂耽于逸樂。《易·豫》:"上六,冥豫成,有渝,無咎。"王弼注:"處動豫之極,極豫盡樂,故至于冥豫成也。過豫不已,何可長乎?故必渝變然後無咎。"

1987

上博五·三 19～～，讀爲"冥冥"，幽深之義。《莊子·在宥》："至道之精，窈窈冥冥；至道之極，昏昏默默。"《吕氏春秋·論威》："宥宥乎冥冥，莫知其情，此之謂至威之誠。"（范常喜）

罞

上博五·三 12～䣶（澗）之邑

～，从"网"，"榠"聲。

上博五·三 12"～澗之邑"，疑讀爲"面澗之邑"，與"臨川之都"對文。"罞"，疑讀爲"面"。《集韻》："勔，或作郿、僶。"《墨子·非攻中》："次注林，出於冥隘之徑，戰于柏舉，中楚國而朝宋與及魯。"《吕氏春秋·有始覽》"冥阨"，《淮南子·墬形》作"澠阨"。《史記·楚世家》："王出寶弓，䂿新繳，涉鄳塞，而待秦之倦也。"《集解》引徐廣曰："鄳或以爲冥。""面"、"臨"對文同意。"面"，向；對著。《易·說卦》："聖人南面而聽天下，嚮明而治。"《周禮·夏官·撢人》："使萬民和說而正王面。"鄭玄注："面，猶鄉也。使民之心曉而正鄉王。"《史記·孟子荀卿列傳》："齊威王、宣王用孫子、田忌之徒，而諸侯東面朝齊。"謝惠連《泛湖歸出樓中望月》詩："憩榭面曲氾，臨流對迴潮。"《洛陽伽藍記》卷四："大覺寺，廣平王懷舍宅也，在融覺寺西一里許。北瞻芒嶺，南眺洛汭，東望宫闕，西顧旗亭，神皋顯敞，實爲勝地。是以溫子升碑云：'面水背山，左朝右市'是也。"《全梁文·全德志論》："但使良園廣宅，面水帶山，饒甘果而足花卉，葆筠篁而玩魚鳥。""臨川"，面對川流。曹植《朔風》詩："臨川慕思，何爲汎舟。"潘岳《秋興賦》："臨川感流以歎逝兮，登山懷遠而悼近。"或讀爲"滼"。

徐在國◎著

上博楚簡文字聲系 一～八

第五册

北京師範大學出版集團
安徽大學出版社

正編・脂部

上博楚簡文字聲系

脂　部

見紐皆聲

皆

上博一・孔 8〜言上之衰也

上博一・孔 10 童而〜臤（賢）於丌（其）初者也

上博一・性 18〜至丌（其）情也

上博二・從甲 1 民〜㠯（以）爲義

上博二・容 1〜不受（授）丌（其）子而受（授）臤（賢）

上博二・容 10 萬邦之君〜㠯（以）丌（其）邦襄（讓）於臤（賢）〔者〕

上博二・容 20 四海（海）之内及四海（海）之外〜青（請）紅（貢）

・1991・

 上博三·中 24 所学(學)～終

 上博三·中 25 所学(學)～堋(崩)

 上博四·逸·交 2 皆芓～英

 上博四·逸·交 3 ～(偕)上皆(偕)下

 上博四·逸·交 3 皆(偕)上～(偕)下

 上博四·逸·交 4 ～(偕)少(小)皆(偕)大

 上博四·逸·交 4 皆(偕)少(小)～(偕)大

 上博四·柬 15 中余(舍)與五連少(小)子及龍(寵)臣～逗

 上博四·柬 16 四疆～篙(熟)

 上博四·柬 17 君～楚邦之牁(將)軍

 上博四·柬 19 贅尹～絧

 上博四·曹 14 三弋(代)之戟(陳)～廌(存)

 上博四・曹 32 戠連～栽

 上博四・曹 52 ～曰雺(勝)之

 上博四・曹 53 贛(贛)首～欲或之

 上博四・曹 56 三善聿(盡)甬(用)不～(棄)

 上博四・曹 60 一出言三軍～懽

 上博四・曹 60 一出言三軍～往

 上博四・曹 62 四人～賞

 上博五・競 9 伋(隰)俚(朋)𢍆(與)鞄(鮑)叟(叔)䶒(牙)～拜

 上博五・鮑 1 ～爲亓(其)容

 上博五・鮑 5 百眚(姓)～宛(怨)慝

 上博五・季 5 事～旻(得)亓(丌)舊(蓳)而弜(強)之

 上博五・季 17 ～青行之

 上博五·弟14 虗(吾)子～能又㫷虘

 上博五·弟18～可㠯(以)爲者(諸)厌(侯)叟(相)歖(矣)

 上博六·競10 是～貧胡

 上博六·競10 夫婦～祖

 上博六·孔17～求異於人

 上博七·鄭甲6 夫=(大夫)～進曰

 上博七·鄭乙6 夫=(大夫)～進曰

 上博七·吳9～㡀(敝)邑之异(期)也

 上博四·逸·交2～芋皆英

 上博一·性8～生於□

 上博八·成8～欲豫(捨)亓(其)新(親)而新(親)之

 上博八·成8～欲㠯(以)亓(其)邦𩫖(就)之

　上博八·成 14～見章(彰)於天

　上博八·成 15 此六者～逆

　上博八·成 15 民～又(有)夬(乖)鹿(離)之心

　上博八·命 9～亡(焉)而行之

　上博八·李 1【背】幾(豈)不～生

　　～，楚文字或作 、，或作 ![]，似從"並"從"曰"，"皆"字異體，在所從的"从"形上，加上了兩橫筆。與包山 270"皆"作 ![]同。《說文·白部》："皆，俱詞也。从比，从白。"

　　上博～，常用在動詞或名詞謂語前，相當於現代漢語的"都"、"都是"。概括所提及人或事物的全體。《論語·顏淵》："四海之内皆兄弟也。"

　　上博四·逸·交 2、3、4～，讀爲"偕"，和諧。(季旭昇)或説"皆華皆英"又作"偕華偕英"，即"嘉華嘉英"。《廣雅·釋言》："皆，嘉也。""皆上皆下"即"嘉上嘉下"，"皆少皆大"即"嘉小嘉大"。也就是説華、英都嘉，上、下都嘉，小、大都嘉。(廖名春)

　　上博四·柬 17～，讀爲"偕"，俱、同之意。(張桂光、陳偉)

　　上博四·曹 56～，讀爲"棄"。"皆"是見母脂部字，"棄"是溪母質部字，讀音相近。"棄"，抛棄。《左傳·襄公四年》："勞師於戎，而楚伐陳，必弗能救，是棄陳也。"(李零)

　　上博五·季 17～，或釋"昏"讀爲"聞"。或釋"詩"，讀爲"之"。(陳斯鵬、劉洪濤)

湝

 上博二·容 23 水滎(潦)不～

 上博二·容 24 凱澫～流

《説文·水部》："湝，水流湝湝也。从水，皆聲。一曰：湝湝，寒也。《詩》曰：'風雨湝湝。'"

簡文～，水淹；積水成災。《禮記·月令》："〔季春之月〕行冬令，則水潦爲敗，雪霜大摯，首種不入。"

虘

 上博六·孔 17～同亓(其)囗

 上博二·子 1 史(使)～(皆)旻(得)丌(其)社禝(稷)百眚(姓)而奉守之

 上博二·子 9～(皆)人子也

 上博四·昭 10 囟(使)邦人～見之

～，與 、 (新蔡甲三 138)、 (郭店·語叢一 45)同，从"虍"，"皆"聲，乃承襲 (合 27445)、 (合 29694)、 (楷仲簠)等形。或作 (郭店·唐虞之道 27)、 (郭店·唐虞之道 27)、 (新出温縣 WT4K6∶315)，與傳抄古文"皆"字作 (《古文四聲韻》引《古孝經》)同，或説來源於金文，或説"君"當爲聲符。

上博～,讀爲"皆"。參"皆"字條。

階

　上博四·昭 3 不狀(幸)儳(僕)之父之骨才(在)於此室之～下

～,從"土","臍"聲,"階"之繁文。《説文·皀部》:"階,陛也。從皀,皆聲。"

簡文"～下",謂階前也。《左傳·莊公八年》:"費請先入,伏公而出,鬥,死於門中。石之紛如死於階下。"

見紐癸聲

癸

　上博七·凡甲 23 俯而～之

　上博七·凡乙 15 俯而～之

《説文·癸部》:"癸,冬時,水土平,可揆度也。象水從四方流入地中之形。癸承壬,象人足。𣥺,籀文。從癶,從矢。"

簡文～,讀爲"揆",度量;揣度。《詩·鄘風·定之方中》:"揆之以日,作于楚室。"毛亨傳:"揆,度也。"《漢書·董仲舒傳》:"孔子作《春秋》,上揆之天道,下質諸人情。"(劉剛)

楑

　上博三·周 32～(暌)

　上博三·周 33～(暌)瓜(孤)

上博三·周 33～（睽）伋（孤）

～，從"木"，"癸"聲，"癸"在"木"上，與 同。《説文·木部》："楑，楑木也，從木，癸聲。一曰：度也。"

上博三·周 32～，讀爲"睽"，《易》卦名。兑下離上。《易·睽》："睽，小事吉。"《序卦》："睽者，乖也。"

上博三·周 33"～伋"，讀爲"睽孤"，乖離而孤獨。《易·睽》："九四，睽孤，遇元夫。"《左傳·僖公十五年》："歸妹睽孤，寇張之弧。"

見紐几聲

旾

上博八·有 1 可～（幾）成夫今可（兮）

～，從"日"，"几"聲，與 、、、、、同。新蔡簡零 336、341 號與"旾"相當的字作"幾"，從"日"，"幾"省聲。"几"、"幾"古通，故從"几"聲的"旾"可以寫作從"幾"省聲的"幾"。"几"與"幾"都是見母字。"几"字上古音屬脂部，"幾"字屬微部。

簡文～，讀爲"幾"。《詩·小雅·楚茨》："苾芬孝祀，神嗜飲食，卜爾百福，如幾如式。"毛亨傳："幾，期；式，法也。"鄭玄箋："卜，予也……今所以與汝百神之福，其來如有期矣，多少如有法矣。"《墨子·尚同中》："春秋祭祖，不敢失時幾。"俞樾《諸子平議·九·墨子一》："幾者，期也。詩楚茨篇'如幾如式'，毛亨傳訓幾爲期，是也。不敢失時幾者，不敢失時期也。"或讀爲"冀"，期望，希望。（李家浩、裘錫圭）

飺

上博二·從甲 19 ～（飢）滄而毋斂

上博五·三 15 天～（饑）必堃（來）

～，從"食"，"旨"聲，"飢"字異體。《説文》："飢，餓也。從食，几聲。居夷切。"

上博二·從甲 19"～滄"，就是飢寒，飢餓寒冷。《國語·周語下》："然則無夭昏札瘥之憂，而無飢寒乏匱之患，故上下能相固以待不虞。"

上博五·三 15～，讀爲"饑"，年成很差或顆粒無收。《詩·小雅·雨無正》："降喪饑饉，斬伐四國。"毛亨傳："穀不熟曰饑，蔬不熟曰饉。"《墨子·七患》："一穀不收謂之饉，二穀不收謂之旱，三穀不收謂之凶，四穀不收謂之餽，五穀不收謂之饑。"

端紐氏聲

氏

上博二·容 53【背】訟（容）城（成）～（氏）

上博八·李 2 ～（是）古（故）聖人棘此和勿（物）

上博八·李 3 ～（是）古（故）聖人棘此

《説文·氏部》："氏，至也。從氏下箸一。一，地也。"

上博二·容 53【背】"訟城～"，讀爲"容成氏"，上古帝王名，見於《莊子·胠篋》等。

上博八·李"～古"，讀爲"是故"，連詞。因此；所以。《論語·先進》："其言不讓,是故哂之。"

眂

 上博一·緇1昌(以)～(示)民層(厚)

～,從"目","氏"聲,《説文》"視"的古文。《説文·見部》:"視,瞻也。從見、示。䀠,古文視。眂,亦古文視。"《汗簡》"視"或作皇、䀠(《汗簡》8頁下)。

簡文～,讀爲"示",顯現;表示。《禮記·禮運》:"刑仁講讓,示民有常。"

鴟

 上博五·鬼3～尸(夷)而死

《説文·隹部》:"雌,䧳也。從隹,氏聲。鴟,籀文雌。從鳥。"

簡文"～夷",革囊。《史記·鄒陽傳》:"臣聞比干剖心,子胥鴟夷。"司馬貞索隱引韋昭曰:"以皮作鴟鳥形,名曰鴟夷。鴟夷,皮榼。"《史記·伍子胥列傳》:"伍子胥仰天歎曰:嗟乎! 讒臣嚭爲亂矣,王乃反誅我。……乃自刭死。吳王聞之大怒,乃取子胥尸盛以鴟夷革,浮之江中。"

砥

 上博四·曹39 人之兵不～礪(礪)

 上博四·曹39 我兵必～礪(礪)

《説文·厂部》:"厎,柔石也。從厂,氏聲。砥,厎或從石。"

簡文"～礪",磨練;鍛煉。《墨子·節葬下》:"此皆砥礪其卒伍,以攻伐並兼爲政於天下。"《後漢書·竇融傳》:"融乃與五郡太守共砥厲兵馬。"

透紐矢聲

殹

上博六·莊 3～(抑)四舨呂(以)逾虎(乎)

上博二·子 9～(抑)亦城天子也與

上博二·魯 6～(抑)亡(無)女(如)乑(庶)民可(何)

上博八·志 3～(抑)忌(忌)韋(諱)譵(讒)訐(?)以亞(惡)虖(吾)

上博二·魯 3～虖(吾)子女遹命丌(其)與

上博六·孔 14～與

～，或從"戈"，"医"聲，或從"攴"，"医"聲，"攴"、"殳"旁與"戈"旁常可通作，"戔"、"毆"並"殹"字異體。戰國文字中"矢"形、"大"形常互作，"大"又往往斷爲兩截書寫。如"厌(侯)"字或作 ![] (《殷周金文集成》15·9616 春成侯壺)，"因"字作 ![] (郭店《成之聞之》簡 18)或 ![] (郭店《六德》簡 14；楚簡文字"因"從"矢"形者多見)。(陳劍)《説文·殳部》："殹，擊中聲也。從殳，医聲。"

上博二·子 9"～亦"，讀爲"抑亦"，選擇連詞，典籍中習見。如《孟子·滕文公下》："仲子所居之室，伯夷之所築與？抑亦盜跖之所築與？所食之粟，伯夷之所樹與？抑亦盜跖之所樹與？是未可知也。"

上博二·魯 6、上博八·志 3～，讀爲"抑"，在古漢語中往往用作轉接連詞。《論語·述而》："若聖與仁，則吾豈敢。抑爲之不厭，誨人不倦，則可謂云爾已矣。"《孟子·梁惠王上》："抑王興甲兵，危士臣，構怨于諸侯，然後快於心

與？"（裘錫圭、廖名春、陳劍）

透紐尸聲

尸

 上博一·孔 21《～鵻（鳩）》虖（吾）信之

 上博一·孔 22《～鵻（鳩）》曰

 上博二·容 39 孤三十～而能之

 上博三·周 51 遇丌（其）～（夷）宔（主）

 上博五·鬼 3 鷗～（夷）而死

 上博二·民 8 槩（威）我（儀）～～

 上博二·民 11 槩（威）我（儀）～～

 港甲 5 □之～

～，从"尸"，"二"爲裝飾部件（或分化符號），"尼"、"夷"雙聲疊韻。（何琳儀）

上博一·孔 21、22"～鵻（鳩）"，讀爲"鳲鳩"。亯鳥名，即布穀。《詩經》篇名。《詩·曹風·鳲鳩》："鳲鳩在桑，其子七兮。"毛亨傳："鳲鳩，秸鞠也。鳲鳩之養其子，朝從上下，莫從下上，平均如一。"鄭玄注："興者，喻人君之德當均一於下也。"

上博二・容39～，陳劍先生釋"仁"，或釋爲"夷"，或讀爲"年"。"觍三十仁而能之"蓋謂考度三十位仁者而任用之。

上博三・周51～，讀爲"夷"，夷毁。《國語・周語下》："是以人夷其宗廟，而火焚其彝器。"《史記・項羽本紀》："遂北燒夷齊城郭室屋。""夷主"，指毁廟之主。（李零）

上博五・鬼3"鴟～"，讀爲"鴟夷"，革囊。簡文"子胥鴟夷而死"，見《史記・伍子胥列傳》："（伍子胥）乃自刭死。吴王聞之大怒，乃取子胥尸盛以鴟夷革，浮之江中。"

上博二・民8、11"枭（視）我～～"，讀爲"威儀遲遲"，舒緩，從容不迫的樣子。《禮記・孔子閒居》："孔子曰：'無聲之樂，氣志不違；無體之禮，威儀遲遲。'"孫希旦集解："威儀遲遲，行禮以和而從容不迫也。"

㐌

上博三・中14 妥（委）～（蛇）▢

～，从"它"，"㐌"聲。

簡文"妥～"，讀爲"委蛇"，連綿詞。雍容自得貌。《詩・召南・羔羊》："退食自公，委蛇委蛇。"鄭玄箋："委蛇，委曲自得之貌。"陸德明釋文："《韓詩》作'逶迤'，云公正貌。"《隸釋・漢冀州從事張表碑》："委蛇公門，謇謇匪躬。"（史傑鵬）或讀爲"妥（綏）弛"，指寬緩安舒。（陳偉武）

眱

上博五・君6 毋昃（側）～

～，从"視"，"㐌（夷）"聲，爲"䁯"之異體。《玉篇》"䁯，目小視也。"《説文》有"睇"字，段注曰："按䁯亦睇。"

簡文～，讀爲"䁯（睇）"，《禮記・玉藻》"君子之容舒遲……目容端"，鄭玄注："不睇視也。"孔穎達疏："目宜端正，不邪睇而視之。"又《内則》："升降、出入、揖遊，不敢噦、噫、嚏、咳、欠、伸、跛、倚、睇視。"簡文"毋側䁯"，不要用小眼朝側面斜視，與"正視"相對應。（何有祖）

殊（屍）

 上博三·周7帀（師）或舉（輿）～

 上博三·周8弟子舉（輿）～

～，从"歹"，"尿"聲，"屍"字異體。《説文·尸部》："屍，終主。从尸，从死。"

簡文"舉～"，讀爲"輿屍"，以車運屍。《易·師》："師或輿屍，大無功也。"揚雄《法言·淵騫》："鼓之以道德，征之以仁義，輿屍血刃，皆所不爲也。"

尼

 上博三·中8中（仲）～曰

 上博三·中10中（仲）～

 上博三·中28中（仲）～

 上博五·君10□昔者中（仲）～箴（箴）徒三人

 上博五·君11中（仲）～與虔子産箮（孰）叚（賢）

《説文·尸部》："尼，從後近之。从尸，匕聲。"段注："尼訓近，故古以爲親暱字。"

簡文"中～"，讀爲"仲尼"。《史記·孔子世家》："孔子生魯昌平鄉陬邑。其先宋人也，曰孔防叔。防叔生伯夏，伯夏生叔梁紇。紇與顔氏女野合而生孔子，禱於尼丘得孔子。魯襄公二十二年而孔子生。生而首上圩頂，故因名

曰丘云。字仲尼,姓孔氏。"

迡(近)

上博二·從甲 13 不必才(在)近～

上博二·民 8 可(何)志(詩)是～

上博二·容 19 乃因～吕(以)智(知)遠

上博八·蘭 2 涅(馨)訛(謐)～而達聞(聞)于四方

～,从"辵","匚"聲,"匚"中之黑點乃指事符號,正表示有所夾藏於匚中,乃"匿"字或體。《説文》:"匿,亡也,从匚,若聲。"《廣雅·釋詁》"藏也",字从匚。《説文》:"匚,衺徯,有所俠藏也。从乚,上有一覆之。讀與傒同。"匿、匚音義皆近,故可省匿爲匚。(黄德寬)或認爲"耳"形訛變,不確。 字从"辵"从"匚",就是楚文字常見的"迡"字。上博二·從甲 13"迡"字形作 ,从"辵"从"尼"。郭店·尊德義 17"迡"字作 ,則以"匚"字爲聲符。 即屬此類寫法的"迡",只是本來要寫墨團的那一筆因快寫而與"止"的右上一筆相連,因而寫得不成墨團而像一個斜豎筆。

上博二·民 8～,讀爲"暱",《説文》:"暱,日近也。从日,匿聲。《春秋傳》曰:'私降暱燕'。昵,暱或从尼。"《詩·小雅·菀柳》"上帝甚蹈,無自暱焉",毛亨傳:"暱,近也。"也可讀爲"迡"。《玉篇·辵部》:"迡,近也。""可志是迡",《禮記·孔子閒居》、《孔子家語·論禮》作"何詩近之"。

上博二·從甲 13"近～",讀爲"近暱",同意連用。典籍或作"暱近"。《左傳·僖公二十四年》:"庸勳、親親、暱近、尊賢,德之大者也。"《左傳·成公十三年》:"諸侯備聞此言,斯是用痛心疾首,暱就寡人。""暱就"連用與《從政》之"君子之相就也,不必才(在)近暱"可相印證。

上博二·容19"乃因～㠯(以)智遠",可參《吕氏春秋·本味》:"審近所以知遠也。"《荀子·非相》:"由近知遠。"《墨子·脩身》:"是故先王之治天下也,必察邇來遠。"(周波)

上博八·蘭2"浧(馨)訛(謐)～而達昷(聞)于四方",《爾雅》"謐,靜也"。"迡",或疑讀爲"寧"。《左傳·僖公七年》:"盟於甯母。"杜預注:"高平方與縣東有泥母亭,音如甯。"《後漢書·郡國志》"泥母"作"甯母",甯、寧可通,《大雅·文王有聲》"遹求厥寧",《説文·欠部》引作"甯"。則"迡"可讀爲"寧"。寧、靜意同。簡文意爲其香雖靜謐然而卻能聞達於四方。或讀爲"溢塈"、"睥睨"、"閟匿"等。

坭

 上博三·周2 埶于～(泥)

～,从"土","匿"聲,"泥"字異體。或分析爲从"土","尼"省聲。《集韻》"坭"通作"泥"。

簡文～,和著水的土。《易·需》:"需於泥,致寇至。"

柅

 上博三·周40 繫于金～

～,从"木",从"尸","匿"聲,"柅"字異體。"尼"字楚文字或作可證。《説文·木部》:"柅,柅木也,實如棃。从木,尼聲。"

簡文～,塞在車輪下阻止其啓動的木塊。《類篇》:"一曰止車木。"《易》"繫于金柅",王弼等注:"金者,堅剛之物;柅者,制動之主。"《象》曰:"'繫于金柅',柔道牽也。"

㾕

 上博六·壽1 訊之於～庿(廟)

　上博六·天甲 3 豊(禮)之於～庿(廟)也

　上博六·天乙 3 豊(禮)之於～庿(廟)也

～，从"示"，"尸"聲，楚文字"尸"之繁構，與(新蔡甲三 8、18)、(九 A88)同。楚簡中楚國月名"䎽㞑"，雲夢秦簡作"刑尸"；《鄂君啟節》"夏㞑"，秦簡作"夏尸"。

上博六·壽 1、上博六·天甲 3、天乙 3～，讀爲"禰"。禰廟，亡父之廟。楚平王爲楚恭王少子，其禰廟即祭祀楚恭王的廟。《左傳·襄公十三年》："唯是春秋窀穸之事，所以從先君於禰廟者，請爲靈若厲，大夫擇焉。"(周鳳五)或讀爲"尸廟"，即神廟。(王輝)

尾

　上博三·周 30 豚(遯)丌(其)～礪(厲)

《説文·尾部》："尾，微也。从到毛在尸後。古人或飾系尾，西南夷亦然。"簡文～，尾巴。《易》"遯尾，厲"，王弼等注："'遯'之爲義，辟内而之外者也。'尾'之爲物，最在體後者也。處遯之時，不往何災，而爲'遯尾'，禍所及也。"孔穎達疏："'遯尾厲'者，爲遯之尾，最在後遯者也。小人長於内，應出外以避之，而最在卦内，是遯之爲後也。逃遯之世，宜速遠而居先，而爲'遯尾'，禍所及也，故曰'遯尾厲'也。"

屖

　上博一·孔 2 丌(其)樂安而～(遲)

　上博四·曹 22 幾(豈)～君子(弟)

～，从"尸"、"辛"，"辛"下部或繁化成"刀"形(參《説文新證》上册頁 153、

下冊頁41)。《說文》:"犀,犀遲也。从尸,辛聲。先稽切。"

上博一·孔 2~,讀爲"遲",緩慢。《荀子·修身》:"則千里雖遠,亦或遲或速,或先或後,胡爲乎其不可以相及也!"《禮記·樂記》:"敢問遲之遲而又久,何也?"鄭玄注:"遲之遲,謂久立於綴。"

上博四·曹 22"幾~君子",讀爲"豈弟君子",和樂平易而厚道的人。"犀"字即"遟(遲)"字的聲旁,與"弟"音近可通。包山簡 240、243"病遞瘥",讀爲遲速之"遲"。《詩·大雅·泂酌》:"豈弟君子,民之父母。"《詩·小雅·青蠅》:"豈弟君子,無信讒言。"鄭玄箋:"豈弟,樂易也。"典籍或作"愷悌"。《左傳·僖公十二年》:"《詩》曰:'愷悌君子,神所勞矣。'"杜預注:"愷,樂也;悌,易也。"

迡(遲)

 上博三·周 14~又(有)悔

 上博七·吳 7~速

~,楚文字或作(郭店·老子乙 10)、(新蔡零 330),从"辵","尼"聲,"遲"或體。《說文·辵部》:"遲,徐行也。从辵,犀聲。《詩》:'行道遲遲。',或从尼。遟,籀文遲,从屖。"或作(新蔡乙三 39)、(新蔡零 179),與上博七·吳 7 形同,从"辵","犀"省聲,"遲"字或體。

上博三·周 14"~又悔",《易》"遲有悔",王弼等注:"遲而不從,豫之所疾,位非所據,而以從豫進退,離悔宜其然矣。"孔穎達疏:"居豫之時,若遲停不求於豫,亦有悔也。"帛本、今本均作"遲",阜本作"夷"。

上博七·吳 7"~速",慢和快;緩慢或迅速。《左傳·昭公十三年》:"既聞命矣,敬共以往,遲速唯君。""遲速"又見於天星觀卜筮簡命辭"既逗於王,以爲夏夷獸,還返遲速"。"遲速"是偏義複合詞,義偏於"速",與"緩急"類似。"遲速從鄝來"即"速從鄝來","遲速還返"即"速還返"。

定紐夷聲

倦

上博五·競2 又(有)鷈(雉)㞢(雛)於～(彝)前(前)

～,從"人","夷"聲,與 、、同。

簡文～,讀爲"彝"。"夷"、"彝"兩字古多通假,《禮記·明堂位》"夏后氏以雞夷",鄭注:"夷讀爲彝"。《周禮·春官·司尊彝》作"雞彝"。《書·洪範》:"曰皇極之敷言,是彝是訓。"《史記·宋微子世家》"彝"作"夷"。《尚書序》:"高宗祭成湯,有飛雉升鼎耳而雊,祖己訓諸王,作《高宗肜日》。"古代將包括鐘鼎等在内的禮器都稱爲"彝"或"彝器",因此有時"彝"或"彝器"也可以指鐘鼎。《文選·東京賦》:"銘勳彝器,歷世彌光。"張銑注:"彝器,鐘鼎,祖宗之器,以銘紀功勳也。"簡文"有雉雛於彝前",與古書"有飛雉升鼎耳而雊"或"有雉飛升鼎耳而雊"意思基本一致。(劉樂賢、陳劍、范常喜)

鷈

上博五·競2 又(有)～(雉)㞢(雛)於倦(彝)前(前)

～,從"鳥","夷"聲,"雉"字異體。

簡文"～㞢",讀爲"雉雛",雄雞鳴也。《説苑·辨物》:"昔者高宗感於雛雉之變,修身自改,而享豐昌之福也。"

定紐弟聲

弟

上博三·周8 ～子(興)㱲(屍)

上博三·彭5父子兄～

上博四·逸·多1䚄(兄)及～斯(也)

～，與、、、、同。《説文·弟部》："弟，韋束之次弟也。从古字之象。𠂆，古文弟，从古文韋省，丿聲。"

上博三·周8"～子"，爲人弟者與爲人子者。泛指年幼的人。《易·師》："長子帥師，弟子輿屍，貞凶。"《論語·學而》："弟子入則孝，出則悌。"邢昺疏："男子後生爲弟。言爲人弟與子者，入事父兄則當孝與弟也。"

上博三·彭5"兄～"，哥哥和弟弟。《爾雅·釋親》："男子先生爲兄，後生爲弟。"《詩·小雅·常棣》："凡今之人，莫如兄弟。"鄭玄箋："人之恩親，無如兄弟之最厚。"

悌

上博二·民1幾(愷)～(悌)君子

上博二·昔1君子之母～(弟)是相

上博二·昔1太子荓(前)之母～(弟)

上博二·昔1太子母～(弟)

上博四·逸·交1𢼸(豈—愷)～(悌)君子

· 2010 ·

　上博四·逸·交 2 敳(譏—愷)～(悌)君子

　上博四·內 4 言人之倪(兄)之不能悆(慈)～(弟)者

　上博四·內 4 不與言人之～(弟)之不能承倪(兄)者

　上博四·內 4 古爲人～(弟)者

　上博四·內 4 言人之古爲人～(弟)者之不能承倪(兄)

　上博四·內 5 言悆(慈)～(弟)

　上博四·內 6 與～(弟)言

　上博四·內 10 ～(弟)，民之經也

　　上博五·季 15 眯(迷)父兄子～(弟)而禹賕

　～，从"人"，"弟"聲，當是兄弟之"弟"的專字。"無俤"，秦簡《日書》甲種楚除結日占辭作"毋弟"。

　　上博二·民 1"幾～"、上博四·逸·交 1、2"敳(譏)～"，讀爲"愷悌"，和樂平易。《左傳·僖公十二年》："《詩》曰：'愷悌君子，神所勞矣。'"杜預注："愷，樂也；悌，易也。"

　　上博～，即"弟"，稱同父母、同父或同母而後生的男子，對兄而言。《書·金縢》："武王既喪，管叔及其群弟乃流言於國。"《左傳·襄公十四年》："自王以下，各有父兄子弟，以補察其政。史爲書，瞽爲詩，工誦箴諫，大夫規誨，士

傳言,庶人謗,商旅於市,百工獻藝。"

寀

 上博五·君 10 ～(悌)徒五人

～,从"宀","弟"聲。

簡文"～",讀爲"悌",敬愛兄長。亦泛指敬重長上。《孟子·滕文公下》:"於此有人焉,入則孝,出則悌。"趙岐注:"出則敬長悌。悌,順也。"賈誼《新書·道術》:"弟敬愛兄謂之悌,反悌爲敖。"

定紐示聲

示

 上博八·顏 14 □～則斤

《說文·示部》:"示,天垂象,見吉凶,所以示人也。从二。三垂,日月星也。觀乎天文,以察時變。示,神事也。〲,古文示。"

簡文～,教導。《禮記·檀弓》:"國奢則示之以儉。"

視

 上博一·緇 10 未～聖

 上博一·緇 11 女(如)丌(其)弗克～

 上博一·緇 11 我既～

上博一·緇20 爯(必)~丌(其)礆(轍)

上博一·緇20 爯(必)~[丌](其)帘(敝)

上博一·緇21 爯(必)~丌(其)成

上博二·民7 不可旻(得)而~(見)也

上博二·民6 明目而~之

上博二·從甲7 ~上衣飤(食)

上博二·容9 是以~臤(賢)

上博二·容17 ~不明

上博二·容44 ~(寘)盃炭丌(其)下

上博三·周25 虎~(視)覑(眈)覑(眈)

上博四·昭3 辻(卜)命(令)尹陳眚爲~日

上博四·昭7 亓(其)裻(裕)~

 上博四·昭 8 老臣爲君王獸(守)～之臣

 上博五·君 2 ～之而不義

 上博五·君 2 目勿～也

 上博五·君 6 毋□仐(挽)～

 上博五·君 6 定～是求

 上博五·三 6 行逴(往)～遫(來)

 上博五·三 15 府(俯)～地利

 上博六·孔 1 孔[子]～季桓子

 上博六·孔 5 冠弗～也

 上博六·孔 5 吾會弗～也

 上博六·孔 5 魚䰿弗～也

 上博六·孔 13 ～於君子

上博六·孔20 女夫～人不猷

上博六·用1～之台（以）康樂

上博六·用5～耑（前）寡（顧）後

上博六·用7亓（其）自～之泊

上博六·天甲7～百正

上博六·天甲7士～目恆

上博六·天乙6～疾（侯）量

上博六·天乙6～百正

上博六·天乙7～目恆

上博六·天乙11古～傷而爲之誓（祈）

上博七·凡甲23 卬（仰）而～之

上博七·凡乙15 卬（仰）而～之

上博七·武 2 牀(將)㠯(以)箸(書)～

上博七·武 7 ～而(邇)所弋(代)

上博八·命 2 儓(僕)既旻(得)辱～日之廷

上博八·命 3 女(如)㠯(以)笡(僕)之觀～日也

上博八·命 5 我不能聹(貫)壁而～聖(聽)

上博八·命 9 含(今)～日爲楚命(令)尹

上博八·命 10 笡(僕)㠯(以)此胃(謂)～日十又厽(三)亡笡(僕)

上博八·有 5 ～毋㠯(以)三誑……

～，目下直立人形是"視"的表意初文。"見"字作 ，下部爲跪坐的人形。《説文·見部》以"視"訓"見"，"見"與"視"本來應是一組同源字。《説文·見部》："視，瞻也。从見、示。 ，古文視。 ，亦古文視。"

上博一·緇 10、11、20、21～，傳本《禮記·緇衣》均作"見"。

上博二·民 6、7"明目而～之、不可得而～(見)也"，《禮記·孔子閒居》作"正明目而視之，不可得而見也"，表明第一字應釋作"視"，第二個"見"當承上字"視"之形而訛寫。

上博二·從甲 7"～上"，視綫既不"下"、也不"傾"。《禮記·曲禮下》："天子，視不上於袷，不下於帶；國君，綏視；大夫，衡視；士，視五步。凡視，上于面

則敖,下於帶則憂,傾則姦。"(陳偉)

上博二·容9"是以～臤(賢)",這裏是考察之義。

上博二·容17"～不明",《禮記·雜記下》:"視不明,聽不聰,行不正,不知哀,君子病之。"

上博二·容44～,讀爲"寘",放置;安置。《詩·魏風·伐檀》:"坎坎伐檀兮,寘之河之干兮。"毛亨傳:"寘,置也。"

上博三·周25"虎～蠆蠆",讀爲"虎視眈眈",形容像猛虎一樣兇狠地注視著。《易·頤》:"虎視眈眈,其欲逐逐,無咎。"

上博四·昭7"袺～",讀爲"襟視",衣襟露了出來。

上博四·昭8"獸(獸)～",讀爲"守視",同義複詞,是看守之意。《後漢書·宗室四王三侯列傳》:"初,建武二年,以皇祖、皇考墓爲昌陵,置陵令守視。"(劉樂賢)

上博五·君2"～之而不義"、上博五·君2"目勿～也",《論語·顔淵》:"顏淵曰:'請問其目?'子曰:'非禮勿視,非禮勿聽,非禮勿言,非禮勿動。'"

上博五·君6"定～",視線穩定。(季旭昇)

上博五·三6"行遱(往)～逨",讀爲"行往視來",即行視往來;巡行視察。《史記·夏本紀》:"舜登用,攝行天子之政,巡狩。行視鯀之治水無狀,乃殛鯀於羽山以死。"

上博五·三15"府(俯)～地利",向下看。《淮南子·泰族》:"俯視地理,以制度量,察陵陸水澤肥墝高下之宜,立事生財,以除饑寒之患。"宋玉《高唐賦》:"俯視崝嶸,窒寥窈冥。"

上博六·孔13～於君子、上博六·孔20女夫～人不猒,"見"既可用於下對上的謁見、覲見或會見,也可用於上對下的"接見"。如《史記·廉頗藺相如列傳》:"秦王坐章臺,見相如。"桓子說自己"見人不厭",說這話時就是在接見孔子,正可爲其注腳。(陳劍)

上博六·用1"～之台康樂",讀爲"示之以康樂",展示于民的是康樂。《淮南子·兵略》:"故用兵之道:示之以柔,而迎之以剛;示之以弱,而乘之以強;爲之以歙,而應之以張;將欲西,而示之以東。"(劉釗)

上博六·用5"～前寡後",《漢書·谷永杜鄴傳》:"由後視前,忿邑非之,逮身所行,不自鏡見,則以爲可,計之過者。"

上博六·用7"亓自～之泊",《呂氏春秋·貴直論》:"夫登山而視牛若羊,視羊若豚,牛之性不若羊,羊之性不若豚,所自視之勢過也。"《淮南子·齊俗》:"故賓之容,一體也,或以爲君子,或以爲小人,所自視之異也。"

上博六·天甲 7、天乙 6、天乙 7"～百正、士～目恆、～矣量",屬於視容,是關於視綫範圍和落點方面的規定。《儀禮·士相見禮》:"凡與大人言,始視面,中視抱,卒視面,毋改。衆皆若是。"《禮記·曲禮下》:"國君綏視,大夫衡視。"(何有祖)

上博七·武 2"～",看。《易·履》:"眇能視,不足以有明也。"《荀子·勸學》:"目不能兩視而明;耳不能兩聽而聰。"

上博七·武 7"～而所弋(代)",讀爲"視邇所代"。《大戴禮記·武王踐阼》:"所監不遠,視邇所代。"《漢書·楚元王傳》:"近事不遠,即漢所代也。"

上博八·命 5"～聖",讀爲"視聽",看和聽。《書·蔡仲之命》:"詳乃視聽。"《墨子·尚同中》:"夫唯能使人之耳目,助己視聽;使人之脣吻,助己言談。"

上博四·昭 3、上博八·命 2、3、9、10"～日",是當時楚國人在審理案件時對案件主要負責人的一種通稱,約相當於現在的主審官,誰負責審理某案誰就是"視日",而非一般的固定官名。《史記·陳涉世家》:"周文,陳之賢人也,嘗爲項燕軍視日。"裴駰集解引如淳曰:"視日時吉凶舉動之占也。司馬季主爲日者。"(范常喜)或說"視日"或許與"當日"、"直日"相關。《國語·晉語九》:"趙簡子田于螻,史黯聞之,以犬待於門。簡子見之,曰:'何爲?'曰:'有所得犬,欲試之茲囿。'簡子曰:'何爲不告?'對曰:'君行臣不從,不順。主將適螻而麓不聞,臣敢煩當日。'簡子乃還。"韋昭注:"當日,直日也。言主將之君囿,不煩麓以告君,臣亦不敢煩主之直日以自白也。"(陳偉)

泥紐二聲

二

 上博一·孔 6～句(后)受之

 上博二·從甲 5～曰共(恭)

 上博三·周 2 九～

 上博三·周 4 九～

上博三·周 7 九～

上博三·周 9 六～

上博三·周 12 六～

上博三·周 14 六～

上博三·周 16 六～

上博三·周 18 九～

上博三·周 20 六～

上博三·周 22 九～

上博三·周 24 六～

上博三·周 26 六～

上博三·周 28 九～

上博三·周 30 六～

上博三·周 32 九～

上博三·周 35 六～

上博三·周 37 九～

上博三·周 40 九～

上博三·周 44 九～

上博三·周 47 六～

上博三·周 48 六～

上博三·周 50 六～

上博三·周 53 六～

上博三·周 54 九～

 上博三·周 58 九～

 上博三·彭 2 三迖(去)丌(其)～

 上博四·逸·多 1 鮮我～人

 上博四·曹 23 ～參(三)子羕(勉)之

 上博四·曹 25 進必又(有)～牆(將)軍

 上博五·競 1 公昏(問)～大夫

 上博五·競 6 虗(吾)不㬎(賴)～厽(三)子

 上博五·競 9 幾(豈)不～子之慐(憂)也才(哉)

 上博五·競 10 ～人也

 上博五·鮑 2 ～厽(三)子羕(勉)之

 上博五·弟 14 肰(然)則夫～厽(三)子者

 上博六·競 3 ～大夫

 上博六·競 12 ～夫可不受皇

 上博六·孔 2 ～道者

 上博六·孔 12 ～逃者㠯(以)觀於民

 上博六·天甲 2 士～殜(世)

 上博六·天甲 6 洛尹行身和～

 上博六·天甲 9 夫=～辟

上博六·天乙 1 士～殜(世)

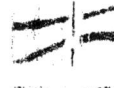上博六・天乙5 洛尹行身和～

上博六・天乙8 夫=～辟

上博六・競2 ～子粱

上博七・君甲4 此丌(其)～回(違)也

上博七・君乙4 此丌(其)～回(違)也

上博七・吳1 ～邑

上博七・吳1 ～邑之好

上博八・成1 成王既邦(封)周公～年

～,戰國文字作▬(郭店・緇衣47)、▬(歷博・燕20),或從"戈"作▬(郭店・五行48)。《說文・二部》:"二,地之數也。从偶一。弍,古文。"

上博一・孔6"～句",讀爲"二后",指文王、武王。

上博二・從甲5"～曰共(恭)",序數。第二。《墨子・七患》:"城郭溝池不可守,而治宮室,一患也;邊國至境,四鄰莫救,二患也。"

上博三・周2、9～,古人認爲偶數屬陰,因以"二"指地數之始,或指卦中的陰爻(一一)。《易・繫辭上》:"天一,地二。"孔穎達疏:"此言天地陰陽自然奇偶之數也。"《後漢書・楊震傳》:"《易》曰:'無攸遂在中饋。'"李賢注引鄭玄曰:"二爲陰爻。"

上博三・彭2"三达(去)丌(其)～","三",指天、地、人。"二",指天、地。

上博五・競1"～大夫","二大夫"即指前隰朋與鮑叔牙。

上博四・曹23、上博五・鮑2、上博五・弟14、上博五・競6"～品子",讀爲"二三子",這裏是人君呼大夫之稱。《左傳・僖公十五年》:"秦獲晉侯以歸,晉大夫反首拔舍從之,秦伯使辭焉曰:'二三子何其慼也。'"《國語・晉語五》:"皆告諸大夫曰:二三子可以賀我矣。"《禮記》、《論語》稱"二三子"多指孔

門弟子,而《左傳》亦多見"二三子",則是泛稱。《禮記·檀弓》:"孔子之喪,二三子皆絰而出。"《論語·述而》:"子曰:'二三子以我爲隱乎?吾無隱乎爾。吾無行而不與二三子者,是丘也。'"

上博六·競3"～大夫",指與景公交談的高子、國子。(陳偉)

上博六·孔2"～道",指"聖人之道"與"仁人之道"。《荀子·解蔽》:"故仁者之行道也,無爲也。聖人之行道也,無彊也。"(陳偉)或説"二道"即"仁人之道"與"邪民之行","道"與"行"義本相通。(陳劍)

上博七·吴1"～邑",指吴、晉二國。

上博～,數詞。一加一所得。《易·繫辭上》:"二人同心,其利斷金。"

弍

 上博三·彭8 狗(耇)老～拜旨(稽)百(首)曰

 上博八·李1【背】奎(剛)亓(其)不～(貳)可(兮)

～,"二"字繁體,與 (郭店·語叢三67)、 (新收1080少司馬耳杯)同,乃《説文》"二"字古文所本。

上博三·彭8"弍(二)拜",即二拜,金文及傳世古書作"再拜"。拜了又拜,表示恭敬。古代的一種禮節。《論語·鄉黨》:"問人於他邦,再拜而送之。"《史記·孟嘗君列傳》:"坐者皆起,再拜。"

上博八·李1【背】"不～",讀爲"不貳",專一,無二心。《左傳·昭公十三年》:"君苟有信,諸侯不貳,何患焉?"《楚辭·九章·惜誦》:"事君而不貳兮,迷不知寵之門。"

胾

 上博四·曹11 食不～(貳)鹽▢

～,从"肉","弍(弐)"聲。

簡文"食不～鹽",讀爲"食不二羹",與典籍常見的"食不二味"意同。《左

傳·哀公元年》:"昔闔廬食不二味,居不重席,室不崇壇,器不彤鏤,宫室不觀,舟車不飾,衣服財用,擇不取費。"《韓非子·外儲説左下》:"孟獻伯相晉,堂下生藿藜,門外長荆棘,食不二味,坐不重席,晉無衣帛之妾,居不粟馬,出不從車。"

弐

　　上博六·孔 11 悬(仁)人～(二)者也

～,從"辵","弋(式)"聲,其"戈"旁的長横筆上多出一飾筆,與上博二·民 13"或"字作 相類。

簡文"此與(與)悬(仁)人～(二)者也","二"意爲"兩樣"、"不同"、"相反"。《荀子·儒效》(又《王制》有略同之語):"言道德之求,不二後王。道過三代謂之蕩,法二後王謂之不雅。"(陳劍)

資

　　上博四·曹 17 毋忎(愛)貨～子女

《説文·貝部》:"資,貨也。從貝,次聲。"

簡文"貨～",貨物資財。《韓非子·解老》:"故服文采,帶利劍,厭飲食而貨資有餘者,是之謂盗竽矣。"

瘠

　　上博四·柬 18 瘠～智於邦

～,從"疒","資"聲。

簡文～,讀爲"資"。資,取也,古書常訓。"資智於邦"直譯爲"取智於邦",意謂(國家發生大旱災後)向國中咨詢,取衆人之智以定應對措施。(陳劍)或讀爲"咨"、"諮",指徵詢、商議之義。《説文》:"咨,謀事曰咨。"《爾雅·釋詁下》:"咨,謀也。"《廣雅·釋詁二》:"咨,問也。"《左傳·襄公四年》載穆叔

之語云:"臣聞之:'訪問於善爲咨,咨親爲詢,咨禮爲度,咨事爲諏,咨難爲謀。'臣獲五善,敢不重拜?"竹書"咨智於邦","咨智",指向智者諮詢,此句法猶《書·堯典》"咨十有二牧"。(顔世鉉)

泥紐尔聲

尔

上博一·緇 2 靜(靖)龏(恭)～(爾)立(位)

上博一·緇 9 民具～(爾)詹(瞻)

上博一·緇 16 敬～(爾)威義(儀)

上博一·緇 16 咠(淑)訢(慎)～(爾)止

上博一·緇 20 出内(入)自～(爾)帀(師)雩(虞)

上博一·孔 7 裹(懷)～(爾)睩(明)悳(德)

上博三·周 24 豫～雷(霝)龜

上博四·昭 2～必屮(止)少人(小人)

上博四·昭 5 虞(吾)不(智)亓(其)～(爾)毳(墓)

 上博四·昭 5～古

 上博四·曹 32 各載～(爾)贇(藏)

 上博四·曹 37 牪～正釭

 上博四·曹 52 返(及)～龜筲(筮)

 上博四·曹 52 攺(改)□～鼓

 上博四·釆 3 道之遠～(邇)

 上博二·昔 4～(爾)司

 上博二·昔 4 各共(恭)～(爾)事

 上博七·吳 5 余必攷芒(亡)～枩(社)禝(稷)

 上博八·志 3 虗(吾)安～(爾)而埶(設)爾

 上博八·志 3 虗(吾)安尒(爾)而埶(設)～

 上博八·志 4～(爾)思(使)我旻(得)憂(尤)於邦多巳(已)

　上博八·志5 虗(吾)己(以)～(爾)爲遠自爲

　上博八·志6 虗(吾)欲至(致)～(爾)於辠(罪)

　上博八·志7 唯我恁(愛)～(爾)

～，"爾"字截除性簡化。上部所從"人"或拉平作"一"。豎畫上或加飾點，或變爲一小短橫，或變爲一長橫，變化不一。郭店簡或作 (郭店·緇衣3)、 (郭店·緇衣16)、 (郭店·緇衣30)、 (郭店·五行48)、 (郭店·六德4)、 (郭店·語叢一59)，齊戈或作 (新收1499 墜爾戈)。《説文·㸚部》："爾，麗爾，猶靡麗也。从冂，从㸚，其孔㸚，尒聲。此與爽同意。"

上博一·孔7"褱～㫄惪"，讀爲"懷爾明德"，懷藏著你的美好德行。《詩·大雅·皇矣》："帝謂文王：予懷明德。"《墨子·天志（下）》："帝謂文王：予懷而明德，毋大聲以色，毋長夏以革，不識不知，順帝之則。"（李鋭）

上博四·采3"道之遠～"，讀爲"道之遠邇"，"遠邇"似偏指"遠"。（董珊）

其餘上博～，即"爾"，代詞，你們；你。《書·盤庚》："凡爾衆，其惟致告：自今至於後日，各恭爾事。"《詩·小雅·無羊》："誰謂爾無羊？三百維群！"鄭玄箋："爾，女也。"

邇

　上博一·緇22 此己(以)～者不惑而遠者不惌(疑)

　上博七·凡甲9 至遠從～

　上博七·凡乙7 至遠從～

《説文·辵部》:"邇,近也。从辵,爾聲。,古文邇。"

上博～,即"邇",《説文》:"邇,近也。"《書·堯典》:"柔遠能邇,惇德允元。"孔安國傳:"邇,近。"《詩·鄭風·東門之墠》:"其室則邇,其人甚遠。"《左傳·襄公二十八年》:"君子有遠慮,小人從邇。"

懑

 上博四·曹 2 今邦～(彌)少(小)而鐘愈大

～,從"心","爾"聲。

簡文～,讀爲"彌"。《小爾雅·廣詁》:"彌,益也。"《吕氏春秋·審分覽》:"王者之封建也,彌近彌大,彌遠彌小。海上有十里之諸侯。以大使小,以重使輕,以衆使寡,此王者之所以家以完也。"

來紐豐聲

豐

 上博一·孔 5 敬宗窗(廟)之～(禮)

上博一·孔 10 目(以)色俞(喻)於～(禮)

 上博一·孔 12 反内於～(禮)

 上博一·孔 25 智(知)言而又(有)～(禮)

 上博一·性 8 峕(詩)箸(書)～(禮)藥(樂)

上博一·性9～（禮）樂

上博一·性10～□情或興之也

上博一·性28［進］谷（欲）□而又（有）～（禮）

上博一·性29 賓客之～（禮）必又（有）夫齊齊之頌（容）

上博一·性29 祭祀之～（禮）必又（有）夫臍（齊）臍（齊）之敬

上博二·民2 必達於～（禮）㮇（樂）之篡（原）

上博二·民4～（禮）亦至安（焉）

上博二·民4～（禮）之所至者

上博二·民6 亡（無）豊（體）［之］～（禮）

上博二·民7 亡（無）豊（體）之～（禮）

上博二·民11［亡（無）］豊（體）之～（禮）

上博二·民11 亡（無）豊（體）之～（禮）

上博二・民12 亡(無)醴(體)之～(禮)

上博二・民13 亡(無)醴(體)之～(禮)

上博二・民13 亡(無)醴(體)之～(禮)

上博二・子5 與之言～(禮)

上博二・容8 與之言～(禮)

上博四・内1 ～(禮)是貴

上博四・内1【背】内～(禮)

上博四・内附簡 則民又(有)～(禮)

上博五・季16 廌(薦)～(禮)

上博五・季17 因古册～(禮)而章之

上博五・君1 君子爲～(禮)

上博五・三12 所以爲天～(禮)

 港甲 5 孔子訐曰(以)～

 上博二・從甲 2 行之以～(禮)也

 上博二・從甲 3 ～(禮)則寡而爲惫(仁)

 上博二・從乙 4 ～(禮)之綸也

 上博四・采 2 ～又(侑)酉(酒)

 上博五・三 3 是胃(謂)天～(禮)

 上博五・三 5 兑(變)裳(常)惥(易)～(禮)

 上博一・緇 13 齊之以～(禮)

 上博六・孔 20 □～不券

 上博六・孔 21 訢亓(其)～(禮)樂

上博六・天甲 3 ～(禮)者

 上博六・天甲 3 ～(禮)之於宗廟也

上博六·天甲 4 古亡～大瀘

上博六·天乙 2～(禮)者

上博六·天乙 3～(禮)之於宗廟(廟)也

上博六·天乙 3 古亡～大瀘

上博七·鄭甲 4 遺(顛)返(覆)天下之～(禮)

上博七·鄭乙 4[子]豪(家)遺(顛)返(覆)天下之～(禮)

上博七·凡甲 1 流型城(成)～(體)

上博七·凡甲 3 流型城(成)～(體)

上博七·凡甲 6 身～(體)不見

上博七·凡甲 27 敔牆(牆)而～

上博七·凡乙 1 流型(形)城(成)～(體)

上博七·凡乙 2 流型城(成)～(體)

上博七·凡乙 5 身～（體）不見

上博七·吳 6 佳（唯）舍（余）一人所～

上博八·子 3 飤（食）而弗與爲～（禮）

～，或作 、 ，"豊"字下部的"豆"形省去一橫，成"口"形，與常見的"豆"形有別。楚文字或作 （郭店·老子丙 9）、 （郭店·老子丙 10）、 （郭店·緇衣 24）、 （郭店·五行 31）、 （郭店·尊德義 9）、 （郭店·尊德義 11）、 （郭店·尊德義 23）、 （郭店·尊德義 31）、 （郭店·性自命出 66）、 （郭店·語叢一 16）、 （郭店·語叢一 24）、 （郭店·語叢一 33）、 （郭店·語叢一 63）、 （郭店·語叢一 42）、 （新蔡甲二 28）。《說文·豊部》："豊，行禮之器也。从豆，象形。讀與禮同。"

上博一·孔 5"敬宗宙（廟）之～（禮）"，《禮記·中庸》："郊社之禮，所以事上帝也。宗廟之禮，所以祀乎其先也。明乎郊社之禮、禘嘗之義，治國其如示諸掌乎！"

上博～，讀爲"禮"，社會生活中由於風俗習慣而形成的行爲準則、道德規範和各種禮節。《晏子春秋·諫上二》："凡人之所以貴於禽獸者，以有禮也。故《詩》曰：'人而無禮，胡不遄死。'禮，不可無也。"《論語·子罕》："博我以文，約我以禮。"《漢書·公孫弘傳》："進退有度，尊卑有分，謂之禮。"

上博一·性 8"訿（詩）箸（書）～（禮）藥（樂）"，《戰國策·趙二》："臣聞之，中國者，聰明睿知之所居也，萬物財用之所聚也，賢聖之所教也，仁義之所施也，詩書禮樂之所用也，異敏技藝之所試也，遠方之所觀赴也，蠻夷之所義行也。"

上博"～（禮）樂"，禮節和音樂。《呂氏春秋·孟夏紀》："乃命樂師習合禮樂。"高誘注："禮所以經國家，定社稷，利人民；樂所以移風易俗，蕩人之邪，存人之正性。"《禮記·禮器》："禮也者，反其所自生；樂也者，樂其所成。是故先王之制禮也以節事,修樂以道志。故觀其禮樂,而治亂可知也。"

上博一·性28"又~",讀爲"有禮",《左傳·僖公二十三年》:"晉公子廣而儉,文而有禮。其從者肅而寬,忠而能力。"

上博一·性29"賓客之~(禮)",《周禮·天官·冢宰》:"凡賓客之裸獻、瑤爵、皆贊,致後之賓客之禮。"

上博一·性29"祭祀之~(禮)",《禮記·曲禮下》:"君子行禮,不求變俗。祭祀之禮,居喪之服,哭泣之位,皆如其國之故,謹修其法而審行之。"

上博二·民4"~(禮)亦至安(焉)、~(禮)之所至者",《禮記·孔子閒居》:"孔子曰:'志之所至,詩亦至焉。詩之所至,禮亦至焉。禮之所至,樂亦至焉。樂之所至,哀亦至焉。哀樂相生。是故正明目而視之,不可得而見也。傾耳而聽之,不可得而聞也。志氣塞乎天地,此之謂"五至"。'""禮",是"威儀逮逮",處處以恭敬謙讓示民,以化民於禮。(彭裕商)

上博二·民6、7、11、12、13"亡(無)體(體)之~(禮)",《禮記·孔子閒居》:"孔子曰:'無聲之樂,氣志不違;無體之禮,威儀遲遲;無服之喪,內恕孔悲。無聲之樂,氣志既得;無體之禮,威儀翼翼;無服之喪,施及四國。無聲之樂,氣志既從;無體之禮,上下和同;無服之喪,以畜萬邦。無聲之樂,日聞四方;無體之禮,日就月將;無服之喪,純德孔明。無聲之樂,氣志既起;無體之禮,施及四海;無服之喪,施於孫子。'"

上博二·子5、上博二·容8"與之言~(禮)",《禮記·哀公問》:"哀公問於孔子曰:'大禮何如?君子之言禮,何其尊也?'"

上博四·內1【背】"內~",讀爲"內禮",是説孝既要有內心的忠愛之情,又要有外在的禮節形式。(林素清)

上博五·君1"君子爲~",《韓非子·解老》:"衆人之爲禮也,以尊他人也,故時勸時衰。君子之爲禮,以爲其身;以爲其身,故神之爲上禮。"《禮記·哀公問》:"今之君子,莫爲禮也。"《論語·陽貨》:"君子三年不爲禮,禮必壞;三年不爲樂,樂必崩。"

上博二·從甲3"~(禮)則寡而爲悬(仁)",《論語·八佾》:"子曰:人而不仁,如禮何?""禮"與"仁"之間是外在形式與內在本質的關係。《禮記·禮器》:"先王之立禮也,有本有文。忠信,禮之本也,義理,禮之文也。無本不立,無文不行"。

上博二·從乙4"~之綸也",《禮記·禮器》:"故舉其定國之數,以爲禮之大經。禮之大倫,以地廣狹;禮之厚薄,與年上下。"

上博四·采 2"～又酉",曲目。或疑讀爲"醴侑酒"。《詩·小雅·魚麗》:"魚麗於罶,鲂鱧。君子有酒,多且旨。"

上博五·季 16、17,上博五·三 3、5、12、上博六·天～,指先秦社會的等級制度以及與之相適應的行爲準則和道德規範。《禮記·曲禮上》:"夫禮者,所以定親疏、決嫌疑、別同異、明是非也。"《左傳·隱公十一年》:"禮,經國家、定社稷、序民人、利後嗣者也。"《漢書·公孫弘傳》:"進退有度,尊卑有分,謂之禮。"(曹錦炎)

上博七·鄭甲 4、鄭乙 4"天下之～",《禮記·祭義》:"天下之禮,致反始也,致鬼神也。致和用也,致義也,致讓也。致反始,以厚其本也;致鬼神,以尊上也;致物用,以立民紀也。致義,則上下不悖逆矣。致讓,以去爭也。合此五者,以治天下之禮也,雖有奇邪,而不治者則微矣。"

上博七·凡甲 1、3、凡乙 1、2～,讀爲"體",形體,身體。《詩·鄘風·相鼠》:"相鼠有體,人而無禮。"《禮記·大學》:"心廣體胖。"又,《淮南子·説山》:"魄問於魂曰:'道何以爲體?'曰:'以無有爲體。'""爲體"猶言"成體"。(曹錦炎)

上博七·凡甲 6、凡乙 5 身～,讀爲"身體",指人或動物的全身。《墨子·辭過》:"故聖人爲衣服,適身體,和肌膚而足矣,非榮耳目而觀愚民也。"

上博七·凡甲 27"敬牆(牆)而～",可與《左傳·昭公七年》"一命而僂,再命而傴,三命而俯,循牆而走"對讀。則"豊"或可讀爲"履",行的意思,與下句"屏氣而言"之"言"相對爲文。"一命而僂,再命而傴,三命而俯,循牆而走"也見於《莊子·列禦寇》,疏云:"傴曲循牆,並敬容極恭,卑退若此,誰敢將不軌之事而侮之也。""循牆而走"和"屏氣而言"都是極言謙恭卑退。《説文》:"禮,履也。"《漢書·公孫弘傳》:"進退有度,尊卑有分,謂之禮。"

上博七·吴 6～,敬神,謂事神致福。《禮儀·覲禮》:"禮山川丘陵於西門之外。"

上博八·子 3"飤(食)而弗與爲～(禮)",《大戴禮記·保傅》:"(天子)食以禮,徹以樂。失度,則史書之。"

體

上博六·慎 2 共㠯(以)爲～

上博八·王 3 邦人其澽（沮）志解～

上博八·蘭 5 身～肚（重）靑（輕）而目耳袋（勞）矣

《説文·骨部》："體，總十二屬也。从骨，豊聲。"

上博八·王 3"解～"，比喻人心離散。《左傳·成公八年》："信不可知，義無所立；四方諸侯，其誰不解體。"《後漢書·楊彪傳》："今横殺無辜，則海内觀聽，誰不解體。"

上博八·蘭 5"身～"，指人或動物的全身。《戰國策·楚策四》："襄王聞之，顔色變作，身體戰慄。"《漢書·王商傳》："爲人多質而威重，長八尺餘，身體鴻大。"

上博六·慎 2～，取法；效法。《禮記·喪服四制》："〔禮之大體，〕體天地，法四時，則陰陽，順人情。"《淮南子·本經》"帝者體太一"，高誘注："體，法也。"《文選·長楊賦》："大哉體乎。"李善注："體，猶法也。"今言法則、根本。（劉洪濤）

軆

上博一·性 10～（體）丌（其）宜（義）而節曼（文）之

上博二·民 5 亡（無）～（體）[之]豊（禮）

上博二·民 7 亡（無）～（體）之豊（禮）

上博二·民 11[亡（無）]～（體）之豊（禮）

上博二·民 11 亡（無）～（體）之豊（禮）

上博二·民 11 亡（無）～（體）之

上博二·民 12 亡（無）～（體）之豊（禮）

上博二·民 13 亡（無）～（體）之豊（禮）

上博二·民 13 亡（無）～（體）之豊（禮）

～，從"肉"，"豊"聲，爲"體"字異體。與郭店簡 同，中山方壺或從"身"作 ![]。

上博一·性 10～，施行；實行。《荀子·修身》："好法而行，士也；篤志而體，君子也。"《淮南子·氾論》："故聖人以身體之。"高誘注："體，行。"

上博二·民 5、7、11、12、13～，體統；體制。《左傳·定公十五年》："夫禮，死生存亡之體也。"洪亮吉《春秋左傳詁》："《禮器》：'禮也者，猶體也。'《廣雅》：'禮，體也。'"

體

上博一·緇 5 君㠯（以）民爲～（體）

上博一·緇 5 古（故）心㠯（以）～（體）痽

～，從"人"，"豊"聲，"體"字異體。

上博一·緇 5～，身體。《禮記·大學》："心廣體胖。"《孟子·梁惠王上》："爲肥甘不足於口與？輕煖不足於體與？"

來紐履聲

履

上博二·子12～呂(以)慾

上博七·吴8 㡭(踐)～陞(陳)坒(地)

上博二·容9～坒(地)戠(戴)天

《説文·履部》:"履,足所依也。从尸,从彳,从夂,舟象履形。一曰:尸聲。𡱗,古文履。从頁,从足。"

上博二·子12"～以慾",《詩·大雅·生民》:"厥初生民,時維姜嫄。生民如何？克禋克祀,以弗無子。履帝武敏歆,攸介攸止,載震載夙。載生載育,時維后稷。"毛亨傳:"履,踐也。"鄭玄箋:"祀郊禖之時,時則有大神之跡,姜嫄履之,足不能滿。履其拇指之處,心體歆歆然。"

上博二·容9"～坒(地)戠(戴)天",讀爲"履地戴天",典籍或作"戴天履地",頂天立地。猶言生於天地之間。《大戴禮記·虞戴德》:"歆此三者而一舉之,戴天履地,以順民事。"《左傳·僖公十五年》:"君履后土而戴皇天,皇天后土實聞君之言。"《吴越春秋·王僚使公子光傳》:"吾聞父母之讎,不與戴天履地。"

上博七·吴8"㡭～",讀爲"踐履",同義並用,踩踏之意。《詩·大雅·行葦》:"敦彼行葦,牛羊勿踐履。"《易林·明夷之乾》:"踐履寒冰,十步九尋。"《後漢書·隗囂傳》:"自經歷虎口,踐履死地,已十數矣。"

精紐旨聲

姊

上博四·内附簡母(毋)忘姑～(姊)妹而遠敬之

～,从"女","朿"聲。《說文·女部》:"姊,女兄也。从女,朿聲。"

簡文"姑～妹",即父親的姐妹,姑母。《左傳·襄公十二年》"無女而有姊妹及姑姊妹",孔穎達疏:"若父之姊爲姑姊,父之妹爲姑妹。"《公羊傳·莊公三年》:"請後五廟,以存姑姊妹。"

宋

 上博三·周 7 帀(師)右(左)～(次)

 上博三·周 53 遞(旅)既～(次)

 上博三·周 53 遞(旅)焚丌(其)～(次)

 上博五·三 4 毋詢(訽)政卿於神～(次)

 上博五·三 4 怔達之～(次)

～,从"宀","朿"聲。

上博三·周 7～,讀爲"次",謂軍隊駐紮。《易·師》:"左次,無咎。"孔穎達疏:"師在高險之左以次止,則無凶咎也。"孫楚《爲石仲容與孫晧書》:"師次遼陽,而城池不守。"

上博三·周 53～,讀爲"次",宿處。《易·旅》:"旅即次,懷其資,得童僕,貞。"王弼注:"次者,可以安行旅之地也。"《禮記·檀弓上》:"曾子與客立於門側,其徒趨而出。曾子曰:'爾將何之?'曰:'吾父死,將出哭於巷。'曰:'反哭於爾次。'"鄭玄注:"次,舍也。"

上博五·三 4～,讀爲"次"。甲骨文有"咸朿",有"大甲䖑",于省吾先生認爲"指巫咸被祭的神主位次言之","指大甲的神主位次言之"。《國語·楚語下》:"是使制神之處位次主。"韋昭注:"次主,以其尊卑先後。"(陳偉)或讀爲"神祇"。

上博五·三 4"怔達之～",讀爲"疏達之次"。"次",間,際。《莊子·田子

方》:"喜怒哀樂不入於胥次。"(陳偉)

清紐妻聲

妻

 上博五·姑9與亓(其)～

～,與 、、、、同。戰國文字"妻"字的上半與"貴"字的上半同形,《説文》"妻"字的古文"妾"當是由戰國文字"妻"譌誤而成(李家浩)。《説文·女部》:"妻,婦與夫齊者也。从女,从屮,从又。又,持事,妻職也。![],古文妻,从肖、女。肖,古文貴字。"

簡文～,男子的嫡配。《易·小畜》:"九三,輿説輻,夫妻反目。"《詩·齊風·南山》:"取妻如之何,必告父母。"班固《白虎通·嫁娶》:"妻者,齊也,與夫齊體。"

淒

 上博二·容31～(濟)於坒(廣)川

 上博四·曹43行阪～(濟)壐(障)

 上博三·周58未～(濟)

～,與 、、同。《説文·水部》:"淒,雲雨起也。从水,妻聲。《詩》曰:'有渰淒淒。'"

上博二～,讀爲"濟",渡河。《書·大誥》:"予惟小子若涉淵水,予惟往求朕攸濟。"孔安國傳:"往求我所以濟渡。"

緀

上博三·周 38 丌(其)行～(次)疋(且)

上博三·周 41 丌(其)行～(次)疋(且)

《説文·糸部》:"緀,白文皃。《詩》曰:'緀兮斐兮,成是貝錦'。从糸,妻聲。"
　　簡文"～疋",讀爲"次且",即趑趄,是行路艱難狀。劉向《新序·雜事五》:"《易》曰:'臀無膚,其行趑趄。'"《文選·張載〈劍閣銘〉》:"一人荷戟,萬夫趑趄。"李善注:"一夫揮戟,萬人不得進。《廣雅》曰:'趑趄,難行也。'"(李零)帛本作"郪胥",今本作"次且",一本作"趑趄"。

從紐齊聲

齊

上博一·緇 13～之以豊(禮)

上博一·緇 13～之以型(刑)

上博一·緇 19～(質)而守之

上博一·緇 19～(質)而暈(親)之

上博一·性 29 賓客之豊(禮)必又(有)夫～齊之頌(容)

上博四·曹 13 虗(吾)欲與～戰

 上博五·競 1 爲～

 上博五·鮑 4 皮(疲)敝～邦

 上博五·鮑 7 ～邦之亞(惡)死

 上博五·鮑 8 晉人戩(伐)～

 上博五·鮑 8 既至～坒(地)

 上博五·君 8 亓(其)才(在)廷(庭)則欲～～

 上博五·三 1 弦望～個(宿)

 上博五·三 3 ～～節節

 上博五·三 14 牂(將)～勿桍

 上博六·競 1 ～競(景)公疥且瘧

 上博八·成 4 白(伯)尸(夷)、叔(叔)～飤(餓)而死於隹(雎)滽(澨)

～，戰國文字或作(郭店·緇衣 24)、(郭店·緇衣 38)、(郭店·窮達以時 6)、(郭店·性自命出 25)、(郭店·性自命出 63)、(郭店·性

自命出 66)、🔲(左塚漆桐)、🔲(施 50)、🔲(雙劍二十石磬)、🔲(珍秦 352)。《説文·齊部》："齊,禾麥吐穗上平也。象形。"

上博一·緇 13"~",整治;整理。《荀子·富國》："必將修禮以齊朝,正法以齊官,平政以齊民。"楊倞注："齊,整也。"《禮記·大學》："欲治其國者,先齊其家。"

上博一·緇 19"~",讀爲"質",猶少,簡略。《禮記·緇衣》："故君子多聞,質而守之;多志,質而親之;精知,略而行之。"鄭玄注："質,猶少也。"孔穎達疏："雖多聞前事,當簡質而守之。"

上博一·性 29、上博五·君 8"~齊",讀爲"濟濟"。《禮記·曲禮下》"大夫濟濟",鄭玄注："〔濟濟,〕行容止之貌也。"孔穎達疏："濟濟,徐行有節。大夫降于諸侯,不得自莊盛,但徐行而已也。"《詩·小雅·楚茨》"濟濟蹌蹌",毛亨傳："濟濟蹌蹌,言有容也。"鄭玄箋："有容,言威儀敬慎也。"簡文"必有夫濟濟之容"是説"賓客之禮"要有行節"濟濟"的容止。(李家浩)或説"齊齊",是恭敬之義。見《大戴禮·四代》和《禮記》的《玉藻》、《少儀》、《祭義》。(李零)

上博四·曹 13、上博五·競 1、上博五·鮑 4、8"~",齊國。古國名。公元前 11 世紀周分封的諸侯國。春秋初期國力富強,成爲霸主。戰國時爲七雄之一。公元前 221 年爲秦所滅。

上博五·三 1"~佝",即"齊宿"。《孟子·公孫丑下》："弟子齊宿而後敢言。"《史記·秦本紀》："於是繆公虜晉君以歸,令於國:'齊宿,吾將以晉君祠上帝。'""齊"通"齋",是恭敬之義。"宿"通"素",是預先之義。兩字連讀是預爲齋戒之義。

上博五·三 3"~~節節",疑即《大戴禮記·四代》"齊齊然,節節然",從文意看是形容整齊有序。

上博六·競 1"~競公",讀爲"齊景公",春秋後期齊國國君,齊靈公之子,齊莊公之弟。《史記·魯周公世家》："(襄公)二十五年,齊崔杼弑其君莊公,立其弟景公。……(昭公)二十年,齊景公與晏子狩竟,因入魯問禮。"

上博八·成 4"叕(叔)~",讀爲"叔齊",人名。

懠

　　上博一·性 15 會(觀)坒(賚)武則~女(如)也斯(斯)复(作)

~,从"心","齊"聲。爲表敬義之"齊"之專字。

簡文"~女",讀爲"齊如",恭敬的樣子。《論語·鄉黨》："食不語,寢不

言,雖疏食菜羹,瓜祭,必齊如也。"何晏注引孔安國曰:"齊,嚴敬貌。"(陳偉武)

敵

 上博七·吴 5 相～

～,從"攴","齊"聲,"擠"字異體,"攴"、"手"二旁古通。
簡文～,即"擠",陷害,排擠。《莊子·人閒世》:"故其君因其修以擠之,是好名者也。"

臍

 上博一·性 29 必又(有)夫～₌之敬

《説文·肉部》:"臍,胅臍也。從肉,齊聲。"
簡文"～～",讀爲"濟濟"。《詩·小雅·楚茨》"濟濟蹌蹌",毛亨傳:"濟濟蹌蹌,言有容也。"鄭玄箋:"有容,言威儀敬慎也。"《禮記·玉藻》"朝廷濟濟翔翔",鄭玄注:"莊敬貌也。"孔穎達疏:"濟濟,有威儀,矜莊也。""必有夫濟濟之敬"是説"祭祀之禮"要有矜莊"濟濟"的敬意。(李家浩)

薺

 上博一·孔 28 牆(牆)又(有)～(茨)

《説文·艸部》:"薺,蒺蔾也。從艸,齊聲。《詩》曰:'牆有薺。'"
簡文"牆(牆)又～",讀爲"牆有茨",《詩經》篇名。《詩·鄘風·牆有茨》:"牆有茨,不可掃也。中冓之言,不可道也。所可道也,言之醜也。"毛亨傳:"興也。牆所以防非常。茨,蒺藜也。欲埽去之,反傷牆也。"鄭玄箋:"國君以禮防制一國,今其宫內有淫昏之行者,猶牆之生蒺藜。"

齋

 上博七·武 12 君～

 上博七·武 12～七日

《說文·示部》："齋，戒，潔也。从示，齊省聲。 ，籀文齋，从𩕾省。"

簡文～，古人在祭祀或舉行其他典禮前清心寡欲，淨身潔食，以示莊敬。《莊子·人間世》："顏回曰：'回之家貧，唯不飲酒、不茹葷者數月矣，如此則可以爲齋乎？'"成玄英疏："齋，齊也，謂心跡俱不染塵境也。"

心紐死聲

死

 上博二·魯 4 木牀（將）～

 上博二·魯 5 魚牀（將）～

 上博二·容 5 道洛（路）無殤～者

 上博二·容 33 丌（其）～賜（易）𦭞（葬）

 上博二·容 34 述（遂）禹（稱）疾不出而～

 上博二·容 44 不能述（遂）者內（墜）而～

 上博三·周 15 亙（恆）不～

 上博四·昭 1 卲（昭）王爲室於～浧（沮）之滸（滸）

 上博四・昭 8 辠(罪)亓(其)宎(容)於～

 上博四・昭 8 或昏～言儓(僕)見胇之寒也

 上博四・内 7 唯(雖)至於～

 上博五・鮑 7 齊邦之亞(惡)～

 上博三・中 23 所以城(成)～也

 上博四・采 6 狗(苟)虗(吾)君母(毋)～

 上博五・弟 8 ～不頯(顧)生

 上博五・三 5 民乃囂(夭)～

 上博五・鬼 3 鷗尸(夷)而～

 上博四・曹 44 矣(疑)戬(戰)～

 上博四・曹 45 ～者弗收

 上博四・曹 47 善於～者爲生者

上博四·曹 54 思(使)忘亓(其)～而見亓(其)生

上博五·三 18 ～於梁下

上博一·緇 19 ～不可敓(奪)名

上博一·性 37 不[難]爲之～

上博五·競 3 癹(發)迮(作)者～

上博五·競 3 弗行者～

上博五·姑 5 唯(雖)～安(焉)逃之

上博五·姑 7 立～何戕(傷)才(哉)

上博五·姑 10 姑(苦)城(成)豪(家)父立～

上博四·曹 58 所以同～

上博七·君甲 9 㒸(戮)～於人手

上博七·君乙 9 㒸(戮)～於人手

正編·脂部

上博七·凡甲 1 奚旻(得)而不～

上博七·凡甲 3 奚遊(失)而～

上博七·凡甲 24 人～返(復)爲人

上博七·凡甲 25 百勿(物)不～女(如)月

上博七·凡乙 1 奚旻(得)而不～

上博七·凡乙 2 奚遊(失)而～

上博七·凡乙 17 人～返(復)爲人

上博七·凡乙 18 咸百勿(物)不～女(如)月

上博八·子 1 丌(其)一子道餓而～焉

上博八·成 4 白(伯)尸(夷)、畟(叔)齊飤(餓)而～於崔(崔)潭(濆)

上博八·志 3 此是胃(謂)～辠(罪)

～,戰國文字或作 (郭店·緇衣 38)、 (郭店·窮達以時 9)、 (郭店·

·2047·

忠信之道 3)、❄(郭店·六德 5)、❄(郭店·語叢四 4)、❄(九 A43)、❄(關沮 297)。《説文·死部》:"死,澌也,人所離也。从歺,从人。❄,古文死如此。"

上博四·昭 1～,讀爲"夷水"之"夷","死泜之澨"是指"既靠近夷水又靠近泜水的某一塊地"。(劉洪濤)

上博五·弟 8"～不䝷(顧)生",《三國志·魏書》:"近郊農民,釋其耨鎛,伐薪制梃,改案爲櫓,賓士赴難,軍旅行成,雖蹈湯火,死不顧生。"

上博五·姑 7、10"立～",《戰國策·燕策三》:"於是,太子預求天下之利匕首,得趙人徐夫人之匕首,取之百金,使工以藥淬之,以試人,血濡縷,人無不立死者。"

上博七·君甲 9、君乙 9"戮(戮)～於人手",《管子·大匡》:"莊公自懷劍,曹劌亦懷劍,踐壇,莊公抽劍其懷曰:'魯之境去國五十里,亦無不死而已。'左揕桓公,右自承曰:'均之死也,戮死於君前。'"

上博七·凡甲 1、凡乙 1"不～",亦見《楚辭·天問》:"何所不死?""延年不死,壽何所止?"

上博八·子 1、成 4～,事見《莊子·讓王》:"二子北至於首陽之山,遂餓而死焉。若伯夷、叔齊者,其于富貴也,苟可得已,則必不賴。高節戾行,獨樂其志,不事於世,此二士之節也。"

上博八·志 3"～辠(罪)",應該判處死刑的罪行。《左傳·昭公二年》:"有死罪三,何以堪之? 不速死,大刑將至。"《史記·太史公自序》:"爲人臣子而不通於《春秋》之義者,必陷篡弑之誅,死罪之名。"

上博～,死亡,生命終止。《孟子·梁惠王上》:"樂歲終身飽,凶年免於死亡。"《楚辭·離騷》:"寧溘死以流亡兮。"《莊子·天下》:"芴漠無形,變化無常,死與生與!"

洓

 上博二·容 26 塁(禹)乃迵(通)～、洛

～,从"水","死"聲。

簡文～,讀爲"伊",伊水。"洓"从"水""死"聲,與《説文·人部》"伊"字古文从"死"合。《書·禹貢》曰:"荊、河惟豫州,伊、洛、瀍、澗,即入於河……"

《淮南子·本經》:"舜乃使禹疏三江五湖,闢伊闕,導瀍澗,平通溝陸,流注東海,鴻水漏,九州乾,萬民皆寧其性,是以稱堯、舜以爲聖。"

心紐衰聲

衰

 上博一·孔 3 ～矣

 上博一·孔 8 皆言上之～也

 上博五·鮑 2 遷(堋)亓(其)吕(以)～堯(亡)

《說文·衣部》:"衰,艸雨衣。秦謂之萆。从衣,象形。𧘏,古文衰。"

上博一·孔 3～,衰微,衰亡。《易·雜卦》:"《損》《益》,盛衰之始也。"《左傳·襄公十三年》:"周之興也,其詩曰:'儀刑文王,萬邦作孚。'言刑善也。及其衰也,其詩曰:'大夫不均,我從事獨賢。'言不讓也。"

上博五·鮑 2"～堯",讀爲"衰亡",衰滅之意。《韓非子·愛臣》:"是以姦臣蕃息,主道衰亡。"

蓑

 上博二·容 32 曰惪(德)逨(速)～□

～,與蓑(郭店·語叢四 22)同。

簡文～,衰微。《左傳·襄公二十九年》:"爲之歌《小雅》,曰:'美哉!思而不貳,怨而不言,其周德之衰乎?猶有先王之遺民焉。'"杜預注:"衰,小也。謂有殷王餘俗,故未大衰。"

心紐厶聲

厶

 上博一·緇 21 ～（私）惠不褢（懷）惪（德）

 上博四·昭 4 以儥（僕）之不旻（得）并儥（僕）之父母之骨～自塼

 上博四·柬 19 ～設（辯）

 上博四·内 6 亡（無）～（私）樫（樂）

 上博四·内 6 亡（無）～（私）惥（憂）

 上博四·曹 12 而亡（無）又（有）～（私）也

 上博六·競 4 夫子吏（使）亓（其）～（私）吏聖（聽）獄於晉邦

 上博六·競 4 吏（使）亓（其）～

 上博八·命 5 不㠯（以）～（私）思〈惠〉厶（私）悁（怨）內（入）于王門

 上博八·命 5 不㠯（以）厶（私）思〈惠〉～（私）悁（怨）內（入）于王門

《說文·厶部》："厶，姦衺也。韓非曰：'倉頡作字，自營爲厶。'"

上博一·緇 21"～（私）惠不褢（懷）惪（德）"，今本《禮記·緇衣》："子曰：'私惠不歸德，君子不自留焉。'"鄭玄注："私惠，謂不以公禮相慶賀，時以小物相問遺也。"孔穎達疏："言人以私小恩惠相問遺，不歸依道德。"

上博四·昭 4～，或讀爲"尸"。（董珊）

上博四·柬 19、上博四·内 6～，讀爲"私"，與"公"相對。私情，私心；屬於個人的。《書·周官》："以公滅私，民其允懷。"孔安國傳："從政以公平滅私情，則民其信歸之。"

上博四·曹 12 "而亡又(有)～(私)",即"無私",公正没有偏心;不自私。《左傳·成公九年》:"樂操土風,不忘舊也。稱大子,抑無私也。"

上博六·競 4 "夫子吏丌～吏聖獄於晉邦、吏丌～祝、史進",《左傳·昭公二十年》晏子傳述趙孟語爲:"夫子之家事治,言於晉國,竭情無私,其祝史祭祀,陳信不愧,其家事無猜,其祝史不祈。""夫子之家事(吏)治言〈獄〉於晉國",與簡文"夫子使其私吏聽獄於晉邦"意思相一致,其後"家事無猜"之"家事"亦應讀作"家吏",即簡文之"私吏",是范武子家朝之臣代其主君聽獄,主政;"私祝、史"也是范武子的私家祝、史,主祭祀。(董珊)

上博八·命 5"～惠",《禮記·緇衣》:"子曰:'私惠不歸德,君子不自留焉。'"參前。"私怨",《左傳·昭公五年》:"爲政者不賞私勞,不罰私怨。"《史記·季布列傳》:"獨以己之私怨求一人。"《墨子·尚賢上》:"舉公義,辟私怨。"

心紐帀聲

帀

上博二·容 38 记(起)～(師)吕(以)伐昏(岷)山是(氏)

上博二·容 41 湯於是唬(乎)講(徵)九州之～(師)

上博二·容 47 文王乃记(起)～(師)吕(以)鄉(嚮)豐喬(鎬)

上博二·容 52 吕(以)少(宵)會者(諸)侯之～(師)於畕(牧)之埜(野)

上博二·容 52 或亦记(起)～(師)以逆之

上博四·曹 25 必又(有)數大官之～(師)

 上博四·曹 40 出～(師)又(有)幾(忌)虗(乎)

 上博四·曹 42 此出～(師)之幾(忌)

 上博四·曹 51 反(返)～(師)牆(將)遉(復)

 上博五·鬼 5 螶(融)～(師)又(有)成氏

 上博五·鬼 6 蔑～(師)見兇(凶)

 上博五·鬼 7 昔螶(融)之氏～(師)

 上博三·周 7 ～(師)

 上博三·周 7 ～(師)出以聿(律)

 上博三·周 7 才(在)～(師)审(中)吉

 上博三·周 7 ～(師)或嬰(輿)𡰪(屍)

 上博三·周 7 ～(師)左弟(次)

 上博三·周 8 長子銜(帥)～(師)

上博三·周13 可用行～(師)

上博三·周14 利建庆(侯)行～(師)

上博五·鮑8～(師)乃逞(歸)

上博一·緇9 虩虩～(師)尹

上博一·緇20 出內(入)自尔(爾)～(師)零(虞)

上博六·壽3 少～(師)亡恚

上博六·用18 埶(設)立～(師)長

上博六·天甲13 所不學於～(師)者三

上博六·天甲13 此所不學於～(師)也

上博七·武1～(師)上(尚)父

上博七·武1～(師)上(尚)父

上博七·武2～(師)上(尚)父

上博七·武 3～（師）上（尚）父

上博七·鄭甲 3 牂（將）必爲～（師）

上博七·鄭甲 3 乃记（起）～（師）

上博七·鄭甲 6～（師）未還

上博七·鄭甲 6 君王之记（起）此～（師）

上博七·鄭甲 7 君王必進～（師）㠯（以）迈之

上博七·鄭甲 7 大敗晉～（師）安（焉）

上博七·鄭乙 3 牂（將）必爲～（師）

上博七·鄭乙 3 乃记（起）～（師）

上博七·鄭乙 6～（師）未還

上博七·鄭乙 6 君王之记（起）此～（師）

上博七·鄭乙 7 君王必進～（師）㠯（以）迈之

 上博七·吳 8 箮（孰）爲～（師）徒

甲骨文"師"作" "（《殷墟書契前編》五·一八·五），西周金文或作" "（盂鼎），不從"帀"，或作" "（師遽簋），春秋金文或作" "（蔡大師鼎），戰國文字或作 （郭店·緇衣 16）、 （郭店·緇衣 39）、 （郭店·成之聞之 25）、 （九 A30）、 （新蔡零 433）、 （施 57）、 （施 76）、 （珍秦 113）。《說文·帀部》："帀，周也。从反之而帀也。周盛說。"

上博二·容 38、47、52、上博七·鄭甲 3、鄭乙 3"記～"，讀爲"起師"。發兵；出兵。《左傳·僖公二年》："宮之奇諫，不聽，遂起師。"《淮南子·人間》："重耳返國，起師而伐曹。"

上博四·曹 25～，讀爲"師"，疑指士師，爲掌獄訟之官。《周禮·秋官·司寇》："大司寇，卿一人。小司寇，中大夫二人。士師，下大夫四人。"

上博四·曹 40、42"出～"，即"出師"，出兵。《左傳·文公十六年》："夫麇與百濮，謂我饑不能師，故伐我也。若我出師，必懼而歸。"

上博三·周 7～，讀爲"師"，卦名，《周易》第七卦，坎下坤上。"師"，軍旅之名。《序卦》："師者，衆也。"

上博二·容 52、41、上博三·周 7、8、13、14、上博五·鮑 8、上博七·鄭～，軍旅，軍隊。《詩·秦風·無衣》："王於興師，脩我戈矛，與子同仇。"《春秋·僖公元年》："公子友帥師敗莒師於酈。"《史記·齊太公世家》："十一年正月甲子，誓於牧野，伐商紂。紂師敗績。"

上博一·緇 9"～（師）尹"，指周太師尹氏。《詩·小雅·節南山》："赫赫師尹，民具爾瞻。"毛亨傳："師，太師，周之三公也。尹，尹氏，爲太師。"後用爲三公之稱。

上博一·緇 20"出內（入）自爾（爾）～（師）雩（虞）"，《禮記·緇衣》："《君陳》曰：'出入自爾，師虞庶言同。'"鄭玄注："自，由也。師、庶，皆衆也。虞，度也。言出內政教，當由女衆之所謀度，衆言同，乃行之，政教當由一也。"

上博六·壽 3"少～"，即"少師"，官名。《書·周官》："少師、少傅、少保，曰三孤。"

上博六·用 18"～長"，讀爲"師長"。《書·盤庚》："烏乎！邦伯、師長、百

執事之人,尚皆隱哉!"

上博六・天甲 13～,即"師",老師,先生。《論語・述而》:"三人行,必有我師焉。"《論語・爲政》:"温故而知新,可以爲師矣。"《荀子・性惡》:"夫人雖有性質美而心辯知,必將求賢師而事之。"

上博七・武 1、2、3"～上(尚)父",即"師尚父","師"爲職,"尚"爲名,"父"乃敬稱。即"呂尚",或作"姜尚",又稱太公望,俗稱姜太公,輔佐文王、武王,滅商。

上博七・吳 8"～徒",士卒,借指軍隊。《國語・吳語》:"吳王夫差既許越成,乃大戒師徒,將以伐齊。"《左傳・莊公四年》:"先君其知之矣,故臨武事,將發大命,而蕩王心焉。若師徒無虧,王薨於行,國之福也。"包山簡中習見"大司馬悼愲遅楚邦之帀(師)徒以救郙之歲"一句,師徒亦指兵士,即軍隊。

幫紐匕聲

比

上博一・性 9 聖人～丌(其)粗(類)而侖(論)會之

上博三・周 9～

上博三・周 9 又(有)孚～之

上博三・周 9～之自内

上博三・周 9～之非(匪)人

上博三・周 10 顯～

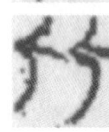
上博三・周 10～亡(無)首

 上博三·亙10 慌言之後者孥(校)～安(焉)

 上博四·采4 咎～

 上博五·季19 降尚呂(以)比

 上博五·季22 後世～亂

 上博五·君4 智而～信

 上博八·蘭5 宅立(位)竅下而～悆(擬)高矣

～,戰國文字或作 ▨(郭店·老子甲33)、▨(郭店·成之聞之17)、▨(馬節集成12091)、▨▨(趙卿墓98頁比城戟)。《說文·比部》:"比,密也。二人爲从,反从爲比。▨,古文比。"

上博一·性9"～丌(其)頪",即"比類",按類排比。《禮記·樂記》:"君子反情以合其志,比類以成其行。"孔穎達疏曰:"比類以成其行者,比謂比擬善類以成己身之美。"

上博三·周9～,《周易》第八卦,昆下坎上。馬王堆漢墓帛書《易之義》:"《比》者,得鮮也。"輔助。《易·比》:"比,輔也。"孔穎達疏:"比者,人來相輔助也。"

上博三·周10"顯～",謂臣子以光明之道輔佐其君。《易·比》:"九五:顯比,王用三驅,失前禽,邑人不誡。"王弼注:"顯比者也,比而顯之。"高亨注:"顯比者,以光明之輔也。"

上博三·亙10"孥～",讀爲"校比",比校、考核。《周禮·地官·黨正》:"正歲,屬民讀灋而書其德行道藝,以歲時涖校比。"《國語·齊語》"比校民之

有道者",韋昭注:"比,比方也;校,考合也,謂考其德行道藝而興賢者。"

上博四・采 4"咎～",讀爲"皋比",虎皮。

上博五・季 19～,讀爲"庀"。《集韻・紙韻》:"庀,治也。或作比。"《莊子・徐無鬼》:"農夫無草萊之事則不庀,商賈無市井之事則不庀。"俞樾平議:"比,通作庀。《周官・遂師》疏云:'《周禮》之内云比者,先鄭皆爲庀'是也。《國語・魯語》:'子將庀季氏之政焉。'又曰:'夜庀其家事',韋注並曰:'庀,治也。'農夫惟治草萊之事,故無草萊之事則不庀;商賈惟治市井之事,故無市井之事則不庀也。"(冀小軍)

上博五・季 22～,相連接。王充《論衡・物勢》:"亦或辯口利舌,辭喻橫出爲勝;或詘弱綴跲,踵塞不比者爲負。"

上博五・君 4～,合也。《禮記・射禮》:"其容體比於禮,其節比於義。""比信"意即合於信義。智者多謀,其反則是擅用權謀;智者不欺,方能"與民有同"。(禤健聰)

上博八・蘭 5"～㒸",讀爲"比擬"。"比",比方,比擬。《禮記・樂記》"比類以成其行",孔穎達疏:"比謂比擬善類。"《詩・邶風・谷風》:"既生既育,比予於毒。"

畋

 上博三・周 10 外～(比)之

～,从"攴","比"聲。

簡文～,讀爲"比",比較。《周禮・天官・内宰》:"比其大小與其麤良,而賞罰之。"

比

 上博一・緇 20～(必)見丌(其)瑩(轍)

 上博一・緇 20～(必)[見其敝]

 上博一・緇 21 ～(必)見亓(其)成

 上博六・孔 7 衣備(服)～(必)中

～，與 、、、、同，從"才"，"匕"聲。上博或作 ![]，其筆畫分解、重新組合，分成上下兩截書寫，爲"北(必)"字訛體。（陳劍）

簡文～，讀爲"必"。必，幫紐質部；匕，幫紐脂部。二字雙聲，韻爲陰、入對轉，古音極近。副詞，必然；一定。《詩・邶風・旄丘》："何其處也？必有與也；何其久也？必有以也。"

訨

 上博八・蘭 2 涅(馨)～(謐)迡而達聞(聞)于四方

～，從"言"，"北"聲，"謐"字異體。《説文・言部》："謐，靜語也。從言，謐聲。一曰：無聲也。"

簡文～，讀爲"謐"，寂靜。《素問・五運行大論》："其政爲謐。"

旨

 上博二・從甲 9 志燹(氣)不～

上博三・彭 8 狗(耉)老式(二)拜～(稽)首曰

 上博一・緇 17 行則～(稽)亓(其)所蔽(敝)

上博七·凡甲 17 □鼠（一）㠯（以）爲天陞（地）～

上博七·凡甲 23 尼（度）於身～（稽）之

上博七·凡甲 29 鼠（一）言而爲天陞（地）～

上博七·凡乙 16 於身～（稽）之

上博七·凡乙 22 爲天陞（地）～

上博八·李 1 旗（晉）冬之～（祁）寒

～，从"口"，"匕"聲；"口"中或加一小橫，遂與"甘"形同。戰國文字或作 ▣（郭店·緇衣 10）、▣（郭店·尊德義 26）、▣（桓台 41）、▣（陝西 730）。《說文·旨部》："旨，美也。从甘，匕聲。▣，古文旨。"

上博二·從甲 9～，讀爲"詣"。"詣"是到的意思。《史記·孝文本紀》："張武等六人乘傳詣長安。"簡文意思，就是如果志氣不到，所做的事則不會順利成功。（楊澤生）

上博三·彭 8"～首"，讀爲"稽首"。《周禮·春官·大祝》："辨九拜，一曰稽首，二曰頓首，三曰空首，四曰振動，五曰吉拜，六曰凶拜，七曰奇拜，八曰褒拜，九曰肅拜，以享右祭祀。"鄭玄注："稽首，拜頭至地也。"

上博一·緇 17～，讀爲"稽"。今本《禮記·緇衣》作"而行必稽其所敝"。鄭玄注："稽，猶考也，議也。"孔穎達疏："稽，考也。言欲行之時，必須先考校此行至終敝之時，無損壞以否。"或讀爲"視"。

上博七·凡甲 23～，讀爲"稽"，考核。《易·繫辭下》："於稽其類，其衰世之以邪？"王弼注："於稽，猶考也。"《周禮·夏官·大司馬》："簡稽鄉民。以用

邦國。"(曹錦炎)

上博七·凡甲 29～,主張,用意。《易·繫辭下》:"其稱名也小,其取類也大,其旨遠,其辭文,其言曲而中。"《後漢書·魯丕傳》:"覽詩人之旨意,察《雅》、《頌》之終始。"

上博八·李 1～,讀爲"耆"。《禮記·緇衣》"資冬祁寒",上海博物館藏楚竹書作"晉夂(冬)耆寒",郭店楚簡本作"晉冬旨(耆)滄(滄)"。簡文之"旨"、"耆",讀爲"祁",大;盛。《詩·小雅·吉日》:"瞻彼中原,其祁孔有。"毛亨傳:"祁,大也。"祁寒,即嚴寒。《書·君牙》:"冬祁寒,小民亦惟曰怨咨。"蔡沈集傳:"祁,大也。"

頡

　　上博五·三 16 是胃(謂)～

～,從"頁","旨"聲。或從"首"作 (新蔡乙四 70),"稽首"之"稽"的專字。《說文·稽部》:"稽,畱止也。從禾,從尤,旨聲。"

簡文"是胃～",讀爲"是謂稽",見《吕氏春秋·士容論》:"時事不共,是謂大凶。奪之以土功,是謂稽,不絶憂唯,必喪其粃;奪之以水事,是謂籥,喪以繼樂,四鄰來虛;奪之以兵事,是謂厲,禍因胥歲,不舉銍艾。"(范常喜)

耆

　　上博一·緇 6 晉冬～(祁)寒

　　上博二·容 46～、宗、審(密)須是(氏)

《說文·老部》:"耆,老也。從老省,旨聲。"

上博一·緇 6"～寒",讀爲"祁寒",大寒,嚴寒。參上"旨"字條。

上博二·容 46～,即《書·西伯戡黎》的"黎",《尚書大傳》、《史記·周本紀》作"耆"。黎在今山西長治市西南。(李零)或釋"坴",讀爲"黎"。(蘇建洲)或釋"坴",讀爲"邰"。(陳劍)

䚩

 　上博一·緇21～（示）我周行

～，從"視"、"旨"，是雙聲符的字。

簡文"～我周行"，讀爲"示我周行"，見《詩·小雅·鹿鳴》："人之好我，示我周行。"鄭玄箋："'示'當作'寘'。寘，置也。周行，周之列位也。好猶善也。人有以德善我者，我則置之於周之列位。言己維賢是用。"孔穎達疏："《中庸》云：'治國其如示諸掌。'注云：'示讀如"寘之河干"之寘。寘，置也。'是示、寘聲相近，故誤爲示也。言以德善我者，謂賢人有德，以德能輔君，使之遷善。是以德施善於我，我則置之於周之列位。"或讀爲"指"，訓爲指示。（馮勝君）

明紐米聲

覭（眯）

 　上博五·季15～（迷）父兄子俤（弟）而禹賕

 　上博六·用17莫衆而～（迷）

～，從"見"，"米"聲，"眯"之異體。《説文·目部》："眯，艸入目中也。從目，米聲。"

上博五·季15～，讀爲"迷"。"迷"，迷誤、迷惑。《書·舜典》："烈風雷雨弗迷。"《詩·小雅·節南山》："俾民不迷。"《莊子·盜跖》："以迷天下之主。"或讀爲"敉"，安撫義。《周禮·春官·小祝》"彌災兵"，鄭注："彌讀曰敉。敉，安也。"（陳偉）

上博六·用17"莫衆而～"，見《韓非子·内儲説上》："哀公之稱莫衆而迷。"又："魯哀公問於孔子曰：'鄙諺曰，莫衆而迷。今寡人舉事，與群臣慮之，而國愈亂，其故何也？'"

迷

上博二·容37 述(遂)～而〈天〉

上博三·周19～復

上博六·孔22 虐(吾)子～言之猶忑(恐)弗智

《説文·辵部》:"迷,惑也。从辵,米聲。"
上博二·容37～,或讀爲"弭"。或讀爲"悉"。
上博三·周19～,迷暗、迷惑,《説文·辵部》:"迷,惑也。"《易·復》:"上六,迷復,凶。《象》曰:迷復之凶,反君道也。"孔穎達疏:"以其迷闇不復,而反違於君道,故《象》云:'迷復之凶,反君道也。'"
上博六·孔22"～言之",讀爲"悉言之","悉"訓爲"盡"、"全"或"詳細"。《韓非子·初見秦》云"臣願悉言所聞",《史記·龜策列傳》記衛平對宋元王云"大王聽臣,臣請悉言之"。(陳劍)或讀爲"邇言",淺近、直白之言。《禮記·中庸》:"舜好問而好察邇言。"鄭玄注:"邇,近也。近言而善,易以進人,察而行之也。"朱熹集注:"邇言者,淺近之言。"(楊澤生)或釋爲"審"。(陳偉)

𤖅

上博五·競10 嬬公喬(告)而～

～,從"人","癸"、"米"均是聲符。
簡文～,讀爲"睽",意爲乖離。(李學勤)或讀爲"乖"。(楊澤生)

審

上博二·容46 豐、藁(橋)、馴(郍)、氐、于、鹿、者(?)、宗、～須是(氏)

 上博六·孔 12～二逃者吕（以）觀於民

 上博八·成 7 弗～（密）而自周

～，从"宀"、"甘"、"米"聲，釋爲"蜜"。上古音"米"屬明紐、脂部；"蜜"屬明紐、質部。二字聲紐相同，韻部脂、質對轉。"蜜"字可以"米"爲聲符。與郭店·六德 25"蜜"字作 同。

上博二·容 46"～須是"，讀爲"密須氏"。密須，古國名。商時姞姓之國，周文王滅之，以封姬姓。後又爲周共王所滅。在今甘肅省靈臺縣西。《左傳·昭公十五年》："密須之鼓與其大路，文所以大蒐也。"

上博六·孔 12～，待考。

上博八·成 7～，讀爲"密"，周到細密。《荀子·儒效》："其知慮多當矣，而未周密也。"楊倞注："周密，謂盡善也。"

正編·質部

上博楚簡文字聲系

質　部

影紐一聲

一

上博一·孔 22 丌(其)義(儀)～氏
上博一·緇 3 咸又(有)～悳(德)
上博一·緇 8～人又(有)慶
上博一·緇 20 丌(其)義(儀)～也
上博一·性 4 丌(其)眚(性)～也
上博二·从甲 3 是㠯(以)旻(得)臤(賢)士～人
上博二·从甲 4 遊(失)臤(賢)士～人
上博二·从甲 5～曰㥚(緩)
上博二·容 2 而～丌(其)志
上博二·容 42 湯王天下三十又(有)～傑(世)而受(紂)复(作)
上博二·容 48～人爲亡(無)道
上博三·周 42～斛(握)于芙(笑)
上博三·亙 9 隹(惟)～㠯(以)猶一
上博三·亙 9 隹(惟)一㠯(以)猶～
上博三·彭 7～命弌(一)聂
上博三·彭 7～命三聂
上博三·彭 7～命弌(一)臁

· 2067 ·

上博四·昭 1 又(有)～君子

上博四·柬 14～人不能訇(治)正(政)

上博四·曹 24 囟(思)凥(處)前立(位)～行

上博四·曹 59～出言三軍皆懽

上博四·曹 60～出言三軍皆往

上博四·曹 64 虗(吾)～谷(欲)睧(聞)三弋(代)之所

上博五·鮑 1～之日而車秋(梁)城(成)

上博五·季 11 民能多～矣

港甲 1 民悳～

上博六·競 10～丈夫執尋之帛(幣)、三布之玉

上博六·天甲 6～惪一怒

上博六·天甲 6 一惪～怒

上博六·天甲 9 士～辟

上博六·天乙 5～惪一怒

上博六·天乙 5 一惪～怒

上博六·天乙 8 士～辟

上博七·君甲 3 此丌(其)～回(違)也

上博七·君乙 3 此丌(其)～回(違)也

上博七·君乙 4～人土(杜)門而不出

上博七·吳 4～介吏(使)

上博七·吳 6 佳(唯)舍(余)～人所豊

上博七·吳 7 募(寡)君～人

上博八·子 2 丌(其)～[寇(寇)]▨

上博八·命 10 遞(坐)友亡～人

上博八·命 10 立友亡～人

一　上博八·李2木～心可(兮)

《說文·一部》:"一,惟初太始,道立于一,造分天地,化成萬物。弌,古文一。"

上博二·從甲5"～曰悆(緩)",序數的第一位。《書·洪範》:"五行:一曰水,二曰火,三曰木,四曰金,五曰土。"

上博六·天甲6"～憙～怒",或者。《左傳·昭公元年》:"疆埸之邑,一彼一此,何常之有?"

上博三·亙9～,"道"的原始狀態。《老子》:"道生一,一生二,二生三,三生萬物。"《莊子·天地》:"泰初有無,無有無名,一之所起,有一而未形,物得以生,謂之德。"《淮南子·原道》:"道者,一立而萬物生矣,是故一之理,施四海;一之解,際天地。"

上博四·曹64～,副詞。很;甚。表示程度。《莊子·大宗師》:"顏回問仲尼曰:'孟孫才其母死,哭泣無涕,中心不戚,居喪不哀。無是三者,以善處喪蓋魯國。固有無其實而得其名者乎?回一怪之。'"

上博五·鮑1"～之日",《詩·豳風·七月》:"一之日觱發,二之日栗烈。"毛亨傳:"一之日,十之餘也。"鄭玄箋:"一之日,二之日,猶言一月之日,二月之日,故《傳》辨之,言一之日者,乃是十分之餘,謂數從一起而終於十。"

上博七·吳4"～介吏(使)",特指一個使者或僕役。《後漢書·鄭衆傳贊》:"衆馳一介,爭禮甌腥。"李賢注:"一介,單使也。"

上博一·緇8、上博二·容48、上博七·吳6、上博七·吳7"～人",古代稱天子。亦爲天子自稱。《書·太甲下》:"一人元良,萬邦以貞。"孔安國傳:"一人,天子。"《書·湯誥》:"王曰:'嗟爾萬方有衆,明聽予一人誥。'"孔安國傳:"天子自稱曰予一人。"班固《白虎通·號》:"王者自謂一人者,謙也,欲言己材能當一人耳。故《論語》曰:'百姓有過,在予一人。'臣謂之一人何?亦所以尊王者也,以天下之大,四海之内,所共尊者一人耳。故《尚書》曰:'不施予一人。'"

上博二·從甲3、上博二·從甲4、上博八·命10"～人",一個人。《詩·鄭風·野有蔓草》:"有美一人,清揚婉兮。"

上博八·李2"～心",一條心。同心;齊心。《書·泰誓上》:"受有臣億萬,惟億萬心;予有臣三千,惟一心。"《韓詩外傳》卷六:"故近者競親而遠者願至,上下一心,三軍同力。"

上博～,數詞。

弋

 上博三·亙2虛寄爲～(一)

 上博三·彭7一命～(一)叚

 上博三·彭7一命～(一)臞

 上博三·彭7～(一)命□

～,與(新蔡乙四82)、(郭店·六德39)、(郭店·緇衣39)、(郭店·窮達以時14)、(關沮367)同,從"戈","一"聲,爲《說文》古文所本。王筠《說文釋例》卷六:"弌,蓋從一弋聲也。"

上博三·亙2～,即"一",參"一"字條。

上博～,即"一",數詞。

羆

 上博五·季1～(一)不智(知)民矛(務)之安(焉)才(在)

 上博五·君9貴而～嗀(讓)

 上博八·王5夫彭徒～(一)裦(勞)

～,與▨(郭店・五行 16)、▨(郭店・五行 16)、▨(郭店・太一生水 7)、▨(郭店・太一生水 7)、▨(郭店・成之聞之 18)、▨(新蔡甲三 136)、▨(新蔡甲一 22)同。像一動物奔逸之狀,當爲"逸"字古文異體。"一"、"逸"二字古音同在質部,聲紐皆屬喉音,讀音極其相近,故中山文字以"逸"加標於"一"上爲聲符,而楚文字則借之爲"一"。又可表"熊",用爲"能"。郭沫若認爲是从"羽"从"能"聲;郭店・六德 19"能與之齊",《禮記・郊特牲》中與之對應的話作"壹與之齊",可見"能"與"壹"通。"一"、"壹"皆影母質部字。"羆"的聲符"能"是泥母之部字,而"一"、"壹"都是影母質部字。兩者韻部不近,但是聲母是有關係的。如從"勺"得聲的字中,"約"是影母字,但是"酌"可以和"弱"相通,從"弱"得聲的"溺"、"嫋"、"搦"等都是泥母字。"羆"、"乃"與"一"相通,大概是雙聲通假現象。(張世超)

上博五・季 1～,讀爲"一",意思是"全"。"羆(一)不知民務之焉在",意思是:完全不知道民務何在。語氣更爲謙虛。(季旭昇)

上博八・王 5～,讀爲"一",程度副詞,"甚、極"的意思。或讀爲"能"。

上博五・君 9～,讀爲"能"。

鼠

上博七・凡甲 17 旻(得)～(一)而思之

上博七・凡甲 17 □～(一)㠯(以)爲天陞(地)旨

上博七・凡甲 18 虗(吾)能～(一)之

上博七・凡甲 19 古(故)～

上博七・凡甲 20 言記(起)于～(一)端(端)

上博七·凡甲 20～（一）言而禾不舲（窮）

上博七·凡甲 20～（一）言而又（有）眔

上博七·凡甲 21～（一）生兩

上博七·凡甲 21 是古（故）又（有）～（一）

上博七·凡甲 21 亡（無）～（一）

上博七·凡甲 21 天下亦亡（無）～（一）又（有）

上博七·凡甲 22 能嚞（察）～（一）

上博七·凡甲 22 女（如）不能嚞（察）～（一）

上博七·凡甲 23 女（如）欲嚞（察）～（一）

上博七·凡甲 23 旻（得）～（一）［而］

上博七·凡甲 25 言记（起）于～（一）端（端）

上博七·凡甲 28 心齋=（之所）貴唯～

上博七·凡甲29 衆~(一)言而萬民之利

上博七·凡甲29~(一)言而爲天堕(地)旨

上博七·凡乙12 旻(得)~(一)而思之

上博七·凡乙13 虐(吾)能~虐(吾)

上博七·凡乙14 于~(一)端(端)

上博七·凡乙14~(一)言而禾不躴(窮)

上博七·凡乙14~(一)言而又(有)衆

上博七·凡乙14~

上博七·凡乙15 爲(察)~(一)

上博七·凡乙15 女(如)不能爲(察)~(一)

上博七·凡乙15 女(如)欲爲(察)~(一)

上博七·凡乙16 旻(得)~(一)而悥(圖)之

　上博七·凡乙 18 言记(起)于～(一)端(端)

　上博七·凡乙 18 ～(一)生兩

　上博七·凡乙 21 貴唯～(一)

　上博八·王 2 虗(吾)～(一)恥於告夫=(大夫)

　上博四·柬 5 ～(一)疠(病)

　　戰國中山王壺銘文(《集成》15·9735)"曾無一夫之救"之"一"作：，與 形近。所不同的是， 的"鼠"旁有所省減； 上面寫得近於"兔"字形，這應該是一種訛變。 應該分析爲从"鼠"省，"一"聲。 所從的"一"則與"鼠"形的下部相交叉。

　　上博七·凡甲 21、凡乙 18"～生兩"，即"一生兩"，"一"是"道"的原始狀態。參上。《老子》："道生一，一生二，二生三，三生萬物。"

　　上博七·凡甲 28"心之所貴唯～"，《文子·下德》："夫一者至貴。"《吕氏春秋·離俗覽》："執一者，至貴也。"《莊子·知北遊》："聖人故貴一。"《管子·內業》："道滿天下，普在民所，民不能知也。一言之解，上察於天，下極於地，蟠滿九州。何謂解之？在於心安。"馬王堆帛書《經·成法》："一之解，察於天地；一之理，施於四海。"(李鋭)

　　上博四·柬 5、上博八·王 2～，讀爲"一"，程度副詞，"甚、極"的意思。《莊子·大宗師》："固有無其實而得其名者乎？回一怪之。"孫經世云："言甚怪之也。"《晏子春秋·諫上》："寡人一樂之，是欲禄之以萬鍾，其足乎？"徐仁甫《廣釋詞》認爲此"一"是"甚、極"的意思。簡文"一病"就是"病甚"、"病極"，都是病得很嚴重的意思。(劉洪濤)

曉紐肴聲歸八聲

曉紐血聲

血

 上博三·周 2 珡(需)于～

 上博三·周 55 礜丌(其)～故易出

～,與 、、、、同。《説文·血部》:"祭所薦牲血也。从皿,一象血形。"

上博三·周 2～,傷害。班固《封燕然山銘》:"斬温禺以釁鼓,血屍逐以染鍔。"《易》王弼注:"凡稱血者,陰陽相傷者也。陰陽相近而不相得,陽欲進而陰塞之,則相害也。"《周易集解》卷二李鼎祚案:"血以喻陰,陰體卑弱,宜順從陽,故曰:'需於血。'"

上博三·周 55～,讀爲"恤",憂;憂慮。《易·小畜》:"六四,有孚,血去,惕出無咎。"陸德明釋文引馬融曰:"血,當作恤,憂也。"高亨注:"血借爲恤,憂也。惕借爲逖,遠也……憂患將去,遠出可以無咎。"《大戴禮記·少間》:"血者猶血,酒者猶酒。"盧辯注:"血,憂色也。酒以諭樂,猶憂其可憂而樂其所樂。"

卹

 上博三·周 38 勿～(恤)

 上博三·周 42 勿～(恤)

 上博五·三 16 不緣(絕)惪～(恤)

《說文·血部》："卹,憂也。从血,卪聲。一曰:鮮少也。"

上博三·周 38、上博三·周 42～,同"恤",《說文·血部》："卹,憂也。"段注:"卹與心部恤音義皆同"。"勿恤"即無憂。

上博五·三 16"惪～",即"憂恤",憂慮。《詩·大雅·桑柔》："告爾憂恤,誨爾序爵。"鄭玄箋："恤亦憂也。"《國語·吳語》："昔周室逢天之降禍,遭民之不祥,余心豈忘憂恤,不唯下士之不康靖。"

匣紐頁聲歸幽部首聲

匣紐惠聲

惠

 上博一·緇 21 厶(私)～不褱(懷)惪(德)

 上博二·從甲 5 三曰～

 上博二·從甲 6 不～則亡(無)以聚民

 上博二·從乙 1 十曰口～而不繇(由)

 上博二·容 39 惠(德)～而不賅

 上博六·壽 7 囚(溫)龏(恭)坚(淑)～

上博六·用5 九～是貞

上博六·用8 樹～蓄

上博六·用14 而難亓（其）又（有）～民

上博六·用16 流咎～武

～，郭店簡或作【】（郭店·尊德義32）、【】（郭店·緇衣41）；新蔡簡或作【】（新蔡甲一21），又作【】（新蔡甲三213）。"叀"上部的"屮"形，與"中"寫法一致；在作爲偏旁用時，"中"和"艸"又有通用的情況，所以"中"而變作"艸"，于是"惠"在形體上訛混成"蒽"。馬王堆漢墓遣策"惠"字作【】（M3·185），又作【】（M1·158），與新蔡簡類同。《說文·叀部》："惠，仁也。从心，从叀。【】，古文惠从卉。"

上博一·緇21～，恩惠。《左傳·莊公十年》："小惠未徧，民弗從也。"

上博二·從甲5、6～，仁愛；寬厚。《書·皋陶謨》："安民則惠，黎民懷之。"蔡沈集傳："惠，仁之愛也。"《國語·晉語一》："公曰：'夫豈惠其民而不惠其父乎！'""不～"，不仁愛、寬厚。《墨子·天志上》："故凡從事此者，寇亂也，盜賊也，不仁不義，不忠不惠，不慈不孝，是故聚斂天下之惡名而加之。"

上博二·從乙1"十日口～而不繇（由）"，參《禮記·表記》："口惠而實不至，怨菑及其身。"

上博二·容39"悳（德）～"，《管子·五輔》："舉賢良，務功勞，布德惠，則賢人進；逐姦人，詰詐僞，去讒慝，則姦人止；修飢饉，救災害，振罷露，則國家定。"

上博六·壽7～，柔順；順從。《詩·邶風·燕燕》："終溫且惠，淑慎其身。"毛亨傳："惠，順也。"《國語·晉語一》："若惠於父，而遠於死，惠於衆，而利社稷，其可以圖之乎！"韋昭注："惠，順也。"

上博六·用5"九～",參《管子·入國》:"入國四旬,五行九惠之教。一曰老老,二曰慈幼,三曰恤孤,四曰養疾,五曰合獨,六曰問疾,七曰通窮,八曰振困,九曰接絕。"《史記·管晏列傳》正義:"管子云:相齊以九惠之教,一曰老,二曰慈,三曰孤,四曰疾,五曰獨,六曰病,七曰通,八曰賑,九曰絕也。"(張光裕)

上博六·用8"樹～蓄",《全三國文·魏德論》:"極禎祥於遐奧,飛仁風以樹惠。"

上博六·用14"～民",《書·泰誓》:"惟天惠民,惟辟奉天。"《呂氏春秋·孟秋紀》:"上不順天,下不惠民。"《管子·君臣下》:"以急爲緩,緩可以惠民。"《晏子春秋·內篇問上》:"德不足以懷人,政不足以惠民。"(張光裕)

上博六·用16～,《爾雅·釋言》:"惠,順也。"《詩·邶風·燕燕》:"終溫且惠,淑慎其身。"毛亨傳:"惠,順也。"《漢書·藝文志》:"德勝不祥,義厭不惠。"顏師古注:"惠,順也。"《詩·魯頌·泮水》:"允文允武,昭假烈祖。"與此相類。(子居)

蕫

 上博八·有1～(助)余孴(教)保子今可(兮)

 上博八·有1能與余相～(助)今可(兮)

～,乃☒(清華一·皇門4)、☒(清華一·皇門5,助)字的省體。或徑釋爲"叀",認爲是繁體的"叀",從三個"中"字形。讀爲"惠",與助義之"惠"是同義關係,而非音近通用關係。(劉洪濤)

簡文～,讀爲"助",輔助;幫助。《詩·小雅·車攻》:"射夫既同,助我舉柴。""相助",見《孟子·滕文公上》:"死徙無出鄉,鄉田同井,出入相友,守望相助,疾病相扶持,則百姓親睦。"～或當歸爲從紐魚部。

見紐吉聲

吉

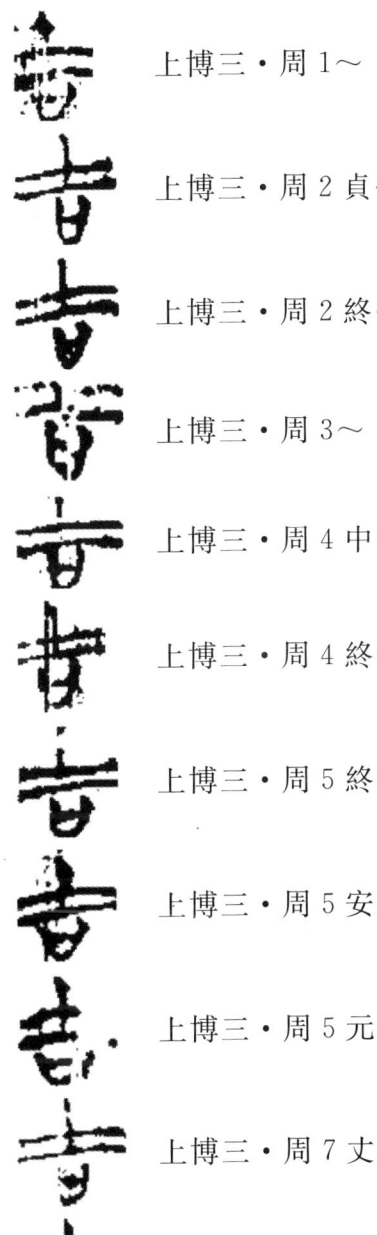

上博三·周1～

上博三·周2貞～

上博三·周2終～

上博三·周3～

上博三·周4中～

上博三·周4終～

上博三·周5終～

上博三·周5安貞～

上博三·周5元～

上博三·周7丈人～

上博三·周7才(在)帀(師)帀(中)～

上博三·周 9～

上博三·周 9 終迹（來）又（有）它～

上博三·周 9～

上博三·周 10～

上博三·周 11～

上博三·周 11～亡（無）不利

上博三·周 12～

上博三·周 14 貞～

上博三·周 16 貞～

上博三·周 17～

上博三·周 18 終～

上博三·周 20～

上博三·周 22～

上博三·周 23 元～

上博三·周 23～

上博三·周 24 貞～

上博三·周 25～

上博三·周 25～

上博三·周 25 繇(由)頤,礪(厲)～

上博三·周 26 取女～

上博三·周 26 凥(居)～

上博三·周 26 貞～亡(無)悔

上博三·周 28 婦人～

上博三·周 30～

上博三·周31 君子～

上博三·周31～

上博三·周32 少(小)事～

上博三·周34 遇雨則～

上博三·周36～

上博三·周37～

上博三·周37 宿(夙)～

上博三·周37 貞～

上博三·周40 貞～

上博三·周43 征～

上博三·周46 又(有)孚元～

上博三·周47 征～

上博三·周 49～

上博三·周 50 女遉(歸)～

上博三·周 50～

上博三·周 51～

上博三·周 51～

上博三·周 53 遾(旅)貞～

上博三·周 54～

上博三·周 54 元～

上博三·周 57 是受福～

上博三·周 58 貞～

上博三·周 58 貞～

上博六·用 13 嘉惪(德)～猷

上博七·武 14 敬勅（勝）憶（怠）則～

～，戰國文字或作（郭店·老子丙 8）、（九 A18）、（九 A21）、（新蔡甲一 8）、（新蔡甲三 117、120）、（新收 1781 陳逆簠）、（齊幣 49）、（先秦編 459）、（先秦編 459）、（鑒印菁華 66）、（珍戰 226）、（珍戰 34）、（秦駰玉版）。《説文·口部》：“吉，善也。从士、口。”

上博三·周～，吉利；吉祥。《易·繫辭上》：“吉，無不利。”《逸周書·武順》：“禮義順祥曰吉。”

上博三·周 54"元～"，大吉；洪福。《易·坤》：“黄裳元吉。”孔穎達疏："元，大也。以其德能如此，故得大吉也。"

上博六·用 13、上博七·武 14～，善；美。《書·盤庚上》：“汝不和吉言于百姓，惟汝自生毒。”孔穎達疏："責公卿不能和喻善言於百官……是公卿自生毒害。"

頡

上博二·容 1 倉～是（氏）

《説文·頁部》：“頡，直項也。从頁，吉聲。”

簡文"倉～"，《史記》據《世本》以爲是黄帝時的史官，傳説中的漢字創造者。《荀子·解蔽》：“好書者衆矣，而倉頡獨傳者壹也。”許慎《説文解字序》："黄帝之史倉頡，見鳥獸蹏迒之跡，知分理之可相別異也，初造書契。"

詰

上博五·鮑 5 公弗～

上博五·鬼 3 女（如）弖（以）此～之

《説文·言部》:"詰,問也。从言,吉聲。"

上博五·鮑5~,本義爲責問,引申則有禁止、去除之義。《周禮·天官·大宰》:"以詰邦國",鄭玄注:"詰,猶禁也。"《管子·五輔》:"逐姦人,詰詐僞,去讒慝。""詰"與"逐"、"去"並舉。秦簡日書甲種有"詰咎"之語,即去除災咎之義。"蠲"訓潔,又訓除,皆係常訓。"公弗詰蠲",猶言"公不禁除之"。(張富海)

上博五·鬼3~,《説文》:"問也。"《國語·魯語上》:"公詰之,僕人以里革對。"

結

　　上博一·性39 慮其(斯)莫与(與)之~

　　上博一·孔22 心女(如)~也

　　上博一·緇13 信吕(以)~之

　　上博二·容1 喬~是(氏)

　　上博七·凡甲21 四城(成)~

《説文·糸部》:"結,締也。从糸,吉聲。"

上博一·性39~,結交。《管子·小匡》:"公子舉爲人博聞而知禮,好學而辭遜,請使游于魯,以結交焉。"

上博一·孔22"心女(如)~也",見《詩·曹風·鳲鳩》有"其儀一兮,心如結兮",毛亨傳:"言執義一則用心固。"《荀子·成相》"君子執之心如結",楊倞注:"言堅固不解也。"

上博一·緇13~,聚合;凝聚。《淮南子·氾論》:"不結於一迹之塗,凝滯而不化。"

上博二·容1"喬～是",或疑讀爲"高辛氏"。"高"爲宵部見母,"喬"爲宵部群母,韻同聲近。《詩·周頌·般》:"墮山喬嶽。"《玉篇·山部》引"喬"作"高"。"辛"爲真部心母,"結"爲質部見母,韻近聲異。《詩·小雅·天保》:"吉蠲爲饎。"《大戴禮記·遷廟》、《周禮·秋官·蜡氏》賈疏引"吉"作"絜"。而"騹"可與"挈"通。《周禮·地官·草人》:"騹剛用牛。"鄭玄注:"故書騹爲挈……'"(廖名春)

上博七·凡甲21～,結束,終了。《淮南子·繆稱》:"故君子行思乎其所結。"高誘注:"結,要終也。"簡文爲"一生兩,兩生晶(三),晶(三)生四,四成結"。

見紐季聲

季

 上博五·季1～庚(康)子翩(問)於孔子曰

 上博五·弟2脡陞(陵)～子

 上博三·中1～逗(桓)子史(使)中(仲)弓爲剤(宰)

 上博三·中1～是(氏)

 上博三·中2夫～是(氏)河東之城(盛)豢(家)也

 上博六·孔1孔[子]見～起(桓)子

～,或作 季,所從"禾"形與常見者不同,而與楚系 字上方所從形近,應是"禾"旁受"來"旁影響之類化。《說文·子部》:"季,少偁也。从子,从稚省,

稚亦聲。"

上博五·季1"～庚子",讀爲"季康子",季桓子之子,名"肥",謚"康子",又名"季孫肥",春秋時魯國大夫,魯上卿諸臣之師。魯哀公三年(公元前492),季桓子卒,康子立。《史記·孔子世家》:"季康子曰:'子之於軍旅,學之乎?性之乎?'冉有曰:'學之於孔子。'季康子曰:'孔子何如人哉?'對曰:'用之有名,播之百姓,質諸鬼神而無憾。求之至於此道,雖累千社,夫子不利也。'康子曰:'我欲召之,可乎?'對曰:'欲召之,則毋以小人固之,則可矣。'"《孔子家語·正論解》:"康子言於哀公,以幣迎孔子曰:'人之于冉求信之矣,將大用之。'"(濮茅左)

上博五·弟2"脡陵～子",讀爲"延陵季子",即季札,春秋時吳王壽夢第四子。《史記·吳太伯世家》:"十三年,王諸樊卒。有命授弟餘祭,欲傳以次,必致國於季札而止,以稱先王壽夢之意,且嘉季札之義,兄弟皆欲致國,令以漸至焉。季札封於延陵,故號曰延陵季子。"

上博三·中1、上博六·孔1"～桓子",即季孫斯,是魯國執政大夫季平子之子。據《史記·魯世家》及《孔子世家》,魯定公九年,季恆子執政時,孔子出爲中都宰、司空、大司寇。

上博三·中1、2"～是",讀爲"季氏",應指季桓子。

悸

 上博一·性15 則～女(如)也斯難(歎)

 上博三·周48 丌(其)心不～

《説文·心部》:"悸,心动也。从心,季聲。"

上博一·性15"～女",讀作"悸如",形容動心。郭店·性自命出25作(誖)。《素問·氣交變大論》:"民病身熱煩心躁悸。"王冰注:"悸,心跳動也。"

上博三·周48～,帛本、今本《周易》作"快"。"悸"(群/質),"快"(溪/月),二字聲韻俱近,可通假。(讀本三)或説二字含義相反。(李零)

溪紐器聲

器

　　上博二·從甲 17～之

　　上博五·鮑 3～必盟（蠲）愍（潔）

　　上博五·鮑 3 毋内（入）錢（殘）～

～，戰國文字或作![](郭店·老子甲 30）、、、、、、、、。《説文·品部》："器，皿也。象器之口，犬所以守之。"

上博二·從甲 17"～之"，謂量材使用。《論語·子路》："説之不以道，不説也；及其使人也，器之。"何晏集解引孔安國曰："度才而官之。"

上博五·鮑 3～，指"祭器"，"祭器"必須保持清潔，沒有殘損。

溪紐棄聲

棄

　　上博二·容 3□～不臭

　　上博五·競 7 天墬（地）盟（明）～我矣

上博五·季 19 民之 ▨ 飲(美)～亞(惡)母(女)遠(歸)

上博五·三 13 室叔(且)～

上博五·三 19 皇天之所～

上博六·莊 7 氏(是)言～之

上博六·用 4 惡好～憂

上博六·用 5 而亦弗能～

上博六·用 7 咎群言之～

～，楚文字或作 ▨（郭店·老子甲 1），从"廾"、从倒"子"，與《說文》古文同，會雙手拋棄孩子之意。或省作 ▨（清華二·繫年 117）、▨（清華二·繫年 135），乃源於 ▨（曾公子去疾之行壺）、▨（曾公子去疾之御(?)斗）、▨（曾公子去疾之行缶）、▨（曾公子去疾之行缶）、▨（曾公子去疾之行鼎）等形，省去雙手，僅保留倒"子"形。有的形體倒"子"的頭部和身體分離，變的匪夷所思。齊文字或作 ▨（後李圖二 2）。秦文字作 ▨（珍秦 28）。《說文·華部》："棄，捐也。从廾推華棄之，从𠫓。𠫓，逆子也。▨，古文棄。▨，籀文棄。"

上博二·容 3～，廢棄。《左傳·昭公二十九年》："龍，水物也。水官棄矣，故龍不生得。"杜預注："棄，廢也。"

上博五·競 7"天陛（地）盟（明）～我矣"，厭棄；唾棄；嫌棄。《書·西伯戡黎》："惟王淫戲用自絕，故天棄我。"

上博五·季 19"～亞"，讀爲"棄惡"，丟棄怨恨。《左傳·成公十三年》："吾與女同好棄惡，復脩舊德，以追念前勳。"

上博五·三 19"皇天之所～"，《國語·吳語》："夫天之所棄，必驟近其小喜，而遠其大憂。"

上博六·莊 7"氏言～之"，忘了這句話。"棄"，忘。《爾雅·釋言》："棄，忘也。"《左傳·昭公十三年》："南蒯、子仲之憂，其庸可棄乎？"杜預注："棄，猶忘也。"（周鳳五）

上博六·用 4"惡好～憂"，《先秦漢魏晉南北朝詩·魏詩·思親詩》："欲棄憂兮尋復來。痛殷殷兮不可裁。"

上博六·用 5"而亦弗能～"，《戰國策·魏四》："今秦之強也，天下無敵，而魏之弱也甚，而王以是質秦，王又能死而弗能棄之，此重過也。"

上博六·用 7～，背棄。《左傳·宣公二年》："棄君之命，不信。"《左傳·宣公十五年》："楚師將去宋，申犀稽首於王之馬前曰：'毋畏知死，而不敢廢王命，王棄言焉。'王不能答。"杜預注："（楚王）未服宋而去，故曰棄言。"

端紐至聲

至

 上博一·孔 18 憙（喜）丌（其）～也

 上博三·周 2 ～（致）寇（寇）至

 上博三·周 2 至（致）寇（寇）～

 上博三·周 37 ～（致）寇（寇）至

 上博三·周 37 至（致）寇（寇）～

上博三·周44 气～亦母(毋)龑菉(井)

上博三·中6～敬之□

上博三·中16 小人之～者

上博三·中23～忎(愛)之衮(卒)也

上博五·鮑8 既～齊陞(地)

上博一·孔2～矣

上博一·孔5～矣

上博二·民2 㠯(以)～(致)五至

上博二·民2 㠯(以)至(致)五～

上博二·民3 敢䆣(問)可(何)胃(謂)五～

上博二·民3 五～虖(乎)

上博二·民3 勿(物)之所～者

上博二·民 3 志亦～安(焉)

上博二·民 4 志之[所]～者

上博二·民 4 豊(禮)亦～安(焉)

上博二·民 4 豊(禮)之所～者

上博二·民 4 縵(樂)亦～安(焉)

上博二·民 4 縵(樂)之所～者

上博二·民 4 哀亦～安(焉)

上博二·民 5 此之胃(謂)五～

上博二·民 5 五～既睧(聞)之矣

上博二·从甲 19 行噞(險)～命

上博二·从乙 3 絧(治)也～則

上博二·从乙 5 㠯(以)旹(待)名之～也

 上博二·容 16 豉设(役)不～

 上博二·昔 2□～命于闇

 上博二·容 51～於共、縢(滕)之間(間)

 上博二·容 19 而遠者自～

 上博二·容 50～結者(諸)戾(侯)

 上博二·容 53～約者(諸)戾(侯)

 上博四·昭 2～闈

 上博四·昭 5 因命～俑毀室

 上博四·昭 7 君王～於定冬而被虘₌(褵衣)

 上博四·昭 9 息君吳王身～於郢

 上博四·柬 1 王滄～繻(帶)

 上博四·柬 4 贅尹～(致)命於君王

 上博四·内 7 唯(雖)～於死從之

 上博四·曹 64 此先王之～道

 上博五·競 6 ～於史(使)日食

 上博五·鮑 7 齊邦～亞(惡)死

 上博五·鮑 7 ～欲飤(食)而上厚亓(其)會(斂)

 上博五·鮑 7 ～亞(惡)何而上不酱(時)史(使)

 上博五·鮑 8 既～齊坙(地)

 上博五·姑 6 裛裛㠯(以)～於含(今)才(哉)

 上博五·姑 10 埮(鄗)～

 上博五·弟 5 荳年不死(恆)～

 上博五·弟 20 ～老丘

 上博五·三 3 ～於孫=(孫子)

上博五·三 20 ~型台(以)衺(哀)

上博五·鬼 4 亓(其)力能~安而弗爲虖(乎)

上博五·鬼 4 嗇(抑)亓(其)力古不能~安虖(乎)

上博一·性 18 皆~亓(其)情也

上博一·性 25 攸(修)身近~息(仁)

上博一·性 35 甬(用)情之~[者]

上博一·緇 7 則民~(致)行己㠯(以)兌(悦)上

上博六·競 11 古死亓(其)牀(將)~

上博六·競 12 㠯(以)~於此

上博六·孔 2 言即~矣(矣)

上博六·莊 7 臣牀(將)或~安(焉)

上博六·慎 6 息(仁)之~

上博七·凡甲 4 五既（氣）泣～

上博七·凡甲 9 ～遠從迩（邇）

上博七·凡甲 9 足牆（將）～千里

上博七·凡甲 14 夫雨之～

上博七·凡甲 14 夫凸（風）之～

上博七·凡甲 15 ～情而智（知）

上博七·凡甲 16 ～聖（聽）千里

上博七·凡甲 25 ～則或（又）反

上博七·凡乙 3 五既（氣）泣～

上博七·凡乙 7 ～遠從迩（邇）

上博七·凡乙 7 足牆（將）～千里

上博七·凡乙 9 夫雨之～

上博七·凡乙 9 夫凬（風）之～

上博七·凡乙 11 ～聖（聽）千里

上博七·凡乙 18 ～則或（又）反

上博七·吴 8 孤也敢～先王之福

上博八·子 2 ～宋衛（衛）之外（間）

上博八·子 5 而司寇（寇）不～

上博八·顔 10 敢䆞（問）～明〈名〉

上博八·顔 10 悳（德）城（成）則名～矣

上博八·顔 10 名～必俾（卑）身

上博八·成 1 長（常）事必～

上博八·成 7 弗遡（朝）而自～

上博八·成 16 □之～

　上博八·王1 彭徒羿（返）諻閛（關）～（致）命

　上博八·王2 徒自閛（關）～（致）命

　上博八·志6 虐（吾）欲～（致）尔（爾）於皋（罪）

～，郭店簡或作 （郭店·唐虞之道28）、 （郭店·忠信之道4）、 （郭店·性自命出57）、 （郭店·語叢一66）、 （郭店·語叢一69）、 （郭店·語叢三28）、 （郭店·語叢三65）。《説文·至部》："至，鳥飛從高下至地也。從一。一，猶地也。象形。不上去而至下來也。 ，古文至。"

上博一·孔18、上博二·容16、19、上博二·從乙3、5、上博三·周44、上博三·中16 上博四·昭2、上博四·柬1、上博五·鮑8、上博五·弟5、20、上博六·競11、上博七·凡甲4、9、14、凡乙3、7、9～，到，達到。《論語·子罕》："鳳鳥不至。"《楚辭·離騷》："老冉冉其將至兮。"《荀子·修身》："道雖邇，不行不至。"

上博一·孔2、5"～矣"，到達了極點。《左傳·襄公二十九年》載季札聞《頌》而歎："至矣哉！"杜預注："言道備。"裴駰集解引賈逵云："言道備至也。"《荀子·儒效》："《頌》之所以爲至者，取是而通之也，天下之道畢是矣。"王先謙集解："至，謂盛德之極。"（馮時）

上博二·民"五～"，五個到達，指物、志、禮、樂、哀之至。謂志、詩、禮、樂、哀達到的最高境界。《禮記·孔子閒居》："子夏曰：'民之父母既得而聞之矣。敢問何謂五至？'孔子曰：'志之所至，詩亦至焉；詩之所至，禮亦至焉；禮之所至，樂亦至焉；樂之所至，哀亦至焉。哀樂相生，是故正明目而視之，不可得而見也，傾耳而聽之，不可得而聞也，志氣塞乎天地，此之謂五至。'"

上博五·鮑7"～亞"，讀爲"至惡"，見《吕氏春秋·有始覽》："且其子至惡也，商咄至美也。彼以至美不如至惡，尤乎愛也。"

上博五·姑10"坯～"，人名。

上博四·曹64"～道",指最好的學説、道德或政治制度。《禮記·學記》:"雖有嘉肴,弗食,不知其旨也;雖有至道,弗學,不知其善也。"《禮記·表記》:"道有至,義有考。至道以王,義道以霸,考道以爲無失。"陳澔集説引應氏曰:"至道,即仁也。至道渾而無跡,故得其渾全精粹以爲王。"

上博二·容51、上博四·内7、上博四·昭7、9、上博五·姑6、上博五·三3"～於",到;達到。於,助詞,無義。《書·盤庚上》:"王命衆,悉至於庭。"《論語·學而》:"夫子至於是邦也,必聞其政。"

上博六·競12"～於",副詞,表示出乎意料。猶竟然。《史記·伍子胥列傳》:"今子故平王之臣,親北面而事之,今至於僇死人,此豈其無天道之極乎!"

上博一·性18～,讀爲"致",表達。

上博六·慎6"仁之～",《禮記·禮器》:"祀帝於郊,敬之至也。宗廟之祭,仁之至也。喪禮,忠之至也。"

上博一·性35～,極致。

上博六·孔2～,言極,至微至細。

上博七·凡甲15"～情",極其真實的思想感情。《六韜·文師》:"言至情者,事之極也。今臣至情不諱君,其惡之乎?"

上博七·凡甲16、凡乙11～,《玉篇》:"至,達也。"《國語·楚語上》:"至於神明",韋昭注:"至,通也。"《禮記·樂記》:"樂至則無怨,禮至則不爭。"鄭玄注:"至,猶達也,行也。""至聖(聽)千里,達見百里",《荀子·議兵》:"且仁人之用十里之國,則將有百里之聽。用百里之國,則將有千里之聽。用千里之國,則將有四海之聽。"

上博七·凡甲25、凡乙18"～則或反",讀爲"至則又返","至",到。與"返"相對。

上博二·昔2、上博四·柬4、上博八·王1、上博八·王2"～命",讀爲"致命",傳達命令或言辭。《儀禮·聘禮》:"勞者奉幣入,東面致命。""賓迎再拜,卿致命。""大夫從,升堂,北面聽命,賓東面致命。"鄭玄注:"致命爲致其君命。"《包山楚簡》:"既賓,致命。"

上博二·從甲19"～命",致送生命的意思。《春秋繁露·天地之形》:"委身致命,事無專制,所以爲忠也。"《論語·子張》:"子張曰:'士見危致命,見得思義,祭思敬,喪思哀,其可已矣。'"簡文"行險致命"意爲"行危險之事要(準備)獻出生命"。(陳劍)

上博三·周2、37"～寇(宼)",讀爲"致寇",招引;招致。《易·需》:"九三,需于泥,致寇至。"王弼注:"招寇而致敵也。"

上博三·中6"～敬",讀爲"致敬",極盡誠敬之心。《孟子·盡心上》:"故王公不致敬盡禮,則不得亟見之。"

上博三·中23"～悉",讀爲"致愛",表達、致送對父母親戚君長等的愛。《大戴禮記·盛德》:"致愛故能致喪祭。"刘淇《助字辨略》卷四:"至,最也,極也。"

上博五·三20"～型",讀爲"致刑",義近"致罰"、"致法"。"致"乃施用、施行之意,《書·多士》:"厥惟廢元命,降致罰。"孔安國傳:"其惟廢其天命,下致天罰。"《易·豐》:"君子以折獄致刑。"《管子·正》:"致刑其民。"

上博七·吳8"孤也敢～先王之福",古代臣子祭祀後,將祭肉奉獻給國君,表示爲君王和國家添福。《周禮·天官·膳夫》:"凡祭祀之致福者,受而膳之。"鄭玄注:"致福,謂諸臣祭祀,進其餘肉,歸胙于王。"《周禮·春官·都宗人》:"掌都祭祀之禮。凡都祭祀致福于國,正都禮與其服。"《穀梁傳·僖公十年》:"世子祠。已祠,致福於君。"鍾文烝補注:"福,胙肉。"

上博六·莊7～,讀爲"致",訓爲"送",指把皇頡送交王子回。《左傳·襄公二十八年》:"與北郭佐邑六十,受之。與子雅邑,辭多受少。與子尾邑,受而稍致之。"杜預注:"致,還公。"《孟子·公孫丑下》:"孟子致爲臣而歸。"朱熹集注:"致,猶還也。"

上博一·緇7、上博二·民2、上博四·昭5、上博八·顏10～,讀爲"致",意謂"招致"。

上博八·志6"虔(吾)欲～(致)尔(爾)於皐(罪)",獲罪。《國語·晉語二》:"吾不忘也,抑未有以致罪焉。"

上博二·容50、53"～約",讀爲"桎約",束縛桎梏,泛指拘囚諸侯。《吕氏春秋·貴直論》:"糟丘酒池,肉圃爲格,雕柱而桔(梏)諸侯,不適也。"簡文中的"桎"猶《鶡冠子》之"桎梏"。而"約"在典籍中有"拘囚束縛"之義,如:《吕氏春秋·審應覽》:"湯嘗約於郼薄矣。"《焦氏易林·中孚》:"比,威約拘囚,爲人所誣。皋陶平理,幾得脱免。"(单育辰)或讀爲"制約"、"質約"、"繫約"等。

室

 上博二·容38 筑(築)爲璿～

正編・質部

 上博四・昭1 卲（昭）王爲～於死汜（沮）之溏（澝）

 上博四・昭1 ～既成

 上博四・昭2 君王訋（始）内（入）～

 上博四・昭3 不幸慳（僕）之父之骨才（在）於此～之隓（階）下

 上博四・昭5 因命至俑毀～

 上博四・曹1 昔周～之邦魯

 上博五・君11 夫子絧（治）十～之邑亦樂

 上博五・君11 絧（治）蓳（萬）～之邦亦樂

 上博五・三8 宮～迡（過）尾（度）

 上博五・三12 十～之何

 上博五・三12 宮～汙池

 上博五・三13 ～叙（且）弃

 上博六·用10 言才(在)家~

 上博六·天甲1士建之以~

 上博六·天乙1士建之以~

 上博七·凡甲27~聖(聲)好色

 上博八·王1王居鮴(蘇)澫之~

~，戰國文字或作 (珍战 5)、 (施 164)、 (施 140)、 (録遺 6·132 銅柱)、 (王太后鼎)、 (先秦編 141)、 (秦駰玉版)、 (秦集一·二·46·10)。《説文·宀部》："室，實也。从宀、从至。至，所止也。"

上博二·容 38"瑤~"，商紂王所造的玉室。《竹書紀年》卷上："（殷帝辛）九年，王師伐有蘇、獲妲己以歸。作瓊室，立玉門。"《晏子春秋·内篇諫下》："及夏之衰也，其王桀背棄德行，爲璿室、玉門。殷之衰也，其王紂作爲傾宫、靈臺，卑狹者有罪，高大者有賞，是以身及焉。"《淮南子·本經》："晚世之時，帝有桀、紂，爲琁室、瑶臺、象廊、玉床，紂爲肉圃、酒池，燎焚天下之財，罷苦萬民之力。"

上博四·昭"爲~"，指建造房屋；但昭王所造的是宫。《詩·鄘風·定之方中》："揆之以日，作于楚室。"毛亨傳："室猶宫也。"

上博四·曹1"周~"，周王朝。《左傳·僖公四年》："五侯九伯，女實征之，以夾輔周室。"

上博五·君11"十~之邑"，《論語·公冶長》："子曰：'十室之邑，必有忠信如丘者焉，不如丘之好學也。'"《大戴禮記·曾子制言》："禹見耕者五耦而式，過十室之邑則下，爲秉德之士存焉。"

上博五·君11"墓(萬)~之邦"，猶言"萬户之邦"，文獻則稱"萬室之國"、

"萬室之邑"。《孟子·告子下》:"孟子曰:'子之道,貉道也,萬室之國,一人陶,則可乎?'"《商君書·兵守》:"四戰之國,不能以萬室之邑舍鉅萬之軍者,其國危。"

上博五·三 8、12"宮～",指帝王的宮殿。《管子·牧民》:"夫明王不美宮室,非喜小也。"《史記·項羽本紀》:"項羽引兵西屠咸陽,殺秦降王子嬰,燒秦宮室,火三月不滅。"

上博五·三 13～,指家。

上博六·用 10"家～",房舍;住宅。《淮南子·脩務》:"舜作室,築牆茨屋,辟地樹穀,令民皆知去巖穴,各有家室。"

上博八·王 1～,房屋;宅舍。《詩·小雅·斯干》:"築室百堵,西南其户。"《孟子·梁惠王下》:"爲巨室,則必使工師求大木。"

上博六·天甲 1、天乙 1～,指家、户。《管子·乘馬》:"上地方八十里,萬室之國一,千室之都四。"《管子·度地》:"故百家爲里,里十爲術,術十爲州,州十爲都,都十爲霸國。"

上博七·凡甲 27"～聖",讀爲"室聲",或讀爲"嗜聲"、"室聲"。或釋爲"窒(靈/令)聖(聲)"、"齊聲"。

寋

上博一·性 4 或～之

上博一·性 5 ～眚(性)者

～,从"心","室"聲。

簡文～,讀爲"節"。"室"、"節"上古音相近。馬王堆帛書《老子乙本卷前古佚書》中《十六經·觀》"時節三樂"(語見《國語·越語下》)的"節"寫作从"手""室"聲的"挃"。"～眚",讀爲"節性",謂節制性情。《書·召誥》:"王先服殷禦事,比介於我有周禦事,節性,惟日其邁。"吳澄注:"節,裁抑之也;性,氣質之性。"(裘錫圭)

桎

上博二·容 44 從而～晷（桍）之

上博二·容 45 於是唬（乎）复（作）爲金～三千

上博二·容 45 既爲金～

《說文·木部》："桎，足械也。从木，至聲。"

上博二·容 44 "～晷"，讀爲"桎梏"，拘係，囚禁。《孟子·盡心上》："盡其道而死者，正命也；桎梏死者，非正命也。"《鶡冠子·世兵》："舜有不孝，堯有不慈，文王桎梏，管仲拘囚。"

上博二·容 45 "金～"，銅製的足械。賈誼《新書·道術》："紂作梏數千，睨諸侯之不諝己者，杖而梏之。""作梏數千"當即簡文之"作爲金桎三千"。桎、梏爲同類的刑具。《呂氏春秋·貴直論》："糟丘酒池，肉圃爲格，雕柱而桔諸侯，不適也。"前人已指出"桔"係"桍"之誤字。（陳劍）

端紐嘉聲

憲

上博六·莊 9 不㠯（以）晨〈辱〉鈘（斧）～（鐕）

上博六·慎 1 忠～㠯（以）反俞

上博五·鬼 5 ～則可矛（侮）

上博八·命 2 㠯(以)辱鈘(斧)～(鑕)

上博八·命 3 唯(雖)鈇(負)於鈘(斧)～(鑕)

～,甲骨文作 (《京都》1957),西周金文作 (𪒠鬲)、(曶鼎)、、(楚簋),戰國文字或作 (包山 194)、。該字上部變作"止",從西周文字就開始了。到戰國文字中部省變即爲"田"形,進一步省訛作"日"。或說"日"表音,因爲"𥅆"屬端母質部,"日"屬日母質部,古音極近。《說文·叀部》:"𥅆,礙不行也。從叀,引而止之也。叀者,如叀馬之鼻。從此與牽同意。"

上博六·莊 9、上博八·命 2、3"鈘～",讀爲"斧鑕",即斧子與鐵鑕,古代刑具。行刑時置人于鑕上,以斧砍之。《晏子春秋·問下十一》:"寡君之事畢矣,嬰無斧鑕之罪,請辭而行。"亦作"斧質"。《呂氏春秋·貴直論》:"王曰:'行法。'吏陳斧質於東閭。"《戰國策·秦策一》:"白刃在前,斧質在後。"《漢書·項籍傳》:"孰與身伏斧質,妻子爲戮乎?"顏師古注:"質謂鑕也。古者斬人,加於鑕上而斫之也。"

上博六·慎 1"忠～",讀作"忠實",義爲忠信。《呂氏春秋·審應覽》"必有其實",高誘注:"實,誠也。"《楚辭·離騷》"羌無實而容長",王逸注:"實,誠也。"《史記·萬石張叔列傳》:"上以爲廉,忠實無他腸。"《史記·李將軍列傳》"彼其忠實心誠信于士大夫也?"(何有祖)或讀爲"質"。《左傳·襄公九年》"要盟無質",孔穎達疏引服虔說:"質,誠也。"《國語·楚語下》:"容貌之崇,忠信之質,禋絜之服,而敬恭明神者,以爲之祝。"韋昭注:"質,誠也。"《莊子·知北游》:"夫子之問也,固不及質。"成玄英疏:"質,實也。"與"忠"義近。(陳偉)或疑讀爲"悌"。《玉篇·心部》:"悌,孝悌。"(劉洪濤)

上博五·鬼 5～,讀爲"實","實"爲船母質部字,與"𥅆"古音甚近,例可通假。簡文"名則可畏,實則可侮",意思是:表面看來很可怕,但實際上卻可得而侮之。"名"與"實"相對。《戰國策·西周策》:"名曰衛疾,而實囚之也。"《戰國策·燕策二》:"名則義,實則利。""畏"與"侮"相對。《大戴禮記·衛將軍文子》:"不畏強禦,不侮矜寡。"《法言·淵騫》:"人畏其力,而侮其德。"(陳斯鵬)

憲

上博三·周 4～悤（惕）

～，从"心"，"壹"聲。《廣韻》："憲，怒也。"

簡文～，讀爲"窒"。《說文·穴部》："窒，塞也。"《彖傳》："訟有孚窒，惕中吉，剛來而得中也。"孔穎達疏："窒，塞也。惕，懼也。凡訟者，物有不和，情相乖爭而致其訟。凡訟之體，不可妄興，必有信實，被物止塞，而能惕懼，中道而止，乃得吉也。"帛本作"洫"，今本作"窒"。（廖名春）或讀作"怪"，訓爲懼。或讀作"恤"。（楊澤生）

繢

上博六·用 16～亓（其）又（有）戠頌

～，从"糸"，"壹"聲。

簡文～，讀爲"質"，誠信；真實。《國語·楚語下》："容貌之崇，忠信之質，禋絜之服，而敬恭明神者，以爲之祝。"韋昭注："質，誠也。"《莊子·知北遊》："夫子之問也，固不及質。"成玄英疏："質，實也。"（何有祖）或讀爲"憲"或"憤"，憤怒、憤恨之意。（凡國棟）

透紐替聲

替

上博三·周 44 菜（井）～

～，上部所從不是像兩人並立的"竝"字，而是替字的初文。中山王鼎有 字，張政烺先生曾據《說文》"廢，一偏下"之說解，考訂此字爲替字初文。替的本義爲代替，引申爲廢棄。（張政烺《中山王響壺及鼎銘考釋》，《古文字研究》1 輯，231 頁，1979 年）《說文·立部》："替，廢，一偏下也。从竝，白聲。"

簡文～，讀爲"泥"。替是透母質部，泥是泥母脂部，爲對轉字。馬王堆本和今本都作泥。污；沾污。《易·井》："井泥不食，舊井無禽。"孔穎達疏："井之下泥污不堪食也。"或説"替"與"泥"的辭義相通。《莊子·則陽》"與世偕行而不替"，成玄英疏："替，廢也，堙塞也。"（陳偉）

定紐聿聲

聿

　　上博三·周 7 帀（師）出吕（以）～（律）

《説文·聿部》："聿，所以書也。楚謂之聿，吳謂之不律，燕謂之弗。从聿，一聲。"

簡文～，讀爲"律"，《爾雅·釋詁》："律，法也。"《易》"師出從律"，王弼注："爲師之始，齊師者也。齊衆以律，失律則散，故師出以律，律不可失。"

定紐失聲

遊（失）

　　上博一·緇 10 喬（教）此吕（以）～

　　上博二·魯 1 母（無）乃～（失）者（諸）型（刑）與惪（德）虖（乎）

　　上博二·從甲 4 ～（失）臤（賢）士一人

　　上博二·從甲 8 滿則～（失）衆

　　上博二·容 52 而旻（得）～（失）行於民之脣也

 上博三·周10～(失)耑(前)含(禽)

 上博三·周16～(失)丈夫

 上博三·周16～(失)少(小)子

 上博三·亙13甬(庸)或～(失)之

 上博三·彭1乃不～(失)庀(度)

 上博三·彭5唯(雖)福必～(失)

 上博四·曹7君子旻(得)之～(失)之

 上博四·曹8而喬(驕)大(泰)以～(失)之

 上博四·曹9君子㠯(以)臤(賢)爯(稱)而～(失)之

 上博四·曹10害(曷)又(有)弗～(失)

 上博四·曹31～(失)車麎(甲)

 上博四·曹52乃～(失)亓(其)備(服)

 上博五·季10 齒則~(失)眾

 上博五·季20 凡~(失)勿臿(危)

 上博五·三2 怠(怠)者~(失)之

 上博五·三5 邦~(失)榦(幹)棠(常)

 上博五·三8 ~(失)於娩(美)

 上博五·三12 毋~(失)亓(其)道

 上博六·孔3 飼亓(其)訇(辭)於~人唬(乎)

 上博七·武9 亞(惡)~=道於脂(嗜)谷(欲)

 上博七·武10 立(位)難旻(得)而惕(易)~(失)

上博七·武11 而百殜(世)不~(失)之道

 上博七·凡甲3 奚~而死

上博七·凡甲19 椂(握)之則~(失)

上博七·凡甲 22 則百勿（物）不～（失）

上博七·凡甲 23 百勿（物）具～（失）

上博七·凡甲 27 不～（失）亓（其）所然

上博七·凡乙 2 奚～而死

上博七·凡乙 15 則百勿（物）不～（失）

上博七·凡乙 15 則百勿（物）具～（失）

上博八·蘭 1 日月～（失）時

上博八·蘭 2 攸（搖）茖（落）而猷（猶）不～（失）氒（厥）芳

上博八·顔 8 少（小）人靜（爭）而～（失）之

～，與 、、、同。或說此字所從的 ![] 乃由甲骨文"夲"（![]）演變而來，"夲"从"止"在"夲"外，會逃逸之意；楚簡累增"辵"旁作"逹"，爲"逸"的本字。（趙平安）"逸"、"失"音義俱近，典籍中二字相通，應是一對同源詞。在楚簡中，"逹"，常用來表"失"。

上博二·從甲 8、上博五·季 10"～衆"，讀爲"失衆"，謂失去民心；失去衆心。《左傳·襄公十八年》:"且社稷之主不可以輕,輕則失衆。"《孫子·行軍》:"諄諄翕翕,徐與人言者,失衆也。"杜牧注:"憂在內,是自失其衆心也。"張預注:"言士卒相聚私語,低緩而言,以非其上,是不得衆心也。"

上博二·容52"旻(得)～",讀爲"得失",得與失。猶成敗。《管子·七臣七主》:"故一人之治亂在其心,一國之存亡在其主,天下得失,道一人出。"尹知章注:"明主得,闇主失。"《詩·大序》:"國史明乎得失之跡,傷人倫之廢,哀刑政之苛,吟詠情性,以風其上。"

上博三·彭1"～尾",讀爲"失度",謂失去分寸。《管子·內業》:"忿怒之失度,乃爲之圖。"尹知章注:"若忿怒過度,則常圖而去之。"

上博六·孔3"～人",讀爲"逸人",疑指隱逸之當世賢人或先前之古人。《後漢書·趙岐傳》:"漢有逸人,姓趙名嘉。有志無時,命也奈何!"(陳偉)

上博七·武9"～道",失去準則;違背道義。《易·觀》:"觀我生進退,未失道也。"《呂氏春秋·似順論》:"人臣之情,不能爲所怨;人主之情,不能愛所非。此上下大相失道也。"

上博八·蘭1～,讀爲"失",變易,錯亂。《國語·周語上》:"夫天地之氣,不失其序;若過其序,民亂之也。"《淮南子·原道》:"今夫徒樹者,失其陰陽之性,則莫不枯槁。""失時",典籍或稱"時失",《左傳·隱公九年》:"庚辰,大雨雪。亦如之。書,時失也。"

上博～,讀爲"失",失去、失掉、丟失。常與"得"相對。《論語·陽貨》:"既得之,患失之。"

定紐逸聲

逸(逸)

上博一·性28居凥(處)谷(欲)～(逸)芴(易)而毋曼(慢)

上博五·三4毋亯(享)～(逸)焉(安)

上博五·三11毋～(逸)亓(其)身

上博八·蘭5 朿(簡)～(逸)而莫之能斖(効)矣

～，从"卩"，"肙(兔)"聲，所从"兔"與上博一·孔23"兔薏(罝)"之"兔"和簡25"又(有)兔"之"兔"相同。～，與者汈鐘"挽"同，與三體石經"逸"字(多士)、(多方)所从同。

上博一·性28、上博五·三4～，讀爲"逸"，閒適；安樂。《國語·吳語》："今大夫老，而又不自安恬逸，而處以念惡。"韋昭注："逸，樂也。"

上博五·三11～，讀爲"逸"，放縱；淫荒。《書·大禹謨》："罔遊于逸，罔淫于樂。"孔穎達疏："逸爲縱體。"《漢書·吳王劉濞傳》："陛下多病志逸，不能省察。"顏師古注："逸，放也。"《後漢書·文苑傳》："於戲君子，無恆自逸。"

上博八·蘭5～，讀爲"逸"，超逸。《三國志·諸葛亮傳》："亮少有逸群之才。"《文心雕龍·才略》："景純豔逸，足冠中興。"

定紐實聲

實

上博一·孔9～咎於其也

上博二·容19 塦(禹)乃因山陵坪(平)陸(隰)之可封邑者而緐(繁)～之

上博三·周24 自求口～

上博四·采3 麎(輾)蚓(轉)之～

上博四·相3～官蒼(倉)

　上博四·相3 弖(以)～賓(府)庫

　上博五·弟23 飤(食)丌(其)～□

～，與🅐(郭店·忠信之道8)、🅑(郭店·六德27)同。《説文·宀部》："實，富也。从宀，从貫。貫，貨貝也。"

上博一·孔9～，實際；事實。《易·既濟》："東鄰殺牛，不如西鄰之禴祭實受其福。""～咎於其也"，實際是歸咎于自己。

上博二·容19"緐～之"，即"繁實之"，指移殖人口以充實之。《左傳·昭公七年》："及即位，爲章華之宫，納亡人以實之。"

上博三·周24"自求口～"，口中食物。《易·頤》："自求口實。"孔穎達疏："求其口中之實也。"高亨注："須自求口中之食物。"引申爲食品。亦指飲食。《後漢書·光武帝紀下》："明勑下以遠方口實所以薦宗廟，自如舊制。"李賢注引《漢官儀》："口實，膳羞之事也。"

上博四·采3～，待考。

上博四·相3～，充實；充滿。《楚辭·招魂》："瑶漿蜜勺，實羽觴些。"王逸注："實，滿也。"《國語·越語下》："田野開闢，府倉實，民衆殷。"

上博五·弟23～，讀爲"食"。《周易·頤》"自求口實"，阮元《校勘記》："'實'，石經、嶽本、宋本、古本、足利本同。閩本、明監本、毛本'實'作'食'，非也。"《詩·大雅·生民》"以就口食"，劉賡《稽瑞》引"食"作"實"。"食其食者不毁其器"的意思是"吃食物的人不損毁盛（或者是煮制）食物的器具"，意思同"列乎其下，不折其枝"相近。（劉洪濤）

采

　上博二·子8～者甿(晦)之中

～，上从"爪"，下从"禾"，是"禾成秀"之"秀"的初文或本字。《説文·禾部》："采，禾成秀也，人所以收。从爪、禾。🅒，采或从禾，惠聲。"

簡文～,讀爲"由",《説文·衣部》:"褎,袂也。从衣、采聲。袖,俗褎从由。""采"在充當聲旁時可與"由"互換。《爾雅·釋詁上》:"由,自也。"郭璞注:"自,猶從也。"簡文"由諸畎畝之中",意爲從田畝之中。與《孟子·告子下》"舜發於田畝之中"義近。

泥紐日聲

日

 上博一·緇 6～暑雨

 上博一·緇 6 少(小)民隹(惟)～夗(怨)

 上博一·緇 6 少(小)民亦隹(惟)～夗(怨)

 上博二·民 11～述(就)月相(將)

 上博二·容 20 東方之旱(旗)㠯(以)～

 上博三·周 14 不終～

 上博三·周 18 选(先)甲晶(三)～

 上博三·周 18 後甲晶(三)～

 上博三·周 47 改(改)～卤(乃)孚

 上博三·周 47 改(改)～乃革之

 上博三·周 51～中見茇(昧)

 上博三·周 51～中見斗

 上博三·周 57 終～戒

正編·質部

 上博四·昭 2 牂(將)剸(斷)於含(今)～

 上博四·昭 3 辻(卜)命(令)尹陳眚爲視～

 上博四·昭 10 三～

 上博四·柬 1 王向～而立

 上博四·柬 2 龜尹智(知)王之庶(庶)於～而疠(病)㿋(瘥)

 上博四·柬 16 亼(三)～

 上博四·柬 16 三～

 上博四·柬 20 君王之瘵從含(今)～㠯(以)瘵(瘥)

 上博四·柬 22 君王之疠(病)牂(將)從含(今)～㠯(以)已

 上博四·曹 51 明～牂(將)戱(戰)

 上博四·曹 52 明～返(復)戱(陳)

 上博五·競 1 ～既

 上博五·競 1 ～之食也

 上博五·競 6 至於史(使)～飤(食)

 上博五·鮑 1 一之～而車秨(梁)城(成)

· 2115 ·

 上博五·鮑 4～城（盛）于縱（縱）

 上博五·鮑 8～旟亦不爲忎（災）

 上博五·君 2 䌛（數）～不出

 上博六·莊 7 含（今）～

 上博六·用 4 民～愈樂

 上博六·天甲 5～月

 上博六·天乙 5～月直丌（其）甫

 上博七·武 2 䎡（祈）三～

 上博七·武 12 武王齋七～

 上博七·鄭甲 1 不穀（穀）～欲㠯（以）告夫=（大夫）

 上博七·鄭乙 1 不穀（穀）～欲㠯（以）告夫=（大夫）

 上博七·君甲 1 敢告於見（視）～

 上博七·君乙 1 敢告於見（視）～

 上博七·凡甲 9～之又（有）耳

 上博七·凡甲 10～之㠯（始）出

 上博七·凡乙 8～之訇(始)出

 上博七·吴 7 叚～

 上博七·吴 9 今～

 上博七·吴 9 暑～

 上博七·吴 9 必五六～

 上博八·成 5 安(焉)不曰～章(彰)而冰澡(消)虐(乎)

 上博八·命 2 僅(僕)既旻(得)辱視～之

 上博八·命 3 女(如)㠯(以)僅(僕)之觀視～也

 上博八·命 9 含(今)視～爲楚命(令)尹

 上博八·命 10 僅(僕)㠯(以)此胃(謂)視～十又厽(三)亡僅(僕)

 上博八·王 2 述～

 上博八·蘭 1～月遊(失)時

 上博八·有 5～月卲(昭)明今可(兮)

《説文·日部》："日，實也。太陽之精不虧。从口、一。象形。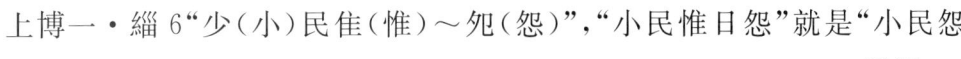，古文。象形。"

上博一·緇 6"少(小)民隹(惟)～夗(怨)"，"小民惟日怨"就是"小民怨

日",這類"日"是民怨的賓語,以日比喻君主,諷喻君主要注意民生疾苦,令順民心。(陳美蘭)

上博二·民11"～述月相",讀爲"日就月將",每天有成就,每月有進步。形容積少成多,不斷進步。《詩·周頌·敬之》:"日就月將,學有緝熙于光明。"孔穎達疏:"日就,謂學之使每日有成就;月將,謂至於一月則有可行。言當習之以積漸也。"朱熹集傳:"將,進也……日有所就,月有所進,續而明之,以至於光明。"《淮南子·脩務》:"自人君公卿至於庶人,不自彊而功成者,天下未之有也。《詩》云:'日就月將,學有緝熙于光明。'此之謂也。"《韓詩外傳》卷八:"子貢曰:'君子亦有休乎?'孔子曰:'闔棺兮乃止播耳。不知其時之易遷兮,此之謂君子所休也。故學而不已,闔棺乃止。'《詩》曰:'日就月將。'言學者也。"

上博三·周51"～中",正午。《左傳·昭公元年》:"叔孫歸,曾夭御季孫以勞之。旦及日中不出。"楊伯峻注:"季孫以旦至叔孫家,候至中午,叔孫仍不出戶接見。"《史記·司馬穰苴列傳》:"穰苴既辭,與莊賈約曰:'旦日日中會於軍門。'"

上博三·周14、57"終～",整天。《易·乾》:"君子終日乾乾。"

上博三·周18、上博四·昭10、柬16"三～",三天。

上博二·容20"東方之羿(旗)已(以)～",《周禮·春官·司常》:"司常掌九旗之物名,各有屬以待國事:日月爲常、交龍爲旂、通帛爲旜、雜帛爲物、熊虎爲旗、鳥隼爲旟、龜蛇爲旐、全羽爲旞、析羽爲旌。"《左傳·桓公二年》:"三辰旂旗,昭其明也。"杜預注:"三辰,日、月、星也。画於旂旗,象天之明。"

上博四·柬1、2、上博七·凡甲9～,太陽。《易·繫辭下》:"日往則月來,月往則日來。"《穀梁傳·莊公七年》:"日入至於星出,謂之昔。"

上博五·競1"～既",日全食。

上博五·競1～之食、上博五·競6～食,"日之飤"即"日食",是日爲月所蔽之現象。《書·胤征》孔穎達正義:"日食者,月掩之也,月體掩日,日被月映即不成共處,故以不吉言曰食也。"

上博五·鮑1"一之～",《詩·豳風·七月》:"一之日觱發,二之日栗烈。"毛亨傳:"一之日,十之餘也。"鄭玄箋:"一之日,二之日,猶言一月之日,二月之日,故《傳》辨之,言一之日者,乃是十分之餘,謂數從一起而終於十。"

上博五·君2"謈～",讀爲"數日"。

上博五·鮑4、上博六·用4～,每天;一天一天地。陶潛《歸去來辭》:"園日涉以成趣,門雖設而常關。"

上博七・鄭甲1、鄭乙1～,昔日。《左傳・文公七年》:"日衛不睦,故取其地。"杜預注:"日,往日。"《國語・晉語一》:"日,君以驪姬爲夫人,民之疾心固皆至矣。"韋昭注:"日,昔日也。"(陳偉)

上博七・凡甲10、凡乙8"～之旨出",讀爲"日之始出",太陽早晨升起,猶言"日出"。《莊子・讓王》:"日出而作,日入而息,逍遙於天地之間而心意自得。"《呂氏春秋・審分覽》:"是故聖王之德,融乎若日之始出,極燭六合,而無所窮屈。"

上博七・吴7"叚～",讀爲"假日",即借日。見《楚辭・離騷》:"奏《九歌》而舞《韶》兮,聊假日以偷樂。"洪興祖補注:"顏師古云:此言遭遇幽厄,中心愁悶,假延日月苟爲娛樂耳。今俗猶言借日度時。"

上博七・吴9"暑～",热天。

上博八・成5"～章而冰澡",讀爲"日彰而冰消",意即太陽照耀,冰雪融化。《韓詩外傳・卷九》:"虚之與虚,如薄冰之見晝日。"

上博八・王2"述～",讀爲"遂日"。《廣雅・釋詁一》:"昔、遂,往也。""遂日"即昔日、往日。

上博"明～",第二天。

上博"今～",今天。

上博"視～",學術界爭議較大,或以爲是對楚王的尊稱;楚王身邊的值日官;楚王以及高級官員的尊稱,具體所指因説話的場合而定。"視日"之職似乎也有可能兼具有占卜方面的工作。詳參"視"字條。

上博"～月",太陽和月亮。《易・離》:"日月麗乎天,百穀草木麗乎土。"

上博～,從天亮到天黑的一段時間;白天。《詩・唐風・葛生》:"夏之日,冬之夜,百歲之後,歸于其居。"鄭玄箋:"思者於晝夜之長時尤甚。"《孟子・離婁下》:"仰而思之,夜以繼日。"

欻

 上博四・柬16 逗者又(有)～人

～,從"欠","炅"聲。炅即熱字,見于馬王堆漢墓帛書。《老子》乙本"或熱或硾",甲本"熱"作"炅"。整理者注:"炅,從火,日聲,當即熱之異體字,不

讀古迥切或古惠切（見《廣韻》）。"

　　簡文～，讀爲"暍"，義爲"中暑"。《說文·日部》："暍，傷暑也。"古音埶聲、曷聲古音相通。古文字材料中"埶"字多用作"設"，裘錫圭先生曾多次論及曷聲與設聲相通。《楚辭·九歎》："懷椒聊之蔎蔎兮。"《考異》："蔎一作藒。"埶聲與世聲相通。《詩·鄘風·君子偕老》："是紲袢也。"《說文·衣部》："褻，私服也。从衣，埶聲。詩曰：是褻袢也。"曷聲亦與世聲相通。《說文·欠部》："歇，息也。一曰氣越泄也。从欠，曷聲。"《廣雅·釋詁》："歇，泄也。"《馬王堆漢墓帛書[肆]·雜療方》："臧（藏）筒中，勿令歇。"又："善臧（藏）筒中，勿令歇。"整理者以爲"歇"指"藥氣散泄"，其說甚是。此簡大意是說，經過三日雩祭，楚柬王面有風塵之色，而隨從柬王留在郊外的侍從及寵臣中也有因此而中暑的人。（孟蓬生）

齿

　上博二·子8□～而和

　　～，从"齒"、"口"，"炅"聲。

　　簡文～，讀爲"燮"或"協"。《說文·劦部》："協，衆之同和也。""協"字異體作"叶"或作从"曰"从"十"。《書·堯典》："百姓昭明，協和萬邦。""協和"又作"叶和"，《論衡·齊世》："既得天下，無嘉瑞之美，若'叶和萬國'、'鳳凰來儀'之類。""燮和"的意思與協和一樣，也見於先秦文獻，《書·顧命》："燮和天下，用答文武之光訓。"（楊澤生）或釋爲"獸"。（陳斯鵬）

寮

　上博三·亙11亓（其）～尨不自若

　　～，从"宀"、"攴"、"糸"，"炅"聲。

　　上博三·亙11"寮～"，讀爲"敦尨"，或作"純尨"，"純厖"、"敦厖"、"敦懞"、"敦龐"、"厚大"或"純樸敦厚"，《左傳·成公十六年》："是以神降之福，時無災害，民生敦尨，和同以聽。"杜預注："敦，厚也；尨，大也。"《詩·商頌·長發》："受小共大共，爲下國駿厖。"鄭玄箋："厖，厚也。"《楚辭·九章·惜往

日》:"心純厖而不泄兮,遭讒人而嫉之。"王逸注:"純厖,素性敦厚,慎言語也。"《國語·周語上》:"夫民之大事在農。……敦厖純固,於是乎成。"《論衡·自紀》:"存敦厖之樸。"《管子·五輔》:"敦懞純固。"(董珊)或釋爲"竊发",讀爲"肆伐"或"襲伐"。(蘇建洲)

泥紐广聲

疾

 上博一·性35 甬(用)智之～者

 上博三·周15 貞～

 上博三·周30 又(有)～礪(厲)

 上博四·曹44 丌(其)坒(啓)節不～

 上博二·容34 述(遂)禹(稱)～不出而死

 上博二·容36 唬(虐)～訇(始)生

 上博二·容49 思(使)民不～

 上博三·周21 亡(無)忘(妄)又(有)～

 上博四·内8 父毋(母)又(有)～

 上博五·姑 6 亓(其)～與才(哉)

 上博六·競 10 紉疠～

 上博六·壽 4 壽告又(有)～

 上博七·吳 1 非～瘨安(焉)加之

～，戰國文字或作 （郭店·成之聞之 21）、 （郭店·成之聞之 22）、 （郭店·成之聞之 22）、 （郭店·性自命出 42）、 （郭店·語叢一 110）、 （桓台）、 （施 218）、 （珍秦 130）。《說文·疒部》："疾，病也。从疒，矢聲。 ，古文疾。 ，籒文疾。"

上博一·性 35、上博四·曹 44～，快速；急速。《莊子·天道》："斲輪，徐則甘而不固，疾則苦而不入。"成玄英疏："甘，緩也。疾，急也。"

上博三·周 15、21、30～，《說文》："病也。"又《玉篇》："患也、速也。"

上博二·容 34"禹(稱)～"，稱病。《史記·樗里子甘茂列傳》："今者張唐欲稱疾不肯行，甘羅說而行之。"

上博二·容 36"唬～"，讀為"虐疾"，重病；惡疾。《書·金縢》："惟爾元孫某，遘厲虐疾。"孔穎達疏："厲，危也。虐訓為暴，言性命危而疾暴重也。"孫星衍疏："虐者，《廣雅·釋詁》云惡也，言遇厲氣致惡疾。"

上博二·容 49"不～"，不痛苦、困苦。《管子·小問》："凡牧民者，必知其疾，而憂之以德。"《漢書·溝洫志》："(治河)可以上繼禹功，下除民疾。"

上博四·內 8"父毋(母)又(有)～"，《禮記·曲禮上》："父母有疾，冠者不櫛，行不翔，言不惰，琴瑟不御。"

上博五·姑 6～，勉力。《楚辭·九章·惜誦》："疾親君而無他兮。"朱熹集注："疾，猶力也。"(劉洪濤)或訓為嫌怨。《左傳·昭公十三年》："若憚之以威，懼之以怒，民疾而叛。"《管子·君臣上》："有過者不宿其罰，故民不疾其

威。"尹知章注:"疾,怨也。"(陳偉)

上博六·競10"約疠～",參《晏子春秋·內篇諫上》:"民愁苦約病,而姦驅尤佚,隱情奄惡,蔽諂其上,故雖有至聖大賢,豈能勝若讒哉!"

上博六·壽4～,病,病痛。《書·金縢》:"既克商二年,王有疾,弗豫。"

上博七·吳1～,嫌怨。《管子·君臣上》:"有過者不宿其罰,故民不疾其威。"尹知章注:"疾,怨也。"又《左傳·昭公十三年》:"若憚之以威,懼之以怒,民疾而叛。"孔穎達疏:"季氏既執費人,人皆憎疾季氏而叛之。"

來紐栗聲

栗

 上博八·鶹1子遺余婁(鶹)～(鶹)今可(兮)

 上博八·鶹1婁(鶹)～(鶹)之止今可(兮)

 上博八·鶹1婁(鶹)～(鶹)之羽今可(兮)

 上博八·鶹1婁(鶹)～(鶹)翼(翮)飛今

～,與 、同。《說文·卤部》:"栗,木也。從木,其實下垂,故從卤。![],古文栗。從西,從二卤。徐巡說:木至西方戰栗。"

上博八·鶹1"婁～",讀爲"鶹鶹",或作"流離"、"留離"。《詩·邶風·旄丘》:"瑣兮尾兮,流離之子。"毛亨傳:"瑣、尾,少好之貌。流離,鳥也,少好長醜。"孔穎達疏:"陸機云:'流離,梟也。自關之西謂梟爲流離。其子適長大,還食其母。故張奐云鶹鶹食母,許慎云梟不孝鳥是也。'流與鶹,蓋古今之字。"

來紐利聲

利

 上博一·孔 17 東方未明又(有)～訂(詞)

 上博一·緇 23 人隹(雖)曰不～

 上博一·性 36 ～爲甚

 上博一·性 38 人之[巧]言～訂(詞)者

 上博二·從甲 15 爲～枉事

 上博二·容 19 會天陞(地)之～

 上博二·容 49 高下肥毳之～聿(盡)智(知)之

 上博二·容 49 智(知)陞(地)之～

 上博三·周 1 亡(無)由(攸)～

 上博三·周 1 不～爲寇(寇)

上博三·周1～御(禦)寇(寇)

上博三·周2～涉大川

上博三·周2～用死(恆)

上博三·周4～用見大人

上博三·周4不～涉大川

上博三·周8～執言

上博三·周10亡(無)不～

上博三·周11吉亡(無)不～

上博三·周12亡(無)不～

上博三·周13～用戔(侵)伐

上博三·周13亡(無)不～

上博三·周14～建矦(侯)行帀(師)

 上博三・周 16 元卿(亨)～貞

 上博三・周 16～凥(居)貞

 上博三・周 18～涉大川

 上博三・周 20 元卿(亨)～貞

 上博三・周 20 不～又(有)攸(攸)往

 上博三・周 21 亡(無)攸(攸)～

 上博三・周 22～貞

 上博三・周 22～涉大川

 上博三・周 22 又(有)礪(厲)～巳

 上博三・周 22～堇(艱)貞

 上博三・周 22～又(有)攸(攸)往

 上博三・周 25 亡(無)攸(攸)～

 上博三·周 25～涉大川

 上博三·周 26～貞

 上博三·周 28～貞

 上博三·周 28 亡(無)卤(攸)～

 上博三·周 30 少(小)～貞

 上博三·周 31 亡(無)不～

 上博三·周 35～西南

 上博三·周 35 不～東北

 上博三·周 35～見大人

 上博三·周 36～見大人

 上博三·周 37～西南

 上博三·周 40 不～冐(賓)

 上博三·周42～見大人

 上博三·周42～貞

 上博三·周42～又（有）卤（攸）往

 上博三·周43～用祭祀

 上博三·周47～貞

 上博三·周48～羕（永）貞

 上博三·周50～貞

 上博三·周54～見大人

 上博三·周54～涉大川

 上博三·周58～涉大川

 上博三·周58～涉大川

 上博三·瓦7 恙（祥）宜（義）～

上博四・曹 15 亓(其)兵足以～之

上博四・曹 18 纏(繕)慶(甲)～兵

上博四・曹 20 毋敓(奪)民～

上博四・曹 51 纏(繕)慶(甲)～兵

上博五・三 4 救(求)～戔(殘)亓(其)新(親)

上博五・三 5 古(故)棠(常)不～

上博五・三 15 府(俯)視地～

上博七・武 14 志勮(勝)欲則～

上博七・鄭甲 5～木三眷(寸)

上博七・鄭乙 5～木三眷(寸)

上博七・君甲 6 胃(謂)之～民

上博七・君乙 6 胃(謂)之～民

 上博七·凡甲29 衆𪵑（一）言而萬民之～

 上博八·李1 深～开豆

～，與、、、、、、、、同。《說文·刀部》："利，銛也。从刀。和然後利，从和省。《易》曰：'利者，義之和也。'![]，古文利。"

上博一·孔17、上博一·性38"～辭"，讀爲"利辭"，敏捷巧辯之辭。《韓非子·詭使》："巧言利辭行姦軌以倖偷世者數御。"《老子》"絕巧棄利"，王弼注："巧、利，用之善也。"《荀子·王制》"辨功苦，尚完利"，楊倞注："利，謂便於用，若車之利轉之類。"

上博一·性36、上博二·從甲15、上博五·三4～，利益；好處。《書·秦誓》："以保我子孫黎民，亦職有利哉。"

上博二·容19"天堕（地）之～"，《新語·明誡》："聖人承天之明，正日月之行，錄星辰之度，因天地之利，等高下之宜，設山川之便，平四海，分九州，同好惡，一風俗。"《鹽鐵論·通有》："天地之利無不贍，而山海之貨無不富也；然百姓匱乏，財用不足，多寡不調，而天下財不散也。"

上博二·容49～，資源。《周禮·夏官·職方氏》："掌天下之圖，以掌天下之地……周知其利害。"鄭玄注："利，金錫竹箭之屬。"《戰國策·秦策一》："大王之國，西有巴蜀、漢中之利。"高誘注："利，饒也。"桓寬《鹽鐵論·輕重》："總一鹽鐵，通山川之利而萬物殖。"

上博三·周58～，吉利；順利。《易·乾》："飛龍在田，利見大人。"《史記·項羽本紀》："力拔山兮氣蓋世，時不利兮騅不逝。"

上博三·亙7～，古書常訓爲"便"、"益"，作爲動詞，即"有利（於）"的意思。（董珊）

上博四·曹18、51"纏（繕）虘（甲）～兵"，鋒利；銳利。《荀子·勸學》："木

受繩則直,金就礪則利。"《孟子·梁惠王上》:"王如施仁政於民,省刑罰,薄稅斂,深耕易耨,壯者以暇日修其孝弟忠信,入以事其父兄,出以事其長上,可使制梃以撻秦、楚之堅甲利兵矣。"

上博四·曹 20 "毋敓(奪)民～",利益;好處。《後漢書·獨行列傳》:"程氏貴盛,在帝左右,不聽則恐見怨,與之則奪民利,爲之奈何?"《書·秦誓》:"以保我子孫黎民,亦職有利哉。"

上博五·三 15 "地～",讀爲"地理",土地、山川等的環境形勢。《易·繫辭上》:"仰以觀於天文,俯以察於地理。"孔穎達疏:"地有山川原隰,各有條理,故稱理也。"《漢書·郊祀志下》:"三光,天文也;山川,地理也。"

上博一·緇 23、上博五·三 5 "不～",有害;沒有好處。《書·金縢》:"公將不利於孺子。"《史記·秦始皇本紀》:"豈勇力智慧不足哉?形不利,勢不便也。"

上博七·武 14 "志勳(勝)欲則～",可參《淮南子·繆稱》:"善之由我,與其由人若,仁德之盛者也,故情勝欲者昌,欲勝情者亡。"

上博七·鄭甲 5、鄭乙 5 ～,讀爲"梨","梨木"即梨樹。

上博七·君甲 6、君乙 6 "～民",有利于民。《逸周書·王佩》:"王者所佩在德,德在利民。"

上博七·凡甲 29 "萬民之～",《墨子·非樂上》:"雖身知其安也,口知其甘也,目知其美也,耳知其樂也,然上考之不中聖王之事,下度之不中萬民之利。"

悡

上博一·孔 17 湯(揚)之水丌(其)悉(愛)婦～(烈)

～,从"心","利"聲,"悡"字異體。與 、同。《説文·心部》:"悡,恨也。从心,黎聲。一曰:怠也。"

簡文～,訓爲"恨"。或讀爲"烈"、"麗"。(李鋭)

莉

上博二·子 3 □之童土之～民也

～,从"艸","利"聲。《集韻》:"黎,又作莉。"《漢書》顔師古注:"莉,古黎字。"

簡文～,讀爲"黎"。民衆,百姓。《書·堯典》:"黎民於變時雍。"孔安國傳:"黎,衆。"

精紐卩聲

即

 上博一·孔 8 ～(節)南山

 上博一·性 33 敬,勿(物)之～(節)也

 上博二·容 49 武王～立(位)

 上博二·容 50 丌(其)～(次)

 上博三·周 5 返(復)～命愈(渝)

 上博六·孔 2 言～至矣

 上博六·用 14 折法～井(刑)

～,或作 , 左旁从"見",右旁从"卩",可能是"即"之誤寫。其"皀"旁上部訛爲"目"形。戰國文字或作、、、、、![](秦集二·二·

32·1)。《説文·皀部》:"即,即食也。从皀,卪聲。"

上博一·孔8"～南山",讀爲"節南山",《詩經》篇名。《詩·小雅·節南山》:"節彼南山,維石巖巖。"毛亨傳:"節,高峻貌。"

上博一·性33～,讀爲"節",儀節,準則。

上博二·容49"～立",讀爲"即位",就位。這裏指開始成爲帝王。《左傳·桓公元年》:"春王正月,公即位。"

上博二·容50"丌～",讀爲"其次"。次第較後;第二。《禮記·內則》:"擇於諸母與可者,必求其寬裕、慈惠、溫良、恭敬、慎而寡言者,使爲子師,其次爲慈母,其次爲保母。"《史記·孟子荀卿列傳》:"齊有三騶子。其前騶忌……其次騶衍,後孟子。"

上博三·周5"返(復)～命愈(渝)",今本作"復即命渝",孔穎達疏:"復,反也。即,就也。"

上博六·孔2～,則。《戰國策·秦四》:"秦王欲見頓弱。頓弱曰:臣之義不參拜,王能使臣無拜,即可矣;不,即不見也。"

上博六·用14"～井",疑讀作"節刑",意爲制刑。《大戴禮記·五帝德》:"節用水火財物。"王聘珍解詁:"節,制也。"和"折(制)法"義近。

節

 上博一·性10 體(體)丌(其)宜(義)而～曼(文)之

 上博一·性11 或舍(敘)爲之～則曼(文)也

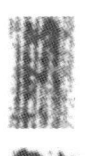 上博一·性12 所㠯(以)曼(文)～也

 上博一·性12 善丌(其)～

 上博一·性16 丌(其)居～也舊(久)

 上博四·曹 44 亓（其）坓（啓）～不疾

 上博五·姑 6 思又（有）君臣之～

 上博五·弟 4 嬰（亂）～而㥋（哀）聖（聲）

 上博五·三 3 齊齊～～

 上博五·三 3 男女又（有）～

上博六·用 1 參（三）～之未旻（得）

上博六·用 11 亞（惡）獣（猶）恋（愛）䚽（亂）～

 上博八·志 4 或不能～炅（暑）

～，戰國文字或作 、、、。《説文·竹部》："節，竹約也。从竹，即聲。"

上博一·性 10、11、12"～曼"，讀爲"節文"，有制定禮儀，使之行之有度的意思。《禮記·坊記》："禮因人之情而爲之節文。"《禮記·檀弓下》："喪禮，哀戚之至也；節哀，順變也。君子念始之者也。"孔穎達疏："既爲至及，若無節文，恐其傷性，故辟踊有節筭，裁節其哀也。"《管子·心術上》："義者，謂各處其宜也。禮者，因人之情，緣義之理，而爲之節文者也。"（陳偉）

上博一·性 16～，節奏、節拍。《左傳·襄公二十九年》："節有度，守有

序,盛德之所同也。"孔穎達疏:"言八音能和諧,是其音有節度也。八音不相奪道理,是音各守其分,有次序也。"郭店·性自命出 26－27:"其居即(次)也久,其反善復始也慎。"

上博四·曹 44"坒(啓)～",指發機。《孫子·勢》:"是故善戰者,其勢險,其節短。勢如彍弩,節如發機。"(李零)

上博五·姑 6～,禮節。《禮記·文王世子》:"衆至,然後天子至,乃命有司行事,興秩節,祭先師先聖焉。"鄭玄注:"節,猶禮也。""君臣之節",見《禮記·樂記》:"禮樂偩天地之情,達神明之德,降興上下之神,而凝是精粗之體,領父子君臣之節。"

上博五·弟 4～,法度;法則。《禮記·樂記》:"好惡無節於內,知誘於外,不能反躬,天理滅矣。"鄭玄注:"節,法度也。"

上博五·三 3"齊齊節節",整飭貌。《大戴禮記·四代》:"子曰:'……齊齊然,節節然,穆穆然,皇皇然,見才色脩聲不視,聞怪物恪命不改志。'"

上博五·三 3"男女又(有)～",適,適度。《禮記·文王世子》:"其有不安節,則內豎以告世子。"俞樾《群經平議·禮記二》:"節之言適也。"《墨子·非命上》:"是以入則孝慈于親戚,出則弟長於鄉里,坐處有度,出入有節,男女有辨。"

上博六·用 1"參～",讀爲"三節",指的是心、目、言。《鬼谷子·權篇》:"故口者,幾關也,所以閉情意也。耳目者,心之佐助也,所以窺閒見姦邪,故曰參調而應,利道而動。"注謂"參調"爲心、耳、目。(晏昌貴)

上博六·用 11～,讀爲"即",至、到的意思。《素問·氣交變大論》:"芒而大倍常之一,其化甚;大常之二,其眚即也。"王冰注:"即,至也。"(陳偉)

上博八·志 4"～奢",讀爲"節奢"。《鹽鐵論·通有》:"君子節奢刺儉,儉則固。"(陳偉)

清紐七聲

七

 上博一·孔 27～(蟋)率(蟀)

 上博一·性 34 忎（愛）頪（類）～

 上博二·從甲 8 從正（政）又（有）～幾（機）

 上博二·從甲 9 凡此～者

 上博二·容 5 三十又（有）～年而民終

 上博二·容 17 舜又（有）子～人

 上博二·容 47 ～邦埜（來）備（服）

 上博四·曹 1 東西～百

 上博五·弟 2 吳人生～

 上博五·競 3 䣛（狄）人之怀（附）者～百邦

 上博六·天甲 1 凡天子～殜（世）

 上博六·天乙 1 凡天子～殜（世）

 上博八·命 8 立友～人

《說文·七部》："七，陽之正也。从一，微陰从中衺出也。"

上博一·孔 27"～率",讀爲"蟋蟀",《詩·唐風》篇名。小序謂刺晉僖公"儉不中禮"。《左傳·襄公二十七年》:"印段賦《蟋蟀》。趙孟曰:'善哉,保家之主也! 吾有望矣。'"《文選·張衡〈西京賦〉》:"獨儉嗇以齷齪,忘《蟋蟀》之謂何。"薛綜注:"《蟋蟀》,《唐》詩刺儉也,言獨爲節愛,不念《唐》詩所刺邪!"

上博四·曹 1、上博五·競 3"～百",《禮記·明堂位》:"成王以周公爲有功勞於天下,是以封周公於曲阜,地方七百里,革車千乘。"

上博～,數詞。

清紐柰聲

䣂

 上博五·鮑 8 雩(雨)坪(平)墬(地)至～(䣂)

～,从"止","柰"聲。

簡文～,即膝,大腿和小腿相連關節的前部。通稱膝蓋。《禮記·檀弓下》:"今之君子,進人若將加諸膝,退人若將隊諸淵。""雨平地至膝"極言雨之大。(侯乃峰)

傣

 上博一·性 37 又(有)亓(其)爲人之～₌(傣傣)女(如)也

～,从"人","柰"聲,疑爲"膝"字異體。信陽楚簡"䣂"字寫作 ,所從之"柰"旁與 ![] 字右旁完全相同。與之相對的郭店簡作 ![],即"迎"字。

簡文"～₌",讀爲"節節",整飭貌。《大戴禮記·四代》:"子曰:'……齊齊然,節節然,穆穆然,皇皇然,見才色脩聲不視,聞怪物恪命不改志。'"

從紐自聲

自

 上博一·孔 7 又(有)命～天

 上博一·緇 20 出內(入)～尔(爾)帀(師)雩(虞)

 上博一·緇 21 君子不～畱(留)安(焉)

 上博一·性 2[性]～命出

 上博一·性 2 命～天降

 上博二·從乙 1 則～异(己)訇(始)

 上博二·容 9 ～内安(焉)

 上博二·容 19 而遠者～至

 上博二·容 34 啟於是虖(乎)攻益～取

 上博二·容 35 ～爲

 上博二・容39 陞(徵)～戎述(遂)

 上博二・容39 内(入)～北門

 上博二・容40 降～鳴攸(條)之述(遂)

 上博二・容42 ～爲苢爲

 上博三・周9 比之～内

 上博三・周11 ～天右(祐)之

 上博三・周24 ～求口實

 上博三・周32 ～返(復)

 上博三・周41 又(有)慸(憂)～天

 上博三・中18 毋～隱(惰)也

 上博三・亙1 ～猒(厭)不自忍

 上博三・亙1 自猒(厭)不～忍

 上博三・亙2 燹(氣)是～生

 上博三·亙2 燹(氣)是～生自复(作)

 上博三·亙2 燹(氣)是自生～复(作)

 上博三·亙3 求慾(欲)～返(復)

 上博三·亙7 ～复(作)爲

 上博三·亙11 丌(其)䍒龙(蒙)不～若

 上博三·亙11 而能～爲也

 上博三·彭7 惻(賊)者～惻(賊)也

 上博三·彭7 氏(是)胃(謂)～厚

 上博四·逸·交1 㠯(以)～爲厎(長)

 上博四·逸·交4 㠯(以)～爲殹

 上博四·昭4 并儓(僕)之父母之骨厶(私)～塼

 上博四·昭8 ～訟於王

 上博四·柬1 王～臨卜

 上博四・曹 22 君~衛(率)

 上博四・曹 34 君母(毋)嚻(憚)~勞

 上博四・曹 63 乃~怣(過)

 上博五・姑 9 長魚鬻(矯)典~公所

 上博六・競 10 ~古(姑)蚤(尤)㠯(以)西

 上博六・用 3 閟言~闢(關)

 上博六・用 7 亓(其)~見之泊

 上博六・用 8 ~亓(其)又保貨

 上博六・用 9 褚(禍)不降~天

 上博六・用 9 亦不出~墬(地)

 上博六・用 9 隹(惟)心~惻

 上博六・用 11 而~嘉樂

 上博七·凡甲 6 虖(吾)奚～飤(食)之

 上博七·凡甲 18 終身～若

 上博七·凡乙 5 虖(吾)奚～飤(食)之

 上博七·凡乙 13 終身～若

 上博七·吴 9 ～暑日㠯(以)往

 上博六·競 11 丌(其)左右相弘～善

 上博八·成 7 弗遡(朝)而～至

 上博八·成 7 弗審(密)而～周

 上博八·成 7 弗會而～剬(斷)

 上博八·王 2 徒～聞(關)至(致)命

 上博八·有 2……～誨(誨)今可(兮)

《説文·自部》："自，鼻也。象鼻形。𦣹,古文自。"

上博一·孔 7、上博一·緇 20、上博一·性 2、上博二·從乙 1、上博二·容 9、39、40、上博三·周 11、41、上博五·姑 9、上博六·競 10、上博八·王 2

～,介詞。由;從。《孟子·公孫丑下》:"自天子達於庶人,非直爲觀美也,然後盡於人心。"《漢書·霍光傳》:"初輔幼主,政自己出,天下想聞其風采。"

上博～,自己;親自。《詩·小雅·節南山》:"不自爲政,卒勞百姓。"《孟子·離婁上》:"人必自侮,然後人侮之;家必自毀,而後人毀之;國必自伐,而後人伐之。"《易·乾》:"天行健,君子以自強不息。"

上博二·容 19"而遠者～至",《管子·形勢解》:"故欲來民者,先起其利,雖不召而民自至。"

上博二·容 34"啟於是唬(乎)攻益～取",《韓非子·外儲説右下》:"已而啟與友黨攻益而奪之天下,是禹名傳天下於益,而實令啟自取之也,此禹之不及堯、舜明矣。"

上博二·容 35、42"～爲",自己做;自己治理。《管子·國蓄》:"則君雖強本趣耕,而自爲鑄幣而無已,乃今使民下相役耳,惡能以爲治乎?"

上博三·亙 1"～猒(厭)不自忍",道自我滿足,但並不壓抑自己。

上博三·亙 2"燹(氣)是～生自复(作)",氣是自然發生、自然作用的。

上博三·亙 11"～若",保持原來的樣子。《淮南子·泰族》:"天地之道,極則反,盈則損。五色雖朗,有時而渝;茂木豐草,有時而落。物有隆殺,不得自若。"(李鋭)

上博三·亙 11"～爲",自然而成。《莊子·天地》:"大聖之治天下也,搖蕩民心,使之成教易俗,舉滅其賊心,而皆進其獨志,若性之自爲,而民不知其所由然。"

上博三·彭 7"～厚",《莊子·田子方》:"至人之於德也,不修而物不能離焉,若天之自高,地之自厚,日月之自明,夫何脩焉!"

上博六·用 9"禍不降～天",《詩·小雅·十月之交》:"下民之孽,匪降自天。"

上博六·用 9"亦不出～地",《左傳·定公六年》:"及還,陽虎使季、孟自南門入,出自東門,舍於豚澤。"

上博六·用 9"～惻",讀爲"自賊"。《管子·禁藏》:"離氣不能令,必内自賊。"又《文子·符言》:"老子曰:……木生蟲,還自食。人生事,還自賊。"

上博七·凡甲 18、凡乙 13"終身～若",神態鎮定自然。《國語·越語下》:"自若以處。"

上博七·吴 9～,從,由。《書·秦誓》:"不啻若自其口出。"《孟子·公孫丑下》:"自天子達於庶人,非直爲觀美也,然後盡於人心。"此處"自"是表示時間的起點。

上博八・成7"～至",《管子・形勢解》:"故欲來民者,先起其利,雖不召而民自至。"

上博八・成7"～周",《晏子春秋・外篇上》:"臣何敢撟也? 夫能自周於君者,才能皆非常也。"

上博八・成7"～剬(斷)",《韓非子・外儲說左上》:"君因先自斷其纓而出,國中皆不服纓。"

詯

 上博五・三7 凡飤(食)猷(飲)無量～(計)

《說文・言部》:"詯,膽氣滿,聲在人上。从言,自聲。讀若反目相睞。"

簡文～,讀爲"計"。《晉書・列傳第六》:"及將大舉,以華爲度支尚書,乃量計運漕,決定廟算。"《全梁文・沈約・授蔡法度廷尉制》:"自世道澆流,浮僞雲起,量計多少,辯校錐刀。"

皋

 上博二・容48 百眚(姓)丌(其)可(何)～(罪)

 上博三・中7 惑怎(過)惌～(罪)

 上博三・中8 ～(罪)

 上博三・中10 惑怎(過)惌～(罪)

 上博四・昭7 不腜(膝)要(腰)臺(頸)之～(罪)

上博四·昭 8 ~（罪）亓（其）容（容）於死

上博四·昭 9 此則儓（僕）之~（罪）也

上博四·曹 21 荊（刑）罰又（有）~（罪）

上博四·曹 27 母（毋）~（罪）百眚（姓）

上博四·曹 37 母（毋）辟（避）~（罪）

上博五·季 20 大~（罪）則夜（赦）之㠯（以）型（刑）

上博五·季 20 𤔲（藏）~（罪）則夜（赦）之㠯（以）罰

上博五·季 21 大~（罪）殺之

上博五·季 22 𤔲（藏）~（罪）型（刑）之

上博五·季 22 少（小）~（罪）罰之

上博五·競 2 群臣之~（罪）也

上博六·競 7 忍~（罪）虖（乎）

上博六·孔1 害叀(賢)者是能~(罪)

上博六·孔3 上不~(罪)㤅(仁)

上博六·孔4 女(如)子~(罪)㤅(仁)

上博六·用15 ~(罪)之枳(枝)葉

上博八·志2 縱不隻(獲)~(罪)

上博八·志3 此是胃(謂)死~(罪)

上博八·志4 所㠯(以)~(罪)人

上博八·志6 虗(吾)欲至(致)尔(爾)於~(罪)

上博八·志7 是則聿(盡)不縠(穀)之~(罪)也

~，與 (郭店·老子甲5)、辠(郭店·五行39)、 (秦駰玉版)同。即"罪"字。《說文·辛部》："辠，犯法也。从辛、从自，言辠人蹙鼻苦辛之憂。秦以辠似皇字，改爲罪。"

上博四·曹21"又(有)~"，有罪的人。《荀子·強國》："夫尚賢使能，賞有功，罰有罪，非獨一人爲之也，彼先王之道也。"

上博四·曹27"毋~百眚(姓)"，《管子·重令》："令出而不行者毋罪，行之者有罪，是皆教民不聽也。"

上博四·曹37"辟(避)~"，避免獲罪；懼怕獲罪。《管子·霸言》："折節

·2146·

事強以避罪,小國之形也。"《漢書·董仲舒傳》:"民不樂生,尚不避死,安能避罪。"

上博四·昭9～,過錯;過失。《左傳·僖公三十三年》:"不替孟明,孤之過也。大夫何罪?且吾不以一眚掩大德。"《晏子春秋·諫上二》:"公曰:'若是,孤之罪也。'"

上博五·季20、22"蟄～",讀爲"中罪",介於輕罪與重罪之間的罪行。《周禮·秋官·司圜》:"中罪,二年而舍。"《漢書·賈誼傳》:"其有中罪者,聞命而自弛。"顏師古注:"中罪,非大非小也。"

上博五·季20、21"大～",即"大罪"。《書·康誥》:"乃有大罪,非終,乃惟眚災,適爾,既道極厥辜,時乃不可殺。"

上博五·季22"少～",即"小罪"。《書·康誥》:"敬明乃罰。人有小罪,非眚,乃惟終,自作不典,式爾,有厥罪小,乃不可不殺。"

上博六·孔3、4～,或説是"晜(親)"字訛誤。

上博八·志2"隻～",讀爲"獲罪",得罪;遭罪。《國語·晉語二》:"夫孺子豈獲罪於民?"《史記·孔子世家》:"昔此國幾興矣,以吾獲罪於孔子,故不興也。"

上博八·志3"死～(罪)",應該判處死刑的罪行。《左傳·昭公二年》:"有死罪三,何以堪之?不速死,大刑將至。"

上博八·志6"至……～",讀爲"致……罪",獲罪。《國語·晉語二》:"吾不忘也,抑未有以致罪焉。"

上博八·志7"不穀(穀)之～(罪)",《國語·楚語》:"恭王有疾,召大夫曰:'不穀不德,失先君之業,覆楚國之師,不穀之罪也。若得保其首領以歿,唯是春秋所以從先君者,請爲"靈"若"厲"。'大夫許諾。"

上博～,即"罪",罪愆;犯法的行爲。《易·解》:"雷雨作,解,君子以赦過宥罪。"孔穎達疏:"罪謂故犯。"《論語·公冶長》:"雖在縲絏之中,非其罪也。"《荀子·王制》:"無功不賞,無罪不罰。"

違

 上博五·三4是胃(謂)～

～,從"辵","皋"聲。

簡文～，讀爲"皋"，即"罪"，罪愆；犯法的行爲。《易·解》："雷雨作，解，君子以赦過宥罪。"孔穎達疏："罪謂故犯。"

從紐疾聲歸疒聲

心紐瑟聲

瑟

　上博一·性 15 聖（聽）銮（琴）～之聖（聲）

　上博二·容 2 梟（楣）戉（攻）鼓～

　上博一·孔 14 㠯（以）銮（琴）～之敓（悦）悬（擬）好色之恧（願）

　上博七·君甲 3 竽～奐（衡）於耑（前）

　上博七·君乙 3 竽～奐（衡）於耑（前）

《殷墟花園莊東地甲骨》"瑟"字作 、(130)、 、(372)，與《說文》"瑟"字古文 形近。楚文字"瑟"字或作 （上博一·孔14）、 （望山2·47）、 （包山260）、 （郭店·六德30）、 （郭店·六德30）、 （郭店·性自命出24）、 （施154），可能是甲骨文和《說文》古文"瑟"字形體的訛變。古文字"瑟"字或作 （包山260）、 （性情論15）、 （傅105）、 （傅106），加注"必"聲，爲《說文》篆文所本。（徐寶貴）《說文·珡部》："瑟，庖犧所作弦樂也。从珡，必聲。 ，古文瑟。"

上博一·性15、上博一·孔14"琴～",樂器,琴和瑟。亦偏指琴瑟的一種。《書·益稷》:"戛擊鳴球,搏拊琴瑟以詠,祖考來格。"《詩·周南·關雎》:"琴瑟友之",朱熹集傳:"瑟,二十五弦,皆絲屬,樂之小者也。"

上博二·容2"鼓～",《詩·小雅·鹿鳴》:"鼓瑟吹笙",朱熹集傳:"瑟、笙,燕禮所用之樂也。"《玉篇》:"瑟,庖犧造也。弦多至五十,黄帝使素女鼓瑟,哀不自勝,破爲二十五弦也。"

上博七·君甲3、君乙3"竽～",《韓非子·解老》:"竽也者,五聲之長者也。故竽先則鐘瑟皆隨,竽唱則諸樂皆和。"《楚辭·九歌》:"疏緩節兮安歌,陳竽瑟兮浩倡。"《韓非子·外儲說左上》:"子產相鄭,簡公謂子產曰:'飲酒不樂也。俎豆不大,鐘鼓竽瑟不鳴,寡人之事不一,國家不定,百姓不治,耕戰不輯睦,亦子之罪。子有職,寡人亦有職,各守其職。'"(趙平安)

瑟

 上博二·容24 凱～湝漣(流)

～,从"水","瑟"聲。

簡文～,或讀爲"塞"。簡文"開塞"一詞亦見於《商君書·開塞》,蔣禮鴻曰:"開塞者,謂開已塞之道也。"或讀爲"窒"或"堲",意爲"窒塞"。或讀爲"泌"。《説文》:"泌,俠流也。"段玉裁注:"輕快之流,如俠士然。"

心紐四聲

四

 上博一·孔14 亓(其)～章則俞(喻)矣

 上博一·孔22 ～矢弁(反)㠯(以)御(禦)䜌(亂)

 上博三·周1 六～

 上博三·周2 六～

 上博三·周5 丌(其)邑人晶(三)～户

上博三·周5 九～

上博三·周7 六～

上博三·周10 六～

上博三·周12～

上博三·周14 九～

上博三·周16 九～

上博三·周21 九～

上博三·周22 六～

上博三·周25 六～

上博三·周26 九～

上博三·周28 九～

上博三·周30 九～

上博三·周33～

上博三·周35 六～

上博三·周37 九～

上博三·周38 九～

上博三·周41 九～

 上博三·周45 六～

 上博三・周 49 六～

 上博三・周 51 九～

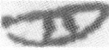 上博三・周 53 九～

上博三・周 54 六～

上博三・周 57 六～

上博三・周 58 九～

 上博三・中 18 昔三弋（代）之明王又（有）～海（海）之内

 上博一・性 8 道～述（術）也

 上博二・民 2 ～方又（有）敗

 上博二・民 7 而悳（德）既塞於～海（海）矣

 上博二・民 11 塞于～方

 上博二・民 12 塞于～海（海）

 上博二・民 13 它（施）及（及）～或（國）

 上博二・從甲 4 ～叟（鄰）

 上博二・從甲 5 ～曰悬（仁）

　上博二·容5～洢（海）之外宫（賓）

　上博二·容5～洢（海）之內貞

　上博二·容7～向陝禾（和）

　上博二·容9而橐才（在）～洢（海）之內

　上博二·容19～洢（海）之內返（及）四洢（海）之外皆青（請）杠（貢）

　上博二·容20四洢（海）之內返（及）～洢（海）之外皆青（請）杠（貢）

　上博二·容36天陛（地）～時之事不攸（修）

　上博二·容41㠯（以）霂～洢（海）之內

　上博三·彭7三命～聶

　上博三·彭8三命～臁

　上博四·相3朶（庶）人愳（勸）於～枳（肢）之襃

　上博四·曹62～人皆賞

　上博五·三8邦～嗌（益）

　上博五·三16～方坴（來）嚻

 上博五·三 22～亢(荒)之内

 上博四·柬 15 攸(修)～蒿(郊)

 上博四·柬 16～疆

上博六·莊 2 㠯(以)時～鄰之賓客

 上博六·莊 3～與五之閒(間)虎(乎)

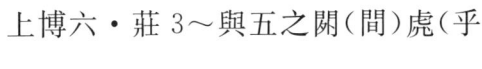上博六·莊 3 女(如)～與五之閒(間)

 上博六·莊 3 殹～航㠯(以)逾

 上博六·莊 4～航㠯(以)逾

 上博六·用 14 台(以)員～戔

 上博六·孔 15 句拜～方之立㠯(以)童

 上博七·武 6 箸(席)之～耑(端)

 上博七·凡甲 15 練(陳)於～洢(海)

 上博七·凡甲 16 之〈先〉智（知）～洢（海）

 上博七·凡乙 11 先智（知）～洢（海）

 上博八·成 1 ～旹（時）

 上博八·命 7 ～洢（海）之内

 上博八·蘭 2 涅（馨）訛（謐）迡而達聞（聞）于～方

 上博七·凡甲 21 厽（三）生～

 上博一·緇 7 ～或（國）川（順）之

 上博六·天甲 8 天子～辟

 上博六·天乙 8 天子～辟延筶（席）

～，戰國文字或作 、、、、、、、、、、、、。《說文·四部》："四，陰數也。象四分之形。![]，古

文四。亖,籀文四。"

上博一·孔 14"丌～章則俞矣",讀爲"其四章則喻矣"。"四章"乃相對于前文所論之首章而言,是指《關雎》除首章之外的其餘四章。(馮時)

上博一·孔 22"～矢弁(反)以御(禦)亂",《詩·齊風·猗嗟》:"四矢反兮,以禦亂兮。"鄭玄箋:"反,復也。禮射三而止。每射四矢,皆得其故處,此之謂復射。必四矢者,象其能禦四方之亂也。"

上博三·周 5～,馬王堆漢墓帛書《周易》、今本《周易》均作"百"。或説簡文"四"與"百"形近,帛書、今本或有傳誤。或説簡文"四"乃"百"形訛。或説楚簡本作"晶四户",即是三乘四等於十二户。

上博一·性 8"～述",讀爲"四術",詩、書、禮、樂四種經術。《禮記·王制》:"樂正崇四術,立四教,順先王詩、書、禮、樂以造士,春秋教以禮、樂,冬夏教以詩、書。"

上博二·容 7"～向",四周;四方。《北史·牛弘傳》:"堂高三尺,以應三統;四向五色,各象其行。"

上博"～海",本指四个海,後泛指天下,全國各處。《書·大禹謨》:"文命敷於四海,祇承于帝。"《史記·高祖本紀》:"大王起微細,誅暴逆,平定四海,有功者輒裂地而封王侯。"

上博二·民 13"～國",四方鄰國。亦泛指四方,天下。《詩·大雅·崧高》:"揉此萬邦,聞於四國。"鄭玄箋:"四國,猶言四方也。"《左傳·襄公三十年》:"子大叔曰:'若四國何?'子產曰:'非相違也,而相從也,四國何尤焉!'"

上博二·從甲 4"～㕙(鄰)",四方;周圍。《漢書·禮樂志》:"五神相,包四鄰。"顔師古注:"包,含也。四鄰,四方。"

上博二·從甲 5"～曰息(仁)",表示序數第四。《書·洪範》:"五行:一曰水,二曰火,三曰木,四曰金,五曰土。"《詩·小雅·四月》:"四月維夏,六月徂暑。"

上博四·相 3"～枳",讀爲"四肢",人體兩上肢和兩下肢的合稱。《孟子·盡心下》:"四肢之於安佚也,性也。"《韓詩外傳》卷十:"寡人有四子,猶有四肢也。"

上博四·曹 62"～人",指一"伍"之中除有功者外之其他四人。《尉繚子·兵教上》:"伍長教其四人……"(陳劍)

上博五·三 8"～益",《吕氏春秋·恃君覽》:"子罕之時,無所相侵,邊境四益。"簡文"邦四益,是謂方盂,雖盈必虛"大意似爲"國家四處開拓疆土,這正如大的食盂,雖然是滿的,但必定是中空的"。此句可同《鶡冠子·學問》"表術裏原,雖淺不窮,中虛外博,雖博必虛"一句相對照。(范常喜)

上博"～方",指東南西北四個方向。《禮記·射義》:"男子生,桑弧蓬矢六,以射天地四方。"

上博五·三 22"～亢(荒)之内",四方荒遠之地。《楚辭·離騷》:"忽反顧以遊目兮,將往觀乎四荒。"朱熹集注:"故復反顧而將往觀乎四方絶遠之國。"《爾雅·釋地》:"觚竹、北户、西王母、日下,謂之四荒。"郭璞注:"觚竹在北,北户在南,西王母在西,日下在東,皆四方昏荒之國,次四極者。"

上博四·柬 15"～蒿",讀爲"四郊",都城四周的地區。《周禮·秋官·遂士》:"〔遂士〕掌四郊。"鄭玄注:"鄭司農云:'謂百里外至三百里也。'玄謂其地則距王城百里以外至二百里。"

上博六·莊 2"～鄰",四方鄰國。《書·蔡仲之命》:"懋乃攸績,睦乃四鄰,以蕃王室,以和兄弟,康濟小民。"《吴子·料敵》:"四鄰之助,大國之援。"

上博六·莊 3"～與五之間虖",可能指四代人與五代人之間。(李學勤、凡國棟)

上博七·武 6"～耑(端)",指席子的四個角。

上博二·容 36、上博八·成 1"～旹",即"四時",春、夏、秋、冬。《書·堯典》孔安國傳曰:"重黎之後羲氏、和氏世掌天地四時之官,故堯命之,使敬順昊天","以閏月定四時成歲"。又,一日分四時:朝、晝、夕、夜。《左傳·昭公元年》:"君子有四時:朝以聽政,晝以訪問,夕以修令,夜以安身。"《國語·魯語下》:"士朝而受業,晝而講貫,夕而習復,夜而計過。"簡文"四時常事",指"春、夏、秋、冬"的常事。

上博～,數詞。三加一所得。《書·文侯之命》:"用賚爾秬鬯一卣,彤弓一,彤矢百,盧弓一,盧矢百,馬四匹。"《穀梁傳·成公二年》:"壹戰不克,請再;再不克,請三;三不克,請四;四不克,請五;五不克,舉國而授。"

泗

 上博二·容 37 乃立～尹咠(以)爲差

 上博二·容 37 ～尹既巳(已)受命

· 2156 ·

《説文・水部》:"泗,受沛水,東入淮。从水,四聲。"

簡文"～尹",讀爲"伊尹",既是湯臣,又曾"去湯適夏"。《孟子・告子下》:"五就湯、五就桀者,伊尹也。"趙岐注曰:"伊尹爲湯見貢於桀,桀不用而歸湯,湯復貢之,如此者五。"《史記・殷本紀》:"湯舉任伊尹以國政。伊尹去湯適夏。即醜有夏,復歸於亳。"

心紐緝聲

緝

上博五・弟 16 㝭(寡)見則～

～,从二"𣎴","𣎴"郭店簡或作 (郭店・語叢二 24)、 (郭店・語叢二 24)。《説文》"緝,𣎴屬。从二𣎴。 ,古文。《虞書》曰:緝類于上帝。""緝"今本作"肆"。石經《多士》"肆"字古文作 (緝),亦用"緝"爲"肆"。

簡文～,讀爲"肆",不受拘束;縱恣。《左傳・昭公十二年》:"昔穆王欲肆其心,周行天下。"《論語・陽貨》:"古之狂也肆,今之狂也蕩。"《禮記・表記》:"君子莊敬日強,安肆日偷。"鄭玄注:"肆,猶放恣也。"《論語・爲政》:"子張學干禄,子曰:'多聞闕疑,慎言其餘,則寡尤;多見闕殆,慎行其餘,則寡悔。言寡尤,行寡悔,禄在其中矣。'"朱熹集注:"愚謂多聞見者學之博,闕疑殆者擇之精,慎言行者守之約。凡言'在其中'者,皆不求而自至之辭,言此以救子張之失而進之也。""肆"的意思在這裏是放,如行爲恣意放肆,乃是寡見造成的弊病。(李學勤)

幫紐八聲

穴

上博二・容 10 余～牑(窺)安(焉)

上博三·周 56 取皮(彼)才(在)～(穴)

～，新蔡零 254、162 作 ，與上博二·容 10 形同。郭店·窮達以時 10 作 ，新蔡甲三 366、乙一 22 作 、 ，與上博三·周 56 形同，下從"土"，上從"穴"，乃"穴"之繁體。與《集韻》"坎，空深皃"可能有一定關係。《説文·穴部》："穴，土室也。从宀，八聲。"

上博二·容 10"～赶"，或疑讀爲"穴窺"，指鑿孔於牆，令試用者入其内，自外觀察之。(李零)"穴"，或訓洞孔。《文選·宋玉〈高唐賦〉》："陬互横啎，背穴偃蹠。"李善注："穴，孔也。"

上博三·周 56～，動物的窩。《説文·穴部》："穴，土室也。"《荀子·勸學》："蟹六跪而二螯，非虵蟺之穴無可寄託者，用心躁也。"王粲《七哀詩》："狐狸馳赴穴，飛鳥翔故林。"

必

上博一·孔 16 見丌(其)歂(美)～谷(欲)反(返)

上博一·孔 20 丌(其)陘(隱)志～又(有)㠯(以)俞(喻)也

上博一·孔 24 甚貴丌(其)人～敬丌(其)立(位)

上博一·孔 24 敓(悦)丌(其)人～好丌(其)所爲

上博一·孔 27～曰

上博一·性 18 凡[至樂]～悲

上博一・性28 君子執志～又(有)夫柱柱之心

上博一・性28 出言～又(有)夫柬(簡)柬(簡)[之信]

上博一・性29 賓客之豊(禮)～又(有)夫齊齊之頌(容)

上博一・性29 祭祀之豊(禮)～又(有)夫臍(齊)臍(齊)之敬

上博一・性29 居喪～又(有)夫纞(戀)纞(戀)之哀

上博一・性30 身～從之

上博一・性30～史(使)又(有)末

上博二・民2～達於豊(禮)縵(樂)之篆(原)

上博二・民2～先智(知)之

上博二・魯4 或～寺(待)虗(乎)名虗(乎)

上博二・魯5 或～寺(待)虗(乎)名虗(乎)

上博二・容22 壘(禹)～速出

上博三·彭 5 五紀～（畢）周

上博三·彭 5 唯（雖）貧～攸（修）

上博三·彭 5 唯（雖）福～遊（失）

上博四·昭 2 尔～㞢（止）少＝人＝（小人）

上博四·柬 10 牁（將）～

上博四·柬 18～三軍又（有）大事

上博四·柬 22 牁（將）～智（知）之

上博四·內 8 剴（豈）～又（有）嗌（益）

上博四·內 10 古（故）爲㞢（少）～聖（聽）長之命

上博四·內 10 爲戔（賤）～聖（聽）貴之命

上博四·曹 8～共（恭）會（儉）㠯（以）旻（得）之

上博四·曹 17 疆埅（地）毋先而～取□焉

上博四・曹 18 城亯(郭)～攸(修)

上博四・曹 18～又(有)戜(戰)心昌(以)獸(守)

上博四・曹 20 君～不已

上博四・曹 23 君自銜(率)～聚群又(有)司而告之

上博四・曹 25 進～又(有)二牂(將)軍

上博四・曹 25 毋(無)牂(將)軍～又(有)嚳(數)獄大夫

上博四・曹 25～又(有)嚳(數)大官之帀(師)

上博四・曹 26 五(伍)之閖(閒)～又(有)公孫公子

上博四・曹 29 是古(故)倀(長)～訋(約)邦之貴人及邦之可(奇)士

上博四・曹 34 君～身聖(聽)之

上博四・曹 39 我兵～砥礱(礪)

上博四・曹 39 我麿(甲)～緊(堅)

上博四·曹41 三軍出〔乎〕竞（境）～霙（勝）

上博四·曹52～迦（過）亓（其）所

上博四·曹53～黻（黔）首皆欲或之

上博四·曹56 善攻者～以亓（其）所又（有）

上博四·曹60～迦（過）前攻

上博五·鮑3 器～盥（蠲）懿（潔）

上博五·鮑3 犉（犧）生（牲）珪璧～全

上博五·鮑6 公弗者（圖）～蠹（害）公身

上博五·季13 民～備矣

上博五·季15 邦者～㠯（以）此

上博五·季16 ☐之～敬女賓客之事也

上博五·季22 後殜（世）～䌛（亂）

上博五・姑5 虗(吾)睧(聞)爲臣者～思君曼(得)志於邑(己)而又(有)後青(請)

上博五・弟4 丌(其)～此虖(乎)

上博五・三4～禺(遇)凶央(殃)

上博五・三7～返(復)之㠯(以)惪(憂)喪

上博五・三7～返(復)之㠯(以)康

上博五・三8 唯(雖)溋(盈)～虛

上博五・三13 不有大䄃(禍)～大恥

上博五・三15 嚴客(恪)～信

上博五・三15 天䭔(饑)～坕(來)

上博五・三16～喪亓(其)仦(匹)

上博五・三17 亙(恆)道～呈(淫)

上博五・鬼4 則～又(有)古(故)

上博二·從甲 12～或智（知）之

上博二·從甲 13 不～才（在）近迡（昵）藥（樂）

上博二·從甲 15 胃（謂）之～城（成）

上博二·從甲 15 事～又（有）羿（期）

上博二·從甲 18～求備安（焉）

上博六·競 11 盍～死

上博六·莊 8～㠯（以）氏（是）心

上博六·壽 5 耑（前）冬言曰邦～喪

上博六·慎 5～於……

上博六·天甲 4～中青㠯（以）瞿於勿

上博六·天乙 4～中青㠯（以）瞿於勿

上博七·武 6 安樂～戒

上博七·武7～慮亓(其)遂(後)

上博七·鄭甲3 㺇(將)～爲市(師)

上博七·鄭甲4 柰㺇(將)～囟(使)子豪(家)

上博七·鄭甲7 君王～進市(師)吕(以)迈之

上博七·鄭乙3 㺇(將)～爲市(師)

上博七·鄭乙4 我㺇(將)～囟(使)子豪(家)

上博七·鄭乙7 君王～進市(師)吕(以)迈之

上博七·君甲8 君人者可(何)～安才(哉)

上博七·君甲9 君人者可(何)～安才(哉)

上博七·君乙8 君人者可(何)～安才(哉)

上博七·君乙9 君人者可(何)～安才(哉)

上博七·凡甲9～從夻(寸)旬(始)

上博楚簡文字聲系(一～八)

　上博七·凡乙 7～[從羍(寸)訇(始)]

　上博七·吳 5 余～攻芒(亡)尔菆(社)稷(稷)

　上博七·吳 9～五六日

　上博八·顏 3☐～不才(在)𢡆(茲)之内矣

　上博八·顏 10 名至～俾(卑)身

　上博八·成 1 長(常)事～至

　上博八·命 9～内(入)瓜(偶)之於十友又叁(三)

　上博八·王 5 而～良慗(慎)之

　上博八·有 5 族瑗=(瑗瑗)～𤸪(慎)毋熒今可(兮)

～,本像柲之形(裘錫圭說),後在豎筆兩側加"八"字形飾筆。《說文·八部》:"必,分極也。从八、弋,弋亦聲。"

上博三·彭 5～,讀爲"畢",統統;全部。《書·康誥》:"若有疾,惟民其畢棄咎。"

上博五·季 16"～敬",十分恭敬貌。《詩·小雅·小弁》:"維桑與梓,必恭敬止。"

上博二·從甲 13"不～",没有一定;未必。《商君書·修權》:"夫釋權衡

而斷輕重,廢尺寸而意長短,雖察,商賈不用,爲其不必也。"《史記·樂毅列傳》:"善作者不必善成,善始者不必善終。"

上博七·君甲 8、9,君乙 8、9"可~",讀爲"何必",用反問的語氣表示不必。《左傳·襄公三十一年》:"年鈞擇賢,義鈞則卜,古之道也。非適嗣,何必娣之子?"

上博八·成 1"長(常)事~至",指事理的必然歸向。《戰國策·齊策四》:"事有必至,理有固然,君知之乎?"

上博六·競 11"~死",讀爲"比死",即將死。《晏子春秋》"景公信用讒佞賞罰失中晏子諫"章:"今與左右相説頌也,曰:'比死者勉爲樂乎!'"孫星衍云:"比死,言將及死也。"(何有祖、董珊)

其餘上博~,副詞。必然;一定。《詩·邶風·旄丘》:"何其處也? 必有與也;何其久也? 必有以也。"《史記·白起王翦列傳》:"趙應其內,諸侯攻其外,破秦軍必矣。"

伾

 上博四·曹 34 ~(匹)夫寡婦之獄訟

 上博五·鮑 5 含(今)豎(豎)迅(刁)~(匹)夫而欲智(知)蓳(萬)輚(乘)之邦

 上博五·三 16 必甕(喪)亓(其)~(匹)

 上博八·王 6 命須遙(後)~(蔽)

~,從"人","必"聲,與 (郭店·語叢四 10)同,當是匹夫之"匹"的專字,與《説文·人部》訓爲"威儀也"的"伾"不是一字。

上博四·曹 34"~夫寡婦",讀爲"匹夫寡婦",泛指平民百姓。《左傳·昭公六年》:"匹夫爲善,民猶則之,况國君乎?"《韓非子·有度》:"刑過不避大臣,賞善不遺匹夫。"班固《白虎通·爵》:"庶人稱匹夫者,匹,偶也,與其妻爲

偶,陰陽相成之義也。"

上博五·鮑 5"～夫",讀爲"匹夫",獨夫。多指有勇無謀的人,含輕蔑意味。《孟子·梁惠王下》:"夫撫劍疾視曰:'彼惡敢當我哉!'此匹夫之勇,敵一人者也。"

上博五·三 16～,讀爲"匹","匹夫"之義,泛指平民百姓。《左傳·昭公六年》:"匹夫爲善,民猶則之,況國君乎?"《韓非子·有度》:"刑過不避大臣,賞善不遺匹夫。"(范常喜)

上博八·王 6～,讀爲"蔽"。此種"蔽"古書又作"弊"。決斷,裁決。《周禮·天官·大宰》:"以八法治官府……八曰官計,以弊邦治。"鄭玄注:"弊,斷也。"

詖

 上博三·彭 1 而～于帝棠

 上博四·柬 3 尚～而卜之於大顕(夏)

 上博四·柬 4 ～而卜之

 上博四·柬 4 既～而卜之

 上博八·王 6 爲虐(吾)～(蔽)之

～,从"言","必"聲。天星觀簡作 、、。

上博三·彭 1～,讀爲"謐",《廣韻·質韻》:"謐,慎也。"即謹慎恭敬之意。

上博四·柬 3、4～,讀爲"蔽",斷也。"詖"从必聲,"必"是幫母質部字,"蔽"是幫母月部字。二字聲母相同,質、月韻近。古"煦"、"瞥"通用。《莊子·徐無鬼》:"譬之猶一煦也。"《經典釋文》引司馬云:"煦,暫見貌。"《集韻·屑韻》:"瞥,亦作煦。"《釋名·釋衣服》:"韠,蔽也,所以蔽膝前也。"《禮記·玉

2168

藻》鄭玄注:"韠之言蔽也。"此是聲訓的例子。《楚辭・天問》"羿焉彈日",洪興祖《楚辭補注》所附考異云"彈","一作斃"。此是異文的例子。《集韻・質韻・邲小韻》"苾"或作"䀽、䀼、𥌶"。"𥌶"即"䀼"。《左傳・哀公十八年》:"巴人伐楚,圍鄾。初,右司馬子國之卜也,觀瞻曰:'如志。'故命之。及巴師至,將卜帥,王曰:'寧如志,何卜焉?'使帥師而行。請承,王曰:'寢尹、工尹,勤先君者也。'三月,楚公孫寧、吳由于、蓮固敗巴師於鄾。故封子國於析。君子曰:'惠王知志。《夏書》曰:"官占唯能蔽志,昆命於元龜。"其是之謂乎!《志》曰"聖人不煩卜筮",惠王其有焉。'"杜預注:"官占,卜筮之官。蔽,斷也。昆,後也。言當先斷意,後用龜也。"(沈培)或讀爲"謐",《廣韻・質韻》:"謐,慎也。"即謹慎恭敬之意。

上博八・王 6～,讀爲"蔽",斷也。

𡪻(蜜)

　上博一・孔 28 慹(慎)～而不智(知)言

　上博五・季 19 疋言而～歀(獸)之

　上博二・民 8 逦(夙)夜晉(基)命又(有)～

～,或作,从"宀"、"甘"、"必"聲。"蜜"字異體。

上博一・孔 28"慹～",讀爲"慎密",謹慎保密。《易・繫辭上》:"幾事不密則害成,是以君子慎密而不出也。"

上博二・民 8～,讀爲"密",寧靜;安定。《詩・周頌・昊天有成命》:"成王不敢康,夙夜基命宥密。"毛亨傳:"密,寧也。"

上博五・季 19～,讀爲"密",慎密;秘密。《莊子・人間世》:"弟子曰:'趣取無用,則爲社何邪?'曰:'密!若無言!'"成玄英疏:"汝但慎密,莫輕出言。"

佾

 上博七·吴 5 卑周先王～

《說文·人部（新附）》："佾，舞行列也。从人，肖聲。"
簡文～，古代樂舞的行列，八個人爲一行，一行稱一佾。《論語·八佾》："八佾舞於庭。"

幫紐必聲歸八聲

幫紐畢聲

運

 上博二·容 1 壚～是之又（有）天下也

 上博二·容 9 ～能亓（其）事

～，从"辵"，"畢"聲。
上博二·容 1"壚～"，或疑讀爲"伏羲"。（廖名春）待考。
上博二·容 9"～能亓事"，讀爲"畢能其事"，謂完全能夠實踐其政事。

幫紐閉聲

閟

 上博六·用 3 ～言自閛（關）

～，與 （郭店·語叢四 4）同。左塚漆桐"閟"字或作，从"户"，"必"聲。《説文·門部》："閟，閉門也。从門，必聲。《春秋傳》曰：'閟門而與

之言。'"

簡文"～言",讀爲"閉言"。"閟"、"閉"二字古通,詳參看高亨《古字通假會典》591頁。郭店·語叢四4:"口不慎而户之閟(閉),惡言復已而死無日。""閉言自關",猶言慎言、訥言耳。

滂紐匹聲

匹

上博一·緇21 隹(唯)君子能㝅(好)丌(其)～

上博一·緇21 歖(豈)能㝅(好)丌(其)～

～,構形待考,或認爲屬於"獨體象形"。曾侯乙墓竹簡作 、、。郭店·唐虞之道18作![],與上博簡同,從"匹","匕"聲,讀爲"匹"。或認爲從"厂","匕"聲,釋爲"庀",讀爲"匹"。《說文·匚部》:"匹,四丈也。從八、匚。八揲一匹,八亦聲。"

上博一·緇21～,讀爲"匹"。今本《禮記·緇衣》作"正",鄭玄注:"'正'當爲'匹',字之誤也。""匹",匹敵;對手。《左傳·僖公二十三年》:"秦、晉匹也,何以卑我?"杜預注:"匹,敵也。"(袁國華)

正編·真部

上博楚簡文字聲系

真 部

影紐因聲

因

上博一・孔 18～木苽（瓜）之保（報）

上博一・性 11 堂（當）事～方而裚（制）之

上博二・容 18 叀（禹）乃～山陵坪（平）陸（隰）之可封邑者而緐（繁）實之

上博二・容 19 乃～逞㠯（以）智（知）遠

上博二・容 19～民之欲

上博三・中 26 忎（願）～虖（吾）子而佁（治）

上博三・亙 4～生丌（其）所慾（欲）

 上博三·亙9～言名先

 上博三·彭1乃牆(將)多昏(問)～由

 上博四·昭5～命至俑毀室

 上博五·季17～古冊豊(禮)而章之

 上博五·季21～邦斎=(之所)臤而譽(興)之

 上博五·姑4而～𦣞(以)害君

 上博五·弟2生而不～丌(其)浴

 上博五·鬼4虗(吾)～加

 上博六·競5可～於民者

 上博六·天甲12～悳(德)而爲之折

 上博六·壽1褐(禍)敗～童(重)於楚邦

 上博八·李2人～亓(其)情則樂亓(其)事

～,甲骨文作"![]"(《餘》15·3)、"![]"(《合》12359),从人在衣中,因而有"就也"的意思(季旭昇《說文新證》上册頁518)。楚系文字亦从"大",或訛爲"矢"形。戰國文字或作、、、、、。《說文·口部》:"因,就也。从囗、大。"

上博一·孔18、上博一·性11、上博二·容18、19、上博三·中26～,順隨,依靠。《莊子·齊物論》:"和之以天倪,因之以曼衍,所以窮年也。"《文子·自然》:"征伐者,因民之欲也。能因則無敵於天下矣。"

上博三·彭1"～由",原委;原因。孫光憲《北夢瑣言》卷八:"宰臣問沆:'與主上有何階緣?'沆乃具陳因由。"

上博三·亙4、上博四·昭5、上博五·季17、21、上博五·姑4～,副詞,於是,因此,就。《史記·項羽本紀》:"項王即日因留沛公與飲。"

上博五·弟2、上博六·壽1～,沿襲,承襲。《論語·爲政》:"殷因于夏禮,所損益可知也。"

上博八·李2～,《說文》謂"就也",引申爲順隨、順著。《國語·鄭語》:"其民沓貪而忍,不可因也。"《莊子·齊物論》:"和之以天倪,因之以曼衍,所以窮年也。"《莊子·養生主》:"批大郤,導大窾,因其固然。"

恩

 上博五·姑9公～(忍)亡(無)告

～,郭店簡作、。《說文·心部》:"恩,惠也。从心,因聲。"

簡文～,讀爲"忍"。《禮記·喪服四制》:"門內之治恩揜義,門外之治義斷恩。"郭店簡《六德》30、31號簡記此語"恩"作"紉",證明"恩"與从"刃"得聲的字可以通假。忍,指隱忍不發,所以接著說"無告"(不向別人言說)。(陳偉)或疑讀爲"慍"。(陳劍)

疧

　上博四·柬 18～智於邦

　上博七·吳 1 非疾～安（焉）加之

～，从"疒"，"因"聲，與 同。

上博四·柬 18"～疧"，讀爲"因齊"，人名。齊威王名因齊，見《史記·田敬仲完世家》。出土青銅器則作"因咨"，見陳侯因咨戟。或作"嬰齊"，見《戰國策·趙策三》。其餘如衛人孔嬰齊、晉人趙嬰齊、宋人樂嬰齊、魯人公孫嬰齊、楚公子嬰齊等，多見《左傳》、《國語》等書。（周鳳五）

上博七·吳 1～，待考。

繲

　上博四·曹 16～紀於大國

～，从"糸"、"牛"，从"角"、"因"。

簡文～，讀爲"因"，意爲因就、依靠。《詩·鄘風·載馳》："控於大邦，誰因誰極？""因紀於大國"猶言依靠大國、以大國之好惡意願爲準則而行事。（陳劍）李零先生釋作"繲"，"繲紀疑讀'絓紀'，指結交援於大國。"（魏宜輝）或認爲从"糸"，"觸"聲，讀爲"屬"。"屬紀於大國"，即結交、聯合大國之意。（陳斯鵬）

影紐肙聲

囦（淵）

　上博一·性 27 慮谷（欲）～而毋暴

 上博三・彭 4 或椎(入)於～

 上博五・君 1 瞻(顏)～時(侍)於夫子

 上博五・君 1 瞻(顏)～佐(作)而倉(答)曰

 上博五・君 2 瞻(顏)～退

 上博五・君 3 瞻(顏)～時(侍)於夫子

 上博五・君 4 □～记(起)达(去)筥(席)曰

 上博五・弟 20 ～駿(御)

 上博七・凡甲 15 下番(播)於～

 上博七・凡乙 10 下番(播)於～

 上博八・顏 1 瞻(顏)～䆞(問)於孔=(孔子)曰

 上博八・顏 1 瞻(顏)～

 上博八・顏 3 瞻(顏)～

 上博八·顔5詹(顔)～曰

 上博八·顔6詹(顔)～

 上博八·顔9詹(顔)～曰

 上博八·蘭2可(何)～而不沽(涸)

 上博七·武8寧溺於～

～，郭店·性自命出62作 ⌧。《說文·水部》："淵，回水也。从水，象形。左右，岸也。中象水皃。⌧，淵或省水。⌧，古文。从口、水。"

上博五·君1、2、3、4、上博五·弟20、上博八·顔"詹～"，讀爲"顔淵"，孔子的弟子。

上博一·性27"慮谷(欲)～而毋暴"，思慮要深邃不要急躁。

上博三·彭4、上博七·凡甲15、凡乙10、上博八·蘭2～，深潭。《詩·小雅·鶴鳴》："魚潛在淵，或在於渚。"《論語·泰伯》"如臨深淵"，何晏注："淵，潭也。"《管子·度地》："出地而不流者，命曰淵水。"

上博七·武8"寧溺於～"，沉溺於深淵。《大戴禮記·武王踐阼》："與其溺於人也，寧溺於淵。溺於淵，猶可緩也。溺於人，不可救也。"

匣紐玄聲

玄

 上博二·子12遊於～咎(丘)之內(汭)

上博五·季21 毋信～曾

～,楚簡或作😀(郭店·老子甲8)、😀(郭店·老子甲28)、😀(新蔡甲三314)。或作😀,加了貫穿上下的一豎筆。《說文·玄部》:"玄,幽遠也。黑而有赤色者爲玄。象幽而入覆之也。😀,古文玄。"

上博二·子12"～咎",讀爲"玄丘"。《史記·三代世表》褚先生引《詩傳》曰:"湯之先爲契,無父而生。契母與姐妹浴于玄丘水,有燕銜卵墜之,契母得,故含之,誤吞之,即生契。"《列女傳·契母簡狄》:"契母簡狄者,有娀氏之長女也。當堯之時,與其妹娣浴于玄丘之水。有玄鳥銜卵,過而墜之,五色甚好。簡狄與其妹娣競往取之。簡狄得而含之,誤而吞之,遂生契焉。"《太平御覽》卷三七一引《帝王世紀》:"簡翟浴玄丘之水,燕遺卵,吞之,剖背生契。"或說簡文"玄咎"之"玄"與"閟宮"、"玄宮"有關。或讀爲"圜丘"。(白於藍、張富海、廖名春)

上博五·季21"～曾",或讀爲"玄繒"可能也是指祭品而言。(范常喜)

匣紐胤聲

胤

上博三·周49 剭(列)丌(其)～

～,从"行","胤"字異體。《說文·肉部》:"胤,子孫相承續也。从肉;从八,象其長也;从幺,象重累也。😀,古文胤。"

簡文～,讀爲"夤",是夾脊肉。《周易》"列其夤,厲薰心",王弼注:"夤,當中脊之肉也。止加其身,中體而分,故'列其夤'而憂危薰心也。"

匣紐弦聲歸玄聲

見紐勻聲

旬

 上博二·容 14 㠯(以)三從舜於～(畎)畮(畝)之中

 上博六·競 13 ～又(有)五[日]

～，从"日"，"勻"聲，與 同。《說文·勹部》："旬，徧也。十日爲旬。从勹、日。![],古文。"

上博二·容 14"～畮"，讀爲"畎畝"，田地；田野。《國語·周語下》："天所崇之子孫，或在畎畝，由欲亂民也。"韋昭注："下曰畎，高曰畝。畝，壟也。"《荀子·成相》："舉舜甽畝，任之天下身休息。"

上博六·競 13"～又五日"，一旬又五日，十五日。

均

 上博四·曹 35 賞～聖(聽)中

～，从"土"，"旬"聲，與 、同。"均"字異體。

上博四·曹 35～，公平；均勻。《詩·小雅·北山》："大夫不均，我從事獨賢。"鄭玄箋："王不均大夫之使。"

均

 上博六·慎 4～分而生(廣)訑

· 2182 ·

～,從"土","勻"聲,與 (郭店·老子甲 19)、 (新蔡甲三 349)、 (雪齋二集 122 頁六年大陰令戈)同。《說文·土部》:"均,平徧也。從土,從勻,勻亦聲。"

上博六·慎 4"～分",即按等級規定分配。《國語·周語中》:"昔我先王有天下也,規方千里以爲甸服……其餘均分公侯伯子男。"韋昭注:"均,平也。《周禮》:公之地方五百里,侯四百里,伯三百里,子二百里,男百里。"

野

 上博二·容 30 天下大和～

～,從"里","勻"聲,與 (郭店·唐虞之道 2)同。

上博二·容 30"和～",協調;諧和。應劭《風俗通·正失·樂正後夔一足》:"和均五聲,以通八風。"

鈞

 上博二·子 2～(均)也

《說文·金部》:"鈞,三十斤也。从金,勻聲。 ,古文鈞,从旬。"

簡文～,讀爲"均",均等。《國語·晉語》:"均是惡也。"韋昭注:"均,同也。"簡文言舜德之善與堯德之明二者均等。(陳劍)

端紐丩聲

遺

 上博三·周 24 曰～頤

 上博三·周 25 ～頤

 上博七·鄭甲 4 ～遉（覆）天下之豊（禮）

 上博七·鄭乙 4 [子]豪（家）～遉（覆）天下之豊（禮）

～，從"辵"，"眞"聲，"趚"字異體。所從"眞"疑聲化爲從"天"得聲，"眞"、"天"雙聲疊韻。（何琳儀、陳斯鵬）《說文·走部》："趚，走頓也。從走，眞聲。讀若顚。"也作"蹎"。《荀子·正論》："蹎跌碎折，不待頃矣。"楊倞注："蹎與顚同。"

上博三·周 24 "～頤"，讀爲"顚頤"。謂在上養在下者。《易·頤》"顚頤"，王弼注："養下曰顚。"或說"顚頤"就是"慎頤"，即重視頤養。

上博七·鄭甲 4、鄭乙 4 "～遉"，讀爲"顚覆"，顚倒失序。《書·胤征》："惟時羲和，顚覆厥德，沈亂於酒，畔官離次。"孔穎達疏："惟是羲和顚倒其奉上之德，而沈沒昏亂於酒。"《墨子·非儒下》："顚覆上下，悖逆父母。"

訢

 上博一·緇 16 里（淑）～（慎）尔（爾）止

 上博一·緇 17 則民～（慎）於言而數（謹）於行

 上博三·彭 2 ～（慎）終保勞

 上博二·從甲 4 是古（故）孨=（君子）～（慎）言而不訢（慎）事

 上博二·從甲 4 是古（故）孨=（君子）訢（慎）言而不～（慎）事

 上博五·弟 11 女（汝）能～（慎）訂（始）與終

· 2184 ·

 上博一·性 16 丌(其)反善逯(復)訇(始)也～(慎)

 上博五·季 19～(慎)少(小)㠯(以)合(合)大

 上博六·慎 1～子曰

 上博六·慎 3【背】～子曰共僉

 上博六·用 7 慎可～哉

  上博六·用 12 非考今～良台家嗇

 上博一·性 39～(慎)慮之

上博一·性 39 人不～(慎)

～，戰國文字或作 (郭店·緇衣 15)、 (郭店·緇衣 30)、 (郭店·語叢四 4)、 (璽彙 2634)、 (璽彙 4694)，从"言"、从"斦"聲，讀爲"慎"。或釋爲"誓"，讀爲"慎"。或釋爲"質"。

上博一·緇 16"禺～"，讀爲"淑慎"，使和善謹慎。《詩·邶風·燕燕》："終溫且惠，淑慎其身。"鄭玄箋："淑，善也。"孔穎達疏："又終當顏色溫和，且能恭順，善自謹慎其身。"《儀禮·士冠禮》："敬爾威儀，淑慎爾德。"

上博一·緇 17"～於言"，出言謹慎。《墨子·非命中》："初之列士桀大夫，慎言知行。"

上博二·從甲 4"～事"，《呂氏春秋·慎大覽》："《周書》曰：'若臨深淵，若

履薄冰。'以言慎事也。"

上博三·彭2"～冬",讀爲"慎終",《説苑·談叢》:"慎終如始,常以爲戒。"《左傳·襄公二十五年》:"慎始而敬終,終以不困。"

上博五·季19～,讀爲"慎"。《春秋繁露·循天之道》:"君子慎小物而無大敗也。"

上博五·弟11"～始與終",猶言慎始而敬終。《左傳·襄公二十五年》:"君子之行,思其終也,思其復也。《書》曰:慎始而敬終,終以不困。"《禮記·表記》:"子曰:事君慎始而敬終。"《新序》佚文:"孔子謂曾子曰:君子不以利害義,則恥辱安從生哉?官怠於宦臣,病加於少癒,禍生於怠惰,孝衰于妻子,察此四者,慎終如始。"郭店·老子甲11"臨事之紀,慎終如始,此亡敗矣。"老子丙12:"慎終若始,則無敗事矣。""慎始與終"與"慎終若始"義同。

上博六·慎1"～子",人名。見於《戰國策·楚策二》:"楚襄王爲太子之時,質於齊。懷王薨,太子辭于齊王而歸,齊王隘之,曰:'予我東地五百里乃歸子,子不予我不得歸。'太子曰:'臣有傅,請追而問傅。'傅慎子曰:'獻之。……'"這篇竹書的寫作年代,大概是在楚懷王之世(公元前328年至公元前299年)或者頃襄王即位至東遷之前(公元前298至公元前279年)。(李學勤、陳偉)

慭(慎)

上博四·曹60 明～(慎)㠯(以)戒

上博四·曹48 君不可不～(慎)

上博五·三12 各～(慎)亓(其)厇(度)

上博五·三20 ～(慎)獸(守)虛□

上博五·三22 君子不～(慎)亓(其)悳(德)

上博七·吴 1～鹽(絕)

上博八·王 5 而必良～(慎)之

～，从"心"，"訫"聲，"慎"字繁體。

上博五·三 20"～獸"，讀爲"慎守"，謹慎地守持，《管子·霸言》："是以聖王務具其備而慎守其時，以備待時。"《大戴禮記·曾子天圓》："聖人慎守日月之數，以察星辰之行。"《逸周書·程典》："故選官以明訓，頑民乃順，慎守其教，小大有度。"（范常喜）

上博四·曹 60"明～"，明察審慎。《易·旅》："《象》曰：山上有火，旅。君子以明慎用刑而不留獄。"

上博五·三 22"～亓悳"，注重道德修養。《周禮·地官·大司徒》："以賢制爵，則民慎德。"《淮南子·繆稱》："慎德大矣，一人小矣，能善小斯能善大矣。"

上博七·吴 1～，即"慎"，副詞，相當於"確實"。《詩·小雅·巧言》："昊天已威，予慎無罪。"毛亨傳："慎，誠也。"

上博八·王 5～，謹慎；慎重。《易·頤》："君子以慎言語，節飲食。"孔穎達疏："故君子觀此頤象，以謹慎言語，裁節飲食。"

訫

上博一·緇 9 上之好亞(惡)不可不～(慎)也

上博二·容 1～(神)戎(農)是(氏)

上博二·容 39 於是唬(乎)～(慎)戒陞(徵)臤(賢)

上博三·中 20 聿(盡)丌(其)～(慎)者

2187

 上博三·中 23 不可不~(慎)也

 上博三·中 23 不可不~(慎)也

 上博三·中 25 可不~(慎)唬(乎)

 上博六·孔 21 ~丌(其)豊(禮)樂

~,楚文字或作 (郭店·老子甲 27)、 (郭店·老子丙 12)、 (郭店·成之聞之 19)、 (郭店·成之聞之 40),从"言","斤"聲。所从" "是"申"之變體,是聲符。我們懷疑是"塵"字,讀爲"慎"。

上博二·容 1"~戎是",讀爲"神農氏",《易·繫辭下》:"包犧氏沒,神農氏作,斫木爲耜,揉木爲耒,耒耨之利,以教天下,蓋取諸《益》。"《莊子·胠篋》:"昔者容成氏、大庭氏、伯皇氏、中央氏、栗陸氏、驪畜氏、軒轅氏、赫胥氏、尊盧氏、祝融氏、伏羲氏、神農氏……"《史記·五帝本紀》裴駰集解引班固所説:"教民耕農,故號曰神農。"《爾雅·釋詁下》:"神,慎也。"

上博二·容 39"~戒",謹慎戒懼。王褒《四子講德論》:"南容三復白珪,孔子睹其慎戒。"

上博六·孔 21"~丌豊樂",即"慎禮樂",即對禮樂謹慎。典籍有"慎禮"一詞。《左傳·昭公四年》:"臣聞諸侯無歸,禮以爲歸。今君始得諸侯,其慎禮矣。"《荀子·強國》:"古者禹、湯本義務信而天下治,桀、紂棄義倍信而天下亂,故爲人上者必將慎禮義,務忠信然後可。"

憗

 上博一·孔 28 牆又(有)薺(茨)~(慎)窬(密)而不智(知)言

~,从"心","斳"聲,"慎"字繁體。

上博一·孔 28"～霫",讀爲"慎密",謹慎保密。《易·繫辭》:"子曰:'亂之所生也,則言語以爲階。君不密則失臣,臣不密則失身,幾事不密則害成。是以君子慎密而不出也。'"

繠

上博七·武 7～之口

上博八·有 5 族援=(援援)必～(慎)毋縈今可(兮)

～,从"糸","斬"聲。

上博七·武 7～,即"慎"。《説文·心部》"慎,謹也"、"慎之口口",謂慎於言辭。

上博八·有 5～,副詞,常與"勿"、"毋"、"莫"連用表示禁戒,相當於"務必"、"千萬"等。《史記·呂太后本紀》:"慎毋送喪,毋爲人所制。"《史記·高祖本紀》:"若漢挑戰,慎勿與戰,無令得東而已。""慎毋"用法與簡文同。

透紐天聲

天

上博一·孔 7 又(有)命自～

上博一·孔 19 既曰～也

上博一·孔 22 於卲(昭)於～

上博二·子 1 古(故)能絅(治)～下

上博二·子8 而史(使)君~下而愚(稱)

上博二·子9 殹(抑)亦城(誠)~子也與

上博二·子14 厽(三)~子事之

上博二·魯3 女(若)夫政型(刑)與悳(德)㠯(以)事上~

上博二·魯3 女(若)~(夫)母(毋)炁(愛)圭(珪)璧帀(幣)帛於山川

上博二·魯4 女(如)~不雨

上博二·魯5 女(如)~不雨

上博三·周11 自~右(佑)之

上博三·周41 又(有)慭(隕)自~

港甲2 ~叡劓

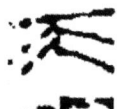

上博三·彭1 皮(彼)~之道

上博三·彭2 ~地與人

上博三·彭3 未則於~

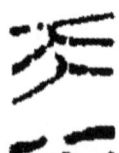

正編·真部

上博三·彭 4 既只(躋)於～

上博二·容 5 坐(匡)～下之正(政)

上博二·容 5 十又(有)九年而王～下

上博二·容 7 銜(率)～下之人邊(就)

上博二·容 7 㠯(以)爲～子

上博二·容 7 褱(懷)㠯(以)逨(來)～下之民

上博二·容 9 履堕(地)戠(戴)～

上博二·容 9 會才(在)～堕(地)之閒(間)

上博二·容 9 而立爲～子

上博二·容 10 堯㠯(以)～下襄(讓)於臤(賢)者

上博二·容 10 ～下之臤(賢)者莫之能受也

上博二·容 16 昔者～堕(地)之差(佐)舜而右(佑)善

· 2191 ·

 上博二·容 17 䧅(禹)乃五襄(讓)㠯(以)～下之臤(賢)者

 上博二·容 19 會～堕(地)之利

 上博二·容 30 ～下大和鈞(均)

 上博二·容 30 舜乃欲會～堕(地)之燹(氣)

 上博二·容 34 咎(皋)秀(陶)乃五襄(讓)㠯(以)～下之臤(賢)者

 上博二·容 35 [啟]王～下十又(有)六年

 上博二·容 35 □是(氏)之又(有)～下

 上博二·容 36 ～地四時

 上博二·容 41 於是虖(乎)～下之兵大记(起)

 上博二·容 42 夫是㠯(以)旻(得)衆而王～下

 上博二·容 42 湯王～下三十又(有)一傑(世)而受(紂)复(作)

 上博二·容 46 箮(孰)～子而可反

上博五·君12 舜君～下

上博五·君15 黽(禹)絧(治)～下之川

上博五·弟1 丌(其)～民也虖(乎)

上博五·弟2 丌(其)～民也虖(乎)

上博一·性2 命自～降

上博二·從甲1 昔三弋(代)之明王之又(有)～下者

上博二·容1 之又(有)～下也

上博二·容8 ～墬(地)人民之道

上博二·容11 於是虖(乎)～下之人

上博二·容28 ～下之民居奠

上博二·容30 三年而～下之人亡(無)訟獄者

上博二·容49 智(知)～之道

 上博二·容50～牂(將)或(誅)安(焉)

 上博二·容50虐(吾)歔(勵)～畏(威)之

 上博二·容53㠯(以)告夋(閔)於～

 上博二·容53～牂(將)或(誅)安(焉)

 上博二·容53虐(吾)歔(勵)～畏(威)之

 上博四·昭9～加禍于楚邦

 上博五·競7～不見禹(害)

 上博五·競7～墼(地)盟(明)棄我矣

 上博三·周23阿(何)～之羕(衢)

 上博三·亙1未又(有)～墼(地)

 上博三·亙4清歞(氣)生～

 上博三·亙4信涅(盈)～墼(地)

 上博三·亙 4 糵(察)糵(察)~陛(地)

 上博三·亙 5 明明~行

 上博三·亙 7 䎽(舉)~之事

 上博三·亙 9 ~道既載

 上博三·亙 10 䎽(舉)~下之名虛諲(樹)

 上博三·亙 10 䎽(舉)~下之夋(作)強者

 上博三·亙 10 果~下

 上博三·亙 11 䎽(舉)~下之爲也

 上博三·亙 12 䎽(舉)~下之生同也

 上博三·亙 12 ~下之夋(作)也

 上博三·亙 12 䎽(舉)~下之夋(作)也

 上博三·亙 13 䎽(舉)~下之名

 上博三·亙13 與～下之明王

 上博五·姑4 ～下爲君者

 上博五·三1 ～共(供)時

 上博五·三1 ～亞(惡)女(如)忻

 上博五·三1 是胃(謂)川(順)～之棠(常)

 上博五·三2 是胃(謂)～棠(常)

 上博五·三2 ～神之

 上博五·三2 皇～牂(將)壆(興)之

 上博五·三2 ～乃降材(災)

 上博五·三3 ～乃降裪(異)

 上博五·三3 是胃(謂)～豊(禮)

 上博五·三3 ～命孔明

上博五·三 7 皇～弗京(諒)

上博五·三 8 皇～之所亞(惡)

上博五·三 12 所㠯(以)爲～豊(禮)

上博五·三 13 ～之所敗

上博五·三 14 ～材(災)纔=(繩繩)

上博五·三 15 卬(仰)～事君

上博五·三 15 ～飤(饑)必埜(來)

上博五·三 17 敬～

上博五·三 17 ～才(哉)人才(哉)

上博五·三 17 智(知)～足㠯(以)川(順)時

上博五·三 18 ～無不從

上博五·三 18 好昌～從之

上博五·三 18 好貢～從之

上博五·三 18 好龙～從之

上博五·三 18 好長～從之

上博五·三 18 川（順）～之時

上博五·三 19 皇～之所棄

上博五·三 19 上～又（有）下政

上博五·鬼 1～下濾（法）之

上博五·鬼 1 此㠯（以）貴爲～子

上博五·鬼 2 賕（富）又（有）～下

上博五·鬼 2 爲～下芺（笑）

上博五·鬼 3～下之聖人也

上博五·鬼 3～下之䛊（亂）人也

上博四·曹 3 而改(撫)又(有)～下

上博四·曹 4 今～下之君子既可智(知)已

上博四·曹 7 ～命

上博四·曹 9 ～命

上博四·曹 9 亦～命

上博四·曹 16 ～下

上博四·曹 51 虘(吾)戬(戰)啻(敵)不訓(順)於～命

上博四·曹 65 昔之明王之起於～下者

上博二·民 2 㠯(以)皇(橫)於～下

上博二·民 6 君子㠯(以)此皇(橫)於～下

上博一·孔 9 ～保

上博六·孔 26 卬(仰)～而歎曰

上博六・用 5 受勿（物）於～

上博六・用 8 硃（積）涅（盈）～之下

上博六・用 9 禍不降自～

上博六・用 10 胃（謂）～高而不概

上博六・用 13 不启於～

上博六・天甲 1 ～子建之启（以）州

上博六・天甲 1 凡～子七殜（世）

上博六・天甲 2 邦君象～子之……

上博六・天甲 6 ～子坐启（以）巨

上博六・天甲 8 凡～子欽（歆）燹（氣）

上博六・天甲 8 ～子四辟

上博六・天乙 1 凡～子建之启（以）州

上博六・天乙1 凡~子七殜（世）

上博六・天乙2 邦君象~子之立（位）

上博六・天乙5 ~子坐……

上博六・天乙7 凡~子欽（歆）獒（氣）

上博六・天乙8 ~子四辟延席

上博七・鄭甲4 遉（顛）返（覆）~下之豊（禮）

上博七・鄭乙4 [子]豪（家）遉（顛）返（覆）~下之豊（禮）

上博七・君甲5 而~下莫不語

上博七・凡甲3 ~墬（地）立終立悤（始）

上博七・凡甲3 ~隆（降）五尺（度）

上博七・凡甲7 川（順）~之道

上博七・凡甲8 敬~之絷（明）奚旻（得）

上博七・凡甲 11 䎵（問）～簹（孰）高與

上博七・凡甲 11 簹（孰）爲～

上博七・凡甲 12 ～

上博七・凡甲 15 宁（賓）於～

上博七・凡甲 17 女（如）並～下而叙（挹）之

上博七・凡甲 17 若並～下而論（治）之

上博七・凡甲 17 □鼠（一）弖（以）爲～堕（地）旨

上博七・凡甲 21 ～下亡（無）不又（有）

上博七・凡甲 21 ～下亦亡（無）鼠（一）又（有）

上博七・凡甲 25 於～咸

上博七・凡甲 29 鼠（一）言而爲～堕（地）旨

上博七・凡甲 30 之弖（以）智（知）～下

正編・真部

上博七・凡乙 3～坒(地)立終立態(始)

上博七・凡乙 3～隆(降)五仄(度)

上博七・凡乙 6 川(順)～之道

上博七・凡乙 12～下而叔(担)之

上博七・凡乙 12 若並～下

上博七・凡乙 18 水返(復)於～

上博七・凡乙 22 爲～坒(地)旨

上博七・凡乙 22 大之目(以)智(知)～下

上博七・吳 3 昔上～不中(衷)

上博七・吳 5～□丌(其)中

上博七・吳 8～子之需(靈)

上博七・吳 8～子之需(靈)

　上博八·成 6 青（請）睧（問）～子之正道

　上博八·成 7 是胃（謂）～子之正道

　上博八·成 11 非～子

　上博八·成 14 皆見章（彰）於～

　上博八·蘭 5～道亓（其）遊（越）也

　上博八·有 4 遇（周）流～下今可（兮）

～，戰國文字或作 、、、、、、、。《説文·一部》："天，顛也。至高無上，从一、大。"

　　上博一·性 2"命自～降"，即命從天降。

　　上博一·孔 7"又（有）命自～"，《詩·大雅·大明》："有命自天，命此文王。"

　　上博二·魯 4、5"女（如）～不雨"，《晏子春秋·内篇諫上》："天不雨久矣，民且有饑色。我使人卜，云祟在高山廣水。寡人欲少賦斂以祠靈山，可乎？"

　　港甲 2～，古代的墨刑。《易·睽》："其人天且劓，無初有終。"孔穎達疏："剠額爲天。"剠，同"黥"。

　　上博二·容 9"履堃戠～"，讀爲"履地戴天"。《吳越春秋·王僚使公子光傳》："子胥曰：'吾聞父母之讎，不與戴天履地；兄弟之讎，不與同域接壤；朋友之讎，不與鄰鄉共里。今吾將復楚，幸以雪父兄之恥。'"《列女傳·節義傳》：

"兄死而讎不報,與子同枕席而使殺吾兄,內不能和夫家,又縱兄之仇,何面目以生而戴天履地乎!"

上博五·弟1、2"～民",《莊子·庚桑楚》:"人有脩者,乃今有恆;有恆者,人舍之,天助之。人之所舍,謂之天民;天之所助,謂之天子。"《孟子·萬章下》孟子引伊尹曰:"天之生斯民也,使先知覺後知,使先覺覺後覺。予,天民之先覺者也,予將以此道覺此民也。"《禮記·王制》:"少而無父者謂之孤,老而無子者謂之獨,老而無妻者謂之矜,老而無夫者謂之寡。此四者,天民之窮而無告者也,皆有常餼。"

上博二·容49"智(知)～之道",《史記·龜策列傳》:"龜者是天下之寶也,先得此龜者爲天子,且十言十當,十戰十勝。生於深淵,長於黃土。知天之道,明於上古。"

上博三·亙5"～行",天體的運行。《易·乾》:"天行健,君子以自強不息。"孔穎達疏:"行者,運動之稱……天行健者,謂天體之行晝夜不息,周而復始,無時虧退。"

上博三·亙9"～道既載",此句是指天地四時產生之後。"天道",指自然界變化規律。《莊子·庚桑楚》:"夫春氣發而百草生,正得秋而萬寶成。夫春與秋,豈無得而然哉?天道已行矣。"郭象注:"皆得自然之道,故不爲也。"

上博五·三2"～裳",讀爲"天常",天的常道。《左傳·文公十八年》:"顓頊有不才子,不可教訓,不知話言,告之則頑,舍之則嚚,傲很明德,以亂天常。"

上博五·三2"～乃降材(災)"、上博五·三3"～乃降祸(異)",《書·伊訓》:"於其子孫弗率,皇天降災,假手於我有命,造攻自鳴條,朕哉自亳。"《左傳·僖公十五年》:"上天降災,使我兩君匪以玉帛相見,而以興戎。"

上博五·三2、7、8、19"皇～",對天及天神的尊稱。《書·大禹謨》:"皇天眷命,奄有四海,爲天下君。"《楚辭·離騷》:"皇天無私阿兮,覽民德焉錯輔。"許慎《五經異義·天號》引《古尚書》說:"天有五號,各用所宜稱之:尊而君之,則曰皇天。"

上博五·三14"～材(災)",天降的災禍;自然災害。《書·伊訓》:"古有夏先后,方懋厥德,罔有天災。"

上博五·三15"～餡(饑)必堃(來)",傳世本作"大饑乃來"。"大饑"一詞文獻較常見,如《韓非子·外儲説右上》:"齊嘗大饑,道旁餓死者不可勝數也。"或疑簡文"天"爲"大"字之訛。(范常喜)

上博四·曹7、9、51"～命",上天之意旨;由天主宰的命運。《書·盤庚上》:"先王有服,恪謹天命。"《楚辭·天問》:"天命反側,何罰何佑?"

上博一·孔9"～保",謂上天保佑,使之安定。《詩·小雅·天保》:"天保定爾,亦孔之固。"鄭玄箋:"保,安。爾,女也。女,王也。"

上博五·三15、上博六·孔26"卬～而歎曰",仰望天空。多爲人抒發抑鬱或激動心情時的狀態。《左傳·襄公二十五年》:"晏子仰天歎曰:'嬰所不唯忠於君、利社稷者是與,有如上帝!'"

上博六·用10"～高",《鶡冠子·近迭》:"天高而難知,有福不可請,有禍不可避,法天則戾,地廣人深厚,多利而鮮威,法地則辱。"又《備知》:"天高而可知,地大而可宰,萬物安之,人情安取。"

上博七·凡甲11"～",天空。《詩·唐風·綢繆》:"綢繆束薪,三星在天。"《楚辭·離騷》:"周流乎天余乃下。"《楚辭·九歌·少司命》:"登九天兮撫彗星。"

上博七·凡甲25"～咸",即"天一",郭店簡《太一生水》作"太一",即《爾雅》所指的"北辰"。《史記·封禪書》:"天神貴者太一。"司馬貞索隱引宋本均説:"天一、太一,北極神之別名。""天一"爲北極之神,而按五行觀念北方屬水,水爲"天一"所生,所以簡文謂"水復於天咸(一)"。郭店楚簡《太一生水》:"大(太)一生水,水反補(輔)大(太)一,是以成天。天反補(輔)大(太)一,是以成陞(地)。天陞(地)復相補(輔)也,是以成神明。"(曹錦炎)

上博七·凡甲7、凡乙6"川(順)～之道",讀爲"順天之道",順應天的自然規律。《管子·中匡》:"臣聞壯者無怠,老者無偷,順天之道,必以善終者也。"

上博七·吳3"上～",古人觀念中的萬物主宰者,能降禍福於人。《書·泰誓》:"今商王受,弗敬上天,降災下民。"

上博"～",古人指日月星辰運行、四時寒暑交替、萬物受其覆育的自然之體。《莊子·大宗師》:"知天之所爲者,知人之所爲者,至矣。"成玄英疏:"天者,自然之謂……天之所爲者,謂三景晦明,四時生殺,風雲舒卷,雷雨寒溫也。"《論衡·自然》:"天地合氣,萬物自生,猶夫婦合氣,子自生矣。"

上博"～子",古以君權爲神授,君主秉承天意治理人民,故稱天子。《禮記·曲禮下》:"君天下曰天子。"《禮記·曲禮下》:"天子祭天地,祭四方,祭山川,祭五祀,歲遍。諸侯方祀,祭山川,祭五祀,歲遍。大夫祭五祀,歲遍。士祭其先。"

上博"～下",多指中國範圍内的全部土地;全國。《書·大禹謨》:"奄有四海,爲天下君。"《老子》:"有物混成,先天地生……可以爲天下母。"

上博"～地",天和地。指自然界或社會。《荀子·天論》:"星隊木鳴,國人皆恐……是天地之變、陰陽之化,物之罕至者也。"《莊子·天地》:"天地雖大,其化均也。"

突

 上博三·亙5 智啓(既)而亢思不～

～,從"宀","天"聲。或說"天"之繁體。

簡文～,讀爲"天"。《鶡冠子·度萬》"天者神也,地者形也……所謂天者,非是蒼蒼之氣之謂天也……言其然物而無勝者也。"應該表示一種等同於"天"的極致狀態,是"極高明"、"極其神明"的意思。"知幾而無思不天"是說:知道了天之道("復"),則無有思而不明的事物(所思皆極其神明,也就同於"天"),語義跟《易·繫辭下》"知幾其神乎"相近。或讀爲"殄"、"吞"。(董珊)

透紐申聲

申

 上博二·容成氏53 武王素 (甲)旨以～於殷蒿(郊)

～,戰國文字或作 (九A20)、 (郭店·忠信之道6)、 (保利藏金276頁)、 (璽彙0876)、 (秦風83)。《說文·申部》:"申,神也。七月,陰氣成,體自申束。從臼,自持也。吏臣餔時聽事,申旦政也。 ,古文申。 ,籀文申。"

簡文～,讀爲"陳",陳列;排列。《易·繫辭上》:"卑高以陳,貴賤位矣。"韓康伯注:"天尊地卑之義既列,則涉乎萬物貴賤之位明矣。"

迧

上博一·緇20《君～(陳)》員(云)

上博一·緇10《君～(陳)》員(云)

～,从"辵","申"聲,與(郭店·緇衣19)、(郭店·緇衣39)、(程訓義1—160)同。

上博一·緇"君～",讀爲"君陳"。《書·君陳》:"周公既沒,命君陳分正東郊成周,作《君陳》。"

欯

上博二·子11 取而～(吞)之

～,从"欠","申"聲,

簡文～,讀爲"吞"。《戰國策·趙策一》:"欲亡韓吞兩周之地,"馬王堆帛書《戰國縱橫家書》此句"吞"作"呻"。契母簡狄吞燕卵生契之事古書多有記載。《史記·殷本紀》:"殷契,母曰簡狄……三人行浴,見玄鳥墜其卵,簡狄取吞之,因孕生契。"《列女傳》卷一:"契母簡狄者,有娀氏之長女也,當堯之時,與其妹娣浴于玄丘之水,有玄鳥銜卵,過而墜之……簡狄得而含之,誤而吞之,遂生契焉。"

神

上博二·容40 目(以)伐高～之門

上博三·亙4 歝(氣)信～才(哉)

· 2208 ·

 上博四·柬 6 爲楚邦之櫐(鬼)~宔(主)

 上博四·柬 6 不敢㠯(以)君王之身弁亂櫐(鬼)~之棠(常)古(故)

 上博四·柬 6 夫帝=(上帝)櫐(鬼)~高明

 上博四·曹 63 櫐(鬼)~軏武

 上博五·競 7 則訴者(諸)櫐(鬼)~曰

 上博五·三 2 天~之

 上博五·三 4 毋詗(詘)政卿於~弚(次)

 上博五·三 8 櫐(鬼)~䂂(禋)祀

 上博五·三 9 是胃(謂)忘~

 上博五·三 20 櫐(鬼)~是有(佑)

上博五·鬼 1 今夫櫐(鬼)~又(有)所明

上博五·鬼 2 則櫐(鬼)~之賞

上博五·鬼 4 畏(鬼)～不明

上博六·競 12 ～見虐遝〈淫〉暴

上博六·壽 1 懼畏(鬼)～㠯(以)爲妟(怒)

上博七·鄭甲 3 女(如)上帝禝(鬼)～㠯(以)爲忞(怒)

上博七·鄭甲 4 弗悁(畏)禝(鬼)～之不羕(祥)

上博七·鄭乙 4 弗悁(畏)禝(鬼)～之不羕(祥)

上博七·凡甲 5 奚古(故)～睪(明)

上博七·凡甲 8 禝(鬼)之～奚飤(食)

上博七·凡甲 12 䈞(孰)爲畾(雷)～

上博七·凡甲 24 훫(察)智(知)而～

上博七·凡甲 24 훫(察)～而同

上博七·凡乙 4 奚古(故)～睪(明)

 上博七·凡乙17 戠(察)～而同

 上博七·凡乙17 戠(察)智(知)而～

 上博八·成16 昔者又(有)～□

～，戰國文字或作 (郭店·太一生水5)、 (郭店·唐虞之道15)、 (新蔡甲二40)、 (秦駰玉版)、 (秦駰玉版)。《說文·示部》："神，天神，引出萬物者也。从示、申。"

上博二·容40"高～之門"，即"巢門"，或作"焦門"。《呂氏春秋·仲秋紀》"登自鳴條，乃入巢門。"《淮南子·主術》記湯伐桀："湯革車三百乘，困之鳴條，禽之焦門（高注：或作巢）。"上古"巢"、"焦"、"高"皆爲宵部字，音近可通。

上博三·亙4～，神奇；神異。《易·繫辭上》："陰陽不測之謂神。"韓康伯注："神也者，變化之極妙，萬物而爲言，不可以形詰者也。"

上博五·三2"天～"，指天上諸神，包括主宰宇宙之神及主司日月、星辰、風雨、生命等神。《淮南子·天文》："天神之貴者，莫貴於青龍。"

上博五·三4"～衹"，讀爲"神祇"，指天地之神。《書·微子》："今殷民，乃攘竊神祇之犧牲，用以容，將食無災。"《釋文》："天曰神，地曰祇。"

上博七·凡甲5、凡乙4"～䰟"，讀爲"神明"，即神祇，指天地之神。《易·說卦》："昔者聖人之作《易》也，幽贊於神明而生蓍。"《莊子·天下》："古之人其備乎。配神明，醇天地，育萬物，和天下，澤及百姓。"

上博七·凡甲12"靁(雷)～"，神話中主管打雷的神，俗稱雷公。《山海經·海內東經》："雷澤中有雷神，龍身而人頭，鼓其腹。"

上博七·凡甲24、凡乙17～，精神。《荀子·天論》："形具而神生，好惡喜怒哀樂臧焉。"《墨子·所染》："不能爲君者傷形費神。"

上博簡"䰟～"，即"鬼神"，鬼與神的合稱，泛指神靈、精氣。《易·謙》："鬼神害盈而福謙，人道惡盈而好謙。"《史記·五帝本紀》："曆日月而迎送之，明鬼神而敬事之。"張守節正義："天神曰神，人神曰鬼。又云聖人之精氣謂之

神,賢人之精氣謂之鬼。"

戩

 上博四·曹 2【𦵩】敊(曹)蔑(沫)之～(陳)

 上博四·曹 13 𦖞(問)～(陳)奚女(如)

 上博四·曹 14 有克正而亡(無)克～(陳)

 上博四·曹 14 三代之～(陳)皆廌(存)

 上博四·曹 19 不可㠯(以)出～(陳)

 上博四·曹 19 不和於～(陳)

 上博四·曹 19 是故夫～(陳)者

 上博四·曹 24 爲和於～(陳)女(如)可(何)

 上博四·曹 43 三軍未成～(陳)

 上博四·曹 44 是古矣～(陳)敗

 上博四·曹 52 明日復～(陳)

～,从"戈","申"聲,軍陳之"陳"的專字。與 (郭店·性自命出7)同。

簡文～,即陣,軍伍行列,戰鬥隊形。《論語·衛靈公》:"衛靈公問陳於孔子。"朱熹集注:"陳謂軍師行伍之列。"也指列陣;佈陣。《國語·晉語六》:"楚半陣,公使擊之。"酈道元《水經注·濰水》:"昔韓信與楚將龍且,夾濰水而陣於此。"

上博四·曹43"三軍未成～"。《吳子·料敵》:"吳子曰:'凡料敵,有不卜而與之戰者八……八曰陣而未定,舍而未畢,行阪涉險,半隱半出。'""陣而未定,舍而未畢,行阪涉險"與簡文"三軍未成陳,未豫(舍),行阪濟障"甚相近。(陳劍)

紳

 上博一·孔2丌(其)訶(歌)～(引)而蓐

《説文·糸部》:"紳,大帶也。从糸,申聲。"

簡文～,讀爲"引",長也。《爾雅·釋詁上》:"引,長也。"《列子·湯問》:"過逆旅,逆旅人辱之。韓娥因曼聲哀哭,一里老幼悲愁,垂涕相對,三日不食。遽而追之。娥還,復爲曼聲長歌,一里老幼喜躍抃舞,弗能自禁,忘向之悲也。"張湛注:"曼聲猶長引也。"

透紐身聲歸人聲

定紐田聲

田

 上博一·孔25大～

 上博二·子2舜耕於童土之～

 上博二·容18～無劇(蔡)

 上博五·鮑 3～繹長

 上博五·季 18～肥民則安

 上博六·天甲 5 信武旻（得）～

 上博六·天乙 4 信武旻（得）～

 上博七·君甲 3 又（有）飤（飤）～五貞（正）

 上博七·君乙 2 楚邦之中又（有）飤（飤）～五貞（正）

《説文·田部》："田，陳也。樹穀曰田。象四口。十，阡陌之制也。"

上博一·孔 25"大～"，《詩經》篇名。《詩·小雅·大田》："大田多稼。既種既戒，既備乃事。"鄭玄箋："大田，謂地肥美可墾耕，多爲稼，可以授民者也。"

上博二·容 18"～無艸（蔡）"，田地沒有野草。

上博五·季 18"～肥"，良田。《戰國策·秦策一》："田肥美，民殷富，戰車萬乘，奮擊百萬，沃野千里，蓄積饒多，地勢形便，此所以天府，天下之雄國也。"《荀子·富國》："裕民則民富，民富則田肥以易。田肥以易，則出實百倍。"可見"田肥"，是民安國泰的重要條件。

上博二·子 2、上博五·鮑 3、上博六·天甲 5、天乙 4～，耕種的土地。《詩·小雅·大田》："雨我公田，遂及我私"。《孟子·梁惠王上》："百畝之田，勿奪其時。"

上博七·君甲 3、君乙 2"飤（飤）～"，讀爲"食田"，食若干田畝的租稅；靠田地的租稅生活。《國語·晉語四》："士食田。"《戰國策·楚策一》："葉公子高，食田六百畛。"

畋

 上博三·周 8～（田）又（有）含（禽）

 上博三·周 28～(田)亡(無)含(禽)

 上博三·周 37～(田)膗(獲)晶(三)狐(狐)

 上博五·競 10 迿(驅)达(逐)～(田)縋(弋)

《説文·攴部》:"畋,平田也。从攴、田。《周書》曰:'畋尒田。'"

上博三·周～,打獵,《廣韻》:"畋,取禽獸也。"《逸周書·文傳》:"畋漁以時。"

上博五·競 10"～縋",讀爲"畋弋",打獵。葛洪《抱朴子·君道》:"緩賑濟而急聚斂,勤畋弋而忽稼穡。"

繡(紳)

 上博四·曹 21～攻(功)而飲(食)

 上博四·曹 36～攻(功)走(上)㚔(賢)

 上博六·莊 4～公子皇耆皇子

 上博六·莊 5～公埩(爭)之

 上博六·莊 5～公子皇見王

 上博六·莊 5～公

 上博六·莊6～公曰

 上博六·莊7不穀(穀)吕(以)芺(笑)～公

 上博六·莊8～公事不穀(穀)

 上博六·莊8～公跪拜

上博六·木1過～

～,从"糸"、"田"聲、"東"省聲,即"紳"之古字。與 ![] (郭店·緇衣37)同。

上博四·曹21"～攻而食",讀爲"陳功而食",古籍或作"量功而食"、"計功而食",如《管子·君臣上》:"爲人上者,量功而食之以足;爲人臣者,受任而處之以教。""陳功"即"量功",係指平時對臣子工作的考核。(讀本四)

上博四·曹36"～攻走䝙",讀爲"陳功尚賢"。《吴子·料敵》:"凡料敵……有不占而避之者六:……四曰陳功居列,任賢使能。"可與簡文參讀。(陳劍)

上博六·莊"～公",讀爲"申公",即楚申縣之縣公,與《左傳·莊公三十年》所載楚"申公鬥班"同例,杜預注:"申,楚縣也。楚僭號,縣尹皆稱公。"或說簡文"申公"是楚靈王時期的申公子亹,見於《國語·楚語上》:"左史倚相廷見申公子亹。"

上博六·木1～,讀爲"申"。申爲周代國名,姜姓,伯夷之後,春秋時楚滅之,故城在今河南南陽縣北。《史記·楚世家》:"靈王三年六月,楚使使告晉,欲會諸侯,諸侯皆會楚於申。"即申地。

定紐陳聲

陳

上博七·凡甲 24 氏(是)古(故)～爲新

上博七·凡乙 17 氏(是)古(故)～爲新

上博七·吴 8 ～邦

上博七·吴 8 麇(踐)履～堕(地)

上博七·吴 9 吴走～

上博四·昭 3 辻(卜)命(令)尹～告爲視日

～，戰國文字或作 ▨(新蔡甲三 233、190)、▨(新泰陶文)、▨(新泰陶文)、▨(施 42)。《説文·𨸏部》："陳，宛丘，舜後嬀滿之所封。从𨸏，从木，申聲。▨，古文陳。"

上博七·凡甲 24、凡乙 17 ～，陳舊。《書·盤庚中》："失于政，陳於兹。"孔安國傳："今既失政而陳久於此而不徙。"《荀子·富國》："年穀復熟而陳積有餘。"《莊子·天運》："夫'六經'先王之陳跡也。"

上博七·吴 8 "～邦"，陳國。春秋諸侯國名。在今河南淮陽及安徽亳州一帶。《史記·陳杞世家》："陳胡公滿者，虞帝舜之後也……至於周武王克殷紂，乃復求舜後，得嬀滿，封之於陳，以奉帝舜祀，是爲胡公。"

上博七·吴 8 "～堕(地)"，陳國之地。陳都宛丘，地在今河南省淮陽縣。

上博四·昭3"～倩",人名。

定紐臣聲

臣

上博一·緇2 則君不悁(疑)兀(其)～

上博一·緇4 ～事君

上博一·緇11 大～之不晕(親)也

上博一·緇12 則大～不夗(怨)

上博二·容46 ～敢勿事虖(乎)

上博三·周30 畜～妾

上博三·周35 王～訐訐

上博三·中3 子又(有)～壐(萬)人

上博三·彭1 ～可(何)執(藝)可(何)行

上博四·昭8 老～爲君王歓(獸)視之臣

 上博四・昭8 老臣爲君王獸(獸)視之～

 上博四・昭9 楚邦之良～所聱骨

 上博四・柬15 中余(舍)與五連少(小)子及龍(寵)～皆逗

 上博四・柬23 ～者亦又(有)胈(耕)虖(乎)

 上博四・内1 言人之君之不能史(使)丌(其)～者

 上博四・内1 不與言人之～之不能事

 上博四・内2 古(故)爲人～者

 上博四・内2 言人之～之不能事丌(其)君者

 上博四・内2 不與言人之君之不能史(使)丌(其)～者

 上博四・内5 言史(使)～

 上博四・内5 與～言

 上博四・曹5 ～睧(聞)之曰

 上博四·曹7～是古(故)不敢吕(以)古(故)含(答)

 上博四·曹8君言亡(無)吕以異於～之言

 上博四·曹8～睧(聞)之曰

 上博四·曹13～睧(聞)之

 上博四·曹14叔(且)～睧(聞)之

 上博四·曹18叔(且)～之睧(聞)之

 上博四·曹21凡畜群～

 上博四·曹28叔(且)～聞之

 上博四·曹40～睧(聞)之

 上博四·曹42～睧(聞)之

 上博四·曹64～睧(聞)之

 上博五·競2群～之皋(罪)也

上博五·競 7 近～不訐（諫）

上博五·鮑 5 ～唯（雖）欲訐（諫）

上博五·姑 5 虐（吾）睧（聞）爲～者必思君得志於弖（己）而又（有）送（後）青（請）

上博五·姑 6 思又（有）君～之節

上博五·三 4 君無宝（主）～是胃（謂）畏（危）

上博六·競 10 之～

上博六·莊 6 ～不智（知）君王之牆（將）爲君

上博六·莊 6 女～智（知）君王

上博六·莊 7 ～牆（將）或至安（焉）

上博六·莊 8 ～爲君王臣

上博六·莊 8 臣爲君王～

上博六·壽 5 ～爲君王臣

 上博六·壽 5 臣爲君王～

 上博六·壽 6 ～弗

 上博六·木 2 ～牂（將）又告

 上博六·用 13 隹脣之賈～

 上博七·武 12 身則君之～

 上博七·吴 7 三～

 上博七·吴 9 先君之～

 上博八·命 4 外～而居虐（吾）右=（左右）

 上博八·命 5 虐（吾）睧（聞）古之善～

 上博八·志 8 或（又）不曼（得）【《平王與王子木》簡 4】～楚邦

《説文·臣部》："臣，牽也。事君者，象屈服之形。"

上博一·緇 4"～事君"，《論語·八佾》："定公問：'君使臣，臣事君，如之何？'孔子對曰：'君使臣以禮，臣事君以忠。'"

上博一·緇 11、12"大～"，官職尊貴之臣。《左傳·昭公元年》："和聞之，國之大臣，榮其寵禄，任其大節。"

上博三·周30"～妾",古時對奴隸的稱謂。男曰臣,女曰妾,後亦泛指統治者所役使的民衆和藩屬。《易·遯》:"畜臣妾吉,不可大事也。"《漢書·食貨志上》:"王莽因漢承平之業,匈奴稱藩,百蠻賓服,舟車所通,盡爲臣妾。"

上博三·周35"王～",志匡王室之臣。《易·蹇》:"六二,王臣蹇蹇。匪躬之故。"王弼注:"執心不回,志匡王室者也。"《晉書·熊遠傳》:"卿在朝正色,不茹柔吐剛,忠亮至到。可謂王臣也。"

上博四·昭8"老～",年老之臣的自稱。《左傳·襄公二十九年》:"且先君而有知也,毋寧夫人而焉用老臣。"

上博四·昭9"良～",《國語·楚語下》:"故莊王之世,滅若敖氏,唯子文之後在,至於今處鄖,爲楚良臣。"

上博四·柬15"龍～",讀爲"寵臣",得寵之臣。《戰國策·楚策一》:"以財交者,財盡而交絶;以色交者,華落而愛渝。是以嬖女不敝席,寵臣不避軒。"《史記·佞幸列傳》:"孝文時中寵臣,士人則鄧通,宦者則趙同、北宫伯子。"

上博四·内2"人～",臣下,臣子。《左傳·僖公十五年》:"陷君於敗,敗而不死,又使失刑,非人臣也。"《孟子·盡心上》:"賢者之爲人臣也,其君不賢,則固可放與?"

上博四·曹"～聝(聞)之",《左傳·閔公元年》:"臣聞之,國將亡,本必先顛,而後枝葉從之。"

上博四·曹14、18"叔(且)～聝(聞)之",《禮記·檀弓》:"且臣聞之,哭有二道:有愛而哭之,有畏而哭之。"

上博五·競7"近～",指君主左右親近之臣。《墨子·親士》:"臣下重其爵位而不言,近臣則喑,遠臣則唫。"

上博五·姑6"君～",君主與臣下。《易·序卦》:"有父子,然後有君臣;有君臣,然後有上下。"

上博八·命4"外～",古諸侯國的士大夫對別國君主的自稱。《禮記·雜記上》:"〔士〕訃於他國之君,曰君之外臣某死。"《儀禮·士相見禮》:"凡自稱於君……他國之人,則曰外臣。"《左傳·成公三年》:"若從君之惠而免之,以賜君之外臣首(荀首),首其請於寡君,而以戮於宗,亦死且不朽。"

上博八·志8～,動詞,以楚國爲臣。

上博～,臣對君的自稱。《國語·晉語七》:"悼公使張老爲卿,辭曰:'臣不如魏絳。'"《孟子·梁惠王上》:"仲尼之徒,無道桓文之事者,是以後世無傳焉。臣未之聞也。"

臤

 上博二·容 1 皆不受(授)丌(其)子而受(授)～(賢)

 上博二·容 9 是吕(以)視～(賢)

 上博二·容 10 吕(以)求～(賢)者而襄(讓)安(焉)

 上博二·容 10 堯吕(以)天下襄(讓)於～(賢)者

 上博二·容 10 天下之～(賢)者莫之能受也

 上博二·容 10 萬邦之君皆吕(以)丌(其)邦襄(讓)於～(賢)[者]

 上博二·容 11 而～(賢)者莫之能受也

 上博二·容 12 見舜之～(賢)也

 上博二·容 13 吕(以)堯爲善興～(賢)

 上博二·容 17 見𦥛(禹)之～(賢)也

 上博二·容 17 𦥛(禹)乃五襄(讓)吕(以)天下之～(賢)者

 上博二•容 34 見咎(皋)咎(陶)之～(賢)也

 上博二•容 34 咎(皋)秀(陶)乃五襄(讓)㠯(以)天下之～(賢)者

 上博二•容 37 湯乃悔(謀)戒求～(賢)

 上博二•容 39 於是虖(乎)斳(慎)戒陞(徵)～(賢)

 上博二•容 43 ～(賢)及□

 上博三•中 7 舉(舉)～(賢)才

 上博三•中 9 售(唯)又～(賢)才

 上博三•中 10 夫～(賢)才不可弇也

 上博三•中 19 ～(賢)夋=(者,又)

 上博三•彭 8 毋矜～(賢)

 上博四•曹 9 君子㠯(以)～(賢)偁而遊(失)之

 上博四•曹 9 君子㠯(以)～(賢)偁

 上博四·曹36 繡(紳)攻(功)走(上)～(賢)

 上博五·季10 是古(故)～(賢)人之居邦豪(家)也

 上博五·季18 氏(是)古(故)～(賢)人大於邦而又臂(劭)心

 上博五·季21 因邦齊=(之所)～(賢)而墾(興)之

 上博五·季22 ～(賢)人

 上博五·君11 中尼與虞子產管(孰)～(賢)

 上博五·君12 管(孰)～(賢)

 上博五·君14 肰(然)則～(賢)於墨(禹)也

 上博五·君15 與墨(禹)管(孰)～(賢)

 上博五·弟5 ～(賢)者

 上博五·弟15 佳多晤(聞)而不吝(友)～(賢)

 上博一·孔10 童而皆～(賢)於丌(其)初者也

· 2226 ·

 上博二·子6 堯見舜之悳(德)～(賢)也

 上博二·子8 丌(其)城～(賢)矣

 上博八·成10 而～(賢)者

 上博八·蘭3 ～(賢)☐

 上博一·緇23 則𢽦(好)㥛(仁)不～(堅)

 上博六·孔1 害～者是能辠(罪)

 上博一·緇10 大人不睪(親)丌(其)所～(賢)

～，或从 ，是"搴"與"掔"共同的表意初文。 應該是在 的基礎上添加聲符"臣"的形聲字。郭店簡或作 (郭店·窮達以時2)、 (郭店·唐虞之道2)、 (郭店·語叢一54)、 (郭店·語叢四12)、 (郭店·語叢三52)。《說文》："臣，牽也。""搴"、"掔"、"牽"、"臣"是一組同源詞。(陳劍)《說文·臤部》："臤，堅也。从又，臣聲。讀若鏗鏘之鏗。古文以爲賢字。"

上博二·容10、37"求～"，讀爲"求賢"，尋求賢能的人。《詩·周南·卷耳序》："《卷耳》，后妃之志也，又當輔佐君子，求賢審官，知臣下之勤勞。"劉向《說苑·君道》："故明君在上，慎於擇士，務於求賢。"

上博三·中7、9、10"～才"，讀爲"賢才"，才智出衆的人。《書·咸有一德》："任官惟賢材，左右惟其人。"《論語·子路》："仲弓爲季氏宰，問政。子曰：'先有司，赦小過，舉賢才。'"劉寶楠正義："賢才，謂才之賢者。"朱熹集注："賢，有德者；才，有能者。舉而用之，則有司皆得其人而政益修矣。"

上博五·季"～人",讀爲"賢人",《説苑·政理》:"昔者堯、舜清微其身,以聽觀天下,務來賢人。"《説苑·尊賢》:"夫朝無賢人,猶鴻鵠之無羽翼也,雖有千里之望,猶不能致其意之所欲至矣。"

上博二·容13"興～(賢)",《周禮·地官·鄉大夫》:"興賢者、能者。"鄭玄注:"賢者,有德行者。"

上博～,讀爲"賢",指有德行或有才能的人。《易·繫辭上》:"履信思乎順,又以尚賢也。是以自天祐之吉無不利也。"孔穎達疏:"既有信思順,又能尊尚賢人。"賈誼《過秦論》:"皆明智而忠信,寬厚而愛人,尊賢而重士。"

上博"～者",讀爲"賢者",賢能的人。《商君書·賞刑》:"聖人以功授官予爵,故賢者不憂,聖人不宥過,不赦刑,故姦無起。"

上博一·孔10～,讀爲"賢",《正字通·貝部》:"賢,勝也。"《儀禮·鄉射禮》:"若右勝則曰右勝於左。"鄭玄注:"賢,猶勝也。"

上博一·緇23～,讀爲"堅",堅强。《管子·地員》:"其人堅勁。"

緊

 上博四·曹39 人之虐(柯)不～

 上博四·曹39 我虐(柯)必～

《説文·臤部》:"緊,纏絲急也。从臤,从絲省。"

簡文～,堅實,牢固。《管子·問》:"鉤弦之造,戈戟之緊,其厲何若?"尹知章注:"緊,謂其堅彊者。"

毅

 上博六·慎1～强昌(以)立志

 上博七·吴9昌(以)～多异(期)

　　上博七·凡甲 27 古(故)曰～

　　～,从"力","臤"聲。"賢"字異體。《説文·貝部》:"賢,多才也。從貝,臤聲。"

　　上博六·慎 1"～強",讀爲"堅強",強固有力,不可動搖或摧毁。《左傳·成公九年》:"勤以撫之,寬以待之,堅強以禦之。"葛洪《神仙傳·彭祖》:"骨節堅彊,顔色和澤,老而不衰。"

　　上博七·凡甲 27、上博七·吴 9～,讀爲"賢",有德行,多才能。《書·大禹謨》:"克勤於邦,克儉於家,不自滿假,惟汝賢。"《左傳·隱公三年》:"先君以寡人爲賢。"

孯

　　上博二·從甲 3 是呂(以)旻(得)～(賢)士一人

　　上博二·從甲 4 遊(失)～(賢)士一人

　　上博八·命 4 不再(稱)～(賢)

　　上博八·命 7 子胃(謂)昜(陽)爲～(賢)於先夫=(大夫)

　　～,从"子","臤"聲,可能是賢人、賢良之"賢"的專字。與(郭店·成之聞之 16)同,或從二子作(郭店·五行 48)。

　　上博二·從甲 3、4"～士",讀爲"賢士",志行高潔、才能傑出的人。《國語·齊語》:"奉之以車馬衣裘,多其資幣,使周遊於四方,以號召天下之賢士。"《韓非子·顯學》:"敬賢士,先王之道也。"《墨子·尚賢》:"是故國有賢良之士衆,則國家之治厚;賢良之士寡,則國家之治薄。"

　　上博八·命 4"再～",讀爲"稱賢",即舉用賢才。《左傳·宣公十六年》:

"禹稱善人,不善人遠。"杜預注:"稱,舉也。"《論語·子路》:"舉賢人。"《禮記·禮運》:"選賢舉能。"《周禮·地官·鄉大夫》:"興賢者、能者。"鄭玄注:"賢者,有德行者。"《穀梁傳·文公六年》:"使仁者佐賢者。"楊士勳疏:"賢者多才也。"

　　上博八·命 7～,讀爲"賢",勝過;超過。《儀禮·鄉射禮》:"若右勝,則曰右賢於左;若左勝,則曰左賢於右。"鄭玄注:"賢,猶勝也。"《淮南子·說山》:"聖人無止,無以歲賢昔日愈昨也。"高誘注:"賢、愈,猶勝也。"

定紐奠聲

奠

　　上博二·容 28 天下之民居～

　　上博六·壽 1 競(景)坪(平)王膏(就)～壽

　　上博六·壽 2～壽忩(辭)

　　上博六·壽 3～壽

　　上博六·壽 3～壽告又(有)疾

　　上博六·壽 4 王復見～=

　　上博七·鄭甲 1～子豪(家)芒(亡)

　　上博七·鄭甲 1～子豪(家)殺兀(其)君

上博七·鄭甲 2 含(今)～子豪(家)殺亓(其)君

上博七·鄭甲 3 回(圍)～三月

上博七·鄭甲 3～人青(請)亓(其)古(故)

上博七·鄭甲 3(鄭)子豪(家)遺(顛)遺(覆)天下之豊(禮)

上博七·鄭甲 5～人命㠯(以)子良爲執命

上博七·鄭甲 6 牆(將)救～

上博七·鄭乙 1～子豪(家)殺亓(其)君

上博七·鄭乙 2～子豪(家)殺亓(其)君

上博七·鄭乙 3 回(圍)～三月

上博七·鄭乙 3～人情(請)亓(其)古(故)

上博七·鄭乙 5～人命㠯(以)子良爲執命

上博七·鄭乙 6 牆(將)救～

 上博八·子1生未又(有)所～(定)

～,戰國文字或作 、、、、。《説文·丌部》:"奠,置祭也。从酋;酋,酒也;下其丌也。《禮》有奠祭者。"

上博二·容28"居～","居定"、"居安"之意。《詩·小雅·采薇》:"豈敢定居,一月三捷。"鄭玄箋:"定,止也。將率之志,往至所征之地,不敢止而居處自安也。"簡文"天下之民居奠",即"天下之民居定",謂經由大禹治水疏川之後,天下所有的人民百姓都安居樂業。

上博六·壽"～壽",讀爲"鄭壽",此名經籍未見。《史記·楚世家》:"平王謂觀從:'恣爾所欲。'欲爲卜尹。王許之。"裴駰集解引賈逵曰:"卜尹,卜師,大夫官。"觀從疑是鄭壽。觀從,春秋時楚國人,字子玉,觀起之子。

上博七·鄭"～子豪(家)"。"奠",用作"鄭",爲周西部畿内地,宣王封弟友於此,在今陝西省華縣西北。平王東遷,鄭遷於濟西、洛東、河南、潁北四水之間,是爲新鄭,即今河南省新鄭縣。春秋時爲鄭國,戰國時爲韓所滅。今河南中部、黄河以南皆其地。"子家"見《左傳·宣公四年》:"楚人獻黿于鄭靈公。公子宋與子家將見。子公之食指動,以示子家,曰:'他日我如此,必嘗異味。'及入,宰夫將解黿,相視而笑。公問之,子家以告,及食大夫黿,召子公而弗與也。子公怒,染指於鼎,嘗之而出。公怒,欲殺子公。子公與子家謀先。子家曰:'畜老,猶憚殺之,而況君乎?'反譖子家,子家懼而從之。夏,弒靈公。"

上博七·鄭甲5、鄭乙5"～人命以子良爲執命",參《左傳·宣公四年》:"鄭人立子良,辭曰:'以賢則去疾不足,以順則公子堅長。'乃立襄公。襄公將去穆氏,而舍子良。"

上博八·子1～,讀爲"定"。《玉篇》:"奠,定也,薦也。"奠、定古音義皆通。"未又所奠",同"未有所定"。《史記·酈生陸賈列傳》:"天下之心,未有所定也。"

鏨

 上博一·性1寺習而句～

～，从"土"，"奠"聲。與(左塚漆桐)同。

簡文～，讀爲"定"。《説文》："定，安也。"《禮記·月令》："以待陰陽之所定。"《史記·留侯世家》："天下屬安定，何故反乎？"

泥紐人聲

人

上博一·孔 3 儠(觀)～谷(俗)安(焉)

上博一·孔 6 乍〈亡(無)〉競隹(維)～

上博一·孔 8 則言諓(譖)～之害也

上博一·孔 9 則㠯(以)～益也

上博一·孔 15 及丌(其)～

上博一·孔 16 思古～也

上博一·孔 20 ～不可觕(觸)也

上博一·孔 23 終虖(乎)不猒(厭)～

上博一·孔 23 丌(其)甬(用)～則虔(吾)取

上博一·孔 24 甚貴丌(其)～必敬丌(其)立(位)

上博一·孔 24 敓(悦)丌(其)～必好丌(其)所爲

上博一·孔 24 亞(惡)丌(其)～者亦肰(然)

上博一·孔 25 腸(陽)腸(陽)少(小)～

上博一·孔 27《北風》不縊(絶)～之惌(怨)

上博一·孔 29《青蠅》智(知)惓(患)而不智(知)～

上博一·緇 3 里(淑)～君子

上博一·緇 3 上～矣(疑)則百眚(姓)惑

上博一·緇 8 一～又(有)慶

上博一·緇 10 大～不晕(親)丌(其)所取(賢)

上博一·緇 14 麻(靡)～不斂

上博一·緇 20 [淑]～君子

上博一·緇21～之好（好）我

上博一·緇21 少（小）～剴（豈）能好（好）兀（其）它（匹）

上博一·緇23～隹（雖）曰不利

上博一·緇23 宋～又（有）言曰

上博一·緇23～而亡（無）亙（恆）

上博一·性1 凡～唯（雖）又（有）生（性）

上博一·性8 唯～道爲可道也

上博一·性9 聖～比兀（其）頪（類）而侖（論）會之

上博一·性14 肰（然）句（後）兀（其）内（入）拔（撥）～之心也敀（厚）

上博一·性17［皆孝（教）兀（其）］～者也

上博一·性21 凡～情爲可兌（悦）也

上博一·性29 凡悦～勿翠（隱）［也］

 上博一·性 32～之不能㠯(以)惥(偽)也

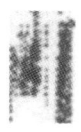 上博一·性 37 又(有)丌(其)爲～之俤俤女(如)也

 上博一·性 37 又(有)丌(其)爲～之柬(簡)柬(簡)女(如)也

 上博一·性 37 ～之[巧]言利訇(詞)者

 上博一·性 38 ～之囗肰(然)可與和安者

 上博一·性 38 又(有)丌(其)爲～之慧(快)女(如)也

 上博一·性 38 又(有)丌(其)爲～之

 上博一·性 39 凡～偽爲可亞(惡)也

 上博一·性 39 ～不訢(慎)

 上博二·子 7 ～子也

 上博二·子 9 皆～子也

 上博二·子 12 乃見～武

上博二・從甲 2 王舍(予)～邦豪(家)土陛(地)

上博二・從甲 3 善～

上博二・從甲 3 是吕(以)得孯(賢)士一～

上博二・從甲 4 遴(失)孯(賢)士一～

上博二・從甲 17～則啓道(導)之

上博二・從甲 17 後～則奉相之

上博二・從甲 17 丌(其)史(使)～

上博二・從甲 17 少(小)～

上博二・從甲 18 是吕(以)曰少(小)～惕(易)旻(得)而難史(事)也

上博二・從甲 18 丌(其)史(使)～

上博二・從甲 18 行才(在)已而名才(在)～

上博二・從甲 19 之～可也

上博二·從甲 19 君子不昌(以)流言戙(傷)～

上博二·從乙 1[九]曰軋(犯)～之炎(務)

上博二·從乙 3 少(小)～藥(樂)則惫(疑)

上博二·昔 2 昌(以)告迲(寺)～

上博二·容 4 邦無飤～

上博二·容 7 銜(率)天下之～邋(就)

上博二·容 8 舜於是虖(乎)訇(始)語堯天埅(地)～民之道

上博二·容 11 於是虖(乎)天下之～

上博二·容 12 堯又(有)子九～

上博二·容 17 舜又(有)子七～

上博二·容 30 三年而天下之～亡(無)訟獄者

上博二·容 33 聖～

上博二·容 33 㘈(禹)又(有)子五～

上博二·容 48 一～爲亡(無)道

上博二·容 51 綿(帶)麀(甲)菫(萬)～

上博三·周 4 利用見大～

上博三·周 4 丌(其)邑～晶(三)四户

上博三·周 7 丈～吉

上博三·周 10 比之非(匪)～

上博三·周 10 邑～不戒

上博三·周 21 ～之旻(得)

上博三·周 21 邑～之夾(災)

上博三·周 28 婦～吉

上博三·周 32 見亞(惡)～

 上博三·周 35 利見大～

 上博三·周 36 利見大～

 上博三·周 42 利見大～

 上博三·周 52 甈(闃)丌(其)亡(無)～

 上博三·周 54 利見大～

 上博三·中 3 子又(有)臣堇(萬)～

 上博三·中 10～丌(其)豫(舍)之者

 上博三·中 12 謁謁猒(狷)～

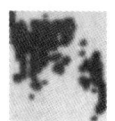 上博三·中 16 君子亡(無)所朕(厭)～

 上博三·中 25 含(今)之君子史(使)～

 上博三·瓦 8 又(有)～安(焉)又(有)不善

 上博三·瓦 8 䜣(亂)出於～

 上博三·彭 2 天地與～

 上博三·彭 2 舍(余)告女(汝)～緰(論)

 上博三·彭 3 敢昏(問)爲～

 上博四·采 1 碩～

 上博四·采 2 牆(將)兇(美)～

 上博四·采 3 牧～

 上博四·采 3 蒻～

 港甲 2 牛攸丌(其)～

 上博四·采 3 良～亡(無)不宜也

上博四·采 4 北埜～

  上博四·逸·多 1 鮮我二～

 上博四·逸·多 1 多～多人

上博四·逸·多 2 多人多～

上博四·昭 1 寵～㞢=(止之)曰

上博四·昭 2 少(小)～之告

上博四·昭 2 爾必㞢(止)少(小)～

上博四·昭 2 寵～弗敢㞢(止)

上博四·昭 10 囟邦～膚(皆)見之

上博四·柬 10 皮(彼)聖～之子孫

上博四·柬 14 一～不能釺(治)正(政)

上博四·柬 16 逗者又(有)歇(喝)～

上博四·柬 19 ～牂(將)芙(笑)君

上博四·柬 19 君聖～

上博四·柬 22 爲～

上博四・内1 古（故）爲～君者

上博四・内1 言～之君之不能史（使）丌（其）臣者

上博四・内1 不與言～之臣之不能事

上博四・内2 古（故）爲～臣者

上博四・内2 言～之臣之不能事丌（其）君者

上博四・内2 不與言～之君之不能史（使）丌（其）臣者

上博四・内2 古（故）爲～父者

上博四・内2 言～之

上博四・内3 不與言～之子之不孝者

上博四・内3 古（故）爲～子者

上博四・内3 言～之子之不孝者

上博四・内3 不與言～之父之不能畜子者

上博四·内 4 古（故）爲～倪（兄）者

上博四·内 4 言～之倪（兄）之不能慈（慈）俤（弟）者

上博四·内 4 不與言～之俤（弟）之不能承倪（兄）者

上博四·内 4 古（故）爲～俤（弟）者

上博四·内 4 言～之俤（弟）之不能承倪（兄）

上博四·内 10 從～觀（勸）

上博四·相 2 □□□□□～

上博四·曹 4 箸（孰）能並兼～

上博四·曹 6 昔池舶語舁（寡）～曰

上博四·曹 24 凡貴～由（囟）凥（處）前立（位）一行

上博四·曹 26 五～㠯（以）敓（伍）

上博四·曹 29 是古（故）倀（長）必訋（約）邦之貴～及邦之可（奇）士

上博四·曹 31 牒(諜)～至(來)告曰

上博四·曹 33 史(使)～不親則不緷(敦)

上博四·曹 36 能紿(治)百～

上博四·曹 36 吏(使)倀(長)百～

上博四·曹 38 ～之兵不砥礪(礪)

上博四·曹 39 ～之犀(甲)不緊(堅)

上博四·曹 39 ～史(使)士

上博四·曹 39 ～史(使)大夫

上博四·曹 39 ～史(使)牆(將)軍

上博四·曹 51 寡～

上博四·曹 57 㠯(以)攻～之所亡又(有)

上博四·曹 62 四～皆賞

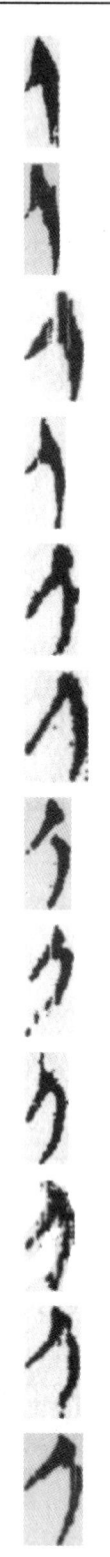

上博五·競 3 櫺(狄)～之怀(附)者七百邦

上博五·競 6 不諦悫(恕)寡～

上博五·競 8 寡～之不剝(肖)也

上博五·競 10 二～也

上博五·鮑 1 醫(殷)～之所㠯(以)弋(代)之

上博五·鮑 2 周～之所㠯(以)弋(代)之

上博五·鮑 2 募(寡)～牂(將)迥佾

上博五·鮑 5 ～之生(性)品(三)

上博五·鮑 6 ～之與

上博五·鮑 6 而畝(食)～

上博五·鮑 8 晉～戮(伐)齊

上博五·季 10 是古(故)殹～之居邦豪(家)也

正編·真部

上博五·季14 肰(然)亓(其)宔(主)～亦曰

上博五·季18 氏(是)古(故)叚～大於邦而又(有)咎(劮)心

上博五·季19 亞(惡)～勿歓(𣪠)

上博五·季20～勿貴

上博五·季22 叚(賢)～

上博五·姑9 敂(拘)～於百豫

上博五·君4 斯～欲亓(其)

上博五·君9～所亞(惡)也

上博五·君9～所亞(惡)也

上博五·君9～所亞(惡)也

上博五·君9□斯～欲亓(其)長貴也賏(富)而□

上博五·君10□昔者中(仲)尼箴(箴)徒三～

上博五·君 10 帘徒五～

上博五·君 11 非子～

上博五·弟 2 吴～生七口

上博五·弟 9～而下佮（臨）

上博五·弟 13 邉（就）～

上博五·弟 13 不凸（曲）方㠯（以）达（去）～

上博五·弟 17 夫安能王～

上博五·弟 21 未見善事～而忌者

上博五·弟 23 ☑□□之～

上博五·三 6 凡宅（托）官於～

上博五·三 6 宅（托）～於官

上博五·三 6 民～乃喪

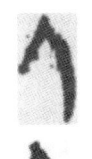 上博五·三 10 母(毋)爲～昌(倡)

 上博五·三 12 出欲殺～

 上博五·三 13 亞(惡)聖～之忑(謀)

 上博五·三 17 天才(哉)～才(哉)

 上博五·三 17 智(知)～足㠯(以)會新(親)

 上博五·三 19 瀘(廢)～勿罼(興)

 上博五·鬼 2 焚聖～殺訐(諫)者

 上博五·鬼 3 天下之聖～也

 上博五·鬼 3 天下之嚻(亂)～也

 上博六·競 9 亞(惡)聖～

 上博六·競 10 丌(其)～數多已

 上博六·孔 3 □亓(其)辭於僻～嘑(乎)

上博六・孔 4 悬(仁)者是能行聖～之道

上博六・孔 4 行聖～之道

上博六・孔 6 ～之未謭(察)

上博六・孔 7 悬(仁)～之道

上博六・孔 7 異於～不宜

上博六・孔 8 唯非悬(仁)～也

上博六・孔 9 不悬(仁)～弗旻(得)進矣

上博六・孔 9 辭旻(得)不可～而與

上博六・孔 10 唯悬(仁)～也

上博六・孔 11 易與悬(仁)～口者也

上博六・孔 17 皆求異於～

上博六・孔 20 女(如)夫見～不猒(厭)

上博六·莊 2 □之～

上博六·壽 6 逡(後)之～可(何)若

上博六·用 3 良～鼎安(焉)

上博六·用 6 凡臭～

上博六·用 6 非～是臭

上博六·用 10 勞～亡赶

上博六·用 13 而昌於人～

上博六·用 15 良～可思

上博六·用 18～亡(無)曼(文)

上博七·武 8 與丌(其)溺於～

上博七·武 8 溺於～

上博七·武 12 聖～之道

上博七·鄭甲1 鄡(邊)～埜(來)告

上博七·鄭甲3 奠(鄭)～青(請)丌(其)古(故)

上博七·鄭甲5 奠(鄭)～命㠯(以)子良爲執命

上博七·鄭甲6 晉～涉

上博七·鄭甲7 含(今)晉～牀(將)救子豪(家)

上博七·鄭乙1 鄡(邊)～埜(來)告

上博七·鄭乙3 奠(鄭)～情(請)丌(其)古(故)

上博七·鄭乙5 奠(鄭)～命㠯(以)子良爲執命

上博七·鄭乙6 晉～涉

上博七·君甲4 庆(侯)子三～

上博七·君甲6 ～胃(謂)之安邦

上博七·君甲7 ～㠯(以)君王爲庆(所)㠯(以)戮

上博七·君甲 8 君～者可（何）必安才（哉）

上博七·君甲 9 磙（戮）死於～手

上博七·君甲 9 君～者可（何）必安才（哉）

上博七·君乙 4 厌（侯）子三～

上博七·君乙 4 一～土（杜）門而不出

上博七·君乙 6 ～胃（謂）之安邦

上博七·君乙 6 ～㠯（以）君王爲戮

上博七·君乙 8 君～者可（何）必安才（哉）

上博七·君乙 9 磙（戮）死於～手

上博七·君乙 9 君～者可（何）必安才（哉）

上博七·凡甲 2 民～流型

上博七·凡甲 4 五言才（在）～

上博七·凡甲 5 衼(鬼)生於～

上博七·凡甲 6 衼(鬼)生於～

上博七·凡甲 10 亓(其)～审(中)

上博七·凡甲 12 忎(近)之䇹(箭—薦)～

上博七·凡甲 16 是古(故)聖～凥〈尸—處〉於亓(其)所

上博七·凡甲 18 ～白(泊)爲叡(察)

上博七·凡甲 24 ～死返(復)爲人

上博七·凡甲 24 人死返(復)爲～

上博七·凡乙 2 民～流型

上博七·凡乙 3 五言才(在)～

上博七·凡乙 4 衼(鬼)生於～

上博七·凡乙 5 衼(鬼)生於～

上博七·凡乙 8 亓(其)～宎(中)

上博七·凡乙 11 是古(故)聖～尻(處)於亓(其)所

上博七·凡乙 17～死遉(復)爲人

上博七·凡乙 17 人死遉(復)爲～

上博七·吴 6 隹(唯)舍(余)一～所豊(禮)

上博七·吴 7 募(寡)君一～

上博七·吴 8 吴～

上博七·吴 9 楚～爲不道

上博八·子 1 門～柬(諫)曰

上博八·子 5 門～旣荼(除)

上博八·顔 8 少(小)～靜(爭)而遊(失)之

上博八·命 1 君王窮(窮)亡～

上博八·命 8 遳(坐)友五~

上博八·命 8 立友七~

上博八·命 10 遳(坐)友亡[一]~

上博八·命 10 立友亡一~

上博八·命 11 遳(坐)友三~

上博八·命 11 立友三~

上博八·王 3 邦~其濾(沮)志解體

上博八·王 4 ☐□塵能進後~

上博八·志 1 是楚邦之弝(強)秒(梁)~

上博八·志 2 邦~亓(其)胃(謂)之可(何)

上博八·志 4 所㠯(以)皋(罪)~

上博八·志 6 邦~亓(其)胃(謂)我不能爯(稱)人

上博八·志6 邦人亓(其)胃(謂)我不能禹(稱)～

上博八·李2 氏(是)古(故)聖～棘此和勿(物)

上博八·李2 㠯(以)李(理)～情

上博八·李2 ～因亓(其)情則樂亓(其)事

上博八·李3 氏(是)古(故)聖～棘此

《説文·人部》:"人,天地之性最貴者也。此籀文。象臂脛之形。"

上博一·孔8"諆(譖)～",進讒言之人。《詩·小雅·青蠅》:"營營青蠅,止於棘,讒人罔極,交亂四國。"

上博一·孔16"古～",古時的人。《書·益稷》:"予欲觀古人之象。"

上博一·緇3、20"叔～",讀爲"淑人",善人。《詩·小雅·鼓鐘》:"淑人君子,懷允不忘。"鄭玄箋:"淑,善。"

上博一·緇3"上～",居於上位的人,指君主。馬王堆漢墓帛書《十六經·正亂》:"上人正一,下人靜之,正以侍(待)天,靜以須人。"

上博一·緇23"宋～",指周代宋國人。受到周人的歧視。《莊子·逍遙遊》:"宋人資章甫而適諸越,越人斷髮文身,無所用之。"《韓非子·五蠹》:"宋人有耕田者,田中有株,兔走,觸株折頸而死,因釋其耒而守株,冀復得兔,兔不可復得,而身爲宋國笑。"

上博一·性21、上博八·李2"～情",人之感情。《禮記·禮運》:"何謂人情?喜、怒、哀、懼、愛、惡、欲,七者弗學而能。"《荀子·正名》:"性之好、惡、喜、怒、哀、樂謂之情。"

上博二·從甲3"善～",有道德的人;善良的人。《論語·述而》:"善人,吾不得而見之矣,得見有恆者,斯可矣。"邢昺疏:"善人,即君子也。"

上博二·昔2"逹～",上博四·昭1、2"寵～",讀爲"寺人",古代宮中的近侍小臣。多以閹人充任。《詩·秦風·車鄰》:"未見君子,寺人之令。"鄭玄

注:"寺人,内小臣也。"

上博二·容8"～民",百姓;平民。《詩·大雅·抑》:"質爾人民,謹爾侯度,用戒不虞。"

上博三·周7"丈～",古時對老人的尊稱。《易·師》:"貞,丈人,吉。"孔穎達疏:"丈人,謂嚴莊尊重之人。"

上博三·周10、21"邑～",封地上的人。《易·比》:"邑人不誡,上使中也。"《左傳·哀公十六年》:"子木暴虐於其私邑,邑人訴之。"

上博三·周28"婦～",成年女子的通稱,多指已婚者。《易·恆》:"婦人吉,夫子凶。"《墨子·非攻下》:"農夫不暇稼穡,婦人不暇紡績織紝。"

上博三·周32、上博五·季19"亞(惡)～",壞人。《易·睽》:"見惡人,無咎。"揚雄《法言·修身》:"修其善則爲善人,修其惡則爲惡人。"

上博三·彭2"～綸",讀爲"人倫",人與人之間的關係。特指尊卑長幼之間的等級關係。《管子·八觀》:"背人倫而禽獸行,十年而滅。"《孟子·滕文公上》:"人之有道也,飽食煖衣,逸居而無教,則近於禽獸,聖人(舜)有憂之,使契爲司徒,教以人倫:父子有親,君臣有義,夫婦有別,長幼有敘,朋友有信。"

上博四·采1"碩～",美人。《詩·衛風·碩人》:"碩人其頎,衣錦褧衣。"鄭玄箋:"碩,大也,言莊姜儀表長麗俊好,頎頎然。"

上博四·采3"牧～",官名。掌畜牧。《周禮·地官·牧人》:"掌牧六牲而阜蕃其物。"也可能指放牧的人。《詩·小雅·無羊》:"牧人乃夢,衆維魚矣,旐維旟矣。"

上博四·采3"蔿～",讀爲"場人",周代掌管國家場圃的官名。《周禮·地官·場人》:"場人掌國之場圃,而樹之果蓏珍異之物,以時斂而藏之。"

上博四·内1"～君"、上博四·内2"～臣",《大戴禮記·曾子立孝》:"爲人臣而不能事其君者,不敢言人君不能使其臣者也。"

上博四·曹24、29"貴～",顯貴的人。《穀梁傳·襄公二十九年》:"賤人,非所貴也;貴人,非所刑也;刑人,非所近也。"

上博四·曹31"牒(諜)～",間諜;暗探。《周書·韋孝寬傳》:"東魏將段琛、堯傑復據宜陽,遣其陽州刺史牛道恆扇誘邊民,孝寬深患之,乃遣諜人訪獲道恆手跡,令善學書者僞作道恆與孝寬書,論歸款意。"

上博五·季14"宔(主)～",接待賓客的人。與"客人"相對。《儀禮·士相見禮》:"主人請見,賓反見,退,主人送於門外,再拜。"《荀子·樂論》:"賓出,主人拜送。"

上博五·鬼3"亂～",違背正道或製造混亂的人。《莊子·盜跖》:"湯武以來,皆亂人之徒也。"

上博六·孔"仁～",有德行的人。《書·泰誓中》:"雖有周親,不如仁人。"

上博四·采3、上博六·用3、15"良～",賢者;善良的人。《詩·大雅·桑柔》:"維此良人,作爲式穀。"《莊子·田子方》:"昔者寡人夢見良人。"

上博五·競3"𨲠～",讀爲"狄人",狄國人。

上博五·鮑1"殹～",即"殷人",商代人。

上博五·鮑2"周～",周代人。

上博七·鄭"奠～",讀爲"鄭人",鄭國人。

上博七·鄭"晉～",晉國人。

上博七·吴8"吴～",吴國人。

上博七·吴9"楚～",楚國人。

上博七·鄭"鄘(邊)～",指駐守邊境的官員、士兵等。《國語·魯語上》:"晉人殺厲公,邊人以告。"韋昭注:"邊人,疆場之司也。"

上博五·三6、上博七·凡甲2"民～",人民,百姓。《詩·大雅·瞻卬》:"人有土田,女反有之。人有民人,女覆奪之。"

上博七·凡甲10"亓(其)～宔(中)","人"字之誤,進入,到達。"其入中",日到中午時候,猶言"日中",即正午。(曹錦炎)或讀爲"日"。(宋華强)

上博七·吴6"舍(余)一～",古代天子自稱。也寫作"予一人"。《左傳·昭公三十二年》:"〔天子曰:〕'余一人無日忘之,閔閔焉如農夫之望歲。'"《國語·周語上》:"在《湯誓》曰:'余一人有罪,無以萬夫;萬夫有罪,在余一人。'"韋昭注:"天子自稱曰余一人。"

上博八·子1、5"門～",再傳弟子,即先生弟子的弟子。《經稗·四書》:"歐陽子有言,受業者爲弟子,受業於弟子者,爲門人。試稽之《論語》所云'門人',皆受業於弟子者也。顏淵死,門人厚葬之,此顏子之弟子也;子出,門人問,此曾子之弟子也;子疾病,子路使門人爲臣,又門人不敬子路,此子路之弟子也;子夏之門人問交於子張,此子夏之弟子也。"

上博"少(小)～",平民百姓。指被統治者。《書·無逸》:"生則逸,不知稼穡之艱難,不聞小人之勞,惟耽樂之從。"或指人格卑鄙的人。《書·大禹謨》:"君子在野,小人在位。"

上博"邦～",國人;百姓。《書·金縢》:"二公命邦人,凡大木所偃,盡起而築之。"

上博"大~",指在高位者,如王公貴族。《易·乾》:"九二:見龍在田,利見大人。"

上博"臥~",讀爲"賢人",有才德的人。《易·繫辭上》:"有親則可久,有功則可大。可久則賢人之德,可大則賢人之業。"

上博"寡~",古代君主的謙稱。《禮記·曲禮下》:"諸侯見天子,曰'臣某侯某'。其與民言,自稱曰'寡人'。"孔穎達疏:"寡人者,言己是寡德之人。"

上博"聖~",指品德最高尚或智慧最高超的人。《易·乾》:"聖人作而萬物覩。"《老子》:"是以聖人抱一爲天下式。"《文子·精誠》:"聖人不降席而匡天下。"

信

 上博一·性13 所㠯(以)爲~與登(徵)也

 上博一·性14 丌(其)出於情也~

 上博一·性40 ~矣

 上博一·性殘1☒☐☐人~之矣

 上博二·從甲1 夫是則獸(守)之㠯(以)~

 上博二·從甲10 ~則得衆

 上博二·從乙1 㿋(繇)訫懂(勸)~

 上博二·容9 竺(篤)義與~

 上博三·亙 4 燹(氣)～神才(哉)

 上博三·亙 4～浧(盈)天地

 上博五·季 21 毋～玄曾

 上博五·君 4 智而比～

 上博五·弟 8～唬(乎)

 上博五·弟 8 可言唬(乎)丌(其)～也

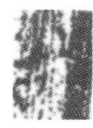 上博五·弟 21 □虐(吾)未見□而～者

 上博五·三 15 嚴畧(恪)必～

 上博一·孔 7～矣

 上博一·孔 21 虐(吾)～之

 上博一·孔 22 虐(吾)～之

 上博一·緇 13～㠯(以)結之

 上博一·緇 17 㠯(以)城(成)丌(其)～

 上博四·采 5 兹(茲)～然

 上博一·緇 10 而～(信)丌(其)所賤

 上博一·緇 10 [黎民]所～

 上博一·緇 23 虗(吾)弗～之矣

 上博六·競 3 是～虗(吾)亡良祝史

 上博六·孔 5 爲～㠯(以)事亓上

 上博六·孔 12 唯又(有)～弗遠

 上博六·慎 2 ～㠯(以)爲言

 上博六·用 5 隹(唯)言之又(有)～

 上博六·天甲 5 ～文旻(得)事

 上博六·天甲 13 㢜(強)行、忠𧥷(謀)、～言

　　上博八·顔4俑(庸)言之～

　　上博八·顔5所㠯(以)～也

　　上博八·顔13□芧(素?)行而～

　　上博八·蘭4～萰(蘭)丌(其)蔑也

～，戰國文字或作 (郭店·老子丙2)、 (郭店·緇衣18)、 (郭店·忠信之道1)、 (郭店·成之聞之2)、 (施156)、 (施197)、 (施208)、 (珍戰150)、 (左塚漆桐)、 (施312)、 (施334)、 (施40)、 (施316)、 (秦風245)。《説文·言部》："信，誠也。从人，从言。會意。 ，古文从言省。 ，古文信。"

上博一·性13～，信物、憑證。

上博三·亙4～，副詞，訓爲"實"、"誠然"、"真"。劉淇《助字辨略》卷四"信"字下的按語"誠也，實也，允也，果也"，《史記·田齊世家》："若夫語五音之紀，信未有如夫子者也。"《孟子·公孫丑下》："信能行此五者，則鄰國之民仰之若父母矣。"包山137簡"信察問知"、144簡"信以刀自傷"、90簡"某地信有某人"。（董珊）

上博一·性40、上博一·孔7、上博五·弟8、上博六·競3、上博八·蘭4～，果真，確實。《書·金縢》："二公及王，及問諸史與百執事。對曰：'信，噫！公命，我勿敢言。'"孔安國傳："史百執事言信有此事，周公使我勿道。"

上博一·緇10、13、23、上博一·孔21、22、上博五·季21～，相信。

上博四·采5"丝(兹)～然"，曲目，意爲這確實如此。《後漢書·段熲傳》："熲於道僞退，潛於還路設伏。虜以爲信然，乃入追熲。"

上博一·緇17、上博一·性14、上博二·從甲1、10、上博二·從乙1、上

博二·容9、上博五·君4、上博五·弟8、21、上博五·三15、上博六·慎2、上博六·用5、上博八·顏4、5、13～，守信用，實踐諾言。《老子》："輕諾者寡信。"

上博六·天甲5～，用，《荀子·哀公》："明主任計不信怒，闇主信怒不任計"。楊倞注："信，亦任也"。簡文"信文得事，信武得田"，《詩·魯頌·泮水》"允文允武，昭假烈祖。"鄭玄箋："僖公信文矣，爲修泮宮也；信武也，爲伐淮夷也。"《鶡冠子·天則》："文武交用而不得事實。"

上博六·天甲13"～言"，誠實不欺之言。《論語·學而》："與朋友交，言而有信。"《老子》："信言不美，美言不信。"

忎（仁）

 上博二·子10 寬（懷）厽（三）～而畫於伓（背）而生

 港甲3～而畫於雁（膺）生

 上博八·有1囟（思）遊於～（仁）今可（分）

～，與 (郭店·唐虞之道3)、 (郭店·唐虞之道7)、 (郭店·忠信之道8)同，从"心"，"人"聲或"千"聲。"仁"字異體。

上博二·子10、港甲3～，讀爲"年"，古文字"年"本從"人"得聲。《太平御覽》卷三七一引《世本》："陸終娶于鬼方氏之妹，謂之女嬇，生子六人。孕而不育，三年，啓其左脅，三人出焉；啓（《水經注·洧水》引《世本》作"破"）其右脅，三人出焉。"（陳劍）

上博八·有1"囟（思）遊於～（仁）今可（分）"，即"仁"，可參《論語·述而》："子曰：'志于道，據於德，依于仁，游於藝。'"何晏集解："志，慕也。道不可體，故志之而已。據，杖也。德有成形，故可據。依，倚也。仁者功施於人，故可倚。藝，六藝也，不足據依，故曰遊。"

身

 上博一·緇 19 集大命於氏(是)～

 上博五·鮑 6 公弗惹(圖)必罨(害)公～

 上博四·柬 6 不敢㠯(以)君王之～弁(變)亂㿝(鬼)神之棠(常)古(故)

 上博四·柬 7 㠯(以)君王之～殺祭

 上博四·柬 21 不㠯(以)丌(其)～弁(變)贅尹之棠(常)古(故)

 上博五·君 2 ～毋遧(動)安

 上博五·君 7 ～毋䈾

 上博三·周 48 不䐴(獲)丌(其)～

 上博五·三 11 毋䉼(逸)亓(其)～

 上博五·鬼 2 ～不殁(沒)

 上博五·競 5 又(有)慐(憂)於公～

 上博五·競 5 公～爲亡(無)道

 上博五·競 9 公～爲亡(無)道

 上博二·容 22～言

 上博二·容 35～力㠯(以)勞百眚(姓)

 上博三·彭 6 心白～澤(釋)

 上博四·曹 34 君必～聖(聽)之

 上博四·曹 9 㠯(以)亡(無)道爯(稱)而殳(沒)～遱(就)莞(死)

 上博五·鮑 7 公乃～命祭

 上博五·三 3 亓(其)～不殳(沒)

 上博五·三 13～尗(且)有疠(病)

 上博五·三 17 殳(沒)亓(其)～才(哉)

 上博四·曹 40 我君～進

 上博四·曹 65 以及亓(其)～

 上博一·性 25 攸(修)～者也

 上博一·性 25 攸(修)～近至惪(仁)

 上博一·性 27 凡～谷(欲)靑(靜)而毋遣(譴)

 上博一·性 30～必從之

 上博一·性 36 甬(用)～之弁者

 上博三·彭 1 而墾(舉)於朕～

 上博四·昭 9 息君吳王～至於郢

 上博六·競 3～爲新

 上博六·慎 1 共(恭)會(儉)㠯(以)立～

 上博六·慎 3 勿㠯(以)壞～

 上博六·用 6 氒(厥)～是戠

　上博六·用 16 鯀之～

　上博六·天甲 2～不夅

　上博六·天甲 2～不夅

　上博六·天甲 3～不夅

　上博六·天甲 6 洛尹行～和二

　上博六·天甲 7 募（寡）還～

　上博六·天乙 2～不夅

　上博六·天乙 2～不夅

　上博六·天乙 2～不夅

　上博六·天乙 5 洛尹行～和二

　上博六·天乙 6 寡還～

　上博七·武 5 及於～

· 2268 ·

上博七・武 12～則君之臣

上博七・君甲 8 言（然）不敢䍃（懌）～

上博七・君乙 8 言（然）不敢䍃（懌）～

上博七・凡甲 6～豊（體）不見

上博七・凡甲 18 終～自若

上博七・凡甲 22 所㠯（以）攸（修）～而詞（治）邦豪（家）

上博七・凡甲 23 厇（度）於～旨（稽）之

上博七・凡乙 5～豊（體）不見

上博七・凡乙 13 終～自若

上博七・凡乙 16 於～旨（稽）之

上博八・顔 6 攸（修）～㠯（以）先

上博八・成 3 各才（在）亓（其）～

　上博八·成 4 不辱亓(其)～

　上博八·成 11 少罡(疏)於～

　上博八·蘭 5～軆䏠(重)宵(輕)而目耳裻(勞)矣

　上博八·顏 10 名至必俾(卑)～

～,戰國文字或作 、、、、、、、、、、、、、。《説文·身部》:"身,躳也。象人之身。从人,厂聲。"

上博二·容 35"～力",自己的能力、力量。《管子·君臣上》:"賢人之臣其主也,盡知短長與身力之所不至。"

上博四·曹 9、上博五·鬼 2、上博五·三 3、17"没～",終身。《老子》:"沒身不殆。"《漢書·息夫躬傳》:"今單于以疾病不任奉朝賀,遣使自陳,不失臣子之禮。臣禄自保沒身不見匈奴爲邊竟憂也。"

上博四·曹 40、上博四·曹 34、上博五·鮑 7～,《爾雅·釋言》:"身,親也。"親自。《管子·入國》:"疾甚者以告,上身問之。"

上博一·性 25 上博七·凡甲 22、上博八·顏 6"攸～",讀爲"修身",陶冶身心,涵養德性。《禮記·中庸》:"知斯三者,則知所以修身;知所以修身,則知所以治人;知所以治人,則知所以治天下國家矣。"

上博六·天"～不全",讀爲"身不免",《莊子·胠篋》:"昔者龍逢斬,比干剖,萇弘胣,子胥靡,故四子之賢而身不免乎戮。"《管子·白心》:"小取焉則小得福,大取焉則大得福,盡行之而天下服,殊無取焉則民反,其身不免於賊。"

上博一·緇 19、上博一·性 27、30、上博三·彭 1、上博四·昭 9、上博

五・競 5、9、上博七・凡甲 23～，自身，自己。《楚辭・九章・惜誦》："吾誼先君而後身兮，羌衆人之所仇。"《列子・楊朱》："慎耳目之觀聽，惜身意之是非。"司馬遷《報任少卿書》："身非木石，獨與法吏爲伍，深幽囹圄之中，誰可告愬者。"

上博七・武 12～，第一人稱代詞，相當於"我"。《爾雅・釋詁下》："身，我也。"《爾雅・釋詁下》："朕、余、躬，身也。"郭璞注："今人亦自呼爲身。"邢昺疏："身，自謂也。"

上博八・蘭 5、上博七・凡甲 6、凡乙 5"～豊"，讀爲"身體"，指人或動物的全身。《戰國策・楚策四》："襄王聞之，顏色變作，身體戰慄。"《漢書・王商傳》："爲人多質而威重，長八尺餘，身體鴻大。"

上博七・凡甲 18、凡乙 13"終～自若"，一生；終竟此身。《禮記・王制》："大夫廢其事，終身不仕，死以士禮葬之。"《漢書・司馬遷傳》："蓋鍾子期死，伯牙終身不復鼓琴。"

上博六・慎 1"立～"，處世、爲人。《孝經・開宗明義》："立身行道，揚名於後世，以顯父母，孝之終也。"《史記・太史公自序》："且夫孝始於事親，中於事君，終於立身。"

上博八・顏 10"俾～"，讀爲"卑身"，指謙恭、遜讓。袁康《越絕書・請糴內傳》："君王卑身重禮，以素忠爲信，以請糴於吳，天若棄之，吳必許諾。"

上博八・成 4"不辱丌（其）～"，謂不屈辱自己的身份。《論語・微子》："不降其志，不辱其身，伯夷叔齊與！"《史記・刺客列傳》："聶政曰：'臣所以降志辱身居市井屠者，徒幸以養老母。'"司馬貞索隱："言其心志與身本應高絜，今乃卑下其志，屈辱其身。"

上博二・容 22"～言"，身體力行；親身經歷。《淮南子・繆稱》："身君子之言，信也；中君子之意，忠也。"高誘注："身君子之言，體行君子之言也。"

上博～，人的軀體，指頸以下大腿以上的部分。多指整個身體。（白於藍）

㥉（仁）

上博二・從甲 3 豊（禮）則寡而爲～

上博二・從甲 5 四曰～

 上博二·從甲 6 不～則亡（無）吕（以）行正（政）

 上博二·從甲 11 內亓（其）～安

 上博二·從乙 4～之宗也

 上博二·從乙 6～而不智

 上博五·君 1 吕（以）依於～

 上博五·弟 11 此之胃（謂）～

 上博一·緇 7 百眚（姓）吕（以）～

 上博五·鬼 1～義聖智

 上博五·鮑 6 亓（其）爲不～厚矣

 上博五·季 2 青昏可胃（謂）～之吕（以）惪（德）

 上博五·季 4 此之胃（謂）～之吕（以）惪（德）

 上博五·三 22 臨民吕（以）～

上博一・緇6 上好～

上博一・緇6 則下之爲～也靜(爭)先

上博一・緇22 則好～不叕(堅)

上博一・性24 臤(篤)於～者也

上博一・性25 攸(修)身近至～

上博一・性33 ～之方也

上博一・性33 ～眚(性)之方也

上博一・性34 唯眚(性)慐(愛)爲近～

上博一・性34 唯亞(惡)不～爲近宜(義)

上博五・弟附簡未可胃(謂)～也

上博六・競11 可～

上博六・孔3 上不睪〈睪(親)〉～

上博六·孔 4～=(仁心)者是能行聖人之道

上博六·孔 4 女子皋〈睪(親)〉～

上博六·孔 5～亓(其)女此也

上博六·孔 6 繇～與

上博六·孔 6 女(如)夫～

上博六·孔 7～人之道

上博六·孔 8 唯非～人也

上博六·孔 9～孚悳而進之

上博六·孔 9 悳孚～而進之

上博六·孔 9 不～人弗旻(得)進矣

上博六·孔 10 唯～人也

上博六·孔 11 易與～人口者也

上博六・慎 6～之至

上博七・武 4～目（以）得之

上博七・武 4～目（以）守之

上博七・武 5 不～

上博七・武 5～目（以）獸（守）之

上博七・武 5 不～

上博七・武 5 不～

上博八・顔 11 所目（以）尻（處）～也

～，郭店簡或作 、、、、、、、、、、，从"心"，"身"聲，即"仁"字異構。《説文・人部》："仁，親也。从人，从二。![]，古文仁。从千、心。![]，古文仁。或从尸。"

上博二・從乙 4"～（仁）之宗也"，可參《禮記・儒行》："溫良者，仁之本也;敬慎者,仁之地也;寬裕者,仁之作也;孫接者,仁之能也;禮節者,仁之貌也;言談者,仁之文也;歌樂者,仁之和也;分散者,仁之施也。"《管子·戒》:"孝弟者,仁之祖也;忠信者,交之慶也。"

上博二·從乙 6"～(仁)而不智則",《荀子·君道》:"故知而不仁不可,仁而不知不可,既知且仁,是人主之寶也,而王霸之佐也。"

上博五·君 1"以依於～",《論語·述而》:"子曰:'志于道,據於德,依于仁,遊於藝。'"何晏集解:"依,倚也。仁者功施於人,故可倚。"

上博五·鬼 1"～(仁)義聖智"。仁、義、禮、智、聖,古代合稱"五行",亦即子思、孟子學說中的"五行"(見《荀子·非十二子》)。"仁義",仁愛和正義;寬惠正直。《禮記·曲禮上》:"道德仁義,非禮不成。"孔穎達疏:"仁是施恩及物,義是裁斷合宜。"《禮記·喪服四制》:"恩者仁也,理者義也,節者禮也,權者知也,仁義禮知,人道具矣。"

上博五·鮑 6"～厚",讀爲"仁厚",仁愛寬厚。《荀子·富國》:"其仁厚足以安之。"《漢書·宣帝紀》:"誠愛結于心,仁厚之至也。"

上博一·性 24"臐(篤)於～(仁)者也",即"篤仁",篤實而仁厚。《史記·魯周公世家》:"自文王在時,旦爲子孝,篤仁,異於群子。"

上博一·性 25"攸(修)身近至～(仁)",典籍或作"脩身"。《禮記·中庸》:"故爲政在人,取人以身,脩身以道,脩道以仁。仁者人也。"

上博一·性 33"～(仁)之方也",《論語·雍也》:"夫仁者,己欲立而立人;己欲達而達人。能近取譬,可謂仁之方也已。"

上博六·孔 4～=,"仁心"合文。《孟子·離婁上》:"今有仁心仁聞而民不被其澤,不可法於後世者,不行先王之道也。"朱熹注:"仁心,愛人之心也。仁聞者,有愛人之聲聞於人也。先王之道,仁政是也。"

上博六·孔 7、8、10、上博六·孔 11"～人",讀爲"仁人",成德之人。《論語·衛靈公》子曰:"志士仁人,無求生以害仁,有殺身以成仁。"《孔子家語·大婚解》:"仁人不過乎物。孝子不過乎親。是故仁人之事親也如事天,事天如事親,此謂孝子成身。"

上博二·從甲 6、上博七·武 5"不～",即"不仁",指無仁厚之德。《易·繫辭下》:"小人不恥不仁。"《禮記·檀弓上》:"之死而致死之,不仁而不可爲也。"《論語·八佾》:"人而不仁,如禮何?人而不仁,如樂何?"

上博八·顔 11"凥(處)～",讀爲"處仁",《荀子·大略》:"君子處仁以義,然後仁也;行義以禮,然後義也;制禮反本成末,然後禮也。三者皆通,然後道也。"

上博～,是古代一種含義極廣的道德觀念。其核心是仁愛;相親。《禮記·中庸》:"仁者人也,親親爲人。"《論語·顔淵》:"樊遲問仁。子曰:'愛人。'"《墨子·經説下》:"仁,仁愛也。"《孟子·告子上》:"仁,人心也。"《大戴禮記·四代》:"仁,信之器也。"泛指仁德。仁慈;厚道。

上博二·從甲 11"内亓(其)～安",讀爲"納其身焉",納己身於善行之中。

千

 上博二·容 7 於是虎(乎)方圆(圓)～里

 上博二·容 45 於是虖(乎)复(作)爲金桎三～

 上博二·容 51 武王於是虎(乎)复(作)爲革車～輰(乘)

 上博二·容 51 縭(帶)麇(甲)三～

 上博七·凡甲 9 足牆(將)至～里

 上博七·凡甲 15 每於～里

 上博七·凡甲 16 至聖(聽)～里

 上博七·凡乙 7 足牆(將)至～里

 上博七·凡乙 11 至聖(聽)～里

《説文・人部》:"千,十百也。从十,从人。"

上博二·容51"～乘",兵車千輛。古以一車四馬爲一乘。《左傳·襄公十八年》:"魯人、莒人皆請以車千乘自其鄉入。"《孫子·作戰》:"凡用兵之法,馳車千駟,革車千乘,帶甲十萬。"

上博二·容51"繡(帶)虘(甲)三～",《韓非子·初見秦》:"昔者紂爲天子,將率天下甲兵百萬,左飲於淇溪,右飲於洹裕,淇水竭而洹水不流,以與周武王爲難。武王將素甲三千,戰一日,而破紂之國,禽其身,攄其地而有其民,天下莫傷。"

上博"～里",指路途遙遠或面積廣闊。《左傳·僖公三十二年》:"師之所爲,鄭必知之,勤而無所,必有悖心,且行千里,其誰不知。"

年

 上博一·緇7 壆(禹)立厽(三)～

 上博二·容5 坐(匡)天下之正(政)十又(有)九～而王天下

 上博二·容6 三十又(有)七～而民冬(終)

 上博二·容18 壆(禹)聖(聽)正(政)三～

 上博二·容23 舜聖(聽)正(政)三～

 上博二·容28 五～乃襄(穰)

 上博二·容30 三～而天下之人亡(無)訟獄者

上博二·容 35 [啟]王天下十又(有)六～而傑(桀)复(作)

上博三·周 24 十～勿用

上博四·曹 12 還～而訽(問)於敀(曹)敫(蔑)曰

上博五·鬼 2 長～又(有)罄(譽)

上博五·鬼 3 長～而旻(沒)

上博五·競 3 不出三～

上博五·弟 5 亙～不死(恆)至

上博六·孔 18 行～

上博七·君甲 8 君王唯(雖)不長～

上博七·君甲 8 戊行～秊=(七十)矣

上博七·君乙 7 君王唯(雖)不長～

上博七·君乙 8 戊行～秊=(七十)矣

 上博八·子1 虗(吾)子齒～長壴(矣)

 上博八·成1 成王既邦(封)周公二～

 上博八·蘭4……～(佞)前亓(其)約會(儉)

～,戰國文字或作 、、、、、、、、、、、。《説文·禾部》:"年,穀孰也。从禾,千聲。《春秋傳》曰:'大有年。'"

上博四·曹12"還～",讀爲"期年",一年。(宋華強)

上博五·鬼2、3、上博七·君甲8"長～",長壽。《管子·中匡》:"道血氣以求長年、長心、長德。"或指年長,年齡較大。《韓非子·姦劫弑臣》:"人主無法術以禦其臣,雖長年而美材,大臣猶將得勢,擅事主斷,而各爲其私急。"

上博六·孔18、上博七·君甲8、君乙8"行～",經歷的年歲,指當時年齡。《荀子·君道》:"以爲好麗邪?則夫人行年七十有二,齳然而齒墮矣。"

上博八·子1"齒～",年齡。《吕氏春秋·上農》:"齒年未長,不敢爲園囿。"

上博八·蘭4～,讀爲"佞"。《左傳·襄公三十年經》"天王殺其弟佞夫",《公羊傳》"佞夫"作"年夫";《春秋左傳異文釋》卷七:"《大戴·公冠》:'祝雍曰,使王近於民,遠於年。'《説苑·脩文》作'遠於佞'。"佞,善辯,口才好。(曹錦炎)

上博～,時間單位。地球繞太陽一周的時間,即太陽年。《書·太甲上》:"太甲既立,不明,伊尹放諸桐。三年復歸於亳,思庸,伊尹作《太甲》三篇。"

怇

 上博一·孔 8 少(小)又(有)～安(焉)

～，从"心"，"年"聲。

簡文～，讀爲"佞"，善辯；口才好。《書·呂刑》："非佞折獄，惟良折獄，罔非在中。"孔安國傳："非口才可以斷獄，惟平良可以斷獄，無不在中正。"或讀爲"仁"、"過"或"禍"、"危"(詭)。

軨

 上博四·曹 63 鬼(鬼)神～武

～，與 軨(郭店·五行 43)同，从"車"，"㐱"聲。

簡文"～武"，讀爲"展武"，有耀武揚威的意思。(陳斯鵬)或讀爲"珍"。《漢書·五行志中之上》："惟金沴木"。服虔曰："沴，害也。"如淳曰："沴音指戾之戾，義亦同。"(范常喜)或認爲從"勿"聲，"軨武"讀爲聯綿詞"忽芒"等。《辭通》朱起鳳按語："惚怳亦作怳惚。言無形象，無方體，不可端倪也。"簡文"鬼神忽芒，非所以教民"，言鬼神無形無象，其事難以憑據，非所以教民。(陳劍)或讀爲"忽"，"忽武"謂輕忽武士。(季旭昇)

來紐令聲

命

 上博一·孔 2 文王受～矣

 上博一·孔 7 ～此文王

上博一·孔 7 城（誠）～之也

上博一·緇 8 不從丌（其）所㠯（以）～

上博一·緇 12 晉（祭）公之寡（顧）～員（云）

上博一·緇 19 集大～於氏（是）身

上博二·魯 3 戬（殿）虐（吾）子女達～丌（其）與

上博二·從甲 15 ～亡（無）時

上博二·昔 2 至～於閽

上博二·昔 4 癹（廢）～不夜（赦）

上博二·昔 4 不聒（聞）不～（令）

上博三·周 7 王晶（三）賜～

上博三·周 8 大君子又（有）～

上博四·昭 3 辻（卜）～（令）尹陳眚爲貝（視）日

 上博四・昭 4 辻(卜)～(令)尹不爲之告

 上博四・昭 4 辻(卜)～(令)尹爲之告

 上博四・昭 5 因～至俑毀室

 上博四・昭 7 王～䈞之脾母(毋)見

 上博四・昭 8 今君王或～脾母(毋)見

 上博四・昭 10 安～䈞之脾見

 上博四・柬 4 贅尹至(致)～於君王

 上博四・柬 23～(令)尹胃(謂)大(太)剤(宰)

 上博四・内 10 古(故)爲𡭖(少)必聖(聽)長之～

 上博四・内 10 爲戔(賤)必聖(聽)貴之～

 上博四・曹 7 天～

 上博四・曹 9 亦天～

 上博四·曹 10 乃～毀鐘型而聖（聽）邦政

 上博四·曹 31～之母（毋）行

 上博四·曹 50 虎（號）～（令）於軍中曰

 上博四·曹 51 虐（吾）戠（戰）啻（敵）不訓（順）於天～

 上博五·競 3 安（焉）～行先王之瀍（法）

 上博五·競 4 高宗～伎（傅）鳶（說）量之曰（以）祭

 上博五·鮑 3～九月敘（除）迮（路）

 上博五·鮑 7 公乃身～祭

 上博五·姑 8 取宔（主）君之眾曰（以）不聽～

 上博五·姑 8 公思（懼）乃～長魚䲣（矯）

 上博四·柬 1～龜尹羅貞於大䣄（夏）

 上博四·柬 11 牆（將）～之攸（修）

上博四·柬22～(令)尹子林啕(問)於大(太)剝(宰)子辻(之)

上博一·孔6昊天又(有)城(成)～

上博一·孔7又(有)～自天

上博一·孔7此～也夫

上博一·孔7此～也

上博二·子7舜丌(其)可胃(謂)受～之民矣

上博二·從甲19行險至(致)～

上博二·容15壁(禹)既已受～

上博二·容28句(后)禝(稷)既已受～

上博二·容29咎(皋)䖂(陶)既已受～

上博二·容30勵既受～

上博二·容37泗(伊)尹既已受～

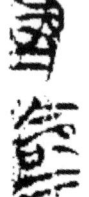 上博二·容 44 不從～者

上博三·中 8 既昏（聞）～壴（矣）

上博三·中 11 既昏（聞）～壴（矣）

上博三·彭 1 受～羕（永）長

上博三·彭 7 一～弌（一）叕

上博三·彭 7 一～三叕

上博三·彭 7 三～四叕

上博三·彭 7 一～弌（一）臁

上博三·彭 7 弌（一）～

 上博三·彭 8 三～

 上博四·曹 9 天～

 上博四·曹 62 ～睧（聞）

上博五·鮑1乃～百又(有)罷(司)曰

上博五·鮑3乃～又(有)罷(司)箸集(祚)浮

上博二·從乙1從～則正不勞

上博一·性2[性]自～出

上博一·性2～自天降

上博三·周5返(復)即～愈(渝)

上博五·三3天～孔明

上博二·民8迵(夙)夜𦰌(基)～又(宥)䆳(密)

上博六·競4王～屈木昏(問)軛(範)武子之行安

上博六·競13～割疾不敢監祭

上博六·木1競(景)坪(平)王～王子木迈城父

上博六·用1豫～乃縈

 上博六·用15 請～之所察

 上博七·鄭甲3 王～倉(答)之曰

 上博七·鄭甲5 奠(鄭)人～吕(以)子良爲執命

 上博七·鄭甲5 奠(鄭)人命吕(以)子良爲執～

 上博七·鄭乙3 王～倉(答)之

 上博七·鄭乙5 奠(鄭)人～吕(以)子良爲執命

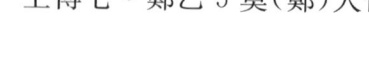 上博七·鄭乙5 奠(鄭)人命吕(以)子良爲執～

 上博七·君甲1 ～爲君王戔之

 上博七·君乙1 ～爲君王戔之

 上博七·吴3【背】吴～

 上博七·吴7 辱～

 上博八·顏5 悼(回)旣䆉(聞)～矣

上博八·成 16 乃～之曰

上博八·命 1 鄩(葉)公子高之子見於～(令)尹子晢

上博八·命 1～虐(吾)爲楚邦

上博八·命 2 先夫=(大夫)之風(諷)諍(諫)遺～

上博八·命 3～求言启(以)會(答)

上博八·命 3～勿之敢韋(違)

上博八·命 6～(令)尹曰

上博八·命 6 先夫=(大夫)启～(令)尹

上博八·命 8 君王之所启(以)～與所爲於楚邦

上博八·命 9 含(今)視日爲楚～(令)尹

上博八·命 10～(令)尹曰

上博八·命 11【背】～

　上博八·王1 彭徒羿(返)諹闦(關)至(致)~

　上博八·王2 ~(令)尹少進於此

　上博八·王2 徒自闦(關)至(致)~

　上博八·王5 ~(令)尹子萅(春)猷

　上博八·王6 ~(令)尹噜(答)

　上博八·王6 須亓(其)聿(儘)

　上博八·王6 須後訟(蔽)

　上博八·王7 ~(令)尹許諾

　上博八·王7 乃~彭徒爲洛辻(卜)尹

~,戰國文字或作、、、、、、、、、、、;或作,在"口"旁下加二橫的基礎上

又贅加"口"旁。《說文·口部》:"命,使也。从口,从令。"

上博"受～",受天之命。古帝王自稱受命於天以鞏固其統治。《書·召誥》:"惟王受命,無疆惟休,亦無疆惟恤。"《史記·日者列傳》:"自古受命而王,王者之興何嘗不以卜筮決於天命哉!"

上博"天～",上天之意旨;由天主宰的命運。《書·盤庚上》:"先王有服,恪謹天命。"《楚辭·天問》:"天命反側,何罰何佑?"

上博一·緇12"晉(祭)公之寡(顧)～員(云)",今本作《禮記·緇衣》:"葉公之顧命曰:毋以小謀敗大作,毋以嬖御人疾莊后,毋以嬖御士疾莊士、大夫卿士。"

上博一·緇19"集大～於氏(是)身",天命。《書·太甲上》:"天監厥德,用集大命,撫綏萬方。"孔安國傳:"天視湯德,集王命於其身。"

上博二·魯3"𩅢～",讀爲"重命",重復命令。《爾雅·釋詁》:"命,告也。"《國語·吳語》:"越王勾踐乃召五大夫曰:'吾問於王孫包胥,既命孤矣。'"韋昭注:"命,告也。"這種"命"字似多含有囑咐、吩咐一類意味。簡文"重命"的"命",當指孔子告訴哀公應付大旱的措施而言。(裘錫圭)

上博二·昔4"癹(廢)～",讀爲"廢命",《左傳·僖公五年》:"守官廢命不敬,固仇之保不忠,失忠與敬,何以事君?"《左傳·哀公十一年》:"奉爾君事,敬無廢命。"或讀爲"發命",發佈命令。

上博三·周7"賜～",敬稱天子或尊長者下達命令。《左傳·成公十三年》:"白狄及君同州,君之仇讎,而我昏姻也。君來賜命曰:'吾與女伐狄。'寡君不敢顧昏姻,畏君之威,而受命於吏。"

上博四·昭3、4"让～尹",讀爲"卜令尹",官名。

上博二·從甲19、上博二·昔2、上博四·柬4、上博八·王1、2"至～",讀爲"致命",傳達命令或言辭。《儀禮·聘禮》:"勞者奉幣入,東面致命。""賓迎再拜,卿致命。""大夫從,升堂,北面聽命,賓東面致命。"鄭玄注:"致命爲致其君命。"

上博四·曹50"虖～",讀爲"號令",號召;發佈命令。《國語·越語上》:"越王句踐棲於會稽之上,乃號令於三軍。"

上博五·鮑7"～祭",謂臣受君命而祭祀。《周禮·春官·大祝》:"辨九祭,一曰命祭。"鄭玄注引《禮記·玉藻》:"君若賜之食而君客之,則命之祭,然後祭是也。"孫詒讓正義:"雖得祭,又先須君命之祭後乃敢祭也。"

上博五·姑8"聽～",猶從命。《禮記·祭義》:"進退必敬,如親聽命。"

《左傳·僖公二十四年》:"鄭之人入滑也,滑人聽命。"

上博"～尹",讀爲"令尹",春秋戰國時楚國執政官名,相當於宰相。《論語·公冶長》:"令尹子文,三仕爲令尹,無喜色;三已之,無愠色。"邢昺疏:"令尹,宰也……楚臣令尹爲長,從他國之言,或亦謂之宰。"

上博一·孔6"昊天又城～",讀爲"昊天有成命",《詩經》篇名。《詩·周頌·昊天有成命》:"昊天有成命,二后受之。成王不敢康,夙夜基命宥密。於緝熙!單厥心,肆其靖之。"

上博二·從乙1、上博二·容44"從～",猶遵命。《禮記·坊記》:"從命不忿,微諫不倦,勞而不怨,可謂孝矣。"

上博三·彭7"一～弌(一)叚,一～三叚,一～弌(一)朕,三～四叚","命"是天子對貴族正式身分的認可,共分九級。《周禮·春官·大宗伯》:"壹命受職,再命受服,三命受位,四命受器,五命賜則,六命賜官,七命賜國,八命作牧,九命作伯。"《禮記·王制》:"制:三公,一命卷(衮);若有加,則賜也,不過九命。次國之君,不過七命;小國之君,不過五命。大國之卿,不過三命;下卿再命,小國之卿與下大夫一命。"《禮記·曲禮上》:"夫爲人子者,三賜不及車馬。"鄭玄注:"三賜,三命也。凡仕者,一命而受爵,再命而受衣服,三命而受車馬。"(季旭昇)

上博一·性2、上博一·孔7"～",天命;命運。《易·乾》:"乾道變化,各正性命。"孔穎達疏:"命者,人所禀受若貴賤夭壽之屬是也。"朱熹本義:"物所受爲性,天所賦爲命。"

上博二·民8"夙(夙)夜萁(基)～又(宥)謐(密)",《禮記·孔子閒居》孔穎達疏:"'夙夜基命宥密'者,夙,早也;夜,暮也;基,始也;命,信也;宥,寬也;密,靜也,言文、武早暮始信順天命,行寬弘仁靜之化。"

上博七·鄭甲5、鄭乙5"執～",掌握政權。語本《論語·季氏》:"陪臣執國命,三世希不失矣。"

上博七·吳3【背】"吳～",篇題。

上博七·吳7"辱～",謂交付使命,猶降諭。《左傳·昭公三年》:"君有辱命,惠莫大焉。"

上博三·中8、11、上博八·顔5"聞～",接受命令或教導。《左傳·昭公十三年》:"寡君聞命矣。"

上博八·命11【背】～,篇題。

上博～,用作動詞或名詞,"命令"。

諭

 上博八・有6 蜀(囑)～(命)三夫今可(兮)

 上博八・有6 ～(命)夫三夫之補也今可(兮)

 上博八・有6 ～(命)三夫之旁也今可(兮)

～，從"言"，"命"聲。"命"字繁構，贅增"言"旁。或作 ，右旁訛與"舍"同。

上博八・有6"蜀～"，讀爲"囑命"，囑咐。

上博八・有6～，即"命"，告訴。《國語・吳語》："吾問於王孫包胥，既命孤矣。敢訪諸大夫。"韋昭注："命，告之。"《儀禮・士冠禮》："宰自右，少退贊命。"

貪

 上博六・莊2 目(以)時四鄰之～客

～，從"貝"，"令"聲。

簡文"～客"，讀爲"賓客"，春秋、戰國時多用稱他國派來的使者。《論語・公冶長》："赤也，束帶立於朝，可使與賓客言也。"邢昺疏："可使與鄰國之大賓小客言語應對也。"《周禮・天官・冢宰》："凡邦之小治，則冢宰聽之。待四方之賓客之小治。"（蘇建洲）

來紐丛聲

奴

 上博二・從甲4 四～(鄰)

 上博三·周 13 丌(其)～(鄰)

 上博四·曹 6～(鄰)邦之君亡(無)道

 上博一·性 39～嬰(斯)慮矣

 上博三·周 57 東～(鄰)殺牛

 上博三·周 57 不女(如)西～(鄰)之酌祭

 上博六·莊 2 㠯(以)時四～之賓客

～,與、、、同,所從"厸"是古文"鄰",見《漢書·敘傳上》顏師古注、漢代碑刻和《汗簡》等。上古音"鄰"屬來母真部,"文"屬明母文部,古音近。"㝅(䜵)"是個兩聲字,即"厸"(鄰)、"文(㐭)"皆聲。

上博二·從甲 4、上博六·莊 2"四～",即"四鄰",指"四方鄰國"。《禮記·檀弓下》:"夫子聽衛國之政,脩其班制,以與四鄰交,衛國之社稷不辱,不亦文乎。"《左傳·襄公二十四年》:"四鄰諸侯,不聞令德。"《吳子·料敵》:"四鄰之助,大國之援。"董仲舒《春秋繁露·楚莊王》:"國家治,則四鄰賀;國家亂,則四鄰散。"

上博四·曹 6"～邦",相鄰的國家。《韓非子·說林上》:"智伯必驕而輕敵,鄰邦必懼而相親。"

上博一·性 39～,讀為"隱",隱匿。參下條。

上博三·周 57"東～(鄰)、西～(鄰)",東邊的鄰居、西邊的鄰居。《易·既濟》:"東鄰殺牛,不如西鄰之禴祭,實受其福。"元結《漫問相里黃州》:"東鄰有漁父,西鄰有山僧。"

㥯

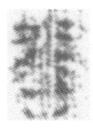
上博一·性 39 悬（僞）噩（斯）～（隱）矣

上博四·内 6 ～（隱）而任不可

上博四·曹 5 ～（鄰）邦之君明

～，從"心"，"㤅"聲。與 同。

上博一·性 39 ～，讀爲"隱"，隱匿。《論語·季氏》載孔子曰："侍於君子有三愆：言未及之而言謂之躁，言及之而不言謂之隱，未見顏色而言謂之瞽。"孔安國注"隱"曰："隱匿不盡情實。"《荀子·勸學》："故未可與言而言謂之傲，可與言而不言謂之隱，不觀氣色而言謂之瞽。故君子不傲，不隱，不瞽，謹順其身。"《漢書·游俠·原涉傳》"涉性略似郭解，外溫仁謙遜，而内隱好殺"，顏師古注："隱，匿其情也。"凡人虛僞是可惡的，虛僞就會隱匿真心。（李天虹）

上博四·内 6"止之而不可，～而任不可"，即"止之而不可，隱而任不可"，是說君子以諫言"止"父母之"不善"而不被父母所接受，就當隱忍而任憑父母所行。（廖名春）

上博四·曹 5"～邦"，讀爲"鄰邦"，相鄰的國家。《韓非子·說林上》："智伯必驕而輕敵，鄰邦必懼而相親。"

隱

上博一·孔 20 丌（其）～（隱）志必又（有）㠯（以）俞（喻）也

～，從"阜"，"㤅"聲，"鄰"字異體。

簡文～，讀爲"隱"，隱而不露的意向。《吕氏春秋·精通》："父母之於子也，子之於父母也，一體而兩分，同氣而異息……雖異處而相通，隱志相及，痛疾相救，憂思相感。"或讀爲"蘊"。"蘊"之義爲藏，與"隱"相近，且二者古音同屬影紐

文部,很可能是同源詞。簡文"蘊志"與"藏願"正好相互爲證。(陳斯鵬)

隱

上博一·孔1 寺(詩)亡(無)～(隱)志

上博一·孔1 樂亡(無)～(隱)情

上博一·孔1 乔(文)亡(無)～(隱)言

～,从"阜","㮯"聲。

簡文～,讀爲"隱",隱藏。"隱志"、"隱情"、"隱言"意即隱而不發之志、之情、之言。《左傳·襄公二十七年》:"夫子之家事治,言于晉國無隱情,其祝史陳信於鬼神無愧辭。"《淮南子·繆稱》:"成國之道,工無僞事,農無遺力,士無隱行,官無失法。"《吕氏春秋·音初》:"是故聞其聲而知其風,察其風而知其志,觀其志而知其德,盛衰賢不肖君子小人,皆形于樂,不可隱匿。故曰:樂之爲觀也深矣。"

㙪

上博一·性29 凡兑(悅)人勿～

～,从"土","㮯"聲,即"鄰居"之"鄰"的本字。

簡文～,讀爲"隱",隱蔽;隱藏。《易·坤》:"天地變化,草木蕃,天地閉,賢人隱。"

精紐至聲

至(矢)

上博三·周37 旻(得)黃～

· 2296 ·

 上博一·孔22 四～弁(反)呂(以)御(禦)躖(亂)

 上博二·容2 牧(休)需(儒)爲～

 上博二·容18 不鉻(略)～

 上博六·用12 若～之今於弦

 上博七·凡甲12 忘(近)之～人

《説文·矢部》："矢，弓弩矢也。从入，象鏑栝羽之形。古者夷牟初作矢。"

上博三·周37"黄～"，銅箭頭。《易·解》："九二：田獲三狐，得黄矢，貞吉。"

上博一·孔22"四～"，即"四箭"，泛指所有的殺敵兵器。《詩·齊風·猗嗟》："四矢反兮，以禦亂兮！"毛亨傳："四矢，乘矢。"鄭玄箋："反，復也。禮射三而止。每射四矢，皆得其故處，此之謂復射。必四矢者，象其能禦四方之亂也。"

上博二·容2"爲～"，造箭。

上博二·容18"鉻(略)～"，讀爲"略矢"，使矢鏃鋒利。

上博六·用12"若～之今於弦"，像箭銜在弓弦上。《説苑·談叢》："夫言行者君子之樞機，樞機之發，榮辱之本也，可不慎乎！故蒯子羽曰：'言猶射也，括既離弦，雖有所悔焉，不可從而退己。'"《劉子·慎言》："言出患人，語失身亡。身亡不可復存，言非不可復追。其猶射也，懸機未發，則猶可止；矢一離弦，雖欲返之，弗可得也。"（李天虹）

上博七·凡甲12～，施布，施行。《詩·大雅·江漢》："矢其文德，洽此四國。"毛亨傳："矢，施也。""矢人"，施布於人。

秭

　　　　上博一·緇12《～(祭)公之募(顧)命》員(云)

　　　　上博七·凡甲5筥(孰)爲～奉

　　　　上博七·凡乙4筥(孰)爲～奉

　～，从二倒"矢"，"箭"字異體。《説文·竹部》："箭，矢也。从竹，前聲。"
　　上博一·緇12～，即"箭"，讀爲"祭"。楊樹達説"晉"是"箭"的古文（《積微居小學金石論叢（增訂本）》13～14頁，中華書局，1983年）。《周禮·夏官·職方氏》："其利金錫竹箭。"鄭玄注："故書箭爲晉。杜子春曰：'晉當爲箭。'書亦或爲箭。"《儀禮·大射儀》："綴諸箭。"鄭玄注："古文箭作晉。""箭"从"前"聲。古書中有从"前"聲之字與"淺"通用的例子（高亨：《古字通假會典》195～196頁，齊魯書社，1989年）。郭店楚簡"淺"、"察"二字所从聲旁相同。"察"从"祭"聲。"箭"可以讀爲"祭"。郭店《緇衣》作"晉"，今本《禮記·緇衣》作"葉公"，鄭玄注："葉公，楚縣公葉公子高也。臨死遺書曰顧命。"孔穎達疏："葉公，楚大夫沈諸梁也。字子高，爲葉縣尹，僭稱公也。"孫希旦《禮記集解》："葉當作祭。""祭公之顧命者，祭公謀父將死告穆王之言也。今見《逸周書·祭公解篇》"。
　　上博七·凡甲5、凡乙4～，讀爲"薦"，進獻；送上。《儀禮·鄉射禮》："主人阼階上拜送爵，賓少退，薦脯醢。"鄭玄注："薦，進。"《國語·晉語三》："補乏薦饑，道也，不可以廢道於天下。"韋昭注："薦，進也。""奉"也有進獻義。《周禮·地官·大司徒》："祀五帝，奉牛牲。"鄭玄注："奉猶進也。""薦"、"奉"同義連用。（讀書會）

晉

　　　　上博一·緇6～冬耆(祁)寒

上博二·容16 卉(草)木～長

上博四·柬10 君王尚(當)㠯(以)䛑(問)大(太)𠛑(宰)～侯

上博五·鮑8 ～人斀(伐)齊

上博五·鮑8 ～邦又(有)䵴(亂)

上博五·姑3 於君幸則～邦之社䄻(稷)可旻(得)而事也

上博六·競4 夫子史(使)丌私史(史)聖獄於～邦

上博七·鄭甲6 ～人涉

上博七·鄭甲6 含(今)～人牁(將)救子豪(家)

上博七·鄭甲7 大敗～帀(師)安(焉)

上博七·鄭乙6 ～人涉

上博七·鄭乙6 含(今)～[人][牁(將)救]子豪(家)

上博七·鄭乙7 大敗～[帀(師)安(焉)]

　上博七·吳6～☐

～，戰國文字或作🖼（楚大府鎬）、🖼（望山2—23）、🖼（郭店·緇衣10）、🖼（郭店·緇衣22）、🖼（珍秦金·吳越三晉199二十八年晉陽戟）、🖼（新鄭圖452）、🖼（三晉38）、🖼（聚珍252）、🖼（錢典368）、🖼（秦風90）。《說文·日部》："晉，進也。日出而萬物進。从日，从臸。《易》曰：'明出地上，晉。'"

上博一·緇6"～冬耆（祁）寒"，今本《禮記·緇衣》作"資冬祁寒"，鄭玄注："資，當爲'至'，齊魯之語，聲之誤也。"或讀爲"臻"，二字均爲精紐真部字，古音極近。《說文》："臻，至也。"（馮勝君）

上博二·容16"卉（草）木～長"，與《孟子·滕文公上》"草木暢茂"義同。晉長即進長，同義複合詞。《說文》："晉，進也。日出而萬物進。"《易·晉卦》《釋文》："晉，《彖》曰：進也。"《書·禹貢》："草木漸苞。"傳："漸，進長也。"或讀爲"蓁長"，指生長茂盛。（孟蓬生）

上博四·柬10"～侯"，是太宰之名。古有"人名＋官名"的稱謂方式。例如《戰國策·趙策》有皮相國、張相國，有學者認爲就是廉頗與虞卿，與此"侯太宰"的稱謂同例，可以互證。（劉樂賢、董珊）

上博五·鮑8"～人戜（伐）齊"，《左傳·成公元年》："雖晉人伐齊，楚必救之，是齊、楚同我也。"

上博五·鮑8、上博五·姑3、上博六·競4"～邦"，晉國。《韓非子·喻老》："及公子返晉邦，舉兵伐鄭，大破之，取八城焉。"晉，春秋諸侯國名。周成王封弟叔虞于堯之故墟唐，南有晉水，至叔虞子燮父改國號晉。故址在今山西省、河北省南部、陝西省中部及河南省西北部。後晉爲其大夫韓、趙、魏所分。

上博七·鄭"～人"，晉國人。

上博七·鄭甲7、鄭乙7"大敗～帀（師）安（焉）"，《史記·楚世家》："夏六月，晉救鄭，與楚戰，大敗晉師河上，遂至衡雍而歸。"

僖

上博五·君6聖(聲)之~(疾)俆(徐)

~,从"人","晉"聲。

簡文"~俆",讀爲"疾徐",快慢。《周禮·夏官·大司馬》:"辨鼓鐸鐲鐃之用……以教坐作進退疾徐疏數之節。"《淮南子·泰族》:"故寒暑燥溼,以類相從,聲響疾徐,以音相應也。"(季旭昇)

窒

上博五·弟附簡考(巧)言~(令)色

~,从"宀","垔"聲,字書未見。

簡文"~色",讀爲"令色",即善色。《爾雅·釋詁》:"令,善也。"《詩·大雅·既醉》"昭明有融,高朗令終",鄭玄箋:"令,善也"。郭店·緇衣26"用窒"、上博一·緇衣14"用霝",今本《緇衣》引作"用命"。"用窒"、"用霝"、"用命"均讀爲"用令",訓爲"用善"。簡文"考言窒色",讀爲"巧言令色",見《論語》:"巧言令色,鮮矣仁。"《逸周書·武紀解》:"幣帛之間有巧言令色,事不成。車甲之間有巧言令色,事不捷。"又《官人解》:"華廢而誣,巧言令色,皆以無爲有者也。"

精紐聿聲

聿

上博一·性36甬(用)力之~者

上博二·從甲14又(有)所又(有)舍(餘)而不敢~之

 上博二·民 9～

 上博二·容 49 高下肥毳之利～知之

 上博三·中 25 吟(今)之君子史(使)人不～亓(其)□☒

 上博四·曹 8 君弗～

 上博四·曹 32 亓(其)逞(將)銜～剔(傷)

 上博四·曹 56 三者～甬(用)不皆

 上博七·君甲 6 含(今)君王～去耳目之欲

 上博七·君乙 6 含(今)君王～去耳目之欲

 上博八·志 7 是則～(盡)不穀(穀)之皋(罪)也

～,楚簡或作、、、、。《說文·聿部》:"聿,聿飾也。从聿,从彡。俗語以書好爲聿。讀若津。"

上博一·性 36～,讀爲"盡",竭盡;完。《管子·乘馬》:"貨盡而後知不足,是不知量也。"《韓詩外傳》卷五:"夫土地之生物不益,山澤之出財有盡。"

上博二·從甲 14"又所又舍(餘)而不敢～之",讀爲"有所有餘而不敢盡

之",有所餘而不敢盡用。《禮記·中庸》:"庸德之行,庸言之謹;有所不足,不敢不勉,有餘不敢盡;言顧行,行顧言。"

上博四·曹 8~,讀爲"進"。《說文》"瑾……讀若津",這是讀若的例子。《釋名·釋形體》"津,進也。汁進出也",這是聲訓的例子。"君弗進",意思是莊公不明白。(劉洪濤)或讀爲"盡"。(李零)或訓爲"完全、詳盡",解釋這句話爲"君王之言尚不完備"。(范常喜)

上博二·容 49、上博四·曹 32、56、上博七·君甲 6、君乙 6、上博八·志 7~,讀爲"盡",全,都。《左傳·昭公二年》:"周禮盡在魯矣。"

悽

 上博三·中 20~亓(其)斱(慎)者

~,從"心","聿"聲。

簡文~,讀爲"盡",與上文"竭其情"之"竭"相對,竭盡;完。《管子·乘馬》:"貨盡而後知不足,是不知量也。"《韓詩外傳》卷五:"夫土地之生物不益,山澤之出財有盡。"

伃

 上博八·王 6 命須亓(其)~

~,從"人","聿"聲。

簡文~,讀爲"盡",《左傳·昭公二年》:"韓宣子曰:'周禮,盡在魯矣。'"杜預注:"盡,皆也。"《史記·禮書》:"明者,禮之盡也。"司馬貞索隱:"盡,詳也。"

精紐進聲

進

 上博二·昔 1 庶醮=~

上博二·容 48 三敭（鼓）而～之

上博四·昭 2 君之備不可㠯（以）～

上博四·柬 11 大（太）䣄（宰）～佲（答）

上博四·柬 14 迖（返）～

上博四·曹 24～必又（有）二牁（將）軍

上博四·曹 40 我君身～

上博六·競 4 祝、史～

上博六·孔 9 惪（仁）孚惪（仁）而～之

上博六·孔 9 不惪（仁）人弗昜（得）～矣

上博六·用 19～退敓立

上博七·鄭甲 6 夫=（大夫）皆～曰

上博七·鄭甲 7 君王必～帀（師）㠯（以）迓之

上博七·鄭乙 6 夫=(大夫)皆～曰

上博七·鄭乙 7 君王必～帀(師)㠯(以)迲之

上博八·顔 9 女(如)～者蓳(勸)行

上博八·成 12 㠯(以)～則遏(傷)安(焉)

上博八·命 4 不再(稱)賢～可

上博八·王 2 命(令)尹少～於此

上博八·王 4 ☒□塵能～後人

《説文·辵部》:"進,登也。从辵,閵省聲。"

上博四·昭 2～,進見。《禮記·月令》:"〔仲夏之月〕君子齊戒,處必掩身,毋躁,止聲色,毋或進。"鄭玄注:"進猶御見也。"

上博二·昔 1、上博四·柬 11、14～,前進;向前。《周禮·夏官·大司馬》:"車徒皆作,遂鼓行,徒銜枚而進。"鄭玄注:"進,行也。"

上博六·孔 9～,提拔。《書·君陳》:"進厥良,以率其或不良。"《史記·李斯列傳》:"二世曰:'何哉?夫高……以忠得進,以信守位,朕實賢之,而君疑之,何也?'"

上博二·容 48"三鼓而～之",參《墨子·兼愛中》:"越王親自鼓其士而進之,士聞鼓音,破碎亂行,蹈火而死者,左右百人有餘,越王擊金而退之。"

上博四·曹 24～,意爲軍隊前進,此則指前進時處於行列之最前頭,即後文注所引《國語·吳語》"行頭皆官師"之"行頭"。(陳劍)

上博六·用 19"～退",前進與後退。《易·繫辭上》:"變化者,進退之象也。"韓康伯注:"往復相推,迭進退也。"

上博七·鄭甲 6、鄭乙 6~,謂進言,猶上言。《禮記·仲尼燕居》:"子貢退,言游進曰:'敢問禮也者,領惡而全好者與?'"

上博七·鄭甲 7、鄭乙 7"~帀",讀爲"進師",即"進軍"。《左傳·宣公十二年》:"遂疾進師,車馳卒奔,乘晉軍。"

上博八·成 12"以~則邊(傷)安(焉)",《周易·序卦》:"進必有所傷。"

上博八·王 2"少~",《儀禮·鄉射禮》:"賓少進。"鄭玄注:"差在前也。"

上博八·王 4~,推薦;引進。《釋名·釋言語》:"進,引也,引而近也。"《史記·管晏列傳》:"鮑叔既進管仲,以身下之。"

清紐千聲歸人聲

從紐秦聲

秦

 上博一·孔 29 涉~(溱)

 上博八·李 1~(榛)朸(棘)之閒(間)可(兮)

~,戰國文字或作 (郭店·窮達以時 7)、 (歷博·燕 77)、 (璽彙 3347)、 (秦駰玉版)、 (陝西 883)、 (秦風 217)、 (秦風 174)。《說文》:"秦,伯益之後所封國。地宜禾。从禾,舂省。一曰:秦,禾名。 ,籀文秦。从秝。"

上博一·孔 29"涉~",讀爲"涉溱",見《詩·鄭風·褰裳》:"子惠思我,褰裳涉溱。子不我思,豈無他人?"

上博八·李 1~,讀爲"榛"。《說文》:"榛,木也。一曰莪也。"簡文指叢生的樹木。《楚辭·九思·憫上》:"株榛兮嶽嶽。"洪興祖補注:"《博雅》:'木叢生曰榛。'""秦朸",讀爲"榛棘",見王粲《從軍詩》:"城郭生榛棘,蹊徑無所由。"

蓁

 上博二·容 31 ～林

《説文·艸部》:"蓁,艸盛皃。从艸,秦聲。"

簡文"～林",讀爲"榛林",榛木林。亦泛指叢林。宋玉《高唐賦》:"榛林鬱盛,葩華覆蓋。"枚乘《七發》:"於是榛林深澤,煙雲闇莫。"

心紐辛聲

親

 上博二·容 24 璽(禹)～(親)執枌杞

 上博四·曹 27 君女(如)～(親)衒(率)

 上博四·曹 33 ～(親)衒(率)秀(勝)

 上博四·曹 33 史(使)人不～(親)則不緯(敦)

 上博四·曹 33 爲～(親)女(如)可(何)

 上博八·蘭 3 ～(親)衆秉志

 上博一·緇 10 大人不～(親)丌(其)所臤(賢)

上博一·緇 19 齊(質)而～(親)之

上博一·緇 13 則民又(有)～(親)

上博一·緇 11 大臣之不～(親)也

～，或从"目"，"辛"聲作̇(郭店·唐虞之道 6)、̇(郭店·語叢一 77)、̇(郭店·語叢三 30)；或作̇，所从的聲符"辛"受前面"不"字寫法的影響類化爲"不"形。《説文·見部》："親，至也。从見，亲聲。"

上博一·緇 10、19、13、11～，親近；親密。《易·乾》："本乎天者親上，本乎地者親下，則各從其類也。"孔穎達疏："《大司徒》云：'動物植物本受氣於天者……是親附於上也。'"《韓非子·愛臣》："愛臣太親，必危其身。"《淮南子·覽冥》："是故君臣乖而不親，骨肉疏而不附。"

上博二·容 24、上博四·曹 27、上博四·曹 33～，親自，躬親。《左傳·僖公六年》："武王親釋其縛，受其璧而祓之。"《公羊傳·莊公三十二年》："辭曷爲與親弑者同？"何休注："親，躬親也。"

上博四·曹 33"不～則不緯(敦)"，《管子·版法解》："凡人君者，欲衆之親上鄉意也，欲其從事之勝任也。而衆者，不愛則不親，不親則不明，不教順則不鄉意。"

上博四·曹 33"爲～女(如)可(何)"，《莊子·齊物論》："百骸、九竅、六藏，賅而存焉，吾誰與爲親？"

上博八·蘭 3"～衆"，猶言"親民"，親近愛撫民衆。《國語·晉語》："夫固國者，在親衆而善鄰，在因民而順之。苟衆所利，鄰國所立，大夫其從之。"

悉

 上博七·吳 4～(親)於桃

～，从"心"，"新(新)"聲。

簡文～,讀爲"親",親自。《左傳·僖公六年》:"武王親釋其縛。"《國語·吳語》:"親委重罪。"《墨子·兼愛中》:"越王親自鼓其士而進之。"

慹

　　上博二·昔 3 能事丌(其)～(親)

～,从"心","新"聲。

簡文～,讀爲"親",父母。《孟子·盡心上》:"孩提之童無不知愛其親者。"孫奭疏:"繈褓之童子無有不知愛其父母。"《禮記·祭統》:"忠臣以事其君,孝子以事其親,其本一也。"《莊子·人間世》:"是以夫事其親者,不擇地而安之,孝之至也"

新

　　上博五·弟 8 莫～(新)唬(乎)父母

　　上博五·弟 10 㠯(以)～(新)受彔

　　上博五·季 10 㳤(猛)則亡(無)～

～,从"斤","辛"聲,與 (郭店·緇衣 25)、 (郭店·唐虞之道 5)同,"新"字異體。《説文·斤部》:"新,取木也。从斤,亲聲。"

上博五·弟 8、10～,讀爲"親",愛;親愛。《孟子·滕文公上》:"夫夷子,信以爲人之親其兄之子。"趙岐注:"親,愛也。"

上博五·季 10"㳤則亡～",讀爲"猛則無親",《淮南子·氾論》:"故恩推則懦,懦則不威;嚴推則猛,猛則不和;愛推則縱,縱則不令;刑推則虐,虐則無親。"《左傳·僖公五年》:"國君不可以輕,輕則失親。"杜預注:"親,黨援也。"

新

 上博二・從甲 8 恫則亡(無)～(親)

 上博五・君 3 虗(吾)～(親)昏(聞)言於夫子

 上博五・三 4 救(求)利戔(殘)亓(其)～(親)

 上博五・三 6 民莫弗～(親)

 上博五・三 17 倗(憑)可(何)～(親)才(哉)

 上博五・三 17 智(知)人足㠯(以)會～(親)

 上博二・容 13 㠯(以)善丌(其)～(親)

 上博四・逸・多 1 多=～=(多薪、多薪)

 上博四・逸・多 2 多=～=(多薪、多薪)

 上博四・曹 16 大國～(親)之

 上博四・曹 35 則民～(親)之

上博六·競 3 身爲～

上博六·競 8 今～登（蒸）思（使）吴（虞）守之

上博六·壽 2 女（如）毀～都戚陵

上博七·凡甲 24 氏（是）古（故）陳爲～

上博七·凡乙 17 氏（是）古（故）陳爲～

上博八·顔 7 則民莫迎（遺）～（親）矣

上博八·顔 12 所㠯（以）取～（親）也

上博八·成 8 皆欲豫（捨）亓（其）～（親）而新（親）之

上博八·成 8 皆欲豫（捨）亓（其）新（親）而～（親）之

上博八·成 10 能㠯（以）亓（其）六贊（藏）之獸（守）取～（親）安（焉）

上博八·成 10 是胃（謂）六～（親）之約

～，所從"木"或在"辛"上，或在"辛"下，或省與"中"形同，與 、■(郭店・老子丙 3)、■(郭店・尊德義 20)、■(鄂州戈)、■(新俉矛)同。《説文・斤部》："新，取木也。从斤，亲聲。"

上博二・從甲 8～，讀爲"親"，親近的人。《淮南子・氾論》："故恩推則懦，懦則不威；嚴推則猛，猛則不和；愛推則縱，縱則不令；刑推則虐，虐則無親。"

上博五・君 3～，讀爲"親"，親自，躬親。《左傳・僖公六年》："武王親釋其縛，受其璧而祓之。"《公羊傳・莊公三十二年》："辭曷爲與親弑者同？"何休注："親，躬親也。"

上博五・三 4～，讀爲"親"，親近的人。

上博五・三 6"民莫弗～（親）"，《管子・形勢解》："涖民如仇讎，則民疏之。道之不厚，遇之無實，詐僞並起，雖言曰吾親民，民不親也。"

上博二・容 13、上博五・三 17～，讀爲"親"，親人，親戚。《周禮・秋官・掌戮》："凡殺其親者焚之，殺王之親者辜之。"鄭玄注："親，緦服以內也。"《左傳・襄公四年》："咨親爲詢。"杜預注："問親戚之義。"《孟子・離婁上》："舜盡事親之道而瞽瞍厎豫，瞽瞍厎豫而天下化，瞽瞍厎豫而天下之爲父子者定，此之謂大孝。"

上博四・逸多 1、2～，讀爲"薪"，指炊爨的木材。《禮記・月令》"季冬之月……乃命四監收秩薪柴，以共郊廟及百祀之薪燎"，鄭玄注："大者可析謂之薪，小者合束謂之柴。薪施炊爨，柴以給燎。"或讀爲"親"，以"多薪"諧聲"多親"來譬喻諸多親戚。（董珊）

上博四・曹 16"大國～（親）之"，《管子・形勢解》："明主内行其法度，外行其理義，故鄰國親之，與國信之，有患則鄰國憂之，有難則鄰國救之。"

上博六・競 8"～登"，讀爲"薪蒸"，見《晏子春秋・外篇上》："山林之木，衡鹿守之；澤之萑蒲，舟鮫守之；藪之薪蒸，虞候守之；海之鹽蜃，祈望守之。"

上博六・壽 2"～都"，地名。

上博七・凡甲 24、凡乙 17"氏（是）古（故）陳爲～"。～，剛出現的，與"陳"、"舊"、"故"相對。《吕氏春秋・季春・先己》："用其新，棄其陳，腠理遂通。"《詩・豳風・東山》："其新孔嘉，其舊如之何？"《論語・爲政》："温故而知新，可以爲師矣。"

上博八・顔 7"遺～"，讀爲"遺親"。《禮記・哀公問》孔子説："君子興敬爲親，舍敬是遺親也，弗愛不親，弗敬不正，愛與敬，其政之本與？"《禮記・緇衣》孔子説:"大人不親其所賢,而信其所賤;民是以親失,而教是以煩。"

上博八·顏12"取～",讀爲"取親",意爲取得(民衆)的親附,如《大戴禮記·子張問入官》:"故非忠信,則無可以取親于百姓矣。"

上博八·成8～,讀爲"親"。簡文"皆欲豫(捨)亓(其)～(親)而新(親)之"意爲民衆都願意捨棄自己的父母,而以天子爲父母。可與郭店簡《六德》簡33"豫(捨)其志,求敚(養)新(親)之志"相參。

上博八·成10"六～",讀爲"六親",説法不一,或指"夫婦、父子、兄弟"。《老子》:"六親不和有孝慈。"王弼注:"六親,父、子、兄、弟、夫、婦。"《管子·牧民》:"上服度,則六親固。"尹知章注:"六親,謂父母兄弟妻子。"

心紐信聲歸人聲

明紐民聲

民

上博一·緇1 則～咸扐(力)

上博一·緇1 㠯(以)眡(視)～厚

上博一·緇2 則～情不弋(忒)

上博一·緇4 斁(謹)惡㠯(以)虞(禦)～淫

上博一·緇4 則～不惑

上博一·緇5～㠯(以)君爲心

 上博一·緇5 君呂(以)～爲僼(體)

 上博一·緇5 君孞(好)則～谷(欲)之

 上博一·緇6 少(小)～隹(惟)日夗(怨)

 上博一·緇6 少(小)～亦隹(惟)日夗(怨)

 上博一·緇6 古(故)長～者章志呂(以)卲(昭)百眚(姓)

 上博一·緇7 則～至(致)行己呂(以)兌(悅)上

 上博一·緇8 蔓(萬)～莫之

 上博一·緇9 ～之標(表)也

 上博一·緇9 ～具尔(爾)詹(瞻)

 上博一·緇9 長～者衣備(服)不改

 上博一·緇10 ～此呂(以)綬(煩)

 上博一·緇12 ～之蕰也

 上博一・緇13 長~者𦎫(教)之㠯(以)悳(德)

 上博一・緇13 則~又(有)昱(勸)心

 上博一・緇13 則~又(有)免心

 上博一・緇13 則~又(有)𦉢(親)

 上博一・緇13 則~伓₌(不背)

 上博一・緇13 則~又(有)㥜(遜)心

 上博一・緇14 毖(苗)~非甬(用)霝

 上博一・緇16 則~言不舍(危)行

 上博一・緇1 則~不能大其含(美)而少(小)其亞(惡)

 港甲1 ~悳(德)一

 港甲9 ~好而悉之

 上博四・曹2 亡又(有)不~

 上博四·曹28則~宜之

 上博五·弟1脡陸(陵)季₌(季子)亓(其)天~也

 上博一·孔4戔~而豫(裕)之

 上博一·孔16~眚(性)古(固)肰(然)

 上博一·孔20~眚(性)古(固)肰(然)

 上博一·孔24~眚(性)古(固)肰(然)

 上博一·孔4~之又(有)慼惓(患)也

 上博二·子3童土之莉(黎)~也

 上博二·魯4木㠯(以)爲~

 上博二·魯5魚㠯(以)爲~

 上博二·魯6殹(繄)亡(無)女(如)燊(庶)~可(何)

 上博三·中8夫~安舊而至(重)鼜(遷)

 上博三·中 10 則～可後

 上博三·中 11 敢昏(問)道～興惪(德)女(如)可(何)

 上博三·中 15 昏(聞)～悉(懋)

 上博三·中 19 ～亡(無)不又(有)忢(過)

 上博三·中 22 則～懽(歡)承旻(學)

 上博四·內 10 ～之經也

 上博五·弟 2 亓(其)天～也虖(乎)

 上博二·容 3 凡～俾(卑)馻者

 上博二·容 6 不蘥(勸)而～力

 上博二·容 6 甚緩而～備(服)

 上博二·容 7 裹(懷)㠯(以)逨(來)天下之～

 上博二·容 8 舜於是虖(乎)祠(始)語堯天堃(地)人～之道

 上博二·容19 因～之欲

 上博二·容20 思～母(毋)惑(惑)

 上博二·容22 㠯(以)爲～之又(有)訟(訟)告者鼓安(焉)

 上博二·容28 天下之～居奠

 上博二·容29～又(有)余(餘)飤(食)

 上博二·容29～乃賽

 上博二·容36～乃宜夗(怨)

 上博二·容37 羕旻(得)於～

 上博二·容43 無萬(勵)於～

 上博二·容44 思～道之

 上博二·容48 豐喬(鎬)之～睧(聞)之

 上博二·容48 文王時(持)故時而㸚(教)～時

 上博二·容 49 思～不疾

 上博二·容 52 而旻(得)遊(失)行於～之脣(辰)也

 上博四·曹 5 則不可㠯(以)不攸(修)政而善於～

 上博四·曹 6 則亦不可㠯(以)不攸(修)政而善於～

 上博四·曹 12 兼忢(愛)墓(萬)～

 上博四·曹 20 母(毋)穫(獲)～旹(時)

 上博四·曹 20 母(毋)敓(奪)～利

 上博四·曹 22 ～之父母

 上博四·曹 35 則～新(親)之

 上博四·曹 35 則～和之

 上博四·曹 37 ～者

 上博四·曹 49 於～

 上博四·曹52 母(毋)思～矣(疑)

 上博四·曹56 ～又(有)寶(保)

 上博四·曹61 蠆(萬)～

 上博四·曹63 乃自悤(過)㠯(以)敓(悦)於蠆(萬)～

 上博四·曹63 非所㠯(以)龣(教)～

 上博五·鮑4 殘～轥(獵)樂

 上博五·季2 羣=(君子)才(在)～之上

 上博五·季9 執～之中

 上博五·季11 而～不備安(焉)

 上博五·季13 ～必備矣

 上博五·季15 肰(然)則～迡不善

 上博五·季18 田肥～則安

上博五·季18 膳～不鼓(樹)

上博五·季19 ～之▨散(美)棄亞(惡)母(女)逞(歸)

上博五·季20 救～㠯(以)贎

上博五·季23 肰(然)則邦坪而～膟(脂)矣

港甲6 舀～唯罬

上博一·性22 未孥(教)而～恆

上博一·性23 而～悁(畏)

上博一·性23 戔(賤)而～貴之

上博一·性23 貧而～聚安(焉)

上博二·民1 ～之父母

上博二·民1 敢䌛(問)可(何)女(如)而可胃(謂)～之父母(母)

上博二·民1 ～[之]父母虖(乎)

上博二·民3亓(其)[之]胃(謂)～之父母矣

上博二·民12爲～父母

上博二·子7舜亓(其)可胃(謂)受命之～矣

上博二·魯2眾(庶)～智(知)敚(說)之事梟(鬼)也

上博四·內附簡則～又(有)豊(禮)

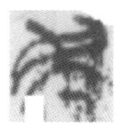上博五·季1青昏(問)孯=(君子)之從事者於～之□惪(德)

上博五·季3執～之中

上博五·季3而～不備(服)安(焉)

上博五·季4敬城亓(其)惪(德)吕(以)臨～

上博五·季21□悢則～㵷之

上博五·三1～共力

上博五·三5～乃嚚(殀)死

 上博五·三 6 曌(興)～事

 上博五·三 6 ～之所意(喜)

 上博五·三 6 ～人乃喪

 上博五·三 15 聚(驟)敚(奪)～時

 上博五·三 16 敚(奪)～時㠯(以)土攻(功)

 上博五·三 16 敚(奪)～時㠯(以)水事

 上博五·三 16 敚(奪)～時㠯(以)兵事

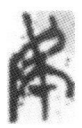 上博五·三 20 ～之所欲

 上博五·三 22 臨～㠯(以)㤅(仁)

 上博五·三 22 ～莫弗新(親)

 上博六·競 5 可因於～者

 上博六·孔 11 夫與螭之～

上博六·孔 12 與蟎之～

上博六·孔 12 亦㠯（以）亓（其）勿睿（蜜）二逃者㠯（以）觀於～

上博六·孔 13 拜昜與～也

上博六·孔 13 此與～

上博六·孔 14 ～之行也

上博六·孔 15 拜昜～

上博六·孔 17 此與～也

上博六·孔 18 ～舊睧（聞）學

上博六·孔 19 與蟎之～

上博六·孔 23 生～之賜

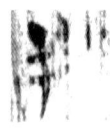上博六·孔 25 ～喪不可謀

上博六·孔 27 而～道之

上博六·壽 7～疋瞻望

上博六·慎 4～之

上博六·慎 6 遬迖爲～之古（故）

上博六·用 1 思～之初生

上博六·用 4～日愈樂

上博六·用 5～之乍（作）勿（物）

上博六·用 9 台（以）忘～惪（德）

上博六·用 11 氏辟台（以）～乍（作）康

上博六·用 11 司～之降兇

上博六·用 13 征～乃䏦

上博六·用 14 恆～趆敗

上博六·用 14 而難亓（其）又惪～

 上博六·用 18 台(以)仐～生

 上博六·用 19～道緶多

 上博六·用 20～亦弗能望

 上博六·用 20 凡～之終頪(類)

 上博六·天甲 8～之儀也

 上博六·天甲 9 儢～則㠯(以)悳(德)

 上博六·天乙 7～之儀也

 上博六·天乙 8 儢(懷)～則㠯(以)悳(德)

 上博七·武 6～之反側

上博七·武 15 吏～

 上博七·君甲 6 胃(謂)之利～

上博七·君甲 7～又(有)不能也

上博七·君甲 7～乍（作）而囟（思）雁（應）之

上博七·君乙 6 胃（謂）之利～

上博七·君乙 7～又（有）不能也

上博七·君乙 7～乍（作）而囟（思）雁（應）之

上博七·凡甲 2～人流型

上博七·凡甲 29 衆䖵（一）言而萬～之利

上博七·凡乙 2～人流型

上博七·吳 5 牧～

上博八·成 15～皆又（有）夬（乖）鹿（離）之心

上博八·命 4 則諓爲～窮窞

上博八·命 6 鼇（黔）頁（首）蓳（萬）～

上博八·李 2～之所好可（兮）

 上博八·顏7則～不靜(爭)矣

 上博八·顏6則～莫不從矣

 上博八·顏7則～莫迎(遺)新(親)矣

 上博八·顏7則～智(知)足矣

 上博八·顏9則～智(知)欽(禁)矣

 上博五·季1罷(一)不智(知)～矛(務)之安才(在)

 上博二·從甲1～皆㠯(以)爲義

 上博二·從甲2而～或弗義

 上博二·從甲6不惠則亡(無)㠯(以)聚～

 上博二·從甲8愄(威)則～不道

 上博二·從甲8罰則～逃

 上博二·從甲9好型(刑)則～复(作)䢃(亂)

 上博二·從乙 2 母(毋)占～贛(敛)則同

 上博二·從乙 2 不膚瀍嬴(盈)亞(惡)則～不惋(怨)

 上博四·相 2 敢昏(問)～事

～，西周金文或作 (何尊)、 (克鼎)，从目，下貫一豎筆。郭沫若先生認爲，"民"字"作一左目形而有刃物以刺之。古人民盲每通訓。今觀民之古文，則民盲殆是一事"。東周金文"民"或作 (洹子孟姜壺)在豎筆上添加飾筆" "，楚文字承襲之，作 (郭店·成之聞之1)、 (郭店·成之聞之4)。或在豎筆上端添加了飾筆" "，作 (九 A41)、 (九 A49)。《説文·民部》："民，衆萌也。从古文之象。 ，古文民。"

上博一·緇 14"毦～"，讀爲"苗民"，指古代三苗部族之主。《書·吕刑》："苗民弗用靈，制以刑，惟作五虐之刑曰法。"孔安國傳："三苗之君，習蚩尤之惡，不用善化民，而制以重刑，惟爲五虐之刑，自謂得法。"

上博一·緇 1"～厚"，《論語·學而》："曾子曰：慎終追遠，民德歸厚矣。"

上博一·緇 2"～情"，民衆的心情、願望等。《書·康誥》："天畏棐忱，民情大可見。"《漢書·刑法志》："聖人既躬明悊之性，必通天地之心，制禮作教，立法設刑，動緣民情，而則天象地。"

上博一·緇 6"少～"，讀爲"小民"，指一般老百姓。《書·君牙》："夏暑雨，小民惟曰怨咨；冬祁寒，小民亦惟曰怨咨。厥惟艱哉！"

上博一·緇 9"～之標(表)也"，民衆的表率。《禮記·緇衣》："故上之好惡，不可不慎也，是民之表也。"

上博一·緇 6、9、13"長～"，百姓的長官。《吕氏春秋·振亂》："凡爲天下之民長也，慮莫如長有道而息無道，賞有義而罰不義。"

上博一·緇 16"～言"，民衆的言論、意見。《詩·小雅·節南山》："民言無嘉，憯莫懲嗟。"

上博一·孔16、20、24"～眚",讀爲"民性",人的天賦本性。《禮記·王制》:"司徒修六禮以節民性,明七教以興民德。"《荀子·大略》:"不富無以養民情,不教無以理民性。"《淮南子·泰族》:"聖人治天下,非易民性也。"

上博二·子3"莉～",讀爲"黎民",民衆,百姓。《書·堯典》:"黎民於變時雍。"孔安國傳:"黎,衆。"

上博二·魯4"木以爲～",可參《晏子春秋·內篇諫上》:"晏子進曰:'不可,祠此無益也。夫靈山固以石爲身,以草木爲髮,天久不雨,髮將焦,身將熱,彼獨不欲雨乎?祠之無益。'"

上博二·魯5"魚以爲～",可參《晏子春秋·內篇諫上》:"晏子曰:'不可。河伯以水爲國,以魚鼈爲民,天久不雨,泉將下,百川竭,國將亡,民將滅矣,彼獨不欲雨乎?祠之何益?'"

上博二·魯2、6"庶～",衆民;平民。《詩·大雅·靈臺》:"庶民攻之,不日成之。"《後漢書·光武帝紀下》:"(建武十一年八月)詔曰:'敢炙灼奴婢,論如律,免所炙灼者爲庶民。'"

上博二·容6"～力",民衆的人力、物力、財力。《左傳·昭公十三年》:"令尹子期請伐吳,王弗許,曰:'吾未撫民人,未事鬼神,未脩守備,未定國家,而用民力,敗不可悔。'"《漢書·五行志上》:"今宮室崇侈,民力彫盡,怨讟並興。"

上博二·容8"人～",百姓;平民。指以勞動群衆爲主體的社會基本成員。《詩·大雅·抑》:"質爾人民,謹爾侯度,用戒不虞。"

上博二·容7、28"天下之～",《孟子·萬章上》:"三年之喪畢,禹避舜之子於陽城,天下之民從之,若堯崩之後不從堯之子而從舜也。"

上博四·曹20、上博五·三15、16"～時",猶農時。《管子·臣乘馬》:"彼王者,不奪民時,故五穀興豐。"《史記·五帝本紀》:"乃命羲和,敬順昊天,數法日月星辰,敬授民時。"

上博四·曹20"～利",民衆的利益、財利。《書·盤庚中》:"視民利用遷。"《國語·楚語上》:"若於目觀則美,縮於財用則匱,是聚民利以自封而瘠民也,胡美之爲?"《老子》:"絕聖棄智,民利百倍。"

上博四·相2"～事",或指農事,或指"政事、民政",或指"人民服徭役之事",泛指人民之事。《左傳·襄公四年》:"修民事,田以時。"《國語·魯語下》:"天子及諸侯合民事於外朝,合神事於內朝。"

上博二·民、上博四·曹22"～之父母",《禮記·孔子閒居》:"孔子閒居,子夏侍。子夏曰：'敢問《詩》云"凱弟君子，民之父母"，何如斯可謂民之父母矣？'孔子曰：'夫民之父母乎，必達于禮樂之原，以致五至，而行三無，以橫于天下，四方有敗，必先知之。此之謂民之父母矣。'"

上博五・三 22"臨～"，治民。《國語・楚語下》："夫神以精明臨民者也。"

上博六・孔 18"～舊"，或讀爲"彌久"，近義連用意爲"長久"。《淮南子・主術》："上操約省之分，下效易爲之功，是以君臣彌久而不要猷。"（陳劍）

上博六・用 1"思～之初生"，語見《詩・大雅・緜》："緜緜瓜瓞，民之初生。"

港甲 1、上博六・用 9"～悳"，讀爲"民德"，《禮記・緇衣》："子曰：'長民者，衣服不貳，從容有常，以齊其民，則民德壹。'"《論語・學而》："曾子曰：'慎終追遠，民德歸厚矣。'"《禮記・王制》："司徒脩六禮以節民性，明七教以興民德，齊八政以防淫。"

上博六・用 11"司～"，管理百姓萬民。《書・酒誥》："勿辯乃司民湎於酒。"孔安國傳："勿使汝主民之吏湎於酒。"《墨子・天志中》："以臨司民之善否。"

上博六・用 14"惠～"，施恩惠於民；愛民。《書・泰誓中》："惟天惠民，惟辟奉天。"

上博六・用 18"～生"，邦家之根基。《左傳・宣公十二年》："箴之曰：'民生在勤，勤則下匱。'"《管子・臣下》："昔者聖王本厚民生，審知禍福之所生，是故慎小事微，違非索辯以根之，然則躁作、姦邪、僞詐之人，不敢試也。"

上博六・天甲 9、天乙 8"懷～則以悳"，懷德歸順之民。《漢書・敘傳下》："乘釁而運，席捲三秦，割據河山，保此懷民。"張衡《東京賦》："慕天乙之弛罟，因教祝以懷民。"

上博六・用 19"～道"，指制約民衆的法律。（蔣文、程少軒）

上博五・季 1"～矛（務）"，民衆承擔的事務。《荀子・非十二子》："故勞力而不當民務，謂之姦事；勞知而不律先王，謂之姦心。"楊倞注："民務，四民之務。"《商君書・賞刑》："夫明賞不費，明刑不戮，明教不變，而民知於民務，國無異俗。"

上博二・從乙 2"～不悁（怨）"，人民不怨恨。《管子・乘馬》："是故爵位正而民不怨，民不怨則不亂，然後義可理。"

上博五・三 6、上博七・凡甲 2、凡乙 2"～人"，人民。《詩・大雅・瞻仰》："人有土田，女反有之。人有民人，女覆奪之。"《左傳・哀公十五年》："寡君聞楚爲不道,薦伐吳國,滅厥民人。"

上博七·吳 5"牧～",治民。《文子·自然》:"故聖人之牧民也,使各便其性,安其居,處爲其所能,周其所適,施其所宜,如此,即萬物一齊,無由相過。"

上博八·顔 7"則～智(知)足矣",《周禮·地官·司徒》:"九曰以度教節,則民知足。"

上博八·顔 7"則～不靜(爭)矣",《商君書·戰法》:"凡戰法,必本於政勝,則其民不爭,不爭則無以私意,以上爲意"

上博八·顔 9"則～智(知)欽(禁)矣",《孝經·三才章》:"示之以好惡,而民知禁。"

上博八·成 15"～皆又(有)夬(乖)鹿(離)之心",《周禮·地官·司徒》:"四曰,以樂禮教和,則民不乖。"

上博八·李 2"～之所好可(兮)",《禮記·大學》:"民之所好好之,民之所惡惡之,此之謂民之父母。"

上博"菫(萬)～",廣大百姓。《易·謙》:"勞謙君子,萬民服也。"《周禮·春官·宗伯》:"以禮樂合天地之化,百物之產,以事鬼神,以諧萬民,以致百物。"

其餘上博簡～,平民,百姓,人民。

泯

 上博六·用 19 又(有)～₌之不達

《說文·水部》:"泯,滅也。从水,民聲。"

簡文～～,紛亂貌;昏亂貌。《呂氏春秋·慎大》:"衆庶泯泯,皆有遠志,莫敢直言,其生若驚。"

明紐芳聲

丏(賓)

 上博二·容 5 四海之外～(賓)

 上博三·周 40 不利～

 上博七·吴 5 江～

上博七·凡甲 15～於天

～，與 🔲（郭店·語叢一 88）、🔲（郭店·語叢三 55）同，从"宀"，"丏"聲，"賓"字初文。

上博二·容 5～，讀爲"賓"，動詞，"來朝"、"來賓"之意，即賓服，順從。《韓詩外傳》卷六："先王之所以拱揖指麾，而四海來賓者，誠德之至也，色以形於外也。詩曰：'王猷允塞，徐方既來。'"簡文"四海之外賓，四海之内廷"無非是説天下皆來朝見之意。

上博三·周 40～，讀爲"賓"，外來者。囊中之物，不更及外人，故不利賓。《易·象》曰："'包有魚'，義不及賓也。"

上博七·吴 5"江～"，讀爲"濱"，水邊，近水的地方。《史記·屈原賈生列傳》："屈原至於江濱，被髮行吟澤畔。顔色憔悴，形容枯槁。"

上博七·凡甲 15"～於天，下番於因"。馬王堆漢墓帛書《十問》："尚（上）察於天，下播於地。"《莊子·刻意》："上際於天，下蟠於地。"《管子·内業》："道滿天下，普在民所，民不能知也。一言之解，上察於天，下極於地，蟠滿九州。"《淮南子·覽冥》："考其功烈，上際九天，下契黃壚。"高誘注："上與九天交接，下契至黃壚。"簡文～，我們懷疑讀爲"瀕"，靠近；臨近。《漢書·揚雄傳上》："武帝廣開上林，南至宜春⋯⋯北繞黃山，瀕渭而東，周袤數百里。""際"也有靠近；接近義。酈道元《水經注·谷水》："門内東側際城，有魏文帝所起景陽山。"《水經注·沁水》："其水際城東注。"或説"賓"可訓"至"，與"播"對文義近。（鄔可晶）

賓

 上博一·孔 27～贈氏（是）也

　上博二·容13 匋(陶)於河～(濱)

　上博四·采4 嘉～遙(道)憙(喜)

　上博五·季16 女(如)～客之事也

～，或作🀄，从"宀"、"貝"从"人"，"人"旁在左。《説文·宀部》："賓，所敬也。从貝，宷聲。🀄，古文。"

上博一·孔27～，賄贈。《國語·楚語下》："公貨足以賓獻。"韋昭注："賓，饗贈也。""賓"和"贈"是同義連文。《國語·周語上》："賓饗贈餞如公命侯伯之禮。"簡文之"賓贈"，是宴饗之禮後的賄贈。

上博二·容13～，讀爲"濱"，水邊，近水的地方。《書·禹貢》："厥土白墳，海濱廣斥。"孔安國傳："濱，涯也。"《莊子·天地》："諄芒將東之大壑，適遇苑風於東海之濱。"簡文"陶於河濱"，見《吕氏春秋·孝行覽》："舜耕於歷山，陶於河濱，釣於雷澤，天下説之，秀士從之，人也。"《史記·五帝本紀》："舜耕歷山，歷山之人皆讓畔；漁雷澤，雷澤上人皆讓居；陶河濱，河濱器皆不苦窳。"

上博四·采4"嘉～"，賓客。《詩·小雅·鹿鳴》："我有嘉賓，鼓瑟吹笙。"

上博五·季16"～客"，春秋、戰國時多用稱他國派來的使者。《論語·公冶長》："赤也，束帶立於朝，可使與賓客言也。"邢昺疏："可使與鄰國之大賓小客言語應對也。"《史記·屈原賈生列傳》："〔屈原〕入則與王圖議國事，以出號令；出則接遇賓客，應對諸侯。"（張富海）

明紐命聲歸令聲

正編·微部

上博楚簡文字聲系

微 部

影紐威聲

威

 上博一·緇 16 敬尒（爾）～義（儀）

 上博一·緇 23 囟（攝）㠯（以）～義（儀）

～，从"女"从"戈"，西周金文或从"戌"作 ，或从"戊"作 ，"戌"、"戊"都像斧鉞之形，是權威的象徵，所以"威"字从"戌"或"戊"當是用作義符，取權威、威嚴之義。（馮勝君）《説文·女部》："威，姑也。从女、从戌。《漢律》曰：'婦告威姑。'"

簡文"～義"，讀爲"威儀"，莊重的儀容舉止。《書·顧命》："思夫人自亂於威儀。"孔安國傳："有威可畏，有儀可象。"《漢書·薛宣傳》："宣爲人好威儀，進止雍容，甚可觀也。"

影紐衣聲

衣

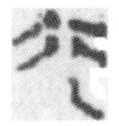 上博一·孔 16 緑～之悥（憂）

 上博一·緇 1 孞(好)頹(美)女(如)孞(好)紂(緇)～

 上博一·緇 9 長民者～備(服)不改

 上博一·緇 20 句(苟)又(有)～

 上博三·周 57 需(繻)又(有)～緻(衸)

 上博四·昭 10 或被□～

 上博五·三 8～備(服)迡(過)折(制)

 上博五·三 9 母(毋)衿(錦)～交(絞)袒

 上博一·孔 10 緑～之思

 上博二·容 21～不褻(襲)敚(美)

 上博二·從甲 7 視上～飤(食)

 上博六·孔 7～備此中

 上博六·孔 19～備(服)孞(好)圖

 上博六·木 2 㠯（以）爲～

 上博八·鶹 1 欲～而亞（惡）䋤（枲）今可（兮）

 上博八·鶹 2 不敆（織）而欲～今可（兮）

～，戰國文字或作 （郭店·緇衣 1）、（郭店·窮達以時 3）、（九 A20）、（《考古學報》2005·2 陶）、（關沮 297 叁）。《說文·衣部》：“衣，依也。上曰衣，下曰裳。象覆二人之形。”

上博一·孔 10、16"綠～"，《詩·邶風》篇名。《詩·邶風·綠衣》："綠兮衣兮，綠衣黃裏。"孔穎達疏："綠，蒼黃之閒色。"

上博一·緇 1"紂～"，即"緇衣"，《詩·鄭風》篇名。《詩序》謂係讚美鄭武公父子之詩；一說爲讚美武公好賢之詩。《禮記·緇衣》："子曰：'好賢如《緇衣》，惡惡如《巷伯》。'"鄭玄注："《緇衣》、《巷伯》皆《詩》篇名……此衣緇衣者賢者也。"

上博一·緇 9、上博五·三 8、上博六·孔 19"～備"，讀爲"衣服"，衣裳，服飾。《詩·小雅·大東》："西人之子，粲粲衣服。"《史記·趙世家》："法度制令各順其宜，衣服器械各便其用。"

上博一·緇 20、上博三·周 57、上博四·昭 10、上博六·木 2～，上衣。《詩·邶風·綠衣》："綠衣黃裳。"毛亨傳："上曰衣，下曰裳。"泛指衣服。《詩·豳風·七月》："無衣無褐，何以卒歲！"

上博二·容 21"～不襲敽（美）"，參《史記·吳太伯世家》："衣不重采，食不重味。"《漢書·高祖本紀》："衣不兼采，食不重味。"《梁書·周捨傳》："食不重味，身麋兼衣。"《列女傳》卷六："堯舜自飾以仁義，雖爲天子，安于節儉，茅茨不剪，采椽不斲，後宮衣不重采，食不重味。"

上博二·從甲 7"～飤"，衣服和食物。泛指基本生活資料。《左傳·莊公十年》："衣食所安，弗敢專也，必以分人。"或釋爲"卒食"。

上博八·鶹 1、2～，動詞，穿衣服。"不敆（織）而欲衣"見《莊子·盜跖》：

"不耕而食，不織而衣。"《史記·淮陰侯列傳》："（漢王）解衣衣我，推食食我，言聽計用。"

依

 上博五·君1目（以）～於㤷（仁）

～，與 （郭店·尊德義32）同。《說文·人部》："依，倚也。从人，衣聲。"

簡文"以～於㤷（仁）"，見《論語·述而》："志於道，據於德，依於仁，遊於藝。"何晏集解："依，倚也。仁者功施於人，故可倚。"邢昺疏："博施於民而能濟衆，乃謂之仁。恩被於物，物亦應之，故可倚賴。"

悆（哀）

 上博六·天甲9斷型則目（以）～（哀）

 上博六·天乙8斷型則目（以）～（哀）

 上博二·昔4唯～（哀）悲是思

 上博五·三20至型台（以）～（哀）

 上博六·孔18丌（其）行板恭～（哀）與

上博一·性29居喪必又（有）夫䜌＝（䜌䜌）之～（哀）

～，從"心"，"衣"聲，爲"哀"字異體，作 （郭店·老子丙10）、 （郭店·

尊德義 31)、✤(郭店·性自命出 43)、✤(郭店·尊德義 10),或"心"在"衣"中,作✤。

上博二·昔 4"～(哀)悲",悲哀;哀痛。《老子》:"殺人之衆,以哀悲泣之。"《史記·孝文本紀》:"朕之不明與嘉之,其奚哀悲之有!"

上博六·天甲 9、天乙 8"斷型則以～",《說文》:"哀,閔也。"憐憫。《書·呂刑》:"皇帝哀矜庶戮之不辜,報虐以威。"可參。

上博五·三 20"至型台～",讀爲"致刑以哀",以哀憐之心施行刑罰。

上博六·孔 18"恭～",可參《文心雕龍·祝盟》:"祈禱之式,必誠以敬;祭奠之楷,宜恭且哀:此其大較也。班固之祀涿山,祈禱之誠敬也;潘岳之祭庾婦,祭奠之恭哀也:舉匯而求,昭然可鑒矣。"

哀

 上博一·性 1 憙(喜)茭(怒)～悲之熨(氣)

 上博一·性 29 居喪必又(有)夫纞(戀)纞(戀)之～

 上博二·魯 1～公胃(謂)孔子

 上博一·性 18～樂

～,从"口","衣"聲,作✤(郭店·語叢三 41)、✤(郭店·語叢三 59)。《說文·口部》:"哀,閔也。从口,衣聲。"

上博一·性 1"憙(喜)茭(怒)～悲之熨(氣)",《禮記·禮運》:"何謂人情?喜怒哀懼愛惡欲,七者,弗學而能。"

上博一·性 29～,悲痛;悲傷。《易·小過》:"君子以行過乎恭,喪過乎哀,用過乎儉。"

上博二·魯 1"～公",人名,魯哀公,春秋時魯國國君。《史記·魯周公世家》:"十五年,定公卒,子將立,是爲哀公。"

上博一·性 18"～樂",悲哀與快樂。《左傳·莊公二十年》:"哀樂失時,殃咎必至。"

悬

上博二·民 4～(哀)繲(樂)相生

上博二·民 4～(哀)亦至安(焉)

上博五·弟 4 嬰(亂)節而～(哀)聖(聲)

～,從"心","哀"聲,與 (郭店·語叢二 31)同,"哀"字繁體。

上博二·民 4"～亦至焉",哀矜之意爲民所感知。見《禮記·孔子閒居》:"孔子曰:'志之所至,詩亦至焉。詩之所至,禮亦至焉。禮之所至,樂亦至焉。樂之所至,哀亦至焉。"《孟子·梁惠王》下:"樂民之樂者,民亦樂其樂;憂民之憂者,民亦憂其憂。樂以天下,憂以天下,然而不王者,未之有也。"(彭裕商)

上博二·民 4"哀樂相生",見《禮記·孔子閒居》:"孔子曰:'志之所至,詩亦至焉。詩之所至,禮亦至焉。禮之所至,樂亦至焉。樂之所至,哀亦至焉。哀樂相生。是故,正明目而視之,不可得而見也;傾耳而聽之,不可得而聞也;志氣塞乎天地,此之謂五至。'"

卒

上博一·孔 25 大田之～章

上博一·緇 6～勞百眚(姓)

上博二·昔 4 君～

　上博三・中 23　至忎（愛）之～（卒）也

　上博二・容 13　而～立之

　上博四・昭 5　～（卒）㠯（以）夫=（大夫）猷=（猷酒）於坪湳

　上博四・内 8　不～立

　上博四・曹 28　～又（有）倀（長）

　上博四・曹 29　欴（虞）～（卒）

　上博四・曹 46　～（卒）谷（欲）少㠯（以）多

　上博四・曹 48　不～（卒）則不邳（亙）

　　～，和"衣"爲一字分化。戰國文字或作 （郭店・唐虞之道 18）、（里J1⑨7 背），楚文字多从"爪"，作 （郭店・緇衣 7）、（郭店・緇衣 9）、（新蔡甲一 16）。《說文・衣部》："卒，隸人給事者衣爲卒。卒，衣有題識者。"

　　上博一・孔 25～，末尾。"卒章"，《詩》中之最後一章。《左傳・成公九年》："賦《韓奕》之五章，穆姜出於房，再拜，曰：'大夫勤辱，不忘先君以及嗣君，施及未亡人。先君猶有望也！敢拜大夫之重勤。'又賦《緑衣》之卒章而入。"

　　上博一・緇 6～，終於，最後。《孟子・盡心下》："晉人有馮婦者，善搏虎，卒爲善士。""卒勞百姓"，見《詩・小雅・節南山》："不弔昊天，亂靡有定。式

月斯生,俾民不寧。憂心如酲,誰秉國成?不自爲政,卒勞百姓。"

上博二·昔4、上博三·中23~,古代指大夫死亡,後爲死亡的通稱。《禮記·曲禮下》:"天子死曰崩,諸侯曰薨,大夫曰卒,士曰不禄,庶人曰死。"《史記·魏世家》:"晉獻公卒,四子爭更立,晉亂。"

上博二·容13"而~立之",堯終於立舜爲天下的君主。

上博四·内8"不~立",讀爲"不萃立",指不和衆人一起站立。《禮記·曾子問》:"孔子曰:'三年之喪,練不群立,不旅行。君子禮以飾情,三年之喪而吊哭,不亦虛乎?'"(曹建敦)或讀爲"依"。

上博四·曹28、29、46~,同"卒",是古代軍隊編制的基礎單位。"卒"以下有"什"、"伍"(五人爲"伍",十人爲"什")。"伍"之長叫"伍長","什"之長叫"什長","卒"之長叫"卒長"。《周禮·地官·小司徒》:"五人爲伍,五伍爲兩,四兩爲卒。"《左傳·昭公三年》:"公乘無人,卒列無長。"杜預注:"百人爲卒。"

上博四·曹48"不~則不死(互)",國君"爲親、爲和、爲義"不卒,則事不恆久。(季旭昇)或讀爲"衣"。

上博六·孔7~,讀爲"萃",義爲聚集。《左傳·宣公十二年》:"隨季曰:'楚師方壯,若萃於我,我師必盡。'""卒(萃)備"猶言具備,齊聚。(陳偉武)

啐

 上博三·周42~

 上博三·周42乃嬰(亂)卤(乃)~

~,从"口","釆"聲,"啐"字異體,《說文·口部》:"啐,驚也。从口,卒聲。"

簡文~,讀爲"萃",卦名,《周易》第四十五卦,坤下兌上。《易·序卦》:"萃者,聚也。"《易·彖》曰:"《萃》,聚也;順以說,剛中而應,故聚也。"《易·象》曰:"澤上于地,《萃》,君子以除戎器,戒不虞。"

詠

 上博一·孔9《~父》之責亦又(有)吕(以)也

～,从"言","衣"聲,與"祈"古音很近,二者可以相通。(張新俊)

簡文"～父",讀爲"祈父",《詩經》篇名。《詩·小雅·祈父》:"祈父,予王之爪牙。胡轉予于恤,靡所止居?"

影紐伊聲歸尹聲

曉紐火聲

火

 上博四·曹 63 母(毋)～食□

 上博七·凡甲 2 水～之和

 上博七·凡乙 2 水～之和

《説文·火部》:"火,燬也。南方之行,炎而上。象形。"

上博四·曹 63"毋～食",謂不吃熟食。《禮記·王制》:"東方曰夷,被髮文身,有不火食者矣。"鄭玄注:"不火食,地氣煖不爲病。"

上博七·凡甲 2、凡乙 2"水～",水與火。《易·説卦》:"天地定位,山澤通氣,雷風相薄,水火不相射。"

曉紐虫聲

虫

 上博八·蘭 3 螻蛾(蟻)～蛇

《説文·虫部》:"虫,一名蝮,博三寸,首大如擘指,象其臥形。物之微細,或行,或毛,或蠃,或介,或鱗,以虫爲象。"

簡文～,"虺"的本字,毒蛇。馬王堆帛書《老子》(乙本)"蠹(蜂)癘(蠆)虫

蛇弗赫(螫)",今本(王弼本)《老子》"虫蛇"作"虺蛇"。《韓非子·五蠹》:"上古之世,人民少而禽獸衆,人民不勝禽獸虫蛇。"蔡邕《篆勢》:"蘊若虫蛇之紛緼。"

曉紐㞷聲

毀

 上博二·從甲 18[後人]則臊(暴)～之

 上博四·昭 5 因命至俑(庸)～室

 上博四·曹 10 乃命～鐘型而聖(聽)邦政

 上博五·季 22 邦相惡(懷)～

 上博五·鬼 6～折鹿戔(踐)

 上博六·壽 2 女～新都戚陵

 上博六·天甲 12～

 上博六·天乙 11 臨城不言～

 上博八·成 13～之不可

　　上博八·王3☐～亞(惡)之

～，楚文字或作🔲(郭店·語叢一108)、🔲(左塚漆桐)。《說文·土部》："毀，缺也。从土，毇省聲。🔲，古文毀。从壬。"

　　上博二·從甲18"暴～"，《墨子·非攻下》："湯焉敢奉率其眾，是以鄉有夏之境，帝乃使陰暴毀有夏之城。"

　　上博四·昭5～，毀壞、破壞。"毀室"，見《詩·豳風·鴟鴞》："鴟鴞鴟鴞，既取我子，無毀我室。"

　　上博四·曹10、上博八·成13～，毀壞、破壞。《淮南子·說林》："心所說，毀舟爲杕；心所欲，毀鐘爲鐸。"

　　上博五·季22～，詆毀；詈罵。《論語·子張》："叔孫武叔毀仲尼。子貢曰：'無以爲也！仲尼不可毀也。'"《論語·衛靈公》："誰毀誰譽。"何晏注："毀者稱人之惡而損其真。"

　　上博五·鬼6"～折"，毀壞。《戰國策·魏策四》："王不搆趙，趙不以毀搆矣。"鮑彪注："毀，折也。言不收趙，趙不能以毀折之兵獨與秦合戰。"《國語·周語中》："吾聞王室之禮，無毀折。今此何禮也？"

　　上博六·壽2、上博六·天乙11～，毀壞；破壞。《禮記·曲禮上》"登城不指，城上不呼"，陳澔注："城，人所恃爲安固者。有所指，則惑見者；有所呼，則駭聽者。"

　　上博八·王3"～亞"，讀爲"毀惡"，詆毀。《史記·蒙恬列傳》："〔趙高〕日夜毀惡蒙氏，求其罪過。"《漢書·張禹傳》："數毀惡之。"顏師古注："惡爲其言過惡。"

糧

　　上博二·容21穜(春)不～(穀)米

～，从"米"，"皇"聲，"穀"字異體。《說文·穀部》："穀，米一斛舂爲八斗也。从㿻，从殳。"

　　簡文～，即"穀"，是一種精米。

刉

 上博八·李1【背】寴(浸)~(毁)｜可(兮)

~,从"刀","㞷"聲,"毁"字異體。

簡文~,即"毁",毁壞,破壞。《說文》:"毁,缺也。"《小爾雅·廣言》:"毁,壞也。"《左傳·文公十八年》:"毁則爲賊,掩賊爲藏。"杜預注:"毁則,壞法也。"《論語·季氏》:"虎兕出於柙,龜玉毁於櫝中,是誰之過與?"《國語·周語中》:"吾聞王室之禮,無毁折。""侵毁",侵害毁壞,見《後漢書·王景傳》:"河決積久,是日月侵毁,濟渠所漂數十許縣。"

匣紐韋聲

韋

 上博一·孔17 不可不~(畏)也

 上博三·亙3 ~(違)生非

 上博三·亙3 非生~(違)

 上博五·君1 ~(回)！君子爲豊(禮)

 上博五·君1 ~(回)不思(敏)

 上博五·君9 ~(回)蜀(獨)智人所亞(惡)也

上博五·弟 4 丌(其)必此虖(乎)？～(回)！

上博五·弟 15～(回)埜(來)，虐(吾)告女

上博六·競 6 幣～(違)

上博六·天甲 13 中不～(違)

上博八·命 3 命勿之敢～(違)

上博八·志 3 殹(殹—抑)忌(忌)～(諱)諽(譏)

詬(?)以 亞(惡)虐(吾)

《說文·韋部》："韋，相背也。从舛，口聲。獸皮之韋，可以束枉戾相韋背，故借以爲皮韋。，古文韋。"

上博一·孔 17～，讀爲"畏"，害怕；恐懼。《詩·大雅·烝民》："不侮矜寡，不畏彊禦。"《韓詩外傳》卷九："吾聞忠不畔上，勇不畏死。"

上博三·瓦 3～，讀爲"悼"。《廣雅·釋詁四》："悼，恨也。"（李零）或說《說文》："非，韋也。"《說文·韋部》："韋，相背也。"朱駿聲《說文通訓定聲》："經傳多以違爲之。""韋生非"是事物發展過程中的自我否定，"非生韋"是否定之否定。（劉信芳）

上博五·君 1、9、上博五·弟 4、15～，讀爲"回"，顏淵的名。《史記·仲尼弟子列傳》："顏回者，魯人也，字子淵。少孔子三十歲。"

上博六·競 6～，讀爲"違"。"幣違"語意或爲"所薦璧幣違禮"。

上博六·天甲 13"不～"，讀爲"不違"，不遠的意思。《國語·齊語》："天威不違顏咫尺。"韋昭注："違，遠也。"不違，作"中"的補語，是說不過多偏離正確的標準。（陳偉）

上博八·命 3～，讀爲"違"，指違背命令。《國語·晉語一》："吾聞事君者,竭力以役事,不聞違命。"

上博八·志3"忎(忌)～",讀爲"忌諱",避忌;顧忌。《説文》:"諱,忌也。"《老子》:"天下多忌諱,而民彌貧。"郭店楚簡本"諱"作"韋"。

違

 上博五·三8 是胃(謂)～章

 上博六·競12～笒(席)曰

《説文·辵部》:"違,離也。从辵,韋聲。"

上博五·三8～,違背;違反。《書·君陳》:"違上所命,從厥攸好。"孔安國傳:"人之於上不從其令從其所好。"《孟子·梁惠王上》:"不違農時,穀不可勝食也。"

上博六·競12"～席","違"訓"去"、"離",亦可訓"避"。《晏子春秋》"景公以晏子妻老且惡欲納愛女晏子再拜以辭"章:"晏子違席而對曰:'乃此則老且惡,嬰與之居故矣,故及其少而姣也……'再拜而辭。"(李天虹)或釋作"退"。(程燕)

愇

 上博二·民10 燹(氣)志不～

 上博三·周11 ～女(如),吉

 上博八·李2 ～(違)與(於)佗(它)木

 上博八·顔5 ～(回)既䎽(聞)命矣

· 2350 ·

 上博八·顏 10～(回)既窨(聞)矣

《說文·是部》："韙,是也。从是,韋聲。《春秋傳》曰:'犯五不韙。' ,籀文韙,从心。"

上博二·民 10"燹(氣)志不～",讀爲"氣志不違","不違",即不違背,依從。《論語·爲政》："子曰:'吾與回言終日,不違,如愚。'"何晏集解引孔安國曰："不違者,無所怪問,於孔子之言,默而識之,如愚。"

上博三·周 11"～女",讀爲"威如",敬畏貌。《易·大有》："厥孚交如,威如,吉。"孔穎達疏："如,語辭也……'威如,吉'者,威畏也。"《易·家人》："有孚威如,終吉。"

上博八·李 2～,讀爲"違",遠離,避開。《說文》："違,離也。"引申爲違背之意。《書·君陳》："違上所命,從厥攸好。"《國語·魯語上》："動不違時,財不過用。"《楚辭·九思·遭厄》："違群小兮謏詢。"

上博八·顏 5、10～,讀爲"回",顏淵的名。《史記·仲尼弟子列傳》："顏回者,魯人也,字子淵。少孔子三十歲。"

緯

 上博三·彭 2 若經與～

～,所从"韋"旁訛誤較甚,蓋中部的圈符上移至頂部,且二"止"訛變而類二"女"形。郭店·六德 43 作 。《說文·糸部》："緯,織橫絲也。从糸,韋聲。"

簡文～,織物的橫線。與"經"相對。"經"、"緯"常連用,如《左傳·昭公二十五年》："禮,上下之紀,天地之經緯也。"孔穎達疏："言禮之於天地,猶織之有經緯,得經緯相錯乃成文,如天地得禮始成就。"(陳斯鵬)

樟

 上博二·容 1～丨(針)是

《説文·木部》:"樟,木也。可屈爲杅者。从木,韋聲。"

簡文～,或讀爲"渾"。《易·繫辭上》"日月運行",陸德明釋文:"運,姚作違。"《淮南子·覽冥》"晝隨灰而月運闕",高誘注:"運讀運圍之圍。"《周禮·天官·内司服》"褘衣",鄭玄注:"翬、褘聲相近。"《禮記·玉藻》:"王后褘衣。"鄭玄注:"褘,讀如翬。""～丨",或讀爲"渾沌氏"(《史記·五帝本紀》),或"渾敦氏"(《左傳·文公十八年》),上古傳説中之帝王。(何琳儀)

葦

 上博四·逸·多1莫奴(如)葦～

 上博四·采3城上生之～

《説文·艸部》:"葦,大葭也。从艸,韋聲。"

簡文～,蘆葦。《詩·豳風·七月》:"七月流火,八月萑葦。"孔穎達疏:"初生爲葭,長大爲蘆,成則名爲葦。"

韗

 上博六·用8～難

 上博六·用17～衆誚諫

～,从"車","韋"聲。

上博六·用8"～難",讀爲"違難",見《國語·周語中》:"以吾觀之,兵在其頸,不可久也。雖吾王叔,未能違難。在《泰誓》曰:'民之所欲,天必從之。'王叔欲郤至,能勿從乎?"或訓"違"爲"離",句意謂展、斂皆有範圍,行動不自由。(董珊)

上博六·用17"～衆",讀爲"違衆",見《論語·子罕》:"子曰:'麻冕,禮也;今也純,儉,吾從衆。拜下,禮也;今拜乎上,泰也。雖違衆,吾從下。'"

匣紐胃聲歸囧聲

匣紐回聲

回

 上博六・莊 5 王子～敓（奪）之

 上博六・莊 5 王子～立爲王

 上博七・鄭甲 3～奠（鄭）三月

 上博七・鄭乙 3～奠（鄭）三月

 上博七・君甲 1 白玉三～

 上博七・君甲 2 白玉三～

 上博七・君甲 3 此丌（其）一～也

 上博七・君甲 4 此丌（其）二～也

 上博七・君甲 6 此丌（其）三～也

 上博七・君乙 1 白玉三～

 上博七·君乙 2 白玉三～

 上博七·君乙 3 此丌(其)一～也

 上博七·君乙 4 此丌(其)二～也

 上博七·君乙 6 此丌(其)三～也

 上博七·凡甲 9 十～之木

 上博七·凡乙 7 十～之木

 上博五·姑 9 女(如)出內庫之緜～而余之兵

《說文·口部》：“回，轉也。从囗，中象回轉形。 ，古文。”

上博六·莊 5"王子～"，春秋時楚國國君，即"王子圍"，楚共王次子，康王之弟，即靈王。《史記·楚世家》："康王寵弟公子圍、子比、子晳、弃疾。郟敖三年，以其季父康王弟公子圍爲令尹，主兵事。四年，圍使鄭，道聞王疾而還。十二月己酉，圍入問王疾，絞而弒之，遂殺其子莫及平夏，使使赴於鄭。伍舉問曰：'誰爲後？'對曰：'寡大夫圍。'伍舉更曰：'共王之子圍爲長。'子比奔晉，而圍立，是爲靈王。"裴駰集解引徐廣曰："史記多作'回'。"

上博七·鄭甲 3、鄭乙 3"～奠"，讀爲"圍鄭"，與《史記·楚世家》"十七年春，楚莊王圍鄭，三月克之"爲同一事，此時爲公元前 579 年。

上博七·君甲、君乙～，讀爲"塊"。《古字通假會典》501 頁"瑰"、"詭"、"魄"、"魁"；504－505 頁"回"、"違"、"圍"、"偉"、"危"、"緯"、"魁"相通，因此"回"可以讀爲"塊"，量詞。《全後漢文·楚相孫叔敖碑》："破玉塊，不以寶財遺子孫，終始若矢。去不善如絕弦，辟患害於無形。"

上博七·凡甲 9、凡乙 7～，讀爲"圍"，計量圓周的約略單位，指兩隻胳膊合圍起來的長度(或指兩只手的拇指和食指合圍的長度)。《莊子·人間世》：

"匠石之齊,至於曲轅,見櫟社樹。其大蔽數千牛,絜之百圍。""十圍之木",見《文子·上議》:"十圍之木,持之千鈞之屋,得所勢也。"

上博五·姑9～,環繞、包圍。銀雀山漢墓竹簡《孫臏兵法·雄牝城》:"營軍趣舍,毋回名水。"銀雀山漢墓竹簡《孫臏兵法·五名五恭》:"出則擊之,不出則回之。"馬王堆漢墓帛書《戰國縱橫家書·蘇秦謂陳軫章》:"齊宋攻魏,楚回雍氏,秦敗屈丐。"(陳偉)或釋爲"云"。

叟

上博四·曹9目(以)亡(無)道再而～(没)身遷(就)萇(死)

上博五·三3亓(其)身不～(没)

上博五·三17～(没)亓(其)身才(哉)

上博五·鬼2身不～(没)

上博五·鬼3長年而～(没)

上博七·鄭甲2目(以)～(没)內(入)埅(地)

上博七·鄭乙2目(以)～(没)內(入)埅(地)

～,與 、同。《說文·又部》:"叟,入水有所取也。从又在冋下。冋,古文回。回,淵水也。讀若沫。"《說文·水部》:"没,沈也。从水,从叟。"

上博四·曹9"～身",讀爲"没身",終身。《老子》:"没身不殆。"《禮記·

· 2355 ·

內則》:"父母有婢子若庶子、庶孫,甚愛之,雖父母沒,沒身敬之不衰。……子行夫婦之禮焉,沒身不衰。""沒身就死"即壽終而卒。

上博五·三 17"～亓身",讀爲"沒其身",見《鹽鐵論·周秦》:"商鞅、吳起以秦、楚之法爲輕而累之,上危其主,下沒其身。"《楚辭·九章·惜往日》:"卒沒身而絶名兮,惜雍君之不昭。"汪瑗注:"沒身,喪其身也。"

上博五·三 3、上博五·鬼 2～,讀爲"沒"。《周易·繫辭下》"庖犧氏沒",虞翻注:"沒,終也。"《儀禮·士昏禮》"若舅姑既沒",鄭玄注:"沒,終也。"《左傳·僖公二十二年》:"楚王其不沒乎?"杜預注:"不以壽終。"簡文"身不沒",即身不以壽終的意思。

上博五·鬼 3～,讀爲"沒"。

匣紐褱聲

褱

 上博一·孔 7～(懷)尔(爾)纍(明)悳(德)

 上博一·緇 21 厶(私)惠不～(懷)悳(德)

 上博二·容 7～(懷)㠯(以)逨(來)天下之民

 上博三·周 53～(懷)亓(其)次(羡)

 上博五·三 4 邦家亓(其)～(壞)

《說文·衣部》:"褱,俠也。从衣,眔聲。一曰:橐。"

上博一·孔 7"～尔纍悳",讀爲"懷爾明德"。《墨子·天志下》作"予懷而明德"。《詩·大雅·板》:"懷德維寧。"毛亨傳:"懷,和也。"《論語·里仁》:"君子懷德。"《新語·至德》:"懷德者衆歸之。"

上博一·緇 21"～惪",讀爲"懷德",感念恩德。《書·洛誥》:"王伻殷乃承敘萬年,其永觀朕子懷德。"《史記·劉敬叔孫通列傳》:"及周之盛時,天下和洽,四夷鄉風,慕義懷德。"

上博二·容 7～,讀爲"懷",安;安撫。《禮記·學記》:"夫然後足以化民易俗,近者説服,而遠者懷之。此大學之道也。"鄭玄注:"懷,來也,安也。"《禮記·中庸》:"懷諸侯,則天下畏之。"

上博三·周 53～,讀爲"懷",懷藏。《左傳·桓公十年》:"懷璧其罪。"

上博五·三 4～,讀爲"壞",敗壞;衰亡。《説文·土部》:"壞,敗也。"《左傳·襄公十四年》:"王室之不壞,繄伯舅是賴。"

傸

 上博六·天甲 9～民則㠯(以)惪(德)

 上博六·天乙 8～民則㠯(以)惪(德)

～,从"人","襄"聲。

簡文～,讀爲"懷",《説文》:"懷,念思也。"引申爲安撫。《禮記·中庸》:"懷諸侯,則天下畏之。""懷民",安撫人民。《文選》張衡《東京賦》:"慕天乙之弛罟,因教祝以懷民。"

懷

 上博六·用 6 階心～惟

～,从"心","襄"聲。或从"襄"省,作。

《説文·心部》:"懷,念思也。从心,襄聲。"

簡文～,訓藏。《論語·衛靈公》"則可卷而懷之",朱熹集注:"懷,藏也。"《莊子·秋水》"兼懷萬物",成玄英疏:"懷,藏也。"是"錯"、"懷"同義。(劉洪濤)或説《爾雅·釋詁下》:"懷、惟,思也。"(李鋭)

匣紐旨(貴)聲

貴

 上博一·孔 24 甚～丌(其)人必敬丌(其)立(位)

 上博四·内 1 豊(禮)是～

 上博四·曹 21 ～戔(賤)同坒(待)

 上博四·曹 24 ～又(有)裳(常)

 上博四·曹 24 凡～人由(囟)凥(處)前立(位)一行

 上博四·曹 29 是古(故)倀(長)必訋(約)邦之～人及邦之可(奇)士

 上博五·季 20 好人勿～

 上博五·姑 3 君～我而受(授)我衆

 上博五·君 9 蜀～,人所亞(惡)也

 上博五·君 9 ～而罷(能)愯(讓)

上博五·君 9 □斯人欲亓(其)長～也賵(富)而□

上博五·弟 6 賵(富)～而不喬者

上博五·鬼 1 此㠯(以)～爲天子

上博一·孔 6 ～尗(且)㬎(顯)矣

上博一·孔 21 ～也

上博一·孔 24 句(后)稷之見～也

上博一·緇 11 而賵(富)～已迲(過)

上博一·緇 22 而厚(重)㡭(絕)賵(富)～

上博二·容 5 上下～戔(賤)

上博四·內 10 爲戔(賤)必聖(聽)～之命

上博五·鮑 6 而～尹

上博一·性 12 ～丌(其)宜(義)

上博楚簡文字聲系(一～八)

　上博一·性22 唯(雖)難不～

　上博一·性23 戔(賤)而民～之

　上博七·武10 於～福

　上博七·凡甲28 百眚(姓)斎=(之所)～唯君

　上博七·凡甲28 君斎=(之所)～唯心

　上博七·凡甲28 心斎=(之所)～唯鼠(一)

　上博七·凡乙20 百眚(姓)斎=(之所)～唯君

　上博七·凡乙20 君斎=(之所)～唯心

　上博七·凡乙21 心斎=(之所)～唯鼠(一)

～，與 (郭店·老子甲12)、 (郭店·老子甲29)、 (郭店·緇衣20)、 (郭店·緇衣44)、 (郭店·成之聞之18)、 (郭店·語叢一18)同。《說文·貝部》："貴，物不賤也。从貝，臾聲。臾，古文蕢。"

上博一·孔24、上博一·性23、上博五·姑3～，尊重，敬重。《韓非子·五蠹》："富國以農，距敵恃卒，而貴文學之士。"

上博四·內1"豊(禮)是～"，《大戴禮記·曾子立孝》作"禮之貴"，即貴

禮。《禮記·鄉飲酒義》:"于席末,言是席之正,非專爲飲食也,爲行禮也,此所以貴禮而賤財也。"

上博四·曹 24、29"～人",顯貴的人。《穀梁传·襄公二十九年》:"賤人,非所貴也;貴人,非所刑也;刑人,非所近也。"

上博五·君 9"蜀～",讀爲"獨貴",《管子·乘馬數》:"桓公曰:'何謂獨貴獨賤?'管子對曰:'穀重而萬物輕,穀輕而萬物重。'"

上博五·君 9"～而翟叡",讀爲"貴而能讓",又見郭店·成之聞之 18:"貴而能讓,則民欲其貴之上也。"

上博五·君 9、上博五·弟 6、上博一·緇 11、22"畐(富)～",富裕而顯貴,猶言有財有勢。《論語·顏淵》:"商聞之矣:死生有命,富貴在天。"

上博五·鬼 1"～爲天子",見《墨子·節葬下》:"故三王者,皆貴爲天子,富有天下。"此三王指堯、舜、禹。《孟子·萬章上》:"富,人之所欲,富有天下而不足以解憂。貴,人之所欲,貴爲天子而不足以解憂。"

上博一·孔 6"～叔(且)㬎(顯)矣"之～,地位顯要。《論語·里仁》:"子曰:富與貴,是人之所欲也。不以其道得之,不處也。"

上博一·孔 24"見～",被尊崇。

上博二·容 5、上博四·曹 21"～戔",讀爲"貴賤",富貴與貧賤,指地位的尊卑。《易·繫辭上》:"卑高以陳,貴賤位矣。"韓康伯注:"天尊地卑之義既列,則涉乎萬物貴賤之位明矣。"

上博四·内 10～,地位高貴的人。

上博五·鮑 6～,讀爲"癀",《集韻》:"癀,《倉頡篇》陰病。或作癩、瘨、瘨。""癀"字大概就是"隤"(《釋名·釋疾病》"陰腫曰隤,氣下隤也")。或"潰"(《荀子·議兵》"當之者潰",注"壞散也")具有"陰病"之義的專用字。簡文"貴(癀)尹(朘)"應指"去勢",屬古代宮刑,《書·吕刑》:"宮辟疑赦,其罰六百。"注:"宮,淫刑也。男子割勢,婦人幽閉,次死之刑。"(何琳儀)

上博一·性 12"～丌(其)宜(義)",《墨子·貴義》:"爭一言以相殺,是貴義於其身也。故曰:萬事莫貴於義也。"

上博七·凡甲 28、凡乙 20～,崇尚,重視。《書·旅獒》:"不貴異物賤用物,民乃足。"《禮記·中庸》:"去讒遠色,賤貨而貴德。"《國語·晉語》:"且夫戎狄薦處,貴貨而易土。"

遺

 上博四·采3 ▢也～夬

 上博五·季9 羣=（君子）弝（強）則～

 上博八·顏7 則民莫～（遺）新（親）矣

 上博八·命2 先夫=（大夫）之風（諷）諌（諫）～命

 上博八·鶹1 子～余婁（鶹）栗（鷅）今可（兮）

～，從"辵"，從"▢"是"遺"之初文，像兩手持杵而下有物遺落之意。《説文·辵部》："遺，亾也。从辵，貴聲。"

上博四·采3～，遺失；丟失。《莊子·天地》："黃帝遊乎赤水之北，登乎崑崙之丘而南望，還歸，遺其玄珠。"

上博五·季9～，亡，缺失。《説文》："遺，亡也。"

上博八·顏7"～新"，讀爲"遺親"，謂疏遠或遺棄雙親。《大戴禮記·哀公問於孔子》："是故君子興敬爲親，舍敬是遺親也。"《禮記·哀公問於孔子》："君子興敬爲親，舍敬是遺親也，弗愛不親，弗敬不正，愛與敬，其政之本與？"

上博八·命2"～命"，猶遺囑。《國語·晉語四》："若禮兄弟，晉鄭之親，王之遺命，可謂兄弟。"

上博八·鶹1～，給與，餽贈。《楚辭·九歌·湘君》："采芳洲兮杜若，將以遺兮下女。"王逸注："遺，與也。"《書·大誥》："寧王遺我大寶龜，紹天明即命。"

見紐幾聲

幾

 上博四·曹 40 出帀(師)又(有)～(忌)虖(乎)

 上博四·曹 42 此出帀(師)之～(忌)

 上博四·曹 42 三軍戬(散)果(裹)又(有)～(忌)虖(乎)

 上博四·曹 43 戬(戰)又(有)～(忌)虖(乎)

 上博四·曹 44 此戬(戰)之～(忌)

 上博四·曹 44 既戬(戰)又(有)～(忌)虖(乎)

 上博四·曹 50 ～(忌)莫之堂(當)

 上博四·曹 43 此戬(散)果(裹)之～(忌)

 上博四·曹 45 此既戬(戰)之～(忌)

 上博五·季 14 ～(豈)敢不目(以)亓(其)先=(先人)之逋(傳)等(志)告

 上博二·民 1～（愷）俤（悌）君子

 上博二·從甲 8 從正（政）又（有）七～（機）

 上博三·中附簡～（豈）不又（有）患（狂）也

 上博三·彭 2～（豈）若已

 上博四·曹 21～（豈）俤（弟）君子

 上博五·競 9～（豈）不二子之惥（憂）也才（哉）

 上博六·莊 2～可（何）保之

 上博六·天甲 5～殺而邦正

 上博六·天乙 4～殺而邦正

 上博七·吳 5～（豈）不左（差）才（哉）

 上博八·李 1【背】～（豈）不皆生

～，所從二"幺"或省爲一"幺"，作 、。

《說文·絲部》:"幾,微也,殆也。从絲,从戍。戍,兵守也。絲而兵守者,危也。"

上博四·曹~,讀爲"忌",指忌諱。"幾"是見母微部字,"忌"是群母之部字,讀音相近。(李零)或讀爲"機","機會"、"時機",皆就敵方之可乘之機而言。《逸周書·大武》:"武有七制:政、攻、侵、伐、陳、戰、鬭。……伐有七機,機有四時、三興……四時:一春違其農,二夏食其穀,三秋取其刈,四冬凍其葆。三興:一政以和時,二伐亂以治,三伐飢以飽。凡此七者,伐之機也。"(陳劍)

上博二·從甲8"七~",讀爲"七機",七種容易引起危殆的事。《說文》:"幾,微也。殆也。"

上博三·中附簡、上博五·競9、上博七·吳5、上博八·李1【背】~,讀爲"豈"。《荀子·榮辱》:"幾不甚美哉也。"楊倞注:"幾,讀爲豈。"《戰國策·楚策四》"則豈楚之任也哉",馬王堆帛書本"豈"作"幾";《淮南子·氾論》"天下豈有常法哉",《文子·上義》"豈"作"幾"。簡文"豈不",反詰之辭。《詩·召南·行露》"厭浥行露,豈不夙夜,謂行多露",毛亨傳:"其不言有是也。"《孟子·離婁下》:"夫章子,豈不欲有夫妻子母之屬哉?"

上博三·彭2"~若",讀爲"豈若",猶何如,表示不如。《論語·微子》:"且而與其從辟人之士也,豈若從辟世之士哉?"

上博二·民1、上博四·曹21"~俤君子",讀爲"豈弟君子"或"愷悌君子"。《詩·大雅·泂酌》:"豈弟君子,民之父母。"《左傳·僖公十二年》:"《詩》曰:'愷悌君子,神所勞矣。'"杜預注:"愷,樂也;悌,易也。""豈弟",和樂平易。

上博六·莊2"~可",讀爲"幾何",多長時間。曹操《短歌行》:"對酒當歌,人生幾何。"《晏子春秋·內篇雜下》:"公曰:'能益幾何?'對曰:'天子九,諸侯七,大夫五。'"(沈培)

上博六·天甲5、天乙4~,訓爲察,《禮記·玉藻》:"御瞽幾聲之上下。"鄭玄注:"幾,猶察也。"《管子·問》"上必幾之",尹知章注:"幾,察也。"《左傳·莊公十年》:"公曰:'小大之獄,雖不能察,必以情。'"或讀爲"譏",精謹。"譏殺",是說對死刑的判處要精確、謹慎。(陳偉)

上博五·季14"~敢",讀爲"豈敢",猶言怎麼敢。《詩·鄭風·將仲子》:"豈敢愛之?畏我父母。"《史記·刺客列傳》:"竊聞足下義甚高,故進百金者,將用爲大人麤糲之費,得以交足下之歡,豈敢以有求望邪!"

機

 上博七·武 7 户～曰

～，从"木"，"幾"省聲，"機"字異體。《說文·木部》："機，主發謂之機。从木，幾聲。"

簡文"～曰"，《大戴禮記·武王踐阼》作"機之銘曰"。古代弩上發箭的裝置。《書·太甲上》："若虞機張，往省括於度，則釋。"孔安國傳："機，弩牙也。"班固《西都賦》："機不虛掎，弦不再控。"或說"户機"，門的樞紐。《莊子·至樂》："萬物皆出於機，皆入於機。"成玄英疏："機者，發動，所謂造化也。"

見紐鬼聲

鬼

 上博三·亙 3～（畏）生鬼（畏）

 上博三·亙 3 鬼（畏）生～（畏）

《說文·鬼部》："鬼，人所歸爲鬼。从人，象鬼頭。鬼陰氣賊害，从厶。⿰示鬼，古文从示。"

簡文～，疑讀"畏"，是畏懼之義。《廣雅·釋詁二》："畏，懼也。"或讀爲"歸"。（李學勤）

愧

 上博一·性 23 □而民～（畏）

 上博一·性 23 又心～（畏）者也

· 2366 ·

 上博七·鄭甲 4 弗～視（鬼）神之不羕（祥）

 上博七·鄭乙 4 弗～視（鬼）神之不羕（祥）

 上博五·季 21 □□～～

～，從"心"，"鬼"聲，與 (郭店·老子甲 9)、 (郭店·緇衣 45)、 (郭店·性自命出 60)同。《說文·女部》："媿，慙也。從女，鬼聲。 ，媿或從恥省。"

上博一·性 23"未型而民～"，讀爲"未刑而民畏"。《商君書·君臣》："君尊則令行，官修則有常事，法制明則民畏刑。"《莊子·天地》："昔堯治天下，不賞而民勸，不罰而民畏。"

上博一·性 23"又心～者也"，指君子心存敬畏。（季旭昇）

上博七·鄭甲 4、鄭乙 4～，讀爲"畏"，害怕；恐懼。《詩·大雅·烝民》："不侮矜寡，不畏彊禦。"《韓詩外傳》卷九："吾聞忠不畔上，勇不畏死。"

寙

 上博五·季 22 邦相～毀

～，從"宀"，"愧"聲。

簡文"相～毀"，讀爲"相威毀"，謂互相威脅毀滅。（季旭昇）

㙷

 上博五·鬼 8 不及～焚而正固

～，從"土"，"愧"聲。

簡文"不及～焚"，讀爲"不及愧忿"，是説"有成氏""志行顯明"，心中無愧

也無忿。也可以説是"去忿悁之心","棄細忿之愧",修養境界極高。(廖名春)

禬

上博四·柬6爲楚邦之～(鬼)神宝(主)

上博四·柬6敢昌(以)君王之身叀(變)亂～(鬼)神之棠(常)古(故)

上博四·柬6夫上帝～(鬼)神高明

上博四·曹63□鈗～(鬼)神軔武

上博五·鬼2則～(鬼)

上博五·鬼4～(鬼)神不明

上博五·競7則訢者(諸)～(鬼)神曰

上博五·三8～(鬼)神禋祀

上博五·三20～(鬼)神是有(祐)

上博五·鬼1今夫～(鬼)神又(有)所明

上博五·鬼2則～(鬼)神之賞

上博二·魯 2 庶民智（知）敓（説）之事～（鬼）也

上博五·季 18 能爲～（鬼）

上博二·民 8～（威）我（儀）尼尼（遲遲）

上博二·民 11～（威）我（儀）尼尼（遲遲）

上博二·民 13～（威）我（儀）異異（翼翼）

上博五·競 7 則訢者（諸）～（鬼）神曰

上博六·壽 1 懼～神㠯（以）爲怒

上博六·天甲 9 事～則行敬

上博六·天乙 8 事～則行敬

上博七·鄭甲 2 女（如）上帝～神㠯（以）爲惎（怒）

上博七·鄭甲 4 弗悓（畏）～神之不羕（祥）

上博七·鄭乙 4 弗悓（畏）～神之不羕（祥）

上博七·君甲 7～亡（無）不能也

上博七·君乙 7～亡（無）不能也

上博七·凡甲 5～生於人

上博七·凡甲 6～生於人

上博七·凡甲 8～之神奚飤（食）

上博七·凡乙 4～生於人

上博七·凡乙 5～生於人

～，或作☒（左塚漆桐）、☒（郭店·老子乙5）、☒（郭店·老子乙5），从"示"，从"鬼"，"鬼"亦聲，"鬼"字異體，爲《說文》古文所本。楚簡或作☒、☒（新蔡甲二40），从"畏"聲，"鬼"頭訛爲"目"形。或作☒，僅保留"鬼"頭。《說文》："鬼，人所歸爲鬼。从人，象鬼頭。鬼陰氣賊害，从厶。☒，古文，从示。"

上博"～神"，即"鬼神"，鬼與神的合稱，泛指萬物神靈。《易·謙》："鬼神害盈而福謙，人道惡盈而好謙。"《禮記·仲尼燕居》："鬼神得其饗，喪紀得其哀。"孔穎達疏："鬼神得其饗者，謂天神人鬼各得其饗食也。"《史記·五帝本紀》："曆日月而迎送之，明鬼神而敬事之。"張守節正義："天神曰神，人神曰鬼。又云聖人之精氣謂之神，賢人之精氣謂之鬼。"

上博二·魯 2、上博六·天甲 9、天乙 8"事～",即奉事鬼神。《論語·先進》:"季路問事鬼神。子曰:'未能事人,焉能事鬼?'"

上博二·民 8、11"～我尼尼",讀爲"威儀遲遲",儀容舉止舒緩,從容不迫的樣子。《禮記·孔子閒居》:"'威儀逮逮,不可選也',無體之禮也。……無體之禮,威儀遲遲;無服之喪,内恕孔悲。無聲之樂,氣志既得;無體之禮,威儀翼翼。"孫希旦集解:"威儀遲遲,行禮以和而從容不迫也。"《書·顧命》:"思夫人自亂於威儀。"孔安國傳:"有威可畏,有儀可象。"

上博二·民 13"～我異異",讀爲"威儀翼翼",儀容舉止恭敬謹慎的樣子。

上博四·柬 6、上博七·鄭甲 2"上帝～神",見《史記·封禪書》:"禹收九牧之金,鑄九鼎,皆嘗亨鬺上帝鬼神。"

上博～,迷信者以爲人死後魂靈不滅,稱之爲鬼。《禮記·祭義》:"衆生必死,死必歸土,此之謂鬼。"

裹

上博二·子 11～厽(三)兓而畫於伓(背)而生

上博二·子 11～三年而畫於雁(膺)

上博三·中附簡□～孔=(孔子)曰

～,從"衣"省(也可能從"宀"),"鬼"聲。戰國文字下部從"人"的字,豎筆中間常贅加小點,小點又演變爲短橫,下部再加一橫,於是就變成了"壬"形。清華一·金縢 12"鬼"字作🅲,祭公之顧命 15"聽"字作🅲可證。

簡文～,從"裏"省,讀爲"懷",即懷妊、懷身之意。(黃德寬、李學勤)

竅

上博八·蘭 5 宅立(位)～下而比杗(擬)高矣

～，从"宀"，或説從"衣"省，"鬼"聲。

上博八·蘭 5～，讀爲"懷"。（鄔可晶）

魖

   上博六·用 16 縊亓（其）又（有）～頌（容）

～，从"戈"，"鬼"聲。

簡文"～頌"，讀爲"威容"，猶言"威儀容止"。《爾雅·釋訓》："美女爲媛，美士爲彦。其虚其徐，威儀容止也。"《楚辭·惜誓》："蒼龍蚴虯于左驂兮，白虎騁而爲右騑。"王逸注："言己德合神明，則駕蒼龍，驂白虎，其狀蚴虯有威容也。"

魖

   上博五·三 20 囗囗之不～（畏）

～，从"心"，从"戈"，"鬼"聲。與 （郭店·唐虞之道 13）同。

簡文～，讀爲"威"。《論語·學而》："君子不重，則不威，學則不固。"何晏集解引孔安國曰："言人不能敦重，既無威嚴，又不能識其義理。"《管子·形勢》："獨國之君，卑而不威。"簡文"施之不威"意即"施行政教或者法令就没有威嚴了"。（曹峰、范常喜）

畏

   上博六·用 15 告衆之所～忌

   上博二·容 50 虐（吾）斁（勵）天～（威）之

   上博二·容 53 虐（吾）斁（勵）天～（威）之

 上博四·曹 48 不兼～（威）

 上博五·三 4 君無宝（主）臣是胃（謂）～（危）

 上博五·鬼 5 則可～（畏）

～，或作 (郭店·五行 36)，从"鬼"，下从"止"，乃"鬼"所持之丨之訛變，即"畏"字異體。或作 (郭店·成之聞之 5)，"鬼"頭訛爲"目"形。《說文·甶部》："畏，惡也。从甶，虎省。鬼頭而虎爪，可畏也。 ，古文省。"

上博二·容 50、53～，讀爲"威"，震懾，使知畏懼而服從。《易·繫辭下》："弦木爲弧，剡木爲矢，弧矢之利，以威天下。"《國語·越語上》："今夫差衣水犀之甲者三千，不患其志行之少恥也，而患其衆之不足也。今寡人將助天威之。""助天威之"即簡文之"勵天威之"。（陳劍）

上博四·曹 48～，或讀爲"威"。

上博五·三 4～，讀爲"危"，危險；危急。《易·繫辭下》："君子安而不忘危，存而不忘亡，治而不忘亂。"

上博五·鬼 5"可～"，讀爲"可畏"，可怕。《詩·鄭風·將仲子》："將仲子兮，無踰我里，無折我樹杞。豈敢愛之？畏我父母。仲可懷也，父母之言亦可畏也。"《左傳·僖公三十年》："國君，文足昭也，武可畏也，則有備物之饗以象其德。"

上博六·用 15"～忌"，畏懼顧忌。《詩·大雅·桑柔》："匪言不能，胡斯畏忌。"《左傳·昭公二十五年》："爲政事庸力行務，以從四時，爲刑罰成獄，使民畏忌。"

偎

 上博二·從甲 8～（威）則民不道

 上博一·性30 毋～(畏)

 上博五·季9～(威)則民不道

 上博七·吴5 釜(斧)戉(鉞)之～(威)

 上博八·王1 觀無～(畏)

 上博八·志2 無～(畏)

～,从"心","畏"聲。

上博二·从甲8、上博五·季9～,讀爲"威",與"虐"同義。《後漢書·杜詩傳》李賢注:"威,虐也。"《論衡·譴告》:"威、虐皆惡也。"

上博一·性30"毋～",讀爲"毋畏",不要害怕。《孟子·盡心下》:"王曰:'無畏！寧爾也,非敵百姓也。'"朱熹集注:"王謂商人曰:無畏我也。"

上博七·吴5"釜(斧)戉(鉞)之～",讀爲"斧鉞之威",見《莊子·胠篋》:"故逐於大盜,揭諸侯,竊仁義並斗斛權衡符璽之利者,雖有軒冕之賞弗能勸,斧鉞之威弗能禁。此重利盜跖而使不可禁者,是乃聖人之過也。"

上博八·王1"觀無～(畏)"、上博八·志2"無～(畏)",人名。

蒽

 上博一·性16～(喟)女(如)也

～,从"艸","畏"聲。

簡文"～女",讀爲"喟如",感歎、歎息貌。《禮記·禮運》:"昔者仲尼與於蜡賓,事畢,出遊於觀之上,喟然而嘆。"

溪紐豈聲

剴

上博二·魯 6 公～不飯秾(粱)飤(食)肉才(哉)

上博四·內 8～必又(有)㠯(益)

上博六·孔 14～不難唬(乎)

上博六·孔 20～敢訨之

～,郭店·緇衣 42 作 。《說文·刀部》:"剴,大鎌也。一曰:摩也。从刀,豈聲。"

上博～,讀爲"豈",反詰副詞。《說苑·尊賢》:"君不能用所輕之財,而欲使士致所重之死,豈不難乎哉?"(何有祖)

戔(譏)

上博四·逸·交 1～俤(弟)君子

上博四·逸·交 1～娸(美)是好

上博四·逸·交 2～俤(弟)君子

上博四·逸·交 3～是娸(美)好

上博四·逸·交 3～□□

上博四·逸·交 4～娸(美)是好

～，左上部之"㲵"與"豈"(小篆作"豈")字的上部"巨"相近。上博四·內 8"剴"字作㲵，可證。～所從"幺"可看作是"豈"和"幾"的共用部分，從"豈"，從"幾"省，也可看作是"豈"和"幾"柔和體，"豈"和"幾"均是聲符。(程燕、孟蓬生、魏宜輝)《説文·豈部》："䲒，戲也。訖事之樂也。從豈，幾聲。"

上博四·逸·交 1、2"～悌"，讀爲"剴悌"或"豈弟"，和樂平易。《詩·小雅·湛露》："其桐其椅，其實離離。豈弟君子，莫不令儀。"《詩·小雅·青蠅》："營營青蠅，止于樊。豈弟君子，無信讒言。"

上博四·逸·交～，讀爲"豈"，反詰副詞。表示疑問或反詰。相當於難道。《詩·王風·大車》："豈不爾思，畏子不奔。"

敱

上博一·緇 21 少(小)人～(豈)能孯(好)丌(其)疋(匹)

～，從"攴"，"豈"聲。

簡文～，讀爲"豈"，作副詞用，表反詰語氣，相當於現代漢語的"怎麽能"。(陳偉武)

疑紐广聲

危

上博一·緇 16 則民言不～(危)行

 上博一·緇 16 行不～(危)言

 上博六·孔 14 宴尻(處)～杆

～，戰國文字或作 (郭店·六德 17)、 (施 76)、 (施 85)、 (施 88)、 (施 130)、 (珍秦展 1)，从"人"在"山"上；或作 (先秦編 169)，从"人"在"石"上； (珍秦 297)、 (關沮 209)，从"人"在"厂"(巖)上；"人"在"山"、"石"、"厂"(巖)上，會高危之意；或作 (曾侯乙墓漆箱二十八宿)，从"人"，"几"聲。或作 ，从"石"，上部是"人"，"人"字下面的兩短畫是裝飾性符號。或說是从"今"聲。《說文·厂部》："厂，仰也。从人在厂上。一曰：屋梠也。秦謂之桷，齊謂之厂。"《說文·危部》："危，在高而懼也。从厂，自卪止之。"

上博一·緇 16～，《禮記·緇衣》："則民言不危行；行不危言矣。"鄭玄注："危，猶高也。言不高於行，行不高於言，言行相應也。"

上博六·孔 14～，危險；危急。《易·繫辭下》："君子安而不忘危，存而不忘亡，治而不忘亂。"

厊(危)

 上博七·凡甲 2 奚旻(得)而不～

 上博七·凡甲 26～俟(安)鹰(存)忘(亡)

 上博七·凡乙 2 奚旻(得)而不～

～，从"厂"，"跪"聲，"危"字異體。

上博七·凡甲 26"～佞䧹忘"，讀爲"危安存亡"，《易·繫辭下》："君子安而不忘危，存而不忘亡，治而不忘亂。"《晏子春秋·内篇問上》："攻義者不祥，危安者必困。且嬰聞之，伐人者德足以安其國，政足以和其民，國安民和，然後可以舉兵而征暴。"

上博七·凡甲 2、凡乙 2～，讀爲"詭"，訓爲"變"或"違"。《文選·沈約〈宋書謝靈運傳論〉》："徒以賞好異情，故意制相詭。"李善注引《説文》："詭，變也。"《淮南子·説林》："衡雖正，必有差；尺寸雖齊，必有詭。"高誘注："詭，不同也。"

跪

上博二·容 14 价（謁）而～之

上博六·天甲 6 天子～㠯（以）巨（矩）

上博六·天乙 5 天子～

上博六·莊 8 紳公～拜

上博七·武 9 惡～於忿連（戾）

～，楚文字或作 、、、，從"卩"，從"土"，如人跪地，"跪"字初文，會意。"跪"與"坐"形音義關係皆密切，爲一字分化。《説文·足部》："跪，拜也。从足，危聲。"段注："《釋名》：跪，危也。兩膝隱地。體危陒也。"新蔡簡郒山之"郒"作 、、。

上博二·容 14～，跪拜。《説文》："跪，拜也。"《荀子·大略》："親迎之禮，父南向而立,子北面而跪,醮而命之。"《新書‧君道》:"民輸楛者,以手撤之,弗敢墜也,跪之入水,弗敢投也。"簡文"跪之"意爲:舜跪拜堯。(范常喜)

上博六‧莊 8"～拜",屈膝下拜;磕頭。《史記‧淮陰侯列傳》:"信常過樊將軍噲,噲跪拜送迎。"

上博七‧武 9～,讀爲"危",《荀子‧解蔽》"處一危之",楊倞注:"危,謂不自安,戒懼之謂也。""惡危"即"惡乎危"。《公羊傳‧莊公十二年》:"魯侯之美,惡乎至?"何休解詁:"惡乎至,猶何所至。"《孟子‧梁惠王上》:"天下惡乎定?"趙岐注:"問天下安所定,言誰能定之。"

歧

上博四‧曹 63 弗玪～(危)墜(地)

上博五‧季 20 凡遊(失)勿～(危)

上博六‧木 5～於薵中

～,从"止","危"聲或"跪"聲,"跪"字異體。

上博四‧曹 63"～墜",讀爲"危地",危險的地方。《三國志‧魏書四‧三少帝紀》裴松之注:"凡物置之安地則安,危地則危,故兵書曰,成敗,形也,安危,勢也,形勢禦衆之要,不可不審。"

上博五‧季 20～,讀爲"危"。或讀爲"憸",安也。"凡失勿憸",謂凡是做錯了都不要恬然自安,不知悔改。(季旭昇)

上博六‧木 5～,屈膝,單膝或雙膝著地,臀部抬起。《禮記‧曲禮上》:"授立不跪,授坐不立。"

㢲

上博七‧凡甲 14～不下筵(席)

 上博七·凡甲 15～而思之

 上博七·凡乙 10～不下筵（席）

上博七·凡乙 10～而思之

～，从"人"，"跪"聲，"跪"字繁體。

上博七·凡甲 14～，屈膝，單膝或雙膝著地，臀部抬起。包山 263："一跪席。"《史記·梁孝王世家》："蓋聞梁王西入朝，謁竇太后，燕見，與景帝俱侍坐於太后前，語言私説。太后謂帝曰：'吾聞殷道親親，周道尊尊，其義一也。安車大駕，用梁孝王爲寄。'景帝跪席舉身曰：'諾。'"《禮記·曲禮上》："主人跪正席，客跪撫席而辭。"

上博七·凡甲 15"～而思之"，《文子·精誠》："末世之學者，不知道之所體一，德之所總要，取成事之跡，跪坐而言之，雖博學多聞，不免於亂。"

遜

 上博四·柬 18 社稷目（以）～（危）與（歟）

 上博五·君 1～（坐），虔語女

 上博八·命 8～（坐）友五人

 上博八·命 9～（坐）友亡一人

 上博八·命 11～（坐）友三人

～,从"辵","跪"聲,"跪"字繁體。

上博四·柬 18～,讀爲"危",危險;危急。《禮記·曲禮上》:"授立不跪。"陸德明《釋文》:"跪,本又作危。"《釋名·釋姿容》:"跪,危也。"《墨子·明鬼下》:"今惟毋在乎王公大人說樂而聽之,即必不能蚤朝晏退,聽獄治政,是故國家亂而社稷危矣!"《管子·大匡》:"勤于兵,忌於辱,輔其過,則社稷危。"

上博八·命 8"～友",讀爲"坐友",見《列女傳·母儀傳》:"桓公坐友三人,諫臣五人,日舉過者三十人,故能成伯業。"

上博五·君 1～,讀爲"坐",《孟子·公孫丑下》:"曰:'坐!我明語子。昔者魯繆公無人乎子思之側,則不能安子思;泄柳、申詳無人乎繆公之側,則不能安其身。子爲長者慮,而不及子思。子絕長者乎?長者絕子乎?'"

疑紐兀聲歸元部元聲

端紐隹聲

隹

 上博一·緇 3～(惟)尹身及康(湯)咸又(有)一惪(德)

 上博一·緇 5～(唯)王之功(邛)

 上博一·緇 6 少(小)民～(惟)日夗(怨)

 上博一·緇 6 少(小)民亦～(惟)日夗(怨)

 上博一·緇 14～(惟)复(作)五虐(瘧)之型(刑)曰法

 上博一·緇 23 人～(雖)曰不利

上博三·周 44～裛纓

上博三·中 21 女(汝)～(惟)㠯(以)

上博三·亙 9～(惟)一㠯(以)猶一

上博四·逸·交 3～(唯)心是䢶(與)

上博四·逸·交 4～(唯)心是萬(勵)

上博四·曹 65 亦～(唯)昏(聞)夫嘼(禹)、康(湯)、傑(桀)、受(紂)矣

上博五·弟 15～多䎽(聞)而不友叚(賢)

上博五·鬼 6～㚔俊(作)章

上博一·緇 21～(惟)君子能好丌(其)疋(匹)

上博三·亙 5～(惟)返(復)㠯(以)不瀺(廢)

上博三·亙 9～(惟)返(復)㠯(以)猶返(復)

上博一·孔 3～(惟)能夫

上博一・孔6 㲋〈亡(無)〉競～(維)人

上博一・孔6 不(丕)鬃(顯)～(維)悳(德)

上博一・緇5～(誰)秉或(國)[成]

上博五・姑3～不㠯(以)厚

上博五・姑4～(誰)欲畜女(汝)者(諸)才(哉)

上博六・孔26～聚卬(仰)天而戁(嘆)曰

上博六・用5～言之又(有)信

上博六・用9～心自惻

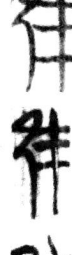上博六・用13～脣之賈臣

上博六・用17 用亡咎～涅

上博六・用20～善是善

上博七・武8 桯名(銘)～[曰]

 上博七·武 9 枳(枝)名(銘)～曰

 上博七·武 10 卣(牖)名(銘)～曰

 上博七·吴 6～舍(余)一人所豊(禮)

 上博七·吴 6～吴白(伯)父

 上博七·吴 9～三大夫丌(其)辱昏(問)之

 上博七·吴 9～不思(敏)既祀(犯)矣

《説文·隹部》："隹，鳥之短尾總名也。象形。"

上博～，讀爲"惟"、"唯"，發語詞。《論語·述而》："與其進也，不與其退也。唯何甚！"《漢書·張良傳》："今乃立六國後，唯無復立者，游士各歸事其主，從親戚，反故舊，陛下誰與取天下乎？"顔師古注："唯，發語之辭。"

上博一·緇 5、上博五·姑 4～，讀爲"誰"，疑問代詞。相當於"何"、"甚麼"、"哪個"、"甚麼人"。

上博三·周 44～，今本作"甕"。"雍"本作"雖"形，與"唯"形近致訛。（何琳儀）

唯

 上博四·柬 12 夫～(雖)母(毋)湒(旱)

 上博四·内 7～(雖)至於死

正編・微部

上博五・三 5～福之至（基）

上博五・三 8～（雖）溫（盈）必虛

上博五・三 8～（雖）成弗居

上博五・三 13～蘆是備（服）

港甲 6 舀民～罜

上博一・性 1 凡人～（雖）又（有）生（性）

上博一・性 8～人道爲可道也

上博一・性 21～（雖）怎（過）不亞（惡）

上博一・性 22～（雖）難不貴

上博一・性 34～眚（性）惡（愛）爲近息（仁）

上博一・性 34～宜道爲近中（忠）

上博一・性 34～亞（惡）不息（仁）爲［近義］

・2385・

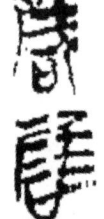
上博二·從甲 12～(雖)殜(世)不儀(識)

上博二·昔 4～忎(哀)悲是思

上博二·昔 4～邦之大矛(務)是敬

上博二·容 46～(雖)君亡(無)道

上博二·容 46～(雖)父亡(無)道

上博三·中 9～(雖)又(有)叞(賢)才

上博三·中 13～(雖)又(有)羍(孝)惪(德)

上博三·中 21～丌(其)戁(難)也

上博三·中附簡～正(政)者

上博三·中附簡夫子～又(有)與(舉)

上博三·彭 1～亙

上博三·彭 5～(雖)貧必攸(修)

上博三·彭 5～(雖)福(富)必遊(失)

上博四·柬 23～

上博四·曹 63～君亓(其)智(知)之

上博五·鮑 5 臣～(雖)欲訐(諫)

上博五·季 1～(唯)子之訋脂(脂)

上博五·姑 4～(雖)旻得仐(免)而出

上博五·姑 5～(雖)死安(焉)逃之

上博五·姑 7～(雖)不壴(當)殜(世)

上博一·孔 7 文王～(雖)谷(欲)已

上博二·魯 1～

上博六·孔 2～□

上博六·孔 5 上～逃

上博六·孔 8～非㥹(仁)人也

上博六·孔 10～㥹(仁)人也

上博六·孔 12～又(有)信弗遠

上博六·競 10～是夫……

上博七·君甲 8 君王～不長年

上博七·君乙 7 君王～不長年

上博七·凡甲 28 百眚(姓)斎=(之所)貴～君

上博七·凡甲 28 君斎=(之所)貴～心

上博七·凡甲 28 心斎=(之所)貴～䶕(一)

上博七·凡乙 20 百眚(姓)斎=(之所)貴～君

上博七·凡乙 20 君斎=(之所)貴～心

上博七·凡乙 21 貴～䶕(一)

 上博七·吴 2～君是望

 上博七·鄭甲 3～邦之悤（恅—病）

 上博七·鄭乙 3～邦之悤（恅—病）

 上博八·命 3～（雖）鈘（負）於鈘（斧）疐（鑕）

 上博八·志 7～我悉（愛）尒（爾）

～，與 、、、、同。《說文·口部》："唯，諾也。从口，隹聲。"

上博～，讀爲"雖"，即使。連詞。表示假設關係。相當於"縱然"、"即使"。《禮記·少儀》："侍坐於君子。君子欠伸，運笏，澤劍首，還屨，問日之蚤莫，雖請退可也。"孔穎達疏："雖，假令也。"

上博"～"，發語詞。

上博三·中附簡"～正（政）者"。或改釋爲"雖（雎/雍）"，係孔子答話時首先呼仲弓之名。（陳劍）

胇

 上博四·昭 6 羣（羣）之～駿（御）王

 上博四·昭 6 僕（僕）遇～

 上博四・昭 6～介趣君王

 上博四・昭 7 龏(龔)之～被之

 上博四・昭 7 王命龏(龔)之～母(毋)見

 上博四・昭 8 或昏死言儥(僕)見～之寒也

 上博四・昭 9 今君王或命～母見

 上博四・昭 9 大尹之言～可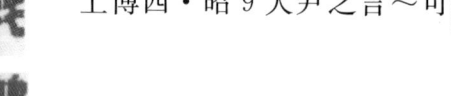

 上博四・昭 10～既與虖(吾)同車

 上博四・昭 10 安命龏(龔)之～見

～，從"肉"，從"隹"而於末筆加一分化符號(即"隼"字)。脾，《說文》異體作臂，今作臂。

簡文"龏(龔)之～"，人名。

惟

 上博五・鬼 7 湛(沈)呈念～

 上博六・用 6 階心懷～

・ 2390 ・

 上博七·武 7 皇～謹

《説文·心部》:"惟,凡思也。从心,隹聲。"

上博五·鬼 7～,《方言》:"惟,思也。"又曰:"惟,凡思也。"《詩·大雅·生民》"載謀載惟",鄭玄箋:"惟,思也。""念惟"猶言"思念",同意疊用。"念",思念,懷念。《詩·秦風·小戎》:"言念君子,温其在邑。"

上博六·用 6～,或疑讀爲微部匣母之"違"。《詩·商頌·長發》"帝命不違",陳奂《詩毛氏傳疏》:"違,回也。"《荀子·修身》"辟違而不慤",王念孫《讀書雜志》:"僻、違,皆邪也。《周語》'動匱百姓以逞其違',《晉語》'若有違質,教將不入',韋並注曰:'違,邪也。'"(劉洪濤)

上博七·武 7"皇～謹",《大戴禮記·武王踐阼》:"皇皇惟敬。"

淮

 上博二·容 25 墨(禹)迵(通)～與忻(沂)

《説文·水部》:"淮,水。出南陽平氏桐柏大復山,東南入海。从水,隹聲。"

簡文～,即淮水,出南陽平氏桐柏大復山,東南入海。

椎

 上博三·彭 4 或～於困(淵)

《説文·木部》:"椎,擊也。齊謂之終葵。从木,隹聲。"

簡文～,疑讀爲"入"。典籍中"唯"與"遺"、"瀆"與"芮"、"内"與"入"相通。(《古字通假會典》489、490 頁)"入于淵"典籍習見,如《管子·内業》:"是故民氣,杲乎如登於天,杳乎如入於淵,淖乎如在於海,卒乎如在於己。"《易·訟》:"《象》曰:訟,上剛下險,險而健,訟。'訟有孚窒惕,中吉',剛來而得中也。'終凶',訟不可成也。'利見大人',尚中正也。'不利涉大川',入於淵也。"《文子·上仁》:"前雖登天,後必入淵。"《鹽鐵論·憂邊》:"諸生議不干天則入淵。"或讀爲"墜"、"就"、"潛"、"底"或"抵"、"遯(遁)"等。

寉

 上博四·昭 1～人圶=（止之）曰

 上博四·昭 2～人弗敢圶（止）

～，从"宀"，"稚"聲。

簡文"～人"，讀爲"寺人"，即宮中供使喚的小臣，以奄人爲之。《詩·秦風·車鄰》："未見君子，寺人之令。"毛亨傳："寺人，内小臣也。"陳啟源《毛詩稽古編》："閽寺守門，古制也。欲見國君者，俾之傳告，不過使令賤役耳。"《周禮·天官·寺人》："寺人掌王之内人及女宫之戒令。"稚字或作稺，从犀聲；又作秇，从夷聲（見《集韻》）。而"管夷吾"之"夷（脂部）"，《郭店楚簡》正作"寺（之部）"。然則"寺"之於"寉"，猶"寺"之於"夷"也。（孟蓬生、陳偉武）

端紐自聲

歸

 上博一·孔 10 鵲樔（巢）之～

 上博一·孔 11 鵲樔（巢）之～

 上博三·周 4 ～肤（膚）

 上博三·周 50 女～，吉

 上博五·鮑 8 帀（師）乃～

 上博五·季 19 民之 散(美)弃亞(惡)母(女)～

 上博六·壽 2 先王亡(無)所～

～,从"辵","帚"聲,"歸"字異體。《説文·止部》:"歸,女嫁也,从止,从婦省,𠂤聲。𧙕,籒文省。"

上博一·孔 10、11、上博三·周 50～,古代謂女子出嫁。《易·漸》:"女歸,吉。"孔穎達疏:"女人……以夫爲家,故謂嫁曰歸也。"《詩·周南·桃夭》:"之子于歸,宜其室家。"

上博五·鮑 8～,返回。《書·舜典》:"十有一月朔巡守……歸,格于藝祖,用特。"《戰國策·宋衛》:"臧子乃歸。齊王果攻拔宋五城而荆王不至。"

上博六·壽 2～,《集韻》:"歸,還也。""亡所歸",是指靈王最後被逐出宫,由乾谿西逃,入芊尹申亥家自縊而死事。

端紐對聲

縋

 上博六·用 15 請命之所～

～,从"糸","對"省聲。

簡文～,讀作"對"。有所請命,必有所對。《左傳·襄公三十一年》:"士文伯讓之,曰:'……寡君使匄請。'對曰:'以敝邑褊小,介於大國。'"(何有祖)或讀爲"察"。

透紐水聲

水

 上博一·孔 17 湯(揚)之～丌(其)忑(愛)婦㤅(烈)

2393

上博一·孔 29 河～

上博二·魯 4～吕（以）爲膚

上博二·魯 5～牂（將）沽（涸）

上博二·容 23～滎（潦）不滑

上博二·容 53 土玉～酉（酒）

上博五·三 16 敓（奪）民旹（時）吕（以）～事

上博七·凡甲 2～火之和

上博七·凡甲 10～之東流

上博七·凡甲 12～奚旻（得）而清

上博七·凡甲 24～返（復）於天

上博七·凡乙 2～火之和

上博七·凡乙 8～之東流

 上博七·凡乙17～逯(復)於天

～，楚文字或作 (郭店·太一生水6)、 (郭店·尊德義7)、 (九A27)、 (左塚漆桐)，像流動的水形。《説文·水部》："水，準也。北方之行。象衆水並流，中有微陽之氣也。"

上博一·孔17"湯之～"，讀爲"揚之水"，《詩經》篇名。《詩·國風》之《王風》、《鄭風》、《唐風》各有一篇《揚之水》。

上博一·孔29"河～"，逸詩。或説即見於《國語·晉語》："秦伯賦《鳩飛》，公子賦《河水》。秦伯賦《六月》，子余使公子降拜。"《左傳·僖公二十三年》："公子賦《河水》，公賦《六月》。"

上博二·魯4"～以爲膚"，《晏子春秋·内篇諫上》："河伯以水爲國，以魚鼈爲民，天久不雨，泉將下，百川竭，國將亡，民將滅矣，彼獨不欲雨乎？祠之何益？"

上博二·魯5"～㳋沽"，讀爲"水將涸"，《國語·周語》："雨畢而除道，水涸而成梁，草木節解而備藏，隕霜而冬裘具，清風至而修城郭宫室。"

上博二·容23"～滎"，讀爲"水潦"，因雨水過多而積在田地里的水或流于地面的水。《吕氏春秋·孝行覽》："水潦川澤之湛滯壅塞可通者，禹盡爲之。"《吕氏春秋·恃君覽》："禹不敢怨，而反事之，官爲司空，以通水潦。"《荀子·王制》："修隄梁，通溝澮，行水潦，安水藏。"

上博二·容53"土玉～酉(酒)"，名詞的意動用法，以酒爲水。

上博五·三16"敓(奪)民時以～事"，疑指水利工程。參《吕氏春秋·士容論》："奪之以水事，是謂籥，喪以繼樂，四鄰來虚；奪之以兵事，是謂厲，禍因胥歲，不舉銍艾。"

上博七·凡甲2、凡乙2"～火"，水與火。《易·乾》："水流濕，火就燥。"《易·説卦》："水火不相射。"《管子·法法》："蹈白人刃，受矢石，入水火，以聽上令。"《周禮·天官·亨人》："掌共鼎鑊，以給水火之齊。"

上博七·凡甲10、凡乙8～，江、河、湖、海的通稱，此處泛指流水。《淮南子·脩務》："夫地勢，水東流，人必事焉，然後水潦得谷行。"

上博七·凡甲12～，泛指一切水域。《書·微子》："今殷其淪喪，若涉大水，其無津涯。"

上博七·凡甲 24、凡乙 17"～遉（復）於天"，《孫子·勢篇》："終而復始，日月也；死而復生，四時也。"

來紐晶聲

靁（雷）

上博二·容 13 魚於～（雷）澤

上博七·凡甲 11 䈞（孰）爲～神（電）

～，從"雨"，"晶"聲，或贅加"土"，"雷"字異體。《説文·雨部》："雷，陰陽薄動靁雨，生物者也。從雨，晶象回轉形。𩇓，古文靁。𤴐，古文靁。𩇓，籀文。靁閒有回；回，靁聲也。"

上博二·容 13"魚於～澤"，即"漁於雷澤"。《墨子·尚賢中》："古者舜耕歷山，陶河濱，漁雷澤。堯得之服澤之陽，舉以爲天子，與接天下之政，治天下之民。"《吕氏春秋·孝行覽》："舜耕於歷山，陶於河濱，釣于雷澤，天下説之，秀士從之。"《史記·五帝本紀》："舜耕歷山，歷山之人皆讓畔；漁雷澤，雷澤上人皆讓居；陶河濱，河濱器皆不苦窳。""雷澤"的地望，古書有二説，一説在今山東菏澤東北，一説在今山西永濟南。

上博七·凡甲 11～，即"雷"，帶異性電的兩塊雲層相接近時，因放電而發出的强大聲音，亦指打雷。《禮記·月令》："（仲春之月）雷乃發聲。""雷電"，打雷和閃電。《書·金縢》："秋，大熟，未穫，天大雷電以風。"《後漢書·列女傳》："是日疾風暴雨，靁電晦冥。"

纍

上博六·慎 5 不～其志

～，從"幺"（即"糸"之簡體），"靁"聲，釋作"纍"。《説文·糸部》："纍，綴得理也。一曰：大索也。從糸，晶聲。"

簡文～,讀爲"羸"。"畾"聲字與"羸"相通習見,詳《古字通假會典》540—543頁。羸,弱也,正與"強"相對。(陳劍)或釋爲"累",連累、妨礙的意思。《書·旅獒》:"不矜細行,終累大德。"孔穎達疏:"若不矜惜細行,作隨宜小過,終必損累大德矣。"《戰國策·東周策》:"且臣爲齊奴也,如累王之交於天下,不可。"鮑彪注:"累者,事相連及,猶誤也。"(陳偉)

壘(藟)

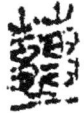 上博三·周43 困于素(葛)～(藟)

～,從"艸","壘"聲,從三田與從四田同,包山簡"壘"作"壘"可證,"藟"字繁體。《集韻》:"壘,盛土籠,或作蔂。"《説文·艸部》:"藟,艸也。《詩》曰:'莫莫葛藟。'一曰:秬鬯也。"《集韻》:"藟,蔓也。"

簡文"素～",讀爲"葛藟",植物名。又稱"千歲藟"。落葉木質藤本。葉廣卵形,夏季開花,圓錐花序,果實黑色,可入藥。《詩·周南·樛木》:"南有樛木,葛藟纍之。"《左傳·文公七年》:"葛藟猶能庇其本根,故君子以爲比。"

幫紐飛聲

飛

 上博三·周56 ～鳥羅(離)之

 上博六·用5 征蟲～鳥

 上博八·鶹1 婁(鶹)栗(鶹)翼(翩)～今

《説文·飛部》:"飛,鳥翥也。象形。"

上博三·周56、上博六·用5"～鳥",會飛的鳥類。亦泛指鳥類。《禮記·曲禮上》:"鸚鵡能言不離飛鳥,猩猩能言不離禽獸。"《呂氏春秋·仲春紀》:"樹木盛則飛鳥歸之。"

上博八·鶪1"翠～",讀爲"翩飛",疾飛貌。《詩·魯頌·泮水》:"翩彼飛鴞,集于泮林。"《楚辭·九章·悲回風》:"愁悄悄之常悲兮,翩冥冥之不可娱。"洪興祖補注:"翩,疾飛也。"

幫紐非聲

非

 上博一·緇14 黽(苗)民～甬(用)霝(靈)

 上博一·性24 亞(惡)之而不可～者

 上博一·性24 ～之而不可亞(惡)者

 上博二·魯3 毋(無)乃胃(謂)丘之含(答)～與(歟)

 上博三·周10 比之～(匪)人

 上博三·周20 元(其)～返(復)又(有)禧(眚)

 上博三·周35 ～今之古(故)

 上博三·周55 ～台(夷)所思

 上博三·瓦3 韋(違)生～

 上博三·瓦6 或(域)～或(域)

上博三·亙6又(有)～又(有)

上博三·亙6生～生

上博三·亙6音～音

上博三·亙6言～言

上博三·亙6名～

上博三·亙7事～事

上博三·亙12無～丌(其)所

上博四·曹1～山非澤

上博四·曹2非山～澤

上博四·曹63～所㠯(以)善(教)民

上博五·鬼6類獸～鼠

上博六·競9～爲媺(美)玉肴生也

上博六·孔8唯～悬(仁)人也

上博六·用2事～與又方

 上博六·用 2～慏於福

 上博六·用 6～人是龏

 上博六·用 8～稷之糧

 上博六·用 12～考今訢（慎）良台家嗇

 上博六·用 13～貨台賻

 上博七·吳 1～疾痛安（焉）加之

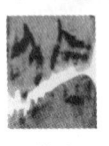 上博七·吳 8 㠯（以）陳邦～它也

上博八·成 11～天子

上博八·命 5～而所㠯（以）𡔜（復）

上博八·李 2～與從風可（兮）

《説文·非部》："非，違也。从飛下翄，取其相背。"

上博三·亙 3～，否定。

上博六·用 6～，讀爲"彼"。簡文"非人是龏（恭），厥身是衛"，即龏（恭）彼人，衛厥身，意思是對他要恭敬，又要保障他的人身安全。（何有祖）

上博～，不；不是。《易·坤》："非一朝一夕之故。"《淮南子·脩務》："故

美人者,非必西施之種。"

上博一·性24～,責備,反對。《管子·山權數》:"禁繆者,非往而戒來。"《淮南子·氾論》:"孔子之所立也,而墨子非之。"

上博二·魯3～,錯誤。《易·繫辭下》:"雜物撰德,辯是與非。"

上博四·曹1"～山非澤",讀爲"彼山彼澤"。上古音"彼"屬幫母歌部,"非"、"匪"屬幫母微部,音近可通。《廣雅·釋言下》:"匪,彼也。"侯馬盟書"麻夷非是"之"非",朱德熙、裘錫圭先生指出應讀爲《公羊傳》"昧雉彼視"之"彼"。《左傳·昭公二十二年》:"非言也,必不克。"吴昌瑩認爲"非"應假借爲"彼"。(吴昌瑩:《經詞衍釋》,中華書局1956年,191頁)"彼山彼澤,亡有不民",謂方圓三千五百平方里内的那山那澤,沒有不臣服的,即都歸魯國所有。(劉洪濤)

上博三·周10"比之～(匪)人",不是親近的人。《易·比》:"比之匪人。"王弼注:"所與比者皆非己親,故曰比之匪人。"或讀爲"彼"。

悲

上博一·性1 意(喜)蒼(怒)哀～之熨(氣)

上博一·性18 凡[至樂]必～

上博一·性18 哭亦～

上博一·性19 丌(其)束(烈)流女(如)也昌(以)～

上博一·性19 凡憂思而句(後)～

上博二·民11 内崖(恕)巽～

 上博二·昔 4 唯哀～是思

《說文·心部》:"悲,痛也。从心,非聲。"

上博一·性 1、上博二·昔 4"哀～",悲哀;哀痛。《老子》:"殺人之衆,以哀悲泣之。"《史記·孝文本紀》:"朕之不明與嘉之,其焉哀悲之有!""喜怒哀悲之氣",可參《大戴禮記·文王官人》:"民有性,喜怒欲懼憂也。"

上博一·性 18"凡[至樂]必～",郭店·語叢二 29:"悲生於樂。"《淮南子·道應》:"何謂益而損之?曰:夫物盛而衰,樂極則悲,日中而移,月盈而虧。"《淮南子·原道》:"樂作而喜,曲終而悲,悲喜轉而相生。"

上博一·性 18、19、民 11～,哀痛,傷心。《詩·豳風·七月》:"女心傷悲,殆及公子同歸。"

並紐肥聲

肥

 上博二·容 16 矜(禽)獸(嘼)～大

 上博二·容 49 高下～堯之利枈(盡)智(知)之

 上博三·周 31～豚(遯)

 上博五·季 1～從又(有)司之遂(後)

 上博五·季 6 □窯(寧)舵～也

 上博五·季 8 紫(葛)戬含語～也㠯(以)尻(處)邦豪(家)之述曰

　上博五·季11 毋乃～之昏（問）也

　上博五·季11 古（故）女虖（吾）子之䢃～也

　上博五·季18 田～民則安

《說文·肉部》："肥，多肉也。从肉、从卩。"

上博二·容16"～大"，（生物體或生物體的某部分）肥胖壯實。《禮記·禮器》："牲不及肥大，薦不美多品。"

上博二·容49"～磽"，讀作"肥磽"。《荀子·王制》："相'高下'，視'肥磽'，序五種。"《淮南子·脩務》："宜燥濕'肥磽高下'。"文句正與簡文相同。

上博三·周31"～豚（遯）"，即"肥遯"。《易·遯》："上九，肥遯，無不利。"孔穎達疏："子夏傳曰：'肥，饒裕也。'……上九最在外極，無應於內，心無疑顧，是遯之最優，故曰肥遯。"

上博五·季～，季康子自稱。《論語·爲政》："季康子問：'使民敬忠以勸，如之何？'子曰：'臨之以莊則敬，孝慈則忠，舉善而教不能則勸。'"何晏集解："孔曰：'魯卿季孫肥，康，謚。'"

上博五·季18"田～"，土地肥沃。《荀子·富國》："民富則田肥以易，田肥以易則出實百倍。"

忌

　上博二·子1 史（使）亡（無）又（有）少（小）大～（肥）毳

～，从"心"，"巳"聲。

簡文"～毳"，讀爲"肥磽"。《荀子·王制》："相'高下'，視'肥磽'，序五種。"《淮南子·脩務》："宜燥濕'肥磽高下'。"或隸作"忐毳"，讀爲"絕饒"。

明紐敚聲

凿

上博一·孔 16 見丌(其)～(美)必谷(欲)反丌(其)本

上博一·孔 21 虗(吾)～(美)之

上博一·孔 22 虗(吾)～(美)之

上博一·性 12 羣₌(君子)～(美)亓(其)情

上博一·性 22 又(有)～(美)情者也

上博四·內 9 㠯(以)食亞(惡)～(美)下之□

上博五·季 15 言則～(美)矣

上博四·采 2 牉(將)～(美)人

上博六·孔 14 好叚～㠯(以)爲……

上博六·孔 19 ～言之嘘

～，將"彐"形部件寫成"少"字作"兴"，與"散"作 или作 同。

上博一·孔16～，讀爲"美"，指美好的事物。《論語·顏淵》："君子成人之美，不成人之惡。"

上博一·孔21、22～，讀爲"美"，稱美；讚美。《莊子·齊物論》："毛嬙、麗姬，人之所美也。"《穀梁傳·僖公元年》："齊師、宋師、曹師城邢。是向之師也，使之如改事然，美齊侯之功也。"

上博一·性22"～情"，讀爲"美情"，美好的真實性情。

上博四·内9"亞～"，讀爲"惡美"，指好壞。《荀子·儒效》："通財貨，相美惡，辨貴賤，君子不如賈人。"《韓非子·解老》："人有福，則富貴至；富貴至，則衣食美；衣食美，則驕心生；驕心生，則行邪僻而動棄理。"《荀子·富國》："墨子大有天下，小有一國，將蹙然衣粗食惡，憂戚而非樂，若是則瘠，瘠則不足欲，不足欲則賞不行。"

上博五·季15、上博六·孔14～，讀爲"美"，善；好。《易·坤》："暢於四支，發於事業，美之至也。"《國語·晉語一》："彼將惡始而美終。"韋昭注："美，善也。"

上博四·采2"～人"，讀爲"美人"，容貌美麗的人。多指女子。《六韜·文伐》："厚賂珠玉，娛以美人。"《詩·邶風·簡兮》："彼美人兮，西方之人兮。"鄭玄箋："美人，謂碩人也。"《楚辭·離騷》："惟草木之零落兮，恐美人之遲暮。"王逸注："美人，謂懷王。""美人"可指女性，亦可指男性。"將美人毋過吾門"可釋爲"美人啊，請不要拜訪我的家門"。

上博六·孔19"～言"，讀爲"微言"，指精深微妙或隱微委婉之言。《逸周書·大戒》："微言入心，風喻動衆。"朱右曾校釋："微言，微眇之言。"簡文桓子所説"吾子迷言之猶恐弗知，况其如微言之乎"，大意是先生您直白地説還怕不明白，何况拐彎抹角隱微地説呢。（楊澤生）

散

上博二·昔3 擧(與)～濾亞(惡)

上博二·容14 堯䎽(聞)之而～元(其)行

 上博三・周 24 觀我～頤

 上博四・曹 3 此不貧於～而寡(富)於德歟

 上博五・季 13 則～言也已

 上博五・季 19 民之～弃亞(惡)母(女)遈(歸)

 上博七・武 1～壴(喪)

 上博七・武 2 䢺(逾)堂～

～，與(郭店・老子甲 15)、(郭店・唐虞之道 17)、(郭店・六德 38)、(九 A13)同。《説文・人部》:“㣲，眇也。从人、从攴，豈省聲。”段玉裁注:“凡古言㣲眇者即今之微妙字。眇者小也，引申爲凡細之偁。微者隱行也。微行而㣲廢矣。”《説文系傳》:‘㣲，妙也，從人、攵、豈省聲。臣鍇按《尚書》曰:‘人心惟危，道心惟微。’物精者少也，人能弘道，故必從人之所操也，猶器用也，才亦人之器用也，故能入於微，此精微也。”

上博二・昔 3、上博五・季 19～，讀爲“美”，與“惡”相對。“美惡”，美醜；好壞。《荀子・儒效》:“通財貨，相美惡，辨貴賤，君子不如賈人。”劉向《説苑・談叢》:“鏡以精明，美惡自服。”

上博二・容 14～，讀爲“美”，“美其行”就是以其行爲美。

上博三・周 24～，王弼本作“朵”，帛書本作“掘”，阜陽漢簡本作“端”。“㣲”是“敱”字之误。古文字中“岂”字下部像側面人形，“耑”字下部像正面人形，二字本不同字。但二字在戰國時代很容易相混却是事實。上博四・曹 30“耑”字作，與“岂”字或作(上博・内豊 9)形近。“敱”就是“揣”。陸德明

《經典釋文》:"朵,多果反,動也,鄭同,京作揣。""朵",端紐歌部;"敪"、"掇"、"端",端紐元部。歌、元陰陽對轉。可相通。"揣"爲本字,本義爲"度量高低",引申爲"動"。《集韻·四紙》:"揣敪,楚委切,《說文》:量也。度高曰揣。一曰捶之。或从支。"《老子》:"揣而梲之。"傅奕本作"敪"。(廖名春)

上博四·曹 3～,讀爲"味",指食味,即各種食物。《吕氏春秋·仲夏紀》:"口之情欲滋味。"高誘注:"欲美味也。"古音"敳"和"味"皆爲明紐微部,故可相通。"貧於味"指在飲食方面儉嗇。"此不貧於敳(味)而富於德歟",意爲:這難道不是在飲食方面貧乏,而在德行方面富有嗎?(孟蓬生)

上博五·季 13"～言",讀爲"微言",精深微妙的言辭。《逸周書·大戒》:"微言入心,夙喻動衆。"朱右曾校釋:"微言,微眇之言。"《漢書·藝文志》:"昔仲尼沒而微言絶,七十子喪而大義乖。故《春秋》分爲五,《詩》分爲四,《易》有數家之傳。戰國縱橫,真僞紛爭,諸子之言紛然殽亂。"或讀爲"美言"。(季旭昇)

上博七·武 1"～亾(喪)",讀爲"微茫",隱約暗昧之意。《抱朴子·袪惑》:"此妄語乃爾,而人猶有不覺其虛者,況其微茫欺誑,頗因事類之象似者而加益之,非至明者,倉卒安能辨哉!"今本作"意亦忽不可得見與",意義相近。(陳偉)

上博七·武 2～,讀爲"楣",指房屋的次梁。《儀禮·鄉射禮》:"序,則物當棟;堂,則物當楣。"鄭玄注:"是制五架之屋也,正中曰棟,次曰楣。"(何有祖)

頵(美)

上博一·緇 1 孴(好)～(美)女(如)孴(好)紂(緇)衣

上博一·緇 18 則民不能大其～(美)而少(小)其亞(惡)

～,從"頁","岂"聲,"美"字異體。與 、同。《説文·羊部》:"美,甘也。從羊,從大。羊在六畜主給膳也。美與善同意。"

簡文～,即"美",善;好。《國語·晉語一》:"彼將惡始而美終。"韋昭注:"美,善也。"

娩（嫩）

 上博五·三 8 遊（失）於～

 上博二·容 21 衣不褻～（美）

 上博六·競 1 虖（吾）幣帛甚～（美）於虖（吾）先君之量矣

 上博六·競 9 非爲～（美）玉肴生也

 上博六·天甲 3 不～（美）爲娩（美）

 上博六·天甲 3 不娩（美）爲～（美）

 上博六·天甲 4 不～（美）爲娩（美）

 上博六·天甲 4 不娩（美）爲～（美）

 上博六·天乙 3 不～（美）爲娩（美）

 上博六·天乙 3 不娩（美）爲～（美）

 上博六·天乙 3 ～（美）爲不娩（美）

 上博六·天乙 3 娩(美)爲不~(美)

 上博四·逸·交 1 戗(戱)~(美)是好

 上博四·逸·交 3 戗(戱)~(美)是好

 上博四·逸·交 4 戗(戱)~(美)是好

~，從"女"，"耑"聲，"娩(美)"字異體，與 （郭店·老子丙 7）、 （郭店·緇衣 1）、 （郭店·性自命出 20）同。或作 （郭店·老子丙 7），所從"耑"聲訛與"敢"左旁同。或作 ，所從"耑"旁頭部變爲"幺"形，跟"豈"旁之變作"叁"形平行。

上博二·容 21"衣不褻~"，讀爲"衣不褻美"，"美"有文采之意。參《史記·吳太伯世家》："越王句踐食不重味，衣不重采，弔死問疾，且欲有所用其衆。"《史記·遊俠列傳》："家無餘財，衣不完采，食不重味，乘不過軥牛。"《漢書·遊俠列傳》："家亡餘財，衣不兼采，食不重味，乘不過軥牛。"

上博六·競 1"虐幣帛甚~於虐先君之量矣"，《鹽鐵論·貧富》："子思之銀佩，美于虞公之垂棘。"

上博六·競 9"~玉"，精美的玉。《論語·子罕》："有美玉於斯，韞櫝而藏諸？求善賈而沽諸？"《山海經·西山經》："又西二百里，曰龍首之山，其陽多黃金，其陰多鐵。苕水出焉，東南流注于涇水，其中多美玉。"

上博六·天甲 3、4、天乙 3"不~爲娩、娩爲不~"，禮尚質，不求華美。《禮記·禮器》："是故君子慎其獨也。古之聖人，內之爲尊，外之爲樂，少之爲貴，多之爲美。是故先生之制禮也，不可多也，不可寡也，唯其稱也。"

上博四·逸·交"戗~是好"，讀爲"豈美是好"，意爲"豈好美"。《左傳·僖公四年》："齊侯曰：'豈不穀是爲？先君之好是繼。與不穀同好，如何？'"（董珊、陳劍）或讀爲"劊豫"、"豈戲"。

2409

統

 上博八·蘭4～後其不長

～，从"糸"，"岂"聲。

簡文"年（佞）前亓（其）約會（儉），～後亓（其）不長"，～，讀爲"美"，訓善。簡文"佞"和"美"、"前"和"後"正相對應。《國語·晉語三》："佞之見佞，果喪其田。"韋昭注："僞善爲佞。"